U0606408

《希腊哲学史》编辑委员会

希腊哲学史

（修订本）

第 四 卷（上）

汪子嵩　陈村富　包利民　章雪富　著

人 民 出 版 社

凡 例

1.本书第一版第一卷成书于1985年,1987年年初出版。为保持全四卷体例的一致,后三卷沿袭第一卷。修订版基本上维持原来的体例。

1.1 全书按编、章、节、小节分目,每编附有一个小结。每卷后面附有书目,人名、神名、地名等译名的对照表。修订版还增加了索引。

1.2 书目仅列举撰写中参阅过的。

1.3 按当时的通例,凡外文参考书按姓、名、书名、版本、出版社、年代次序列述,同时译为中文,作为"书目"附于该卷之后。在脚注中仅出现作者姓氏、书目和页数,个别同姓氏而本书都加以引证者,则姓与名同时出现于脚注中。如第四卷中研究原子论的M.F.Smith,研究晚古哲学的A.Smith,研究教会史的J.L.Smith。

1.4 考虑到我国读者难以找到外文资料,所以脚注中除个别国际通用的文献篇名、残篇或纸草文书用英文或拉丁化希腊名称外,一律译为中文。

1.5 涉及汉文古籍时遵照中国习惯列注人物与篇名。

2.受研究对象的制约,本书涉及大量外文资料,原则上遵循海外通例,个别依我国实际情况做些变更。

2.1 Diels和Kranz编的《苏格拉底之前哲学家残篇》,按人物列章目,内分:A.后人记述;B.残篇;C.疑伪资料。本书按国际惯例在行文中注释,如"DK22B49"指该书第22章赫拉克利特的残篇第49条。

2.2 柏拉图著作按1578年斯特方(Stephan)的编目,每页分A、B、C、D、E

五栏（有的为四栏）。如189D指斯特方标准页《柏拉图著作集》第189页D栏。由于斯特方之后人们发现柏拉图著作的成书时间并非16世纪人们排定的次序，所以《柏拉图全集》各篇的斯特方标准页是不连贯的。如Timaeus篇，后人考证为后期著作，斯特方以为是早期的，标准页为17A—92D。

2.3　亚里士多德的著作按国际惯例采用1831—1870年贝刻尔（Bekker）的《亚里士多德著作集》标准页，每页分a、b两栏。如"980a 20"指贝刻尔标准页第980页a栏第20行。按惯例，用小写字母。

2.4　古希腊和罗马帝国时期的古代文献，由美国哈佛大学Loeb发起和主持，汇编成希英对照和拉英对照两个系列，本书撰稿期间共出版476册，之后又有些增补。本书注释通用《洛布希英对照古典丛书》和《洛布拉英对照古典丛书》，在前后文明示所引著作属希英对照或拉英对照情况下，简称《洛布丛书》或《洛布古典丛书》。

2.5　人名、地名中译，基本上采取古希腊语拉丁语的音译。有的按约定俗成处理，如西塞罗，按拉丁语发音，"Cicero"为"Kikero"，目前都用英译发音。

目 录

再版序言 …………………………………………… 汪子嵩 1

序 言 …………………………………………… 汪子嵩 1

绪 论 …………………………………………………… 1

第一节 环地中海文化圈的形成 …………………… 1

一 环地中海东部文化的演进 ……………………… 2

二 环地中海文化中心西移希腊和罗马 ………… 13

第二节 希腊罗马本土政制与文化的走向 ……………… 17

一 马其顿与希腊:两种政治理念的冲突 ……… 17

二 亚历山大与希腊化 …………………………… 23

三 政制的“东方化”:君王与帝国 ……………… 31

四 地中海世界的文化交融 ……………………… 41

第三节 晚期希腊哲学的转向与特征 ……………… 47

一　从“为什么”、“是什么”转向“为了什么” …… 47
二　从求“真”转向求“善” …… 51
三　从处世哲学走向宗教信仰 …… 55
第四节　晚期希腊哲学的史料 …… 57
一　晚古时代的汇编、综述和注释 …… 57
二　现代学者的校勘、整理和编纂 …… 66
三　工具书 …… 70
四　现代学者的著作和论文集 …… 72

第一编　伊壁鸠鲁学派

第一章　伊壁鸠鲁概论:生平、著作与学派 …… 86
第一节　文献 …… 86
一　伊壁鸠鲁原著 …… 86
二　卢克莱修著作 …… 88
三　其他古代相关著作 …… 91
四　现代研究著作 …… 92
第二节　生平与特色 …… 94
第三节　伊壁鸠鲁学派的发展 …… 105
一　雅典时代 …… 106
二　罗马时代 …… 107
三　小亚时代 …… 115
第四节　总问题与总体系 …… 122

第二章 标准论（认识论） …… 130
第一节 经验论 …… 133
第二节 感性与前把握观念 …… 143
第三节 判断与推理 …… 149

第三章 自然学说 …… 157
第一节 原子与虚空:双本原 …… 159
一 原子的证明 …… 160
二 虚空的证明 …… 166
三 “存在等级表”上的其他成员 …… 170
四 万物总体无限 …… 175
五 原子的运动 …… 180
六 原子的属性 …… 186
第二节 灵魂、影像、神 …… 189
一 灵魂论 …… 189
二 影像论 …… 196
三 伊壁鸠鲁的神 …… 199
第三节 天文学 …… 206
第四节 小结与比较 …… 216

第四章 治疗、伦理与政治 …… 224
第一节 治疗哲学 …… 224
第二节 目的论的伦理学 …… 244
第三节 还原论的政治思想 …… 252
一 大序的颠倒 …… 252
二 约定论的正义观 …… 254
三 共同体与友谊 …… 262
四 人类发展史 …… 266

第四节　与其他流派思想的比较 …………………… 272
　一　与怀疑论哲学的比较 ………………………… 273
　二　与斯多亚哲学的比较 ………………………… 277

小　结 ……………………………………………… 283

第二编　斯多亚学派

第五章　斯多亚哲学导论 ………………………… 293
第一节　斯多亚学派的影响和研究状况 ……………… 294
第二节　总特色:悖论与自洽的统一 ………………… 303
第三节　传承与发展史 …………………………………… 305
　一　芝诺的思想历程与斯多亚学派的传承 …… 306
　二　斯多亚学派的发展阶段 …………………… 313
第四节　问题意识及解题基本思路 …………………… 337

第六章　斯多亚学派的"第一哲学" ………………… 343
第一节　"第一哲学"的缘起与思路 …………………… 344
第二节　斯多亚学派对于"第一哲学"的推进 ……… 357
　一　斯多亚学派有没有"第一哲学" ……………… 357
　二　斯多亚学派的"真正存在" ………………… 359
　三　"次级存在"与"谓述" ……………………… 371
　四　共相:更次一级的存在以及颠倒的
　　　线段喻 ………………………………………… 378

五 问题与发展 …… 382

小 结 …… 392

第七章 斯多亚学派的自然哲学 …… 394
第一节 总论:对象、意义和问题 …… 394
一 自然哲学的对象 …… 394
二 自然哲学的意义和问题 …… 400
第二节 斯多亚学派自然哲学的基本原则 …… 403
一 主动原则与被动原则的同一:生机一体论…… 403
二 终极原因与整个世界的同一:宇宙大动物…… 411
三 小宇宙与大宇宙的对应:灵魂与人 …… 418
第三节 斯多亚自然哲学的基本问题 …… 425
一 目的论与决定论 …… 426
二 混合 …… 429
三 虚空和连续 …… 432
第四节 决定论与自由 …… 436
一 因果决定论 …… 438
二 自由的维系与“内因”学说 …… 442
三 回到命运抑或新自由 …… 453
第五节 与其他学派的自然哲学的对比 …… 458
一 斯多亚自然哲学与柏拉图派自然哲学的对峙 …… 458
二 斯多亚自然哲学与伊壁鸠鲁派自然哲学的对峙 …… 462
第六节 斯多亚学派的神学护道学 …… 470
一 神的本性:自然泛神论 …… 471
二 神之存在的种种证明 …… 475

三　神是否关注和主宰世界——神义论 ……… 482

第八章　斯多亚学派的“逻辑—认识论” …………… 488
第一节　斯多亚学派认识论的总体特色和问题意识 … 488
第二节　印象、概念与“把握性印象” …………………… 496
一　印象、词与概念 ………………………………… 498
二　把握性印象 ……………………………………… 509
第三节　命题、复合命题与推理 ……………………… 520
一　命题分类 ………………………………………… 521
二　复合命题 ………………………………………… 523
三　推理学说与发现的逻辑 ……………………… 527
第四节　自然奥秘认识论 …………………………… 536
一　形式化和公理化的意义 ……………………… 537
二　一种可能的解释:分工与护道学 …………… 539
三　反思:理性宗教及其困难 …………………… 550

第九章　斯多亚学派的伦理—治疗哲学 …………… 560
第一节　斯多亚伦理学的问题意识 ………………… 560
一　是悖论还是创新 ……………………………… 561
二　斯多亚伦理学的起点之争 …………………… 562
三　伦理学与治疗哲学 …………………………… 566
第二节　斯多亚学派的治疗哲学 …………………… 568
一　疾病和病因 …………………………………… 568
二　治疗在于重估价值观 ………………………… 579
三　贤哲与健康 …………………………………… 594
四　自然哲学支持伦理—治疗学 ……………… 601
第三节　斯多亚伦理学 ……………………………… 617
一　模式与问题 …………………………………… 618

二 道义论反对功利主义 …………………… 620
三 德性论与道义论的关系 ………………… 626
四 道德动机与情景主义 …………………… 633
第四节 晚期斯多亚学派与“应用伦理学” ………… 648
一 智术师的挑战与柏拉图的回应:技艺与力量 …………………………………… 649
二 治疗技艺与应用伦理 …………………… 650
三 治疗的路径:情理辨析 ………………… 654
四 治疗技艺与修辞技艺 …………………… 670
第五节 比较与反思 ……………………………… 680
一 自然主义的问题 ……………………… 680
二 道德与生活的关系问题 ……………… 688
三 与其他伦理—治疗哲学的比较 ………… 699

小 结 ………………………………………… 705

下

第三编 怀疑派

第十章 概述 …………………………………… 718
第一节 一般研究状况及史料 ………………… 718

第二节 怀疑论发展的各阶段 …………………… 723
一 创始阶段 …………………………………… 725
二 柏拉图“新学园派”的怀疑主义 ………… 730
三 埃涅西德姆与皮罗主义复兴 …………… 747
四 晚期怀疑派 ………………………………… 751

第十一章 怀疑派对于“独断论”的批判 ………… 755
第一节 怀疑派的终极目的和基本思路 ………… 755
第二节 “二律背反”:怀疑派的各个“式” ……… 760
第三节 现象之间的对立:“十式” ……………… 765
第四节 “五式”与“二式” ……………………… 781

第十二章 怀疑派对于各种具体学科的批判 ……… 790
第一节 批判逻辑学 ……………………………… 792
一 关于真理标准的反思 …………………… 793
二 怀疑论是悖论吗 ………………………… 804
第二节 批判自然哲学 …………………………… 813
一 怀疑论论神 ……………………………… 814
二 怀疑论对“原因”理论的批评 ………… 827
三 对时空运动的怀疑 ……………………… 829
第三节 批判伦理学 ……………………………… 830
第四节 批判其他诸学科技艺教师 …………… 838
一 反语文学家 ……………………………… 841
二 反演说家 ………………………………… 850
三 反几何学家 ……………………………… 854
四 反算术学家 ……………………………… 856
五 反占星术师 ……………………………… 858
六 反音乐学家 ……………………………… 868

第十三章　对怀疑论意义的反思 …………………… 871
第一节　怀疑论在认识论上的意义 ………………… 871
一　希腊哲学史中对于感性和理性的态度演变 ………………………………… 872
二　怀疑论对感性认识的客观真理性的怀疑 … 876
三　怀疑派对于理性认识的批评 ……………… 885
第二节　作为一种否定性的元哲学 ………………… 902
一　一切命题“同等可证”:理论无真理可言 …… 903
二　作为命题系统的理论无价值可言 ………… 907
三　怀疑论自身是不是一种“理论” …………… 909
第三节　怀疑派:生活与理论 ……………………… 915
一　独断论理论能否指导生活 ………………… 917
二　怀疑派的指点能否帮助生活 ……………… 921

小　结 ……………………………………………… 933

第四编　普罗提诺与新柏拉图主义

第十四章　普罗提诺概论:生平、著作与思想资源 … 941
第一节　普罗提诺的生平 …………………………… 943
第二节　普罗提诺著作的编定 ……………………… 949
第三节　普罗提诺的思想资源 ……………………… 967
一　与柏拉图哲学的关系 ……………………… 969
二　与亚里士多德思想的关系 ………………… 971

三　与斯多亚派的关系 …………………………… 972
四　与毕泰戈拉学派的关系 ……………………… 973
五　东方思想的影响 ……………………………… 974

第十五章　普罗提诺的一元多层哲学体系 ………… 976
第一节　太一 ………………………………………… 977
一　"太一"之得出 ……………………………… 978
二　太一之超越性 ………………………………… 983
三　太一的创造性 ………………………………… 991
第二节　纯思 ………………………………………… 996
一　纯思失去最高统一 …………………………… 997
二　纯思仍有高度自足与统一 …………………… 999
三　纯思所特有的生命性与创造性 …………… 1007
第三节　普遍灵魂 ………………………………… 1013
第四节　人与宇宙 ………………………………… 1027
一　人 …………………………………………… 1034
二　人与宇宙 …………………………………… 1045
三　质料 ………………………………………… 1055
第五节　回归 ……………………………………… 1063
一　回归的必要 ………………………………… 1064
二　回归的动力 ………………………………… 1078
三　回归之路 …………………………………… 1088

第十六章　在那个时代中看普罗提诺 …………… 1099
第一节　希腊化—罗马时期的时代问题及哲学的
回应 …………………………………………… 1100
第二节　与诺斯替派思想的异同 ………………… 1102
第三节　与基督教思想的关系 …………………… 1117

第十七章 柏拉图主义学派的发展 …………………… 1127
第一节 普罗提诺之后新柏拉图主义诸派概观 …… 1127
第二节 波菲利 …………………………………… 1135
第三节 扬布利柯 ………………………………… 1145
第四节 普罗克洛 ………………………………… 1153

小 结 ……………………………………………… 1166

第五编 希腊哲学与早期基督教

第十八章 基督教和希腊主义 ……………………… 1173
第一节 希腊化时期:历史、地理和心理的转变 …… 1173
第二节 希腊化和希腊主义 ………………………… 1175
第三节 基督教和希腊主义 ………………………… 1178
第四节 希腊主义和亚历山大里亚的斐洛 ………… 1183
第五节 早期护教士和希腊主义 …………………… 1189

第十九章 卡帕多西亚教父的时代和生平 ………… 1195
第一节 基督教的亚历山大里亚学派和希腊主义的延伸 ……………………………………… 1197
第二节 雅典和卡帕多西亚 ………………………… 1202
第三节 希腊之思和基督之信 ……………………… 1210
第四节 新阿里乌主义之争和希腊哲学的基础 …… 1213

第二十章　三位一体神学 …………………………… 1218
第一节　ousia 和 physis …………………………… 1220
第二节　physis、logos 和 ousia …………………… 1226
第三节　physis 和 hypostasis …………………… 1230
第四节　physis 与基督的二性 …………………… 1235
第五节　physis 和 koinonia ……………………… 1240
第六节　physis 和 dynamis ……………………… 1248

第二十一章　神的形像:希腊基督教的人论 ……… 1251
第一节　伊利奈乌的"神的形像"说 ……………… 1253
第二节　斐洛和奥利金的"神的形像"说 ………… 1259
第三节　阿波里拿留的"神的形像"说 …………… 1268
第四节　卡帕多西亚教父的"神的形像"说 ……… 1272

第二十二章　罪、自由意志和教化 ………………… 1282
第一节　罪之解读与救赎之路 …………………… 1283
第二节　自由意志和理智 ………………………… 1293
第三节　教化(paideia)与成圣 …………………… 1298

第二十三章　普救主义和万物归一 ……………… 1307
第一节　两种救赎论 ……………………………… 1308
第二节　普救论的创造论基础 …………………… 1310
第三节　普救论和神的爱 ………………………… 1314
第四节　apokatastasis …………………………… 1320

小　结 …………………………………………… 1327

大结局　希腊哲学的终结与启示 ………………… 1330

附 录

《希腊哲学史》第一、二、三卷要义 …………………… 1359
书 目 ……………………………………………………… 1453
译名对照表 ………………………………………………… 1475
索 引 ……………………………………………………… 1488

后 记 ……………………………………………………… 1493

Contents

Preface to the second editon ………… Wang Zisong 1

Preface ……………………………………………………… 1

I

Introduction ……………………………………………… 1

Section 1. The formation of Mediterranean cultural circle ……………………………………………… 1

1. The evolution of the Eastern part of Mediterranean cultural circle ……………………………………… 2

2. The Westward move of the center of Mediterranean cultural circle …………………………………… 13

Section 2. The trends of Greco-Roman *politeia* and culture …………………………………………… 17

1. Macedonia and Greece: the clash of two political ideas ……………………………………………… 17

2. Alexander and Hellenization ························ 23

3. "The Orientalization" of *politeia*: monarchy and empire ························ 31

4. The cultural mixing of Mediterranean world ······ 41

Section 3. The trends and features of later Greek philosophy ························ 47

1. From "What is","Why" to "What for" ············ 47

2. From the focus on "Truth" to that on "the Good" ························ 51

3. From practical philosophy to religion: the end of ethical quest becoming the beginning of religious pursuit ························ 55

Section 4. The literature of later Greek philosophy ········· 57

1. The compilation, summation and annotation in late classical times ························ 57

2. The collation and compilation in modern times ······ 66

3. Reference books ························ 70

4. Research works and anthologies of contemporary scholars ························ 72

Part I Epicureanism

Chapter I An introduction to Epicurus: life, works and school ························ 86

Section 1. Sources ········ 86

1. Epicurus' extant texts ········ 86

2. Lucretius' works ········ 88

3. Other ancient works ········ 91

4. Modern studies ········ 92

Section 2. Epicurus' life ········ 94

Section 3. The development of Epicureanism ········ 105

1. At Athens ········ 106

2. In Roman times ········ 107

3. Revival in Asia Minor ········ 115

Section 4. The general questions and the whole system ··· 122

Chapter II Kanonikon (Epistemology) ········ 130

Section 1. Empiricism ········ 133

Section 2. Sense and prehension ········ 143

Section 3. Judgment and inference ········ 149

Chapter III Physics ········ 157

Section 1. Double entities: atom and void ········ 159

1. The proof of atom ········ 160

2. The proof of void ········ 166

3. Other members of ontological order ········ 170

4. Infinity ········ 175

5. Atomic movement ········ 180

6. The attributes of atom ········ 186

Section 2. Soul, image and gods ········ 189

1. Soul ········ 189

2. Images ········ 196

3. The Epicurean gods ······ 199
Section 3. Cosmology ······ 206
Section 4. A summary and comparison ······ 216

Chapter IV Therapy, ethics and politics ······ 224
Section 1. A philosophy of therapy ······ 224
Section 2. An ethics of teleology ······ 244
Section 3. A politics of reductionism ······ 252
1. The reversion of Great Order ······ 252
2. Justice as *nomos* ······ 254
3. Community and friendship ······ 262
4. Human history ······ 266
Section 4. Comparisons with other schools ······ 272
1. Comparing with Scepticism ······ 273
2. Comparing with Stoicism ······ 277

Conclusion ······ 283

Part II Stoicism

Chapter V Introduction to Stoicism ······ 293
Section 1. Stoic philosophy: its influence and research situation ······ 294

Section 2. General feature: a combination of paradox and self-consistency ········ 303
Section 3. The Development of Stoicism ········ 305
1. Zeno' s adventure and the inheritance of Stoicism ········ 306
2. Stages of Stoic development ········ 313
Section 4. Basic questions of Stoicism and their solutions ········ 337

Chapter VI The "First Philosophy" of Stoicism ··· 343
Section 1. The origin and logic of "First Philosophy" ··· 344
Section 2. The contribution of Stoicism to "First Philosophy" ········ 357
1. Does Stoicism have "First Philosophy" ········ 357
2. "The real beings" ········ 359
3. "Secondary beings" and "predictions" ········ 371
4. Universals: even lower beings and the reversed Line ········ 378
5. Further problems ········ 382

Conclusion ········ 392

Chapter VII The Stoic physics ········ 394
Section 1. A summary: object, significance and questions ········ 394
1. The object of physics ········ 394
2. The significance and questions of physics ········ 400
Section 2. The basic principles of Stoic physics ········ 403

1. The unity of active and passive principles: organic unity ······ 403
2. The unity of ultimate cause and the whole ······ 411
3. Correspondence between micro-universe and macro-universe: soul and man ······ 418
Section 3. The basic questions of Stoic physics ······ 425
1. Teleology and determinism ······ 426
2. Mixture ······ 429
3. Void and continuum ······ 432
Section 4. Determinism and freedom ······ 436
1. Causal determinism ······ 438
2. Ensuring freedom and the doctrine of "inner cause" ······ 442
3. Back to fate or new kind of freedom ······ 453
Section 5. Comparisons with other kinds of physics ······ 458
1. The conflict between Stoic physics and Platonic physics ······ 458
2. The conflict between Stoic physics and Epicurean physics ······ 462
Section 6. The Theo-apologetics of Stoicism ······ 470
1. The nature of God: naturalistic pantheism ······ 471
2. Proofs of existence of God ······ 475
3. God's concern and rule of the world—theodicy ··· 482

Chapter VIII Logic-epistemology of Stoicism ······ 488
Section 1. The general features and questions of Stoic epistemology ······ 488

Section 2. Impression,concept and epistemic impression … 496
1. Impression,word and concept ………………… 498
2. Epistemic impression …………………………… 509
Section 3. Proposition,compound proposition and inference ……………………………………… 520
1. Division of propositions ………………………… 521
2. Compound propositions ………………………… 523
3. Theory of inference and logic of discovery …… 527
Section 4. An epistemology of natural secrets? ………… 536
1. Formalization and axiomatization ……………… 537
2. A possible explanation: division of labour and apologetics ………………………………………… 539
3. Reflection: rational religion and its difficulties … 550

Chapter IX The therapeutic-ethic philosophy of Stoicism …………………………………… 560
Section 1. The challenges that Stoic ethics faced ……… 560
1. Paradox or innovation ………………………… 561
2. Controversies over the starting point of Stoic ethics ……………………………………………… 562
3. Ethics and therapeutic philosophy ……………… 566
Section 2. Therapeutic philosophy of Stoicism ………… 568
1. Human disease and aetiology …………………… 568
2. Reevaluation as a prescription ………………… 579
3. Sages and health ……………………………… 594
4. Physics as foundation for ethics ………………… 601
Section 3. Stoic ethics ……………………………… 617
1. Mode and problems …………………………… 618

2. Deontology against teleology …………………… 620
3. Relation between virtue theory and deontology … 626
4. Moral motivation and contextualism …………… 633
Section 4. Late Stoicism and applied ethics …………… 648
1. Plato's response to sophists:techne and power … 649
2. Therapeutic techne and applied ethics ………… 650
3. Ways of therapy: reason and emotion ………… 654
4. Therapeutic techne and rhetoric ……………… 670
Section 5. Comparisons and reflections ………………… 680
1. Naturalistic problems ……………………………… 680
2. Problematic relation between ethics and life …… 688
3. Comparisons with other kinds of ethic-therapeutic philosophy ………………………………………… 699

Conclusion ……………………………………………… 705

Part III Scepticism

Chapter X The stages and general themes of Scepticism ……………………………… 718

Section 1. Research situation and historical materials ··· 718
Section 2. Stages of Scepticism ··························· 723
1. Founding fathers ··································· 725
2. Scepticism in Plato's Academy ····················· 730
3. Aenesidemus and the revival of Pyrrhonism ······ 747
4. Late Scepticism ···································· 751

Chapter XI The Criticism of dogmatism by Sceptisim ······························· 755
Section 1. The ultimate goal and basic logic of Scepticism ······························· 755
Section 2. Antinomy: various "modes" of Scepticism ··· 760
Section 3. The opposites among phenomena: "ten modes" ······································ 765
Section 4. "Five modes" and "two modes" ·············· 781

Chapter XII Scepticism attacking philosophic disciplines ······························ 790
Section 1. Against logics ································· 792
1. Reflections on the criteria of truth ················ 793
2. Is Scepticism a paradox ··························· 804
Section 2. Against physics ································ 813
1. On gods ·· 814
2. Criticism of theories of cause ····················· 827
3. Doubts about space, time and movement ········· 829
Section 3. Against ethics ································· 830
Section 4. Against the teachers of other disciplines ······ 838
1. Against grammarians ······························ 841

2. Against rhetoricians ······························· 850

3. Against geometricians ······························ 854

4. Against mathematicians ····························· 856

5. Against astrologers ································· 858

6. Against musicians ··································· 868

Chapter XIII Philosophical reflections on Scepticism ······························· 871

Section 1. The epistemological significance of Scepticism ······························· 871

1. Attitudes towards sense and reason in the history of Greek philosophy ······························· 872

2. The doubts about the truth of perceptual knowledge ······························· 876

3. The attack on rational knowledge ················· 885

Section 2. A negative meta-philosophy ··················· 902

1. All propositions can be proved equally ··········· 903

2. No value for theory as a system of propositions ··· 907

3. Is Scepticism itself a kind of theory ·············· 909

Section 3. Scepticism: life and theory ·················· 915

1. Can dogmatism guide life ·························· 917

2. Can Sceptisim help life ···························· 921

Conclusion ··· 933

Part IV Plotinus and Neo-Platonism

Chapter XIV Introduction: life, works and thought resources of Plotinus ······ 941
Section 1. Plotinus' life ······ 943
Section 2. The editing of the Enneads ······ 949
Section 3. The thought resources of Plotinus ······ 967
1. The relation to Plato's philosophy ······ 969
2. The relation to Aristotle's thought ······ 971
3. The relation to Stoics ······ 972
4. The relation to Pythagoreans ······ 973
5. The influence of oriental thoughts ······ 974

Chapter XV Plotinus' philosophical system: monism with multiple levels ······ 976
Section 1. The One ······ 977
1. The proof of the One ······ 978
2. The transcendence of the One ······ 983
3. The creativity of the One ······ 991
Section 2. Nous ······ 996
1. The loss of supreme unity ······ 997
2. The high degree of autarkeia and unity ······ 999
3. The peculiar vitality and creativity ······ 1007

Section 3. Universal soul ······························· 1013
Section 4. Man and cosmos ······························· 1027
1. Man ··· 1034
2. Man and cosmos ······························· 1045
3. Material ··· 1055
Section 5. Return ··· 1063
1. The necessity of return ····························· 1064
2. The driving force of return ······················· 1078
3. The way of return ··································· 1088

Chapter XVI Viewing Plotinus in his times ········· 1099
Section 1. Problems in Hellenistic-Roman times and the response from philosophy ····················· 1100
Section 2. A comparison with Gnosticism ·············· 1102
Section 3. Plotinus and Christianity ······················· 1117

Chapter XVII The development of Neo-Platonism ································· 1127
Section 1. A summary of post-Plotinus Neo-Platonism ··· 1127
Section 2. Porphyry ··· 1135
Section 3. Iamblichus ······································· 1145
Section 4. Proclus ··· 1153

Conclusion ··· 1166

Part V Greek Philosophy and Early Christianity

Chapter XVIII Christianity and Hellenism ········· 1173

Section 1. Hellenistic period: historical, geographical and psychological changes ····················· 1173

Section 2. Hellenization and Hellenism ·················· 1175

Section 3. Christianity and Hellenism ····················· 1178

Section 4. Hellenism and Philo of Alexandria ··········· 1183

Section 5. Early apologists and Hellenism ·············· 1189

Chapter XIX The age of Cappadocian fathers and their lives ································· 1195

Section 1. Christian Alexandrian School and the extension of Hellenism ································· 1197

Section 2. Athens and Cappadocia ······················ 1202

Section 3. Greek thought and Christian faith ··········· 1210

Section 4. Neo-Arianistic controversy and the basis of Greek philosophy ································ 1213

Chapter XX Trinitarian theology ····················· 1218

Section 1. Ousia and physis ································ 1220

Section 2. Physis, logos and ousia ······················ 1226

Section 3. Physis and hypostasis ························ 1230

Section 4. Physis and two natures of Christ …………… 1235
Section 5. Physis and koinonia ……………………… 1240
Section 6. Physis and dynamis ………………………… 1248

Chapter XXI The image of God: anthropology of Greek Christianity …………………… 1251
Section 1. Irenaeus on the image of God ……………… 1253
Section 2. Philo and Origen on the image of God …… 1259
Section 3. Apollinarius on the image of God ………… 1268
Section 4. Cappadocian fathers on the image of God … 1272

Chapter XXII Sin, free will and *paideia* ………… 1282
Section 1. The interpretations of sin and the road to salvation ……………………………… 1283
Section 2. Free will and reason ……………………… 1293
Section 3. Paideia and deification …………………… 1298

Chapter XXIII Universal salvation and *apokatastasis* ……………………… 1307
Section 1. Two kinds of soteriology …………………… 1308
Section 2. The creationist basis of universal salvation ……………………………… 1310
Section 3. Universal salvation and the love of God …… 1314
Section 4. Apokatastasis ……………………………… 1320

Conclusion ………………………………………… 1327

Epilogue: A summary of the four volumes ……… 1330

Appendix

An outline of the first three volumes ······ 1359
Bibliography ······ 1453
Glossary of translated names ······ 1475
Index ······ 1488

Postscript ······ 1493

再版序言

汪子嵩

《希腊哲学史》全四卷分别于1987、1993、2003、2010年出版。为保持全书格式的统一,其他各卷大体上按第一卷的体例执行。时隔近三十年,从出版社到作者,不由得产生某种共鸣式的冲动。出版社想在装帧、排版、格式方面"旧貌换新颜",作者想积30年研究的经历,利用迄今为止掌握的资料和海内外学术界研究成果,做一个较完善的修订本。然而"心想事成"对我们六位原作者而言,仅是个美好的梦想。现实一些,统一全书个别前后不一的译名,更正个别差错或措词,按国际出版惯例增加一个各卷人名、地名、术语索引,这是做得到的。2011年9月哲学编辑室主任方国根向我们转达人民出版社领导决定出全四卷《希腊哲学史》新版的消息,考虑到作者的现实条件,新版不作大的修订,仅作个别更正,统一译名和注释规格,增加索引。

现作如下说明:

1.再版的格式、译名、注释方式仍以第一卷为基础。特别是外文资料的注释,现在通行的方式是用原文全称或缩写。我们当时考虑到中国读者的情况,都用统一的中译文注释,书后附上译名一致的参考书目。此次再版不做大的更动。四卷中人名、地名、书名中译不一致者一般以第一卷为基础,个别采用后两卷的翻释。例如,地名帕伽马、帕加马、柏加玛,一律采用帕伽马;人名如斐洛、菲洛,一律用斐洛;奥利金、俄里金,一律用奥利金,这是教会史、基督教史方面比较通用的译名。姓名同一者,前面另加学派或地名,如同《著名哲学家的生平和著作》的作者第欧根尼·拉尔修同姓者有好几个,分别译为犬儒的第欧根尼即辛诺普的第欧根尼、阿波罗尼亚的第欧根尼、巴比伦的第欧根尼、塞留西亚的第欧根尼、奥依诺安达的第欧根尼。

2.四卷本原稿从撰稿人、统稿者到责任编辑、编辑室主任,经过好几道手续,此次复查,差错率极小,但是总免不了个别表述或打印方面的差错。人民出版社哲学编辑室,在方国根主任带领下,几人把关,作了更正。撰稿人和读者发现的差错,趁此机会也予以更正。

3.考虑到本书是研究外国哲学的,关于专门术语,从作者到读者都比较熟悉英译,所以索引的排序不用汉语拼音,而用英语字母顺序。索引的格式与海外通例一致。重要的、多次出现的专门术语按内容分类。

4.有关再版的具体工作委托浙江大学陈村富教授负责。索引是王晓朝教授安排他指导的博士后陈玮帮忙做的。周展、陈越骅分别承担第四卷和第一、二、三卷的英文目录。刘永亮、尚万里、徐晓燕承担了核查注释、统一体例等方面许多烦琐而又细致的具体工作。浙江大学还提供了“中央高校基本科研业务费专项资金”的资助。在此均表谢意。

5.《希腊哲学史》是1980年国家社科基金立项的多卷本《西方哲学史》之一。之后《希腊哲学史》第四卷、全四卷《希腊哲学史》新版(原名称“四卷本《希腊哲学史》导读及专题研究”)又陆续获得国家社科基金的项目资助,其中第四卷还获得浙江省社科规划办重大项目的资助。在此对上述机构表示诚挚的谢意。

在新版《希腊哲学史》出版之际,自然想到始终如一为我们创造出版条件的人民出版社从社长到编辑以及校对和设计的整个团体。刚完成第四卷接着就出全四卷的新版,是我们做梦都想却不好意思开口的事。初版的四卷五大册,5千多页,而且前两卷当时还没有电子版,工作量可想而知。哲学编辑室主任方国根动员全室力量,各抱一卷重新过目一遍,统一全书格式,耗时一年多成就了这番事业。一个出版社找几位敬业精神的典范不难,难得的是从上到下,从老一代、第二代到第三代几十年如一日持奉这种敬业精神。我们在为人民出版社建社纪念而撰写的《图书出版业的守护神和常青藤》中倾诉了我们二十多年积聚的感受。刻书与收藏起源于古巴比伦和亚述。Nabu是一位刻印楔形文学泥版文书的高手,一生兢兢业业。在

Borsipa 完成了大量口传史诗、铭文、敕令和星相学、天文学的刻印与维护，死后被奉为守护神。之后在 Ashur、Calah、Nineveh 也被奉为刻印业的守护神。近现代发掘的大量楔形文字泥版文书就是在这些地方。后来的希腊人发扬了这个传统。古代各行各业的守护神，其实就是人的敬业精神和理想的外化与升华，是一种象征，一种符号，代表某种行业、职业的精神、力量、戒律和守则。常青藤是古希腊酒神的生命不息的象征。本书的再版，再现了这种出版行业的守护神 Nabu 的精神。

借此机会，以我们六位撰稿人的名义，向出版社领导、哲学编辑室历任主任、本书责任编辑、校对、美术设计人员以及所有为本书劳心给力的朋友们致以崇高的敬意！

2011 年 12 月

序　言

汪子嵩

1983 年，我们四个人——我和范明生、陈村富、姚介厚（按年龄顺序）共同商定：由我们承担编写四卷本《希腊哲学史》的任务。现在，2008 年，经过将近四分之一世纪——25 年的风风雨雨，第四卷终于和读者见面了，了却了我们的心愿，也可以来谈谈我们的想法：我们为什么要编写这样一部四卷本的《希腊哲学史》？我们打算如何写这样的哲学史？回顾一下我们是怎样走过来的，向读者作个说明和交代，谨请批评指正。

一

事情要从 1978 年说起。

1978 年在中国历史上是一个极为伟大的转折点。“文革”结束，广大中国人民从这场史无前例的将中国的政治、经济、文化、道德拖到崩溃边缘的浩劫中觉醒过来，展开了一场轰轰烈烈的“实践是检验真理的标准”的大辩论。大多数知识分子认识到必须恢复和重建中国的文化思想，必须批判长期束缚我们的闭关锁国的极“左”思潮，真正实现“四个现代化”，走向世界，使我们能在现代化世界中恢复应有的大国地位。鉴于当时对于实践标准问题有不同意见发生争论，党中央由叶剑英同志提出召开一次全国性的理论问题讨论会，这样就在 1978 年 10 月由中国社会科学院哲学研究所出面主办“全国科技界实践标准理论问题座谈会”。

我还清楚地记得:1981 年 5 月,三位北大同学范明生、陈村富、李真到《人民日报》理论部来找我。他们找我不是讨论实践标准问题,而是谈希腊哲学,因为他们知道我已经决心回头学习和研究希腊哲学了。范明生原是清华大学哲学系学生,1952 年院系调整时并入北大哲学系,1955 年毕业;他的毕业论文是由任华教授指导的,是对柏拉图的对话的研究。毕业以后,历经坎坷,后来终于在 1979 年从武汉大学调回上海,在上海社科院哲学研究所工作。这时候他大概正在酝酿《柏拉图哲学述评》的写作,那是他在"文革"期间被迫当"逍遥派"的研究成果。陈村富是 1955 年考入北大哲学系的。他们那一班被称为是幸运的,因为那两年正是中央落实知识分子政策,重视科学和知识,他们认认真真念了两年书。1960 年毕业,当了任华先生的研究生,专门研究古代希腊哲学。李真比陈村富晚一年入学,他 1962 年毕业的时候已经风云突变了。他们三位都特别喜欢古代希腊哲学,尤其是对柏拉图的《对话》有共同的兴趣,这主要是受了北大哲学系任华教授的影响。

写到这里,应该对任华先生作点简要的介绍。原来清华大学哲学系在抗日战争以前,有金岳霖先生和沈有鼎先生师生两代主持符号(数理)逻辑的教学研究,有冯友兰先生主持的中国哲学史研究,却缺少西洋哲学史的教授,只能请北大、燕京的教授来兼课。因此,决定选择自己的毕业生任华先生专门培养,送到美国留学,在哈佛大学获得哲学博士学位,在抗日战争结束后回到清华,担任西洋哲学史教授。他是一位从古代希腊罗马一直到现代西方各个流派的哲学思想多有研究,能讲授专业课程,并通晓古代希腊、拉丁、英、德、法等多种语文的教授。可是他回国以后,很快迎来北平解放;1952 年院系调整时和清华教授一起并入北大哲学系,成为"思想改造"的对象,没有讲课和研究写作的权利。任华先生在西方哲学史教研室主持史料的翻译和编纂工作,在他的领导努力下,由北大哲学系西方哲学史教研室编译的"西方古典哲学原著选辑":《古希腊罗马哲学》、《十六——十八世纪西欧各国哲学》、《十八世纪法国哲学》、《十八世纪末——十九世纪初德国哲学》和《十九世纪俄国哲学》等书的出版,为 20 世纪五六十年代以来的整整一两代知识分子提供了了解和学习西方哲学的重要精神食粮。1956 年为了落实"双百"方针,可以让哲学系的老教授上台讲课了，第一位登台的便是任华先生，他讲的“西方哲学史”博得学生热烈欢迎。但从1957年“反右”后，1958年上半年又发动了批判“白专道路”和“资产阶级教育路线”的运动。任先生是位谨小慎微的人，只能一再检讨“是我的错”。1962年风向又变了，重提要“落实知识分子政策，为知识分子脱帽加冕”。当时为了批判苏联赫鲁晓夫的“修正主义”，要加强理论根据，在中央党校成立一个“统编教材办公室”，调集优秀教师编写文、史、哲教材，又选定任华教授担任《西方哲学史》的主编。可是这部教材还没有完全定稿，风向突变，只好中断。“文革”开始，任先生和北大许多教授一样，被作为“反动学术权威”批斗。任先生经历了这样起伏打击以后，精神上已经崩溃了。任先生的日常生活完全是由他夫人料理的，1973年他夫人因病去世后，子女又下乡插队劳动，他生活得非常艰难，终于老病忧郁。这样一位精通西方哲学的前辈学者，陈村富说：“正是任华教授引导我走入希腊的智慧大门”，却只能这样默默地抱憾离去。我们在这里花点笔墨记下他，既表示我们对他的崇敬和哀思，也想告诉后来的学者：在当时的环境里，像任先生一样，不能施展才能而埋没一生的学者是为数很不少的。所以，必须珍重学术的自由！

1981年5月，范明生、陈村富、李真来找我，是想征询我的意见：他们想三人合作，翻译一部西方著名的《希腊哲学史》。是译德国著名哲学史家策勒(E.Zeller，1814—1908年)在19世纪初版的《希腊哲学史》呢，还是译新近出版的剑桥大学教授格思里(W.K.C.Guthrie，1908—1982年)的六卷本《希腊哲学史》？我当时的想法是：策勒的三大卷五巨册的《希腊哲学史》(《史纲》是它的精编本)在19世纪后半叶的西方影响很大，从内容到资料的选择，的确都是比较稳妥和合乎理性的；但它终究是一百多年前的学术著作，这段时间尤其是第二次世界大战结束后，西方学者在复兴思想文化传统上有明显的成果，许多新的观点没有包容在策勒的著作之内。当时我还只能看到格思里的《希腊哲学史》第一、二卷，他提出的许多新观点，我觉得其中有些问题是值得再讨论的；尤其是因为古代希腊哲学是西方人的老祖宗，正像我们中国学者对于先秦诸子儒、道、名、法之间的思想渊源、继承发展以及相互矛盾等关系是有所了解，无需说明的；而格思里的书，由中国人看来，不免有些费解。最后我大胆提议:你们三个人,与其通力合作去翻译一部西方人的著作,倒还不如你们自己来编写一部适合中国读者阅读的《希腊哲学史》。

二

没有想到的是:编写《希腊哲学史》的任务,最后还是落在我和范明生他们几位身上。

1979年在济南召开全国社会(人文)科学规划会议,当时主持中央思想文教工作、担任中国社会科学院院长的胡乔木同志,为了重新恢复中国社会科学的学术研究工作,鼓舞士气,并争取中国学术界在世界上应有的学术地位,在会上提出要求学术界通力合作,编写出多卷本的中国的和西方的哲学史、史学史、文学史。并且在第二年——1980年在福州举行的规划会议上,将多卷本《西方哲学史》的任务,指派给汝信同志、朱德生同志和我三个人负责。我们初步商定将《西方哲学史》定为十卷(不包括现代西方哲学史,那有另一套多卷本)。并商定其中第一卷古希腊哲学和第二卷古罗马哲学由我具体负责。当时我已经决心脱离报纸编辑工作,回头学习和研究希腊哲学史,主要是研究亚里士多德的《形而上学》,自己有了初步规划,已经写了几篇论文,后来陆续在《中国社会科学》、《哲学研究》发表。现在这样一转变,我便只能和范明生他们一起,担负起编写《希腊哲学史》的任务了。

这时候,姚介厚同志由汝信同志商得国家教委同意,调到中国社科院哲学研究所工作,协助汝信同志具体负责十卷本《西方哲学史》的工作,他也参加到我们这个集体中来了。姚介厚同志是我国最早一代去美国专业学习哲学和科学的前辈学者全增嘏教授的学生。全先生1923年在清华大学毕业后,和金岳霖、汤用彤、胡适等先后去美国留学,获哈佛大学硕士学位。回国后,在上海中国公学等大学担任教授,编译爱因斯坦、牛顿著作选集。1956年创办复旦大学哲学系,金先生当时任复旦大学教授,姚介厚与刘放桐等都是复旦大学毕业的优秀生。“文革”后期姚介厚被调到北京国家教委工作,1983年由哲学所选送美国留学,主要研究学习美国当代哲学,但他在全增嘏教授的熏陶下,对希腊哲学,尤其是柏拉图的《对话》情有独钟,他将我们在十卷本《西方哲学史》第一卷分配给他的任务——《公元前五世纪后半叶的自然哲学家》初稿,1984 年归国时也带回来了。

"文革"后期,政治局面有所松动,"9·13"林彪事件后,周恩来总理主持中央工作,他要求深批极"左"思潮,整顿生产秩序,落实知识分子政策,饱受"文革"洗礼的知识分子有了自由活动的空间。先是陈村富和李真于 1979 年在杭州,跟杭州大学教授严群先生进修古希腊、拉丁文。严先生是我国伟大的启蒙思想家和翻译家严复先生的侄孙,是我国研究希腊哲学史的前辈专家、学者,精通古希腊、拉丁文。他早年毕业于燕京大学,20 世纪 30 年代在美国哥伦比亚、耶鲁等大学学习哲学和希腊、拉丁语,回国后在燕京等大学任教,当时是杭州大学教授。他在 1980 年开始招收硕士研究生,王晓朝、包利民、王来法几位青年学者便是由严先生亲自培育起来的,他们主要学习古希腊、罗马哲学和希腊、拉丁语。1976 年陈村富也被批准由中国社科院哲学所调到杭州大学哲学系任教,他们一起组成了一个研究希腊、罗马哲学的重要基地。陈村富接任杭州大学哲学系主任后,又招收了章学富等研究生。陈村富已了解到:欧美学术界对古代希腊哲学史的研究重点,已经从以前那样专注于古典时期雅典式的城邦民主制时代,集中在柏拉图和亚里士多德的学园与他们的著作和思想上,转移到后期泛希腊化和罗马帝国时期。因此在 20 世纪 90 年代就将他们培养的青年学者送往欧美去学习当代流行的希腊哲学史。十几年来他们已经获得重大的成果,发表了多种学术专著,取得博士学位,成为这一学术领域的专家、学者,他们是本书《希腊哲学史》第四卷的主要撰稿人。在陈村富领导杭州大学(现已并入浙江大学)基地的同时,北方的中国人民大学哲学系,也由苗力田学兄招收了余纪元、徐开来等研究生学习希腊哲学,主要学古希腊语文。他们在苗公主持下,翻译出《亚里士多德全集》12 卷,这是用汉语第一次译出的西方大哲学家的著作全集,成为北方研究希腊哲学的重要基地。这南北两个基地互相呼应,对于我们中国研究古代希腊、罗马哲学已经作出贡献。由他们培养的这些青年(现在已经是中年)学者,现在已经有的在国际学术界,有的在国内学术界作出显著的贡献,今后必然还会有更好的成就!

严复老先生是著名的藏书家,他对19世纪及以前英国出版的珍贵书籍收藏甚丰,其中很多是有关希腊哲学的学术书籍,这部分书籍大多由严群先生接手。严群先生自己又是一位爱书如命的人,他收藏了20世纪出版的大量希腊哲学的中外书刊。当时严先生家中收藏的有关希腊哲学的学术书籍之多,即便在全国图书馆中,也是居于第一位的。后来陈村富募集中外资助,极大部分钱多是用于购买外文版有关希腊、罗马哲学的学术著作,现在他们收藏的这方面图书的数量,仍然是占全国第一位的。具有这样优越的物质条件,是这个基地的特点,也是我们能够编写这四卷《希腊哲学史》的重要资料基础。

严群先生热爱柏拉图哲学,他留学归国以后便一心从事翻译柏拉图的《对话》。1946—1948年我当北大研究生,并在贺麟先生主持的"西洋哲学编译会"兼职时,就知道严先生已经译出二十多篇《对话》的初稿,还在反复修改。贺先生和严先生是清华、燕京时代的旧友,贺先生曾将严先生的初稿给我看过。我还记得:在精美的稿纸上,严先生用清秀的行草,一笔笔写得那么端正,令人叹绝。严先生的译文当然深受严复老先生的影响。严老先生是激进的改革家,他翻译"严译名著"时已经抛弃了陈旧的文言文,改用当时适用于和西方文化交流的"白话";但在后来的我们看来,这种白话并没有摆脱原来文言文的典雅。正像我们这样七老八十辈写的白话文,在后一辈看来,总是带着陈腐的文言腔一样。语言文字也不能一成不变,后来的终究要接替前者。

在我考虑如何编写《希腊哲学史》时,感到为难的有两个问题:第一个问题是编写《希腊哲学史》和马克思主义的关系;第二个问题是史料和史论的关系问题,从研究哲学史的角度讲,应该是"以论代(带)史"呢,还是"论从史出"?

1980年汝信同志向我们传达胡乔木同志关于编写《西方哲学史》的原则意见:"总体上符合马克思主义,吸取西方学者的研究成果,有中国学者的创见。"说要符合马克思主义,就是说不能不符合马克思主义。对于像我这样已经"思想改造"了50年的人,即使是在参加实践标准讨论的宣传工作,也还没有大胆到认为写书可以离开马克思主义的指导;但是当我具体考虑到我们要写的是古代希腊哲学史的时候,却产生了许多问题。多年习惯养成写书必须找到“理论根据”,即从马列经典著作中找到可以引用的论据。对于古代希腊哲学,我们知道只有马克思早年的博士论文《德谟克利特的自然哲学和伊壁鸠鲁的自然哲学的不同》曾对希腊哲学作过认真的研究,指出伊壁鸠鲁的自然哲学不是照搬德谟克利特的原子论,而是有所前进发展的。但这点终究只是古希腊哲学中的一件个别案例,并不能完全据此判断希腊哲学的发展趋向以及历史成就等重大问题。后来马克思很快走出书斋,和恩格斯一起参加社会革命运动,成为“共产主义者同盟”政党的精神领袖。他们当时的主要任务是要捍卫共产主义理论,和形形色色非共产主义的社会主义流派的思潮进行斗争。恩格斯的《路德维希·费尔巴哈和德国古典哲学的终结》、《反杜林论》以及列宁的《唯物主义和经验批判主义》就是这样的哲学著作,他们当然没有时间顾及对两千多年前的古希腊哲学作学术研究了。幸而20世纪三四十年代在苏联发现了列宁《哲学笔记》的手稿,其中对黑格尔《哲学史讲演录》和亚里士多德《形而上学》作的摘录和评述,有许多与希腊哲学有关的资料。有的学者已经发现列宁提出了一个新的哲学史的定义:他认为黑格尔的辩证法(也就是他的逻辑学)看起来似乎只是纯粹抽象的逻辑推演,实际上却是思想史的概括。所以他说:哲学史、各门科学的历史等等“就是那些应当构成认识论和辩证法的知识领域”。他又说:“虽说马克思没有遗留下‘逻辑’(大写字母的),但他遗留下《资本论》的逻辑,……在《资本论》中,逻辑、辩证法和唯物主义的认识论(不必要三个词,它们是同一个东西)”。苏联和中国的有些学者据此认为,列宁提出了一个新的哲学史定义,那就是:哲学史是人类认识史的概括和总结,是逻辑、辩证法和认识论三者的统一,也就是逻辑和思想史的统一。这是我们当时的认识水平所能接受的哲学史的定义,因为它是马克思主义经典作家的著作中写下的,终究可以用来反对那些说“哲学史是唯物论反对并战胜唯心论的历史”那样简单化的教条。并且还可以从《哲学笔记》中找到对我们有用的一些“语录”,可以用来论证我们的观点是有“根据”的。我在1983年写的《希腊哲学史》第一卷的“前言”,就是在这种心情下写出来的(虽然这第一卷是到1988年才正式出第一版)。

但是,随着真理标准讨论的深入,“不唯上,不唯书,要唯实”成为人们的普遍共识。我们心里也产生了问题:我们写哲学史,无论是某一历史时代或某一民族国家的哲学史,或是某个哲学流派或某位哲学家的哲学思想,总是一个具体的历史事实,它是在变化发展的。逻辑与历史是统一的,但在这个统一中,是逻辑决定历史,还是历史决定逻辑?这就是哲学家和历史学家常常争论的“以论代史”还是“论从史出”?这是当时我考虑的第二个难以解决的问题。

我认为应该说有两种类型的哲学家:一种是自己已经有了比较系统的哲学思想或打算建立自己的思想体系的哲学家,他们比较重视哲学的普遍性,认为“人同此心,心同此理”,因此,不论中外古今的哲学家的思想都可以综合在一起,为我所用。另一种是我们这样的哲学史工作者,我们认为任何时代、任何学派的哲学家的思想都是实在的、具体的,哲学史的研究工作主要就是要分辨他们之间的不同,分析他们各自的特点,才能找出其发展规律,理清哲学史的发展线索。这就是逻辑和历史的统一,在这个统一中,是逻辑决定历史,还是历史决定逻辑?前一类型哲学家主张逻辑决定历史,所以应该“以论代史”;而哲学史工作者则认为这样做只能导致对历史事实的歪曲。

当我对这两个感到难以解决的问题有了一些想法之后,1983年将它写成《希腊哲学史》第一卷“前言”的初稿,和范明生、陈村富、姚介厚一起讨论修改。当时已是“反对精神污染”运动高潮后期,为了减轻出版社承受的压力,说明我们这些思想理论多出于经典著作,是有根据的。后来随着真理标准讨论的更加深入,思想更加解放,认识到我们编写《哲腊哲学史》,实在没有必要而且也不可能从马克思主义的经典著作中找具体根据;将从《哲学笔记》中引用的文字删去,可以实事求是地论述我们自己的研究成果。1997年人民出版社决定重印我们的书,当时的政治局面也有所松动,我们便公开发表了修改过的“前言”。

三

经过一段时间的调查研究,开座谈会、讨论会,进行个别交谈,我们意识到:胡乔木同志提出的,要在近期内编写出多卷本《西方哲学史》的要求,实际上是难以做到的。再加上多年闭关锁国,对世界已经在迅速发展的学术研究情况毫无所知;在这种情况下,如何能写出有世界水平的学术著作?

因此我们议论:是不是由我们四个人先来试写一部四卷本的《希腊哲学史》。究竟我们要写一部怎么样的《希腊哲学史》,打算怎么写?我们四个人在一起商议,给我们自己定了三点要求:

第一,必须坚持史料是第一位的,我们的论述必须以历史资料为根据,"论从史出";而不能"以论代史"。

第二,我们的著作主要是介绍和分析古代希腊的主要哲学学派的哲学家的主要著作(包括《残篇》)中的重要思想和逻辑论证,让读者知道他们说了些什么,这是学习和研究古代希腊哲学的基本工作。

第三,我们是要写一部给中国读者看的古代希腊哲学史。古代希腊哲学是西方哲学的老祖宗,西方的知识分子对古代希腊哲学多少有一些必要的知识;正像我们中国的知识分子对于先秦的儒、道、墨、名、法各家的思想,多少有些了解,所以写《中国哲学史》时,对许多常识性的问题,不需要作更多解释,反之则不然。这大概就是许多中国读者读西方学者写的《希腊哲学史》时常常感到困惑的原因。因此我们写《希腊哲学史》必须注意到这种情况,对许多中国读者不易了解的事情,多少加一些必要的说明和解释。

这里就牵涉到翻译问题了。因为我们是要用中国的语言文字去翻译西方欧美的语言文字,这是两种不同文本的语言文字,更不用说要用现代汉语去翻译古代希腊的语言文字了。尤其是对古希腊哲学范畴的翻译,问题更多。现在回顾一下,在写本书第一、第二、第三卷时,对两个最重要的哲学范畴的译名未能作出全面而又准确的解释,一个是柏拉图哲学的 idea,eidos;另一个是巴门尼德和亚里士多德哲学的 Being。

柏拉图哲学的 idea,以前没有固定的译法,最早的译者大多按英文译为"观念";后来随译者自己的理解,译为"型"、"存在"、"理念"等等。1945 年陈康先生的《柏拉图巴曼尼德斯篇译注》出版,他将 idea 译为"相",坚决反驳"理念"的译法,因为当时的希腊哲学中,还没有达到后来的"理"的思想程度;而在柏拉图的有些对话中,虽然也有主观的"念"的思想,但在有些重要对话中,还是将 idea 认为是客观实在的东西。从 20 世纪 50 年代初开始,柏拉图的 idea 更被规定应译为"理念",这是因为当时在西方著名哲学家中,只有黑格尔是最受尊崇、可以公开研究宣传的,他的辩证法是马克思主义三大理论根源之一,而在黑格尔的逻辑学中,他的 idea 是通译为"理念"的,所以柏拉图的 idea 也只能译为"理念"。

对于 Being 这个哲学范畴,陈村富在 1983—1984 年作过专门的研究。那时西欧的学者对于如何用现代的英文、德文翻译希腊文 Being,产生了分歧,引起争议。本书第一卷中爱利亚学派部分分工归陈村富写,他对巴门尼德的著名长诗《论自然》作了细致详尽的分析研究(见本书第一卷,第 493—568 页)。他认为:在早期希腊哲学的发展中,巴门尼德是一个转折点,他提出了一个新的问题,与以前的哲学家根本不同。他以前的哲学家从泰勒斯到赫拉克利特都思考万物的"本原"是什么,以及万物是如何生成的,这些都是凡人的意见,属于他所说的"意见之路";而巴门尼德却要在这多样变动的意见之上,寻求唯一的永恒不变的真理,这才是"真理之路"。

这个真理之路,就是:只承认 Being,不承认 non-Being 产生的任何东西。这个英文 Being 是希腊文联系动词 eimi 的英译,它的主动语态现在陈述式单数第三人称 estin,相当于英语的 it is;它的过去式 en 这个西式的分词和动名词,除了译为 it is,it was(是)的句型外,还可译为 there is,there was(有)的句型。所以在我国,有人将它译为"有",也有人将它译为"存在",我们参照 Diels 和 Kranz 的解释还是译为"是"。在我们的汉语语法中,只有"是"是联系动词,而希腊文 eimi 却除了"是"的意义外,还有"存在"和"有"的含义,是"是"、"存在"和"有"三者合一的词,这就发生了理解和翻译上的困难。陈村富还专门谈到 Being 有“真”的含义,是“永恒真”的,而 non-Being 则是假的,它们有“真和假”之分。在定稿时,我们保留了原稿中语源学的分析和哲学范畴的分析的原意;但是又遵照“约定俗成”,将应为“是”、“是者”、“实是”的地方都译为“存在”,这就可能误读希腊文 Being 了。

陈康先生从美国来信,多次批评说将柏拉图的 idea 译为“理念”是错误的;我才放弃“约定俗成”的译名,在本书第二卷中改变译法,采取将 idea 和 eidos 用不同译法,凡原文为 idea 的译为“相”,原文为 eidos 的译为“型”;而对于 Being 还是仍然用“存在”的译法。直到第三卷,才决定主要改译为“是”。

1988 年,本书第一卷终于按我们的原计划,在人民出版社薛德震、田士章、陈亚明等同志的大力支持下,公开出版了。1993 年、2002 年出版了第二、三卷。第四卷经历了陈村富在“后记”中说的曲折,也终于与读者见面了。我们衷心感谢为这部四卷本《希腊哲学史》的出版以及出版后支持、帮助我们的编者、曾经资助我们的中国社会科学院和浙江大学,以及香港浸会大学邝健行教授,尤其感谢许多同行、读者,他们有的给我们鼓励,更可贵的是指出我们的缺点和错误,促进我们的反思。

2008 年 4 月 20 日定稿

绪　论

《希腊哲学史》第四卷研究后亚里士多德至公元529年最后一个雅典学园被解散为止的晚期希腊哲学。时间跨度达八百多年，它覆盖两个历史阶段（希腊化和罗马帝国）及一个过渡期（希腊古典时代的终结与希腊化的起始）。历史的转折正好也是希腊哲学的转向期，即从迷恋“为什么”、“是什么”到追求“为了什么”的重大转折期。希腊化和罗马帝国时期，各个哲学派别无不以求得心灵的平静和个体的安宁为目标，而且它突破学派界线，贴近当时处境下的公民大众。所以，研究晚期希腊哲学的语境，或者说“关联域”决不是某种外在的添加，而是内容本身的构成部分。换言之，不了解这八百多年社会历史和人心的向背，就无法理解这个时期哲学的走向，甚至像过去有些哲学史家一样，误以为希腊晚期哲学不过是日落前的晚霞，切勿在此徘徊，赶在黎明前尽快穿越黑暗期的教父学与经院哲学，迎候新世纪的曙光。匆匆来去的过客们忘记了雅典娜神庙上的猫头鹰正是在黄昏时起飞的，自有它夜间的乐趣。历史是线性的，自有其白天与黑夜，但是哲学思想是螺旋式的、多维度的，没有白天与黑夜之分。因此，写一大卷希腊晚期哲学，需要一个导读性的绪论。

第一节　环地中海文化圈的形成

四卷本《希腊哲学史》的写作起于1982年。前三卷受当时世界上学术研究进展的限制，基本上是以希腊世界为背景考察希腊哲学的历史和文化的根源,附之以西亚和埃及的影响。晚期希腊哲学如果仍像前三卷以希腊世界为关联域,许多现象就无法解释,许多文献的解读也将走样。因为从希腊化至罗马帝国时期的哲学(通称晚期希腊哲学),从学说的内容至哲学家的活动和学派的建立,以及哲学的影响等都是地中海世界的现象,而不仅仅是希腊罗马本土的成果。希腊文化与希伯来文化的相会,早期基督教与希腊哲学之间的关系,更是地中海世界的现象。其他门类作品如鲍桑尼亚(Pausanias)的《希腊志》;斯特拉波(Strabo)的地理学;普林尼(Pliny)的《博物志》,伽伦(Galen)的医典等等,早已超出希腊罗马本土。因此,研究地中海文化圈的形成是晚期希腊哲学研究的需要,同时对前三卷有关哲学家活动和哲学学说的论述,也是一项必要的补述。

一　环地中海东部文化的演进

地中海世界指的是东起泛米索不达米亚(Pan-Mesopotamia)①和埃及,西至现今的西班牙和法国,南邻北非沿岸(今摩洛哥、突尼斯、阿尔及尼亚),北抵阿尔卑斯山南麓(即古代的希腊与罗马)②的地中海沿岸及其岛屿。这个地域界定的根据是地中海形成的地质地理条件。新版《剑桥古代史》第1卷上册第2章的作者布彻尔(K.W.Butzer)介绍了西亚环地中海的形成过程,认为这些都是Miocene(第3纪中新世)、Pliocene(上新世)、Quzterary(第4纪)时代形成的,前后不过三千万年左右。作者说:“用当代的ecologycal(生态学)历史方法,深入研究地中海盆地和西亚,严格地说仅仅是开始。”(第95页)法国学者费尔南·布罗代尔(Fermond Braudel)说:“古老的地中海比现在要大得多,第三纪激烈而频繁的褶皱运动使地中海的面积大幅萎缩。阿尔卑斯山、亚平宁、巴尔干、扎罗斯山(Zaros)、高加索等所有这些山脉都是从地中海里冒出来的。”③所以,从地质地理学角度看,以阿尔卑斯山和扎格罗斯山

---

① 泛米索不达米亚指以底格里斯河和幼发拉底河流域为中心,包括安那托利亚(Anatolia,今土耳其和伊拉克境内)及现今叙利亚、黎巴嫩、约旦、巴勒斯坦、以色列,即后人称之为“西亚”的地域。

② 尼罗河谷、约旦是否属地中海世界,巴尔干半岛、比利牛斯山北侧是否属地中海世界有争议(参见W.V.哈里斯主编:《反思地中海》,第11—12页)。

③ 费尔南·布罗代尔:《地中海考古:史前史和古代史》,蒋明炜等译,第3—4页。

(Zagros)、高加索、伊朗高原为界,将西亚两河流域及阿尔卑斯山以南看做环地中海是可以成立的。

在环地中海地域,最早形成可居住条件的是幼发拉底河、底格里斯河流域。约公元前 20000—前 10000 年,后冰河期(Last glaciation),由于亚美尼亚山脉、安那托利亚、高加索、伊朗高原的冰雪融化形成了两河流域的冲积平原。公元前 10000—前 9000 年左右在扎格罗斯山和伊朗高原慢慢形成可居住的条件。苏姗·波洛克(Susan Pollock)于 1999 年发表《古代米索不达米亚》(*Ancient Mesopotamia*,2000、2001 年连续两次再版),该书专门探讨了公元前 5 千纪至 3 千纪两河流域地区的历史。作者在导言中介绍了欧洲人关于古代近东的认识过程:"200 年前欧洲人关于古代近东的知识几乎等于零"①。那个时候关于这个地区的知识,主要来自十字军东征以来的传闻。19 世纪出于贸易和政治的目的,欧洲列强开始赞助对这个地区的古迹的考察和文物的收集。

西亚地区考古挖掘的开拓者有三个人:卡斯汀·尼布尔(Karstin Niebuhr)、格老底乌·利希(Claudius Rich)、亨利·劳林逊(Henry Rawlinson)。丹麦的工程师卡斯汀·尼布尔参加了 1770 年的远征阿拉伯,之后他穿行波斯,在帕斯波里(Persepolis,古波斯都会,现伊朗 Takhte Jamshid)发现了许多楔形文字(Cuneiform),词根由三个辅音(trilingual)组成的闪语(Semite,又译塞姆语)的铭文,1778 年发表。第二个人是格老底乌·利希,1808 年他以代办的身份代表东印度公司驻巴格达,在此期间,他到古巴比伦和 Kuyunjik 收集了不少古代的资料。第三个人是亨利·劳林逊,他是印度军队中的英国官员,被派往波斯西部的 Kermanshan,在 Bisutum 悬崖处的波斯王大流士(Darius)王陵复制了一批精确的拓片,而且辨读了铭文。1837 年发表了他的英译文并交给了皇家亚洲学会。1842 年保罗·埃麦·波达(Paul Emile Botta)任法国驻摩苏尔(Mosul,现伊拉克的 Mawsil)领事的驿站的代表。摩苏尔靠近古亚述的首都尼尼微(Nineveh,现伊拉克的 Ninawa),波达在尼尼微挖掘,一无所获,于是转向离

① 苏姗·波洛克:《古代米索不达米亚》,第 10 页。"近东"、"中东"、"远东"这是大航海时代形成的概念。严格地说应称"古代西亚"。

尼尼微20公里的豪尔萨巴德(Khorsabad),发现了大量的石头浮雕,从此证明传说中的亚述的确是存在的。波达在Nineveh的失败,并没有影响奥斯丁·亨利·拉雅(Austen Henry Layard)的信心,他在尼尼微和尼姆鲁德(Nimrud,亚述首都附近)挖掘了大量亚述的文物和国王Ashurbanipal所建的图书馆,内有几千卷楔形文字书写的泥板文书。1849年以《Nienveh及其遗产》发表。

尼尼微的泥板文书是复制更早的文本即Sumerian(苏美尔语,非闪语)。虽然都是楔形文字,但是亚述用的是阿卡德语(Akkad,属于闪语)。大英博物馆的职员乔治·史密斯(George Smith)在拼凑泥板文书的碎片时,重构了原文,读解了苏美尔语的类似诺亚方舟与洪水的故事。从此人们重视米索不达米亚的南部的发掘。法国领事Ernest de Sarzec听说当地人在Telloh发现了石像。1872年他动手挖掘,前后达20年,找到了一批描绘统治者的石像,还发现了成千卷的苏美尔语的泥板文书。

1899年德国考古学者罗伯特·卡德威(Robert Kaldwey)在巴比伦也大有收获。他的助手瓦特·安得烈(Watter Andrare)若干年后到卡帕多西亚的亚述城(Ashur)用分层的方法(Straitigraphy)重点研究巴比伦地区的建筑史。同时法国人在启什(Kish,现伊拉克),美国人在舒路帕克(Shuruppak)、迪亚拉河(Diyala,同伊拉克、伊朗交界的Sirwan河)挖掘。1930年在米索不达米亚的各国考古学者根据陶瓷的类型,提出迄今仍在使用的古米索不达米亚的分期框架,分别命名为乌巴德(Ubaid)时期(5000B.C.—4000B.C.)、乌鲁克(Uruk)时期(4000B.C.—3100B.C.,又分为早、中、晚三期)、詹德特·纳什(Jemdet Nasr)时期(3100B.C.—2900B.C.)、早王朝时期(Early Dynastic)(2900B.C.—2350B.C.,分三个时期)、阿卡德(Akkadian)时期(2350B.C.—2100B.C.)、乌尔第三王朝(UrⅢ)时期(2100B.C.—)。①

乌巴德(Ubaid)时期:在米索不达米亚南部和北部、伊朗高原西南低地、

① 苏姗·波洛克:《古代米索不达米亚》,第2、20页。在分期的细节和年代界线上,史学界和考古学界有分歧。西亚地区的详尽分期年代见:第3版《剑桥古代史》第1卷,第2分册,第997—1001页,以及第1分册,第820—821页所附年代表,这段历史该书主要根据波洛克的《古代米索不达米亚》。

现土耳其的东部、扎格罗斯山谷、西亚海湾等地都出现了农业和动物饲养，晚期乌巴德时期已出现了社群，其中有寺庙，还有财富积累和家庭。关于这个时期的社会性质，学者之间有争议，总地说是属于原始公社的平均分配时期，但已出现贫富分化。

乌鲁克(Uruk)时期：开始出现国家和城市社区，在城市周围有许多村庄。晚期的乌鲁克开始有卫城的城墙、神庙和公共活动场所。乌巴德的彩陶被各种式样线条式容器所代替。考古文物中发现有携带武器者，可能已有囚犯。这个阶段属于父权社会阶段。

詹德特·纳什(Jemdet Nasr)时期：这200年的历史资料还很少，其标志是多色陶瓷。乌鲁克时代的许多"Enclaves"(飞地)消失了。

早王朝(Early Dynastic)时期：这时不少居民住进城墙内的卫城，开始有城邦国家，王朝世袭统治，各个城邦国家有相似的文化、宗教和语言，经济上相对独立。城邦内出现保护神，出现了各种祭品，城邦的主庙献给保护神，其他的男神、女神只有小庙。除了神庙，土地所有者和城邦经济地位突出者的家庭也是崇拜处。

阿卡德(Akkadian)时期：萨尔贡(Sargon)征服了米索不达米亚各个城邦，开始出现帝国统治，萨尔贡像旧约摩西被遗弃于江边，是古代英雄式的军事首领。萨尔贡王朝的首都定在阿卡德，史称阿卡德时期。他不仅征服了各个城邦，而且靠武力打败了外部敌人，统一了米索不达米亚地区。随之从苏美尔语过渡到阿卡德语，其原因不明。内部的软弱和长期的反叛，导致阿卡德的衰落，为 Naram-Sin 所灭。Naram-Sin 第一个以米索不达米亚神自居。接着扎格罗斯山民古特人(Gutian)进入米索不达米亚，从此政治控制中心瓦解，这个地区又成为各自独立的城邦。直至公元前 2100 年由乌尔第三王朝(Ur Ⅲ)统一。

公元前 2 千纪至前 1 千纪，东地中海先后崛起几个交叉统治西亚的帝国，主要是巴比伦、赫梯、亚述，同时还出现一些某个时候、某个地区相当强大的王国，如吕底亚(Lydia)、米地亚(Media)、腓尼基。埃及进入中王国和新王国时期，同西亚强国互相争夺。在各部、各国、各地区争霸中，西亚地区几易其主，

文化和语言方面互相渗透,互相吸收,加速了环地中海文化圈的形成。概述如下:

公元前1894年左右一支闪族游牧民族阿摩尼人(Amorites)在巴比伦尼亚建国,第六代王汉谟拉比(Hammurabi,约前1792—前1750年在位)统一了苏美尔—阿卡德地区,还灭了西北方的玛利王国,建立了中央集权的王朝,史称"巴比伦第一王朝"即古巴比伦。1901—1902年法国考古队发现了汉谟拉比法典石柱,经整理有282条。① 希罗多德在《希波战争史》中所描述的辉煌的巴比伦,指的是哪个时代,后人难以确定,因为第一王朝于公元前1600年左右被赫梯(Hittite)所灭。而后有公元前1595—前1518年的巴比伦第二王朝;公元前1518—前1204年的第三王朝;公元前1165—前689年的第四王朝,以及后来迦勒底人建立的新巴比伦(前630—前539年),最后于公元前539—前538年亡于波斯居鲁士,至此巴比伦完全消失。巴比伦辉煌的文化成就是地中海文化圈的重要资源,埃及、希腊、希伯来文化都有它的影子。巴比伦在历史上最早建立了图书馆。它的天文学、星相术、占卜、历法、计数成了西亚、地中海各国的共同资源。②

赫梯位于安那托利亚(小亚细亚)东部,幼发拉底河与哈吕斯河(Halys,今土耳其境内),黑海和西里西亚之间。公元前1400年左右赫梯侵入东南方的叙利亚,往西发展至小亚西岸,同希腊的迈锡尼王朝竞争,这同公元前1135—前1125年的希腊远征特洛伊无直接联系,然而无疑是希腊在小亚西岸

---

① 参见米尔洛普(Mark Van De Mieroop):《巴比伦国王汉谟拉比》,第101—102页。

② 以Babylonia地区命名的"巴比伦"王朝或帝国,历史上是由进入该地区的不同民族建立的。可喜的是在文化和语言交际方面互相吸收,而不像公元前12世纪同属雅利安种族的多立斯人进入希腊半岛后抹去亚该亚人创立的迈锡尼文明,导致希腊进入了三个多世纪的黑暗时代。有关资料可参见《剑桥古代史》第1卷,第2分册第19章第4节"Agade王朝下的Babylonia,苏美尔与阿卡德",第22章第5节"Amorite的入侵";第2卷,第1分册第1章第6节"汉谟拉比征服北部和东阿摩尼城邦的衰落",第5章"汉谟拉比及其王朝的终结",第2分册第18章"亚述与巴比伦(1370B.C.—1300B.C.)",第3节"巴比伦尼亚的亚述人",第3章"1200B.C.—1000B.C.的亚述与巴比伦尼亚";第3卷,第1分册第7章"巴比伦尼亚(1000B.C.—748B.C.)",第2分册第21章"亚述阴影下的巴比伦(747B.C.—626B.C.)",第27章"巴比伦尼亚(609B.C.—539B.C.)",第28章"巴比伦文化"(含28a,28b,28c三小章)。

扩张而引发的双方冲突的第一次记录。公元前 13 世纪末至前 12 世纪初,赫梯开始衰落,前 700 年亡。①

亚述位于底格里斯河中游,公元前 2500 年左右兴起,以胡里特人为主。公元前 21 世纪建国,前 19 世纪末扩张到地中海沿岸。之后受另一支胡里特人米丹尼所吞并,史称古亚述。公元前 1400—前 1070 年亚述复兴,称霸两河流域的西里西亚地区,史称亚述帝国。公元前 13 世纪扩展到小亚细亚,击败了赫梯。公元前 11 世纪亚述帝国衰落,公元前 9—前 8 世纪又建立起横跨乌拉尔图(Urartu)和南高加索的新亚述帝国,南临波斯湾,东接伊朗,西抵地中海叙利亚、以色列,西南同埃及接壤。公元前 619 年被新巴比伦和米底亚(Media)所灭。同赫梯一样,它所创造的文化如建筑、艺术、社会组织、度量、计量和计时,尤其是首都亚述(Ashur)的神庙、宫殿和骑兵战术、作战队列和战车等,成了环地中海重要的文化资源。② 亚述还有一个历史功绩就是历来重视王宫图书馆的建设。《剑桥古代史》第 3 卷第 2 分册第 227—228 页详细介绍了历代图书馆及图书馆保护神纳布(Nabu)。

---

① 关于赫梯的研究比较薄弱,20 世纪初有几部有分量的专著,主要有 Trevor Bryce, *The Kingdom of The Hittites*, New Edition, Oxford U.P.2005 年。该书于 1998 年出版第一版。作者序中说,那是写于 1996 年,近些年有些重要的考古发现,如早期赫梯史的 Hattusili Ⅰ;Konya 附近 Hatip 石崖上的象形文字;Karabel 的铭文;Sapinuwa 发现的 3000 块泥板文书,最近刚发表。关于赫梯首都 Hattusa 也有许多新的研究成果,所以作者于 2005 年出版了修订新版。篇幅扩大为 554 页。本书采用了其年代表。作者 2002 年发表的另一部著作分 14 个专题研究赫梯。《剑桥古代史》有下列资料可参考;第 1 卷,第 2 分册第 24 章(a)"约 2300B.C.—1750B.C.的安那托利亚",第 3 节"安那托利亚中部,关于赫梯入侵的说法"。第 2 卷,第 1 分册第 6 章"1750B.C.—1600B.C.的安那托利亚",第 4 节"赫梯王国",第 15 章"约 1600B.C.—1380B.C.的安那托利亚",第 1 节"古赫梯",第 2 节"中赫梯王国";第 2 卷,第 2 分册第 24 章"赫梯与叙利亚(1300B.C.—1200B.C.)",第 5 节"帝国时代的赫梯文明";第 3 卷,第 1 分册第 9 章"叙利亚与安那托利亚的新赫梯"。

② 亚述和埃及的研究比较成熟,早有"埃及学"、"亚述学"之称。《剑桥古代史》对埃及和亚述有相当充分的资料。关于亚述,参见第 1 卷,第 1 分册第 8 章第 3 节"亚述";第 2 分册第 16 章,第 4 节"亚述与米索不达米亚";第 24 章,第 6 节"古亚述时期的安那托利亚";第 25 章"2600B.C.—1816B.C.的亚述";第 2 卷,第 2 分册第 18 章"亚述与巴比伦";第 25 章"亚述的鼎盛期(1300B.C.—1200B.C.)";第 31 章"1200B.C.—1000B.C.的亚述和巴比伦尼亚";第 3 卷,第 1 分册第 6 章"新亚述(934B.C.—745B.C.)";第 2 分册第 22 章"744B.C.—705B.C.的亚述";第 23 章"704B.C.—669B.C.的亚述";第 25 章"亚述的衰落(653B.C.—609B.C.)";第 26 章"亚述文明"(共 9 节)。

在地中海文化圈中另两个重要角色是腓尼基和埃及。腓尼基地处西亚海陆交通要道,最早的居民是胡里特人。公元前3千纪闪族人进入后与之混居,形成城邦。腓尼基从前2千纪以来虽然一直受埃及、赫梯、亚述、新巴比伦及后来波斯的侵略或控制,但是在经济上他们以海为生,从事海上贸易和殖民活动,在小亚细亚、塞浦路斯、爱琴海及黑海南岸建立了许多据点,这同公元前6—前5世纪雅典的活动地域大体相近。公元前10世纪南方城邦推罗控制全境,向地中海西部扩展,沿马耳他岛和西西里岛推进,直到今日的西非。公元前9世纪,腓尼基人在北非建立了迦太基城(Gaghage)。可以说腓尼基人在沟通西亚与环地中海的关系上起了重要作用。

埃及有其自己独特的历史。古埃及人可能是东非和西亚不同种族的混合,属于哈米特—塞姆语系(Hamita-Semite)。在旧石器与中石器时代(前5千纪以前),这里居住的是以尼罗河谷为主的当地土人。新石器时代陆续有西亚塞姆语(闪语)人进入。可能是通过现叙利亚、黎巴嫩海滨进入埃及。公元前3千纪左右埃及出现了同米索不达米亚相同的圆柱印章。公元前280年左右,埃及僧侣用希腊文写了一部埃及史,仅留下片段。该书将埃及历史分为30个王朝,直到公元前343年。后人都采用这一说法。根据史料,公元前3500年左右,埃及出现了类似城邦的"邦国(SPT)"。上埃及和下埃及共有40个左右,史称"前王朝时期"。SPT向中央集权的奴隶制帝国过渡,史称"早王朝时代",这个阶段延续到公元前27世纪上半叶。以后的历史分为几个阶段:

古王国时期(约前2686—前2181年,第3—6王朝);

第一过渡期(前2181—前2055年,第7—11王朝初);

中王国时期(前2055—前1650年,第11—14王朝);

第二过渡期(前1650—前1550年,第15—17王朝);

新王国时期(前1550—前1069年,第18—20王朝);

第三过渡期(前1069—前664年,第21—25王朝)①;

① 这里采用《古埃及导读》所附年表。《剑桥古代史》第1卷,第2分册第994—996页;第2卷,第1分册第818—819页;以及第3卷3个分册都附有详尽年表。

后期埃及(前664—前332年,第26—30王朝,包括前525—前404年,前343—332年波斯统治时期);

马其顿托勒密王朝(前332—前30年);

罗马统治时期(前30—311年)。

当代研究地中海世界的学者突破单一学科的界线,运用学科会聚所形成的新兴理论和方法,研究西亚与埃及社会的交往与文化的汇通,证明“地中海语境”,或“地中海文化”、“地中海文明”首先在东部地中海形成。例如,第二次世界大战后美国芝加哥大学罗伯特·布莱伍德(Robert Braidwood)组织了包括考古学者和自然科学家的多学科队伍研究米索不达米亚地区的经济组织、社会活动与自然环境的交互作用。20世纪60年代人类学学者关注米索不达米亚地区文化进化(cultural evolution)的研究,特别是关注城乡社会组织的研究。文化进化研究同文化生态学的研究都采用了“跨文化比较”(Cross-cultural Comparisions)的方法。他们将米索不达米亚当做一个案例,同别的地区相比较。Henty.T.Wright和Gregoly Johnson研究米索不达米亚这一地区早期国家的进化,他们将管理学和信息理论中的概念运用于经济政治组织的研究。Robert Adams将文化生态学与政治组织的分析相互结合研究都市社会。

> 最近引入米索不达米亚考古学研究的方法是世界体系理论(World-System Theory),该理论以Immanel Wallerstein对现代资本主义世界的研究为基础,但是世界体系理论受到了考古学家们的赞同,他们认为传统的专注单一地点或地区的考证是不确当的。诸如Guillermo Algaze,Philip Kohl,Christopher Edens等都支持世界体系研究,认为分析的规模必须扩大,包括地区之间的关系,特别是以不同经济、政治发展水平及其权力为特征的那些关系。①

苏姗·波洛克的《古代米索不达米亚》是剑桥大学出版社组织的“早期社会个案研究丛书”之一。作者采用了多学科交叉研究的方法,全面考查这一地区、这一历史阶段的经济活动、社会群体结构、精神文化生活以及对天地人

① 苏姗·波洛克:《古代米索不达米亚》,第23页。

神关系的认知与体验。作者研究了公元前5千纪至前4千纪西亚各地区的村落经济(第3章),家庭经济与生活方式(第4章),发现两河流域尽管有统治民族和政权的更新,但是其生产方式、生活方式和社会组织有很显著的继承性。

《上古国家之神话:早期城市、国家与文明进化说》一书作者罗曼·约费(Rorman Yoffee)是美国密歇根大学人类学与近东史教授,任过剑桥世界考古学和东方经济社会史杂志主编。他根据两河流域和印度、美洲、中国考古发掘,挑战19世纪 Edward Tylor 和 Lewis Henry Morgan 及20世纪中叶 Leslie White 和 Julian Steward 等的观点。这种观点认为,经济分层、社群分化的社会源自未分化的社会,大的人口稠密的城市源自小居民点和村落,阶级社会起于血缘关系结构的共同体。作者不否认这种进化观的地位和作用,但是米索不达米亚上古时代最早的城市国家形成的考古资料表明,社会群体的规模和分工,起于生存。由于两河流域和尼罗河定期泛滥的生态条件,往往在一个可居住地域,未经传统观念所说的"进化",就聚集相当规模的、众多人口的居住地(城市)(参见该书第43页表3.1"正文提到的最早国家的面积和人口表"),他们不是从血缘关系进化而来,而是为了共同的生存和文化上的认同,聚集在一个"共同符号"之下,"这种共同的意识,超越政治上独立的国家"(第44页)。作者援引《跨文化视野下的城邦考古学》(*The Archaeology of City-States: Cross Cultural Approches*)及《30个城邦文化比较研究》(*A Comparative Study of Thirty City-States Cultures*)这两部1997年、2000年编的论文集。上古埃及的社会组织是"尼罗河谷生态学方面同一环境造成的"(第47页)。"米索不达米亚的城邦国家是多种族的群体,是苏美尔人、阿卡德人、阿摩尼人、卡西特(Kassite)人、胡里安人(Hurrians)及许多其他的名称的社会群体。他们的名称同语言的关系重于同种族的关系,严格意义上说,是因为都生活在米索不达米亚诸城邦中。"(第49页,参见第57—58页对公元前3千纪中期乌尔第三王朝 lagash 的分析)

《古代伽兰与以色列:一个新的视角》不是从神的选民、神赐之国角度看以色列,而是从"生态与环境"(第2章)、史前文化的起源与成长(第4章)、经济(第5章)、社会组织(第6章)等考察历史上的伽兰与以色列。这样,人们就可以突破那层神圣的面纱,看出以色列同整个西亚环地中海的关系。第18、24章考察了这一地区共同的神秘主义的观念的起源。起源于两河流域的占卜、预言和星相学,广泛流行于西亚、埃及和希腊,既有古人认知水准的内在根据,也有发自两河流域和古埃及的影响。《旧约》充满神的预言和诅咒。《新约·马太福音》第2章就是星相术的运用。耶稣作为神子的合法地位以应验《旧约》先知的预言为依据(据统计达30次以上)。崇尚智慧和知识的希腊人格外信仰德尔斐神庙神的代言人皮狄卡的预言。不仅希腊人,而且连西亚的吕底亚国王都差遣人到德尔斐求神谕。发源自希腊的奥菲教和厄琉息斯(Eleusis)的秘仪也是环地中海主要是埃及和巴比伦都有的,只是传到哪里,哪里又加上些地区色彩。

多种族的群体为生存混居于两河流域和尼罗河谷,促进了语言和文化的融合。《剑桥古代史》第1卷上册第4章由W.F.Albright和T.O.Lambdin撰稿,作者详细介绍了西亚地区语言的演化。在这个地区早期历史上起主要作用的是两个语系:其一是Hamita-Semite(or Afro-Asian),中文名称哈米特—塞姆语(闪语)或者亚非语;其二是印欧语系或者叫Indo-Hittite,印度—赫梯语系。亚非语包括六个分支:塞姆语、古埃及语、北非土语(Berber)、古希底语(Gushitic)、查德语(Chadic)、豪撒语(Hausa,苏丹一带黑人语言)。前两个语系在前3千纪比较清晰。

塞姆语即闪语按地区、民族、语言标准综合分析,可以分为:

1. 东北部塞姆语,包括(1)古阿卡德语(约前2500—前2000年),分为前沙尔贡(Pre-Sargonic)、沙尔贡(Sargonic)、乌尔第三王朝。(2)古巴比伦语(前2000—前1500年),以汉谟拉比法典为代表。(3)古亚述语(前2000—前1500年),以卡帕多西亚(Cappadocia,现土耳其境)、卡涅什(Kanesh)发现的亚述商业殖民地的铭文为代表。(4)中期巴比伦和中期亚述(前1500—前1000年)。(5)新巴比伦和新亚述,以公元前600年的文献为代表。

2. 西北部塞姆语,其中主要是两支:其一是Cananitic(伽南语),包括《旧经》希伯来语,还有腓尼基语;其二是Aramaic(阿拉米语)及古叙利亚语和亚那尼亚语(Anamaean)。

印欧语起源于高加索地区的雅利安种族(有资料表明,在雅利安人之前居住着远古时代的土人),随着雅利安人的三次大迁徙,印欧语主要形成两大支系①:

1. European(欧语),包括希腊语、意语族(Italic,请勿与现在的意大利语混同)、日耳曼语、凯尔特语(Celtic),特点是都有老的 Velar(腭音)而不变为 S 音。

2. Eurasian(亚欧混合语),主要有 Balto-Slavic(波罗的—斯拉夫语)、Indic(=Sankrit 梵文)、Iranion(波斯语)。

当代的同源语言演变史学(glottochronalogy)和词汇运用统计学(lexicostatistics)有两个基本假设(但无确定的理论支撑):第一,能够建立一种词条的特征分类表(diagnostic list),一个单词能够在任意一个给定的语言系统中找到;第二,在这个分类表中,一个词跨越一定时间后会按一定比例被置换。这两个解释目前被广泛运用于研究两种语言之间的相关程度。这两个解释也遭到一些学者的挑战,因为任何程度的文化交流,都会有外来语的痕迹和借用语法的特征,这个挑战并不能推翻前面两个假设,相反对研究古代语言之间的关系有新的建树。这就是从外来语和借用的语法特征中发现两种语言和两种文化之间的关系。

以上述理论来研究古代西亚地中海地区的两大语系以及其他的小语种之间的关系,我们可以发现,在这个广大的地区,在近三千年的演化历史中,两大语系以及两大语系内的各种分支之间都有互相吸收、互相影响的痕迹。在一个时期,某个民族或王朝取得支配地位,他们吸取这个地区其他民族的文化和词汇。在另一种条件下,新的主人取而代之,这就产生王朝或帝国的更迭。新的主人利用或继承这个地区原来的发达的语言与文化,而被边缘化了的或被赶下台的王朝或帝国又把这里的文化带到周边新的居住地,这个状况对我们

① 参见《剑桥古代史》第1卷,第2分册第27章"来自北方的大迁徙"第1节"印欧语民族的问题",第2节"最早的印欧语",第3节"早期印欧民族迁延的考古证据",第4节"早期印欧民族迁延的发源地"。

研究东部地中海,西亚移民对希腊的影响至关重要。

在两河流域黎凡特(Levant)即叙利亚、黎巴嫩和巴勒斯坦地区,主要语种是闪语。从北部山区进入两河流域的游牧民族很快从象形字过渡到楔形文字,吸取了前人的文字、文化和语言的成果,按上述语源演变的规律,置换原来词汇,吸收外来语,形成新的词汇。古埃及语本来同闪语就有亲缘关系,这从早王朝时期(前3100—前2686年)的铭文中得到了证实。古埃及语的最后形式是科普特语(Copit),它已是几种语言混合的结果,既有上古埃及及土著居民科普特语和方言Sahidic的成分,又有闪语和后起的希腊语的成分。

安那托利亚及经由安那托利亚东行印度、南下巴尔干的雅利安人,都操印欧语。印欧语移民到西亚是缓慢发展的,公元前2千纪至前1千纪小亚多数语言属于印欧语系,安那托利亚的语言也与此密切相关,但由于年代久远又有新的差异,"近来许多学者的研究证明,小亚细亚西南部和南部在铁器时代的语言,包括吕底亚(Lydia)、加利亚(Caria)、吕西亚(Lycia)、旁菲里亚(Pamphylia)、皮西底亚(Pisidia)、以扫利亚(Issauria)、吕哥尼亚(Lycaonia)、西西里亚(Cicilia)等都是公元前2千纪古安那托利亚的语言分支"①。西亚同源语言有三个共同的语根(词根):分别为Nasi-(Hittite)、Lu(w)i-(统称luwian)、Pala-(迄今不明的小亚一支土语),操这些语言的人是从北方进入小亚细亚的,时间不迟于公元前3千纪中期。之后,向南推进,原因可能是遭遇不明来历的入侵者,其中可能有Proto-Hittite(原始赫梯人),而且无论是后来的亚述(赫梯、埃及、波斯),还是希腊时期的亚历山大,罗马时期的帝国扩张,它们的地缘界线都没有越过印度河、恒河和埃塞俄比亚和阿曼,这两处正是后来的佛教和伊斯兰教的发源地。亚历山大挑战这个历史地理划界之日,正是他的死期来临之日。

语言是存在之家。语言的融会说明东部地中海之家正在形成。

二　环地中海文化中心西移希腊和罗马

以公元前8至前6世纪希腊城邦形成和殖民时代为标志,环地中海文化

① 参见《剑桥古代史》第1卷,第1分册第4章第3节,引语见第141页。

圈的中心西移希腊。希腊人的出场,得益于西亚移民和东地中海城文化。古人的交往主要依赖于马匹和河流,马匹与河流对古代社会和生态文化起重大作用。谁先学会利用奔马,谁就率先成为游牧民族,入主农业文化区。谁先学会利用河流与海湾,谁就拥有海上通道的控制权。考古资料证明,新石器时代两河流域的居民早就学会将羊皮袋缝在一起,上涂沥青用做航行工具,少则十多张,多则一百多张。公元前4000年苏美尔的圆柱印章就绘有简单的船舶。公元前3500左右,埃及尼罗河上就有纸莎草船,而后又有木船。埃及人当时就懂得渡海到现今的黎巴嫩采伐优质木料造船。公元前2千纪中王国和新王国强盛时代,埃及一直与亚述、叙利亚争夺海上通道,曾一度控制了今日叙利亚、黎巴嫩和巴勒斯坦一带。在地中海域,本来没有所谓"希腊人"。希腊在地中海的出场,先是西亚人从海上移居克里特岛,而后靠马背从高加索南下两支雅利安人。前期克里特文明和沿海的史前文化是西亚移民和土著居民佩拉司吉人创造的。出土文物、线形文字A属于西亚的语系,自今还无法读解。公元前2100—前2000年亚该亚人进入伯罗奔尼撒半岛,建立了以迈锡尼地区为主的迈锡尼文明,这才是真正的希腊人的创造。第一代希腊人即亚该亚人,在前2千纪初(约公元前1800年前后)进入克里特半岛。第二次世界大战后由文特里斯(Ventris)读解线形文字B,证明是希腊人的文字。由亚该亚人发动的特洛伊战争前后共10年,约公元前1183年以特洛伊被毁而告终。① 但是,希腊并没有因此而崛起,原因是另一支雅利安种族的多立斯人,从高加索山区进入伯罗奔民撒半岛,将亚该亚人赶到海边和丘陵地阿堤卡。希腊进入三百多年的所谓"黑暗时期"。本人参加撰稿的《希腊哲学史》第一卷"绪论",沿用西方学者的说法,认为是游牧民族多立斯人毁掉了发达的迈锡尼文明。现在我们有根据补充和修正传统的说法。迈锡尼的物质文化产品多被破坏,但是非物质文化还是由亚该亚人传承了下来。线形文字B、民间神话传

① 这里采用新版《剑桥古代史》的说法(参见第1卷,第1分册第246页)。赫梯史专家Trevor Bryce在2006年刚出版的《特洛伊人及其邻邦》中根据赫梯及邻国的发掘材料认为,荷马史诗与史实不符合,实际上特洛伊是1050B.C.—1000B.C.亡于赫梯(Trevor Bryce, *The Trojans and Their Neighbours*, London and New York: Routledge, 2006, pp.189—194)。

说,都是后来希腊文化的重要资源。迈锡尼文化从总体上说是中断了,其原因不仅是外力的摧残。迈锡尼文明自身的脆弱是禁不起挫折的内在根据。多立斯人进入希腊后之所以出现三百多年的“黑暗”,根本原因是游牧和农业不像在广阔富饶的西亚,在希腊半岛根本没有施展的可能。他们都分立而居,多年不变。因而在古代生态对文化起关键作用的条件下,这里不可能生长出辉煌的农业生态型文化。

出路还是在海上。退居海边和阿堤卡的亚该亚人,利用爱琴海上星罗棋布的小岛同对岸小亚细亚人交往。生态环境决定论是错误的。人们对生态环境的利用,取决于人类生产和认识的发展。亚该亚人、多立斯人都不屑顾及阿堤卡,直奔伯罗奔尼撒,因为当时无人识宝。阿堤卡漫山遍野长满葡萄和橄榄,那里的泥土是天然的制陶的上乘质料。多立斯人看做障碍骏马疾驰的奇形怪石,原来是远比两河流域粘土优异的花岗岩。仅当亚该亚人从事海上贸易,从西亚学得酿酒、制陶和航海的知识与技艺之后,雅典所在的阿堤卡才成为又一个“伊甸园”。于是西亚的酒神成了希腊人的狄奥尼索斯,小亚细亚榨油机在阿堤卡遍地开花。用阿堤卡的优质土烧制的各种陶器盛满橄榄油、葡萄酒运往地中海沿岸。源自西亚的建筑和雕塑技术,如今可以大展宏图。难怪亚里士多德谈到质料与形式时,总喜欢举雕刻和建筑为例。阿堤卡还有纯度最高的、储藏量多而又易于开采的银矿。雅典的银币后来成了各国各地爱不释手的世界货币。这样,以开放型工商经济为基础的亚该亚人和以分散的农业经济为基础的多立斯人,在城邦制上找到了契合点。于是从公元前 9 世纪末,希腊人走出了“黑暗时代”,进入城邦制与对外殖民的时代。西亚和埃及从城邦走向中央集权的帝国。相反,在地中海北岸,也就是后来称为欧洲的地域,形成了同地中海东部文化相关但又有鲜明特色的城邦制民主制文明。当然制度文明仅仅是文化的一个层面、一个方面。希腊人以城邦为荣,但并不以民主制为荣。柏拉图、亚里士多德等相当一批哲学家和城邦治理者把民主政制看做三种“缺失”(Previation)政体之一。希腊文化、希腊民族精神的内核是政制背后的德性伦理和政治理念,以及深层次的希腊人的身心追求和价值观念。他们既崇尚体育,又追求智慧;既创造了公元前 776 年开始,4 年一届的奥林匹克赛会以及皮索(Pytho)赛会、科林斯海腰(Isthmus)赛会和奈米亚(Namea)赛会,又创造了学科形态的哲学和具体科学,还有陶冶情操的史诗、悲剧、喜剧、抒情诗、宴会诗、颂歌以及雕刻与建筑。这才是希腊文化的特色和精华,也是它源自西亚和埃及又高出“老师”的地方。

在地中海文化圈的形成方面,希腊人还有两个特殊贡献:其一是通过殖民运动,将发达的东部地中海文化和希腊文化推向西部,越过南意大利和西西里直至今日法国的马赛;其二,通过希腊化运动,促成环地中海地域文化的大融合。“希腊化”还为罗马帝国统一地中海世界,最终形成地中海文化圈扫清了障碍。罗马的起源,自古有三种说法:一为希腊人所建城邦;二为伊特拉里亚人(Etruscan)所建城邦;三是由特洛伊的艾尼阿斯(Aeneas)和拉丁姆平原的罗慕洛(Romulus)这两位神祇血统的英雄相结合而建。公元前3世纪后,罗马接受第三种说法:“罗马人决定成为特洛伊人,他们知道这样会获得其他拉丁村落的支持。”①罗马诗人维吉尔适合罗马人的口味,写了*Aeneas*史诗。说是特洛伊陷落后,英雄Aeneas率领残部逃亡到拉丁姆平原,同当地拉丁语族人相融合,成为后来罗马人的祖先。双方就名称、服饰、语言等等发生了争执,代表特洛伊一方的朱诺(Juno)女神同意停止与朱庇特的争论,“拉丁人不改变他们的名称成为特洛伊人,也不改变自己的服饰和语言”。“他们的国家就叫Latium(拉丁姆)。”②这个神话故事正好说明西亚和罗马的关系。

罗马人通过三次马其顿战争(前214—前205,前201—前197,前171—前168年),控制了希腊和马其顿。通过叙利亚战争(前192—前188年)控制了地中海东部。它的劲敌是腓尼基人在现今突尼斯境内建立的迦太基,其势力发展到现今的西班牙。罗马人称之为“布匿”。经过三次布匿战争(前264—前241,前218—前201,前149—前146年)才为罗马所灭。从此,地中海世界成为罗马帝国的“内海”。地中海文化圈或者说“地中海语境”最终形成。晚期希腊哲学即希腊化和罗马帝国时期的哲学,就是地中海语境最终形成的哲

① 《剑桥古代史》(第二版)第7卷,第2册,第61页。

② 维吉尔:《艾尼阿斯》第12卷,第823、844行。

学。因此,本书即《希腊哲学史》第四卷所讨论的哲学,同前三卷不同,必须以地中海文化圈为语境来考察。

第二节　希腊罗马本土政制与文化的走向

公元前 8 世纪以降,北部地中海的希腊与罗马之所以在环地中海文化圈中取代西亚与埃及的地位,原因不是归属欧洲就给它们带来什么特殊利益,而是因为政治体制上形成了不同于地中海东部的希腊民主制和罗马共和制,以及上面提到的希腊类型的文化。可惜,公元前 4 世纪末希腊社会发生了一个大转折,马其顿的腓力二世(Phillip II)正扮演了亚述、赫梯、波斯帝国君主的角色,他的继承人亚历山大自称是攻陷特洛伊的英雄阿喀琉斯(Achilles)的化身、埃及阿蒙神的儿子、超越波斯大流士的英雄,横扫欧、亚、非三界。他的军事帝国尚未成型,遂变为三个帝国。公元前 1 世纪末,罗马也发生了从共和政制到帝国政制的转型。瓦尔威克·鲍尔(Warwick Ball)写了一本 523 页的大书《东部罗马与帝国的转型》(*Rome in the East*:*Transformation of An Empire* , Routledge,2000 版),证明罗马体制的转换深受征服西亚后东部地中海政制体制的影响。这是一场政治体制的大变革,是一次长达几百年的社会大动荡,也是处于这个社会大变动的人们的生活方式、习俗、观念、行为准则、人生追求的一场大革新。由于希腊化这 300 年,国内至今没有一部断代史的专著,晚期希腊与罗马这个阶段的社会变迁、文化间关系也缺乏资料,因而在绪论的这一节中,我们不得不多费些笔墨,否则难以理解为什么晚期希腊哲学以伦理学为核心,以追求心灵的平静为旨趣,最后又由伦理过渡到宗教,希腊哲学融入基督教中,源自巴勒斯坦的一个小教派竟然成了罗马的国教,成为欧洲的主流意识形态。

一　马其顿与希腊:两种政治理念的冲突

古代的马其顿是不是希腊人?自古就有争议。赫西俄德残篇说,普罗米修斯和普罗诺亚生丢卡利翁和皮拉。他们有一个儿子叫希伦,他生三个儿子,就是后来希腊三个民族的始祖,也是“希腊”名称的来源。丢卡利翁还有一个女儿,生了马其顿,他就是马其顿的祖先。① 按这个说法,马其顿人并非希腊人,仅仅是有亲缘关系的表兄弟。按照现代发掘的铭文,“马其顿”是西北希腊的一个方言区(dialeck)。古典时代的希腊人将马其顿人看做同色雷斯人,伊利里亚人(Illyrian)人一样的“野蛮人”。公元前 4 世纪后半叶以伊索克拉底和德谟斯提尼为代表辩论关于是否欢迎马其顿入主希腊时,马其顿人获得了两种相反的评价。殊不知马其顿这个强悍的民族就是巴尔干的“伊朗”、“赫梯”、“亚述”。伊索克拉底主张马其顿入主希腊,德谟斯提尼主张迎候波斯,抗衡马其顿,二者的前提是一致的,都对希腊政治体制失去了信心,寄希望于外来君主。

马其顿②东邻色雷斯和卡尔西迪(Chalcidian),南与希腊的帖撒利(Thessaly)接壤,西连希腊的埃皮鲁斯(Epirus)和伊利里亚,北边是帕俄尼亚(Paeonia)。马其顿正好介于巴尔干半岛、希腊与安那托利亚(现土耳其境)三者之间,处于当年波斯陆路攻打希腊的路边。它的历史深受西亚与希腊两种政制、两种文化的影响。马其顿主要分为两部分,下马其顿为流入爱琴海的哈里克蒙(Halicamon)河与阿克西(Axius)河平原,属于农业区;上马其顿为游牧山区,一直延伸到希腊的埃皮鲁斯和伊利里亚。战争和狩猎是马其顿人的主要生活。男子成年的标志是不靠工具之助杀一个敌人和一只野猪。这个民族的慓悍性格与崇尚勇敢的道德标准造就了日后征服世界的一代代勇士。希腊和马其顿这两个“表兄弟”的政治理念正好相反,希腊人崇尚城邦制,公民共同参政,形式可为民主制,也可为贵族制。然而马其顿的根本制度是君主制,国王拥有无上的权力。同希腊的 basileus(king 王政之王)不同,马其顿国王是个

---

① 参见本书第 1 卷,第 12 页。

② 本节关于马其顿史实的记述,主要参考彭麦罗依、帕斯坦、敦朗、罗伯兹:《古希腊政治、社会与文化简史》第 10 章“腓力二世及马其顿的兴起”,牛津大学出版社 2004 年版;《剑桥古代史》第 6 卷,第 14 章“马其顿与西北希腊”、第 15 章“马其顿霸权的建立”(1994 年新版,2001 年重印,第 723—760、760—790 页)。

专制独裁者(autocrat),“朕即国家”。在公元前492—前449年希波战争中,马其顿夹在中间,阿明塔斯(Amyntas)一世曾同波斯结盟,公元前480年支持波斯侵略希腊。希腊得胜,进入古典时代繁荣时期,希腊影响占上风。阿明塔斯的继位者亚历山大一世、佩狄卡二世(Perdiccas II)和阿凯劳斯(Archelaus)转向希腊。[1] 亚历山大一世表白他是反对阿明塔斯,支持希腊的。据说他还参加过奥林匹克竞技项目。这三位国王在位期间,加速了朝廷的希腊化,特别是阿凯劳斯重视希腊的文学和艺术创作,欧里庇得斯曾在阿凯劳斯朝廷写了两个悲剧*Archelaus*(已佚失)和*Bacchae*。

马其顿历代国王的两边修好的策略,使它从双方获利。希波战争时期,它免受侵犯还借机往上马其顿扩张。波斯失败,阿明塔斯继承人亚历山大一世及后继者供应雅典粮食,还向雅典海军贡献优质造船木料,也借机往上马其顿扩张,同时还往东扩张,控制阿克西河上流的银矿,成了这一地区最强大的势力。这时,雅典感到它在北爱琴海域的利益受到威胁,于是雅典转而支持色雷斯等邻国限制马其顿的势力。

公元前360年腓力二世(Philip Ⅱ,以下简称腓力)执政。腓力是位很有作为的国王。他于公元前369—前367年在底比斯做人质,目睹希腊的衰落,他总结前任国王佩狄卡二世,连同四千士兵在战争中被伊利里亚人所杀的教训,决心废除过时的、落后的军事方略,重组步兵,创造了新型的步兵方阵,并采用新武器(方阵的每一成员都身穿盔甲,携带小盾牌和短剑,右手握18尺长的长矛),同时改革军队与国王的关系,军队由国王亲自指挥。他专门组织了一支部队名叫“Pezhetairoi”(foot companions,相当于中国的御林军,贴身卫士的精锐部队),其地位和利益随战利品浮动。同时他又把贵族的利益同御林军的命运系在一起,使他们也由此获益,借以缓和新组建的军队同贵族的矛盾。这也是后来亚历山大所向无敌的条件之一。腓力统治时期的史学家赛奥旁泊(Theopompus)戏称腓力的新的卫队是专门侍候国王的“courtesans”(娼妓)。

---

① 关于马其顿王朝的谱系,参见理查德·斯通曼:《亚历山大大传》(第二版)“序言”页的谱系。“亚历山大一世”写作 Alexander I,东征统帅“亚历山大”写作“Alexander the Great”。请勿混淆。

它只忠于国王,国王依靠战利品给予土地和财富的赏赐。

腓力于公元前4世纪50年代介入相邻的北希腊的争斗,当时,福基斯(Phocis)崛起成为中部、北部希腊的主要势力。福基斯同斐雷斯(Pherace)结盟,威胁了拉利萨(Larisa)和底比斯。于是拉利萨和底比斯寻求马其顿的帮助。腓力起初低估了斐雷斯和福基斯联盟的势力,公元前353年两次败于福基斯。一年多后在克罗库斯(Crocus)大战中,粉碎了斐雷斯和福基斯的联盟,从此改变了腓力在希腊的地位。占领斐雷斯之后,腓力成了帖撒利联盟的盟主。接着,腓力就利用第三次神圣战争的机会,控制了中部希腊和德尔斐神庙。经过是这样:公元前357年福基斯耕作了德尔斐的神圣工地,底比斯企图借Delphi Amphictyony(德尔斐近邻会议),给福基斯以重罚,以便羞辱福基斯。福基斯反其道而行之,掠夺了德尔斐,用阿波罗神庙的财富扩充了雇佣兵。底比斯企图报复这个渎神的罪行,但是雅典和斯巴达不愿对手底比斯由此变得更加强大,因而阻止底比斯的企图,允许保存福基斯在中希腊的地位,借以牵制底比斯。这就给腓力一个可乘之机。腓力于公元前347年了结了色雷斯同奥林索斯(Olynthus)的冲突后介入这一事件。按他的实力,完全有条件踏平福基斯,但是同雅典、斯巴达一样,他也不想让底比斯得益,于是他使了一个花招,暗地同福基斯谈判,签署投降条款,不以渎神罪处死城邦所有男性成年公民,但是福基斯城必须被毁,并保证在德尔斐近邻会议上支持腓力为主席,确保腓力在近邻会议上的多数地位。福基斯于公元前346年秋接受了这个投降条款。一年后,全希腊人才体会到中希腊和德尔斐被马其顿控制了。

腓力控制中希腊和德尔斐,引起雅典的不安。但是由于雅典在伯罗奔尼撒战争及第二次雅典同盟中的失败,所以面对腓力的扩张,无力回应。幼布洛斯(Eubulos,生卒年约前405—前335年)执政时期,雅典的财力年收入从130塔兰特上升到400塔兰特。雅典开始重建三层桨海军,改善防卫,劳力温银矿也重新开放。雅典自以为实力雄厚,于是在公元前352年派遣远征军占领赛谟佩莱(Thermopylae),可惜以失败告终。公元前3世纪40年代第二次远征也是同样的命运。当时赛谟佩莱的奥林修斯(Olymthus)试图转向雅典与之结盟,可是雅典无力予以帮助,只好让腓力肆意践踏这个城邦,并且让腓力拆散了卡尔西迪联盟,这样马其顿在北爱琴海的唯一的潜在敌人也消失了。公元前 346 年秋雅典的菲洛克拉图(Philocrates)出面与腓力议和,接受腓力的条款,放弃安菲波利斯(Amphipolis),并且接受腓力对福基斯和色雷斯联盟的处置。这样,马其顿对全希腊的影响无法改变了。

菲洛克拉图和约认可了腓力在北希腊和中希腊的霸权,不过这只是暂时的平静。公元前 342 年腓力同色雷斯开战。公元前 340 年雅典加盟波斯企图阻止腓力围攻赫勒斯滂的泊林塞城(Perinthus)。公元前 399 年腓力围攻拜占庭,之后又征战斯基泰人(Scythian),因为斯基泰人控制了现罗马尼亚黑海海岸之复地,威胁到马其顿对色雷斯的控制。同年雅典正式向马其顿宣战。但是这场战争令雅典感到失望,因为仅有个别几个伯罗奔尼撒半岛的城邦响应德谟斯梯尼的呼吁,加入反马其顿的战争。公元前 338 年在波俄提亚的克洛尼亚(Chaeronea)决战时,腓力的对手仅有雅典、底比斯、波俄提亚联盟和个别伯罗奔尼撒半岛城邦。腓力后来的继承人 18 岁的亚历山大展露锋芒,雅典惨败,1000 人被杀,2000 人被俘。底比斯城被毁。城邦领袖不是被杀就是放逐,从此马其顿确定了对希腊的统治。

马其顿对希腊的胜利,是腓力的王权君主制对希腊的城邦制的胜利,原因不是君主制优于民主制,而是分立而治的城邦走到了尽头,既无内在活力,也无力形成强有力的同盟。不过马其顿对雅典实行特殊的政策,雅典的被俘者被无代价释放。死者由亚历山大及其最信赖的将军安提帕特(Antipater)护送回雅典。腓力也不反对他的宿敌、雅典的德谟斯梯尼发表葬礼演说。这样,双方化解了矛盾,赢得了希腊人的支持,他们反而把愤恨转向底比斯。雅典授予亚历山大和安提帕特雅典公民的称号,而且在城邦竞技场为腓力竖立了一个纪念碑。正是在这种形势下,亚里士多德才可能于公元前 335 年回到雅典,创办吕克昂学院。

公元前 337 年秋全希腊的主要城邦,除斯巴达外,汇聚科林斯,商议腓力的方案:建立一个联盟维持希腊的新秩序,并认定波斯是共同的敌人。这个联盟史称"科林斯联盟"。腓力称之为"希腊联盟",而且通过下列共同誓言:

我以宙斯、该亚、阿波罗、波塞冬、雅典娜、阿瑞斯和众男神、女神的名

> 义宣誓:我致力于和平,永不违背同马其顿腓力的协议,永不依托陆路或海路用武力对付誓盟中的任意成员;永不策划用武力劫掠盟友的城邦、港口或设防;永不阻碍腓力国王或他的继承者,或它的政权用武力对付违背盟约者;永不采取有背盟约的任何行动,也决不允许别人这样做。如有人违背协议,我愿意敦促过失者信守誓言;坚决按照公共会议和盟主的决定反不守盟约者。①

这个盟约不仅规定了马其顿和希腊各城邦的关系,而且规定了各城邦之间的关系,目的是结束马其顿与希腊的战争,也终结彼此间的纷争。这个盟约使马其顿的统治合法化,也反映了自伯罗奔尼撒战争以来,希腊政治家、思想家和普通公民的愿望:终结长期纷争之苦难,过一种平静安宁的生活。可以说这是斯多亚学派滋生的土壤,不过此时公民们的安宁观念是与城邦的安定联在一起的。二者的分离是在希腊化时期。

腓力在稳定希腊内部之后,着手解决干扰希腊安宁的外敌。公元前4世纪30年代波斯处于危机之中。薛西斯三世(Artaxerxes,前358—前338年在位)是个有能力但残忍无道的国王。他重建了波斯对腓尼基、小亚细亚的统治,并一度再克埃及。德谟斯梯尼曾诉诸波斯,请他帮忙抵抗马其顿。可是,薛西斯三世被暗杀了。腓力趁机派遣远征军由巴门尼奥(Parmenio)率领于公元前336年越过赫勒斯滂海峡,沿安那托利亚挺进,激励沿岸希腊城邦起来反对波斯的专制。在列斯堡的艾雷修斯(Eresus),新建一座祭坛,称腓力为"Zeus Philippios"(宙斯样的腓力)。爱菲斯人在阿耳忒弥(Artemis)神庙竖立了一个腓力的雕像。巴门尼奥(Parmenio)为腓力翌年的亲征奠基了基础。但是同年秋在阿尔革(Argae),腓力被他的一个叫鲍桑尼亚的侍卫暗杀了。原因是他的第七次婚姻与前几次出于外交考虑的婚姻不同,公元前338年娶了位马其顿年轻女子克列奥巴塔(Cleopatra),王位继承人亚历山大及其母亲奥林比娅(Olympias)失宠而被放逐。但是,克列奥巴塔却生了一个女孩,考虑到王

① 希腊铭文残篇2—236。参见彭麦罗依、帕斯坦、敦朗、罗伯兹:《古希腊政治、社会与文化简史》,第266—267页。

位无继承人,腓力又召回了亚历山大,母亲仍流放于埃皮鲁斯(Epirus)。亚历山大又回到了培拉(Pella),恢复了在朝廷中的地位。此举激起克氏家族的仇恨,鲍桑尼亚是其中之一。由于克氏的舅舅阿塔路(Attalus)虐待他,甚至他的奴仆也斥责他,所以鲍桑尼亚发誓要杀掉阿塔路的儿子以施报复。但是腓力偏袒阿塔路,于是鲍桑尼亚把仇恨转向腓力。腓力为缓和矛盾,提升他为侍卫,正好给了他刺杀的机会。这场悲剧就在克氏女儿婚礼上发生了。腓力时代由此突然中断,未竟王业落在亚历山大身上。

二 亚历山大与希腊化①

阿里安从腓力之死开始记述亚历山大。腓力为亚历山大的事业创造了条件。亚历山大的地位起初并不稳定,谣言四起,说是亚历山大和他妈妈是刺杀腓力的元凶。亚历山大的妈妈及其朋友和顾问都被放逐,宫廷内考虑前任国王阿明塔斯四世(Amyntas Ⅳ)或安提帕特(Antipater)为继承人。但是亚历山大才能出众,在腓力葬礼之后他突然出现在希腊,迫使雅典和底比斯反马其顿势力放弃他们趁机摆脱马其顿控制的企图。亚历山大很快取得帖撒利科林斯联盟首领的地位。希腊支持反波斯的承诺再度得到肯定。亚历山大从希腊返回之后,公元前335年春天胜利地发动了对色雷斯和伊利里亚人的征战,扫除了马其顿北部的威胁。这样,亚历山大的地位得到了认可。但是外部又出现了曲折,原因是亚历山大在征讨伊利里亚人时受伤,希腊谣传亚历山大战死。底比斯首先反叛,围攻马其顿在加德米亚(Cadmeia)的防卫。亚历山大的军队神速出现在底比斯,挫败了反抗的蔓延。他劝告雅典和斯巴达放弃支持底比斯反抗的意念。最后亚历山大让底比斯的邻邦决定它的命运。由于邻邦们过去都受过底比斯的欺压,所以他们都赞成毁掉这个城邦,剩存的人都被卖为

① 本节史实依据阿里安:《亚历山大远征记》(《洛布古典丛书》,P.A.Brunt 译希英对照本),詹罗姆(James Romm)编:《摘自阿里安、狄奥多罗、普卢塔克、昆图斯·格尔提乌的亚历山大资料选》(Hackett,2005年);理查德·斯通曼:《亚历山大传》(Routledge,2004年修订第二版);《剑桥古代史》第6卷,第6、17章(1994年第二版,第791—845、846—876页);彭麦罗依等:《古希腊政治、社会与文化简史》(牛津,2004年)第11章“亚历山大”。《简史》简明扼要,有根有据,本节的记述主要依据这部著作,特此说明。

奴隶。亚历山大执行这个决定,仅留下神庙和诗人品达的房子和后代。

亚历山大清除了马其顿内部所有潜在的仇敌,他的母亲杀掉了腓力的最后一个妻子克列奥巴塔及其女儿,克氏家庭所有男性成员都被处死,亚历山大王位的唯一的合法竞争者阿明塔斯四世也成了新国王祭台上的牺牲品。他的支持者逃往波斯,亚历山大从此成为不受挑战的统治者。

亚历山大稳定了希腊和马其顿的统治后,公元前 334 年春开始进军西亚。他的 37000 名精锐中,中坚力量是 12000 名马其顿方阵,以及 3000 名王室卫士,1800 名贴身轻骑兵。此外,还有伊利里亚和色雷斯轻装兵和 9000 名希腊联邦的步兵和骑兵,将近 200 艘舰队确保军队的供应及其同本土的联络。

亚历山大远征的第一站是安那托利亚西北的格拉尼库(Granicus)河,即现在土耳其科卡巴(Kocabas)。亚历山大自认是阿喀琉斯再世,他先到特洛伊祭雅典娜,请求传说中的特洛伊王帕里阿姆(Priam)宽恕他进军亚细亚。然后穿着从特洛伊雅典娜神庙获得的"阿喀琉斯盔甲"得意洋洋地出现在波斯军队面前。波斯军队倾其全力,力图一举消灭中军主帅。要不是亚历山大乳母的兄弟克列图(Cleitus)冒死相救,亚历山大可能首战就丧命。对方这种战法的弱点立即被亚历山大所利用。波斯全军覆没,构成波斯军队主力的希腊雇佣兵特别悲惨。亚历山大下令全部屠杀,仅留下一些幸存者被带回马其顿做苦力。之后亚历山大为了向希腊人显示自己的胜利,特别献给雅典 300 套波斯盔甲,作为给雅典娜的献礼。亚历山大沿安那托利亚西岸南下直扫吕底亚总督所在地加利亚(Caria)。吕底亚陷落后,公元前 333 年春到达古代弗里吉亚(Phrygia)王国首都戈迪翁(Gordium),即现代土耳其中部的安奇拉(Ancyra)附近。不到一年,伊索克拉底的从波斯帝国中拯救安那托利亚的梦想就实现了。

亚历山大攻占戈迪翁后大病一场,与死亡擦肩而过。所以拖至公元前 333 年秋才采取重大军事行动。他不去寻找大流士三世在米索不达米亚的主力决战,而是向南,沿巴勒斯坦海岸直奔埃及。目的是摧毁波斯的海军基地和舰队。大流士三世抓住这个战机,率领主力尾随其后,从巴比伦西北部出发,切断亚历山大同马其顿后方的联系,试图断其后路,歼灭亚历山大于安那托利亚。这个战略是很高明的。亚历山大过于冒险,此时他无任何回旋的余地。但是大流士三世犯了个大错,他自认胜券在握,竟然允许亚历山大选择在西里西亚(Cilicia)的伊苏斯(Issus)这个狭长沿海平原交战。大流士不可能依靠数量上的优势展开其队形,亚历山大利用其精锐骑兵突破大流士战线的中心,大流士一败涂地,落荒而逃。

伊索斯大捷是亚历山大远征的转折点。波斯的主力被歼灭。王室在大马士革的银库全部落入亚历山大之手,从此他摆脱了后勤保障的难题。亚历山大乘机追击,俘虏了大流士王室要员,包括他的母亲、妻子、儿女和王位继承人。

公元前 332 年春,亚历山大进军埃及、叙利亚和腓尼基。沿岸城市纷纷投降,仅有推罗和伽什(Gaza)抵抗。当推罗人拒绝亚历山大关于进入城市并奉其主神赫拉克勒斯以代替推罗主神默尔夸特(Melgart)时,亚历山大围城近 8 个月,最后于公元前 332 年摧毁推罗。同底比斯的遭遇一样,屠杀大部分男性,仅存妇女和儿童。伽什的波斯统治者巴梯斯(Batis)拒绝投降,两个月后遭到同样命运。埃及的波斯总督玛扎西斯(Mazaces)见状不战而降。由于波斯残酷镇压过公元前 5—前 4 世纪埃及人对波斯的反抗,所以同西亚多数情况不同,亚历山大进入埃及首都孟菲斯(Memphis)时埃及人表示欢迎。亚历山大吸取波斯的教训,他既供奉宙斯,也供奉孟菲斯的主神及其他神祇。亚历山大在埃及待了 6 个月,他主要做了两件事:

其一是按神谕建城。尼罗河西 300 英里喜瓦(Siwab)沙漠绿洲是希腊人庇护的三个主要神谕发布所之一。神谕说亚历山大是"阿蒙神的儿子"①。按照当时希腊人的宗教习俗,阿蒙神就是宙斯,所以亚历山大也就是宙斯的儿子。亚历山大得神谕之后,选址建立以亚历山大命名的新城邦,即后人所说的"亚历山大里亚"。时间是公元前 331 年 4 月②,城邦之成员仅限于希腊人和

---

① 详细材料参见理查德·斯通曼:《亚历山大传》第 5 章"阿蒙神之子"(第 42—53 页)。

② 这个时期是伪卡利赛梯尼(Pseudo-Callisthenes,生于公元 3 世纪)提供的。他依托同姓名的公元前 4 世纪的卡利斯梯尼写的亚历山大的记事。德奥多罗有亚历山大远征埃及的记述,但无日期,所以后人采用伪卡利斯梯尼记法。但是 2006 年出版的罗吉尔—柏奈努(Roger S. Bagnall)的《希腊化和罗马时期的埃及史料与研究进路》第四篇"关于亚历山大建城的日期"提出质疑。参见本书"绪论"第四节关于希腊文化中心外移中的论述。

马其顿人。至于整个埃及的统治办法仍仿造治理安那托利亚的办法,但是统治地域仅限于原波斯管辖的范围。埃及人和希腊人共同执掌行政权力,不过军队仍归马其顿人统辖。

在埃及期间,亚历山大自我形象的提升最有意思。他铭记喜瓦神托所的神性血缘的启示,坚信自己不仅与英雄赫拉克勒斯和阿喀琉斯同一,而且阿蒙神还是他的神性的父亲。同其他马其顿人不同,他是神的后裔。可是认"野蛮人"的神作父,其他马其顿人是无法接受的,这就导致后来他同马其顿族人的分裂。

公元前331年亚历山大里亚建城后不久,亚历山大离开埃及,寻找大流士三世决战。大流士三世提出将自己的长女嫁给亚历山大,割让幼发拉底河以西的全部土地,并支付赎金,赎回他的家族成员。亚历山大予以拒绝。公元前331年10月1日,大流士集结残余兵力与亚历山大在高加麦拉(Gaugamela,现伊拉克东北部)交战。大流士三世吸取过去的教训,根据自己的优势(骑兵)和弱势(步兵),选择在高加麦拉广阔的平原与马其顿对阵,而且使用带大镰刀的马车和大象扰乱马其顿的步兵。但是亚历山大的近卫骑兵"中心开花",直捣大流士中军。大流士战败,逃往伊朗高原东部,从此波斯帝国消失,取而代之的是新的亚细亚大王亚历山大。他连续夺取了巴比伦、苏萨(Susa)和帕斯波里(Persepolis)。对巴比伦,他采用埃及方案,与上层祭司调和,给巴比伦主神马尔杜克(Marduk)献祭,重建被波斯毁掉的庙宇,让已投降的巴比伦和苏萨总督维持原职。但是对波斯帝国的精神中心帕斯波里就另当别论了。

帕斯波里是波斯帝国的精神生活中心,波斯统治者的许多公共仪礼,如新年节日在这里举行。大流士一世以来,希腊使节晋见波斯王也在这里。所以在希腊人看来,帕斯城就代表波斯。波斯人自己也这样看。公元前330年4月亚历山大报复公元前480年波斯对雅典的破坏,烧毁了王宫。所有的非从战人员,包括奴隶、儿童、妇女和各种随军人员全都未免于难。20世纪美国考古学者发掘了帕斯波里城和伊朗的最后一个国王的墓地,说明在被烧毁之前皇城的财富已被劫掠一空。亚历山大留下巴门尼奥的部队在伊卡丹诺(Echatano)驻守,确保东西交通,自己亲率大军追逐大流士三世。亚历山大本来打算在大流士逃到现阿富汗国界的巴克特利亚(Bactria)之前同他议和,以免以后继续抵抗。但是不久传来消息,以柏修斯(Bessus)为首的总督们于公元前330年7月暗杀了大流士三世。而柏修斯已经逃往巴克特里亚,在那里自称薛西斯四世(Artaxerxes Ⅳ)。

大流士三世被害,改变了亚历山大远征的动因。以往的行动是报复过去波斯的倒行逆施,因而能为希腊人所认可,但不会获得波斯人的同情。这次给了亚历山大一个改变策略和身份的机会,他将大流士三世遗体运回波斯本土,予以厚葬。一个误传迅速传开:大流士托愿亚历山大为他报仇。亚历山大的这一策略立竿见影。波斯贵族甚至大流士家族的残余成员转向亚历山大。柏修斯失去支持,弑君的参与者为了洗清自己的罪责将柏修斯押解回来交给亚历山大,亚历山大转交给波斯人去审判和处死。

亚历山大越往东进军,就越充满神奇和浪漫的史诗般的色彩。传说,他像神话中的英雄,同非希腊族的阿玛琼(Amazon)皇后幽会。然而不幸的是他低估了东部伊朗的自然条件和民族关系,因而几乎耗尽了他几年来所获得的一切。东部伊朗各族同当地斯基泰(Scythian)各部落之间有着紧密的关系,他们群起抵抗。亚历山大力图沿雅克萨底河(Jaxartes,现阿富汗境内)建构一条索提安那(Sogdiana)与斯基泰之间的控制线。这一措施激起当地各族各部落共同的反抗,持续了三年之久。

亚历山大采取新的策略,他用希腊和马其顿官员置换了伊朗人总督,在那里驻扎了希腊雇佣兵。在索提安那和巴克特利亚建立军事殖民点,由老兵镇守。但是历经几年的长途跋涉和征战激起将士们甚至亚历山大统治层的不满、异议和怨恨。为了缓和矛盾和脱身伊朗,他开始任用伊朗人,甚至于公元前327年同颇有权势的索提安(Sogdian)贵族女儿罗珊涅(Roxane)结婚。这又引出一个新问题:皇后和继承人不是马其顿,也不是希腊人,而是波斯人(不过亚历山大自己的母亲也不是马其顿人,而是埃皮鲁斯人。他的仇敌曾经试图以混血儿血统为由否定他的王位的合法性)。亚历山大要他的部下都行波斯祭拜之礼,更加剧了朝廷内部的矛盾。历史上有两种评议,波斯史家认为:他这样做为的是让波斯承认他是阿蒙神的后代;普卢塔克认为是一种统治东方臣民的手段。现代多数史家同意普卢塔克的见解。不管亚历山大的意图如何,他低估了王朝内部的抵制。他们能容忍任用波斯人担任官职,但无法认同波斯人的礼仪。双方矛盾扩大,第一个事件于公元前330年末出现。巴门尼奥(Parmenio)的儿子斐洛塔斯(Philotas,近卫军骑兵的首领)由于未及时向亚历山大报告有人阴谋刺杀他而被处死。他因而怀疑是其父的阴谋,暗杀了巴门尼奥。安提帕特(Antipater)的义子林塞斯梯(Lyncestis)也被亚历山大处死。

这些措施暂时抑制了朝廷中的怨恨,但是并不能消除不和。最具喜剧性的事件是曾经在格拉尼库斯救过亚历山大命的克莱托斯(Cleitas),于公元前328年秋被亚历山大醉杀。更为严重的是过了半年(公元前327年春),他差点被其侍卫所杀。在审判时,侍卫们表白,他们盼望马其顿摆脱亚历山大这个暴君。侍卫们多被处死。亚历山大的史官和侍卫们的指导教师卡利斯赛尼(Callisthenes 亚里士多德的外甥),由于公开反对引入波斯礼仪被拘禁,不久不明不白地身亡。

公元前327年秋,亚历山大占领了索提安那和巴克特里亚,但是付出了几年的惨重的代价。亚历山大重组了军队,他补充了大量的伊朗新兵。

同前线的恶变相呼应,亚历山大朝廷内同他关系密切的人如佩狄卡(Perdiccas)、克拉忒鲁(Craterus)、吕西马库(Lysimachus)和托勒密(Ptolemy)替代了些"老臣"。这些人在亚历山大死后的暴乱中起了关键性作用。

公元前327年秋亚历山大进入印度,他相信那里是可居住世界的尽头。因为希腊人、波斯人都认为印度就等于印度河流域(现巴基斯坦)。亚里士多德相信过了印度就是沙漠和海洋了。虽然大流士一世曾把印度整合到波斯帝国中,但早已成为过去。现在,亚历山大相信,狄奥尼索斯、赫拉克勒斯和传奇人物亚述王塞米拉姆(Semiramis)无法征服的地方,他能征服。亚历山大越过喀布尔(Khyber)于公元前327年冬到达印度河平原时,他遭到了激烈的抵抗。只是在塔希拉(Taxila),由于国王塔希琉斯(Taxiles)在中亚时得过亚历山大的帮助,所以欢迎亚历山大。塔希拉是印度宗教思想中心之一,在那里亚历山大遇到一群"裸体哲学家"、印度苦行僧。其中一位叫伽拉努斯(Calanus)的人甚至参加了亚历山大的远征军。塔希琉斯要求亚历山大支持他对抗他的东部邻邦克什米尔的阿比萨勒(Abisares)以及波洛斯(Porus)。克什米尔的这个国家管辖着捷陇(Jhelum,现巴基斯坦境内)与克那普(Chenab 现巴、印交界)河之间全部领土。阿比萨勒臣服之后,公元前 326 年初发生了反波洛斯的战争即布克发拉之战。两军相会于希达佩斯(Hydaspes)河,即现在的杰赫勒姆。波洛斯沿江的东岸建立了一条坚固的防线,由他的步兵和 200 头大象防守。亚历山大最后突破防线。这是亚历山大东征的最后一战。但是令塔希琉斯不快的是,亚历山大赦免了波洛斯,不仅恢复了他的国家还允许他扩大了些土地,条件只是向亚历山大称臣。

亚历山大在希达佩斯河取胜后,部队继续越过旁遮普(Punjab)东进。当他到达希法西斯(Hyphasis)河即现今印度境内的毕雅斯河(Beas)时,危机来临了。无休止的秋雨使他的部队疲惫不堪。更可怕的是前面是拥有几千头军用大象的强国。稍有不慎可能全军覆灭。劳师袭远,兵家大忌。士兵们普遍厌战,至今史学家也不清楚,为什么亚历山大灭了波斯之后还要一意孤行,一味东征。亚历山大意识到后果严重,他决定回师印度河,在那里建立一支舰队。

公元前 326 年冬,亚历山大率部南进。公元前 325 年 7 月到达印度河口,在那里亚历山大祭拜圣父阿蒙神,然后航行至印度洋,献祭海神波赛冬,保佑他沿波斯湾回到巴比伦。

公元前 325 年 8 月末,亚历山大从印度回到波斯。他率部队通过格德罗西亚(Gedrosia,现巴基斯坦伊朗交界),目的是建立从印度河口沿印度洋北岸到波斯湾的补给线。亚历山大的舰队司令也是他的最好朋友之一涅阿尔卡(Nearchas),后来说亚历山大是想以此行动证明自己的能力超过亚述王塞米拉姆(Semiramis)和波斯的大居鲁士,因为他们的军队都葬送在格德罗西亚。亚历山大花了近两个月,损失惨重。8 千士兵及其家属随军人员中死亡几千才越过了格德罗西亚。所幸的是于公元前 325 年 12 月舰队安全到达了波斯湾。

亚历山大回到波斯后他的军事帝国骚乱不止。8 个马其顿籍和波斯籍的总督和将军被放逐和处死。他的最老的朋友、王宝财政大臣哈巴路斯(Harpalus)带着从王室和六千名雇佣兵处搜刮来的大批财富,逃到雅典。史家认为,之所以发生动乱,历史上说是由于亚历山大本人一天天变坏了。近代学者认为原因很复杂。罗马史家科迪乌·鲁福(Curtius Rufus)认为,原因是他们误以为亚历山大回不来了,所以各自为自己的利益盘算。①

亚历山大不仅惩罚这些野心家,而且考虑如何防止再现类似事件。所有的总督必须解散雇佣兵,允许他们回家。据尼肯诺(Nicanor)说公元前324年有二万放逐者回希腊母邦。这些人恰恰是亚历山大死后希腊各城邦反抗的力量。

公元前324年亚历山大举行了大规模的征服印度庆典,官员和舰队被授予勋章。庆典的高潮是亚历山大自己和90个主要官员的婚礼。亚历山大自己除了罗珊涅外还娶了薛西斯三世和大流士三世的女儿。官员们都娶了高贵的波斯和米底亚妇女,一千名战士分到了战利品,也娶了亚洲妇女。但是好感很快就消散了。因为亚历山大招募了三万年轻的伊朗人,按马其顿的军制训练,企图以此替代跟随他多年征战的老兵。由于未能善待老兵,所以公元前324年秋,当他在俄庇斯(Opis)宣布遣散老兵、伤兵回家时发生了兵变。士兵们要求全体遣送回家,只留下他的阿蒙神父亲就行了。亚历山大再三申述,马其顿人才是他真正的“伙伴”后这一事件才得以平息。

然而,亚历山大自己的厄运终究来临了。公元前324年11月他最亲密的朋友赫淮史提翁(Hephaestion)暴饮而亡,亚历山大竟然处死赫氏的医生,并命令在巴比伦为之建立一座巨大的纪念塔。他宣称已得到阿蒙神的许可,要希腊各城邦追认赫淮史提翁为英雄,同时要希腊人把他当做神来崇拜。公元前323年春他到了巴比伦,接受了希腊和地中海其他民族的代表团的祝贺和祈求,并构思征服阿拉伯人的计划,因为他们从未派人来祝贺。但是公元前323年5月29日,他在一位官员的宴请后病倒了,发高烧,说谵语,两个星期后,即前323年6月逝世,年仅33岁。

---

① 参见彭麦罗依、帕斯坦、敦朗、罗伯兹:《古希腊政治社会和文化简史》,第291页。

亚历山大的整个征服计划是什么？为什么他要去征服这么广阔的地域？这是一个谜。因为他自己也没料到仅仅存活 33 年。据说，罗马帝国奥古斯都于公元前 31 年征服埃及结束了希腊化历史并于翌年设立行省后，他为亚历山大只考虑征服世界而不考虑如何统治这个帝国感到惊奇。① 历史恰是如此，他只想征服世界，为自己建立丰碑，显示他是宙斯、阿蒙神的儿子，是比阿喀琉斯、赫拉克勒斯、大流士还伟大的英雄，却始终拿不出一个统治这么广大地域的方案。如何统治或者说管理跨文化地域是一个新问题，往后可以看到，同样的课题也摆在罗马人面前。起初亚历山大只是简单地以为用希腊人、马其顿人替代波斯的官员就行了，而没有考虑到背后的文化、政治、社会差异及因而产生的民族国家心态和利益关系。进入埃及和巴比伦后他懂得需要任用当地官员，尊重当地风俗习惯，同时建立以亚历山大命名的一批城市或据点，驻扎希腊士兵与当地百姓交和。他还让地处西亚的希腊小城邦参与统治从地中海到印度广阔的领土。现实迫使他不断开拓自己的视野，采取适应跨文化语境的新措施。这样，在客观上亚历山大成了希腊、西亚、中亚领域第一位探索如何处理不同文化语境下民族、国家之间关系的历史人物。他还将希腊语定为这个“世界城邦”(Cosmopolis)的通用语言，希腊文化在这广阔地带得以传播。亚历山大把埃及人的最高神阿蒙等同于希腊人崇信的宙斯，他是阿蒙神的儿子，也就等于是宙斯的儿子。他任用当地官员，让他的部下与非希腊、非马其顿人通婚。这样，希腊人原有的“野蛮人”的观念从根本上被打破了。在这个广阔地域，发生了下面要说的历史上规模最大的各种文化之间的碰撞与融合，促进了环地中海文化圈的形成。

三 政制的“东方化”：君王与帝国

马其顿亚历山大是希腊古典时代的终结，又是希腊化时期的开端。

“希腊化(Hellenistic)”源自希腊文 hellenizo，意思是“I behave like a Greek”(我的行为举止像个希腊人)，“I adopt Greek ways”(我取希腊人生活方

---

① 参见彭麦罗依、帕斯坦、敦朗、罗伯兹：《古希腊政治社会和文化简史》，第 293 页。

式)或“I speak Greek”(我说希腊语)。19世纪中叶,德国史学家J.G.Droysen用这个词指称亚历山大东征以后希腊文化在非希腊世界传播的这一历史阶段。这个阶段从亚历山大东征之后,至马其顿在埃及的最后一个王朝(托勒密王朝)于公元前31年被罗马皇帝屋大维所灭,翌年改为行省,前后约三百年[①]。所以,“希腊化”不是当时就有的称号,而是后人用来指称马其顿统治希腊以后的“希腊世界”[②],包括埃及、西亚、南意大利、西西里等希腊人足迹所及的地中海地域,甚至到印度交界。“希腊化”这一中译名称容易引起误会,以为这个地区政治、经济、文化、语言、风俗习惯各个方面都为希腊所“化”了。这个词确切说应是各种文化相互融会的“泛希腊”时期。由于亚历山大逝世后近三百年的历史纷繁复杂、犬牙交错,因此我们先概述这三百年历史,然后论述这三百年中以“泛希腊”为特征的地中海文化现象。

(一)希腊化时期的政治纷争与三国鼎立格局之形成

亚历山大突然逝世,波斯帝国也已消失,顿时出现了“权力真空”。亚历山大的妻子罗珊涅(Roxane)刚怀孕。他的家庭仅有心智缺陷的同父异母兄弟阿里忒努(Arrhidaeus)。亚历山大临死前把权力指环交给大臣佩狄卡(Perdiccas),希望他及其贴身侍卫以及佩狄卡的骑兵,辅佐未出生的孩子。但是,马其顿的步兵哗变,支持阿里忒努继位。最后达成妥协,如果罗珊涅生下的是男孩,就认他为王。后来果真是男孩,于是认这个小孩成为亚历山大四世,阿里忒努为腓力三世,二王并立,暂时避免了一场内乱。过了半个世纪,亚历山大帝国观念逐渐淡化。前280年最终形成了新的政治格局:马其顿王朝名义下三个王国即埃及的托勒密王国、西亚的塞琉古(Seleucids)王国、马其顿本土和北希腊的安提柯王国(Antigonids)。这样的局面维持了两个世纪。这两个世纪是用阴谋、屠杀、暗算、纷争谱写的,为使读者能深刻感受这个时期为什么关注个人的安宁,我们有必要描述这二百年历史。

1. 佩狄卡摄政

---

① 另一种说法是以公元前323年为起始年。公元前323、前322年亚历山大和亚里士多德相继逝世,意味着希腊古典时代的终结,希腊化的开始,将马其顿亚历山大东征看做一个过渡期。

② 参见格拉罕·雪莱:《后亚历山大的希腊世界:前323—前30年》,第1—2页。

佩狄卡放弃了亚历山大征服阿拉伯的计划，重新指派总督欧美内斯(Eumenes)任卡帕多西亚总督，托勒密为埃及总督，吕西马库(Lysimachus)为色雷斯总督，安那托利亚西部由绰号“独眼”的安提戈努(Antigonus)任总督。同时由安提帕特(Antipater，亚历山大的欧洲战区顾问)、克拉忒鲁(Craterus，亚历山大最有名的野战军司令)和佩狄卡本人共同执掌朝政。但是帝国东西部首先反叛，东部巴克特利亚属中亚，公元前323年23000希腊籍驻军哗变，向家乡进发。佩狄卡迫使他们返回驻地。但是以雅典为主的希腊本土又爆发反马其顿运动了。① 前324年返回希腊母邦的这批被流放的人是叛乱的主力。在公元前323—前322年帖撒利的拉米亚(Lamia)战争中，安提帕特被希腊叛军包围，但是马其顿的西亚援军解救了安提帕特。公元前322年在帖撒利的克兰陇(Crannon)战斗中希腊叛军惨败。同时雅典舰队在阿谟戈斯(Amorgos)海战中遭到致命的创伤。雅典遇到严厉的惩罚，民主政制被取缔，德谟斯提尼自杀，其他的民主派领袖被处死。12000雅典人失去公民资格，从此雅典由马其顿卫队控制。

东西两羽的叛乱刚平息，亚历山大旧部上层的内乱在西亚开场了。佩狄卡竭力控制亚洲的总督们，特别是弗里吉亚总督安提戈努。佩狄卡以安提戈努拒绝援助卡帕多西亚总督欧美内斯为由进攻独眼安提戈努。安提戈努逃到马其顿，并散布谣言，说是佩狄卡欲娶亚历山大妹妹克列奥帕达，背弃娶安提帕特女儿为妻的诺言，借此挑拨佩狄卡与安提帕特的关系。从此破坏了三人共同摄政的格局。这时埃及总督托勒密乘机煽动亚历山大部属反佩狄卡，说是佩狄卡破坏亚历山大在埃及的葬礼。佩狄卡忍受不了托勒密的挑战，于公元前321年出兵埃及。托勒密打开尼罗河堤坝的闸门，淹没了佩狄卡几千将士。部将们因失败而懊恼，托勒密收买部将并暗杀了佩狄卡。维系不到三年的三人摄政时代告终。

2. 群雄混战

---

① 关于Bactria军营反叛，参见Diodorus XVII，99，5以及XVIII，7。本土反叛参见XVIII，1—3；Pausanias，1，25.3—6；另参见Austin《选编》第44页以下。

佩狄卡死后,三人摄政(Triparadeisus)重新调整了内部关系。安提帕特取代了佩狄卡的地位,托勒密和吕西马库维持原位。塞琉古为巴比伦总督,欧美内斯判为死刑,由安提戈努去处理。安提戈努统辖亚洲兵权。安提帕特带着腓力三世和亚历山大四世两个国王回到马其顿,他意识到“独眼”安提戈努已控制了亚洲和王室,而马其顿本土在他看来才是帝国中心,而且在那里他有势力。这个态势正好对安提戈努有利。他迅速控制了卡帕多西亚,处于死亡边缘的欧美内斯幸运逃脱,因为是时(前 319 年)安提帕特突然逝世。

不过新一轮的冲突又开始了。安提帕特的儿子卡姗得尔(Cassander)拒绝接受他父亲代表两位国王担任德尔斐神庙周边会议(Polyperchon)主席的角色。他认为现在该是终结名存实亡的王室制的时候了。他逃到安提戈努那里,参加安提戈努、托勒密、吕西马库联盟。这场斗争持续了三年,最后以亚欧王室事业和马其顿 Argead 王朝的解体而告终。亚历山大原配奥林皮娅维护他孩子亚历山大四世的地位,谋杀了腓力三世和皇后幼里迪丝(Eurydice)及同卡姗得尔结盟的异姓贵族。卡姗得尔报复了奥林皮娅,控制了亚历山大四世和马其顿。名义上他是代理亚历山大四世,实际上他成了马其顿的统治者,亚历山大四世和母亲罗珊涅已被监禁在安菲波里斯。

同样的命运落到亚洲的王室头上。欧美内斯逃脱了三年,公元前 316 年末他的卫士将他出卖给安提戈努,立即被安提戈努处死。安提戈努指派他的支持者盯住亚洲各位总督。塞琉古见势不妙,立即逃往埃及托勒密处避难。从此安提戈努控制亚洲的马其顿疆域,形成安提戈努与卡姗得尔的并立之势。

这种局面维持没多久,四方同盟内部就起哄了。公元前 315 年,同盟其他 3 人(卡姗得尔、托勒密、吕西马库)向安提戈努提出共享新占领的土地。安提戈努以其人之道还治其人之身,要求卡姗得尔承认希腊城邦的自由,企图以此获得希腊人的支持。但是安提戈努控制马其顿的条件根本不具备。公元前 312 年托勒密在伽什打败了安提戈努的儿子德米特利(Demetrius),帮助塞琉古恢复了在巴比伦的统治,并且煽动东部总督反叛。公元前 311 年安提戈努的东部、南部防线崩溃,安提戈努不得不同先前的盟友缔结和约。安提戈努承认控制亚历山大军事帝国计划失败。卡姗得尔仍然是欧洲地区军事领袖

(Strategos),安提戈努继续统领亚洲军务,托勒密、吕西马库维持原位。希腊城邦得以自由。

不过这仅仅是野心的安提戈努的一个策略,彼此都心知肚明,大家利用这短暂时机发展军事实力。公元前 307 年,安提戈努儿子德米特利以“给全希腊各城邦以自由”为借口侵入希腊,从卡姗得尔手中解放了雅典,并恢复了民主制。翌年他占领塞浦路斯,控制了萨拉米海湾,挫败了托勒密的救援船队,从此改变了政局。亚历山大的继承人拥戴德米特利为唯一代理人,这一消息传到叙利亚安提戈努的军队,士兵们拥护安提戈努父子为王,因而公开结束了腓力的 Argead 王朝。不到一年,卡姗得尔、吕西马库、托勒密也各自称王。公元前 301 年末,吕西马库和塞琉古在弗里吉亚中部伊帕苏(Ipsus)打败了安提戈努父子。安提戈努被塞琉古的大象踩死,德米特利逃亡,至此,群雄争霸局面结束。

3. 托勒密、塞琉古、马其顿安提柯三国鼎立格局之形成

安提戈努死后,他的政敌瓜分了亚洲占领区的领土。吕西马库接管安那托利亚北部,塞琉古除了巴比伦及叙利亚,还拥有安那托利亚南部沿海地区。两河流域(米索不达米亚)都落入他手中。公元前 301 年起这两个大国的决斗拉开了序幕。托勒密占领犹太、腓尼基和叙利亚南部,他同吕西马库结盟,托勒密许诺把女儿阿辛努依(Arsinoe)嫁给吕西马库,吕西马库将女儿嫁给托勒密的儿子即后来的托勒密二世。塞琉古也与恢复元气的“独眼”儿子德米特利结盟,德米特利号称“海上帝国”,拥有父亲留下的舰队,并控制了爱琴海。新一轮战争一触即发。不过,双方都还没准备充分,暂时平静了 10 年。吕西马库忙于革塔(Getae)的战争,建立或重建安那托利亚沿岸(包括爱菲斯)诸城市。托勒密改革埃及的管理。塞琉古在叙利亚建立许多城市和军事据点,并且定都安提阿(Antioch),10 年的稳定造成一种和平的假象,当时成千上万希腊移民迁往埃及和西亚,所以新城市日趋繁荣昌盛。不过很快幻想破灭了。

德米特利为了改变无陆地基地的缺陷,于公元前 294 年强占卡姗得尔儿子们的封地,企图以此为跳板进入小亚细亚。但是吕西马库和埃皮鲁斯王皮尔鲁(Pyrrhus)抢先一步入侵马其顿,迫使德米特利于公元前 286 年未作充分准

备的情况下,贸然进攻小亚细亚,结果损兵折将,只好投降塞琉古,被囚禁于首都附近,度过了他一生的最后几年。

公元前281年初塞琉古为了争夺色雷斯于科卢佩底(Corupedium,乌鸦地)向吕西马库开战。吕西马库战死,塞琉古控制了亚历山大当年亚洲的占领地域。但是好景不长,塞琉古被托勒密流放的一个儿子,外号“雷击”的喀垴鲁(Ceraunus)暗杀了。喀垴鲁于公元前279年保卫马其顿,抵抗公元前4世纪初从西欧迁移到这里的高卢人,战死沙场。高卢人对马其顿、北希腊和安那托利亚的威胁是短暂的。在德尔斐和北希腊,他们被埃托利亚联盟(西北希腊城邦联盟)和德米特利的儿子安提戈努·戈诺塔斯(Antigonus Gonutas)打败。从此,戈诺塔斯控制了马其顿本土,形成托勒密、塞琉古和马其顿本土三个王国并立的局面。其中,埃及的托勒密相对而言,内部较为安定,内部仅有公元前206—前185年忒拜特(Thebaid)在埃及的反叛。外部主要是同塞琉古王朝,因婚嫁与继承人关系或利益之争,引发前后共六次“叙利亚战争”,公元前276—前274年塞琉古王朝继承人安提俄库(Antiochus Ⅰ)发动争夺艾比尔涅里(Ebirneri)行省的战争;公元前260—前253第二次叙利亚战争;公元前246—前241年第三次叙利亚战争;公元前219—前217年第四次叙利亚战争,安提俄库三世败于托勒密三世;公元前202—前200年第五次叙利亚战争,安提俄库三世从托勒密手中取得Coele Syria;公元前170—前168年第六次叙利亚战争,安提俄库四世爱比芳流(Epiphaius)二度进入埃及。① 奥斯汀的《从亚历山大至罗马征服时期希腊化世界资料选》附有年表和三个帝国的王朝更迭表(见该书第460—466页)。

三个帝国中极不安份的就是塞琉古。现存伊拉克博物馆有一块“巴比伦尼亚列王纪”记载亚历山大起始的各王统治年限,塞琉古死后由他儿子(塞琉古二世至五世)及他的兄弟后裔安提俄库一世(前281—前261年)到安提俄库九世更迭执政。② 安提俄库好战,几次叙利亚战争都由他的家族挑起,耗尽

① 参见 Austin, §141(pp. 240—241);§186、§270;§182(pp. 220—222);§148、§149、§224、§225;§167;§164、§165。

② 参见 Austin, §138(pp.236—237)。

了资源,公元前 192—前 188 年罗马发动叙利亚战争,控制了西亚。以马其顿本土为主的马其顿王国最为动荡不安,它一直面临三种矛盾:一是同希腊本土的矛盾;二是同周边民族及从中欧、西欧迁徙来的高卢人、凯尔特人(Celt)的冲突,尤其是面临罗马的威胁;三是内部"独眼"安提戈努后裔及原马其顿王朝腓力后裔两种势力的矛盾。王朝妻室后裔于公元前 294—前 288 年统治马其顿。之后是安提戈努二世(前 253—前 239 年)、腓力五世(前 221—前 179 年在位)、培尔塞乌斯(Perseus,腓力五世儿子,前 179—前 168 年在位)。

公元前 214—前 205 年、前 200—前 197 年、前 171—前 168 年罗马发动了三次马其顿战争。公元前 168 年马其顿成为罗马行省。公元前 146 年希腊正式成为罗马行省。公元前 30 年屋大维灭了托勒密王朝,翌年将埃及变为罗马行省。从此希腊化历史阶段宣告终结。

(二)罗马对环地中海的统治

《剑桥古代史》新版第 7 卷第 2 册主要研究早期罗马(含王政时代与共和早期)的历史。关于早期罗马的历史,除了地下少量出土文物外,仅有残缺不全的或孤立的记载。这就是希腊、罗马、伊特拉里亚和迦太基史家的记载。迦太基人的记述来于希腊的波利比乌斯(Polybius),所以实际上是三家。这三家之中,首推希腊。作为史的记述,第一位是诞生于伯罗奔尼撒半岛的波利比乌斯(约生于前 200 年左右,《剑桥古代史》记载是前 210/200 年,《洛布古典丛书》译者说是前 208 年),但是四十卷书仅存六卷及第六卷的部分,正是这卷记述了早期罗马。西塞罗在《论共和》(11. 1—63)中高度评价了他关于共和体制为最佳政制的论述。第二位是生在西西里岛的狄奥多罗(Diodorus Siculus),也有四十卷,仅存十五卷,讲述公元前 486—前 302 年一段历史。第三位是哈里卡纳的狄奥尼修(Dionysius of Halicanassus,约生于前 60 年),他花了 22 年收集史料,撰写了二十卷的《古代罗马》(*Roman Antiguities*),剩存十一卷(至前 444 年为止的历史),其他九卷有残篇。他同时又是个修辞学家,而且懂哲学。他可能受波利比乌斯的影响,也认为罗马的政制是君主制、贵族制和民主制的综合。第四位是普卢塔克,约公元 46 年出生于中部希腊,他的《希腊罗马名人传》,收集了罗马始祖罗慕洛的资料。他的《罗马诸疑题》(*Roman Questions*)保留了前人的许多传说和早期罗马宗教的问题。公元3世纪早期的卡西乌·狄奥（Cassius Dio）及12世纪的扎纳罗斯（Zanaros）引用了这些材料。

罗马的历史编纂学（historiography）始于公元前3世纪末，在此之前仅有口传史诗。书写形式的史诗始见于公元前3世纪末、前2世纪初恩尼乌（Ennius）的《编年史》（*Chronicle*，*Annales*）共18卷。开首三卷是关于特洛伊英雄艾尼阿斯（Aeneas）的传奇和王政及关于早期共和制和个人的英雄美德的。这些对后来的罗马有深刻的影响。法比乌·皮克托（Fabius Pictor）。公元前216年他作为官方代表朝圣德尔斐神庙。他也用希腊文写作，记述早期罗马的传说及他所处时代的第二次布匿战争（Second Punic War）。在他之后就是辛西乌·阿里门托（L.Cincius Alimentus）和另一位佚名者写的《罗马王国》（*Res Romanas*）记述早期共和制。

元老院元老卡图（M.Porcius Cato，the elder，前234—前149年）第一个用拉丁文撰史，共五卷。前三卷研究罗马城和其他城市的建立，后两卷研究同迦太基的战争，下限为公元前167年。他的特点是关注发掘原始文献，提供了阿里奇亚（Aricia）献祭时拉丁各共同体的名单。

此后有一个世纪，罗马没有出过有名的史学家，直至公元前1世纪涌现出4位史家，很可惜仅留下些残篇，这4人就是格劳底乌·夸里嘎利（Q.Claudius Quadri Garius）、利肯努·玛克尔（C.Licinius Macer）、瓦力里乌·安梯阿（Valerius Antias）以及艾利乌·图伯罗（Q.Aelius Tubero）。唯一留下史料的就是生活在世纪之交的李维（Titus Livius，前59—17年，另一说法是前64—12年），他出生于意大利北部，他受罗马皇帝屋大维和后来的皇帝格劳底乌（Claudius）的鼓励，撰写了罗马起源至公元前9年奥古斯都为止的大部头历史书，计142卷，仅存第1——10、第21——45卷及一些残卷。①

上面提到的这些资料，《洛布古典丛书》希—英和拉—英两个系列多已收录。狄龙和卡兰德编的《史料》第1章收录了上述提到的许多残篇。我们不可能

① 以上关于早期罗马的材料见《剑桥古代史》第7卷，第2分册，第1—9页；狄龙和卡兰德编：《从早期共和至暗杀恺撒的古代罗马史料》，第1章“早期共和罗马：前507—前264年”。

去阅读这么多史料,这里仅依据《剑桥古代史》和有关史料汇编,对罗马政制的转换作一简略的介绍。

罗马经历了王政、共和和帝国三个历史阶段。根据前面提到的 Ennius 史诗,约公元前 1100 年,一支印欧语移民(神话传说中的特洛伊英雄 Aeneas)进入拉丁姆平原。此后的几百年,即从青铜时代晚期至铁器时代早期,从台伯河(Tibur)至拉丁姆平原的拉丁民族处于部落制向王政过渡期。公元前 753 年左右,神话式人物、母狼喂养长大的罗慕洛建罗马城,开始了由王政向共和的过渡。罗马的社会组织是由一个部落(Tribes)含有 10 个胞族叫库里亚(Curiae),每个胞族由 10 个氏族(gentes)组成。从罗慕洛(Romonus)建城至公元前 509 年共和元年,发生了影响以后历史的三个重要变化。第一是拉丁族和当地萨宾族(Sabines)联盟,互相婚嫁,两族打破血缘关系共融于一个库里亚之中。形成父权制的三个部落,包括 30 个胞族库里亚,300 个氏族的社会组织。① 第二是家庭和私有财产观念的形成,开始向奴隶制过渡。家庭包含父子、夫妻、主奴三种关系,男性家长拥有法律规定的家庭的最高权力。这同希腊不同,雅典和斯巴达尽管政制不同,但是它们突出的是城邦与公民的关系。家庭如同亚里士多德所说,仅仅承担人口繁殖和日常生活两种功能。而罗马突出家庭的地位。家长拥有国家授予的家长特权叫 Patriapotestas,家庭实施祖传的严肃(Gravitas)、虔敬(Pietas)、质朴(Simplicita)和勇敢四品德教育。显赫家庭在罗马一千多年历史上都有重要地位。家庭之首通过教育、宗教崇拜和管理等手段,维护祖先传统、荣誉和尊严,将罗马的家族传统一代代传下去。后裔们以祖上家庭的业绩为荣。第三是体现君主制、贵族制、民主制相混合的共和制形成,而且与军事组织、宗教生活与家庭观念相结合。希腊王政时代国王叫 Basileus,罗马叫 Rex,但是罗马王政时代的首领 Rex 兼有司祭职权,叫 Rex Sacrorum。② 相应地,宗教上突出了朱庇特的至上地位。在萨宾联盟时期的模式是主神朱庇特之下二神并立,即朱庇特—战神 Mars 和奎里努斯

---

① 参见《剑桥古代史》第 7 卷,第 2 册,第 65—66、103 页。

② 详见《剑桥古代史》第 7 卷,第 2 册第 3 章,第 6 节:“社会、政治和宗教之结构”。

(Quirinalis,萨宾部落神)正好同一个罗马之下两大部落联盟相呼应。之后罗马也信奉伊特拉里亚神灵体系。朱庇特(Juppiter)—朱诺(Juno)—米涅瓦(Minerva)分别代表众神之首、家庭与婚姻女神、工艺与智慧女神。

公元前509年共和之初,由选举产生两位一年一任的执政官代替国王。之后塞维·图里乌斯(Servius Turius)改革限制了贵族垄断地位。图里乌斯按财产划分公民等级,按等级组成百人队中,以百人队为单位投票建立百人队取代胞族组织的库里亚。执政官的选举不再由贵族控制的库里亚选举产生,而是由百人队大会来选举。百人队还有权决定国家大事。同梭伦改革一样:贵族仍居统治地位,因为193个百人队中,贵族等级占了98个,平民等级才占95席。平民与贵族斗争的结果是平民有权自选保民官,它位于执政官之下,却有否决权,平民开始建立平民大会。由于它是按部落(Tribe,特里布)选区组成,所以又称特里布大会,即部落联盟全体平民大会。公元前451—前450年制定了《十二铜表法》(*Twelve Tables*),其中包括家法、婚姻法、离婚法、对人身和财产的侵犯的制裁、遗产继承法、财产所有权,以及债务、奴隶、债务奴等①,李维称《十二铜表法》是罗马"所有公共法和民法的来源"(Livy,3,34,6)。公元前445年卡努尤斯(Gaius Canuleius)法案规定,允许平民与贵族通婚。公元前367年吕锡尼—绥克斯都(Licintio-Sixtian)法案规定每两位执政官中必须有一人为平民,并且限制占有公地的最高额。公元前326年彼提留(Poetlies)法案明令禁止债务奴。公元前287年霍腾西阿(Hortensius)法案规定平民大会为最高立法机关,元老院也必须服从。从此形成了波利比乌所称赞的贵族制、君主制、民主制混合的最好政制。

罗马正是依靠这个政制,扩大了统治基础,使广大平民在战场上愿意拼命,同时还由于罗马家庭教育、宗教观念以及罗马军队方阵的组织形式,因而所向无敌。它控制全意大利后,又将同样的制度和措施推广到环地中海世界,不断扩大有公民权的公民队伍,而且尊重体现各民族精神的神灵体系,所以越战越强。通过前面提到的三次布匿战争、三次马其顿战争和叙利亚战争,最后

① 参见狄龙和卡兰德编:《从早期共和至暗杀凯撒的古代罗马》(文献汇编),第27—33页。

把地中海变为它的内海。屡建战功的统帅拥有无上的权力,这样,经过庞培、克拉苏、苏拉、恺撒、屋大维之手,罗马共和国在公元前1世纪末最后转化为罗马帝国。

四 地中海世界的文化交融

“希腊化”时期的希腊文化,用现代的语言说就是强势文化,希腊语拥有话语霸权的地位。但是当时的西亚文化与埃及文化源远流长,根深叶茂,毫不示弱,而希腊本土又处于晚期的城邦制衰落期,不愿与奴隶为伍的穷困公民宁愿充当波斯的雇佣兵,亚历山大击败波斯之后,更愿意到东方“淘金”谋生。因此,发生了历史上第一次规模广阔的长达几百年的文化反哺现象,影响希腊本土的文化,甚至于经济与政治。这种跨文化交融在晚期希腊和罗马帝国的哲学与宗教中表现最为突出。

希腊人、马其顿人主政西亚和埃及后,按希腊城邦方式建立城市与据点,将希腊的政制、政治伦理、文学艺术、宗教哲学推广到新疆域。同时又崇敬当地的神灵体系,任用当地官员,将东方和埃及的政制体制融入希腊政制之中,这些新的质素反过来又影响到希腊本土,加速了城邦向行省的过渡。

亚历山大在西亚、中亚、印度河畔及埃及建立了一批城市和据点,到底有多少说法不一。因为都以亚历山大命名。“据点”和“城市”难以截然公开,历史上留有痕迹的有十多个。《牛津古典辞典》(第三版)提到7个,其中6个为亚历山大所建(见第61—62页)。诗人色奥克利特(Theocritus)说在埃及托勒密一世执政时有30个城市,他在颂词中歌颂托勒密二世:

> 无数的国家,数不清的民族,借您宙斯之子的雨露成长,300个城市拔地而起,还有那3000个,30000个,二倍、三倍的村落(注:狄奥多罗说托勒密一世时有18000个大村庄和城市,托勒密二世时有30000个),您开辟了疆土:腓尼基、阿拉比亚、叙利亚、利比亚,还有那黑皮肤的埃塞俄比亚。您给所有的旁菲里亚人(Pamphylians)、西里西亚人、尼西亚人,好战的加利亚人(Carians)、基克拉迪群岛人(Cyclades)带来秩序,因为您就是那些安稳地航行于大海的完美的大船。所有的大海、陆地和咆哮的江

河,都受托勒密的统治。您的财源滚滚,从各方流入您的王廷。①

《希腊化世界导读》发表了理查德·毕劳(Richard Billows)的《城市》(Cties)一文,专门论述希腊化时期亚历山大及其后继人在统治区建立城市的问题。该文作者毕劳说:

> 研究希腊城邦的学者大都倾向于以希腊化前夕为城邦史的终点,以为希腊化帝国的创立结束了宏伟的城邦时代。事实正好相反。希腊化时代在许多方面是希腊城邦戏剧性增长的最重要时期。从地域上说,几百个新城市拔地而起,从地中海沿岸直到现在的阿富汗和巴基斯坦。沿途不仅有大批城市覆盖广阔地域,而且城市的大小在希腊化时期也增加了。古典时代最大的城市莫过于雅典和叙拉古,其人口按程序一百百增加,增至 25 万人为限,或者说包括周边领土的人口在内达 1/4 百万人。但是,许多希腊化的城市比雅典、叙拉古大许多。如安提阿(Antioch on the Orontes)和底格里斯河的塞琉古都达到 50 万人。埃及的亚历山大里亚甚至达到 100 万。②
>
> 除了纯粹的数量和大小,还应该考虑都市发展的智力水平:包括物质条件、文化和城市内的接合和联系,在希腊化时期都比以往精致得多。就城邦文化这一项而言,最显著的是通行于希腊化世界的某些统一机构和规范的扩大。其中特别是在多立斯方言、埃俄利亚方言和伊奥尼亚方言等基础上形成的希腊化世界的通用语言(Koine dialect)在所有希腊城市中通行了。最值得一书的是,通用语言是古典时代雅典的阿堤卡方言的少许的变形。③

作者(毕劳)说同语言一样,其他文化形式也如此。希腊化时期的城市都以古典时期的雅典为典范。阿堤卡的悲剧处处受到羡慕和赞扬,一个个城市都以民主制为荣,以伊索克拉底的修辞学为形式的高等教育成了标准的希腊

---

① 奥斯汀:《从亚历山大到罗马征服时期的希腊化世界原始资料译文选》,第 357 页。参见 2006 年修订版,第 449 页注 3,编者认为具体数目不可靠。

② 安得烈·爱尔斯金主编:《希腊化世界导读》,第 196 页。

③ 安得烈·爱尔斯金主编:《希腊化世界导读》,第 196 页。

化高等教育。同样,关于城市的建设和行政机构,如同狄奥·赫里梭通(Dio Chrysostom Oratio,48,9)和鲍桑尼亚(10.4.1)所说,成了新城市建设的图纸。环绕城市的城墙,标志性的市场、戏台、运动场、长廊、喷泉、议事会或者是市政厅,以及相应的官员的设置:agoranomos(市场监视员)、gymnasiarchos(体育场主管)、amphodarchai(街道主管)、astynomoi(城市守卫)等等。此外,还有许多规范个人与城邦,城邦与城邦之间的条例。这些条例和规范在希腊化时期备受关注,其原因可能同前4世纪希腊本土的城邦纷争的教训有关。作者分城市位置与大小,城市建设方案与设施,城市生活与都市文化三个方面,介绍希腊至罗马帝国时期西亚的城市,并附有以弗所(又译爱斐斯)、帕伽马城市布局图。①

塞琉古和托勒密王朝继续推进希腊化,使希腊语成为通用语言。希腊的平民及各种职业者,都可以到西亚和埃及活动,建立自己的基地。正是在这个背景下,晚期柏拉图学园、新柏拉图主义和斯多亚学派都在这些地区建立自己的学派或活动点,至少都到这些地区游历和传播自己的学说。帕伽马和亚历山大里亚正是在这个语境下成为文化中心之一的。根据斯特拉波的记载,帕伽马不仅是小亚(现土耳其境内)一个有名城市,而且非常富有,那里原来是吕西马库的财库,达9000塔兰特。经过吕西马库、塞琉古、托勒密一番争夺后,塞俄姆(Tleum)的菲勒忒幼(Philetaeus)的后裔打败塞琉古,建立了自己的城市和阿塔里王朝(Attalids),其后裔与罗马结盟抵制周边的侵略,稳定了一百多年(前283—前129年)。② 公元前197—前160年欧美内斯二世(EumnresⅡ)统治期间扩建了城市,建立了仅次于亚历山大里亚的大图书馆,许多学者云集于此,后因战乱和书写材料纸草短缺而衰落。

历史上流芳百世的另一个城市,即地处埃及的亚历山大里亚。"rea",即科普特语"城"的意思,意为"亚历山大城"。这是公元前331年4月7日亚历

① 参见安得烈·爱尔斯金主编:《希腊化世界导读》,第197—214页。本书收录了伊丽莎白·科斯密塔图(Elizabath Kosmetatou)的论文"The Attalids of Pergamon",内附帕伽马的城市图。

② 参见奥斯汀编:《从亚历山大到罗马征服时期的希腊化世界原始资料译文选》第六篇"阿塔里的帕伽马"及书后的附录朝代表(第461页);斯特拉波:《地理学》第8卷,第4章第1—2节。

山大亲自选址建立的。[①] 亚历山大逝世后葬于此地。托勒密一世、二世、三世都致力于城市建设和文化设施,使之成为希腊化时期最光彩夺目的大城市和文化中心。亚历山大里亚是一个典型的以希腊、犹太、埃及人为主的多种族、多元文化的汇聚中心。托勒密二世建立的法罗斯(Pharos)灯塔,高400英尺,塔顶是救世主宙斯的雕像,它是进出亚历山大里亚的航标。托勒密二世和后继人建立了当时最为宏伟的图书馆和博物馆,这是世界史上第一个博物馆。博物馆之所以叫"Museum",因为这是献给希腊九位艺术女神缪斯(Muse)的。政府资助杰出学者,提供住宿、餐饮、研究室、纸草等工作和书写条件以及娱乐场所。托勒密一世还在Phalerum(雅典港口名)的德米特利的赞助下,让博物馆的学者们建立储藏各类希腊著述的图书馆,据说多达70万卷纸草(papyrus rolls)。[②] 托勒密二世发动72位犹太学者将《旧约》在72天内译为希腊文,即所谓"七十二子书"(Septuagint),相传托勒密三世还指使人盗窃雅典三大悲剧家的作品原件,藏于亚历山大里亚图书馆。学者兼诗人卡利马库(Callimachus)编纂了图书馆藏书目录,计120册。[③] 罗马统治时期西亚与埃及的经济、文化和城市建设继续发展,特别是罗马一向注重海陆交通要道的建设。因此亚历山大里亚不仅保持了其文化地位,而且提高了其经济地位。

作为哲学史绪论中的部分,我们不可能对这个时期的历史、经济、社会制度作详尽的考证或论述。我们的目标是更正一个后人的误会,以为希腊化时期城邦制衰落,因而城市也凋谢了。我们认为必须将作为国家制度的城邦(city state)与经济社会范畴的城市及其管理相区别。现有资料证明,作为城市建设和管理,希腊化和罗马时期有重大的发展。希腊化时期城市建筑的布

---

① 由于埃及和马其顿历法计算的差异,当代有的学者提出异议,见罗吉尔·伯格奈尔:《希腊化和罗马时期的埃及:文献与研究》第四篇"关于亚历山大里亚奠基的日期"及附录一。

② 穆罕默德·卡尼(Mohammed Abd-EL-Ghani)在《亚历山大里亚与中期埃及》一文中,认为这些说法出自伪阿里斯忒(Pseudo-Aristeas)。他是假托公元前3世纪的阿里斯忒著述的,可靠性值得怀疑(参见哈里斯、乔瓦尼编:《埃及与希腊之间的亚历山大里亚》,第161—178页);柏格奈尔:《希腊化和罗马时期的埃及:资料与研究》第九篇论文《亚历山大里亚:图书馆之梦》等,列举了古代各种记载。

③ 参见彭麦罗依、帕斯坦、敦朗、罗伯兹:《古希腊政治、社会与文化简史》,第310—311页。

局和市场管理,供排水系统的铺设和管理,城市会场、市场、剧院、体育场、寺庙等的建设都受希腊本土影响。新建城市不仅仿效希腊本土,而且像亚历山大里亚、帕伽马都大有改进。作为国家制度的希腊式城邦的确过时了,在西亚、埃及乃至印度河和波斯领地,城市都受亚历山大及后继人各国君主管辖,城市已失去了国家的功能,只是在帕伽马等个别城市,在一个时期内城市也就是国家,这种情况下城市的管理机构才具有国家的功能。但是即使像帕伽马也是同塞琉古一样实行君主式统治。

现在的问题是希腊本土。

在希腊本土不论是民主制典范的雅典还是贵族制的斯巴达,公元前4世纪开始,作为国家制度的城邦就走向衰落,其标志是维系公民与城邦关系的政制、法律、伦理、习俗以及宗教观念日趋解体。城邦运作机制由于生产破坏(雅典的劳立温银矿停产了几十年),贫富分化而失灵。公民不热心于与己无关又无益的公共事务,宁愿流落街头或做雇佣兵。城邦的统治权落入少数要权术的野心家手里。但是希腊人的城邦观念顽固不化。这么多城邦,从未有人想要打破城邦或小国寡民体制。虽有过多次联盟,然而盟国是独立小国,盟主也不过是霸主,而不是统一国家的国王。直到公元前146年希腊正式成为罗马的一个行省,希腊人还是念念不忘其城邦制。生活在这个时期的波利比乌斯写了四十卷历史,就是这么总结希腊历史的,认为罗马的胜利在于实行了君主制、贵族制、民主制相调和的共和制,而希腊人偏执一端,导致内部的分裂。

但是在希腊化和罗马统治时期,希腊本土许多城市的建设和管理,希腊的经济与贸易还是间断性地发展的。被腓力和亚历山大毁掉的城邦,如底比斯、安菲波里很快复原了。奴隶制的经营规模一般都大于古典时代。雅典作为城邦国家是衰落了,但是作为贸易中心的雅典和拜里厄斯港却经久不衰。

至于斯巴达,保罗·卡特利奇(Paul Cartledge)和安东尼·兹鲍霍斯(Antony Spawforth)撰写了《双城记:希腊化的斯巴达与罗马式的斯巴达》(*Hellenistic and Roman Sparta:A Tale of Two Cities*),分为上下两篇,分别考查了两个历史时段的斯巴达。在希腊化时期斯巴达从上到下顽强地抵制变革,维护莱喀古士的立法。尽管9千份地农民已产生两极分化,但是维护祖宗立法,抵御外力的侵袭,这股势力相当顽强。作为罗马行省的一部分后,政治体制被罗马人彻底破坏了。斯巴达慢慢融入到罗马的“世界公民”之中,同时在经济上形成一个富有的上层特权阶层,即所谓 protoi 或称 primores viri(英译 leading men,领导层)。他们的财富达40万—100万 Sesterces(货币单位)。另一批地位显赫人物叫 eugeneia,即出身高贵的地方势力。这批“地头蛇”也有钱有势。公元前2世纪开始斯巴达人也介入对外贸易,出现在地中海域,因此斯巴达人已不是昔日的斯巴达人了。①

希腊化和罗马时期最引人注目的是文化的融会。希腊文化包括哲学、文学、艺术的影响扩展到整个地中海域乃至中亚现巴基斯坦、印度、阿富汗一带。各派哲学家活跃于埃及与西亚。

同时,西亚和埃及的宗教,主要是诺斯替(Gnostic)、波斯教(Zarathustra)、摩尼教和诺斯底以及星相学、灾异学、巫术等传到希腊和罗马本土,关于这个问题本书各编中有具体论述。这里要说明的一个问题是:为什么在希腊罗马这个号称发达文明的地方,这些宗教巫术颇有影响。除了社会处境变迁外,另一个原因是早期和古典时期哲学一般都停留在学派内部。传统的神人同形同性观念和宗教礼仪在普通公民中处于绝对的统治地位。伯罗奔尼撒战争中,雅典人竟然以破坏家神的罪名不顾关系城邦命运的战争胜败,将远征西西里的主帅召回受审,致使远征军全军覆灭。仅此一例,足以说明普通百姓的原始宗教观念何等顽固。因此,源自东方的各种迷信邪说和宗教信仰传到希腊罗马,在当时的处境下自然受到普遍的欢迎。这样,希腊文化的传播同东方文化的反哺,二者相汇合,形成了这时环地中海的共同文化。下面谈到的希腊化和罗马帝国时期的哲学的转向和特点,也就是在本绪论前二节的语境下发生的。

---

① 参见《双城记:希腊化的斯巴达与罗马式的斯巴达》第二部分,第2章“地方政府(二):社会经济基础”,第160—162、172—173页。

第三节　晚期希腊哲学的转向与特征

关于晚期希腊哲学各个学派自身各种理论之间的关系以及各学派之间的关系和影响，我们在各编及小结中加以论述，这里只是就整个晚期希腊哲学的共同特征及其演化的轨迹，作一导读性的概括，以便读者阅读、审核、评论本书本卷时了解作者在各编文字的背后，究竟还想说些什么，传递些什么信息。希腊先哲们早就悟出，见诸文字的东西与言说主体想表述的东西之间有一个topos（距离、空间，已表述的和未表述的之间，或想表述而言犹未尽之间的“意域”或“思想内涵的差距”），要把这个“空间”或“差距”补上，可不像物理空间及差距一样，难度是很大的。即使像海德格尔，一辈子思索“sein”（“be”）的问题，至死也还是“言犹未尽”。所以，我们这里仅是提出些问题，谈些我们的想法。若能起到启迪后人思考的作用，就算达到了目的。

一　从“为什么”、“是什么”转向“为了什么”①

《希腊哲学史》前三卷业已证明，早期希腊哲学家还未能从“essence”（本质）或“本体”（ousia）的根本差异上区分人与动物、自然与社会，仅有人为而成的“techne”与天然形成的“physis”的区分。当他们从哲学层面思考“真”（aletheia）时，是在“真”与“假”、“真理”与“意见”（doxa）层面上考察。“真”与“错”、“真”与“善”（好，arete）虽已进入他们的“Sophia”（哲学沉思）的context（关联域），但未能成为思考的中心项。他们的思维大体上是“本原——生灭原理——万物成因”这样的模式。巴门尼德首先发难，对这种自然哲学质疑，意识到还有更高一层次的“形而上”的哲理。但是哲学思想的发展不可能是直线式的，历史将柏拉图、亚里士多德、普罗提诺安排在巴门尼德之后几代、几

① 如何概括晚期希腊哲学的一般特征和去向，是一个有争议的问题，本节曾作为论文在《哲学研究》（2007年第3期）发表，以便引起重视，发表不同意见。这里作了些修改。

十代。当时有条件回应巴门尼德问题的是另一种自然哲学,即同巴门尼德之前生成论的自然哲学不同的物质结构论的自然哲学,其具体形态就是恩培多克勒、阿那克萨戈拉和原子论。当然这是个进步,若没有结构论的自然哲学和亚里士多德区分第一、第二哲学基础上的自然哲学原理,也就难有后来的以科学形态出现的实证科学和依托实证科学的自然哲学,或者说第三种形态的近代自然哲学。然而配称哲学意义上的"形而上学"仅有对自然的沉思是形成不了的,它必须又是对社会、人及人神关系的"沉思"的结果。公元前5世纪后半叶的智者运动和苏格拉底开创了希腊哲学从自然到社会与人,从天上回到人间,进入城邦与家庭的转向。① 柏拉图通过哲人与俗世各种人物的对话,探讨了体现社会、政治、伦理、法律各个领域规范的"本质"(eidos、型、相),最后回到神—人—自然的创世论上。顺便说一句,《蒂迈欧篇》的意义和地位是创世论,而不仅仅是自然哲学。柏拉图没有回答好这一论题,几百年后的普罗提诺作了补述和发挥。② 柏拉图涉及许多社会问题和道德规范,但是总的趋向是通过对话探求对象的"是什么"(eidos,idea)和成因。

亚里士多德建立了哲学意义的、具有完备理论形态的"形而上学"。他关注的中心始终是"是什么"与"为什么",其理论框架的中心项就是 ousia 与 aitia,即"本体"与"原因"。依靠对 einai(to be)自身的考察和三种本体的区分与认知,克服了巴门尼德的 Being 与 Non-Being,alethiea 与 doxa 的僵硬的对立;依靠对 sophia 与 phronesis(prudence、pratical wisdom、慎择、实践理性)的论断,解决了理论知识与实践知识的关系。他发挥柏拉图关于 psyche(灵魂)的双重结构和认知功能的见解,建立了感觉、推理的理性、沉思的理性的三阶认知,并区分理性范畴内的逻辑论证与神思(nous、心智的直观),从而完成了希腊最为完备的、包罗万象的哲学体系。

不过,如此完备的、充满智慧的知识大厦随着亚里士多德的离世顷刻倒塌

① 参见本书第二卷绪论第四节。

② 关于这个问题,2007年刚出版的 *Proclus Commentary on Plato's Timaeus* (Edited and Translation by Harold Tarrant,Combridge.U.P.)做了很出色的评注和论述,迄今仅出版了编注的第1、3卷,第2卷尚未出版。

了。亚里士多德在雅典兴办吕克昂学院,以及他在亚历山大死后的一年离开雅典,不久就离开了人世,其著作据说也遇到不幸,这个事实掩盖了亚氏学说在希腊化时期衰落的深层次的原因。我们在上一节说过,雅典对马其顿的反叛很快被平息。之后雅典基本上在马其顿势力的控制之下。吕克昂学院完全有复兴和发扬光大的外部条件。为什么它还是一蹶不振,让斯多亚、伊壁鸠鲁和怀疑派占了上风呢?也不能说是弟子无能。其实塞奥弗拉斯特、欧德谟斯等及其后继人还是很有才干的,我们在下一节晚期希腊文献编纂中提到的doxagraphy(哲学家意见集成)、etymologica(词源学)、lexicography(辞典编纂学)的创始人正是亚氏的漫步学派(逍遥学派)。相反,能力稍逊的柏拉图学园的斯彪西斯和色诺克拉特斯并没有削弱柏拉图学派几百年的影响。细究之,根本原因是亚里士多德的哲学体系是总结早期哲学和古典哲学关于"是什么"与"为什么"而建立的。他也知道"telos"(目的)、to hou heneka(for the sake of、为了什么),而且赋予其"四因"中终极的地位。但是若问亚里士多德本人"追求智慧"的目的是什么?答曰:纯粹为了求知,不以纯知之外的意欲为目的(见《形而上学》A 卷第 1、2 章)。在《政治学》中,他特地以第一位哲人泰勒斯关于预见橄榄丰收而包下全部榨油机,因此发了一笔大财为例,说泰勒斯这么做不是为了发财,而是向世人证明,哲学家凭借其智慧完全可以发财,只是他不以此为目的。他认为,像他那样过着神一样的沉思的生活才是最高的幸福,他所说的那些政治学、伦理学原理,只是向世人证明,符合 polis(城邦)的"本是"(essence、eidos、形式、本质)的政治体制才是最理想的政制;符合城邦公民的"中道"的 arete(美德)才是体现"ethica"(伦理)的城邦伦理规范。① 这样,亚里士多德就将先哲们开创的关于"是什么"、"为什么"的沉思推到了顶点,同当时的现实生活完全分离了。在形而上的沉思方面,他关于第一哲学、第二哲学、理论学科与实践学科的体系,似乎也相当完备,以至他的弟子觉得无所事事,只好去补充论植物、论感觉和工具篇方面的不足。显然,只有打破体系的外壳,另寻起点,晚期希腊哲学才有出路。这样,原先不被看好

① 参见本书第三卷,第十八章第一、二节;第二十章第二、四节;第二十三章第一节。

的小苏格拉底学派(主要是犬儒学派)、德谟克里特的原子论、高尔吉亚和普罗泰戈拉的怀疑主义论断成了晚期三大派的起点。他们把目光都投向人生哲学和心灵哲学,解决人生追求的问题,因而伦理哲学成了晚期希腊哲学的中心,哲学实现了从追问"为什么"、"是什么"到"为了什么"的转向,显然,并不是说晚期哲学就不关心"为什么"、"是什么",而是说它们都赋予形而上问题的明确的实用目的。关于这个问题我们在各编中有具体的论述。特别是伊壁鸠鲁与斯多亚学派,尤为突出。

希腊哲学从追问"是什么"、"为什么"转向"为了什么",是哲学发展的必然,是合乎哲学思想演化的逻辑的。思想的内在动力是晚期希腊哲学转向的根本。哲学的转向正好发生在公元前404年伯罗奔尼撒战争后城邦制衰落、城邦间纷争、城邦内两极分化,公民个人安危凸显这个时候,特别是腓力二世和马其顿统治时期城邦独立地位丧失的时候,如何面对现实,保持个人安全和平静成了时代的课题。因此,哲学上的转向带有时代的特征,使得这个时期以伦理哲学(请注意伦理哲学与伦理学的区别)为核心,以个人而不是城邦的安宁,以个体灵魂的平静和升华,而不是城邦的精神支柱为目标(请注意我们这里的提法与海内外某些论著的差异)。我们认为哲学的转向首先是它自身发展的逻辑,是人类认识史的必然历程。"为了什么"可以以不同理论形态展开,可以表现为不同的学说和关注点(兴奋点、热门话题、潮流等等)。不同时代关于"为了什么"即宇宙大序、终极关怀之"善"、生活准则之价值判断也是不同的,因而可能有应对现实的不同哲学伦理。恰好公元前4世纪特别是后半叶,希腊城邦制衰落,城邦内两极分化,维系城邦与公民关系的政制、法律、城邦伦理、宗教信念逐步解体,城邦间纷争和结盟此起彼伏,公民个体像断了线的风筝无所依托,因而不得不考虑城邦无法保障的个人命运。这个社会背景正好同柏拉图、亚里士多德哲学高峰之后寻求哲学的出路相一致。所以它为哲学的转向打上了时代的烙印。亚里士多德哲学影响高峰未过,来自塞浦路斯的芝诺(前334—前262年)、来自爱利斯(Elis)岛的皮罗(前365—前275年)、伊壁鸠鲁(前341—前270年)就考虑哲学的新的出路了。尽管三人提供了人生哲学的三种不同答案,尽管彼此之间互相揭短,甚至诽谤攻击,但是不难看出他们之间有下列共同特征：

1.“为了什么”的根本宗旨一致：医治失控的、失衡的、无序的或病态的心灵，求得身心的安宁与灵魂的升华，只是途径与手段不同而已。斯多亚主张人人应该领略“宇宙——自然——人心”之无欲状和谐，从而使个体达到“清心寡欲”的境界；怀疑派以“不动心”为宗旨，以“悬置”真假是非之判断为手段；伊壁鸠鲁以现世之快乐和心灵的“自由”和无畏为目标，以原子偏离学说为论据，展开他的说教。尽管处世药方不同，但是哲学在实践生活方面有共同的使命。

2. 在学科分类上都抛弃亚氏以本体的高低为依据划分第一、第二哲学，以智慧的纯净度（即理性的超世程度）为标准划分纯思学科、实践学科与实用学科。三派都以学科的价值度为依据，以回答何为至善的伦理学作为学科的核心（怀疑派作为一种元哲学，隐藏着伦理学的目标，参见本卷第二编的论述），特别是斯多亚，以蛋黄、蛋白、蛋壳比喻伦理学、自然哲学与逻辑学的关系，完全颠覆了亚里士多德的学科分类准则，突出了人生哲学在晚期希腊哲学中的地位。

3. 它们都从古典时代的非主流哲学中寻找思想资源。斯多亚与犬儒学派，伊壁鸠鲁与德谟克里特和居勒尼学派、怀疑派与智者运动中的怀疑主义思潮及麦加拉学派，都有某种思想渊源关系。

4. 它们都程度不同地突破学派界线，争取广大信徒，而且将自己学说推广到西亚、埃及等希腊化世界。特别是伊壁鸠鲁和斯多亚学派中都有许多妇女、被释放的奴隶以及外族人。怀疑论则在医学界、实证学科界有广泛影响。从事修辞、演说、传记、述要、文献编纂、史学和方志的学者大都学习过哲学，或者信仰某种学说、某个学派，或者是某个学派代表人物的朋友，关于这个问题，我们在古代文献编纂中有所涉及。

二 从求“真”转向求“善”

“为了什么”可以区分为三个层面：形而上学意义上的追求，政治、伦理、理财方面的目标，日常生活意义上的功利和效用。早期智者以同一阵风各人有不同的感受,因而有不同的取向(因凉爽而爱之,因太冷而弃之),同是蜂蜜和药物,健康人与病人有不同的感觉,因而同是“真”,却有不同的好恶之评价和取向等为例,说明“真”者不一定有用,人们不一定有一致的评价和取向;反之,有用者也不一定就是真。法庭胜诉、演说成功打动了听众因而获得支持,然而不一定就是“真”。作为“智术之师”的智慧教师,旨在教人学会从政,说明他们已经认识到“真”与“善”的差异,以及实用层面和政治层面的“telos”(目的)。苏格拉底意识到,如果不从形而上层面对“善”作出界定,就无法从根本上医治智者运动而引发的负面效应,城邦和公民都将失去道德规范、法律和规则,以及植根于人心的道德判断。然而他一生都未能对形而上的“至善”作出正面的回答,致使他的弟子因对“善”的不同理解而分成了三派(昔尼克、居勒尼、麦加拉)。柏拉图无愧是苏氏的入门弟子,他知道老师的苦衷和欲求。他力图为各个伦理规范和政制准则作出界定,尽管许多规范无法明确界定,但是他至少通过对话,用排除法将对话人所陈述的关于“正义”、“快乐”、“虔敬”等谬误清除掉。柏拉图意识到要探究形而上意义上的“至善”,这是关于“善”与“真”认识上的一大进步。

在善与真问题上柏拉图的另一个贡献,就是他认识到关于善的知识,关于实践领域人们的善恶判断和行为准则,应以哲学上的“真”为基础。这就是他的“相”论(理念论、范型论)和知识论。只有通过灵魂的上升之路,逐级认识到自然、数学、社会、上界的分阶之“相”,最后获得“至善”之“相”,这样才能为善举、善事、善的政治伦理规范,城邦所追求的秩序(dike、正义)等等,提供哲学的保障,即形而上知识的保障。正是在这个意义上,柏拉图读解了苏格拉底的“美德即知识”。遗憾的是,现在许多论著的说法却误读了原意。

可是柏拉图为“善”而提供的哲学保障本身有许多毛病,亚里士多德认为在学派之内无法修正,因而他自创学派,提出柏氏体系外的一套玄之又玄的体系,这就是前面说的以本体论和四因论为哲学根基的“至善论”。在《形而上学》第12卷中,他以最高本体以及对最高本体之“神思”为依据,解读“至善”,得出在最高本体那里,“至真”(纯思、纯形式、纯现实)、“至善”与“圆满”得到了统一。

亚里士多德将“为了什么”等同于他的“目的因”，认为“为了什么”(to hou heneka、for the sake of)的真谛就是动的追求不动的，低级的追求高级的，不完善的追求完善的，因此形成三种本体的等级秩序。这为后来的普罗提诺和托马斯·阿奎那提供了思想资源，建立更为完善的形而上的、神学的目的论。但是他的理论的一个致命弱点就是未能解决三个层面的“为了什么”的关系。他把同形而上的“至善”一致的“神思”生活说成最幸福的生活。按他的标准，恐怕连他的老师和弟子都还不够格。他所设计的理想城邦和城邦伦理规范，也只是一种政治和道德哲学说教，在他那个时代太背时了。如同《美诺篇》中苏格拉底的诘问一样：学习制鞋术、造船术是为了制鞋、造船；学习日月星辰如何生成的，是为了造太阳和月亮吗？三种本体、四因论、至善的本体论、中道德性、理想政体等等，有什么用呢？做得到吗？尤其是腓力二世取消了希腊的独立之后，这些纯属空想。因此，就像19世纪的孔德抛弃传统的形而上学，叔本华抛弃黑格尔的沉思体系一样，当时的人们，连同亚氏的弟子都抛弃了亚里士多德的哲学体系。人们不再从形而上那里接受解决人生哲学的根本原理，而是直接面对现实，面对公民个体布道他的处世哲学。第二层次的自然哲学(第二哲学)也被肢解成论证处世规则的工具，这就是斯多亚的自然哲学同亚氏自然哲学的根本区别，伊壁鸠鲁—卢克莱修的原子论同留基波—德谟克里特原子论的根本区别。有一个现象，至今还未能得到圆满的解释，这就是在希腊化时期至罗马帝国前期，实证科学本身获得了长足的发展。阿基米德的力学，欧几里得的几何学，伽伦为代表的医学，鲍桑尼阿的含有当今人类学、民族学、风俗学的纪事，斯特拉波的地理学，老普林尼的自然史和博物志等，都是这个时期的辉煌成就。他们都不理会什么四因、四元素。也许从理论上说，正是摆脱了形而上体系束缚，转向以实用目的为行动指南的成果。试对比一下，普林尼(23—79年)和亚里士多德、塞奥弗拉斯特关于动植物的记载，亚氏的《动物志》重在动物的结构和功能，理论基础是灵魂和四元素。[①] 塞奥弗拉斯特的《论植物》，《洛布古典丛书》分3卷出版，关注植物的形状、特性和

① 参见本书第三卷，第九章第三节。

生长。而普林尼重视功效。他的《博物志》共 37 卷,《洛布古典丛书》分 10 卷出版。第 1 卷是植物和药物的总目;第 2 卷:数学与气象;第 3—6 卷:地理、人种地理学(ethnography);第 7 卷:人类学和生理学;第 8—11 卷:生物学、动物学;第 12—19 卷:植物、农业、园林技艺;第 20—27 卷:药用植物种植;第 28—32 卷:药用动物;第 33—37 卷:药用矿物、工艺、宝石。可以看出三分之二是以实用为目的的记载。第 2 至 11 卷,也以功效和实证为基础。希腊化至罗马时期的医学同治疗灵魂疾病的哲学相呼应,以治疗肉体病为宗旨。罗马医学相传是公元前 1 世纪由阿斯克勒彼亚得(Asclepiades)由希腊传入的。他信奉原子论和罗马的综合主义(折中主义),被奉为罗马的药神。伽伦(129—199 年)医生信奉折中主义,在解剖学、生理学、病理学方面多有建树。他是四种体液的创始人,他最早提出大脑是思维器官,抛弃“心之官则思”的传统论调。塞克斯都·恩披里柯提到一批医生,他们都以医治身体疾病为己任。希腊化以来的自然科学和医学都不是从形而上原理推导出来的。即使是漫步学派(逍遥派)的弟子,也转向研究政治伦理和自然的具体问题和功能。① 因此我们可以说亚里士多德之后,希腊哲学的第二个特征和趋向是从关注“真”转向关注“善”。当然并不是说希腊哲学从此失去了求“真”的精神,而是说,重在求善、求好、实用和功效,放弃的是膨胀了的沉思理性所支撑的玄之又玄的、为求知而求知的形而上体系。正因为如此,所以皮罗-蒂蒙、塞克斯都·恩披里柯的反独断论和“二律背反”才有市场,搁置判断的思潮才能广泛流行,以致中期柏拉图主义成为怀疑论的柏拉图主义。卡尔尼亚德于公元前 156 年随团赴罗马时,以三次演讲证明“正题”、“反题”、“合题”都有同等效应而轰动罗马,惹怒了元老院老卡图,扬言把卡尔尼亚德赶出罗马。这种失去形而上保障的求善,其负面效应就是使希腊化和罗马帝国时代的子民失去对希腊哲学的信心,从而为源自东方的各种宗教、巫术扫清了障碍。在晚期希腊哲学的这两个转向驱动下,处世哲学走向了宗教。

---

① 参见本书第三卷,第 1025—1035 页。

三 从处世哲学走向宗教信仰

伦理学追问的终端往往就是宗教流行的开端。因为建立伦理学、政治学的理性是 phronesis(实践理性、慎择)。何谓“善恶”,何谓好政体,不是依靠意志、感情,而是依靠理性来判断,然后作出选择的。这种用于慎重考虑作出抉择的理性能力就叫“实践理性”。柏拉图、亚里士多德以及一切公认的政治学、伦理学家都反对城邦民主制走向衰落时的一批煽动家、野心家。他们制造一种气氛,使不明真相的或因两极分化和纷争中利益受损的一方(多为广大下层公民)情绪化,失去理智和判断能力,从而支持操纵民意者的主张。这种行为通常叫做“丧失理性”,严格说是丧失“实践理性”。希腊先哲们从赫拉克利特开始就对 phronesis 作出准确的判断。① 因为社会行为主要是政治伦理行为,直接牵动个人的利益、快乐或痛苦,如果人们跟着感觉走,就会陷入更大的不幸,所以要依靠深思熟虑(phronesis、prudence),按照支配一切的逻各斯行事,才能确保正确的抉择。后来的德谟克利特、柏拉图、亚里士多德都接受这个观点,坚持社会行为选择方面的 phronesis 原则,亚里士多德称之为“实践理性”。“实践理性”原则永存,可见它的重要性。

但是随着时间的推移,希腊出现了多种类型甚至对立的政治伦理观念,而且都是人们经过深思熟虑而选择的。这就暴露了实践理性的致命弱点:它可以为两种相反的“幸福”、“至善”、“理想政制”作出同等有效的论证,但是无法保证在今世中变为现实,更无法保证即使变为现实了,它真的是善的、好的。它也无法使所有听众都接受一种伦理或政制。恰恰相反,往往是同一时期,多种伦理和政治学说并存,都能获得部分听众的支持。这样它反倒将追求“幸福”、“至善”、“理想”的人们分裂为不同信念的群体,导致对“实践理性”自身的怀疑。一旦这种处世哲学追索到伦理的最高问题即人的“至善”和人生追求的“终极关怀”时,它就走到宗教、准宗教的门口了。

这个演化的逻辑正好同抛弃形而上学,追求现实之“善”的思潮一致。一

---

① 参见 DK2ZB2,B113,B116。

旦人们觉得众说纷纭无所适从的时候,伦理学领域怀疑主义流行的条件就具备了。普通人就有本事在现实或历史中找到两种对立的"善",更不用说塞克斯都·恩披里柯的《反伦理学》了。

这样,以伦理学为核心的处世哲学最后只能走向宗教或将人生哲学宗教化。其代表人之一就是从充塞怀疑论色彩的中期柏拉图主义过渡到普罗提诺的新柏拉图主义。它反映了当时哲学发展的一个趋势:要清除影响如此广泛、顽固的怀疑论只有走哲学宗教化的道路。但是宗教哲学毕竟还是一种哲学,它虽有相当于唯一神的"太一",但是它毕竟不是一个令人敬畏的至上神。人们在"太一"面前找不到像在"神"面前的敬畏感。它也没有一套让众人自愿遵守的教义、教仪、教规和戒律,更没有一个直面众生的组织严密的机构及由此产生的群体心理和社会效益。所以它仍然免不了学派形态哲学的命运。他的真传弟子波菲利试图从宗教哲学中创造出一种宗教。叙利亚的新柏拉图主义学派扬布里柯甚至将"太一"—神思—灵魂神化,但是这个企图既与唯一神趋向背离,也与普罗提诺的"太一"本原不符。最后雅典的新柏拉图主义者普罗克洛和普卢塔克又回到普罗提诺体系,企图依托体系的扩展和宣扬,创造奇迹,然而同样是无功而终,最后只有在奥古斯丁及其后继人的基督教神学中找到最后的归宿。

哲学宗教化的另一种类型的代表就是斯多亚学派。晚期斯多亚淡化前期的自然哲学和逻辑论证,将"普纽玛"(preuma)神化,普遍关注实践性的哲学治疗,复兴"犬儒派精神",对外部世界保持"无动于衷"的冷漠。斯多亚派在东方的传播过程中又受到东方宗教和神秘主义的影响。内在的根据加上外部的影响使得斯多亚主义最后成了基督教神学伦理的思想资源。这样,在整个环地中海世界形成了哲学宗教化、文学艺术宗教化、医学也宗教化的倾向。基督教正是在这个背景下,传入希腊罗马本土,最后既战胜了希腊哲学,也打败了形形色色的宗教、准宗教,还清除了诺斯底及其他异端的侵袭,终于于公元325年尼西亚会议上基本统一了教义的解释,392年成为罗马国教。公元529年东罗马皇帝下令解散最后一个雅典学园。基督教取代了希腊哲学,成了主宰欧洲中古社会的主流意识形态。

希腊哲学终结了,但是哲学没有终点。哲学不可能在宗教的娘胎里发育成长。它要找回自己,也有能力找回自己。于是希腊哲学经过阿拉伯化和经院哲学之后,在近代启蒙思潮的催生之下,成了近代、现代哲学的基因,孕育了近现代哲学。希腊哲学获得了双份的结果:它既是宗教(基督教)的思想资源,又是近代现代哲学的启蒙导师。

第四节 晚期希腊哲学的史料

希腊哲学的史料,总地说是两头少,中间多。前苏格拉底资料少的原因除了佚失之外,主要是古人叙而不作,越是核心思想,越重亲口传述,担心书写文字,辞不达意,言不传神,代代相传,失魂走神,以讹传讹;学生寄希望于记录,久而久之,记忆力衰退,危害无穷。① 古典时代,雅典是希腊的经济、政治、文化中心,不仅柏亚二氏的绝大多数著作,而且悲剧和史学的许多作品也都保存了下来。晚期希腊著书立说成风,学派内外都有大量的书写文字,可惜罗马帝国晚期至哥特人入主罗马时期,多已失传。② 亚历山大里亚和帕伽马的图书馆也由于失控馆毁书亡。幸亏后人的挖掘、收集和整理,面貌有所改观。这些文献资料,可以分为两类:其一是各个学派的传承佳作,我们放在分编讨论中同后人的注释、校勘和研究一起介绍;其二是学派外的著作,这里做一简略的介绍。

一 晚古时代的汇编、综述和注释

晚古时代(Late antiquity,指希腊化至中世纪之前这一历史阶段),在以希腊、罗马为中心的环地中海盛行 oratio 与 rhetoric(演讲与修辞)、etymologyca(词源学)、lexicography(辞典编纂学)、doxagraphy(言论集、意见集)、synagoge

---

① 参见柏拉图:《斐德罗篇》274E—275E 及本书第 2 卷,第 112、717 页。

② 参见 K.阿尔格勒、J.巴恩斯、J.曼斯费尔德、M.索费尔德等编:《剑桥希腊化时期哲学史》第 1 章,第 1 小节“为什么如此多的资料佚失?”第 3—6 页。

(各家见解合编)、placita(述要)、eclogae(选编)、stromateis(汇编)、chronika(编年)、diadoxe(师承关系录)、biblioteca(分类介绍书籍之观点)、biography(传记)、historia(历史、记事、传说)、periegeseos(description,人情风貌的描述、方志)。这些著述涉及面广,不仅有保留先人资料的价值,而且是希腊化和罗马帝国时期哲学内容的一个重要方面。因为上一节说过,这个时期的哲学已突破学派的界线,贴近生活,回应普通人关心的身心健康和心灵平静的问题,也就是今人所说的个人与社会的安全问题。而且古典时代已经积累和流传下来大量的文字记载,人们的眼界也已大为开阔,在环地中海文化圈有大量传播各种学派、宗教、方术的人员穿梭往来。各个学派也都采取了比以往开放的传播方式,如斯多亚学派、伊壁鸠鲁花园和新柏拉图学园,都有释放奴隶、妇女和学派外的人员参与。因此,上述各种形式的著述应运而生,广为流传,而且颇有市场。源自埃及的芦苇纸草、西亚的泥板文书、希腊本土的雕刻也为书写文字的存在与传播提供了条件。现今所说的历史哲学、政治哲学、科学哲学、文化哲学及同医学、数学、天文相结合的哲学理论和所谓"应用哲学"等等,许多论说要义或范型,大都存在于上述各种形式的著作之中。本卷如有修订再版条件,准备撰写一编介绍和论述学派之外的语言哲学、文化哲学、历史哲学、政治哲学及应用哲学的各种思想萌芽。

本书第一卷绪论已介绍过古代的编纂。在那里,我们的关注点是后人的编纂所保存的早期哲学的见解和信息,即史料上的价值,因而仅限相关的几种。现在所要介绍的是反映当时文化面貌的学派外的文献,其目的是提醒读者,这些文献不仅有各自学科或文本的价值,而且反映当时哲学的面貌。下面分类作些介绍:

1. 修辞、演讲与逻辑

上古时代仅有口头传述(oral),而无书写能力(literacy)。公元前 8 世纪发明文字之后,才把口传的史诗和诗歌文字化,荷马史诗也就是在这个语境下,于公元前 7 世纪末,庇西特拉图时代才成为书写作品,古典时期从口传时代过渡到书写中心时代。演说、申述、辩驳讲究如何使用文字因而修辞学应运而生。神谕(oracle)本是口授,如今也要留下书面记录。希腊化时代由于学派观点之间论证与辩驳的需要，人们把学科分为核心、附属科目和保护带，如斯多亚的蛋黄、蛋白和蛋壳，园子与篱笆之比喻。因而逻辑学正式成为一门学科，演讲术、修辞学、逻辑学三者并重。社会上出现了第二代智者，现存文献有 Philostratus and Eunapius 的《智者生平》(*Lives of the Sophists*)，《洛布古典丛书》辑为 1 卷，介绍第二代智者。德谟斯提尼(Demosthenes)与伊索克拉底(Isocrates)关于希腊与马其顿的论辩虽然发生在希腊化之前，但是却延续了几十年，反映古典时代向希腊化时代转折期人们的想法、观念和论战风格。现存德谟斯提尼相当完整。《洛布古典丛书》分 5 卷出版，伊索克拉底分 3 卷出版。这是了解公元前 4 世纪古典时代晚期、城邦制危机时代希腊、罗马和波斯关系的重要史料，伊索克拉底主张联合马其顿反波斯。德谟斯提尼主张联合波斯反马其顿，从他们的陈述中可以看出，城邦制危机时代希腊人的观念变化与两难处境。

2. 词源学与辞典编纂学

晚期希腊出现了新兴的词源学(etymology)，涌现出一批杰出的词源学家和作品。语音纯属约定俗成的，还是符号与所指之间有某种自然的关系？换言之，语言是 nomos 还是 physis？这个问题同语言的起源休戚相关，在公元前 5 世纪的智者运动中就是个重要的争论问题。柏拉图的《克拉特斯鲁篇》中克拉特斯鲁与赫谟根尼(Hermogenes)的争论①促成了晚期希腊词源学的产生。彭梯库斯(Ponticus)的赫拉克利特(鼎盛年公元前 360 年)原是柏拉图学园斯彪西波(Spensuippus)的学生。斯彪西波死后他回到赫拉克莱亚(Heraclea)，在那里一直生活到公元前 322 年逝世。他的著作多为对话，涉及伦理、政治、自然哲学、历史和文学。第欧根尼·拉尔修提供了一个书目，共有 45 种著作②，并说他“文笔优美”。他的影响不是著作的内容，而是他侧重词语的区分、厘定和定义。前期另一代表人物是雅典的阿波罗多洛③(Apollodorus 约前

---

① 参见本书第二卷，第 453—457 页。

② 第欧根尼·拉尔修：《著名哲学家的生平和学说》第 5 卷，第 6 章“赫拉克利得”。

③ 《牛津古典辞典》(第 3 版)列举了 8 个阿波罗多洛(见第 124—125 页)，都是晚期希腊时期人物，这里说的是第六个。

180—前120年)。他师从巴比伦斯多亚学派的第欧根尼,并与亚历山大里亚的阿里斯达克(Aristarchus)合作过,后来赴帕伽马。晚年生活在雅典,他的兴趣广泛,最有影响的是他的《年代纪事》(Chroniche)和语源学、语法学。

伊克西翁(Ixion)的狄米特里乌(Demetrius)①约生活在公元前2世纪。编辑了优雅词语字典(Atticist Lexicon),反驳阿里斯达克收录粗俗词汇的编纂原则。斐洛辛留(Philoxenus)生活在公元前1世纪,编纂荷马史诗的词语字典。斯多亚学派的克律西波(Chrysippus)写过《论词源学》。

上述这些研究促使晚期希腊词源学与词汇编纂学的形成和发展,作者的本意是协助读者阅读古代著作,同时提供雅典语风(Atticism)。这个风气在罗马帝国时期颇受赞赏。阿斯卡隆(Ascalon)的多洛修斯(Dorotheus)编纂了大型的词语集成,至少有108卷,都已佚失。庞菲鲁斯(Pamphilus)编纂的词典达95卷。罗马帝国后期,人们加以提炼和精选,编纂学科词典,可惜仅留下些残篇。词源学和词典编纂学的研究以及编纂各种学科性的、专门性的(如荷马史诗)词典曼延到希腊本土之外的环地中海世界。亚历山大里亚和帕伽马两大图书馆还形成了不同风范的编纂原则。这个风气后来在拜占庭帝国和阿拉伯世界得到发展。保存下来的Suda词语提供了宝贵资料。

晚期希腊的语源学和词汇编纂学和各种词典,不仅保存了古代文献资料,而且促进晚期希腊各学派注重词汇的含义的界定和语风的优雅。本书第四卷注意到在这一语境下,各哲学派别所使用的汇语的含义,注重研究后期哲学中,诸如einai、aletheia、arete等许多范畴的含意和发展。这些古代文献,不属于某一学派,但是它影响到各个学派。

3. 哲学史的最初形态:diadochai,doxagraghies,Peri aireseon,biography

希腊哲学产生之后,人物、学派及其观点层出不穷。后起的哲学家或派别自然要提到前人的见解。柏拉图对话中经常提到前人的各种见解,而且在《智者篇》(242D以下)中他将米利都和爱利亚看做希腊东西部两个不同传统。亚里士多德推进了一大步,他在研究任一个学科,任一个课题时,特别是

---

① 《牛津古典辞典》介绍了21个德米特利乌,这里说的是第13个(见第450页)。

在研究第一哲学、自然哲学和灵魂学说时，都要系统地或分类地介绍前人的见解，并发表自己的评论。也许是亚里士多德感到这样做还有缺陷，因而他授意他的学生塞奥弗拉斯特和欧德谟斯撰写自然学科和自然哲学的成长史，以及数学的成长史。希腊化和罗马帝国时代，形成了四个系统：

（1）diadochai 或 diadoxai，意为“贯穿（dia）前后各人见解之间之关系”，也就是师承关系。本书第一卷“绪论”第五节中提到的公元前 2 世纪亚历山大里亚的索提翁（Sotion）就是个范例。他本人是逍遥学派成员，在公元前 200—前 170 年间写过 13 卷《哲学家的师承》，将哲学家分为伊奥尼亚和意大利两个传统。出生于叙利亚喀达拉（Gadara）的菲洛德姆斯（Philodemus，约前 110—前 140/135 年）将师承关系的探求扩展到哲学、逻辑、精神哲学、文学各个领域，特别着重于学园派和斯多亚的师承关系。

（2）doxagraphies，doxa 原义为“意见、见解、看法”。Graphic 是“写下来”的意思。Doxagraphy 就是记录各种意见和见解，可译为“学述”。希腊化时期从逍遥学派开始出现了汇编各哲学家不同见解的风气。塞克斯都·恩披里柯就是在这个语境下，将各个主题的各家论断汇聚在一起，显现每一主题都有相反的独断。这些意见集成太多、太杂，于是后人编“摘要（Placita）”，如艾修斯的 Placita，就是“辑录”关于自然哲学的各种意见。斯托拜乌（Stobaios，约 5 世纪上半叶）的 Eklogai（selection 选录）也是这个类型，不过他以论题（topic）为中心，选录的领域很广，从第一哲学、自然哲学到家政、伦理、诗歌。他是公元 5 世纪的人，可能崇信基督教，全名是“John of Stobi”。

（3）peri aireseon（论诸学派的思想），这类著作的特点是就某个学科或某个学派的学说发表评论，而不是纯粹的汇编辑录。西塞罗的《图斯库兰的辩论》、《论神性》及伽伦的《医典》都属于这一类。关于西塞罗的著作和思想，本书第五编有专门论述。关于伽伦这里略加表述，他的医学、哲学和伦理可以说是地中海文化的产物。他于公元 129 年生于小亚的帕伽马，在当地和伊齐那（Aegea）从事医学研究和治疗。他继承了希波克拉底，同时又吸取了拜占庭和阿拉伯的医学。他推崇原子论，同时也尊重斯多亚的伦理学，而且信仰一神教。157 年他是剑客斗士格拉忒托（Gladiatos）的医生，162 年他赴罗马做马可·奥勒留皇帝的宫廷医生。不久离去,但 169 年又回到罗马,直至 199 年逝世。他首先提出了四种体液及三种人体组织(心、脑、肺),在解剖学、生理学和病理学(pathology)方面都有建树。他的《论自然的功能》(*Natural Faculties*)是其他著作的绪论,这里充分反映了他关于机体的统一性、灵魂的统一性,以及人与自然的既有原子论又有斯多亚主义的哲学思想倾向。①

(4)传记(Biography)这是前三种的综合。本书第一卷第 97—98 页对几种传记,尤为第欧根尼·拉尔修的《著名哲学家的生平和学说》作了介绍。需补充的是晚古时代撰写传记已扩展到历史、政治、文学许多领域,最有名的就是普卢塔克的《希腊罗马名人传》,《洛布古典丛书》分 11 卷出版。普卢塔克认为,希腊与罗马之间,可以发现许多相类似的人物,所以他将这些人物对应列传,例如 Theseus 与 Romulus, Lycurgus 与 Numa, Solon 与 Publicola, Themistocles 与 Camillus, Aristides 与 Cato the Elder 等。前 10 卷都一一对应列传,第 11 卷是 4 位无法对应列传的人物:Aratus, Artaxerxes, Galba, Otto。

综合上述四种,可以看出晚期希腊至罗马帝国时期,哲学已经超越学派的界线。在学派之外有许多哲学思想,而且最早形态的哲学史形成了。

4. historia

晚期希腊至罗马帝国时期流行治史和修志。希罗多德的 historia 记述希波战争中许多事件或传说,不论其真假,都是 historia。修昔底德推进了一步,强调记述的真实性、合理性,剔除了不可靠的传闻和奇迹。色诺芬补写了公元前 412 年以后的伯罗奔尼撒战争史。希腊化和罗马帝国时期出现了一批杰出的史学家。他们不仅维系修昔底德的传统,而且有的人主张记事或叙事的连贯性和逻辑性,有的重修辞和文笔,有的讲究真实性、可读性。保存下来的,对理解晚期哲学颇有价值的有下列几部:

(1)波利比乌(Polybius,约前 208—前 126 年)的历史,记述公元前 264—146 年希腊正式被灭之前的罗马征服迦太基和希腊本土的历史。他的记述重视准确性、思想性、公正性,注重对事件原因、习惯、制度、地理环境、人的品性

---

① 参见《洛布古典丛书》"伽伦"译者序及《牛津古典辞典》第 621—622"伽伦"条目。

的研究与考察。《洛布古典丛书》分 6 卷刊行了希英对照本的《历史》著作。

(2)阿里安(Arrian,即 Flavius Arrianus,约公元 95—175 年)史学家、哲学家,是晚期斯多亚三大代表人之一爱比克泰德的学生。公元 132—137 年还担任过罗马的卡帕多细亚行省的长官。他写的关于马其顿亚历山大的远征记和古印度,有重要的史料价值。《洛布古典丛书》分两卷出版。他协助老师整理的 *Epictetus*(《笔记》)是研究后期斯多亚的重要文献。

(3)阿庇安(Appian)是公元 2 世纪的亚历山大里亚的希腊籍官员,晚年获 procuratorship(地方税吏、检察官职务),他写了 32 卷的《罗马事件》,大部分尚存,《洛布古典丛书》分四卷出版。

(4)李维(Livy,Titus Livius,前 59—17 年,另一说法是前 64—12 年)的 *Ab urbe contida libri*(《建城以来书简》),叙述自罗马起源至公元前 9 年的历史,共 142 卷,仅存第 1——10、21——45 卷。另有两组残篇,其一是 18 世纪发现的共 80 行;另一是 1986 年发现的第 11 卷的部分。此外还有两个后人关于第 37——40、48——55 卷的概述,这是公元 3 世纪前半叶的一个纸草文书。另一个出自公元 4 世纪,属全书(除第 136——137 卷外)的概述,所幸记述希腊化时期罗马反马其顿腓力三世和安提俄库(Antiochus)的战争,即第 31 至 45 卷保存了下来,《洛布古典丛书》分 14 卷出版①。

(5)狄奥多罗(Diodorus Siculus),出生于西西里的狄奥多罗与恺撒大体同一时代,他用希腊文撰写 Bibliotheke(Library)。按年代记述从神话时代至公元前 60 年的通史,共 40 卷,现存第 1——5、11——20 卷,其他还有残篇,《洛布古典丛书》分 12 卷出版,总量还是相当可观的。他的特点是重点关注希腊和故乡西西里的历史。最有价值的是它保存了希腊和地中海东部包括埃及的许多地理学、人种学(ethnography)和神话学、悖论学(paradoxology)及希腊化时期的史料。所以,他的著作多门学科的研究者都要引用。②

5. 博物志与方志

---

① 请勿与出生于 Sinepe,Cronus,Alexandria 的另三个 Diodorus 混同。

② 参见《牛津古典辞典》,第 877—878 页。

由于希波战争,亚历山大的东征,罗马的扩张,商业贸易的发展,以及希腊化以来学者在环地中海的穿梭往来,所以涉及地中海世界广阔地域的博物志和后人说的人类学范畴的记述,在晚期希腊和罗马相当流行。保存下来的同哲学有关的主要有下列几种:

(1)鲍桑尼亚(Pausanias,约 120—180 年)的《希腊志》。鲍桑尼亚生于小亚细亚吕底亚,多年在希腊、罗马、北非、埃及、小亚细亚、巴勒斯坦游历和考察,现仅留下 10 卷《希腊志》,记载希腊各地的风土人情、历史事件、地形学、自然奇迹,以及各地的工艺和建筑。第 1、2 卷记载阿堤卡和科林斯;第 3——5 卷,记载伯罗奔尼撒半岛与拉哥尼亚、米赛尼亚等;第 6——8 卷记载中部希腊;第 9——10 卷记载的是北希腊。

(2)斯特拉波(Strabo of Pontus,生于前 64/63—25 年)的地理学(Geographia)。他的观点接近斯多亚,同波西多纽(Posidonius)认识。他生于小亚细亚的本都(Pontus),早期在尼萨从事学术研究,公元前 44 年到罗马,之后赴黑海、小亚细亚、埃塞俄比亚、埃及,晚年在亚历山大里亚定居,长期在那里从事数学、天文学、历史学、地理学和哲学研究。其他的著作已经佚失,仅留下 17 卷的地理学,但是这 17 卷著作涉及面非常广,概述如下:第 1 卷:前面附有《洛布古典丛书》译者 Johns 撰写的导言、全书简介,以及后人的研究书目和版本,认为地理学是哲学的组成部分,是哲学应该研究的学科之一;第 2 卷:代表人物及地形的大小形状;第 3——5 卷:西班牙、高卢、不列颠、阿尔卑斯山;第 6——7 卷:意大利、西西里、东欧、北欧、中欧、色雷斯与马其顿(仅有残篇);第 8—9 卷:马其顿、希腊、雅典、彼奥提亚、色赛利;第 10——12 卷:埃俄利亚、克里特及小亚细亚(部分);第 13——14 卷:小亚细亚(续)、列斯堡、伊奥尼亚、萨莫斯;第 15——16 卷:印度、伊朗、亚述、巴比伦尼亚、巴勒斯坦、阿拉比亚;第 17 卷:埃及、利比亚、埃塞俄比亚。《洛布古典丛书》分 8 卷出版,第 8 卷附有详尽的说明。

(3)(老)普林尼(即 Caius Plinies Secundus,23/24—79 年)《博物志》。他出生于南意大利,前期在罗马的德意志兵团服役,后任高卢、西班牙长官,公元 79 年维苏埃火山爆发,为救朋友而牺牲。现存《博物志》37 卷。第 1 卷:有关天文、动植物、药物的总目,附有《洛布古典丛书》编者的全书目录和各个领域古代的代表人物,颇有史料价值;第 2 卷:数学和气象;第 3—6 卷:地理和人种;第 7 卷:涉及当代人类学和心理学的内容;第 8—11 卷:生物学;第 12—19 卷:植物、农业、园圃艺术;第 20—27 卷:药用植物及其种植;第 28—32 卷:医学、动物学;第 33—37 卷:药用矿物、宝石、工艺品。

6. 校勘与注释

校勘与注释晚于上述 5 种形式或文体。现有资料表明,公元 6 世纪的辛普里丘(Simplicius)原是新柏拉图学派成员。公元 529 年东罗马皇帝查士丁关闭了雅典学园后,他是离开雅典赴克特西丰(Ctesiphun)的七位哲学家之一,可以说是希腊哲学学派"七君子"的最后一位。为了安全,他自己又离开克特西丰。近代研究表明,他是去了卡尔亥(Carrhae),即现在土耳其哈兰(Harran),正是从这里于公元 9 世纪又将柏拉图主义传回巴格达。辛普里丘已超出学派界限,他先是在亚历山大里亚受教于阿门尼乌斯(Ammonius),后师从雅典学园的首领达马修斯(Damascius)。他写过亚里士多德《论灭》、《物理学》、《范畴篇》、《论灵魂》(这篇有争议)及伊壁鸠鲁手册 *Manual* 的注释。他的注释不仅保留了早期哲学及关于亚里士多德的争论的许多资料,而且发表了关于时间、空间、质料等许多自己的观点(参见下面提到的《公元 200—600 年注释家们的哲学》)。

同一时期的注释资料,我们在《公元 200—600 年注释家们的哲学》中还要提到。

7. 早期基督教文献中的希腊哲学资料

本书第五编将介绍希腊文化与希伯来文化在环地中海世界相遇及希腊哲学的走向的文献。这里仅限于提示对本书第四卷都有关系的几套资料。除了《洛布古典丛书》希—英对照本的亚历山大里亚的克莱门(1 卷),圣巴西尔(St.Basil)的书信(4 卷),无名氏的 Apostolic Fathers(2 卷),疑为 St.John Damascene 的 Barlaam and Ioasaph(1 卷)、Josepheus(10 卷);拉—英系列的奥古斯丁·杰罗姆(Jerome),德奥图良的部分选篇外,爱丁堡的 WM.B.Eerdmans 出版公司 20 世纪 90 年代发表修订本《前尼西亚教父》(*Ante-Nicene Fathers*)10

卷。《尼西亚和后尼西亚教父》(*Necene and Post-Nicene Fathers*)两个系列,各14卷,有关公元325年尼西亚会议前后全部希腊教父和拉丁教父的资料,而且附有序言及注释。这三个系列共38卷,不仅是研究早期基督教,而且是研究晚期希腊哲学及两希文化关系的重要文献。

总之,希腊化和罗马帝国时期,哲学贴近生活。学派代表著作仅仅是一部分,大多数是不属于某一学派的人物的著作。这些修辞学、演说集、语源学、辞典编纂学、生平传记、历史及观点集成和地理学与博物志,都体现了当时社会背景、学说背景下的某种哲学观点,他们中许多人都研究过哲学,或者同某一派的哲学大师有过交往。罗马时期的校注和早期基督教的著作也是超乎学派之上的文献。他们的著作保存了历史上和同时代的许多哲学观点和文献资料,不仅是了解当时社会背景、自然科学、实用技艺的重要资料,而且为当时的哲学提供了活生生的背景材料。

二 现代学者的校勘、整理和编纂

公元476年西罗马帝国灭亡之后,希腊哲学的资料在欧洲本土由于长达几百年的动乱大量佚失,幸亏修道院和教会保有部分古代的资料。迄今修道院的图书、档案还有相当部分未予整理,后世学者盼望能有所发现。公元12世纪,由于新兴城市的兴起,十字军征战以来东西方交流的发展,在教会和修道院的外围产生了一些追求专业知识,传授特种技艺的Scula(学校,研习团体)。例如,那不勒斯的萨勒诺(Salerno)出现了研究和传授医学的Scula。这里成了研究和翻译希波克拉派和伽伦医典的中心。意大利北部的博洛尼亚(Bologna),由于争取独立地位需要法律支持,成了收集和研究法律的中心。这里聚集了一批有身份、有学问的"学员"(scholaria)和传授学问和技艺的职业师傅,即professor。这些研究学问的团体叫universitas。博洛尼亚以学员为主体,叫universitas scholarium,巴黎学校以教师为主体,叫universitas magistorum,以后多为师生共管的universitas,内分法律、医学、艺术、修辞等faculty(系科)。这就是"大学"的来历。大学兴起之后,成了收集、整理、保存和研究古代文献的大本营。从阿拉伯传回来的希腊文献,在意大利、法国、英国这些新兴城市的“学研团体”中传开。在本书前三卷中我们介绍了亚里士多德和希腊悲剧、修辞、论辩等文献的翻译和研究，这些著作成了文艺复兴的思想资源。例如，斯多亚学派的伦理学影响了亚当·斯密和休谟的情感伦理学，它的逻辑学通过波埃修斯(Boethius)影响经院逻辑。西塞罗的演讲是当时修辞与演说的通用教材。因此，晚期希腊和罗马帝国时期的著作纷纷被发掘。19 世纪以来，学者们开始汇编和校注各种文献。这些都成了大学馆藏珍品。这里仅介绍几种本书撰写中参考的当代的汇编资料。

(1) A.A.Long&D.N.Sedley, *The Hellenistic Philosophers*(朗格、西德莱:《希腊化时期哲学家资料选编》)，全书共 2 卷，第 1 卷为怀疑主义派、伊壁鸠鲁、斯多亚、学园派和皮让残篇原始资料的英译，共 512 页；第 2 卷是相应的希腊原文略加注释。该书于 1987 年由剑桥大学出版社出版，之后 4 次再版。本书按各学派学说的论题编排，资料来自古代文献，附加题解和评注，英译文是编者重译，可以用《洛布古典丛书》及别的版本互相比附，参照使用。书中缩写 SVF 指 Stoicorum Veterum Fragmenta(斯多亚文献残篇)，这是德国学者 Ioannes Ab Arnim 编纂的原文残篇，附有德文脚注。该书分 4 卷，第 1 卷是芝诺及涉及芝诺的记载；第 2 卷是克律西波的逻辑和自然哲学残篇，第 3 卷是克律西波的伦理残篇及其继承者的残篇，第 4 卷是索引和词语解释。本卷沿用学术界惯例，例如，标明“LS,12D”就是指该书资料选编第 12 类 D 条目。脚注中仅注页码，指编者的综述和评论所在的页码。

(2) Richard Sorabji, *The Philosophy of the Commentators*: 200—600*AD*, Cornell U.P.2005(理查德·索拉比:《公元 200—600 年注释家们的哲学》，康乃尔大学出版社 2005 年初版)。全书分 3 卷，都摘自古代注释家的著作，从 1996 年起 19 人参与这项工作。第 1 卷是心灵哲学、伦理学与宗教；第 2 卷为自然哲学；第 3 卷为逻辑和形而上学，收集了古代，包括阿拉伯保存的相当齐全的原始资料。3 卷共 1200 多页。英译文是在参照前人译文的基础上重释的，外加注解。

(3) De Vogel, C.J., *Greek Philosophy*: *A Collection of Texts with Notes and Explanations*, Vol.3 Leiden, 4 th.Edition, 1969(C.J.德·沃格尔:《希腊哲学:附有注

解的原始资料集》第 3 卷,莱登,1969 年第 4 版)。在本书前 3 卷中,我们引用过沃格尔这套书的前两卷,第 3 卷的范围是晚期希腊哲学。作者按学派区分论题,引证原文,并译为英文,外加注释。既有史料价值,同时也反映作者的见解。

(4) *Greek and Roman Philosophy ofter Aritotle*, Ed by Jason L.Saunders, The Free Press, 1966(J.L.桑德尔编:《后亚里士多德的希腊罗马哲学》,自由出版社 1966 年初版)。这是麦克米兰出版公司分社组织出版的一套《哲学史选读》之一。作者是加州圣地亚哥分校哲学史教授,选读收集了晚期希腊三大派及斐洛、普罗提诺和早期教父的主要材料。早期斯多亚的资料来自 J.von Arnim, *Stoicorum Veterum Fragmenta*, Leipzig, 1905, 4Vols.

5. Two Treatists of Proclus: *Ten Doubts Concering Providence and a Solution of Those Doubts*, *On the Subsistence of Evil*, translate into English from their Latin Version of William of Moerbeke by Thomas Taylor, 1833(普罗克洛的两篇论文:《关于天意的十个疑团及其解法》、《论恶的持续性》,托马斯·泰勒译自威廉·莫艾贝克的拉丁文本,1833 年)。

(6) *Proclus Commentary on Plato's Timaeus*, Edited and Translated by Harold Tarrant, Combridge U.P., 2007(《普罗克洛关于柏拉图〈蒂迈欧篇〉的评注》,剑桥大学出版社 2007 年版)。哈罗尔德·塔兰特编注的这套书分 3 卷,目前仅出版第 1、第 3 卷,这套书的导论介绍了 800 年中柏拉图《蒂迈欧篇》的流传与评注,以及他本人的见解。关于普罗克洛的评注,作者重新翻译并加了大量注释。

(7) M.M.Austin, *The Hellenistic World from Alexander to the Roman Conquest: A Selection of Ancient Sources in Translation*, Combridge University Press, Ist.1981, Revised Edition, 2006(M.M.奥斯汀:《从亚历山大到罗马征服时期的希腊化世界原始资料译文选》,剑桥大学出版社 1981 年初版,2007 年修订第二版)。本书是希腊化时期历史文献的汇编,其来源除了上面提到的狄奥多罗、阿里安、阿庇安、波利比乌斯等人的记载外,还选取考古发掘及阿拉伯地域的若干资料,初版共 488 页。分亚历山大及其继承人、罗马征服前的马其顿与希腊、希腊城邦的社会经济状况、塞琉古与亚洲、帕伽马的阿塔利、托勒密与埃及等 7 个部分。修订本仍保留 7 个部分,但扩展为 625 页。因修订本 2006 年刚收到,本书仍用初版,个别地方以修订本作补充。

(8)德国学者雅可比(F.Jacoby)的 *Die Fragmente der Griechischen Historiker*(《希腊史残篇》,柏林,1923 年)与第尔斯、克朗兹(Diels,Krans)的《前苏格拉底残篇》齐名。《希腊史残篇》共 3 卷,记录了来自古代著述、铭文、题词、墓志铭等各方面的原始资料,同《前苏格拉底残篇》一样加注释,1926 年后由荷兰 Brill 出版社出版,近 11 年无再版,我们仅有复印件。在他之后,由于史料的发掘和考古的发现有许多新成果,因此后人陆续补充了新的史料。晚期希腊方面有代表性的就是奥斯汀的选编,上古时代和古典时代文献有 Mathew Dillon 和 Lynda Garland 汇编的 *Ancient Grece: Social and Historical Documents from Archaic Times to the Death of Socrates*(800B.C.—399B.C.),1994 年由 Routledge 出版社发行初版,2000 年出版修订版。本书共 541 页,分殖民运动、僭主、立法、庇西特拉图、克利斯梯尼改革、斯巴达希波战争、提洛同盟、伯罗奔尼撒战争、城邦政制、奴隶与公民、宗教、妇女、两性关系与家庭等 14 个部分,纂录了迄今能找到的最全面的资料,为读者和研究人员提供了一个寻找资料的线索。本书第四卷用到这部资料汇编的修订本。

9. Matthew Dillon and Lynda Garland, *Ancient Rome: from the Early Republic to the Assassination of Julius Caesar*, Routledge, 2005(马太・狄龙、林达・卡兰德:《从早期共和至暗杀恺撒的古代罗马》,2005 年初版)。本书是一部资料汇编和串解的综合性著作,全书分 14 个部分,共 784 页,作者在每一章节中先做总的概述或论证,然后列出古代作者关于同一个主题的大量资料的摘录,必要时加些注释。这是一部很好的融原始资料和当代研究成果于一身的著作。这两位作者还合作编写了上面提到的《从上古希腊到苏格拉底之死的社会历史文献》。这两部资料汇编覆盖历史、政治、伦理、哲学思想各个方面。

(10)欧美学者近些年陆续汇编了主要历史人物的史料,这里选用一部,即詹姆士・罗姆(James Romm)编注的 *Alexander the Great: Selections from Arrian, Diodorus, Plutarch, and Quintus Curtius*, Hackett Publishing Company, 2005

(《辑自阿里安、德奥多罗、普卢塔克,昆图斯·库尔梯乌的亚历山大资料选》,哈克出版公司 2005 年初版)。本辑分 8 个部分,辑录了亚历山大继位之前,亚历山大征服欧洲,远征西亚,征服埃及、中亚、印度,回师中亚等各个时期的记载、铭文、敕令、书信等。由于晚期希腊至罗马时期的哲学是地中海世界的现象,而亚历山大是开拓者,所以绪论中专门用了一小节论述希腊化问题,本书是主要参考书。

以上 10 种汇编中,前 3 种纯属晚期希腊哲学,本书写作中,有的是直接引用,因为留传下来的仅有汇编中的残篇;有时是以此为线索,查阅现存的原文,可能还参照后人的研究,对此一一加注说明。

三　工具书

除了前三卷提到的《希英大辞典》和《拉英大辞典》、《牛津古典辞典》(修订第三版)外,当代学者编辑的下列辞书有助于了解和研究这个时期社会、历史、文化与哲学。

(1) *The Cambridge Dictionary of Classical Civilization*, Ed. by Graham Shipley, John Vanderspoel, David Mattingly and Lin Foxhall, Cambridge Unviersity Press, 2006(《剑桥古典文明辞典》,格拉罕·雪勒等主编,剑桥大学出版社 2006 年初版)。古代文明史的辞典和著作不计其数。2006 年刚出版的这部辞典由 166 位专家撰稿,考虑到迄今的考古发掘和研究成果,条目上限为公元前 8 世纪中叶城邦制形成时期,下限为公元 5 世纪西罗马、东罗马与拜占庭。共收录 1630 个条目,同《牛津古典辞典》不同,本书侧重生态文化、社会历史、古迹文物,而且收录范围扩大到环地中海世界及史料涉及的波斯、印度和中国。这两部辞典也有不少重合的条目,但作者不同,可以参照使用。

(2) *Encyclopedia of the Ancient Greek World*, Revised Edition by Lisa R. Brody, Facts On File, Inc., 2005(《古代希腊世界百科全书》,2005 年修订本)。本书原来由 David Sacks 主编,1955 年初版。本书收录公元前 2200—前 30 年希腊化终结为止的历史事件与文化。本书的索引颇具特色,例如:“亚历山大里亚”条目,作者将涉及亚历山大里亚的一切都收录在此条目下,以此为线索可以查阅到许多相关内容,如“亚历山大里亚”,该条目提到亚历山大在西亚、中亚、印度所建立的以此命名的城市,以免发生误会以为“亚历山大里亚”仅指埃及境内的一个亚历山大里亚。

(3)*Theological Dictionary of the New Testament*,Ed.by Gerhard Kittel Michigan:Eerdmans Publishing Company,Reprinted 1995(《新约神学辞典》,格尔哈德·克依特主编,美国密歇根爱尔德曼出版公司发行,1995年再版)。原文为德文,1932年德国图宾根出版。G.W.Bromiley主持英译(每卷的编译者不同),1963年初版。新约是用希腊文写的,许多希腊哲学词语如arche、logos、psyche等转化为神学词语。这部词典共10大卷,详尽考查了希腊术语词义、读音、语法的变化,以及某个词语在《新约》27篇中的用法与词义。这是我们研究两希文化交汇的一部重要工具书。

(4)*World Biblical Commentary*,General Editors,David A.Hubbard,Glenn W. Barker,Dallas,Texas,52 Vols(大卫·哈巴特、格林·巴克尔主编:《圣经词语注释》,52卷,得克萨斯达拉斯出版集团)。本书对旧约39篇、新约27篇分别作了注释,有的一卷又分2、3个分册,是一套大型的工具书,对于了解希伯来文化同地中海世界其他文化的关系,把握重要词语例如“神”、“灵”、“逻各斯”的神学含义与演化有所启迪。

(5)*The New Encyclopaedia Britannica*, fifteenth Edition, 1974, Reprinted, 2005,33 Vols(《新版大英百科全书》,1768—1771年初版,1974年第15版,2005年重印,共32卷,加上2005年补充卷,共33卷)。该书同时附有一卷本《简明大英百科全书》及全套光盘。

(6)*New Catholic Encyclopedia*,Second Edition 2003(《天主教百科全书》,于1907—1912年出版,修订版于1967年出版,2003年出版了十五卷本的修订新版)。正如“修订版序言”所说,该书集中了三代人的智慧,对研究两希文化的汇合颇有帮助。

(7)*Encyclopedia of Philosophy*, Second Edition, Thomson Edition in Chief, Donald M.Borchest,10 Vols,2006《哲学百科全书》。1967年麦克米兰公司出版八卷本,2006年由汤姆逊出版有限公司出版十卷本,篇幅上增加了不少,但是

条目内容一般,缺少新意。

(8)*Encydopedia of Religion*, Scond Edition, Edition in Chief, Lindsay Johns, Macmillan, 2005(《宗教百科全书》,本书于 1987 年出版第 1 版,2005 年出版修订第 2 版,15 卷)。

四　现代学者的著作和论文集

当代学者对晚期希腊哲学三大派及新柏拉图主义和两希文化交汇的研究成果,我们在各编中有专门论述,这里提到的是共同涉及的,以及绪论第一、二节所参考的著作和论文集。

(一)地中海世界的研究成果

以地中海世界、地中海文化或地中海语境为研究对象,发端于 20 世纪后期。这里列出的是我们编写组拥有的参阅过的论著。

1. *The Cambridge Ancient History*, 14Vols(14 卷本新版《剑桥古代史》)

《剑桥古代史》旧版写于 20 世纪 20 年代,之后第 3 卷发行第二版。1970—2005 年陆续发行了新版《剑桥古代史》,共 14 大卷 19 个分册,比旧版扩大了一倍,其中特别是史前史、上古史,第 1、2 卷都扩展为 2 个分册,分别于 1970、1971、1973、1975 年出版。第 3 卷研究公元前 11—前 8 世纪的地中海世界,重点是希腊城邦制形成和殖民时代,扩展为 3 个分册,发行第 3 版,分别于 1982、1991、1982 年出版。第四卷研究公元前 525—前 479 年的波斯、希腊与地中海西部,1988 年出版;第五卷的重点是公元前 5 世纪希腊古典时代,于 1992 年出版。第六卷重点是公元前 4 世纪的希腊与马其顿,1994 年出版。本卷对古典时代晚期希腊各地区有较详尽的记述。第 7 卷第 1 分册研究希腊化时期的历史与文化,是了解环地中海文化圈的重要资源,1984 年出版。第 482—511 页附录 3 个表(希腊化时期诸王国,诸王国兴亡表、年代表),对梳理这个时期纠缠不清的王朝更迭颇有价值。第 2 分册重点研究罗马的兴起至前 220 年第二次布匿战争前夜,1989 年出版。第 8 卷的重点是公元前 133 年之前的罗马与地中海,1989 年出版。第 9 卷公元前 146—前 43 年的晚期罗马共和国。这一卷的第 7—21 章记述罗马的疆域,罗马的社会经济,罗马城市与市民,哲学与文学,是本书参考的重点,1994 年出版。第 10 卷研究公元前 43—69 年罗马帝国极盛时代,1996 年出版。第 11 卷研究公元 70—192 年的高峰期的罗马帝国,2000 年出版。第 12 卷研究公元 193—337 年帝国危机时期,2005 年出版。第 13 卷研究公元 337—425 年的晚期罗马帝国,1998 年出版。第 14 卷研究公元 425—600 年晚古时代的东西罗马,2000 年出版。所以《剑桥古代史》实际是以欧洲为中心的,包括环地中海的中世纪之前的历史。本书多人撰稿,无全书主编。同一章不同章节甚至由不同人撰稿,因而矛盾、重复比比皆是,但本书有史料价值。

2. *Rethinking the Mediterranean*, Ed.by W.V.Harris, Oxford University Press, 2005(哈里斯主编:《反思地中海》,牛津大学出版社 2005 年初版,共 414 页)

该书编者是美国哥伦比亚大学终身教授,主要研究领域是历史。关于本书的成因和地位,“绪论”第 1 节及脚注中已有说明。该书收录 15 篇论文,其中 12 篇是 2001 年 9 月“地中海世界国际学术会议”的论文,根据会上的挑战与回应作了修改和补充,另 3 篇是特约论文。该书主要有哥伦比亚大学历史学教授 W. V. Harris 的《地中海和古代史》;哈佛大学人类学教授 Michael Herzfeld《行动中的地中海主义,从知识论到饮食》;剑桥大学地中海史教授 David Abulafia《地中海种种解读》;巴黎第三大学古代史教授 Alain Bresson《生态学与超生态:地中海范式》;海德堡大学古代史教授 Angelos Chaniotis《东地中海 Ritual Dynamies:古希腊与小亚细亚个案研究》;普林斯顿大学高等研究所历史学教授 G.W.Bowersock《地中海研究的东西方走向与古代南、北地中海之意义》等等。这次会议和会议论集提出了将地中海作为一个整体来研究,建立地中海学说、地中海语境、地中海文化等许多问题,该书是本卷参考的重点。

此外,下列几部著作和论文集对研究地中海世界颇有价值:

(1)Robin W.Winks and Susan P.Mattern-Parkes, *The Ancient Mediterranean World: from the Stone Age to A.D.*600, Oxford U.P, 2004 年初版。

(2)Gary N.Knoppers and Antoine Hirsch, *Egypt, Israel, and the Ancient Mediterranean World*, Studies in Honor of Donald B.Redford, Brill, 2004 年初版。该书

为纪念埃及学泰斗 Redford 生日的论文集,共两部分,23 篇论文,正文 526 页。后附有新发现或新发表的考古文物及 D.B.Redford 在 1959—2004 年的论著。

(3)费尔南·布罗代尔(Fermond Braudel):《地中海考古:史前史与古代史》,蒋明炜等译,北京,社会科学文献出版社 2005 年 9 月版。

(4)Susan Pollock,*Ancient Mesopotamia*,Combridge U.P.1999 年初版,2000、2001 年再版。

(5)Francis Joannes,*The Age of Empire*:*Mesopotamia in the Frist Millenum B.C.*(《前一千纪米索不达米亚的帝国年代》),Tran.by Antonia Nevill,Edenburgh University Press,2004 年初版。

(6)Barry J.Kemp,*Ancient Egypt*:*Anatomy of A Civilization*,Revised Second Edition,Routledge,2006 年初版。

(7)Douglas J.Brewer,*Ancient Egypt*:*Foundation of A Civilization*,London,Pearson Education Limited,2005 年初版。

(8)Ian Shaw,*Ancient Egypt*:*A Very Short Inroduction*,Oxford University Press,2004 年初版。该书为牛津大学出版社组织的覆盖历史、哲学、宗教、文学的系列丛书之一,1995 年开始发行,计划出 200 本。

(9)Jonathan M.Golden,*Ancient Canaan and Israel*:*New Pespectives*,Oxford U.P.,2004 年。该书为《理解古代文明》5 部丛书之一,共 415 页,另 4 部即将出版。

(10)Trevor Bryce,*Life and Society in the Hittite World*,Oxford U.P.,2004 年,平装修订版。

(11)Trevor Bryce,*The Kingdom of the Hittite*,New Edition,Oxford U.P.,2005 年版。

(12)James Whitley,*The Archoeology of Ancient Greek*,Combridge U.P.,2001 年版。该书是“剑桥世界考古学丛书”14 部之一,共 484 页。

(13)Simon Hornblower,*The Greek World 479-323B.C.*,Third Edition,Routledge,2003 年版。该书属 Routledge“古代世界史丛书”5 部之一,1983 年初版。1991 年修订版,2002 年第二版。

(14) Warwick Ball, *Rome in the East: The Transformation of An Empire*(《东部罗马与帝国转型期》), Routledge, 2000 年。

(15) Francesca Rochberg, *The Heavenly Writing: Divination, Horoscopy, and Astronomy in Mesopotamia Culture*(《米索不达米亚文化中的占卜、星相术和天文学》), Combridge U.P., 2004 年初版。

(16) *Economics Beyond Agriculture in the Classical World*, Ed.by David J.Mattingly &John Solmon, Routledge, 2001 年版。该书为论文集,共 5 个部分 13 篇,324 页。

(17) *Ancient Economic Thought*, Vol.1, Ed. by B.B.Price, Routledge, 1997 年版。该书为 Routledge 经济史研究 13 部著作之一,论文集,共 271 页。最后一篇《关于欧洲的形成与地中海的地位》为本文参考书。

(18) *The Ancient Economy: Evidence and Models*, Ed. by J.G.Manning and Ian Morris Stanford U.P., 2005 年初版。该书为"社会科学史丛书"11 部之一,收录 12 篇论文,共 285 页。

(19) Norman Yoffee, *Myths of the Archaic State: Evolution of the Earliest Cities, State, and Civilization*, Combridge U.P., 2001 年初版。

(20) *Indo-European Perspectives: Studies in Honour of Anna Morpurgo Daves*, Ed. by J.H.W.Penney, Oxford U.P., 2004 年初版,论文集,共 4 个部分,598 页。

(21) Trevor Bryce, *The Trojans and Their Neighbours*, Routledge, 2006 年初版。

(二)关于希腊化时期的研究

希腊化时期是 20 世纪 60 年代前研究的薄弱环节,70 年代以后才日渐成为热点。这里仅列举几部重要参考书。

(1) *A Companion to the Hellenistic World*, Ed.by Andrew Erskine, Blackwell Publishing, 2003(《希腊化世界导读》,安德烈 · 爱尔斯金编,2003 年初版)。近些年剑桥大学出版社和 Blackwell 出版社竞相出版种类繁多的导读,有个人撰著,也有论文汇编。该书是 Blackwell 出版社发行的"古代世界导读丛书"之一。该导读分古代史和"文学与文化"两个系列,古代史系列已出版两部,另一部是《古代史导读》。《希腊化世界导读》收集了29篇代表性论文,分7个问题:叙事,主角人物、历史演化、希腊及其他地区、社会与经济、神与人、艺术与科学,共595页,其中第515—566页的参考文献、第567—573页的年代表及后面的索引颇有价值。好的导读一般会提供代表该领域的研究成果、研究趋向、热点问题等作品及作者,就此而言,这样的导读能起到真正导读的作用。

(2)*The Cambridge Companion to the Hellenistic World*,Ed.by Glenn R.Bugh, Cambridge U.P.,2006(《剑桥希腊化世界导读》,格林·布赫编,剑桥大学出版社2006年初版,共371页)。丛书编者说:"这部导读提供了关于希腊化世界的15篇专稿,旨在充实和补充从亚历山大至埃及的克列奥巴达(Kleopata)七世的历史。每一篇论文研究希腊化世界的一个方面:宗教、哲学、家庭、经济、物质文化、军事征战及其他。论文锁定这个时期的关键性问题:什么意义上可以说亚历山大的征服意味着开创了'希腊化的新时代'?希腊化世界的本质是什么?它同希腊古典时代有何不同?什么意义上可以说是'中断和连续'?概而言之,论文提供了希腊化这一复杂世界的深层的见解。该书也提供了关于这个主题的最新书目,而且推荐给读者。"

上面两本"导读",各有特色,剑桥的导读全是各位作者应邀就某一专题写的论文,都是original essays(首次发表的原创性论文)。每篇论文结尾都介绍这一专题最近的新的研究成果和问题,体现"导读"的特色。

(3)Graham Shipley,*The Greek World:After Alexander*,323*B.C.*—30*B.C.*, Routledge,2000(G.悉帕勒:《公元前323—前30年后亚历山大时期的希腊世界》,Routledge出版社2000年初版)。该书是Routledge组织的"古代世界丛书"之一,另外6部是《古代近东:约前3000—前330年》、《希腊世界:前479—前323年》、《罗马发迹史:约前1000—前264年》、《晚古地中海世界:公元后395—前600年》、《希腊的成长:前1200—前479年》、《罗马世界:前44年至公元后180年》。亚历山大逝世后这段历史犬牙交错,总督与王国的更迭,各国、各地的交往与交际令人眼花缭乱,理清头绪是件大难事。该书不仅是历史的记述,而且史料充实,脉络清晰,恰当地评估了这时期的哲学、文学、宗教、科学与社会以及希腊和罗马之间的关系,是我们撰写本书第四卷的主要参考书之一,作者是 Leicester 大学古代史和考古学方面的专家。

(4)*The Greek World in the Fourth Century*:*from the Fall of the Athenian Empire to the Successors of Alexander*, ed. by Lawrence A.Trithe, Routledge, 1997, reprinted 2003(劳伦斯·莱塞编:《前 4 世纪的希腊世界:从雅典帝国的衰落至亚历山大的后继人》,Routledge,1997 年初版,2003 年重印)。公元前 4 世纪是雅典盛世与亚历山大征战之间的低谷,往往被忽略,然而却是产生一代巨人柏拉图和亚里士多德的时代,而且雅典的民主制竟然在帝国没落后稳定了近一百年,同时小亚希腊与西部希腊的经济也达到了新的水平。该书 10 位学者从不同侧面对这个世纪作了有见地的论述,对了解这个时期希腊哲学的转型有所启示。

(5)Louis H.Feldman, *Judaism and Hellenism Reconsidered*, Brill, 2006(路易斯·费尔德曼:《犹太主义与希腊主义重思》,伯利尔出版公司 2006 年初版)。作者于哈佛大学获博士学位后,专门从事两希文化的研究,任 Yeshiva 大学古典学教授。该书收集了作者先前发表过的 26 篇论文,汇编时作了补充和修改,同时加了一篇导言“希腊化时期希腊主义对巴勒斯坦犹太人的影响”,共 950 页(未计犹太教研究杂志的补充)。该书对研究两希文化的关系有重要参考价值。

(6)*Hellenistic Economies*, Ed. by Zofia H. Archibald, John Davies, Vincent Gabrielsen and C.J.Oliver, Routledge, 2001(佐菲西·阿奇波德、约翰·戴维斯等编《希腊化时期的经济》,Routledge 出版社 2001 年出版)。该书是在 1998 年 6 月英国利物浦“希腊化时期的经济”研讨会基础上编辑而成,与会者为史学、考古学、经济史学者,共 13 篇论文。对了解这个时期希腊化世界各地区的经济、生产、贸易、币制、财政收入与城市、王国的管理颇有参考价值,共 400 页。

(7)Roger S. Bagnall, *Hellenistic and Roman Egypt*:*Sources and Approaches*, Ashgate Publishing Company, 2006(罗吉尔·柏奈努:《希腊化和罗马时期的埃及史料与研究进路》,Ashgate 出版公司 2006 年初版)。该书收集了 20 世纪下半叶的考古发掘资料,对历史上一些文字记载或传说的论断作了考证,发表作者的看法,例如第四篇“关于亚历山大里亚建城的日期”对伪卡利斯赛尼(Pseudo-Callisthenes)说的前 331 年 4 月 7 日提出质疑。第 9 篇“亚历山大里亚:图书馆之述”,认为建馆日期、藏书量都有疑问,该书对深入了解这个时期的埃及颇有价值。

(8) Willy Clarysse and Dorothy J.Thompson, *Counting the People in Hellenistic Egypt*, Cambridge U.P., 2006(威里·克拉雷斯、多罗丝·汤普逊:《希腊化时期埃及的人群统计》,剑桥大学出版社 2006 年初版)。该书是出版社组织的历史研究之一。克拉雷斯是比利时卢汶大学古典与中东史专家,多罗丝·汤普逊(女)是剑桥大学古代史专家。作者根据大量纸草文书和新发掘文物,依据当时记载的盐税、人丁税、寺庙奉献,各地区、各族人的居住区人数、社会、结构、家庭构成,统计出当时居住在埃及的希腊人、波斯人、西亚各族人的大致比例,和各地区的大致人口总数,以及不同信仰群体的大致状况。这部著作的学术价值,正如该书简介所言,从这里可以看出“埃及是个典型的希腊化世界”,是环地中海各种文化的交汇处。

(三)关于罗马历史、经济、文化的研究

关于罗马起源、罗马共和国和罗马帝国,目前海内外有不少著作,部分也已译为中文,大陆学者也有些专著,这里仅列举几部同罗马时期哲学有关的外文著作。

(1) Jason P.Davies, *Rome's Religious History: Livy, Tacitus and Ammianus on Their Gods*, Cambridge U.P., 2004(雅宋·大卫:《罗马宗教史:李维、塔西图和阿米安努斯论他们的神灵》,剑桥大学出版社 2004 年初版)。李维等三位是用拉丁文写自己民族和国家历史的作家,不少学者认为他们三人是弃绝传统的。作者认为这三个人都把神灵看做潜在的历史力量,他们不限于描述诸神的作用和力量,而是论证罗马的神灵就是罗马社会各方面的功能的体现,在塑造罗马历史方面起到特殊的作用。该书对于理解罗马的宗教与文化有重要价值。

(2) Warwick Ball, *Rome in the East: the Transformation of An Empire*, Routledge, 2000(瓦尔威克·鲍尔:《东部罗马与帝国转型》, Routledge 出版公司

2000 年初版)。该书不是研究帝国转型期的东部罗马,而是研究东部地中海罗马统治区对后来罗马帝国形成的影响。该书颠覆以往的观点,论证罗马从共和国体制到帝国体制,其动因和启示来自罗马征服西亚后的体验。东罗马帝国之所以建都君士坦丁堡,也有“新一代特洛伊英雄”的历史情结。所以该书是理解罗马体制的转型及东罗马帝国特点的重要资料。全书 523 页,附有近 300 幅图片,以供对比。我们在分析罗马的转型及两希文化的融会,基督教成为罗马国教时运用到本书的资料和观点。该书作者是近东考古学家,长期在伊拉克、约旦、伊朗、阿富汗从事发掘工作,他还是英国在伊拉克的考古研究院主任。

(3) Paul Cartledge and Antony Spawforth, *Hellenistic and Roman Sparta: A Tale of Two Cities*, Routledge, Second Edition, 2002(保罗·卡特利奇、安东尼·兹鲍霍斯:《双城记:希腊化的斯巴达与罗马式的斯巴达》,Routledge 出版公司 1989 年初版,2002 年修订再版)。该书用实际材料证明,以为公元前 370 年后斯巴达衰落了,这是个误会。实际上在希腊化和罗马时期,斯巴达打破了 400 年不变的体制,经济、文化与社会组织大有进步。作者卡特利奇是剑桥大学古典系主任、古代史教授。兹鲍霍斯是 Newcastle 大学古代史教授,还是《牛津古典辞典》1996 年修订第三版和《牛津考古学指南》的主编之一。

(四)晚期希腊哲学方面的综合性论著

相当一个时期,晚期希腊哲学不受重视。直到 20 世纪后期研究性著作和论文才日益增多。近些年晚期希腊哲学的地位提升,有两个原因,因而也有两个维度:其一是基督教研究的角度,由此关注早期基督教及教父哲学同晚期希腊哲学的关系;其二是当代政治哲学和伦理学的研究,促使人们从哲学自身的演化、哲学的治疗性功能方面去研究晚期希腊哲学,而不是仅仅从基督教的立场去观察古代希腊罗马文化的演进。这里列举几部我们在撰稿中用到的主要参考书。

(1)蔡勒:《斯多亚学派、伊壁鸠鲁学派和怀疑学派》、《希腊哲学史中的折中主义史》、《新柏拉图学派》。关于蔡勒的三大卷五册《希腊哲学史》,本书第 1 卷绪论中已有详细介绍。① 蔡勒著作的第 3 卷就是亚里士多德后的哲学,德

① 本书第一卷,第 103—104 页。

文原版有重印本,但是英译本似乎已经绝版。英译本第1册,即晚期三大学派,北京图书馆存有一部,我们编写组仅有复印件。第2册《希腊哲学史中的折中主义》,浙江大学希腊哲学先辈严群老先生存有1册。严群老先生在世时交由我们复印,至于《新柏拉图主义学派》未有英译本。作为希腊哲学史的奠基人,蔡勒的研究,特别是他的考证,例如对“折中主义”一词的考证,仍不失其地位。

(2) *The Cambridge History of Hellenistic Philosophy*, Ed.by Keimpe Algra, Jonathan Barnes, Jaap Mansfeld and Malcolm Schofield, Cambridge U.P., 1999(《剑桥希腊化时期哲学史》,K.阿尔格勒、J.巴恩斯、J.曼斯费尔德、M.索费尔德等编,剑桥大学出版社1999年初版)。该书2002年再版,2005年出版平装本,共916页。该书由20世纪80—90年代英、美、德三国主要作者撰写专稿,全书分五个部分。第一部分“导言”,分资料来源、编年纪要、学派组织与构成,共3章,其中第1章第1节“为什么如此多的资料佚失?”及第48—54页的各派哲学家年代综合表有重要参考价值。第二至五部分分别为“逻辑与语言”、“认识论”、“自然哲学与形而上学”、“伦理学与政治”,比较研究各派哲学家上述诸方面的观点、特征与关系。《希腊哲学史》第四卷分学派列编,每编撰稿人要了解同一主题其他学派及学派外人物的观点,所以该书是我们四位作者共同的必读书。

(3) *The Cambridge History of Later Greek and Early Medieval Philosophy*, Ed. by A.H.Armstrong, Cambridge U.P., 1967(阿姆斯庄编:《剑桥晚期希腊和早期中世纪哲学史》,剑桥大学出版社1967年初版)。该书于1970、1980年陆续重印,但未见修订新版。该书共8编40章715页,概述晚期希腊至安瑟伦及早期伊斯兰哲学的兴起,相当于希腊哲学和教父学。同《剑桥古代史》差不多,各编独立撰写,无所谓前后的联系。晚期希腊三大派和逍遥学派、新毕泰戈拉仅占一编,共136页,普罗提诺及晚期新柏拉图主义各占一编。该书对研究罗马时期两希文化的融会与碰撞,以及东部地中海文化转型有相当的参考价值。

(4) R.D.Hicks, *Stoic and Epicurean*, Russell, Repeinted 1961(希克斯:《斯多亚和伊壁鸠鲁学派》,路塞尔出版社1910年初版,1961年再版)。该书在学术界是有地位的,迄今人们还引用其中的见解和考证。

(5) Harold Tarrant, *Scepticism or Platnism*: *The Philosophy of the Fourth A-*

cademy, Cambridge U.P., 1985(哈罗德·塔林特:《怀疑主义还是柏拉图主义:第四代学园的哲学》,剑桥大学出版社 1985 年初版)。该书对公元前 100—前 150 年柏拉图学园中的几个派别的演化作了独创性的分析。

考虑到国内外文资料寻找的困难,这里把晚期希腊三大派和新柏拉图主义近些年出版的图书列举如下:

(1) *The Cambridge Companion to the Stoics*, Ed. by Brad Inwood, Cambridge U.P., 2003.

(2) *Problems in Stoicism*, Ed.by A.Long, The Athlone Press, 1996.

(3) John Sellars, *Stoicism*, Acumen Publishing Limiled, 2006.

(4) *Stoicism: Traditions and Transformations*, Ed. by Steven K. Strange and Jack Zupko, Cambridge U.P., 2006.

(5) John Henderson, *Morals and Villas in Seneca's Letters*, Cambridge U.P., 2004.

(6) Brad Inwood, *Reading Seneca: Stoic Philosophy at Rome*, Oxford U.P., 2005.

(7) *Aristotle, Kant and the Stoics: Rethinking Happiness and Duty*, Ed.by Stephan Engstrom, Jennifer Whiting, Cambridge U.P., 1996.

(8) Susanne Bobzien, *Determinism and Freedom in Stoic Philosophy*, Oxford U.P., 1998.

(9) Anthony Birley, *Marcus Aurelius*, Barnes & Noble Books, 1999.

(10) J.Hankinson, *The Sceptics*, Routledge, 1995.

(11) Avraam Koen, *Atoms, Pleasure, Virtue: The Philosophy of Epicurus*, Peter Lang, 1995.

(12) Andrew Smith, *Philosophy in Late Antiguity*, Routledge, 2004.

(13) Lloyd P. Gerson, *Plotinus*, Routledge, 1994。这是 Routledge 出版公司组织的一套"The Arguments of the Philosophers"丛书之一,作者是加拿大多伦多大学教授,在希腊哲学研究方面多有建树。该书分两部分,专门分析普罗提诺的核心概念和基本命运的论证。现代海内外学术界都有一些人,以自己理解的当代哲学的某种理论将古人的论证现代化,以至于人们弄不清究竟是古人的论证,还是他们自己的论证。该书的特点是尊重历史。

(14)Lucas Siorvanes,*Proclus*: *Neo-Platonic Philosophy and Science*,Yale University Press,1996。这也是一部颇有分量的著作,特别是对于晚期希腊哲学中的形而上学问题,值得一读。

(15)*The Relationship between Neoplatonism and Christianity*,Ed.by Thomas Finan and Vinent Twomey,Four Courts Press,1992.

(16)*The Question of "Eclecticism"*:*Studies in Later Greek Philosophy*,Ed.by J.M.Dillon & A.A.Long,University of California Press,1996.

(17)Kare Fuglseth,*A Comparison of Greek Words in Philo and the New Testament*,The Edwin Mellen Press,2003.

上述所列四大类论著和资料汇编是我们撰写第四卷的主要参考书。应该说,就国内现有状况比较,我们掌握的一手资料和二手资料还是相当充分的。读者要了解晚期希腊的资料和研究概况,可以查阅每部著作后面列举的"参考书目",特别是剑桥和路透编的一套"指导读物"一般都有该论域的研究综述。目前网站上的书较多,但是制成光盘者仅极少数。有一阵子曾经刮过一阵风,似乎图书馆和出版物都过时了。不过,正因为是一阵风,很快就刮过去了。海外几个大出版商,竞相出版系列丛书和导读、论文集,可惜对原始资料、古人的诠释和汇编及诸如 *Suda* 等辞书基本上不愿重印,或许是利益驱动。这也是我们在研究西方文化方面相当薄弱的原因之一,即使有钱也买不到。有时到几家名牌大学图书馆,原始档案还是看不到,或者只可目视,不可借阅拍摄或复印。此外,由于我们自身条件的限制,未能充分利用德语、法语方面的著作。特别是德国,有收集、整理、校勘、注释古书的传统。在研究方面,这个民族的理论思维能力和成果,都是世人公认的。这些不足只好留待后人去解决了。不过话说回来,毕竟英语类读物目前是最普遍的,其他语种的重要著作也有英译,我们收集、购买、阅读(细读、略读、查阅三者均有)这些资料耗费近十年的精力。这些一手、二手资料能反映目前海外对晚期希腊的研究概况,因而可以有把握地说,我们对晚期希腊的介绍和论述是有资料根据的。

第一编

伊壁鸠鲁学派

伊壁鸠鲁概论：生平、著作与学派

标准论（认识论）

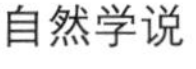

自然学说

治疗、伦理与政治

伊壁鸠鲁(Epicures,前 341—前 270 年)是古希腊自然哲学的最高形态——原子论哲学的最高代表。同时,他提出了一种以“自然与快乐”为中心的治疗性哲学。在晚期希腊罗马三派最大的哲学当中,他以坚定的反对宗教迷信、彻底的感觉主义、还原论的伦理学和政治哲学为特色,形成了与其他两派哲学判然有别、自成一体的思想类型,既在当时和身后吸引了众多的追随者,也因此而成为古代希腊世界中极富争议的一位哲学家。作为希腊化“新哲学”中尤其给人以另类感觉的哲学,伊壁鸠鲁及其学派不要说在后世经常被各种名门大派当成靶子挑出来批判,即使是在当时就已经遭到围攻般的激烈抨击。然而,令人惊奇的是,当时许多信众从世界各地来追随这位乡野哲学家,而且大多痴迷不离,鲜有叛出学派者。至于伊壁鸠鲁思想中的感性还原论和治疗哲学,同其他古典哲学相比,与现代性思想类型具有更多的亲缘性,这意味着古典世界已经出现了崭新的精神范式,所以更应受到当代学者的重视。

第一章

伊壁鸠鲁概论：生平、著作与学派

伊壁鸠鲁的思想不仅体现在他的哲学理论中，而且体现在他及其学派的日常生活中，体现在他的写作方式和留存的作品中。所以，我们对伊壁鸠鲁及其学派的研究，应当首先从这些貌似外在的背景故事开始。

第一节　文　献

一　伊壁鸠鲁原著

在希腊化哲学家当中，伊壁鸠鲁作为学派开创者，与怀疑论和斯多亚派的开创者不同，是一位著作等身的人，他写过许多书。第欧根尼・拉尔修说有300多种，这个数量似乎也过于惊人。第欧根尼・拉尔修还在自己的“哲学史”（《著名哲学家的生平和学说》）中列出了伊壁鸠鲁的41种“最好的”书的标题。① 可惜，伊壁鸠鲁的这些浩繁大作都已经全部佚失。幸运的是，伊壁鸠鲁是一个很有条理的人。他意识到自己详细展开的文字写得很难懂；或者，内容过于细致专门，属于条分缕析的文字，不利于大家学习和背诵（读经与诵经对于该学派的重要，下面还会谈到），所以他还喜欢把自己的思想凝缩写成小

① 第欧根尼・拉尔修：《著名哲学家的生平和学说》第10卷，第27—28节。

篇幅的“概要”。这不仅有助于背诵,而且还便于修习复杂理论的人可以随时自如地返回到简单的事实和词语上。伊壁鸠鲁的概要写得很简洁。他希望“一个掌握了概要的人可以推论出我在全集中的详细阐发”①。这些“概要”的宗旨是:一切道理都很简单,追求智慧的人们不要流失于繁复的理论中,而应当把握真正重要的核心思想。伊壁鸠鲁写的“概要”有好几种,其中三种以寄给某人的书信的方式留存了下来。这些书信的写作看来不是随意的,因为它们构成了自然哲学、天文学、伦理学三个部分,正好是伊壁鸠鲁哲学的三个分支。第一封即伊壁鸠鲁致希罗多德的信,是关于自然学说的概要(物理学),第二封即伊壁鸠鲁致比索克莱(Pythocles)的信,是关于天文学的概要(天象学),第三封信即伊壁鸠鲁致梅瑙凯(Menoeceus)的信,是关于伦理学的概要(人生哲学)。

有的学者经过考证后指出,书信体的哲学写作可能是伊壁鸠鲁所开创的。换句话说,上述这三封信是伊壁鸠鲁在用书信的方式写哲学,而非在写信的时候偶然触及哲学。在日常生活中,伊壁鸠鲁当然也写纯粹私人性的信,这从留存下来的某些信件残篇可以看出;但是,他的哲学书信的格式与私人性的信完全不同,显然是一种哲学文体,就像柏拉图的“苏格拉底对话录”也是一种哲学文体而非真的是在准确记录苏格拉底言行的生活起居录一样。所以,有的学者建议,为了区分起见,不妨把伊壁鸠鲁的纯粹个人信件称为“信”(letter),而哲学书信可以称为“书信”(epistle)。

除了这三封信,可以算做伊壁鸠鲁的原作而留存下来的文字还有三种:伊壁鸠鲁的遗嘱、“基本要道”和伊壁鸠鲁临终书信。其他收集了包括伊壁鸠鲁本人及其学派思想家的格言的集子,还有“梵蒂冈馆藏伊壁鸠鲁格言集”、“贤人论”、奥依诺安达的第欧根尼铭文残篇。值得注意的是,“遗嘱”、“格言集”、甚至“临终书信”等,其实也都是一种哲学文体的写作,而且也属于“概要”类型的文字。第欧根尼·拉尔修是一位伊壁鸠鲁派的哲学史家——至少他极为同情伊壁鸠鲁派,在他的《著名哲学家的生平和学说》中的最后一章,原原本

① 第欧根尼·拉尔修:《著名哲学家的生平和学说》第 10 卷,第 35 节。

本地收入了伊壁鸠鲁的三封哲学书信:《贤人论》、《遗嘱》、《基本要道》。这些都是后人出版各种"伊壁鸠鲁文献"选本的基本来源。至于近代陆续发现的"梵蒂冈馆藏伊壁鸠鲁格言集"、奥依诺安达的第欧根尼铭文残篇、赫库拉农(Herculaneum)的皮索庄园(Piso)发掘的伊壁鸠鲁《论自然》残篇和伊壁鸠鲁派的菲洛德姆斯(Philodemus,大约前 110—前 40 年)著作残篇,等等,有时也会被收入到现代学者所编纂的各种伊壁鸠鲁原始资料文集中。在西方近代学者所编成的各种伊壁鸠鲁原始资料文集中,有一些很好的学术版,著名的有乌斯勒(Usener,H.)的 *Epicurus*(Leipzig:Teubner,1887)。此书是"伊壁鸠鲁派资料全集"类型的著作,它收入了到 1887 年为止所找到的所有伊壁鸠鲁的著作,以及后来各种伊壁鸠鲁派著作中的引文,还包括拉丁文的评注。英文学术界中与这种类型的著作相类似的经典文集有 Bailey 的 *Epicurus*,*The Extant Remains*(Oxford,1926),在学术界很有权威性。另外,除了这种学术版的资料文集之外,还有许多普及版的伊壁鸠鲁资料文集,面向更广大的读者,比如 G.K. Strodach 的 *The Philosophy of Epicurus*:*Letters*,*Doctrines and Parallel Passages from Lucretius*(Northwestern University Press,1963),书中除了包括大量伊壁鸠鲁本人的资料外,还包括卢克莱修哲学诗中的对应材料和伊壁鸠鲁派的一些残篇选。

中文世界中,迄今最为全面的伊壁鸠鲁资料集是我们编译的《自然与快乐——伊壁鸠鲁的哲学》(中国社会科学出版社 2004 年版)。其中包括伊壁鸠鲁本人的所有留存文献,"梵蒂冈馆藏伊壁鸠鲁格言集"、"贤人论"以及奥依诺安达的第欧根尼铭文残篇中的 4 则(这一残篇迄今已经发现了二百多条,可以专门出版,下面我们还将详细介绍),并且收入了卢克莱修的《万物本性论》。

二　卢克莱修著作

在伊壁鸠鲁派的留存文字中,卢克莱修的哲学诗占据了一个突出的地位。卢克莱修是最为著名的伊壁鸠鲁派哲学家,他用拉丁文写了《万物本性论》,主体部分基本上完好地留存至今,篇幅远远超过伊壁鸠鲁本人留下来的各种文字,十分难得,是研究伊壁鸠鲁派思想的重要文献。学术界一般认为,伊壁鸠鲁派对于老师的观点十分忠诚,没有任何发展,必须严格复述老师的教义,不得自行改造。外国学者经常将其放在一起,以便相互参读,这是我们在《自然与快乐——伊壁鸠鲁的哲学》中收入卢克莱修的《万物本性论》的原因。所以,可以有把握地说,卢克莱修的哲学长诗是亦步亦趋地遵循伊壁鸠鲁的论证,在理论上没有丝毫越轨之处。我们从卢克莱修的序诗所表达的宗旨就可以看出这一点:“哦,你是第一个在深深的黑暗之中,高高举起如此明亮的火炬照亮生命的幸福之乡的人。哦,你是希腊人的荣耀,我将跟随你,循着你留下的脚印迈出坚定的步伐。我不是梦想成为你的对手,而是出自对你的敬爱而以你为榜样,模仿你和再现你。燕子怎么会去和天鹅试比高低,四肢站立不稳的小山羊如何能在奔跑中发挥出健壮的骏马那样的充沛精力呢?”①如果说伊壁鸠鲁本人的著作是极为简略和抽象的,那么卢克莱修笔下就是一个充分展开的、丰富的和感性的天地。打个比方说,如果说伊壁鸠鲁的纲要性的书信类似于怀疑论的“十式”、“五式”,那么卢克莱修的哲学长诗就近于塞克斯都反复累积浩瀚论证的《反理论家》各卷大书。卢克莱修经常对同一个观点进行反复论证。而且他似乎感到即使如此还意犹未尽,对于论证他的观点也还不够,还需要读者有举一反三的本领,才能领会其观点。比如在证明存在着虚空的时候,他提醒自己的听众道:

> 我还可以搜集许多其他的证据来说明我的学说的可信性。但是你的敏锐心智从这些线索中已经足以联想到其他的相关事实。就像猎犬一旦发现了一点蛛丝马迹,就能凭借敏锐的嗅觉追踪,捕捉到隐藏在枝叶底下的野兽巢穴。你在思考中能像它们那样举一反三、触类旁通,深入到不可见的隐蔽处所,最终把握住真理。②

卢克莱修的《万物本性论》在国外有二十多个英文译本,在中国有一个方书春的中文诗体译本,质量很高,标题称为《物性论》。新的汉译本也将继续

① 卢克莱修:《万物本性论》第3卷,第1—7行。

② 卢克莱修:《万物本性论》第1卷,第398—409行。

面世,而且还是被名之为《物性论》。我们认为,卢克莱修在该书中的主题是研究万物的本性(*physis*),这也是古代自然哲学与近代研究"物性"的经验论大不一样的地方;然而"物性"一词总使人想到洛克等人经验论者关于"第一物性、第二物性"之类的思想。所以我们感到还是把卢克莱修的 *On Nature*(论自然)翻译为《万物本性论》,更为符合其本义。

说到 *physis*,事实上此书的题目也可以翻译为"论自然",这倒是希腊古代自然哲学家著作的一个通用标题。研究卢克莱修的专家克莱(Clay)在讨论卢克莱修的著作的标题时,专门考察过"自然"(physis)的古代意义,说它的含义是"产生"和"生成"。①这样的考证当然受到的是海德格尔的启发,未必可以很恰当地用于卢克莱修。其实,克莱自己也承认"自然"的这一古意在早期希腊自然哲学家之后的自然哲学中已经逐渐被人遗忘。但是,克莱又认为卢克莱修是坚持这一古意的,这从他的《万物本性论》的开头序诗是向主管生育、生产的维纳斯祈祷吁求就可以看出。不过,严格说来,向"生育之神"吁求与伊壁鸠鲁的哲学精神是截然相反的。伊壁鸠鲁恰恰反对有什么人格化的神主宰世界的产生,也反对人可以通过向神吁求而保持"生"、阻挡"灭"。对于伊壁鸠鲁的原子论来说,一切都是偶然、无目的的原子的运动和碰撞的结果。所以,卢克莱修的"反常做法"也许说明了卢克莱修在伊壁鸠鲁之外还有其他哲学来源,比如恩培多克勒哲学,因为自然作为"产生",是典型的恩培多克勒思想。②

总地说来,在内容上说伊壁鸠鲁派与伊壁鸠鲁有差别,不是那么绝对的。卢克莱修与伊壁鸠鲁的区别主要应当是形式上的。卢克莱修的著作中充满着丰富的论证,这可能构成了他的阐述方式与伊壁鸠鲁的方式的最大不同。不过,即使对于伊壁鸠鲁与卢克莱修之间的这一差别,我们可能也难以绝对地下判断。毕竟伊壁鸠鲁本人的浩瀚著作已经遗失,也许在伊壁鸠鲁遗失了的那些著作中就已经是这么成篇累牍地堆积论证的,因为从第欧根尼·拉尔修记

① 参见 C.克莱:《卢克莱修和伊壁鸠鲁》,第 86 页。

② 参见 C.克莱:《卢克莱修和伊壁鸠鲁》,第 90 页。

载的伊壁鸠鲁“遗失书目”看,他决不缺少鸿篇巨制之作,只不过目前留存下来的简略文字恰好属于“概要”类的而已。

三　其他古代相关著作

古代世界中,伊壁鸠鲁哲学的名气很大,但是大多是作为其他哲学流派的敌人的“恶名”。反过来说,我们也可以看到伊壁鸠鲁学派已经成为“跨时代”哲学学派,真正从公元前 4 世纪雅典众多新哲学中脱颖而出,竖立起自己作为罗马几大哲学流派之一。希腊化—罗马时期的斯多亚哲学、新柏拉图主义哲学、共和主义派纷纷批评伊壁鸠鲁,在此当中经常会详细引用伊壁鸠鲁或其流派的著作。这样看来,当时他们手中应当还有这些原著。所以,虽然这些原著今天都已经遗失,但是多多少少在古代的这些批评者的引文中留存下来。这当中保留伊壁鸠鲁思想风貌相对集中的有普卢塔克、西塞罗和塞克斯都等人的著作。

罗马共和末期的西塞罗特别反感伊壁鸠鲁,在他的《论至善与至恶》(*De Finibus*,中译本参见中国社会科学出版社 2005 年版)中的第一卷介绍了伊壁鸠鲁的快乐论思想,第二卷是斯多亚学派对它的批评。在行文中西塞罗援引了大量的伊壁鸠鲁哲学观点和论证。另外,在西塞罗的《论神性》等著作中也大量地介绍和批评了伊壁鸠鲁的宗教观点。

公元 47 年出生的普卢塔克在其《道德论集》中有许多(至少有 10 篇)是直接以批评伊壁鸠鲁的思想为主题的,比如“伊壁鸠鲁实际上使幸福生活不可能”、“‘隐秘无闻的生活’是一个好准则吗”、“答科洛特”等;从这些文章中,人们可以看到伊壁鸠鲁派的有关思想和该学派在当时的发展状况。我们在编译出版的《古典共和精神的捍卫——普鲁塔克文选》(中国社会科学出版社 2005 年版)中选译了前两篇,即“伊壁鸠鲁实际上使幸福生活不可能”、“‘隐秘无闻的生活’是一个好准则吗?”

怀疑论哲学的策略因为主要是依靠把当时各家哲学的观点对立起来,造成一个个“二律背反”,所以在塞克斯都·恩披里柯的《反理论家》等著作当中有对伊壁鸠鲁派哲学观点的大量转述和介绍。在其“皮罗学说概要”中,也可以看到有关伊壁鸠鲁思想的一些材料(读者不妨参见塞克斯都:《悬隔判断与心灵宁静》,中国社会科学出版社 2005 年版)。

四 现代研究著作

西方对于伊壁鸠鲁哲学的研究极为细致,从总的希腊化哲学各大流派的综观到伊壁鸠鲁哲学中的某个理论细节,从伊壁鸠鲁学派的历史发展到新发现的残篇的考古学,都作出了详尽的研究,成果累累,令人叹为观止。举例来说,在对于希腊化几大流派的一般研究著作中,最早的蔡勒的著作依然有参考价值(Zeller, Eduard, *The Stoics, Epicureans, and Sceptics*, London: Longmans, Green, and co., 1892)。而新的"希腊化哲学三大流派"类型的著作中质量上乘的也不断出现(比如. R. W. Sharples, *Stoics, Epicurus and Sceptics*, Routledge, 1996)。还有人更为细致地研究"三大流派"的关系,包括它们与早期原子论德谟克里特的关系,比如从理论上对伊壁鸠鲁与德谟克里特和怀疑论的关系进行专门研究的瓦伦的著作(Warren, James, *Epicurus and Democritean Ethics: an Archaeology of Ataraxia*, Cambridge, New York: Cambridge University Press, 2002)。此书解释了伊壁鸠鲁与德谟克里特虽然同样作为原子论,为什么会存在如此重要的区别。可以说此书继续在延展青年马克思所思考的同一个问题,当然他们的方法论完全不同。

在对伊壁鸠鲁理论中的各种问题进行深入的专题研究的著作中,有专门研究伊壁鸠鲁的科学研究方法论的,比如 Asmis, Elizabeth, *Epicurus' Scientific Method*(Ithaca, N.Y.: Cornell University Press, 1984),也有专门讨论伊壁鸠鲁原子论中的某个专题的,比如 D.J.Furley, *Two Studies in the Greek Atomists*(Princeton University Press, 1967)就是专门讨论"最小单位"和"自愿行动"的。这些著作有一个共同的特点,即因为处理的问题小,所以可以引经据典,仔细考证,对问题的分析非常透彻和详尽。

另外,还有的学者承袭了斯特劳斯的传统,专门注意分析伊壁鸠鲁和卢克莱修的文本的字里行间的意思,详细论证伊壁鸠鲁言论和学派体制中的各种词语、隐喻、仪式等容易为人所忽视的东西,这也得出了不少前人未能充分注意到的新结论。克莱（Clay）是这方面的一个重要代表，体现其独特分析方法论的著作有 *Lucretius and Epicurus*，Cornell University Press，1983。另外，克莱对于伊壁鸠鲁发展史也有很细致的研究，比如他的 *Paradosis and Survival：Three Chapters in the History of Epicurean Philosophy*（D.克莱：《矛盾与存续：伊壁鸠鲁哲学史三章》，The University of Michigan Press，1998）。此书虽然是学术著作，却在 1998 年出版后在 1999 年、2000 年和 2001 年不断重印。这本书包括 15 篇论文，讨论了伊壁鸠鲁派发展的三个阶段。意大利的詹姆斯·尼古拉斯的《伊壁鸠鲁主义的政治哲学：卢克莱修的〈物性论〉》（中译本见华夏出版社 2004 年版）也是斯特劳斯传统的学者对伊壁鸠鲁学派研究的一个有益成果，它承袭了斯特劳斯的泛政治化理解的"政治"观，并且据此考察卢克莱修是如何把握哲学与政治的关系的。关于伊壁鸠鲁学派发展历史的较为出色的研究，还必须提到 Jones Howard，*The Epicurean Tradition*（London，New York：Routledge，1989）。此书不仅讲述了古代伊壁鸠鲁派的发展，而且详细研究了伊壁鸠鲁派在中世纪和近代的发展，包括对它在法国和英国的复兴的仔细考证。

就伊壁鸠鲁派的第三阶段的代表——奥依诺安达的第欧根尼铭文残篇——而言，除了考证和编订资料的学者之外，还有研究其思想的，包括其思想与当时时代的关系。奥依诺安达的第欧根尼铭文残篇结集出版过好几个版本，最新的版本是英国权威学者史密斯的：Martin Ferguson Smith，*The Epicurean Inscription*（Edited with Introduction，Bibliopolis，1992）。这是迄今为止最新的、也是最全的奥依诺安达的第欧根尼已知残篇全集，其中收入了所有迄今为止所发现的残篇和英文翻译，以及一篇长篇导言（讨论了这门学问的历史，刻石的位置和状况等等详细情况，铭文当年的可能秩序，书写文风特点，标点和音节划分，新术语），还有对各条残篇的详细的注释。作者立足于自己在当地的 16 年考古工作和自己对伊壁鸠鲁哲学的深入研究而写成此书，所以这无疑是极为全面和丰富的一部总结性的大书。

中国学者对于伊壁鸠鲁的研究也给予了一定的关注，在相关文献中尤其应该提到的是一个富有特色的专著性研究成果：杨适的《伊壁鸠鲁》（东大图书股份有限公司 1996 年版）。

第二节　生平与特色

公元前323年,亚历山大大帝在东征中病死,翌年亚里士多德去世。这标志着短暂而辉煌炫目的希腊古典时代的结束,漫长的希腊化罗马时代(延续了大约7个世纪)开始。几年之后,伊壁鸠鲁、芝诺和皮罗相继来到雅典,开创了后来被称为希腊化罗马时期的三大新哲学门派的伊壁鸠鲁派、斯多亚派和怀疑论。

伊壁鸠鲁出生于小亚的萨摩斯岛,父母是雅典殖民者。他在公元前323年来到雅典服兵役,两年后离开雅典回国到了小亚的科洛丰,生活了10年,在那里跟不同的哲学家学习,其中包括柏拉图派的哲学家,也包括原子论派的瑙西风。瑙西风特别推崇怀疑论的皮罗,这也引起了伊壁鸠鲁的浓厚兴趣。后来伊壁鸠鲁又到了小亚西北的兰普萨库斯(Lampsacus)住了大约5年(前310—前306年),在那里逐渐形成了自己的学派雏形,开始拥有了许多坚定的支持者,比如梅特罗多洛(Metrodorus)、科洛特(Colotes)、比索克莱(Pythocles)等人。公元前306年,伊壁鸠鲁重返雅典,这一次他是作为一位成熟的哲学家来到雅典,这一年他已经35岁了。初到雅典的哲学家伊壁鸠鲁曾经和别的哲学家搭伙开班讲学,后来他独立出来,在城外的“花园”开办了自己的学校。

当时雅典的既得利益占据者和竞争者对这个倔犟的外来人评头论足、极尽攻击之能事。骂他是“只知道声色犬马,口腹之乐”的享乐主义者①是不稀奇的,因为这样的说法后来一直是人们津津乐道的题目;最能反映当时雅典人特色的攻击是:查考他的原籍,嗤笑他不算正宗雅典公民,只不过是过去雅典人海外殖民者的后代。并且,又嗤笑他出身贫贱,少时与母亲挨家挨户推销,父亲是一个乡村语文教师,伊壁鸠鲁“为了几个可怜的小钱”帮父亲教语文。怀疑派的蒂蒙刻薄地写道:“自然哲学家中最后的这一位,也是最无耻的家

① 第欧根尼·拉尔修:《著名哲学家的生平和学说》第10卷,第6节。

伙,此人来自萨摩斯,是个教师的儿子,所有人当中最没有文化教养的。”①

除了家世不够荣耀外,时人还攻击他的哲学是“业余”的,他的文章不合学术规范,其他人的引文也看不到,全是自己的话。而且,他居然还经常说:“有文化”(*mathematica*)不算什么,智慧才真正重要。这当然惹怒了在政治上失去了地位、但是在文化上依然占据地中海世界中心的雅典人。学识渊博、被文化浸泡得几乎深谙哲学史的每个细节的雅典人最不屑的评价就是:伊壁鸠鲁的原子论和快乐论哲学无非是剽窃德谟克里特和昔勒尼派哲学的拼凑。

斯多亚学派的高手更是屡屡出手批判伊壁鸠鲁。据说伊壁鸠鲁在自己的哲学中没有提到斯多亚派,而斯多亚派的第二位大师克律西波的著作的每一点几乎都是在与伊壁鸠鲁较量。从学派的相互影响看,在希腊化时期哲学的这两大派中,伊壁鸠鲁创立学派时,斯多亚派还没有流行,所以伊壁鸠鲁的敌人主要不是斯多亚派,而是柏拉图或亚里士多德。相比之下,斯多亚派的理论大师克律西波等人处处以伊壁鸠鲁为敌手,是因为当时伊壁鸠鲁的影响已经形成,所以必然进入其他哲学家的眼界中,其挑战是他们所不能回避的。我们甚至可以说斯多亚学派思想的发展离不开对伊壁鸠鲁的批评与反思。沿着这一思路,还可以理解后来的“伊壁鸠鲁派”与伊壁鸠鲁本人不同,已经不得不考虑到当时各种对立哲学派别的存在,尤其是必须考虑到斯多亚哲学对他们的批判。所以,后来的伊壁鸠鲁派的著作中的论战对象就与伊壁鸠鲁不同,主要不是柏拉图和亚里士多德,而是斯多亚派和怀疑论。

雅典人对伊壁鸠鲁的负面看法一直影响到后来整个地中海哲学界。晚期斯多亚派的哲学家大多盯着伊壁鸠鲁,西塞罗就是一个典例。在西塞罗的《论至善与至恶》第二卷中,西塞罗从斯多亚哲学的角度出发对伊壁鸠鲁进行了全面的批判。在一阵雄辩滔滔的大批判结束之后,听众总结他的意思说:“你实际上已经把伊壁鸠鲁完全逐出了哲学家的行列。你除了发现他的意思浅显明了,不论他的文风如何,此外还给他留下什么呢? 他的自然哲学理论不是原创的,并且在你看来还是错误连篇的;他试图改善权威的观点,结果只是

① 第欧根尼·拉尔修:《著名哲学家的生平和学说》第10卷,第2节。

越改越糟。辩证法他全然没有。他把最大的善等同于快乐,这一理论首先本身就是一个错误,其次也不是原创的,因为在他之前阿里斯提波已经说过,并且比他说得更好。更糟的是,你又补充说伊壁鸠鲁是个没有受过任何教育的人。"①

这一批判显然总结了从伊壁鸠鲁创立学派到西塞罗的三百年间充满敌意的哲学家们对伊壁鸠鲁思想的总看法。然而令人有些奇怪的是,在各派名门正宗的雅典哲学的高手的反复围剿下,伊壁鸠鲁学派并没有被铲除,反而连绵不断,香火很旺。事实上,虽然伊壁鸠鲁受到暴风雨般的攻击,但是文化上十分挑剔的雅典人中也不乏对他赞许有加的,母邦萨摩斯也为此感到很荣耀,为他树了铜像。而公元2—3世纪的"希腊哲学史家"第欧根尼·拉尔修在介绍完了伊壁鸠鲁的哲学体系后,特意指出自己要援引伊壁鸠鲁的"基本要道"40条,作为斯人哲学之结语,也作为自己的10卷本的《著名哲学家的生平和学说》的全书压卷。其实,冷静的思考者应当看到,伊壁鸠鲁能够在近于饱和的雅典文化市场中树立自己的地位,必然有自己的独特深刻之处,对于哲学的发展作出了原创性的贡献。如果都像他的攻击者说的,他只是在宣传些粗俗的享乐主义——且不要说这些还都是"剽窃了德谟克里特和昔勒尼派"——那就根本无法理解为什么伊壁鸠鲁派能够具有不同于其他学派的独到的、吸引人的魅力。

那么,什么是"伊壁鸠鲁的原创性"呢?回答这一问题是我们下面整个讨论的任务。不过在此不妨首先挑出几个鲜明的"伊壁鸠鲁特色"作为引子,开始我们的分析。最先映入人们眼里的恐怕是一个不雅的特色,也就是伊壁鸠鲁最遭人诟病的粗野个性和"否认师承"的言论。如果说伊壁鸠鲁曾经遭到了许多哲学家暴风骤雨般的抨击的话,那么他对于其他哲学家的回击与批评也十分过火。他经常出口不逊,骂别的哲学家是"说胡话"(指责柏拉图)、"雕虫小技"、(指责占星术)"愚蠢"、"软体动物"(指责瑙西风)。几百年后的普卢塔克对此还耿耿于怀,专门提到伊壁鸠鲁的弟子科洛特的文章中对其他哲

① 西塞罗:《论至善与至恶》第1卷,第8节。

学家的不敬之词："他们收集了一大堆人间最难听的词：'吹牛'，'肤浅'，'造假的'，'娼妓'，'杀人犯'，'低沉呻吟者'，'干尽坏事者'，'傻瓜'，然后把它们倾倒在亚里士多德、苏格拉底、毕达戈拉斯、普罗泰戈拉、塞奥弗拉斯特身上"。普卢塔克认为这种辱骂人的恶言恶语表现的只不过是伊壁鸠鲁派对其他哲学家的妒忌，这使他们远离智慧，因为"嫉妒在神圣的歌队中决无一席之地"①。

这种恶毒攻击的特点，确实与人们一般所想象的温良谦恭的哲人风度相去太远。第欧根尼·拉尔修感到看不下去，于是忍不住辟谣说伊壁鸠鲁脾气很好，不会这么没风度、这么粗鲁，他是一个性格温和的好人；第欧根尼·拉尔修还用许多伊壁鸠鲁温文尔雅待人接物——主要是对待友人和学生甚至奴仆——的故事证明这一点。② 伊壁鸠鲁在日常生活中的温柔品性是十分著名的，甚至有人还嫌他太温柔了。事实上，同情者也可以把这看做是他的快乐主义哲学与斯多亚哲学的冷酷德性相比的一个人道性特色。然而，伊壁鸠鲁是否可能对别的哲学家骂粗话？我们以为是有可能的。第一，他遭到那么多诽谤，奋起回击也是意料之中的事情。论战性写作正是当时不少哲学流派的特点。伊壁鸠鲁研究专家史密斯曾经专门讨论了伊壁鸠鲁及其学派的论战性特点，这从他们存留下来的著作篇目的名称就可以看出：

> 伊壁鸠鲁：《反自然哲学家》，《反麦加拉学派》，《反德谟克里特》，《反塞奥弗拉斯托特》。
>
> 梅特罗多洛（伊壁鸠鲁信任的亲密同事）：《反自然哲学家》，《反辩证法家》，《反智术师》，《反德谟克里特》。
>
> 海尔马格（首位接任伊壁鸠鲁学派的领导者）：《反柏拉图》，《反亚里士多德》，《论恩培多克勒的书信》。

伊壁鸠鲁哲学中确实存在着两种倾向：一种是恬淡散然的退隐气质，这是大多数论者都看到的，但是还有一种是火气与斗争精神，这吸引了青年马克思

① 包利民等编译：《古典共和精神的捍卫——普鲁塔克文选》，中国社会科学出版社 2006 年版，第 4 页。

② 参见第欧根尼·拉尔修：《著名哲学家的生平和学说》第 10 卷，第 9 节。

这样的研究者。这种论战性锋芒之所以在伊壁鸠鲁自己的著作中看不出来,可能是因为今天存留下来的伊壁鸠鲁的书信和格言正好属于概要性的,而不是论战性的。① 还有,很可能因为伊壁鸠鲁希望自己的思想能够发挥长久的影响,所以自觉地从论战式转向公理化的写作中。②

更为重要的是,以上现象进一步涉及另外一个问题:伊壁鸠鲁哲学的师承。伊壁鸠鲁满怀敌意开骂的人当中似乎包括他的老师。"软体动物"据说就是他给他的老师瑙西风所取的外号。这与伊壁鸠鲁对于自己的哲学是"原创性哲学"、没有任何师承的强调,似乎正相呼应,给人带来了进一步的谜团。按理说,一位哲学家不必回避自己有所师承,或者说曾经从什么思想资源那里受到过启发。完全凭空思考的人几乎从未有过。但是伊壁鸠鲁激烈地否定自己有任何师承。这种几近于无理性的做法可能有几个原因,一个是他经常遭到的批评是"毫无原创性",只是剽窃了前人、重复前人。③ 在一个语词弥漫、相互勾连的文化域当中,大众实在弄不清这位新来乍到的哲学家有什么新意——不也还是在讲"原子"、"快乐"什么的吗? 那都是老掉牙的话题了。文化程度和哲学素养普遍不低的雅典人立马就能说出留基波、德谟克里特、阿里西吞等一大串名字。何况伊壁鸠鲁到雅典后确实在柏拉图学派和瑙西风门下听过课。西塞罗就提到,伊壁鸠鲁曾经听过柏拉图的学生庞菲鲁斯(Pamphilus)的讲座,然而伊壁鸠鲁极其鄙视他,"在这一点上伊壁鸠鲁显示出一贯的焦虑,决不向任何人学习任何东西。看看他如何对待德谟克里特的一个学生瑙西风就知道了。他不否认自己听过瑙西风的讲演,但却想尽办法诽谤他。除了从学者德谟克里特那儿获得的知识之外,他难道还得到过其他什么指点吗? 他自己的哲学还有什么不是源自德谟克里特的呢? 原子、虚空、影像、无限的空间、无数的宇宙,它们的产生和灭亡,以及实际上贯穿整个自然哲

① 参见 M.S.史密斯:《奥依诺安达的第欧根尼:伊壁鸠鲁派的铭文》,第 136—137 页。

② 参见 D.克莱:《矛盾与存续:伊壁鸠鲁哲学史三章》,第 8 页。

③ 这样的说法一直延伸到罗马世界中,参见西塞罗:《论神性》第 1 卷,第 26 节;《论至善与至恶》第 1 卷,第 6 节。

学领域的内容,都来自德谟克里特。”①

但是,正如有的学者指出的,曾经在某某人的课堂上读过书,并不见得就是他的学生,更不要说就会同意他的观点,继承他的学说。伊壁鸠鲁是一个非常有独立见解的人,第欧根尼·拉尔修曾经提到过,伊壁鸠鲁很早就对自己的语文老师不满,因为他不能解释赫西俄德的“混沌”是从何处产生的。② 伊壁鸠鲁从学过(听过课)的哲学家派别,首先是柏拉图派,然后是德谟克里特派。但是,难道我们能因此说伊壁鸠鲁是一位柏拉图派或者一位德谟克里特派哲学家吗? 答案是否定的。首先,伊壁鸠鲁显然不是一个柏拉图派哲学家,毋宁说恰好是其对立面。其次,即使就原子论而言,尽管伊壁鸠鲁的哲学继承了德谟克里特原子论的大部分理论;但是,伊壁鸠鲁哲学的主旨从某种意义上说与其说是传承和张扬德谟克里特,不如说恰恰是反德谟克里特的。德谟克里特是希腊纯粹理性的代表,他攻击现实日常生活,因此在他身后引发了一个庞大的怀疑论者的谱系,他们尤其贬低感觉的可靠性。这一思潮据说最终导向了晚期希腊最为全面彻底的皮罗主义怀疑论哲学。但是,伊壁鸠鲁却是坚定的感觉主义者和“独断论者”,他原子论哲学的目的之一就是与希腊哲学反对日常生活的怀疑论倾向进行斗争。不看到这一宗旨而简单地把伊壁鸠鲁看做是德谟克里特学派的复制者,并没有发展出一种新的哲学,那就可能忘记了哲学与哲学之间的根本差异。青年马克思的博士论文如果说富于天才性的话,就在于它早就敏感地感到这两位“原子论者”之间的区别不在于一些物理学细节上的差异,而是哲学类属上的根本不同。这一区别也适用于“快乐主义”。如果不仔细考察,人们会感到伊壁鸠鲁学派从理论甚至到用词上都与昔勒尼派快乐主义一脉相承,并因此攻击伊壁鸠鲁是在主张纵欲享乐。但是稍微头脑清楚的研究者都能够发现,伊壁鸠鲁的整个哲学恰恰在宣传:快乐追逐无法达到幸福。所以,如果伊壁鸠鲁用难听的语词指责希腊老一辈的“快乐主义”,我们千万不要认为他是在欺师灭祖。因为那不是他的“师”,那是他的思

① 西塞罗:《论神性》第1卷,第26节。

② 参见塞克斯都·恩披里柯:《反自然哲学家》第2卷,第18—19节。

想敌人。

至于说德谟克里特的传人智术师瑙西风,他被一般人说成是伊壁鸠鲁的直接老师。不错,伊壁鸠鲁可能听过瑙西风的课。但是他显然不能满意他的智术师风格,尤其不能满意智术师在以繁琐的文化知识傲视世人的背后所隐藏的怀疑主义和非道德主义本质。① 伊壁鸠鲁说瑙西风是“软体动物”(jellyfish),大概是说这样的智术师是没有头脑的,没有自己的洞察力的,甚至因为其怀疑论主张而像动物一样地生活。② 所以伊壁鸠鲁宁愿坚持自己“没有学问”的野路子形象,也不愿意混迹于一般哲学工作者的行列,忘记了哲学来到人间的第一等大事是智慧,而不是智术与名声。

最后,对于伊壁鸠鲁的“师承问题”的讨论又提示人们思考伊壁鸠鲁学派的另一个与众不同的“奇怪”特色。这个学派与当时其他哲学家格格不入、甚至与整个希腊哲学家或整个西方哲学史传统格格不入的是:这是一个极端独断的哲学。如果说自然哲学在希腊给人的印象大多是导向怀疑主义的智术师(其喜剧化的著名体现就是阿里斯托芬的《云》中的“哲人”),那么伊壁鸠鲁就完全不是这样的自然哲学。他是认可主流伦理学的,虽然他提供了别样的基础。这个哲学不讲自由讨论和自由思想,它强调的是背诵,是牢记老师的基本教义。这些教义甚至在数字上也很有讲究,比如伊壁鸠鲁的《基本要道》就是40条,开头的4条又构成了治疗人类本体疾病的所谓“四大药方”;此外,他还写过《12要点》等书。看来这种写作方式和这些尊贵的数字不是偶然的,它反映了某种毕泰戈拉派信条类的思维方式。这种思维方式当然也引起当时其他哲学学派的注意,并遭到其批判,因为这一特色与前面的“暴躁脾气”相比,更是犯了哲学的大忌。如果说对学生温和、对其他同辈哲学家怒目相向的哲学家历来不少的话,那么不讲自由思考的哲学家就很少了,尤其是在西方哲学的传统中。不少学者认为只有东方哲学才可能有“半天中炸下一个响雷”的

① 参见瓦伦·詹姆斯:《伊壁鸠鲁和德谟克里特伦理学:对“心灵宁静无忧”的一个考古学》,第189页。

② 参见瓦伦·詹姆斯:《伊壁鸠鲁和德谟克里特伦理学:对“心灵宁静无忧”的一个考古学》,第191页。

言语方式，西方哲学断断不会如此，一定要有严密的论证过程的。西塞罗曾经说，在研究哲学问题中，有的派别比如毕泰戈拉派就过于绝对信奉权威：

我们的兴趣不应该集中在权威的分量上，而应集中到论证的分量上。事实上，那些一来就教训人的权威往往是初学者的绊脚石，使得他们不再运用自己的判断力来辨别真伪，而是把他们选择的老师所提出的任何意见都奉为定论。正因如此，我一直都不能赞同人们传说中的毕泰戈拉学派的做法。据说，一旦他们在讨论中作出了什么定论，而有人问及理由时，他们就会回答，“这是大师说的”，所谓的大师就是指毕泰戈拉。这里我们看到的是一种绝对的先人之见，这样的权威没有任何理性的支撑。①

我们可以看到，毕泰戈拉的这种“准宗教性”特点在伊壁鸠鲁派身上也有。毕泰戈拉派要求加入学派的学生两年之内不得发言，要倾听。伊壁鸠鲁派要求学生不讨论置疑老师的理论，而是背诵。西塞罗就指责过罗马的伊壁鸠鲁派威莱乌斯说：“事实上我相信，劝你改变你的整个生活方式比劝你放弃这种教条要容易得多。你在远未了解伊壁鸠鲁学派的思想前就已经决定要成为一个伊壁鸠鲁主义者了。因此你没有作选择，而是强迫你的理智去接受这种怪论，否则你就得宣布彻底放弃成为一个伊壁鸠鲁主义者的愿望。不做伊壁鸠鲁者你会付出什么代价呢？”②所以，伊壁鸠鲁哲学似乎不像是哲学，而更接近于宗教。与此相关的是，学者注意到，伊壁鸠鲁的写作中有对外的和对内的两种。前者通俗易懂，后者非常个人化，晦涩难懂。③ 这一宗教性不仅体现在背诵“基本要道”上，而且还可以在伊壁鸠鲁派的生活实践中得到佐证：“花园信仰者聚住团体”，像不像佛家的“丛林”？至少，像不像毕泰戈拉学派的与

---

① 西塞罗：《论神性》第1卷，第5节。

② 西塞罗：《论神性》第1卷，第24节。

③ 参见D.克莱：《悖论及其遗留问题：伊壁鸠鲁哲学史三章》，第4页及注释②。所谓“对外的”的文字，是第欧根尼·拉尔修所记载的伊壁鸠鲁思想；所谓“内部的”文字，是赫库拉农的皮索庄园中所发现的一些伊壁鸠鲁残篇；而伊壁鸠鲁的三封存留下来的书信，据说代表着“居中的”写作方式。

世隔离的半宗教性小团体?① 这种与世界有意识隔绝的“花园”,里面不仅收公民,而且收奴隶和妇女,很容易遭到人们的猜忌:里面发生着什么“秘密”的事情呢? 此外,再看伊壁鸠鲁的遗嘱,里面赫然就有伊壁鸠鲁仔细安排后人纪念他的生日,甚至纪念他的父母和兄弟以及与他同掌学派的弟子的内容。伊壁鸠鲁遗嘱的第二段专门规定了这些崇拜仪式:

> 阿米诺马可(Amynomachus)和狄莫克拉蒂(Timocrates)要和赫尔玛库(Hermarchus)商量,最佳地划分我所赠给他们的钱物,用来供奉我的父母和兄弟的灵位,并且按照习俗纪念我的生日,这是每年7月的第10日。同样,按照我们已经规定的,在每个月的第20天举行我的哲学弟子们的聚会,纪念我和梅特罗多洛。他们还要像我一样,在波赛德欧诺月斯共同庆祝我兄弟的纪念日,以及在梅塔盖特连月纪念波力阿诺(Polyaenus)的纪念日。②

哲学家亲自指定自己的生日纪念,无疑是少见的。柏拉图学园可能纪念柏拉图的生日,但是这大约不是柏拉图自己指定的。而新柏拉图主义大师普罗提诺更是回避对自己生日的纪念活动。据普罗提诺的学生波菲利的回忆:“他从未告诉过任何人他的出生日期,因为他不想有人纪念或庆祝他的生日,虽然他在传统的柏拉图和苏格拉底的生日里都要举行纪念活动并招待朋友们。在这样的场合,他那些有能力的朋友都要在大庭广众面前宣读论文。”③普罗提诺的做法似乎更加符合古代人对于“看淡世事”的哲学家的一般看法。而同样看淡世事的伊壁鸠鲁的做法,就颇有些出人意料了。对于伊壁鸠鲁的遗嘱中的宗教性,自古就有许多人指出并加以批评。西塞罗的批评比较典型。他说这样的遗愿不仅完全与一个哲学家的尊严不吻合,而且也与伊壁鸠鲁自己的宣称不一致。遗嘱中的话固然听上去令人感到和蔼可亲,但伊壁鸠鲁哲学的基本信念明明是:“死对我们毫无影响;因为经历分解的事物必然没有感

① 不过,有一个区别:伊壁鸠鲁不要求在这样的友爱共同体中财产公有,他反而批评说这是对于友谊的不信任的表现。

② 第欧根尼·拉尔修:《著名哲学家的生平和学说》第10卷,第16—17节。

③ 波菲利:《普罗提诺的生平与著作编订》,第2节。

觉,而没有感觉的东西无论如何也不会对我们有任何影响。"但是,如果死亡当真是原子的分解和一切感觉的消失,再没有剩下任何东西能影响我们,那么伊壁鸠鲁为何还要作出如此精细的死后安排和规定呢?西塞罗以学园派的怀疑批评精神进一步尖锐地指出,伊壁鸠鲁对"纪念日子"的重视是自相矛盾的:

> 一个哲学家,尤其是一个自然哲学家有什么必要去思考哪一天是某人的生辰?难道曾经经历的那一天能一次又一次地重现?这当然是不可能的。或者重现的是类似的一天?这也是不可能的,除非是说经过几千年的间隔之后,所有天体同时回到它们的出发点①。由此可见,根本就没有某人的生日这样的事。"某一天是如此受人重视。"多谢这样的信息!但即使承认有生日,人的生日是在他死的时候过的吗?并且通过遗愿安排这样的事——这与一个用神谕的口气告诉我们死后没有什么东西能影响我们的人相适应吗?须知,作出这样安排的人的'理智早已漫游'在无边无际的太空中。②

伊壁鸠鲁学派的宗教性还可以从其弟子们对老师的态度中看出来。在卢克莱修的《万物本性论》的6卷书中,几乎每一卷(1,3,5,6卷)的开头,都以对伊壁鸠鲁的赞美诗为先导,语气中明显地表达了尊奉神灵、尊奉教主般的虔诚。比如在第三卷的开篇赞美诗中卢克莱修这么说:"你是我们的父亲,是真理的发现者;杰出的人啊,从你的不朽篇章中,你给我们提供了慈父般的伟大箴言。蜜蜂在森林空地的花丛中贪婪地采蜜,同样,我们也以你那金子般的话为食,你的金玉良言配享永恒的生命。"③在第五卷的序诗中,卢克莱修更是直接点明伊壁鸠鲁是"神":"谁有如此强大的心灵,能创作一首与自然的庄严伟大和这些发现相称的诗歌?谁有这样的雄辩力量,能想象出与他的美德

---

① 西塞罗这里暗示古代的"大年"或永恒轮回的观念。这个观念见于柏拉图的《蒂迈欧篇》。古代天文学家接受了这个观点,并算出所谓的"大年"(Great Year)或者"完年"(Perfect Year)由12954个太阳年构成。

② 西塞罗:《论至善与至恶》第2卷,第31节。

③ 卢克莱修:《万物本性论》第3卷,第8—13行。

相般配的赞颂？他靠他自己的理性赢得了无价的珍宝，传给了我们大家。我想，在凡人的子孙中找不到任何这样的人。如果我们一定要找一个与展现给我们的自然的庄严伟大景象相般配的称呼的话，那么我们只能称他是一位神。"①

一个唯物主义者，一个甚至以当时唯一被人视为主张"无神论"而受到批判——或是受到推崇——的唯物主义者，居然染上"宗教"气味，可想而知会令人感到极为不解和侧目了。怎么解释伊壁鸠鲁哲学的"宗教性"——呢？我们在考察了他的整个哲学后会回到这一主题上来。不过在此可以简单地提一下的是，许多现代学者已经能够平常心地对伊壁鸠鲁的"宗教性"比如崇拜仪式、葬礼仪式、生日纪念、每月第10天纪念、节庆聚餐、举着伊壁鸠鲁画像游行②——进行专门的研究了。比如，有着斯特劳斯学派背景的克莱对此能做到相当"同情的理解"，他曾写了《伊壁鸠鲁的崇拜礼仪》等文加以阐释。在他看来：伊壁鸠鲁之所以规定对自己的纪念，并非为了自己，他本人早已看穿了个体的生死和名誉。伊壁鸠鲁之所以这么做，目的是为了后来的人；"类宗教仪式"的一个重要功能是为了强化伊壁鸠鲁学派的团结，把他们团结到一个哲学家庭中。③ 因为伊壁鸠鲁十分在意学习他的哲学需要一个专门的语境；领会和坚持这样的抗衡日常价值体系的哲学的人，必须要从尘嚣中脱身，要依靠新的社会团体中的同道们的相互支持。④ 伊壁鸠鲁之所以使用书信体写作哲学，也是为了维系处于大的政治社会中的小哲学团体的实践。我们看到，保罗在古代世界传播新的"道"的过程中也注意做同样的事情。

至于说卢克莱修的哲学诗中所体现的对伊壁鸠鲁的宗教般崇拜感情，应当说来自对伊壁鸠鲁的自然哲学给我们的理性带来的揭示自然奥秘的感觉，而不是非理性的狂热，这一点，如果我们仔细领会卢克莱修赞美诗中所展现的

---

① 卢克莱修：《万物本性论》第5卷，第1—8行。

② 对此盛况的描述，也可以参见琼斯·赫华德：《伊壁鸠鲁传统》，第63页。

③ 参见D.克莱：《悖论及其遗留问题：伊壁鸠鲁哲学史三章》，第70页。

④ 参见D.克莱：《悖论及其遗留问题：伊壁鸠鲁哲学史三章》，第95页；参见纽斯邦：《治疗欲望》，第232页。

"自然"境界,就可以看出:

> 你的推理一开始宣告你的神圣心灵所揭示的万物本性,我们心中的恐惧就立刻烟消云散,世界之墙也为之而开,我看到了这整个虚空中发生的诸般事情:在我面前,出现了庄严肃穆的诸神,还有他们那安宁祥和的居所。在那里没有狂风刮过,没有乌云撒雨,严寒霜冻凝结的白茫茫大雪也不能损害它半分;相反,这里总是万里无云,天空眉开眼笑,遍洒光辉,庇护着一切。而且,大自然给诸神提供各种各样的东西,任何时候都不会有什么东西来扰乱他们平和的心境。反之,在我们哪儿都看不到所谓"亚基龙"[地狱]的地方,尽管大地丝毫不妨碍我们一清二楚地看见脚下的广大虚空中发生的所有事情。在这一切的面前,我突然被一种神圣的喜悦感所俘获,全身颤抖,因为大自然由于你的力量而被如此明朗地展开,毫无遮掩。①

可见,卢克莱修对于伊壁鸠鲁的服膺是因为伊壁鸠鲁的自然哲学体系揭示了一个人所未知的、与感性世界截然不同的世界。这其中的反常识的理智力量的震撼对于当时文化中的人,是极为强烈的;这种震撼未必是现代人所能感受到的,尽管今人即使上过中小学科学课程都知道一些"原子论"。但是反过来,古代的伊壁鸠鲁派在"发现"了这一"深层本体世界"之后,也就自然而然地据此调整自己的整个人生观。相反,今人似乎在自然观和人生观之间没有建立应有的关系。一方面他们从物理学教科书中知道宇宙万物生灭无常,一方面他们在日常生活行动中却又依然表现出许多迷信和短视。

第三节 伊壁鸠鲁学派的发展

伊壁鸠鲁学派认为自己的导师已经发现了自然的最终真理,所以并不想

① 卢克莱修:《万物本性论》第3卷,第1—30行。

再“发展”其思想;因而严格说来,很难确定一个“伊壁鸠鲁学派思想发展史”。[①] 但是也许正因为其信徒的忠实,这个学派在希腊化—罗马时代持续存在,一直没有断掉,而且颇为兴旺,不断向雅典之外的各地发展推广。现在学者一般用三个阶段来划分古代伊壁鸠鲁学派的发展历程。第一个阶段是伊壁鸠鲁及其早期继承人的雅典时代;第二个阶段是以卢克莱修为主要代表的公元 1 世纪左右的罗马时代;第三个阶段是以奥依诺安达的第欧根尼为典型代表的公元 2—3 世纪的小亚时代。这些阶段的划分多少是与现代学者正好所能掌握的当时伊壁鸠鲁派的材料、尤其是考古发现的新材料联系在一起的。

一 雅典时代

伊壁鸠鲁学派的第一代主要代表人物除了伊壁鸠鲁本人之外,还包括他的兄弟和几个大弟子;他们除了著作甚丰之外,还在人格上体现了伊壁鸠鲁哲学精神,所以都被伊壁鸠鲁列入了配享纪念和崇拜的行列,也经常被后人提起。

伊壁鸠鲁去世之后,他在雅典的“花园”一直都是伊壁鸠鲁学派的大本营。这是一个充满人道色彩的花园,不仅有非公民的外人,而且还有妇女和奴隶、孩子。花园的学派首领一个承接一个,连绵不断。根据古人记载,从学派开创到恺撒时代的 227 年之间(即从伊壁鸠鲁去世的公元前 270 年到公元前 44 年),伊壁鸠鲁的花园前后已经有过 14 位首领。[②]

在伊壁鸠鲁第一代门徒中,除了如梅特罗多洛等人之外,在此值得一提的是一个名叫兰普萨库斯的科洛特(Colotes of Lampsacus)的人,他的思想较为详细地流传下来,这是因为普卢塔克专门写了一篇文章批驳《论遵循其他哲

---

① 当然,这似乎也不能绝对地说。我们还是可以看到伊壁鸠鲁派中的观点分歧,比如在身体痛苦问题上。西塞罗就记载了他们内部的分歧:“我们认为心理的快乐和痛苦源于身体的快乐和痛苦(因而我同意你的观点,凡不这样认为的伊壁鸠鲁主义者都不必重视;我注意到有许多伊壁鸠鲁主义者都不这样认为,但那些说话有权威的人都这样认为)。”(《论至善与至恶》第 1 卷,第 17 节)有关这方面的讨论还可以参见 D.克莱:《悖论及其遗留问题:伊壁鸠鲁哲学史三章》,第 57、62 页:“模仿,纪念,崇拜。”

② 参见 C.W.齐尔顿:《奥依诺安达的第欧根尼:残篇》,第 xxii 页。

学家的观点使得生活不可能》的文章，副标题就是《驳科洛特》，其中较为详细地介绍了这位伊壁鸠鲁哲学家的观点。由于普卢塔克的《道德论集》较为完整地流传了下来，这让我们能够看到第一代伊壁鸠鲁弟子的思想特征。科洛特是当伊壁鸠鲁在兰普萨库斯开办学校（前310—前306年）时成为伊壁鸠鲁的学生的。他曾经撰写了一篇《论遵循其他哲学家的观点使得生活不可能》的檄文，文中主要批评的是当时柏拉图新学园派的怀疑论观点。这一批评从某种意义上讲就是批判柏拉图和整个希腊哲学史，因为柏拉图新学园自认为自己的怀疑主义秉承的是苏格拉底—柏拉图的正宗，而塞克斯都在罗列怀疑论的先驱时，几乎把所有希腊哲学家都算了进去。[①] 这一思路也不算异想天开，因为所有哲学家都必然具有怀疑、批判的精神，尤其是反对感性和日常常识；甚至德谟克里特的"唯物主义"也是以反对感觉著称的。但是伊壁鸠鲁哲学恰恰以坚持感性的确定性和维护日常生活为特色。所以，可以想象伊壁鸠鲁派与其他哲学流派之间的张力和冲突。伊壁鸠鲁认为其他哲学总是走向怀疑主义，科洛特尤其指出新学园的怀疑论会否定日常的道德和文明，从而使得生活无法正常进行。

二　罗马时代

现在留存下来的伊壁鸠鲁学派的古代材料比较集中于罗马共和国晚期。当时的罗马活跃着许多伊壁鸠鲁派成员，用西塞罗的话说就是：罗马的"伊壁鸠鲁派以及他们的著作占领了全意大利"[②]。西塞罗在几本哲学著作中都会首先安排当时的伊壁鸠鲁派和斯多亚派的代表人物发言，然后他再从学园派的立场进行批评性讨论。其中的"伊壁鸠鲁派"人物可能都确有其人，尽管未必是西塞罗虚构的对话中的真实参与者。同时，西塞罗也会提到当时分布在罗马城内外的伊壁鸠鲁人士，看来这个学派在当时拥有相当多的虔诚信众。许多显赫的罗马贵族公开承认自己信奉伊壁鸠鲁学说，西塞罗在其《论至善

---

① 参见塞克斯都·恩披里柯：《悬隔判断与心灵宁静》，第43页以下。

② 西塞罗：《图斯库兰对话》第4卷，第6—7节。

与至恶》中的第一卷中让两个伊壁鸠鲁派朋友塔奎图斯(Lucius Torquatus)和忒莱阿里乌斯(Gaius Triarius)向西塞罗介绍伊壁鸠鲁的快乐论思想。西塞罗还提到自己和朋友阿提库斯(Atticus)一道去听过伊壁鸠鲁学派的讲学,而后者对这个理论体系极为热忱。从这些描述中可以看到,伊壁鸠鲁学派在当时的传播影响相当之大。信奉者继承了这个学派的一贯传统,对伊壁鸠鲁视若神明,极为虔诚。塔奎图斯说:"我认为他就是发现了真理的人,是他把人类从巨大的谬误中拯救出来,传授与幸福、快乐相关的一切知识。"①西塞罗在行文中也描述过伊壁鸠鲁派对导师思想的虔诚态度:"以下就是他写的话,塔奎图斯,你当然是很熟悉的(因为每个优秀的伊壁鸠鲁主义者都牢记着导师的权威理论,认为这些简短的格言或警句对快乐有最大的功效)。"②有的现代学者甚至说:"当西塞罗在生活的晚期写作哲学著作时,他的主要目的就是审视和反驳伊壁鸠鲁的学说。"③吉尔顿(Chilton)认为伊壁鸠鲁学说在当时的流行不奇怪:在连续不断的政治动乱和内战中,人们会受到主张人人可以而且应该获得平静心灵的生活的哲学吸引,这导致了这种本体治疗型的哲学在社会上有很大的信众。

罗马的伊壁鸠鲁派包括贵族皮索(L.Caipurnius Piso)所赞助的学者如希腊人菲洛德姆斯(Philodemus)。菲洛德姆斯的不少著作是为了回击斯多亚学派的进攻而写的。④ 这些伊壁鸠鲁文献是通过考古而发现的。在赫库拉农的皮索的庄园图书馆里,有伊壁鸠鲁的三十七卷《论自然》的纸草卷和菲洛德姆斯的著作。公元79年的维苏埃火山的爆发将其掩埋。在18世纪的考古发掘中,人们发现了已经炭化的部分纸草卷,学者正在进行小心的辨认。就目前的发现看,找到的菲洛德姆斯的著作中有一部是《论现象与征象》(*On Phenomena and Significations*)。此书是回应其他哲学家对伊壁鸠鲁派的推论

① 西塞罗:《论至善与至恶》第1卷,第5节。

② 西塞罗:《论至善与至恶》第2卷,第7节。

③ C.W.齐尔顿:《奥依诺安达的第欧根尼:残篇》,第xxii页。

④ 参见D.克莱:《悖论及其遗留问题:伊壁鸠鲁哲学史三章》,第110页。

理论的批评。按照龚布兹的看法，此书提出了最早的归纳逻辑的纲要。①

另外，从新约的《使徒行传》中也可以看到罗马时期伊壁鸠鲁学派的影子。吉尔顿指出，在《使徒行传》的17章、18章中可以看到保罗在雅典与伊壁鸠鲁信徒和斯多亚哲学家的谈话。有的学者比如维特（N.W.Witt）有更为大胆的猜测，他认为保罗早期是一位伊壁鸠鲁派，保罗书信中的许多论证和语言都来自伊壁鸠鲁，而且也是有意识地针对伊壁鸠鲁的。② 但是吉尔顿认为这一观点不太可信，因为材料和论证都不够充分；不过，吉尔顿也承认当时保罗计划要访问的许多城镇和社区中都有伊壁鸠鲁派在活动。无论如何，保罗在传道时到达过的城镇中，有的离开住着重要的伊壁鸠鲁派的奥依诺安达的北面只有50英里。

由于斯多亚学派的批评介入，此时的伊壁鸠鲁学派的论战性更为明显了。尽管伊壁鸠鲁派以持守始终不变的信条为特征，但是在与其他学派的交往和论战中，伊壁鸠鲁学派必然要"发展"或使自己的理论有所变化。比如在是否应当对快乐论原则进行论证的问题上，与西塞罗对话的伊壁鸠鲁派人士说：伊壁鸠鲁本来认为大自然本身就是判断什么是符合本性、什么是违背本性的判官。自然所感知或者所判断以引导它的欲求和躲避行为的，正是快乐和痛苦，所以这用不着理性论证。但是，也许是受到对手的不断批评和质疑，后来的伊壁鸠鲁派甚至对这一"自明的公理"也提出了论证："我们学派的有些人也可以使这一理论变得比较高雅；他们说，仅靠感官来判断善恶是不够的，快乐本身是人所求的，痛苦本身是人所恶的，这些事实也可以通过理智和理性来认识。由此他们声称，关于求乐避苦的认知是天生就根植于我们心里的一个概念。"③

再如在友谊论上，我们也可以看到由于敌手的批评，伊壁鸠鲁学派中有人发展出不同于伊壁鸠鲁早期那种"功利主义"说法的思想："其他有些伊壁鸠

① 参见E.阿斯米斯：《伊壁鸠鲁的科学方法》，第198页。有关菲洛德姆斯的情况，还可以参见琼斯·赫华德：《伊壁鸠鲁传统》，第68页。

② 参见N.W.维特：《圣保罗和伊壁鸠鲁》。

③ 西塞罗：《论至善与至恶》第1卷，第9节。

鲁主义者虽然绝不缺乏洞见,但在驳斥学术辱骂和批评上勇气不够。他们担心:如果我们坚持追求友谊只是因为它能为我们带来快乐,就会被人认为我们完全损坏了友谊。因而他们说,形成朋友之间的依恋的最初动机、意向是因渴望快乐而激发的,但当交往发展到深处时,彼此的关系就变成一种非常强烈的情感,完全能够使我们为友谊本身而爱朋友,不管他们的友谊是否能产生实际的益处”。①

同时,我们也可以看出当时的伊壁鸠鲁学派为了适应罗马共和国的国情和斯多亚学派的挑战,比较突出地强调了自己学说中的道德性一面。虽然伊壁鸠鲁哲学主要是一种治疗哲学,与主流伦理学中的道德关怀相距甚远,但是西塞罗笔下的两位伊壁鸠鲁派花费了大量精力论证:伊壁鸠鲁派不仅不会威胁道德,而且其对道德的“新论证”比起老的论证更为有力。他们争辩说:“伊壁鸠鲁,也就是那位被你们斥责为骄奢淫逸的人,就是他大声疾呼:人若不是过着智慧、高贵、公义的生活,就不可能快乐;人若没有获得真正的快乐,就不可能是智慧、高贵和公义的。”②西塞罗自己也在对人们常常提出的问题——即为何有那么多的人成为伊壁鸠鲁主义者——进行解释时说,伊壁鸠鲁哲学最吸引大众的是人们的这样一个看法,“即伊壁鸠鲁宣称正当行为和道德价值是内在地就是、或自身就是令人愉悦的,也就是说能产生快乐”③。当然,西塞罗本人对此是不以为然的,他认为这是大众的误解;他接着说:“然而这些尊敬的人没有意识到,如果真是这样,那就会颠覆伊壁鸠鲁的整个理论”。

卢克莱修是当之无愧的罗马时期最为伟大的伊壁鸠鲁派。这样一位才思出众的人是否“发展了”伊壁鸠鲁的学说呢?这是一个微妙的问题,学者们对此看法不一。一方面,前面我们说过卢克莱修公开宣称自己只是模仿伟人,绝无自创新说以竞争的意思,但是另一方面,也有现代学者提醒我们注意,卢克莱修的夫子自道中隐藏着不一致的说法,因为他有时似乎又说自己的理论是独创的,或者说是直接来自“女神”:

---

① 西塞罗:《论至善与至恶》第1卷,第20节。

② 西塞罗:《论至善与至恶》第1卷,第18节。

③ 西塞罗:《论至善与至恶》第1卷,第7节。

> 现在让我们再来学习和认识其他的道理,请你竖起耳朵听清楚。我并非不清楚这些事情是如何的晦暗不明,但是对名望的高度期待使我的心被那神圣的酒神杖尖锐地刺穿。同时,我的心也被诗神缪斯的甜蜜的爱所浇灌,这些使我的思想极为活跃,步入那至今从未有人涉足过的派伊莉亚仙境(Pierides)①。我喜欢到处女泉开怀畅饮;我喜欢到文艺女神从未采花给人编织桂冠的地方采摘鲜花,为我的头编织一个绝妙的花环。

那么,从卢克莱修的《万物本性论》中我们究竟能看到这位罗马人的独创性有哪些呢?首先,跃入人们眼中的当然是卢克莱修在表述语言上与伊壁鸠鲁的不同:他是在罗马用拉丁文表达一种希腊的哲学。卢克莱修对于这一区别的意义有清醒的自我意识,他在《万物本性论》开篇不久就说道:

> 我当然深知,要想把希腊人的艰深发现用拉丁文明确表达出来是多么不容易。困难尤其在于我们语言的贫乏和所发现的事物的新颖,所以我们不得不经常发明一些新的词汇。但是,你的美德和对你的甜蜜友情的欢快期盼激励我不辞劳苦,使我在许多个宁静的不眠之夜中费尽心思地寻找能够清晰表达思想的词汇和诗句,以便向你的心灵展示明亮的光芒,使你能深入到万物的深藏不露的内心。②

其次,卢克莱修用拉丁文写的哲学是一部长诗。伊壁鸠鲁表达哲学的时候使用的是散文的形式,卢克莱修使用的是诗歌的形式。为什么他要用诗歌的形式来表达哲学思想?在《万物本性论》第四卷的序诗中卢克莱修对此的解释是,这是为了给抽象和严苛的伊壁鸠鲁哲学增添吸引力,是“给苦药包裹糖衣”:

> 这首先是因为我的教导关系到至关重要的事情,我正在把心灵从迷信的牢牢束缚中解放出来;其次是因为这一主题是如此地晦涩不明,而我的诗句是如此地清晰透彻,使一切都染上了缪斯的魅力光彩;这一点并非是可有可无的,医生在让孩子吃苦药时,首先会在杯口的一圈涂满甜蜜橙

---

① 派伊莉亚即传说中司掌文艺的缪斯女神。在《万物本性论》中,卢克莱修多次提到自己的创造力来自各种神的灵感启示:酒神、缪斯、维纳斯等。

② 卢克莱修:《万物本性论》第1卷,第136—145行。

色的蜂蜜,这样,就可以哄骗不假思索的小孩开口,使他们同时喝下所有的苦药水。这虽然是在骗他们,但并不是在害他们,而是通过这样的办法治好他们的病、使他们恢复健康。我现在做的也是同样的事。既然这一理论对于还不习惯于它的人来说经常显得严苛苦涩,令人退避不已,于是我就选择了用甜蜜的皮艾黎得斯歌声的方式来向你阐释我的理论,就像在上面点缀了缪斯的美味蜜汁一样;我希望这样能让你迷上我的诗句,然后学习和理解万物的本性,并且明白这一知识的益处。①

然而,伊壁鸠鲁何尝不知道自己的哲学可能是苦涩的,使人感到痛苦并且唯恐躲避不及,那么他为什么不试图用甜美的蜜糖做外衣?这里也许有理解伊壁鸠鲁和卢克莱修的区别的重要线索。伊壁鸠鲁似乎不屑于招徕信徒,不屑于"修辞术"。用他的话说就是:"坦白地说,当论说自然的时候,我宁愿公开说出对于所有人都有益的真理,尽管很少有人能够理解它们;我不会与习俗的意见保持一致以换取大众的大声喝彩。"②然而,"伊壁鸠鲁派"却显然对传道工作有强烈的欲望。可想而知,受到斯特劳斯派解经方法论影响的学者会在此发现"哲学与政治的关系"。尼古拉斯就在论证卢克莱修(与伊壁鸠鲁相比)的强烈"政治性"时说道:"……《万物本性论》作为一个整体,有着一种政治性格。它不是针对那些已经成为伊壁鸠鲁主义哲学家的人,而是针对那些为操心、信仰、激情(好恶)等(正是它们刻画出政治社会的性格)所左右的人。因此,卢克莱修关注的是伊壁鸠鲁主义的教导与持有信仰、依恋、欲望和恐惧的人之间的关系。"③卢克莱修不仅以诗歌的形式体现了传道的诱惑策略,而且,正如学者们大多看到的,他在哲学长诗中向各种罗马诸神吁求,这本身也是一种传道策略。卢克莱修的长诗一开始就向爱神维纳斯祈祷:"罗马民族的母亲,诸神和万众的宠爱,生养万物的维纳斯啊。"为什么伊壁鸠鲁派中这位特别以"反宗教"著称的诗人要向神祈祷?每个阅读卢克莱修著作的人可

① 卢克莱修:《万物本性论》第4卷,第6—26行。

② 梵蒂冈馆藏《伊壁鸠鲁格言集》第29条。本书所引用的所有"梵蒂冈馆藏伊壁鸠鲁派格言",请参见伊壁鸠鲁,卢克莱修:《自然与快乐——伊壁鸠鲁的哲学》,第44—50页。

③ 詹姆斯·尼古拉斯:《伊壁鸠鲁主义的政治哲学》,华夏出版社2004年版,第4页。

能首先都会想到这样的问题。我们从“爱神维纳斯”的特性中也许可以领悟到卢克莱修的某些特点。第一,这是罗马的神。美神和爱神维纳斯(Venus)被罗马人看做是自己的始祖——特洛伊英雄艾尼阿斯(Aeneas)——的母亲。而卢克莱修用长诗的形式向罗马人宣传伊壁鸠鲁的学说,本身就需要调整自己,以便适应这一具体的听众对象。第二,维纳斯所体现的是“快乐原则”,也就是大自然用以繁殖、创化、持续繁衍生命的原则。她与卢克莱修所歌唱的另外一个神即“大地母亲”十分接近。① 而伊壁鸠鲁学派正是快乐主义。具体说到爱欲与生产,卢克莱修不反对生产性的爱欲快乐,但是反对过多的情爱。这是伊壁鸠鲁学派的基本思想:快乐来自“自然的欲望”的满足,但是不自然的和不必要的,则会带来问题。从某种意义上说,卢克莱修把维纳斯看做是“快乐”的拟人化比喻。② 在希腊罗马神话体系中,战神与爱神象征着冲突原则和和谐原则。根据古代的辩证法,这两种原则不会总是只有其中的一种占上风,而总是交替继起。这从恩培多克勒的哲学中就可以看到。卢克莱修长诗的开端呼吁爱神平息战神,爱平息恨,借助的也是这样的宇宙论规律。第三,因此这个神象征着人道的、私人的原则,她与公共政治的、战争的原则相对立。她不繁忙多事,而是自足宁静。所以,维纳斯在希腊罗马神中,是最接近伊壁鸠鲁学派的。

必须指出的是:尽管有这些相近之处,卢克莱修还是清楚地知道,维纳斯与伊壁鸠鲁哲学最终是不相容的。维纳斯象征着自然的产生、创造、快乐、欣喜的一面,这当然是诱惑人的,这也与“自然”的希腊词义(即“生育、产生”)接近。但是,伊壁鸠鲁的哲学实际上认为自然对于人类并无任何偏好——尽管也没有任何特别的仇视。所以,自然既在不断地产生,也在不停地消灭。(参见老子的类似洞见:天地不仁,以万物为猪狗。)世界会不断地毁灭,这样的事实让人感到害怕,会成为人们抗拒接受伊壁鸠鲁哲学的障碍。所以卢克莱修要从甜蜜的方面入手,渐渐引导到对人来说是痛苦的一面。事实上,尽管

① 参见卢克莱修:《万物本性论》第 2 卷,第 420 行以下。

② 参见卢克莱修:《万物本性论》第 2 卷,第 167 行以下。

卢克莱修的哲学诗从象征自然的创生美好的维纳斯开始,全诗的最后部分却是象征着自然的毁灭——尤其是可怕的突然毁灭性灾害——的痛苦的"雅典的瘟疫"。

当然,蜜糖外衣最终是为了让人吞下苦药。卢克莱修认为,这些表面上痛苦的伊壁鸠鲁学说必须被接受,因为它们虽然没有传统宗教迷信的迷人之处,对于悟道的自然哲学家来说,它们具有真正的魅力。这可以解释卢克莱修的这一说法:"我希望这样能让你迷上我的诗句,然后学习和理解万物的本性,并且明白这一知识的益处"。通过维纳斯女神的导引进入自然哲学之后,人们应当发现,真正的"神"不是维纳斯或任何常人所相信的诸神,而是伊壁鸠鲁。总之,卢克莱修自己感到伊壁鸠鲁哲学有其理论力量,主要是宏大的气派、严谨的理论体系,对世界本质的透彻理解,以及为人类幸福的无限量的贡献。但是他也感到,这种力量或者魅力并非一般人都一定能够感受到。实际上许多人认为原子论是浅显的、干巴巴的、了无生趣的,与生意盎然的柏拉图对话录不可同日而语。因此,卢克莱修决定用充满奇异意象的诗歌的方式来推广伊壁鸠鲁的学说。

也许与此有关,与伊壁鸠鲁的中性描述相比,卢克莱修似乎更加肯定某些自然中的价值,比如对于大地母亲的生产力量的肯定,对于万物的质料的不灭性带来的稳定感的肯定。当然,要能领会这样的稳定感,并非简单信守朴素实在论的日常视野就可以做到的,相反,必须把自己的本位从个人调整到原子,才能感受到吞噬一切事物的时间不会彻底摧毁它所消解的所有东西,各种生物总是还会各如其类地恢复到生命的天光之下,"因为一切东西如果都是由可以朽坏的物体组成的话,那么它们必然会被无穷的时光和岁月所耗尽。但是,如果事物的元素可以穿越时间的流逝而保存下来并重新构成这些事物,那么这些元素的本性就确实是不朽的。所以万物不可能完全复归于无"。这样的宇宙景观是有价值的,或者说是美丽壮观的,而非悲观的:

以太父亲[天空]向大地母亲投送的雨露消失不见了。然而随后大地就长出了金黄色的谷穗;枝叶变绿,小树苗长成了大树,挂满累累的硕

> 果,给人和野生的动物提供了丰富的食物。于是,我们看到幸福的城市里满是孩子们的幸福笑脸,鸟儿们在枝叶繁茂的树林里鸣唱着同一首歌,一群群牛羊肥硕慵懒地躺在富饶的草原上,鲜白的乳汁从它们涨满的双乳中流出来,羊羔牛犊的柔脆心灵陶醉在鲜奶之中,摇摆着稚嫩的四肢在新芽遍野的草地上欢快嬉戏。所以,我们看见的一切东西都不会完完全全地消灭,因为大自然总是用一物来构建另一物,只有通过其他东西的死亡才能生育新的东西。①

所以,我们可以理解罗素说尼采喜欢伊壁鸠鲁——当然是卢克莱修。②卢克莱修的原子论中生机盎然,充满了对大自然的生命力的信赖和赞美。

三　小亚时代

公元 2 世纪是吉朋所大加赞赏的和平、繁荣和文化复兴的时代。哲学在当时也开始复兴,其中包括伊壁鸠鲁哲学。然而另一方面,整个社会中宗教信仰也在复兴。当时许多人都希望相信某种宗教,甚至相信任何迷信。即使是哲学家们,比如斯多亚派,也相信天命,对传统宗教多方妥协。而伊壁鸠鲁是唯一毫不妥协地反对迷信的学派,所以他在当时有众多的反对者和追随者就不奇怪了。

从当时不少文献中都能看到关于伊壁鸠鲁的评论,有的对伊壁鸠鲁思想加以肯定,但是大部分是否定的,比如在伽伦(Galen)的书中就列出了 8 种反对伊壁鸠鲁的著作,这也从侧面说明了伊壁鸠鲁学派在当时的盛行。当时小亚的伊壁鸠鲁派影响甚大,它的主要据点可能是罗德岛。

前面提到,写作《著名哲学家的生平和学说》的第欧根尼·拉尔修很可能就是当时的一位伊壁鸠鲁派。他在公元 3 世纪早期回顾希腊罗马哲学史时不无自豪地写道:大部分学派都消亡了,伊壁鸠鲁学派却一代代绵延不断地发展着。正因为第欧根尼本人对伊壁鸠鲁十分赞赏,所以他将其哲学放在自己的

---

① 卢克莱修:《万物本性论》第 1 卷,第 250—264 行。

② 参见罗素:《西方哲学史》,第 89 页。

整个多卷本希腊哲学史的最后,颇有黑格尔撰写哲学史时的那种“最后的哲学就是最高的哲学”的意味。

不过,对于现代学术界,公元 2—3 世纪小亚最重要的伊壁鸠鲁学派的活动的生动典例应当说集中体现在另外一个第欧根尼——“奥依诺安达的第欧根尼”——的身上。这位“第欧根尼”的铭文残篇的发现,是伊壁鸠鲁研究史上的一件大事,它使我们不禁想到了王国维的研究方法论原则:“取地下之实物与纸上之译文互相释证”,对学术研究可能具有重大推进作用。值得我们稍加详述。奥依诺安达属于小亚的吕西亚(Lycia),在今日的土耳其南部。荷马史诗和希罗多德的《历史》中都提到过吕西亚。吕西亚同盟在罗马时代包括了许多小城邦,虽然该同盟当时已经臣服罗马,但是在共同体内部保持了相当的独立性。它们都享有东部希腊—罗马世界的那种城市生活:有着众多建筑良好的公共设施、供水系统、市场、浴池、城墙。人们在市政管理、议事会、民众大会、市场、剧院等等当中忙碌着,一片繁华景象。有些公民在致富之后慷慨贡献于公共事业。第欧根尼可能就是公元 2—3 世纪的一个奥依诺安达当地的有身份的富人。他的富裕可以从他能够出资建造一道宏伟的柱廊长墙(根据史密斯的推测,它应当有 80 米左右长,3 米多高)并在上面镌刻了一篇篇伊壁鸠鲁思想的铭文看出:他虽然在铭文中说自己不从政(这是伊壁鸠鲁派的信条),但是他既然能够在公共场合竖立这样的“永久性宣传栏”,那势必是在当地有一定政治影响的人物。① 虽然他的真实身份很难确定(学者对其准确身份有多种推测,直到 1992 年史密斯的研究中还是说这些推测没有一个可以肯定②),但是可以肯定,这位小亚的伊壁鸠鲁派的虔诚信徒在大约公元 200 年决定建立一座长长的碑刻,阐发伊壁鸠鲁的学说。当时他已经老了(残篇 2II),而且长期患病(残篇 50),但是他一生都与朋友一道信奉伊壁鸠鲁哲学,包括雅典、底比斯、罗德岛等地的伊壁鸠鲁信徒(残篇 15、16、51)。有的学者说他可能是当地的伊壁鸠鲁派的首领。但是吉尔顿认为证据不足。他更像

① 参见 M.S.史密斯:《奥依诺安达的第欧根尼:伊壁鸠鲁派的铭文》,第 37 页。

② 参见 M.S.史密斯:《奥依诺安达的第欧根尼:伊壁鸠鲁派的铭文》,第 41 页以下。

是一个塞涅卡那样的富有的哲学业余爱好者。从残篇里看，他有许多朋友分布各地。他因为很想把伊壁鸠鲁的拯救信息带到市场上，让过路人都能知道，让所有的人，公民和外地人、活着的和将来的人都能受益（残篇 2IV—VI），于是决定在城市中引人注目的地方竖起这一宏伟的柱廊长墙。柱廊长墙上刻下了伊壁鸠鲁的格言和第欧根尼自己对伊壁鸠鲁学说的阐述。铭文开宗明义地说道：

> 大多数人病态地持有关于事物的虚幻意见，并且听不到身体对灵魂提出的重要的和公正的控告：身体不应当被灵魂烦扰和累垮而陷入不必要的事务（事实上，身体的需要是很小的并且很容易满足，而通过共享身体的快乐，灵魂因此就可以活得好；然而，灵魂的需要是很大的并且很难满足，不但对我们的本性无益，还带来危险）。因此，（重申我所说的）了解到那些人处于这样的困境之中，我为他们的生活感到悲哀，叹息他们荒废了生命，我认为那些把握了真理的人应当尽自己最大的能力，给予那些禀赋良好的人仁慈的帮助。这是建造铭文的首要原因。
>
> 我宣称：对死亡和对神的徒然的恐惧控制了我们中的许多人，并且真正有价值的欢乐不是产生于我们留给民众的剧场、澡堂和香水、油膏，而是产生于自然哲学。①

自古以来，人们就指出伊壁鸠鲁哲学中的一个“矛盾”，一方面，伊壁鸠鲁看上去主张不参加政治，过一个“默默无闻”的孤独生活；但是另一方面，他的许多所作所为都体现出他希望自己的学说能够推广出去。普卢塔克已经指出这里的矛盾，并且以此抨击和嘲笑伊壁鸠鲁“好名”。史密斯认为第欧根尼聪明地解决了这个问题：既让伊壁鸠鲁的思想为公众所知，自己又不至于参与到公共事务中去。这种公共建筑属于当时人们对于城邦的慷慨礼物的一种。当然，第欧根尼会认为自己的这一礼物，而非日常人们所理解的那些“参政议政”活动，才是真正最有贡献于城邦的“政治”作为。这是一座治疗人类疾病的路边布道坛。奥依诺安达的第欧根尼接下来的话就是：

① 奥依诺安达的《第欧根尼铭文》，残篇 1。

> 我想反驳那些指责自然学不能给我们带来益处的人。以这样的方式,公民们,即使我没有参与政治事务,我通过铭文说出这些,就如同我在参与政治事务,并试图解释有益于我们的本性的东西——那就是"不动心"——对每个人和所有人都是一样的。
>
> 既然这样,在说明了建造铭文的第二个理由后,现在我继续谈论我的使命并解释它的特点和本质。①

史密斯把铭文的内容归纳为7种:物理学、伦理学、第欧根尼书信(致安提帕特(Antipater)的信和致狄奥尼修(Dionysius))、格言、对朋友和家庭的指导、第欧根尼和伊壁鸠鲁书信、论老年。总体来看,铭文主要是由伊壁鸠鲁的物理学和伦理学组成(值得注意的是:其中没有"标准论");其中物理学残篇剩下的不多。就其内容而言,铭文主要遵循伊壁鸠鲁学说,同时经常反驳斯多亚的思想(像卢克莱修一样)。到目前为止,伦理学部分的铭文是发掘出最多的,它既包括第欧根尼自己对伊壁鸠鲁伦理思想的阐发,也包括在这些阐发文字下方所铭刻的连续不断的一栏伊壁鸠鲁本人的"基本要道"。此外,铭文中还有一封"伊壁鸠鲁致母亲的信",以及第欧根尼的遗嘱残篇。第欧根尼的这些做法显然体现了伊壁鸠鲁派的一个特点:从内容到形式上都模仿老师开创的先例。②

自从铭文的残篇发现以来,这已经成了一门专门学问。有考古的,有训诂的,有义理的,成了一个交叉学科的典范。早在19世纪早期就有欧洲考察者到过此地(1840、1841年)。此后到了1881年,又有新的欧洲考察者再次来到此地。不过,他们都没有发现这些铭文。1884年,两个法国学者M.Holleaux和P.Paris第一次发现了5条第欧根尼残篇。这几条很重要,因为它们包括了第欧根尼铭文的开头部分,那是他解释自己刻下这些铭文的动机的。于是这一发现引起了法国学术界的重视,很快有人又返回现场继续搜索。第二年,法国人库辛(Cousin)和Diehl发现了另外22条残篇。1889年库辛独自回到现

① 奥依诺安达的《第欧根尼铭文》,残篇2。

② 参见D.克莱:《悖论及其遗留问题:伊壁鸠鲁哲学史三章》,第242页。

场,忙了三天,又发现了38条,并且于1892年在雅典的法国学校的*Bulletin de Correspondence Hellenique*上发表了法国人发现的所有64条残篇(*editio princeps*)。这只是铭文的一个复本,用的是原来的大写字母,没有尺寸量度说明,也基本上没有进行文本修复工作,所以质量不高。① 但是库辛的发表引起了学术界的轰动。几乎就在几个月内,在1887年编著出版伊壁鸠鲁原始资料文集的著名伊壁鸠鲁专家乌斯勒(Hermann Usener)就重新发表了几乎所有残篇的一个新版本(RbM47(1892)414—456),里面进行了许多聪明的修改和建议。乌斯勒的功绩不仅仅在此,而且在于他非常强调需要重新对奥依诺安达进行实地考察,以便发现更多的残篇,并且重新审视留在当地的法国人已经发现的残篇。

乌斯勒的号召得到了相应。奥地利人Heberdey和Kalinka于1895年来到奥依诺安达考察。虽然他们没能找到刻有残篇的新石块,但是找到了大部分库辛所发现的石头(找到了64篇残篇中的51篇),而且找到了24条残篇。后来他们在1987年的*B.C.H*21(346—443)上发表了他们的结果,这个版本包括了88条残篇。吉尔顿评价说这是一份精细的研究成果,史密斯也说,与库辛在复制和解读残篇的工作相比,这一成果要仔细和专业得多,对库辛出版的版本多有改正,进行了许多修复工作和讨论。此后,学者们对第欧根尼的研究大多依据这个成果(HK),并陆续出版了几种铭文修订版集子:William(1907年),Grilli(1960年)以及Chilton(1967年)。史密斯对这几个本子的评论是:William的版本(Teubner本)十分重要,对第欧根尼的残缺的铭文进行了许多猜测性恢复,并且在对整个铭文的秩序和安排的恢复上作出了许多贡献。吉尔顿是Teubner版本的第二版的主持者。吉尔顿说自己在1962年到过奥依诺安达,是1895年之后第一个回到该地考察的欧洲人。但是史密斯说吉尔顿的Teubner版本的原创性不高,因为自己的建议很少。但是通过对其他人的

① 不过后来这方面的权威史密斯说,公平地讲,这些法国人只有二十多岁,又不是伊壁鸠鲁研究专家,他们的田野考察是在非常短的时间和困难的条件下进行的,所以不应当苛求。而且库辛还描述了发现这些石头的地点,并且对44条残篇进行了拓本工作。只不过后来一直没有人充分利用这些拓本。

建议的适当同意和拒绝,吉尔顿还是得出了一个更好的版本。他还在其博士论文的基础上发表了一个很有用的英语翻译和注释本《奥依诺安达的第欧根尼:残篇》(牛津大学出版社 1971 年版),其中记载并翻译了 66 条残篇,而且附有详细的评注。

比较大的考察应当是 20 世纪后半叶的英国考察队进行的。英国伊壁鸠鲁研究权威学者史密斯在吉尔顿的版本出版后不久,亲自来到奥依诺安达。出乎他的意料的是,他发现或重新发现了许多残篇石头。此后史密斯主持或参加了长达 16 年(1968—1983 年)的英国安卡拉考古研究所的考察工作,"重新找到"了不少老残篇,并且发现了许多新残篇,使得残篇的总数达到了 212 条,比以前所知道的 88 篇残篇多了一倍多。这些新残篇在每次发现后都被史密斯陆续及时地发表在学术刊物上,以便其他学者可以立即进行研究。自从 20 世纪 70 年代以来,大量的研究和博士论文围绕这一主题出现,形成了一股热潮。除了史密斯,还有许多学者对这个主题作出了研究贡献,比如克莱提到自己是 1972 年开始这一研究的。当时他到达了里莱大学(Lille),已经熟悉吉尔顿所发表的著作中记载的 19 世纪发现的 88 条残篇。而史密斯 1968—1969 年访问该地后又发现了 16 条残篇,并且发表在 1970—1971 年的《美国考古学杂志》上。克莱在里莱大学研究了史密斯的这些新发现后与史密斯取得了联系,并且于 1975—1977 年部分地参加了史密斯在当地的长期考古工作,此后就这个主题发表了一系列相关研究成果。

最后,史密斯在当地考察 16 年之后,终于感到穷尽了所有可能,无法发现更多残篇①,于是总结所有的发现,出版了一个最新的全集版本(即 Martin Ferguson Smith, *The Epicurean Inscription*, Edited with Introduction, Bibliopolis, 1992),史密斯强调,自己这个版本的优点是依据亲自到现场考察所有的新老

---

① 目前发现的这些残篇据估计是原来完整的铭文的 1/3 或 1/4。也就是说原文的大部分遗失了(M.S.史密斯:《奥依诺安达的第欧根尼:伊壁鸠鲁派的铭文》,第 82—83 页)。史密斯始终没有拿到土耳其政府的发掘许可,所以他只能在地表考察。在他所建议的将来可以做的四项工作中,一项重要的工作就是开展地下挖掘考察(M.S.史密斯:《奥依诺安达的第欧根尼:伊壁鸠鲁派的铭文》,第 75 页)。

残篇，或者到雅典和维也纳考察前人的拓本，而且进行了大量的修复和重新解读。[①] 相比之下，前面的几个版本（William（1907 年）、Grilli（1960 年）以及 Chilton（1967 年））靠的都是别人的发现记录，没有现场考察的基础。[②] 史密斯批评 20 世纪上半叶的这些学者道：这些人不去现场，也许还可以理解，因为那是偏僻的山地；但是他们都不考察存放在雅典和维也纳的 19 世纪的考察者的复制品和笔记，就不应该了。这使得他们的工作完全依赖 19 世纪的出版物，主要是 HK 版本。而且他们也没有注意乌斯勒的版本和其他研究者的文章。

在石头上刻大规模的哲学著作，这在西方历史上是罕见的。[③] 由此我们再回顾伊壁鸠鲁学派历来在哲学表达形式中的创新，可以发现有几个"第一"可以归于他们：第一个书信体（伊壁鸠鲁），第一个长诗体（卢克莱修），第一个长石铭文（第欧根尼）。学者们无不感叹第欧根尼的创举的意义。即使来到长墙下面的人不会有许多人有耐心读完全文，但是这一浩大创举和耗费的钱财精力必然在当地人和来访者心目中留下深刻的印象，激起各种各样的反响。[④]

从内容上说，对于奥伊诺安达的第欧根尼的批评主要是说他缺乏原创性，缺乏理性能力，哲学知识上有误。对此，史密斯一一加以反驳。第一，就原创性方面而言，伊壁鸠鲁派有意识地尊崇伊壁鸠鲁作为人类的道德的和灵性的解放者，从不希望"发展"、"创新"什么新哲学理论，而是以传道般的热忱忠实地阐发导师的教导。[⑤] 哲学对于伊壁鸠鲁来说，本质上不是研究上的精巧，言

① 学者们的推测十分有意思。比如史密斯说字母比较大的应当在墙的上方，使得人可以看清楚；而墙的最下面应当没有铭文：总不至于要人趴下来读。（M.S.史密斯：《奥依诺安达的第欧根尼：伊壁鸠鲁派的铭文》，第 77、84 页）

② 吉尔顿说自己到过现场。但是史密斯说吉尔顿只是去了几个小时，而且看来他不感到有必要去看看现存的石头，大约他认为它们已经湮没了。但是实际上那些残石大多还在。（M.S.史密斯：《奥依诺安达的第欧根尼：伊壁鸠鲁派的铭文》，第 71 页）

③ 史密斯说在西方是第一，因为传说中的"七贤"格言铭文并非都是哲学家的著作。（M.S.史密斯：《奥依诺安达的第欧根尼：伊壁鸠鲁派的铭文》，第 121 页）

④ 参见 M.S.史密斯：《奥依诺安达的第欧根尼：伊壁鸠鲁派的铭文》，第 123 页。

⑤ 参见 M.S.史密斯：《奥依诺安达的第欧根尼：伊壁鸠鲁派的铭文》，第 125 页。

前人之所未言,而是生活方式上的得救。第二,至于说"重复"、"肤浅"等等,也应当从铭文的目的看。这种哲学写作方式显然属于"显白的说法",是给没有专门知识的门外汉阅读的,当然要用大众谈话的方式。第三,至于说哲学知识上的几个错误,比如把亚里士多德当成了怀疑论,应当说这反映了伊壁鸠鲁学派在这个问题上的特别看法,不说明第欧根尼本人的无知。

第欧根尼铭文其实也反映了伊壁鸠鲁学派中的某些变化和发展,即由于第欧根尼与敌手的论战需要而展开了不少内容。另外,史密斯认为,第欧根尼与伊壁鸠鲁相比,更加乐观。伊壁鸠鲁本人不认为所有的人都能获得完善的、神一般的幸福,不是所有人都能成为哲学家和智慧的人。但是第欧根尼似乎作出了如此断言。①

第四节　总问题与总体系

我们在勾勒了伊壁鸠鲁哲学学派的古代发展史之后,要对贯穿这一漫长历史当中的不变主题或基本原则进行把握。伊壁鸠鲁哲学的基本原则体现在理论的总目的上。伊壁鸠鲁哲学不是纯粹理论,而是生活的指导。亚里士多德的哲学反对理论为"必然"的需求服务,强调非实际需要的纯粹学问才是具有最高价值的学问。② 伊壁鸠鲁却强调"必然之欲望"是唯一应当加以满足的。哲学的责任是实践性的,是救世,是关心生活中的痛苦,是心灵的和身体的痛苦的免除。多少哲学家对于理论包括伦理学理论问题进行了浩繁论证,精细辩驳,但是自己却什么立场也没有,结果不能给生活中的人提供任何确实的指导。伊壁鸠鲁反其道而行之,不陷于无结果的、"苏格拉底式的"讨论之中,而是鲜明地坚持一种独断立场,从而给本体疾病的求告者以心灵的安慰。所以,我们在前面提到的伊壁鸠鲁哲学的"宗教性"是研究者应当正视的,没

① 参见 M.S.史密斯:《奥依诺安达的第欧根尼:伊壁鸠鲁派的铭文》,第 140—141 页。

② 参见亚里士多德:《形而上学》,982B,983A10。

有什么好回避的；它确实是事实，只是要看怎么解释。我们的基本解释是：伊壁鸠鲁正是要用这种宗教的方式、独断的方式为人们提供踏实的内在自由，解决人们的真实问题。这种哲学是一种本体治疗的哲学；所以伊壁鸠鲁哲学并不是简单的自然哲学，更不是简单的快乐主义。

正因为此，伊壁鸠鲁的理论体系有其自己的逻辑。表面上看，它的理论也可以排列为标准论（认识论）——自然哲学——伦理学，这符合晚期希腊哲学的标准的三分法；但是，我们还可以寻找更加贴近其思想的另外的排法。"幸福"正是希腊哲学、尤其是晚期希腊哲学的最终目的，是支配所有其他研究和实践的总原则。这一点，在伊壁鸠鲁的伦理学书信（致梅瑙凯信）中可以更为清晰地看到。伊壁鸠鲁在这封信中把"幸福"更为自然地排在整个论述的开端：

> 不要因为年轻就耽搁了学习哲学，也不要因为年纪大而感到学习哲学太累了。因为一个人在灵魂的健康上既不会时机尚未成熟，也不会时机已过。说还没有到学习哲学的时候或是说时机已经错过的人，就等于在说在获得幸福上时机未到或已经错过一样。所以，无论青年人还是老年人，都应当学习哲学。对于老年人，可以通过美好的经历而立即变得年轻；对于青年人，则可以由于不再对未来惧怕而变得成熟。我们要关注的是在一切实践中追求幸福。如果我们获得了它，我们就有了一切；如果尚未获得，我们要尽一切努力去获得它。①

但是，仅仅从一般的"最高目的"幸福入手，还是不够的。在上面这段话中，我们可以察觉出伊壁鸠鲁思想中与众不同的东西。青年老年都应当学习哲学，就像获得幸福不分时间一样。这些话不仅反映了希腊古典伦理学的完善主义目的论特点，而且流露出某种紧迫感。我们不妨比较一下柏拉图和亚里士多德对于同样主题的说法：只有老人才适合学习哲学。这话显然意味着，学习哲学对于年青人不是很紧迫的事情。伊壁鸠鲁思想中的这种特别的紧迫感由何而来？显然是来自人生疾病的严峻性。

---

① 第欧根尼·拉尔修：《著名哲学家的生平和学说》第10卷，第122节。

> 要是心灵没有得到洗涤清净,那就将会有怎样的争斗和危险不顾我们的躲避而钻进我们心中啊!贪欲借助焦虑的锋利之剑和巨大的恐惧撕裂忧心如焚的人;你再想想傲慢、肮脏的欲望、暴躁!它们带来的毁灭是何等的惊人!再看看奢华和懒惰吧!所以,那个消灭了所有这些东西的人,那个用语词而不是刀剑把它们从心灵中驱赶干净的人,难道不应当被看做配得上神灵的称号吗?尤其是,他还经常以卓越的、神明一般的方式阐明不朽的神灵,并且在他的论说中揭示出万物的本性。①

我们可以想象:在雅典城外的伊壁鸠鲁的"花园",众多的来访者并不是寻求怎么"享受快乐的"。来者必然是痛心疾首、为苦所惑的人(比较:看破红尘来到佛家丛林的人大抵有过心灵的深深剧痛)。而且,痛苦的普遍性甚至连哲学家都无法一一加以治疗,以至于有的伊壁鸠鲁派要在主要交通要道上去公布伊壁鸠鲁药方。上面我们提到,小亚地区的奥依诺安达的第欧根尼的铭文就是如此。铭文开篇明义宣布自己的目的:他想帮助那些因为不知道伊壁鸠鲁学说而在道德上患病的人。如果只有少数的人需要帮助,那么他可以逐个加以治疗,但是患者太多,而且他不仅仅想治疗自己的同时代人——本地人和外人,而且还要治疗将来的人,所以他采取了广而告之的办法:

> 我已经到了垂暮之年(就年龄来说,几乎就要离开这个世界了),在死亡来临之前,我想撰写颂歌赞美快乐的圆满,并且因此就可以帮助所有那些处于困境中的人。如果现在只有一个、两个、三个、四个、五个、六个人,或者你认为的更大的数,先生,假如处于困境中的人数不是非常多,我可以个别地与他们谈话,并且尽我最大的努力给他们忠告。但是,就如我前面所说,多数人患上了同样的病,就像一场瘟疫,怀着看待事情的错误观念,并且这个数量还在增加(由于相互效法,他们把病从一个传染给另外一个,就像一群绵羊);另外,也应该帮助后代人(因为他们也是属于我们中间的一员,即使他们还没有出生);除此之外,人类的爱促使我们也要帮助来到这里的外国人。铭文疗法扩展到更大数量的人们。我希望利

① 卢克莱修:《万物本性论》第5卷,第43—55行。

用这个柱廊公开传布拯救之药方。这些药我们已经完全实验过;因为我们已经驱逐了没有正当理由地控制我们的恐惧,对于痛苦,我们完全消除那些没有理由的,而那些自然的,我们化大为小,把它减少到最低程度。①

什么是伊壁鸠鲁所认识到的人生和时代的痛苦?或者,什么痛苦让人感到无法忍受,需要到花园来求助伊壁鸠鲁思想的治疗?如果说柏拉图面临的问题是政治性的,是众人都想要争当僭主,于是柏拉图用建立价值大序的加法治疗来压制欲望,并且主张维护传统宗教,那么伊壁鸠鲁所反复强调的自己的哲学的目的就是治疗痛苦。人的不幸福或者痛苦来自争斗和低贱,而这又来自本体性的苦恼——不安全感、无法自足("幸福"的古典定义就是完满自足)。

由此可见,作为一种治疗哲学,伊壁鸠鲁哲学的真正起点应当是"疾病"。唯有在理解了什么是最大的"疾病"之后,才能进一步求索治疗它的药方。仔细地读基本要道,可以看到其中的第六条是理解伊壁鸠鲁整个体系的起点——问题与目的——的关键。对于伊壁鸠鲁哲学,人类的终极性本体疾病是缺乏"安全感":

任何能够帮助达到获得免除他人威胁的安全感的目的的手段,都被看做是自然的好(以及最源初的、首要的好)。②

在识别了疾病之所在之后,第二步才是治疗这样疾病的药方。所以尽管"基本要道"的开头是"四大药方",但是从逻辑上说它们不应当是最初的。这些药方是专门对付人的本体性疾病的。"四大药方"的要旨是:神灵不关心我们,死亡与我们无关,快乐就是无痛苦,身体的痛苦容易对付:

1. 幸福和不朽的存在者自己不多事,也不给别人带去操劳,因此他不会感到愤怒和偏爱,所有这些情绪都是软弱者才有的。

2. 死与我们无关。因为身体消解为原子后就不再有感觉,而不再有

① 奥依诺安达的第欧根尼铭文残篇3(此处及以下的铭文残篇引自M.S.史密斯:《奥依诺安达的第欧根尼:伊壁鸠鲁派的铭文》。译者是专门研究这一课题的曹欢荣)。

② 第欧根尼·拉尔修:《著名哲学家的生平和学说》第10卷,第141节。此处及以下所引用的伊壁鸠鲁的"基本要道"的中译文请参见伊壁鸠鲁,卢克莱修:《自然与快乐——伊壁鸠鲁的哲学》,第38—43页。

感觉的东西与我们毫无关系。

3. 快乐增长的上限是所有的痛苦的除去。当快乐存在时,身体就没有痛苦,心灵也没有悲伤,或者二者都不会有。

4. 持续的痛苦在身体中不会存在很久。相反,极度的痛苦只会短暂地存在。那种几乎压倒快乐感觉的剧烈身体疼痛不会持续许多天。久病的人甚至有可能感到远远超过痛苦的身体快乐。①

而作为伦理学概论的《致梅瑙凯信》在讲了人应当追求幸福之后,紧接着就在第二段阐明了这些药方,当然,那里的阐述比"基本要道"中的格言式的表达要更加展开和详尽。首先,神与我们无关:"我一直向你们谆谆嘱咐的事情,你们要去做,要明白它们是美好人生的基本原则。首先,要认识到神是不朽的和幸福的生物,正如关于神的通常观念所相信的那样;你不要把那些与不朽性和终极幸福性格格不入的事情归之于神。"其次,死亡不可怕:"要习惯于相信死亡与我们无关,因为一切的好与坏都在感觉之中,而死亡是感觉的剥夺。只要正确地认识到死亡与我们无关,我们就能甚至享受生命的有死性一面——这不是依靠给自己添加无穷的时间,而是依靠消除对于永生不死的渴望。"第三,了解欲望的分类,并且不追求不自然的无穷欲望的满足:"要认识到:在各种欲望中,有的是自然的,有的是空虚的。在自然的欲望中,有的是必要的,有的仅仅是自然的。在必要的欲望中,有的有助于幸福,有的有助于身体摆脱痛苦,有的有助于维系生活本身。在所有这些中,正确无误的思考会把一切选择和规避都引向身体的健康和灵魂的无烦恼……当我们获得这一切后,灵魂的所有风暴就平息了,人们就不再被匮乏所驱动而四处寻找其他什么'好事'来满足灵魂和身体。"②

从这些药方中看,伊壁鸠鲁的治疗哲学有一个总特色,那就是还原论。这可以解释他为什么要选择自然哲学作为他的治疗哲学的基础。他希望用"自然哲学"论证两点:因为世界的本体是原子与虚空,人及其灵魂都是原子的暂

① 第欧根尼·拉尔修:《著名哲学家的生平和学说》第10卷,第139—140节。

② 第欧根尼·拉尔修:《著名哲学家的生平和学说》第10卷,第127—128节。

时聚合,所以死不可怕,神不可怕;因为我们的自然状态是以感受为基础,以自然快乐为标准,所以不应当追求太多的快乐。在这一总特色之下,伊壁鸠鲁发展出了系统全面的还原论的本体论、认识论、政治学。

如果从政治哲学和伦理哲学的角度看,伊壁鸠鲁面对的问题在某种意义上也是柏拉图面对的"智术师问题"——欲望的过度扩张。但是,伊壁鸠鲁的独特之处是必须两面作战:他认为这些问题除了来自人的非理性欲望,也来自传统宗教和柏拉图类型的哲学——至少被后者所极大地加重。当时的文化人大多批评伊壁鸠鲁没有受到什么教育,没文化,可是伊壁鸠鲁的理论所要求的正是远离文化,"回到事实本身"。因为在他看来,人类的疾病大多恰恰来自对一阶的疾病的治疗办法本身的错误。伊壁鸠鲁在《基本要道》中甚至这么说:任何能够帮助达到获得免除他人威胁的安全感的目的的手段,都被看做是自然的好(以及最源初的、首要的好)。但是问题是,大部分手段是错的,不仅不能帮助人免除不安全感,反而还更加加重了它。比如人们在追求名声或纵情声色之中逃避不安全感,就是常见的无效方式:

> 有些人追求名望,认为这可以带来免除他人威胁的安全感。如果这些人的生活当真是安全的,那么他们就获得了自然的好;但是,如果他们并不感到安全,那么他们就没有获得自然本性推动他们去追求的目的。(《基本要道》7)

> 没有任何快乐本身是坏的,但是某些享乐的事会带来比快乐大许多倍的烦恼。(《基本要道》8)

> 如果带来放荡快乐的东西真的能够解除内心对于天象的、死亡的和痛苦的恐惧,如果它们能够教导人明白欲望的界限,那么我们也就看不出有什么指责他们的必要了,因为他们沉醉在一片快乐中,一点也不感到身体的痛苦和心灵的悲伤(这些就是恶)。(《基本要道》10)①

① 第欧根尼·拉尔修:《著名哲学家的生平和学说》第10卷,第141—142节。

以上这些伊壁鸠鲁的要道格言的共同特性就是:已有的解决办法如果有效,那就不需要新的药方。但是这些解决办法——包括人们日常中的名利追求和哲学家的各种理论研究——都没有效果,所以需要提供新的药方。这就是伊壁鸠鲁哲学。

人们在失去了共同体和理性哲学的屏障之后,充满了恐惧感、无能为力感和不安全感。在伊壁鸠鲁的"贤人论"中可以看到这样的话:"防范其他东西的侵害还是可能的。但是说到死亡,我们所有的人都生活在没有护墙的城市里。"①人的怕死情结并不一定为当事人所直接了解,但是在人们的变态过激反应中却透露出来。残酷的生活争斗、挣扎、"进攻性防御"等等做法,都是内在疾病的反映。所以有人称伊壁鸠鲁是古代的出色的心理分析大师,确实是有一定道理的。伊壁鸠鲁派深知:"事实上,恐惧有时是清晰的,有时是不清晰的——当我们恐惧被其致死而避免明显地像火那样的具有伤害性的东西时,恐惧是清晰的;当心灵被其他东西占据,它(恐惧)已经慢慢地变成了我们的本性的一部分并且隐藏……这个时候恐惧是不清晰的。"②伊壁鸠鲁的自然哲学正是为了治疗这样的内在疾病而提出的。

在理解了伊壁鸠鲁的这个总的治疗哲学目的之后,我们也可以回过头来从认识论—物理学—伦理学的体系入手考察伊壁鸠鲁的哲学。希腊各派哲学对哲学各部门进行了不同的分类。有人承认哲学只有一个部门,有些承认有两个,有些承认有三个。承认哲学只有一个部门的,往往或者是早期的自然哲学家,他们只研究自然;或者是苏格拉底和犬儒派以来的哲学家,他们只承认伦理学部门,因为自然哲学是我们无法掌握的,逻辑学又是繁琐抽象的,无关乎幸福的达到。色诺芬在其《苏格拉底回忆录》中明确地写到苏格拉底的态度:"他因自然哲学超出我们的认识能力之外而拒绝它,并且因伦理学的对象与人相关而完全献身于此。"③这么看来,则完全可以认为伊壁鸠鲁承认两个哲学部门:伦理学与自然哲学,但是否认逻辑学。根据西塞罗的记载,伊壁鸠

① 梵蒂冈馆藏《伊壁鸠鲁格言集》第31条。

② 奥依诺安达的《第欧根尼铭文》残篇33。

③ 色诺芬:《苏格拉底回忆录》第1卷,第1节。

鲁与怀疑论一样嘲笑和拒斥斯多亚哲学视为高级认识论的辩证法——逻辑。① 但是另一方面,即使是苏格拉底,在其对哲学的讨论中也涉及哲学的各个部门的内容,而伊壁鸠鲁哲学中更加明显可以看到对于逻辑学或“认识论”的重视。他的体系尽管没有单列一个“逻辑学”,但是他关于真理标准和科学认识方法的研究对于他的整个体系都是必不可少的,所以,应当说伊壁鸠鲁哲学有三个部门。“一些人把伊壁鸠鲁和阿尔克劳斯相提并论,因为他们都拒绝逻辑研究。但是有一些人声称伊壁鸠鲁并没有从总体上拒斥逻辑学,而只是拒斥斯多亚的逻辑学。所以他实际上是允许哲学分为三个部分的。”②第欧根尼·拉尔修认为伊壁鸠鲁哲学分为三个方面:标准论、自然哲学、伦理学。其中,标准论讨论认识的标准,这体现了希腊哲学长足发展之后的反思性。伦理学是最终目的,斯多亚派说这是整个哲学体系的“果实”。伊壁鸠鲁虽然没有这么比喻过,但是正如我们上面的引文中所表明的,他直截了当地指出自然哲学的目的就是人的幸福,否则,理论本身的研究没有意义。这样的断言恐怕比斯多亚派还要极端。当然,为了达到这样的目的,必须对自然进行研究,否则就是迷信了。所以自然哲学——尤其是其中的天文学——也十分重要,在伊壁鸠鲁哲学思想体系中占据了一个突出的地位。伊壁鸠鲁治疗人类“疾病”的方式不是一般的说教,而是另外开出一个完整的世界(观);这仍然属于希腊的理性—德性的大传统。所以,归根结底伊壁鸠鲁的思想是哲学,而不是宗教。

---

① 参见西塞罗:《论学园》第 2 卷,第 30 节。

② 塞克斯都·恩披里柯:《反逻辑学家》第 1 卷,第 14 节。

第二章

标准论(认识论)

伊壁鸠鲁哲学的第一个部门是“标准论”。从拉尔修的记载看,伊壁鸠鲁撰写过专门的关于Canonic(标准)的著作,但是现在已经失传。*Kanon*(“yard-stick”)这个词意味着直的棍子或尺子,用来决定事物的直和曲,从比喻上说指的是任何量度或标准,在晚期希腊哲学中特指真理的标准。① 这个词在希腊化哲学的知识论中与另外一个词“标准”(criterion)几乎是可以交换使用的。所谓“标准”,就是内在的具有可以用来区分其他事物的真与假、好与坏的力量,而自己不再有待于任何更高的权威的裁决。所以,它必须是“自明的”。伊壁鸠鲁派是这么类比的:泥瓦匠或木匠的尺子是建造整个房屋的基础,同样,我们整个思想大厦的正确性也依赖开始时选择的尺子是否正确:

> ……正如在建造一座房子的时候,如果最初的量尺是扭曲的,如果矩尺错了,上面的线不直,如果水平仪的任何部分有一丁点儿的不对,整个房子造出来后必然全盘皆错,歪歪扭扭地倾斜着,这里突出来,那里凹进去,一点也不对称,以至于有的部分看上去马上就要倒下来,有的部分确实倒塌了。这一切灾难都是由于一开始时采用了错误的原则。所以,如果你的推理建立在错误的感觉上,就必然是扭曲的和错误的。②

一个完整的标准论又分为认识论的和实践论的两个方面,即认识的标准

---

① 参见E.阿斯米斯:《伊壁鸠鲁的科学方法》,第19页。

② 卢克莱修:《万物本性论》第4卷,第513—521行。

和选择的标准。认识论的标准决定什么样的知识是真实的,这显然是希腊哲学的争论性和晚期哲学的反思性造成的。伦理的标准是判定什么应当选择,什么应当回避。伊壁鸠鲁的知识论是其自然哲学的基础,而且对于他的伦理学目的也是至关重要的。塞克斯都在介绍不同的哲学家安排哲学的各个部门的顺序的时候指出了这一点:"在对哲学持三分法看法的人中,一些人把自然哲学放在首位,因为它在时间意义上最早——迄今人们还把最早的哲学家称为'自然哲学家'——同时在自然秩序上也占据优先地位,因为我们在考察个别事物和人本身之前首先讨论整体(the Whole)问题更为合适。另一些人以伦理学开始,因为它是更必不可少的主题和产生幸福的学问;……伊壁鸠鲁派从逻辑学开始,因为他们首先阐释'准则',即讨论明白的东西、非明白的东西以及相关联的问题。"①

在我们看来,由于伊壁鸠鲁的思想具有某种"唯识论"的色彩,所以认识论发挥了关键性的作用:什么是真,什么是错,为什么会错,对此的认识和坚持将决定人怎么看什么是好,什么是坏,从而决定了一个人的选择和回避,也就是这个人的一生是否幸福。按理说,这样的标准论属于"元学科",应当独立于自然哲学和伦理学这样的"实质性学科"。但是人们看到伊壁鸠鲁派的习惯却经常是把"标准论"放在"自然哲学"部门中。对此可以有几种可能的解释。第一,也许这是因为伊壁鸠鲁的逻辑学并不发达——伊壁鸠鲁经常因此受到其他哲学家的批评,而伊壁鸠鲁派确实认为真正的智慧没有必要在过于复杂而"无用的"逻辑学上多花工夫;西塞罗记载了斯多亚派对伊壁鸠鲁的批评:"现在再看看哲学的第二个分支:方法和辩证法部分,也即'Logike'。在我看来,你的奠基人是完全缺乏逻辑这种盔甲的。他取消定义,没有任何分类或划分的观念,没有提供任何关于推论或三段论演绎的规则,没有传授任何解决二律背反或者辨别模棱两可的话中的错误推论的方法。"②事实上,伊壁鸠鲁认为科学的任务是发现自然真理,而不是对语言本身进行复杂的无聊游

---

① 塞克斯都·恩披里柯:《反逻辑学家》第1卷,第20—22节。

② 西塞罗:《论至善与至恶》第1卷,第7节。

戏——在伊壁鸠鲁派眼里,亚里士多德的三段论和斯多亚的假言推理大约就是这样的游戏:“你们学派如此强调的逻辑,在他看来无论是作为行为的指南还是作为思想的协助都没有任何效果。”①近代哲学开创者之一的培根就认为形式逻辑是毫无意义的经院哲学,而发现自然真理应当依靠“新工具”——归纳法等。伊壁鸠鲁的认识论已经体现出这种从经验出发的“发现的逻辑”的心向。第二,也许这是因为伊壁鸠鲁自己的认识论即感觉论本身来自自然哲学。感觉的本质只有通过对于我们灵魂的原子结构和对象的原子“影像”运动的理解才能被把握。伊壁鸠鲁派告诉人们,自己学派的开创者相信自然哲学是最重要的:

> 这门学科向我们解释了术语的含义,指称的本质,同一和矛盾的法则;其次,关于自然事实的全面了解使我们摆脱迷信的枷锁,摆脱死亡的恐惧,保护我们不受无知的困扰,因为无知本身往往就是引发可怕忧虑的原因;最后,知道自然的真正要求是什么还能提升道德品质。另外,只要牢固掌握一种井然有序的科学体系,遵守可以说从天上落下来叫所有人都能知道的法则或规范——只要把那种规范作为我们一切判断的标准,我们就可以指望永远坚守自己的信心,不会因任何人的滔滔口才而有所动摇。另一方面,没有完全领会自然世界,就不可能坚持关于我们的感知觉的真理。②

伊壁鸠鲁对标准的总看法是:标准就是“清楚明白”(*εναργους*),就是直接性。所有不明白的知识都必须从明白的事物中推出,并受其检验。这里可以看到伊壁鸠鲁的自然哲学“构造主义”的一般思路。自然哲学在本体论上是从构成单位出发,构造整个事物的世界。在认识中也是一样,也是还原论或构造主义的:寻找基本要素,依赖基本要素,明确谁是派生的,谁是独立存在的,唯有后者才是自明的、不能再还原的、直接的、原初的,从而是不可反驳的。

但是,什么是“清楚明白”的、自明的、确定的?这并不像它表面上看的那

① 西塞罗:《论至善与至恶》第1卷,第19节。

② 西塞罗:《论至善与至恶》第1卷,第20节。

么清楚明白。因为什么是知识的清楚明白的基础,恰恰是希腊哲学一直在争论的重大问题。伊壁鸠鲁所采取的立场是日常的立场:清楚明白的就是感觉和感受;前者是认识的标准,后者是选择时的标准。所以对于伊壁鸠鲁哲学来说,认识论的标准是感觉和概念,而实践的标准是感受;此外,伊壁鸠鲁的标准论中还有一个"前把握观念"(*prolepsis*)的理论。所以,感觉、感受和前把握观念,一般被视为是伊壁鸠鲁的"标准"。不过,在认识论当中,除了感觉和前把握观念,伊壁鸠鲁之后的学派中人可能又添加了一个标准,即"注意"(*epibole*)或思想对于印象的注意。他们显然认为老师讲过这样的意思。朗格说伊壁鸠鲁自己其实没有说过这一标准,而且其原因也是可以理解的:他不希望人们认为可以仅仅通过闭上双眼想象各种印象来检验关于客观事物的理论的真与假。想象过程必须严格从属于直接感觉的标准。①

可见,虽然伊壁鸠鲁哲学不像斯多亚哲学那样特别关心形式逻辑,但是这并不意味着伊壁鸠鲁不关心认识论。实际上,"标准"意义上的认识论对于这一哲学是至关重要的。伊壁鸠鲁在哲学中掀起的颠覆性转向,依靠的首先是新真理标准的建立。什么是"真实"(*ον* 或 *αληθη*)的,哪一种知识是全然正确的,哪一种知识是可能出错的,哪一种是全部错误的,这些认识论问题决定了伊壁鸠鲁所关心的伦理学和本体论问题的解决。

第一节　经验论

伊壁鸠鲁的标准论是经验论,这一点与斯多亚的基本出发点是一致的。伊壁鸠鲁明确以感觉为真理的标准:

> 必须完全遵循感觉,也就是直接印象,无论它是理智的还是其他某种感官的;同样,要遵循直接的[苦乐]感受,以便在遇到有待证明的和不明

---

① 参见 A.A.朗格:《希腊化时期的哲学》,第 90 页。

白的事情时,可以有解决它们的方法。①

感觉所发挥的这一作用具体地讲又可以分为两层:感觉经验首先是清晰明白层次的事物的知识的真假标准,其次是发现和论证不明白层次的真理的依据。夏泊尔把伊壁鸠鲁经验论思想的这一精神表述为:就清晰可见的事物来说,我们应当接受感性证据的检验;就无法被清楚观察到的事物来说,我们应当接受那些没有被感性证据所驳斥的观点,拒绝受到其驳斥的观点。② 根据塞克斯都的记载:

> 伊壁鸠鲁主张存在着两类相互有关的东西,即呈现和意见;其中,他也命之为"明白的事实"的呈现是永远真的。因为正如最原初的感受——即快乐和痛苦——的产生是来自特定的作用者,并且与这些作用者吻合(例如,快乐来自令人快乐的事物,痛苦来自令人痛苦的事物);而且,产生快乐的作用者永远不可能是不令人愉快的,产生痛苦的东西也永远不可能是不令人痛苦的,应当说,产生快乐的东西就其真实本性而言必然是令人愉快的、产生痛苦的事物就其本性而言必然是令人痛苦的;同样的说法也适用于呈现,呈现正是我们的感受,产生各种呈现的作用者总是完全被呈现出来;而且,既然它呈现出来了,就不可能在产生呈现的同时自己的真实原貌却不像它所呈现的那样。③

伊壁鸠鲁认为感觉的可靠性源自于感觉是来自对象的影像这一事实,所以它完完全全地携带来了对象的信息(而没有受到中介的污染)。可以说是对象的"存在"通过知识到达了我们,它当然是"真实"。所以,伊壁鸠鲁即使在各种肯定感性认识的真理性的哲学家中,也是最为极端的:

> 伊壁鸠鲁断言一切感性事物都是真的和存在的,因为说一个事物是"真的"与说它是"独立存在着的"二者之间并无区别。由此同样地,在描述真和假时,他说"处于所说的状态中的事物是真的","不处于所说状态

---

① 第欧根尼·拉尔修:《著名哲学家的生平和学说》第10卷,第38节。

② 参见R.W.夏泊尔:《斯多亚派、伊壁鸠鲁和怀疑论》,第15页。

③ 塞克斯都·恩披里柯:《反逻辑学家》第1卷,第203节。

中的事物即是虚假的"。他认为感官因为感知呈现给它的各种对象,而且由于感官是非理性的,所以既不减删任何东西,也不增加或变换任何东西;因此感官总是真实地报道对象,并且如其本性地真实存在的样子把握存在对象。一切感官对象都是真的;但各种意见则不同,有些意见是真的,有些则是虚假的。①

感性是唯一自明性的东西,也就是不再需要证明的东西。我们有了这样的自明性的东西为基础,才能进一步推理解决其他问题。这是伊壁鸠鲁在论自然哲学的书信中一再强调的:"我们要记住这一原则:在思考中必须时时回归到感觉与感受上,因为这样才能得到可靠的信念。"②这不仅对认识论和本体论极为重要,而且最终影响到伦理学。对于伊壁鸠鲁哲学来说,"标准"(准则)论不仅仅是出于"认识论"的考虑,对于真理的标准的考察也不仅仅是为了理论的发现。人生中的"正当"、"正常"状态——可以据以评判其他状态的标准状态——才是伊壁鸠鲁学派所真正关心的:

我们要关注直接的感受和感觉,无论是人类普遍具有的还是个人独特具有的,关注每一种认识方式(标准)的清晰明白呈现的证据。只要我们时时关注它们,当烦忧和惧怕产生时,我们就能正确地找出其原因并消除之,就能寻找天体现象和常常影响我们的别的现象的原因,这些事情在其他人那里引起了极大的恐惧。③

就认识论本身而言,伊壁鸠鲁的这一思想是在反对希腊哲学的主流的反经验论传统。柏拉图是这样的反经验论的代表。在他看来,"知识"全然是正确的,意见是半对半错的。那么,什么才能配得上"知识"?根据柏拉图,那只能是理念的知识。这样的知识的特点是"清楚明白"的。相反,经验的知识是含混不清的,因为它说不出理据或逻各斯。这种"明"与"不明"的重新定义和颠覆,贯串着希腊哲学认识论。什么是明白的,不明白的?常人认为我们这个世

① 塞克斯都·恩披里柯:《反逻辑学家》第2卷,第1节。
② 第欧根尼·拉尔修:《著名哲学家的生平和学说》第10卷,第62节。
③ 第欧根尼·拉尔修:《著名哲学家的生平和学说》第10卷,第82节。

界是明白的,理论家构造出来的各种对象是不明白的。但是柏拉图认为这个世界是不明白的:是理念的"影子"。所谓影子,乃是一种灰暗不明的、混沌不清之象。① 柏拉图的四线段理论和洞穴比喻都是这种意象在支配着。柏拉图在《高尔吉亚篇》更是公开直接贬低"经验",抬高"技艺";他向修辞术大师高尔吉亚及其众弟子明确地指出:你们如此推崇的修辞术实际上不配称为一种"术"(技艺 *techne*),充其量只不过是一种在奉承讨好中积累起来的"经验"(*emperia*)。②

所以,如果说柏拉图和大多数希腊哲学家可以视为是在颠倒常识对"明"与"不明"的看法,那么伊壁鸠鲁就是把颠倒了的标准重新颠倒回来,明确指出感性的事物是最可靠的、清楚明白的。不过,这样的说法有一个危险,那就是容易让人觉得伊壁鸠鲁不过是常识捍卫者,没有哲学上的深刻性。其实,伊壁鸠鲁对感觉的肯定相当极端,在许多地方都超出了日常人们愿意承认的范围。一个经常被古代人提到的例子就是:伊壁鸠鲁坚持说太阳正如我们所看到的那么大,因为感觉不欺骗我们。伊壁鸠鲁在致皮索克莱的信中讲道:"太阳以及其他星球相对于我们的大小正像太阳显现出来的大小一样。至于它们本身的大小,那可能比看上去的大一些,或是小一些,或是一样。因为我们日常所看到的远处的火也就是这样的。如果人们牢牢遵从明白的现象,一切对此的反对意见都很容易反驳。"③

许多人在攻击伊壁鸠鲁派的时候说它不过是抄袭了昔勒尼派和德谟克里特派,这招致了伊壁鸠鲁派的极度不满。这是有原因的。虽然昔勒尼派确实也是一种感觉论和快乐主义,但是仔细考察可以发现,它的"感觉论"是反对感觉的真理性的,而德谟克里特对感觉的真理性的贬低更是有名的。但是伊壁鸠鲁则相反,绝对肯定感觉的真理性。根据塞克斯都的记载:

---

① 参见柏拉图:《理想国》,510A。

② 参见柏拉图:《高尔吉亚篇》,462 以下。

③ 第欧根尼·拉尔修:《著名哲学家的生平和学说》第 10 卷,第 90—92 节。第欧根尼·拉尔修在此补充说:伊壁鸠鲁在《论自然》中也是这么说的。他说:如果体积会由于距离的加大而减损,那么光亮就更加会如此了。

> 昔勒尼派主张,感受(affection)是标准,只有它们可以把握事物、而且正确无误;但是引起感受的那些东西没有一个是可以把握的或正确无误的。因为,他们说,我们感觉到甜或白,这是我们能够正确无误、且毫无争议地陈述的事实;但是那些引起感受的对象是白的还是甜的,则是不可能断定的。因为很可能一个人被迫由不是白的东西而感到是白色的,或者由不是甜的东西而感到是甜的。因为正如昏晕的人或黄疸病的患者把一切物都感受为黄色的,结膜炎的患者把一切物都看做红色的,把眼睛向边上挤的人得到的是一种双重的印象,疯子看到了一个"双重的底比斯",并且看到了一个双重的太阳的图像;在所有这些情况下,尽管他们所拥有的具体感受(例如具有黄色、红色或者双重事物的感觉)是真的,但是如果断定那给他们带来印象的对象是黄的、红的或者双重的,则是错误的说法……因为发生在我们身上的感受向我们揭示的只不过是它自身。因此,(如果一个人必须说出真相的话)唯有我们的感受对我们而言才是明显的;至于产生感受的外在对象,尽管可能是存在的,对我们而言并不是明显的。这样,尽管我们对我们自己的感受可以进行正确无误的判断,在外在的实在对象方面,我们都是错误的。前者是可认识把握的,后者是不可认识把握的;由于处所、间隔、运动、变化、还有其他许多原因,灵魂非常虚弱,无法辨别它们。①

这些话让我们想到怀疑论在反对感觉的可靠性时所使用的"十式"。所谓十式,就是从各个方面对感觉进行质疑,它的一个基本方法就是把感觉与感觉对立起来,比如用触觉反对视觉:看上去在水中弯曲的船桨,用手指去碰一碰就会发现是直的,等等。伊壁鸠鲁在捍卫感性的真理性上与"反对感觉的感觉主义者"昔勒尼派和怀疑派决裂。为了反击怀疑论,伊壁鸠鲁强调不同感官处理的对象是不同的,所以它们得到的经验材料相互之间不能驳斥。不过有意思的是,伊壁鸠鲁虽然强调不同感官相互独立,不能相互驳斥,但是却又说它们相互之间可以互相支持。只有绝对可靠的、不再有待任何进一步论

① 塞克斯都·恩披里柯:《反逻辑学家》第1卷,第191节以下。

证的东西,才能充当其他东西的"标准"(Canon)。同样的思想在卢克莱修论证感觉作为真理的基础的时候被以更为雄辩和清晰的说法再次强调地表述出来:

你将会认识到,真理的概念首先来自感觉,而感觉是无法反驳的。因为必须存在某种具有更强大的可信性的标准,才能以自身的真实反驳虚假的东西。而如果不是感觉,又是什么东西更能让我们信靠呢?难道从错误的感觉中派生出的理性能够反驳得了这些感觉?要知道它自己完全是从感觉中派生出来的!因为除非感觉是真实的,否则,所有推理都是错误的。耳朵可以裁判眼睛,触摸可以裁判眼睛吗?口中的品尝能够反驳触觉,或是鼻子能打败它,眼睛能驳倒它?我认为当然不是这样。因为它们各自都有独立的功能,自己的独特力量;所以,在确定什么是软的、冷的或热的之时,应当运用一种感觉;而在识别事物的颜色以及与颜色结合在一起的东西时,应当运用另外一种感觉。口中的味道对于一种感官有影响,气味是针对另一种感官的,声音又是关系到另一种不同的感官的。所以一种感觉决不可能反驳另一种;同时,一种感觉也不可能裁判自己,因为它们必须总是具有同等的可靠性。所以,这些感觉在任何时候感到是真实的情况,那就真地是那样的。①

根据第欧根尼·拉尔修的记载,伊壁鸠鲁从几个方面论证感觉的绝对可靠性,认为理性不能反对感觉,感觉之间也不能相互反对:

没有什么能够否定感觉:某个感官的一个感觉不能否定它的另外一个感觉,因为二者的有效性相同:不同感官的感觉也不能彼此否定,因为二者所判定的对象有别;理性不能否定感觉,因为所有的理性都依靠感觉;任何一个感觉不能拒斥另一种感觉,因为我们同样加以注意。我们诸知觉在感知事物上的一致性证实了各感觉的真实性。视觉和听觉相协调,痛觉也是如此。由此我们可知,对于感官所不能达到的事物,我们必须从现象出发加以推理来认识。的确,我们的所有观念都源于感觉,靠着

① 卢克莱修:《万物本性论》第4卷,第478—499行。

直接接触，比较它们，发现其相似性和把它们结合起来，这里也有理性的某些作用。①

为什么伊壁鸠鲁派要如此极端地强调感性的可靠？伊壁鸠鲁的感性论可能是出于几个考虑。首先，反对柏拉图的先验论和宗教的虚构对生活带来的困惑和迫害，强调我们生活在这个世界中，可靠性的依据（标准）只能还原到这里，不许再往后退，否则就会陷入不明白的或者有待继续证明的东西中。其次，伊壁鸠鲁的感性论是为了反对怀疑论对一切事情都进行怀疑的做法，因为那会使人们陷入一片混乱之中。伊壁鸠鲁把这一精神纳入基本要道："我们应当仔细考虑那些实在的目的和清楚明白的事实，所有的意见都应当用它们来检验。否则的话，一切都会混乱难断，充满了纷扰。"（《基本要道》22）"如果一个人反对所有的感觉，那他就没有任何可以据以判定错误的标准了，他甚至无法说哪些判断是错误。"（《基本要道》23）可见，同样都属于"减法治疗哲学"，伊壁鸠鲁哲学在关键的地方是不同意怀疑论的，因为在伊壁鸠鲁看来，怀疑论对感性的可靠性的质疑说到底还是代表了希腊的理论哲学对日常生活的傲慢破坏，这既在理论上是自相矛盾的，又在实践中是十分危险的，使人达不到心灵的宁静。卢克莱修说：

> 而且，如果理性没有办法充分解释为什么一个东西近看是方的、远看是圆的，那么，那个找不到理由的人即使用不正确的方式解释这两种形状，也比让对于明显现象的坚信从你的手中滑离要好，因为否则的话就会打碎所有可靠性的开端，推倒生活和存在建立于其上的一切基础。除非你坚定地相信感觉，避开悬崖和各种必须躲开的危险东西，转而追寻与此相反的东西，你就不仅会使所有推理都毁于一旦，而且会使生活本身立即陷于瘫痪。所以，请相信我，所有那些收集起来反对感觉的语词大军都是在白费力气。②

从学术史上看，伊壁鸠鲁对于感觉的绝对肯定带来了许多理论问题，一直

① 第欧根尼·拉尔修：《著名哲学家的生平和学说》第10卷，第31—32节。

② 卢克莱修：《万物本性论》第4卷，第503—512行。

没有得到最终的解决。从某种意义上说,这反映了在伊壁鸠鲁的原子论体系中有几个潜在的矛盾。第一个问题是:伊壁鸠鲁的两大关注点相互之间是否支持,感性经验是否"反映"和支持本体?伊壁鸠鲁是承认所谓第二性质不属于原子的,这显然不利于支持感性的真理性力量。德谟克里特开始了这一区别:只有原子是真正存在,而感觉只是约定:"颜色是约定的,甜是约定的,苦是约定的,实际上只有原子与虚空。"①作为原子论者,伊壁鸠鲁也必须正视这一问题。克莱强调指出:伊壁鸠鲁哲学的一个深刻悖论是:它的最重要的概念都是关系到不明的事物的("原子"与"虚空"等等)——即并非我们的感官能向我们报告的;但是这些事物又如此重要,以至于唯有它们能够解释感性的世界。② 如果说感性中的第二性质不反映对象的本性,那么"第一性质"呢?所谓"第一性质",指的是形状、充实和不可入性等等。伊壁鸠鲁似乎认为有的感官把握的第一性质依然是主观的?但是触觉具有相当的可靠性。他尽管一方面认为各种感觉相互之间不能驳斥对方,具有同等的可靠性;但是另外一方面,他有时又认为触觉是所有感觉中最可靠的,其他感觉都可以还原为触觉。伊壁鸠鲁的理由是:触觉可以感知物体的本性或者说"第一属性",严格说来,触觉的对象不是物体的属性,而甚至就是物体本身。伊壁鸠鲁的这种想法再次体现了他的唯物主义还原论,希望牢靠地触及实物。

第二个可能的问题是:怎么区分正确的与错误的感觉,怎么区分梦与清醒?伊壁鸠鲁认为所有的感觉都是真实的。但是一般学者可能宁愿这么说:有的感觉正确,有的感觉错误。或者,也可以完全把"错误与正确"提升到判断的层次上,于是应当这么说:所有的感觉都是确实发生的事件,但是都无所谓"对错"。我们看到,为了反对怀疑论,伊壁鸠鲁当然不想选择第一种可能性。而且他的许多做法似乎表明他同情第二种可能性。但是,他似乎又希望讲得比第二种可能性更强烈,他要说所有的感觉"都是真实的",而非"都是无所谓真假的"。这种强说法在后来的注释者当中引起了许多争论,有不少学

① 伽伦:《论医学经验》残篇,转引自北京大学外国哲学史教研室编译:《西方哲学原著选读》,第51页。

② 参见D.克莱:《悖论及其遗留问题:伊壁鸠鲁哲学史三章》,第16页。

者设法为伊壁鸠鲁"圆通"。比如朗格就说,伊壁鸠鲁的意思是对的,因为感觉准确地报告了进入我们感官的对象情况——包括对象与一定的环境的关系,所以感觉是真的。比如一棵树(朗格用的例子是"苏格拉底")看上去近大远小,不说明视觉错了,而说明视觉准确地报道了这棵树——包括它目前与观察者的距离。因此我们不会在"近大"的树和"远小"的树之间感到矛盾。① 感觉之所以没有欺骗我们,就是因为它没有主动增减什么,解释什么,制造什么。感觉是被动的。伊壁鸠鲁派认为,关键在于,我们对于同一个对象的不同感觉确实可以被理解为是来自不同的对象:

> 如果一个呈现来自真实的对象并且与其一致就可以被称为"真的",那么,既然所有的呈现都来自一个真实地被呈现的对象并且与该对象一致,所以,所有的呈现必然都是真的。但是有的人受到了似乎由同一个感觉对象——比如一个可见的对象——所引起的各种呈现中的差异的欺骗,便认为同一个对象显出了不同的颜色或是不同的形状,或是出现了其他某种变动。他们假设道:在出现了如此差异和冲突的呈现中,有一种必然是真的,而源于相反的事物的必然是假的。但是这是愚蠢的说法,这些人的想法说明他们没有充分考虑事物的真实本性。因为——就让我们以视觉对象为例论证——我们看到的不是整个的固体事物,而是它的颜色。在颜色当中,有一部分位于物体上(比如在近距离或是不远的距离下所看到的对象的情况中),另外一部分则外在于物体,并且存在于临近的空间中(比如在远处所看到的事物的情况中)。② 这一在居间空间中变化了的颜色就具有了自己的一个特定形状,于是产生了一个与对象自身的实在本性相似的呈现。因为,正如我们听到的既不是处于被演奏的铜管乐器中的声音,也不是处于喊叫的人的嘴里的声音,而是撞击到我们感官上的声音;而且,正如当在远处听到轻微声响的人走近时听到的是巨响时,我们不会说他听错了;同样,我们也不会说一个人的视觉是假的,因为在

① 参见 A.A.朗格:《希腊化时期的哲学》,第 85 页。

② 伊壁鸠鲁对于我们关于有色物体的印象随着它与我们的距离的变化而变化的解释是:物体的颜色部分地被居于物我之间的空间所吸收了,从而"外在于坚固的"(物体)了。

远处它看到的塔是小而圆的,但是近处看是大而方正的;我们会说的是:这一视觉的报告是真实的,因为当感觉对象对于它显得是小的而且具有某种形状的时候,那个对象就是小的而且具有某种形状,这是由于影像的边界在穿越空气中被磨损掉了;同样,当它显得大而且具有不同的形状的时候,它也确实就是大的和具有不同的形状的,因为两种情况下的对象并不是同一个。①

所以,我们看到的"远处的那棵树",如果走近时看,所看到的树,就感觉而言,与远处看到的感觉确实是不同的,在一定的意义上说确实不是同一个对象。感觉对于它们背后是不是同一个对象,甚至不加判断,而只是被动地接受不同的感觉。"唯有错误的意见才会把近处看到的物体想象为就是远处看到的那个物体。"由于这些原因,呈现都是真的,但是意见并非都是真的,而是有些意见是真的,有些是假的。当意见在感性呈现上添加了或者减去了某些东西时,就会把非理性的感觉弄错。同样的道理也可以解释梦。梦里的感觉感受也是"清楚明白"的,但是显然不是真的。这对于绝对肯定一切感觉的可靠性的伊壁鸠鲁哲学一定是一个难题。不过我们看到伊壁鸠鲁在此依然不退让,甚至说梦里的感觉也是"真实的",因为它能影响我们。对于伊壁鸠鲁,"存在"的标志就是能够发生影响或被影响。柏拉图在《智者篇》中也曾经诉诸这个标志来规定存在。伊壁鸠鲁对于这一"存在"规定性的坚持导致他认为梦里的感觉也是"真"的。但是,与德谟克里特不同,伊壁鸠鲁认为这样的真实性不能夸大到"真实对象"意义上的真,而只是"确实有这样的感觉流(影像)"的真。奥依诺安达的第欧根尼在讨论这一主题的时候多次批评德谟克里特的相关看法。第欧根尼铭文中写道:在我们睡觉的时候,影像还是以同样的方式流向我们,因为此时心灵仍然完全醒着。由于这时候心灵不能认识到感觉的判断和情况,它在继续接受流向它的影像的过程中,就构想一个关于它们的未经检验的错误的意见,就像它真的把握了真实存在的坚实性。第欧根尼于是说:

① 塞克斯都·恩披里柯:《反逻辑学家》第1卷,第205—209节。

> 德谟克里特,和你的论证相反,我们现在说:梦的本质既不是像你说的那样是神给予的,也不是告诫书①,而我说梦的制造者是自然物体,这样,诡辩的话语就被抛弃了。(Smith 编:《伊壁鸠鲁的铭文》,残篇 9)

第欧根尼在讨论幻象时,还指出幻象并不是像斯多亚派哲学所主张的那样仅仅是“心灵的空的想象”,因为幻象能够影响我们。当我们在想象中被剑刺中或者掉下悬崖时,我们也会在恐惧中跳起来。“虽然是在梦中,我们也会像在醒着的时候一样行男女之欢。我们获得的这种欢乐不会因为我们是在睡梦中而不是真的。因此,不能把想象叫做空的,既然它们实际上拥有这样大的力量。”然而另一方面,

> “它们不是空的”并不意味着幻象拥有感觉、理性并且能真的和我们说话,就像德谟克里特设想的那样,因为影像的薄膜极度的精微,并缺少实体构成物的深度,所以它们不可能拥有这些特征。
>
> 因此,这些理论家,斯多亚派和德谟克里特,在相反的方向误入迷途:斯多亚剥夺了幻象所拥有的力量,而德谟克里特赋予它们并不拥有的力量。(Smith 编:《伊壁鸠鲁的铭文》,残篇 10)

第二节　感性与前把握观念

让我们再回顾一下伊壁鸠鲁对于“标准”的表述:“必须完全遵循感觉,也就是直接印象,无论它是理智的还是其他某种感官的;同样,要遵循直接的[苦乐]感受,以便在遇到有待证明的和不明白的事情时,可以有解决它们的方法。”②有的学者提醒我们注意,在这一论述中,伊壁鸠鲁是先提到了概念,然后提到经验。但是第欧根尼·拉尔修对伊壁鸠鲁标准论的表述是先讲经

① 德谟克里特相信梦具有某种神力,并具有预言的作用,对比伊壁鸠鲁派《梵蒂冈馆藏伊壁鸠鲁格言集》第 24 条:“梦既没有神圣性也没有预言能力,它产生于原子影像流入和影响我们的心灵。”

② 第欧根尼·拉尔修:《著名哲学家的生平和学说》第 10 卷,第 38 节。

验,然后讲概念。阿斯米斯(Asmis)认为伊壁鸠鲁自己的表述顺序更符合其原意,因为伊壁鸠鲁在讨论科学研究的方法论,而不是一种证明的理论。① 我们暂且不讨论哪一种看法更合乎事实,而是指出,对于伊壁鸠鲁的认识论来说,"自明的东西"其实有两种,一种是感觉,另一种是"前把握观念"。这是伊壁鸠鲁派在感觉的直接性之外加上的"任何理智上的直接者"。由此看来,伊壁鸠鲁的"自明"(清楚明白)并不一定仅仅限于当下的感性经验,也包括"理性直观"。所谓理性直观,当然也是自明的、不需要论证的。伊壁鸠鲁派认为诸如人人追求快乐、避免痛苦就是这样的自明伦理学事实,根本不需要再"论证"。②

在伊壁鸠鲁的标准论中,最有特色的可能就是这个"前把握观念"的学说了。*Προληψις*(preconception)这个词也可以翻译为"前理解";有时伊壁鸠鲁也用这个词的不定式,更加栩栩如生地表达了积极的思想把握—理解行动。③ 杨适先生把它翻译成"先前储存的观念",并认为国内通常翻译为"预知"(预期)等是对外文照猫画虎的译法,是完全错误的。④ 我们认为杨适先生的翻译法是准确的,符合伊壁鸠鲁使用这一概念的主要宗旨。我们这里之所以没有采取这一译法是因为:第一它还不够凝练,第二它没有体现出伊壁鸠鲁希望用"preconception"表达"正确的概念"的意思。因为先前储存的观念可以对,可以错,但是伊壁鸠鲁似乎更趋向于认为这种东西是不会错的——它的特点是清楚明白,因此它才能充当真理的"Canon"(标准)。当然,伊壁鸠鲁可能会同意存在着错误的前把握观念;但是,这毕竟有悖于前把握观念所应当发挥的"正常"功能。至于"预知"、"预期"等翻译,确实容易误导读者,所以我们这里不取;不过,我们也还是感到,使用这样的翻译的译者可能不仅只是望文生义,而是希望抓住伊壁鸠鲁使用这个词时的某种意图:当我们具有一定的"前

---

① 参见 E.阿斯米斯:《伊壁鸠鲁的科学方法》,第 24 页。

② 参见 E.阿斯米斯:《伊壁鸠鲁的科学方法》,第 37—39 页。不过,当敌手批判伊壁鸠鲁派的快乐主义的时候,有的伊壁鸠鲁派也诉诸论证,来加强自己的观点。参见西塞罗《论至善》34,参见中译本 17。

③ 参见 E.阿斯米斯:《伊壁鸠鲁的科学方法》,第 22 页。

④ 参见杨适:《伊壁鸠鲁》,第 119 页。

把握观念”之后,我们在认识中其实不是完全被动地去“接受”,而总是已经主动地去把握——在预期将要“看到”什么东西了。认识不可能简单地像白板那样被动接受感觉印象,而总是要运用某种“先于”当下经验的观念去理解这些感觉,这个道理用不着等到康德在近代英国经验论之后才提出来,在希腊哲学中就已经是一个普遍被承认的事实。与伊壁鸠鲁同时代的斯多亚学派认识论中就有类似的“把握性理解”的概念,柏拉图的“相”其实也在发挥类似的组织和理解现象的功能。不过,伊壁鸠鲁与柏拉图不同,柏拉图的相的来源是绝对先验的,所以只能靠“回忆”才能获得之(参见《美诺篇》),而伊壁鸠鲁认为自明的观念终究还是来自经验,是储存起来的过去的经验。

从功能上说,前把握观念在认识中发挥作用的方式大致是这样的:举个例子来说,我们来到了一个完全不同的历史时代或文化部落中,看到一个大黑东西,也就是感受到了一些感觉,如色、形;但是尚且没有判定那是什么东西,此时没有任何评判,没有句子。这时的感觉“这大黑东西”当然是真实的,或者正确的,或者无所谓正确与错误的。然后,我们的心灵又有进一步的“动作”——这动作“既与现象一起,又与之有区别”,也就是对这些感觉下判断。判断就是把感性印象与我们的已有观念联系起来,表现为我们说出了关于它的一个词,比如说:“这样形状与颜色的东西是一头牛。”这“牛”便是“前把握观念”。希腊化时期哲学家们喜欢用的例子是:远处走过来了一个人,但是我们看不清楚是谁……走近了,我们才下判断:他是柏拉图。

学者认为伊壁鸠鲁哲学中的“前把握观念”就是伊壁鸠鲁所讲的日常语词。在语言论上,伊壁鸠鲁认为日常词最为清楚,所以他反对辩证法。① 伊壁鸠鲁的经验论的标准论也体现在他的“语言理论”中。伊壁鸠鲁认为理论语词的指称最后要有终止之处。否则,就会陷入无限倒退,从而无法得到确定的检验;要么是遁入空无的胡话,没有意义。在“自然哲学”书信(致希罗多德信)中,伊壁鸠鲁首先提醒的就是这一点:

> 希罗多德,首先要理解词语的所指是什么。这样,当我们需要判断意

① 参见第欧根尼·拉尔修:《著名哲学家的生平和学说》第10卷,第31节。

> 见或是探讨事情或是解决问题时,就可以回溯到这些所指上来决断,从而不至于由于要求无限解释词义而使事情无法决断,或是使用没有意义的空洞词语。每一个词语的基本含义所对应的最先概念都必须是清晰明白的,不再有待证明。这样,当我们在探讨研究、解决问题或评判意见时,就有一个可以回溯的支点[标准]。①

我们的感性认识必须使用语词,从而必须先已经知道了某些观念,否则,无法使用这些观念去命名。在这个意义上,语词必然具有某种普遍性,或者代表的必然是一定的共相。纯粹的私人语言是不可能的。即使是"柏拉图"这样的专名,也使得理解了这个词的人超出了眼前站着的"这团感觉材料集合"。所以,从某种意义上说,这样的观念甚至比起感觉来更加"清楚明白"。假设我们遇上了一群感觉的集合,在没能命名之前,虽然这些感觉生动鲜明,但是我们依然感到茫然。但是,一旦说出这是"牛"或者"柏拉图",一切就豁然明白了。这样的"前把握观念"的可靠性并非为所有的学派所认可。比如,怀疑论就不满地指出,伊壁鸠鲁的"人是这种形状的东西再加上生命"这样的指称定义无法做到清楚自明。怀疑论说,按照这样的定义方式,则"如果被指示的东西是人,那么没有被指示的东西就不是人。而且,这样的指示或者是针对一个男子的,或者是针对一个女子的,或者指着一个老人,或者指着一个青年,或者是塌鼻子的,或者是鹰钩鼻子的,或者是直发的,或者是弯发的……以及诸如此类的各种差别的人;但是,如果指着一个男子说,则女子就不是人;如果指着一个女子说,则男人都被排除了;如果指着一个青年说,则所有其他年龄的人都被挡在人性之外了"。②

这样看来,围绕着知识可以追问三个问题,或问三种"是":第一,这些语词的本质是什么?比如:什么是牛?什么是正义?第二,这些语词—观念是怎么认识到的?它们的真理性(Aletheia)怎么保证?这里的关键问题是:"前把握观念"是否全部都是真的?第三,谁符合这些名相?当我们下判断说"这个

① 第欧根尼·拉尔修:《著名哲学家的生平和学说》第10卷,第37—38节。

② 塞克斯都·恩披里柯:《反逻辑学家》第1卷,第267—268节。

东西是牛"或者"这是个义人"时,判断的真假怎么保证？观念是类别,所以,下判断就是归类。当然,从心理指向上看,归类既可以理解为是找到更大的类,也可以理解为是在限定:这是马,就不是牛,或不是马以外的其他东西。柏拉图哲学的辩证法分析就是讨论和澄清语词。苏格拉底在与人对话时,经常批判一般人混淆这两类知识:"我要问的不是 a 是不是 X,而是 X 是什么。"X 之类的相实际上是一套名(只有知道了名字,才可以称呼,"名之" *ονομαζςον*),也就是意义。(《尤希弗伦篇》中的苏格拉底说:一组事件感觉,如杀人、状告父亲等等,并不是知识,不能规定什么是"虔诚"。知识乃是概念,是"作为虔诚的虔诚"。)这些名词确定了固定的、本质的、区别于其他事物的属性。伊壁鸠鲁的"称谓理论"认为:不是属性,而是属性整体,是称谓的依据。只是从这些属性总体中产生了物体的持久本性。这些属性各自有着独特的被感受的方式,相互有别,但是它们总是伴随着整体,从不与之分离。我们对于一个事物的称呼依据的是对其整体的理解和认识。①

从这样三类问题看,首先伊壁鸠鲁是关心第一类的问题的,即"前把握观念"本身究竟是什么样的知识？事实上,"好"是什么,"幸福"是什么,"正义"是什么,"存在"是什么,对于伊壁鸠鲁的理论来说还是十分重要的知识。如何保证其"真实可信",是得到最终幸福的关键。伊壁鸠鲁有的说法似乎是在说:凡是"前把握观念",就都是真的,因为它们的特征就是清晰明白的,是从经验中积累的。当伊壁鸠鲁用"前把握观念"为标准批评大众的神学的时候,就表现出这种强烈的倾向。但是,承认一切"前把握观念",显然有把人的一切理性观念都说成是真实无误的危险,而这是至少在天文学中允许各种假设存在的伊壁鸠鲁所不愿意冒的危险。所以,伊壁鸠鲁应当认为有的"前把握观念"也可以是错误的。

我们知道,苏格拉底的辩证法的初衷正是出于对日常语言的浑朦、多意、歧义感到不满,而发动了一个离开日常命名体系的古代语言分析运动,比如他对"虔敬"、"正义"、"好"等等的"命名问题"讨论。苏格拉底和柏拉图的哲学

① 参见第欧根尼·拉尔修:《著名哲学家的生平和学说》第 10 卷,第 69 节。

策略正是为一系列关键的伦理语词换上新的意义。亚里士多德记述的苏格拉底在伦理学中的功劳也是开创了语言分析,或者说所谓"在伦理学中首先使用了定义"。与此相比,伊壁鸠鲁的策略则显得是一种日常语言还原论反对人工语言的路线,看山是山,看水是水。在语言起源论上,反对人可以"决定"词义,主张"自然说",指出语言可以人为独创的想法是荒谬可笑的。[①] 伊壁鸠鲁的感觉标准论直接影响到了他对语词来源的看法。他认为语词直接反映着我们的感受:

> 事物的名称并非起源于习俗的约定,而是各个部族在各自的独特感受和感觉印象的推动下,发出特别的声音。因此,人们的发声由于不同感受和印象而不同,并因各个部族居住的不同地方而不同。后来,每个部族都采纳了自己独特的共同语言,以便使相互间的交谈明白通畅并更为简洁。有些发现了无法观察到(或以前未观察到)的事物的人,引入了一些新术语来讨论这些事物;这些词语或是本能地自然发出的声音,或是理性依据表达这类事物的通常方式所选取的声音。[②]

这种语义学说在政治伦理上会发挥相当的作用。比如在谈到"正义"时,伊壁鸠鲁就指出这个词必须反映我们的经验事实,否则就失去了其意义:

> 现存法律中被证明有益于人们相互间交往的,就是正义的法律,它具有正义的品格,无论它是对于所有的一样还是不一样。如果立了一个法,却不能证明有益于人们的相互交往,那就不能说它具有正义的本性。如果法律的被理解为"正义"的那些益处会发生变化,那么,在与先前概念相和谐的那段时间里,它还是正义的,不要被空洞的名词扰乱自己的宁静。"(《基本要道》37)

第二类问题是,"前把握观念"是怎么被我们把握的?伊壁鸠鲁反对柏拉图所认为的在具体的人、马等等之外还独立地、永恒地存在着一层人、马的"相",能被灵魂回忆或先验地认识。作为经验论者,伊壁鸠鲁不会同意柏拉

① 参见 M.S.史密斯:《奥依诺安达的第欧根尼:伊壁鸠鲁派的铭文》,第 142 页。

② 第欧根尼·拉尔修:《著名哲学家的生平和学说》第 10 卷,第 75 节。

图的先验论。伊壁鸠鲁的办法是:经验地解释这些“已有概念”的“是什么”。概念的来源是以前的感觉的重复,其内容也是感觉性的。比如什么是“牛”?就是我们经常遇到的那种具有特定的形状的动物等等。什么是“幸福”?就是我们感受过的那种没有任何痛苦烦恼的快乐等等。这样,伊壁鸠鲁的总原则就是把概念还原为感觉感受。在他的世界中,一切都是简单明了的,或可以还原到简单明了的层次上。所以,日常语词代表着“清楚明白的”认识,是“已经清楚明白的”①。这种把一切概念和理论归结到、落实到经验上的还原论在语言哲学上可以视为一种唯名论,是防止语词独立的。从政治上说,伊壁鸠鲁不会从整体功能的角度认识和理解共相,比如不会像柏拉图那样以整个国家为本位理解“正义”(理想国)。

最后我们要提到,伊壁鸠鲁的还原论是非常唯物主义的,作为原子论的唯物主义,它还应当把一切都追溯到原子论的层面上。那么,什么是“前把握观念”的原子论解释呢?卢克莱修曾经讨论过这个问题,他把它说成是过去的经验在我们的感官和灵魂上形成了一定的“原子通道”。一旦我们有了这样的通道——比如“马”,则当新的马的影像发射到我们的感官时,就能通过这样的通道,从而被我们的灵魂识别为是马。②

第三节　判断与推理

在语词—观念类的知识被获得(被把握)之后,一般的经验知识就呈现为“当下的具体事物是否符合这些观念”。也就是“a 是 X”这样的判断,或把经验归入已有观念的知识。③ 伊壁鸠鲁似乎更关心这样的判断问题。感觉和“已把握的观念”都属于直接的、清楚明白的层次,总是真的,或者说无所谓真

---

① 第欧根尼·拉尔修:《著名哲学家的生平和学说》第 10 卷,第 33 节。

② 参见 R.W.夏泊尔:《斯多亚派、伊壁鸠鲁和怀疑论》,第 19 页。

③ 柏拉图或苏格拉底也会有这样的问题,比如在《欧绪弗洛》中追问的根本问题就是:指控自己的父亲杀人是“虔敬”的行为吗?

假问题。错误只发生在试图把感觉和概念结合起来的判断阶段上,是我们的心灵的添加。用休谟和康德的话说:综合判断总有错误的可能。用亚里士多德的话说:"真实性和谬误性蕴涵着结合和分离。只要不增加什么,名词和动词就像没有集合和分离的思想一样;'人'和'白的'作为孤立的名词,就既不是真实的,也不是谬误的。"①如果在判断中的综合—结合错了,那就成了"假设"或意见(*δοξα*),是"不清楚明白的"。不仅日常经验中我们可以看到这样的错误经常发生,而且在伊壁鸠鲁看来,宗教神话以及其他的哲学——包括过去的自然哲学——都是这样的"假设"而已。大众的迷信神观既然违背感觉经验,违背大众自己的其他前把握观念比如"神应当是完满自足的",就是"自相矛盾"的错误认识。至于伊壁鸠鲁哲学之外的哲学理论,那也全部是虚构的意见而已。

如何决定判断是对是错?作为经验论者,伊壁鸠鲁当然诉诸经验是证明还是否证判断:

> 如果我们没有可以与之进行比较(接触)的东西,那么在画像中看到的或睡梦中出现的景象,还有以其他的方式被心灵直观或感官所把握的印象,就不会与我们称做真实存在的东西相符合。如果我们没有察觉在我们心中有一种与感知活动一起出现、又与之有别的运动,也就不会产生错误。这一运动如果得不到证明或被证明不对,则错误就发生;如果得到了证明或没有被证明不对,则真理就产生。②

也就是说,如果我们不承认存在着感觉等直接的清楚明白的东西,那么"证明"就会陷入无限倒退,没有终止,没有任何踏实的东西,也无法检验不明白者或任何"有待证明者"的对错。当然,这正是怀疑派愿意看到的。但是伊壁鸠鲁在这一点上站在怀疑论的反面,力求找到踏实确定的东西,最反对把正确的和错误的东西混为一谈。伊壁鸠鲁说:

> 所以,判断是"有待证明者"(προσμεινειν),是假设(υποληψσι),从

① 亚里士多德:《工具篇》,第55页。

② 第欧根尼·拉尔修:《著名哲学家的生平和学说》第10卷,第51节。

而还不是清楚明白者,不能在证明之前就直接说成是真实的。“虚假和错误总是发生在对于尚有待证明或尚未被反证的事情仓促发表意见之中,这些意见后来得不到事实的证明或甚至被反证[这些意见是我们心中的某种运动,它与现象联系在一起,但是可以与之区分开来。错误就由此发生]”。①

不过,对于伊壁鸠鲁的经验论不能简单化对待。经验对知识的真理性具有最终的决定意义,这是不错的。但是这并不意味着否认理性在此当中的作用。判断的证明可以分为两个层面,一个是上面说的“归类”或者确定现象世界中的“a 是不是 X”的知识,这已经需要理性的作用比如建立“前把握观念”和把这样的观念运用到感性现象上。进一步,对于伊壁鸠鲁哲学来说,还有更为重要的一类知识,是完全非感性的。虽然感性经验在此依然在发挥证明作用,但是必须结合理性推理的活动,这就是对现象背后的原因进行解释的哲学理论。伊壁鸠鲁哲学的特色是探索亚现象界的原子世界和超出现象界的宏观宇宙世界,这些都属于完全“不明白”的领域,关于它们的知识及其获得的方法论必然会与现象知识及其获得的方法论有所不同。如果说前者的认识样式主要是个例是否符合一般概念,那么后者就是从现象寻找背后的解释。有的学者指出,这里应当体现出日常探询与科学研究的不同。②

总之,伊壁鸠鲁虽然是强烈的感性论者,他的主要研究对象却明白地是“不明白的领域”。谁也没有见过原子与虚空、谁也没有见过无限宇宙和无穷的世界。如果是怀疑论,就要建议对此悬搁判断,不得喋喋不休地谈论了。但是,同样是经验论的伊壁鸠鲁,却认为可以谈,必须谈,否则无法达到幸福或心灵的宁静。而且,原子论对这一“不明”领域所得到的知识是绝对真理,不允许多种可能,必须独断地肯定下来！这是一个感觉无法查知的领域,但是它确实存在,而且发挥着巨大的作用,支配我们的感性世界的现象:“时间和自然无论把什么东西一点点地添加到一件东西之上,使它按照一定的比例成长,我

① 第欧根尼·拉尔修:《著名哲学家的生平和学说》第10卷,第50节。

② 参见E.阿斯米斯:《伊壁鸠鲁的科学方法》,第51页。

们的敏锐感觉再怎么努力都不能觉察到这一缓慢过程。再者,物体由于岁月和磨损而变得衰老,海边的悬崖被腐蚀性的盐水渐渐吞噬。然而它们的每次消损是谁也无法察知的。所以,大自然总是通过不可见的物体进行工作。”①

对于这种“不明白领域”的认识,不能简单地使用“感觉+前把握观念=判断”的认识模式以及相应的真假对错标准。在此,理性将发挥更大的作用,帮助人们认识这个领域中的真理。在上面这段话的后面,卢克莱修在举了这许多例子后得出结论说:“所以,看上去世界上确实没有任何完全坚硬的东西。但是,正确的理智和万物的本性让你跟随我,直到我在诗文中证明许多事物确实由坚固而永恒的物体所组成。”②

对于不明领域的现象原因的研究必须使用理性推理。那么,推理中需要遵守的原则是什么呢?我们看到,自洽原则和类比原则对于伊壁鸠鲁的推理学说十分重要。首先,不自相矛盾是推理的一个重要原则。众所周知,希腊最早强调这一逻辑原则的是巴门尼德。伊壁鸠鲁反对“干预世界的神”的大众概念的依据就是:这与他们自己的神的概念是自相矛盾的。另一方面,与巴门尼德形成鲜明对比的是,“不自相矛盾”的逻辑原则在伊壁鸠鲁认识论中受制于经验的检验。也就是说,就微观世界而言,伊壁鸠鲁的态度也是:不得违背感性的原则。他在“论证”原子世界的各项原则和特征时,虽然承认对原子世界的认识不是靠直接观察,而是靠推理,但是他同时强调这样的认识也不能违背经验的提示(*σημειουθσθαι*)。比如在论证“存在总体由形体和虚空构成”时,伊壁鸠鲁提出的一个论证就是:“形体的存在,这是处处都可以得到感觉的证明的。理性在推论不明白的事物时,必须根据感觉。但是,如果不存在虚空或地方或我们称为‘不可接触的’本性(自然)东西,则形体将无处存在,也无处可以运动,然而很明显事物是在运动。”③最后一句话“然而很明显事物是在运动”可能会令人想到巴门尼德的大弟子芝诺对当时人们用“走来走去”的明显运动反驳巴门尼德否认运动的不屑态度:哲学不能依靠现象观察,必须依

① 卢克莱修:《万物本性论》第1卷,第322—328行。

② 卢克莱修:《万物本性论》第1卷,第498—500行。

③ 第欧根尼·拉尔修:《著名哲学家的生平和学说》第10卷,第40节。

靠逻辑推理。如果“逻辑推理”证明不存在运动,你就是再“走来走去”也没有用。说到底,逻辑可以对抗感性的证据。显然,伊壁鸠鲁代表的正是经验论对这种极端理性主义的断然拒斥。伊壁鸠鲁派把感性经验对于理性认识的制约作用进一步分为几种:“得到事实肯定的验证”,“未被事实所否定的验证”,“与事实冲突的验证”,“未被事实所肯定的验证”:

> “被事实肯定的验证”就是通过感性证据确切把握这一点:我们对其持有某种意见的东西确实就是我们的意见所认为的那样;比如,当柏拉图从远处走来时,我因为太远,只能猜测和提出一个意见,说那是柏拉图;当他走近了,他是柏拉图的事实就被进一步证实了,因为距离缩小了,而且得到了实际的感性证据的确证。“未被否证”指的是所假设的关于不明白的事物的意见与明显的事物相一致,比如当伊壁鸠鲁说虚空——这是一种不明白的事物——存在时,这得到了一个明显的事实即运动的支持:如果虚空不存在,运动也就必然无法存在,因为运动的物体将没有处所可以穿越其中,所有的一切都紧密充实。所以,既然运动存在,明显的事物就没有对关于不明白的事实的意见提出相冲突的验证。“与事实冲突的验证”与“未被否证的验证”是相互冲突的验证,它是由明显的事实和被假设的不明白的事物联合起来的一种反驳——比如当斯多亚说虚空不存在时,断言了某种不明白的东西;人们在反驳这一假设的事物的同时,必然联合在一起反驳的是一个明白的事实,即运动;因为如果虚空确实不存在的话,根据我们在上面提出的论证,运动也必然不存在。所以,同样地,“未被事实所肯定的验证”与被事实确定的验证是相反的,因为这指的是:来自感觉证据的印象证实了我们对其持有意见的事物并非我们的意见所设想的那样;比如,当一个人从远处走来的时候,因为距离远,我们只能猜测他是柏拉图;但是当距离缩短后,我们从感觉证据中得知他不是柏拉图。这样的意见就是未被事实所确定验证的;因为我们对其持有意见的东西并没有得到明显的事实的确证。所以,被事实确定的验证和未被事实否证的验证构成了一个事物的真理的标准;但是未被事实确定的验证和与事实冲突之验证则构成了该事物的错误性的标准。总之,所有这

一切的基础和根基都是感性事实。①

经验论在理性中发挥作用的另外一个例子表现在伊壁鸠鲁哲学对于类比推理的重视。作为对不可知的事物进行"发现"的方式,通过熟悉的东西对不明白的东西进行类比,是伊壁鸠鲁和卢克莱修反复使用的重要手段。从某种意义上说,这也是在提示人们:科学认识中的想象力可能是更为重要的素质。卢克莱修在证明原子论的各项真理时尤其发挥了他的诗人宏大细腻的想象力的特长,给人一再留下深刻的印象。比如他在论证原子的存在即"万物不能从无中创造出来,当它们毁灭时也不会复归于无"的原则时,提醒读者想想我们关于"风"的体验,就会明白并非一定要看得见的东西才存在。有的东西虽然无法看见,但是人们还是必然会承认它们的存在的:

> 大风呼啸而起,击打着海面,掀翻巨大的船只,吹散天空的乌云。有时迅猛的旋风在平原上席卷而来,一路遍撒大树;有时狂风在高山上疯狂肆虐,抽打着山上的树木。飓风咆哮起来,如此狂暴,如此凶残,如此蛮横,威猛无比。所以,毫无疑问,一定有某种不可见的风的物体在席卷着海洋、大地和天上的乌云,剧烈地击打它们,将它们卷进巨大的旋涡之中。风的奔涌和破坏方式就和水一样。水虽然宁静柔和,但是一旦暴雨如注,滔滔的洪水就从高山上滚滚流下,河水顿时波涛汹涌,冲走了林子里的断枝残木或整棵的大树。坚固的桥梁也无法承受奔涌而来的洪水的迅猛袭击;汹涌的江河在暴雨推动下翻腾向前,直冲桥墩,轰然毁灭一切。巨浪推走巨大的岩石,冲毁挡在它面前的一切东西。巨风的刮过也是如此。它就像一条汹涌的大河,当它急速往某个方向冲去时,会频频发起攻击,冲毁和推开一切挡在前面的东西,并且不时地将许多东西抓进巨大的旋涡,裹入迅猛的龙卷风,吹向远方。因此我再一次重申:存在着不可见的风的物体,因为它们的力量和作用方式绝对不亚于大江大河,而江河之水则是可见的物体。②

巴门尼德会把这样从经验类比得出的宇宙本原知识说成是"意见之路"

① 塞克斯都·恩披里柯:《反逻辑学家》第1卷,第211—216节。

② 卢克莱修:《万物本性论》第1卷,第271—297行。

上的知识,因为类比推理缺乏演绎推理的严格性,得不出绝对真理,得出的只是各种或然性知识。值得注意的是,伊壁鸠鲁虽然使用类比推理,但是他特别强调他关于原子和虚空的微观世界自然理论具有唯一真理性,绝不允许考虑其他哲学家或自然哲学的解释是否有正确的可能。与此形成对比的是,就宇观世界而言,伊壁鸠鲁有一个引人注目的特点:一方面他也讲不得违背感性的理性推理;但是另一方面,与原子世界不同,天象的知识作为从切近日常生活现象类比而来的知识,是不确定的或然知识,这里的各项理论都只作为“假设”提出。伊壁鸠鲁在天象学书信中反复强调不要固守一种解释而排斥其他解释。只要不启用宗教解释,什么都可以:

自然的研究不能依靠空洞的假设和习俗传统,而应当遵从事实的自然启发。因为非理性的和空洞的意见对于我们所需要的无烦忧的生活毫无帮助。万事万物在连续不断地发生着,它们可以以多种方式加以解释,只要与现象一致就行。各种理论都是或然性的。如果有人在这些与明白的现象同样一致的解释中挑出一些,排斥另一些,那他就明显已经背离了自然研究,掉进了神话的泥坑。①

于是,我们可以发现伊壁鸠鲁讲的“不明白的东西”有两类,或者有两层“不明白的”领域。怎么区分它们呢?一种可能是:如果说原子和虚空是原则上不可观察到的话,天体之类也许只是暂时没有观察到,但是不是原则上无法观察到的不明事物。这也许可以解释伊壁鸠鲁对于它们的不同态度。研究者当中有些人比如 Bailey、Rist 等就是这么看的。不过,也有人比如阿斯米斯却不同意,他认为这两类东西没有根本的差异。对于古代人,它们都是永远无法观察到的。这么一来,原子和虚空也没有那么强的确定性,也是各种可能真实的东西之一而已。② 我们认为,从理论上说,阿斯米斯的观点当然有道理。如果不拓展我们的生物学认识器官,这两种不明白领域都是无法认识的;一旦拓展之后,原则上它们都会暴露在我们的眼前。不过我们还是要看到,这么想问

① 第欧根尼·拉尔修:《著名哲学家的生平和学说》第 10 卷,第 37 节。

② 参见 E.阿斯米斯:《伊壁鸠鲁的科学方法》,第 194 页。

题与伊壁鸠鲁的伦理目的不符合,过于接近"经验科学"的态度(一切理论都是有用的假设而已);而从伊壁鸠鲁的伦理目的出发,他需要稳定的原子论,同时又需要在天象解释上反对宗教一元论,故而就必须区分两类不明白事物的知识,区分绝对真理与相对真理。

总结以上的讨论,如果我们按照绝对真理与相对真理的程度看,不妨把伊壁鸠鲁讨论过的知识分为以下几种,它们的真实程度不一样:

1. 日常现象中:感觉加"前把握观念"的归类判断。它们所依据的感觉和"前把握观念"是真理性的"标准"(Canon)。这种自明的"正确"性来自它们是直接呈现,是完全被动的,尚无任何人的主观判断介入,所以严格地讲也可以说这里无所谓对错。

2. 微观本质领域——不明白的领域——中:对事物原因的解释的理论,比如原子与虚空的知识。这是唯一正确的绝对真理知识。标准是合乎逻辑而且不与现象冲突(或得到了经验的证明)。

3. 宇观世界——也是不明白的领域——中:关于天象的原因的解释。这个领域的知识应当类比于日常现象界得出各种解释性假设;它们虽然不是唯一正确的知识,但是都是有益的、可能的假设,只要它们与经验不冲突。

4. 生活的、伦理的知识,符合上述自然知识(第二项),也属于"唯一正确的"知识。事实上,伦理标准是认识论的最终极的标准,如果不能有助于幸福的生活,则即使通过了前面几条标准检验的知识也必须取消。

与上面4种正确知识相对应,人们也可能犯几种可能的错误,这些错误不仅值得人们在认识论上警醒,而且也是在伦理学中应当避免的:

1. 日常现象界中,由于种种原因,比如由于"影像"在到达我们的路途中的损失,由于仓促下判断,未得到经验的证明或得不到证明的意见。

2. 本质领域中,不合逻辑而且与经验现象冲突,比如其他的自然哲学的观点,其中著名的有德谟克里特的"巨大原子"的观点就是违背经验的观点。

3. 宇观现象界中,坚执一种原因的解释、必然性的独断以及宗教迷信的看法。

4. 生活伦理中,各种不合逻辑、迷于空洞观念的意见。

第三章

自然学说

从本体论上说,伊壁鸠鲁的原子论所传承与发展的是德谟克里特路线的自然哲学。这种自然哲学也是希腊智力在追寻万物“本原”上的一场充分淋漓的大表演;与柏拉图—亚里士多德路线相比,虽然它是质料因—动力因方面的智性探寻,但是从理性力度上说它一点也不逊于形式因和目的因方面的智性探寻。虽然它总体来说是一种经验论哲学,但是它决非一般人想象的“常识”。它完全靠思辨和类比,却深入到经验背后的非感性领域中,严整而系统地论证了一个“本质世界”,使自然哲学的这一路线走到了它的逻辑上的最高顶点。与今天的科学量子力学相比,伊壁鸠鲁的原子论具有更加强烈的思辨性,没有任何实验仪器的帮助;虽然具体结论上与量子力学不尽相同,但是在基本思考方向上有许多惊人的相似,而且自成体系,得出了一个远远超出日常经验之上的一个精美全面的宇宙景观。无怪乎原子论哲学家大多具有很强的智力优越感:我们知道大自然的奥秘,大众不知道。如果说“物理学”是今天大多数人的常识,那么当时只是少数学者的特权。而且,因为自然学者知道千变万化的世界居然只是由很少的几个原则组合而成的,它可以借助逻辑以尽量少的原则说明尽量多的事情,这就更增加了“掌握奥秘”的奇妙感觉。进一步说,掌握了这些原则,哲人就可以说掌握了过去、现在和将来的世界发展的整体知识,几乎具有了类似于德尔菲的太阳神的预言能力! 事实上,伊壁鸠鲁是把自己视为太阳神的。与现代大多数物理学家或者懂得物理学的人不同,古代原子论者强烈感到自己在具有了这样的世界本质知识之后,整个人生态度应当发生根本性的巨变,而非依然浑浑噩噩地在日常世界中随波逐流。卢克莱修在其《万物本性论》的序诗中赞扬伊壁鸠鲁时就表达出了这种感受:

> 他渴望在所有人当中第一个砸开自然奥秘之门的门闩。他心灵的强大力量战胜了一切;于是他远远地越过了熊熊燃烧的世界之墙,在思想和想象中走遍了整个广阔无垠的宇宙。然后,他带着战利品凯旋。
>
> 这就是关于什么能够产生,什么不能产生的知识,也就是关于万物的力量限制及其深埋不改的界碑的道理。于是,迷信的威风被横扫在地,踏在脚下;而人类的地位则被这一伟大的胜利凌霄举起。①

一般古代自然哲学家都认为我们的世界被"火墙"所包围着,这就是那星空闪闪发亮的天穹。卢克莱修认为伊壁鸠鲁走出了"火墙",认识到宇宙并非仅仅就是我们这个世界,还认识到许多前所未知的自然知识。所以,伊壁鸠鲁的自然哲学不是现代人理解的简单的"科学",而是哲学。这也是青年马克思所敏锐地看到的。理论在生活中的意义,对于伊壁鸠鲁来说是不言而喻的。这样的原子论不是出于整个自然哲学传统的"解释世界"的中立性好奇的动机,而是为了对人的本体疾病进行治疗。柏拉图、亚里士多德一贯把自然哲学当做纯粹知识即哲学旨趣的典型代表,苏格拉底因此离开自然哲学,转向"人学"(参见《菲多篇》中苏格拉底的思想自传式的回顾);亚里士多德在说哲学起源于"惊诧"时,心中想到的人物一定是热爱天文学的自然哲学家泰勒斯。但是,对于在科学性上有极高水平的伊壁鸠鲁原子论来说,哲学与其说起源于"惊诧",不如说起源于"惊怕"。伊壁鸠鲁的基本观察就是:"如果不清楚地认识整个自然,一个人就不能在最关键的事情上消除恐惧,就会生活在神话造成的惧怕中。所以,如果没有自然科学的话,就不能获得纯净的快乐。"(《基本要道》12)理论于是首先应当服务于消灭恐惧的目的。我们在原子论的所有论述中都将感受到这一伦理目的在发挥作用。比如原子论的第一信念——万物的本原永久存在,就不仅仅是为了满足巴门尼德的"逻辑一致"之标准,而且是为了反对神的任意创造本领的可怕。伊壁鸠鲁的"实用主义"理论观有

---

① 卢克莱修:《万物本性论》第1卷,第73—79行。

时甚至会以极端的方式表达出来：

> 如果天空中的怪异景象不会使我们惊恐，死亡不令我们烦恼，而且我们能够认识到痛苦和欲望是有界限的，我们就根本不需要自然科学了。(《基本要道》11)

第一节 原子与虚空：双本原

伦理目的的支配性并不意味着理论上的随意。为了真正在伦理上令人心悦诚服，需要在理论基础上有令人无懈可击的确切真理的支撑。为了保证原子论的严密科学性，伊壁鸠鲁在对自然哲学的研究和阐发中贯彻了某种公理化思维，即“从最少的、基本的、自明的真理出发构造一切”。他的“纲要”式的写作也建立在这一思路的可行性上。伊壁鸠鲁在自然哲学上的“公理”(要点，elements)有10条或12条，因为从所存留的伊壁鸠鲁书目看，他有一本《十二公理》的著作。目前留存下来的《致希罗多德信》也蕴涵了这些要点。许多学者在研究后指出，卢克莱修的《万物本性论》的前两卷将这些公理全部包括在内。这两个文献可以对照起来看：

1. 无物从无当中生成。(《致希罗多德信》38.8—39.1；《万物本性论》第1卷，145—150，159—160)

2. 无物会变为无。(《致希罗多德信》39.1—2；《万物本性论》第1卷，215—218，237)

3. 宇宙过去如此，现在如此，将来也如此。(《致希罗多德信》39.2—5；《万物本性论》第2卷，294—307)

4. 宇宙由物体和虚空构成。(《致希罗多德信》39.6—40.2；《万物本性论》第1卷，418—428)

5. 物体是原子及其构成物。(《致希罗多德信》40.7—9；《万物本性论》第1卷，483—486)

6. 宇宙无限。(《致希罗多德信》41.6—10；《万物本性论》第1卷，958—

964,1001)

7. 原子在数量上无数,空间无限延展。(《致希罗多德信》41.11—42.4;《万物本性论》第1卷,1008—1020)

8. 相似形状的原子数量上无数,但是其形状的变化只是不确定的,并不是无数的。(《致希罗多德信》42.10—43.4;《万物本性论》第2卷,522—527)

9. 原子不断地运动,其运动方式有两种。(《致希罗多德信》43.5—44.1;《万物本性论》第2卷,95—102)

10. 原子与感性物体只有三种特性是共同的:形状,重量,体积。(《致希罗多德信》54.3—6;《万物本性论》第2卷,748—752)①

这些公理反映了原子论的基本原则。正因为上述对应的存在,我们在下面的阐述将结合伊壁鸠鲁留存下来的文献和卢克莱修的《万物本性论》,这也是西方学者的通常做法。我们对伊壁鸠鲁原子论的自然哲学的阐述将分成几个方面展开:原子与虚空的证明、灵魂、神、影像、天文学、宇宙演化论;我们将看到这些公理是怎么确立的,并且如何进一步推导出其他理论。我们在讨论中会不时与柏拉图和德谟克里特的理论进行比较,由此可看到伊壁鸠鲁原子论的独特之处。

一 原子的证明

伊壁鸠鲁自然哲学的公理性第一原则是:无物从无当中生成;无物会变为无。由此可以得出:物体在毁灭中不会完全消散为无,必然有不可毁灭的元素留存下来——这就是原子。“元素”(*stoicheia*)是不可分者,这在语法家分析不可分的元音等时就体现出来。这样的语言元素可以“组合”(*sundesma*)出音节、字词、句子和所有的长篇大论。这对于原子论显然有很大的启发。实际上卢克莱修使用了语言的例子来说明原子论。

一切物体类的事物,或者是原子,或者是由原子构成的混合物。其中,唯有原子类的物体才是真正的“坚实存在”,因为它当中不包含任何空间,所以

① D.克莱:《悖论及其遗留问题:伊壁鸠鲁哲学史三章》,第12页。

不可再切分,不可改变,也就不可毁灭,所以永恒存在。而组合的物体没有这样的永恒性和坚固性。唯有不能再分割和变化的(Ἀτόμακαιαμεταβλητα)、从而也就是不会毁灭的最小物体才是宇宙万物的本原:

> 在物体当中,有的是组合物,有的是组成组合物的元素;元素是不可再分割(atoma"原子")和不可变化的,只有这样,万物才不至于毁灭为无,组合物在瓦解后还会有些东西能够保存下来。这种原子具有"充实坚固"之本性,无处消灭,也无法消灭。因此,本原必然是不可分割的、物体性的东西。①

我们在这些推理的背后可以隐约看到巴门尼德原则。巴门尼德"存在就是存在,不存在就是不存在,存在不能变为非存在"的原则作为思想的基本公理提出后,对后来的希腊哲学史的发展影响很大,不仅柏拉图路线以抽象范畴为中心的哲学感到其约束力量,而且自然哲学家也感到其压力不可轻易忽视。只不过大家都在思考不同的出路,以便既不违背这一原则,又绕过去解释运动和非存在的"存在"。伊壁鸠鲁之所以相信"原子",也受到了这一原则的影响:"存在"不可能真的变化为"无";变化中应当有不变的东西。

但是,伊壁鸠鲁的特点是不仅仅从逻辑上断言这一原则,而且对它采用经验的证明。他使用的是归谬法:必然存在不可再分解的基本物质元素,否则的话,万物既然能够消解为无,则同类的事物的再次出现就是从任何其他事物中生出来的,而不需要特定的种子,这显然是荒谬的;或者,万物既然会消解为无,那一切事物就完全可能都早已消失殆尽,但是这显然也与经验不符合。所以结论是:总要有某种持存的东西存在。

> 我们现在应当对不明白的事物进行一个总体的考察。首先,没有任何东西可以从无中产生。否则,一切东西都可以从任何其他事物中产生,而不需要[相应的]种子。再者,如果事物的消失意味着毁灭为无,那么世上的所有东西早就会消失了。然而,事物的总体过去一直是现在这样,而且将永远是这样,因为在事物的总体[宇宙]之外不存在它可以变化到

① 第欧根尼·拉尔修:《著名哲学家的生平和学说》第10卷,第41节。

其中的别的东西。因为在事物的总体之外什么也不存在,从而也就没有东西可以侵入总体并引起变化。①

这种论证方式的核心就是,对于本体界的认识也要符合经验论的标准(Canon)。感觉现象证明并保证着本体界中原子的存在。注意:这样的经验论归谬法是巴门尼德所不能同意的,因为巴门尼德的原则是:仅仅听从逻辑理性的推演结论。如果经验现象不符合理性的结论,则经验事实就是错的。所以不能以“是否符合经验”来检验理论上的对错。由此可见,在自然哲学中以特别强调感性经验著称的伊壁鸠鲁与巴门尼德—柏拉图路线的理性论之间存在着深刻的差异。正因为伊壁鸠鲁派承认并强调经验证明对于获取真理性知识的巨大作用,对细节特别敏感的诗人卢克莱修有了施展手脚的巨大空间,他在论证“有无不可互生”的时候几乎是喷涌一般地吐出了一长串“现象观察和证明”:

如果无中能够生有,那么各种东西都能从所有的东西生出来,一切东西都不需要种子就能产生。首先,人类将从海洋中诞生,有鳞的鱼将在地上生长;鸟儿也可以从半空中孵化出来;家畜和一切野生动物也将遍布于所有的贫瘠沙漠和富饶土地,物种的生育繁殖将毫无规律。树木也不会固定不变地结出同一种果实,而是任意交错地长出别种树上的果子。如果不是物按其类地生长发育的话,那万物何以会各自有其固定的母亲?但事实上,每种东西都产生于其固定的种子,每种东西由之而生、由之而出现在阳光底下的本源正是它自己的质料和原初物体。这样,就不可能从任何东西都能生成其他任何东西,因为在每一种东西中,都蕴涵着独特的力量。

还有,为什么我们总是看到春天玫瑰花开,夏天稻谷长穗,秋天葡萄成熟?要不是因为它们各自固定的种子在适当的节令由肥沃的土地孕育、生长并最终出现在光天之下,要不是这些条件的综合作用,万物如何能在一定的时令显露其自身?反之,如果万物能从无中产生,那它们就将

① 第欧根尼·拉尔修:《著名哲学家的生平和学说》第10卷,第39节。

> 毫无规律地在反常的季节骤然生出，既然节令的不合已经无法制止原初种子为了生育后代而结合。
>
> 还有，如果无中能够生有，那么种子的结集和万物的生长就都不再需要适当的时间，婴儿将在眨眼之间长成年轻人，大树也会突然破土涌出。但是很显然，这类的事情从未发生，因为万物总是从特定的种子逐渐地慢慢长大，并且在成长中保持各自的种性。由此你就可以推断，每一种东西都是从它们各自适当的质料中生长和得到营养的。①

卢克莱修的这些论证中有几个特点值得我们注意，第一，这种令人叹为观止的滔滔雄辩既反映了他个人的敏锐观察和诗人力量，也反映了伊壁鸠鲁派在伊壁鸠鲁之后几百年里积累的“武器库”。在希腊化罗马哲学各个流派的哲学家中，比如怀疑论的塞克斯都和斯多亚派的塞涅卡的著作中，我们都可以观察到类似的特点。虽然各个学派的创始人所提出的原则和论证框架是简单的，但是环绕此进行论证的论据在漫长的岁月中越集越多，日益庞大。第二，这些诗意的感性比喻中其实表达的都是一个个严谨的论证。所以，伊壁鸠鲁的哲学并不像它看上去的那样只是死记硬背的信条，它是依靠理性和经验论证的。第三，卢克莱修的表述突出了原子论希望证明的到底是什么。一般来说，它似乎是要证明类似于“物质不灭”这样的定理，即物质不可能在变化中完全消失于空无之中，总有“某种东西”、某种坚固的东西留存下来。奥依诺安达的第欧根尼铭文中说：

> 既然第一物体不能被任何东西破坏，无论是人还是神，那么只能得出结论，这些东西就是不灭的，超越了必然性②的影响。因为如果他们也按照必然性被灭亡而变成非存在（那么所有的东西都将被毁灭）。③

变化的基础总是从有到有，从质料到质料。宇宙的质料是永恒的，作为总

① 卢克莱修：《万物本性论》第1卷，第159行以下。

② 这里的必然性不是指决定论者所说的那种必然性，伊壁鸠鲁与德谟克里特不一样，他完全反对那种决定论的必然性。这里的必然性是指由原子构成的物体必然会灭亡的这个自然规律。

③ 奥依诺安达的《第欧根尼铭文》，残篇8。

体的宇宙是不变的——尽管其中的具体事物变化“生灭”不止。这样的思想柏拉图和亚里士多德也不会反对。但是,原子论认为以上证据还进一步证明了:特定的种子必然留存下来,而且会产生特定的新存在。所以,伊壁鸠鲁和卢克莱修称呼根本本体的词语经常是“种子”、“始基”、“元素”等,而不是“原子”:“我将向你揭示万物的始基——自然用它们来制造、繁衍和养育万物,并且当万物分解之后,又复归于始基。在哲学讨论中,我们习惯于将它们称为质料、产生万物的物体或万物的种子,也可以把它们称做原初物体,因为万物都是由这些同样的最初元素而构成。”①这就与一般的巴门尼德原则不同了,它蕴涵了某些进一步的哲学原则,比如首先,这些种子不是一般而言的原子,而是特定的原子。用亚里士多德的术语说,这已经不是质料,而是已经有了形式的质料。柏拉图—亚里士多德派的思想家可能会说伊壁鸠鲁的思路不合逻辑:“形式”的来源还没有得到说明,怎么就先设定了?普罗提诺就论证过:彻底的质料必须不仅不得有颜色、冷热这些属性,也不可认为有轻重、稠稀,甚至不能说它有形状和大小。质料必不是复合的,而是单一的,在自己的本性里是同一的,这样它才可能全无性质。是形式为质料带来了一切,因为形式原本就拥有一切,有大小以及一切与之相随并由形式原理引起的事物。性质已经是一种理性形成原理了,数量也是,因为数量就是形式、尺度和数目。这一切,都不能由质料方面解释。②

然而,原子论者不会认为自己的论证有什么不对的地方。在他们看来,原子—质料是内在地具有形式的。③ 因此,他们根本就没有打算接受被柏拉图—亚里士多德路线的哲学家视为公理的“毫无一切属性”的、作为“未限定性”的质料。那样的“质料”与其说是实存,不如说是一种范畴,是表征着“差异”(otherness)的思想范畴。人们甚至无法清晰地思考这是“什么”。如果说伊壁鸠鲁学派的“原子”的根本特征是存在即“充满”,那么柏拉图路线的“质

① 卢克莱修:《万物本性论》第1卷,第55行以下。

② 参见普罗提诺:《九章集》2.4.8。

③ 这一看法被夏泊尔所强调,参见R.W.夏泊尔:《斯多亚派、伊壁鸠鲁和怀疑论》,第34—36页。

料”的根本特征却是非存在即空，是接受一切实存的容器，而且一切实存事物进入质料后，不会影响它。这样的描述更让人们想到伊壁鸠鲁哲学体系中的“原子”的对立面——“虚空”。普罗提诺在专门讨论“无形体之物的不受影响”的文章中论述了质料的这一特点，他说道：

> 质料就是非存在，它在任何影响之外。我们知道，质料是无形体的，因为身体是后来形成的，是复合物……质料不是灵魂，不是理智，不是生命，不是形式，不是理性形成原理，也不是界限——它就是无界限性；质料也不是力量——它能创造什么呢？它既在这一切之外，当然就不能冠以是的名称，而应称之为非是，这才是恰当的称号……其本身不可见，任何看它的努力都是徒劳无益的，它只在不看它的时候才出现，若要看它，无论如何贴近，都不可能看见它……因此凡是看起来是它所有的，全不是真的，只是幻影中的幻影，就像镜像，与其真身完全是两回事。它看起来是充满的，其实却一无所有，唯有假象。“真正的存在者的肖像进去又出来。”影子进入一个无形式的影子，正是因其无形式才显得可见。这些影子似乎作用于它，其实却一事无成，因为它们像幽灵一样，虚弱没有力量；质料对它们也没有推力，它们只是轻轻滑过，如同掠过水面，没有留下任何痕迹，或者犹如有人放映影像，我们看到的只能说是虚幻的影子。①

相比之下，原子论的原子完全不是这样的“质料”，而是以“能够发挥作用和被作用”为特征的存在，因为原子已经有确定的属性。卢克莱修在《万物本性论》中多次把充满原子的大地称为万物的“母亲”，但是，普罗提诺虽然知道许多人比如柏拉图也比喻质料为“母亲”，却感到这个比喻不妥，也许“容器”之类的比喻更好：

> 因此，“容器”、“保育员”这样的词对它比较适合，而“母亲”只能用做一种表达方式，因为质料本身不生产任何事物。但是有些称之为“母亲”的人认为，母亲相对于孩子来说具有质料的位置，因为她只是接受

---

① 普罗提诺：《九章集》，3.6.7。

[种子],对孩子没有任何贡献①,因为凡出生之孩子的身体都由食物而来。如果母亲确实对孩子有所贡献的话,不是因为她是质料,而是因为她还是形式,须知,唯有形式才能生产孩子,质料是不育的。②

事实上,我们可以看到伊壁鸠鲁和卢克莱修都是首先论证了“特定种子”的不可更改,然后才论证其“不可分”(atom)的特点的。其次,伊壁鸠鲁派在“原子论”原则下表述的就不仅仅是逻辑不矛盾,而且是某种“充足理由律”意义上的直觉。③

最后,伊壁鸠鲁派对原子永久存在的信念不仅是为了论证“物质不灭”或“充足理由律”,而且更重要的是为了伦理上的目的。卢克莱修在开始对原子论的正式介绍和论证时,提到的不是巴门尼德原则或经验论原则,而是反对迷信的总目的:

所以,心灵的恐惧与忧郁必定烟消云散,这并不是被耀眼的阳光和白昼的明亮所驱散,而是被自然的本来面目和法则所破除。我们研究的第一准则来源于这一原理,即永远不会有任何事物会被神力从无中产生。凡人之所以被恐惧所控制,是因为他们看到了天上和地下发生的许多事情,却完全不理解它们的原因,结果就认为它们是神的力量所造成。然而,一旦我们认识了无中不能生有这一道理,我们就将据以更加准确地理解我们所寻求的解释,包括万物从中产生的源泉以及与神的作为毫无关系的发生方式。④

二　虚空的证明

虽然伊壁鸠鲁原子论认为物体的根本基础是原子,但是他并不认为原子是唯一的本体或者“独立的存在者”。独立的自身存在者除了原子,还有虚

① 这种观点盛行于公元前5世纪的希腊,阿那克萨戈拉和其他人都持这种观点。

② 普罗提诺:《九章集》,3.6.19。

③ 参见A.A.朗格:《希腊化时期的哲学》,第26页。

④ 卢克莱修:《万物本性论》第1卷,第146行以下。

空。所以完整的伊壁鸠鲁本体论原则是:“存在的总体”可以分为两种——物体和虚空。对于“虚空”的本体性地位,也是用理性加感性的方式证明的:

> 其次,存在总体由物体和虚空所构成。物体的存在处处都可以得到感觉的证明。理性在推论不明白的事情时,也必须根据感觉。然而,如果不存在“虚空”或“地方”或我们称为“无法接触者”的东西,则物体将无处存在,也无处可以运动;然而,很明显事物是在运动的。①

虚空的存在并非容易证明的事情。如果说巴门尼德未必会接受“原子”(因为原子类的永恒存在是“多”,而巴门尼德的存在是“一”)的话,那么巴门尼德肯定不会接受“虚空”。虚空或者完全的空,就是“无”,而巴门尼德认为从逻辑上考虑,必须否认“无”:不存在就是不存在,不存在不可能存在。不仅从巴门尼德式的逻辑思考会得出这一结论,而且许多古代自然哲学家都感到这个概念很难接受,比如亚里士多德派和斯多亚派就反对虚空或者真空。②至于如何解释运动的明显存在的事实,他们倒不是像巴门尼德那样干脆说“明显存在的事实不算理性论证”,而是提出了种种假设,希望既解释运动的可能,又不必设定虚空的存在。其中之一就是:在无“虚空”的条件下运动之所以可能,是靠空气或水的伸缩弹性,即当一个物体在空气或水中运动时,前面的空气或水被推向前去,后面的空气或水紧紧跟上,从而不需要假设虚空也可以保证运动的可能性。朗格说大多数希腊哲学家都主张这种“相互换位”的运动理论以拒斥对虚空的接受。在希腊哲学中,原子论是我们所知道的唯一反潮流而接受虚空存在的。③ 伊壁鸠鲁派对“相互换位”之类的假设不屑一顾,认为极为荒谬。卢克莱修说:

> 在此,我还要预先破除某些错误的看法,以免它们带领你远离真理。例如,他们说,河水在鱼的压力下让开道路,而当这些向前游的有鳞生物在身后留下空地时,退去的水波又涌回来填满那里。其他事物也能这样递进运动,不断变更其位置,即便所有的地方都是充满的。但是,你得明

① 第欧根尼·拉尔修:《著名哲学家的生平和学说》第10卷,第40节。

② 参见R.W.夏泊尔:《斯多亚学派、伊壁鸠鲁和怀疑论》,第34页。

③ 参见A.A.朗格:《希腊化时期的哲学》,第32页。

白这些为常理所接受的意见毫无根据。我要问的是:如果河水不让出地方来,长满鳞的鱼儿怎能向前游动?而如果鱼儿不能游动,水又能向何处退回?所以,要么所有物体都不能运动,要么我们就得说物体中混合着虚空,从而使事物能够首先运动起来。

最后,如果两个物体在运动中相互碰撞,各自弹向远方,此时两物之间出现的空隙必然会被空气涌入填满。但是无论气流跑得多么快,也不可能一下子就将这一空间填满。因为在填满整个空间之前,空气必须一点一点地充满其间的空隙。如果有人认为这一过程在两个物体跳开之际就已经完成,因为空气会凝缩到一起,那么他就误入歧途了。因为在这一情况下,原先没有虚空的地方形成了一个虚空,而原先在那个地方的虚空也被填满。空气也不能如此收缩;即便它能,如果没有虚空的话,空气也无法把自己的各个部分向内紧紧凝缩。①

总之,伊壁鸠鲁的原子论首先确立了宇宙的双本原原则:原子与虚空。从能够独立存在、自身存在的事物来讲,或者从谁能当得上"本原"性存在来讲,必须承认有两种,而且也只有这两种。伊壁鸠鲁说:"除了物体和虚空之外,我们无论是通过观念还是通过观念的类比,都无法想象还存在着其他完整的、独立的实在事物(而不是独立实体的偶性或属性)。"②卢克莱修也说:"宇宙的本性是:就其自身而言,它由两种东西组成,因为存在着物体,也存在着虚空;物体在虚空中存在并在它当中四处运动穿行。人们所共有的感官也宣示着物体的独立存在……此外,在自然中再也找不到从本性上与物体和虚空完全无关的第三种东西。"③

所以,这是一种"双本原"理论:仅仅"充实"("原子")不够,还必须有相反属性的一个本原即虚空。这两种本体也不能相互还原,一方不是另一方的属性。它们正好穷尽了两类属性:有广延与无广延,可以作用于其他事物与不可作用和被作用。

---

① 卢克莱修:《万物本性论》第1卷,第370—397行。

② 第欧根尼·拉尔修:《著名哲学家的生平和学说》第10卷,第40节。

③ 卢克莱修:《万物本性论》第1卷,第430行以下。

> 只要是自身存在的事物，那么它或是能自己作用于他物，或是能被动地承受他物的作用，或是能让别的物体在其中存在和发生作用。但是，除了物体之外，没有什么东西能发生作用或承受作用；除了虚空和空无之外，也没有什么东西能提供运动的场所。所以，除了物体和虚空之外，再也没有第三种性质的东西能独自存在。谁也不曾感知到它，谁也不曾用理智推断抓住它。①

两种本原是对立的：存在与不存在，可以接触与不可以接触（从而一个可以影响与被影响，一个不可以）。对立者相互不能渗入，所以虚空把原子分开。这种用一个属性的有和无来划分两类本体，并因此认为对立的两大实体穷尽了“总体”中的所有事物的做法，与笛卡尔的“存在要么是广延的，要么是非广延的”来划分两类本体有异曲同工之处。只不过笛卡尔划分出来的两类本体是精神与物质；而伊壁鸠鲁派不承认非广延的精神（下面将看到，精神也被视为广延性的精微原子），它所划分的是物质与虚空：

> 既然我们已经发现了自然有两种本性的东西，彼此不同——物体以及事物在其中运行的空间，那么很显然，这两种东西都是独立存在、纯而不杂的。因为，只要哪里有虚空，那里就没有物体；同样，只要哪里有物体，那里就决没有虚空；所以原初物体必然是坚固而不带有任何空隙的。②

值得注意的是，我们不能望文生义地认为伊壁鸠鲁所讲的“虚空”仅仅指完全空洞的空间。如果说空间有许多种，比如“位置”、“地点”、“场所”、“完全空虚的地方”等等，伊壁鸠鲁的“虚空”指的可能是涵括所有这些概念的一个总概念，也就是“空间”。塞克斯都曾经在讲到伊壁鸠鲁的虚空理论时说：

> 因此，人们必须掌握这一点：即根据伊壁鸠鲁，在他所谓的“不可接触的本体”中，有一种被称为“虚空”，另外一种被称为“地方”，还有一种被称为“场所”；总之，名称根据如何看待它的角度不同而不同，因为这同

① 卢克莱修：《万物本性论》第1卷，第443—448行。

② 卢克莱修：《万物本性论》第1卷，第503—510行。

> 一种实体在里面没有任何物体的时候就被称为“虚空”,当被某个物体占据的时候就叫做“地方”,当物体从中穿过时就成了“场所”。但是一般而言它在伊壁鸠鲁学派中被称为“不可接触的实体”,因为它缺乏抵抗力和可触性。①

朗格追溯了这一问题在希腊哲学史中的发展。柏拉图的一般原则是:如果一个事物进入到它的“对立物”之中时,就会摧毁或逼退这一对立物。但是当一个物体进入虚空的时候,虚空不可能后退——因为虚空没有物体才具有的作用与被作用的能力。虚空也不可能被摧毁,因为这违反巴门尼德原则。伊壁鸠鲁的做法就是发明了“不可接触的本体”(字面上说就是“不可接触的本性”)一词描述广义上的空间。它的各种状态——被物体占据时和没有被占据时——都具有“广延而且不可接触”的特性。当物体进入和走出它的时候,它的本性不受影响,只是名称改变而已。所以,伊壁鸠鲁在表述这第二种本体的时候经常不加区分地随意使用几种名词比如“虚空”、“地方”、“不可接触的本体”,尽管“虚空”一词得到最多的重视。伊壁鸠鲁这么做是聪明的。朗格不禁夸奖说:“伊壁鸠鲁不把严格意义上的‘未被占据的空间’当做原子之外的第二种永恒实体,是一个非常聪明的做法,因为未被占据的空间并非永恒不变的,而是随时会转变为被占据的空间。相反,他选择了最广义上的空间——他或许是古代思想家中第一个析离出这一概念的,于是便保证了他的第二要素的永恒性。”②

三　“存在等级表”上的其他成员

伊壁鸠鲁从未使用过作为关于“存在”本身的学问的“第一哲学”(亚里士多德意义上的)这个术语,但是他对原子、虚空(空间)、时间、原子的属性等等的讨论中表现出他对于各种“存在”的分类和各种存在的等级这样的第一哲学问题是有自己的独特看法的。最为根本的存在是原子与虚空。虚空尽管处

---

① 塞克斯都·恩披里柯:《反学院技艺教师》,10.2(LS5D)。

② A.A.朗格:《希腊化时期的哲学》,第30页。

处与原子相反，是完全的不存在，但是在某种意义上却又与原子的存在等级一样，属于“自身存在”的东西，是说明万事万物的本原。

比原子与虚空次一级的存在是“属性”。如何看待属性的“存在地位”，是亚里士多德在其“十范畴理论”中详细讨论的。[①] 伊壁鸠鲁哲学在“属性”问题上的基本立场有些复杂：一方面，它承认属性不是独立实体，所以伊壁鸠鲁哲学尽量在原子身上剥离感性属性，并且指责非原子论的自然哲学所设定的本原大多具有某些感性属性，这使得本体过于软弱，不能在变化中恒久持续存在下来，“他们认为万物的始基是柔软的，是被生出来的，并且是会彻底毁灭的物体，那么，万物都将在一定的时候化为乌有，又从无中赫然全部生出。你已经清楚，这两种看法偏离真理多么遥远”[②]。但是另一方面，伊壁鸠鲁又强调属性不是“不存在”，不是主观虚构意义上的不真实。伊壁鸠鲁明确说道：

> 形状、颜色、大小、重量以及其他被称为物体的属性的东西——它们或是属于所有物体，或是属于可以通过感觉认识的可见物体——都不能被看做具有独立存在的本性，因为这是无法思议的。但是它们也不是完全不存在的，也不是某种依附于物体又与之有别的非物体的东西，也不是物体的一个可以分离的部分。[③]

属性分为两种，一种是永久的，另外一种是临时的。永远伴随物体本体的属性（*sumbebekota*）是：可接触性、形状、大小和重量。在伊壁鸠鲁看来，形状在各种属性中属于更为坚实的那种：“在我们的经验中还可以看到，当事物外形变化时，它的其他属性都消失了，形状却能够内在地持存下来。属性在变化中不能像形状那样持存不变，而是从整个物体中消失。”[④]当然，在宏观客体领域，还有颜色和温度等等。这些虽然被现代哲学称为“第二属性”，似乎可有可无，不构成事物的本质，但是它们其实是事物的本质规定，比如热是“火”的永久伴随本质。比永久属性更低一级的，就是“偶然属性”，比如时间、幻想等

① 参见本书第三卷，第130页。

② 卢克莱修：《万物本性论》第1卷，第705行以下。

③ 第欧根尼·拉尔修：《著名哲学家的生平和学说》第10卷，第68—69节。

④ 第欧根尼·拉尔修：《著名哲学家的生平和学说》第10卷，第55节。

等,这些在存在的等级上就是第三级的了。独立本体可以在没有偶然属性的情况下存在;然而离开了独立本体,则偶然属性就无法存在。卢克莱修总结了这一存在分类:

> 任何能说出名称的东西,要么是物体和虚空的特性,要么就是二者的偶性。一物的特性就是那种如果离去则该物就会完全毁灭的性质,例如重量对于石头,热对于火,流动性对于水,可触性对于所有物体,不可触性对于虚空,就是特性。另一方面,奴役、贫穷、富裕、自由、战争与和谐,还有其他许多类似的东西,它们的离去不会影响事物本质的继续存在,人们习惯于称之为偶性,这样的称呼是对的。时间也不能独自存在。从能够独立存在的事物中派生出了过去发生的事情、眼前发生的事情和将来发生的事情。我们也不同意离开物体的运动和静止还能感知到一种"时间本身"。①

在空间与时间当中,伊壁鸠鲁显然把空间的本体性看得更为重要。空间(虚空)是与原子并列的两大实体或独立存在者,而时间与其他偶然属性一样,都不过是依附于独立实体的寄生存在,存在分量显然减少许多。根据塞克斯都的记载,伊壁鸠鲁派把时间看做"偶性的偶性"。因为它伴随着白天、黑夜、小时、情感的出现与消逝,运动与静止。比如,白天与黑夜是周遭大气的偶性,当太阳在大气中发射光芒的时候,就是白天;当大气失去了阳光的时候,黑夜就接续而来了。小时作为白天或黑夜的一部分,也是大气的偶性。就感情的出现和消逝而言,它们或者是痛苦或者是快乐,所以它们都不是本体,而是感受到痛苦或是快乐的人的偶性——所以这甚至不是永恒的、无时间的属性。运动与静止也是物体的偶性,而不是永恒无时间的。因为我们用时间度量运动的快与慢,静止的长与短。②

卢克莱修还具体指出,历史事件不是独立本体,而是偶性。那么,它们是"谁"的偶性呢?可能是发生历史事件的地点的偶性,也可能是当时那些历史

---

① 卢克莱修:《万物本性论》第 1 卷,第 449—463 行。

② 参见 A.A.朗格:《希腊化时期的哲学》,第 34—35 页。

行动者的属性。比如特洛伊战争是“特洛伊城市所经历的事件”。朗格说：“对于伊壁鸠鲁派来说，一切存在的东西，或者是自身存在的本体(*aperse*entity)，或者就是一个自身存在的属性。关于过去的事实确实是存在的，比如，希腊人征服了特洛伊，这是一个事实。但是它们似乎很难作为自身存在物的属性而存在，因为阿伽门农、海伦等等已经不存在了。可是这么一来，难道这些历史事实是自身存在物吗？”这是反对伊壁鸠鲁派的人所提出的一个挑战。“伊壁鸠鲁派的回答是：确实还有某种东西自身存在着，以便让这些事实可以作为它们的属性，这种东西就是那些事情发生的地点，以及更为具体地，曾经一度构成了阿伽门农、海伦以及特洛伊的物体与空间。”①朗格最后的话中的“物体与空间”在伊壁鸠鲁哲学中一般指的也就是“原子与虚空”。因为伊壁鸠鲁对世界本原的看法是原子与虚空，但是他经常讲的却是物体与虚空，也许后者包括了所有独立(自身)存在的种类。在物体当中，又分为组合的与非组合的。非组合的物体就是原子。

需要注意的是，伊壁鸠鲁与德谟克里特原子论不同：虽然他承认物体当中有组合的与非组合的之区分；但是，组合的物体也是存在，而不会因此就不存在。属性也是如此。伊壁鸠鲁虽然承认偶性仅仅在现象层面上存在，依赖独立物体存在，并且相对于观察者，但是并不因此就是“不实在”的。② 原子、原子组合而成的物体、属性，都是存在者。

不过，到此为止，这个“存在分类表”还没有穷尽伊壁鸠鲁所承认的所有存在者。还有些事物的“本体论地位”也很有意思。比如“最小点”。一般人认为伊壁鸠鲁把“原子”看成是最小的物质单位。其实不然。学者们后来经常讨论，伊壁鸠鲁哲学中有没有比原子更小的东西？似乎有，它可以作为衡量原子的形状和大小的单位，这就是所谓“最小点”。最小点们以自己的独特方式——作为无法分割的单位——度量着微观物体的体积。如果某个事物的体积大，其中的最小点就多；如果体积小，它的最小点也就少。伊壁鸠鲁认为在

① A.A.朗格：《希腊化时期的哲学》，第37页。

② 参见A.A.朗格：《希腊化时期的哲学》，第57页。

经验中可以看到类似的现象,所以在原子领域也可以这么推断:

> 我们必须以同样的方式思考原子中的最小单位。显然,那个领域中的最小单位比可感领域中的最小单位要小得多,但是道理是一样的。根据我们这个领域的类比,我们称原子有体积。虽然这一体积很小,可是我们能够在想象中把它放大了来思考。我们应当认为长度的边端是最小的和最单纯的(非混合的)东西,可以充当度量原子长短的单位。当然,这种度量依靠的是我们对于不可见世界的心灵想象进行的。①

贝里指出,卢克莱修在讨论"最小点"的理论时按照伊壁鸠鲁的教导,从可见的事物出发,用类比法推论。例如,如果我们集中注意力于一根针的尖端,就能看到一个很小很小的点——它虽然还可见,但是已经是视觉所能看见的最小限度的东西。如果我们继续想看到它的一半,它就会立即消失。针是由无数这样小的微点构成的。同样,原子虽小,但也是由一些更小的"微点部分"构成。这些"部分"的特点无法像原子那样独立存在,只能作为原子的部分存在。故而,原子有广延,但是并不拥有可以分开独立存在的"部分"。这意味着原子是完全坚实的,非"组合性"的。卢克莱修用与感性事物的类比的方式论证,这些最小点之间的关系不是相互"接触",因为最小点已经没有"边界"了——它们自己就是"边界",而是"接续"(insequence)。也就是说,两个最小点之间无法放入第三个最小点了。因此也可以得出,由有限量的最小点,能得出有限数量的原子形状。②

这些最小点比原子还要小,如果说原子在物理上不可分,在思想上还可以分——可以分为这些"最小点",那么最小点就是在思想上也不可分的真正"不可分者",是本体论中最小的单位。为什么伊壁鸠鲁派要假设"最小点"呢?学者们进行了热烈的讨论。比如弗勒在其专门研究中追溯了问题是如何从爱利亚悖论起源的,又如何经过了亚里士多德的批评,最后形成了伊壁鸠鲁的问题。③ 看来"最小点"理论的提出可以至少服务于两个目的:一个是解决

① 第欧根尼·拉尔修:《著名哲学家的生平和学说》第10卷,第59节。

② 参见A.A.朗格:《希腊化时期的哲学》,第41—42、56页。

③ 参见D.J.弗莱:《关于希腊原子论者的两篇研究论文》,第69页。

原子的形状问题;另外一个是解决芝诺悖论。首先,最小点学说的目的之一似乎是为了说明原子的“形状”。因为如果承认原子有形状差异,那就必然要有所不同,有大小区别等等,这些,只能用其“单位”的不同来解释。原子之所以具有不同的形状,就可以通过它们所包含的最小点的数量和排列方式的不同得到解释。至于这些最小点本身,那就已经再也没有形状、部分、边界,不能独立存在和运动了。

朗格指出,最小点理论与伊壁鸠鲁派至少部分地起源于对爱利亚学派的芝诺悖论的一个回应有关。我们知道,芝诺悖论的理论前提之一是在有限的体积中包含了无限量的部分,所以“运动”作为对无限量部分的一种跨越,是不可能的。所以,为了解决芝诺悖论,伊壁鸠鲁必须设定原子是不可分的,也就是不会在其中还包含了无限量的“部分”的。原子是“没有部分”的。但是,原子在物理上不可划分(uncuttable),但在理论上却需要可能被继续划分,以解释其形状不同等问题。所以,伊壁鸠鲁用最小点理论挑明这一点:即使是“理论可分性”也不是无止境的——必须止于“最小点”。这是原子内部的最小单位,是真正的绝对小。每个原子都包含了有限数量的“最小点”。这么一来,芝诺难题就可以解决了:事物是有最小单位的,不能被无止境地划分,所以不会出现无限量的“部分”的问题。这么一来,跨越各个空间单位的“运动”就是可能的。

四　万物总体无限

作为具有浓厚伦理目的的自然哲学,原子论必然有一种“万物总体”(the whole)的综观。这一综观可以分为两个方面:第一,整个宇宙是一,是无限的,不生不灭的;第二,通常人们想到的“宇宙”其实是这一无限宇宙中的一个个有限“世界”,这些世界的数量是无限的,而不是如希腊人通常所想象的那样只有一个;而且它们不过是原子的暂时结合体,因此与其他原子组合体一样,都有产生和消灭的过程。

首先,整个宇宙在原子的数量和空间的广袤上都是无限的,没有边界。这是原子论的“万物总体”宇宙景观所揭示的重要一幕:

> 再者,事物总体是无限的。因为有限的东西都有边界,而边界只有通过与其他事物相邻才能够看出来,[事物总体却不是通过与其他事物的比较而被认识的]没有边界的事物也就没有界限,而没有界限的事物也就是无限的,而非被限定的。
>
> 还有,事物的总体在物体的数量和虚空的范围两个方面都是无限的。如果虚空无限而物体有限,则物体将无法停在任何地方,而在其运动中弥散消逝在无限的虚空当中,因为没有东西可以支撑它们,或是止住其向上的反弹,把它们挡回来。如果虚空有限,那么无限的物体将无处容身。①

其次,与"无限论"直接相关的,就是存在着许许多多个世界。伊壁鸠鲁说:"一个世界就是从宇宙中切划出来的一团东西,其中包围着星球、土地以及所有的其他可见的东西。这是从无限者中切下来的、有界限的存在。"可以看出,所谓"世界",就是被或薄或厚的边界所包围住的一个地方。伊壁鸠鲁派所如此设想的"世界"与柏拉图—亚里士多德哲学中所设想的那种"单一完满同心圆世界"相比,差别显而易见;就数量上说,世界有许许多多而不是单一的一个:

> 此外,存在着无穷多个世界,有的和我们这一个世界相似,有的不同;因为我们刚才已经证明,原子的数量是无穷的,它们在运动中走得极远。世界从中产生或由其构成的原子不会在形成一个或有限的几个世界(无论它们与这个世界是否相像)中被耗尽。所以,没有任何障碍能使无数个世界的产生不可能。②

进一步,世界的形状不是那种美好的圆形,而是多种多样、奇形怪状的。在《致希罗多德信》中伊壁鸠鲁说:"众多的世界不必只有一种形状。因为没有人能证明过在某一个世界中可以有产生动物、植物和其他所有我们看到的东西的种子,而在另一个世界中就不可以有。"③在写给皮索克莱的信中,伊壁鸠鲁也说:世界的数量是无数的,它们"或者是圆形的,或者是三角形的,或者

① 第欧根尼·拉尔修:《著名哲学家的生平和学说》第10卷,第41—42节。

② 第欧根尼·拉尔修:《著名哲学家的生平和学说》第10卷,第45节。

③ 第欧根尼·拉尔修:《著名哲学家的生平和学说》第10卷,第74节。

是其他别的形状的。这一切都是可能的,因为它们都不与这个世界中的现象相违背。只不过在我们这个世界中看不到边界”①。

在柏拉图、亚里士多德和斯多亚的自然哲学体系中,宇宙的形状是“美好的同心圆宇宙”,处于永恒的圆形运动中。“亚里士多德说得好,他说运动着的一切所根据的要么是本性,要么是外力,要么是自己的意志。日月星辰都处在运动之中。然而,依据本性运动的事物,或因太重而下降,或因太轻而上升。而星辰的运动不是其中的任何一种,它们的运动有一个环形的轨道。我们也不能说星辰是在某种更强的外力作用下而作出的与自己的本性相反的运动。因为能有这种更大的外力吗?因而结论只能是,星辰依据自己的意志运动着。”②但是伊壁鸠鲁派认为这是愚蠢的。首先,整体宇宙是无限的,没有任何形状。至于其中的各个世界,可以是各种形状的。不能因为某些人喜欢“圆形”,就认为世界也是圆的。伊壁鸠鲁在批评圆形世界时轻蔑地说道:“我只想表示我对他们的愚蠢感到吃惊,他们认为宇宙本身就是一个有意识的和不朽的存在物,它是神圣的;然后他们又说宇宙是一个球体,因为柏拉图认为球体是所有形状中最美的。而我却觉得圆柱体、正方体、锥体或者三棱锥更美。”③而且,这个“球状的神”的永恒圆形旋转运动,在伊壁鸠鲁派看来也会令神头晕,并不是十分愉快的事情。另外,在柏拉图、亚里士多德和斯多亚的自然哲学景观中,各种元素各自占据着自己的“恰当地位”,往往是“土向下,火向上”,形成各有“自然位置”的和谐整体。但是,在伊壁鸠鲁的理论中,所有的原子都因为重量而向下降落。卢克莱修论证自己学派的这一观点比“各种元素拥有不同方向上的自然位置”的观点更合理:

> 他们又说并非所有的物体都趋向中心,而只是那些土和水的物体——海水和倾泻而下的山洪,以及那些包含在土当中的东西;反之,他们说,空气中的微风和灼热的火焰则从中心被运走。因而,整个天宇四周都闪烁着群星,耀眼的阳光不断从整个蓝天上得到补充,因为从中心散发

① 第欧根尼·拉尔修:《著名哲学家的生平和学说》第10卷,第88节。

② 西塞罗:《论神性》第2卷,第16节。

③ 西塞罗:《论神性》第1卷,第10节。

出来的所有热量又在那里重新聚集。如果养分不能在内在火的补充下从泥土中[分布]到树木的每一部分,那么树上最高的枝条甚至无法长出叶子。他们的理论逐渐[充满]内在矛盾,他们的推理也前后不一,漏洞百出……如果火和空气都自然地倾向于向上运行,那就会出现这样的危险:那些厚实的世界之墙将突然坍塌,像飞掠的火焰那样穿过虚空四处飞散,其他的一切也将以同样的方式随之而去。天空打雷的地方会突然向上爆开一个大洞,大地会在我们脚下迅速溜走。①

卢克莱修这段话的后半部分已经揭示了伊壁鸠鲁派宇宙景观中的第三个要点:世界会产生和消灭。这些众多的世界,都是些类似于我们日常所看见的事物的有限聚合体,它们就像其他更小规模的原子聚合体一样,也会从虚空中的原子运动中产生;在致皮索克莱的信中,伊壁鸠鲁还具体提到世界的产生:

这种世界可以在另一个世界中产生,也可以在世界之间产生——我们称那个地方为"世界之间的空间",这是一个相当空旷的地方,但不是像某些人所说的是一个巨大的真空,因为世界的产生需要从某个世界中,或是世界之间或是多个世界流出的种子,通过逐渐累加成形,并分布到各地。从适宜的地方源源不断地涌出种子,直到在能够支撑它们的某种基础上稳定下来。②

诸世界一旦产生之后,像一切生物一样,就会走向死亡,因为它们也极为脆弱,无非依靠一层并不牢靠的"皮"(边界)保护着。边界外面的原子时时以密集的方式打击着这层"围墙",墙面上破口时有发生,内部的修补机制会调动原子过来修补。但是如果破口太大,来不及修补,则世界就会分崩瓦解,世界末日就将来到:"毁坏的天穹与万物的混杂残骸中的元素无拘无束地飘走,消失在空洞的深渊中。一瞬间,除了荒漠般的空间和不可见的元素之外,什么东西都不会剩下来。因为,只要有任何一个地方开始丢失物质微粒,那里就将成为事物的死亡之门,大堆的物质会通过那扇门全部消遁。"③可想而知,在广

① 卢克莱修:《万物本性论》第1卷,第1083行以下。

② 第欧根尼·拉尔修:《著名哲学家的生平和学说》第10卷,第89节。

③ 卢克莱修:《万物本性论》第1卷,第1107—1113行。

袤的宇宙中,这样的事情总会在这里或那里发生着。所有的世界在产生后都将再次毁灭,有的快些,有的慢些;有的是由于这样的原因,有的是由于那样的原因毁掉。

总之,整个宇宙无限,宇宙中的"世界"有无穷多个,它们完全由于原子的无意识运动、冲撞、瓦解而忙忙碌碌地产生与毁灭着。伊壁鸠鲁这一天文学景观与柏拉图哲学的天文学景观大不一样。柏拉图的天文学集中反映在《蒂迈欧篇》中。蒂迈欧是最好的天文学家,可以"从宇宙生成讲到人的产生"①。柏拉图的宇宙论的特点是从天文的有序中感到生命,感到更高的同一性,于是视整个宇宙为神。整个天体是一生命体,尽管不好把它说成是一头大动物,因为它没有五官,但是它仍然是最好的动物,有最好的生命,最好的运动——只在进行理性判断的运动。② 柏拉图哲学乃至斯多亚哲学之所以强调整个宇宙的"生命"性,或者用希腊人的话说就是"灵魂"性,是因为它们想突出超出分子加总之上的本体、本位、整体之一性。生命—灵魂的特点是众质料服务于、统一于功能,众功能服务于、统一于整个生命,于是有真正的"一体"涌现。这样的同一性是每一事物的"灵魂",而这也就是"至善",是事物所追求的目的。所以生命与目的论有内在关系;唯有生命才有"目的"。亚里士多德说:万事万物如果找不到最终目的(Telos),则一切追求都是无意义的。换句话说,如果没有同一性,则一切都会散掉。生命不仅赋予自己同一性,而且赋予世界同一性。

相比之下,伊壁鸠鲁的诸世界可以勉强称为简单的"系统",但是绝非生命——更不是有意识的生命——那么高层次的系统。它们没有目的,没有精美复杂的构造,没有形成功能相互支持的统一和谐整体。事实上,伊壁鸠鲁的"无数世界的宇宙论"的目的之一正是反对这种"把握"意识。正因为宇宙无限广袤,所以没有任何神有能力把握住它:"有谁强大到能够统治那广大无边的宇宙,用手执住并控制那巨大到不可测量的缰绳?有谁能让所有的天体同

① 本书第二卷,第865页。

② 本书第二卷,第873、879页。

时转动起来,并且以天火温暖这丰产富饶的大地?"①

必须注意的是,虽然在宇观的方向上伊壁鸠鲁主张无限扩展,但是在微观的方向上,伊壁鸠鲁不主张无限分割的可能,这正是他提出"原子"的意义所在:

> 此外,我们决不能认为在有限的物体中有无数分子,即使这些分子很小。我们也不能同意事物可以无限分割成越来越小的分子,否则,万物就会空虚化,组合物就会一点点被耗尽。而且我们甚至不能想象有限的事物可以被无穷地分成越来越小的分子,因为当我们说在有限的事物中有无限的分子(不管它们有多么小)时,我们就难以想象这事物的体积还是有限的。显然,无穷的分子必然会有一定的体积;无论这些分子的体积多么小,它们聚合而成的事物的体积就会无穷大了。②

五　原子的运动

原子总是在运动,没有开端,没有终结。把伊壁鸠鲁的原子简单地说成是"质料因",是不准确的,因为亚里士多德使用质料因这个词的时候强调的是它的非运动性、死寂性。但是自然哲学尤其是原子论的本原的特点却是大生命的、运动的。从某种意义上说,伊壁鸠鲁对于原子运动的强调比起其他自然哲学家更为突出。一个典型的例子就是伊壁鸠鲁与德谟克里特在关于"内部原子运动"的问题上持不同的看法。德谟克里特虽然同意原子在宇宙中运动着,但是认为在原子所组成的宏观物体内部,原子自己的运动就停止了,只是随着整个组合体运动。但是伊壁鸠鲁却指出,即使在"组合体"的内部,原子也在做高速"颤动":

> 原子永恒地连续运动着。[有的垂直运动,有的偏离垂直运动,还有的在组合物内部颤动。颤动的原子中,]有的原子碰撞后相互跳开;有的则只在一个地方颤动,如果它们正好由于相互缠绕而被困锁在一起,或是

① 参见卢克莱修:《万物本性论》第2卷,第1094行以下。

② 第欧根尼·拉尔修:《著名哲学家的生平和学说》第10卷,第57节。

被其他形状钩扯、容易缠绕的原子包围在一处。这是因为虚空的本性就是把原子分离开来，而对于原子的反弹却无法提供任何抵抗。原子所具有的坚实性使得原子在相互撞击之后反弹，原子的缠绕纠结则使这一反弹成了微小距离的颤动。这些运动没有起点，因为原子和虚空是永远存在的。①

我们看不到运动，并不说明就没有运动，因为存在着看不见的运动。为了启发常人理解这一点，在论证"看不见的原子运动"时，卢克莱修在论证中使用了"光线中的微尘"的经验类比法，让我们再一次想到伊壁鸠鲁派既用理性挑战经验，又借用经验论证理性所得出结论的方法论：

我想起了一个屡见不鲜的类似的景象。当太阳照进房间，光线穿过黑暗的屋子时，你若仔细观察，就可以看见在那道光柱的整个空间中都混杂了许多微粒，它们似乎永远都在一团团地冲突、争斗、扭打，相互驱赶、分分合合、一刻也不停息。你可以由此推测万物的始基永远在巨大的虚空中互相摇荡、撞击时会是什么样子。故而，小事情也可以提供对于大事情的类比理解，可以向我们指示求知的途径。②

不过，要注意的是，"经验论的"伊壁鸠鲁其实不时提醒人们感性有其限度，不能完全把握超感性的领域。比如，原子的运动速度极快，伊壁鸠鲁强调这是任何可感世界中的运动都无法比拟的，所以想象力无法理解原子的运动速度，唯有理智才可以理解。原子的运动总是"向下运动"，因为运动的原因是重量。不过，所有的原子，无论轻重、大小，全都以同等速度下降。这与我们在宏观世界看到的事物运动也是不同的；宏观客体的运动总是有快有慢。伊壁鸠鲁的推理是：既然虚空给轻的和重的原子让出同样的地方，那么所有原子都以相同的速度运动。原子只要没有阻挡，就会做同样的快速运动。原子在运动中遇到的阻挡就使其速度减慢下来。所以，所谓"快慢"就等于原子是否受到了阻挡：

① 第欧根尼·拉尔修：《著名哲学家的生平和学说》第10卷，第43—44节。

② 卢克莱修：《万物本性论》第2卷，第112—124行。

> 只要原子在虚空中穿行时没有遇到阻挡,它们的运动速度必然是相等的。只要没有阻碍,重的原子就不会比小的和轻的原子运动得更快;只要小的原子找到适宜自己的通道,没有遇上阻碍,它们就不会比大的原子运动得更快。由于相撞而引起的向上或向边去的运动,由于自身重量而向下的运动等等,速度都不会不同。它们无论朝哪个方向运动,都会以理智所能想象的极快速度一直运动下去,直到受到阻碍为止;这些阻碍或是来自外物的碰撞,或是来自原子的自身重量对碰撞能量的抵抗。①

原子运动的速度因为是相同的,所以如果所有原子都在做直线向下运动的话,那么它们将永远相互平行运行,轨迹永远不会相交,永远不会相撞,宏观物体将永远没有机会构成。这么推想下去,自然就会得出这样的结论:原子在运动中不能总是垂直下降,而必须在某个时候歪向一旁运动,才可能相遇、相撞、勾连、结合,才能逐渐形成大的原子团,最终才能产生万事万物。于是,伊壁鸠鲁假设原子除了垂直下降运动,还可能做某种轻微的"偏斜"运动。我们在伊壁鸠鲁本人的现存著作中看不到对"偏斜"的论述。但是后人如西塞罗、普卢塔克等都肯定这是伊壁鸠鲁理论中的一个观点。卢克莱修对原子偏斜运动及其理据有过十分完整的正面阐述:

> 在毫无阻力的虚空中,不同重量的东西必定都以相同的速度运动。这样,那些较重的物体就决不会落在较轻者之上,也不会由此而撞击较轻的物体以产生各种大自然用以开展建构的那些运动。因此,我再三地强调,原初物体在运动过程中必定会稍有偏斜,但仅仅是最微小的偏离;否则,如果那是一种弯出去的运动,就违背事实了。因为我们认为这是一个清楚明白的事实:具有重量的物体在向下垂直跌落时,至少在我们所能察知的范围内,不可能出现斜角偏出的运动。但是谁能在那儿察觉到它们决不会出现哪怕是一丁点儿的偏离笔直路径的运动呢?②

所谓原子运动的"偏斜",大致的意思是原子在下行当中忽然会毫无原因

---

① 第欧根尼·拉尔修:《著名哲学家的生平和学说》第10卷,第61节。

② 卢克莱修:《万物本性论》第2卷,第240行以下。

地“偏离航向”走。这对于古代科学研究者来说显然是违反自然假设的。即使伊壁鸠鲁说这是为了解释原子形成事物的,但是“没有原因的运动”还是与我们对自然行事方式的基本信念相去太远。理论家不能为了解释的方便就随意提出过于“大胆”的假设。休谟说因果观念是人的强本能,而康德也说因果观是人的先验范畴。实际上,古代的自然哲学家对于因果规律已经有很强的意识。西塞罗便指责伊壁鸠鲁的“无因偏斜”是自然学家的耻辱:

> 另外我要说说伊壁鸠鲁特有的错误。他相信这些相似的不可分的坚固之物是由它们自己不断垂直向下的重力产生的;然而这聪明人在这里遇到了困难,如果它们都是直线向下运动的,并且如我所说的是垂直向下,那么没有哪个原子能够超过另外的原子,于是就引入了他自己创设的一个观念,他说原子在运动中有稍稍的弯曲——几乎不可能的一点偏离;由此产生了原子与原子之间的碰撞、结合和粘连,从而创造了世界及其各个部分,创造了万事万物。在我看来,不仅这整个事件是极其幼稚的幻想,而且它也不可能产生创作者所想要的结果。弯曲本身就是一种武断的臆想,伊壁鸠鲁说原子弯曲毫无原因——然而,说某事的发生是没有原因的,这是对自然哲学家最大的冒犯。①

西塞罗的信念代表了不少自然哲学家的信念。尤其是在纯洁的“天上”,更加可以断定:“没有任何事情是偶然的,没有任何事情是无常、无序或者游移不定的。到处都是秩序、真理、理性、连续性。那些缺乏这些品性的事物,即所有虚假的、欺骗性的和充满谬误的事情,或者按月亮以下的轨道环绕地球运行(最低的天体),或者就在地球上存在。”②

尽管“偏斜”是伊壁鸠鲁理论中引起极大争议的一个学说。③ 但是伊壁鸠鲁不打算让步,他有他自己的考虑,这主要还不是为了解释事物是如何得以形成的,而是为了反对自然哲学的决定论。自然哲学本来在自然决定论上与伊

---

① 西塞罗:《论至善与至恶》第1卷,第6节。

② 参见西塞罗:《论神性》第2卷,第21节。

③ 不过,有的学者指出,在现代量子力学中,量子的自发偏离轨迹的运动、“量子的无因运动”或测不准性,却是被当做最新科学发现对待的。参见A.A.朗格:《希腊化时期的哲学》,第52页。

壁鸠鲁是一条战线上的战友,它们共同反对神的任意意旨对自然的干预。伊壁鸠鲁自己对于自然现象的解释也是相当服从自然因果规律的,并以此反对神话的解释。但是,伊壁鸠鲁权衡之后,还是感到要否定自然哲学的一个基本信念即决定论,因为在他看来决定论比神话的害处还要大。决定论会导致预测学或占术等迷信的泛滥,会降低人的自我决定能力。斯多亚派哲学就有这样的问题:既然一切都是必然的,甚而是天命锁定,那么,斯多亚派的那些劝人为善的伦理教导从逻辑上说就是没有意义的。人改变自己的命运的自由空间于是大为萎缩。事实上,斯多亚哲学不是公开宣传"自由就是听从必然"的宿命论吗?在所有古代哲学家中,公开坚决反对斯多亚所推崇的预言技艺(占卜术)的,唯有伊壁鸠鲁派。西塞罗说:伊壁鸠鲁在反神上,走了一条迂回的路线,但是在反预言术上,却是直截了当的。[①] 在西塞罗的《论神性》中,我们更是能够看到伊壁鸠鲁派对斯多亚派的决定论的直接批评:

> 因此,你们的先定观念产生了。根据这个观念,你们指出每一事件都必然服从永恒的法则和因果性的链条。然而认可一种把一切都归属于命运的力量的哲学对我们有什么好处呢?这是一种只对老妇女和无知者有价值的哲学!其次就是你们祈求预言的祭仪,如果我们听从你们的话,我们将会深深地陷入迷信,以至于对占卜者、先知、预言家,以及每一个能为我们释梦的江湖庸医充满敬意。[②]

卢克莱修在为原子的偏斜运动说进一步辩护时,也点出了它的伦理—生活上的重大意义,即它对伊壁鸠鲁派论证自己的自由意志理论是关键性的:

> 再者,如果所有的运动总是构成一条长链,新的运动总是以不变的次序从老的运动中发生,如果始基也不通过偏斜而开始新的运动以打破这一命运的铁律,使原因不再无穷地跟着另一个原因,那么大地上的生物怎么可能有其自由意志呢?这一自由意志又如何能挣脱命运的锁链,使我们能够趋向快乐所指引的地方,而且可以不在固定的时间和地点、而是随

① 参见西塞罗:《论占卜》,I,38;II,17。

② 西塞罗:《论神性》第1卷,第20节。

着自己的心意偏转自己的运动？毫无疑问，在这些场合里，始发者都是各自的自由意志；运动从意志出发，然后输往全身和四肢。①

总之，原子的“偏斜”运动既可以解释笔直下降的众原子如何相撞结合和形成万物的，又可以解释“自由意志”，这使得这一学说成为伊壁鸠鲁体系中不可或缺的重要一环。伊壁鸠鲁的目的是恢复人的自信和自足，不至于为外力所操纵。所以他坚决反对决定论。伊壁鸠鲁甚至明白宣称：即使神话宗教，也比自然哲学的命运必然性理论要好。② 我们知道，在运动问题上，当时有目的论、决定论和偶然论几种观点。斯多亚哲学代表目的论，德谟克里特代表决定论，而伊壁鸠鲁代表偶然论。斯多亚哲学是德谟克里特和伊壁鸠鲁的共同敌人，因为它主张目的论：

具有必然性的旋涡（vortex）③所推动。然而，宇宙是不可能为具有必然性的旋涡所推动的，因为旋涡可能是无序的也可能是有序的。如果宇宙是无序的，那它就不可能以一种有序的方式去推动任何事物；而如果它能以一种有序而协调的方式推动事物，那它必将是神圣的、超自然的；因为倘若一个事物没有智能和神性，当然也就不可能以一种有序和持续的方式推动过宇宙的全体。既然如此，那它将不是旋涡，因为旋涡是无序的、缺乏持续性的。因此，宇宙不可能如德谟克里特所说的那样由具有必然性的旋涡推动；宇宙也不可能由无感知能力的本性所推动，因为理智的本性优越于非理智的本性，而且理智的本性看来是蕴涵在宇宙之中的；所以，宇宙自身必拥有理智的性质，正是在这种理智性质的作用之下，宇宙才以一种有序的方式被推动，这无疑就是神。④

总之，斯多亚哲学认为从星辰有序而规则的运动中，可以明显地看出它们是有意识、有理智的存在者。因为，若没有理智的引导，任何事物都不可能以一种适度而有序的方式运动。这不仅是在反对德谟克里特的旋涡必然性理

① 卢克莱修：《万物本性论》第 2 卷，第 251—262 行。

② 参见第欧根尼·拉尔修：《著名哲学家的生平和学说》第 10 卷，第 134 节。

③ 在德谟克里特的理论中，“旋涡”（vortex）是对赋予原子螺旋形运动的回旋力的称呼。

④ 塞克斯都·恩披里柯：《反自然哲学家》第 1 卷，第 111—114 节。

论,也是在反对伊壁鸠鲁的偶然论。斯多亚的推理是:"在理智的引导中,不存在任何随意性、疑虑或偶然性。星辰的有序运行有连续性并且持久,因此不能仅仅归于自然过程。这是一种内在目的表达。更不能归于偶然,因为偶然是混乱的朋友和秩序的敌人。"①

自由究竟是这样的目的论必然性,还是伊壁鸠鲁的偶然性运动?神的力量究竟体现在必然性,还是对必然性的破除?这些是当时人们就已经意识到的问题。伊壁鸠鲁派尖锐地批评斯多亚派把一切都归为命运,说这并不能表达出神的权能。② 但是,不少学者也指出,原子的"偏斜运动"是否真的为人类自由提供了坚实的基础?这也不是那么简单的。③ 一般来说,我们认为自由意味着心理事件不受相应的物理事件的决定。原子的直线行动固然是物理事件,"偏斜行动"也是物理事件,是发生在精神所不能明察和控制的原子层面上的事情。如果一位罪犯说他之所以犯罪,是因为自己灵魂中发生了自己也不知道、不能控制的"原子偏斜运动",那么他是不是要负责任呢?这些是值得人们进一步研究的。

六　原子的属性

原子论或一般的自然哲学侧重从质料因的角度解释万事万物。这一方面诉诸的是质料或种子的源源不断的富足供应。所谓"大地母亲"是这一信念的象征;另一方面则是用质料的属性来解释现象世界的属性。这种解释又分成两个层次:一个是解释一般的日常事物的产生——这属于"原子的属性理论"所讨论的主题,即如何从原子的属性出发解释各种事物,尤其是人的灵魂、神、天体等等的特征;另一个是解释世界(多个世界)的产生与消灭——这就是宇宙演化论的主题。

伊壁鸠鲁的原子论认为原子的属性很少,在转述伊壁鸠鲁致希罗多的德

---

① 西塞罗:《论神性》第 2 卷,第 16 节。

② 参见西塞罗:《论神性》第 1 卷,第 15 节。

③ 现代人关于原子偏斜与伊壁鸠鲁的自由观的一个有益讨论可以参见埃弗森(S.Everson)的文章,载于福莱:《从亚里士多德到奥古斯丁》,第 243—244 页。

信时，第欧根尼·拉尔修插了一个注释说："下面他还说原子除了形状、大小和重量之外没有其他属性，在《十二要点》中他说颜色根据原子的排列不同而变化。"①也就是说，原子的属性只有形状、大小和重量。但是伊壁鸠鲁相信原子的形状差异和不同的组合方式就足够解释现象界的千差万别了。作为解释原则，属性应当数量少。因为第一，许多属性都是现象界的，而这是处于变化中的，但是原子不变；所以采取少量属性原则是为了防止本原也发生变化：

> 再者，除了形状、大小、重量和其他必然与形状联系在一起的性质之外，不应当认为原子还具有现象的其他属性。一切属性都会变化，而原子决不会变化，否则在组合物的毁灭中就不可能有什么坚固的东西留存下来而不可毁灭。这样的东西[原子]使存在不至于在变化中毁于非存在，也不会使存在从非存在中产生。这样，变化只是原子以多种方式变换位置、增减数量而已。这种能够变换位置的东西本身不会毁灭，不具有现象的变化性；它们各有自己的独特分子团和形状；这些必然保持不变。②

值得注意的是最后一句，这似乎表明事物的"种子"或特定的原子微小组合体在事物的变化中也保持不变，从而可以解释一定的种子产生一定的事物的现象，这是卢克莱修在《万物本性论》中所特别强调的一个事实。

第二，解释的原则越少，就越能解释多种多样的东西。这就像从少数字母反而可以组合出成千上万的语词一样。卢克莱修批评其他自然哲学本体论都缺乏原子论的本体论优势，比如恩培多克勒的"四元素"和阿那克萨戈拉的"种子理论"就采取了过多的感性属性作为万物的本原。他指出：

> 众多始基对于各种事物都是共同的，但是以不同的方式内在于事物之中。所以，不同的事物就被不同的东西滋养。而且，这些相同的始基与何种其他的始基、在何种位置上结合起来，互相之间传递和接受什么样的运动，都是十分重要的。同样的始基既构成了天空、海洋、大地、河流、太阳，也构成了庄稼、树木、动物，这是由于同样的始基以不同的方式运动，

① 第欧根尼·拉尔修：《著名哲学家的生平和学说》第 10 卷，第 44 节。

② 第欧根尼·拉尔修：《著名哲学家的生平和学说》第 10 卷，第 54 节。

并且与不同的元素相结合。而且,从我的一行行诗句中你也看到,许多词语共用着字母,尽管你必定承认这些句子和词汇在意思和发音等等方面都各不相同。字母并没有变化,只是其次序改变了一下,就取得了这么大的效果;那作为万物始基的元素能够进行更为多种多样的运动组合,所以能产生万事万物。①

其他自然哲学家的“本原”因为具有过多的感性特征,就缺乏原子论所具有的强大解释力量,因为任何感性属性都总是有限定的,无法解释千变万化的大千世界:

始基无需具有颜色属性,只要它们彼此的形状各不相同,就可以获得所有的颜色。这是因为物体颜色主要取决于:它所具有的种子是以什么姿势和别的什么种子相结合,以及它们相互间给予和接受什么样的运动。这样,你就可以很容易解释清楚刚刚还是黑色的东西能够突然变得晶亮雪白,就像当狂风在海面上卷起巨浪的时候,大海就变得波光熠熠白浪滔滔。因为你可以说,我们经常看到的黑色的东西,当它的物质被搅乱混淆,其始基的排列顺序也被改变,并且给它增加或减少某些部分的时候,它立刻就会变得亮白。但是如果深邃蔚蓝的海洋表面是由蓝色的种子所构成,那么不管怎样它都无法变白,因为无论你如何摇晃蓝色的种子,它们也无法变成闪亮雪白的颜色。②

卢克莱修的这些论证相当严谨和富有见地,再一次提示我们原子论是古代自然哲学思辨的高峰。如果说大多数自然哲学家总是不免用现象界的属性想象微观世界的属性,那么原子论明白地意识到这是质的不同的两个领域,所以可能具有完全不同的属性,而且应该具有完全不同的属性。卢克莱修系统地批评了原子论之前的自然哲学各派,这说明他最终在哲学上服膺于伊壁鸠鲁,确实有理性上的认真考虑;也说明他的智力水准不低。即使在原子论内部,卢克莱修经过思考,得出了结论,认为伊壁鸠鲁也高于德谟克里特。比如

① 卢克莱修:《万物本性论》第1卷,第814—829行。

② 卢克莱修:《万物本性论》第1卷,第757—776行。

就原子的形状方面的问题而言，卢克莱修就同意伊壁鸠鲁而不同意德谟克里特。伊壁鸠鲁认为原子的形状（大小）有各种各样，这样才能说明现象界的多种多样。但同时伊壁鸠鲁特别指出，原子的形状虽然成千上万，不过绝不是无穷的多——否则就会有大到我们可以看到的原子，“而这违反经验”（的认识标准）。这显然是在批评德谟克里特，因为德谟克里特认为存在着“巨大的原子”：

> 不能认为原子拥有所有的大小，否则就会受到经验现象的反驳了。我们应当认为在原子的大小尺寸上有一定的差异，因为承认了这一点能更好地解释感觉和感受中的现象。但是，承认原子具有所有可能的大小尺寸，则无助于对于属性的差异的解释。而且，那就必然要推出我们会遇上能够被看见的原子。可是谁也没有看到这样的事情发生，而且我们也无法想象看见原子的可能性。①

第二节 灵魂、影像、神

伊壁鸠鲁在一切领域中贯彻他的原子论解释，其中具有特殊意义的是他对于灵魂和神的原子论解释。在这一解释中，他独特的“影像”学说发挥了重要的作用。下面我们分别加以考察。

一 灵魂论

如何理解人类的灵魂，显然对于获得幸福具有至关重要的意义。伊壁鸠鲁用他原子论的灵魂论告诉人们：人不是本体，不是自足的，只是原子的暂时集合，所以终究要死；而死作为一种原子聚散中的一个过程，本身没有什么特别可怕之处，所以不必刻意躲避。人们由于不懂这个道理，才患上了害己害人的种种精神疾病。卢克莱修在指出人类的疾病时说：

---

① 第欧根尼·拉尔修：《著名哲学家的生平和学说》第10卷，第55—56节。

因为人们害怕死后的永久惩罚,所以就失去了反抗宗教迷信的力量。关键是人们不知道灵魂的性质是什么:灵魂是生出来的,还是相反,是在人出生后从外面进入人体的?也不知道灵魂在我们死亡、肉体瓦解之时随着我们一同毁灭,还是坠入奥尔库斯(Orcus,即地狱)的阴暗、巨大的深渊中,还是依据神的命令而进入动物躯体……①

伊壁鸠鲁的灵魂论可以分为几个方面。首先,它强调的是一种还原论精神:灵魂也是原子,是一片同质的精细物质。它是平面的、无差异的,弥漫在整个身体的当中。灵魂由四种类型的原子构成:一种是类似于热的原子;一种是类似于风(或呼吸)的原子;一种是类似于空气的原子;还有一种是"无名的"、最精细的原子。为什么灵魂要由四种不同的原子构成?有关这一问题的现存资料有拉尔修的和艾修斯的。其中艾修斯的比较全面,可以从中看出,伊壁鸠鲁似乎希望四种类型的原子能够分别解释灵魂的各种能力,这不禁使我们想到古代希腊人关于各种"体液"的理论:

伊壁鸠鲁[说灵魂是]四种东西的混合体:其中一种像火,一种像空气,一种像风,第四种缺乏名字。他认为第四种东西负责感觉。他说,风在我们身体中产生运动,气产生静止,那种热的东西产生身体的明显的热量,那种无名的东西在我们身体中产生感觉。因为在那些有名字的东西中是找不到感觉的。②

从艾修斯的记载看,伊壁鸠鲁派认为构成灵魂的四种原子中,有三种原子是有"名字"的,即"风"、"气"、"火"。当然伊壁鸠鲁也说,这些原子的名称只是来自于与那些元素的"相像":像风,像气,像火,它们可以分别解释我们的不同身体状况。而最后这种原子却与任何感性事物都不像,所以连"像"谁的名字都没有。它是最精微的原子,比起其他三种成分更小、易动,从而可以解释灵魂的最高级能力——感觉和认识。根据拉尔修的记载,伊壁鸠鲁派认为这种高级"灵魂要素"存在于胸膛之中:

---

① 卢克莱修:《万物本性论》第1卷,第112行以下。

② Aetius, 4.3.11;LS,14C.

> 灵魂是弥散在整个有机整体中的最精微的物体，很像混合了某种热的气息，有的方面像热，有的方面像气息。但是，此外还存在着第三种要素，它比这两种东西要精微得多，并且因此与有机体的其他部分密切关联。这一点可以通过灵魂的各种功能、感受、运动的敏捷和思考表现出来，也可以从人失去了它就会死亡的事实看出。①

拉尔修补充说：伊壁鸠鲁在其他地方还提到：灵魂由最光滑和最圆的原子构成，比火原子还要光滑和圆得多。灵魂的非理性部分散布在身体的其他部分中，而理性部分居住在胸中，这从人们害怕和高兴时的感受就可以看出。②这一居住在胸中的理性部分就是"心灵"，它虽然也和灵魂的其他部分一样会终究消散，但是它高于感觉，支配我们的思考，所以我们能够通过理性的审慎思考而超越感性的快乐追求和痛苦折磨。伊壁鸠鲁在这里还是体现了某种超自然的自由追求，而非一般人理解的被动受制于欲望洪流的还原论。我们知道，灵魂论一直是希腊哲学中的一个重要主题。朗格指出，希腊词"*psuche*"的指称在不同的希腊哲学家那里可广可狭。最广的也许是亚里士多德的用法，他用这个词指称一切生物的生命活动，包括植物生长和动物运动。最狭的是柏拉图，在《斐多篇》中，柏拉图用这个词指理智力量。伊壁鸠鲁的用法则居于二者之间，他用"灵魂"指意识的所有方面——特别是感觉、思想和激情，以及冲动向身体的传递。③

伊壁鸠鲁的灵魂论与柏拉图的灵魂论的根本区别就在于：柏拉图的灵魂是一个立体的、复杂的、有序有等级的分层综合整体，这对应于他复杂精美的国家体系和宇宙体系，是整体主义或结构主义的。相比之下，伊壁鸠鲁的灵魂论是平面的、还原论的。另外，伊壁鸠鲁的灵魂论也不是亚里士多德的"质料—形式"、"潜在—现实"理论中的"现实形式"的灵魂论，而是严格的机械论的灵魂论。这样的思路在今天的科学界依然有其代表，在"自然主义复兴"的今日，心智哲学界也大有其新传人；其基本精神就是从物质的（比如神经及其

---

① 第欧根尼·拉尔修：《著名哲学家的生平和学说》第10卷，第63节。

② 参见第欧根尼·拉尔修：《著名哲学家的生平和学说》第10卷，第66节。

③ 参见A.A.朗格：《希腊化时期的哲学》，第71页。

运动)的角度看心智活动,对于心智的意向性现象学方面,要么贬低为副现象,要么干脆认为不存在。伊壁鸠鲁就根据"存在的作用性标准"批评主张灵魂是"非物体"的理论。他说:有人认为"非物体"也能自身存在。"然而,能够自身存在的非物体的东西只有虚空。虚空既不能作用、也不能被作用,只能让物体穿越其中运动。所以,那些说灵魂是非物体的人是在说胡话。如果灵魂真是非物体的,那它就既不能作用、也不能被作用;但是很明显灵魂拥有这两种能力。"①

其次,原子论的灵魂论最强调的是:灵魂不可能是不朽的,不可能在人死后持续存在。这也是伊壁鸠鲁派反对柏拉图的灵魂论的要点之一。伊壁鸠鲁哲学认为,灵魂的存在有赖于被包围在特定的外壳——人的身体——当中,而且与身体紧密结合在一起。所以,无论是身体还是灵魂,离开了对方就无法存在下去:

> 我们必须记住:灵魂是感觉的重大原因;但是,如果灵魂不被有机体的其他部分包住,就不能进行感觉。有机体的其他部分向灵魂提供了这一必要条件,而且因此分有灵魂的某些功能,虽然并不拥有灵魂的所有能力。灵魂如果离去了,有机体也就失去感觉能力,因为有机体自身并不拥有灵魂的能力。②

从这段话中可以看到两层意思:一方面,这是为了指出灵魂不可能在人死后独立存在乃至轮回,灵魂不能独立感觉,只能在组合体中感觉,"如果整个有机体毁掉了,则灵魂就四下消散,不可能再拥有自己的功能和运动,从而也就不再拥有感觉";另一方面,这也是为了指出死者的尸体不会有感觉:"如果构成灵魂本性的那些原子——尽管数量很小——消失了,则余下的有机整体即使整个地或部分地持续下来,也不可能有感觉了。"③在《万物本性论》中卢克莱修使用了28种论证来证明灵魂离开了身体后必然分散瓦解,绝不会"不

---

① 第欧根尼·拉尔修:《著名哲学家的生平和学说》第10卷,第67节。

② 第欧根尼·拉尔修:《著名哲学家的生平和学说》第10卷,第64节。

③ 第欧根尼·拉尔修:《著名哲学家的生平和学说》第10卷,第595节中译文参见伊壁鸠鲁;卢克莱修:《自然与快乐——伊壁鸠鲁的哲学》,第13页。

朽”和重新投胎轮回。这显然是反对柏拉图的灵魂不灭的学说。① 虽然 28 种论证层层叠叠，令人眼花缭乱，但是仔细分析起来，卢克莱修的主要思路是两个方面：灵魂与身体的内在紧密关联，灵魂的脆弱性。

首先，灵魂必须被包容在人体之内，所以当人死后，它就会迅速瓦解消散。这种迅速性与灵魂的精巧性有关，灵魂由非常精细的微粒和元素所组成，其构成元素比流动的水、云或烟的微粒都要小得多，所以它逃逸起来也飞快：

> 你看到过当容器被打碎时，水会从各个边缘上流出，四散殆尽；而烟雾也会消散于空中。因此，你可以相信，灵魂也能挥发消散，并且流动速度更快，一旦它从肢体释放离开之后，它将更为迅速地分解成它的原初物体。事实上身体在某种程度上也是一个容器，一旦它由于某种缘故被破坏，并且由于血管中血液的流走而稀释时，它就再也不能容纳灵魂了。你怎么会相信空气这种比我们的身体更稀疏、渗透性更强的“容器”能够包住灵魂！②

伊壁鸠鲁派对于心灵只能存在于人的身体中才能发挥其功能，是极为强调的。这也是为了反对斯多亚派的泛神论，或是认为植物、动物、天体中也可以存在着“灵魂”的思想。卢克莱修在论述中不时回到这一主题上来，换上其他比喻让人们理解它：

> 确实，就像把眼睛从它的根部撕裂、与整个身体脱离之后，它就再也不能看到任何东西一样，心灵和灵魂也不能单独地发挥作用。这无疑是因为它们的始基由整个身体紧紧围住，混合在血肉和骨肉之中，而不能在宽广的范围内彼此自由分开。所以，当心灵与身体相连时，它们就能产生带来感觉的运动；而在死后，当心灵和灵魂飘散到空气和风中，它们就不能在体外产生这一运动，因为它们再也不像以前那样被围住了。如果灵魂在空气中还能够将自己保持在一起，并从事以前在肉体和全身中惯常进行的运动，那么空气也就成了一具躯体和一个生物了。所以我要再三

① 有关柏拉图的灵魂不朽理论，参见柏拉图的《斐多篇》以及本书第 2 卷的有关分析讨论。

② 卢克莱修：《万物本性论》第 3 卷，第 434—444 行。

强调,当身体的所有外壳都被打碎,当生命的气息全都飘散在外时,你就必须承认心灵的感觉已经消亡——灵魂也一样,因为两者总是存在于一个共同体中。

一棵树不能长在天上,云彩也不能飘在深深的大海中,田野里生存不了鱼儿,树枝里流动不了血液,在岩石里也没有树液。每种东西在哪儿生成,在哪儿存活,都有固定的安排。所以,心灵的本性也不能脱离身体而单独地冒出来,也不能远离肌肉和血液而存在。但是,即便这有可能,心灵就其自身的力量而言,也更容易存在于头部、肩膀、脚跟或是身体的任何部位中,而且起码也得是在同一个人身上,在同一个容器之中。不过,既然甚至在我们体内也有确定的法则和条令,规定了灵魂和心灵只能在什么地方存在,在什么地方生长,那么我们就更加必须否认它们能完全在身体之外产生和存活的观点。所以,当身体毁灭时,你就必须承认灵魂也已经灭亡,全身都被撕成粉碎。①

伊壁鸠鲁派反对灵魂不灭论的另外一个主要依据是灵魂的脆弱性。能够永恒不灭、在事物的毁灭中完好存留下来的东西只有原子,它的特点是无法被分割和打开的坚固性。但是种种迹象说明灵魂不是这种东西;只要观察一下年老体衰、身体患病、酗酒的时候人的思想反应迟钝、心灵失常等就可以看出:

另外,就像身体自身容易染上可怕的疾病和感到剧痛一样,我们看到心灵也容易遭受担忧、悲伤和恐惧的袭击,因此可以推出:心灵也不免一死。

另外,在身体患病时,心灵也往往失常。这时,心灵会处于精神错乱状态中,说话语无伦次,不合常理。有时还被沉沉的倦怠感带入深深的持久睡眠中,双目紧闭,脑袋低垂。在这各种状态下,既不能听到任何声音,也认不出那些泪光闪闪地站在他周围、试图将他唤醒到生命中来的人们。所以,既然身体上的疾病的确传染并渗入到了心灵之中,你必须承认,此时心灵已经解体毁灭。而且,痛苦和疾病都是死亡的制造者,这是以前许

① 卢克莱修:《万物本性论》第3卷,第564行以下、第784—799行。

多死去的人们所教给我们的经验。

但是,或许有人认为灵魂可以因此而不朽——灵魂受到了生命力量的遮蔽和保护,这或者是因为威胁其存在的东西无法进入其中,或者是因为进去的东西又都撤回来,即通过某种方式,它们在我们能够觉察到灵魂受到什么损害之前就被驱逐出来了[然而,经验明显地表明这种假设不可能成立]。因为,我们暂且不提灵魂会随着病痛的身体而一同生病,而且还常常有其他一些东西进入心灵,用未来之事来折磨它,使心灵在恐惧中处于悲惨境地,使心灵由于焦虑而筋疲力尽。还有,如果在过去的岁月中做过什么亏心事,这种罪恶感也会给心灵带来无尽的悔恨。加以心灵所特有的那种癫狂,那种健忘,以及在沉沉倦怠的黑暗浪潮中昏昏欲睡。①

有意思的是,灵魂是否能够受到外界影响,决定了它是否会朽坏,这一点是其他希腊哲学家也都知道的。新柏拉图主义的普罗提诺派为了维护灵魂不朽,强调灵魂不是形体性的事物,不会受到一般人所认为的激烈情感的影响(Pathe)。他指出,通常人们在生活中的自然看法是:灵魂会有恶念、谬见、无知,也会接受视为本己的事物,或者拒斥感到异己的事物;而且灵魂岂不是当然有喜乐、痛苦、愤怒、怨恨、嫉妒、欲望,总之从不安宁?那么怎么能说灵魂没有被外在遭遇所触动,引起变化?普罗提诺提醒人们:

倘若灵魂是形体,有广延,那么要表明它是不受影响,无论里面发生什么事,都不会产生变化,这不但不容易,简直就是不可能。相反,如果它是没有广延的实体,必然包含不朽性,那么我们就得小心谨慎,不可给它加上这类情感,免得不知不觉中使它成了可败坏的。”②

至于通常所说的那些情绪变化,其实念头发生在灵魂中,情绪的现象学素质发生在身体中,而不是存在于灵魂中:

我们必须追问到底是谁在变化。当我们这样说灵魂,这样说悟性,比

① 卢克莱修:《万物本性论》第3卷,第459—475行、819—829行。

② 普罗提诺:《九章集》,3.6.1。

如说“灵魂脸红了”,或者“又转白了”,那是很危险的,因为这没有考虑到,这些情感是由灵魂引起,但是发生在另一结构[身体]里的。当然,人们会说如果灵魂产生某种不体面的念头,那它就有羞愧。但是身体在一定意义上是灵魂所“拥有”的——注意不要被语言所误导了——顺服于灵魂,因此不同于没有灵魂的物体,它是通过血液变化的,因而是易变的。至于人们所说的“恐惧”,开端在于灵魂,但脸色苍白则是由于血液回环引起的。幸福、快乐、轻松这些渗透感性知觉的感觉都是这样,都属于身体,而属于灵魂的那部分喜乐就不再是一种情感了。①

很显然,我们能从普罗提诺的这些论述中看到与伊壁鸠鲁路线完全不同的哲学态度。如果说伊壁鸠鲁是设法论证灵魂就是一种物体类的事物,从而免不了受到物体一定会受到的打击和影响的话,那么普罗提诺竭力论证灵魂完全是非物体类的事物,从而避免受到“影响”,本质上不会败坏。

二　影像论

影像论是伊壁鸠鲁原子论学说中的一个独特的内容。所谓“影像”,指的是事物发出的快速原子流,携带着原物的信息。“存在着与固体事物形状相同的形状(τυποι,outlines,films),它远远比所有可以见到的事物都要精微稀薄。因为这类空心的和稀薄的东西完全可能在事物的环境中聚合而成,至于这种东西要保持它们在原来固体事物中所具有的排列秩序和运动,也并非不可能。我们把这些形状称做‘影像’(εἰδώλα,*images*,*idols*)。”②

这种影像显然属于不明白的东西、非感性的东西,谁也没有见到过,受到怀疑论的批评,被视为违背了伊壁鸠鲁派自己的坚持感性现象自明清晰的原则立场:“伊壁鸠鲁试图用更成问题的东西去证明更不成问题的东西,这是荒谬的。因为当我们在考察明显事物的可靠性时,他却建立了一个自己的关于‘影像’的奇异而神秘的学说。”③所以伊壁鸠鲁要论证和阐释自己关于影像

① 普罗提诺:《九章集》,3.6.3。

② 第欧根尼·拉尔修:《著名哲学家的生平和学说》第10卷,第46节。

③ 塞克斯都·恩披里柯:《反逻辑学家》第2卷,第65—66节。

的设定是真实的，并不违背感性：

> 至于影像的极度稀薄性，也不违背感性的证明。它具有极快的运动速度，它在没有阻挡或很少阻挡的情况下能找到各种与自己相适宜的通道，尽管许多、甚至无数多的其他原子在运动中会立即遇上阻挡。
>
> 此外要记住，影像能以理智所能想象的最快速度产生。物体的表面连续不断地流出影像；由于其他原子立即补上去，事物看不出来有什么减损。影像可以在很长时间里保持固体事物中原子的排列和秩序，虽然有的时候也会混成一片。由于不需要实体性内容，它们有时可以在周遭环境中快速聚合而成[比如海市蜃楼和各种模样的云团]。这类性质的影像还可以有其他的产生方式。以上所说与感觉都不相违背。①

伊壁鸠鲁派还给出了不同的证据，提醒人们影像是存在的。其中，镜子成像的原理是一个很好的说明。因为我们在照镜子的时候，可以看到我们的每个部分都完整地出现在镜子里，镜子里的“肖像”和我们自己一模一样。这就表明，镜子里的“肖像”就是从我们身上发出的流射物而形成的。卢克莱修与奥依诺安达的第欧根尼对此都有讨论。后者说道：

> 通常，镜子将为我见证肖像和幻象是真实的存在：因为我所说的当然完全不会被影像否认，镜子里的影像发誓给出了支持的证据。如果没有来自我们的不断地流向镜子的流射物，并返回一个影像给我们，我们可能在镜子里看不到我们自己，实际上也没有任何影像会产生。我们的每个部分都直接出现在那个位置上，这也是流射物存在的可信的证据。②

伊壁鸠鲁之所以提出这种影像理论，与他在灵魂论、认识论和神论上与众不同的独特思路有密切的关系。因为影像可以解释认识。

影像的特点是快速和精微。前面我们提到伊壁鸠鲁在论述原子运动时说原子处于“理智所能想象的”快速运动中，这也是为了说明影像。快速运动的影像有助于解释人心在认识上的迅速：“我们能看到明明白白的万事万物，这

---

① 第欧根尼·拉尔修：《著名哲学家的生平和学说》第10卷，第47节。

② 奥依诺安达的《第欧根尼铭文》，残篇9。

都是由于外部事物连续不断地向我们发来印象……我们必须知道,正是由于外部事物中有某些东西进入到我们中来,我们才能观看到它们的形状和思考它们。"①影像在空中飞得极快,又源源不断地送来,所以在我们的认识中造成连续的、单一的物体印象。(为了理解伊壁鸠鲁的意思,今人不妨想想一个类比:电影。)

伊壁鸠鲁影像论的认识论似乎是独创的,它不同于柏拉图在认识论上所持的"眼睛之光向外发射"之说,而是坚持客观对象在向我们发射影像。这种"认识来源的方向"的不同倒确实反映了唯物主义与唯心主义的区别。另外,影像论也是为了与德谟克里特的"中介"说划清界限。德谟克里特认为感觉的发生依靠的是对象在其与感受者之间的空气中压印出来某种形状。伊壁鸠鲁派则主张感觉是由于对象(的影像)直接作用于我们的感观之上而形成的。不仅视觉如此,其他感觉如听觉和嗅觉也是如此,全都是来自影像或来自客观的外部事物,而非来自外部事物在它和我们之间的空气上压出的某种形状:

> 认识靠的并不是外部事物在我们和它们之间的空气中印上它们的颜色和形状的本性,或是靠我们[的眼睛]向它们发出光线或其他什么流射物,而是靠某种来自事物并与其同色、同形并保持相应大小的形状进入到我们的眼睛或心灵里。这些形状运行极快,并因此而使人感到是一个连续的物体,保持着实体中的相互关联;故而这些印象源自于固体内部的原子颤动而产生的相应状态。②

伊壁鸠鲁为什么要采取与德谟克里特的"中介说"不同的"影像论"?可能他是要强调影像直接到达我们,从而把原物(的信息)原原本本地带给我们,从而感性认识是真实的。这样就可以反驳德谟克里特对于感觉的真理性的怀疑,也就是从物理过程上论证感性"认识标准"的可靠性:"我们通过直接接触——无论是心灵还是感官——而把握的形状或其他属性的印象,都反映了固体本身所具有的形状或属性。"③虚假和错误并不在于感性,而总是发生

① 第欧根尼·拉尔修:《著名哲学家的生平和学说》第10卷,第49节。

② 第欧根尼·拉尔修:《著名哲学家的生平和学说》第10卷,第50节。

③ 第欧根尼·拉尔修:《著名哲学家的生平和学说》第10卷,第48节。

在对于尚有待证明或尚未被反证的事情仓促发表意见之中，有所增减当中，或是由于影像在路上受损，到达感官时已经残破。

有关伊壁鸠鲁的感觉理论，还有一点值得讨论：他究竟最重视哪一种感觉？朗格说伊壁鸠鲁最关心的是视觉，在讨论感觉论时把视觉当做范本，几乎吸引了他的思考的所有注意力。① 这大约也是“影像”概念的来源。但是另一方面，也有学者认为伊壁鸠鲁最重视五官感觉中的触觉。这与伊壁鸠鲁的唯物主义感觉论也是相符合的。作为唯物主义，作为对感觉的绝对相信的学说，伊壁鸠鲁肯定希望感觉的绝对可靠性来自与对象的直接接触，而触觉最能满足这一要求。有意思的是，在近代认识论者比如洛克、贝克莱等人那里，对于视觉与触觉也给予了相当的重视。

三　伊壁鸠鲁的神

原子论除了可以在认识论上运用影像论之外，还用它来自然地解释“神”和梦境等等，从而让人不要被梦境和神的意象所吓倒。

神也是原子构成的，但是是极为精微的原子。伊壁鸠鲁在《基本要道》中的第一条就指出了神的这种完满性：“幸福和不朽的存在者自己不多事，也不给别人带去操劳，因此他不会感到愤怒和偏爱，所有这些情绪都是软弱者才有的。”②他在别的地方也反复强调不要把“幸福和不朽”之外的性质加给神。这种“幸福和不朽”的存在是什么样子呢？也就是神的本性是什么的问题。首先，神一定是有形体的，而且必然是与人的形状相仿的。伯利（M.A.Bailey）说：“毫无疑问，他（伊壁鸠鲁）认为神具有人的形状，……”③这一点，西塞罗的论述十分清楚。在其《论神性》中，作为伊壁鸠鲁思想代言人的威莱乌斯说，在本性的驱使和理性的引导下，我们会知道诸神的形象和形式：

> 根据本性的驱使，每个种族的人都只能明白具有人形的诸神。不管是醒着或睡着的时候，诸神还曾以其他形象向我们显现过吗？但是我们

① 参见 A.A.朗格：《希腊化时期的哲学》，第 76 页。

② 第欧根尼·拉尔修：《著名哲学家的生平和学说》第 10 卷，第 139 节。

③ M.A.柏利：《希腊原子论者与伊壁鸠鲁研究》，第 443 页。

> 不需要完全依靠这种本能的观念,理性本身也会引导我们达到同样的结论。最卓越的、快乐而不朽的存在应当也是最美的,这样说是恰当的,还会有什么样的肢体的构造和性质的和谐,还会有什么样的形象和形式比人的更美?卢齐利乌斯,你们斯多亚主义者不像我们的朋友科塔那样左右摇摆,你们斯多亚学派习惯于通过解释人形的一切是如何适宜于我们的使用和快乐的,由此证明造物主的高明。既然人的形象比其他所有生命的存在者都要优秀,而诸神也是有生命的存在,那么诸神的形象和形式也必然是最美的。因为我们全都认为诸神是快乐的,而没有美德就没有快乐;没有理性就没有美德;理性只与人的形式有关;因此结论必定是,诸神拥有人的形象。这种形象不是躯体,而是类似于躯体的东西,它没有血液,但是某种类似于血液的东西。①

最后这两句话中的"类似于"具有特殊的意义。虽然神具有人的形状,但是肯定没有像人一样的感觉和欲望,因为如果神也有人一样的感觉和欲望,就无法完全不动心。伊壁鸠鲁虽然认为原子只有大小、形状和重量等属性,而没有其他宏观事物所具有的其他属性,但原子还是有精细与不精细之分,比如构成灵魂的原子就可能比构成其他东西的原子要精细。构成神的原子一定比构成人类灵魂的原子更精细,神的原子高于构成我们灵魂的原子;也就是说,在精神上,神是一种最高的存在。

另外一个问题是,神的居所在什么地方呢?伊壁鸠鲁的神学认为,神住在"世界之间",幸福无比,而不住在世界之中,也绝不会管世界中的事情。卢克莱修说:"诸神的任何神圣住地位于我们这个世界中的某个地方。因为诸神的本性极为精细,远非我们的感觉所能及,甚至连心灵的理智都难以察觉。……所以,他们的住处要与他们自身的精微本性相称,势必与我们的住所截然不同。"②正因为最高的精神存在的神居住在"诸世界之间",伊壁鸠鲁派对其怀抱着一定的神圣尊崇心情。卢克莱修说:"你(伊壁鸠鲁)的推理一开

① 西塞罗:《论神性》第 1 卷,第 18 节。

② 卢克莱修:《万物本性论》第 5 卷,第 146 行以下。

始宣告你的神圣心灵所揭示的万物本性,我们心中的恐惧立刻就烟消云散,世界之墙也为之打开,我看到了这个虚空中发生的诸般事情:在我面前,出现了庄严肃穆的诸神,还有他们那么安宁祥和的居所。"①

由此可见,被当时许多人视为"无神论"的典型的伊壁鸠鲁哲学其实并不反对神。但是它反对迷信,也就是反对神会干预我们的世界,干预天体活动和人的道德行动。也许大多数古人认为"不干预的神"的想法恰恰是亵渎神,与无神论相去实在不远了:

> 伊壁鸠鲁通过剥夺诸神的所有德行和恩惠而把宗教从人的心灵中彻底根除了。因为,他一面把至高无上的完美归为神圣的本性,一面却取消了仁慈作为最优秀、最高贵的精灵的本质。因为没有比善良和慈爱更优秀、更高尚的德行了。如果你取消了神的德行,那么你将使无人敢靠近神,也无神敢靠近人;因为神不爱任何人,也不关心任何人。这样的结果将是,不仅人与诸神无任何关系,而且诸神之间也毫无关系。②

这样的批评对于柏拉图派哲学家也许有用,柏拉图在《巴门尼德》第一部分中认真地考虑过"老年巴门尼德"对"青年苏格拉底"的相论的批评,其中之一就是如果相与现象界没有任何关系,那么就毫无意义。但是,这样的批评对于伊壁鸠鲁毫无用处。伊壁鸠鲁针锋相对地指出,"干预的神"的想法才是真正亵渎神,是对神的不虔敬,是任何人只要仔细反思,就一定会看到它与"完善自足的神"的观念是自相矛盾的,是灵魂的烦恼不平静的最大来源,所以不会予以接受:

> 不得认为在天体的运动、回转和日月食以及天体的升降中有一个享受着完全的不朽幸福的存在者在勤勉地管理着这一切,因为劳作、操心、愤怒和偏爱与幸福不相容,相反,它们起源于软弱、恐惧和对邻人的依赖。天体无非是圆形的火,它们也享受着极度幸福,不会自愿进行这些运动。我们应当保持所有这一切术语(神圣幸福、不朽)的指称的庄严性,以免

① 卢克莱修:《万物本性论》第3卷,第10行以下。

② 西塞罗:《论神性》第1卷,第43节。

使这些词语产生与神圣庄严性相冲突的涵义。否则,这一冲突会造成灵魂的极大扰乱。所以,我们应当认为天体的固定不变的周期运动现象来自于世界产生时的最初的原子聚拢和结合。①

不过,我们还是可以追问这样一个问题,伊壁鸠鲁对于神的接受,究竟是为了避免当时大众的迫害,还是当真相信神?一个彻底的唯物主义者,怎么会相信神?对于这个问题,可以有各种解释。塞克斯都就曾经说过:“按照某些人的说法,伊壁鸠鲁在他通俗的著述中承认神的存在,但在他详细阐释万物的本性时则没有对神的存在予以认可。”②西塞罗也肯定地说:“我本人知道,伊壁鸠鲁派都尊敬任何一个神像,尽管我知道有人相信伊壁鸠鲁只是口头上赞美神,以便不冒犯雅典人,而事实上他并不信仰诸神。”③

如果从伊壁鸠鲁所特有的感性主义的影像论看,人们似乎有理由相信,伊壁鸠鲁是当真接受神的存在作为事实的。前面我们说过,作为彻底的感性论者,伊壁鸠鲁认为我们的感觉必然有影像为基础,所以一切感觉都必须认真对待。伊壁鸠鲁派认为梦和想象,都是因为外来的影像所导致的,因为影像的特点就是极为精微,所以即使我们入睡或闭眼时,它们也能渗透进入我们的身体,进入我们的心灵。朗格发现这种解释,尤其是在解释想象的时候,不免过于“笨拙”。但是他认为伊壁鸠鲁派之所以选择这种笨拙的解释方式,可能是因为要坚持彻底的外因论。否则,如果想象可以没有外因而随意兴起,那么最终人们也可能会想到,感觉是否有时也可能是感觉器官的内在幻觉而已?④

晚期希腊怀疑论派思想家塞克斯都·恩披里柯在《反自然哲学家》中总结了对于神的理性论证的几条路线。第一条路线可以称为秩序需要论。塞克斯都·恩披里柯说:“有人断言,最先领导人类并在万物中明察出究竟什么有益于人类生活的那些人,由于秉有伟大的智能,不但发明了关于神的想象,还构设出了发生于冥间地府诸多神秘事件的信念……于是他们先是订立诸法,

---

① 第欧根尼·拉尔修:《著名哲学家的生平和学说》第10卷,第76—77节。

② 塞克斯都·恩披里柯:《反自然哲学家》第1卷,第58—59节。

③ 西塞罗:《论神性》第1卷,第30节。

④ 参见A.A.朗格:《希腊化时期的哲学》,第77页。

旨在制约做错事者，对明显干坏事者予以惩戒；之后他们又发明出诸神作为人类恶行或善行的审察者，使得人们即使在私密的情况下也不敢做坏事，因为人们相信诸神。”第二条路线是灵魂论。塞克斯都·恩披里柯说：“神的观念所以源自与灵魂相关的事件，其成因在于灵魂入睡时的受激发状态及其灵魂的预知能力。”第三条路线是天象启发论。塞克斯都·恩披里柯说：“最先仰望天穹并目睹到太阳在自东向西的轨道上绕行、众多星体在井然有序地行进的那些人，一定会去寻求这一最迷人的队列的制作者，因为他推测这种规则决不会是自发产生的，而一定是出于某些拥有超常而不朽本性的操纵者，而它们也就是神。”①

那么，伊壁鸠鲁的“有神论”属于哪一条路线呢？初看上去，最不像第一条和第三条，因为他的神是不动心的，根本不管人间事物；所以只剩下第二条路线了。塞克斯都·恩披里柯也确实将伊壁鸠鲁归于第二条路线，他说：“伊壁鸠鲁认为，人们是从呈现于睡梦中的种种征象中生发出神的观念的，他说，‘因为人们在睡眠时，当某种颇具人形的巨大影像印入人心之时，人们就想当然地相信某种长得像人形的神确实存在着’。”②第欧根尼·拉尔修在转述伊壁鸠鲁基本要道第一条（神的完满性）的时候补充的一个注释也可以印证这一点：“他在其他地方还说：神是由理性认识的，他们有的可以看出数量上的差异，有的来自同样的影像的连续不断地朝着一个地方流射，结果产生了人的样子。”③这就是用影像论来解释神。我们不妨想想夏日雷雨前天上变幻着的“巨人”云朵由于其大尺度而震撼人心，令儿童的心灵想象神仙的存在。卢克莱修在《万物本性论》中论证宗教起源论时也提到了影像对于人类的童年时期心灵的作用：

> 事实上，即便是在那个［远古的］时代，人们也经常会在心灵清醒时看见有着俊美不凡、身材高大的英姿的诸神，在睡梦中看到的就更多了。所以，人们就将感知赋予他们，因为他们显得就好像也能够移动四肢，能

---

① 塞克斯都·恩披里柯：《反自然哲学家》第1卷，第13节。

② 塞克斯都·恩披里柯：《反自然哲学家》第9卷，第14节。

③ 第欧根尼·拉尔修：《著名哲学家的生平和学说》第10卷，第139节。

够吐出与其杰出的美貌及强大的力量相匹配的骄傲话语;人们还将永恒的生命赋予他们,因为总是有连续不断的关于他们的幻觉浮现出来。①

这样看来,伊壁鸠鲁派之所以不采取完全的无神论,还是真诚的,因为这是符合其"经验论"的标准论的:只要经验指示我们的事情,我们都必须认真对待。既然我们(即使在梦中)有"神"的"前把握观念",那就说明有这样的影像从其客观存在之处来到我们这里。当然,人们会立即指出宗教中所幻想的各种神话人物等等,难道伊壁鸠鲁派也全盘照收、视为真实吗?伊壁鸠鲁的批评者说道:鉴于伊壁鸠鲁认为人们所设想出来的诸神是"与呈现于睡梦中的颇似人形的影像相一致的",那么我们不禁要问,从这些梦境的呈现中为什么产生的是诸神的观念而不是巨人的观念呢?但是,显然伊壁鸠鲁派并不认为"妖怪"、"马人"之类的东西是真实的。不过伊壁鸠鲁派对这些幻想对象也进行了原子影像论的"自然解释",即不同的影像分别进入人心之后,被无意或有意地组合而成,比如"马人"就是如此。卢克莱修说:

我们不仅要确立有关天体的正确原理,日月的运行规律,以及地上万事万物发生的背后力量,而且尤其要用敏锐的理智去考察精神的构成和心灵的性质,以及当我们醒时苦于病痛的困扰或在熟睡之中时,是什么东西侵袭我们的心灵,使我们仿佛真地耳闻目睹了那些已经死去的人,尽管他们的尸骨早已埋入大地的怀抱。②

这里的讨论让我们想到前面提到的伊壁鸠鲁派的第欧根尼对德谟克里特的态度。一方面,伊壁鸠鲁派会认为德谟克里特在肯定影像的客观性上高于斯多亚派,后者认为幻象仅仅是人的空洞的想象;另一方面,伊壁鸠鲁派又认为德谟克里特对于影像肯定得还是不够:"他把神性归于他那些瞬时的影像,也归于发射出这些影像的背后的始基,以及我们自己的知识和理智。他犯的错误更大,因为他否定了任何事物曾经连续确定地存在,从而否定了永恒性。这样他也就拒绝了神性或关于神性的任何意见。"③

---

① 卢克莱修:《万物本性论》第5卷,第1169行以下。

② 卢克莱修:《万物本性论》第1卷,第127—135行。

③ 西塞罗:《论神性》第1卷,第7节。

怀疑论在批评这种“独创的”影像论时没有区分德谟克里特和伊壁鸠鲁。怀疑论对于一切超出“明白事物”领域的理论解释都持怀疑态度。“影像论”本身已经是超出明白的感性经验的一种理论假设,而“影像神论”更加是从原子论出发对于晦暗不明的对象进行的一种解释理论。怀疑论认为这一理论来自于德谟克里特,并且被伊壁鸠鲁发扬光大。所以怀疑论批评他们时是不加区分的:

> 德谟克里特的说法也是不可信的——他是在用更为可疑的东西去解释较少可疑的东西。因为自然界已经提供了可以用来解释人类是如何获悉诸神观念的大量而多样的事实,但“在周围的空气里存在着具有人形的巨大的影像”的说法,以及所有这些德谟克里特喜欢发明的构想,都是完全难以令人接受的……对他们所提出的这些论点,人们或许可以作出总体性的反驳:单单借助于对某种类似于人的生物的想象性扩展,是无法形成神的观念的;神的观念的建构还须包括这些事实,即他是至福的、不朽的,能在宇宙中发挥异常巨大的威力的。但是,这些品性究竟是如何、由何处被那些最先创设出神的观念的人所想到的?对这一问题,那些主张神的观念产生自睡梦中的呈现的人,或主张神的观念来自诸多天体井然有序地运行于各自轨道的人,并没有作出任何说明。①

最后必须指出的是,在伊壁鸠鲁哲学派别内部是把伊壁鸠鲁视为真正意义上的神的——由于智慧,由于彻底消除了对死亡和迷信的恐惧,他“在人间像神一样幸福地活着”,而且还把这一幸福带给大众。如果说人们通常认为神就是为人类带来最大益处(幸福)的;那么谁为人类带来了最大益处呢?卢克莱修对自己的哲学长诗的听众麦米乌斯说:你不妨比较一下古代其他被看做近乎神明的人的发现。克瑞斯(Ceres)据说把庄稼带给了人类,利柏尔(Liber,即酒神巴库斯)带来了用葡萄汁酿制的酒。不过,生活中没有这些东西也能过下去,因为据说有的民族没有这些东西也一直活到今天。但是,如果没有一个清洁的心灵,就不可能过上幸福的生活,因此伊壁鸠鲁派认为有更充

① 塞克斯都·恩披里柯:《反自然哲学家》第1卷,第42—44节。

分的理由相信:

> 伊壁鸠鲁确确实实是一位神,因为他第一个发现了现在称做“智慧”的合理的生活计划,他用自己的技艺把生灵带出了狂风暴雨和深深的黑渊,让他们栖居于如此宁静无忧、如此清晰爽朗的光明之中。①

第三节　天文学

伊壁鸠鲁的“天象学”其实是其自然哲学的一部分,可以说属于其中的“宇观”部分,也就是讨论整个宇宙的部分。要理解伊壁鸠鲁天文学的精神,一定要明白伊壁鸠鲁的论战性宗旨。在古代,“天”一直与“神”有关,从崇拜礼仪到占星技术无不都体现了这一点。“天”通常被认为是神的居所,或者就是神本身。不仅如此,我们从亚里士多德的自然哲学和斯多亚的自然哲学中还可以看出,“神学”是当时的“自然哲学”的一个内在组成部分,而且是其最高组成部分。怀疑论的塞克斯都对于神学的质疑就是放在《反自然哲学家》的开头部分进行的。约纳斯曾经探讨过古代星宿崇拜的第三种发展即希腊哲学对星宿的评价。他指出,星体世界在希腊哲学普遍受到极高的推崇,这是因为它们自身的范式性存在。它们的质料的纯净、它们的圆形运动的完美、它们遵行自己的律法毫无阻碍的运动、它们的存在不朽、它们的轨迹永不变异——所有这些属性使它们在希腊哲学的意义上成为“神圣”的:

> 在这些品质之中,存在的永恒不变与生命的不朽是首要的。因此,星宿之所以神圣,主要不是因为它们的作用,而是因为它们凭内在属性在事物的等级体系中所占据的地位。正是秩序、永恒、和谐的属性构成了一切(the All)在总体上的“宇宙的”特征:而星宿们最纯粹、最完整地表现出了这种特征。因此,在人看来,众星宿克服了一切地上过程的限制与缺陷,它们是这样一个秩序、永恒、和谐之宇宙的令人信服的彰显,是宇宙之

① 卢克莱修:《万物本性论》第5卷,第13行以下。

> 神圣性的可见的证据，它们的奇观使旁观者确信那些在下界显得模糊的东西。超乎这种典范的意义而外，它们的完美也是整体得以延续的真正保证，即宇宙运动以及生命之永恒性的确据。因此，它们是希腊人对这个世界持肯定态度所能设想的最强而有力的依据。①

不仅如此，这样美好的世界在许多希腊哲学家看来必然是目的论的。晚期希腊三派哲学中最具有宗教性的是斯多亚派，斯多亚哲学旗帜鲜明地坚持自然就是神，神对人十分关爱。神按照服务于人的目的论创造了整个宇宙。斯多亚诉诸的是各种“仁慈自然”的证据：自然在不同季节提供不同的令人心怡的食物，使我们能够享受到变化和富足的愉悦；地中海的季风是多么令人激动，它减缓了夏天的酷热，给人、牲畜、草木以及每个生物带来了健康，也为水手们提供了安全而高速的航行。昼夜的更替也是为了保全所有的生物，使它们有时间活动，也有时间休息。世界上的万事万物都由神的意愿和智慧做了精心安排，使人类能够平安和保全：

> 有人会问：这项伟大的创世工程是为谁进行的呢？为了花草树木吗？若是这样，就显得很荒唐了，因为尽管自然供养着它们，但它们没有感觉或感情。那么是为了动物吗？但诸神似乎不大可能为没有理解力的迟钝的生物兴建如此伟大的工程。那么这个世界到底是为谁而造的呢？肯定是为了那些具有理性的生物。因为理性是最高的品性。因此我们完全可以相信，整个世界和世上的一切都是为诸神和人类创造的。②

伊壁鸠鲁为了帮助人们摆脱宗教迷信的束缚，就必须系统地对“天”去魅，尤其针对斯多亚派的目的论进行批判。伊壁鸠鲁在致希罗多德信中就已经说：“我们必须知道：对于最重要的现象的原因的精确研究是自然学的任务。我们的幸福就在于此，就在于对于天体的本性的认识，在于对于与幸福相关的其他知识的仔细研究中。”③正因为“天”的问题重要，所以尽管伊壁鸠鲁关于自然哲学的书信中已经涉及天文学，伊壁鸠鲁还专门写了一封哲学书信

① 约纳斯：《诺斯替宗教》，第236页。

② 西塞罗：《论神性》第2卷，第43节。

③ 第欧根尼·拉尔修：《著名哲学家的生平和学说》第10卷，第78节。

讨论自己的天文学的概要,他感到如果不这么做的话,还是不足以彻底堵住顽固的迷信的入侵。在其《基本要道》的第 13 条,问题的实质被说得十分清楚:"天文问题"上的迷信尤其是人类不幸的主要原因,"如果我们害怕天上和地下的事情,或一般来说无限宇宙中的任何事情,那么我们即使获得了免除他人威胁的安全感,又有何益"?

古代人生活在自然力量——天气——的控制之下(即使在今天,想想人在地震、洪水、龙卷风面前的精神崩溃),特别畏惧闪电打雷(神的道德惩罚),感到天文现象是神灵的意思的表达,尤其是日食月食,流星彗星,以其大尺度怪异神秘现象的力量震撼着人心,更显得是直接的恶兆。大到王朝的兴衰更替,小到农时(这也不算小事:古代的农业关系到吃饭大事),无不靠天气的预测。科学家和哲学家在观察天象的长时间中,又发现天象呈现出严密的规律,循环往复,丝毫不差,比人间的事情还要"理性",更加感到惊诧。斯多亚派由此直接推出自然中包含着神性的观点:"我无法理解星辰的这种规律性,以及它们在多种轨道中始终保持时间和运动形式上的和谐性,除非把这些看成行星本身的理性、理智和目的的表达,因此,我们必须把它们纳入诸神的行列。"①

伊壁鸠鲁天象学总的原则是不让人被宗教迷信吓倒,他也知道人之所以困于宗教迷信,一个重要的原因是对于天体运行在内的自然现象不知道如何解释。卢克莱修说:"人们观察到天空中众星的有序排列以及一年中四季的依次轮转,却不知道其中的原因。所以,人们就把所有的现象都归因于神灵之手,并设想只要他一点头,一切都会大功告成。"②因而,伊壁鸠鲁派的天象学的总原则就是自然地解释看上去很可怕的神秘天文现象,指出它们完全可以由我们经验到的亲切平常的情况来类比;而且没有任何意识和目的;甚至大小尺寸也不特别巨大("太阳就是看上去的那么大",这一似乎可笑的伊壁鸠鲁名言,也要放在这一"创造亲和关系"的背景中理解)。

---

① 西塞罗:《论神性》第 2 卷,第 21 节。

② 卢克莱修:《万物本性论》第 5 卷,第 1176 行以下。

天文学概要的写作目的仍然是明确的：有利于学生的背诵。其总的宗旨是：研究天文的目的是而且仅仅是为了心灵的宁静，过不受干扰的生活。伊壁鸠鲁明确地说："如果天空中的惊异景象不会使我们惊恐，死亡与我们无关，而且我们不忽视痛苦和欲望是有界限的，我们就根本不需要自然科学了。"（《基本要道》第 11 条）为此，伊壁鸠鲁提出天文学中的主要原则是：不要执于一种原因，也就是说，不要诉诸神话中讲的神灵的作用。要自然地解释——也就是参照我们经验中的现象来类比，因而多种解释都是允许的。"我们应当参照我们的经验中同类事情发生的种种情况去推断天体和一切不明白的事情中的原因。只有一种原因的现象和可以有多种原因的现象之间是有区别的，不承认这一区别的人忽视了我们只能从遥远的地方观察后者。"①但是，我们日常所经验到的事物是明白的、所以是确凿可靠地认识的知识，而通过类比所把握的天体领域却不是可以直接观察到的。所以，在天文学中诉诸感性经验，结果得出的不是确定性，反而是"要承认多种多样的可能原因"。而且，这并不仅仅是要贯彻经验论的"科学态度"，而是为了治疗学的目的：那些坚持一种确定解释的人"不知道心灵的无烦恼究竟系于何处；对于这些人我们是蔑视的"②。这样看来，伊壁鸠鲁认为天文上的一因论必然是宗教的。所以，这个领域虽然与一般自然领域类似，方法论却有相当不同。一般自然哲学的原则必须是确定的，而天文学的则必须是不确定的。这一点在他的论自然的信（《致希罗多德信》）中就已经摆出来了：

> ……在这些事情上，没有多种原因，也不可能接受其他的解释，必须全然认为：一切蕴涵着冲突或者烦恼的东西都是与不朽和幸福的本性不相容的。这一点的绝对真实性可以被理智把握。
>
> 但是在具体现象的研究中，诸如天体的升降、周期回转、日月食和这一类事情的知识，则与幸福并没有关系。那些熟知这些事情的人还是一样会有惧怕，有的是由于对于天体的本性的无知，有的是对于最重要的原

① 第欧根尼·拉尔修：《著名哲学家的生平和学说》第 10 卷，第 78 节。

② 第欧根尼·拉尔修：《著名哲学家的生平和学说》第 10 卷，第 80 节。

因不明白。如果不能解答在观察研究天体中产生的惊讶、不知道最重要的原因如何统辖这些事情,那么这些人比普通人可能更害怕呢。

所以,如果对于天体的运转、升降、日月食和诸如此类的运动发现了多种可能的解释原因,就如我们在天象学的具体研究中所做的那样,我们不应当认为我们的研究缺乏精密性,只要它们都有益于我们的不受烦恼和幸福就行了。①

由此可见,尽管作为微观原子之后的第二个"不明白"的领域,天文学也是一个需要理性去研究和发现"自然的奥秘"的领域;天象与原子,一个宏观、一个微观,都超出了日常领域。但是伊壁鸠鲁却强调微观世界的知识是绝对真理,而宏观世界的知识只是各种可能的假设之一。② 这种不同的待遇是否是因为伊壁鸠鲁认为原子与"原子构成物"之间有某种质的区别,原子是本体,而本体所构成的事物无论大小,都是派生的、非本体的事物?宇观现象本质上是宏观现象,都是原子的组合体,或可以被看见的现象;但是由于它们规模大,距离太远,无法近身观察,所以又无法获得像日常事物那样的确定真理性。在《致比索克莱信》(即《天文学纲要》)中,伊壁鸠鲁开篇明义地重申这一最首要的方法论原则:

首先必须明白,无论是与其他学问一起,还是就这门学问本身,天文学除了带来心灵的无烦忧和坚定的信念之外,再无其他目的。这一点,也是其他的学问的目的。不要硬行追求我们不可能做到的解释,也不要企图把天文学看成与伦理学或研究自然的其他学问一样确定的学问,比如"事物总体由物体与不可接触者构成"或"原子是不可分的基本元素"这样的命题,这类命题的特点是只允许一种与现象一致的解释。然而这一特色并不适用于天文学中的命题。天文现象的原因可以是多种多样的,只要与感性经验一致就行。③

在此信当中,伊壁鸠鲁每解释完一种天象问题,几乎都要重复一下这些原

① 第欧根尼·拉尔修:《著名哲学家的生平和学说》第10卷,第77节。

② 参见第欧根尼·拉尔修:《著名哲学家的生平和学说》第10卷,第88节。

③ 第欧根尼·拉尔修:《著名哲学家的生平和学说》第10卷,第86节。

则,不怕反复唠叨,唯恐人们忘记基本宗旨,可谓用心良苦,苦心孤诣。为了全面消解天象中的可怕事物,证明它们都可以得到自然的解释,伊壁鸠鲁的天象学呈现出一种全面性和系统性的特点,尽量含括了各种天象,甚至包括了天体形成的问题。它从"世界"是什么,世界的产生,太阳、月亮以及其他星体的产生、运行等等宇宙演化论主题,一直讲到月亮的盈亏、日食月食、天体运行的秩序、日月的长短、季节等等天文学主题,最后讲到严格意义上的"气象学"主题(古代希腊的所谓"月球下面的世界"的事情),包括云、雨、闪电、打雷、龙卷风、地震、风、冰雹、雪、露水、霜、冰、虹、日晕、彗星、行星等等;可以说应有尽有,无所不包。

首先,我们这个世界只不过是无限宇宙中切出来的一小部分,由于边界的维系保护,暂时存在一段时间。这是相当"系统论"的想法:必须要有边界的保护,否则就会回归混沌。生物的灵魂也必须被某种"外壳"包围住,否则就流散消失,不能再发挥作用了。伊壁鸠鲁反对目的论。他总是不厌其烦地重复:任何天文现象,都可以用同质的东西、用质料—原子的组合——而且是偶然的组合——加以解释,不存在更高的"统一原则";世界不是高本位的大生命,更不是神造的。可想而知,这样的思路会遭到斯多亚派的激烈反对。在与伊壁鸠鲁派就此的争论中,斯多亚派用了很多例子表明仅仅用少数种类(属性)的原子的偶然结合根本无法解释有序世界的出现:

> 竟然会有人相信大量固体的分散的粒子通过偶然碰撞和重力作用就可以产生如此神奇而绮丽的世界,这不令人惊奇吗?如果有人认为这是可能的,那么我想他也应该这样想,如果制造大量的字母,21个字母中每个字母的数量都是无限的(用黄金或你喜欢的任何材料制造)。把它们混合在一起并倾倒在地上,那么它们是否有可能自行拼写出文章来,比如说恩尼乌斯的整部《编年史》。事实上我怀疑偶然性是否会允许它们拼出哪怕是一个句子来![1]

伊壁鸠鲁派却不认为神创论是更好的解释方式:制造事物的模式最先是

---

① 西塞罗:《论神性》第2卷,第34节。

从哪儿进入到诸神心中的?起码神得先有个"人"的概念,才能知道自己想要制造什么并用心灵之眼盯住它。如果自然本身没有先提供一个创造的模型,始基的力量如何能被诸神所发现?始基在一起时,通过相互次序的改变能造成什么样的结果,又有谁会知道?神创论以为有一个神凭借自己的力量创造出了宇宙,并且牢牢地掌管着它。但是,这样的设想显然是没有意识到无限的宇宙是多么宏大,远远超出了人的想象。设想某个有意志、理性的主体能够创造和管理它,难道不是太狂妄了吗?西塞罗的《论神性》中记载了一位伊壁鸠鲁派的辩驳:

> 不要听那些毫无根据的和虚构的教义;不存在柏拉图在《蒂迈欧篇》中所讲的那类宇宙的创作者和建造者的神,也不存在斯多亚哲学所谓的"天命"那样的预言大师……没有一个世界自身就是活生生的、有理智的、圆形的、闪闪发光的、旋转着的神。这些夸张的幻想都是只梦想而不推理的哲学家们的产物。你们的柏拉图通过什么样的心灵洞见发现了他认为神创造世界那样的宏伟建造工程?对于如此宏大的工程,该有怎样的建筑技艺、工具、杠杆、器械和工人?气、火、水和土怎么会自愿服从建筑师的愿望?①

伊壁鸠鲁派认为,相比之下,只有自然主义的宇宙起源论才是唯一合理的解释。无法计数的始基以成千上万种方式,经历了无穷无尽的时间直到今天,在频频的相互撞击和自身重量的驱动下,总是以数不胜数的方式运动着和相遇着,尝试过各种各样的结合,联结起来就产生了可以想象的任何事物。自然力量的伟大超出了我们的想象,所以,如果世界天体处于目前这样的配置安排,进入目前这样的运动,就像万物的总体在它的永恒创新的历程中当下所显示的,又有什么好奇怪的呢?② 此外,太阳与月亮的有序运动规律、月亮表面的形状、天体运行的规律、等等,也都不必诉诸神,而可以用自然的方式加以解释:

---

① 西塞罗:《论神性》第1卷,第18—23节。

② 参见卢克莱修:《万物本性论》第5卷,第185行以下。

太阳与月亮的回转可以由于天穹在某些确定的季节时刻弯斜而产生,也可以是由于相反气流的阻力,或是天体燃料在一定的时候的耗尽或缺乏,甚至也可能是因为这样的旋转运动在一开始就内在于星球之中,所以它们就只能作环形运动。所有这一切以及同类的解释,都与明白的现象没有冲突,只要一个人尽其所能关注在这些事情上与现象保持一致,不害怕那些奴性十足的所谓“占星家”的编排的诡谲之说所吓倒。

……再者,月亮表面的样子可以是由于它的各部分的变化而引起的,也可以是因为有什么东西挡住了它的某些部分,或是因为其他与现象不矛盾的方式所导致的。在所有关于天文的现象上,这一解释路线都不能放弃。因为如果一个人与明白的现象冲突,他就永远无法享有真正的心灵宁静无忧。

天体运行的规律性周期也可以按照我们日常经验中的类似情况来说明。不要用神的本性来解说这些事情。我们要让神保持在全然幸福的状态中,毫无操劳。如果这一点做不到,那么整个追寻天文原因的学问都是徒劳无益的事情了。那些不知道把握多种原因的人正是如此;他们之所以陷入混乱,就是因为他们只知道一种原因,并且抛弃了其他可以接受的原因,结果,他们就无法全面认识推理所必须依据的各种事实。①

卢克莱修对于太阳、月亮之“神性”进行了更为详细的消解。他从唯有特定的高级生物形体才能容纳灵魂的角度指出,天、地、日月等等无非是些土块、火焰之类的东西,根本无法接纳灵魂,就像“鱼儿不可能生活在田野中,血液不可能流动在木头里,树液不可能蕴藏在岩石中”一样。所以,这些东西不可能具有神圣的感受,因为它们甚至连活物都不是。② 把天体看做低于人体,在整个“天界”全面系统地解构神话和去魅,这实际上是希腊整个自然哲学的传统,阿那克萨戈拉的“太阳不过是一块石头”的说法曾经因为触犯了传统宗教而遭到雅典政治当局的惩罚,就是一个著名的例子。

① 第欧根尼·拉尔修:《著名哲学家的生平和学说》第10卷,第96节以下。

② 参见卢克莱修:《万物本性论》第5卷,第126行以下。

霹雳雷电在古代被视为宙斯(朱庇特)惩罚恶人的工具,它强大的摧毁性力量和经常造成的灾难性后果尤其使人感到害怕,是宗教迷信得以长久维系的一个重要凭借。伊壁鸠鲁派对雷电的神圣性特别加以去魅消解,其方式是用日常可以观察和理解的自然关系将其庸常化解释。卢克莱修说:雷电产生于堆积在高空中厚厚的云层:

在这种情况下,一切都充满了火和风,因此到处是雷鸣和闪电……空空的云层中包藏有许多火种,而且它必定会从太阳光及其热量中吸收很多火种。所以,当大风正好把云朵集中在某处时,它就将压挤出许多热量的种子,并将它自己和那团火混合在一起。这时候,它已经变成了旋风,并进入云堆中那个狭窄的空间里飞快地打转,在火热的熔炉里打造锐利的雷电。风由于双重的原因而被点燃,一个是它自己的快速运转所产生的极大热量,一个是与火的接触。然后,当风的力量变得越来越猛烈,而且火的强劲冲力又钻进其中时,那成熟了的雷电在顷刻之间就猛然撕裂云层,迅猛的火焰喷涌而出,闪电的光芒也整个地笼罩了大地。接着一阵巨大的轰隆声随之而来,以至于头上的天空似乎突然间爆炸并猛烈地压倒在我们头上。①

伊壁鸠鲁派在对雷电等天象进行自然主义的解释中特别喜欢添加辛辣的讽刺,表现出了对于迷信的强烈厌恶情感。他们指出:对于雷电的宗教解释或目的论的解释只不过是人类的一厢情愿的异想天开,在许多方面与事实和日常经验格格不入,只会导向巨大的荒谬可笑的推论:

如果朱庇特和其他神灵能够用可怕的巨响摇撼闪闪发光的天宇,能随心所欲地投掷火焰,那么他们为什么不用雷电去轰击那些罪大恶极的狂妄之徒,让他们被烈焰穿透的胸膛喷出硫磺一般的火焰,以此来给人类一个严峻的教训?为什么那些在并无卑鄙罪恶心思无辜之人反而被烈焰所包围,突然卷入从天而降的火的旋涡中,被火焰无情地吞噬。

为什么神灵们以沙漠荒丘为打击目标而白白浪费自己的精力?或者

---

① 卢克莱修:《万物本性论》第6卷,第269—294行。

他们是想借此以锻炼自己的臂力和肌肉？为什么他们要使诸神之父的利箭在射向地面时锉钝？为什么朱庇特自己对此也听之由之，而不保留火力以备杀敌？当天空万里无云一片晴朗时，为什么主神从不向地面射击并激起轰轰雷鸣？难道他一定要等到乌云密布之际才亲临其中，以便能近距离地指挥开火？他又是出于何种意图去轰击大海，轰击波涛和海水以及那浮动着的大平原？①

在神"创造宇宙"问题上，伊壁鸠鲁派也极尽嘲讽地对柏拉图和斯多亚派进行批评。首先，柏拉图在《蒂迈欧篇》中向人们展示了一个不但有起源而且实际上是被造出来的世界，但是后来却又断言这个世界将永远存在。伊壁鸠鲁派指出，这违背了起码的自然科学常识，不懂得有开端的事物一定也会有终结。"什么东西能够构成整体却不会被分解？什么东西有开端却没有终结"？其次，更为尖锐的是，无论是柏拉图还是斯多亚哲学，都认为宇宙是神在时间中创造的，在某一个时刻被造出来的。那么，神为什么要在那个特定的时刻造世界，是一个神学家必须面对的严肃问题（对此奥古斯丁和路德等都曾经提出过自己的解释，大致是承认这是人所不能试图解释的神圣奥秘）。伊壁鸠鲁派尖锐地质问：

……为什么这些显然一直酣睡着的世界的创造者要突然苏醒过来？即使没有世界，时间必然也一直在流逝。我认为时间不是那些可以用构成年的日和夜来度量的时间段，这些时间段取决于世界的循环运动。但是一切永恒都有一种无限的时间，是不能用任何阶段性的部分来衡量的。把时间与空间作个类比，我们就能理解这一点。但我们不能设想曾有过一个完全没有时间的时候。

……为什么你们的"神意"在越过那段非凡的时间后，仍然静止不动？它害怕工作吗？但神是不会有恐怖的，因为所有自然因素，气、火、土、水，都服从神的意愿。还有，为什么神要在各种情况下用光线和天体

① 卢克莱修：《万物本性论》第6卷，第387—405行。

来装点宇宙,就像一位市政官?难道这样他自己就能居住在宇宙中了吗?如果是这样,那么我是否可以设想他以前一直生活在黑暗中,就像茅舍里的乞丐?或许我们应该设想他只是后来才对多样性产生了兴趣,因此才把天空和大地装点得如同它们现在呈现的那样?但神能从中得到什么快乐呢?如果这样做确实使他快乐,那么他为什么又要长期忽视这种快乐呢?或者说神这样做是为了人类的利益,因为你想要说,是神创造了所有这些事物?也许神是为了聪明人的利益才这样做的?如果是这样,那就没有必要为如此小的利益而耗费那么大的劳作了。也许神是为了蠢人的利益才会这样做的?但是,神为什么要为那些不配承受的人去为难自己?神这样做又有什么好处呢?①

综上所述,伊壁鸠鲁、卢克莱修在天象学上的理论工作可以视为一场浩大详尽的“去魅”运动。伊壁鸠鲁的能近取譬的方法论旨在论证天上与地上发生作用的是同一个原则,或者说,整个宇宙具有同一性。这与希腊的大序等级的天象学大不相同。研究自然哲学的,可以像伊壁鸠鲁以彻底的自然本身原貌看待自然,也可以把自然当做符号—语言,像毕达哥拉斯那样从自然现象中解读更为神秘的、深刻的意义,这也是柏拉图—亚里士多德—斯多亚—普罗提诺路线的哲学所信守的原则。在大序等级宇宙景观中,至高本体与宇宙魂之间,宇宙魂与此世界之间,有着完全不同的原则;高级领域中的原则决不能由低级领域中的原则所解释。这一路线的许多哲学都相信大序等级宇宙,相信天体的领域是完美有序目的论的领域。所以伊壁鸠鲁派的“天地一元论”的解释方法论与此完全不同,确实在古代世界掀起了一场巨人攻击诸神的理论运动。②

第四节　小结与比较

伊壁鸠鲁是自然哲学的最高形态原子论的最高代表。当然,德谟克里特

① 西塞罗:《论神性》第1卷,第9节。

② 参见D.克莱:《悖论及其遗留问题:伊壁鸠鲁哲学史三章》,第185页。

的原子论也已经相当成熟,是伊壁鸠鲁哲学的先驱。但是德谟克里特留存下来的材料太少,只有区区一些残篇。而伊壁鸠鲁及其学派所留存下来的材料相当系统和全面,让我们看到这一学说的整个面貌。况且,卢克莱修等人可能是掌握了德谟克里特的材料的,但是他们都毫不犹豫地站在伊壁鸠鲁哲学一方,并不感到伊壁鸠鲁的原子论只是德谟克里特原子论的简单延续而已,这应当是有其道理的。

伊壁鸠鲁的自然哲学清晰、透彻、严谨、严密、穷尽,似乎他自己已经掌握了全部"自然真理"的宏大体系精神,无怪乎在古代世界得到了许多人的信服。伊壁鸠鲁经常把自己与德尔菲的阿波罗相比,宣称自己已经具有最高的智慧(要知道古代大多数哲学家只敢宣称"爱智"),而且是皮索式的智慧(Pythian wisdom),我们知道这样的智慧是预言的智慧。尽管伊壁鸠鲁以反对占卜迷信著称,却情不自禁地宣称自己具有预言性的智慧。① 伊壁鸠鲁学派因为感到自己对于宇宙中万事万物的发生和发展的大势已经把握,知道成坏生灭的基本规律,知道万事万物的无穷组合和生成方式,所以敢于说自己的哲学对于世界的曾经是、现在是以及将来是什么有了深刻的把握,最终揭开了宇宙的奥秘。

伊壁鸠鲁的哲学明确的反对对象是柏拉图。伊壁鸠鲁早年曾经从学于柏拉图学派,所以他是了解柏拉图的。反过来,柏拉图也早就知道以德谟克里特为代表的原子论。伊壁鸠鲁选择原子论而不是其他早期自然哲学,说明他确实具有颇为高明的学术眼光。而且,与选择了其他本原的自然哲学如选择"火"为本原的斯多亚哲学相比,伊壁鸠鲁的原子论哲学推导出了许多不同的结果。

与伊壁鸠鲁相比,柏拉图一系的哲学的洞见主要是把握和强调目的因和形式因,但是相应地对质料因方面则显得不太重视。柏拉图说过,哲学中存在着诸神与巨人的战争,诸神就是他自己所代表的"灵性"高远的哲学,而"巨

---

① 参见瓦伦·詹姆斯:《伊壁鸠鲁和德谟克里特伦理学:对"心灵宁静无忧"的一个考古学》,第 185 页。

人"代表的就是物质力量——唯物主义。对于坚持"形式"为主的哲学家,原子论是不彻底的,因为他们应当从毫无任何性质的"质料"推演出形式,但是这几乎不可能。我们看到,伊壁鸠鲁的"原子"并非严格意义上的"质料",因为原子还是"形体",即使是最小形体,它们有组成单位——"最小者",它们具有形状、重量、大小等物理属性;这些是解释它们所构成的宏观事物的第二属性的基础。新柏拉图主义的普罗提诺认为这是不合理的,完全没有性质者就不是形体:

> 原子也不能担当质料的角色——它们根本就不存在;因为任何物体都是无限可分的,没有心灵和灵魂,就不可能解释有形物体的连续性和可变性,个体事物也不可能存在,而心灵和灵魂不可能是由原子构成的(不可能从原子生出另一种非原子的事物,因为没有谁能从不连续的质料造出任何事物),还有数不胜数的其他反对理由可以并且已经用来反驳这种假说;因此没有必要再花更多的时间来讨论这个问题了。①

可见,灵性的哲学当然不会轻易接受巨人的哲学的挑战。他们的一个重要理由就是:形式无法还原为质料。西塞罗在《论至善与至恶》中清醒地陈述了这一洞见,指出原子论的一个错误乃是认为如此完美的宇宙秩序仅仅通过原子的胡乱碰撞就会冒出来:"原子这样毫无秩序地闹腾不可能产生出我们所知道的这种世界的有序之美。"②我们看到,形式与质料的争论并未结束,在当代宗教和科学的争论中依然一再出现。

柏拉图一线的哲学抓住了形式的本体性。当然,他们也没有完全忽视质料因方面,比如柏拉图在《蒂迈欧篇》中对"几何体构成火"之类的讨论就很接近原子论的思路。但是总地来说,柏拉图的《蒂迈欧篇》是用目的因反对必然因或偶然因③,在柏拉图和亚里士多德乃至斯多亚哲学的自然哲学中,总是把

---

① 普罗提诺:《九章集》,2.4.7。

② 西塞罗:《论至善与至恶》第1卷,第6节。

③ 参见本书第二卷,第889页。当然,柏拉图也承认神也不能管住所有的事情,还有外来原因打乱神的计划,参见该书第892页。

目的理性放在首位，然后再讲必然性（偶然性）如何发挥作用的。[①] 柏拉图的《蒂迈欧篇》是柏拉图最后、最有影响的自然哲学著作，作为从学于柏拉图派的伊壁鸠鲁，必然知道这本书。伊壁鸠鲁为什么选择与此不同的自然哲学？《蒂迈欧篇》正是柏拉图为了大振神学而写作的，是哲学与宗教的公开结合（柏拉图在此书中首次提出了"工匠神"创造世界的观念）。而伊壁鸠鲁哲学的要旨恰恰在反对让神忙碌，反对神干预我们这个世界，反对空洞的理论和世俗之见对自然本身的添加。神是自足的，不卷入外在的工作，从而才不感到大喜大悲，所以才是幸福的。这是希腊人的一般观念，也是柏拉图、亚里士多德的信念。然而，伊壁鸠鲁认为一般人、甚至一般哲人都未能坚持它，唯有自己才首尾一贯地坚持这一观念，所以是"真正的虔敬"。他指责一般人以及柏拉图在主张诸神的自主的同时又主张神管理天上的秩序和人间的道德秩序，是自相矛盾的。减法治疗哲学的基本精神就是不要让神负担管理天体秩序的繁重工作，不愿承担责任，否则活得太累。所以，伊壁鸠鲁派坚决主张神没有创造世界，完全是质料的偶然碰撞就可以呈现世界秩序。卢克莱修说：

> 因为很显然，始基并没有什么超人的智慧能事先通过设计把各自的位置顺序安置妥帖，也不会达成一致意见以决定它们各自应当怎样运动。但是，由于它们为数众多，运动多样，在宇宙中遭到无穷的打击和碰撞，活动不息。这样，在试过了各式各样的运动与组合之后，它们最终形成了眼下这种排列方式，于是出现了这么一个森罗万象的世界，并使世界得以在漫长的岁月中保存下来。[②]

这种相信无限性的力量，即无限的时间中无穷原子的无穷运动的反复尝试的力量，而不是依靠想象某种有意识的神的出手相救，是伊壁鸠鲁派中的一个重要信念，在其他地方被一再提起。比如在西塞罗的笔下我们也读到一位伊壁鸠鲁派的论辩：

> 教导了我们其他学说的那个人[伊壁鸠鲁]教导我们：世界是自然的

---

① 参见本书第二卷，第865页。

② 卢克莱修：《万物本性论》第1卷，第1021行以下。

产物,它没有必要被制造出来,这一过程十分容易,你们以为没有神圣的技艺就无法办到的,自然正在办到,而且自然已经产生了无数世界了。只不过因为你们看不到自然是如何不用任何心灵就可以做到这一点的,你们无法反驳那个论证,于是便像悲剧家一样诉诸"天降神机"(deus ex machine)。你们只要想想无边无际的空间在任何方向都是无限的,你们就不会再需要这样一个神的工作了。心灵可以在思想时走得很远很广,但永远找不到它可以休息的地方。在这个长宽高均为无限的空间里游弋着无数原子的无限的力。尽管它们在真空中运动,但它们之间却有着内在联系,相互吸引使它们联结起来。由此创造出所有自然的形象和形式,而你们却认为只有某个神圣的工匠用他的铁砧和吼声才能创造出来!①

这种还原论的思路是极为彻底的。它一方面反对柏拉图路线的众多希腊哲学家对于宇宙的美好价值的投入,另外一方面也并不在"自然"中置入否定性的价值。这使得原子论与希腊化罗马时期的诺斯替派宗教的思想也不一样。诺斯替派认为真正的神超出这个世界,不关心这个物理宇宙,这个世界不是神创造的。在这一点上,与伊壁鸠鲁的思想接近。但是,诺斯替派却又相信我们这个世界是由某种次一级的神——其主要特征是主宰与权力——所创造的。所以,"宇宙"及其衍生词"宇宙的"、"属于宇宙的"等,在诺斯替语言中皆成为贬义词:

它们不只是意味着宇宙缺乏神圣的价值:它与"黑暗"、"死亡"、"无知"与"罪"等术语结合,显示自己具有与自己相反的品质。也就是说,与现代的情况不同,神从宇宙中退出,并不使后者成为一个中性的、纯粹的物理事实,与价值无关,而是使之成为一个分裂的能量,它自立于神的外面,这就暴露出了它脱离神的意向;而它的存在就是这种意向的具体化。因此,世界的黑暗不只是意味着它与神疏远,缺乏神的光明。②

在考察了原子论与目的论倾向的哲学的区别后,我们还要考虑这一问题:

① 西塞罗:《论神性》第1卷,第20节。

② 约纳斯:《诺斯替宗教》,第231页。

伊壁鸠鲁的原子论与德谟克里特的原子论有什么区别？他们的共同之处是反对目的论，反对神对世界的干预，反对灵魂不朽等传统宗教。但是他们也有以下重要不同。

第一，德谟克里特总体来说还是属于希腊哲学大传统的，即把理论看做远远高于实践。亚里士多德的“哲学起源于惊诧”完全适用于他，这从他的“发现一个新的因果联系比获得波斯国的王位还更令人开心”的夫子自道中可以鲜明地看到。而伊壁鸠鲁却是坚决的“实践高于理论”的主张者；治疗人类的“惊怕”而非纯粹知性的“惊诧”才是他的宗旨。第二，德谟克里特强调现象界和本质界的不同：真实的原子世界与虚幻的现象世界；伊壁鸠鲁却认为二者是同性质的：无论原子世界还是宏观世界都是真实的。现象界也是 Being，而原子也是物体——只不过是小物体。原子坚固而无生无灭，组合物体有生有灭——但是这和“虚幻”还是有根本的不同的。一般来说，所谓“原子论”意味着认为唯有原子才是真实的，剥去始基的一切感性元素，只剩下几何元素，然后用与现象界不同的原则解释现象。所以有的学者认为，德谟克里特容易导向怀疑论，至少他对感性认识是公开否认的。但是，伊壁鸠鲁是非常肯定生活的，这在伊壁鸠鲁对于感性的强肯定的认识论中就可以体现出来。我们在奥依诺安达的第欧根尼铭文中可以看到他站在伊壁鸠鲁一方批评德谟克里特的本体论：

> 甚至德谟克里特也以与他自己不相称的方式弄错了，当他说在所有存在的事物中原子才是唯一真正的存在，而其他的东西都是依据我们的习惯而存在。德谟克里特啊，按照你的说法，那我们甚至就不可能生活，更不用说发现真理，因为我们将不能保护我们免于火灾，或者杀戮或者其他力量。①

鉴于这样的对立，人们甚至可以问这样的问题：为什么伊壁鸠鲁要采纳原子论？瓦伦在其著作中对此的最后的解释是：伊壁鸠鲁需要德谟克里特原子论中的反目的论、反末世论和非物质性的灵魂，反对干预性的神。但是伊壁鸠

① 奥依诺安达的《第欧根尼铭文》，残篇 7。

鲁反对其他追随德谟克里特的人把道德视为完全是虚构约定的,他坚持一种自然的生活目标。所以,伊壁鸠鲁拒绝其他德谟克里特学生的“善恶皆无所谓”之道德和形而上学立场。这也是伊壁鸠鲁和其他许多哲学家冲突纷争的原因之所在。①

生活哲学上的区分必然带来他们本体论上的区分。对于经验生活的肯定必然使得伊壁鸠鲁尽量肯定宏观世界。他的可能做法就是抹杀原子与原子组成物之间的质的差别:反正都是物体,只不过是大体积的物体与小体积的物体的区别而已。杨适先生特别看重这一点,所以他认为伊壁鸠鲁的基本本体论原则不是“原子与虚空”,而是“物体与虚空”,其中,物体又分为大的(日常物体)和小的(原子)。② 我们认为杨适先生的看法是敏锐的,抓住了伊壁鸠鲁思想中的一个重要倾向。不过,当然这也不能绝对化,因为伊壁鸠鲁自己似乎也没有想清楚这里的事情。一方面他无疑希望肯定我们的感性世界,反对“理论哲学”对其的贬低,反对代表了希腊哲学破坏日常生活的怀疑论心态,积极“拯救现象”,回到实在的生活中。然而另一方面,为了动摇人们对于日常名利的过分执著,对于自我的过于看重,伊壁鸠鲁选择原子论显然又是为了提醒大众:根本性的存在(本质)是原子;原子的组合物(包括人及其灵魂,也包括政治共同体)只是第二性的、派生的存在(现象)。原子永恒、坚实、没有生灭;“组合物”暂时、脆弱、变化无常。如此一来,原子的世界与宏观的世界的本体差距和价值差异就不可小视了。卢克莱修所表达的伊壁鸠鲁派伦理理想中就显示出哲学的高级视野与日常生活的滚滚红尘之间的巨大的距离意识:

> 当狂风在大海上卷起波涛,你从岸上看着别人在苦苦挣扎,会感到快乐。倒不是因为别人的遭难是件令人愉悦之事,而是你为自己免于灾难而感到庆幸。同样,当看到平原上军队展开阵仗、残酷厮杀时,你也会感到快乐,这是因为战争的危险与你无关。然而,没有什么事情比这更快乐

① 参见瓦伦·詹姆斯:《伊壁鸠鲁和德谟克里特伦理学:对“心灵宁静无忧”的一个考古学》,第200页。

② 参见杨适:《伊壁鸠鲁》,第65、140—141页。

了:你站在宁静、崇高的圣地之上,由于智慧的教导而感到强壮,俯瞰下面众生误入迷途、四处奔波、拼命寻找一条人生之路——他们勾心斗角,为占上风而争斗,日日夜夜辛辛苦苦地想要攀上财富的顶峰,想要掌握权势。哦,可怜的人心,盲目的理智!你们在黑暗的生活中,在深重的苦难和危险中度过了短短的一生,却不明白自然的要求只是:去除身体的痛苦,让心灵远离牵挂和恐惧,享受愉快的心情。①

① 卢克莱修:《万物本性论》第2卷,第1—19行。

第四章

治疗、伦理与政治

伊壁鸠鲁哲学中的“伦理学”部分属于广义的人学或实践学,实践目的本来是整个伊壁鸠鲁哲学的核心,所以伊壁鸠鲁的伦理学包含的内容远比今天理解的“伦理学”要广泛得多,我们不妨把它分为“治疗学”、“伦理学”和“政治学”三个方面。当然,伊壁鸠鲁本人是合在一起讲的,不过我们可以区分出来,因为它们尽管有关联,但是在侧重点和立场上还是存在着相当大的差异。

第一节　治疗哲学

在漫长的哲学史中,有许多哲学家的伦理学其实严格说来并不属于“伦理学”,而是“治疗哲学”。二者的区别是:伦理学是关于道德的,也就是关于人与人之间的利益的共识性解决的;治疗哲学则是关于单个主体自己的人生追求的。二者之间当然会有各种交叉之处,但是在根本取向上或旨趣上是不同的。我们这里的讨论之所以从伊壁鸠鲁的治疗学讲起,是因为伊壁鸠鲁人生哲学的真正中心在此,而不在伦理学。他关心的主要是个人自己的幸福。伊壁鸠鲁的“致梅瑙凯的信”是其“伦理思想”(广义的)的概要。这是构思得十分完整、典雅、美丽、高贵的一篇书信,颇类似赫拉克利特的“永恒活火”的庄严宣言。在这封信的一开头伊壁鸠鲁就开宗明义地指出:无论青年人还是老年人,都应当学习哲学。对于老年人,可以通过经历的美好事情而变得年轻;对于青年人,则可以由于不再对未来惧怕而变得成熟。我们要关注的是在一切实践中追求幸福。如果我们获得了它,我们就有了一切;如果幸福尚未实现,我们要尽一切努力去获得它。①

伊壁鸠鲁派也一直是把伊壁鸠鲁的哲学看做是开启了个人的幸福之路。罗马时期的伊壁鸠鲁派说:"这实在是一条通向幸福的高贵之路——公开的,简单的,直接的!显然,人所能拥有的最大的善莫过于当身心享有最大快乐的同时能完全摆脱随之而来的痛苦与忧愁。请注意,这一理论包含每一种可能提高生活质量的途径,每一种有助于获得我们所讨论的大善的方式。"②

幸福与哲学分不开,这在其他哲学也许不成问题;但是对于伊壁鸠鲁哲学,本来应当是一个问题,因为人们往往会认为伊壁鸠鲁这样的还原论的伦理思想会主张还原到感性常识和日常生活,从而不需要哲学理论来帮助生活。

这样的看法并不准确。首先,像伊壁鸠鲁这一类感性的、快乐论的学说必然是作为某种"反应性的"、"反击性"的学说才会出现。因为否则的话,伊壁鸠鲁的主张是朴素的真理,清楚明白,没有必要构成一种哲学。事实上,我们也论证过,伊壁鸠鲁哲学是一种减法治疗的哲学,是集中精力治疗理性的、思辨的哲学(所谓"加法治疗哲学")对日常生活的打压。③ 其次,同样作为减法治疗哲学,伊壁鸠鲁这种减法治疗哲学还有其独特性,它并非一般启蒙主义对快乐的解放以反对理性的压抑,也不是尼采式的权力意志的张扬。尼采那种"治疗"思想在古代也有其代表,如智术师和昔勒尼学派,鼓吹人的欲望应当不受理性的压抑而充分满足享受。但是,伊壁鸠鲁不是这样的学派——毋宁说是对此的批评!(正因为此,尼采对伊壁鸠鲁终究感到不满)他有完全不同的关切。他所识别为人生的最大疾病的,不是欲望被理性压抑和扭曲,而是人的不安全感、对死亡的害怕及其错误逃避。与此相关,对于快乐的热切追求,恰恰可能标识着这种错误逃避和曲直掩盖的病兆。当然,人们也许看不到或

① 参见第欧根尼·拉尔修:《著名哲学家的生平和学说》第10卷,第122节。

② 西塞罗:《论至善与至恶》第1卷,第18节。

③ 有关治疗型哲学中的减法治疗和加法治疗,可以参见包利民:《西方哲学中的治疗型智慧》,《中国社会科学》1997年第2期。

者否认自己有这样的害怕,但是伊壁鸠鲁派哲学体现了一种深度心理分析的力量,它指出我们对于自己内心的害怕可能根本就没有意识到。卢克莱修的长诗中对此有生动深刻的描写:

> 生命只是黑暗中的漫长挣扎!就像小孩子们在漆黑的夜晚中对所有的东西都害怕得发抖一样,我们有时在光天化日之下也会害怕某些东西,那些东西实际上并不比孩子们在黑夜里所害怕的以为即将发生的东西更可怕。因此,要驱散这种心头的恐怖和阴暗心情,就不能靠太阳的光芒或白日的明亮,而要靠自然的本来面貌和规律。①

卢克莱修还说,人们对于地狱的恐惧从最深处威胁着人们的生活,使整个人生的一切方面都被死亡的黑森森的颜色所污染,使人无法享受到任何纯净而明朗的欢乐。尽管许多人平常不承认自己害怕的是死亡,“有人宣称疾病更可怕,有人说自己已经知道灵魂的本性是血液甚或空气”,从而不需要伊壁鸠鲁派的教导;但是卢克莱修说这些人在内心深处并没有真正扫除对死亡的恐惧,当人们遇到非常时期的考验时就会暴露出来:

> 下面所说的将向你表明,这些人的言论与其说是建立在事实的基础上,不如说是吹牛浮夸图虚名。就是这些人,一旦被驱逐出国,从人们的视野里被远远赶走,背负着耻辱的指控,遭受种种苦难,却还活着。这帮可怜的家伙无论到了哪里,首先做的事就是祭祀祖先;他们宰杀黑牛,将祭物献给死去的鬼魂;他们在艰难困苦的日子里尤其一心热切地崇拜迷信。所以,在危险和困境中最容易考察一个人,在逆境中最容易分辨出一个人的本来面目。因为只有在那个时候,从他们的内心才会吐出真心话。面具被撕去,而留下的是真相。②

哲学的问题反映了时代的问题。伊壁鸠鲁创立哲学时,整个希腊文明衰败下降,人们没有踏实感。在卢克莱修所处的罗马共和末期的时代里,共和政治也面临内战和独裁的威胁,古典政治共同体的认同在许多人那里已经丧失。

---

① 卢克莱修:《万物本性论》第2卷,第53—61行。

② 卢克莱修:《万物本性论》第3卷,第45—58行。

战乱、灾难、瘟疫摧毁了古典的政治秩序。大序失去之后欲望奔突放肆。古典哲学的威望动摇，自然理性的力量下降，各种迷信纷纷兴起填入。而迷信宗教作为治疗办法，确实会带来更多的问题。卢克莱修作为罗马人，在提到希腊史诗中的故事时依然十分沉痛：

> 正是迷信才经常带来罪恶和亵渎神灵的行为。在奥里斯(Aulis)，我们的道口女神的圣坛就被伊菲娅纳撒(Iphianassa)的鲜血所污染①，她被公推的军队首领所杀害。当那系着她少女头发的圈带垂落到双颊之上，当她看到自己的父亲悲哀地站在圣坛之前，两边的副手暗藏利刃，还有那泪光闪闪地看着她的人们时，她吓得不敢作声，跌跪在地。唉，可怜的女孩！即使她乃是国王的第一个女儿，此时也不能救她一命。她浑身战栗，被众人用手抬起，送向圣坛。这里并没有奏起庄严而神圣的礼仪中的嘹亮的颂婚之歌，这里是一个正当婚嫁之龄的贞洁少女落入了不洁净的手中，悲惨地被自己的父亲亲手杀害。她父亲这样做据说是想为他的舰队祈求平安顺利。这就是迷信助长罪恶行为的最有力证据！②

所以，即使作为减法治疗学，伊壁鸠鲁也有自己的特点。他指出一个人如果在死亡恐惧下追求各种躲避方式，被各种观念所撕裂，那就不可能获得心灵宁静的幸福："城邦被派系割据不可能繁荣，房子被纷争四起的主人占据不可能牢固，更不要说自我分裂、充满内在困扰的心灵，怎么可能品尝纯粹而自由的快乐；总是被相互冲突、彼此不一的意见和欲望支配的人不可能知道安宁和平静是什么。若说生活的快乐因身体上的严重疾病而减少，何况心灵上的疾病呢，岂不更要减损生活的快乐！然而奢侈而幻想的欲望，对财富、名誉、权力以及淫乐的欲望，只能是心理上的疾病。"③

伊壁鸠鲁的治疗学于是可以视为是企图提供新的、更加有效地消除不安

① 大道路口女神(Our Lady of the Crossway)就是猎神阿特米斯(Artemis)，在罗马神系中也被称为狄安纳(Diana)。准备远航攻打特洛伊的阿伽门农(Agamemnon)舰队集结在奥里斯，被风暴阻挡无法出动。祭司说阿伽门农冒犯了阿特米斯，必须把自己的女儿伊菲娅纳撒作为牺牲祭献给她。伊菲娅纳撒受到哄骗，以为要出席自己的婚礼，走向了祭坛。

② 卢克莱修：《万物本性论》第1卷，第80—101行。

③ 西塞罗：《论至善与至恶》第1卷，第18节。

全感的药方。其核心是:最大的疾病恰恰来自过去的错误治疗法,也就是宗教和哲学。宗教与哲学认为人的精神疾病在于沉陷于肉体层面,不知道此上还有更为高级的价值,所以,治疗的方式就是添加文化的观念诱导人们脱离低层次的生活领域。但是伊壁鸠鲁认为,身体方面的疾病原本不严重,相反,哲学和宗教所添加上来的文化观念才是人类重大精神疾病的真正原因。因此,人类真正需要的是某种减法治疗。这样的治疗的药方又可以分为几种。所谓"伊壁鸠鲁四大要点"即"40 条基本要道"最前面的 4 条,概括了这种治疗方法的基本要旨,被罗马的伊壁鸠鲁派哲学家菲洛德姆斯称为"四重疗法":

第一,死亡不可怕。在伊壁鸠鲁派看来,对于死亡的恐惧是人的最大的不安全感。对此的治疗之法就是自然哲学的还原论和逻辑:人所恐惧的必须是能被感受到的东西,人的感性仅仅存在于人活着的时候。死意味着原子组合体的分解,从而感性丧失,也就不会感知任何事情。所以,无论怎么看,死亡都"与我们无关"。伊壁鸠鲁是这么说的:

> 对于彻底地、真正地理解了生命的结束并不是什么坏事的人,在他活着的时候也不惧怕。那些说自已之所以害怕死亡,不是因为其到来会使人伤心、而是在想到其将要到来时感到伤心的人,是十分愚蠢的。所有实际来临后不会使人烦恼的事情,在人们的事前展望中引起的悲伤也都是空洞不实的。所以,所有坏事中最大的那个——死亡——与我们毫不相干,因为当我们活着的时候,死亡还没有来临;当死亡来临的时候,我们已经不在了。所以死亡既与活着的人无关,又与死去的人无关;因为对于生者,死还不存在;至于死者,他们本身已经不存在了。①

卢克莱修对此的评说更加富有诗人的豪迈:

> 死亡对我们不算什么,与我们毫无关系,既然心灵的本性就是有死的。并且,我们并不能真正体验到过去的岁月中的苦难,当时,迦太基人从四面八方蜂拥过来厮杀,全世界都为战争的恐怖喧嚣所震撼,在高高的天穹底下发抖战栗。人们迷惘不安,不知道谁将获得至高的权力,来统治

① 第欧根尼·拉尔修:《著名哲学家的生平和学说》第 10 卷,第 125 节。

人类与整个陆地及海洋。与此类似的，当我们不再存在时，当使我们成为一体的身体和灵魂的结合已经分裂解散时，就根本没有什么事情能发生在我们身上，因为我们已经不在人世了；也根本没有什么东西能重新唤起我们的感觉，即使是大地和海洋搅混在一起，海洋与天空融合为一团。①

哲学作为冲击边界的思考，一直会面对“死亡”这一人的最终限度。伊壁鸠鲁派更加认为怕死是人的问题之根源。或许不少人认为自己并没有对死亡如此焦虑，但是哲学家指出，所谓死亡其实意味着意义的完全消解。日常生活因为可以通过种种方式提供“意义”，包括沉沦，包括献身共和城邦事业，包括虔诚信守国家宗教的礼仪，这些方式无不掩盖着人的有限性的根本根源。当这种种方式动摇的时候，比如在希腊化罗马时期，人就可能直接暴露在死亡——无意义的威胁之下。正如尼布尔所深刻分析的那样，人的有限性和超越性的矛盾，使人会产生本体焦虑，并且会寻找错误的躲避方式。所以，地狱并不可怕，可怕的是人间地狱——错误的观念：

传说中存在于地狱深处的任何东西，实际上都存在于我们这个人世间上。“那里”并没有一位寓言中所说的悲惨的但达罗斯（Tantalus），在对那高悬于他头顶上空的巨石的恐惧中全身僵冷、麻木发抖。② 真实的情况乃是，在我们的这个人世间，一种对鬼神毫无理由的恐惧正深深地压迫着有死的人类，每个人都害怕那有可能降临在他头上的厄运。

……

在人世间中，我们也可以看到“西西弗斯”（Sisiphus）③，他急切地向人们寻求权柄和残忍的刀斧，但总是失败退回，灰心沮丧。因为他所寻求的权力乃是一个空虚之物，是永远不能得到的，并且，在追逐权力的过程中总是要忍受痛苦艰辛，这正好比一个人费尽力气地将石头推上山顶，石

① 卢克莱修：《万物本性论》第3卷，第830—842行。

② 荷马说但达罗斯所受到的惩罚是站在水中，水面到达他的下巴，但是他一低头喝水，水就退去。不过卢克莱修采取的是希腊抒情诗人和悲剧诗人喜欢讲的但达罗斯受罚的故事。

③ 西西弗斯受到的惩罚是在地狱中把巨石推上山顶；然后，巨石立即会滚下山，于是他再周而复始地推。

> 头立即又从山顶滚下来,迅猛地一直滚落在开阔的平地上一样。
>
> ……
>
> 地狱恶犬克尔比鲁斯(Cerberus)和复仇女神,还有那隐匿的光芒以及塔塔罗斯(Tartarus)从喉咙里吐出的可怕火焰——所有这些都不存在,也根本不可能存在。但在这个人世间里,存在着由于犯罪而对所要受的惩罚的恐惧。罪行有多么深重,恐惧也就有多么沉重;还有为罪行所付出的赎罪代价——监狱,从可怕的“恶名之石”被抛下、鞭笞、死刑的执行者、处以极刑的地牢密室、淋沥青、烙铁片、用火炬烧身等等。而且即使没有这些东西,良心也还感觉有罪,由此而感到极度的恐惧,用针刺刺自己,用鞭子抽自己,看不到何处才是悲惨境地的终点,看不到何时才是深重惩罚的尽头,并且害怕这些苦难在死后还将变得更为深重。愚蠢之人的生命最终变成了一个人间地狱。①

卢克莱修对于地狱神话的“新解释”把各种可怕的惩罚解释为人自己的贪婪和罪行带来的心灵痛苦。所以,伊壁鸠鲁不同意一般常人所采取的追求名利的避死方式,因为它们必然会伤害他人和自己,而且不能真正奏效。伊壁鸠鲁相信最有效的方式是从根本上去掉死亡的“可怕性”:人只要调换本位,从原子的聚散的角度思考自己和万物,接受自己的有限性,就不会害怕死亡。此外,重要的是要缓减宗教对死亡的可怕性的额外加强。

第二,神不管我们。以上关于死亡的论述,表面上似乎与神没有关系;但是在伊壁鸠鲁的学说中,对于死亡的害怕与宗教有密切关系。没有宗教信仰的人也不会过分地害怕死亡。宗教在几个方面产生或至少加强了对死亡的害怕:首先是灵魂不朽论,这使得人们认为“死后”也还会感受到死亡的痛苦;其次是地狱与死后惩罚论,于是死亡就不是简单的原子消散和无感觉,而是各种极为痛苦的感觉!柏拉图就多次强调地狱惩罚论对恶人的必要,在《法律篇》中他规定道:“对于那些敢在任何时候对父母或长辈动粗违法者,那些既不害怕头顶神明愤怒也不害怕死后的地狱报应,而是鄙视这些普遍流传的警世之

① 卢克莱修:《万物本性论》第3卷,第978行以下。

言（他认为他知道他其实根本不知道的事）并因此犯法的人，对他们需要某种最严厉的威慑。死刑对他们并不是最严厉（最终的）的惩罚，而地狱中对这些罪行的惩罚，虽然比死刑更为严厉，且被描述为真实的，但仍然不能成功地阻遏这样的灵魂，否则就不会有虐待母亲殴打长辈之类的事情发生了。因此，有必要尽可能地让这些人活着时候受到的惩罚不亚于死后在地狱所受的惩罚。"①

柏拉图好几篇对话录的结尾都有一个"末世论故事"，栩栩如生地描述了死后的惩罚，说明他是当真相信死后的神圣惩罚的——至少他认为大众应当相信不正义者最终将受到神圣报应。《高尔吉亚篇》中的末世神话非常简单直接：邪恶的灵魂将在塔塔罗斯（受到报复和惩罚的监狱）受罚。柏拉图本来希望惩罚是治疗罪犯的手段，所以不主张严惩。但是，柏拉图也提到，那些罪大恶极、病入膏肓、无法治疗的人，将永远受到最为可怕的处罚，这至少有警示其他灵魂的好处。《斐多篇》中把死后面临审判的灵魂分为三类：第一类是那些过着普通生活的灵魂，他们要为其犯下的罪行受到惩罚（包括在世时受到惩罚的罪行），然后被赦免了；第二类是那些犯下了严重罪行而不可救药的灵魂，他们注定要被掷下塔塔罗斯深渊，永世不能翻身；第三类灵魂虽然也犯下重罪，但其恶性要小，因为他们是在一时冲动之下犯罪随后却忏悔了，这些灵魂只要取得受害者的宽恕就可以从塔塔罗斯出来，不再受苦②。

在《理想国》的结尾，柏拉图讲了一个神话故事，说有一个名叫"厄洛斯"的人灵魂出游"看到"了死后的众鬼魂在另一个世界的经历。灵魂的法官们坐在"天地之间"判决每一个人，正义的人便吩咐他从右边升天，不正义的人便命令他从左边下地。而地狱中的鬼魂遭受了极为痛苦的长期惩罚：

> 简而言之，厄洛斯告诉人们说，一个人生前对别人做过的坏事，死后每一件都要受十倍报应。也就是说每百年受罚一次，人以一百年算做一世，因此受到的惩罚就十倍于罪恶。举例说，假定一个人曾造成过许多人

① 柏拉图：《法律篇》，880e—881a。

② 参见柏拉图：《斐多篇》，113d—114c。

的死亡,或曾在战争中投敌,致使别人成了战俘奴隶,或参与过什么别的罪恶勾当,他必须为每一件罪恶受十倍的苦难作为报应。同样,如果一个人做过好事,为了公正、虔诚,他也会得到十倍的报酬。厄洛斯还讲到了出生不久就死了的或只活了很短时间就死了的婴儿,但这些不值得我再复述。厄洛斯还描述了崇拜神灵孝敬父母的人受到的报酬更大,亵渎神灵忤逆父母谋害人命的人受到的惩罚也更大。例如他告诉人们说,他亲目所睹,有人问"阿尔蒂阿依俄斯大王在哪里?"这个阿尔蒂阿依俄斯刚好是此前整整一千年的潘菲里亚某一城邦的暴君。据传说,他曾杀死自己年老的父亲和自己的哥哥,还做过许多别的邪恶的事情。因此回答这一问话的人说:"他没来这里,大概也不会来这里了。"因为下述这件事的确是我们所曾遇到过的可怕事情之一。当我们走到洞口即将出洞,受苦也已到头时,突然看见了他,还有其他一些人。他们差不多大部分是暴君,虽然有少数属于私人生活上犯了大罪的。当他们这种人想到自己终于将通过洞口而出时,洞口是不会接受的。凡罪不容赦的或者还没有受够惩罚的人要想出洞,洞口就会发出吼声。有一些样子凶猛的人守在洞旁,他们能听懂吼声。于是他们把有些人捉起来带走。而像阿尔蒂阿依俄斯那样的一些人,他们则把他们捆住手脚头颈,丢在地上,剥他们的皮,在路边上拖,用荆条抽打。同时把这些人为什么受这种折磨的缘由,以及还要被抛入塔塔罗斯地牢的事告知不时从旁边走过的人们。①

尽管伊壁鸠鲁会认为罪人应当受到惩罚,但是伊壁鸠鲁感到宗教在此的介入是得不偿失的。"神圣惩罚"让人一直生活在恐怖中,小心翼翼,不敢轻松放心,不知道自己有没有尽到对于神的职责,不知道神是否会不满和发怒。自然现象虽然可怖,但是不如"心灵"的发怒可怖、阴险、残酷,歹毒。因此,伊壁鸠鲁的治疗之法不是无神论,而是通过"逻辑"和语言学(反对"空洞的语词")指出神的不可怕:神的概念是"幸福圆满",这就等于不操心人的道德善恶。我们在思考神的本性的时候一定要坚持与这一信念的逻辑自洽:

① 柏拉图:《理想国》,614B—616A。

> 要用你的一切力量维护神的永恒幸福的观念。神是确实存在的，因为这一知识是清楚明白的。但是，它们不是大众所认为的那样，因为大众不知道在这件事上首尾一贯地坚持自己的看法。不虔敬的人不是否认大众关于神的看法的人，而是信奉大众关于神的看法的人。因为那些看法不是真实概念，只是错误的假设，比如他们认为神会给恶人带来最大的恶，会给好人带来最大的好处，因为神垂青自己的同类，喜欢与自己近似的人；而排斥和自己不一样的人，视其为异己。[①]

这一观点一直被伊壁鸠鲁派所坚持。正因为此，伊壁鸠鲁派认为神必须是居住在"世界之间"，而不是居中在"世界当中"，因为他不想为人间事务烦恼，影响自己的快乐，从而丧失了神的根本特性——幸福：

> 神圣的存在是一个快乐的存在者，而你们却让他卷入各种烦恼。如果神和宇宙是同一的，那么在存在方式上，还有比以不可思议的速度不断绕着世界之轴旋转更缺乏安宁的方式吗？这样的神根本不可能有任何快乐。又假定神居住在宇宙之中并作为宇宙的统治者和管理者；主宰着星辰的轨道、季节的变化，以及各种自然事物的变迁，俯视大地和海洋，保护人类的生命和财产，那么他必然置身于各种各样劳心和劳力的事务之中。而我们已经将快乐的生活定义为心灵的安宁和远离所有烦恼。[②]

第三，身体的痛苦不会剧烈。即使偶然有剧烈的身体痛苦，也不会持久。这一条不难理解（虽然不一定为所有人的经验所证实）。不过，它也存在某些问题：一方面伊壁鸠鲁认为痛苦主要来自心灵（来自宗教和哲学妄念等等）；另一方面，伊壁鸠鲁派又坚持痛苦来自身体。也许，这是伊壁鸠鲁要坚持以感性为标准的原则；也许，伊壁鸠鲁认为虽然一切都可以还原到身体，但这并不意味着身体的痛苦和快乐就是最大的。"源于 x"并不等于"x 最高"。说到底，伊壁鸠鲁认为最高的苦与乐在于心灵，这一点，在下面这段材料中表达得十分透彻：

---

① 第欧根尼·拉尔修：《著名哲学家的生平和学说》第 10 卷，第 123 节。

② 西塞罗：《论神性》第 1 卷，第 20 节。

> 人们在心理上有宜人的快乐经历,也有恼人的痛苦经历,我们认为这两者都是出自并基于身体上的感受。我们还主张这并不妨碍心理上的快乐和痛苦比身体上的快乐痛苦深刻得多;因为身体只能感受当下向它显现出来的东西,而心灵还能认知过去和将来的事物。身体的痛苦当然同样令人痛苦,但若是相信今后某种巨大的恶将临到我们身上,并且要长期间忍受,那就会大大增加我们的痛苦感。快乐也同样如此,快乐若不伴随对恶的忧虑,就是更大的快乐。因而我们清楚地看到,心理上的苦乐比同样程度的身体上的苦乐更能影响我们的幸福。①

第四,欲望分类和计算。伊壁鸠鲁把“好”(善)与“坏”(恶)定义为快乐与痛苦,这显然是为了在生活目的上有可靠的直觉依据(准则),而不能依靠复杂精妙的推理:一切推理总是可能出错,一定要落实到我们的感受上。这种态度是要求人们直观事实本身,不要被空洞的意见所困扰。伊壁鸠鲁派以快乐和痛苦为善恶的本质内容,曾经被许多人视为放纵欲望。但是伊壁鸠鲁恰恰提出了一个欲望分类理论,其主旨正是遏制不必要的欲望:

> 困扰人的生活的最大因素是对善恶的无知;关于善的错误观念常常使我们失去最大的快乐,使我们受最残酷的心灵之苦的煎熬。因此我们需要智慧的帮助,消除我们的畏惧和肉欲,剔除我们的谬误和偏见,作我们永远正确的向导,引导我们获得快乐……伊壁鸠鲁对欲望作了区分,没有比他的这一理论更有用、更有益于人的福祉了。第一类欲望既是自然的,也是必需的,第二类是自然但不是必需的,第三类则既不是自然的,也不是必需的。分类原则是:必需的欲望不需要什么力气或代价就可以满足;符合本性的欲望需要一定努力,但也很容易满足,因为自然自己的财富非常丰富,很容易获得,但在数量上也是有限的;至于想象出来的欲望则是无边无界,无穷无尽的。②

很显然,这一分类是用来消除无限度的欲望的。它其实与伊壁鸠鲁本体

① 西塞罗:《论至善与至恶》第1卷,第17节。

② 西塞罗:《论至善与至恶》第1卷,第13节。

论中的“存在分类”有异曲同工之处:当我们明白客观的存在的各种种类和本体性的存在与派生性的存在之后,就不会过于执著派生性的存在了。同样,如果我们认识到最根本的欲望和派生的欲望的区别,明白快乐中有许多是“不自然的”、“不必要的”即非自然的人为观念所造成的,我们就不会忙于派生性的欲望,放弃多种多样的复杂精致享乐和大量财富的苦苦追求,而满足于自然的快乐:

> 正是因为快乐是首要的好和天生的好,我们不选择所有的快乐,反而放弃许许多多的快乐,如果这些快乐会带来更多的痛苦的话。而且,我们认为有许多痛苦比快乐要好,尤其是当这些痛苦持续了长时间后带来更大快乐的时候。所有的快乐从本性上讲都是人的内在的好,但是并不是都值得选择。就像所有的痛苦都是坏的,但并不都是应当规避的。主要是要互相比较和权衡,看它们是否带来便利,由此决定它们的取舍。有的时候我们把好当做坏,有的时候又把坏当成好。①

这种思想中有一种比较、计算或者理性权衡的思维。当然,在比较当中伊壁鸠鲁不能说有“假的快乐”,因为这会与他的“感受到的都是真的”之经验论相冲突。换句话说,他不能用柏拉图的加法治疗策略。但是他能说有的快乐是“没有必要的”或“带来痛苦的快乐”的。实际上,自然使得必需的欲望很容易满足,而不是无穷无尽的;相反,难以满足的欲望都是不自然的。② 平面的明智计算与垂直计算不同。作为感性快乐的计算理论的理性,伊壁鸠鲁的欲望分类理论是在告诉我们不必追求过分的快乐,才能得到最大化的快乐,其基本要旨是让人认识到自然的欲望容易满足,而且不会带来痛苦。另外,退回到简单的快乐和痛苦感觉,不是主张无知无觉的状态,而恰恰是让人珍惜直接感性的当下所得,而不是一门心思在无限的量的积攒上。

> 在那些自然的欲望中,有的是即使满足不了也不会导致痛苦的。尽管这种欲望的对象被人热切地追求,也不过是由虚幻的意见所产生的。

---

① 第欧根尼・拉尔修:《著名哲学家的生平和学说》第 10 卷,第 129 节。

② 参见纽斯邦:《治疗欲望》,第 112 页注 12。

如果它们很难消除掉,这不是因为它们自身的本性,而是因为人类的空洞意见。①

以上我们讨论了伊壁鸠鲁对人类的各种病征的诊断和治疗。可以看到,这一理论是相当深刻和富于启发的。不过,这当中还有几个理论问题值得进一步的讨论。第一个理论问题是伊壁鸠鲁认为人类的一切病症都出于一个原因,即对于死亡的恐惧,至于纵欲、逐利和追求名声等等,都只是躲避这一恐惧的方式;或者,伊壁鸠鲁认为人类的疾病有多种原因,而且这些原因——怕死、逐利、纵欲和追求名声——都是并列的?我们看到,希腊哲学家大多批判欲望,但是伊壁鸠鲁的特色是经常把对于欲望的批判放在躲避死亡、寻求安全感当中来理解,这更显出伊壁鸠鲁不同常人的见识。也就是说,伊壁鸠鲁究竟是主张"一因说"还是"多因说",在这个问题上很难说能得出确定的结论。至少我们看到,伊壁鸠鲁和伊壁鸠鲁派的不少论述表明他们是主张一因论的:

对物利的贪婪和对出人头地的盲目渴望驱使可怜的人们践踏法律的限制,夜以继日地阴谋勾结犯罪,辛苦钻营,企图爬上权力的顶峰。这些生命中的病态也全然是被对死亡的恐惧所推动的,因为常人一般觉得丧失名誉和贫穷匮乏与生命之甜蜜与安定感相去最远,好像已经来到死亡门前了。人们被虚假的恐惧所追赶,企图从死亡之门前远远逃开,躲得越远越好,于是他们通过血腥屠杀同胞来贪婪地聚敛财富,谋杀不断;他们对着同胞的惨死残忍地放声大笑,他们憎恨并害怕亲友对自己的热情款待……还有些人为了追求立碑塑像和芳名永传而送了命。②

第二个理论问题是关于伊壁鸠鲁的积极目标的——什么是伊壁鸠鲁派所追求的幸福或快乐?我们看到,伊壁鸠鲁的"欲望分类"学说使得他的"快乐主义"从某个角度看,应当更恰当地被称为"反快乐主义"!也就是说他似乎不仅不主张追求快乐,反而主张为了心灵宁静而避开追求快乐。根据瓦伦的提示,人们应该注意到"心灵宁静"这一终极伦理目标是德谟克里特首先提出

① 伊壁鸠鲁:《基本要道》,29。

② 卢克莱修:《万物本性论》第3卷,第59行以下。

来的，这开创了一个传统，此后为不少哲学家所继承。① 伊壁鸠鲁讲的快乐是所谓静态的快乐（*katastematic*）。用他自己举的例子说，解渴的快乐是动态的（*kinetic*）、积极的快乐，因为这是通过做某事而获得的，那么不渴的快乐就是静止的快乐，它来自于痛苦和烦忧的消除：

> 所以，只有当我们在没有快乐就会感到痛苦的时候，快乐才对我们有益处。当我们不再痛苦时，我们也就不再需要快乐了。
>
> 一种痛苦消除之后，即使没有某种具体的快乐随之而来，人也会感到非常高兴，这就表明没有痛苦就是最大的快乐。②

早在罗马共和时期，西塞罗就已经攻击伊壁鸠鲁学派没有严格区分追求快乐与追求心灵宁静。这一争论持续到今天，学者们总是困扰于一个问题：伊壁鸠鲁到底是在主张追求快乐，还是主张追求平静。这不仅是一个理论问题，而且涉及伊壁鸠鲁究竟是否过于悲观、消极和"无能"的评价问题。进一步，因为"平静"与怀疑论的目标是一致的，所以这同时也是在问：伊壁鸠鲁与怀疑论究竟有没有本质上的区别。③ 伊壁鸠鲁自己是意识到人们会把他的快乐主义说成是积极的享乐的，并且知道这成为其他人对其学派的误解批评和恶意攻击的一个原因，所以他强调说：

> 当我们说快乐是目的的时候，我们说的不是那些花费无度或沉溺于感官享乐的人的快乐。那些对我们的看法无知、反对或恶意歪曲的人就是这么认为的。我们讲的是身体的无痛苦和灵魂的无烦恼。快乐并不是无止境的宴饮狂欢，也不是享用美色，也不是大鱼大肉什么的或美味佳肴带来的享乐生活，而是运用清醒的理性研究和发现所有选择和规避的原因，把导致灵魂最大恐惧的观念驱赶出去。④

---

① 参见瓦伦·詹姆斯：《伊壁鸠鲁和德谟克里特伦理学：对"心灵宁静无忧"的一个考古学》，第 33 页。

② 伊壁鸠鲁：《基本要道》，27。

③ 参见瓦伦·詹姆斯：《伊壁鸠鲁和德谟克里特伦理学：对"心灵宁静无忧"的一个考古学》，第 3 页。

④ 第欧根尼·拉尔修：《著名哲学家的生平和学说》第 10 卷，第 131—132 节。

但是,反对积极快乐是否意味着虚无主义、不敢和不能享受真正的生活快乐?换句话说,伊壁鸠鲁的"快乐主义"真的名副其实吗?我们看到,伊壁鸠鲁的快乐主义确实不是在主张纵欲和智术师的欲望—权力扩张,但是又并不是虚无主义,而是承认应当享受生活的美好方面。希腊悲剧一直提示人们,希腊人当中对人生的绝对悲观看法其实是十分普遍的:人生在世,根本就无法达到幸福自足。尼采早在《悲剧的起源》中就专门论述过希腊人的悲观看法之深沉。但是伊壁鸠鲁却告诉人可以幸福,而且当下就可以,只要明白什么是幸福。幸福就是按照自然去生活。只要是自然的,就是容易满足的:"一切自然的,都是容易获得的;一切难以获得的,都是空虚无价值的(不自然的)。"①叔本华也注意到欲望对于人的力量,但是他却从欲望的难以满足中得出了人生必然痛苦的结论。伊壁鸠鲁并没有那么悲观,他知道那些对生活悲观的人,但是他拒不认可这些人的人生态度:"至于那些说最好不要出世到人间的人,那就更差劲了。这些人有诗云:一旦出生了,就尽快进入冥府之门。"伊壁鸠鲁辛辣地讥讽说:"如果说这话的人当真相信这一看法,他为什么不立即结束生命?因为如果他一定要这么做,他立马就可以办到。如果他只是说说而已,那么他就蠢了,因为人们不再会相信他。"伊壁鸠鲁认为如此悲悲戚戚的人生观是错误的。尽管人生困难,但是我们还是可以、也应当努力去把握自己的命运:"要记住:未来既不是完全在我们的掌握之中,也不是完全不受我们的把握。因此我们既不要绝对地相信未来一定会如此发生,也不要丧失希望,认为它一定不会如此发生。"②由此可见,伊壁鸠鲁"快乐主义"的宗旨之一可以说是在破除希腊的一个长久精神——悲剧意识,只要明白按自然的要求就能获得幸福。对此,卢克莱修的描述是有名的:

> 要满足我们的身体性存在其实只需要很少的一些东西,只需要那些能够驱除痛苦、带来欢乐的东西就够了。自然并不无止境地渴求更快乐的东西。如果没有金童雕像环绕华府,手举彩灯照亮绮筵;如果客厅里没

---

① 第欧根尼·拉尔修:《著名哲学家的生平和学说》第10卷,第130节。

② 第欧根尼·拉尔修:《著名哲学家的生平和学说》第10卷,第133—134节。

> 有金银器皿闪闪发光;如果横梁上没有镀金的天花板回荡优美的竖琴声;我们照样可以三五成群来到柔软的草地上舒舒服服地躺下,草地就在小溪旁,高大树枝叶掩映其上。这样,无需支付多大代价就能在此欢乐地呼吸新鲜空气,放松自己,尤其是惠风和煦,更逢良辰,萋萋芳草中繁花如星。你裹着紫袍躺在缀满锦缎的床上,与睡在穷人的破毯子里相比,并不能更快地赶走身上的热病。①

现代是一个积极行动的时代。现代学者中有不少人感到卢克莱修所描述的这种"田园"式的"幸福"还是过于消极,贬低了积极行动的人生快乐,反映的是下降时代的普遍无力感。我们感到这样的看法值得商榷。实践的问题可以分为两个维度上的事情:害怕与快乐。其中,前者高于后者。明白这一点的伊壁鸠鲁其实对人性和人生具有更为深刻的理解。伊壁鸠鲁的伦理学主要宗旨是"解除惧怕",也就是解除痛苦。如果像罗素和尼采那样把这样的思想看做是颓废时代的无能哲学,就有失公正了。其实,任何"积极上升"时代都有无穷问题。而且越是复杂的时代,问题越大,因为高级时代必然借助"拉动内需"来维系其动态均衡,这必然会带来质朴时代所没有的种种问题,对此,不需要多少深刻思考就能够看到。许多人之所以还不感到自己需要这种"免除痛苦烦忧"的快乐,是因为他甚至还不知道自己在内心深处受制于种种痛苦烦忧。伊壁鸠鲁认为,当人们放弃对量的追求时,就会细细体会一饮一饭的快乐。日常宴饮和排场中满足他人的眼睛的成分大,自己细心体会感受的成分小。伊壁鸠鲁的哲学实际上是在号召人反身体会自己,珍惜自身的每一点运行,不要追求此外的复杂化。快乐很容易得到,只要肯定自己身体当下的功能运行中的快乐。"自然的财富是有限度的和容易获得的,虚幻的意见所看重的财富却永无止境,永远无法把握。"(《基本要道》15)所以,心灵宁静从某种意义上说也是"积极的"幸福,是活力得到解放从而喷发的欢呼雀跃,而决不是陷入死寂。② 获得这种幸福的人就是获得了伊壁鸠鲁的近乎宗教的终极目

---

① 卢克莱修:《万物本性论》第 2 卷,第 20—36 行。

② 参见纽斯邦:《治疗欲望》,第 110 页。

的—在人当中像神一样地活着:

> 你认为谁能比这样的人更好呢?——这个人关于神有虔敬的观念,对于死毫不惧怕,他仔细思考过自然的目的,知道"好"的生活很容易获得;他知道坏事不会持续很久,强度也不会很大;他嘲笑被人们视为万物的主宰的东西——所谓命运……你以及你的同道要日日夜夜思索这些道理以及相似的道理,这样,无论你是在醒着的时候还是在睡着的时候,就都不会感到烦恼,而是像神一样生活在人当中。因为一个生活在不朽的福祉中的人已经不再像有死的生物了。①

所以,伊壁鸠鲁哲学决非有的人所认为的那样是在主张回到动物状态。动物虽然不会有精神上的苦恼,但是对于身体的疾苦只能被动地忍受;而伊壁鸠鲁认为可以用哲学来治疗,用灵魂的快乐来抵抗身体的痛苦。他在遗嘱中的话说明他本人在一生中认真践行了这一哲学,而且确有回报:"我病得很久了,痛苦难当。但是我通过我们在一起讨论时产生的心灵快乐来抵抗这一切。"这正是在强调人(通过理性的力量)能够把握自己的命运。"回忆"是人才具有的精神活动。对于美好的过去行为的回忆,伊壁鸠鲁派视为是巨大的快乐之源:

> 正如我们因分有美好之物而欣喜,同样我们也因回忆它们而快乐。愚拙之人因回忆先前的恶行而备受折磨;智慧之人则因满怀感激地回忆过去的恩福而获得更多的快乐。我们有能力把我们的不幸永久地抹去,也有能力积攒关于我们的成就的快乐记忆。当我们把心灵的视线紧紧凝聚在过去的事件上时,它们若是恶的,就必然产生忧愁,若是善的,就必然产生快乐。②

最后,在伊壁鸠鲁的自然哲学与其治疗学的关系上,还有一些理论问题。比如,原子论这样的本体论是否能够帮助伊壁鸠鲁的"减法治疗学"?从前面的论述看,伊壁鸠鲁确实依靠原子论帮助论证了他的伦理目的。常识是现象

---

① 第欧根尼·拉尔修:《著名哲学家的生平和学说》第10卷,第135节。

② 西塞罗:《论至善与至恶》第1卷,第17节。

的领域，日常生活中的人过分看重和执著它。原子论哲学揭示出这不是永恒坚固的——虽然也不是“虚幻”的——领域；真正的本体是非感性的原子和虚空。这一揭示带来的震撼从卢克莱修惊呼为“大自然的奥秘之门打开了”中就可以看出。真正理解和信仰了原子论哲学的人懂得了人是不自足的，只不过是原子的暂时聚合，于是就会消除人的自高自大。我们从卢克莱修总结的原子论体系中的存在层次可以看到：在他看来，任何能说出名称的东西，要么是物体和虚空的特性，要么就是二者的偶性。而奴役、贫穷、富裕、自由、战争与和谐之类的东西，因为它们的出现与消失不影响事物本质，所以仅仅是偶性而已。[①] 故而，人们不应当沉迷于时间—历史中的政治行动和荣誉追求中。那些事情说到底都是偶性的、并非第一性的存在的东西。被荷马歌颂了多少年的史诗故事，其实都不具有独立存在的本体论地位：

> 当人们说到曾经发生过的海伦被劫、特洛伊被毁等事情时，我们必须注意：他们并不能迫使我们承认这些事情是独立的自身存在。因为这些事情是隶属于那个时代的人们的偶性（偶然事件），而那些人已经被一去不复返的岁月卷走。一切发生过的事件都可以被称为世界的偶性或它们具体发生的那个地区的偶性。再者，事物若是没有其质料，若没有存在和活动发生的空间，那也就不会有为海伦的美貌而燃烧起来的爱的烈焰，这一欲火在弗里吉亚的亚历山大[②]胸膛里越烧越旺，最终点燃了野蛮的战争；也不会有特洛伊人没有注意的木马，深夜里木马中突然跳出的希腊勇士们将柏帕伽（Pergama）投入一片火海之中。这样，你就会明白：一切发生的事件都与物体和虚空不同，不能独自存在。恰当的方式是把它们称做物体的偶性和空间的偶性，因为它们各自发生在一定的空间之中。[③]

在某种意义上，伊壁鸠鲁对于时间等等“偶性”存在的贬低所达到的效果与柏拉图使用的一系列其他哲学引导方式达到的是一样的，都是引导人们

---

① 参见卢克莱修：《万物本性论》第 1 卷，第 49 页以下。

② Phrygian Alexander，也就是帕里斯（Paris），特洛伊王子，据传由于他诱拐希腊斯巴达城邦的海伦而引发特洛伊战争。

③ 卢克莱修：《万物本性论》第 1 卷，第 464—482 行。

"走出洞穴"而不再贪恋个体和名利。不过我们可以进一步看到,不同的哲学在"哲学的安慰"中使用的是不同策略。柏拉图和斯多亚哲学所采纳的是某种以人为中心的、神本主义下的人本主义:人当中的神性更为实在,所以即使在洞穴之外也应当受到神圣保护。伊壁鸠鲁则相反,要求人完全放弃自我中心;而且伊壁鸠鲁并不以享受数学—理念之美为最大快乐。事实上,原子和虚空并没有什么美感或善感。毋宁说大虚空或存在的巨大深渊是可怕的。卢克莱修认为,宇宙大爆炸、瘟疫等等,都是公共大序无法遮掩的自然界可怕的一面。那么,与柏拉图类型的加法治疗哲学相比,相信原子论的人岂不是感到更加痛苦,或者反过来说,感到痛苦的人还会相信原子论吗?在此,正确的心态和勇敢美德是关键的。伊壁鸠鲁或者卢克莱修认为人明白了本位不在自己,而在原子及其运动,就能对世界和个人的生灭采取十分豁达而乐观的态度。卢克莱修说:"万物的总体亘古常新,而有死的生物总是一个依靠着另一个存活。一些物种在发展壮大,另一些则在衰减退步;在短短的时间里,世代已经更迭,就像赛跑者一样,向下传递着生命火炬的接力棒。"①即使这样的世界是没有意义的,原子论派也不打算启用宗教和加法哲学加以掩盖。强悍与勇敢,直面而不回避,也是伊壁鸠鲁派的一个必要素质。

由此我们可以看出,在原子论与治疗学的关系中存在着一个更深的矛盾:治疗是依靠放弃自我、融入无区别的原子大雨之中,还是依靠自我主体性的挺立克服万物?在伊壁鸠鲁哲学中,骄傲与谦卑同在。而这与伊壁鸠鲁的"本体元素—构造产物"三项类比有关:

原子——个人——政治共同体

A　　　B　　　　C

也就是说:原子构成了个人,个人构成了共同体。赫拉克利特的著名的"神——人——猴子"的三项比喻,与此有某种异曲同工之处。② 即我们可以通过A与B的关系理解B与C的关系。当伊壁鸠鲁强调A与B的关系时,他

① 卢克莱修:《万物本性论》第2卷,第75—79行。

② 赫拉克利特残篇D82,D83,D79。参见北京大学外国哲学史教研室编译:《西方哲学原著选读》,第25页。

论证原子是本位，而个人只是第二性的构造，是无法自足的，其标志——感受性——也不重要，因为原子就没有感受和感觉。但是当他论及 B 与 C 的关系时，则又会强调个人为本位、自足，作为其标志的感受性就极为重要，是社会、法律等等的出发点。承认快乐的意义同时就意味着承认个体，关心个体的幸福，而不是社会与他人。政治共同体则是构造的、第二性的、不自足的。

在原子论与伦理学的关系上，还有其他的问题。比如在现象界与本体界之间是否存在着某种根本性的断裂，从而使得本体论无法直接用到伦理学上来？原子世界与现象世界其实相当不同。比如原子世界中，原子以同等速度直线运动，但是现象世界中各种物体的运动速度都是不一样的。再如，原子是不可再分的，但是宏观世界中再小的东西也都可以分下去。更重要的是，原子世界是无感受的，而伊壁鸠鲁对现象世界生活中最重要的东西（the finibus of the Good and the Evil）的强调恰恰是主观感受性——快乐与痛苦。现象界是关于我们的最终最高幸福的地方，道德是感受性的，而“根本性的存在”原子并没有感受，没有第二属性，也就没有“幸福”可言，它在价值上是中立的。至于原子组成的物体的出现或者“次级存在”的出现，似乎也不是具有价值（善、好）的事情，因为它们总要消灭的。但是，另一方面，伊壁鸠鲁的原子论本体论并没有导致对“我们这个世界”的彻底否定。学者们一般认为德谟克里特的原子论能够得出否定感性世界的实在性的结论，而伊壁鸠鲁却反对德谟克里特，坚持我们生活于其中的宏观世界是实际存在的。德谟克里特的原子论把感觉说成了某种副现象，而伊壁鸠鲁认为感觉是原子流（影像流）的真实属性。① 对于伊壁鸠鲁来说，“存在”的标准是具有发挥原因作用和受到作用的力量，而宏观客体显然能够发挥原因性的力量，也能被作用。不仅如此，有的学者认为，在自由问题上，伊壁鸠鲁不仅认为宏观物体具有与原子层次相同的本体论地位，而且可以反过来对原子层次发生因果性影响。如果说感觉意味着被动过程，意味着原子层次的因果优先性，那么，人作为能够对自己的行为

---

① 参见瓦伦·詹姆斯：《伊壁鸠鲁和德谟克里特伦理学：对“心灵宁静无忧”的一个考古学》，第 195 页。

负责任的人,就打破了这一被动性,就使自己不至于被原子过程所决定。这一看法在目前发掘出的伊壁鸠鲁《论自然》残篇中能够找到旁证。①

历来有人试图找到伊壁鸠鲁原子论与伦理学的关系。学术界对于伊壁鸠鲁是否使用过这种原子—个人类比,是有争议的。有的学者说:原子象征个人,象征着陌生个人在陌生世上求平安。在此,伊壁鸠鲁几乎用原子比喻个人。坚固性与"偏斜"运动象征着个体的自足与自由。黑格尔和青年马克思等认为原子就是对个人的比喻,尤其是比喻其自由。虽然伊壁鸠鲁自己没有说,但是可以从其哲学中推论出来。原子与个人的共同点是:孤立、不可分、不可还原、原初、多而非一;但是也不是独立存在的,总是要存在于结合体中。环境是外在的而非内在的。原子在下降中的偏斜、相遇和结合是偶然的、随缘的。这一偏斜说可以破除决定论或普遍的"重量"规定对人一生的运动轨迹的决定。

如果我们比较一下伊壁鸠鲁的敌手柏拉图,问题会变得更加清楚。柏拉图在《理想国》第2卷中也提出过一个灵魂与国家的类比。但是,柏拉图的比喻旨在说明个人和国家一样,都是复杂的、多中之一的,其中每一方都蕴含着对方,而不是自足的。但是伊壁鸠鲁的类比所强调的却相反,是个人与原子一样,都是"实心"的、坚固的、"自足"的、分立的。

第二节　目的论的伦理学

如果说伊壁鸠鲁在治疗哲学中提出了反传统的"减法治疗哲学"的话,那么他在伦理学上也系统地提出了反传统的还原论的目的论伦理学。伦理学一般可以走道义论或者目的论两条路线,前者直接在道德当中坚持道德,后者则把道德还原为服务于非道德的生活目的。古希腊的伦理实践主要属于神圣

① 参见瓦伦·詹姆斯:《伊壁鸠鲁和德谟克里特伦理学:对"心灵宁静无忧"的一个考古学》,第196页。

(宗教)道义论和德性(完满)目的论。柏拉图、亚里士多德和斯多亚哲学都在理论上阐发了这一类路线。他们所面临的敌人大多是从个人利益的角度出发根本反对道德的智术师(参见柏拉图的《理想国》第1卷和第2卷中所描述的塞拉西马柯和《高尔吉亚篇》中描述的卡利克勒斯的观点)。伊壁鸠鲁既不是道德本位主义者,也不是反道德的智术师,他的伦理学真正形成了第三条路线。他确实用个人对快乐痛苦的感受作为"最高好"(善)的标准,从而用目的论反对道义论,也反对德性(完满)目的论;但是他论证从这样的目的论出发,可以得出坚实的道德动机而非道德虚无主义。

目的论的话语方式是终极目的("Telos")。这就是当时伦理学的主旨:追问什么是"最好"——也就是"幸福"。它是由生活的最终标准所决定的。伊壁鸠鲁的标准是感性第一,在实践论中也就是感受(感情)第一,于是他必然会认为快乐就是最高的"好":

> 我们所探讨的问题是,什么是最后、终极的善,所有的哲学家都认为它必须具有这样一种本性,即它是所有其他事物的目的,其他事物则是它的手段,同时它自己不是其他事物的手段。伊壁鸠鲁认为这就是快乐。于是他就把快乐视为大善(Chief Good),把痛苦视为大恶(Chief Evil)。他的证明如下:每个生命物,一旦出生,就寻求快乐,并把快乐中的喜悦当做大善,同时把痛苦作为大恶,尽可能远而避之。只要生命物保持正常状态,就在大自然公正而可靠的裁决激励下趋乐避苦。①

实践论不妨与认识论加以类比;在认识论中,感觉本身没有对错可言,错误在于我们的判断的添加。在伦理实践中也是如此:"善恶的目的也就是快乐和痛苦本身无可指责,人们之所以犯错误是因为不知道什么事物产生快乐,什么事物产生痛苦。"②在这一问题上,最能够体现不同的伦理学的对立。西方伦理学的道义论和目的论对立在希腊化罗马的两大哲学流派那里已经鲜明地出现。简单地说,伊壁鸠鲁属于后果论的目的论,即快乐是终极目的;而道

---

① 西塞罗:《论至善与至恶》第1卷,第9节。

② 西塞罗:《论至善与至恶》第1卷,第17节。

德的价值则是派生性的,仅仅在于为前道德的快乐服务。斯多亚哲学属于道义论,即道德是终极目的,而快乐并没有价值,至少没有很大的价值。①

伊壁鸠鲁认为斯多亚哲学的看法扭曲了基本的人性,违反我们的直觉。人性的自然反应当然是追求快乐、躲避痛苦的,也就是视前者为好,视后者为恶的。所以伊壁鸠鲁派甚至拒不承认有必要通过"理性论证"来证明快乐是人所求的,痛苦是人所恶的。既然这些是感觉所能感知的是完全自明的,就像火是热的,雪是白的,蜜是甜的,也就根本不需要理性的推论来证明,只要注意到它们就足够了。柏拉图也感到快乐的力量。"对于大多数人来说,情欲的必然性比几何学的必然有更大的强制力与说服力。"②然而柏拉图和斯多亚派哲学却通过论证而最终得出:人应当追求正义、好,但是不追求快乐。伊壁鸠鲁则强调道德不是自为的目的,它只是追求快乐的手段。快乐作为第一性的东西,反而是在论证其他实践行为的合法性时所必须诉诸的终极标准(从而也就不能被其他事物所"证明")。

伊壁鸠鲁主张快乐论伦理学,他很明白自己在理论上属于后果论的,即第一性的东西是前道德的快乐、痛苦感受;道德必然是第二性的,是服务于趋乐避苦的。许多同情伊壁鸠鲁学派的大众不懂这一点,以为这样的伦理学可能主张的是"一切行善好事都是快乐的",道德行善也是一种快乐。道德好人谁不感到"助人为乐"?大众于是甚至感到这样的伦理学比"冷酷无情地遵守道德命令"的斯多亚道义论更人道。然而,对于这样的想法,伊壁鸠鲁派是不会领情的,它会说大众错误地理解了"快乐主义伦理学"的本质。伊壁鸠鲁"快乐主义伦理学"的思路的本质是说:快乐与道德是两回事,其中有一个必然是最终目的,另一个是手段。快乐主义伦理学就是断定快乐是目的,道德仅仅是手段,因为道德不是快乐的。道德为了获得自己所不具有的价值,只有依靠服务于有价值的东西——快乐。奥依诺安达的第欧根尼知道人们对这一理论问题可能会糊涂,所以仔细解释道:

---

① 严格的道义论甚至不应当用"目的"来规定道德。但是斯多亚哲学是一种混合了古典德性完满目的论的道义论,这使得它的理论充满了混乱。

② 柏拉图:《理想国》,458D。

如果在我们和这些人[指斯多亚派]之间讨论的问题涉及追问“幸福的手段是什么”，而且他们要说是“德性”，这确实是真理，除了同意他们，没有别的话说了，也没有更多的麻烦了。但是正如我说的，问题不是“幸福的手段是什么”，而是“幸福是什么”和“我们的本性追求的最终目的是什么”。我现在而且总是大声地对所有的希腊人和外邦人叫道：快乐是最好的生活的目的，而美德决不是目的，而是达到目的的手段，这被那些人不恰当地弄混淆了（他们把手段变成了目的）。

那么，现在让我们声明这是正确的，并让我们从这里开始。

那么，假如有人问“这些德性有益于谁”，尽管这是一个幼稚的问题，很明显，答案是“人”。德性当然没有为那些飞鸟谋益处，使它们飞得更好一些，或者也没为其他的动物谋益处；德性不可能脱离造就了它们并与它们同在的本性（指人的本性）；而正是因为这个本性的缘故，德性才能存在和起作用。①

西塞罗敏感地看到这一关键区别。他说道：许多人以为伊壁鸠鲁宣称正当行为和道德价值是“内在或本身就是令人愉悦的，也就是说能产生快乐的”，从而感到伊壁鸠鲁伦理学也有道理。但是这是彻底的误解：“这些尊敬的人没有意识到，如果真是这样，那就会颠覆伊壁鸠鲁的整个理论。如果我们承认善是自发的、内在固有的快乐，就算不包括身体上的感受，美德也会成为因其本身而追求的对象，知识也是如此；而这正是伊壁鸠鲁绝不允许的。”②当代著名伦理学者罗尔斯说过，伦理学主要是根据两大概念——正义与善——孰先孰后而划分成不同的学派的：“伦理学的两个主要概念是正当和善。我相信，一个有道德价值的人的概念是从它们派生的。这样，一种伦理学理论的结构就大致是由它怎样定义和联系这两个基本概念来决定的。”③正义优先则为道义论，善优先则为目的论。伊壁鸠鲁显然坚持“善”（好）优先，所以他的伦理学是快乐主义的目的论。他明白而且系统地论证了前道德的快乐和痛苦

① 奥依诺安达的《第欧根尼铭文》，残篇30。

② 西塞罗：《论至善与至恶》第1卷，第7节。

③ 罗尔斯：《正义论》，第21页。

决定了人为何欲求、为何躲避的动机,是一般行为的源泉。当伊壁鸠鲁派在与斯多亚派论战时,这一点尤其得到了强调:“某种行为之所以正当、值得赞美,只是因为它是获得快乐生活的一种手段。至于那本身不是别的事物的手段,却以别的事物为手段的东西,就是希腊语里所说的‘Telos’,即最高的,终极的或最后的善。因而我们必须承认最大的善就是快乐地生活……你的学派不厌其烦地叙述美德的超越之美,但它们若不能产生快乐,谁会相信它们是可赞美的,或者值得欲求的?”①

在这样的大目的论视野下,伊壁鸠鲁系统地把希腊的四大德性智慧、自制、勇气、正义——也是斯多亚奉为“自身具有最高价值”的道德——还原为快乐的工具:

首先,智慧。之所以智慧重要,并非因为其自身的缘故。伊壁鸠鲁派反对任何“为知识本身而追求知识”的希腊哲学普遍信念,坚持说智慧之所以为我们所欲求,是因为它带给我们快乐;愚蠢之所以为我们所躲避,是因为它带给我们有害的结果。无知和错谬导致整个生活的混乱,唯有智慧才能“使我们免受欲望的攻击,恐惧的威胁,教导我们坦然忍受命运的侮辱,指示我们通向宁静、和平的道路。”②伊壁鸠鲁反对追求过多的理论和技艺。当然,伊壁鸠鲁并不反对所有技艺,他对于维持生活的技艺还是同意的。他反对的是超出日常生活的、追求不自然的目的的技艺。

其次,自制。这与智慧的情况十分接近。“我们宣告节制是我们所欲求的,但不是因为它本身的缘故,而是因为它使思想宁静,使心灵保持和谐安宁。正是节制告诫我们要让理性来决定我们应当欲求什么,应当躲避什么。”而理性的力量不够,所以,培养自制的品德能够让人遵从理性的判断。“那些决心享受自己的快乐并避免一切由此产生痛苦的人,那些保留自己的判断能力,避免被快乐引诱到他们认为错误的岔道上的人,虽然放弃了某些快乐,却能收获最大的快乐。同样,他们也常常自愿承担痛苦,以避免招致更大的痛苦。这清

① 西塞罗:《论至善与至恶》第1卷,第12节。

② 西塞罗:《论至善与至恶》第1卷,第14节。

楚地表明我们要避免放纵不是因为放纵本身的缘故，我们应追求节制也不是因为它放弃快乐，而是因为它追求更大的快乐。”①

再次，勇气。伊壁鸠鲁派指出：“从事劳作，经受痛苦，其本身并没有吸引人之处，忍耐、勤劳、警觉这些美德本身也如此，就是备受赞美的坚忍不拔，甚至勇敢本身也不能吸引人；我们致力于这些美德乃是为了生活中没有忧虑、没有恐惧，尽可能免受身体和心灵的痛苦。”②对于伊壁鸠鲁派，勇敢特别有意义，这不是出于共和主义政治的通常原因，相反，伊壁鸠鲁派不看重共和主义政治德性比如爱国战争中的英勇。伊壁鸠鲁派认为对于死亡的害怕是每个人内心深处的疾病：“对死亡的恐惧是对生活的安宁甚至常规的巨大破坏，向痛苦低头，卑躬屈膝地忍受它，这是多么可怜的事；这样的软弱使许多人背叛自己的父母或朋友，有些还背叛自己的祖国，更有许多人完全自我毁灭。”③卢克莱修也赞扬过伊壁鸠鲁派推重的勇敢，这是伊壁鸠鲁那样的勇气，也就是面对迷信压力而无所畏惧地加以反抗的真正大勇：

> 当人类在宗教迷信的重压下可怜巴巴地跪拜于地时，当“她”［迷信］从天空探出头来面目狰狞地俯视着人类时，一位希腊人首次勇敢地抬起凡人的（mortal）双眼直视她，起来抗拒她。无论是鬼神的威名还是电闪打击，或是天空中滚滚雷霆，都不能吓倒他。相反，这只不过更加激发了他灵魂中的热烈勇气。他渴望在所有人当中第一个砸开自然奥秘之门的门闩。他心灵的强大力量战胜了一切。④

能够理解自然哲学和经过了对身体痛苦的应对的训练的伊壁鸠鲁派，应当具有坚强、勇敢而高贵的灵魂，完全不受焦虑和忧愁所困扰：“在它看来，死是很轻松的事，人死了不过回到生之前的状态而已。如何面对痛苦要经过训练，巨大的痛苦最终导致死亡，小的痛苦时时可以得到缓解，而那些处于中间的痛苦由我们自己来控制，如果能承受，就忍受它们，如果不能，我们就可以平

① 西塞罗：《论至善与至恶》第1卷，第14节。

② 西塞罗：《论至善与至恶》第1卷，第14节。

③ 西塞罗：《论至善与至恶》第1卷，第15节。

④ 卢克莱修：《万物本性论》第1卷，第62—72行。

静地退出生命的戏院,因为这出戏已经不再使我们感到快乐。”①同样的意思在伊壁鸠鲁派的“贤人论”中表达得也十分清楚:

> 命运啊,我已经准备你的到来了,我也鼓起勇气抵抗你的所有各种秘密进攻了。我们不会当你的俘虏,也不会当其他环境压力的俘虏;当我们到了离别生活的时候,我们会看轻生命,看轻那些徒劳无益地想抓住它不放的人;我们将在离开生命的时候响亮地唱出宣布我们美好一生的凯旋之歌。②

这样的话令人想到斯多亚哲学所推崇的冷酷高尚之美德。但是,与斯多亚伦理学不同的是,伊壁鸠鲁派并不想由此得出德性自身具有高贵性的结论,而是得出了相反的结论:“这些想法表明胆怯、软弱被指责,勇敢、忍耐受赞美,不是因为它们本身,拒斥前者是因为它们产生痛苦,欲求后者是因为它们产生快乐。”③

最后,正义。伊壁鸠鲁认为正义之所以为我们所推崇,同样也不是因为它自身的缘故,而是因为能使得我们免除痛苦,心灵宁静。这种思想不禁使人想到柏拉图的《理想国》开头的昔法劳斯老人的话。因为正义主要涉及政治学,我们将在下一节展开讨论。

伊壁鸠鲁反对道德本位或道德实在论,但是我们不能因此误解他是道德上的虚无主义者。实际上他的思想毋宁说属于正面的建构主义的,而不是纯粹主观主义的、相对主义的、消解主义的。尽管斯多亚派坚持说后果论的伊壁鸠鲁是威胁道德的,因为它会消解道德德性本身的价值,但是伊壁鸠鲁派却认为自己的后果论的道德论证更加有力量:

> 所有这一切中的首要的和最大的“好”是明智。所以明智甚至比哲学还更为可贵。一切其他的德性都是从理智中派生出来的,它教导人们:如果不是过一个明智、美好和正义的生活,就无法过上愉快的生活;如果

① 西塞罗:《论至善与至恶》第1卷,第15节。

② 梵蒂冈馆藏《伊壁鸠鲁格言集》第47条。

③ 西塞罗:《论至善与至恶》第1卷,第15节。

不是过一个愉快的生活,也不可能过一个明智、美好和正义的生活。德性与快乐的生活一道生长,两者不可分离。①

一个有意思的现象是:走伊壁鸠鲁路线的后果论伦理学的辩护者大多会说自己这一派哲学中从大师到信徒,道德品格都很高尚,并非对手所误解或诬陷得那么鄙俗。事实上,许多现代霍布斯主义者在其学生的回忆中,也都赫然首先是德性贤人。“他过了一个充满德性、勇气、力量、爱、关怀乃至牺牲的生活,而且他是在经历了一系列惊人的不幸遭遇中这么做的。”②但是批驳方往往会说:我们不否认这一事实,但是贵方大师的高尚人格恰恰与其理论相矛盾,所以只能说明我方批评的正确。比如希腊化罗马时代的批评者大多承认伊壁鸠鲁本人以及伊壁鸠鲁派的友谊品格无可厚非,但是与其理论不符。其工具性友谊观理论是威胁友谊的。西塞罗就对一位伊壁鸠鲁派说:

问题不在于什么行为与你的个性一致,而在于什么行为与你的教义一致。你所主张的体系,你所学习并接受的原则,必然破坏友谊的根基,不管伊壁鸠鲁事实上怎样赞美友谊,把它高举到天上。“但是”,你告诉我,“伊壁鸠鲁本人有很多朋友。”谁会否认伊壁鸠鲁是个好人,一个善良而谦卑的人?我们讨论的是他的思想,而不是他的品质。我们可不能像轻率的希腊人那样,对不同意见的人恣意攻击、侮辱,这是坚持错误意见的恶习。伊壁鸠鲁可能是一个善良而忠诚的朋友;但如果我的观点是对的(我不会武断),他不是一个非常敏锐的思想家。“但是他有很多学生。”是的,也许他能吸引许多学生,但数量的多少并不等于意义重大;因为与每一种艺术或学习领域,或者任何一门学科一样,在正当的行为本身中,至高的美德是极其稀罕的。我知道,伊壁鸠鲁本人确实是个好人,许多伊壁鸠鲁主义者都忠于朋友,以前如此,现在也如此,一生言行一致,光明磊落,一举一动无不出于尽职,而不是为了快乐。③

---

① 第欧根尼·拉尔修:《著名哲学家的生平和学说》第10卷,第132节。

② 参见 Tyler Buerge,“Some Personal Memories”, in *Rational Commitment and Social Justice: Essays for Gregory Kavka*, eds., Jules L.Coleman, C.W.Morris, Cambridge University Press, 1998, p.9。

③ 西塞罗:《论至善与至恶》第2卷,第25节。

功利主义的友谊观的倡导者在生活中却显得尊奉纯粹的友谊,这不是莫大的讽刺吗? 相反,那些口头上唱高调的"理想主义者"的哲学家们却很难处处做到自己理论所要求的,结果徒然让人感到有伪君子之嫌疑。西塞罗对此的评价非常有意思,他说:"事实上,有些人的生活和行为恰恰驳斥了他们所宣称的原则。大多数人都是说得好听,做得不怎么样;而这些人(即伊壁鸠鲁派)在我看来恰恰相反,做得比他们说得要好。"①

第三节 还原论的政治思想

以上讨论自然引出了与后果论伦理学相关的另外一个问题:伊壁鸠鲁的目的论仅仅是作为解释论,即不变动现有的价值规范,只是更好地解释之;或者它也是一种规范论,是要求变更现有生活和道德规范的? 我们的看法是它属于后者。因为伊壁鸠鲁会认为古典共和主义政治哲学的名誉追求和纯粹知识主义哲学的追求都是错误的,无法通过快乐论的目的论的检验,只会带来更大的痛苦,必须加以反对。人生如果要希望幸福,就要彻底改变追求的方向和方式。人生选择问题在希腊属于政治哲学问题,狭义的共和"政治"生活本身是一种重要的人生形式。那么,伊壁鸠鲁在政治哲学上的立场是怎样的呢? 晚期希腊和罗马时期有两种政治学:其一是仍旧在老话语体系中,但开创了罗马共和传统,普卢塔克和西塞罗是其代表;另一个是全然不同的、反对积极政治参与的"政治哲学",伊壁鸠鲁和斯多亚哲学是其代表。它们导向的是近代的自由主义。下面我们将考察一下伊壁鸠鲁的这种"反共和主义的政治哲学"思想的几个方面。

一 大序的颠倒

因为伊壁鸠鲁的治疗学是从统辖他的所有有关"人学"考虑的,所以,他

① 西塞罗:《论至善与至恶》第2卷,第25节。

反政治的政治学也是为了指出：积极参政的“共和主义”古代传统其实是错误的躲避不安全感的方法；它不但不能达到目的，而且还带来更多的问题。追求名誉本身是很困难的一种人生目标，即使追求到后，也必然受到妒忌的打击。在此当中，人们已经相互残杀不断：

> 既然财富也好，高贵出身和王室荣耀也好，都无助于我们的身体，我们就应当进一步看到：它们也无助于我们的心灵。如果你碰巧看到你的军团在宽广的平原上集合进行作战演习。双方都有强大的后备部队和大批骑兵增援，他们全副武装，秩序井然，精神饱满。那么这一激动人心的景象会驱散你对于迷信的恐惧，并把怕死的焦虑从你心灵中赶走，使你如释重负，再无忧虑。但是，一旦你意识到你看到的一切只不过是滑稽可笑的模拟战斗，如果事实上人们的恐惧和慢性忧虑既不害怕铿锵作响的刀枪，也不害怕凶残的武器；如果这些忧虑大胆地与世上的帝王君主共处一室，毫不敬畏黄金的炫目光辉和君袍的深红色彩，那么，你为什么还要怀疑这一力量只属于理性？①

这里有几个要点值得注意。首先，伊壁鸠鲁派认为政治上的名利争夺来自不安全感，所以真正解决了这一点之后，政治弊病也就消除了，否则都是徒劳无益的。其次，这里体现了对古典价值大序的颠倒。由柏拉图所确立的古典价值大序肯定了人具有理性、激情（血性）和欲望，其中理性高于激情，激情高于欲望。激情经常可以辅助理性镇压天生趋于扩张的欲望。激情在社会形态上的代表就是政治。伊壁鸠鲁和卢克莱修既然把古典政治追求看成是“错误的、徒劳无益的遮蔽死亡威胁的方法”，就是在反对激情，主张欲望—快乐；或者说反对政治和权力意志，主张日常生活，主张唯有退回到个人的生活才能获得幸福；同时，这就是主张尽量不劳累——不行动的人生。这样的幸福人生集中反映在“神”观中。伊壁鸠鲁派在为自己的安静人生的神辩护时，指出斯多亚哲学的繁忙多动的神很难幸福：

> 我们可以正当地称我们所讲的这一神是幸福的，而你们的[斯多亚

① 卢克莱修：《万物本性论》第2卷，第37—55行。

哲学的]神劳累过度。因为如果世界本身就是神的话,那么像它那样整天围着一根轴飞速旋转,怎么能够宁静?或者,如果神是世界当中的某种事物,在世界中统治、控制、维系着天体的轨迹、季节的交替、万物的变化和规律性,监管大地海洋,保护人的幸福和生命,那他肯定劳累不堪。可是我们把幸福生活规定为是心灵的和平和摆脱所有的职责。①

在伊壁鸠鲁看来,只要依靠驱走恐惧和忧虑的理性力量,就能达到真正的安全,用不着选择投身政治行动的生活。显然,这就从根本上扭转或颠倒了古典积极行动的大序。不过,这并不意味着伊壁鸠鲁要完全与世隔绝,沉浸在个人隐修之中,彻底放弃对共同体的关切。现代学者克莱考证说,伊壁鸠鲁的哲学著作有一个特点,即它们大多按照雅典执政官的时间排列。这是因为伊壁鸠鲁要把自己的文字以权威的和不可更改的方式加以保存,就像雅典国家的法律法规一样。为此,他将这些著作保存了一份在国家 Metroon(官方档案馆)中。这一做法在哲学家中是比较罕见的。② 因此,伊壁鸠鲁去世后,他的著作在雅典有两处保存:除了"花园"之外,还有一处是官方档案馆。由此可见,伊壁鸠鲁还是重视自己的学说的广泛政治效应的。只不过他对"政治"的理解,已经与古代的传统大不一样了。

二　约定论的正义观

伊壁鸠鲁的《基本要道》中有大量是关于"正义"的(40 条中的后面 10 余条)。正义是政治的首要德性。伊壁鸠鲁对正义的态度是"社会契约论",这似乎是一种还原论的、习俗型的社会契约论(近代的休谟和当代的哈曼是这条路线上的新发展)。正义在于约定,而不存在"自然的或本性上的正义"。这样的正义观显然与柏拉图传统的古典自然正义观处于尖锐的对立之中:

对那些不能就不伤害他人、也不被他人伤害的事情相互订立契约的动物来说,不存在正义与不正义。同样,对于那些不能够或不愿意就不伤害他

① 西塞罗:《论神性》第 1 卷,52—53;LS,13H。

② 参见 D.克莱:《悖论及其遗留问题:伊壁鸠鲁哲学史三章》,第 43 页。

人和不受他人伤害订立契约的国家来说，情况也是如此。(《基本要道》32)

没有自在的正义，有的只是在人们的相互交往中在某个地方、某个时候或不断地就防止不伤害和不受伤害订立的协议。(《基本要道》33)

一般地说，正义对于所有的人都是一样的，都是指在交往中给彼此带来益处。然而就其在某地某时的具体应用而言，同一件事情是否正义，就因人而异了。(《基本要道》36)

伊壁鸠鲁在反对"自身的正义"时诉诸了他的独特的语言理论。"正义"这个词怎么理解？是神圣独立的，还是来自经验？伊壁鸠鲁的答案是来自经验。但是，另一方面，这来自经验恰好意味着社会契约论的"约定"。怎么解释其中的矛盾？伊壁鸠鲁所反对的是"任意约定"。但是，根据自己对伤害的体验而订立社会契约，却并不是这样的"约定"，而是符合感受与经验的。

伊壁鸠鲁的约定论的正义论给人们带来的另外一个重要问题就是，以约定论反对自然正义似乎是在贬低正义的价值。约定论往往导向怀疑论的立场，当人们看到各个民族的道德和政治观念（包括"正义"）都不一致的时候，就可能会得出没有自然正义，从而甚至没有可能发现正义的怀疑主义的结论。怀疑派的《反伦理学家》的主旨就是反对"自身善恶"的存在。塞克斯都·恩披里柯在罗列了各个民族的正义观和善恶观的巨大差异之后说："由于看到习俗上如此巨大的多样性，怀疑派对于是否天然地（本性上）就存在善与恶、当做与不当做的事情这样的问题，只能悬搁判断，由此避免独断论的轻率；怀疑论者将会非独断地遵循生活的普通规则，并因此而对各种意见争论保持无动于衷。"①

所以，人们很自然地会问：一个主张约定论的伊壁鸠鲁是不是也是如此呢？他的约定论难道是主张道德和法律是人可以任意"约定"、改造和抛弃的？一般来说，治疗哲学总是关心个体、灵魂的改善，所以完全可能对道德、政治不关心而敷衍了事；甚至还激烈批判政治压制（尤其是司法体制）对个人的伤害（想想福科的理论宗旨）。但是，如果我们明白伊壁鸠鲁的治疗哲学的核心是"安全感"的获得，而正义在古代（以及今天）与司法（尤其是刑法正义）

---

① 参见塞克斯都：《悬隔判断与心灵宁静》，第 174 页。

紧密关联,与保护人的生命自由具有首要的关系,那么就会明白伊壁鸠鲁是在认真看待正义论或法律论的。他的约定论与其说是在贬低或随意处理正义问题,不如说是在寻找真正有力量的方式处理这一主题。

我们的看法可以从伊壁鸠鲁的言说中得到证明。伊壁鸠鲁其实认为自己的学说能够更好地解决道德的和政治中的问题。约定论在某种意义上是在共同体的范围中贯彻伦理学中的还原论或后果论。正如在伦理学中伊壁鸠鲁不是怀疑论一样,伊壁鸠鲁在政治学中也不是怀疑论,并不持“各方都一样”(no more)的观点①,而是相信一定的客观性。当然,他更不是智术之师——利用怀疑论来牟利的投机者。伊壁鸠鲁对于从趋乐避苦出发设计“制度进步”的能力十分相信,因此他属于政治哲学史中像霍布斯和高蒂耶那样的认真关心道德与政治的人,只不过他们不约而同地采取了“现实主义”的路线;而且正因为“现实”,所以自信是更为可靠稳固的:政治和道德并非没有道理的、非理性的那种约定习俗,而是建立在感性和理性上的真,是建立在人的切身利益——安全感——之上的实在。政治的正义性就在这里,这是评判实证法的规范标准;法律如果违背了互利原则(可能并非因为故意,而是因为时间地点发生了变化),就丧失了正义性:

> 一个法律如果被证明有益于人们的相互间交往,就是正义的法律,它具有正义的品格,无论它是否对于所有的人一样。相反,如果立了一个法,却不能证明有益于人们的相互交往,那就不能说它具有正义的本性。如果法律带来的益处后来发生变化了,如果它只在一段时间里与正义概念相和谐,那么这个法律在当时还是正义的,只要我们在看待这些事情时不被空洞的名词所困惑,直面事情本身。(《基本要道》37)
>
> 在环境没有变化时,如果现行法律从其运作后果上看与正义概念不一致了,那么这个法律就是不正义的。如果环境变了,同样的法律不再能产生同样的正义后果了,那么,当它还有益于公民的相互交往时,它还是

① 参见瓦伦·詹姆斯:《伊壁鸠鲁和德谟克里特伦理学:对“心灵宁静无忧”的一个考古学》,第188页。

正义的;但是当它后来不再有利时,就不是正义的了。(《基本要道》38)

与此相关,伊壁鸠鲁在订约之后如何保证“守约”这一令社会契约论者感到头痛的问题上,主张建立在自然基础即快乐与痛苦的基础上的现实策略,这种策略就是诉诸犯罪者害怕被抓捕之恐惧感的痛苦。这在他看来是贯彻正义的更为有效的策略。伊壁鸠鲁认为,只要犯罪者能够理性地计算,就会发现犯罪的痛苦大于快乐,得不偿失:

不正义并非本身就是恶,它的恶在于惊恐害怕被指派来惩罚不正义的人抓住。(《基本要道》34)

任何人都不能确信自己在隐秘地违反了不相互伤害的社会契约之后能够逃避惩罚,尽管他已经躲避了一千次。因为他直到临终都不能确定是否成功地逃避了。(《基本要道》35)

伊壁鸠鲁的这一思想在古代肯定是流传甚广的。西塞罗笔下记载的一位伊壁鸠鲁派人士在讨论中展开了伊壁鸠鲁的这一简略思想,并且十分明确地从“策略优劣”的角度评论践踏正义的人不能幸福:

……欺骗不是好的策略,因为这样的人很难实现自己的抱负,即使实现了,也很难使它向善。另一方面,对足智多谋、聪明能干的人来说,仁慈的行为似乎更值得坚守,慷慨使他们心怀慈爱和善意,这是平安生活最有力的保证;更重要的是因为真的没有任何冒犯的意图。出于本性的欲望很容易得到满足,不会对人有任何伤害,而那些幻想出来的欲望应当克制,因为它们所追求的东西并不是真正需要的东西;不义必然给人带来损失,这损失大过人从它所获得的利益。因此不能说公正令人向往是在于它自身,因为它自身;我们之所以追求公正乃是因为它能产生高度的满足。尊敬和情感令人满意是因为它们使生活更安全,更快乐。因此我们认为,不义必须避免不只是因为不义行为所带来的坏处,而且因为它一旦占据人的心灵,就会使他再也无法自由呼吸,再也得不到一刻安宁。①

① 西塞罗:《论至善与至恶》第1卷,第16节。

总之,在伊壁鸠鲁派看来,这种从还原论出发对于正义的重要性的阐述是更加清晰和实在的,甚至连"说话不清的婴孩乃至不会说话的动物"在大自然的教导下都能明白,因此,它就是更加能为大多数人(而非斯多亚派的少数贤人)所接受的一种学说,从而能够更好地为道德和政治建立稳固的基础:

> 如果我所阐述的理论比日光还要清晰明亮;如果它完全出自大自然的源泉,如果我的整个讨论从头至尾都基于毫无偏见、无可怀疑的感觉证明……那么我们难道不应当对表达了大自然的这种声音的人表示最大的感激吗?他如此坚定又如此完全地领会了大自然的内涵,引导一切心灵健全的人踏上和平、幸福、宁静、安逸的道路。①

显然,从惩罚正义的理论上说,伊壁鸠鲁的这一策略是一种阻遏论。我们知道,柏拉图在惩罚论中虽然主要采取的是一种改造—治疗论的路线,但是他也持有一种阻遏论,其策略是"死后惩罚"之恐吓。《理想国》一开头就让与苏格拉底对话的道德老人克法劳斯说:人到老年,有一种从来不曾有过的害怕缠住她。关于地狱的种种传说,死后报应的故事,过去以为是无稽之谈的东西现在都越来越感到是真的……犯罪者夜里从梦中吓醒,感到无限恐怖。② 那么,伊壁鸠鲁在政治上的策略岂不是又与柏拉图的策略最终一样,都属于阻遏论了吗?事情不是那么简单。至少他们之间还是能辨析出几个重要的不同。

第一,在《理想国》中柏拉图提到了"隐身人"的故事,指出许多人都希望靠逃避惩罚来行不义之事。③ 西塞罗也认为大多数坏人实际上都能隐身逃避。也就是说,恐吓似乎不是最好的策略。但是伊壁鸠鲁的策略诉诸的恰恰是这一信念:犯罪的人不可能完全隐身。这一点在罗马的伊壁鸠鲁派中被更加突出地加以强调,因为当时的斯多亚学派已经集中火力批评伊壁鸠鲁派的思想动摇了道德、政治的基础,所以伊壁鸠鲁派在论战中要强调伊壁鸠鲁的政治策略在积极的道德建设上才最为有效:

> 不义一旦扎根在心里,仅凭它的出现就会引起不安;如果它找到某种

① 西塞罗:《论至善与至恶》第1卷,第21节。

② 参见柏拉图:《理想国》,331A、386A以下。

③ 参见柏拉图:《理想国》,359C—360D。

> 恶行表现自己，无论怎样秘密的行为，都不能保证永远不被识破。罪的通常顺序是：先是怀疑，再是谈论、谣传，然后出现指控者，最后出现审判者；许多行恶者甚至不打自招，如在你执政时期所发生的。即使有人自以为篱笆围得很好，足以挡住同胞的侦察，也仍然害怕天上的眼睛，幻想日日夜夜啃噬他们的心的阵阵焦虑是上天派来惩罚他们的。邪恶怎么可能有助于减轻生活的烦恼，相反，它的作用只能是增加烦恼，因为犯罪之感，法律的惩罚以及同胞的恨恶都增加生活的负荷。①

第二，伊壁鸠鲁在治疗学中反对"死后惩罚"的神圣恐吓，但是在政治学上又主张恐吓阻遏，自古就有许多人认为这里存在着矛盾。不过，恶也许不必把这看做是自相矛盾，毋宁把它看做反映了伊壁鸠鲁思想中的现实主义因素：他不相信所有人都会接受他的治疗，完全消除对于死亡的害怕和不自然欲望的追求。大多数人还是会有犯罪的冲动。所以，事后惩罚型的政治正义还是不可缺少。"仍然会有人毫无节制地放纵贪欲、野心、对权力的迷恋、淫欲、暴食以及其他欲望，这些不正当的欲望永远不会减少，欲火只会越燃越旺。所有这些都表明我们真正的主题是克制，而不是改善。"②实际上，柏拉图自己在提出了与通常大众思想不同的治疗—改造的惩罚理论之后还是没有放弃恐吓说。在《高尔吉亚篇》、《理想国》以及《斐多篇》等对话录的结尾，柏拉图都讲述了一个"末世论神话"，其中重要的内容就是神所主持的惩罚正义。我们知道，正义属于弱者政治学。由于古代的弱者大多在政治上无力自保，所以自然趋向于依托神的超越性力量维护正义。《法律篇》的主体部分更是大量讲其他对话录所没有提及的详细法律条规。在这些司法正义论述中，柏拉图从"罪犯没有自由、不负责任、所以不受惩罚"转向"人是自由的、能够负责的、所以犯罪必须受惩罚"，而且从"惩罚是对你好"转向"惩罚是对你坏"——但是对社会好。尤其是对罪大恶极的、无药可救的人，柏拉图不讳言可以处死。这当然是为了别人的利益而打击罪犯的惩戒论，以至于被有的学者认为是"倒

---

① 西塞罗：《论至善与至恶》第 1 卷，第 16 节。

② 西塞罗：《论至善与至恶》第 1 卷，第 16 节。

退”。然而我们认为,担负整个社会的创建和维系的领导人最终无法忽视包括回报正义在内的一批共同体直觉,否则所建立的社会必然不稳定。在大众心中,固然不乏艳羡强者通吃、强权即真理的“直觉”,但是这并不意味着正义直觉就完全泯灭。相反,正义直觉依然十分强大。如果害人者处处得逞,受害者无处伸张正义,人们就会由麻木进入愤怒,最后进入动乱和革命(参见亚里士多德《政治学》第 5 卷“论革命”)。一定的恐惧对于正义也许是必不可少的。比如在奥瑞斯特斯三部曲的最后,雅典娜虽然阻止了复仇女神对罪人的追杀,但是还是给复仇女神在城邦中留下了一定的位置。文学之所以反复描写“报应”主题,必然是在迎合这种正义感。建立一个国家所必需的司法正义也明白这一点。即使司法权力说惩罚不是为了“报应”,而是为了阻遏,也必须使用痛苦和恐吓。柏拉图的“三十僭主”之一的舅舅克里底亚(Critia)认为,古时法律的创立者发明了神作为人的正确和错误行为的一个监督者,他们是想利用人们对可能遭受神的报应的担心,来确保不会斗胆私下去伤害邻里同类,他是这么叙述这一过程的:

曾有过一个无政府状态盛行的时代,
那时人类就像动物一样生活,
受强力的奴役;好人没有好报,
也没有对邪恶者的惩罚。
接下来,我认为,人们建立了进行惩罚的法律
为的是使正义成为所有人的王,
约束粗野和傲慢无礼;
所有作恶的人都要受到惩罚。
再接下来,虽然法律限制了人们犯下
公开的暴行,但类似的恶行
依然在私密下进行,——那时,我想,
某个精明的人,一个善于提出聪明建议的人,
最先发现了人们对神的敬畏。
并以此来吓阻那些罪人

哪怕其犯罪的行动、话语、思想是秘密地进行，

于是他引入了神。①

值得注意的是，塞克斯都转述这段“高贵的谎言”的时候，是当做“无神论”的一个例证的。因为为了某种实践目的而“发明”神，说明发明者本人并不当真相信神是真正存在的。神并不存在，只不过某个古人在远古说服了人们相信诸神家族的存在。但是柏拉图用“神的惩罚”捍卫政治体制时是否与其舅舅不同，是真心相信神的存在的，这是学者们可以进一步争论的一个话题。

第三，正因为阻遏论的特点是关心确定性而非强烈性，所以，伊壁鸠鲁不同意柏拉图用“死后的神圣惩罚”来吓人，因为强烈的恐吓是过分的、多余的。伊壁鸠鲁派在指责斯多亚的神学理论时强调“剩余恐吓”的危害性：“……日夜对着这个最高者诚惶诚恐。面对一个能预见一切、沉思一切、留意一切的神，一个把一切都当做自己事务的神，一个好奇的神，一个爱管一切闲事的神，有谁能够不害怕呢？……伊壁鸠鲁把我们从这些恐惧中拯救出来，恢复了我们的自由，因此我们对诸神不再惧怕，我们知道它们既没有为自己设置不幸，也不想把不幸带给他人。因此，我们敬畏和崇拜的是它们的神圣的完美性。”②实际上，作为反对道义论的后果论伦理学，伊壁鸠鲁在政治上也就不会过于讲“严惩”，这样的情怀在近代的功利主义者的学说中也可以看到。由于重视生活的价值，重视人的身体性感受，后果论取向的政治哲学往往反对“过分的伤害”。相比之下，道义论的思路因为把道德规范看成本身就是神圣的，当看到谁居然敢于侵犯它，就容易义愤填膺，主张毫不留情地严惩，包括由神出手在人死后严惩。再者，减法治疗哲学既然以“去痛苦”为首要目的，就具有更多的人道主义情怀，不会把违反正义的事情看成是什么滔天大罪，而是看做应当阻遏的错误，惩罚也以点到为止为标准。

---

① 塞克斯都·恩披里柯：《反自然哲学家》第1卷，第54节。

② 西塞罗：《论神性》第1卷，第20节。

三　共同体与友谊

伊壁鸠鲁以个人为本位,主张人应当尽量达到自足自主。但是彻底的独立自足是不可能的,所以他实际上还是提出了某种建立在个人利益上的共同体理论。就国家层面的共同体而言,就是上面所讲的"社会契约论"。约定论的社会契约论似乎对于共同体不采取很高的评价,听上去像是《理想国》中的格劳孔(Glaucon)在讲到大众对于"正义的本质和起源"时所提出的一个社会契约论:

> 人们说:做不正义事是利,遭受不正义是害。遭受不正义所得的害超过干不正义所得的利。所以人们在彼此交往中既尝到过干不正义的甜头,又尝到过遭受不正义的苦头。两种味道都尝到了之后,那些不能专尝甜头不吃苦头的人,觉得最好大家成立契约:既不要得不正义之惠,也不要吃不正义之亏。打这时候起,他们中间才开始订法律立契约。他们把守法践约叫合法的、正义的。这就是正义的本质与起源。正义的本质就是最好与最坏的折中——所谓最好,就是干了坏事而不受罚;所谓最坏,就是受了罪而没法报复。人们说,既然正义是两者之折中,它之为大家所接受和赞成,就不是因为它本身真正善,而是因为这些人没有力量去干不正义,任何一个真正有力量作恶的人绝不会愿意和别人订什么契约,答应既不害人也不受害——除非他疯了。①

伊壁鸠鲁与智术师的表面类似不应掩盖其下的重大区别。伊壁鸠鲁的社会契约论要导出的是积极肯定对正义的遵守,而智术师则试图证明只有弱者才会遵守正义,有力量的强者都应当毫不犹豫地践踏之。

但是,伊壁鸠鲁在共同体问题上除了证明互不伤害为基础的国家共同体之外,还十分关心一种较小的友爱共同体,这完全不是靠社会契约订立的,而且具有更多的正面价值。友谊问题自古是希腊社会和思想中的一个重要问题。在《尼各马科伦理学》中亚里士多德指出,正义与友谊是政治共同体的基

① 柏拉图:《理想国》,358E—359A。

本凝聚力原则。“极端个人主义”的伊壁鸠鲁哲学能够接受友谊吗？这在古代引起过许多争论。一方面伊壁鸠鲁似乎完全反对人际交往和共同体。因为第一，“友谊”曾经是政治共同体的原则，而伊壁鸠鲁眼中的政治共同体已经与友谊绝缘。第二，友谊与自由似乎是对立的。人的社会性、包括友谊使得人容易受到偶然遭遇的打击：朋友会背叛，亲密朋友的遭难和去世会使自己受到严重的伤害，等等。所以，为了保持人的自由、自足和强大，应当尽量保持孤立个人的状态。推到极端，就是不结婚，不生子，隐居独处：“一个人如果获得了免除他人威胁的安全感，那么，在充分的支持和优裕财富的基础上，他可以获得远离人群而宁静独处的真正安全感。”（《基本要道》14）这样的思路体现在友谊上，也是十分功利和外在的。在伊壁鸠鲁派的“贤哲论”中，对于友谊有这样的评价：“一切友谊本身都值得追求，不过友谊的最初起源却是它能带来个人利益。”①但是，伊壁鸠鲁知道这是极端的情况，对于大多数人，一定的共同体是少不了的，人们总是依靠友谊才能抵御险恶的环境：

> 在智慧给整个一生的幸福带来的各种帮助中，最大的是获得友谊。（《基本要道》27）
>
> 使我们坚信可怕的事情不会永远持续、甚至不会持续很久的同一个信念，也让我们相信，在我们的有限的生活中，友谊最有助于增强安全感。（《基本要道》28）

不过，这些话里面体现出来的伊壁鸠鲁的个人主义推理方式似乎是把友谊当做手段性的，这在许多人看来从根本上违背了友谊的本质。对立的哲学派别就像批评伊壁鸠鲁从工具论看道德必然会毁灭道德一样，也激烈指责伊壁鸠鲁派从工具论看友谊必然会毁灭友谊本身。正如他们批评伊壁鸠鲁在德性论上的还原论一样，他们也批评伊壁鸠鲁在友谊上的工具论思想。但是伊壁鸠鲁派不认为自己的观点亵渎了美好的友谊：

> 孤单、没有朋友的生活肯定面临潜在的危险和警示。因此理性本身就要求有朋友；拥有朋友就拥有信心，就能够坚定地盼望快乐。正如仇

① 梵蒂冈馆藏《伊壁鸠鲁格言集》第23条。

恨、嫉妒、鄙视是快乐的绊脚石,同样,友谊是保证我们的朋友以及我们自己获得快乐的最可靠的保护者和创造者。它使我们享受现在,它激发我们对不久的将来以及久远的将来心怀盼望。因而没有友谊就不可能保证生活中有永久的满足,我们若不爱我们的朋友如同爱我们自己,就不可能保存友谊本身。我们为朋友的喜乐而喜乐,如同我们自己的喜乐一样,为朋友的悲忧而悲忧,如同自己的悲忧一样,与朋友同甘共苦。因而,智慧者对待朋友如同对待自己一样,也就是对人如己,为朋友的快乐尽心尽力,如同为自己的快乐一样。①

尤其是,伊壁鸠鲁的哲学小团体对其哲学学说的贯彻具有内在的重要性,修行这一哲学的同道们经常形成了某种宗教性的亲密团体。“伊壁鸠鲁就在一个孤单而狭小的房子里保持了众多朋友的团契精神,由最亲密的同情和爱心来联合;这种联合至今仍在伊壁鸠鲁学派里发扬光大。”②伊壁鸠鲁表面上看很冷漠:大讲如何防御邻人的侵犯,不乏建议“保持距离”。但是,在这种冷漠说法的边上,我们也经常看到伊壁鸠鲁透露出宽厚亲切的一面。这从他的遗嘱和临终书信等等当中都能看出。他面临死亡之际,关心的还是对朋友的孩子的照顾。比如在遗嘱中他要求继承他的遗产的人照料他的朋友兼事业伙伴梅特罗多洛等人的儿子,“他们还要照料梅特罗多洛的女儿,到她成年后,如果她理性自制,温和驯服,海尔马格要从跟随他学习哲学的人中挑选一个合适的人与她成婚……当女孩子成年后,阿米诺马克和狄莫克拉蒂要从我的财产中拿出条件允许的部分给她当嫁妆。”③

可见,如果说伊壁鸠鲁派对于国家层面的共同体虽然也有所评说——为了相互不伤害而订立的社会契约,但是总体来说不是那么关切;但是在说到友谊的时候,他们就认真得多了。私人友谊毕竟是从共和主义政治抽身退出之后的个体们的最后落脚点,其实在性远远高于政治身份。伊壁鸠鲁临终前写给伊豆麦纳的信就更为简短而令人印象深刻地体现了他对友谊的珍视,经常

---

① 西塞罗:《论至善与至恶》第1卷,第20节。

② 西塞罗:《论至善与至恶》第1卷,第20节。

③ 第欧根尼·拉尔修:《著名哲学家的生平和学说》第10卷,第21节。

被人所称道：

> 在这个幸福的一天——同时也是我生命的终点，我给你写下这些。各种疾病纠缠了我一生，它们的痛苦大得无以复加。但是我用回忆过去和你一起讨论时感到的心灵快乐来抗衡这一切。请你像你一贯地善待我和哲学那样，照料梅特罗多洛的孩子们。①

最后，在讨论伊壁鸠鲁的友谊与政治的关系的问题时，还有一个值得考察的方面。友谊是希腊伦理思想中的一个重要主题。它究竟代表着"私"还是"公"，其实不是那么一目了然的。作为希腊传统道德观核心之一的是"帮助朋友，伤害敌人"。正如专门研究希腊悲剧当中所反映的伦理思想的学者布伦戴尔所说的：

> 希腊流行思想中充满了这样一个观念，即一个人应当帮助自己的朋友和伤害自己的敌人。这些基本的原则自从荷马以来就不断地表现出来，并延续到罗马时代，事实上一直延续到今天，特别是在国际关系中。它们牢固地建立在对人类本性的观察的基础上，得出的结论是大多数人实际上确实是想要帮助他们朋友和伤害他们的敌人，并且从这样的行为中获得满足。②

在助友伤敌的规范中，显然是把友爱当做私的领域的。一个人的亲友当然是"自己"（或者自己的内在部分之一）。在古典的社会中并没有纯粹的个体，人们都是社会关系的总和，所以"帮助朋友"就是帮助自己。朋友受到伤害意味着"我"受到伤害。希腊的我是大我，由我的亲—友构成。③ 希腊语 *philos*（可译为"朋友"，"所爱的人"或"心爱的人"）与 *philia*（可译为"友谊"或"爱"）完全超出了现代人的"友谊"观念，包含了一个复杂的涉及个人、政治、商业和家庭关系的网络，其中的每一个受到侵犯都会转变为充满仇恨。"伴随着从自我出发向外延伸的不同的亲密程度，友谊有许多层次和种类。它们

---

① 第欧根尼·拉尔修：《著名哲学家的生平和学说》第 10 卷，第 22 节。

② M.W.布伦戴尔：《帮助朋友和伤害敌人：索福克勒斯和希腊伦理思想研究》，第 26 页。

③ 参见 M.W.布伦戴尔：《帮助朋友和伤害敌人：索福克勒斯和希腊伦理思想研究》，第 39—46 页。

就像池塘里的水的波纹一样相互重叠和交叉着”。“友人”可以包括自己、亲人(父母兄弟姐妹)、公民等;而且还会传递下去:朋友的朋友是朋友,朋友的敌人是敌人,等等。所以,为亲友服务,往往意味着抗衡公共领域的正义诉求。这样的故事在希腊悲剧中经常可以看到,而柏拉图在《理想国》第一卷中因此也不同意把助友伤敌当做“正义”的定义。① 上面我们讲到在生活当中伊壁鸠鲁是一个极端重情谊的人。但是,在伊壁鸠鲁的理论论述中,“友爱”似乎也成了“公”的代表,与“私”形成对立。主体当真在那儿反反复复地思考:陷入友爱中会不会伤到“自己”。那么,此时的“私”就是纯粹的个体。这其实是非常极端的个人主义,在日常生活中很少看到。在社会上,即使是所谓“恶人”也偏护自己的亲友,所谓虎毒不伤子也。像伊壁鸠鲁所讲的那种极端的个人主义表明突破了希腊古典伦理范式的一种新思想倾向的出现。

四　人类发展史

社会契约论和友爱论属于伊壁鸠鲁的理论性政治哲学。卢克莱修在其《万物本性论》中详细描述了人类文明的起源和发展的历史,可以说从时间发展的纵向维度包括了伊壁鸠鲁的政治思想的这几个方面,非常深刻和生动,是与古代另一个政治哲学流派的代表人物柏拉图的“人类发展史”(参见《理想国》)同样重要的学说,值得我们展开讨论。

在卢克莱修的笔下,人类的出现和发展的历史属于世界的出现和发展的一个部分。在其发展中,经历了一些重要的标志性阶段。比如从前政治状态到政治状态;在政治状态中,又显然有几个“立法”的不同阶段。人类不同种类的“害怕”及其应对办法,可以说贯穿了人类发展的各个阶段。

首先,卢克莱修描述了人类的前政治、前文明阶段,用今天的话说,可以称之为原始人的阶段。用近代政治哲学的话说,这是“自然状态”。一般来说,社会契约论在讲“自然状态”的时候,不仅在讲历史中的一个事实,而且具有某种规范意义。卢克莱修强调这个阶段的特点是“强者”,这可以从个人性、

① 参见柏拉图:《理想国》,335B。

强悍性和基本满足（尽管不舒适，但是没有文明社会的那种可怖行为）等几个方面看。

原始人是强者，这与其身体特征有关，“人类在那个世代的陆地上比现在要结实得多，这很好理解，因为坚实的大地建造了他们。他们体内的骨骼更大、更坚硬，加上遍布全身的强壮筋腱，这使他们不像现在那么轻易地就被热或冷或少见的食物或身体的任何疾病所征服”。[①] 更进一步讲，强者意味着自足，而这又与原始人的欲望简单有关，“大地自身所产出的东西，就能令他们的心灵十分满足了。他们大多时间都吃着橡树的橡子，还有你现在看到在冬天成熟发红的树莓，这种浆果那时地里到处都是，比现在长得还要大。世界在自己的繁盛的青春年代还产出了许多其他的食物，虽然坚硬粗糙，但是多得足够让可怜的初生人类食用了”[②]。自足的人不需要合作。那个时候没有政治共同体，甚至没有家庭。这是纯粹个人的阶段。正如杨适先生敏锐地看到的，这一“自然状态”设想是希腊人才会有的，后来到了近代资本主义时期又再次复兴。东方思想家大抵不会认为“自然状态”是由独立单个的人组成的。[③] 在这样的状态中，即使是男女结合也完全是暂时的。由于没有任何技艺和工具，原始人无法抵御野兽。卢克莱修并没有把原始人的生活写成田园风光般的一派美好。相反，不自足的方面、受到野兽的攻击的方面也是那种生活的必然伴随的特征。卢克莱修栩栩如生地描写了生活的这一面：“那时每个人都可能被野兽抓住、撕咬并活活吞下。看到自己鲜活的肉身正在葬于一个活坟墓中，那个人发出的号叫声传遍灌木丛、森林和山冈。那些侥幸逃脱的人，后来也只能用发抖的双手盖住被撕咬破裂的身上的可怕创口，用可怕的哭号呼喊，直到被残酷的折磨结束生命。没有人能帮上忙，谁都不知道怎么治疗伤口。”[④]

但是另一方面卢克莱修也强调，原始人的死亡痛苦并不是真正的可怕，因为其中没有文明特有的邪恶性：

---

① 卢克莱修：《万物本性论》第5卷，第925—930行。

② 卢克莱修：《万物本性论》第5卷，第935行以下。

③ 参见杨适：《伊壁鸠鲁》，第166—167页。

④ 卢克莱修：《万物本性论》第5卷，第988行以下。

但是,那时不会发生在战场上一天就毁灭成千上万士兵的事情,也没有船只和水手被海上的滔滔巨浪摔上礁石……在那些年月里,是食物的匮乏使得身体衰竭致死;现在却相反,是食物的餍足压垮了人们。在那些岁月里,人们经常由于无知而中毒身亡;而现在他们却是富于技巧地把自己消灭掉。①

对于伊壁鸠鲁派,人类从原始社会发展到拥有技艺的文明社会,完全来自自然的需要和经验的点滴积累,而不是因为神送来的技艺。在《普罗泰戈拉》中,柏拉图让智术师普罗泰戈拉把人类发展史中技艺的出现归结为宙斯的给予和普罗米修斯的帮助。这个故事也许只是为了叙述的方便,但是也许被柏拉图认真相信。至少,大众当中是有不少人虔诚相信的。伊壁鸠鲁派因此提出了一个非神学的文明发展史的思路:

随着时间的推移,当他们为躲避冬天的寒冷寻找遮蔽处时,他们经常出入的洞穴给予了他们关于房子的概念。而当他们用树叶或者植物或者甚至是兽皮(因为他们已经宰杀动物了)来保护自己时,他们为身体制作的包裹物给予了他们衣服的概念——虽然他们可能还不知道织衣服,只是用黏结的方式或者一些这样的程序来制作。随着时间的推移,他们或者他们的后代的心中就有了织布机的概念。②

因此,技艺以及其他任何东西都不能解释为雅典娜或者任何别的神的教导的结果;因为所有这些都是在时间的长河中,人类的需要和经验的结果。人类进入政治文明的契机是人通过技艺、包括共同生活的技艺克服自然状态中的各种缺陷和威胁。这一点,卢克莱修与其他许多描写人类文明起源的古代思想家比如普罗泰戈拉的看法是一样的。但是卢克莱修的特点是强调技艺与共同生活同时给人带来了软弱,于是人从自足的强者变成了不自足的弱者:

然后,当人类获得了简陋的小木屋、兽皮以及火,当女人与男人结合之后迁入一个固定的家中时,婚姻的法则就开始变得人人皆知。他们看

① 卢克莱修:《万物本性论》第5卷,第1000行以下。

② 奥依诺安达的第欧根尼铭文残篇12。

到自己后代的出生，这时候人类就开始变得柔软起来，因为他们已经发现了火，他们发抖的身体变得能忍受露天的寒冷了；而且，维纳斯消耗了他们的精力，孩子的天真可爱又轻易地摧毁了父母们的高傲性情。①

正是因为人成了弱者，有了更多的需求要满足，离不开从家庭到邻居的各种共同体，人从此才需要旨在保护弱者的正义观和政治体制了。这是最初的、最为简单的正义观，从中可以看到正义的起源。它体现了上面我们提到的伊壁鸠鲁派的"正义"来自人能够就不相互伤害而订立社会契约的能力的理论：

> 然后，邻居们也开始相互结下友谊，热切盼望既不伤害别人，也不受到别人的伤害，并为他们的小孩和妇人们求取庇护。他们用声音和手势结结巴巴地表示：对于所有的人来说，同情弱者就是正当。虽然完全的和谐不可能一下就产生，但是有很大一部分人——实际上是绝大部分人——都在信守公约，否则，人类这个种族甚至在那时就会完全被毁灭掉，生育繁衍也不能使人类延续至今。②

卢克莱修紧接着用了很大的篇幅论述语言的起源。主要是论证伊壁鸠鲁派的观点，即语言产生于自然情感的表达欲望，而不是某个人的教导。语言与人的社会性、政治能力的紧密相关，在亚里士多德那里曾经被突出强调。③ 卢克莱修在此没有明白阐明二者之间的关系，但是正义是人际的共识的建立，而这依靠人的政治能力，包括语言能力，用伊壁鸠鲁的话来说就是："对那些不能就不伤害他人、也不被他人伤害的事情相互订立契约的动物来说，不存在正义与不正义。同样，对于那些不能够或不愿意就不伤害他人和不受他人伤害订立契约的国家来说，情况也是如此。"（《基本要道》32）

如果说这种简单的、初始的正义是第一次正义观的订立的话，那么文明的发展很快就会进入第二次正义观的出现了。让我们看看卢克莱修如何描写人们由于自然的原因（雷电或太阳）学会用火熟食后的文明发展的：

> 逐渐地，那些心智强大的杰出天才就引导着人们用火和其他的发明

① 卢克莱修：《万物本性论》第5卷，第1011—1015行。

② 卢克莱修：《万物本性论》第5卷，第1017—1027行。

③ 参见亚里士多德：《政治学》第1卷，1253a10—19。

来慢慢改变过去的落后生活方式。国王们开始建立城市,并修建护城碉堡以作护身和避难之所。他们还按照各人的美貌、体力和智力来分配牲畜和土地,因为在那个时候美观具有很大的力量,而体力也极为重要。然后,财富的力量被引进,黄金也被发现了,它们轻而易举地剥夺了体力强大和相貌优美之人的荣誉,因为不管身体如何强健,如何美丽,绝大多数人都还是会听从富人的指挥。①

这段描述中虽然没有直接出现"正义"的语词,但是其思想却蕴含其中。事实上,"国王们开始建立城市,并修建护城碉堡以作护身和避难之所"这句话应当被理解为政治国家的正式出现。国防作为政治权力的需要及其合法性的证明,这经常是政治哲学中的国家起源论的一个重要说法。而且,卢克莱修紧接着又说到内政政治的需要:"他们还按照各人的美貌、体力和智力来分配牲畜和土地……"分配资源正是政治的一个重要功能,也是国家起源论的另外一个重要说法。分配的标准当然就是"正义"。至于究竟什么是分配正义,自古以来就有很多争论。亚里士多德在《政治学》中讲到自由、财富、德性三种标准被当时的三种阶级分别视为分配正义的标准,于是造成剧烈的争执和冲突。② 卢克莱修也敏锐地观察到财富的力量。进一步,卢克莱修还深刻地指出,财富是人用来消除自己的害怕、建立安全感的新工具。但是这是一个错误的、无效的工具:

人们大多都是渴望声名远播并大权在握,以为这才能使他们的好运牢牢地建立在一个坚实的基础上;财富才能使他们平静安乐地度过一生。但这一切都不过是幻想,因为在他们为了攀登荣誉的顶峰而努力奋斗时,就会在前进的途中遇上各种危险。并且,就算有一天他们真地爬上了顶峰,别人的忌妒之心有时也会像雷一样地轰击他们,在一片责骂声中把他们投入最黑暗的地狱之中;因为忌妒就像雷电一样,经常要轰击那些爬到顶端和所有位于他人之上的人。③

---

① 卢克莱修:《万物本性论》第1卷,第1105—1116行。

② 参见亚里士多德:《政治学》第5卷,1302a24—29。

③ 卢克莱修:《万物本性论》第5卷,第1118—1125行。

由于人类使用了错误的“安全手段”，历史发展到了下一个更为恶劣的阶段：文明人为了争夺权力而陷入更可怕的冲突：

> 这样，国王们被谋杀了，昔日宝座上的尊严和高贵的王笏都被丢翻在尘土之中；君主们头上无比荣耀的王冠也血迹斑斑地抛落在暴众的脚底下，为这高贵荣誉的没落而恸哭哀号。人们总是都盼望着有朝一日能将他们所极度恐惧的东西践踏在脚底下。所以，当每个人都急切地为自己寻求统治权和至高无上的地位时，世界就陷入了彻底的混乱中。①

针对这一文明人的特有问题，出现了第三次正义观的建立。这一正义是专门对付这种可怕冲突的，所以属于一种压制性的、惩罚性的正义。与前面的分配正义不同，我们不妨称这一正义为“司法正义”或事后惩罚性的正义：

> 这样，就有一些人教导人们创立行政管理机构，制定法律，使大家都愿意遵守法规。人类已经厌倦了生活在暴力中，苦于彼此争斗厮杀，所以他们早就愿意遵守法规和严格的法令条文。因为个人在暴怒之中的复仇远比现在公正的法律所允许的程度残酷得多，所以人们已经完全厌倦于充满暴力的生活。
>
> 从此以后，对于惩罚的恐惧就沾染了生活中一切的美好，因为暴力和伤害用它的天罗地网套住所有使用暴力伤害他人的人；动手作恶的人往往会受到同样的惩罚。而且，那些用恶行破坏了大众和平纽带的人也难以度过平静安宁的一生。即使他能够在诸神和人们面前隐藏自己的罪行，他也不能确定是否能永远地隐瞒下去，因为经常有许多人在睡梦之中或在昏迷错乱中说出真话，暴露了自己，将那深深隐藏的秘密和罪行全都公之于众。②

面对文明的邪恶，不能依靠简单地回到原始个人性存在中去，而必须建立政治共同体。这让我们看到“个人主义”的伊壁鸠鲁派是如何肯定共同体的价值的。如果把卢克莱修对于人类发展史的描述与柏拉图的类似描述作一个

① 卢克莱修：《万物本性论》第5卷，第1136—1141行。

② 卢克莱修：《万物本性论》第5卷，第1142—1160行。

比较,将会得出十分有意思的结论。事实上,两人对于从“原始状态”发展到文明状态的利弊得失都抱有十分复杂的心态。柏拉图也认为如果停留在清心寡欲的阶段,人类虽然没有文明的种种问题,但是将永远停留在“猪的城邦”的水准上。① 可是,如果要享受文明、技艺、理性的好处,则必然要面对文明带来的特有弊病。况且,人类向文明的发展,可能是必然的,也就是说是历史的命运。人们无法扭转历史的车轮,简单地倒退到淳朴年代;柏拉图在《理想国》第8卷论“理想国”必然堕落中,事实上已经承认了这一命运的力量。人们所能做的,就是在接受历史必然性中发挥人的自由和理性,多少做一点修正的工作。卢克莱修在讲完了人类历史文明发展的漫长过程后的最后评论也有这个意思在里面:

> 人们已经生活在用坚固堡垒围护好的地方,土地也被切割并分配开来以供耕种。深深的大海上也开始航行着众多扬帆的大船,人类已经在正式的契约之下互相结盟。诗人们也开始用诗文来记述流传中的英雄事迹,文字也刚刚被发明出来。就是因为这个缘故,我们的时代不能掉转头去回首以前所发生的事情,除非理性能在某个方向上为我们指明出路。②

第四节　与其他流派思想的比较

希腊化罗马时期三大家新哲学流派——伊壁鸠鲁派、怀疑论、斯多亚派——相互之间激烈批评,在批评中发展自己的思想。作为三派中的一个,伊壁鸠鲁派的哲学与其他两派的异同和关系是一个很有意思的主题。伊壁鸠鲁那么系统的浩大还原论工程被人视为一切从个人利益盘算出发的思想,被视为将希腊罗马乃至整个人类所如此推崇和珍惜的事物贬低为手段,被视为在理论上缺乏解释力量和在实践中导向鄙俗,从而受到其他流派的哲学家们的

① 参见柏拉图:《理想国》,372D。

② 卢克莱修:《万物本性论》第5卷,第1140—1147行。

激烈的痛批，也应当是自然而然的事情。更有甚者，伊壁鸠鲁派的特点是“没有文化”，但是又四处出击，挑战其他哲学学派，这一传统延续到罗马时代。结果伊壁鸠鲁学派招来了其他学派的不断反驳和抨击。当一位罗马的伊壁鸠鲁主义者企图对斯多亚派进行嘲讽的时候，对方的反应是：你不必像你们学派的那些人一样，浪费大量的智力来取笑别人。“我确实建议你放弃任何幽默的企图吧。幽默对你不适合，你在各种情况下都不擅长幽默，你的箭总是偏离目标。这个缺点并不是你个人的，威勒乌斯（Velleius），因为你的风度与你的出生相符，你具有一个真正的罗马公民的温文尔雅。这个缺点要归于你的伊壁鸠鲁学派的同仁，尤其是酿成这一切的伊壁鸠鲁本人，一个无知的、未受教育的人，他侮辱每一个人，没有表现一丁点智慧、高贵或魅力。”①

伊壁鸠鲁虽然长期受到许多哲学家的指责：肤浅、简单、非道德等等，但是他却能在希腊化罗马时代的众多哲学学派中脱颖而出，吸引了大量徒众。最终，不仅在庞大的雅典文化产业中没有被残酷的竞争所淘汰，硬生生地站住了脚，而且与斯多亚哲学和怀疑论哲学三足鼎立，蔚然成为一大派希腊化罗马世界中持续了将近七百年之久的哲学之一。这三派哲学确实是相互对峙着的，但是似乎又自然而然地形成了某种分工合作的态势，为“心灵宁静”这一共同的幸福目的进行不同的辩护，富于张力地共同塑造了那个时代的时代精神。

一　与怀疑论哲学的比较

伊壁鸠鲁一直被看做是德谟克里特的继承人——有的负面的评价更是径直把伊壁鸠鲁说成是德谟克里特的抄袭者，而且是错误百错的重复者。但是，二者之间其实有着重要的不同。德谟克里特代表着希腊哲学对日常生活的否定，所以他的哲学很容易导向怀疑论。第欧根尼·拉尔修曾经对哲学家的师承进行过阐述。瓦伦根据其阐释构造了一个系列，能看出来从巴门尼德、德谟克里特到皮罗、瑙西风和伊壁鸠鲁的发展。这也就是所谓“怀疑论

① 西塞罗：《论神性》第 2 卷，第 29 节。

的谱系”。①

塞涅卡曾经说,瑙西风认为现象只有不充分的存在地位:“如果我相信瑙西风,那么只有这件事情是确定的:即没有任何事情是确定的。”这使人想到德谟克里特。德谟克里特是相当贬低感觉的真理性的,根据埃休斯的记载,“其他的哲学家说感觉是自然给予的,留基波、德谟克里特和第欧根尼却主张感觉只是约定的东西,也就是说,感觉是意见和情感决定的。在原子和虚空这两种元素之外,没有一样东西是真实的、可以理解的。只有这两种东西是自然给予的,那些由于原子的位置、次序和形状而彼此区别开来的对象都是偶性。”②第欧根尼也记载道:瑙西风讲过伊壁鸠鲁十分推崇皮罗的言行,并且经常向他询问。如此看来,瑙西风是一个关键人物,他有可能把伊壁鸠鲁与怀疑论的思想混为一谈。可能正是因为此,伊壁鸠鲁对于瑙西风不满,说自己没有从瑙西风那里学到过任何东西。③ 伊壁鸠鲁哲学与怀疑论之间的关系很复杂。它们的相同之处是都想达到定义为“不动心”的幸福,但是路径可以说相当不同。怀疑论靠的是不信、反独断,所以怀疑论的著作中有对作为“独断论”的伊壁鸠鲁的大量批评(尤其是在《反伦理学家》中)。但是伊壁鸠鲁坚信幸福只能依靠持有立场、坚定独断;伊壁鸠鲁本人的许多独断做法甚至近于宗教性的:原子论的理性教义是必须背诵的,不需要讨论和怀疑。正因为此,伊壁鸠鲁与德谟克里特分道扬镳,也与怀疑论截然不同。伊壁鸠鲁与怀疑论的突出对立体现在他坚持感觉论的可靠性上。伊壁鸠鲁派说:

> [应当]遵守可以说从天上落下来叫所有人都能知道的法则或规范——只要把那种规范作为我们一切判断的标准,我们就可以指望永远坚守自己的信心,不会因任何人的滔滔口才而有所动摇。另一方面,没有

---

① 参见瓦伦·詹姆斯:《伊壁鸠鲁和德谟克里特伦理学:对“心灵宁静无忧”的一个考古学》,第11页。这个谱系在古代是比较受到公认的,并非一家之言,见该书第12页。

② 艾修斯:《学述》,4.9,8。转引自北京大学外国哲学史教研室编译:《西方哲学原著选读》,商务印书馆2005年版,第50页。

③ 参见瓦伦·詹姆斯:《伊壁鸠鲁和德谟克里特伦理学:对“心灵宁静无忧”的一个考古学》,第27、188页。

> 完全领会自然世界,就不可能坚持关于我们的感觉的真理。再说,每一种心理图像都源于感觉,所以除非所有的感觉都是真的,如伊壁鸠鲁的理论所教导我们的那样,否则不可能有任何确定的知识。那些否认感觉的有效性,认为感觉无法感知任何东西的人,就是把感觉的证明排除在外,这样的人甚至无法阐明他们自己的观点。此外,他们取消知识和科学,也就把理性生活和行为的一切可能也取消了。①

从这段话中可以看到,伊壁鸠鲁公开反对怀疑论的哲学,坚持一切认识都要落实到绝对可靠的感觉和感受上,这是为了追求确定性。唯有确定性才给人以心灵的宁静,而理性追求和文化欲望都可能是无穷的、无限度的,从而难以让人心灵宁静。理性思考总是趋向于要求无限论证"前提",而且要权衡各种观点,而文化欲望则超出自然欲望的满足,花样百出。主张彻底怀疑的怀疑论说自己对什么都不确定,甚至对不可知论也不肯定,"悬搁一切判断,继续探寻";然而这种不确定的理论心态,恰恰是伊壁鸠鲁反对的。

实际上,就对感性的肯定而言,本来怀疑论与伊壁鸠鲁的立场最为接近:他们都是经验主义者,即普遍认为感性认识是生活的依据、标准、尺度。这与斯多亚哲学提出"尺度"的想法大不一样。因为斯多亚哲学并不认为感性认识都是正确的,所以它要寻找某种尺度,析离出正确的那一类感性认识,作为进一步认识的基础,这就是斯多亚哲学引以为骄傲的"把握性印象"的理论。怀疑论和伊壁鸠鲁的感性认识理论,从某种意义上说都是反对这一学说的。怀疑论是说:所有的感性印象在"反映了客观实在"的意义上,都不是"有把握的"。但是在作为生活依据上,都是可以接受的。伊壁鸠鲁则说:所有的感性认识都是可靠的、客观的、真实的。

不过,就感性认识而言,他们的对立也不一定是看上去的那么绝对。伊壁鸠鲁实际上同意在对感性对象的判断层面上可以出错,并非"全部都是真",所以一定的悬搁判断也是必要的;他所说的"全部都是真的",其实是指直接的非理性(非判断性)的感觉,也就是现代哲学中所说的直接"给予"。与德谟

① 西塞罗:《论至善与至恶》第1卷,第19节。

克里特、怀疑论、斯多亚哲学相比,伊壁鸠鲁是常识世界的最为热忱的拯救者。在感性认识的问题上,怀疑论指责伊壁鸠鲁的"所有感性认识都是真的"存在着困难,无法区分真假:

> 伊壁鸠鲁声称:"一切感性事物都是真的,每一呈现都是实在的客观事物的呈现,呈现与激起感官知觉的客观事物同样是真的。那些认为有些呈现是真的、有些呈现是虚假的人,由于不能区分清楚感性事实与意见,从而被引入歧途。比如,在奥瑞斯特斯身上发生的是:当他幻想他看到复仇女神时,他的被影像刺激的感觉是真的(因为那个影像是真实存在的),但他的心智在认为确实有实体性的复仇女神时,却形成了一个虚假的意见。"另外,他说:"以上所提到的这些人,当他们试图在呈现中建立区别时,是无法确证'有些呈现是真的,有些呈现是虚假的'这一观点的。因为他们既不能根据明显事物来证明这一观点(因为有疑问的正是明显事物),也不能根据非明显事物(因为非明显事物需要被明显事物证明)。"伊壁鸠鲁这样说时已经在不知不觉中陷入了一个类似的困难,因为如果他承认,有些呈现来自实在的有形体,有些来自影像,并假定清楚的感性事实是一回事,意见是另一回事;那么我就会问:他是怎样区分开产生于实在有形体的呈现和来自影像的呈现呢?他既无法根据感性事实来区别(感性事实本身正是有待讨论的问题),也无法根据意见(因为意见必须被感性事实确证)。①

伊壁鸠鲁与德谟克里特的分歧不仅在感性世界的实在性上,而且在自由的可能性上。德谟克里特等理论家论证说,根据原子论这样的哲学对超出感性世界的本原的理解,我们"其实"是不自由的,是被决定的。在伊壁鸠鲁看来,这种说法与我们日常信念(前把握观念)大相径庭:在日常生活中,我们公认自由是真实存在的,否则无法对人进行道德谴责,也无法要求罪犯负起责任。对于这样的日常信念,不少哲学家十分轻视,比如德谟克里特和巴门尼德;但是伊壁鸠鲁认为应当尽量珍视它们。同样的现实感在当代的政治哲学

---

① 塞克斯都·恩披里柯:《反逻辑学家》第2卷,第63—65节。

家对日常“信念”(considered judgements)的重视上也可以看到。

双方的分歧延续到对哲学和生活的关系或者自然哲学与伦理学的关系的思考上。哲学与生活,哪一种是优先的,哪一种是派生的,对于一个哲学的基本格调可想而知具有决定性的意义。德谟克里特属于纯粹理论的兴趣优先的哲学家。伊壁鸠鲁则认为生活优先,为此他说过“明智高于哲学”的话。所谓明智重要,也就是说幸福最重要。当然,就伦理学上的终极目的——幸福——来说,伊壁鸠鲁和深受德谟克里特影响的怀疑论也不完全一样,尽管他们都有还原论的倾向。皮罗的学说主张回到非理论的生活状态——让我们想想著名的“皮罗逸事”,包括他对风暴中安然进食的猪的赞扬。至于伊壁鸠鲁,虽然也讲过我们应当逃离文明,回到婴孩和动物的简单明了的快乐;但是,不少学者指出,伊壁鸠鲁的治疗学对于理性的力量是相当依赖的,他不可能简单地主张动物还原论。①

二　与斯多亚哲学的比较

伊壁鸠鲁与斯多亚哲学作为晚期希腊罗马的两大肯定性(独断论)新哲学,虽然它们都可以被归类为“自然主义”的哲学,而且都认为“灵魂”也是物体的,但是却几乎在每一个要点上都处于对峙冲突之中。这历来引起了许多学者的注意。罗斑曾经总结过斯多亚哲学与伊壁鸠鲁哲学的这一“处处对立”的特点:

> 斯多亚派的哲学和伊壁鸠鲁的哲学之间,在最后的意向,在关于“哲人”的概念的确定方面,是有很深刻的类似的,而在他们所讨论的问题上,斯多亚派的态度都和伊壁鸠鲁派的态度针锋相对。这种对立到处都表现出来:在唯物论的范围内,是生机论和机械论的对立;在苏格拉底以前的哲学家中选择一个作为他们的宇宙论的靠山,则以赫拉克利特代替德谟克里特;以目的论代替了偶然的组合;神就在世界之中,而不再是在

① 参见瓦伦·詹姆斯:《伊壁鸠鲁和德谟克里特伦理学:对“心灵宁静无忧”的一个考古学》,第129页。

> 各个世界之外;只有一个世界,而不是无数个世界,并且这世界不是根本被摧毁,而是重新再生的;物质的分割不是到原子为止,而是可以无穷分割的;全部都是充满的,而虚空只存在于世界之外;一种普遍的联系,以及宿命论,代替了普遍的原子论和偶然性;一种全部的混合,代替了许多单纯的东西的凑集。总之,这不仅是不同,而且是一种反动,这两派哲学就像是在打着交手战。①

罗斑正确地看到,这种系统的对峙应该记在斯多亚派的账上,因为斯多亚哲学的创始人塞浦路斯的芝诺大约在公元前300年在雅典开班讲学的时候,伊壁鸠鲁已经教学好几年了。研究希腊化哲学的学者们的一个争论是:伊壁鸠鲁哲学影响了斯多亚哲学,这是毫无疑义的;但是后来的伊壁鸠鲁派有没有受到斯多亚哲学的影响?应当是有的。比如奥伊诺安达的第欧根尼思想中似乎有明显的普世主义精神,有人就说这来自斯多亚和犬儒学派的思想。吉尔顿就说:人类的共同公民身份是一个斯多亚派的通常概念,伊壁鸠鲁派显然在第欧根尼的时代之前就采纳了这一概念。史密斯早期也这么看,但是后来他感到这一思想不仅仅是斯多亚的特权,此前的柏拉图和德谟克里特的思想中就有。而2世纪的一般思想界更是如此。② 总之,我们认为罗斑应当看到,后来的伊壁鸠鲁派的发展,也受到了斯多亚哲学家们的挑战的刺激。所以,相互激发自然也是存在的。

这一对立的要旨是什么呢?西塞罗已经敏锐地看到:自然哲学家们的争论主要是因为对"自然"采取了不同的理解。万物都服从自然法则,但是什么是"自然"?斯多亚哲学家与伊壁鸠鲁哲学家对其理解几乎截然相反:

> 有人认为,自然仅仅是一种把机械运动赋予物体的非理性力量;而另一些人则认为,它是理性和秩序的一种原则,它追求自身的井然有序,在万物中显示因果法则。没有任何一种技艺或技能能够模仿或再现自然的奥妙。他们指出,一颗小小的种子都具有巨大潜能,如果它落入一个接受

① 罗斑:《希腊思想和科学精神的起源》,广西师范大学出版社2003年版,第353页。

② 参见M.S.史密斯:《奥依诺安达的第欧根尼:伊壁鸠鲁派的铭文》,第139—140页。

并拥抱它的物体中,获得它生长发育所需要的物质,那么它就能生长成为某个类型的生物。有些生物只能用自己的根系吸取营养,有些生物则能移动、感觉,并想要产生与其相同的有机体。

然而还有些人,比如伊壁鸠鲁,把自然理解为存在的一切,并从物体在虚空中的运动推演出整个自然过程。而我们斯多亚学派认为,宇宙是由自然塑造形成并由自然统辖的,我们并不认为这个宇宙只是一个机械地堆积起来的物体,像一块泥土、石头或诸如此类的物体,而是有机地结合在一起,像一棵树或一个动物,它的形成不是偶然的,而是表现为有序,这一点与技艺相似。①

在自然哲学上,斯多亚的宇宙大火本原体现出从上到下的整体性原则。而伊壁鸠鲁的原子本原则是一种自下而上的构造主义。这当中蕴涵着对于质料的连续性和断裂性的对立看法。从巴门尼德到亚里士多德,再到斯多亚哲学,有一种主张质料是连续不断的倾向。这同时意味着否认虚空,因为唯有虚空才会真正隔断质料。连续论比较容易导向泛神论的宇宙一体(宇宙是一个巨大的生物)的理论,这在斯多亚哲学那里特别明显。宇宙中那渗透一切的生命和运动之火(或者生机活力之气)遍行不殆,密不透风,无一处间隙。“因此我们可以看到,世界的各个部分(因为世界上没有什么不是宇宙整体的一部分)都有感觉和理性。因此,在那个为整个世界提供构成原则的部分中,感觉和理性一定会在更大、更高的程度上呈现出来。因此,宇宙必定是一个理性的存在者,渗透并包含万物的自然则必定以它的最高形式拥有理性。因此,神与自然界必定是同一的,世上一切生物必定被包含在神的存在之中。”②于是,在宇宙中存在着“普遍同情”,一处的遭遇会在遥远的地方得到呼应。与此相反,伊壁鸠鲁主张的原子论强调的是分立的原子、分立的独立个体,这样的理论的目的之一显然是为了反对斯多亚哲学的神秘主义一体论的。

更为重要的是,伊壁鸠鲁的“片面主义”宇宙观在世界当中看不到“控制

① 西塞罗:《论神性》第2卷,第32节。

② 西塞罗:《论神性》第2卷,第11节。

系统”,而作为强有机“系统论”类型的斯多亚哲学,必然会强调系统当中的主导控制系统,这不仅作为灵魂存在于人身当中,而且存在于整个宇宙当中。塞克斯都·恩披里柯在其《反自然哲学家》中转述了斯多亚哲学的这一学说:

> 被自然所规整的组合体中,必定存在着某个主导因素,就如在我们人类中,这一主导因素据说是存在于心脏里或脑子里或身体的某个其他部位里的;在植物那里,这种主导因素则以不同的方式存在着,——在某些植物中存在于根部,在另一些植物中存在于叶部,在其他植物中又可能存在于核心部位。如此一来,必然的结果是,既然宇宙是许多成分组成的并且被自然力量所规整,那它之中一定存在一个控制并启动其运动的因素。而这一主导因素不是别的,正是存在的事物的本性,也就是神;所以,神是存在的。①

在西塞罗的《论神性》的有关论述里,我们可以看到斯多亚哲学家对这一点的更为透彻的表达。在斯多亚哲学家的体系中,这样的主导因素就是所谓“自然”或者说“本性”。这种渗透并保护着整个宇宙的力量当然具有感觉和理性。任何复合的存在物都一定有某种构成原则。就人来说,这个构成原则就是理性,在动物身上,这是产生目的和欲望的那种原则。在植物中也可以看到这样的主导力量(guiding froce)。最高的、最完美的是统辖整个宇宙的那种主导力量,它远远高于军队列阵、藤蔓树木的生长以及生物的形体及其肢体的协调中的主导力量。②

对于斯多亚派来说,从这样的有序自然推论出有理智性、目的性在自然中,乃是十分自然而然的事情。恒星的那种连续而永恒的运行,那种奇妙而又神秘的运行规律,更加表明其中有一种神圣的、理智的力量。“如果人们仰望星辰而不能感受到神圣的力量,那么我只能怀疑他们是否根本没有感受能力。”③但是,伊壁鸠鲁是坚决否认世界本身有神性的。当然,“诸神”是存在的,但是他们是与自然分离的,是单独住在世界之间的生物,与人的形状一样。

---

① 塞克斯都·恩披里柯:《反自然哲学家》第1卷,第119—120节。

② 参见西塞罗:《论神性》第2卷,第10节。

③ 西塞罗:《论神性》第2卷,第21节。

显然,伊壁鸠鲁这么说并不仅仅是顺从大众对于神的看法,而且是为了反对斯多亚哲学的"整个自然"渗透着神性或者就是神的"哲学神观"。

斯多亚哲学在伦理学上也是以"自然"为依据的,也是以个人目的论为基础的,但是却得出了一种与伊壁鸠鲁的自利计算理性(审慎)完全不同的道德本位的道义论伦理学。其中的奥妙在于斯多亚哲学有一种"自然"发展心理学:人在长大成人的心理成熟中,会自然而然地从"自保冲动"的阶段发展到把美德当做幸福的阶段。伊壁鸠鲁不同意有这样的心理发生学,毋宁说正好相反,他会认为人的心理发展成熟后,会走向真正的自利计算,而非被空洞的观念所迷惑。当然,伊壁鸠鲁从对自己的真正自利计算出发,会得出需要友谊、美德和正义的工具主义伦理学结论。在伦理学上,伊壁鸠鲁和斯多亚代表了后果论和道义论的对立。相当同情伊壁鸠鲁的斯多亚派哲学家塞涅卡也明白地指出,在此存在着关键性的对立:

> 在这点上,我们斯多亚人是反对伊壁鸠鲁主义者的,他们这班颓废的、躲避生活困苦的家伙,只是在酒杯中作哲学探讨,他们主张的是:美德不过是快乐的婢女,美德须遵从快乐,是快乐的奴隶,美德把快乐视为高踞于自己之上的东西。你说,"不可能存在不含美德的快乐。"然而,为什么快乐位于美德之前?难道你认为这个问题仅仅是个"在先性"(precedence)的问题吗?是美德的全部的本质和力量都受到了质疑。如果美德有可能位居其次的话,那么美德也就不存在了;她的位置必须是第一位的,她必须领导、命令,必须有至高无上的地位;而你却吩咐她去听从指示!①

在政治哲学上,两种哲学也是对峙的。当然,一般说来这两种哲学都属于"治疗哲学",所以对积极参加共和政治都保持一定的距离。但是斯多亚哲学认为自己总地来说是认可积极参政的,尽管实际的斯多亚哲学家往往言行不一,很少真正进入政治领域。相比之下,伊壁鸠鲁哲学家无论在理论上还是在实践上都是反对政治生活的。所以,塞涅卡能这么形容两种哲学的对立:

---

① 塞涅卡:《论恩惠》第4卷,第2—3节。

> 这两个学派,伊壁鸠鲁学派和斯多亚学派,就像在大部分事情上都有分歧一样,在这件事情上也是有分歧的;它们都将我们导向闲暇,然而却是借助于不同的路径。伊壁鸠鲁说:“除非情况紧急,贤哲(The wise man)不会参与公共事务。”芝诺说:“除非有什么事情阻止,否则他就会参与到公共事务中去。”一个以坚定的决心追求闲暇,另一个则因特定的原因寻求闲暇。①

最后,伊壁鸠鲁的终极价值是自由。斯多亚哲学也是如此,一般来说,怀疑论等希腊化哲学流派都是如此。但是,斯多亚获得自由的办法靠的是自我抑制,贬低感性的、“外部的”事物,甚至靠“顺应命运”;而伊壁鸠鲁捍卫的原子个人的自由恰恰意味着否定必然性。所以,如果我们当真要同意这些学派都是真诚地相信自由的,那么,必然有不同意义上的“自由”。有意思的是,伊壁鸠鲁这种反对决定论的自由应当更加是激烈抗衡外部压力的,青年马克思似乎就是这样理解伊壁鸠鲁的;而讲“顺应必然就是自由”的斯多亚哲学,本来应当更多地呈现出顺民的温驯。然而事实上这两派哲学在日常生活中的表现恰好相反。在日常生活中,伊壁鸠鲁派的态度是平常心,并不绝对否定外部习俗,不强调与外部世界的对抗,不强调斯多亚派推崇的在暴政面前激烈抵抗的态势。而斯多亚哲学家的一些著名代表,包括实践中的小卡图(Cato Uticensis,前95—前46,老卡图的孙子)和理论上的爱比克泰德,都呈现出一副为自由不惜牺牲生命的奋发激昂,完全看不出“顺应必然性”的精神的踪影。

也许,对于伊壁鸠鲁哲学来说,过于强调与外部世界的抗衡,可能反而表明外部威力的强大;而心无旁骛的自足,方才是自主和不受外部的控制,这也是“内在力量”的真正体现。

---

① 塞涅卡:《论闲暇》,第2—3节。

小　结

综上所述,伊壁鸠鲁的快乐主义人学包含了他的治疗哲学、伦理学和政治哲学等复杂而广泛的内容。他的人学其实可以分为两种:一种是日常的;另一种是根本性的。就日常生活中的快乐与痛苦来说,伊壁鸠鲁的“不自然的——自然的——必然的”欲望分类理论可以对其进行医治,因为这是一种现象层面的计算理论,不必涉及更为深刻的东西。但是伊壁鸠鲁关心的可能是更加本体论的、深层次的痛苦——怕死。这就不是欲望分类—计算理论能够治疗的,必须诉诸自然哲学之原子论。

总体来说,伊壁鸠鲁哲学的深刻性在于它并不是关于日常的快乐与痛苦的,而是关于根本性的痛苦的。所以,西塞罗所代表的时人对伊壁鸠鲁哲学的批评——“无痛苦”不算什么大不了的幸福等等——并没有击中伊壁鸠鲁的要害。作为人生本体论疾病的治疗,这一主题十分重要,如果不治疗,将毒害整个生活,使人不能真正快乐。“雅典的瘟疫”正是这一精神瘟疫在突发性事件中淋漓尽致的展现。卢克莱修《万物本性论》的结尾栩栩如生地描述了发生在伯罗奔尼撒战争中的雅典的瘟疫。虽然那一灾难离罗马时代已经十分久远,但是还作为典型个案被提出,势必是因为其在哲学学派中或者文化界中已成了一个典型(由于修昔底德的文笔?),被经常提出来讨论。现代功利主义仅仅关心日常效用的理性计算,没有触及人的本体疾病的层次,即使自认为比功利主义深刻的罗尔斯政治哲学也公开承认自己所关切的只是日常基本利益分配中的正义,而不能触及终极性幸福(那是留待各个宗教与哲学的整全性理论的更深问题)。国家保障正义,但不保障“幸福”。然而,伊壁鸠鲁探讨的却正是这种终极性幸福的达致。有意思的是,伊壁鸠鲁称个人利益为中心的“明智”比哲学还要重要,而现代经济学思维也是以前道德的明智理性的效用计算为最重要的“理性”,比价值理性更为重要。它们都是在计算快乐—效用的得失,不过伊壁鸠鲁绝不会同意现代经济学的“拉动内需”、增加国民生产总值的总思路。

成功的哲学总是抓住了问题,抓住了真正的大问题。我们看到,伊壁鸠鲁哲学关心人类疾苦,关心负面问题(所谓“免除痛苦”为宗旨)。自然主义的基本精神就是“还原论”,这在治疗哲学中大多意味着哲学家应当关心人的真实疾苦,关心人的日常快乐,而不是逃遁到精神虚构的辉煌宫殿中迷失自我。如果说现代政治哲学如功利主义有其值得肯定之处,主要原因也在这里。正因为此,伊壁鸠鲁坚持学术和德性不能是自身目的,反对古典大序范式把思辨和政治放在前面,把日常生活和快乐放在后面的做法。当人们因此一再攻击伊壁鸠鲁“缺乏教养”时,伊壁鸠鲁派的辩护是:伊壁鸠鲁拒不承认那些不能帮助我们追求幸福的教养是名副其实的教养。“他不会把时间花在追逐诗人上……他认为这些人没有给我们提供任何可靠有用的东西,只有幼稚的娱乐。他没有像柏拉图那样钻研音乐、几何、算术、天文这些从错误的前提出发因而不可能推出正确的结论,而且就算是正确的也不可能使我们的生活变得更快乐因而更幸福的东西。”①他不会去研究这些无用而且无法得到确定结果的技艺,却忽视最主要的艺术即生活的艺术。我们知道,博学睿智的亚里士多德对于“哲学”本身有强烈的自觉反思意识。亚里士多德在几个地方为哲学下定义,他在《形而上学》中把哲学规定为追求智慧的知识。这样的智慧有几个特征,亚里士多德的论述有些错综反复,罗斯将它概括为六点:

第一,智慧的人应该尽可能通晓一切,而不是一个一个地认知个别的事物。只有最高的普遍的知识才能通晓一切,因为认识了普遍就能知道属于它的一切实例。

第二,智慧的人还要能知道那些困难的不易知道的知识。感觉是人人都

---

① 西塞罗:《论至善与至恶》第1卷,第21节。

有的,所以是容易的,算不得智慧;只有离感觉最远的知识才是最难认知的。

第三,智慧应该是最确切的知识。根本原理(本原)的知识是最确切的,只包含少数原理的知识比那些包含多数辅助原理的知识更确切,所以数学比几何学更确切。

第四,善于传授的知识才是智慧。关于原因的思辨易于传授,因为传授就是要讲出事物的原因。

第五,在各种知识中,那种为知识自身而不是为其他目的去寻求的知识,是更加智慧的。因为这种为知识自身而寻求知识的人,能以最大的努力去寻求最高的知识,他自然会选择那最真的最应知道的知识。

第六,智慧不是附属品,智慧的人应该发号施令而不是服从别人,智慧低下的人却应该服从他。根本原理和原因是最值得知道的,因为由于它们,人们才能获得别的知识,而不是由附属于它们的知识去认知它们。只有认知了事物"为什么"(即目的)的知识才具有权威,它对一切从属的知识起指导的作用,它就是"善",在自然整体中它就是"最高的善"①。

我们看到,亚里士多德基本上总结了古典哲学家对于哲学的看法,提出了一些重要的、并且几乎被后来整个西方哲学史所认同的理念:哲学(至少它的最高部分)是纯粹自身目的的、纯粹理论性的;哲学必须通过理性的方式进行,其中包括用客观的、中立的、不偏不倚、不动声色的"辩谈法"从人们的已有知识中分析和提炼出真知。这尤其体现在上面的第五条中。但是,伊壁鸠鲁不同意这样的哲学观点。

与这种教授式和蔼可亲、诲人不倦的老亚里士多德之风相比,伊壁鸠鲁显得是一个横空出世、惊世骇俗的棒喝者。首先,他以极端的、甚至有些不耐烦的口气宣告:哲学的唯一目的是实用的,而不是"为思辨而思辨"。这一实用或实践目的就是治疗人们的疾苦。舍此,哲学没有任何意义:

> 哲学论证如果不能帮助治疗人的疾苦就是空洞无益的。正如医术如果不能帮助解除身体的疾病就毫无用处一样,哲学如果不能去除灵魂中

① 参见《形而上学》,982a7—b7。

的疾苦,也就毫无用处。

能够产生无上快乐的,乃是摆脱大苦难。这就是最好(至善)的本质;如果一个人思考得当并毫不动摇,而不是在那儿漫步空谈什么至善,那他就能明白这一点。①

可见,伊壁鸠鲁对什么是哲学,提出了自己的全新理解。他毫不含糊地把"哲学"定位为"治疗"。这当然是与亚里士多德完全不同的意向性。在这一定位的背后,是伊壁鸠鲁对于人类"疾苦"的深重的极为敏锐的痛感。亚里士多德伦理学的格调基本上是满足的。虽然社会和人也有很多问题,但是根本谈不上什么灾难深重。伊壁鸠鲁却让大家好好地反思一下自己,反思一下我们的朋友以及我们生活于其中的社会。我们看到了什么——当我们诚实地看的时候,我们看到了什么?我们当真看到了亚里士多德式的平静的理性人——他们的价值观总地来说是基础稳固、正确得当的?不!我们看到的是疯了一样地追逐着钱财、名誉、享受、情爱的人。他们被文化、被自小听惯的故事所教导,相信这些东西有超值的价值。我们看到的是一个其共识足以建立对于美好生活的真正理解的健康理性的社会?不!我们看到的是一个病态的社会。这个社会把钱财和奢侈生活看得比灵魂的健康重要,这个社会关于爱与性的病态教导把它的一半成员变成既被人崇拜又被人仇恨的财产,把另一半人变成受虐狂式的守财奴,整天在焦虑中煎熬;这个社会用其日益精巧发明的战争武器屠杀成千上万的人,以躲避内心深处对于不安全感的恐惧。尤其是,我们这个社会的一切所作所为都被对死亡的恐惧所毒害,这一恐惧令人再也无法领会平静的人性欢乐,而是把所有人都变成险恶腐败的宗教教师的奴隶。②

人类"疾病"的深重还在于:人们并不觉得自己有病。事实上,大多数人都意识不到自己的真实动机和真实信念。如果用亚里士多德的辩谈讨论法(dialectics)去盘问公民们的价值观、感情和信念,恐怕大多数人都会说自己情

---

① 纽斯邦:《治疗欲望》,第102页。

② 有关讨论参见斯邦:《治疗欲望》,第103页。

感很正常，并不害怕什么，并没有什么焦虑，还挺乐观的。所以，一般的哲学往好里说是没用，无力穿透潜意识；往坏里说是社会苦难的同谋，为流行价值观论证合法性，遮蔽着问题的严重性（试比较麦金泰尔对于语言分析哲学的局限性的说法）。

疾病体现为欲望/激情体系的紊乱和无度，但是根子在于错误虚假的观念。所以，必须以观念治疗观念。真正的哲学必须明白自己的唯一使命就是担当观念治疗的任务。于是，由此我们可以理解伊壁鸠鲁颠倒古典价值大序——理性、激情、欲望——的重要意义。伊壁鸠鲁派的口号是："我们应当从日常责任和政治事务的牢房中逃离出去。"①这种从公共领域退隐到私人领域的做法，这种用身体感受反对理性和激情（思辨哲学和共和政治）的做法在不少古人看来平庸、自私而不够高尚美好，但是它强调的是个人的感受重要，是贴近人生，安慰历史和政治中的失败者、失败国家。激情本质上是属于共同体的，而快乐是个人性的。既然时代已经消失了大政治共同体的地位，而凸现了个体，当然就应当出现相应的个体哲学。这样的哲学对于人生的理解未必肤浅而缺少深刻："一个自由的人无法获得许多财产；因为如果不给暴众或君主当奴才的话，这是很难的事。但是，他时时都很富足，不缺生活必需品。如果他碰巧得到了许多财产，他可以轻松地散财，赢得大家的好感。"②

如果说哲学家们都是治疗人的本体疾病和时代疾病，那么在治疗的策略上，伊壁鸠鲁与此前希腊哲学家不同，他不取加法，而取减法；不是靠在原生态自然上叠加文化的和哲学的价值体系，而是反过来剥离文化的添加，还原到自然，还原到赤裸裸的感觉和原子，然后构造其他。这是典型的减法思维：没有更上的，只有下面的；而这下面的，却是简单的。既然他的基本诊断是"文明中的人是不快乐的人"，那么伊壁鸠鲁的哲学要求就是撇去文化累加层，回到事实本身。糖是甜的，火是热的，挨打是痛苦的，幸福是快乐的，这些自然而然的事实，不需要精确复杂的论证，应当是生活的最终依据，也应当是理论的最

① 梵蒂冈馆藏《伊壁鸠鲁格言集》第58条。

② 梵蒂冈馆藏《伊壁鸠鲁格言集》第67条。

终依据,已经长久被希腊哲学给混淆的东西(比如柏拉图和亚里士多德对于“幸福是快乐的”的复杂反驳论证),应当被重新澄清是非、正本清源了,这是他的根本原则。伊壁鸠鲁哲学的还原论总特色表现为清明理性和日常经验为一切思考中的指导方针。语言要追到原子事实,追索每一个词的“原意”。理论要追到“基本要道”,追溯到感性经验和感受。

伊壁鸠鲁在标准论中强调,不要被空洞的名词扰乱自己的宁静,反对柏拉图对于抽象概念的过分关注而忽视了事情本身。这样的思想反映出一个清醒的头脑,它时时严守经验的教训,避免虚幻空洞的意见的伤害。这样的彻底经验论是与整个希腊哲学违背的。赫拉克利特说群氓不知生死之速;德谟克里特说眼睛不足为凭;怀疑论更是用系统的“十式”来反对感性的可靠性。而伊壁鸠鲁反对怀疑论,走向独断。在还原论的基础上,伊壁鸠鲁的哲学实际上要求人们尽量非道德化地处理各种问题,对人类问题中性地分析。相比之下,柏拉图把人的问题说成是来自大序上的下降,追求快乐于是就是自甘堕落,是重大的邪恶。而伊壁鸠鲁把它归结为缺乏安全感和错误认识,这就不是一种道德评判,不是自义自圣的道德宗教——那是与神圣愤怒、战争和不宽容结合在一起的,而是大谦卑心、是深知这是人人可能犯的认识错误。

伊壁鸠鲁的哲学为当时的社会提供了什么?这种道德理论增强人的自信,抬高了人的自由。杨适先生对于伊壁鸠鲁的自由的意义提出了一个很有见地的解释:城邦政治曾经为希腊树立了人类历史上第一个政治自由的价值。于是,即使在希腊城邦政治被希腊化罗马的大帝国政治取代之后,希腊人也不可能或者不愿意简单地退回到古老的部落性共同体中寻求生存依靠,“希腊人早已失去了这个依靠,而且他们既然已经尝过了个人自由的生存趣味,极端珍视这种自由,只要有可能就要尽力保持这些自由的成果,那么他们就不会再返回那古老的形态了。”①包括伊壁鸠鲁的“社会契约论”政治观,也绝不是从来都没有经历过希腊民主制的人所能想到的。从这个角度看,伊壁鸠鲁的新自由观虽然反对共和城邦政治的积极自由,但是依然可以说承袭了希腊城邦

① 杨适:《伊壁鸠鲁》,第56页。

的自由传统。而且,内在自由的建立帮助个人抗衡了当时的普遍自卑感。不过我们必须注意:这不是通过决定论的、科学的胜利的办法,不是主体征服世界。相反,伊壁鸠鲁哲学认为科学决定论对偶然性的控制是不好的。这一自由建立在理性之上,是对宇宙奥秘的识破,是对未来的预言。

特别要注意的是,伊壁鸠鲁虽然看上去在颠覆整个文明,但是事实上他开启了典型的文明(在弗洛伊德所谓"文明及其不满"的意义上的文明)即现代性文明。他并不是要消解道德、友谊、正义、艺术、知识等等一切美好优雅的东西,他是要系统地从"前道德状态"推导出道德,从"前友谊个人"推导出人际友谊,从"前政治自由"推导出政治法律,从"前正义状态"推导出正义,从"前艺术"推导出艺术,从"前知识"推导出知识。他认为这样的思路更为扎实——或者更为现实。

在本体论哲学(自然哲学)上,伊壁鸠鲁也有自己的特色。如果说柏拉图—斯多亚目的论一线的哲学把握住的基本洞见是宇宙的精美有序性、系统性和整体性,这很难简单地用"原子偶然撞击"以及"变异—自然选择"进化论说明;那么,伊壁鸠鲁就牢牢把握住"无限宇宙"必有无限力量、能完成任何人类无法想象的事情。设想任何事物能够控制(设计、创造)它,都是没有真正感受到"无限"的力量。伊壁鸠鲁派在批评柏拉图的"神创造宇宙"理论时说:"你们的朋友柏拉图怎么能以他的心灵之眼理解像宇宙这样一座恢宏庞大的建筑,神又是怎样辛劳地创造宇宙?他认为神怎样完成创世?神用的是什么工具?是用某种杠杆,还是用其他什么器械?谁在帮他从事如此巨大的工程?气、火、土、水怎样为这位造物主所用并顺从他的意愿?"①我们知道,希腊人本来推崇的是有限、度,而不是无限。所以,伊壁鸠鲁哲学对于"无限"的强调,可以说突破了希腊传统,突破了古典性范式。

---

① 西塞罗:《论神性》第1卷,第8节。

第二编

斯多亚学派

斯多亚哲学导论

斯多亚学派的“第一哲学”

斯多亚学派的自然哲学

斯多亚学派的“逻辑—认识论”

斯多亚学派的伦理—治疗哲学

第五章

斯多亚哲学导论

斯多亚学派(Stoic School)哲学是整个希腊化罗马时代最重要的哲学流派之一,它既强调主观性的内在自由和刚毅德性面对险恶敌意的外部世界威胁时的抗衡力量,又论证了一个客观的一元论自然观,强调自然即“神”主宰着一切,宇宙无比善好。这种既有鲜明特色又全面丰富的思想使它吸引了众多的追随者,它吸引了东方巴比伦的第欧根尼,也吸引了西方西班牙南部的塞涅卡;吸引了前奴隶爱比克泰德,也吸引了当朝皇帝奥勒留;吸引了雅典的近东移民,也吸引了罗马皇宫中的高官。① 罗马共和主义的信奉者如著名的卡图和西塞罗可以在斯多亚精神中找到积极的支持,也可以找到失败时的慰藉。不认可伊壁鸠鲁的冷冰冰的原子世界和柏拉图的二元相(理念)世界的哲学家们都可以在这个极为肯定现实世界的“自由哲学”中找到自己所需要的安身立命之处。同时,这一学派的各种“悖谬”和“矛盾”说法也在古代各派哲学家中招徕了围攻般的激烈批评,这使得斯多亚学派在希腊化罗马时代的许多世纪中长期处于学术思潮的焦点。

① 参见塞拉斯:《斯多亚主义》,第 2 页。

第一节　斯多亚学派的影响和研究状况

斯多亚学派对于下一个时代——中世纪基督教时代——的深远影响是有目共睹的。近代文艺复兴之后,西塞罗和塞涅卡的著作被人广泛传诵,斯多亚学派的思想更是重新直接进入时代舞台的前沿,它在现代的"存活"时期显然一度比柏拉图和亚里士多德哲学要长久,一直延续到19世纪。人们在加尔文、笛卡尔、帕斯卡尔、蒙田、莱布尼兹、斯宾诺莎和康德哲学中能够清楚地感受到这些思想方式在发挥作用。英国古典经济学始祖亚当·斯密的《道德情操论》也深受其感染。进入近现代后,基督教依然在思考自己与斯多亚哲学的关系。接受斯多亚思想的则继续称其为自己的盟友,怀疑斯多亚思想的则沿用古代就有的对斯多亚哲学"骨子里可能是唯物主义和无神论"进行批判。加尔文在1532年写了一部塞涅卡的《论仁慈》的评论著作。在为塞涅卡辩护时说:"我们的塞涅卡仅仅次于西塞罗,是罗马哲学的可靠基石。"可能斯多亚学派的命运理论对加尔文的天命论有相当的影响。有的学者甚至认为"加尔文主义使斯多亚主义受洗成为基督教"。① 17世纪反对斯多亚学派的也不少,比如天主教中的帕斯卡尔和马勒伯朗士,因为他们认为斯多亚学派讲的贤哲的幸福是理性的傲慢,不敬重天主的恩典。帕斯卡尔主攻爱比克泰德对个人自主性、对自己的幸福完全控制的强调;马勒伯朗士主攻塞涅卡,因为后者居然肯定幸福在这个堕落的世界上也是可能的。而新教的一些神学家如Bramhall、Cudworth和Bayle则攻击斯多亚学派的决定论以及由此而来的对自由意志、奇迹的否认。莱布尼兹把斯宾诺莎称为"新斯多亚学派"的一员,尽管斯宾诺莎对斯多亚哲学(尤其是目的论)保持距离;Bramhall称霍布斯的决定论表明他是一位斯多亚学派,而霍布斯并不否认。对于理解为唯物主义和无神论的斯多亚哲学,以反对当时的基督教神学为己任的启蒙人物当然是欢

---

① 有关讨论参见塞拉斯:《斯多亚主义》,第142—143页。

迎的。“百科全书”派首领狄德罗把斯多亚学派描写为一个唯物主义的、决定论的和无神论的哲学，当然对于狄德罗来说这一切都是褒义词。①

然而到了19世纪，风气有了一个急剧的转折。柏拉图和亚里士多德重新为人们所关注，相应地，西塞罗没有人读了，希腊化罗马哲学成了古典时代衰退和堕落的象征。即使是德国学者也对希腊化哲学评价不高。德国著名希腊学者蔡勒虽然撰写了《斯多亚学派，伊壁鸠鲁学派和怀疑论》，却对这个阶段的哲学作出了基本否定的判断。②

不过进入当代之后，斯多亚学派思想的重要性日益为更多的人所认识，如尼采、德勒兹、福科等无不受到斯多亚学派多方面的影响。学术界还形成了专门的“新斯多亚学派”；同时，一些没有宣称加入这一学派的著名哲学家也乐于自称“新斯多亚主义者”而不是“新亚里士多德主义者”。③

与此相应的是，对于斯多亚学派的学术研究也与对希腊化罗马哲学的整体研究一样，越来越成为一个引人关注的成果丰富的领域。现代西方各国学术界关于斯多亚主义的研究很不平衡。康德通过西塞罗的《论职责》而深受斯多亚伦理学的影响，将其贯彻在自己的道义论自由伦理学中；黑格尔对斯多亚学派评价不高，不过在其《精神现象学》中对整个晚期希腊哲学的特征也提出了自己独到的看法。尼采尽管多处嘲讽和贬低斯多亚学派，但是推崇它的地方也不少，毕竟双方都是赫拉克利特的传人，相近与共鸣应当是自然而然的。④ 在欧洲，尤其是在法国和德国，自从古代学术在19世纪复兴以来，关于斯多亚主义的研究，尤其是各种原始资料的爬梳整理工作已经取得了很大的成就。而在英国和美国，斯多亚主义却在很大程度上被忽视了。这种情况在

① 参见塞拉斯：《斯多亚主义》，第145—148页。

② 参见蔡勒：《斯多亚学派，伊壁鸠鲁学派和怀疑论》，第15—16页。有关19世纪“风气转移”的讨论参见伊罗蒂亚克诺：《斯多亚哲学专题研究》，第10—12页；塞拉斯：《斯多亚主义》，第150页。

③ 参见纽斯邦：《至善的脆弱》，修订版“序言”第12页。有关当代“新斯多亚主义”的情况，参见L.C.Becker，*A New Stoicism*，Princeton University Press。有关福科对于斯多亚学派思想的大量运用，参见福科在《性史》中关于古代的规训技术的讨论和推崇。

④ 参见塞拉斯：《斯多亚主义》，第151—152页。

20 世纪下半叶的短短几十年里发生了巨大的改观。伊罗蒂亚克诺(K.Ierodiakonou)在 1999 年汇集了 7 位西方著名学者对于斯多亚学派各个领域的主题所写的专门论文,翻译成现代希腊文,以便向希腊国内学术界介绍西方对于斯多亚学派研究的进展。后来他感到这些文字的重要,又增加了两篇,在牛津的 Clarendon Press 出版。在这本名为《斯多亚哲学专题研究》(1999 年)文集的开头,伊罗蒂亚克诺引用了斯多亚哲学领域的基本入门书、朗格的《希腊化哲学》的“再版序言”来说明学术界对斯多亚学派哲学的关注:

> 本书第一次发表于 1974 年。正如我在初版序言中指出的,希腊化哲学那时不仅需要一个普遍的重新评价,而且需要一个根本的重建。尽管有少许热忱投入的专家学者看顾这个领域,但是与人们对柏拉图、亚里士多德及其追随者的巨大热情相比,这个时期的希腊哲学总体来说受到贬低和忽视。10 年之后,希腊化哲学的时运骤然改观……古老的偏见几乎是一下子就被彻底根除了。新的视野出现了,很明显,他们已经在改变古代哲学的研究视角,而且在刺激整体的哲学研究发展。①

作者在引证朗格的这段评述后,发表了自己的判断,认为“希腊化哲学在本世纪,特别是第二次世界大战后成了古代哲学讨论的中心”。

伊罗蒂亚克诺认为,现代学术界对斯多亚学派恢复名誉首先是从逻辑领域开始的。人们不再认为斯多亚学派逻辑只不过是亚里士多德逻辑的失败抄袭,而且认为这么高明的逻辑学远远高于亚里士多德逻辑,在其产生中甚至不可能受亚氏逻辑实质性的影响。② 此后,斯多亚学派的自然哲学和伦理学也随即被人们重新重视和研究。整个学术界对斯多亚学派的认识和理解被推进了一大步,许多曾经被视为定论的对“斯多亚学派”的传统看法都受到了重新评价。不再用今人或柏拉图、亚里士多德的眼光看斯多亚学派,这已经成为研究者的一个共识。重要的专门研究成果不断涌现,著名晚期希腊哲学的研究者朗格(A.A.Long)的《斯多亚学派研究》、塞拉斯(John Sellars)的《斯多亚主

① 伊罗蒂亚克诺:《斯多亚哲学专题研究》,第 1 页。

② 参见伊罗蒂亚克诺:《斯多亚哲学专题研究》,第 17 页。

义》等都是高水平的整体型专著。尤其值得指出的是,学者们就某个专题进行深入研究的成果也达到了前所未有的水平。比如鲍兹恩(S. Bobzien)于1998年出版(2001年再版)的关于斯多亚学派决定论的专门研究《斯多亚哲学中的决定论与自由》在史料的注疏校勘和逻辑分析上都达到了相当高的水平,成为这几年讨论这一主题的学者必须不断回顾的著作。此书强调的不是斯多亚学派的思想与现代思想的相同之处,而是它们的不同。它反复论证的是,不同时代的哲学家的问题意识不同,本体论框架不同,所以它们貌似在讨论同一个问题,其实极为不同。比如,斯多亚学派对于现代哲学所关注的"自由意志"问题并不关心,我们不应当把现代人的思想读入古代人的著作中。鲍兹恩的路径是紧紧围绕克律西波的一系列逻辑论证展开的,他澄清了许多古人和今人的误解。① 关于斯多亚学派的"刚毅德性"在实践中的得与失,谢尔曼(Nancy Sherman)的《斯多亚武士——军人之心背后的古代哲学》(Oxford,2005年)结合当代战争生活作出了独到的研究。此外值得一提的是,众多著名斯多亚学派研究学者经常围绕一个主题相互合作,在专门讨论的基础上汇合成集,比如英伍德(Brad Inwood)的《剑桥斯多亚学派导读》(2003年)和伊罗蒂亚克诺(K. Ierodiakonos)的《斯多亚哲学专题研究》(1999年)。当然,关于整个希腊化罗马哲学史的高质量著作对于斯多亚学派的讨论也是不容忽视的,比如朗格的经典之作《希腊化哲学》(1974年)、阿尔格勒(Algra)等人的《剑桥希腊化时期哲学史》(1999年)、夏泊尔的《斯多亚学派、伊壁鸠鲁和怀疑论》(1996年)。针对整个希腊化哲学的专题讨论(语言学、伦理学、本体论等等)的学术著作,更是层出不穷,其中深入探讨了斯多亚学派各个方面的思想。在此必须提出的是纽斯邦(Martha Nussbaum)的《治疗欲望》(1994年),这部经典之作是关于整个希腊化时期各派哲学治疗性的一个开创性研究。在汉语学界,杨适的《爱比克泰德》(2000年)是国内斯多亚学派专题研究中的先驱之作;章雪富的全面性专门研究三卷本《斯多亚主义》也正在中国

---

① 参见鲍兹恩:《斯多亚哲学中的决定论与自由》,第4页;朗格编:《斯多亚主义诸问题》,第15—19页。

社会科学出版社陆续推出。

在这些研究成果当中,可以明显看到学者们不同的倾向性。比如斯多亚学派研究中的权威学者朗格就倾向于把斯多亚学派的棱角磨平,把它解释为亚里士多德或西塞罗路线的延续,把“职责”视为是斯多亚学派伦理学的最高内容,把“反常的”犬儒精神与斯多亚学派哲学区分开来。① 朗格之所以这么做的苦心孤诣不难看出:我们今天花费那么大功夫研究斯多亚学派,不是为了对一个没有实践意义的古怪学说感到纯粹的好奇,而是在考察一个完全合情合理的、对于日常生活有帮助的学问。然而,并非所有研究者都同意朗格的观点。不少学者还是趋向于保留和正视斯多亚学派的极端性说法及其独特表述和论证方法。不过,现代研究者们的新共识也是引人注目的。一个重要的例子就是对斯多亚学派和苏格拉底之间关系的重新强调。各种立场的人都日益把芝诺描写为一个苏格拉底派。② 朗格在他最新结集的《斯多亚学派研究》中开宗明义,摆出的第一篇是讨论斯多亚学派与苏格拉底的关系的论文,在该文中他说道:“从芝诺到爱比克泰德,也就是说贯通整个斯多亚学派的历史,苏格拉底是斯多亚学派哲学家最为认同的哲学家。”③英伍德在为自己主编的《剑桥斯多亚学派导读》所写的编者导言的第一句话也是:“斯多亚学派主义的根子在苏格拉底的哲学实践中。”接下来他还说:“但是它的历史进程开始于苏格拉底去世之后几乎一个世纪,芝诺在接受其他影响的同时对苏格拉底传统的丰富化,这一历程在芝诺所建立的学派的发展起伏中延续着。……”④当然,这一新观点会成为进一步讨论的契机,比如,斯多亚学派不是“反对柏拉图”的吗,它怎么能接受柏拉图的老师苏格拉底呢?这样的追问又引导人们回头反思:苏格拉底和柏拉图的关系究竟是怎么样的?赫拉克利特哲学在其中又扮演了什么角色?等等。

---

① 参见见朗格:《斯多亚学派研究》,第 170 页。

② 参见肖菲尔德(M.Schofield):《斯多亚伦理学》,载于英伍德(Brad Inwood)主编:《剑桥斯多亚学派导读》,第 235 页。

③ 朗格:《斯多亚学派研究》,第 16 页。

④ 英伍德:《导论:斯多亚学派,一个理智上的奥德赛历险》,载于英伍德主编:《剑桥斯多亚学派导读》,第 1 页。

就原始资料而言,现代学者的长期工作也是值得充分肯定的。在过去很长一段时间里,人们所知道的"斯多亚学派哲学"主要是晚期斯多亚学派的,这是因为早期斯多亚学派和中期斯多亚学派哲学的资料严重遗失,而帝国时期斯多亚学派哲学家如塞涅卡、爱比克泰德和奥勒留的作品却基本完好地保存了下来。《洛布古典丛书》有这三位完整的希英对照本。西方学者近代以来从前人著作中爬梳汇编了早期和中期斯多亚学派的资料,为现在的研究打下了一个良好的基础。

完整的斯多亚学派原始资料都是罗马斯多亚学派哲学家的著作,基本上已经被系统地译为汉语,收入中国社会科学出版社出版的"两希文明哲学经典译丛"。

罗马斯多亚学派的爱比克泰德只有一本由学生所记录的他的日常谈话《哲学谈话录》(中译本收入中国社会科学出版社出版的"两希文明哲学经典译丛")。

就最为多产的罗马斯多亚学派塞涅卡而言,他的现存著作主要为书信集、道德论集、九部悲剧和自然哲学文集。其中,他的道德文集已经被全部翻译为汉语,分为两册出版:《强者的温柔》、《哲学的治疗》(见中国社会科学出版社出版的"两希文明哲学经典译丛")。塞涅卡的书信集也有汉语翻译:《幸福而短促的人生:塞涅卡道德书简》(上海三联书店版)。

罗马斯多亚中的皇帝奥勒留的日记体文字《沉思录》也留存了下来(中译本收入中国社会科学出版社出版的"外国伦理学名著译丛")。

早期和中期斯多亚学派哲学家的著作已经全部遗失。目前人们在研究中所依据的是各古代作者对它们的引证,这些作者主要是西塞罗、普卢塔克、第欧根尼·拉尔修、塞克斯都·恩披里柯、伽伦、亚历山大里亚的克莱门(Clement Alexandria)、阿弗罗狄西亚的亚历山大(Alexander of Aphrodisias)、辛普里丘。其中,集中讨论斯多亚学派、从而大段大段引证早期和中期斯多亚学派材料的主要是西塞罗、普卢塔克和塞克斯都·恩披里柯。

这些人当中,最早而且最为重要地大段引述斯多亚学派著作和思想的,毫无疑问是公元前1世纪的西塞罗的著作:《论学园》、《论至善与至恶》(中译本见中国社会科学出版社出版的“两希文明哲学经典译丛”)、《论神性》(中译本见上海三联书店版)、《论占卜》、《论命运》、《论义务》、《论斯多亚学派的自相矛盾》、《图斯库兰辩谈录》。西塞罗广义上与怀疑论站在一方,属于学园派怀疑论,但是他显然较为同情斯多亚学派。除了在讨论认识论的《论学园派》中对斯多亚学派的否定说法较多外,在伦理学和神学讨论中都对斯多亚学派做了尽量公正的展示。

如果说西塞罗还是以同情斯多亚学派为主,那么在古代对斯多亚学派持公开敌意的人就更多了。公元2世纪的两大作者——塞克斯都·恩披里柯和普卢塔克——的著作是典型的代表。塞克斯都·恩披里柯从怀疑论立场出发,在其《皮罗学说概要》(中译本为《悬搁判断与心灵宁静》,收入中国社会科学出版社出版的“两希文明哲学经典译丛”)、《反独断论者》(包括《反自然哲学家》、《反逻辑学家》、《反伦理学家》)中把各种哲学家们的观点对立起来,形成“二律背反”。可以看到,怀疑论所提及的“哲学家们”主要是斯多亚学派哲学家,这也许与塞克斯都的著作大量借鉴了学园派怀疑论的思想有关,因为柏拉图学园派曾经一度全力以赴攻击新出现的竞争对手斯多亚学派哲学。

普卢塔克是从柏拉图立场出发攻击斯多亚学派的代表。普卢塔克在 *De Stoicorum Repugnantiis* (《论斯多亚主义的自相矛盾》)和 *De Communibus notitiis adversus Stoicos*(《论斯多亚学派在一般观念上的问题》)中为后人保存了内容丰富的斯多亚学派材料,因为他不厌其烦地把克律西波的一段话与另一段话排列在一起,以说明斯多亚思想中存在着多么明显的自相矛盾。普卢塔克攻击斯多亚学派的一篇短文《论斯多亚学派比诗人还荒谬》也已经被翻译为汉语(收入《古典共和主义的捍卫——普鲁塔克文选》,中国社会科学出版社出版的“两希文明哲学经典译丛”)。

阿弗罗狄西亚的亚历山大是公元2世纪人,他是200年左右雅典的漫步学派的讲席教授。奥勒留皇帝在雅典设立的四个讲席教授中,就有斯多亚学派的一个。亚历山大对于斯多亚学派极为敌视。他在撰写亚里士多德著作注释的时候经常批评斯多亚哲学。这说明斯多亚学派在公元200年左右依然是学术界不可忽视的一支力量。亚历山大的两部短著《论命运》、《论混合》中所介绍的斯多亚学派思想对于后人的研究尤为重要。鲍兹恩在讨论晚期斯多亚学派关于命运思想发展的新动向时,主要借助的就是这部《论命运》中保留的材料。① 此外,古代著名医学思想家伽伦(Galen,129—199 年)在著作中对斯多亚学派也经常进行批评。作为著名的生理学家和医学家,伽伦在《论希波克拉底和柏拉图》中赞成柏拉图的灵魂学说,批评克律西波所代表的斯多亚学派的灵魂观。他的引文因而保留了克律西波的众多大段残篇。②

对斯多亚学派采取比较中性立场的人可以举出公元 3 世纪的第欧根尼·拉尔修,他的《著名哲学家的生平和学说》第 7 卷是介绍斯多亚学派的。他所依据的来源可能是麦涅西亚的狄奥克勒(Diocles of Magnesia)以及狄地穆的阿里乌斯(Arius of Didymus)关于斯多亚学派的著作。

公元 5 世纪的斯托拜乌(Stobaeus)收集了许多哲学和文学著作。现代编辑者称其为"图书集成"(Anthology);这部文集中包含了许多斯多亚学派的残篇,较为重要的是狄地穆的阿里乌斯的《斯多亚伦理学概要》和克莱安赛斯的《宙斯颂》。

辛普里丘是新柏拉图主义学派最后的代表人物之一。我们在讨论新柏拉图主义的时候,将会提到。公元前 529 年雅典学园被罗马皇帝关闭时,有一批哲学家移居东方,其中就有辛普里丘。辛普里丘主要以注疏亚里士多德的著作闻名于后世。但是在其注疏著作中不时提到斯多亚学派,尤其是他专门注疏过爱比克泰德的《哲学谈话录》。塞拉斯说这表明此书的影响在古代世界非常久远,一直延续到 6 世纪。同时值得注意的是,辛普里丘说自己已经看不到其他斯多亚学派的完整著作了,不过在别人的引述中还能看到不少二手文献。③

我们在本卷"绪论"第 4 节中说过,所有这些公元 2—6 世纪的评注家的资料,索拉比收录在三大卷《公元 2—6 世纪评注家们的哲学》中,其中有不少斯多亚学派的资料,索拉比还增加了不少综述和注解。

---

① 参见鲍兹恩:《斯多亚哲学中的决定论与自由》,第 399 页以下。

② 参见塞拉斯:《斯多亚主义》,第 22—23 页。

③ 参见塞拉斯:《斯多亚主义》,第 25 页。

现代研究者在从浩瀚的古代引述中对斯多亚学派残篇资料进行收集、整理、考证、解释和汇编上，做了大量的工作，取得了丰富的成果，已经出版了好几种重要的资料集。其中较好的汇集本为：

1. H. von Arnim, ed., *Stoicorum Veterum Fragmenta*, 4 vols. Leipzig, 1903—1905（学者在引用此书时一般标记为 SVF），本卷绪论中已作较为详细的说明。

2. A. A. Long and David Sedley, (eds.), *The Hellenistic Philosophers*, Vols. i and ii, Cambridge University Press, 1987（学者在引用时一般标记为 LS）。两位编者对每一个领域的问题做了自己的综述，凡是编者综述，本编用脚注注明，引自本书的页码；凡是引自 LS 汇编的原始文献，本编注明 LS 编目及原始出处。

3. C.J.De Vogel, *Greek Philosophy*, Vol.III, *The Hellenistic-Roman Period*, Leiden：E.J.Brill, 1973.

4. Straaten, M.Van, *Panaetii Rhodii Fragmenta*, Leiden 1962.

5. Edelstein, L., and Kidd, I.G., *Posidonius* Vol. 1, *The Fragments*, Cambridge University Press, 1972.

研究者提醒人们，在使用古人对斯多亚学派的引文材料时必须注意几点：第一，这些转述者有时明确指明是谁的观点，比如那些以"芝诺说"或者"克律西波说"等等开头的句子和段落。但是，也有许多引文没有点明作者。学者们认为，大多没有点明的引文可能引用的是斯多亚哲学家克律西波的著作，但是这也不能一概而论。第二，有的引述者对斯多亚学派有敌意，很难保证其引证都是公正的。

对于斯多亚学派的研究目前掀起了一个高潮。斯多亚学派在理论和实践上提出了什么样的思想，值得人们这样重视？它与它之前、之后的哲学（古典哲学与基督教思想），与同时的哲学（怀疑论和伊壁鸠鲁派）的关系如何？这都是解开那个时代的时代精神奥秘的关键，也是现代人理解已经凝结为整个西方文化中的一个基本要素的"斯多亚学派精神"的一个途径。我们在进入具体的探索之前，必须对这个哲学的概貌有一个了解，而从它自古以来令人感到困惑的两个基本特色——"悖论性"与"自洽性"——入手，不失为一个比较好的思路。

第二节 总特色:悖论与自洽的统一

斯多亚学派哲学给人的第一印象是奇特的:这个学派以喜爱"悖论说法"著称,西塞罗和普卢塔克都对这一嗜好感到头痛,著文抨击,"斯多亚学派的自相矛盾"几乎成了古代许多人的一个共同的著作主题。使问题更为复杂化的是,这个哲学又突出强调自己的"自洽性":"首尾一贯"、"一个字母也不能改变"(卡图的说法)。这种"充满悖论——又自称体系自洽"的特色到底意味着什么,由何而来?根据症候的阅读是一种现代研究方法论(阿尔都塞),让我们抓住这一表面上的悖谬性不放,由此入手研究斯多亚学派哲学的基本特征和本质。

自古以来,斯多亚学派哲学就被人视为充满了"悖论"。悖论意味着两个含义:一个是反常识,走极端;另一个意味着反自己,自相矛盾。悖论首先指的是这个理论(或说法、命题)充满了各种极端性的反常识的宣称,重要的例子有:

> 知识就是道德,唯有智慧才是德性,其他都算不上德性。具有了智慧就具有了德性。(A)人是理性的;人没有非理性的方面,人的非理性激情只不过是理性上的错误而已。(B)一切都是被自然所严格地因果决定的,没有任何自由的可能。(C)自然所决定的,必然是好的。(D)物质的就是精神的,精神的就是物质的。(E)

这些极端化的命题,有的使人联想到苏格拉底,比如命题(A);有的完全是斯多亚学派的独创,比如命题(D)。[①] 即使苏格拉底可能提到的一些思想,斯多亚学派这里也系统化地加以强化和突出强调,比如命题(B)。

使得斯多亚学派哲学显得是一个"悖论"的哲学的,不仅是这些极端性的

① 参见朗格:《斯多亚学派研究》,第170页。

宣称,更有甚者是斯多亚学派哲学体系中蕴涵的自相矛盾。比如,一方面斯多亚学派哲学相信自然决定的一切都是好的、和谐的;一方面又强调人类生活环境中的灾难性、邪恶性的普遍存在,从而强调人的自由意志抵抗灾难的价值。而这“自由意志”的存在显然又与自然的彻底决定性是冲突的。一方面斯多亚学派强调人是理性的,非理性不存在,反对怀疑论,肯定人能够把握确定的真理;另一方面它又强调没有一个人是真正理性的,没有一个智慧的人。在伦理学中,斯多亚学派在宇宙悲情还是宇宙乐观之间摇摆。一方面,它强调自然安排的一切都是美好的,比如在所有的动物中,自然仅仅赋予了人以理性,这似乎继承了古典大序的思想;但是另一方面,显然斯多亚学派哲学又认定人比动物要坏,真正意义上的“坏”(道德邪恶)是人的层次才出现的。神圣自然为什么要令所有人都达不到理性成熟、都是“病态”的?①

但是,斯多亚学派哲学家们不顾批评者反复指出的上述矛盾,反而一再宣称和强调自己的哲学的体系性、内在融贯性、一致性和完全的自洽性,并且为此感到非常自豪。他们认为自己的哲学体系所具有的内在一致性来自于整个宇宙的理性一体性,个人与宇宙的一体性或内在关联性,宇宙内在因果关系与理性的逻辑关系的一致性等等。对于斯多亚哲学来说,宇宙体系是可以作出合理解释的,因为它本身就是一个合乎理性(logos)组织起来的系统。人类个体就像其他万事万物一样,都是世界的一部分;所以宇宙的事件和人类行动不是按照两种不同的秩序发生的。从最终的意义上讲,它们都是 logos 的产物。一个人如果充分理解了这种关系,就会自愿在他的行为方式中完全符合他处于最佳状态的人类理性——也就是宇宙理性之中。理性由于自愿与自然一致而保持其最佳状态(“德性”、“卓越”),达到这种境界就成为贤哲(wise man)。人类存在的目标就是达到自身的态度和行动与自然事件实际过程的和谐一致。②

综上所述,可以看到斯多亚学派哲学试图持有多种彼此对立冲突的立场。尽管不少斯多亚学派哲学家们总是努力化解这些冲突,但是实际上不和谐本

① 参见朗格:《斯多亚学派研究》,第 173 页。

② 参见朗格:《斯多亚学派研究》,第 108 页。

身一直伴随着它。进而言之,企图整合和谐与不和谐于一体,会在新的语义层次上构成一种张力。这不禁令人提出这样的问题:为什么斯多亚学派不取单一立场?我们知道,许多哲学流派都集中突出一个原则,反而迅速获得成功,比如经验论或唯理论。相反,一个试图包容太多东西的哲学,不仅容易引起矛盾,招徕指责,而且容易模糊自己的特色。斯多亚学派为什么要持有对立的极端立场?它能把它整合到一个辩证统一的体系中吗?我们将带着这些疑问开始对整个斯多亚学派哲学的宗旨和本质特征进行研究。

第三节　传承与发展史

斯多亚学派复杂的悖论性必然会反映在其所汲取的思想资源的复杂性上。斯多亚学派的思想资源主要是犬儒学派、麦加拉学派、柏拉图学派、赫拉克利特学派。这个顺序大致反映了芝诺本人的哲学研究的思想发展历程,从而也反映了"斯多亚哲学"的形成史和最终形态的基本特点。

当芝诺来到雅典时,正值希腊哲学的"古典时期"结束而"希腊化时期"刚刚发轫之际。此时的雅典,依然是地中海世界文化中心。雅典最重要的哲学学派当然是作为古典哲学顶峰形态的柏拉图哲学。同时,小苏格拉底各派、漫步学派、原子论自然哲学等各种哲学学派对斯多亚学派也有一定的影响。然而,许多充满了智性优越感的雅典哲学家未必会想到,雅典很快会兴起学习并超越这些雅典哲学学派的"新哲学",而且这些新哲学学派的创始人大多不是雅典人,而是来自那些希腊思想模式和东方思想模式相互碰撞和融合的东方国家。①

① 芝诺来自塞浦路斯,他的继承者克莱安赛斯(Cleanthes)来自阿索斯(Assos,位于今日的土耳其西部);克莱安赛斯的继承者克律西波来自索里(Soli,位于今日的土耳其南部)。此后,斯多亚哲学学派中的大师有两位来自东方:巴比伦的第欧根尼和塔尔索斯的安提珀特。西德莱说这体现出那个时代地中海文化的活动图景:亚历山大大帝的东征把希腊哲学传播到了整个东部地中海地区乃至更远。参见西德莱:《从芝诺到A.迪迪姆斯的斯多亚学派》,载英伍德主编:《剑桥斯多亚学派导读》,第8页。

一　芝诺的思想历程与斯多亚学派的传承

斯多亚学派是由来自塞浦路斯的西提乌姆的芝诺(Zeno of Citium of Cyprus,前334—前262年)于公元前4世纪末至公元前3世纪初创立的。芝诺的同时代人称他为"腓尼基人",他的门徒,西提乌姆的培尔塞乌斯(Persaeus)说,芝诺于22岁那年(即约公元前312年)来到雅典,也就是说,他到雅典是在亚里士多德和亚历山大逝世约十年之后的事情。热爱哲学的青年商人芝诺来到雅典后,并没有进入当时的名门大派柏拉图学园或漫步学派中,而是看中了一个"小派"——小苏格拉底派的犬儒学派。芝诺进入专业哲学圈子的故事颇富传奇色彩:

> 芝诺是这样巧遇(犬儒派的)克拉特斯的(Crates of Thebes):他带着一批紫袍从腓尼基航行到拜里厄斯港,途中遭遇了海难;于是他登岸去了雅典,并在一家书店坐下,那时他正好30岁。读到色诺芬的《苏格拉底回忆录》第二卷时,他极为兴奋,向人询问在哪里可以找到像苏格拉底那样的人。恰好这时克拉特斯从旁经过,于是书商指着他说:"跟着那个人去吧。"从那天起,芝诺就做了克拉特斯的学生。①

克拉特斯不是等闲之辈。他是"小苏格拉底派"中名气最大的"犬儒派"的三杰之一,在公众中的影响可能仅次于那位与亚历山大大帝顶撞的第欧根尼。在西方哲学史上,斯多亚学派哲学被许多人视为标准的"哲人"典型,而这可以溯源至犬儒派。什么是"哲人"的"形象"?未必是满脑子玄思的理论家,而应当是能够充分蔑视人间遭际的自足贤哲(这种看法一直延续到康德)。芝诺的逸事告诉人们,斯多亚学派哲学的创始人芝诺的"哲学发蒙"并非首先来自对大自然的惊讶(亚里士多德说这是"哲学的起源"),而是来自对"人的优异"的惊讶,对人的道德气象和人格高度的惊讶。② 芝诺后来名气大了,甚至被人视为独立开创了一门"新哲学",这可从当时一位喜剧家不无调

---

① 第欧根尼·拉尔修:《著名哲学家的生平和学说》第7卷,第2节。

② 有关苏格拉底与"人的优秀"的关系的讨论,参见包利民:《生命与逻各斯》,第3章第2节。

侃的颂诗描述中看出，他哲学的基本精神还是犬儒派的：

这个人提出一种新哲学；
他教导人们挨饿，竟然也有门徒。
他的食物只是一条面包，
最好的点心是干无花果，
白水当饮料喝。①

作为年轻人，芝诺首先为犬儒派这种小苏格拉底派的反叛型的哲学所吸引，也是十分自然而然的。芝诺在27岁时写下的第一本哲学著作《理想国》（*Politeia*，也可以翻译为《国家篇》）代表了他的青年理想主义的精神，显然是为反驳柏拉图的同名著作而写的。芝诺的理想（乌托邦色彩）甚至高于柏拉图的"理想"。这样的理想国包括整个世界，而非某个希腊城邦。在这样的国度中，没有人说"我是雅典人"或"我是西顿人"，人人都会说"我是世界公民"。这一学说可以让人想到犬儒派的第欧根尼的说法。书中对当时古典世界中的世俗价值及其体制的代表——神庙、法庭、币制、男女服装区别、传统教育、婚姻等等——展开了彻底的批判，无不令人想到"犬儒"一词的标准中文翻译："愤世嫉俗"。斯多亚学派哲学的创始人虽然都提倡积极参加政治，但是没有一个人真正参加实际的政治。事实上，他们的政治学说中的这些极端说法很难适用于日常政治。

斯多亚学派为什么放着传承苏格拉底的名门大派柏拉图哲学不追随，却去追随一个"小苏格拉底派"呢？这难道不是走偏锋？这个问题的实质是：希望追随苏格拉底的人应当在哪儿发现他的真正精神？被雅典民主政府处死后的苏格拉底虽然没有写过专著，却被众多人在此后的许多世纪中当做宗师争夺，于是必然会产生这样的问题：到底谁拥有"苏格拉底道统"？苏格拉底有许多诠释者，斯多亚学派哲学当然不可能绕过他们而得出自己"原原本本的"苏格拉底诠释。"绕回到原点"只不过是一种无法实现的理想。其实任何"原点"都已经经过诠释。不采纳柏拉图的诠释，就只有采纳色诺芬的或者犬儒

① 第欧根尼·拉尔修：《著名哲学家的生平和学说》第7卷，第27节。

派的。朗格指出:“苏格拉底对于斯多亚学派哲学的重要性一般被人们所公认,但是从未被详细研究过。”①朗格对此中原因的分析是,一般来说人们认为苏格拉底是柏拉图的专利品,而早期斯多亚学派哲学对柏拉图是敌对的。斯多亚学派承袭的苏格拉底不是柏拉图的诠释形象,而是经过犬儒派诠释的苏格拉底。在传统哲学史看来,或许柏拉图派才是苏格拉底正统;至于其他众多追随者,色诺芬显得不懂苏格拉底的真谛;“小苏格拉底三派”既然“小”,那就不是长子,是别子。但是,这幅图景未必得到公认。在古代,“小苏格拉底派”就从来没有承认自己是“小”派(这个“小”字是后人加上的);相反,他们经常斥责柏拉图和“柏拉图老学园派”歪曲了苏格拉底。与柏拉图老学园派有学术和利益之冲突的亚里士多德已经激烈批评老学园的斯彪西波的“数论”走上了邪路,是旁门左道,怎么配得上是道统的传承人。② 如此看来,自许名门正派者,其实未必没有可能利用体制的声势而实现了“别子为宗”。毕竟讲“道统”的人往往把“真正的学问”说成是一种奥秘,只有少数人才知道;而且这些少数人往往受到拥有学术资源并与社会统治势力密切合作的“正统”的压制,在压制下默默传着不公开之心教。犬儒派反对“正统苏格拉底派”的柏拉图哲学,认为自己才是苏格拉底心传或道统的真正继承者。在犬儒派的傲视遭际和世俗价值的“极端行动”中,体现出一种对自由意志的张扬。“自由”本来体现的是希腊强者政治学的大传统。但是它的提纯状态——纯粹的个人理性可以与天地抗衡——却是苏格拉底才发现的新事物,而犬儒派对这一内在本体尤其加以突出和张扬。芝诺追随犬儒派,因此也不会认为自己是走上歧途或是故意走学术偏锋,而会认为自己是走回到真正的大道,走回到苏格拉底的道统,这就是犬儒所张扬的“贤哲”形象的第一人苏格拉底。

这门新哲学的名字通称为“廊下门派”(Stoic),来自于芝诺及其战友经常聚谈讲道之处,即在雅典老城区闹市中的“王宫柱廊之下”而非郊外清静超脱的“学园”中。这一自觉选择的哲学态势可以让人想到犬儒精神——苏格拉

① 朗格:《斯多亚学派研究》,第16页。

② 参见亚里士多德:《形而上学》第13卷,第9章。

底的“牛虻精神”：积极“在市场中”刺激民众的良知，而不是陷入对于天空的自然哲学沉思。自古以来人们就注意到，芝诺及其道友最爱称自己为“苏格拉底派”。至于“芝诺派”和“斯多亚学派”等名称，可能直到芝诺去世后相当长时间才出现。①

在犬儒派的苏格拉底形象中，有一种与客观世界的激烈对抗精神。事实上，尽管犬儒哲学的口号是“按照自然生活”，而且这一原则后来也成为斯多亚主义的一个基本观念，但是犬儒精神突出的是主观性与所有外部世界的对抗。斯多亚学派伦理学的基本价值分类体系把自然中所发生的一切都划归为“无所谓的”(indifferent)或“无所谓好坏”的、“中性的”。在这样极端化的“价值分类学”中，人们不难觉察出犬儒派对客观世界的蔑视和敌意。苏格拉底的极端性也为芝诺所衷心佩服和张扬，比如在对待道德问题所采取的心理学解释上，苏格拉底采取了一元论的解释，他只承认人有理性的方面，不承认人有非理性的部分，因为他把“非理性”欲望和激情都分析为理论理性上的认知错误；相反，柏拉图却承认心理中的非理性部分，主张一种理性、激情和欲望分立的“三元论”心理学。斯多亚学派哲学在此传承并大力突出强调的是苏格拉底的“唯识论”，而不是柏拉图的心理学。

然而，尽管芝诺最先仰慕的是小苏格拉底派的犬儒派，但是他并没有一生仅仅停在此，否则，世上将多一个犬儒派，而不会有“斯多亚学派”。芝诺不是一个很狭隘的人，他没有门户之见，很快他就去其他学派访师问道。他不仅去麦加拉学派学逻辑，甚至还去柏拉图的“学园”中跟当时的学园领袖、“老学园派”三杰之一的波勒谟(Polemo)学习。可想而知，这会引起师门不安，史书中曾经记载了芝诺的犬儒派老师克拉特斯斯去麦加拉学派“抓逃徒”的故事：

> 提莱的阿波罗尼奥告诉我们，有一次克拉特斯斯抓住芝诺的斗篷，把他从斯提尔波那里拽出来；然而芝诺说：克拉特斯斯，抓哲学家的正确方

① Philodemus, *De Stoicis*, Xiii3，转引自西德莱：《从芝诺到A.迪迪姆斯的斯多亚学派》，载英伍德主编：《剑桥斯多亚学派导读》，第11页，注释3；并参见朗格：《斯多亚学派研究》，第3页。值得注意的是，斯多亚学派哲学认为按照严格的标准，苏格拉底本人也没有达到贤哲的水平。当然所有其他人更是远远不够。

式是抓住耳朵:说服我,然后把我拖走;如果你使用强力,我的身体会和你在一起,但我的心还在斯提尔波那里。①

为什么芝诺要顶住压力这么做?蔡勒认为芝诺走出犬儒派是因为看不惯犬儒学派那种过分夸张的生活方式,而且犬儒学派的浅显的道德说教已经不能满足他的求知欲望了。犬儒故意采取粗俗的举止、贬低文化博学、怒目金刚般冲撞主流社会的价值框架,而老学园派的波勒谟在芝诺面前展示了一个举止文雅、学识广博的理论哲学家的世界,这对于急切寻找把内在人格高贵性与扎实的学问基础结合起来的路径的芝诺必然具有相当的吸引力。② 蔡勒的说法还是偏于表面化。事情没有那么简单,芝诺的选择并非出于纯粹个人的知识好奇心,而是斯多亚学派哲学的内在逻辑的自然展开。既然斯多亚学派对于激情的治疗和险恶环境的对抗依靠的是一种唯智主义,而不是仅仅依靠意志论和德性的魅力,那么在客观确定的知识上的追求就不是可有可无,而是至关重要的了。犬儒式与世界对抗的精神,意味着对世界的否认。但是为什么不能肯定这个世界,从而让主观性自由获得更为客观扎实的支持呢?这样的客观支持来自对自然的充分肯定。这样的世界不但不是丑陋的、险恶的,相反它是完善的,是"美"(美好)的。克律西波断定,自然为了美丽的目的创造了许多的生命,比方说孔雀的尾巴(见普卢塔克《斯多亚的理想国》)。据马可·奥略留的记载,在斯多亚学派看来,即使自然界那些无关紧要的,甚至丑陋可怕的东西,也有其独特的魅力(见《沉思录》第三卷,第2章)。当然,斯多亚学派赞赏世界美丽的主要依据是整个宇宙天体结构的形状、大小和色彩的美好动人。③ 凡此种种,体现出来的视野和心境,与犬儒派的宇宙失望感形成了鲜明的对比。

芝诺之所以一开始反感柏拉图学派,其中一个原因就是认为他主张二元论,对我们这个世界完全失望和放弃。芝诺在认识到需要客观自然的支持之后所主张的"斯多亚学派的自然哲学",宗旨之一就是反对拉开本质与现象的距离形成的"二元论"或"多元层级论",他坚持本质即现象、神即自然、逻各斯

① 第欧根尼·拉尔修:《著名哲学家的生平和学说》第7卷,第27节。

② 参见蔡勒:《斯多亚学派、伊壁鸠鲁学派和怀疑论》,第37页。

③ 参见蔡勒:《斯多亚学派、伊壁鸠鲁学派和怀疑论》,第184页。

内在于质料之中，以极端的“一元论”精神肯定现象界，肯定宇宙本身就是神性的。就在这时，芝诺发现当时柏拉图老学园中所讲的“柏拉图”似乎已经不是二元论的柏拉图，而是与自然日益接轨的一种思想。众所周知，当时老学园派正在有声有色地展开一个大型科研课题，即“柏拉图的未成文学说”（所谓“unwritten teachings”，据说来自晚年柏拉图密不宣人的口传教义）。学者考证说，这一学说虽然晦涩神秘，但是主要宗旨还是可以看出来的，它是结合毕泰戈拉的数论而阐发宇宙创造学说之自然哲学。指导这一课题研究的总体思路，一方面是拉开存在大序的等级，比如，在“相”（理型）的上面再设立一个“不可言说的太一”；另一方面却又减少本质与现象界的距离，比如，设立“一”与“不定之二”，然后再由此派生出各种“数”；这些数又产生万物，并构成感性现象质素“背后”的本质。①

对于肯定自然哲学的柏拉图，芝诺显然感到是可以汲取的。波勒谟的哲学不是极端化的，他在伦理学中肯定身体性的和物质性的利益具有一定的作用，而不是像犬儒那样完全拒斥。芝诺自己后来在坚持外在之物没有“善”（好）的价值的同时，也退一步说这些东西可以是“自然可取的东西”。芝诺在开拓自己的视野中变得越来越像一个柏拉图派——而且是老学园派。波勒谟的一句抱怨很能说明问题，他对芝诺说：“我很清楚你以后会怎么样，你打破我的院墙，偷走我的学说，然后给它们套上腓尼基的外衣。”②

但是，芝诺也没有简单接受柏拉图老学园派学说，包括波勒谟的“数论自然哲学”。也许他感到这样的数论创世理论还是不够自然，还是具有太多的二元论倾向。那么，什么东西更为自然？芝诺采纳了赫拉克利特的自然哲学。根据西塞罗在《论学园派》中的记载，当芝诺在与比自己更年轻的同学阿尔凯西劳一起热烈讨论他们的老师波勒谟的学说时，他引用了赫拉克利特来批评波勒谟的思想。

在斯多亚学派的师门传习录中，最为晦涩的可能就是赫拉克利特哲学了。

---

① 参见本书第二卷，第二十六章。

② 第欧根尼·拉尔修：《著名哲学家的生平和学说》第7卷，第25节。

在古人的各种记载中,能看到芝诺与犬儒派和老学园派的思想影响乃至个人关系的具体细节,但是却很难看到赫拉克利特思想是如何进入芝诺的视野的相关描述,尽管斯多亚学派自然哲学使用的几乎全是赫拉克利特哲学的语汇和宇宙论图景。学习赫拉克利特给斯多亚学派带来了什么?一种可能是帮助了芝诺的犬儒精神。赫拉克利特貌似自然哲学,其实是一种宇宙顿悟类型的神秘主义。一个深度的神秘主义往往是以宇宙悲情意识为标志的,因为它的前提就是对日常世界的极度失望:宇宙万事万物的出现就是大火的熄灭:"有死的是不死的,不死的是有死的,一个的死就是另外一个的生,另一个的死就是这个的生。"(DK22B67)正如现代哲学家尼采所说的,宇宙是在酒神的眼泪中诞生的。① 斯多亚学派哲学中的犬儒的、阿里斯顿—爱比克泰德的路线坚持内在精神对外部滚滚洪流的蔑视,确乎令人想到傲慢哲人赫拉克利特。但是,另外一种赫拉克利特式理解也是可能的,这就是对自然大化的最终认同和留恋("普遍同情学说")。赫拉克利特主张的毕竟是一种自然哲学:他号召的是入世的刚健向上精神,大火贯穿在万事万物中,神与自然从未分离,关键是人的视角。常人看不到大火方面,执著于个体,不知道万物一体之仁与永恒新生的自然节奏。芝诺的基本口号"顺从自然而生活",可能指的更多的是顺从这样的自然节奏而生活。②

斯多亚学派借助赫拉克利特哲学而提出的消解神—人距离、压缩凡—圣张力的新自然哲学,是对柏拉图学园派基本原则的挑战,引起地震般的震荡。事实上,柏拉图学园甚至整个地停下了"存在等级和宇宙创化过程"的研究,全力以赴来反驳这个"异端"。领头者就是曾经与芝诺一起师从波勒谟的埃尔凯西劳。他奋起反击老同学芝诺的时候,也甚得波勒谟等学园前辈的嘉许。要知道这样的嘉许并不容易,因为埃尔凯西劳同时发起了一次重大的"哲学转向",把整个学园派转到了怀疑论方向上去了,然而老学园派却是典型的独断论者。由此转向开始,整个柏拉图学园派由"老学园"阶段进入所谓"新学

① 参见尼采:《悲剧的诞生》,第41页。

② 参见康福德:《从宗教到哲学》,第167页。

园”阶段(有关背景资料参见本卷关于怀疑论的历史发展阶段的讨论)。

二　斯多亚学派的发展阶段

斯多亚学派正是在与学园派怀疑论的论战中展开了自己漫长的发展历程的。可想而知,斯多亚学派思想中这种多重元素并存的情况,使其发展呈现出丰富复杂和多向摆动的样态。① 要把如此对立的倾向综合在一起,是十分困难的。在斯多亚学派哲学的发展史中,人们明显可以看到,有时一种倾向使人感到需要加强,有时另外一种要素使人感到需要突出;在各种倾向之间的摆动中几乎形成了不同的“斯多亚学派”。这与伊壁鸠鲁哲学在发展中几乎纹丝不动、毫无改变的特色形成了鲜明的对比。英伍德说,与其把斯多亚学派哲学描述为一个“理智运动”,不如把它描述为一场特殊的旅程或“奥德修历险”更为准确。其中一个重要原因就是这个学派的历史发展充满了岔道、叙事性的色彩、奇异的关联,但是最终还是朝向一个可以理解的终点会聚。② 斯多亚学派哲学的发展史,按照学术界的传统分法,可以分为三个阶段:

1. 早期斯多亚学派——从公元前 3 世纪左右的芝诺到公元前 2 世纪的克律西波。

2. 中期斯多亚学派——巴那修(Panaetius)和波西多纽(Posidonius)。

3. 罗马斯多亚学派——罗马帝国时期的斯多亚哲学家,主要人物是塞涅卡、爱比克泰德和奥勒留。

值得注意的是,并不是所有的人都认为这是最好的区分法。现代研究者西德莱就提出了一种独特的五阶段划分法,不过,他承认这些阶段之间存在着大量的交叉重叠之处:

1. 第一代斯多亚学派。

2. 早期雅典的斯多亚学派领导人时代。

3. 柏拉图主义的时代(“中期斯多亚学派”)。

---

① 参见沃格尔:《希腊哲学》第 3 卷,第 49 页。

② 参见英伍德:《导论:斯多亚学派,一个理智上的奥德赛历险》,载英伍德主编:《剑桥斯多亚学派导读》,第 1 页。“理智运动”的说法是泊任茨(Max Pohlenz)在 1948 年的一本书中提出来的。

4. 公元前1世纪的去中心化时代。

5. 帝国时代。

西德莱之所以这么区分,主要是从内容而不是时间上考虑的。他认为这五个阶段分别代表了对于什么才是一个"斯多亚学派哲学家"的不同理解。而且,这样的五阶段划分还突出了斯多亚学派哲学家与雅典的关系:第一代斯多亚学派开创大师都不是雅典人,而是从地中海东部来到雅典开创哲学门派的人物;当斯多亚学派成为雅典的一门显学之后,就在雅典生下根来,形成了某种体制,其特点就是一代代彼此继承的"学派领导人"(Scholarchs)。到了公元前1世纪左右,雅典之外的其他地区的斯多亚学派哲学家的重要性又超过了雅典的斯多亚学派哲学家,西德莱把这一现象归纳为"公元前1世纪的去中心化时代"。至于罗马斯多亚学派哲学的兴起,更是抢去了雅典斯多亚学派哲学大本营的地位。[①] 我们以为,围绕雅典来看斯多亚学派哲学的发展确实有其独特的意义,因为雅典即使在其外部鼎盛国力消失之后,依然在古代地中海世界长期占据着文化中心的地位。其他新起的文化中心如亚历山大里亚、罗马甚至较小的地区如罗德岛,都应当被纳入到与雅典的关联互动中,才能够更准确地得到理解。

我们在下面对斯多亚学派哲学发展史的介绍中,还将采取传统的三阶段论,因为这样比较清晰。但是,我们希望读者认识到,"三阶段"不仅体现了时间和地点的差异,而且体现了斯多亚学派哲学体系中某一种因素在某个阶段占据主导地位。从上面的讨论可以看到,斯多亚学派哲学的基本特色是多重因素共存,其中最重要的可能是犬儒式主观性和柏拉图式客观性。这两种因素之间张力很大,很难和平共处,经常处于冲突之中;有时一种因素占上风,有时另外一种因素占上风。大致说来,在斯多亚学派哲学发展的第一阶段,最为突出的是其犬儒式的主观性精神,但是,芝诺终究走向了一定的客观性,汲取了柏拉图和赫拉克利特的自然哲学,从而创立了一个较为平衡的哲学。在第

---

① 参见朗格:《希腊化哲学》,第114—115页;并参见西德莱:《从芝诺到A.迪迪姆斯的斯多亚学派》,载英伍德主编:《剑桥斯多亚学派导读》,第7页。

二阶段即中期，斯多亚学派阶段明显偏向柏拉图派，而“犬儒倾向”受到极大的压抑。第三阶段即晚期的罗马斯多亚学派，其总的特色是重新恢复了某种犬儒派精神，典型的代表是爱比克泰德。这个时期的斯多亚学派哲学总体来说贬低论道之学问，抬高、尊敬德性，尽管客观性方面没有完全消失（主要以博学的塞涅卡为代表）。

（一）创始时期

斯多亚学派创始阶段的主要代表人物是芝诺、阿里斯顿、克莱安赛斯（Cleanthes）、克律西波（Chrysippus）。此时的斯多亚学派哲学已经综合了各种思想，但是显然以主观性为突出，其标志就是思想上的极端化路线引人注目。芝诺为了学派的健康发展，终于走向了平衡，这引起了阿里斯顿的不满。斯多亚学派在雅典站住脚后，随即遭到其他学派的批评。克律西波作为学派的逻辑大师，为保护和兴盛斯多亚学派作出了无人可比的巨大贡献。

1. 芝诺学派正统地位的确立

所谓“斯多亚学派”，最初被人称为“芝诺学派”，指的是那些与芝诺一道在雅典王宫柱廊下讨论哲学的人。“斯多亚”一词来自“柱廊”，所以斯多亚学派直译是“柱廊学派”、“画廊学派”。这条柱廊（stoa poikile，也叫“画廊”）位于雅典市场（agora）北部边缘。芝诺不像柏拉图、亚里士多德和伊壁鸠鲁那样拥有自己的郊外学校房产，他与他的同道都是犬儒那样的清贫人士，他们在城邦中心的公共场所讲学探讨，这更让人想到苏格拉底和犬儒派的清贫生活方式和积极影响大众的意识。西德莱指出：早期斯多亚学派哲学中的各位重要人物其实相互之间相当独立。只是在芝诺去世后，“学派”的意识才被斯多亚学派哲学家感到。于是创始人的一言一行成了经典。作为“斯多亚哲学学派”的一员，标志之一就是信奉芝诺的观点。各种斯多亚学派可以对其进行不同的“解经”（解释），从而突出自己想突出的东西；但是离开芝诺的观点太远，那就等于离开了斯多亚学派。[①]

① 参见西德莱：《从芝诺到A.迪迪姆斯的斯多亚学派》，载英伍德主编：《剑桥斯多亚学派导读》，第16页。

正如我们在上面所指出的,尽管芝诺进入哲学的原因是对于苏格拉底人格的敬佩,但是他未必会一直认为傲视世界的意志力就是苏格拉底的真谛;苏格拉底确实对于人生遭际有不动之心,但是这不是来自非理性的冲撞意志,而是来自纯粹理性的“知之则乐之”的唯识论。这样的识见与早年芝诺所震惊并衷心崇拜的犬儒派相去太远。当芝诺从青年反叛期走出来后,终于在思想成熟阶段创立了一种综合了各种因素的哲学,既传承了苏格拉底道统(犬儒派),又传承了柏拉图和赫拉克利特的自然哲学,还传承和发展了希腊的逻辑学,开创了一种平衡诸见解的新哲学。

芝诺所确立的这一大方向并非那么轻易就得到公认。当时,他与同在柱廊下讨论问题的亲密战友们从某种意义上说地位不相上下。那些人可能比他还要坚信犬儒哲学原则是唯一正确的苏格拉底道统,传承道统者不应当搞折中主义。事实上,芝诺对柏拉图派和逻辑派的“让步”在当时刚刚具备雏形的斯多亚学派哲学圈子中自然而然地遭到了“基要主义派”的反对。其中,老战友、极端犬儒化的阿里斯顿(Ariston of Chios)对芝诺尤为感到不满。阿里斯顿之所以愿意被人称为“芝诺派”,可能仅仅是因为他与芝诺等人一道研习和修道。但是这决不意味着他会同意芝诺的所有改革创新举措。

作为斯多亚学派的开创元老之一,阿里斯顿比芝诺还要坚定地坚持本派的正统,坚持苏格拉底—犬儒立场。他反对芝诺拥抱自然哲学和逻辑学的做法。根据塞克斯都的记载:

> 开俄斯的阿里斯顿不仅因为物理学和逻辑学对研习者有害而拒绝它们,而且禁止伦理学的某些部分,如劝告和责备;因为他认为这些是保姆和儿童教育的事情。为了确保人生的幸福,只要有这样的教义就足够了——这些教义能够引领人们到美德上、疏离恶行、贬低那些令庸众羡慕并损害其生命的“中性事物”。①

阿里斯顿的极端性是显而易见的,他不仅反对自然哲学和逻辑学,甚至反对伦理学中的“应用伦理学”。在他所谓真正的伦理学里,唯一坚持的原则就

① 塞克斯都·恩披里柯:《反逻辑学家》第1卷,第12—13节。

是美德更加确切地说是知识，是唯一的善。而所有介于善与恶之间的都是不好也不坏的，或者说是中性的。[①] 因此，德性就是对中性事物保持无动于衷。阿里斯顿因此反对芝诺接受柏拉图老学园派的某些身外之物尽管没有好坏、但是有“可取/不可取”之分别的说法，因为他意识到这种让步非常容易导向彻底的失守，最终会把这些事物称为“好”（善）或“坏”（恶）。所以，必须一开始就坚持身外之物是完全无所谓的、中性的。最后，与此紧密相关的是，阿里斯顿坚持对德性的一元论的解释，他认为这才是苏格拉底在《普罗泰戈拉篇》中宣讲的教义。[②]

在反对把斯多亚哲学扩展到包括自然哲学和逻辑学时，阿里斯顿的理由是：自然哲学超出了人的认识能力，而逻辑学讨论的东西与我们无关。这些充满理论怀疑论色彩的话与芝诺所确立的、我们下面要讨论的那个庞大可知论的斯多亚理论体系形成了鲜明对比。就自然哲学而言，阿里斯顿否认神的形式的可知性或可见性；但是我们将在斯多亚学派的自然哲学中看到对于“神”（自然）的许许多多的自信言说，其中既包括“直觉”，也包括“论证”。就逻辑学来说，阿里斯顿否认逻辑知识可能更加代表了古代“圣贤”智慧类型的哲学对于逻辑论证的一贯怀疑和不信任，用他的话说就是：“辩证推理就像蜘蛛网，尽管看起来好像显示了某种技艺，但却毫无用处。”[③]

阿里斯顿的影响力不可小看。事实上，他在当时的演讲吸引了很多听众。也许走极端路线的人总是有某种奇特的魅力。这让人不禁想到几个世纪之后的罗马斯多亚学派爱比克泰德。不过，芝诺对于自己的既定方针大策毫不动摇，他相信只有将学派发展为一个全面的、包括各种哲学部门的理论体系——具体来说就是包括自然哲学和逻辑学——才能成为一个具有大气象的哲学。上面我们已经介绍了他去柏拉图学园学习自然哲学的经历，实际上他还以同样的热情投入麦加拉学派的斯提尔波学派中学习逻辑。斯提尔波似乎能把逻辑和道德结合在一起，主张智慧的人的内心完全自足。这种奇特的逻辑—伦

① 参见西塞罗：《论至善和至恶》第4卷，第17节。

② 参见朗格：《斯多亚学派研究》，第22页。

③ 第欧根尼·拉尔修：《著名哲学家的生平和学说》第7卷，第160节。

理学结合的哲学在芝诺自己后来的思想体系中也得到了体现。芝诺曾经提出了一些伦理“三段论”论证,比如:“没有人会把隐秘告诉醉汉,但是人们会把隐秘告诉好人,因此好人是不会喝醉的”;“没有邪恶会伴随着荣耀,但是死亡伴随着荣耀,因此死亡不是邪恶”。①他对逻辑学的热忱可以从下面的故事中看出:

> 有一次,一个辩证论者给他看关于被称做“收割者(the Reaper)”的诡辩术的七种逻辑形式,芝诺问他要多少钱,那人告诉他要一百德拉马克,他主动付了两百;在爱好学问方面他是如此不遗余力。②

从芝诺留存的著作题目看,芝诺对于逻辑主题十分感兴趣,撰写过许多这方面的文字,比如“解答”(solutions)、“论辩”(Dispututious arguments)、“论符号”(On signs)和“言语模式”(Modes of speech)。③

芝诺去世时,他所创立的路线已经成为“柱廊学派”中的正统思想。斯多亚学派哲学最后意味着芝诺传统,而不是阿里斯顿路线。“历史总是胜利者写的,所以从后人的角度看,阿里斯顿就成了一个边缘性的异端而已。但是在当时可决不是这样的,当时阿里斯顿在雅典的影响如日中天。”④芝诺所奠立的斯多亚学派哲学的基本模式是一个包括了三个哲学部门的完整体系,超出了严守伦理学一个部门的犬儒派。芝诺不仅在年青时代写过《理想国》,而且在逻辑方面写过许多著作,并且就其他的各种主题著书立说,比如《论遵照自然的生活》、《论冲动》或《人的本性》、《论情绪》、《论责任》、《论法律》、《论希腊教育》、《论视觉》、《论整个世界》、《毕泰戈拉派的问题》、《共相》、《论各种文风》、《论荷马的问题》、《论诗的阅读》、《修辞学手册》、《释疑集》、《反驳集》、《回忆克拉特斯》、《伦理学》。⑤ 西德莱说,在“芝诺派”(后来更名为“斯多亚学派”)出现之后,小苏格拉底哲学的几个流派都逐渐退出历史舞台。

---

① 参见《塞涅卡书信》,第83.9、82.9。

② 第欧根尼·拉尔修:《著名哲学家的生平和学说》第7卷,第24节。

③ 参见第欧根尼·拉尔修:《著名哲学家的生平和学说》第7卷,第4节。

④ 西德莱:《从芝诺到A.迪迪姆斯的斯多亚学派》,载英伍德主编:《剑桥斯多亚学派导读》,第14页。比如柏拉图新学园的领导人阿尔凯西劳(Arcesilaus)就花费了大量的精力攻击阿里斯顿。

⑤ 参见第欧根尼·拉尔修:《著名哲学家的生平和学说》第7卷,第3—5节。

“这给人以这样的印象:斯多亚学派哲学在汲取了它们各自最为重要的贡献之后,实际上取代了它们。”①事实上,犬儒派的影响在古代一直范围有限,而斯多亚学派哲学终于成为希腊化罗马世界中的主流学派,这与芝诺不向阿里斯顿妥协有关。像阿里斯顿这样的极端,后来在斯多亚学派哲学中已经几乎看不到了。

芝诺生前就已经享有盛誉。当时的马其顿国王安提戈努(Antigonus Gonutas)曾多次拜访芝诺,和他共餐,请求他给予指点和帮助。据第欧根尼引证的一封信说,安提戈努曾经邀请芝诺到他的宫廷里去做官,但是芝诺回信谢绝了。② 芝诺去世后,他母邦的公民把他的雕像当做城邦的装饰品,并以宣称芝诺是他们中的一员为荣。他还受到雅典人的官方赞扬,雅典人授予其金冠和城邦钥匙,并且用公共费用为其建墓。雅典表彰芝诺的官方文件是:

> 来自西提乌姆的纳塞亚斯(Mnaseas)之子芝诺在这座城市里耗费了漫长的岁月以探究哲学;他在各方面都是一个非常好的人;他鼓励向他求助的年轻人追求美德和节制,并使他们迅速走上正道;他使自己的生活成为所有人的榜样,因为他的生活与他宣扬的学说是一致的;因此,为了雅典人民的利益,应该表扬来自西提乌姆的纳塞亚斯之子芝诺,并(依照法律)授予他一顶金冠以表彰他的美德和节制,并用公款在凯拉米库斯(Ceramicus)为他建墓。市政府的公务员将把这决议刻在两根纪念柱上,一根将竖立在阿卡德米学园里,另一根将竖立在吕克昂学园。司库将平摊费用,以使所有的人知道,好人无论在生前还是死后都将受到雅典人民的尊重。③

雅典和芝诺母邦的赞美令人想到伊壁鸠鲁去世时他的母邦和雅典的表彰。值得注意的是:表彰法令中特意指出,对芝诺的官方荣誉宣示要立在当时

---

① 参见西德莱:《从芝诺到A.迪迪姆斯的斯多亚学派》,载英伍德主编:《剑桥斯多亚学派导读》,第11页。不过,我们必须注意的是,从后来的各种文献反复引用阿里斯顿的著作这一情况来看,他的学说没有被人们彻底遗忘;当斯多亚学派当中的犬儒因素再度复兴时,比如在罗马帝国的晚期斯多亚学派的爱比克泰德和奥勒留的著作那里,我们总会再次听到阿里斯顿的声音。

② 第欧根尼·拉尔修:《著名哲学家的生平和学说》第7卷,第7—9节。

③ 第欧根尼·拉尔修:《著名哲学家的生平和学说》第7卷,第10—11节。

最大的哲学学校柏拉图学园和亚里士多德的吕克昂学院中。这也许象征着文化重镇的雅典对来自外邦(而且是“腓尼基人”)的新哲学家芝诺终于衷心服膺:

你以自足作为原则,
远离傲慢的财富,噢,神一般的芝诺,
你外表严峻,斑白的额头明朗宁静。
这就是你朴实的学说;凭借你的谨慎,
历尽许多苦难,建起一个伟大的新学派,
它是无畏之自由的高贵父母。
如果你的母邦是腓尼基,
凭什么鄙视你呢?
如果卡德摩斯不是来自那里,
谁给希腊带来书籍和写作技艺呢?
隽语诗人阿特纳奥这样一般地谈及整个斯多亚学派:
哦,你们这些学习柱廊派学说
且已经把它载入著作的人
预告了最善的人类学识,即告诉人们
心灵的美德才是唯一的善!
就是她保全了人类和城邦的生命,
且比险峻的城墙更安全。
而那些在快乐中谋求幸福的人
根本不值得接受缪斯的指引。①

2. 克莱安赛斯与克律西波

芝诺之后,先后担任斯多亚学派领导人的其他早期斯多亚学派主要代表人物是克莱安赛斯和克律西波,他们也都来自东方。克莱安赛斯继承了芝诺担任领导人,而克律西波继承了克莱安赛斯。这二人尽管都是正统派斯多亚

① 第欧根尼·拉尔修:《著名哲学家的生平和学说》第7卷,第29—30节。

哲学家——即站在芝诺方面而不是阿里斯顿方面——但是相互之间差别很大。如果说克莱安赛斯的天性更是虔诚的、重视物质性的、个体性的、实存性的，那么克律西波所代表的就是普遍性的、理论的、逻辑的。

来自小亚细亚亚述的克莱安赛斯（Cleanthes of Assos，前331—前232年）在芝诺身后领导了斯多亚学派整整一代人（约前262—前232年）。从个人品格而言，他堪称苏格拉底、第欧根尼和芝诺的传人。克莱安赛斯的理解能力不佳，但是凡是学过的东西，他都能牢牢记住。① 芝诺把他比做难以刻写，但能很好地保留已经刻上字符的硬蜡版。这种坚强顽固的人容易成为信仰坚定的虔诚之士。他的《宙斯颂》被完整地保存了下来，其中的精神品格可以说明这一点。对于芝诺来说，神更多地只是逻辑的预设；但是在克莱安赛斯那里，神却是内心热忱信仰的活生生的对象。克莱安赛斯曾写过四部有关赫拉克利特著作的书，并且把从芝诺那里所承袭的赫拉克利特的基本概念——火——发展为“普纽玛”（火热的生命气息 *pneuma*）。芝诺已经使用“统治原则”（*hegemonikon*）这个术语来表示人类灵魂的最高权力。而克莱安赛斯则认为在宇宙当中也存在着所有生物都必须服从的统治原则。凡此种种，都不禁让人想到他的宗教个性和从军背景。

继承了克莱安赛斯担任斯多亚学派领导人的是索里的克律西波（Chrysippus of Soli，前280—前206年）。他被公认是在当时各种哲学流派对斯多亚的围攻之中卓越地捍卫了斯多亚学派，并因而系统发展出了斯多亚哲学理论体系的大师。芝诺之后，柏拉图新学园的怀疑学派对其展开激烈攻击，理论性很强，这不是克莱安赛斯的独断性格和理论弱点所能应付的。一时间斯多亚学派陷入存亡危机当中。幸运的是，克莱安赛斯有一个能言善辩的学生——克律西波。

克律西波出生于公元前280年。他到雅典之后，遇到了当代哲学界三位卓越人物：阿尔凯西劳、阿里斯顿和克莱安赛斯。在这三个人当中，斯多亚学派异端领袖阿里斯顿的名气似乎最大。令人惊讶的是，克律西波并没有加入

① 第欧根尼·拉尔修：《著名哲学家的生平和学说》第7卷，第37节。

他的学派。克律西波对此的解释是:“如果我随大流,我就成不了哲学家。”①他也曾经就学于学园派的阿尔凯西劳,精通其批评方法,但是并未投入其门下。最终,斯多亚学派正统派的克莱安赛斯使其完全服膺,于是克律西波加入这一派别,成为克莱安赛斯最重要的门徒。他公开对斯多亚学派的敌人说:不要欺负老人,要论辩,找我吧。私底下,他常常对克莱安赛斯的理论悟性迟钝感到不满。但是在与老师争论后克律西波又常常悔恨自责。可见这位逻辑大师就像托马斯·阿奎那一样,知道什么才是哲学中真正重要的东西。②

克律西波具有多方面的才能。在逻辑学领域里,他的能力是超群的,据说他写了 311 部有关逻辑学的论著。在阐述自己理论的过程中,克律西波大量地运用三段论法,由此恢复了芝诺的做法,而与克莱安赛斯比较诗化和祈祷化的风格形成鲜明的对照。当时人们对此的赞叹是:“如果诸神需要辩证法,他们一定会采用克律西波的辩证法。”③克律西波的写作能力惊人。据说他每天要写 500 行,共有著作 750 种,也有的说是 5000 种。当时就有人抱怨他的文字当中引文太多,阐述论敌的观点往往比阐述自己的观点更有说服力。④ 而且,人们还批评克律西波喜欢钻牛角尖。尤其是克律西波的那些逻辑发明,长期以来都被人视为不过是繁琐哲学而已。但是,在现代符号逻辑发现之后,整个评价发生了一百八十度的扭转,当代西方学者日益推崇他所创立的斯多亚学派逻辑学的原创性。

在克律西波手中,斯多亚哲学在各方面最终定型,形成了一个完整的理论体系;我们不妨将他对斯多亚学派哲学的贡献与复兴皮罗主义的埃涅西德姆(Aenesidemus)在怀疑论历史发展中的贡献相比拟。克律西波不仅在危难关头挽救了斯多亚学派,回击了外部的攻击,而且也最终在学派内部确立了芝诺传统的斯多亚哲学为“正统”,于是从此之后,阿里斯顿派就被视为“异端”。

---

① 第欧根尼·拉尔修:《著名哲学家的生平和学说》第 7 卷,第 182 节。

② 参见第欧根尼·拉尔修:《著名哲学家的生平和学说》第 7 卷,第 179—180 节。

③ 第欧根尼·拉尔修:《著名哲学家的生平和学说》第 7 卷,第 180 节。

④ 参见西塞罗:《论学园派》第 2 卷,第 27 节。

所以,自古就有一种流行说法:“没有克律西波,就没有斯多亚学派”①。在克律西波逝世以后的几个世纪里,“斯多亚哲学”始终以他所确立下来的体系形式代代相传。② 此后人们讨论的斯多亚学派哲学大多是“克律西波的斯多亚学派”。我们有理由说,大部分以“斯多亚学派说”开头的古代叙述,所记录的都是克律西波的观点。当然,必须记住的是,芝诺始终是经典。斯多亚学派哲学家们可以批判克律西波,但是没有人批判芝诺。③

(二)中期斯多亚学派

中期斯多亚学派以巴比伦的第欧根尼及其继任者塔索斯的安提珀特(Antipater of Tarsus,约前200—前129年)为其先驱,巴那修及其继任者波西多纽为其高潮。

1. 转向的先声

自从公元前2世纪中叶以来,斯多亚学派哲学中的一种新倾向日益明显,它越来越承认自己所继承的是柏拉图遗产。有人说这一转向从巴比伦的第欧根尼(Diogenes of Seleucia,约前238—前129年,也常被叫做“塞留西亚的第欧根尼”或“斯多亚学派的第欧根尼”)就开始了,但是更多的证据表明第欧根尼的继任者、塔索斯的安提帕特才是始作俑者。④

公元前152年,第欧根尼曾与当时新学园派怀疑论领袖卡尔尼亚德(Carneades,前218—前128年)等作为雅典的使节被派到罗马去交涉外交事务。我们在关于怀疑论的部分中讲到,思想和辩才出众的卡尔尼亚德抽空作了两次关于“正义”的公开讲演,风靡一时,让罗马人初步见识了希腊哲学和修辞术的厉害。虽然他们共同出使罗马,但是卡尔尼亚德和第欧根尼在雅典学术界其实是对头。卡尔尼亚德在智力水平上与克律西波不相上下,是古代少见

① 第欧根尼·拉尔修:《著名哲学家的生平和学说》第7卷,第183节。

② 参见蔡勒:《斯多亚派、伊壁鸠鲁派和怀疑派》,第47—48页。

③ 参见西德莱:《从芝诺到A.迪迪姆斯的斯多亚学派》,载英伍德主编:《剑桥斯多亚学派导读》,第17页。

④ 参见西德莱:《从芝诺到A.迪迪姆斯的斯多亚学派》,载英伍德主编:《剑桥斯多亚学派导读》,第20页。

的人才。他公开宣称自己的使命就是打击克律西波。他对斯多亚学派发起的进攻更是来势凶猛、雄辩滔滔。而此时克律西波已经去世,学派中无人能够抵挡卡尔尼亚德的攻击。西德莱猜测,斯多亚哲学这个时候之所以自称与柏拉图思想相通,与怀疑派大师、柏拉图新学园领导人卡尔尼亚德对斯多亚学派伦理学展开的激烈攻击有关。从战术上考虑,既然挡不住这一攻击,不如自称与柏拉图同属一派。① 事实上,斯多亚学派哲学在经历了相当长的发展中,已经遭受种种理论上和实践中的批判指责,此时适当缓和自己的极端说法,修正和完善自己的各种理论观点,也是十分自然的。斯多亚学派与伊壁鸠鲁派不同,是一个多变和发展的学派,它不介意吸取其他学派的思想和调整自己。

另外一个可能的原因是:公元前3世纪中叶,伊壁鸠鲁学派正在复兴。在这种情况下,学园派和斯多亚学派感到有必要联合起来组成统一战线共同对付最大的敌人——"粗俗的、却又具有很大诱惑力的"伊壁鸠鲁学派。由于斯多亚学派哲学向柏拉图和亚里士多德方面靠得很拢,许多人甚至认为斯多亚学派哲学已经与柏拉图、亚里士多德哲学没有什么不同。西塞罗就多次直截了当地质疑道:斯多亚学派与亚里士多德派的思想完全一样,只不过斯多亚学派哲学发明了一系列的新名词而已。②

斯多亚学派哲学向柏拉图的转向最终导致了所谓"中期斯多亚学派哲学"的诞生,其主要代表是巴那修(前129—前110年的学派领导人)及波西多纽(大约生活在前135—前41年)。

公元前2世纪的中叶,欧美内斯二世(Eumenes II)在帕伽马(Pergamus)建立了大图书馆,意在与亚历山大里亚的图书馆抗衡,他任命斯多亚主义哲学家马洛斯的克拉特斯斯(Crates of Mallos)为该图书馆馆长。克拉特斯是第一位在罗马生活过的斯多亚主义者。大约在公元前159年他访问罗马,后滞留该城并开班授徒。因此他的学生巴那修注定要把斯多亚主义引进罗马世界。

① 参见西德莱:《从芝诺到A.迪迪姆斯的斯多亚学派》,载英伍德主编:《剑桥斯多亚学派导读》,第20页。

② 参见西塞罗:《论至善和至恶》第4卷,第2节以下。

2. 巴那修与波西多纽

巴那修(Panatius)大约公元前185年出生于罗德岛。他先后在帕伽马和雅典追溯斯多亚学派的巴比伦的第欧根尼和塔索斯的安提帕特。后来他在罗马与著名的罗马将军斯基皮奥(Scipio Africanus)过从甚密。不妨说他是中期斯多亚学派在罗马共和的斯多亚学派的代表。他更加接受现实世界,不再打出斯多亚学派那种极端化旗号。比如他否认了斯多亚学派的世界大火周期毁灭世界的学说,他像柏拉图和亚里士多德学派那样适当承认现实物质利益对于幸福具有一定贡献,而非德性就能自足。他的伦理学重点从圣贤理想转向普通人,这体现在他专门研究了人类的"本分职责"(Appropriate Actions),这一思想其实与儒家所说的人伦交往之义十分接近,而不是那种纯粹的内在德性。他的著作直接影响了西塞罗写作《论职责》。塞拉斯说,尽管巴那修有这些改革,但是总体上说他保持了斯多亚学派的正统立场,否则他也不会长期担任斯多亚学派的领袖。①

波西多纽(Posidonius)出生于叙利亚。他在雅典追随巴那修学习哲学。巴那修去世时他大约25岁,后移居罗德岛教授哲学。波西多纽的研究兴趣十分广泛,不仅对于斯多亚哲学,而且对历史、地理、天文、生物学和人类学都有贡献。这更让人想到亚里士多德而不是早期斯多亚学派中的犬儒取向。波西多纽特别专注于研究和推崇柏拉图的自然哲学著作《蒂迈欧篇》。波西多纽本人对斯多亚理论的重要发展是反对克律西波对于激情的唯智主义分析法,他主张柏拉图的三分法心理学。这一点被伽伦当做批评斯多亚学派中的自相矛盾的典例(见伽伦的《论希波克拉特斯和柏拉图的学说》)②。波西多纽还从《蒂迈欧篇》向希腊哲学史更早的伟人毕泰戈拉追溯,重写了斯多亚学派哲学传统。③ 中期斯多亚学派的一个特征就是大量启用亚里士多德哲学的资源。亚里士多德对这些哲学家的影响之一体现在他们大多都是博学鸿儒,这

---

① 参见夏泊尔:《斯多亚学派、伊壁鸠鲁和怀疑派》,第8页;塞拉斯:《斯多亚主义》,第9页。

② 参见塞拉斯:《斯多亚主义》,第10页。

③ 参见西德莱:《从芝诺到A.迪迪姆斯的斯多亚学派》,载英伍德主编:《剑桥斯多亚学派导读》,第21页。

一现象在早期斯多亚学派那里是看不到的。中期斯多亚学派的大师们不仅写作哲学著作,而且还广泛著述讨论关于历史的、地理的和数学的问题。波西多纽的历史著作就有 52 卷之巨。

公元 2 世纪的雅典阿乌斯曾经说道,当时相互竞争的斯多亚学派小团体纷纷自称"第欧根尼派"、"安提帕特派"或是"巴那修派"。西德莱对此现象的推测是:既然这三个人是雅典的斯多亚学派三个最后的正式领导人,这些小团体的分裂看来体现的是雅典斯多亚学派传统在其衰败之前的最后鼎盛时代,对哪一种观点更能代表斯多亚学派正统的争议。至于对后人影响很大的波西多纽,要么属于另外一个独立的斯多亚学派别,要么被巴那修派看做是本门的大弟子和掌门人。[①] 就地缘思想史而言,西德莱特别强调了雅典在公元前 1 世纪失去了地中海文化中心的地位。苏拉发动的打击米特立达特的战争(前 89—前 84 年)是其重要的原因。当苏拉于公元前 86 年拿下雅典的时候,大多数哲学家都不得不选择离开这个古老的文化重镇。此后,重要的哲学家大多生活和工作在文化新城比如罗马和罗德岛。伊壁鸠鲁学派的菲洛德姆斯(Philodemus)在离开雅典移居意大利的时候把许多伊壁鸠鲁著作都带去了。柏拉图学园的领导人也是如此。那个时代的西塞罗曾经游历雅典,从其笔下看,他所见到的雅典的哲学盛况已经不存在了。西塞罗所表达的似乎更是一种来到过去辉煌的地方的怀乡思念之情。

中期斯多亚学派的出现也许是为了适应罗马时期的现实需要,这个时期是地中海地区广泛被罗马共和国统治的时期。到公元前 1 世纪,罗马成为斯多亚学派的中心之一。而且不少斯多亚学派哲学家开始在政治上有一定地位和影响,包括维护共和体制的英雄政治家卡图和西塞罗,因此中期斯多亚学派不妨可以称为"共和主义的斯多亚学派"。对于共和主义的、豪迈的、积极有为、行动与荣誉的罗马,纯粹的犬儒哲学也许被人视为弃儿,主流社会对之不屑一顾。罗马共和国的宽松民主氛围,使得人们的积极作为成为可能,故而积

① 参见西德莱:《从芝诺到 A.迪迪姆斯的斯多亚学派》,载英伍德主编:《剑桥斯多亚学派导读》,第 30 页。

极尽职责于家庭和国家的政治斯多亚精神，更能为人所理解和接受。因此中期斯多亚学派对斯多亚哲学被更为广泛地接受，发挥了很大的作用。

3. 各派的合与分

由于中期斯多亚学派向柏拉图靠拢，他们甚至被人视为“中期柏拉图主义者”①。西德莱认为，巴那修和波西多纽所做的事情就是把柏拉图传统的三个方面——早期柏拉图主义、亚里士多德主义和斯多亚学派主义——都融会到一起。② 现代研究者格什（Stephen Gersh）在其《中期柏拉图派和新柏拉图派：拉丁传统》中甚至把塞涅卡也列入中期柏拉图派讨论，并且还给出了自己的理由。③ 对于热爱理论纯洁的人来说，这是没有品味的“折中主义”；但是对于这些当事人来说，这完全是在把一个传统的方方面面重新整合到一起，使其更加发扬光大。而且，总体来说，巴那修以及中期斯多亚学派虽然放弃了斯多亚学派早期的一些教条，但是还是在斯多亚学派的总框架中，并没有彻底背离出去。④

有意思的是，随着斯多亚学派向柏拉图派靠拢，柏拉图这方的哲学家们也向斯多亚学派靠拢。当时柏拉图学园派的领袖安提俄库（Antiochus of Ascalon）在刚刚继承学派领导人位置的时候，其学派还属于卡尔尼亚德的“新学园派怀疑论”；但是安提俄库发现“反对斯多亚学派”的多年努力已经完成，便放弃了怀疑主义，把整个学园派带回到“独断论”立场上，同意自己的学派与中期斯多亚学派哲学共同拥有同一个传统。安提俄库在罗马共和后期具有极大的影响，著名的共和主义者瓦罗和布鲁图都是他的追随者。西塞罗本人也认识他，而且在书中经常讨论他的思想。

需要指出的是，柏拉图学派对于斯多亚学派的接受，不是无原则的让步，更不是一时异想天开；这当中自有其内在的原因。柏拉图学园中不少人早就

---

① 朗格：《斯多亚学派研究》，第 167 页。

② 参见西德莱：《从芝诺到 A.迪迪姆斯的斯多亚学派》，载英伍德主编：《剑桥斯多亚学派导读》，第 22 页。

③ 参见格什（S.Gersh）：《中期柏拉图主义和新柏拉图主义：拉丁传统》，第 159 页。

④ 参见西德莱：《从芝诺到 A.迪迪姆斯的斯多亚学派》，载英伍德主编：《剑桥斯多亚学派导读》，第 23—24 页。

认识到柏拉图并不一定否认现象世界。柏拉图学园派一直在搞的那个大型科研项目“柏拉图晚年未成文学说解读”,本身就意味着柏拉图自己在“思想的中期”提出了“高明超脱”的相(理念)的学说后,对这一学说逐渐感到不满,因此才在后期又提出不同的学说,重建本质与现象的关系。柏拉图在晚年的“未成文学说”中尤其关心毕泰戈拉的思想,因为毕泰戈拉的“创世数论”有助于把纯粹本质的“相”与完全物质的世界接续起来(这里能够看到后来康德的范畴与现象之间的“图式”的某种意旨)。如此看来,关注自然哲学的斯多亚学派哲学与重新承认自然(我们这个世界)的后期柏拉图是相通的。波西多纽的一个学术重点就是追溯斯多亚学派哲学与毕泰戈拉派的内在关联。

柏拉图学园派在彻底结束了两百年的“新学园怀疑主义”后,转回到继续进行“本体—自然大序层级”研究,后来发展出“中期柏拉图学派”(斐洛、努美尼乌斯、普卢塔克、阿尔比努等)和“新柏拉图主义”学派(普罗提诺、扬布利柯、普罗克洛等)。新柏拉图主义的崛起常常被人说成是继承并因此取代了斯多亚哲学。斯多亚学派对这个学派各位哲学家的影响很大。波菲利甚至在他的普罗提诺传记第 14 节中说《九章集》充满了隐藏的斯多亚学说。专门注疏亚里士多德的辛普里丘居然为爱比克泰德的《手册》写了一部注疏。这是古代唯一留存下来的斯多亚学派文本的注疏。① 当然,柏拉图派即使承认斯多亚学派不是敌人,并不意味着完全认同他们。斯多亚学派认为神与自然不是断裂的,而是连续的,——甚至可以说过于连续,以至于“合一”而无差别了。这当然是柏拉图派不会接受的。柏拉图派毕竟与斯多亚学派不同,坚持精神本体的“分离”性这一底线,这使得后来的新柏拉图主义者们,尽管受到斯多亚学派影响很大,但一旦有机会还是要出来澄清自己与斯多亚学派过分的圣俗一元论立场的差别。② 由此不难看到,中期和新柏拉图学派重新启动的柏拉图经典注疏工程更加着力于区分精神和物质,反对斯多亚学派的一元论,反对其对因果、本质现象、精神物质的混淆。

---

① 参见塞拉斯:《斯多亚主义》,第 136 页。

② 参见普罗提诺:《九章集》,3.6.2。

（三）晚期斯多亚学派

斯多亚学派发展的第三阶段通常指的是罗马帝国时期的斯多亚学派哲学，这一阶段的特点是斯多亚学派中蛰伏的犬儒精神重新复兴。换句话说，这可以视为是对中期斯多亚学派朝柏拉图方向靠拢的激烈反弹，其反弹程度，几乎超出了早期斯多亚学派的正统，接近早期斯多亚学派的"异端"阿里斯顿。它最典型的特征就是放弃对于自然哲学和逻辑学的热忱，甚至放弃对于伦理学理论的研究兴趣，所有人的精力几乎都全部集中在对于实践性的治疗哲学的关注之上。

晚期斯多亚学派的主要代表人物是塞涅卡、爱比克泰德和奥勒留。如果从他们的生卒年看，他们此伏彼起，相互连接：塞涅卡（前4—65年），爱比克泰德（55—135年），奥勒留（121—180年）。他们含括的时代正好属于罗马帝国开始以来的200年。吉尔（Gill）从政治史和文化史的角度划分了帝国时期的斯多亚学派传统。第一个时期可以说是克劳迪亚王朝（从奥古斯都到尼禄）。这个时期的政治形势对于斯多亚学派哲学以及其他哲学派别来说，还是宽松的，尽管这个时期确实不再有希腊化时期体制化的斯多亚学派哲学"学校"，但是依然有许多斯多亚学派教师，而且保持着典型的三部分斯多亚学派教育课程体系（逻辑、伦理学和物理学）。当时不少斯多亚学派哲学家都充当帝王师，成为官方道德建议人。不仅塞涅卡是一个突出的例子，其他不那么有名的斯多亚学派哲学家比如狄地穆（Arius Didymus）作为奥古斯都的宫廷哲学家也很受信任。他曾经对君主提出了许多伦理建议，其中包括对奥古斯都妻子李维亚（Livia）丧子之痛的哲学劝慰。

罗马帝国时期最为著名的三位斯多亚哲学家当中，一个是皇帝——奥勒留，一个是大臣——塞涅卡，一个是前奴隶——爱比克泰德。这三人都留下了隽永的伦理学格言或论说集，不仅在当时罗马社会中影响极为广泛，而且影响了后来的基督教以及近现代的西方文化，甚至对此后西方国民性格影响至深至广。提起西方品格教育中的斯多亚式的"酷"或者近于冷酷的自由人格，大约都应当追溯到这三位斯多亚大师。在这三位思想家中，爱比克泰德和奥勒留主要是靠一本书立身，而且这"一本书"都是私密的谈话录或随感录，他们当初并不想发表,但是后来却成了影响很大的斯多亚学派的“经典”,是人们通常所理解的“斯多亚贤哲”思想的主要来源。这些书就是爱比克泰德的《哲学谈话录》和奥勒留的《沉思录》。但是,塞涅卡与他们不同,他表现出了很强的写作欲望和广泛的兴趣,在自然哲学、道德哲学和悲剧等方面都写了不少著作;除了遗失的著作之外,许多流传到后世,在《洛布古典丛书》中占了 9 卷,其中道德论文和道德书信各 3 卷,悲剧 2 卷,自然哲学 1 卷。后人对这三位罗马斯多亚学派的人格评价也截然有别。爱比克泰德和奥勒留普遍被认为人格高尚,言行一致。但是塞涅卡的个人性格与爱比克泰德和奥勒留相比,则显得更为复杂,在后世受到的褒贬争议也更大;有人批评塞涅卡口是心非,奉承皇帝;有人为他辩护,说他很高尚,其生与死均符合一个斯多亚哲学家的理想标准。其实,研究者不必急于简单地对“人品”进行道德评判,不妨换个角度想:塞涅卡这样的人的性格确实比其他斯多亚思想家更为丰富。尽管这不利于我们了解一个理想化的“斯多亚哲学家”的典型特征,但是这也许更能告诉我们一个真实的塞涅卡,一个在现世生活中积极活动的斯多亚信徒是怎么想和怎么做的。晚期斯多亚的思想体系和生活准则同前期和中期基本一致,因此本卷不单列编章,否则必然导致多处重复。但是,晚期确有其独特的地方,因此在全书的布局方面采取两种做法:其一是在各章节中对晚期思想的特点做些必要的交代;其二是对塞涅卡等三位代表人物的独特经历与人生体察,在这里做个交代。

1. 塞涅卡

塞涅卡(Licius Annaeus Seneca,约前 4—公元 65 年)是一位争议很大的人物,他性格和著作的丰富与他跌宕起伏的命运有关。塞涅卡的父亲是罗马西班牙行省的一位演说家和官员,生了三个儿子,老大盖里奥从政,官至罗马阿开亚行省总督,在基督教的《新约 · 使徒行传》中被提到过;老三梅拉性格内向,是罗马著名诗人卢卡的父亲;老二就是哲学家塞涅卡。塞涅卡幼年即被送到罗马,学习对于从政十分重要的修辞学,很有成就;同时他也喜欢哲学。大约他对哲学的热爱超过了对政治的关心。但是他后来还是决定从象牙塔走出来,走入给他带来人间喜剧、也给他带来人间悲剧的政治生活中。自此,他的命运就和罗马帝国的第一个王朝——所谓“克劳狄乌斯王朝”——的几位皇帝联系起来了。塞涅卡大约在奥古斯都的继承人提比略皇帝统治时期开始当官,跻身朝廷。在提比略的继承人卡利古拉皇帝的统治时期领略到了真切的死神威胁。卡利古拉是一位臭名昭著的暴君,极端残暴的施虐狂和病态的性格通过帝国的绝对权力得到了放大,种种行径骇人听闻。他因为妒忌塞涅卡在演讲能力上的名望,曾想杀了塞涅卡。塞涅卡之所以能够逃过这一劫,是因为重病(或装病)。到了卡利古拉的继承人克劳狄乌斯皇帝登位(公元 41 年)后,塞涅卡更是在劫难逃了。克劳狄乌斯给塞涅卡安的罪名是与皇室贵妇(卡利古拉的妹妹)有染。按照罗马法律,这是应当杀头的。幸运的是,塞涅卡只是被流放。写作帮他度过了这段漫长、恐惧和无望的流放生活,他的大部分哲学著作都是在这一时期写的。他的博学兴趣体现在他丰富的著述上,他不仅写道德文章和书信,而且还写悲剧,甚至还写自然哲学。塞涅卡的道德文章大多文学色彩浓厚,生动、雄辩、细腻、栩栩如生,格言警句穿插其间,影响了后来的基督教思想家、近代文学家和哲学家,也成为人们研究晚期斯多亚哲学的重要途径。

沉迷于哲学文学写作中的塞涅卡在流放地得到了消息:当朝王后打算召回他,条件是担任尼禄的太子太傅。这对于已经五十多岁的塞涅卡来说,意味着的恐怕不仅仅是诱惑,而更多的是潜在的危险,因为克劳狄乌斯王朝的皇帝们几乎都是病态的专制者。塞涅卡是如此聪明的一个人,想必他可能看到不祥的前景,但是他最终还是接受了。于是,塞涅卡在罗马东山再起,而且在尼禄继位后权重一时,担任准摄政、秘书长和帝王师(*amicus principis*)。最后,在短暂而令人眩晕的仕途急速攀顶时遭到尼禄的忌恨,塞涅卡赶紧主动请求交出巨大的财富,退隐搞哲学,然而却被狡猾的尼禄断然拒绝。几年后,尼禄找到借口下令赐其自尽。有关塞涅卡事件,可以参见塔西陀(Gacitus)在《编年史》(*Annals*)中的描写。与其他一些古代作家相比,塔西陀对这位在古代就极有争议的斯多亚哲学家给予了较为同情的描写(详见第十二卷第 8 章至第十五卷第 65 章,该书译为《塞内加》)。

吉尔说塞涅卡的生活集中体现了第一世纪的两个突出特征:“一方面,不少上层罗马人在斯多亚学派主义中找到了政治参与的伦理指导纲领;另一方面,斯多亚学派的理想也能为对某些帝王或是他的行动的道德抵抗提供理论基础,包括坚持原则的退出政治,直至自杀。"①

塞涅卡在许多方面继承和发挥了斯多亚学派"治疗哲学"的宗旨。我们知道,愤怒和悲伤被斯多亚哲学视为是激情类疾病中最为重大的两种。愤怒是一种重要的精神疾病,而且当政者的愤怒由于可以被权力放大,带来的危害极大,所以政治—司法正义—仁慈宽恕是塞涅卡著作中"论愤怒"、"论仁慈"、"美狄亚"(悲剧)等的主题。他在流放中写的三封"告慰信"则专门讨论悲伤。此外,斯多亚学派所诊断出的人类其他重大"疾病"还有:对自己价值的否认或者所谓失败感。斯多亚哲学认为人们之所以在尘世之中疲于奔波不休,大多是对自己的决定没有真正的信念,听从各种外在的价值评判的摆布,这样的一生到头来毫无意义。这也是塞涅卡文章比如《论生命的短暂》、《论心灵的宁静》和《论闲暇》中的一个主题。

2. 爱比克泰德

爱比克泰德是著名的罗马时期斯多亚学派三大哲学家之一,大约生活在公元50—120年。爱比克泰德的生平很简单。他曾经是一位奴隶,后来获释为自由人。他身体长期不好,而且腿脚有残疾;他曾从学当时一位著名斯多亚哲学家鲁福斯,后来在罗马教哲学;当罗马皇帝图密善(大约在89年或92年)把所有的哲学家从罗马驱逐出去时,他搬到尼戈坡里斯,一直在那里主持一个很大的哲学学校。

与许多名义上的"斯多亚主义者"不同的是,爱比克泰德真正在生活中贯彻了斯多亚精神,达到了知行合一的境界。虽然他当时闻名于世,但是一直住在用不着上锁的简陋房子里,他的"财产"可能除了被子外就是一盏铁油灯,后来灯被小偷偷走后,就换上一盏土捏的油灯。爱比克泰德的一个学生阿里安忠实地记录了爱比克泰德的许多谈话,并把它编辑成书——《哲学谈话录》,为后人留下了一个古代罗马生动鲜明而富的人格和高尚思想境界的

① 吉尔:《罗马帝国时期的斯多亚学派》,载英伍德主编:《剑桥斯多亚学派导读》,第34页。

真实的爱比克泰德的生活图景。除了书之外，阿里安还浓缩了爱比克泰德的思想，写就了一本《手册》，以供没有时间阅读整本《哲学谈话录》的人看。但是一般来说，学者认为《手册》过于简短，不能完全反映爱比克泰德的思想，甚至还可能歪曲。

从《哲学谈话录》看，爱比克泰德的精神境界中有一种异乎寻常的高贵性，他对于人的自由的认识非常深刻。事实上，比爱比克泰德晚出生的奥勒留皇帝对他极为崇拜。爱比克泰德没有写过专著，像他所崇拜的苏格拉底那样，他经常与人们就当下各种具体事情有的放矢地谈话，而贯穿各种场合谈话中的基本原则又始终一致，从不动摇。这一原则的基本精神就是对于个人内心自由的掌控，对于外在事物的蔑视；对于"神明"的所有安排衷心服从、接受、感恩。爱比克泰德思想中的宗教热诚很突出。斯多亚学派关于神的思想是泛神论的，不过爱比克泰德似乎不时表现出对于某种人格神的主神崇拜。爱比克泰德后来对于基督教的影响很大，但是他本人似乎并没有受到当时已经开始流行的基督教的影响，尽管他肯定知道它们。

《哲学谈话录》在西方文化史和精神史上留下了极为深刻的印记，它涉及的话题虽然广泛，但是精神却是一贯不变的。在一个纷繁的、充满权力、金钱、名望、欲望、快乐与不幸、世俗的追求和"学者名声"的世界里，作为一个人怎么度过自己的一生？在个人无法把握的世界里，一个人能否让自己有限的生命散发出人性的高贵光辉？这就是这部《哲学谈话录》处处逼问每个人的问题。

爱比克泰德思想的穿透力和巨大影响可能给整个斯多亚学派带来了一个意想不到的后果。学者们注意到，公元 2 世纪，当时斯多亚学派文献材料数量突然减少。传统的解释是，这是当时的新柏拉图主义兴起所导致的。但是，塞拉斯不同意这一看法，他认为一个学派的兴起并不必然导致另外一派哲学的衰落。塞拉斯自己提出了一个很有意思的解释：这恰恰是由于斯多亚学派自己的原因，而且是因为斯多亚学派大师爱比克泰德的成功流行所致。根据塞拉斯的考察，爱比克泰德在那个时代被许多同时代作家提到，说他甚至名气超过柏拉图，当时斯多亚学派的信徒都要读他的《哲学谈话录》。但是，此书是

怎么规定“哲学”的本性的?让我们看一段爱比克泰德的谈话:

> 美德的作品[结果]是什么?心灵的宁静。那么是谁在进步呢?是读过克律西波的论述的人吗?什么,难道美德只不过是对克律西波的了解吗?因为果真如此的话,这就等于公开承认进步只不过是对许多克律西波著作的知识。但现在,既然我们已经承认美德可以产生某种事物,那么我们就应该同时宣布接近美德乃是一种进步——可以产生其他一些事物。有人说:“某人已经能够完全自己阅读克律西波了。”以众神的名义,朋友,你正在取得积极的进步!这是多大的进步啊!“你为什么要嘲弄他?为什么要试图不让他意识到自己的不足之处?难道你不愿意向他展示美德的作品,那样他就有可能认识到在什么地方可以寻找到自己的进步?”可怜的人,你的作品(work)在哪里,请就在哪里寻找你的进步……“你把克律西波的《论选择》拿来,看我对它已经掌握到了何种程度。”奴隶啊,这不是我想看的,我想看的是你在行为当中如何进行选择和拒绝,如何进行欲求和回避,如何处理事物,态度如何,如何进行自我准备,以及是否与自然保持一致。因为如果你的行事与自然一致,那就请展示给我,我将告诉你,你正在取得进步;如果不一致,那就请走。不要只是阐释你所拥有的书本,而是要自己也去写一本同样的书。你将会因此而得到什么益处呢?难道你不知道一本书只值5块钱(5 denarii)吗?既然如此,你想,它的解释者的价值会比5块钱多吗?所以,永远不要在此处寻找你的作品,却又在彼处寻找你的进步。①

这段话不是偶然的随感,它反映了爱比克泰德在书中其他许多地方言论中的一贯立场,即对“学术”保持相当的不信任和距离。塞拉斯说,早期斯多亚学派其实并不反感学术,芝诺、克律西波等人大多勤奋著述,其中不乏大量的注疏之作。而希腊化时代的柏拉图派和亚里士多德派更是推出了累累可观的注疏作品。但是,爱比克泰德把哲学家的形象重新恢复到苏格拉底和犬儒派身上,自己也从不写一个字。可想而知,由于爱比克泰德当时的独特魅力,

① 爱比克泰德:《哲学谈话录》第1卷,第4章,第5—12节。

同时代的许多斯多亚学派都会着迷于和追随他所指引的方向，于是纷纷放弃浪费生命的注疏解经学的“手段性工作”，直接转向人格修养的“目的性活动”。其后果可想而知。用塞拉斯的感叹评论说就是：“只要一两代学生不注意或是很少注意保护维系本学派的文献，下一代潜在的斯多亚学派就无从研读斯多亚主义。”①

3. 奥勒留

哈德良皇帝统治时期（117—138 年）和安东尼朝代（138—192 年）是所谓“第二次智术师时代”的顶峰，文化风雅在希腊、罗马世界出现了新的蓬蓬勃勃的复兴，哲学也备受宠幸。有好几位皇帝在罗马等地建立了修辞学讲席。奥勒留在雅典建立了四个哲学讲席（斯多亚学派、伊壁鸠鲁派、亚里士多德派、柏拉图派），雅典于是重新作为文化中心复兴。

马可·奥勒留·安东尼（121—180 年）在位 20 年，长期在国外征战。所以他的《沉思录》有时也被翻译为“马上沉思录”，这是确实符合实情的。不过，此书的希腊文标题是《致他本人》（或者《马可·奥勒留·安东尼皇帝致他本人》），这显然不是一部打算公开发表的著作。他是奥勒留自己进行哲学训练的笔记，所以其中重复甚多。观念有没有原创性不是他所关心的；同一个观念通过不断的实践、记载、反思而得到强化和内化，这些才是他所看重的。根据学者的推断，在这些零碎的笔记写好后，奥勒留才写作这本书的第一卷，以便为全书作一个导引。奥勒留当然想到将来可能有人会读到自己这部日记体文字，但是他并没有因此而粉饰和抬高自己，毋宁说他文字的基本精神正是宣传一种严以律己、宽以待人的斯多亚哲学。奥勒留知道塞涅卡，但是几乎未加评价。他对爱比克泰德则公开表达了仰慕之心。但是他没有爱比克泰德的那种严苛和自信，奥勒留的气质更是谦卑的和宽厚的。②

总结罗马时期的斯多亚学派，首先，我们看到的主要是伦理学—治疗哲学的哲学家。研究者历来对于晚期斯多亚哲学的贬低依据的就是这个事实。对

---

① 塞拉斯：《斯多亚主义》，第 29 页。

② 参见《洛布古典丛书》收录的《沉思录》的译者“导言”，“导言”页 xiii。

此怎么看,我们将在后面仔细讨论。首先,在此我们只想指出一些客观事实。这个时期的斯多亚学派哲学家其实远远不止这三位。比如,爱比克泰德的老师穆索尼乌斯(Musonius Rufus,约30—100年)就是当时罗马城里一位十分有名的斯多亚学派哲学家。其名气之大甚至到了被人称为芝诺、克律西波之后"斯多亚学派第三位开创人"的地步。不过穆索尼乌斯的思想除了在斯托拜乌(Stobaeus)收集的材料中保存了一些片段之外,已经基本遗失。可能他与苏格拉底和爱比克泰德一样,选择了不进行专门写作的道路,以当好一个言行一致的斯多亚"贤哲"为目标。作为导师,他是成功的,除了爱比克泰德,他的学生中著名的还有"金嘴"克里索思顿(Dio Chrysostom)以及西亚推罗(Tyre)人幼发拉底(Euphrates)等人。在这个意义上,他开创了罗马斯多亚学派。①

此外,正如学者们现在指出的,罗马时期依然可以发现写作原创性专著和论文的斯多亚学派哲学家,比如写作《伦理学原理》的希罗克勒斯(Hierocles),就专门讨论了作为自我亲近感前提的"自我知觉",考努图斯(Cornutus)的《希腊神学传统概要》总结了对于希腊神话的各种寓意解释。此书预设了斯多亚学派语言学对于词义的自然说观点。塞涅卡的《自然问题》也有不少有意思的新见解,既结合了伊壁鸠鲁宇宙论的一些看法,又没有背离斯多亚学派自然哲学的立场(在塞涅卡看来,宇宙可以从理性上得到解释,正说明神意是内在的)。另外,此时有由菲洛帕特(Philopater)所代表的对于命运和责任一致性的新观点阐发。② 总之,如果我们不为此时几位在"实践治疗哲学"上发出耀眼光芒的斯多亚学派大师所迷惑,我们就能够看到延续早期和中期斯多亚学派的纯粹理论兴趣的斯多亚哲学家继续在进行他们富有成效的工作。而且,甚至从爱比克泰德的谈话录中都流露出他的日常斯多亚哲学教学工作并不是在教谈话录中的那种性灵之说,而是传统的斯多亚学派各个哲学部门的理论。正如塞拉斯所说的,"应用伦理学"的晚期斯多亚哲学建立

---

① 参见塞拉斯:《斯多亚主义》,第15页。

② 参见吉尔:《罗马帝国时期的斯多亚学派》,载英伍德主编:《剑桥斯多亚学派导读》,第38—40页。

在许许多多斯多亚学派教师们的日常研究教学的基础上。①

其次，这个时期斯多亚学派哲学的总特点确实是更多地表现在德性修行方面的投入和成功。如果从斯多亚学派早期建立时内部的犬儒派和柏拉图派的张力看，把晚期斯多亚学派的德性中心取向归结为"犬儒派的复兴"或许能说明一些问题。斯多亚学派开创时的苏格拉底—犬儒派极端性曾经在芝诺的平衡下得到缓和，在中期斯多亚学派中几乎被全面压制。但是我们一定要记住，它绝没有彻底消失，它会不断冒出来。事实上，斯多亚学派在其全部发展过程中，始终强调对外部事物保持"无动于衷"的冷漠，强调理性是人类幸福的唯一源泉，强调世界主义和道德理想主义；所有这一切都反映了芝诺与犬儒主义学说的内在联系。从晚期斯多亚学派哲学家的言行中，能够看到对犬儒派哲学家的异乎寻常的同情评价、甚至尊崇的赞美（这在爱比克泰德的《哲学谈话录》中比比皆是）。此时的斯多亚学派或明或暗地强调外部环境的险恶，突出主体拒不认可命运伤害的自由的重要。爱比克泰德等的斯多亚学派的教导绝非号召大家衷心接受专制君主的命令，也许，这是因为时代已经重新走向险恶和专制，人们总体来说在政治上实际已经无能为力。所能保持的，就是个人在恶政面前的尊严。人的自由自主力量只有在坚持职责成为困难时，才真正显示出来。爱比克泰德突出了自由意志的观念，强调要充分发挥我们的理性选择，而不要关心我们的身体和外在之物。吉尔建议人们把爱比克泰德看做是"强悍斯多亚学派"的代表，即否认对自然"可取"利益的关注，忽视在习俗生活方式中实践德性的重要，而强调更为严苛的犬儒派理想。②

第四节　问题意识及解题基本思路

以上的讨论让我们回到了基本问题：如何看待斯多亚学派哲学的本质和

---

① 参见塞拉斯：《斯多亚主义》，第 19 页。

② 参见吉尔：《罗马帝国时期的斯多亚学派》，载英伍德主编：《剑桥斯多亚学派导读》，第 47 页。

贡献。一种哲学的意义取决于它是否找到了真正的问题并提出了富于启发的解决方法。在导论的开头我们指出,当代斯多亚哲学研究的复兴正是建立在整个学术界日益意识到,对希腊化罗马哲学包括斯多亚学派哲学的认识和理解,如果要得到真正客观的认识,必须放弃用今人的眼光,或者用柏拉图和亚里士多德的眼光去看待这个时期的哲学,必须从斯多亚学派自身所把握的问题来看待斯多亚学派的严肃理论和实践努力。作为希腊化罗马的最大哲学流派,斯多亚学派在实践和理论两个方面应当说都已把握住了十分有意义的重要问题,并且尝试提出了自己的解决方法。

首先必须明确的是,尽管斯多亚学派建构了一个庞大的、正面的哲学体系,但是它最为关心的问题其实不是理论,而是实践。斯多亚学派所传承的犬儒派精神突出了这一观点:哲学的使命与其说是构造抽象的理论,不如说是塑造"哲人"(贤哲)的形象。犬儒精神捕捉到了当时的时代精神,因为这与其他希腊化罗马哲学流派对于"哲学"的新理解是共同的:哲学首先是一种生活方式,一种生活的"技艺",而不是纯粹理论知识。

当然,仅仅指出这一点还是过于粗略。即使在古典哲学时期,哲学家们也十分关注实践问题。柏拉图的最初哲学动力就是政治和伦理,是为了回应智术师的挑战,而不是纯粹解决理论难题。斯多亚学派与古典哲学的区别,不仅表现在它在实践问题上投入了更多精力,而且它的实践哲学本质上属于一种治疗哲学,而不是伦理和政治哲学。"哲学治疗学"经常被归入哲学家们的"伦理学"著作中,但是二者其实极为不同。"治疗哲学"与"伦理学"的大致区别是:伦理学和政治哲学是关于道德也就是人际的利益冲突问题的,是关乎人与人之间利益的正义关系的;治疗哲学更多的是关于个人生命中的问题的,它不太关注人际正义问题,主要关注个人的幸福与不幸;它不研究治国救世,而是研究个体自身本体性疾病的治疗。二者之间的取向显然不同。但是,由于在哲学史上它们往往都被归入"伦理学"这个名目下,所以人们很少发现其间的差异(有的学者会在"宗教性"和"明智理性"的题目下讲到这个主题)。斯多亚学派当然有自己的伦理学,甚至还有政治哲学思想,但是斯多亚学派最关心的问题是治疗哲学的问题。

那么,斯多亚哲学作为治疗哲学,所诊断出来的人类疾病是什么呢?主要是面对财物的贪婪,面对伤害的愤怒,面对灾难的悲伤,面对恩惠的不懂感恩,面对人在目标取向时的支离破碎、错综复杂、没有一定之向,最终对自己充满失败感,由此还对他人愤怒相激,相互残杀。人们或许会问:这些不就是"道德问题"吗?不完全是。因为斯多亚哲学在此关心的不是这些"恶"对他人的伤害,而是作为强大激情对主体自己的伤害,它们使人在外在的打击之下被动失措,完全失去自主,失去心灵宁静,失去"幸福"(在希腊,幸福指的是完满存在而不是"快乐")。斯多亚学派的治疗哲学吸收了苏格拉底道统中的"唯智主义"预设:人的灵魂疾病——各种激情——正是来自知识上的愚昧,而且仅仅是因为知识上的愚昧,这使得大众不懂得自然和人的本性。于是,斯多亚学派发展出了一个庞大的理论体系,帮助人们认识自然的要求,帮助人们懂得什么是必然,什么是神意,什么是真正的自由;从而帮助人们按照自然来生活。

但是,我们不能由此认为斯多亚学派对于理论的兴趣仅仅是服务于实践的目的。斯多亚学派对希腊的纯粹本体论和认识论问题都很有兴趣。由前面的论述可见,芝诺尽管是从伦理学开始自己的哲学历程的,但是他是一位智性要求很高的人,他很快对理论哲学发生了兴趣,从犬儒派转到其他各种理论学派,希望寻求更加高深的能够解除他心中新的疑惑的学问。为此,斯多亚学派在自然哲学和逻辑学等理论学科上总结了希腊哲学发展的某些独特精神,并且提出了非常原创性的新哲学。

所以,作为独特治疗方案("生活技艺")的斯多亚理论哲学具有两个对立的特点——极端性和整体性。一方面,斯多亚学派的思想富于极端性,这使得这个哲学在思想上保持着锐气和力度。斯多亚哲学的一系列基本命题在古代都是作为极端"悖论"问世的。最突出的可能是主观性的绝对自由可以抗衡一切外来压力的思想,作为内在力量的美德不依赖于它物(包括习俗和权威)而具有独立的、最高的价值;其对内在性的强调是建立在极端化的唯智主义上:道德的善恶完全取决于知识的有无;所谓"好人"就是有知识的人,而最大的邪恶是灵魂的愚昧。如果明白并坚持这一原则,人就不会为外在打击所摆布。另一方面,斯多亚学派的哲学在表现出极端性的同时还展示出另外一个特点:理论的全面性。这一特点使斯多亚哲学思想具有了厚度和深度。斯多亚学派的主观性最终不是犬儒式的那种孤傲的主观性,而是建立在自然哲学和自然智慧学之上的。自然大道、宇宙理性、Logos、神、命运(这些在斯多亚学派哲学中指称的是同一个东西)无所不在,不仅在宇宙中居统治地位,也在个体人当中居于统治地位。所以,美德与宇宙的整体性是密切关联而不是激烈对抗的。斯多亚学派哲学的总的精神是和谐一元论,而不是对抗的二元论。一般来说,像斯多亚学派哲学这样强调理性、精神、自由的哲学容易采取二元论的立场,但是人们可以看到,斯多亚学派哲学极为突出一元论,突出从自然到人到知识都服务于一个目的。

前面我们说过,严格的犬儒派根本不承认自然哲学和认识论哲学,它们只承认伦理学。而这被视为苏格拉底的道统:苏格拉底的"第二次启航"正是因为领悟到必须放弃自然哲学和认识论,因为前者超出了人的能力,后者对人的真正利益没有帮助。塞克斯都·恩披里柯说:

> 根据其大多数朋友所言,苏格拉底只承认有伦理学部门;因为色诺芬在其《苏格拉底回忆录》中明确地写到:"他因物理学超出我们的认识能力之外而拒绝它,并且因伦理学的对象与人相关而完全献身于此。"①

但是,芝诺所确定下来的斯多亚学派的最终哲学形态一方面继承了苏格拉底—犬儒派的精神,另一方面又吸收其他学派中有益的成分为自己的伦理立场提供理论知识的雄厚支持,形成了一个包含所有理论部门的庞大哲学体系。在方法论上,这种追求体系化的精神体现在"完全分类"方法的使用上。无论是在认识论、自然哲学还是在伦理学中,斯多亚学派在讨论问题时都喜欢使用"完全分类"方法处理各种主题。比如认识论中对于简单判断和复杂判断的分类,伦理学中对于"好坏"和"可取不可取"的完全分类。它不仅表现了科学的、系统的研究而非断续的灵感,而且旨在穷尽所有的领域,得出具有必然真理性的全称命题,揭示不同事物的质的区别,所追求的其实完全是归纳法的效果。

① 塞克斯都·恩披里柯:《反逻辑学家》第1卷,第8节。

并且，斯多亚哲学还强调其各个部门之间形成了内在一体性。哲学应当分为几个部分，相互之间的关系如何，本来是希腊哲学进入反思阶段之后必然提出来的元哲学问题。斯多亚学派在各种争论之后，逐渐达成的共识是承认所有三个部门：

> 斯多亚学派认为，哲学学说分为三部分：物理学、伦理学和逻辑学。西提乌姆的芝诺是第一个在其《论学说》中做这种划分的人，而克律西波在其《论学说》第一卷和《物理学》第一卷中也做了同样的划分；……他们说哲学就像一只动物，逻辑学对应骨骼和肌腱，伦理学对应血肉部分，物理学对应灵魂。他们使用的另一类比是鸡蛋：外壳是逻辑学，其次是蛋白：伦理学，而处于中心的蛋黄是物理学。他们还把哲学比做肥沃的土地：逻辑学是环绕周围的篱笆，伦理学是果实，物理学是土壤或树木。此外，他们还把哲学比做一座城邦，这座城邦为理性所牢固守护，并受其统治。①

这些说法都表明，斯多亚学派认为哲学本身构成了一个有机整体，各个部门发挥着不可或缺的功能环节的作用。不仅如此，哲学的所有部门在另外一个意义上也是统一的：无论是自然哲学、认识论还是伦理学，都是在研究同一个对象——自然——的各个方面而已，都是统一的真理的各个部分，它们之间当然是和谐一致的。斯多亚学派强调自己哲学的每个部分都是紧密联系在一起的，改动任何一个小部分都会影响到全体。人们确实可以看到斯多亚学派在不同哲学部门中贯彻同一个原则。比如，本体论强调个体性，宇宙论采取对立统一而不是纯粹的一，在认识论中强调感性认识。在实践问题上，斯多亚主义对于其哲学各个部门的内在一致性的信念可以表述为：自然事件之间存在着确定不移的因果联系，根据这种因果联系，我们就能证明一系列的命题，而服从这些命题生活，就能使我们把生活安排得完全符合自然或"神"。

斯多亚学派虽然可以分为早期、中期和晚期，但是，它的思想体系是前后一致的。所以我们将按斯多亚哲学的三大部分（哲学、逻辑—认识论、伦理

---

① 第欧根尼·拉尔修：《著名哲学家的生平和学说》第7卷，第39—41节。

学)展开论述,对于三个时期的差异和特点在有关章节会另作交代。考虑到晚期斯多亚的特殊性,我们在第 4 章第 4 节中有专门论述。在前面的讨论中我们已经暗示,这些名目下其实包含了许多复杂的内容。有些内容虽然严格说来可以单列处理,但我们还是将其放在一起讨论,比如在自然哲学中我们将讨论斯多亚学派的“神学”,在“伦理学”中将讨论斯多亚学派的“治疗哲学”。但是有些内容我们将独立讨论——我们首先讨论其内容涉及所有这三个常规哲学部门的基本概念的哲学部门,即所谓斯多亚学派的“第一哲学”。

第六章

斯多亚学派的“第一哲学”

本章考察斯多亚学派的“第一哲学”。我们在讨论之前首先要问三个问题:什么是“第一哲学”,斯多亚学派有这样的“第一哲学”吗? 一切皆动、无物常在能与“是”(实是)相容吗?

对于第一个问题的最简单的回答是:“第一哲学”就是以“作为是的是”为核心问题的哲学。由于 ousa 和 ousia(Being)可以翻译为“存在”和“是”,这导致了西方这门独特学问的复杂性。这门学问的主要工作就是规定“真正的存在”的形式标准,然后据此梳理各种事物,确定哪一种是根本的、最能当得上“存在”(是)的,哪些是次级的存在(是)。由于“存在”是最普遍的范畴,而“是”又是语言逻辑学的根本要素,所以这门学问就应当是各门哲学学科都必不可少的前提条件,在哲学体系中起着为所有其他哲学部门准备基本概念和基本规律的功能,其成果为所有具体哲学部门所预设。因此,它应当是“在先的”——最先的,所以被称为“第一哲学”。

第二个问题比较复杂。“第一哲学”的概念是亚里士多德提出的,所以亚里士多德的哲学体系中有这样的哲学部门是没有疑问的。但是斯多亚学派的哲学体系中有这样的“第一哲学”吗? 斯多亚学派哲学属于“希腊化时期哲学”,而这个时期的哲学体系一般都是由“自然哲学、伦理学和逻辑学”三个部门所组成;而且据说这一标准模式正是斯多亚学派哲学所确定的。怎么又多出来一门“第一哲学”呢?

第三个问题更加复杂。作为存在论(实是论)的希腊“第一哲学”,其实是赫拉克利特之后的哲学家们为了回击赫拉克利特对于存在和语言的彻底撼动而提出的一种补救式的学问。作为赫拉克利特的传承者斯多亚学派,其哲学思想怎么在“人不可能两次踏进同一条河流”中发现自己应当采取的 Being 的立场呢?

下面我们从这三个问题入手,考察斯多亚学派在“第一哲学”上的基本思想、创新之处和困难问题。

第一节 “第一哲学”的缘起与思路

要理解斯多亚学派在“第一哲学”上的作为,必须对这门学科的宗旨有所理解。由于斯多亚学派的“第一哲学”在某种意义上是对希腊“第一哲学”有意识的总结和提升,所以,借此机会回顾一下整个希腊“第一哲学”的产生因缘和发展,不仅有助于我们理解斯多亚学派,也有助于总体了解这个学问。

上面对“第一哲学”的简略说明虽然看上去合乎逻辑、合情合理,但是仔细反思一下,未必真的那么令人信服。“作为是的是”(作为存在的存在)的学问至少听上去是一种相当古怪的学问,它究竟是一门什么样的“学问”? 而且,为什么它——而非神学、自然哲学乃至伦理学——是“第一哲学”? 事实上,更为自然的想法和古代人的实际做法都是把神学和自然哲学当做“第一哲学”。甚至,把伦理学当做“第一哲学”,也不是不可能的,因为学者们不是早就公认希腊化罗马哲学(包括斯多亚哲学)的共同特点就是把“伦理学”当做最重要的学问吗? 塞克斯都在讨论当时人们对于哲学各个部门的排序时就指出人们采取过各种“第一哲学”的取向:

> 在对哲学持三分法看法的人中,一些人把自然哲学放在首位,因为它在时间意义上最早(迄今人们还把最早的哲学家称为“自然哲学家”),同时在自然秩序上也占据优先地位,因为我们在考察个别事物和人本身之前首先讨论整体(the Whole)问题更为合适。另一些人从伦理学开始,因为它是更必不可少的主题和产生幸福的学问;正如苏格拉底宣称的,他的

唯一考察对象就是“善恶在这些家族中是如何确定的”(荷马:《奥德赛》,iv.392)。

> 伊壁鸠鲁派从逻辑学开始,因为他们首先阐释“准则”,即讨论明白的东西、非明白的东西以及相关联的问题。斯多亚学派也主张逻辑学在先,伦理学次之、自然哲学最后。因为我们必须首先坚固我们的精神以守护传统;而使智性得到坚固的,恰恰是辩证法部分。①

问题的复杂性早在提出“第一哲学”概念的亚里士多德那里就已经出现了。亚里士多德在《形而上学》的开头提出,哲学是“无用的大用之智慧”,是最为接近神的学问,而且标志着人的自由。② 这尤其以甚至超出自然哲学的哲学(“形而上学”在希腊语中是“后自然哲学”的意思。这个词不是亚里士多德提出的,是后人专门指他的那些无法纳入自然哲学的一个词)为代表。这种振聋发聩的宣称听上去当然振奋人心,但是人们还是不禁要由“惊讶”而“好奇”,并追问其“原因”:这种绝对超乎经验的“形而上学”究竟是研究什么对象的智慧呢?亚里士多德对此的规定或描述反反复复,不仅在《形而上学》的前几卷,而且在其全书中都不断回到对这一主题的反思上,然而他并没有定下一个一清二楚的说法。在他所尝试提出的几种定义中,有两种特别重要:这种学问是研究最高级的对象的;这种学问是研究最普遍的对象的。亚里士多德对“第一哲学”的第一种主要定义是“关于事物的最终最高原因的研究”。这个定义似乎更符合一般人对“哲学”作为最高学科的期望,也符合亚里士多德自己对哲学功能的形式定义(求因性、深刻性、优先性等等),并且符合希腊从自然哲学到柏拉图的哲学史大传统。但是,亚里士多德的另外一个定义则令人费解了:“第一哲学”是研究“作为存在的存在”的学问。由于希腊语言的特点,这一定义也可以表述为:这门学问的主题是研究“作为是的是”即研究“Being”这个概念的普遍含义的。③

为什么研究“存在”或“是”的含义的就是最高的学问?如果这是因为它

---

① 塞克斯都·恩披里柯:《反逻辑学家》第1卷,第1章。

② 参见亚里士多德:《形而上学》第1卷,第2章。

③ 参见亚里士多德:《形而上学》,1025b,3—18。

是概括事物的“最大的共相”即“存在”的,那么,外延的“大”并不必然意味着深刻,反而可能意味着空泛;如果说这是因为“是”是最为常用的系词,是我们的语言所必不可少的,那么它充其量也只有逻辑学、语言学上的意义,即某种“工具论”(Organon)意义上的功能。亚里士多德为什么要把它提到“第一哲学”的高度?而且,如果这种以普遍性为旨归的学问是“第一哲学”,那么以高级性为旨归的学问又放在哪里,难道排序为“第二哲学”?

根据一些现代学者的考证,亚里士多德之后两千多年来的各种研究他的人居然都没有想到这个问题,这是让人惊诧的,也是发人深省的。但是,19世纪以来,学者们似乎终于看到并牢牢抓住了亚里士多德思想体系中的这一矛盾。本书第三卷关于亚里士多德的讨论指出,在当代,西方亚里士多德学术的主要争议问题,正是围绕着这一矛盾展开的。有的学者基本传承了亚里士多德注疏家和中世纪思想家的看法,认为亚里士多德将“是”归结到它的首要的核心——本体,又将各种本体归结到最高一种即不动的分离的本体——“不动的动者”,也就是神,所以亚里士多德将他自己的第一哲学也叫做神学,说它是最高的理论学科。但是另外一些学者认为,亚里士多德说研究“作为是的是”的学问才是一门最普遍的学问,它所研究的基本范畴和原理是其他一切特殊学科都要使用,但却并不专门研究的。它研究普遍的本体,研究本体的特征和分类,而不动的分离的本体只是其中一类特殊的本体。这样的学问当然超验(meta)自然哲学(physis),所以叫 metaphysis=形而上学。神学只是这种研究“作为是的是”的学问或普遍地研究“是”的本体论的一个特殊的方面和部分。这两种观点在《形而上学》的不同篇章都能找到根据。用中世纪的术语说,这里争论的焦点是:亚里士多德讲的“是”究竟是完善者(ens perfectisimun)还是共同者(ens commune)?如果是前者,那就与柏拉图一致,就是“相”或神;如果是后者,那就是最抽象的概念——这样的“是”内容最空洞,外延最广。有神学背景的欧文斯比较倾向于亚里士多德站在前一立场上,他说,难道有哪一位中世纪思想家会认为“是”是最抽象的、最空洞的概念吗?所有的古人都只会同意亚里士多德的是论就是神学。不仅如此,即使是古希腊的亚里士多德注释传统也不会意识到这种矛盾的存在,如亚里士多德的继承人塞奥弗拉斯特就没有提到“作为是的是”，他认为哲学研究的第一原理必然是确定不变的，是理性的对象而不是感觉的对象。永恒不灭的东西总是先于并统治那些可以消灭的东西，统治万物的原理就是使万物“是”和持续的东西，它是神圣的。总之，欧文斯认为正如那托普（Natorp）所说的，古人从不怀疑亚里士多德认为“第一哲学”和神学是同一回事。

近代研究者比如那托普、蔡勒，耶格尔、罗斯等人都开始认识到其中的矛盾，换句话说，他们开始在亚里士多德的“第一哲学”中剥离出一个专门关于“作为是的是”的学问，它独立于神学，有自己的独立意义。①

从亚里士多德《形而上学》第二卷举出的14个“哲学问题”看，亚里士多德自己没有明确区分这两个层面上的“第一哲学”。由于现代社会是一个世俗化的启蒙社会，这样的分离剥离工作意味着即使在亚里士多德神学的“第一哲学”动摇甚至消失之后，依然会有一个“亚里士多德第一哲学”留存下来。这些学者应当更强调亚里士多德与柏拉图的距离而非一致性。耶格尔就用发生学的方法指出存在论的出现标志着亚里士多德逐渐摆脱柏拉图的思想，在思想发展的后期走出了自己的早年“神学”阶段。所以，“作为存在的存在”的学问，也就是本体论或者存在论、“万有论”，它的命运比神学、自然哲学等古代学科好得多，不仅在古代有幸被列为“第一哲学”（与神学一道），而且在后来的西方哲学发展中，在神学和自然哲学等退到边缘之后，仍然占据哲学学术的中心。尽管英国经验论和分析哲学运动都曾经试图“拒斥形而上学”，但是我们今天依然能不时听到“存在论复兴”的声音从西方著名高校哲学系传出。

然而，如果我们认真读读亚里士多德，读读整个希腊哲学的发展史，就会发现“第一哲学”的出现，在最初其实是一种不得已、一种自我保护、一种几乎在哲学的城池尽失时的被迫的绝地反击。众所周知，当希腊哲学起源时，哲学被叫做“自然哲学”，它研究万事万物的“本原”（ἀρχή）。这样的起源来自对宇宙奥秘的惊诧（泰勒斯观天故事的深意被亚里士多德和后来的哲学家一再解读），这样的智慧，与亚里士多德在《形而上学》中提出的第一种含义的“第

① 参见本书第三卷，第573—576页。

一哲学”——根本原因论——是吻合的。但是不要忘了,自然哲学并不对“作为存在的存在”感兴趣。它不是亚里士多德另外一个意义上的“第一哲学”——事实上,那个年代的哲学也只有这一个学科,所以无所谓第一、第二的区分①。

然而,自然哲学家中的一个“异类”——赫拉克利特的异军突起,使得整个前苏格拉底自然哲学的格调出现了根本性的变化。一般自然哲学家尽管认为“本原”(“水”或“气”或“无限定者”)产生万物,比万物更为根本,但是万物一旦产生,则有自己相对独立的存在,于是本原与万物在一定程度上和平共处,相安无事。但是,赫拉克利特“火”的本原说却给出了一种本原与万物之间极端对立的景观:本原的生就是万物的死,万物的生就是本原的死,“有死的是不死的,不死的是有死的,一个的死就是另外一个的生,另一个的死就是这个的生”(DK22B63)。“本原火”其实不是一般自然哲学所讲的“元素”,而是时间的象征。在此,时间不能理解为空间化的度量框架,而是事物运动的节律本身。既然时间性本原才是根本性的,万物的独立存在性就要受到质疑:万物处于快速的流变之中,没有人能够两次踏入同一条河流——而且由此很快就可以推导出:没有人能够同时踏入同一条河流。当宇宙的奥秘(大尺度时间反观之下我们这个时间体系的压缩与加快)一面被强调的时候,它的日常方面就动摇了。个体的存在和“是”(即自我认同:X 是 X)的确定性瓦解了,存在就是不存在,是就是不是。一切言说、思考到此终止。逻辑的前提是同一性,但是在绝对辩证法的世界中没有同一性。赫拉克利特的学生克拉底鲁的“无言”是一个象征。不仅日常生活崩溃了,而且哲学也被彻底动摇了。

赫拉克利特的挑战带来了思想界的普遍混乱和恐慌,逼得哲学家们作出回应。正是在哲学家们对这一问题的回应中,产生了一种自然哲学之外(“之前”)的新学问——专门讨论存在(是)的“第一哲学”。这也说明,哲学未必像亚里士多德那样都是起源于令人愉悦的“好奇与探索”,也可能起源于对人

① 最早的哲学只有一个学科:自然哲学。参见塞克斯都·恩披里柯:《反逻辑学家》第1卷,第1章第1节。

生险境和社会危机，甚至是哲学自身危机的思索。

爱利亚派的巴门尼德是第一个出面迎接挑战的大师级哲学家，尽管他言语中没有点出赫拉克利特的名字，但是他的近于咒骂的话（参见《巴门尼德残篇》D6）几乎让人不会弄错他工作的主要宗旨就是回应赫拉克利特对存在、语言和哲学的撼动。

赫拉克利特现有残篇中没有出现多少对“存在”（being）这一普遍概念的描述，事实上在其现存残篇中只出现过几次。但是巴门尼德明确意识到，赫拉克利特的结论意味着对存在的动摇、对是的认知和语言的动摇。如果说赫拉克利特的思路可以被视为是从存在的性质走向语言思想的性质：因为世界是流变的，所以我们无法确定思考和言说①，那么，巴门尼德的思路就不妨被视为从语言逻辑和思想的规律走向存在。巴门尼德的哲学诗当中隐含着一个他自认为具有严格必然性的逻辑推理，其中的自明前提无疑属于思想和语言逻辑的规律：思想必须有确定的对象（思想律），A 不能变为非 A（同一律）。然后由此推出：存在就是存在，不可能是不存在；或者说：是就是是，不可能是“不是”。当然，巴门尼德并不打算简单恢复被赫拉克利特动摇的常识世界和语言。他也是一个走极端的人，只不过走向的正好是相反的另外一个方向。他的推论是：因此不存在就是不存在；不是，当然就不能“是”；因此，充满了否定性的现象界不存在，无法离开否定词（不是）的语言也必须终止。如果说赫拉克利特突出了时间，那么巴门尼德就消灭了时间。他只允许现在时（is），不允许过去时和未来时（was 和 will be）。这样，巴门尼德以抗衡赫拉克利特开始，结果还是和赫拉克利特一样：摧毁日常世界，摧毁语言（逻各斯）的表述能力，摧毁了一切学问。如果说巴门尼德比起赫拉克利特，至少还保存了本体世界的“是”，那也仅仅是一个极为贫乏、没有任何内容、多样性和变化的“一”。

从某种意义上说，此后所有的希腊哲学家的工作都是在试图回答赫拉克

① 与国内学界的一般看法不同，赫拉克利特在希腊哲学史上被许多人看做是“客观型”怀疑论的主要先驱，我们在讨论皮罗派中兴人物埃涅西德姆的时候还会说到这一点。

利特和巴门尼德,或者说,在遵循巴门尼德的基本原则的同时又不完全同意巴门尼德的极端化结论的情况下,回应赫拉克利特。当然,这样的说法不能简单化理解。并非所有的哲学家都是从困惑于赫拉克利特—巴门尼德悖论进入思考的。实际上,各个哲学家都有自己独特的理论关切和人生关切,无论这些关切是政治改革还是宇宙的奥秘,是人的身体、疾病还是灵魂,绝非仅仅在关心如此褊狭的一个主题。但是,在经历了某种"批判哲学"式的"刺激与觉醒"之后,所有的哲学家如果还想继续搞哲学,甚至继续对这一世界有所"言说",就不能从简单的素朴实在论起步了,他们首先必须对"第一哲学"问题表明自己的立场。无论他们自己的独特关切是什么,无论他们提出的理论体系是怎样的,他们都必须首先回答赫拉克利特的挑战,而且在回答中不能绕过巴门尼德——这表现在:

第一,必须使用"being"的语言,即必须考虑"什么是存在,存在是否存在,不存在是否不存在"这一类的问题;也就是说必须在存在论(ontology)和实是论(ousiology)的层次上回答问题。

第二,遵守巴门尼德所强调的原则:存在与不存在(是与不是)不能直接等同。

第三,"存在"与"时间"有密切关系。真正的存在往往是持久存在。或者说对于"存在"的兴趣大半来自思考如何对付时间的威胁。当然,人的存在与时间有种种关联,也被不同的哲学家所重视。

第四,这样的思考与语言学和逻辑学有紧密关系。赫拉克利特以攻击语言逻辑为重要目标,巴门尼德则从逻辑规律开始其论证,柏拉图、亚里士多德、斯多亚学派等等都从语言逻辑的考察入手规定存在论。

并不是每一个"后赫拉克利特—巴门尼德"希腊哲学家都系统清晰地建立了一个"第一哲学"。但是,在恩培多克勒、阿那克萨戈拉、德谟克里特、伊壁鸠鲁、柏拉图等极为不同的哲学体系中,我们可以看到这一关切或明或暗地在发挥作用。大家都感到不能接受存在就是非存在,是就是不是;巴门尼德确定的限度是不能突破的。但是人们也感到某种存在与不存在、是与不是之间的"贯通"确实是无法否认的。变化与运动是存在的——用"being"的术语描述就是:being 和 non-being 之间的转化是可以允许的(变化=从 A 变为非 A,或者从 A 的“是”变为 A 的“不是”)。

摆在人们面前的一个可行思路就是:是否 being 不是一种,而是有许多种?其中有的是“真正的 being”,它当然不应该转化为不存在,它是长久存在的;至于其他的存在则是“次级存在”、“准存在”,是流动不居的,其存在性是有依赖性的,是从“真正的存在”派生的。真正的存在与所有其他可能的存在据此进行分类和排序。这些正是所谓“存在论”的主要内容。①

柏拉图的“是”论就是如此。虽然柏拉图没有使用“第一哲学”的说法,但是他的“相”(理念)的学说、特别是他在《巴门尼德篇》和《智者篇》中提出的“范畴”理论都可以视为正是存在论意义上的“第一哲学”。从柏拉图的书信看,他进入哲学并非起源于对“作为是的是”的冥想,而是起步于对政治的关怀。但是在政治中他遇到的最大敌手是智术师。智术师在为无限欲望张目并动摇道德体系的时候,充分利用和发展了赫拉克利特对语言逻辑的破坏,造成了“是”与“不是”之间区别的混淆、真与假之间区别的消失。巴门尼德以对于个体性的消灭而获得的无规定性的“一”也不是柏拉图所能接受的。在《智者篇》等著作当中,柏拉图甚至批评巴门尼德的学说也会导致智者的诡辩。柏拉图回应赫拉克利特的策略正是对“存在”(相之是)进行等级划分。这一划分可大可小(柏拉图本人至少划出了“四线段”②,而后来的新柏拉图派又划分出了更多的层次③),但是最大的划分是在本质与现象之间。绝对的“无”当然是完全的不是、不存在,而现象世界是流变的,生成与消灭的,没有真正的

---

① 存在论的起源和宗旨有助于思考一个翻译所引起的问题:今日汉语学界对于“Being”究竟是翻译为“是”还是“存在”的争论,必须首先明白两点。首先,being 具有两种含义,所以并非只能翻译成一种。实际上,一个概念之所以能衍生出一种哲学理论而不是简单的逻辑理论,正是因为人们在利用那个词的多重含义做文章。其次,翻译成“是”本无不可,但是一定要明白在“是论”——尤其是“实是论”(ousiology)——中,“是”是异质的、有等级的、有不同程度的;这是单纯的逻辑系词的“是”所不具有的一个特征。柏拉图和亚里士多德关于 being 的如此关注也不是仅仅在关注一个逻辑系词。

② 参见柏拉图:《理想国》,509D—511E。

③ 参见本卷关于普罗提诺和普罗克洛的讨论。

存在,严格说来也不能被称呼为“是”,姑且可以称为“既是又不是”。纯粹的、绝对的“是”是相。人们一般注意到所谓“相”(理念)的特征是“共同本质”。但是相作为“本是”或者严格意义上的是,最初的考虑却是因为这样的存在或“是”才是“长久存在”或者“恒是”(“长久”未必是时间意义上的,可以是超时间的)。个体变化,个体的本性(理)并不会变(为相反者)。

值得注意的是,柏拉图的“第一哲学”已经包含了两个方面的意思:普遍性与根本性,因为柏拉图把相(理念)当做绝对的(单纯的)、自身的存在,是具体事物存在的根本原因。个别事物之所以“是”如此这般,乃是因为“分有了”相应的相。① 这样,就既肯定了日常个体的“准存在”,又把本体的普遍性与深刻性(“在背后发挥原因作用”)合为一体。共同特性由“长存”走向“自存”、深刻存在,于是“真正的是”被从现象界个体事物中悬空提起、独立自存,形成了一个独立的、实在的(唯一实在的)世界。

柏拉图的这种“二分”(或“分离”)思路是回答赫拉克利特的挑战的最佳策略吗?亚里士多德认为不是。亚里士多德的存在论意义上的“第一哲学”的总体思路,可以视为是围绕着回答赫拉克利特式怀疑论的挑战——但是不采取柏拉图的二元论的错误策略这一立场展开的。亚里士多德几乎每本书的文献综述部分都必然会批评柏拉图,这是大家都看到的。但是也经常批评赫拉克利特,这却未必被大家所注意。在亚里士多德那里,“是论”与对语言的思考紧密关联。“第一哲学”的最初宗旨就是要恢复被赫拉克利特所动摇的逻辑、语言和思维的基本公理,这既包括对逻辑规律的直接肯定(亚里士多德在《形而上学》第4卷论证了矛盾律是不需要论证的自明公理),也包括对“是论”本身的讨论。但是,在亚里士多德看来,柏拉图独立的相世界的提出,不但没有解决问题,反而添加了一层新问题。②

亚里士多德的思考视野比较开阔。他在拒绝了柏拉图的路径之后,还在其他几种可能的路径中翻来覆去地进行考虑,思索着如何在各种“是”(ὄν)中

① 这种内因论与外因论很不一样,影响了希腊哲学的非机械因果论路线的发展。

② 柏拉图有没有讲过“分离”,争论颇多。我们认为从某种角度看,柏拉图是同意分离的。

确定“真正的是”(οὐσία)。在此可以看到,亚里士多德首先确定“真正的是”的形式标准,大致有这样几条:它必须是“长久存在的是”(διακεῖμανον),从而是根本性的是(背后的是,ὑποκαιμ άνον),也应当是原因性的是(ἀρχή);最后,它应当是“最为本质的是”。这些标准,相信亚里士多德思想有发展的“发生学派”的学者会认为可能是陆续在亚里士多德的思想成熟过程中出现的。由于缺乏材料,我们不考虑发生学,只从逻辑关系上考虑。①

这些标准是有分别的。第一个描述虽然最不起眼,似乎是最为形式的标准,但是它其实是最为根本的,如何能够穿越(διά-)时间流变而保持存在(κεῖ-μανον),正是哲学家们反对赫拉克利特而捍卫可以辨识(具有一定持久性)的“是”,从而恢复常识世界和语言的宗旨;第二、第三个描述体现了“哲学”的基本特征:深刻而高级的智慧;但是必须注意的是,它容易导向存在论意义上的“第一哲学”之外。尽管经过这么衍生之后,“真正的是”被翻译成“本体”就似乎更为接近汉语的语感了,但是我们不要忘记,“本体”或“本是”的原初含义不过是第一种:持久存在,即不会在滚滚时间洪流中被变化(是与不是的“转化”)丢失了自己的同一性的“是”。

在确定了存在的形式标准之后,问题就是谁符合这些标准?首先是具有“主体性”的事物符合这些标准,这些事物自己独立不依,是其他事物所倚赖的基础性存在,此即所谓 *ousia*。什么是 *ousia*?最为直观的是具体个体。个体是各种性质所依附的主体。从语言学看,日常个体是被其他范畴如时间、地点、特性等等表述的主词,而自己却不表述其他事物,所以是各种谓述的承载者。亚里士多德在《范畴篇》中对此有展开的讨论:十大范畴中,主词是个体,独立存在;其他九大范畴都是表述主词的,从而都是次级的存在。描述主词的各种性质比如颜色、形状、动作、位置等等可以变化,但是主词表达的个体的同

---

①　在此也不妨提一下发生学方法的复杂性。如果有发生过程,亚里士多德应当向哪个方向发生发展?是从深层之“是”向普遍之“是”发展,还是反过来?耶格尔似乎认为是前者,并肯定这是从柏拉图的神秘主义走了出来,走出了自己的路。但是显然也可以认为是后者,因为亚里士多德的存在论似乎是从个体作为本体走向原因作为本体。

一性不变,宛如承载各种特性的基质。如果类比地讲,“质料”也可以说是这样的基质主体,因为质料永恒不变,各种具体事物不过是它的各种“换形”,就像它的暂时特性一样,变化不定,生生灭灭。所以,质料是“主体”,是众多变迁现象的背后承载者(*ὑποκειμένον*)。

究竟是质料还是个体才配得上“持久存在”的荣誉,这是一个争论不休的问题,争论双方各自都有自己的代表。就质料而言,个体生生不息而基质的同一性永存,正是自然哲学家所昭示的“存在”景观;亚里士多德指出,事实上大多数人(不仅自然哲学家)认为质料是真正的存在。① 在古代,“点心与面团比喻”和“雕像与铜材比喻”是哲学家证明这一立场所常用的例子。但是另一方面,个体也可以保持其同一性不变,尽管构成它的元素或质料已经悄悄变化了;这方面为人所津津乐道的例子是“老船提修斯号”(Ship of Theseus)。这条船的独特格式塔不变,但是最初制造它的木材早已腐烂、不断替换,其实已经无一存留。②

亚里士多德虽然知道并考虑过质料,但是他最终明确否认质料是真正意义上的存在。他的直觉是:当我们问关于“是”的问题的时候,总是在问“这是什么”(*τό τὶ*),不会仅仅问一般性的“是”(*ὄν*)。这样,没有任何规定性的质料就不能真正独立地、分离地存在,充其量只有“潜在存在”。③ 在《范畴篇》中亚里士多德反复论证个体是本体,也就是最配得上被称为“是”的那个“是”;其他范畴比如状况、关系、时间、空间等等都是对它的描述,都没有独立性,是次级的是。唯有个体是独立存在的,能够穿越各种特性的变化而保持(一生)的同一性不变。对个体性的强调,体现出的是对有序世界、日常世界的看重,对于个体同一性的捍卫。这就是希腊哲学史上众所周知的“拯救现象”运动,这意味着亚里士多德在自然哲学和柏拉图对现象界的“长存性、实存性、自存性”的长期攻击动摇之后,重新恢复现象个体的“本体”(根

---

① 参见亚里士多德:《形而上学》,1042a3—24。

② 参见朗格和西德莱:《希腊化时期哲学家资料选编》,第172—173页(凡标明LS编码者皆为原始资料,脚注中未标明LS仅注页码者为编者的综述和评论,下同)。

③ 参见亚里士多德:《形而上学》第7卷,第16章。

本之是)地位。个体虽然不会像质料或物质本原那样永远“是”下去,但是在其“活着”的这段时间里,它就“是”它,其同一性不能质疑。恢复个体性,从语言逻辑上说也就是重新恢复不矛盾律等逻辑规律的地位,反对赫拉克利特。

不过,亚里士多德也知道,“哲学”作为最高智慧,毕竟不能仅仅绕了一个大圈子之后又简单地回复常识。① 他在《形而上学》导论(A)中强调智慧必然是困难的、是关于不明白的事物而非日常视野的,这些话不会是随便发的感想。在第7卷(H)中,他果然对在主体性和个体性之外“真正的是”(存在)又提出第三个标准——之所是的“本质”。② 真正重要的不是个体,而是决定个体之为个体的原因。这一原因主要是内因,即事物的本质或形式。本体就是个体的本质(*τό τί ἦνεἶναι*)。因为“本质”作为规定性(*poios*),才使得个体得以从浑蒙无限定的质料中涌现出来——存在。

这种统辖质料性元素为“一”体的形式不是质料,也不是“形状”,而是终极完满的活动,即自身包含目的在内的活动(*praxis*)。亚里士多德超出了常识,也超出了自然哲学:“是”的本性不是实物化的“东西”,而是一定事物的独特的完满活动(*energeia*,*entelecheia*)。这样的活动形成的本体论和价值论的大序,使得宇宙中不同的事物有了深度。

这毫无疑问是亚里士多德对于“本是”的极有创意的深刻看法。有了这样的看法,亚里士多德可以当之无愧地宣称“第一哲学”已经超出了消极性的护道学。比如我们在开头时讲到,“第一哲学”从某种意义上说曾经是为了抵御赫拉克利特的时间效应之后的威胁而寻找稳定持久的存在。但是在此我们看到,亚里士多德没有躲避时间而追求超出时间之外的永恒,也没有陷入流变永逝,而是主张一种潜能向现实展开的目的论时间。“存在”、美好的存在(well-being)不在于“物”的无限积累和时间的尽量拖长,而是本己性的活动在既定时间内完满地展开。这就足够了(self-sufficiency),这就是 perfect-being

---

① 参见亚里士多德:《形而上学》,1029a30—35。

② 参见亚里士多德:《形而上学》,1029b3—5。

(＝'Ευδαιμονία)。这种“最为本质的是”的本体论成为《形而上学》的核心(第九卷),不是偶然的。可见,“本质”符合所有的“根本之是”的所有形式标准:

1.持久性(有的学者建议把 τό τί ἦνεἶναι 翻译为“恒是”①);

2.个体性(所以亚里士多德认为“一”以及普遍的相不是本体);

3.深刻性(作为整合各种元素为一体而存在的原因)。

最后我们按照这个表把思路清理和总结一下。综上所述,亚里士多德的本体论首先从 1 开始,然后走向 2,最后走向 3。存在论意义上的“第一哲学”主要讨论什么是最普遍的范畴——“作为存在的存在”;什么是最普遍的法则(是与不是、存在与不存在的法则)。值得注意的是,从其起源就可以看出,这门学问与语言研究有内在的紧密关系,它起源于护道学的目的:澄清逻辑系词“是”的含义,重新恢复语言逻辑的基本规律——“是”与“不是”的二值性,使被赫拉克利特怀疑论严重动摇的语言系统的运作可能性被重建起来。但是,在研究中,亚里士多德逐渐形成了深刻的存在理解,远远超出了一般的逻辑“是”的保护工作。这使得他后来为西方哲学的两种方向——分析哲学和现象学——都开启了窗口。

进一步,宽泛意义上的“第一哲学”(或形而上学)也可以在确立了“存在”的形式标准之后,讨论谁最符合这样的标准,从而进入实质哲学的领域。后一种研究往往与研究最高类型的存在的学问交叉重合。如果说 1 与 2 还是存在论意义上的“第一哲学”,那么 3 尽管也是,却已经是走向高级存在意义上的“第一哲学”。高级存在就是高级生活。它们体现在亚里士多德的灵魂论、伦理学、政治学、神学之中。《形而上学》第十二卷讨论了哲学神学。灵魂论、伦理学和政治学都形成了独立的体系和专著,但是它们无不以“第一哲学”为真正之是(本体存在)所立下的标准为基准。

---

① 参见余纪元:《亚里士多德论 On》,《哲学研究》1995 年第 4 期。

第二节　斯多亚学派对于"第一哲学"的推进

一　斯多亚学派有没有"第一哲学"

在回顾了希腊哲学的"第一哲学"的发生学历史之后,我们就可以回答与斯多亚学派有关的问题了:斯多亚的哲学体系中有没有这样的"第一哲学"?如果有,它的基本取向和推进的方向应当是什么?

可以肯定的是,斯多亚学派哲学有这样的"第一哲学"。不错,表面上看,斯多亚学派只有自然哲学、逻辑学和伦理学三个部门,没有独立的、"形而上学"意义上的"第一哲学"。但是如果我们仔细考察斯多亚学派的"自然哲学"和"逻辑学",就能发现有某些重要的内容不能简单地归为自然哲学,它们似乎超越了所有哲学部门,同时又为所有具体哲学部门所预设,这就自然而然地让人想到它们可能属于所谓"第一哲学"。

所谓"第一哲学"往往也叫"形而上学",因为 *metaphysics* 中的 *meta* 虽然本来的词意是"后",但是究其哲学意义来说,应当是"上"、"超出"或者"在先"、"第一"。亚里士多德的那批被放在"自然哲学之后"的著作(*metaphysics*),贴切的翻译应当是"前自然哲学",即逻辑上在先的"元"自然哲学、超自然哲学。

根据第欧根尼·拉尔修的记载,斯多亚学派的自然哲学的内容有两种划分法,第一种是"属的划分",它分为五个部分:

(1)关于物体(bodies)的;(2)关于原则的;(3)关于元素的;(4)关于诸神的;(5)关于边界、位置和虚空的。

第二种是"种的划分",它分为三个部分,分别讨论以下内容:

(1)宇宙;(2)元素;(3)因果关系。①

---

① 参见第欧根尼·拉尔修:《著名哲学家的生平和学说》第7卷,第131节。

现代学者认为,这些内容未必都属于"自然哲学"。有些属于"形而上学"。布伦什维希(Jacques Brunschwig)指出,在这两种划分中,"属的划分"更为抽象和理论化,其内容是首要的:物体、原则、元素、神都是首要的完善存在(完善之"是"),而时空都是存在及其活动的首要条件。因此,现代学者一般会把这些内容视为属于"具体形而上学"或"特称形而上学"(*metaphysica specialis*),而非自然哲学。朗格在讨论这段材料的时候也提出了类似的看法,他说斯多亚学派的自然哲学的"属的划分"中所包括的这五个主题非常广泛,并不限于当下的这个流变自然世界,而是涉及对所有事物的存在性的穷尽讨论,既包括永远存在的存在,也包括暂时的或者潜在的存在。所讨论的是理解世界的普遍属性。所以,它似乎属于亚里士多德的那种"第一哲学"的内容。①

布伦什维希进一步说,不仅在斯多亚学派的自然哲学中可以发现这种"高级对象的哲学"意义上的形而上学,还可以发现专门讨论"存在论"(ontology)意义上的"一般性形而上学"(*metaphysica generalis*)的内容。② 当然,斯多亚学派自己没有单独列出这样一个"一般性形而上学"或严格意义上的"第一哲学",有关讨论是与其自然哲学和逻辑学的讨论混杂在一起的。作为现代研究者,我们有必要将其剥离出来专门考察。这样的学问与"具体形而上学"不同,不是研究某种优先的高级对象,而是研究从存在的角度(从所谓"作为存在的存在"的角度)看的所有事物。具有这样的普遍性的形而上学就是所谓"存在论",这是严格意义的"第一哲学";"具体的形而上学"其实是所谓"高级存在"学。这样的"第一哲学",作为哲学的各门具体学科所需要的"元哲学",基本的任务就是要进行存在论(本体论)盘点,从哲学体系的意义上为所有哲学部门准备好基本概念,并回答从赫拉克利特肇始的怀疑论带来的基本语言混乱。

让我们考察斯多亚哲学对普遍性存在的"第一哲学"("一般性形而上学")的看法,即斯多亚哲学是如何从"是"的角度(从所谓"作为存在的存在"

---

① 参见朗格和西德莱:《希腊化时期哲学家资料选编》,第267—268页。

② 参见布伦什维希:《斯多亚的形而上学》,载于英伍德主编:《剑桥斯多亚学派导读》,第208—209页。

的角度)看待万事万物的。前面我们提到,这门学问的主要内容应当是:

1. 讨论什么是真正之“是”(存在),以及相关条件如时空运动 ——形式标准;

2. 排列存在的大序:存在——次级存在——不存在 ——重新排序;

3. 探讨其间关系:哪种存在是其他存在的“根源”(原因) ——存在的原因;

4. 考察谁符合这样的标准,能够被称为“是”(存在) ——实质性本体。

斯多亚学派是如何规定“存在”(是)的形式标准,并据此划分“存在的种类和等级”的?斯多亚学派的“第一哲学”的主要工作方式与柏拉图的《理想国》、《智者篇》和亚里士多德的《范畴篇》、《形而上学》中的工作方式类似,也是通过划分“存在的种类和等级”而展开的;而且,其主要工具也是语言逻辑中的范畴论。存在论中最为基本的划分当然是在存在与非存在、是与不是之间。但是,柏拉图的四线段理论已经告诉我们,事情远比这么简单的大类二分法要复杂得多。可以看到,完整的斯多亚存在体系也是相当复杂的。让我们先大致给出斯多亚存在等级的一个总的框架:

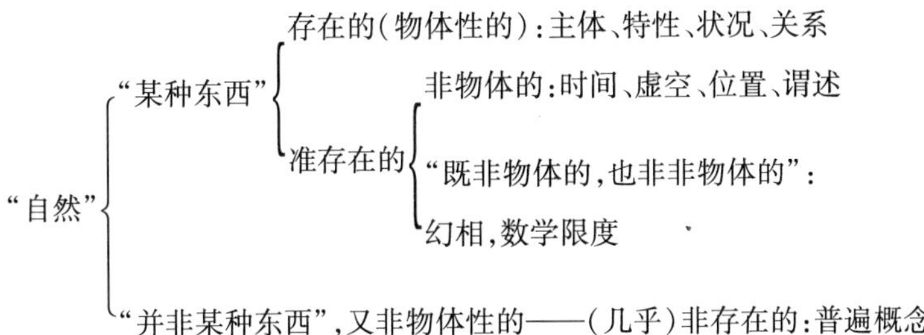

下面,我们将对这一总的图景依次展开分析,考察斯多亚学派“第一哲学”是如何规定存在、准存在和非存在的。

二　斯多亚学派的“真正存在”

让我们先看看哪些事物被斯多亚学派纳入“存在”的领域。严格属于“存在”的范畴只有四种,即主体、状况、特性和关系。在此之下,有四个范畴——

时间、虚空、位置和谓述——被列为次级的存在。由于这八个范畴的共性是都属于“某种东西”(τὶ),所以广义地讲它们都是“存在”的;但是,前四个范畴具有“物体性的”(body)特点,从而被列为最真实的存在;而后面四个范畴没有这样的特征,于是退居次级存在的层次。这样我们就得出第一个存在范畴分类表:

B1. “某种东西”(τὸ τὶ) { 存在的(物体性的):主体、特性、状况、关系
次级存在的(非物体性的):时间、虚空、位置、谓述

这一分类中蕴涵着许多东西,让我们从与亚里士多德的“范畴论”的对比开始进行分析。正如学者们早已看到的,亚里士多德范畴论的宗旨之一是从语言学说导出本体论。亚里士多德提出了“十大范畴”:本体、数量、性质、关系、地点、时间、姿态、状态、活动、遭受。① 在这些范畴中,唯有一个——作为主词的本体——是“*ousia*”(本体),即真正的存在(“是”),其他九种范畴都是表述本体的,都不是本体,在存在等级上都低于它。与此不同的是,斯多亚学派的“第一哲学”范畴表显得宽松得多,在“存在的”(*ousia*)当中放入了四种范畴:主体(substrate, substances, *hupokeimena*)、特性(qualified, *poia*)、状况(disposed in a certain way, *pos echonta*)、关系(disposed in relation to, *pros ti pos echonta*)。也就是说,在“主体”之外,还另外加入了三种范畴:特性、状况和关系。但是,斯多亚学派怎么回答亚里士多德的考虑:特性、状况和关系毕竟是对主体的描述,而不是主体,为什么也能充当“本体”?而且,如果描述性的范畴可以充当本体,为什么斯多亚学派又把亚里士多德的十大范畴一分为二,把其中的“时间”、“位置”等打入“次等存在”的冷宫中?

这样的问题引导我们询问斯多亚学派哲学对于“真正的存在”的形式标准的规定——个体性和物体性。上述这八种范畴之所以是存在的(第二类至

① 亚里士多德:《范畴篇》,1b—2a。请注意他在《论题篇》的类似范畴中把第一个范畴称为“本质”,不过他所举的例子是一样的,也是“一个人”或“一匹马”。也许亚里士多德感到作为主词的本体与本质是一回事,或者至少是内在相关的:“当他把一个人提出来,说提出的那件东西是‘一个人’或‘一个动物’的时候,他是说出了它的本质,并且指的是一个本体。”(《论题篇》,103b20—28)

少还是“次级存在的”），就是因为它们都是个体性的，这可以从它们都属于最高范畴“某种东西”看出来。在此意义上，斯多亚学派与亚里士多德反对柏拉图的二元论的旨向是相通的：个体和个体性是根本存在的首选。比照这样的标准，普遍概念甚至连“准存在”的资格都没有，因为共相是“并非某种东西”。不过，斯多亚学派的“第一哲学”并不是对亚里士多德的简单重复。在斯多亚学派看来，“存在”的标准严格说来，除了个体性之外，还必须是“物体性”的。在斯多亚学派对于“自然哲学”的“属的划分”中，第一个主题就是“物体”。但是，真正在自然哲学当中，并没有讨论这个主题。看来这应当是由“第一哲学”来讨论的内容，因为“物体性”对于斯多亚学派的哲学来说，是最为普遍的存在标准。

所谓“物体性”的，指的是“三维加上抵抗性”，以及“能够作用”和“被作用”的因果性。① 在“第一哲学”中，斯多亚学派的“唯物主义”体现在它坚持认为构成个体本质的“特性”也是物体性的，因为它能作用于个体——能“造成”这块质料成为这个特定的个体，并能在相当长的时间中保持其同一性（是其所是）。于是真正的存在必须是物体性的。就是说斯多亚派认为亚里士多德所绝不会同意的“形式”是“物体性”的。

亚里士多德在其存在论中提出了质料与形式的学说。形式作为规定质料为具体个体的原因，是真正的存在。但是，作为“形式”的内容的本质，是“属差”（*eidos*），其特点恰恰是非物体性。斯多亚学派也使用了亚里士多德的“质料与形式”的概念框架和术语。但是，它们之间其实有很大的差异：

第一，斯多亚学派坚持说形式方面也是物体性的。当然，把本质说成是物体性的，会发生许多问题。如果说物质个体与功能性的本质可以很顺利地结合在一起，个体怎么能与同样也是个体的本质“组合”在一起？柏拉图的“双物体如何结合”的难题岂不是换了一个形式又一次冒出来？但是斯多亚学派不打算让步，它的解决办法是把本质看做精微的物体——火、“气息”，所以能

① 参见布伦什维希：《斯多亚的形而上学》，载英伍德主编：《剑桥斯多亚学派导读》，第210—211页。

作为原因作用于个体,能与个体轻易地结合在一起,渗透无间(我们在本编“自然哲学”中将详细讨论)。

第二,斯多亚学派的“形式”并不是严格意义上的“属差”,而是在亚里士多德范畴体系中低于“本质”的三个范畴——特性、状况和关系。从现代哲学和物理学看不仅将事物内的“本质”,而且将“状况”、“关系”也看做是事物内的“物体性”的特性,更符合微粒子和“场”的观点。特别是“关系”范畴,例如人的本质恰恰是由具体的社会关系决定的。相对论认为,微粒子运动也是如此。

第三,这三个范畴严格说来都不是对主体的描述,而是被描述的从而被规定的个体。Quality 讲的不是个体的特性,而是拥有特性的个体(qualified individual)。“明智”是一个特性,但是由此规定的事物乃是一个个体化的实在存在者——一个明智的人;而后者才是所谓“特性”范畴所讲的事情。所以,现代学者大多认为,斯多亚学派的“范畴”严格地说并不是范畴,即不是对主体的称谓,而是看待主体的各种“类”。换句话说,是在某种角度下看的个体,而不是个体的某种角度。以人为例,从几个角度看人,就意味着人有几重身份认同。如果我们这样理解斯多亚学派的存在四范畴——主体、特性、状况、关系——就可以从四个角度看待自己:

1. 我是我;
2. 我是一个长跑运动员;
3. 我是一个跑得飞快的运动员;
4. 我是苏格拉底的学生。

也就是说,斯多亚学派在后三个范畴中讲的不是“我在跑步”,而是“在跑步的我”;不是“一只手握成了拳头状”,而是“一只握成了拳头状的手”、“一只紧紧握成拳头的手”、“放在桌上的拳头”等等。① 所以,斯多亚学派认为这些范畴标示的是个体——或“物体”——意义上的“存在”。

但是,这种承认多种“真实存在”的做法,尤其是“真实存在”的标志是物

① 朗格和西德莱:《希腊化时期哲学家资料选编》,第 172 页。

体性和个体性，会导向承认同一个个体具有多重身份、多重"是"、多重"存在"的后果。柏拉图的相论本体论受到斯多亚学派的范畴本体论的批判，柏拉图派在反击中也抓住了斯多亚学派的这一本体论导致的"多重认同"的窘境加以反诘，指出大家的立场都会遇到困难——斯多亚学派的思路甚至会遇到更为困难的问题。中期柏拉图的代表之一普卢塔克就撰文嘲弄斯多亚学派的这一立场。他指出斯多亚学派的本体论原初目的是为了回应赫拉克利特带来的困难，但带来了更多的麻烦。赫拉克利特的流变学说消除了真正的存在即本体、主体。然而一旦没有主体，也就不可能有"成长"和"衰老"，因为成长与衰老必然是某个主体的成长与衰老；该主体在经历成长与衰老的变化中保持自己的同一性不变。如果否认了这样的不变主体，宇宙中剩下的就唯有现象片段的瞬间性产生和消灭。斯多亚学派的范畴学说用建立多种确定的主体方式反驳这一反常识的结论，并不能达到预期的效果：

> 关于成长的论证来源已久，因为正如克律西波所说的，它是由爱比查姆斯（Epicharmus）所提出的。学园派认为这一难题绝非容易解决，可是斯多亚学派却对他们大肆批判，说他们摧毁了我们的已有信念并且违背我们的概念。但是斯多亚学派自己不仅不能拯救我们的概念，而且扭曲了感知觉。这一论证很简单，这些前提是大家同意的：a.所有的个别本体都处于流变运动当中，从自身中释放出东西，又接受从别的地方来到它们身上的东西；b.这些增加与减去的东西的数量并非相同，而是当前面提到的释放出的或接受的东西引起本体改变时就会变得不同；c.结论是：把这些过程称做"成长"与"衰败"的日常信念是错的，它们应当被称为"产生"与"消灭"，因为它们把事物从其所是改变为别的某种东西，而成长与衰败是唯有作为主体持久存在的物体才能经受的事情。①

普卢塔克的这一论证固然有些令人困惑，但是基本上还是清楚的。它的主旨是说：经历了成长变化的人就不是原来的那个人了。这个论证也能为巴门尼德服务：因为变化的主体不可能存在（主体的同一性随着变化也就变没

---

① 普卢塔克：《论共同概念》，1083A；LS，28A。

有了),所以也就不存在“变化”。斯多亚学派为了捍卫主体的同一性存在,设法对这一论证提出了自己的解决方案,然而它却使得事情变得更加晦涩。因为斯多亚学派为了避免万物皆流,确立了个体性作为物体性的不变“存在”。这就是斯多亚学派的“存在四范畴”中的后三种范畴所发挥的作用。然而,斯多亚学派的“范畴规定个体”的思路意味着一个人身上有四种认同,或者四个“人”。作为基质的主体是人,他的诸多“个体性”方面何尝不是人?斯多亚学派的“特性就是被特性所规定的物体性个体”的独特范畴学说的宗旨,在于强调不要把“特性”看成独立的事物,这明显是在反对柏拉图的“相”论。柏拉图派也知道这一点,所以对此进行了种种批评。比如作为柏拉图派,普卢塔克知道人们长期以来对柏拉图相论导致的“第三人”悖论的批判,然而他在回击斯多亚学派用上述理论评判相论的时候,针锋相对地指出,斯多亚学派的解决办法会生出来更多的“人”,第四个人、第五个人……结果让问题变得更为复杂荒谬。因为按照斯多亚学派的范畴学说:

> 我们每个人都是一对双胞胎,都是双性双体的,不是像诗人想象的默里奥尼德(Molionidae)兄弟那样某些部位相连而又有别的两个人,而是两个身体拥有同样的颜色,同样的形状,同样的重量,同样的位置(但是还是两个人,尽管)没有人在过去看到过这两个人。但是只有这些人看到过这种组合,这种二重性,这种复杂性,即我们每个人都有两个主体(substrat):一个是本体(substance),另外一个是(一个特殊规定了的个人),而且一个主体在永远的流变和运动中,既不能“成长”,也不能“衰老”,也不保持自己;另外一个主体却保持自己,而且能够成长、衰减并经受所有遭遇,尽管后者与前者是自然的伙伴,相互结合,相互渗透,无处能够察觉到有任何区别……我们谁也没有察觉过自己生来就是“双体人”,其中一体永远在流变,另外一体从生到死都是同一个人。①

普卢塔克说这还是自己简化了斯多亚学派的解释,因为根据斯多亚学派的“四范畴”学说,我们每个人不仅是“双体人”,而且是“四体人”。但是,双

① 普卢塔克:《论共同概念》,1083B;LS,28A。

体人的想法已经足够荒谬,足够说明斯多亚学派失去了基本的理型。可见,斯多亚学派的“第一哲学”本来是发起了一次反对柏拉图相论本体论的攻势,希望以简约化的方式消除本体的过分繁殖;但是柏拉图派的普卢塔克反唇相讥:你们的新本体论才会创造一大堆本体——而且是在同一个个体身上。不仅普卢塔克,而且其他的柏拉图学园派也如此回击斯多亚学派。朗格和西德莱的文献汇编第28C收录了学园派无名氏的一篇论文,这篇论文出自奥克辛库(Oxyrhynchus,现埃及Behnesa)于1897—1906、1910—1934年间发现的纸草文书中,编号3008:

> ……既然他们所说的每个身体都有的二重性是无法由感知觉所认出的。因为一个具体规定了的东西比如柏拉图是一个身体,而柏拉图的本体也是一个身体,而它们在形状、颜色、大小和外观上又没有任何明显的不同,那么我们根据什么定义和记号来区分它们,说我们此时在认识柏拉图本人,彼时在认识柏拉图的本体?①

应当说普卢塔克还是柏拉图派中比较和缓的,他在冷嘲热讽地批判之后,还是公平地指出:斯多亚学派提出这种范畴论的本体论建议也是没有办法的办法:“他们发明不同种类的主体的做法也许可以原谅,因为打算拯救和捍卫成长过程的可能性的人似乎找不到其他的方案了。”②有的柏拉图新学园派怀疑论者比普卢塔克更加激烈。新学园派毕竟是在批评斯多亚学派中出现的,他们在这个问题上和在其他问题上的态度一致:怀疑论并不怀疑日常生活中的立场和看法,但是如果谁竟然敢于从理论上“论证”它们,那么怀疑论将论证这一努力必将导向荒谬。就赫拉克利特对“成长”的质疑而言,据说深受赫拉克利特怀疑论影响的柏拉图新学园派在日常生活中并不怀疑人会成长衰老,但是他们质疑任何自以为在理论上解释了这一现象的“存在论”。摘自无名氏评注柏拉图《蒂迈欧篇》的论文说:

> 关于究竟是谁在“成长”的论证,首先是毕泰戈拉[据说是爱比查姆

---

① *Anonymous Academic Treatise*, *Oxyrhynchus Papyrus* 3008; LS, 28C.

② 普卢塔克:《论共同概念》,1084A;LS,28A。

斯的老师]提出来的,柏拉图自己也提出了它,我们在《会饮篇》注疏中已经讲到这一点。学园派也为之辩护。他们的论辩是:他们是相信成长过程的,但是既然斯多亚学派用论证来证明这一不需要证明的事实,那么学园派就要教导他们:如果有人打算证明自明的东西,那么其他的人就能找到大量有力的反证。(LS,28B)

这些材料清楚地表明了斯多亚学派的第一哲学的起源与希腊哲学的大传统一样,都是为了在巴门尼德原则的前提下回应赫拉克利特式的怀疑论对语言逻辑的破坏——或者说对同一性和"是"的挑战,同时,又反对巴门尼德和柏拉图的回应法所带来的新弊病。中期斯多亚学派的重要哲学家波西多纽就对巴门尼德为了存在而消除运动变化的做法提出了质疑。在他看来,从存在到不存在的那种变化当然是不可能的,但是,巴门尼德的"不存在变化运动"的结论也是不对的。我们还是可以在变化中找到不变的,也可以把变化理解为从存在到存在。这样的不变存在就是个体本体:

波西多纽说有四种从存在到存在的毁灭和产生。因为他们承认,正像我们前面说的,不会有从非存在到存在的产生,或是从存在到非存在的毁灭。但是可以有从存在到存在的变化,其中一种是通过划分,一种是改变,一种是混合,一种是彻底消解。这当中,作为"改变"的变化是本体所独有的,而其他三种属于所谓"规定了的个体",这些个体占据着本体。①

可见,波西多纽的意思是:质料性的本体不会由于增加或减少而"成长"或"减少",而是会彻底地改变自己,处于流变之中。这一点有些类似于数字:一个数字在加上了新的数字之后就不是原来的数字,而是彻底改变了,质料也是如此。这与一般的看法不同。一般看法认为个体变化而作为基质的质料永远不变。但是波西多纽却认为,一切能够"成长"的事物自己都必须保持不变,而这只能是个体。个体性的本性决定着个体的持久不变的同一性:

……在组合体的情况中存在着个体形式,斯多亚学派把它叫做特殊地规定了的。它是一次性地获得和失去的,并且在组合体的一生当中都

① *Stobaeus* 1,177.21;LS,28D.

保持不变,尽管它的构成部分随着时间的变化而出现和消灭。①

综上所述,斯多亚学派哲学的“第一哲学”的任务也是发现和确定“根本之是”,以回应怀疑论对语言逻辑的动摇,对日常存在观的破坏。只不过斯多亚学派选择的策略是完成并把亚里士多德的路线推到极端。在此同时,反对柏拉图路线的共相回应策略,突出强调真正存在的个体性和物质性。从这个角度看,我们就能理解斯多亚学派所推举为“存在”(本体)的四个范畴了。斯多亚学派为什么要提出这么一种与众不同的奇怪范畴学说呢?我们认为,显然这是为了反对柏拉图的相论。事实上,所有四个存在范畴指的都是内凝为个体之为个体身份的特性,它们造成了由内向外的各种个体认同(“是 X”)。与亚里士多德不一样的是,在斯多亚学派的范畴学说中,特殊本性可以“特殊”到个体的本性(peculiarly qualified),即专名,比如“苏格拉底”。换句话说,个体之为个体,并非像柏拉图和亚里士多德等所认为的那样来自质料一方,而是来自形式特性一方。可以看到,斯多亚学派甚至不取亚里士多德的“属差”型的本质(essence)充当形式(eidos,form),而取偶然性十足的“特性、状况和关系”充当塑造个体的形式,这表明斯多亚学派把亚里士多德对个体性的强调推进到极端。因为亚里士多德严格的“种加属差”的“本质”观不适于描述真实个体。对于亚里士多德来说,作为本质的属差即使下降到最后,也还是不会下降到最特殊的个体层次,因为个体没有定义。② 或者用亚里士多德的话来说,对于个体无法形成“知识”(ἐπιστέμη)。而斯多亚学派的特性、状态和关系等规定性,是可以对个体的同一性(“是”)造成影响的任何特性。所以,斯多亚学派允许专名有本质(而亚里士多德认为对于个体不能定义)。在这些特性中,斯多亚学派关心的与其说是共同特性还是个别特性(这几乎是亚里士多德在《形而上学》中贯彻始终的关心,造成了他反复思考到底类概念还是属概念更接近“本质”或本体之是),不如说关心的是“内在特性”还是“外在特性”。学者们对于斯多亚学派哲学为什么在亚里士多德的十大范畴

① Simplicius, *On Aristotle's On Soul*, 217.36—218.2;LS,28I。

② 参见亚里士多德:《形而上学》第 7 卷,第 15 章。

中选了四个范畴——质料主体、特性、状况、关系——当做主要的"存在",以及它们四者之间关系究竟如何,一直争论不休。在我们看来,斯多亚学派讲的特性、状况、关系这三个范畴,其实都是确定质料主体的"规定性"(*poia*)的,其中区别乃是逐渐从内在向外在推广。下面我们分别考察一下这四个首要的存在范畴。

第一存在范畴:主词,这其实是质料主体。斯多亚学派的存在论与亚里士多德存在论的不同之处首先就反映在这里。亚里士多德在考察各种本体候选者时确实考虑过质料。实际上,他说许多人都感到质料很像是主体(substrate)。① 不过,亚里士多德很快就明确放弃了质料作为主体的可能性。但是,斯多亚学派却肯定质料作为主体,即其存在四范畴中的第一种。当然,这不是很清楚,因为从斯多亚学派举的例子看,有时这个范畴指的似乎是"个体"。但是,我们以为还是把它理解为质料主体为好,这样也能与下面的三种规定性构成存在的质料—形式两个方面。

第二存在范畴:特性(differentiation,*poios*)。特性保证了个体性。特性又分为共同特性和特殊特性;其中,共同特性还不足以保证一个事物的同一性("是")穿越时间持久存在。一个人在"成长"中,不仅他的质料方面的同一性在不断变化,而且,作为共同特性的"人"也在变化,无法保证个体的同一性不变。今日之"人"已经不是昨日之"人"。所以,特殊特性(*idia poiotes*)即导致一个事物之所以是这一个"特殊规定了的个体"而非任何其他事物的特性,对决定个体性更为重要。被其特殊特性所个体化的存在将长久存在,不管自己的其他方面经历了什么变化。② 斯多亚学派对于特殊规定性的强调显然是对个体性、个体的内在本质的看重。

第三存在范畴:状况(disposition)。这一范畴与前一范畴的区分可能不是在于它更"偶然"或"短暂",因为"特性"也可以是偶然或短暂的。朗格认为"特性"与"状况"的区分可能在于:特性是对质料本体的直接规定和区分,而

---

① 参见本书第三卷,第615页。

② 参见布伦什维希:《斯多亚的形而上学》,载于英伍德主编:《剑桥斯多亚学派哲学导读》,第229页。

状况是对已经区分了的物体的进一步区分。前者的例子是"手",后者的例子是"拳头"。斯多亚学派在是否强调这一范畴上是犹豫不定的。为了突出内在真实存在的持久性,应当贬低外部状态,但是为了突出个体性,又应当抬高它。让我们看看辛普里丘的一段话:

> 有的斯多亚学派对于"规定了的"给出了三重定义,并且说其中两重规定比"特性"要广泛,只有一重规定与"特性"正好切合。因为他们说,从一个意义上说所有不同的东西都是规定了的,不管其状况是一个过程还是一个状况,是容易消灭还是难以被消灭。在这一意义上,不仅"聪明的人"和"伸出拳头的人",而且"奔走的人",都是限定了的个人。第二种含义就不包括过程了,只包括状况,而且他们还把它规定为"处于截然有别的状况中";比如"聪明的人"。第三种也是最特定的"规定"含义是连不持久的状况也不包括的;于是,"伸出拳头的人"和"举起武器的人",就不算"规定了的个人"了。①

第四存在范畴:关系(relatively disposed)。在希腊哲学中,"关系"有两种,一种主要是内在的关系,即影响了事物本质的关系。希腊哲学家经常讨论的"相对性的事物",比如味道就是如此,因为甜、苦之类的"是"都是相对于品尝者的。但是这样的关系涉及的其实是第二范畴:"特性",因为甜或苦都是甜的东西或苦的东西的内在区别性规定。至于此处所讲的"关系"乃是比较外在的相对性,其变化不影响事物的内在本性。内在关系决定着一个事物与众不同的本质特性,比如"知识"之为知识,就是一种相对性的事物——它必须相对于知识对象。外在关系只影响了一个事物的非本质性的状况,斯多亚学派对此所举的例子是"儿子"或者"处于左边的人"。某人处于某种状况下,必然有某种与外部事物的关系,这些事物的消失,会使得他的这种状况规定消失,但是并不会真正影响他的内在本性:

> 一位父亲,自己的内在特性不必发生任何变化,只要他的儿子去世了,就不再是父亲;一个"位于左面的人"当自己右面的人移动了,也就不

① Simpliciuis, *On Aristotle's Categories*, 212.12;LS,28N.

再是“位于左面的人”了。但是甜和苦在自己的内在力量不改变时就不会发生质变。所以,如果自己没有内在变化,却因为其他某种相对于他们的状况位置变动而变动,这说明相对状况中的事物的存在仅仅在于其状况(disposition),而不在于根本性差异(differentiation)。①

由此看来,“关系”是斯多亚学派的“存在四范畴”中影响事物存在的最为外在的一层。关系范畴体现的应当是对内在性的重视,是内因高于外因,是强调“内在一体”不受外部的影响。这在本体论中是为了保护“是”或同一性不至于变化无定,流变无常。内在特性不变,才能够维系“持久存在”这一本体标准。

第一哲学会影响到各门哲学学科。怀疑论的卡尔尼亚德曾经从关系或相对性范畴入手攻击斯多亚学派,他认为:感觉的真值完全被外在于印象的因素所决定,所以都是相对的。而斯多亚学派主张这种关系外在论,就是试图避免怀疑论从认识的相对性论证客观认识的可能性。② 第一哲学不仅会影响认识论,而且必然会影响到斯多亚学派哲学的核心——伦理学。“德性”究竟属于哪一个范畴?阿里斯顿坚持斯多亚学派的基本立场:一心体而万用,以便尽量避免外在关系、行为甚至“外在职责”对于内在个体的“是”的致命打击,所以他把各个日常德性列入第四范畴,认为它们其实从属于同一个本体,只不过是从不同的外在关系的角度看而已,没有独立的存在。相反,克律西波则把各个德性提升到第二范畴即“特性”的地位,认为各个德性是相对独立的、规定了的事物(qualified things):

阿里斯顿派认为各种德性其实是一个单一的东西,只不过因为相对的状况才被称为不同的名字。克律西波则说各种德性和邪恶不是因为“处于相对的状况”而出现的,而是由于它们所属于的本体的质的变化。③

这些抽象争论的焦点是:阿里斯顿更强调内在性,强调本体不会受到万用的影响。而克律西波则更强调各种具体德性的相对独立性,虽然共存,但是各

---

① Simplicius, *On Aristotle's Categories*, 166.20—29;LS,29C.

② 参见朗格和西德莱:《希腊化时期哲学家资料选编》,第178页。

③ Galen, *On Hippocrates' and Plato's Doctrines*, 7.1.12—15;LS,29E.

不相同,如此一来,“用”或关系或外接交往会影响到“体”的“是”。这样的争论未必有结果,因为双方都自称斯多亚学派。塞涅卡的说法接近克律西波:“德性就是心灵处于一定的状况中(the mind disposed in a certain way)。”①但是总体来说,斯多亚学派认为灵魂其实就是一种力量,是同一个东西,当它在各种情况下处于不同的状况中时,就或者在思考,或者在愤怒,或者在欲求。②

三　“次级存在”与“谓述”

上面我们讨论了斯多亚学派的“真正存在”,以及属于这样的“第一等级的存在”的四个范畴。我们认为,其实它们都向“个体性”和“物体性”聚焦,都是在表达被各种规定性所规定了的个体。所以,物体性的个体是斯多亚学派的“真正存在”或者“本体”(ousia)的标准。

那么,次于真正存在的,是不是就“不存在”呢?不能绝对地这么说。让我们再看看上面提出的存在分类表 B1:

B1.“某种东西”

(*τò τì*){存在(物体性的):主体、特性、状况、关系
　　　　次级存在(非物体性的):时间、虚空、位置、谓述

可见,在“某种东西”这一大类中,斯多亚学派除了“存在”之外,还划分出了一类尽管不是存在的、但是也不是完全的非存在(nonexistent)的事物,即时间、位置、虚空和谓述。“斯多亚学派说在某种东西中,有的是物体的,有的是非物体的,他们列出了四种非物体的东西——谓述,虚空,位置和时间。”③它们因为不是物体而不是真正存在的,但是,它们也是“某种东西”,是存在的必要条件。所以,这四样东西没有 existent,但是有 subsistent,④这个词很难翻译。我们把它翻译为“准存在”或者“潜在存在”。与严格意义上的存在相比,它们

① Seneca, *Letters*, 113.2;LS,29B.

② Alexander, *On Soul II*, 118.6—8;LS,29A.

③ Sextus Empiricus, *Against the Professors*, 10.218;LS,27D.

④ Galen, *On Medical Method*, 10.155.1—8;LS,27G.斯多亚学派描述存在时用的词是 *einai* 和 *ousia*。而对于“准存在”用的是 *hyhistanai* 和 *hypostasis*。参见布伦什维希:《斯多亚的形而上学》,载英伍德主编:《剑桥斯多亚学派哲学导读》,第 213 页注 20。

是次级的存在。

斯多亚学派的这些分类显得标新立异,很容易让人困惑。比如明眼人可以看出,时间、空间等也是亚里士多德的十大范畴中的范畴,为什么这些范畴就不能和前面的特性、状况、关系等范畴一样列入“存在范畴”?为什么斯多亚学派要把亚里士多德的十大范畴分成两块,一块算做“存在的”,一块算做“次级存在的(准存在的)”?而且,再仔细考察这个列表可以发现,斯多亚学派的“准存在的某种事物”是一个奇怪的集合,因为它似乎既包括了三种“客观世界”中的东西(时间、空间和虚空),又包括了“主观世界”中的东西(谓述)。为什么这个主观范畴“谓述”、这个属于语言学的概念会混到客观事物中?

如果熟悉希腊语,可能还会看到一个更为重要的问题:实际上,从某种意义上说,所有范畴都是“谓述”。尽管斯多亚学派的“谓述”的标准用词是λεκτόν,但是它们也大量地使用καταγόρια,而这就是“范畴”的标准用词。那么,既然所有的范畴都是谓述,为什么“存在四范畴”就是“真正存在”的,而此外却又专门列出了一个“次级存在”的“谓述”范畴?可以看到,斯多亚学派对于“谓述”举的例子如“是美好的”、“在奔跑”等等,恰恰也就是“存在范畴”里面所使用的例子。为何同样的东西在前面被尊为真正的存在,在此则被贬为“次级存在”?这难道不会混淆语义层次吗?斯多亚学派冒着这种混淆的危险想表达什么?

看来,对次级存在范畴的问题的解答要从对其中的“谓述”范畴的理解入手。而且,我们将发现,对它的研究可以进一步揭示,与亚里士多德一样,语言分析在斯多亚学派那里是第一哲学的重要工具。通俗地说,所谓“谓述”也就是语言的“意义”。由于斯多亚学派把语言意义看做是“非物体的”,并且把语言的其他几个因素都看成是“物体性”的,这就使事情变得复杂而有意思。我们知道,斯多亚学派对于语言十分重视,这来自它对逻各斯的重视。“辩证法”(*dialectic*)的原义就是说话。斯多亚学派从“声音”(voice)开始,然后再限定出人的声音——说话:

> 动物的声音或叫唤只是由自然冲动产生的空气振动;人的说话

(speech)是音节清晰的,而且如第欧根尼所说,是理性的发音,它在人14岁时就达到成熟。此外,斯多亚学派认为声音是有形体的(corporeal)东西……因为凡是能产生效果的都是物体(body);而当声音从发声人传向听见它的人时确实产生了效果……一个陈述或命题(logos)是来自心灵的话语(speech),且总是意味着什么。①

由此可见,在一个语言过程中,我们通常可以分析出四个因素:外部客体(对象)、语音、语义、思想。人的语言与动物的发声不同的地方,就是有意义(significant)。说话同时就是一个意指过程(signification)。但是“意义”是什么,我们的思想—语言指称的是什么?自古以来有不同的说法。通常人们一般会认为意义当然是客观事物本身。哲学家没有那么头脑简单,亚里士多德就认为,语言所指称的是“思想”,并因此而间接指称客观事物。斯多亚学派比亚里士多德更为复杂,它在思想和事物之间又添加了一个居间的东西——“谓述”(λεκτόν, lecton)。② 这个词也可以翻译为“意思”、“道出者”、“意义”、“说出的东西”、“意义”、“被表示的内容”、“表述”等等,总之,就是被语音所揭示的事实内容。

就斯多亚学派的本体论来说,语言过程中的三种要素即对象、语音和思想是物质性的或存在的,唯有一种要素即“谓述”不是物体性的。外部客体当然是物体性的,这不难理解;语音也是,因为声音是受到一定振荡后的空气,而且它能对听者“产生效果”;思想也是,这是斯多亚学派的独特观点,因为斯多亚学派把思想视为物体性的“灵魂之火”的变形。唯有“谓述”的特点是非物体性,所以它仅仅具有“准存在”。塞克斯都在讨论斯多亚学派的语言学的时候讲到这几个方面:

斯多亚学派说三种东西联系在一起:“意指过程”,“意指者”,“承受名称者”。意指者是一个声音,比如“狄翁”;意指过程是这个发声所解释的实际状况,与我们的思想一致而潜在存在(subsists in accordance with

① 第欧根尼·拉尔修:《著名哲学家的生平和学说》第7卷,第55节。

② 参见 Ammonius, *On Aristotle's DeInterpretatione*, 17.24—8;LS,33N。

our thought),被我们所理解,但是使用不同的语言的人不能理解之,尽管他们也听到了发声。"承受名称者"是外部客体,比如狄翁本人。这些东西中,有两种是物体:声音和名称是承受者;有一种是非物体性的:被指称的状况和谓述,它有对错之分。①

这样看来,谓述之所以是"非物体性的",是因为谓述就是语言的意思,外国人能够听到你的说话声音,但是不知道你的意思是什么。对于不懂得某种语言的人来说,即使听到了其声音,也不能受其"作用"(听不懂);而对于斯多亚学派,"起作用"是物体性事物的标志。所以,"谓述"不是物体性的。这一思路显然有些奇怪,布伦什维希曾经对此评论道:这样的说法只能说有一定道理,但是没有完全说服人,因为对于理解了这一语言的人来说,其心态是确确实实受到"谓述"的影响即作用的。② 斯多亚学派之所以把"谓述"归为非形体的,还有几种解释:一种是唯有谓述有可能出现真和假,这使得它不能当得上"存在"即完全真实;还有一种解释是谓述不是独立的,它必须依赖相关的思想过程。如果我在思考"卡图走路",按照斯多亚学派的认识论,我的心灵就是"处于一定的状况"中,即拥有一定的印象。而命题"卡图在走路"是我的这一思想在逻辑或语言上的对应物,是我的思想表达在一个句子中。

我们以为,真正的解释还是应当到斯多亚学派的"语言哲学"中去找。前面提到这样的问题:为什么有的范畴是真正的存在,谓述作为一种范畴为什么却不是。对此的回答必须从语句的功能看。一个句子,必须既有主词,又有谓述。主词代表着主体,从而就是本体或存在,而谓述则是对于主词的描述,所以是非独立的、次级的存在。我们不妨想想亚里士多德的"范畴"(κατηγόρια)理论的要旨。"范畴"本来的意思就是谓述;但是在亚里士多德的十大范畴中,第一个范畴"主体"严格意义上讲并不是谓述,因为主体并不谓述其他东西。③ 正因为此,主词所代表的事物(个体)是不变的、持久存在的,也就

---

① Sextus Empiricus, *Against the Professors*, 8.11—12;LS,33B.

② 参见布伦什维希:《斯多亚的形而上学》,载于英伍德主编:《剑桥斯多亚学派导读》,第217页注35。

③ 参见本书第三卷,第619页。

是“最存在”的，比如一个人；相反，各种谓述所代表的内容是可变的、不稳定的，比如这个人是白色的还是弄黑了，是在跑还是坐着。在斯多亚学派哲学中，严格说来，名词和代词也不能被划入“谓述”当中。朗格曾经提到，有的学者建议从斯多亚学派的语法学来解释其范畴论中的前面四个存在范畴：主体就是代词，“特性”就是名词（共同名词和专名），“状况”就是不及物动词（transitive verbs），“关系”是及物动词。不过朗格承认说找不到材料支持这一推测。① 这里，我们介绍一下至少不失为一种理解的思路。为了理解这一思想，我们不妨继续用上面的例子：

> 我是这个身体。
>
> 我是一个长跑运动员。
>
> 我是一个跑得飞快的运动员。
>
> 我是苏格拉底的学生。

我们在对斯多亚学派归为“存在”的四个范畴（主体、特性、状态、关系）的分析中已经指出，它们其实不是范畴或谓述，换句话说，它们不是动词或形容词，而是主词化了的范畴；比如，不是“苏格拉底真勇敢”，而是“勇敢的苏格拉底”。不是“卡图走路”，而是“行走中的卡图”。唯有当我们专门去考察这些形容词和动词如“勇敢”、“走路”本身时，才会把它们看做严格意义上的“谓述”，此时这些词语的功能就不是在指称一个主体，而是说出关于这个主体的某些事情。塞涅卡举了一个例子颇有启发，他说：

> 我看到卡图在走路：感觉显示了这一点，我的心灵相信这一点。我看到的是一个物体，我把自己的眼睛和心灵指向这个物体。于是我说“卡图在走路”。我所说的不是一个物体，而是对于一个物体的某些宣称，这被有些人称为一个命题，被另外一些人称为“宣称的某个事物”，被还有一些人称为“说出的某个事物”。所以，当我们说“智慧”，我们是在理解某个物体性的东西；但是当我们说：“他是有智慧的”时，我们是针对某个个体说些什么。在称呼（naming it）与描述（speaking about it）之间，有极

① 参见朗格和西德莱：《希腊化时期哲学家资料选编》，第182页。

大的区别。①

塞涅卡的这段话说得已经非常清楚了。这说明谓述的"对象"不是独立的存在,而是存在事物的某种状况在思想中的抽象而已,所以它才是"非物体的"(bodyless)。它本质上就是"不完全的",它只有与一个主词结合了才是"完全的"(才是一个有对错从而有意义的句子)。斯多亚学派的语言学把"谓述"分为"完全的"和"不完全"的两大类:

> 斯多亚学派说,谓述分为完全的与不完全的,后者是那些没有说完的话,比如"写";因为我们会问:"谁在写"?完全的谓述是一个完整的语言表达,比如"苏格拉底在写"。所以不完全谓述是谓语,而完全谓述包括命题、三段论、问题和询问句。②

有的学者在评论斯多亚学派的这一谓述分类学说时指出了它的问题:它给人以这样的印象,即从历史顺序上说,首先出现的是"完全谓述"即句子,然后才出现"不完全谓述"即谓语动词,因为后者是前者的"欠缺状态"。然而这样的理解其实是不正确的。真实的顺序应当是:历史上一开始出现的是"不完全谓述"即单个的动词,只是在后来的斯多亚语言学的发展中,谓述才变成了完整的句子。再后来,人们又反过来把单个的动词说成是"不完全"的谓述。③ 况且,"句子"的本来功能乃是对主词有所断定,所以与原初的"谓述"的含义相去不远。

斯多亚学派的这种谓述理论究竟有什么深意?我们认为,这是直接针对柏拉图的"相"论提出的批评。所谓"相"就是谓词的独立化,这些谓词体现为动词、形容词、关系词和共相词,比如真、善、美。总之,是对个体的描述词,而个体没有相。谓词其实本质上就有独立化、客观化的倾向。因为句子的意义是共同的,主体间共享的,从而是客观的。正如朗格看到的,唯有命题化的东

---

① Seneca, *Letters* 1, 17.13; LS, 33E.

② 第欧根尼·拉尔修:《著名哲学家的生平和学说》第7卷,第63节。

③ 参见布伦什维希:《斯多亚的形而上学》,载于英伍德主编:《剑桥斯多亚学派导读》,第203页。

西才可能是共同的,是跨越个人思想传递的。① 布伦什维希也强调了这一点。他说谓述毕竟不是语音的实际道出的内容,后者应当用 *λεγομένον* 而不是 *λεκτόν* 来表示。谓述(*lekton*)指的应当是相对独立于某个说话的人希望表达的东西的内容。它固然可以伴随我们的思想而潜在存在,但是它在本体论上可以视为独立于具体的说话人和听话人的实际思想。"主体间性至少是指向客观性的第一步"②,只有我才能拥有我的思想;但是,"卡图在走路"却是可以对应任何人的心灵思想的印象的某种东西。思想是私己的,但是思想的内容通过语言却是可以跨越主体心灵之间的间隔:"我不能把我的心灵的物理变化转移到你心里,但是我可以告诉你我正在想什么。"③由此可见,谓述在许多研究语言和思想的哲学家看来代表的是"高级水平"的东西,而不是低层次的存在,将其独立为某种客观的、主体间性的存在世界的倾向是相当自然的。斯多亚学派的谓述理论可以被视为正是为了通过把它锁定在一个次级存在的水平上,以抵制把"共同语言意义"独立为一个客观世界的理论冲动。与其他希腊逻辑学家一样,斯多亚学派的命题是时间性的。命题的真假因为时间的不同而不同。当一个谓述即命题"落实"(actualization)了,就具有潜在存在的性质了,就是"真"的,当谓述没有"落实"时,甚至连"潜在存在"的资格都没有。柏拉图的相论或理型论的"问题"就是将谓述当做独立的实体(存在)。而斯多亚学派的策略就是坚决把谓述从"存在的东西"中划出去(可见,逻辑中的划分法是斯多亚学派的真理认识的有力武器),指出谓述的内容必须"伴随思想"而潜在存在,不能独立于本体而存在,最多只有在想象中才可以被抽象出来思考和言说而已。

---

① 参见朗格和西德莱:《希腊化时期哲学家资料选编》,第 201 页。

② 布伦什维希:《斯多亚的形而上学》,载于英伍德主编:《剑桥斯多亚学派哲学导读》,第 218 页。布伦什维希还提示道:"谓述"一词开始时被克里安提斯用在原因导致的"效果"上,只是后来才用到语言上。

③ 朗格和西德莱:《希腊化时期哲学家资料选编》,第 200—201 页。

四　共相:更次一级的存在以及颠倒的线段喻

从语言学说批评柏拉图,这是斯多亚哲学的一个特色。对于斯多亚学派,句子中的各种成分是不平等的。主词代表的个体是存在,谓述代表的进行状况描述的谓语只是“准存在”,在本体论(本是论)上属于第二层次的“是”。如果说柏拉图的基本思路是把形容词的谓述(比如“美的”、“正义的”、“勇敢的”等等)独立为主词,从而变为独立的、分离的个体,提升为第一类的存在,那么斯多亚学派就是在语言学上坚持这一个立场:主词是物体的,而“谓述”必须是“非物体”的,在本体论上是第二位的。可以看到,这一分析思路与亚里士多德的《范畴篇》的思路有异曲同工之处,但更具有反思和分析的特点。

不过,熟悉柏拉图哲学的人也许会在此提出一个疑问:柏拉图的“相”或者“理型”并不都是形容词,也有名词。尽管柏拉图很少用这样的例子,但是并非完全没有用过,比如说“人”的相、“床”的相的例子。于是问题就出现了,作为名词的相,岂不可以充当主词,比如在“人是理性的动物”这样的句子中的“人”就是主词。如此一来,共相是否也可以具有高于谓述的真正“存在”地位?

斯多亚学派并没有忘记这样的共相名词。只不过,斯多亚学派坚决指出:这样的名词不仅不表达真正的存在(第一层次的存在),而且它甚至比“准存在”(第二层次)的存在(比如谓述)还要低,最多是第三层次的“是”。普遍意义上的“人”根本就不存在,它只不过是抽象造成的结果而已,在现实中没有任何对应的实在,所以只是心灵的幻相—虚构物,因为共相毫无客观对应物,它只是“心灵的幻相”。这是不是说明了“主词”也并不都是“存在”的,其中有一类主词——共相——就不是存在的?斯多亚学派并没有这么说,它们使用了更为复杂的语言分析技巧,重新解释了这个问题:共相其实不是真正的“主词”,只是充当了真正的主词(专名)的表记而已。现代学者认为斯多亚学派对共相的这一处理方式极具原创性,它预示了后来的英国经验论比如洛克“概念论”的基本思想。共相既非柏拉图的理型那样在本体论上先于个体,也不像某些哲学家所认为的那样“内在于个体”之中,而仅仅是“概念”(*ennoe-*

mata)，即仅仅是理性心灵的幻相。① 我们在古代文献中能够看到这样的记载：

> 他们说概念既不是某种东西（τό τί），也不是规定了的，而是灵魂的幻相，可以说是准某种东西和准规定了的东西。他们说这些就是过去哲学家称为“理型”的。因为理型就是被归类在概念之下的一类东西，比如人、马以及一般来说所有的动物和所有其他有理型的东西。斯多亚学派哲学家说不存在着理型，我们所“分有”的是概念，而我们所“承担”的是他们所谓“称号”的东西。②

“幻相”一词，可能会使人立刻想到完全虚构的想象事物。实际上斯多亚学派哲学有时似乎是把共相与虚构的事物等同起来的。塞涅卡说：

> 斯多亚学派想要在“存在”上面再加上一个更为原初的类……有的斯多亚学派把“某种东西”看做是最初的类，我想说一下他们的理由。他们说，在自然当中，有的东西存在，有的不存在。但是自然甚至包括那些尽管不存在但是也进入我们心中的东西，比如“马人”、“巨人”以及任何由思想错误地构成的事物，这些事物尽管有意象，但是没有实际存在。③

塞涅卡的这些说法——共相是“幻相”，再加上他所举的“马人”的例子，可能使人惊讶斯多亚学派是否把共相贬得太低，变成完全的奇思乱想。事实上，斯多亚学派的有些材料表明，他们把共相贬得比我们想象的还要低，低于“马人”。因为“马人”虽然是虚构的，但是依然是“个体”，所以，还属于“某种东西”。当然，“某种东西”并非一定是存在的，它只不过是可以思考的对象而已。这样的对象有的并不存在，即不是独立的实际存在。比如“马人”在我们的思想之外就没有独立的存在。④ 而与想象的生物相比，柏拉图的相或理型的存在程度更差，因为普遍概念甚至不是“某个东西”：“一个概念是心灵的一

① 参见朗格和西德莱：《希腊化时期哲学家资料选编》，第181页。

② Stobaeus 1，136.21—137.6；LS，30A.

③ Seneca，*Letters*，58.13—15；LS，27A.

④ 参见LS，p.164，《希腊化时期哲学家资料选编》作者关于第27项资料的综述。

个幻相,它既不是某个东西,也不是规定了的,而是准某种东西和准规定了的东西。"①

这样,我们就可以给出斯多亚学派的"存在世界"的一个推展版,得出第二个更为完整的分类表(B2):

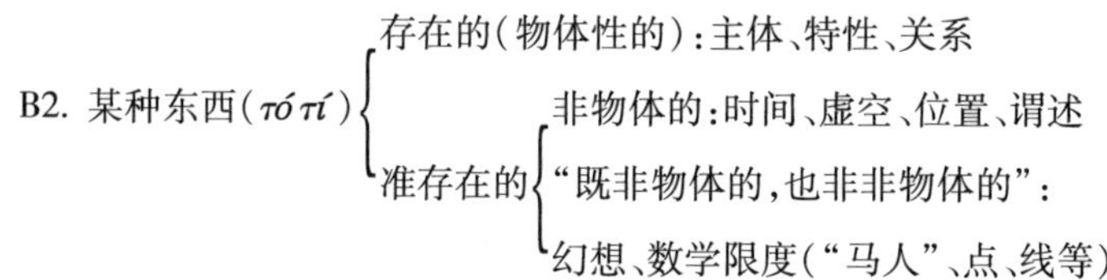

这再一次提醒我们,斯多亚学派存在世界的入门条件首先是个体性。斯多亚学派强调每一个个体都与众不同。为此,形式就不仅仅是本质定义,而是所有的属性,这样才能在表述式中描述个体性。斯多亚学派似乎有意回避本质定义,就是为了强调个体之间的差异(没有两个个体是一样的)。用这个条件衡量,共相甚至无法列入"某种东西"(τό τί),也就是说甚至不能奢望与"马人"这样的"准存在"为伍,而是被列入到"并非某种东西"(not-something)的大类中。学术界也有些人认为,斯多亚学派中并非人人都那么严格,有的哲学家比较宽松,似乎把共相又放回到"某种东西"中,作为某种准存在。但是,布伦什维希等学者并不同意这样的观点,他们认为总体来说斯多亚学派把共相排除到甚至"某种东西"之外。②

据此,我们可以对 B2 再做推展,得出一个进一步的存在分类图景表 B3。这应当是斯多亚学派的"第一哲学"的最完整表达:

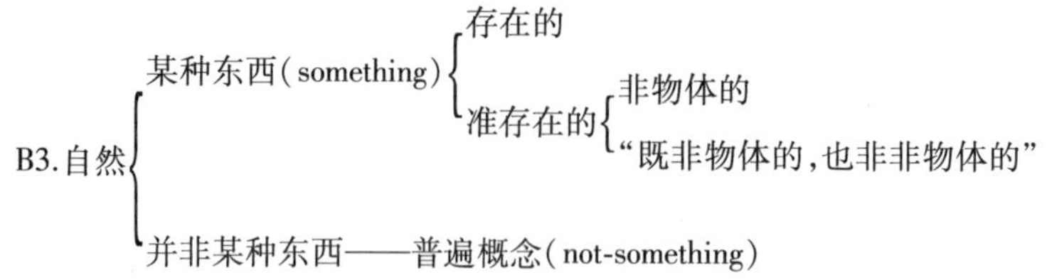

---

① 第欧根尼·拉尔修:《著名哲学家的生平和学说》第 7 卷,第 60—61 节。

② 参见布伦什维希:《斯多亚的形而上学》,载英伍德主编:《剑桥斯多亚学派导读》,第 221—225 页。

表 B3 正是我们在整个讨论的开头所给出的斯多亚学派第一哲学的基本概貌。我们现在已经完成对斯多亚学派第一哲学存在论的展开阐述，现在可以对其宗旨做一个总结了。我们看到，“共相”在斯多亚第一哲学的“存在”（“是”）的大序表上的地位极低，尽管它因为不是“完全的无”而勉强还可以说是“存在”或“是”，但是它的“存在”或“是”的层次已经非常低了，几乎低到没有什么“含实量”（或“含是量”）的程度。如果我们把这种划分表用线段来简化概括，则可以得出一个斯多亚学派的存在（“是”）的等级的“线段”体系：

存在（“是”）（某种东西，存在的）

准存在（某种东西，非存在的）

准准存在（不是某种东西，共相）

完全不存在（无）

在这样的“线段”中，可以一目了然地看到，共相或理型位于存在等级极为低下的一层。我们不妨把这个存在线段与柏拉图在《理想国》第六卷（509D 以下）中所提出的著名的“存在线段比喻”加以对比。柏拉图的线段比喻是这样的：

存在（“是”）（共相）

既存在又不存在（个体）

低于个体存在的（虚构幻相，诗人作品）

完全不存在（无）

对比之下，我们发现斯多亚学派的“存在等级线段”正好把“柏拉图的线段”完全倒过来了。在柏拉图线段上最高的存在现在变成了极低的存在，在柏拉图线段中地位低下的东西现在上升为“高级的存在”。由此不难得出结论，斯多亚学派的第一哲学虽然没有明讲，但是暗含着对于柏拉图的形而上学的讽刺和批判。这也可以理解为什么在柏拉图学园派看来，斯多亚学派的创始人芝诺是柏拉图学园的一个“叛徒”和“敌人”，必须集中整个学园之力加以回击。

综上所述，斯多亚学派的第一哲学是一种语言分析的哲学，它的总特点是对个体的绝对坚持。斯多亚学派认为，真实存在的仅仅是个体。但是因为我们的语言使我们可以从几种角度去看、去想、去说个体,所以如果不小心,就会把这些主观的视角实物化,误以为是真实的个体。我们所考察的斯多亚学派的“范畴学说”、谓述学说以及共相学说的总特点就是:必须强调所有对个体的描述言说都是从属性的、注释性的,不可以自我独立为自足自在的实在。有些东西比如“谓述”,充其量只有准存在,而共相则连准存在也没有。

这当中可以看到对于斯多亚学派第一哲学的继承和推进。同样都是强调个体,斯多亚学派超出亚里士多德的地方在于对于个体的极端强调。如果说亚里士多德后来所讲的“个体性”之本体是“种加属差”的定义式本质,其特点是只包括本质特性而不包括“非本质特性”,而且属差即使再低也不会下降到个体(个体无定义)。那么,斯多亚学派的个体性规定中就包括了从内到外的各种规定性,这是对个体性的真正重视。这使得“个体”也被纳入到规定性之内,使得每个个体都有其独特性(斯多亚学派的信念之一就是世界上没有两个个体是完全一样的),使得他们之间的每一点不同都在神(宇宙气息)的一体化主宰之下。而我们知道,对于柏拉图和亚里士多德,纯粹个体的出现不是形式所致,而是质料所致。斯多亚学派的第一哲学观点,其伦理含义、认识论含义和宗教意义都是十分深远的。

五　问题与发展

如果把物体性和个体性看做是斯多亚学派第一哲学的所有思想,那么我们还是低估了其中的复杂性。这样的第一哲学必然会带来一些问题,从而引导我们思考斯多亚第一哲学的可能深度。因为斯多亚学派的存在论看上去属于希腊存在论“反对赫拉克利特对存在的动摇、但是不同意其他学派(柏拉图、巴门尼德)的反对方式”的一般模式,下面我们将从与柏拉图、赫拉克利特和亚里士多德的存在论的关联中考察这些问题。

第一个问题与“反对柏拉图的回应方式”有关。斯多亚学派主张严密的个体性存在论其实并非是一件十分容易的事情。在亚里士多德的本体论中,就已经隐藏着认识论和本体论之间的张力挣扎,本书第三卷把这个问题总结为亚里士多德在普遍和“是”之间的动摇,最后又表现在形式和个别事物的关系如何处理上。用一句话说,就是在第一哲学中是不是应当有抽象?那托普和耶格尔意识到矛盾的重点是前一种考虑:亚里士多德所说的普遍和“是”是同义词呢,还是互相对立的?任何事物在“是”的规定性上增加了,就变成更普遍的呢,还是相反?他们认为普遍性意味着抽象,所以最普遍的就成为最抽象的,因而也是最少“是”的,犹如黑格尔《逻辑学》的第一个范畴。而蔡勒提出的怀疑,主要是考虑到形式和个别事物的关系:亚里士多德的形式原本是个别的,还是它需要质料的“承受”(substeatum)使它个体化?形式是不是普遍性的本原,它是否也是个体化的原理?如果它同时是这两者,那么普遍和个别就应是一致的,不仅在超感性的“是”上一致,而且在所有的“是”上一致,普遍性越大则实在和“是”的程度也就越高。但是将形式当做是可感事物的个体化的本原所产生的困难是明显的,因为质料是它们的个体化的本原(例如塌鼻凸眼就是苏格拉底个体特征的本原);这样普遍便只是一种抽象,普遍性越大,它的实在和“是”的程度也便越少。①

斯多亚学派也是一样。作为对科学知识极为推崇的一种哲学,斯多亚学派也必须在否定共相的本体论地位的同时,给出共相在认识论上的重要地位的理由。斯多亚学派在此面对着一个明显的矛盾:一方面,共相只有很低的本体论地位,但是另一方面,共相在认识论上却是科学认识的对象,是感性经验上升而得到的知识,是斯多亚学派最喜欢的逻辑“定义”、划分、判断的对象。我们看到,斯多亚学派所尝试过的解决办法依然是语言分析的:包含了共相的句子实际上是讨论具体个体的一种方法,它等值于某种条件句。比如,“人是有理性的、有死的动物”这句话等于在说“如果有某种东西是人,那个东西就是有理性的、有死的动物”。因为一切普遍化的命题都是在对所有个别现象断定。同样的情况也适用于普遍定义和普遍划分。所有的普遍定义不过是在对它所代表的个别情况的断定,所有的普遍划分也是在对它所代表的个别情况的划分。所以,只要有一个个例错了,普遍命题、普遍定义或普遍划分本身

---

① 参见本书第三卷,第577页。

就错了。[①] 正因为共相属于对众多个体的认识,所以它依然是真理标准之一。(参见 LS40,关于"真理标准"的作者综述)

第二个问题是关于斯多亚存在论本身的。这也是本章开头所提出的第三个问题,即整个希腊的存在论意义上的"第一哲学",尤其是亚里士多德传统以来保护个体性的确定性的"第一哲学",都可以视为是在对赫拉克利特的挑战进行回击。尽管每一个哲学家都认为前人的回击不够好,但是他们共同认为回击赫拉克利特是应该的。绝对的存在必须恢复,语言逻辑必须重建,这都是不容置疑的,这些就是"第一哲学"的基本使命。如果这样的使命不能完成,则第二哲学、第三哲学……就根本无从做起。

但是,作为赫拉克利特的"传承者"斯多亚学派哲学家,为什么要反对赫拉克利特?为什么要捍卫个体性的存在的确定性和语言逻辑的合法性("是就是是";反对"是就是不是"的矛盾,反对悖论),反对"关系内在性"思想?换个表达说,如果说亚里士多德的"第一哲学"是为了反对赫拉克利特,确立个体性的本体存在,并且确立语言逻辑的不矛盾律,比如《形而上学》第四卷中为了维护"矛盾律"而提出的七大论证[②],那么,斯多亚学派作为赫拉克利特哲学的精神后辈,如果提出某种"第一哲学"的话,也应当不是这种强调个体性和不矛盾性的第一哲学,而是对"辩证法"(普遍联系和对立统一)进行肯定乃至突出强调的第一哲学。

那么,斯多亚的第一哲学究竟是反辩证法的还是坚持辩证法的?我们可以看到,一方面,斯多亚学派的哲学家确实有强烈的反辩证法倾向,也就是有"数典忘祖"、忽视赫拉克利特的识见的倾向。但是另一方面,斯多亚学派大量传承了赫拉克利特哲学中的一元论作为自己的哲学基础,又时时流露出赫拉克利特的辩证精神。所谓辩证法,首先意味着对否定性的极端敏感,看到存在、即使是所谓本体存在并没有稳定的、持久不变的高贵,它当下就蕴含着非存在("矛盾"的本义),个体性存在更是变动不居。赫拉克利特其实表达的是

---

① 参见 Sextus Empiricus, *Against the Professors*, 11.8—11。LS40。

② 有关分析讨论参见本书第三卷,第 591 页以下。

对于时间的一种极端强烈的意识。对于赫拉克利特,时间不是外在的框架,不是事物运动的量度(那是亚里士多德的观点),而是事物运动本身,万事万物的运动节奏就是时间,宇宙大火的燃烧—熄灭—燃烧也是时间的象征。如果采取这种观点,就必须赋予时间以相当高的本体论地位,必然将存在与时间紧密关联在一起。

斯多亚学派怎么看待存在与时间?在这方面,他们表现得犹豫摇摆。一方面,从前面我们所总结的斯多亚学派存在分类中看,时间被放在“潜在存在”层次,没有实存的地位,因为它是“非物体性”的。塞克斯都·恩披里柯记载说:

> 有些独断论者断言时间是一个物体,另一些独断论者则声称时间是非物体性的;在那些说时间是非物体性的人当中,一些人认为它是一个能自我存在的事物,另一些人则认为它只是其他事物的某一性质。……而斯多亚学派的哲学家们则认为时间是非物体性的,因为他们断定说,在“某种东西”当中,有些事物是物体,另一些事物是非物体性的事物,他们还例举了四种非物体性的事物,它们是谓述、虚空、空间和时间。由此我们还可以清楚地看到,他们除了把时间看做是非物体性的之外,也把时间看做是一个能自我存在的事物。①

但是另外一个方面,正如朗格所指出的,时间、空间和虚空这三种潜在存在都与“谓述”不同,不能归为仅仅是思想中的建构。而且,在克律西波的某些说法中甚至可以看到,他认为白日和黑夜这样的长时间就是“物体”,因为它们是由太阳所引发的运动。② 这就与赫拉克利特相去不远了。古代人大多把斯多亚学派看做主张时间就是事物本身的。塞克斯都·恩披里柯在讨论时间的定义时说道:

> 一些人宣称时间是“宇宙运动的间隔”,而另一些人宣称时间是“宇宙的运动本身”。但是,无论是根据第一个时间定义中给出的观点,还是

① 塞克斯都·恩披里柯:《反自然哲学家》第2卷,第215—218节。

② 参见朗格和西德莱:《希腊化时期哲学家资料选编》,第308页。

> 按照第二个时间定义中蕴涵的观点,时间都是不可能存在的。这是因为"运动的间隔"以及"运动"都是无法离开运动者而存在的,那么,既然时间是宇宙运动的间隔,或更精确地说,是宇宙的运动本身,那么,时间只能是运动着的宇宙了,因而时间就只是处于一定状态下的宇宙。①

在上述观点中,时间是"宇宙运动的间隔"的观点是斯多亚学派所主张的,而时间是"宇宙的运动本身"的观点则来自于柏拉图。这两种观点其实差别不大,塞克斯都·恩披里柯说,埃涅西德姆"按照赫拉克利特的说法"称时间是一个物体,因为"现在"就是时间,而"白天"、"月"以及"年"都是"现在"(即"时间")的倍数。② 但是斯多亚学派正是赫拉克利特的传人,它不可能在时间问题上与赫拉克利特相去太远。实际上,塞克斯都接下来的批评表明,"时间不是运动的框架、而是运动本身从而是运动的物体本身"的观点基本上是同一个阵营的,而且因此在常识的时间观看来显然是荒谬的。常识时间观对此会做这样几个批评:首先,我们可以想象在某一时间宇宙运动并不存在,因此,时间不可能就是宇宙的运动;其次,既然所有运动都发生在时间之中,因此,宇宙的运动必定也发生在时间之中;再次,时间不可能发生在时间之中。③

斯多亚学派在时间问题上之所以摇摆于重视时间的本体论地位和贬低时间的本体论地位之间,可能与其伦理治疗哲学有关。一方面,斯多亚学派对人们的物利执著的批评,主要依靠不断提醒人们注意人的存在乃至整个世界的存在并不是什么"恒在"的本体,而是在时间中不断流变的,不值得过分看重;另一方面,斯多亚学派也不想提出一个超出时间的柏拉图理型或者巴门尼德的太一,它所依靠的高级本体依然是时间性的宇宙大火,是太阳和大火的每日、每年和每个大年的燃烧—熄灭—燃烧,而这正是"时间"。

斯多亚学派虽然在第一哲学中十分强调个体性,但是,它的本体论的基本原则是:"一体化"的东西比零散的东西更好,而高级一体化的东西又比低级一体化的东西更好,因为这样的存在才更为持久和有价值。所谓"高级"一体

---

① 塞克斯都·恩披里柯:《反自然哲学家》第2卷,第170节。

② 参见塞克斯都·恩披里柯:《反自然哲学家》第2卷,第218节。

③ 参见塞克斯都·恩披里柯:《反自然哲学家》第2卷,第171节。

化，一方面指的是一体化的方式，另一方面指的是一体化所容纳的范围。我们在下面的自然哲学讨论中将讲到，对于斯多亚学派来说，整个宇宙正是这样的一个最为高级的“大一一体”，因此它不可能像伊壁鸠鲁派所想象的那样是由独立的单位复合而成的。在由独立元素暂时复合而成的事物中，各个部分之间彼此不存在“通感”；但是整个宇宙已经形成了完全一体存在，因为它处处表现出“通感”（*sympathiess*）：月亮盈亏圆缺带来陆上动物的起伏盛衰和海洋的潮起潮落；星星的起落带来周遭大气和空气中发生的各种变动。宇宙在严格意义上是一个无所不包、紧密内在关联的理性生物。① 在如此视野下的第一哲学存在论中，真正堪称“是”或“存在”（being）的，应当是这个大本体个体，而不是日常小个体。一切具体个体，在这样的视角下，都失去了“主体”（主词）的地位，都成了这一大本体的“属性”或“谓述”。下面我们还会讨论到，斯多亚学派的“原因论”的独特之处是把原因说成是物体性的，而把结果（效应）说成是非物体性的“谓述”。比如刀是物体，但是“被砍”却不是物体，而是发生在另外一个物体——他人身体——上的一个属性、动作。斯多亚学派把“效应”称为是谓述，是十分奇特的看法，长期以来一直引起人们的兴趣和不解。在我们看来，这是为了在第一哲学中减少本体的数目。如果所有的“效应”都成为新的存在一本体，则宇宙中会冒出太多的本体。所以，斯多亚学派坚持唯有物体性的原因是存在，效果——行动和状态——不能是本体。然而，按照这个思路，主张绝对一体论的斯多亚学派其实只会承认一个实体，那就是宇宙终极原因的“普纽玛”，它产生了万物，它就是万物（参见下一章对斯多亚学派自然哲学的讨论）。世界上发生的一切个体和事物，都是这唯一的原因的“效应”，都是对它的伟大力量的谓述，都不具有真正意义上的“存在”，都不值得过分投入。奥勒留要人们反复思考什么是整体的本性，什么是自己的本性，根据普卢塔克的记载：

> [克律西波在《论运动》的第二卷中说]世界是一个完全的物体，但是世界的各个部分并不是完全的，因为他们都以某种方式处于与整体的相

① 参见塞克斯都·恩披里柯:《反自然哲学家》第1卷，第78—85节的讨论。

对状况中,而非自在的。①

在这样的视角下,一个人的“关系”不可能是外在的,不影响到他的“存在”(是)的。对于斯多亚学派那样的自然—神一体论的普世主义,假如世界上某个国家的人被砍伤,其他国家的人怎么能不同样承受这一悲惨状态?严格的外在关系论的第一哲学还是把世界看成“乌合之众”,只表明人依然还是在日常视野下看问题。所以,斯多亚学派在四范畴学说中的那个“关系”范畴讲的就不完全是外在关系了。布伦什维希讨论到斯多亚学派的关系范畴时就提出过一个富有启发的评论,他说,斯多亚学派的关系范畴表明,如果从某个角度看:“……万物即使在内在本质不变的情况下,也会因为世界各地发生的事情而发生了某种变化。这有伦理学上的意义:我们的各种外在关联者(家庭,同胞,诸神,世界本身)蕴涵着我们必须完成的各种‘职责’(合宜行为,*kathekonta*),因为它们是我们‘应当对之所做’的事情。增加了一位邻居就意味着增加了公正方面的承诺。”②

如果斯多亚学派确实有这种更具辩证法的第一哲学,它与更讲“个体性”和“确定性”的第一哲学之间会不会发生冲突?对于“关系”的强调会不会威胁到斯多亚学派所特别珍视的“个体内在自足性”?我们认为,斯多亚学派协调整体与个体之间张力的一种可能方式是:论证个体的规定性不是孤立的,是神或者宇宙大火流行到个体身上时的暂时凝结。所有形成个体的“特性”,都是这一元本质的大化流行贯穿不同层次而已,是不同层次的统一力量(统一就是同一性)。如此,就恢复了赫拉克利特的辩证逻各斯精神。一切都统一在一元论当中,即使是质料也不是外在于本质的,而是宇宙大火自己变化出来的,是宇宙大火—逻各斯的自我显现,自己取自己为质料,又在自己当中作为形式发挥作用。所以,质料与形式,可以看做是同一宇宙本体的两个方面,而不是独立存在的两种本体。

这样的反思引导我们考察第三个问题:斯多亚学派有没有深刻的哲理?

---

① Plutarch, *On Stoic Self-Contradictions*, 1054E-F;LS,29D.

② 布伦什维希:《斯多亚的形而上学》,载英伍德主编:《剑桥斯多亚学派导读》,第231页。

我们在第1节的结尾时指出，亚里士多德所确立的第一哲学存在论(本体论)的思路是这样的：

1.持久性(τό τί ἦνεἰναι 作为“恒是”)；

2.个体性(所以“一”以及普遍的相不是本体)；

3.深刻性(作为整合各种元素为一体而存在的原因)。

我们不难在这一思路中看到逐渐递进的思想，这正是亚里士多德经常讲的理论要“从对我们清楚的”走向“自身清楚的”认识进程。就存在论而言，尽管持久性与个体性作为本体的标准，似乎符合常识，可以起到正本清源，恢复被柏拉图弄乱的思想的作用。但是亚里士多德的哲学毕竟不是常识。它的存在论有其深刻的内容，这就是在《形而上学》第7、8、9三卷提出的新的“本体”观：个体性本体的原因——即亚里士多德的质料与形式、潜能与现实的学说。亚里士多德的本体论在讨论中逐渐由“持久存在”走向“主体存在”，最后走向“深刻存在”(即“原因存在”)或“真实存在就是现实—完满活动”的结论。质料意味着“多”(不定之二)，形式意味着集拢多为“一”的力量。这样的集拢活动有高低之分；高级的集拢活动本身就是目的性的活动，所以它能够没有限度地圆满持久地进行下去(参见《形而上学》第九卷，第6节，以及“神学卷”)。这才是真正意义上的“持久存在”。可见亚里士多德的存在论并不是简单的常识。

那么，斯多亚学派有没有这样的本体论？从我们对斯多亚学派的存在论第一哲学的讨论中可以看到：它也是从“普遍学”走向“深刻学”的，这也体现在它对存在的原因的讨论上。对于斯多亚学派，真正重要的原因是维系因(cohesive cause)，是事物中的一段“普纽玛”，它决定了一个事物之所是，也决定了其如何运动。斯多亚学派用了一个特别的概念描述这样的内在原因：张力(*tenor*，echein)。所谓张力，其特点是具有可塑性。没有可塑性的事物容易毁灭，一旦被撼动，就容易在摇摆中超出自身限度，以至于彻底消灭，无法保持其同一性即是其所是之“是”。一切存在(“是”)都依靠某种力量维系(或把持、持有)。张力的特点是同时向外、向内运动，或者说是一种“回到自身的力量”。向外的运动产生各种各样的量和质，向内的运动产生统一性和本体

(Nemesius, 70.6—71.4;LS,47J)。伽伦在《论肌肉运动》(*On Muscular Movement*)一书中举了一个例子说明斯多亚学派的这一洞见:

> 想象一下一只高飞之鸟,它看上去一直停在同一个位置。我们应当把它描述为一动不动,好像它恰好吊在那里,或者是在向上飞,上飞的力量正好与它的身体把它向下坠的量相等?我想第二个描述更为正确。如果你射杀了这只鸟,摧毁了它的肌肉张力,你就可以看到它快速坠落下来。这就表明,鸟儿是在用来自它的灵魂的张力的向上运动平衡它的体重带来的内在下落倾向。①

由此可见,在斯多亚学派关于存在的原因的学说中,有"辩证运动"的赫拉克利特思想(想想赫拉克利特的"弓","看不见的和谐高于看得见的和谐","战争就是正义"等)。它告诉人们,所谓个体的"存在"或"是",表面上看是一个事物宁静地持久存在,其实依靠的是背后的激烈对立力量的运动和均衡对它的"维系"。如果当真只有一个方面的力量占上风的时候,就不但不能维系该事物,反而会毁掉它。可以看到,与亚里士多德一样,斯多亚学派的存在论在追溯作为存在原因的"本体"的时候,都是深刻的、超出常识的。"张力"在斯多亚学派哲学中是一个运用极为广泛的概念,是"普纽玛"(宇宙理性)的一般表述,它既是无机物的统摄机制,也是更为高级的动植物的统摄机制,即"生机"和"灵魂"的基本运作模式。灵魂位于中央,同时又伸展运动,直到表层,然后又从表层回到中央。这么一来,一个单一的有机体就被双重的约束所包裹,所以适宜于更强的张力和统一性。② 所以,斯多亚学派强调人要关注自己的内在灵魂的持守,如果只是向外的运动,虽然能够完成许多功业,形成许多品性,但是会失去自己的内在深度。只有灵魂之气周行不殆,饱满舒展,能放能收,才是健康的灵魂。

由此可见,斯多亚学派有一套关于第一哲学的思考,只是从形式到内容不同于柏拉图、亚里士多德而已。从理论形态看,关于 Being as Being,Being 的

① Galen, *On Muscular Movement*, 4.402.12;LS,47K.

② 参见斐洛:《创世记问答》2.4;LS,47R。

划分与等级，Being 的一般属性，作为主体之 Being 与作为九个谓词的 Being，Being 与 aletheia（真），Being 与 arete（agathos，善与好），Being 与 energeia，entelecheia（现实，“隐得来希”）的理论，以及 Being 在自然本体、人和城邦上的应用，可以说，古代能说到的事，亚里士多德都做到了。斯多亚学派要实现哲学上的转向，关注作为“世界公民”个体的心灵的平静与安宁，就必须论证个体是本体，但是必须坚持两个向度，既要论证个体作为 Being 的资格和丰富性，又要寻求统摄个体的“维系因”：基于 preuma（普纽玛）的 echein（张力）。在下一章“自然哲学”中我们可以看到更为细致深入的论证。

小　结

综上所述,一个完整的斯多亚学派"第一哲学"包括了以下几个特点:

首先,个体性(*τό τί*)。所谓"存在"或者本体首先是持久的存在。作为个体的主体能够"经历变化而自己不变",持续(*monai*)一段时间。与亚里士多德早期存在论类似,这样的存在、实是或本体(*ousia*)在斯多亚学派那里不是被看做是抽象分离的"相",而是被规定为"主词"或"主体",而且,唯有个体才符合这样的标准。这是为了反对柏拉图的"形容词独立"的相的思路。共相没有规定性,所以不是实是。

其次,主体性。如何形成这样的个体?来自独特的形式,在斯多亚学派看来,这样的形式就是宇宙"普纽玛"。这种积极主动的形式力量统摄万物为一。在人身上,这样的高级形式就是主体性、主观性。凝固的、僵化的事物缺少存在性。但是,这种主动性的统辖万事万物的力量不是纯思,而是物体性的灵魂。

最后,深度的思辨性。整个宇宙自上而下,真正统万为一。所有个体都是这种一元大火的一个阶段或暂时凝结,存在连续不断,没有虚空加以隔开,从而在某种意义上并无真正的分离个体。宇宙的本原是辩证的张力平衡,它维系着现象界个体的存在和变化。所以,"第一哲学"不仅强调普遍性,而且强调理论的深度;如果说亚里士多德的深度存在论揭示了真正的存在丰富不是积攒感性可触的"物体",而是实现高级的目的性活动(*entelecheia*),那么斯多亚学派的存在论也是有很深的哲理的,它揭示了个体性的平静持久的"是"背后的"是"与"不是"、存在与非存在的动态张力(*τόνος*)的激荡运作。

斯多亚学派的“第一哲学”是它的自然哲学、治疗哲学和伦理学的根基，同时在哲学史上它也拓宽了人们对“形而上学”(“第一哲学”)的视野。metaphysis 可以追溯“超越”(meta 之一义)自然世界(physis)之上的根基，新柏拉图主义、早期基督教的教父学、经院哲学，以至近代黑格尔哲学、宗教哲学基本上是这一进路；也可以沿着“meta”作为“之后”另一义，探索“后亚里士多德”(以至当代一系列时髦的“后学”)，反思亚里士多德为止的“第一哲学”，建构“后亚里士多德的第一哲学”。在这个问题上应该说斯多亚学派做得比伊壁鸠鲁多。本章有关斯多亚学派对柏拉图、亚里士多德及赫拉克利特等的诘问与反思提供了足够的证据。

第七章

斯多亚学派的自然哲学

斯多亚学派的自然哲学不仅为斯多亚哲学的治疗伦理哲学提供了有力的客观支持,而且本身在理论上具有独到的贡献。它的种种言说表明它确实把握住了“自然”的一个重要方面,这个方面是原子论的自然哲学和柏拉图路线的自然哲学都没有看到的,而且因此受到了它们从两个方向出发的激烈攻击。但是斯多亚学派并不为之所动,它在回应和辩护当中围绕自己的基本洞见系统地发展出了一个全面的理论体系,形成了可与其他两派自然哲学三足鼎立的独特自然哲学理论。

第一节　总论:对象、意义和问题

一　自然哲学的对象

根据第欧根尼·拉尔修的记载,斯多亚学派对于自然哲学有两种划分法。首先是所谓“属的划分”,即把自然哲学划分为五个部分:(1)关于物体(bodies)的;(2)关于原则的;(3)关于元素的;(4)关于诸神的;(5)关于边界、位置和虚空的。其次是所谓“种的划分”,即把自然哲学分为三个部分:(1)宇宙;(2)元素;(3)原因。(DL,7.148—149;LS,43B)

因为第欧根尼·拉尔修只是简单地给出了这样两个分类表,之后没有详细阐述，所以人们对于斯多亚自然哲学的框架布局的逻辑还是不很清楚。我们只有首先对自然哲学的可能对象进行一个分析，才能回过头来理解这些分类。

众所周知，自然哲学是希腊哲学传统中最为古老的一个部门。顾名思义，自然哲学是关于“自然”的学问。这似乎是显而易见，没有什么好争论的。但是事情并没有那么简单。事实上，自然哲学至少可以以两种事物为对象，一种是“自然”，另外一种是自然的“原因”。这在“种的划分”中体现得特别明显，其中，(1)是“自然”，而(2)和(3)讨论的都是“自然的原因”(质料因和形式因)。两者当然有内在的密切关联，但是绝非等同。而且其间的区分所蕴涵的内容相当之丰富，并带来了许多问题：

第一，自然哲学应当是以“自然的事物”为对象。什么叫“自然的”，什么叫“不自然的”？根据语词分析，希腊语“自然”的最为原初的含义就是所谓“自己运动的事物”。由于海德格尔的强调，现代研究者日益注意 *physis* 的这个含义。如果我们既接受现代哲学的启发又不能用现代人的观点解释古代人，我们就需要思考：古人究竟把万事万物中哪些事物看做是具有 *physis* 的呢？

第二，自然哲学应当以整个“自然”为对象，也就是以世界或宇宙为本位。整体自然的概念对于斯多亚学派来说尤其重要，因为这是一个整体本位的，自上而下思考着的自然哲学。换句话说，严格来说，斯多亚学派只承认那一个“个体”生物——整体的自然。不过，什么是“整体自然”？这并没有得到所有自然哲学家的共识。斯多亚学派当然以我们这个宇宙为关注中心，但是他们并不认为这就是“大全”(*to pan*，the All)。真正的大全还要包括宇宙外面、环绕宇宙的“虚空”。根据古代学者的记载：斯多亚哲学家认为在“整体”(the whole)和“大全”之间有区别。因为他们说世界是整体，而世界加上外部的虚空是大全。因为这个缘故，他们说“整体”是有限的，因为世界是有限的；但是“大全”是无限的，因为外于世界的虚空是这样的。以上是塞克斯都·恩披里柯在《反职业家》(9.332；LS，44A)中的记载。这同第欧根尼·拉尔修下列记述一致：

> 据阿波罗多洛的观点,“事物的总体”、“大全”的意思是:(1)世界;(2)由世界和外部的虚空构成的系统。世界有限,而虚空无限。① (DL,7.143;LS,44B)

这一区分并非无足轻重的纯粹技术性的问题,因为这是斯多亚学派与伊壁鸠鲁派自然哲学的分水岭之一:斯多亚学派最关心的“整体自然”是宇宙之内的事情,这样的宇宙之内没有虚空,处处都是充满的实在。虚空被挤出到宇宙外面。但是伊壁鸠鲁派所强调的恰恰是原子与虚空并存于宇宙之中;虚空发挥着隔断各个原子的重大作用,从而使斯多亚学派所期望的“宇宙一体相互感应”的普遍决定论从根本上失去可能。

第三,“整个自然”的主要内容是天体世界。所以,从某种意义上说,自然哲学首先指的是天文学。自然哲学家尤其关心的是整个的“天”。这不是说他们不关心动物、植物、矿石等等;但是按照亚里士多德的深刻观察,令人惊讶的东西才引起思考和解释的欲求。而整个天界的运行,比我们日常所熟悉的常规尺度的感性事物要令人惊讶得多。而且,动物、植物和无机物的研究又是被纳入整个天体体系的运行中加以考察的,所以通常的天象学、地理学、动物学、植物学等自然哲学部门往往从属于天体学。

第四,自古以来,自然哲学的核心主题也许不是“自然”,而是“自然的原因”,尤其是终极性的原因——“本原”或始基。亚里士多德在《物理学》就是这么定义自然哲学的;塞克斯都·恩披里柯在《反自然哲学家》中也把关于各派自然哲学对“原因”的讨论放在首要地位,占据了大量的篇幅。第欧根尼·拉尔修在介绍斯多亚学派对于自然的看法时也说:

> “自然(Nature)”这个词在他们那里有时指的是维系世界的东西,有时指的是促使大地上的事物萌发生长的力量:自然是一种自身运动的张力,它根据种子生育原则(seminal principles)在确定时期产生万物,并保持其存在,并使万物从事与其来源相同的行动。进一步,他们认为自然既

① 亚里士多德:《物理学》,194b。

以功用也以快乐为目标，这从与人的技艺的类比可以清楚地看出来。①

毕竟关于自然—本性(*physis*)的知识是对于本质的认识。这是纯粹理论学问的顶点，理论学科的对象应当是困难的、深刻的、背后的。自然的终极原因是最高级的存在。"本体论"在前柏拉图和亚里士多德哲学家那里，与自然哲学紧密结合在一起，是自然哲学的顶峰。"自然哲学"中的"自然"一词不应当给人以误导，以为是众所周知的。其实，对于希腊人，无论是早期自然哲学家们的《论自然》，还是后来的柏拉图、德谟克里特和斯多亚学派，其学说毫不自然，毋宁说被公认为是激烈反常识的。希腊哲学与其他一些古老文明的区别正是在于它一贯对于这种超出常识的、高度理论化的纯粹自然原则本身的认识具有浓厚的兴趣。

第五，正因为"自然"是原因——是终极原因，所以对于众多希腊哲学家，包括柏拉图、亚里士多德和斯多亚学派，这样的学问又是"神学"——至少是神学中重要的一部分；对万事万物的终极原因、包括根本运行规律的认识，就是对"神"的认识。进一步而言，对于斯多亚学派哲学的强泛神论一元论，不仅自然的"原因"和本性被视为"神"，而且整个自然被视为"神"，于是神学不仅是自然哲学的一部分，而且在一定的意义上说是其全部。于是，自然哲学与神学完全合一。换句话说，自然哲学的对象是神。根据拉尔修的记载：

> 斯多亚学派在三种意义上使用"宇宙"(cosmos)一词：(1)指神自身，这是由所有的本体组成的一个特别规定了的个体；他是不朽的和非生成的，因为它是世界秩序的制造者；他按照确定的时间周期把所有的本体吸入自身，然后又从自身中创造出它；(2)他们也用"宇宙"这个词指宇宙秩序；(3)指上面两者[即神和宇宙秩序]所组成的整体。(DL，7.137；LS，44D)

第六，"自然"一词，与人特别有关。所以，"灵魂论"往往是自然哲学的核心。人是整体中的部分，所以人与自然的关系也可以说是自然中的部分与整体的关系。但是，人这个部分，是一个极为特殊的"部分"。也许在前苏格拉

---

① 第欧根尼·拉尔修：《著名哲学家的生平和学说》第7卷，第148—149节；LS，43A。

底时期还没有与“人”(人为)对立起来考虑的意思,但是在智者运动之后,“自然”(*physis*)显然是与“人为”(*nomos*)对立的一个范畴。这一点,可以参见我们在第二卷讨论“自然与约定”(*physis* 和 *nomos*)的论述。① 为了了解一个概念,我们必须知道它的对立面。“自然”的对立面是“脱离了自然、超出了自然”的东西。在人的身上,集中体现了“自然”与“非自然”的力量的工作。人是什么,我们是否应当纳入自然整体?自然力量与非自然力量各自在人的什么方面发挥什么样的作用?从价值上说,“自然”运作好还是“非自然”努力好?“自然”与“非自然”又是什么关系——是连续的还是剧烈断裂的?斯多亚学派的基本口号“顺从自然生活”对于人意味着什么?

在经过上述讨论之后,我们对于斯多亚学派自然哲学的对象的复杂性就有所理解了。现在我们可以再考察斯多亚学派对自然哲学的两个分类表。尽管我们已经看不到任何完整的“斯多亚学派自然哲学”或《论自然》这样的著作了,但是如果我们把这两个表结合起来看,再注意斯多亚学派各种残篇留存的线索,就能发现,当时成型的(由克律西波成型的)斯多亚学派的自然哲学教科书大约会按照下面的体系逻辑“自然地”递进展开:

(1)自然(整体宇宙);

(2)物体(以及非物体等等,总之第一哲学);

(3)原则——这又分为两种,即主动的(“原因”)和被动的(质料之“元素”)原则;

(4)从这样的自然原则的角度重新解读的“神”;

(5)相关的一系列概念和难题,如关于边界、位置和虚空的学说;

(6)关于具体自然现象的分支学科(生物学、天象学等等);

(7)自然哲学的伦理意义。

最后一条(7),在第欧根尼·拉尔修的两个分类表中都看不出来,但是对于了解斯多亚学派的基本精神的人来说,它不仅是不可少的,而且从某种意义上说应当放在第一位,因为这是斯多亚学派哲学的整个旨向所决定的。让我

① 参见本书第二卷,第四章。

们转向爱比克泰德著作中所提到的一个哲学内容分类表，就可以得到这样的启发：

> 那有意成为美好且高贵的人，首先须在这三个研究领域经受历练。第一个领域关涉欲求和回避，以便使他不会得不到他所欲求的，也不会陷入他所要避免的。第二个领域关涉选择和拒绝之事，以及一般而言与责任相关的事，以便使他做事井井有条，理由充足，而不会粗心大意。第三个领域与避免错误和草率的判断相关，一般而言，也即与赞同相关。①

这段话体现了爱比克泰德对于哲学各个部门分类的独特理解。但是它的具体所指究竟是什么，历来有争论。其中，第三个领域指的是逻辑学，第二个领域指的是伦理学，应当是相当清楚的。但是第一个领域指的是什么？就非常不清楚了。如果从排除法的角度看，这剩下来的一个领域应当是自然哲学。但是，它的内容（"关涉欲求和回避"）似乎不像。爱比克泰德接下去的话是对这个领域的突出强调：

> 在这三个领域之中，最为重要的和最迫切的那个是与强烈的情绪相关的领域。因为除非欲求没有实现，或回避陷入了它应该避免的境地，否则强烈的情绪是不会产生的。在这个研究领域中，我们会遇上混乱、激动、不幸与灾难；还有悲伤、哀叹、嫉妒；使我们变得羡慕与嫉妒——这些激情甚至使我们无法听从理性的决断。②

这样的描述令人想到的恐怕更多的是心理学或者伦理学，却想不到"自然哲学"。不过，塞拉斯提示我们仔细思考一下：首先，爱比克泰德讲的确实不是"哲学的三个部门"，而是研究的三个领域，后者与前者可以存在交叉关联的关系，但不是一一对应的关系。其次，第一个领域的主题是对欲求与躲避的训练，这虽然表面上看不是宇宙论的理论问题，但是对于斯多亚学派这样的"唯智主义"哲学，正确的欲求与躲避所依靠的正是对于宇宙和自我的自然哲学的知识。我们应当欲求健康的食品而非奢侈，这依靠的正是对生理学的分

① 爱比克泰德：《哲学谈话录》，3.2.1。

② 爱比克泰德：《哲学谈话录》，3.2.1。

析理解。我们应当不过分躲避灾难,这依靠的正是对宇宙的原因序列的正确理解。塞拉斯的结论是:"总之,如果人们追问研究斯多亚学派自然哲学的实践意义是什么,回答完全可能是:对于自然在个体的和宇宙的层面上的运作方式的更好理解,这当然会影响到我们对于什么是现实可行的欲求和躲避对象的理解。在这个意义上,第一个领域确实是与斯多亚学派自然哲学相关联的训练。"①

这一考虑自然地导致了我们的下一个问题:自然哲学研究对于斯多亚学派的意义。

二 自然哲学的意义和问题

我们在本书第三卷讨论亚里士多德的时候指出,学者们对于研究"是"或"存在"的第一哲学究竟以什么为对象,一直有不同的看法。一方面,许多人认为研究普遍概念工具的学问当然应当是第一哲学,这也是我们在前一章首先讨论斯多亚的存在论意义的"第一哲学"的理由。但是另一方面,还有一种普遍的学问,那就是神学,因为自然学—神学是讨论有关实在(reality)的原理,说明实在的因果作用的;而各门具体科学只讨论在自己范围以内的因果关系,提供接近的原因(proximate causes);可是神学讲的"不动的动者"却是所有事物的最后原因。从这个意义说,神学也是一门普遍的学问。② 我们看到,斯多亚学派也是这样理解自然哲学—神学的意义的。在此意义上,自然哲学也可以列为第一哲学。

根据后来学者的记载,在斯多亚学派的哲学体系中,对于自然哲学应当占据什么地位,曾经提出过几个经典的比喻。总的来说是把这门学科视为整个哲学的理论基础:

> 他们把哲学比做富饶的果园,自然哲学比做果树的伟岸,伦理学比做果实的丰裕,逻辑学比喻为围墙的强硬。还有一些人把哲学类比为鸡蛋:

① 参见塞拉斯:《斯多亚主义》,第 50—51 页。

② 参见本书第三卷,第 580 页。

> 伦理学像蛋黄，它孕育鸡仔；自然哲学是蛋清，为蛋黄提供营养，而逻辑学则被比做外壳。然而，哲学的各个部分并不是相互独立的，而果树与果实不同，围墙与果树有别，故而波西多纽更喜欢把哲学类比为动物——自然哲学是血肉，逻辑学是筋骨，伦理学是灵魂。①

如此看来，对于斯多亚学派来说，自然哲学首先具有理论上的重大意义，而且还具有重要的实践意义。然而，仔细的考察会发现，这样的“意义”其实并非这些比喻所显示的那么自然而然。事实上，从希腊哲学史、尤其是斯多亚哲学的思想发展史上看，毋宁说这是相当奇怪的，因为“投身无用的自然哲学”经常被人视为逃离政治生活的象征。作为斯多亚学派哲学道统之源的苏格拉底在决定回到政治的“第二次启航”时，也正是以从此放弃自然哲学研究为标志②。但是，确实有不少哲学家希望在自然哲学中寻找伦理生活的基础。晚期希腊哲学各派在其最高学问——伦理治疗学——中大多倡导“顺从自然而生活”的生活技艺；斯多亚学派也不例外，甚至可以说它自视为这一口号的最佳倡导者和捍卫者。自然哲学理当被视为支持伦理哲学、政治哲学和治疗哲学的。

不过，“价值的自然基础”的自然思路其实未必是看上去那么自然的。自然哲学的视野与常识视野下的价值观处于激烈对峙中。而且，价值哲学能够得到自然哲学的支持吗？自然本身有价值吗？从“是”到“应当是”，跨度岂不是太大了吗？这样的问题不是现代元伦理学提出来的，智者们早就指出：同样的“自然”为什么可以支持那么多对立的伦理价值？③ 最后，价值哲学应当得到自然哲学的支持吗？这样的寻求客观支持的想法难道不是在放弃主观性的自由，推卸责任？主观性需要自然的支持吗？自由的特征岂不就是绝对抗衡自然的必然性吗？

这些问题必然横亘在斯多亚学派哲学的面前。斯多亚学派以传承苏格拉底道统自居。但是，犬儒派所理解的、也为斯多亚学派中不少重要人物（如早

---

① 塞克斯都·恩披里柯：《反逻辑学家》第一卷，第1章。

② 有关讨论请参见本书第二卷，第七章第二节。

③ 有关讨论请参见本书第二卷，第194页以下。

期的阿里斯顿)所坚持的苏格拉底道统的一个本质特征就是彻底放弃自然哲学这门学科,因为它超出了人的理智能力,它代表着人类企图冲击神的领域的狂妄。人应当放弃探究自然的奥秘,转而集中精力关注伦理学或价值哲学。

进一步来说,斯多亚学派所采纳的是一个与众不同的"奇特的"自然哲学。与主流的原子论自然哲学不同,也与主流的柏拉图派自然哲学不同;斯多亚学派的自然哲学越过了众多可以选择的自然哲学类型,回到前苏格拉底哲学中的赫拉克利特哲学上,采取了一种"火"本原的自然哲学。于是人们自然而然地可以对斯多亚学派开创者提出这样的问题:芝诺为什么要顶着压力采纳自然哲学,为什么要采纳赫拉克利特这种颇为异端类型的自然哲学,他这么做能够支持他最为关心的伦理哲学吗?与赫拉克利特的"晦涩"相对应,斯多亚学派的自然哲学也十分晦涩。首先,其起源就埋藏在扑朔迷离的昏暗之中。斯多亚学派的伦理学、逻辑学的来路都十分清楚:前者是芝诺到雅典后跟犬儒派的克拉特斯学的,后者是芝诺后来去麦加拉学派学的;然而,史书没有详细记载芝诺或者斯多亚学派其他人从何处学习、为什么决定采纳赫拉克利特类型的自然哲学。

以上考虑告诉我们,自然哲学对于斯多亚学派的意义绝非它的教科书中正统说法所描述的那么完美、平滑和简单。这些内在分歧将不时突破体系化的努力,展现出各种张力和活力。我们在开始就注意到它们,当然比在研究中困惑于各种"前后不一致"现象要好。进一步,我们还希望在具体探讨之前,指出一个通常为学者们所忽视的重要现象。一般学者笼统地讨论"斯多亚的自然哲学"。但是从留存下来的斯多亚学派自然哲学的各种材料看,我们可以发现,其实它们是由两大方面的内容组成的,一种是基本的直觉,另外一种是逻辑理性的辩护。斯多亚学派在"自然"中所洞察到的基本原则是什么?是一种独特的泛神论的、一元生机论的自然哲学精神。这样的自然—神学理念绝非通过知性的逻辑推理所能够得出的,尽管克律西波等斯多亚学派大师们喜欢说自己的自然哲学是依靠严密理性推理得出的"科学知识"。这种自然领悟相当反常识,甚至反"哲学常识"。不仅百姓看不出来自然的本质是"火"或"热气",更不会同意诸神就在世界万事万物内部,而且那些与常识激烈对立的哲学家们比如柏拉图派的哲学家们都纷纷抨击"斯多亚学派的悖论"。

另一方面,正因为斯多亚学派的"自然奥秘领悟"招徕了各方的激烈抨击,学派中擅长逻辑理性论证的理论家们逐渐发展出了许多极为细致的逻辑推理来为其辩护,回击对手的攻击。这些论证不断积累和发展,慢慢形成了一个庞大的"护道学"学说。用一个不准确的笼统说法来讲,如果说芝诺和克里安提斯的主要贡献是在直觉的基础上提出了斯多亚自然哲学的基本原则,那么克律西波就主要是一个斯多亚学派的护道学专家。

我们以为这一基本区分将有助于我们把握斯多亚学派自然哲学的意义。所以下面我们的讨论将时时注意到这样的区分,尽管我们知道不可能把这两种内容严格区分开来。总体来说,第 2 节是斯多亚自然哲学的基本理念,第 5 节是对手的攻击,第 6 节是斯多亚学派的护道学。第 3 节和第 4 节都是斯多亚自然哲学中的一系列重大问题,既牵涉到其基本理念,也混杂了护道学。

第二节　斯多亚学派自然哲学的基本原则

斯多亚学派的基本原则是彻底的一元论。由于斯多亚哲学主张一种精神性力量和物质性力量的紧密一体化,所以其原则或许称为"一体论"更贴切。在关于自然和自然的"原因"的哲学上,便形成了一系列的"同一":主动原则与被动原则的同一,形式与质料的同一,神与自然的同一,终极因与宇宙的同一,目的论与决定论的同一,自由与必然的同一,等等。

首先,是宇宙的基本原则的同一。

一　主动原则与被动原则的同一:生机一体论

上面指出,自然哲学的"自然"往往首先指的是自然的原因。朗格曾经列举了斯多亚哲学体系中对"自然"概念种种具体用法:(1)塑造(shapes and creates)一切事物的力量或本原;(2)使世界成为统一体并赋予其内在一致性的力量或本原;(3)自我运动并具有生殖力的燃烧的气息(或精巧的火);(4)必然性和命运;(5)神、天意、工匠,正确的理性。① 从这些罗列中可以看出,"自然"的主要意思是"自然的原因"。

"自然"的原因可以从两个方面看,一个方面是生命的、积极创造的、形式因即动力因,另外一个方面是未规定的、质料的,被动的基质。塞克斯都说道:"斯多亚学派也是这么划分的,因为他们声称存在着两种始因:神和'无限定的质料',并且还把神设定为主动的,把质料设定为受动的和变化的。"②这样的说法在其他古代文献中也可以得到印证:

> 根据斯多亚学派的说法,普遍的物体是有限的、唯一的整体和本体(*essentia*,substance)。它是整体,因为它不缺少任何部分;它是一,因为它的部分是不可分(inseparable)、互相协调一致的;它是本体,因为它是所有物体的原初质料;而且他们说完全的和普遍的理性穿越其中,就像种子穿越生殖器官一样。他们认为这一理性是一个真实的工匠,而连续的物体是没有性质的,是质料或本体,完全是被动的,可以在其中接受各种变化。但是质料在变化中不会整体地消灭,也不会由于其部分的毁灭而消灭,因为这是所有哲学家都共同持有的一个教义:不会无中生有,也不会有化为无。(Calcidius,293;LS,44E)

斯多亚学派的"形式与质料"的思考方式令人想到亚里士多德。对于斯多亚学派来说,积极原则与被动原则相互独立,都是必不可少的。自然的质料方面尽管不是斯多亚学派所强调的重点,但是也是其自然哲学的基本原则。斯多亚学派认为,质料就是没有规定性的基质,处处一样,还不是差异的个体,也不能自行运动成为个体。神没有创造质料,而是在质料上运作,带来所有的具体特性。塞涅卡说:"质料没有行动能力,它可以为万物所用,但是除非有某物推动它,否则它是不会运动的。"(Sen.*Ep.*,65.2)此外,斯多亚学派也与亚里士多德一样,区分普遍的质料和特殊的质料:

---

① 参见朗格:《希腊化哲学》,第148页。

② 塞克斯都:《反自然哲学家》第1卷,第11节。

> 他们把原初质料(primary matter)当做万物的基质;克律西波在其《物理学》的第一卷中、芝诺都持此论。质料指一切事物所得以从中产生的东西。本体和质料两个术语都有双重意义,其根据在于它们表示:(1)普遍的本体或质料;或(2)特殊的本体或质料。前者是既不增长也不消亡,而特殊事物的质料既增长又消亡。物体(body)是有限定的本体。(DL,7.150)

正因为质料是被动的,所以它需要主动原因来使其运动。芝诺在证明神的存在时,曾经提出过一个从质料和形式关系的角度出发推导运动原因的存在从而论证神的存在,就体现了这种思路:

> 他们认为,存在事物的质料不会变化、也没有形式,唯有在受到某种原因的作用下,才有可能运动起来,具有形式,鉴此,正如当我们看到一件非常漂亮精致的青铜作品时,我们就会急于想知道谁是作品的工匠一样,既然质料本身是静止不动的,因此,当我们看到宇宙中的物质正以确定的形状和有序的节奏安排有条不紊地运行着的时候,我们就会自然而然地想寻找那个推动事物运动并把质料塑成不同形式的原因。也正如我们的灵魂遍布在我们自身之中一样,完全有可能,那弥漫于质料之中的力量不会是别的,而可能是某种神。①

由此可见,斯多亚学派更为强调的是自然的"原因"或形式的原则,它作用于质料而产生并维系万事万物。就自然原因的产生官能而言,斯多亚学派经常使用"艺术家(技艺家)"和"生物生育"的类比隐喻。把自然比做进行创作的艺术家(技艺家),显然体现出了对我们这个世界的价值的充分肯定,而摆脱了犬儒派和赫拉克利特派的宇宙悲情意识。这样的创造可以从个体的和整体的两个角度看。斯多亚学派似乎更为看重后者:

> 自然在她的每一个创造物中,都遵循自己的道路和原则,不过宇宙中的自然作为一个整体把一切都包含在自己的怀中,她不仅是一位技艺家,而且是一位艺术大师,从她的筹划和意愿中涌现出所有时令和季节的收

① 塞克斯都·恩披里柯:《反自然哲学家》第1卷,第75—76节。

> 获。有限的自然物产下它们自己的种子,在各自的形式限定的范围内生长发育,而作为无限的宇宙整体的大自然则是一切自由和运动的源泉,也是与其意愿和冲动(*hormae*)一致的行动的最初源泉,正如我们自己在自身的理智和感觉的驱动下采取行动。这就是宇宙运动的精神本性,把它称为神的智慧或预见(*pronoia*)是很合适的,它使世界得以持续,不匮乏,充满恩典和美。①

自然之主动积极的原因不仅产生万物,而且维系万物。以张力的方式运作的“火”—生命气息不仅把具有四散开裂倾向的众多质料凝聚为一体,而且还能撑开过于内收的质料,防止质料由于其土、水的性质的引力作用而塌陷毁坏。

需要指出的是,斯多亚学派使用“工匠与质料”、“形式和质料”的术语和思路容易使人分别想到柏拉图和亚里士多德;但是,他们之间的重大差别还是无法掩盖的。斯多亚的特别之处是:第一,斯多亚学派没有像亚里士多德那样把各种事物发生的原因区分为质料因、形式因、动力因和目的因;他们提出的唯一原因——“创造理性”——可以看做亚里士多德所谓四因的综合体。② 换句话说,斯多亚学派称主动的、形式的原因为“原因”,但是不把被动的质料叫做“原因”,尽管“质料因”是亚里士多德四因说中所确立的一种重要原因。塞涅卡明白地指出,斯多亚学派与亚里士多德派的区别是把“一大堆原因”归结为一种原因:

> 我们斯多亚学派要探索最初的和普遍的原因。它必须是唯一的,因为物质是唯一的。我们问:这一原因是什么呢?回答是:“创造理性”,也就是神。(Seneca,*Epistle*,65.12)

斯多亚学派之所以否认质料因,只承认积极主动的原因,可能是为了强调宇宙中的动态创造力量是更为根本的、更有意义的。斯多亚学派喜欢用的象征性术语如“火”、“生命气息”(普纽玛)、“张力”(*tonos*)等等,无不充分体现

① 西塞罗:《论神性》第2卷,第22节。

② 参见朗格:《希腊化哲学》,第165页。

了这种取向。

第二,强调形式就是神。形式与质料的对子,很快就被"神与质料"的术语取代。各种物体的形式不是各自独立的,而是同一个神按照统一的、大目的论式的计划有理性有意识地积极创造和安排的。斯多亚学派也把这一神或自然称为"命运"。这个术语显然是为了强调不仅整个世界,而且世界的每一个部分,都是由神统治的。斯多亚学派还接受并改造日常宗教的术语,把它叫做"宙斯"或"宙斯的意志"。万物都是由于宙斯的意志而发生的。不过,斯多亚学派强调这一统治不是任意的,而是理性的。所以,宙斯—命运也被称为世界理性、宇宙法则或逻各斯。进一步而言,这种理性必然性是对世界的有序的、美好的安排,所以也被称为"天意"(Providence)。最后,由于它是作为一种创造力量在起作用的世界理性,所以也把它叫做"生殖理性"或"种子理性"(*logos spermatikos*)。[①] 显然,这样的景观是亚里士多德的局部式目的论所难以想象和接受的。即使柏拉图同意神在创造世界中发挥着巨大作用,但是他也不会同意神作为生命力弥漫和渗透在所有的质料当中。

第三,强调形式与质料不可分,质料中总是有形式在运作,形式也永远在质料中。宇宙就是神,神就是物体。"火"是象征这种理性与物体合一的著名比喻,因为火是形体性的。芝诺把自然定义为"一团自行其道的创造之火,就像一位艺术家,创造出它的产品"[②]。于是,自然的基本原则质料与形式,就经常被表述为"质料与理性之火"。"神"乃是斯多亚学派的"宇宙创造之火",这是柏拉图派感到无法接受的"唯物主义",在后来的基督教文明中,也是被人经常指责的一个重要根据。但是我们看到斯多亚学派决不愿意放弃自己的这个"特色"。斯多亚学派论证说,从结果就可以推断出原因具有这样的性质:既然宇宙的所有元素都是由热来维系的,那么整个宇宙本身始终会由一个类似的力量维系着。"热和火的原则渗透于整个自然,为自然注入了活力,是一切将要生长之物的源泉,一切生物和扎根于大地的植物的出生和成长都离

---

① 参见沃格尔:《希腊哲学》第3卷,第65页。

② 西塞罗:《论神性》第2卷,第22节。

不开它。"①不仅活着的生命体内部必然有热量,而且在无机物中也渗透着火原则。就土而言,石头与石头的摩擦撞击会产生火;就水而言,其融化也表明液体中蕴涵着热;甚至最冷的空气中也包含着一部分热量。由此可以推断出,维系万事万物的本原也是火,而且是更为纯粹的火:

> 这个宇宙之火比保存滋养我们所熟悉的事物的生命之火要更加纯粹,更加清澈,更加精妙,能更加快捷地推动我们的感觉。因此,认为宇宙没有意识的观点是荒谬的,仅仅体验过尘世之火的人和动物会被激励而成为有意识的生命。这种纯粹的、自由的原初之火渗透着整个宇宙,它是最精致的、最有力的;这种宇宙之火不是从无中被点燃,而是由它自身的意志力推动。因为,还有什么事物能比整个世界更强大,能够点燃这团渗透一切的生命和运动之火?②

斯多亚学派的"火"本原后来在克律西波那里又被表述为"普纽玛",即一种热的生命气息。根据朗格的看法,这一改变是在当时生理学发展的推动下作出的。普纽玛,其字面意思为"气息"或"呼吸",医学家们把它看做通过动脉传递的"生命"精神(vital spirit)。其实,芝诺已经把灵魂界定为"热的气息"。如果火和气息都是有生命的本原必不可少的,那么既然可以把理性与火等同起来,也就可以把气息与理性等同起来了。这一步是受到生理学发展影响的克律西波迈出的。③

斯多亚学派与赫拉克利特派一样,也把火本原作为原因作用的创造历程描述为火与其他元素——气、水、土——的相互转换关系。西塞罗在《论神性》上述引文接着说:

> 有四种始基(basic substances),宇宙本性只不过就是它们之间不断变化的过程。土生成水,水生成气,气生成以太。然后这个变化过程逆转,以太生成气,气生成水,水生成最低的元素土。因此,这个和谐的宇宙

① 西塞罗:《论神性》第2卷,第10节。
② 西塞罗:《论神性》第2卷,第11节。
③ 参见朗格:《希腊化哲学》,第323页。

的各个部分都由这些自然元素构成，它们上下前后的反复运动形成了万物。这种宇宙的和谐必定是连续的、永久的，如它展现在我们眼前的那样，或者至少能持续很长一段时间，长到几乎是无限的时间。①

如果描述大火——世界——大火的完整节奏的话，应当是这样的：首先是大火，此时整个世界就是世界的神圣灵魂或者"主导部分"或者太阳，换句话说，此时神没有身体，"宙斯退入天意"，也就是沉入对未来世界的预想之中。②然后，大火收缩，首先通过气而转化为水，并且作为种子藏在水中，然后产生土；接下来再由四大元素产生出万事万物，于是一个次序井然的万千世界就出现了：

神、理性、命运和宙斯等都是同一个；它也被冠以许多别的名称。在开初之际他独自把全部本体通过气变成水。正像种子被包裹在湿润的精液中一样，作为宇宙的种子生育原则的神也是这样存在于湿气中，使质料为自己下一步的创造阶段服务。此后，它首先创造了所有四种元素：火、土、气、水。

世界是这样生成的：首先，本体从火经由气转化成湿气；然后，湿气的浓厚部分不断凝缩，最后产生土；湿气的精细部分则不断稀薄化，最终产生了火。然后，通过这些元素的混合产生出动物和植物和其他所有自然事物。③

这一过程当中值得注意的有几点，

第一，尽管强调阳刚一面的斯多亚学派看重"火"而非水，但是，他们也承认生命性的种子存在于火所凝缩而来的液体之中，也许这与他们的生物学观察有关，就像他们对于"火"的认识也与生物学观察有关。

第二，四大元素之间的转化是所有希腊自然哲学几乎都要讲到的一个主题，因为由此可以推衍宇宙演化论。然而这几段材料还体现了斯多亚学派的

---

① 西塞罗：《论神性》第2卷，第33节。

② 参见朗格与西德莱：《希腊化时期哲学家资料选编》，第279页。

③ 第欧根尼·拉尔修：《著名哲学家的生平和学说》第7卷，第135—136、142节；LS，46B，42C。

一个思想,即元素之间的转化运动所体现的更是宇宙整体的奇妙有序性或者“技艺高超”,从而可以证明“神性”普在一切之中。这也让我们想到赫拉克利特所经常说的逻各斯的必然规律,以及前苏格拉底自然哲学家趋向于把各种元素之间的严密有序的周转甚至理解为是严格的“正义”在发挥作用。斯多亚自然哲学之所以强调神—自然—普纽玛弥漫在万事万物之中,就是要强调事物之间的各种必然的或者说理性的关系——数学、逻辑、因果等等关系(这些在斯多亚学派看来,都是一种关系)主导一切,形式的因素主导一切:“由此可见,自然是统治宇宙的力量。其他的和谐都稍逊一筹,远非如此完美。无论舰队的远航,还是军队的部署,无论是藤蔓树木的生长,还是生物的形体及其肢体的协调,都不能表现出整个宇宙整体所显示的自然的技艺。”①

第三,这里出现了两种火,一种是本原火,一种是四大元素之一的火。斯多亚学派自己已经对此进行了区分:

> 他们认为原则和元素(elements)之间有区别:前者没有生成和毁灭,而当所有事物熔解为火时元素就破坏了。此外,原则是无形体的,且无形式,而元素已被赋予形式。(DL,7.134)

克里安提斯也明确指出有两种火,一种是我们日常生活中使用的火,其特点是总是摧毁和耗尽一切,不管渗透到哪里都引起混乱和分解。但是还有一种是我们躯体中的生命之火,它滋养、维持、提高和支撑有意识的生命,并且是生命的源泉。而太阳类似于后者,因为太阳使万物繁荣昌盛,使每一种生物各从其类生长。由此还可以推出,太阳自身也必然是活生生的。其他星体也是如此。② 可见,本原之火和元素之火不仅在本体论地位上先后不同,一个是本原,一个是被本原所产生的世界中的事物之一;后者是日常人们理解的火,前者其实是哲学上的一个概念;而且更为重要的是它们的功能正好相反!本原之火是创造性的,世中之火是毁灭性的。让我们再看一段材料:

> 芝诺说太阳、月亮和其他星星都是理性的、明智的、拥有制造之火的

① 西塞罗:《论神性》第2卷,第33节。

② 参见西塞罗:《论神性》第2卷,第15节。

那种火性。因为有两种火:一种是非制造的,它总是把燃料变为自己;还有一种是制造的,引发生长和维系,比如植物当中的“有机力”和动物当中的灵魂。后者就是构成了星体的本体的火。(Stobaeus 1,213.15—21;LS,46D)

也许正是因为两种火——本体火(生命热力)与日常火——容易混淆,后来斯多亚学派逐渐用“普纽玛”指称本体火,以便与日常之火区分。普纽玛的特点是结合了火与气,类似生物的呼吸、嘘气,所以也可以翻译为“生命热气”。在四大元素中,斯多亚学派喜欢把火与气并列为主动性的、维系性的,把土与水归为被动的、被维系的一类。这样,他们就可以用热胀冷缩原理解释事物的产生和变化。普卢塔克指出:

他们[斯多亚学派]说土和水既不能维系自己也不能维系其他东西,它们之所以保持自己的统一,靠的是分有一种气和火的力量;但是,气和火由于具有可塑张力(tenility),就能够维系自己,而且通过与其他两种元素的混合,就能向它们提供张力(tension)以及稳定性和本体性(substantiality)。(Plutarch,*On Common Conceptions*,1085C-D;LS,47G)

同赫拉克利特的火元素循环转化形成万物不同,斯多亚学派受当时生物学、医学的启发,提出元素间的“可塑张力”的概念,甚至以此来解释内聚力和张力。尽管晚期哲学还停留在自然四元素阶段,但是同恩培多克勒和亚里士多德不同,斯多亚从元素中找到了“能力”、“稳定性”、“本体性”的根据。

二　终极原因与整个世界的同一:宇宙大动物

这样的神—自然之终极因把整个宇宙安排成了一个具有完美的理性秩序的有机统一体。“有机整体”之类的说法我们自古就听得很多,大多是形容社会的,也有形容宇宙体系的。但是这种说法一般来说只是一种比喻,也就是说没有人相信社会或者宇宙真的就是一头动物。在常识看来,“社会”和宇宙当然是分立的,星星之间的距离,各种动物和植物之间的间隔,人与人之间,当然都是独立的个体。所以,常识也许更容易接受伊壁鸠鲁哲学。赫拉克利特早就感叹过:大众难以理解一切是一。

但是,对于斯多亚学派来说,这不是一种比喻。斯多亚哲学家当真相信宇宙是一个活生生的、真正意义上的内在有机生物。而且这是神圣的、最神圣的生物。也就是说,这不仅仅是低级一体化的那种一体,而且是最高级的一体——理性生命一体。各种事物的"一体化"的方式有高有低。无机物简单地依靠"吸附力"凝聚成一体,比如石头、棍棒之类的物体;有机生物如植物就被更为高级的"生机"统辖为一体;而动物则是被灵魂统辖的。宇宙是受到什么方式统辖的呢?斯多亚学派认为,它当然不会只受"吸附力"统辖,因为这类东西如棍棒和石头无法承受巨大的变更或变化,而只能承受由胀缩所引起的微小变化。但宇宙能容纳巨大的变更,如大气在某个时间会变得严寒霜冻,在另一个时间又变得炎热干燥,有时是干燥的,有时又是潮湿的,在其他时候则会随天上星体的运行而以其他方式改变。宇宙既然包含着所有事物的各种结构:凝聚力、生机、灵魂、理性,它也必定就是有理性的。既然如此,它必定就是神。①

斯多亚学派的自然哲学从这样的神—"宇宙整体"本位出发"自上而下"看待一切。这样的神—宇宙整体是本原,而万物就是这种大一体在时空中的展开、产物、暂时的具体化或凝固化;之所以说是"暂时的物化",是因为大一体会收回自己的暂时物化,而产生别的东西。同时,所有万事万物又都被紧密组成"一个"整体的自然,宇宙类似于一个巨大的生物,它有灵魂,有身体(当然,它的灵魂也是"身体性的"):

> 世界是有生命的存在,是理性的、有活力的和有理智的。关于这一学说,克律西波在其《论神意》(*On Providence*)的第1卷中,阿波罗多洛在其《物理学》中,以及波西多纽都有所陈述。它是一个赋有感觉的活力的本体。因为动物优于非动物,世界优于其他一切。因此世界是有生命的存在。世界拥有灵魂,这从我们每个人的灵魂都是它的一小部分就可以明显看出来。②

---

① 参见塞克斯都·恩披里柯:《反自然哲学家》第1卷,第82—85节。

② 第欧根尼·拉尔修:《著名哲学家的生平和学说》第7卷,第143节。

尽管“宇宙魂”的概念是柏拉图就有的，但是斯多亚学派与柏拉图不同，不相信分离的相或理念和工匠。自然作为原则——种子原则，并非创化世界，然后独立，像柏拉图的大工匠一样；而是立即与宇宙合为一体，一道生活。艺术家就是艺术品，创造者就是产物，神—宇宙魂内在于世界之中，作为大宇宙的“神圣嘘气”一起一伏、伸延和收缩地运作着。作为泛神论者，斯多亚学派面对这个在虚空中巍峨生长和生活的宇宙大生物感到亲切。但是正如朗格所说的，这种“宇宙巨大动物”或世界是“活着的”生命体的观念会吓坏柏拉图和亚里士多德①，也会吓坏许多人。

也许斯多亚学派自己在“主神等同于整个宇宙”（泛神论）与“主神独立于宇宙”（有神论）之间也没有做过非此即彼的清晰选择。后世一些学者认为，至少芝诺和克里安提斯比较趋向于有神论，克里安提斯和爱比克泰德都向神祈祷。而塞涅卡等就体现出比较多的泛神论的色彩。② 但是这只是侧重点的不同，应当说一个斯多亚哲学家会两个方面都具有。由于斯多亚学派是把神看做物体性的，这一重点的不同经常体现在神究竟位于宇宙的某个部分中还是普在一切地方的争论中。从现有材料看，斯多亚学派两种主张都可以成立。一方面，神渗透在世界的每一个角落当中，发挥着塑造作用，把世界造成有序宇宙。这尤其体现在天界，所以，天体是神。在斯多亚学派看来，星辰运动的规律性以及它们在多种轨道中始终保持时间和运动形式上的和谐性，只能说来自行星和恒星本身的理性、理智和目的表达；换句话说，只能把它们纳入诸神的行列。天界中太阳、月亮和星辰的行程，是美得无法用语言来表达的神圣智慧和艺术的佳作。唯有人才能理解它，为它沉醉。“只有人才能确定星辰的运行轨道并知道它们的时令和季节，变化和转换。如果只有人知道这些，那么我们必然会推论，它们是为了人的目的才被创造出来的。”③对于同样是“人”、但是却没有这样的美感的伊壁鸠鲁派，斯多亚学派感到很恼火：“如果人们仰望星辰而不能感受到神圣的力量，那么我只能怀疑他们是否根本没有

① 参见朗格：《希腊化哲学》，第 53 页。

② 参见塞涅卡：《论恩惠》第 4 卷，第 7—8 节。

③ 西塞罗：《论神性》第 2 卷，第 46 节。

感受能力。”①斯多亚学派的话肯定是在暗示伊壁鸠鲁派对于天界无序紊乱的看法是错误的:“在天上,没有任何事情是偶然的,没有任何事情是无常、无序或者游离不定的。到处都是秩序、真理、理性、连续性。……如果有人认为上天没有心灵,那么他自己肯定是精神错乱。”②另一方面,斯多亚学派相信,凡是统一体,尤其是高级的生命性的有机统一体,都需要有一个“主导部位”(“控制系统”)来统帅。这样的主导部分也就是该事物的“形式”。在动物身上,这样的形式就是灵魂。在人身上,就是理性的灵魂,它位于心脏。作为理性的巨大生物,宇宙当然也拥有心脏——拥有“主导部分”,它的理性安排把整个人体及其各种行为组成一个高度联系紧密的有机体。这种“统万为一”的主导力量就是神:

> 因此我们称之为本性的东西就是渗透并保护着整个宇宙的力量,这种力量并非没有感觉和理性。任何存在物,只要它不是单一的,而是复合的,都一定有某种构成原则。就人来说,这个构成原则就是理性,而动物的构成原则是类似于理性的一种力量,所有目的和欲望就是以这种原则为根据产生出来的。这种力量也呈现在树根以及从地上生长起来的任何一种植物中。希腊人称这种力量为“主导力”(guiding force),它在而且必定在每一种复合物中起支配作用。因此,包含整个自然的构成原则的存在者一定是最高的存在者,拥有主宰一切的力量。
>
> 因此我们可以看到,世界的各个部分(因为世界上没有什么不是宇宙整体的一部分)都有感觉和理性。因此,在那个为整个世界提供构成原则的部分中,感觉和理性一定会在更大、更高的程度上呈现出来。因此,宇宙必定是一个理性的存在者,渗透并包含万物的自然则必定以它的最高形式拥有理性。因此,神与自然界必定是同一的,世上一切生物必定被包含在神的存在之中。③

---

① 西塞罗:《论神性》第2卷,第46节。

② 西塞罗:《论神性》第2卷,第21节。

③ 西塞罗:《论神性》第2卷,第10—11节。

克里安提斯认为这样的主导部分之神是太阳，而克律西波因为自己更为非人格化的普遍思维，所以更认为神是整个天或以太或命运：

> 克律西波在其《论神意》的第 1 卷、波西多纽在其《论诸神》中认为，天是世界的统治力量；而克里安提斯认为这种力量是太阳。克律西波在同一部著作中还给出了不同的解释，认为以太中的纯净部分是统治力量。(DL,7.139)

有的时候克里安提斯不仅说神是太阳，而且说神是环绕大地的火，“因为它既是最深者也是最高者，从四面八方围绕着万物”。这样的神就包括星体了。星体的主要成分是以太。所以，在环绕高空之气的火中发现了以太之神的克里安提斯就与克律西波一致了：

> 在他们看来，世界为理性和神意所主宰；克律西波在其《论神意》的第五卷、波西多纽在《论诸神》的第 3 卷中都这么认为。因为理性渗透在它的每一个部分中，正如灵魂渗透于我们身体各处一样。不过它在有的地方渗透得多一些，有的地方少一些。它在某些部分中作为张力存在，比如在骨头和肌腱中；在另一些部分中它表现为理智，比如在灵魂的统治部分中。故而整个世界作为一个有生命的理性生物，把以太作为统治部位；推罗的安提帕特在其《论宇宙》的第 8 卷中是这么说的。克律西波在其《论神意》的第 1 卷、波西多纽在其《论诸神》中认为，世界的统治部位是天；而克里安提斯认为这是太阳。克律西波在同一部著作中还给出了一个相当不同的解释，他说统治部位是以太中的最为纯净的部分；他们还说这一部分作为首要的神，能在空气中以我们能够看到的方式穿过，而且渗透于所有动物和植物之中，并且以张力的形式渗透于土自身之中。(DL,7.138—139;LS,47O)

这样看来，至少对于斯多亚学派来说，神既可以是独立主神，又可以是渗透在宇宙中的理性。或者说，一个泛神论者既可以说世界处处都是神，也可以说各处的神的层次不一样。并非各处的神都是最高级的神。最高级的神只是理性——只存在在纯洁的物体太阳和火中。从斯多亚学派的周期大火的学说看，神在“世界”阶段既渗透在世界中，也位于更为纯粹的太阳中。不过，当大

火焚烧整个宇宙之际,则普天之下莫非纯神(纯火)了。或者说,此时说"宇宙就是神",是最为贴切的时候:

> 斯多亚学派的神,就其是一个物体而言,有时以全部本体为统治部分;这就是当"大火"燃烧之时;在其他的时候,当世界秩序(Cosmos)存在的时候,它就作为本体的一个部分而存在。(Origien,*Against Celsus*,4.14;LS,46H)

大火及其周期性燃烧的学说与斯多亚学派的"宇宙大生物的生命"思想也有密切关系。这样的宇宙神圣大生物以大火中的诞生、成长、再度焚毁为一个周期度过它的"一生",然后再重生,再次开始自己的生命里程……每一次的历史都会一模一样的重复,没有丝毫的改变,因为神所创造的世界是最美好的世界,而"最好"只有一种。① 宇宙的发展就是神—火的生活节奏:生、死与复活的生物学隐喻被彻底用到宇宙的身上。创造性的本原之火并不能永远创造下去,当它用完了质料之后世界就必须毁灭了:

> 在《论天命》的第1卷中[克律西波]说,宙斯不断成长,直到他用完了一切材料。因为死亡是灵魂从身体的分离,而世界的灵魂不是分离的,它持续成长,直到它完全用尽了质料,于是世界就必须"死亡"了。在同一本书中他还清楚地写道:唯有世界才是自足的,因为唯有它才在自身中拥有自己需要的所有东西,它从自己获得滋养和成长,因为它的各个部分相互转化着。②

斯多亚学派的周期大火学说从思想来源上说来自赫拉克利特,但是有些材料表明,芝诺自己对此也有推理和论证,因为这样的学说在许多人看来都是奇怪、冷酷而且令人不快的,需要为其辩解:

> 芝诺对于"大全"将会被完全烧毁的论证是:"所有燃烧的东西、会烧其他东西的东西,都将会完全烧掉。而太阳是一团火,那么它不会烧掉它所燃烧的东西?"由此他得出结论,即假设"大全"会被完全烧毁。③

---

① 有关论证参见塞拉斯:《斯多亚主义》,第99页。

② Plutarch,*On Stoic Self-Contradictions*,1052C-D;LS,46E.

③ Alexander Lycopolis,19.2—4;LS,46I.

克里安提斯认为太阳是神,是宇宙的主导部位,所以他说“大火”来自太阳的吞噬万物的作为。前面我们说过,克里安提斯认为作为本体火(生命热力)的太阳火与日常火不同,具有正面的创造意义。作为本体火的一个环节,“大火”并不就像我们日常看到的“烧光”那样意味着完全的破坏,因为从中会有整个新宇宙的诞生。阿里斯托克勒转述说:

> 在命定的时间里,整个宇宙都会被大火焚烧,然后重新构建。不过原初之火就像一个精子一样,包含了万物之理(*logoi*)和过去、现在与将来的原因。这一切的核心是命运、知识、真理以及存在者的无法避免的必然法律。世界上的万事万物以这样的方式被完美地组织起来,就像在一个完美地组织的社会中一样。①

众所周知,对于柏拉图来说,高级的神的永恒性超出了时间的永恒,唯有低级的神或者半神的永恒性才是长久时间意义上的。火的燃烧和熄灭其实表明赫拉克利特的时间意识。或者说,这正是时间节奏之一种。看来斯多亚学派不在意自己的最高之神处于“低级永恒方式”之中,即处于时间中。但是柏拉图派就经常批评斯多亚学派让神处于毁灭和时间之中。为什么斯多亚学派不顾其他哲学家的反对而主张这种“永恒轮回”的火的周期性的燃烧和熄灭的理论?一个可能是在强调大火的净化作用:

> 他们[斯多亚学派]认为当世界处于大火之中的时候,就不存在任何邪恶了,整个存在都是明智的和智慧的。②

另外还有一些其他的解释。塞涅卡把大火阶段称为神的“退回自身的休息”阶段,正如贤哲在不幸的时代中退回到自身的思想中一样。夏泊尔在评价塞涅卡的这一想法时说也许斯多亚学派的神唯有在这个时刻才享受伊壁鸠鲁派的神一直享受的清闲。③ 中期斯多亚学派放弃了大火学说,这可能是因为更为肯定这个世界为“最可能好的世界”,不认为世界会堕落到需要彻底焚毁、重新再生的地步。也可能是因为中期斯多亚学派与柏拉图学说更为接近,

---

① 尤息比乌:《预备福音》15.14.2;LS,46G。

② Plutarch,*On Common Conceptions*,1067A;LS,46N.

③ 参见夏泊尔:《斯多亚学派、伊壁鸠鲁和怀疑论》,第48页。

接受了柏拉图的“高级永恒应当是彻底跳出时间的永恒”的说法:

> 西顿的波埃修斯和巴那修……放弃了大火和再生的学说,叛离了它,接受更为神圣的学说,即整个世界的不可毁灭性。[巴比伦的]第欧根尼据说年轻时曾经信奉大火学说,但是思想成熟后就对这一观点怀疑,并悬搁判断。①

由此可见,斯多亚学派的思想具有相当的活力,不断关注其他学派的批评,不断调整自己的立场。

三　小宇宙与大宇宙的对应:灵魂与人

灵魂在宇宙论层面上是那个终极性自因大火——普纽玛,在小宇宙即人身上,就是人的自因——灵魂。按照斯多亚学派的正统学说,灵魂不是不朽的。但是那些美好人物的灵魂有可能在死后上升到天界,存活到周期性宇宙大火时。第欧根尼·拉尔修记载道:

> 他们把灵魂看做我们与生俱来的生命的气息;由此他们推断,它首先是一个物体,其次它能够在死后存在。然而灵魂是有朽的,尽管宇宙灵魂是不可毁灭的;动物的个体灵魂只是宇宙灵魂的一部分。芝诺、安提帕特在其《论灵魂》中,还有波西多纽,都把灵魂定义为生命热气(普纽玛);因为借助这一嘘气我们才变得有生命,而且它使得我们能运动。克里安提斯则认为,所有的灵魂将持续存在,直到发生毁灭一切的大火。但克律西波认为,只有智慧之人的灵魂才是如此。②

沃格尔认为中期斯多亚学派受到柏拉图思想的影响,更多地趋向于肯定灵魂不朽。这在受巴那修影响很深的西塞罗的《共和国》一书结尾的故事中体现得十分充分。③ 斯多亚灵魂论的要旨是自因论。斯多亚学派用许多方式强调这一点。第一,一个事物有灵魂还是没有灵魂,决定了一个事物的运动原因是外在的还是内在的。奥利金说道:

---

① Philo, *On the Indestructibility of the World*, 76—77; LS, 46P.

② 第欧根尼·拉尔修:《著名哲学家的生平和学说》第7卷,第156—157节。

③ 参见沃格尔:《希腊哲学》第3卷,第98—99页。

斯多亚学派把运动的事物分为两类，一类的运动原因在自身之内，一类在外。后者是可以被携带的，比如圆木和石头，它们的统一性仅仅是“张力”；动植物的动因在自身内部，由生机或灵魂所推动。有灵魂的事物“由自己”所推动。其运动的模式是：(内部)印象——冲动。理性的生物在此之上更添加了理性的评判能力，可以接受和拒绝印象，从而指导生物的行动。①

普纽玛在自然的万事万物中表现为各种形式，灵魂这种形式之所以是自因的，就在于它的组合事物的方式不是直接的从运动到运动，而是采取了“印象——认可——冲动”的模式。其次，灵魂的内在主导性体现在它是张力型的物体运动上。虽然狭义的“张力”指的只是最低的灵魂样式，甚至不应被称为“灵魂”，但是，广义的张力所表达的是一切灵魂、包括高级灵魂的运动模式，其特点就是向内向外运动同时进行。灵魂一方面在向外运动，可以完成各种工作，去感受，去抓捕；但是它又同时向内收拢，所以它不会失散于自己的工作中。可见，同一个火——普纽玛本体，展开为不同的官能。斯多亚学派用了一个生动的比喻来比喻灵魂的内在统一——八爪鱼(章鱼)：

斯多亚学派说主导官能是灵魂的最高部位，它产生印象、认可、知觉和冲动。他们也称其为推理官能。从主导官能生发出灵魂的七个部分，一直生长到身体中，就像八爪鱼的触角一样。视觉就是从主导官能伸展到眼睛的嘘气，听觉就是从主导官能伸展到耳朵的嘘气……余下的两个部位，一个是种子，这是从主导官能伸展到生殖器的嘘气。另一个……他们称为“说话”，是从主导官能伸展到气管、舌头等合宜的器官的嘘气。(Aetius ,4.21.1—4;LS,53H)

他们认为灵魂有八个部分：五种感觉、内在于我们的生殖力、语言能力和运用理性的能力。他们认为，当视觉器官和对象之间的光线以锥体的形式延展时，我们就看见东西……靠近眼睛的空气形成了这种锥体的顶点，底部则靠在被看见的对象上。因此被看见的东西就是依靠这一居

① Origen, *On Principles*, 3.1.2—3; LS, 53A.

间延展的空气为媒介而传达给我们,就像通过一根棍子一样。(DL,7.157)

这一比喻当中有很多有意思的地方。首先,斯多亚学派认为灵魂究竟有几种官能?七种还是八种?

第二,无论是几种,似乎都没有包括欲望和激情,而这两种官能却是柏拉图的灵魂三大官能中两种主要部分。这表明斯多亚学派的灵魂论认为,至少高级灵魂完全是理性的。正因为如此,斯多亚学派感到亚里士多德传统把一切生物的运动原因都称为"灵魂"的看法不很妥当。比如,亚里士多德在《论灵魂》中所讲的营养功能之"植物灵魂",斯多亚学派就宁愿称为"自然"(或"生机",*physique*),从而否认植物有灵魂。斯多亚学派似乎看到并强调在自动生长过程和自我指导能力之间存在着巨大的质变。斯多亚学派的"灵魂七大功能"中没有提及营养生长官能,因为这样的功能确实与其他官能不同,不能被主导部分(心智)所直接控制。① 在灵魂的组成论上,斯多亚学派是一元论,而柏拉图是三分法。这种一元论是柏拉图派所激烈反对的。后来中期柏拉图派的主要领袖之一波希多纽放弃了一元论,转而接受了三分法。

第三,从斯多亚学派对心灵的一体性的立场看,这些心灵部分都不是严格意义上的空间部位,而是同一个东西的不同官能。斯多亚学派反对柏拉图的灵魂三分法的一个原因是柏拉图把灵魂各种官能独立化了。

第四,灵魂的内在统一性还体现在它的主导部分的位置在"心脏"。事实上,当斯多亚学派说"八种"而非"七种"官能的时候,它是把"主导部分"由内在一体的决定性力量说成了一种官能。朗格指出,"主导部分"(*hegemonia*)的希腊原文是形容词,原来的意思是"能统帅的"。斯多亚学派最早将这个词变成名词,并用它指代灵魂中的某一部分。从它的名字就可以看出,作为统治本原的主导部分是"灵魂中最权威的部分",它从心脏中把灵魂的其他部分如同"暖气流"一样(通过血液和嘘气的循环活动)分派到全身,统治着它们,并通过它们统治着身体本身。对于这个意象,斯多亚学派还有另外的比喻。比较

① 参见朗格与西德莱:《希腊化时期哲学家资料选编》,第309—310页。

著名的有克律西波的比喻，它把“主导部分”比做蜘蛛，把灵魂的其他部分比做蜘蛛网的线。正如蜘蛛能通过它的脚感受到网的任何动静一样，统治本原利用它所支配的气流接收到关于外部世界和内在身体状况的各种信息。根据伽伦的记载，斯多亚学派认为胎儿当中最先产生的是心脏，然后心脏再产生其他的部位。① 卡西狄乌斯（Calcidus）曾经记载了克律西波的话：

> 灵魂的部位从它们在心脏的位置流向整个身体，就像泉水从泉源流动一样。它们持续不断地在所有肢体中填充生命嘘气，用各种各样的能力统辖和控制它们——营养、生长、移动、感觉、动作趋向。灵魂作为一个整体派出感觉（感觉正是灵魂的适宜功能），就像树干一样的主导官能（commanding faculty）长出的分叉枝叶一样，担任所感知的事情的报告者，它自己却像国王一样，对这些报告进行评判。（Calcidus，220；LS，53G）

斯多亚学派坚持灵魂的位置在心脏，是有意识不采取当时以伽伦为代表的科学新发现——理智的位置在大脑。斯多亚学派之所以这样做，也有自己的理由，心脏毕竟是血液循环的中心。当人说到“我”的时候，下巴不自觉地朝向自己（注：希腊文ἔγω，拉丁文 ego 发音时的口型，发“e”时下巴自然向里。）

斯多亚学派不愿意将人的灵魂下降为被动的植物生机和动物欲望，但是愿意向上与“宇宙魂”类比。我们前面已经讲过，斯多亚学派认为最高级的宇宙灵魂的位置在于宇宙的心脏——太阳（或者以太）——的纯洁大火之中。塞克斯都记载了斯多亚学派的论证：

> 被“自然”所规整的组合体中，必定存在着某个主导因素，就如在我们人类中，这一主导因素据说是存在于心脏里或脑子里或身体的某个其他部位里的；在植物那里，这种主导因素则以不同的方式存在着——在某些植物中存在于根部，在另一些植物中存在于叶部，在其他植物中又可能存在于核心部位。如此一来，必然的结果是，既然宇宙是许多成分组成的并且被自然力量所规整，那它之中一定存在一个控制并启动其运动的因

① Galen，On the Formation of the Fetus，4.698；LS，53D.参见朗格：《希腊化哲学》，第 171 页。

素。而这一主导因素不是别的,正是存在的事物的本性,也就是神;所以,神是存在的。①

斯多亚学派的灵魂大序的最高级部分是理性,宇宙魂就是纯粹理性,也就是神。人应当追求这样的高度。对于人的理性灵魂——那种目的性自因能力——的特别重视,在伦理学中具有重大意义。克里安提斯、爱比克泰德和奥勒留都反复提醒人必须自重自爱,因为你拥有如此高价值的神性。或者说:你应当珍惜神托付给你暂时保管的这样的主体性礼物。

在此,应当提出斯多亚学派关于自然与人的关系中的一个重要问题,也就是如何看待自然界的"发展",包括文明的出现的问题。这个问题与"自然目的论"的问题也是相关的。究竟什么是自然?既可以指一个事物产生时的特征(本性),也可以指一个事物发展到最高、最成熟阶段的特征(真正本性)。然而,原初的自然与发展了的自然往往不尽相同。那么,哪一种自然是更为高级的自然?这实际上是这样的问题:斯多亚学派哲学中的"自然"指的究竟是什么呢?晚期希腊各派哲学家大多不会反对"按照自然生活"的基本原则。但是他们所理解的"顺从自然"的意思一样吗?在许多哲学家那里,这可能意味着回到动植物的无知无识的本然状态,从而没有烦忧,心灵宁静。作为治疗哲学的一种,斯多亚学派的"顺从自然"是不是也是如此?

仔细的考察让我们得出否定的结论。可以看出,首先,斯多亚学派强调每一个事物都"自然追求"自我保持和生长;其次,斯多亚学派强调个体的这种本能性自然(本性)会在发展中被更为成熟的、依然是"自然"的高级本性所取代,而这是值得肯定的。这在人这种生物上表现得尤为明显和重要。对于斯多亚哲学中的两个核心概念——自然(*physis*)和理性(*logos*)——之间的关系,朗格曾经做过富有启发的讨论。他说,从斯多亚学派的描述中,可以看到他们常常把自然和理性说成同一个东西。但是,如果它们是完全一样的,那么必然有一个就是多余的词语。事实上,这两个词的意义是不完全相同的。所以,在斯多亚哲学中,"*physis* 是 *logos*"这样的判断不是一个空洞的同义反复。

① 塞克斯都·恩披里柯:《反自然哲学家》第1卷,第119节。

一方面,所有的形式都是自然,也都是逻各斯(理性);另一方面,狭义地讲,唯有植物的统治本原(governing principle)是“自然”(也译做“生机”),唯有成年人的统治本原才是严格意义上的“理性”(*Logos*)。作为万物统治本原的自然就等于理性;而且同时我们也可以说有的生物是“自然”的,有的是“理性”的。人的高级本性是理性,这虽然不是人初生时的自然——婴儿没有理性,但是随着人的生长成熟会出现。对于斯多亚学派来说,理性并不因为后发而是“不自然的”,它是自然的。*Physis* 发展为 *logos* 是自然的。① 这一生物自然发展的发生心理学具有本体论上的依据。存在的高低依据是其内在统一力量的高低:

生机——灵魂——理性灵魂(本体论大序)

这与人的生理发展的历程是高度吻合的。根据亚历山大里亚的希罗克勒斯(Hierocles)的阐述,斯多亚学派认为,当“种子”进入子宫生长后,就会使用母体的质料按照必然的范式建造胎儿,胎儿在母腹中的这一段时间,它的基本形式一直是“生机”(狭义的自然:*physique*)。一旦胎儿落地,生机与环境互动,就立即变为“灵魂”,即具有了感觉和冲动两种能力。然后,当少年成长为成人后,就会出现理性,从而真正获得人的灵魂。② 我们可以看到,这一过程显然与上述本体论大序是对应的:

胎儿——少年——成人(生理发生历程)

由此可见,斯多亚学派决不会以植物或动物为“自然”的典范状态,相反,它会视其为低级层面的东西。斯多亚学派的“自然”的最高形式应当是理性。这里还体现出了斯多亚学派相信自然对于人的理性发展的帮助和肯定。从自然目的论来说,斯多亚学派认为自然对于人是极为照看的,所以一个成熟发展的人是宇宙中接近于最好存在状态的生物。西塞罗的《论神性》第 2 卷借他人之口转述斯多亚学派关于神之存在、神的本性、神人关系的观点:

我可以引用其他许多例子证明自然之神意的明智和细心,这些都表

---

① 参见朗格:《希腊化哲学》,第 148 页。

② 参见 Hierocles,1.5—33,4.38—53;LS,53B。

> 现了诸神赐予人类的仁慈的巨大恩典。自然使人在地上直立行走,使他们笔直向上,从而能够仰望上天,获得关于诸神的知识。人不只是地上的生物,而且也是苍穹的观察者,可以看到他头顶上的苍穹中的一切。这种观察是他独有的,其他任何动物都不具备。感官是对我们周围世界的传信者和解释者,它们长在人的头部,就像处在瞭望塔上,每个器官都有专有的功能。眼睛作为观察者占据着最高位置,可能看到最广阔的领域,所以能最好地履行它们的职责。耳朵正好位于头的两侧,因此能够捕获不断向上传递的自然的声音。所有气味都是向上升腾的,所以鼻孔的位置也很高,并且由于它们对我们享受食物有重要作用,所以它们正好靠近嘴巴。味觉器官要能区别食物的不同种类,所以被安置在脸部,处在自然为我们提供的食物和饮料的入口处。相反,触觉散布于整个身体,这样我们就可以感受到任何接触或者超过恒温的冷热。①

斯多亚学派尤其强调在认识能力上,大自然造出了人的精细的感官,所以人的感觉远远胜过动物的感觉,尤其是在绘画和雕塑上担任着无与伦比的判官,而且能判断好坏,区分情感,辨识不同的音乐。② 斯多亚的这一论证很有特色。如果说一般希腊哲学家比如普罗泰戈拉和怀疑论认为人即使在理性上有力量,在感官上却是低于动物的③,那么斯多亚学派就是在突破这一传统看法。至于人的理性能力,更是人高于动物的标志。西塞罗在阐述斯多亚学派论证自然对于人的善意的时候强调指出,人的手的创造力量,语言的力量和知识的力量,开创了巨大的生活空间,"有人说我们用自己的双手创造了第二个自然"④。至于人的最高级力量即对于宇宙的美的关照和沉思,更体现了人的优异,这是神为人所安排的最高荣誉,我们在下面对克里安提斯的宙斯祈祷词的讨论中将指出这一斯多亚精神。

顺从自然的生活发展到最高级就是理性的生活。可以看到,这种对高级

① 西塞罗:《论神性》第2卷,第56节。

② 参见西塞罗:《论神性》第2卷,第58节。

③ 相关讨论参见本书第二卷,第149页以下。

④ 西塞罗:《论神性》第2卷,第60节。

自然的肯定与斯多亚学派哲学中的一些其他思想也是相吻合的，比如，与退向动物比喻的怀疑派的皮罗（皮罗的猪）和伊壁鸠鲁（无为）相比，斯多亚学派对积极参加政治活动持肯定的立场。作为目的论和乐观主义的斯多亚学派，赞同发展和进步，认为发展代表着进步，尤其是文明的出现代表着进步。

当然，问题总是复杂的。比如，伊壁鸠鲁作为偶发进化论者，反对目的论，反对文明的危害，应当对“发展和进步”持怀疑态度。不过我们却可以看到，伊壁鸠鲁虽然有强烈的反对文明的倾向，但是并不认为文明的出现是由于邪恶的安排。他认为世界和历史的发展是纯粹偶然的变异导致了自然因果类型的后果。相比之下，斯多亚学派对于高度自然或理性文明的肯定也不是绝对的，因为它与斯多亚学派哲学家的许多说法、尤其是内在于斯多亚学派哲学中的反对文明、返璞归真的犬儒派倾向的立场是违背的。塞涅卡在《美狄亚》中一方面抨击“野蛮”、“非文明人”的原始激情，另一方面又多次谴责文明的危害，视之为带来野蛮可怕激情和行动的真正根源。①

第三节　斯多亚自然哲学的基本问题

在阐述了斯多亚学派自然哲学即神学的基本原则之后，我们将考察与此有关的一系列具体的自然哲学问题。斯多亚学派哲学在传统的专门自然哲学问题上提出了许多独特的观点，它们都与如何理解上述的斯多亚自然哲学基本原则有关；有不少是为了进一步展开和阐述它们，也有不少旨在为其辩护。总之，斯多亚学派对于具体的自然哲学不是很感兴趣（与亚里士多德的百科全书式的兴趣形成对比），它们的自然哲学讨论总是围绕基本原则和基本问题进行的。下面我们主要讨论斯多亚学派对于决定论和目的论、混合、虚空与连续等的看法。这一节没有讨论决定论与自由的主题，这个问题本来也属于斯多亚学派自然哲学中的基本问题，但是因为它涉及整个斯多亚学派的思想

① 参见包利民等编译：《强者的温柔——塞涅卡伦理文选》，第101页以下。

体系,而且容量庞大,所以我们单列为第四节讨论。

一　目的论与决定论

上述斯多亚学派的基本自然哲学原则,自然而然向人们展示出这是一个相信决定论和目的论的哲学。整体自然既然按照严密的热胀冷缩的规律、四大元素循环转化的节律而混合产生植物动物等万事万物,当然应当得出决定论的结论。事实上,当我们读到斯多亚学派对天象的解释时,我们几乎指不出它与伊壁鸠鲁论天象学的书信有什么差别:

> 发生在空气中的诸多变化中,他们把冬天描绘为由于太阳离开地球达到一定距离而导致的地面空气的冷却;春天是由于太阳靠近我们而产生的适宜气温;夏天是当太阳靠近北方时地面空气的加热;他们把秋天归因于太阳离开我们。风是气流,根据它们所吹来的地点不同而名称不同。产生风的原因是太阳蒸发了云朵。虹则解释为太阳光线在有水的云层中的反射,或如波西多纽在其《气象学》中所说,是太阳或月亮的一个片段在充满水滴的云层中的影像……彗星(长胡子的星体)和陨星星火,当浓缩的气靠近以太区域时就会产生。流星是一团火迅速穿过大气时突然产生的燃烧,它会在后面留下一条长长的痕迹。下雨是太阳从大地或海洋吸取的湿气部分被蒸发,并由云朵变成水的过程。如果湿气冷却,则称为白霜。雹是风击碎的冷凝的云。雪来自已经冷凝的云的潮湿物质;波西多纽在其《物理学谈话》的第8卷中是这么解释的。闪电是云朵由于在一起摩擦或被风撕裂而发生的燃烧;芝诺在其《论整体》中是这么说的。雷是这些云相互摩擦或爆发而产生的巨响。霹雳是云朵互相摩擦或被风撕碎时,火剧烈地燃烧,并由巨大的力量投掷到地面上而形成的。另有人说,霹雳是猛烈下行的燃烧着的气被压迫而形成的。飓风是一种猛烈的像旋风一样的雷暴,或者是由于云层爆炸而产生的一阵烟雾旋风。①

显然,严格按照自然规律而不提其中的"神的安排"来解释自然现象正是

① 第欧根尼·拉尔修:《著名哲学家的生平和学说》第7卷,第153—154节。

斯多亚学派的特点，所以，无论是在柏拉图传统还是在基督教传统中，都有许多人怀疑斯多亚学派其实不相信神，他们所说的“神”只不过是他们的唯物主义自然的一个外衣、掩盖而已。这也是后来近代哲学家斯宾诺莎提出自己的“自然=神”的实体理论后遭到的猜忌。我们知道，斯宾诺莎的体系与斯多亚的极为相近。斯宾诺莎因为“无神论”、“唯物主义”遭到了迫害，当年斯多亚学派是否也是因为害怕迫害而使用了“神”之类的高贵的谎言？然而，从其他的材料看，斯多亚学派对于神的信仰又不像是伪装，而是极为真诚的。17 世纪的新教神学家库德沃斯（Cudworth）在其《宇宙的真正理性体系》（1678 年）一书中把斯多亚学派归为四种无神论之一。不过他又说这主要是后期斯多亚学派中的某些人物，尤其是塞涅卡和西顿的波埃索斯（Boethus of Sidon，请勿将斯多亚学派的西顿的 Boethus 与亚里士多德漫步学派的另一个西顿的 Boethius 混同）；至于早期斯多亚学派比如芝诺和克里安提斯，倒还是有神论的。①

斯多亚学派不仅强调自然现象的决定论方面，而且相信既然这一切是神所安排的，就应当是善的，这也就是目的论。斯多亚学派的思路糅合了理性和火。它的出发点是理性创造力量，但是它用赫拉克利特的自然哲学的“火”的唯物主义将理性自然化或机械论化；不过，斯多亚学派不是简单的赫拉克利特，它的火充满了目的论的、理性的色彩。然而，问题的复杂性在于，这几种思维模式并非和谐一致的，所以不是那么容易糅合在一起的。朗格对于斯多亚学派的这种唯物主义与唯心主义的奇怪结合感到十分诧异。他说，如果是火，那就应当强调自然机械力学因果关联；但是既然斯多亚学派相信神的天命理性和创造力，那么“火”就是多余的假设。而如果火以及各种元素的相互转化足以解释宇宙万事万物及其状态，那么神圣理性目的论又是多余的假设。不过朗格最终对此还是作出了同情的评价：斯多亚学派的想象尽管奇特，却很有力量，他们是希望在唯物主义的基础上提供一个解释理论，将以下几种解释理论的力量结合为一体——乐观主义神学、目标指向的理性过程、变化的生物学

① 参见塞拉斯：《斯多亚主义》，第 146 页。

模式以及一个严格的因果关联理论。①

与所谓“现代的斯多亚学派”斯宾诺莎仔细对比一下就可以看到二者的差异。与斯宾诺莎一样,斯多亚学派主张自然就是神。但是与斯宾诺莎不同的是:斯多亚学派相信自然是目的论的。斯宾诺莎会同意宇宙的绝对决定论,但是他无论如何也不能同意这与目的论有什么关系。说自然是决定论的,是说自然中万事万物无不关联为一体,被“一体自然所严密掌控”。事物之间的秩序如此,而且事物本身的个别本质也是如此——全都是自然一体大火的某种具体凝聚化形式。这本来给人以自然的冷酷无情感。但是,斯多亚学派进一步说:因为这样的“被绝对掌控”同时就是被神所掌控,所以它就是天命,就是善的,就是实现神的目的。这样的说法就不是斯宾诺莎所能同意的,也不是伊壁鸠鲁所能同意的。伊壁鸠鲁的自然哲学要证明的是自然本身没有价值,没有善恶,对于人的好坏遭际毫不关心。在这个方面,斯宾诺莎继承的是伊壁鸠鲁而不是斯多亚学派的思想。

不错,斯多亚学派在决定论上毫不含糊,它采取的是绝对的立场。整个宇宙都处于必然性把握之中。这种严密性的最大表现也许就是上面所讲的大火的运行节律:宇宙总是按照纯粹大火——具体世界——纯粹大火的逻各斯在运行;不仅如此,每一次的“宇宙生长”将一模一样地重复上一次,以至于斯多亚学派会出现这次世界中的我与下一次世界中的我是不是完全无法区分开来的同一个人的问题。②

另外,斯多亚学派又确实是衷心拥抱绝对目的论的。斯多亚学派改造了亚里士多德的一个重要方面就是,亚里士多德主张的是小目的论,而不是总体目的论,即不是那种外在目的(动物造出来是为了给人吃等等)。但是斯多亚学派是总体目的论的:神创造这一切是为了人。克律西波举例说:

> 制造一只盾牌的套子要使它适合盾牌,制造一只剑鞘要使它适合宝剑,自然界中的万物,除了宇宙本身,被创造出来都是为了侍奉它以外的

① 参见朗格与西德莱:《希腊化时期哲学家资料选编》,第 279 页。

② 参见朗格与西德莱:《希腊化时期哲学家资料选编》,LS,52E,F,G,H。

> 某种事物的。因此,地上的果实是为了满足动物的需要;动物是为了满足人的需要,马为了驮人,牛为人耕地,狗为人狩猎或看门。而人本身被创造出来是为了沉思和反映世界。①

由此可见,如果说亚里士多德在解释自然中是无神论的,那么斯多亚学派的强烈目的论就体现出了在解释自然中时时想到神意的宗旨。最后要指出的是,斯多亚学派的这种决定论和目的论的完美结合——天命目的论——在日常生活中与经验未必相符合。按照自然规律发生的事情往往不符合人所欲求的目的。于是,斯多亚学派指出,它们所讲的目的论不是直接的目的论,而是间接的目的论。换句话说,神的严密理性计划(天命)和统管万事万物于一个合理的统一体中的方式不是简单的和谐,而是辩证的和谐。这是常人所看不到的,唯有拥有"辩证法"(逻各斯)智慧的贤哲才能体悟之。斯多亚学派继承了赫拉克利特的"看不见的和谐高于看得见的和谐"的思想。差异与冲突固然处处存在,但是和谐是更本质性的,就像音乐中有高音有低音,不是"平等民主"的,但是正是高音低音的存在,加上其中的恰当秩序,才形成了和谐的音乐。

二　混　合

"混合"问题和"限度"问题是一般希腊自然哲学都会探讨的问题。但是它们对于斯多亚学派的"一元论",是至关重要的理论问题。斯多亚学派主张神与万物合为紧密的一体,普纽玛普在一切。天网恢恢,疏而不漏——实际上,普纽玛的普遍存在没有任何"疏"的地方。普纽玛对于世界的控制,严密无疏。但是,斯多亚学派同时又强调神即宇宙,普纽玛是物体性的,这就必然要面对这样的问题:纯粹物体性的普纽玛如何与同样物体性的质料结合在一起?而且,"物体普纽玛"在量上似乎比"物体宇宙"要少,怎么能做到普纽玛与宇宙完全混合?我们看到,斯多亚学派尝试了各种方式,来努力论证物体性的东西可以和物体性的东西完全混合,而且,即使普纽玛在量上比质料少许

① 西塞罗:《论神性》第2卷,第14页。

多,但是少许事物与大量事物的完全混合是可能的,从而,少许之普纽玛可以控制庞大之世界。①

斯多亚学派认为有三种混合,第一种是机械性的,即并列(juxtaposition),此时各种元素只是通过各自表面的相互接触而相互关联,各自都没有发生本质变化。第二种是熔合(fusion),相当于亚里士多德所解释的"混合"(blending),此时组成部分失去自己的属性,产生出一个与它们都不同的混合物。但是亚里士多德认为混合只能发生在组成各方大致相等时,决不可能出现一滴酒与整个大海混合的事情(《论产生和消灭》328a26—8)。假如一滴酒掉入大海中,这滴酒就会失去自己的酒性,消灭掉,成为大海的一个部分。斯多亚学派不同意亚里士多德的主张。斯多亚学派的"混合"其实是希望在亚里士多德讲的两种状态中再找出一个居中的状态。这种混合法一方面与"熔合"一样,组成部分彻底互相融合,而非仅仅表面接触(比较:伊壁鸠鲁的原子永远不相互混合);另外一方面,与"并列"的混合方式类似,组成部分在混合状态中依然保持着自己的原有属性,因而能够再次分离。② 斯多亚学派借助于经验的事例来说明这种现象。比如,酒和水的混合,决不止是酒滴和水滴的并置;但是它也不是酒和水的完全溶合,因为如果把一块浸过油的海绵放进这种混合物里去,酒和水就会互相分离。③ 第欧根尼·拉尔修说道:

> 按照克律西波在他的《自然哲学》第3卷中的说法,混合是完完全全的,而不是依靠表面之间的接触和并列。正因为如此,若把一滴酒滴入大海,则它一会儿就会平均地分散在整个海洋里,并与它混合在一起。(DL,7.151;LS,48A)

阿弗罗迪西亚的亚历山大也在《论混合》中指出这是斯多亚学派的观点:

> 有些混合发生时,各种物体的本体和特性完全相互掺合在一起,然而,在这种混合中,它们却依然保持着自己原来的本体和特性。克律西波

---

① 参见朗格:《希腊化哲学》,第159页;朗格与西德莱:《希腊化时期哲学家资料选编》,第293页。

② 参见朗格与西德莱:《希腊化时期哲学家资料选编》,第292—293页。

③ 参见朗格:《希腊化哲学》,第160页。

明确地把这种混合叫做“熔合”。（Alexander, *On Mixture*, 216.14; LS, 48C）

与“并置”一样，这种混合的成分可以相互分离，因为它们完全保持了各自的特性。但是，在“熔合”里，各种成分彻底地相互掺和在一起，以至于其中的每一颗粒子都含有混合物的所有成分。

然而，即使同意有这样的混合，由于斯多亚学派认为混合在一起的本原和世界都是“物体性”的，这会不会导致承认两个身体占据同一个地方？普卢塔克在攻击斯多亚学派的第一哲学时就曾经说，斯多亚学派主张两个具体个体占据同一个质料本体的思路会导致认为两个神占据同一个身体的荒谬结论：“……至少克律西波说宙斯和世界就像一个人，而天命就像他的灵魂，这样，当宇宙大火发生时，宙斯作为所有众神中唯一不灭的，就退入天命之中，如此则二者合为一体，共同占据着唯一的质料——以太。”①朗格也认为斯多亚学派在此面临着难以摆脱的困难：

> 如果斯多亚学派能让自然力量的观念与“物体”的观念脱钩，他们就能避免这一虽有独创性却站不住脚的混合理论的逻辑结论。但是这意味着要彻底修改他们的基本原则，因为普纽玛之所以具有作用并改造质料的能力，正是由于它是物体性的实有（corporeal entity）。斯多亚学派不承认不通过接触就发生作用的可能性。在他们的因果理论背后隐藏着的模式是一物在接触中作用于另一物。②

朗格对如何走出这一困境提出了一个建议。他认为，不要把斯多亚学派的“原则”当真想象为两个具体的物体，而应当想象为是两种物体性的功能（嘘气与质料），它们共同构建了具体的独立物体。形式与质料在一起组成了一个物体，那么它们本身就不能是物体，而必须是非物体性的，或者是一个物体的两个方面，唯有在概念中才能区分开来。但是，朗格也承认说他的提议只是猜测，可能无法成立，因为非物体的东西无法满足斯多亚学派所要求的发挥

---

① Plutarch, *On Common Conceptions*, 1077E; LS, 28O.

② 参见朗格：《希腊化哲学》，第160页。

作用与被作用的功能。还有一个可能的解释是:原则与具体的自然客体不同。具体的自然客体满足联言命题:“能够被作用和作用”,但是神(形式)与质料却并非各自都有作用和被作用的能力,而是分别具有其中一种能力,即满足选言命题“或者作用,或者被作用”。这或许不仅仅是现代研究者的猜测,因为它在西塞罗《论学园》(1.39)的一段话中能够得到支持。① 这样,就能解释本原物体与质料物体的完全混合处处皆在,从而神—普纽玛掌握着宇宙中的每一个角落,目的论地塑造着所有事物及其发生。

三 虚空和连续

是否承认虚空,对于斯多亚学派哲学也是至关重要的。事实上,斯多亚学派的一元论(宇宙一体论)与伊壁鸠鲁的多元论(原子论)的对峙就反映在是否承认宇宙内部有虚空上。伊壁鸠鲁之所以坚持原子与虚空是两个不可或缺的本原,在原子之外,还要坚持“虚空”的存在,就是因为虚空才真正地分割开了原子,将人们看似联系的事物分离开,从而导致宇宙中的非连续性。在伦理学和政治学上支持个体主义,反对大整体论的威胁。相反,斯多亚学派哲学反对伊壁鸠鲁,反对伊壁鸠鲁伦理学的“自私退隐”,主张普世主义和世界一体,就必须在自然哲学上主张整个宇宙的一体化,就不能允许在宇宙中哪怕是存在一丝一毫的虚空,而必须坚持整个存在的连续性。贯穿一切的、物体性的普纽玛能够将人们看似分离的事物联系在一起。

这样的思路完全可以导致彻底否认虚空。我们看到,亚里士多德就是如此,坚持宇宙内部和宇宙外部都不存在虚空。但是,斯多亚学派在此有所不同。在宇宙内部,斯多亚学派同意亚里士多德,不承认虚空,并且论证不需要虚空就能解释运动的可能性;但是斯多亚学派认为在宇宙外部,需要承认有虚空的存在,因为,从热胀冷缩的原理讲,当整个世界处于大火燃烧之中时,其膨胀状态必然远远超过现存的比较冷凝收缩的世界,所以在其中施展的空间必

① 参见朗格与西德莱:《希腊化时期哲学家资料选编》,第274页。

然更多。[1] 我们在讨论斯多亚学派的“第一哲学”时指出过，斯多亚学派明确地把虚空列为四种“潜在存在”之一。环绕宇宙的虚空是无限的，因为非物质或非存在的东西不可能有界限；但是被虚空包围的世界整体是有限的。那么，承认虚空会不会出现亚里士多德所担忧的虚空威胁宇宙的存在的稳定性的情况？斯多亚学派认为不必担心，因为非物体性的东西没有原因效力，而且宇宙中的所有事物都有向心力。[2]

斯多亚学派在指责伊壁鸠鲁派的原子论时指出：那种极为微小、不可再分的原子元素会使得严格意义上的事物之间的“接触”不可能，因为接触总是通过“部分”（parts）进行，而部分就是“限度”（limits）。朗格评价道，这对于亚里士多德和伊壁鸠鲁都是有力的批判，但是，斯多亚学派自己其实并不承认限度是部分。[3] 斯多亚学派主张在宇宙内部处处都是连续的，这是直接反对伊壁鸠鲁的基本元素分立性的思想的。连续性就划分而言，意味着无限的连续可分，或者说物体、空间和时间都是无限可分的。与此不同，伊壁鸠鲁认为划分到了一定程度必须终止——终止于“原子”即不可分之最小单位。怀疑论对这两种立场都进行了批评。让我们先来看看塞克斯都批评斯多亚学派的一段话：

> 每一种运动都要涉及三类事物，即物体、处所（空间）和时间，——进行运动的物体，运动发生于其中的处所，运动发生于其间的时间。既然如此，那么，运动的发生或者是在所有这些事物都被划分成无数的处所、时间和物体之时，或者是在所有这三者最终都到达并终止于一个不可分的、最小的事物之时，或者是在它们中的某一些被无限划分而另一些终止于不可分的、最小的事物之时。但是，不论是所有三者被无限划分，还是所有三者都终止于不可分的事物，人们都不难发现，他们对运动所给出的观点都是大可存疑的。不妨让我们依序对第一个论点，即（运动得以进行

---

① 参见塞拉斯：《斯多亚主义》，第 97 页。

② 参见朗格与西德莱：《希腊化时期哲学家资料选编》，第 297 页。

③ 参见朗格与西德莱：《希腊化时期哲学家资料选编》，第 301 页。

的)所有事物(即物体、处所和时间)都能作无限划分的假设略作评析。该论点的辩解者断言,运动物体能在一个相同的时间内完成所有的可分的空隙,运动物体并不是以其自身的第一部分先占据空隙的第一部分、接着再按序占据空隙的第二部分,而是一次性地彻底运动经过全部可分的空隙。然而,这一说法是十分荒谬的,并且,这一说法从多个方面来看都是与显明的事实相抵触的。因此,不妨让我们拿可感的物体为例(来加以说明)。假设有一个人要跑步经过一斯塔德(stade)的距离,那么,如下这样显明的情形是不可避免的:这个人必须先完成一斯塔德距离的第一个一半距离,尔后才能按序去完成第二个一半的距离,因此,声称能一次性地彻底完成整个一斯塔德距离的说法全然是荒谬的。而如果我们再将半个斯塔德距离进行二分,那么,他必将先运动经过第一个四分之一的斯塔德距离,而如果我们再继续对它进行二分,其不可避免的情况必定还是同样如此。而在它(一斯塔德距离)被点亮之时,如果他跑步经过一斯塔德的距离,那么,他显然必不可能把(他的)阴影罩在整整一斯塔德的距离之上,而只能依序罩在第一个部分、第二个部分、第三个部分之上。而如果他能沿着墙壁前行,并用他那被涂上红颜色的手一直触碰着墙壁,那么,他必定无法一次性在跑道的整堵墙壁上标上红色的记号,而只能在连续的部分中连续不断地标上记号。我们在可感物体事例中所证明的东西,在思想物体的情形下也不得不接受……这些就是那些主张运动能一次性穿越某个空间整体完成的人所遇到的困难。并且,他们如果转而假定事物运动虽不能一次性完成一个可分的距离,却能逐渐完成——即运动先完成第一个部分,再完成第二个部分,我们仍然可以发现,他们的境地必将会更为无望。这是因为,如果运动确是以这种方式发生的话,由于(运动所必须的)所有物体、处所和时间都能被无限划分,那么,运动就没有了开端。这是因为,一事物为能运动经过1库比特距离,那它就必须先运动经过第一个"半库比特"距离,尔后再依序经过第二个"半库比特"距离。但它为了能运动完成第一个"半库比特"距离,它又必须先经过第一个"1/4库比特"距离,接着再经过第二个"1/4库比特"距离;如果它能被

> 划分为五个部分，那它同样必须先经过第一个“1/5 部分”的距离，而如果它能被划分为六个部分，那它同样也必须先经过第一个“1/6 部分”的距离。如此一来，既然每一个第一个部分都会因为划分的无限而迎来另一个第一个部分，并由于距离的部分以及物体的部分都是无穷无尽的，而且所考虑的每一个部分都包含着其他部分，因此，必定永不会有任何运动的开端了。这一论证对于那些主张物体、处所以及时间能被无限划分观点的人——即斯多亚学派——是充分的反驳。①

朗格对这段话做过详细的分析，对于这一问题的缘由给出了很好的解释。他说这里面包含的意思代表了斯多亚学派对于爱利亚学派的芝诺的反对运动的悖论的一种解答。其中的要旨是不承认无限可分的东西当真包含实在的无限部分。这也是亚里士多德所使用过的策略。爱利亚的芝诺把运动所经过的距离不断划分为更小的单位和亚单位，形成无限系列，它由逐渐收缩减少的部分构成，最后汇聚在出发点上，由此指出运动甚至无法启动。斯多亚学派可以采取的反驳方式是说，这段距离中并不实际存在无限部分，尽管确实存在着 1/2 库比特之类的居中点，需要在向前运动中首先达到，但是这样的居中点不是无限多的。所以，运动完全可以开始。但是，也许对方又可以提出反驳说：必须在系列的开头首先有某种运动，这才是可能的。对此，斯多亚学派会认为这样的运动是可以存在的，但是不会承认它是所谓不可分割的“原子运动”，因为斯多亚学派坚信连续性。所以，斯多亚学派可能会这么说：这些“运动之部分”完全是思想中构建出来的东西，是“谓述”。我们在前面讨论斯多亚学派“第一哲学”的时候就已经看到，斯多亚学派确实认为“限度”仅仅是作为思想建构而潜在存在的(subsist)，并没有实际的存在。所以，在跑步者的路上，究竟有多少划分点，取决于跑步者选择在思想中愿意标出多少这样的点。在日益细密的某一点上，我们的心智能力将无力再进一步划分，此时我们将具有一段未划分的、尽管是可划分的距离部分。它是可以在一个单一的、未划分的

① 塞克斯都·恩披里柯：《反自然哲学家》，LS，50F。

运动中跨越过的。①

> 斯多亚派想要在“存在”上面再加上一个更为原初的类……有的斯多亚派把“某种东西”看做是最初的类,我想说一下他们的理由。他们说,在自然当中,有的东西存在,有的不存在。但是自然甚至包括那些尽管不存在但是也进入我们心中的东西,比如“马人”、“巨人”以及任何由思想错误地构成的事物,这些事物尽管有意象,但是没有实际存在。②

总之,斯多亚派在坚持宇宙的连续性上与伊壁鸠鲁的“原子分立”的宇宙观尖锐对立,形成了两种看世界的视角。

第四节　决定论与自由

前面说过,决定论与自由的问题尽管也属于自然哲学中的基本问题之一,但是因为这个问题对于斯多亚学派来说不仅仅是一个局部性的具体问题,而涉及了如何理解它的整个总体系的基本精神,即如何在维系宇宙客观真理的同时坚持主观自由性,所以自古以来遭到了许多其他派别的哲学家的攻击。斯多亚学派自己也在捍卫自己的立场中发展出了众多的学说。

斯多亚学派的总体系正是由决定论和自由两个对立的方面所构成的。一方面,斯多亚自然哲学的基本原则就是作为“本原”(原因 aitia)的神、命运、宇宙理性、普纽玛火气的“原因”。这一根本性原因普遍流行而不殆,无所不包,产生万物又维系万物。另一方面,斯多亚学派哲学的伦理学突出强调主观自由不是任何外在命运所能干扰和决定的。显然这里存在着巨大的张力,这是客观性和主观性之间的张力,也是斯多亚学派中的犬儒派因素与柏拉图—赫拉克利特之间的张力。因果决定论希望突出的是宇宙的理性:不可能有无因运动。同时,与目的论相伴的决定论更是神的无所不在的普遍把握。所以,决

① 参见朗格与西德莱:《希腊化时期哲学家资料选编》,第 303—304 页。

② Seneca, *Letters*, 58.13—15; LS, 27A。

定论必然是斯多亚学派所主张的。但是,斯多亚学派又特别强调自由——犬儒精神,也就是强调人与动物不同,人的主观性的力量或者"认可"的力量在爱比克泰德等人的思想中占据着至高无上的地位。这一张力使得斯多亚学派左右为难,它两个方面都不想放弃,最后只能设法论证二者"一致"(compatibility)。

鲍兹恩梳理过希腊化罗马时期关于决定论和自由的争论的历史。克律西波之前,有两个人写过《论命运》,即公元前4世纪的色诺克拉特斯(柏拉图的学生 Xenocrates)和伊壁鸠鲁,他们的书都遗失了。斯多亚学派的创始人芝诺在其讨论自然—神的著作中涉及命运,但是似乎没有意识到决定论与自由的矛盾问题。芝诺和克里安提斯都没有写过"论命运"之类的著作。克律西波是第一个写作《论命运》而且其内容多少留存下来的哲学家。此外他还写过与此主题相关的著作比如《论可能性》、《论天意》、《论自然》等等。然而,克律西波在反击各种批评中所努力提出的解答方案尽管已经体现了这位斯多亚学派最有理论创造能力的思想家的智慧,成为斯多亚学派长期持守的学说,却并没有让对手满意,相反激发了后来各个学派关于这个问题的许多世纪的大量争论。不过,争论不是立即爆发的。克律西波去世后相当长一段时间里是沉默的。直到卡尔尼亚德挑战斯多亚学派和伊壁鸠鲁的决定论观点,战火才重新燃起。中期斯多亚学派的许多人物都写作过《论命运》。对立面的西塞罗和普卢塔克也纷纷加入战团。后来的普罗提诺和扬布利柯、尤息比乌等等也都撰文讨论。这一热潮一直延续到对于自由和天命十分关怀的基督教神学家。在这一争论中,斯多亚学派几乎充当了主要的靶子的角色,成为批评的焦点。不过,从公元3世纪中叶起,随着整个斯多亚学派的衰落,斯多亚学派关于命运和决定论的学说也几乎从相关文献中销声匿迹。①

就目前的材料看,与这个主题相关的主要是两种,一种是对于克律西波的思想的讨论(转述于西塞罗的《论命运》、普卢塔克的《论斯多亚学派的自我矛盾》和尤息比乌的《预备福音》中),另外一种是阿菲罗狄西亚的亚历山大在其

---

① 参见鲍兹恩:《斯多亚哲学中的决定论和自由》,第2—5页。

《论命运》中对某个斯多亚哲学家的观点的讨论。①

一 因果决定论

"原因"理论是自然哲学的最重要的内容,这对于斯多亚学派哲学尤其如此。自然哲学中对自然原则的整个讨论,正是围绕着斯多亚学派的"主动因"(Active)进行的。

在因果问题上首先涉及的是一个比较技术性的问题,即"原因"与"结果"的各自本体论地位。在原因与结果的本质上,斯多亚学派的思想与众不同的特点是,它并不讲原因—结果系列,即并不把结果说成是新的事物的原因,从而得出"原因——结果——作为新原因——产生新结果"的序列。斯多亚学派把原因说成是"物体性"的,但是它不把结果看做是物体性的,而是看做是"非物体性"的。斯多亚学派只承认物体性的东西才能发挥原因的作用。所以,非物体性的"结果"将无法担任新的原因产生新结果。这一看法是奇特的,因为通常人们认为因与果发生在两个物体之间,是一个物体作用于另外一个物体。斯多亚学派也同意因果作用中有一个物体对另外一个物体进行作用。但是由此产生的效果却不是另外那个物体,而是那个物体发生的状态或者运动变化,这乃是非物体性的"谓述"。他们举的一个例子是:刀是物体,"被砍"却不是物体,而是发生在另外一个物体——身体——上的一个属性、动作、状况。虽然它可以被抽象出来思考,但是它不是独立于物体的一个新物体:

> 斯多亚学派宣称说,"每一个原因都是一个物体,它作用于某个物体,导致某个非物体性事件的发生"。例如,小刀是一个物体,它作用于"肉体"这个物体,导致了"被割"这一非形体性的谓述。再如,或是一个物体,它作用于木头这一物体,产生了非物体性的谓述"被烧"。②

作为效果的状态与运动,在本体论上的地位不高。斯多亚学派对于状态

① 参见鲍兹恩:《斯多亚哲学中的决定论和自由》,第9页。

② 塞克斯都·恩披里柯:《反自然哲学家》,9.211;LS,55B。

所举出的例子是"邪恶，疾病，爱财，爱享乐，爱名声，胆小鬼状态，不义状态"。对于运动所举出的例子是"通奸，偷盗，背叛，杀人和杀父"。① 斯多亚学派把效果称为"谓述"，看来是为了指出效果在本体论上的次级地位。举例来说，明智是物体，而"是明智的"作为效果，是一个谓述或属性；灵魂是物体，而"活着"作为效果，则是一个谓述或属性。②

其次，虽然斯多亚学派不认为原因—效果构成了一个系列，但是它认为所有的原因构成了一个严整的锁链。斯多亚学派的因果锁链就是命运。命运固然是希腊古老的宗教观念，但是斯多亚学派又附加了自然哲学的支持和逻辑学的支持，使得它更加无所不包。这样一来，就把虚空和偶然都彻底挤出了世界。而且，这样的彻底决定论的命运就是天意（神意）。斯多亚学派的命运理论是其基本直觉。其主要创始人芝诺和克里安提斯可能感到，不仅整个世界，而且世界的每一个部分，都是由"命运"所统治的，这是明明白白、一清二楚的，不需要论证。在此，克律西波的态度与其他早期斯多亚学派大师一样：

> 在他的第一本书《论自然》中他说道：既然宇宙的组织是如此进行的，那么我们处于何种状况就必然与这一组织相符合，无论是与我们的个人天性相违背（我们生病、受伤）或是当了语法家或音乐家。③

鲍兹恩把克律西波的决定论思想概括为两个方面："一般因果性原则"：没有任何东西可以无因发生。"特殊原因原则"：同样的原因产生同样的效应。④ 鲍兹恩还把克律西波对于命运的各种看法归纳为几点：第一，这是目的论的、理性的、有序的组织。第二，命运作为神，是永恒的。第三，它是必然的、无法避免的、不可更改的。第四，把世界上发生的事有序地编织在一起，成为一个序列（原因的链条：*eirmos aition*）⑤。西塞罗笔下的克律西波特别强调神就是命运：

---

① 参见鲍兹恩：《斯多亚哲学中的决定论和自由》，第 21 页。

② 参见 Stobaeus 1，138.14—139.4；LS，55A。

③ 鲍兹恩：《斯多亚哲学中的决定论和自由》，第 28 页。

④ 参见鲍兹恩：《斯多亚哲学中的决定论和自由》，第 39 页。

⑤ 参见鲍兹恩：《斯多亚哲学中的决定论和自由》，第 49—50 页。

> 他断言从理性中,从渗透整个宇宙的心灵和意识中,可以看到神力的存在。他说,宇宙本身事实上就是神,或者是神灵的一种流溢。他又谈到宇宙的统治就是一种理性的智力的运作和一种包容一切的宇宙共性的运作。他还谈到命运的力量和前定的未来;而在别处他又回到我们前面已经讲过的火和高空的气。然后他又继续神化自然界的流动变化,神化水、土、气、太阳、月亮、星辰,以及包含所有这些部分的宇宙本身,甚至神化那些拥有不朽的人。他还指出,当我们谈论朱庇特的时候,我们指的是以太;当我们谈论克瑞斯(Ceres)的时候,我们指的是大地,其他诸神的名称也相同。然后他把朱庇特等同于永恒的力量和指引我们的生活和努力方向的不变的法则。他进一步认为,这种法则就是命运的必然性,这是对一切即将到来之物的永恒的前定。但所有这些似乎都没有表达出神之权能。在他的第一部专著《论神性》里你会发现所有这些论述。①

在斯多亚学派看来,如果人能够像神那样通过因果关系认识到将来,那他就会看到万事万物的发生就像一根绳子那样依次展开每个阶段,不会冒出任何新事物;没有任何东西会没有原因而自发跳出来。这些体现了对于自然的充足理由律的信念。

但是,斯多亚学派尽管自己认为决定论是"显而易见"的事实,却并不能获得所有人的共识。如此绝对的命运学说必然会遇到来自各方的质疑。正如我们前面所说的,克律西波的主要工作是发挥其逻辑能力承担学派的护道学使命。克律西波对于决定论提出了各种论证,不少与其证明神的存在的方式相近。比如,他首先从人类对于命运或天意的"普遍信仰"来证明命运的存在,这种信仰既表现在人们对命运的称呼上,也表现在诗歌的语言里。此外,斯多亚学派还以神的完善性为根据证明天意对世界的统治。不过,作为一个逻辑学家,克律西波的证明中富有特色的"逻辑证明",一直为学者们所特别关注。蔡勒梳理出两种这样的论证:

> 每一判断都必然或真或假,而这也适用于有关未来事件的判断;可是

① 西塞罗:《论神性》第1卷,第15节。

有关未来的判断只有当它们断定了必然会发生的事情才为真,只有当它们断定了不可能发生的事情才为假;因此,事物的发展是受必然性或命运统治的,所有发生的事情都是其原因的必然结果。(西塞罗《论命运》,10,20)他们还运用同样的推理过程,以对神的预先认识为根据来证明他们的必然性理论。在事情发生之前,如果可以说:凡是真的,都是必然会发生的,那么也可以说:凡是可以真正认识的,就是必然会发生的。斯多亚学派非常重视的是以预言的存在为根据的证明,其大意是:如果不可能确切地了解某一事件,也就不可能预言它;既然可以预言未来的事件,就证明我们可以确切地了解它;而确切的认识必须以必然性为前提;因此,预言的存在就证明了必然性或天意的存在。①

将近一百年之后,学者们还在讨论这些论证。斯多亚研究的著名学者鲍兹恩在其关于斯多亚决定论的著作中对这两个论证进行了详细的分析,指出它们都属于"逻辑决定论"式的论证,即从命题的真值性论证实际的必然性,换句话说,从逻辑原则导引出存在论(自然哲学)的原则。② 从今天的眼光看,这种论证思路当然是错误的。但是鲍兹恩提醒人们,古代人、尤其是斯多亚学派的本体论与今人的不同。根据斯多亚学派的第一哲学,命题是对事件的谓述,其真值取决于事件的发生或者潜在存在(或者所谓"落实");而事件的发生又取决于原因的存在(根据一般原因原则)。所以,如果没有原因存在,则命题将失去真假值。③

从上述斯多亚论证中还可以看到,与决定论相关的是预言技艺。预言技艺在古代社会是政治生活的一个重要组成部分。在古代社会中,预言术(占卜技艺)备受推崇。神谕是太阳神阿波罗的女祭祀在皮索的三角鼎上作出的。了解神谕,是政治生活中所有重大行动的必须前提。哲学家们也未必回避预言占卜。自然哲学一旦破解了宇宙发展规律或者逻各斯(比如宇宙的时间周期、因果规律等),又掌握了宇宙此前的状态(贤哲就是掌握了真理的

① 蔡勒:《斯多亚学派、伊壁鸠鲁学派和怀疑论》,第174—175页。

② 参见鲍兹恩:《斯多亚哲学中的决定论和自由》,第59页。

③ 有关讨论参见鲍兹恩:《斯多亚哲学中的决定论和自由》,第60页以下。

人），那么就能够知道将来的一切。所以，预言技艺是时间中的智慧——破解“未来”的技艺。当然，在巴门尼德和柏拉图这样的主张超时间本体的哲学家看来，前苏格拉底自然哲学所喜欢的宇宙演化论和相应的预言技艺都是“意见之路”上的兴趣，层次不高；哲学家尽管知道（通过数学等关于宇宙魂的知识），但是并不把它看得和“超出时间的理念知识”一样高。伊壁鸠鲁也会因为反感宇宙中如此严密的因果大网而反对预言技艺。但是，斯多亚学派这样类型的自然哲学会导向对预言技艺的肯定甚至特别强调。既然宇宙是密切联系在一起的，就会出现某种“全息”现象。从任何一组事物，都能了解到另外的事物。所以，预言是可能的。斯多亚学派哲学虽然批判日常占卜，视其为迷信，但是却坚持科学的预言是可能的，因为它建立在宇宙必然因果关系上，体现了“符号”与“所指”的关系。进一步而言，正如上面的论证中所表现出的一个有意思的思路是，斯多亚学派在论证因果决定论时所依靠的一个重要论证是“预言术的存在”。[①] 在有的人看来，这是从“人有这方面的冲动或利益”的事实来证明满足冲动或利益的事物必然存在，所以是不成立的。人类社会中有许多需求，也有许多为其服务的“技艺”，但这并不能“证明”相对应的客观对象就一定也是存在的。

二　自由的维系与“内因”学说

斯多亚学派的命运决定论的学说无论在学派内部还是在外部都会遭到质疑。当时各派哲学共同答应为社会提供的，恰恰是内在的自由。这既是为了满足常规生活如道德司法赏罚的需要，也是为了那个时代的特别治疗哲学需要。第一，斯多亚学派是强烈主张自由的。而且总是在激烈抨击“坏人”；但是，如果一切都是命运，则坏人怎么能负责任呢？第二，这样的决定论导致了伊壁鸠鲁派等的激烈反对。斯多亚学派在如此决定论的前提之下只能设法论证一种与众不同的“顺命自由”。相比之下，强调分立、断裂、偶然性的伊壁鸠鲁，就可以自然而然地直接主张通常理解的自由。奥卢斯·该留斯在引了克

① 参见西塞罗：《论神性》第2卷，第3节。

律西波对命运的定义“永恒而不可改变的事物系列与锁链，因果间永恒的，不可变的联络”之后，提到当时别的哲学派别对此的批评：

> 如果克律西波认为一切都由命运所推动和控制，命运的行列与转折既不能移动也无法逃脱，那么人们的错误和干坏事就不应当激起愤怒，也不能归于那些人自己的意志，而要归入来自命运的必然与强迫。①

“抹杀自由”的批评，对于斯多亚学派来说是十分严重的，因为斯多亚学派正是认为大序的最高级会出现自由。普纽玛在无机物是维系力，在植物是生机，在动物是灵魂，在人则是最纯粹的普纽玛——理性灵魂，而这正是自由之所在。这既是人与动物的基本区别，也是神的意志的特点。道德责任需要自由，而神的意志如果受制于决定论，无法改变，毫无自由可言，对于许多相信神的人来说是亵渎。这几乎成了后世基督教神学家质疑斯多亚哲学的一个重大理由。②

自由与偶然性有关。正如蔡勒所指出的，斯多亚学派面临两难：一方面，它们不能允许偶然性和可能性的存在，因为偶然性的存在与它们哲学的根本宗旨是不相容的；另一方面，它们也不能允许事事皆必然，因为所谓必然的事物就是不依赖于外部条件的、因而永远为真的事物。换句话说，必然为真的事物超出了时间，不可能改变，不在时间之中。③ 但是，斯多亚学派生活在时间中，斯多亚学派的道德责任蕴涵着人的作为对于改变事物发展进程的可能性。

作为学派中的护道大师，克律西波的主要使命就是向其挑战者论证：斯多亚学派的命运理论其实不会导致幼稚的宿命论（fatalism）、逻辑决定论（logical determinism）和必然发生论（necessitarianism）。他的学说与“偶然性”、“行动”和“道德责任”的合乎情理的概念（reasonable concepts）是完全一致的。④ 克律西波有几种反对简单的宿命论的学说。我们首先介绍他对于模态逻辑的发展的努力，看看他是如何试图保护一定的可能性概念的；然后，我们介绍他关于

① 参见英伍德：《早期斯多亚学派的伦理学与人的行为论》，第 48—49 页。

② 参见塞拉斯：《斯多亚主义》，第 100—101 页。

③ 参见蔡勒：《斯多亚学派、伊壁鸠鲁学派和怀疑论》，第 178 页。

④ 参见鲍兹恩：《斯多亚哲学中的决定论和自由》，第 12 页。

内因的学说,看看他是如何保护道德责任性的。

在古代,对于必然性最为强调的是逻辑学家克罗诺斯的狄奥多罗(Diodorus Cronus)。他必然论的(necessitarianism)基本原则是:未来的事情如果发生,就必然会发生;如果不发生,就不可能发生。真命题则必然真,假命题则必然假。① 在这么严格的模态逻辑中,"可能性"没有任何地位可言。狄奥多罗的学生(Philo)在不满中走到另外一个极端。他宣称只要符合自然(本性),则一切都是可能的,不管是否存在外部阻挡的情况。比如,海底的木屑也存在着燃烧的"可能性"。② 克律西波认为这两种模态逻辑都是极端化的,违反常识的。尤其是狄奥多罗的模态逻辑排除了太多的偶然性命题。于是他提出了自己的模态逻辑。鲍兹恩根据第欧根尼·拉尔修和波埃修斯的材料把它总结为以下一系列命题:

> 一个命题是可能的,如果它可以是真的,而且它的成为真没有被外在环境所阻挡。
>
> 一个命题是不可能的,如果它不能成为真的。[或者可以是真的,但是它的成为真被外在环境所阻挡]
>
> 一个命题是必然的,如果它不会是假的,或者它虽然可以是假的,但是它的成为假被外在环境所阻挡。
>
> 一个命题是非必然的,如果(尽管[如果]它是真的)它可以成为假的,并且这没有被外部环境所阻挡。③

所以,"可能的"就是能够成真而且没有受到外部阻挡的。这么一来,克律西波认为自己就可以避开狄奥多罗的模态逻辑的必然主义,为反事实的可能性(以及事实上的非必然性)留出地盘。有些命题永远不会是真的,或者永远不会再次为真,但是也还是可能的,只要在某个将来的时刻没有外部环境因素阻挡其为真。比如"泰娅将去麦加拉"这个命题,在事实上她永远不会去的情况下,如果按照狄奥多罗的模态逻辑,这样的命题就是不可能的,因为它是

① 参见鲍兹恩:《斯多亚哲学中的决定论与自由》,第100页。

② 参见夏泊尔:《斯多亚学派、伊壁鸠鲁和怀疑论》,第52页。

③ 鲍兹恩:《斯多亚哲学中的决定论和自由》,第112页。

错的,而且将来也是错的。但是,克律西波就会认为这样的命题是可能的,从而是不确定的,只要泰娅具有出行的基本工具等等。因为即使她从未实际到麦加拉去,还是存在着她不受外部阻挡这么做的时刻。①

总之,克律西波的主要贡献是强调了在思考中的外部环境的阻挡因素,或者说他使得世界中的物理因素成为模态逻辑中的一个相关因素。这样的阻挡因素是否存在,部分地可以说明可能性和非必然性。② 但是,斯多亚学派的反对者显然不接受克律西波的模态逻辑。在他们看来,与严格决定论的斯多亚哲学相称的逻辑,应当是狄奥多罗的严格模态逻辑。事实上,根据第欧根尼·拉尔修的记载,芝诺在热心学习逻辑时,除了追随麦加拉的斯提尔波,还曾拜狄奥多罗为师,向他学习逻辑,认为"唯有与逻辑必然主义联合的模态逻辑似乎才最适宜于表达斯多亚的自然决定论"。在大家看来,斯多亚学派的那种"无法更改的命运"所统治的事件怎么可能是非必然的?世界上怎么可能有非命定的东西发生?所以,人们攻击斯多亚学派是在"自相矛盾"。其中,又以普卢塔克在《论斯多亚学派的自相矛盾》中的攻击最为激烈。③

后来的斯多亚学派对此的一个回答策略是把克律西波的意思解释为"知识论模态逻辑",即可能性仅仅意味着我们的无知。阻挡事物发生的事情只不过我们不知道;神是知道的。但是,鲍兹恩认为这一回答不像是斯多亚学派的或者克律西波的正统观点。因为斯多亚学派或者克律西波所代表的斯多亚学派的"可能性"所讲的外部阻挡因素是客观的。如果真正的客观性是幻觉,那么"依赖于我们"(up to us。这是道德责任的基础)也将只是一个幻觉。④ 克律西波的真正回答方式可能是区分"必然性"(necessity)和"必然的"(necessary)。前者往往用阴性名词表达(*Anangke*,必然、命运),指的是神圣的宇宙力量。后者是中性形容词 *to anangkaion*,只不过表达命题的某个属性。总体

① 有关讨论参见鲍兹恩:《斯多亚哲学中的决定论和自由》,第 116—117 页。

② 参见鲍兹恩:《斯多亚哲学中的决定论和自由》,第 119 页。

③ 参见鲍兹恩:《斯多亚哲学中的决定论和自由》,第 123 页。

④ 参见鲍兹恩:《斯多亚哲学中的决定论和自由》,第 133—134 页。

命运是没有任何东西能够阻挡的;但是具体事物的发生方式却是可变的。① 鲍兹恩的思路不无道理,因为类似的区分也可以在斯多亚学派对大写的“真理”和命题的真假值的“真”的区分中看到。对此,我们在关于斯多亚学派的认识论的讨论中可以讨论得更为详细。

在考察了斯多亚学派从逻辑上为一定的可能性开辟空间之后,下面我们可以考察克律西波是怎样运用他的因果理论来解释人类的行动,并设法保持人类在因果关系网中的某种意志自由的。克律西波策略的总体思路是对原因进行分类。根据西塞罗在《论命运》中对克律西波的学说的介绍:

> 在原因中,有的是完全的和首要的,其他的是辅助的和接近的。因此,当我们说一切都按照命运通过前因发生的时候,我们并不是指这是通过完全的和首要的原因,而是说通过辅助的和接近的原因。②

当斯多亚学派强调决定论的时候,他们所想到的基本上是所谓前因,这样的原因是“动力因”传统所强调的。一般古代人显然认为“命运”意味着前因是决定性的。西塞罗在《论命运》中讨论克律西波的理论时,也指出斯多亚学派认为“前因”发挥着巨大的作用,造成了自然中的“同感受”(*sumpatheia*)一般原则。③ 所以,按照弗里德的看法,当克律西波提出这种新的原因分类学时,其宗旨就是要把前因限制在仅仅发挥“启动作用”,而把首要原因归为内在原因。西塞罗在《论命运》中介绍了克律西波如何通过区分各种原因来避开宿命论的:

> 如果一切都由于命运而发生,那么确实一切都通过前因而发生,但不是通过完全的和首要的前因,而是通过辅助的和接近的前因。如果这些不在我们的控制之内,并不能由此推出我们的冲动也不在我们的控制之内。④

---

① 参见鲍兹恩:《斯多亚哲学中的决定论和自由》,第137—139页。

② 西塞罗:《论命运》,41。

③ 参见弗里德:《斯多亚学派决定论》,载英伍德主编:《剑桥斯多亚学派导读》,第182页注6、191、198、188。

④ 西塞罗:《论命运》,41。

克律西波的原因区分法也就是把外部的作用与心灵的反应区分开来。外部的原因造成了"印象",这种印象向心灵呈现了某种可能的行动方式。但是对这种印象究竟作出怎样的反应,完全在于人自己的内因。所以,作为命运的外部原因并不能完全左右我们的行动。总之,克律西波提供的自由不是无因运动,而是内因。这就是斯多亚学派所理解的自由。所谓内因,就是一个事物的存在的维系因。亚历山大里亚的克莱门说:"有的原因是前因,有的是维系因,有的是协同因,有的是必然条件。"①

在斯多亚学派的存在论中,维系一个事物的内因是物体,其表现是属性。这样的内因也是该事物的特定运动的主要原因。内因正是我们前面所说的该事物的"普纽玛",它把质料凝聚为特定的一种个体。普纽玛虽然是一元论的,但是它的运行的方式多种多样,在人的身上体现为理性。弗里德指出:"人的理性的内在结构决定了一个人与其环境互动的方式,所以,斯多亚学派完全有理由区分一个人生活中的内在环境和外在环境,尽管普在一切的宇宙论力量形成并维系了万事万物的本性。这表明在斯多亚学派的体系中既有可能存在着总体的统一性,也有可能有多样性。"②蔡勒已经提示这样的区分:斯多亚学派一方面相信唯一的和决定一切的最高力量普在一切,但是另一方面,在每一个具体事物中,宇宙普纽玛总是按照该事物的自然法则起作用。也就是说,它在无机物和有机物、动物和植物、理性存在物和非理性存在物中起作用的方式是不同的。所以,虽然一方面可以说人们的每一个行动都是由客观事物的本性造成的原因和主体自身的品性造成的原因共同造成的,但是另一方面还是可以说这一行动是自由的,是主体自身的冲动和决定的结果。③ 可见,宇宙普纽玛化身为不同的原因序列。对于每一个事物,普纽玛既形成了它的本性即内因,也形成了影响这一事物的外因或前因。与一个事物的内因相比,"前因"作为外因,不是决定性的。

克律西波用了"滚动的圆筒"的例子来说明他对各种原因的区分。外部

---

① 克莱门:《杂记》第 8 卷,第 9 章第 25 节。

② 弗里德:《斯多亚学派决定论》,载英伍德主编:《剑桥斯多亚学派哲学导读》,第 186 页。

③ 参见蔡勒:《斯多亚学派、伊壁鸠鲁学派和怀疑论》,第 179 页。

的推动力是一样的,但是推动了一个圆筒则引起滚动,推动了一个锥体则引起旋转运动。所以究竟是滚动还是旋转运动,不是外力所决定的,而是运动的事物本身的结构所决定的。朗格在分析这个著名的例子时把“锥体”换成了“方盒子”,也许他认为这可以更为显豁地表达出克律西波的“原因分类”思想:

> 在克律西波看来,一个圆筒的滚动一定有两方面的原因。首先是某种外在的作用:除非有别的东西推动,平面上的圆筒是不会开始运动的。但是第二,除非圆筒本身有某种形状,它也是不会滚动的。方盒子就不会滚动,不管你怎样使劲推它都没用。所以,圆筒的滚动是外部的推动和它自身的内在本性这两方面原因的结果。克律西波把前者叫做“辅助的和直接的”原因;而后者亦即圆筒的滚动能力则是(根本的和完全的原因)。对于圆筒的运动来说,这两种原因都是不可缺少的。离开了其中的任何一个方面,另一方面都不能产生结果。但是从克律西波的用词中可以看出,他认为事物的内在特性是比外在的推动更重要的原因。克律西波还认为,每一自然本体都有特定的结构,这一结构是造成该本体一切属性的原因之一。无论什么事物,要使它运动,外部的作用是不可缺少的。但是自然本体对外部作用的反应方式是由它的内部结构决定的。①

圆筒比喻虽然有名,但是它想说的东西未必都清楚。在这个比喻中,有的意思很明白,即克律西波想说的是:外因与内因对于一个事件都不可或缺。作为启动者,外因不可少。但是一旦启动,则内因是更为根本的。但是,这个比喻当中也有不那么清楚的地方。弗里德说,阿菲罗狄西亚的亚历山大认为,这个模式既能用于非理性事物,也能用于理性事物,这显然就是一个重大的缺陷。弗里德还说,从现代角度看,与滚动的圆筒进行类比,并不能充分论证物体的运动独立于前因。这与其说是否认了,不如说是证明了斯多亚学派把人类看做是神的棋盘上的棋子,对自己被指定的角色没有选择的余地。一旦被推动了,圆筒是否停止滚动就身不由己了。如果我推倒了一个人,让他跌断了腿。法庭未必会同意这一后果“由受害人负责”。然而弗里德又反思道:如果

① 参见朗格:《希腊化哲学》,第167页。

这个比喻中的问题如此明显,为什么斯多亚学派在几个世纪的争论中不愿意换掉这个比喻?弗里德的解释是:这个比喻的关键不是两种原因性因素的互动,而是运动物体的内在本性(inner nature)。对于人来说,他们的内在本性并不在于他们的"可以被推动性",而是他们特别的心性和品格。所以,比如某人向一位贤哲提出贿赂,这只是启动因,决不是贤哲是否接受贿赂的首要因。① 西塞罗在介绍了这个例子后,是这样继续解释克律西波如何把它用到人身上的:

> 虽然说,除非有感觉印象的推动,就不可能发生认可的行动,但是……这只是认可的直接的原因,而不是认可的根本原因。……正如推动圆筒前进的人只是使圆筒开始运动,并没有赋予圆筒以滚动的能力一样,我们面前的视觉客体……会把它的形象印在心灵中;然而是否对其认可,却是在我们的控制范围之内的事,并且……一旦受到外部的作用,心灵就会在自身的力量和本性的推动下去行事了。②

总之,克律西波的办法是区分原因,指出内因更为重要。这内因正是具有特定结构和张力状态的普纽玛。灵魂之所以具有自因能力,在于它的"本性"就是印象、认可和冲动。其他的事物有其他的本性,比如水就是冷,植物就是产生自己的果实。③

一个人灵魂张力的强与弱将会导致他行动的不同。在克律西波看来,道德责任的自由仅仅需要区分外因和内因,并且指出内因足够负责。这样一来,自由并不意味着乱来,没有规律可循。道德的人的行为依然是中规中矩的,如果不是说更加具有规律性的话。一个有德性的人不会变动无常,忽好忽坏。作为完善美德的典型的神甚至是绝对无法改变的。④ 事实上,日常生活中人们也不是把乱来(所谓"能不这么做":capable of acting otherwise)理解为代表

---

① 参见弗里德:《斯多亚学派决定论》,载英伍德主编:《剑桥斯多亚学派导读》,第194—195页。

② 西塞罗:《论命运》,42—43。

③ 参见 Nemesius, 291.1—6;LS,53O。

④ 参见蔡勒:《斯多亚派、伊壁鸠鲁派和怀疑派》,第180页。

着“自由”,相反,通常把乱来理解为“有病”或“发神经”。责任被理解为人自己的内部本性能够作主。所以,行为的规律性并没有减少我们的责任,它只不过表达了一个我们必须承认的事实:我们是由我们的个性所预先决定的。社会的批评与表扬也是预设了其有效性在于能够长期作用于一个人的内在品性上。也许是因为这个原因,希腊人不喜欢用“自由”一词,喜欢用“取决于谁”(what is up to us)。[①] 自古以来“自由”就是一个多义的概念。鲍兹恩区分了几种自由:

F1:“可以不这么做的自由”(freedom to do otherwise);

F2:“做决定的自由”(freedom of decision);

F3:“非前定论的自由”(un-prediterminist freedom);

F4:“免受强迫的自由”(freedom from force and compulsion);

F5:“免受外部因果要素决定的自由”(freedom from determination by external causal factors);

F6:“免受外部和某些内部要素决定的自由”(freedom from determination by external and certain internal causal factors)[②]。

现代人大多认为自由就是F1式的自由。但是鲍兹恩专门论证其实直到很迟的时候,晚期斯多亚学派的某位人物才说到过F1类型的自由,而且那依然不是斯多亚学派的主流。可能是受到当时的柏拉图学派和亚里士多德派的影响,因为柏拉图自己在《理想国》结尾曾经描述过人在投胎之前自由选择自己命运的故事,而这个故事对于中期柏拉图派影响很大。[③] 至于早期斯多亚学派以来的主流自由概念,是其他几种类型的自由——由我自主。

按照鲍兹恩的分析,斯多亚学派认为一个人的理性才是他的真正自我,所以外因与内因的区分是很重要的。说一个人的特征是由理性决定的,也就是说它是自我决定的。小孩并不能做到这样的自主,某种意义上说,小孩的印

---

① 参见弗里德:《斯多亚学派决定论》,载英伍德主编:《剑桥斯多亚学派导读》,第196、200页。

② 参见鲍兹恩:《斯多亚哲学中的决定论和自由》,第277页。

③ 参见鲍兹恩:《斯多亚哲学中的决定论和自由》,第400页以下。

象—反应行动模式是决定论的。但是，自从理性在人的心理发展成熟后出现，人就有能力依靠新的价值观对印象反思和保持距离，能够决定是否认可印象，就打断了直接的本能性行动的原因锁链。① 就人而言，他的本性（nature，自然）决定了他对外部刺激或作用的反应。这里所说的"本性"是一个复杂的观念。它既指一切人共有的那些因素，比方说认可的能力，也指个体的品性。所有的人对于外部作用的反应都是给予或不给予认可，但是，一个人给予或不给予什么样的认可，却由他是哪一种人决定。从这个意义上讲，一个人的行动是由他的本性、由他的意志品性决定的。② 这不仅是理论，也是斯多亚学派的治疗哲学中的重要信念。爱比克泰德说：

> 对于具有理性的人来说，唯有不符合理性的事物是无法忍受的，而合乎理性的事物则是可以忍受的。就其本质而言，鞭打并非不能忍受。——怎么会这样？——请看：斯巴达人一旦认识到鞭打是合乎理性的，他们就会接受它。——可绞刑难道不是无法忍受的吗？——很难说；不管怎样，也无论何时，只要一个人觉得被绞死是合乎理性的，那他就会自己去把自己绞死。③

此处所讲的人的本性指的是人作为人的共性。爱比克泰德相信斯多亚学派的基本信念：没有什么比不符合理性更令人类痛苦，也没有什么比合乎理性更为吸引人。这会影响一个人的行动决定。但是，爱比克泰德接下去所强调的，乃是每个人的特殊的品性即特殊的价值观对于其做什么、不做什么的决定性影响：

> 要想对合乎理性的事物和不符合理性的事物进行判定，仅仅运用我们对于外部事物的价值评估是不够的，还必须同时运用同一个人的自身特性相一致的评判标准。对于某个人来说，替别人拎夜壶是合乎情理的，因为他所考虑的仅仅是：如果他不这样做，他就会挨打，没有饭吃，相反如果他做了，就不会有任何严酷或痛苦的事情发生在他身上；而对于另外一

---

① 参见鲍兹恩：《斯多亚哲学中的决定论和自由》，第 288 页。

② 参见朗格：《希腊化哲学》，第 167—168 页。

③ 爱比克泰德：《哲学谈话录》第 1 卷，第 2 章，第 1—3 节。

> 些人来说,不仅自己拎夜壶都受不了,甚至连别人这样做都不愿意看到。如果你问我,“拎还是不拎?”那我会告诉你有食物比没食物更划得来,受呵斥比不受呵斥伤害要更大;因此,如果你是用这些标准来权衡自己利弊得失的话,那你最好就去拎那把夜壶。“可是,这和我不相配啊。”这是你,而不是我所必须另外考虑的问题。因为只有你了解你自己,也只有你自己知道你在你眼里价值几何,以及你会以什么价格出售你自己。因为不同的人会以不同的价格出售自己。①

爱比克泰德的思想中已经出现了与克律西波不同的地方。克律西波关心的是重建日常可能性概念,所以他认为人的一般行动属于可以“由我作主”的。但是爱比克泰德所关心的,是一生当中决不会受到外部阻挡,在一切可能的环境下都绝对受自己控制,符合这样的条件的只能是我们的“认可”能力。可见,与克律西波相比,爱比克泰德大大地缩小了“由己”的范围。其中的原因可能是,克律西波还是关心为日常道德责任等提供基础,但是爱比克泰德关心的是一个人的一生谋划的问题,关心他将来的生活如何可以确切地依靠的要素,关心自己的谋划不会出现失败和失望,从而保持内心的宁静:

> 我们将哲学家的工作描述如下:他必须使自己的意志和所发生的事情保持和谐一致,这样,一方面,所有发生的事情就不会违反我们的意志而发生,另一方面,所有没发生的事情就不会在我们想要它发生的时候却不发生。这样做的结果是,对于那些受过这种哲学功课训练的人来说,在欲求方面,他们不会失望,在回避方面,他们不会陷入他们想要避免的事物当中;这样每人的生命就都会是属己的,没有痛苦,没有恐惧,没有纷扰。②

也许由于爱比克泰德曾经是奴隶,也许因为爱比克泰德的时代更为险恶,所以他所强调的是理性的作为,而不管结果如何。因为结果总是可能不在我们的把握之中,比如是否出行;但是即使专制君主绑住我的手脚,也绑不住我

---

① 爱比克泰德:《哲学谈话录》第1卷,第2章第8—11节。

② 爱比克泰德:《哲学谈话录》第2卷,第14章第7节。有关讨论参见鲍兹恩:《斯多亚哲学中的决定论和自由》,第332以下及第350页。

的自由意志。①

三　回到命运抑或新自由

内因高于外因,其实还是常识——尽管也许是哲学常识。亚里士多德在《尼各马科伦理学》中就详细讨论过这个问题。正如朗格所说的,在说明由感官印象和心灵反应相结合引起的人的自愿行动时,克律西波与亚里士多德的根本立场是一致的。和亚里士多德一样,斯多亚学派没有把"我总是可以不那么做"当做自愿行动的检验标准。他们用来检验人类权能的标准不是"我总是可以不那么做"的"绝对自由",而是行动的自觉性。②

斯多亚学派的真正特色是在这一立场上又向前推进一步,坚持说"内因"也是被决定的。这就是招致许多人的不理解和激烈批评的"悖论"说法了。然而,斯多亚学派这么说也是有原因的。在主张内因自由之后,斯多亚学派当然又会担忧神终究不能把握人,人类的自因可能会打破斯多亚学派的总体命运。而且,这将对其治疗哲学不利;比如,人们对于伤害的过于义愤填膺唯有在领会了一切都是神所预定的之后才能平息下来。于是,斯多亚学派最终还是强调"内因"也是神所决定的。人也是大火—神的一段,其本性早就被命运所决定。至于具体的决定方式,则既可以是先天的生理结构,也可以是后天环境和教化在形成一个人的品性上的决定性力量。

但是这么一来,就意味着又回到了一般人的命运观念。用"前因"和"首要因"的概念来表述,就是重新肯定"前因"才是决定性的。弗里德对这里隐含的矛盾提出了一个可能的解决方案,以便同情地理解斯多亚学派的立场:前因的角色可能会因为讨论的层次而改变。在宇宙论的层次上,前因发挥的是命运的总体秩序的作用;但是在个别过程中,它的范围由具体的环境所决定。③ 但是,这样的决定论将重新遇到老问题,而且会带来新问题。

① 参见爱比克泰德:《哲学谈话录》第1卷,第1章。

② 参见朗格:《希腊化哲学》,第167页。

③ 参见弗里德:《斯多亚学派决定论》,载英伍德主编:《剑桥斯多亚学派导读》,第198页。

第一是日常生活中的问题:坏人是否应当为自己干的坏事负责?如果要神为制造出坏人负责,或者说神是坏事的原因,听上去总是显得荒诞。如果说坏人的内因——品性——是神圣大火故意这么凝聚成、而且永恒地决定的,岂不太无意义了吗?或者,神"制造坏人"是为了帮助他人修炼德性?但是这对这些坏人岂不是太不公平了吗?斯多亚学派中最为道德化的克里安提斯就说,坏人之所以干坏事,不是神要他们这么做的——相反是他们不听神的话偏离正轨。所以,并非所有命定的都是天意。坏人干坏事是必然的,但是不是天意。

第二是斯多亚学派哲学内在一致性的问题,斯多亚学派是主张人的积极行动、修养培育自己的德性的。但是,如果一切都是决定的,则"积极修练我的内因"这一斯多亚学派的要求也就没有意义了。当时人们批评斯多亚学派决定论的一个论证叫"懒人论证",大致意思是既然一切都决定了,则无论我是否作为,如何作为,都无法影响最终结果,那就干脆不作为。① 怀疑论在反对与斯多亚学派的决定论紧密相关的预言技艺时就指责斯多亚的宿命论会带来无法作为的结果:

> 接着是一个关于未来的问题,这是任何人都不能回避的。然而,事先知道将来要发生的事情常常没有什么好处。人们被自己的无能折磨,甚至丧失希望所能带给我们的最后一丝安慰,这是多么悲惨的事情。尤其是你教导我们说,一切都永久地由一个命运支配,由它决定。因此,如果未来是不可改变的,那么知道它还有什么用呢,它能给人们提供多大的自由选择的范围呢?②

有意思的是,这一类从"无助于生活,而且伤害生活"出发进行批判的论证曾经被用来指向怀疑论:怀疑论对一切悬搁判断难道不会使人失去生活和行动的热情?但是,这样的论证与其说更威胁到怀疑论,不如说尤其威胁到斯多亚学派,因为斯多亚学派特别强调灵魂论中的主导部分,强调人有主动性,

① 参见鲍兹恩:《斯多亚哲学中的决定论和自由》,第 180 页以下。

② 西塞罗:《论神性》第 3 卷,第 6 节。

强调人的理智本能使人具有了自我把握的可能。但是,如果人生来做人还是做动物人、植物人,是早就被命运所决定的,那么斯多亚学派大声呼唤把人提升到大序高层(自由)的劝诫将无从谈起。

斯多亚学派哲学家们在自由与命运的问题上似乎在两种立场之间摆动。一方面是绝对顺从——自然就是这样的,而且,遭受命运打击者也认为"这很好"。但是另一方面,对于这种认命的高贵态度可能导向完全无所作为的投降主义。斯多亚学派哲学家肯定意识到这里有一个严肃的问题,毕竟斯多亚学派哲学经常批判伊壁鸠鲁哲学过分无为、退出社会生活的倾向,自己怎么能陷入无所作为中? 彻底的宿命论总是斯多亚学派试图回避的一个结果。克律西波对于懒人论证提出了一个"共命运"回答:有些事情是简单的,有些是相互关联的。比如"苏格拉底将在某一天去世",这是简单的,因为他的死已经决定,无论他做不做什么事情。但是有的命运的形式不同,比如"俄狄浦斯将由莱伊乌斯所生"这样的事情,人们不能说:"无论莱伊乌斯是否与一位妇人交合",这事都会发生,因为这事是相互关联和共同命运的(conjoined and co-fated)。这段话来自西塞罗的《论命运》(30)。鲍兹恩指出在尤息比乌的《准备福音》中也能看到转述的斯多亚学派类似观点:

> 他[克律西波]在《论命运》的第二卷中说很明显许多事情是因为我们而发生的,但是它们还是被宇宙的统辖所命定的。
>
> 他用了这些例子:他说衣服没有朽坏并不是简单地命定的,而是与对其照料关联在一起的;某人从敌人那里的逃遁,也是与他的逃走共同命定的;某人将有孩子也是与他想要与一个妇人交合关联在一起的……因为许多事情的发生不可能没有我们希望它们发生并积极参与,热心行动,因为他说,这些事情被命定发生离不开我们的积极和热忱。①

总之,斯多亚学派认为自己保障了积极行动的可能性。斯多亚学派的理论努力是否成功,这是一个争论了几千年、而且还会继续争论下去的问题。我

① 尤息比乌:《预备福音》,6.8.26—29;参见鲍兹恩:《斯多亚哲学中的决定论和自由》,第199、210页。

们只想指出,就斯多亚的积极动态的治疗哲学来说,在命运与自由上可以采取几种态度,而且大多为各种斯多亚学派哲学家实际采纳过了。

一种是"共命运"式的:并非所有事情都必然如此发生;只要经过努力,我们至少可以反抗和阻挡某些事情的发生。过去的事情当然都是不可更移的了。但是未来是开放的,还没有被彻底决定。斯多亚学派哲学家中有不少人是积极的政治活动者,比如卡图和西塞罗。而且芝诺等人尽管没有亲自参加到政治生活中,也在理论上鼓励人们有机会就要贡献于社会责任。如此,就不能对世界上发生的一切采取"事情只能如此,而且还一定是好的"的态度。罗马斯多亚学派共和主义者反对专制,就并非是"无知者"徒然地与命运已经决定的历史轨迹抗争,而是有智慧者积极参与未定的自然大化的进程。当人们指责斯多亚说:如果万事皆由命运决定,那么个人的行动就是多余的,因为命中注定的事情无论如何总是要发生的;克律西波的反应是:我们必须把简单的命中注定与复杂的命中注定区分开,人类行动的结果,就其作为该行动的结果而言,是和该行动一样由命运决定的。①

另外一种是"知识论"式的:一切事情也许都被彻底决定了;但是唯有完全知道将来发生的情况的人才失去了改造未来的动力。本来,按照斯多亚学派的宇宙大火学说,世界一次次重复,所以神对历史的每个细节都"看到"了②,都知道了,那么必然导向宿命论。但是,第一,人并不是神,人永远不会预知某件事情是否早已预定必然如何发生;第二,甚至也没有一个超越的天心(divine mind)在照料万事万物。世界的智慧内在于世界之中。③ 所以,人还是应该努力。尤其是,斯多亚学派相信神义论式的目的论,即相信神圣命运总是在把事情安排成为最好,那么宇宙的发展只会越来越好;现在如果有邪恶与灾难,则将来必然会有更多的公正与美好。这与平面直线的机械论、原子论、宇宙论相比,给人以希望,从而给人以斗争的勇气和力量。这样一来,斯多亚

---

① 参见蔡勒:《斯多亚学派、伊壁鸠鲁学派和怀疑论》,第 180 页。

② 参见夏泊尔:《斯多亚学派、伊壁鸠鲁和怀疑论》,第 51 页。

③ 这两个建议参见弗里德:《斯多亚学派决定论》,载英伍德主编:《剑桥斯多亚学派导读》,第 204 页。

学派的决定论导向的不是人们所设想的懒人，而是积极有为的。

最后一种是“态度论”的：事情确实只能如此必然地发生，但是我们至少可以在内心中不认可其中蕴涵的日常价值。这已经大大缩小了我们“自主”的范围。阿里斯顿—爱比克泰德是这一路线的典型代表。这也是如何协调主观目的论与客观目的论之间的冲突的问题。从客观目的论来说，人所遇到的一切都是好的。但是从主观目的论来说，似乎只能说人所遭遇的一切是中性的，还有待人的主观评价能力去进行理性评判、认识和处理。这种判断和认可并不意味着抵抗，经常意味着顺从。如果知道了命运的要求，斯多亚学派认为就应当顺服，而非恼怒和抱怨。让自然随其所愿处理属于它的质料，但是真正属于我们自己的东西（即自由意志）是决不会毁灭的。塞涅卡在阐述这样的心态时与爱比克泰德相去不远：

> 好人劳动，花费，被花费，而且发自内心自愿。命运并不拖着他们——他们跟着她，与她同步。如果他们知道怎么做，还会超过她。我还记得这么一句精神抖擞的话，我听最为勇敢的人狄米特里乌斯说过：“不朽的神明啊，我对你们只有这个抱怨：你们没有更早地让我知道你们的意愿；否则我早就会到达我现在在被召唤后所到达的状况。你们想要拿走我的孩子吗？我是为了你们才生养他们的。你们想要拿走我身体上的某个部位吗？请拿去，我献给你们，这个不算什么了不起的东西，不久我就会把整个身体都留下了。你们想要拿走我的生命吗？为什么不呢？我不会因为你们取回你们曾经给出的东西而抗议的。我会完全自由地认可，你们可以拿走从我这儿所要求的任何东西……”
>
> 我不受任何强迫，任何东西都不会违抗我的意志，我不是神明的奴隶，而是他的追随者；这一点是确定无疑的，因为我知道万事万物都根据固定的和永远有效的法律而发生。命运指导我们；在产生的第一个时辰里就决定了每一个人余下的时间有多长。原因又与原因联结，一切公共的事务和私人事务都由一条长长的事件链条所决定。①

---

① 塞涅卡：《论天意》，第5节，第5—7段。

第五节　与其他学派的自然哲学的对比

以上我们从基本原则和基本问题等几个方面阐述了斯多亚学派自然哲学的主要内容。这样的“斯多亚学派自然哲学”的独特性或“异类性”,要与当时的其他学派的自然哲学比较才能真正看出。换句话说,斯多亚学派之所以采纳这样的自然哲学,正是因为对于它所接触到的主流自然哲学统统感到不满意,才自行另辟蹊径,走出了一条与众不同的新路。

当芝诺来到雅典的时候,主流的自然哲学是柏拉图—亚里士多德路线和德谟克里特—伊壁鸠鲁路线两大派。柏拉图与亚里士多德固然是当时的名门大派(但是亚里士多德逝世后,漫步学派远比学园派势单力薄),德谟克里特的原子论也是柏拉图都不敢忽视的另外一条路线,柏拉图对这样的路线之争十分清楚:诸神的路线与巨人的路线之间的生死搏斗。通常人们感到柏拉图路线和德谟克里特路线已经穷尽了自然哲学的所有可能性:一个注重形式,一个注重质料。但是斯多亚学派居然都没有接受,反而在对它们的批判中走出了第三条路线。斯多亚学派“两面作战”的形势在塞涅卡遗失的文章《论迷信》的一句话中有过生动的表达:

> 难道我应该容忍柏拉图或是漫步学派的斯特拉波吗?他们一个主张神没有身体,一个主张神没有灵魂。①

与他们不同,斯多亚学派的总路线是肯定自然,同时把自然看做是神。这意味着两层意思:自然的神化、神的自然化。我们将看到,前者会令唯物主义者不满,后者会令唯心主义者不满。

一　斯多亚自然哲学与柏拉图派自然哲学的对峙

斯多亚学派首先接触到的应当是柏拉图路线的自然哲学,因为芝诺首先

---

① 这是奥古斯丁在《上帝之城》6.10 中所引述的;参见格什:《中期柏拉图主义和新柏拉图主义:拉丁传统》,第 174 页。

遇到的是苏格拉底派的犬儒哲学家，并且后来又去柏拉图学园学习。到了中期斯多亚学派与中期柏拉图派时期，两派甚至一度几乎完全合流。在古代，一般人都认为斯多亚学派总体来说属于柏拉图派这样的“属灵的”哲学家，因为他们都把自然看做是神，都认为宇宙天体比人更高级、更有序、更有神性。另一方面，柏拉图派也逐渐走向对现象界的承认，也就是承认自然哲学；高贵的本质不必停留在自己领域中而完全放弃现象界。柏拉图把这一新看法表述为神—本质（eidos & idea essence）“不会是妒忌”的。在《蒂迈欧篇》中，他说道：

不妨让我们作如下宣称：借以创造生成者及其所有这一切事物的原因的创造者是美好的，而美好者不存在对任何事物的嫉妒之心。正因为他没有嫉妒，所以他希望所有事物尽可能像他自己那样。从智慧的人那儿，我们把这个原则当做是万物和宇宙的首要的、至高的原则接纳下来，我们这样做是完全正确的。

因此，基于这种认识，在建造总体时，他就把理性建造在灵魂中并把灵魂建造在身体中，以便使自己能完成的工作就本性来说是最公正和最良善的。既然这样，与可能的解释颇为一致的是，我们不得不宣称，这个宇宙是一个赋予着灵魂和理性的真正生物，因为它是由于神的天意而形成的。①

塞克斯都在《反自然哲学家》中引用了这段话，正是表明柏拉图是芝诺的先驱，或者说，斯多亚学派对于宇宙来自高贵的本质的说法，以及由万物的理性论证宇宙的理性（神性）的论断，来源于柏拉图和苏格拉底。② 柏拉图不仅在《蒂迈欧篇》中，而且在其他晚期著作中都相当肯定我们这个世界。柏拉图在《法律篇》中明白地论证整个世界都在理智的指导下实现善的目的：

让我们用论证来说服这些年轻人，使他们相信，万物都是由宇宙的监管者安排的，目的是确保整体的安全和美妙绝伦；宇宙的每一部分都依其能力而恰如其分地作用和遭受。每一部分直至其状态和行动的最微不足道的特征，都处在统治力量的指导之下，这种统治力量使每一个最小的细

---

① 柏拉图：《蒂迈欧篇》，20D 以下。

② 参见塞克斯都·恩披里柯：《反自然哲学家》第1卷，第105—106节。

> 节都变得完善。而你这个笨蛋,尽管你是如此渺小,却也是其中的一部分,因而你向来都在向整体的善贡献自己。你看不见每一创造行动都是为了宇宙而发生的,都是为了使之享受幸福的生活;创造不是为你而发生的,而你是为了宇宙而发生的。……你生气,那是因为你不知道何以对你是最好的东西不仅仅对你自己是最好的,而且对整个宇宙也是最好的。①

但是,尽管柏拉图派与斯多亚学派有这些近似的方面,它们之间的不同也是尖锐的。总体来说,无论柏拉图如何肯定自然,柏拉图哲学中的二元论不可能完全消除,从而必然与芝诺开创和坚持的强一元论产生直接的对立。

首先,柏拉图派的存在景观以强调心灵性与物质性的截然不同为基本原则,所以二者绝对不能混为一谈。但是,斯多亚学派却针锋相对地处处强调"神"是物体性的,而自然就是神圣的。自然哲学不感到"本原"与世界发生关系有什么不妥的。"本原"的定义就是万物的原因。在克里安提斯的《宙斯颂》中表达的直接感受是:万物都在向你(神)欢呼,百花向阳,我们都是由你而生,万物都是由你的命令而出现。与此形成鲜明对比的是,在《巴门尼德篇》中,苏格拉底对于理念是不是自然中庸常的东西和"脏东西"的原因,感到十分犹豫。柏拉图哲学强调本质与现象之间的关系是垂直分立大序上的断裂,而斯多亚学派自然哲学虽然也强调本质与现象之间的张力,但是不认为这是"高层次的、分离的本质"与"影子摹本"之间的张力,而是同样类型的整体与部分之间的张力。

由于二元论,即使在后期适当承认本质与现象的因果关系的柏拉图在《蒂迈欧篇》的自然哲学中依然小心翼翼地提出:高级的神没有直接创造世界,它是先创造了次级的神(天体),然后把创造人和世界的任务交给了这些次级的神。这里面体现出强烈的"纯洁意识"或"避开物质污染"的意识。在《智者篇》中我们可以看到,虽然后期柏拉图已经开始放弃早年不动的相,而走向运动和创世的相,探索神与世界发生关系的方式。但是他找到的方式是"范畴推演和数论推演",这在斯多亚学派自然哲学家看来还是都过于抽象、

① 柏拉图:《法律篇》,903B—D。

勉强和“不自然”。所以斯多亚学派不取这一路向，而走赫拉克利特的大火演化或者理性种子自行生成的“自然”路线。

由于二元论，柏拉图派认为心物终究无法“混合”，即使在最紧密的结合中，比如在人当中，实际上也是分离的（普罗提诺对此特别强调）。相反，斯多亚学派的一元论不仅体现在认为唯有一个神，这个神创造了一切，而且，它自己就是一切，就在物质当中，水乳交融，就是物质。与此相关的是，柏拉图的高级神是永恒的、超出生灭的，甚至宇宙天体层次的神也是有产生而无消灭。但是斯多亚学派的神—宇宙却有生有灭，形成大火—世界—大火的循环节奏。这种“紧密混合为一”的思想比同样“反对分离”的亚里士多德还要彻底，因为亚里士多德最终还承认某种分离的“纯形式”为神，而且，亚里士多德在描述形式与质料的时候，倾向于将它们描写为极为不同的东西，但是斯多亚学派倾向于把它们描写为一个东西，都是自然的——两个方面而已。朗格在描述亚里士多德和斯多亚学派的区别时指出，对于斯多亚学派来说，“自然”是有机个体内在地具有的、促使其努力完善自己的一个动因。而对于亚里士多德来说，神不是“在世界之内”，第一推动者恰恰不是与物质的本体即“精巧的火”那种弥漫一切的“自然”直接等同的内在动力，而是外在独立的原因：

> 在亚里士多德看来，神这一不动的第一推动者是纯粹的精神，它不是直接地作用现实世界的，而是通过天体这一中介作用于现实世界，地上的一切变化都是由天体的运动造成的。而斯多亚学派由于把自然/神置于世界之内，就把在亚里士多德看来互不相干的两种功能统一于单一的本原了。①

最后，二元论从价值论上说其实是为了避免神成为恶的原因。在《政治家》、《蒂迈欧篇》、《法律篇》等中，柏拉图把“命运”看做是相当异己的、陌生的。精神的力量绝不会受制于这样的命运。这一倾向在希腊晚期的诺斯提宗教那里更发展为把自然—命运（马门黑尼）看做邪恶的敌人。但是，斯多亚学派的宇宙泛神论式的一元论却体现了对自然中必然发生的一切都感到“好”（善）的感恩认同。这使得斯多亚学派能顺理成章地肯定神义论式的辩证统

① 参见朗格：《希腊化哲学》，第151页。

一。柏拉图派也在一定程度上承认辩证法,即承认宇宙层次上的“一”是对立统一。但是,最高层次超出了宇宙层次,在这样的层次上,“一”是纯粹的一,是毫无任何对立面的一,是类似于巴门尼德的一。这在普罗提诺的本体三层次(太一——纯思——宇宙灵魂)学说中得到充分的体现。但是,斯多亚学派认为辩证法式的对立统一绝不是一种“低下的”统一方式,毋宁说它是最高的统一方式。无论是人还是宇宙,作为高级事物,其统一性有一个共同的或类似的特点,就是在“冲突中的统一”。越是高级的事物,甚至冲突还越大。在原始的、牧歌式的存在中,才会有简单化的和谐。唯有在人的高级层次上,真正的冲突才开始第一次出现。由人和其他生物组成的宏观“世界”给人的首先印象也是充满分离与冲突的。但是,斯多亚学派哲学认为在这当中存在着更为深刻的关联性、合理性、或“一”性,这样的一体性必然更富有“张力”(*tonos*),更为高妙。这可能也是斯多亚学派最终选择赫拉克利特类型的自然哲学的一个重大原因。

二 斯多亚自然哲学与伊壁鸠鲁派自然哲学的对峙

希腊化罗马时代的哲学以伦理学—治疗哲学为核心。以人的自由为终极目标(幸福)。为了达到这样的目标,当时的两大新哲学派别——斯多亚学派和伊壁鸠鲁派——都不约而同地采取了与常识完全不同的奥秘自然哲学。但是,它们采取的自然哲学的类型却几乎截然相反,形成了鲜明的对立。伊壁鸠鲁很早就开始学习哲学,建立学派,到雅典传播自己哲学的时间也先于芝诺。应当说他选择原子论的时候不可能考虑过“斯多亚学派的自然哲学”。这一点,也可以从卢克莱修批评过去的自然哲学各派的时候没有特别突出地批评赫拉克利特看出。相反,由于芝诺比起伊壁鸠鲁出道迟①,他显然在选择自然哲学的时候先看到了伊壁鸠鲁那种原子论式的自然哲学,所以,他选择赫拉克利特类型的自然哲学也可以被视为是在有意识地不选主流路线的自然哲学,

---

① 沃格尔认为斯多亚学派在伊壁鸠鲁创建之后,所以他们得以攻击伊壁鸠鲁派。参见沃格尔:《希腊哲学》第3卷,第145—146页。

这就埋下了斯多亚学派和伊壁鸠鲁派在自然哲学上冲突的种子。

早期斯多亚学派的创始人之所以这么做，并不是为了特意走偏锋、搞原创。可以看到，斯多亚学派对自然的基本直觉与原子论对自然的基本直觉确实有着本质上的巨大差别，几乎完全相反，形成了正好对立的两个极端，从中可以发现这两种自然哲学的范式性的深刻对立：

斯多亚学派的神与自然一体的自然哲学：自上而下的，连续的，形式第一性的，生物学为主要范本的，生命力的，目的论的，神秘主义的。

伊壁鸠鲁的分立原子自然哲学：自下而上的，断裂的，质料第一性的，力学为主要范本的，物质的，反对目的论的，反对神秘主义的。

这样的对峙并非仅是我们现代研究者为其概括的。当时这两派对此就有极为强烈的自我意识。在西塞罗的笔下，有一位斯多亚学派把自己所理解的"自然"和伊壁鸠鲁派所理解的"自然"进行了尖锐的对比：

> ……我首先要简单地解释一下"自然"的含义，以便人们能够比较容易地理解我的意思。有人认为，自然仅仅是一种把机械运动赋予物体的非理性力量；而另一些人则认为，它是理性和秩序的一种原则，它追求自身的井然有序，在万物中显示因果法则。没有任何一种技艺或技能能够模仿或再现自然的奥妙。他们指出，一颗小小的种子都具有巨大潜能，如果它落入一个接受并拥抱它的物体中，获得它生长发育所需要的物质，那么它就能生长成为某个类型的生物。有些生物只能用自己的根系吸取营养，有些生物则能移动、感觉，并想要产生与其相同的有机体。
>
> 还有些人，比如伊壁鸠鲁，把自然理解为存在的一切，并从物体在虚空中的运动推演出整个自然过程。而我们斯多亚学派认为，宇宙是由自然塑造形成并由自然统辖的，我们并不认为这个宇宙只是一个机械地堆积起来的物体，像一块泥土、石头或诸如此类的物体，而是有机地结合在一起，像一棵树或一个动物，它的形成不是偶然的，而是表现为有序，这一点与技艺相似。①

① 西塞罗：《论神性》第2卷，第32节。

现代以来,在机械力学范式的影响下,人们长期认为伊壁鸠鲁的自然哲学才是对“自然”的真正把握,至于斯多亚学派的哲学,尽管有许多宗教的和伦理上的可取之处,但是在“自然”理解上完全是错误的,是神学的、宗教迷信的、充其量是“前现代科学”的零散猜测而已。然而,随着系统论、量子力学和生物学的发展,人们应当对斯多亚学派类型的自然哲学持有更多的同情理解了。在其泛神论语言体系的背后,斯多亚学派自然哲学确确实实把握到了“自然”本身的一个重要的方面,一个与自然的机械性同样真实的方面,然后对其进行了系统的突出、甚至夸大的强调。当然,一切自然哲学无不类似,伊壁鸠鲁的原子论还原论其实也是对自然的某一个方面的突出夸大强调而已。所以,伊壁鸠鲁派和斯多亚学派清晰地总结和阐发了自然哲学的两大方面,并把它们自觉地推到极端,这才真正完成了古典哲学中的自然哲学。

由这样的基本对立出发,斯多亚学派在自然中处处看到的是有序运动,德谟克里特—伊壁鸠鲁看到的却是无序运动。或者,即使存在着有序运动,也可以用原子的无序运动解释:

> 斯多亚学派及其支持者还试图从宇宙运动的角度来证明诸神的存在。因为,每个人谅必都不会不承认宇宙是处在运动之中的,从而认定宇宙是为众多事物推动的。而宇宙的运动,或者是由自然所推动,或者是由意志所推动,或者是由具有必然性的旋涡(vortex)①所推动。然而,宇宙是不可能为具有必然性的旋涡所推动的,因为旋涡可能是无序的也可能是有序的。如果宇宙是无序的,那它就不可能以一种有序的方式去推动任何事物;而如果它能以一种有序而协调的方式推动事物,那它必将是神圣的、超自然的;因为倘若一个事物没有智能和神性,当然也就不可能以一种有序和持续的方式推动过宇宙的全体。既然如此,那它将不是旋涡,因为旋涡是无序的、缺乏持续性的。因此,宇宙不可能如德谟克里特所说的那样由具有必然性的旋涡推动;宇宙也不可能由无感知能力的本性所推动,因为理智的本性优越于非理智的本性,而且理智的本性看来是蕴涵

① 在德谟克里特的理论中,“旋涡”(vortex)是对赋予原子螺旋形运动的回旋力的称呼。

在宇宙之中的；所以，宇宙自身必拥有理智的性质，正是在这种理智性质的作用之下，宇宙才以一种有序的方式被推动，这无疑就是神。①

伊壁鸠鲁自然哲学是分立的原子第一性的，宏观事物都是构造出来的、第二性的、非持久的，生灭不定的，而整个自然由于是无限的，根本无法构成“无限整体”这样的“一个整体”（而且是“一个生物”这样的有机生命体）。伊壁鸠鲁之所以反对神发挥“天心”的安排指导作用，也是为了反对整个存在的本位上移到“大本体”。伊壁鸠鲁希望坚持的，是众多隔绝开来、不可入的原子为本位的分立型宇宙观。伊壁鸠鲁的宇宙景观是分立的万千本原（原子）自行无序运动（偏移）而形成毫不相关的各种生成与消灭。与此形成鲜明对比的是，斯多亚学派的宇宙景观却是一元论的神圣本原（宇宙大火）有目的、有计划（大目的论）地创造一切，一切都在天意的无所不包的掌握之中，都是为了一个共同的大目的服务的。朗格曾经指出，斯多亚学派是从一体的普纽玛出发的，这是总处于积极状态的本质，它把整个宇宙组成一种动力学的链条，它的每一个部分都是相互连接的。从这样一种普纽玛观念推导出来的世界图景，与伊壁鸠鲁的自然哲学根本不同，可以说把伊壁鸠鲁的分立原子世界体系正好颠倒过来了。② 在斯多亚学派看来，用原子无序运动的偶发生成论来解释有序宇宙极为难以理解，近于荒谬：

竟然会有人相信大量固体的分散的粒子通过偶然碰撞和重力作用就可以产生如此神奇而绮丽的世界，这不令人惊奇吗？如果有人认为这是可能的，那么我想他也应该这样想，如果制造大量的字母，21 个字母中每个字母的数量都是无限的（用黄金或你喜欢的任何材料制造）。然后把它们混合在一起并倾倒在地上，那么它们是否有可能自行拼写出文章来，比如说恩尼乌斯（Ennius）的整部《编年史》（*Annals*）。事实上我怀疑偶然性是否会允许它们拼出哪怕是一个句子来！

因此，这些人怎么能断言，宇宙是通过无生命的、缺乏颜色或者其他

① 塞克斯都·恩披里柯：《反自然哲学家》第 1 卷，第 111—114 节。

② 参见朗格：《希腊化哲学》，第 157 页。

任何一种性质的粒子的盲目而偶然的碰撞产生的呢？他们甚至还断言，有无数这样的世界不断地生成和消灭。如果原子的偶然碰撞可以创造一个世界，那么为什么它们却不能建造一条走廊、一座庙宇、一间房屋或者一座城市呢？这可是比较轻松、不太辛苦的工作。①

我们在这样的论述中可以感受到，斯多亚学派对于宇宙的有序性(“天空的荣耀”)具有强烈的感动。在辛普里丘保存下来的一个残篇中，阿波罗尼亚的第欧根尼(Diogenes of Apollonia)写道：“没有理智，就不可能使每一事物都安排得这么好，以至所有事物都保持一定的尺度——冬和夏，夜和昼，雨、风和晴；如果你愿意想一想的话，你还会发现其他的一切事物都是以最好的方式安排的。”(DK 64B3)这样的感受也是柏拉图和亚里士多德在考察天文学时的直接感受。而伊壁鸠鲁和卢克莱修则更专注于“雅典的瘟疫”之类的例子，这当中也许体现出他们在自然中感受的更强烈的是宇宙的破坏性和质料永恒性。宏观物体层面确实能够看到秩序，但是那完全是偶然的原子撞击而出现的；无论是人体还是整个世界，都不具有“内在紧密型”的秩序，而是机械型的、脆弱易散的秩序。这样的秩序不难发生，也不难消灭，关键是对偶发论创造观具有足够的想象力。《论神性》第1卷体现伊壁鸠鲁立场的人如此说：

我们的大师教导我们，世界的产生是一个自然过程，不需要任何造物主，而你们却说只有神的智慧才能影响这个过程，而实际上，这个过程如此轻易就形成了，自然过去创造了世界，现在也正在创造世界，将来也会创造世界，没有尽头。由于看不到在没有心灵介入的情况下自然是如何创造世界的，所以你们就以悲剧家们为榜样，求助于神的介入来理顺错综复杂的故事情节。②

进一步而言，自然哲学的这两派，可以说一派赋予自然以好之价值，一派不赋予自然以任何价值。如果说柏拉图的“分离”路线是把一切“好”、“实在”都赋予世界之外的事物——相，那么，斯多亚学派的宗旨就是反对“分

① 西塞罗：《论神性》第2卷，第37节。

② 西塞罗：《论神性》第1卷，第20节。

离”，把好和实在都赋予世界本身的一切：自然的一切都是好的。伊壁鸠鲁则认为自然本身没有任何价值。

最后，在自由与因果决定论上，斯多亚学派哲学与伊壁鸠鲁哲学激烈对立相比之下，伊壁鸠鲁的原子在运动中的“无因偏斜运动”几乎是直接反对斯多亚学派的目的论和命运观的。伊壁鸠鲁哲学体系中的原子各自独立，伊壁鸠鲁伦理学上的贤哲也不受命运的束缚。伊壁鸠鲁说道，一个真正的哲人：

> 嘲笑被人们视为万物的主宰的东西——所谓命运。他认为有的事情由于必然性而发生，有的来自偶然性，有的是因为我们自己。他看到必然性消除了我们的责任，偶然性或运气则变化无常，而我们自己的行为是自由的，一切批评和赞扬都必须与此关联。即使追随神话关于神的意见也比受自然哲学家的“命运”观念的奴役要好得多，前者至少还给人以一丝希望：如果我们敬拜神、祈求神，就有可能免遭灾难，而后者讲的必然性是无法向它祈求，使它发生任何改变的。①

这话显然是批评斯多亚学派的。前面说过，斯多亚学派相信认识论和自然哲学之间是完全一致的，所以克律西波通过逻辑的二值规律或排中律来证明命运的普遍性力量。斯多亚学派相信万事万物处于严密的关联中，具有命题间的逻辑必然关联，或者说，命题之间的必然关系就是事物之间的因果关系。它们的必然性是相通的。有意思的是，伊壁鸠鲁为了防止命运，居然反对逻辑排中律适用于对于未来的判断：

> 伊壁鸠鲁害怕如果自己承认这一点[即每一个命题都或真或假]，他就不得不承认一切发生的事情都是根据命运发生的……②

无论是伊壁鸠鲁还是斯多亚学派，自然哲学都受其伦理目的的支配。而它们的伦理目的是一样的——自由。于是，它们在自然哲学上的差异只能从它们对什么是真正的自由，如何才能获得自由的看法的不同上得到解释。在伊壁鸠鲁看来，唯有存在着偶然性，才能获得自由；而在斯多亚学派看来，唯有

① 伊壁鸠鲁等：《自然与快乐》，第 34 页。

② 西塞罗：《论命运》21；参见鲍兹恩：《斯多亚哲学中的决定论和自由》，第 76 页以下。

接受决定论——命运,才能获得自由。在此我们不禁要指出一个有趣的反常“换位”:作为目的论者,斯多亚学派哲学按理说应当采取某种反对因果决定论的思想,因为决定论通常意味着片面的、机械论的、还原论的、构造主义的,体现的是具体事物之间的自发关联,而无法体现自上而下的、通盘考虑的总体理性目的论安排。但是,坚持目的论的斯多亚学派哲学却同时坚持因果决定论,这给斯多亚学派哲学带来了很多麻烦。相反,坚持机械论宇宙观的伊壁鸠鲁派,却坚决反对因果决定论,而主张偶然性;这也给伊壁鸠鲁哲学带来了很多不理解和谴责。关于伊壁鸠鲁的问题我们已经在本卷第一编讨论过。我们在此只想指出,自然因果关系本来应当是每一个自然哲学家都信奉的基本原则,无论它被表述为因果必然性和命运,还是被表述为自然齐一性。正如蔡勒所指出的,所谓斯多亚学派的命定论的核心就在于宣称:没有事物能够在没有充分原因的情况下发生,在既定的条件下也没有事物能够以它实际发生的方式以外的方式发生。如果没有充分的原因就任意发生一件事,或是在同样的条件下既可以这样发生也可以那样发生,那就成了“无中生有”,而这是不可能的,因为这会危及世界的统一性。世界的统一性就在于它是环环相扣的因果关系链条,就在于一切事物及其变化的绝对必然性。① 我们可以看到,斯多亚学派的这一思想的背后的巴门尼德原则——存在(是)与非存在(非是)不能任意转化,不能无中生有,有化为无。此乃是所有希腊自然哲学家都坚持的。事实上,伊壁鸠鲁学派也坚持这一原则。他们在论证原子不灭的时候,所依据的也正是因果的齐一性:

> 如果无中能够生有,那么各种东西都能从所有的东西生出来,一切东西都不需要种子就能产生。首先,人类将从海洋中诞生,有鳞的鱼将在地上生长;鸟儿也可以从半空中孵化出来;家畜和一切野生动物也将遍布于所有的贫瘠沙漠和富饶土地,物种的生育繁殖将毫无规律。树木也不会固定不变地结出同一种果实,而是任意交错地长出别种树上的果子。如果不是物按其类地生长发育的话,那万物何以会各自有其固定的母亲?

① 参见蔡勒:《斯多亚学派、伊壁鸠鲁学派和怀疑论》,第 176 页。

> 但事实上，每种东西都产生于其固定的种子，每种东西由之而生、由之而出现在阳光底下的本源正是它自己的质料和原初物体。这样，就不可能从任何东西都能生成其他任何东西，因为在每一种东西中，都蕴涵着独特的力量。①

可以想象，对于卢克莱修在《万物本性论》中提出的这些论证以及其中所包含的原则(在每一种东西中，都蕴涵着独特的力量，必然严整有序地因果发生)，斯多亚学派也会衷心接受。相反，伊壁鸠鲁派自己倒是应当思考一下自己是否逻辑一贯。按照"原子偏斜"的理论，橄榄树上完全可能长出苹果，各种反自然常规的变异完全可能随时发生。这一可能性，当卢克莱修在《万物本性论》后面论证"进化论"的时候似乎确实是承认的：

> 下面我要按照顺序描述大块物质集团是以什么方式建立起大地、天空和深深的海洋，以及日月的运行轨道。可以肯定，始基并没有运用聪明的理性有意地计划和安排自己进入到有序的位置上，它们肯定也没有谈判过各自应当负责进行什么样的运动。只不过是因为许许多多的事物的始基从远古直到现在一直受到撞击和自身重量的驱使，总是以各种各样的方式运动着、相遇着，并尝试过了各种结合起来产生事物的方式。它们历经无穷的时间，散布到广袤的空间里，试过了各种组合和运动方式；最后，某些突然聚合在一起的微粒成为伟大的事物，成为大地、海洋、天空和生物的开端。②

不过，伊壁鸠鲁派似乎强调，在"偶然变异"的各种尝试之后，形成了各种各样的自然物种，此后就不会发生因为微观层面上原子的偶然偏斜运动而改变。此时，伊壁鸠鲁与斯多亚学派都显示出了自然哲学家对规律性或自然齐一性的尊重，而共同反对任何神意对自然的干预。

---

① 卢克莱修：《万物本性论》第1卷，第159节。

② 卢克莱修：《万物本性论》第5卷，第416节。

第六节　斯多亚学派的神学护道学

由于斯多亚学派的自然哲学独树一帜,所以必然遭到来自各个方面的自然哲学的批判。为了在各种进攻面前维护自己的独特自然直觉,斯多亚学派中擅长理性逻辑论证的思想家们展开了护道学工作。护道学(*apologia*)是一个后来的神学部门名称,但是在此借用在斯多亚学派身上有相当的启发效果。前面指出,斯多亚学派的自然哲学其实就是它的神学。自然,无论就整个宇宙还是就其终极原因来说,都被斯多亚学派理解为"神"。一般来说,护道学要回答的问题主要是两个方面:"神是否存在,神是否是善的"。就第一个问题而言,本来在一个普遍信仰宗教的古代是不会提出来的。实际上,护道学对于神的存在经常使用的一类论证正是"普遍共识",不仅大众相信神的存在,而且众多有声望的哲学家对此也具有共识。但是,由于自然哲学和智者运动以来的希腊长期启蒙,到了晚期希腊的怀疑派和伊壁鸠鲁派,疑神和反神的论证已经相当复杂和丰富,神的存在也成了护道学必须严肃对待的主题。①

不过,更为重要的护道学主题可能还是神的本性——神是否是善的?之所以说这才是最重要的主题,是因为如果神不关照我们的世界,其存在与否与我们并没有很大关系,这样的神伊壁鸠鲁也懒得否认。但是,如果肯定神关照我们,又怎么解释世界上充满了恶?所以,"神义论"——在一个邪恶的世界中解释神的善意普遍统治——是护道学的核心学说。

在所有这些问题上斯多亚学派的各种对手都试图发现动摇斯多亚神学—自然哲学的突破口。以克律西波为代表的斯多亚学派哲学家则提出了许多逻辑论证加以辩护和防卫。下面我们把它们分为神的本性、神的存在和神义论三个部分进行考察。

① 有关这方面的材料和讨论参见本书第二卷,第164页以下。

一　神的本性:自然泛神论

因为斯多亚学派的“神”有多种内容,并且由于其主要内容是自然力量而不是传统的诸神,这引起了许多人的不满。根据西塞罗的批评性的介绍,在芝诺视为“神”的几种事物——自然法则、以太、星体、时间——中,没有一样是与日常大众所熟悉的“神”沾得上边的:

> 自然法则是强有力的,可以实施正义和禁止过犯。但一个人怎能将生命归为法则呢?无人能够理解这种说法。神必定是一个活生生的神!然后在另一处,他把以太等同于神。但同样,我们怎么能够把无意识的以太当做神呢?它从来没有出现在我们的祈祷中,也没有在我们期待和宣誓时与我们相会。在其他著作中,他指出这个神圣的可以在一个遍布于整个自然的理性法则中找到。他把这种权能归属于星辰,甚至归属于年和月,以及变化的季节。赫西俄德(Hesiod)的《神谱》涉及诸神的起源问题,芝诺在对《神谱》的解释中无视所有我们关于诸神的天生的和获得的信念,并从诸神中驱逐了朱庇特(Jupiter)、朱诺(Juno)、维斯太(Vesta)以及所有这一类神,认为它们只不过是一些赋予无声的、无生命的力的象征性名称而已。①

西塞罗的哲学背景是柏拉图学园派的怀疑论。他的批评中尤其值得注意的是尤反对哲学家构造出来的非人称的“神”:“我们怎么能够把无意识的以太当做神呢?它从来没有出现在我们的祈祷中,也没有在我们期待和宣誓时与我们相会。”然而,这样的指责难道说明西塞罗所赞同的柏拉图派是相信人格化的“神”的?柏拉图的“共相”应当是柏拉图哲学体系中高级的神,而这比斯多亚学派的“宇宙本原”只会更为抽象,更为无法与人“相会”。也许西塞罗会回答说:首先,柏拉图经常讲人格神及其神话,包括《蒂迈欧篇》中的工匠;这样的神都是位格性的。其次,柏拉图派的政治哲学尤其强调在日常生活中应当坚持传统宗教信念。这也是西塞罗所同意的怀疑论的柏拉图新学园派的

① 西塞罗:《论神性》第1卷,第14节。

立场。

斯多亚学派的神究竟是抽象的自然力量的象征,还是人格化的神?很难简单回答,应当说对于有的斯多亚学派,是前者;对于有的斯多亚学派,是后者。即使在同一个人那里,两种倾向也都存在。让我们以克里安提斯的《宙斯颂》为典例进行一些分析:

不朽者中最神圣庄严的、多名的、永远强大无比的宙斯啊,
向你致意!你是自然的始基本原,用你的法律统辖万物,
因为所有的有死者都应当向你致意:我们从你而生,
而且是所有在地上爬行的活着的有死生物中唯一与你相似的,
所以我要向你唱颂歌,永远称颂你的大能。
整个宇宙,环绕大地旋转,都服从着你,
无论你指向哪里,都自愿地服从你的安排。
你的命令就是双刃的永生燃烧的雷霆,
你用你不可征服的手随时掌握着。因为
在它的击打之下,自然的一切工作都得以完成。
你用它指导着宇宙理性,它穿越万事万物,
与或大或小的天光混为一体。
……
神呵,无论地上、神圣的天穹、还是海里,
离开了你的指导,就不会发生任何事情,
只有坏人因为自己的愚蠢而干下的事情除外;
但是你知道如何使奇为正,
使不和谐成为和谐;对你来说,疏即为亲。
就这样,你把好事和坏事编织为一体,
由此产生万事万物之唯一永恒的逻各斯,
一切坏蛋都躲着它,且对它一无所知。
那些倒霉的人啊,虽也曾想拥有好的事情;
只要服从神的普遍法则,他们原可以享受幸福人生。

可他们却对它一无所见亦一无所闻。①

这首难得被完整保存下来的早期斯多亚学派领导人的颂诗告诉了我们许多。

第一,这首诗不完全属于护道学的,它里面包含了许多的正面直觉;某种意义上说,它是斯多亚自然哲学即神学的一个概要,层层展开,要点齐备。正如伊壁鸠鲁喜欢用格言和书信写作自己学说的概要一样,颂诗作为概要,也有它的长处,容易背诵而且富有感情。

第二,克里安提斯所相遇的既是"自然力量"之神,也是位格之神,克里安提斯能与这样的神有个人化的面对,能用第二人称与它对话,歌颂它,向它祈祷。前面我们提到,克里安提斯比芝诺更为虔诚,更加突出自然是主神,认为神是太阳。与他相比,他的学生克律西波因为普遍思维习性,所以更认为神是整个天或命运,从而也许与芝诺的冷静理性更为相近。根据第欧根尼·拉尔修的记载:

芝诺认为神的本体是整个世界和天穹;克律西波在其《论诸神》的第一卷中,波西多纽在其同名著作的第一卷中也这么认为。安提帕特在其《论宇宙》的第7卷中说,神的本体类似于气;而波埃修斯在其《论自然》中把恒星说成神的本体。(DL,7.147)

第三,作为斯多亚学派哲学家,克里安提斯同时知道"神"就是宇宙自然力量。所以日常宗教给予神的"多名"其实是同一个神的多重力量的反映。第欧根尼·拉尔修记载的一段斯多亚神学理论与克里安提斯的颂诗中的精神紧密相关:

他们说,神也是有生命的存在,是永恒的、理性的或有理智的,在幸福方面是完善的,不允许任何恶进入其中,庇佑着世界和其中的一切存在,但他不具有人形。它是宇宙的创造者,故而可以说是万物的父亲,无论是在总体上还是在它那渗透一切的特殊部分的意义上都是如此;它的特殊部分因其不同力量而被冠以许多名称。它们称他为迪亚(*Dia*),因为万

① Stob.,Ecl.II,12,p.25;参见沃格尔:《希腊哲学》第3卷,第82—83页。

物都归因于(Dia)它;称它为宙斯(Zeus),因为它是生命(Deo)的原因,或渗透一切生命;称它为雅典娜,因为神的统治部分延伸到以太中;称它为赫位,因为神的统治延展到大气中;称它为赫费司托,因为它延伸到有创造力的人;称它为波塞冬,因为它伸展到海洋;称它为得墨忒尔,因为它触及大地。同样,人们给予神以其他名称,尽其所能去指称它的各种各样的特有属性。(DL,7.146—147)

根据西塞罗的记载,克里安提斯认为有四方面的影响构成了人关于诸神的影像。首先是人能对未来事件预知;其次是给人带来巨大福祉的温和的天气、陆地上丰硕的果实以及其他大量的神的恩赐;再次是"雷电、暴风、骤雨、风雪、冰雹、洪水、瘟疫、……彗星等异象对人的威慑,使人开始意识到某种神圣的上天权能在起作用"。最后也许是最重要的一点,天体有规则的运行,日月星辰的变化、优美和有序,"当我们面对如此广袤的运动,如此深刻的变化,面对无限的、数不清的物体的支配力量,这种支配力在遥远的过去的无数个世纪里从来没有改变过,我们难道还能否认如此伟大的自然运动是由某个神圣的理智引导和控制着的吗"?① 克里安提斯的最后这层意思在神学中一般被列入"设计论证明",属于护道学。但是我们可以看到对于克里安提斯这不仅仅是理论的推演,他本人的气质和感受都渗入其中。这是一位前军人对于全能力量的衷心服从。

斯多亚学派的神不是没有形体性的唯心主义哲学家的"普遍概念"的神,而是形体性的、个体性的,渗透于世界当中的普纽玛。世界因此而富于灵性。因此斯多亚学派不同意大众和伊壁鸠鲁派主张的"人形的神"的观念,认为这都还是迷信。但是有意思的是,尽管伊壁鸠鲁派似乎更为无神论一些,但是他们其实是承认神的存在的,而且认为神具有人形,因为灵魂只能住在适宜于他居中的形状中——这显然不是在泥巴树木乃至星星之类的东西中。不仅如此,伊壁鸠鲁派还利用斯多亚学派所喜欢的"理性推理"来证明这一点,同时批评斯多亚学派的"非人形的神"的观念:

① 西塞罗:《论神性》第2卷,第5节。

> 最卓越的、快乐而不朽的存在应当也是最美的，这样说是恰当的，还会有什么样的肢体的构造和性质的和谐，还会有什么样的形象和形式比人的更美？卢齐利乌斯，你们斯多亚主义者不像我们的朋友科塔那样左右摇摆，你们斯多亚学派习惯于通过解释人形的一切是如何适宜于我们的使用和快乐的，由此证明造物主的高明。既然人的形象比其他所有生命的存在者都要优秀，而诸神也是有生命的存在，那么诸神的形象和形式也必然是最美的。因为我们全都认为诸神是快乐的，而没有美德就没有快乐；没有理性就没有美德；理性只与人的形式有关；因此结论必定是，诸神拥有人的形象。①

第四，这首颂诗中也隐含了不少护道学要素，它特别强调神的伟大力量的特点就是能够把坏的整合为好的，“你知道如何使奇为正，/使不和谐成为和谐/；对你来说，疏即为亲/。就这样，你把好事和坏事编织为一体/，由此产生万事万物之唯一永恒的逻各斯”。而且，它所肯定的一个重要而明确的区分一直为学者们所强调：斯多亚学派的绝对决定论并不意味着承认邪恶之事也来自神。邪恶来自恶人自己。换句话说，克里安提斯不承认命运就是天意。

二　神之存在的种种证明

从塞克斯都·恩披里柯的《反自然哲学家》对于希腊怀疑论的理论总结看，希腊哲学启蒙以来累积起来的各种攻击有神论的论证数量已经很多，理论水平也不可忽视。按照塞克斯都的归类，斯多亚学派哲学家作为希腊化罗马时期主要的捍卫神的存在的哲学流派之一，试图通过以下四类论式来确证神的存在：第一是从人类普遍一致的认同来进行论证；第二是从宇宙井然有序的安排来加以证明；第三是从由否认神存在所必然导致的荒谬结论来进行阐释；第四式也是最后一式，依靠的是摧毁与己对立的各种论证。② 这些论证在更早的、先于塞克斯都几百年的西塞罗的《论神性》中也有类似的记载。看来这

① 西塞罗：《论神性》第1卷，第18节。

② 参见塞克斯都·恩披里柯：《反自然哲学家》第1卷，第60节。

早就成了斯多亚学派的一个传统。

我们可以把这几种论证分为两大类:一个主要依靠的是“人类的一致看法和实践”,另外一个则采取了从现象追溯本质的逻辑推理。在后一类当中,又包括了好几种著名的论证,主要有“设计论”的(因果同类,因高于果)、“系列论的”(系列中最高者最完满)、“整体观的”(整体包含部分,因此高于部分),等等。

首先,斯多亚学派诉诸人类自古以来的“共同信念”和实践来论证神的存在。这种论证其实并非看上去那样简单“依靠常识”而已,它提出了一个特别的观察:宗教观念在人类发展当中并非日益衰退,而是越来越强烈,所以神的存在是正确的信念,因为错误的观念无法持久。在西塞罗的《论神性》中,代表斯多亚学派立场的对话者说道:

> 如果我们的理智连对这一点都没有清晰的认识,那么人类的信仰就不会持久,也不会随着时间的流逝而进一步加深,因而也就不能在世世代代的人类中坚定地扎下根来。我们看到,其他迷信和空洞的想象随着岁月消逝了。今天还有谁会相信半神半马的怪物或银蛟的存在呢?现在有谁还能找到一个头脑简单的饶舌妇,害怕前人信以为真的那些阴间怪物?时间扫除了虚幻的想象,坚定了本性的判断。因此,无论在我们国家还是在其他国家,对诸神的崇拜和宗教的神圣性一天天变得越来越坚定,越来越彻底。这不是盲目的、偶然的,而是因为诸神时时宣告着它们的存在。①

在塞克斯都的笔下我们也能看到同样的论证思路:

> 人们都相信神的存在,正因为这一点,他们都献祭和祈祷,并为诸神设立圣坛……错误的观点及幼稚的说法不可能持续长久,一定会和那些持有这些观点的人一起终结。例如,人们用奉献祭品和所有其他崇拜神的宗教方式来礼敬国王,但是这些礼拜活动只是存在于国王们还在世时的那一时段而已,一旦国王们过世,人们就会将这些活动看做是既不合法

---

① 西塞罗:《论神性》第2卷,第2节。

又不敬神而予以弃绝；然而，神的观念已经存在很久并将永远存在下去，因为它很可能从真实的存在事实中获得了证据。①

当然，更为理论化和更为吸引学者们注意的论证是斯多亚学派从结果推理原因的那些护道学论证。其中，"设计论"的论证出现得最为频繁。我们在前面的讨论中已经指出，这一论证在芝诺和克里安提斯那里已经经常使用，但是一般人认为克律西波对它表达得尤为清晰：

如果自然中存在着人的心灵、人的理智，以及人的能力和力量所不能创造的事物，那么这些事物的造物主必然是一个比人还要卓越的存在者。因为，人不可能创造永恒运行的天体，因此，它们必然是由一个比人更加伟大的存在者创造的。这个更加伟大的存在者除了是神以外还能是别的什么吗？如果神不存在，那么自然中比人更伟大的会是什么呢？唯有神才具有至高无上的理性天赋。只有傲慢的傻瓜才会认为世界上没有比他自己更伟大的东西了。因此，必定有某物比人更加伟大。而这个某物就是神。因而，克律西波指出：事实上，如果你看到某座雄伟的建筑物，但没有同时看到那个建筑师，难道你会认为这座建筑物是由鼠和鼬建造的吗？同理，世上的所有奇迹，天体的各种美，陆地和海洋的各种力量的荣耀亦如此。我们中有谁会疯狂地认为我们可以自诩为这些万能之神的居住的主人？②

设计论论证之所以是斯多亚学派传统武器库中最为重要的一种，是因为它不仅来自理论推演，而且扎根于斯多亚学派的基本自然领悟之中：天体系统的有序性和生机性。所以，在克里安提斯、克律西波以及中期斯多亚学派那里，这一论证既有严密的逻辑推理保障，而且其中的道理几乎具有常识一般的自明性。在上面那段引文之前有这样的话："克律西波是一个理性能力很强的人，但在下面这段话里，他似乎只报告了自然本身教给他的东西，而没有提出他自己的发现。"塞涅卡曾经指出这种"自明性"对于比现代人更为高明的

① 塞克斯都·恩披里柯：《反自然哲学家》第1卷，第61—62节。

② 西塞罗：《论神性》第2卷，第6节。

古代人来说显而易见,因为最早的先民们是大地的子女,其智力远远地超过今人,似乎拥有某种额外的感官,从而能够领悟到神性并识别出诸神的某些伟力。① 中期斯多亚学派的波西多纽曾经制造了一个天球仪,通过它的旋转可以显示太阳、星辰和行星的日夜运行轨迹。在斯多亚学派看来,如果有人拿了这个天球仪向所谓化外之民的"不列颠人"或"斯基泰人"展示,他们也必然立即看出它是有意识的理智的产物。② 塞克斯都也记载过类似的思想,不过更为理论化,表明斯多亚学派认为高级结果当然意味着高级原因:

> 运行的制作物比别的制作物更精妙。因此,当我们目睹到太阳、月亮以及所有其他天体在其间运行的那个"阿基米德球体"③时,我们一定会被它深深震撼——这当然不是因为我们惊奇于这个木头制作的球或是里面物体的运行,而是惊奇于那设计者和运行的原因。因此,正如感觉者比被感觉的事物更精妙,同样地,推动前者的那些原因也更精妙。因为既然马较之于植物是更优越的,那么驱动马的原因较之于植物的驱动因也更为优越;既然大象较之于马是更为优越,那么大象的推动因既然策动了如此之巨大的一头公象,较之于马的推动因也更为伟大;——这样推论下去,一直上升到最高级的种类,比所有前述的原因都更高级的原因是推动日月星辰运动的原因,而且比推动日月星辰的原因更高级的原因是这些原因的原因——宇宙的本性……如果是这样,那它就是最为优秀卓越的。而如果它是最优秀卓越的,那它不但是永恒不朽的,还必定是既有理性又有智能的。因此,神就是存在的。④

进一步,设计论论证的重要,也与斯多亚学派的本原理解——宇宙的本原就是永远在设计和制造的"工匠之火"(designing fire)——有着内在的关联。这种论证思路的实质是将人的制造技艺同自然的"制造能力"进行类比,并且在类比中指出自然的"制造能力更为宏大和精密",从而来自更为伟大的工程

① 参见塞克斯都·恩披里柯:《反自然哲学家》第1卷,第28节。

② 参见西塞罗:《论神性》第2卷,第24,38节。

③ 阿基米德所发明的一种天象仪(约公元前230年),它可以显示众多天体的运行轨迹。

④ 塞克斯都·恩披里柯:《反自然哲学家》第1卷,第115—118节。

师。这一论证法据说是来自于斯多亚学派创造性地改造了苏格拉底—色诺芬的“因果类比”论证法。不过,苏格拉底的因果类比论证不必提及有目的的制造者,只强调原因与结果之间的同类性,其推论步骤是:我们身上的热量、肌肉、呼吸等等来自宇宙。比这些东西更加高级的东西即理性、目的、思想、智慧来自哪里呢?当然也应当来自宇宙。根据斯多亚学派的介绍,芝诺对从苏格拉底—色诺芬继承来的这一论证思路是这么概括的:

“具有理性的事物比不具有理性的事物完美。没有任何事物比宇宙更完美,因此,宇宙是一个理性的存在者(是者)。”用这种方法同样可以证明宇宙是智慧的、神圣的和永恒的。因为,拥有这些品性的存在者比不拥有这些品性的存在者优秀,而不存在比宇宙更优秀的存在者。因此可以推出宇宙就是神。①

这个论证记载于西塞罗的《论神性》中。我们在塞克斯都·恩披里柯的《反自然哲学家》的第1卷第92—104节中也能看到这个论证,而且那里的讨论更为展开。由此看来,塞克斯都·恩披里柯是熟悉西塞罗的《论神性》的。或者,西塞罗与塞克斯都共同拥有一个更古老的斯多亚学派文本。这个论证也可以否定地表达为整体与部分的关系,即部分所具有的属性必然为整体所具有,尤其是当这个整体同时就是部分的“原因”的时候:“没有任何缺乏生命和理智的事物能够产生具有理智的生物。而宇宙确实产生了在不同程度上分有理智的生物。因此宇宙本身就是一个活生生的理智。”最后,芝诺按照他一贯的习惯还用一个比喻来结束他的论证:

如果能吹奏乐曲的长笛长在橄榄树上,你难道不会推断橄榄树必定具有关于长笛的知识?如果一棵悬铃树长出能演奏和谐曲调的切弦竖琴,难道你不会认为悬铃树具有音乐家的气质?既然宇宙能够产生有意识的理智,那么为什么你不承认宇宙就是一个有意识的理智呢?②

塞克斯都笔下的斯多亚学派也论证说:“部分的原因既无法延伸到整体,

① 西塞罗:《论神性》第2卷,第8节。

② 西塞罗:《论神性》第2卷,第8节。

也不是整体的原因,但整体的原因延伸到部分;因此整体的原因要比部分的原因更伟大。由此可见,既然宇宙的本性是整个宇宙所以井然有序运行的原因,那么它也必定是部分的原因。如果是这样,那它就是最为优秀卓越的。而如果它是最优秀卓越的,那它不但是永恒不朽的,还必定是既有理性又有智能的。因此,神就是存在的。"①

我们应当注意,这一推理中隐含了两个预设。首先,宇宙中各种事物排成了由高到低的等级序列体系。在这个体系中,人并不是最完美的那个环节(从斯多亚学派对人的德性的普遍失望看,这不难理解)。"最完美高级的存在环节"恰恰是作为一个个体的"宇宙整体"本身。其次,最好的属性应当属于最高级的存在。所以,宇宙具有最高级的属性,在任何方面都是完美无缺的。因此,它怎么可能缺少一切中最伟大的美德呢?而理性和理智正是最伟大的美德,所以它们必然存在于这个世界之中,由此就可以证明宇宙是神:

> 克律西波做了很好的论证。他通过类比表明,在种类的完善和成熟的个体中总能找到更多的优秀品质,马的优秀品质多于马驹,狗的优秀品质多于幼犬,人的优秀品质多于幼童。因此,最高的优秀品质必然呈现在绝对和完美的事物身上。没有比善更高的品质了,也没有比宇宙更完美的事物了,因此善必然就是宇宙的一个特性。人自身的本性并非是完美的,然而善还是可以呈现在人身上,更不要说呈现在宇宙之中了!因为,宇宙包含着善和智慧,所以,宇宙本身就是神。②

我们想在此指出几点,首先,所有设计论和因果类比论论证背后的一个共同信念是对于我们这个宇宙的充分肯定;这一个世界是"最好的世界"。这样,才能从结果的"好"推出原因的"好"。或者说,从"宇宙是神"推出"宇宙的原因是神"。这样的思想伊壁鸠鲁未必会同意的;对于世界采取二元论立场的柏拉图也会感到斯多亚学派太乐观;赫拉克利特的悲观主义就更难接受了。所以,这种自然乐观主义,也许是斯多亚所独有的神学看法:"有谁能证

---

① 塞克斯都·恩披里柯:《反自然哲学家》第1卷,第117—118节。

② 西塞罗:《论神性》第2卷,第14节。

明，自然还应该做得更好些？没有人能做到这一点。如果有人试图改进自然界的事物，那么他要么使它变糟，要么根本不可能。世界的每一部分都是这样创造的，既不能进一步改进它们的功能，也不能使其外观显得更美。”①

其次，在斯多亚学派的这些论证中都隐含着一个预设：一切系列都有终端，否则序列将无限倒退，永无终点。而终端环节意味着最高最好环节。这一预设在克里安提斯的下述论证中尤其暴露无遗：

> 克里安提斯这样论证道：“如果某种性质比另一种性质更好，那么必将存在某种最好的性质；如果某种灵魂比另一种灵魂更好，那么必将存在某种最好的灵魂；而且，如果某种动物比另一种动物更好，那么也必将存在某一种最好的动物，因为这些东西不可无限继续下去以至无穷。因此，正像自然在好的性质方面是无法添增到无限的好一样，灵魂和动物也同样是不能无限追溯下去的。然而，正如人们可以说马比乌龟更好、公牛比蚂蚁更好一样，人们也可以说一种动物比另一种动物更好。而在所有的动物中，就身体和灵魂的品性结构方面来说，可以说人是最高级和最美好的，因此，某种最美好的、最不同凡响的动物必将存在着。然而，人绝对不可能是世间最美好的动物，因为，例如，人会在邪恶中走完他生命的全部，或者，如果不是全部，至少也是生命的绝大部分（因为即便他能获得美德，这也会很迟，是在生命的日暮时分），他弱小微薄，始终受着命运的调遣，他需要无数的外援——诸如食物和遮身物，身体还有其他许多必需品，这些必需品就像一个严酷的独裁者在控制我们，并要求身体奉献出日夜的劳作；人还受到疾病和死亡的威胁，除非我们为身体清洗、涂油、制衣和喂食等。依此看来，人并不是一种最完美的动物，相反，他是不完美的，距离完美十分遥远。但是，那完美的、最美好的东西一定是比人更美好的，一定充满着所有的美德而丝毫不会遭受任何坏事，这样的生物与神无异。所以，神是存在的。”②

① 西塞罗：《论神性》第2卷，第34节。

② 塞克斯都·恩披里柯：《反自然哲学家》第1卷，第88—91节。

但是,“一切序列必然有一个最高环节,而它也就是最好的”,似乎不是一个稳妥的前提。因为,为什么不能有不完整的序列或者无限的序列？这背后有某种宇宙完美论的预设。对于斯多亚学派来说,宇宙的美好不仅是零散的直觉,而且有严密的本体论思考在背后。一体的东西比零散的东西更好,因为它更作为它自己而存在;一体的东西中,高级一体化的东西又比低级一体化的东西更好,因为它的存在更为持久和有价值。这些都体现了斯多亚不同于伊壁鸠鲁的本体论。对于伊壁鸠鲁,所有的东西都是零散元素的暂时组合物,“存在”不必是完美的,也没有形成一个封闭的由低到高的序列。在这样的松散组合宇宙景观中,斯多亚学派的“序列最高级环节”论证法就失效了。

三　神是否关注和主宰世界——神义论

神是否关心我们这个世界和人类的问题是护道学的核心问题。伊壁鸠鲁派不反对“神”的存在,但是他特别强调神不管人的事情,不关心人的好坏善恶。伊壁鸠鲁所激烈反对的,是神作为宇宙的“主导部分”的组织、统辖作用。在伊壁鸠鲁的宇宙景观中,神并不是太阳、以太等等“高明存在”。实际上,对于原子论来说,太阳、月亮和众星都是平凡的原子聚合体,并没有神所应当具有的永恒性和精微性。由精微的原子构成的永恒的神,居住在“世界”外面。但是那里并不是高级的以太层,而是诸世界之间的空漠虚空,其中只不过有尚未集合成形的混乱原子在不时坠落,绝不是纯粹普纽玛那样的“高级有序之处”。由于神处于世界之外而且幸福地自足生活,不“管理”世界,世界就只是原子的临时凑合,没有任何有机体那样的高度统一,更不要说“神圣性”。

与此针锋相对,斯多亚学派要论证神不仅存在,而且无微不至地照管着整个世界和我们,所以一切都是合理的、合目的的。“合理性”与“合目的性”几乎是同一个意思。斯多亚学派直接论证的这一点其实就是它的目的论。斯多亚学派对于自然的肯定,大量地体现在它们对自然的创生一面的肯定上,而不是像赫拉克利特那样“总是从否定的环节看事物”或是像伊壁鸠鲁派那样用“雅典的瘟疫”之类的自然灾难的例子来提醒人自然的毁灭性。这样的思想进路是从肯定个体事物的存在(而非流变),上升到肯定神意即自然的善;这在动植物的繁殖、养育和保存具有复杂合适的内在结构和外在支持中无不处处可以得到论证：

> 自然又是多么仁慈，在不同季节提供不同的令人心怡的食物，使我们能够享受到变化和富足的愉悦！地中海的季风是多么令人激动，它减缓了夏天的酷热，给人、牲畜、草木以及每个生物带来了健康！它也为水手们提供了安全而高速的航行。尽管可以找出大量这样的例子，但我只能都略过了。我不可能罗列所有丰产的河流，涨落的海潮，布满植被的山脉，远离海洋的内河，大地上富裕的药材，为我们的生存和供养所必需的无数设置。昼夜的更替也是为了保全所有的生物，使它们有时间活动，也有时间休息。①

这种对自然的善意的肯定如此天真和真挚，让人想到人类刚刚进入文明时代的自信和豪迈，让人想到《安提戈涅》中的第二合唱歌②，让人几乎忘记了这是身处希腊化罗马时代这样的成熟和怀疑论的文明之中的斯多亚哲学的自然观。斯多亚学派在这个主观性浓厚的时代中依然相信从自然中必然能够看出：万事万物都由神的意愿和智慧作了精心安排，使我们大家能够平安和保全。而且，斯多亚学派甚至比亚里士多德的目的论更进一步，主张一种"大目的论"，即自然中的一切不仅是为了各种生物自己的目的的完满实现，而且都是为了它们之外的目的——人——的美好生活：

> 有人会问，这项伟大的创世工程是为谁进行的呢？为了花草树木吗？若是这样，就显得很荒唐了，因为尽管自然供养着它们，但它们没有感觉或感情。那么是为了动物吗？但诸神似乎不大可能为没有理解力的迟钝的生物兴建如此伟大的工程。那么这个世界到底是为谁而造的呢？肯定是为了那些具有理性的生物。因为理性是最高的品性。因此我们完全可以相信，整个世界和世上的一切都是为诸神和人类创造的。
>
> 大地养育了形形色色的果实和丰富充裕的谷物，你认为她是为了人

① 西塞罗：《论神性》第2卷，第43节。

② 有关讨论参见本书第二卷，第41页。

还是为了动物养育出这些东西的?葡萄和橄榄又怎样?它们多汁美味的果实与动物毫不相干。动物对谷物的养殖、果实的适时采摘收获,或者果实的保存和贮藏都一无所知。所有这些事都只有人才会去利用和关心。

我们所享有的世界上的万事万物都是为我们创造和安排的。宇宙本身的创造既是为了神,也是为了人,宇宙中的一切都是为了人的利益而设计安排的。宇宙似乎就是诸神和人的共同的家园、共有的城市。只有他们才具有理性的力量,才能根据公正和法律生活。正如我们必须承认,雅典和斯巴达是为雅典人和斯巴达人建立的,这两个城邦中的一切也可以说是属于它们的人民的,同样,宇宙中的一切也可以说属于诸神和人类的。①

然而,希腊化罗马时代毕竟已经不是一个天真自信的年代了。生活早就教会了人们,自然不仅只是提供“仁慈”的证据,也经常提供“可怕”毁灭的证据。历史的常识告诉我们:在宇宙中间,在人中间不断发生着激烈的分裂和冲突,而非“有机和谐一体”。所以,护道学的艰难任务就是在这样的世界中证明神对人的关爱。塞涅卡在《论天意》的开头就点明了这样的工作是护道学的工作,他对他的朋友卢西利乌(Lucilius)说:

卢西利乌呵,你问我如果天意统治着世界,为什么好人还是会遇上许许多多的不幸。要回答这样的问题,最合适的是写一本系统的专著,专门证明天意确实统治着宇宙,而且神关心着我们。但是既然你愿意将部分与整体分开来,希望我暂时别管主要的问题,先来驳斥一下一个单独的反对看法,我将遵命而行。这一任务并不困难,因为我将是在为神明辩护。②

面对无法直接辩护的局面,斯多亚学派聪明地选择了赫拉克利特的和谐观,即所谓逻各斯式的辩证统一观作为最为高级的统一形式。这与一般来说的柏拉图传统、特别是新柏拉图派的普罗提诺的观点形成了对立,但是对于支持斯多亚学派的治疗哲学和宇宙神义论更为有效;辩证式的神义论护道学能够以间接的方式证明神意无所不在——而且是善良的。

---

① 西塞罗:《论神性》第2卷,第43、45、52节。

② 塞涅卡:《论天意》,第1节第1段。

斯多亚学派提出神义论论证可以从两个角度进行，一个是个体本位的，另外一个是整体本位的。斯多亚学派的目的论本来就不限于个体自身的内在目的论或小目的论，而是外在目的论、大目的论。首先，斯多亚学派哲学经常说目的论是间接地实现在每个个体身上的：宇宙命运的这些灾难性事件，最终必然会被安排为为了你好。在克律西波那里，这样的论证可以非常精微化。比如，他试图证明：疾病和自然灾害本身不是自然设计的目标，但它们是善的事物不可避免的结果。克律西波用来说明这一点的事例之一是人类头颅的脆弱：为了实现其功能，人的头颅必须由很软的和很小的骨头构成。对于头颅来说，脆弱不是一件好事，但是脆弱而好的头颅要优于坚固而坏的头颅。① 这一例证表明了自然的运作方式是辩证式的而不是直截了当的。塞涅卡的论证就更富于修辞色彩了：

> 如果你想想，为了治疗病人，有时要把他们的骨头削掉一层或整个拿掉，把他们的血管拽出来，把会影响整个身体健康的部位割掉，那么你就也应该同样相信以下这一点：坏事有时对降临其上的人有好处……命运女神离开所有胆小鬼，好像是说："我为什么要选择那个家伙作对手？他会立即丢下武器；我用不着动用我的所有力量与他对抗——一个微不足道的威胁就会把它打垮的；他连看都不敢看我的脸。让我去别的地方找个对手比试。我对和一个准备挨打的家伙过招感到耻辱。"一个角斗士把与低于自己的人打斗看做是侮辱，他知道没有危险就得胜乃是没有荣耀的胜利。这对于命运女神也是一样。她搜寻出最勇敢的人和自己比赛；对其他一些人则蔑视地忽略过去……只有厄运才能发现一个伟大的典范。②

辩证的间接护道学或神义论也体现在宇宙本位的神义论上。斯多亚学派哲学也经常采取从宇宙整体本位出发的神义论论证：有些灾难虽然对于你不好，但是对于整体好，那就也是好。塞涅卡在《论天意》中说道：

> 我将证明看上去是坏事的事情实际上并非是坏的。迄今为止，我所

① 参见朗格：《希腊化哲学》，第 169 页的讨论。

② 塞涅卡：《论天意》，第 3 节第 2—4 段。

说的乃是:那些你称为"艰苦"、"困境"和被诅咒的东西,首先是有益于它们所降临到其身上的人的;其次,是有益于整个人类家庭的,而神关心的更是整个人类家庭而非个体的人。①

上面我们说过,按照斯多亚学派的目的论,动植物的目的并不仅仅在于服务于自己,而且服务于它们之外的人。同样,个人的目的也不必仅仅在于自己,而可以是在于自身之外的目的。这也完全是"自然"的。"自然"既可以指一个个自然事物,也可以指所有个体事物的总体。就后者而言,既可以是所有个体的简单聚合,也可以指一种高于部分聚合的"总个体"。于是个体事物之间的关联("一")就成为更为重要的一种事物。既然自然中有个体之人和宇宙整体之个体两种"个体",那么,目的论之最终目的落实在哪一个个体(或哪一个层次的个体)身上,就不是那么一目了然的了。蔡勒早已指出:在斯多亚学派看来,虽然命运或天意统治着世界万物,但是它不会直接决定每一个具体事物,而是通过世界的整体间接地去决定个别事物:

每一个事物的每一方面都是由它与世界整体的关系决定的,因而是服从于世界的普遍秩序的。因此我们可以说神不仅关怀整个世界,而且也关怀世界的每一个成员。(西塞罗:《论神性》第2卷,第65、164节)但是我们也可以说,神的关怀指向世界的整体而非指向每一个体,他关怀的是大的方面而非小的方面。(塞涅卡:《论自然问题》第2卷,第46节)总起来说,从直接的意义上讲,天意决定了整体;从间接的意义上讲,天意又决定了整体中的所有个体,因为所有的个体都包括在整体之中,它们的状况是由整体的状况决定的。②

宇宙逻各斯有力量把一切好与坏整合为一个大好,一个整体的和谐。普卢塔克引用克律西波的话说道:"在可怕的灾难中发生的邪恶有它自己的道理(logos);因为从某种意义上说,它也是按照普遍的理性而发生的,并且也可以说它对于整体不是丝毫没有用处的。因为没有恶也就不可能有善"。③ 对

① 塞涅卡:《论天意》,第3节第1段。

② 参见蔡勒:《斯多亚学派、伊壁鸠鲁学派和怀疑论》,第177页。

③ Plutarch, *On Common Conceptions*, 1065b.

于赫拉克利特来说，这个的生就是那个的死；战争就是正义。

宇宙本位的神义论是比较复杂的，因为这样的论证有一些预设，是斯多亚学派哲学家必须首先加以论证的：第一，除了个体之外，还有什么其他本体吗？既然斯多亚学派不承认普遍概念的本体论地位，那么，就只能说一切存在的都是个体。如果是这样，那么就只能论证一个人的牺牲是为了其他人的好。但是，怎么论证以某些人为条件，以某些人为目的？第二，神义论可以是按照日常价值进行的，也可以是按照斯多亚学派独特的价值体系进行的。如果说前者是小"义"神义论，则后者或可称为大"义"神义论。塞涅卡曾经在劝说丧子之痛的妇女时暗示他暂时不使用更为严苛的斯多亚学派价值体系的推理。那么，斯多亚学派的正统学说应当是怎样的？第三，神义论应当得出恶总是少的，以便为总体的善服务。但是，斯多亚学派又经常强调所有人类都是败坏的。为什么在一个严格地被天意控制的世界里，真正的"好"（对于斯多亚学派，这就是有德性的贤哲）却是如此的稀缺物呢？①

朗格说，斯多亚学派的自然哲学对于量化分析和控制观察不感兴趣，尽管当时有的理论家比如伽伦和托勒密都作出了积极的贡献。"在对世界的考察方面，激发了斯多亚学派的想象力的是理性神学的基本直觉。"②综上所述，在柏拉图之后，在德谟克里特之后搞自然哲学，斯多亚学派当然知道二元论和原子论。但是我们看到斯多亚学派的芝诺有意识地避开而不采纳。相反，他最终决定采取了一种与希腊两大主流自然哲学路线都不相同的赫拉克利特自然哲学，并且进行了创造性转换：加强了神学意味，尤其是克里安提斯等人几乎将泛神论转化为人格神论；同时也减弱了赫拉克利特的宇宙悲情意识，更多地肯定自然对于个体人的直接和间接的善意。如果西方文化从柏拉图到基督教都蕴涵了强烈的超越性，而东方文化是更为内在性的，即使超越也是"内在的超越性"的话，斯多亚哲学就更为接近东方文化的精神。

---

① 有关讨论可以参见夏泊尔：《斯多亚学派、伊壁鸠鲁和怀疑论》，第55页。

② 朗格与西德莱：《希腊化时期哲学家资料选编》，第267页。

第八章

斯多亚学派的“逻辑—认识论”

以上关于斯多亚学派自然哲学的讨论自然使人想到这样的问题:如果说斯多亚学派自然哲学确实达到了对于自然的某些重要的洞见,它们不仅是一般大众闻所未闻的,而且甚至是许多其他派别的哲学家所不知道、不理解的,那么,斯多亚学派拥有什么独特的认识方法论帮助自己达到了这样的奥秘?作为斯多亚学派哲学的顶峰状态的“贤哲”,其主要特征正是“智慧”,这令他们勘破了自然的奥秘,所以能够超出大众之上,彻底转化整个人生观,不为一切烦恼所困惑。并且,斯多亚学派哲学应当为所有人指出掌握这样的智慧的门径。大众也指望热爱理性和系统化的斯多亚学派哲学的“认识论”应当提出一种系统自然真理之道。进一步来说,如果其他派别的哲学家,比如当时的柏拉图派、伊壁鸠鲁派和怀疑论,知道了斯多亚学派的自然哲学,但是不但不接受,而且猛烈攻击其为谬误,斯多亚学派又怎么为自己辩护?这些问题都让我们转向斯多亚学派的“逻辑—认识论”。

第一节 斯多亚学派认识论的总体特色和问题意识

近代哲学一般认为哲学应当分为三个部分,其中一个不可或缺的是认识论,因为在认识之前,首先要弄明白认识的可能性。古代哲学到了希腊化罗马时期，也大多分为三部分：逻辑学、自然哲学、伦理学。于是，人们就想当然地认为“逻辑学”就是近代的“认识论”。这一般来说不错，但是仔细地考察能够发现它们并不是完全一一对应。正因为斯多亚学派哲学中对应于现代“认识论”的部分叫做“逻辑”（*logike*），所以其含义远比今天所讲的形式逻辑要广。这种“逻各斯”或智慧的学问内容丰富，根据第欧根尼·拉尔修的介绍，它大致由四个部分构成：

> 有人把哲学中的逻辑学部分划分成修辞学和辩证法两门学科；另外有人还加上处理定义的部分和关涉准则或标准的部分；还有人则去掉了关于定义的那部分。处理准则（canon）或标准（criteria）的那部分他们认为是发现真理的一种手段，因为在这一部门中建立了对不同种类的印象的区分。与此相似，关涉定义的那部分他们认为也是辨识真理的一种手段，因为事物是借助概念而被把握的。
>
> 此外，他们把修辞学理解为对在连续叙述中如何良好陈述的学科，而辩证法则是通过提问与回答来正确讨论主题的学科；因此他们也把辩证法定义为是一门关于真、假、不真不假的陈述的学科。①

接下来，第欧根尼·拉尔修说他将援引麦涅西亚的狄奥克勒（Diocles the Magnesian）在其《哲学家纲要》（*Synopsis of Philosophers*）一书中的相关内容，对斯多亚学派的逻辑部门进行一个详细的说明。从这一次的说明看，斯多亚学派的“逻辑学”的大致体系应当是：

第一，印象学说（印象的分类、概念的产生、把握性的印象）。

第二，辩证法：1.语言学说（语音、词、句子、风格、种属、划分）；

2.逻辑学说（命题分类、模态命题、论证、逻辑悖论）②。

如果总结第欧根尼·拉尔修所给出的上述几种材料，我们不难看出，尽管斯多亚学派的“逻辑学”的含义比今天的要广泛得多，最初其实主要是两个部分：

---

① 第欧根尼·拉尔修：《著名哲学家的生平和学说》第7卷，第41—42节。

② 第欧根尼·拉尔修：《著名哲学家的生平和学说》第7卷，第48—82节。

1. 辩证法;

2. 修辞学。

其中,“辩证法”既是广义的“逻辑学”的一个部门,又包含了一个狭义的“逻辑学”。或者说,辩证法是广义的逻辑学的核心部门(相对于修辞学而言),而它所包含的那个狭义逻辑学又是它的核心部门(相对于语言学而言)。到此所出现的关键词,无论是辩证法还是修辞学、语言学、逻辑学,都与言说有关,所以都属于广义的语言逻辑。然后,斯多亚学派中有人又加上了两个部分,从而把“逻辑学”扩大为四个部分:

3. 标准(准则)论;

4. 定义论。

这两个部分,第一个不算语言学,第二个又属于语言逻辑学的范畴。所以,检点斯多亚学派的“逻辑”部门,真正严格属于今天“认识论”的,可能只是“标准论”;放宽一点,其辩证法(狭义的“逻辑学”)也可以放入;这是今天的学问划分思路勉强可以同意的;但是再放宽一点,还要包括“修辞学和语言学”。这在今天就很难让人接受了。但是我们发现,斯多亚学派在这两门学科中投入的精力似乎不比标准论和定义论少,甚至篇幅更大。很明显斯多亚学派的认识论与语言—语音、语法、逻辑、甚至修辞学有密切的联系,这是现代认识论所不具有的特点,因此也常常让现代研究者感到大惑不解。比如,为什么“修辞学”居然被列入斯多亚学派“认识论”的正式部门?

这个问题从斯多亚学派希腊哲学的“言说性”就可以理解了。严格说来,认识论不必采取语言中心的形式,因为“默会知识(tacit knowledge)”完全可以进行。单个认识主体的、非交流性的认识也完全可以思议,但是,希腊哲学认识论中的语言性一直很强,对于希腊人来说,语言学与认识论是相关的,都是逻各斯的各个方面;而逻各斯从内部看是思维,从外部看是言说,尤其是在争辩和论战中的论说。在总结斯多亚学派的逻辑部门的阐述时,第欧根尼·拉尔修说:

> 这就是斯多亚学派的逻辑学说。他们以此寻求确立这样的观念,即贤哲总是一个真正的辩证论者,因为一切事物都须在谈论中进行研究来

加以分辨,包括物理学和伦理学领域的事物,更别说逻辑学这样的部门了。①

用说话艺术就各种主题说服和被说服,是希腊哲学家们的日常生活形式之一。哲学家整天生活在说话——口语和书面语——当中。所以,语言理论(包括修辞学、语法学和逻辑学)在现代学术中一般被放在"交流沟通"的领域中,但是它却构成了斯多亚学派"认识论"的不可分割的部分。斯多亚学派认识论的绝对确定性追求起源于保护知识体系、反对怀疑论的进攻,这尤其体现在斯多亚学派的认识论特别强调语言学—辩证法—逻辑学。逻辑更是这样的言说技艺的核心部分。"逻辑"顾名思义是关于语言的,所以它严格地说是说话上的正确和得体。西塞罗说:"……哲学分为三个部分,即关于自然之奥秘,关于论辩术之精微,关于人生和风俗。"②斯多亚学派的辩证法显然更加接近希腊这个词的原义:说话。所以,它包括语言学和逻辑两个方面或者两个系列。就语言系列看,斯多亚学派讨论口语、书面语——声音,词的分类,声音的和谐,文体,语法等等;就逻辑系列看,斯多亚学派讨论概念的种属、判断和论证等等。当然,斯多亚学派认为这其实是一个事物的两个方面。

在斯多亚学派哲学中,即使对于逻辑的异化可能保持高度警惕的爱比克泰德甚至都承认贤哲必须学习逻辑。看来专事逻辑的职业哲学家总是容易轻视"人文哲学家",古代哲学圈子里"搞逻辑的"专家们经常有某种"自负和虚荣"。论证和说服推理的力量是极为巨大的,很容易诱使学者们自高自大,夸夸其谈。爱比克泰德十分关心"怎样才能说服一个在这些能力方面优于他人的年轻人,不是变成这些能力的附属品,而是让这些能力变成他的附属品呢"?③ 但是,他也许感到自己平常过多批评学派内为了自负而沉耽于"克律西波逻辑"的人了,他又提醒学生们防止走向另一个极端:

> 大多数人都没有意识到,对含有歧义的和假设性前提的论证的处理,对由质疑而推导出结论的三段论的处理,以及总的来说对所有这类论证

① 第欧根尼·拉尔修:《著名哲学家的生平和学说》第 7 卷,第 83 节。

② 西塞罗:《论演说家》第 1 卷,第 68 节。

③ 爱比克泰德:《哲学谈话录》第 1 卷,第 8 章。

的处理,对生活的义务是有影响的。因为我们对一切事情的研究,目的都是为了了解美好高贵的人是否可以从我们的研究中找到适合于他们行为处事的方法和途径。人们说,好人或者不会就问题和答案进行争论,或者如果他要争论的话,那他也会轻易地在回答和提问中避开冒失和随意。①

正因为此,斯多亚学派的“贤哲”(好人)的定义中就包括了智慧、理性以及逻辑的能力。在这方面犯的错误,对于德性的生活绝非无足轻重。在下面这段对话中,爱比克泰德用自己学习逻辑当中的“偏见”和教训来告诫学生们,生动地表达了学习逻辑的重要:

在我们努力完善我们自己理性的时候,我们为什么还要好吃懒做、粗心大意、拖拖拉拉,寻找不肯劳作、不愿夜以继日苦干的借口?——我虽然在这些事情上犯了错,可我并没有谋害我自己的父亲,难道不是吗?——奴隶啊,在这种事当中,哪有一个父亲来让你谋杀?那我所做的是什么呢?你问。在这件事情上,你所犯的错误可能是那个唯一的错误。其实,这也是当鲁福斯(Rufus)指责我没有发现某个三段论当中的疏漏时,我对他所说的。“好了”,我说:“这并没有比把朱庇特神殿烧了那样坏吧。”可他答道:“奴隶啊,这个疏漏也就是朱庇特神殿。”或者说,难道除了放火烧朱庇特神殿和谋杀自己的父亲之外,就没有错误了吗?难道一个人冒失、愚蠢而随意地运用他所接受到的外部表象,不能理解论证、证明或诡辩——总之,不能在提问和回答的时候,看到什么是同自己的立场相一致或不一致,这些事难道就不是错误吗?②

进一步而言,斯多亚学派对于言说与真理的关系的重视,不仅是为了在哲学辩驳当中不至于被对手击败,而且是因为它们感到语言与真理有内在的关系,而语言比“思想”更能够公开明晰地讨论分析。斯多亚学派的认识论的“逻辑学关注”意味着它不直接讨论思想与客观世界的关系,而是讨论二者之间的那个中介层次——语言的层次。这样,就有了三个层面:

---

① 爱比克泰德:《哲学谈话录》第1卷,第7章第1—2节。

② 爱比克泰德:《哲学谈话录》第1卷,第7章第30—33节。

(1)印象和概念的层面——心理或思想流;

(2)命题的层面——由简单命题、复杂命题和论证推理组成的谓述流;

(3)客观事物层面。

一般的认识论讨论的是(1)与(3)的对应关系,但是斯多亚学派更考察语言(2)是否对应于“事态”(3)。认识论一般来说应当讨论思想与客观世界的关系,但是斯多亚学派的“认识论”中却讲了许多语言学方面的内容。我们不妨在此把斯多亚学派与伊壁鸠鲁派的认识论进行比较:伊壁鸠鲁的认识论主要是“标准论”(*Canonics*),而几乎没有什么语言逻辑论。也许伊壁鸠鲁是有意回避希腊哲学的逻各斯中心传统,拒绝在研究形式逻辑上下功夫。伊壁鸠鲁派不认为语言成分的作用有这么大,比如,在感性的直接印象中就没有语言成分在发挥作用。但是对于斯多亚学派哲学,语言成分从一开始就伴随着印象,并非先接受纯粹材料,然后赋予语言形式加以解释。正如朗格所看到的,对于斯多亚学派,人(成人)作为理性生物,其印象是理性印象。理性印象在呈现其对象时就已经预设了语言和概念,至少是如“这是白色的”这样的形式。心灵中储存的概念当接受到感觉印象的时候立即就被激活,结果印象所呈现的对象必然已经是在概念的形式中。①

斯多亚学派的“以言说为认识论对象”的意识尤其体现在它们的一个重要概念“谓述”上。“谓述”的所指十分广泛,包括谓语(“在走”)和整个句子(“卡图在走”),甚至包括整个推理(“如果天下雨,卡图就散步;现在天下雨,所以卡图散步);总之涵括了命题式语言活动的所有范围。斯多亚学派的认识论尽管也讨论印象与概念,但是它们更为经常讨论的是印象与概念的语言对应物——谓述,语言的意义。我们有时把它翻译为“表达出来的东西”或“表达式”。这个术语的字面意思是“所说的事情”(that which is said)或词语句子实际上所说出来的是什么(what the words are actually saying)。斯多亚学派的语言意义理论的一个新颖之处就是认为语言的意义不是对象客体,而是“谓述”。现代学者对于斯多亚学派在“意义”理论上的贡献都是不吝赞美之

① 参见朗格与西德莱:《希腊化时期哲学家资料选编》,第239—241页。

词的。夏泊尔认为能够区分语言的意义和实际对象是一大进步,预示了现代语言哲学对意义和指称的区别。① 朗格也说斯多亚学派语义学理论最有意思的特征之一是它能把意思(sense)和所指(reference)区分开来。朗格并且提到麦茨(Mates)在《斯多亚学派逻辑》中、华生(G.Watson)在《斯多亚学派的知识论》中都对此进行了详尽的讨论和充分的肯定。斯多亚学派的这种意义理论正如弗雷格(Gottlob Frege)的类似意义理论一样,能够让人们用意思不同的词描述同一事物,而不会陷入同义反复。所以,这一学说对于斯多亚学派的许多理论都是重要的:

> 比方说,斯多亚学派的基本原则之一是"善的"(good)和"有益的"(profitable)只能用于断言美德和德行②。"善的"和"有益的",它们的所指是相同的。但是"善的是有益的"与"善的是善的"这两句话的意思(*Lekton*,谓述)是不同的。斯多亚学派不是用前一句话来表达一个同义反复,而是用它来肯定凡是可以称为"善的"都可以称为"有益的",反之亦然。③

本来,斯多亚学派尽量在所有的领域中坚持彻底的唯物主义:一切存在都是形体性的。但是,最终真正做到这一点的只有伊壁鸠鲁派,因为它们确实论证感觉和思想也是"影像",这是一种精微原子流。斯多亚学派已经像伊壁鸠鲁派那样坚持灵魂是精微的物质,但是似乎很难坚持思想的内容也是物体。克里安提斯曾经试图这么坚持,他说思想是真正意义上的灵魂"印痕",但是克律西波立刻看到这种"唯物主义"里面所蕴涵的麻烦,比如,后来涌现的思想(印痕)将会抹去前面的思想(印痕)。所以,克律西波在其论文《论灵魂》第2卷中说:我们不能在"印章的印迹"这层字面意义上来理解"印迹",因为要假定许多印象应该在同样的时间处于同样的地点,是不可能的。④ 我们在讨论斯多亚学派的"第一哲学"时曾经指出,斯多亚学派讲的"谓述"作为意

① 参见夏泊尔:《斯多亚学派、伊壁鸠鲁和怀疑论》,第23页。

② 第欧根尼·拉尔修:《著名哲学家的生平和学说》第7卷,第94、102节。

③ 参见朗格:《希腊化哲学》,第138页。

④ 参见第欧根尼·拉尔修:《著名哲学家的生平和学说》第7卷,第50节。

义，不是物体，所以不“存在”；但是，它又是真实的东西。同时，谓述没有独立存在，而只具有伴随印象和思想存在的“次级存在”，即“与理性印象相对应的潜在存在”。

讨论这种潜在存在的谓述而不直接讨论存在的思想的好处有几点。首先，尽管按照斯多亚学派的存在论，人的心理和思想是“物体性的”，但是这样的物体性存在却是无法观察的、不明白的、私自的，所以很难进行严密的科学分析。我们看到，斯多亚学派哲学大多使用类比去思考人的心理现象，然而类比究竟想要表达、能够表达的是什么，就很容易众说纷纭了。比如“印象”作为斯多亚学派认识论的一个重要概念，明显就是借助一个感性世界中的事情类比来说明人的认知状态，但是从克里安提斯和克律西波关于这一类比的本质究竟是什么的争论就可以看出，对于晦暗不明的心理现象的共识性认识是极为困难的，往往因人而异，争执不下。相比之下，语句命题作为“谓述”，其特点是可以观察的、明白的、公开的。谓述（命题和推理）的真假可以十分肯定地确定下来。①

其次，在斯多亚学派看来，哲学的错误问题有许多是因为对于语言的使用不了解而引起的，而非印象与概念上的错误。对哲学问题的解决因此不是依靠寻找什么更为强大可靠的认识能力如“理性直觉”等等，而是依靠澄清语言。这一想法预示了当代语言分析哲学的纲领。

“谓述”可大可小，最小的是“不完全的谓述”即没有主语的谓语动词，最大的是完整的推理。斯多亚学派的认识论以谓述为核心，关注真理的推理论证。而推理论证的基本问题是两个：前提真和论证形式正确，作为对系统性十分强调的斯多亚学派，其认识论正是主要由两个部分组成，即标准论与辩证法。所谓“标准论”讨论的是知识的来源——印象。所谓辩证法讨论的是理性论证的形式——逻辑。前者讨论推理的出发点的真值是如何保障的，后者讨论推理的逻辑形式的正确性是如何保障的。如果说前者关系到的是单个命题的真假，后者关系到的就是命题组的真假。下面我们将按照这两个大的方

① 参见第欧根尼·拉尔修：《著名哲学家的生平和学说》第7卷，第62节。

面考察斯多亚学派的认识论—逻辑学。

在明了斯多亚学派认识论的总特色之后,我们将确定斯多亚学派的认识论的总问题。此处指的"总问题"不是它自己提出的总问题,它的问题当然是如何发现智慧和真理。但是我们在斯多亚学派追求自然智慧和真理的认识论中发现存在着某些根本性的问题,概括起来,乃是在发现智慧的道路上的个体知识与深刻知识之间的张力。这一张力是我们在导论中讨论斯多亚学派的总特色中提到过的,它在认识论中体现为:究竟哪一种知识重要?个体的知识还是整体性的智慧?斯多亚学派似乎并没有一清二楚的答案,而是给人以多种可能性,从而也给我们的解读带来了挑战和意义。

第二节　印象、概念与"把握性印象"

逻辑—认识论是关于真理的学说。所以真理的标准论(*Canon* 在希腊语中也意味着手段)是斯多亚学派逻辑—认识论的起点。让我们先看看芝诺对于整个认识过程的一个著名的"握拳"比喻:

> 芝诺曾经用一个动作来表示贤哲对于科学知识的唯一的把握。他伸出一只手的手指,亮出一只张开的手掌,说"印象就是如此"。然后,他稍微收拢他的手指,说:"认可就是如此"。然后,他把手指完全收拢在一起,握成了一个拳头。并且说这是把握性印象……然后,他把自己的左手放到自己的右手上,紧紧地有力握住它,并且说科学知识就像这样。这是唯有贤哲才具有的。①

"握拳"比喻因为是斯多亚学派的重要比喻,当中必然蕴涵了其基本理论框架。我们可以从中看到几个意思,第一是认识的各个阶段以及各种真理标准;第二是认识的主动性和经验的外来性的结合;第三是斯多亚学派对感性绝对确定性的追求。这些都是结合在一起的。一般说来,人们以为斯多亚学派

① 西塞罗:《论学园》第2卷,第145节;LS,41A。

的真理标准论是其感性印象论、尤其是“把握性印象”的理论。这不准确。其实,认识的各个阶段就是斯多亚学派的各种“真理标准”的思想。在这段话里面能够分析出几个阶段:

感觉(A)——把握性印象(B)——科学知识(C)

这里面已经暗含了两个“真理标准”,即B与C;它们一个是感性,一个是理性。“正是借助感觉我们把握了白和黑、粗糙和光滑;而我们把握证明的结论则借助于理性,比如把握诸神的存在和它们的天意。”①第欧根尼·拉尔修介绍了斯多亚学派在真理标准问题上的争论,显出了斯多亚学派哲学家在这个问题上由少到多、不断增加真理标准的总体倾向。开始的时候,斯多亚学派与伊壁鸠鲁派一样,希望尽量证明感性本身就有真理性,于是,只有一个真理标准,即“把握性印象”。“他们宣称真理的标准是把握性印象,即来源于实在对象的印象。这里根据的是克律西波的《物理学》第2卷以及安提帕特②和阿波罗多鲁的说法”。③ 但是,很快斯多亚学派又增加了新的标准,即“把握性概念”(有的译为“前把握概念”,单数 prolepsis,复数 prolepseis,prolepseis),这让拉尔修说克律西波在《论理性》的第1卷中提出了矛盾的说法:不是一种标准,而是两种:感觉和“前把握性概念”。而且,这一对真理标准的范围的拓展趋势看来可以继续下去。比如波埃索斯④提出了更多的标准:“理智,感觉,本能倾向,知识”。综上所述,看来至少斯多亚学派哲学的认识论肯定有这样几个重要的真理标准:1. 把握性印象;2. 共同观念中的自然概念;3. 科学知识体系。

处理准则或标准的那部分他们认为是关于真理的发现的,因为在这

① 第欧根尼·拉尔修:《著名哲学家的生平和学说》第7卷,第52节。

② 这里指的是生活于公元前2世纪,继承巴比伦的狄奥根尼,成为雅典的斯多亚学派首领的塔索斯(Tarsus)的 Antipater。本书译为安提帕特,请注意与公元前397—前319年左右马其顿王国的安提帕特,以及公元前1世纪引导卡图从学斯多亚哲学的推罗(Tyre)的安提帕特相区分。《牛津古典辞典》(第3版)介绍了6位 Antipater(见第110—111页)。

③ 第欧根尼·拉尔修:《著名哲学家的生平和学说》第7卷,第54节。

④ 这里指的是公元前2世纪的西顿(Sidon)的 Boethus,他也是巴比伦的狄奥根尼的学生,请勿与公元前1世纪亚里士多德学派的西顿的 Boethus 混同(参见《牛津古典辞典》第248页)。

一部分中建立对不同种类的印象的区分。与此相似,关涉定义的那部分他们认为也是辨识真理的,因为事物是借助概念而被把握的。①

下面我们将对斯多亚学派的几种真理标准分别进行讨论,首先是印象层面的,然后是概念层面的。在阐释了从印象到概念的一般认识过程和真理标准之后,我们还将专门讨论斯多亚学派的独特真理标准学说——"把握性印象"。

一 印象、词与概念

印象是斯多亚学派整个认识过程的最初起点。"印象"(*phantasia*,英译presentation,也翻译为"呈现",则"把握性印象"也可以翻译为"把握性呈现")是古代哲学对感性认识的一种说法。我们知道,感性认识的对象是时空中的宏观个体(在此,"宏观"层次指宇观与微观之间的"我们这个世界"的日常生活层次)。希腊哲学从赫拉克利特到亚里士多德,对于"个体"的本质与相关的感性认识的本质已经有了长期的反思和争论。处于后亚里士多德时代、继承了赫拉克利特哲学传统的斯多亚学派哲学是如何看待对于个体的知识呢?

在上述芝诺的握拳比喻中,显示出斯多亚学派认识论推崇感性印象,认为这是一切知识的起点、材料和真理的基础。第欧根尼·拉尔修根据狄奥克勒在其《哲学家纲要》(*Synopsis of Philosophers*)一书中的记载说:

> 斯多亚学派把印象和感觉的学说放在最前面,因为检验事物的真理的标准从大类来说属于印象;而且,先于其他部分的关于"认可"、理解和思想的理论,也不能脱离印象来陈述。因为首先出现的是印象,然后,具有表述能力的思想对自己所接受的印象赋予命题的形式。②

感性认识本来不算什么深奥的哲学认识,但是因为对于哲学真理的认识开始于此,而怀疑论因此质疑感性认识的真理性,所以也必须重新建立。尽管斯多亚学派强调印象的目的之一是为了突出经验论的立场:一切认识起源于

① 第欧根尼·拉尔修:《著名哲学家的生平和学说》第7卷,第42节。

② 第欧根尼·拉尔修:《著名哲学家的生平和学说》第7卷,第49节。

客观的事物,但是斯多亚学派的认识论当中值得注意的是心灵的主动性,在印象过程中有主体之积极朝向对象的"把握"和"认可"。这两个术语都是斯多亚学派的独创和重要概念。在斯多亚学派那里,"感觉"指三类事物:(1)从灵魂的主导部分传向感官的普纽玛气息;(2)借助于感官的把握活动(apprehension);(3)感觉器官本身(参见 DL,7,52)。一个认识过程开始于客观事物搅动了它周围的物质(气或水),在一定的条件下,这种物质的运动就会传递到我们的感觉器官。斯多亚学派的感觉发生机制学说也反映了它的自然哲学。斯多亚学派因为相信自然处处皆实在,没有任何真正的虚空,所以其感性认识机制与伊壁鸠鲁派的"流射说"完全不同,并不需要物质薄片飞越虚空来到我们的眼睛上。所谓感官"接受"印象是这样进行的:眼睛与对象之间的"锥形普纽玛(气场)"(这锥形气场的锥头靠着眼睛,底座靠在对象上)的"张力"压迫眼睛,就会导致印象的产生。① 印象在感觉器官中形成后,在我们的身体内部又会传递到我们心中的统治本原。所以,整个过程都是物体性的,是外部客体对灵魂物体的物质性的作用。这一过程的结果也是物体性的,是刻在灵魂上的印象(*tuposis*,impression)。

印象来自现实对象,所以高于"表象":"印象不同于表象(impresion)。表象是在睡梦中发生的、灵魂上的一个印迹,即一种变化……相反,印象是指来源于实在对象,与该对象相一致,且已经是以印章的方式被铸印、打印或压在灵魂上的东西;如果它来源于非实在对象则不属此类。"②不过,这只是一个一般性的概述。严格说来,与伊壁鸠鲁不同,斯多亚学派并不宣称所有的印象都是真的,都是真理的标准。在印象当中,唯有那种"把握性的印象"才是真理的标准。我们在下一节中将详细讨论。

除了印象,概念当中也有一类是真理标准——"把握性概念"(*prolepseis*)。这个词也可以翻译为"已把握概念"或"先前已经把握的概念",其特征是"共同观念中的自然概念"。这么一来,斯多亚学派似乎拓展了真理标准的范围,

① 参见夏泊尔:《斯多亚学派、伊壁鸠鲁和怀疑论》,第 20 页。

② 第欧根尼·拉尔修:《著名哲学家的生平和学说》第 7 卷,第 49—50 节。

不仅包括印象——"把握性印象"的领域,还加上了概念——当然是概念中可靠的那种"把握性概念"。这对于斯多亚学派已经很不容易了,因为从本体论上说,概念被斯多亚学派归结为心灵的一个表象而已①,而表象(*phantasima*)比印象(*phantasia*)的实在性还低。在此我们又看到斯多亚学派在本体论和认识论之间的犹豫和冲突。之所以必须承认概念的作用和地位,是因为斯多亚学派在认识的各个阶段都既强调知识来源的经验论,又强调人的主观认识能力的积极主动作用。正如朗格所说的,斯多亚学派区分被动地接受印象与主动地认可印象,这实际上就是在区分单纯的觉察与有意识地注意到或知觉到某物。印象如何是人无法控制的,对于印象的认可却取决于人。只有具有适当张力的灵魂才能进行这样的认可。软弱无力的灵魂只能被动接受印象。积极有准备的人在灵魂中储备了由经验发生而来的概念,所以其反应通常不会局限于记录印象。它还会对印象作出解释和概括,比方说,把某些经验材料看做"是一条黑狗",而不仅仅是一个具有某种颜色或大小的形状。斯多亚学派正确地把知觉—认可理解为一种形式的判断:"我所看见的是一条黑狗"。由此可见,在斯多亚学派看来,知觉活动并不是一个主体意识完全被动地接受客体作用的过程;在知觉活动中,主体已经有了积极的参与,已经在积极地改造客体呈现给我们的印象。② 柏拉图新学园派最后的领袖安提俄库(Antionchus)由于受到斯多亚学派认识论的影响,最终从怀疑论转向对认识的肯定。西塞罗在《学园派》中借安提俄库的鲁库卢斯(Lucullus)的口这样描述认识的过程,突出了概念的主动作用:

> 心灵是感觉的源泉,甚至可以说与感觉等同。心灵具有一种自然的力量,当心灵被对象激活时,这种力量就被施加在该对象之上。于是心灵抓住某些印象,以便立即使用它们,并且把其他一些印象储藏起来,作为记忆的资源;再把其他的印象按照相似性加以安排,以便产生事物的概念,即希腊人有时称为 *ennoiai*(观念)、有时称为 *prolepseis*(把握性概念)。

① 参见沃格尔:《希腊哲学》第3卷,第124页。

② 参见朗格:《希腊化哲学》,第126页。

> 在增加了理性、逻辑论证和成千上万的事实之后，对所有这些事物的理解就展现出来。理性通过这些阶段就得到了完善，最终达到智慧。从那以后，人类的心灵就完全适合于进行科学知识的把握和一致性的生活了。①

肯定“把握性概念”（或“前把握概念”）作为公认的真理，也是为了解决推理的大前提问题。这个问题对于演绎推理来说从古到今都是一个重大的难题，也被怀疑论抓住当做攻击独断论的突破口。亚里士多德在《形而上学》等书中认真考虑过演绎推理的大前提的真理性如何保证的问题，但是没有得出令人满意的结论。斯多亚学派似乎认为这可以通过人们的“公认”信念来解决。爱比克泰德说：

> 对所有的人来说，“把握性概念”（prolepseis，preconceptions）都是相同的，此“把握性概念”不会同彼“把握性概念”相矛盾。因为我们中间有谁不认为好是有益的，是某种应该被选择的事物，是在每种情况下都应该寻求和追求的东西？我们中间有谁不认为正义是美且相宜的？那矛盾会在什么时候出现呢？在我们把“把握性概念”运用到特殊事例的时候。当有人说：“他行为高贵、勇敢”时，另一个人却说：“不，他不过是没脑子而已。”因此就出现了矛盾……那么，接受教育意味着什么呢？意味着学会如何把自然的把握性概念运用到特殊事例上去，意味着把每一个自然的把握性概念都能合乎自然地运用到另一个特殊事例上去，从而进一步对我们所能控制的事物和不能控制的事物作出区分。②

但是，“公认”未必是一个很好的标准。怀疑论就不会认为所有的人对大前提中包含的概念拥有一致的看法。塞克斯都·恩披里柯说：怀疑论并不怀疑人在所有研究之前必须拥有把握性概念和概念。但是，问题是这样的概念太多，而我们没有能力区分它们，无法发现其中谁是最有可靠性的，“已经把握了”的；所以我们只能对它们一概悬搁判断。③ 斯多亚学派可能的回答是：

---

① 西塞罗：《论学园》第2卷，第30—31节（LS，40N，LS将这两节内容概括成5条，并将全文转引。LS的其他条目也有类似情况）。

② 爱比克泰德：《哲学谈话录》第1卷，第22章，第1—3节；LS，40S。

③ 参见 Sextus，*Against the Preofessors*，8.331a—332a；LS，40T。

"共同概念"之所以可靠,是因为它们来自自然,而不是因为相信的人多。人多人少,对于传承苏格拉底精神的斯多亚学派来说,最终不是重要的事情。真正保证"共同"的,是其有"自然的来源";或者说,正因为某些概念是自然的,因此才会是共同的。这样的自然概念首先包括神的存在和本性的概念。斯多亚学派在论证神的存在的时候,就诉诸人们对神的存在拥有共同之信念,而这样的信念是"自然的"①。

自然的共同概念也包括斯多亚伦理学中的基本价值观,这与斯多亚学派的定义理论有着密切的关系。对于斯多亚学派来说,定义绝不是今日逻辑中的一般思维理论,而是"发现真理"的方法论。在斯多亚学派的各种学科中,它们都对分类和定义显示出热情关切。这也是柏拉图和亚里士多德的大传统。柏拉图和亚里士多德都关注划分,强调划分要按照自然的关节,不能任意进行,才能抓住真理。对斯多亚学派哲学经常批评的西塞罗也认为,斯多亚学派的定义能够帮助我们认识事物的本质,从而有很大作用。古代伦理学经常讨论"愤怒"是不是对于勇敢必不可少。亚里士多德是倾向于这一观点的。西塞罗从斯多亚学派的角度批评了亚里士多德的这一观点,他的根据就是"勇敢"的定义:

> 我们应当说疯狂是有益的吗?研究了"勇气"的定义之后你就会知道它并不需要坏脾气。勇气是"灵魂在需要忍耐的事情上服从最高法律的习性"。或者"在经受和抵挡那些看上去可怕的事情时保持稳定的判断",或者"对于可怕的事情的科学知识,是害怕的反面,或者是对此完全忽视,保持对于这些事情的稳定判断"。或者用克律西波的更为简洁的公式(前面的定义是被斯多亚学派公认为本派最能构造定义的人:所有的定义都很相像,但是有的比别的更能表达我们的共同概念)吧,他怎么说的?他说:勇气是"对于需要坚持的事情的科学知识"。或者"灵魂在忍受和坚持中无畏地遵从最高法律的习性"。我们尽管可以对这一学派大加攻击,就如卡尔尼亚德所做的,我还是以为他们可能是唯一真正的哲

① 参见沃格尔:《希腊哲学》第3卷,第125页。

学家。因为这些定义岂不都阐明了隐藏于我们大家心中的关于勇气的晦涩概念？而一旦这被阐明了，勇士、将军或是演说家还需要什么其他的东西呢，他们不是完全明白了可以不必借助愤怒就可以表现出勇敢了吗？①

在此，我们必须提到朗格的一个看法，他认为目前研究者们大多认为斯多亚学派似乎是把一切真命题都归结到其哲学的起点，也就是“把握性印象”之上，而这不过是一种独特的感性印象。但是，事实上斯多亚学派提出了一类“非感性的”印象，这类印象没有物质客体或单一的物质客体与之相对应。比方说，“人是理性动物”或“50 是 5×10”的印象就属于理性的或非感性的印象。这些理性的印象是人的心灵对事物本性的直觉，或者说是事物本性在心灵上的印迹，从这些理性的印象当中就产生了在认识过程中发挥着巨大作用的“前概念”（前把握概念）。②

斯多亚学派在肯定概念在认识过程中的重要作用的同时，在讨论概念的起源问题上还是注意抑制概念的自我膨胀的趋势，严格将其规定为是经验的产物。正如普卢塔克所指出的，斯多亚学派认为“概念也是某种印象，所谓印象乃是灵魂中的印迹……他们［斯多亚学派］把概念规定为某种储存起来的思想，而记忆是稳定持久的印迹。”③为了突出概念的经验论起源，斯多亚学派指出人的灵魂在出生时是一张白纸，没有任何先验概念。学者们大多注意到，近代英国经验论代表洛克的“白板”思想在斯多亚学派这里已经明确地被提出了。艾修斯在《意见集成》中做了如下转述：

斯多亚学派说，当一个人刚出生的时候，他的灵魂之主导部分就像一张等待在上面书写的白纸一样。他的所有观念都刻印在上面。最初的刻印方式是通过感觉。因为通过对某种东西比如白色的感觉，它们就在这种东西离开之后依然对其有记忆。当许多类似的记忆发生之后，我们就可以说我们有了经验。因为同类经验的积少成多就是经验。有些观念是以前面说到的方式并非刻意追求而出现的，有些则是通过我们自己的教

---

① 西塞罗：《图斯库兰的辩驳》第 4 卷，第 53 节；LS，32H。

② 参见朗格：《希腊化哲学》，第 131 页。

③ Plutarch，*On Common Conceptions*，1084f—1085a；LS，39F.

导和注意而出现的。后者仅仅被称为“概念”，前者也被称为“把握性概念”。理性(我们因此而被称做理性的)据说当我们在7岁时就从我们的前把握观念中形成了。①

斯多亚学派对于概念如何从经验中产生出来的过程，提出了系统的解释。这些方式大致是“转换”，这又可以仔细分为多种方式：相似、合成、类推。而类推又分为增添与缩减。塞克斯都·恩披里柯在批判独断论者时介绍过独断论者的“概念制造学”：

一般来说，每一个能被领会的事物，或者是通过显现于感官前的事物的呈现为人们领会，或者是通过显现于感官前的事物的转换(transition)为人们领会，而这又有着多种不同的方式——有时通过相似，有时通过合成，有时则通过类推，而类推又有或添增或缩减等不同的方式。诸如白和黑、甜和苦之类的事物，就是通过显现于感官前的事物的呈现为人所领会的，因为这些事物虽然是可感物，但也可以被领会。至于通过显现事物的转换而为人所领会的那些事物，它们或者是通过相似性被领会(例如，可以通过苏格拉底的画像来推想到不在场的苏格拉底)，或者通过合成被领会(例如由人和马推知所谓“马人”，因为“马人”既不是人也不是马，而是二者的复合物)，或者是通过类比，即要么放大、要么缩小某个对象，来领会一个新的事物，比如我们可以把眼前看到的一个中等个子的人的形象，运用想象进行扩展，就能构想出“独眼巨人”的形象，他不是“一个吃五谷杂粮的人，而是一棵落生于山顶之上的/高大挺拔的树木，它令人生畏地脱群而出”②。而通过把他加以缩减的办法，则可以得到一个侏儒的概念。③

塞克斯都·恩披里柯在行文中没有点出谁是这一学说的主人。但是第欧根尼·拉尔修对于这种共同概念的起源学也有记载，尽管内容不尽相同，又添加了“反对”、“过渡”、“缺失”等方式，大体却是相当一致的，看来是同

① Aetius，4.11.1—4；LS，39E.

② 荷马：《奥德修纪》第9卷，第191节。

③ 塞克斯都·恩披里柯：《反自然哲学家》第1卷，第393—395节。

一个来源但是在发展中逐渐增加。而且他把它明确列入到斯多亚学派名下：

> 在概念当中，有的来自接触，有的来自相似性，有的来自类比，有的来自转换，有的来自结合，有的来自反对。对可感事物的概念来自接触；来自相似性的概念是从眼前的东西推衍出来的概念，比如从苏格拉底的塑像中获得"苏格拉底"的概念；而通过类比获得的概念中，有的是借助扩展，如"狄提俄斯"(Tityus)和"独眼巨人"的观念；有的是借助缩减，如侏儒的概念。"地球的中心"是通过与更小的球体的类比而被领会的。至于通过转换获得的概念，"胸前长着眼的魔鬼"就是一个例子。而"马人"是通过复合法获得概念的例子；"死亡"一词是通过"反对"(对立)获得的概念。此外，有些概念是通过过渡而获得的，比如"谓述"和"位置"。"正义"和"善"这两个概念是自然地获得的。还有，通过缺失(priviation)也可以生产概念，比如"没有手的人"。这些就是他们关于印象、感觉和思想的理论。(DL,7.53)

这样的学说显然是为了反对柏拉图的先验理念论。按照斯多亚学派的大火理论，每次宇宙大火结束后，人们都彻底忘记了过去。所以在新的世界开始时，进入新一轮轮回的所有生物都带着白板一样的灵魂，没有任何"内在观念"。由于斯多亚学派在概念学说上使用了几种术语，学者们对于某些古代材料中的斯多亚学派的表述有争议，认为斯多亚学派是否可能多少接受先验论的观点。我们不妨在此梳理一下上面的材料进行考察。斯多亚学派用于概念的最一般术语是 *ennoia*。至于前把握概念，是 *prolepsis*。后者的"前"，既指时间上的前，是人类理性出现之前的少年时代不用专门教导而自然习得的，也暗示了价值论上的优先：这是"自然的"，所以就是真理标准。除此之外，斯多亚学派还喜欢使用"共同概念"(*koinai ennoia*)，由于它们是自然的，所以是真理标准。在此意义上，"共同概念"就是"把握性概念"。在有的时候，*prolepsis* 又被称为是 *emfutoi* 或是 *physikos*，听上去像是"天生而来"。但是学者们认为迄今为止没有可靠的证据能够证明这一点。最多只能把它们理解为人的心灵自然地具有这样的概念的性向(predisposed)、倾向或是种子，或者说，这样的概念是“自然地发展出来的”。[①] 总之,斯多亚学派与伊壁鸠鲁的经验论的立场基本相同无异。甚至斯多亚学派的认识论中不少内容比如概念起源的经验论描述与伊壁鸠鲁的描述也十分相似(这让某些现代学者感到吃惊,因为斯多亚学派的自然哲学与伊壁鸠鲁的自然哲学几乎处处截然对立[②])。当然,两种经验论在其他方面也有重要差别。比如在是否重视印象—概念流程的语言逻辑方面上,他们就分道扬镳了。

斯多亚学派总是喜欢从语言—逻辑学的角度分析问题。对印象—概念的真理标准问题也是如此,这集中体现在斯多亚学派的独特的词源学理论上,它进行专门的语词分析:什么词是自然的,什么是不自然的。斯多亚学派对于习俗语词用法不感兴趣可能就与此有关。第欧根尼·拉尔修说:至于“语汇的正确性”这门学问,即习俗是如何规定了各种事物的名字的,斯多亚学派的贤哲无话可说。[③] 从某种意义上说,词语的自然起源论也是“共同概念”的真理性的保证。奥利金曾经论述道,亚里士多德认为名词是习俗的产物,而斯多亚学派认为是自然的产物,因为“原初的声音是对被命名的事物的模仿。这是他们引入了某种词源学要素的基础”[④]。

与印象对应的语言学单位应当是词语。在印象与词的关系上,也体现了斯多亚学派的经验论的还原论,即要把整个知识的体系建立在踏踏实实的自然基础上。“辩证法的研究开始于声音问题”[⑤]。斯多亚学派中有不少人比如巴比伦的第欧根尼都关注语言学中的语音学,这首先就是区分人类说话的声音与动物鸣叫的声音,因为人类的语音是“思想的有声产品”。朗格对斯多亚学派所主张的“基本的声音模仿事物”的学说进行了梳理和讨论:

> 斯多亚学派所说的“基本的声音”有哪些呢?我们不知道。但是从后来的语法学家的著作中可以看出,它们包括那些起码从词源学上说得

---

① 有关讨论参见沃格尔:《希腊哲学》第3卷,第123—125页;夏泊尔:《斯多亚学派、伊壁鸠鲁和怀疑论》,第21页。

② 参见夏泊尔:《斯多亚学派、伊壁鸠鲁和怀疑论》,第20页。

③ 参见第欧根尼·拉尔修:《著名哲学家的生平和学说》第7卷,第83节。

④ 奥利金:《驳凯尔修斯》第1卷,第24节;LS,32J。

⑤ 第欧根尼·拉尔修:《著名哲学家的生平和学说》第7卷,第55节。

通的词语。《辩证法原理》(*Principia dialecticae*)的作者(一般认为是圣奥古斯丁)注意到,斯多亚学派选择的是这样一些词:“在这些词中所指的客体与声音的含义是一致的”;他还举出了 *tinnitus*(叮叮叮)、*hinnitus*(马的嘶鸣)等拉丁语词的例子。这种分析还延伸到了个别的字母和音节,也许斯多亚学派所谓“基本的声音”正是字母和音节,而不是由它们组成的词。瓦罗写道:“有些音节刺耳,有些音节柔和……刺耳的音节有 *trux*,*crux*,*trans*;柔和的音节有 *lana*,*luna*”(*crux* 意为“十字架”,而 *lana* 的意思是“羊毛”)。这种对语言的严格的拟声学说明只适用于“基本的”声音或词语。用《辩证法原理》的术语来说,这叫“相似原则”。这本小册子还确定了其他的构词原则。其中有“反对”原则,比方说,“战争”(*bellum*)是“美好”(*bellus*)的对立面;“重”(*lucus*)则以同样的方式从“轻”(*lux*)派生出来。①

斯多亚学派相信语音这样的思想产品与外部现实对象有相似之处。换句话说,名称是自然形成的,因为它们代表了它们所指代的事物的实际属性。斯多亚学派之所以坚信这种学说,是为了保障认识起点的绝对的真。这种词源学,正如朗格所说的,在柏拉图的《克拉底鲁篇》里就借对话者之口提出了。在这个对话里,按照其一贯作风,“苏格拉底”在主张名词起源的自然说和约定说之间摆动,并无独断的定论。但是斯多亚学派相信“苏格拉底”所主张的自然起源说是真诚的,而且,与斯多亚学派一样属于赫拉克利特派的传人“克拉特斯鲁”也持这样的看法。所以,斯多亚学派认为应当相信至少有些名称及其构成成分(字母和音节)具有它们指代的一切事物的共同属性。这些具有再现事物本性的特别功能的名称是“基本名词”,其他的名称是由这些“基本的”名称组合而成。

这种学说尤其适用于名词。我们在前面讲过,斯多亚学派把动词和形容词说成是“谓述”,只是潜在存在的。但是名词就不同了,许多具有名称者都是物体,而物体性正是斯多亚学派的“存在”的特点。在此我们又一次看到斯

① 朗格:《希腊化哲学》,第 133—134 页。

多亚学派的“第一哲学”与语言学的密切关系。朗格对此提出一个推测说:

> 所有的特性都必须是物质的属性,因而都必然依附于某个物体,这一形而上学的观念,从语言学上讲,与下面这一理论是对应的:摹状词本身没有地位,它们要就或真或假的世界说点什么,就必须用来断言实际存在的主体。现有的斯多亚学派的词源学说明中,绝大多数是有关名词的,并且很有可能他们所谓“基本的声音”就是指名词及其成分。由于名词是表示本体的,因此,就比较容易把它说成本质上是再现的,而要把动词和其他词类说成本质上是再现的,就不那么容易了。①

不仅斯多亚学派相信自然词源说是苏格拉底的看法而接受了它,而且伊壁鸠鲁似乎也赞成这一看法。斯多亚学派在此与伊壁鸠鲁相似,都主张某种“构造主义”:复杂句子的真理性要还原到简单句子,简单句子的真理性必须还原到词的自然性。伊壁鸠鲁派也认为真正具有自然起源的并不是所有的词语,而仅仅是语词中的基本要素;然后,人类又通过理性操作于这些自然要素,构造出更为复杂和用途广泛的词语:

> 自然能力从事实中被迫得到多种多样的教训。理性后来又对从自然中习得的东西进一步完善化,作出新的发现……所以,事物的名称并非起源于习俗的约定,而是各个部族在各自的独特感受和感觉印象的推动下,发出特别的声音。因此,人们的发声由于不同感受和印象而不同,并因各个部族居住的不同地方而不同。②

今天词源学大部分不主张“自然词源学”,其实,即使古代的人们也感到词义的来源很难说是自然的。尽管斯多亚学派哲学家以主张自然词源学著称,斯多亚学派内部在这一立场上也不是一贯的。芝诺和克里安提斯在相信词与物之间存在一一对应的自然关系上显得十分自信;但是,克律西波等更为抽象化的思想家就认为语词的意义不是直接的对象的属性。正如朗格所说的,芝诺的基本公式是:“铁铲就该叫做铁铲”,这或许意味着,“铁铲”与其指

---

① 朗格:《希腊化哲学》,第137页。

② 参见包利民等编译:《自然与快乐——伊壁鸠鲁派文选》,第17页。

代的事物之间存在着自然的对应关系,用其他的名称来称呼该事物乃是违反它的自然的。而克律西波与柏拉图一样,认为"每个词都自然地是含糊的,因为同一个词可以在两种或更多的意思上使用"。而且两个不同的词可以在同一种意义上使用,两个相同的词却可以在不同的意义上使用。①

二　把握性印象

斯多亚学派认为最首要的真理标准就是印象中的"把握性印象"(*phantasia, kataleptike*)。由于这一学说是斯多亚学派认识论极为自豪的"重大发明",正因为此,斯多亚学派在古代与柏拉图的学园派怀疑论展开了一场长期理论大战,也由于这一学说集中反映了斯多亚学派认识论的特色和困境,所以这将是我们讨论的核心(同时可以参见关于怀疑论的一编)。让我们先看看"把握性印象"的基本定义:

> 印象是灵魂中的印迹;该名称恰当地从印章在蜡上的印迹借用而来。有两类印象,一类把握实在对象,另一类则否;他们认为前者是对实在性的检验标准,认为它来源于实在对象并与对象自身相一致,且以印章方式刻印或铸印在心灵上;后者是非把握性的,它不来源于实在对象,或者,即使来源于对象,也不与其相一致;它是不清晰或不明显的。②

"把握"是一个比喻,它所比喻的"印象"产生的过程是这样的:首先是在外部影响下,主导原则的变形或受到作用,此时是"手掌的张开";然后主导原则对印象积极回应,注意它,抓住它,认可它,于是就产生了有把握的、认识了的印象。这一比喻表达了许多,第一,是"牢牢不可动摇"——不可被其他人的说法和论证所动摇。第二,这是对真理性的比喻。但是,我们把握或理解的是什么呢? 决不只是印象本身,应当是印象的原因,也就是"真实的客体"。所以,"把握"意味着理解了引起印象的"真实的客体"。朗格说,这是我们表述斯多亚主义理论的一种叙述方式,但是,当我们以这种方式来叙述时,会遇

① 参见朗格:《希腊化哲学》,第134—135页。

② 第欧根尼·拉尔修:《著名哲学家的著作和学说》第7卷,第45—46节。

到一个无法回避的困难。朗格通过语言分析讨论了“真实”的歧义性带来的把握性理解的困难:

> “真实的客体”这一说法只是斯多亚学派所使用的希腊原文的一种不太确切的翻译。他们所使用的希腊原文严格按照字面意义应当翻译为“是者”(that which is),而其中表示“原本是”的动词原文 *hyparchei*(原型动词 *ὑπάρχω*,hyparcho 的第三人称单数原意是“原初就是如此”,“存在状况”,“存在的资源”——引者注)既可以指“存在”(*exists*)或“真实”(*is real*),也可以指“确实如此”(*is the case*)。在英语中,我们可以谈论某个事物的“存在”或“是真实的”,所以,既然把握性印象的原因是一个物体,我们就可以说把握性印象使我们把握到了“存在者”或“真实者”。但是,如果这个词还可以指“事实确实如此”,那么,把握性印象使我们能够把握到的就应该是“事物确实如此”,比方说“我看见一条黑狗”是一个事实。此时所说的“把握”就是比喻上的把握,因为不可能真的“把握”那条狗。①

第三,把握性印象的比喻表达了知识中有被动的和主动的、客观的和主观的两种成分的共同作用。一方面,材料来自经验,外物的运动或扰动传入人心;另一方面,对材料的主观把握是知识不可或缺的部分,而位于心中的“主导部分”在“把握”中的主要工作就是使用前把握性概念对材料进行解释和理解。这样的意象突出的是感性知识本身的绝对清晰性和确定性。西塞罗在介绍芝诺关于感性理论中的新创造时说道:“他没有赋予所有印象以可靠性,而只是赋予了那些具有展现其对象的特殊力量的印象。因为这样的印象是通过自身而被发现的,他称之为‘把握’(*katalepton*,*cognitive*),就像被手抓住的东西一样。”②

具体说来,所谓“把握性印象”首先有两个特征:第一是来自存在的事物;第二是与对象严格相像(后来的斯多亚学派哲学家在此之上又加了两个特

---

① 朗格与西德莱:《希腊化时期哲学家资料选编》,第 206 页。

② 西塞罗:《论学园》第 1 卷,第 41 节;LS,40B。

征);第三,表现了对象的所有属性;第四,不可能来自不存在的事物。① 不过,这几个特征其实是真理的本质规定,而不是检验真理的标准。究竟如何在各种印象中识别出符合这些特征的"把握性印象"呢? 哲学家一般可以通过两种方式来回答这一问题:一种是外证的,即提供检验印象与外部对象之间相互吻合的方法论工具;另一种是内证的,即从印象自身找到"真理性"特征。前者属于"镜式反映论"。我们看到,尽管希腊哲学对此并不陌生(希腊化时代的怀疑论哲学甚至提出了极为系统的"十式"来反对镜式反映论的可能性),但是斯多亚学派的"把握性印象"却并没有采取这一思路。从各种材料看,它是内证式的,因为斯多亚学派对印象的理解更像是一种"光照论"或"呈现论"的现象学。也就是说它对印象的真理性的看法十分接近于塔尔斯基的真理定义:即"雪是白的"是真的,当且仅当雪是白的。而不是"雪是白的"是真的,当且仅当此处有特定光波频率的量子。(斯多亚学派自己用的例子是"当你说'现在是白天'的时候,你似乎在肯定现在是白天这个事实。那么,如果现在确实是白天,则我们提出的判断为真;否则,为假"。②)总之,斯多亚学派感性认识论中如何"把握"客观对象的问题并不是如何"设法进入到印象的背后去观看本物是什么",而是仔细小心观察对象本身,不要把蓝色看成红色了。斯多亚学派在说"把握性印象"是真理标准的时候,是在不同的感觉中选出最佳感觉印象,而不是要到感觉的背后发现与感觉不同的东西。事实上,正是由于斯多亚学派的感性真理论主张"A"的真在于 A 是事实,怀疑论甚至用"循环论证"来批评斯多亚学派的真理理论。塞克斯都说:

> 斯多亚学派认为"一个真的命题"就是"确实是"的、并且与某种东西相矛盾。但是当人们问他们"确实是"的命题是什么时,他们说就是激发一个"把握性印象"的命题。但是当人们追问什么是"把握性印象"时,他们又退回到"确实是的"(而这也是不明白的),说一个把握性印象就是

① 参见朗格与西德莱:《希腊化时期哲学家资料选编》,40E。
② 第欧根尼·拉尔修:《著名哲学家的生平和学说》第 7 卷,第 65 节。

“来源于、并且符合于‘确实是’的东西的印象。”①

朗格为斯多亚学派提出了一个辩解:虽然命题与事实都可以说是“是的”(存在,确实如此),但还是有所不同,所以,斯多亚学派的真理理论并不是循环论证。因为命题是非物体性的,它的“是”并不是指它的“存在”,而是它的真,即情况确实如此;但是认识的对象的“是”所指的乃是它的“存在”。总之,印象并不是外在客体的“表象”,而是像光一样照亮了——令我们直接看到了——实际事物本身。② 这可以解释斯多亚学派哲学家对“把握性印象”提出的其他几个特征,即“清晰明白”与“令人不由自主地认可它并按照它行动”。令人信服的印象在人的灵魂中产生一种平稳的运动,令人感到不得不认可。凡此种种,都属于真理的内证式(self-certifiability)的标准,即在印象本身中寻找确定性的标准,把某一类印象规定为能够绝对正确无误地“把握对象的印象”。

在我们看来,对于“把握性印象”的内证型真理标准的追求意味着斯多亚学派认识论对于感性认识能够把握真理有一种异乎寻常的强调。这其实不是我们在日常感性生活中的所作所为。生活是在含混中进行的,没有必要追求绝对真理性。日常生活总是在某种非注视的、非语句化的实践感悟中前行。古代的学园派怀疑主义用或然性真理的概念(“可能性”、“可信性”、“近似性”)表达这一生活常识,其特点不是断言感性认识的百分之百的真理性,而是区分不同或然性的意见,然后依靠或然性高的意见生活。所以,斯多亚学派的印象学说表面上看是在帮助恢复被哲学破坏的日常生活,其实已经超出了生活和常识的范围,而属于一种走极端路线的哲学。朗格说:“在整个斯多亚学派哲学的历史中,这个学派都没有从芝诺首先提出的这个立论后退,即对于世界的无误知识是可能的,而且所有正常人都有自然机制,使其能在可以发现的真理和错误之间作出可靠的区分。”③为了追求绝对的感性确定性,斯多亚

---

① 塞克斯都·恩披里柯:《反职业家》第8卷,第85节;LS,33D。

② 参见朗格与西德莱:《希腊化时期哲学家资料选编》,第206、239页。

③ 朗格与西德莱:《希腊化时期哲学家资料选编》,第249页。

学派哲学家建议注视型的观察认识：擦亮眼睛，把握每个个体的独一无二性。把握性印象的特征是“清晰、明白”以及因此令人不由自主地认可之，并导向相应的行动。这么极端化的做法来自哲学争论：为了反对怀疑论。斯多亚学派所强调的“真理性的”印象或清晰印象，是每一个正常的人、清醒着的人都能够做到的，并不需要少数量子物理学家、哲学家那样的高级“智者”才能达到。干扰感性认识的真理性的，是随意、任意等，是感性辨析力的缺乏或未能充分使用，而不是理性推理和直观力量的缺乏或未使用。这一点，在斯多亚学派与自己的老对手怀疑论的相互争论中可以清楚地看出：

> 某个学园派成员宣称他对任何事物都不确信，阿里斯顿说：“难道你没看见你的邻座在旁边么？”那人回答：“没有”，他回答：“谁让你瞎了眼呢？谁剥夺了你明亮的视力？”①

很清楚，斯多亚学派认为“明亮的视力”就足以解决感性认识的真理性。感性认识就是真理性认识，而不仅仅是反映背后原因实体的虚像、或者是通向真实的理性认识的一个中介。这是一种“内证式”或内在标准式的感性真理标准论。但是这种内证式标准也容易被怀疑论抓住和攻击：错误的印象比如梦中或发疯的人的印象也可能是清晰明白、令人不由自主地想要认可的，并导致相应的行动，无法把它与“把握性印象”区分开来。塞克斯都·恩披里柯甚至举出了在清醒状态下，人们有时也难以说自己的感性印象有百分之百的把握。一个古代著名的传说例子是希腊远征军英雄之一墨涅拉俄斯从特洛伊回家的路上，在埃及把海伦放到船上，进入王宫，此时他却看到了“海伦”，她是栩栩如生的一个活人，但是墨涅拉俄斯不敢“认可”她，因为他相信海伦仍在船上，尽管他留在船上的“海伦”实际上是诸神制造出来的幻影。第欧根尼·拉尔修记载了斯多亚学派创始人之一阿里斯顿遇到的一个生活中的真实例子：

> 阿里斯顿认为斯多亚学派学说中最重要的一点就是主张智慧之人不会持有意见。但培尔赛乌坚决反对这种学说，他唆使一对双胞胎中的一

① 第欧根尼·拉尔修：《著名哲学家的生平和学说》第7卷，第163节。

个把一笔钱存放在阿里斯顿那儿,然后让另一位去取回。阿里斯顿因此陷入困境而被驳倒。阿里斯顿与阿尔凯西劳意见相左;一天他看见一个牛状的带着子宫降生的畸形物,便说:"啊,现在阿尔凯西劳手头有了一个反对感官的明证性的论据了。"(DL,7.162)

看得出来,斯多亚学派对于学园派怀疑论不承认清楚明白的感性真理十分恼火,又没有办法。爱比克泰德在与学生讲到学园派的时候也说,如果一个人对显而易见的真理予以抗拒的话,那么,我们就很难找到一种可以使其改变观点的论证。原因既不是因为这个人有才能,也不是因为老师无能,而是因为这个人已经陷于某种论证而不能自拔、僵化成了一块顽石:

你的感官能告诉你,你是清醒的吗?"不行",他答道,"在梦中的时候,我有种自己是醒着的表象,这和醒着的时候的感觉一样,所以它们都不能说明任何问题。"那这两种表象之间是不是没有什么不一样呢?"没什么不一样。"我还能和这样的人继续讨论吗?有什么烧灼剂或者手术刀可以用到他身上,好让他认识到自己的麻木?他确实认识到了,但却装作没有,那他比一具尸体还要糟糕。一个人没有认识到矛盾,其处境是糟糕的;另一个人确实认识到了,却不为所动,也不思改善,那他的处境是糟之又糟。他的自尊和羞耻感已经被砍掉了,他的推理能力,如果我不愿意说是被砍掉的话,则已经动物化了。①

斯多亚学派对于这种把握性印象的感性真理性的强调体现出了它的经验论的还原论,即以"最确定的直接印象"为基础建构整个知识体系。语言流伴随印象流,所以,这种认识论上的还原论也反映在语言上的还原论上。斯多亚学派的"逻辑"把复杂推理建立在简单推理上,把简单推理又建立在复杂命题上,然后把复杂命题建立在简单命题上,最后在简单命题中找到"最确定的"那种简单命题。根据确定性的程度,简单命题又分为三种:"确定的"、"不确定的"和"居于二者之间的"。以指称代词为主语的"简单命题"是确定的,因为它是当下明白的,所以是真理的最后的基础:

---

① 爱比克泰德:《哲学谈话录》第1卷,第5章第6—10节。

确定的命题是通过指称代词表达的,比如"这个人在走路";"这个人坐着"。因为我在用指称代词指向一个具体的人。所谓不确定的命题乃是以某种不确定的成分为首的,比如"某人坐着"。居间的命题的形式是:"一个人坐着"或"苏格拉底在走路"。"某人在走路"之所以是不确定的,因为它并没有确定任何在走路的个体;它可以一般化地指称各个个体。但是"这个人坐着"就确定了,因为它指明了被点出的那个人。"苏格拉底坐着"是居间的,因为它既不是不确定的(因为它指明了具体的人)也不是确定的(因为它没有用指称代词来表达),而是居于确定与不确定之间。①

确定命题来自命题的主语是"指称代词"。朗格敏感地看到,斯多亚学派之所以给予构成"确定命题"的主语的指称代词("这个")以特殊的地位,乃是因为它的直接性(directness or immediacy),它是直接指着对象,而不是依靠描述;它体现了说话者确切相信某事的存在。对于斯多亚学派的语言学来说,我们只有在直接意识到一个个体的时候才会用"这个人",指称代词实际上是实际的指向一个此处的"确定"对象(此在)的手势的语言对应物。确定判断在判断分类中的特殊优越地位在于它直接指向实际事物,就好像我们说"就是这个"。至于其他启示主体的方法,如"苏格拉底"等专名就包含了越来越大的不确定性。因此,"居中的判断"和"不确定的判断"的真理性依赖于相应的确定判断的真理性。

斯多亚学派语言学中的"格"的理论也指向这一立场:存在的、客观的认识必须是感性个体的认识的思想。斯多亚学派说,当一个名词没有指向事物的时候,它是没有存在性的,人们可以形象地把它设想为是悬在空中的、悬在思想中的(让我们想想怀疑论的"悬而不论"、"悬搁判断")。但是一旦我们想对它有所论断,就进入判断句了,此时就已经断言了它的存在。这一思路可以解释斯多亚学派的一些古怪的"语言变格理论":

斯多亚学派回答说,主格本身从灵魂的思想中落下("格"的希腊词

① 塞克斯都·恩披里柯:《反逻辑学家》第2卷,第96—97节。

原义是“落下”)。因为当我们希望展示我们心中关于苏格拉底的思想时,我们就说出了“苏格拉底”的名字(即主格的“苏格拉底”)。①

如果主格是“正”的,它为什么还是一个变格?因为它从非物体的和一般化的领域中落了下来,变成了特殊的。但是它还是正的,因为它还没有变成斜的(即变格)……②

理解这种变格理论的关键是这样看待斯多亚学派的思维方式:它认为在我们的思想中可以存在许多一般化的观念,但是它们不是物体性的,所以就不是存在,即柏拉图式的真实存在之“相”是一种纯粹的虚构。唯有在确定性命题对其使用这些一般观念时,才限定了它们,使其与存在联系起来。因此,我们也可以理解斯多亚学派的这一思想:一个命题的主语如果没有确定自己的指称,那么这一个命题就“被摧毁了”。这种说法可能指该命题没有符合完全谓述的条件,即主语与谓语都要齐全。有意思的是,斯多亚学派认为死者不能被“这个人”这一代词所指出。比如,如果狄翁死了,那么“这个人死了”就不能成为一个提到狄翁的命题。这也表明了对于指称代词的重视,因为“狄翁死了”这样的命题可以指说此事。这一例子表明:在斯多亚学派看来,所有命题的主语都必须满足其指称在当前世界上存在的条件。③ 我们看到,这与赫拉克利特的精神相去甚远,而与现代外延逻辑的基本精神却十分相近。朗格说:“确定命题的真值之所以优先于不确定命题在于前者是确定的,指称着一个具体的个体。从这里我们可以进一步看到斯多亚学派在本体论和认识论中对具体个体的重视。感觉印象如果是把握性的,准确地向我们揭示了外部世界中的事实。真的命题如果是‘确定命题’,是我们精确地陈述外部世界中的事实的手段。”④

类似的还原论可以在现代语言分析哲学的经验论中看到。比如语言逻辑

① Ammonius, *On Aristotle's De Interpretatione*, 43.9—15;LS,33K.

② Scholia, *On Dionysius Thrax*,230.24—8;LS,33L.

③ 参见朗格与西德莱:《希腊化时期哲学家资料汇编》,第 206 页。

④ 朗格与西德莱:《希腊化时期哲学家资料汇编》,第 208 页。

分析哲学家罗素就认为，所有知识的基础是感觉材料，因此，我们亲知的感觉材料是最为基础性的、可靠的。“所有的思维都不得不始于亲知。”①知识的大厦是依靠这样的感觉材料的逻辑构造。从语言上看，代表我们亲知的是专名，而一切亲知之外的知识依靠描述性语言比如摹状词。“亲知一个对象”要求“当我们与某个对象有直接的认识关系，也就是说，当我直接意识到这个对象时，那么我亲知这个对象。”所以，逻辑专名没有内涵，不表达任何属性，而只有指称功能。这样的专名大约只有“这”或“那”这样的指称代词。严格来说，一般人们所理解的专名比如“苏格拉底”都不是逻辑专名，而是伪装的摹状词；它们不直接指称个体，因而不具有独立的意义，只从逻辑专名那里获得派生的意义。② 罗素的观点与斯多亚学派的观点有着惊人的相似，这不可能是偶然的，这说明斯多亚学派认识论中已经出现了某种“现代性知识型”的要素：与形式化的逻辑和经验论相联系的确定性追求。斯多亚学派哲学也认为，与严格的指称代词相比，甚至一般的专名都还不配充当确定命题的主语，只能充当“居间命题”的主词。这是因为一般的专名虽然标志出个体的特殊性，但是并不能标志出他的在场。可见斯多亚学派的语言分析经验论与现代语言分析经验论的还原论相比，其“基要主义”特征毫不逊色。

给予指称代词以特殊地位的那种直接性也许尤其体现在第一人称代词（我）和第二人称代词（你）上。当句子中出现你或我的时候，表明人们是在直接的交往中。克律西波在对于第一人称代词“我”的词源学分析中，特别指出，当我们说出这个词时，其实已经有明确的“指称”方向，不会与其他指称方向混淆。根据伽伦的记载，以下是克律西波在讨论“主导部分”的《论灵魂》一书的第 1 卷中对于“我”（*ego*）的分析：

> 我们在说 *ego* 的时候也是这样发声的：指向着我们认为思想所在地的我们身上的部位，因为指称代词自然地和合宜地传达到那里。而且，即使不用手来进行这一指称，我们在说 *ego* 的时候也会向自身折回，因为

① 罗素：《逻辑与知识》，商务印书馆 1996 年版，第 50 页。

② 参见陈波：《逻辑哲学导论》，中国人民大学出版社 2000 年版，第 47—49 页。

> *ego* 这个词就是这样的,它在发声中伴随着指称。因为我们在发出 *ego* 的第一个音节的时候,是让下嘴唇指称式地向自己移动;而第二个音节伴随着脸颊的运动,朝向胸口倾斜,就像指称一样;这么做时不会指向任何远处,就像说 *ekeinos*(那个人)时的那样。①

对于人称代词的这一自然词源理解让我们想到了前面所讲的斯多亚学派在一般名词中找出自然名词的现实基础的词源学。这样的词源学说明遭到某些古代批评者的轻视是不奇怪的。但是朗格说,人们在嘲笑这种说明的同时不要忘记,构词法的正确原则是直到现代才为人们掌握的;并且许多词的词源迄今仍然是不清楚的。无论如何,斯多亚学派是在尝试提出建设性的解释学说,而它的古代批评者却没有提出过任何正面的建设。②

这是"把握性印象"的故事的全部吗?不是。在"握拳比喻"中,认识的最高阶段并不是把握性印象,而是(科学)知识。科学体系的知识意味着命题的相互支持,而不是还原论:某些命题不需要其他命题的知识,是内在自明的真。西塞罗指出,斯多亚学派相信知识不可动摇性是因为受到了理性的各种论证的保护。在此,真理的标准就从内证式走向了外证式:

> 芝诺称被感官所把握的为"感觉";如果感觉被牢牢把握,以至于无法被理性所打扰,他就称其为"科学知识";否则他就称其为"无知",并且认为这也是"意见"的来源。所谓意见就是虚弱的、与假的和没有把握的东西有关。我上面提到的把握性印象,被他放在科学知识和无知之间,既不好,也不坏,而是就自身而言可信的。③

在西塞罗的这段话中,可以看到三个层次:科学知识(*episteme*)——把握性印象(*katalepsis*)——无知(ignorance)。无知也被说成是"意见"(*doxa*)的根源。科学知识是稳固的、无法被理性诡辩所动摇的;意见是虚弱的和错误的认可。处于二者之间的是把握性印象。在这当中,科学知识仅仅属于贤哲,意见仅仅属于大众。那么,"把握性印象"的认识论地位怎么看呢?前面我们看

---

① 伽伦:《论希波克拉底和柏拉图的学说》第2卷,第2章第9—11节;LS,34J。

② 参见朗格:《希腊化哲学:斯多亚学派、伊壁鸠鲁学派和怀疑学派》,第134页。

③ 西塞罗:《论学园》第1卷,第41—42节;LS,41B。

到斯多亚学派如此推崇它,那么是否可以说尽管它没有达到最高的真理性地位,但是具有相当的真理性地位,是“真实的和不可能变成错误的印象”,所以也是某种知识? 回答是否定的。斯多亚学派哲学有一个著名的特点,就是极端二分法:任何事物,不是绝对的好,就是完全坏。伦理学中,没有达到善的人,就都是恶人或疯子;在认识论中也一样,不存在“中间过渡状态”:如果不具有“知识”,就是完全无知。而绝大多数人都没有知识(只有极少数“贤哲”才具有知识),所以几乎所有人都是愚人。这种看法理所当然地被古人(比如普卢塔克)视为颠覆了人类常识。

在这样的极端二分法的框架中,“把握性印象”的地位就十分尴尬了。它不像它一开始那样显得很高,而是显得很低。它的知识论地位不是内证的,而是外证的。如果没有被推理严密拴牢并从而具有真正的内在信念、牢固不变,那么即使持有了“把握性印象”,也还不是真理,甚至连“局部真理”都不算,而属于彻底的“无知”! 在这样的严格二分法的眼界下,认识的三个层次被还原为两个层次:知识(科学知识)——无知(无把握的印象+绝大多数人的把握性印象)。这样,与苏格拉底一样,斯多亚学派也极端化地区分两种认识:意见与知识。只有知识才是必然正确的,是强认可;至于意见,就是简单的、弱的认可,还可能错误。于是,追求百分之百确定性的斯多亚学派认识论导致了一种与怀疑论哲学十分相近的普遍悬搁判断的结论:

> 他们[斯多亚学派]说贤哲从不作出任何错误的假设,他对任何无把握的东西根本就不认可,因为他不持有意见,也不会对任何事物没有知识。无知是可变的和虚弱的认可;但是贤哲不会软弱地假设任何东西,他总是坚定稳固的。因此他也不会持有意见。意见有两种,或是对没有把握的东西的认可,或是虚弱的假设。这些都与贤哲的性格格格不入。所以草率和在把握之前就认可乃是草率的人的特征,那些天性优秀、完善有德的人决不会如此。①

这样的说法作为对人们在生活中不要轻易下判断和猜测假设的建议,从

① Stobaeus 2,111.18—112.8;LS,41G.

而避免在信念上反复摇摆,是健康有益的。不仅第欧根尼·拉尔修记载了斯多亚学派的“辩证法德性”大抵如此,而且赫库兰姆纸草残篇中发现的斯多亚学派文章中也在强调贤哲避开意见的谨慎(LS,41D)。但是作为科学分类上的严格标准,则是一种超出了生活意义的哲学。这里面蕴涵着对生活流程的摧毁。因为大众全都无知(都是“疯子”);只有极少数“贤哲”才能拥有“知识”,而这些罕见的贤哲又十分谨慎,尽量在生活中不任意认可,于是很有可能最终导致人们对大量印象悬搁判断。在此意义上,斯多亚学派与怀疑论又合流了。这不奇怪,斯多亚学派与怀疑论都是以苏格拉底为自己的思想先驱的。

第三节　命题、复合命题与推理

真理依靠理性。理性推理由前提真和推理形式正确保证。上面我们已经讨论了斯多亚学派关于前提真的学说,下面我们将讨论其推理形式正确性的学说。这个学说是斯多亚学派哲学围绕“谓述”构造起来的一个系统而庞大的逻辑学。谓述 λεκτός,λεκτή,λεκτόν(lektos,lekte,lekton)是动词“说”(λέγω,lego,say,mention,mean)的副词形容词,指对主语所说或所提及的一切,此语法上说的“谓语”方法,斯多亚将它分为三大类:词项、命题与推理。其中,词项只不过是“不完全的谓述”。命题才是完全的谓述,即具有真假值的谓述,这是斯多亚学派辩证法的核心。斯多亚学派的语言学表明,当只是单个的词被说出时,没有任何断定,即该声音没有“指向”。但是一旦人们使用了句子,就是在断定,就指向了外在对象。斯多亚学派哲学把“命题”(*axiomata*)规定为具有真假值的“完全的谓述”,即“就其自身而言就能被肯定的”①。这不仅把命题这种谓述与词项区分开来了,也把命题和其他类型的句子诸如疑问、命令、祈愿等等分开了。斯多亚学派的“*axiomata*”是否可以翻译为现代语

① 第欧根尼·拉尔修:《著名哲学家的生平和学说》第7卷,第65节;LS,34A。

言逻辑学中的“命题”，学者对此是有不同看法的。朗格认为“命题”（proposition）是歧义最少的翻译法，因为作为谓述之一种，斯多亚学派的 *axiomata* 是确定的心灵行为的意指对象，是抽象的本体。① 客观世界本身没有“真”、“假”。真假仅仅是命题（即谓述或“完全的谓述”）的属性，是我们“对世界有所言说”、有所断言的语句的属性。唯有对客观事实有所断言，才有可能出现真与假，被事实肯定或被否定。第欧根尼·拉尔修说：“波西多纽把辩证法定义为处理真、假和非真非假的内容的科学。而克律西波认为它的主题是指称和被指称的事物。”②

一　命题分类

斯多亚学派逻辑学关于命题的理论主要体现为它的命题分类。划分是斯多亚学派科学研究的有力武器。在斯多亚学派的辩证法中，我们可以看到一个个分类：对命题的分类，对推理的分类。在对命题的划分中，最大的类别是“简单的和非简单的”命题之划分。这体现了还原论的精神：追求确定性，而确定的东西就是简单的从而无可质疑的东西。复杂命题的真值建立在简单命题之上。所谓简单命题，就是“不是从简单命题中构造出来的和陈述两次的，不是通过一个或几个联结词而从不同的命题中构造出来的，比如‘这是白天’。”③简单命题又可以被分为几大类型。划分的标准主要有两种：一种是肯定与否定；另一种是确定与不确定。我们将看到，这两种划分标准都不是任意选取的，因为它们各自对斯多亚学派的哲学，尤其是认识论具有重要的意义。

就简单命题来说，进一步区分可以依照两种标准进行。按照肯定与否定划分，则简单命题可以分为几种：肯定命题、否定命题、“否认的”、“匮乏的”。可以看到，斯多亚学派并不是简单地把命题分为肯定与否定两种，而是在否定

---

① 朗格与西德莱：《希腊化时期哲学家资料选编》，第 205 页。唯一的差别是，与现代逻辑中讲的命题不同，*axiomata* 与讲话者对它的道出并不能完全分开和独立。也就是说，它的真假值并非与时间无关。有的 *axiomata* 在自身不变的情况下却可能会改变真值。比如“现在是白天”这句话在白天说出就是真的；但是在夜里说就是假的。

② 第欧根尼·拉尔修：《著名哲学家的生平和学说》第 7 卷，第 50 节。

③ 塞克斯都·恩披里柯：《反逻辑学家》第 2 卷，第 93 节；LS，34H。

命题当中又进一步划分出三种不同含义:“否定的”(否定词+命题,比如“并非:现在是白天”)、“否认的”(否定词+谓词,比如“没有人在走路”)、“匮乏的”(匮乏词+潜在命题,比如“这个人不善”)。① 此外,斯多亚学派对否定命题的论述中有几点值得注意:第一,从形式上说,否定命题是在命题前面加否定词,构成原命题的矛盾命题。比如“并非:现在是白天”(或“并非P”);第二,否定命题被看做是简单命题而非复合命题。但是在现代逻辑中,否定词是重要的命题联结词,从而否定命题已经被列为复合命题。

按照确定性的程度划分,则可以分为确定命题、不确定命题、居于其间的命题。简单命题又可以被分为“确定的”(比如“这个人在走路”),“不确定的”(比如“某人坐着”),“居间的”(比如“苏格拉底在走路”)三种。我们在前面已经讨论过。这一划分法也是通过还原论的方式强调思维的绝对确定性,因为可以看到,整个划分法的中心是在强调确定命题。如果并没有一个确定的个体的人坐着,那么“有人坐着”这一不确定命题也不会是真的。

就复合命题(“非简单命题”)而言,这是通过将各种命题连词操作于简单命题上所构成的。现代逻辑用“真值函项”来表明这些复杂命题的真值建立在简单命题的真值上。许多学者公认斯多亚学派的逻辑学已经预示了这种真值函项体系。现代学者一般认为斯多亚学派逻辑中提出过6种“非简单命题”:(1)假言命题(联结词为“如果”);(2)推断命题(联结词为“既然”);(3)联言命题(联结词为“和”);(4)选言命题(联结词为“或”);(5)因果命题(联结词为“因为”);(6)比较命题(联结词为“比……更加”)。

复合命题的真值建立在形式条件上,即依靠简单命题的真值的特定组合。例如联言命题的真值是:所有的联言项都是真的。选言命题的真值是:所有的选言项当中,只有一个项能够是真的,其他的都是假的。此外,它们之间必须相互冲突,而且它们的矛盾之间也必须相互冲突。②

---

① 参见第欧根尼·拉尔修:《著名哲学家的生平和学说》第7卷,第69节。

② 参见 Gellius 16,8.10—14;LS,35D,E。

二　复合命题

需要指出的是，复合命题或“非简单命题”原先并没有那么多。克律西波其实只提出了其中的三种，即假言命题、联言命题和选言命题。其他斯多亚学派哲学家又加上了三种。他们的添加主要是拓展了假言命题的范围，在其中增加了“推断命题”和“因果命题”。这种添加不是纯粹技术上的，而反映了斯多亚学派逻辑学家中不同派别对“形式”和“内容”两个方面的不同强调之间的张力。克律西波是一个十分重视形式的逻辑学家，这一特点到了20世纪受到了纯粹逻辑学家的激赏；但是在当时却为许多人所不理解和不满。不少斯多亚学派哲学家感到纯粹形式化的假言命题过于宽泛，他们希望让逻辑做更多的工作，而不满足于仅仅保持纯粹的形式必然性。所谓“推断命题”与“因果命题”在现代逻辑中应当都被归入假言命题的大类中。但是它们的真值组合都比克律西波和现代逻辑中所规定的假言命题的宽泛的真值情况更为严苛。先让我们看看第欧根尼·拉尔修对斯多亚学派“假言、推断和因果”三种命题的真值的论述：

> 就假言命题而言，如果它的结论的对立面与其前提不相容，则该命题为真。“如果现在是白天，则现在是亮的”。这个命题为真，因为与结论相对立的命题，“现在不是明亮的”与前提“现在是白天”是不相容的。另一方面，当其结论的对立面与其前提不矛盾时，则该假言命题为假，如：“如果现在是白天，则狄翁在行走”。因为“狄翁不在行走”这个陈述并不与前提“现在是白天”相矛盾。（DL，7.73）
>
> 至于推断命题，如果它从真实的前提出发，而且也有一个从中推出的结论，则该命题为真，如“既然现在是白天，则太阳在地平线以上”。但如果它从错误前提出发，或有一个并非由之推出的结论，则该命题为假，如：“既然现在是晚上，那么狄翁在行走。”如果这个命题是在白天说的话，（则为假）。
>
> 一个因果命题的结论如果确实是从一个自身正确的前提得出，那么

即使前提并不反过来从结论中得出,该命题也为真。例如"因为现在是白天,所以现在是明亮的"。其中"现在是明亮的"确实是从"现在是白天"得出,尽管"现在是白天"并不一定从"现在是明亮的"的陈述中得出。(DL,7.74)

假言命题最为宽泛的定义是现代逻辑学家所承认的,其标准定义是:"只要不是前件真而后件假"的命题;这在古代被称为所谓"原则(Philo)",这条原则同时也是克律西波所接受的。和克律西波完全主张蕴涵式的形式定义,并且为这一新逻辑发现感到自豪,而毫不畏惧这可能导向违反常识的结果,比如它可以承认前后件并无内在关联的假言命题,只要前真后也真:"如果苏格拉底死了,罗马帝国曾经存在过";这也允许从假前件"推出"真后件的命题(实际上,根据"实质蕴涵"的原则,一个真命题可以从一切假命题中必然地"推出");再比如,它会承认同义反复的命题(由 A 推出 A)居然也是真的假言命题,因为这也是从真前件推出真后件。根据第欧根尼·拉尔修的记载:

斯多亚学派说,真理导出真理,例如从"现在是白天"导出"现在是明亮的";而谬误导出谬误,如从"现在是夜晚"导出"现在是黑暗的"(如果前者不真实的话)。从谬误中也可导出真理,如从"地球在飞"可以导出"地球存在"。而从真理中不会导出谬误,因为从地球存在的事实中不会导出地球飞翔。①

但是,一般非专业逻辑学家人士普遍认为蕴涵式的形式定义离开人们对"科学推理"的期盼相去太远。假言命题当然应当揭示前件命题与后件命题之间的某种真实关联,而不能从假命题推导出真命题;"科学推理"的任务就是通过事物的真实联系帮助我们发现新的、未知的东西。斯多亚学派哲学作为一个强调世界的真实的普遍联系以及语言对这一联系的反映的哲学,应当维护而不是损害这样的日常直觉。朗格甚至认为克律西波实际上会同意在一个逻各斯统治的宇宙里,从一定的意义上讲,因果联系也就是逻辑联系,反之亦然。斯多亚学派对逻辑形式上的问题的兴趣和工作得到现代逻辑学家的尊

① 第欧根尼·拉尔修:《著名哲学家的生平和学说》第 7 卷,第 81 节。

重是应当的。但是斯多亚学派研究逻辑学的原因不可能是对纯粹的逻辑学感兴趣。"在他们看来,逻辑是自然的一部分,正因为如此,斯多亚学派的贤哲才必须研习逻辑。在斯多亚学派的眼里,'未论证的'推理范式的不证自明性很可能是'自然的',而不是现代所讲的'逻辑的'。在斯多亚学派哲学体系中,原因与结果之间的关系是必然的(它是由宇宙逻各斯注定的),没有任何证据表明在斯多亚学派的逻辑学中提出了另一种必然性。由此我们可以推测,斯多亚学派的推理范式正是自然法则,是自然法则用于解释判断之间的关系。"①复合命题本身体现出的是人的把握性能力。康德在主体性能力中找到的最根本的能力——综合能力——在斯多亚学派的哲学中也可以看到。这不是偶然的,他们都不会像休谟那样(也可以说伊壁鸠鲁那样)相信世界的本质是断裂的、分立的,他们相信"联系"是客观的,是人的理性所能把握的。塞克斯都·恩披里柯说:

> 斯多亚学派说,人与非理性动物的区别在于内在的语言而不在说出的语言,因为乌鸦、鹦鹉和坚鸟也会发出清晰有别的声音。人与其他生灵的区别也不在于单纯的印象——因为其他生灵也会接受印象——而在于通过推理和组合所创造的印象。这也就是说,人拥有"联系"的观念,并可以运用这种联系的观念理解什么征象,因为征象具有这样的形式:"如果这个,那么那个"。因此,征象的存在源于人的本性和内在结构。②

每个人都天生拥有把握联系的能力,而这是通过言语和逻辑表达出来的。当人们到逻辑中寻找最能表达世界的因果关系的东西时,他们大约会发现假言命题(蕴涵式)最为合适,因为它的形式是"如果……那么……",所以它受到了斯多亚学派哲学家中寻找"发现的逻辑"的某些人的特别关注。他们觉得,如果能把斐洛(斯多亚学派的斐洛)—克律西波原则的过于宽泛性加以限制,把那些没有意义关联的"如果"命题都剔除出去,则一切就会正常。所以,不同的斯多亚学派哲学家们试图加入各种各样的限定来修改假言命题。塞克

① 朗格:《希腊化哲学》,第144页。

② 塞克斯都·恩披里柯:《反逻辑学家》第2卷,第275—276节。

斯都记载了各种人的“改造斐洛—克律西波”定义的努力:

> 斯多亚学派的斐洛说:一个正确的假言命题就是“不会从真的前提得出假的结论”,例如“如果现在是白天,那么我交谈”这个命题就是如此,如果事实上这时是白天并且我正在交谈;但是狄奥多勒把命题界定为“过去和现在都不能从真的前提得出假的结论”的命题;所以按照他的观点,如果实际上现在是白天但我保持沉默的话,那么上述命题似乎就是假的,因为它是从真的前提得出假的结论。然而“如果事物的原子元素不存在,那么原子元素存在”这个命题却似乎是正确的,因为它以假的分句“原子元素不存在”开始,得出了在他看来是正确的分句“原子元素存在”。那些建议使用“关联”或“连贯”的标准的人,则断言当一个命题的结论的对立句与该命题的前件分句矛盾时,该命题是正确的。所以在他们看来,上面所提到的命题是无效的,然而“如果白天存在,那么白天存在”这个命题是正确的。不过,按照“蕴涵”之标准判断命题的人宣称,只有当某个假言命题的结论仅仅潜在地包含在它的前件之中时,这一假言命题才是真的;按照他们的观点,“如果白天存在,那么白天存在”及每个这样的复制前提的命题是假的,因为任何[公然的]自我包含都是不行的。①

从这段材料中我们可以看到,在希腊化罗马时期有几种试图“发展”斐洛—克律西波原则的路线。首先是狄奥多勒,此人在当时代表着逻辑学中的“严苛派”(他的学生则走向相反的极端,是一位“宽泛派”)。在修改蕴涵式上他的主要工作是严格地强调时间性,即指出“斐洛原则”必须在所有时间中成立的情况下才算成立。不过狄奥多罗并没有反对斐洛原则的根本思想,即“前假后真”的复合命题依然是真的复合命题。主张“关联性”原则的人则比这更为严苛,他们要求复合命题的前后件之间确实存在真实的关联,对此的检测方式就是“一个命题的结论的对立句与该命题的前件分句矛盾时,该命题

① 塞克斯都·恩披里柯:《皮罗学说概要》第2卷,第11章。完全的同一性是自我重复,而不是蕴涵,参见夏泊尔:《斯多亚学派、伊壁鸠鲁和怀疑论》,第25页。

才是正确的”。根据这一标准,则前假后真的命题就不是真的。第三种人提出的是更为严苛的要求:即使一个假言命题并非是前假后真的,也还不够,它还必须满足“并非同义反复”的要求。也就是说,推理的本质必须是能够告诉我们更多、更深刻的真理。这一思想已经走出了“形式逻辑”的领域,进入“科学发现的逻辑”。这一趋势在推理学说中表现得更加明显。

三　推理学说与发现的逻辑

期盼逻辑扮演“发现的方法论”的冲动,突出地体现在斯多亚学派的推理论证学说上。论证学说是“理性—逻各斯”学说的顶峰。理性被斯多亚学派认为是“真理标准”之一。根据第欧根尼·拉尔修的记载,斯多亚学派对于论证十分重视:

> 至于三段论,他们认为是最有用处的,因为它向我们指明什么能够给出证明,而这又在很大程度上归因于正确判断的形成,并且这些判断在我们记忆中的排列和保留使我们对事物的把握具有科学的特征。一个论述就其自身而言是一个包括前提和结论的整体,而推理(或三段论)是由这些东西组成的推断性论证。证明是一种由更好地被把握的东西推知理解得还不甚清楚的事物的论证。(DL,7.45)

由此可见,论证成分展示出了理性认识的特征——体系性和发现性。所谓体系性,指的是科学知识是一个相互支持(论证)的庞大体系,它并非一两个单个的句子,而是“借助”其他已经被知道拥有真理性的命题的联手支持(直观的说就是“多方抓紧”或是“拴牢”),增添单个命题的力量,保证单个命题所无法保证的真理性。斯多亚学派毕竟以整体为本体,以深刻自然原因为本体,而且它的哲学以知识—智慧著称,这势必就不是个体的、感性的知识,而是概念的知识体系。在许多人看来,克律西波确实构造了庞大的多部门统一的学问体系,它独立于我们的主观性,构成了一个无人匹敌的准独立世界。推理一词的构词是“几句话合起来一起说”(从中得出新的一句话):συνλλογισασθαι(synllogisasthai)。单个的句子不稳定,无实体感,只不过是依附性的“谓述”。但是整个知识体系是严密确定的真理(大写的真理),所以是

"物体性的"存在。为了保证这些其他命题真地能支持这一个命题,必须保证从这些其他命题说出这个命题时具有必然性,这就是推理形式的保证。而且,复杂推理的形式的正确性在于能够还原到简单推理形式的正确性上。

科学知识真理的第二个特征是"发现性"。斯多亚学派逻辑中的内容派不满足于正确论证和不正确的论证之分,而且希望进一步得出"揭示不明白事物"的功能,这就是希望科学知识体系能够提供新知识的所谓"发现性"。所以,斯多亚学派逻辑学对于论证的完整诉求由三个方面组成,它们形成了递进序列:前提真实,形式正确,揭示不明白的事物。首先,一个真论证的最基本特征是,第一,形式是正确的;第二,前提是真的。其中,"前提真实"其实不是逻辑的工作,而是前面所讲的印象和概念学说的任务。"形式正确"可以说反映的主要是斯多亚学派逻辑中的"形式派"路线的重点,而"揭示不明白事物"则主要反映的是"内容派"的路线,即所谓"发现的逻辑"的路线。下面让我们按照斯多亚学派逻辑的递进步骤逐步讨论:

(1)形式正确

就现代逻辑所说的"形式正确"而言,斯多亚学派逻辑学所用的术语是"能证实的"("定论的")。斯多亚学派认为:在论证中,有些是"能证实的",有些是"不能证实的"[推不出结论]。当从前提组合中得出推论的假言三段论是正确的时候,这个论证就是"能证实的"。"形式正确"特别反映了斯多亚学派在推理学说中坚持逻辑的形式性的特征。如果说亚里士多德主要探讨了三段论的形式,那么斯多亚学派逻辑学则主要探讨了命题逻辑的形式。论证形式的"正确"怎么保证呢,或者,对于证明的正确性怎么"证明"呢?这显然属于"元"层次的问题。我们看到,斯多亚学派在思考这一问题的时候依然贯彻了斯多亚学派一贯的还原论精神:复杂的推理形式的正确性建立在简单推理形式的正确性上,而简单推理形式的正确性建立在"不证自明性"上,这样才不至于陷入怀疑论所攻击的"无限倒退"或"循环论证"的错误中(参见本书本卷怀疑论一编关于"五式"的讨论)。那么,如何确立简单推理形式的"不证自明性"?斯多亚学派的克律西波提出了几个最为确定的、"不证自明的"论证形式。可以看到,它们的自明性分别建立在假言命题、析取命题和联言命题

的性质(真值组合)上。塞克斯都对这五大不证自明的论证是这样记载的:

> 他们主要提出了五个"不可证明的论证",似乎其余所有论证都可以回归到它们中去。第一个是从命题结合体及其前件中演绎结论的论证,例如:"如果现在是白天,则天是亮的;而现在确实是白天;因此天是亮的。"第二个是从大前提和相反的结论中演绎相反的前件的论证,例如,"如果现在是白天,则天是亮的;但是现在天不是亮的;因此现在不是白天。"第三个是从双前提的否定和一个分句的肯定中演绎出另一个分句的对立面的论证,例如,"不可能现在既是白天又是晚上;现在是白天,因此现在不是晚上。"第四个论证是从选言前提和一个可供选择的分句中演绎出另一个分句的对立面的论证,例如,"要么是白天,要么是晚上;现在是白天;因此不是晚上。"第五个论证是从选言前提和一个分句的对立面中演绎出另一个分句的论证,例如:"要么是白天,要么是晚上;现在不是晚上;因此是白天。"①

对于不熟悉古代逻辑的读者来说,这里有些表述可能显得有些含混。所谓"结合体"指的是推理中的假言式大前提,比如"如果现在是白天(P),那么天是亮的(Q)"。其中P是"前件",Q是"后件"。而联言命题或析取命题也是由两个从句(通过"和"或"或者")而结合在一起的前提命题,这被称为"双前提"的"结合体"。这五种推理用今天的术语说依次就是:(1)假言推理的肯定前件式($p\rightarrow q$, p, 所以 q);(2)假言推理的否定后件式($p\rightarrow q$, $\neg q$, 所以 $\neg p$);(3)联言推理的否定式(并非 $p\wedge q$, p, 所以 $\neg q$);(4)选言推理的肯定式($p\vee q$, p, 所以 $\neg q$);(5)选言推理的否定式($p\vee q$, $\neg p$, 所以 q)。第欧根尼·拉尔修的书中也记载了这五大不证自明的论证,不过他的表述形式与塞克斯都·恩披里柯的有所不同:

> 第一类不可证明的陈述是这样的;其中整个论证都由一个假言命题和由这个假言命题开头的从句构成,而最后的从句是结论。例如:"如果前者,则后者;而前者真,故后者真。"

① 塞克斯都·恩披里柯:《皮罗学说概要》第2卷,第157—158节。

第二种类型是这样的:它使用一个假言命题和作为该命题的后句的对立面的命题,而其结论是假言命题的前句的对立面;例如:“如果现在是白天,则现在明亮;但是现在天不亮,因此现在不是白天。”这里的小前提是假设句后句的对立,而结论是前句的对立。

第三类不可证明的陈述的大前提是若干否定命题的联合,而小前提是这一联言命题的子命题之一,从中得出的结论是剩余子命题的对立面。如:“不会是柏拉图既死了又活着,而他是死的,所以柏拉图不是活着。”

第四类使用一个选择命题,并把选择中的两个可选项之一作为前提,而其结论是另一个可选项的对立面。如:“要么A要么B,而A真,因此B假。”

第五种类型的论证的前提由一个选择命题和选择中的可选项之一的对立面构成,而其结论则是另一个可选项。如:“要么现在是白天,要么是夜晚;现在不是夜晚,故现在是白天。”①

有的时候,斯多亚学派不是用字母,而是用序数来表达命题。比如假言命题的肯定前件式就可以表达为:

如果第一个,则第二个;

确实是第一个,

因此,第二个。

也许,这样的表达更能突出逻辑正确性的关键是形式,而不是内容。如果说亚里士多德的三段论逻辑主要依赖的是“所有”、“有些”和“是”与“非”,那么斯多亚学派的命题逻辑主要依靠“如果”、“和”、“或者”与“非”的逻辑词项的性质。这是两种逻辑。② 通过明确规定这些逻辑词项,斯多亚学派认为与此相关的五大推理的正确性是不证自明的。然后,斯多亚学派在检验复杂推理的正确性时,再考察它们是否能够借助某些逻辑原则(*themata* 或“基础规则”)还原到这五大不证自明的推理之上。可惜这些原则大多遗失。

---

① 第欧根尼·拉尔修:《著名哲学家的生平和学说》第7卷,第80节。

② 参见塞拉斯:《斯多亚主义》,第56—60页。

（2）形式正确而且前提真实

进一步说，在定论性的（形式正确的）论证中，有些是真的，而有些不是真的。只有当不仅由前提的组合及推论所形成的三段论是正确的，而且结论以及作为三段论前件的前提组合也都是真的时，这一论证才是真的。所以，“正确”指的仅仅是逻辑形式上的正确；“真”指内容上的。当前提的组合的所有部分是真的时，这个组合才是真的，就像如果现在是白天，则天是亮的；“现在是白天，现在天是亮的”这个论证。但是，有的命题与此不同。比如像这样一个论证——“如果现在是晚上，那么天是黑的；实际上现在就是晚上；因此天是黑的”。尽管它的形式是正确的，是定论性的，但是，如果在说出这一个论证的时候正好是白天（则组合的部分不真），它就不是真的了。① 也就是说，斯多亚学派推理的真值也与时间有密切的关系。

（3）具有证实力量的

斯多亚学派进一步认为，在真的论证当中，有些是“能够证实的（probative）”，有些是“不能证实的”；所谓能够证实的论证，就是那些通过先在地明白的前提来演绎不明白的东西的论证；否则，就是不能够证实的论证。按照这个标准，则同义反复的论证就被排除了，因为它没有告诉我们新东西。甚至连有些不属于严格的同义反复的论证，由于几乎没有揭示什么不明白的东西，也被拒之门外；例如这样一个论证：“如果现在是白天，那么天是亮的；实际上现在是白天，因此现在天是亮的”，在斯多亚学派看来就不是“能够证实的论证”，因为它的结论“天是亮的”是先在地明白的，用不着靠论证揭示。但是，像这样的论证：“如果汗从表面流出，那么存在着不可感的孔道；但实际上汗的确从表面流出，因此存在着不可感的孔道”，就是一个能够证实的论证，因为它的结论“存在着不可感的孔道”是不明白的。② 所谓不明白，就是感性经验中无法观察到的。在此，推理真正发挥了它的感性所无法取代的认识真理的力量。

---

① 参见塞克斯都·恩披里柯：《皮罗学说概要》第2卷，第12节。

② 参见塞克斯都·恩披里柯：《皮罗学说概要》第2卷，第14节。

(4)发现的

斯多亚学派认为,即使是在那些能揭示不明白的东西的论证中,也还是可以区分出两类。一类是仅仅通过"进展"的方式把我们从前提引导到结论的,这些论证仅仅依赖于信念和记忆,例如这个论证:"如果神已经对你说过这个人确实会富有,那么这个人将会富有;既然神(宙斯)确实已经对你说过这个人将会富有;因此这个人将会富有";我们之所以赞同这个结论,并不是根据前提的逻辑力量,而是根据我们对神的信念。但是,有些论证与此不同,它既通过进展的方式,也通过"发现的"方式来引导我们得出结论,比如像这个论证:"如果汗从表面流出,那么就存在着不可感的孔道;而第一个分句确实是真的,因此第二个也是真的"。这并不能依靠信念,而是靠理性的推理。如果人们接受一个自然事实,即水分不能通过坚固紧密的身体,人们就能从汗的流淌中发现细小孔道的存在这个事实。由此可见,斯多亚学派逻辑学所谓的"发现性",指的是句子之间的这些严密关联不仅是现象的、明白的句子相互之间的关联,而且是通过现象句子关联上奥秘真理的句子、不明白(无法观察到)事物的句子(比如:"因为草木昌盛,所以善意的神存在")。这样的句子的真理性依靠逻各斯的力量(推理的必然性)而被"揭示"和证明。

最后,塞克斯都总结了上面的各个步骤,得出了斯多亚学派逻辑学关于"证明"的总定义:因此,证明应当是这样一个论证:它是演绎的、真的,并且可以通过前提的效能而发现不明白的结论。正因为如此,证明被界定为"利用公认的前提,通过演绎的方式,发现不明白的推论的论证"①。由此可见,斯多亚学派企图用推理发现深刻的、不明白的东西,而不是仅仅满足于绝对真实、然而是同义反复的形式。

在讨论斯多亚学派逻辑学尽力使自己的逻辑形式发挥揭示新东西的"实质逻辑"的同时,我们必须再次强调,斯多亚学派的"形式"派的势力也很大。或者说,斯多亚学派中对于逻辑的形式推演的工作在古代更为人深知。曾经有很长时间,直到19世纪,学术界都看不出斯多亚学派在逻辑形式上的这些

① 塞克斯都·恩披里柯:《皮罗学说概要》第2卷,第14节。

工作的意义。在古代的公共政治生活背景下,修辞学比“形式逻辑”的地位显赫得多。斯多亚学派的修辞学并不发达,这曾经导致了后来以修辞学技艺和理论著称的西塞罗的猛烈抨击,认为这表明了斯多亚学派哲学忽视生活和公共生活。作为修辞术大师,西塞罗提出的语言学问中各个部门的顺序与斯多亚学派所提出的顺序相反,他坚持修辞术优先,因为修辞术才是创造性的,而辩证法只是对修辞术所创造出来的话语进行分析判断,所以只是第二位的。① 由于言说与真理的关系,修辞学和辩证法(“逻辑学”的主要内容)被并列为斯多亚学派的认识论中最早的两大部门,不过,尽管都与言说有关,在修辞学和辩证法之间,学者一般认为斯多亚学派的“辩证法”已经从一般语言理论上升为发现真理、或至少确定真理的方法(属于今天的“认识论”),从而高于修辞学。这也许可以解释斯多亚学派为什么对于修辞的重视没有对辩证法的重视大。在他们看来,修辞术不过是如何让思想表达得更为适合于不同人的艺术,而不是某种在言说中得出真理的实质性的东西。“他们把修辞学理解为对在连续叙述中如何良好陈述的科学。”真正具有实质性、骨干性的东西是表述中的真理性,而这是辩证法(狭义的“逻辑”)的任务,因为它是语言学中关于真理的学说。斯多亚学派对于辩证法—逻辑学的强调,发展出了用真值条件规定复合句及其论证的真理性的形式化的命题逻辑。但是以西塞罗为代表的古代人因为大多数人不懂命题逻辑,所以多把斯多亚学派逻辑学对精确性和形式性的强调看做是烦琐、无意义、纯粹陷入语词诡辩的哲学家的典型。

但是,到了19世纪末和20世纪初,随着现代逻辑的出现,人们对于斯多亚学派的逻辑思想在古代思想中的领先性刮目相看,尤其是著名的波兰数理逻辑家卢卡西维茨(Lukasiewicz)对其“平反”之后,再也没有人说斯多亚学派逻辑只是亚里士多德逻辑的形式主义的、拙劣的翻版,更多地是充分肯定斯多亚学派的以命题逻辑为中心的逻辑体系的历史创新性。为了突出斯多亚学派逻辑的优越性,许多学者甚至撰文论证,在时间上处于斯多亚学派前面的亚里

① 参见 LS,31F,G。

士多德逻辑并没有影响过斯多亚学派逻辑的发展。用一个不确切的表达说就是,亚里士多德的逻辑是直言三段论,而斯多亚学派的逻辑是假言三段论,他们在搞完全不同的东西。亚里士多德不可能影响斯多亚逻辑。巴恩斯的一篇文章是这种极度“偏爱”斯多亚学派的典型代表,让我们稍微展开考察一下他是如何为斯多亚学派“平反”论证的。巴恩斯尽管承认亚里士多德及其学生确实已经有过类似的“五大假言推理”的思想,但是从种种材料可以推论,斯多亚学派逻辑没有受到亚里士多德派的影响。巴恩斯的论证是这样的:就亚里士多德本人而言,尽管他曾经承诺要撰写“以假设为基础的”三段论,但是,他从来也没有实践过他的承诺。至于亚里士多德的某些学生,确实有人研究了假言三段论,因为古代学者说过这样的话:“我们应当看到亚里士多德的学生,塞奥弗拉斯特和欧德谟以及其他人,就此发表过很多著述,斯多亚学派也是如此。”①但是巴恩斯并不认为由此可以直接推出斯多亚学派逻辑来自亚里士多德逻辑。

巴恩斯从亚历山大的一段评注开始。这段话中列出亚里士多德学生曾经提出的五种假言三段论:

首先是依靠假言命题加上一个假设的三段论,其一般形式为:

(A)如果 A,那么 B,但是 C,所以 D。其具体形式有两个:

(1)如果 P,那么 Q;但是 P 真,所以 Q 真。

(2)如果 P,那么 Q;但是非 Q,所以非 P。

然后是依靠析取命题加上一个假设的三段论,其一般形式为:

(B)或者 A 或者 B,但是 C;所以 D。其具体形式也是两个:

(3)或者 P 或者 Q,但是 P,所以非 Q。

(4)或者 P 或者 Q,但是非 P,所以 Q。

最后一个是依靠对一个联言命题的否定加上一个假设的三段论,其一般形式为:

(C)并非既是 A 又是 B;但是 C,所以 D。

---

① Philoponus, *in Apr.*, 242.18—21.

(5)并非既是 P 又是 Q,但是 P,所以,非 Q。

巴恩斯承认,在这五种推理中使用的都是斯多亚学派的连词,而且从(1)到(5)的例子正是克律西波用来作为假言三段论基础的著名的五大“不证自明”的论证形式。那么,能不能由此就说斯多亚学派逻辑历史根源就在这里?再明白一点说,能不能说克律西波从漫步学派剽窃了这些东西?巴恩斯认为,如果得出这样的结论,那也过于荒谬了,因为没有任何证据表明塞奥弗拉斯特围绕(1)到(5)发展出一个逻辑理论,也没有任何证据表明他认为它们是“不证自明”的论证,没有证据表明他把它们看做是假言三段论的基础,没有证据表明他把 A 到 C 设想为一个统一的逻辑体系。总之,没有任何证据表明他预想到了任何克律西波逻辑的那些杰出的特色。① 当然,巴恩斯知道有人会问:亚里士多德派和斯多亚学派都使用同样的连词,这难道仅仅是巧合?有没有这样的可能性:斯多亚学派读了亚里士多德派的逻辑著作,然后继承其遗志,发其所未发,终于超过了亚里士多德派?巴恩斯同意斯多亚学派应该读过亚里士多德的著作。学术界一度相信的“亚里士多德去世后他的著作被长期隐藏起来”的说法现在已经被认为不可靠,而且古代各种学者的记载中也可以看到斯多亚学派与亚里士多德在逻辑上的来回交锋,这说明斯多亚学派是读过亚里士多德的逻辑著作的。但是,巴恩斯还是认为,这并不能说明斯多亚学派哲学家从亚里士多德那里借鉴了命题逻辑的连词,因为这几个连词是当时的常识,如果任何人要搞逻辑,都避不开“如果”、“非”、“和”、“或者”等等。所以,谈不上克律西波采纳这些逻辑连词是“因为”塞奥弗拉斯特采纳了它们。巴恩斯要强调的是:问题不在于斯多亚学派有没有意识到漫步学派在逻辑中的工作,而是这一意识是否影响到他们自己的逻辑思想,决定了他们的思考路向。具体地讲就是:是否可以证明克律西波之所以在逻辑上持什么观点,乃是因为亚里士多德曾经持有了这样的观点。巴恩斯对作出这一论证的可能性是否定的,因为就现有材料看,克律西波没有直接受到亚里士多德派的逻辑

① 参见巴恩斯:《亚里士多德和斯多亚逻辑》,载于伊罗蒂亚克诺:《斯多亚哲学专题研究》,第 46 页。

的影响。①

巴恩斯的论证中显示出来的“斯多亚偏爱”淋漓尽致。这是当代斯多亚学派研究中的主导立场。朗格虽然不是一个极端化的学者,但是他也提出了类似的看法。他说,斯多亚学派关于形式推理的说法与亚里士多德的演绎逻辑尽管有一致的地方,但是它们的区别要远远超过它们的一致。和亚里士多德一样,斯多亚学派也非常重视演绎论证的范式,在这种论证中,通过作为前提的两个命题的结合,可以推断出作为结论的第三个命题。这些是相同的。但是,亚里士多德的逻辑学是一个依靠确立词与词之间关系进行推理的体系,而斯多亚学派的逻辑学中的变项是句子而不是词语。有意思的是,虽然亚里士多德的三段论不是以假言命题为依据的,但是他却经常把三段论的大前提表述为条件句。如:“如果所有的人是要死的,……”相反,尽管斯多亚学派的论证形式中只有一部分使用了条件式,其他时候使用的不是假言式,而是诸如“前件为真后件却为假,这是不可能的”这样的表达形式,但是斯多亚学派的推理却是货真价实的假言推理。朗格也像巴恩斯一样看到了亚里士多德的继承人塞奥弗拉斯特的某些思想在一定程度上预示了斯多亚学派提出的假言推理范式,但是朗格说塞奥弗拉斯特并没有提出命题逻辑,因为他所做的一切实际上都是以亚里士多德的词语逻辑为基础的。②

第四节　自然奥秘认识论

综合前面的讨论我们可以看到,斯多亚学派“逻辑认识论”的追求是严密的必然性、确定性和系统性:前提是确定的——所谓“把握性呈现”和“自然的概念”;程序是确定的——自明的简单命题和建立于其上的复杂命题。斯多

① 参见巴恩斯:《亚里士多德和斯多亚逻辑》,载于伊罗蒂亚克诺:《斯多亚哲学专题研究》,第47、52页。巴恩斯说:在思想史上,要明确证明谁影响了谁,比如弗雷格影响了罗素,需要有传记类型的材料。但是我们没有亚里士多德影响克律西波的这方面的任何传记性材料。

② 参见朗格:《希腊化哲学》,第142—143页。

亚学派认识论的路线依靠的是经验论还原论和公理化方法论:一切复杂的都还原为基本的、简单的,而简单的则是自明的。现在,我们可以回到本章开头的问题了:这样的认识论就是斯多亚学派的深刻智慧吗?我们将分三个部分讨论这个问题。

一 形式化和公理化的意义

这样的逻辑—认识论是不是关于真理的学说?这个问题首先涉及什么是“真理”。前面提到,斯多亚学派哲学把逻辑学的核心“辩证法”定义为“关于真、假和不真不假的学问”。然而,此处讲的真是不是就是“真理”?斯多亚学派认为有两种“真”,一种是“真的”,一种是“真理”:

> “真的”在三个方面不同于“真理”——本质上、组成上、效能上。在本质上,“真的”是非形体性的(incorporcal),因为它是判断和“表达”,而“真理”是一个形体(body),因为它是宣告所有真的东西的知识,而知识是人的主导部分的一种特殊状态,正如拳头是手的特殊状态一样;主导部分[即灵魂]是一个物体——按照他们的说法,它是一种气息。在组成上,因为“真”是个简单的东西,例如“我说话”,然而“真理”是很多真认识的组合体。在效能上,由于“真理”依赖“知识”,但“真的”并不总依赖于知识。因此,正如他们所说,“真理”仅仅存在于好人之中,而“真的”也存在于坏人那里,因为坏人也可能说出一些真的东西。①

按照这样的区分,我们本来指望斯多亚学派哲学的认识论应当主要谈“真理”。然而,正如许多研究者所指出的,斯多亚学派的“逻辑”主要关心的是日常具体的“真”,而不是“真理”(the truth)。② 这也就是谓述的“真”与“假”。这样的“真的”只不过是日常句子的真值特征,与事实一致的判断或命题的真,这显然是常识世界的事情。而我们知道,日常知识并不是智慧。这一点正是斯多亚学派自己承认而且强调的。在斯多亚学派哲学家看来,大多数

① 塞克斯都·恩披里柯:《皮罗学说概要》第2卷,第8节。

② 参见朗格与西德莱:《希腊化时期哲学家资料选编》,第202页。

人都能掌握常识,即使是坏人也能说出真的事情;但是坏人显然不拥有真理,事实上,整个人类中就没有一个人是智慧的人(“贤哲”)。

纯粹形式的逻辑,强调的是极端的形式性,也就是普适性,所以它只能是空泛而不确定的。当然,人们或许希望“普适”意味着既适用于现象界,也适用于深刻世界;但是,现代逻辑分析哲学家几乎没有利用符号逻辑(也是以命题逻辑为核心)得出什么深奥的哲学,得出的大多是经验论的日常宇宙观,而不是总体论的、目的论的、生机论的、泛神论的宇宙观。这倒并不是由于现代人已经完全否认奥秘的存在。但是无论有没有奥秘,与逻辑—认识论无关,因为形式化的逻辑也许根本就不适于探讨辩证性的自然奥秘。维特根斯坦对此的洞见不应被忘记。他在整个《逻辑哲学论》的结尾点明了全书的主题:确实有奥秘的东西,但是那无法在逻辑体系中被说出来。而对于说不出来的,就应当保持沉默。① 这些话表明,维特根斯坦并不认为自然奥秘(比如自然辩证性)是没有的,相反,维特根斯坦像斯多亚学派的克里安提斯,对自然的奥秘拥有强烈的信念。但是,他认为这是私人的事情,而不能用公共的、主体间性的命题形式表达出来。维特根斯坦晚年也思考过私人语言是否可能,但是他的结论是否定的。这当中的理由比较复杂,可能主要是因为形式化的逻辑本质的特点是清晰明白、确定性、遵守不矛盾律。唯有如此,才能进行公理化的、必然性的逻辑演算,从而构成一个首尾一贯的“严密体系”。

与此相反,自然奥秘智慧的标志之一是辩证性,因为它所涉及的是不同类型的知识,所以与日常知识经常处于对立当中,难以用日常语言表达,也不为常识所理解,相反,经常“破坏常识”,“破坏语言的基本规律”如不矛盾律、同一律。如果说形式化的逻辑以二值逻辑(A=A,A 不是¬ A)为标志,那么自然辩证法知识的基本特征就是 A=¬ A。这可以从几个方面看:第一,现象个体事物不是个体事物(A),而是背后的大火(¬ A)。这样的知识不是常识。常识—逻辑主张这个人就是这个人,不会从这个人身上看出“非此人”、看出非人(神)。但是斯多亚学派的哲学智慧恰恰要求这么看。第二,现象个体不会

① 参见维特根斯坦:《逻辑哲学论》,7.1。

永远保持这个现象个体,A 会立即变为¬ A,这是赫拉克利特的自然辩证法的主导精神之一,也是斯多亚学派哲学所继承的自然哲学基本原则。永恒流动的宇宙大火必然意味着对于个体的恒常不变性的破坏。第三,所谓命题逻辑,说到底并不是困难的,它是"中人之智"就可以把握的,至少是所有"斯多亚学派教师"都应该掌握的。但是斯多亚学派明确宣布没有一个人是贤哲,即使娴熟掌握了逻辑的克律西波也不应该例外。贤哲的特征就是掌握了智慧。看来智慧原则上超出了人类理性能力的范围之外,当然不会简单服从日常生活的逻辑。

人们不仅要问:既然斯多亚学派哲学在当时是作为"新赫拉克利特哲学"登上希腊化罗马世界的舞台的,是以讲深奥智慧为使命的哲学,为什么在其认识论中要大讲日常智慧的逻辑?巴门尼德已经提醒人们"真理之路"与"意见之路"截然不同,为什么在斯多亚学派认识论中它们却好像完全合一?

二 一种可能的解释:分工与护道学

对此,我们可以尝试提出一种可能的解释:不同的斯多亚学派哲学家之间在"真理之路"和"意见之路"之间有分工。巴门尼德也在阐释了真理之路之后要求人们学习意见之路,因为这样才能立于不败之地。斯多亚学派内部可能也形成了这样的分工:有人专门研究高级的、正面的、建设性的、发现性的智慧,但是那不是克律西波等人所热衷的命题逻辑体系;而克律西波发展的命题逻辑主要是低层次的、负面的、辩护性的、对外护道的学问。换句话说,今日我们所看到的斯多亚学派的庞大的逻辑学—认识论其实并不是其真理之路,最多只是其哲学智慧中的一小部分,而且是不太重要的部分。

让我们看看斯多亚学派对其逻辑—辩证法的规定:"辩证法使人区分真理和谬误,辨明什么只是似乎真的和什么是表述含糊的;没有辩证法,也不能有条理地提问和回答"。① "逻辑"顾名思义是关于语言的,所以它严格地说是说话上的正确和得体。说话得体则意味着论辩术之精微,在与敌人的辩驳

① 第欧根尼·拉尔修:《著名哲学家的生平和学说》第 7 卷,第 47 节。

中不会被驳倒。这样的宗旨也可以从斯多亚学派在哲学部门三分法中对"逻辑"的性质的规定("护墙")中看出。斯多亚学派的辩证法的大量精力或者说第一目的可能是防护性的,即保护理性的正常运行。而这并不能顾及第二个目的,即认识论上的发现真理,而是保护基本的说话可能性。从克律西波留存下来的著作看,有浩瀚的文字是放在这一方面的。① 这正是斯多亚学派的贤哲必须学习"辩证法"、具备辩证法德性的原因:

> 他们说辩证法是必不可少的,而且是一种囊括了其他个别德性的德性。"避免草率"是一种心灵知道何时应当认可印象的知识。他们把"谨慎"理解为对目前看起来可能的事物持一种强烈的假定态度,以免陷入其中。"无可辩驳"是论辩中的力量,使自己不至于被论证转变到对立的立场上。"踏实"是一种把印象提交给正确理性去考察的习惯。他们把"知识"自身定义为要么是一种确定无错的理解,要么是一种在接受印象时不可有为论辩所动摇的习惯或状态。他们认为,若不研究辩证法,智慧之人就不能保证自己在论辩中从不出错。②

爱比克泰德在斯多亚学派中尽管对逻辑的评价不高,但是他也认真地指出了逻辑对于斯多亚学派而言是因为护道学的需要而出现的。生活在哲学家中间,他很清楚许多人在论证中使用模糊含义的术语偷换概念,或是在提问与回答中设法把人诱入圈套,得出意想不到的结论。如果一个人要不为所动,就必须研究逻辑:

> ……一个人还必须懂得一个事物如何会成为其他事物的一个结果,以及一个事物如何会有时起源于一个事物,而有时会起源于若干个结合在一起的事物。一个人也应该获得这样一种能力,难道这不是必要的吗?——如果他想在论证的过程中为自己进行明智地开释,如果他想的不仅仅是证明他所试图证明的每一个观点,而且还想理解那些正在进行证明的人的论证的话,以及如果他想不被那些好像正在证明某种东西的

---

① 参见第欧根尼·拉尔修:《著名哲学家的生平和学说》第7卷,第192节。

② 第欧根尼·拉尔修:《著名哲学家的生平和学说》第7卷,第47节。

人所说的歧义的遁词所误导的话。这样，在我们中间，从此就兴起了一种对推理论证和逻辑类型进行研究，并对人类进行训练的科学，它表明自己是必不可少的。

除了明智的人，还有谁能运用论证、精通问答，以宙斯的名义，还有谁能免于完全欺骗和自相矛盾的谬论？那他是不是应该进行辩论，但却不尽力使自己在论争中免于随意和冒失呢？①

斯多亚学派十分需要这样的护道学，因为柏拉图新学园派怀疑论对芝诺的叛出和创立"斯多亚学派"发起了全面的进攻。学园派怀疑论进攻的主要工具正是 A = ¬ A，或者"二律背反"：无论你提出什么命题 A，我都能证明 ¬ A。具有历史讽刺意味的是，这种几乎推翻了斯多亚学派的怀疑论方法据说来自赫拉克利特！尤其是学园派的埃涅西德姆，被公认是赫拉克利特思想的传人。而我们知道斯多亚学派也是赫拉克利特的传人。赫拉克利特在"混同肯定与否定"上令古代人大为恐慌。我们只要想到柏拉图在《智者篇》中、亚里士多德在《形而上学》中已经耗费了大量精力区分多种不同的"非"（不是、否定）就可以明白了。斯多亚学派在对简单命题的分类中，也仔细区分了上一节提到的"否定"的不同含义："否定的"（否定词+命题，比如"并非：现在是白天"）、"否认的"（否定词+谓词，比如"没有人在走路"）、"匮乏的"（匮乏词+潜在命题，比如"这个人不善"）。这种仔细区别并不仅仅是学究气的烦琐分析，而且涉及确定性逻辑反击古代"辩证法"或"诡辩"的一贯性努力。"是与非"的确定，是逻辑的二值原则的基础。事实上，斯多亚学派逻辑在规定命题的真值时，就已经不得不涉及否定和矛盾的概念："一个真的命题就是确实是的，而且与某种东西矛盾的。"（LS，34D）如果对于是与非、肯定与否定的概念本身都无法清晰辨识，那么势必给企图动摇清晰思维逻辑的诡辩家以可乘之机。

斯多亚学派逻辑学的护道学意义尤其集中地体现在其"解决诡辩"的系统努力上。希腊罗马哲学家们曾经对于理性的认识真理的能力极为信任。斯

① 爱比克泰德：《哲学谈话录》第 1 卷，第 7 章第 10—13、26—27 节。

多亚学派对于怀疑论对人的认识能力的攻击很不以为然:

> 心灵首先接受理解性认识,它热爱你们所说的把握性印象……既是为了它们本身,也是为了它们的用处。因此,它使用感觉并创造出专业技艺作为第二感觉,并且增强哲学的力量,直到使其成为整个生活依赖于其上的德性。所以,那些说没有任何东西能够被把握的,就剥夺了生活的工具或设备本身,甚至可以说摧毁了整个生活的基础,并且剥夺了赋予生物以生命的心灵,这些人的鲁莽真是难以言说。①

但是,诡辩(悖论)的发现动摇了这样的乐观信念。诡辩在古代确实令学术界大为震惊,因为它表明理性居然可以同时证明一个命题的肯定与否定。事实上,怀疑论的基本原则"二律背反"就可以说是一个最大的悖论。悖论可以从两个角度威胁理性:一方面,一个是直接威胁:既然推理中存在的大量无法消解的"悖论",能够证明 $A=\neg A$,那么理性根本是不可靠的,无力承担认识世界真理的任务,结果唯有悬搁判断;另一方面,悖论还有一个特点,就是"貌似有理",即看上去不是假的,但是其实却是假的。所以,智术师可以运用悖论,披着"理性"的外衣来招摇撞骗。

斯多亚学派哲学以理性的维护者自许,所以斯多亚学派逻辑学花了大量的精力在解决悖论上,发展出了斯多亚学派逻辑学中的一个专门的部分。芝诺当年在学习阶段就到著名的逻辑学派麦加拉学派学习过逻辑,而麦加拉派的大师们擅长发明"逻辑悖论",欧布里德(Eubulides)发明了"说谎者悖论"和"谷堆悖论",狄奥多罗发明了"主人悖论"。许多斯多亚学派哲学家认为这是无关的烦琐哲学,纯属浪费时间;但是,芝诺却乐此不疲,兴奋地学习化解之道。既然斯多亚学派认为德性就是智慧,智慧的人不允许理性被悖论推翻,就会认为这些逻辑工作对于坚持真理信念是至关重要的。塞克斯都说道:

> 那些推崇辩证法的人说,辩证法对于揭露诡辩是必不可少的。他们说,如果辩证法能够区分真的和假的论证,诡辩是假的论证,那么辩证法就能够识别这些通过表面上似乎有理而实际上歪曲真理的诡辩。因此,

① 西塞罗:《论学园》第2卷,第30—31节;LS,40N。

当辩证法想帮助摇摇欲坠的日常生活时，就竭力向我们教授诡辩的概念、它们的种类区别以及如何解决它们的方法。①

首先，对“悖论”的解决依靠对悖论的本质的认识。悖论在古代属于广义的“诡辩”。塞克斯都介绍了可能是源自斯多亚学派对于“诡辩”的一个定义：“狡猾地建构起来以诱使人们接受其推论的似乎有道理的论证，它要么是假的，要么是类似于假的，要么是不明白的或不可接受的”。这个概念中除了定义，还包括了种类。就本质概念而言，诡辩的特点是看上去有道理，实际上是错误的，所以这才是理性的羞耻或困难。因为如果看上去就是错误的，那么也不会对理性造成什么威胁了。但是看上去没有违背理性的规则而实际上是错误的，就会连带着把其他正确的理性推理一道拉下水。

其次，要对诡辩进行分类，找出其中的规律和原因。当时已经发现的诡辩有许多种，比如遮蔽者式、把握不定者式、谷堆式、有角人式、无人式②、主人论证③等等。人们已经对它们进行了分类。比如拉尔修的分类是：

第一类，依靠说话和事态的：说谎者论证，讲真话论证，否认论证，谷堆论证；

第二类，有缺陷的、无法解决的和形式正确的论证；

第三类，遮蔽者式，有角人式，割草人式。

塞克斯都·恩披里柯也有一个分类，它与第欧根尼·拉尔修的分类不尽相同，似乎已经是从诡辩的原因的角度进行分类了。他说斯多亚学派把诡辩分为四种：假的、类似于假的、不明白的、不可接受的。所谓“假的”诡辩的例子是：“不会有人请别人喝谓词，但是‘喝酒’是一个谓词；所以没有人请别人喝酒。”所谓“类似于假的”之诡辩的例子是：“过去和现在都不可能的东西不是荒谬的；谋杀对于医生——就其作为医生——来说，过去和现在都是不可能的；因此医生——就其作为医生——从事谋杀并不荒谬。”所谓“不明白的”之诡辩推理的例子是：“‘我首先已经问过你一个问题’和‘星星的数量不是偶

① 塞克斯都·恩披里柯：《皮罗学说概要》第2卷，第22节。

② 比如“如果人在这里，则他不在罗德斯；但是确实有人在这里，所以无人在罗德斯”。

③ 有关“主人论证”，参见朗格和西德莱：《希腊化时期哲学家资料选编》，第234页。

数'并非可以同真;而我首先已经问过你一个问题;所以星星在数量上是偶数的。"所谓由于其他原因而不可接受的诡辩有比如所谓的"违反语法的论证"(solecistic),例如——"你所看(look)的东西存在;你有一个狂热的外表(look);所以'狂热的'存在";或者"你所盯住的东西存在;你盯住一个红肿的斑点;所以'盯住一个红肿的斑点'存在"。①

这些诡辩并不是它们看上去的那么琐屑,至少其中有的论证涉及重大的理论问题,危及斯多亚学派哲学的基础。比如"谷堆"(Sorites)论证。拉尔修给出的例子是:"并非2是很少而3却不是。并非3很少而4却不是。如此下去一直到10。我们已经肯定2很少,所以10也很少。"伽伦的记载是"我问:告诉我,你是否认为一粒谷子是一个谷堆?你会说不是。然后我又问:两粒谷子呢?我的目的是这么一直问下去,如果你不承认2粒谷子是谷堆,我就会问你3粒谷子呢?然后我会进一步问你4粒、5粒、6粒、7粒和8粒。你任何时候都不会接受一粒谷子能够决定谷堆的出现或不出现。所以即使无限增长到极大,也不能说谷堆出现了。所以,就不存在谷堆。"②

谷堆论证的重要性在于它不仅很难解答,而且涉及许多本体论和伦理学的问题:如何确认事物之间的质的差别?而明确事物的差别——比如善与恶,有知识与无知识的区别——对于斯多亚学派哲学的立场是至关重要的。如果回答不了这个悖论,还难以解决质变的本性,而斯多亚学派诉诸人的自然发展阶段以及"大转变",都是在依靠质变来明确地区分不同事物的本质。谷堆论证还否认了整体(集合体)的存在可能性,而我们知道斯多亚学派的基本哲学立场,无论是在自然哲学还是在政治哲学中,都是整体主义者。从认识论上说,怀疑论敏锐地指出,既然最后一个把握性的印象紧接着第一个非把握性印象,就无法区分,所以就不存在把握性印象。(有关怀疑论如何利用谷堆论证攻击斯多亚学派的神学和认识论,参见本书本卷"怀疑论"编。)

再如,"说谎者悖论"初听上去也许只是一个文字游戏。它的表述是:"我

---

① 参见塞克斯都·恩披里柯:《皮罗学说概要》第2卷,第22章第229节。

② Galen, *On Medical Experience*, 16.1—17.3; LS, 37E。

在说谎。”(或者:“我说的话是错误的。”)这句命题的特点是,如果肯定它真,则它就是假的;但是肯定它是假的,它又是真的。关键是这个命题是自指的。米努齐说,对于这一悖论的最早清晰描述是在西塞罗的《学园派》中:

> 很清楚,逻辑的一个根本原则就是说出来的话(即所谓“命题”,*axioma*)必须或者是真的,或者是假的。那么,下面这句命题是真的还是假的?即:“如果你说你在说假话,而且你说你真的是在说假话,那么你在说假话就推导出……你在说真话。”这些命题是无法解决的。①

其他人也讲到过这个悖论,比如 Gellius 就写道:“有人问怎么解决这一诡辩:当我说假话,而且我说我在说假话,那么我是在说假话还是说真话?”②这个悖论导致了对理性的威胁,因为它以清晰无误的方式告诉我们:命题可以同时既是真的、又是假的。而这个结果显然违背命题的基本定义,动摇了二值逻辑的基本原则。

在确定了诡辩的概念和种类之后,斯多亚学派进一步提出了解决办法。塞克斯都·恩披里柯记载了斯多亚学派是如何分别解决那四种诡辩即“假的”诡辩、类似于假的诡辩、不明白的诡辩和其他比如违反语法的论证的。由于这些涉及的大都是技术性的逻辑问题,在此不详细展开。③ 对于谷堆论证,克律西波的基本策略是思想的“截断”(cutting),即当面对需要区别微小的印象时,贤哲就停止判断,保持沉默。④ 至于“说谎者悖论”,因为它直接涉及二值逻辑的基本原则,为了捍卫命题的存在从而语言—逻辑的存在,许多哲学家纷纷上场加以阻截。我们可以作为典例稍加展开讨论。克律西波可能是古代哲学家中对此投入精力最多的一个。从第欧根尼·拉尔修保存的克律西波著作清单看,此人起码写了 7 卷书专门讨论这一主题。现代学者米努齐(Mario Mignucci)就此写过《说谎者悖论与斯多亚学派》的专文,总结了前人的相关研究,并且提出了自己的看法。我们下面的讨论就依据这篇专文。

---

① 西塞罗:《论学园》第 2 卷,第 95 节。

② Gellius,*Noctes Atticae*,18.2.9—10.

③ 有兴趣者可以参见塞克斯都·恩披里柯:《皮罗学说概要》第 2 卷,第 22 节。

④ 参见塞克斯都·恩披里柯:《反职业家》第 8 卷,第 85 节;LS,37E。

克律西波是怎么解决这个悖论的?有两种可能,第一种是指出这一命题是假的,因为它能推出矛盾。第二种是指出这一命题不是命题,它并不是假的——但是它也不是真的,而是没有真假值的,而一个命题的基本特征就是非真即假。这样,看上去它是命题,却实际上不是命题。这应当是一个很好的解决诡辩的策略,正像其他有些看上去像推理的命题串其实不是推理一样。克律西波到底考虑过采纳哪一种方案?现有的材料没有明确的答案。但是从普卢塔克批评克律西波的一些话看,似乎是后者。普卢塔克专门撰文批评斯多亚学派,说他们批评别的哲学家破坏了常识,但是他们自己才是真正费尽心机四处破坏常识的,以至于克律西波的弟子们甚至都对他关于“说谎者”悖论的解法提出了异议:

> 因为,好人啊,如果否认了由矛盾命题组成的联言命题显然是假的,而且相反,还肯定说有些前提真、推论也正确的论证的结论的矛盾句居然也是真的,那么,还有哪种证明的概念或是信念的把握性概念没有被彻底颠覆?章鱼据说在冬天的时候会咬掉自己的触角;但是克律西波的辩证法截下并摧毁自己最重要的部位、自己的根本原则,请问它的怀疑还放过了什么任何其他的概念?(Comm.not.,1059*D*-*E*)①

根据米努齐的分析,从这段并非十分清晰的话中可以看到有两点是在反对克律西波:第一,克律西波拒绝承认由一对矛盾命题组成的联言命题是假的;第二,他认可了这样的论证,即前提真、形式正确,但是其结论的否定式却是真的。② 就前者而言,普卢塔克似乎在说克律西波居然接受了矛盾为真。就后者而言,普卢塔克的指责似乎是克律西波居然违背了“论证”的基本原则,即不能前提真而后件假。

米努齐说,对于说谎者悖论,历史上有两派看法,一派是严格派,他们认为“我在说谎”这句话是一个假命题,因为它导致矛盾;一种是宽松的,这些人认

---

① 普卢塔克:《反斯多亚学派的若干共同观念》,1059D—E。

② 参见米努齐:《说谎者悖论与斯多亚学派》,载于伊罗蒂亚克诺:《斯多亚哲学专题研究》,第63页。

为这样的命题其实不是命题,没有意义。[1] 克律西波可能是后者。因为他虽然否认这一命题是假的,但是他也几乎不可能认为这一命题是“真”的。所以,他的真实想法应当是:这一命题既不真,也不假,所以它根本就不是一个命题。这一解释在其他古代学者的一些讨论中也可以得到佐证。阿弗罗迪西亚的亚历山大(Alexander of Aphrodisias)曾经讨论过亚里士多德的一个说法,即当在某种情况下给一个主词加上谓词的时候,能够得出结论说主词具有矛盾的谓词。亚历山大说,这也可以证明说谎者命题并不是一个命题:

> 使用这一说法可以拒斥这样的观点:“我在说谎”是一个命题。因为如果这是一个命题,它就被证明会同时既真又假。但是这是不可能的,因为这些谓词是矛盾的。因此,“我在说谎”不是一个命题。因为如果承认了它是一个命题,则“所有的命题都必须或者是真的,或者是假的”的原则就被拒绝了。[2]

亚历山大的这段话并没有点明是斯多亚学派的观点,但是米努齐说这显然不是亚里士多德学派的观点,亚里士多德学派解决这个命题的路子是:这样的命题在不同的意义上既可以是真的,也可以是假的。[3] 米努齐提出了一个有意思的观点。可能克律西波真的认为二值原则需要改变,命题的定义应当改变。因为并非所有命题的真与假都是那么严格定下来的。至少随着时间的不同,命题可以改变真值。而“我在说谎”在某些场合下是有意义的,有确定的真值。[4] 米努齐最后的结论是:古代哲学家和逻辑学家对于悖论的态度分为两种。大多数人认为关注悖论是为了给予受过教育的人以回答智术师和辩证法家的进攻的办法。一个训练有素的逻辑学家可以轻易地对这些令人困惑的论证找到解决的办法,只有没有经过逻辑训练的人才会认为这些论证是无

---

① 参见米努齐:《说谎者悖论与斯多亚学派》,载于伊罗蒂亚克诺:《斯多亚哲学专题研究》,第 64 页。

② 阿弗罗迪西亚的亚历山大:《亚里士多德〈命题篇〉注释》,188,19。

③ 参见米努齐:《说谎者悖论与斯多亚学派》,载于伊罗蒂亚克诺:《斯多亚哲学专题研究》,第 65 页。

④ 参见米努齐:《说谎者悖论与斯多亚学派》,载于伊罗蒂亚克诺:《斯多亚哲学专题研究》,第 69 页。

法解决的。但是也有少数哲学家认为悖论不能通过找到其背后的明显含混多义性就被轻松地打发掉。悖论的真正意义在于显示了我们对于真理的基本看法中有些是不清楚的,悖论的解决只有在我们打算放弃我们的某些已有信念和教义之后才有可能。而克律西波属于后一种。①

不少辩证法家会认为悖论表明了宇宙的辩证性——矛盾性。② 不少古代的所谓"诡辩"其实是逻辑悖论。从赫拉克利特本人流传下来的材料看,他没有提到悖论,但是从他的一贯思想看,他如果知道悖论,只会感到高兴。自称传承赫拉克利特和智者的辩证法怀疑论在攻击斯多亚学派的时候大量诉诸逻辑悖论。然而,必须指出的是,斯多亚学派的逻辑学在对悖论的解决中,大多数人还是在坚持逻辑确定性,反对赫拉克利特的辩证法。因为它的各种解决方案的基本预设是:悖论是不应该出现的:一切命题必须或者是真,或者是假。这就是双值原则(Principle of Bivalence),这是斯多亚学派逻辑学所坚决捍卫的。③

总之,斯多亚学派辩证法的大量精力或者说第一目的可能是防护性的,即保护理性的正常运行。而这并不能顾及第二个目的,即认识论上的发现真理,而是保护基本的说话可能性。从克律西波留存下来的著作看,有浩瀚的文字是放在这一方面的。④ 这正是斯多亚学派的贤哲必须学习"辩证法"、具备辩证法德性的原因。"贤哲"的特长就是善于辩论,就是在对话中决不会被对方动摇了信念:

> 过于草率地作出断言还会影响发生的事,所以,如果我们的印象不是训练有素的话,就容易混乱或堕入粗心大意;正因为如此,智慧之人在论辩中显出目光敏锐、心智迅捷和辩术娴熟;因为既要谈论得好又要论辩得好的人与既要中肯地提问又要针对问题进行回应的人是同一个人,而所

① 参见米努齐:《说谎者悖论与斯多亚学派》,载于伊罗蒂亚克诺:《斯多亚哲学专题研究》,第70页。

② 参见陈波:《逻辑哲学导论》,第242页。

③ 参见朗格与西德莱:《希腊化时期哲学家资料选编》,第206页;LS,33C,38G。

④ 参见第欧根尼·拉尔修:《著名哲学家的生平和学说》第7卷,第192节。

有这些素养都应当属于一个在辩证论证中技艺高超的人。①

斯多亚学派把辩证法说成是善于说话的科学,善于说话的意思是说真的和适当的东西,他们还把这看做是真正的哲学家的标志性特征。因此,只有贤哲才被他们视为辩证法家。②

值得注意的是,护道学尽管是不得已而为之,但是也有潜在的危险。护道学总是不得不使用对手的话语和思考模式,从而容易被对手牵着鼻子走,有被对手拖垮的危险。我们知道,斯多亚学派哲学特别强调独立自足性,所以,学派中的一些大师们反对搞护道学,也是可以理解的。而且与此有关的是,护道学必须允许对自己的基本信念进行来回辩驳和反思,这就容易动摇基本信念。根据记载,克律西波曾经说自己并不完全反对“从相反情况进行论证”的做法,但是他建议要谨慎为之:

在《论生活》中克律西波写道:相反的论证和相反情况的可能性不应被随意地提到,而应当小心。要不然人们有可能被它们所吸引和干扰,放弃了自己的信念,因为他们无法充分理解问题之所在,或是信念还不稳固。因为那些把信念建立在常识和感觉对象和其他从感觉派生的事物之上的人,当受到麦加拉学派的逻辑难题以及许多其他更有效力的论证的困惑时就很容易受干扰。在《论理性的用处》中,克律西波说到,理性功能正如武器一样,不得被用于不合适的目的;之后他又加上了这样的话:“它必须被用于发现真理和建立其家族关联,而不是被用于相反的目的,就像许多人所做的那样。”他所说的“许多人”可能指那些悬搁判断的人。③

不过,斯多亚学派并没有因为护道学潜在的危险而走向伊壁鸠鲁派的那种理论封闭性:对自己的“基本要道”要求学生只是背诵,不得讨论和怀疑,甚

---

① 第欧根尼·拉尔修:《著名哲学家的生平和学说》第7卷,第47节。

② Alexander, *On Aristotle's Topics*, 1.8—14; LS, 31D。

③ Plutarch, *On Stoic Self-Contradictions*, 1035f-1037b; LS, 31P。

至不得修订与发展。克律西波等斯多亚学派中的“改革开明”派尤其认为,独自守着唯有自己学派才懂的私人语言,是不明智的,只会导致斯多亚学派哲学边缘化,成为无人理解也无人感兴趣的冷僻小团体。在希腊,“公开的、主体间的谈话”具有重要的意义。思想必须论辩,对方的合理性必须得到重视,这就是“辩证法”的原义。它来自民主政治和司法,又进入思辨性的哲学中。辩论的双方拿出最有力的论据出来对决,决定最“可能”的(*plausible*)。① 民主法庭辩论的实践要求从双方看问题,但是不会因为双方都有道理就悬而不决,不裁断,而是可以在对双方意见综合考虑之后下判决。哲学使用辩证法,乃是为了穷尽一切可能,堵上一切漏洞;正是因为在对手的逼迫下思考,所以不得不进行严密的论证。克律西波说:我们应当重视辩证法,因为亚里士多德就认真对待辩证法;所以,我们与其与无能之辈一道保持美德,不如与亚里士多德一道犯罪。②

三 反思:理性宗教及其困难

然而,斯多亚学派发展出的那么大一个“逻辑”体系,很难抵挡被运用于高级智慧上的诱惑,它不会仅仅被当做护道学辩证法来用。即使是克律西波,也未必不希望扩展形式化的逻辑的运用范围。朗格和西德莱在《希腊化时期哲学家资料选编》的综述和评析中说,斯多亚学派的创始人芝诺等人还是从辩证法对于哲学的消极的、保护的意义上看辩证法的,只有到了克律西波,才第一个把辩证法定义为是“区分对、错、不对不错”的,从而把辩证法与认识论正式整合到一起。这样,斯多亚学派的“辩证法”的功能就比较丰富了,一方面它属于积极的“高级认识论”,另一方面它又保留了原先的解决逻辑难题从而抵御怀疑论对手的功能。③ 朗格在另外一本书中还说,现代学者从现代数理逻辑的视野研究斯多亚学派逻辑是对的,但是不能完全用现代人的思维去

---

① 参见本书第三卷,第548、551页。

② 巴恩斯:《亚里士多德和斯多亚逻辑》,载于伊罗蒂亚克诺:《斯多亚哲学专题研究》,第32页。引语出自普卢塔克:《论斯多亚的辩论》,1045E。

③ 参见朗格与西德莱:《希腊化时期哲学家资料选编》,第190页。

理解古代人:“现代逻辑也许并非理解斯多亚学派逻辑学或其他古代逻辑理论的最好钥匙。我们要时刻牢记下面这一事实:斯多亚主义的逻辑学是包含了认识论、语言学、形而上学甚至伦理学等方面的内容的。牢记这一点,将会有助于我们正确理解斯多亚学派逻辑学的某些具体内容,从而有助于我们正确评价斯多亚学派的逻辑演绎的历史成就。”①朗格认为自己的看法如果是正确的,则应当从根本上影响人们对斯多亚学派逻辑学的理解。斯多亚学派的宇宙是由“内在的逻各斯”决定的。这个基本观念贯穿于他们哲学的所有三个部门。归根到底,不同的哲学部门都只是表述同一个东西的不同方式或方面而已:

> 这个东西从最终的意义上讲是一个统一体——自然、宇宙或神。在语言里,我们可以把这些不同的方面从它们实际的共存(coexistence)中抽取出来。……逻辑上的“真”(true)是现实中的“实”(real)在命题上的对应者。在斯多亚学派看来,逻辑学的基本原理充分地包含在宇宙之中。它们决不可能仅仅是人类的心灵构造出来的某种“体系”。演绎推理之所以可能,正是由于事物自身的存在方式就是如此。原因与结果的自然联系借助于人的“联系概念”(concept of connection)在思想和语言上再现出来。宇宙是一个由物质成分组成的理性结构。无论是在自然事件中还是在逻辑推理中,当且仅当前件与后件之间的联系为“真”时,后件才能从前件中导出。归根到底,一切联系的“真实性”都是自然、神或宇宙的逻各斯的作品。②

在自然哲学中我们看到斯多亚学派在神的存在、本性的和神义论等方面都使用了大量的逻辑论证。我们可以把这种倾向称为“理性宗教”。斯多亚学派自然哲学的主题是奥秘的,无论是把自然的本质理解为“普纽玛”还是“神”,都与我们日常的现象界理解相去甚远,很容易让人产生动摇和怀疑,必须通过“严密论证”才能“拴牢”。③ 亚里士多德在《形而上学》中开宗明义提

---

① 朗格:《希腊化哲学》,第140页。

② 朗格:《希腊化哲学》,第144—145页。

③ 参见朗格与西德莱:《希腊化时期哲学家资料选编》,第325页。

醒人们,哲学是一种专门的智慧,其特点是寻找不明白的原因。智慧的人要能知道那些困难的、不易知道的知识。斯多亚学派哲学的重要思想先驱赫拉克利特的自然哲学就是超出并冲击日常认识的视界的智慧。体现在对于以个体为特征的感性世界的认识上,就是不承认感性印象的清晰性和稳定性:“如果人们拥有的是一个异己的灵魂,那么眼睛与耳朵就是坏的见证。”(DK21B107)这样的智慧是以整体为视角的,它要求从整体本位看个体,从“同情”或通感(*sympathia*)看个体之间的关联,也就是从否定的、普遍关联的和变化的角度观察被一般人认为稳定不变的宏观世界:“生和死,醒和睡,少和老都是同一的,因为这个变成那个,那个又再变成这个。”(DK21B88)这样的智慧必然是反对经验还原论的,它不可能认为人能够首先确定个体性的印象知识,然后在其上构建整个知识体系。最后,智慧者不敢宣称自信的、居高临下的“把握”,而是对宇宙本体谦虚地“聆听”。所以它不敢宣称自己已经把握了真理,而是始终处于“自知无知”的心态中:“对于神来说,万物都是好的、善的和公正的,而人却认为有些东西不公正,有些东西公正。”(DK21B 102)

哲学中形式化的逻辑部分必须担负起揭示和捍卫自然奥秘的实质性工作。斯多亚学派在这方面进行过许多尝试。比如斯多亚学派引以为豪的“征象”理论就是假言推理的实质化。它的基本精神是确立自明前提,然后由此出发,依靠正确的推理形式,得出不明白的自然奥秘知识。让我们先看看塞克斯都·恩披里柯对于斯多亚学派的“自明”和“不明白”的规定:

> 按照独断论者的观点,有些东西是先在地明白的,有些是不明白的;在不明白的东西当中,有些东西完全的不明白,有些偶尔的不明白,有些天然的不明白。先在的明白的东西,在他们看来,是通过自身为我们所认识到的那些东西,例如“现在是白天”这个事实;总是不明白的东西,是那些本质上超出我们理解范围的东西,例如“星星在数量上是偶数”的;偶尔的不明白的东西,是指尽管本质上是明白的、但由于一定的外在环境偶尔成为不明白的那些东西,就像雅典这座城市现在对我一样;天然的不明白的东西是那些本质上我们不能清楚感知的东西,如只有在思想中理解的毛孔(intelligible pores);这些东西从未自我显现,但是如果通过其他的

> 东西,例如汗液或诸如此类的东西,也许可以认识它们。他们说先在的明白的东西不需要征象,因为它们自我理解。总是不明白的东西当然也不需要征象,因为它们根本就不被认识。但是偶尔的不明白的东西和天然地不明白的东西则通过征象方式被认识——当然不是通过同样的征象,而是:“偶尔的不明白的东西”通过“提示性的(suggestive)”征象、天然的不明白的东西通过“启示性的(indicative)”征象。①

这段话告诉我们,斯多亚学派认为自明的东西有一类,不明白的东西有三类。自明的东西应当是论证的起点,是不明白的事物的“征象”。什么东西是不明白的呢?在三种不明白的东西中,“完全不明白的东西”如“星星的数量是偶数”是永远无法把握的(无法对其形成把握性印象的),人们必须放弃对其认识的企图(柏拉图路线的“形而上学”在斯多亚学派看来大概就是在关心第一类不明白的东西即“完全不明白的东西”)。但是还有两类不明白的东西可以通过推理来让它们明白。其中“偶然不明白”的东西是原则上可以被感知的,只不过暂时没有,它可以通过现象间因果关系(提示性征象)把握。“天地不明白”的东西是原则上不可被感知的,但是与“完全不明白的东西”还是不同,它与现象有因果关系,可以通过效应(启示性印象)来认识。这样的东西其实正是自然哲学(包括伊壁鸠鲁和斯多亚学派)最为重视的自然的根本原因。“不明白”就是奥秘。自然哲学向人们保证的就是提供进入自然奥秘的道路。这样的推理本身比日常现象间因果关系要困难得多,因为现象之间的关联(“提示性征象”关系)是清楚明白的,在我们的思想中能和被标示的事物确切地联系起来。所以怀疑论说:“生活经验告诉我们,提示性的征象是可以依靠的,因为当一个人看到烟时,火也就被标示出来了;当他见到疤痕时,他自然会说这里曾受过伤。因此我们不仅不反对生活经验,而且我们甚至通过非独断地赞同它所依靠的东西来支持它。”但是,“启示性的”征象是那种与被征象的东西并不一定有清楚的关联的征象,例如“身体的运动乃是灵魂的征象”,这确实是斯多亚学派因果理论的标准表述:物体性的原因是内在的普纽

① 塞克斯都·恩披里柯:《皮罗学说概要》第2卷,第10章。

玛—神性,而其效应是可以观察到的运动和性质(参见关于斯多亚学派自然哲学一章的讨论),但是,这种学说未必能够得到所有的人、甚至所有的自然哲学家的同意。

进一步,斯多亚学派不仅相信这样的关联,而且认为自己已经从语言—逻辑学上更进一步精确地规定了它。斯多亚学派用自己的心爱的命题逻辑中的假言三段论来阐释“征象”:

> “征象是正确假言命题当中的一个用于揭示后件结论的前导判断”;他们把“命题”界定为“就其自身来说就可以被断言的、完全的表达式”;把“正确的假言命题”界定为“不是以真的前提开始却得出假的结论”的命题。命题要么以真的前提开始得出真的结论(例如,“如果现在是白天,那么就是明亮的”),要么以假的前提开始得出假的结论(像“如果地球会飞,那么地球就是有翅膀的”),要么以真的前提开始得出假的结论(像“如果地球存在,那么地球会飞”),要么以假的前提开始得出真的结论(像“如果地球会飞,那么地球存在”)。他们说在这些命题中,只有以真的前提开始得出假的结论的命题是无效的,其余的都正确。他们还说,“前件”是“以真的前提开始得出真的结论的命题中的在先的分句”;它用于揭示结论,比如在“如果这个女人有奶,那么她已经怀孕了”这个命题中,“如果这个女人有奶”这个分句似乎是“她已经怀孕了这个分句的证据”。①

可见,“征象”正是我们前面讨论斯多亚学派假言推理的时所说的那种符合—克律西波的宽泛的“实质蕴涵”原则的假言命题(“只要不是以真的前提开始却得出假的结论假言命题”)中的命题前件,它是进行假言推理的前提。我们在前面指出过,许多人、包括斯多亚学派内部不少人都感到实质蕴涵过于形式化,在前提与结论之间并不肯定任何实质性的关联(逻辑上把形式化的假言命题的真值组合称为“实质蕴涵”,显然是误导人的。但是我们无法展开

① 塞克斯都·恩披里柯:《皮罗学说概要》第2卷,第10章。

讨论这个问题①)。但是这里却可以看到,斯多亚学派毫无顾忌地把如此形式化的推理形式立即拿来当做"发现的逻辑"使用,希望它能发挥揭示自然奥秘的作用。

现在我们可以回答开始时提出的问题了:这就是自然智慧认识论吗？从下面几个理由看,斯多亚学派的这种"高级知识"并没有超出知性的范围,也就是说,它并不能帮助我们认识斯多亚学派自然哲学中所讲的那些"自然奥秘"。既然斯多亚学派特别强调语言—逻辑学在认识论中的作用,我们在下面的讨论中也将不时从这个角度入手。

第一,斯多亚学派应当意识到常识的逻辑与自然奥秘的逻辑有许多本质上的不同;适应于常识的说话和思考的模式并不一定适合于本质世界。对于二者之间的同与不同,需要某种敏锐的感受。但是,斯多亚学派却乐观地说:"认为如果神推理,也必按照克律西波辩证法"。这样的说法是在认为天心与人心是同样的,比如说也是命题—推理式的。② 普罗提诺已经指出,天心(Nous)是非命题的、非分析的、非对象化的,所以它与人心不同,命题—推理式的类型不能帮助人们进入深奥的自然本质。赫拉克利特对此有敏感的认识,他提示人们,对于高于我们的层次的认识应当使用"三项式类比":人的视角不如神的视角,猴子的眼光与人的眼光不能相比。(DK21B82,B83,B79)赫拉克利特这么说并不是故弄玄虚,自然本体的奥秘性或深谙性并不意味着它完全不呈现。它已经呈现在眼前:自然既喜爱躲藏,也并不真正躲藏;但是对于没有辩证理性的人来说,看到与没有看到是一样的。(B4)赫拉克利特还说:本原并不说,而是象征(指点)(B11)。但是,我们从上面对斯多亚学派逻辑学—认识论中的"征象"学说的讨论中已经可以看出,它是一种蕴涵式推理,而不是赫拉克利特这样的象征—征象思维方法论。不同领域的认识论方式应当相当不同,因为因果之间也许不是同类同质的。斯多亚学派的"发现

---

① 有关讨论可以参见陈波:《逻辑哲学导论》,第 3 章。

② "克律西波在辩证法方面如此名声显赫,以至于大家认为如果诸神也有辩证法的话,那一定与克律西波的辩证法没有两样。"(第欧根尼·拉尔修:《著名哲学家的生平和学说》第 7 卷,第 180 节)。参见夏泊尔:《斯多亚学派、伊壁鸠鲁和怀疑论》,第 27 页。

的逻辑”却建立在因果之间的同类性上。我们在讨论斯多亚学派的自然哲学时就指出过,斯多亚学派的神的存在的论证背后预设是原因一定具有结果的特征,而且“比结果还结果”。

第二,不同的逻辑—认识方法其实建立在不同的视角上。人要真正认识自然(在斯多亚学派的和斯宾诺莎的哲学中也被称为“神”),就必须转换本位到自然(认同神的视角)。从而,认识就转换为自然的(神的)自我认识。从个体人心(*dianoia*)的角度彻底换到“天心”(*Nous*)的角度,通体充塞宇宙,与大化融合无际。在这样的视角下,“知识”会显得与日常知识不同。比如,此时的知识应当没有日常类型的模态逻辑。许多古代人认为按照斯多亚学派的神—命运理论,其模态逻辑应当是主观模态,而不是客观模态。在命运决定了一切的世界中,没有所谓“可能性”,一切都是必然的。而既然一切都是必然的,也就无所谓必然的(相对概念失去了对立面也就失去了意义)。

前面提到,斯多亚学派的逻辑论证的特点之一就是强调要“从明白的推出不明白的”。但是,这样的认识预设了认识者与对象的分离,所以才会出现一个从对立到合一的过程。但是,作为整体的宇宙没有“对象”可言,怎么会有一个从外到内的经验论认识过程?如果“自然”—神也在认识,应当是认识主体与认识对象完全同一情况下的纯粹内在“自我认识”。讲了一大堆对象化认识论的亚里士多德之所以在《形而上学》的结尾突然讲“神的自我认识”,并不是无来由的激情勃发,而是逻辑的必然:天心(Nous)和我们的心的方式是不一样的。它没有感性认识过程,它也没有作为从已知到无知的“推论过程”。它应当是即瞬通体透明的、一目了然的、一览无遗的自我意识。

斯多亚学派哲学中的“神义论”的许多论证依靠的正是转换本位之后的认识:在面对灾难的时候,不要从个体人的角度看,要从“自然”的自我认识看。“我”(自然)用种种对立统一的方式安排各种事件(天命),能够实现总体善的宏观目标。只有从神(自然)的视角看,才能看到个体本位下看不到的辩证普遍联系和整体性。但是,在神义论中大量启用转换本体之后的认识的斯多亚学派,在逻辑学—认识论中却似乎没有系统的关于理性直觉知识的理论。一切命题体系总是建立在不证自明的前提上,这样的前提不能再依靠

"假设"。哲学按照柏拉图和亚里士多德的说法,正是不接受任何假设而直接研究假设本身。斯多亚学派也同意,最明白的认识表现为含有代词的确定命题,第一人称的"我"和第二人称的"你"都是最好的例子。克里安提斯对于神的虔敬表达在《宙斯颂》中。在诗歌中他对神使用了第二人称:你。他使用了祈使句而不仅仅是命题句。这样的知识是确定的,是整个斯多亚学派自然哲学知识体系的出发点,但是它很难说是依靠日常知识和逻辑论证达到的。这是直接的直觉,神的认识对于他是"呈现",而不是逻辑中的假设。如果谁告诉他们这些只是"假设",他必然会像某些东方哲学家那样感到震惊。

可能正是因为缺乏真正的自然辩证逻辑,导致了斯多亚学派哲学中潜藏的一个基本矛盾:一方面,斯多亚学派的哲学在其认识论中反对怀疑论,主张认识对于大部分人都是可能的;另一方面,斯多亚学派的哲学在其伦理学中又基本上否认有任何人达到了道德理想——贤哲。斯多亚学派的贤哲标志就是知识,对价值的认识,而这又建立在对自然的认识上(只有贤哲才具有真理)。实际上,人们的价值信仰很少是通过论证而接受的。论证的功能往往是对已经接受的信仰的"保护"(在对手提出异议时的自我保护)。这种价值真理的智慧正是"本位转换"下的认识,所以它不是所有能够掌握日常知识的人能够掌握的;日常知识及其逻辑是没有新换本位的知识和逻辑。

第三,以上情况导致斯多亚学派的认识论缺少自然辩证思维。对于斯多亚学派哲学的认识论,要求一个辩证逻辑不是苛求,因为斯多亚学派哲学是赫拉克利特哲学的传承者。自然辩证法的特点是对二值逻辑的质疑。$A = \neg A$ 的辩证法是赫拉克利特的思想中所特意强调的,但是斯多亚学派哲学却反复强调确定性和二值逻辑。辩证法从认识论上说就是要求人们尤其注意宇宙中的某一类现象,比如流动性、对立面的统一性、普遍联系性等等。克律西波对于神义论的"善与恶必然同时存在"的论证应当说是在道理上与此十分相近的,但是在他的"公理性五大推理模式"中却看不到。析取推理代表着斯多亚学派逻辑学对逻辑二值原则的严格遵守,就是反对辩证法的。在伦理学中,斯多亚学派突出定义和划分,这本质上也会导向善与恶的截然二元对立,导向斯多亚学派特有的好坏严格区分、汉贼不两立的情况。

朗格把希腊哲学中关于“辩证法”的各种看法总结为四种论证方式(它们相互之间有一定交叉):第一,在柏拉图那里,是对假设的检验和对终极原则或“真正的定义”的寻求,这是每个形而上学家的本质程序。第二,在亚里士多德那里,辩证法是通过对一个主题的正反辩驳而得出一个有说服力的结论。虽然一个辩证法论证的结果比不上“证明的”论证,但是也有助于知识,因为它仔细考察了不同的相关理论。第三,“辩证法”也指麦加拉学派的狄奥多罗的工作,他们的专长就是提出逻辑问题和错误。人们通常把他们看做是好争论的和仅仅专注于逻辑的烦琐细节的。这一方面对斯多亚学派有很大影响,因为芝诺在麦加拉学派学习过“辩证法”。第四,柏拉图新学园的怀疑论,他们“对一切事物悬搁判断”的主张是建立在能够对一切知识都提出同等有力的反对论证上。朗格说,所有这些“辩证法”实践的共性是思想与说话的紧密关联:“论证”乃是对对话者提出的问题的回应,而且论证的前提要求对话者作出肯定的答案,这样对话才能进行下去。

从朗格的总结看,第一、第二种辩证法是肯定性的、建设性的,实际上是某种“高级哲学认识论”。当然,柏拉图的辩证法比亚里士多德的辩证法更明显地具有这样的特征;亚里士多德的说法可以应用于高级哲学,也可以应用于一般认识。第四种辩证法则是否定的,而第三种辩证法的名声也不好,似乎是导向第四种辩证法的原因。所以,不少人比如伊壁鸠鲁彻底放弃了辩证法。怀疑论则大量使用辩证法,但是它们用于否定的目的;整个怀疑论体系都是用辩证法构造的。朗格最后的观察是:没有任何证据表明斯多亚学派把自己极为推崇的“辩证法”用在柏拉图的“高级哲学认识论”的意义上。①

综上所述,斯多亚学派的逻辑学—认识论反映了斯多亚学派在形式和内容、普遍性和深刻性之间的犹疑和摇摆。形式性的普遍知识由于空泛,所以容易确定,很容易达到必然性;涉及特定内容的深刻知识由于复杂,其实很难达到“必然性”的确定性。推理作为理性的核心方法是否能够揭示新东西,或者说,为了保障必然性,是否必须牺牲发现性,这是学术界争论不休的难题。斯

---

① 参见朗格与西德莱:《希腊化时期哲学家资料选编》,第187—190页。

多亚学派当中，注重形式的哲学家和注重内容的哲学家想必为此也激烈争论。形式派尽量减少命题和推理的种类，以便突出普适性；但是普适性的代价是空泛性、无用性，会出现诸如"实质蕴涵"和承认"同义反复"的形式正确性的结果，这种空泛无用的形象招致了广泛的不理解和批判，这也是斯多亚学派的逻辑后来在中世纪和近代衰落的原因。斯多亚学派逻辑学中的实质派则尽量增添命题和推理的种类，希望承认某些具有确定内容的命题和推理，希望"论证"担当"发现不明白的东西"的使命，希望推理能够帮助人们发现自然的根本奥秘，希望语言逻辑的辩证法反映自然辩证法。斯多亚学派哲学家于是总是处于或明或暗的张力和矛盾之中——一方面是对日常性知识的绝对确定性的追求，反对怀疑论，建构知识体系的经验论基础；另一方面是试图提供一种深刻把握、但是缺乏日常性确定性的智慧，这种智慧不惧怕被称为"怀疑论"。

这样的讨论还让我们重新反思斯多亚学派认识论中的一个著名"悖论"。自古至今，学者们大多都指出斯多亚学派一方面宣称所有的人都认识世界，怀疑论是错误的；另一方面又宣称没有人是贤哲，而贤哲的核心定义就是知识。如果仔细区分，则可以看到斯多亚学派的宣称分为两个领域或者层次，在客观事实的认识上，斯多亚学派反对怀疑论，认为我们的感官相当可靠地为我们反映了世界的原貌，我们对于宏观事物的信念大多数都是真的。"把握性印象"不是什么高不可攀的东西；即使是科学知识体系，比如天文学和自然哲学，也是有不少哲学家能掌握的。但是在价值评判上，斯多亚学派哲学就严厉多了，认为尽管人人天生都有善的倾向，但是所有的人对于什么是善、什么是恶的估价都是错的；文化、法律和体制也是如此。普通人尽其一生之力所追求的，其实都是错误的观念所引导的无足轻重的东西。① 人们能够知道客观事物，但是大部分人，甚至哲学家们，都没有智慧，都不明白宇宙—神运作的自然奥秘，都不知道真正的价值是什么。在此，斯多亚学派与怀疑论相比有过之而无不及。

这样的认识论—价值论悖论让我们转向斯多亚学派的伦理学。

---

① 参见布勒南：《斯多亚的道德心理学》，载英伍德主编：《剑桥斯多亚学派导读》，第 264 页。对此的相关讨论很多，可以参见夏泊尔：《斯多亚学派、伊壁鸠鲁和怀疑论》，第 21 页；塞拉斯：《斯多亚主义》，第 66—69、77 页。

第九章

斯多亚学派的伦理—治疗哲学

广义的"伦理学"是斯多亚哲学体系的最高峰，是哲学"果园"中的"果实"。自古以来它被公认代表着希腊化罗马时代伦理学的主流，而且深远地影响了后来的基督教伦理思想，甚至被现代伦理学主要流派之一的康德引为先驱，属于理想主义伦理学的高贵的典型。但是，与此同时，自古以来许多人又对它提出了许多批评。我们将紧紧抓住这些批评并从这里入手，考察这种独特的伦理学—治疗哲学的独特问题意识，由此探讨这种伦理学理论中的种种问题，包括生活与道德的问题，个人与共同体的问题，自然与价值的问题，个人的作为与宇宙的作为的关系问题。它们都展示出斯多亚的自然主义伦理学是如何证明它所理解的"与自然一致的生活的总目的能为人类提供最高的幸福"。

第一节　斯多亚伦理学的问题意识

斯多亚伦理学作为古典幸福论的一种，试图努力揭示"最高价值"或唯一的终极目的，然后告诉人们如何达到它。但是，对斯多亚伦理学的仔细剖析将显示，斯多亚伦理学中其实存在着几种终极目的，而不是一种！个人的强悍(坚忍德性)、自然的和谐、心灵的宁静，伟大的道德，自然法的神圣……这些都是斯多亚告诉人们的"终极目的"。它们相互之间如何排序，谁是第一？它们未必是和谐一致的,而可能存在着巨大的张力。比如,如果客观原则是第一位的,那么由于违反原则而来的"心灵不宁静"就并非是终极性的受伤,而只不过是"标识"终极目的受到了伤害。人们应当追求的就不是"最大化心灵宁静",而是"最大化遵守职责",即不惜牺牲自我而在一切处境下坚守原则。斯多亚伦理学的问题并非今日研究者才诊断出来的纯粹理论问题,而是直接影响到古代人的生活的重大问题。在古代,伦理学是作为提供"生活的技艺"的专门学问介入公共领域的。

一　是悖论还是创新

古代哲学家包括西塞罗和普卢塔克经常指责斯多亚学派伦理学,一个通常的主题就是:斯多亚学派伦理学充满了悖论和矛盾,与我们的生活格格不入,怎么能够担任真正的生活的技艺,帮助人们获得幸福?西塞罗在他的《论至善与至恶》中尽管对斯多亚学派伦理学给出了尽可能同情的描述,但还是忍不住指出,斯多亚学派伦理学中最为优秀的部分已经被"我们亚里士多德学派"早就阐发了,而真正代表斯多亚自己"独创"的部分却是极端悖谬的东西。① 在西塞罗看来,亚里士多德伦理学已经十分完满地揭示了德性伦理学的各个方面,既突出了道德的伟大,又说明了个人利益的适当补充对于一个完满幸福人生的必要性,故而博大中正,平衡和谐,体现出自然发展的真正延续性。斯多亚哲学没有必要不满意这么完美的伦理学,另立门户,专走偏锋,生硬地制造一个不合常理、违背自然的新伦理学:

> 所有人的愚拙、不义以及其他恶都是相似的,一切罪都是同等的;那些天生加上训练在美德之路上取得了巨大进步的人,除非他们实际上已经获得美德,否则就是极其不幸的,在他们的存在与人类最恶者的存在之间没有任何中间东西可以选择,所以伟大而著名的柏拉图(假设他不是个智慧人)所过的生活并不比任何一个毫无约束的恶棍更好、更幸福。

① 这与西塞罗批评另外一个希腊化哲学流派伊壁鸠鲁的方式十分接近:伊壁鸠鲁哲学不过是抄袭了德谟克里特,而且抄错了、抄坏了。

这——如果你愿意——就是你们对古代哲学的修订版,一个不可能在公共生活、在法庭和元老院里产生的版本!①

这样的极端化观点当然是激烈反常识的。一个反常识的伦理学怎么能算一个好的伦理学,怎么能帮助指导广大人民的伦理生活?这使人们不禁对斯多亚伦理学发生了极大的兴趣。它为什么会受到如此截然不同的评价?究竟哪种看法是对的?斯多亚学派的"极端说法"是否应当被磨平?那会不会使得"斯多亚伦理学"与众不同的特色就此消失,使整个斯多亚伦理学消失到其他哲学派别比如亚里士多德伦理学("漫步学派")中去?但是,为了与众不同而标新立异,故作悖论骇人听闻,也并非应当之举。我们对斯多亚伦理学的探讨将时刻关注古人西塞罗和普卢塔克等对斯多亚伦理学的批评。

二 斯多亚伦理学的起点之争

事实上,当我们考察斯多亚的伦理学体系时,立即会发现其体系的起点就存在着一个巨大的悖论,这个悖论就是:人的终极目的究竟是"自保"还是"非自保"?

斯多亚学派伦理学的起点是什么?一种说法是作为"自我保护"的自然冲动;另外一种说法是"新价值三分法",而这至少看上去是反自保的,因为斯多亚学派所强调的"新价值分类学"的前提就是"自保"没有真正的价值,是无关紧要的中性的事情。于是,这两种关于行动的终极目的的说法形成了对立。下面让我们展开讨论。

古代人是如何记载斯多亚学派的伦理学体系的?根据肖菲尔德的总结,我们对早期斯多亚伦理学体系的理解主要来自三个版本:第欧根尼·拉尔修的《著名哲学家的生平和学说》第7卷、拜占庭的斯托拜乌(*Stobaeus*)的文献,以及西塞罗的《论至善与至恶》第3卷。而且这三个版本反映的看来是同一个来源:克律西波的《论教义与理论大纲》。这一体系把斯多亚伦理学的主题分为这样几大类:

---

① 西塞罗:《论至善与至恶》第四卷,第9节。

(1)自然冲动;

(2)论善恶(好坏);

(3)激情;

(4)鼓励与劝阻。

其中,(1)—(3)项是克律西波本人所提出的;据说第(4)项是后人添加的。在这个表的基础上,不断增添的趋势一直存在,在第欧根尼·拉尔修的《著名哲学家的生平和学说》中所记载的斯多亚伦理学体系目录表是一个已经大为扩容的表:

1. 论自然冲动;
2. 论善恶(好坏);
3. 论激情;
4. 论德性;
5. 论目的;
6. 论基本价值和行动;
7. 论合宜的功能;
8. 论鼓励和劝阻①。

这两个目录虽然内容不尽相同,但是它们的共同之处是都以"论自然冲动"为整个体系的起点。这似乎是自然的,因为斯多亚的伦理学是一种自然主义的伦理学,"与自然一致生活"是其理论的公理,所以从自然冲动开始,就是最为自然的出发点了。什么是这样的自然冲动?斯多亚学派说这就是"自保",也就是保持自己的个体的持续存在。价值由此而来。能够有助于个体存在的,就是"好"的,比如衣食住行方面的物质条件。"自然"的好(被定义为"有益的事情")就体现在个体的长存恒久上;斯多亚学派的伦理学口号"顺从自然的生活"也就是顺从这样的保持自然之"好"(善)的原则。

这一切尽管看上去合情合理、自然而然,但是并非没有问题。第一,既然这是人的自然冲动,是所有人都不必学习而天生都知道的,用得着斯多亚学派

① 参见第欧根尼·拉尔修:《著名哲学家的生平和学说》第7卷,第84节。

费尽心思来教导吗?“自保”与斯多亚学派的价值分类学相比,何其太“自然”、太常识化,反而应当让人感到诧异。事实上根据斯多亚学派的看法,伦理学知识是极为困难的,几乎没有一个人能够达到这样的高级智慧。第二,自然除了生生之外,也有消灭和毁坏,比如所有的人有生就有死;而且即使在活着的时候,也会遇到各种灾难和伤害。斯多亚学派必须把这些看上去“不自然”、“不善”的事情解释为“自然”的,这就不是那么容易了(想想神义论的困难)。第三,斯多亚学派的伦理学的中心教义是价值三分法的分类学,在这样的分类学中,自保经常要被牺牲,因为生命与健康和财物一样,在斯多亚学派的新价值分类学中都是“中性的”、没有价值的。在这样的视野中,“自保”的自然冲动就不一定是“自然”的了。真正作为斯多亚伦理学起点的,应当是这样的价值分类学。

看来上述两种斯多亚学派伦理学的体系的记载未必真正反映了斯多亚伦理学的初衷。根据肖菲尔德对三种古代斯多亚资料的对比分析,可以看出在斯托拜乌那里,“自然冲动”并没有像在拉尔修的记载中那样排在第一位。肖菲尔德认为,可能正是第欧根尼·拉尔修本人把“自然冲动”摆在第一位。克律西波本人应当是把价值论放在第一位的。① 由此看来,斯多亚伦理学可以有两种路线、两种出发点:一种是从自然开始,然后走向“人的特别自然(理性)”,以便论述德性(作为理性)的至高地位;另外一种是从价值分类开始,从什么是终极目的的角度出发把德性价值定位为最高的好(善),把此外的一切事物和行为都纳入“中性的”、远远不能和德性比较的东西,由此来突出德性的至高地位。这两条路线也是相对独立的,甚至可能是相互冲突的,以至于一些主张价值分类为本的人可能认为不必研究自然哲学包括自然发展心理学。

但是,无论是把自然冲动放在第一还是把价值分类学说放在第一,我们认为都不能反映斯多亚伦理学的真正起点。一切重要的伦理哲学,都必须首先对生活中真正的问题具有强烈的意识。那么,什么是斯多亚伦理学的问题意

---

① 参见肖菲尔德(M.Schofield):《斯多亚伦理学》,载英伍德主编:《剑桥斯多亚学派导读》,第238页。

识？要理解斯多亚伦理学为什么要主张如此极端的学说，必须从它所感受到的伦理问题入手。一个伦理学的特别解题方案，与这个伦理学所辨识出来的最紧迫伦理学问题有内在关联。一个走极端方法论路线的伦理学，一般来说是因为这个伦理学感到存在着重大的伦理问题，以至于不能采取普通的解题方法论来对付。总体来说，不是人际伤害，道德沦丧，而是主体自己受到激情的伤害，不能自由自足，才是斯多亚学派"伦理学"最为关心的问题。这是个体对自己的本体性的关切：个体如何不受到外部的伤害，从而不受任何外在事物的影响，掌握自己的命运。所以，从斯多亚学派的问题意识看，"斯多亚伦理学"严格地说，大部分不是我们今天理解的伦理学，而是治疗哲学。所谓"治疗哲学"，我们指的是那些通常躲在"伦理学"的名目下的人生实践哲学，它们最关心的并不是如何论证人际关系中的正当性，而是如何获得个人自己的幸福。病与治病和恢复健康当然首先是自己的事情。斯多亚学派是一种治疗哲学，他们所诊断的主要疾病是"激情"——尤其是愤怒和悲哀，其背后是人生的失败挫折感，自我否定感。所谓"义愤"，是对别人欲求太贪而伤及自己或整个社会的反应。所谓对破坏"公正"的义愤填膺，正是道德感的原初基础。主流伦理学大师亚里士多德十分清楚这一点，所以他赞成"正当的愤怒"、"正当的妒忌"。然而斯多亚学派所思考的"非主流伦理"品格，正在于它诊断出人类的最大问题恰恰是弥漫人际的这种"愤怒"或"妒忌"或"怨恨"或"心态不平"。

激情其实是本体性的失败感，尽管它可以由政治失败所引起。它被识别为脆弱、被动、卑鄙、受伤，令人无法自足自主。斯多亚"伦理学"为什么特别把关注点放在"怒"上面呢？因为"怒"标识出人内心的脆弱，人的不断的挫折命运，人内心的受伤，人的达不到"宁静平和生活"的理想境界。其次，它带来人性的恶劣化：人与人之间的仇恨、歹毒（"以恶报恶"）、冷漠、隔膜、凶残。这种更深层次上对人之为人的尊严与幸福的损害，在斯多亚看来，比之物利分配不公或财产之得失，是更为严重的问题，是生命中永恒的疾病。对激情的治疗，充分体现了斯多亚伦理学首先是一种对自己的顽疾的治疗，而不是利他的道德。我们所有的人在生活中都必然会遇到需要治疗的时刻。在希腊化罗马时代,这样的哲学十分盛行。受到斯多亚学派影响很深的西塞罗的《图斯库兰论辩》就被称为是治疗悲伤的斯多亚治疗哲学文献中的一部精品。① 在那本书中西塞罗告诉人们有一门灵魂的治疗技艺,这就是哲学。我们必须尽可能成为自我治疗的医生。塞涅卡在书信中也反复强调他所写下的有助健康的实践论证是很有用的处方。他感到它们对自己有效,即使不是完全治好,也可以阻止疾病的蔓延。纽斯邦指出,斯多亚学派文献中的"治疗"比喻和隐喻比起其他学派来说得更多,以至于有人都抱怨是否太多了。②

现代伦理学严格区分道德和个人自己的生活品格,并且把利他主义规定为"德性"的本质。但是,个体自己的"高贵自足"却是斯多亚伦理学的"德性"的本质。这样的德性不是利他主义,不聚焦于对他人的关心。当然,高贵自足的人往往也是利他的人,但是也并不尽然;两者之间并无必然关系;二者所关注的出发点更是大不一样。

三 伦理学与治疗哲学

问题意识和"治疗哲学意识"就是理解斯多亚学派"伦理学"的创新之处的途径;这也可以帮助我们理解斯多亚学派为什么要采取悖论方式的苦衷;同时这也可以让我们明白斯多亚学派为什么在伦理学中强调新价值分类学,同时还设法论证这种威胁"自保"的学说恰恰就是从自然主义的自保学说发展出来的。

在把斯多亚学派伦理学定位为治疗哲学之后,我们还要指出它与另外一种希腊化治疗哲学伊壁鸠鲁哲学的异同。它们的目标相近——心灵宁静。它们所诊断的疾病也类似:无穷的贪欲和畏惧。一般人感到难以区分它们。但是,仔细研究可以发现,它们的分工是有所不同的。斯多亚学派在治疗哲学上有自己的特色,首先就在于所诊断的疾病与其他的治疗哲学的不尽相同。斯多亚哲学家在阐述对健康幸福的最大威胁的疾病时列举了林林总总的人性疾

---

① 参见南希·谢尔曼:《斯多亚武士》(Nancy Sherman, *Stoic Warriors*, Oxford, 2005),第132页。

② 参见纽斯邦:《治疗欲望》,第316页。

病，下面我们要考察他们所提出的"激情分类表"，大类套小类，不一而足。但是，这些激情主要可以分为两大类。一类是过于内收，自私，只顾自己的享乐生活。这就与伊壁鸠鲁伦理学的看法不同了，甚至可以说正相反对。在斯多亚学派看来，伊壁鸠鲁派执著于快乐，是甘于在存在和价值的大序上堕落，向动物和植物退化，从昂扬热火的积极普纽玛向水和土的僵滞凝固狭小视界退化。斯多亚学派所诊断的另外一类激情看上去与第一类问题正好相反，与伊壁鸠鲁学派所诊断的疾病倒十分接近，是人的过于外向，忙忙碌碌，不断变动，总是陷入各种人际关系当中，看他人脸色行事，"像个逃奴一样"，为外部遭际激动不已，陷入愤怒和悲恸之中，不能自主。但是，在此我们也依然能够看出伊壁鸠鲁与斯多亚学派的不同。伊壁鸠鲁的治疗哲学认为人的最大疾病是怕死，以及宗教对死亡的恐怖性的夸大。所以治疗的基本原则是退入个人的直接自然感受，那并没有什么可怕的。但是斯多亚学派所诊断的烦恼和悲伤，都是积极行动，投身公共事业的人才会遇到的特有疾病。不行动，也就不会有挫败。行动，就一定会遇到抵挡，就有可能陷入愤怒、悲伤和害怕。所以，斯多亚学派与伊壁鸠鲁不同，它坚持人应当积极行动，然后专门治疗这样的人在行动中会产生激情，让人在挫败中保持胜利态势，牢牢把握内在自由。

在肯定了"斯多亚伦理学"的主要内容是一种特定的治疗哲学，而"生活的技艺"首先类比于医学技艺之后，下面我们将按照疾病的种类、病因的诊断、疾病的治疗和健康的恢复等程序，考察这种治疗哲学从原则到治疗方式的各个环节。不过，必须指出的是，尽管斯多亚的伦理学关注的主要是治疗哲学，但是斯多亚学派的伦理学中也包含了今天一般理解的伦理学和政治哲学。所以，我们在分析了斯多亚的治疗哲学之后，还将讨论狭义的斯多亚伦理学，考察它如何在道义论和德性目的论之间思考新的伦理学路线。斯多亚学派的贤哲理想不仅是自足自由、心灵宁静，也希望解决人际伤害和职责实现。毕竟斯多亚哲学是一个强调主体性的积极行动的哲学，它强调主体统辖一切，它的自然哲学推崇的是整合一切为统一整体的制造之火。斯多亚学派的治疗哲学和伦理学两个方面可以相互支持，比如卡图个人品格高尚使他投身共和政治的努力也可圈可点。不过，它们也可以相对独立，比如卡图在政治上的失败丝毫不影响他已经获得了终极完善目标——幸福。也就是说,对于斯多亚学派来说,从终极意义上看,治疗哲学高于伦理—政治哲学。

最后,我们还将对斯多亚伦理—治疗哲学的得失进行反思和评价。由于斯多亚学派试图用其自然哲学支持伦理学,比如把疾病归结为"违背自然",把德性定义为"与自然一致生活"。我们的反思将集中在对斯多亚自然主义伦理学的基本纲领的可能性和意义上。同时,我们还将把斯多亚的伦理—治疗哲学与其他当时伦理—治疗哲学流派进行对比,在比较中深入领会它们各自体现的时代精神和各自把握的人生洞见。

第二节　斯多亚学派的治疗哲学

一　疾病和病因

斯多亚哲学把人类疾病总称为"激情"。有的时候,这个词也被翻译为"情绪"。说人的所有情绪都是"毛病",这种"创新"说法显然是反常识的,让人感到很难接受。斯多亚学派为什么要这么说?它的意思是什么?我们可以从几个命题来看。

第一,所有的激情都是疾病。根据学者们的研究,现存的斯多亚关于行动动机——冲动(impulse)——的论述大多集中在冲动的一种类型即"激情"(*πάθος*,拉丁文 *patior*)上。这样看来,斯多亚实际上认为大多数人的动机都是激情。"激情"一词,是一个十分广泛的概念,包括了各种各样的心理扰动,主要是愤怒和悲伤、低贱。它们都是由谬误认识而产生的心灵错乱,其特点是紊乱不宁。斯多亚学派把激情规定为灵魂的剧烈运动(flutterings,*ptoiai*)。芝诺曾经把激情说成是"过分的冲动"(*horme pleonazousa*),意思就是超出了理性的界限的冲动。这不是比喻性的,我们知道,根据斯多亚学派的灵魂论,这样的说法当真就是在描述灵魂的"剧烈紊乱抖动",高兴就是意气风发,是自我膨胀,失意就是委靡不振,是萎缩。同时,斯多亚学派也讨论激情运动中的命题性成分。不过,在他们看来,这二者没有本质的区别,不过是同一个东西从不同的角度看而已。斯多亚学派中重视逻辑的克律西波强调后一种角度。①

一般人可能把激情(也翻译为“情绪”)视为微不足道的偶然小事,不知道斯多亚学派为什么对它如临大敌,当做幸福的头号敌人来看待。实际上,在斯多亚学派看来,所谓“激情”意味着整个人生态度,它所涉及的不仅是我们通常所讲的一时的情绪起伏,而是本体论性质的东西。海德格尔在20世纪讲此在与现身情态的关系后,可能人们能更为同情地理解斯多亚学派的思路。让我们先举出爱比克泰德的一段话,他把人生比做去奥林匹亚观看伟大的宙斯神像的朝圣历程:

> 你们都到奥林匹亚去看菲狄亚斯(Pheidias)的雕塑的伟大宙斯像。你们当中的每个人都认为没有看到这样的景象就死去是一种不幸……[有人或许会说:]但在生活中,会有很多不幸和艰难的事情发生。——可是难道在奥林匹亚这些事情就不会发生了吗?难道你就不会满头大汗了吗?难道你就不会被挤来挤去,进退维艰了吗?难道你就不会周身不自在了吗?难道下雨的时候,你就不会被浇个落汤鸡了吗?难道你就不会内心充满骚动、吼叫和其他诸种烦恼了吗?我想你会通过参观这个令人难忘的壮观雕像来平衡自己,忍受所有的这一切。可是,难道你没有领受过能够使你忍受所发生的一切事情的能力吗?难道你没有领受过宽宏胸襟吗?难道你没有领受过勇气吗?难道你没有领受过忍耐吗?如果我胸襟开阔,则对于可能发生的事情,我还有什么久久不能释怀的吗?还有什么能让我心神不安,愁眉不展,或者让我觉得忧心忡忡吗?难道我不应该发挥我的能力,以便能够达到我所领受的能力的目的,反而对着已经发生的事情悲悲悼悼、伤心不已吗?②

---

① 参见斯特恩奇:《斯多亚学派论激情的自愿性》,载于斯特恩奇等编:《斯多亚主义:传统与变革》(Steven K.Strange and J.Zupko, eds., *Stoicism: Traditions and Transformations*, Cambridge University Press, 2004),第37—38页。

② 爱比克泰德:《哲学谈话录》第1卷,第6章第23—29节。

对于斯多亚学派来说,人生既然是积极行动的,就必然遭遇各种艰难险阻。大多数人或者由于害怕某些事情的发生而战战兢兢地坐着,悲悼伤心,并对正在发生的事情抱怨不已。接着是对众神进行谴责;或者勃然大怒,或者对他人的好运妒忌不已。这些无不首先体现了人的脆弱性:被外在的事情击穿了防护层,在人生中被彻底击倒。其次体现了人的卑鄙:为了不被击倒,什么卑劣的事情都肯做,奴颜婢膝,没有自由。爱比克泰德是罗马人,他在芝诺、克律西波等人之后几百年依然感到这些早期斯多亚哲学家的教导深刻有力,所以以阐发它们为己任。不过我们读早期斯多亚学派对激情的论述,就不可能读到爱比克泰德那样雄辩的语言,而是读到十分学术化的定义和分类。芝诺把激情定义为“灵魂中非理性和非自然的运动”,或定义为“过剩的冲动”。芝诺还把激情分成四个最大的类:悲伤、恐惧、欲求、快乐。在每一个大类下面又可以进一步分析出许多激情类型:

> 他们认为悲伤或痛苦(grief or pain)是一种非理性的心灵收缩,属于这一大类的激情有怜悯(pity)、羡慕(envy)、嫉妒(jealousy)、敌视(rivalry)、沉重(heaviness)、压抑(annoyance)、烦恼(distress)、痛楚(anguish)和狂乱(distraction)。怜悯是在面对不应得的苦难时感受到的悲伤;羡慕是看到别人的财富时感受到的悲伤;嫉妒是对别人占有了自己想要的东西而感到的悲伤;敌视是对别人占有自己的东西而感到的痛苦;沉重是把我们沉沉下压的悲伤;压抑是挤压我们、令人感到无处容身的情绪;烦恼是由持续增长的忧愁带来的痛苦;痛楚是痛苦的悲伤;狂乱是非理性的悲伤,它令人疲惫,妨碍我们从整体看事情。
>
> 恐惧(fear)是人在预期坏事(恶)时的激情。恐惧包括这几种情绪:惊骇(terror)、畏缩(nervous shrinking)、羞怯(shame)、恐慌(constenation)、恐惧(panic)和担心(mental agony)。惊骇是产生害怕的恐惧;羞怯是对不光彩事情的恐惧;畏缩是对必须采取行动的恐惧;恐慌是某种不寻常显现导致的恐惧;惊惧是因巨大声响而产生的恐惧;担心是当事情尚不明朗时所感到的恐惧。
>
> 欲求(desire)是一种非理性的渴望,其中包括如下状态:需求

(want)、憎恶(hatred)、好争(contentiousness)、生气(anger)、爱欲(love)、愤怒(wrath)和怨恨(resentment)。需求是这样一种欲望:它受阻且远离目标,但还是竭尽全力而又徒劳地朝向目标努力。憎恶是一种不断增长并持续的欲求,它会导致与人过不去。好争是与党争(partisan)相关的欲望。生气是一种想要惩罚给你带来了不应该的伤害的人的渴望。爱欲是良善之人不会陷于其中的欲望,因为它是一种想获得源于外貌美的努力。愤怒是长期折磨人心并已变成歹毒的生气,它一直伺机而行……

快乐(pleasure)是看到积攒了貌似值得选择的东西之后的非理性的得意洋洋(elation);属于这种激情的有狂喜(ravishment)、病态的欢喜(malevolent joy)、开心(delight)、兴奋(transport)。狂喜是听觉上的享乐,病态的欢喜是对他人的不幸幸灾乐祸,开心是心灵趋向于虚弱,兴奋是德性的消融。①

这是比较完整的斯多亚激情划分。这些划分让人感到林林总总,不一而足。其实,正如斯多亚学派主张德性的本质是"一"一样,斯多亚学派也主张"恶"的本质是一,这就是对外在之物的看重,正因为如此,当它丧失时就悲伤,当它被别人伤害时就愤怒,当它被别人拥有时就艳羡不已,当它有可能失去时就感到害怕,当它到手时就洋洋自得,如此等等。总之,都是使得人们成为外在遭际的俘虏。在西塞罗的《图斯库兰对话》中我们可以看到一个按照对常人认为是"好事"还是"坏事"的情绪反应进行划分的激情表,它还进一步根据这些激情是针对现在还是将来的情况而再次划分。根据塞拉斯的解读和整理,这个表可以排列如下:

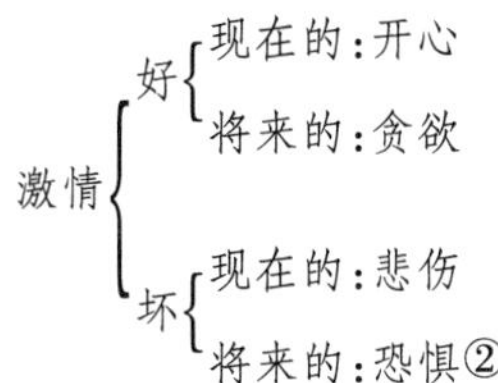

① 第欧根尼·拉尔修:《著名哲学家的生平和学说》第7卷,第111—114节。

② 参见塞拉斯:《斯多亚主义》,第117页。

这些激情分类的学说显示出斯多亚学派伦理学家对于理论体系的追求。而且它确实告诉了我们许多希腊伦理心理学上的东西。斯多亚的心理学与柏拉图的心理学有许多不同。在《理想国》中,柏拉图通过苏格拉底之口提出了一个理性、激情、欲望三分的心理学,这与日常人们的理解不太一样。苏格拉底问格老康:“激情,亦即我们借以发怒的那个东西”是否与欲望是一回事。格老康的自然反应是他不懂如何区分欲望和激情,说激情或许与欲望属于同一种类。但是苏格拉底用了一些例子提示他的对话者理解:愤怒与欲望之间会发生冲突,这说明它们不是一种东西,因为同一种东西不会自我冲突。能和欲望发生冲突的,必然是另外一种心理力量。这种力量与理性又不完全一样,尽管它可以为理性服务:“我们不是还看到过许多这类的事例吗:当一个人的欲望在力量上超过了他的理智,他会骂自己,对自身内的这种力量生气”。①由此可见,柏拉图的“激情”(*thumos*)主要是一种道德义愤,它翻译成“血性”或者“愤然”也许更为贴切。道德情感主要是愤怒,愤怒是针对不义的道德反应。对自己的不义的愤怒就是羞耻感。柏拉图对这样的激情是相当肯定的。虽然在灵魂的“三匹马”中它有时跟着欲望走,但是培养得当,它会跟着理性走,帮助理性镇压欲望的过头发展。苏格拉底说道:

> 但是,假如一个人认为自己受到了不公正的待遇,他会怎么样呢?他的情感会激动而发怒,加入到他认为是正义的那方面作战,并且还会由于受到饥、寒以及其他诸如此类的苦楚,而更坚决地争取胜利,他的高贵的灵魂不会平静下来,直至或者杀死对方或被对方杀死,或者直至听到理智的呼声而停战,就像狗听到牧人的禁约声而停止吠叫一样。是这样吧?②

知道了柏拉图对于激情的定位和评价之后,反过来看斯多亚学派的激情学说,就可以发现它们的差异了。首先,柏拉图和亚里士多德并不认为“激情”就是坏的,他们甚至借助希腊传统的贵族政治精神,突出强调一个具有激情的民族就是具有荣辱感的民族,就是高贵的民族,从而具有培养真正的德性

---

① 柏拉图:《理想国》,440A。

② 柏拉图:《理想国》,440D。

的基础。但是斯多亚学派断然肯定所有的激情都是疾病。激情与其说是高贵的标志，不如说是弱者的表征。“崇高精神的独特标志是温和与镇定，高尚地漠视不公和过错。只有女人才会愤怒得暴跳如雷，只有野兽——而且不包括那些高贵的品种——才会去咬啮和逼迫已经俯首在地的猎物。大象和狮子会放过被它们踩倒的动物，只有那些卑贱的兽类才残忍成性。”①这样的斯多亚立场显然是对整个希腊罗马贵族—共和政治的基本价值观基础的颠覆。斯多亚学派强调，好人当然不是在邪恶面前无动于衷的懦夫，他当然不会容忍坏人坏事，他会拥护和执行法制惩罚恶人。但是好人在这么做的时候并不需要借助激情—愤怒的帮助。西塞罗曾经指出：

> 在执行处罚时，最要紧的是不能有丝毫的怒意。因为在愤怒的情况下执行处罚，绝不可能遵守那种恰如其分的中庸原则——施罚既不过重也不过轻。亚里士多德学派的人赞成——而且非常明智地赞成——这种中庸之道，但我感到奇怪的是，他们竟然称赞愤怒，并且告诉我们说，愤怒是“自然”出于好意而赠与我们这样的一个礼物。因为，事实上，无论在什么情况下都应当杜绝发怒。人们希望的是，当政者应当像法律一样，施加惩罚是为了伸张正义而不是为了泄私愤。②

塞涅卡针对“愤怒”的本质专门写了长文阐述。塞涅卡很了解柏拉图—亚里士多德路线上的哲学家肯定“血性”（*thumos*，愤然）激情对于理性的“帮助作用”的说法，他在《论愤怒》中拿亚里士多德的话作为批评的靶子：“愤怒是必需的，没有愤怒就不能赢得战争——除非它注满心灵、激励灵魂。然而，它必须不是作为一个领导者，而是作为普通的战士发挥作用。”塞涅卡对此的批评是：“如果愤怒听从理性并且遵循理性的引导，它就不再是愤怒；愤怒的主要特征就是任性。然而如果它抵制和不服从命令，被它自己的任性和狂暴牵着鼻子走，它就会像无视撤退信号的士兵一样，变成对心灵毫无用处的工具。”③塞涅卡的依据是：理性自己就有力量行动。如果理性为了行动还要依

---

① 塞涅卡：《论仁慈》第1卷，第5节。

② 西塞罗：《论职责》第1卷，第25节。

③ 塞涅卡：《论愤怒》第1卷，第17节。

靠激情,那就说明理性是软弱的。而且,激情就其本性来说就是非常容易失控的。它不会听从理性的控制;一旦你放进来一点点激情,那么它就必然走向完全失控。所以最好的办法是一开始就否认给予激情以一丝一毫的地位:

> 排除有害的激情比统治这些激情要容易,否决它们进入的权利比允许它们进入后再去控制它们要容易;因为它们一旦站稳了地盘,就会比它们的统治者更加强大,就不会允许谁来约束或削弱自己了。其次,理性应当掌管力量的缰绳,只有在她远离激情时,才能保持女主人的地位:一旦她与它们混在一起并且受到玷污,她就不能阻止那些她本来可以早就从自己的道路上清理掉的激情。因为心灵一旦受到刺激和动摇,就会成为干扰者的奴隶。有些事物一开始还在我们的控制之下,后来却势头凶猛,赶走我们,使我们无处安身。正如一个被猛地从悬崖上扔下去的人,他根本不能控制自己,一旦被扔出去,除了不可改变地加速以外,既不能阻止下落也不能停留;他被完全断绝了重新思考和悔恨的余地,不得不到达了他原本可以避免的目标上;心灵也是如此——如果它陷入了愤怒、爱情或者其他的激情,它就再也没有能力自我控制了;它的重量和恶行所要求的向下趋势必定会促使它仓促地下落,驱使着它下降到最下面。
>
> 最好的办法就是立刻拒绝对愤怒最初的煽动,甚至一有苗头就要抵制它,要千方百计地避免陷入到愤怒中去。因为如果让它开始引我们走上歧途,再要返回到安全的道路上就很难了,因为一旦我们允许情感进入,通过我们的自由意志认可它有权威性,理性就会变得毫无用处;接着愤怒就会去做它所选择的一切,而不是去做你所让它做的一切。我重申,敌人必须被正好阻止在边境线上;如果他越过了边境,进入到城门以内,他是不会尊重由他的俘虏所设定的任何限制的。①

第二,柏拉图所讲的那种愤怒激情不仅不是斯多亚学派的所有激情的特征,而且甚至在斯多亚四大激情分类中还一时找不到,并没有被单列出来,必须仔细找,才能在斯多亚的激情分类的第三类激情——欲求(ἐπιθυμία,*epi-*

① 塞涅卡:《论愤怒》第1卷,第8节。

thumia)——下面看到一些踪迹:"欲求是一种非理性的渴望,其中包括如下状态:需求(want)、憎恶、好争、生气、爱欲、愤怒和怨恨。"但是这里有许多令人困惑的地方。柏拉图特别用了几个例子帮助格劳孔理解激情与欲望的不同。为什么斯多亚学派要把它们放在一起?换句话说,斯多亚学派把柏拉图特意分开的欲望和激情又合到一起了。

第三,斯多亚学派的激情表中还有几大类激情——悲伤、恐惧和快乐——这应当如何对应于柏拉图的心理学?看来,斯多亚学派之所以扩展了那么多激情,而且宣布它们都是疾病,是因为从其描述看,激情意味着个体被打开,容易在外部的打击下受伤,"*pathos*"是疾病,也与被动、被动摇、被伤害有关。这一点,我们从西塞罗介绍斯多亚学派的激情分类中可以看得更为清楚:

> 心里的种种情绪(希腊词是"*pathos*",我完全可以直译为"疾病",但"疾病"这个词并不适合一切情形,比如,没有人说"可怜"是一种疾病,也不会认为"愤怒"是疾病,但希腊语里全用"*pathos*"这个词来表示。所以我们不妨接受"情绪"这个词,从它的发音看,似乎表示不好的东西,无论如何情绪不是由自然力引起的。各种情绪大致可以分为四类,每类还可再分为许多小类:悲哀、恐惧、欲望,以及斯多亚学派所说的"*hedone*",即快乐,但这个词也表示身体上的感受,所以我宁愿译成"喜悦",意指心灵处于得意状态时的欢喜——西塞罗原注),使愚昧人的生活痛苦不安,但我得说,这些情绪不是由自然力量引发的,全都是想象之物,无聊的意见。因而,贤哲将永远远离它们。①

斯多亚学派的激情学说的关键是扭转希腊罗马的一个根本观念,即激情代表强者。所以,斯多亚学派反其道而行之把激情的本质定位为"软弱"。为激情所主宰其实并非"男子气概",而和善宽厚由于是更为人性的,其实更有男子气概和阳刚之勇:"因为一个人的心灵越是接近于摆脱激情,也就越是有力量;正像悲哀是软弱一样,愤怒也是软弱。因为在这两种情况下,被激情困

① 西塞罗:《论至善与至恶》第3卷,第10节。

扰的人都受到伤害,都屈服了。"①

其实,斯多亚学派还讨论了其他一些重大的激情,尽管未纳入四大类激情中,也符合以上的"软弱疾病"的特征描述。它们主要是不自信,自我否定,人生的彻底失败感,并且由此导致的卑鄙之后果。

斯多亚在激情理论上的第二个"创新的"或者悖论性的特点是宣称所有的激情都是"理性"的。所以,斯多亚学派的心理学是一种一元论的心理学。这是柏拉图的三分法心理学所不会同意的,当然更是一般大众所不会同意的。这种独特的心理学的一元论特征很明显:认识就是进行评价,评价就已经是激情,激情就已经是行动。人们之所以陷入这激情—疾病,追根溯源,是因为对于"外部利益"的过于看重。这就是斯多亚治疗哲学的病因学。

所以,激情就是把快乐、生死、财富判断为"好"(善)的或"坏"(恶)的。"克律西波在《论激情》中提出,情绪是判断;因为贪婪就是断定了'钱是善的'(好东西);酗酒、放纵和所有其他情绪也是如此。"②这样的激情理论承袭的是苏格拉底的传统,而与柏拉图的灵魂理论大为不同。柏拉图认为在人的心理当中,理性与非理性始终是并存的,并互相斗争的。但是斯多亚认为严格的非理性只是在人的幼儿时期存在。到了人类发展成熟后,则完全被理性的冲动所取代,消失得一干二净。③ 正因为此,斯多亚学派并不认为直接的本能反应是激情。激情必须是判断介入之后的理性认可。塞涅卡说道:

> 激情并不存在于呈现给心灵的印象所引起的感动中,而是存在于对这些事情的屈服中,以及针对这些偶然刺激采取的进一步行为上。如果有人认为脸色苍白、落泪、对性的渴望、深深叹气、双眼突然地放光,以及诸如此类的迹象是表明激情的证据和内在心灵的表现,那么他就错了,他未能明白这些只是身体的骚动。因而,即使是最勇敢的人,当他在装备武

① 奥勒留:《沉思录》,第 11 章第 10 节。中译文基本上以何怀宏译奥勒留《沉思录》(陕西师范大学出版社 2003 年版)为依据,我们对译文有所调整。下面所引奥勒留译文,如果没有专门说明,皆是如此。

② 第欧根尼·拉尔修:《著名哲学家的生平和学说》第 7 卷,第 111 节。

③ 参见弗雷德·伊罗蒂亚克诺:《斯多亚哲学专题研究》,第 74—75 页。

器时脸色变白也是很常见的事；最勇敢的战士，当战斗信号发出时他的膝盖也会微微发抖；威风凛凛的指挥官在战斗交火之前，他的心也会提到嗓子眼里，最能言善辩的演说家，在准备演讲前举手投足也会变得不自然。愤怒必定不仅仅是被激起来，而且必须是向前猛冲，因为它是一个积极主动的冲动；而一个积极主动的冲动没有意志的认可是绝不可能产生的，因为一个人在没有心灵的知晓下去复仇和惩罚，是不可能的。①

所以，一个激情的完整过程是这样的，首先有一个外在的骚动刺激或者"印象"，此时人的直接本能反应并不是激情，它不是人的理性能够控制的。接下来是理性对于这一印象的主动认可："我受到了伤害，报仇是正当的"；这就是激情（愤怒）了。所以，斯多亚学派在激情问题上的"强理性主义"一元论并不是指什么"理想主义"。说激情是"理性的"并不意味着它们是"好"的，仅仅意味着"激情"在本质上是认识性的。当然，这不是事实认识，而是价值认识。正如弗雷德在讨论斯多亚学派的认知主义特色时所指出的，自然在使得人们发展到一般性的理性（中性的知识性）上是相当慷慨的，大多数人通过经验的积累都获得了不少知识，使得他们能够认识各种感受到的事物，能够相当成功地在世界上生活下去。但是，自然并没有保证让我们轻易获得美好生活——"幸福"。人们必须在纯粹知识理性层次的基础上，再付出艰苦的、自觉的努力，才有可能再上升到道德理性。冲动欲望的认知信念性的本质只是一种人类心理的解释学上的路径，并不能保证人就是道德的，因为德性不仅是认知性的，而且必须是正确的认知。而在斯多亚学派看来，绝大多数人的认知性动机都是错误的，都是对价值观的错误认定。情理冲突不是同时并存的多元争战，而是同一个理性的不同观点的先后继起——或许速度极快而被人们经常误为同时。希腊悲剧传说中的美狄亚（Medea）杀子前的内心怒火与母性的迅速交替可以说明这一点：

我的灵魂，难道你想后退了吗？继续展开你的成功出击……
愤怒啊，你想打击哪个目标呢，你要用什么武器

① 塞涅卡：《论愤怒》第二卷，第3节。

射向背叛你的敌人呢?
我的心里已经秘密地作出了一个可怕的决定……
我已经决定了这种惩罚方式,这个决定是正确的;
我必须用勇敢的心计划这最后的罪恶。
孩子们,你们曾经是我的,现在你们必须
为你们的父亲的罪恶接受惩罚。
恐怖震撼着我的心,我的四肢寒冷得快要麻木了,
我的心脏吓得突突直跳。
愤怒正在让位隐退,
我身上的妻子已经被赶出去了,母性已经完全恢复。
我难道能流我的孩子的血——我自己的后代的血吗?……
如果他们不是我的,让他们去死;
如果他们是我的,让他们灭亡。
他们没有犯过罪和错误,他们是无辜的,
这我承认;可是我兄弟也是一样。
灵魂啊,你为什么摇摆不定?为什么我泪流满面?
为什么愤怒把我犹豫的心拖向一个方向,
母爱又把我拖向另一个方向?……
我的痛苦又涨了上来,仇恨正在滚滚沸腾,
古老的复仇女神又一次召唤我犹豫不决的手:
愤怒啊,你指向哪里,我就跟上。①

可见,斯多亚学派主张认知性激情。在斯多亚学派看来,整个灵魂或者所谓"主导部位"(*hegemonikon*)都是"理智性"(*dianoia*)的,不存在任何非理性的部分或者力量。上述美狄亚的思索,全部是判断及其继起。这与柏拉图的灵魂三分法非常不同,也与今日弗洛伊德洗礼之后的当代心理学的基本预设相去太远。如果说当代心理学趋向于把一切理性的东西都解释为实质上是非

① 包利民等选编译:《强者的温柔》,第152—155页。

理性的，那么斯多亚学派就是把一切非理性的东西都解释为实质上是理性在发挥作用。[①] 我们以为，斯多亚学派之所以采取这种与众不同的心理学，目的还是为了使道德理性有可能发挥作用，对激情施加行动，使得通过理性的、哲学的方式——提供论证、证据、思想试验等等——治疗激情有了可能。[②] 所以，所谓激情不过是理性的一种形式，所谓情、理之争不过是理性自己与自己的冲突——错误识见与正确识见的冲突。我们在前面对自然哲学的讨论中指出，根据斯多亚的本体论，不能施加和被施加行动（因果作用）的事物不是真正的存在。根据这种认知性激情论，信念可以发挥原因性的作用——甚至唯有信念才是人的真正动机，而激情或快乐与痛苦中的纯粹感受性品格其实没有发挥动机作用。与此相关，感受性质素没有"解释"作用，在解释一种情感时，真正有意义的是内容方面的、知识性的成分。

二　治疗在于重估价值观

治疗的目的是彻底消除"激情"。无论是正面的还是负面的，是得之大喜，还是失之大怒，都是应当避免的。换句话说，健康的标志就是完全无情（*apatheia*）。而且，既然激情本质上是一种认识，那么治疗激情就不能靠非理性的方式，只能靠知识。治疗激情的方式就是价值的彻底重估。这被爱比克泰德视为哲学的基本任务，哲学就是确立客观而正确的标准：

> 看看哲学的开端吧！它是识别人们之间的意见冲突，探寻冲突的起源，谴责纯粹的意见，并对其保持怀疑，开展研究以决定持有的意见是否正确，同时创立一种判断的标准，就像我们为了权衡轻重发明了天平，为了测量事物的曲直创立了木匠准则……每个人所持的意见对于决断真理并不是一个完美的标准；因为就是在重量和测量当中，我们也不会仅仅满足于外观，而是要发明某种标准来对其进行检测。那么，在眼下的这个例

① 参见斯特恩奇：《斯多亚学派论激情的自愿性》，载斯特恩奇等编：《斯多亚主义：传统与转变》，第 32 页。

② 参见布勒南：《斯多亚学派道德心理学》，载英伍德主编：《剑桥斯多亚学派导读》，第 277—278 页。

> 子里,难道就没有一个比意见更高的标准吗?人类最重要的事物无法测定和发现,这怎么可能?——因此,肯定有个标准——那为什么不去寻找它,发现它,然后当我们找到它之后,就始终不渝地使用它,就像没有它我们甚至连手指都伸不出来?因为,我想这是一种东西,我们发现它之后就可以扫除那些仅仅用意见检测所有事物的人的狂妄;这样,我们就能以人所共知的和辨别清晰的某些原则为起点,在对特殊事例作出判断的时候,使用一种表达清晰的"把握性的概念"的有机系统。①

哲学何以可能确立解决纷争的客观标准呢?斯多亚学派认为价值的正确分类是一条途径。斯多亚的"新价值三分法"构成了斯多亚学派伦理学—治疗哲学的起点和核心。既然"激情"的本质是缺乏知识的信念,所以只有在知识中彻底否认"外部利益"的价值,才能凸现内在德性的重要价值。这样的"真正知识"不是认知理性的,而是价值理性的。如果说斯多亚学派在认识论中强调绝大多数人能够获得真理,那么在价值论上则相反,它绝对地宣称大多数人不懂真理。根据斯托拜乌的记载,这种独特的、与众不同的甚至惊世骇俗的价值分类学说是由芝诺所确立的:

> 芝诺说,唯有分有存在的事物才存在。存在的事物中,有的是好的,有的是坏的,有的是无所谓的。好(善)的事物是下面这类东西:智慧,节制,正义,勇气,以及所有的德性或分有德性的东西。坏(恶)的事物是下面这类东西:愚蠢,不节制,不正义,胆小,以及所有邪恶的或是分有邪恶的东西。"无所谓的"(indifferent)事物是这类东西:生死,名誉或耻辱,快乐不快乐,财富或贫穷,健康与疾病,以及诸如此类事情。②

作为价值观,首先就是什么是好、坏(善恶)。其中,"好"又更为重要,因为坏可以被定义为"好"的对立面。就"好"(善)来说,既有形式定义一面,又有实质内容一面;前者先确立"好"(善)有什么样的特征,后者确立什么具体的东西符合这样的特征。这两个方面都不是那么容易的事情,在哲学家当中

---

① 爱比克泰德:《哲学谈话录》第2卷,第11章第13—18节。

② 英伍德主编:《剑桥斯多亚学派导读》,第239页。

都没有共识，毋宁说是伦理学家长久争论的议题。“好”（善）的形式定义本来应当是有共识的，是所谓“前把握概念”（伊壁鸠鲁）或“共同概念”（斯多亚学派），但是也许因为它的抽象性，它其实也最难理解。在西方伦理学历史上，它引起了一次次争论。最近的一次是20世纪初的摩尔的所谓“元伦理学”。摩尔在他的名著《伦理学原理》中称“Good”这样的概念只有直觉，不能理性规定。但是斯多亚学派尽管感到这个概念难以认识，还是认为可以通过某种“推理”达到对Good的认识：

> 我们通过经验、综合、分析、逻辑推论，就在思想里产生了关于事物的概念。这里的第四种也是最后一种方法就是我们称之为善的概念的方法。思想从与自然本性一致的事物推演、上升，最后获得关于至善的概念。同时，至善是绝对的，没有程度之分；至善被认为并称为善是因为它自身内在固有的属性，而不是通过与其他事物的比较。正如蜂蜜，非常甜，但这种甜是通过对它自身独特的味道的认识得出的，而不是与其他事物比较得出的；同样，我们所讨论的至善具有至高无上的价值，但它的价值只在于质，不在于量。①

可以看到，这样的认识与摩尔的直觉主义有许多相似之处。而且，斯多亚学派认为大多数人都对Good的形式定义其实有基本正确的直觉，斯多亚学派把这称为“共同概念”。我们在讨论斯多亚学派的认识论的时候指出过这是它们的知识体系的基础，是“自然的概念”。那么，斯多亚学派认为人类对于Good会有什么样的基本共识呢？让我们还是看看塞克斯都·恩披里柯的记载：

> 坚持所谓“共同概念”的斯多亚学派这样来定义“好”——“好是有用的东西或者并非与有用的东西相异的东西”；“有用的东西”是指美德和正当的行为，“并非与有用的东西相异的东西”的是指好人和朋友。美德作为人的主导部分[即灵魂]的一定状态，正当的行为作为一种符合美德的行为，它们恰恰是“有用的”。好人和朋友也属于“好的东西”，但是不

① 西塞罗：《论至善与至恶》第3卷，第10节。

能被说成是“有用的东西”或“与有用的东西相异的东西”;为什么这么说呢?斯多亚学派给出的理由是:部分与其整体既不是相同的,也不是相异的,就像(例如)一只手既不是和人相同的(因为一只手不是人),也不是和人相异的(因为人仅当包括手时才被认为是人)。既然美德是好人和朋友的一个部分,而部分与其整体既不是相同的也不是相异的,那么,好人和朋友就是“并非与有用的东西相异的东西”。因此,每一个好的东西都已经包括在这个定义中了,无论它是直接的“有用的东西”,还是“并非与有用的东西相异的东西”。接着,他们推论出“好”有三种意思,对每一种意思又作了不同的说明:在一种意义上,“好”就是人们凭借它来获得“有用的东西”的东西,这是最本质的好的东西和美德;因为,从美德的源泉自然地产生了一切“有用的东西”。在另一个意义上,“好”乃是一个能附带产生有用的东西的东西;比如,不仅美德而且德行也被认为是“好”,因为有用的东西也可以来自符合美德的行为。在第三也是最后的意义上,“好”就是“能够成为有用的东西的东西”,这一描述包括美德、德行、朋友和好人以及诸神和善的精灵。①

斯多亚学派的这些说法虽然显得复杂,但是基本意思还是清楚的:“好”的本质被规定为“有用的”(有益的)。我们在第欧根尼·拉尔修的记载中可以看到对这个说法的更为清楚简洁的概括:

一般而言,“善”(good,好)是带来某种利益的东西。具体地说,它要么与利益同一,要么与利益不是相异的。因此德性自身和所有分有德性的事物在三种意义上被称做是善的:(1)产生利益的;(2)利益因之而产生的东西,如有德性的行为;(3)利益借之而产生的东西,如分有德性的良善之人。②

但是,把“好”(善)规定为“有用”已经产生歧义。这样的好很容易被理解为“对什么事情好”(good for)。然而,伦理学中的目的论恰恰要问“什么是

① 塞克斯都·恩披里柯:《反伦理学家》,第22—27节。

② 第欧根尼·拉尔修:《著名哲学家的生平和学说》第7卷,第94节。

自身好”(Good itself),也就是所谓“最好”(至善)。这一歧义的存在不是偶然的。在希腊伦理实践传统中,许许多多的作为和事物之所以是“好”的,都是因为能对最好的事情即“幸福”有所贡献。上面的定义于是适合的是这些手段好,而不是自身好。我们在其他一些材料中,能够看到对这样的“目的好”、“自身好”的特征描述。比如在塞克斯都·恩披里柯上述引文的下面有这样的话:

> 也有人断言:“好”是“因其自身的缘故而值得欲求的东西”。还有其他人认为“好”是有助于幸福的东西;此外还有人说它是“有助于实现幸福的东西”。而按照芝诺、克里安提斯和克律西波的定义,幸福是“一种宁静的生活”。①

“德性”正好结合了上述两种“好”(善)的含义:它既是对终极好(幸福)最有帮助的手段好,又是幸福本身。“德性”(好人)是对幸福的达成最有贡献的;所以德性无论是在传统的贵族政治、雅典的公民政治中,还是在哲学家的讨论中,都被看做“最有用”的。进一步,在哲学家的分析中,苏格拉底在《申辩》和《菲多》等等当中开始呼唤人们关注自己的灵魂的价值彻底转向,亚里士多德在《尼各马科伦理学》中从理论上证明了灵魂中的完美(即“德性”)是“幸福”的核心组成部分。到了斯多亚学派,把这条思路推导到逻辑的终点,称其为幸福的全部内容。换句话说,本来作为手段的(德性)现在完全转变成为目的(幸福)。德性本来的“对终极好有用”之特征被“终极好”之特征所取代。人们不是为了它有用、而是为了它自身好而选择它。这个意思在第欧根尼·拉尔修的记载中表达得很清楚:

> 他们给出的“善”的另一独特定义是:“理性存在者作为理性者的自然完善(*to teleion kata phusin*)。”符合这个定义的有德性以及分有德性的——有德行为和良善之人;还有它所连带的附属物:愉悦和高兴以及这类事情。相对应的,则是属于“恶”(坏)的,或者是愚蠢、胆怯、非正义及诸如此类的事物;或者是分有了恶的事物,包括恶行、恶人及其伴随物、绝望、抑郁等等。(DL,7.94—95)

---

① 塞克斯都·恩披里柯:《反伦理学家》,第30节。

当然,把本来是手段性的东西说成是目的性的,在理论上有很大的困难,很容易造成困惑。对于一般希腊人来说,"德性"比如勇敢机智还是手段性的,是获得生活中的成功的手段。而生活的成功才是幸福。如果说亚里士多德还在终极目的中包括了某些传统所理解的"幸福",斯多亚学派则完全把这些成分剔除出去,让原来充当手段的"德性"填满"幸福"的区域。这是相当极端的做法。斯多亚学派为此也提出过一些论证,比如西塞罗就举出了斯多亚学派的一个简洁论证:

> 凡是善的都是值得赞美的,凡是值得赞美的都是在道德上高尚的,因而,凡是善的都是道德上高尚的……通常有人对此的反驳是否认大前提,指出并非凡是善的都是可赞美的,因为小前提即凡是可赞美的都是道德上高尚的是不可否认的。但如果认为有某种善不是值得欲求的,或者有某种值得欲求的东西不是令人愉悦的,或者即使令人愉悦却不是可敬的,这显然都是背谬的,所以凡是善的都是可赞同的,也是值得赞美的。而值得赞美的就是道德上高尚的。因此结论就是:凡是善的也是道德上高尚的。①

如果说这些讨论还太学究化的话,我们不妨举出塞涅卡对于"好"(善)的描述。他概括了斯多亚学派对于这个概念的不同定义,他认为对于最高的"好"的定义有的冗长详尽,有的精练短小,无论我们采取哪一种表述,它们的意思都是一样的:

> "最高的好乃是心灵能蔑视命运遭际,唯以美德为快乐";"最高的好乃是心灵不可征服的力量,从经验中学到智慧,在行动中沉着冷静,在与他人交往中礼貌关心"。还可以这样定义:幸福的人就是这样的人:他不承认在好的与坏的心灵之外还存在"好"与"坏",他珍惜荣誉,追求德性,对于命运的遭际既不骄傲,也不屈服;他知道最大的"好"是只有他自己才能赋予自己的;对他来说,真正的快乐就是蔑视快乐。如果一个人想要多说点,还可能把同一个道理转换成其他形式的表述,并不会伤害到它的

① 西塞罗:《论至善与至恶》第3卷,第8节。

> 意思。因为我们完全可以说：幸福生活就是拥有一颗自由、高尚、无所畏惧和前后一贯的心灵——这样的心灵是恐惧和欲望所无法触及的，它把美德看做唯一的善（好），把卑鄙看成唯一的恶（坏）；至于其他一切，就全都视为无价值的一堆东西，它们的得失丝毫也不能增减最高之"好"，也不能从幸福生活中抽去任何部分或添上半分半厘。①

这段话中包含了对于"最好"（至善）的至少四个定义。塞涅卡是从"幸福"的角度考察这个定义的。我们知道，一般人，尤其是伊壁鸠鲁派，认为幸福的本质是快乐。塞涅卡不同意直接的快乐主义。但是他说具有上述心灵的人势必时时洋溢着发自内心的欢喜，因为他在他自身中找到了欢乐。而且这样的欢乐当然远远超出了卑琐、细小、转瞬即逝的那点身体快乐，从而也就超出了痛苦。一个人一旦摆脱了快乐与痛苦这两个专制蛮横的主子，他也就找到了通向自由的唯一道路——对命运无动于衷。因为真正有价值的恰恰在我们自己的掌握之中。这一思想是爱比克泰德反复强调的。其实在爱比克泰德之前的塞涅卡那里就已经认识到了：

> 相信我，这就是伟大的宇宙创造者的意图，不管这个创造者是谁，不管他是一位全能的主神，还是设计了海量作品的无形体的理性，或是以均一的活力渗透于一切从至小到至大的事物中的神性精神，或是命运之神及彼此相连的不可改变的因果链条——我要说，这就是他的意图，即在我们的所有物中，唯有最没价值的东西才会落入他人的控制之下。一个人的最好的一切，都处于他人的权能范围之外，他们既不能把它给予这个人，也不能将它从这个人那儿取走。自然所创造的最伟大最美丽的苍穹，以及苍穹的最辉煌的部分，即考察和探询这一苍穹的人类的心灵，是我们自己永久的财产，只要我们自己还将继续存在，它们也就会与我们同在。②

不过，对命运遭际的无动于衷尤其体现在斯多亚学派的"新价值分类法"的另一个重大"创新"特色上：它们在"好"与"坏"之外又划出一大块人生事

---

① 塞涅卡：《论幸福生活》，第 4 节。

② 塞涅卡：《哲学的治疗》，第 154 页。

情,并称之为"中性的"——即"不好不坏的","无所谓好坏"(indifferent)的。"外在之物不足道"之类的智慧是世界上各种文明中都可以听到的教诲。令人感到惊讶的是,斯多亚学派放入"中性物"领域中的东西恰恰就是日常被认为是"好"、是"幸福"的东西:快乐、财富、健康、名声等等;而且,甚至还包括亲人和朋友的生命,从而还会影响人们对道德职责的价值的评估。我们下面会展开讨论这里面的严重问题。在此我们只想指出,斯多亚学派的这一"独创"的"中性物"学说之所以不怕惊世骇俗、引人瞩目,其目的乃是为了彻底否认激情所看重的事物的价值——把它们完全"重估"为无价值。从这个目的出发,斯多亚的价值三分法其实首先应当表现为一种二分法,即首先把所有存在的事物分为"有价值区分的"与"无价值区分的"两大类,以便强调后者与道德毫无关系;然后,再把前者分为好的与坏的(善的与恶的);唯有在这样的绝对化的价值二分法中,才能得出这样的结论:大多数人看做最有价值的东西比如财富、健康和权力统统都下降为"没有价值"的。

> 存在的事物中有些是有善的,有些是恶的,有些非善非恶(即道德上是中性的)。善包括明智、审慎、正义、勇敢、节制,及其他诸德性;而这些的反面就是恶,即愚蠢、非正义及其他。中性的(即非善非恶的)指所有既不助益也不伤害人的事物,如生命、健康、快乐、美、力量、财富、美名和高贵的出身,以及它们的反面:死亡、疾病、痛苦、丑陋、软弱、穷困、耻辱、低等出身及诸如此类。……因为他们说这类事物(生命、健康和愉悦)自身不是善,而是道德上中性的,尽管它们属于"可取的"之类。因为正如热的属性是提供温暖而不是冷冻,因此善的属性是有所助益而非损害;但财富和健康并非更能助益人而非伤害人,因此健康和财富都不是"善"。他们进一步说,既能用做善的、也能用做恶的东西都不是善。不过,波西多纽认为这两种事物也属于善。赫卡托在其《论善》的第9卷、克律西波在其《论快乐》中都否认快乐也是一种善;因为有些快乐是不光彩的,而任何不光彩的事物都不是善。①

① 第欧根尼·拉尔修:《著名哲学家的生平和学说》第7卷,第105—106节。

斯多亚学派之所用的“中性物”(indifferent)这个词,可以从各种角度看。塞拉斯把它总结为三种理由:一个是因为这些东西不是德性,而对于理性主体来说唯有德性才最为重要;另外一个是这些东西既可以用于好的方面,也可以用于坏的方面,这也说明它们在道德上是中性的,不属于自身好那一类的好;还有一个原因最为重要:拥有这些东西不能保障我们获得幸福,但是获得德性能够确保我们幸福。① 属于所谓中性物的那些东西比如名声和财物都是我们自己无法把握的,但是我们的内在选择能力是我们可以把握的。我们看到斯多亚学派尤其是爱比克泰德不惜连篇累牍地提醒人们,如果我们沉溺于那些原则上不在我们把握之中的东西之中,我们就会经常遇到挫败,就会为痛苦的汹涌的不良激情所压垮,人生就会很失败。但是,如果我们坚守我们可以把握的东西,我们当下就幸福,而且这是牢不可破的永久幸福。类似的思想亚里士多德在《尼各马科伦理学》中已经论证过,但是斯多亚学派把它推到极端。激情是整个人身心对中性物的价值的过分肯定,是人对它们的本体投入。人们对财物被窃的愤怒、对爱人变心的怨恨,说明具此激情者视财物、爱人为有大价值(good)者,为大有益者。各种激情其实统一在一个基础之上,即一种特定的对世界的认识与态度上。我们自己害怕的东西,当发生在别人身上时,我们怜悯;我们今日之快乐无比如果明日被命运夺去,我们便悲哀。一个人如果容许自己有一种激情,则他(她)便不可避免地会陷入其他种种激情之中。如果贤人容许自己难过,则他便不可避免愤怒、怜悯以及妒忌。当然,斯多亚学派知道,在影响人的选择上,本来意义的中性物和他们自己的伦理学所指定的中性物是不同的。前者是真正意义的中性物,因为它们在价值上毫无意义。而斯多亚学派伦理学讲的“中性物”其实指的是本来在人看来不是中性的,是人们所爱好或讨厌的,但是哲学家把它们论证成“中性的”,没有价值的:

> 他们认为“中性者”这个词有三层意义,在第一层意义上,它指那些既不是爱好的对象也不是厌恶的对象的东西,例如,星星和脑袋上头发的数量是奇数还是偶数这个事实;在第二层意义上,它指那些是爱好和厌恶

① 参见塞拉斯:《斯多亚主义》,第110—111页。

> 的对象,但不存在这个比那个更可爱或更可厌恶的东西,比如,当有人被要求在两枚无论在图案和明亮度上都无法区分的银币中欲求一个时,虽然产生了要欲求其中之一的倾向,但这不是认为这个比那个更好。而在第三种即最后的意义上,他们说"中性者"是那种既不有助于幸福、也不导致不幸的东西;在这个意义上的中性者是健康、疾病等属于身体的东西以及大多数外在的东西,因为它们既不导致幸福,也不导致不幸福。斯多亚学派还认为,一个人可以有时运用得好、有时运用得坏的东西是无关紧要的("中性的")。尽管每个人总是很好地运用美德、很坏地运用邪恶,但是,对于健康以及属于身体的东西,他有时运用得好,有时运用得坏,所以,这些东西是不好不坏的(中性的)。①

可见,斯多亚学派使用"中性者"这个词代表了对于日常价值体系的彻底颠覆。这是把在生活中那些非常能激发爱好或厌恶的事物贬低为毫无激发人喜爱或拒绝的力量的东西,肯定它们对于我们的幸福或悲惨都无所增减,不应当为选择或规避提供任何基础。这种剧烈的价值重估必然会引起人们的侧目。斯多亚学派内部,对于自己的这个"独创"也不是完全具有共识的。有的人更为严苛一些,坚持所有的中性者都是一样的,毫无差别;有的人缓和一些,认为某些中性者比其他的中性者虽然不是"更好",或"更值得选择",但是更为可取或更为不可取。只有这样,我们在生活中才能选择和行动。于是,就有了在"中性者"内部继续划分的冲动:

> 还有,他们说在中性的事物中,有些是"更可取的",有些是"遭拒绝的",其他的既不是更可取的、也不是遭拒绝的。他们又说受偏爱的东西有充分的"价值",遭拒绝的东西没有充分的"价值",比如手指的伸曲之类的事情,既不是更可取的、也不是遭拒绝的。在更可取的事物之中,有健康、力量和美丽以及财富和荣誉等;在遭拒绝的事物之中,有疾病、贫穷和痛苦等。这些都是斯多亚学派的看法。②

---

① 塞克斯都·恩披里柯:《反伦理学家》,第 60—61 节;参见第欧根尼·拉尔修:《著名哲学家的生平和学说》第 7 卷,第 105—106 节。

② 塞克斯都·恩披里柯:《反伦理学家》,第 62—63 节。

可见,斯多亚学派知道如果把一切非道德善恶的事情视为一样,会导向一切都没有区别的结论,从而彻底毁灭生活和行动的可能性。一方面,斯多亚学派坚持要彻底消除一切情绪,另一方面,他们在生活中要选择。这样的"选择"毫不"赋值"。道德的进步就是以这种"选择"代替激情。① 正如布勒南所说的,可以推论,斯多亚的贤哲无论是在自己吃饭还是挽救其他人的行为中,都同样是"德性"的,而食物与他人的生命都同样是无所谓的中性之物。贤哲之所以是贤哲,恰恰是他的动机——他在所有这些行动中都选择中性之物,并且明确无疑地把它们看做是中性之物。"在这个意义上,指责斯多亚学派提出的乃是一种开明自利,是完全正确的,而且从历史上看,比起说斯多亚的伦理学建立在对道德的和非道德的考虑的区分的基础上,要更为符合事实。"② 斯多亚学派发明了一些语词和概念,就是为了指出在中性物当中还有价值区分,只不过这种价值与美德的价值截然有别,属于中性物的价值:

> 如果我们认为万物全无分别,那么整个生活就会陷入一片混乱之中,如阿里斯顿所做的那样;既然与生活行为相关的一切事物彼此毫无区别,无须作任何取舍,那么智慧还有什么作为?所以,斯多亚学派首先令人信服地证明道德是唯一的善,卑鄙是唯一的恶,然后指出,在那些对幸福或不幸毫无意义的事物中间,也仍然存在着一定的区别,认为有些有积极意义,有些有消极意义,有些是中性的。他们还说,那些有正面价值的事物——比如健康、正义感、摆脱痛苦、名誉、财富,以及诸如此类——有些为我们提供足够的理由选择它们,舍弃其他,有些没有这种本性。同样,那些有负面价值的事物,也有些为我们提供足够的理论拒斥它们,诸如痛苦、疾病、丧失理智、贫穷、耻辱,以及诸如此类,有些不具有这种性质。因此芝诺就在术语上作了"*proegmena*"与反义词"*apoproegmena*"的区分。③

---

① 参见布勒南:《斯多亚学派道德心理学》,载英伍德主编:《剑桥斯多亚学派导读》,第272页。

② 布勒南:《斯多亚学派道德心理学》,载英伍德主编:《剑桥斯多亚学派导读》,第291—292页。

③ 西塞罗:《论至善与至恶》第3卷,第15节。

斯多亚学派在语言学上的特殊喜好在伦理学中发挥了重大作用。他们辨析各种词语,发明新词语,力求准确表达新的价值观,澄清老的语言体系带来的混乱。斯多亚学派也使用"价值"(*axia*)这个词,但是没有把它与"好"(*agathos*)等同起来。所有的"好"(善)都是有价值的,但是具有价值并不一定就是"好"(善)的,而可能是"次等价值"的。斯多亚的价值三分法希望表达的是一种全新的价值观,所以必须启用新的概念和术语体系。生活价值与道德价值不属于一个档次的价值,甚至不配被称为"好的"或"坏的",只能用其他的术语比如"可取"、"不可取"来描述。

正是为了防止两种类型的价值的混淆,斯多亚学派把传统的价值评判词"好"和"坏"、"有益"和"无益"、"有用"和"无用"、"值得选择的"(choiceworthy)、"值得追求的"(desirable)等等严格限制在道德领域中;然后发明了"可取"与"不可取"、"应挑选的"(selected)或"应采纳的"(to be taken)等词语来表明中性物利益的价值。美德和具有正面价值的中性物比如财富都"符合自然",但是它们符合自然的方式是不同的。朗格尝试这么解释斯多亚学派的意思:美德符合自然的意思是说:具有美德乃是理性存在物应有的本分或目标。这是一个与环境条件无关的命题,它绝对地和毫无异议地适用于所有的成年人。而富裕"符合自然"的意思是说:如果让一个理性的存在物在富裕和贫穷之间作出选择,那么从自然的倾向上讲,他会选择富裕而不要贫穷。富裕是一种客观上更为可取的状态,但是富裕并不是理性的存在物特有的责任或本分。富裕的价值是相对于贫穷而言的,相对于美德而言它是没有价值的。从道德上讲,富裕和贫穷是无关紧要的;因为一个人是富裕还是贫穷,这对他的道德价值不会有丝毫的影响。①

而斯多亚哲学中最极端分子如阿里斯顿则感到这种"可取/不可取"的表述方式还是对日常价值观让步太多了。他宣称,为了严格对生活中的那些价值保持"中性"("无所谓")的态度,这样的评价词都不应当用。他完全拒绝中性者当中有任何区别。没有任何中性者是更为可取的,比如健康比疾病更

① 参见朗格:《希腊化哲学》,第193页。

为可取。“开俄斯的阿里斯顿宣称,健康以及与此同类的一切事物不是‘更可取的中性者’,因为,称之为‘更可取的中性者’等同于说它是‘好的东西’,这两者实际上仅有名称的差异。”[1]

唯一可以称为无条件的“好”(善)的,是“德性”。它具有无可置疑的最高价值,其标志就是它的好是自身好,是终极性的好;一旦人获得了它,就完成了一切,不需要任何“补充”。所以,与中性物的可以增长和消减的特征相比,真正的德性美好不能通过时间的延长而增长,也不会因为外在之物的增减而增减。[2] 至于生活价值,没有一个是独立的、在先的,而必须被统辖于道德价值之下。斯多亚学派的这种价值分类学在晚期斯多亚学派的爱比克泰德那里被表述为“由我控制”(由己)的和“不由我控制”的之对立。价值观重要,什么是真正重要的、有价值的?就是选择自由或对价值的“认可”,而这恰恰是我所能掌握的。所以,明白了这个道理,只追求这个,我就不会受伤。我必然会受伤的,是涉及外在事物的事情,但是那些其实是不重要的。[3] 重要的是内心—德性;不重要的是“中性之物”。在《论至善与至恶》中,西塞罗认为亚里士多德的价值分类已经十分正确,斯多亚学派其实抄袭亚里士多德,只不过在语词上走极端,生造新术语;尤其阿里斯顿是这样的典型代表。“阿里斯顿”在古代成了“极端分子”的代名词。我们在本编的导言中说过,他坚持某种“斯多亚原教旨主义”,甚至对芝诺的“妥协”都不能容忍,认为是放弃了百分之百的“纯洁斯多亚精神”。但是,西塞罗笔下的斯多亚学派代表卡图听了其他哲学流派的指责之后却毫不让步,不同意这一看法:

> “你认为你的思路实质上与我的是一样的。我们在原则上是一致的,所不同的只是我们的语言。”卡图反驳说:“事实上它们根本没有共同之处。一旦把道德价值弃之一边,宣称某个外在东西是值得欲求的,那个外在东西是善的,就是把美德的光即道德价值本身熄灭了,从而也彻底地毁灭了美德。”“这些话听起来很好,卡图”,我说,“但你是否意识到你这

---

① 塞克斯都·恩披里柯:《反伦理学家》,第 64 节。

② 参见塞拉斯:《斯多亚主义》,第 112 页。

③ 参见爱比克泰德:《哲学谈话录》第 1 卷,第 1 章第 7—9 节。

种高雅的主张与佩罗和阿里斯顿是一样的,他们认为一切事物在价值上是相等的。我很想知道你对他们的看法。""我的看法?"他说,"你问我的看法?那是些良善、勇敢、公正、节制的人……所有其他哲学体系,只要在善恶问题上不把德性作为一个因素,在我看来就不仅对我们成为良善之人没有任何帮助,而且实际上会败坏品德,尽管程度上不尽相同,但本质上是一样的。我们或者必须坚定地主张,道德价值是唯一的善,或者完全不可能证明美德构成幸福。若是那样,我就不明白我们为何还要费力去学哲学。"①

作为罗马时期受到亚里士多德影响很深的共和主义派哲学家,西塞罗认为"可取、不可取"的说法甚至都太轻了,为什么不可以对那些重要的"外在事业"使用"好"与"坏"的评价?共和为什么不能被说成比专制好?西塞罗坚信亚里士多德的价值分类法已经很完善了,高于斯多亚学派的新价值分类学。当我们把斯多亚学派的价值二分法与亚里士多德的德性论比较一下,就能看到斯多亚学派的绝对化和极端化了。亚里士多德尽管说"内在德性"是最好,但是还是要辅佐以一定的外在好,比如适当的财富和好运,才构成一个真正圆满的幸福。但是,这恰恰是斯多亚学派绝不能同意的。斯多亚学派认为幸福不可能有量上的变化如增长或消减。一个德性的人获得的是完完全全的幸福:

根据漫步学派的理论,善有三类,人越是得到身体上或外在物质方面充足的供给,就越幸福,但这不能推出我们斯多亚学派能接受同样的观点,说人拥有的有价值的物质事物越多,就越幸福。因为漫步学派认为幸福的总量包括物质上的利益,但我们完全不承认这一点。我们认为就是那些在我们看来可以真正称为善的东西,量上的多并不能使生活变得更幸福,更令人向往,有更高的价值,更不要说幸福会受物质利益增加的影响。显然,如果智慧和健康都是令人向往的,两者加起来应该比其中一个更令人向往,但是智慧和财富没有这样的关系,两者都有价值,但智慧加

① 西塞罗:《论至善与至恶》第3卷,第3节。

上财富并不比单独的智慧更有价值。我们相信健康也有一定的价值，但我们不把它看做一种善，同时我们不会把任何价值重视到置于美德之上的程度。①

斯多亚学派认为自己与其他哲学家的差异仅仅是词语之争，更不认为自己是为了标新立异而发明新名词。他们之所以把所有的“外在好”特意称为“无所谓好坏”（中性之物）的目的，是为了突出“内外之分”和内在世界的高价值，为了让人真正牢记美德的价值远远高于生活的价值。两种价值完全不在一个层次上，完全无法相互比拟，他们说：

灯光在强大的太阳光下黯然失色，蜜汁在广袤浩渺的爱琴海里无影无踪，多个六分钱对克娄苏（Croesus，吕底亚国王——引者注）的巨大财富毫无意义，多一步对于去印度的遥远旅程可有可无。同样，如果接受斯多亚关于善之终极目的的定义，就必然推出物质财富的一切价值与美德的荣耀和尊贵相比根本不值一提。正如延长时间并不能使适时（*eukairia*）增加（因为我们所说的“适时”已经适量）；同样，正当行为（*katorthosis*，*katorthoma* 是“正当行为”的单数），适宜举止，以及善本身即与本性一致的和谐状态，都不可能有所增多或添加。这些事物就像前面讲到的适时一样，不会因时间的延长而变大。基于此，斯多亚学派认为延长幸福的时间并不比缩短幸福的时间更有吸引力，更令人向往。②

而且，这样的认识其实是我们在日常生活中都同意的。因为我们被激情之病所重重困扰，通常我们都忘却了我们的基本共识。重病只能用猛药。哲学在词语上的澄清，可以正本清源，以便治疗激情之顽疾。有些现代学者也承认斯多亚学派的说法尽管貌似奇特，其实能够得到日常道理的支持，并非极端反常识的惊人之语。比如弗雷德就说：斯多亚其实承认两种“好”（善），一种是弱意义上的好，另外一种是强意义上的。前一种是我们说这是一个“好孩子”时的好，即他们在发挥功能上挺好的，比如我们赞美一辆车跑得挺好。但

① 西塞罗：《论至善与至恶》第3卷，第13节。

② 西塞罗：《论至善与至恶》第3卷，第14节。

是,这一赞美绝不能和崇拜、敬佩、珍爱和模仿中说到的"好"比美。后者是我们评价车的设计者的美好时用的,后者包含了对人的理性能力的赞美:天分、洞见、想象力、聪明才智、创造力等等。① 这些都体现了人的内在世界的深度和广度。苏格拉底对于"好"也有两个定义:一个指的是真正有益于人的;另外一个指的是干得美好漂亮的。斯多亚学派之所以只用"好"称述德性,正是为了强调德性与生活价值的不同,它不是持续"最大化"型的,而是当下完全满足的。斯多亚学派的独特之处是不称它们为"两种好"(善),而是把一种称为好,另外一种完全不称为"好"。斯多亚学派这个理论,如果回溯到词源就不难理解,希腊文的ἀγαθο(*agathos*,阴性 *agathe*,中性 *agathon*)本来就是日常语言等词义上的"好"(英语 good,well;古汉语"善哉")。伦理学形成之后,作为伦理学术语的"好"就是善恶之"善"。斯多亚学派的特点是将亚里士多德的"三种善"中的两种"外在之善"(身体、财富、权力、荣誉)归为三种"中性"之物中的第三种,而前两种"中性之善"就是日常词语之"好"。这是他们根除"激情"的理论支柱。

三　贤哲与健康

拥有这样的德性就是彻底消除了激情,从而就是健康和幸福的。如果说对于斯多亚学派来说激情意味着灵魂的脆弱和卑鄙,被外在事物所左右,那么"德性"意味着灵魂的力量。勇敢、坚韧和胸襟开阔等斯多亚学派典型的德性意味着对于外界遭遇的蔑视和无动于衷。这样的人当然不会忧心忡忡,不会心惊肉跳,不会专事找碴,总是抱怨"神不公平",诸如此类。所以,拥有了德性就获得了最终目标("最大的善"、"最好"、"目标"),它是一种高贵强大的心灵宁静和持久的自由感。塞涅卡说道:

> 幸福生活就是与自己的本性自然和谐一致地生活。而且它只有通过一种方法才能获得。首先,我们必须头脑清楚,遵循理性;其次,我们的精神必须是勇敢的、豪迈的、坚毅的,随时准备面对任何紧急情况;既关心身

① 参见伊罗蒂亚克诺:《斯多亚哲学专题研究》,第 87—88 页。

体以及与身体有关的一切问题，同时又不是焦虑不安的；最后，我们的心思不会忘掉那些为生活增添光彩的所有好东西，但是绝不过于痴迷——我们要做命运馈赠的使用者，而不是其奴隶。我不用多说，你也知道，一旦我们驱散了一切令我们激动不已或惊恐不安的东西，随之而来的必然是牢不可破的宁静和绵绵不断的自由；因为当快乐和恐惧被消灭之后，它的恶果——琐屑、虚弱和有害的心态——也就随风消散；取而代之的将是心灵的和谐安宁，以及伴以友善的真正强大；因为一切愤怒都起源于懦弱。①

斯多亚学派把拥有这样的完满德性和幸福的人称为“贤哲”。这种“德性”的特点是什么呢？我们看到，斯多亚学派与一般希腊人的理解不同，并不是把德性理解为某种情感反应（“处于中道的情感反应”），而是完全理解为知识性的品性。所以，拥有德性的人被称为智慧之人。“贤哲”是我们翻译 Sage 的词，因为它的首要含义是 wise man。总之，它首先是一种知识性上的完善状态。塞涅卡说，石头和野兽也可以没有恐惧和悲伤，但是人的幸福的特征是通过理性而摆脱恐惧和悲伤。所以幸福生活建立在正确可靠的判断上，牢固不可更移。拥有了这样的知识性上的完美，就拥有了完完全全的幸福。从反面讲就是完全消除了激情。达到这一境界既是知识论的，也是伦理—治疗学的。贤哲的特点就是从来也不会持有错误的信念，从斯多亚学派的知性—激情论心理学说，这本身就意味着贤哲根本就不会有激情：

他们还说，贤哲从不持有意见，即是说，他从不赞同任何错误的事情。他也会做一个犬儒，因为犬儒主义是通向德性的捷径，阿波罗多洛在《伦理学》中是这么宣称的。在环境的压力下他甚至可以吃人。他们宣称只有贤哲才是自由的，而坏人都是奴隶，因为自由是独立行动的能力，而奴役是对这种能力的剥夺。②

最后，就“贤哲消除了激情”的说法而言，这听上去好像是在说贤哲“没有

---

① 塞涅卡：《论幸福生活》，第 3 章第 3—4 节。

② 第欧根尼·拉尔修：《著名哲学家的生平和学说》第 7 卷，第 122 节。

情感”,也显得斯多亚学派不近人情、“悖谬”。值得注意的是,消除激情似乎也会伤害自己。在一般理解中,人的自我意识必然是情绪性的,这也就是现象学所讲的“现身情态”。事实上,愤怒、害怕、悲伤,在斯多亚心理学的定义中,都提示着人的强烈自我意识,对自己和与自己“亲近”的事物的极端重视。如果失去了一切情绪意识,人也就失去了自我存在意识。斯多亚学派既然讲“自保”,讲自我意识,应当说是懂得这一点的。为了避免误解,斯多亚哲学家们有时也承认贤哲可以有“好的情感”比如喜乐(joy)、谨慎、愿望。它们对应于激情的领域:关于当下和过去的高兴和不高兴。但是它们的对象是德性而不是中性物的得失。所以这些好的情感绝对不是被动的“激情”:

> 他们还说,有三种好的情绪状态(*eupatheias*),即高兴(joy)、谨慎(caution)和愿望(wishing)。高兴是快乐的反面,是一种理性的舒畅感;谨慎是恐惧的反面,是理性的规避;因为尽管贤哲永不感到恐惧,但他仍会小心谨慎;愿望是欲求的反面,因为它是理性的希望。相应地,正如在首要的激情中包括从属于它们的次一级的其他激情,首要的良好情绪状态也一样,属于“愿望”的有良好祝愿(或善意)、友好、尊重、珍爱等;他们还把虔敬和谦逊等归于谨慎一类;把愉快(delight)、快乐(mirth)和欢快(cheerfulness)归于高兴(joy)一类。①

许多人看不出这些美好情绪与激情有什么区别,因为这些情绪表面上看对应的是各种“激情”。比如一个小心谨慎的人,却不就是有畏惧之心、敬畏之心、小心翼翼害怕什么的人吗?斯多亚学派为什么在消除激情的口号下不干脆主张一种水波不兴的彻底宁静?事实上塞涅卡在比较贤哲的快乐与愚人的快乐时说,如果愚人的快乐是一种激情从而癫狂起伏、掺杂了痛苦的话,那么贤哲的快乐就是宁静的、适中的、几乎水波不兴、含蓄内敛;当其不召自来之际,几乎无人知晓。这才是真正的幸福的表征。② 然而,彻底的无动于衷岂不更好?我们看到,斯多亚学派不同意彻底的无动于衷。他们似乎意识到人的

---

① 第欧根尼·拉尔修:《著名哲学家的生平和学说》第7卷,第116节。

② 参见塞涅卡:《论幸福生活》,第12节。

情绪的本体特征,不可彻底消除。只不过在“本体”或本位转移之后,情绪也会相应转移。贤哲还是会有好的欲求(*orexis*),它与坏的欲求(*epithumia*)不同,有专门的名字,叫愿望(*boulesis*)。早在柏拉图和亚里士多德那里,*boulesis* 就被用于这个含义,指的是与灵魂中的 *thumos* 即声誉方面的欲求和 *epithumia* 即身体性的欲求不同的理性欲求。这个词后来在拉丁语中还被翻译为 voluntas,在衍变中终于成为西方哲学中的“意志”一词。但是在希腊语中,哲学家并不把 *boulesis*(愿望)当做意志。这是一种欲望,而不是一种官能,而且与选择也没有直接关系。① 贤哲还会有所畏惧,但是他小心翼翼为的不是中性物的得失,而是德性和处理职责方面的完善。至于在中性物方面,他充分自信而无所畏惧,这就与一般人经常表现出来的惊吓、逃避和惶恐焦虑不同了。当哲学家说:“哪里有位于自由意志范围之外的事物,就在哪里表现出自信;哪里有位于自由意志范围之内的事物,就在哪里表现出谨慎”的时候,他们完全是自相一致的:

> 因为如果恶存在于对自由意志的有害的使用当中,那么只有在涉及这种事物的时候,使用谨慎才是正确的;但是如果存在于自由意志范围之外、又不受我们控制的事物是毫无价值的话,那我们就应该在涉及这类事物的时候,运用自信。这样,我们就可以在同一时间,既拥有自信,又拥有谨慎;是的,以宙斯的名义发誓,我们自信是因为我们谨慎。因为我们对真正邪恶的事物谨慎,其结果就是在涉及那些不具有邪恶本质的事物的时候,我们能拥有自信。②

斯多亚学派对自由的相信建立在它独特的心理学上:人的一切动机都源于人的主动认可(assent,*sunkatathesis*),即对于一个命题的接受,也就是判断。这样的认可当然在我们自己的权能范围之中(*eph hemin*)。我们是被欲望和激情被动裹挟感受与行动,还是按照理性感受和判断,都取决于我们的判断。所以,除了智慧和健康之外,斯多亚学派还有一个论断,即贤哲的幸福体现在

---

① 参见斯特恩奇:《斯多亚学派论激情的自愿性》,载于斯特恩奇等编:《斯多亚主义:传统与变革》,第 33—34 页。

② 爱比克泰德:《哲学谈话录》第 2 卷,第 1 章第 6—8 节。

他是真正的"君王",是最大的富人,最美丽的人和唯一的自由自足的人。可见,斯多亚学派的理想伦理人物主要不是道德上的,而是内心的智慧的自主。这就是斯多亚学派所自许的人生技艺或智慧。塞克斯都说:

> 斯多亚学派明确地说明智作为有关好、坏和不好不坏的东西的科学是生活技艺,只有获得明智的人才称得上是美好的,只有他们是富有的,如同只有他们是明智的一样。因为拥有重大价值的东西的人是富有的,美德是有巨大价值的东西,然而,贤哲是唯一拥有美德的人,因此,唯有贤哲才是富有的。同时,那个爱好有价值的东西的人是美好的,而贤哲是唯一爱好有价值的东西的人;故而,仅有贤哲是美好的。①

这样的贤哲和生活技艺的学说遭到了不少人的质疑。塞克斯都·恩披里柯从怀疑论的立场出发坚决否认这样的生活技艺的存在。他嘲笑说,这样的一些断言吸引了充满幻想的年轻人,不过,它们都是假的,是蒂蒙所辛辣地讥讽为"诸多学说的颠覆者和不诚实的冒牌老师"的人的说法。我们下面还会讨论到这个问题。在此我们只想指出,斯多亚学派的道德理想——"贤哲"——并不像我们今天所想象的道德英雄。其"美德"大多是个人性的,是对自己的满意,是一种极为肯定的自我意识,无愧无疚,所以完全不会动摇。最高而且首先的,是个体的内心力量,掌握自己的命运。西塞罗笔下的卡图说唯有贤哲才有权利称为富裕的人,拥有万物,因为唯有他知道如何使用万物;也唯有这样的人才可以说是美的,因为灵魂的品德胜过外貌的美丽;贤哲是唯一自由的人,因为不屈从任何人的权威,不受制于任何欲望;他是不可征服的,虽然他的身体可以戴上镣铐,但是任何锁链都锁不住他的灵魂。② 这样的贤哲理想为斯多亚学派所一直坚持,因为后来的爱比克泰德也在这方面继续宣传同样的思想和论证。同样的话甚至可以说延伸到后来基督教中的"神的归神,恺撒的归恺撒"的精神。人世间的帝王能够控制我们的外在方面,但是在内在方面我们可以做主,我们是王,因为人的自由意志是任何外人都无法控

① 塞克斯都·恩披里柯:《反伦理学家》,第170节。

② 参见西塞罗:《论至善与至恶》第3卷,第22节。

制的：

> 这是不是说你们哲学家在教导我们要蔑视国王呢？——绝不是。我们当中可曾有谁教导你对国王对在他控制之下的事物拥有所有权而表示过怀疑？请把我卑微的肉体、财产、名誉，以及身边的人统统拿去好了。如果我曾游说过谁去要求这些东西，那就请他动真格的，来起诉我吧。“好啊，可是我还想控制你的判断。”谁给你这个权力了？你又如何能拥有征服另一个人判断的能力？“通过对他施加恐惧”，他说道：“我将征服他。”看来，你还没认识到判断只能自己征服自己，它不会被其他任何事物所征服；没有什么东西可以征服自由意志，但它却可以自己征服自己。①

斯多亚学派贤哲学说中的极端化特征还表现在它强调在贤哲和一般人之间的巨大差异。贤哲之所以是贤哲，就是拥有完满的智慧；而一般人因为没有智慧，就是彻底的愚人，因为恶等于无知。愚蠢的人在没有仔细研究之前就贸然断定，因而多变、不稳定、随波逐流②，而善等于知识（全方位考察、论证之后的断定，特点是一贯而坚定不移），所以严格区分智慧与愚蠢，也就严格区分了善与恶。只有贤哲是善人，我们所有达不到贤哲境界的人都是恶人。这种截然二分法显然是荒谬的悖论：

> 他们的信条之一是，所有的过错都是同等的，克律西波在《伦理学问题》的第4卷中这么说，培尔塞乌斯和芝诺也都如此断言。因为如果一个真理并不比另一个真理更真，那么一个过错也不比另一个过错更错。因为离卡诺浦（Canopus）有一百浪远的人和离该地只有一浪远的人同样都不在卡诺浦；所以犯了较大罪过的人和犯了较小罪过的人都不在正确行为的道路上，他们是同等的。
>
> 他们有一个信条是，在德性和邪恶之间没有中间环节，而漫步学派认为，这两者之间有道德进步状态作为中介。因为斯多亚学派说，就像一根

① 爱比克泰德：《哲学谈话录》第1卷，第29章，第9—12节。

② 参见朗格与西德尼：《希腊化时期哲学家资料选编》，第256页以下。

棍子要么是直的要么是弯的,所以一个人要么是正义的要么是非正义的。正义和非正义中没有程度之分;别的德性也是如此。克律西波认为德性可以丧失,克里安提斯认为不会丧失。前者的说法是德性会因为醉酒或忧郁而丧失;而后者则认为,由于我们心灵把握的确定性,德性是不可剥夺的。①

这种对贤哲的过分推崇,对贤哲和愚人的截然二分法,理所当然地招致了人们的广泛批评。塞涅卡就说在许多人看来,贤哲理论是减损斯多亚学派训诲分量的"说大话",让人无法相信;因为当斯多亚学派否认贤哲是穷人时,却无法否认他既没有奴隶,没有房子,也没有食物;当斯多亚学派否认贤哲是奴隶时,同样也不能否认他会被出售,他会听命而行,为他的主人尽奴隶的义务。② 看来这样的批评在古代十分流行。公元2世纪的普卢塔克还在重复同样的不解和嘲讽。在其《斯多亚学派比诗人还荒诞》的文章中,普卢塔克指出"贤哲毫不受伤"的说法比诗人描述的神话故事还荒谬,因为所谓贤哲和我们常人一样,并不是刀枪不入的神灵,并不能免于受伤和生病,但是他们在受伤痛苦中、在拷刑架上、在祖国的毁灭和个人遭受灾难时,却依然能够毫无畏惧和烦恼、完全无法被征服:

斯多亚学派的贤哲在被关起来时并没有受到阻碍,在被从悬崖扔下去的时候并没有受到强迫,在拷刑架上并非受到折磨,在被肢解时并非受伤害,在被投入角斗场时无法战胜,在被包围时并没有被堵住,在被敌人卖为奴隶时并没有被俘虏。他就像那在风暴中颠簸、被打碎和最终沉没的船只,船身上镌刻着这样的名字:"一路顺风号"、"天意号"、"拯救号"和"护送号"。③

至于斯多亚学派认为唯有贤哲才是王,拥有一切,不需要任何外在物质资源的幸福,使人兴旺发达、毫无其他需要、完全自足的说法,更是体现了犬儒哲

① 第欧根尼·拉尔修:《著名哲学家的生平和学说》第7卷,第120、127节。

② 参见塞涅卡:《论贤哲的坚强》,第3节。

③ 普卢塔克:《如何意识到德行的进步》,见包利民等编译:《古典共和精神的捍卫——普鲁塔克文选》,第54页。

学传统对传统价值观的颠覆。当年柏拉图和犬儒就为此正面冲突过。中期柏拉图派的普卢塔克从柏拉图传统出发，对这种价值的颠覆大为不满，说主张这种教义就是不顾事实的故作高语，难以在生活中做到言行一致。一个高喊“只有我是国王，只有我是富人”的斯多亚学派，在实际生活中却经常到别人家乞讨基本生活用品。岂不是自己打自己的耳光？早知如此，何必当初唱这种不切实际的理论高调？此外，斯多亚学派一方面把贤哲抬得那么高，另外一方面又把大众贬得那么低，甚至说没有完全达到贤哲的人，即使在德性上已经获得了很大进步的人比如柏拉图，也还是“愚人”和“恶人”，与所有其他愚人与恶人没有任何实质性的差别。这样的截然二分法对于道德教化有什么积极意义？这只会抹杀道德进步的可能，只能让人们丧失向善的动力，而且在日常生活中也无法贯彻，徒然让人看出自相矛盾：

> 有些人不愿改变信条来实事求是，而是企图强迫事实符合他们的臆断，尽管这不合乎自然规律。由此，哲学充斥了大量难题。其中最大的难题是把所有人都划分到“罪恶”的大类中，只有那完美无缺的人除外。其结果是让人对我们所说的“进步”产生困惑，因为“进步”与极度愚蠢不过一步之遥；虽然进步已经让人摆脱了各种激情，也没了缺点，但是，进步的人还是命运悲惨，他与丝毫没有改掉自己的任何邪恶的人是同样可怜的。①

四　自然哲学支持伦理—治疗学

斯多亚学派的这种极端反常识的价值观，可以来自犬儒式的主观信念：对于事物的价值的“认可”与否，在我的掌握中，所以我是绝对自由的，我的自由具有最高价值，可以抗衡一切。爱比克泰德反复强调的就是这个意思。犬儒—苏格拉底道统的基本精神就是内心的力量可以抗衡一切。希腊化开始的世界正是伊壁鸠鲁告诉人们的那个世界，诸神已经从世界中退出的世界。这

---

① 普卢塔克：《斯多亚学派的话比诗人还荒谬》，见包利民等编译：《古典共和精神的捍卫——普鲁塔克文选》，第 144 页。

是一个失去意义的荒诞的世界。伊壁鸠鲁只是用象征的方式告知了一叶知秋的讯息:城邦家园的共和主义政治已经失去,应当感到满目疮痍和荒凉。外部的压力非常之大。只有靠自己个体挺住。百姓纷纷转向东方宗教。但是精英不愿意欺骗自己,他们不求神,他们诉诸主体性的力量抵抗"外部"的压力。早期斯多亚学派的领袖人物之一阿里斯顿就说:我们只要坚持这个新价值观就足够了,不必搞逻辑学和自然哲学。

然而,这种主观性的极端强调不像斯多亚学派所宣称的那么"自然"或显而易见。所以必须拿出令人信服的"论证",证明自己的新价值观不是建立在随意的基础上,而是建立在自然之上。斯多亚学派是"顺从自然生活"的。斯多亚哲学的自然哲学是其伦理学的有机组成部分,是树根与花果的内在关系。斯多亚学派与其他某些哲学治疗学派的区别是,它极为强调理性能动性、主动性,强调人通过学习哲学,通过理性的论证自我治疗,而不是被动的、非理性的信仰。灵魂的健身术(toning up the soul)在某种意义上务必严格遵守,这也与斯多亚学派对于灵魂的物体观有内在的关联。①

不过,"自然"可以有好几个方面。斯多亚学派的治疗哲学可以在几个方向上寻求自然哲学的支持。

初看起来,斯多亚伦理学的主观自由思想是违背自然的。因为它把个体自由视为终极价值之所在。在所有的事物中,配得上称为"好"(善)的唯有作为主体内心宁静的德性,唯一的坏事(恶)就是德性上的邪恶。至于其他客观事物如健康、财富和权力等等,都是无价值的。贤哲不惜一切坚守这样的信念。然而,人的主观性为什么会具有如此巨大的价值呢? 我们看到,斯多亚学派的自然哲学对此的证明主要是神(即自然)赋予了每个人以神的形象——理性;所以我们是宇宙大火的一点火花,换句话说,我们是神的儿子,这就为个体主观性的无比尊严的价值提供了神圣—自然的基础。爱比克泰德在这方面是一个突出的典型。他让人们想象宙斯和我们的对话:

"爱比克泰德,如果可能,我早就轻而易举地让你这卑微的肉体和你

① 参见纽斯邦:《治疗欲望》,第317—318页。

那点财物自由无羁了。但是,你别忘了,这肉体不是你自己的,它只不过是由泥土巧妙合成的。虽然我不能赋予你肉体,但是我们却将我们自己的某些部分赋予了你,即选择和拒绝的能力、欲求和回避的能力,或者简言之,即运用外部表象的能力。如果你能关爱这种能力,并把你所拥有的其他东西放在这里,那你就会永远不受挫折,不受困累,永远不用呻吟,不用抱怨,不用阿谀奉承任何人。这些东西在你眼里微不足道吗?”“我决不会那样想!”“那你满意这些东西吗?”“我非常希望如此。”①

你是一个最重要的存在;是神的一部分;在你身上有他的一部分。既然如此,那你为什么要无视你自己的高贵出身呢?难道你不知道自己从哪里来吗?难道你不记得在你每次吃饭的时候,那个吃饭的你是谁,你又是在喂养谁吗?在你每次耽于和女人交往时,和她们交往的你是谁?在你每次和社会的交往中,在你每次进行体育锻炼时,在你每次与人交谈时,难道你不知道你喂养的是神,锻炼的也是神?你总是随身携带着神,可是可怜的人啊,你却不知道这一切!你是不是以为我在说某个用金银制作的外在的神?神就在你心中,可你却没有认识到你正在用不洁的判断和肮脏的行为玷污他。哪怕是在神的一尊雕像面前,你都不敢做任何你现在所做的事。可是,当神亲自出现在你心中,听闻这一切时,难道你不为自己有这样的判断和做这样的事而感到羞愧吗?②

大多数人总是可怜和卑贱,但是斯多亚学派告诉人们可以自重自尊。就肉身讲人确实是卑微不足道的,但是人还有神性的一面。天神宙斯既是诸神的父亲,也是人的父亲。神就像一个好国王和一个真正的父亲那样,将自由自足的能力完完全全地赋予了我们;所以,他已经将所有的事物都置于我们的控制之下。人应当追随神,模仿神圣理性,模仿“自然”(宇宙大火)的旺盛向上的精神。万物无不生于火热、积极和张力,死于阴冷、惰性和平庸。这种生物

① 爱比克泰德:《哲学谈话录》第1卷,第1章第10—13节。

② 爱比克泰德:《哲学谈话录》第2卷,第8章第10—14节。

学和医学的自然哲学支持的是一种刚健型的伦理学,它支持智慧地和勇毅地抗拒一切压力的人生。宇宙每隔一定时间("大年")就会整个焚烧于"大火"之中的自然哲学学说也蕴涵了许多斯多亚哲学的刚健精神。首先这是一种时间律动的意识,一般庸人总是仅仅抓住日常生命不松手,但是大时间尺度的不息的律动节奏告诉人们,大火熊熊张扬的是精神高昂的气势,是参与大化的开阔境界。如果人们能够体悟到宇宙间的这种刚健精神,那么也就不会过于看重凝固下来的暂时物利和生命。

斯多亚自然哲学不仅能够支持其伦理治疗哲学中的主观性精神,而且能够支持其客观性思想。从种种论述看,斯多亚学派伦理学面对恶劣遭际的自由不动心,不为骚动暴烈的"激情"所压垮,不仅可以是来自心灵的内在宁静和高贵,而且也可以是来自相信客观的自然是善的,是神圣目的论的。伯纳德·威廉斯在其名著《羞耻与必然性》中认为希腊悲剧集中表达的是,我们面对的是一个彻底无意义的不公正世界,神对人的不幸无动于衷,不会帮助人们,从而打消人们的任何"好消息"的自我欺骗。纽斯邦不同意对希腊悲剧的这一解读。有关这一争论我们不打算在此展开。① 但是威廉斯肯定抓住了一部分直觉。我们看到,斯多亚学派一方面意味着悲剧意识的重新觉醒,另外一方面他们不希望教导一个"在荒诞的世界中孤独苦撑"的古代存在主义。他们相信神无所不在,普纽玛作为宇宙的理性,它的创造力贯穿于万事万物当中。在非生物中,普纽玛作为形式体现为每个事物的习性(*exis*);在生物中,就是每个事物的灵魂;在人当中,就是理性。斯多亚哲学看宇宙中一切都是美好的,因为处处都渗透了普纽玛。非生物的事物能够形成这样的石头或植物花叶,是普纽玛赋予的,所以是美好的;动物的目的论结构完美精密,是普纽玛发挥了组织作用,所以是美好的;人的理性的极端精细高妙,更是美好的。所以,人们称斯多亚哲学是"泛神论"的;我们只要不把"灵"理解得过于迷信或唯心主义,这一称呼就是成立的。在这样的泛神论视域中,宇宙中发生的一

---

① 参见纽斯邦:《善的脆弱性》,第 32 页以下。有关希腊悲剧的各种可能伦理效应,参见包利民:《生命与逻各斯:希腊伦理学史论》,第 2 章。

切,都是神义论式地为人所安排好的(天命说)。一切沉重打击和灾难经过神的各种辩证梳理,最终都会为我们好。塞涅卡说道:

> 不朽的神既不想也不能损害我们。它们生来就是温和友善的,它们不能伤害别人就像不能伤害自己一样。因此,那些因为大海的残暴、雨水的过量、冬季的残酷无情而对神指控的人是疯狂和无知的;所有这些有害或有益于我们的现象都不是针对我们那个人策划的。宇宙并不是为了我们而带来严冬酷暑;这些都有自己的法则,神的计划据此而运行。如果我们认为自己足以成为这类强大运转的原因,那就太高看自己了。因此这些现象的发生,没有一个是为了伤害我们,不仅如此,而且正相反,它们都趋向于我们的利益。我说过有某些行动者不能损害我们,某些则不会损害我们。好的地方官,父母双亲,教师和法官都属于这后者;我们应该以一种服从外科医生手术刀、食谱养生疗法以及其他虽引起痛苦却带来好处的心态来服从他们对我们的惩戒。①

相信了这样的"自然"之后,当然就不会惶惶不可终日或怨恨不已。在巨大的灾难面前,人不必仅仅靠意志力量顶着,而是靠宏大美好的客观目的论(非目的的合目的性)。逻各斯(logos)作为理性的、辩证的安排是出乎个体的直接认识的。比如灾难正是为了锻炼你的德性,让它们有机会能够展开,能够出现和存在。既然我们已经承认德性是最有价值的"好",那么一个没有展现这样的美好事物的"机会"的世界才是最为悲哀的世界。

领悟到这一点,人的心态就不是仅仅悲剧性的主观自由的骄傲与清冷,而是谦卑的感恩与通达。自由也就不体现为与自然的激烈对抗,而是"顺命即自由"。此时所强调的不是人模仿自然,而是人听从自然的安排。德性的生活就是"与自然和谐一致的生活"。"德性"不再是与恶的对抗,而是"认识到恶就是好"。按照爱比克泰德的说法,这样的个人可以像挣脱了枷锁的男子汉那样抬起头大胆地对神说:"从今以后利用我做你想做的任何事;我与你是一条心;我是你的;我不渴望免除任何在你的眼中是善(好)的事物;请朝你愿意

① 塞涅卡:《论愤怒》第2卷,第27节。

的地方引领我;用你想用的衣物缠裹我。你要让我担任公职,还是留在个人生活中;是呆在这里还是流放;是贫困还是富裕?我将捍卫你在人前所做的一切;我将展示每件事物真正的本质是什么。"①这样的人能够面对任何外部表象,都能与自然一致地使用它们,从而永远不会遭受不幸,也绝不会有坏运气。"服从宙斯的统治,遵循他的统治,对他的统治心满意足,不埋怨任何人,不指责任何人,能够全心全意地说出这样的诗句:'你引领我前行吧,哦,宙斯,哦,命运。'"②

这两种"自然支持价值"的方式未必是一致的。前一种方式相信自然是中性的,与我们无关系的;后一种却认为自然是有价值的——是好的。这两种态度的冲突在本体论上就是关系内在论和关系外在论的冲突。前一种突出的是主观性的价值和力量——人的内在性是主体,它能抗拒一切外在力量的压力;后一种强调的是自然才是主体,人不是本体,人只是自然的暂时物化。

无论是哪一种认识,都是人的高级理性认识。自然哲学与神学是深奥的哲学,这不是动物本能就已经掌握的东西,而是理性高度发展之后才出现的极高境界。但是我们看到,斯多亚学派一方面强调高级理性对于人的德性的重要;另一方面,又希望把德性纳入"自然"之中,甚至纳入最为原始的本能冲动之中。在斯多亚学派寻求自然哲学的支持中,有一个很重要的方面就是"自然生物学"和"自然心理学"对于"理性智慧符合人的自然"的系统论证。

这就是后来定型的"斯多亚道德心理学"体系为什么一般都要从人的自然冲动开始。"自然冲动"的原文(*horme*, impulse)很难翻译。斯多亚使用这一概念包括了很广的含义:动机、欲望、倾向等等都是 impulse。我们曾经考虑把它翻译为"动向"、"意向"或"动机",但是都无法体现出其"立即行动"的意蕴。杨适把它翻译为"驱动力",不失为一种可取的译法。③ 但是似乎不能完全突出它的积极行动的态势感。这个词希望表达的是行动的动因,一个人只要有了 impulse,就会根据它而行动。所以我们还是把它翻译为"冲动"。当然我们要注意,根据斯多亚哲学,成人的"冲动"是完全理性的,亦即命题性的。

① 爱比克泰德:《哲学谈话录》第 2 卷,第 16 章第 42—44 节。

② 爱比克泰德:《哲学谈话录》第 2 卷,第 23 章第 42 节。

③ 参见杨适:《爱比克泰德》,第 129 页。

每一个冲动都是一个“认可”，从而是灵魂的一个行动①；而灵魂的行动又会导向实际的行动。斯多亚学派使用这个概念还是为了把人的行动模式纳入原初自然之中。那么，人的自然冲动是什么？是自我保存。这里就涉及斯多亚心理学的一个核心思想，也就是“亲近”这一概念。人诞生之后的最初本能之所以是“自保”，是因为万事万物无不对自己亲近，追求与自己相似的东西：

> 斯多亚学派说，动物的最初冲动是自我保存，因为自然从一开始就使动物对自己感到亲近。正如克律西波在《论目标》一书的第1卷中说的那样：“对于一切动物来说，最珍贵的东西莫过于它自己的机体以及对自身机体的意识；因为自然既然创造了动物，就不大可能使动物疏远自己，也不大可能使它既不疏远自己也不亲近自己。由此可见，自然既然已经创造了动物，就一定会使它亲近自己；正因为如此，动物排斥那些有害的东西，追求那些适合于它（或与它相近）的东西。”
>
> 斯多亚学派证明了快乐是动物最初冲动的对象这一主张是错误的。他们说，即使快乐是真实存在的，那它也是一种副产品，这种副产品是当且仅当自然本身寻找并找到了适合于该动物机体的事物［养料］时才会产生的；就这一点而言，快乐是和动物的兴旺、植物的茂盛一样的事后状态。②

这段话中有几点必须注意。首先，这是把人的动机模式追溯到动物。其次，这是在动物的本能中寻找“价值”的依据。动物所追求的，就是“好”的。动物所追求的有两种：一种是“自我保存”；“自我”就是我的机体、身体；另一种是生殖的本能，其目的是传种，使得生物对自己的后代都会具有某种程度的关心。有利于自我保存的食物、水、遮蔽风雨之处等等，于是就都是“好”的。动物除了追求自我保存之外，还对自己的“存在”——当然也是身体的存在——有自我意识，并且追求这样的自我意识。人必须首先具有自我意识，才能察觉和认可对自己保存的重要的东西。在斯多亚学派的一些伦理学残篇中可以看到，斯多亚学

① 参见布勒南：《斯多亚学派道德心理学》，载英伍德主编：《剑桥斯多亚学派导读》，第265页。

② 第欧根尼·拉尔修：《著名哲学家的生平和学说》第7卷，第85—86节。

派对自我意识有专门的研究。再次,斯多亚学派的这种自保本能学说似乎不是“高明理性主义”的,但是它们之所以提出这样的学说,却有一个重要的目的即批评更为“感性、现实”的伊壁鸠鲁的自然动机论——生物自然追求的是“快乐”。西塞罗对于斯多亚学派的人的最初自保动机也有记载,与第欧根尼·拉尔修的记载不尽相同。在《论至善与至恶》中,西塞罗笔下的卡图说道:

我接受其理论体系的那些人的观点是这样的,生命体一出生(那是真正的起点)就有一种自我依恋感,一种自我保护的本能,喜爱自己的结构以及那些有利于保护这一结构的事物;同时在另一方面,它憎恶破坏以及那些显得有破坏力的事物。为证明这一观点,他们指出,婴儿在还没有感受苦乐之前就渴望有利于其健康的事物,拒斥相反的事物;倘若他们不是对自己的身体有天生的爱恋,害怕破坏,就不可能这样。而他们若不是有自我意识,从而产生自我爱恋之情,就根本不可能有欲望。由此可以说,正是自我爱恋提供了活动的最初动机。相反,在大多数斯多亚主义者看来,快乐并不是本能冲动的最初目标之一。我非常赞同他们,如果我们认为自然本性把快乐置于最初的欲求目标里,恐怕会引出许多不道德的结果。我们热爱本能动机最初接纳的东西,这一点似乎无须进一步证明,只要指出一点事实,如果可以选择,人人都会说宁愿自己身体的每个部位都正常、完整,而不愿它们尽管尚可使用却有残疾或缺陷。

同样,认识活动(我们可以称之为理解或感知;如果这些词都令人讨厌或者意思含糊,那就用“*katalepseis*”,认知活动)——我们认为这些活动都属于其本身就值得接受的事物,因为可以说它们包含着真理的内容。这从孩子身上可以看到,他们常常因为用理性为自己找到了什么东西而兴高采烈,尽管并不能从中获得益处。学科也是这样,我们是为学科本身而选择它们,因为它们本身具有选择的价值,因为它们包含认识活动,也包含通过系统推论确立的事实。在思想上赞成错误的东西,如斯多亚学派所认为的,这比其他一切违背自然本性的东西更令我们反感。①

① 西塞罗:《论至善与至恶》第3卷,第5章。

与第欧根尼·拉尔修的那段记载相比就可以看到，在西塞罗的记载中，人之初自然除了趋向自保和自我意识之外，还有一个最初本能，即趋向于一般性的“认识”。人们喜爱真理，厌恶谬误。西塞罗对于这一认知本能十分推重，认为诸多高级道德理想都与它有关，比如社会性、语言和法律的领悟、节制和有序感，以及对于自由自主的珍爱：

> “自然”同样也依靠理性的力量，用共同的言语和生活把人与人连接在一起，尤其是，她向人灌输一种可以说是异常温柔的对自己后代的爱。她还敦促人们合群聚居，组织并亲自参加公共集会；因此，她进一步要求男人努力提供大量的物品，以便满足自己的需要，使自己生活舒适——这不仅是为了他们自己，而且也是为了他们的妻子儿女，以及他们所宠爱的和应当赡养的其他人；这一责任也激发了他们的勇气，使得他们在谋生的活动中变得更为坚强……尤其是，渴求并探索真理是人所持有的本性和爱好。因此，当我无需为工作上的事操心时，就渴望看到、听到或学习一些新的东西，而且觉得想要知道创造的奥秘和奇迹的愿望是幸福生活所不可缺少的东西。从而我们开始懂得，真实、单纯和真诚的东西最适合于人的天性。除了发现真理的这种热情之外，人几乎还有一种对于独立的渴求，所以“自然”精心铸造成的心灵是不愿意受任何人支配的，除非这个人制订行为的规则，或是真理的传授者，或为了公众的利益而根据正义和法律进行统治，从这种态度产生出了灵魂的伟大和对于世俗环境的优越感。①

根据斯多亚的“自然词源学”，自然安排每一种生物实现相应的“功能”。人也不例外。“功能”即“职责”即“合宜行动”（*kathekon*），它的词源意思正是“与某种特定品性一致”（*kata tina hekein*）。那么什么是人的特定品性？什么是对于人真正亲近的（有益的）东西，也就是真正的好——善？作为治疗哲学，斯多亚要求人们关心自己，真正关心自己。所以，自我意识作为自我关心的前提，是斯多亚哲学所关注的一个主题。由此出发，斯多亚学派证明，作为

① 西塞罗：《论职责》第1卷，第4节。

理性人,他为了德性的要求而有时牺牲自己的身体甚至生命,依然是在按照自然职责行动,在实现自然的功能——依然是自保,只不过是保护自己的高级自我:

> 而且他们认为,自然在植物与动物之间原本并不作出区分,因为她也规范植物的生命,只是在这种情况下没有冲动和感觉,就像我们体内某种以植物性方式进行的进程一样。但是在动物的实例中可以发现冲动,借此它们能够寻找合适的食物。斯多亚学派认为,对于它们来说,自然的规则就是遵从冲动的引导。但是当理性通过更完善的领导而获得我们所说的那些理性存在时,对它们来说,依据理性的生活就正当地成为一种自然的生活方式。因为随后添加的理性塑造了冲动。①

由此可见,对于斯多亚学派来说,关键是要进一步从自然的心理发展史来论证,当人的身心发展成熟之后,会在自然追求的目标上发生“巨变”,从追求身体自保走向追求灵魂德性的完美,从而把美德的维系视为最为有价值的、最高的目标来追求。当“大转变”发生之后,原初儿童的自保本能就不再发挥重大作用了,相应地,价值观也就发生了根本性的转变;原先看做最重要的东西被看做没有丝毫价值。“大转变”意味着认识到自己的本体是自然大本体而不是小个体。整个的认同改变了之后,自我就不再是肉身的自我,而是那个理性自我。为了保护这个新自我,甚至自杀都是允许的。事实上,斯多亚学派经常讨论自杀,而且也有不少斯多亚学派哲学家自杀。在自杀问题上斯多亚学派不仅实践,而且提出了许多貌似“悖论式”的观点,比如自杀就是自保因为“自我”此时被视为是理性我而不是肉身我②;又比如:唯有贤哲可以自杀,而大众反而不可以。英伍德指出,这是因为斯多亚伦理学认为唯有贤哲才能发挥自由裁决,而常人应当遵守自然合宜行动。正常人应当听从自然的偏向,比如保持生命,不得自己决定自杀,因为这是违反自然倾向的。但是贤哲因为知道在什么时候、地点和场景下可以破除日常合宜行动,反而可以决定自杀。一

① 第欧根尼·拉尔修:《著名哲学家的生平和学说》第7卷,第86节。

② 参见塞拉斯:《斯多亚主义》,第109页。

个无上幸福的人可以自杀，而一个"不幸福的"人却不可以自杀。这些听上去无论如何都是矛盾荒谬的。但是从斯多亚的伦理学却可以推论出来。① 唯有贤哲懂得自杀是为了保护高级的自我，而一般人如果自杀，乃是为了保护低级的自我。所以，斯多亚学派看上去很不"自然"的知识就是自然而然的了。当然这里的"自然"已经不是原初自然，而是"发展了的自然"。在这样的高级自然的视野中，个人不仅要自保，而且要保护大家。通过伤害他人来自保就不再是正当的：

> 对于一个人来说，夺旁人之物，和靠旁人之失而得利，比死亡、贫穷、痛苦，或其他任何人身或财产方面的不幸更有悖于"自然"。因为，首先，对于社会生活和人与人之间的伙伴关系来说，不义是致命的。如果我们每个人为获得某种个人利益都想欺骗或伤害旁人，那么，维系人类社会的那些纽带（它们是最符合于"自然"规律的）必然会被摧毁。打个比方，假如我们人体的每个器官都有这种思想，以为攫取其邻近器官的精力就能使自己变得更加强壮，那么，整个身体就必然会衰亡；同样，如果我们每个人都掠夺旁人的财产，彼此都将他人之物挪为己用，那么，维系人类社会的纽带必然会被冲毁。因为，即使每个人更喜欢为自己而不是为旁人谋取生活必需品，这也并不与"自然"规律相冲突；但是"自然"规律肯定不允许我们采用劫掠他人的方法来增加自己的财产。②

在研究斯多亚的现代学者中，可以分出两种倾向的意见：一种是重视"自然"的延续性；另一种是强调自然心理发展中的这一"大转变"。我们不妨把前者称为是斯多亚中的"和缓派"，后者可以称为是斯多亚哲学解读中的"极端派"。朗格是和缓派的一个典型代表，他设法证明斯多亚学派的思想不是反自然的，而是当真遵循自己的"符合自然"生活的原则的。斯多亚学派貌似极端的道德要求，其实都可以在"最初的符合（或违反）自然的事物"中找到源头。什么是"最初的符合或违反自然的事物"呢？"最初的"指的是时间上在

① 参见英伍德主编：《剑桥斯多亚学派导读》，第 111 页。

② 西塞罗：《论职责》第 3 卷，第 5 节。

先的。一切生物都有一种保存自己的最初冲动。从"最初的"这一意义上讲,生物受本能冲动驱使而追求或避开的那些事物是符合或违反它的自然的,它们包括食物、屋舍和父母的慈爱。但是随着年龄的增长,人类经验到了非理性动物经验不到的对于更加广泛的事物的热爱。于是,在"符合和违反自然的事物"的清单上,就加上了专业技能、健康、美丽、富裕、尊重、出身高贵,还有这些事物的对立面。人应该珍重这些事物,排斥那些与它们相反的东西,这是符合人的自然的。在这一心身发展阶段,获取"符合自然的事物"而排斥"违反自然的事物"是所谓"责任"或"本分"。进一步的自然发展是理性的出现,之后,人的"本分"就成了完成"适当的行动"(*kathekonta*)或职责(责任、义务)。它的出发点不是单纯的冲动或本能,而是理性(logos)。"适当的行动"就是"能够合理地证明是做得对的事情"①。朗格还说,西塞罗的《论职责》最好地证明了斯多亚哲学不但没有忽视或放弃职责,而且还特别强调它,尤其是在对人的四种角色对应的具体功能的阐述中更可以看到这一点。所以,斯多亚伦理学的角色德性论比亚里士多德的"相对于我的中道"要更为展开、详尽和深入。② 所以,斯多亚学派把高级的理想全部追溯到自然上。一切人所具有的特殊力量——认识能力和社会能力、道德和文明——都来自自然。

弗雷德代表的是与朗格不同的"极端化"解释路线。他更强调的是斯多亚思想中的自然—理性的断裂一面。在他看来,斯多亚学派相信,随着人获得的新价值观即"好(坏)"善(恶)概念之后,人的行动动机就发生了根本性断裂,不再关心天生而来的"自保",而关心别的目的,这一新目的甚至与"第一自然"经常处于对立中,它就是德性。弗雷德对"断裂"的偏好体现在他在斯多亚的道德心理学中分析出几种发展中的巨大断裂。儿童出生,就已经标志着从植物跃升到动物,儿童与动物一样,都是受到非理性的冲动的支配。但是人在发展中还将从儿童走向成人,这时,非理性的冲动会完全被理性的冲动所代替。斯多亚学派极为强调理性人与动物之间的鸿沟。塞涅卡经常提醒人

① 朗格:《希腊化哲学》,第189—190页。

② 参见朗格:《斯多亚学派研究》,第164—167页。

们:不要在愤怒中失去人性。爱比克泰德则提醒人们:人的自尊与动物不同,在于人具有了理性。弗雷德认为,既然自然发展出现的巨大断裂意味着认知性冲动成了人类行动的动机,那么,对于价值的认知的巨大变化就应当导致人的动机的巨大变化。或者说,人的行动怎么样,是由价值观所决定的(而不是简单的"服从自然功能")。

为了突出斯多亚学派哲学与众不同的特点,就不能害怕"极端性"。于是他认为西塞罗的"延续论"的伦理学理解可能错误理解了斯多亚伦理学。西塞罗过于承认中性事物的价值。西塞罗似乎把"大转变"后的人的价值体系说成是"以德性为主,但是同时也把外在利益比如健康看成有一定的价值";在"大转变"后我们还会看重外部事务,只不过不是那么强烈而已。对此弗雷德评论道:这与柏拉图和亚里士多德伦理学有什么区别?斯多亚学派绝对不可能承认外在利益有任何独立价值——即使是"很小的"独立价值;在德性的人那里,外在利益必须完全是"派生性"的。有德性的人即使还继续看重外部事物,也完全是因为全新的动机即德性了。事实上,西塞罗自己在别的地方的话也证明了这一点。①

根据西塞罗对人的身心发展史的记载,斯多亚讲的人的德性发展中从原初自然到理性自然的"大转变"是多阶段的:

> 第一步"适当的行为"就是保存自己的自然结构;第二步就是保留那些与本身一致的事物,摒弃相反的事物;当这条选择原则同时也是摒弃原则发现之后,接下来就是根据"适当的行为"选择,然后,这样的选择成为一种固定的习惯,最后,选择完全理性化,与自然本性一致。正是在这最后阶段,真正的善才首次显现出来,其真实的本性才得到领会。人的最初吸引力总是指向与本性一致的事物;但当他有了领悟力,或者毋宁说能产生"概念"——用斯多亚学派的术语就是"*ennoia*"——即认识到支配行为的秩序(也可以说和谐)之时,他就会转而尊敬这种和谐,其程度远胜过他最初产生的爱恋。再通过智性和理性的分析,推出结论说,人最大的善

① 参见伊罗蒂亚克诺:《斯多亚哲学专题研究》,第92页。

就在这里,也就是因其本身而值得赞美、值得欲求的东西。由于这就是斯多亚所说的"*homologia*",而且你也同意我们可以称之为"conformity"——换言之,如我所说的,作为终极目的的善(其他一切都是为了达到这一目的的手段)就在这里,所以道德行为与道德价值本身,也就是唯一的善,尽管需要继续发展,仍然是唯一因其自身的效果和价值为人所欲求的事物,而最初的本能目标没有一个是因其自身的缘故为人所欲求的。但由于我所说的那些"适当的行为"是基于最初的本能目的的,所以前者对后者有意义。由此可以恰当地说,一切"适当的行为"都意在获得本性最初的需要。但不可以为这些需要的满足就是最高的善,因为道德行为不属于最初吸引本能的事物,而是从中生长出来的,也如我所说的,是后来发展出来的。同时,道德行为与本性一致,并远比早先吸引我们的一切目标更有力地激发我们的欲望。但在这一点上必须一开始就很当心,如果由此推出两个至善的观点那是错误的。①

从这段话中我们至少可以分析出两次"转变"。第一次是从纯粹为个体自保考虑的初生儿的"自然"向对他人的职责的转变;第二次是进一步由此向"贤哲"的转变。于是形成了三个阶段:一,自然自保;二,职责道德;三,贤哲道德。一般人看不出第二阶段与第三阶段有什么本质区别。或者,即使认为有区别,也以为是程度上的分别而已,因为它们共同属于"道德的"阶段。但是我们知道,不少伦理学家比如科尔博格和罗尔斯会强调两次转变之间的巨大断裂,比如把第二阶段说成仅仅是"世俗的、非反思的、习惯的"伦理,无论从动机的纯洁度还是从道德含括的人群范围上说,都远远算不上"真正的道德"。正如纽斯邦所观察到的,斯多亚学派不仅把传统的外在利益比如财富名声纳入无价值范畴,而且把"关系性的好"比如拥有孩子、朋友、政治权力等等,甚至有德性的行为如勇敢正义行为都视为无价值的。② 斯多亚伦理学大大扩大了"外在无价值"领域,把个人自己的自然需求满足和他人的自然需求

① 西塞罗:《论至善与至恶》第3卷,第6节。

② 参见纽斯邦:《治疗欲望》,第362页。

满足都划入“外在”的或中性的事物中。“规则”本来似乎可以体现与“自然”的对立，道义似乎总是在与自然欲望的对立中显现出来。但是斯多亚学派认为，“规则”预设了自然价值的重要(如“不许偷盗”就设定了财物的重要，也设定了人际关系的重要)，于是只能把规则视为“中性的”。而根据斯多亚学派的极端二分法原则，达不到最好的就是同样的邪恶，达不到道德德性的就一概是“恶”。在这样的心态下，职责道德阶段甚至降到了道德的层次(“正当行为”)之下，只不过属于“合宜行为”。“神圣的自然法”突然降低为低下的“外部无价值事务”中的一种，与道德层次有着天壤之别，而与第一阶段的“本能层次”却属于同一个范畴。这样的思路充分体现了斯多亚哲学的极端性和骇世听闻的悖论性。西塞罗的话可以表明一般的职责道德的习俗性：

> 但是，当你以一种理性的眼光全面地考察了人与人之间的关系之后，你就会发现，在一切社会关系中没有比国家把我们每个人联系起来的那种社会关系更亲密的了。父母是亲爱的，儿女、亲戚和朋友也是亲爱的，但是祖国则包容了我们所有的爱。因此，如果牺牲自己能对祖国有所助益的话，真正的爱国志士谁会不愿意为国捐躯呢？而那些用各种罪恶的行径分裂祖国的人，那些正在从事和曾经从事过颠覆自己国家的阴谋活动的人，真是丧尽天良，可恨之极。
>
> 假如我们要作一比较，以便在我们应负的各种道德责任中分出主次，那么首先是国家和父母；为他们服务乃是我们所负有的最重大的责任。其次是儿女和家人，他们只能指望我们来抚养，他们不可能得到其他人的保护。最后是亲戚，在日常生活中他们往往能与我们和睦相处，而且其中绝大多数人都能与我们同舟共济。①

由此可见，职责道德的一个特点是对人的区别对待，这有些像儒家的“义”，首先要照顾的是具有血缘关系的人，然后放大到国家，最后才是全人类。当然，希腊罗马的城邦共和国的道德都属于这样的等差职责伦理，但是斯多亚学派在创立时本来是作为一种普世主义的伦理学而广为人知的。芝诺的

---

① 西塞罗:《论职责》第17卷，第116节。

“我是世界公民”的话言犹在耳,斯多亚学派伦理学中已经发展出了那么详细的“内外有别”的职责体系。可以想象,在斯多亚学派内部对于如何看待职责是会有不同意见的。而后世研究斯多亚学派伦理学的学者中,朗格等强调“缓和的斯多亚”的人大多试图把斯多亚哲学解释为其实是亚里士多德伦理学:其内容方面依然是日常的、习俗道德中的职责,只不过形式方面不同。但是,主张“极端化”理解斯多亚精神的人就会认为,即使在内容方面,斯多亚也与日常道德极为不同。受到苏格拉底和犬儒派的影响,斯多亚哲学认为高级的、人道主义的职责才是我们的“真正的职责”。弗雷德是持这一见解的代表。

在此,我们还可以引用斯多亚学派哲学家希罗克勒斯(Hierocles)关于“职责的圈子”的说法:

> 第一个,也是最亲密的圈子是他自己的心灵。人们紧紧围绕着这个中心。这个圈子包括他自己的身体和为了身体的其他东西,因而这是个最小的、紧贴中心自身的圈子。第二个圈子是这个中心的扩展,但又包括第一个圈子的,这就是自己的父母、血亲、妻子儿女;第三个是叔、婶、舅、姨、祖父母、侄、甥;然后,再就是同一地方居民的关系;再就是同族的关系;再就是公民同伴;再就是邻近的城市和同一个国家的圈子;最大的圈子,包括了所有的其余的人,就是全人类。
>
> 一旦我们观察到所有这一切,有教养的人就该适当地对待每个这样的圈子,把它们都指向中心,并联系起来。我们有责任尊重人,把第三个圈子的看做是第二个圈子的,然后又把其他人看做好像是第三个圈子的。虽然从血缘说距离更远,减少了亲近感,我们仍然要努力同样地看待他们。①

这段话显然比西塞罗的话要有意思得多,蕴涵更多的思辨哲理,也提升到更高的伦理境界。尤其是,如果把它与中国人喜欢讲的人际关系圈子比较,更能看出许多东西来。我们沿用杨适的《爱比克泰德》的中译文,杨适在那里对

---

① Stobaeus 4,671.7—673.11;LS,57G.

此进行了十分有意思的分析。他说，这里所举的各种圈子的中间各圈与中国文化中的伦理圈子相近，但是两端的圈子就不同了。“第一个圈子”是纯粹的个人，而最外面的“第三个圈子”是普世人类。斯多亚学派要求人们对待所有的人都像家人圈子里的人一样，不管亲疏远近，一视同仁。而且，这种要求是从“所有的人都是神的儿女”的信念推导出来的结论。所以，这体现了中西文化的差异。①

因此，我们可以说杨适的观点与弗雷德接近，而与朗格不同。然而，有意思的是弗雷德和朗格在讨论中依据的主要都是西塞罗在《论至善与至恶》中对人的道德心理学的自然发展以及德性出现的过程的阐述，但是他们一个得出了“连续论的斯多亚”，一个得出的却是“断裂论的斯多亚”；这说明诠释者自己的问题意识和解释框架会导致他们对同一个文本的相当不同的解释。

针对不同的“圈子”而考虑自己对他们所负有的不同的行为职责，这样的主题自然而然把我们引向狭义的伦理学领域。

第三节　斯多亚伦理学

上面我们主要讨论的是斯多亚学派的治疗哲学，因为它始终以“自我”为中心（自我一致、自我肯定），而不是以同他人的“正当利益关系”为焦点。下面我们将考察斯多亚学派在现代意义上的伦理学有什么独特的观点和贡献。需要注意的是，斯多亚学派的自然哲学和治疗哲学的种种特点也会影响到伦理学的理论建设方式，并会导致某些特别的矛盾、“悖论”和创新突破。比如，在西塞罗的《论职责》和塞涅卡的《论恩惠》中，都有关于“恩惠”（benefits，也可以翻译为“行善”）的长篇讨论，这样的主题当然不属于治疗哲学的范畴，而是标准的道德学，它反映了古代道义论对代表了古代后果论的伊壁鸠鲁伦理学的辩驳。但是，塞涅卡的《论恩惠》中也有与治疗哲学紧密相关的内容。其

① 参见杨适：《爱比克泰德》，第107—108页。

中比较醒目的就是对生活缺乏感恩心,在塞涅卡看来这是人类本体性疾病中的重要一种。这病不仅伤害他人,主要伤害的还是自己。

斯多亚学派伦理学自古以来给人以几个突出的印象,但是这些"形象"(印象)相互之间未必融洽一致,从而使人不禁怀疑某个或某些长久以来成为固定印象的"斯多亚伦理学"是否可能只是没有根据的成见。为了理解斯多亚学派的宗旨,我们打算从当时希腊伦理学可能遇到的问题和哲学家的不同解决方案入手给出一个讨论的背景。

一 模式与问题

严格意义上的伦理学与政治哲学类似,都是关于人与人之间的正当性行为规则的("义"),这与治疗哲学关心个体自己的"幸福"(好)形成了不同的问题域。它们的思考方式也极为不同。为了确定生活和道德的可能关系,我们不妨用一个图示来表示生活流程,它由"生活流"(A)和环绕它的"道德边界"(B)组成:

B ————————(义)

A:利益→利益→幸福(好)

B ————————(义)

正如该图所表现的,生活流(A)是中间的箭头链条所标明的,其模式是所谓"目的论"的,即由各人对"好"(善)的追求所组成。目的论有几个特点:第一是按照"好"(善)而选择做什么;第二是选择的模式,除了选择 x 而不是非 x,比如健康而不是生病,还有"最大化"的趋向,比如更多的健康,更多的财富或者名声;第三是最大化,一般来说不是孤立的、片段的,它由一个"生活计划"组成,其中主导目的是终极目的,其他的是服务于终极目的的手段。终极目的作为"好"(善)是自身好(good itself),也称为"幸福";至于手段性的好(善),不是自身好,而是因为对于目的的达到有帮助和贡献,而被视为"好"(好处,good for)。所以,手段好通常被称为利益。这一"生活计划"一般不会太小,至少包括一个生活时期("青年的幸福"、"老年的幸福"等等),甚至可以包括一生(人生幸福——或者不幸)。当然,人的整个一生是否是有意识地理性“选择”的,是一个有争议的问题。但是不少希腊目的论者认为当然如此,否则是对自己的不负责任。

在这一目的论生活流的两边是边界性的“义”(B),它们的作用是限制生活流对于“好”的追求。它的基本含义是正当性规则。它在人的行为动机中呈现的方式与上述目的论方式形成鲜明的对比:边界不是目的论的,即不是“最大化的”,甚至不是“被追求的”;它们是“被遵守”的。不能杀无辜的人就是不能杀,而不存在少杀或多杀无辜的人的正当性。

当一个人不触犯边界的时候,他在生活流(A)当中追求着,甚至可能不感到道德(B)。但是A与B经常处于对立之中。由于资源的匮乏和人的欲望的潜在无穷性,二者通常被视为形成了不可解的矛盾。一个人对于美好幸福生活的追求往往有冲破边界的趋向,或者说,往往会打断别的生命体的生活流。由于生活流(A)的特点是追求自己的“好”(善),所以其行动力量是一种自发自愿的内在力量;但是道德(B)的维系往往靠外在的力量——神。所以,神圣道义论自古以来担任着“镇守边界”的使命。有些事情,是永远不能做的;在古希腊它们形成了一个不可亵渎、不可靠近的领域。否则会背上神的可怕诅咒。①

众所周知,所谓“启蒙”就是动摇神的威严;或者,是抬高人而贬低神。希腊的启蒙大致发生在第一轴心时代及之后的岁月中。“自然哲学”和“智者”是启蒙的代表。他们的疑神论动摇了传统政治宗教的神圣不可侵犯的尊严。于是相应地,神所镇守的道德边界(B)也开始动摇、瓦解。《理想国》、《高尔吉亚》中智者塞拉叙马柯等人对道德——正义——的刺耳挑战在过去是不可设想的,但是在启蒙中则是自然而然的。

在丧失了传统神圣道义论的力量之后,启蒙哲学家中也有一批建设性的人物希望重建道德。既然神已经动摇,他们就试图积极地努力从“自然”、从“理性”、总之从人自身当中寻找重建新的道德基础的资源。苏格拉底、柏拉图和亚里士多德当然是这样的启蒙重建运动的开创者。但是我们更为关注的

① 参见赫西俄德:《工作与时日》,第220—285行。

是“希腊化时代”的两大伦理学派——伊壁鸠鲁派和斯多亚学派,它们分别代表了两大启蒙重建的可能取向。

第一种是实证法的。所谓实证法就是不承认有什么“自然法”写在天上。一切道德和法律的合法性在于实际的立法——人与人的社会契约。唯有立约过的才是道德,违背了它们才有“违法”可言,未立约的则不是;其力量,既然神的镇压力量不够了,则诉诸实际的人间力量的威吓,司法当局的威吓。这是伊壁鸠鲁的方式。伊壁鸠鲁特意强调不能让神担任司法官,而应当诉诸感性的方式、也就是清楚明白的、自然的、人性的方式(人人都能感受到的无可争议性,所谓“直接性”)。这条“感性路线”其实还可以进一步分为两种:一种是着重“追求快乐”;另一种是着重“回避痛苦”。当讨论重建道德和政治规范(B)的时候,伊壁鸠鲁其实不讲正面的感性——快乐,而是讲负面的感性——痛苦。伊壁鸠鲁当然以“快乐主义”感性论闻名,但是那主要针对的是生活流的(A)。他的快乐论的要旨是与个体自己幸福相关的明智理性:正是出于“快乐”的考虑,我们反而不取“最大化”式目的论,不选择繁复的享乐奢侈。这虽然是在讲生活(A),也会间接利于道德(B)。

但是,启蒙还可以走别的新思路,即直接从正面论证道德目的论,论证德性就是幸福。与伊壁鸠鲁一样,这条路线也诉诸感性,诉诸“自然”。亚里士多德和斯多亚学派伦理学就采取了这一条路线。在他们看来,生物的终极目的之实现,繁盛开放,难道不是自然?但是,与伊壁鸠鲁讲的直接性的感受相比,这样的“自然”未必那么“自然而然”,那么直接,能被当下感性所领悟,已经有些“间接”,需要哲人的阐发,需要更多的理性介入,需要“成熟的、理性的、德性的人”的视界,才能“看到”这也是自然。道德目的论的思路就是类比A(生活的目的论)来重建B(即边界)。因为生活目的论告诉人们,对于“好”的追求是“自然的”,而且有强有力的内驱力,而不仅仅是外部镇压。新的道德目的论正是看重并借用了这种自发自愿的自然力量。

二　道义论反对功利主义

为此,以斯多亚学派为代表的第二条启蒙路线——道德目的论的路线——集中精力反对伊壁鸠鲁的启蒙重建路线。这一贯彻了希腊化罗马时期的哲学之争令人感到颇有意思。他们都不把智者破坏性的启蒙哲学当成首要敌人,而把"同一阵营"中的不同派别当做伦理学上最大的严重问题来对待。对于道德目的论,伊壁鸠鲁诉诸快乐,那是十分危险的道德还原论,它的危险就在于,还原使得道德失去自己的立足之地,失去了独立不依的尊严,成了感性欲望和快乐的附庸。理解了这一点,我们就能理解为什么斯多亚学派坚决反对伊壁鸠鲁"通过快乐重建道德"的"好意"。在道德和快乐的排序上,毫不动摇地主张道义先于快乐,而非快乐的派生物,反对快乐是终极目的或"最好"。快乐对于斯多亚学派来说几乎毫无"好"(价值)可言:

> 伊壁鸠鲁宣称快乐是好的东西,那个"宁愿疯掉也不愿享受快乐"的人[犬儒派安提斯泰尼]认为它是坏的东西,斯多亚学派说它是中性的而且是不受偏爱的东西;克里安提斯说它既不是自然的,也对生活没有价值,像一个饰品那样是非自然的;阿尔凯得穆(Archedemus)[斯多亚学派]说它是天然的,但如同胳肢窝里的毛发那样没有价值;还有,帕奈提乌(Panaetius)说它部分是自然的,部分是非自然的。①

斯多亚学派认为不是快乐,而是道德上的"美好"才是终极目的(最好)。在这个事关人生根本价值排序的问题上,斯多亚学派经常借助希腊罗马传统本来就有的贵族的和公民共和的荣誉目的论的传统为自己的立场论证。这种思路源远流长,柏拉图和亚里士多德就已经强调人的本体之"是"正是优秀美好和荣誉,而道德构成了其基本内容,从而顺理成章地证成道德目的论。斯多亚学派也继承了这一路线,竭力把人从感性快乐痛苦的层次向上提升到激情和责任的层次,然后再从这里向上提升。斯多亚学派伦理学十分强调责任意识。斯多亚学派把所有合宜的行为都称为"功能"(function)或"职责"(*officium*,这是西塞罗翻译希腊词 *kathekon* 的词)。无论是 function 还是 *officium*,都给人以道义论的暗示。

> "责任"(本分、适当、合宜)指的是能为其找到合理的辩护的行为。

① 塞克斯都·恩披里柯:《反伦理学家》,第 73 节。

例如生命过程中的和谐,这一点甚至贯穿于动植物的成长过程中,因为他们认为,即使在动植物身上也可以看到行为的适当性。芝诺是第一个使用行为的 *kathekon*(责任)一词的人。从词源上考察,它来自 *kata tina ethikon*,意思是"沿着伦常来到"、"延伸到伦常习俗"、"在于谁"、"由谁负责"等等(*ethikon* 原初含义就是人伦、习俗)。它是一种适应于自然安排的行为。因为,他们观察到在因冲动或刺激而作出的行为中有些是合适恰当的,有些是背逆合宜性的,此外还有一些是不属于两种情况的行为。

合宜的行为是指所有理性要求我们去做的行为,如尊重父母、照顾兄弟和关心祖国,以及与朋友交往等等。不合宜的行为是指为理性所反对的行为,如不照料父母、对兄弟冷淡、与朋友不和、无视祖国的利益等等。这两种类型都不属于理性既不鼓励也不禁止我们去做的那类行为,如捡起一根小树枝、拿着一支铁笔或刮刀,等等。①

"职责"一词,当然体现出军队、国家等共同体本位对于个人的约束。"功能"也表明"自然"所规定的行为是人所必须遵循的(自然功能目的论)。这些,都与个体"跟着感觉苦乐走"的取向截然不同。道义论正是为了确保高于个体的东西压制个体的自利倾向。这是一种客观视角的意识,目的就是反对伊壁鸠鲁的"个体直接感受"范式:

斯多亚学派认为,世界上所产生的一切东西都是创造出来给人用的;因为人也是为其他人而生的,所以他们能够相互帮助;在这方面,我们应当遵从"自然"的意旨,彼此关系,相互授受,为公众的利益贡献出自己的一份力量,例如用我们的技能和才智,以及通过我们辛勤的劳动,使人类社会更紧密地凝结在一起,使人与人之间更加团结友爱。②

这样的精神就是维护社会道德的精神。西塞罗不惜烦琐地列举人们在社会生活中应当维系的种种具体责任:

我们有责任尊敬那些以其行为合乎高尚的道德水准而著称的人,和

① DL,7.108—109。

② 西塞罗:《论职责》第1卷,第7节。

那些作为真正的爱国者曾经或正在为其国家效劳的人，就好像他们被授予政权或军权似的。我们也有责任对老年人表示适当的尊重，对地方行政官要礼让，对自己的同胞和外国人要有所区别，而且对于外国人也要分清他是官员还是普通百姓。毋庸细说，总而言之，我们有责任尊重、保护和维持存在于人类所有成员之间的那种融洽友好的关系。①

自然法的精神就是绝不可违反绝对道德善。“斯多亚学派主张自然法”，这正是传统对于斯多亚学派伦理学的一贯看法。它也反映了斯多亚“反还原论伦理学”与伊壁鸠鲁所代表的还原论伦理学的对立。就伦理学理论而言，生活与道德，何种价值排序在先，是决定不同的伦理学的一个首要问题。罗尔斯是这么表述的：“伦理学的两个主要概念是正当和善（好）……一种伦理学理论的结构就大致是由它怎样定义和联系这两个基本概念来决定的。”②如果把善（好）定义为独立于正当的东西，然后再把正当定义为增加善（好）的东西，则得出目的论；如果把正当定义为独立于善（好）的东西，并以正当限制善（好）的范围，则得出道义论。我们只要用德性取代“正义”，用“生活利益”取代“好”，就可以看到在希腊化时代哲学家们已经在清晰地用好与正当之间的“优先性排序”意识认识各种伦理学理论的根本差异。到了希腊化罗马时期，经过长久发展的西方古代伦理学理论已经达到相当成熟的水平，并具有较高的反思能力，其标志是基本范畴的提纯和对立阵营的自我意识清晰。伊壁鸠鲁派伦理学明确把自己的价值公式表述为生活价值第一，道德价值并非独立、而是派生于生活价值，并因此低于生活价值。与此针锋相对，斯多亚伦理学代表主流伦理学回击这一重大挑战，所以在价值表上旗帜鲜明地把道德价值表述为第一性的，自身独立地即具有价值的，并因此远远高于生活价值比如快乐。塞涅卡在论证美德的独立自足时明确指出它不需要快乐作为回报，更不可能排在快乐的后面：

快乐既非德性的原因，也不是它的回报，而只是其副产品。我们接受

---

① 西塞罗：《论职责》第1卷，第41节。

② 罗尔斯：《正义论》，何怀宏等译，中国社会科学出版社1988年版，第21页。

美德不是因为她使我们开心,毋宁这么说:如果我们接受美德,她也会让我们开心。最高之好就在对它的选择本身中;心灵的态度自足。当心灵完成了自己的工作,坚定地固守于自身内部之后,最高之好就已经完满地实现了,再也不需要额外的添加了。在整体之外没有任何别的东西,正如在终点之外再也没有别的点。因此,你问"为什么让我追求美德",这问题本身就问得不对。你是想在最高的境界之外再寻找什么其他的东西。你问我为什么要寻找美德吗?只为她自己!因为她不会提供更好的东西了——她自己是自己的回报。或许,你认为这不算什么?那么我会告诉你:"最高之好是一个永不屈服的坚定心灵,是它的远见卓识,它的高尚,它的正确,它的自由,它的和谐,它的美好——这些无上的福祉还能再被添加到什么其他'更伟大的'东西上去吗?"①

尽管伊壁鸠鲁学派的公式也是一种重建伦理学的企图,但是在斯多亚学派等看来明显是"不道德的",而且诱惑很大,所以斯多亚学派伦理学有必要用自己的极端公式对抗之。因为都是自然哲学,所以斯多亚学派还从生物界寻找"自然主义"的证据:

然而,那些在他们看来仅有美好是"好"(善)的人认为甚至非理性的动物都证实了美好是本性上值得欲求的。他们说:因为我们看到某些高贵的动物——比如公牛和公鸡——是如何搏斗至死的,甚至当它们并没有愉悦和快乐的时候。同时,那些为祖国、父母以及子女而牺牲自己的人如果对死后的快乐不抱任何期盼,那么只能是因为美好和"好"(善)已经自然地引导着他们欲求美好;每一种高贵的动物也都如此欲求。②

事实上,伊壁鸠鲁和斯多亚学派都是建设性的启蒙伦理学家,这两种思路显然抓住了我们生活和行动中的两个重要方面。至于谁抓住了道德的最典型特征,那是可以争论的。但是一般人是分不清楚的。在他们看来,"快乐"当然是不道德的。道德就是斯多亚学派那种严苛的遵守道德规则。斯多亚学派

① 塞涅卡:《论幸福生活》,第9节。

② 塞克斯都·恩披里柯:《反伦理学家》,第99节。

反对伊壁鸠鲁的快乐主义伦理学和捍卫道德独立性的努力在当时毫无疑问被视为重要而正确的。许多人讴歌这一拨乱反正的伦理学的成功，认为它在一派反道德的时代大潮中引人瞩目地为重建道德作出了贡献。第欧根尼·拉尔修记载说，隽语诗人阿特纳乌斯（Athenaeus）曾经这样颂扬整个斯多亚学派的工作：

哦，你们这些学习柱廊派学说
且已经把它载入著作的人
预告了最善的人类学识，即告诉人们
心灵的美德才是唯一的善！
就是她保全了人类和城邦的生命，
且比险峻的城墙更安全。
而那些在快乐中谋求幸福的人
根本不值得接受缪斯的指引。①

即使是晚期斯多亚学派的爱比克泰德，虽然以治疗哲学为其核心，也没有忘记伦理学职责；尽管他把它放在第二位。他认为，能够在心灵宁静和职责上都做到完善的人，就接近于神了。就像儒家对于这样的人不仅许之以“仁”，而且许之以“圣”。爱比克泰德说，如果我们能够早就造就这样的人，他能够自豪地说：

> “就我而言，我可以放弃任何其他东西；只要我能无拘无束、无忧无虑地自由地生活，能够在面对各种事情时像个自由人那样地挺直我的脖颈，能够作为神的朋友那样仰望天空，能够对可能发生的事情毫无畏惧，我就满足了。”你们当中有谁能为我指出这样一个人，以便我能对他说：年轻人，进到你自己的领域去吧，因为为哲学增光是你的使命，这些所有物，这些书，这些讲演，它们都是你的。然后，当他兢兢业业地通过了第一个研究领域并像一个运动员那样地技艺娴熟时，让他再来找我，对我说：“确实，我想变得宁静而无纷扰，不过作为一个敬畏神明的人，作为一个

① 第欧根尼·拉尔修：《著名哲学家的生平和学说》第7卷，第30节。

哲学家和一个勤勉的学生,我也想知道我对诸神、对父母、对兄弟、对我的祖国、对陌生人的责任是什么。”现在进入第二个研究领域,这也是你的。“是的,但是我已经研究了这第二个领域。我所想要的是不仅在我清醒的时候,而且在我睡着的时候,醉酒的时候,精神失常的时候,我都能坚定不移。”朋友,你是一个神,你所拥有的是一个何其伟大的计划!①

道义论不仅把道德放在第一位,在发生义利之争的时候取义舍利,而且,斯多亚学派走到更远的极端,认为人的心理发展成熟后,会把原先视为第一位的价值(自保)彻底放弃,甚至连第二位都不算了,成为彻底的中性的手段。既然唯有德性才是有利的,斯多亚学派甚至连“义利之争”都不同意,因为过去理解的“利”已经不是利,没有任何力量与“真正的利”发生冲突:

在这一点上我得为巴那修进行辩护,因为他并没有说过在某些情况下真正的利会与义发生冲突(因为凭良心说,他不可能说那种话),而只是说貌似之利可能会与义发生冲突。因此他经常证明这样一个事实:凡真正有利的无不同时也是义的,凡是义的无不同时也是有利的。而且他还说,对人类生活危害最大的莫过于把这两个概念割裂开来的那些人的学说。所以,他所说的利义冲突是一种表面上的冲突,而不是一种真正的冲突。他引入这种冲突,并不是为了叫我们在某些情况下应当重利轻义,而是为了使我们在利与义发生冲突时能毫不犹豫地作出抉择。②

三 德性论与道义论的关系

这些讨论提示我们更详细地考察斯多亚伦理学中的道义论取向和德性目的论取向的关系。自古以来,斯多亚学派伦理学除了被人认为是严苛的道义论的代表之外,还被视为是德性目的论的代表。然而二者之间的关系十分复杂,却又超乎了我们的想象。一般来说,道德目的论是为了支持道义论,因为如果道德是唯一有利的,是幸福,那么它就拥有巨大的自愿内驱力。西塞罗笔

① 爱比克泰德:《哲学谈话录》第2卷,第17节。

② 西塞罗:《论职责》第3卷,第7节。

下的斯多亚学派是这样证明道德德性是唯一幸福的，道德上的邪恶是唯一不幸的：

> ……幸福的生活是值得人自豪、夸口的事，而这样的生活不可能是任何一种生活，只能是道德上高尚的生活。因而道德生活是幸福的生活。赢得并配得上赞美的人有独特的原因自豪和自满，而所有这些事的重要性在于，他可以恰当地被称为幸福的，因而这样的人的生活完全可以说是幸福的生活。这样说来，如果道德价值是幸福的标准，道德价值就必然是唯一的善。
>
> 再者，如果不确立痛苦不是一种恶，那有可能存在一个坚毅、果决、高尚的人，也就是我们称为勇敢的人吗？正如把死看做恶的人不可能不怕死，同样，人断定为恶的东西他绝不可能无视它、鄙视它。如果把这一点当做普遍接受的大前提，我们的小前提是，勇敢而高尚的人鄙视人类可能遭受的一切事故，认为它们无足轻重。结论就是凡不是卑鄙的就不是恶。同样，你那高尚、杰出、仁慈、真正勇敢的人，认为人类的一切灾难对他来说不值一提的人，正是我们希望树立的人物，我们理想的楷模，这样的人必然对自己充满信心，对自己的一生，无论是过去还是将来充满自信，认为没有不幸会降临到智慧人头上。这里是对同一观点的又一证明，即道德价值是唯一的善，有尊严的生活，即有德性的生活是幸福的生活。①

斯多亚学派甚至把道义论与德性目的论的合一推进到极端：唯有道德（B）才是目的，而生活（A）根本不是目的。在价值论上，用斯多亚学派著名的价值三分法来说就是：唯有B路线上的目标——德性，才能被称为“好”（达不到，就是坏），称为有益、有利等等，更能被称为“幸福”。而A路线上的事物都是“中性的”，甚至不能被赋予好与坏的评价词；当然，更不能被赋予“最好”——“幸福”的评价词。这么一来，原有的“界内生活流”彻底停止，因为生活流的目的论动力正是那些被称为“中性物”的目标和关系到这些中性物的“合宜行动”（职责）。边界反而成了追求对象，形成新的“目的—生活流”。

① 西塞罗：《论至善与至恶》第3卷，第8节。

前面的那个图表于是要更改如下:

B ——————→ 义 = 德性 = 幸福(“最好”、“至善”)

A——中性物

B ——————→ 义 = 德性 = 幸福(“最好”、“至善”)

但是,另一方面,斯多亚伦理学的许多说法好像又在表明,德性目的论未必有利于道义论,毋宁说得出的是贬低自然法思路的结论。“职责”等等,只不过是低层次的东西,不得僭越高层次的“内在德性”的价值。古代目的论与规则论是两种问题和解决问题的思路。对于目的论,我如何才能获得幸福,是最大的问题。相反,对于规则论,最重要的问题是行动者的行为如何才不会伤害到他人。对于这样的问题,“主体是否获得幸福”,并不是至关重要的。这两类问题本质上不是一类,其中一种的解决不一定在逻辑上意味着另外一种也能圆满解决。人们更经常感受到的,毋宁说是二者的不可得兼。

这里的理论混乱主要发生在如何理解“德性”上。一般人认为德性是外在行为的基础。“德性”在一般人的理解中,包含着道义论因素。所谓德性,应当是坚信“做正当的事情”的品性,比如,“正义的人”就是一贯坚持做正义的事情的人。“正当的事情”都涉及人际关系。正面的是友谊、慷慨、诚信、报恩……负面的是欺诈、坑害、明争暗斗……总之,是西塞罗在《论职责》中所探讨的希腊罗马四大德性:正义、勇敢、智慧、节制:

> 一切有德之事皆出自下述四种来源中的某一种:(1)充分地发现并明智地发展真理;(2)保持一个有组织的社会,使每个人都负有其应尽的责任,忠实地履行其所承担的义务;(3)具有一种伟大的、坚强的、高尚的和不可战胜的精神;(4)一切言行都稳重而有条理,克己而有节制。①

这样的思想也反映在斯多亚学派的德性一体论当中。一般来说,对于德性的“非理性起源”解释容易导向认为各种德性是各自独立的,比如希腊传统的正义、勇敢、节制和智慧,它们看上去确实很不一样。但是,总是有人(哲学家尤其如此)企图寻找贯通它们的共同本质。苏格拉底的知识德性论是一

① 西塞罗:《论职责》第1卷,第5节。

种，现代的功利主义也是一种（而苏格拉底在《普罗泰戈拉篇》中已经尝试过某种功利主义的策略）。斯多亚学派也采取苏格拉底的知识德性论的路线，相信所有的德性本质上是一个——不同的德性都是“智慧”的表现。阿里斯顿在这个主题上又一次展示了他的极端性，他认为芝诺的种种说法好像还是承认了德性表面上的多样性。他认为必须坚持这一立场：事实上并没有多种德性（即使“本质相通”的多种德性），而只有一种德性（即智慧），只不过它表现在不同的领域中显得像是多种德性一样。① 这样，就必然得出一个结论：各种德性都是内在相关的，拥有其中一种就拥有所有德性，因为它们有共同的原则。而且，如果一个人拥有了德性，他就能够立刻发现他应该做什么并付诸实践。这些行为规则包括选择、承受、维系和分配的原则。不同的德性在行为的各个阶段发挥着规范性的作用，有的直接去做，有的进行维系，有的进行分配：

> 比如，如果一个人运用理智的选择做了一些事情，凭借坚忍不拔做了一些事情，通过公正的分配做了些事情以及持续稳定地做了另一些事情，那么他同时就是智慧的、勇敢的、正义的和节制的。每种德性都有其所关涉的特有主题，例如，勇敢关涉那些必须忍耐的事情，实践智慧关涉要付诸实现和要加以避免的行为，以及两种情况都不算的行为。同样，其他每一种德性也都有自己特定的领域。善谏和理解从属于智慧；良好的纪律和有序从属于节制；平等和头脑公平从属于正义；坚定不移和精力充沛从属于勇敢。②

斯多亚学派确实认为所有的道德德性都产生各种具体的道德责任，指导人们的现实行动。比如就“公正”德性而言，“公正的首要功能是使一个人不做伤害他人的事情，除非是为邪恶所激怒。其次是引导人们将公共财产用之于公益，将私有财产用之于他们自己的权利”③。就“勇敢”而言，内在勇敢德性也不仅意味着灵魂的卓越即能够摆脱一切激情，面对苦难毫不畏缩，绝不动摇，像哲人那样雍容自然，而且意味着做伟大的事业，为他人服务：

---

① 参见肖菲尔德：《斯多亚伦理学》，载于英伍德主编：《剑桥斯多亚学派导读》，第 248 页。

② 第欧根尼·拉尔修：《著名哲学家的生平和学说》第 7 卷，第 125—126 节。

③ 西塞罗：《论职责》第 1 卷，第 7 节。

> 勇敢而伟大的灵魂首先具有两个特性:一是漠视外界的环境;因为这种人相信,只有道德上的善和正当的行为才值得钦佩、企求或为之奋斗,他不应该屈从于任何人、任何激情或任何命运的突变。第二种特性是:当灵魂经受过上面所提到的那种锻炼之后,一个人不仅应当做伟大的、最有用的事情,而且应当做得极其努力和勤奋,甚至甘冒丧失生命和许多使生活过得有意思的物品的危险。①

反面地说,正如我们在前面讨论斯多亚学派对于激情疾病的治疗学说时所指出的,拥有"德性"意味着灵魂的完美,意味着彻底消除激情,这样才能衷心自愿地完成自然交给我们的职责。相反,当激情占据了人的灵魂,人的所作所为就会把一切自然职责践踏在脚下。愤怒就是斯多亚学派尤其感到严重的激情之一。希腊悲剧中充满了这样的担忧,在暴君的残忍激情下小心翼翼生活的塞涅卡对此感受尤其深切,他在解释那些丝毫不顾人类义务职责而习惯于残忍和嗜好杀人者时说,这种人的动机源于激情—愤怒,但是由于过度放纵就到了毫无恻隐之心的地步,于是把人类的每一个义务观念都从内心驱逐出去。② 斯多亚学派反对这种病态的激情,强调人可以在任何压力之下冷静地坚持义务的要求。爱比克泰德的一段话经常被人们在介绍斯多亚学派的伦理精神时所引用:

> 我肯定会死,可是我难道必须呻吟着死去吗?我肯定会被戴上脚镣,可我难道必须哀号着戴上脚镣吗?我肯定会被流放,但谁又能阻止我微笑着、愉快地、宁静地被流放?"说出你的秘密。"我一个字也不会说的,因为这在我的控制之下。"可是我会给你戴上脚镣。"你说什么?给我戴上脚镣?我的腿可以被戴上脚镣,但是我的自由意志[选择能力]就是宙斯本人也无法征服。"我将把你投入监牢。"那被投入的不过是我的卑微的肉体!"我要砍掉你的头。"我几时告诉过你我的脖子是唯一一个不能被砍的脖子?这些都是哲学家们应该反复练习的功课,也是他们每天应

① 西塞罗:《论职责》第1卷,第20节。

② 参见塞涅卡:《论愤怒》第2卷,第5节。

该写下来的东西；他们应该在这些当中磨炼自己。①

这段话给人以非常强烈的道义论伦理学的感觉：不惜个人的物质利益甚至生命与幸福，坚持道德责任，不出卖秘密给暴君。可以说，康德和罗尔斯的道义论所把握的直觉也不过是如此了。但是，另一方面，如果仔细分析斯多亚学派的伦理思想，我们却发现斯多亚学派似乎不太像严格意义上的道义论伦理学。它突出的是“幸福”。固然它把幸福完全等同于“德性”，但是它所讲的“德性”的基本内容却被理解为是“心灵宁静”，而不是人与人之间的正当行为——后者不重要，或者即使重要也不如前者重要（这里有一个 priority，即“逻辑上在先”的问题）。伊壁鸠鲁的伦理学是目的论—幸福论的，规则仅仅在是否有助于幸福的外在意义上有价值。斯多亚与此对立，本来应当是规则论的。但是斯多亚又启用了目的论—幸福论的范式，这就把问题搞复杂了。最高目标如果被定义为人的幸福，而人的幸福如果又被定义为心灵的宁静，那就完全可以与伊壁鸠鲁伦理学一致，而忽视道德规则的内在价值。这不仅是我们的逻辑推理，而且在斯多亚思想中能够找到其他的佐证。比如不少材料说明“规则”在斯多亚理论体系中属于“中性的”事物，因为所谓职责义务，究其内容来说都是以照顾他人的中性物为旨归的。从西塞罗的论述就可以看出，对于正统斯多亚学派来说，职责或适宜行为确实只不过是关乎中性物的，而不涉及德性与邪恶的道德领域：

> 尽管我们宣称道德价值是唯一的善，尽管我们确实认为适当的行为既不是善也不是恶，但这与主张行适宜之事并不矛盾。在这些中性事物领域存在着一种合理性因素，也就是有一种理由可以解释为什么要这样做，因而可以解释一种行为这样做为什么是合理的。既然“适宜的行为”就是有理由可以解释这样做的行为，这就证明适宜的行为是居间的事物，既不是善也不是非善。由于那些既不属于美德也不属于邪恶的事物仍然保留一种可能有用的因素，所以它们的有用因素值得保护。②

---

① 爱比克泰德：《哲学谈话录》第1卷，第1章第22—25节。

② 西塞罗：《论至善与至恶》第3卷，第17节。

这么看来,职责就无法拥有重大价值。如果说斯多亚学派肯定是主张“作为”而反对后果的,那么它的德性论甚至反对作为论:内心智慧当下就是最高价值的,高于职责的完成。在此我们不妨看看斯多亚学派对于“德性”的主要定义,这也是斯多亚学派伦理学的标准口号——“与自然一致生活”。这样的命题是否意味着把目光导向外部而非内在德性?据学者的考证,这句话在斯多亚创始人芝诺那里原来并不是“与自然一致生活”,而是“一致生活”。后来,也许斯多亚学派的哲学家们感到这话没头没脑,不知道在说什么:与谁一致?语法上不完整,哲学上不清楚。于是,后来的自然哲学家又加上“自然”二字,形成了后来被公认为完整的“与自然一致生活”的表达式。斯托拜乌认为这一添加工作是克里安提斯作出的。既然斯多亚伦理学是以“自然”为中心的,这一添加似乎自然而然,合乎创始人的本意,只不过是补上了原来的疏忽,应当得到芝诺本人的同意。然而,事情是这样吗?

我们以为恐怕没有那么简单。首先,“一致生活”为什么不可以?“一致”在希腊词中是 homolougmenos,意思是“与同样的逻各斯一致”。它至少可以意味着一个人自我一致,因为德性就是灵魂的和谐。这样的品格体现的是一种坚定和强大的内心力量,对自我的满意,不要变动不已;这正是斯多亚伦理学理想——贤哲——的重要品性。普卢塔克曾经说道,芝诺、克律西波和阿里斯顿是这样定义“德性”的:“一贯的、坚定的和不变的理性。”斯托拜乌的说法也可以作为一个佐证:“因为在冲突中生活的人是不幸福的。”现代学者弗雷德也赞成这一解释的可能性,而且还提出了一些旁证,其中重要的有:苏格拉底所使用的“辩证法”或者提问—反驳法的预设前提就是把逻辑一致看做是真理的标准。而且,柏拉图在《理想国》中强调指出:自我紧张、冲突、不和谐的人是最不幸福的,缺少心灵的宁静;况且,苏格拉底和柏拉图似乎都认为人之初,性本善;人天生就拥有理念。但是后来添加的错误信念遮蔽了它们,并与它们形成冲突。① 我们在西塞罗那里也可以看到同一条路线上的说法,一个

① 柏拉图的回忆说也正是从这一思想中来的。参见伊罗蒂亚克诺:《斯多亚哲学专题研究》,第 81—82 页。

一致不变的人是有序的、有德性的人，努力思想和行为中保持美、一致和秩序，既不做也不想变化无常、异想天开的事情。① 所以，“与自然一致”还是“保持一致”完全可能不是一个意思。“保持一致”有可能指的就是“与自己保持一致”，而这意味着保持主观性，不与自己以外的一切一致。从而抵御寻找任何自然基础的企图，不推卸自我的责任。

四 道德动机与情景主义

以上讨论告诉我们，认为斯多亚学派是严苛的“自然法”伦理学家可能是错误的。自然法意味着道义论，意味着动机论，意味着严格遵守自然道德法则，从原则演绎出具体行为应该做什么，分毫不让步，宁死不屈。这幅景象，高贵而高贵矣，然而对于贤哲的“自由”未必不是一种束缚。由于一切行动都是外在的，与行动相关的职责和规则也是外在的，这幅景象更有用外在的约束内在的、用中性无价值的东西决定真正有价值的东西的可能。所以，我们看到，斯多亚学派的贤哲在日常生活中似乎并不主张按照自然法的演绎理性行动，他们的动机毋宁说是情景主义的。所谓“适宜行动”，只是在某些场合下才适宜，不能永远适宜于一切场合。这有些出乎人们对斯多亚伦理动机的意料，但是也完全是可能的。

道义论的动机论往往采取演绎法理性，其特点是直线性的。但是“实践理性”其实可以是非直线的、散点进行的。合宜行为的定义就是“能够得到一个合乎情理的辩护的行为”。这意味着它并不要求确定的证明，只需要有类比于法庭辩护的那种“辩护”（*apologia*）。这种辩证法的或者说修辞学的合乎情理（reasonableness）之实践理性概念也正是西塞罗所采取的。而且也符合斯多亚学派个体主义唯名论反对柏拉图的相论的精神：一切行为都是根据具体场景决定，每个个体都是不一样的；无法一般化地决定。只有德性是永远正确的，具体的行为类型本身则并不具有正当性和错误性。“孝敬父母”作为德性原则是永远正确的。但是具体的孝敬措施，无法一劳永逸地加以规定。斯多

① 参见西塞罗：《论职责》第1卷，第4节。

亚哲学根本就不提出诸如“你不得杀人”这样的诫命。是否应当杀人,取决于在一定场合中是否“合宜”(合乎情理,能够得到辩护),而这并不能被更为抽象的内容性规则所决定。

一般来说,人们希望伦理学告诉我们在面对行动的选择时如何思索才能达到正确的决定,这就是亚里士多德所大量讨论的实践理性的慎择、慎思(deliberation)的问题。布勒南说:“一个实践理性理论应当告诉我们慎思的形式,尤其是它如何设法把规范的或合法性证明的力量从目的输送到手段上。一个道德心理学至少应当告诉我们慎思中涉及了怎样的思想活动,这些活动与其他思想活动有何不同,包括一方面是理论的和非实践性的思想,另一方面是完全具体化的动机性意图。”①然而,令人吃惊的是被人视为自然法伦理学代表的斯多亚学派对这些东西并没有讲什么确定的话。西塞罗在批判斯多亚学派伦理学时指出,斯多亚学派所讲的那些至善标准都是抽象的公正和道德原理,不可能为职责和行为找到源泉和起点。还是不得不回到自然,向它要求行为或职责的最初动机;而这是自相矛盾的。②

布勒南在专门讨论斯多亚学派道德心理学的专文中分析了斯多亚道德心理学的一些技术性难题,比如是否有什么“在先的心理因素”导致了“冲动”(impulse)的构成,以及是否可能有暂时的评价性思想却不必立即行动。然后,布勒南讨论了一个与道德和生活的两阶价值关系有关的慎思问题:贤哲在生活中是如何“慎思”的?按照斯多亚哲学的看法,贤哲对于日常环绕他们的“中性之物”的冲动是“选择”,所谓“选择”,特指不赋予它们好与坏的价值,而是仅仅从是否“可取、合宜”,是否能够得到合乎情理的辩护的角度选择。英伍德在1985年出版的《早期斯多亚主义中的伦理学和人类行为理论》中建议在英文中用choice表达善恶好坏之价值选择,而用selection表达对中性物的选择。③ 这是有其道理的。无论贤哲是在吃饭还是在救人,食物与生命都是“中性”(无所谓)之物。贤哲的所有行动都是德性的行动,但是这些德性的

---

① 布勒南:《斯多亚学派道德心理学》,载英伍德主编:《剑桥斯多亚学派导读》,第279页。

② 参见西塞罗:《论至善与至恶》第4卷,第17节。

③ 参见杨适:《爱比克泰德》,第233页。

行动全都是以德性的方式回应中性之物。这个意思西塞罗当年已经说过,他的表述是,无论是“贤哲”还是“愚人”都可以做适宜的事情,而这样的事情关系到的都只不过是中性物:

> 智慧人做的有些行为也属于这类中性事物,这一点也很清楚。当他做这样的行为时,他就认为这是一种适宜的行为。由于他在这一点上的论断绝不会错,所以适宜行为就必然存在于这些中性事物领域。以下的论证也可以证明同样的观点:我们看到,有些事我们称为正当行为,而这是做得十分完善的适宜行为,因而必然有某种不完全的适宜行为。比如,如果把信任作为一种原则加以捍卫是正当行为,那么捍卫信任就必然是一种适宜的行为。加上“作为原则”就成了正当行为,而仅仅是捍卫本身乃是适宜行为。再者,毫无疑问,我们称为中性的事物中包括一些值得选择的事,也包括一些应当摒弃的事,因而凡是这样做或者这样描述的东西都完全属于适宜行为这个范畴。这表明,“自爱”生来就根植在一切人心里,愚拙人与智慧人都会选择与本性一致的事,摒弃与本性相背的事。因而就有一个智慧人与愚拙人所共有的“适宜行为”的领域。这证明适宜行为处理的是我们所说的“中性事物”。由于这些中性事物构成一切适宜行为的基础,所以以下格言说得非常在理:我们实际考虑的无一不是这些事情,包括活下去的意愿与放弃生命的意愿。①

但是,究竟这样的动机方式是怎样的?似乎还并非一清二楚,可以有各种各样的解释。西塞罗似乎主张某种“在边界中最大化”的思维方式:一个人可以而且应当追求一切“与自然一致”的东西,只不过总是服从德性的限制。这是所谓“salva virtute”(选择德性为上)的“慎思”模式。与此相反,另外一种可能的思路是所谓“仅仅中性物”模式,它认为贤哲的行为完全被对中性物的考虑所占据。在这一模式中,贤哲在确定什么是应当做的时候,并不考虑道德。当确定了行动方案之后,再从“中性物的价值”和“德性的价值”两个方面考虑。布勒南指出,贤哲在识别“应当做什么”的阶段并不启用德性方面的思

① 西塞罗:《论至善与至恶》第3卷,第18节。

考。这几乎不像是强道德主义的斯多亚学派应当建议的立场,但是它确实反映了斯多亚哲学的两个一般性的问题。第一个是:在最初确定行动的慎思环节上不存在能够指导人的行为的德性“规则”。虽然许多研究斯多亚伦理学的学者激烈主张存在着这些规则,但是他们提不出在斯多亚哲学中有这样的“规则”存在的证据。① 第二,不少资料明白显示,斯多亚学派的贤哲在行动中仅仅考虑中性物。

现代学者们就斯多亚道德心理学的动机理论这个主题已经进行了长期的研究和争论,形成了丰富的学术传统。布勒南认为这些学者们的研究路径可以分为两种不同的倾向:一种是以弗雷德(Michael Frede)为代表的“自上而下”角度;另一种是以英伍德为代表的“自下而上”角度。前者是从斯多亚哲学的整个理论体系的基本特征出发,比如理性主义、幸福论、有神论、心理学一元论等等,然后向心理活动推演;后者从个人的心理活动的细节出发,注意其逻辑形式,然后推论出整体的心理学框架。如果按照前者,那么斯多亚哲学应当认为人的一切行为都是由行为者对于“好”(Good,至善)的价值概念所决定的。当然,大多数人的至善概念是错误的,也就是说,大多数人都在追求并非至善的“至善”(sub specie boni,“亚至善”,从属至善的“好”)。但是,布勒南指出,仔细研究斯多亚哲学的不少资料之后却可以发现,斯多亚哲学似乎更认为人的导致行为的冲动印象是这样形成的:首先你面对一个你可能采取的行动,然后你就想这一行动是否是合宜的,也就是你应该做的,而“认可”就是对“这是我该做的”之想法的认可。此时人们一般不会从终极目的的角度去盘算,此时所讲的“认可”也不是对终极价值的认可。总之,学者们的争论焦点是:斯多亚道德心理学究竟主张哪种动机:一种可以说是目的论——大目的论的动机;另外一种是“应当”论——小应当论的动机。两种动机方式似乎相当不同。如果后者足以启动行为,那么“好”或至善或终极目的就不直接提供行为的动机。布勒南是倾向于对斯多亚心理学的动机理论做后一种解释的;他

---

① 参见布勒南:《斯多亚学派道德心理学》,载英伍德主编:《剑桥斯多亚学派导读》,第282页。布勒南指出,关于这个主题的最近一轮争论发生在1999年英伍德和米特西斯之间的文字论战中。

还认为，斯多亚哲学如果不使用价值动机论有一个进一步的好处，就是能够解释大多数人的动机。因为好人与坏人都是少数人，而他们的行动倒确实经常开始于价值—目的方面的考虑，因为他们都对事物进行好与坏的评判，只不过前者的评判是对的，后者是错的。但是“居于好与坏之间”的大多数人则通常不会评判价值——他们不愿也不能进行价值评判。那么他们的行动只能通过非价值评判类的动机进行，比如按照“这是合宜的”想法行动。①

根据另一种传统的说法，斯多亚哲学并没有固定的说法，它自己曾经在发展中经历过改变。早期的斯多亚学派是严苛的，只讲德性，不讲职责。但是到了中期斯多亚学派的巴那修就放松了，大讲“次于德性的、德性的影子”的职责。② 而巴那修的理论又被西塞罗大量采用。这样的动机论不是“一根筋”的，而是很丰富的：

> 巴那修认为，决定某种行为需要考虑三方面的问题：首先，人们得问这种想要作出的行为是有德的还是无德的；在这种考虑中，他们往往会得出一些有很大分歧的结论。然后，他们考虑这样一个问题，即这种想要作出的行为是否有助于生活上的舒适和快乐，是否有助于对财物的管理，是否有助于扩大自己的影响和权力，从而有利于自己和朋友；所有这些问题的考虑全都围绕着功利的问题。当某种追求貌似功利的行为似乎与某种有德行的行为发生冲突时，便产生了第三类问题；因为当功利似乎将我们往东拉，而德行似乎将我们往西拉时，我们就会感到困惑。③

然而，现代学者对于斯多亚究竟有没有这样一个从严苛到缓和的发展，是有争议的。朗格和英伍德的立场是：斯多亚哲学发展中从来就没有过如此严苛的阶段，它从一开始就是一个讲究实际的哲学。英伍德指出，自从20世纪60年代中叶以来，对斯多亚哲学的复杂性的同情理解使人们日益不再把斯多亚伦理学看成是这么一个“荒谬”而不近人情的学说。按照英伍德的看法，斯

---

① 参见布勒南：《斯多亚学派道德心理学》，载英伍德主编：《剑桥斯多亚学派导读》，第285—286页。

② 参见朗格：《希腊化哲学》第204、214页。

③ 西塞罗：《论职责》第1卷，第3节。

多亚的"不惜一切坚持自然法"的形象是一个误解。斯多亚哲学认为规则是重要的;尤其是对于智性水平不高的普通人,服从规则不失为解决如何行动的问题的方便法门。但是对于贤哲,规则决不是什么绝对不可违反的神圣法则。贤哲的特点就是能够在行动中应时而动,灵活变化,为此经常可以"违背规则"。应当说,朗格和英伍德这样的现代斯多亚学派研究权威们与一个世纪以前的斯多亚学派研究权威如蔡勒相比,总体来说是希望为斯多亚学派平反,论证这是一种适合于人性和国家建设的伦理学,而不是什么不近人情的乌托邦思想。

这样的新研究动向集中反映在英伍德主编的《剑桥斯多亚学派导读》所专门撰写的一篇文章中。这篇文章的题目叫《斯多亚伦理学中的规则和推理》,讨论的主题是道德推理方式,其宗旨是论证斯多亚动机理论的灵活性,以此反驳自古以来斯多亚哲学经常受到的一个指责——"无法实践的严苛"和"毫无意义的理想主义"。英伍德对斯多亚伦理学遭到指责的描述使人想到基督教的罪性理论。基督教也认为没有一个人能够完全摆脱罪性,从而所有人都在罪中受罪。但是基督教毕竟还相信神的恩典,而斯多亚哲学似乎没有这个环节;于是,斯多亚哲学应当更加是一种毫无解题希望的痛苦哲学,对于日常生活没有指导意义。如果斯多亚学派主张的道德推理当真是通常理解的一种自上而下、不容分说、削足适履的演绎式思维——即正确的行为由原则规定,人们在日常生活中只要根据原则进行演绎推理就可以得知什么是应当做的,那么它势必是一种无法广泛运用到普通生活中的学说。

但是,英伍德问道:这是斯多亚的伦理学吗?不错,现代学者中有些人就是这么看的,比如奇德(Kidd)、斯特里克(Striker)和米特西斯(Mitsis)。奇德在他对塞涅卡书信第94封和第95封的开创性研究(《斯多亚学派中的道德行为和规则》)中考察了道德指导(*praecepta*)和道德原则(*decreta*)在伦理理论和实践中的作用。奇德把他们都视为"规则"。而斯特里克进一步把它们与"自然法"联系到一起。米特西斯在其《塞涅卡论理性、规则和道德发展》的文章中讨论了"规则"所表达的固定性和斯多亚道德实践中的微妙性之间的张力,认为道德判断和发展在每个层次上都被规则所确定,这些规则完全是被理性所把握的。①

然而英伍德反对这一解读路线。他认为这一解读无法使斯多亚哲学摆脱通常人们对规则伦理学的批评；而且，如果斯多亚伦理学果真是在建议严格的规则遵守，那么斯多亚哲学家应当告诉我们这样的一般原则的内容，以便让人们在行动选择中有据可依，坚守不移。但是在现有的斯多亚哲学的材料中，我们却看不到任何这方面的阐述。这样的空缺和沉默难道不令人感到奇怪吗？② 所有斯多亚对于“德性”和“自然原则”的描述——比如“与自然一致”、“自由”，德性——都不是实质性的、内容性的、明确规定的，而是形式的、抽象的、程序性的。

塞涅卡书信第 94 封和第 95 封确实记载了早期斯多亚哲学关于实践建议之类型的哲学（paraintic philosophy）的意义。争论发生在阿里斯顿和更占据主流地位的克里安提斯之间。塞涅卡站在主流方面，承认理论是重要的，没有理论（原则和教条）则实践规劝也是没有效果的。③ 阿里斯顿则认为诫命是多余的、不确定的和空洞的。对于一般人来说合宜的事情，人们很难说点有用的话。塞涅卡不同意这样的看法，他认为诫命规条有其作用，可以使得模糊的东西清晰起来。但是，英伍德提醒我们不要误读了塞涅卡。他指出，塞涅卡在论述“规则”的书信第 95 封中，讨论了 *decreta*。这是塞涅卡用来翻译希腊语中的 *dogmata* 的拉丁词。这个词虽然很容易被理解为“规则”，但是塞涅卡其实在讲一般理论意义上的“教义”；这样的教义在几何学和天文学中都有。虽然在伦理学中，这样的教义有伦理价值含义，因为一般理论原则可以被在行动中作为合法性证明而援用。某些行动虽然可以从中自然得出来，但是，我们必须明白，一般理论本身毕竟并不是行动的规则，不是要求人们在一切场景下进行某一类行动的诫命。英伍德因此还提醒人们：对于所谓“自然法”也要这样理

① 参见英伍德主编：《剑桥斯多亚学派导读》，第 106 页。

② 英伍德说：在有关争论中，一个关键的主题是在我们现有的关于斯多亚哲学的所有材料中究竟有没有任何对于实质性的和毫无例外的道德原则的记载。有些话虽然看上去像是这类原则，但是仔细审查却得不出这样的结论。参见英伍德主编：《剑桥斯多亚学派导读》，第 97 页注释 6。

③ 参见英伍德主编：《剑桥斯多亚学派导读》，第 113 页。

解。斯多亚学派所讲的自然法与其说是行动的命令,不如说是对于自然事实的描述,比如“人类是有死的”、“宇宙是会毁灭的”等等。[①] 这样意义上的自然法更像没有明显规范命令力量的“*decreta*”,而不是指导行动的道德诫命(那是 *praecepta* 的任务)。英伍德还让人们注意西塞罗在《论职责》第 3 卷中的类似讨论。西塞罗说,对于“道德等于真正的利益”这一点,大家都感到无可争议。但是,具体来说什么行动是具有道德价值的,就是一个不清楚的、灰色的、含糊的问题了。事实上,中期斯多亚学派著名学者从来就不认为具体行为有什么一清二楚的固定准则或神圣自然法可以遵守。他们认为这是有待具体思索决定的,而且帮助人们进行这样的具体道德慎思是伦理学的一个重要功能。有一个经常为后来的研究者提到的著名“实践理性个案”发生在当时两个著名的斯多亚哲学家之间,栩栩如生,隽永深刻。我们不妨引用如下:

> 常常出现这样的情况:利似乎与道德上的正直相冲突。所以,我们应当仔细考察,看看它们之间的冲突是无法避免的呢,还是可以调和的。下面就是这类问题:例如,假定罗得岛一度发生饥荒,粮价暴涨;一个诚实的商人从亚历山大里亚运来了一大批粮食,他知道其他一些运粮的商人也从亚历山大城起航了,而且他在航途中已看到了这些满载粮食开往罗得岛的船只;他应当把这个事实告诉罗得岛人呢,还是应当什么也不说,以便使自己的粮食在市场上可以卖个好价钱?我假定他是个有道德、正直的人,那么我提出这样一个问题:要是他认为向罗得岛人隐瞒这些事实是不道德的,他就不会这样做了,可是他不能确定这种缄默不说是否真的是不道德的——在这种情况下他会怎样思考和推理呢?
>
> 对于这个问题,巴比伦的第欧根尼(一个伟大而且受人尊敬的斯多亚学派哲学家)始终坚持他自己的看法;而他的弟子安提帕特(一个学识非常渊博的学者)则持另一种观点。安提帕特的观点是,所有事实都应当公开,卖方必须把自己所知道的任何细节告诉买方;但第欧根尼的看法

① 参见英伍德在《剑桥斯多亚学派导读》第 119 页的注释中列举了塞涅卡对于“自然法”的各种说法。

是，卖方应当按照地方习惯法的有关规定，标明自己商品的缺点，至于其他方面，既然他是做买卖的，只要不弄虚作假，他可以尽量使自己的商品卖最好的价钱。

第欧根尼所说的那种商人会说："我把货运来了，准备出售。我卖得并不比其他商人贵——当市场上存货过多时，我甚至可能卖得比别人还便宜。我欺骗谁了？"

安提帕特的论点却不同，他说："这算什么呢？你应当考虑同胞的利益，应当为社会服务，你一来到世上就处于这种境况，并且生来就有这些你必须遵从的原则，因为你的利益就是社会的利益。反之，社会的利益也就是你的利益。考虑到所有这些事实，你还会隐瞒真相而不告诉同胞说大量的粮食马上就要到了吗？"

第欧根尼也许会回答说："隐瞒是一回事，缄默不说又是完全不同的另一回事。即便现在我不告诉你神或者至善的本质是什么，我也不是在向你隐瞒；而对你来说，知道这些秘密也许比知道麦价要下跌更有好处。但我没有义务把这一切对你有利的事情都告诉你。"

安提帕特会说："不错，但你必须承认，只要你还记得人与人之间存在着由'自然'编制的那种伙伴关系的纽带，你就有这种义务。"

第欧根尼会回答说："我并没有忘记那种关系，但是，你是不是想要说那种伙伴关系是一种没有私有财产这类东西的关系？如果是这样的话，我们根本就不应当卖东西，而应当把所有东西都放着，随便让人拿走就是了。"①

这样的个案讨论或争论不是偶然的，在当时的斯多亚学派中间非常流行。当我们在当代西方"应用伦理学"比如《工程伦理学》、《教育伦理学》、《生命伦理学》中，看到被当做"最新启发式教学法"而提出的"个案悖论争论法"时，不禁感到古代斯多亚学派在思想上的领先性。当年斯多亚学派就许多伦理实践问题进行了激烈的悖论式讨论，毫不逊色于当代应用伦理学中所记载的大

① 西塞罗：《论职责》第3卷，第12节。

量个案。争论者往往对许多伦理悖论从正反两个方面进行论证。比如赫卡同的《论道德责任》一书的第6卷就充满了诸如以下的这类问题:

"当粮食紧缺,粮价很高时,让自己的奴隶挨饿,与一个好人的责任一致吗?"

假定一个人在海上遇到风暴,必须将他船上装载的部分东西扔出船外,那么,他应当扔一匹值钱的马呢,还是应当扔一个不值钱的奴隶?在这种情况下,他左右两难,一方面想保住自己的财产,另一方面又要顾及人类的感情。

"假定当一条船沉没时一个愚笨的人抓住了一块船板,那么一个聪明的人,若有可能,是否可以抢走他的那块船板?"

"不行",希卡同说,"因为那是不正当的"。

"但假如是船主呢?因为这条船是属于他的,他就可能抢走那块船板吗?"

"完全不可以,这就如同在茫茫的大海上他不可以因为船是他的而把乘客扔到海里。因为在船抵达预定的口岸以前,船不属于船主而属于乘客。"

"再假设一种情况。假定有两个遭遇海难而需要救助的人(两个都是聪明的人),但却只有一块小木板,那么,这两个人都应当为救自己而争夺这块木板呢?还是一个人应当让另一个人?"

"当然是一个人应当让给另一个人了!但那另一个人必须是其生命对其本人或国家更有价值的人。"

"但如果无论是对国家还是对其本人,这两个人都同样重要,又将如何呢?"

"那么也不应该争夺,其中有一个人必须放弃,好像这是由抓阄或猜拳来决定似的。"

"再假设一种情况,假定一个人的父亲偷盗寺庙中的宝物或挖掘通往国库的地道,他的儿子应向官方告发吗?"

"不,那是有罪的;相反,如果父亲被控,他的儿子应当为其辩护。"

“咳,那么国家利益不是比其他一切责任更重要吗?”

“是的,国家利益的确比其他一切责任更重要。但公民忠于其父母,这对我们的国家有好处。”

“但如果父亲试图篡夺王位,或叛国,他的儿子也要保持沉默吗?”

“当然不能,他应当恳求他的父亲不要这样做。假如他的父亲不听,他可以责备甚至威胁他的父亲。最后,如果事情发展到有可能导致国家的覆亡,他应当宁可牺牲父亲也要维持国家的安全。”①

在这些争论中,我们可以看到罗马盛行的司法辩论实践在西塞罗哲学和一般来说斯多亚学派哲学思考中所留下的痕迹。② 从这些记载看,斯多亚伦理学完全可以是十分务实的,它所建议的理性的行为动机是一种辩证法的、修辞学的、法庭辩护式的道德推理思虑,而不是简单的“原则——演绎”模式。所以,斯多亚尽管强调在是否采取道德德性生活的层次上是一次性决定的,但是,在日常“合宜行动”的具体选择上,却是开放的、不确定的,每一次都要根据具体情况决定。对此类选择,没有绝对的、道德上的正确性可言,只要提出了合乎情理的大致辩护就可以了。“道德理论的框架,包括价值理论,一般原则,终极目的之概念以及德性,还有整个系统的自然主义基础,都将帮助确定哪一种选择可以得到合乎情理的证明,即哪一种行为代表了人类理性在一个具体场景中的成功发挥。”③当人面对具体行为选择时,就不必沉溺于抽象规定的道德德性中,而可以理直气壮地进行多方思考,因为这一选择同时也就是在发挥实践理性,有助于德性的发展。所以尽管日常生活总是面对中性物,这并不意味着可以轻率而为。中性物固然本质上是没有价值的,但是如何处理它们却不是一件“中性的”(无关紧要)的事情。爱比克泰德特意提醒人们注意不要误解了斯多亚学派在这方面的教益:

我们是不是就可以轻率地运用这些外部事物了呢? 绝对不可以。因

① 西塞罗:《论职责》第3卷,第23节。

② 参见 M.T.Griffin and E.M.Atkins, eds., *Cicero On Duties*, Cambridge University Press, 1991, Introduction, p.xxvi.

③ 英伍德主编:《剑桥斯多亚学派导读》,第125页。

为那也会是自由意志的一种坏事,因而也是不自然的。必须谨慎地运用外部事物,因为对它们的运用并非一件无关紧要的事;不过,与此同时,必须保持内心的坚定和安宁,因为材料本身无关紧要。因为在真正与我们有关的事情中,不会有谁能阻碍或者强制我。获得那些能阻碍或者强制我的事物,是我所不能控制的,也是既非好,也非坏的,但是我对它的运用却是既可以是好的,又可以是坏的,而且这也是在我控制之下的。的确,要把这两种事物——一个是在处理材料时的谨慎,另一个是蔑视材料时的坚定——统一在一起是不容易的,但并非不可能。否则,就不会有幸福。然而,我们的表现却常常像在航行中那样。对我来说,什么是可能的呢?选择舵手、船员、日期和时刻。然后暴风雨来了。哦,很好,还有什么需要我费心的吗?我已经完成了我的职责。事情是别人的了,也就是说是舵手的了。然而,不止是暴风雨,船也在下沉,那我该怎么办?做我能做的,而我所能做的也只有这么一件事,即不带一丝恐惧地随船下沉,不尖声喊叫,也不大声地责难神,而是承认这样一个道理,即凡是出生的事物都会死亡。因为我不是永恒的,而是一个人;是整体的一部分,就像一个时辰是一天的一部分一样。我必须来如一个时辰,去也如一个时辰。①

英伍德的结论是:斯多亚伦理学成功地在严苛的本质主义的抽象乌托邦和彻底的情景主义的机会主义之间找到了一个中道之点。斯多亚哲学其实是相当宽松的,而不是严苛的,不像律法主义者们那样动不动就用“罪过”来威胁永远达不到规则要求的人。如果有人坚持追问:斯多亚有没有关于自然法的论述?英伍德的回答是:有。但是那并不是具体的行为规则。英伍德提到了在法学家马西安努斯(Marcianus)的著作中所引证过的克律西波的《论法律》的著名开场白:“法律是万物之王,是神圣事物和人间事物的王;它必须在区分什么是高贵的和卑鄙的事情的问题上担当指导者、统治者和领导者。因此,它是什么是正义的和不正义的区分的标准;对于自然地就是社会性的动物

① 爱比克泰德:《哲学谈话录》第2卷,第5章第6—14节。

来说，它命令什么是应当做的，禁止什么是不能做的。”①然而英伍德指出，这段话固然庄严高贵，但是并没有告诉我们规则的内容到底是什么，到底在什么程度上它应当被严格遵守。人们既可以对其作出严苛的解读，也可以作出宽松的理解。关键是，“法则”可以在不同意义上被使用。不能一看到“原则”或“法则”就想到严密的“原则—应用”之演绎法。原则还可以作为“标准”(canon)用，此时就允许相当的灵活性，从而与斯多亚贤哲的自由自主就不冲突了。英伍德说：“……斯多亚学派所提出的法则论是一种根据情景而灵活变动的、启发式的选择过程，它在某种一般性的规范语境下进行(但是不是为其所决定)，它与‘法’的关联不是与某种实质性的和普遍性的规则系统的关联。”②这样，斯多亚伦理学就既可以使用“规则”的话语，同时又避开了通常对规则伦理学的批评。总之，在伦理推理中，刻意避免规则也是没有必要的，因为知道一般的正确行为是什么，当然是十分重要的，它可以帮助我们记得过去的教导和现在到底应当怎么做。同时，伦理行为者善于发现必要的例外处境，对于其行动也是至关重要的。

英伍德在此提到了亚里士多德的“慎思”式的实践理性。目前一般西方研究者已经达成的共识是：亚里士多德的“实践三段论”并不是演绎式的、严密的、理论理性的，而是松散的、多方思虑的，根据时间、地点、对象等等众多方面而取得“中道”的。过去人们经常把斯多亚学派拿来与亚里士多德进行对比，认为斯多亚哲学更为关心规则、命令和严密性。但是英伍德认为斯多亚哲学与亚里士多德其实十分相近。斯多亚的贤哲的“道德行为”在内容上其实就是一般人的“合宜行动”。贤哲和一般人的区别，只是在他们对于这些行动(道德规则)的关系上。贤哲是“王”，他高于规则，他对于规范和道德准则具有特别的权威和自由，故而芝诺等斯多亚早期大师多强调在一定场合下贤哲甚至可以作出破坏道德禁忌和法律所禁止的事情。

克律西波在他的《国家篇》中明确地说：“我赞成那些做法——实际

① 英伍德主编：《剑桥斯多亚学派导读》，第 96 页。

② 英伍德主编：《剑桥斯多亚学派导读》，第 98 页。

上即使现在它们也在很多民族中习以为常——按照它们,母子通婚、父女通婚和兄妹通婚并生儿育女。”他们关于同类相食的建议也可以作为他们“尊敬死者”的例证;因为,他们认为这是合适的,即不仅吃那些死去的人,而且吃他们自己的肉——如果他们身体的任何部分碰巧被割下。这就是克律西波在他的论文《论正当(正义)》中所阐述的:“如果从四肢割下任何一个可以食用的部分,我们既不应该埋葬它,也不是用别的方法处理掉它,而是吃掉它;这样一个新的部分就可以从我们身上原来的地方长出来。”在他的《论责任》的一书中,当讨论到埋葬父母时他明确地说:“当我们的父母去世了,我们用最简单的埋葬方式,就像那身体如指甲或头发一样,对我们是无关紧要的;我们不需要对它有特别的关心和注意。因此,当他们的肉可以食用,那人们也会吃掉它,正如他们也同样会吃自己身体的部分,比如,当一条腿被切下来,那他们吃了它是合适的;当那块肉不能食用,那他们要么埋了它并堆成坟墩,要么把它焚烧并撒了骨灰,要么把它扔得远远的,就像对待指甲或头发那样弃之不顾。”①

这些“惊世骇俗”的话绝非偶然。实际上,克律西波在早期斯多亚学派中不算最激进的。众所周知,芝诺的老战友和竞争对手阿里斯顿才更是“犬儒精神”十足。他在早期斯多亚学派中尤其以强调贤哲的自由著称,拒绝给出任何具体的实质性规范命令。按照有的学者的评价,阿里斯顿的立场可以被称做“古代伦理学中唯一的公开的直觉主义立场”②。贤哲甚至可以完全不管职责,因为那些中性物和日常自保的事情与内心的美好无关。但是,另一方面,我们也可以想象到,这种极端化的立场势必对于当时的日常共同体道德构成潜在的威胁,遭来非议和猜忌。所以,斯多亚学派也反复强调这只是贤哲才能做的。普通百姓千万不要模仿贤哲,破坏法律和规则;相反要严格遵守习俗道德。西塞罗说道:

按照一个社会固有的风俗习惯行事是不需有规则的。因为这些风俗

① 塞克斯都·恩披里柯:《反伦理学家》,第192、194节。

② 英伍德主编:《剑桥斯多亚学派导读》,第104页。

习惯本身就是规则。任何人都不应当错误地认为,因为苏格拉底或亚里斯梯普做过一些违背其城邦的风俗习惯的事,或说过一些违背其城邦的风俗习惯的话,所以他也有权利这样做;这些名人之所以有这种特权,只是因为他们是伟人,具有非凡的美德。但是,犬儒学派的那一套哲学应当完全加以拒斥,因为它不利于道德的感受;而没有道德的感受,就不可能有正义感,就不可能有道德上的善。①

当然,所谓"唯有贤哲需要慎思"的说法也不是绝对的。事实上从塞涅卡的论述中可以看到,日常一般人也必须进行慎思,对每个行动进行困难的评估。② 而且,即使是贤哲,在生活中也不应当故意去违反当地国家的道德规则。"引入新神和败坏青年"曾经导致了斯多亚道统的先驱苏格拉底所遭到的城邦的反感和审判,斯多亚学派并不想再次让哲学陷入这样的误解和悲剧中。贤哲在日常生活中服从一般的习俗法规,他们尽祭神的所有义务,也承担家庭责任。而且,因为唯有贤哲才真正懂得神的本质,所以他们才唯一配得上担任神的祭司:

良善之人也是宙斯的敬拜者,因为他们熟知诸神的典仪,而虔敬就是关于如何侍奉诸神的知识;他们向诸神献祭并使自己保持纯洁;因为他们避免所有亵渎神灵的行为。而诸神也赞赏他们,因为他们在关涉神灵的事情方面是神圣和正义的。贤哲才是唯一的祭司,因为他们把自己的研究作为祭品,就像建筑神庙、斋戒及其他所有敬神方面的事务一样。斯多亚学派也提倡孝敬父母、关心兄弟,认为这些仅次于敬神,居于第二位。③

我们可以看到,斯多亚学派一直在犬儒精神和亚里士多德传统之间寻找一个居中的立场。这样的立场不好找。犬儒是不会考虑日常职责的,尤其不会考虑严守传统的习俗职责,它们对于健康和财富毫不在意,坚信德性是幸福的唯一内容。斯多亚学派中的阿里斯顿就是一个犬儒精神十足的教条主义者。中期斯多亚学派向柏拉图和亚里士多德方向摆动,接受了许多人间职责

① 西塞罗:《论职责》第1卷,第41节。

② 参见英伍德主编:《剑桥斯多亚学派导读》,第111页注释49。

③ 第欧根尼·拉尔修:《著名哲学家的生平和学说》第7卷,第119—120节。

为“适应的行动”,使得西塞罗等共和主义者感到可以接受。但是,可想而知,斯多亚学派中必然有人会心生忧虑:这样一来斯多亚学派与亚里士多德派有什么不一样呢?① 如何在两种倾向中找到自己的独特位置,从而既不陷入两种倾向的缺点之中,又能博采众家之长,这当然是斯多亚学派伦理学的理想。但是这样的路线自古以来就不容易。

第四节 晚期斯多亚学派与“应用伦理学”

我们在本章的开头部分指出,根据第欧根尼·拉尔修所记载的斯多亚学派伦理学体系,它的终点应当是“应用伦理学”。然而,“哲学应用学”这样的部门的意义和可能性历来并没有得到人们的共识。亚里士多德在《形而上学》A 卷中对哲学所做的著名规定是:这是一种不以效用为宗旨的自由学问,它必须是关于普遍性的知识的,而不是关于个别事物的。人的最高境界应当是为了知识而追求知识,而不是为了实用的目的。这才体现了最高的认识即理论知识的优越性。这就是智慧。② 哲学只关心理论问题,但是不解决生活的问题。也就是说,如果谁到哲学家那里说:我碰到一个“怎么办”的问题。那哲学家可能会说:这不是理论家所能解决的问题。

事实上,整个希腊的哲学—科学传统一直以“无用”为特色和骄傲。数学和自然哲学是其典型。泰勒斯观天文而掉入泥坑,以及借助天文知识发财然后放弃;这样的故事被亚里士多德和海德格尔所提到和讨论,大都是为了表明哲学家的理论知识的旨趣不是为了解决具体生活问题的。“伦理学”由于听上去与生活过分靠近,早已被视为低于自然哲学和“形而上学”,在哲学家圈子中长期以来地位一直尴尬。希腊化罗马时代的哲学因为其“伦理学转向”,还被 19 世纪的研究者们普遍当做这个时代的哲学堕落的标志。但是,伦理学

① 有关讨论可以参见塞拉斯:《斯多亚主义》,第 113 页。

② 参见本书第三卷,第 532—534 页。

其实还是理论的学问。关于生活的学问与生活并非一回事。就像研究国际政治的学者可能自我感觉在操纵世界风云，然而这只是一个幻相。

与生活更为切近的，是所谓“应用伦理学”。因为它的旨趣确实是希望在现实生活中造成某种变化。也许正是因为这个原因，应用伦理学历来所受到的哲学贬低就更加可以理解了。反对者谴责道：哲学这样的最为“无用的”、自足的、自由的学科怎么能变成服务性的、工具性的、实用的技艺？

一　智术师的挑战与柏拉图的回应：技艺与力量

就希腊来说，首先提出作为技艺哲学的人并不是建设性的伦理—政治哲学家，而是智术师。严群先生不把 sophist 翻译为智者，而翻译为“智术之师”，是有其周密考虑的。智术师在希腊文化—政治圈子中率先提出了这样的承诺：自己待价而沽的修辞术或辩论术不是传统意义上的什么“无用”的自然哲学，而是给人的行动和生活增添实实在在的力量的技艺。这与传统的和时代的精神接轨。希腊的德性论传统相信人的德性（*arete*，“优秀”）就是力量，而力量就是成功的保障。勇敢曾经是德性—优秀的主要内容。到了现在即民主——商议民主——社会，打动人心的力量是新的德性、新的优秀——辩论力量。技艺与知识不同的地方就是“效用意识”：有相当可观的产出，学习者为此付酬是物有所值的。学习了政治技艺，将平添巨大的力量。这意味着人生幸福有切实可求之道。在柏拉图的《普罗泰戈拉篇》中，智术师中名声最大的普罗泰戈拉还把它与对人类的一般性本质的理解联系到一起。“文明”的本质就是各种技艺，普罗米修斯用技艺装备了赤身裸体的人，就使本来在自然天赋力量上低于动物的人终于比动物强大无比。

面对智术师的挑战，柏拉图也不得不谈论技艺，谈论什么是幸福的技艺。到了希腊化罗马时代，各派哲学无不承诺能够提供幸福的技艺。伊壁鸠鲁和斯多亚学派与柏拉图的不同之处在于：这些希腊化和罗马时期哲学家所提出的技艺往往不是直接的“增长功力”承诺，而是反面的”治病”承诺：一旦治好了人的灵魂的疾病，则人就能获得自然而然的幸福。对于斯多亚学派来说，激情就是个人的和时代的大病，它使人总是失败。与激情相对立的就是健康，就是不为所动的强者,就是幸福。这是一种提纯后的希腊传统强者理想。一旦治好了我们的虚弱,那么反过来就等于为我们增长了力量。

二　治疗技艺与应用伦理

这样的治疗技艺就是斯多亚学派的“应用伦理学”。一般来说,学者们把斯多亚学派的应用伦理建议分为两大类:一类是合宜的行为;一类是对激情的治疗。也有人把它分为鼓励、治疗和建议。中期斯多亚学派和晚期斯多亚学派的应用伦理学侧重的方面相当不同,如果说前者属于“应用伦理学”,那么后者更加属于“应用治疗学”;前者关心的是合宜行为,后者关心的是治疗激情。斯多亚学派固然发展出了一个庞大的理论体系,尤其是以克律西波为代表的护道学者们,发展出了一个严密的逻辑论证体系,以抗衡对手(老柏拉图派和柏拉图新学园怀疑论)的逻辑进攻。然而,正如有的学者所指出的:“斯多亚伦理学的目的最终不是为了仅仅体系化和详细阐述以对付批评与挑战,而是为了能够在生活中行动实践。这个学科的最重要的部分是它的最后部分——关于实践的部分,即对行动的劝说与讨论。”①如果忘却了哲学的这一最终宗旨,哲学也就无法与其他理论科学相区分。爱比克泰德直截了当地把哲学的课堂比做医院。哲学家最重要的任务是提醒人们的灵魂处于挣扎交战的矛盾状态中,所以没有专注于他们真正想要的事情的能力。从哲学课堂出来的人如果只是赞美哲学家的口才和思想,而在自己的价值观上毫无改观,那么哲学家的讲词就是徒劳无益的了:

> 哲学家的讲堂是一所医院;你不应该乐滋滋地从那儿走出来,而应该苦恼地从那儿走出来。因为你来的时候是不健康的;这个人肩关节脱臼,另一个人有脓疮,还有人有瘘管,有人患头痛。难道我坐下来向你背诵精美的小概念和巧妙的小格言,以至于出去的人满口称颂,可是这个人的肩膀仍然与他来时一样,另一个人的头还是处在同样的状态,有瘘管的还是有瘘管,有脓疮的还是有脓疮?那些年轻人从家乡远道而来,远离他们的

① 肖菲尔德:《斯多亚伦理学》,载英伍德主编:《剑桥斯多亚学派导读》,第253页。

父母亲友和产业，就是为了在你背诵你那巧妙的格言的时候喊叫“精彩！”吗？这就是苏格拉底过去所做的事情吗？或者是芝诺？还是克里安提斯？①

可见，这触及怎么理解哲学的本质和学者的使命的重大问题。爱比克泰德对某位哲学家的逼问是不容回避的：你告诉我，曾经有谁在听你读了一篇讲辞或者作了一次讲演之后，本人感到深深的震撼，或者意识到了他所处的状态，或者在走出来的时候说：“这个哲学家深深地打动了我；我再也不能像这样行动了”？能够注疏斯多亚大师的经典，能够说出其各种伦理观点的来源，当然不错。但是如果不能把“把握性观念”运用到生活中，则是舍本求末了。斯多亚学派的基本价值观原则并不复杂：在事物当中，有些是好的，有些是坏的，还有一些是不好不坏的中性物。美德是好的，而邪恶是坏的，居于二者之间的事物即财富、名声、健康、生命、死亡、快乐、痛楚等都是不好不坏的中性物。按照这样的标准，被希腊哲学家如此重视的纯粹理论问题的探讨和解决，以及由此而来的某某是“搞学问的大师”、“当代学术界名流”之类的浮名，其实也属于“中性物”。许多学习斯多亚学派哲学的人喜欢夸耀说自己搞清楚了斯多亚学派每个概念是谁先提出来的。爱比克泰德却毫不客气地问道：

不管是第欧根尼在他的《伦理学文集》中那样说的，还是克律西波说的，或者是克里安提斯说的，那又有什么分别呢？你自己是否检测过这些论点中的任何一个呢，你在这些论点上形成了你自己的判断吗？你让我看看当你在一艘处于风暴中的船上时，你通常是如何表现的。当风帆破裂时你还记得这些善与恶之间的逻辑区分吗，当你高声尖叫时，某个不合时宜的幽默的船客走上前来对你说：“向诸神发誓，我恳求你告诉我，就在不久以前你还在说的是什么。经受船舶失事是一件坏事吗？在那里面有任何坏的成分吗？”你不是会拾起一块木头去打他吗？“你这家伙，我们与你有何相干？我们都要丧生了，你还来说笑！”再者，如果恺撒召唤你去对控告作出答辩，你还会记得这个区分吗？假设在你脸色苍白，战战

① 爱比克泰德：《哲学谈话录》第3卷，第23章第30—32节。

> 兢兢地要去的时候,有人走近前来对你说:“你为什么在发抖呀,伙计?马上起诉和你有什么相关呢?在宫里的恺撒能够把美德与邪恶赋予那些出现在他面前的人吗?”“你为什么也要来取笑我,在我的不幸之上雪上加霜呢?”“可是,哲学家,你告诉我,你为什么要发抖?难道不是因为死亡的危险,或牢狱的危险,或皮肉之苦的危险,流放的危险,名声狼藉的危险吗?怎么,还有可能是其他什么吗?然而它们真的是一种坏事,或者是任何有坏的成分的事?那么,你过去通常怎么称这些事物的?”“你干吗惹我,伙计?我自己的坏事对我而言已经足够了。”在这一点上你是对的。因为你自己的坏东西对你而言是足够了——你的下贱,你的怯懦,当你坐在演讲室里时你乐此不疲的自吹自擂。你为什么要为那不是你自己的东西而趾高气扬呢?你为什么要称呼你自己是个斯多亚主义者呢?①

“海上风暴中的哲人”是古代地中海一带哲学家喜欢举的一个例子,用来检验哲学家的学说。众所周知,据记载皮罗通过了检验,所以被怀疑派尊为大师。还有人用来检验斯多亚学派。如果一位斯多亚哲学家突然面临风暴而发生惊吓的本能反应,是可以原谅的。但是他应当很快镇静下来。在突发事件面前会陆续出现几个阶段的判断。第一判断是事实印象:有一场风暴。但是接下来的第二判断是价值判断:风暴意味着死亡,而死亡是可怕的。对于第一判断,我们无法控制。但是对于第二判断,斯多亚学派哲学家可以控制,应当不予“认可”。如果说怀疑论对于第一判断就悬搁判断,那么斯多亚学派承认第一层次的知觉判断,却对第二判断悬搁。斯多亚精神是不被命运压垮;是自己为自己的船掌舵,不要被命运的力量扫出航道。屈服于暴风雨之淫威的舵手是可怜的舵手;而即使在船沉之际仍旧紧抓船舵决不屈服的舵手,才是值得称颂的。爱比克泰德接下去说,用类似这样的检验可以检验出自己属于哪类哲学家。你们会发现你们中的大多数人是伊壁鸠鲁主义者,还有一些是漫步学派的,而且都是没有骨气的;……你所能指给我看的不过是成千能够复述斯

① 爱比克泰德:《哲学谈话录》第2卷,第19章第14—19节。

多亚学派微不足道的辩论的人罢了。[①] 不能真正运用斯多亚学派知识的人应当老老实实承认自己是无知的,不要用什么“事实与价值的区分”来自我掩饰。这是斯多亚学派继承苏格拉底的一个基本立场,即哲学学习必须开始于“自知无知”,其中的深意也在此。大众当然知道不少东西,专家尤其是哲学家更是自诩知道很多东西。雅典人热爱闲聊哲学,不久罗马人也染上了这个“坏风习”。但是他们大多并不真正知道这些概念范畴与自己的生活有什么关系。他们蔑视“应用伦理学”。所以,如果人们不首先痛苦地明白自己的无知,那他们就将永远在哲学的外面打转。为此,爱比克泰德不怕对方反感,也要刺激对话者,提醒对方并不幸福,因为他没有知识,甚至不知道自己是什么:

> 如果我展示给你看,你所缺少的是对于幸福而言最必需最重要的事物,而且迄今为止你从未把你的精力集中于适合你做的事情上,而且如果我最后加上说:你既不知道神是什么,也不知道人是什么,善是什么,恶是什么——如果我说你对于这些事情无知你或许可以忍受;但是如果我说:你不认识你自己,你怎么可能忍受得了我,忍受和容忍我的质问待下去?你根本做不到那样,相反,你会怒气冲冲地马上离去。然而我对你造成了什么伤害呢?根本没有,除非镜子通过照出一个丑陋的人的丑陋模样会伤害这个人;除非你以为当医生对病人说他有病时是在侮辱这个病人,“老兄,你认为你什么事情都没有;但是你在发烧,今天什么都不要吃,只能喝水。”但是没有人会说:“这是多么可怕的冒犯啊!”然而,如果你告诉一个人,“你的欲求太狂热,你的回避太卑鄙,你的目的不一致,你的选择与你的自然不协调,你的基本概念胡乱而且错误。”他立即退场说:“他侮辱我。”[②]

哲学开始于惊讶,不仅是对于大自然的惊讶,也是对自己的惊讶,是对自己的无知的震惊和羞耻感。生命中最重要的事情不是经典注释,而是活出原则来,这是每一个人自己的事情。因此,在斯多亚的“应用伦理学”文字中,第

① 参见爱比克泰德:《哲学谈话录》第2卷,第19章第14—19节。

② 爱比克泰德:《哲学谈话录》第2卷,第14章第19—22节。

三人称向第二人称转变。这意味着,不是理论的旨趣,而是行动的旨趣;不是逻辑和客观的谓述,而是劝说和阻止,成为人们应当最终关注的中心。不是命题句子而是言行类型的句子,应当被提升为哲学的对象。进一步来说,不仅是第二人称,甚至是第一人称,才是最为重要的。所有的"斯多亚治疗文献"都可以视为是自我治疗文献。并非哲学家没有病,大众有病。哲学家的病一样多。众所周知,奥勒留的《沉思录》是他本人直接与自己对话、训练自己的灵魂的著作;《沉思录》中的"你"就是他自己,就是"我":

> 当你因为什么事苦恼时,你忘记了这一点:所有事物都是按照宇宙的本性发生的,你忘记了:一个人的邪恶行为是他的事情;你还忘记了,现在发生的一切,过去是如此发生,将来也如此发生,现在也在各个地方如此发生;你也忘记了:一个人和整个人类之间的亲缘关系是多么紧密,因为这样的共同体不是建立在血缘上的,而是心智的共通;你还忘记了:每个人的心智都是神,都来自于神;你忘记了:没有什么东西是人自己的,他的孩子、他的身体以至他的灵魂都是来自神的;你也忘记了:一切都是意见;最后你还忘记了:每个人都仅仅生活在现在,他所丧失的也只是现在。①

不仅奥勒留如此,而且即使是写给别人的斯多亚治疗劝慰文字,比如塞涅卡的对话录和告慰书,其实也是写给自己的,是一种自我治疗。那些层出不穷的逻辑论证必须首先能够说服他自己,才有可能说服别人。亲密朋友之间的个体谈话,同时也是每个个体的自我规训。医生其实也是病人。塞涅卡尤其认为自己和人类所患上的各种本体性的精神疾病,这不是一般的药物可以治疗的,必须从哲学的根本上进行治疗。

三　治疗的路径:情理辨析

斯多亚学派的治疗技艺的中心是治疗激情。激情主要有愤怒、悲伤、畏惧、狂喜、艳羡等等。它背后反映的是人生重大的事情,比如家庭的分裂,朋友的背叛,自己最为珍视的亲人的丧失,等等;总之它标志着人生的彻底失败。

---

① 奥勒留:《沉思录》,第 12 章第 26 节。

激情作为一种本体状态，与古典人所追求的终极目的“幸福”恰好成为两个极端。

治疗激情，这一直被认为几乎不可能的任务。整个希腊悲剧传统似乎就是对人的激情的固执和可怕、无可救药的毁灭性的悲观失望的集中反映。而斯多亚学派哲学居然要承担如此不可承担的大事。人们不仅感兴趣：斯多亚学派有什么特效技艺？根据正统的斯多亚理性主义激情理论，激情是错误的判断。那么，只要在认识上明白了道理，激情也就自然消失了。所以，治疗的方式就是学习理论，掌握基本观念，并懂得如何把“把握性概念”运用到具体个案中。斯多亚学派极为强调灵魂普纽玛的主动作用：通过理性自我塑造自己，而不是被动地被激情击倒从而被外部遭际带着走。如果考虑采用其他的非理性的方式，则只表明了对于理性的不信任，对于非理性的投降。正因为斯多亚学派坚持理性主义，它们反对古代的偏见，主张妇女也可以学习哲学，而且应当通过学习哲学或者一般的人文科学治疗妇女特有的悲伤等激情。古典悲剧的主角往往是受到极大伤害的妇女，或者是自许“强者”的男子进入了妇女的境遇。

作为应用伦理学，斯多亚治疗技艺严格说来不是针对贤哲的。所以可想而知它还是应当比较缓和。对于大众，过于纯粹理性的治疗方式相当违背常识，甚至会令人反感和抵触，这从爱比克泰德要求人们把亲友想象成植物一样来保持距离并放弃执著的说法中就可以看出。① 古代就有许多人对斯多亚学派伦理学的“悖论性”进行反复攻击。现代学者也有人认为斯多亚学派伦理学至多是一种于事无补的乌托邦，不能对日常生活的改进有帮助。有的斯多亚哲学家看到了这个问题，采取了比较缓和的态度，认为严苛的办法适用于贤哲，但是不适用于广大的一般人。在斯多亚学派内部，治疗激情这是无人怀疑的，但是什么是“激情”，则可以有或宽或严的规定。塞涅卡显然属于比较宽的规定者。塞涅卡在讨论激情时特意强调，人在遭遇意外事件中的初始本能反应是自然的，不应加以谴责。我们以斯多亚学派治疗哲学中的两大激

① 参见爱比克泰德：《哲学谈话录》第3卷，第24章第8—9节。

情——愤怒和悲伤——为例。就愤怒而言,塞涅卡特意说人在受到伤害时的本能反应并不是“愤怒”,即还不能说是激情。激情是主动的判断介入后形成的动力状态。就悲伤而言,塞涅卡也宽厚地说,适可而止的初始悲伤是自然的,唯有文化观念介入后持久不退的哀伤状态才是激情。

悲伤是斯多亚哲学所要治疗的重点激情之一。塞涅卡的著作中有三封“哲学的安慰”书信体文字是专门关于这一主题的,是写给丧失了亲人或者亲人遭受了巨大伤害的人的。所以,从某种意义上说这个主题的治疗技艺是检验斯多亚学派的哲学理论是否具有实践意义的一个重要个案。对于斯多亚哲学,一切激情都是疾病,悲伤是一个典型。所谓激情—疾病,归根到底就是把无价值的“身外之物”看做有价值的。这一斯多亚价值理论在普遍用到其他事物比如健康、财产、名声等等的丧失上时,已经令大众不满和怀疑,如果用到对人生的深刻性打击——比如丧失亲友上,那就更容易令人感到无法理解、不近人情、有悖常理。塞涅卡明白这一点,在给母亲的安慰书信中他指出,他不会简单地把悲伤斥责为“有病”而主张完全的无情。对于常人来说,“中道”是更为合乎情理的建议:

> 我也不会让你服从那些苛严的训诫,不会命令你用超人的方式忍受凡人的命运,让你就在葬礼的那一天拭干你的眼泪;我要做的是与你一起接受裁决,判定我们的意见分歧孰是孰非——悲痛是否应该深重而无止境。所以,中道是合适的:罗马曾经立法规定了10个月的期限,作为女人悼念丈夫的极限时间:“他们并未禁止她们的悲恸,而只是限制它;因为当你失去一位至亲爱人时,沉浸于无休止的悲痛之中是愚蠢的溺爱,而根本感受不到悲痛则是无情的冷酷。最好的办法是爱与理性间的中道——既有一种失落感,又能摧毁这种失落感。”①

一方面,斯多亚学派不能简单地对丧失了亲人的人说你丧失的是“中性物”,否则过于不近人情,达不到治疗的效果;但是另一方面,塞涅卡能够提供的治疗技艺毕竟是哲学治疗,而且是斯多亚学派的哲学治疗,所以必然不同于

① 塞涅卡:《致母亲赫尔维亚的告慰书》,第16章第2节。

其他方式的治疗,也不同于其他哲学派别的哲学治疗策略。斯多亚学派的治疗方式的特点是直面问题,毫不隐讳地向亲友指出:适当的悲伤不是“病”,然而一切过头的悲伤都掺入了观念的成分,是典型的病态激情。这些观念成分往往是为了符合习俗的要求的慎思做法,所以是不自然的矫情。在写给为丧子而长期悲哀不止的玛西娅的书信中,塞涅卡直接向玛西娅点出:“我祈求你,不要贪图那有悖自然的名声——被视为‘最可怜的女人’!”①塞涅卡甚至尖锐地直接指出过分的悲伤来自病态的自我满足欲望:

> 恕我直言,你的泪水更多地是源于习惯而非悲伤——如果可能的话,你就用自己能接纳的法子止住你的悲伤吧;如果你做不到这一点,你也要强行止住你的悲伤,哪怕这违背了你的心愿,哪怕你已把悲伤紧抱,仿佛抱住它就抱住了你失去的儿子。还能怎么办呢?一切办法都已证明是徒劳。你的朋友们的安慰,你的职高权重的亲友们的劝解,都已毫无作用。书籍(你对它的热爱是你父亲遗传给你的财富)再也不能宽慰你,甚至不能稍稍分散你的注意力,你对它们已是充耳不闻。甚至于时间,这个大自然的伟大治疗者,这个甚至可以消除莫大悲痛的治疗者,都已对你无能为力。整整三年过去了,你当初的惨痛却丝毫不减。你的悲痛绵延不绝且愈演愈烈——它徘徊不去,竟成了合法居留者,以至于你现在已羞于不去悲痛了。正如一切邪恶,除非当它们隐隐萌动之际就被粉碎,否则便会扎下根来;那样一种悲痛状态也是如此,它会自我折磨,最后从自身的痛苦中获得满足;不幸心灵的悲痛变作了一种病态的愉悦。②

这里的关键是区别自然与观念,并且“按照自然生活”。我们当然不能把为亲人悲痛归为不自然的,但是我们也应当看到“此恨绵绵无绝期”不是自然所造成的;动物不会如此,它们在短期的大悲之后立即忘却。长久的悲哀来自人为的因素、观念的因素,是反思和价值观自行造成的:“在自然为我们规定的悲痛上面,错误观念还加上了更多的东西。……任何生物都不会长时期地

① 塞涅卡:《致玛西娅的告慰书》,第5章第5节。

② 塞涅卡:《致玛西娅的告慰书》,第1章第8节。

为其后代悲痛不已,除了人之外——他蓄养着自己的悲痛,其痛苦的程度不是他所感受到的,而是他想要感受到的。"①我们可以看到,塞涅卡对于激情的原因,对于人性的普遍弱点等等,有一种极为敏感的体察。用他自己的话说:他是一位灵魂的医生。他一生多病,对于人们精神上的疾病也认识很深。这使得他对激情的诊断深入到无意识的水平当中。

对于过分的、持久的悲伤,缓和的治疗办法已经无效,必须使用强烈的治疗方式。所谓缓和的办法,主要是回避不想,转移注意力。然而这是治标不治本的办法。强烈的办法就是哲学治疗——就是启用斯多亚学派的理性知识的方式。既然这是灵魂中的疾病,就只能用哲学理论加以对治。斯多亚学派主张认知性动机正是因为这至少使得道德理性有可能发挥作用对激情施加行动,使得通过理性的、哲学的方式——提供论证、证据、思想试验等等——治疗激情有了可能。② 我们在前面对自然哲学的讨论中指出,根据斯多亚的本体论,不能施加和被施加行动(因果作用)的事物不是真正的存在。在斯多亚学派看来,绝大多数人的认知性动机都是错误的,都是对价值观的错误认识。必须彻底颠覆大众的价值观。尽管这样的理性知识在常人听来也许显得悖谬,感到震惊,感到难以接受;但是,重病只能用猛药。只有挖掉了根子,才能真正一劳永逸地解决问题:

> 我清楚地知道,没有什么情感是任由我们摆布的,而源于悲伤的情感,则是最难驾驭的;因为这种情感狂野猛烈,它顽固地抵拒一切疗治。尽管我们有时决心将它粉碎,咽下我们的哭喊,甚至当我们已经装出了一幅面容时,泪水还是会顺着脸庞倾泻而下。我们有时会让公众娱乐和格斗士的较量占据我们的心神,可就在这转移心神的景观中,一点细微的让我们记起心灵损失的事物,也会彻底征服我们的心灵。因此,克服我们的悲痛,较蒙混过关更加可取;因为即使我们的悲伤已暂时退却,即使它受了愉悦或杂务的蒙骗,也还是会卷土重来,而且它还会在这短暂的休憩

① 塞涅卡:《致玛西娅的告慰书》,第 7 章第 2 节。

② 参见布勒南:《斯多亚学派道德心理学》,载英伍德主编:《剑桥斯多亚学派导读》,第 277—278 页。

> 中，积蓄起新的爆发力量。但是自然顺从于理性的悲痛，则会永远地平息下去。所以，我并不打算向你指明我所知晓的许多人都曾用过的权宜之计，建议你通过游历，不管是游历到遥远的地方还是到舒适的地方，以转移或振奋你的心灵，建议你花费大量的时间，细细审查你的账目和管理你的财产，建议你总是埋头于一些新的差事。所有那些事物都只有短期的效用，它们不是悲痛的疗治法，而只是悲痛的障碍物；我更愿意结束悲痛而不是蒙骗它。所以我要把你导引至那样一个所在，所有超脱命运之神的人都要避难至此——哲学研究。它们会治愈你的创痛，它们会根除你的一切悲伤。①

这种"哲学治疗"的思想是要把"斯多亚学派治疗哲学"的与众不同的强理性主义推广到底。它反映了斯多亚学派从苏格拉底那里所继承的根本道统：绝不在生活中放低理性的标准。而且这才是最为有效的治疗方式。根据斯多亚学派的认知性激情心理学理论，信念可以发挥原因性的作用——甚至唯有信念才是人的真正动机，而激情或快乐痛苦中的纯粹感受性品格其实没有发挥动机作用。与此相关，感受性质素没有"解释"作用，在解释一种情感时，真正有意义的是内容方面的、知识性的成分。事实上，伦理学家如果发现理论研究的方法"正好"也是教化或治疗的有效方法，当然是感到非常振奋的，比如苏格拉底。如果一种方法论不仅在理论解释上屡屡获得成功，而且在实践——治疗上也有显著的成效，那岂不是最理想了吗？尽管大部分人可能会怀疑哪有这么"碰巧"的好事，但是斯多亚学派确实是相信高级的东西自有实践中的吸引力的。相反，一旦掺杂了低下的东西，反而会失去这样的吸引力（这一信念后来影响了康德）。斯多亚学派所走的路线与伊壁鸠鲁相比，属于坚信人类的高级的层次，相信人的内心对另外一种"好"——人格尊严——有强烈的需求。爱比克泰德的治疗路线便始终围绕在激励人做真正的"强者"上。他多次提醒人们：人不能出卖自己的人格。退一万步说，即使要出卖自己，也要物有所值，不能随意贱卖。激情由于它所带来的卑鄙，应当足以让人

① 塞涅卡：《致母亲赫尔维亚的告慰书》，第17章第3节。

躲避不及。

因此,塞涅卡提醒一个人在面对灾难时要注意到,这是发挥德性的机会。尤其是收信人,无论是友人玛西娅还是母亲赫尔维亚,都勇敢地忍受过一次次命运打击。玛西娅的父亲曾经被暴君处死,但是玛西娅勇敢地对待了整个事件,后来还奋力帮助父亲恢复名誉。塞涅卡的母亲则曾经丧失了丈夫和孩子,但是也勇敢地挺了下来。塞涅卡不采取一般劝慰者的回避方式,反而把她们曾经遭受过的一切苦痛和悲伤都重新展现给她们看,目的就在于提醒她们都是久经考验的有德性的妇女:

> 柔和办法让一颗曾经战胜过那么多苦痛的心灵,羞于再去为了一块躯体上的创伤悲痛……让那些人不断地哭泣呻吟吧,让那些人在微不足道的伤害面前昏厥过去吧,他们娇弱的心灵在长久的幸运之下已经是不堪一击了;可是让那些长年饱受磨难的人,以坚定毅然的决心,忍受那些甚至最为巨大的打击。时常发生的不幸,将给饱受磨难的人带来幸福,它最终会让那些频频遭受灾难袭击的人坚强起来。①

塞涅卡面对命运的打击,主张坚强、不动心甚至冷酷。这是“斯多亚的教导”给人的最重要的启示:作一个傲然独立的强者。只要你内心不垮,外界的一切打击都可以等闲视之。说到底,人可以通过自杀的方式表示自己不会屈服于任何难以承受的命运。塞涅卡的许多著作中,都渗透了这样的思想。这样的治疗方式与典范和榜样列举法紧密相关。因为许多人可能感到斯多亚的这些无情要求太高了,世上无人能够做到。塞涅卡经常列举真实的榜样人物,表明这是人性所能做到的。而做到理性要求的人就是德性抗衡命运的战斗中的胜利者和高贵者。作为一位斯多亚哲学家,他的道德英雄无疑是那位勇敢坚强的共和英雄卡图,此外还有体现了各种德性的罗马人物,包括勇敢的妇女。在他的《论贤哲的坚强》等文字当中,可以看到对这样的精神的雄辩论证。德性的反面就是卑鄙,就是无德性,就是邪恶。悲哀不止的人以苦痛折磨自己,别人把他们当做不祥之物而躲避不及。“这是怎样一种疯狂、是多么荒

---

① 塞涅卡:《致母亲赫尔维亚的告慰书》,第1章第1—3节。

诞啊！——因为不幸而惩罚自己，在现有的不幸之上又加上新的不幸！你整整一生都保持着的品行端正与自制，也应表现在这件事情上；因为即使在悲痛中也可以有节制冲和。"①德性与非德性（邪恶）建立在斯多亚学派的价值观——中性物学说——之上。塞涅卡在劝慰他的母亲不要为他被流放而悲哀时说道：

> 我没有在承受什么不幸。如果能够的话，我将阐明，你的慈爱促使你想象着压迫我的那些境况，并非是不堪忍受的；然而，如果你不可能相信这些，无论如何，如果我能表明，处于这些通常会令他人感到悲惨的境况下，我仍旧是幸福的，那么我也会对自己更加满意一些。你不要去相信他人对我的传言；你根本就无需受那些无根据的猜测的烦扰，我自己就告诉你……我们本就生在将于我们有利的境况中，只要我们不完全屈从于它们。按自然的设计，我们要生活得幸福，并不需要多么了不得的装备；我们每个人都可创造他自己的幸福。②

哲学的力量在于不像大众那样不动头脑地对表象进行习惯性的、习俗化的反应，而是在做一切判断之前都停下来仔细反思："让我们将多数人的判断置于一旁，不管他们有什么理由相信这种判断，他们不过受事物最初的外观所左右罢了。"比如"流放"，它究竟是什么呢？塞涅卡说，它无非是处所的一种变更罢了。首先，单单处所上的变更会带来什么不快之事。因为不管我们到什么地方去，有两样最好的东西会随同我们前往——整全的自然和我们自身的美德。当然，有人可能会对此质疑：流放不仅是地点的变化，而且还同时伴随着耻辱。对此，塞涅卡用斯多亚学派的德性一体论加以回答：如果你有足够的力量应付某种命运打击，你也就会有足够的力量应付命运的各种打击。贤哲既然是完全依赖自己而超拔于俗众意见的人，那他就根本不会受耻辱的影响。苏格拉底不用说了，马尔库斯·加图在竞选中的失败对他而言并不是耻辱；相反，是官位蒙受了耻辱。"一个人除非率先自己轻视自己，否则就不会

① 塞涅卡：《致玛西娅的告慰书》，第 3 章第 3 节。

② 塞涅卡：《致母亲赫尔维亚的告慰书》，第 4 章第 2—3 节。

被别人轻视。"①这样的治疗方法论路线不是偶然的。这其实是斯多亚学派的正统,即斯多亚学派特有的价值观学说。但是许多人学习了之后可能都感到与自己的生活没有什么关系,在生活中依然我行我素。但是塞涅卡的一生遭受了太多的坎坷。他感到斯多亚治疗哲学对他渡过这些难关非常有用:贤哲不会因为在外部事物方面的幸运而洋洋得意,同样,厄运也不会令他灰心丧气;因为他总是尽可能地完全依赖自身。

不过,塞涅卡承认自己并不是贤哲。他无法完全把灾祸直接当成"非灾祸",他还是会当做一定的灾祸看待的。但是,即使对于他这样的斯多亚哲学的"学徒",斯多亚的思想也已给他很大的帮助。这样的帮助也是他母亲可以接受的。斯多亚思想的帮助就是:所有的人都必然遭受命运的打击。所以,人们在生活中要时刻警醒,及早预见到命运之神会发起各种各样的袭击和侵害:

> 她的袭击,唯有在突如其来时,才会重重落下;那总是料想到她的来临的人,则能轻易地抵拒她。因为敌人的到来也只能击倒那些疏于防范的人;而那些在战争来临之前,就已从容备战的人,因为已经全副武装,所以就能轻易地抵拒首次的冲击,而首次的冲击往往是最为猛烈的。我从不信托命运之神,即便在她现出和平意图之时;她至为殷勤地加于我身上的种种福祉——钱财、公职和权势——我将它们都存贮到一个所在,以便她能在不惊动我的情况下取回。在它们与我之间,我保持着一段长长的距离;所以她只是从我这儿取走它们,而非扯走它们。一开始就不受命运之神的笑脸欺骗的人,没有一个会被胸怀敌意的她压垮。那些恋慕她的赠仪,仿佛这些赠仪便是他们自身的永久所有物的人,那些希图因这些赠仪而受人敬重者,一旦他们那空虚愚蠢的心灵(这种心灵对一切稳定的快乐都一无所知)失去了这虚假易变的快乐,他们便匍匐在地,悲痛不已;可是那不因幸运而趾高气扬者,当幸运转为灾祸时,也就不会因此而崩溃。②

---

① 塞涅卡:《致母亲赫尔维亚的告慰书》,第 12 章第 1—4 节。

② 塞涅卡:《致母亲赫尔维亚的告慰书》,第 5 章第 3—4 节。

总之,这里的思路是先承认命运是邪恶的,然后指出人应当对此具备充分的思想准备,从而在灾难来临时感到好受一些。这一治疗药方与其说符合斯多亚学派正统,不如说更为接近伊壁鸠鲁的毫无价值可言的“天地不仁”哲学。因为标准的斯多亚哲学认为“命运”就是神,所以她不可能是邪恶的,而是公正和“善良”的。然而,在各种告慰书中塞涅卡都常说命运女神的安排是“可恨的”,她的裁决是“不公的”。只不过命运的威力残酷不可匹敌,无人可挡;所以我们只有如她所愿,平静地承受应发生的和不应发生的事。这样的话显然是顺应世俗,希腊罗马人对于命运遭际的直接反应大都是:命运是邪恶不公的,赏与罚都反复无常。塞涅卡反复阐述的一个主题是:抱怨命运的不公,人人都可以有许多理由;但是既然抱怨了也没有用,所以还是算了。命运本身是不好的,但是没有必要通过持久悲伤再自行竭力加上更多的恐怖。尽管悲惨遭际是坏事,但这是每个人的命运,甚至那些善良的好人也都遭受。“人人都会遭受命运的打击的观念对于人是一种安慰,尤其是,这也发生在伟大的人物身上”。塞涅卡在写给一位皇家重臣波利比乌的告慰信中举了各位罗马皇帝无不遭受过丧亡亲人之苦,然后他甚至推论说:“在我看来,命运之神有时是刻意迫害他们,其目的是:通过表明那些据说不仅是诸神之子的人,而且据说是注定要生育诸神的人,他们对自己的命运的掌控能力,也并不像他们掌控他人命运的能力那样大,从而可以对人类有所助益。”这个教益就是:没有一个人能够逃脱命运的打击:

> 那些最为杰出的却也不能免于摧毁一切厄运的人,你看该有多少啊——在他们身上同样也积聚了那样多的精神禀赋,积聚了那样多的公众和私人生活中的殊荣!可显然的是,灾祸的袭击是轮着来的,它一视同仁地摧毁一切事物,它驱赶着一切事物,将它们当做自己的猎物。它一个接一个地命令所有的人比较他们的欠债,无人可以逃脱因生于人世而应偿付的惩罚。①

这样的思想似乎是斯多亚学派经常使用的治疗方法。不仅在塞涅卡那

① 塞涅卡:《致玛西娅的告慰书》,第14章第1—3节。

里,而且在奥勒留的《沉思录》中更是以不同寻常的频率频频出现:

> 不断地想这些事:有多少医生在频繁地对病人皱眉头之后死去;有多少占星家在提前很久预告了别人的死亡之后也已死去;又有多少哲学家在不断地讨论灵魂不朽之后死去;多少英雄在杀了成千上万人之后死去;多少暴君,仿佛他们是不死的一样,在以可怕的蛮横手段主宰他人生命的权力之后死去;又有多少城市,比如赫利斯(Helice)、庞培、赫库拉农(Herculaneum)以及别的不可计数的城市被完全毁灭。再把你知道的所有人一个接一个地加在这上面,一个人在埋葬了别人之后死了,另一个人又埋葬了他;所有这些都是发生在一段不长的时间里。总之,要始终注意属人的事物是多么短暂易逝和没有价值。昨天是一点点黏膜的东西,明天就将成为木乃伊或灰尘。那么就请自然地通过这一小段时间,满意结束你的旅行,就像一颗橄榄成熟时掉落一样,感激产生它的自然,谢谢它生于其上的树木。①

对于这样的哲学劝慰方略,我们可以提出几个问题。首先,这会不会让人误解这样的安慰法不太"道德"?因为靠用别人的不幸来慰藉自己的不幸,"总是带点恶意的味道"。我们看到,塞涅卡感到其中的问题,所以他特别提醒收信人,他之所以举那么多他人的不幸例子,与其说是为了表明这种灾难经常会降临到人类头上,倒不如说是为了表明有许多人通过平静地忍受厄运而将它变得令人可以忍受。② 其次,这样的论证所依托的是本体论和法律上的主体地位的原则。斯多亚学派在这么论证的时候强调,对命运好坏的抱怨背后蕴涵着一个本体论的错误。用罗马人所熟悉的法律术语表达,就是必须首先搞清楚在遭际中受到伤害的那些东西的归属权利究竟是谁的。"命运不公"的经常性的控诉,预设了本位是个体人,权利所有者是我们。但是,斯多亚自然哲学告诉人们,命运或宇宙才是万事万物的本体。这样的思想在奥勒留的上述文字的"感恩"心态中已经有所蕴涵,在下面奥勒留关于演员和导演

---

① 奥勒留:《沉思录》,第4章第48节。

② 参见塞涅卡:《致玛西娅的告慰书》,第12章第5节。

的关系的讨论中表达得更为明确：

> 人呀，你是这个国家（世界）里的一个公民，5年（或3年）会对你有什么不同呢？因为与规律相合的事情对一切都是公正的。如果没有暴君也没有不公正的法官把你从国家中打发走，把你打发走的只是送你进来的自然，那么又有什么艰苦呢？这正像一个司法官曾雇用一名演员，现在把他辞退让他离开舞台一样。——“可是我还没有演完五幕，只演了三幕呢”。——你说得对，但是在人生中三幕就是整个戏剧；因为怎么样才是一出完全的戏剧，是决定于那个先前曾是构成这出戏的原因，现在又是解散这出戏的原因的人，可是你却两方面的原因都不是。所以，满意地离开吧。因为他也是满意的，他是解除你的职务的。①

演员与剧作者（或者导演）的类比在爱比克泰德的谈话中也有涉及。事实上它在塞涅卡关于“借来的舞台道具”以及“所有权”和“使用权”的关系讨论中也被用来说明什么是属于我们的，什么不属于我们。如果说奥勒留的文字虽然精彩，但是毕竟是自己与自己的对话和沉思的结晶，那么塞涅卡的告慰信对同一思想的表达就是刻意的修辞文章了。在写给玛西娅的劝慰信中，上述思想以更为富于华彩的文学语言和法律的论证形式得到了淋漓尽致的雄辩论证，显然旨在让更多的读者能够被打动：

> 玛西娅呀，一切在我们周遭熠熠生辉的这些幸运之物——孩子、荣誉、财产、宽敞的厅堂、充斥着不请自来的食客的门厅、盛名、出身高贵或貌美如花的妻子，还有其他一切取决于不确定和变幻无常的机遇的事物——都不属于我们自己，而是借得的饰物；它们中没有一样是无条件地给予我们的。装点生活舞台的道具是借来的，它们必定要回到其所有者手中；其中一些在头天就要归还，有些在第二天；只有少数会伴你到终点。因此，我们没有理由趾高气扬，仿佛四周都是属于我们的事物；我们只不过是把它们当做借贷之物接纳下来。我们拥有的是使用权与享有权，而

① 奥勒留：《沉思录》，第7章第32—36节。译文参见北京大学哲学系外国哲学教研室编译：《西方哲学原著选读》上卷，第194页。

礼品的施予者才有权决定我们的保有期之长短。就我们而言,我们不定期地拥有我们的礼物时,要随时准备着,只要施予者一开言,我们就该无怨地奉还;对债主恶言相向者是卑鄙透顶的负债人。故此,我们应该爱所有的亲人,既爱那些因较我们年轻的缘故,我们希望活得比我们长的人,又爱那些因较我们年长而正当地恳求走在我们前头的人;然而,我们要常存这样的念头:我们不能有永远拥有他们的期望——不仅如此,甚至不能有长久拥有他们的期望。我们的心灵必须时刻警醒——必须记住:所爱者必将离去,不仅如此,他们已经要踏上旅途了。接纳命运之神赐予的一切吧,同时要记住这赐予之物是没有保障的。尽量抓住你的子女带给你的快乐,也要让你的子女以你为乐,而后绝不留连;你并未得到这整晚的允诺——不,我给你的缓期已太久!——你甚至并未得到这一小时的允诺。我们必须加快脚步,敌人已经逼近到我们身后。不久这些同伴就都要各自飘零,不久呐喊之声就要响起,这些同道亦要各奔东西。①

因此,在斯多亚学派的治疗哲学看来,如果人们调整了自己的思想视角,就会明白对于在人生当中本质上是“借来的”东西,应当对自己拥有它们的时间充分地感恩,并且在需要归还的时候归还。这样的心态才是正确的。这是一种大视野下的服从自然的一切计划安排的思想。知化则善述其事,穷神则善继其志。这样的思想后来与基督教的类似思想一道影响了西方文化传统中的“散财之道”的精神。唯有如此,人们才能在命运的滚滚洪流的裹挟下自主自驻,不怨不忧,像贤哲那样宁静幸福。

当然,斯多亚学派的基本教义就是这个世界上没有贤哲。所有的人都是非贤哲。应用伦理学正是针对那些追求而未拥有智慧的人的。在应用伦理学中,斯多亚学派对作为“非贤哲”的我们大家抱有足够的同情和关注,而不是像其理论伦理学中那样简单地贬低为“达不到贤哲就都是一样的恶棍”。向贤哲进步的努力是有意义的事情。罗马斯多亚学派从自己和他人的经验中深切地体会到,这些理性道理不可能学习一次就能明白和接受,需要我们每日三

① 塞涅卡:《致玛西娅的告慰书》,第10章第3—4节。

省吾身，经常性地用这些道理规训自己。在这个意义上，斯多亚学派已经向非理性主义作出了适当的让步。爱比克泰德要求人们反复默诵和反思同一条教义，以此来训练自己：

什么是正确的判断呢？就是一个人应该终日训练的事情，他不要致力于不是他自己的东西，不要致力于同伴、地方、室内体操场，而且甚至不要致力于他自己的身体；而应该谨记法律，让它终日不离他的眼前。什么是神的法律呢？守卫他自己的东西，而不要染指不是他自己的东西；利用那被给予他的东西，而不要去渴求那没有被给予他的东西；当某样东西被取走了，要毫不耽搁地欣然地放弃它，且要为了他拥有使用权的那段时间而心存感激——如果你不希望哭着要奶喝、要保姆，所有这些就是你要练习的！因为一个人偏爱的和依靠的是什么东西又有什么要紧呢？如果你为了一个微不足道的健身房、一个微不足道的柱廊、一群年轻人，以及这样过日子的方式而悲哀的话，你又在哪一方面胜过了那因为一位少女而哭泣的人呢？①

正如布勒南所质疑的，对于同一个命题的反复练习，并不是理性主义派的方法论，因为“尽管听到一个命题15遍，并不等于给予了相信该命题以任何新的理由”②。但是我们看到斯多亚治疗哲学中依然不惜重复，要求人们对于同一个问题从不同的角度出发反复思考。奥勒留的《沉思录》一书，虽然记载了他多年的自我沉思和规训，其实翻来覆去总是在修行同一个道理，这显然也表明了他感到即使自己懂得了道理，他也确实难以按这样的道理行事。为了压制自己在他人的伤害面前愤怒，他使用了多种多样的理由。下面这段话典型地概括了这些理由的主要类型：

首先，想想我和人类之间有什么联系，我们生来就是相互为了对方的；不过换个角度看，我生来又是居于他们之上的，就像公羊领先羊群，公牛领先牛群。要从这个最先的预设出发推理：如果宇宙万物并非仅仅只

① 爱比克泰德：《哲学谈话录》第2卷，第16章第27—30节。

② 布勒南：《斯多亚学派道德心理学》，载英伍德主编：《剑桥斯多亚学派导读》，第8页。

是原子,那么宇宙的原则就是统辖一切的自然;如果这是事实,那么低等的事物就要为高等的事物而存在,而高等的事物则相互为了对方而存在。

第二,想一想那些冒犯者们在桌边、床上等地是什么样的人,尤其是考虑他们如何受制于他们的观念,他们干这些事情的时候如何得意扬扬。

第三,如果他们的所作所为是正当的,那我们不应当为之恼怒;但如果他们做得不正当,那很显然他们并非自愿,而是出于无知。因为正像每一灵魂都不愿意自己被剥夺真理一样,它也不愿意自己被剥夺按照他的本分与人交往的力量。任何人在被称为不正直、冷酷、贪婪——总之是对邻人行恶的人时,都会不高兴。

第四,想一想你也做了许多不正当的事情,你是一个和他们相仿的人;即使你戒除了某些错误,但你还是有犯这些错误的倾向,尽管你或者出于怯懦,或者出于关心名声,或者出于别的不洁的动机而没干。

第五,想一想你甚至不知道人们是否真的在做不正当的事情,因为许多事情都是由于某种[天命]安排而做的。总之,一个人必须了解许多东西之后才能对他人的行为作出正确的判断。

第六,当你无比暴怒或愤慨难耐时,想想一个人的生命只是一瞬,我们都很快就要死去。

第七,那打扰我们的不是他人的行为,因为那些行为隶属于他们的支配原则[即灵魂],那打扰我们的是我们对这些行为的意见。那么就先驱除这些意见,坚决地放弃你对一个行为的判断——仿佛它是什么极恶的东西的判断吧,这样你的愤怒就会消失。那么我怎样驱除这些意见呢?只要明白别人的恶行不可能给你带来耻辱,因为,如果不是卑鄙可耻的恶行才是坏事,那你也必然在屡屡犯错,变成一个强盗或别的什么人了。

第八,想一想我们因为他人的行为而愤怒和烦恼会带给我们的痛苦,这要比那些行为本身带给我们的痛苦多得多。

第九,想一想善良品性是不可征服的,只要它是真实的,而不是装出来的微笑和角色扮演。因为只要你对蛮横霸道的人始终保持一种和善的态度,他又能怎样你呢;如果条件允许,你温和地劝导他;在他试图损害你的时候纠正他的错误,你平静地开导他说:我的孩子,不要这样,我们被生来是为了别的事情的;我将肯定不会受到伤害,而你却要伤害你自己,我的孩子。——这样以温和的口吻,用如此的一般原则向他说理,并说明蜜蜂和其他具有社会性本能的生物都不会做像他所做的事。不过你这样做时必须不带嘲讽或是斥责的口气,而是出于善意,心中毫无怨毒,不要仿佛在讲课教训,不可哗众取宠,而是要当做一对一的谈话,即使有别人在场。

记住这九条原则,仿佛它们是你从缪斯收到的一个礼物,终于在活着的时候开始成为一个人。不过,你必须像不对人恼怒一样不奉承人,因这两者都是反社会和导致损害的。在感到愤怒时,让这一真理出现于你的心中吧;被激情推动是缺乏男子气概的;而和善宽厚由于是人性的,就更有男子气概。那拥有这些品质的人,而非那受制于激情和不满的发怒者,才拥有力量、精力和阳刚之勇。因为一个人的心灵越是接近于摆脱激情,也就越是有力量;正像悲哀是软弱一样,愤怒也是软弱。因为在这两种情况下,被激情困扰的人都受到伤害,都屈服了。①

这九条原则就像伊壁鸠鲁学派的"40条基本要道"一样,看来是有意识地总结各种散见的斯多亚治疗药方。它概括了斯多亚学派的理性治疗术的许多方面,既有对他人的宽恕,也有对自己的责备,还涉及斯多亚学派对于人的社会性本质的深刻体认,甚至具体到治疗必须是一对一的真诚交心,而不是高堂讲的修辞术。在最后的总结中奥勒留还直接点出了斯多亚治疗技艺的重点是治疗愤怒和烦恼的激情。关键是如何正确理解什么是"强者"、什么是"弱者"。成功的治疗会带来强大的力量,最终能够为我们带来真正的强者幸福。

因为需要治疗的不是贤哲而是我们平常人,所以斯多亚治疗技艺在坚持上述理性治疗方式为主的前提之下,也同意适当运用一些其他办法辅助治疗,比如转移注意力的办法。塞涅卡在劝他的母亲不要为自己悲伤时,让她多顾

① 奥勒留:《沉思录》,第11章第5—10节。

念塞涅卡的兄弟和孙子孙女,从中得到安慰。[①] 在劝波利比乌斯不要为丧失了兄弟长久悲哀的时候,塞涅卡也让他把思绪转到"众多可提供巨大安慰的事物"上来,"看看你的令人敬佩的兄弟们,看看你的妻子,看看你的儿子;对于这份不公正的惩罚,命运之神已经用他们所有人的生命来向你寻求和解"。波利比乌斯还应当反复想到恺撒,"在他掌管人类事务时,你对任何损失都不必担心;在这一源泉中,有着你充足的防护,丰厚的慰藉"[②]。这些近于奉承的话表明塞涅卡写作私人化的书信时其实知道其他人会看到,从而可能有助于自己被解除流放。

四 治疗技艺与修辞技艺

在考察了斯多亚治疗技艺的概况之后,我们可以对此提出一些反思和讨论。有些人认为"应用伦理学"只不过是形式的改变而已,并没有哲学上的实质性意义。应用伦理学似乎意味着在理论上缺乏原创性。雅典的斯多亚学派(即早期斯多亚学派)哲学终结之后,在当时许多人看来,哲学已经终结。古代的"哲学史"一般都写到这个时候。至于近现代人知之甚多的罗马帝国的那些斯多亚学派伦理学家们,大多不被视为原创性的,而被看做解释和应用性的。一般人认为晚期斯多亚伦理学家讲的都是具体场景下的伦理问题的解决,其理论上的成就不如早期那种抽象的一般理论分析。这都是低层次的工作,用早期斯多亚学派的极端分子阿里斯顿的话说,"应用伦理学"不过是"保姆的事务",哲人不为也。所谓"应用",还暗含了此时斯多亚伦理学家所援用的理论不是他们自己创造的,而是过去雅典斯多亚学派哲学家已经提出了的。他们现在只是拿来用而已。

但是,从我们上面的讨论可以看出,斯多亚学派的应用伦理学并非仅仅涉及简单的形式变化和从理论到实践的运用而已,它涉及了古典政治哲学中的许多重要主题,其中之一就是哲学与修辞术的关系。早在公元前5世纪,古希

① 参见塞涅卡:《致母亲赫尔维亚的告慰书》,第18章第1—10节。

② 塞涅卡:《致波利比乌斯的告慰书》,第7章第1—4节。

腊就发生了一场智术师与苏格拉底之间的修辞学与哲学之争。智术师把以"说服"为核心的修辞技艺提到政治中的"最高技艺"的高度,以此挑战哲学。苏格拉底在回击中指出,这样的技艺不能保证正义的实现以及传授真正的知识,只不过是"奉承的经验"①。苏格拉底和柏拉图坚持真正的知识是完全确定的、永恒的,不会随时空的变化而变化。哲学的方法论决不是修辞术,而是辩证法。在斯多亚学派的认识论中虽然有两大部分:辩证法和修辞学,但是斯多亚学派其实不关心后者,而专注于前者。其理论以枯燥逻辑论证的直白叙事方式闻名于古代。这让在修辞学实践和理论上都成就卓越的西塞罗感到特别不能容忍。他说,柏拉图学派和亚里士多德学派撰写了众多政治学和法学方面的书籍,留下了丰富的演讲律例和论述的范型。斯多亚学派与其相比,立即相形见绌:

> 首先,即使是要求严密推理的话题,他们也谈论得非常干净、文雅,时而用定义,时而用分类。其实你们学派也用这些方法,但风格上相当捉襟见肘,而他们的风格非常高雅。其次,在需要华丽而高贵的词藻论述的主题上,他们的论述是多么壮观、多么精彩!关于公正、节制、勇气、友谊,关于生活兴止、智慧的寻求、政治家的生涯,在这些话题上,丝毫没有斯多亚学派的吹毛求疵、烦琐之极,在他们,大的话题追求高雅华丽,小的话题追求平白清晰。可想而知,他们的安慰、劝勉,就是他们的告诫、提议,也是针对最杰出的人而讲的!事实上,他们的修辞训练是两重性的,如同话题自身的本性一样。须知,讨论的每个问题都可以或者在一般意义上讨论,忽视所涉及的人或环境,或者也把人物和环境考虑在内,从事实或法律或名称的角度讨论。因而他们在两方面都训练自己,这种训练使他们在任何一类讨论中都应付自如。芝诺以及追随者或者无能或者不愿涉足这一领域,总之这整个领域看不到他们的踪影。没错,克里安提斯写过论修辞的文章,克律西波也写过一篇,但它们像什么样子呢?那是为那些最高目标是保持缄默的人提供的完全手册,由此你可以论断他们的风格,炮制新词汇,抛弃惯用语……一个斯多亚主义者还能唤起人的热情?他更可能

① 参见苏格拉底:《高尔吉亚篇》,463d—466a。

熄灭学生原本已经燃起的一点热情之火。就是那些你所阐述的简短的格言,比如“唯有智慧人是国王、专制君主、百万富翁”——毫无疑问,如你所说的,修饰得非常简练,因为你是从修辞专家那里学到的。但是那些格言从斯多亚主义者的嘴里说出来是多么缺乏修饰;须知,他们谈论的可是美德的潜能,他们如此看重美德,甚至认为它本身就能给人幸福!他们这种低劣、琐碎的三段论完全是烦人的小玩意;他们可能会说服理智,但不可能影响心灵,听者走的时候并不比来之前得到更多东西,可以说一无所获。他们所说的可能是对的,并且肯定是很重要的,但问题在于他们说的方式是错的,实在太烦琐了。①

但是,柏拉图后来其实发展出了自己独特的修辞术和修辞学。柏拉图的文笔甚至被有的人视为过于多姿多彩,迷惑众生而危害匪浅。但是,早期斯多亚学派“逻辑学”中的“修辞学”部分显得特别空洞。西塞罗这段批评斯多亚学派修辞能力的话主要是批评斯多亚学派不善于把自己的思想传达给别人,打动别人的心灵。如果说斯多亚学派还有某些修辞手段的话,那也不过是“说大话”,但是这与其说给人深刻印象,令人信服,不如说是让人感到悖论和荒谬。至于斯多亚学派所特有的发明新词汇、使用逻辑三段论等手法,则“可能会说服理智,但不可能影响心灵”。

一个理性哲学如果对于逻辑的力量过分自信,就会贬低修辞学。但是,从思想史看,无论是斯多亚学派还是伊壁鸠鲁派,后来都发展出自己独特的修辞术,在写作形式和宣扬方式上推进了这些治疗哲学的基本原则,从而有助于它们从创立者“反修辞学”的精英主义推展为社会上大众都可以接受的思想。故而,从某种意义上看他们都重新恢复了“修辞术”的地位。从治疗哲学的角度看,如何将深奥甚至苦涩的“药”通过适当的方式传播给大众,并不是无足轻重的事情。卢克莱修采用了罗马教诲诗的写作传统②,先用糖衣包裹苦药,

---

① 西塞罗:《论至善与至恶》第4卷,第3节。

② 参见 Monica R.Gale, *Virgil on the Nature of Things: the Georgics, Lucretius and Didactic Tradition*, Cambridge: Cambridge University Press, 2000(盖勒:《维吉尔论万物本性:农事诗、卢克莱修和教诲传统》,剑桥大学出版社2000年版)。

大谈主掌生育的女神，顺应大众的心态。但是到了他的《万物本性论》的后面，就露出了苦药的本性——雅典的瘟疫。罗马斯多亚学派对于修辞术更是全面肯定。其中，塞涅卡是一个典型代表。他早年就在父亲的催促下，苦学为政治生活做准备的修辞术，并且大获成功。成年之后，他靠演讲能力在公共领域中崭露头角，其修辞水平之高招致当朝皇帝的妒忌，差点惹来杀身之祸。塞涅卡的"斯多亚文字"完全符合西塞罗的要求：滔滔不绝的论证和鲜明的感性色彩，要逻辑有逻辑，要细节有细节；无怪乎它们在西方思想史上一直被当做哲学劝说文字的典范。

罗马斯多亚学派对于修辞术的重视并不仅仅体现在大众面前的鼓动性演讲，尽管塞涅卡的排比句式确实体现了这样的修辞术。苏格拉底在《高尔吉亚篇》等对话录中抨击修辞术的一个重要理由是这样的情感力量不容对方插嘴，席卷对方的头脑，迷惑对方的理性。相反，辩证法或对话法体现了对对方理性的充分尊重，不是大众情绪的迷狂，而是一对一的真诚冷静论证和探讨。罗马斯多亚学派的修辞术对这样的"辩证法"其实十分敏感，这体现在他们的文本总是关切孤独个体的问题深处，而非为了制造大众剧场效应。修辞能力的一个关键就是能够根据具体情况，而非背诵一般性的教条；因地制宜根据每个个体的具体病情甚至病情发展的阶段进行诊断和开药。事实上，爱比克泰德的谈话录的形式就已经是因人而异的治疗，而非一般性的理论讨论。与其他罗马斯多亚学派著名哲学家塞涅卡和奥勒留相比，爱比克泰德是一位"斯多亚教师"，是以开办哲学学校为职业的。我们可以想象他在正式上课时是更为一般化地对大众进行理论阐发的，只不过这样的课堂笔记或者"讲演录"没有留存下来。目前他留存下来的《哲学谈话录》当时就已经具有轰动性影响，其实那不是他的讲课大纲或教科书，而是他的学生阿里安在日常生活中所记录的老师的零散杂谈（"论语"）。所以，它们更像是针对某个人的具体问题的解答。第二人称化的直接针对性是其特征。比如，当爱比克泰德要求人们做一位真正的斯多亚学派时，他一针见血地请对话者指出世上有没有哪怕一个真正的"斯多亚学派"：

帮我一个忙；不要吝啬于让我这样一个直至今日从未有幸目睹这一

风采的老人看一下。你认为你要向我展示的是斐狄亚斯建造的宙斯或雅典娜吗,是一个象牙和金子的造物吗?让你们当中的一个人向我展示一个希望与神同心的人的灵魂,一个从来不怨天尤人的人的灵魂,一个不会得不到他想得到的东西的人的灵魂,一个不会堕入他想要避免的事物的人的灵魂,一个远离了愤怒的人的灵魂,一个免于羡慕与嫉妒的人的灵魂——但是我为什么要转弯抹角呢?这就是一个渴望从人变为神的人,尽管他仍然囚禁于这个微不足道的有死的躯壳中,却依然把他的目标完全放在与宙斯同行上。把他指出来给我看!但是你不能。那么,你们为什么还要伪造你们的自我而后又欺骗所有其他人呢?为什么你们要假借那本不是你们自己的幌子,然后招摇过市,就像那些真正的窃贼与强盗,偷窃了那些绝不属于你们的称号与财富。①

爱比克泰德的文字中大多都具有这种直接、精练、口语化的修辞力量。这甚至使记载他的谈话的学生阿里安感到自己的笔录远远不能表达其精彩,所以特意在前言中提醒读者:“如果是爱比克泰德本人在作这些谈论,那听者的感受是一定会完全跟随着他的指引走的。如果我记录的言辞并未产生这种影响,那只能是我的过错。”②这样的说法令人想到苏格拉底和柏拉图的问答辩证法的基本含义:面对面的语言辩驳。真正的知识不能用语言表达,而且没有人知道,甚至没有任何“教师”知道。教师的某些识见也无法用文字表达。言语与文字之间存在着巨大鸿沟,文字往往把活生生的语言变成僵死的东西:

伴随知识的谈话,写在学习者的灵魂上,能为自己辩护,知道对什么人应该说话,对什么人应该保持沉默……所以他(指真正的哲人)不会看重那些书写下来的东西,也不会认真去写那些不能为自己辩护,又不能恰当地体现真理的话语。③

塞涅卡的哲学书信虽然是书写体,但是特意使用了与朋友或者亲人一对一的交谈的形式展开他的写作。塞涅卡开创了哲学上的书信体写作方式。他

① 爱比克泰德:《哲学谈话录》第2卷,第19章第24—28节。

② 爱比克泰德:《哲学谈话录》,阿里安的编者前言。

③ 柏拉图:《斐德罗篇》,276C。

著名的124封道德书信是写给朋友鲁西留的。他们二人终生探讨哲学和道德的完善。塞涅卡其他哲学文体的“道德文章”其实也是如此。他的文章《论生命的短暂》、《论心灵的宁静》和《论闲暇》等等，在西文中也属于塞涅卡“对话录”(dialogues)。尽管这些文章并不是以两人对话交谈的方式展开的，但是整个文章的态势是对友人的娓娓而谈和耐心解答困惑。当然，塞涅卡在写这些以某位具体的接受者为对象的文字时，势必已经打算要公开发表，也就是说，这些是作为“普遍治疗”的哲学“药”而创作的。我们可以看到塞涅卡的修辞论证中使用了更多的文学手段，包括故事与榜样、格言与反讽等等，甚至包括哄骗奉承。其文体旁征博引，比喻层出，生动鲜活，排比滔滔不绝，情感气场，四面包抄，层层深入论证一个主题。比如，他在提示人们不要对生活中的灾难毫无警惕之心时说道：

> 任何不幸，在它事实上的来临之前，我们从来不会预见到它，相反，在我们的想象中，我们认为自己是处于不幸之外的，我们走的是一条不易遭遇不幸的道路，我们不肯以他人的不幸为鉴，然而那不幸却是所有人的命运。那样多的殡葬由我们的门前经过，我们却从未念及过死亡！那样多的人过早离世，我们却在为我们的孩子精心筹划未来——他们会怎样穿上长袍(toga)，怎样在军队服役、怎样继承他们父亲的家产！在我们的眼前那样多的富人突然间一贫如洗，然而我们却从未想过自己的财产也一样会转眼成空！因此，我们必然更加易于崩溃；或者说，我们根本没有防备；早已预见到的打击降临时不会那样剧烈。你所希望别人告知你的是：你站在种种打击的风口浪尖上，那刺穿别人的长枪却只是在你的周遭震颤！就仿佛你在攻坚某座城墙，或半副武装着在攀缘有众多敌人把守的某个制高点，料想着自己会负伤，确知那在头顶盘旋的投掷物，还有石块、飞矢与标枪，都是冲着你自己的身体而来。一旦有人在你的身边或身后倒下，你会厉声嚷道：“命运之神啊，你不会欺骗我的，你不会袭击我这样一个信心十足而又无所谓的人，我知道你打算的是什么；确实，你袭击了另外的某人，但你只是向我瞄准。”我们中有谁曾抱着自己会死的念头看待他的财产呢？我们中有谁曾敢于设想流放、短缺、悲痛呢？如果有人逼

他考虑这些事情,有谁不会把这想法当做一个不祥的预兆加以抛弃,并请求那些灾祸转移到某个敌人的头上,甚至转移到他的不合时宜的建议者头上呢?你说:“我认为不会发生这种事。”当你确知它是可能发生的,当你看到它已经降临到许多人的头上,你还认为有什么事是不会发生的吗?有句发人深省的警句说得极妙——甚至让人觉得它不是来自于舞台上:“一切发生在某个人身上的事,也可能发生在所有人身上。”①

进一步而言,晚期乃至中期斯多亚学派对于形式的关注不仅反映了它们对修辞术的肯定,而且反映了更为深刻的历史发展。我们看到,早期斯多亚学派成立于希腊化开始的时候。此时,雅典乃至希腊的城邦共和政治遭到重创。芝诺等秉承犬儒精神所开创的是一个超出了城邦的普世人道主义和理想主义的斯多亚学派。同时,人们与现实政治保持一定的距离,更趋向于沉溺于理论的反思生活中。但是,当雅典和整个希腊衰退的时候,西面的罗马共和国却蒸蒸日上,处于上升期;在这样的时代中,人们总体来说是入世的、积极乐观的。在这样的国度中,早期斯多亚学派的犬儒自足精神就会显得不负责任,会被边缘化。相反,更为柏拉图—亚里士多德化的“中期斯多亚学派”就更吸引人。中期斯多亚学派更为关心应用伦理学,热心地讨论人的具体职责、行动,城邦国家的社会精神。等到历史发展到了罗马帝国时期,罗马人终于体会到三百年前希腊人所体会到的哀愁:政治的异化此时变为一个真切的事实了。于是,“新正统”斯多亚学派复兴。塞涅卡、爱比克泰德和奥勒留都再也没有西塞罗的那种罗马中心主义。他们更能认可斯多亚哲学中的犬儒传统,他们是世界主义者和人道主义者。这样的普世精神超越了西塞罗所爱好的中期斯多亚学派的城邦视野。晚期斯多亚学派的治疗哲学于是反映了对弱者的关注。这尤其体现在塞涅卡身上。

塞涅卡对于人类的疾病和救治十分细腻,而且在他特有的修辞表述中展开,给人以深刻的印象。塞涅卡对于个体人的激情疾病——悲伤和忧伤——

① 塞涅卡:《致玛西娅的告慰书》,第9章第4—5节。引文为罗马共和国晚期的滑稽戏剧家普布利柳斯·西鲁斯(Publilius Syrus)的警句。

是极为认真的，而非“无动于衷”。这样的重视在古典希腊哲学那里几乎看不到，更不要说在以“强悍”著称的斯多亚哲学家们中了。我们几乎可以说，塞涅卡的心向中有一种其他斯多亚哲学家所缺乏的阴柔化的、女性化的素质。这使他看问题不是那么极端，而是比较“现实主义”，这使他比较倾向于宽容或宽恕，这也使他不过于虚伪。也正是因为塞涅卡最痛恨的是对于人的生命和尊严的侮辱与伤害，所以他对于专制君主的残暴尤其不能容忍，总是在各种文字中不遗余力地痛斥声讨。这从他的《论愤怒》、《论仁慈》、《论恩惠》等道德论文中尤其是在他的悲剧《美狄亚》中可以清楚地看出。

所以，斯多亚学派关心应用治疗学，并非关心琐细小事。生活中有许多技艺，但是“生活技艺”是最为重要的技艺。这不仅与政治有关，也与人的本体困境有关，从而与所有的人有关。所谓“激情”，往往反映了巨大的打击，是对整个人生的动摇。比如亲友的背叛（美狄亚）和至亲受到伤害（比如玛西娅）。这不是少数人才会遇上的偶然不幸，而是人作为人无法回避的本体论命运。纽斯邦在分析美狄亚的悲剧时就特别指出，在塞涅卡的 9 部悲剧中大多数的主题都是爱与背叛。爱的特点就是开放自己，而这就容易带来伤害，从而走向疯狂，包括在复仇中丧失自己的人性。但是不开放自己，不爱，人生又是什么？生活中丧失了激情，还是生活吗？① 这样的二难难题绝不是容易解决的，它通过伟大的文学和哲学作品激励人类一代代的反思。贤哲在认识到这一点后，会放弃对其他技艺的追求，穷其一生追求一种技艺——生活的技艺。贤哲的特点就是一心一意，只关心生命中真正重要的东西。在杂务上分心将使人一事无成。实际上，生活的技艺即使学习一生也很难完全学会。对于斯多亚学派的价值观来说，牢牢记住价值二分法（或三分法）并且知道如何运用，是最为根本的事情：唯有道德上的善恶才有真正的价值好坏可言，才会影响到幸福。至于其他的一切，都是中性物。塞涅卡说，大部分人尽管不是斯多亚哲学家，但是也大多意识到斯多亚哲学的洞见是有道理的，感到自己所忙碌的事情并没有真正的价值。至于他们没有接受哲学训练，是因为他们的共同特点就

① 参见纽斯邦：《治疗欲望》，第 441 页。

是推迟对这一问题的思考,习惯于说“等到时机成熟一定好好考虑”。然而塞涅卡提醒我们说:这是不合道理的:人怎么能把自己真正重要的东西推迟——尤其是推迟到生命中的垃圾时间中?①

就具体的治疗技艺而言,我们上面的讨论指出,斯多亚学派努力把它的理性主义伦理学贯彻到底,不打算启用激情的和欲望的手段,不考虑物理性的治疗或是催眠术等当时的东方巫术。他们相信,纯粹的理想反而具有强大的力量;这体现了斯多亚学派的总体唯识论路线。但是现代学者指出,斯多亚学派的治疗技艺过于强调激情的理性方面,忽视了生理方面。从现代药物学和神经生理学的知识看,许多人的激情难以被理性治好,是因为生理的原因不容忽视。在人脑的几个解剖区域有产生各种情绪的部位。理性对于它们可以部分控制,但是绝非可以完全控制。对于有的患者,应当使用药物治疗。激情并非都是“自愿”的、自主的。至少在充分的激情之前,存在着“前激情”的生理感受。此外,现代医学还承认某些无特指内容(命题内容)的情绪状态,比如某些焦虑和忧郁,以及吸毒吃药引发的情绪。这些激情,与其说来自我们的判断,不如说来自于血液化学。②

古代斯多亚学派也不是完全忽视了灵魂的非理性方面和相应的治疗技艺。纽斯邦就提到,在早期斯多亚学派之后的发展中,有些斯多亚学派哲学家提出灵魂中存在着非理性的部分,从而哲学治疗必须辅之以音乐治疗,因为唯有音乐才能驯化这一动物性部分,比如巴比伦的第欧根尼的《论音乐》。③ 这样的思考涉及对于“激情”的本质的理解。究竟激情是判断,还是判断的“后果”或“产物”?不同的斯多亚学派有不同的定义。塞拉斯认为后者是更为正确的观点,因为对于同一件事情的遭际,即使对其判断不变,人们的激情也会慢慢缓和下来。④

---

① 参见塞涅卡:《论生命的短促》,《哲学的治疗——塞涅卡伦理文选之二》,第 30 页。

② 参见贝克(L.C.Becker):《斯多亚激情》,载斯特恩奇等编:《斯多亚主义:传统与变革》,第 255 页以下。

③ 参见纽斯邦:《治疗欲望》,第 367 页注 24。

④ 参见塞拉斯:《斯多亚主义》,第 115 页。

最后必须指出的，正是由于是“应用伦理学”，是针对不同的人的不同治疗技艺，因而罗马斯多亚学派哲学也体现了综合主义的特点。他们不仅仅在伦理教导中使用斯多亚学派哲学的观点，也经常采纳其他哲学中有用药方。吉尔认为，塞涅卡等人并不是标准的“斯多亚学派教师”，而且其写作对象不是哲学学生，而是广大对哲学有需求的大众，所以应当可以不限制自己仅仅使用斯多亚学派的观念。① 这方面的一个重要例子是斯多亚学派对柏拉图的灵魂治疗策略的借用。在致玛西娅的书信中，塞涅卡为了劝慰玛西娅明白死亡不是坏事，他一气赞美了死亡的一大堆好处，然后发出了高亢的死亡赞美诗：

> 如果命运之神没有公正地分配世俗之物，它将这个人交付于另一个人，尽管他们生来具有同等的权力，死亡会让一切平等；这就是死亡，在它来临之后，无人再需服从别人的意志；这就是死亡，在它的统治之下，没人会再去留意那微不足道的财产；这就是死亡，它向一切人开放；这就是死亡，玛西娅，这就是你的父亲曾那样急切渴求的死亡；这就是死亡，我想，是它使得我的出生没有成为一种对我的惩罚，是它使得我在面对即将来临的厄运时没有倒下，是它使得我的灵魂有可能平安无恙，仍旧归自己作主：我有一个最后的避难所。我看到那边的刑具可不止一种，不同的人发明了形形色色的折磨人的器具；有人将他们的遭难者倒悬，有人刺穿遭难者的私处，其他人将遭难者的臂膀摊开于绞刑架上；我看到了绳索，看到了鞭笞，所有的肢体、所有的关节，都有各自折磨它的器具！但我也看到了死亡。那儿也有嗜血的仇敌与妄自尊大的同胞；然而在那边我同样看到了死亡。如果一个人厌倦了束缚，只要轻轻一跨他便可步入自由之境，这样的时候，奴役也就不再是苦难了。哦，生命，因了死亡的缘故，我要热切将你拥抱！②

前面我们看到，西塞罗指责斯多亚学派缺乏修辞学，所以其论证总是干枯无力的；但是相信读者读完了这段话，再与西塞罗就同一主题所写的《图斯库

① 参见英伍德主编：《剑桥斯多亚学派导读》，第 37 页。

② 塞涅卡：《致玛西娅的告慰书》，第 20 章第 2—3 节。

兰的论辩》的行文论证进行一个比较,必然会得出塞涅卡的修辞水平至少在华彩力量上毫不逊色,只会更富于文学想象力。然而,另一方面,我们必须看到,这段华丽辞章内部的观点却不是斯多亚学派的,而是柏拉图派的,甚至可以说接近诺斯替宗教的厌世和出世精神,令人怀疑它是否真的反映了塞涅卡自己对于自然和人生的观点,还是他为了治疗友人的悲伤临时使用的办法。斯多亚学派相信理性主义的心理学,其动机论主张激情来自判断,或者说激情就是判断。所以,应当启用不同的理性道理去消灭激情。修辞术要求对不同的人说不同的话,因人而异,因时机而异,所以采纳其他学派的思想对于塞涅卡不是问题。不过,塞涅卡本人也许并不是一位严格意义上的斯多亚学派,尽管他在谈到斯多亚学派的时候经常说"我派"如何如何。但是我们不要忘记了,塞涅卡年轻时曾经深深地受到当时的某种毕达哥拉斯神秘教义的哲学的吸引。他是一位敏感而丰富、阅世颇深、遭遇坎坷的政治哲学家。他的翻来覆去的论证不仅是要说服朋友,也是要说服他自己,治疗他自己。

第五节　比较与反思

以上我们对斯多亚伦理—治疗哲学的基本内容进行了一个系统的阐述。在此基础上,我们可以对这样的思想倾向和理论建设所面对的几个重大理论问题进行更为深入的分析和讨论。首先我们将讨论它的"自然主义伦理学"问题,即它用自然哲学为伦理学奠基的做法遇到的问题;其次我们将讨论它在道德和生活的关系上所采取的新价值观立场导致的麻烦;最后我们将通过与希腊化罗马其他伦理—治疗哲学流派的比较,考察斯多亚学派独特的伦理—治疗哲学的得失。

一　自然主义的问题

我们在本编导言中就提示过,斯多亚学派相信自己的哲学体系形成了一个内在紧密的有机整体,各个部门相互支持。它的伦理—治疗哲学建立在扎实可靠的自然哲学的基础之上，所以比一般的高调理想主义要稳妥可靠得多。然而，自然哲学支持伦理学吗？反过来，伦理学—政治哲学需要自然哲学的支持吗？由于休谟、康德和摩尔的努力，“反对自然主义”几乎成为现代伦理学的一个教条。现代伦理学一般认为不能直接从自然推导出伦理。但是希腊伦理学总的来说不感到“自然主义”有什么不对的；相反，他们认为自然主义伦理学才是“自然”的。人这种物种的自然目的就是自保，然后从自保出发，自然而然地形成抵抗自然的能力或德性。这显然是从“是”推出“应当是”。所以，布勒南在讨论斯多亚道德心理学时就指出，古代人是把心理学既作为描述的学科，也作为规范的学科来看待的。人类在心理上的最高发展正是其在伦理上的最高发展。违背道德标准经常意味着心理上的毛病。古代人不像现代人那样，首先由伦理学独立地设立一个理想，然后考察它与人的自然天性是否有差异和冲突。对于希腊人，心理学和伦理学只不过是研究同一个对象的不同视角而已。如此一来，心理学理想化了，它研究的是“理想人”，而不是普通人。普通人因为是“残缺的”，就无法称为了解我们的真实本性的最佳向导。①使得现代伦理学十分困惑的事实与价值的区分，对于斯多亚哲学来说不是一个真问题。不过，问题也不是那么简单。我们不能因为古人没有用休谟或摩尔的术语思考问题就认为他们没有意识到这当中有问题。首先，自由需要自然的支持吗——能得到自然的支持吗？斯多亚学派认为自然与德性（“好”）是一致的：

> 这就是为什么芝诺在其《论人的本性》中首次把“与自然相一致的生活”称为“目的”的原因，这种生活方式与德性的生活是一回事，因为德性就是自然引导我们所朝向的那个目标。因此克里安提斯在《论快乐》中也持相同的观点。……此外，有德性地生活与“依据自然的实际过程的经验而生活”是同一回事，克律西波在《论目的》（*De Finibus*）的第 1 卷中持这种观点。②

---

① 参见布勒南：《斯多亚学派道德心理学》，载英伍德主编：《剑桥斯多亚学派导读》，第 259 页。当然，斯多亚的自然主义又与自己所声称的“没有任何人的心理是健康的”观点是矛盾的。

② 第欧根尼·拉尔修：《著名哲学家的生平和学说》第 7 卷，第 87 节。

西塞罗的话更加明确:斯多亚学派认为"价值"就在于"与自然一致"。凡是与自然一致的东西,不仅是"好"的,也是"可取"的:

> 那本质上与自然一致的,或者所产生的东西是与自然一致的,因而包含一定的积极意义——斯多亚学派称之为"*axia*",也就是"有价值的"——值得选择;另一类就是与前者相反的,他们称之为"无价值的"。由此就确立了第一条原则,即凡与自然一致的,其本身就是"可取的事物",它们的对立面就是"应拒弃的事物"。①

但是,什么是与自然一致?或者说"自然"展现出了什么特征,可以让我们观察并遵循?弗雷德认为,斯多亚学派所谓"自然的理性美好"体现在事物都有一定的稳定性、规律性,不会太脆弱,不会太容易生病、分解、死亡。自然还赋予了人以相当的生存机会。② 显然,这样的"自然"感悟不是伊壁鸠鲁学派的。卢克来修在《自然本性论》的开头也用自然的这一方面(生生之美好)诱惑常人。但是当人们习惯了哲学的苦药之后,他就在卷尾揭开了"自然"的另外一个面相——"雅典的瘟疫"。斯多亚学派希望从自然中汲取价值,它们描写自然时的笔触显然染上了极大的价值色彩。这也是赫拉克利特式的传统。学者们早就看到赫拉克利特是前苏格拉底自然哲学中最为价值化的一个。他的"火"学说绝非冷静的自然客观元素,斯多亚的自然哲学也是如此。而相比之下,伊壁鸠鲁的自然哲学就不是这样的。伊壁鸠鲁派固然也描写宇宙和人类社会的出现、生存和毁灭,但是它们刻意强调这里面没有任何价值性;不能说对人好的,对宇宙就是好的,或者说"自然"就在刻意产生和维系这样的状态。自然毫无目的、毫无心机地产生和毁灭万事万物,一切价值都是人类的投射。不懂得这一点,人就永远痛苦。所以,按伊壁鸠鲁学派,"自然"不能推导出"伦理"。

还有,就"自然"支持伦理学而言,我们必须明确这里讲的是哪种自然。人作为小自然,与大自然的宇宙又是什么关系。一般来说,斯多亚学派相信大

① 西塞罗:《论至善与至恶》第3卷,第6节。

② 参见伊罗蒂亚克诺:《斯多亚哲学专题研究》,第76、78页。

自然与小自然是一致的：

> 因为我们的个体的自然是整个宇宙的自然的一部分。而这也就是为什么“目的”可以定义为“与自然相一致”；或者换句话说，与我们人的自然相一致的，也与宇宙的自然相一致；在这种生活中，我们戒绝一切为万物所共有的法则所禁止的行为，而这种法则也就是那渗透万物的正确理性，这种理性也就是宙斯，他是所有存在者的主人和统治者。当所有行为都促进个体人之中的精神与统治宇宙者的意志的和谐一致时，这就是幸福之人的德性和平滑的生命之流。于是第欧根尼明确地把“目的”说成是“在选择何者为自然时依据善的理性而行为”。阿凯德谟（Achedemus）则说，“目的就是践行所有合宜行动的生活”。①

但是，它们之间的一致未必很容易论证。如果大自然是目的，那么为了实现大自然的目的，就应当允许无数灾难在无数个人身上发生。在斯多亚学派哲学看来，最大的“灾难”当然是如此之多卑鄙品性的人在历史中的出现甚至“好运连连”。那么大自然的最终目的是什么？按照斯多亚学派的价值标准，那应当是最好状态，也就是“贤哲”的出现。但是斯多亚学派哲学似乎没有“为了将来某些高级超人的出现而不惜牺牲万众”的尼采式将来主义。而且，要证明将来的个体比今天的个体在价值上更为重要，少数贤哲的出现需要千百万人的“夭折”作代价，在理论上还会产生许许多多的麻烦。这样的讨论还导向了下一个问题。

自然在实现自己的目的的时候是更喜欢通过人的作为，还是喜欢通过人的无为——通过自然自己的看不见的手的协调？也许不能说两者都可能：自然有时这样，有时那样。因为斯多亚学派哲学的严格决定论所推论出来的似乎只能是第二种途径：一切都被大自然所严密决定了。所以，人的任何主动行动都改变不了大自然在宇宙开端就决定了的历史进程。事实上这一进程还会严格地一再重复（大火周期发生论）！这对于人是否应当有所作为，是否应当为自己的善恶负责任是至关重要的。朗格认为，自然给予了人以足够的向善

① 第欧根尼·拉尔修：《著名哲学家的生平和学说》第7卷，第88节。

潜能,“趋向美德的冲动”或“知识的种子”,这种自然的赐予足以把人的理性引向正确的方向。但是,除此以外,自然不会做更多的事了。美德的获得需要每一个人付出最大的努力,但是大部分人努力不够,并且周围的环境总是阻碍我们去获得完全符合自然的品性。从历史记载看,克律西波与克里安提斯是有分歧的:

> 克律西波把我们的生活所应当与之保持一致的自然同时理解为宇宙的自然(universal nature)和个别意义上的人的自然(the nature of man),而克里安提斯只把宇宙的自然当做应该遵从的,没有加上个体的自然。①

我们在前面所引用的克里安提斯的《宙斯颂》当中可以看到,万事万物都是按照宙斯(或自然)的意志发生的,只有一种事情例外:“坏人愚蠢地犯错误、干坏事”是违反宙斯意志的。斯多亚学派显然不会把一个作恶多端的惯犯当做好人,不能把罪犯的行动解释为自然即命运指派给他的任务。尽管克里安提斯接下去又说宙斯能够从不和谐中创造和谐,但是这样的说法毕竟是“事后型”的:神(自然)未必需要坏事来创造整体和谐,所以它不应当命定或要求坏人干坏事。只不过如果坏人自己干了坏事,神可以将坏事变成好事。“自然的使命是把不和谐变成和谐,而不是创造不和谐。”②但是,奥勒留的说法就比这一说法更为进了一步,他似乎是肯定“坏事”也可能来自天命的安排。从而,我们甚至不能判断某些事情是坏人坏事:“你甚至不知道人们是否真地在做不正当的事情,因为许多事情都是由于某种 *oikonomia*[天命]安排而做的。总之,一个人必须了解许多东西之后才能对他人的行为作出正确的判断。”③这意味着,坏人坏事可能就是自然作为的(一种)方式。自然至少有时候宁愿通过不道德的人和事情的方式。

这也导向对于“自然主义伦理学”的下一个疑问:自然高于人,还是人高于自然?一方面,我们在前面讨论斯多亚的自然哲学时已经指出,斯多亚哲学作为一种目的论应当承认发展是进步,而理性的出现是高度发展的标志。那

① 第欧根尼·拉尔修:《著名哲学家的生平和学说》第7卷,第89节。
② 朗格:《希腊化哲学》,第181—182页。
③ 马可·奥勒留:《沉思录》第11卷,第5节。

么,它必然会承认人高于动物,文明人高于野蛮人。发展是一个巨大的断裂或质变。塞涅卡在论“反对愤怒”时就使用了这一思路的论证,指出理性的出现高于原始野蛮包括激情。斯多亚与古代的其他哲学一样,都是预设了人的自然本性是人的目的:成为我们应当所是的人、本质的自我,是我们的当然目标。心理自然发展成熟的人正好就是道德要求的人,也就是理性的人。这就是对于“一致生活”的一种可能解释:*homologia* 也可以意味着“与逻各斯一致”,这使得“一致生活”的命题是有意义的:“与逻各斯一致的生活”。当然,有人会指出斯多亚哲学把逻各斯也看成是“自然”。然而,这二者的相同只是外延上的,而不能说内涵上也一样;否则“逻各斯是自然”就成了“逻各斯是逻各斯”,或“自然是自然”那样的同义反复了;“与自然一致生活”就成了“与逻各斯一致地逻各斯地生活”(*homologia logia zen*)。斯多亚学派应当认为理性是自然的,而且是自然的更为高级的阶段。

但是另一方面,从自然到文明发展的巨大断裂是好是坏,还很难说。塞涅卡在《美狄亚》中的几次合唱歌所表明的都是对文明的发展的微词。在希腊传说中,伊阿宋率领一帮英雄驾驶第一艘远洋海船出发寻找金羊毛的故事,经常象征着人从土地劳作文明发展到航海工商文明。在第二合唱歌中歌队唱道:

乘着一条脆弱的小船在潜伏着危险的海水中
破浪前进的那个人,胆子未免也太大了;
他看着自己的故乡在背后渐渐远去,
把自己的灵魂托付给了飘浮不定的阵风;
他沿着毫无把握的航线驶入大海,
他居然敢相信薄薄的船板,
在生与死的路程之间只隔着那么细细的一道边界。
[远古的时代],那个时候,还没有人看得懂天象,
也不会运用布满整个天空中的星星;
……
我们的祖先看到过那个辉煌的时代,

当时欺诈离我们远远的。
每个人都懒洋洋地待在自己的海岸上,
终老于他祖传的田地里;
他拥有的很少,但是很富裕;
除了他家乡的土壤的产出,他不知道其他的财富。
自然的法律严格地划分开世界,
但是帖撒利的松木船把它们都混成一体了;
她命令咸咸的海水忍受船桨的拍打,
使本来与我们完全隔开的大海
也成了我们的害怕的原因之一。
这条大胆无耻的船付出了沉重的代价……
这一旅程的回报是什么呢?
金羊毛;还有,比海洋还要险恶的——美狄亚。
这真是对人类第一艘船的合适报酬啊。

众所周知,伊阿宋对爱情的背叛使美狄亚产生了暴怒,进行了骇人听闻的报复,亲手刺死了自己的儿子,以便令伊阿宋感到伤害至深的痛苦。歌队这时没有仅仅就事情本身进行评判,而是又一次上升到文明发展的高度一唱三叹。我们在第三合唱歌中听到对人类敢于越出界限而侵入海洋领域将付出的沉重代价的恐怖:

神啊,怜悯我们吧;请你慈悲为怀,
让那征服了海洋的人能安全地活着吧。
当深海的主人[海神]看到第二王国居然被征服时,勃然大怒。
当那个年轻人①胆敢驾驶永恒的马车,忽视他父亲走的轨道时,
就成了自己疯狂地撒在天空中的大火的牺牲品。
熟悉的道路不会让人付出过高的代价,
让我们沿着前人安全地走过的路走;

① 即太阳神的儿子法通(Phathon)。

莽撞的人啊，不要破坏宇宙的神圣法律。①

对于这段话，后来的评论者有迥然不同的看法。不少人认为塞涅卡在这里与许多古代作者一样，赞美原始自然，反对文明的发展。这种“远古黄金时代”在赫西俄德、维吉尔、奥维德等人那里都是频频出现的意象。但是纽斯邦不同意大多数评论者的看法，他说塞涅卡使用的拉丁语的*piger*一词经常是贬义的，表示的是非人类生物特有的迟缓行动，其中总是蕴涵着令人不安的东西。迟缓的水有害，迟缓行动的肢体表明人疲倦，地底的迟缓空气露出地面后形成瘟疫等等。斯多亚学派所强调的普纽玛旺盛的动态力量，尤其是进入罗马的积极行动的世界之后的斯多亚精神，与此几乎正好相反。但是另一方面，斯多亚学派德性确实体现出某种内收内守的趋势。唯有不向外面持续不断地进取，人才不会陷入失望和失败之中。② 我们感到，纽斯邦的观察是非常敏锐的。事实上，斯多亚学派的治疗哲学的终极目的与伊壁鸠鲁的极为接近，都是内心的宁静和安全，尽管他们互相都说与对方处于极端的对立中，誓不两立。而在斯多亚学派中，塞涅卡几乎是最为同情伊壁鸠鲁思想的。正因为此，在塞涅卡笔下，*piger*第一次获得了正面的意义。罗马英雄理想的形象被彻底颠覆或重塑。这是不是最后的答案呢？纽斯邦又提醒我们：斯多亚学派主张最好的事物是德性，但是从不面对灾害所挑战的人，也就永远没有机会展示德性，纯洁的人与死人又有什么差别？塞涅卡与其说解决了这一斯多亚哲学中的根本矛盾，不如说意识到它并毫不留情地用戏剧化的方式突出它。如果说亚里士多德对消除人生的悲剧性感到乐观，那么斯多亚学派特别是塞涅卡则更为悲观。③

与自然—文明问题相关的还有一个问题，那就是，放眼望去，几乎所有低于人的动植物界的物种，只要没有外在的阻挠，大多都能发展到自己的成熟阶段（即所谓“最高目的”，*summa bonum*）。但是在人类世界中，迄今为止甚至从

① 以上《美狄亚》的引文，参见包利民等译：《强者的温柔：塞涅卡伦理文选》，第122、137页。

② 参见纽斯邦：《治疗欲望》，第466—469页。

③ 参见纽斯邦：《治疗欲望》，第470页以下。

来就没有一个人达到了"自然"的最高阶段即"贤哲",也即具备完满智慧的人。斯多亚学派的格言就是世界上没有一个贤哲。甚至苏格拉底和芝诺也不是。没有人真正成熟、完成、幸福、达到了人的最高目的,全都"夭折了"。那么,这是否能得出结论说自然的运作在人这一高级层次上反而"彻底失败"了?

二　道德与生活的关系问题

这里主要涉及是斯多亚的伦理学中的几种取向之间的关系。在大多数人看来,斯多亚学派既代表了古代道义论,又代表了古代目的论。然而,道义论和目的论是两种伦理思维模式。规则并不是作为"目的"来追求的,而是作为不管你追求什么目的都不可违反的边界来遵守的。由于它不具备目的论的支持,所以往往依托神或习俗的支持。当神圣的支持由于启蒙而削弱后,规则论就试图从目的论中寻找新基础。但是这么做也会存在种种弊病,比如它原先的神圣不可侵犯性有可能会随着目的论——个体的幸福——成为更重要的价值而被妥协和放弃。斯多亚学派伦理学首先是一种对自己的性格弊病的治疗,而不是利他道德。它涉及的其实是本体论上的个体自己的关切:个体如何不受到外部的伤害,而不是对他人的关心。实际上,就道德特有的对他人的关切而言,情绪或激情(正当的激情如义愤、同情与怜悯)不可缺少,而斯多亚学派激情理论却要求完全消除激情。

为了彻底消除激情,斯多亚学派要求人们根除激情的源头即对生活中的各种利益的价值的肯定。一般来说,人们认为道德德性的标志是牺牲自己的利益,保护其他人包括整个共同体的利益。这样的行为规则预设了利益的重要,否则为什么要关心对整体和他人的利益的保护? 为什么牺牲自己的利益被视为作出了感人的牺牲? 然而,斯多亚伦理学似乎感到采纳这一"自然的"思路有威胁自己彻底否认物质利益为有价值之物的根本立场。它提出了"极端"的说法:唯有道德德性才是重要的,其他的一切毫不重要:

> 克里安提斯认为德性是一种和谐的性情,因为自身的缘故就值得选择,并且不是出于希望、恐惧或任何外在的动机。幸福就在于德性,因为

德性是倾向于使整个生命相和谐的心灵状态。

他们认为德性因其自身而值得选择。无论如何,我们都对坏的行为感到羞耻,这就表明我们知道,除了道德上的美之外没有什么是真正善的。他们还认为,德性自身足以确保幸福(well-being)。芝诺、克律西波在其《论德性》的第1卷,以及赫卡托在其《论善》的第2卷中这样说道:"因为,如果胸襟恢弘仅就其自身就能让我们超越一切事物之上,并且,如果胸襟恢弘是德性的一部分,那么德性作为整体,自身就足以带来幸福,它鄙视所有显得麻烦的事物。"①

用斯多亚哲学的价值三分法的专门术语表述,就是唯有在道德人格上,才能使用"好"与"坏"的价值词语,至于外部的一切,既不好,也不坏,是无所谓的中性事物。这当中的极端性或反自然性不仅是在于斯多亚哲学因此否认了人们的一切生活层面的追求,而且甚至否认了大部分通常所理解的道德的意义。因为作为维护人际正当关系的道德,必然要肯定人际正当关系的重要,而人际关系也属于"外部事物"的一种。与此相应的是,斯多亚的伦理学是动机论的,可以导向极端反对后果论,也就是把伦理行为中真正有价值的东西看做仅仅是伦理行为者的动机和行动。至于行为的后果毫无真正的价值可言。斯多亚学派即使救人,也不会带着怜悯之心,不会认为他人生命的重要:

贤哲不会伤人,因为他们既不伤害别人也不伤害自己。但同时他们也不是软心肠的,不对任何人纵容,他们从不松懈法律所规定的惩罚,因为纵容、怜悯甚至平衡考虑都是心灵软弱的标志,是放弃惩罚而假装善良。他们也不认为惩罚过于严重。②

有关贤哲毫无怜悯之心的说法自古以来就让斯多亚学派遭到许多的诟病和抨击,被视为它是一种对他人的利益极为冷淡的学说的一个标志。斯多亚学派力图为自己平反。他们的方式主要是告诉人们要仔细辨别不同的情感,即使它们看上去十分相似。第欧根尼·拉尔修在介绍了斯多亚学派关于贤哲

① 第欧根尼·拉尔修:《著名哲学家的生平和学说》第7卷,第89、128节。

② 第欧根尼·拉尔修:《著名哲学家的生平和学说》第7卷,第123节。

是"无情的"(*apathy*)的说法之后,特意指出斯多亚学派想要强调的是贤哲不会陷入各种脆弱、疾病之中。但是,他们也知道并指出,"冷漠无情"(*apathy*)这个词还有其他的意思,也可以指一个人心肠硬和冷酷,这时它指的是坏人。① 塞涅卡说,事实上没有哪一个学派比斯多亚学派更友好、更温和;没有哪一个哲学比它更充满爱心、更关心公共利益。但是,这与怜悯不是一回事。怜悯是一种"激情",而激情就是疾病。它是由于看到他人的不幸而引起的悲伤之情。怜悯与不幸很接近,因为它既包含不幸成分,又是源于不幸。我们知道,看到别人泪眼模糊时,自己的眼睛也湿润,这是眼力不强的表现。可是贤哲是不会悲伤的,因为他的心灵是宁静的、高贵的,而高贵不会和伤感同时出现。这是塞涅卡的论证:

> 悲伤会使人变得愚钝、精神委靡。可是贤哲不会如此,即使他本人面临灾难,他也会立即回击,战胜命运对他的打击。他始终保持镇静,在各种震撼面前面不改色;如果他是个轻易悲伤的人,他就不能做到这一点了……富于同情心的人应该愉快地、高尚地给悲伤者带去宽慰,同时又不给自己增添伤感。对于遇到海难的人,他会伸出援助之手;对于流浪者,他会给予居所;对于衣食无着者,他会发放救济。但是,他不会像大多数寻求怜悯之名的人那样做:那些人以一种侮辱人的方式把救济品扔给人家,他们蔑视那些他们所帮助的人,不屑于和他们交往。相反,贤哲会像同伴之间相互授受一样,互通有无。他会把儿子的生命还给哭泣的母亲,会下令去掉俘虏的锁链,会把角斗士从角斗学校释放出来,他甚至会掩埋罪犯的尸体。可是,在做这些事情时,他始终是心平气和、不动声色的。因此,贤哲是不会怜悯他人的,但是会援助他人,让他人受益。他生来就是为了帮助所有人和为公共利益服务的,所以他会让人人得到一份恩泽。②

总之,贤哲会帮助需要帮助的人,同时会仁慈地注视那些不幸者,但是不会去可怜他们。怜悯是一种心灵被各种痛苦过度折磨后导致的软弱表现。反

---

① 参见第欧根尼·拉尔修:《著名哲学家的生平和学说》第7卷,第116节。

② 塞涅卡:《论仁慈》第2卷,第5—6节。

对怜悯对于斯多亚学派不是一个枝节问题，而是斯多亚学派看待整个世界的态度。因为斯多亚学派的一个基本信念就是人并非生来就具有智慧的，而且很难通过学习获得智慧；每一个时代只有最少数的人才能成就智慧。贤哲不会对自然本性感到愤怒。塞涅卡告诉人们，我们每天出门的时候都应当想："我会碰到很多沉湎于酒色的人，很多忘恩负义的人，很多贪图钱财的人，很多被野心的疯狂猛烈抽打的人。"读读塞涅卡的道德论集，就像读一本人类本体疾病大全，丰富复杂多样顽固甚至病入膏肓而令人震撼。据说这样的诊断文字读多了，人就会陷入"厌世"（厌恶人类）的悲观主义绝望中。塞涅卡的一些文字确实让人感到他似乎对于人生怀有某种彻底的绝望。他在劝慰人们不要因生活中发生的不幸事情而哀泣时，要求人们不要对个人和全体的命运"健忘"，因为"整个人生就是让人洒泪的"。人的脆弱性是本体性的：

你生下来就是个有死者，你生下来的也是有死者。你不过是个脆弱易毁的躯体，时常遭受疾病的侵袭，——难道你还指望从你那脆弱的身体里会生出什么经久不灭的东西来吗？你儿子死了；也就是说，他已完成了他的旅程，到达了终点。所有在你看来比你儿子幸运的那些人，甚至现在就在急奔这终点而去。所有这些在广场聒噪的人们、在剧院看戏的人们、在神殿祈福的人们，都在以不同的步伐迈向这终点；你喜爱敬重的人与你鄙视如尘灰者都一样。显然，这就是德尔斐神谕里的名言"认识你自己"的含义。人是什么？一艘轻轻一晃、微微一颠就会破裂的船。将你吹刮得四散漂流并不需要多么强劲的风；不管你撞在什么上面，毁灭的都是你。人是什么？一具羸弱易坏的躯体，连件遮蔽的物事也没有，在其自然状态下，它一无防备，需仰赖别人的帮助方能过活，命运之神的一切侵犯它都躲不了……人类因为忘却了他那注定的命运，他希求的是怎样伟大的理想啊！他总在沉思着持久永恒的事物，为他的孙子们和曾孙们作打算，而就在他规划宏图大略之际，死亡也同时突然降临到了他的头上。①

① 塞涅卡：《致玛西娅的告慰书》，第 11 节。参见中译本塞涅卡：《哲学的治疗——塞涅卡伦理文选之二》，第 89 页。

古代人如此,近代人何尝不也是如此,在与罗马时代有许多类似之处的现当代,更是如此。但是塞涅卡认为斯多亚哲学不应当因此陷入悲愤激情之中。贤哲会像一个医生观察病人那样友好地察看这些人。正因为此,斯多亚学派对于自己的理论先驱赫拉克利特对待人生的态度颇有微词,而认为伊壁鸠鲁派的理论先驱德谟克里特的态度是正确:

> 每当赫拉克利特从家里出来时,看到周围那么多的人正过着可怜的生活——不,倒不如说正在可怜地死去——他就会潸然泪下;他碰到的所有快乐、高兴的人都会引发他的恻隐之心;他是慈悲心肠,但是太软弱了,而且他自己就是一个需要同情的人。另一方面,据说德谟克里特出现在公共场合时从来都是笑声不断;人们的所谓严肃追求在他看来实在算不上什么严肃的。在所有这些事情中,哪有愤怒的位置?①

但是,斯多亚学派很难首尾一贯地坚持这样的立场,因为斯多亚学派是自然主义的,它承认这些中性物和人际关系都是自然的、原初本能指导我们选择的。如果是某种彻底的唯灵主义,则可以逻辑一致地彻底否认身体的需求和外在的习俗。但是斯多亚学派却是个体的、肯定身体存在的重要性和"自保"的自然性,所以否认物质利益的做法必然会遇到责难:

> 人的身体本身,如果可以这么说的话,会站出来宣称,它最初的欲望的试探性活动是为了保护自己与生俱来的本质特性。但在那个阶段本性的主要意图还没有完全显现出来。好,现在假设它已经显现了,那会怎样呢?难道会把它理解为别的东西,而不是理解为禁止忽视人的任何自然部分?如果人只是由理性官能构成,可以承认诸善的目的只在于美德,那并无所谓;但如果他还有身体,那么你的本性的显现必然要使我们放弃我们先前所认为已经显现出来的那些事物。照此下去,"按自然本性生活"的意思就变成放弃自然本性。②

事实上,斯多亚学派当中有些人比如帕奈提乌和波西多纽就否认德性的

---

① 塞涅卡:《论愤怒》第2卷,第10节。

② 西塞罗:《论至善与至恶》第4卷,第15节。

自足性。他们承认健康是必要的,某些生活物资和力量也是必需的。德性从本质上说是一种对生活价值的正当操作;失去了作为实质的生活价值之后,德性将十分空洞,无法琢磨其中的内容。比如什么叫排除了一切外部对象的“关心自己”?如果“不惜牺牲自己帮助他人”,如果只强调其中的牺牲,只突出形式的至高尊严而完全抽取出质料,那只是否定的。其中肯定的、积极的方面是什么?就日常生活中看,人们也不能把纯粹的道德作为“追求对象”来取代生活追求。斯多亚哲学的一个核心德性是坚忍,但是人生不能是四处寻找灾难,然后坚忍承受之。德性本来是服务于生活价值的。从斯多亚学派的职责学说中看,这也是斯多亚学派应有之义。在最早的职责分类中,本来把生活方面的职责说成是绝对的、无条件的职责,而危及生活的职责则是具体情景下的不得已,不可能是绝对的、无条件的要求:

> 有些责任是应当无条件负担的,另一些是在某些环境下才须负担的。无条件的责任有:保养健康和感官,及这一类事情。环境迫使的责任如残损自己和牺牲财产等。违背责任的行为也可作类似的划分。①

但是,在斯多亚学派的绝对德性目的论中,道德的职责却成了绝对的,而生活的职责成了“普通的”,只不过是能够提出某种合乎情理的理由为之辩解的职责。这就把上面的划分精神完全倒过来了,这在理论和生活中都会导向令人困惑的后果,而且有潜在的道德残酷的危险:

> 责任还有另一种分类法:我们可以将它们分为所谓的“普通的”责任和“绝对的”责任。我认为,“绝对的”责任也可以叫做“义”,因为希腊人把它叫做“*katorthoma*”,而把普通的责任叫做“*kathekon*”。对于这些术语他们是这样定义的:他们把一切合乎“义”的责任都定义为“绝对的”责任,但是他们说,“普通的”责任只是关于可以提出某种适当理由的行为的责任而已。②

在《论职责》的第3卷西塞罗还讨论过这个问题。他说,所谓“普通的责

---

① 第欧根尼·拉尔修:《著名哲学家的生平和学说》第7卷,第109节。

② 西塞罗:《论职责》第1卷,第3节。

任"是一种人们普遍都负有的责任,其适用范围很广,一般人通过善良的本性和学识的增进都能认识到它们。但是,它们绝不是最高级的责任。唯有斯多亚学派称之为"义"(*katorthoma*)的那种责任才是完满和绝对的,用斯多亚学派的话来说,它"满足一切数";唯有贤哲才能做到。大众看到某人作出某个"普通的"责任的行为时,就以为那个行为是十分完满的,这是因为一般人没有智慧,不懂得这种行为与"真正的完满"相比差距何其远。①

而且,自足、独立的德性将可能导向一种自私的心态。实际上,以个人的内心自足为幸福——最终目标——的斯多亚哲学家从某种意义上可以说是非道德的。他人的疾苦的解救没有自身价值,最多只不过是德性之人"磨砺"自己德性的磨刀石而已。道德目的论把道德与目的合为一体,道德的就是有利的:

> 所有的善都是便利的(expedient)、有约束力的(binding)、有利的(profitable)、有用的(useful)、适用的(serviceable)、美的、有益处的(beneficial)、可欲的(desirable)或正当的(right)。它是便利的,因为它产生那些因其出现而使我们获益的事物;它是有约束力的,因为它在需要约束时能维系为一体;它是有利的,因为它能抵消其所耗费,所以在利益上收支平衡;它是有用的,因为它确保利益的使用;它是适用的,因为它的功用值得一切赞扬;它是美的,因为善与由它构成的用处成比例;它是有益处的,因为其内在本性就有所裨益;它是可欲的,因为选择它是很有道理的;它也是正当的,因为它与法律相一致,并且能团结人们于一体。②

当然,这样的有利或有益不是功利性的,但是毕竟也是以有益于道德行为者为"终极目的"之归宿的思维方式。我们在前面介绍过斯多亚学派中的第欧根尼和安提帕特关于一个伦理个案的争论。肖菲尔德也把这两个人的观点视为代表了斯多亚哲学家中两种对立的生活行为模式,一种是安提帕特的模式(A 方案),一种是巴比伦的第欧根尼的模式(D 方案)。显然安提帕特的更

---

① 参见西塞罗:《论职责》第 3 卷,第 3 节。

② 第欧根尼·拉尔修:《哲学家的生平和学说》第 7 卷,第 98 节。

为强道德化，以道德为生活的目的；而第欧根尼的则比较弱，生活的而不是道德的色彩更加浓。虽然他们都以解释芝诺的“与自然一致生活”的公式自称，但是他们的侧重点并不一样。安提帕特对生活的目的是这样规定的：“尽力连续不变地努力获得与自然一致的最重要的事物”。第欧根尼对生活的目的则规定为：“在对与自然一致的事物的选择和摒弃中正确地推理。”怀疑派学园大师卡尔尼亚德指出了 A 方案的荒谬，认为它实际上在主张一个射手尽力而为的不是为了射中靶子，而是为了“尽力而为”本身。① 西塞罗知道卡尔尼亚德的话，他说出了斯多亚学派的思路，即原初的手段可能会变成目的：

> 比如一个人下定决心，拿矛或箭射中某个点作为自己的实际目标，但他的最终目标，与我们所说的至善相对应，应该是尽其所能直接射中，于是此人得尽一切努力直奔目标，然而，尽管他终于实现了这个目标，他的“终极目标”应该是与我们所说的大善相对应的生活中的行为举止，而实际射中的那个点，用我们的话说是“值得选择的”，而不是“应当追求的”。
>
> 如我们常常看到的，一个人的朋友给他引见另一个朋友，这人就会更加重视这个新朋友，胜过为他引见的那个老朋友；同样，毫不奇怪，虽然我们最初的自然本能把我们举荐给智慧，但后来智慧本身比把我们引向智慧的本能更加为我们所爱。②

这样的话当然不错。但是如果推到极端就是荒谬的了。朗格就指出过，我们同意斯多亚学派的看法，即，如果德行对于施德行者是有益的，那么，从某种意义上说，救孩子的人是幸福的。但是，这一行动的价值肯定还有一部分在于它的目标即孩子的幸福。斯多亚学派同意这一目标是有价值的，但认为它只是某种“更为可取的”，而不是“善”。可是许多人都感到，说这一行动和它的外部对象都是“善的”，这从道德上讲要合理得多。……不仅如此，人们还可以说，一个人的道德价值，在一定程度上还可以从他对待德行的成功和失败的态度上看出来。某人虽然竭尽全力，可是仍然不能挽救孩子的性命。此时，

---

① 参见肖菲尔德：《斯多亚伦理学》，载英伍德主编：《剑桥斯多亚学派导读》，第 251 页。

② 西塞罗：《论至善与至恶》第 3 卷，第 6、7 节。

如果他对这样的结局不感到遗憾和后悔,我们通常会认为他不太好;相反地,如果他感到很遗憾和后悔,我们就会觉得他更加高尚。然而,斯多亚学派的说法恰恰相反:已经竭尽全力的有德者是不会感到可惜或后悔的。他会无动于衷地接受所发生的事。这种说法听起来是如此的奇怪。① 纽斯邦在讨论斯多亚学派把贫穷说成是外在的中性物的时候也指出,斯多亚学派似乎主张人性在陋室中也可以闪闪发光,人的尊严不会被贫穷所伤害。但是这是不对的。人不是石头,人是血肉之躯,每日都需要生活条件的供养。人的希望、欲望、期望、意愿等等,无不受到物质环境的限制。人当然能勇敢地超越其上,但是这并不意味着物质条件自身就不重要。②

还有,斯多亚全面否认生活的价值,它怎么面对怀疑论所同样面对的"生活的热情消散"的问题——生活中如果没有价值区分,人为什么要活下去?贝克指出,没有正常情绪的人往往没有人性,不自然,甚至无法思考自己的具体目标。生活的复杂性需要对应的各种细致的情绪,而不是简单的一种情绪——"宁静"。③ 我们看到,西方研究斯多亚学派的几个著名当代学者比如谢尔曼和纽斯邦都纷纷指出,被斯多亚学派归结为"中性物"的东西中,有不少对于我们的生活都是至关重要的,比如亲人的关系和朋友的关系。他们的存在或者丧失,当然会影响我们的幸福与否。斯多亚学派为了主体的幸福的绝对稳定可靠,就否认我们人本质上是关系性的存在,即使是我们的自足,也是关系性的自足,这是不自然的,违反人类直觉的。④ 在这方面,亚里士多德对于共同体对个体的自足的内在必要性的肯定,就正确得多了。正因为这样,亚里士多德和西塞罗可以回答共和是否比专制好的问题,而斯多亚学派的"一切外在之物都一样"的说法就不是一个令人满意的回答。作为一位共和主义哲学家,西塞罗尤其不满这一点,他说:

---

① 参见朗格:《希腊化哲学》,第198页。

② 参见纽斯邦:《正义的职责,帮助的职责》,载斯特恩奇等编:《斯多亚主义:传统与变革》,第228页。

③ 参见贝克(L.C.Becker):《斯多亚激情》,载斯特恩奇等编:《斯多亚主义:传统与变革》,第263—267页。

④ 参见谢尔曼:《斯多亚武士》,第151页;纽斯邦:《善的脆弱性》,第1章。

对伤害他人的行为不加以制止,因而缺乏责任感,其原因可能是多种多样的:或者不愿结怨树敌、惹事破财;或者由于冷漠、懒惰或无能;或者专注于某种急务或私利,以至无暇顾及那些有责任去保护的人。因此,恐怕人们有理由认为,柏拉图所说的关于哲学家那番话可能是不适当的。他说,因为哲学家们忙于追求真理,因为他们鄙视大多数人所渴求的,并且往往为此而你死我活地争斗的那些东西,认为那些东西是毫无意义的,所以他们是正直的。诚然,他们保持了一种公正,即他们的确没有伤害任何人,但是他们却违背了另一种公正;因为他们潜心研究学问,对他们应当去保护的那些人的命运则漠不关心。因此,柏拉图认为,他们甚至不愿履行公民的义务,除非是强迫的。但实际上最好的还是自愿去履行,因为本质是正当的行为,只有自觉自愿去做才是正义的。

还有一些人,他们或则由于一门心思致力于自己的事业,或者由于对世人的某种厌恶,声称他们独善其身,似乎不会对任何人有任何伤害。但是,他们虽然避开了一种不公正,却陷入了另一种公正:他们是社会生活的背离者,因为他们没有为之牺牲自己的利益和作出自己的努力,并将自己的财富贡献给它。①

而且,斯多亚学派如果不关心物质利益,那么怎么生活下去?难道斯多亚学派的贤哲就不用考虑衣食住行了?普卢塔克曾经尖锐地嘲讽道:"那得到了斯多亚学派的富裕之号角的人,虽然他已经成了富人,却还要从别人那里乞讨面包;虽然他已经成了君王了,却还要解析逻辑论证挣钱;虽然唯有他才拥有万物,还是得为住房支付房租,还是得买面包和奶酪,并且常常为此从那些一无所有的人那里借钱或乞讨。"②斯多亚学派很早就意识到这个问题。在《论谋生之道》的第2卷中,克律西波专门考察了贤哲如何谋生这个难题。他的结论似乎是人不必关心此。他说:"然而他有什么理由应该谋取生计呢?因为如果是为维持生命,但生命毕竟是件无关紧要的事情;如果是为快乐,而

① 西塞罗:《论职责》第1卷,第9节。

② 普卢塔克:《斯多亚学派的话比诗人的还要荒谬》,参见包利民等编译:《古典共和精神的捍卫——普鲁塔克文选》,第56页。

快乐也是无关紧要的;然而如果是为了德性,但德性自身就足以构成幸福。其谋取生计的方式也是荒唐可笑的。比如,若由国王供养,那他就不得不迎合国王;或由朋友扶持,这样友谊就会成为可用金钱购买的东西;或凭借智慧生存,这样智慧就变得唯利是图了。"①这样的话并没有真正回答前面的问题。我们或许试着理解克律西波的意思,他或许会说贤哲并不坐在那里等着饿死;为了简单的维持基本生存和健康的努力是应当付出的,但是没有理由追求奢求生活。一般来说,哲学和宗教都认为自然需求的满足是正当的,是人们应当追求的,不过奢侈是邪恶的。但是,什么算是"奢侈"?什么是"超出自然需求"的需求?这其实很难加以确定的规定,自古以来就是一个复杂而有争议的问题。让我们看看被斯多亚学派列为"中性物"的东西:

> "可取的"那类事物是那些有正面价值的事物,例如,在心灵的性质方面是:天生的能力、技术、道德的提升,等等;在身体方面的性质则是:生命、健康、力量、状态良好、器官的健全、美貌,等等;在外在事物中有:财富、名声、高贵出身等等。遭人拒绝的事物中,属于心灵性质的有:没有能力、缺乏技能等;身体性质方面的有:死亡、疾病、软弱、身体不适、伤残、丑陋等;外在事物中有:贫困、耻辱、出身低,等等。此外,还有一些事物不属于这两类,它们既非为人偏好,也非为人拒绝。②

这些东西,被斯多亚学派视为"居中的"目标,是有德者和缺德者都可以、应当追求的东西,是"可取的"中性物。但是,追求到什么地步算是"基本生存",什么地步算是"奢侈"。可以说人类文明是围绕赢得这些中性物而发展的。千百年来,文明所发展出来的一切都可以算是非自然的扩张。对其彻底拒斥的态度,更加接近彻底出世的犬儒派的哲学,而不是入世的斯多亚哲学。不过,塞涅卡确实说过,在面对财富多一些还是少一些的选择时,应当选取少一些,因为这会减少人们面对伤害的危险性。

解决这些困惑不是我们这里的任务,而是专门的伦理学理论家的问题。

---

① 第欧根尼·拉尔修:《著名哲学家的生平和学说》第7卷,第189节。

② 第欧根尼·拉尔修:《著名哲学家的生平和学说》第7卷,第105—106节。

在此我们只是提示一下，也许关键是要明白，道德作为边界和行动本身，与物利型利益不是一个类型的价值。所以也不是“最大化”的模式能够描述的，也不能作为独立的生活形式来追求。它是贯穿于所有生活形式中的一种特质或智慧（一与多的关系）。在生活中，选取什么生活形式和具体行动，有另外的标准。比如有人选择艺术，有人选择经商。在此意义上，也可以说平面层次上的生活追求的成功与否，与一个人的道德方面的价值无关。后者是垂直层面上的事情。自古以来大众都容易把名利作为道德的报酬。哲学家尤其是斯多亚学派和康德那样的哲学家的积极贡献是开始区分两类价值：低级的东西不能作为高级的东西的报酬，尤其不能让人产生误解，以为名利是更高的价值。为此，也不能让人误解，以为道德目的论与生活目的论是同一种类型的目的论。进一步，更不能用目的论的幸福概念消融掉人际正义的概念。斯多亚学派之所以陷入种种困境，在某种意义上是因为它并没有彻底坚持自己的区分。

三 与其他伦理—治疗哲学的比较

要认识斯多亚学派伦理—治疗哲学的意义，我们还必须把它放在希腊化罗马时期的整个哲学背景下看。它是当时的一种哲学，而且它有意识地不采取其他重要哲学流派的伦理治疗哲学纲领。我们经常能在斯多亚学派的论述中感到它在两边摆动，如果偏向一边就成了亚里士多德，偏向另一边就成了伊壁鸠鲁；总之，很难把握自己的独特认同。西塞罗就说斯多亚学派哲学与亚里士多德（共和主义）没有区别，而塞涅卡觉得自己援用伊壁鸠鲁没有什么困难。但是斯多亚学派终究坚持走一条中间道路，这既是因为它认为那些纲领不得要领——柏拉图学派主张二元论的“分离”而无力面对现实问题，而伊壁鸠鲁派主张无神论和退隐的人生于事无补；也是为了用更为得力的方式解决时代向哲学家们提出的严峻问题。当然，因此它也遭到了其他学派激烈的围攻批判。

柏拉图派的批判主要是认为斯多亚学派的伦理学尽管走在正确的大道上，但是走得过于极端，比如它极端地宣称“所有道德错误都是相等的”，“所有的道德错误都是因为无知”，“只有智慧人才是自由的”，“所有人的激情都必须消除而不是缓解";"一个人如果达不到完全的德性,就陷于完全的不幸中","从未有人达到过完全的德性"。西塞罗是一个典型。他的批判大量地保存在其《论至善与至恶》的第4卷中。他从柏拉图和亚里士多德传统的共和主义伦理学出发,对斯多亚学派的"创新"提出了几个方面的批评。西塞罗首先说斯多亚学派伦理学在实质上没有什么原创性,其主体部分都是从"我们学派"(漫步学派)抄袭来的,只不过生造了许多"新词"而已:"斯多亚学派从我们这里运走的不是一条两条原则,而是整个哲学体系。盗贼常做的事就是在偷来的东西上贴上新标签;斯多亚学派为把我们的观点当成他们自己的观点,就更换了名称,也就是事物的标签。"①其次,西塞罗当然承认斯多亚学派伦理学中有与漫步学派不同的一些地方,但是他指出,斯多亚学派伦理学中这些与漫步学派真正有差别的地方恰恰是荒谬的,而且是自相矛盾的。比如斯多亚学派既然认为最高的善是符合自然的生活,承认自然赋予我们最初的冲动就是渴望自我保护,我们最初的自然本能要求我们必须尊敬我们的心灵和身体这两者,怎么又认为人在长大成人后会突然彻底放弃身体性的一面:

> 你们凭什么或者在什么意义上突然放弃身体,以及所有那些与自然一致的事物,最后还有职责本身?所以我的问题是,智慧是如何突然抛弃了这么多大自然大为赞美的事物?即使我们所寻求的不是人的至善,而是某种唯有理智的生物(我们不妨想象这样一种造物,以便发现真理),即便如此,理智也不会接受你们的这种终极目的。因为这样的存在物必然要求健康和摆脱痛苦,也会渴望自我保护,保全自己族类的诸善;它会确立按自然生活为自己的最终目的,而这,如我所说的,意味着拥有全部或者大部分最重要的与自然一致的事物。②

西塞罗认为,必须坚持自爱是所有的存在者的内在本能,不会有任何种类的生物会抛弃自己或者自己的某一部分,忘记自己的本性和身体。如果斯多亚学派要把身体方面的利益或价值完全否认掉,完全关注德性之善,那么斯多

① 西塞罗:《论至善与至恶》第5卷,第25节。

② 西塞罗:《论至善与至恶》第4卷,第11节。

亚学派还不如一开始就改变其“最初本能”的概念，这样还更加首尾一贯：

> 你干脆不要说每种动物从出生之刻就追求自爱、全力保存自己，直接就说每种动物致力于自己最佳部位，只力求保存哪一部位，每一种类只致力于保存各自最佳的哪一部位？但是，所谓的那一最佳部位，若不是旁边的各部位都是好的，它的最好又是什么意思呢？而如果相反，其他事物也是合意的，最合意之物为何就不是获得全部合意之物，或者最大可能地获得其中最重要的部分？①

在西塞罗看来，理性的出现并不意味着他就要放弃保卫自己的心身各元素的职责，它的任务就是支配这些元素，引航生活的整个航程。此外，柏拉图派的普卢塔克也对斯多亚学派伦理学中的悖论进行了系统的批评。柏拉图主张德性是可以教化的，人在道德上有逐渐进步的可能性和必要性。但是斯多亚学派却主张一种绝对的反常识的学说：贤哲与大众的区分是截然的，没有过渡。一切错误的行为，不分轻重，都是同等的错误；从邪恶向完善的美德的过渡是瞬间完成的，故而变化者本人甚至可能意识不到变化的发生。普卢塔克讽刺道：

> ……在斯多亚学派当中，早上还是最为邪恶的人，可能在下午就变得最为有美德的。一个人在上床入睡时或许还是精神错乱的、愚蠢的、不正义的、贪婪的，天哪，甚至是一个奴隶，一个干苦力活的、一个要饭的叫花子，他在同一天醒来时却会变成一位富裕的神圣君王，头脑清醒，公正坚定，不为任何幻想欺骗。那些在年轻柔软的身体上还没有长出任何胡须或是流露出任何青春期的迹象的人，他们的虚弱的、柔软的、缺乏男子气的和不稳定的灵魂却可以获得完善的理智、至高的稳健、神一般的性格、摆脱了幻想的知识，以及不可更改的习惯，而且这不是靠他过去的恶劣品性的任何减弱，而是直接从最为邪恶的野兽一瞬间变成某种几乎可以称为英雄或精灵或神明的事物。②

---

① 西塞罗：《论至善与至恶》第4卷，第13节。

② 普卢塔克：《斯多亚学派的话比诗人的还要荒谬》，参见包利民等编译：《古典共和精神的捍卫——普鲁塔克文选》，第55页。

应当说柏拉图—亚里士多德路线的哲学家们对于斯多亚学派伦理学的不少批评都是有相当洞察力的。斯多亚学派在受到批评后也确实不断调整自己,适应现实生活,尽量少发怪论谬论。据说斯多亚学派中的极端者如阿里斯顿等人很快就不流行了。① 但是,斯多亚学派与柏拉图派的真正差异是在自然哲学上。柏拉图在《理想国》中提出最高价值至善的时候,特意表明这是一种客观价值,以便与智者们诉诸快乐相对峙。但是,柏拉图似乎一直不敢完全轻视"快乐主义"一方,他在《普罗泰戈拉》中甚至尝试过一种自己的快乐主义,以便证明道德高于不道德。为什么柏拉图要这么做? 许多人认为他是向大众适当"妥协"。但是事情恐怕没有那么简单。虽然希腊哲学家可以论证一种纯粹客观的"幸福",即从本体论上论证幸福就是存在的完满实现(well being),但是如果这样的完满存在毫无情绪性质素,似乎也难以被人接受为是"幸福"——好运当头。这背后应当有更为深刻的原因,自然也许是用快乐和痛苦或者一般来说情绪来标度对于个体有益和无益的东西。如果被刺伤不痛,那么许多生物可能早就夭折了。如果吃饭不快乐,许多生物都会忘记吃饭,可能早就饿死了。斯多亚学派之所以与伊壁鸠鲁派一道坚持某种"自然哲学"的"功利主义价值论"(好或善的本质是有益,是人们衷心欲求——值得选择的),而不取柏拉图式的理念化客观价值哲学(好或善是自足的,可能对个体好,也可能不好,但是这不是重要的,因为我们这个个体的世界不过是影子而已;是否对我们好,绝不能充当价值的最终衡量标准),可能是为了更为贴近人性地论证价值论。

当然,斯多亚学派与伊壁鸠鲁派的伦理—治疗哲学也是既相同,又相异。它们都是幸福论的,即都是目的论的,同时它们的治疗哲学都立足于自然哲学之上;但是它们的取向却几乎截然相反,这导致了它们具有不同的疾病诊断、治疗方式、伦理学和政治哲学。斯多亚学派主张人作为高级本体的达致,完满目的论的展开,高级意义上的幸福(*entelexia* = 德性 = 优秀地生活)。每一类事物有自己的本性—自然,其完满的达到就是其优秀状态。马的优秀是马的特

① 参见伊罗蒂亚克诺:《斯多亚哲学专题研究》,第131页。

有功能(*poios*)奔跑之快(*exis*);人的优秀就是人的特有官能即理性之发挥美好。在一个系统当中,主导部分(*hegemonia*)最为高贵。人的高贵在于理性主导自己,这就与低级的物质移动方式本质上不同,不会被外力—印象所决定。与此相反,伊壁鸠鲁为了反对加法治疗哲学潜在的以宗教和道德伤害生活的残酷危险,主张减法式的治疗哲学,立足于最为感性的直接"自然",因此不认为有什么"完满目的"要展开。在这个问题上,不少现代西方学者觉得一个推崇"自然"的斯多亚哲学不应该过于贬低人的动物性或身体性或激情;相应地,斯多亚学派不应该在人与动物之间作出截然的划分,认为人具有无比高贵的价值,而动物都是粗野迟钝的东西,没有情感和智能。①

我们前面已经讲过,斯多亚学派与伊壁鸠鲁派也有许多交叉共识之处,因为他们所诊断的疾病有交叉的地方,而且在终极目的上也有许多共识。作为治疗哲学,它们都以"自我"为思考的中心:伊壁鸠鲁学派不用说了,即使看上去以德性为核心的斯多亚学派也始终以"对自我最亲近者"为基本概念,自然的本能是身体性自我的自保,高级发展的自然则以理性人的自保为目标。②凡此种种,无论"自我"的定义可以发生怎样的变化,都还是以主体的个人幸福为基本概念,而没有将主体间性的正当关系作为基本概念。而且,这将导致它们的治疗策略的类似。比如,希腊化罗马时期的治疗—伦理学都以心灵的宁静为最高目的。但是,如果这当真是最高目的,其实可以采取许多非道德的方式达到。我们看到许多浑浑噩噩的人甚至邪恶的人心灵都很宁静。怀疑论则说斯多亚学派这样的加法治疗方式不仅不能让人解除烦恼,还增添了一层烦恼,令达不到"真正的至善"的人陷入痛苦不堪之中,哪有"心灵宁静"可言?(参见本书关于怀疑论的讨论)而且,以心灵宁静为目的,有可能在政治哲学上导致退出政治的"伊壁鸠鲁主义"倾向。尽管贤哲可以在繁忙的、险恶的公务中也保持心灵的宁静,但是对于大多数人来说,当然是在尽量少的事务中更容易保持心灵的宁静。毕竟塞涅卡也感叹说任何事务的增多都意味着人的潜

① 参见纽斯邦:《善的脆弱性》,第16—17页。怀疑论对于斯多亚学派的这种人兽二分法的嘲讽可以参见其"十式"的第一式(见《皮罗学说概要》第1卷,第14节)。

② 现代学者对此有许多讨论,参见塞拉斯:《斯多亚主义》,第108页。

在受伤脆弱点的增多:

> 我们应该注意到德谟克里特那个合理的学说,在这个学说中他表明,只有在我们能够避免私人和公共生活中的大多数活动时,或者至少能够避免对我们的力量而言遥不可及的活动时,平静才是可能的。置身于很多事情中的人绝不可能如此幸运,他没有一天不会产生烦恼,从而心生恼怒。这就像一个正在匆忙穿过拥挤城区的人会不由自主地与很多人相撞,在一个地方不可避免地会滑倒,在另一个地方会受到阻止,在又一个地方会溅水上身;同样地,在变化多而且无休止的生活活动中,我们也会碰到很多阻碍,很多抱怨的场合。①

事实上,塞涅卡多次说伊壁鸠鲁哲学与斯多亚哲学相通之处不少。如果以人的强悍自由能力为终极目的,就要尽量参与到各种事务中,增加遭遇磨难的机会,从而锻炼和展现强悍个体精神或"美德";而这显然又与"心灵的宁静"的终极目的是对立的。

上述讨论表明,斯多亚学派的复杂论证未能得到其他学派的公认。斯多亚学派在许多问题上存在着张力,比如主观性与自然的关系,这也是自由与必然的关系问题。在生活与道德之间,价值关系究竟怎么摆放,也不是简单的排序就能够解决的。在道德中,还有职责的、规则论的、客观的道德与自由的、意志的、主观性的道德之间的冲突。这些分歧肯定让自许体系完整一致的斯多亚哲学家感到不安,并且因此刺激斯多亚学派哲学不断发展,这使得斯多亚哲学的历史与几乎凝固不变的伊壁鸠鲁派历史形成了鲜明的对照。

---

① 塞涅卡:《论愤怒》第3卷,第6节,并参见塞涅卡在《论心灵的宁静》中的相关讨论,参见《哲学的治疗——塞涅卡伦理文集之二》,第58页。

小　结

斯多亚学派哲学是希腊化罗马持续时间最为长久、影响最为广泛的主流哲学。与其他希腊化、罗马时期的哲学一样，斯多亚哲学思想反映了时代的巨变和新的时代精神。斯多亚学派的独创性可以从它在柏拉图—亚里士多德路线和德谟克里特—伊壁鸠鲁路线之间走出了一个开阔的第三路线看出来。自古以来不断有人认为斯多亚学派其实就是柏拉图—亚里士多德派。而斯多亚学派的自然哲学倾向又被人归为伊壁鸠鲁那样的"唯物主义"和"无神论"。斯多亚学派自古被人称为"悖论重重"的奇怪哲学。前面的讨论表明，斯多亚学派哲学体系尽管追求精美完全，但是这一体系中存在着许多理论的和实践的问题，使得它并不像它所宣称的那样平滑严谨。不过，这是由于斯多亚哲学积极尝试解决理论和实践中的一些重大问题，而且，这是一个企图兼有各种倾向并将其推到极端的哲学所必然具有的特点。如果说亚里士多德一贯被人视为反映了健康的常识的话，那么传承苏格拉底道统的斯多亚学派哲学的宗旨就是不惜冲击常识而突出其与众不同的问题意识和洞见。

在哲学史上，每个重要的哲学都能识别出一类问题是"问题"，它对其他哲学范式所视为"大问题"的问题虽亦看见，但却熟视无睹——以为无关紧要。在希腊古典城邦时代，柏拉图和亚里士多德政治伦理学那套概念框架的背后，隐含的实质问题是政治城邦社会中如何公平分配各种 goods 与 bads（名、利、友爱，以及不利、危险等等），如何形成使国家事业能兴旺发达的理想秩序。尽管这些哲学也讲内心、讲内在价值，但其关注点在内心的外部效应与后果：会不会破坏社会和谐、公正秩序？有没有伤及他人？相比之下，斯多亚学派尽管依然使用古典政治伦理的“幸福论”言谈系统,但是已经将关切重心移向个体自身的内在幸福,他们关心的不是国家命运而是超国家民族的人性健康;不是社会秩序紊乱,而是个人面对宇宙及生存基本处境时的本体情绪紊乱。在他们看来这才是真正的问题(在柏拉图的体系中,听得见卑微渺小的个体人的声音吗?)。所以这种新的“伦理学”显然已经大大拓展——如果不说是转移——了论域。无论这种努力成功与否,它都将给人以重要的启迪,因为它把握了与众不同的深刻的、新的洞见,整合了希腊哲学中从赫拉克利特到苏格拉底的各种有益思想,构成了一个相当有创意的新哲学。

既然城邦共同体已经失去,斯多亚学派在讨论至善、美德和智慧等问题时,就不能简单地沿用柏拉图和亚里士多德的思想,尽管这两大学派在当时的雅典依然活跃。斯多亚学派与伊壁鸠鲁派一样选择了自然哲学和治疗哲学的路径,强调我们感性个体的现实性及其所遭遇的问题的重要性,强调本体疾病主要来自我们的内心,幸福因此也在我们自己的掌握之中。无论外在际遇是好是坏,心灵的健康都能帮助我们真正获得主体的内在自由。黑格尔曾经这么把握希腊化罗马时期哲学的终极目的:“这种精神自由、这种不动心、这种漠不关心、宁静不摇、平静不扰、精神上的等视一切,不受外物干扰,不受外物牵连,乃是所有这几派哲学的共同目的。”①许多理论哲学家或许认为这样的关怀导致希腊化罗马时期哲学包括斯多亚学派理论深度不够。本来,在20世纪实践哲学转向之后,这早已是一个伪问题;当然,爱比克泰德关于“哲学何为”的讨论也可以帮助人们认识到斯多亚学派对哲学本质的看法是否有道理。② 我们只想指出,从上面的阐述看,斯多亚学派为了达到人之完满存在的终极目的,发展出一个在理论复杂度和深度上毫不逊色的庞大体系。它有第一哲学的严密考虑,有与众不同的自然哲学,有对认识论的系统建设,有对治疗哲学和伦理学的清晰分析和讨论。就这些理论的实质而言,它既在古典性的范式中运作,同时又开出了现代性范式的许多萌芽,为西方文明的丰富性贡

① 黑格尔:《哲学史讲演录》第3卷,第7页。

② 参见爱比克泰德:《哲学谈话录》第2卷,第19章。

献了自己的元素。

正因为斯多亚学派知道自己的许多观点都是反常识的,所以它特别强调理性论证的作用:如果严密的逻辑论证得出了与习俗常识不同的观点,那么就必须而且可以牢牢坚持之,不必被大众的意见裹挟而去。这就是为什么一个以治疗哲学为核心的思想体系发展出了一个庞大严整的理论体系。

就斯多亚学派的所谓第一哲学来说,指的是希腊人开创的一门"关于作为是(存在)的是(存在)的学说"。展开来讲,一般它有这几种内容:存在的形式标准(普遍性和深刻性),由此而为各种存在者排序(谁配得上这样的形式标准),基本范畴(因果,形式与质料,潜能与现实,肯定与否定),基本规律(不矛盾律或对立统一逻各斯)。之所以称其为第一哲学,是因为它为所有部门哲学奠定基础。作为部门哲学,必须用到这些概念和规律。比如在自然哲学—神学中,要考虑神是哪一类存在:主体(火),状态(正在燃烧),关系(与自己、与产物)等等。在认识论中,要追问感觉和思想是哪一类存在;谓述的本质是什么,大写的真理和小写的真理有什么关系,等等。在伦理学中,要回答人是什么、灵魂是什么、行为和德性是什么这些基本问题。我们在讨论中特别强调的是,希腊人之所以会有这样的学科,首先是来自于纯粹理论兴趣,因为这种学问来自赫拉克利特的流变说和亚里士多德的本体论对其所作的回应。赫拉克利特的流变学说被认为旨在论证现象界没有真正的存在,从而没有成长和衰退,因为成长和衰退意味着是某个不变本体的成长和衰退,而这是不可能的。流变说特别强调没有任何经久的本体,有的只是片段的、瞬间的突然出现和彻底消失。这就挑战了我们的基本常识和语言的能力。为了回应这一重大挑战,巴门尼德率先提出存在就是存在(是就是是)的学说,极端唱反调。柏拉图则走二元论的分离路线,以此回答赫拉克利特,同时避免巴门尼德的悖论路线:相是持久成长的。其特点就是共同本质;现象是没有存在或者"本体"的,只有片段存在。亚里士多德奠定了存在论(是论),正式在哲学中创立了一门专门的学科——"后自然哲学"(形而上学)。不过亚里士多德在对于什么是本真之是思考中就已经在普遍性和深刻性之间摇摆了。斯多亚学派被称为伦理学中心论,但是它对这种"无用"(为理论而理论)的学问居然也投入了大量的精力,在第一哲学上发展出了一个独具特色的学说,其特点是一种强个体主义,比亚里士多德曾经选择的立场还要强;同时又包含了对主体性和整体性的肯定。这些立场之间存在着巨大的张力。对于第一哲学的理论兴趣尽管最终可以服务于斯多亚学派的伦理目的,因为斯多亚学派第一哲学的个体性、主体性、整体性原则间接地支持它特有的伦理精神。但是,它也有相对独立的理论意义,为赫拉克利特开始的希腊形而上学思考提出了一个颇具特色的解决方案。这个方案当时就被关注,被人视为一种新思路,当然同时也遭到批评。比如,斯多亚学派的存在论主要是攻击柏拉图的相论为"虚构新本体",概念尤其被斯多亚学派说成是心灵的一个表象而已,没有独立的实在性。而柏拉图派在反击中就嘲讽说斯多亚学派的存在论才真的是创造了一大本体——在同一个个体身上存在诸多本体。斯多亚学派的理论家们尤其克律西波对此进行了许多专门的繁复论辩。我们认为,斯多亚学派的特色就是其理论的张力,因为它的几个原则代表着不同的理论宗旨,比如个体性反映了亚里士多德所代表的希腊实是论(存在论)反对赫拉克利特的怀疑论的基本宗旨,而整体性所反映的是赫拉克利特的反对二值性的辩证法精神。斯多亚学派也许自己都没有意识到其间的紧张;也许意识到了,但是希望整合所有重要的哲学洞见。

这种理论张力不仅反映在其存在论中,而且反映在其自然哲学中。本编力图揭示,斯多亚学派既不接受柏拉图传统的自然哲学,也不接受伊壁鸠鲁传统的自然哲学,而是别出心裁地选取了一个十分少见的自然哲学类型——赫拉克利特的自然哲学,并且将其创造性地转换和发展成为一个体系。斯多亚学派的自然哲学与伊壁鸠鲁的相比,强调的是生命的、系统的、秩序的方面,这与原子、质料方面相比,显得更像是某种精神。当然,现代科学在经历了力学模型之后,日益同意系统论的、自发创生的、秩序生成的方面也是自然的真实的方面。斯多亚哲学抓住了这方面,与抓住了物质守恒的原子论一样,都抓住了自然的一个重要而真实的方面。形式与质料,都是自然的。可以看出,伊壁鸠鲁和斯多亚学派各自的范本科学是不同的。原子论是机械论的,而斯多亚哲学是生物学的、系统论的。生物在组织程度上高于机械事物。唯有生物,才有“主导部分”,并由于主导部分而形成有机整体。也唯有生物,才重视生命,即“热的气息”。

许多人对于斯多亚学派的第一印象是“唯物主义”,因为它把什么都往物体上靠。但是这显然不是一般意义上的唯物主义。朗格认为,与其把斯多亚学派说成“唯物主义者”,不如说成是生机论者更好,因为在斯多亚哲学体系中,物体是“质料”与“精神”(神或理性)的复合体。精神不是物体之外的东西,而是物体的必要成分,是质料中的“理性”。这种生机论的普纽玛学说在现代科学中又以新的形式得到了恢复,因为自爱因斯坦以来,人们逐渐意识到物质和能量只是同一基本现实的不同方面,并且它们在一切具体形式中都必须服从宇宙规律。统一的存在材料不仅使自身转化为无限多样的物质事物;它还能产生日益复杂的生命方式——从原生质的气泡到极端复杂的人脑。[①] 生机论的洞见体现在斯多亚学派的所有思考中。比如,在自然哲学中,最大的生物类比是把宇宙视为一个巨大的生物。在对理论之间的关系上,也把哲学的各个部门不是看做并列的,而是一个生物的各个有机组成部分(鸡蛋)。斯多亚学派很早就非分关注自然的这一方面,有一定的深刻性。

为了揭示这种与众不同的自然奥秘,斯多亚学派发展出了一个庞大的认识论。其特点是“语言—认识论”,其主张已经蕴涵了古典与现代认识论之张力,因为它已经显现出现代型知识论的特点,即追求清晰个体性认识所“把握”的绝对确定性,以及对于命题分析的关注。斯多亚学派对印象知识的命题性十分强调,它把一切真命题都归结到其哲学的起点也就是把握性印象(“有说服力的印象”)之上。众所周知,斯多亚学派认识论的特点是印象流和命题流的紧密关联。这一关联一直贯彻到底,贯彻到最原始的感知觉当中。对于理性的人来说,语言成分从一开始就伴随着印象。理性印象在呈现其对象时就已经预设了语言和概念。伊壁鸠鲁派的感性认识论把感觉和判断分成两个阶段,在感觉阶段没有真假,真或假只发生在判断阶段。但是斯多亚学派的认识论把真假的区分从理性领域“下放”到感觉印象的层面,而且在感觉印

① 参见朗格:《希腊化哲学》,第 154、158 页。

象中就要确定绝对真理性。这也是与日常生活并不一样的现代型哲学的特点,它体现为对知识的绝对确定性的追求,对个体的稳定自性的强调,对个体之间本质区分的严格分析性追求。由此而来的是对个体的"注视"式的感知觉,是对印象知识作为科学知识的还原论基础的强调,是对人能够"把握"对象世界的自信。总之,这里出现的是一种古典"智慧"型认识论中所没有的、在现代哲学的各种"经验论"中却被几乎接受为共识的知识型诉求。生活中的"知识"其实大多是波兰尼(Poleny)所说的非命题式默会知识(tacit knowledge),而不是对象化的命题性知识。命题知识的取向必然追求"分类",强调同与异,反对流变,反对混淆,反对"辩证思维"。这种对个体知识的稳定性和清晰性的追求,表明了一种宁愿在有限的信息状态中保持确定性,也不在无确定性的丰富中无限追求的原则。

西塞罗认为斯多亚学派的芝诺在哲学知识理论中的发展,是在感性理论中加入了对于外部感性印象的"认可",这是来自我们心灵内部的、主动的力量。[①] 这是一种现代性的知识型,因为它强调对于对象的"把握"或征服。斯多亚学派对"把握性印象"的感性绝对性的强调可能有两种考虑:一种是生活的;另外一种是哲学的。就生活的而言,这是为了反驳怀疑论对生活的破坏,所以斯多亚学派多从"自然不会让生物拥有感觉心灵却又让这些官能不能发挥认识作用"入手反驳怀疑论。但是,在反对怀疑论的辩证思维的灵活性当中,斯多亚学派这样的来自赫拉克利特、本来应该讲整体而否认个体严格清晰可分辨析性的哲学,却走向了每个个体都不同、都能清晰分开的"形而上学"或现代型知识论!如果说赫拉克利特哲学不惧怕被人称为"悖论"的哲学,那么斯多亚学派逻辑学就花费了相当大的力量研究怎么破解逻辑悖论,并试图避开被人称为充满悖论的哲学。这是令人感到吃惊和感叹的:从一个极端诞生出另外一个极端。怀疑论是走极端的,即从少数可以怀疑的情况推广到所有的情况(类似贝克莱和休谟),从少数疯子的印象的不可靠推论出所有的感性印象因此没有百分之百的确定性。而斯多亚学派为了反对怀疑论,却走向

① 参见西塞罗:《学园论》第1卷,第40节。

了论证日常生活未必需要的感性极度确定性。在二值原则逻辑指导下的现代知识论强调的也是二分法。斯多亚学派在某种意义上是以夸张的方式突出这一在古代刚刚萌芽的现代型知识论的原则：区分、差异、确定性，而不是贯通、类似与联想。也许，新事物往往要依靠夸张才能从老范式中脱颖而出。

但是，我们必然要追问：斯多亚学派推许的高妙的神秘主义的自然奥秘知识、那种阻挡大众达到贤哲水准的高级知识论究竟在什么？斯多亚学派自然哲学的本原不是日常知识的对象，而是日常个体世界背后的太一——灵性——宇宙普纽玛。斯多亚学派哲学大师塞涅卡说：智慧是人类心智的最为优秀完善状态，是对神和人的科学知识。面对此，谦虚的哲学家甚至不能说自己掌握了智慧，而只能说是“爱智慧”。① 普纽玛或宇宙本原火气创造了万物，并且贯穿万物，是真正的本位。从斯多亚学派的早期领袖克里安提斯著名的祈祷词看，斯多亚学派哲学家认为人在面对个体世界的时候，应当“看到”的不仅是个体，而且是其背后的“神”，是整个宇宙的和谐一体。克律西波的神义论论证也提示人们从世界的普遍联系观察对象，而不是孤立地看待一个事件的性质。② 既然万物不是独立自存、稳固不变的本体，而是在流变之中的临时涌现，那么个体认识的感性印象也就没有任何确定性，没有清晰自足的特性。这样的自然智慧也是斯多亚学派伦理学的根本。它使人不局限于当下印象的直接影响，从而能够帮助人们从本体疾病——激情——中彻底摆脱出来。

斯多亚学派庞大的形式性逻辑学似乎不是发现自然奥秘的工具，这对于期待从斯多亚学派哲学获得达到自然奥秘的人来说，不免是一个失望和困惑：难道斯多亚学派认识论忽视了对智慧道路的研究？斯多亚学派的把握性印象和命题逻辑缺乏辩证法意识，因为它所突出的感性个体知识和逻辑知识的标志就是确定性，而且这种确定性来自于内证式的基础主义。当然，我们在斯多亚学派哲学中，不时能看到另外一种倾向，即将其命题逻辑当做深刻知识或“发现的逻辑”或自然辩证法使用的倾向时时存在；同时，也能看到与内证式

---

① 参见朗格与西德莱：《希腊化时期哲学家资料选编》，26G。

② 参见沃格尔：《希腊哲学》第3卷，第82、77页。

确定性相反的交互论证认识论。什么样的印象是被牢固把握住的?斯多亚学派的把握性印象学说似乎认为那就是“清晰、有力的印象”。但是,即使清晰有力的印象也会有出错的可能,这毕竟是主观标准。我们看到,斯多亚学派还给出了客观标准:即经过整个事物的网络检验,也就是说,不仅碰巧遇上了真,而且是得到了证明。[①] 这似乎超出了“基础主义”,是一种网络主义的认识论。经过反复论证的知识才能形成不可更改的坚固知识、不易被难倒。斯多亚学派主张,拥有毫不动摇的信念,绝不随波逐流,乃是“贤哲”的标志之一。

当然,斯多亚学派的“逻辑”或认识论在形式和内容之间存在着张力:一方面,从形式的角度看,要追求普遍必然性,就不能涉入太多的内容成分;另一方面,要追求“深刻真理”,就不能满足于停留在空泛的形式层面上。事实上,生活的进行只能依靠意见,而不能依靠绝对真理。“绝对把握”的主体性狂妄即使在斯多亚学派中也经常让位于古典性智慧特有的谦卑。“自知无知”是苏格拉底的信条。我们看到,自认为继承了苏格拉底道统的斯多亚学派哲学的一个一贯信条就是:没有任何人掌握了自然智慧。包括斯多亚学派的哲学大师甚至包括苏格拉底,都不是“贤哲”(sage)。所以,对于意见的追求而非绝对真理意义上的感性真理确定性的追求,才是大多数人应当的责任。而且,在这个领域中,可以说“进步”与“退步”,存在着允许人类努力的相当广阔的空间。这不仅是理论上推出的逻辑结果,而且后来在斯多亚学派哲学的现实发展中也得到了验证。以巴那修为代表的中期斯多亚学派,包括受其影响很深的西塞罗,都对“居中状态”比如认识论上的“意见”和伦理学上的“职责”十分看重。生活而非“成圣”,是他们所关心的。

斯多亚学派在第一哲学、自然哲学和认识论中的丰富性和复杂性也体现在它的伦理学中。斯多亚的伦理总目的决定了它的伦理学的品格,因为古代伦理学是目的论的,古典范式的继承者和完成者——斯多亚学派也不例外。人生终极目的或“幸福”是一个合法而且重要的伦理学问题,尽管它在现代伦理学的道义论传统中不合法,在许多现代人的人生中也并不重要。所谓“终

① 参见朗格:《希腊化哲学》,第129页。

极目的”,其特点是终极性、至高性和唯一性。在所有值得追求的事物当中,唯有一个是因为本身的至高价值而最为值得追求的;其他都是获得它的手段,并仅仅因此而具有价值。斯多亚伦理学也体现出它所钟爱的对严密体系的追求:从理论到实践,无所不包;有起点,也有终点。就体系的终点而言,生活、追求、行动是伦理学的最终目的,所以讨论“鼓励与阻止”的“应用伦理学”成为斯多亚伦理学的逻辑终点。就体系的起点而言,则是自然冲动和价值分类学。斯多亚学派“伦理学”的真正意义还是要到一切伦理学的真正起点——问题意识中去寻找。我们看到,斯多亚伦理学的主要关注点不是正面的伦理价值讨论,而是伦理病理学。斯多亚伦理学作为一个成功的伦理—治疗哲学,必然是发现和牢牢把握了真正的、重大的人类伦理疾病和时代问题。这是我们衡量一个伦理学得失必须首先看到的;至于它的解决方案是否成功,尽管很重要,但却是排在第二位的事情。从斯多亚学派对于疾病的规定可以看到什么是斯多亚学派所理解的健康从而最高善——终极目的,这显然不是伦理学的内容,而是治疗哲学的内容。斯多亚的德性主要地并不是道德的,而是生活的。

正是为了治疗的目的,斯多亚学派采取了悖论的论说方式。比如斯多亚学派与众不同的一个悖论观点是其病因诊断学的宣称:激情的原因是错误的认识,激情都是知识性的。这与柏拉图三分法心理学完全不同。再比如,它把所有的外在事物都划归为无价值的中性物的三分法价值观也是对日常价值观的彻底重估——或者说是“悖论”。

我们看到,斯多亚学派在高扬理性的同时不希望被人视为反自然的、缺乏扎实基础的。所以它借助自然哲学支持自己的伦理—治疗哲学。“神的儿子”的思想支持主观自由。同时,泛神论的决定论以及德性就是“符合自然的生活”等思想又从犬儒的纯粹主观性哲学适当退到客观性哲学,认识到自然中的坏事也有好的一面,神为我们安排的世界必然是最好的。此外,斯多亚学派还使用“自然发展心理学”来支持自己的新观点。这门学问专门讨论如何从自然的“自保”发展到高级自然理性状态。从常识的本能自保开始——这时“中性物”很有价值(好、有益)。但是人在理性成熟的“大转变”(也是自然的)之后,原先视为“好”的东西就失去了价值,成为中性物。此时我们有了全新的动机,就不需要早年的那种“自然动机”了。人们更关心的不是自己的理性,而是自己的动机和行为。

最后我们讨论了斯多亚学派的“应用伦理学”或“应用治疗学”。这样的学问不是可有可无的附加物。斯多亚学派既然以伦理学为核心,又认为世上没有贤哲,只有无真正智慧的大众,那么作为生活技艺的斯多亚哲学的任务之一就是帮助大家决定哪一种行为是“合宜的”,以及如何在生活中确定在获取“可取”事物与有德性的行为之间找到正确的关联。① 贤哲是不需要指导的,因为他们对于一切都清清楚楚地知道,坚定不移地坚持。但是大众需要指导。生活、追求、行动是伦理学的最终目的,人们因为生活中的问题求助于哲学家。所以鼓励与阻止,或者说“应用伦理学”,乃是伦理学的逻辑终点。

我们的讨论表明,斯多亚学派的复杂论证努力并非得到了其他学派的公认。斯多亚学派在许多问题上存在着张力,比如主观性与自然的关系,这也是自由与必然的关系问题。在生活与道德之间,价值关系究竟怎么摆放,也不是简单的排序就能够解决的。在道德内部,还有职责的、规则论的、客观的道德与自由的、意志的、主观性的道德之间的冲突。这些分歧肯定让自许体系完整一致的斯多亚哲学家感到不安,并因此刺激了斯多亚学派哲学不断发展,使斯多亚哲学的历史与几乎凝固不变的伊壁鸠鲁派历史形成了鲜明的对照。

① 参见英伍德:《剑桥斯多亚学派哲学导读》,第41页。

《希腊哲学史》编辑委员会

希腊哲学史

（修订本）

第四卷（下）

汪子嵩　陈村富　包利民　章雪富　著

人民出版社

责任编辑：方国根　夏　青
装帧设计：曹　春

图书在版编目（CIP）数据

希腊哲学史.第4卷上下/汪子嵩 等著. 修订本-北京：人民出版社，2014.1
（2023.6重印）
ISBN 978－7－01－011016－5

Ⅰ.①希…　Ⅱ.①汪…　Ⅲ.①古希腊罗马哲学-哲学史　Ⅳ.①B502

中国版本图书馆CIP数据核字（2012）第152250号

希腊哲学史
XILA ZHEXUESHI
第四卷（上下）
（修订本）

汪子嵩　陈村富　包利民　章雪富　著

人民出版社 出版发行
（100706　北京市东城区隆福寺街99号）

北京新华印刷有限公司印刷　新华书店经销

2014年1月第1版　2023年6月北京第3次印刷
开本：710毫米×1000毫米 1/16　印张：97
字数：1350千字

ISBN 978－7－01－011016－5　定价：320.00元（上下）

邮购地址 100706　北京市东城区隆福寺街99号
人民东方图书销售中心　电话（010）65250042　65289539

第 三 编

怀疑派

概述

怀疑派对于“独断论”的批判

怀疑派对于各种具体学科的批判

对怀疑论意义的反思

在西方学术传统中，一般认为怀疑派与伊壁鸠鲁学派、斯多亚学派共同构成“晚期希腊哲学”即“希腊化罗马哲学”。它们于“希腊化时期”（前 323—前 30 年）发轫之际形成于希腊本土，其后绵延不断，成了跨度近千年的地中海各大国的主要哲学思潮。这三派哲学加上新柏拉图主义等学派，使得希腊化罗马哲学的整个图景呈现出丰富多彩的气象。

人们一直关注古典哲学，忽视“晚期哲学”，不明白其中的真正创见所在。不过，我们认为，无论是作为特定时代的特定意识形态，还是作为整个希腊哲学史的正反两个方面的总结，晚期希腊罗马哲学都有古典哲学无法替代的贡献。怀疑论作为希腊哲学史的否定性的总结，更是具有无法替代的理论意义。这一点，随着近现代历史和哲学的发展，随着近现代拒斥形而上学的哲学日益占据主流，将愈益为人们所清晰意识到。而且，怀疑论所反映的对真理和客观价值不信任的态度，体现了一种与今日后现代主义极为近似的时代精神类型。所以，对其研究不仅有助于我们理解希腊哲学的最终形态，而且对理解我们自己也具有重要的启示意义。

第十章

概　述

第一节　一般研究状况及史料

西方学术界对于希腊罗马怀疑论的认识随着社会与思想史的变化而经历了许多变化，不过总的趋势是越来越重视它的作用与意义。基督教世界刚开始时，对柏拉图学园派怀疑论十分熟悉的著名主教奥古斯丁还感受到怀疑论哲学对于信仰的威胁，他曾认真批评过怀疑主义（见其《反学园派》）。但4世纪后，批评的声音渐失。整个中世纪几乎听不到有人提到怀疑派的名字，也许占据正统地位后的基督教思想界已经感觉不到这种不安分的思想威胁。史密特（Charles Schmitt）在其《古代怀疑派在当代的发现》一文当中提到：

> 由于特殊的历史事变递演，古代怀疑主义的中心著作在整个拉丁中世纪基本上不为人知。有些永远就佚失了；有些直到15、16世纪才重为人知，并再次成为关注焦点和发展近代哲学怀疑主义的动力。在三种仍然存留的有关怀疑主义的主要古代著述塞克斯都·恩披里柯的《著作集》、第欧根尼·拉尔修的《皮罗生平》以及西塞罗的《学园派》当中，第一种与第三种在中世纪的西部世界中只为极少数人所知，而第二种显然完全无人知晓。这三种书中最为重要、详尽的是塞克斯都·恩披里柯的著作，在中世纪看不出有任何影响，虽然我们知道《皮罗学说概要》有三个14世纪早期的拉丁文全译本手稿，但是，没有任何证据表明除了译者外

有人读过它们。①

到了中世纪晚期与近代早期，怀疑主义又开始重新受到人们的重视。1562年，法国学者亨利·艾铁乃（Henri Etienne）完成了《皮罗学说概要》的一个通畅拉丁译本，这使得知识界又重新看到了这一学说。在当时的大环境中，挑战传统宗教、科学中权威学说的新兴气氛与印刷术的出现，识字水平的提高，对于怀疑主义重新进入人们的视野无疑起了促进作用。人们或许会注意到，同样属于晚期希腊罗马哲学的伊壁鸠鲁哲学在近代启蒙运动中也受到了新一代知识界的欢迎，这里面的道理并非仅仅用"历史的偶然"就可以说明的。正如汉金森所指出的，近代之初进入人们视野的怀疑主义是塞克斯都的。因为塞克斯都的著作与第欧根尼的和西塞罗的书相比，清晰而有条理，充满哲学论证。这些论证全面而富于挑战性，在当时知识界宛如吹入了一股全新的空气。"其影响必然与卡尔尼亚德在罗马对青年人的讲演很像。"②我们也可以说，其效应一定也很像在黑格尔主义统治了很久之后，德国年轻知识人对地平线上出现的费尔巴哈哲学的热烈欢迎一样。

皮罗主义的影响先通过蒙田，然后通过休谟、笛卡尔进入以所谓"认识论转向"自居而充满怀疑论格调的西方近现代哲学的主流。从近现代各种哲学流派的发展看，它们要么属于顺着怀疑主义精神向前发展的哲学家，要么属于以反驳怀疑主义为己任的哲学，总之，几乎所有哲人都在构造自己的哲学体系时认真严肃地思考着怀疑主义的挑战。

然而令人奇怪的是，从近代哲学史学的历史看，19世纪大多数哲学史家对于怀疑主义乃至整个晚期希腊哲学的评价不高，也不大重视。20世纪最后几十年以来，这一现象终于有所改观。麦特斯（Benson Mates）认为斯多（Charlotte Stough）的《希腊怀疑主义》（柏克利，1969）和纳斯（Arne Naess）的《怀疑主义》（纽约，1968）这两本重要专著有里程碑作用，是最先把古代怀疑主义当成真正的严肃哲学来讨论的著作。此后几十年来，西方学术界无论对整个希

① 史密特：《怀疑主义传统》，第225页。

② 汉金森：《怀疑论者》，第10—11页。

腊化罗马哲学还是对怀疑主义哲学的学术探讨,都达到了相当高的水准。推动这一事业发展的哲学史家们包括伯恩亚特(Myles Burnyeat)、费里德(Michael Frede)、朗格(Anthony Long)、西德莱(David Sedley)、阿纳斯(Julia Annas)、巴恩斯(Jonathan Barnes)以及斯特拉克(Gisela Striker)等。① 麦特斯甚至宣称,塞克斯都·恩披里柯对西方哲学史的影响极为深远,几乎仅次于柏拉图与亚里士多德;这一点,由于泡普金(Richard Popkin)的一系列梳理工作正日益变得清晰。②

在研究方法上,西方史学家也由于自己的哲学背景变化而变化。必须提到的是,黑格尔在自己的《哲学史讲演录》及《精神现象学》等著作当中已经开始认真对待希腊化时期哲学,包括怀疑主义。不过他以及在他影响下的不少哲学家都是从"观念发展的一个(否定的)环节"的角度来进行研究的。而进入20世纪下半叶以来,不少西方哲学史家对怀疑派重新产生浓厚兴趣,却多是由于该世纪独特的反实在论、分析哲学、语言哲学的背景。他们的分析也多从形式分析、逻辑辨析等入手,开拓了一个传统哲学史不甚熟悉的、相当专一化的"微观世界"。举例来说,著名哲学史家、牛津大学古代哲学教授J.巴恩斯的《怀疑派的劳作》(1990年)一书,专门分析了古代怀疑论大师阿格里巴批评理论家的"五式"中的"四式"(意见分歧、无穷倒退、相互论证、任意假设)。他在深厚的古文字学功底基础上,使用了当代逻辑分析的方法,透彻地检点这四式的各种可能含义、论证的各种可能环节以及它们是否合理;如果不合理,错在何处等等;论述了过去哲学史家泛泛而谈的一般论断所未能发现的许多问题。另外,格罗阿克在他的《希腊怀疑派:古代思想中的反实在论潮流》(1990年)中指出:近现代哲学家之所以忽视古代怀疑派,一个原因是人们把它看成似乎构成了对西方传统中引以为自豪的"理性至上"信念的威胁;另一个原因是人们不理解怀疑派与今天哲学问题的内在关联,以为以休谟、笛卡尔等为代表的近代怀疑派才发展出了重要的、真正有意义的新思想,从而与

① 参见麦特斯:《怀疑主义的方式》,第11、5页。

② 参见麦特斯:《怀疑主义的方式》,第4页。

"粗陋的"、无节制的古代怀疑派之间发生了巨大的断裂。格罗阿克本人认为古代怀疑论绝非粗陋无价值之工作,他试图从当代实在论与反实在论之争的论识论出发,揭示从"反实在论"角度所理解的古代怀疑派的真正洞见。还有像前面提到、后面也还会提到的汉金森的《怀疑论者》(1995年),也是一部重要的著作。它是"著名哲学家系列"丛书的一本,是作者积15年研究、讨论而凝聚成的学术成果。该书从纵与横两个方面细致入微地分析了古代怀疑主义思想脉络,书后还附有较详尽的研究书目汇总。再如:麦特斯的《怀疑主义的方式》(1996年)一书是塞克斯都·恩披里柯《皮罗学说概要》的新翻译、评论及长篇导论。但是与陈康先生译柏拉图的《巴门尼德篇》一样,麦特斯本人的评注与导论比正文要长,而且明显是系统的、有相当学术功力的研究之作。在汉语学界,对于怀疑论的研究已经展开,在包利民的《生命与逻各斯》(东方出版社1996年版)、杨适的《古希腊哲学探本》(商务印书馆2003年版)和崔延强的《论存疑——希腊怀疑主义新探》(西南师范大学出版社1994年版)等著作中都有较为详细的探讨。

就怀疑论的研究史料而言,完全由皮罗派怀疑主义自己的哲学家撰写的书、且完整留存下来的是罗马怀疑论医生和哲学家塞克斯都·恩披里柯的几种著作。它有几种现代语言译本,其中,《洛布古典丛书》中布里(R.R.Bury)翻译并陆续出版(1933—1949年)的版本是希英对照的。虽然布里的译本很完整,而且质量受到普遍认可,但学术界仍然还不时会有其他一些塞克斯都的著作节译本面世,因为在对一些关键术语和思想的理解上,不同哲学背景的人必然会有自己不同的看法。比如麦特斯重译《皮罗学说概要》的理由之一便是认为布里未能展现出皮罗主义不同于"后笛卡尔主义怀疑主义"的一些重要哲学特征。布里把 pragma 译为"object",麦特斯认为这使容易误以为该词指"实物",这是近现代认识论中常提到的一个概念;但实际上该词在塞克斯都那儿的含义广得多,是指我们谈论认识的一切事物,包括"样态"。再如,aporia 被译为"怀疑",但实际上应怀疑主义的方式"困惑"(to be at a loss),等等。① 另

① 参见麦特斯:《怀疑主义的方式》,第220—222页。

外,值得注意的是,布里把塞克斯都的所有著作分为四卷。这种分法不尽如人意,也容易引起混乱。

从内容上看,现存的塞克斯都著作可以分为两种,第一种是《皮罗学说概要》(*Outline of Pyrronism*),第二种是《反理论家》(*Adversus Mathematicos*)。一般人在讨论希腊怀疑论的时候经常提到的是《皮罗学说概要》,它一共有 3 卷。第 1 卷是对怀疑主义一般特征的介绍,第 2、3 卷则分别批评"独断论"的逻辑学、自然哲学及伦理学。《皮罗学说概要》顾名思义是对怀疑论思想的概要性表述,简明扼要,突出重点,篇幅也不大。但是《反理论家》繁杂庞大,共有 11 卷,这么庞大的规模与此书所批判的对象倒是十分相称,"理论家"(Mathematicos)一词在古代也是"学问家"、"博学鸿儒"的意思,所以,《反理论家》也可以翻译为《反博学家》。此书通常被进一步分为两部相对独立的著作,即《反独断论者》和《反学科技艺教师》。前者有 5 卷,与《皮罗学说概要》的第 2、3 卷的内容相通:第 1、2 卷为"反逻辑学家",第 3、4 卷为"反自然哲学家",第 5 卷为"反伦理学家"。后者有 6 卷:即"反语法家","反演说家","反几何学家","反算术家","反占星术士","反音乐学家"。目前,《皮罗学说概要》有两个汉语译本,一个是杨适等译的《悬疑与宁静》,上海三联书店 1989 年版;另一个是包利民等译的《悬搁判断与心灵宁静》,中国社会科学出版社 2004 年版。

除了塞克斯都·恩披里柯的著作之外,集中保存了怀疑派的其他古代史料留传至今的主要是这样几种:第欧根尼·拉尔修的《古代著名哲学家的生平和学说》中关于皮罗、蒂蒙、阿尔凯西劳、卡尔尼亚德的记述;西塞罗的《学园派》和《论至善与至恶》等中关于柏拉图的"中学园派"怀疑主义及皮罗主义的讨论。第欧根尼和西塞罗严格意义上讲都不是怀疑论派哲学家。第欧根尼是一个倾向于伊壁鸠鲁的哲学史家,西塞罗的立场更接近怀疑论一些,因为他公开承认自己属于柏拉图学园派怀疑论。不过,西塞罗的学园派立场显然没有那么彻底,他的哲学中综合了不少其他为其所偏好的哲学思想,比如某种缓和的亚里士多德哲学和斯多亚哲学的思想。西塞罗在《学园派》中讨论了学园派怀疑主义的三个主题:首先是感知觉的限度,如视觉有许多是错觉,人的视觉能力远不如一些动物等等;其次是解决悖论的不可能性,讨论了“说谎者悖论”和“质变点悖论”等等;再次是列举了许多早期哲学家中的怀疑主义倾向。除了第欧根尼和西塞罗的著作,2 世纪琉善的《叫卖哲学》中也有对皮罗主义嘲讽性的描写,但基本精神还是相当准确的,反映了当时人们对怀疑派的一般理解。4 世纪的教父尤息比乌(约 260—360 年)的《预备福音》中也有一些关于怀疑派的材料。尤息比乌的写作目的是揭示非基督教哲学的矛盾与荒谬,为此,他在写作中大量使用了一些原始材料,特别是 1 世纪末的逍遥派哲学家阿里斯托克勒(Aristocles of Messina)的十卷本著作《论哲学》中引用的原始材料。约公元 1 世纪的罗马柏拉图主义作家普卢塔克(Plutarch of Chaeronea),虽然总体说来是一位独断论者,在其浩瀚著作中也有一些是属于怀疑主义的思想,如其《道德论集》中的《论共同概念》、《斯多亚派的自我矛盾》、《反科洛特》中也有对怀疑派的讨论。

第二节　怀疑论发展的各阶段

对于怀疑论历史发展阶段的研究不仅有追溯一个学派思想历史衍变的意义,而且有更为深刻的启示。因为我们今天关于希腊罗马怀疑论的基本资料是塞克斯都的著作。作为留存下来最为系统全面、又是在时间上最后一位怀疑论代表人物,他的文字很容易让人相信怀疑论作为一个学派,有着一个统一的宗旨,贯彻其希腊化罗马 700 年左右的漫长历史发展而一贯不变。

但是,这么干净利落的“共同宗旨”说也许过于完美,反而应当引起我们的小心和注意。任何哲学都具有某种怀疑和批判精神。但是,怀疑什么,为什么这种或者那种怀疑对于人类来说是重要的、有意义的(而不是无聊的或者仅仅只有有限的意义),却取决于怀疑者是否真正抓住了人生中的重大问题。当然,这样的问题也许不仅是一个。那么古代怀疑论捕捉到的是什么问题?是一个还是几个?所有的“怀疑论者”们都共同认为它们是重要的问题?或者有的人认为是,有的人认为不是?要回答这些问题,我们必须深入探究怀疑论的“历史长河”中的各种支流及其交汇分离的动向。

总体看,在希腊化罗马时期的“怀疑论”中明显可以看到有两个不同的学派,它们相互之间未必会完全认同对方;但是,它们确实又密切相互交织、相互影响着,共同编织成了那个漫长时代中的“哲学怀疑论”思潮。一个传统就是所谓“皮罗主义”,另外一个传统就是“学园派”。后者是柏拉图学园的简称,它自成一体,谱系可以追溯到“古老的”苏格拉底的怀疑反讽精神;前者直接来说不属于柏拉图传统,如果勉强要追溯前人的话,曲折地可以与苏格拉底挂上钩,但是学者们更愿意指出这一传统在德谟克里特那里有兆端。学园派推举怀疑主义,主要是理论上的考虑,并且因此在怀疑论的论证构建上作出了更多的理论贡献;皮罗主义却本质上是一种生活态度,所以对于理论构建兴趣不大,甚至抱有敬而远之的想法。然而,这两派在“对一切都悬搁判断”的立场上,却惊人相似;而且,学园派中的著名人物也十分佩服皮罗(皮罗派则大多对学园派依然颇有微词,认为他们不够彻底),有些人甚至因此而叛出学园派,投奔皮罗主义,从理论品格上加强和发展皮罗主义,成为其“中兴重臣”。所以,学术界一般把这两个传统合称为“希腊怀疑派”,统一考察它们在希腊化罗马历史中的发展沿革。我们在它们的发展中可以观察到一个有意思的特色,即当皮罗主义兴盛的时候,学园派默默无闻;当学园派兴盛的时候,皮罗主义隐入低潮;后来当学园派衰落的时候,皮罗主义却又一次崛起复兴。

这样的起伏节奏构成了大致四个时期:第一创始阶段,以皮罗(Pyrrho,前365—前275年)和蒂蒙(Timon,前320—前230年)为代表。皮罗虽无著述,但由于“委身于怀疑派比他的前辈更彻底、更显著”,所以被公认为怀疑主义创始人,怀疑派因此也叫“皮罗主义”。第二柏拉图“新学园派”的怀疑主义。主要是被人称为“柏拉图之后学园的两位最伟大的领袖”阿尔凯西劳(Arcesilaus)与卡尔尼亚德(Carneades)。学园怀疑主义不属于“皮罗派”,但在接受影响与反影响上,与皮罗派结下了难解难分的关系。第三皮罗主义在罗马时期的复兴。公元前后的埃涅西德姆(Aenesidemus)与稍后的阿格里巴(Agrippa)在学园派的思辨的怀疑主义影响下,走向理论化、系统化并著书立说、创建体系,在一个新的高度上复兴了皮罗怀疑主义。第四 2 世纪前后,以梅诺多图

(Menodotus,前 75—15 年)和塞克斯都(Sextus Empiricus)等人为代表的最后一代怀疑派者。这些人多为经验派医生。梅诺多图是埃涅西德姆与塞克斯都之间皮罗派中影响最大的领袖,塞克斯都则是皮罗派理论的集大成者。

可以看出,"怀疑主义"是一个很广的概念,它从希腊晚期发展进入罗马,不仅涉及当时两种重要哲学流派——皮罗主义与柏拉图学园派,而且涉及两种医学流派——经验派与方法派。下面我们对这四个阶段稍微展开考察一下,以期追溯其脉络嬗变。

一 创始阶段

皮罗出生于伯罗奔尼撒半岛西北的埃利斯。作为"皮罗派怀疑主义"的公认开创者,他的贡献其实在于人格魅力或诚实的生活态度。皮罗主张对险恶环境采取超然的态度,完全不受人为价值体系之约束;相反,对这一体系的真实力量采取"质疑"态度,这确实是典型的东方(佛教哲学)的态度。皮罗对世界看得很淡,可以说就没有看在眼里。他常独居,亲戚很少见到他,他也常常不跟任何人说一声就离家外出漫游。别人听他说话,听到一半就走,他也照常说完;他还只对自己说话,并说这是要培养自己的美德。皮罗并无著述。这样的以生命实践哲学原则的"贤哲"(sage)形象,在晚期希腊哲学中尤其为人尊敬,其"事迹"也往往会被渲染夸大。皮罗的学生蒂蒙写了许多书来宣传老师的思想。蒂蒙在他的《嘲讽》一书中,遍嘲哲学家,唯对少数几人加以肯定,尤其对皮罗则推崇有加:

> 这就是我所见到的人。他从不为压垮了所有人(无论是"智术师"还是"愚人")的那些东西所夸耀或压倒。而众人总是这样或那样地被激情、意见以及虚荣之立法所压倒。①
>
> 年长者啊,年长的皮罗,你是怎样从智术师空洞智慧和意见的束缚中找到摆脱之途的呢?你是怎样打碎了一切欺骗与诱惑的锁链的呢?你不

① 参见尤息比乌:《预备福音》第 14 卷,14 章 19 节;Fr,9Ds。

关心去发现是什么风吹过希腊,不关心事情的兴起与衰落的轨迹。①

这儿说的所谓“智术师”也可以翻译为“智者”,他们以善于堆砌各种“理论”并以用逻辑“驳倒”生活现象为乐事,更以传授这样的修辞术哗众取宠,与民主政治权力中心接轨。所以,名声对于智术师的生活形式是至关重要的。他们的弱点是缺乏真正不在意众人之宠辱的人品人格。皮罗在生活中讨厌并弃绝理论辩论——虽然他在辩论中常常不让于敌手,他宁愿满足出世孤居的生活。

皮罗早期曾经受到以辩证术见长的麦加拉学派和以简朴生活为号召的犬儒派的影响,这些似乎都把他的哲学背景曲折地指向苏格拉底。另外,他的老师阿那克萨库(Anaxarchus)却属于德谟克里特派。所以,皮罗的思想可以追溯到希腊两大哲学传统。同时,学者还提到皮罗与东方、印度以及与佛教等发生过某种关联。据记载,他曾随阿那克萨库参加亚历山大王的东征之旅。“在印度与裸体智术师和僧侣交往,这使他以最高贵的方式从事哲学,开始主张‘无法把握理解’(akatalepsia)与悬决(epoche)……他说不存在什么美的与丑的、公正的与不公正的。同样,他关于一切都说:没有任何东西真实存在,只是传统与习俗统治人的行为;因为没有任何东西一定是这样而不是那样。”②

西方有学者如弗林托夫(Flintoff)专门研究过皮罗与佛教哲学的关系,认为佛教坚持一切正、反论证的“对立面等效”可能影响了皮罗。我们知道,皮罗派怀疑论在批判独断论中体现了相当的系统特色,他们论证的总模式经常是:论题 P 可以分为 x 与 y 两种情况,而 x 与 y 又可以进一步分为 x 与-x、y 与-y 两种情况。但是 x、-x、y、-y 都不能证明,所以 P 不能证明。有的学者指出,这一模式可以在典型的佛教“四重难题”论法(要么 A,要么非 A,要么 A 与非 A 皆是,要么 A 与非 A 皆非)中看到,这更说明了皮罗确乎受到过佛教思

---

① 参见第欧根尼·拉尔修:《著名哲学家的生平和学说》第 9 卷,第 65 节。

② 第欧根尼·拉尔修:《著名哲学家的生平和学说》第 9 卷,第 61 节。根据普卢塔克的《希腊罗马名人传》中的记载,亚历山大王本人在东征中也接触到“东方裸体(天衣派)哲人”,并与他们进行了富于戏剧性的哲学探讨。参见包利民等编译:《古典共和精神的捍卫——普鲁塔克文选》,中国社会科学出版社 2005 年版,第 350 页以下。

想的影响。但是也有些学者认为,这类论法早在亚里士多德著作的讨论中就可以发现,皮罗不必去印度接受,在希腊的观念市场上就可找到。格罗阿克在《希腊怀疑派:古代思想中的反实在论潮流》中也认为学者们之所以强调皮罗与印度的关系,是因为过于看重希腊哲学与印度哲学之间的一般化的相似之处了。皮罗去印度之前,希腊思想中就早已有对于对立面的强调,对日常区分的否定,对人的欲望的愚蠢之批评,对外界际遇不动心的号召。而且,佛教与皮罗不一样,走的并不是哲学之路。① 阿纳斯与巴恩斯干脆说:"皮罗主义当然可能有个印度教父,不过其生父母无疑是希腊的。"②

皮罗在希腊哲学中要找到自己的理论先驱并不困难。在下面几章的讨论中,我们会详细提到,在整个希腊哲学史中,充满了各种各样对感性、理性、社会习俗与道德价值、对宗教与宇宙可知性的怀疑和批评的论证。不过人们一般认为,皮罗的直接师承可能是相当"独断"的德谟克里特的原子论哲学。前面提到的阿那克萨库就是德谟克里特的学生。按照第欧根尼·拉尔修记载的谱系,阿那克萨库是士麦拿的第欧根尼(Diogenes of Smyrna)的学生,后者又是梅特罗多洛(Metrodorus)的学生,而梅氏是德谟克里特的学生。阿那克萨库说过他不知道任何东西,甚至对他不知道任何东西这一事实也不知道。在他那里,内心自由对外界的蔑视已经出现,并且在古代作为"事迹"而广为传说。当他被一位暴君抓住并被判用铁杵在臼中将他捣死时,他冷静地说:"捣吧,你捣的是阿那克萨库的皮囊,并不是阿那克萨库。"③据第欧根尼·拉尔修说,皮罗对一切都漠然不动心。"有一次,阿那克萨库跌入泥潭,他径直从他身边走过而不去拉他。别人都谴责皮罗,而阿那克萨库却赞赏他的漠然与不动心。"④

德谟克里特的原子论哲学对整个现象世界的实在性是否定的:色、声、味都是虚幻的,人为的;真实者唯原子与虚空,而此二者却又并不为人们所知;事

① 参见格罗阿克:《希腊怀疑派:古代思想中的反实在论潮流》,第 82 页的注释。

② 有关皮罗与东方思想关系的讨论可以参见汉金森:《怀疑论者》,第 58—65 页。

③ 第欧根尼·拉尔修:《著名哲学家的生平和学说》第 9 卷,第 58 节。

④ 第欧根尼·拉尔修:《著名哲学家的生平和学说》第 9 卷,第 63 节。

实上我们什么也不知道,因为真理隐于深渊之中。① 很清楚,要知道每个事物实际上是什么,是没有办法的。德谟克里特甚至在皮罗主义之前就已经使用了著名的"双方一样"(not more)的表述式。塞克斯都在《皮罗学说概要》中比较怀疑主义与各个带怀疑主义色彩的哲学派别的异同时曾指出:"德谟克里特从蜜对某些人显得甜而对另一些人显得苦这一事实出发,推论说它事实上既不甜也不苦,并从而宣布'双方一样'的公式。"②而第欧根尼·拉尔修在叙说皮罗随阿那克萨库东旅并接触印度哲人的历程之后,也说他从此就主张"没有任何东西真实存在,只是传统与习俗统治人的行为;因为没有任何东西自身一定是这样而不是那样"③。这两句话中的 nomos 与 not more 思想完全可以在德谟克里特哲学中找到。当然,德谟克里特的本体论与认识论虽然是严厉批评感性的,但却是强理性主义的。原子论哲学相信理性能引导我们到达客观实在,所以它不是严格意义上的怀疑派。顺便说一下,德谟克里特的伦理学与皮罗主义的精神也十分相仿,是一种不追求肯定性价值、而追求"平静心"的否定性自由的学说:

> 人们只有通过有节制的享乐和过一种宁静的生活,才会得到精神上的愉快。不足与过度往往会转化成各自的对立面并且在灵魂中引起大骚扰。像这样大起大落运动着的灵魂既不安宁也不愉快。④

皮罗之所以在当时及后来受到怀疑派哲学家甚至公众的尊敬,也是因为这种超脱与宁静的总体生活精神,是因为他在人格中一贯地实践了如何对世俗得失成败无动于衷的原则,而不是提出了全面系统的怀疑主义理论论证。怀疑主义的认识论居然能够支持如此正面的一种"道德理想",这是出人意料的。因为希腊哲学史上的怀疑主义往往被视为对主流道德的破坏,让我们想想智术师在人们心目中的形象,甚至使用怀疑反讽的方法而实质上并不想破

---

① 参见第欧根尼·拉尔修:《著名哲学家的生平和学说》第 7 卷,第 72 节;参见本书第一卷,第 886 页。

② 塞克斯都·恩披里柯:《皮罗学说概要》第 1 卷,第 213 节。

③ 第欧根尼·拉尔修:《著名哲学家的生平和学说》第 9 卷,第 61 节。

④ 德谟克里特残篇 191。

坏主流伦理的苏格拉底都引起了忐忑不安的雅典当局的过激反应,就可以明白了。所以,皮罗的立场无疑是哲学史上的一个创举,也得到了当时雅典和家乡政治当局的充分肯定,雅典授予皮罗"荣誉公民权",爱利斯把皮罗推为"最高祭司",并因为他而免除所有哲学家的税。①

不求闻达的皮罗主要靠学生蒂蒙的传颂而得以留名青史。据第欧根尼·拉尔修记载,蒂蒙少为舞者,长大后曾从学于麦加拉派的斯提尔波(Stilpo);后又赴爱利斯从学于皮罗。这之后,为生计所迫去赫勒斯滂(Hellespont)等地,以智术师身份赢得名利,于是赴雅典定居至去世(也是 90 岁)。"……他嗜酒;有暇不治哲学时便写诗,包括史诗、悲剧和讽刺剧,30 部喜剧和 60 部悲剧,还写了《嘲讽》与骂人诗。"②蒂蒙辩才无碍、才华横溢,文章诗歌一起写,看来不像是后来怀疑派人物写的那种系统的论辩或哲学论文,而是带文学色彩的散文。可惜这些文字只有极少残篇保留下来,其中十分著名的就是以充满恶意的机智闻名于当时和后世的《嘲讽》。在这本三部曲著作中,除了皮罗、德谟克里特、普罗泰戈那等少数人之外,整个希腊哲学史上及蒂蒙同时代的哲学家们都遭到无情的批评。③

蒂蒙的文学天才也许遮掩了他的哲学贡献。从现在一些残存于第欧根尼·拉尔修关于皮罗的文字和塞克斯都·恩披里柯批判独断论的蒂蒙引证中看,他还是有自己独特的怀疑派理论思考的,而且不少思考超出了皮罗的社会伦理原则的怀疑思想范围,已经预示了后期怀疑主义发展的一些要点。在《皮索》、《意象》、《论感觉》、《反自然哲学家》第 1 卷等佚著中,他表现出了对于"明白"与"不明白"认识的区分的思索。作为怀疑派,他认为日常经验是"明白的",是他所不怀疑的。但一旦谁企图超出这一层次,去进一步断定经验的实在性,就踏入不明白的领域了。对于任何这类企图的结论,我们应当保

---

① 参见第欧根尼·拉尔修:《著名哲学家的生平和学说》第 9 卷,第 46 节;亦参见朗格:《希腊化哲学》,第 79 页。

② 第欧根尼·拉尔修:《著名哲学家生平和学说》第 9 卷,第 110 节。

③ 朗格从第欧根尼·拉尔修的《著名哲学家的生平和学说》各篇中汇集了蒂蒙对于许多哲学家包括斯多亚的芝诺、巴门尼德、德谟克里特、伊壁鸠鲁、阿尔凯西劳等人的嘲讽。参见朗格与西德莱:《希腊化时期哲学家资料选编》,第 23 页。

持“不断定”之态度:

……蒂蒙在《皮索》中说:“他并没从日常实践逸离。”他在《意象》中也说了相似的话:“现象不管其来处为何,普在一切。”他在《论感觉》中说:“我不肯定蜜是甜的,但我同意它显得是甜的。”①

除了对于感性经验的怀疑(对其客观性)和肯定(对其现象本身)之外,蒂蒙还对在古代被视为“严密科学”的演绎学科提出质疑。塞克斯曾经讨论过几何学家一当面临困难便假设“公理”为“不证自明”的出发点,并指出根据蒂蒙的意见,这是不合法的做法,“因为蒂蒙在《反自然哲学家》第1卷中认为,人们应当首先研究这一点:可以接受从假设中推出的东西吗?”②后面我们将在阿格里巴的“悬决五式”中看到蒂蒙的这一思想的展开。

汉金森在详细分析了现今所存的蒂蒙残篇后,对蒂蒙所做的工作提出了一个合乎情理的假设:“看来事实上有两个蒂蒙,一个是写《嘲讽》、《意象》、也许还可以包括《皮索》的蒂蒙,他关心的是论证皮罗之方式高于其他哲学家的轻率的独断宣称……但是还有另外一个蒂蒙,即写作《论感觉》和《反自然哲学家》第1卷等专著的蒂蒙,他志在把皮罗主义的领域扩展入物理学与逻辑学。”③

二 柏拉图“新学园派”的怀疑主义

在皮罗与蒂蒙之后,他们的思想似乎一时再无传人。然而恰好此时柏拉图的“学园派”发动了一次向怀疑论的转向,于是“怀疑主义”的薪火得以延续,而且因为在雅典的名门大派中燎原,甚至更显得兴旺发达。阿尔凯西劳领导“中期学园”开始了这一历史性转折。其后不久在“新学园”派的领导人卡尔尼亚德(前217—前132年)更加达到顶峰。

阿尔凯西劳出生于埃俄利斯(Aeolis)的比大尼(Pitane),曾研究过数学、诗与哲学,并且在克拉特斯斯(Crates)于公元前262年去世时继任学园领袖,

---

① 参见第欧根尼·拉尔修的《著名哲学家的生平和学说》第9卷,第104—105节。

② 塞克斯都·恩披里柯:《反诸学科技艺教师》第3卷(即《反几何学家》),第1—2节。

③ 汉金森:《怀疑主义者》,第73页。

他在当时是一位名气很大的哲学家。据第欧根尼·拉尔修记载，以阿尔凯西劳（前318—前243年）为首的柏拉图“中期学园”派突出强调了柏拉图哲学中的苏格拉底怀疑精神。他宣布，柏拉图哲学的真正目的并非盲目乐观地建设什么，而是对一切“知识宣称”都加以认真怀疑。这位中期学园思潮创始者显然十分崇敬柏拉图，拥有一套他的书。根据西塞罗的记载，老学园派的波勒谟（Polemo）有两位著名的学生，一个是芝诺，一个是阿尔凯西劳。芝诺年长一些，并且开始改变柏拉图学说，将许多苏格拉底的思想推到极端，最终与柏拉图哲学渐行渐远，发展出了一种新思想——斯多亚哲学。阿尔凯西劳看上去是在护卫柏拉图道统，反对斯多亚哲学，但是事实上他在与老同学的斗争中，也改变了老学园派所理解的柏拉图学说，发展出了怀疑主义。① 总之，波勒谟的两位学生通过改革对柏拉图思想的正统解读，创造出了希腊化哲学的两大学派。

阿尔凯西劳的青年和中年时期正好与皮罗晚年在时间上重合，他显然十分敬佩皮罗。② 根据尤息比乌的说法，阿尔凯西劳几乎可以被称为一位“皮罗派”，“因此他除了名称之外，完全是一位皮罗派；他不是一位学园派，只不过被人这么称呼而已”③。但是阿尔凯西劳还是希望自己继续被称为一位“学园派”。阿尔凯西劳确实有与皮罗十分不同的地方，他以爱热闹、爱虚名、慷慨大方著称。蒂蒙与阿尔凯西劳是相识的，也常嘲弄他，批评他“投身人群，众人仰慕他，就像小鸣鸟围着一只猫头鹰一样……你并不是伟大者，只是可怜的人：你为什么要像一个蠢人一样吹胀自己呢?”④与新学园的卡尔尼亚德一样，阿尔凯西劳也不写书（既然“一切都不可知”），但都热心于在公众面前演示如何从正反两个方面论证任何一个命题的技巧，或者说“辩证法”的艺术：

他在（辩论中的）发明创造上尤其擅长，能十分尖锐地回答任何反

---

① 参见西塞罗：《论学园派》第1卷，第9节。蔡勒提醒人们，不可以把新学园的出现归结为阿尔凯西劳对老同学成功的妒忌。参见蔡勒：《斯多亚派、伊壁鸠鲁派和怀疑派》，第529页及注释。

② 参见第欧根尼·拉尔修：《著名哲学家的生平和学说》第4卷，第33节。

③ 尤息比乌：《预备福音》，14.6.4—6；LS，68F。

④ 第欧根尼·拉尔修：《著名哲学家的生平和学说》第4卷，第42节。

> 驳,能将讨论引回到主题,并使之适合具体情景。他在论辩力量上无与伦比。①

由于阿尔凯西劳启用了拥有悠久而强有力的传统的柏拉图学派精微、丰富的辩论方法,皮罗开创的怀疑主义的论域就得到了大大的开拓,由主要是集中在伦理、生活上的实践原则,进一步发展到拥有认识论上富于哲学思辨的一个学派思潮。

柏拉图学园中出现如此显赫的怀疑论精神,显然出乎一般人意料之外,因为无论是从柏拉图、斯彪西波、塞诺克拉底等学园派的发展看,还是从整个柏拉图主义的基本精神看,似乎都是极为"独断的",而与"怀疑派"相去甚远,如果不说是正相敌对的话。唯一的解释是,"柏拉图学园"在柏拉图去世后到529年终结,其间的900年左右发展历程中经历了数次巨变,以至于并不只有一种"柏拉图学园派",而是有好几种。塞克斯都便说:

> 根据大多数人的意见,学园派可分为三种:第一种也是最古老的,是柏拉图及其学派的;第二种或"中期学园"是波勒谟(Polemo)之学生阿尔凯西劳及其学派的;第三种或"新学园"是卡尔尼亚德及克来托马库斯(Cleitomachus)的学派的。②

塞克斯都接着说,有人还在这之后加上"第四学园",即斐洛(Philo)与查米底斯(Charmidis)学派;有人更把安提俄库(Antiochus)的学派算做"第五学园"。

塞克斯都的这一区分是正确的,但是有些过于细致。还有一种更为概括的说法,是西塞罗惯用的,他把具有怀疑主义色彩的学园派,从阿尔凯西劳到斐洛,统称为"新学园",以便与独断的"老学园"相对。如此,则"中期学园"也属于这样的怀疑主义的新学园派。所谓"中期"("Middle")指的乃是"过渡阶段"的意思。③ 总之,在柏拉图去世后约七十多年,他创立的学园派就变成

① 第欧根尼·拉尔修:《著名哲学家的生平和学说》第4卷,第37节。

② 塞克斯都·恩披里柯:《皮罗学说概要》第1卷,第220节。

③ 参见朗格与西德莱:《希腊化时期哲学家资料选编》,第448页。

了怀疑主义大本营，并在“新学园”（有时也简称为“学园派”）的旗号下度过了几百年，成了“希腊化罗马哲学”中与各大“独断论”哲学（主要是新显赫的斯多亚学派）分庭抗礼、激烈论争的旗手。

人们要注意的是，这一“转向”在“新学园”（包括“中期学园”）派自己看来，并不是“叛离”，而恰恰是“承接正统”，承接以“自知无知”为最高智慧的苏格拉底道统。他们丝毫不感到自己有什么偏离苏格拉底—柏拉图哲学精髓之处，事实上，阿尔凯西劳因此还被当时的人认为没有任何创见，不仅不做任何著述，而且所宣传的悬搁判断的态度也都是从苏格拉底、柏拉图、巴门尼德和赫拉克利特那里“搓下来的”①。反过来，新学园派们会认为在柏拉图去世后企图“体系化”柏拉图主义的斯彪西波们（“老学园”）是大大误解或曲解了柏拉图思想，是企图干早就被苏格拉底与柏拉图所嘲讽、否定的“宣布绝对真理已被发现”的蠢事。确实，老学园的暮气沉沉的体系化工作一度令柏拉图学园派在当时丧失了活力。正是“新学园”的勃勃生机和咄咄逼人的四处挑战，尤其是对当时在学术界标新立异、横空出世的斯多亚哲学的挑战，反而使柏拉图学园派重新步入学术界的前台。

什么是苏格拉底—柏拉图“道统”？谁得了真衣钵？如果有人认为阿尔凯西劳离经叛道的话，那么从历史上看，老学园当时的领袖人物波勒谟、克拉特斯斯（Crates）、克兰托（Crantor）等人与他的关系却非常好，没有对他有任何谴责。他还顺利当选为学园新一届领导人。② 事实上，如果我们从柏拉图原著中看，确实还很难讲新学园的看法毫无道理。在柏拉图的早期伦理学对话中，“苏格拉底”喜欢问“什么是 x”的问题，但是他从来不正面建立任何观点，只是对对话者提出的任何命题都加以驳倒。有时在对话者走入绝境时，他也会提出新的看法，令对话者振奋。但这振奋不会持续很久，因为他很快就会用新的论证驳倒自己的“建设性观点”，最终的结论无一例外总是：我们的认识能力不足以认识“什么是 x”的问题（用后来怀疑论的话说，这意味着我们最多

① 普卢塔克：《反科洛特》1120C；LS，68H。

② 参见朗格与西德莱：《希腊化时期哲学家资料选编》，第 445 页。

只能回答“什么显得是x”的问题)。苏格拉底的实践对传统价值体系是一个威胁,他最后被以“惑弄青年”的罪名告上法庭。但是他在申辩当中,却更进一步公开指出他尽一生之力去考察公认“有知识”的各种人,却发现没有任何人有知识。他自己也一样地没有知识。所不同的只是他知道自己没有知识,众人却连这一点也不知道,这使得他成为人们中“最有知识(智慧)的人”①。

不仅柏拉图早期对话给人以强烈的“怀疑”、“否定”印象,即使在进入所谓“独断期”的柏拉图中晚年对话录中,要找到“怀疑”甚至自我否定的痕迹也毫不困难。比如人们仍然很难说什么是《泰阿泰德篇》或《斐多篇》的肯定结论。柏拉图最大的建设性理论或许是“相论”,但《巴门尼德篇》一上来却托爱利亚学派人之口,将“相论”驳得体无完肤。而在《巴门尼德篇》的第二部分,柏拉图又提出了正反冲突的八组推论,其真正目的是摧毁性的还是建设性的,学术界至今仍无定论。② 西塞罗说:“人们把怀疑主义的学园派称为‘新学园’,但是在我看来这是‘老学园’,只要我们把柏拉图看做是老学园的一员的话;因为他的书中没有断言任何东西,却充满了正反论辩。”③如果像老学园派那么一本正经地讲授“相论”,那会不会违背了柏拉图的初衷?自爱利亚学派以来,哲学中总是存在着与对本质领域的肯定伴随的对“亚本质”领域的怀疑。柏拉图的“相论”从某个角度看,是在拯救在巴门尼德看来是“现象”的“多”,这在柏拉图心里,不会心安理得,总是不免有不踏实感甚至犯罪感。在《巴门尼德篇》第一部分中“巴门尼德”对“青年苏格拉底”的批评,从某种意义上说可以视为这种犯罪感的一种释放。柏拉图还用许多其他办法强调相与巴门尼德的最高存在之间存在鸿沟,比如柏拉图在《理想国》以及其他著作中从来不敢定义“至善”是什么。晚期柏拉图主义者不仅意识到,而且强调这一本质界中的断裂一点不亚于本质与现象之间的断裂。这集中体现在普罗提诺关于太一与世界的隔绝的学说之中。从这种超出一切人类知识的“太一”的角度看,苏格拉底的“一切人间知识——包括相的知识——都是无知”的立

① 柏拉图:《申辩篇》,23A—B。

② 参见本书第二卷,第739页以下。

③ 西塞罗:《论学园派》第1卷,第12节。

场,不仅是自然而然的,而且是应当强调的——是柏拉图主义的“真谛”。

阿尔凯西劳对于希腊化时期出现的两大哲学流派的创始人的态度完全不同,他敬佩怀疑论的皮罗,却视芝诺及其创立的斯多亚派为头号敌人。古代就有一个普遍的看法,说阿尔凯西劳感到芝诺在哲学上对自己以及自己学派的威胁,于是奋起迎战,全力以赴颠覆斯多亚派的主要观点。① 斯多亚哲学强调人与自然相异的尊严与独特性,而这是通过人有理性、能认识自然行程所达到的,所以斯多亚派对于认识论或心理学、逻辑学等十分强调,也多有发明建树。其中,芝诺在当时学术界“暴得大名”的一个理论创见就是“把握性呈现”(kataleptike phantasia)。“把握性呈现”是处于“知识”与“意见”之间的一种认识状态。“知识”绝对正确,不会有误。可惜,只有极少数真正“贤哲”才拥有。意见是虚弱的、易出错的“认可”(assent)。那么,大多数人应当追求的,便是“把握性呈现”;它的特点是:由真实存在的对象所引起,并且反映了对象的性质;其标志是清晰、明白。而“贤哲”的特点也就是只“认可”客观的、把握性呈现。相反,“无把握之表象”或是来自不存在的对象,或是不反映对象本性,如幻觉、错觉等等。斯多亚学派提出这样的学说,显然是想在认识中找到区分真与假的“标准”,并表明人们是可以达到一定的真实知识或客观性认识的。这在怀疑派看来,无疑是一种盲目乐观——如果说不是“人类的狂妄”的话。

阿尔凯西劳的工作主要集中在反对把握性呈现学说上。这使他看起来是在专门攻击感性认识,而放过了理性认识;甚至使有些人认为他暗地里是一个独断论者,肯定理性知识能够认识真理。不过,大多数学者还是同意:阿尔凯西劳是一个彻底的怀疑论者。他也反对理性认识,只不过他认为感性认识是理性认识的前提,所以只要驳斥了前者,也就推翻了后者。② 阿尔凯西劳使用了各种论证去推翻自己老同学的这一理论,指出根本就不存在斯多亚派所说的“把握性呈现”,因为在所谓“把握性呈现”与“无把握的表象”之间,人们其实无法作出任何区别,它们相互间看上去全然相似。“学园派认为,一个错误

---

① 参见尤息比乌:《预备福音》第 14 卷,第 6 章第 12 节。

② 参见蔡勒:《斯多亚派、伊壁鸠鲁派和怀疑派》,第 531 页。

的表象看上去可能会与把握性呈现完全一样。”①结论于是便是:既然斯多亚的贤哲只对有把握者“认可”,而事实是人们对一切表象都没有把握,那么我们大家也就应当对一切都“悬决”。

在古代学者的记载当中,有几种说法指出,怀疑论的核心概念“悬决”(epoche)一词可能是阿尔凯西劳首先使用的:②

有人说他从不写书,因为他对一切悬决。③

在我看来,阿尔凯西劳与皮罗学说有许多共同之处,所以他的方式与我们的实质上一样;因为他从未对任何事物的情况加以断定,他也不曾对任何事物比起别的事物的可信性上有过偏好,他对一切都悬决。他会认为目的就是悬决(我们皮罗派则认为伴随悬决而来的是宁静)。④

这些人(阿尔凯西劳圈子的学园派)对一切悬决。⑤

对一切都悬决,不区分任何事物的真与假,这不会使人无法判断环境,从而无法行动、无法生活了吗? 斯多亚派从实践的角度对“中期学园”的攻击作出了这样的反击。阿尔凯西劳对此的解答是提出了一种“可能性”(“或然性”)理论:我们固然不知道事物是否真的是如此这般,但我们可以根据事物显得像是怎样而行动:

阿尔凯西劳说对一切都悬决的人将通过“合理的”(eulogon)来调节自己的选择驱避;根据这一标准行事,他就能行事正确(katorthosei)。既然幸福靠实践智慧(phronesis)获得,而实践智慧在于行事正确,一个正确的行动就是做能得到合理化说明(apologia)的事,那么,任何按合理者行事的人都能行事正确而且幸福。⑥

在阿尔凯西劳看来,人们在行为中,只要按照“自然”亦即直接感性印象

① 参见塞克斯都·恩披里柯:《反逻辑学家》第1卷,第252节。

② 参见汉金森:《怀疑论者》,第77页。

③ 第欧根尼·拉尔修:《著名哲学家的生平和学说》第4卷,第32节。

④ 塞克斯都·恩披里柯:《皮罗学说概要》第1卷,第33节。

⑤ 普卢塔克:《反科洛特》1120C。

⑥ 塞克斯都·恩披里柯:《反逻辑学家》第1卷,第158节。

与冲动反应行事就可以了。这种“看上去似合理”的印象,并不自我标榜为“知识”,甚至不自许为“把握性呈现”,它不必对其中之客观性内容有任何“清晰、有把握的”认识与断定。所谓“合理”,只是实践中能带来成功就可以了。①

值得注意的是,皮罗派的怀疑主义哲学家并不完全认同自己的同盟军——柏拉图学园派中的怀疑主义。塞克斯都对阿尔凯西劳的“或然性”理论也提出了批评,说真正彻底的怀疑派只按感受(pathos)行事,对于感性印象是否“可能”(或然地)反映了对象世界,不应当去加以讨论;②对于哪些感性印象在程度上比另一些更“或然”也不能断定,一切都一样。总之,怀疑论不想沾上任何“独断”的色彩。塞克斯都对阿尔凯西劳的总体评价是:

> 阿尔凯西劳,我们说过他是柏拉图中期学园的领袖和奠基者,在我看来与皮罗学说有许多共同之处,所以他的思想方式几乎与我们一样;因为他从未对任何事物的实在性或非实在性加以断定,他也不曾认为任何事物比起别的事物在可信性或非或然性上有什么不同,他对一切都悬决。他也说过终极目的就是悬决,伴随悬决而来的是宁静,正如我们所说的那样。他还说过对具体事物的悬决是好,认可具体事物是坏。只不过我们这么说的时候没有正面肯定,只是依照向我们呈现的样子;他却是在对真实的事实下判断,故而他断言“悬决”自身真正地是好,“断定”则自身真正地是坏。我们不妨接受人们对他的评说:他第一眼看上去是个皮罗派,但是骨子里是一个独断论者。由于他用怀疑法检验他的同伴,看他们的本性是否适宜于接受柏拉图的教义,他被人看成是一个怀疑的哲学家;但是他对那些本性上有天赋的人传授柏拉图的教义。所以阿里斯顿称他是“柏拉图为头,皮罗为尾,狄奥多罗为身子”,因为他也运用了狄奥多罗的辩证法,虽然他本质上是一个柏拉图主义者。③

阿尔凯西劳之后,学园派中还有过一些领导人发挥怀疑主义思想,比如继承他领导学园的拉西德斯(Lacydes of Cyrene)就曾探讨过记忆的可靠性问题。

① 参见普卢塔克:《反科洛特》1122D—1123F。
② 参见塞克斯都·恩披里柯:《皮罗学说概要》第1卷,第139节。
③ 参见塞克斯都·恩披里柯:《皮罗学说概要》第1卷,第232节。

但是,学园派中怀疑主义的真正再度振兴还是要到阿尔凯西劳去世大约一百年后的卡尔尼亚德时期。

卡尔尼亚德是所谓“新学园”的开创者,学者们对其评价很高。布里(Bury)在《皮罗学说概要》的《洛布丛书》译本的导论中称他为“极为出色的教师,强有力的辩证法家,可能是亚里士多德之后古代最有禀赋的哲学家”①。汉金森也说卡尔尼亚德是“哲学史上的伟人之一”。卡尔尼亚德在古代的名声就极大,“甚至连演说家们也会停课来听他讲演”②。历史上记载他最有轰动效应的演讲也许是他在出使罗马时忙中偷闲对罗马青年做的两次关于“公正”的演说。公元前155年,雅典派了一批当时著名的哲学家出使罗马。斯多亚派是巴比伦的第欧根尼(Diogenes of Babylon),逍遥学派是克里托劳斯(Critolaus),学园派便是卡尔尼亚德。用罗素充满嘲讽的话说,卡尔尼亚德“忙里偷闲,在完成使臣工作后乘机在罗马大讲学园怀疑论的‘正义’学说”③。根据古人的记载,卡尔尼亚德在第一次讲演中振振有词地论证有关公正的正面观点。在第二次讲演中,他却对前一次讲演逐点加以驳斥,指出聪明的人不会听从什么“公正”:

> 当他被雅典派往罗马出使公干的时候,他就正义问题长篇大论演讲,听众中有伽尔巴(Galba)和监察官卡图(Cato),当时最著名的演说家。第二天卡尔尼亚德用站在相反立场上的一篇讲演颠覆了自己的话,否认了自己在前一天所赞美的正义;他的态度完全不像观点坚定不移的严肃哲学家,而是像在练习正反双方论证的修辞术……为了反驳亚里士多德和柏拉图对正义的支持,卡尔尼亚德在第一次讲演中收集了所有支持正义的论证,目的正是为了可以推翻它们……这不是因为他认为正义应当被贬斥,而是因为他希望表明正义的辩护者并不拥有确定的或坚实的论证。④

① 参见塞克斯都·恩披里柯:《皮罗学说概要》,第 xxxiii 页。

② 汉金森:《怀疑论者》,第94页。

③ 罗素:《西方哲学史》上卷,第300页。

④ Lactantius, *Divine Institutes* 5,14.4—5;LS,68M。这次演讲影响很大。西塞罗在他的《国家篇》中也概括了卡尔尼亚德的这次演讲的大意。参见西塞罗:《国家篇·法律篇》,商务印书馆2002年版,第98页以下。

卡尔尼亚德“惊世骇俗”的观点使罗马城里勤奋好学的青年深为着迷，纷纷放弃其他乐趣而去从事哲学研究。年长者也对此深为喜悦，高兴地见到他们的青年人努力学习，掌握高雅的希腊文化。西塞罗从律师执业和修辞术参政的角度出发，显然也是同情这种“正反观点”辩论训练的；①事实上，西塞罗在哲学上同情的是学园派。但是，这一切引起了以罗马传统价值维护人自居的马尔库斯·卡图的愤怒。根据普卢塔克记载，卡图从罗马青年开始热心于学习“辩论”时就不高兴了，因为他怕渴望学习希腊文化的罗马青年会完全忘掉荣誉与武力的光荣。所以卡图在元老院中建议把这些哲学家使臣赶快送回雅典去，去教希腊人自己的孩子这种“哲学”。②

事实上，卡尔尼亚德真正关心的是希腊的哲学界。自从阿尔凯西劳攻击斯多亚学派以来，斯多亚学派中的许多人，尤其是最具有理论功底的克律西波，不断地调整自己的思想体系并对怀疑主义的学园派进行反攻。于是，卡尔尼亚德视自己的主要使命就是代表学园派继续这场斗争。他十分博学，尤其对克律西波的著作很熟悉，把他作为自己批判火力的主要目标。根据第欧根尼·拉尔修的记载，卡尔尼亚德曾说：“如果克律西波不曾存在过，那么我也就不会存在了。”③卡尔尼亚德充分继承了学园怀疑主义的基本宗旨：不是正面建立什么积极的理论，而是像牛虻那样提醒各种正面建设者不要陷入各种错误而不知。从某种意义上说，怀疑论是一种寄生性的事业。阿尔凯西劳寄生于芝诺之上，卡尔尼亚德寄生于克律西波上。斯多亚哲学的两位大师于是在学园派都有了相应强大的批评者。不过，卡尔尼亚德并不想认真主张一种反道德的哲学立场，他只不过是想指出，对于斯多亚哲学乃至所有“独断论”的伦理学命题，都可以同样论证其反题成立，从而应当对它们统统悬搁判断。这仍然是阿尔凯西劳所创立“学园怀疑主义”的精神：

> 卡尔尼亚德继任后建立了第二个学园。他像阿尔凯西劳一样进行论辩，也采取对每个问题都从各个方面进行论证的方法，并总是颠覆别人所

① 参见西塞罗：《图斯库兰对话录》第2卷，第9节。

② 参见普卢塔克：《希腊罗马名人传》上册，第368—369页。

③ 第欧根尼·拉尔修：《著名哲学家的生平和学说》第4卷，第62节。

运用的任何论证。①

卡尔尼亚德对斯多亚学派的批评十分全面。从神学上讲，他批评斯多亚派的“泛神论”与天命观。斯多亚派认为从众人“普遍一致看法”可以推出大家都认为神是存在的。但卡尔尼亚德却指出众人的“神”的观念是极不一样的。再说，斯多亚派不是十分蔑视“众人”吗？为什么这时却又诉诸“大众”？斯多亚派讲的神是“无限的”、“全能的”、“全善的”、“不灭的”；但斯多亚派又认为它是形体性的、理性的，而这些属性只属于生、灭领域中的事物。至于“天命”说，卡尔尼亚德指出斯多亚派的决定论倾向与他们自己所主张的人的自由是冲突的。斯多亚派还说理性是“天命”分派给人类的礼物。但显然人类当中只有极少数人有理性，这只说明斯多亚派的神在分派礼物时又何其吝啬！不过，卡尔尼亚德并非无神论者，而是怀疑派者。西塞罗说：“卡尔尼亚德的这些论证提出来并不是证明无神论……而是为了证明斯多亚神学毫无价值。”②

在伦理学上，斯多亚学派的基本思想是人们追求的种种“善”（“好”，Goods，主要是名、利、健康……）实际上无价值，是“无所谓善、恶的”。真正的善是有美德的生活本身。卡尔尼亚德指出这种学说的矛盾：一方面斯多亚派说德性是为了追求日常生活中种种“善”的，另一方面又说这些“善”不算善。那么，“真正的、最大的善”却是为追求“不堪当善”的无价值者而服务的！而且，斯多亚派既然认为美德如“智慧”是生活艺术，那么它必然是技艺（teche）；而技艺必然是为外在目的服务的，那么，以美德为核心的幸福就必然还要依据外在事物，而不可能是“完满、自足”的。卡尔尼亚德的批评显然涉及了从亚里士多德以来的希腊主流伦理学的理论框架。

更令人瞩目的是在认识论中，卡尔尼亚德继承并发展了阿尔凯西劳对斯多亚派的理论基础——把握性呈现学说——的批评。这是因为克律西波在阿尔凯西劳批判斯多亚派的把握性呈现学说之后对其进行了修订和发展。卡尔尼亚德的主要策略是强调任何所谓“真的”、“有把握”的表象没有特别的“自

① 尤息比乌：《预备福音》第14卷，第7章第15节。

② 西塞罗：《论神性》第3卷，第44节。

明标志”(distinguishing mark)——所以无法与错的表象区分开来，错误的印象往往也“清晰而且生动有力”。一个在错觉控制下的人会觉得他的错觉完全不是错觉，而是客观实在。至于理性，也是不可靠的，因为理性的产物——逻辑——并不能解决各种“悖论”(如“说谎者悖论”，“量变质变点悖论”等)，那么，它怎么有能力充当真理标准呢？卡尔尼亚德对于“悖论批驳法”的使用颇为有特点，在对“把握性呈现”的批评中他就使用了“量变质变难以区分”的悖论来反驳把握性呈现的所谓“绝对正确性”特征：从真理向错误的过渡总是逐渐的，其间的中介阶段是无数的，所以正误区分无法被我们觉察出来，在二者之间无法划出一个截然有别的边界。①

不过卡尔尼亚德与阿尔凯西劳之间还是有差别的，他认为人们不必对一切悬决，只要对“不明者”悬决即可：

> 在关于悬决的原则上，卡尔尼亚德与阿尔凯西劳不同，他说一个人不可能对一切悬决，在“不明者”与“无把握者”之间是有区别的：一切事物都无法把握，但并非一切事物都是不明的。②

另外，在反对斯多亚派的真理观之后，用什么来指导我们的日常生活呢？阿尔凯西劳说是可以根据“有道理的”(what is reasonable)现象，而卡尔尼亚德说是根据“有说服力的”(persuasive)或“可能的”(plausible，希腊词是 pithanos)的现象。怀疑论的“可能性”呈现指的是主观意义上的“可信度”、“说服力”而已，并不涉及客观可能性。卡尔尼亚德知道并强调这二者之间的区别。他指出，一个印象(呈现)可以从两个角度看：就呈现与被呈现的客体的关系而言，呈现或者是真的或者是假的——当它和被呈现的客体一致时就是真的，当不一致时就是假的。就其与正在经验着呈现的主体的关系而言，呈现中的一类明显是真的，另一类明显是假的。前者让人感到可信，后者指的是缺乏可信性的或者明显是假的呈现。进一步，在“明显是真的”呈现中，一类是含糊的——例如，由于观察对象的体积小或者距离远或者视觉的虚弱等原因，使得

① 参见蔡勒：《斯多亚派、伊壁鸠鲁派和怀疑派》，第 539 页。

② 参见蔡勒：《斯多亚派、伊壁鸠鲁派和怀疑派》，第 539 页。

知觉混乱不清晰;而另一类,显然地是真的,而且这种"显然程度"非常强烈、栩栩如生,"一般来说"如实地汇报客观事实,这就是所谓"可能的呈现"。这就是我们生活中的标准。

进一步,卡尔尼亚德还在"可能的呈现"中区分出了三种程度:

第一种,清晰分明的,也就是可能的、可信的;

第二种,不仅可能的、可信的,而且是没有反证的;

第三种,不仅可能、可信,没有反证,而且是受到过严密审视的。

第一种是简单的"可能的";第二种与第三种比起第一种分别加上了一些新的操作。比如第二种是在"可能"之上再加上"没有受到其他呈现的反证"。由于没有一个呈现是孤零零的,而总是像链条上的环节一样相互牵挂着,它们如果相互支持,而不是相互阻挡,那么得到的呈现就同时既是可能的又是"不可更改的"(irreversible)的呈现。卡尔尼亚德举的例子是:

> 例如,我们在感受一个人的呈现时,必然既接受那个人的属性,又感受到外在的境况。他的个人属性是诸如肤色、身材、体形、言辞、衣着、鞋袜等;外在的境况是诸如空气、光线、白天、天空、土地、朋友等其他的一切。因此,只要这些呈现都不像是假的,从而阻挠我们的信念,而是共同一致,显出真理,我们的信念就会更强烈一些。因为我们根据这个人具有所有他通常的那些属性——肤色、身材、体型、谈话、外套,就可以断定他是苏格拉底。一个医生并不能从一个症候(例如心跳加快或者很高的体温)中断定发烧,而必须考虑同时存在的情形,诸如伴随很高的体温的脉搏加快、关节溃疡、脸红、口渴以及类似的症候;同样,学园派也是根据与呈现同时存在的情况形成其关于真理的判断的,当同时存在的情形没有使他怀疑这里有错误时,他就断定这一印象是真的。①

第三种也是最高级的一种可能性呈现除了具有"不可被其他呈现更改"的特征之外,进一步还具有"被检验过的"(tested)之特征。比如,在判断的位置上,既有判断的主体,又有被判断的客体,还有实施判断的媒介、距离、间隔、

① 塞克斯都·恩披里柯:《反逻辑学家》第1卷,第177—179节。

地点、时间、情绪、性格、活动等。我们要考察所有这些因素中的每一个的独特特征。就进行判断的主体而言，它的视觉能力是否昏暗无力（因为那一类的视觉不适合进行判断）；在被判断的客体方面，要考察它是否过小；就判断实施的中介而言，要看环境是否黑暗；至于距离方面，要看它是否太远；间距，要看它是否不是过小；地点，要看它是否过于广大；时间，要看它是否过短；性情，要看有没有发疯；活动，要看它是否不可接受。①

总之，可能性标准包括这样三种：可能的呈现；既是可能的又是不可更改的呈现；以及既是可能的、不可更改的又经过检验的呈现。虽然我们无法对事物的客观性能拥有任何“把握性呈现”，因为那是“不明的”，从而对此要悬决，但我们还是可以对事物对我们显得怎样（那是“明白”的）有程度不同的认识，所以对此不应悬决。卡尔尼亚德经常举的一个著名例子——“是绳子还是蛇”——可以生动地说明这三层或然程度的递进：

> 有一条绳子卷放在暗室之中，一个人匆匆走入，对他来说，它会显得像一条蛇；但是对于一个细心地审视过环境情况（如它的不运动、它的颜色以及它的其他属性）的人来说，它便显得像一条绳子，而这便是根据一个可能的和仔细检验过的表象。②

总之，当我们清楚地看到一个事物的时候，我们会认可这是真的，只要我们已经通过测验证明我们拥有健全的感官，并且我们是在十分清醒的时候而不是在睡眠中看到它的，同时环境清晰、距离适中，被看到的对象不会移动，我们又用了足够的时间来详细考察处于呈现的位置上的各种事实。这些规定其实就是“可信度”标志。换句话说，卡尔尼亚德虽然否认印象当中没有任何标志性特征能让我们识别出斯多亚哲学所说的那种“把握性呈现”，但是他承认我们确实能找到各种（层次的）标志性特征（或程序）让我们把印象区分为具有不同可靠性的种类。

值得注意的是，卡尔尼亚德认为这三种呈现可以对应我们不同的生活需

---

① 参见塞克斯都·恩披里柯：《反逻辑学家》第 1 卷，第 182—183 节。

② 塞克斯都·恩披里柯：《皮罗学说概要》第 1 卷，第 227—228 节。

要,换句话说,我们并非总是需要最完善的第三种呈现:

> 正如在日常生活中,我们考察小事时只审问一个证人,但在考察更重要的事情的时候审问几个证人,而当被考察的事情是格外重要的时候,我们要审问另外的证人中的每一个;同样,卡尔尼亚德说在平凡的小事上,我们只用可能性的呈现作为标准,但是在更重要的事上,就用不可更改的标准;在与幸福有关的问题上,采用经过检验的呈现。而且,正像他们说的,他们针对不同的情况采纳不同的呈现,因此他们在不同的环境中并不信守同一个呈现。因为他们宣称在环境急迫、没有时间精确考察事情时,他们就只关注直接可能的呈现。例如,一个被敌人追赶的人跑进一条沟中时接受到一个呈现:那里有敌人的埋伏;于是,在这一可能呈现的支配下,他跑出那条沟,听从可能呈现的指导,而不去仔细确定那里是否确实有敌人的伏兵。但是,在有充足的时间来对被呈现的对象作出全面而仔细的判断的情况下,他们遵循可能的、经过检验的呈现。①

这些说法显出怀疑论思想与日常生活有紧密的关系。有意思的是,卡尔尼亚德对于最高级别的呈现所举的例子是当时民主共和政治中的"审查":"就像人民在集体大会上所做的那样,他们质询那些想做执政官或法官的每一个人,以便考察他是否具有值得信赖的执政能力或审判能力。"②对于具有可能性的表象,卡尔尼亚德认为就可以对之加以"认可",否则人们将无法生活。但是这种认可不是对事物的自身本性的论断,而只是对明白的事情(表象)的取舍。可能性或者"或然性"(probabile)是西塞罗翻译希腊的 pithanon 一词的拉丁词。正如前面所论及的,学园派讲的可能性不是指事物的客观概率,而是我们认识中的可靠性感受。这二者是不同的。人们感到可靠的东西,一个看上去明显是真的表象,原则上说还是完全可能是错误的。③ 不过,有些

---

① 塞克斯都·恩披里柯:《反逻辑学家》第1卷,第184—186节。

② 塞克斯都·恩披里柯:《反逻辑学家》第1卷,第184节。

③ 柏拉图在《高尔吉亚篇》等对话录中已经指出:在常人看来很有说服力的事物,令我们感到不得不同意的东西,完全有可能是错误的。所以,哲学家不盲从大众。但是按照卡尔尼亚德的说法,我们在生活中应当被动顺从"有说服力的印象"。

学者认为这种“或然论”已经使卡尔尼亚德与皮罗乃至阿尔凯西劳有很大不同。皮罗等人根本不区分不同的感受和信念的价值,从而对外界保持无动于衷;卡尔尼亚德的“或然论”学说则使人可能受外界信念系统影响,比如认为富有比贫穷可能更加好些,健康比生病可能更加好些,等等。① 卡尔尼亚德虽然被人称为一生奋战驱赶斯多亚的“认可”学说,但是另一方面,他还是同意作出某种弱的认可的,即他会认可有说服力的印象,尽管他会说他仅仅是在对向他显现为真或假的事情做反应。这样的印象足以推动他行动,但是不会让他持有意见,但是可以想象,这一相当积极的态度导向后来学园派的斐洛等人朝更为肯定的(“独断”的)方向发展,寻求确定性,也是十分自然的,并因此引起怀疑主义“原教旨主义”派的不满。② 皮罗派怀疑论对学园派的这一理论创新总体来说是持否定态度的,认为“可能性学说”的本质乃是企图断言可能的事情就是真的,而这是怀疑论不应该接受的让步。塞克斯都在《反逻辑学家》中讨论真理标准的时候说道:

> 能不能说使我们感到可信的、“可能的”事物可以被称做“真的东西”——不管它拥有什么本性,不管它是感性的或是理智性的,或是两者的结合?但是,这一观点也无法成立。如果可能的事物是真的,那么因为同一事物并不会使所有人相信,也不会使同一个人一直相信,我们就必须假定同一事物既存在又不存在,以及假定同一事物同时既为真又为假。因为就其使一些人相信而言,它将是真的和存在的;但就其并不使其他人相信而言,它将是虚假的和不存在的。但同一事物既存在又不存在,既为真又为假是不可能的。因此,可能的事物也不是真的;除非我们应当声称:使许多人相信的东西就是真的,比如,使众多健康人相信其甜但并不使患黄疸病的人相信的蜂蜜,我们可以真实地把它描述成是甜的。但这是愚蠢荒谬的。因为当我们考察真理时,我们不应当关注于意见一致者的数量,而应当关注他们的状况。患有疾病的人处于一种状况中,所有健

① 参见格罗阿克:《希腊怀疑派:古代思想中的反实在论潮流》,第121—122页;塞克斯都·恩披里柯:《皮罗学说概要》第1卷,第230节。

② 参见朗格与西德莱:《希腊化时期哲学家资料选编》,第460页。

> 康者处于同一种身体状态中。我们不应该相信一种状况而不相信另一种状况,因为如果我们反过来假定许多人从蜂蜜中尝到苦的滋味(如发烧的人们),而一个健康者尝到甜味,那么将肯定会得出结论:我们应当说蜂蜜是苦的。但这是荒谬可笑的。在这个例子中,我们把数量这一证据放在一边,仍然说蜂蜜是甜的,同样地,当众多人尝到甜味而一个人尝到苦味时,让我们放弃根据那些尝出甜味者的数量而称蜂蜜是甜的,让我们用其他方式来考察真理吧。①

在此,我们可以看到怀疑论内部争执时有一个与斯多亚哲学内部的争论十分类似的有趣现象。由芝诺所创立的斯多亚哲学的基本原理是:价值善恶(好坏)唯在于道德上的善恶,生活价值比如财富、生命、健康等等是“中性的”、“无所谓好坏”的。这是所有斯多亚哲学家都必须信守的学派原则。但是,真正面对实际生活时,如果生活价值是完全无所谓好坏的,就很难说明人们(包括斯多亚哲学家自己)为什么还要选择和行动。结果,有的斯多亚哲学家就把一批生活价值比如健康和财富规定为“可取的”——尽管不是“好的”,以便避开这一理论难题,又不违背斯多亚哲学的基本立场。但是,斯多亚哲学中一直不乏极端的“原教旨主义者”出来反对这一妥协,说这一让步也许看上去不大,实际上会动摇整个斯多亚哲学希望坚持的道义论原则。皮罗主义的怀疑论也批评学园派怀疑论不够彻底,“可能性”(“或然性”)之类学说,实质上还是对事物的实在性有所言说,从而会背离了彻底“悬搁判断”的立场。

卡尔尼亚德也像阿尔凯西劳那样不著述。但是他的忠实门徒、在他去世之后继任学园派领袖的克来托马库斯(Cleitomachus)认真地记录和阐发卡尔尼亚德的论证,写了大约400篇文字。西塞罗的《论学园派》就充分利用了克来托马库斯的记录。但是,“系统化”似乎总是一种没有活力的事业。此时,学园派怀疑主义在经历了两个世纪的兴盛发展之后终于结束。就像200年前柏拉图学园发生了从“老学园”进入到“新学园”的壮举一样,现在学园中又发生了从“新学园”走回“老学园”的大规模回归运动。西塞罗因为生逢其时,目

---

① 塞克斯都·恩披里柯:《反逻辑学家》第2卷,第51—54节。

睹范式转变,在其《论学园派》一书中生动地记述了大变化岁月中的戏剧性事件和争吵。他的老师、所谓柏拉图"第四学园"的领导人斐洛(大约生活在公元前1世纪早期)尚且还是怀疑主义的,但是已经不是那么绝对了。斐洛认为自己继承了卡尔尼亚德对于意见的表面认可,遵循"可能的"(有说服力的)知识,而且,这正是柏拉图本人的意思。柏拉图在《美诺篇》中不是同意我们在没有"知识"的时候接受"真意见"吗? 在《蒂迈欧篇》中不是讲述了一个"可能的"宇宙论吗?① 学园派最终转回到老学园的独断论,是通过斐洛的学生、"第五学园"的著名领导人安提俄库。他曾经也是一个怀疑论者,但是后来经历了信念的巨变,终于与老师斐洛决裂,宣布亚里士多德甚至斯多亚哲学才是柏拉图道统的真正传人。实际上,他的知识论采纳的大多是斯多亚哲学的"把握性呈现"学说。西塞罗甚至说:安提俄库是顶不住其他哲学的批评而放弃了怀疑论,结果自己的观点与斯多亚的几乎没有两样,他为什么不干脆转到那个学派去?② 当时,中期斯多亚哲学在巴那修和波西多纽斯等人的领导下向柏拉图主义这方面靠拢,而柏拉图学园派中也相应地出现了向斯多亚哲学的靠拢。某种哲学派别之间的合流正在出现。③ 然而,对于学园派200年来与斯多亚哲学的苦苦斗争来说,这样的结果不啻是一个莫大的讽刺。④

三　埃涅西德姆与皮罗主义复兴

当学园派怀疑主义在两个多世纪兴旺发达之后悄然重归沉寂之时,沉默良久的皮罗派怀疑主义在埃涅西德姆的领导下,于公元前1世纪重新复兴,张扬了一种比学园派怀疑主义处于鼎盛期还要极端的怀疑主义。如果说学园派

① 参见朗格与西德莱:《希腊化时期哲学家资料选编》,第449页。

② 参见西塞罗:《论学园派》第2卷,第21—22节。

③ 参见朗格:《希腊化时期哲学》,第226页。

④ 不过,虽然作为整个柏拉图学园的怀疑主义结束了,零星个别的、带有怀疑倾向的柏拉图主义者仍然不时出现。汉金森在其《怀疑论者》一书中就提到纸草文献中有一位阿诺(Anon,约前1世纪)所著之《柏拉图〈泰阿泰德篇〉评注》就探讨过皮罗主义。另外,有一位生活于1世纪末并与当时的斯多亚派哲学家爱比克泰德论战过的法弗里诺斯(Favorinus),也被人记载为一个学园派怀疑主义者。在他的思想中,还有不少皮罗主义的成分。有关讨论参见汉金森:《怀疑论者》,第8章。

在拒斥了所有信念的同时至少还持有一个信念:不应当持有独断信念,那么皮罗主义就连这一信念也不持有。需要指出的是,“新皮罗主义”在某种意义上不仅是在“复兴”皮罗主义,而且可以说是第一次创造了皮罗主义。因为皮罗和蒂蒙并没有系统的理论建设,而埃涅西德姆不仅基本原则和伦理精神上服膺皮罗,并第一次构建了符合这一原则的怀疑论理论体系,写作了《皮罗谈话》、《皮罗主义导论性大纲》和《论研讨》等“专著”。在皮罗与蒂蒙时代,虽然怀疑主义的大原则已经确定,但还缺少理论上的系统化与自我意识,谁也没有称自己是“皮罗派”。埃涅西德姆则不仅敏锐地把握了“彻底怀疑”的区分性标志,同时借鉴并发展了学园派怀疑主义两个世纪以来积累的成果,使得“皮罗精神”正式作为一个装备充足、理论框架像模像样的“怀疑论哲学学派体系”登上哲学史的舞台。在埃涅西德姆的众多著述中,他总结了著名的怀疑派“十式”(对人的感性认识能力的批判)和“八式”(对哲学家企图认识事物原因的理性能力的质疑),并且系统地剖析和攻击独断论者的“征象”(Sign)理论。实际上,几百年后的塞克斯都·恩披里柯在提到埃涅西德姆的时候经常用的称呼是“较早的怀疑论者”,以便与“较后的怀疑论者”阿格里巴对应。

不熟悉怀疑论谱系的人可能还会感到塞克斯都是不是弄错了,应当称皮罗为“较早的怀疑论者”才对。然而,塞克斯都可能宁愿把皮罗说成是怀疑论的思想鼻祖,但是将形成理论学派的怀疑派追溯到埃涅西德姆。人生长寿而思想短命的皮罗,如果不是200年后的埃涅西德姆把他的精神提升为一种系统的理论,可能不过是思想史中各种睿智的洞见中的短暂浪花之一。

有意思的是,皮罗复兴的重要领军人物来自学园派的“叛徒”。埃涅西德姆与柏拉图“第五学园”的领导人安提俄库是同时代人,也曾属于柏拉图学园派;后来因为不满意学园派的怀疑主义在斐洛的领导下向独断论回潮,蜕变为斯多亚哲学,愤而叛出学园派,转向“彻底的”皮罗主义立场。在他看来,学园派说话还是太断定了,比如对事物的不可知性就加以肯定;而一个真正的皮罗主义者,则连这一点也不加以绝对肯定。无论事物是可以被认知还是不可以被认识,都同样可以被论证。① 另外,学园派的怀疑主义的目的是理论性的,并不像皮罗派那样公开宣称是伦理性的——为了心灵宁静。埃涅西德姆却极为认同和强调皮罗主义的这一伦理性目的。古代学者福休斯(Photius)说他读过埃涅西德姆的《皮罗谈话》,看到埃涅西德姆是这样区分皮罗主义和学园派的:

> 他说学园派是独断论的:他们充满信心地提出某些东西,并且毫无疑义地否认某些东西。而皮罗主义者却是疑问的(aporetic)和不承认任何教义的。后者从不说所有的事物都是无法认识的,或者是可以认识的,而是说事物在这两方面没有区别,或者事物有时是这样的,有时是那样的,或者对于某人事物是这样的,对于另外一人又不是这样的,再对于一人,则甚至不存在……皮罗主义者不绝对地断定任何东西,甚至对于这一断言:"没有任何东西是可以断定的",也不绝对地断言。(他说,我们这么表达,是一位缺乏表达这一思想的方式)但是学园派,尤其是当代的学园派,有时同意斯多亚派的信念,事实上不过是斯多亚派反对斯多亚派。更有甚者,他们对于许多事情都独断;因为他们引入了美德与愚蠢,承认善与恶的区分,以及真与假,可信的与不可信的,存在的和不存在的之区分。他们还对许多其他东西给予了肯定的断言;他们只不过对"把握性呈现"表示了不同意。因此,皮罗的追随者,由于不肯定任何东西,就完全不会受到批评指责。他认为,学园派却会遭到其他哲学家所遇到的追究拷问。特别是,皮罗主义者由于对一切议题都怀疑,就保持了逻辑一贯性,没有自相冲突;而学园派却没有意识到他们是与自己自相冲突的。因为一方面毫无疑义地进行肯定与否定,一方面又提出普遍性全称判断即"没有任何东西是可以认识的",就会出现无法否认的自相冲突:你在承认这是真的、那是假的的时候,怎么还可能继续困惑和怀疑,而不断然选择前者,

---

① 蔡勒认为,早期的"新学园派"比如阿尔凯西劳与皮罗接近,甚至不承认"不可知"。但是后来的新学园派采纳了不可知论的立场。参见蔡勒:《斯多亚派、伊壁鸠鲁派和怀疑派》,第534页注。

回避后者?①

可见,作为一个理论水平颇高的"叛出者",埃涅西德姆对于自己过去的学派和新加入的学派之间的特点具有一般人所没有的清晰意识。他的加盟,不仅使得皮罗主义因为具有学园派所没有的彻底性而在学术界独树一帜,正式作为一个"皮罗主义学派"登上历史舞台。而且,埃涅西德姆带来的学园派理论素养和武器库,更有助于皮罗主义从一种人生态度朝向一个系统的哲学理论的转型。当然,学园派当时之所以积累了那么多怀疑武器,又与新学园派刚刚经历了与斯多亚派的200年激烈论战有关。由此可见,一个理论的出现,有着各方面的历史机缘,而不是随意的。

埃涅西德姆虽然以彻底皮罗主义的面目出现,皮罗派中并非人人对此感恩,持保留态度的人依然不少。比如塞克斯都在不少地方批评他依然有独断论——赫拉克利特主义——倾向:"埃涅西德姆及其追随者说,在明白事物中是有区分的,有些对所有人显得都一样,有一些则只对某些人显得如此;对所有人显得共同者是真的,而并非这样者便是假的。"②这种观点听上去确实十分像"赫拉克利特主义"的,再加上埃涅西德姆似乎认为事物本身拥有对立属性,人们对他的"派别归属"的疑问就是自然而然的了。对此应当怎么解释?学者们有不同看法。或许塞克斯都完全错误地理解了埃涅西德姆为了论辩而提出的一些观点;或许塞克斯都在有意歪曲他;或许埃涅西德姆思想经历了变化;或许他无意中受到了当时折中主义氛围的影响,等等。也有人认为皮罗本人就可能认为外部世界的不可知性的原因是客观的,这与后期皮罗主义多从我们主观上缺乏认识真理的标准入手论证有所不同。③ 由于材料匮乏,我们无法得出定论。不过我们同意学者们的这一观点:埃涅西德姆乃至整个怀疑派可以运用赫拉克利特哲学为自己服务。上面引文中与赫拉克利特哲学一致的思想就是:"唯有所有人都同意者才是客观真实的。"承认这一原则,在怀疑

---

① 福休斯:《图书集成》,169b18—170b3;LS,71C。

② 塞克斯都·恩披里柯:《反逻辑学家》第2卷,第8节。

③ 参见R.W.夏泊尔:《斯多亚学派、伊壁鸠鲁和怀疑论》,第30页。

派看来,人们就无法肯定任何认识具有真理性,因为人们对每件事都争论不休,没有任何共识。在伦理学问题上,人们对于什么是善,什么是恶,更是争执不下,冲突对立。所以,只有全面"悬决",按表象生活。

在埃涅西德姆之后约一个世纪,出现了怀疑主义复兴后的第二位著名人物阿格里巴。关于阿格里巴的生平和生卒年月,史家几乎一无所知,只能将其置于埃涅西德姆与塞克斯都之间的两百年中(约活动于1世纪)。他之所以著名,是因为被认为可能是怀疑派的"五式"的总结者,也就是说,阿格里巴从冲突争论、无穷倒退、相对性、任意假定及循环论证等五个方面指出人们的理性知识存在着无可救药的缺憾,必须终结。巴恩斯认为"五式"的提出在怀疑论的历史中具有举足轻重的意义,因为首先,"五式"是皮罗主义最为重要的方面,是古代怀疑派的核心;其次,从历史上看,"五式"对怀疑派此后的历史乃至一般认识论历史或西方哲学史有重大影响;最后,从纯哲学角度看,"五式"在今日知识理论当中仍然是一个中心话题。① 下面我们将详细讨论这"五式"。

四 晚期怀疑派

怀疑派在古代的最后一波发展主要是在医学当中。当时医学与哲学的关系远比现在要紧密,不少哲学家与医生一身而二任。根据汉金森的看法,从公元前322年亚里士多德去世到公元2世纪后半叶的伽伦的这500年里,是希腊生物学尤其是医学最有成就的时期。各种方法论的激烈论战激动人心。②早在希波克拉底时期,注重从"基本元素"和"体液"解释病症的医师与只在可观察的经验层面上诊断的医师就发生了争端。一般认为,希腊化罗马时期的医学分为三派:理性派(逻辑派)、经验派和方法派。第一种是独断论的,代表人物有狄奥克勒(Diocles)、希罗菲鲁斯(Herophilus)、爱拉西特拉图(Erasistratus)、阿斯克勒彼亚得(Asclepiades)等人;后两种总体来说属于怀疑主义的派

① 参见巴恩斯:《怀疑派的劳作》,第9页。

② D.福莱:《从亚里士多德到奥古斯丁》,第377页。

别,经验论的代表人物有菲利努斯(Philinus)和塞拉皮恩(Serapion),而方法派的代表人物主要是赛撒卢斯(Thessalus)和塞克斯都·恩披里柯。弗里德在《古代哲学论文》中对这三派的特点进行了概要的描述:

> 在医学中,问题是这么提出的:"医生在一具体病例当中是如何知道病人该怎样加以治疗的?"表述这一问题的另一种方式是:"什么是治疗的正确方法?"……很明显,"治疗方法"在此不是指治疗病人的方式,而是指医生得出何种治疗方案是正确疗法的结论的方式。因为,可以有理性方式与经验方式之区分。经验论者宣称一切都在于经验。我们的一般知识全来于经验,我们是通过经验才知道在具体病例中该怎么行事的。理性主义者却说,至少部分地要依靠理性才能得出我们所拥有的一般知识并知道在具体病例中该如何做。他们这么做,部分地是因为他们认为职业医学实践必须建立在科学理论的基础上,而科学理论必须用背后的实在来解释现象。这背后实在包括观察所不能及而只可以通过理性达到的隐秘本性、原因以及活动,如原子、不可见的腺管、器官的功能或本质等等。所以理性方法包括只有靠理性才能获得的无法观察事物的知识……在方法派看来,医学只不过是"明显的一般情况之知识",亦即关于某些一般的、重复出现的特征的知识,这些特征的出现与不出现可以由观察来确定。①

简而言之,理性派对病症的"背后原因"加以论断,经验派认为这些原因无法发现——而且对于医疗实践也没有帮助。方法派则对这些无法确定发现的"在先原因"(比如身体内部什么部位受到感染)既不肯定也不否定,只依据现象间的恒常关系进行治病。希波克拉底传统认为治病需要了解病人的年龄、性别、体格、生活方式、地域气候、季节等等,因为这会影响到各个病人的身体情况,从而有助于诊断和治疗。但是方法派对此毫无兴趣。② 著名医学家、2世纪后半叶的伽伦常常报道医学派之间的争论,他自己的著作也往往以考

① 弗里德:《古代哲学论文》,第161—162页。

② 参见《卡琉斯·奥勒李安努斯(Caelius Aurelianus)的方法派:一些知识论的问题》,见德莱积克(Philip J.Van Dereijk):《古典时代的医学和哲学》,剑桥大学出版社2005年版,第303页。

察这些争论为开头。他还专门写过关于这些争论及解决办法的著作,如《论经验派之间的分歧》(3 卷)、《论判定不同教义》、《论解剖学上的分歧》等。他说道:“经验派医生看到不同的人从同一现象可以推出不同的结论,便认为这一未解分歧(undecided disagreement)标明了不可知性……或者说,不可知性是未解分歧的原因;反过来讲,分歧是不可知性的征兆。只有关于不明事物的而非现象的分歧才是未解的,因为现象完全显现出本貌,并可以支持正确的观点,否证错误的观点。”①

最后必须一提的是,在晚期怀疑论当中最著名的那位医生当然就是塞克斯都·恩披里柯了。塞克斯都·恩披里柯的名字中虽然有“经验”(Empiricus)字样,但他却自视为“方法派”医生。对于塞克斯都的生平与活动,后人一无所知。只是大致认为他是 2 世纪人。他之所以有名,是因为他的著作总结了怀疑主义学说,这些著作幸运地被基本完整地保存了下来。关于他的书的内容,后人评价不一,有的说书中并无自己的创见,只是搜集前人中能找到的一切有助于怀疑主义目的的论证,堆砌起来;有的人却把他的书推举为西方哲学史上几部起过重大影响的著作之一。外国有学者评论说:“总的说来,我几乎倾向于把塞克斯都的著作看做除了柏拉图对话与新约以外我们所具有的希腊传统中最有意义的文献。”②这一评价的中肯之处在于怀疑派确实接触到哲学理论中的一些重要问题,这些问题并没有寿终正寝,仍然在引起新的探讨、新的流派。无论如何,今天人们讨论古代怀疑派,最主要的依据便是塞克斯都的著作。

如何讨论怀疑论,可以有各种进路。根据前辈学者们的建议,由于国内大多数学人对于怀疑派的具体理论不熟悉,最好先原原本本地介绍其思想,然后再作出评析。这样的建议对于古典学是有一般指导意义的,而且我们觉得尤其适合塞克斯都笔下的希腊怀疑论,因为塞克斯都在其庞大的著作中所阐发的那种“全面二律背反”的怀疑论思考模式,必须通过介绍他怎么处处贯彻这

① 参见巴恩斯:《怀疑派的劳作》,第 2—6 页。

② 艾尔默:《希腊化哲学》,第 321 页。

一原则来理解和感受。我们的阐述将分两步走。首先,我们将在本书第十一、十二章中尽量原原本本地详细叙述它的主要观点、论证与理论框架;然后,在此基础上,我们从理论和生活两个角度对怀疑派的主要哲学意义进行分析与反思(第十三章),以便提出我们关于理解这一浩瀚繁杂的"怀疑派论证武库"的一些可行思路,引起学界进一步的反思。为了避免重复,我们在第十三章所涉及的塞克斯都书中的观点与论证,在第十一、十二章中就不提或少提。所以,第十一、十二章的介绍虽然力求详尽,但主要还是希望读者了解怀疑派学说的概貌,并没穷尽它的所有内容。这样,介绍和分析两步工作虽然分工不同,但还是尽量使材料与分析互相结合。

第十一章

怀疑派对于“独断论”的批判

第一节　怀疑派的终极目的和基本思路

古代怀疑派经过了许多世纪、诸多阶段的发展和变化，与以斯多亚派为首的其他哲学派别展开了激烈的批评交锋，自身当中也存在各种不一致之处。但是，可以看出，皮罗式的怀疑派总的精神是一贯不变的，这种一贯精神在一定意义上甚至使它能与它的“对手”——晚期希腊其他哲学流派——统一起来。皮罗怀疑派的根本特征是它强烈的伦理目的性（一切理论活动服务于“心灵的平静”）及由此而来的怀疑理论的彻底性。

我们可以用一个简单的三段式来概括整个怀疑主义的理论结构即逻辑轮廓：其一，以“心灵宁静”为目的；其二，以“结束独断”（悬决）为达到“心灵宁静”的最佳途径；其三，以不可知论为达到“结束独断”的理论基础。蒂蒙曾记载：怀疑派创始人皮罗的最终目的是寻求幸福，为此要回答三个问题：什么是万物的本性？我们对它应采取什么态度？这一态度将给我们带来什么结果？皮罗自己的答案是：（1）我们无法判定感觉与意见是否与客体一致，无法认识事物的终极本性，没有公认的标准可以裁决人们的意见分歧。（2）所以，我们不能相信自己的认识，应当“悬而不断”（epoche）；对任何事物都说“既存在又不存在”，或“既不存在又不不存在”。（3）这一“不断定”的结果就是“不动心”状态，又称“平静安宁”（tranquility），或“无动于衷”(αταραχια)。①

我们对怀疑派的剖析也将从这三个方面进行。一般人们研究怀疑派,多重视它对认识可能性的批判的方面,因为这是“怀疑”给人最直接的印象。但是我们在下面几章具体探讨这个方面之前,必须先集中谈一下它的“目的”这个面,否则我们将很难理解古代怀疑派的独特本质。

在这个“目的——手段——手段的手段”的三段式中,“目的”是全部体系的聚焦中心。从亚里士多德到西塞罗,在规定终极目的(agathos,Finibus,the End)的时候都强调这一定义:目的就是其他一切悉为它而做,它却不是为了其他任何东西的“最终善”(好)。古典哲学的集大成者亚里士多德曾强调:唯有出自“理智好奇”的、不为实际功利而纯粹自为的理论才是最有价值的科学。正如朗格指出的,在上面所引的蒂蒙的话中,皮罗的问题——“什么是万物的本性”(physis)乃是所有希腊哲学的首要问题,几乎所有哲人都要撰写《论自然》(论现象背后的“本性”、真实的“是”)。但是,皮罗特别强调的是:对于这样的问题的回答立即应当决定下一个问题:“我们对它应采取什么态度?这一态度将给我们带来什么结果?”也就是说,怀疑主义公开宣称自己的目的是为了追寻生活的、“功利的”目的——心灵的平静无扰。如果说伊壁鸠鲁哲学着重强调:既然我们知道了万物本性是原子与虚空,那么我们的“怕死人生”就应当彻底改观,那么皮罗就是在建议:如果追问万物本性的事业(哲学,或者“独断论”)被彻底终止了,我们的生活难道不会因此改观而依然如故吗?

在此需要注意以下问题。首先,从文德尔班等人开始,许多学者把这一倾向表述为希腊化罗马时期的哲学的“伦理学转向”;在这个时期,伦理学第一次超出了本体论和认识论,成为第一哲学;对于“善”的考量高于对于“真”和“存在”的考量。一般来说,这样说有一定的道理。甚至西塞罗也说,皮罗认为美德是唯一值得考虑的,其他都不值得欲求。② 但是需要注意的是,希腊化

① 这段话是尤息比乌在《预备福音》中引用的阿里斯托克勒(Aristocles)在《论哲学》中的介绍,参见伏格尔:《希腊哲学》第3卷,第190页。

② 参见西塞罗:《论至善与至恶》第4卷,第43节。

罗马哲学所说的美德、终极善(此处最好翻译为“终极好”)并非我们一般理解的道德美德和善。这在怀疑论和伊壁鸠鲁那里尤其明显。怀疑论的特点之一恰恰是对所有道德价值区分持怀疑态度;事实上,希腊人还从没有想到过对于宗教和道德习俗都敢于怀疑的哲学居然还能成为一种“道德哲学”。所以,我们只有从“美好生活”、“心灵宁静自由”之一阶价值去理解“virtue”和“the Good”,才能把握怀疑论的基本目的,理解皮罗的“对 virtue 之外的一切都不区分和追求”的立场。

其次,西方当代不少学者经常讨论怀疑派究竟有没有“独断信念”:怀疑论是不是有所不疑、有所独断的?尤其是怀疑论对于自己的终极目的——以“心灵宁静”为目的——以及对达到这一目的的基本道路——悬搁判断,怀疑论是不是绝对肯定、毫不怀疑的?纽斯邦(Nussbaum)指出,尽管怀疑论竭力否认自己有任何断言,但是在其终极目的上,怀疑派是独断的,亦即从未对自己的“心灵宁静”也提出相反立场来“对立起来”。纽斯邦对此的解释是:怀疑派可以把自己的“宁静”取向说成是“自然倾向性”,而非“信念”;是一切生物都自然显现的本能冲动(如果狗的爪子中刺了个刺,它自然会设法拔出来),而不是由强烈信念论证的判断。① 怀疑派确实有这种退向自然维度的特点,这一点我们下面还会谈及。

虽然无论从理论上还是从希腊哲学史中看,“激烈快感型”目的都可以充当与“心灵宁静”不同的另一种“幸福”观,成为终极目的上的另一选择。前者是一种积极肯定的价值,后者是一种消极否定的价值。在伦理学或人的生活实践中,人们的追求总是可以有两种不同的取向:一种是诸如“狂喜”、“出神”、与充沛大存在合一之类积极的、肯定的终极目的;另一种是仅以“免灾而已矣”为终极追求(“拯救”、“悲悯、“平安即福”,等等)。怀疑论却不由分说地宣布唯有后者才是“幸福”。不过,有的学者比如 R.W.夏泊尔和汉金森却认为,怀疑论甚至对于自己的目的也没有独断,而是当做我们探讨“自然地终于此处”的“终止”来看。“end”在西方语言中既有“目的”、也有“终止”的意

① 参见纽斯邦:《治疗欲望——希腊化时期伦理学的理论与实践》,第 304—306 页。

思。怀疑论把自己的语言严格限制在“报告”或描述事物的呈现上,从不论断。于是,心灵宁静成了研究中的一种非追求的对象,是自然发生的一种经历、经验。于是,对于否认心灵宁静为最高幸福的人,怀疑论将无话可说。①

同样地,怀疑派在达到这一“宁静”目的的方法选择上,也从来不说“怀疑之路”与“独断之路”都是“同等可证”、“不分上下的”、处于无法解决的对立当中的,而是断然地否认独断论也是一种选择可能,坚持唯有怀疑派程序即悬搁判断才是唯一有效的办法。人们不禁要问:为什么说得那么决断(独断)?为什么对此不考虑和“探询”乃至“怀疑”?为什么不能通过其他方式呢?比如,伊壁鸠鲁派和斯多亚派也追求心灵的宁静,但是他们使用的方法论恰恰不是怀疑论,而是通过搞清楚问题,分清楚是非,然后坚持真理。事实上,这难道不是对达到心灵宁静的更为自然和有效的方法吗?在生活中,我们所看到的“心灵宁静的人”是那些对一切都不敢信任的多疑者还是那些立场坚定的信仰者?

怀疑派当然会意识到人们的这一质疑。怀疑派对此有一个很有意思的辩解。他们指出,自己一开始也是想与其他人一样,企图通过研究和解决冲突来使心灵安宁。但是,后来逐渐发现思想冲突其实是无法解决的,于是,他们彻底放弃了认识的希望,对冲突双方何是何非悬搁判断。没有想到,心灵并没有因此陷入绝望的痛苦中,反而豁然平静下来。久追不得的“幸福”突然涌现。由此可见,幸福首先是对自己的满意。“我是一个无能的理论追求者”的想法必然使人对自己的价值产生动摇和否定,令人失去自信自尊。但是,“理论是彻底不可能的事情,而不是我无能”的想法,则能帮助人恢复自我价值。怀疑派喜欢用一个近于禅宗公案的“歪打正着”故事来说明他们是怎样认识到“停止判断”会带来“心灵平静”的:

> 怀疑派曾有过画家阿派勒斯(Apelles)的经历。有一次阿派勒斯画马,想画出马的唾沫,但他失败了,气得他把用来擦笔上油彩的海绵扔向画面。未曾料到,海绵留下的痕迹却产生了马的唾沫的效果。同样地,怀

① 参见 R.W.夏泊尔:《斯多亚学派、伊壁鸠鲁和怀疑论》,第 31、114 页。

疑派曾希望通过在感性及思想的对象的种种分歧之中作出是非判定来获致宁静。由于做不到，他们悬搁判断。这时他们却发现平静好像是偶然似的随着悬搁判断而出现了，就像影子随着物体出现一样。①

如果我们要真正理解“怀疑派”的总框架中在与目的有关的重要环节上存在着“不怀疑”之处的特点，就不仅要从理论内部探索，而且从理论与时代关系的角度考察整个晚期希腊罗马哲学的幸福论与古典哲学的幸福论的重大区别。当然，古典哲学可以批评怀疑论乃至整个晚期希腊哲学“软弱”、“病态”、“无力”，而后者也可以指前者肤浅、盲目乐观自信，对人性中的罪恶深度了无意识。我们这里不必去分辨孰是孰非，只是提醒人们注意：晚期希腊哲学的品格由其终极目的所决定，已经与古典哲学有质的不同。如果说古典时期（至少在自由民范围内），个人与社会有一定的和谐与统一，国家用政治的权力抑制本族内部经济上的两极分化（富人有义务，穷人有津贴），全面培养公民；公民也不视国家为异化，而确信个人的全面发展只有在社会事业中才能实现；那么，到了希腊化时期，小城邦的直接民主制被中央集权化的僧侣——官僚——君主制的专制大国所取代，为祖国和家园而战的公民军（民兵）被为金钱和将军打仗的常备军（雇佣军）所取代。社会明显两极分化：一极是与人民大众远远分离、高高在上的“公共权力”；另一极相应地是对政治、对这种“冒充的集体”、“虚幻的共同体”疏远、敌对、漠不关心的私人。哲学反映时代精神。伊壁鸠鲁、怀疑派、斯多亚派，虽然三足鼎立，互不相让，但实际上都体现着“内的觉醒”与“外的否定”这一共同的时代精神。总体来说，晚期希腊哲学各派都是非政治的、非积极人生行动的，是以“心灵宁静无干扰”为终极幸福的。皮罗的老师阿那克萨库尚且是十分政治性的，在各种宫廷中激烈对抗专制暴君，最终被残酷处死。有个印度人指责阿那克萨库，说他的不幸是自找的，积极活跃于君王之间的人岂能得到真正的善。皮罗听了这话深有所悟，彻底退出政治生活，经常“自己与自己说话”而乐此不疲。蒂蒙对皮罗的赞扬也

① 塞克斯都·恩披里柯：《皮罗学说概要》第1卷，第28—29节。

集中在“彻底摆脱了对名声的关心”的品格上。①

最后,对于这种以“免除烦恼”为终极目的的学说,人们还应当进一步追问:什么烦恼那么重要?是一种还是几种?如果仔细区分,我们可以看到,严格地说来怀疑派实际上有两重目的,或企图帮助人们解决两类烦恼:一类是纯粹哲学的,即帮助那些在哲学研究中陷入各种冲突的观点之中、找不到出路、烦恼不已的研究者:“怀疑派的起因在于希望获得安宁。人们对事物中的各种矛盾冲突感到困惑,不知接受哪一方为好,于是便去研究事物中的真伪,希望通过解决这些问题获得安宁。”②这一类烦恼在有的学者看来,只不过是极少数“哲学爱好者”才会有的。另一类烦恼则是与大多数人的日常实践有关,这就是生活中的不幸际遇。怀疑论承认,谁也不可能要求人对于遭遇厄运保持完全的“心灵平静”,但至少可以帮助他们情绪起伏不至于太剧烈。古代怀疑派的对象域比今天怀疑派的要广,不仅仅涉及“知觉客体的属性”(那确实只会令极少数哲学家短暂困惑),而且包括伦理、宗教生活中的各种价值判断。其客观本质是否可知一旦被彻底“悬搁”,那么人们就不会过于密切地认同之,从而也就不会为其兴、亡、生、灭而大喜大悲。所以,总结怀疑论对这两个方面烦恼的态度,结论就是:“怀疑派的目的是使心灵对冲突和争议保持宁静,对必然发生的事保持温和态度。”③

第二节 “二律背反”:怀疑派的各个“式”

怀疑派既然认为为了达到“心灵的平静”,最重要的是要终止孜孜不倦的永恒追求,不再为达不到客观真理、完不成善德而折磨自己的灵魂,就必然集中火力攻击可知论,或者“独断论”。怀疑论对于“独断论”(dogmatisim)的提

① 参见第欧根尼·拉尔修:《著名哲学家的生平和学说》第9卷,第62—66节。

② 塞克斯都·恩披里柯:《皮罗学说概要》第1卷,第12节。

③ 塞克斯都·恩披里柯:《皮罗学说概要》第1卷,第29节。

及频率极高。在古希腊,“独断”一词在医学和哲学中表示对一般以为无法解决的科学问题执著肯定的、可知的观点。它在哲学史发展中,还有“超验知识(康德)”、“片面原则(黑格尔)”等义。古代怀疑派用“独断”这个词,主要是批评哲学家们的各种理论的“共同缺点”:没有充足的根据(或自以为有而实际没有)就盲目相信自己发现了真理。所以它实际上是指“可知论”,与不可知论是正相反的概念:“那些相信自己发现了真理的人,是‘独断论者’……”①事实上,正如我们在下面将要看到的,怀疑论把所有的哲学理论事业都看做是“独断”。因此,反对独断论就是反对哲学。

从塞克斯都的著作《反理论家》看,怀疑派对哲学(“独断论”)进行了全面、系统、不厌其烦的批判。这些批判有时繁杂旁出、蔓延无度,但是怀疑论还是不时跳出来从理论的高度对其进行抽象、提炼和概括。怀疑论所概括出来的一系列基本原则被称为“公式”(式)、“口号”(表达式)。这些高度一般性的纲领保证了具体怀疑中的深刻性和穷尽性,也使得怀疑派初学者不至于茫然不知所云,抓不住要害,被对手轻易化解。② 我们将首先分析、把握怀疑派在批判中所概括出来的这些基本原则,然后在下一章探讨这些原则如何被运用到哲学的各个部门中,形成对独断论各学科的具体批判的。

首先,塞克斯都总结了“怀疑派”的几种名称:怀疑派由于其研究和探询的主动性,也称“研究派”;由于在研究后所产生的心境,也叫“悬决派”;由于他们的怀疑和追寻的习惯,和对肯定与否定不作决定的态度,也称“困惑派”;由于皮罗彻底、公开地献身于怀疑主义,所以又叫“皮罗派”。③

这些名称其实并不一定是相互一致的。比如“怀疑者”(skeptkos)一词在

---

① 塞克斯都·恩披里柯:《皮罗学说概要》第1卷,第3节。

② 作为一个比较,我们看到当时的其他一些哲学也喜欢做这样的“概要”工作,比如著作等身的伊壁鸠鲁也写短小的概要书信,后来的伊壁鸠鲁派更是收集其格言,形成“40条基本要道”等等,以帮助人们明白伊壁鸠鲁的中心思想。

③ 参见塞克斯都·恩披里柯:《皮罗学说概要》第1卷,第226节。有关怀疑论的各种名称如“皮罗派”、“探研派”、“困惑派”、“悬搁(判断)派”等等,参见第欧根尼·拉尔修:《著名哲学家的生平和学说》第9卷,第70节。

希腊词义中是看、审视(skopein,skeptesthai)的意思,①这与塞克斯都对怀疑派的另一规定——“研究”(寻找)或“继续研究”——的含义大致一致;但是,却与另外两个名字悬决派和困惑派的含义不一定一贯。如果说怀疑派的目的是要通过终止一切认识的可能性来达到“心灵平静”,那么“悬决派”和“困惑派”应当是更好的名称,“继续研究者”则不妥。按照常理,应当是独断论或可知论才对“继续研究”感兴趣。我们在后面还会讨论这一矛盾。

其次,塞克斯都又提出了怀疑论的常用“公式”。每种理论从认识上看都是一个构成了一定有机系统的命题集合。命题(判断)是对于对象有所断定(包括否定)的句子,它必然有真假(只要语法正确)。怀疑派认为“对象认识不可能”,下判断不可能(判断必须被悬搁),因为句子的真假无法区分。为此,怀疑派的主要人物就去证明:关于任何对象的正反两个命题都可以同等地加以证明,即“既是又不是”,或“既不是又不是不是”。这样一来,只有“结束判断”、放弃理论活动。怀疑派十分明确地指出:“怀疑派体系的主要基本原则,是每一个命题都有一个相等的命题与它对立。”怀疑派相信这一原则带来的“结果就是停止独断”。② 停止独断或停止下判断也就是“悬搁判断”。用塞克斯都的话讲就是:“悬搁判断是理智的停顿,我们因此而既不拒绝也不接受任何事物。”“悬搁判断”(或者翻译为“悬决”,“悬而不决”)是怀疑派的一个标志性口号:

> “我悬搁判断”指的是“我无法说眼前的观点中哪一个是应当相信或不相信的”,这表明有关事情在其可信性与缺乏可信性上对我们显得是一样的。③

怀疑派对自己的这一总原则经常探讨、宣讲、传授,已经逐渐形成了一些高度浓缩的“公式”(formulae)或格言。其中有些“公式”早在德谟克里特那里就已有了。④ 如怀疑派表达“二律背反”的“公式”就有:“任何证据都可被一

---

① 参见汉金森:《怀疑论者》,第13页。

② 参见塞克斯都·恩披里柯:《皮罗学说概要》第1卷,第3节。

③ 塞克斯都·恩披里柯:《皮罗学说概要》第1卷,第195节。

④ 参见帕特里克:《希腊怀疑派》,第43页以下。

同等有力的证据所反驳”（To every Argument an Equal Argument is Opposed）以及“双方一样”（not more）。① 对由此而来的停止判断而不作任何肯定，则被表述为这样的一些格言口号：“我悬决”；“双方哪一方也不比另一方更有力量”；“凭什么说这一方比另一方可取”？更为谦虚、谨慎、不独断的表述是：“我不知道对于这些事，哪些该肯定，哪些不该肯定”；或“既不肯定，又不否定”；“我什么也不决定”（I determine nothing）；“不断定”；“无言”（non-assertion，aphasia）等等。

“二律背反”亦可译为“对立面等效”、“矛盾双方同等可证”。我们用“二律背反”是因为国内对这一术语较为熟悉，而且它在康德那里的近代使用显然与其古代使用有相通之处。“二律背反”原则本身比怀疑派的历史要古老得多，它是希腊哲学史之富有“辩证性”或者“善辩”、“好辩”乃至诡辩的一贯传统的产物。哲学一告诞生，便揭示出宗教习俗以及感性常识中的矛盾不一致（从而不足信赖）。这就有了“现象与现象的二律背反”的认识。但哲学家常常夸大了现象的虚幻方面，比如首先系统运用逻辑论证于哲学中的爱利亚派，根本否认感性世界的真实性。在许多既不愿放弃“明显事实”、又回答不了“逻辑论证”的人看来，这里就出现了“理论与现象的二律背反”。随着精神的生产与再生产，一批批哲学体系蜂拥而出，众说纷纭、莫衷一是、争执不下成为理论—哲学的一个显著特征。于是不仅现象之间、现象与理论之间，而且“理论与理论”之间也出现了“二律背反”。这三种形态的二律背反的发展表明人类对于自己认识能力的局限性的逐步认识。当它被无限制地夸大时，就会出现怀疑主义。希腊哲学中第一次大规模怀疑思潮——智术师运动——的主要原则之一就是“二律背反”。为了适应人们参加政治生活的需要，智术师传授演讲与“雄辩”的方法，向人们指出任何说法（包括相互矛盾的命题）都可以加以证明：“普罗泰戈拉第一个主张每一个问题都有两个互相对立的方面。甚至用这种方式进行论证……”②所以智术师们尽管对一切观点都加以驳斥，

① 参见塞克斯都·恩披里柯：《皮罗学说概要》第1卷，第202、188节。

② 第欧根尼·拉尔修：《著名哲学家的生平和学说》第9卷，第51节。

却不提出任何正面的理论建设。甚至高尔吉亚振振有词地论证“存在不存在、不可知、不可说”的三命题,也被人们认为并非认真提出和坚持反对爱利亚学派的反题,而只不过是把爱利亚学派的原则推到极致,以暴露其荒谬。① 至于事物是否真的“存在”,那完全可以因各人见解而异,没有客观真理可言。正如伏格尔所说的:“智术师派的二律背反原则给各种怀疑论者尤其皮罗派奠立了基本原则。”②我们在本书第二卷曾讨论过古代智术师大量运用二难论证的著作《双重论证》(*Dissoilogoi*)就可以视为对这一原则的系统运用。③

“二律背反原则”在柏拉图的许多对话中经常出现,这使得许多学者弄不清柏拉图自己的观点到底是什么。这种消极辩证法被柏拉图学园后来两位领袖阿尔凯西劳和卡尔尼亚德大加发挥,推举为唯一原则,形成了所谓“柏拉图新学园怀疑派”。前面说过,阿尔凯西劳在学园中“恢复了”讨论式教学法,不再“讲授什么”,而是驳倒学生的任何命题。卡尔尼亚德在那次著名的“出使罗马”中,对罗马青年证明“正义”与“不正义”的同等可证性,引起旧势力的厌恨与恐慌,更令人想起智术师在雅典的实践。

怀疑派继承了希腊哲学史中种种“二律背反”的论证模式,并把历史上依次出现的三种“二律背反”总结在逻辑的“完全分类”中。《皮罗学说概要》中专门有一章(第13章)讨论“达到悬而不决的一般方式”(general modes),其中指出:“一般地说,人们可以讲这是置事物于对立中的结果。我们或者把现象对立起来,或者把思想的对象与思想的对象对立起来,或者把现象与思想对象对立起来。”“二律背反”的关键就是证明这种种“对立”的成立。古代怀疑派充分利用了当时可能有的理论来做到这一点。经过多少代辛勤地总结、新创、归纳,这种证明已经形成了一套套有系统的“方式”。“式”(*τροπος*)即论证形式,英译为modes(方法、方式),procedure(程序),等等。“悬决的式”即引向悬决的论证形式。从《皮罗学说概要》中看,在漫长的怀疑论发展中,曾经总结出四种最著名的式:“十式”、“八式”(都是埃涅西德姆的)、“五式”(阿

① 参见格思里:《希腊哲学史》第2卷,第193页。

② 参见伏格尔:《希腊哲学》第3卷,第187节。

③ 参见本书第二卷,第124—132页。

格里巴的)与“二式”(梅诺多图的)。下面我们依次加以考察。

第三节 现象之间的对立:“十式”

“十式”是怀疑派最早总结的“式”,也许也是其最为出名的式。格罗阿克在《希腊怀疑派:古代思想中的反实在论潮流》中认为,它是整个“早期皮罗主义”的一次系统的总结。① 事实上,“十式”概括了整个希腊哲学史中各家哲学在认识论(主要是感性认识)上带有怀疑色彩的论证,换句话说,“十式”中使用的许许多多论证据后来的学者的考证都是“从独断论体系中搜罗来的”,很少有怀疑派自己的独创。② 所以可以说,十式从某种意义上看乃是对整个希腊认识史的否定性的总结。其中的不少论证具有相当高的思辨水平,到了近现代哲学,还不断为各家哲学流派一再使用。

为了让读者有一个较完全的印象,并且为了进一步讨论方便,我们下面先较为详尽地加以转述。在怀疑论的理论中,这十种式的先后排列并非十分确定,至少可以看到有几种排列法。《皮罗学说概要》第1卷第14章(即第36—163节)专门介绍十式,十式还见于第欧根尼·拉尔修的《著名哲学家的生平和学说》第9卷第80—88节;排法顺序与《皮罗学说概要》中的不尽相同,拉尔修把塞克斯都排列法中的第十式作为第五式,把第八式作为第十式。看得出来,大家都企图在10种引向“悬决”的论证模式之间找出某种逻辑递演顺序。一般认为塞克斯都的排序清晰而且完整。我们将按照塞克斯都所记载的排列顺序加以介绍与分析。塞克斯都是这样开始他对十式的介绍的:早期的怀疑派者一般认为导向悬而不决的“式”有10个:①动物的不同;②人的不同;③感官结构的不同;④环境条件的不同;⑤位置、间隔和处所的不同;⑥媒介物的不同;⑦对象数量与构造的不同;⑧相对性;⑨发生的多寡;⑩教育、法

① 参见格罗阿克:《希腊怀疑派:古代思想中的反实在论潮流》,第83页。

② 参见阿纳斯与巴恩斯:《怀疑派的式》,第41页。

律和习俗的不同。这10个式形成了由大到小、由主体到环境的一环一环的递进展开。

第一式,由于动物之间的不同,同样的对象不可能产生相同的印象。“动物的不同”是指它们有不同的产生方式和身体构造,在繁殖方式上也千差万别。这就会造成各种动物的感觉互相不同。而且,在“身体”最主要的部分(尤其是那些自然功用就是进行判断与感知的身体器官)上互不相同,也足以产生感性印象上的众多分歧。在常人看来是白的东西,黄疸病人把它说成是黄的,红眼病人则说成是红的。既然有的动物天生就是黄眼,有的是红眼,有的是其他的颜色,就完全有理由推测它们对相同事物的色彩感觉必不相同。如果压迫眼球,则所见事物的形状、大小就变成狭且长了。因此如果所有动物的瞳孔都是斜的,那么其感觉印象自然与圆眼动物的不一样。其他感觉也是这样,鸟类动物与贝壳动物的触觉怎么可能一致?耳朵宽的动物与耳朵窄的动物,声音的感觉当然也不同……再者,动物的好恶趋避也极不相同。甜油对人很相宜,对蜜蜂就难以忍受;海水对人是毒药,鱼却乐而游于斯;有的动物吃草,有的动物吃树,有些则食肉……“总之,对某些动物是愉快的东西,对别的动物并不然,而愉快与否又依赖于感觉。所以,不同的动物对于相同的对象得到的感觉是大不相同的。”①

塞克斯都在历数了众多事例后,得出他自己的怀疑派结论说:因此,“我们能说出的只是我们人自己关于对象的印象,至于它的本质,只好悬而不决。”人与动物看来对同一个事物的印象十分不同,那么,能不能说某种生物——比如说人——的印象是“对的”?塞克斯都认为不可能:我们不能在自己与别的动物的印象之间作出判断,因为我们自己也卷入争端。我们即使引用证据,那证据是否明白,也只是对我们人来说的。独断论者认为人比动物高明,因为人有理性,所以我们应当相信人的印象。对此,塞克斯都不无嘲讽地反驳说:似乎动物中最低下的狗的认识能力也不差。独断论者自己也同意动物的各种感觉都比人强。至于理性,“我们的主要敌手斯多亚派”说天赋理性

① 塞克斯都·恩披里柯:《皮罗学说概要》第1卷,第40—58节。

是关于趋友避敌的，是关于有助于此的技艺的知识的，是关于与人的本性有关及与激情有关的美德的。但是，狗也会趋友避敌：它追逐食物，并从举起的鞭子下逃开。它也拥有逐猎技艺，而且它不缺“美德”比如公正：它保护朋友，驱赶敌人。而根据哲学家的说法，美德不孤立存在。那么它既然已有公正，必然同时拥有别的美德……所以，我们无权说理性的人比非理性的动物的感觉更可靠，所以对于现象背后的东西的本质是什么，只能悬而不决。①

塞克斯都在介绍了依据动物与动物之间的分歧无解的第一式后，接下来又举出进一步的式来加强说服力。他说：退一步讲，即使为了论辩的需要，姑且假设人比非理性动物更值得信赖，我们也还是会发现：人本身当中的分歧仍然重大而且无解，从而依然不得不导向悬决。这就是第二式。

第二式建立在人们之间的差异的基础上。人据说是由肉体和灵魂组成的。在肉体上，不同民族和不同个人的形体、脾性、好恶不同；印度人的形状与斯基泰人（Scythian）的形状是不同的。而据说这些差异主要是由于人体中的“主导体液”的不同而导致的。主导体液会产生感觉印象的不同，所以不同人种的人们在驱避外物时表现出极大的不同。印度人喜欢某些东西，我们喜欢另一些东西，不同的喜好标明我们对同一个客体所接受的印象是不同的。即便在同一种族中，有些人消化牛肉比消化石鱼更容易；有的人善饮，有的人稍饮即醉。有的人晒太阳会发抖，却在阴影中感到温暖。在灵魂上，人们之间的巨大的无止境的差异的最主要证据，就是独断论者们关于什么是应当选择和避免的对象说法不一。所以，相同的对象对不同的人产生的效应是不同的。

关键是，面对分歧时我们应当相信谁呢？塞克斯都指出，“服从多数”是幼稚之见，因为无法把每个人都问到。相信一部分人如独断论者吗？也不是解决问题的合法办法，因为他们也是争论的一方。②

如果人们还未被怀疑派说服，塞克斯都并不失去信心，他说我们完全可以再退一步说：即使我们承认大家公认应当相信某些人的印象——比如相信斯

① 参见塞克斯都·恩披里柯：《皮罗学说概要》第1卷，第59—78节。

② 参见塞克斯都·恩披里柯：《皮罗学说概要》第1卷，第79—91节。

多亚派的"贤哲"的印象——以便在人与人之间的争执当中分出是非,我们还是会进一步发现,由于同一个人的各种感官之间的分歧冲突是无法解决的,最终还是不得不走向"悬决"。这就是第三式。

第三式根据感官的差异即各种感官是不同的,所得的印象自然不同。蜜使舌头舒服,对眼睛便不然,我们只能知道它(对某种感官)显得是否舒服,不能知道它本身如何。任何感性现象看来都是一种复合物,如苹果看来是光滑的、香的、甜的、黄色的,但它到底是真的具有这些属性,还是实际上仅仅只有一种属性——只不过由于人的感官不同而显得有不同的属性,这是无法知道的。我们可以想象有那样一个人,他出生时拥有触觉、味觉与嗅觉,但是不能听与看。那么,他就会认为可见对象与可听事物是不存在的,只有他能把握的三类感性性质才存在。在此,塞克斯都似乎想象得出独断论的回应,即有人会反驳:"自然会使感官与对象对应的。"但怀疑派对此充满蔑视地反问道:"哪一种'自然'? 独断论者关于自然实在性本身尚且还有如此之多的、尚未解决的争论意见!"①

进一步,甚至就一种感觉而言,怀疑论认为独断论也占不了上风,因为这一感觉还是会由于状态的不同而导致各种印象之间的无法解决的冲突,从而令人不得不悬搁判断。这就是第四式。

第四式讲的是人在感知时总会处于不同的状态,或是自然的,或是不自然的,或醒或睡,或年老或年少,或静或动,或恨或爱,或空虚或充实,或醉或醒,或惧或勇,或喜或悲。这些,必然使同一对象显得不同。塞克斯都举了大量例子来说明怀疑派的意思:疯癫状态中的人会听到魔鬼之吼,我们却没听见。充血之眼会把我们看上去正常的衣服看得艳黄。当然,区分正常人的状态和不正常人的状态可能是一个自然的建议,但是怀疑论说这是不合逻辑的:如果有人说是体液的某种混合使不自然状态中人对于背后对象产生了不适当之印象,那么我们会回答:健康的人也有混合之体液,它们岂不会也能使外部客体显得不同? 健康人处于对于健康人来讲是自然的状态之中,但处于对于病人

① 塞克斯都·恩披里柯:《皮罗学说概要》第1卷,第92—99节。

来讲是不自然的状态中。同样地，病人也处于一种对于健康人是不自然、对于病人却是自然的状态中。两者的可信性一样。

这也适于醒、睡、老、少、爱、恨等等其他“状态”。在梦中我们会见到从醒的状态讲会认为是不真实的东西；人在不同年龄段喜欢不同的东西；同样的食品对于饥者很诱人，对于绝食者很讨厌。醉时人们会干出清醒时视为羞耻的事。塞克斯都认为：这些分歧无法解决。因为试图断定是非的人也必然处于某一状态中（完全“不处于任何状态中”，是荒谬至极的想法），从而也是争论中的一方。人们总是倾向于认可当下的情况，所以，不能由醒者去比较醒者与睡者的印象，不能让健康人去比较自己与病者的印象。再者，评判者要运用标准，而标准又要证据。但证据的成立与否又要靠标准来衡量，这样就陷入了循环论证的绝境，最终还是引向悬决。①

从上述这四个式看，怀疑派是在主体方面一环套一环层层递进，从大说到小：动物之间的分歧难定高下；即使我们同意能定于人，人之间的分歧也难定；即使我们同意可以定于一人比如“贤哲”，贤哲自己的各种认识器官之间的分歧也难定；即使我们同意由一种认识器官当仲裁者，它在不同状态中获得的印象之间的分歧也无法定出是非高下。如此环环相扣，怀疑论便穷尽了“主体”方面的一切可能情况，“严密论证”了我们认识能力的深刻缺陷和无能。然而，这还只是一个开始，怀疑派者的“武库”还远远不止这些，下面还有从别的角度入手质疑的方式。

第五式根据的是位置、距离和处所。即，由于位置、距离与处所的不同，同一个对象会显得不同。关于“距离”，怀疑派者用的例子是：同一个门廊从其一角看，就显得截短了；但从中间看，就处处对称；同一条船在远处显得小而且静止，在近处看就显得巨大而且在动。同一座塔在远处显得圆，近处一看，是方的。这些都是距离带来的差异。至于“处所”造成的效果，塞克斯都用的例子是：一盏灯在太阳下显得昏暗，在黑暗中显得明亮；同一把桨在水中显得是弯的，离水之后却显得是直的。（麦特斯指出，桨在水中显得不是“弯”，而是

① 参见塞克斯都·恩披里柯：《皮罗学说概要》第1卷，第100—117节。

“断”。)蛋在禽中软,出来硬。珊瑚在海中软,在空气中硬。由于“位置”而产生的差异,塞克斯都用的例子是:同一幅画,平放时显得光滑,以某个角度前倾时,显出有凹凸。鸽子的脖子也会由于前倾角度的不同而显出不同的颜色。

塞克斯都从这大量并不十分统一的例子得出结论:“既然所有感性的对象都必须在一定的位置、从一定的距离、处于一定的处所中被感知,而这些都会各自产生大量分歧印象,那么我们被迫对对象本身性质悬决。”企图在分歧中作出决断的人要拿出证据,而证据又必须有别的证据来证明,这样会导致无穷倒退。塞克斯都在此与第四式结尾时一样,已经用了“后来怀疑派者”的“五式”思想。

第六式依据的是“中介”对我们的认识的干扰影响。怀疑派的策略仍然是在大量利用独断论的认识论理论曾提出的各种论证。塞克斯都说:“……由于对象从来也不会直接作用于我们的感觉,而必然总是杂混于某种其他事物,那么,我们只能知道外物及伴随它一起被感知者的混合后的结果,但无法确切知道外在的、背后的对象是什么样子。”比如我们的面色在温暖的空气中是一种颜色,在冷空气中却显得是另一种颜色。同一种声音在稀薄空气中与浓厚空气中听上去就不同。气味在热澡堂中就比在冷空气中更刺鼻;身体浸入水中轻,在空气中就重。

塞克斯都进一步说:不仅有外在的混合物,我们的感官中也一样有混合物,如眼中有液体。红眼病人看一切都血红。耳朵则内管道弯曲狭窄,充满分泌物,也会扭曲声音原貌。鼻子中也有东西,会影响嗅觉。这些现象许多人都看到,但他们或许指望理性能帮助“纠偏”。但怀疑派提醒人们注意:理性也一样。斯多亚哲学相信人的“主导部分”——理性——的力量,但是,在所谓人的“主导部分”——不管这是大脑还是心中——都有某种体液,于是这当然也会影响我们了解事物自身的真实本性。①

第七式讲的是对象方面的影响,即认识对象的数量与结构的不同会带来的不同认识。如羊角的锉屑看上去是白的,但在角上则是黑的。银屑分开看

① 参见塞克斯都·恩披里柯:《皮罗学说概要》第1卷,第124—128节。

显黑,结合成一大块就显白。小石子分散开显得粗糙,结合成一堆显得平滑。酒少喝一点强身,喝多了就把人醉倒。所以我们可以分别描述这些不同情况,但论及对象的独立的、本真的性质时,便无能为力了。① 这一式在不少学者看来,只说明人们不能对对象的“一般情况”简单下判断,但并不导向怀疑派。汉金森就说,完全可以设想锉下羊角屑的活动确实改变了其颜色,或者设想酒的效应确实是随着饮入量的大小而变化的。但是这只说明不能对“事物一般”进行论断,必须考虑它的量。阿纳斯与巴恩斯还说,塞克斯都必须承认,确实唯有大量饮入的酒才是“醉人的”等等。② 不过,麦特斯认为阿纳斯与巴恩斯过于强调塞克斯都讲“某某是什么”的表述了。因为塞克斯都自己提醒过人们,皮罗主义并不十分在意在表述上保持精确性。实际上,第七式仍是在讲现象,讲事物会由于一些该事物之外的因素而显得不同。③ 也许与此有关,这一式仍然受到有些学者的重视。如格罗阿克在《希腊怀疑派:古代思想中的反实在论潮流》中就常常着重指出这一式以及第十式(同样也被某些学者看来是不太“恰当”的),因为这些式说明了怀疑派想用“十式”达到的一个共同目的,或表达一个更为基本的式:“一切认识都是相对的。”具体的“相对”种类可以有许许多多,但它们的共同效果都是导致我们无法认知纯粹客观事物本身。④ 事实上,作为怀疑论的总体原则,这一“相对性”被塞克斯都列为第八式。

第八式依据的是相对性:“既然一切都是相对的,我们对其独立的、本真的性质只有悬决。”这一式放在这里,有些突然,因为它似乎是一个总结,应当被放在整个十式的最开始或者最后。按照塞克斯都自己的说法:前面所讲的各个式,依据的都是相对性,如认识总是相对于某动物,或者相对于某人,或者相对于某个特定感官,或者相对于一定的环境,或者相对于混合中介,或者相对于不同的构成方式等等。不过,塞克斯都认为除此之外,对于“一切皆相

① 参见塞克斯都·恩披里柯:《皮罗学说概要》第1卷,第129—134节。

② 参见汉金森:《怀疑论者》,第176—177页。

③ 参见麦特斯:《怀疑主义的方式》,第244—245页。

④ 参见格罗阿克:《希腊怀疑派:古代思想中的反实在论潮流》,第83页。

对"还可以有进一步的论证。比如,一事物是否与相对的事物不同?如果没有不同,那么它也是相对的;如果有不同,那么既然一切不同者皆相对于某些事物而不同,那么它也还是相对的。再如,有些事物是相同的,有些不相同;有些相等,有些不相等;这些都是相对性。① 汉金森对这些论证的评价是:古希腊人没有一个完善的"关系"(相对性)学说,这一点在柏拉图的《巴门尼德篇》第二部分及《斐多篇》讨论中便可以看到。这使怀疑派总能在这个方面命中独断论的要害,并促使其自我反思。②

第九式说的是事物出现的频率不同而带来人们印象的不同。从某种意义上说,这也属于"相对性",即一切认识相对于事物出现的频率而变化。塞克斯都在阐述中所用的例子是:太阳比彗星应当更夺目。但是,因为我们总是看见太阳,很少看到彗星,所以为彗星所震慑,甚至视其为神兆。太阳却被视为平常。地震也不会在第一次经历它和多次经历它的人当中产生同样的恐慌。大海、美人等都会令初见者惊艳,在习于见之者眼中就引不起激动。另外,少被人见者还会被视为珍贵,多见并易得者则不然。如果水罕见,那它会比现在视为珍贵的东西宝贵多少倍啊!如果黄金如石子一样遍布大地,谁还会看重并收藏它?

由这些考虑出发,塞克斯都认为只能得出结论:既然同一样东西由于出现次数不同会显得引人注目或平淡无奇,那么我们必然只能了解事物在出现次数不同的情况下对我们所显现的不同表象,但不能对事物本性有所了解。这一式也令我们悬决。③

第十式主要是与伦理学有关,即存在于不同的习俗规则、法律、传说信念和独断论者概念之间的分歧多且无解。这一式与其他各式之关注于感性认识的某个方面不同,进入另一个领域。朗格这么看:"第十式有时被人说成是关于价值判断的……但是更为准确的说法应当是:前面九式是关于事物自然显

① 参见塞克斯都·恩披里柯:《皮罗学说概要》第1卷,第135—140节。

② 参见汉金森:《怀疑论者》,第181页。

③ 参见塞克斯都·恩披里柯:《皮罗学说概要》第1卷,第141—148节。

现的样子的,第十式则是关于人们所采纳的不同文化观点之间的冲突的。”① 塞克斯都汇拢了怀疑派的许多观察,视野非常广阔。比如,习俗与习俗的冲突:埃塞俄比亚人给孩子文身,我们罗马人却不然;波斯人认为穿及足之染鲜亮色彩长袍好看,我们却认为难看;印度人在公共场合性交,大多数其他民族认为这可耻。还有,法律与法律的对峙:罗马人在宣布放弃继承父亲的财产后就可不代父付债,罗底亚人则付。斯基西人的法律要求把陌生人作为牺牲献给神(Artemis),我们的法律却禁止在祭坛上献活人祭。此外,传说信念之间的对立:如在有的故事中,人与众神之父是宙斯;在有的故事中,众神之父却是乌凯诺斯。再如,习俗与法律的对立:波斯人认可同性恋,罗马法律却禁止之。罗马人禁止通奸,有的民族却视为无所谓。还有,习俗与行为准则的对立:第欧根尼露出一个肩膀四处走动,我们却按习俗方式穿着。并且,行为准则与法律的对立:法律禁止打一位自由民,遵循某一教派的人却相互击打。虽然法律禁止杀人,角斗士却相互残杀。塞克斯都总结说:在生活中存在如此众多的差别,所以我们不能指出哪些特性属于它们的真实性质,而只能指出哪些性质是根据那些特殊规则、法律、习俗等等而被人接受的。结果,通过第十式,怀疑论最终还是导向悬搁判断的结局。②

“十式”的具体论证十分冗长(在《皮罗学说概要》的洛布译本中占了70页左右),我们在上面只是概述其旨要。从上面的介绍中,我们可以看出,贯穿在这些繁多论证之中的最重要的关键程序只是两步:(1)分歧的普遍存在,(2)分歧的等值性。③ 只要稍加反思,第一步其实不难理解。但是非反思的常识一般总是认为,分歧没有那么多,更没有那么深刻。所以,为了确立第一步,怀疑论用“十式”的方式系统地总结了长期以来人们观察和记录到的认识中的十种类型的分歧,其中大量使用了希腊各派哲学陆续提出的各种观察和论证,然后把它们系统地划分为三类:第一式至第四式是关于主体的,第七式和

① 朗格与西德莱:《希腊化时期哲学家资料选编》,第486页。

② 参见塞克斯都·恩披里柯:《皮罗学说概要》第1卷,第145—165节。

③ 参见朗格与西德莱:《希腊化时期哲学家资料选编》,第485页。

第十式是关于客体的,第五、六、八、九式是属于主客关系的,它们最后统统都可以归为"一式"——"关系"(相对性)——之下。

首先,主体方面,动物与动物由于起源和身体结构的不同,对同一对象产生的印象必然不同;即使人与人,也在形体与灵魂上有差异;即使同一个人,各种感官也不一样,得到的信息有质的不同;即使是同一认识器官,在认识时当然也要处于一定心理的状态中,而不同的状态必然也会造成不同的感受。其次,在客体方面,事物的结构不一致,习惯、法律、传统的自相冲突与相互冲突,也会造成人们认识上不能统一。最后,在主客关系上,主体与对象的远近距离,对象的罕见与否以及媒介的不同等等,也必然使同一对象对人造成不同的印象和感觉。可见,十式的排列显然是希望形成一个逻辑递进过程,力求彻底性和全面性。朗格认为塞克斯都不会在意十式的数目(也许不是十式,而是九式、八式),也认为排列秩序是开放的,可以变动的。① 我们认为这是不符合塞克斯都以及怀疑论的基本精神的。

必须指出的是,仅仅普遍"存在分歧"还不足以构成"二律背反"。人们在反思后,多少还是会看到或者承认这些分歧,但一般人总是本能地感到,在对峙双方中,有某一方的认识更为正确、更为可信,更具有最终权威性。所以怀疑派的第二步便是证明各种不同的认识"没有谁更有可靠性"(no more)或完全等值,用朗格的话说就是"无法裁定性"(inarbitrability),从而构成了二律背反:"我们无法在自己与其他动物的印象之间作出决断,因为我们自己也处于争论的一方中……"②对于分歧,不能用证据来下决断,因为论据的合理性("明白性")只是相对于人而言的。即使承认人比其他动物更可信,人与人之间的差异也没法裁决。虽然独断论者("一群非常自爱的人")保证他们的认识比别人更可靠,"但我们知道他们的保证是荒谬的,因为他们自己也是矛盾的一方"③。再者,认识的主体总是处于某一特定状态中,如果健康人认为"病"是"不自然"的状态,病人的意见不可靠,那么病人也有同样理由把健康

① 参见朗格与西德莱:《希腊化时期哲学家资料选编》,第485页。

② 塞克斯都·恩披里柯:《皮罗学说概要》第1卷,第59节。

③ 塞克斯都·恩披里柯:《皮罗学说概要》第1卷,第90节。

人看成“处于不自然状态中”。十式的基本精神就是各种相对性都证明了二律背反。前面说过，十式中的第八式讲的正是“相对性”，在那一式中怀疑论指出：万物都是相对的，或相对于主体，或相对于其他事物，或相对于主客体关系。它导向的结论是：我们“无法说出事物纯真状态下的各自本质……”只能对之悬而不断。所以，如果说十式是“亚属”（sub-species）的话，那么三类相对性便是“属”（species），而“关系”（相对性）就是“最高种”（genus），①这也就是怀疑论十式的总原则。

对于古代人，“相对性”意味着关系中的事物没有独立的存在。这一思想贯穿在怀疑论的各种学说中。不仅在“十式”中，而且在其他部门中，怀疑论都常常诉诸相对性论证法，比如怀疑论在怀疑真理（真的事物）实在性的时候的一个重要论证就是：

> 真实事物要么是绝对的和自然的事物，要么是相对的事物。但它不是其中的任何一种，我们将证明这一点，因而真的东西不存在。绝对地、自然地独自存在的东西会以同样方式影响处于同样条件下的人，就此而言，真的东西不是绝对地、自然地存在的东西。比如，热的东西并不对某人为热而对另一个人为冷，而是对所有处于相同条件下的人都是热的。但是，真的东西却并不同样地影响所有人，而是，同一个事物在与此人的关联中看来是真的，但在与另外一个人的关联中却是假的。因而真的事物不属于绝对地、自然地独自存在着的事物。如果它属于相对事物这一类，那么由于相对事物只是被设想的，没有真的存在，所以真的东西也将肯定仅仅是一个概念，并不真实地存在。另外，如果真的事物是一相对事物，则同一事物将同时既为真又为假；正如同一事物既在左又在右——“右”相对于该事物，“左”相对于另一事物，而且正如同一事物被说成既在上又在下——“上”相对于低于它的东西，“下”相对于处于其上的东西，同样，我们将不得不说同一事物既为真又为假。如果是这样的话，那

① 参见塞克斯都·恩披里柯：《皮罗学说概要》第1卷，第38节。

么这一事物就很难说更是真的而不是假的,它肯定不是真的。①

“十式”成型很迟。尽管有些人把它说成是由皮罗提出的,但是蔡勒等现代学者认为不可能,②它必然是“后来的怀疑论”埃涅西德姆的成就。它成型后,特别强调自上而下的逻辑完全性:由相对性总原则指向各个方面的相对性,再自上而下地指向各个方面的具体各项相对性表现。这使人想到柏拉图在《智术师》、《巴门尼德篇》、《政治家》等对话录当中对于“分类”的特别爱好。作为曾经是学园派一员的埃涅西德姆,当然不会对此陌生。这可以穷尽一切可能,达到逻辑上的必然性。当然,十式的内容,作为对感性认识的真理性的怀疑,在开始必然是零散的,自下而上的,而非系统的。相对主义导向怀疑主义,这是各个民族的哲学家最终都会达到的一种领悟。说到底,我们人的本体结构(包括尺寸大小、生命状态、“实践”范围)必然决定了我们所认识到的“世界”与其他本体结构的事物“面对的世界”不可能是一样的。

就希腊哲学史本身讲,相对主义式的怀疑派“证明”以及对它的反驳都出现得很早,早于埃涅西德姆的总结概括。柏拉图已经很明确地批评智术师派的怀疑主义立场的根源是相对主义(参见柏拉图的《泰阿泰德篇》)。这些相对主义观点,在宣布“人是万物的尺度,是存在者存在的尺度,也是非存在者不存在的尺度”的普罗泰戈拉的思想当中已经可以看到。塞克斯都在介绍反对真理标准的哲学家时,曾经说:

> 一些人也把普罗泰戈拉归入了废除标准的哲学家一类人中,因为他主张所有的感觉印象和意见都是真的,真理是一种相对的事物;他的理由是:一切向某人显现的事物或某人持有的意见的事物,都相对于那个人是实在的。……因此,疯子也是处于疯狂状态中的各种现象的值得信赖的标准;睡眠者是睡觉中的现象的标准,婴儿是婴儿状态中现象的标准,古代人是古代现象的标准。因境遇不同而不接受另一境域也是不恰当的,——即,发生在疯狂状态的诸现象不能因在心智健全状态下的印象而

① 塞克斯都·恩披里柯:《反逻辑学家》第2卷,第38—39节。

② 参见蔡勒:《斯多亚派、伊壁鸠鲁派和怀疑派》,第523页。

不被接受，睡眠中的也不能因清醒而予以否认，幼稚状态中的现象也不能因老年的印象而遭到反对。因为正如后者的知觉对象并不对前者出现，同样地，反过来说，被这些人接受的现象也不被那些人感受到。因此，如果疯子或睡眠者因其被发现处于心灵的某一状态而不是现象的可靠判断者的话，那么，因为心智健全者和清醒者也都处于某一特定状态，他们在决断其知觉对象时也不是值得信赖的。因为没有任何印象是脱离境遇而被接受的，所以每个人对他自己的境遇中所被接受的印象而言，一定是值得信赖的。这个人[即普罗泰戈拉]，像一些人认为的那样，拒绝标准，因为标准理论声称是对绝对实在的检验和真假之间的区分，然而此人既不承认任何绝对实在也不承认绝对虚假的东西的存在。①

我们从亚里士多德与智术师派的论战中，也可以找到“十式”论证的古老起源，比如在《形而上学》中，亚里士多德提到智术师的看法：

……同一物，有些人尝之为甜，另些人尝之为苦；由此推广而循思之，若世人皆病，或世人皆狂，其间二三子为独健或独醒，世人必以二三子为病为狂，而不说自己是病与狂。

又，他们说许多动物由感觉所得的印象与我们人类不同，即使同是人类，各人的感官也不全同。谁的印象真实，谁的印象虚伪，这并不明白；这一组人或动物的印象未必胜另一组。②

智术师的这些论证岂不让我们想到十式中的第一、第二式？而且智术师的论证要旨也是要证明事物“既是又不是”。亚里士多德作为形式逻辑的奠基人无法容忍这种公开破坏“不矛盾律”的企图，他在许多著作中仔细分析概念的细微差别，指出“二律背反”的不可能，宣称：“最为不可争辩的信念是：矛盾的判断不能同时皆真。”③

亚里士多德的批评也许针对的不仅是智术师，而且是“小苏格拉底派”中的居勒尼派，因为类似“十式”（尤其第四式）的怀疑论观点可以从所谓“感性

① 塞克斯都·恩披里柯：《反逻辑学家》第1卷，第60—62节。

② 亚里士多德：《形而上学》，1009b3—6、1009b3—10。

③ 亚里士多德：《形而上学》，1011b14—15。

派"的居勒尼派中看到。这个学派虽然认为应当以感性为唯一的知识基础，但是他们却并不承认感性知识具有客观性：

> 因为每个人都感受他自己独特的感受，至于这一感受在他自身中、在他的邻人身上是否由白色的对象产生的，由于他无法经验到他邻人的感受，那个人不能作出断定，而他的邻人由于没有经验到这个人的感受，也不能作出断定。既然对我们大家而言，没有共同的感受，那么，断定对我显现为这个样子的事物也会对我的邻人显现为这个样子，就是轻率的做法。因为，很可能尽管我是这样构成的，以至于从外面给我以印记的事物中获得一种白色的感觉，但另一个人的感官构造方式使得他接受到不同的感受。因此，对我们显示的东西并不总是对所有的人都是共同的。实际上，由于我们的感觉器官不同的构成，我们并不能接受同一的印象，这一情况在黄疸病人、眼炎病的患者以及那些处于常规状态下的人们的情况中也是显而易见的。因为正像在同一个对象的影响下，一些人有黄色的感受，另一些人有深红色的感受，还有一些人有白色的感受；同样地，那些在常规状态下的人们由于他们感觉器官的不同构成也不会从同一对象接受到相同的印象；而是：灰色眼睛接收的是一类，蓝色眼睛接收的是另一类，黑色眼睛接收的又是截然不同的另一类。因此，我们给事物一个共同名称，但是我们所拥有的感受对我们每一个人而言是独一无二的。①

这样的怀疑论在各个古代文化古国中都可以看到端倪。在中国古代，庄子曾经问道："民湿寝则腰疾偏死，鳅然乎哉？木处则惴栗恂惧，猿猴然乎哉？三者孰知正处？民食刍豢，麋鹿食荐，蝍蛆甘带，鸱鸦嗜鼠，四者孰知正味？……毛嫱丽姬，人之所美也；鱼见之深入，鸟见之高飞，麋鹿见之决骤，四者孰知天下之正色哉？"②又说，"自其异者视之，肝胆楚越也；自其同者视之，万物皆一也。"③对象自身谁也无法知道——认识总是相对于主体而改变。庄子的精神实质乃至举例方式，都与希腊怀疑派十分近似。当然，庄子与塞克斯

① 塞克斯都·恩披里柯：《反逻辑学家》第1卷，第18—19节。
② 《庄子·齐物论》。
③ 《庄子·德充符》。

都不同，不热衷于逻辑上的“完全分类，逐一考察”，这也是东西方思维传统从一开始就不一样之处。而且，庄子与赫拉克利特更为接近，最终似乎认可各种生活形式从而各种“世界”中的某一种更为接近真理。

在《万物本性论》中，卢克莱修在回击怀疑论的时候曾经详细记载了对手的论证。这些论述表明到了罗马时期，从希腊哲学开始的对感性认识的怀疑已经越积越多，而且被逐渐总结为有条理的系统，更显出难以反驳的力量：

> 我们乘坐的船在行进中可能显得停止不动，而停在那里的船却显得像是从一边疾驰而过；我们划船经过的山峦和平原看上去却在飞速退后。
>
> 群星看上去都一动不动地固定在以太的天穹上，实际上它们全都在不断地运动中，因为它们冉冉升起，又以明亮的身影跨越整个天空，然后回到它们遥远的落脚地。太阳和月亮同样看上去停在自己的位置上一动不动，虽然经验证明它们一直在向前行进。
>
> 远在大海中央的矗立着的群山之间，有一条宽阔地可以容下一支舰队自由通过的水道。但是这些山远远看去却像是联成一体的岛屿。
>
> 小孩子原地打转后停下来，觉得屋子在转动，柱子在旋转，好像整个房子要倒在他们身上似的。
>
> 而且，当自然开始托升起闪烁着颤动的火苗的阳光，让太阳从山后面爬上来，这时太阳看起来与下面的山岭很近，而且正在用自己的炎热的火苗碰到它们。这些山离我们不过弓箭射几千次那么远，而且常常甚至不过就是一支标枪投掷五百次那么远。但是，这些山和太阳之间实际上存在着广袤的天际之下的大片大片的海水；存在着成千上万块土地，上面居住着各种各样的民族和成群的野兽。
>
> 在铺石路上的缝隙之间，有时会有深不足一指的一汪水洼，它朝大地下面展现出一幅景象，其纵深看上去与高高在上开展着的天穹一样远，使你[往里面看时]好像在看着云彩和天空一样，好像看到明晃晃的星星被奇迹般地埋到地底下了一样。
>
> 再者，当我们的急奔的马被牢牢地卡在河中央时，我们朝下看着迅速奔流的河水；马虽然站立不动，却显得好像有一股力量把它的躯体向一边

裹挟,激烈地把它逆流往上顶。而且,我们无论朝哪儿看过去,一切都显得像是和我们一样在逆流向上游奔走。

另外,柱廊中的每根柱子之间的距离相等,高度相等;但是,当你从柱廊的一端观看它的整体时,它就像是渐渐地收缩到一个狭窄的圆锥形的尖点上去,房顶和地面汇合到一起,左边的和右边的柱廊联成一体,直到最后一切都聚集到那个圆锥形的点上消失不见。

一个海上航行的水手觉得太阳是从水波中升起的,又降落到海水里,隐匿自己的光芒;很自然,这是因为水手除了水和天之外什么也看不到。所以,你不要简单地认为他们的感觉的可靠性已经被完全撼动。

还有,那些对于海洋陌生的人以为港口中停靠的船只被肢解了,船尾破裂开来,在波浪中挣扎摆动。因为船桨和舵露出海面的部分是直的,而浸在水下的部分看上去都像是断开了、扭曲着并向上平展、又弯了回来,几乎像是在波涛上漂浮着。

当风卷着四处散开的云朵在夜间穿过天空时,闪闪发亮的星星看起来与云彩相对滑行、越过它们,这一运动方向与真实情况截然不同。

而且,如果把手放在一只眼睛下面,向上挤压眼睛,就会出现一种特别的感觉:我们所看到的一切都显得是双重的:有两盏灯在晃动着火焰,房子里的所有家具都添加了一倍,每个人都出现了两张脸和两个身子。

再者,当睡眠用甜蜜的倦慵牢牢绑住了我们的手脚时,我们整个身子陷入深深的宁静之中;但是我们那时却感到自己醒着,动着手脚。虽然我们身处伸手不见五指的黑夜中,我们却以为自己看见了太阳和白日天光,把自己的狭小的屋子当成了天空、海洋、河流和群山,迈着大步跨越平原;而且,虽然夜晚万籁俱寂,却觉得听见声音;虽然一声不吭,却觉得在长篇大论。①

伊壁鸠鲁派是决不接受怀疑论的。卢克莱修认为,虽然这些以及其他许多似乎令人困惑的事情好像都在动摇我们感觉的可靠性;但是事实上我们的

① 卢克莱修:《万物本性论》第4卷,第324节以下。

感觉是可靠的。这些事之所以欺骗人，最主要地是由于我们的心灵本身的意见被附加在感觉上，结果使不曾被我们看到的东西好像被我们看到了。最困难的就是把简单的事实与心灵所当下附加上去的可疑东西区分开来了。

“我们并不认为眼睛在这些情况下受到丝毫欺骗。因为眼睛的任务就是看到光亮在何处，阴影在何处；至于这是不是同一个光亮，或者，原来的阴影现在是不是过到那一边去的那个阴影，或者，要么事实是我上面所讲的情况——这些问题仅仅由心灵的理性力量所决定；眼睛并不能识别万物的本性。所以，不要把心灵的错误加给眼睛。”①

在希腊自由思想的年代中，人们解放思想，在理论上把逻辑推至终端，大胆思考和怀疑一切对象，甚至以哲学上的标新立异为荣，于是逐渐积累了各方面质疑、批判和“二律背反”的思考。埃涅西德姆就是在总结前人的“丰富宝藏”基础上，站在一定高度加以分类与概括，创立了怀疑论系统的“十式”，从而使怀疑主义上升到了一个全新的高度，由片段的甚至游戏的论辩上升为一种拥有基本原则和体系的全面理论。埃涅西德姆创立“十式”的影响很大；以后各种造“式”者群起仿效，总结、概括怀疑派的纷繁论证。其中，阿格里巴的“五式”是一个明显进步。如果说“十式”主要还用相对主义证明“现象与现象的二律背反”的话，那么“五式”就是抓住演绎理论的缺陷证明科学、哲学中的矛盾冲突的无法解决，从而导向怀疑论真正希望达到的目标——论证“理论与理论的二律背反”。

第四节　“五式”与“二式”

我们仍然按塞克斯都(本书第1卷，第十五章)的记载看一下“五式”的内容。简而言之，这五式的内容是“争论不休”、“无穷倒退”、“相对性”、“宣布假设”、“循环论证”等五种论式。塞克斯都在介绍这五式时，一上来便说：这

① 卢克莱修：《万物本性论》第4卷，第379—386节。

是由“稍后的怀疑派”(这个称号是相对于“较早的怀疑派”埃涅西德姆而言的)传下的引向悬决的方式,它们是:(1)由于常人和哲人们对事物的见解彼此冲突,我们难以决断取舍什么。(2)由于“无穷倒退”:用来作为证据的东西自身还需要别的证据,而别的证据又需要另外证据,如此倒退下去,找不到论证的出发点。(3)由于相对性,即对象总是在与判断者和感官的关联中呈现出来,所以不能判断它的真实性质。(4)由于假设:当独断论者被逼进“无穷倒退”论证时,他们不是通过论证确定自己的立场,而是简单地宣布某个东西作为出发点。(5)循环论证:用于证明讨论中的主旨的证据本身需由被论证者证明。①

塞克斯都在介绍完“五式”的内容后自信地说道:一切研究的事物在怀疑派看来都逃不出这5个式。因为被研究者或是感性对象,或是理性对象,但无论它们是哪种,都是争论不休的对象;因为有的人说只有感性对象是真的,有的人说只有理性对象是真的,有的人说某些感性对象、某些理性对象是真的。然而,人们怎样判定其是与否呢?先以感性对象为例,它由感性的对象还是思想对象来判定呢?如果是感性对象,那么既然我们正在研究感性对象,则充当断定者的那个对象自身又需要用另一个事物来确证它;……如此下去,则会引向“无穷倒退”。如果感性对象应当由思想对象来判定,那么由于思想对象自身也在争议之中,这一思想对象又须被审视与确证。它从何处得到确证呢?如果从思想对象,那它也会陷入“无穷倒退”;如果从感性对象,那么既然人们用理性对象来确证感性对象,现在又用后者来确证前者,于是便陷入“循环论证”。

塞克斯都接下去指出:如果我们的对手为了逃避这一结论,擅自宣称某一个命题为论证出发点,而不对之加以论证,那么,他就会陷入“任意假设”之式。怀疑派对于独断论“任意假设”的“真理”不屑一顾:人人都可以任意假设,从而谁也不比谁更有什么可信性。②

① 塞克斯都·恩披里柯:《皮罗学说概要》第1卷,第15章第164—177节。

② 参见塞克斯都·恩披里柯:《皮罗学说概要》第1卷,第170—172、173—174节。

以上塞克斯都一环套一环地介绍了“五式”中四式的使用。这四式在怀疑派中常常分开单独使用，但上面的描述表明塞克斯都认为它们可以作为一个体系，一张网来联合使用。①

如果我们把五式与前面的十式相比较，就可以看到以下其明显特点：在“五式”中，第一式（“人们的矛盾冲突”）与第三式（“认识总是相对的”）可以说是把十式抽象、浓缩为二，这表明了它的高度概括性和广泛普遍性。第三式即“相对性”一式的普适性，在他看来更是当然之事。因为很明显，一切感性事物都是相对的——它们相对于拥有感觉者。“思想对象”也是相对的，因为它们之所以被如此命名，就是因为他们相对于思想的人。况且，如果它们当真拥有据说它们所拥有的真理属性，那么人们就不会为之争论不休了。由于十式的核心被“五式”中的第三式所表达，从某种意义上说，整个十式已经被包含在“五式”当中，不必单独存在了。但塞克斯都却没这么说。在讨论完五式之后，塞克斯都特别补充说明道：那些较晚近的怀疑派者之所以提出五式，并不是要取代十式，而是与十式结合起来，以便用更多方式和更完全的方法揭露独断论者的轻率。②

五式的提出引起后来学者的高度重视，尤其是它所增加的专门针对理论家的新的三个式：即第二式、第四式、第五式。其中，巴恩斯说，“无穷倒退”一式可以追溯到第一个使用它来编织困惑的爱利亚派的芝诺。此后，各派哲学家都喜欢使用这一武器。塞克斯都在其各部著作中经常诉诸“无穷倒退”来攻击独断论者：用来论证的论证本身也需要论证，如此一一追溯下去，找不到开端。他有时指出独断论者的“论证”还要进一步论证，以至于无穷；有时指出独断论者的“标准”还要依靠进一步的标准，如此下去，以至于无穷；有时指出独断论者的“解释”还需要进一步的解释……如此下去，以至于无穷等等。③前面我们在介绍埃涅西德姆的“十式”中的第五式时，就提到在塞克斯都·恩披里柯的《皮罗学说概要》中第一次运用了“无穷倒退”的驳证法。

① 参见巴恩斯：《怀疑派的劳作》，第113—116页。

② 参见塞克斯都·恩披里柯：《皮罗学说概要》第1卷，第175—177节。

③ 参见巴恩斯：《怀疑派的劳作》，第39页及注。

与十式一样,五式看上去是一个完整的体系,但是它不可能是阿格里巴突然一下就想到的完善理论。它的各个式必然是被人断断续续发现和意识到的,这可以追溯到很早的时候。亚里士多德在《后分析篇》中就提到过当时的怀疑主义者使用无穷倒退法进行论证的例子,并且对之加以一定的首肯:

> 这些人说,我们被引向无穷倒退,因为我们不可能通过前面的事物了解后面的事物,如果不存在源初事物的话。他们的这一观点是正确的;因为我们不可能考察无数多的事物。①

亚里士多德自己在其他场合也认为理论如果陷入"无穷倒退",就标志着出了问题。比如在其伦理学当中,他认为活动的价值在于其目的,所以,"手段——目的——目的的目的"的链条必须终止于某个"第一目的",其价值完全在于自身,而不再是在于作为其他目的的手段。否则,"这就要陷入无穷前进,而一切欲求就会变成无益的空忙"②。

蒂蒙在反驳自然哲学家的时候也使用过无穷倒退:一切断言都必须得到论证,但是一切论证又必须预设其他的论证,如此下去,以至无穷。

至于"循环论证"一式,指的是在论证当中,论证者自身又用被论证者来证实。巴恩斯指出,独断论哲学已经常常用来相互攻击。当然,怀疑派使用它,并不是要像独断论者那样证明对手的观点错,自己的立场对,而是要证明一切观点都是可以证明或者否证的,从而导向"悬搁判断"。在塞克斯都的著作中,明确提到这一式大约有 35 次之多。他认为循环论证是"最不正确"的论证法,从而怀疑派的这一式是独断论最难回答的"最困难"的一式。③

最后,"凭空假设"指的是独断论为了避免"无穷倒退",就不再论证,而是"宣布"一个出发点,说它是"不证自明"的公理。就"宣布假设"一式而言,巴恩斯认为应当区分希腊关于"假设"功能的两个传统:一个是苏格拉底—柏拉图的传统,认为什么都可以假设,然后看看从中会推出什么结果。假设在此的作用是教学性的,并没断定被假设者的真理性;另一个传统是亚里士多德的,

① 亚里士多德:《后分析篇》,72b8—11。

② 亚里士多德:《尼各马科伦理学》,1094a20。

③ 参见巴恩斯:《怀疑派的劳作》,第 58—59 页。

亚里士多德使用“假设”的一个重要目的是确定公理、第一原则。它们之所以被假设，是因为它们不可证，不可以由其他事物认识；其他定理则必须从它们之中推出并得到证明。所以，假设在此，乃是一种对真理性的强烈断定，因为所假设者是“自明的”。塞克斯都反对的是亚里士多德传统的假设。塞克斯都的著作中使用这一式比使用其他式的频率高得多，大约有四五十次，这不仅指出现“假设”字眼之处，而且包括他所批判的独断论的“断言”，亦即没有任何论证的“宣称”而已。①

在此让我们用一个例子说明“五式”被怀疑派联合使用、四面包抄广泛地运用于对哲学各个部门的种种主题的批判。塞克斯都在《反逻辑学家》中说，怀疑论对于真理标准的可能性的批判首先是证明根本不存在什么真理（真的事物）。如果证明了这一点，则所有各种关于真理的哲学论述都垮台了。他的论证如下：

> 认为存在着真实事物的人，要么仅仅宣称真实事物存在着，要么还进行证明。对于仅仅下断言的人，人们将会向他断言相反的立场，即“没有东西是真的”。至于试图证明某事物是真的人，他要么用真的证据来证明，要么以不真的证据来证明；但是他当然不会认为自己是根据不真的论据进行证明，因为没有人会信任这样的证据。如果他根据真的论据，那么用以证明某事物是真的论据本身的真又是由何而来的呢？如果它凭其自身就是真的，那么“真理并不存在”的说法也可以凭其自身就是真的。如果是从证据中推演得到的，那么又可以追问同一问题：“这一证据为何是真的？”如此下去，以至无穷。既然为了弄清真的事物存在着，必须首先把握一个无穷系列，而无穷系列不可能被把握。那么，就不可能确切地知道有真的事物存在着。
>
> ……如果说，有人说：有些明显的东西是真的，有些则是虚假的，那么我们必须有一个判定哪些明显事物是真、哪些是假的标准。这个标准要么是对所有人都明显的，要么是非明显的。但如果它是明显的，由于并非

① 参见巴恩斯：《怀疑派的劳作》，第92—96页。

所有明显的事物都是真的,且这一明显的事物需要用另一明显的事物进行检验,另一明显的事物又需要再一个明显事物进行检验,这样我们就会陷入无穷系列。如果它是不明显的,那么"真的东西"将不单是那些明显的事物,还会包括不明显的事物。因为如果我们承认被用来确证明显事物的某些非明显事物的话,那么有些非明显的事物就必须是真的;因为可以肯定,真的事物不是根据假的事物来判断的。但如果有些非明显的事物是真的,那么,前面所假设的"仅仅只有明显事物才是真的"就不对了。

进一步说,非明显事物的真实性又是如何得到保证的呢?如果它自身就是真的,那么所有非明显事物都将自身为真。但如果它是由于论证而为真的,那它之所以为真,要么根据非明显的证据,要么根据明显的证据。如果根据的是非明显证据,那么这一非明显证据将需要用某一其他证据加以判断,而第三者又需要有第四者,如此下去,以至无穷。但如果根据的是明显证据,那么我们将陷入循环推理的谬误中——当我们用非明显事物来确证明显事物时,却反过来又根据明显事物来确证非明显事物。①

从上面的论证看,怀疑论使用了"简单断言"、"无穷倒退"、"循环论证"等论证方式。可见,五式是针对逻辑论证的,其核心是攻击"论证"的出发点,指出试图用逻辑论证支持某一种立场是不可能的,因为论证的最终基础是无法确立的。从更为具体的角度看,五式针对的是演绎理论。因此,五式的适用范围甚至超出了对哲学家的批判,而波及按演绎方法建立起来的科学系统。希腊民族素以重视演绎、重视逻辑思维闻名于古代文明。数学中的泰勒斯和哲学中的巴门尼德,标志着从"经验"向"证明"的转折。发展到怀疑派兴起的亚历山大时期,几何已经脱离哲学而独立,从用实验和观察建立起自己结果的经验科学,过渡为演绎科学,其方法论是自觉地从几个原始命题(公理)开始,通过逻辑推论而得到严密的结论。用公理法建立起的演绎的数学体系的最早典范——欧几里得的《几何原本》——已经问世。希腊哲学中也达成了共识,

① 塞克斯都·恩披里柯:《反逻辑学家》第2卷,第14节以下。

对命题不能仅仅“宣称”，而必须作出逻辑论证，这向来被视为哲学有别于宗教表象思维、权威信仰和日常生活经验的重大特点。亚里士多德曾指出：“论证”与一般三段式不同之处在于它的前提是真的，形式是正确的，所以“论证”能产生“科学知识”。如果演绎证明法被证明为不可能，那么各种理论势必就从根本上不能说明自己的合理性；相互冲突的命题也就会出现争执不下的“二律背反”的“死路”局面。怀疑派正是希望达到这一点。

演绎方法的特有难题是如何确保大前提的真实性。前提是用来支持结论的，但是它本身的真实性如何保证？如果再诉诸另一“更先命题”，就会“无穷倒退”，陷入恶无限。如果用被它证明的命题论证——这就成了循环认证。如果任意找个出发点呢？这又是其他人不会相信的“假设”而已。这种“出发点问题”（或称“演绎问题”，以与现在常称的“归纳问题”对应）很早就困扰着推崇演绎法的希腊古典哲学家。柏拉图由于不满意数学对自己的前提真理性不能保证（只是“假设”），把数学贬为理智中较低的一层，并认为唯有更高级的“辩证法”（哲学）是能够不用假设而直接把握第一原理的最高科学。

亚里士多德推崇论证型知识的“必然真实性”，但也明白“论证”不是万能的，演绎法不能无限制夸大。他指出大前提、第一原理虽然无法再“证明”，但由于我们对之有“直觉知识”，所以它比证明的知识还要更为可信。“直觉”使我们不必陷入无穷倒退的窘境，使我们可以找到整个科学演绎系统的牢固出发点。从这一原则出发，亚里士多德批判了当时哲学家中流行的“证明一切”的观点，指出如“不矛盾律”这样的原则就是一切原理中最无可争辩的自明原理；“有些人甚至要求将这一原理也加以证明，实在这是因为他们缺乏教育；……一切事物都加以证明是不可能的……”①

总之，哲学家多是用超出演绎证明的更高知识（即哲学——无论叫“辩证法”还是“直觉”）来解决“演绎难题”。这种解决办法以及难题本身，都随着演绎科学（主要是数学）的发展而不断出现，一直延续到现在。尽管形式变化了，细节上有发展，但是总体实质并没有突破五式的包围圈。由于数理逻辑和

① 亚里士多德：《形而上学》，1006a4—6。

其他数学学科的发展,“公理法”在今天成了十分重要的科学方法。“公理法”十分典型地反映出了演绎法的优点、特征与局限。它从一门学科的原理、概念中,分出一部分作为基本原理(“公理”)和基本词项,其他词项由基本词项定义,其他命题由公理直接或间接地推出;而公理与基本词项本身却不能由本系统中其他定律或概念所推出或定义,否则就是“循环论证”。因此,它们的确定性在本系统中无法得到保证,所以从终极意义上说还是“可疑的”。① 如果要穷究基本概念的意义和公理的真实性,只有超出本系统向“在先学科”回溯。比如非欧几何的相对不矛盾性由欧氏几何保证,而后者的不矛盾性又可归结为实数系统的无矛盾性……如此下去,一直追溯到自然数论,最后是集合论。这样通过“解释”(“模型”法)归结到的最基本学科,就成了后面所有演绎科学的根基。它是整个演绎系统的“大前提”、“出发点”。对它的本质的探讨已超出具体科学而进入一般的、抽象的、哲学的理论领域;它比起建立于其上的具体学科也显得更艰深、更不清楚,更是一个众说纷纭、争执不下的“假说的王国”。比如关于“数”、“数学”的本性问题,20 世纪西方就曾有过逻辑主义、形式主义、直觉主义等对立观点的冲突和争论。

怀疑论一直在不断概括、抽象、减少自己的基本原则,以便清晰把握问题的实质,并且给人以理论的震撼力。这种概括再向前走,便是《皮罗学说概要》第 1 卷第 16 章把五式进一步简化为“两式”,一式反对直接认识,一式反对间接认识:“认识”究其可能无非是这两种:或是直接地认识,或是间接地(通过他物)认识。但二者都是不可能的,所以一切认识都是不可能的:

> 他们认为,直接认识是不可能的,这很显然。自然哲学家在一切事情上,无论是感性对象还是思想对象,都争执不下,无法解决,因为我们既不能使用感性的标准,也不能使用理性的标准——我们能使用的一切标准都有争议并因此不可靠。他们也反对间接地(由他物)来认识(即论证)的可能,理由是:如果用来证明其他东西的东西自身必须先被另一个东西所证明,则必然或者陷入“无穷倒退”,或者陷入“循环论证”。如果一个

① 参见塔尔斯基:《逻辑与演绎科学方法论导论》,第 127 页。

人设定说，那用以证明别的东西的东西是通过自身就具备真实性的，那么上面的论证已经驳倒了这一做法：没有任何东西可以通过自身得到认识。①

无论直接认识还是间接认识都不可能，这就穷尽了一切认识的可能性。正如罗斑所说：“这两个论式就最后包括了怀疑派的全部论点。”②“二式”的作者是谁，是十分不清楚的。一般学者认为是阿格里巴之后的某个人。巴恩斯认为可能就是阿格里巴。但是各种推测都没有十分有力的证据。不过巴恩斯的一个看法颇值得注意：二式并没介绍什么新的式，但是可以看做是一个“式的系统”。严格地讲，这一系统还应包括“任意假设”一式。实际上亚里士多德在《后分析篇》A3 中就考察过这样一种怀疑主义系统。亚里士多德在考察之后得出的结论是，“无穷倒退”与“循环论证”确实是我们必须避免的，但是人们在一定的意义上可以合法地作出“假设”，从而可以跳出“怀疑之网”的包抄。亚里士多德这段讨论与阿格里巴的五式的“关联”被学者们多次注意和提到过，在有些学者看来，它们的用词甚至都十分相似，所以不可能是偶然的，应当有某种关联。史学家观察到，在公元前 1 世纪末时有过对亚里士多德主义的兴趣的复兴。因此，一个历史假设便是：也许大致生活于这一时期的阿格里巴读到或了解了《后分析篇》，深得启发，感到完全可以改造后用于皮罗主义的目的，从而构造出“五式”。不过，巴恩斯认为这一假设是否正确还有待证实。③

① 塞克斯都·恩披里柯：《皮罗学说概要》第 1 卷，第 178—179 节。

② 罗斑：《希腊思想和科学精神的起源》，第 376 页。

③ 参见巴恩斯：《怀疑派的劳作》，第 117—122 页。怀疑派还有一种“反原因论八式”，与这里所讲的没有直接的关系，我们将放在后面讨论。

第十二章

怀疑派对于各种具体学科的批判

十式、五式、二式等都是《皮罗学说概要》中的内容，按照塞克斯都自己的分类，它们都属于"一般的"理论。怀疑派在规定了自己学派的"目的"、"方法"、"原则"、"公式"以及这些"式"之后，就进入"具体的"学说部分，也就是运用一般原则对独断论（哲学及一切理论学科）的各部门进行批判。这构成了《皮罗学说概要》第2、3卷以及《反理论家》的11卷大书。这是本章的阐述对象。我们首先用三节讨论怀疑派对哲学各个部门的批判，然后在最后一节讨论怀疑派对哲学之外的其他学科技艺的批判。

晚期哲学已形成"逻辑学（认识论）"、"自然哲学"、"伦理学"的三分法固定模式。塞克斯都说最早明确采取这种哲学三部门分类法的是老学园派的塞诺克拉底、漫步学派和斯多亚主义者：

> 他们把哲学比做富饶的果园，自然哲学比做果树的伟岸，伦理学比做果实的丰裕，逻辑学比喻为围墙的强硬。还有一些人把哲学类比为鸡蛋：伦理学像蛋黄，它孕育鸡仔；自然哲学是蛋清，为蛋黄提供营养，而逻辑学则被比做外壳。然而，哲学的各个部分并不是相互独立的，而果树与果实不同，围墙与果树有别，故而波塞多尼斯更喜欢把哲学类比为动物——自然哲学是血肉，逻辑学是筋骨，伦理学是灵魂。①

怀疑派同意把哲学分为三个部门，认为这比分为一个或两个部门要好。

① 塞克斯都·恩披里柯：《反逻辑学家》第1卷，第17—19节。

然后,怀疑论运用其二律背反的原则对所有这三个部门一一加以批判,务求穷尽无遗漏。就排序而言,是从逻辑学开始,因为独断论哲学赋予了它重要的地位,怀疑论作为一种对于认识本身反思的学说,也最为关心如何推翻这个学科,并在此基础上批判自然哲学和伦理学:

> 斯多亚学派也主张逻辑学在先,伦理学次之,自然哲学最后。因为我们必须首先坚固我们的精神以守护传统;而使智性得到坚固的,恰恰是辩证法部分。接下来我们必须为了提升人的道德修养而探讨伦理学理论;因为当伦理学建立在已经建成的逻辑学基础上时,对其接受就不会遭受任何威胁了;最后我们必须加上自然哲学学说,它是一个更神圣的、需要更深层的重视的对象。①

在此,我们回顾一下另外一个怀疑论者西塞罗的哲学著作,可以得到一些启示。西塞罗在哲学上基本属于"学园派怀疑论"。他系统撰写的哲学著作也试图全面地用学园派的原则讨论哲学的各个主题。其中,他的认识论批评应当说反映在《论学园派》中,他的伦理学批评反映在《论至善与至恶》中。但是他没有写过《论自然》,所以他似乎缺少塞克斯都的《反自然哲学家》第1卷第一部分的哲学。不过,这也不能绝对地说。因为他写过《论神性》,而我们后面将指出,对于神的怀疑性讨论构成了塞克斯都《反自然哲学家》第1卷第二部分的重要部分,因为"神"在古代被视为自然的中心。此外,西塞罗的哲学著作还有《论命运》,这也可以被视为自然哲学的主题。至于西塞罗关于修辞学和占卜的著作,则不妨与塞克斯都的《反诸学科技艺教师》对照起来看。

让我们回到塞克斯都的体系。《反逻辑学家》大致是从两个角度批评知识的可能性:(1)"反直接知识"(反真理及真理标准);(2)反间接知识(反对作为发现方法的论证)。《反自然哲学》则全面批判了古代自然观的各个理论:(1)反对"本原"理论(包括"神","原因","形体");(2)反对运动(宇宙演化论等等)理论;(3)反对空间、时间的有关理论;(4)反对"混合"、"数"的哲学。《反伦理学家》明显可以看成由两部分组成:(1)反对"绝对的善恶"的认

① 塞克斯都·恩披里柯:《反逻辑学家》第1卷,第22—23节。

识;(2)反对哲人们提供的“生活艺术”。

在所有这些批判中,怀疑派用前面所提出的各种“式”(十式,五式,二式)为一切命题找出反题,证明反题(又并不相信反题),从而表明“二律背反”是理论思维无法避免的必然结果,“理论与理论的对立”无法解决。悬而不决从而终止独断(终止哲学!)是唯一可能的出路。

第一节　批判逻辑学

逻辑学是关于真理的学说。① “逻辑学”在古代的含义比现在要宽泛得多,它的内容不仅包括了现在的“逻辑学”,而且涵盖了现在的哲学“认识论”。晚期希腊罗马哲学对这样的“逻辑学”的重视比古典时期要大得多;逻辑学不再仅仅是哲学的工具(亚里士多德),而是哲学体系中与物理学、伦理学三足鼎立的一个正式部门,而且担负着整个哲学的真理性的基础任务,这从上面引用的斯多亚派的“果园之比”、“鸡蛋之比”等论述就可以看出。作为专门探讨如何发现真理的标准方法的一门学科,它应当是整个哲学探讨的起点和先决条件。这反映出希腊哲学经过几百年长足争论与发展后,对理论本身的可能性的反思意识日益上升,最终达成了这样的共识:理论作为一种认识事业,必须首先确立认识可能性、理论的合法性。所以,不必等到近代“认识论转向”,在古代哲学中,认识论地位也已经逐渐上升。

实际上,怀疑论确实应当最为关心逻辑学,因为怀疑论是一种元理论,也就是说,它对具体的对象性研究不感兴趣,不介入关于对象的各种立场,而是对于“研究”的可能性本身进行反思——一种最终结论是否定性的反思。怀疑论之所以在批评了逻辑学之后还讨论自然哲学和伦理学等对象性学科,应当视为是作为逻辑学(反逻辑学)的例证,进一步证明一切对象性研究都是不可能发现真理的。塞克斯都在介绍了哲学划分为三个部门(逻辑学、自然哲

① 参见塞克斯都·恩披里柯:《皮罗学说概要》第2卷,第18节。

学、伦理学)之后说:

> 我们所要坚持的乃是:如果应当在哲学的每个部门中探求真理的话,我们必须首先拥有辨识真理的可靠原则和方法。既然逻辑学部分包含了标准(criteria)和论据(proof),我们就应从逻辑学开始。在对独断论者的批判中,为了便于我们的考察,鉴于明白的东西应当根据某种标准而直接被认识,非明白的东西应当通过明白的东西推论,以征象(sign)和证据的方式被发现,所以我们将按照这一顺序探求:首先研究是否存在着通过感觉或理性直接认识的事物的标准;其次,研究是否存在着能表征或者能证明非明白的事物的方法。我认为,如果这些都被否定了,那么,既然无论在明显的事物还是在晦暗的事物中都无法发现真理,那就不该对悬搁判断的必要性有任何疑问了。①

在这段话中有几点值得我们的注意:第一,怀疑派的宗旨、最终目的是批判可知论的认识理论。一般来说,人们可能会预期怀疑论对“逻辑”的批判得到“逻辑不成立”的结论。不过令人困惑的是,怀疑派为了做到“全面彻底”,最终得出的结论却是逻辑成立与否都一样(no more)、都有道理;换句话说,他们连“否定逻辑”这一断定也不愿作出。这么做是当真坚持怀疑论的本质还是为了避免敌人的攻击而不得不作出的让步?这一困惑将引导我们对怀疑论的研究。第二,《反逻辑学家》的主要内容是:真理标准论、真理论、征象论、论证论、三段论、归纳、定义、划分、诡辩。从塞克斯都上面的话看,怀疑论把它们分为两大部分,第一个部分是以“真理”和“真理标准”理论为中心的直接知识(感性认识)理论,第二个部分是间接知识(理性认识)理论,包括征象论、论证论、三段论、归纳、定义、划分、诡辩。

在本节当中,我们主要介绍怀疑论在批评直接知识时关于“真理标准论”的讨论。至于间接知识中的“征象论”与“论证论”,将在后面涉及。

一　关于真理标准的反思

下面我们主要考察“逻辑学”中最主要的、也是最重要的认识论学说,即

① 塞克斯都·恩披里柯:《反逻辑学家》第1卷,第24—26节。

真理标准论。由于晚期希腊哲学的反思性,“真理标准”问题成为各种肯定性哲学中的重要主题。怀疑论认为事物存在的标准有三层含义:一般意义上的标准指的是理解的各种手段比如视觉、听觉和味觉;特殊意义上的标准指理解的技术性手段,比如尺子、天平、直尺和圆规等等;最特殊意义上的“标准”指的是对非明白对象的所有理解手段,即“逻辑尺度和独断论哲学家所引入的用以发现真理的那些方法”①。在晚期希腊罗马各种哲学那里,虽然真理标准有时被视为是理性,但是大多指的是感性:清晰明白的东西当然是理论大厦的基础和尺度。卢克莱修在《万物本性论》中说:“正如在建造一座房子的时候,如果最初的量尺是扭曲的②,如果矩尺错了,上面的线不直,如果水平仪的任何部分有一丁点儿的不对,整个房子造出来后必然全盘皆错,歪歪扭扭地倾斜着,这里凸出来,那里凹进去,一点也不对称,以至于有的部分看上去马上就要倒下来,有的部分确实倒塌了。这一切灾难都是由于一开始时采用了错误的原则。所以,如果你的推理建立在错误的感觉上,就必然是扭曲的和错误的。”③作为怀疑感性知识的真理性的怀疑论,塞克斯都对于怀疑论为什么重视真理标准问题所给出的理由是:

> 标准问题是一个处处受人争议的话题,这不仅因为人从本性(essence,亦可译“本质”)上是热爱真理的动物,而且还因为标准问题对哲学的最为一般的体系的最重要问题作出裁定。因为,要么人们无法找到事物的确实存在的准则,那么独断论所吹嘘的宏大庄重主题也就不复存在;要么相反,如果确实有把我们导向对真理的理解的办法,那么怀疑论就被证明是鲁莽的、公然漠视公认信念的。事实上,如果人们花费了很大的精力来考察外在的标准——诸如直尺、圆规、称量和天平,却忽视我们内在的、作为这些外在尺度的公认检验标准的话,那将是荒唐可

① 塞克斯都·恩披里柯:《反逻辑学家》第1卷,第33节。

② “regula”或“canon”,字面意思是泥瓦匠或木匠的尺子,这也是伊壁鸠鲁讨论其知识论的著作的名称。伊壁鸠鲁已经对正确的研究规则和正确的建筑方法进行了类比。

③ 卢克莱修:《万物本性论》第4卷,第513节。

笑的。①

事实上，我们从前面对于“十式”的论证就可以看到，对于怀疑派来说，批判真理标准论是其“二律背反”理论的核心，因为怀疑派的核心思想支柱是：分歧普遍存在而且无法得到解决——无法找到公认的“尺子”裁决争执各方孰是孰非。所以，仅仅指出“分歧”普遍存在是不够的，更重要的是进一步指出：试图通过“标准”来解决分歧的努力也是不可能的——因为有关标准本身也有许多无法解决的分歧。

正因为此，古代怀疑论所讲的“真理标准”与我们今天所理解的不太一样，范围要广得多。它不仅包括现在一般所讲的“通过什么手段裁断”，而且包括了“由谁来裁断”（主体）、“如何裁断”（程序），这一点，怀疑论通过与日常生活中使用的“标准”加以类比来说明：

> 在称量物体的轻重当中，有三种标准：称量的人，秤，称量的行为——在这些标准中，称量者是主体方面的标准，秤是工具方面的标准，称量的行为是应用方面的标准；再如在判断物体的曲直时需要工匠、直尺和直尺的运用；同样，在哲学中为了断定真假，我们同样也需要上面提到的三种标准；在这里，人作为判断过程中的主体，与称量者或工匠相对应；感觉或理智作为判断凭此得以进行的工具，与秤或直尺相对应；感觉印象的应用，作为人们凭此进行判断的标准，与前面所说的工具的使用相对应。②

如果我们对应于这几个方面，现代哲学中关于真理标准的几种主要意见，比如感性经验标准论、理性标准论和实践标准论，都属于第二类即“手段”类标准，最多涉及了第三种即“程序”类标准，不会讨论到“主体”类标准。可见古代怀疑派对“真理标准”的批评力求系统与全面，以便穷尽所有可能的方面。塞克斯都说，他不会一家一家学派地去批评“独断论”的标准理论，而是指出，既然真理标准有三个方面——认识者、认知工具及真理检验程序，——

① 塞克斯都·恩披里柯：《反逻辑学家》第1卷，第27—28节。

② 塞克斯都·恩披里柯：《反逻辑学家》第1卷，第31—32节。

那么只要依次证明这三个方面都是无法理解的,也就彻底驳倒了真理标准学说。① 这样的说法蕴涵着怀疑论的一种方法论原则:把一个主题分为几个阶段。怀疑论认为自己完全可以充分地驳倒第一个阶段,从而下面几个阶段的批判其实都是没有必要的。但是,假如万一有谁对怀疑论在第一阶段的"有力批驳"还心有疑虑,则下面还有几个阶段的批驳逐层设防,所以万无一失。

下面我们将概述塞克斯都对真理标准的这三个方面的驳论。

首先,作为真理认识者的人。怀疑派对此的质疑分为两步:第一步是论证"人"这个概念就是"不可思议的",第二步是论证即使可以把握"人"的概念,还是无法认识人的本质。

怀疑论对于"人"根本就不可了解的论证,诉诸的是考察并指出各派哲学对于"人"的概念的规定统统都不能令人满意。柏拉图对话录中的苏格拉底承认他不知道自己是一个人还是别的什么东西;德谟克里特说"人就是大家都知道的",然而按这种说法,我们也知道狗,狗就成了人;而有些我们不知道的人便不是人了。而且,世界上没有谁可以称为人,因为没有人会被所有的人知道。德谟克里特还认为万物皆是由原子与虚空构成的,那么别的事物与人的本质区别何在?伊壁鸠鲁说:"人是具有生气的、如此这般一个形体。"这意味着:"人"必须被指出来才为人知晓。那么,没有被指出的人就不是人。如果被指出的是个女人,男人也就不是人了。斯多亚派和逍遥派说:"人是理性的动物,能接受理智和科学。"但是,该定义中包含的"理性"属性,或者指现实意义上的理性,那么,还没有获得全部科学、在理性上不完全的人就不是人了;或是指潜在意义上的理性,那么,具有完美的理性或已获得理智和科学的人就不能称为人了。

塞克斯都进一步指出,即使假定"人"可以被思议,他也是不可认识的。这里的主要论证是:人由肉体与灵魂组成。但是二者都不可认识。肉体不能被认识,理由很明显:对象的属性不同于对象本身。人感知到的颜色等,可能是肉体的属性,但不是肉体本身。灵魂的不可认识同样是明显的:人们对灵魂

① 参见塞克斯都·恩披里柯:《皮罗学说概要》第2卷,第21节。

是否存在一直争论不休；而且，尽管独断论断定“理智”可以认识灵魂，可是“理智”本身是否存在，也还大有问题，并无定论。

在否定了“人”的可知之后，塞克斯都又说：再者，即使假定人可以认识，也并不能说明人可以充当评判对象的“真理标准”，因为判定对象必须有证据，而证据的真实性又须通过某种标准来检验，然而我们现在正在讨论标准是否成立，对标准本身还没有取得一致意见。而且，谁来判定“标准”就是“人”？若由人自己来判断，那就犯了预先假定还在争论中的东西的实在性的错误。最后，塞克斯都指出，即使由人来裁决，由什么人呢？独断论者首先得承认某个公认的人。当然，他们往往说要服从某个贤哲(sage)。希腊哲学，尤其是晚期希腊哲学，都推崇贤哲，认为他拥有日常人所不具有的高级知识。怀疑派对此最为反感。塞克斯都充满嘲讽地问：哪一家的“贤哲”呢？斯多亚派的还是伊壁鸠鲁派的？或是犬儒派的？这当然无法获得大家的公认。况且，即使人们公认了谁是过去的与现在的贤哲，也还是不行，因为后来者可能居上。是相信现时的大师还是更贤的后继者？而且后继者可以无穷。只好等着吧！退一步说，即使承认没有人会比当下这位贤哲更聪明了，我们也万万不可信他，因为聪明的人喜欢提出不真实的理论，把它弄得像真的一样，所以你搞不清他说的是真的，还是在设法使我们相信假的东西。进一步，塞克斯都又指出：如果有人说真理的标准应该是“众人一致”，我们也依然会说这毫无意义。首先，真理是少见的东西，所以一个人可以比大多数人更聪明；其次，个人是无穷的，无法一一问到。综上所述，“人”作为评判真理的标准不可理解。① 从怀疑派对“人”的标准的批判中，人们可以感受到怀疑论对于独断论者的独特反感。这还体现在其他地方的论述中：

> 所有论证中最为重要的是这一个：如果我们说某个具体的独断论者是真理的判官，而且这一属性仅仅属于他，那么我们就应当或者仔细地考察他的年龄之后，或者不看他的年龄而看他的勤奋工作程度，或者不看这些而看他的智慧和智力，或者不看他的智慧而看大众的证据。但是，下面

① 参见塞克斯都・恩披里柯：《皮罗学说概要》第2卷，第34—46节。

将要证明的是,在我们对真理的探究中,无论是注意年龄还是注意勤奋程度,或者是任何上面提到的其他因素,都是不合适的;因此,不应当断言任何哲学家是真理的标准。首先,我们不应当注意年龄,因为大多数独断论者在宣称自己是真理的标准的时候年龄都差不多,也就是都在老年的时候,比如柏拉图、德谟克里特、伊壁鸠鲁和芝诺,宣称自己发现了真理。再者,完全不是没有可能的,会出现这一种情况:正如在日常生活和普通交往中,年轻人往往比老人更为聪明,同样,在哲学中,年轻人也许比老人更为敏锐。因为有的人,包括医生阿斯克莱皮亚德在内,都公开肯定老人在智力和思想敏锐性上落后于年轻人,尽管相反的观点因为错误意见的流行而被大多数毫无头脑的人当做是真的。他们认为年轻人因为缺少老人的丰富经验而在智力上落后,然而相反的情况才是事实,因为尽管老人确实更有经验,但是他们并不比年轻人更有智力。所以,人们不应该根据年龄而说任何独断论者是标准。其次,也不能根据勤奋程度说。因为他们都同样的勤奋,而且没有人在真理的竞赛后断言自己已经找到真理就懒散下来。既然所有人在这方面给出的证据是同样的,那么偏袒某一个人就不公平了。①

其次,在讨论了标准中的"认识者"之后,塞克斯都依次讨论认识者用以决定真理的"认识工具"。在究竟以感性还是理性为工具的问题上,怀疑派认为独断论者也一样会走入困境。塞克斯都说:独断论者对于这个问题的争论可以说是无休无止,我们不必一家一家考察,只要证明人不可能借助于感性、理性、感性与理性的结合来判断真理,就批判了所有各派独断论的有关观点。

塞克斯都的考察始于感觉。感觉的对象是虚假的还是真实的?哲学家们众说纷纭。德谟克里特、巴门尼德等认为它是空洞的、不实在的;伊壁鸠鲁、普罗泰戈拉等认为有些对象实在,有些对象虚假。我们不知道应该赞同谁的说法。这既不能借助于正在讨论中的感性,也不能通过别的什么标准来裁决。而且即使说感觉可以理解事物,也不能用于断定外物,因为同样的蜜,有人尝

① 塞克斯都·恩披里柯:《反逻辑学家》第1卷,第320节以下。

着甜，有人尝着苦。也许人们说应当以"自然状态"下的人（即健康无病的人）的感觉为准，但正常的眼仍然觉得"近大远小"，正常的味觉仍觉得"饱厌饥快"；也就是说，它们得到的感觉依然是自相矛盾的，无法达成共识。所以不能根据感觉来判定外界对象的真实性。①

进一步，怀疑派认为理智方面的情况也好不到哪里。塞克斯都论证道：理智是否存在？高尔吉亚说"一切都不存在"，这当然也包括理智。有的人又声称理智存在。怎样解决这个矛盾？不能靠理智，因为理智正在被讨论中。也不能靠别的东西，因为别的东西的存在得不到证明，所以理智存在与否难以确定和理解。而且，即使假设理智存在，并且也可以进行认识，但由于理智难以确切指出它自身存在、产生的方式和在空间中的位置，它又如何能精确地认识别的东西？因此理智不能是判断外物的标准。②

最后，"感性与理性的结合"也不能作为判别外物的标准。因为感觉不仅不引导理性去认识，甚至还与之作对，阻碍理性去认识外部事物。从蜜对有些人甜、对有些人苦这一感性事实出发，德谟克里特说蜜既不甜也不苦，赫拉克利特说蜜既是甜的，也是苦的。所以，从相同的感性现象出发，理智被迫作出了相反的结论。③ 塞克斯都在《反逻辑学家》中还从"同类相知"的角度入手反驳"感性和理智结合起来担任真理的标准"的可能性，指出不可能由理智通过使用感觉作为助手来把握外部对象。他说：

> 因为感觉并不向理智提供外部对象，而是每个感觉都报告自己独特的感受，比如触觉在被火温暖的时候并不向理智提供外部的、燃烧的火，而是从中得来的温暖，而这是它自己的独特感受。不仅如此。因为如果思想接受了感官的感受，那么它自己就成了感觉。因为接受视觉感受的东西就以视觉的方式受到了影响，而以视觉的方式受影响的东西就是视觉；能够接受听觉感受的东西就是以听觉的方式受到影响的，而以听觉的方式受到影响的东西就是听觉。其他感觉的情况也是如此。同样，理智

① 参见塞克斯都·恩披里柯：《皮罗学说概要》第2卷，第49—56节。
② 参见塞克斯都·恩披里柯：《皮罗学说概要》第2卷，第57—62节。
③ 参见塞克斯都·恩披里柯：《皮罗学说概要》第2卷，第63—69节。

> 如果接受了每个感觉的感受,就是以感觉的方式受影响,而由于它以感觉的方式受影响,它就是感觉了;而既然它是感觉,它就是非理性的;而既然它是非理性的,它就不再是思想了;而既然它不是思想了,它就不能作为思想而接受感觉的感受了。而且,即使它接受感觉的感受,它也不能认识外部对象。因为外部对象与我们的感受并不相像,呈现与被呈现的事物远不一样。比如,火的呈现与火不同,因为后者会烧掉东西,而前者不能烧东西。此外,即使我们假设外部对象与我们的感受相似,也不能确定理智通过接受我们的感受而理解外部对象。因为与某些事物相似的东西与那些东西毕竟不是一回事。所以,如果理智认识了与外部对象相似的东西,它并没有认识外部对象,而是那些与其相似的东西。正如不认识苏格拉底的人在观看苏格拉底的画像的时候并不知道苏格拉底是否与这个相似物相像,同样,理智感知着感受,但是无法察知外部对象,就不能知道这些对象的本性,也不知道它们是否与这些感受相似。①

以上论证的核心其实是"同类相知"的问题:唯有同类才可能相知。这样的思路似乎很自然:认识者怎么能认识与自己完全异类的东西呢?但是,感性、理性、客观事物,是三类不同的事物,所以,从一类到另外一类,必然意味着巨大的跨越,怎么能相通和相知?我们看到,这样的思路,在高尔吉亚的著名的"不存在,不可知,不可说"论证中已经是一个中心问题。而后来的普罗提诺在讨论理智怎么能认识作为善的理智的对立面"恶"的时候,也提出了这样的问题。

> 但这里产生了一个无法解决的难题:如果一切知识都来自于相同性,那么我们是凭借自己的何种能力认识恶呢?因为理智和灵魂都是形式,因此它们产生的是关于形式的知识,并自然趋向于形式。而恶显然缺失一切类型的善,因此谁能设想它是一形式呢?如果对立的双方是通过一种且是同一种知识得以认识的,恶作为善的对立面,那么我们可以说对善的认识也就是对恶的认识,因此那些意欲认识恶的人必须首先对善有清

① 塞克斯都·恩披里柯:《反逻辑学家》第1卷,第354节以下。

晰的感知。既然优者先于劣者,那么优者就是形式,劣者不是形式,而是形式的缺失。①

看得出来,普罗提诺认为不仅可以通过同类相知认识事物,而且可以通过"异类相知"认识事物。一个善人也可以深切地认识恶人,而不必去邪恶的行为中去"体验生活"。只要把握了规范,那么同时也就认识了"偏离规范"的事物是什么。普罗提诺用的基本隐喻是"直尺可以告诉我们什么是直的,(同时)也能告诉我们什么是弯的":

我们依靠什么知道善和恶呢?首先,我们如何知道恶习?我们正是凭着我们的理智和思想的能力认识美德;它认识它自己:但是我们如何认识恶习呢?正如有了尺子,我们才知道何谓直,何谓曲,因此我们知道什么是不符合美德的。但是当我们认识它时,我是指恶习,我们看见了它还是没有看见它呢?我们没有看见绝对的恶性,因为它是无限的;我们只有通过排除法来认识恶,它决不是美德;但是,我们知道,恶习不因为缺乏美德就是绝对的。因此,我们看见了一部分,并通过这看见的一部分而领会那看不见的部分,后者在完整的形式中,但不在特定的事物中,因此我们谈论恶习,而不谈论所缺失的部分即非限定性。同样,例如我们在质料中看到一张丑陋的脸,因为这形成原理没有战胜质料,因此未能隐藏其丑陋,我们自己就因为它缺乏形式而称之为丑。②

当然,我们这里介绍普罗提诺的有关论述,并不是要说明怀疑论会认真接受它作为摆脱困惑的答案。可想而知,怀疑论不仅不会接受,还会提出进一步的反驳。我们的介绍只是要告诉读者,这一类的认识问题在当时希腊哲学中是普遍流行的问题,被不少哲学家当做难题认真地思考。

在批判地考察了"由谁"、"借助什么"两个方面的标准之后,塞克斯都最后讨论了关于"根据什么标准"来判断对象的问题。晚期希腊哲学各派如斯多亚派和伊壁鸠鲁派热烈讨论真理标准问题,而这一热潮中的一个共同现象

① 普罗提诺:《九章集》1.8.1。

② 普罗提诺:《九章集》1.8.9。

就是对感觉的重新肯定。如果说此前的希腊理性哲学对感性认识的暴风骤雨般的批判使得日常知识体无完肤,同时又激起了人们的逆反心理:我们的认识并非如此无力,而且,理性能够离开感性独自发现真理吗?于是,到了晚期希腊哲学,不少哲学纷纷寻找被普遍怀疑中的某些不可疑的东西,作为我们认识和实践的依据。斯多亚派认为真理标准是"把握性呈现"(或"理解性表象")。这是斯多亚认识论的一个核心观念,它典型地体现了斯多亚哲学在反对理性主义哲学家贬低感性认识而"拯救现象"方面的努力。具体地讲,这样的感性呈现是足以充当真理标准的,因为它是各种呈现中最为清晰有力、栩栩如生的:

> 把握性呈现一清二楚,生动逼人,几乎是像抓住我们的头发那样抓住我们,把我们拖去认可,不再需要任何其他东西来辅助说明它的生动性或是提示它超过了其他所有呈现。因为这个原因,所有的人,当他急于精确地把握任何对象时,都会努力寻找这种呈现;比如,就可见物体而言,当他接受到真实对象的一个模糊的呈现时,他会竭力注视,靠近要看的东西,以免完全走偏了,他会擦亮眼睛,并想方设法,直到对考察的东西具有一个栩栩如生的呈现,显然他认为呈现的可靠性依赖这么做。进一步,也无法同意相反的论断;那不承认呈现是标准的人,既然他是因为其他的呈现的存在而这么做的,他还是因此必然肯定了呈现是标准这一事实。①

尽管斯多亚派说得如此具体生动,合乎常理,但是怀疑论并不为之所动。我们在前面介绍过,学园派怀疑论的创始人阿尔凯西劳在理论上的主要工作正是集中所有精力攻击老同学芝诺的创见——把握性呈现学说。塞克斯都综合了各种批判,对这一学说进行了比较全面系统的质疑:

首先,表象是不可理解的。斯多亚派说表象是"灵魂上的印象",而灵魂是呼吸或更精细的东西;塞克斯都问道:那么,"印象"是以凸凹(像印章一样)的方式还是靠魔术般的"变化"加到灵魂上的?斯多亚哲学的两位大师的说法不一;克里安提斯说是"通过凸起与凹下"而印压的,克律西波所说是"仅仅

① 塞克斯都·恩披里柯:《反逻辑学家》第1卷,第257—258节。

通过变动”而造成的。然而这两种解释都各自有其荒谬后果。克里安提斯的凹凸说显然过于粗糙：

如果它是通过凸起和凹下而存在的，那么克律西波所宣称的那些荒谬结果就会发生。如果灵魂在受到呈现影响的时候是像蜡一样受到印压，后面的印压必然总是会抹去前面的呈现，正如再盖下去的印章总是抹去了前面的印章。但是如果事实是这样的话，记忆就被消灭了，因为记忆是“呈现的储存”；而且所有的技艺也都被消灭了，因为技艺是“理解的体系和汇集”。于是，既然心灵的印象时时变动，主导部分中不可能同时存在众多不同的呈现。所以，心灵中主要的印象不会是呈现。①

至于说克律西波自己的建议——“呈现并非严格意义上的一个印象，而只不过是理智中的一个变动”——看上去确实比起克里安提斯的说法更为抽象，但是，怀疑论依然没有放过它。塞克斯都指出“这种说法比起前面的定义更加差”：

因为在变动中，有一种是通过感受，其他的是由于本体中的变化。比如说，正是通过感受，雕像在保持本体和形状不变的同时，有时被太阳光加热，有时被夜露弄凉。但是当雕像被融化成了一个铜球的时候，这就是本体方面的变化了。故而，如果呈现是灵魂的一种变动，那么这一变动或者是通过感受，或者是通过本体的变化。如果这是通过感受，那么既然感受会由于呈现不同而不同，新的感受会改变老的，理智当中就不会存留下任何东西，而这是荒谬的。如果这是通过本体的变化，灵魂在接受一个呈现的同时，由于变动了，就不再是灵魂，而是被消灭了，正如被融化成了一个铜球的雕像就不再是一座雕像了。所以，呈现也不是“灵魂的一种变动”。②

可见，在涉及“神经生理学”层次的时候，由于各种哲学提出的解释不一样，又由于找不到标准最终裁决哪一种解释是“真实的”，这就给怀疑论对悬

① 塞克斯都·恩披里柯：《反逻辑学家》第1卷，第373节。

② 塞克斯都·恩披里柯：《反逻辑学家》第1卷，第376—378节。

搁判断的建议提供了最好的根据。

其次,即使“表象”是可以理解的,也不能用来判断外物,因为据独断论者的说法,理智并非与外物直接接触,而必须通过感觉才能获得表象;但感官并不认识外物,只认识自己的感觉,所以表象只是知觉的东西,不同于外部实在。理智如果根据表象来判断对象,那么它就是不根据实在来作判断。可见,说“根据表象来判断外部事物”是荒谬的。进一步,也不能说灵魂可以“根据感觉印象与外部事物的相似性来认识外物”,因为理智自己不曾遇到过外物,它怎么能知道感觉与外物是否相似呢? 塞克斯都最后得出结论:不能根据表象来判断外物。

怀疑论还从斯多亚哲学自己的立场出发破解“把握性呈现”学说。斯多亚哲学认为贤哲之所以永远不犯错误,是因为他对一切没有把握的印象都悬搁判断,仅仅对把握性呈现进行认可。这样的印象的特点就是把握了事物的“是”,可以让人放心地回答“x 是什么”的问题。怀疑派的策略就是指出:在生活中无法百分之百地肯定我们所遇上的正是这样的把握性呈现;任何印象,即使仔细审查过了,还是有可能弄错。于是,出于谨慎,斯多亚派的贤哲将不得不对所有印象都悬搁判断。但是,这么一来,斯多亚哲学与怀疑论有什么区别呢?①

二　怀疑论是悖论吗

怀疑派对于“真理标准”理论如此层层推进的批驳,很容易使人以为怀疑派站在不可知论立场上,主张真理标准是不存在的。但出人意料地,怀疑派说他们并没有这个意思。他们只想说无论真理标准是否存在,都无法确切认识。塞克斯都反复强调说:

> 有些人宣称标准存在(例如斯多亚派及其他一些人),另一些人(如科林斯的塞尼亚德斯、科洛丰的色诺芬尼)否定……我们对其存在与否取悬决态度。

① 参见 R.W.夏泊尔:《斯多亚学派、伊壁鸠鲁和怀疑论》,第 27—28 页。

> 必须注意：我们并不是主张真理标准是不实在的（因为这就是独断了），但是既然独断论者似乎有理地证明了真理标准的实存，我们也证明了似乎有理的反题，那么虽然我们并不肯定它们比对手更为真实或更可信，只是因为这些论证与独断论者提出的论证具有明显同等的可信性，我们也就可以导向悬而不决。①

这一态度不是偶然的，它贯彻在怀疑论“反对逻辑学家”的其他主题的讨论中，比如在关于“征象”、“论证”等等理论的质疑中也是这样：怀疑派不仅仅在独断论本身内部应用“二律背反”（如指出有人说“征象”是感性，有人说是理性，结果争执不下），从而摧毁独断论的认识论；而且在“独断”的认识论（支持征象的存在）与怀疑的观点（反对征象的存在）之间也设立二律背反，结果就造成了可知论与不可知论之间的“二律背反”、“谁也不更可信”。

这样的态度令人不得不产生疑问：怀疑派的根本宗旨是真的相信认识的不可知，还是认为真理有知道的可能（只是暂时还未发现，尚需进一步探求）？“悬搁判断”（Epohe）究竟应当达到什么程度？含括多大的范围？《皮罗学说概要》开卷第1章就说：“我下面要说的一切都不是十分确定的，我只是像一个编年史家那样，简单地记下每件事实。”对怀疑派理论的格言式概括——“公式”——怀疑派也不以绝对态度坚持，因为一切公式都可以自反运用，公式“一切皆假”连同一切事物一起，也断定了这一公式本身为假。② 正如第欧根尼·拉尔修指出的，怀疑派宣称自己“什么也不决定”，“只是指出所有观点，以表明其不介入任何一方，甚至怀疑派的怀疑各‘式’，也最终摧毁自己”③。

怀疑派的这种态度显然是为了反驳对手的还击，完善自己的体系。怀疑派以“怀疑一切”攻击当时所有哲学流派，势必遭到“怀疑一切”是一个“悖论”（自己摧毁了自己）的批驳。卢克莱修在批判怀疑论时指出：

> 如果有人认为什么都无法知道，那么他就连这一点也应该无法知

---

① 塞克斯都·恩披里柯：《皮罗学说概要》第2卷，第18节、79节。

② 参见塞克斯都·恩披里柯：《皮罗学说概要》第1卷，第4节、14节。

③ 第欧根尼·拉尔修：《著名哲学家生平和学说》第9卷，第74节。

道——既然他已经宣称他什么也不知道。所以我不想和那些把头放在自己的脚印中的人辩论。而且即便我承认他可以知道这一点,我还是要问他:既然物质的东西对于他的视觉不是真理的开端之处,那么他是怎么知道"知道"或"不知道"的?他从哪儿得到真与假的概念?什么证据能够证实可疑的东西与确定的东西是不同的?①

埃涅西德姆在否定知识可能性时,也曾被阿里斯托克勒(Aristocles)指责为逻辑不一致:当他作出这种或那种出色之讲演时,人们不禁要问,他是作为拥有充分知识还是作为没有知识的人如此论说的。如果他并无知识,我们干什么要信他的话?如果他有知识,那他同时既说万事皆不确定,又说他知道那么多,就太愚蠢了。阿里斯托克勒的这段话尤其针对的是埃涅西德姆的反对感性可靠性的诸"式":"当埃涅西德姆在阐述其十式时,他想告诉人们的,就是事物是不明白的;那么他是有知识还是没知识地说这些话的呢?因为他说在动物之间、在人之间、在状态之间、在生活方式、习俗及法律之间都存在着分歧。"②

第欧根尼·拉尔修也记载了独断论者对怀疑派者批评的反驳,说怀疑论既然有自己的学说,那么在阐述这一学说当中也必须有所断言,从而是自相矛盾的:

怀疑派者自己也在认识与独断;因为当他们被认为是在驳斥对手时,他们就是在认识,因为他们同时在宣称、在断言。所以,既使他们宣称他们什么也不决定,宣称每个论证都有一相反论证时,他们实际上已经在断定这些观点,在进行独断。③

西塞罗也提到过人们对怀疑论的这种攻击:怀疑论在批判逻辑、否认定义、论证等等的同时却清晰地使用着定义和论证。他们宣称没有任何东西可以被认识,但是他们显然认为自己认识了独断论的各种学说。④

---

① 卢克莱修:《万物本性论》第4卷,第469节。

② 尤息比乌:《预备福音》第14卷,第18章第12节。

③ 参见第欧根尼·拉尔修:《著名哲学家的生平和学说》第1卷,第103—104节。

④ 参见西塞罗:《论学园派》第2卷,第14节。

一直在逻辑迷宫中锤炼的怀疑论当然知道逻辑悖论的性质。塞克斯都就曾娴熟地指出,全称判断或全面肯定与否定容易导致自相矛盾的出现。一般来说人们不应当主张"一切都是真的"或者"一切都是假的"这样的全称判断,否则就会出现自我驳斥的悖论:

> 首先,不可能一切都是真的。如果大家公认所有的呈现都是真的,那么动物甚至宇宙整个的都不会存在了。因为如果所有的东西都是真的,所有的东西就会对我们都是明明白白的;而如果这样的话,那么所有的东西对我们都是不明白的,也会是真实的,因为这句话也是"所有的东西"之一。而如果所有的东西都是不明白的,我们就无法肯定动物或者植物或者宇宙对我们显现;但是这是荒谬的。因此,由于以上这些原因,人们必须宣布并非所有的呈现都是真的和可信的。同样,由于类似的原因,也不能说它们都是假的。因为"所有的东西都是假的"与"所有东西都是真的"的效力是同等的。这样一来我们就可以再次启动前面讲的反对这类立场的所有驳论了。因为如果所有的呈现都是假的,没有任何真的,那么这句话"没有任何真的东西"至少是真的。所以,如果没有任何东西是真的,那么就至少存在一句真的命题;这么一来,那位说"所有呈现都是假的,世界上绝对不存在任何真的东西"的克塞尼亚德斯就被驱赶到自己原初立场的反面上去了。因为,作为一个普遍的规则,不可能在断言任何具体的东西是假的的同时却不肯定一个真理。比如,当我们断言A是假的时,我们就是在断言A的虚假性的在;我们断言"A是假的",实际上就是在断言这样的话:"'A是假的'这句话是真的"。我们在断言一个东西是假的同时,就必然断言了真理的存在。①

看来,怀疑派知道"否定一切"是无法成立的。怀疑派面对其他哲学流派的这一批判,可以有两种回答:一种是坚持全称判断即"怀疑一切";另一种是放弃这样的全称判断,向人们指出怀疑论其实只怀疑一部分判断。前一种回答实质上就是承认自己是"悖论":"全面怀疑"也包括怀疑自身。"一切不确

① 塞克斯都·恩披里柯:《反逻辑学家》第1卷,第397—399节。

定"也表明怀疑派本身不是个确定的东西,也是可以怀疑甚至可以摧毁的理论。这是比较古老也比较流行的回答。皮罗派的先驱梅特罗多洛说过:我们谁也不知道任何事物,甚至于不知道"我们究竟是知道某物还是什么都不知道"①。这种回答肯定有在对手挑战之下自我保护的旨趣。古代学者曾经提到学园派怀疑主义的开创者阿尔凯西劳在自己的前面设下"防御机制",就像乌贼在前面喷出一道黑墨一样:"阿尔凯西劳……为了保护自己免于麻烦,就不提出任何显然的教义,而是在自己的前面投出悬搁判断,就像乌贼喷墨一样。"②

埃涅西德姆曾主张,怀疑派的批评可以反过来适用于怀疑派自己,并认为自己这么做,才是复兴了真正的、彻底的"皮罗主义",而与柏拉图学园派的怀疑主义区分开来。后人曾形容他的主张为:

> ……皮罗主义不绝对地断言任何东西,甚至不绝对地断言"一切都无法断定"的表述(我们之所以仍在用这样的表述,是因为找不到更好的表述来说出我们的思想)。③
>
> 因此,皮罗的追随者,由于不肯定任何东西,就完全不会受到批评指责。他认为,学园派却会遭到其他哲学家所遇到的追究拷问。特别是,皮罗主义者一味对一切议题都怀疑,就保持了逻辑一贯性,没有自相冲突;而学园派却没有意识到他们是与自己自相冲突的。一味一方面毫无疑义地进行肯定与否定,一方面又提出普遍性全称判断即没有任何东西是可以认识的,就会出现无法否认的冲突:你在承认这是真的,那是假的的时候,怎么还可能继续困惑和怀疑,而不断然选择前者,回避后者?④

可见,埃涅西德姆在指出皮罗主义高于学园派怀疑主义的时候,就举出了

---

① 塞克斯都·恩披里柯:《反逻辑学家》第1卷,第88节。

② 参见尤息比乌:《预备福音》第14卷,第6章第6节;LS,68F。

③ 福修斯:《图书集成》,212,169b36—170a17及170a22;169b18—170b3;LS,71C。前一段话转引自汉金森:《怀疑论者》第124、126页。有意思的是,庄子在回答人们挑战自己的怀疑思想也采取过类似的策略:"'子知物之所同是乎?'曰:'吾恶乎知之?''子知子之所不知邪?'曰:'吾恶乎知之?'"(《庄子·齐物论》)

④ 福休斯:《图书集成》,169b18—170b3;LS,71C。

这个论证，把自己也包括进去的“全部怀疑”能够避开对立学派的指责。我们看到，塞克斯都的著作也基本上贯彻这一态度。怀疑派不认为这一态度有什么不便之处，它仍然可以摧毁独断论：只要独断论承认了“一切都可怀疑”，也就承论了独断论可以怀疑、可以否定。关于这要付出怀疑派本身一起被否定的代价，怀疑论会认为完全是值得的。塞克斯都在批判独断论的“论证”后说：“就像泻药在把体液从身体中驱出时，也把自己排出了一样，反论证的论证在摧毁了所有论证后，也摧毁了自己。再者，就像一个人完全可能借助于梯子爬上高处后，用脚蹬开梯子一样”，怀疑派也可以在借论证证明了论证的不成立后，否定这论证本身。① 20世纪的维特根斯坦在反对形而上学当中自觉不自觉地沿袭着古代怀疑论的思路，甚至使用了塞克斯都的比喻。维特根斯坦在拒斥一切“形而上学”的哲学后，认为拒斥者本身也随之毁灭：“我的命题可以这样来说明，理解我的人当他通过这些命题——根据这些命题——越过这些命题（他可以说是在爬上梯子之后把梯子抛掉了）时，终于会知道是没有意思的。”②如果这是怀疑论的策略，则怀疑论还可以辩解自己理论中的任何缺陷都是可以容忍的，甚至是怀疑论故意为之的。塞克斯都曾经坦然提到独断论者反驳怀疑论的常用论证：怀疑论怎么能证明不存在标准？谁要想肯定这一点，或者不用裁决，或者借助于某种标准。但是如果没有裁决的话，他自己也不会被信任；而如果借助于某种标准的话，那他就自己反驳自己了：在断言没有标准的同时他却同意接受一个标准以确证这一断言。然而塞克斯都并不认为怀疑论会因此而陷入窘境，他对此回答说：

> 怀疑论的实践是不提出任何要人们相信的东西。在各种情况下，怀疑论都满足于一般假设，认为它们都有一定的自足性。怀疑论相反喜欢提出看上去不可信的东西，并且把它们置于“同等效力”（二律背反）中，赋予各自以那些看上去值得接受的东西所具有的可信度。在目前这个例子中也是如此，我们并不是用反对标准的论证来消灭标准，而是旨在表明

① 参见塞克斯都·恩披里柯：《反逻辑学家》第2卷，第476—481节。关于“泻药”的比喻，可参见第欧根尼·拉尔修：《著名哲学家生平和学说》第9卷，第76节。

② 维特根斯坦：《逻辑哲学论》，6.54。

> 标准的存在是不可信的,因为人们可以对相反的观点也提出同等有力的理由。其次,即使我们看上去真的在消灭标准,我们也可以使用手边的呈现,但是不是作为一种标准;因为当我们根据它说出在我们看来的关于标准之不存在的可能的论证时,我们确实说出了它们,但是我们并没有同时加上我们的同意,因为我们看到了相反的论证是同等可能的。①

无论如何,我们还是应当指出,如果怀疑派自己当真是一个无法立住脚的立场,那么它怎么能令人信服地批评别的立场呢?谁会认真倾听一个谬误呢?独断论的"悖论"指责显然抓住了怀疑论的一个理论缺陷,对于其有效性是一个根本性的威胁。怀疑论不得不作出某种让步。然而,在敌手的逼迫下作出的让步总是不会让人感到心安理得的。怀疑派也不见得真希望自己的观点像"梯子"一样被蹬翻。他们曾想过一些自我保护的方法,以避开提出实质性的"怀疑一切"的全称判断;比如在怀疑派的话语方式与独断论的话语方式之间作出区别;并且说怀疑派的种种表达式虽然貌似全称判断(如"一切都不确定"),但实际上并不是,怀疑论在所有判断中仅仅批评一部分特定的判断(即独断论的判断)。至于怀疑派自己的判断,因为不是独断性的,当然不在此例。塞克斯都在说到怀疑的表述公式"对于一切论证都可以找到一个相反论证同等有效"时,解释说道:这句表述并不像它看上去的那么"肯定"或"独断"。它只不过是想表达这样一个意思:"对于一切我正在审视的、那些企图独断地建立一个观点的论证,在我看来,可以对峙以另一论证——它也是独断地建立一个观点;而且在可信性与不可信性上,二者一样。"这段话中的"在我看来"一词值得人们的注意,有时它也被表述为"对我显得",这些都是十分重要的逻辑词项。用现代逻辑分析的话说,"P"与"It seems to me P"在逻辑上不是一回事。后者只不过是在"传达一种'人之心态',这心态对于正在感受的人是明显(明白)的"②。也就是说,怀疑论的语言严格限制在"报告"或描述事物的呈现这一功能上,从不对独立于人的客观事物进行论断。塞克斯都

① 塞克斯都·恩披里柯:《反逻辑学家》第1卷,第443节。

② 参见塞克斯都·恩披里柯:《皮罗学说概要》第1卷,第203节。

提醒人们：

> 我们应该做的是首先解释一下语词“是”所具有的两层意义，其中一层意义是“真实存在”（比如，此时此刻，我们说“这是白天”，因为“白天确实存在”）；另一层意义是“看起来存在”（比如，有些博学家常常习惯于说两个天体之间的距离“是”一腕尺的长度，这个“是”等于“看起来是而非真实地是”；因为，真实的距离可能是“一百斯塔德”，只不过由于天体本身的高度以及离我们的距离，这个距离看上去好像是一腕尺了）。作为怀疑论者，当我们说“在存在的事物中，有些是好的，另一些是坏的，另一些介于两者之间”时，由于语词“是”有双重意义，我们在句子中用的那个“是”也不是表示真实的存在、而只是表示现象。因为关于好的、坏的和中性的东西的真实存在，我们和独断论者的争辩已经很充分了；不过，就这些事物的各自现象而言，我们还是习惯于称之为“好的”、“坏的”或“中性的”，对于这一点蒂蒙在他的“形象”中说得很清楚，他说：“我将真实地讲述每一件事实，如其向我呈现的一样；我的话就以此为真实的准确标准；神和美德的本性怎么能够永存不变，人类平等和正义的生活由何而来？”①

在讲完怀疑派的各种表述后，塞克斯都立即特地补充解释这些语句的特殊性。说：“……此外我们必须记住，我们并不是把它们普遍地适用于一切事情，而只是用于不明白者和独断研究的对象。我们仍然论说对我们呈现之事；至于外部对象的真实本性，我们不做任何正面判断。在我们看来，这么一来，所有那些针对怀疑派表达式所进行的诡辩攻击都可以被驳回了。”②在批判了哲学认识论中的“证据”学说后，塞克斯都在回答“反论据的论证也毁了自己”的攻击时，也这么解释说：“它并不完全毁掉自身，因为许多东西都蕴含着例外；正如我们说宙斯是‘众神和万众之父’时，蕴涵着这个‘神’本身是例外的（他当然不能是自己的父亲）。同样，当我们说‘证据不存在’时，我们的命题

---

① 塞克斯都·恩披里柯：《反伦理学家》，第18—20节。

② 塞克斯都·恩披里柯：《皮罗学说概要》第1卷，第208节。

中也暗含着这一例外:证明证据不存在的论证不在其中,因为唯有它是证据。”“怀疑派公式只叙述对我显现之事,这与对外部客体的真实本性作出断定是截然不同的。”①

这一观点虽不代表怀疑派主流,但已包含了近代解决“悖论”方法的一些萌芽。现代数学基础理论(集合论)受到悖论冲击后,许多哲学家与数学家开始认真看待这个古代难题,提出了许多悖论成因及解法的理论,其基本思想是罗素的“类型论”,即悖论是由于不合法的全称判断,混淆了理论层次,造成“本身分子集”式的自指。类型论于是要求人们时时注意区分语言、理论的层次,对另一层次的表述不应适用于表述式本身(也即所谓“有例外”)。这样,被批判者的消灭并不意味着批判者也随之毁灭。人们可以看到,在现代语言分析哲学中,与维特根斯坦不同,卡尔纳普就主张批判“形而上学”的哲学仍有存在的合法性。

国外对古代怀疑论研究的学者中,有的人也看到了“事实知识与理论知识的区分”对于怀疑派者的关键性,但又认为怀疑派自己并未意识到这一点,而只是一味采取“自反式态度”②。在我看来,这是片面的、没有看到怀疑论的其他说法。朗格就指出,无论是皮罗还是埃涅西德姆,都趋向于强烈的不可知论(否定性的独断)。③

现代关于悖论的理论虽然经过了相当时间的发展,有了一定进步(比如罗素、兰姆塞、塔尔斯基等等的工作),但仍无圆满结论。古代怀疑派的主张究竟是不是“悖论”?抑或它的某些理论是,某些不是?这些都还值得深入探讨。我们只想指出:由于当时认识水平的局限和时代要求的“彻底性”,古代怀疑派基本上是采取对自己也“二律背反”的态度,并把这一点看成是自己与其他党派比如学园派怀疑论不同的本质特点。

这个结论是怀疑论的基本立场,它在怀疑派批判哲学的其他两个部门时,

---

① 塞克斯都·恩披里柯:《反逻辑学家》第2卷,第479节;并参见塞克斯都·恩披里柯:《皮罗学说概要》第1卷,第28节。

② 参见里彻:《怀疑派——个批评性重评》,第14页。

③ 参见朗格与西德莱:《希腊化时期哲学家资料选编》,第472页。

可想而知更容易得到更为彻底的贯彻：怀疑论批评自然哲学和伦理学时的立场不是“自然哲学”本身、“伦理学”本身的成立与不成立是同等可证、二律背反的，而是通过揭露出这些学科内的各种对立观点，以表明自然哲学和伦理学学科本身都是不能成立的“独断”，理论追求是一种必须放弃的徒劳之举。

紧接着“逻辑学”批判之后的是对“自然哲学”的批判。

第二节　批判自然哲学

希腊的“自然哲学”取代“神谱式”的神话自然观后，经历了许多世纪的丰富发展，许多哲人用自己的“论自然”描绘了一幅幅壮观的“宇宙图景”。这门学科逐渐形成了以下几类问题：本体论（现象的始基、本原），宇宙演化论（始基如何产生世界万物，无序如何走向有序，Chaos 混沌怎么变成 Cosmos 世界等等）以及关于运动、时空、有限无限等等的理论。怀疑派的批判并非涉及“对象”，而是针对“理论”，不介入哪种理论更好的争端，而是证明一切理论处于无法解决的二律背反中。在《反理论家》中的“反对自然哲学家”的一开始，塞克斯都就指出，皮罗主义与学园派耽沉于具体的观点而不拔的做法不同，跳出对方的体系，不跟着对方的思路走，而是对最重要且最有综合性的独断观点进行抨击，因为这么一来，必将把其他的独断论观点也一并包括在内了。塞克斯都举了一个生动的“攻坚战比喻”来说明怀疑论的方法论：

正如在攻城当中，城墙墙基的捣毁往往会招致塔楼的轰然坍塌一样，在刨根问底式的哲学质询中，人们对担当理论根基的各种重要理论假设的攻击，同样也潜在地推垮每一个具体理论。因此，这样的类比不无道理：那些全然投身于具体事物研究的人就像徒步追捕野兽的人，或只想用一根绳索就想网鱼的人，或仅凭一根涂着粘鸟胶的棍棒就想抓获飞鸟的猎人；相反，那些从最综合性的理论假设入手对具体理论进行质疑的人，就像是联合使用绳索、棍棒和网兜来围捕猎物的高手。因此，正如在围捕猎物时，一次进攻就能捕获大量猎物的人比逐个辛苦追猎的人显出了更为高明的技艺,同样,与单单反驳某一具体的独断论点相比,倘若能对所有带有共通性的理论提出反驳的话,就彰显出了更多的技艺性。①

在自然哲学的讨论中,如果怀疑论要“一网打尽”独断论,就不能陷于各派哲学体系中,而要抓住自然哲学的核心概念,也就是说首先驳倒“原则”概念。在这里,“原则”与“始基”、“原因”是同一含义的概念。塞克斯都说:大多数人认为万物的原则(始基)可分为能动的与被动的两种(动力因与质料因),前者高于后者,而神又被看成是最能动的原因,所以应当首先讨论神。事实上,神不仅是自然哲学的核心,而且是整个哲学的核心。怀疑派对此十分清楚:“对独断论哲学家来说,他们对神所作的那些论断显然都是最为必要的,因此,他们声言‘哲学是智慧的实践,而智慧是关于神及人的事物的知识’。因之,倘若我们能够确立起对有关神的理论的怀疑的话,那么,我们实际上也就揭示了,既不能说智慧是关于神和人的事物的知识,也不能说哲学是智慧的实践。”②

一 怀疑论论神

对自然哲学的讨论开始于神论,这在现代社会中显得突兀而奇怪。在今天,神学与物理学似乎是距离很远的两个学科。但是,对于古典人,自然哲学与神学的内在关系是再自然不过的事情了。自然哲学当它产生之时,研究自然的本原,看上去似乎是今日的微观物理学。但是第一,“本原”并非仅仅是“构成元素”,而且是作为万物背后的根本基础和原因,万物都起源于本原(又回到本原);第二,它的另外一个主题,即整个宇宙或者万物整体(the Whole),却近于自然哲学的一个重要部门天文学的研究对象。在古代,“天”就是神,天文学几乎就是神学。万物都在天之中,都受其“统领”。所以,对于自然的研究最后必然导向这一“自然的顶峰”——神。

自古以来哲学家讨论神学都要冒着被指责为“渎神”的危险。怀疑论既

① 塞克斯都·恩披里柯:《反自然哲学家》第1卷,第2—3节。

② 塞克斯都·恩披里柯:《反自然哲学家》第1卷,第13节。

然质疑神的存在，更加容易招来“无神论”的指责，罪名甚至比苏格拉底与伊壁鸠鲁的“引入新神”更胜一筹。怀疑论的方法往往是进行区分：一方面说不怀疑宗教传统，另一方面指出哲学的神学论证都极为糟糕。西塞罗是这么表达学园怀疑论的看法的：

> 有许多哲学问题一直还没有令人满意的答案，而诸神的本性问题就是其中最隐晦、最困难的一个。若能回答这个问题，则不但能彻底揭示我们自己的心灵本性，而且也能为我们提供必要的宗教方面的基本指导。学者们对这个问题的看法五花八门、互相矛盾，真令人感到有句谚语说得不错，哲学是无知之子；而学园派的哲学家们是聪明的，他们对任何一个未经证明的命题都保持沉默。没有什么比草率的判断更糟糕的事情了，也没有什么比不加批判地接受错误观点，或者顽固地坚持某些尚未充分探讨和理解的相更缺乏哲学家的尊严和真诚。①

塞克斯都在开始其长篇大论的“疑神论”考察之前，也小心翼翼地声明自己绝不是无神论。怀疑派者遵循一般人的观点，非独断地肯定神的存在并尊敬它。只不过为了反对独断论者的轻率，还要提出如下异议：

> 人们在设想对象时必须形成关于它们的本体、形式、处所等等的概念。可是关于神，有人说它是有形的，有人说它是无形的，有人说它处于世界中，有人说它在世界之外，……我们又如何从中获得关于神的“普遍同意的概念”呢？独断论者或者会说：你把神理解为不灭的、神圣的存在就行了。但不知道本体又如何能知道属性呢？断言神是存在的人或者说神对宇宙万物有安排，或者说没有。倘是前者，那么宇宙中不应充满邪恶；倘是后者，那么神是没有意志和力量的，这样说是对神不虔敬。如果神既不能由自身，又不能通过它在宇宙中的作品而被人认识，那么我们就无法肯定它存在了。如果率然说神存在，就会犯下不敬之罪：说神安排了一切，就是说神是恶的原因；而说神只安排了某些事物，就是在说神是无

① 西塞罗：《论神性》第1卷，第1节。中译文见西塞罗：《论神性》，石敏敏译，上海三联书店2007年版。

能力的。①

由此可见,怀疑论对于神的批评分为几个部分:第一个部分是批评"神"的观念不清楚;第二个部分是论证神的观念即使是清楚的,但是其存在是无法肯定的;第三个部分是说神的本性是没有共识的。这三个部分有一定的递进关系,这正是怀疑论在进行批判性的讨论时所遵循的一般程序。一般来说,怀疑论讨论一个主题的时候,首先总是说这个主题的概念就是不清楚的,因此甚至无法开始讨论。然后再说,即使假设概念可以把握,其存在与否也无法证明。……在西塞罗所记载的学园派怀疑论对于神的讨论中,我们也可以看到大致分为几个方面进行。首先是神是否存在的问题,也许这是人们争论的焦点。但是此外还有许多其他的问题,"即使在那些坚持诸神存在的人们当中,也有许多相互冲突的观点,要全部罗列这些观点一定会冗长乏味。关于诸神显现的形相、诸神的家园和居所、诸神的生活方式,都有许多不同的理论,这些理论也都是哲学家们不断争论的问题。但是争论的关键与核心则是:诸神是否什么都不做,什么都不关心,超然于世界之外,也不照料和管理这个世界;或者持相反的观点,万物皆由诸神从时间之初创造构成,并将永远由诸神来管理和统治"②。

皮罗派怀疑论首先攻击"神的概念"不清楚。这一阶段的主要攻击对象是所谓"理性神学",即那些企图搞清楚概念的哲学家的种种学说。一般来说,希腊哲学家对于"神"的观念起源提出过几种解释:古人为了保护道德秩序,在法律之外发明了神进行镇压;古人把有用的东西推崇为神;古人在观看宇宙天体的有序运动时想到有神;古人在梦中能预言灵魂出窍,于是推断有神;哲学家(主要是原子论派)认为巨大的"影像"印入人心,于是人推测它来自神;等等。这些解释,具有很强的"理性还原论"色彩,其实不利于宗教信仰。西塞罗在《论神性》提到这些对于神的理性还原论解释的人的时候,直接指出他们在动摇宗教信仰:"还有人认为,我们所有关于诸神的信念都是那些

① 参见塞克斯都・恩披里柯:《皮罗学说概要》第3卷,第1—12节。

② 西塞罗:《论神性》第1卷,第1节。

聪明人出于国家的需要等等原因而编造出来的,因此,连理智都无法说服其成为好公民的人很可能会被宗教说服,这些说法难道不也把信念的基础完全摧毁了吗?或者像开俄斯群岛的普罗迪柯(Prodicus of Chios)那样把神性说成对人有利的一切东西,这样,他还能给宗教留下地盘吗?还有一些人教导说,勇敢的、著名的、强大的人死后被神化了,这就是我们现在已经习惯对之崇拜和敬畏并向之祈祷的诸神。这些人难道不是毫无宗教感情吗?"①

不过,当怀疑论对这些哲学家进行批评时并不是出于保护宗教信仰的动机,而是对一切知识——尤其是对关于"不明白的事物"的知识——都一概质疑,理性宗教起源论也不能例外。

> 从他们所说的那些关于神的各种概念中,就已经足以表明他们对真理是多么的无知:他们所设想出来的神的概念虽然如此之多,但是其中没有一种把握了真理。倘若我们对他们的那些具体设想略作考察的话,就可发现其中没有一个有着坚实的依据。比如,有人认为某些立法者和聪明过人者把神的信念灌输给其他人的,这种答案真可谓是文不对题,答非所问。因为问题在于"人们究竟是从什么起点出发走向对神的信念的?"这些人却回答以毫不相干的话,全然没有看到原先的问题依然没有解决,因为人们还是会质问道:"在没有前人传授给立法者有关神的任一传统观念的情况下,他们自己究竟又是如何得到神的信念的?"……至于说那些人的看法,即认为最早领导人类并掌管公共事务的人,为了确保众人对自己的臣服,赋予自己巨大的权力和荣誉,于是死后被人们尊崇为神;持这种主张的人同样没有明了问题之所在。因为这些将自己荣升到神的地位的人本身又是如何获悉"神"的观念的呢?②

此外,塞克斯都对于那些认为古人把所有那些对人类生活有助益的事物都看成是神的观点,更是不屑一顾。他说:在我们怀疑论看来,"持这种主张的人不仅是在为荒唐的论点作辩护,而且还把古人说成愚笨不堪。因为我们

---

① 西塞罗:《论神性》第1卷,第42节。

② 塞克斯都·恩披里柯:《反自然哲学家》第1卷,第29—30节。

的古人不至于会愚蠢到如此的地步,以至于会把正在眼前不断腐朽的事物当做是神,也不可能会把神圣的威力归之于那些被人类自己不断吞食和消化的事物中去”。如果说太阳大地有用就是神,那么人也有用,难道要把人看做神?把哲学家们也看做神(因为他们帮助我们生活得更好),甚至把绝大多数非理性的动物(因为它们能与人类合作)、室内家具之类的卑微东西都看做神?这显然是极其荒唐可笑的。①

怀疑论在反驳了各种关于神的起源理论的哲学解释之后,进入到更为关键的“神”是否存在的问题上。因为并不是任何能够被设想到的东西都是存在的。一个能够被设想到的东西完全有可能并不存在,比如“马人”和“蛇头怪”。所以,即使假定关于神的观念是清清楚楚的,还是要对如此理解的神是否存在问题再进行一番讨论。这个主题更为敏感,在政治神学极为重要的古代,希腊罗马哲学家大胆的、毫无禁忌的探索经常导致对于神的存在的否定。而感到威胁的政治宗教往往激烈地反扑。塞克斯都保证说:“人们将发现,与持有其他观点的哲学家们相比较,怀疑论者拥有一个更为稳妥安全的立场,这是因为他遵循先辈的习俗及其规定,总是申言诸神的存在;一切有助于信仰和尊崇的事,他也履行不误。不过,就哲学研究而言,他反对过于轻率的认信。”②我们看到,这也是学园派的态度,尤其是作为学园派的西塞罗的态度,因为他在生活中担任过国家祭司的职位。

从理论上说,怀疑论关于神的存在与否的基本讨论方式依然是其一贯原则:有些人断言神的存在,有些人声称神不存在,而另一些人则认为,相比于神的不存在,神的存在(的理由)一点也不更多。最后这种观点就是怀疑论的。怀疑论是通过列举双方的观点论证自己的立场的。

一方面,怀疑论举出了否定神存在的哲学观点。果然,这些人大多是前面提到过的对神的观念进行“理性还原论解释”的那些人。比如欧荷米卢斯(Euhemerus)、麦洛斯(Melos)的狄亚戈拉(Diagoras)、开俄斯(Ceos)的普罗迪

① 参见塞克斯都·恩披里柯:《反自然哲学家》第1卷,第39节。

② 塞克斯都·恩披里柯:《反自然哲学家》第1卷,第49节。

柯、塞奥多洛(Theodorus)等人。“欧荷米卢斯断言,那些被人尊崇为神的人,其实不过是些具有某种特权的人,他们正是凭借着种种权力才被众人奉为神明,并被赋予神的称号;而普罗迪柯则认为,神就是那些对人类生活具有助益的事物,诸如太阳、月亮、江河、湖泊、草原、农作物及其诸如此类的事物。”有意思的是麦洛斯的隐晦诗人狄亚戈拉,此人据说早先所写的作品比谁都敬神,因为他的诗作是这样开头的——“万物都在天意和命运的主宰之下”;但是后来狄亚戈拉受到一个人的不公正对待,并且这个人还无端地诅咒他却并没有因此受到任何惩罚;这件事之后,狄亚戈拉的看法就来了个急转弯,并断定神不存在。①

另一方面,怀疑论说“大部分哲学家和大众”相信神的存在。他们的论证可以概括为:大众的普遍一致、宇宙的有序、否定神导致的荒谬结果。

第一是从人类普遍一致的认同来进行论证,即所有人,不论是希腊人还是外邦人,都相信神的存在,即使他们对于神的本性没有一致的看法。各个民族无一例外都在祭拜神,为神建造庙宇,这就是明证。

第二是从宇宙井然有序的安排来加以证明,这是比较哲学化的。而且也说明了为什么神学会放在自然哲学中讲——作为形式因和动力因:

> 存在事物的质料不会变化,没有形式,唯有在受到某种原因的作用下,才有可能运动起来,具有形式,鉴此,正如当我们看到一件非常漂亮精致的青铜作品时,我们就会急于想知道谁是作品的工匠一样,既然质料本身是静止不动的,因此,当我们看到宇宙中的物质正以确定的形状和有序的节奏安排有条不紊地运行着的时候,我们就会自然而然地想寻找那个推动事物运动并把质料塑成不同形式的原因。也正如我们的灵魂遍布在我们自身之中一样,完全有可能,那弥漫于质料之中的力量不会是别的,而可能是某种神。然而,这种力量或者是自我运动的,或者是受另外某种力量所推动的;而如果它是由另一种力量推动的,那么,除非这另一种力量又由第三种力量推动,否则就是不可能的;但这样的推论是荒唐的。因

---

① 参见塞克斯都·恩披里柯:《反自然哲学家》第1卷,第53节。

此，必然存在着一个能自我运动的力量，并且这力量必将是神圣的、永恒的。它或者是永恒运动的，或者是从某个时间点才开始运动的。由于从某个时间点开始运动，就无法存在（导致）它运动的原因，所以这是不可能的；于是他们就断言说，那推动质料运动并使之符合生成与变化的有序形式的力量必定是永恒的；这种力量也因此必将是神。其次，那生成有理性、有智能事物的东西，它自身也必然是既理性又睿智的，而上面提到的那种力量，恰恰具有创造人类的这一性质，所以，这种力量必将是理性而聪慧的，而这正是一个神圣性质的标志，因此，诸神必定是存在的。①

第三是从由否认神存在所必然导致的荒谬结论来进行阐释。最主要的荒谬结果是如果否认了神的存在，则虔敬礼拜、正义、圣洁、智慧等等就不会存在了。可见，这里的“荒谬”主要是实践上的，即人类的生活无法进行，而不是理论上的：

如果神不存在，那么（人对神的）虔敬也不会存在。因为虔敬是“服务于神的科学”，而对不存在之物的服务是不可能的，故而，也就不可能存在任何这样的科学；正如不可能有服务于“马人”的科学，因为他们不存在；如果神不存在，也就没有服务于神的科学。所以，如果神不存在，那么虔敬就不可能存在。然而虔敬存在，所以我们不得不断定神的存在。其次，如果神不存在，那么作为“一种由神所护卫的正义”的圣洁也就不存在；但根据所有人所共有的观念和前把握观念，“圣洁”是存在的，而由于圣洁存在，神也就是存在的。——而且，如果神不存在，那么作为“关于神和人的科学”的“智慧”也就被取消了；正如由于只存在人而不存在马人，也就不存在关于马人的科学，因此，如果只存在人而不存在神，那么，也就不会有关于神和人的事务的科学。然而，断言智慧不存在，是荒谬的，所以，坚称诸神不存在也是荒唐的。

如果神不存在，那么，那种“观察并解释由诸神给予人的迹象的科学”的预言术也不存在；灵感、占星术、占卜和借助于梦境的一切预测也

① 塞克斯都·恩皮里柯：《反自然哲学家》第1卷，第75—76节。

都不复存在。但否弃如此丰富并业已为所有人所坚信的事物的存在，显然是荒诞不经的，所以，诸神是存在的。①

西塞罗在《论神性》的讨论中，把这个方面尤其与神是否关心人类结合起来，指出即使有人同意神是存在的，但是却说神不关心人。那么实质上还是否认了神的存在。这是在批判伊壁鸠鲁学派关于神的观点：

总有那么一些哲学家相信诸神根本不关心人间的任何事务。如果这个信念是对的，那么虔诚、敬仰以及宗教都变成了什么？如果诸神根本不关心人间事务，如果它们因自身不朽而鄙视人类，那么人们真诚地献给诸神之神性的所有纯洁的供品都毫无意义。如果诸神不能帮助我们，或者能帮助也不肯帮助，而且根本不关心我们，甚至不留意我们的行为，简言之，如果这些不朽的存在对人的事务没有任何影响，那么，我们为什么还要敬仰它们、向它们祈祷呢？虔诚也像其他美德一样，要想长期维系不能仅仅依靠习俗和矫饰。一旦虔诚消失，宗教和神圣也将随之消失。这些东西一消失，我们的生活方式就会出现一片混乱。我确实不知道，如果失去对诸神的敬畏，我们是否还能看到善良的信念、人类之间的兄弟情谊，甚至连正义本身也将随之消失，而正义是一切美德之基石。②

西塞罗在《论神性》中也介绍过有神论的主要几个方面的论证，他举的例子是斯多亚派的克里安提斯。这与塞克斯都的介绍不尽相同：首先，对未来事件的预知；其次，给我们带来巨大福祉的温和的天气、陆地上丰硕的果实以及其他大量的神的恩赐；第三，雷电、暴风、骤雨、风雪、冰雹、洪水、瘟疫、地震、石雨、血雨、地面的突然下沉或断裂、怪人或怪兽、天空中出现火球或彗星等异象，人们被这些事吓坏了，开始意识到其中有某种神圣的上天的权能在起作用；第四，也许是最重要的一点，天体有规则的运行，日月星辰的变化、优美和有序。如果我们与塞克斯都的介绍相比，可以明显看到一个突出的特定，即他们都强调"天体秩序"是有神论的主要依据，因为哲学家在观察天象中，总是

① 塞克斯都·恩披里柯：《反自然哲学家》第1卷，第123—125节。

② 西塞罗：《论神性》第1卷，第2节。

深切地感到如此有序的宇宙结构绝非“偶然性的产物”就可以解释的。斯多亚哲学中最为虔诚的克里安提斯说道:“如果有人进入一座房子、一个体育馆或一个公共场所,看到一切都被安排妥当,在有序地运行,那么他不会认为这些安排是偶然的,而会认为存在着某个发号施令者,他的命令必须服从。那么,当我们面对如此广袤的运动,如此深刻的变化,面对无限的、数不清的物体的支配力量,这种支配力在遥远的过去的无数个世纪里从来没有改变过,我们难道还能否认如此伟大的自然运动是由某个神圣的理智引导和控制着的吗?”①

实际上,我们还可以看到“独断论者”——主要是斯多亚派哲学家——从类比和价值链条的角度出发所作的一种论证:任何事物都能排成从差到好、到最好的系列。那么,最好的东西必然是神。这样的论证可以采取许多种形式,斯多亚哲学中最重要的思想家克律西波就这么论证道:

> ……在种类的完善和成熟的个体中总能找到更多的优秀品质,马的优秀品质多于马驹,狗的优秀品质多于幼犬,人的优秀品质多于幼童。因此,最高的优秀品质必然呈现在绝对和完美的事物身上。没有比善更高的品质了,也没有比宇宙更完美的事物了,因此善必然就是宇宙的一个特性。人自身的本性并非是完美的,然而善还是可以呈现在人身上,更不要说呈现在宇宙之中了!因此,宇宙包含着善和智慧,因此,宇宙本身就是神。②

怀疑论在举出了肯定神存在的各种论证之后说:有关神不存在的那些论证,就说服力方面而言丝毫也不会逊色于有关神存在的那些论证,因而关于神存在和神不存在的论证双方构成了“均衡”③。

反对神的存在的论证主要有几个方面。

第一个,神如果具有感性,则必然是脆弱的,从而不是神。但是如果神不具有感性,则连生物都不是,这与人们所理解的“神”相去太远。塞克斯都是

① 西塞罗:《论神性》第2卷,第5节。

② 西塞罗:《论神性》第2卷,第14节。

③ 参见《皮罗学说概要》第3卷,第2节以下。

这么介绍其论证的：

如果诸神存在，那么他们就是动物。然而，如果他们是动物，他们就会有感觉，因为动物都是因为“分有感觉”而被理解为是动物的。而如果他们有感觉，那他们也该能感受到苦涩和甜蜜；因为他们绝不会在通过其他感觉感知对象时却不也通过味觉来感觉的；因此，神缺乏这一感官或任何其他感官，是完全不可能的事：因为他所拥有的感官数目越多，他就越是高级，正如卡尔尼亚德所说的那样，神应当在人所具有的五个感官之外，还有其他的感官，为神提供事实材料，以便使他能够理解无限巨量的事物，而绝不会甚至连五官感觉都没有。因此，我们不得不断定神是拥有味觉的，正是凭借着这种味觉，他能品尝鉴别出诸多美味的事物。而如果他能借助于味觉品尝鉴别的话，那他一定能体味到甜蜜和苦涩；而由于他感受着甜蜜和苦涩，他就会因某些事物而喜，又会因另一些事物而悲；既然他会因某些事物而悲切，那他就可能会遭受烦恼，可能会变坏。但是，如果他真是这样，那他就是可灭可朽的。因此，如果诸神存在，那他们也都是可灭可朽的；由此可见，诸神并不存在。①

显然，从神必然起码是一个“生物”入手质疑神的存在，是怀疑论的一个基本论证。我们在西塞罗的《论神性》中可以看到学园派怀疑论也使用这一论证：

我们要想找出一种既没有出生、也不会死亡的生物也仍然是不可能的。每一种生物都有某种感觉经验。它感受冷热，品尝甘苦。而一种能够感受快乐的感觉也能感受痛苦。快乐的感觉和痛苦的感觉是相伴相随的。任何经验着痛苦的被造物都在经历着自己的毁灭。因此，你一定得承认，每一种生物都是可灭的。一个既不能感受快乐也不会感受痛苦的存在物根本不可能是活的。每一个生物都必然既感受快乐，也感受痛苦，因此它不可能是不朽的或永恒的。也没有任何生物没有自己的渴望和反感。它渴望适合它本性的东西，拒绝不适合的东西。因此，每一生物总是

---

① 塞克斯都·恩披里柯：《反自然哲学家》第1卷，第122—123节。

在追求某些事物而躲避另一些事物。它避免与它本性相反的事物,因为这样的事物具有破坏它的力量。因此每一生物都必然要在某个时间内消失。

还有许多其他有说服力的证据可以证明,每一种有意识的存在物都必然要灭亡。我们的感觉本身,冷、热、苦、乐,一旦过度,就会毁灭我们。但不存在没有任何感觉形式的生物。因此活着的事物是不可能永远活着的。①

第二,将神的"生物性"从而脆弱性的论证稍加变化,还可以得出其他的变式,其中著名的就是神的美德性从而脆弱性。一般来说,人们当然认为神是"拥有所有美德的",这既是对神的尊崇,也符合本体论逻辑,克律西波就曾这么论证说:"人本身并非一个完美的存在者,而只是完美的一分子;但是宇宙本身,这个包含万物,离开它一切都不复存在的宇宙,在任何方面都是完美无缺的。因此,它怎么可能缺少一切中最伟大的美德呢?"②而且,美德与幸福的内在等同关系,正是斯多亚哲学的一个基本教义,所以斯多亚派哲学家当然要承认神拥有所有的美德。但是,在怀疑论的推理中,拥有美德与其说是好事,不如说是坏事。因为一切美德都必然涉及与伤害自己的事情的斗争,这蕴涵着:神是脆弱的。比如,如果神拥有"节制"和"坚忍"的美德,就意味着存在着即使是神也感到难以克制和承受的事物,因为节制是"一种不违背正确理性规则的心灵状态,或是一种能让我们战胜那些似乎难以抵制的事物的品德",而坚忍是"关于能忍受的和不能忍受的事物的学问,或是一种能使我们超越于那些似乎难以忍受的事物的品德"。如果神拥有勇敢的美德,那他就会拥有"关于可怕的和不可怕的事物以及居中的事物的知识";而如果真是这样,那么,一定存在着对神来说也可怕的事物。至于说如果神拥有"智慧",那他就一定具有"关于好事物、坏事物以及不好不坏事物的知识";那么,由于痛苦

① 西塞罗:《论神性》第2卷,第13节。

② "没有比善更高的品质了,也没有比宇宙更完美的事物了,因此善必然就是宇宙的一个特性。人自身的本性并非是完美的,然而善还是可以呈现在人身上,更不要说呈现在宇宙之中了!因此,宇宙包含着善和智慧,因此,宇宙本身就是神。"(西塞罗:《论神性》第2卷,第14节)

是不好不坏事物中的一个，那他就既知道痛苦，也知道痛苦的真正本性是什么；而如果真是这样，他就必然曾经体验过它，受到过伤害。如此等等。这些论证可以类推到其他各种德性上。事实上，从神的美德还可以直接推出荒谬的结论：

> 如果神存在，那么，它要么拥有美德，要么不拥有美德。如果它没有美德，那他就是卑鄙的、不幸福的，而这是荒谬的。而如果它具有美德，那就存在着某个比神更好的事物；因为，恰如马的美德比马自身更好、一个人的美德比具有美德的人更好一样，神的美德也同样比他自身更好。而要是美德比神更好，那么，由于他不够完美，很显然他将处在一个坏的状态，是可灭可朽的。但是，倘若不存在介于对立双方之间的居中事物，并且已经证明神并不属于对立的任何一方，那么，我们不得不申明神不存在。①

第三，应当一提的是，在当时怀疑论攻击神的论证中，学园派怀疑论大师卡尔尼亚德还使用了一种"悖论攻击"法，主要着力点是量变质变难以区分（有时也被称为"堆粒悖论"）：

> 卡尔尼亚德使用了这样一系列的论证，他不否定诸神的存在（否则就很难成为一个哲学家），而是指出斯多亚学派没有真正解释它们。由此，他把讨论推向深入。"如果这些兄弟们都是神"，他说，"那么他们的父亲萨杜恩呢？难道他就不是神了吗？"事实上，他在西部那些国家被广泛地崇拜。但如果他是神，那么他的父亲凯卢斯（Caelus，天空）也当然是神。如果这样，那么这天神的父母、以太和白天，也必然被认为是神。还有他们的兄弟姐妹们，被列入古老神谱的爱、诡计、恐惧、苦役、嫉妒、命运、老年、死亡、黑暗、痛苦、悲伤、仁慈、欺骗、蒙恩、命运三女神、赫斯帕鲁的女儿们、梦神们，所有这些都被认为是黑暗和夜晚生育的存在物，都得被承认为神。因此，你要么接受这些怪物为神，要么否定朱庇特和尼普顿

---

① 塞克斯都·恩披里柯：《反自然哲学家》第1卷，第176—177节。

的神性,二者必居其一。①

卡尔尼亚德看来是怀疑论包括学园派怀疑论对于神的攻击最多的。他认为没有哪个问题像神的存在这个问题一样存在着如此众多的分歧意见。“对这些相互冲突的见解有一点可以肯定,这些观点很有可能都是错的,而正确的观点有一种以上是不可能的。”②卡尔尼亚德的主要敌人当然是斯多亚学派。在他看来,斯多亚哲学的目的论和设计论认为神关心人。但是斯多亚哲学又说世界上找不到贤哲。人类基本上都是愚蠢的。愚蠢的人就是不幸的人,那么,神为什么要整个人类陷入悲惨的境地中?一般人认为神是无限的,同时又是一个独立的、分离的存在,具有位格性的生活。卡尔尼亚德指出这二者之间是矛盾的。后者必然是有限的本性。任何有生命的事物都必然是有部分和激情的,从而会毁灭的。还有,人们是否应当认为神有德性,但是德性意味着有可能受到邪恶、困境的威胁。③ 可以看到,当怀疑论看到人们对于神的观念有分歧的时候,他们的结论是不加评判地把各种观念对峙起来,说明对于神的理解是不可能的。而伊壁鸠鲁也看到人们对于神的前把握观念是冲突的,比如既认为神是永远幸福的,又认为神关切我们,忙忙碌碌。但是,伊壁鸠鲁不会说两种观念同等正确,无法区分,而会说其中一种(神关切我们)是错误的,一种(神是自足幸福的)是正确的,我们应当保持与正确的观念时时一致。

必须指出的是:怀疑论并不是无神论者,其实,他们认为如果不搞哲学论证,仅仅服从传统,人们对神还会更加信仰。但是从哲学上论证神的存在,反而漏洞百出,影响了信仰。西塞罗代表学园派怀疑论批判斯多亚哲学家对神的存在的论证,说了一段很有深意的话:

> 事实上,你很怀疑这个命题是否如你所说的那样明显,因此你急于用许多论证来巩固诸神的存在。对我来说,只需一个理由就足以论证诸神的存在,即这是我们祖先的传统信念,而你鄙视权威,诉诸理性。那么让

① 西塞罗:《论神性》第2卷,第17节。

② 西塞罗:《论神性》第1卷,第2节。

③ 参见蔡勒:《斯多亚派、伊壁鸠鲁派和怀疑派》,第544、546—549页。

我来看看你论证的基础吧。你展开所有这些论证来证明诸神是存在的。但正是由于这些论证使你产生了某些疑惑，而我的内心则根本无疑惑可言。①

二　怀疑论对“原因”理论的批评

在对“神”进行了一番质疑之后，塞克斯都最终还是谨慎地转移话题，说：为了避免独断论者攻击我们不信神，我们来讨论哲学中的“动力因”概念。独断论者一般都认为，在广泛的意义上，原因是存在的。但他们对原因的解释各种各样，互相对立。我们的看法是，一方面，说原因存在似乎是有道理的。各种运动存在，宇宙井然有序，难道没有原因？即便这些不是实存而只是现象，也应当是某种原因引起的。如果没有因果关系，那么一切都会偶然地产生，象会生马，埃及会下大雪……而且，否定原因的人总也要根据某个原因。但另一方面，说原因不存在，也可以得到证明：“因果”是个相对概念，必须从结果理解原因，从原因理解结果，所以这是循环论证，结果，因与果都不能认识；而且，关于“原因”众说不一，那么要证明原因存在就必须提出原因，这就是用成问题的东西支持成问题的东西，最终还会引向“无穷倒退”。再者，原因要起作用，自己必须首先存在，但因与果既然是“相对概念”，原因就不能先于结果而存在，因此原因概念无法理解。综上所述，既然原因存在与否似乎都是真的，我们对此只有悬而不决。在此，怀疑论继续贯彻自己的一贯公式：“有些人断定原因存在；另一些人说原因不存在，还有一些人（即怀疑派）则认为原因存在与否是‘一样’的。”②

讨论完了动力因，下面就是被动因，也就是自然哲学的“元素”或者“被动始基”（质料）的理论。怀疑论说：在这一方面，不同的哲人们提出了“土、水、无限、气、火、原子、数、相”等等，“我们总不能全部都同意，因为它们是相互矛盾的”；而如果同意其中之一，就必须对此作出论证。但“论证”是不可能的，

① 西塞罗：《论神性》第2卷，第4节。

② 有关讨论参见塞克斯都·恩披里柯：《皮罗学说概要》第3卷，第13—29节及第4章。

因为论证是否真实,要以“标准”保证,而标准是否真实,又要论证,这就陷入“循环论证”。

“心”与“物”也是本原理论中的两个重要范畴。怀疑主义对“心”与“物”的存在也从不肯定。更有甚者,他们用了许多论证来证明:独断论的“心”与“物”都是不可理解的无意义概念。我们可以引用塞克斯都对“物体学说”的一段批评来说明怀疑派对客观存在的态度。塞克斯都是这样开始其讨论的:据说物体就是能作用与被作用的东西,但我们既然已经证明了“原因”是不可理解的,从而其存在与否无法知道,那么被作用是否存在也无法知道,因为被动总有原因。此外,怀疑论还从物体的基本概念入手进行批评:“有人说,物体是“三维+不可入性”,说点是没有部分的,线是有长度无宽度的,面是既有长度也有宽度的,而面再加上深度和坚固性就构成了物体。他们认为,这些性质就是物体。那么,只要证明了这些性质是不真实的,也就否证了物体。整体总是与其部分的总和一同生灭的。线、面这些“界限”不可能独立存在,只有存在于物体中,只有与物体联系才能认识。但这么一来,形体就并非由它们产生,否则它们应首先独立存在,再结合起来构成形体。而且,线面即使在物体中也没有真实存在,这只要想想关于“接触”的困难就可以明白了:并列的物体相互接触时,面与面不会完全重合,否则接触就是相融合。这样,面就是以一部分与外物接触,又以一部分与本形体相连;那么,面就不但有长度、宽度,而且也有深度了,因为作为部分就有深度的差别,而面有深度是不可理解的。同样,“坚固性”也不可理解,因为要理解坚固性,也必须借助“接触”,但两个物体之间只能部分地接触,这部分相对于它所依附的整体是部分;但相对于它自身,便是整体。这样,与另一个物体的接触又只是这个整体的部分。如此类推,两个物体的接触,既不是整体与整体,也不是部分与部分。因此“接触”不可理解,从而“坚固性”也不可理解。①

“物体”是被动性的始基即质料因的最一般的范畴。在斯多亚哲学那里,甚至主动的形式因,也是物体性的。所以,怀疑论对于物体概念的质疑和否

① 参见塞克斯都·恩披里柯:《皮罗学说概要》第3卷,第39—46节。

定,就从根本上推翻了整个自然哲学的基础。不仅如此,怀疑论认为自己也顺便推翻了无形体的本体论,因为后者的本体概念总是以"非形体性"为特征,而在怀疑论看来,由有形物体的不存在可以很自然地推出无形物体也不存在:"否定总是建立在对被否定者的理解之上。既然形体者不可理解,形体的否定即无形体也不可理解。"①

三　对时空运动的怀疑

哲学本体论中在讨论了"本体"之后一般还会讨论运动和时空。怀疑论关于运动、时空等等的质疑也都是服从二律背反的思路,它认为,从现象上看,运动存在,空间存在,时间也是明显的。谁会否认太阳的升落,船只的停驰(运动)?谁会看不到"上、下、左、右(空间)"呢?就是赫西俄德不也说"先有chaos,然后是大地……"吗?但是,从许多哲人的论证看,则运动不存在,时空也不可能。反运动的论证有许多,用不着一一赘述。②我们只要想想爱利亚的芝诺否证运动的著名悖论在当时引起学术界"极大的骚动",在今天也仍然是许多学者认真讨论的问题,就可以理解这些论证对古希腊人来说,具有很难驳倒的逻辑力量。所以怀疑论充满自信地说道:反空间的人的论证同样也很有力量,他们首先指出:赫西俄德对于哲学争论并非是有资格的仲裁者,如果说"chaos先于一切",那么"形体"不就等于"空间"了?这里的论证思路是,当物体进入空间时,空间或是仍然存在,那么,存在就同时充满了空虚;或是移开、消失了,那么"虚空"就成了"物体"(只有物体才能移开或消失)。③

此外,《反自然哲学家》第1卷,还讨论了"数论"、"混合论"等自然哲学问题,其中也贯彻怀疑论的总原则,也就是确立现象与理论、理论与理论的二律背反,冲突普遍存在而且无法解决,"只要大树常青、绿水长流,自然哲学家就永远不会终止在这些事上的相互争战"④。所以人们应当对自然哲学的一切

---

① 塞克斯都·恩披里柯:《皮罗学说概要》第3卷,第49—50节。

② 参见塞克斯都·恩披里柯:《皮罗学说概要》第3卷,第4、9、10、15、16、18、19章。

③ 参见塞克斯都·恩披里柯:《皮罗学说概要》第3卷,第121节。

④ 塞克斯都·恩披里柯:《反自然哲学家》第1卷,第184节。

命题都悬而不断。

第三节　批判伦理学

《反伦理学家》更是贯穿着同一原则。晚期希腊罗马哲学被人们称为主要是"伦理学取向"的。实际上,即使最为离经叛道的伊壁鸠鲁哲学家,也只是在原子论的基础上重新论证希腊的四大主要德性。在当时,公开否认道德是要冒极大风险的。怀疑论的伦理目的性是众所周知的。皮罗怀疑主义对于伦理学的"怀疑",正如他们在前面批评自然哲学中对神学的怀疑一样,显然在各派哲学中是最为"惊世骇俗"的。当然,怀疑派说自己在对价值上的善恶好坏的怀疑时,并没有断定什么,并不是真的主张反道德,而是反"伦理学",这是纯理论的怀疑。怀疑论在这方面采取的方式与前面一样,只不过搜集的"二律背反"例子都是生活领域中的。学园派怀疑主义在怀疑认识的时候,并没有怀疑道德。即使是卡尔尼亚德,也没有真的要求人们在生活中相信他对正义的两重证明。卡尔尼亚德之后的学园派,更是向斯多亚派靠近,预设了美德与愚蠢,善与恶,以至于引起了埃涅西德姆的反感。"……尤其是当代的学园派,有时同意斯多亚派的信念,事实上不过是斯多亚派反对斯多亚派。更有甚者,他们对于许多事情都独断;因为他们引入了美德与愚蠢、承认善与恶的区分,以及真与假、可信的与不可信的、存在的和不存在的之区分。"①

《反伦理学家》明显由两个部分组成,即价值理论和生活技艺理论。

价值论以"善"和"恶"(也可以翻译为"好"与"坏")为主要概念,就像前面的"逻辑学"(认识论)以"真"与"假"为主要概念一样。希腊伦理学家从柏拉图的《理想国》第2卷到亚里士多德的《尼各马科伦理学》第1卷,再到斯多亚哲学的"好、坏、中性"分类,无不以分析和规定这些价值为核心。西塞罗的《论至善与至恶》中也继承了这样的话语体系和问题意识。皮罗派怀疑论则

① 福修斯:《图书集成》,169b18—170b3;LS,71C。

恰恰以否认存在着客观的价值区分、善恶之分为达到心灵宁静的唯一途径。可想而知,这里的争论是关键性的。

“所有人都同意伦理学是研究善与恶的区别的”,塞克斯都从这句话开始,但是,什么是“善”? 哲人争论不下,有各种说法。① 首先,在形式定义上,我们就开始遇到困难:无论是把“好”称做是“有用的东西”,或是“因其自身值得欲求的东西”,或是“有助于幸福的东西”,都只是陈述了它的某一个属性而已,并没有告诉我们“好”本身是什么。一个人如果对于对象本身一无所知,则你告诉他这个对象的属性,他还是不知道这个对象:

> 告诉一个对马一无所知的人说:“马是一种能够嘶鸣的动物”,并没有教给他什么是马;因为“嘶鸣”作为马的一个属性,对一个不认识马的人来说也是未知的。同时,对一个不知道公牛的人说“公牛是一种能够吼叫的动物”,也没有解释公牛是什么,因为“吼叫”作为公牛的一个属性,也同样不能被一个不知道公牛的人所理解。因此,告诉一个对“好”的概念一无所知的人说“‘好’是值得欲求的或有用的东西”,也是徒劳和无用的。人们首先应该认识“好”的真实本性,然后接下去才能把握它是“有用的”、“值得欲求的”以及“产生幸福的”东西。而如果“好”的本质是未知的,那么像这样的一些定义就并不能告诉我们什么是“好”。②

其次,即使确定了形式定义,什么内容能够符合“善”的本质,也是争执不一的。在《反伦理学家》中塞克斯都援用柏拉图在《理想国》第2卷中的理论说:“如果存在任何本性上好的或坏的东西,那这个事物应该对于所有的人都是共同的,应该对所有的人而言都是好的或坏的。正如,自然地产生热的火使所有的人感到热,而不是使一些人热,而使其他人冷;自然地产生冷的雪使所有的人冷,不是使一些人冷,而是使其他人热;同样,本性上好的东西应该对所有的人而言都是好的,不会对一些人是好的,而对其他人是坏的。”③然而,哲学家关于善的争论是著名的,这说明“自然存在的善恶”是没有的,否则人们

---

① 参见塞克斯都·恩披里柯:《反伦理学家》,第3卷,第2节,第175节。

② 塞克斯都·恩披里柯:《反伦理学家》,第38—39节。

③ 塞克斯都·恩披里柯:《反伦理学家》,第69节。

应当对它形成统一看法。[①] 斯多亚派认为善是美德,伊壁鸠鲁和昔勒尼派认为善是快乐(快乐在斯多亚派看来正是恶)。怀疑论喜欢列举各种哲学家对自己的观点的证明说明各种观点同样有力——或者同样无力,因为对方的反驳同样有力。比如,伊壁鸠鲁派在论证快乐是"善"的时候通常会争论说:动物不用教育就自然地避开痛苦并且追求快乐;当它刚出生时,还不曾有意识,一旦被不习惯的寒气所吹便会大喊大叫。然而,如果它天生地趋乐避苦,那么,辛苦就是被它自然地避开的东西,而快乐是值得欲求的事物。怀疑论对此反驳说:

> 作如此论证的人首先没有意识到,他们正在断言最卑劣的动物也分有了好(因为它们也分有大部分的快乐);其次,辛苦并不是应当完全回避的事;因为实际上,痛苦通过辛苦而缓解,健康和力量、成长也来自辛苦,没有辛苦人们就不能获得最高的技艺和科学。因此,辛苦并不是本性上应该全然回避的事。而且,看起来令人愉快的东西并不自然地在所有场合都是值得欲求的;因此,事情经常是这样的:某些刚出现时令我们很愉快的事物在另一个场合中被认为是讨厌的——虽然它们是同一些事物,这似乎说明那些令人愉快的东西不是本性上如此的,只不过根据不同的情况时而这样、时而那样地影响我们。[②]

这显然是借助了斯多亚派哲学的伦理观点。但是,这并不意味着怀疑论同意斯多亚伦理学。接下去怀疑论又批评斯多亚关于"善"的典型看法:"美好"的美德才是本性上值得欲求的。这甚至得到非理性的动物的例子的论证,比如某些高贵的动物——比如公牛和公鸡——是如何搏斗至死的,甚至当它们并没有愉悦和快乐的时候。怀疑论指出:

> 这些人并没有意识到,认为上述高贵的动物为了一个"好"之观念而争斗至最后一息,这绝对是愚蠢之见。因为,当愚蠢使希望找到正义的人失去判断力时,他们自己宣称仅有智慧的心灵才能发现正义;因此这些人

① 参见塞克斯都·恩披里柯:《皮罗学说概要》第3卷,第197节。

② 塞克斯都·恩披里柯:《反伦理学家》,第97—98节。

也说,只有心灵的智慧状态才能见到美与好,那些公牛和公鸡并不能认识正义和好,因为它们不分有智慧的心灵。而且,如果有某个这些动物为之争斗至死的东西,那它也仅仅是胜利和征服……此外,即使他们坚持公鸡、公牛以及其他任何勇敢的动物为追求美好而争斗,那么从何处得出人类也以此为目的?因为可以肯定的是——如果人类被认为具有一种美好的观念是依据有些动物是勇敢的、蔑视快乐的和能够忍受痛苦的,然而由于大多数的动物是贪婪的,是其口腹之欲的奴隶,那我们也将相反地宣称人类更渴求快乐。①

可见,当怀疑论想要反驳斯多亚伦理学的时候,他会毫不犹豫地启用伊壁鸠鲁学派的观点,证明“光荣赴死”可以有多种原因,未必是因为斯多亚派伦理学家所歌颂的以“美好”为值得追求的自身目的。这样的辩驳模式在西塞罗的《论至善与至恶》中得到了大规模的展开:先用一卷书专门阐述伊壁鸠鲁的“至善”观,再用一卷阐述斯多亚派的“至善”观,同样振振有词,雄辩无碍;可是当人们以为西塞罗是一位斯多亚伦理学家的时候,他又用一卷阐述学园派的观点,揭示斯多亚的极端立场中漏洞也不少。

除了哲学伦理学之外,塞克斯都还指出了传统宗教、神话中普遍存在的各种矛盾,如:我们尊敬长辈(习俗),但克洛罗斯却砍伤其父,宙斯更是把自己的父亲打入地狱(神话)。各民族之间习俗也各不相同,如:罗马规定儿子是父亲的财产、奴隶,别的国家却认为这是专制。同一民族的风俗伦理在历史上不断变迁,如:索伦立法允许杀子,现在的法律却禁止。此外,关于宗教、葬仪、祭祀等,怀疑派都收集了许多奇俗异闻,以表明在伦理上人们的观点很不一致,“二律背反”,找不到真正的伦理真理。“怀疑派既然看到习俗的分歧如此之大,对善恶和应做与不应做的‘自然存在’只有悬决,从而避开了独断论的轻率。”②比如在宗教上,大多数人说神是存在的,有些人如狄亚戈拉、克里底亚就否定;在承认神存在的人当中,有些相信的是祖先神,有些相信的是独断

① 塞克斯都·恩披里柯:《反伦理学家》,第101—104节。

② 塞克斯都·恩披里柯:《皮罗学说概要》第3卷,第235节。

论的神,如亚里士多德的神是无形的“天之界限”,斯多亚派的神是弥漫于一切的“呼气”,色诺芬尼的神则是“不动的球体”。关于食物的宗教禁忌也各不相同:犹太人不吃猪,利比亚人喜吃羊肉,有些埃及贤者认为吃动物的头有罪,有的认为吃动物的足有罪、毕泰戈拉派不吃豆子……在对待死人的态度上,有的实行土葬,埃及陈尸地面上,埃塞俄比亚的某些部落把尸体切碎扔入河中喂鱼,红海两岸的“穴居人”则把尸体运上山埋在石头下,更有一些民族把年老死者吃了,却埋葬夭折者……①这些无不让我们想到前面介绍的怀疑论的十式中的第十式。

塞克斯都接下去说道,其他各种风俗无不如此,而且可能有些国家的风俗我们还不知道呢。怀疑派看到如此众多的矛盾,只好对善与恶、应做与不应做之事悬而不决。与独断论不同,我们只是非独断地遵循生活的正常规则,对各种争议无动于衷,必须动情时温和平静。相反,以为存在着善恶等等的人,就永远不得安宁,生活在惊恐、焦虑、过度喜悦和不安之中。我们看到,在怀疑派对伦理学价值体系的批判中,体现出了一种广阔的眼界,反映了希腊化—罗马时期“世界主义”、“一体化”趋势。人们超出了固步自封、自成一体的狭小共同体,摆脱了希腊是“世界上邦”的傲慢与偏见。这在斯多亚派表现为“人类平等一体”的理想,②在怀疑派则表现为伦理中的二律背反。只有在人与人之间、民族与民族之间有了一定平等,哲学家才会承认不同习俗伦理的同等价值、“no more”。否则,“优等民族”与“劣等民族”之间是谈不上双峰对峙、二律背反的。

在《反伦理学家》的第二部分,怀疑派主要是批判独断论伦理学的“人生指南”或“生活技艺”(art of living)。希腊哲学广义地来讲是一种“启蒙运动”,哲学家们纷纷企图向社会、向众人提供取代原始宗教习俗的新的、由理性得出来的生活方式,帮助人们获得真正的人生“幸福”。在晚期哲学中,宣称能提供最有效的“生活技艺”,尤其是各家哲学标榜自己“优势”的主要依

① 塞克斯都·恩披里柯:《皮罗学说概要》第3卷,第207—225节。

② 参见伏格尔:《希腊哲学》第3卷,第179—181页。

据。怀疑派批评哲学,除了对哲学家们在认识论上宣布各自已经发现了“绝对真理”的“虚妄”(vain)感到不安之外,在实践论上便是对“哲学家能指导生活”或教授人以“幸福之唯一道路”的说法,深表疑虑。在怀疑论看来,这种从玄学理论出发的“生活技艺”是否存在首先就是值得怀疑的,因为独断论者关于它是什么,众说不一:

> 被声称存在的并且是人类幸福之原因的生活技艺不只是一种,而是既多又不同;比如,有伊壁鸠鲁的生活技艺,有斯多亚派的生活技艺,还有逍遥派的生活技艺。那么,或者应该同样采用所有的生活技艺,或者仅采用一种,或者一种也不采用。不过,采用所有的生活技艺是不切实际的,因为它们是相互矛盾的;被这个人提倡作为值得欲求的东西,被那个人作为应回避的东西所禁止,然而谁也不可能同时欲求和回避同一对象。可是,如果仅仅应当采用一种生活技艺,那么或者采用任意的一种,而这是不可能的,因为这样的话,采用一种生活技艺等同于采用所有的生活技艺;因为如果我们应该听从这种生活技艺,那为什么是这种而不是那种呢?①

我们即使承认某一家的说法,比如说“明智是生活技艺”(斯多亚派的说法),得到的仍然只是荒谬的结果,因为根据斯多亚哲学的说法,“明智”是美德,而美德据说只有贤哲才有。前面已证明过不存在贤哲,所以审慎也就不存在。

再者,斯多亚派把“技艺”定义为“由理解组成的系统”,而“理解”是“同意把握性呈现”。怀疑论指出,斯多亚哲学的独特发明——“把握性呈现”——学说充满了逻辑错误。一方面,斯多亚学派说把握性呈现是来自真实的对象;另一方面又说真实对象就是能产生“把握性呈现”的,这乃是循环论证。既然把握性呈现不存在,那么,“技艺”不存在,从而“生活技艺”也就不存在。可见,怀疑论在认识论中的工作也可以支持其在伦理学中的理论。事实上,在这些思辨的认识论理由的背后是更为真实的生活中的理由:独断论哲

① 塞克斯都·恩披里柯:《反伦理学家》,第173—175节。

学的生活技艺无不以极端著称。哲学本身就是没有任何禁忌的极端性思考。但是这怎么能用到生活中呢？塞克斯都列举了斯多亚派的许多“惊世骇俗”的说法：

> 关于教育子女，斯多亚学派的创始人芝诺在其论文中这样论述道：“在情爱关系上，对喜欢的和不喜欢的少年不要区别对待，无论男女；对喜欢的还是不喜欢的成人，无论男女，也要一视同仁，各自适合不同的人。”还有一段论述是：“你和你的爱人发生性关系了吗?”“没有。”“那你不想吗?”“当然。”“既然想，不过你害怕邀请他吗?”“一点也不。”“那么你邀请他了吗?”“当然。”“那么是他没有向你屈服?”“没有。”关于尊敬父母，人们可能会举出他们反复引用的乱伦例子……他们关于同类相食的建议也可以作为他们“尊敬死者”的例证；因为，他们认为这是合适的，即不仅吃那些死去的人，而且吃他们自己的肉——如果他们身体的任何部分碰巧被割下。这就是克律西波在他的论文《论美好》中所阐述的：如果从四肢割下任何一个可以食用的部分，我们既不应该埋葬它，也不是用别的方法处理掉它，而是吃掉它；这样一个新的部分就可以从我们身上原来的地方长出来。在他的《论责任》一书中，当讨论到埋葬父母时他明确地说：“当我们的父母去世了，我们用最简单的埋葬方式，就像那身体如指甲或头发一样，对我们是无关紧要的；我们不需要对它有特别的关心和注意。因此，当他们的肉可以食用，那人们也会吃掉它，正如他们也同样会吃自己身体的部分，比如，当一条腿被切下来，那他们吃了它是合适的；当那块肉不能食用，那他们要么埋了它并堆成坟墩，要么把它焚烧并撒了骨灰，要么把它扔得远远的，就像对待指甲或头发那样弃之不顾”。①

怀疑论对这些斯多亚派教义的反应是：他们提倡这些行为，或者相信年轻人会实施它们，或者相信年轻人并不会实施它们。然而，他们当然不可能相信年轻人会实施它们，因为法律禁止这些行为，而如果他们相信年轻人并不会实施它们，那生活技艺就成为多余了，因为它不可能被付诸实施。

---

① 塞克斯都·恩披里柯：《反伦理学家》，第190—194节。

塞克斯都又说，进一步讲，"生活技艺"不会自然发生，否则人人拥有生活技艺，就都会审慎而有美德了。但大多数人都很坏。"技艺"既被称为理解组成的系统，那么只有通过学习才能得到。可是，怀疑论系统地证明"学习"是不可能的，从而"生活技艺"无法传授。怀疑论的论证程序是：为了进行传授，必须有三种东西：被教的东西、教师与学生、教学方法。首先，"被教的东西"不存在。塞克斯都论证道：被教的东西不能是假的，因为假的就是不存在的；也不能是真的，因为在《反逻辑学家》中已部分证明"真的"东西不存在；它也不能是明白的，因为那样就不用教；也不能是不明白的，因为那样就会由于意见分歧而无法理解。所以，没有什么东西是可以被教的。其次，担任教学的"教师"也不存在。论证是：专家不能教专家，这没有必要；非专家不能教非专家，这当然很明显；非专家也不能教专家，那太可笑了；而专家教非专家也不可能，因为根本不存在专家：天生的专家没有；通过学习变成专家不可能，因为不能学一课就使人成为专家，但学习总是一课一课地进行的。最后，也不存在所谓"学生"，因为如果学生是非专家，他就不会去学习他所不懂的技艺，正像天生的盲人不会要求去看颜色那样。如果他要去学习某种技艺，这就说明他已经知道有那种技艺，这样他就会既是专家又是非专家了。由此可见，没有教师，没有学生，也无法进行教授，从而也不存在什么教和学的方法。

有关"教"与"学"的可能性之争论话题早在苏格拉底、柏拉图时代就有了。"美德可教吗"是柏拉图的《普罗泰戈拉篇》、《美诺篇》等对话录中的主要问题。怀疑派当然不会不把争论中的各种批判性武器拿过来用。但最能反映怀疑派"减法治疗"哲学的特色，是塞克斯都在这些近于诡辩的大段讨论之后所说的话：即使承认存在着哲学家提供的"生活技艺"，对人也只有害处。有人认为生活技艺能使人在趋善避恶的实践中保持自制。但是，完全摆脱了自然情欲的人也就不需要自制了：而如果先有了不好的念头，后来又通过理性克服它，那么当他处于烦扰状态需要帮助时，审慎却对他无用；而事后却会又使他老是记着犯了过错，这就比干脆从未体验过这种情感的无知无识的人更受烦扰。后者在欲望实现后就心满意足，不会有什么反省呀、悔恨呀之类。所以，贤哲不仅不是像斯多亚哲学所描述的那样是无比幸福的人，而且将由于审慎(生活技艺)而成为人们当中最可怜的人。①

以上就是塞克斯都笔下的皮罗派怀疑论对于哲学的三个部门的系统全面的批评。在西塞罗的《论学园派》中也记载了学园怀疑主义对于哲学各个部门的批评,其顺序是从自然哲学开始,再批评伦理学,最后批评认识论。学园派批评的基本结论是:对立的哲学太多了,而且他们都是如此伟大的著名哲学家;甚至同一个哲学比如斯多亚哲学内部也争执不休,无法相信任何一家。我们最多只能说,在有的情况下斯多亚的哲学看上去更为或然可信,在另外的情况下,伊壁鸠鲁的哲学看上去更为或然可信。哲学的困难是因为它们企图超出我们的经验领域,探讨隐藏的东西,"紧紧地密封在浓厚的乌云中的事物",这是任何人类理智都缺乏强大的视力穿透的天界和地下的领域。其实,不要说天地了,即使是我们自己的身体,也是一个秘密。"我们不知道我们自己的身体,我们不知道它们的部位的位置和它们各自的功能;医生想要理解身体的结构,就切开它,审视器官,但是,经验派医生指出,这并没有增长我们关于它们的知识,因为完全有可能这些器官在被打开和暴露于光天化日之下时,就改变了自己的特性。"②

由此可见,学园派怀疑论与皮罗派怀疑论对于整个希腊哲学的质疑的基本出发点是一致的。希腊哲学体现了人类求知的渴望和大胆,什么都想知道:天体的运行速度,人心由几个部分组成,等等,什么都敢假设,已经迈出了惊人的步伐。然而,相应的认识手段,无论是实验手段还是科学方法,都远远跟不上。所以,时间一长,必然给人力不从心的感觉,使人自然而然地想到这一切高妙的学说是否有实在的根据,是否有"确定性"。

第四节　批判其他诸学科技艺教师

从《反伦理学家》第二部分对技艺能否传授、"人生指南"是否可能的否定

① 参见塞克斯都·恩披里柯:《皮罗学说概要》第3卷,第250—281节。

② 西塞罗:《论学园派》第2卷,第38—39节。

回答,自然而然地过渡到塞克斯都的另一部著作:《反诸学科技艺教师》。

虽然这部由6卷构成的著作通常也与前面批判哲学的5卷《反独断论者》一起归属于“反理论家”这一总题目之下,但这其实容易引起误解,因为它在内容上和基本导向上与前面5卷相当不同。前面对哲学诸部门的批判归结起来基本上都在纯粹认识论的水平上进行,亦即理论认识(无论是直接讨论逻辑学即认识论,还是间接地讨论自然哲学认识及伦理学认识)不可能成立,所以,只有终止理论追求事业,达到毫无困惑的心灵宁静的幸福。然而,《反诸学科技艺教师》关心的主题可以称为“实践的—技艺的”,其主旨是要说明理论指导生活的不可能乃至有害。所以,《反伦理学家》最后对技艺的批判构成了《反诸学科技艺教师》一上来的“一般性批判”部分,由此完成了从理论领域到实践领域的自然过渡。

塞克斯都·恩披里柯在《反诸学科技艺教师》中对当时希腊流行的哲学之外的七大学科技艺一一作出抨击:语文学、雄辩术、几何学、算术、数学、占星术、音乐。这些技艺很有意思,它们不像哲学的各个部门那么抽象和“高超”,所以没有被怀疑论作为主攻对象。比如,在《皮罗学说概要》中批评了逻辑学、自然学和伦理学等三大哲学分支,没有提到这“七艺”。但是,在《反理论家》中对逻辑学、自然学和伦理学等哲学分支展开批评之后,还是专门批评了七艺。看来,七艺虽然比哲学要具体,但是比起其他希腊技艺,如农学、军事、医学、理财学(家政学)、建筑、造船、绘画、雕塑等等,就显得抽象和“不实用”了。怀疑论没有批评农学、家政等等技艺,尽管哲学家比如亚里士多德和色诺芬都写过这方面的著作,这与怀疑论宣称自己“不反对经验和经验为基础的技艺,只反对玄思”有关。七艺不是实用技艺,而是人文修养类的技艺。这些构成了古代文化“学问”的主要内容,是青少年学校教育的主要科目。一个人是不是“有文化”(尤其是希腊文化)、“博学多识”,主要看在这些科目上是否受到了系统的教育和训练。不少文人、哲人在生活中以教授其中某门学科技艺为谋生职业。语文学和修辞术与智术师开创的“参加公共生活”的必备技艺有关。晚期希腊许多哲学家早年都修习过雄辩或修辞学。

下面我们具体介绍怀疑派对这些“文化—技艺学科”的批评。塞克斯都首先指出,事实上,对各学科技艺教师的批评早已有之。不同的人出于不同的目的。伊壁鸠鲁便以反对学问和文化著称于古代世界。不过许多人猜测,伊壁鸠鲁这么做是因为想掩饰自己的无知以及对柏拉图、亚里士多德等博学鸿儒的敌意。怀疑论强调自己与伊壁鸠鲁的动机完全不同:皮罗主义者反对这些学问,既不是出于认为这些学科无助于智慧的获得(否则便也是一种独断),也不是出于无知。“他们的知识比所有哲学家都广博,但他们对于大众意见仍能保持距离,不受影响。”他们也不对任何人怀有敌意(这种恶意与怀疑派者的温厚品性相去太远)。只不过他们在各种学科技艺中遇到了他们在哲学中遇到的同样经验,才不得不对这些学问提出质疑。正如他们在研究哲学时开始也是为了获得真理,但是面对无数的二律背反之后只好悬而不决一样,在诸学科技艺中,他们一开始也是想把它们当做真理来学习的,但是却遇上了同样严重的困难。作为真诚的人,他们不想隐瞒。所以怀疑派也要同样反诸学科技艺。①

这席话,一般来说也不错,因为它确实反映了怀疑派在各种学科中的批判策略。但是,如果这就是事实的全部,则整个《反诸学科技艺教师》成了多余的补充,不值得多谈。实际上学术界讨论怀疑派时也极少谈到,或全未谈到这部著作。但是,我们认为它与前面对哲学的批判有相当不同的品格,从某种意义上说更能显示对于怀疑派十分重要的“反对理论干扰生活”,所以值得专门地介绍。可以看出,怀疑派在攻击这些学科时的基本立意是主张日常生活和相关知识的自足性,不容许理论的或“专业化的”知识学来干扰、压制、甚至取代生活知识的企图。所以在此批评当中,不乏体现了日常清醒理性对思辨理性的任意、“博学”的炫耀和骄傲运用的警惕与戒意。比如,怀疑论不会反对教育儿童识文断字,但是希腊的“语文学”中的理论性很强,怀疑派当然也不反对日常计算的可能,但它为什么反对“算术学”?原来当时所谓的算术学的主要内容是毕泰戈拉学派的神秘“数论”。再如,怀疑派一般来说也不会与“数学”过不去,但它之所以反对“数学”,是因为数学在古代与占星术纠缠不清,占星学也许最“实用”了,但是它的理论背景有许多“数论”之类的玄思,这

① 参见塞克斯都·恩披里柯:《反诸学科技艺教师》第1卷,第1—8节。

当然会引起怀疑论的不满。

塞克斯都按通例把对各学科教师的批评分为“一般的”,即适用于所有学科的,以及“专门的”,即逐一具体批判六门学科的。在“一般的”批评之中(一共4章),批判的思路是:任何一门“学科”的存在必须有四个条件:被教授的学科、教师、学生以及学习方法。所以,如果把这四个要素批倒了,“学科”存在的根基也就被彻底抽空了。由于这里的批判所使用的论证与他在批评哲学伦理学的第二部分“哲学能否指导生活”中时使用的多有重复之处,我们在此不再赘述。我们只想强调:用以指导或总括对六种学科技艺的批判的“一般部分”,使用的主要是“反对理论指导生活”的论证,这说明《反诸学科技艺教师》的批判不仅仅是出自纯认识论的兴趣的。让我们在考察他对各学科技艺的具体批评时将时刻注意这一总的宗旨。

一　反语文学家

塞克斯都的批评始于“语文学家”。这一部分的批评在六学科的批评之中占了很大篇幅,即几乎占了一半的篇幅;在《洛布古典丛书》中约占160多页,而其他五个部门的批评各自占40—60页左右。也许,怀疑论想要用对语文学家的批评为下面批判的基本精神设立一个典范。

语文与数学,是今日教育体系中的两大学科之一,青少年教育固然如此,进入高等教育课程体系后,依然在发挥重大的作用。这一点,在当时的希腊已经确立。希腊这六门主要学科技艺中,一大半属于语文与数学。其中,语文学又是最为基本的。塞克斯都一上来就问:为什么我们从批判语文学家开始呢?有这么几个理由:我们从婴孩起就被教授语言知识;这门学科是学习其他学科的起点;而且它自吹高于其他学科,许诺能够给学习者以各种丰厚的回报。

“语文学”(Art of Letters)有好几种意思。其中一个意思就是专业的语言学知识。语法作为关于说话—写作的分析研究,虽然在亚里士多德和斯多亚哲学那里有了开端,但是正式列入“通识教育”却很迟,大约在公元前1世纪早期。①

① 参见T.摩根:《希腊化罗马时代的文化教育》,第152页。

一般把正式开创人说成是2世纪时生活在亚历山大里亚的狄奥尼修。有人说他在《技艺》一书中最为重要的创新之处、而且统治了语法学在余下的古代社会中的实践思想,可以在该书的第一句话中看出:“语法是关于诗人和其他作者的正常言说(normal utterance)的实践知识。”这似乎是把语法学的任务看做是通过理解语言来理解文学。① 塞克斯都列举了当时一些“专家”们对“语文学”的定义,并一一加以批评。如色雷斯的狄奥尼修(Dionysius “the Thracian”)在其《指导》一文中说,“语文学”是有关诗人与散文作家的语言的专门知识的。漫步学派的托勒密(Ptolemy the Peripatetic)对此持有异议,认为这一术语不仅指“知识”,也指“技艺”。塞克斯都的批评是:这种知识是关于所有诗人与散文家的吗?那不可能,因为这么一来,对象将会是无穷的,而对于无穷者不可能有经验。如果这种知识是关于有些诗人与散文家的,那么,既然普通人没有“专业知识”也理解有些诗人与散文家的言说,则不能说存在一个专门的语文学知识。如果说它是“关于许多”诗人与散文家的,问题仍然没有解决——这会导致“谷堆”悖论:在一小堆上增加谷粒,到何时才可以说出现了“大堆”?② 阿斯克莱皮亚德(Asclepiades)认为狄奥尼修的观点太经验化,提出“语文学”不是一种猜测性技艺,而是近于音乐与哲学的学科。塞克斯都指出,这使困难更为增多;这并没荣耀语文学,反面贬低了它,因为这种“关于一切诗人与散文作家的语言的知识”根本无法存在。卡来斯(Chares)说,完善的语文学是“从严格区分希腊语言与思想的技艺中导出的一种技术,当然它不讨论这些对象为其他技艺所讨论的方面”。塞克斯都认为卡来斯的问题是使语文学不仅讨论诗人与散文家,而且讨论一切希腊语与符号。塞克斯都不无嘲讽地说,“这是甚至连诸神都不宜承担的任务”,因为任何科学研究都不可能以无限者为对象。科学研究的主要目的正是在于把无限者限定下来。狄米特里乌(Demetrius)以及其他一些语文学家给出的定义是:“语文学是有关诗人以及普通人使用的言说的形式的知识。”塞克斯都说这也没有解

① 参见T.摩根:《希腊化罗马时代的文化教育》,第155页。

② 参见塞克斯都·恩披里柯:《反诸学科技艺教师》第1卷,第59—72节。

决同一困难：语文学无法处理所有的言说形式；而且，不同地方的方言形式是差别很大的，语文学家怎么能找到适用一切的语言“形式”呢？①

塞克斯都在通过批评语文学的各种定义来证明了这一学科的无根基性之后，又对语文学的各个分支——“技术的”、“历史的”、“门类的”——进行批判。

这可以分为六个部分：阅读和模仿、解释诗歌人物、解释少见的字词、词源学、类比以及“艺术中的最佳部分——批判诗歌”。相比之下，斯多亚语法学感兴趣的是语言，而不是文学。但是，斯多亚派特别对语法和逻辑感兴趣，是因为他们相信语言结构反映了实在的结构。② 如此，则“标准”、“规范”就成为严肃的事情了。

所谓“技术的”分支指形成有关语言的要素和类别的规则、拼写原则、希腊语用法、词源学等等重要语法学问题的语文学。塞克斯都说语文学家主要是以具有这一分支的知识而骄傲，并贬低那些在其他学科中的著名人物，说他们甚至不懂希腊语的通常用法。而且，语文学家在争论中被逼急了，也往往用以对手的话“不合语法”来转移注意力。怀疑论辛辣地讽刺说：实际上，这些语法学者自己连把两句话熟练地联结在一起都几乎办不到，却居然胆敢证明古人中的语言大师如修昔底德、柏拉图和德谟斯提尼犯有语法错误。③

根据专门研究那个时代的语文学学者的介绍，语法学，尤其是所谓“规范”的语法，主要是教那些已经会说和写希腊语和拉丁语的学生“正确地”说话和书写。这是一种居高临下的裁决态势，不是承认语言在实际运用中的各种各样的形式，而是要用一种“标准形式”去统一一切。语法学相当骄傲地宣称自己能够让学生“得到重生”，真正懂得理解他们读的东西，甚至第一次真正会说话。④

塞克斯都对语文学的“技术部分”（语法学）的批评分为几个方面：音素，

① 参见塞克斯都·恩披里柯：《反诸学科技艺教师》第1卷，第73—83、84—89节。

② 参见T.摩根：《希腊化罗马时代的文化教育》，第177—179页。

③ 参见塞克斯都·恩披里柯：《反诸学科技艺教师》第1卷，第97—98节。

④ 参见T.摩根：《希腊化罗马时代的文化教育》，第169—170页。

音节,词类,正确拼写,惯用法,词源学。其中,音素学是全部语法的基础。塞克斯都花费了许多篇幅批判这一学科。比如他说,语法学教师公认音素分为元音与辅音,元音中又有两个是长元音 η 与 ω、两个短元音 ϵ 与 o,和三个可变元音 a、i、υ。塞克斯都的批评是,"可变元音"是说同一个元音视不同情况而变,既可以长,也可以短。但是,这就是在主张对立面同时存在;这当然是荒谬的,因为对立面是互相抵消的。而且,这样一来,就必须分别有三个长元音 α、I、υ 和三个短元音 α、I、ν。这么一来,元音总数就不是 7 个,而是 10 个。进一步讲,由于语法家除了"长"与"短"两种属性外,还指出有"尖音"、"重音"、"长重音"、"粗音"与"滑音",那么,那些元音只要具有这些属性之一,便可以成为一个特别的音素;元音总数将会因此而扩展为 43 个!

塞克斯都继续说,换一种论证法,却又可以证明元音数目不是语法家动不动就说的"7 个",而是更少,只有 5 个。因为既然 α 在长与短时不构成两个元音,而依然保持为一个"共同音素",那么,η、o 与 ω 也不过是发音长短不同,应当也是一个"共同音素"①。

"音节"由音素组成。本来批倒了音素,音节也就不攻自破。但是塞克斯都仍然对音节本身进行批判。其论证是:音节据说分为长音节与短音节,但短音节如果要存在,就必须要有一段起码的短时间能让音节存在于其中。但是怀疑派认为不存在起码的时间段,因为一切时间段都可以无限分割下去。长音节也不存在。因为长音节据说是"双时的",可是两个时间不能共存。当第一部分发音时,第二部分尚未存在;而当第二部分出现时,第一部分已经消失。既然部分不能共存,整体也就不存在。②

接下来是对词与"词类"的批评。塞克斯都说一个句子或各部分(词)之和,或仅仅是句子自己,与其各部分无关。但是后者不可能,否则人们在把所有部分或词取走后,还能剩下"句子"。前者也有问题:因为如果句子除了是自己的部分之外什么也不是,那么存在的就只有它的部分——词,而"句子"

① 参见塞克斯都·恩披里柯:《反诸学科技艺教师》第 1 卷,第 105—116 节。

② 参见塞克斯都·恩披里柯:《反诸学科技艺教师》第 1 卷,第 121—132 节。

便没有了。而且,一个词或是整个句子的一个部分,或是句子之外的什么东西。后者显然不可能,因为词总在句子之中。但是前者也导向荒谬:因为那就相当于是在说一个词是自己的一部分,比自己大或比自己小;或者,是另外一个词的部分,被包括在另一个词之中。而这是不可能的。①

除了对词类(句子)的一般性批评之外,塞克斯都还挑了一个专门的词类——名词——加以剖析。他说,为了对付这些充满空洞术语与老妇闲聊的东西,我们可以采取酒商的办法:只要取一点样品尝一下,就能判断整个货色如何。语法家说名词自然地分成阴性的与阳性的,但何为这里讲的"自然"?它或是指说话人产生自然声音,或是指这些声音自然地使我们感受它们是阴性或阳性。但是前者不可能:以语法家之愚笨,怎能断定名字是由于自然而不是由于习俗而形成的;或是有的因为自然,有的因为习俗?甚至连自然科学造诣极高者都感到难以解决这些棘手争论。况且,如果名词"自然地"存在,那么所有人都应当能互相理解对方的语言。但显然各国人民之间不理解对方的话。塞克斯都进一步说,也不能说有些词自然地使我们感到是阳性或阴性的。火能自然地温暖外国人与希腊人,有技术的人与无技术的人,而不会只温暖希腊人而冷冻外国人。但是同一名词对有些人是阳性,而对有些人却是阴性,对另一些人却是中性。雅典人的"瓶"是阴性(he stamnos),伯罗奔尼撒人(Peloponnesians)的"瓶"却是阳性(ho stamnos)。其他许多词也是这样。同一民族在不同时代会把一个词标为阳性,另一个时代就是阴性。而且人们还用阳性名词称呼阴性事物,用阴性名词称呼阳性事物。如果语法学家同意这一切不是"自然"的,而是由于共同用法使然,那么这正中怀疑派者的下怀。因为怀疑派的立场正是:"正确与错误的言说的标准并非任何技术的和语法的理论,而是非技术的经验——只不过遵循实际用法。"②

塞克斯都还批评"言说"(speech)。他说,言说或是形体性的"声音",或是非形体性的"意义"。但言说并非声音,因为声音说出后是人人都听到的,

① 参见塞克斯都·恩披里柯:《反诸学科技艺教师》第1卷,第131—140节。

② 塞克斯都·恩披里柯:《反诸学科技艺教师》第1卷,第142—153节。

无论他是希腊人还是外国人,有文化的人还是没文化的人;但是(希腊语)言说只能被希腊人和习于此道的人所听到(与理解)。进一步讲,言说也不是“意义”,因为(根据伊壁鸠鲁学派)除了形体与虚空,不存在任何其他非形体事物。而且,说“言说”是“意义”的人要对此提出论证,但论证的前提又是“意义”,这就是在自我论证了。①

塞克斯都还以相同的方法批评了语法家引以为自豪的“正字法”或“正确拼写理论”。他说:“这儿我们且不提出更不利的反驳,只是说这类技术毫无用处——首先是因为其中纷争不下,其次是由于它们的实际结果。由于‘纷争’指的是:语言学专家们相互争斗,而且将永远争斗下去;有些人坚持要用这种方式书写,而一些人要用另一种方式书写。所以我们必须这样质问:如果正字法技术对生活有益,那么我们以及这些语法家应当由于这方面争端尚未解决而不知道如何书写。可是我们和他们都并没有陷入无法举步的困境,全部能够毫无困难地书写,只要我们不按照这些‘技术’,而按照一般的、无争议的实践去书写。我们所有人——不管语法家还是非语法家——都按照这种实践采纳在标示名词时应当采纳的要素,对于不必要者我们就不去管它。所以,语法家关于正字法的教导无益于生活。”这段话充分体现出怀疑主义的立场:坚守前反思的生活流层面,对企图借助理性力量超出它,并且又回过头来“指导”它的高超理论知识或专门学科表示怀疑。一般人对于怀疑派的指责是它无助于生活。怀疑派却说这正是“怀疑派”的批判对象——理论家——的致命弱点所在。而怀疑派却以某种“实用主义”的精神,拒斥一切其理论—技术上的争论(或甚至存在与否),如果这些争论在生活流之中不会体现出任何重要区别的话。这一点,在塞克斯都对正字法的第二批评即“实际效果论”中表现得更为明白。塞克斯都说,实际上我们的书写方式不必一律,但却对相互理解不产生损伤。比如在与格(dative case)后加一个 i 或不加一个 i,在*σμiλiov*中写 σ 还是写 s 等等,都不会改变原词含义。如此,则“语法家关于这些问题

① 参见塞克斯都·恩披里柯:《反诸学科技艺教师》第 1 卷,第 155—158 节。

的冗长、空洞、愚蠢的争论究竟有什么用处”?①

怀疑派批判语法学科的根本意图在对“希腊语”的讨论中体现得最为充分。事实上,整个“精英文化教育”可能在人们当中造成自己不如人、没有文化、后者没有更高级的学术水平、如何“与希腊人并肩”(keeping up with the Hellenes)的焦虑。② 怀疑论显然认为这样的心态会影响心灵宁静——幸福。塞克斯都说:“一个人必须多少注意其语言的纯洁性,这当然是件明白之事,因为不断讲些外国话或不合语法的话的人会被嘲笑为无文化之人,而说一口好希腊话的人能够清晰准确地表达自己的观念。但是有两种不同的‘希腊语’:一种与我们共同用法不同,似乎出自语法规则;另一种与每个希腊人的共同用法一致,源于日常谈话中的构词和观察。”哪一种对(有用)呢?当然是第二种。而第一种毫无用处。理由是:正如一个城市中如果有一种通货流行的话,使用该货币者会在这一城市中毫无障碍地做生意。但是,如果不用该种通货,却自行铸造某种新货币、并希望获得批准的人,是一个蠢货。同样,在日常生活中,拒绝按普遍接受的谈话模式谈话,而是以新方式制造出自己的说话方式的人,几近于疯子。③ 很显然,这里的“通货理论”生动地预示了20世纪人工语言哲学与日常语言哲学两种语言学派争论的基本精神:理论家总认为日常、习俗的东西是低级的、缺憾的,理性有能力设计出“正确的”模式来重新框塑日常生活或日常语言系统。而怀疑派者立足于日常生活、语言,认为简朴的、非技术性的“日常”生活—语言是本体的、充分的、完善的——当然不是形而上学意义上的,而是“有用”或“够用”的意义上的完善。谁想企图跳出这一既定的、有效运行中的生活流而另找“真理”,谁就是在企图做不可能之事。塞克斯都说:如果要构造专门的预言技艺来规范说话,那么首先,这种技艺应当建立在一些原则之上。如果这些原则是技术性的,那么又要为它们另寻基础原则,从而陷入“无穷倒退”。如果这些原则是非技术性的,则它们只能是

① 参见塞克斯都·恩披里柯:《反诸学科技艺教师》第1卷,第171—172、174节。

② 参见T.摩根:《希腊化罗马时代的文化教育》,第272页。

③ 参见塞克斯都·恩披里柯:《反诸学科技艺教师》第1卷,第178—179节。

日常通用法。“从而,日常共通用法成了何为‘希腊语’、何为‘非希腊语’的标准,而不需要什么另外的、不同的关于希腊语的技艺。”①……如果是这样,人们在说话中就不需要研究语法规则,只要观察大多数人是怎么交谈的:他们把什么当做“好的希腊语”采纳,把什么当做不好的希腊语避开:

> ……好的希腊语或是自然地存在,或是由于习俗存在。但它不可能自然地存在,否则同一句话不会在有的人看来是好希腊语,在另一些人看来则不然。如果它是由于习俗和人的约定,那么说好希腊语的人就是练习得最多、能熟练运用通用法的人,而不是懂语法规则的人。②

塞克斯都指出,人们在日常交往中,如果有人说了表达不得体的话,别人就有可能会用某些表达方式来代替之。这样就纠正着说得不好的人。我们应当遵循生活的、实际使用中的语言,这就足够了。所以,人们是从过着日常生活的人而非语法家那里学会说好希腊语的。实际上,很少有人按语法规则说话——大部分人根本就不知道它们。如果当真有人在生活当中严格按语法规则而不按日常用法说话,只会显得可笑。③

塞克斯都进一步讲,语法学家所津津乐道的这些语法上的变格变位规则又是从哪儿来的呢?说到底还是从日常说话中来的。所以,怎么能既依赖一样东西,又把它说成是不可信赖的呢?在环绕这一主题又展开了一层层论证后,塞克斯都说:语法学家被逼急后可能会把怀疑派的论证倒过来反驳怀疑派:日常语言用法多种多样,有雅典人的,有拉西第孟人的;而雅典人当中,古老用法与现在用法又不尽相同;城里人与乡下人的又不一样……我们应当采纳哪一种呢?④ 怀疑派在对这一貌似有力的反驳的回应中,进一步揭示了自己的“日常生活”语言理论:在不同的学科中会使用一些不同的表述,在不同国家的民众说话中也会有不同。这并没有什么困难的,“我们将在哲学中遵循哲学家的用法,在医学中遵循医学的术语,在日常会话中遵循流行的、不矫

---

① 塞克斯都·恩披里柯:《反诸学科技艺教师》第1卷,第182—183节。

② 塞克斯都·恩披里柯:《反自然哲学家》第1卷,第75—76节。

③ 参见塞克斯都·恩披里柯:《反诸学科技艺教师》第1卷,第199—202、191—196节。

④ 参见塞克斯都·恩披里柯:《反诸学科技艺教师》第1卷,第228—229节。

饰的、合于当地的说法方式”。也就是说，根据具体生活形式的要求，以不妨碍理解（不引起哄笑）为标准，相应改变用词、说话的方式，就可以说是在正确无误地说希腊话。① 这种否认“普遍本质”（“自然本性”），承认各种生活形式中的无碍运行为语言正确性唯一标准的精神，与后期维特根斯坦反对本质主义的学说的精神是暗暗相呼应的。这一类似并非巧合，它来自他们共同的以“治疗理论家”为己任的怀疑主义精神。

在批评了语文学的“技术部门”（语法学）之后，塞克斯都转而探讨语文学的“历史部门”。这一部门实际上就是通常所说的“史学”，它记载和描述历史上发生的事情。怀疑论对这一部门的批评是：语文学家自己都说这一部分是非技术性的，没有任何科学标准或一般方法可以确定历史传说人物的事迹。复述历史用不上什么专门技艺。而且，史实是无穷无尽的，各人的记载又不尽相同，没办法形成一门技艺。再者，史学主题除了关于事实之外，还有大量是关于虚构传说的。但是，一门学科不可能是关于虚构事物的。历史学家也没有给我们提供决定何为真实、何为虚假的真实历史之标准。总之，塞克斯都以较短的篇幅把“历史部门”的语文学打发进了“无根基事物”的历史垃圾堆中。②

最后是语文学的“关于作家的部门”。这是希腊学问中接近现代学术中的“文论”、“文学评论”、“诗学”等的一个部门。塞克斯都说语文学家对这一部门非常自信，敢于用它证明语文学的实际用途以及对于幸福的必不可少性。他们说诗歌对于智慧和幸福生活提供了许多帮助，但是如果没有语文学的启发，就无法认清诗人的话的真实含义。最好的、最能培养品德的哲学的根子都在诗人格言中。所以哲学家在劝告时总是以诗为证，如在鼓励品德时援用欧里庇得斯的诗：“既使死后，品德犹存。”在号召我们远离贪婪时引用欧里庇得斯的诗：“别谈财产：我可不会敬拜一个卑鄙小人所拜之神。”等等。语法学家

① 参见塞克斯都·恩披里柯：《反诸学科技艺教师》第 1 卷，第 232—235 节。有位臭名昭著的斯多亚哲学家不断提醒雅典人，说他们说话方式错了。参见 T.摩根：《希腊化罗马时代的文化教育》，第 180 页。

② 参见塞克斯都·恩披里柯：《反诸学科技艺教师》第 1 卷，第 248—269 节。

们甚至说皮罗与伊壁鸠鲁亦喜欢读诗。实际上伊壁鸠鲁的哲学全部窃自诗人!①

塞克斯都说,这一切并不能说明语文学有用。因为,格言只不过是一种断言,而理性要求证据,并不是写得是否漂亮。但是,证据是哲学的事而不是语文学的事。而且,诗人们常常说出正相反对的格言,有人骂财产,有人却歌颂黄金。如果没有论证,一般人更倾向于听从较差的格言。所以诗歌常常被人视为有害。伊壁鸠鲁的快乐哲学也不是来自荷马关于快乐的颂诗,因为他们二人谈的事极为不同。塞克斯都在此对于哲学说了几句难得的肯定的话。当然,这并不说明他已经改变对哲学的看法,只表明他此时的火力正集中在诗人身上。塞克斯都说:如果你研究一下,就会发现诗人的情感比普通人的要恶劣得多。荷马与赫西俄德讲到的诸神都在为了权位而残忍争斗。诗可以说是人的病狂激情的大本营,语文学在这方面不仅对生活无用,而且有害。②

综上所述,以上怀疑论对文史两个领域的批评,再加上前面《反独断论者》中对哲学的批评,可以说含括了现代"人文学科"的文、史、哲所有三大领域。不过,这并不仅仅是作为学问,而且是作为人生技艺。实际上,学习语文学可能确实能帮助人们在一个阅读和书写已经相对普及化的世界里获得更高一级的声望和"学术地位",受到"文化人"所享有的尊重,感受到特权等级的认同。③

二　反演说家

塞克斯都在批判了语文学之后转向演说术。演说术(或修辞术、修辞学)在古希腊罗马由于民主政治的存在而一直具有很重要的地位。通识教育的最高阶段往往是修辞术——如果不是哲学的话。这在当时许多社会上层人物的人生选择中都能找到例子。比如在柏拉图的《普罗泰戈拉篇》等对话录中,我

---

① 参见塞克斯都·恩披里柯:《反诸学科技艺教师》第1卷,第270—276节。

② 参见塞克斯都·恩披里柯:《反诸学科技艺教师》第1卷,第280—285、287—290、298节。

③ 参见T.摩根:《希腊化罗马时代的文化教育》,第63页。

们可以看到智术师们以传授修辞术自傲,而广大社会青年精英也都趋之若鹜。在罗马也是如此。塞涅卡在学习了希腊文化之后曾经立志一生追求哲学。但是作为一个小有成就的修辞术教师,塞涅卡的父亲为儿子安排好了显赫的人生,阻挡了塞涅卡投身哲学的愿望,迫使他学习修辞术,走从政的道路。当时许多人从学于演说术以求获得在政治或法庭辩论中取胜的本领,所以当时教授演说术的教师非常多。①

在批评这一技艺时,塞克斯都说,让我们首先通过哲学家对这门技艺给出的著名定义来看看它是什么。柏拉图在《高尔吉亚篇》中的定义是"演说术是用语词产生劝说效果,其效果在于语词本身。它是劝说性的,不是教益性的"。柏拉图的弟子塞诺克拉底与斯多亚哲学家都说演说术是"良好说话的科学"。如果说辩证法的任务是简洁的和来回对谈的说话,那么演说术的任务则是就一主题展开长的和详尽的阐述。亚里士多德在其《修辞学》(也可以翻译为"演说术")中简单地把演说术规定为"言说的艺术"②。塞克斯都的批评就从这些定义入手。

塞克斯都用斯多亚哲学对于"技艺"的定义开始他的批评:一切技艺都是"一个由导向对生活有用的一个目的的共同经历的理解(表象)组成的系统"。但是演说术是关于虚假之事的。比如,演说术的规则有"必须以这种方式说服或误导法官","必须煽情",等等。而对于虚假之事不存在"理解"(表象),因此我们甚至不能说演说术存在,就像我们不能说盗术是一门技艺,因为其条律都是虚假之事,而非责任或原则。柏拉图便把演说术说成是卑鄙的虚构物,而非技艺。塞克斯都还说:如果人们可以不用学习演说术就能成为演说家的话,那么就说明不存在演说术。而生活中确实有许多人没学过演说术就善于演说。成千上万的人在法庭上或集会中雄辩滔滔,却并不知道演说术的技术

① 参见马里奥·塔拉曼卡为西塞罗的《论演说家》写的译者前言,载于西塞罗:《论演说家》,中国政法大学出版社 2003 年版,第 6 页以下。在这篇前言中,塔拉曼卡写道,当时演讲术教科书很多,西塞罗早年也写过一本即《论发明》。但是他晚年写的《论演说家》不属于这类东西,是更为深刻的政治哲学之作。

② 塞克斯都·恩披里柯:《反诸学科技艺教师》第 2 卷,第 1—9 节。

规则。相反,大家都知道,那些教授演说术的人虽然竭尽全力研究了这些技术,在法庭上却比鱼还要沉默。当然,这些教授们会说他们的作用是给学生当磨刀石,尽管自己不会说话,却能帮助学习改进说话技艺。但是,我们尊贵的先生们忘记了这种类比并不恰当:磨刀石的本性并不能把自己的性质置入刀刃中,但演说术教师却自称其主要任务就是把自己所拥有的技艺传授给别人。①

极尽嘲讽之能事的塞克斯都又引用学园派的批评为自己作证。学园派怀疑主义还这么批评演说术:城邦不赶走对生活有重大作用的技艺,但人们到处把演说术当做最为可恨的东西赶走;比如克里顿特立法者就禁止以演说术自夸的人进入其内陆。斯巴达的吕库古斯也建立了同样的法律。斯巴达人一直讨厌长篇大论,而善于以简洁的方式清楚表达自己的意思。当外邦人来长篇大论地请求出口粮食时,他们把他空着手赶走;当另一个人来了,只放下一个空口袋说:"这需要麦粉"。他们就答应了他的请求。当然他们还指责这个人多嘴多舌:只要放下空口袋便足以表明自己的请求了。②

塞克斯都还从演说术的对象的性质入手论证它的不真实性。他说,正如药物是不同的,有的是致命的,有的是有益的,只关心致命药物的技术就不是技艺,甚至不算是技艺;只有关于有益药物的才既是技艺,又对生活有用。在演说术的对象——言说——当中,有些有益,有些有害,如果演说术不关注有益的言说,而只关注有害的言说,那么它就不仅不是技艺,而且是害人的虚构之物。正如谄媚讨好与媚俗也使用说话,但决不算技艺一样,演说术也不是技艺。③ 熟悉柏拉图对话录的读者可以看到,塞克斯都这里使用的是柏拉图在《高尔吉亚篇》中对修辞学家的批判论证。

塞克斯都又从演说术的"目的"入手批评:如果演说术没有目的,那它就什么也不是,因为每种技艺都有一定目的。许多聪明人都说演说术的根本任务是劝服。但是,劝服什么东西呢?如果是劝服人接受明显真实的事,那不可

---

① 参见塞克斯都·恩披里柯:《反诸学科技艺教师》第2卷,第10—12、16—19节。
② 参见塞克斯都·恩披里柯:《反诸学科技艺教师》第2卷,第22—23节。
③ 参见塞克斯都·恩披里柯:《反诸学科技艺教师》第2卷,第48—51节。

能,因为明显真实者自己会令人信服,不用说服。是劝服人接受假设的东西吗?那么演说术便是一门邪恶技术。

塞克斯都讲到这里,再次宣布怀疑派在批判中是不会不使用前人已经用过的论证的。他说,就从"目的"方面批判演说术而言,其他人(如柏拉图、伊壁鸠鲁)还有别的批判演说家的论证,我们也要介绍;谁如果喜欢的话,就可以自取所需。比如,批评者说演说术并没自己独有的目的(因为"劝服"也可以通过财产、美或荣誉达成)。而且,演说家并不以演说效果为目的,而是期盼进一步的赢利。能否说演说术以"获胜"为目的?也不能,因为雄辩家常常失败;而一个常常达不到"目的"的演说家就不能说是一位演说家。况且,失败的演说家有时也受到称赞。①

塞克斯都进一步批判了演说术的各个具体部门。他说,演说术分为三种:法庭的、思虑的、赞颂的。② 对法庭上的演说术的批评是:演说术打动陪审员或是仅仅靠公正的言说,或是也靠不公正的言说。一方面,如果它只靠公正的言说,那它就是美德;但目的在于说服大众的言辞总是包含了那么多轻率、误人的东西,不可能是美德。另一方面,使用不公正的言说就是不公正的,而不公正的东西也就是不存在的。进一步说,演说术不会是关于自明之事的,因为那用不着去说服。但如果说它是关于有争议之事的,则争论者与其说能解决争议,不如说只会由于他们的矛盾加强了困惑,使法官如坠云雾之中。塞克斯都举了著名的"演说家学生被老师诉讼欠交学费"的例子,指出双方的雄辩都振振有词,"法官由于双方雄辩论证的等效性而陷入悬而不决和困惑之中,把他们两人都赶出法庭,喊道:坏鸡下的坏蛋!"③这个例子告诉我们,怀疑论在反对修辞术的时候不仅只是反对一门具体的技艺学科,而且是在反对整个希腊理论家把自己的好辩风格带入到生活中。塞克斯都的话嘲讽地告诉人们:理论家们要起嘴皮子来一个比一个能干,什么话题都能正、反两方证明得"无懈可击"。但是这对于实际生活有什么益处?徒然败坏人心而已。如果生活

---

① 参见塞克斯都·恩披里柯:《反诸学科技艺教师》第2卷,第63—70、71—87节。

② 这是亚里士多德开始区分的,参见亚里士多德:《修辞学》,1.3。

③ 塞克斯都·恩披里柯:《反诸学科技艺教师》第2卷,第99节。

担任审判官,那么它只能在“矛盾同等可证”中悟到这一“技艺本领”本质上是一场恶意游戏,从而不帮助任何一方,一概扫地出门完事。

塞克斯都没有讨论“思虑”部门,转而讨论演讲术的“赞颂”部门。他指出演说家并没本事教人赞颂。因为它或是赞颂不好的人,那就是在败坏被颂者;它或是想赞颂好人,但这是不可能的,因为演讲家不知道谁是好人,甚至连哲学家在这个问题上都还争论不休,演讲家又如何能够知道?再说,在根据什么方面赞颂人的问题上,演说家也不知道。演说家认为应当根据人的出身、美貌、财富、多子等等赞颂,但这是愚蠢的,因为我们应当根据内在于我们的东西受到赞扬与批评,否则,我们会赞颂杀害客人的“贵族”,批评曾化身乞丐的奥德赛。①

三　反几何学家

《反几何学家》汇集了怀疑派收集的对于几何学科的种种批评,内容颇多而杂。细分起来,也有线索可循,可以大致分为三个部分:第一个部分是批评“假设”,第二个部分是批评“原理”如几何学的基本概念点、线、面、圆、角等等,第三个部分是批评定理。由于这些问题的抽象性,这里的许多论证都与前面对哲学诸部门的批判重合。我们综述其要旨加以介绍。

塞克斯都的批评从“假设”开始。他说:“几何学家看到围绕他们的困难如此繁多,便躲入采取一个看上去安全无险的方法,即把几何学的原则宣布为‘假设’。所以我们也最好从攻击其有关假设的理论开始。”“假设”有几种含义,怀疑派只讨论其中的一个含义,即“论证的出发点”,因为这是几何学家在证明中使用的含义。怀疑论指出,对一个事物的假设或是强而肯定,或是弱而不可靠。如果强而可靠,则人们也可以同样强而可靠地假设其对立面,从而我们会同时设定相互矛盾的事物。如果假设不可靠,那么就没有设定什么。进一步说,假设的东西或真,或假。如果是真的,那就用不着假设——直接接受它好了。谁会去假设“现在是白天”或“我在走路并呼吸”?再者,几何学家辩

① 参见塞克斯都·恩披里柯:《反诸学科技艺教师》第2卷,第102—105节。

解说,如果从假设中推出的事物是真的,则假设也是真的,但这是荒谬的。因为我们正是在争论假设是否可信。况且,既使结论真,前提也并非必然真,因为从假推出真的情况是存在的,比如可以从“大地在飞”推出“大地存在”。所以,数学家们通过重复断言“设此为……”来假设论证和定理的原理,是毫无意义的。① 巴恩斯说塞克斯都对几何学家或独断论者辩解的这两个反驳,第一种是认识论的,第二种是逻辑的。第一种是建立于古代对“假设—推出事物”的关系的理解上。对于古代人,假设是第一性的、确定的,所以,人们要做的事是从它推出待证的事物。因此,塞克斯都指责独断论者从推出物返回来建立假设的可靠性,在认识论上便错乱了。塞克斯都的第二种批评建立在独断论者从后件真推前件真的明白逻辑错误上。不过,独断论者也许只是说,从假设推出的结果能加强假设,正如近现代的认识论多以现象为给定,从此出发来估量何种解释框架更为可行一样。②

这些讨论,无不让我们想到怀疑论的五式。

接下来,塞克斯都要证明几何学的原理是虚假、不可信的。因为原理一动摇,具体的几何论证就无法进行了。对于几何学来说,最原初、最基本的事实是:“形体”是具有长、宽、高的;而线由点的流动构成,面由线的流动构成,固体(形体)由面的流动构成。怀疑论对这些“原理”一一进行质疑。对“点”的批评是:点或是形体或不是形体。但几何学把点定义为“无维度的”,那就不是形体;但是,说它是非形体的,也不通,因为非形体者不可触摸,不能产生任何东西,但是“点”据说能产生“线”。③ 塞克斯都对“点”还有许多批评,都与《反自然哲学家》第 1 卷中的论证大致类同。在对于“线”的批评中用的许多论证也是如此,如塞克斯都说,几何学规定“线”为“点之流动”,那么,它或是一个点在长度上的延展,或是一系列点无间隔地排列成一行。但我们将证明两者皆非,从而,线不存在。如果它是一个点之移动,那它或是在移入下一处后放弃前一处,则它仍然还是一个点。如果它保持一处又延伸入另一处,则它

① 参见塞克斯都 · 恩披里柯:《反诸学科技艺教师》第 3 卷,第 2、8—19 节。

② 参见巴恩斯:《怀疑派的劳作》,第 110—113 页。

③ 参见塞克斯都 · 恩披里柯:《反诸学科技艺教师》第 3 卷,第 18—22 节。

所延伸之地方或可分或不可分;如果不可分,则它本身也不分,而不可分者是一个点而非一条线;如果可分,则它本身也会成为可分的、形体性的,这是荒谬的。它也不可能是一系列点排成一行。因为这些点或是不相互接触,从而被一定空间隔开,那就不是一条线;或是相互接触,则这些点或是部分与部分接触,那就不是"无部分的",而是有许多部分的;或是整体与整体接触,则会相互融入、成为一个点而非一条线。①

围绕对"线"的批评,怀疑派还堆积了许许多多的论证,在此我们不逐一赘述。怀疑论的总的结论是:几何学关于"线"的这一原理一旦被攻破,则几何定理无法成立。因为不管什么定理,都必须画图证明。而"线"既不存,画图所用的具体线条也就不存在。不过,塞克斯都在后面对于"定理"还是专门提出了一些批评,但是较为简短。一个例子是:定理中有"把给定直线切为二等分"的话,这话或是说切分黑板上的线,或是切分从黑板上的线所摹下的线。前者不可能,因为黑板上的线具有感性长度和宽度,而几何学把线定义为"无宽度之长度";后者也不可能,因为比如说这样的线是由 9 个点组成的,二等分时会把居中的点切为两半,这是荒谬的——点是无维度的。这同样的困难也适用于"等分一个圆"这样的句子之中。②

四　反算术学家

量有两种,具有"广度"的量是几何学的对象,是连续性形体;另一种量是不连续的量——数,这是算术的对象。在讨论完几何后,下一步就是考察算术。塞克斯都认为只要摧毁了"数",那么以数为对象的算术"技艺"也就不存在了。

塞克斯都在这一部分的主要批判对象显然是毕泰戈拉哲学,因为"一般来说,毕泰戈拉派赋予数以极大之力量,好像认为万物本质都依数而定"。由此可见,怀疑论不是一般地批评学校语文数学教育中的数学教育,而是批评

① 参见塞克斯都·恩披里柯:《反诸学科技艺教师》第 3 卷,第 29—36 节。

② 参见塞克斯都·恩披里柯:《反诸学科技艺教师》第 3 卷,第 92—95、108—113 节。

“数学哲学”,这就包含了从毕泰戈拉到柏拉图的希腊数学派本体论的思想。塞克斯都描述了毕泰戈拉派的“数论神秘主义”,如对 10 的神秘膜拜,以及围绕“1”(monad)、“2”(dyad)、“3”(triad)以及 4 与 5 的种种哲学。①

塞克斯都对算术学的批判可以分为两步:第一步的批判围绕“1”与“2”的理论,第二步则批判加与减这两种运算。这些批判的主题与主要论证大部分也在《反自然哲学家》第 1 卷中出现过。对于“一”的批评是从其定义开始的。毕泰戈拉的“一”是“一元”,是一种哲学本原,对于巴门尼德和柏拉图的影响相当大。柏拉图曾以类似于毕泰戈拉派的口气定义道:“一元(One)是如果没有它就无法称任何事物为一(one)的”或“由于分有它,每个事物才被称为一或多”。因为动物、植物或石头都被称为一(个),但这不是靠自己,而是靠分有它们自己都不是的(原)一。塞克斯都就此定义发问:一元的相或是与具体的可数事物不同,或是相同。前者不可能,因为与具体可数事物不同的一元不被一般人理解为存在着。后者也可疑,因为如果可数圆木是由于分有一元而成为一(个)的话,不是圆木的就不能被称做“一”了。而且,众多事物都可分有者不是一,而是多。另一种批法是:“一元”之相或是一个相,或是几个相。但是如果它是一个相,众多事物就无法分有它,因为如果 A 分有了一元的整个相;则分不到一元的 B 就不再是一。它也不能是许多相,否则的话,分有“一”的事物只分有了“一”的一部分;而一元是被看做是无法分割、没有部分的。② 这里的讨论让我们想到了柏拉图《巴门尼德篇》的第一部分。怀疑论确实会毫不犹豫地借鉴希腊哲学史上各种“独断论”哲学家的各种论证。

一元如果被摧毁了,则一切数都随之毁掉,也就不必再批评其他的数了。不过塞克斯都又附加了对“二元”的一个批判。“二元”是以某种方式联合两个一元构成的。怀疑论对此的批评是,当一个一元被置于另一个一元边上时,或是某种东西被加上了,或是被减去了,或是都没有。如果加与减都没有,二元当然无法通过两个一元放在一起而存在。如果是有东西被减去了,也构不

---

① 参见参见塞克斯都·恩披里柯:《反诸学科技艺教师》第 4 卷,第 1—2、3—10 节。

② 参见塞克斯都·恩披里柯:《反诸学科技艺教师》第 4 卷,第 11—13、14—20 节。

成二元。如果是有所增加,2 就不会是 2,而是 4,因为附加的二元再加上一元与第二个一元,就成了 4。同样的困难会存在于一切数中。所以数不存在。[①]可以看到,怀疑论对于"一"与"二"的批评触及到了柏拉图—毕泰戈拉路线的希腊哲学的基本概念,即作为形式因的"一"与作为质料因的"不定之二"。这两个原因被毕泰戈拉、柏拉图甚至亚里士多德看做构成宇宙的基本原理。

塞克斯都还说,数被视为是由一元的加与减所构成的,所以只要证明了这两种运算是不可能的,就证明了数的非实在性。塞克斯都举例说,比如,从 10 中减去 1,这或是从整个 10 中减去,或是从所余之 9 中减去。但两者皆不可能。因为倘是前者,则 10 或与个别的 1(的集合)相同,或是不同。但 10 不能与众个别之 1 不同:当众个别之 1 被消灭了,10 也就不存在。但如果 10 与众个别之 1 相同,则从 10 中减去 1,就是从每个构成 10 的 1 中减去 1,那就是减去 10 了。也不可能是从余之 9 中减去 1,因为这 9 在减去了 1 之后怎么还能是 9? 结论是:数字不可能通过减法而存在。[②] 怀疑论进一步论证说,数也不能由加法而构成。怀疑论的论证具体方式与前面的差不多,只是方向倒过来,此处不再引述。在完成了对 1、2 和加法、减法的批评后,塞克斯都认为他已经足够地对几何学与算术学进行了怀疑批判,下面要转向新的主题。

五 反占星术师

反占星术首先要弄清其含义。怀疑派的立场可以说是某种代表了日常普通人生活的清明理性,它反对迷信,反对违反生活直觉的种种"理论构造"。这种理论构造往往非常繁复"严肃"并自许"有助于生活",在古代,这在与演说术等并驾齐驱作为一门"显学"的占星术那里表现得极为充分。占卜也许最为典型地代表了古代希腊人对于"技艺"的追求。从哲学上说,占术是人类试图对命运(tuxe)进行把握。古代的国家政治大事比如出征等等,都离不开占术的参与。[③] 如果说学园派怀疑论讲过我们在生活中只能依靠主观或然

① 参见塞克斯都·恩披里柯:《反诸学科技艺教师》第 4 卷,第 21—22 节。
② 参见塞克斯都·恩披里柯:《反诸学科技艺教师》第 4 卷,第 24—30 节。
③ 参见罗念生翻译:《希腊悲剧经典》(下),第 445—458 页。

性,而不能达到百分之百的“确定性把握”,那么占卜的目的就是企图把握客观概率,将其由不确定性、可能性变为确定性和必然性。人类总是生活在概率之中,生活在对未来(时间)的不确定之中。唯有相信绝对的决定论的人,才会想到“预言技艺”的可能性。然而,预言未来的技艺对于人又是如此重要(想想对于一场战争、一场政变的语言,对于赌博的语言),所以不断有人试图掌握它。客观概率是一个现代概念,它本身既反映了人终于对绝对必然性的否认,又反映了对客观的相对必然性的肯定。人们确实发展出了一种数学技艺去掌握它——概率论、统计学,甚至有人当真运用这门技艺去赌博。但是,古代人没有这一概念。古代人的“预言技艺”还是建立在“破解确定的未来”的概念之上。这样的心向和技艺的追求、甚至细节上的构造方式,在各个民族中都可以发现。希腊罗马固然流行,小亚和近东也不少,而且古代中国的显学之一也正是占星象数之学。这应当引起研究人类思维发展史中的共同结构的学者的注意。

占星术理论在希腊罗马社会中的地位很高,早在阿里斯托芬的喜剧《云》当中,就可以看到当时雅典社会上占星学的流行。著名医生希波克拉底与伽伦也十分相信占星学对于医学的意义。到了希腊化—罗马时期,也许由于整个社会的动荡,人们普遍存在着无力感,占星学更是蓬勃发展。著名学者托勒密(约100—170年)的《四书》(*Tetrabiblos*)详细讨论了占星学理论与实践。在罗马,占星学不仅风靡于社会各阶层——尤其是皇室贵族之中,而且为不少哲学家所接受(参见本卷论新柏拉图主义部分)。当然,也有哲学家强烈反对占星学。比如柏拉图在《拉凯斯篇》中曾经对于占卜提出了批评。当尼基西(Nicias)讲到对于“我们是活着还是死去是好的”的知识就是“勇气”时,拉凯斯说那只有预测家才知道。但是尼基西回答说:正如医生只知道疾病和健康的知识,并不知道一个人患了病以后最好是活着还是死去一样,预言家也是如此,他只知道事情发生的预兆,却不知道最好是遭受还是不遭受这些事情。苏格拉底在回应这一讨论时说:勇敢是关于希望和害怕之理由的知识,并非每个人都具有这种知识,而没有这种知识就不可能勇敢。苏格拉底还在反驳拉凯斯的时候说:可怕的无非是将来的恶,希望的无非是将来的善,如果勇敢是关于可怕与希望的知识,那么它就是关于将来善与恶的知识;但是没有一门知识是只关于事物将来的,任何关于事物的知识都包括它的现在、过去和将来。因此勇敢必定是关于所有善恶的知识;但是如果一个人知道所有的善恶,他必定是完美无缺,拥有包括正义、虔诚、节制在内的所有美德,他就能提供善,知道如何与神或人打交道。①

怀疑论对于占卜技艺的批评十分系统。塞克斯都指出占星术有几种意义,有时它又被称为"数学技艺",这已经在前面受到驳斥;有时它易于被人混同于"天文预测活动",而这样的活动是怀疑派不反对的。怀疑派所极为反感的是当时十分流行的迦勒底(Chaldean)术数,即列出生辰天宫图占卜人的未来命运。这种技艺来自小亚。西塞罗记载了当时人们的看法:古代亚述人为什么流行占卜?有一种解释是:因为他们居住的平原开阔辽远,天空开敞不受阻挡,四处可见,人们可以观察天体的运行轨迹,于是能够告诉后人有关征象。正是在这个国家,由于对于天象长期不断的观察,迦勒底术数(这个名字不是来自技艺,而是其种族)得以完善,使人能够预言任何人的命运。②

塞克斯都用蔑视的话开始了自己对这种技艺的批评:"这些人用显赫的称号自我标榜:'术数家'(mathematician),'占星术士'并据以蔑视大众,建造了一大堆迷信反对我们,不让我们按照正当理性行事。"③接下来,塞克斯都首先用相当篇幅概述迦勒底占星术的主要理论,然后介绍了别人对它的批判,最后举出了怀疑派的批判。

迦勒底术数的理论基础是天人感应,即相信地上的事物不断受天上事物的影响。所以七星(日、月、火星、金星、水星、木星、土星)在黄道中的运动对于地上人的命运构成了决定性的"动力因"。黄道一周被分为十二个天象区。有些天象区是阳性的,有些是阴性的;会帮助生男或生女。如天羊座是阳性的,公牛座是阴性的,双子座是阳性的,如此等等。毕泰戈拉可能是从这里引发出灵感,称一元为"阳性",二元是"阴性",三元是"阳性"的,如此等等。每

---

① 参见柏拉图:《拉凯斯篇》,195E—196C。

② 参见西塞罗:《论占卜》,第1章,第1节。

③ 塞克斯都·恩披里柯:《反诸学科技艺教师》第5卷,第2节。

个星座还能再分成阴阳交错的十二等分。迦勒底术数又把星位划分成“开始”、“中天”、“下沉”、“地底”（对中天）四种，十二星座会依次进入这四种星位。这些星位与人的命运的好坏有着各种关系。迦勒底术数甚至把人体的各部分对应于与之“感应”的一个天象区，把头称为白羊座，脖子称为公牛座，肩膀称为双子座，胸部称为巨蟹座，两胁称为狮子座，如此等等。如果某个星在某人出生时在这些天象区中有问题，它便会在具有相同名称的人体部分中导致残疾。①

以上讲的是天象（恒星星座），至于七星对人的命运的影响，占术家说，有的星如木星与金星是“福星”，有的如水星的影响是“两可的”，有的是“恶星”，如火星与土星。另外，还有人说日与月是主要星，其余五星的力量逊之。所以，埃及人把太阳称为王和右眼，月亮是王后和左眼，其余五星是臣下。同一星是否处于自己合适的“家园”中，力量也不同，如太阳的家园在狮子座之中，如此等等。②

迦勒底术数的占卜方式是观察孩子出生时的星位。在夜晚，术数师坐在高山顶上观星，另一个人坐在产妇边上，一当孩子生出来，便击锣通知山顶上的人。那人则观看升起的天座，把它定为婴孩的星位。在白天则是研究日冕和太阳运动。

塞克斯都说，已经有许多人对这些“理论”进行批判了。有些人的批判是：地上的事与天上的事根本就不会相互“感应”。因为天穹并不像人体那样连续地连成一体。人体中一个部分受到伤害，另一些部分也会感到痛，因为人体联为一整体。但天与人，天界之中各星都是分开的。而且，说到命运，有些事是偶然发生的，则无规则可循，无法预言。有一些是必然发生的，则人们无力更改它，而预言术如果要有助于生活，必须有办法更改命运。

塞克斯都说，大多数人用这种绕远路的办法批判占星术，然而怀疑论不采取这种办法。“我们要取近身格斗法。只要推翻其原则和要素，那也就同时

① 参见塞克斯都·恩披里柯：《反诸学科技艺教师》第5卷，第4—26节。

② 参见塞克斯都·恩披里柯：《反诸学科技艺教师》第5卷，第27—42节。

消灭了其理论。"①

我们可以看到,怀疑论之所以不采取前人的批评办法,是因为那些办法还都是从本体论上入手的,或者说都有一定的本体论预设在里面。比如,在"宇宙分立而无通感"的论证背后,人们可以发现主要是伊壁鸠鲁的原子论宇宙观。但是怀疑论最擅长的是认识论,是对各种认识的不可能性的分析。塞克斯都描述的怀疑派对占卜术的质疑主要分为两个方面,一个攻击占卜的方法:占星术的原理和基础是星位之确立,但这是不可能的。因为出生者的时间无法确定,是指胎儿受孕时?是指分娩时?倘是前者,则生理学对于何时胎儿受孕无法确切知道,各种理论对此问题一直争论不休,没有一致看法。倘是后者,是指婴孩露头时?落地时?也没有定论。进一步讲,通知时间的方式也极为可疑,以锣传音本身是要花去相当时间的,而术数师举头环顾天象也要时间,此时星象已经发生了变化,因为宇宙以难以置信的高速度旋转着。此外,白天看不见天象,夜里又可能有雾;观象者的眼神也可能不济,不同地区的人所见星象是很不一样的等等,都使占星术的起码事实收集与确定成问题。②

另外一个质疑方式是从后果检验。塞克斯都进一步说,即使占星术士说为了占卜,不必要精确定下出生的时间,只需要大致的时间即可,我们也可以从占星术的结果反驳他们。因为大致同时出生的人或动物,"命"并不一样,有的长大为王,有的终身带枷。而不同时间出生的人,却往往命运一样。如果说在"射手座之箭头点"出生的人要死于非命,为什么马拉松一役中成千上万星位各不相同的人同时被杀?"所以生命并非按众星之运行所安排,或即使是如此,这也超出人的理解力之上。"③

至于说星座与人的气质对应的理论,塞克斯都更觉得不值一驳。如果占星术师说生于狮子座的人勇敢,因为狮子勇猛,那么他们为什么又说与狮子一样勇猛的公牛是女性动物?再说,古人称某些星为"狮子",也许只是因为其

① 塞克斯都·恩披里柯:《反诸学科技艺教师》第5卷,第49节。

② 参见塞克斯都·恩披里柯:《反诸学科技艺教师》第5卷,第49—87节。

③ 塞克斯都·恩披里柯:《反诸学科技艺教师》第5卷,第95节。

形状相似，并不与任何气质方面的考虑有关。最后，塞克斯都说，预言的成功要靠归纳，但是星象运行中出现重复形构需要“大年”——9977 年，这远远超出人的观察能力。①

预言术是古代的一个庞大的技艺体系。关心和肯定这一技艺的人数之广，甚至被赞成预言技艺的斯多亚派哲学家引用来作为强有力的证据：“支持我的论据包括理性，事实，各国人民和种族，包括希腊人和外邦人，我们自己的祖先，各个时代不变的信念，伟大的哲学家们、诗人们、智术师们、城市的建造者、共和国的创立者。”②塞克斯都在上面对占星的这些批评，其实只涉及了其中的一个分支——迦勒底天象术数，这一术数只不过是古代预言术中的一种，而且是较为新起的分支。古代预言术历史悠久，种类繁多，翻开荷马、希罗多德、普卢塔克等人的古书，可能更多的印象是其他占卜：飞鸟吟唱之歌、动物内脏的裂痕、德尔菲女巫的神谕、雷电形态、日食月食、其他异兆（比如雕像出汗等等）……这在希腊和其他古代地区，一般被尊崇为通神之技艺，通占卜技艺的专家就是具有预测能力的人，往往被视为这样的手握龙蛇之珠者，受到人们的尊敬，因为他们是神人之间的中介。通神之人在古代只有少数特权者才具有。占术属于王权学问之一种。③ 许多占卜者、祭司就是王，或者是帝王师、御用献祭占卜顾问。所以，预言技艺不仅被视为最有用的技艺，而且具有其他五种技艺所不具有的古老神圣权威的地位。此外，不少哲学家也沉迷于预言技艺。在希腊化罗马时代，斯多亚哲学由于自己独特的神观和决定论，特别强调占卜知识。在公元前 1 世纪西塞罗的《论占卜》中，能够看到学园派怀疑主义对于占卜的全方位的批评，特别是对斯多亚哲学的相关论证的破解。

斯多亚哲学相信预言术，是与他们的几个哲学信念联系在一起的。第一个是人格神和泛神论。就人格神的目的论来说：神关心人类，所以必然把未来的事情通过某种征象启示给人。就泛神论的万物一体论而言，神灵之力量弥漫于万事万物之中，一切事情都是神秘地相互关联的（天人感应），任何事情

---

① 参见塞克斯都·恩披里柯：《反诸学科技艺教师》第 5 卷，第 96—106 节。

② 西塞罗：《论占卜》第 1 卷，第 34 节。

③ 参见维尔南：《希腊思想的起源》，第 43—45 页。

都可能是其他事情的征兆。种子中潜在地有着别的事物。第二个是斯多亚哲学由此而来的彻底决定论:一切都是必然的,所以原则上是可以绝对地认识的。第三个是"征象"理论:斯多亚的"征象关系逻辑"构成了绝对认识必然的未来事件的有力工具。第四个是灵魂高于身体的道德思想:人的灵魂在暂时脱离肉身束缚的情况下,比如在梦中或者某种"出神"状态中,就能够与天心贴近。① 斯多亚所推崇的苏格拉底的某些言论表明他也是相信神谕、入迷(写诗)和梦中神启的,而且,由于死亡是与神接近,"临死之前的人的话有预言力量"②。

由于这一技艺与神有关,与国民宗教有关,怀疑论在批评它的时候要特别小心,因为惹上了无神论的罪名在古代不是一件无关痛痒的事情。塞克斯都之所以把批评限于来自东方的迦勒底术数,可能是因为在塞克斯都那个时代——2 世纪,这种占卜特别流行,也可能是因为它毕竟来自东方,还不是罗马国民宗教中的正式一员。西塞罗自己虽然从学园派怀疑主义出发系统地批评了各种占卜,但还是谨慎地说在日常生活中会相信和运用占卜。

学园派怀疑主义对于预言技艺—占卜术的批评十分具有系统性,他们首先把所有的预言技艺分为两大类:人为的(技艺的)和自然的(听从神的)。前者是依靠对于各种征象的观察和记录,于是便能在未来进行征象推理,后者则不必借助任何征象或理性的帮助,在梦中或者"出神"状态下接受神的直接启示。③ 可以看到,这两种预言方式引起哲学家的注意,而不仅仅限于普通人和专业释梦师。"人为技艺的"预言术,会令喜欢理性、科学发现等类型的哲学家感兴趣;而"直接通神的"预言术更会令具有神秘主义色彩、沉醉于非理性主义、诗性哲学的哲学家(比如柏拉图和福科)感到心有戚戚焉。

从西塞罗的《论占卜》中看,学园派怀疑论(主要是卡尔尼亚德)对以斯多亚哲学为首的占卜技艺的批评分为几个方面:

---

① 参见西塞罗:《论占卜》第 1 卷,第 55 节。

② 参见柏拉图:《苏格拉底的申辩》。关于诗人的迷狂,参见《斐德罗篇》、《伊安篇》。苏格拉底的"护佑神灵",也可以理解为属于这种对未来的指导的神谕。

③ 参见西塞罗:《论占卜》第 1 卷,第 18 节。

首先,占卜术其实是无用的技艺。怀疑主义对此的论证是:当人们希望知道生活中任何重要的事情的未来时,人们请教的是各行各业的专家,而不是占卜师。比如关于善与恶,关于人伦职责,人们请教的是哲学家;关于政府的最佳形式,人们请教的是政治家;其他如医生、舵手等等。①

其次,斯多亚哲学把"预言技艺"规定为"对于偶然发生的事情的先知"。但是,对于偶然发生的事情,是无法预测的,而对于必然发生事情的了解,依靠的是科学,而不是占卜。日食月食,都有专门的天文科学研究,可以预测。更何况,斯多亚哲学是否认偶然性的存在的,那么怎么还可能有"关于偶然发生的事情的先知"的知识?再者,如果一切都是必然发生的,都是命运,那么知道也无益,也无法干扰和阻止。而且,对于未来厄运的先知反而使灵魂痛苦不堪,损害了之前的一段享受。所以,预言术无助于生活。② 西塞罗笔下的学园派哲学家科塔说道:

> 这是一个关于未来的问题,这是任何人都不能回避的。然而,事先知道将来要发生的事情常常没有什么好处。人们被自己的无能折磨,甚至丧失希望所能带给我们的最后一丝安慰,这是多么悲惨的事情。尤其是你教导我们说,一切都永久地由一个命运支配,由它决定。因此,如果未来是不可改变的,那么知道它还有什么用呢?它能给人们提供多大的自由选择的范围呢?③

与皮罗派的塞克斯都相似,卡尔尼亚德也说以上的批评只不过是一个"导论",怀疑论还将以正规的"近身进攻"方式摧毁斯多亚哲学的论证。所谓"近身进攻"从对两种占卜的区分开始:技艺的和自然的。首先挑战技艺的占卜,即斯多亚的"征象逻辑"或"解释学"。怀疑论说:动物内脏上的裂痕之类的东西与世界的未来有什么"自然关联"?尽管世界上许多事情是相互联系的,但是也不能说样样都是"互相感应的"。如果说神关心我们,它为什么不

① 参见西塞罗:《论占卜》第2卷,第5节。

② 参见西塞罗:《论占卜》第2卷,第6、9节。

③ 西塞罗:《论神性》第2卷,第6节。

明言,而要通过那些可笑的征兆?人们在恐慌中容易什么都相信,害怕占卜。①

人们对于星神的焦虑,不仅在于它们决定我们的好运,而且在于它们可能会给我们带来厄运。这一点,尤其体现在当时的诺斯替派宗教的思想中。诺斯替派强调被希腊哲学家视为美好的由各种星体组成的"宇宙",实际上是邪恶的神创造的。而众星是把守人间地狱的首领,它们决定了我们的命运:

> 众星层面是"掌权者"(arxon)的宝座,尤其是"七位"星神的宝座,它们是从巴比伦的神殿里借用来的。一些在《旧约圣经》之中用以称呼神的名字(Iao,Sabaoth,Adonai,Elohim,El Shaddai),本来都是至高唯一神的同义词,现在通过这种变换就转变成各个低级邪灵的名字,这一点很重要,是诺斯替主义把整个古代传统——尤其是犹太教传统——置于贬抑性重新估价之下的一个范例。掌权者集体统治着世界,而各自又在他自己的层面里做宇宙监狱的监守者。他们对宇宙的专制性统治被称为"黑玛门尼"(heimarmene),即"普遍命运",这个概念取自于占星学,但现在又染了一层诺斯替的反宇宙的色彩。从物理的方面看,这种统治是自然规律;从心理的方面看,它包括诸如摩西律法的制度与实施,它的目的是要奴役人。作为各自层面的监守者,每一个掌权者都阻挡着灵魂在死后的上升之路,以阻碍他们逃离世界回到神那里去。②

在希腊化时代,凡是坚持哲学理性的学派,对于当时盛行的占星术都持有批评的态度。比如普罗提诺在《九章集》中专门有一篇讨论"星宿是不是原因"的文字,批评占星术把星球在天上的状态说成决定了地上个人的命运,回应诺斯替派和斯多亚派的宿命论思想:

> 说真的,某个行星不停地在黄道上运行,时而在这一部分,时而在那一部分,这对它来说会产生什么分别呢?它有时甚至不在黄道上面,而是远远地在黄道下面,但无论它在哪里,它总是在天上。要说一个行星依它

① 参见西塞罗:《论占卜》第2卷,第10、14、26节。

② 约纳斯:《诺斯替宗教》,第38页。

所经过的不同区宫而各不相同，产生不同的力量，升起时、立于中心时以及下降时各不相同，这岂不可笑。可以肯定，它位于中心时并不会感到高兴，下降时也不会变得沮丧和虚弱；同样，行星岂会在升起时义愤填膺，下落时温情款款，甚至有的行星下落时变得良善非凡，这怎么可能呢？事实上，每个行星的位置都是相对的，对一些人来说处于中心，对另一些人来说就在下落；在这边人看来是在下落的，在那边人看来却处在中心。显然，它不可能同时既是高兴的，又是悲伤的，既是暴怒的，又是温柔的。另外，我们若是说有些行星下落时是高兴的，有些却在上升时才高兴，这也是完全不合理性的，并且也会得出这样的结论，它们在同一时候既是高兴的，又是悲伤的。这样说来，它们的忧愁怎么就要伤害我们呢？不，我们绝不可接受它们时而高兴时而忧愁这种观点。它们始终都是宁静泰然的，为它们所拥有及所看见的美好之事而喜乐。每个行星都有属于自己的生命，每个行星的善都在于它自己的行为之中，与我们毫无关系。天上的有生命存在物与我们的命运并不相干。①

西塞罗虽然不像普罗提诺那么态度鲜明地断言占星术的毫无道理，但是他的批评因为引证的是学园派怀疑论的论证，所以更加繁复细致，充满嘲讽意味。在西塞罗的《论占卜》中有5节专门讨论迦勒底天象术数，颇有学术打假之风。塞克斯都在《反对诸学科技艺教师》中对占星术的批评与此有许多相似之处，由此可见他受到过其影响。作为学园派怀疑论的一个代表，西塞罗首先说，斯多亚哲学家中的巴那修是反对星相学的，他还提到了其他当时伟大的天文学家反对星相学。星相学的依据是天人感应。但是，首先，占卜的方式是不可靠的。迦勒底天象术数观察月亮的运行，但是，视觉是不可靠的。天文学家从理性上论证，月亮和其他星球、大地的真实距离远远超过了我们所“看到的”。如此浩瀚遥远的星体，怎么能影响到我们？其次，人们在大地上的不同地方，视觉差别不同，观察到的同一个时间的天象必然不同，怎么能说同一个时间出生的人的命运一样？而且，如果说天人感应，那么离人更近的气候变化

① 普罗提诺:《九章集》2.3.3。

的影响应当比遥远无法感知的星空状态更大,但是没有人对婴孩出生时的气候特别关注。再者,同时出生的人的品性、职业和命运却不是一样的;共同命运的人却往往有着不同的生日。①

至于斯多亚派用“许多人相信占卜”来论证这种技艺的权威性,学园派怀疑论反驳说:斯多亚哲学岂不是反对大众的意见吗?怎么此时又信赖大众了?当然,学园派不是主张与大众作对。事实上,怀疑论相当看重对于传统的尊重。在整个《论占卜》的结尾西塞罗又一次强调,摧毁迷信不等于摧毁宗教。智慧之一就在于保存我们祖先的体制,保存他们的神圣礼仪。②

六　反音乐学家

怀疑派所批判的音乐家实际是批判关于曲调、节奏等等的科学。怀疑派之所以要批判它,是因为一般人认为音乐重要,对生活有很大帮助。比如人们说我们欢迎哲学,因为它调控人类生活,压制灵魂激情;但我们应当更欢迎音乐,因为它产生同样结果,却不是以粗暴方式命令我们,而是通过诱惑力量直接打动人的心灵。毕泰戈拉看到青年醉闹如疯子,便建议奏笛,果然立即使醉汉安静如初。勇敢的斯巴达人也用音乐引导军队走向战场。哲学中大有能力者如柏拉图便说贤哲如音乐家,灵魂已得到“调谐”。或许今日音乐是使人心灵虚弱的靡靡之音,但这不成其为反对古老的和阳刚的音乐的理由。诗人制乐,利于生活;更有圣乐和赞美诗,献给诸神,令人敬畏善,安慰悲伤者。③

塞克斯都接下去举出了两类对音乐的批评:一类是从效应入手的,其中包含了怀疑论搜集的别的学派的批评。第一,同一种音调既能激发人,又会压抑人。第二,既使音调的效果是单向的,也无助于生活。因为比如音乐并不是因为拥有使人温和的力量而压制了激动的心灵,或是能激发人勇敢;而是因为它能分散人的注意力。所以,音调一停,未真正被音乐治疗的心灵又回到自己原初状态。这正像睡眠与酒并没有消除悲痛,而是暂时以昏睡来遗忘,使人把它

---

① 参见西塞罗:《论占卜》第 2 卷,第 42—47 节。

② 参见西塞罗:《论占卜》第 2 卷,第 33、62 节。

③ 参见塞克斯都·恩披里柯:《反诸学科技艺教师》第 6 卷,第 1—19 节。

放在一旁一样。第三，不能因为柏拉图认可音乐，就承认音乐有助于幸福，因为其他不亚于柏拉图的人——如伊壁鸠鲁——就否认音乐有益。[①] 更重要的是：如果音乐有用，那么或是懂乐者比普通人更快乐，或是音乐的要素与哲学的主旨一样，或是宇宙是按"和谐"构造的——正如毕泰戈拉社团所说的，我们需要音乐的定律来理解事物的整体。但是，所有这些论证都不成立：儿童确实乐于听催眠曲入睡，不少动物也喜欢音乐，但是儿童和动物都没有音乐技能，也不理解音乐。音乐家虽然比普通人更明了演奏的技巧，但并没有因此比常人赏乐时获得更多的快乐。再者，音乐也不引导人走向智慧（"哲学"等于爱智），相反，它抵制和反对人们对德性的追求，把年轻人引向无节制和嬉闹。最后，也不能说宇宙是按照和谐构造的。

以上都是反音乐家的第一类论证，是从音乐的效应入手的。第二类批判则针对音乐的原则，是一种更专门的对音乐理论研究的批评。其立论是：音乐学研究是否合调子、合节奏等等，那么，只要证明调子与节奏都不存在，音乐就不存在。这显然是批评理论音乐学。当时的通识教育中，教的是理论音乐。[②] 我们知道，亚里士多德在《政治学》中就强调，学习音乐主要是学习理论，不是学一门乐器。

首先是批判音调。怀疑论说，整个音乐家的音调理论建立在单音之上，单音又属于"声音"之一种。但是，有的独断论哲学家已经证明声音不存在，如居勒尼哲学说只有感情存在，而声音既然不是一种感情，也就不存在。德谟克里特和柏拉图则否定一切感性客体的存在，这么一来也否定了声音。其次是批判节奏。怀疑论说，节奏由音步构成，而音步由一定时间段构成，但时间是不存在的。怀疑论对时间的批评在《皮罗学说概要》和《反自然哲学家》第1卷中都有过详细论证。这里只是简要述之：时间或是有限的，或是无限的。但是时间不是有限的，否则就得说曾经有过时间不存在的时候，将来也会有时间不存在的时候。时间也不是无限的，因为时间的一部分是过去，一部分是将

① 参见塞克斯都·恩披里柯：《反诸学科技艺教师》第6卷，第20—28节。

② 参见T.摩根：《希腊化罗马时代的文化教育》，第35页。

来,但如果它们都存在于现在,就荒谬无比了。再者,如果时间不可分,怎么能称其一部分为“过去”、一部分为“现在”、一部分为“将来”? 如果时间可分,那它应当由自己的某部分度量,就像用寸去度量尺。但是,不能用“现在”来度量别的时间,否则,现在就成了过去和将来了,这也是荒谬的。①

以上就是怀疑论对各门学科技艺的批评,正如我们所说的,这些技艺比哲学更为广阔,涉及“文化”的所有领域。根据学者的考证,希腊化罗马的文化教育开始于学习阅读和写作,然后进入到阅读希腊和拉丁作者的著作、语法、文学批评、数学、集合、代数,直到音乐、修辞术、哲学和天文学。这整个的课程被称为“encyklios-paideia”,意思是“圆形的”、“完全的”、“重复出现的”、“共同的”、“普通的”等等,②今天我们称为“通识教育”。它有几个特点:第一,严格说来,修辞术应当与哲学一道,不属于这样的“通识教育”,因为这样的“七艺”是共同修养,是所有文化人都应当具有的,但不是所有的人都会成为哲学家或者修辞术师。这两种职业是通识教育最终指向的两大目标。第二,通识教育的主要目的是理智(phronesis),即成为有智慧的人。当然,有了文化,潜在地可能致富和参政。拥有希腊罗马文化,即使对于罗马或者希腊附属国的人来说,也是加入特权阶层的象征。③ 第三,许多古代哲学家都已经对“博学”(polimathia,“反理论家”也可以翻译为“反博学家”)的意义提出过质疑。比如赫拉克利特和伊壁鸠鲁都反感地宣布:“博学”并不能使人智慧。但是,这只是少数有智慧的哲学家的睿智看法,那个时代的大众依然推崇博学,而博学的人也因此有很强的优越感,蔑视日常生活中的人“没文化”。怀疑论反对博学,并不是像赫拉克利特和伊壁鸠鲁那样认为真理可以通过非博学的方式发现,而是认为任何企图追求真理、以拥有真理自居并且居高临下地干扰生活的态势,都是错误的。

---

① 参见塞克斯都·恩披里柯:《反诸学科技艺教师》第6卷,第38—68节。

② 参见T.摩根:《希腊化罗马时代的文化教育》,第33页。在西塞罗的《论演说家》和塞涅卡书信中对这些科目都有提及,西塞罗称之为“artes”,而塞涅卡称之为“liberal studies”。参见T.摩根:《希腊化罗马时代的文化教育》,第36页。

③ 参见T.摩根:《希腊化罗马时代的文化教育》,第132—133、150页。

❦ 第十三章 ❦

对怀疑论意义的反思

在本编第二、三章中,我们根据塞克斯都·恩披里柯的《皮罗学说概要》和《反对理论家》(包括《反对独断论者》和《反对诸学科技艺教师》两部分)概述了怀疑派的基本思想。现在我们应当而且可以追问这样的问题了:对于如此庞大而系统的希腊怀疑派理论体系的意义究竟应该怎么看?希腊怀疑论不仅总结了整个希腊哲学史当中的否定性因素,而且在后来整个西方哲学的发展中都不断以新的形式一再出现,成为所有研究哲学的人不能不正视的一个现象。我们认为,人们至少可以从认识论、理论学和生活论三个角度思考这种类型的否定性哲学的意义。也就是说,怀疑论在人的认识过程中有什么发现,对整个理论事业有什么反思,在哲学与生活上有什么看法。如果在这几个方面怀疑论提出了深刻的问题,那么"怀疑一切"也就不仅仅是空洞的或者毫无原则的理论游戏。

第一节　怀疑论在认识论上的意义

我们首先从认识论的角度尝试探讨有关答案。前面说过,怀疑派注意到并突出强调人类认识中普遍存在的"二律背反"。对于怀疑派来说,"二律背反"本身还只是征兆、现象。二律背反的出现表征了什么呢?它往往表明认识本身由于误入它力所不能及的追求而陷于紊乱。何为力所不能及之事?客观真理性。怀疑派正是对认识的客观真理性本身发生怀疑而导向了对整个理论的绝望。从上面的叙介中,我们可以看到,怀疑派在贯彻二律背反原则、全面批判哲学各个部门中,广泛收集、汇总、提炼了希腊哲学史中对人类认识过程各个环节的种种质疑、批评的观点,虽然有时近于繁冗堆积、重复乏味,读之如啃酸果,有不少地方还属于亚里士多德所批判的“为辩论而辩论”的诡辩,①但许多论证都具有相当高的水准,都不可仅仅视为为了论证“对一切都二律背反”的简单手段。它们确实涉及认识论中的许多理论,探讨了主客同一性中的某些难题,发现并总结了企图把握客观对象的认识各阶段(感性、理性)上的缺陷、不足。我们知道,“世界”是在“认识”中被给予的,所以,对认识的真理性的怀疑同时也会伴随着对世界的实在性的怀疑与否定。下面我们将从怀疑派对人类认识的各个层面的批评的角度,对前面介绍过的怀疑派思想体系进一步分析。由于怀疑派的批评反映了希腊认识史的发展,我们的分析先从这里开始。

一　希腊哲学史中对于感性和理性的态度演变

怀疑派对认识各阶段、世界各层次的真理性与实在性的批判是十分彻底、全面的。理性的这种全面自我否定,可以从希腊哲学史本身的发展中找到渊源。希腊哲学在用清醒理性批判初民时代的原始思维的凯歌中开始了自己的生命里程,“凡愿解惑的人宜先好好地怀疑:由怀疑而发为思考,这并引向问题的解答”②。怀疑与哲学同时诞生,但这种怀疑绝非怀疑派,相反它正是这种对真理认识前景执悲观态度的怀疑派的反面。对奥林匹亚诸神的怀疑正是要确立理性在解释自然中的神圣地位,对现象世界与感性常识的否定正是对哲学能把握更深刻的客观真理的全面肯定、乐观信任。

希腊哲学在用理性孜孜不倦地追求本质认识的“爱智”的漫长历程中,在本体论上区分现象世界与本质的、本体性的世界,从而走向对现象世界的实在

① 参见亚里士多德:《形而上学》,1009a20,并参见塞克斯都·恩披里柯:《皮罗学说概要》第3卷,第280节:“为什么怀疑派有时使用一些说服力不强的论证?”

② 参见亚里士多德:《形而上学》,995a26。

性的怀疑;在认识上,相应地区分了感性与理性,主张扬理抑感,否认感性的真理性。希腊哲学对本原(本体)的探索方向可分两种,一种是“自然哲学”的方向,它寻找感性事物深层的构成要素(“元素”),结果把世界划分为现象的表层与“始基”的深层。塞克斯都在《反逻辑学家》中说,自然哲学家大多是反对感性认识的真理性的,“最伟大的自然哲学家阿拉克萨戈拉”等人多从感觉的软弱无力、无法区分细微差别的角度指责感觉缺乏确然性:

> 一般认为自泰勒斯以来的自然哲学家们最早引入了对标准的考察。因为,当他们谴责感觉在大多情况下都是不可靠的时候,他们就把理性设置为判断现存的东西的法官,并由此出发,他们提出了原则、元素等等的学说,而对原则和元素等的认识是凭借理性能力获得的。①

感性由于无法把握微观世界而遭到批评与怀疑,深层的元素则逐渐失去感性的色彩,终于在这一方向的最高发展——原子论——那里,只剩下“位置”、“形状”等等抽象规定。现象与实在、感性与理性的冲突被强烈意识到了,感性现象界终于完全失去了实在性:

> 颜色是约定,甜是约定,苦是约定,实际上只有原子与虚空。②

另一个方向是爱利亚派到柏拉图的更为抽象的“非自然哲学”方向,这个方向从感性个体的有限、多变、矛盾等等得出了它是没有实在性的幻相的结论,强调只有为理性所把握的共相、概念世界才具有真正的实在性。这在巴门尼德的“真理之路”与“意见之路”的绝对对峙中,在柏拉图的“线段比喻”和“洞穴比喻”中得到了生动的展现。总之,从“深层与表层”、“个别与一般”两

---

① 塞克斯都·恩披里柯:《反逻辑学家》第1卷,第89节。

② 德谟克里特残篇9。塞克斯都还记载了德谟克里特的其他怀疑感觉的思想:在其《论证明》中,尽管他许诺过把证明的证据归结为感官,但是,他仍旧谴责感官。因为,他说:“实际上,我们不能认识不变的东西,我们所认识的只是根据事物的形体的位置,或根据进入事物中的事物的位置,或根据和某物相对的物的位置而变化的东西。”他还说:“实际上,我们往往并不认识事物的本性是什么或者不是什么,这一结论很容易理解。”在其著作《论形式》中,他说:“根据这一标准,人们一定要明白:他远离真实”;他还说:“我们不能真实地认识任何东西,人们的意见都是根据流入者(influx)而来的”;他又说:“然而,很明显,我们不可能认识事物的真实本性。”——塞克斯都·恩披里柯:《反逻辑学家》第1卷,第136节。

个方向都最终达到了感性日常世界的实在性的否定和对更高的理性世界的肯定。① 这是“德谟克里特路线”与“柏拉图路线”对立的又一方面,前者不仅导向唯物主义,也导向科学(尤其是物理化学),甚至怀疑派;后者导向客观唯心主义以及独断的、思辨的哲学体系,但是也伴以对现象世界的怀疑。这种方向上的差异似乎还未引起人们的足够重视;古代怀疑派却已相当明晰地意识到了它:

> 柏拉图与德谟克里特认为唯有理智对象才是真实的。但德谟克里特这么认为,是因为没有感性对象自然存在着,——构成万物的原子的本性中并没有任何感性属性;而柏拉图这么认为,是因为感性对象是处于生成中,从未“存在”——它们的基质如水一般流动,瞬刻即变;由于其流变之快,无法被指认两次……②

这种感性和理性的区分、包括对感性的贬低,从某种意义上说是认识史上的一个进步。正如马克思说过的,如果事物的表现形式与事物的本质是直接合而为一的,那么“一切科学都成为多余的了”。但由于古代逻辑思维的具象性,由于区分的夸大,割裂的二元化倾向,这种区分与(对感性的)否定就埋下了自身被否定的种子。巴门尼德把感性与理性划分成截然无关的“两条道路”,要人们“用你的理智牢牢地注视那遥远的东西”,并且彻底抛弃感性的证据;柏拉图更是认为真知的出现只有在摆脱这个“洞穴”、这个“摹本的世界”之时(“哲学就是学习死亡”)。于是,“相”绝对实在,现象只是“影子”;“意见”必然不真,“知识”必然无错。泾渭分明,天壤有别。

现象世界既然成了纯粹非本质的假相,本质世界也必然只是停留在哲学家头脑中的纯反思。不能由现象表现、不能在生活实践与经验中加以验证的种种理论,是“从无经过无又回到无”的思辨与猜测,没有公认的共同标准可

---

① 西塞罗指出,第二个方向,即强调动力因对于质料的形塑的方向,必然会引入几何学或一般来说的数学(参见西塞罗:《论学园派》第1卷,第2节)。希腊哲学家大多有怀疑色彩,这不仅是针对感性认识的,尤其是针对本原认识的。因为大家都感到与我们要探讨的东西的艰深晦暗相比,我们的认识能力太弱了。康德哲学也属于类似感受。

② 参见塞克斯都·恩披里柯:《反逻辑学家》第2卷,第6—7节。

以决定何真何假，从而出现各种关于本质的理论之间的分庭抗礼、二律背反的状态，最终受到怀疑与否定。“可怜的家伙！你们从我们这里得到了证明，却要打倒我们！我们被打倒了，你们也完了。”①

柏拉图之后，亚里士多德与“后亚里士多德哲学”(post-Aristotelian philosophy)出现了对片面夸大理性的倾向的反动，在不同的程度上向感性回复。最为激烈的是昔勒尼派与伊壁鸠鲁派，绝对肯定感性的客观性：“感性没有错误，错误只在发生的判断、思维中。”②柏拉图老学园派、亚里士多德及深受其影响的斯多亚派稍微居中，他们虽然认为感性是低级阶段，但也认为理性只有从感性出发，经过记忆、经验、概念等等阶段，才能逐渐把握真理，而不是到完全非感性的什么“另外世界”去寻找“实在”。

在这一感性——理性——感性的交替继起的历史过程中，同样属于“晚期希腊哲学”的怀疑论站在何处呢？这是一个比较复杂的问题，难以一言以蔽之。一方面怀疑论属于整个晚期哲学的“经验主义”，相信感性呈现，批判理性与哲学；另一方面它并不肯定感性认识的真理性，却全面继承了理性哲学对感性的局限性的批判。全面的继承带来了彻底的否定。作为各种肯定性哲学一个环节的否定质疑态度，被推广为这个流派的唯一原则——这就是怀疑派。怀疑派领袖皮罗的多种师承可以看成怀疑派对各种怀疑倾向全面继承的一个象征：他从德谟克里特的学生阿那克萨库与梅特罗多洛那里受到了自然哲学怀疑精神的影响，③又从欧几里得的学生布利逊那里学到了麦加拉派的“辩证法”(苏格拉底—柏拉图式的怀疑)；而他的东征之行又使他接触了印度创立的佛教的“凡所有相，皆是虚妄”之类的怀疑与超脱一切的“安宁”不动心的哲学。怀疑派的彻底、全面，表现在它对从感性到理性的一切认识阶段的客观实在性都加以质疑。下面让我们分别讨论。

---

① 德谟克里特残篇125。

② 参见卢克莱修：《万物本性论》，第209页；塞克斯都·恩披里柯：《反逻辑学家》第2卷，第9节。

③ 参见蔡勒：《斯多亚派、伊壁鸠鲁派和怀疑派》，第515—518页；帕特里克：《希腊怀疑派》，第16、48页。

二　怀疑论对感性认识的客观真理性的怀疑

希腊理性哲学带来了对感性客观性的否定。到了晚期哲学,这种竞相推崇理性、贬抑感性的“热潮”已减弱,人们开始发现感性的、活生生的世界毕竟是我们生活于其中的唯一世界。感知中的错觉、干扰应当而且可以加以排除,至于高明的理论,如果不是立足于感性,就是无本之木、无源之水。感性的地位必须重新予以适当肯定,这也就是所谓的“拯救现象运动”。斯多亚派把感性由低级上升为高级、从个别到整体、从主观到客观的过程描述为“把握性呈现(理解性的表象)”之把握,老学园派的斯彪西波则认为应当区分不同的感觉,不能不分青红皂白一律打倒。有些感觉是渗透了理性的,是分有理性真理的。正如艺术家的感觉并非是天生的而是在理性指导下的实践的结果,所以能够把握“和谐”一样,“认识性感觉”也能无误地辨别实存客体。① 伊壁鸠鲁也认为,对事物的判断当被证明为不与感性相悖时,就是真的。比如,如果柏拉图走了过来,开始时由于还很远,我们只能推测是他;越走越近则越确定,越由于确切的感性证据而被证实是柏拉图在走过来。② 总之,感觉、表象的客观性又被部分地建立起来。但这已不同于原来常识性的素朴信仰,而是在更高的哲学论证的形式下的回复,因而充满了哲学家们为了论战的需要而主张的极端性说法,比如伊壁鸠鲁派的“所有感觉都是真的”和斯多亚派的“把握性呈现绝对正确”等。所以,怀疑派对感性真理性的批判本身就是对于哲学的批判,对论证感性的客观性的各种理论的批判。

在感性认识的真理性或者可靠性上,实际上可以区分出两个问题,第一个问题是我们能否确切地知道感性事物,比如眼前的这个苹果当真是苹果——而不是石蜡制作的高度仿真的工艺品?第二个问题是:我们能否确切地知道感性事物是否反映了“背后”的非感性的“本体”?

皮罗主义与学园派对于这两个问题都很关心。不过,如果仔细地考察,还

---

① 参见塞克斯都·恩披里柯:《反逻辑学家》第1卷,第145—146节。

② 参见塞克斯都·恩披里柯:《反逻辑学家》第1卷,第210—213节。

是可以看到它们的关注重点有些不同。总的来说,学园派怀疑论比较侧重于对第一个问题的讨论,而皮罗主义则更为关心第二个问题。

西塞罗曾经这样描写学园派怀疑主义在感性学说上的批评性讨论的思路:

> 他们先建立了一种"呈现学"(science of presentation,texne phantasia,现象学),花费了像斯多亚哲学的相应学说那么大的功夫去规定呈现(现象)的本质和种类,尤其是能够被认识和把握的印象的本质。然后,他们确立了两个命题,把这些研究"汇集起来",即(1)当某个物体呈现出这样的样子的时候,总会有其他的物体也能呈现出同样的样子,二者毫无差别。不可能一组事物可以被认识,而另外一组不可能。(2)不仅在它们处处相似的时候,而且在它们无法区分开的时候,它们都没有任何不同……然后他们用一个三段论论证说明自己的立场:"有的呈现是真的,有的是假的,而假的是无法被认识的。但是,一个真的呈现总是会是这样的,即会有一个假的呈现与它一模一样;在没有任何区分的呈现中,不能说其中有些能够被认识,有些不能。因此,没有任何呈现能够被认识"。①

西塞罗接下去指出,怀疑论把主要精力放在证明:一切来自一个真的物体的呈现都有可能来自假的物体。为此,它们勤奋运用到各种个例上,又把它们区分为不同的部门,首先是感觉,然后是来自感觉和经验的推论,最后是证明无法通过推理认识任何东西。这些部门又被继续细分下去,所有的真呈现都被配上无法区分的假呈现。从学园派怀疑论的"无法区别"策略出发,学园派怀疑论讨论了大量的"梦与真实无法区别",而老学园派则竭力反驳说梦中的人还是可以知道自己在做梦的。学园派喜欢讨论双胞胎和总会有两个个体无法区分,而斯多亚派则用自己的个体独特性哲学和"母亲能够识别双胞胎孩子"等来竭力反驳。②

对于这样的感性认识问题,其实人们只要调动自己的认识能力,比如仔细

① 西塞罗:《论学园派》第2卷,第13节。

② 参见西塞罗:《论学园派》第2卷,第16—18节。

考察不同印象之间是相互支持还是不协调,人类对于这样的知识其实是有一定的把握能力的,当然,谁也不敢说有百分之百的把握,但是我们在日常生活中基本上还是能够认出亲友、环境等等。斯多亚派更是通过对艺术家和工匠的敏锐辨识能力的赞颂来肯定我们的感觉能力的可靠性。① 学园派的卡尔尼亚德关于暗室中的蛇就是一个经典的例子。"当一个人在光线不够充足的房间里看到了踩在脚下的卷曲的绳子,当时把它看做一条蛇;当他转过身调查真相的时候,发现它一动不动,这时他已经倾向于认为它不是一条蛇;而当他又想到蛇有时会被寒霜冻得失去知觉,也是一动不动的,于是他用棍子戳一下那卷曲的物体。这样在检验过所接受的呈现后,他就会同意:呈现给他的'那个物体是一条蛇'的说法是错误的。"②

学园派怀疑论之所以反对这一层次上的感性真理性,并不是与常识过不去,而是与斯多亚的绝对主义过不去。塞克斯都在介绍卡尔尼亚德反对把握性呈现时说道:

> "把握性"呈现是所谓"由一个实在的对象印入、印压在心中的,与那个对象一致,是绝不可能由不真实的对象产生的"呈现。在这些描述中,卡尔尼亚德说他大部分会同意斯多亚派,但是不会同意"是绝不可能由不真实的对象产生的"这句话。因为呈现既能由实在的对象产生,也能由不实在的对象产生。而这两类呈现同样都是自明的、栩栩如生的,这表明它们之间无法区分;人们对其相应的反应就表明了它们是同样栩栩如生和自明的。比如在醒着的生活中,口渴的人在畅饮中感到快乐,逃离野兽或其他可怕的东西的人大声喊叫,同样,一个在梦中口渴的人以为自己在泉边饮水时也感到愉快,在恐慌中的人也同样感到害怕。③

由此可见,斯多亚的"把握性呈现"学说并不是一种常识,并不是在简单地恢复常人的感性认识信念,而是一种哲学——它寻求常识其实并不需要的绝对确定性。这么极端的论断给怀疑论留下了可乘之机。学园派主要从两个

① 参见西塞罗:《论学园派》第2卷,第7节。
② 塞克斯都·恩披里柯:《反逻辑学家》第1卷,第187—188节。
③ 塞克斯都·恩披里柯:《反逻辑学家》第1卷,第402节。

方面批判它:第一是任何呈现都没有绝对的区别,第二是世界上不存在能够把握这样的印象的“贤哲”。

学园派首先批判斯多亚派通过“没有任何绝对一样的个体”的学说来证明感性的绝对可靠性的做法。卡尔尼亚德反对用感性呈现充当真理标准的论证抓住了两点:第一是呈现并不反映纯粹的对象,必然涉入主观性因素;第二是任何真的呈现都可能与某个假呈现一模一样、无法区分;“……既然呈现并不总是指示真的对象,而是经常欺骗,像不称职的信使一样会错传原话”。不存在一种“绝不可能是假的”的真呈现,每一种明显是真的呈现都能找到与之完全一样的虚假呈现。[①] 他们提醒斯多亚派注意,在形状相似而本体不同的事物中,无法把“把握性呈现”和假的、非把握性的印象区分开来。怀疑论举的例子是,如果把两个完全一样的鸡蛋逐一拿给一位斯多亚哲学家看,让他区分它们。难道斯多亚派的“贤哲”当真在审视之后能够毫无疑问地宣布展示的鸡蛋是这一个还是那一个?

卡尔尼亚德还喜欢用“双胞胎”为例说明同样的论证。即使一位贤哲得到了“由一个实在的对象所印入和印压上的,而且与该对象一致”的呈现,还是很难区分双胞胎。怀疑派还涉及了其他类似的论证,比如“被遮挡者”论证:当一条蛇探出头来时,观察者很难说出是否这是前面探出头的那条蛇,抑或是另外一条;同一个洞穴中盘着太多的蛇。总之,把握性呈现不具有任何特定的特征,使其与假的和非把握性的呈现判然有别。[②]

就贤哲而言,不仅怀疑论、而且斯多亚派都承认迄今为止已经证明贤哲是无法发现的,根据斯多亚派自己的说法,芝诺、克里安提斯、克律西波以及其他学派中的人没有一个不是愚人,而每个愚人都陷于无知之中:

> 芝诺肯定不知道自己是在宇宙之中,抑或宇宙在他之中,或者自己究竟是男人还是女人;克里安提斯不知道自己是一个人还是一个比泰丰还要野蛮的动物。进一步,克律西波或者知道斯多亚派的这一教条——即

---

① 参见塞克斯都·恩披里柯:《反逻辑学家》第1卷,第163节。

② 参见塞克斯都·恩披里柯:《反逻辑学家》第1卷,第410节。

> "愚人不知道任何事情",或者甚至连这个也不知道。如果他知道它,那么说愚人什么也不知道,就是错误的;因为克律西波作为一个愚人,居然知道愚人不知道任何事情这一事实。但是,如果他甚至不知道这一教条,那他就什么也不知道了,他怎么还对那么多事情进行独断——宣布存在着一个宇宙,宇宙是由天命安排的,它的本体会整个地改变,以及成千上万其他的理论。①

正因为如此,所有的东西都是不可把握的,反正我们大家都是愚人,都不具有对于存在的事物的坚实的把握理解。怀疑派的这种怀疑其实利用了斯多亚哲学自己的绝对说法。在斯多亚哲学看来,各种非把握性呈现之间没有区别;各种虚假的呈现也没有程度上的区别。"一切无知都是一样的","邪恶都是同等一样的"。不应当在非把握呈现中作出任何进一步的区分,也不应当认可任何程度上的虚假。

至于有关感性认识的第二个问题——感性背后的本体是什么,怀疑论更是强烈地否认。这是皮罗派怀疑论尤其关注的。人类没有能力回答这一层次的问题。即使是一个苹果,我们也不知道它的不掺杂任何观察主体因素的"自身本体"是什么。也许有人认为这样的问题是近代经验论才开始问的问题,但是事实上古代怀疑论已经明白地指出他们问的主要就是这个问题。他们不怀疑经验、感性现象,但是他们知道,呈现(表象)不等于实在本身,于是问题就是:它是不是反映客观实在?是否"既表现自己又表现对象"?② 从而我们能否从感性呈现中认识客观实在属性?怀疑派多次强调地指出:"我们想要确知的不是事物是否显得如此这般,而是是否实在也是这样?"对于这个问题,回答是绝对否定的:

> 即使我们假设理智就像通过洞眼透过感觉通道观看,并且离开处于自己前面的感觉而与外部对象接触,那个理论也无法成立。因为以这样的方式把握真实对象的理智必须把对象理解为是自明的;但是,我们将证

① 塞克斯都·恩披里柯:《反逻辑学家》第1卷,第433—434节。

② 参见塞克斯都·恩披里柯:《反逻辑学家》第1卷,第385节。

明没有任何东西是自明的;所以不可能把握真实对象的真理。我们的敌对者说,“自明的”就是“自身被感知的,不需要第二个东西来确立它的”。但是,没有任何东西本性上就是自身被感知的,所有的东西的被感知都要经由感受,而感受与产生感受的呈现对象不是一回事;因为我在品尝蜂蜜的时候感到了甜味,并猜测外部存在的蜂蜜本体是甜的;当我靠近火的时候感到温暖,于是就以为我自身的状况标识出外部的火的本体也是温暖的;同样的情况也适用于其他感觉对象。既然通过另外的东西被感知的东西被公认是并非自明的,而所有的东西都是通过我们的感受被感知的,而非它们自身,所以所有的外部对象都是不明白的,并且因此是我们所无法认识的。因为为了保证对不明白的事物的认识,我们必须有某些自明的东西;如果我们不拥有这类东西,那么对不明白的东西的把握也就消失了。同样,我们也不能说:尽管这些东西因此是不明白的,但是它们还是能被我们把握,因为由感受得出的标识指示是确定的。当我们品尝蜂蜜时感到甜,并不意味着蜂蜜本身必然是甜的;当我们品尝胆汁时感到苦,胆汁自身也并非必然是苦的;因为属于我们的感受未必一定属于产生它们的原因。因为,正如切入皮肉中的刀锋令皮肉感到疼痛而自己并不痛,令饮食者愉快的食物和饮料自己并不快乐,同样,火能引起温暖,但是自己并非必然是温暖的,蜜能够给人甜味,但是自己不甜。同样的论证也适用于其他的感觉对象。所以,如果为了认识真理就一定要有某种自明的东西存在,而我们已经证明了所有的东西都是不明白的,那么就必须承认真理是不可知的。①

这里的论证让我们再一次想到了“十式”。怀疑派指出:感觉表象总是随主体结构而异,所以,必然会歪曲对象本身。“黄疸病人把我们看做白的东西看成黄的”(正如黑格尔所说,这是一个古老的例子),红眼病人却看成红的。我们如果压迫眼球,则对象形状就显得狭长,那么,如果所有动物的瞳孔是狭长的,他们所得对象的印象必然不会与现在圆眼动物所见的一样。(参见尼

① 塞克斯都·恩披里柯:《反逻辑学家》第1卷,第364—368节。

采的说法:“有各式各样的眼睛——各式各样的‘真理’,所以根本没有真理。”①)这样的识见使人会想到贝克莱理论的一个重要依据:“除了观念能与观念类似以外,再也不能设想其他东西可以与观念类似。”②事实上古代怀疑论与贝克莱相类似的说法比比皆是,如《皮罗学说概要》中说感性现象是一个性质复合体,苹果看来是光滑的、香的、甜的和黄色的。但没有证据能弄清它是否实际上只有这些属性,或者它其实仅有一种属性,由于各个感官结构的不同(视、听、嗅等)而显得不同。如果哲学家说,自然会使感官与客体相对应的,怀疑派便会反问,什么“自然”? 哪一种? 独断论者关于“自然”的实在性的无法解决的冲突太多了!③

怀疑论体现了古老的对“反映论”的怀疑,应当说达到的认识水平是相当高的。尤其是《皮罗学说概要》中的这个例子已经有了19世纪弥勒(Muller,1801—1858年)实验(同质刺激引起异质感觉……)带来的“生理唯心主义”的萌芽。塞克斯都说:

> 感觉都是纯粹被动的,就像接受印压的蜡一样,此外就不知道任何东西了;假使我们让感觉探究任何东西,那它肯定就不再是非理性的,而成了理性的,具有了理智的本性了。但是这不符合事实,因为,如果感受黑白苦甜和味道以及一般而言的被动感受是感官的独特属性,积极的探究就不会是它们的独特属性。进一步,感觉自己并不拥有物体性的本性,怎么能够把握身体性的本体呢? 比如,视觉察知着形式、大小和颜色,但是本体既不是形式、大小,也不是颜色,而是这些属性所从属的那个东西;因此,视觉没有能力察知本体,只能够看到本体的属性,比如它的形式、大小和颜色。④

国外有学者评论说:康德哲学只要保持其批判性,就超不出古代怀疑派的

① 参见尼采:《权力意志论:重估一切价值的尝试》。

② 贝克莱:《贝克莱哲学对话三篇》,第44页。

③ 参见塞克斯都·恩披里柯:《皮罗学说概要》第1卷,第94—98节。

④ 塞克斯都·恩披里柯:《反逻辑学家》第1卷,第393节。

范围：知觉限于现象之内，而并不告诉我们任何自在之物的状态。① 这个看法基本上是合乎实情的。与现代不可知论的马赫主义思潮进行过长期论战的列宁在读到古代怀疑论的感性怀疑观点时显然十分重视，他详细摘录了黑格尔《哲学史讲演录》中所引用的怀疑论"十式"，并批了许多"注意"字样。

真正应当注意的是，人们不应当误解古代怀疑论的宗旨。怀疑派虽然彻底否论感性认识的客观成分，但却不是主张反对感性本身。总的说来，怀疑派还属于"经验论"潮流。第欧根尼·拉尔修说，埃涅西德姆等人都主张以现象为原则，所以怀疑派以"明显者"为标准，这和伊壁鸠鲁的立场一样。相反，德谟克里特却否定以明显者为证据，甚至否定明显者本身。② 伏格尔则说，怀疑派是与前人不同的新哲学："前苏格拉底哲学整体来说，不会那样相信感觉，而是十分相信理性。怀疑派在批判德谟克里特与柏拉图否定感觉的理论时指出：一切思想都是由感性材料整理加工而已。"③

怀疑论经常遇到人们提出的"怀疑派摧毁感性"的疑难，比如斯多亚学派就严正地指出否定感性知识的真理性的人是极为荒谬、不可理喻的，是在与自然作对：

> 自然就像在感官中和通过感官发生的呈现中为我们点燃了一盏灯，帮助我们识别真理。所以，抛弃如此强大的官能并且剥夺我们的白昼之光，实在是太荒诞了。正如承认颜色及其差别存在的人却指斥视觉为不实在的或者不可能的，承认声音存在的人却断言听觉不存在，是完全违背逻辑的（因为如果我们借以察觉颜色和声音的器官没有了，我们也就无法感受到颜色或声音）；同样，那些承认客体存在但是又指责借以把握客体的感性呈现的人，完全丧失了理智，使自己落入了那些毫无灵魂的东西的行列中。④

对此，怀疑论感到是极大的误解，因为怀疑论从某种意义上说正是彻底的

① 参见艾尔：《希腊化哲学》，第 351 页。

② 参见第欧根尼·拉尔修：《著名哲学家的生平和学说》第 9 卷，第 107 节。

③ 伏格尔：《希腊哲学》第 3 卷，第 187 页。

④ 塞克斯都·恩披里柯：《反逻辑学家》第 1 卷，第 259 节。

经验论。塞克斯都辩解道:"那些说怀疑派者摧毁现象或呈现的人,在我看来是不熟悉我们学派的表述。我们并不推翻那些我们必然感受到的感性印象。这些印象就是呈现。当我们探问背后的客体是否正如它所呈现的这样时,我们是肯定了它呈现这一事实。我们的怀疑并不涉及呈现本身,而只涉及对呈现的判断——这与怀疑呈现本身不同。"怀疑派正是以感性表象作为自己的"生活准则"。在批判"真理标准"时,怀疑派也特别指出怀疑派对"生活标准是不怀疑的"①。但是怀疑派不超出感性呈现,不"进一步"肯定感性呈现中的客观性。有人指出,怀疑主义是违背常识的,人们在日常生活中不可能是经常带着普遍的疑问生活的(杞人忧天,不可能幸福)。像学园派怀疑论那样,肯定"或然性"知识,就是在肯定真理性或者实在性。但是学园派怀疑主义认为,更有说服力的未必就是实在的,因为许多虚假的东西更能打动人,但是虚假的东西怎么能说是真实的呢?②

卢克莱修专门对怀疑论推翻感性认识的"十式"进行了批评,以捍卫感性认识的可靠性。他说道:

> 你将会认识到,真理的概念首先来自感觉,而感觉是无法反驳的。因为必须存在某种具有更强大的可信性的标准,才能以自身的真实反驳虚假的东西。而如果不是感觉,又是什么东西更能让我们信靠呢?难道从错误的感觉中派生出的理性能够反驳得了这些感觉?要知道它自己完全是从感觉中派生出来的!因为除非感觉是真实的,否则,所有推理都是错误的。耳朵可以裁判眼睛,触摸可以裁判眼睛吗?口中的品尝能够反驳触觉,或是鼻子能打败它,眼睛能驳倒它?我认为当然不是这样。因为它们各自都有独立的功能,自己的独特力量;所以,在确定什么是软的、冷的或热的时候,应当运用一种感觉;而在识别事物的颜色以及与颜色结合在一起的东西时,应当运用另外一种感觉。口中的味道对于一种感官有影响,气味是针对另一种感官的,声音又是关系到另一种不同的感官的。所

① 塞克斯都·恩披里柯:《皮罗学说概要》第1卷,第1、29—33节。

② 参见朗格与西德莱:《希腊化时期哲学家资料选编》,第454页。

以一种感觉绝不可能反驳另一种;同时,一种感觉也不可能裁判自己,因为它们必须总是具有同等的可靠性。所以,这些感觉在任何时候感到是真实的情况,那就真的是那样的。

而且,如果理性没有办法充分解释为什么一个东西近看是方的、远看是圆的,那么,那个找不到理由的人即使用不正确的方式解释这两种形状,也比让对于明显现象的坚信从你的手中滑离要好,因为否则的话就会打碎所有可靠性的开端,推倒生活和存在建立于其上的一切基础。除非你坚定地相信感觉,避开悬崖和各种必须躲开的危险东西,转而追寻与此相反的东西,你就不仅会使所有推理都毁于一旦,而且会使生活本身立即陷于瘫痪。所以,请相信我,所有那些收集起来反对感觉的语词大军都是在白费力气。①

三　怀疑派对于理性认识的批评

怀疑派从这样一种经验论出发,尤其攻击理性思维,因为理性认识要求超出现象进入本质,超出经验表象而达到抽象概念的认识。这在怀疑派看来是典型的"超验独断",是根本无法达到的盲目追求。理性的无能可以从几个方面来看。在《反逻辑学家》中塞克斯都是这么否认理性充当真理标准的可能性的:

理智也不能担任真理标准。因为如果理智要认识真理的话,那么它就必须以前已经认识了它自己;正如建筑师不会在判断曲直时不注意他的标准——比如尺子和圆规——的结构一样,理智如果能够区分真假的话,它必然早就认识了自己的本性,比如自己是由什么质料构成的、它处于什么位置以及其他的方面。但是,它不能一下子就理解这些事情,因为有些人比如狄凯阿库斯(Dicaearchus)说理智不过就是身体的某种状态而已,而其他人说理智存在,但是并未同意它都位于同一个地方:有的人比如埃涅西德姆就说,"根据赫拉克利特",理智处于身体之外;有的人说在

① 卢克莱修:《万物本性论》第4卷,第478—500节。

整个身体中(比如有些"根据德谟克里特"的人如是说),还有些人说位于身体的某个部位中,而在最后这一观点中,又有许多进一步的纷争。还有,有些人和大部分人一样认为它与感觉截然有别,但有的人说它就是感觉——它通过感官向外观看,就好像通过一个洞眼一样。这个理论首先是由医生斯特拉托(Strato)和埃涅西德姆提出的。因此,理智不是标准。再者,理智有许多种,而且因为数量多,它们分歧不一致,而既然分歧不一,它们就需要由谁来评判。这一评判者或者又是理智,或者是某种与其不同的东西。它不可能是理智,因为否则的话,它也成了争议的一方,于是也有待评判,无法充当标准;如果它是与理智不同的东西,那这又支持了"理智不是标准"的观点。我们还可以使用独断论者所作出的结论,因为我们没有必要重复我们自己。进一步,既然根据大多数哲学家,我们身上除了存在着理智部分之外,还存在着感知的部分,它被置于理智部分的前面;它既然处于理智的前面,就必然会阻挠理智感知外部对象。因为,正如处于视觉器官和被看到的对象之间的物体会阻挠视觉感知被看到的物体一样,如果非理性的视觉插入理智和视觉的外部对象之间,视觉势必阻挠理智感知外部的视觉对象;如果听觉插入理智和外部的可听对象之间,则它势必阻挠理智认识到听觉对象;同样的道理也适用于其余的感觉。因此,理智被困锁在内部,被感觉封闭在黑暗之中,从而无力感知任何外部对象。所以,也不能说理智自身是标准。①

由此可见,怀疑论对理性的批评是从这样两个角度进行的:首先,理性甚至不明白自己是什么,而这是从各派哲学家对于理性的本性和特征的描述的冲突不一得出的;其次,从理性与感性的关系看,理性认识的一切来源在于感觉,耳目受物而心治物,那么,怀疑派既已指出感性是如此的不可靠,不具有客观性,理性当然也就随之失去认识客观的能力。怀疑派的逻辑很清楚:人有理性与感性,而感性在先,它必然会阻止理性认识外部世界。如果在眼睛与对象之间放入一件东西,那么它必然会阻挡眼睛看到对象;同理,理智受到感觉的

① 塞克斯都·恩披里柯:《反逻辑学家》第1卷,第352节。

障蔽,也就会被锁在自身内部。① 所以,一切认识源于感觉,感觉又不反映对象本性,那么立足于感性之上的理性更是无从达到客观真理的认识了。

古希腊哲学尤其是晚期哲学的"逻辑学"却要寻找从感性进入理性的道路,也就是从明白的、现象的、直接的事实,寻找背后的、不明白的本质事物。这样的理性对象是什么呢?我们知道,近代反对超验理性的康德列举了几种"物自体"。什么东西可能"超验"呢?人们想到的第一个例子可能是"无限",康德的"整个世界"就是这样的物自体。此外,即使在一个感性对象"背后",也可能有非经验的"本体",这是我们在上一节的感性认识中已经讨论过的。这也是物自体。再次,还有可能有"事物的本原",这当然也不是经验所能提供的。这种物自体可能与第一种或第二种重合。希腊自然哲学一开始就追问的"宇宙始基"就是在这条路线上探求。伊壁鸠鲁的"原子"和斯多亚哲学的"宇宙火"就是典型的这种始基。

理性怎么认识它们呢?理性主义派多使用某种"同类相知"的原则,比如柏拉图和毕泰戈拉就认为理性与理性对象,数与数是"同类",所以理性可以认识超越感性的对象。但是自然哲学家,包括晚期希腊哲学中的斯多亚派和伊壁鸠鲁派,则认为理性认识还是要借助感性经验进行。人们既然不能"直观"本质,就用现象中看到的行为方式类推本质界作用的情景与规律。但是,这里已经蕴含了差异而非统一。这样的差异至少有几种:理性与感性之间,感性与外部对象之间。于是,同类相知的同类就很难真正得到保障。我们在高尔吉亚的"不可知,不可说"论证中就看到这一思路。塞克斯都指出"呈现"或者说"在主导部分中发生的变动"与感官中发生的变动或者是同一类的,或者是不同的。"如果它们是相同的,既然每种感觉都是非理性的,主导部分既然被变动了,也就会成为非理性的,与感觉完全一样的;如果变动是不同的,那么它就不能按照被呈现的对象的原样接受它们,于是,存在的对象是一回事,在主导部分中形成的呈现又是另一回事。而这也是荒谬的。所以,也无法通过这一方式说呈现是主导部分的一种印象和变动。"这样的论证还可以继续下

① 参见塞克斯都·恩披里柯:《皮罗学说概要》第2卷,第187节。

去,比如原因与结果的不同论证:

> 进一步,呈现是被呈现的对象的一种后果,被呈现的对象是呈现的原因,能够在感官上印压;而且,效果与产生它的原因是不同的。因此,既然心灵理解把握呈现,它就是在接受被呈现的对象的效果,而不是外部对象本身。假如谁想从他所经验到的感觉和感受出发论证说他理解把握了外部对象,我们将提到前面讲到过的那些困难。因为外部对象或者与我们的呈现是同样的,或者不同,但是相似。(但是它们当然不会是同样的)因为怎么能想象原因与其结果一样呢?然而,如果它们是相似的,既然与一个东西相似的东西与那个东西本身不是一回事,理智所知道的乃是与被呈现的对象相似的东西而不是被呈现的对象;而且这里也有许多困难。理智如何能知道被呈现的对象与呈现是相似的?它对此的认识或者是通过一个呈现,或者不需呈现。但是不通过呈现是不可能的,因为理智本性上就无法不通过经验呈现而接受任何东西。如果它是通过呈现而认识它的话,这一呈现必然既要感知自己,又要感知被呈现的对象,以便确定自己是否与产生了自己的那个被呈现的对象相似。呈现或许能够感知被呈现的对象,因为它就是对于它的呈现;但是它如何能感知自己呢?如果此事能够发生,它就必须同时是呈现、又是被呈现的对象。而既然被呈现的对象是一回事(因为它是原因),呈现又是一回事(因为它是效果),同样的东西就会与自己有别了(它同时是原因又是结果);这两种结论都是违背逻辑的。①

一般来说,人们认为因与果总有相同之处。但是"相同"到多大程度呢?只要不是完全相同,则怀疑论的质疑空间就总是存在的。而完全相同,则现象与本质就完全一样了,不需要科学推理去探索了。

黑格尔曾说伊壁鸠鲁的"从已知的东西推到未知的东西"的"类比法"是"近代物理学的一般原则"。② 换句话说,这也就是"假说—验证"的方法。而

---

① 塞克斯都·恩披里柯:《反逻辑学家》第1卷,第383—387节。

② 参见黑格尔:《哲学史讲演录》第3卷,第65、66—69页。

提出假设的方式一般靠与经验现象进行类比。一个典型的伊壁鸠鲁派的"推理"便是:在原子世界中"如果运动存在,那么虚空也存在",因为在现象界中,没有"虚空"是无法想象运动的。斯多亚派的逻辑学也并非一般理解的形式运算,也充当着这种"由明白的现象深入不明白的本质"的工具。我们知道,斯多亚逻辑十分重视复合判断,尤其是蕴含式。它基本上与现代逻辑一样定义了蕴含命题(即除了"真—假"式外其他三律皆真)。① 并在这一基础上建立了一些重要的"不证自明"的基本推理,如 1)由"如果 p 则 q"和"p",推出"q";2)由"如果 p 则 q"与"非 q",推出"非 p";3)由"并非(p 而且 q)"与"p",推出"非 q"。斯多亚派对逻辑学的重大贡献,奠定了在今天是数理逻辑中比谓词逻辑更为基本的命题逻辑,现在已日益为人们所认识。但是人们应当看到:斯多亚逻辑在他们自己看来并不只是"形式的,而是同时被当做"发现的逻辑"使用的:蕴含式的前件是"现象",后件是"本质"。由肯定前件而推出后件,就是由现象把握本质,这构成了斯多亚逻辑学中著名的"征象理论"和"论证理论"。②

斯多亚派的"逻辑学"是如何从感性进入理性的?对"不明白"的东西人们往往用另一明白的东西去揭示,这种明白的东西也就是不明白之物的"征象"。"征象"(sign)这个词很难有确切的翻译,从斯多亚逻辑学和认识论看,它想表达现象与本质的揭示关系,所以"标示"、"符号"、"征象"等词都可以或多或少译出其意思。哲学家区分了两种征象。现象间的联系属于"记忆征象":我们曾看见两种东西在一起,如火与烟。下一次只要看到烟,就能"记起"还有虽然存在着但尚未被看见的火。怀疑派不反对这种征象,因为它没有超出经验。③ 它体现的是现象间的恒常联系。怀疑派所要反对的是第二种征象——"启示征象",即明白可见的现象与永远无法直观的"不明白"之物——本质——之间的标示关系。希腊哲学家喜欢用逻辑推理来表达这种物理关系。所谓"不明"的东西,是与"明白"相对立的事物,也就是无法清楚直

① 参见塞克斯都·恩披里柯:《皮罗学说概要》第 2 卷,第 113—117 节。

② 参见斯多亚派把逻辑看做是"发现的手段",参见西塞罗:《论学园派》第 2 卷,第 28 节。

③ 参见塞克斯都·恩披里柯:《皮罗学说概要》第 2 卷,第 102 节。

观的抽象本质,它与可以清楚直观的现象是不同的。① 科学研究就是为了发现,而“发现”就是“打开一直遮蔽着的东西”。这正是逻辑论证的特点。希腊词 *apodeixis* 就是通过觉察到的东西,把本来蕴含隐藏在前提中的未觉察的东西揭示出来。②

即使被今人看做纯粹形式性的亚里士多德的“三段论法”,在他本人当时看来也不仅仅是只当做“证明的逻辑”(即“有必然性但无新内容”)的,而是也试图当做从“结论”(“对我们清楚的、在先的”,即事实)回溯、倒追前提中的中词(“自在清楚的、在先的”,即根据)的“发现式三段论”(参见《后分析篇》)。在亚里士多德那里,“中词”(逻辑)、“本体”(本体论)、“原因”(自然哲学)、“定义”、“属差”(认识论)等等,都是从不同的角度讲一个东西。全部科学的任务都是设法发现它、把握它。命题逻辑中的假言推理更容易被看成是“假说理论”即“发现逻辑”的好办法,斯多亚派既然以命题逻辑自豪,可想而知不会放过用逻辑发现新真理的路径。用斯多亚派的话说,“启示征象是一先行判断,被用于在正确的假言三段论中启示结果”③。如果说征象理论还只涉及发现本质的三段论推理的前提判断,那么“论证”就涉及推理的全部:“论证是一推理,通过公认的前提,用演绎法去揭示不明白的结论。”④其中,“揭示不明白的本质”是最重要的特征。“他们(斯多亚派)把‘证明’规定为从知之较多的东西推进到知道得较少的东西的方法。”⑤怀疑派对独断论的逻辑的批评,包括批判论证的前提(“征象”)和批判论证本身,都是针对伊壁鸠鲁、斯多亚派企图由现象推论到本质,由直接领域进入“超验领域”的“发现的逻辑”。较典型的例子是“如果汗流出体表,则必有无法感知的小毛孔存在,而现在汗确实流出,所以微毛孔存在”。伊壁鸠鲁的这个推论的方式与哈维

① 参见塞克斯都·恩披里柯:《皮罗学说概要》第2卷,第319节以下。

② 参见西塞罗:《论学园派》第2卷,第8节。

③ 塞克斯都·恩披里柯:《皮罗学说概要》第2卷,第10节。

④ 塞克斯都·恩披里柯:《皮罗学说概要》第2卷,第135节。

⑤ 第欧根尼·拉尔修:《著名哲学家的生平和学说》第8卷,第40—45节,并参见塞克斯都·恩披里柯:《反逻辑学家》第2卷,第309节以下。

发现血液循环的思路十分相近。如果得到进一步检验确证，当不失为生理学上的一个发现。然而，古代怀疑派——甚至近代的休谟——对于“超出现象界”的微观领域的发现是抱不信任态度的。这种“推论超验”与“不推论超验”争执的背后还有当时亚历山大里亚医学派争论的背景。“独断派医学”认为治病必先研究疾病原因，故而重视解剖术与生理学。“经验派医学”认为治病学与寻因无关，故不需要解剖术与生理学，只由个人的观察、别人的指教与类推所指引。这是与哲学分家后的科学反对以前很流行的用哲学猜测（如“所有病皆由热引起”）建立医学理论的企图。伽伦说道：“一个最好的医生也是一个哲学家。”①前面我们讲过，罗马时期的“晚期怀疑派”大多是医生——经验派医生。不过塞克斯都更可能属于“方法派”（经验派的修正）医生。“他们反独断论就像今天新实证论反形而上学一样：用经验和观察来反独断哲学……”②

下面我们考察一下怀疑派对“征象”论与“论证”理论的批判。

首先，批判“启示征象”。征象作为论证的前提命题中的最初环节，用形式的表达就是：征象是 p→q 中的 p。怀疑派的质疑思路是：征象或是感性或是理性，只有这两种可能。但征象既非感性，亦非理性，所以征象不存在。征象不是感性的；感性事物不用教也不能教，但征象却要教。如在航海、天文、医学中有许多征象，没有受过教育训练的人都不懂。感性事物对一切人（只要身体状况相同）都起同样的作用；征象则不然，它对有些人是征象，对其他人却可能不是。③ 但是，征象也不是理性的，虽然大多数独断论者正是认为征象是理性的，是“真的假言三段论大前提中的前件判断”。“征象”被斯多亚派规定为一种“表达式”，但“表达式”是否存在是个争论不休的问题。如果要对之加以“证明”，又必须根据另一“征象”，这就陷入了循环论证。况且，既使表达式存在也无济于事，因为斯多亚派认为表达式是“非形体的”，又认为“非形体的东西”无法起作用与被作用，那么表达式怎么能启示、揭明别的事物？再

① 《希腊研究指南》，剑桥 1931 年版，第 187 页。

② 伏格尔：《希腊哲学》第 3 卷，第 226 页。

③ 参见塞克斯都·恩披里柯：《反逻辑学家》第 2 卷，第 203、187—188 节。

者,“无法作用的东西”是“不明的”即真假未定的,从而包含“征象”(p)与“被启示者”(q)的前提(p→q)也真假未定,①所以征象不可能是“真前提的前件”。其实在怀疑派看来,“征象”如果真是感性或理性也没有用,因为无论感性还是理性都是争论不休的战场,哲人们对之没有统一看法,所以是“不明白”的东西。自己都“不明”,还能揭示别的东西?

其次,怀疑论还对整个“论证”进行批评,它主要是这样展开的:第一,论证据说是“借助公认的前提,用演绎的方法揭示不明白的结论”。怀疑派就对此加以分析和一一驳斥。论证存在吗?否。这从独断论者自己的话里可以推出。他们说推论是“判断的合成物”,但是,一个结合物中的各成分必须相互依存,而推论的各部分并不如此,当我们说出第一个前提时,第二个前提以及结论都还没有存在;而当我们说出第二个前提时,第一个前提与结论却已不存在了。所以推论各部分不互相依存;如此,则整体[推论]也就不存在。第二,斯多亚派认为“论证”必须首先是“有效的推理”,怀疑派却认为“有效”与“无效”推理无法区分。斯多亚派断言推论会由于“矛盾”、“多余”、“错误形式”而陷入“无效”。由于“多余而无效”的推论是其中有某个前提是不必要的。如“如果白天,则天亮。而确实是白天且小狄在走路,所以,天亮。”其中“小狄走路”是“多余的”。怀疑派对这样的逻辑理论十分不以为然,指出如果按照这一理论,则斯多亚派认为最“不证自明”的“有效推理”也是“多余的”,从而也是“无效的”(或与“无效”无法区别的)。以斯多亚派逻辑学最为推崇的假言推理肯定前件式(“如果 p,那么 q;而确实是 p,所以 q”)为例,怀疑派争辩说:这一推理中的“确实是 p,所以 q”一句就足够了;而“如果 p,那么 q”在推理中是“多余的”——因为这一前提当然是清楚、公认的。可以看到,这是对命题逻辑中的推理规则(“分离”)的批判。怀疑派也没有忘掉谓词逻辑,说:直言三段论也是“多余的”。一个标准的三段论是“A 是 B,B 是 C,所以 A 是 C”。其中,大前提(A 是 B)必须清楚自明才能充当演绎的前提,而如果它是清楚的,那么当说出大前提“A 是 B”时,“A 是 C”就已经蕴含其中。“B 是 C”

① 参见塞克斯都·恩披里柯:《反逻辑学家》第 2 卷,第 257—272 节。

这个小前提是多余的。① 怀疑派的批判显然没有弄清楚逻辑学与心理学研究的任务是不同的,只想急于证明这些被“辩证法家”(斯多亚派、逍遥派)视为三段论基础的基本推论与“无效”推论没有区别,从而推翻“全部辩证法”(逻辑学),终止哲学家企图运用逻辑的、理性的手段从现象界出发去发现本质世界的种种努力。

根据西塞罗的记载,“更具有思辨才能”的学园派怀疑主义卡尔尼亚德等人直接从逻辑悖论入手,揭发理性的无能。他们说:既然斯多亚哲学承认我们思维中有这些无法解决的悖论,比如渐变悖论(*sorites*)、说谎者悖论(*lier*),那就说明斯多亚所如此推崇的“辩证法”乃至整个人类理性是不完善的,无法认识事物的本质。尤其是,悖论的特点是破坏了逻辑的基本“公理”(*axioma*):一切命题或者真,或者假。② 塞克斯都似乎不喜欢从悖论入手批评独断论,虽然他对于逻辑学的问题的理解不差。在《皮罗学说概要》中他介绍了对狭义的“逻辑学”的大量的、系统的批判:三段论、归纳推理、定义、分类、诡辩等,几乎涉及今天称为“普通逻辑”的所有领域,而且批判的方式也相当成熟。如:怀疑论批判三段论是“循环论证”——大前提由个别事例的归纳而得出,但个别事例又用大前提来演绎地证明。归纳推理则或是简单枚举,只总结了一部分事例,那么全称的结论“不安全”;或企图总结全体,那又是不可能的,因为全体是无限的。③ 可以看出,对于后来学术界在演绎和归纳上的主要争议,怀疑论一点也不陌生。对逻辑学的否定显然意味着对理性的否定。

怀疑派不仅从对“独断哲学”的逻辑学的批判中否定“发现本质”的间接认识的可能性,而且直接批判独断论发现“原因”的理论,其中最为典型的就是“八式”。塞克斯都在《皮罗学说概要》中说:“有些怀疑派者还提出了对‘推原论’或原因理论表示怀疑的式来打击独断论者,因为独断论者对这些理论有特别的骄傲感。”我们前面已经指出,埃涅西德姆在皮罗派怀疑论中的贡

① 参见塞克斯都·恩披里柯:《皮罗学说概要》第2卷,第146—147、159、163—165节。

② 参见西塞罗:《论学园派》第2卷,第29—30节。

③ 参见塞克斯都·恩披里柯:《皮罗学说概要》第2卷,第193—203节。

献之一是系统地提出了反对感性认识的“十式”,影响很大。但是他的贡献还不止于此,他还提出了专门反对理性认识的“八式”。“八式”是专门批评原因论的,这里的“原因”与现代的“现象间因果关系”不同,主要是指现象背后的本体因,也就是自然哲学不断追求的“最终根据”、内在实质。① 陈修斋先生把“原因论”译为“推原论”,颇有见地。“原因论”实际上反映了整个希腊哲学理性企图超越现象界而把握“背后原理”的孜孜求索精神。埃涅西德姆把独断论者在“推原因”时的典型错误概括为“八式”:第一,既然推原论整体来说是关于不明的事物的,就不是被来自现象的相关证据所证明的。第二,在有充裕的余地可以把所研究对象归于各种原因时,有些独断论者却常常只用一种方式来解释对象的原因。第三,他们给有序事件指定的原因并无秩序。第四,当他们知道了现象界发生方式时,便以为也把握了不明白事物的发生方式;可是实际上不明白事物虽然可以以同样的方式发生,但也完全可能不一样,而是有其独特之处。第五,所有这些理论实际上都是在按照自己对于元素(始基)的特别假定,而非根据任何公认的方法在指说“原因”。第六,他们常常只承认能被他们自己理论所解释的那些事实,对于那些与自己理论冲突的事实,就弃而不顾,虽然它们也具有同等可信性。第七,他们所定下的“原因”常常不仅与现象冲突,而且与他们自己的假设冲突。第八,常常当现象可疑而他们研究的事物也同样可疑时,他们把关于同样可疑的事物的理论建立于同样可疑的事物的基础上。②

埃涅西德姆在“八式”中表现出的批判方式水平很高,渗入了“十式”与“五式”的精华。与他的经验色彩浓厚的“十式”大不一样。人们认为这真正代表了他曾经来自思辨的学园派怀疑主义的学术背景。③ 理性认识的重要功能是发现现象背后的原因、本体和本质。“八式”却指出:热衷于“原因论”的哲学家知道现象发生的方式,就认为也掌握了“不明白事物”发生的方式。“实际上,虽然不明白事物的发生方式可能与明白事物的一样,但也完全可能

① 参见罗斑:《希腊思想和科学精神的起源》,第 377 页。

② 参见塞克斯都·恩披里柯:《皮罗学说概要》第 1 卷,第 181—185 节。

③ 参见帕特里克:《希腊怀疑派》,第 228—231 页。

不一样，而有其独特之处。”这一思想表明古代思维已初步意识到本质与现象、无限与有限是具有质的区别的不同领域。然而人们对无法直观的领域进行认识时往往只有依靠类比，诉诸经验，这很容易陷入错误。类比推理总是有其限度的，如现象界中有色、声、味，粒子世界中不一定有。有限范围中“整体大于部分”是公理，在无穷集合中可能失效，等等。这些都是认识中应当随时注意的问题。怀疑派指出，独断论不考虑现象界与非现象界的可能巨大差异，只是一味地根据自己学派的假设（而非公认的方法）来指定“原因”。当原因理论运用于实际时，又只承认能被自己理论理解的事实，对无法解释的事实就弃而不顾。这样的态度，就是“假设”。《反逻辑学家》指出，实际上所有哲学都从假设出发，并用从假设推论出的结果的真实来证明假设本身的真实性。怀疑派批判道：这是说不通的，因为连斯多亚派自己也认为“前假后真”的蕴含命题也是真的，所以，结论（后件）的真实并不证明前提也必然真实。用现代西方流行的说法讲，也就是理论推演出的东西的真假对理论本身只能证伪，不能证明；不能保证独断哲学关于它们的“原因”所作出的种种解释的真实性。

对于“假设”的强调，使人自然想到前面讨论的“五式”。看来“假设”或“任意假设”是怀疑论攻击“独断论”、“理论家”的一个核心武器。如果说在“五式”中，假设构成了攻击演绎法或所有理论推理的基础，那么在这里的“八式”中，“假设”就不是在攻击演绎法，而是在攻击理论的另外一个特征：发现本质以解释现象。怀疑论对于原因的批评试图表明，人们无法借助现象进入本质。所以，不仅感性认识无法把握对象本质，理论思维也达不到客观真理。

在此值得一提的是，这种哲学化的讨论不仅只关系到形而上的东西，而且关系到日常生活中的行事方式。古代哲学家与医学或者广义的“生命科学”关系的密切，远远超过了今天。古代的智者大多是跨学科人才。毕竟人体与天体一样，都是“自然”的有序奇观，应当引起哲人的“惊诧”从而进行探讨。而且，是否在治病中追溯“看不见的原因”，涉及了人的生死大事，不像形而上学的玄思那么“无害”或者无关，必然引起人们的激烈争论。希腊医学起源时与哲学有密切联系，自然哲学的那些“本原”如水、火、气之类对于许多希望从病症后面寻找深刻的病因的医生有很大的诱惑力。他们提出了许多像“体液”之类的生物学—医学理论。比如,当时所谓的“理性派医生”包括狄奥克勒(Diocles)、希罗菲鲁斯(Herophilus)、爱拉西特拉图(Erasistratus)、阿斯克莱皮亚德(Asclepiades)等人相信理性认识是可能的,也是必要的。通过理论知识把握内在的原因,有助于解释病症现象。阿斯克勒彼亚得就坚决反对经验论派医生,阐述了一种疾病理论,即主要的病原性元素是体内看不见的微粒沉淀,堵塞了肉眼看不见的毛孔。伽伦曾经指责这样的解释忘记了更好的目的论解释。我们从阿斯克勒彼亚得的解释路线中感到他可能是一位原子论派,尽管这得不到证据的断定。① 如果相信病症有内在的原因,而且可以把握这样的原因并且用于治疗中,就会重视解剖学。所以医学中的理性派赞成活体解剖对于我们理解人体的官能必不可少:

> 因此(根据理性派医生的看法),为了研究内脏及消化管道,我们有必要解剖尸体。理性派认为,希罗菲鲁斯和爱拉西特拉图的方法是迄今最为出色的,他们解剖国王交给他们的狱中罪犯,观察活体的各个部分——位置、颜色、形状、大小、凹凸、是否嵌入其他东西以及自身是否吸收了异物等等,而在此之前,这些特征我们是看不到的。②

学者德莱积克(Philip J.Van Dereijk)曾经系统收集了希腊化前后的哲学家们如柏拉图和亚里士多德以及他们派别中的人写作的相关著作的目录,也收集了医学界写的“哲学”文字的标题。③ 他指出,两种学问对于认识论、征象理论、因果解释理论、逻辑、物理—生理学的共同兴趣和研讨,势必相互激发和影响。有的医学技艺派别比如狄奥克勒强调系统地区分症状、病因和治疗方案(*Pathos*,*Aitia*,*Therapeia*),认为可以对不明白的原因通过与明白的事物的类比加以认识:“现象对于隐晦的东西提供了一种显现。人们可以通过某些现象发现,发烧来自某些原因,比如受伤,炎症和腺体肿块。”④不过,狄奥克勒也

---

① 参见D.福莱:《从亚里士多德到奥古斯丁》,第396页。

② D.福莱:《从亚里士多德到奥古斯丁》,第382页。

③ 参见德莱积克(Philip J.Van Dereijk):《在希波克拉特斯和亚历山大里亚人之间:公元前4世纪的医学、哲学和科学》,载于R.W.夏泊尔:《古代的哲学和科学》,第73—78页。

④ 德莱积克(Philip J.Van Dereijk):《在希波克拉底和亚历山大里亚人之间:公元前4世纪的医学、哲学和科学》,载于R.W.夏泊尔:《古代的哲学和科学》,第98页。

反对不少人在寻找因果中的任意和独断：

那些认为凡事都应当阐明原因的人似乎并不懂得：首先，从实用的角度看，没有必要总是那么做；其次，许多存在物不知道什么道理与本原具有相似的本质，以至于我们无法对它们作出因果解释；再者，它们有时错误地假定哪些东西是未知的、有争议的和令人难以置信的，并自认为给出了充分的理由。对于以此种方式推究原因的人以及认为对每件事物都要陈述理由的人，你尽可以置之不理；相反，你应当信赖长久以来基于经验而设计出的事物，并且，如果你有可能把偶然发生的事件描述得更容易理解、更可信，那么你应当为这些事件寻求原因。①

总的说来，狄奥克勒并不拒绝因果解释或者理论医学，他反对简单化地、先验论地确定原因。但是，以怀疑论精神著称的古代"方法派"医学技艺就坚持停留在"明显事实"的层面上，拒绝论说隐秘的、无法观察的本体，以免陷入不确定性之中。有的材料表明，方法派医学甚至对现象界因果关系也不屑一顾，认为对于治病没有关系：治病只要消除症状就可以了，至于这些症状来自几种可能的原因中的哪一种，既无法确定，也没有必要关心：

我们却认为叙说疾病的原因是多余的，应该做的只是搞清楚这些原因所带来的结果。至于把在先的原因包括到对疾病的定义中，我们认为那就更加是多余的了。(Acut.3.19.190)

因为疾病是同一个，无论它来自什么原因；而且，对其治疗的方式也是一模一样的。(Acut.2.13.87)

治疗的效果不会因为在先的原因的不同而不同，因为这些原因带来的疾病是同一个。(Acut.2.14.196)②

作为"方法派医生"，塞克斯都·恩披里柯也在自己的著作中反驳独断论的"征象"理论时点了主要的"理性派"医生们的名字：

---

① Diocles, in Galen, *On the Powers of Foodstuffs* VI, pp.455—456，转引自 D.福莱：《从亚里士多德到奥古斯丁》，第 378 页。

② 参见《卡琉斯·奥勒李安努斯(Caelius Aurelianus)的方法派：一些知识论的问题》，载德莱积克(Philip J.Van Dereijk)：《古典时代的医学和哲学》，第 312 页。

> 病人发烧时的病症,比如面颊通红、静脉突出、皮肤潮湿、体温升高、脉搏加速以及所有其他的症状,对于那些在感官和身体的其他部位结构都处于相似情况下的人,并不显现为同一种事物的征象,也并不对所有人显出是相同的;而是在希罗菲鲁斯看来,它们似乎是血液情况良好的确定标志,在爱拉西斯特拉图看来,这表明静脉血输送到了动脉,而在阿斯克莱皮亚德斯看来,这说明理智假设的微粒在假设的空隙中沉淀了下来。①

其实,早在《希波克拉底文集》中就有人强烈反对把哲学家的方法引进医学,特别谴责在诸如冷热潮湿的假设上建立的医学理论。其中的《论古代医学》的作者说道,医学是一门技艺,需要技能和经验,“所有我认为医学不需要空洞的假设,与那些晦涩的、令人困惑的学问不同,谁想要就这些学问说些什么,都不得不使用假定,比如说关于天上的或者地下的事物;因为如果由谁发现并宣称这些事物的性质,他本人或者他的听众都不清楚他所说的是真还是假,因为没有标准可以用来参照以获得确切的知识”②。

在讨论完怀疑论的认识论方面的批判重点之后,我们还可以从“一元论”和“二元论”的角度看一下怀疑论在认识论中的取向。古代的、常识的思维大多是素朴同一论的,它们基本上未意识到感性世界的主观色彩;相信一个“色、声、味”的感性世界是脱离主体而独立存在的。哲学家们意识到了区别,但又乐观地相信同一性的存在,从而产生了古代的同类相知理论。“有一个古老的信念,在自然哲学家中流传,即同类相知。”③人们相信包围我们的世界是合乎理性的,而人的本质又在于理性,所以,人自然而然地可以认识自己的“同类”。④ 赫拉克利特要人们遵循共同的理性,认识贯穿宇宙一切的“逻各斯”。巴门尼德坚信“思维与存在的同一”。柏拉图主张“心即理”,⑤亚里士多德也认为认识是“形式对形式的”把握。然而怀疑派接受的更是希腊哲学

① 塞克斯都·恩披里柯:《反逻辑学家》第2卷,第219—220节。

② 参见G.E.R.劳埃德:《早期希腊科学:从泰勒斯到亚里士多德》,第58页。

③ 塞克斯都·恩披里柯:《反逻辑学家》第1卷,第116节。

④ 参见塞克斯都·恩披里柯:《反逻辑学家》第1卷,第127节以下。

⑤ 参见陈康:《柏拉图认识论中的主体与对象》,载于陈康:《论希腊哲学》,第32页。

的二元论:Seeming 和 Being,知识和意见判然有别,绝对对立,从而,主观与客观、本质与现象、认识和实在分裂开来,不具有“同一性”。智术师派的高尔吉亚早就论证语言与感觉和对象不同,所以无法表达它们。晚期怀疑主义更是充分地论证了我们所唯一知道的现象界没有实在性,而实在的本质界又永远被现象所障隔开。所以,现象界虚无化(假象化)、本质界疏远化(彼岸化);主体与对象尖锐对立,无法同一。怀疑派的这种观点是不是毫无合理之处?我们认为不能简单地否定回答。从人类发展史和儿童心理史看,人们最初都是主客混沌不分的;由于实践和认识水平的提高,区分和二重化才逐渐出现,才有了主体概念与客体概念(参见皮亚杰理论)。唯有先从原始的统一发展到清楚的区分,才有可能在此基础上重建更高一级的哲学的同一。常识同一观有合理性,但本质上有许多缺陷,不足以抵御怀疑派的攻击。现代许多自称“保卫常识”的“现象一元论”流派也想抹杀主客区分,这都与理论上不懂得认识发展史上“同一——区分——同一”的规律有关。所以,正如在一定意义上可以说分析比综合是进步一样,怀疑派抓住主观与客观、现象与本质、直接与间接的区分,与原始同一论相比应当说是一种进步。

近代哲学也是打着“怀疑”的大旗登上理论舞台的。培根对中世纪经院哲学的批判,笛卡尔的“怀疑一切”,法国哲学的“理性法庭”审判一切等等,无不表示着理性从中世纪的重压之下觉醒、解放出来,怀疑传统宗教,怀疑感性,要求用理性发现世界的本质。这样,世界的实在性、存在的本质等等问题又提到日程上来。经验派与唯理派对什么是真正的实在、什么是认识的真正源泉等难题提出了各种不同的解答方案。人们首先怀疑感性而肯定、追求感性背后的本体自身的本质。然而,随着时间的推移,不少哲学家开始对“背后客体”的存在持怀疑态度。最后,许多人干脆否定了它。这就是近现代哲学所谓从“心物二元论”向“现象一元论”的演进历程,这也可以视为从素朴一元论(“常识”)到二元论(“反对常识”)、再到理论的一元论(“保卫常识”)的发展进程(当然这个三段式并未封闭,比如“批判的实在论”就有向新的二元论发展的趋势)。近代哲学的开端者洛克和笛卡尔都是二元论的,与日常生活拉开了一定的距离。当时的哲学讨论预设了“心灵”与“物质”这两端“本体”是实在的、第一性的;而夹在中间的、由两端构造而出的“现象世界”,则是第二性的,没有实在性的表象。不仅洛克、笛卡尔,而且伽利略和康德等都可归入这一基本路线。但是,二元论造成了鸿沟难越、彼岸难达的主客分离困境。经验论在其发展中逐渐走向“一元论”一极,认为直接给予的经验世界才是第一性的实在,两端的心、物“本体”不过是第二性的、来自经验的逻辑构成(或“虚构”)。这一转化始于休谟,以后马赫主义(“中立要素说”)、逻辑实证论(“原子材料说”)等等。总之20世纪经验论主流,莫不认为自己立足于最确实的经验基础之上,消除了二元论的僵硬对立,甚至超出了一切哲学争论。

比较起来,古代怀疑派与“二元论”有许多相近之处,虽然在整个古代哲学中,它与现象一元论最为接近。古代怀疑派者从来没有把感性现象本体化,把它当做“中立要素”或“材料”来构造精神界与物质界,而是多次说到“背后对象”的真实本性是我们无法认识的。也就是说,怀疑派没打算否认客观对象的存在,而只是怀疑它的属性能否为我们所知道——是否正如它所显示的那样。汉金森注意到,当塞克斯都想到纯粹心理现象时,他采用了印象式术语——“表象”。而表象(phantasiai)是由呈现出表象者(phainomena)引起的;后者是前者的意向对象。所以,现象不是我们所拥有的关于对象的东西,而是对象本身拥有的东西(就好像我可以赞美你的形象一样)。也就是说,塞克斯都类型的怀疑派并不把可以严格谈论的事情局限于纯粹心理现象范围——他不是一个现象主义者。汉金森认为,古代怀疑派在某种意义上可以说比近现代的要激进,在另一种意义上又可以说没有那么“激进”。一般来说,我们在古代世界中找不到系统地发展出来的对外部世界或“他人之心”进行怀疑的怀疑主义者。① 汉金森的这些看法是有一定道理的。

当然,怀疑派不会去构造或赞同“二元论”,它认为哲学上的这一切理论构造都是毫无意义的。它坚执现象,也就是明白事物的生活层次。能否说这近似于“现象一元论”呢?

值得注意的是,“现象一元论”可以是唯心主义,而并不是怀疑派。格罗

① 参见汉金森:《怀疑论者》,第25—26页。

阿克在《希腊怀疑派:古代思想中的反实在论潮流》一书中指出,唯心主义仍然是一种"实在论",认为某种认识(对于唯心主义,这就是"心象")具有把握客观真理的独特优越地位。但是,怀疑派可以归属为"反实在论"一类思想,因为它认为一切认识无不卷入("相对于")一定的人、场景、文化等等,所以我们没有任何办法达到"独立的客观真理"。格罗阿克认为当代有影响的不少哲学家如维特根斯坦、普特南、戴维生、布莱克等都属于"反实在论",他们不再给予现象和表象以特殊的认识独立真理的认识论地位,而是完全拒斥实在论的超越真理论,提出相对于人(的文化、历史语言等等)的真理观,并从而论证(这样的)真理可以达到。所以,看上去"反实在论"反对怀疑派,实际上两者是一致的。怀疑派之所以"全面彻底地"批判一切真理,因为它(以及一般希腊思想家)所理解的"真理"只是实在论式的,——这与当代反实在论者的"真理"定义不同。如果怀疑派把"真理"重新定义为非实在论的、"连贯论"的或与主体有内在关系的,它也可以在一定意义上接受"真理"。怀疑派接受相对性的"呈现",按照"呈现"生活,但没有像当代反实在论者那样把它们规定为"真理"。怀疑派不同意的乃是唯心主义式的对于我们所拥有之呈现具有无误知识的假设,因为在它看来,这不过又是一种独断。①

格罗阿克的分析不无启发。当然,我们必须注意的是:无论是"心物二元论"还是"现象一元论"(乃至"反实在论")都是近现代哲学发展中出现的样式。这些术语可以帮助我们理解古代怀疑派,因为人类思维有一定的类似轨迹。但是我们不能完全用它们来框套古人,否则就会犯"时间倒错"之谬,混淆事物之间的区别。古代怀疑派自己所用的基本区分并不是近代哲学的如"心"与"物",而是"明"与"不明",即"明白的"与"不明白的"之对峙。在怀疑派看来,这一区分本来很"明白",人人都知道:唯日常生活中可感可知者是明白的,超出人们感知的一切东西,无论是有形客体还是抽象价值和哲学理论都是晦涩不明的。可是独断论者(哲学家们)却把二者颠倒了过来。在巴门尼德、柏拉图乃至德谟克里特看来,感性现象反而是"晦暗不明的",是"洞穴

① 参见格罗阿克:《希腊怀疑派:古代思想中的反实在论潮流》,第24—27、143页。

暗景”;哲人想出来的那些“相”、“元素”反而却是“清晰明白”的。所以,怀疑派的工作就是要把被颠倒的世界图景再颠倒过来,牢牢坚持这一立场:为我直接感受者是“明白”的、可以加以“认可”之事,而不可为我感受者才是“不明”的、必须悬搁判断之事。怀疑论其实反感希腊理性主义对感觉的批判,因为这意味着对整个现象界的否定,用逻辑的术语说就是一切都是虚假的。这种希腊哲学对日常世界的动摇遭到了怀疑论的反驳:

> 德谟克里特和柏拉图通过拒斥感官、抛弃感性事物和只遵从理智性事物,使事物陷入混乱,不仅把存在事物的真理,甚至把关于它们的观念都打碎了。因为每一思想要么由感官知觉产生,要么离不开感官知觉;要么产生于经验,要么离不开经验……德谟克里特和柏拉图的观点逻辑上并不牢靠。①

第二节 作为一种否定性的元哲学

黑格尔曾说过:“如果我们要想把握哲学史的中心意义,我们必须在似乎是过去了的哲学与哲学所达到的现阶段之间的本质上的联系里去寻求。这种联系不是哲学史里面要加以考察的一种外在观点,而真正是表示了它的本性。”②怀疑论的意义不仅体现在它对希腊哲学史上各种认识论理论的否定性总结,对认识各个环节的客观性的全面彻底的质疑,而且体现在它是一种对整个理论事业的质疑。这一特征,由于当代学术,日益对“理论事业”在生活中的地位进行复杂多面的反思,将日益为人们所重视。

对于理论的思考,应当是一种“后理论”之学问,在此,“理论”的最为集中的代表当然是“哲学”。meta-philosophy 可以称为“后哲学”,现代学术的主流学问据说也是“后学”,后形而上学和后理论之学。“meta”作为词缀,也有

---

① 塞克斯都·恩披里柯:《反逻辑学家》第2卷,第56节。

② 黑格尔:《哲学史讲演录》第1卷,第7页。

“元”的意思,所以 meta-philosophy 也可以称为“元哲学”。meta-philosophy 从词形上分析,意味着对“智慧的追求(爱欲)”这一现象的专门研究。在古代爱琴海北岸的希腊人城邦中,曾经一度兴起了轰轰烈烈的一种新生活形式,叫做“智慧的追求”(或者学问的追求,理论的热爱),历经小亚的自然哲学、大希腊的数学哲学、雅典的古典哲学等等思想运动,在几个世纪中形成了蔚为大观的精神景观。终于,在晚期希腊罗马,开始有人出来彻底质疑这样的新历史性生活形式的正当性和可能性,“理论”究竟是什么?理论与自然生活之间的关系究竟应当如何?这些都成了理论家最关切的问题。换句话说,自我反思型的“元学问”占据了本来应该是“对象学问”的理论思考的一大半空间。在 20 世纪晚期的西方思想界,我们可以看到惊人地类似的事情又一次发生了。

希腊怀疑论强调的是:生活本来真诚地希望想“学习理论”,以便从中寻找自己所不具备的帮助,甚至还一度听信了理论的劝告,放弃对生活中的“好”(如财富、地位等)的追求,专心追求理论研究或智慧之“好”。但是,随着钻研的深入,却发现理论本身充满“二律背反”,疑团丛生。于是,最终决定对于理论家提出一些“忠告”,其中一种是较为激烈的与失望的,即要求理论看清自己的矛盾(不可解决)本性,自我了断,结束狂妄;另一种是请理论结束狂妄,但是不那么激烈地要求理论彻底“了断”,而是要求它开放心灵,永远探索。怀疑派究竟主张哪种理论态度呢?学者们并没有一致的看法,这部分地是因为从怀疑论现存的材料中的某些说法可以得出不同的结论,部分地是因为怀疑派在历史上确实起过不同的作用。对此的讨论和理解,也将有助于我们理解当代“后学”(或“元学问”)的旨趣与走向。

一　一切命题“同等可证”:理论无真理可言

“后学”或“元学问”的特点是对整个“理论事业”的本性进行思索。

“理论”是句子的系统,由于这一系统针对的是事物的本原,是真正意义上的“知识”,所以它高于描述日常经验的单个句子。怀疑论对于这一点并不陌生,因为怀疑论的老对手斯多亚派哲学已经明确地作出了这一区分。塞克斯都在讨论真理标准的时候指出:斯多亚哲学认为“真理”分为两种:一种是我们认为科学、哲学和宗教才能具有的"高级知识体系",是大写的真理;一种是狭义的逻辑学中经常讲的真假判断意义上的真。前者唯有贤哲才能拥有,后者是百姓日常都可以拥有的:

> 一些人,特别是斯多亚主义者,认为"真理"(truth)在以下三个方面不同于"真实性"(the true,真的东西):在本质上、在构成上和在效能上。就本质而言,真理是一个物体,而"真的"是非物体性的……"真的"被看做本性上是单一的和简单的,例如,我现在说"现在是白天"、"我在交谈"等陈述;然而,真理属于知识,所以被看做是复合的和多种因素构成的集合……"真的"并不总是依赖于知识(因为实际上傻瓜、婴儿和疯子有时也会说出真的东西,但他们并不拥有真的知识),然而真理被看做与知识相关。因此,真理的拥有者是贤哲(因为他拥有真的东西的知识)。①

尽管如此,我们看到怀疑论对于理论的分析批评还是经常从句子入手。也就是说,怀疑论很少讨论大写的真理,而是探讨句子的"真假"是否可以区分。理论——包括哲学理论——作为许多真命题构成的论证系统,必须首先符合一个演绎系统的不矛盾性要求:不可能在一个系统内同时证明一个命题及其反题都是定理。或者说,并非任一命题都在这一系统中可证,也就是说,在该系统必须包含至少有一个不能被证明的公式。可是在怀疑派看来,一切命题都"同等可证",正题与反题全都一样有理。哲学或者一般而言的"理论"因此是一种荒诞的系统。

由此看来,"二律背反"对于怀疑论颠覆理论事业是最主要的策略。所谓二律背反,正如我们在前面所指出的,取决于两点,第一是分歧对立的普遍性,第二是分歧对立的各方同样有道理、"无法区分"、都一样。就第一点而言,怀疑论做了大量的工作,处处揭示理论中的分歧。据巴恩斯统计,塞克斯都的著作中提到"分歧"(diaphonia)有 120 处之多,而且还常用了许多其他相近的字词。② 就第二点而言,事情有些复杂。具体说来,我们可以看到有两类"一

---

① 塞克斯都·恩披里柯:《反逻辑学家》第 1 卷,第 38 节。

② 参见巴恩斯:《怀疑派的劳作》,第 8 页注。

样”,一类是对立的论证的力量是一样的,另一类是对立的东西本身是一样的。后者与前者似乎不是一回事。前者不难理解,它揭示的现象乃是:人们看到了各种哲学流派都自称“根据理性”,而且又都同样有力地“充分论证”了自己的观点,结果却相互冲突,正相反对,于是便得出结论说理论(尤其是哲学理论)中没有客观、共同的标准,所有命题的真实性都是相对于某个个人而已。

另一种“一样”本来指的是客观事物中有的是一模一样的,比如双胞胎。因此,绝对肯定的感性认识是不可能的。这样的论证对于提醒人们在生活中多一个心眼,不要轻信,本来也不失为一种明智的建议,尤其是对做反卧底工作的人或是职业打假工作者。但是,过分的小心翼翼、疑心重重则会使人在生活中举步维艰、寸步难行,似乎没有必要。斯多亚派的阿里斯顿坚信斯多亚派关于贤哲仅仅认可把握性呈现、从不持有意见的学说。有一位怀疑论者于是唆使一对双胞胎中的一个把一笔钱存放在阿里斯顿那儿,然后让另一个去取回,以此表明阿里斯顿被驳倒了。但是阿里斯顿对此不以为然。他依然不能接受学园派怀疑论由此得出的反对感性可能性的论证。有一天,他看见一个牛状的带着子宫降生的畸形物,于是便嘲讽地说:“啊,现在阿尔凯西劳手头有了一个反对感官的明证性的论据了。”当某个学园派成员宣称他对任何事物都不确信的时候,阿里斯顿更是逼问说:“难道你没看见你的邻座在旁边吗?”那人回答:“没有。”阿里斯顿于是忍不住谴责道:“谁让你瞎了眼呢?谁剥夺了你明亮的视力?”①

不过,学园派怀疑论告诉人们,纯粹的“双胞胎”那样的一模一样的事物在生活中发生的概率确实不大,对于理论怀疑似乎不具有真正的杀伤力,但是,人们应当注意到一种与此十分类似的情况,却是生活中经常可以看到的,而且对理论的正当性也构成了严重的挑战,这就是“渐变悖论”。所谓“渐变悖论”,指的是两类事物之间的过渡是渐变的,很难截然区分,在某种意义上可以说是“都一样”。学园派怀疑论十分喜欢运用这种悖论论证来批判独断

① 参见第欧根尼·拉尔修:《著名哲学家的生平和学说》第7卷,第161—162节。

论的理论。我们可以从其对“把握性呈现”和“神的存在”的两种重要主题的批评中看怀疑论是如何论证“都一样”的。

怀疑论说它可以通过证明斯多亚派最看重的“把握性呈现”其实与“非把握性的”、虚假的东西是一样的,来论证把握性的呈现无法充当真假的标准。斯多亚派哲学家承认,当呈现之间的区分极小的情况下,贤哲将停止判断,保持沉默;但是在区别大的时候,他将承认前者是真的。所以,怀疑派的策略就是通过“渐变悖论”证明许多假的、非把握性的呈现与把握性的呈现紧紧挨着,难以区分。塞克斯都用了一个例子来说明这些抽象的论证。他的描述有些繁杂,我们把它简化为下面的思路:

首先,有一个把握性呈现(真句子):“50 是少的”。——P

其次,有一个非把握呈现(假句子):“10000 是少的”。——Q

人们对于 P 与 Q 这两个句子谁对谁错不难判断,因为它们之间的差异巨大。但是,让我们再设想一个非把握性呈现:“51 是少的”(假句子)——R。如果说 P 是排在最后面的把握性呈现,那么 R 就是第一个非把握性呈现。两个句子紧紧排列在一起。结果,即使是斯多亚的“贤哲”,恐怕也难以看出二者之间的差别。他的反应大约只好是“悬搁判断”。但是,怀疑论在此紧紧抓住斯多亚派的一个论断,即所有的非把握性呈现都是同样的,都是假句子。那么,斯多亚的贤哲也就不能判断 Q 是真还是假。只能对所有的句子都悬搁判断。“因此,把握性呈现由于这一无法区分性,就与虚假的、非把握性的呈现一道消灭了。”①

学园派在质疑神的存在的时候也使用了这样的“渐变悖论”。这也被称为“堆粒”论证。逻辑家举的例子是:一粒种子当然不是“一堆”;但是,如果有人一粒一粒地增加,当加到多少粒的时候可以被称为“堆”?可见,“堆粒”(sorites)或渐变连锁论证(chain-argument)是依靠难以区分量变到质变的分界点来反驳事物之间的区别的论证。卡尔尼亚德在讨论到神的时候这么论证道:如果宙斯是个神,那波塞冬(Poseidon,海神)也是个神,于是尼罗河也是

① 参见塞克斯都·恩披里柯:《反逻辑学家》第 1 卷,第 415 节以下。

神;如果尼罗河是神,那么每一条河流也都应该是神;如果每一条河流是神,那众多的溪流也都是神;而如果溪流是神,那么湍流也是神;然而溪流并不是神,因此,宙斯也不是神。然而,只要世界上有神,那么,宙斯必定是神。所以,无神能够存在。这样的论证显然可以借助其他的例子展开,比如:

> 如果太阳是个神,那么白天也会是个神,因为所谓“白天”无非是“太阳在地面之上”;而如果白天是神,那么月份也必将是神,因为它是由诸多白天合成的;而如果月份是神,那么年份也必将是神,因为年份不过是由诸多月份合成的。但这是不正确的,因此,起先的那个假定也是不正确的。①

总之,二律背反的普遍性和理论在解决它的无力性很容易导向对整个理论采取绝对的否定态度。玄奥的理论本来就容易引起日常生活中人们的怀疑和不满,因为论证型的理论总是试图贬低生活流的通常准则比如信念和经验。哲学怀疑主义对整个理论的否定,不过是用更为思辨的方式代表生活对理论的回击。巴恩斯举出了在古代,至少在医学领域中有经验派医生,在神学中有尤息比乌主教,当他们看到理论中纷争不下时,便得出怀疑派式的结论。比如尤息比乌在其《预备福音》一书中时时提醒人们注意,与《圣经》的和谐一致相反,异教哲学家相互冲突又没有任何一致点,在一切事上都搞出分歧争议,所以任何人都只能合理地得出结论:对这一切思辨性的讨论统统都悬搁判断(epohe)。②

二 作为命题系统的理论无价值可言

有关“二律背反”及其对于理论的正当性的意义,历来被哲学家们十分看重,我们将对此进行深入探讨。

首先,“揭示矛盾普遍性”在辩证法传统中一般被认为是具有积极的正面意义的。就辩证法传统看,怀疑派不惜辛苦到处发现矛盾的努力体现了它是

① 参见塞克斯都·恩披里柯:《反自然哲学家》第1卷,第182节以下。

② 参见巴恩斯:《怀疑派的劳作》,第7—8页。

一种具有强烈辩证意识的哲学。一般思维认为矛盾是偶然的、非本质的,辩证法却认为矛盾是普遍的、必然的,无法消除的。黑格尔在评价康德的二律背反时曾指出:"康德这种思想认为知性的范畴所引起的理性世界的矛盾乃是本质的,并且是必然的,这必须认为是近代哲学界一个最重要的进步。"他还说:"就康德理性矛盾说在破除知性形而上学的僵硬独断、指引到思维的辩证运动的方向而论,必须看成是哲学知识上一个很重要的推进。"①黑格尔反复强调康德的意义,乃是因为他认为前近代哲学中形而上学倾向占主导地位。如果说黑格尔对康德最终还是不满,乃是因为康德只举出四对"二律背反",太少了,因为"可以在一切种类的对象中,在一切表象、概念和相中发现矛盾"②。如果按照这一思路,怀疑派正是实现了黑格尔全面贯彻二律背反理想的辩证哲学。怀疑论对希腊哲学史的全面的、执拗的批判可以被视为有力地揭露出"知性思维"的片面性、有限性。黑格尔的矛盾论希望指出一个真理:一切有限思考都把握到了局部真理,所以,如果不绝对地看,它们在不同场合下各自都有道理。我们看到,西塞罗主张的学园派更近于这一态度,世界是物理性的还是理智性的,看人在什么语境、为了什么目的讨论世界问题。

但是,黑格尔并不会同意怀疑论。在最为关键的地方,黑格尔与怀疑论分道扬镳:说到底,怀疑论是有不怀疑的地方,这就是"不矛盾律"。一切违背了不矛盾律的,都是错误的。但是对于黑格尔来说,矛盾才是世界的本质。怀疑论对于矛盾普遍性及其对于理论的否定性意义的观点,更加接近现代分析哲学,而不是黑格尔的辩证法。

古代怀疑论接近现代分析哲学,还体现在他们对于理论的分析非常自觉地从句子—判断分析入手,其主要依据就是每个命题都有一个相反的、但是同样可以证明的("无法区分的")命题。从而,必须导向无言(aphasia)。这种思路更让人想到"语言哲学",而不是笛卡尔和休谟。近代经验论的怀疑论可以视为是一种单个人对于经验的独自内省(贝克莱:面前这个"苹果"的存在的

---

① 黑格尔:《小逻辑》,第131、133页。

② 黑格尔:《小逻辑》,第132页。

特征是什么),不必要谈到命题层次(当然休谟也提到了分析命题和综合命题的区分等等)。当然,古代怀疑论这么强调语言系统的特征,不是受到现代数学逻辑的发展的影响,否则就会犯时代倒错的错误了。不过,作为一个背景性的原因,我们也不可忽视古代类似于数学逻辑(符号逻辑)的思想方式在哲学中的深刻影响,比如亚里士多德和怀疑论的老对手斯多亚派对逻辑的重视,尤其是对抽象的、精确的论证的强调。

与语言更为切近相关的一个原因可能是希腊的另外一个特点:当时的公共政治中修辞术昌盛的影响。城邦共和的希腊是一个逻各斯的国度,人人都在公民大会或者法庭上大说特说。所以,希腊人特别重视在公共言说中,如果双方的证据同等有效,那就无法下判断。这样的修辞术不仅限于政治生活,而且进入到理论讨论中。许多科学问题的讨论,都像是法庭上的辩论。在《希波克拉底文集》中有一篇《论人性》,它显示出即便是关于人体组成这样艰深的问题也要拿到公众面前去辩论。但是,公共辩论有许多问题,比如说话人倾向于强调自己的论点,贬低对手的观点;而且,决定这样的辩论胜负,主要靠论辩者打动听众的辞令的出彩,而不是他们对有关主题的科学知识。[①] 我们可以想象,这样的心态导致人们对一切理论争论采取怀疑的、"都很有道理——从而都没有道理"的二律背反的立场,就是十分自然而然的了。

三　怀疑论自身是不是一种"理论"

最后,作为对整个理论进行否定性讨论的"元学说"的怀疑论,还会面对这样的问题:怀疑论自己是不是一种"理论"——尽管是一种元理论?如果怀疑论批判一切独断,那么它自己对理论说了那么多(否定的)话,难道不是在独断吗?

在《皮罗学说概要》的第1章,怀疑派就宣称,任何研究的结果必然是下列三种之一,或是宣称已找到真理,这就是独断论;或是认为真理不可知,如学

① 参见G.E.R.劳埃德:《早期希腊科学:从泰勒斯到亚里士多德》,第137页。

园派;或是继续从事探究,这就是怀疑派。[①] 这样一来,怀疑派给自己定下了基调:超出一切理论争执之上,甚至超出可知论与不可知论的对峙。这使怀疑派甚至与学园派怀疑主义区别开了。学园派怀疑主义把“不可知”说得太独断,而怀疑派则甚至对“不可知”也不独断。[②] 要求“悬搁判断”有时在怀疑论看来似乎太“独断”,因此他们宁愿这样表述:所有正反观点都可以证明,我们无法选择哪一种,所以“不得不”结束独断。

皮罗派怀疑主义是否真的与学园派不同,超出了“不可知论”?学者们一直对此争论不休。麦特斯在其《怀疑主义的方式》一书中说道,他过去相信怀疑派的说法,即怀疑派的“十式”并不表达怀疑派自己对于认识的正面看法,只不过是在把独断论关于认识、特别是感性认识的各种观点对峙起来,从而形成二律背反,颠覆独断论的立场。但是现在麦特斯认为问题不是那么简单。怀疑派不是宣称他们可以承认并说出自己的“感受”——“在我看来”——吗?那么,“在我看来,塞克斯都在那些式当中是在告诉我们,‘在他看来’,同样的东西在不同环境之下,对于不同的人或动物,确实是看上去,尝起来,嗅上去和听起来不同的”[③]。“在他看来”也就是“他的感受”。而且,塞克斯都应当认为在所有人“看来”,都会有类似印象,即塔“近大远小”,“桨在水中显得是断的,在水外显得是直的”,等等。倘非如此,他就不会不辞劳苦地向人们阐释怀疑派的“十式”之类论证,或者说,他就不会认为人们会被他所举的种种关于感性印象分歧不一致的事例与现象所打动。实际上,从怀疑论的伦理目的看,只有确认我们根本无法从客观世界中发现什么有价值的东西,确认认识的不可能性,彻底地“放弃独断”,才能达到心灵的平静。黑格尔对此看得很清楚,他指出:“怀疑主义者也有其确信不疑的事情,即确信一切有限事物的虚妄不实。一个单纯怀疑的人仍然抱着希望,希望他的怀疑终有解决之时……反之,真正的怀疑主义,乃是对于知性所坚持为坚固不移的东西,加以完全彻

---

① 参见塞克斯都·恩披里柯:《皮罗学说概要》第1卷,第1—4节。

② 参见塞克斯都·恩披里柯:《皮罗学说概要》第1卷,第226节。

③ 麦特斯:《怀疑主义的方式》,第59页。

底的怀疑。由于这样,彻底怀疑所引起的心境,是一种不可动摇的安定和内在宁静。这是古代的高尚的怀疑主义……”①蔡勒也说:阿尔凯西劳“达到的结果与皮罗所达到的并无真正差别”②。事实上,休谟认为近代怀疑主义高于古代怀疑主义的原因是因为有所不疑,这正好从反面说明了古代怀疑主义的这一特点(尽管这被黑格尔看做是古代怀疑主义高于近代怀疑主义的地方)。从怀疑论的说话方式也可以看出这一特点,怀疑论在说到具体事情的认识时,大多是说“两可”,双方都可以证明,无法断定哪一方错了。但是如果说到理论(独断论),则几乎毫不犹豫地断言必然是错的。

巴恩斯与麦特斯不同,他认为皮罗派怀疑论的“悬搁判断”是开放的、原则上是容许将来认识发展的。悬搁判断的原因是“分歧未决”,“悬决”可能意指“不可能决定的”,也可能指“没有决定的”。大多数研究者取前一种较强的含义。但巴恩斯提醒人们注意,塞克斯都常常说一个争议是“至今”未决的,或“有待解决的”。换句话说,争议或许将来可以解决。③

实际上,怀疑论的不同说法可能是有不同原因的,比如有时是在针对自己学派的人讲话,有时是在回击敌手的挑战。④ 我们不妨想想斯特劳斯所喜欢的“内部人的隐讳教导”与“对外的公开明白教导”的区别的可能。斯特劳斯是主要用这种区分解读柏拉图的。但是我们认为或许这一区分更适合怀疑论,而非柏拉图。因为柏拉图的教导总体来说属于主流伦理学,不需要在政治面前掩盖自己的哲学主张;而怀疑论的宗旨是一种破坏主流的减法治疗哲学,所以过于直截了当就容易招致迫害。此外,柏拉图是雅典贵族,胆子很大;而怀疑论的许多人没有什么保护伞,大多都很谦和,或者胆小。但是,因为怀疑论中有柏拉图分子,即所谓柏拉图学园派,问题就变得复杂了。人们在怀疑论(包括学园派怀疑论)的“内外说法不一致”当中可以追问一个更为重大的问题:柏拉图究竟是一位隐蔽的独断论者,还是一位隐蔽的怀疑论者?同时可以

---

① 黑格尔:《小逻辑》,第 180 页;参见黑格尔:《哲学史讲演录》第 3 卷,第 10 页。

② 蔡勒:《斯多亚派、伊壁鸠鲁派和怀疑派》,第 533 页。

③ 参见巴恩斯:《怀疑派的劳作》,第 11、17—19 页。

④ 参见朗格:《希腊化哲学》,第 93 页及注释。

追问的是:学园派怀疑论究竟是怀疑论的,抑或在骨子里是独断论的?根据奥古斯丁、塞克斯都和西塞罗的记载,学园派的阿尔凯西劳的怀疑主义其实仅仅限于对斯多亚等其他哲学的批评,在学园内部则信守正统的柏拉图主义。皮罗派对于学园派的怀疑论一直抱有保留和怀疑的态度,这也许不是完全没有道理。

当然,我们不必在没有充分材料的情况下追问这个问题。我们可以追问的是,如果柏拉图至少深刻地同情怀疑论,或者说学园派怀疑论并没有完全曲解柏拉图,那么意味着什么?西塞罗的一些话可以帮助我们理解这个问题。西塞罗是一个积极进取的哲学家和政治家,但是他在纯粹哲学上选取的是学园派怀疑主义。为了向惊讶的人解释他的理由,他说道:

> 有些人想知道为什么我要追随学园派,我想我在关于学园派哲学(Academic philosophy)的四卷著作中已经给出了充分的答复,我不是要去捍卫一种被遗弃、被否定的理论。他们人死了,并不意味着他们的思想也死了,尽管这些思想现在可能已经没有了首先发现这些思想的人所能赋予它们的生命之光。学园派的哲学方法,亦即批判一切、不作任何肯定,是由苏格拉底引入的,阿尔凯西劳使之复活,而卡尔尼亚德使之巩固。尽管我知道,它现在在希腊人中已经像个弃儿,但是这种方法一直被充分利用到我们这个时代。我并不认为这是学园派的过失,而是由于公众的愚昧。如果弄清一种论证是有价值的,那么弄清所有的论证不是更有价值吗?这就是学园派要做的事,因为它的目标就是要发现真理,对现有一切哲学理论作出肯定或否定的论证。这是一项漫长而又艰巨的任务,我不敢吹嘘说自己已经完成了这项任务,但我可以说我已经作了尝试。①

这种怀疑精神在近代西方被重新发现与传播,与当时的宗教和学术领域中的思想解放相互呼应,曾起过积极作用。这一点,学者现在已逐渐达成共识。不仅宗教、哲学,甚至科学都容易形成“真理在手,唯我独尊”(以我划界,其他为“伪”)的独断态度,对别类学科和生活不宽容、逼犯,斥为“谬误”与异

① 西塞罗:《论神性》第1卷,第5节。

端。怀疑派对这种态势的嘲弄、“戏仿”、颠覆，不失为一种有益的警惕。西塞罗是这样看待柏拉图学园派怀疑主义的意义的：

> 我们认为一切学说都只是可能的，尽管可以按照它们行动，但是不会作为确定性提出。这与相信自己的信念是真理的那些人，看上去没有区别，但是实质上有：我们更为自由和不受约束。因为我们拥有未受减损的判断力量，而且不会被迫把某些大师们公布的教条当做法令（edicts）来信奉。其他那些人，首先是在能够判断教义之前就被牢牢束缚住，其次或者在某些朋友的引导下，或是在听了某个讲座之后就入迷，于是在自己最无力的年纪对自己一无所知的事情形成了判断，并且像吸在一块石头上那样牢牢吸在时尚为他们带来的理论上。至于他们说，他们判定为智慧之人的老师要求他们绝对的信任，我会说，如果一无所知的初学者有能力作出这样的判定，那是可以的（因为判定谁是智慧的人，是有个尤其需要智慧的人完成的任务）；但是即使这些人有能力进行这样的判定，那也只有在他们听到了所有的事实并知道了所有其他学派的观点之后才能进行。但是，他们只是在听了一造的说辞之后就下判断，服从了唯一一个大师的权威。不过，大多数人总是宁愿搞错，拼死捍卫他们感到喜欢的理论体系，而非放弃固执去寻找最为自相一致的学说。①

这样的话尤其让我们想到晚期哲学中的伊壁鸠鲁学派，尽管西塞罗没有提到名字。伊壁鸠鲁这么做，有其自己的考虑，我们在讨论伊壁鸠鲁的时候会提到。但是在西塞罗看来，这显然违背了希腊哲学的基本精神。进一步说，权威主义不仅限于伊壁鸠鲁，在许多其他哲学学派中也都或多或少地存在。可知论者的哲学家，往往总是建立完备的体系，认为自己已经“发现”了宇宙的真理。或许细节上还可以由门人做进一步完善化，但基本原则已经不需再“继续探研”了。除了伊壁鸠鲁学派，斯多亚派的独断性也是出名的。这两个学派的一系列自信独断和绝对化的说法，在经历了柏拉图和亚里士多德的谨慎全面思考方式洗礼后的希腊哲学界，势必是触犯了众怒的。伊壁鸠鲁肯定

---

① 西塞罗：《论学园派》第2卷，第3—4节。

感性认识的学说其实是一种极端学说,这尤其体现在他的“太阳的真实大小就是我们看到的那么大”的绝对断言上。同样,斯多亚派的“把握性呈现”之所以受到怀疑论的批评,也是因为这一看上去平常的理论也是一个极端的理论,它主张的是“贤哲绝对不错”,而贤哲的认识是“无法抵御的”把握性呈现。这比亚里士多德和老学园派的感性理论都要绝对得多。“芝诺之前还没有人持这样的看法呢。”①这种狂妄的自负使得怀疑论有了可乘之机:只要证明了一个反例,则“绝对正确”就不成立了。唯有对客观真理是否已被发现、能否被发现都取审慎的、不轻率断定态度的怀疑派,才能对未来开放心灵,同意新的研究也许会带来与迄今为止视为当然的真理、原则、神命等等不同的新知。从而鼓励“继续探研”而不承认任何偶像权威。

大众更容易服从权威。怀疑派不承认任何权威,任何貌似“绝对自明”的原则与“严密推理”,对一切都敢于问一个为什么,能不能证明自己。这是一种十分难得的、真正科学的或者“哲学的”精神修养。怀疑论特别强调理论家没有任何根据可以自称比别的人高明:

> ……人们同样也不能根据智力而把一人看做高于另一人。因为首先,他们都是富有智力的,并非有人愚钝,有人聪明。进一步,那些以智力著称于世的人往往并不倡导真理,而是倡导谬误。比如我们把那些卓有成效地支持错误的事情、把它说成与真理在可靠性上一样的演说家称呼为“有能力的和有头脑的”,而把不属于这类人的人称呼为“反应迟钝的”和“不聪明的”。所以,在哲学中,完全有可能在那些真理追求者中最聪明的人看上去最有说服力,尽管由于他们的本性使然,他们在倡导错误的东西;相反,那些缺乏这一本事的人却说服不了人,尽管他们在真正追求真理。故而,既不能根据年龄,也不能根据勤奋或是智力,来支持一个人比另外一个人更好,说这个人已经发现了真理,而那个人没有发现。②

后现代解构主义的积极意义被认为是有助于平抑种族中心主义的骄傲,

---

① 西塞罗:《论学园派》第2卷,第35节。

② 塞克斯都·恩披里柯:《反逻辑学家》第1卷,第326节。

在一定意义上,古代怀疑论也有助于平抑希腊罗马中心的骄傲,怀疑论在质疑伦理学时对各种民族的习俗的收集和地位承认,更类似于人类学的谦和立场。对疯病状态的认识的真理性保持相当尊重的福科,可能会十分赞许怀疑论的"平等"倾向,视其为抵制主体、理性、"正常规范"的傲慢态度的古代先驱。古代怀疑论也许没有这么复杂的启蒙考虑,他们只是想证明:既然大家都是冲突的一方,那么无论哪一方都不能成为公正的法官。

据记载,皮罗年轻时脾气很暴躁,动辄发火;与人争辩急了会跳水游走。是怀疑论哲学使他性情日益温和、宽容、平静。怀疑主义可以治疗人性——怀疑主义的最终目的据说是"使人温和"。[①] 这一总的理论宗旨也许在这一意味深长的轶事中有一个缩影式的表达。

总的说来,由于实践和理论在近现代无可比拟的巨大发展,现代一般没有古希腊那种"彻底的"怀疑派。高扬近代主观性、否认自在之物可知的康德也认为自己既批判独断论、也批判怀疑派。[②] 甚至经验论中不可知论最早的代表休谟也经常批评皮罗的"极端怀疑主义"。现代"怀疑派者"一般是区分科学与哲学,对科学的存在不问"是否可能",而只问"如何可能",即为它寻找理论基础。不过,科学的"可能"往往被归之于它不关切"背后本体"的"形而上学本性",而只满足于现象之间的因果联系。在这一点上,近代怀疑派又与古代怀疑派反复阐述的立场相近了。

第三节　怀疑派:生活与理论

上面两节我们从认识论的角度和理论学的角度讨论了怀疑派的本质以及它在思想史上的意义。西方学界中许多人对于怀疑派的兴趣一般也在于此,所以其讨论大多不越出这一范围。但是,从前面对怀疑论的理论体系的阐述

---

① 参见第欧根尼·拉尔修:《著名哲学家的生平和学说》第 9 卷,第 65—66、108 节。

② 参见康德:《未来形而上学导论》,第 29 页。

中,人们可能会感到仅仅从认识和理论的角度出发,不能真正回答希腊怀疑派的本质或本意所在。西塞罗说,哲学中的两件最大的事情是真理标准和至善。如果谁不知道认识开端和欲求终极之处的存在,不知道自己从何处开始,应当到达何处,那就无法成为有智慧的人。[①] 对怀疑论的批评因此围绕这两点展开。与近现代一些认识论怀疑派比起来,古代怀疑论这种理论显然并不认为解决认识可能性本身是值得关注的一件大事。而且,它的许多"强辩"的论证表明,它实际上在论证之先就已经断定"独断论"或诸理论学科(尤其是哲学)必须被推翻。

问题可以被这样提出:怀疑论究竟是在怀疑一切,还是在仅仅怀疑"理论"?塞克斯都的许多说法似乎让人们感到后者是怀疑论的真实目的。也就是说,人生当中有一种叫做"理论"的实践活动,尤其在希腊哲学那里被抬升到最高生活形式(毕泰戈拉的赛场三种人,柏拉图和亚里士多德关于思辨还是行动属于最高幸福的讨论[②])。但是,怀疑论却要告诉人们,这整个是一场误会。如果说柏拉图和亚里士多德都秉承了一种"希腊精神",即非实用的、为知识而追求知识的学问是最高的,那么在怀疑论的评价体系中,就完全倒过来了。受到最激烈批评的,是与满足生活必需的目的最远的哲学,其次是居中的"七艺"(诸学科技艺),而与生活密切相关的生产技艺没有受到任何攻击。

这种对理论异乎寻常的敌意究竟从何而来?为什么怀疑论特别反对理论指导—规范—干预生活?我们只有跳出理论(内部的具体争论),从生活与理论的关系来看,才能明白怀疑派的本意及其重大意义,甚至也才能帮助人们更好地理解作为引向"生活幸福"的一个环节的认识论怀疑派的意义。古代怀疑派的独特之处首先是其独特的目的。正如亚里士多德所看到的,不同的目的支配了整个实践的不同品格。下面我们首先讨论标志着皮罗主义(以塞克斯都著作为代表)特征的哲学使命:"幸福"的追求以及究竟是生活还是理论能实现这一追求;然后我们讨论皮罗主义与柏拉图新学园派怀疑主义共同具

① 参见西塞罗:《论学园派》第2卷,第9节。

② 参见亚里士多德:《形而上学》982b12以下。

有的哲学使命：瓦解独断之狂妄，教育人谦和。

希腊学术理论经过长足的发展，已经十分成熟精致，庞大全面，几乎构成了与生活世界具有同等权威的另一个独立的“世界”。它居高临下蔑视众生；生活摸不透它、敬畏它，不敢去动它，它反过来要批判和“指导生活”。晚期希腊哲学更是把哲学的这种“人生指南”意向性作为己任。斯多亚的“贤哲”的特点首先不是一般理解的具有美德，而是具有完善的智慧，从不会像我们常人那样出错。而且，一般人总会认为，由“理性”或“智慧”或“专门技艺”来指导生活，当然应该是有益的——如果不是说有很大益处的话。所以，人们纷纷自愿付费学习各种智慧之术（想想苏格拉底与“智术之师”就此问题的反复激烈论辩）。怀疑派正是在这一点上提出疑虑：理论能否指导生活？怀疑论的回答是决断的：否！不仅不能，而且有害于生活。所以怀疑派不惜堆砌一个个论证，来治疗理论家的妄想狂，帮助日常的直接生活流免于理论中毒之害，让生活本身非反思地、活泼泼地自发运行。这一怀疑论的论证也可以称为怀疑派的“人生指导”，但怀疑派不愿认为这是一种理论指导，而宁愿认为自己是代表生活本身说话，是依靠生活对理论病进行系统的治疗。

对此，人们很自然会提出两个问题：一是独断论理论能否指导生活，二是怀疑派的指点能否帮助生活。

一　独断论理论能否指导生活

独断“理论家”的重大问题恰恰是：他们自以为自己的技艺能够指导生活各个领域，实际上他们全然不懂具体生活。比如，在《反语法学家》中，塞克斯都就指出，语法家们十分骄傲，想为各行各业的“正确语言使用”提供指导，但他们有什么资格？他们懂得这些领域中的语言吗？讨论物理学语言的，自己必须是物理学家；讨论音乐语言的，自己必须是音乐家，讨论数学语言的，自己必须是数学家。但语文学家不可能是“通才”。比如，这些庄严的语法学家懂得赫拉克利特或柏拉图的“存在”理论吗？懂得克律西波的辩证法吗？他们在理解恩培多克勒的哲学诗句上也全然弄错了。在医学中，许多术语的含义也是语法学家所不明白的。语法学家不仅不明白各专门学科的术语背后的含义(对象),甚至对那些术语也不理解。要理解别人的话,靠的是去听,而不是靠什么专门的语言学技艺。所以,语法家即使对各行专业术语凝神沉思一千遍,也还是不明白它们是什么意思。①

进一步来说,“专门的技艺”不仅其实没有真正的知识,而且对生活没有任何帮助。还是以语文学家为例,语文学家以为自己拥有解释诗人与作家的作品的能力。塞克斯都却说:我们不需要这种技艺:我们既不需要它来理解好诗,因为据他们说,好诗就是清楚无隔的诗,那无需解释;我们也不需要它来理解坏诗,因为坏诗明显很坏。在说到语法学规则时,塞克斯都也说:能说好一口色雷斯话的就是按色雷斯人通常说话方式说话的人,能说好拉丁语的人就是按罗马人通常说话的方式说话的人,能说好希腊语的人就是按希腊人通常说话方式说话的人。人们真正要做的事是遵循生活中的通用规则,而不是什么人工体系。实际上,语法规则或是与日常说话方式一样,那么则由于后者与“技艺”无关,前者也算不上是一种“技艺”;或是与日常说话方式不同,那么由于它引入了使人不能理解的“新语言”,会遭到普遍反对,从而毫无用处。②

就生活技艺而言,怀疑论提出了一个更为深刻的观点。“每个人都受制于某种情感:他或者是爱财者,或者是爱快乐者,或者是爱声誉者。既然人性如此,那他不可能通过任何一种独断论的教导而平静下来;相反,漫步学派的哲学进一步激发了爱财者或爱声誉者的欲求,因为按照他们的观点,财富和声誉是好的东西;伊壁鸠鲁的教义则进一步煽动了爱快乐者(因为根据他的证明,快乐是最高的幸福);斯多亚派的学说也使爱声誉者轻率地沉湎于这种极端的情感,因为按照他们的观点,只有美德以及美德所产生的东西是好的。在一切可能的情况中,被那些独断论哲学家称做‘生活技艺’的东西与其说是解困救危的,不如说是助纣为虐的。”③

再者,理论家不仅不能帮助生活,而且有害于生活。生活本身的运行,虽

① 参见塞克斯都·恩披里柯:《反诸学科技艺教师》第1卷(即《反语法学家》),第300—317节。

② 参见塞克斯都·恩披里柯:《反诸学科技艺教师》第1卷(即《反语法学家》),第318—319、218—220节。

③ 塞克斯都·恩披里柯:《反伦理学家》第178—180节。

然也有问题要解决,但基本上是自足的,问题不会很严重。但是人工构造出的种种理论对生活的指手画脚或强行规范,反而给生活的运行带来许多新的、严重的麻烦。塞克斯都在讲到语文学家说“诗人格言有助于生活”时说道:“所有那些对生活有教益的、必需的诗句格言都是自身明白的,并不需要语法学;而那些需要语法学的诗——如外国故事或晦涩文句——都是没用的。所以语法学既不能帮助前者,却又环绕后者编织出空洞无益的长篇大论。”①在说到以“用处很大”自豪的演说术时,塞克斯都也指出,演说术无论对于个人还是城邦,都有百害而无一益。对于个人来讲,修习演说术的人必须混迹于歹徒之中,不能保持谦和,而必须咄咄逼人,以威吓对手。他必然会有许多敌人,有的是因为受到报复,有的是因为他们知道演说家只要报酬高,就会受雇以同样方式来攻击原来的主顾。而且他还得时时处于竞争之中,像个海盗,时逃时追,结果疲惫不堪,日夜苦忧,以泪洗面。演说术对城邦的危害也很大。城邦之成立,全都凭借法律,但是演说术正是与法律作对,证据是:外国没有或有很少的演说术,法律便一直保持不变。但在雅典这样的演说术横行的国家,法律几乎每天改变。柏拉图说,如果有人出国三个月,回来后就认不出雅典了,因为从法律方面讲,这已经不是同一个城邦了。②

怀疑派对于“理论指导生活”的企图的批判,更为突出地表现在对哲学理论对生活的“指导”的批判上。在希腊化—罗马时期,“无助于幸福生活”(干扰主体的内心自由)是当时对哲学理论最致命的批判。怀疑派追问“独断论”:假使“善恶”等等真的是实在的,生活能幸福吗?独断论认为只要区分了善与恶,人们就能向善而避恶,追求“真正的好”,不为身外之物干扰,生活于幸福之中。这属于一种加法治疗思维。怀疑论固然反对日常价值体系对人的逼迫,但是也反对哲学的加法治疗的“替代方案”,甚至认为这种方案比起原来的疾病更加不好。哲学家竭力向人们证明他们所提出的美德等等具有更大的价值,人们不应该追求卑劣的物利,而应该追求那个更为高尚的对象。但是,

① 塞克斯都·恩披里柯:《反诸学科技艺教师》第1卷(即《反语法学家》),第277—278节。

② 参见塞克斯都·恩披里柯:《反诸学科技艺教师》第2卷(即《反演说家》),第26—39节。

> 这并不能帮助人们摆脱烦恼,而只是改变了烦恼的位置而已;正如一个人在追求第一个对象时是苦恼的,同样,当他追求第二个对象时也将会是苦恼的,结果是那位哲学家的论证在消灭了旧烦恼的同时,又创造出新烦恼;因为,通过使这个人从追求作为好东西的财富或声誉或健康转变成追求“美好”和美德,并没有使他从追求中解脱出来,而是使他转向了另一种追求。就像一位医生如果治好了病人的胸膜炎但又引起了肺炎,或者治好了脑膜炎又引起了嗜睡症,那他并没有消除疾病,只是改变了它而已。同样,那位提出用一种烦恼代替另一种烦恼的哲学家,也没有给予这个烦恼的人以帮助。因为,不可能证明被引入的烦恼是温和的,而被替换的烦恼更强烈。这个烦恼的人对两个追求的对象具有相同的信念;只不过当他相信第一个对象是好的时,就急切地追求它;同样,当他相信第二个对象是好的时,他也同样急切地追求它,那他将同样地受到烦扰;或者,就他转而认为现在的追求对象具有更大的价值而言,他甚至可能更加遭受烦扰。①

由此可见,怀疑派坚持这样的看法:“一切不幸悉源于某种干扰,而干扰来自追求与逃避。”哲学家要人们不追求财产而追求道德上的善,只不过是换汤不换药,因为追求仍在,干扰仍会发生。人们如果知道了道德上的善恶,就会常常反省内心、悔恨不已。这不是比无知者更添加了一层干扰?如果没有追求到,当然苦恼。即使获得了,也会“由于过分激动与兴奋,不能安宁”,并且为自己不是唯一的拥有者而感到郁闷与烦恼。所以,关键是避开任何“存在着自然的(本性上就是)善和恶”的信念,一切都要根据具体情况来看。塞克斯都说:

> 如果一个人宣称没有什么东西本性上是更值得欲求、而非回避的对象,也没有什么东西本性上是更应当回避而非欲求的对象,因为,每一个存在的事物都是相对的,由于时间和环境的不同,它在此时是值得选择的,在彼时又是应回避的,那么他将过得幸福而不受烦扰:他在获得了好

① 塞克斯都·恩披里柯:《反伦理学家》,第134—138节。

东西时不会得意，遭遇了坏的东西时也不会沮丧，他勇敢地接受必然发生在他身上的事；从而，他就从“现在有个坏事或好事”的看法的烦恼中解脱出来。其实，他能得到这种幸福是由于他的“无物本性上是好或坏的”的信念。因此，一个相信任何本性上好或坏的东西之人不可能幸福地生活。①

综上所述，怀疑派的主旨之一是向人们指出：“理论指导生活”整个是一场误解，是会给生活（“幸福生活”）带来危害的心向。它表明时代精神关注点的转移。人的命运、人的生活、个体的存在等等更切近的东西比“无为而为”的抽象玄思更为重要、更有价值。

二　怀疑派的指点能否帮助生活

可想而知，受到批评的哲学家会反问怀疑派：怀疑派的这一主旨正确吗？或者说，“怀疑一切”难道就能够帮助生活吗？实际上，在大多数人看来，怀疑派对一切悬决、不信任、不肯定，必然连基本生活都无法进行。尤其是，反对感性——反对“把握性呈现”的可能性——岂不就是在反对我们在这一个世界中的行动和生活能力？所谓“皮罗轶事”反映了大多数人对怀疑派能否生活的怀疑与嘲讽。据第欧根尼·拉尔修记载，“皮罗的哲学是认为真理不可知，不作判断。他否认事物有美和丑、公正和不公正的性质。同样，他坚持认为没有什么东西是真实存在的，只是风俗和习惯指导着人们的行为；没有一件事物本身一定是这样而不是那样。他的生活方式与他的学说一致。他不注意任何事物，从不避开任何事物，总是面对各种危险，无论是撞车、摔倒、被狗咬还是其他……他的朋友通常紧随其后，不离左右，把他救出危险”②。这一记载似乎想告诉人们，如果不是朋友们时时伸出援手，那么在生活中严格贯彻怀疑主义原则的人根本无法生活——更不要说活到 90 岁高龄了。看来这是古代人对于怀疑派者的实践后果的一般看法。

① 塞克斯都·恩披里柯：《反伦理学家》，第 118 节。

② 第欧根尼·拉尔修：《著名哲学家的生平和学说》第 9 卷，第 62 节。

现代人在讨论怀疑派时也多持这种情绪化的责难态度。比如法国哲学家阿兰(Alain)认为怀疑派者是枯坐不动、无动于衷者;怀疑派是系统的否定,东方式不动心,认为生活是幻觉。凯克(Keke)认为怀疑主义引向“令人厌恶的、粗野的和短促的一生”。琼生(Johnson)认为“怀疑派的心灵平静的达到所付出的代价是过一个梦游者或昏迷者的生活,稍有理智的动物也超出了这一层面……它使人们无法从事任何属人的活动”。里彻尔则说怀疑派的认识论是一种“毁灭眼前一切事物的世界末日炸弹”。路易士(C.I.Lewis)说怀疑派令人极为不满:“一个认为任何经验论据都一样的理论不是对任何事物的解释,而只是理智灾难。”①对古代怀疑主义的这一切批评可能最早都源于休谟,因为休谟认为自己是一个有节制的怀疑派者,在生活中遵循“动物式信念”或依自然倾向行事;而认为皮罗主义是“过分了的怀疑论”,人们不能指望这一哲学对人心有长期影响,或是纵然有影响,也不会有益于社会。正相反,“皮罗主义者必须承认(如果他可以承认任何事),他的原则如果有普遍稳定影响,人生就必然会消灭。一切言论、一切行动都会立即停下,人们会处于怠倦,直到其悲惨存在由于自然的必需得不到满足而被终结。”②

正像麦特斯曾经指出的,对皮罗主义的批评一般可以采取两种形式之一:要么是从理论上“抓住”皮罗主义断定(或“不得不断定”)了什么,要么是从实践上指出皮罗主义无法运用到生活中来。但是前一努力往往落空,因为皮罗派的怀疑主义小心翼翼不被抓住把柄,所以,后一指责几乎成为主流。比如,有人指责说:“既然皮罗主义甚至对外部世界的最基本事实也没有把握,那么他在许多需要作出确信反应的场合中都会无力或犹豫;或者他既使克服了这一自缚手脚的困境,他也会出语奇怪,被人看做精神病。”③

我们还可以对怀疑论提出一个指责。前面我们说过,怀疑论对于感性认识的怀疑可以分为两个部分,一个是对把握性呈现的怀疑,一个是对感性认识是否反映了背后客体的怀疑。前者在生活中的意义是对“谨慎”的强调,后者

① 格罗阿克:《希腊怀疑派:古代思想中的反实在论潮流》,第 11 页。

② 休谟:《人类理解研究》,第 141 页。译文略有调整。

③ 麦特斯:《怀疑主义的方式》,第 70 页。

在生活中的意义是拒斥形而上学(或经院哲学)。就前者而言,我们的问题是:谨慎对于治疗"轻信"当然是好的,尤其在刑法正义、防止间谍和审查领导人(卡尔尼亚德的例子)等事情中。但是,如果一个人在任何情况下、在所有的"生活形式"中,都过于仔细地反复考察,牢记怀疑论的"无法百分之百地得到把握性呈现","一切认识总是有错误的可能性",那么这个人完全可能是一个疑心重重、不信任任何人和事情的人,生活得很苦涩。如果用亚里士多德的德性伦理学来评价,我们将看到,过于谨慎和过于轻信都是实践品格上的缺点,都有违"中道",有违实践德性——而怀疑论是以生活顺畅为目的的。

如何回答这一指责,对于皮罗式的怀疑主义无疑是至关重要的,因为与近代怀疑派如笛卡尔、休谟之区分理论与生活不同,古代怀疑派并不作出这一区分,或者说它恰恰是把它的"理论"主要地是当做一种更好的生活方式提出来的。这是一种在对一切都不断定、都悬而不决的心态下生活的方式。怎么看待和评价这样一种生活呢?我们可以想象两种截然不同的生活。第一种是较为极端的,既然不相信任何认识论的和伦理学的区分,一个怀疑论者可以体现出处处与日常生活格格不入的"奇怪"样子。比如遇到悬崖继续向前走,因为既不相信这肯定是悬崖,也不相信"死亡"一定是坏事。人们积累的众多"皮罗轶事"反映了这一怀疑论生活的可能样式。当时的犬儒派故意顶撞世俗价值体系的做法也表明这么做有政治哲学意义,提醒世俗中的人们:你们习以为常并乐陶陶于其中的日常生活未必就是真实的生活。第二种怀疑论生活方式是较为缓和的,即从表面上看,一个怀疑论者的举止言行没有任何与众不同的地方,承认生活中的技艺,按照习俗生活;但是他内心并不相信自己这么做时,对于事物的实在性和价值的客观性有什么承诺。事实上,据说以怀疑论为基本精神的医学技艺中的"方法派"(Methodism)也不能理解为是怀疑论在生活技艺中的运用,因为对实践效应的关注并非怀疑论的主要关注,也非其长处所在。①

① 参见《卡琉斯·奥勒李安努斯(Caelius Aurelianus)的方法派:一些知识论的问题》,见德莱积克(Philip J.Van Dereijk):《古典时代的医学和哲学》,第305页。

上述第二种生活方式较为复杂微妙,而且可能是更多的怀疑论的选择,所以值得我们进一步探讨。从理论上说,这里涉及自由与必然的关系问题。斯多亚派用行动理论驳斥怀疑论,说怀疑论放弃了自由,陷入必然性。因为行动总是由认识上的判断所导致的。下判断可以被比拟为天平朝向某一个方面的倾向;怀疑论的状态则可以被视为"两可"、"不动心",于是天平不动,这使得行动瘫痪:"拒绝行使感觉或认可的能力的人就是剥夺了自己的心灵,因为在天平上放上重物的时候,天平必然会下沉,同样,心灵也必然顺从清晰的现象。"悬搁判断使人无法行动,使得主体丧失,而且也可以证明罪犯不必承担责任。① 卡尔尼亚德要求人们在生活中按照或然性的指导,按照自然的指示,不要主动积极创造或追随什么理想相。但是,正是这种"顺从自然"的怀疑论,岂不违背自由精神?而且,这可能是自欺欺人,因为卡尔尼亚德是相信人的自由意志的可能性的,为什么要被动而行?面对这样的指责,怀疑论曾经用斯多亚自己的"行动理论"得出"被动行动"的可能性加以回击:

> 灵魂有三种运动:印象、冲动、认可。我们无法去除印象的运动,即使我们想要这么做;实际上,我们一遇上某种事物,就会得到一个印象,并且为其所动。由这一印象所激发的冲动之运动会推动人积极去获得事物,因为在主导官能(灵魂)中发生了某种天平倾斜和倾向运动。所以,那些对一切都悬搁判断的人不会移去这一运动,而是运用冲动,这些冲动自然地引导他们去做看上去适宜的事情。那么,他们回避的唯一的事情是什么?他们仅仅回避其中会产生错误和欺骗的事情——发表意见和匆忙认可,由于虚弱而顺从表象,这没有好处。行动需要两件东西:对于某种适宜的事情的印象,以及朝向看上去适宜的东西的冲动;这些都不会与悬搁判断冲突。因为那个论证让我们不要发表意见,而不是禁止我们有冲动或有印象。所以,只要有合宜的事情出现了,就不需要意见推动我们朝它过去。②

① 参见西塞罗:《论学园派》第2卷,第12—13节。

② 普卢塔克:《反科洛特》,1122A—F(69A)。

怀疑派认为自己这么做,实际上比独断哲学的“高论”有长处。首先,“顺从自然”并不会使人成为自然因果锁链的奴隶,相反却能使人真正从中解放出来,达到自由。“情绪”对于人来说是重要的因果决定论锁链(关于这一点,在近代哲学有详细的阐释,可以参见斯宾诺莎《伦理学》中有关讨论)。情绪的力量会为观念所成倍地加强,却会为观念的离去而减弱。上面“割伤”的例子可以说明这点。有些学者如哈里(Hallie)与格罗阿克已经看到,皮罗所主张的,并非是拒斥感觉,否则他确实会“掉进洞里”或“淹死浪中”;他为当时人们尊重的原因是因为他号召并实践一种控制自己情感(如愤怒、惊慌)的品格,这依靠对不确定信念的怀疑、不接受。在海上遇到大浪时,各种并没得到确定的信念,如风暴不会退去、船要毁了、死于海难是可怕命运、我们的死是不公平的等等,经常会引起船员和乘客的恐慌。怀疑派可以通过指出这些信念的非确定性,帮助人们镇定下来。皮罗的其他许多轶事也都表明怀疑派所努力控制或克服的是愤怒、不耐烦、失望、妒忌等等人性弱点。① 所以,怀疑论的建议是听从 x,但是不认为 x 一定是真的,从而不一定关切 x。在此意义上,人们指责一个主张自由的哲学却主张被动、不选择、放弃自由,就不准确了。

从生活上说,塞克斯都是这么具体规定怀疑论的“标准”的:怀疑派在生活中并非无章可循、举止失措。他们有生活的准则,这也就是“经验呈现”,具体又可分为四种:第一,自然的指导(如自然地感受与思考);第二,感受的驱使(如饥渴令人去饮食);第三,传统的法律习俗;第四,技艺。

对于这一“四标准”学说,我们可以分为几个方面考察。

就自然和感受的驱使而言,怀疑论所谓遵循常识和感觉的说法并非意味着真正回到素朴实在论的生活流当中。失去了天真的人已经永远回不去了。怀疑论与常识不同,而是更接近一种唯我论心态。怀疑气息很浓的居勒尼派就主张类似的观点,它一方面认为主观呈现不可反驳,一方面又认为“我们只能认识事物对我们‘显得’怎样,而不能认识它‘是’怎样;人们是与外界隔绝

① 参见格罗阿克:《希腊怀疑派:古代思想中的反实在论潮流》,第 91 页。

的","如在一座被围的城市中一样"①。怀疑派按照感性生活,不否定感性中的任何直接属性。怀疑派在感到热时不会说冷,在"疼"时也不会"怀疑"说不疼。但怀疑派不承认感性的客观属性,不承认它具有反映对象世界的能力。所以,也不能说怀疑派无条件地接受日常生活原则。怀疑派与日常生活之间有相当大的张力。怀疑派常常喜欢说自己只批判哲学家(独断论),不反对日常生活。这一描述在一定程度上有引起误解的可能。应当说,怀疑派反对日常生活信念中不知不觉预设的独断论信念,即感性印象的客观性。这样,整个感性世界虽然看上去未动摇、改观,但实际上已经是逸去了真魂的空洞躯壳,"你们把世界的全部丰富性都包括在外观里面,而你们又否认外观的客观性!"②

就技艺而言,怀疑派指出,一般人的"怀疑论反对生活"的看法其实是一种误解,因为怀疑论的立足点正是生活,它所抛弃的,只不过是对于生活的种种理论解释。不仅生活实践,而且与之有关的具体技艺,怀疑派也是不批判的。如在《反音乐家》的开头,塞克斯都首先区分"音乐"的几种含义:关于音调的理论学科、演奏乐器的技巧以及表演中的造诣("有音乐感")。在此当中,怀疑派只批判第一种含义。③ 在《反占星术》的开头,塞克斯都也小心区分:他所反对的是占卜迷信,不是天文学——那与农业与航海术一样,由现象的观察构成,可以从中预测旱或雨,疫病和地震等等变化。④ 塞克斯都在回答"怀疑派者是否独断"这一问题时说:"当我们说怀疑者不独断(refrains from dogmatizing)时,我们并不在广义的'同意一件事'的意义上使用断言(dogma)一词,因为怀疑者是承认作为感性印象的必然结果的感受的……我们所说的'独断'只是指'承认'(assent to)科学研究中的不明对象。"⑤在回答"怀疑派者有没有学说原则"时,塞克斯都也说:"如果人们把'学说原则'定义为'遵循

① 参见罗斑:《希腊思想和科学精神的起源》,第205、103—109页。

② 《列宁全集》第55卷,人民出版社1990年版,第108页。

③ 参见塞克斯都·恩披里柯:《反诸学科技艺教师》第6卷(即《反音乐家》),第1—3节。

④ 参见塞克斯都·恩披里柯:《反诸学科技艺教师》第5卷(即《反占星术士》),第1—2节。

⑤ 塞克斯都·恩披里柯:《皮罗学说概要》第1卷,第13节。

一系列相互依赖并依赖现象的教条'，并把'教条'（dogma）定义为'承认一不明的命题'时，那么可以说怀疑派者没有学说原则。但如果把'学说原则'定义为'这样一种程序，即依据现象，遵守一定的推理——即那种表明如何能看上去正当地（正当是广义的，不仅指德性）生活而且有助于人们悬决的推理'，那么，我们说他有学说原则，因为我们确乎遵循这样的推理——它是与现象一致的，并能为我们指出一种与我们国家的习俗、法律及体制以及我们的本能感受一致的生活。"①

就涉及道德选择而言，怀疑论者在日常生活中可以像常人一样，怀疑派决不会在做不做邪恶的事情时像布吕丹的驴子那样对一切取"no more"的态度。如果暴君强迫怀疑派干坏事，他是会按祖传法律与道德对待的。② 最后这一句是什么意思，其中大有文章。在第欧根尼·拉尔修的记载中，独断论者对于怀疑论"被动而不选择"地生活态度提出质疑：那么当暴君命令你杀死或者吃了你自己的父亲，你也会干？怀疑论说这时自己将按照风俗和传统道德规范做。这是不是意味着怀疑论将激烈对抗暴君呢？这是一种可能，皮罗的老师阿那克萨库就是那么做的。但是这与斯多亚哲学和共和主义政治哲学接近，与卡图接近，而与谦和的皮罗远。既然怀疑论从内心不认可任何东西，那么这种激扬的态度就应当大为减少。希腊特有的"悲剧"意识就应当终结。对此我们可以继续追问：为什么要这么做呢？为了不与习俗冲突，遭来杀身之祸，这是一个解答。皮罗虽然举止"可笑"，但是不像他的老师阿那克萨库那么悲怆（在主动挑战暴政当中被捣死）。另外，这么做也可能是为了不让哲学的杀伤力干扰了日常生活。这两种解答都会为生性谨慎的笛卡尔所认可，也会为同样小心翼翼的政治哲学家斯特劳斯所认可。当然我们依然可以继续追问：一个对一切都不认真关切（认为在游戏？）的人，能够度过一个真实、幸福的一生吗？③ 独断论在反对怀疑论的时候尖锐地指出，一个理想的好人下决心承受各种折磨，被无法忍受的痛苦所伤害，但是不肯违背自己的责任或是诺言。

① 塞克斯都·恩披里柯：《皮罗学说概要》第1卷，第16—17节。

② 参见塞克斯都·恩披里柯：《反伦理学家》，第164节。

③ 参见朗格与西德莱：《希腊化时期哲学家资料选编》，第471页。

如果他对于这么做的理由没有任何把握或者认识,他不认为这么做具有极高的价值,他干什么要这么做?① 卡尔尼亚德说,怀疑派的基本伦理原则是"顺从自然"。大部分学者认为这不是卡尔尼亚德本人的观点,只是为了反对斯多亚哲学而暂且重复斯多亚派的观点。② 我认为,这当然就是卡尔尼亚德的立场,否则,他倡导的怀疑了事物价值的实在性之后的生活方式究竟是什么呢?当年智术师在从理论上论证了正义不存在之后,就不再打算按照习俗正义行动了。同样在罗马驳斥了"正义"的卡尔尼亚德,还会去——还应该去——认真地牺牲自己的生命、抵抗不正义的暴君?

怀疑论坚持认为,自己虽然顺从自然,对于避不开的事情也不坚持说能够通过"怀疑"而去除掉(不是"阿Q精神"),但是依然能够生活得更为幸福:

> (那些独断论者问):如果一个人无论怎样都必然是烦恼的,并因烦恼而是不幸福的,那我们通过搁置判断又怎么能有助于通向幸福呢?我们的回答是——非常大的帮助。即使那个搁置判断一切事物的人因导致痛苦的东西的存在而烦扰,然而,和独断论者相比,他遭受的痛苦是更轻的;首先因为,为了追求无数的好的东西并且回避无数的坏的东西,如同被复仇女神追赶那样受到这种追求和回避的烦恼的骚扰,这比只是回避和防范仅有的一种单独的坏事更糟糕得多。其次,甚至悬而不决派作为坏事而回避的东西,也并不会过分地令人烦恼。因为,或者这种坏事是轻微的,比如我们每天碰到的饥饿、干渴、寒冷和炎热等;或者相反地,它是大而强烈的,比如那些病入膏肓者的疼痛,对此,医生常常提供强效的止痛剂以帮助他们减轻痛苦;或者它像在一些疾病中的那样是适度的和慢性的。在这些坏事中,那些我们每天要碰到的最少令人烦恼,因为疗治它们的东西(比如食物、饮料和住所)是容易提供的;那些最强和最令人烦恼的,毕竟如同闪电一样只是使我们害怕片刻;然后,要么它把我们毁灭,要么它自身被毁灭;那些适度的和慢性的,既不会持续整个生命过程,也

---

① 参见西塞罗:《论学园派》第2卷,第8节。

② 参见蔡勒:《斯多亚派、伊壁鸠鲁派和怀疑派》,第557页。

不会是连续的，而是有很多停止和缓和的时候。①

这样的说法让我们想到伊壁鸠鲁派，怀疑派和伊壁鸠鲁派之间的治疗方案确实有共通之处。与伊壁鸠鲁派相类似，怀疑论指出，如果我们去除了过多的信念的干扰，把一切理解为自然的流程，我们的不平之心也会平缓下来。实际上，人们最为不平和恼怒的，是对于人心的有意识的伤害。对于不自愿的和不可避免的"自然"，则无可指责。塞克斯都引用了古代谚语：自然"并不关心任何的人间法则"（比较道家的话：天地不仁）。对于身体痛苦等等不是本人引起的烦恼，人们的感受总是适度的，"但是，那个通过他自己的想象为自身造出许多值得欲求和回避的东西之人是应受责备的；因为，他给自己招来了无穷的坏东西"②。

所以，不是激越昂扬，而是温顺平和，才是怀疑论真正的生活—伦理特征。怀疑派认为，对"自然"本身的感受任何人也避免不了，怀疑派者视其为"明白"之事，对此并不加以否定。但对自然的感受并不强烈，真正引起情绪剧烈波动的是人的观念，尤其是文化价值观念；而由于怀疑派在理论上对真实的善恶持不信任态度，就不会为其得失而烦扰。这就比一般人（尤其"独断论者"）要更大限度可能地获得幸福。塞克斯都说：

> 我们常常可以看到，在割伤的病例中，病人如果只感到割伤之痛，是能勇敢地承受割伤疼痛的……但站在他边上的人，一看到有点血流出来，便脸色苍白，发抖，出大汗，感到眩晕，最终昏倒在地。这并不是因为疼痛（因为他并没有经验它），而是因为他所抱有的"疼痛是坏事"的信念。所以，认为某个坏事确为坏事的信念所带来的烦扰有时会比所谓烦扰本身的结果要大。③

怀疑派要除掉的，主要就是加在"自然感受"之上的那层人为的观念，换句话说，就是要退到"实腹虚心"的自然——"动物"层面。据记载，有一次皮

① 塞克斯都·恩披里柯：《反伦理学家》，第 150—155 节。

② 塞克斯都·恩披里柯：《反伦理学家》，第 157 节。

③ 塞克斯都·恩披里柯：《反伦理学家》，第 159—60 节。

罗和同伴一起乘船出海,遇上了风暴。同伴们都惊慌失措,而他却若无其事,指着船上一头正在吃食的小猪,对他们说,这就是有智慧的人所应当具有的不动心状态……①希腊古典哲学以及以捍卫古典哲学精神自居的斯多亚哲学,都是主张人应当超越动物的层面、日常生活的层面,突出“人之为人”的那些属性。强调自主选择——人之为人,就在于有意识、有知识地选择并行动,超出自然界的驱使。这造成了斯多亚伦理学与世界激烈冲撞的“抗衡式自由”特色。相比之下,怀疑派似乎着意从属人的、超越的、自由的维度退向自然的、现象的、因果必然的一维,号召一切按“必然发生”的去行动,被动地顺应自然,攻击“意识”与“知识”的可能性。主张按非反思的或前意识的自然感受与冲动生活。怀疑派甚至认为自己对一切持悬决态度,也并不是自己的“选择”或逻辑得出的结论,而是独断论及常人关于客观事物本性的论断的矛盾太多,所以使人不得不悬决,这就像“如影随身”般“自然”(必然)。

总之,怀疑论在生活领域真正要反对的,是理性认识和道德价值认识。怀疑论的心灵宁静主要依托两点:反对伦理价值区分,反对理论追求。就前者而言,如果人们首先怀疑了感性,那么就没有必要进一步怀疑伦理价值了。比如,如果我成功地怀疑了我遭遇的海难可能只是梦或幻想,那就没有必要进一步怀疑“海难是坏事”了。换句话说,这是把感性事物的怀疑当成价值怀疑的避风港。我确实判定遭遇海难是坏事,我害怕它,但是幸好这是一场梦。这样的心态,在怀疑论看来无法得到真正的幸福。怀疑论甚至还认为自己可以追溯到荷马。荷马说:“人的生命就像树上的叶子。”并且指责过于悲伤自己命运的人是愚蠢的。甚至还说过对立的说法具有同等的效力。②

最后,人们批评怀疑派在生活中几近于无法开始行动。但怀疑派正可以将这一“瘫痪论”反掷于独断论哲学:“哲学家”往往认为只有认清了客观事物本质之后行动,才是有智慧的表现。但是我们知道,绝对真理无法达到(如果我们不追随“独断论”的盲目自豪的话)。所以,哲学家的这一要求只会让人

① 参见第欧根尼·拉尔修:《著名哲学家的生平和学说》第9卷,第8节。

② 参见第欧根尼·拉尔修:《著名哲学家的生平和学说》第9卷,第67节。

无法行动,才会真正陷入"怀疑论"。斯多亚的贤哲既然在生活中没有绝对真知把握时也悬搁判断,那么,因为生活如此复杂,贤哲岂不是需要经常悬搁判断,从而与怀疑论在本质上几乎没有什么区别。西塞罗就说过,按照斯多亚的"唯有贤哲才具有把握性呈现"的理论,那么广大技艺工匠既然都不是贤哲,技艺实践都应当垮台了。所以,斯多亚哲学才是一种破坏日常生活的坏的怀疑论!① 相反,怀疑派者一方面像常人那样"看山仍是山,看水仍是水"地行动;另一方面又不对这山与水的真正本性争论不休。说到底,人总要生活或行动,总要按照一定的伦理原则作出选择。怀疑派认为人们实际上都是遵循他们恰好生长于其中的伦理规范生活。怀疑派也不反对一个人这么做。但凭什么因此就一定要人去肯定他所按之行动的规范原则必定是"绝对真"的?

怀疑论认为自己代表了生活对于哲学极端性威胁的反击。希腊哲学在其发展中,日益走向各种极端。各种"高妙"的哲学常常为了逻辑甚至诡辩的需要,不惜牺牲日常生活。对此,坚持前哲学、前理论的日常生活来对抗"哲学",恰恰使几乎让哲学阻断的生活流又顺畅起来。身为医生的塞克斯都曾说:辩证法对诡辩的批判是无用的,只有把握了各种事实关联的各行各业的专门家,才能最好地批判诡辩。塞克斯都举过这样的例子:哲学家们曾提出过一个否认运动存在的诡辩,"运动者或是在它所在之处,或是不在;但运动者既不在它所在之处也不在它所不在之处,所以,运动不存在"。有一次,有位持这种观点的诡辩家狄奥多罗肩膀脱位,去就治于名医赫罗菲鲁,后者取笑说:"你的肩膀或脱出它所在的地方,或者脱出它所不在的地方,但它既没有脱出它所在地方,也没有脱出它所不在的地方,所以你的肩膀没有脱位。"狄奥多罗只好求他抛开这种诡辩,给他治病。塞克斯都由此得出结论:所以,我们应当经验地、非独断地遵守普遍遵守的准则和信念,对独断的思辨持怀疑的态度。有些反诡辩的独断论者想论证诡辩是由于"论证"不当引起的,怀疑论则认为用不着区别什么是正当的论证与不合理的论证,用不着辩证法,只要按日

① 参见西塞罗:《论学园派》第2卷,第47节。

常生活准则行事,就能避免诡辩。[①] 这个例子及塞克斯都由此得出的结论都说明了怀疑派的宗旨。人们初读怀疑派的“十式”或“反自然哲学家”,看到它们对于生活中许多现象如“运动”、“时间”、“空间”、“物体”等以“分歧”的名义加以怀疑,便以为怀疑派反对生活。这正好错了。怀疑派的“分歧”或“二律背反”的论证矛头,仅仅指向超出生活之上的理论解释或理论指导。这么做正是为了保护前反思的生活不受理论的干扰。当理论也用(或者先用)“分歧”或“二律背反”来攻击生活的不足信赖性时,怀疑派不仅不为之所动,而且认为这正说明了所有理论都是无用而且有害的诡辩。所以怀疑派不加入理论层面的回击或辩驳,而是整体地指出严格意义上的日常生活(按感性、经验、习俗……行动,顺其自然)本身不可能有“分歧”。“分歧”只存在于反思(理论)开始之际,所以在怀疑派看来,应当终结的是所有理论活动。

① 参见塞克斯都·恩披里柯:《皮罗学说概要》第2卷,第245节。

❀ 小 结 ❀

总结起来,虽然怀疑论宣称对于一切都悬搁判断,似乎是怀疑一切,我们还是可以从对其论述的分析中划分出几个明显不同的层次,在"感觉(直接呈现)——知觉(对象意识)——理性(间接、抽象的本质)"的认识进程中,怀疑论的态度是:

(1)直接给予(明白的东西)是否怀疑? 不怀疑。

(2)直接呈现的这个世界(对象意识)是否实在? 可怀疑。

(3)如果感性现象界不实在,是否反映了实在? 更可怀疑。

(4)无法直接呈现的(不明白的东西)、哲学推论出的各种"始基"、"相"之类的本原是否确切? 最可怀疑。

这几个层次有些值得分析的地方。第一,这样看来,说怀疑论是"全面怀疑",不是很准确的说法。因为"直接呈现"(phainomenon,phantasia)的东西,怀疑论是不怀疑的。这类似于笛卡尔说的对于当下我在"思"这一事实,人们无法怀疑。不过,要注意的是,对于希腊怀疑论,"直接呈现"的东西不仅包括感性现象,而且包括所有怀疑论的命题和理论。怀疑论的如此庞大的言说都是在"报告呈现"。第二,怀疑论其实不关心世界是否实在,只关心我们的认识能否反映对象,我们的认识有没有"真理性"。第三,对于事物的认识的真理性的怀疑其实可以分为两个层面:第一个是:x 是不是真的是 A,比如,走过来的那个人真的是柏拉图吗? 这基本上是一个经验问题,然而,由于无法彻底考察一切情况,这样的认识也趋向于"超验",往往无法达到绝对的确定性(比如刑事审判程序不保证绝对的实质正义,以及古人所喜欢的例子:你不会搞错双胞胎吗?)。这是学园派怀疑论经常讨论的一个话题,针对的是我们生活中的现象界中的态度。第二个是:事物“背后”的“本体”(underlying object)真的就像我们看到的吗?这是一个超验问题。如果说对于第一个问题,人们在生活中还有办法,比如卡尔尼亚德提出的“多方考察”等建立主观可能性的程序,那么对于后一个问题,人们彻底陷入黑暗之中。古代怀疑论已经牢牢把握了这一区分。怀疑论主要是反对哲学。其实一个人完全不怀疑感性,也可以完全怀疑对感性事物的解释——各种“晦暗不明的”哲学理论。

由于怀疑论的著名的“十式”似乎是反对感性认识的,由于怀疑论的首要学科——认识论批判——是以反对“把握性呈现”作为真理标准开头的,所以人们大多认为怀疑论反对感性。但是,这并不确当。实际上,怀疑论的侧重点显然不是怀疑感性认识。准确地表述,怀疑论怀疑感性认识主要是反对斯多亚派的“极端化”感性认识理论:感性认识(中的一部分)具有绝对真理性。怀疑论更为集中怀疑的是理性认识。希腊哲学家曾经抬出“知识”反对“意见”。哲学的、理论的知识才算真正意义上的“知识”(episteme),日常的认识、知识全部都被贬低为“意见”。但是,对于哲学所希望探索的那个超验的世界,人们的认识能力总嫌不够,得出的相关学说最终总是被看做“意见”——各自的构造而已。如伊壁鸠鲁所提出的、谁也没看见过的“在无限空虚中运动着的原子”,就是典型的“不明之物”。直接感性过程背后的物理的、生理的过程也是不明白的,比如伊壁鸠鲁派用原子—影像的运动解释感觉,而斯多亚派用“印象”解释。但是什么是“印象”?甚至在斯多亚派内部都是众说纷纭、莫衷一是的。哲学家所提出的理性解释的特点是,“本原”不是仅仅偶然或者暂时不明白的,而是“本质上不明的”——永远不会有被直观的可能。这与“偶然不明的”即暂时未被觉察的现象不同,都是意见而已。既然你有你的意见,我也可以有我的意见,于是都是同等有效——从而也是同等无效的——认识。蔡勒把这看做是一个规律性的现象:每次在大规模的原创性哲学运动之后,总是会出现一批跟不上伟人的思想高度的人,他们几乎大多最终陷入对于所有知识的可能性的怀疑之中。①

① 参见蔡勒:《斯多亚派、伊壁鸠鲁派和怀疑派》,第516页。

我们不妨补充说，这些人当中不少会转而感到日常生活中的认识才是踏实的。所以，在怀疑派看来，探寻不明本质的哲学家就好像黑暗中打靶的人。夜中打靶，中与不中皆不可知。同样，真理隐藏在黑暗深处，哲学家们把许多推理“纷纷射去”。但是“何者吻合，何者背离，这是无法知道的”①。这个比喻令人想起亚里士多德的名言：“机智是迅速打中三段论中词的能力。”②怀疑派还打了个形象的比喻，说：如果一群人在放有财富的黑屋子中寻找黄金，那么，即使有人已碰到，也不敢确切相信自己遇上好运。同样，一大群哲学家涌入这个宇宙，就好像来到了一间巨大无比的房子中一样，努力寻找真理。但即使有人把握到了，也不敢相信自己达到了目标。③ 怀疑派不“独断地否认”真理，但指出它在人的认识能力的彼岸，人们没有客观标准可以识别它。

怀疑论的最终目的是伦理性的。这是一种消解理论的束缚以恢复生活的自由解放的治疗哲学。怀疑派认为只要除去了哲学、宗教等观念性的干扰，日常生活就已经轻松很多了。事实上，希腊人是十分认真的民族，这从悲剧中的二律背反带来的痛苦就可以看出。怀疑论相当于是在说：如果没有那么强的信念，就不会构成信念之间的悲剧性冲突。只有真正信仰某种伦理信念的人，才会为之痛苦。这不仅是要为捍卫它而献身，而且是当对它的攻击引起自己理智上的不安时的更深刻的痛苦。一切幻灭的理想主义者都能明白怀疑论的这一提示。怀疑论跳出所有信念后的心态可以用蒂蒙的一句诗来表达：“生活在十分平静的状态中，永远免去操心，摆脱烦恼，不理睬哲人们的所有谎言。”这种态度与中国古代的庄子哲学有类似之处：是“养生之学”，是希图在险恶的时代环境下保持主体内心一隅的安全，而并不是从“怀疑一切”进而要求改造旧传统，创立新理论。怀疑派作为特定时代的特定意识形态，会一再出现。当时代处于上升时期时，整个社会与个人有一定的和谐，举目望去一派生气勃勃的、乐观的进取精神。生活对于理论是肯定的，“认识自然”的哲学号

---

① 塞克斯都·恩披里柯：《皮罗学说概要》第2卷，第325节。

② 亚里士多德：《后分析篇》89b10。

③ 参见塞克斯都·恩披里柯：《反逻辑学家》第1卷，第52节。这两个比喻都源于色诺芬尼。晚期怀疑派显然对首先批判人的认识能力（尽管这一批判限于感性、常识）的爱利亚派极为尊敬。

召也是哲学思潮中的主导声音(如培根)。它往往预示着富有成果的庞大哲学体系的出现(如黑格尔)。而当社会发展成熟化、文明化,趋于顶峰以后,并出现停滞和衰颓时,阶级冲突、社会分裂就会日益明显。怀念过去的各种浪漫主义、感伤主义就会日益泛滥,意识形态中注重主观、心理、主体内在世界的倾向与否定“外在东西”、否定传统伦理信仰、否定理论或“反形而上学”的倾向就会流行,世纪末式的焦虑、失望、沉沦、颓废、主观化——总之理论上的道德虚无主义便会占据上风。这不仅仅是哲学之一个环节,而且是一种“时代病”。怀疑色彩的哲学往往集中体现、代表、适应了这种特定的时代精神,从而有其必然性与合理性,同时也就有其不足乃至荒谬之处。

第四编

普罗提诺与新柏拉图主义

普罗提诺概论:生平、著作与思想资源

普罗提诺的一元多层哲学体系

在那个时代中看普罗提诺

柏拉图主义学派的发展

希腊哲学最后一次正面的创造高潮是“新柏拉图主义运动”。在3世纪到5世纪的埃及、罗马等地，出现了一批柏拉图主义者，他们自认为是在与当时流行的怀疑论、伊壁鸠鲁主义、诺斯替主义和斯多亚哲学等等的论争之中，复兴、传承真正的柏拉图精神，但是后世论者尤其是近现代学者都认为他们与柏拉图不仅仅是时间上已经相距甚远（已经有600年左右），而且在内容上也有了重大不同。所以，他们被后来人视为“新柏拉图主义”（“Neo-Platonism”是19世纪中叶德国学者首先使用的一个称呼）。这一思潮的先驱可以追溯到3世纪上半叶在埃及讲学的萨卡斯的阿门尼乌斯（Ammonius of Saccas，请勿与公元前2世纪从事荷马评注的Ammonius混同），但由于阿门尼乌斯没留下任何思想，“新柏拉图主义”的创始人一般被公认为是曾从学于阿门尼乌斯的伟大哲学家普罗提诺（Plotinus，204—270年）。普罗提诺在罗马办学26年（244—270年），培养了一批学生；撰写了著名的《九章集》，以新的方式阐发了柏拉图哲学，提出了一种既强调一元论又着重一元宇宙中等级层次的本体论，为以后新柏拉图主义思潮的发展确立了基本方向。

普罗提诺之后的其他著名新柏拉图主义者有普罗提诺的学生波菲利（Porphyry），波菲利受普罗提诺的委托编订了他的遗著。波菲利的学生是扬布利柯（Iamblichus），扬布利柯的学生是艾底修斯（Aedesius）。扬布利柯约在300年建立了叙利亚学派，艾底修斯则于330年创立了帕伽马学派。4世纪末，雅典学派成立。雅典学派的创立者是普卢塔克（Plutarch），雅典学派中最为著名的人物是5世纪的普罗克洛（Proclus）。这一学派一直持续到罗马皇帝于529年关闭雅典学园为止。在5世纪,曾从学于普罗克洛的阿门尼乌斯(此Ammonius是Hermeias的儿子)创立了亚历山大里亚学派,这一学派一直延续到了6世纪末,该学派中也出现了一些有影响的人物,比如辛普里丘。

我们在下面的讨论中,首先考察新柏拉图主义的最著名代表人物普罗提诺的哲学思想,然后分别介绍几位有代表性的新柏拉图主义者。

第十四章

普罗提诺概论:生平、著作与思想资源

普罗提诺在他那个时代里就被称为“我们时代的哲学家”①,他是晚期希腊哲学中的无可争议的大师级人物。从各种角度看,人们都认为他堪称整个古代希腊哲学伟大传统的最后一个辉煌代表。当代学者对普罗提诺更是推崇有加:

> 他是一位富有原创性的哲学天才,是晚期希腊思想史中唯一能达到柏拉图和亚里士多德水准的哲学家……②
>
> 普罗提诺是亚里士多德与奥古斯丁之间700年中最伟大的哲学家。③

普罗提诺继承了希腊哲学的创造性的、积极的、肯定的那一方面传统,并在许多方面进行了深化与系统化,开创出这一传统的最后一个富于哲学思辨深度与广度的博大体系,为希腊思想史画上了圆满的、令人无憾的终止符。同时,他的思想中已经闪动着西方文化史中新的因素乃至现代的因素。

普罗提诺身处西方文化两大类型(希腊文化与基督教文化)的交汇、会通、交替之际。这两种类型的文化当时密切地相互影响、渗透。普罗提诺的著作在他去世30年后出版(300年左右)。不久,基督教在整个西方世界的统治地位就由于君士坦丁大帝敕令而得到确立。西方文化的另一种类型的千年繁

---

① 波菲利(Porphyry):《普罗提诺生平及著作编定》,第1节。

② 阿姆斯庄(A.H.Armstrong):《剑桥晚期希腊与早期中世纪哲学史》,第195页。

③ 格什·罗伊德(Loyd)编:《剑桥普罗提诺导读》,扉页。

荣——中世纪基督教思想——于是取代希腊文化而全面进入历史前台。然而希腊型思想一直或隐或显地影响着基督教思想史;柏拉图主义无疑在这一影响中占据主要地位,而影响中世纪的"柏拉图主义"实际上大都为经过以普罗提诺为代表的新柏拉图主义中介过的柏拉图理论体系。

这是一种积极的、宏大的、富于创造意识的哲学思辨精神。希腊哲学以勇于认识、敢于探索宇宙真理的精神开始自己的生命航程,从米利都学派,经雅典的辉煌百家争鸣,到晚期希腊化—罗马诸家哲学,已经有了近千年的长足发展。纵观其探索方向,在本体论上体现出人类纯思对把握宇宙的真实、源泉、原则、秩序的追求;在终极关怀上则寻求足以抗衡生活之无意义方面("流变"等等)威胁的稳定价值。前者以"Being"(存在,是)之探索为代表,后者则与对于"Good"(至善)的热烈关注有关。它们分别导致了诸如"自然哲学"与"精神哲学"、"还原论"与"目的论"等等流派取向之间的争论。

到了希腊化—罗马时期,两种取向的哲学都得到了充分发展。提到"哲学家",社会的公共意象往往是两种。一种是主张自然哲学的、不相信宗教的,采取审美式、游戏式人生观的那些通达之士。伊壁鸠鲁派也许是典型代表。另一种形象可能恰恰相反,是坚持超自然的、精神的、神圣的原则,坚持严谨道德乃至禁欲主义的那些圣贤之士。普罗提诺其人其学正是这样的"哲学(家)"的典型。我们知道柏拉图哲学意味着本体论上的精神性原则,人生论上的纯思性超越性原则,而二者的结合与统一便是:真等于善(Being=Good)。普罗提诺的"新柏拉图主义"更是把柏拉图哲学中的精神性方面推到逻辑顶点,又结合了某种东方思想式的对超越神圣者的敬畏,将存在(是,实是,实存)与价值的本位全面上移,构建了"太一——纯思——普遍灵魂"的一元三层本体论,并以此为源头与出发点,重新排列价值层级,系统建立古典哲学的存在—价值大序,把重要性和意义归于与现实生活中"这一个世界"全然不同的精神天地——一个思辨的以及超思辨的世界,贬低物质世界、甚至轻视以人的城邦生活为目的的古典希腊哲学的政治、伦理哲学的意义。他号召迷失的灵魂回归神圣源头。只有在那里,才能真正满足安身立命与终极解释的欲求。

第一节　普罗提诺的生平

普罗提诺的生平主要通过他的弟子波菲利在编定出版其遗著时所撰写并同时发表的传记——《普罗提诺生平及其著作之编定》——而传于后世。一方面，后人可以庆幸这篇传记记载了不少事情，使我们对于普罗提诺的人格、思想、生活原则等有了栩栩如生、印象深刻的了解——而其他古代哲学家却很少有这样的记述流传下来。另一方面，史家对这篇“传记”却很难表示满意，因为它很明显地留有波菲利根据自己的原则进行取舍、剪裁的痕迹。最令史家不满意的，可能是波菲利甚至没有提供传主的起码信息：国籍、出生地、家庭背景、生活经历。实际上波菲利对于普罗提诺28岁之前几乎没谈什么事。但是，后面我们将看到，这可能是因为普罗提诺对于“尘世中的生活”本身避而不谈的缘故。

目前学者们大致推定普罗提诺可能是3世纪的埃及人，大约205年出生于埃及的利库波里（Lycopolis）；至于他究竟是希腊化埃及人，还是定居埃及的希腊人，就无从可考了。也许这不能完全责怪波菲利，普罗提诺自己的柏拉图立场和谦和心态导致了他不愿意多谈自己的“世上事情”。不过，可以肯定他的文化背景完全是希腊的。他对埃及文化几乎没什么真正的知识。据波菲利记载，普罗提诺28岁时突然对哲学发生了很大热情（那么他28岁之前应当不在专门从事哲学工作——但也可能读过哲学？），于是在230年左右来到亚历山大里亚，这是当时东、西方文化汇集的大城市。普罗提诺来到大都市遍访名师，攻读哲学。然而，亚历山大里亚虽然云集各派哲学教师，普罗提诺一次次求教的结果却总是令他失望。后来经友人介绍，投入阿门尼乌斯门下，方感到振奋不已：“这正是我要学的！”结果一学就是11年。①

这11年的学道生涯又是一个谜。阿门尼乌斯究竟教了普罗提诺什么东

① 参见波菲利：《普罗提诺的生平和著作顺序》，第3节。

西? 无法可知。阿门尼乌斯从来没有写过什么东西,学生圈子也很小,而且学生们还相约不泄露老师的教义。据记载,这位神秘人物出生于基督教家庭,后来背离了自己的基督教教育,转向一般哲学。阿门尼乌斯的基本背景是柏拉图主义,但是他似乎想调和柏拉图与亚里士多德,主张一切实在源于神;区分神、天界、灵魂等三层存在。他在亚历山大里亚建立了一个学校,其学生包括普罗提诺、奥利金(不是基督教的奥利金——那是同时代的另一位著名学人,巧的是基督教的奥利金也曾短期从学于阿门尼乌斯)、爱留尼乌斯(Erennius)和朗齐诺斯(Longinus)(朗齐诺斯是当时雅典柏拉图主义的领袖。普罗提诺的著名弟子如波菲利、阿美利乌斯等人都曾从学于朗齐诺斯,并在后来从普罗提诺学习后还不断给这位先前的老师寄去普罗提诺的作品)。也许,阿门尼乌斯所教的哲学有东方色彩,因为普罗提诺在从学 11 年后日益感到有必要去波斯、印度进一步了解那些地方的思想。

243 年,罗马皇帝高迪安三世(Gordian Ⅲ,238—244 年在位)组织进攻小亚细亚地区的东征,普罗提诺认为这是一个去东方亲身学习的机会,便参加了进去。但这次东征很快流产:高迪安被手下叛军杀死。普罗提诺自己也历经艰险才回到西方。他回来后并没有回亚历山大里亚,而是去了罗马。这时他已经 40 岁。从此之后,在罗马,他一直讲授并写作哲学,度过了 25 年的下半辈生涯。

普罗提诺的外在生活始终是平淡无奇的。但是他的哲学与生活的内在统一,使他成为一个极有魅力的人物。他的"平淡"生活,也代表了他的哲学原则:外在生活并不重要,重要的是内在的、精神性的、超越性的东西。他从不愿谈自己,也不让学生知道自己的生日。他的学生阿迈留斯(Amelius)曾请他同意坐下让画师绘一幅肖像,但他却说:"我们携带自然给予我们的形象不就已经够了吗? 为什么还要让我的影像的影像更长久地留存下去? 难道这真是什么更值得观照的事物?"①"影像的影像"一语背后的意思显然是柏拉图的价值判断。普罗提诺对于长期从学于自己、但是却不能真正在实践中明了和坚

① 波菲利:《普罗提诺的生平和著作顺序》,第 1 节。

持自己哲学原则的学生,表现出无奈和善意的嘲讽与批评。这件事令人不禁想到柏拉图在《斐多篇》中描写的苏格拉底在与朋友讨论了一通灵魂不朽、身体不足以过分看重之后,朋友中的克里同却仍然询问他死后遗体当如何安置,这时苏格拉底也表现出相似的无奈与善意批评。① 对于苏格拉底、柏拉图、普罗提诺来说,灵魂或精神性的东西不会真正受染于暂时居住的器皿——身体。形象在时间中多存在一点,没有什么意义,因为真正的存在超出时间之外,是永恒的。不过,普罗提诺虽然坚信精神性本体的实在与珍贵,但在日常生活中并不是一位不谙世事的冬烘学究。他很善于处理人际事务,常被请去当争执的仲裁人,也被信托照料遗孤与财产,普罗提诺把他们的生活与财产管理得井井有条,因为他的理论是是否选择哲学,要等到这些小孩子长大成人后自己决定。在此之前,他应当代他们把财产管理好:

> 许多最上层社会的男士和女士们在临死前把他们的孩子——不管是男孩还是女孩——连同他们的所有财产一起托付给他,视他为圣洁的、如同神灵的监护人。因此他家里总挤满男孩女孩,包括波他蒙(Potamon),普罗提诺极其重视他的教育,甚至听他一次又一次地复习同一篇功课。当他们的财产受托人清点财产时,他总是耐心地在场,确保数目的准确;他常常说,只要他们未对哲学产生兴趣,他们的财产和收入就必须安全保管、原封不动。尽管他竭力避免日常生活中如此多的焦虑和烦恼之事,但在清醒时他从不放松对心智的沉思。他也是个温文尔雅的人,对任何认识他的人,不管关系远近都很随和。尽管他在罗马呆了整整26年,并扮演过许多纷争的裁决者,但是从未在政府官员中树过一个敌人。②
>
> 他对人具有非凡的洞察力。一次,带着孩子孀居在他家里的受人尊敬的喀奥妮(Chione)的一条昂贵的项链被偷了。家里的仆人都被叫来,站在普罗提诺面前,他仔细审视他们,然后指着一人说:“这就是小偷。”此人受到鞭打,开始时还矢口否认,最后终于承认并返还了所偷之物。他

① 参见柏拉图:《斐多篇》,117—118。

② 波菲利:《普罗提诺的生平和著作顺序》,第9节。

> 还善于预言与他住在一起的每个孩子的未来,比如预言波他蒙必多情并短命,结果确实如此。有一次,他还注意到我,波菲利,有轻生的念头。当我在自己房里呆着的时候,他突然不期而至,对我说,这种轻生的念头并非来自于坚定的理性,而是来自于一种乖戾的气质,并劝我离开这里去度假。①

普罗提诺对于人的洞察力可能不仅来自他的个人禀赋,而且可能与他的哲学有一定关系。由于他相信宇宙的统一性,所以他认为万物之间有某种全息式的关联。在《九章集》中他曾经提到过这样的思想:"因为一种生命物中存在统一的原理,我们只要研究其中一个部分,就能知道其他部分的其余信息。比如,我们只要看一个人的眼睛,或者他身上的其他某个部位,就能判断他的性格,也能预测他所面临的危险以及应该采取什么预防措施。没错,这些都是整体的组成部分,我们也是,因此我们可以从此物了解彼物。万物都充满着记号,聪明人就能从一物洞察另一物。"②

然而,普罗提诺与众不同的是他的超凡的定力;他的内心始终定在这一切"俗务忙碌"之外的思辨世界中。他可以两种事同时进行,相互间却毫不干扰。这也符合他的哲学:灵魂中的高级部分从未真正"下降"到身体层面。③

在普罗提诺的哲学学校中,有不少罗马贵族,包括元老。甚至皇帝加利诺斯(Gallienus,253—268 年在位)对他也推崇有加。不少青年贵族是来学习一门哲学以备投身政治。这已经成了希腊、罗马公民社会的一种传统:从政的贵族们都首先要学习一些智慧技艺,当然不少人求学的是政治技艺与演说术。普罗提诺教的绝不是"雄辩术"。从他留传下的著作看,他自己也没有学过雄辩术。他对教演说术的"哲学家"的态度,或许与柏拉图对智者的态度差不多,虽然没有那么激烈,但显然认为华丽辞藻与机智巧辩是真理的对立面而非助益者。普罗提诺所教授的哲学,毋宁是劝"政治家"们放弃对政治、对人世、对物质财富的关注与追求,返回内心,向精神性、超越性的领域默默探求。古

---

① 波菲利:《普罗提诺的生平和著作顺序》,第 11 节。

② 普罗提诺:《九章集》2.3.7。

③ 参见波菲利:《普罗提诺的生平和著作顺序》,第 6 节。

典哲学家如柏拉图与亚里士多德乃至罗马共和国时期的西塞罗,在对“年轻贵族”讲课时,都还在入世从政生涯与出世思辨生涯之间保持一定的张力与平衡,尽管他们大都说最终还是应当以思辨生活为最高幸福。普罗提诺则完全把重心移到思辨之上。有一位叫罗加提亚诺斯(Rogatianus)的元老,从学普罗提诺深有心得,于是坚辞高官,放弃豪华生活,放弃所有财产,遣散奴仆,在朋友们家中流动食住。普罗提诺很赞赏他,常常举出他作为实践哲学的人的典例。① 这样一群认真“实践哲学”的人令人不禁想起各大宗教中的克己隐修的求道之士。实际上普罗提诺确实曾经试图请加利诺斯皇帝把一座废弃的城市指定给他和同道们,建立一座“柏拉图城邦”(Platonopolis),所有的城邦公民都遵循柏拉图的法律生活。不过这一打算由于某些廷臣的嫉妒而流产。

普罗提诺的哲学教学很有风格。由于他对超越原则的坚定信念,他在讲课中“纯思之光照亮脸庞,他的在场总是散发出一种魅力,……微微出汗,善意耀人”②。另一方面,他虽然对自己的哲学立场有坚定不移之信念,却鼓励讨论,鼓励提问,从不独断霸道。他的课往往是先读一段当时某一派哲学的注释著作(如亚里士多德的注疏),然后他几句话就把握住本质,并从中发现问题,成为进一步探索与研究的出发点。

当时许多哲学家实际上都是注疏者,如亚里士多德派的亚历山大(Alexander),柏拉图派的雅典学园的朗齐诺斯。他们的任务是认真弄清大师们的本义。普罗提诺虽然自认“柏拉图哲学阐述者”,实际上与所有那些大师注疏者们不同,他自己就是一位哲学家,一位大师级的哲学家。他读了朗齐诺斯的书后评说道:“朗齐诺斯是一位学者,但肯定不是一位哲学家。”③普罗提诺的思辨的、批评的、探索的头脑使他不能满足于任何人云亦云或“差不多”的答案。他认真对待提问,不断思索。这使他的课堂不像有条有理的讲课,而像是“随意对话式”的,充满了没有规律可循的提问与问答。有一次波菲利在课堂上追问灵魂与身体的关系的问题时,普罗提诺一直与他讨论了三天。终于有

---

① 参见波菲利:《普罗提诺的生平和著作顺序》,第 7 节。

② 波菲利:《普罗提诺的生平和著作顺序》,第 13 节。

③ 波菲利:《普罗提诺的生平和著作顺序》,第 10 页。

一位叫撒马修斯(Thaumasius)的访客不耐烦了,说他是来听普罗提诺讲课的,可不是来听波菲利的。普罗提诺却回答说:“如果我们不能先回答波菲利的提问,我们也就无课可讲。”①

普罗提诺哲学上的博大深沉,人格上的道德纯洁坚定,待人的热心真诚等等,使他在那个宗教气氛日益浓重的时代环境中被“修道”的学生们视为具有常人所没有的灵异力量。② 当然,赫拉克利特“神谕”式的话语、苏格拉底的“灵音”,也可以视做哲学家的超常力量现象的表现。不过波菲利所记载的几件关于普罗提诺的事可能更有意义。

比如,有一位也曾短期从学于阿门尼乌斯的亚历山大里亚的哲学家,叫奥林皮乌斯(Olympius),出于妒忌和竞争的动机而攻击普罗提诺。他甚至想用占星术魔法来诅咒普罗提诺。普罗提诺感到了,告诉学生说自己的身体“抽紧”了。但魔咒最终并没伤到他,反而反弹回到发咒者自己身上。结果奥林皮乌斯告诉别人:普罗提诺的灵魂力量太强大了,能把攻击他的魔咒送回到攻击者自己身上。奥林皮乌斯发现他伤不了普罗提诺,却有可能害了自己,于是停止了“进攻”。波菲利记述此事后说:“普罗提诺确实生来就拥有比一般人更多的某些东西。”③

普罗提诺本人对于魔法巫术的看法是:这些东西在低层面上确实有一定效果,因为宇宙在低层存在上有一种普遍的相互感应(universal sympathy)。然而对于高层的、精神性的领域,它们就无效了,而真正重要的、有价值的领域却恰恰是精神性的领域。哲学家应当关注这样的领域。普罗提诺自己从来不去参加魔法巫术活动。他的学生阿美利乌斯热衷于参加各种星宿崇拜仪式,有一次邀普罗提诺同去,他的回答却是:“他们应当上我这里来,而不是我上他们那里去。”学生们被如此口气的回答震住了,虽不能理解老师的话的意思,但也不敢再问。④

---

① 波菲利:《普罗提诺的生平和著作顺序》,第 13 节。

② 这方面有过许多讨论,如道茨(E.R.Dodds):《希腊人与非理性》的附录。

③ 波菲利:《普罗提诺的生平和著作顺序》,第 10 节。

④ 参见波菲利:《普罗提诺的生平和著作顺序》,第 10 节。

在普罗提诺的哲学中，真正的神圣者是值得敬畏的，但那并不是“星宿”，也不是外在礼仪、宇宙，更不是操纵星宿众灵为此世一己物利服务的心向。真正的神圣者是超越物质世界（包括天体界）的精神性本体，是哲学的、理性的内在探求能把握的太一、纯思、普遍灵魂。

普罗提诺 66 岁时身患重病，等一位学生到后，他说的最后的话是：“我等你很久了。努力将自身之中的神引回到宇宙之中的神那里去吧。”①

第二节　普罗提诺著作的编定

普罗提诺留传至今的著作是其学生波菲利编定的《九章集》。这是一部 9 篇一组，共 6 组的书。然而普罗提诺写作时大约从未想到会得出这么一本“结构完美”、“体系谨然”的严整哲学专著。

普罗提诺在罗马教授哲学的头 10 年里，没有写任何东西。10 年后，年届 50，他才开始将他对在课堂讨论中激起的各种问题的深入思辨写成一篇篇文字。这样的文字都是以问题为中心的，而非分门别类的教科书。普罗提诺对文字也持怀疑态度。他似乎认为讲说、讨论更适宜于哲学；文字则易引起误解。所以虽然他的讲课面向公众开放，他的文章却反而限于在少数“入门”弟子之间传看。当然，普罗提诺的写作风格也容易引起误解或难解。由于眼疾，他书写极快，从不回头再读一遍。他的思想大于语言，尤其是灵感充满时，短短词语中意义饱满丰盛，奔涌迸出。他在与人谈话时，也没有中断思考。所以一旦谈完，他可以立即回到写作中，从谈话时停下的地方往前写。②

波菲利等曾把普罗提诺的文字送给雅典当时的柏拉图学园派首领人物朗齐诺斯。朗齐诺斯对普罗提诺盛赞不已，认为他是真正的哲学家，同时抱怨送来的普罗提诺文字的抄本不好，充满了讹误：

① 波菲利：《普罗提诺的生平和著作顺序》，第 2 节。

② 参见波菲利：《普罗提诺的生平和著作顺序》，第 8 节。

……因此,尽管我非常希望研究《论灵魂》①和《论存在》②,但是我不知道如何理解它们,因为正是这两本书有非常严重的讹误。如果你能寄给我精确的抄本,我会很高兴,我只要求对照阅读一下就归还,当然,我还是再三请求你最好不要寄,而是由你亲自把这些以及阿美利乌斯可能有所疏忽的其他作品的更好版本一起带来。我急切希望得到他的全部作品。当然,我渴望拥有普罗提诺的著作,他得到任何一种可能的尊敬和声望都不为过。当然,无论你在这里,还是远在他方,尤其是当你逗留在推罗的时候,我都对你讲过,我对他的大部分理论不敢苟同,但是我非常敬佩并仰慕他的写作风格、思辨的细密以及研究问题的哲学方式,我想,凡寻求真理之人都须把他的作品列入最重要之列。③

波菲利对朗齐诺斯的回答却是:这些都是"正确的"抄本。问题出在普罗提诺与众不同的表达方式上。今日学者认为:普罗提诺的希腊语很有"个性",但并非刻意晦涩。对其理解上的困难主要不是由于作者的表达不清,而是由于他的思想之抽象。尽管普罗提诺的表达有不少任意之处,但其语言是合乎希腊语法规则的,绝不是什么神秘主义者的喃喃独白。应当把他的写作视为一种努力表达无法表达者的纯思上的创新尝试。④

普罗提诺执笔写作的时候很晚,这可能与他读书时的一个约定有关。当时他们几位从学于阿门尼乌斯的大弟子们曾相互约定不公开老师的思想。后来尽管其他人违约发表了各种文字,但是普罗提诺遵守了这个约定,在很长时间内没写任何东西,只是专注于讲课。普罗提诺从 50 岁起写作,到了大约 60 岁时,10 年里共写下了这些文字,即:

1. *Περὶ τοῦ καλοῦ*

On Beauty

① 很可能就是《九章集》4.3.5 篇。——《九章集》英译者注。

② 可能指《九章集》6.1.3 篇。——《九章集》英译者注。

③ 波菲利:《普罗提诺的生平和著作顺序》,第 19 节。

④ 参见阿姆斯庄《剑桥晚期希腊与早期中世纪哲学史》,第 219—220 页所引用的史维策(Schwyzer)看法。

论美(I.6)

2. *Περὶ ἀθανασίας ψυχῆς*

On the Immortality of the Soul

论灵魂不朽(IV.7)

3. *Περὶ εἱμαρμένης*

On Destiny

论命运(III.1)

4. *Περὶ οὐσίας ψυχῆς δεύτερον*

On the Essence of the Soul II

论灵魂的本质Ⅱ(IV.2)

5. *Περὶ νοῦ καὶ τῶνἰδεῶν καὶ τοῦ ὄντος*

On Intellect, the Forms, and Being

论纯思、形式和实是(V.9)

6. *Περὶ τῆς εἰς τά σώματα καθόδου τῆς ψυχῆς*

On the Descent of the Soul into Bodies

论灵魂坠入肉体(IV.8)

7. *Πῶς ἀπὸ τοῦ πρώτου τὸ μετὰ τὸ πρῶτον καὶ περὶ τοῦ ἑνός*

How That which is after the First comes from the First, and on the One

本原之后的东西如何产生;兼论太一(V.4)

8. *Εἰ αἱ πᾶσαι ψυχαὶ μία*

If All Souls are One

是否所有灵魂都是同一的(IV.9)

9. *Περὶ τἀγαθοῦ ἢ τοῦ ἑνός*

On the Good or the One

论良善或太一(VI.9)

10. *Περὶ τῶν τριῶν ἀρχικῶν ὑποστάσεων*

On the Three Primary Hypostases

论三大本体(V.1)

11. *Περὶ γενέσεως καὶ τάξεως τῶν μετὰ τὸ πρῶτον*

On the Origin and Order of the Beings which is Beyond

论“太一”本原之后的实是的起源和秩序(V.2)

12. *Περὶ τῶν δύο ὑλῶν*

On the Two Kinds of Matter

论两类质料(II.4)

13. *'Επισκέψεις διάφοροι*

Various Considerations

多种考虑(III.9)

14. *Περὶ τῆς κυκλοφορίας*

On the Circular Motion

论天体运动(II.2)

15. *Περὶ τοῦ εἰληχότος ἡμᾶς δαίμονος*

On Our Allotted Guardian Spirit

论分派给我们的守护神(III.4)

16. *Περὶ τῆς ἐκ τοῦ βίου εὐλόγου ἐξαγωγῆς*

On the Reasonable Departure from Life

论何为合理的与肉体分离(I.9)

17. *Περὶ ποιότητος καὶ εἴδους*

On Quality and Form

论性质与形式(II.6)

18. *Περὶ τοῦ εἰ καὶ τῶν καθέκαστά ἐστιν εἴδη*

On Whether there are Forms of Particulars

是否有关于个体的形式(V.7)

19. *Περὶ ἀρετῶν*

On Virtues

论美德(I.2)

20. *Περὶ διαλεκτικῆς*

On Dialectic

论辩证法(I.3)

21. *Περὶ οὐσίας ψυχῆς πρῶτον*

On the Essence of the Soul I

论灵魂的本质

(灵魂如何成为可分存在与不可分存在之间的中介 IV.1)

这时大约是263年,他的一位重要学生波菲利离开了雅典的柏拉图学园来到罗马,第一次投入其门下,并将与他一起度过他的最后6年余生。波菲利这时30岁,是一位勤于思考、也富有激情的哲学青年。他与普罗提诺的另一位重要学生阿美利乌斯一起催促老师写下自己的思想。结果普罗提诺加快了速度,在后面的6年中又写出了以下这些文字,它们是:

22. *Περὶ τοῦ τὸ ὂν ἕν καὶ ταὐτὸ ὂν ἅμα πανταχοῦ εἶναι ὅλον πρῶτον*

On the Presence of Being, One and the Same, Everywhere as a Whole I

论实是、一与同无论何处皆显为整体 I (VI.4)

23. *Περὶ τοῦ τὸ ὂν ἓν καὶ ταὐ τὸ ὂν ἅμα πανταχοῦ εἶναι ὅλον δεύτερον*

On the Presence of Being, One and the Same, Everywhere as a Whole II

再论实是、一与同无论何处皆显为整体 II (VI.5)

24. *Περὶ τοῦ τὸ ἐπέκεινα τοῦ ὄντος μὴ νοεῖν καὶ τί τὸ πρώτως νοοῦν καὶ τί τὸ δευτέρως*

On the Fact that That Which is beyond Being does not think, and on What is the Primary and What the Secondary Thinking Principle

论超越实是的东西不思想,并论什么是首要的和次要的思考原理(V.6)

25. *Περὶ τοῦ δυνάμει καὶ ἐνεργείᾳ*

On What Exists Potentially and What Actually

论何谓潜在地存在,何谓现实地存在(II.5)

26. *Περὶ τῆς ἀπαθείας τῶν ἀσωμάτων*

On the Impassibility of Beings without Body

无形体之实是的不可灭性(III.6)

27. *Περὶ ψυχῆς ἀποριῶν πρῶτον*

On Difficulties about the Soul I

论灵魂之困惑 I(IV.3)

28. *Περὶ ψυχῆς ἀτοριῶν δεύτερον*

On Difficulties about the Soul II

论灵魂之困惑 II(IV.4)

29. *Περὶ ψυχῆς ἀποριῶν τρίτον ἤπερὶ ὄψεως*

On Difficulties about the Soul III, or On Vision

论灵魂之困惑 III,或者论视力(IV.5)

30. *Περὶ φύσεως καί θεωρίας καί τοῦ ἑνός*

On Nature and Contemplation and the One

论自然、凝思与太一(III.8)

31. *Περὶ τοῦ νοητοῦ κάλλου*

On the Intelligible Beauty

论可理知之美(V.8)

32. *Ὅτι οὐκ ἔξω τοῦ νοῦ τὰ νοητὰ καὶ περὶ τἀγαθοῦ*

That the Intelligibles are not outside the Intellect and on the Good

论可理知者不外在于纯思,并论至善(V.5)

33. *Πρός τούς κακόν τόν δημιουργόν τοῦ κόσμου καὶ τόν κόσμον κακὸν εἶναι λέγοντας*

Against those who say that the Universe and its Maker are Evil

驳关于宇宙和创造者是恶的说教(II.9)

34. *Περὶ ἀριθμῶν*

On Numbers

论数目(VI.6)

35. *Πῶς τὰ πόρρω ὁρώμενα μικρά φαίνεται*

How Distant Objects appear Small

远处的事物何以显得小(II.8)

36. *Εἰ ἐν παρατάσει Χρόνου τὸ εὐδαιμονεῖν*

Whether Well-Being depends on Extension of Time

福祉是否随时间而增加(I.5)

37. *Περὶ τῆς δι' ὅλων κράσεως*

On Complete Intermingling

论完全混合(II.7)

38. *Πῶς τὸ πλῆθος τῶν ἰδεῶν ὑπέστη καὶ περὶ τἀγαθοῦ*

How the Multitude of the Forms came into being and On the Good

形式的多样性如何形成,兼论至善(VI.7)

39. *Περὶ τοῦ ἑκουσίου καὶ θελήματος τοῦ ἑνὸς*

On Free Will and the Will of the One

论自由意志和唯一意向(VI.8)

40. *Περὶ τοῦ κόσμου*

On the Universe

论宇宙(II.1)

41. *Περὶ αἰσθήσεως καὶ μνήμης*

On Sense-Perception and Memory

论感性知觉和记忆(IV.6)

42. *Περὶ τῶν γενῶν τοῦ ὄντος πρῶτον*

On the Kinds of Being I

论实是的种类 I(VI.1)

43. *Περὶ τῶν γενῶν τοῦ ὄντος δεύτερον*

On the Kinds of Being II

论实是的种类 II(VI.2)

44. *Περὶ τῶν γενῶν τοῦ ὄντος τρίτον*

On the Kinds of Being III

论实是的种类 III(VI.3)

45. *Περὶ αἰῶνος καὶ Χρόνου*

On Eternity and Time

论永恒和时间(III.7)

到了268年,当普罗提诺65岁时,波菲利由于患上忧郁症而考虑自杀,后来在听了普罗提诺劝告后到西西里岛住一段时间散心。在那里的两年里,他陆续收到老师在生命最后的时光中写下并寄来的这些文字:

46. *Περὶ ενδαιμοιύας*

On Well-Being

论福祉(I.4)

47. *Περὶ προνοίας πρῶτον*

On Providence I

论神意I(III.2)

48. *Περὶ προνοίας δεύτερον*

On Providence II

论神意II(III.3)

49. *Περὶ τῶν γνωριστικῶν ὑποστάσεων καί τοῦ ἐπέκεινα*

On the Knowing Hypostases and That Which is Beyond

论认识本体和超越的东西(V.3)

50. *Περὶ ἔρωτος*

On Love

论爱(III.5)

51. *Πόθεν τὰ κακὰ*

On the Origin of Evils

论恶的根源(波菲利加的标题是《论恶从何来及其本性》)(I.8)

52. *Εἰ ποιᾶ τά ἄστρα*

Whether the Stars are Causes

星辰是否是原因(II.3)

53. *Τί τὸ ζῷον καὶ τίς ὁ ἄνθρωπος*

What is the Living Being, and what is Man?

何谓人？何谓有生命的存在？（I.1）

54. *Περὶ τοῦ πρώτου ἀγαθοῦ καὶ τῶν ἄλλων ἀγαθῶν*

On the First Good and the other goods

论至善和诸善(I.7)

在中译中,我们感到最棘手的还是 Being 的问题。普罗提诺时代的希腊文是新约时代的希腊文,或者说经历了“希腊化”历史阶段后地中海语境下的希腊文。公元前 5—前 4 世纪古典时代吸收了伊奥尼亚等三个方言区的阿提卡语言和文字成了正式行文。此时还都是正规的大写字母,就像今日出土文物所呈现的那样。希腊化时期还是这种字体,但已有草写。公元前 2 世纪形成了后人所见的三种音标识,据说是拜占庭的阿里斯多芬发明的。小写字母是由草写发展而来的,公元 9 世纪才定型。所以在普罗提诺原著中,都是大写字母,现在的希英本中的大小写希腊文是后人的表述。因此,原著中的 eimi 和“one”(太一)的文字都是大写字母。涉及 eimi 的希腊原文,在普罗提诺那里大致是两类,一类是日常词义,就是系词“是”及“有”、“存在”(there is)的意思。切忌把日常词义都译为“是”。我们参照英译文,分别用“是”(这是大多数)、“有”、“存在”表述。第二类是作为哲学范畴。在巴门尼德之后,用海德格尔的话说,“是”已被遗忘,为“是者”所取代。“是者”成立的前提就是独立的“这个”,所以转化为亚里士多德说的 ousia(本体)是必然的。到了晚期希腊尤其是普罗提诺这里,Being 已经日愈具有“存在”、“有”的含义,是一个独立的、自足的、具有“是其所是”的 essence(本质)的本体。我们这里译为“实是”,“实存”,有时译为“存在”,若都译为“是”,“是者”,离普罗提诺的本意甚远。关于这个问题,在诠释所引用的有些段落时另作说明。大概是普罗提诺不愿受亚氏《范畴篇》的牵连,他用亚氏并不显眼的词 hypostasis 指称 One、nous 及 psyche。普罗提诺的 hypostasia 有原则、原理、本体合一的含义,本编中我们译为“原则”、“原初本体”、“太初原理”。

普罗提诺晚年身患重病,于 270 年病逝,享年 66 岁。在波菲利看来,由于疾病缠身,精力不济,普罗提诺晚年的作品不如从前。当然,他最先写作的作品也不够成熟。所以,他最好的作品应当是他精神和身体都处于最佳状态的、创作力旺盛的中期时写作的。普罗提诺去世前指定波菲利为自己的文字编定出版。波菲利花了30年完成了这一使命,终于在公元300年左右编定出版了老师遗著,并写了《普罗提诺的生平及著作编定》一文作为前言,阐发了自己的编定原则。此时波菲利本人已经68岁了。

在这篇前言中,波菲利一方面详尽列下了普罗提诺这几十篇文字的写作时间顺序,另一方面又说他不打算按时序出版它们。他打算仿照当时各派哲学"编辑"出版著作时流行的办法,按"主题门类"出版:

> 他本人委托我整理编辑他的书籍,在他生前我答应了他,并向我们的其他朋友保证要完成这个任务。因此,首先,我认为不能让诸卷书处于按写作时间顺序排列的混乱中,我要仿照雅典的阿波罗多鲁(Apollodorus),他把厄庇卡尔玛斯(Epicharmus)的喜剧作品编辑成十卷本,我也要仿照漫步派的安德罗尼柯(Andronicus the Peripatetic),他根据主题把亚里士多德和塞奥弗拉斯特(Theophrastus)的书分类编辑,把相关的讨论主题放在一起。由于我手头有普罗提诺的54篇作品,因此我就把它们分成六册,每册九章。能够发现六带九这完美的数字,这给我带来了极大的愉悦。在每个九章中,我把相关的文章放在一起,把难度较少的放在前面。①

于是,波菲利就把普罗提诺的所有文字编成九篇一组的六组文字("九章集"Enneads一词的希腊字原义是enneas,意即"九个一组")。这六个"九章"都有一定的主题,它们分别是:

第一组伦理的(人事的)

第二组物理的(自然界的)

第三组物理的

第四组灵魂

第五组纯思

第六组太一

---

① 波菲利:《普罗提诺的生平和著作顺序》,第24节。

如此看来,从人事到天体,再从天体到神圣本体,最后到神圣本体中的最高原则“太一”,这就排成了一个由低到高、由具体到抽象的上升梯级。用波菲利的话说就是:第一到第三组构成第一部,属于非本体界;第四到第五组构成第二部,是神圣本体中较低部分;第六组构成最后一部,是最高神圣本体。①上面列出的普罗提诺各个时期的著作后面的括号中的拉丁字母就代表着波菲利的九章六组排序法,比如“III.5”就是“第三组第五篇”,人们可以看到波菲利是如何把普罗提诺各个时间段中写的东西重新排列的。

既然这样的排列花费了波菲利大约 30 年的时间,必然是深思熟虑的结果。从目前来看,这一重新排列有一定的道理,它使普罗提诺的几十篇文字有了某种秩序;而且,波菲利打乱这些文字的时序也没什么大的伤害——因为普罗提诺开始写作时已经 50 岁,思想再没经历什么大的变化。比如,排在整个体系的最后一篇的《论至善或太一》,雄辩清晰有力地阐明了他的本体论的最高境界,确实是只有少数“修行”到极高境界的人才能够写出来的高深文字。但是,它并不是他晚年的作品。从时间表上看,它是普罗提诺的第九篇文字。

不过,如果从当代的眼光看,波菲利这种用自己的“完美结构”去重新整理普罗提诺的文章的做法也有不少问题。这种编排法并不是普罗提诺的本意。他的内心深处虽然有完整的哲学体系,但他在写作时并不打算把自己的思想“体系化”。他心灵开放,欢迎讨论,总是在重新从某个角度入手进一步深思。波菲利的这种“完成式”系统容易把普罗提诺写作中那种“进行时式”的、直觉的、天才的、出声思考的、辩驳与自我辩驳式的文体变成凝固的、教条化的教科书。再者,普罗提诺并没有一篇文章一个主题地写过“本体论”、“认识论”、“伦理学”之类的东西。他的每篇文章都涉及他体系的各个方面。比如说,人们不能当真只在第一组九章集中找其“伦理学说”,在第二组九章集中找其“物理学说”,等等。为了研究普罗提诺思想中的任何一个方面,九章集的几十篇文字都要看。最后,波菲利为了凑齐他所珍爱的“6”、“9”、“54”等神圣数字,把普罗提诺的某些文章一篇切成两、三篇,排成“关于……之一”,

① 参见波菲利:《普罗提诺的生平和著作顺序》,第 24—26 节。

“关于……之二”。比如普罗提诺的《论灵魂的本质》一篇文章,就可以被拆成《论灵魂的本质 I》、《论灵魂的本质 II》等几篇。这样,普罗提诺的所有文字就被扩展为6×9=54篇,虽然实际上普罗提诺没有写54篇文章。最大胆的做法可能是波菲利把普罗提诺的一篇重要长文切成四篇,加上标题后组装到不同组的“九章”之中,即:

3.8:“论自然、凝思与太一”

5.8:“论可理知之美”

5.5:“论可理知者不外在于纯思,并论至善”

2.9:“驳关于宇宙和创造者是恶的说教”

这种大胆的解经学实践显然令今日的研究者瞠目结舌,感到深为不安。学者们在考察《九章集》后认为必须小心翼翼地恢复原文的内在次序,追溯普罗提诺本来的思路。本编后面的脚注一律使用现行《九章集》的编目,如《九章集》3.1.5,即指该书第三卷第一篇《论命运》第5节。为便于读者查阅,我们提供一份对照目录。其中罗马字母加阿拉伯码指现《九章集》编目。方括号[ ]指原先的书目号。按[ ]书目号可以查出前面提到的成书年代。

I.1.*Τί τὸ ζῷον καὶ τίς ὁ ἄνθρωπος*

What is the Living Being, and what is Man? [53]

何谓人?何谓有生命的存在?

I.2.*Περὶ ἀρετῶν*

On Virtues [19]

论美德

I.3.*Περὶ διαλεκτικῆς*

On Dialectic [20]

论辩证法

I.4.*Περὶ εὐδαιμονίας*

On Well-Being [46]

论福祉

I.5.*Εἰ ἐν παρατάσει χρόνου τὸ εὐδαιμονεῖν*

Whether Well-Being depends on Extension of Time [36]

福祉是否随时间而增加

I.6.*Περὶ τοῦ καλοῦ*

On Beauty [1]

论美

I.7.*Περὶ τοῦ πρώτου ἀγαθοῦ καὶ τῶν ἄλλων ἀγαθῶν*

On the First Good and the other goods [54]

论至善和诸善

I.8.*Πόθεν τὰ κακά*

On the Origin of Evils [51]

论恶的根源(波菲利加的标题是《论恶从何来及其本性》)

I.9.*Περὶ τῆς ἐκ τοῦ βίου εὐλόγου ἐξαγωγῆς*

On the Reasonable Departure from Life [16]

论何为合理的与肉体分离

II.1.*Περὶ τοῦ κόσμου*

On the Universe [40]

论宇宙

II.2.*Περὶ τῆς κυκλοφορίας*

On the Circular Motion [14]

论天体运动

II.3.*Εἰ ποιεῖ τά ἄστρα*

Whether the Stars are Causes [52]

星辰是否原因

II.4.*Περὶ τῶν δύο ὑλῶν*

On the Two Kinds of Matter [12]

论两种质料

II.5.*Περὶ τοῦ δυνάμει καὶ ἐνεργείᾳ*

On What Exists Petentially and What Actually [25]

何谓潜在地实是,何谓现实地实是

II.6.*Περὶ ποιότητος καὶ εἴδους*

On Quality and Form [17]

论性质与形式

II.7. *Περὶ τῆς δι' ὅλων κράδεως*

On Complete Intermingling [37]

论完全混合

II.8. *Πῶς τὰ πόρρω ὁρώμενα μικρά φαίνεται*

How Distant Objects appear Small [35]

远处的事物何以显得小

II.9. *Πρός τούς κακόν τόν δημιουργόν τοῦ κόσμου καὶ τὸν κὸσμον κακὸν εἶναι λέγοντας*

Against those who say that the Universe and its Maker are Evil [33]

驳关于宇宙和创造者是恶的说教

III.1. *Περὶ εἱμαρμένης*

On Destiny [3]

论命运

III.2. *Περὶ προνοίας πρῶτον*

On Providence I [47]

论神意 I

III.3. *Περὶ προνοίας δεύτερον*

On Providence II [48]

论神意 II

III.4. *Περὶ τοῦ εἰληΧότος ἡμᾶς δαίμονος*

On Our Allotted Guardian Spirit [15]

论分派给我们的守护神

III.5. *Περὶ ἔρωτος*

On Love [50]

论爱

III.6. *Περὶ τῆς ἀπαθείας τῶν ἀσωμάτων*

On the Impassibility of Beings without Body [26]

无形体之实是的不可灭性

III.7. *Περὶ αἰῶνος καὶ Χρόνου*

On Eternity and Time [45]

论永恒和时间

III.8. *Περὶ φύσεως καί θεωρίας καί τοῦ ἑνός*

On Nature and Contemplation and the One [30]

论自然、凝思与太一

III.9. *'Επισκέψεις διάφοροι*

Various Considerations [13]

多种考虑

IV.1. *Περὶ οὐσίας ψυχῆς πρῶτον*

On the Essence of the Soul I [21]

论灵魂的本质 I

IV.2. *Περὶ οὐσίας ψυχῆς δεύτερον*

On the Essence of the Soul II [4]

论灵魂的本质 II

IV.3. *Περὶ ψυχῆς ἀποριῶν πρῶτον*

On Difficulties about the Soul I [27]

论灵魂之困惑 I

IV.4. *Περὶ ψυχῆς ἀποριῶν δεύτερον*

On Difficulties about the Soul II [28]

论灵魂之困惑 II

IV.5. *Περὶ ψυχῆς ἀποριῶν τρίτον ἤ περὶ ὄψεως*

On Difficulties about the Soul III, or On Vision [29]

论灵魂之困惑 III,或者论视力

IV.6. *Περὶ αἰσθήσεως καὶ μνήμης*

On Sense-Perception and Memory [41]

论感性知觉和记忆

IV.7. *Περὶ ἀθανασίας ψυχῆς*

On the Immortality of the Soul [2]

论灵魂不朽

IV.8. *Περὶ τῆς είς τά σώματα καθόδου τῆς ψυχῆς*

On the Descent of the Soul into Bodies [6]

论灵魂坠入肉体

IV.9.*Εἰ αἱ πᾶσαι ψυχαὶ μία*

If All Souls are One [8]

是否所有灵魂都是同一的

V.1.*Περὶ τῶν τριῶν ἀρχικῶν ὑποστάσεων*

On the Three Primary Hypostases [10]

论三大本体

V.2.*Περὶ γενέσεως καὶ τάξεως τῶν μετὰ τὸ πρῶτον*

On the Origin and Order of the Beings which is Beyond [11]

论"太一"本原之后的实是的起源和秩序

V.3.*Περὶ τῶν γνωριστικῶν ὑποστάσεων καὶ τοῦ ἐπέκεινα*

On the Knowing Hypostases and That Which is Beyond [49]

论认识本体和超越的东西

V.4.*Πῶς ἀπὸ τοῦ πρώτου τὸ μετὰ τὸ πρῶτον καὶ περὶ τοῦ ἑνός*

How That which is after the First comes from the First,and on the One [7]

本原之后的东西如何产生;兼论太一

V.5.*Ὅτι οὐκ ἔξω τοῦ νοῦ τὰ νοητὰ καὶ περὶ τἀγαθοῦ*

That the Intelligibles are not outside the Intellect and on the Good [32]

论可理知者不外在于纯思,并论至善

V.6.*Περὶ τοῦ τὸ ἐπέκεινα τοῦ ὄντος μὴ νοεῖν καὶ τί τὸ πρώτως νοοῦν καὶ τί τὸ δευτέρως*

On the Fact that That Which is beyond Being does not think,and on What is the Primary and What the Secondary Thinking Principle [24]

论超越实是的东西不思想,并论什么是首要的和次要的思考原理

V.7.*Περὶ τοῦ εἰ καὶ τῶν καθέκαστά ἐστιν εἴδη*

On Whether there are Forms of Particulars [18]

是否有关于个体的形式

V.8.*Περὶ τοῦ νοητοῦ κάλλους*

On the Intelligible Beauty [31]

论可理知之美

V.9.*Περὶ νοῦ καὶ τῶν ἰδεῶν καὶ τοῦ ὄντος*

On Intellect, the Forms, and Being [5]

论纯思、形式和实是

VI.1.*Περὶ τῶν γενῶν τοῦ ὄντος πρῶτον*

On the Kinds of Being I [42]

论实是的种类 I

VI.2.*Περὶ τῶν γενῶν τοῦ ὄντος δεύτερον*

On the Kinds of Being II [43]

论实是的种类 II

VI.3.*Περὶ τῶν γενῶν τοῦ ὄντος τρίτον*

On the Kinds of Being III [44]

论实是的种类 III

VI.4.*Περὶ τοῦ τὸ ὂν ἓν καὶ ταὐτὸ ὄν ἅμα πανταχοῦ εἶναι ὅλον πρῶτον*

On the Presence of Being, One and the Same, Everywhere as a Whole I [22]

论实是、同一与无论何处皆显为整体 I

*VI.*5. Περὶ τοῦ τὸ ὂν ἓν καὶ ταὐτὸ ὄν ἅμα πανταχοῦ εἶναι ὅλον δεύτερον

On the Presence of Being, One and the Same, Everywhere as a Whole II [23]

再论实是、同一与无论何处皆显为整体Ⅱ

*VI.*6.Περὶ ἀριθμῶν

On Numbers [34]

论数目

*VI.*7.Πῶς τὸ πλῆθος τῶν ἰδεῶν ὑπέστη καὶ περὶ τἀγαθοῦ

How the Multitude of the Forms came into being and On the Good [38]

形式的多样性如何形成,兼论至善

*VI.*8.Περὶ τοῦ ἑκουσίου καὶ θελήματος τοῦ ἑνὸς

On Free Will and the Will of the One [39]

论自由意志

*VI.*9.Περὶ τἀγαθοῦ ἢ τοῦ ἑνός

On the Good or the One [9]

论至善与太一

《九章集》在汉语学界过去有一些节译,最近章雪富和石敏敏基本上翻译了整部《九章集》,其中一半内容以《论自然、凝思和太一——〈九章集〉选译本》之名在中国社会科学出版社出版,另一半内容以《〈九章集〉精选》之名将在香港道风出版社出版。我们在下面的讨论中对《九章集》的部分引文参照了这两个译本。

当代西方对普罗提诺的研究呈现出繁荣景象。《九章集》是用希腊文写的,所以拉丁世界一般来说一直对其内容不甚熟悉。《九章集》的拉丁文译本是文艺复兴时的柏拉图主义者斐奇诺(*Marsilio Ficino*)于1492年完成的,至今被学者们看重。德、法、英、意译本在19世纪末、20世纪初也都已出现。值得一提的是英译本中的麦卡纳(*Mackenna*)译本,据普遍的评价说,它的"英文比希腊原文还要美",能够传达出普罗提诺的哲学魅力,然而不属于逐字严格翻译。此书现在在"企鹅古典系列"中有一个节缩本。另外就是哈佛大学《洛布古典丛书》中的英译本,这是由英国著名普罗提诺学者阿姆斯庄(*Armstrong*)历时多年完成的(第一卷出版日期是1966年,第七卷出版日期是1988年)。该译本有希腊原文对照,公认属于严谨译本。另外,西方还有不少抽译本《九章集》,部头不大,重点突出,便于查阅。

从研究上看,对普罗提诺《九章集》的研究既有相当专门化的针对其中几篇甚至一篇文字的评注专著,如劳拉(*W.Laura*)的《普罗提诺与自由:对〈九章集〉68的思考》(纽约,1990),梅杰(*P.A.Meijer*)的《普罗提诺论至善或太一:〈九章集〉69》(阿姆斯特丹,1992),佛里特(*B.Fleet*)的《普罗提诺〈九章集〉36:论非形体者的非被动性》(剑桥,1995),阿特金森(*M.Atkinson*)的《普罗提诺之〈九章集〉51:论三本体》(牛津,1983);也有针对普罗提诺哲学当中的某个主题讨论的学术论文集。不少学者专攻一面而有成就,如布隆曼萨(*Blumenthal*)之于普罗提诺的"心理"学说,阿姆斯庄之于普罗提诺与基督教关系等等。汉语学界对于《九章集》的研究也逐渐呈现专题化的良好势头。另外,还有一些思想家兼学者的研究,以把握普罗提诺思想中仍然富于生命力的要素与体系为己任,写出了相当有深度、有时代感的专著,使普罗提诺的影响超出了狭窄的“晚期希腊哲学”的专业小圈子。如里士特(Rist)的《普罗提诺:通向实在之路》,哈德特(Hadot)的《普罗提诺,或纯一视界》以及施罗德(Shroeder)的《相与变相:普罗提诺哲学研究》。不少大学如英国利物浦大学和加拿大的多伦多大学、美国欧多明大学等都形成了有关研究中心与群体。国际会议与文集系列频频面世。1996 年在剑桥著名哲学家导读系列中还出版了《剑桥普罗提诺导读》(*The Cambridge Companion to Plotinus*),汇集十几位当代著名学者的论文,从各个领域对普罗提诺思想进行全面、系统的探讨。在西方,还有专门的《新柏拉图主义研究季刊》(*The Journal of Neoplatonic Studies*),属于“国际新柏拉图主义研究学会”。

第三节　普罗提诺的思想资源

当代学者对普罗提诺的研究有一个十分“学术化”的倾向,就是发掘普罗提诺著作中的思想来源。各种“普罗提诺引文出处汇编、索引集”出版,热心详列普罗提诺思想中的前人成分:柏拉图、亚里士多德、斯多亚派、毕泰戈拉派、阿门尼乌斯等等。当然,这一研究路径有其偏颇之处:“普罗提诺被分化成他的材料来源了。”①事实上,在普罗提诺的时代,就有人误认为普罗提诺没有自己的思想,都是重复各种大哲学家的想法。波菲利为此还专门在《生平》中指出这是完全的误解:

> 在写作中,他行文简洁,思想丰富。他能做到言简意赅;他通常用一种出神的灵感般的语调表述自己的意思,叙述的是他自己有真切感受的、而非传统留传下来的问题。然而,他的著作中充满隐藏着的斯多亚和漫步派的思想。尤以亚里士多德的《形而上学》最为充斥其中。他对几何学、算术、机械学、光学和音乐都有全面的了解,但是不喜欢在这些主题上作深入研究。在学派的聚会中,他常常提供一些注释性的文章,也许是塞

① 里士特:《普罗提诺:通向实在之路》,第 169 页。

> 维鲁斯的、克洛尼乌(Cronius)的,或者努美尼俄斯、盖乌斯(Gaius)、阿提库斯(Atticus),以及漫步派中的阿斯帕西乌(Aspasius)、亚历山大(Alexander)和阿德拉图(Adrastus),还有其他所能找得到的材料。但是他并非简单地引用他们的书,而是经过自己的独特思考,并用阿门尼乌斯的思想来影响正在进行的研讨。他能迅速吸收所读的材料,用几个词就能说明某个深刻的研究主题,并继续进行。①

现代研究者中的有识之士也告诫人们,我们在探讨普罗提诺的思想资源的时候,一方面不要忘记普罗提诺善于继承前人的成果,另一方面他是一位富于原创力的哲学家。② 我们认为这是比较客观的立场。在此立场之上,让我们考察一下普罗提诺与前人思想之间的关系。

普罗提诺身处3世纪,又在当时世界文化重镇之一的亚历山大里亚从学名师十余年,十分熟悉希腊哲学的各种流派传统。希腊哲学诸传统中,他显然倾向于精神化取向的毕泰戈拉、巴门尼德、柏拉图、亚里士多德、斯多亚派一方,因为他感到他们的哲学与自己的思考和个人体验相吻合。在《九章集》中他曾经指出,他所主张的观点不是他异想天开的独创,而有个长长的古老传统:

> 柏拉图的著作足以表明,这些观点都已自古有之。在柏拉图之前,巴门尼德也已触及类似的观点。他说,"思想与实是同一",显然他认为实是和纯思是一致的,他并没有将实是归入感知领域……同样,阿那克萨戈拉在说纯思是纯粹的而不是混合的时候,就由此指出第一原理是单一的,太一是独立的。但由于他处在古代,因此他没能进一步作出明确的解释。赫拉克利特也认为太一是永恒的和可理知的,因为物体总是不断地生成,又不断地消亡。对恩培多克勒来说,"斗争"是分离的原理,爱是太一,是非形体的,诸元素则充当质料。再后来就是亚里士多德,他使第一原理成为独立的(分离的),可理知的,但是他又说第一原理认识自身,这样他就

---

① 波菲利:《普罗提诺的生平和著作顺序》,第14节。

② 参见里士特:《普罗提诺:通向实在之路》,第13章。

又退回去了,使第一原理丧失其本原性。①

这段话中已经列举出在普罗提诺看来是自己的先驱的思想者们。当然,他也指出他们各自都有不完善之处。他的继续反思和澄清的工作是建立在对古代思想家的全面了解和比较研究的基础上的。这一态度在普罗提诺讨论时间与永恒的文章的开头一段话中表达得非常清楚。他说,我们在日常生活中使用时间和永恒的概念没有问题,但是一旦希望深入了解它们,却立刻发现陷入了重重困难之中(奥古斯丁在《忏悔录》中的类似感叹应当来自于此):

于是,我们开始思考古代哲学家关于时间与永恒的论述,发现他们众说纷纭,各抒己见,甚至对同一个理论也会有不同的解释,我们就把它们一一收集,感到心满意足,认为如果有人问我们这个问题,只要我们能够说出古人的意见就足够了,因此觉得没有必要再进一步研究它们了。诚然,我们必须相信,有些古代著名的哲学家确实已经找到了真理,但我们仍应当考察哪一位最完全地获得了真理,我们自己又如何理解这些问题。②

理解了普罗提诺的这一基本态度,下面我们就考察一下普罗提诺思想资源中的几个重要因素,或者他的思想与几种主要的希腊哲学流派的异同关联。

一　与柏拉图哲学的关系

普罗提诺虽然批评"注释家"、赞扬"哲学家",但他却从不认为自己开创了什么新哲学。"新柏拉图主义"这个术语是18世纪的学者加给普罗提诺等罗马时期柏拉图主义者的。普罗提诺自己是从来把自己看做一位柏拉图哲学的忠实阐释者。当然,他会把他认为老师没讲清楚的地方再理清楚,把逻辑推到一半的地方推到底。在此意义上,甚至连柏拉图本人也可以说是一位"新柏拉图主义者",尤其是在他思想发展的后期。

普罗提诺在文章中大量引用柏拉图对话录,明白引文涉及《斐德罗篇》、

① 普罗提诺:《九章集》5.1.8—9。

② 普罗提诺:《九章集》3.7.1。

《菲莱布篇》、《理想国》、《会饮篇》、《泰阿泰德篇》。其他提及的则更广，如《阿尔西巴篇》、《申辩篇》、《斐多篇》、《高尔吉亚篇》、《巴门尼德篇》、《蒂迈欧篇》等 19 种；《柏拉图书信》中普罗提诺提到过第二、六、七封。以《巴门尼德篇》为例，目前学者经过研究，能够确定其中不少话可以和《九章集》中的一些论述对应起来：

《巴门尼德篇》137D—E、138A、139B、139E、140B、140D、140A、141E、142A

《九章集》5.5.11、5.5.9、6.9.3、4.5.1、5.5.6、5.5.4、6.9.3、5.4.1、5.3.13①

普罗提诺引用柏拉图就如同引用权威。他有一些自己喜爱的段落，常常引用，有时甚至不顾原文上下文的意思。学者们一般认为他在几种重要的学说上坚持了柏拉图主义。首先是对“相”世界与现象世界的划分和对超越的世界的真实性、本位性的肯定。其次，柏拉图曾语焉不详地在《理想国》和《巴门尼德篇》中提到有超越相世界的更高本体——至善，而普罗提诺的“太一”学说则将这一点发挥得淋漓尽致。相应地，普罗提诺在认识论上也突出强调了柏拉图哲学中主张的理性直觉知识高于推理知识的立场。第三是柏拉图的《蒂迈欧篇》（27D—31E）中有一个“创世”理论，普罗提诺把它转化为自己的本体“漫溢”出现象及质料的学说。最后，柏拉图关于灵魂不朽、坠落、回归（辩证法）的学说，直接影响了普罗提诺的关于人的命运的理论。

然而普罗提诺并非毫无创见地在进行“柏拉图评注”工作。他有自己的哲学思考，并且在柏拉图对话录中寻求支持。正如里士特所说：“普罗提诺从事哲学的主要动机是使自己的直觉与经验理性化。他之所以成为一名柏拉图主义者，是因为柏拉图使他能最成功地达到这一目标。”②

普罗提诺在许多方面与柏拉图并不一样。比如说他放弃了柏拉图的“分有”学说；他比柏拉图更“精神化”或更明白精神的本质不同于物质性的事物。柏拉图还可能曾经一度由于搞不清“相”的非物质性而陷入“分有说难题”的长期思考（“分有”会不会分裂相？众个体只能各自“分”到一部分相？等

① 参见 Doods 的研究，见阿姆斯庄：《普罗提诺哲学中的智性世界的结构》，第 15 页。

② 里士特：《普罗提诺：通向实在之路》，第 185 页。

等),普罗提诺则指出相作为非物质性的东西可以同时完整地普在于一切个体之中;而且作为非物质者,相不会被“割裂”。普罗提诺的整个注意力显然在强调不同实是领域的质的差异,认为它们不能被混同,否则将造成逻辑困难。

他们二者之间另外还有一个重大不同:普罗提诺不像柏拉图那么直接关心社会政治理论学说。他完全抛弃了柏拉图的历史中的行动这个方面,而专门突出柏拉图的另一个方面——出世“修道”的纯思辨哲学方面。因此,有人也称普罗提诺为“半个柏拉图”。

二　与亚里士多德思想的关系

波菲利在《普罗提诺生平》中写道:普罗提诺思想中隐藏有亚里士多德与斯多亚哲学。普罗提诺显然很熟悉亚里士多德思想。他在课堂上常读的哲学家中包括漫步派的亚里士多德评注。① 学者们大多认为普罗提诺能越过评注者而把握亚里士多德本人的思想。② 亚里士多德的形而上学、逻辑学、动物学、心理学、伦理学、政治学等方面的种种著作的影响都可以在《九章集》中找到。有的学者认为普罗提诺在改革柏拉图时引入了太多的亚里士多德思想,所以也可称为“新亚里士多德主义者”。人们一般认为有这样几个方面普罗提诺是受惠于亚里士多德的:一是普罗提诺本体中的第二层次——纯思——学说,显然吸收了亚里士多德哲学中关于最高本体——“自我思考的纯形式”——学说的影响。这种纯形式是“不动的推动者”;它自持不动,却能以目的因的方式创造万物。第二点是亚里士多德的潜能与现实学说,这也被普罗提诺改造后用于构造自己的哲学体系。普罗提诺虽然也常常批评亚里士多德,但他在摆脱别的学说的不正确之处时,却经常借助于亚里士多德的概念分析与洞见。

亚里士多德对柏拉图相论的批评是每一个企图复兴柏拉图思想的人都不

① 参见波菲利:《普罗提诺的生平和著作顺序》,第 14 节。

② 参见里士特:《普罗提诺:通向实在之路》,第 178 页。

得不认真考虑的。亚里士多德对柏拉图相论批判的焦点是:设想一个与感性世界分离的"相"世界对于我们理解现实世界并无任何帮助,因为"相"并不能与感性具体事项发生有效的联系,从而无法成为它们生成、实是的原因。"分有说"由于种种困难,只是一种空洞的说法和诗意的比喻,无法解决这一困难。① 亚里士多德正是有鉴于此,发展出了一套反对"分离"的"本体学说"和"潜能与现实"学说。普罗提诺也放弃了粗糙的"分有说",寻求别的途径来使本体对于具体世界发挥实实在在的动因作用。这就是下面要谈到的本体"满溢—光照"的思路。这种思路显然受亚里士多德的"本体—属性"式思维和"潜能—现实"及"质料—形式"学说影响。然而,普罗提诺与亚里士多德不同的是,他认为能"独立实是"、"不属于其他事物而为其他事物所属于"的"本体",并不是具体的感性个体,而是精神性的、包容一切的太一本体。在这一点上,普罗提诺不仅贯彻了柏拉图原则,而且还由于引入了毕泰戈拉哲学的"太一"思想,得出了超出柏拉图哲学的更高层次的统一原则。这一原则既是超越的,又内在于万事万物之中;它是自足的,又是在泰然自存当中创化万物的。

当然,普罗提诺在一些重要的方面不同意亚里士多德,比如,他认为最高本体超出"自我思考的纯形式",是甚至不能用"思"来规定的"太一"。而且普罗提诺还认为灵魂可以独立于形体(柏拉图主义),而不是像亚里士多德所讲的那种与身体不能完全区分开的形式。

三　与斯多亚派的关系

斯多亚学派在罗马共和国后期与罗马帝国早期曾流行一时。到了罗马帝国后期,也许由于其严格的、理性的责任伦理学和自然哲学,已经逐渐失去一大流派的地位。不过作为一种广泛意义上的影响,这种哲学仍然实是。②

普罗提诺与斯多亚思想的关系,是学者们专门研究的对象。一般认为双

---

① 参见汪子嵩:《亚里士多德关于本体的学说》,第254—256页。

② 参见格雷高利(J.Gregory):《新柏拉图主义》,第11页。

方的共同点是:(一)都有超越此世的倾向;主张心灵不为身体所左右;努力追求一种不为愤怒、欲望影响的精神境界;(二)对神圣实是的崇敬:(三)这神圣实是对宇宙有着理性的、统一的管理(providence);(四)统一性有各种层次;(五)实是着个体之相。

当然,这些相同点中也包含着不同程度的区别与差异。比较突出的有这样几点:首先,普罗提诺坚决反对斯多亚学派思想中的"唯物主义"一面,反对说神是物质的、形体性的、内在于世界中的,主张高级本体是超越的、灵性的,在这样的大序中,斯多亚派所讲的"神"被归入较低层次的本体。其次,普罗提诺反对斯多亚学派在灵魂中划分各种似乎独立的部分,而主张灵魂其实不可分割。第三,普罗提诺不同意斯多亚思想中的决定论或宿命倾向,认为人是自由的。这些,我们在下面的讨论中会逐步涉及。

四　与毕泰戈拉学派的关系

普罗提诺与毕泰戈拉派的关系也许最富于戏剧性。因为当时就有人指责普罗提诺"抄袭"阿帕米亚的努美尼乌斯(Numenius of Apamea)——一位毕泰戈拉派著名哲学家。但是曾从学于努美尼乌斯并几乎能背下他大部分著作、后来又是普罗提诺弟子的阿迈留斯却对这一说法著书加以反驳,阿迈留斯还给波菲利写信说到因此他们应当催促老师发表自己的思想,使人不至于继续误解:

> 你知道,虽然那些人总是企图把我们的朋友的教义归到阿帕米亚的努美尼乌斯头上,这使你感到痛心疾首,但是为了他们之故,我却从未对他们的敬拜非议过一句。因为很显然,他们只是出于引以为豪并乐此不疲的油嘴滑舌和随机应变的口才,才一会儿说他是一个愚蠢的人,一会儿说他是剽窃者,一会又说他的基本原理都是最无价值的实在。他们这样攻击他显然只是为了嘲讽他。但是我同意你的观点,我们应该利用机会以易于我们记忆的方式把所受的思想叙述出来,使它们广为传播,尽管它们已经名闻遐迩了,从而提高杰出的诸如普罗提诺这样的朋友的声誉。这就是我答应你的作品,如你所知是三天内写成的。你须宽以待之,因为

在选择和安排上没有相应于批评性的原件,只是根据我所能回忆的以前讨论的顺序记录下来,编纂成集。①

在普罗提诺生活之前的两个世纪中,确实有过新毕泰戈拉主义的复兴。毕泰戈拉派与柏拉图派在思想上十分亲近,在相互关系上也一直趋于互渗。普罗提诺的不少思想受其影响也是很自然的。比如"太一"学说与毕泰戈拉派的数论显然有关系,而新毕泰戈拉派用一个统一原则超越老毕泰戈拉派的"一"与"不定之二"、"有限"与"无限"之二元对立的传统,更是能直接导向新柏拉图主义。②

五　东方思想的影响

这是一个比较复杂的问题。一方面从波菲利的记载我们可以看到,普罗提诺在饱学哲学十年之后主动参加罗马皇帝的东征以期接触东方圣贤,了解更深刻的东方思想,而且他的学说中确实有"神秘主义"和非希腊成分。另一方面,不少学者又认为很难确定究竟他的哪些思想是汲取了印度教哲学或其他东方思想的。

在本书概论中已经说过,"希腊化"作为历史阶段终止于公元前 3 年,但是作为思想文化运动延续 800 年。这 800 年可以分为两个阶段:第一个阶段可以视为希腊世俗文化大举征服东方神秘文化,而东方文化毫无抵挡之力。这个阶段持续了约 3 个世纪:公元前 3 世纪到前 1 世纪。第二个阶段从 1 世纪开始,东方文化开始复苏、复兴,并反过来逼退、影响希腊文化地区。表面上看,当时在地中海一带是各种"折中主义"流行,但实际上由于新的政治状态下宗教不再与国家合为一体,导致了灵性大解放,神学素质提高,富于灵性的、又结合了希腊分析理性的"新东方"思想纷纷出现,诸如以斐洛为代表的希腊化犹太主义,与西方宿命论遥相吻合的巴比伦占星术,东方神秘主义礼仪巫术,基督教,诺斯替运动等等。

① 波菲利:《普罗提诺的生平和著作顺序》,第 17 节。

② 参见罗伊德:《剑桥普罗提诺导读》,第 12—13 页。

这些“东方思想”的共同特点是“宗教性”,它们都相信来世拯救,都主张实是着超越之神,都强调二元对立——如神与世界、灵性与物质、光明与黑暗、善与恶等等。在普罗提诺的著作中,我们将不难看到这些思想倾向在不同程度上起着一定作用。虽然我们也将看到,作为一位不能彻底否认现实世界的希腊哲学家,普罗提诺与他们仍然有很大的分歧,有时甚至发生激烈的冲突。

第十五章

普罗提诺的一元多层哲学体系

在本章中我们将讨论普罗提诺的哲学体系本身。前面说过，普罗提诺的著作是几十篇论文的汇总，没有一个明白清晰、条理分明的“体系”。但是作为研究者，后人只能以这种或那种方式按主题分门别类理清这位新柏拉图主义大师的思想。这么做不仅是必须的，否则会陷入一篇篇文章而难以自拔；而且也是可能的，因为普罗提诺的心中有一个完整的思想体系，所以他的写作用现代学者常用的一句话说，就是“以非体系的方式写出的体系”。他处处、篇篇企图论证的，都是他的这一哲学体系。

后人们“重构”普罗提诺的体系的努力很多，其结果也可以是各种各样的。普罗提诺的弟子波菲利显然认为最能反映出普罗提诺主义精神的，是一个“低→高”体系：从“人”的本质开始，逐渐上升到宇宙，再进入低层本体，最后是“太一”这一最高本体。所以他按照这一原则精心编排了老师的几十篇遗著。有些当代学者如哈多特、乌代利（U' Daly）和阿姆斯庄也遵循这一思路，把关于“人”（灵魂）的学说放在最先，作为普罗提诺整个哲学体系的“导言”，因为普罗提诺从事哲学的根本目的似乎是希望为灵魂的拯救指明道路。但是也有其他不少学者采纳的顺序是“太一→纯思→普遍灵魂→世界→回归太一之路”。这是一个自上而下的本体“创世”，然后再自下而上的本体回归的圆圈。我们下面将采取这一基本框架组织我们的考察，因为这样可以把着重点放在普罗提诺哲学本体论的基本原则之上。当然，无论我们今天采取哪种框架，读者都应当注意普罗提诺自己从来没有明确提出过任何一种“体系框架”。

普罗提诺哲学体系的独特性是“一元多层”。这有两个意思。一是他的世界图景，尤其是他的本体领域，是多层的：太一、纯思、普遍灵魂。这是在前此哲学家如柏拉图、亚里士多德那里所看不到的。另一个意思是这“多层”不是“多元”。并没有几个本体，本体只有一个。一元本体创化并普在一切。这又显示出普罗提诺是此前所有哲学家中罕见的一元论者。怎么翻译普罗提诺对“本体”（*hypostasis*）的称谓，一直是一个没有定论的问题。有的学者主张译为“实体”，理由是普罗提诺自己的文章有“论三实体”（*hypostasis*）之说。但也有学者认为普罗提诺的文章标题都不是自己起的，而是学生起的。他自己极少在文章中用“*hypostasis*”去称“太一”。

而且，“实体”给人分立的、形体的意象，这又是普罗提诺所最反对的“本体”描述。所以，有的学者建议译为三种原则，即“太一原则”、“智性原则”、“灵魂原则”。这既可避免实物性暗示，又可指明这里讲的不是一般智性、灵魂，而是其本体和神圣源泉。

不过，也有人会认为这么译过于“抽象化”，反映不出普罗提诺本体的生动、活泼的一面。我们姑且翻译为“本体”，以代表这种抽象的万物背后的“本质”的意思（*underlying state* 或 *underlying substance*）。更为准确的，是“一元本体，多个（三个）层面”，即太一、纯思、普遍灵魂。它们的性质与相互关系在下面的讨论中将会进一步得到阐明。

第一节　太　一

创化万物而又超越万物的一元本体便是“太一”。“太一”是普罗提诺哲学体系的核心，也是其全部价值的最终归宿。整个《九章集》可以看做是对“太一”的孜孜不倦的追求，或者说是充满哲学热情的颂歌。然而无论是从普罗提诺自己的说法，还是后人的研究看，“太一”又是普氏体系中最难理解的环节，正如布撒尼克（*J.Bussanichi*）所说：

> 在三原则或本体——太一、纯思和普遍灵魂——之中,太一是最难把握的,但又是理解普罗提诺哲学的最关键之处。太一是万物之源,又作为至善而是人以及其他事物的一切愿望之目标(telos)。作为万物的无法证明的第一原则,超越的无限实是,爱之最高对象,太一是实在的充满活力的概念的中心,其许多方面都无法进行哲学分析。普罗提诺相信,企图理解或规定太一的本性,必然是不正确的。我们谈论它,但只不过是在为我们自己创造出一些有关它的印迹而已。①

然而,普罗提诺自己对于"太一"还是写了这么多,说了这么多,制造了那么多"印迹"。我们也必须对普罗提诺的"印迹"再进行归纳与梳理,以期尝试弄清他提出这一哲学本体的理论依据,以及他如何理解太一本体与其他层次的本体乃至整个宇宙的关系。这里我们要强调指出,按普罗提诺的本意,"太一"是不可言说的,是太一、纯思、灵魂三位一体之"体"。他的所有文字都是描述其"印迹"。据此,后人——包括我们——的论述都是对"印迹"的探询。

一 "太一"之得出

"太一"是什么?为什么要"设立"太一作为最终本体?希腊哲学史发展到后来,在柏拉图、亚里士多德路线的思考模式之中,似乎都倾向于把最高哲学本体设为"相"或"自我意识着的纯形式"。而斯多亚派的那种自然最高原则"宇宙灵魂"也在不少哲学或宗教那儿被视为最高本体。然而普罗提诺的哲学体系的独特之处就在于把这些本体"候选者"仅仅归为第二级、第三级本体(纯思、普遍灵魂),认为它们还不符合终极性本体的要求。在他看来,在它们"之前"("之上")必须还有一层更高本体——太一。

中译"太一",希腊原文就是数词"一"的中性形态ἕν(hen)或阳性 εἷς(heis)、阴性μία(mia)的形式。在原文中一般都遵循希腊文大小写的语法规则表述。作为范畴,中文通译为"太一"。按照文字表述,此"一"同色诺芬尼的"一神"之"一",柏拉图《智者篇》"一"与"是"之"一",都是一个词。柏拉

① 布撒尼克:《普罗提诺关于太一的形而上学》,见罗伊德:《剑桥普罗提诺导读》,第38页。

图在《智者篇》、《巴门尼德篇》论述“一”与“是”的关系，但没有说“一”是本体。“本体”范畴的确立和表述，严格说起于亚里士多德。亚里士多德在《形而上学》第7卷（Z卷）中系统论述了“一”及“普遍性”不能作本体。在此之后，无论哪一派、哪一位哲学家都无法回避亚里士多德的论据。普罗提诺要把“一”提升为最高之“是”或“本体”，他必须遵循色诺芬尼、巴门尼德、柏拉图的思想进路，赋予“一”以唯一独存地位的“本是”/“本真”和“努斯”（nous，mind）的本质（essence）。普罗提诺正是沿着这条思路将已提升为哲学范畴之“一”往精神本体和神学方向引申。在涉及“太一”的主要几篇论文中，一是用否定式，否定“一”不是数字之“一”，杂多之“一”，计量之“一”等；二是用肯定式描述“太一”的“印迹”，最后说明“太一”本来是不可言说的，但为了便于理解，他不得不用俗世的言辞（logos）表述“不可名”、“非常名”之“太一”。

普罗提诺在不同论文中从不同角度论证过他的这一观点。我们可以把它们汇总起来，理出一个大概的逻辑思路。首先，普罗提诺坚信一切事物之所以如此实是，必须要有其“原因”。像米利都—原子论的自然哲学认为的那样，由于元素（如“原子”）的偶然凑合就能产生林林总总的世界的观点，普罗提诺视其为荒谬，坚决反对。而且，原因必然“高于”结果，“先于”结果（当然，这些空间化的“高于”、“先于”概念都是非空间化的逻辑关系的比喻）。那么，万物之所以能如此实是的根本原因是什么呢？是同一性或统一性。这一点在普罗提诺看来是人人都会接受的“公理”：

> 如果不是作为一个统一体，有什么东西能实是呢？如果一事物失去了它原先拥有的统一性，也就丧失了自己本身。比如说，一支军队如果不是一支军队，也就不实是。一支合唱队或一群羊也是如此。再者，如果没有统一性，也就不可能有一幢房子或一条船，因为房子是一幢，船是一条，如果它们丧失了统一性，就不是房子或船了。所以，如果没有统一性，广延者便不会实是；至少当它们被分割时会相应地失去其实是性，因为它们失去了统一性。
>
> 同样的情况也适用于动、植物的形体：它们各是一统一体。如果它们失去了自己统一性而散裂为部件，则它们便失去其过去的本质；不再是过

去之所是,成了新的实是者——而后者之所以能实是依然有赖于新的统一性。健康也只有在身体是一个有秩序统一体时才实是;美也是当统一性原则整合各部分时才出现。灵魂和谐统一时,才会有美德。①

总之,实是的各个领域都遵循这一原则,一事物唯有有统一性(是这一个事物)时,才能实是。那么,把各种各样的"多样性"组织成一个个"统一者"的统一性、"一性"本身,就是万物之因。他说:

一切不是"一"的事物都通过"一"本身而得以实是,从"一"获得自己的特质:如果一事物未获得与其多样性相称的那种统一性,我们就无法肯定其实是。我们之所以能确定个别事物的本性,皆在于它们各自所拥有的统一性或自身等同性。但是那超出一切的、全然没有任何多样性者,就不是通过分有而获得统一性,它本身就是那统一性本身。它独立于一切;一切事物由它获得与自己地位相当的一份统一性。②

那么,这作为终极原因的"统一性本身"是不是"灵魂"呢?许多哲学家倾向于这么想,因为灵魂统一、组织、塑造多种肢体为统一个体。然而,普罗提诺认为灵魂虽然不是由部件构成的一种本体,但仍然有某种多样性——有多种能力如推理、欲望、知觉等等,所以配不上纯粹统一性。那么,"自我意识"着的神圣纯思是否当得上这一称号?亚里士多德所颂扬的那种仅仅以自己为对象进行沉思的最高智性原则,应当没有"外"、"异"、"多"了吧?普罗提诺认为,严格地说,即使是"自我意识",也已经至少有了意识者与意识对象的区分或二元化,也就是有"异"与"多",仍然不符合"全然纯一"的要求。再者,"纯一"要求"自足",而意识或认识还反映出有一种需要,仍然不是毫无需要即丝毫不走出自身的圆满自足。"思"在亚里士多德看来已经是最高状态。但是在普罗提诺看来,还是次级的。

这最终源头必须是超越一切多样性的单纯统一性本身。纯思一层相当于柏拉图的"相",亚里士多德的"纯形式",它固然是真正的实是,是真理,是生

① 普罗提诺:《九章集》6.9.1。

② 普罗提诺:《九章集》5.3.15。

命，所以已经是极高的本体；但在它们之上，还有超出实是、真理、生命者，它是它们的统一性的最终源泉：

> 那么，这是什么呢？是产生一切实是的力量。没有它，则万物不会实是，纯思也不会成为最初的、普遍的生命。超越生命者是生命之源：因为万物总和之生命活动并非源初的，而是从某个源泉出来的。想想一眼泉水，不再有更前面的源头了；它流出了一条条河，自己却不会为众河所穷尽，仍然宁静自足。从中而出之河，在分叉为几条之前，在一起流淌着……再想想铺展成一株茂密大树的生命，其源泉坚固地保存于根部而没失散于树的枝桠之中，但同时又给予了整棵树以多样之生命。①

所以，多样者来自统一者，统一者在逻辑上必然先于多样者："如果在多样者之前没有统一者，则多样者不会实是。"②这样的推理路线与其说反映了逻辑上的考虑，不如说反映了对于宇宙本质的某种洞见。不同的哲学家抓住了不同的洞见或者直觉。如果说以原子论为最高形态的希腊自然哲学抓住了"物质不灭"、"现实的影响力量"等直觉，那么柏拉图路线的哲学家抓住的就是事物的统一性从而（这样的）事物的"之所是"。前者形成了自下而上的"构造主义"思路，而后者形成了自上而下的"统辖—大序"思路。对于普罗提诺，当人们认真反思各种具体的统一性时，应当领悟到它们有着质料偶然碰撞所完全无法解释的来源，而源头必然高于派生者：

> 如果本原之后有什么东西，那么它必然是产生于本原的。它或者是直接产生于本原，或者通过中介实是者溯源到本原，因此必然有二级实是者和三级实是者，二级追溯到本原，三级追溯到二级。在万物之前必然实是一种简单事物，它必然不同于它所产生的任何事物，它是自在的，不与它所产生的东西结合，同时能够以不同的方式呈现在它所产生的东西里面，它是真正的同一，而不是组合而成的统一。事实上，即使用同一来描述它也是错误的，对它不能有任何概念或者知识，因此也许只能说它是

① 普罗提诺：《九章集》3.8.10。

② 普罗提诺：《九章集》3.8.10。

“超越之所是”。如果它不是单一的,不是在一切重合和结合之外,那么它就不可能成为一个本原。因此它必是完全自足的,因为它是单一的,是一切之首。任何非本原的东西都需要产生它的东西,任何非单一的东西都需要单一的构成元素,这样它才能由之生成。这样的实在必是唯一的。①

普罗提诺认为,在共相、纯形式层面之前再设立“统一性”本身作为最高原则,这也正是希腊哲学史尤其巴门尼德、赫拉克利特、阿那克萨戈那、恩培多克勒、亚里士多德、毕泰戈拉的一贯传统的延续,尤其是体现了柏拉图哲学的“正宗”教义。我们知道,柏拉图在其《理想国》第6卷中关于“日喻”与“洞喻”的讨论中,曾提到在相世界之上,还有“至善”,是相世界的实是源头与认知前提。如果说从日常世界上升到相世界是从幽暗的影子世界进入到阳光普照之下万物历历清晰的实物世界,那么从相世界再上升到“至善”,便是从真实世界再上升到阳光——太阳本身。②

“太阳喻”后来成了普罗提诺很喜欢的意象。实际上,这是3世纪许多哲学、宗教的核心隐喻。然而柏拉图的“太阳”——至善——到底是什么意思?是众相之一(最高的相),还是根本超出相的什么东西?柏拉图在《理想国》中没有论述。在另一篇对话《巴门尼德篇》中,柏拉图围绕“一”展开了八组论证。其中,第一组论证“一”超出一切范畴之上,甚至不可以用“实是”等范畴去规定它。不少人认为柏拉图这是在定义一个最终、最高本体。但也有不少人认为柏拉图只是在进行逻辑训练,因为他接下来的几组论证相反地推出“一”必须与其他范畴结合,亦即“超越之一”并不能那么“绝对超越”。③

新柏拉图主义者包括普罗提诺,是坚信前一种意见的。他们认为柏拉图在《巴门尼德篇》中论证的“一”,正是《理想国》中“太阳喻”所说的“至善”。后世学者由于大多相信柏拉图各篇对话反映了柏拉图的不同发展阶段的思想,很难接受它们相互间是在“回答”同一个问题的说法。但是普罗提诺与一

① 普罗提诺:《九章集》5.4.1。

② 参见柏拉图:《理想国》,509。

③ 参见本书第二卷,第二十章第二节。

般古代哲学家一样,从来没有想到“用发展的眼光”去看柏拉图。他认为柏拉图的各篇对话都在表达着同一体系,所以相互之间当然可以“互参”。普罗提诺在写作中引用最多的乃是体现“本体论阶段”的中期柏拉图对话录。不仅柏拉图的对话录是权威来源,而且柏拉图书信,“不成文学说”等等,在普罗提诺看来,都体现了柏拉图有这种“太一”的思想。在我们看来,柏拉图的确有过这种思想,但显然感到仍有不少困难,所以没有明确地加以阐述。里士特对普罗提诺与柏拉图的关系曾有过一句中肯评语:“普罗提诺之于柏拉图,正如柏拉图之于苏格拉底。这是一位比老师自己还要理解老师的意图的学生。他是一个主要兴趣在绝对之一(他把它与柏拉图的‘至善’等同起来)的系统思考者。这样他从某种意义上来说就继承了柏拉图的困难,因此他的解答也就具有头等的重要性。”①

这种困难是什么?它可以用“绝对者”与“相对者”的关系来概括:太一与相是不同的还是连续的?同则怎样同,异又如何异,连续则怎样连续?我们首先看一下普罗提诺阐述的二者的不同性,或绝对者的超越性。

二　太一之超越性

这一方面有时也被称为普罗提诺的“否定神学”,是其思想中十分强调的一个方面。这可以从几个方面来看。首先,普罗提诺清楚地意识到不同层次的范畴不能混同;不同质的事物不可置于同一水平上进行描述;超出下一层面者不会具有下一层事物的任何属性——不可被误认为下一层集合中的一员——即使是其中“最强大的一员”。一切善者都由于分有“善”而成为“善的”,但这“善”本身则不可能是众善者之一(从而也不会是“善的”)。② 普罗提诺在此表现出比柏拉图更严格的语义逻辑清晰性。

所以,它超出了一切事物,无法用我们所知的任何修饰语去描述它。也许,“一”(太一)是唯一可以勉强用来称呼它的概念,但也并不准确,因为它不

---

①　里士特:《普罗提诺:通向实在之路》,第 24 页。

②　“哲学必须谨防把后来的、下层的东西归于至高者,至高者居于其层级之上,是万物之因、之原,而非其中一员。”参见普罗提诺:《九章集》,6.5.13。

是数字上的一,是“统一”、“自足”,无所依赖,从而具有无穷力量:

> 我们称其为“一”,比数学统一性或“点”之为一的意义要广得多。在数学中,思考者抽象去了广延与复多,以达到最可能小的端,专注于不可再划分者。但这东西本身又是一可分整体的部分,属于别的事物。(太)“一”却既不属于别的事物,也不是什么可分者的部分。太一之不可分性,并非那种最小端之不可分性。它是一切事物中的最大者,这不是就广延讲,而是就力量讲。它的力量不在于它的广延……它必然是无限的,这不是说它的大小或数量无法计数,而是它的力量无法思议……它的统一性就在于它的自足性,因为作为万物中最完满、自足者,它必然是最不需要别物的。任何多样性都由于缺乏统一性而不足……“太一”却不缺统一性。它就是统一性。①

这样的太一也不能说是“实是”或“思考”,因为它甚至不需要“实是”或“思考”。实是或思考都是下个层面的属性。这又与普罗提诺的另一个思想联系起来:“太一”是“纯一”(simple),而“实是”或“思考”都会使单纯变为复多。“实是”或“是”(“is”)是典型的命题句式,而命题句式的本质就是复多(“x 是 y”),就是在单纯者身上又加上些别的东西。普罗提诺经常把太一称为“至善”,因为万物都在太一之中,“没有任何事物拥有太一,唯有它拥有万物。在这个意义上,它也是万物之至善,因为万物的实是无不以各自独特的方式指向它,依赖于它。”②但是,从上面的反命题式把握的角度看,普罗提诺认为即使说“太一是至善”也是不妥当的,容易导向太一在思想——在用命题句子把握自己,从而有二分化自己的嫌疑:

> 他甚至不是这个“是”,就是这他也不需要。也就是说,用“他是善”这样的句子来描述他也是不恰当的,因为这个句子意含着“是”。当然即使我们用这个“是”来谈论他,也不是表示说他是另外的事物,只是表示他就是他的所是。但我们用“至善”来谈论他,并不是说他是他自己,也

① 普罗提诺:《九章集》6.9.6。

② 普罗提诺:《九章集》5.5.9。

不是说善属于他，而是说这两者是同一的；事实上，我们认为，说"是善"不合适，在"善"前面加上冠词也不恰当，但这样我们就无法把自己的意思讲清楚，因此就用"至善"来表示这种同一性，这样说至少不需要用"是"，免得生出其他事物。但是谁能承认一个原理是毫无自我意识，对自己一无所知的呢？但是他若有知识，又知道什么呢？"我是"？但他并不是。那么他是否会说"我是至善"？同样，他若这样说，就是论断自己"是"另外事物。也许他只说"善"，没有任何添加？事实上，如果我们不论断它是什么，是可以思考"善"而不用"是"的。但是他若认为自己是善，这种自我意识就不可避免地产生论断"我是至善"；否则，他思考善，但"他就是这善"这种思想不会出现在他心里。那么这思想必然就是"我是善"的论断。①

真正的自足者不需要思想，就甚至不会有思考自己的需要。在普罗提诺看来，那些说最高本体的本质是"思想"的人，是认为"思想"会增高本体的尊贵。但如果太一是由思想获得尊贵的，则太一自身就没有尊贵。而且思想是一种功能，功能总有发挥的好坏之分。太一则没有任何功能，也不可能有"发挥得好"或"不好"的区别。它是完全自足的。自我思想或"反思"在亚里士多德看来，是最高实是的特征。但普罗提诺却认为这仍然是次级的性质，因为这里已经有了二分化：思想的主体与对象的区分。再者，普罗提诺虽然属于希腊理性主义传统，却对思或反思的至上性持保留态度。他认为"反思"对于"前反思本质"来说，必然构成伤害。他指出，日常我们也可以看到，真正的活动往往在前反思状态下进行得最充分："一位读者在聚精会神读书时常常不意识到自己。在勇敢行为中，人们也不会意识到勇敢行为或自己的所作所为符合勇敢之规则。"②

最后，普罗提诺之所以认为太一无法认识与表达，超出一切之外，作为一切实是、形式的源头，太一自己不能又是一个实是、形式。普罗提诺对于语义

① 普罗提诺：《九章集》6.7.38。

② 普罗提诺：《九章集》1.4.10。

层次的区分有敏锐的把握。一切实是或者本体必然是某种具体的事物,也就是说某种被限定、有界限的事物;而作为万物原理的太一,就不可能再被理解为某种具体事物。太一是“相”之源泉。但它不是一个相,甚至不是最大的相。其中质的区别就在于,相本质上是“有限(度)”,而“太一”恰恰是“无限”。我们知道,毕泰戈拉——柏拉图——亚里士多德路线的哲学家代表着希腊看重“限度”、“反对混沌”的传统。唯有有限度者,才具有实是。提供“限度者”,就是实是的原则。这就是“相”理论的本质。然而普罗提诺的“太一”超出相、超出实是,不是相、不是实是,其中一个重要原因就在于它是无限。反过来说,正因为它是无限,它才能是诸有限度之相的源泉。

作为无限者,任何对它的规定都必然是否定或限定。所以只能采取“否定规定”的方法去描述它,说它“不是 x,不是 y,不是 z”。当然,这些又显得是在否定地规定它,而它超出无论肯定还是否定。所以更准确地说应是:“它既不是 x,也不是非 x;既不是 y,又不是非 y;既不是 z,又不是非 z”。比如,严格地说它当然不是有限的,但又不是“无限”——即不是那种“无限伸展、走出自身”的无限;既不是思想、知识,又不是无知,因为无知仍设主体与客体的二分以及主体不知客体。太一既实是,又不实是;①既是行为,又不是行动;②既是自由的,又不是自由的;既不是生命,又是生命。③ 这样的事物完全超出我们的理解之外,一切通常的理解只会使我们与它距离加大:

> 我恳请你不要通过其他事物来看它,否则你很可能只看到它的一个影子,而不是它本身。你必须思考它可能是怎样的,恐怕只能把它理解为自我实是的,纯粹的,不与任何他者混合的,虽然没有任何事物拥有它,一切事物却都又分有它,因为没有任何别的事物是这样的,但必然有某种事物就是这样的。那么谁能完全整个地获得它的力量呢?如果有人确实完全而整个地获得了它,那为何还与它不同呢?那么他能部分地抓住它吗?但是只要你专注于它,就是完全地领会,只是你不可能说出整体,否则,你

---

① 参见普罗提诺:《九章集》6.7.38。

② 参见普罗提诺:《九章集》5.5.10。

③ 参见普罗提诺:《九章集》6.8.13。

> 就[只]是纯思之思，并且即使你达到了这一点，它也要离你而去，或者毋宁说你要离它而去。①

普罗提诺这种违反一般语言和认识规则的言说方式是其整个哲学的一个显著特征；所谓"新柏拉图主义的神秘主义"与此紧密不可分。而且在后来受新柏拉图主义影响所形成的基督教神秘主义当中的"否定神学"中，我们也可以看到对这一特点的强调。不过，普罗提诺的神秘主义并非混沌不分的非理性，而是一种"理性的神秘主义"，是由于确定的思考而得出的结论。普罗提诺的"太一"是整个本体论意义的提供点，因此它涉及了整个框架，不能再把它看做是体系之中的一个成分，对此要彻底转换认识的方式去"看"。普罗提诺曾用了许多比喻来说明这种"视角彻底质变"的必要。比如他说，灵魂接近太一就像一个人进入一座庙宇，首先看到的是许多诸神形象。但是，当他终于进入最隐秘之至圣所时，他看到的就不是神的雕像画图，而是神自身了。太一与其说是视之对象，不如说是另一种视之方式。② 普罗提诺还用过其他的比喻来说明这一要旨。比如他说灵魂接近太一，实际上必须经历视野的完全改变，这可以用下面的生动例子来比方：

> 这就好比有人进入一个装饰豪华的美宅，因为还没有看见主人，因此在房子中想着每一部分装饰，对它们赞叹不已，但当他兴高采烈地看见了主人——这主人不是房子里的哪个形象，而是值得真正凝思的对象——他就撇开房子中的那些事物，此后就只看主人一个人；他看着他，目不转睛，由于这样连续的凝视，最后他已经不是看见对象，而是把视觉与凝视的对象合而为一，由此，原本是看之对象的，现在变成了他内在的视觉。于是，他忘了其他一切凝思对象。如果在看房子的景观时所遇到的不是凡人，而是诸神之一，不是显现出来可以看见，而是包含在看者的灵魂中的，那么也许形象与实在本身是一致的。③

这时，看问题的方式会整个改变，"房子的主人"并不是又添加上来的一

---

① 参见普罗提诺：《九章集》5.5.10。

② 参见普罗提诺：《九章集》6.9.11。

③ 普罗提诺：《九章集》6.7.35。

个新客体,而是整个物景的意义统一原则。由于凝神观照他,整个“视”与视的对象就合而为一。看到了“他”,意味着这时我们对一切别的事物的观看都必须从“他的品位与成就”的角度来重新认识一番了。①

对于这样一种远远超出我们的世界乃至纯思世界的最高本体,语言无法表达。但人们或许会问:为什么普罗提诺还是写了这么多,讲了那么多,教了几十年?为什么不“终止语言”?学者们注意到,普罗提诺在这个问题上有自己的区分:“那么我们怎么谈论它呢?事实上,我们可以关于它说些东西(speak about it),但我们无法说它本身(not speak it),我们对太一本身不可能有知识或思想。”②也就是说,在“讨论 x”与“揭示 x”之间还是有很大不同的。

> 那么我们自己怎样谈论它呢?我们确实在说着什么,但我们肯定又没有言说它,因此我们对它没有知识也没有思想。但是如果我们对它毫无知识,那是否就完全不拥有它呢?事实上,我们在这样一种意义上拥有它:我们谈论它,又没有谈论它。因为我们所说的是它所不是的,而不是它所是的,因此我们是从它所产生的事物来谈论它的。但即使我们不能谈论它,也并不意味着不能拥有它。正如那些心里有神的人在入神状态时至少清楚地知道,他们心里拥有某种更伟大的事物,虽然不知道那究竟是什么,但从他们被感动的方式,从他们所谈论的事物——当然这些事物不同于神——中总能对感动他们的神获得一定的意识。③

太一高于纯思和实是,它比一切所说的事物更多更大,它高于言语、思想和意识。但是,为什么我们还要进行这种无助于真正揭示对象自身本质的言说呢?换个角度说,也就是为什么还有哲学教学的必要呢?普罗提诺把哲学家的教学工作比做“为希望观看者引路”,但是不能包办到达终点进行观看本身,后者是否能够达到,是每一个朝圣者自己的事情:

> 我们的说和写都直指于它,试图从推理中苏醒,唤起对它的直接凝视,就如同向某个希望看到一样东西的人指明其道路一样。教诲所及之

① 参见施罗德:《相与变相:普罗提诺哲学研究》,第 84 页。

② 普罗提诺:《九章集》5.3.14。

③ 普罗提诺:《九章集》5.3.15。

> 处仅仅是道路和旅程，但是，凝视是那已经决意去看的人的事情。如果这个人没有看到那个景象，他的灵魂没有意识到那儿的荣耀……那么，尽管由于他愈行愈近而接受到了真正的光并通体被照亮，还是终因阻挡视觉的负担被拉了回来，这也是由于灵魂不是独自上升的，它还携带着使它脱离太一的事物。①

史罗德认为普罗提诺的意思是，虽然我们关于太一的种种言说无法说出太一的真相，但它们可以把我们"引向太一"，正如上面引文中普罗提诺所说的："我们的说和写都直指于它。"（We speak and write impelling foward it.）②这种逼问，这种迫使我们自己的注意力趋向太一而非日常事物的努力，终会有助于我们达到直接凝视太一的境界。③ 海瑟则认为诸如"一"、"善"之类名字并非是描述"它"的"谓述"，它们只是我们尽我们最大可能"指点"它的手段而已。"一"只是想表达一种否定的意思："它"并没有复多性，也就是说没有分裂成部分。④ 从词语分析看，如果我们当真把"一"当做一个肯定性的术语，那它与其说能够显明太一，不如说会遮蔽太一：

> 既然万物都实是于那从太一产生的事物里，你能说太一是它里面的哪个事物？既然它不是它们中的任何一个，那就只能说它超越于它们之外。而这些事物都是实是者，是"是"（实是），因此它必然"超越是（实是）"⑤。"超越是（实是）"这个词并不意味着它就是一个具体事物——显然，这个词没有对它作出任何肯定性陈述——也没有意指它的名称，这个词所暗示的意思无非是说它"不是这个"。如果这个词所表示的就是这一点，那么它绝不可能领会太一；事实上，企图领会毫无界限的事物是荒谬的；凡是想要这样做的人就是阻断自己的道路，全不跟从它的踪影。人若想要看见可理知的本性，就须抛弃一切感知觉的影像，凝思那超越于

① 普罗提诺：《九章集》6.9.4。

② 普罗提诺：《九章集》6.9.4。

③ 参见史罗德：《相与变相：普罗提诺哲学研究》，第78、89—90页。

④ 参见普罗提诺：《九章集》6.9.5。

⑤ 出于柏拉图：《理想国》，509B9。

感觉领域之外的事物;同样,人若想要凝思可理知者之外的事物,就会放弃一切可理知者去凝思那超越者;他通过可理知者可以知道这超越者是实是的,但要知道它怎么样、像什么,就必须抛弃可理知者。不过,“它像什么”必然表明它“不像”,因为对于不是“某种事物”的事物来说,不实是“像什么”的问题。但是我们总是为不知道该说什么而感到痛苦,总是在谈论着不可说的,还要给它取个名字,因为我们想要尽我们所能向自己表明它究竟是什么东西。只是“太一”这个名称可能只包含对多的一种否定。①

即使是经常用来表达太一的“至善”,也不是企图说明“太一是什么”。因为正如普罗提诺所说的,“至善”并非对自己是善的,而是对别的事物是善的。② 它是万物回归中的第一原则,相当于万物产生中的“源泉”。然而甚至无论“源泉”还是“至善”,都是在用比“太一”低下的事物(借助其与太一的关联)来“说”太一。而且,我们任何“规定太一”的企图,都要借助于我们这个领域中的现象去类比。但是,由于我们的领域与本体领域之间的质的巨大差异性,类比推论的失效可能性就极大。③ 普罗提诺说:

由于我们没有能力找到合适的方式去言说它,我们就会把它的低下者的那些低下属性归于它身上;也只能以这样的方式对它有所言说。但是,我们能想到的一切可说之事都不可能以合适的方式直接说出它——甚至是谈论它。④

下面我们会讨论到,对于普罗提诺,一切关于太一的言说学科都是一种精神训练,最终是要帮助人们超出推理甚至超出整观直觉,超出哲学,达到一切“学问”终止,达到静默无言的、无欲无求的太一的境界。

普罗提诺想要否定的是用种种属性破坏太一的单纯性的思考方式,或者说,一切想用“认识”来接近太一的企图,因为太一根本超出任何知识之上。

① 普罗提诺:《九章集》5.5.6。

② 参见普罗提诺:《九章集》6.9.6;6.7.41。

③ 参见海瑟:《普罗提诺哲学中的逻各斯与语言》,第61—63页。

④ 普罗提诺:《九章集》6.8.8。

但是,他并不想因此而误导人去以为太一是消极的空无。恰恰相反,他认为太一是无比的富足,拥有一切,是万物之源。

三　太一的创造性

这是普罗提诺的肯定的、积极的“神学”。这里回答的是本体与世界的关系,或一与多的关系问题。这一直是本体论的老问题:一为什么会产生多?一怎么能产生出多?普罗提诺知道这些问题“在古人中就出名地困难”①。他提出了自己对这一问题的解答,这是一种与柏拉图的解答(“分有说”)十分不同的新思路,它受到了亚里士多德思路的影响。这就是普罗提诺的“满溢——回转”学说。这种学说贯穿于其整个体系当中,是每一层实是“派生”下一层实是的标准方式。所以我们可以在其最初表现——太一创造纯思——中首先集中力量弄清其基本概念。

普罗提诺提出这一思路可以说是受两种矛盾冲突的观念的逼迫。一是他认为完善者必然创造,最完善者必然最能创造。否则怎么体现完善即充沛创造力之本性?但另一方面,他又同意完善者不应当运动,不应当“向外”,没有任何“进一步”的需求,不可能具有创造次等事物的“目标”。

那么,这种创造就必须是一种完全不同于一般“手工制造”之类的有目的的实践活动,而是一种全新的创造:它既能保证完善者“不动”之要求,又能够令完善者能“创造”。普罗提诺认为“满溢”就是这样一种创造。“满溢”(或“漫溢”)一词过去都翻译为“流溢”,但是“流溢”的意象是直线的或片面的,而普罗提诺心中的本体的意象是立体—圆球的,四面八方处处溢出;最好的例子是太阳及其发光。而且,“流溢”一词没有凸显出普罗提诺所强调的本体极大丰盛的溢出后果。“漫溢”(overflowing)的意象是完美者自身宁静地实是那里,不求不动,但是从其本质中就会漫渗出自己的“映像”环绕在自己的周围。普罗提诺认为这实际上是一种在各种事物中都可以观察到的普遍现象。

---

① 盖提(M.L.Gatti):《普罗提诺:柏拉图传统以及新柏拉图主义的基础》,见罗伊德:《剑桥普罗提诺导读》,第28页。

一切实是者,只要持存着,就必然从其本体中,由其力量产生出依赖它的实是者,它们是其产生者——原型——的映像。火会产生出热,雪也不会把冷仅仅保持在自身当中。产生气味者更是这一事实的明证……一切完善者必然产生,永远完满者永远地产生,并产生某种永远的东西。①

在其他的地方,普罗提诺还结合“强大美好者绝不会吝啬或无能”的一般信念论证这样的“漫溢”思想:

它是如何从本原产生的呢?如果本原是完美的,是一切中最完美的,是首要的能力,那么它必是万物中最强大的,而其他能力必尽其所能模仿它。因此,当某种实是日趋完美时,我们看到的它的生产行为,它无法保持自身不动,而是要生出其他东西。不仅具有选择能力的事物如此,而且那些没有自由意志的生命物也如此,甚至无生命物也要尽其所能使自己为他者所知,如火给人温暖,雪使人凉爽,药以与其本性相吻合的方式作用于他人,因此这些都尽其所能模仿首要原理,学习它的永恒和慷慨。既然这最完美者,这本原至善是产生万物的原始力,那么它又如何保守着自己,似乎不愿给出自己,或者是无能的?若这样,它怎么可能还是本原呢?②

我们看到,普罗提诺的这种独特的“满溢”说有助于解决本体与现象关系上的几个重要的理论问题:

首先,这种“创造”完全是无意的,甚至创造者并没有进行这种活动,而“产生”就已经完成。这便涉及普罗提诺的“两种活动”学说。他认为一种事物可以有两种活动,一种是本质之活动,一种是从本质中产生的活动。前者是事物本身之处于“实现状态”,后者是从前者之中不可避免地“溢出”的活动。比如在火当中,有火烧之本质必然在那儿发热,也有从这一“火的本质活动”中同时传出之热。火四周弥散开的热并不减损火本身。同样,任何完善者的“满溢”式创造也丝毫不减损完善者。本原者超出自己的二级活动:

① 普罗提诺:《九章集》5.1.6。

② 普罗提诺:《九章集》5.4.1。

在任何事物中都有本质的活动和源于本质的活动；本质的活动就是实现了的事物本身，而第二种活动必然源于第一种活动，必是本质活动的结果，不同于事物本身。比如火包含着热，这是它的本质内涵，当永恒不变的火展开它的本质活动，这最初的热就产生出其他的热。在上界也是如此，或者说更是如此。本原永远"以自己专有的方式生活"，从它的完全和它的本性活动中产生的（二级）活动获得了本体性的实是，因为这种活动源自一种伟大的力，事实上是一切中最伟大的。那本原是"超越的实是"，而这二级活动乃是现实的实是和本体。本原是万物的生产力，它的产物就是万物。但是，即使这产物就是万物，本原却在万物之外，因此它是"超越的实是"。如果产物是万物而太一在万物之先，与万物不是处于同一层次，那么它必也是"超越的实是"。①

创造者"泰然自存，宁静不动"，这个概念应当来自于《蒂迈欧篇》中的"造物主"在创造了灵魂，并将创造有死者的任务交给自己的孩子之后，"安宁居于自己之特有生命方式之中"的说法。② 它特别强调的是创造的非目的、非意识、非计划性，即太一本体全然自足，没有任何外求性活动，只是因为自己太富足，结果尽管自己恬然自居，万物也会自然而然派生出来。这比《蒂迈欧篇》中柏拉图用"造物主"来进行有计划安排创造宇宙（的高级部分）的说法，还要彻底。满溢说既考虑到亚里士多德对柏拉图"分有说"创世论的局限的批判，放弃了笨拙的"分有说"；但另一方面，可以看出它更激烈地坚持了柏拉图主义的"本位上移"的非亚里士多德立场。亚里士多德的"形式—质料说"与"潜能—现实说"虽然到后来的极端处有走入唯心主义而与柏拉图主义合流的倾向，但总体来说是围绕现实具体个体展开的一种学说。所以对于亚里士多德，任何理论上的假设，都应当是有助于解释现实事物，才有价值。但"满溢说"显然把这种本体先后的地位颠倒了过来："太一"在满溢——创世——之前就已独立实是，其价值就已经充分实现，一点不必借助"创造世界"来争得自己

① 普罗提诺：《九章集》5.4.2。

② 参见柏拉图：《蒂迈欧篇》42e5—6。有关的讨论可以参见史罗德：《相与变相：普罗提诺哲学研究》，第29—30页。

的生存权。至于此世之创造,完全是"一级自足活动"所派生的"次级活动";是派生的、附带的,其实是与意义相反依赖于太一本体。

"满溢"一词,斯多亚派已经使用。不过,斯多亚派主要是用它解释物质性的散失铺展。但是普罗提诺用这一概念,恰恰是要表示非物质性的本体的创化活动和普在方式。所以,他常常喜欢用"光照"隐喻来表达"满溢"。"光照"有的时候与"满溢"不可分,指的是一回事。但严格说来,由于普罗提诺接受亚里士多德的看法,把"光照"看成非物质性的现象,他认为光的意象更精确地表达出了太一本体的创化作用。① 人们一般把注意力放在被光照亮的物体上,"光"只不过是附带被注意、甚至完全被忽视的事物,只是从其有助于我们更好看清具体个体的用处上得到理解。但是,普罗提诺遵循柏拉图主义路线,要求人们把视线转到光本身上来,思考它不待"照明"(或先于"照明")便自身具有的内在价值。如此,则最终会在对光本身的冥观中产生最为自足的、满足的幸福感(试比较:人们并不会对仅仅是工具性的、解释性的理论"假设"、"模式"产生这种自足幸福感)。②

其次,"满溢说"除了能够表达"自身不动而生发万物"的意象外,它还比"分有说"更强调了原因与结果、创造者与被创物之间的质的差别。满溢者与溢出者既是连续的,又是断裂的。不错,满溢者也实是于溢出者之中,正如原形之在镜中映像中一样,这是其连续的一面;但"溢出"之意象显然更强调两者的"断裂"和"不同"。哲学家可以采用各种"创造"类型来思考、比拟他们所认为的本体创世关系。在各种创造模式中,"生育"也许最强调创造者与被创造者的本质相通,"制造"已经次之,"满溢"则最远。

严格地说,普罗提诺的完整"创造"学说不仅包括"满溢",而且还包括满溢之后(逻辑上的"后")的"回转"。也就是说,本体或高层源头对于派生者起两种"原因"作用。第一种是"动力因"的,即通过完善者自身宁静的现实本质活动而满溢出"不定之二"、"质料"、"潜能"。第二种则是这种次级实是

---

① 参见史罗德:《相与变相:普罗提诺哲学研究》,第 34—35 页。

② 有关对于"光"的两种态度的讨论,参见史罗德:《相与变相:普罗提诺哲学研究》,第 49—50 页。

“回转”,“观照”高级实是,从而获得形式、现实和确定性,于是真正进入现实实是。在此,原因作为“目的因”产生着次级事物。一切事物的“善”都是其生命之自然活动,是其更好部分之活动,这样的活动必然指向“善”本身。所以,“至善”是一切事物的自然活动的宁静的“源泉与原则”。万物依赖它,而它不依赖任何事物;这是普罗提诺经常使用的太阳比喻所表达的:

> 我们必须设想至善是这样的事物,万物依凭于它,它却不依凭于任何事物,因此此话说得不错,它就是“万物所向往的”。因此它必然静止不动,万物转向它,就像圆圈之于圆心,所有半径都出于圆心。太阳也如此,它就是一个中心,光从它发出来,并且依赖于它,光无论射向哪里都联结着它,不可能与它分离,即使你想尽办法要把光与太阳分开,光依然连着太阳。①

可见,“太阳喻”在两个阶段上都能表达出普罗提诺关于本体创世关系的完整意思:首先,阳光之普照并非太阳之有意行为,而且毫不减损太阳的本质。这象征着“满溢”。其次,阳光环绕太阳,依赖着太阳,处处与之关联而不分离,这又可以象征“回转”。②

无论是“满溢”还是“回转”,无论本体是在作为动力因还是目的因,普罗提诺都想传达一种意思:任何高级实是都毫不在意于低级实是,全然自足。所以,这是某种非目的论的“神”观,与柏拉图和斯多亚派对于神的信念具有相当明显的差别,在一定意义上却符合一般的希腊精神中对神的“完满自足性”的看法。伊壁鸠鲁学派就是捕捉了这一看法建立了不创造世界、不关心世界的“神”的神学的。当然,伊壁鸠鲁也不会同意普罗提诺所讲的太一通过漫溢创造世界的学说。我们在前面提到过,伊壁鸠鲁始终一贯地坚持从原子的偶然碰撞中就能解释所有事物的实是和秩序。

在讨论完普罗提诺对于“创造”的一般理论后,我们可以回到太一的“创造”这一具体问题上来了。太一正是以这种自足而漫溢的“创造”方式创造了

---

① 普罗提诺:《九章集》1.7.1。

② 参见普罗提诺:《九章集》6.9.1。

“纯思”——第一位被创造者:

> 这就是第一次创造活动:太一由于不寻求,不拥有,不需要任何东西而是完满者;它满溢着。它的无比充沛创造出了某种与自己不同的东西。这种东西当出现后,便回转向太一并得到充满,由于观照太一而成为纯思。它的停止与向太一回转构成了实是;它的凝视太一构成了智性。既然它停止并转向太一以便观照之,它便成为纯思与实是。①

第二节 纯 思

“纯思”是太一的第一个漫出者,是一元三层神圣本体中的第二层(*the second hypostasis*),是最真实的“实是—生命—知识”之所在。普罗提诺用 *nous* 命名之。这很难翻译。不少译者如阿姆斯庄译之为“*mind*”,“*intellect*”;也有译为“*spirit*”。汉译或可为“心智”,“智性”,“智性原则”,“精神”。但各种译法都有不尽如人意之处,如“心智”虽然强调了这一层本体的知识活动本性,却易误导人认为它只是人的主观认知活动,但实际上它却是“客观的”甚至超出宇宙之上的神圣本体(之一层)。“智性”与“智性原则”的翻译法避免了这一理解,但却又过于着重其静止方面,不符合普罗提诺所强调的 *nous* 的生命不息之特性。“精神”一词,则难以传达这一层本体的理性方面。我们译为“纯思”(也可以译为“圣智”、“神圣心智”或“神圣智性”),希望这样能兼顾 *nous* 含义当中的客观与主观两个方面以及它是神圣本体而并非一般人的“纯思”的特征。

纯思作为太一的第一次造物,应当体现出既与太一不同、又与太一最相近的双重特点。

---

① 普罗提诺:《九章集》5.2.1。

一　纯思失去最高统一

首先,纯思与太一极不相同。虽然纯思在整个创造系列上位置离太一最近,但作为与太一之第一次不同者,应当突出地体现出巨大的质的裂变:在超越者与非超越者、统一性与多样体、无限与有限……之间,无论差别多么"小",都已然是本质不同了。太一是完全的现实,充沛无比的生命活动。纯思则首先是太一满溢出的潜能、质料,也就是说,"纯粹异质性"和"运动本身"开始出现。① 这种不确定的潜能在回转向太一、反思太一时,获得了确定的形式,成为相和数,进入现实的智性活动。②

作为认识活动,纯思丧失了太一的"纯一"性,而成为实是着思之主体与被思客体二元化的事物。③ "自我认识一出现,纯一性就丧失了。任何认识,既使是最高的认识,也必须是认识某种与自己不同的事物。正如我们一直说的,如果无力把自己视为一种外在者,就否定了认识本身。认识行动需要多样性:认知者,运动,以及思考原则所需之其他条件。……一切认识行为,为了成为其所是,都要求多种事物。如果全然纯一等同,则或许可以有某种'接触',但不可能有'认知'。"④

纯思不仅会带来主、客二元化,而且它在认识对象时,也只能把对象划分成一个个范畴来进行。它不可能把对象当做整个的浑然不分的统一体来认识。

因为在一个全然一体中,甚至无法区分出可以在上面施以(认知)活动的对象,也无法有朝向此对象的"运动"。⑤

所以,虽然纯思转向太一,认识太一,但是"尽管它尽一切努力想把这个在先者作为一个纯粹统一体来把握,它还是只能收集一系列印象。这样,对象

① 参见普罗提诺:《九章集》2.4.5。
② 参见普罗提诺:《九章集》5.4.1。
③ 参见普罗提诺:《九章集》6.9.2。
④ 普罗提诺:《九章集》6.7.3。
⑤ 参见普罗提诺:《九章集》5.3.10。

对于它就成了多样性的。”①于是最终还是无法把握纯粹的“太一”,然而这是没有办法的事,这是“思”的本性所决定的:“如果它指向没有复多成分的统一体,它就会失去智性;它能对此说些什么、知些什么呢?”②纯思只能以自己的方式去思与它相当不一样的太一:“至善是一,纯思中的相是多,因为纯思无力保持它所领受的力量。它把这一力量碎裂为多。它不能以统一方式把握的,它就只能以分裂方式去承受。”③

另一方面,由于纯思比起以后的各层实是来说,又是与太一最近的溢出者,所以它是太一最佳的形象。在统一性、自足性、创造力等等方面,它与太一最相似。“关于最完善者我们能说点什么呢?它所创造者必然在伟大性上只亚于它。而伟大性上亚于它的、那第二伟大的,就是纯思;纯思观照太一,只需要太一,而太一当然不需要纯思。高出纯思者所产出的结果才是纯思。纯思又高于一切其他事物,因为它们都在它之后。”④我们在有的地方可以看到,普罗提诺有时又把太一说成也在进行自我思考。比如在《本原之后的东西如何产生于本原;兼论太一》中他说:“万物都归属于太一,都在它里面,都与它在一起。它完全能够辨认自己,它的生命在自身之中,万物也在它里面,它对自己的思想就是它自身,它借一种无中介的自我意识实是于永恒的宁静中,它的思考方式不同于纯思的思考。”⑤《洛布丛书·九章集》的英译者在这段话之后忍不住注释说:这样的话显然认为太一也在进行某种思考。而这体现了普罗提诺采纳了某种与努美尼乌斯相似的观点。在后者看来,第一神就是一个纯思。当然,这是高于“第二神”亦即观看形式并创造世界的得穆革的神(见该书第146页)。在我们看来,普罗提诺的思想反映了柏拉图路线的哲学神学的矛盾心理:一方面,他们希望尽量区分出更高的本体;另外一方面,他们又不知道怎么去把握这样的本体。如果仅仅使用“否定神学”,就可能堕入某种“虚

① 普罗提诺:《九章集》5.3.11。

② 普罗提诺:《九章集》5.3.10。

③ 普罗提诺:《九章集》5.1.6。

④ 普罗提诺:《九章集》5.1.6。

⑤ 普罗提诺:《九章集》5.4.2。

空”境界,使最高本体丧失了一切。如果说本原与影像必然有某种类似的地方,那么,使用我们所知道的范畴以某种方式去描述最高本体,也应当具有一定意义上的合法性。往后可以看到,能否以及如何用俗世的人类语言(logos)去描述超世的唯一神,一直是缠绕哲学家、神学家们的一个头疼的问题。

二　纯思仍有高度自足与统一

这种“亚伟大性”可以从两个方面看。一是纯思拥有仅仅次于太一的极大的统一性,虽然这是多样中的统一。在各种(层度的)认识中,唯有纯思是自我认识,这意味着认识的主体与客体实际上是一回事。任何认识都是企图建立主客同一性,而唯有自我认识才能够最好地建立之:

> 在思考其他事物与思考自己之间是有所不同的;后者在消除二元性上走得更远。前者也想要消除二元性而思考自己,但不太能做到这一点。因为它虽拥有所知者,却与之不同。而后者与自己的对象并无根本区分,乃是与己为伴,认识自己。这样,它们虽为友伴,但仍是一体。①

这段话出自第6卷第6篇《论超越实是的东西不思想,并论什么是首要的和次要的思考原理》,文中用希腊文 ta duo einai(eimi 系词的不定式)表述两类本体及两种认识的差异。同次级本体不同,纯思不是从外面去步步逼近(逼远?)对象,而是从(自己)内部把握自己。所以这不需要推理,不需要经过分离的、外在的环节;而是“直觉”,即瞬间通体把握对象。纯思是相的集合整体。这样,不仅纯思与诸“相”之间圆通无碍,而且每个相也同时是所有其他相,甚至是纯思整体。普罗提诺特别喜欢用“光明通透”来强调纯思视野下的实是特有的“统一性”(通一性)。在编目为第5卷第8篇的《论可理知之美》中,普罗提诺用“光明通透”展现“纯思整体”之美:

> 他们所凝思的一切不是生成的一切,而是一切真在者,他们本身就在这真在之中。因为那儿的一切都是透明的,没有任何黑暗或阴晦。每一事物相互之间都通体透彻,因为光之于光怎能不透明。在那个世界,每一

① 普罗提诺:《九章集》5.6.1。

> 物都包罗万象,都可在任何他物中观照万物,因此每一物都无处不在,每一物都是全,都有无边无垠的荣耀。每一物都是大物,即使小的事物也是大的。在那里,太阳就是所有的星辰,而每个星辰就是太阳,也是其他星体。不同种类的实是者彼此独立,但所有实是者都相互显明。……在我们的世界,一部分不会生出另一部分,每一实是都只是部分;在那个世界,每一实是都源于整体,既是整体又是部分;它表现为部分,但是它有深邃的视力,能洞悉它所包含的整体,就像传说中的林扣斯(Lynceus)的视力。据说,他能看到地球的内部。这个故事乃是用谜语比喻那个世界的实是者的眼睛。①

阿姆斯庄指出普罗提诺与柏拉图的一个巨大不同是令每一个相都是一个"活生生的心智"。而根据亚里士多德心理学,心智就是其所思者。既然纯思的每一部分都是一个现实的、积极活动的纯思,它们便思着整体,从而就是整体。② 这些描述,无不使人想到亚里士多德的"神学"。确实,学者倾向于认为普罗提诺的"纯思"层本体的设立是汲取并结合了柏拉图的"相世界"与亚里士多德的《形而上学》第12卷的理性静观自身式的"纯形式"的思想。就纯思类似于"相"来说,这是因为它的本质就是本真的之是(实是)和现实活动。普罗提诺专门区分过,一切在我们这个世界是"本质性质"的,在"那个世界"就是本体,因为那个纯思世界是本体(ousia),而且其特点是合一不分,万物相通:

> 在可理知世界中,一切事物都是本体是因为一切就是一;而下界是影像的世界,这里,各种影像是彼此分离的,这是这,那是那,各不相同。就像在胚胎里,人体的一切器官都合而为一,一就是一切,手没有独立出来,头也没有分离出来,但生命形成之后,它们就彼此分离了,因为它们只是影像,不是真正的实在。③

此处有一个理论问题值得探讨。一般人容易认为,亚里士多德的"范畴"

① 普罗提诺:《九章集》5.8.4。

② 参见阿姆斯庄:《剑桥晚期希腊与早期中世纪哲学史》,第248页。

③ 普罗提诺:《九章集》2.6.1。

就是柏拉图的“相”，因为它们的实质内容都是提炼出的事物共性，只不过前者不与事物“分离”，后者“分离”。而且，甚至这一差别也不难消除——只要人们认识到柏拉图以及柏拉图主义者们也许是在用诗化的比喻，或是一时误入了很容易清洗掉的粗陋思维方式。然而我们认为这么理解是有危险的。亚里士多德主义的“范畴”与柏拉图主义的“相”很可能是极为不同的两回事，不可混同。亚里士多德在《范畴篇》中提出“本体与属性”等十大范畴，完全是针对柏拉图把本体上移而提出的，他要清楚明白地捍卫常识，确立本体在“这一个”具体个体的世界中。亚里士多德以他擅长的语言—概念分析指出，本体是“不表述主体，不实是于主体之中的”，是“个体”，是“变中的不变”。亚里士多德认为，这样的东西只能是具体事物。① 不难发现，柏拉图正是认为具体事物无法具有永恒不变性等等这些“优秀的”本体论特性，才提出“相”的学说。而普罗提诺更是全面地阐明这一观点。

在亚里士多德看来，具体事物成千上万，各成本体，用来表述他们的共同属性如时间上、空间上、数量上、情状上的特征可以抽象总结起来，称为“范畴”。范畴并无独立实是的可能与意义，具体事物已经完全穷尽了它们。或者说，“共性”在一切“例子”中毫无分别地完全显出。然而对于柏拉图主义者，“相”才是本体；是包容其他事物而不为其他事物所包容的，是为感性世界所“描述”的：“摹本‘总是’描述”原型的；②相是主体，是变中的不变。普罗提诺很清楚柏拉图与亚里士多德之间的这一对立，他提醒人们说：

> 我们要小心，别让那些种消失于属之中，或让种只成为反映于属中的谓述。种必须同时既在属中又在自身之中，既与它们混同又保持纯粹不混；种不应当在帮助别的事物的实是之中消灭了自己。③

如果说“范畴”和逻辑学上的“是”在实是论上并无等级高下之分，在一切同名者当中的意义都是一样的，那么，“相”就并不同等地显现于一切“同名者”之中。普罗提诺的满溢—光照学说想要说明的一个要点就是：本体本身

① 有关讨论参见汪子嵩：《亚里士多德关于本体的学说》第2章。

② 参见普罗提诺：《九章集》6.3.15。

③ 普罗提诺：《九章集》6.2.19。

永无减弱,但其扩延自身的"创世系列",是一步步减弱下去的。这意味着,实是是分成等级的。越往下层去,本体(相)越隐而不显。美德之美低于相之美,感性事物之美又低于美德之美,如此等等。许多被日常人称做"真"、"善"、"美"、"实是"的事物,严格地说已经不能(不配)这么称呼。所以,问题不是到所有例子中找平等无分别的"共性",而是向上逐层深入地寻找"真实者"。只有找到了真实者,才找到了本体,才能反过来考察哪些事物体现了更多的真实本体,哪些体现得少些。

"范畴"在亚里士多德那里,只是用来解释具体事物的模式与工具,本身没有内在价值。即使是其最高"神学",也是为了说明现象而推演出的。所以他后期又回到具体事物分析上。① 在普罗提诺这里,"相"固然有解释具体事物的功用,但它首先有独立的内在价值,而且其内在价值绝非由此功用派生出,毋宁说远远高于其他事物。实际上,普罗提诺在《九章集》第 6 卷第 1 篇《论实是的种类Ⅰ》(*On the Kinds of Being Ⅰ*)中逐条驳斥亚里士多德的"十范畴理论"。② 亚里士多德认为"种"比"属"离实是更远,只是"潜能"或"质料",有待加上属差才能实现为某种实是。③ 相反,普罗提诺却认为种是属的"原则",即种"造出"了、"产生"了属。普罗提诺也讲纯思为具体事物之"潜能",但乃是指它是"有能力造出具体事物"。正因为如此,纯思必然先于个别事物,包容个别事物于自身普遍之中。个别事物"潜在于"纯思中,而纯思却是"现实的所有个别事物之总体"④。普罗提诺的"种"与亚里士多德的"作为质料"的种相反,比其"属"更现实,而非更不现实。"种"并不仅仅是一个概念——"仅仅一个谓述"。种是一种实是的原则,它与属的关系是本体上的。这些看法与他认为太一先于众多,是众多之源,因此比众多更为现实的基本原则是统一的。⑤

---

① 参见汪子嵩:《亚里士多德关于本体的学说》,第 318 页。

② 参见普罗提诺:《九章集》6.1.1—24。

③ 参见亚里士多德:《形而上学》,86,1045a7—68;及 712,1038a5—8 及 16,1040b5—16。

④ 普罗提诺:《九章集》6.2.20。

⑤ 有关讨论参见海瑟:《普罗提诺哲学中的逻各斯与语言》,第 32—33 页。

总而言之,亚里士多德的"范畴—种属"理论与柏拉图派的"相—种"学说看上去都是在讨论同一种对象:一般与个别关系,而且双方本属同门,后来也似乎在终极之处暗合,所以常常被人混淆。实际上,他们代表着两种极为不同的思考及洞见。

正因为如此,"辩证法"或相之间的逻辑推演("通种")对于柏拉图与新柏拉图主义十分重要,但对于亚里士多德就毫无意义,只是批判的对象了。实际上,对于许多人来说,柏拉图的许多"通种理论"如《巴门尼德篇》和《智者篇》中的推论,都显得是胡扯硬谈(黑格尔的"逻辑推演"在许多人看来也是如此),而亚里士多德的范畴分析合情合理,不失为古人对于语言分析哲学的一个良好尝试。"辩证法"对于柏拉图学派来说,是希望训练人们认识到,真正的知识应当完全在理性的领域中进行;应当不承认任何假设,而运用分析、综合的方法逻辑地推演一切。"分析"与"综合"容易被人视为没什么高深意义的普通推理方法。但对于理解柏拉图学派的"分析与综合"来说,一定要从某种类似于康德提出的"分析判断"与"综合判断"背后的考虑来理解。也就是说,相(即实在)世界是完整自足的,可以"分析地"("先验地")推出一切。问题只是如何按合理程序把这分析工作做好。① 人们如果受这样的训练久了,就有可能把心灵定在相—理性世界之上("在真理的平原上"),同意这才是真正的实是。

前面提到的纯思领域特有的"万物通一、通透、透明"的景观,并非仅仅依靠直觉顿悟得出,而是建立在"一切相皆一纯思"和"相的逻辑推演"的论证之上。"相"之间的互通,最典型的体现是那少数几对"元共相"(相之上的相,它们可以与别的相进行本质沟通)的"通种"或演绎。柏拉图在《智者篇》(254D—257A)中进行过通种推演。普罗提诺在《九章集》第6卷第2篇《论实是的种类Ⅱ》章中也有这样一个推演,虽有类似柏氏之处,但又富于原创性。亚里士多德的十范畴不像柏拉图那样是从逻辑推论(演绎)出来的,而是

① 参见本书第二卷,第二章。

从经验事实中概括(归纳)出来的。[1] 在上述《九章集》第6卷第1篇中,普罗提诺对亚里士多德的范畴理论展开了批评。然后,在第2篇他转向"柏拉图的观点"亦即他自己的立场。他首先指出,如果只讲超出一切的太一,则没有"多"可言。但是我们已经说了在太一之下的"纯思—实是"并非毫无区分的一,就可以而且应当研究它可以分成几个种,其间关系如何等等问题。纯思的特点是"一即多"或"多即一"(One-many)。这种多或区分,并非外面加上来的,而是先已内蕴于纯思之中。故而"实是"、"运动"、"静止"、"同"、"异"几个大种的数目及相互关系不应当是偶然的。

这种多,与形体性的"多"本质上是不一样的。"灵魂"是一个可以说明纯思的贴切例子。灵魂是"多",有各种官能等等。但谁都会说它本质上是一;它的多与物体的多不一样。灵魂实是,但灵魂的实是与石头的实是当然不是一回事,灵魂之实是的特别之处是"生命",而这"生命"不是从外面添加到灵魂上的,一定是其内在具有的。

所以灵魂中的实是与生命是共存的。纯思与灵魂一样,可以看出纯思中也有生命,这是更为一般的种,即"运动",源初的生命。这样,实是与运动便可定为是两个大种。两者是并存的,不能让其中一个被另一个吞没掉。比如,"运动"不能归属于"实是"之下,也不能高于"实是",而是与之并存;运动并非实是的一个属性,而是实是的"现实"。当然,运动与实是的本质是一个,因为实是是现实的,而非潜在的。

"静止"也可以这样推出来:运动在实是的领域中不改变实是的本性,而是使之更完满。所以实是之中必然有"以同样状态和同样方式实是"[2]并具有单一的定义的本质。这正是静止。所以,静止作为不可归结为运动与实是的第三个种确立了下来。"静止"与"实是"不是一回事。否则,实是与运动也会毫无区别,从而会导向这样的矛盾:静止等于实是,实是等于运动,静止也就等

① 参见本书第二卷,第759页。

② 柏拉图:《智者篇》,248A12。

于运动了。①

这么一来，三个大种——实是、静止与运动——便得出了。下一步推演是，这三者当然是不同的，可以区分开的，却又是在另一个意义上同一的。这样，“异”与“同”这两个大种又得出来了，亦即，三者借助“异”而区分开，又归于同一。这就是相世界的五个大种。一切事物，都是一个个具体的实是、具体的运动、具体的静止，具体的同与具体的异。这五个大种是并列的，即相互之间谁也不是另外哪一个种的分子或派生物：

> 这五个种是源初的、基本的，因为不能再对它们加以谓述而构成其本质定义的一部分。人们当然可以称它们为“实是”（ὄντα，*onta*，*being*，本是），因为它们是实是的，但是“实是”（τὶ，不定代词）不是它们的种——它们并非具体实是物……实是也不分有其他种，不以它们为种，因为它们并不超出实是或先于实是。②

普罗提诺这里说“所有这 5 个”（*πέντε πάσι*，pente pasi）都是同种（*gene*）的 οὔσια（*ousia*，*onta*，*ti esti*）。前面已说过，希腊文系词及其各词形有“是”、“有”、“实是”、“能”几个含义；系词转化为哲学范畴之后，在 *arche*（本原）等哲学理论思维的催生下，演化为指称本源性的、终极支撑性质的、独立自足的“这个”（是者）。柏拉图的 *idea*、*eidos* 及亚里士多德的 *ousia*（本体）概念随之产生。普罗提诺创造了 *hypostases* 指称一元三位的本源性、终极性的 *arche*，他吸收了亚里士多德的 *arche* 作 *first principle*，*primary principle*（第一原理，首要原理、原则），所以本书译为“原初本体”、“首要原则”。当他论证 *one*（太一）、*nous*（纯思）、*psyche*（*soul*，灵魂）的原初本体性地位时，用系词 *eimi* 的不同形式，洛布的英译用 *being*，*exist*，而用 *beings* 指具体实在物“是者”。从前后文看，普罗提诺的目的是论证纯思是“太一”之下，仅次于它的“本是”（三个 *hypostases* 之一），它不是具体物（*particular beings*），所以无法接受亚里士多德的范畴表；也不可套用柏拉图《智者篇》的通种论。他自己推演出“实是”、“运

---

① 普罗提诺：《九章集》6.2.7。

② 普罗提诺：《九章集》6.2.8。

动”、“静止”、“同”、“异”五个种,它们是“原初之种”(πρῶτα γενη,prota gene,primary kinds)。这里需要特别提醒的是:普罗提诺强调纯思的“实是”(being)就是纯思的“是之所是”(ti esti)的“自显”,就是显示为同、异、动、静。但不能说是同、异、动、静上的“种”。柏拉图在《智者篇》中提出“being”(是,实是)、“动”、“静”三个最普遍的种,普罗提诺加了两个,基本是柏拉图路线的继续。

普罗提诺进一步认为,这样自足的纯思是唯一真实的知识。而感性知识和推理知识都很难达到绝对的真理性。

由于纯思是内在的、自我的知识,它不可能有错误,它是真理。这真理不是与外部什么东西符合,而是与自身符合。自己是自己的明证。真理作为内在的秘密的展开,正是希腊“真理”(Aletheia)的原本意义。在普罗提诺看来,用经验来检验真理,是完全错误的想法,因为不可能想象用不完善的映象来“检验”完善原本,也不可想象用流变不真者去衡量永驻不变者。① 只要是纯思,就意味着永真:

> 能认为真正的纯思会有时出错吗?决不会:因为这么一来它便是非智性的,它怎么还能是纯思?它必须永远处于知识状态中,从不健忘。其知识决不依赖于猜测、不确定之事、道听途说。它也不来自推理。②

这一点体现出纯粹智性知识与感性知识的全然不同。感性知识总是外在的,所以永远可能出错,总是在昏暗中摸索:

> 从感性得来的知识,即使看上去最可靠,也是可以怀疑的,因为其表面实在性也许不是来自客观实是,而是取决于认知者的主观状态。它需要智性或推理去解释。即使我们同意感觉把握的对象是真实的,感性所认识者仍然只是对象的映象。感觉无法把握对象本身,对象总在其认识能力之外。③

纯思则是从内部去认识,与对象同一。所以这是截然不同的认识:一切皆透明,没有任何东西晦暗不明。每一部分都向其他部分彻底显出自己的一切,

---

① 参见普罗提诺:《九章集》5.5.6。

② 普罗提诺:《九章集》5.5.1。

③ 普罗提诺:《九章集》5.5.1。

因为光对于光是透明的。每一部分都在自身中拥有一切，每一部分都看到其他部分的全体，一切皆在每一处：一切是一切，每部分都是一切；荣耀无止境；每个部分都伟大，最小的也伟大。在那儿，太阳中有所有星星，每个星星都是太阳和一切星星。①

三　纯思所特有的生命性与创造性

这就把我们引向普罗提诺对纯思的积极肯定的第二个方面：这种仅次于"太一"的最大同一性，这种真理型知识，同时也就是充沛的实是、相、生命。

普罗提诺认为唯有在纯思—相的层面上，才有"实是"。其上者为太一，是超出实是的；其下者为现象世界，尚未达到实是——只是"生存"。而这实是之相，同时也就是最佳知识，从而是最充沛的生命。纯思中拥有一切。世界上的一切实是事物，动物、植物、甚至水、土、火、气等元素，乃至个体人，纯思中都有。当然，都是以完善的、真正的、原型的方式实是于那无所不包的纯思世界之中：

> 既然我们说这一世界以那一个世界为模型实是，那么这一个活生生的宇宙也必须首先在彼处实是。而且，如果彼处实是是完满的，那儿就必然包含一切事物。那儿的天空必须是有生命的，从而必须是满是星辰的，否则怎么还能称之为天空呢？那儿明显也必须有大地，而且那大地不是空无的，而是充满了生命；所有此岸世界中有的大地上行走的动物在那儿都有。而且很明显，所有植物亦植根于那里的生命；彼处也有大海，所有的水皆活生生地、永不止息地在那儿流动着；所有水中生物皆在彼处。那儿的宇宙中也少不了大气，同样还有空中飞行的生物。那一生命整体中的成员必然是活生生的，因为它们甚至在此岸世界都是活的……确实，彼处毫无匮乏，万物皆充满生命。②

在希腊原文中，普罗提诺在这里使用一个对称短语，一个是以相世界为模

---

① 参见普罗提诺：《九章集》5.8.4。

② 普罗提诺：《九章集》6.7.12。

型(*paradigm*)的此岸世界(τὸ πᾶν εἶναι ,*to pan einai*,*to be All*),洛布英译为 *this All exists*(*after the pattern*),这个"*to pan*"指感性具体万物。相应地,在彼岸世界有一个在先的(πρό-τερον ,*proteron*)的τὸ πᾶν ζῷον εἶναι (*to pan dzoon einai*,在先的,活生生的"众多之一"的"实是")。同柏拉图不同,普罗提诺在这里特地赋予在先的"相"世界活生生的(*dzoon*)品格,英译者译为 *the universal livingbeing*。英译者将前一个系词 *eimi* 的不定式译为 *exist*,后一个译为 *being*;前一个 *pan* 译为 *all*,后一个 *pan* 译为 *univresal*,这是很有讲究的。前者是杂多之一,后者是作为范畴的普适之一,前一个 *einai* 表述此岸世界众多实物,后一个 *einai* 表述高层次的本体之所是。作为哲学之史,我们要注意 *eimi* 指称的演化,晚期希腊出现大量作为"实是"或"存在"解释的 *estin*,*einai*,*on*,*ousa*。而且,在普罗提诺这里,"相"(*idea*,*eidos*)明确定为 *nous*(心灵、纯思)之相,在这个意义上,译为"理念"反倒比"相"更为贴切了。

阿姆斯庄曾注意到,普罗提诺对纯思的描述十分强调其活生生的生命和活动。在其先驱——中期柏拉图主义者——那里,并没有这种观点。中期柏拉图主义更多地把柏拉图的"相"仅仅看成"神的思想",而不是看成一个个自足的神秘"生命"。普罗提诺则用了大量生动、鲜活、强烈的意象来表达他对"彼处世界"的生命性的体悟。他的充满想象力的语言令人感到他是在描述某种智性直觉的个人体验。① 普罗提诺在描述纯思世界包容万物于统一之中时,用了一个十分著名的比喻:"万面活球"。与至善太一那种纯粹的一不同,纯思是一复合之善:

> 因为它由反映至善的众相所构成。我们可以把它比做一个活生生的、多面的球,或者把它想象成一个充满许多面容的事物,闪耀着活生生的面容;或许多纯洁的灵魂涌入一体,无处缺憾,处处完满。而包容一切的纯思居于其上,光照一切。但是,这么想象仍是外在的,是从一个与之不同者的角度出发进行的。真正的任务是成为它,使我们自己成为视觉本身。②

① 参见阿姆斯庄:《剑桥晚期希腊与早期中世纪哲学史》,第245页。

② 普罗提诺:《九章集》6.7.15。

最后一句话十分重要,这说明普罗提诺虽然大量使用意象、比喻,但他是一位清醒的哲学家;他知道任何想象,即使是最好的想象,都不可避免地是要歪曲思想的本质的。想象本质上是外在的,而外在思维法无论如何"逼近"对象,与从对象本身出发的思考还是截然有别的。另外,普罗提诺还提醒人们,想象总是运用物质的东西进行,因为只有物体性的东西才有表象。但思想根本是非形体性的。纯思的领域是思想的领域。在关于纯思作为"大球"的另一段比喻中,普罗提诺让我们进行这样的"思想试验"来理解"相"世界的那种非物质性的"互通"和"贯一":

> 让我们在思想中想象这一本来是处处森然有别的可见的宇宙,尽可能把它想象成处于一统一体中。这样,无论哪一部分出现了(如外天界),都会必然随之带出其他所有部分——如太阳,星星、大地、海洋及一切生物;好像都展现在一个透明的球中。好好想想这一意象吧:宇宙中一切皆在,或动或静,或有的动,有的静。一面想着这一意象,然后想象抽去其中质料、地方、空间大小。①
>
> 由神的力量充满的宇宙是非物质性的,它的力量是无限的。一般人总认为物质世界有力量,火有力量,物质有力量。但这只不过是因为他们没有体验到过真正的力量。②

纯思如此地拥有整个世界,显然会创造出其"映象",即我们日常生活于其中的此岸世界。但普罗提诺并不认为纯思是为了创造这个此岸世界而拥有诸般理想化的"模型",而作为相如此实是。实际上,纯思在感性世界之前就已经充分实现了自己。只不过纯思世界的自我实现、实是本身,会必然使感性世界从中产生出来。③ 所以,普罗提诺十分强调纯思的"创造"世界不是有意识、有目的的,不是推理性的、规划性的。它只是全然保持为自己,毫不外顾,便产生了世界——"或是直接投出,或是通过灵魂之中介。"④

① 普罗提诺:《九章集》5.8.9。

② 普罗提诺:《九章集》5.8.9。

③ 参见普罗提诺:《九章集》6.7.8。

④ 普罗提诺:《九章集》5.8.7。

施罗德经过对普罗提诺的文献进行的细致分析,指出普罗提诺在讨论“本体与产物”的关系时曾使用过许多模式。有些如“摹本说”,前人用过,但是不尽如人意。所以普罗提诺又用其他模式如“反映论”等来加以补充。摹本说的经验例子是肖像的绘制,反映论所取意象是月映万川。这两种模式的共同之处是都在派生者中把原型分解为仅仅与原型相似的属性,但失去了原型的统一本性。在摹本说关系中,本体在被描摹之后可以移开,而摹本仍能独立实是,所以本体与摹本的关系是中断了。而且,描摹是人工的、目的论的,由具有“向外活动”目的的某个人中介过的;此人(画匠)对原本进行观察、分析,然后决定用一系列别的、相对应的属性来再现原型。相比之下,在“反映”关系中,原本须臾不可离开,否则映象就会瓦解消失。原本与映象的关系从未中断过。映象未经任何中介而直接反映着原型。再者,这种反映是非目的论式的,整个关系中没有任何“向外目的”活动成分的实是。原型只是寂然不动,自存于己,便会自然地生出万象。普罗提诺显然深察苏格拉底、柏拉图相论中的“摹本说”提出后遇上的种种批评。所以强调用反映说来加以补救。施罗德认为,这两种模式是普罗提诺试图传达本体及其与派生物的关系的两种言说方式,他在对它们进行了分析之后总结说:

> 我们的研究已经论证了普罗提诺在讨论智性世界与感性世界的关系时使用了两个模型:摹本说与反映说。在摹本关系中,人们分析与区别开智性对象,就像一个艺术家把他的对象分解为相互分离的属性,这些属性在绘画中又被集合起来以再现统一体之表象。摹本说对于试图理解智性世界的哲学家来说不失为一个有用的模型,因为它可以通过智性与感性世界之间实是的分有关系及相似性来这么做。不过,普罗提诺还用反映论话语来平衡摹本式语言。反映论话语更强调感性世界与智性世界的连续性以及智性事物在感性世界中的真实在场。镜像中的颜色是原型中真实实是的一个属性的投射物,并且与该属性连绵不断。①

“反映说”中的本体与现象的关系,如果从宇宙创化论的角度看,是一种

① 施罗德:《相与变相:普罗提诺哲学研究》,第75页。

反目的论的“创世”关系。柏拉图主义的“创世”学说的典型代表作是《蒂迈欧篇》，而这是一个目的论式的创世说。普罗提诺反目的论创世说，针对的实际上是当时的诺斯替—基督教的拟人化的创世理论（及其对《蒂迈欧篇》的“借用”）。目的论是“处心积虑”的，是为了（外在）目的的，是从产物的功能方面考虑而一一安排、创造万物的。而普罗提诺认为纯思之“创造”万物，是直觉的、瞬间完成的，不是一步步推理思虑型的。纯思寂然不动，玄观冥想，万物本质刹那全然备于内，便必然会刹那“漫渗出”万物：

> 既然我们同意这一世界的实是与属性来自别处，我们应当认为这是由于它的创造者自己把它设想出来，并把它放在宇宙中心吗？然后他再设想出水，应当置于大地之上；然后再设想出从地上直到天空的万物？也许下一步应想出动物，并给它们一一分派特别的形状，还得为每一个设计出体内脏器和体外肢体？……一派胡言！首先，这样的概念毫无可能——如果神不曾见过万物，他怎能想出万物观念？其次，即使他从别处得到了这些观念，他也不能像工匠运用手或工具那样把这些观念实现出来：“手”与“脚”要等到后来才会创造出来！唯一的可能是一切事物实是于彼处（灵性世界），由于彼界与此岸世界之间毫无阻隔，灵性世界的映像会一下出现……①

相是非功利的。人之所以有脚，并不是因为某个创造主考虑到脚可以帮助人行走等等而规划出来的，而是“人”这一相内在地、本质地当然蕴涵“理性”——同时也当然蕴涵了“脚”。同样，“马”的相必然蕴涵马蹄。如此等等。每个相可以说都愿意自己的本质成为完善的。相世界没有超出自己之外的别的规划，它不是分别之智，它是直接智慧，是直觉。普罗提诺喜欢用古埃及象形文字为例来说明这一点：

> 当埃及贤哲想以他们的智慧来表达这些事物时，他们并不用语言文字表达的论证与前提，也不摹仿有意义的声音和述说公理。相反，他们以图写作，并且在庙宇中相应于每种实在都刻下一图……这样，每一幅图画

① 普罗提诺：《九章集》5.8.7。

> 都是一种知识、智慧……它们被瞬间把握,而非推理思维或考虑。只是后来,人们才从这内凝之统一体出发,找到别的表达它的方式。但那已经是展开了的表达方式,是用推论的方式叙说它,给出事物为何如此的理由。①

哈德特认为,在普里提诺看来,象形文字充分说明了什么是“有机总体”,而这正是“相”世界的特点:每个相都是“瞬间是所有自己”,它瞬间使自己把握自己的意义。我们可以说,普罗提诺的相就是自己绘画着自己的象形文字。②

看来普罗提诺在此与柏拉图的思想没有完全保持一致,他不同意《蒂迈欧篇》中“创世主”繁忙管理工作的看法,把创造与玄观融为一体,同时保有了两者的完整及纯粹。施罗德在总结普罗提诺的“寂然不动,默观之中万物历历自生”的自然产生(创世)过程时援用了普罗提诺自己一段生动的文字。普罗提诺思索到:如果我们向自然询问为什么要创造,她会回答:

> 你不应该问,应当在静观中理解,正如我静默而少言。那么,理解什么呢?要理解所产生者皆为我在静默中所观见者,玄观(θεω̃ρημα,thorema,comtemplation)之对象自然生成;而我从这种玄观中具有一种玄观本体。我的玄观行动产生了玄观之对象,正如几何学家在玄观中画图。不过我并不画;可是当我玄观时,形体边界的线条便出现了,似乎从我的玄观中出现一样。我所经历的事我母亲以及产生我的实是也经历着,因为它们也是从玄观中产生的,它们在产生我时也没有任何动作。它们是更为伟大的理性原则;当它们玄观自己时,我便产生。③

施罗德在引用了这段话后说:自然事物是生出的,不是造出的,它源出于静默中的玄观,它自己也是在静默玄观中生生不已。光来自光,产生而非制成。当我们持守静默时,我们便改变自身,参与造化。④

---

① 普罗提诺:《九章集》5.8.6,1—9。

② 参见哈德特:《普罗提诺,或纯一视界》,第40页。

③ 普罗提诺:《九章集》3.8.4。

④ 参见施罗德:《相与变相:普罗提诺哲学研究》,第65页。

这种观点如果要有说服力，显然要诉诸事物的形式方面，而非质料方面。正如一些关心事物的数学公式的当代物理学家如海森堡感到柏拉图主义路线而非自然哲学路线所寻找的东西更符合现代物理对宇宙本质的理解一样。当然，反对柏拉图主义的人会说："公式"毕竟要作用于质料。但一个柏拉图主义或有此倾向的物理学家会反驳："质料"的本质仍由自身公式所统辖。如果有人再提出反驳说：剥离了一切相的纯粹质料是什么呢？普罗提诺认为那几乎是无法知道的东西。普罗提诺是这么推论的：

> 所有这一宇宙从始至终都由相所紧紧维系：首先是由元素之相所维系的质料，然后在此之上又有其他相；然后再是其他相。所以人们难以发现隐藏于如此之多的相之下的质料。因而可以说质料也是一种最后的相。所以这一宇宙全然是相；其中万物亦皆是相；因为它的原型是相。造物是无声无息地进行；因为制造者是全然真实实是与形式。①

普罗提诺既然在纯思与此岸世界之间画了一道鸿沟，令纯思处处与此岸世界截然有别，格格不入，便只有在纯思之下再分离出一层本体，来"从事"创造和管理此岸世界的中介工作。这就是"灵魂"。

第三节　普遍灵魂

> 纯思与太一相近，就重复了创造活动，溢出与自己相像的富足力量，正如自己的前面者（太一）溢出力量；这样，从纯思之保持不变的本质之中，便产生出了普遍灵魂之积极力量，就如纯思从不变动之太一中产生出来一样。②

这是第二次满溢。所满溢出者仍然是本体。所以我们译为"普遍灵魂"（"总魂"，all soul，universal soul）。这甚至高于许多泛神论哲学家所推崇的

① 普罗提诺：《九章集》5.8.6。

② 普罗提诺：《九章集》5.2.1。

“宇宙(即)神”,所以它与日常人们理解的个人的灵魂不是一回事。至于这种本体的、大一的灵魂与具体的、个别的灵魂——包括个人的灵魂与“宇宙魂”——的关系,下一节我们将进一步探讨。

普遍灵魂作为纯思之产出者,宛如从纯思中送下的使者,是纯思与世界的中介,它将生命(有秩序的生命)赋予世界。前面我们说过,纯思即生命即实是。所以,“生机原则”、“生命源泉”等也许能表达出此处“灵魂”一词的本义:

> 灵魂有何等之实是?如果它既非物质形体又非身体性的属性,而是活动与创造,是多样实是的源泉,那它就必然是与形体实是不同的另一类实存,是“真正的实是”。一切形体者只是生成,而非实是。①

当然,灵魂作为结果,低于它的“原因”即纯思。纯思是多中统一,其多与一尚十分难以区分:它静止不动,自足自存,其内部当然充满生命。它无所不包,但它毫无外超之动机。实际上它处处皆在,瞬间一切通畅无阻,所以是超出时间之永恒。与此相比,灵魂的特点则是活动和不安分。它也观照纯思之完满相,但它不能满足于静观之喜,否则它就完全等同于纯思了;它要把所观知之伟大实在运移到别的地方,复制出“映像”,并且进行管理整合活动。这样的“运动”会向下一直延伸,越过人,动物,直至植物之中:

> 灵魂在创生中并非保持不变,它的影像产生于它的运动。它凝思自己的源头从而被充满,但是通过向前运动产生出自己的影像,这就是感觉和植物的生长原理。没有任何东西独立于它的先在,或者完全分离出来。因此高级灵魂的渗透甚至可远及植物,从某种意义上确实如此,因为植物中的生命原理是属于它的。当然,它并不是全部呈现在植物中,而是说它一直延伸到植物的层次,并因为这种延伸在它低级的愿望中产生了另一层次的实是。而它的先在(高级灵魂)渊源于纯思,但独立纯思之后仍然保持自足状态。②

灵魂于是呈现出一个“长长”的态势,上面最高处在纯思之中,下面最低

① 普罗提诺:《九章集》4.7.8。

② 普罗提诺:《九章集》5.2.1。

的灵魂减弱为生机原则。普罗提诺把“纯思”(nous)比做种子，里面什么都有，但凝聚成统一体。相比之下，灵魂的工作就如同种子之开展成苗、成枝，成为繁多枝叶，失去原有统一性，又在这多样性中保持某种新的统一性。所以也可以说，灵魂是在以新的方式——“多样统一”的方式——反映纯思原先的那种更为聚拢内凝的统一性：

> 灵魂具有不安宁之功能，总是期望把高级的景像运移别处，不愿仅以其凝聚充满之样态拥有之。正像构造原则从一宁静种子展开自己并发展一样，最后扩展成很大之体积；但由于发展中的分枝，这巨大性又消失。越长开去，力量越失去，不再自存于统一中，而是消耗统一性。同样，灵魂在模仿更高世界而创造感性世界时，并不按神圣(智性)之运动而运动，而是随其相仿者而动。首先是用时间来代替永恒，然后令世界成为时间之奴隶，令世界完全服从时间。正如世界在灵魂中运动一样，这世界只能在灵魂中亦即在灵魂的时间中运动。①

这后几句关于时间的话十分重要。在普罗提诺看来，纯思完全超出了时间，所以是真正意义上的永恒。这里的生命样式是宁静，不变，同一，无限。但是，灵魂的动作方式是继起式的，而这就是时间：“……时间是灵魂运动中的生命，即灵魂总是从生命的一个阶段走向另一个阶段。”②时间并不在灵魂之外，不是灵魂的伴随者，它内在于灵魂，与灵魂共存。而灵魂以自己的本质活动方式去把握世界，于是便使世界呈现为“时间中的”。我们不能在此对这种内在时间视角与康德哲学的主体时间论之间，乃至海德格尔的此在与时间的学说之间的关系展开比较分析。但这确实是一个值得深入研究的问题。尤其是，如果我们注意到康德的诠释者之一叔本华与普罗提诺一样，都对东方(印度)思想有浓厚兴趣，就更应当明白这里有着某种并非偶然的联系。

在普罗提诺看来，时间是永恒的“映象”，这意味着时间与永恒还是有不少相似之处的，但从根本上说，已经比它逊色了许多：

---

① 普罗提诺：《九章集》3.7.11。

② 普罗提诺：《九章集》3.7.11。

> 与彼处[纯思]之生命对应,此处必有灵魂生命;与智性活动对应,必有灵魂部分之活动。但是,与保持同一与不变者对应的,此处只有继起活动。与彼处之非延展的统一对应的,此处只有连续系列之统一,这是统一的映像而已。与处于永恒中的完整无限实在所对应的,此处却是不定的、无止境的向将来进发。与凝聚内向之总体对应的,此处只有总是在展开为部分的总体。时间只有通过不断延展自己的实是,才成为那永恒者——总体的,内收的、无限度的实是者——的映象;它只能这样来反映纯思的本质。①

灵魂只能在“过去”、“现在”、“将来”中一件件处理事情和理解事情。灵魂也分别成多种官能:推理与感知不同,而感知中的听觉、触觉、味觉、视觉等等也是不同的能力。灵魂必须与具体的、一个个的事物打交道。有时它甚至会“陷身于”某个别事物中太深而难以拔足……这些都说明灵魂在本体大序上已经很“下来”了。

然而另一方面,普罗提诺又反复强调,灵魂作为一种类型的统一性,不会陷入个体(多样的、形体的世界)太深。灵魂,尤其是普遍灵魂,毕竟还是神圣本体的一个层次,尽管是其最低的层次。作为精神性事物,它与物质性世界虽然靠得最近,但仍然有质的不同和断裂。普遍灵魂管理宇宙的方式,与我们日常的盘算、筹划和推理完全不一样,它在充分体现纯思的同时具有把握万物本源的特点:

> 管理宇宙就像管理一个单一的有生命实是,一般有两种方法。一种是从外部做起,一部分一部分地处理;另一种是从内部,从它的生命原理做起。比如,医生若从外部开始治疗,他总是忙于处理各个具体的部分,因此常常感到困惑,思量该做什么;然而,自然始于生命的原理,无需任何思考。大全的管理和管理者必不会像医生那样,而是会像自然那样。事实上,对宇宙的管理要更加简单,因为灵魂所处理的万物都作为部分包括在宇宙这单一的生命体中。单一生命体的本性(自然)统管所有的其他

① 普罗提诺:《九章集》3.7.11。

本性，它们都追随它，依赖并源于前者，正如树枝的本性是从树干的本性上长出来的一样，同样，所有的本性都是从那宇宙本性中生长出来的。既然智性始终在场、活跃着并以同样的方式统治管理着万物，那么还会需要有什么计算、筹划或记忆呢？我们当然不能认为，因为大量不同的事物消逝了，生产它们的事物也要随之发生变化。相反，创生者的稳定不变性与其生产的种类成比例。根据生命的本性产生的事物各种各样，但它们并不是同时产生的。不同的时期有不同的年龄，不同的年龄有不同时期的生长发育。什么时候长角，什么时候长胡子，什么年龄胸部开始发育，什么年龄到了成熟时期，可以繁殖下一代，都有固定的时间。然而，理性构成原理并没有被破坏，[因为父母的]理性构成原理可以完整地遗传给后代，这就是明证。因此，把[这不变的]智性归为[大全的灵魂]完全正确，由于它属于宇宙，因此这是一种静态的宇宙纯思；它既具有复杂多样性，同时又是单一的，属于最伟大的单一的有生命的实是，不因万物的多样性而趋于变化；它既是单一的理性原理，同时又是万物。如果它不是万物，它就不会成为[宇宙]智性，只不过是部分事物的智性而已。①

在希腊哲学史上，讨论灵魂与形体（身体）关系的观点，主要有几种代表性的观点，它们分别是：毕泰戈拉的“琴与和谐说”，柏拉图的“分离与联合说”，亚里士多德的“质料与形式说”，斯多亚派的“大火与火星说”，伊壁鸠鲁的“精细原子说”。在普罗提诺看来，除了柏拉图的学说，其他观点都令灵魂与身体过于内在、紧密不可分地联系在一起，从而是不可接受的。普罗提诺的基本立场是：灵魂高于身体，具有独立的实是，是逻辑上在先的，而非在后的。灵魂属于“实是”从而是永远之实是：身体属于“生成”从而低于实是。灵魂在管理形体世界时，并没有真正与形体黏合为一，所以也不会受到形体所受影响的影响。如果不承认这一点，如果灵魂与形体“紧密合一”，那么精神性的东西与物质性的东西就成了同一类型的东西了。

这种论证固然强调了心/身之不同性，但它也给哲学家带来了问题与麻

① 普罗提诺：《九章集》4.4.11。

烦;如果两种东西截然不同,以至于无法有“接触点”,那么怎样能使其中一种“指挥”、“管理”另一种呢?甚至二者之间怎么可能实是相互作用呢?这样的问题不必等到大陆唯理论才会出现,在《巴门尼德篇》第一部分就可以看到。普罗提诺认为,这一难题其实不难,关键是牢牢坚守不同类型的事物,其作用方式必然不同的原则,彻底放弃用物体类型的想象去把握灵性事物的作用方式。精神性的东西以独特的、与物质性事物完全不同的方式普在于形体性事物的所有部分,即完完整整地普在每一处,而不仅仅只在任何一处。同样,灵魂的各种官能与灵魂也是这种“多,然而统一为一”的关系。灵魂并没有真的被切割成一个个部分。难道我们能说“腿灵”、“手灵”吗?腿的运动,手的运动,无不是在一个灵魂指挥下进行的。① 虽然普罗提诺在讨论中也遵从一般习惯说“不同部分的灵魂”,但他认为灵魂虽然有各种工作、作用,实际上都出于一灵。② 普罗提诺举了许多例子来比喻说明灵魂的这种以完全面貌出现于所有地方的特点。比如一个声音在室中传开,则每个听者都可以听到全部信息。许多眼睛看同一样东西,各自都可以得到整全的景象。声音在室中不是片断,而是处处皆整一;视觉对象亦是如此,它普在一切地方而未割裂为一部分一部分的。“那么,我们为什么要怀疑灵魂之统一体并没由于分开为诸部分而延伸入物体,而是整体地出现于全宇宙?……”即使灵魂出现于一个身体中,也仍旧保持着它的本性。③

唯有这样与形体完全不同的统一力量,才是组织形体并赋予世界生命的源泉、原则。世界中的运动有源泉,即运动或生命本身,这是永恒而不毁灭的,否则难以说明运动。宇宙的一切是静止的,而灵魂从外面倾入,如光普照一切,赋予海洋、空气、大地以生命,唤醒了沉寂死睡者。“天空由于灵魂的理性力量的永恒推动,成为一充满生命之有福的实是,获得了‘灵魂居处’之荣耀。它在灵魂进入之前,只是死的形体,是土与水,或质料性之幽暗;它是不实是,

① 参见普罗提诺:《九章集》5.1.2。

② 参见布隆曼萨:《普罗提诺心理学》,第 25 页。

③ 参见普罗提诺:《九集章》6.4.12。

如诗人所说，是‘众神所厌恨者’。”①

从以上讨论可以看出，普罗提诺的本体论是一种生命本体论。谁堪当“实是”一词？这是希腊本体论的问题。这一问题也是在问：什么是“实是”的标志？柏拉图在经过深思之后在《智者篇》中提出了一个标志：具有发挥作用的力量者，就是实是的。后来伊壁鸠鲁也接受了这一标志，但是推论出最为实是的是物体性的东西。在普罗提诺看来，一切死的、凝固的、固定的、沉重的、呆板滞着的东西，在他看来都是价值上的负面者。日常生活中，一般人都生活在素朴实在论的本体论承诺视野中，所以自然会以为这样的东西最实在，而精神性的事物反而是虚无飘渺的东西。普罗提诺却将“本体”的所在地颠倒过来，进行了彻底的“价值重估”。普罗提诺说，在一般人看来，“像山、岩石、坚硬的大地这样的形体以及其下之质料，怎么能是不实在的呢？它们的抵抗性，它们击打时所施放的力量，都在证实着自己的实在性。”而灵魂与纯思既不能施压又不能抵抗，怎么能称为真正实是呢？然而普罗提诺却指出“实是”的标志是自足、力量、善意的力量：

> 在我看来，更为自足者对于其他事物更不沉重，更无伤害。而更深重的、属土的形体，由于它是欠缺的、下落的、无力提升自己的，在落下时，由于内在虚弱性才会造成影响……只有无生命的形体才产生最大痛苦，导致最危险的打击。而充满灵魂的形体，与其分有的实是相当，会对自己的邻居更为友好。越是沉重的，近于土的形体，越易于在一击之下瓦解，越难以在被分解后再回复统一性。②

所以，相信感性物体之实在性者，就像做梦的人一样，以为自己所见之天空是真正实是的。人在生命中的真正“苏醒”就是从身体当中超出，明白真正的实是不会朽坏。“身体性与灵魂性正好相反，二者本质上是对立的，这可以由身体会经历出生、变化与败坏所证明，这些过程与实是的本质格格不入。”③

---

① 普罗提诺：《九章集》5.1.2。

② 普罗提诺：《九章集》3.6.6。

③ 普罗提诺：《九章集》4.7.8—9。

普罗提诺清楚地意识到自己属于精神本体论,反对"唯物主义"的本体论,他对于"两种事物"的本质不同十分强调:

> 我们认为,有些事物从根本上讲就是可分的,因着这一本性它们易于离散:这些东西的部分相互之间各不相同,而且与整体也不同,而且必然小于总体和整体。这些事物都有可感觉之尺度和大小,各有自己确定的位置,任何一个都不可能同时占据不同的位置。但是,有另一种与此对立的实是,它在任何意义上都无法被划分,既没有部分也不能被分为部分;它也不包含任何广延,即使在我们思考它时也是如此;它无需位置,也不会或者部分地或者整体地处于任何别的实是中,我们可以这么说,它同时居于所有事物之上,这不是说所有事物是它的基础,而是说没有它,所有事物就不能也不想实是。它是始终处于同一状态的真实是,是万物的共同源泉;它就像圆心,把所有半径都联结起来,同时保持自身的同一性;所有的半径都因源自于它这个圆心而实是,都分享圆心这个点。因此这个没有部分的点就是所有半径的原理,它们一端联结在这个中心点上,另一端向外延伸。这样,就有两类实是,一类是住在可理知世界和真实是中的本性不可分的实是,另一类则是住在感知世界的可分的实是。①

灵魂作为本体之一种,原则上属于不可分的事物,是一种统一性。但是这种统一性的特点是同时又在某种意义上是可分的。灵魂作为介于高级本体与物体性事物之间的一层实是,应当具有双方的特性。也就是既可分又不可分。如果完全可分,则与物体类的事物难以区分,普罗提诺认为斯多亚哲学的灵魂论就有这个问题,比如他们在灵魂中划分出了一个独立的"主导部分";另一方面,如果完全不可分,内守自身,那么整个物体又成了没有灵魂的纯粹物体。不过,普罗提诺提醒人们,灵魂中的"多"不是来自它自己,而是来自物体。物体总是可分的,无法承受—接受灵魂的不可分割性。而且,我们要注意的是,灵魂即使进入分立的物体世界,实际上还是保持本质上的一体性,它是完整地进入,从不放弃自身的统一性。

---

① 普罗提诺:《九章集》4.1.1。

> 它的可分性在于它实是于各个部分，不可分性则在于它在任何部分都是作为整体呈现的。凡清楚地认识到灵魂的伟大之处的人，都会清楚地认识到它的力量，知道它的本性是多么神圣，多么奇妙，超越了这个世界的事物。它没有大小，却实是于一切大小的事物中，并且，它不是以自身的不同部分呈现在不同地方，而是处处皆一。因此它既是可分的，又是不可分的；或者毋宁说，它自身是不可分的，也没有变得可分，始终保持自身的整体性。
>
> ……它是多，因为宇宙的实是是多；同时它又是一，因为将万物统一起来的只能是一。它正是凭借这种多样性的统一性将生命分配给所有部分，并借不可分的统一性智慧地管理它们。①

总结起来，普罗提诺认为本体的根本特征是精神性的、内凝统一的。这种统一性又由高到低分为三个层次，高可以高到太一，低可以低到植物，无不呈现出太一的伟大生命力量普遍实是和发挥作用："所有这些都是太一，又不是太一。说是太一，是因为它们都源自于它；说不是太一，是因为太一在生育它们时依然保持自身不变。这就像长长的生命尽情展开，每一部分都与它后来的部分不同，而这些各不相同部分构成了整个绵延不断的生命整体，前一阶段都积累在后一阶段里面。"②最后，原因唯有一个，这就是太一。这样的"大序"景观的本体论可以被称为"一元三层本体"的本体论，各个层面的本体的特点是不同程度上的"一"：

太一：统一(one and all)

纯思：多中之一(one in many)

普遍灵魂：多，然而统一(one and many)

就这三层本体而言，普罗提诺有时强调它们的区分，比如在那篇被波菲利切割成四篇文章(即3.8:《论自然、凝思与太一》，5.8:《论可理知之美》，5.5:《论可理知者不外在于纯思，并论至善》，2.9:《驳关于宇宙和创造者是恶的说

① 普罗提诺:《九章集》4.1.2。

② 普罗提诺:《九章集》5.2.1。

教诺斯替派》)的重要长文中。有时,普罗提诺又强调它们的一致和几乎难以区分,尤其是灵魂与纯思之间;比如6.4和6.5:《论实是、同一与无论何处皆显为整体》。这是"一元三层本体"思路必然带来的。根据重点放在"一元"上还是放在"三层"上,就会产生不同的视野。另外,普罗提诺指出,这样的观点并不是他别出心裁的独创,而是严格遵循了柏拉图在《巴门尼德篇》中的看法:"柏拉图著作中的巴门尼德则说得比较准确,他这么区分:本原太一(the first one,这才能被更确切地称为'一'),其次是'一即多'(One-Many),第三是'一和多'(One and Many)。"①当然,我们知道,柏拉图笔下的"巴门尼德"究竟表达了什么,是不是代表着柏拉图的观点,代表了柏拉图的什么观点,各种注疏家从来就没有统一的意见。普罗提诺代表的是"新柏拉图主义"的理解。

必须指出的是,"三个层次"的意象并不能完全表达出这三层本体的内在关系。普罗提诺还经常尝试不同的比喻。圆球是他认为感性事物中最能表征理性事物的意象。每一个纯思范畴都是一个"圆心",在纯思领域中,所有的圆心又是贯通的。他也用"同心圆"的意象(注意:最好不理解为平面的同心圆,而是立体的同心圆球,一个套一个)来说明三层本体的关系:"纯思是至善的第一活动,是实是的源初形式。至善保持为宁静的核心,纯思则环之行动与生活。在纯思之外,环绕着普遍灵魂,它凝视着纯思,并通过看透纯思之深度而观照神。这就是众神无扰有福的生活……"②圆圈与圆心的比喻对于阐释他的思想很有用处。一方面,圆圈环绕圆心,说明低层次的本体依赖高层次的本体;另一方面,圆圈又没有与圆心重合,从而不会出现"巨大圆心"而无圆圈的意象,这又表明低层次者毕竟不如高层次者。此外,人们当然要意识到"圆圈"比喻只是比喻,本体界没有身体界的空间状态:

> 当然,我们说到灵魂的本性时所指的中心与我们论到身体时所说的中心不能理解为同一回事。就灵魂来说,中心是指身体所源出的源泉,而就身体来说,中心具有一定的空间意义。因此我们只能在比喻的意义上

---

① 普罗提诺:《九章集》5.1.8。亦参见柏拉图:《巴门尼德篇》,137C—142A,144E,155E。

② 普罗提诺:《九章集》1.8.2。

使用“中心”这个词,从而可以说,灵魂必然有一个中心,就像身体有一个中心一样(但是“中心”的字面意思是指身体的中间点,是个空间概念),因为正如身体围绕自己的中心旋转一样,灵魂也围绕自己的中心。如果要论及灵魂的中心问题,那么灵魂所围绕的中心就是神,它热烈地拥抱他,尽其所能一直围着他,因为万物都依赖于他;但它无法抵达他,只能围绕着他。①

另外,普罗提诺还喜欢用希腊神话中的“神的生育”的关系来比喻三层本体的关系。太一就像乌刺诺斯,这是生育一切的天神;纯思就像克洛诺斯,这个最智慧的神,在生宙斯之前先把他前面生育的一切收了回去,并保有在自身之中。因此,这位神的充盈象征着纯思领域的饱足。在此之后,克洛诺斯生育宙斯。这相当于纯思生育了普遍灵魂。“纯思既然是完全的,它不得不生育;既然它是如此的一种大能,不可能没有后裔。但是它的后裔不可能比它优秀(即使在下界也不可能),而是比它略逊一筹的影像。”②学者们通常都会指出,普罗提诺在使用乌刺诺斯—克洛诺斯—宙斯的神圣谱系时,并非一贯的。他在不同的文章中会随着上下文的需要改换比喻的内容和对象,适应当时的需要。

除了用这种“上、下层级”和“内、外同心圆”、“神圣家族”意象外,普罗提诺还常用“在先、在后”的语言描写三本体之关系。当然,与前两种意象一样,这也不是指空间上的,而是“本性”上的(逻辑上的),同时也是力量上与尊荣上的。即本体论上更为根本的就是“在先的”,依赖性的或由别的事物所构成的便是“在后的”。在后的无法离开在先的而实是。在先的是在后的之一部分,但同时又独立于、超越于在后者:

我们必须阐明什么是至善的本性。它就是万物都依赖之,“所有实是者都渴望之”的它者;万物拥有它作为自己的原理,需要它:而它则毫无需要,它完美自足,无所缺乏,是万物的尺度和界限,从自身给出纯思,

① 普罗提诺:《九章集》2.2.2。

② 普罗提诺:《九章集》5.1.7。

真正的实是者,灵魂、生命和纯思活动,万物都因凝视它变美,而它的美则超越了一切的美,是可理知领域之王,在最高者之上——那儿的纯思不同于我们所谓的纯思,我们的纯思由各种前提组成,从前提就能明白所说为何,也能进行逻辑推理,得出各种结论;它们视实在为各种推理的结果,因为尽管它们也能被称为纯思,但是之前未曾拥有实在,在推理认识之前它们空无一物。那里的纯思与此不同,它不但拥有万物并且就是万物;它与自身同在就是与万物同在,它没有获得万物却拥有万物。它与万物没有彼此之分;每个在它里面的个体并非相互分离;因为每个个体都是整体,就是全中之全,但它们并没有因此而混淆,相反,它们在另一种意义上是独立的;因为分有它的事物并不同时分有万物,而只是分有自己所能分有的。那一纯思就是至善的最初始行为和最初始本体;至善始终守着自身;而纯思则在其活动中环绕它,正如它与他毗邻而居。灵魂环绕着纯思跳舞,凝视里面的纯思,并透过纯思观照到神。"这就是诸神的生活"①,毫无忧伤,充满幸福;恶在这里毫无踪影,如果一切止于此,那也就不会有恶,而只有第一善、第二善和第三善。万物都围绕万物之王,它者是万善和诸美事物之因,万物都属于那者,第二级事物环绕着第二者,第三级事物则环绕第三者。②

高级的本体处处实是而又不在任何一处。正因为它是非形体、无位置的,精神性的实是才能普在一切当中,从而才能真正解决"普在问题"。这个问题对于希腊哲学家、尤其是柏拉图派的哲学家来说是一个严肃的问题,因为这涉及本质与个体的关系。处理得不好,就会陷入某种"分离"当中。如果从下层实是的角度来讲,这个问题就是具体事物如何既能"分有"高级实是而又不"割裂"高级实是的问题。柏拉图在对话录中似乎常常为这类问题所困扰。究其原因,或者是柏拉图自己,或者是当时柏拉图学派中有人没有真正摆脱具象思维,弄不清精神性事物不会有物体性事物的属性。普罗提诺对此有相当

① 柏拉图:《斐德罗篇》,248A。——英译者注。

② 普罗提诺:《九章集》1.8.3。

清醒的认识，他用过一些巧妙的比喻耐心诱导人们去理解精神本体普在于具体事物中的独特方式：

> 一只手就可以控制整个物体，如一条长木板。这种控制虽然遍布木板整体，但却并没有因此而分成一个个部分。其力量之广度似乎与其把握范围成比例。但手的大小与木板的大小是不同的。木板如果加长，只要在手能承受的限度内，其力量将仍能控制木板整体，而不会一段段分割于木板长度上。现在，让我们想象：抽象掉手的有形在场，仍保留其同样之力量：同一力量难道不会非割裂地同样出现于该物质体的每个部分上吗？①

普罗提诺的这一"思想试验"告诉人们，用感性思维无法把握精神性本体的实是方式。只有彻底转换思想方式，才能理解精神及其与物质的关系。甚至，"在……中"的表述常常也会引人误入歧途，这种空间化的说法与任何其他比喻心物关系的说法一样，都是不确切的。为此，普罗提诺还提出了一个"违反常识"的观点，即与其说精神本体实是于物质世界中，不如反过来说更接近事实一些：物质世界实是于精神世界之中。因为这种说法更能体现"低级事物"倾向于、依赖于高级事物；而高级事物则独立于、并包容着低级事物，涵养低级事物，而远远不会被低级事物所穷尽、所限制（于某一固定处所）。如果这么看，则应当说万物在灵魂中，灵魂在纯思中，纯思在太一中，太一不在任何之中。这种下层实是被包容于上层实是之中的意象，就如同一张活的网浸在水中，它当然无法拥有包容它的元素[水]。当大海延展时，网也随之一同延展，因为它的每个部分只能处在它所在的地方……②

这样的理解方式必须始终坚持，即使在最低层次的本体层面——灵魂、甚至"植物灵魂"层面上，也是如此。普罗提诺知道，有人会对"植物当中的灵魂"这一观念感到难以理解，提出诸如此类的问题：若有人砍掉植物的边枝或旁枝的顶部，那么这部分的灵魂到哪里去了？普罗提诺回答说：

---

① 普罗提诺：《九章集》6.4.7。

② 参见普罗提诺：《九章集》4.3.9。

> 很简单,在它的源处,因为灵魂不可能在空间意义上活动,因此它始终实是于源头。但是,如果你砍掉或烧掉树根,那么根部的灵魂会去哪里?在灵魂里面,因为它从未离开自身,未去任何其他地方。当然如果它重新上升到高级阶段,它必实是于某个事物里面;如果它没有上升,它就会实是于另一植物灵魂里,因为它不挤占空间。如果它又上升,它就会实是于先于它的力量中。那么,那种力量在哪里呢?也在先于它的力量中,这样一步步上溯直至纯思,这里没有任何空间意义上的东西。任何部分性的灵魂都不实是于空间中,而纯思则更加不受空间影响,这也是它是高级灵魂,而其他只是部分灵魂的区别所在。因此,灵魂不在任何地方,正是因为它不在任何地方,因此它是无处不在的。①

一元三层本体的思想,还意味着仅仅就是三层:太一、纯思和灵魂。无论在普罗提诺之前的诺斯替主义当中,还是在普罗提诺之后的新柏拉图主义者们当中,都有把本体复多化的倾向,也就是在每一层本体中再开发出多项层面的结构,比如太一可以被划分为"完全超越的太一"、"被分有的太一"等等,纯思又可以被划分为"潜在的纯思"、"现实的纯思"等等。可想而知,普罗提诺自己的学生圈子中一定也有不少人感到这样的思想的吸引力。实际上,普罗提诺本人未必没有考虑过这样的可能性。不过,我们看到普罗提诺在《反诺斯替》中明白表示,本体只能划分为三层,不应该再无限繁琐地繁殖下去:

> 既然在我们看来,至善的单一本性也是原初的(因为一切非原初的事物都是非单一的),它自身不包含任何东西,而总是某种一;由于所谓的太一的本性是同(因为它并非先是另外的事物,然后才是一,同样,至善也并非首先是另外的事物,然后才是善),那么无论我们谈到"太一",还是谈到"至善",我们都必须认识到,我们所谈论的本性乃是同一个本性,我们称之为"一"绝不是对它有所规定,而是尽我们所能澄清它本身而已。我们称之为本初,乃是基于它是最单一的、自足的意义,因为它并不是由诸多部分构成,否则,它就要依赖于构成它的东西。我们说它不在

① 普罗提诺:《九章集》5.2.1。

其他东西里面,因为凡在他物里面的,也就是源于他物的。既然它既不源于他物,也不在他物里面,更不是由他物复合的,那么在它之上,不可能有任何事物。因此,我们不必追寻其他首要原理,而认它为太初,然后是纯思,它是最初的思者,纯思之后是灵魂(这秩序乃是根据事物本性排列的)。可理知世界除了这些原理,我们不能再提出其他更多的原理,当然也不能少于这些原理。如果有人主张原理要少些,那么他必认为灵魂和纯思同一,或者纯思与太初同一。但是我们已在许多地方表明,它们乃是各不相同的。我们目前还需要考察的是,如果主张这三者之外还有其他原理,那么这其他原理可能是什么。我们前面所讨论的万物的原理是最单一的,没有人能找到比它更单一的或在它之上的原理。因为他们必不会说,一个原理是潜在的,另一个原理是现实的,在现实实是且毫无质料的实是中寻找多个本性,区分现实性和潜在性,这是荒谬可笑的。即使对这些实是之后的事物,也不能作这种区分。我们不能设想,某个纯思处在某种静止之中,另一纯思则处在某种运动之中。纯思的静止会是什么?它的运动和"前进"又是什么?或者说纯思的不作为是什么?另一纯思的作为又是什么?事实上,纯思如其所是,始终如一,处于平静的活动中。面向纯思、围绕纯思运动,这是灵魂的工作,是纯思赋予灵魂并使灵魂纯思的一个理性原理,而不是在灵魂与纯思之间产生另一本性。同样设想一纯思思考,另一纯思又思其所思,这必不能成为多个纯思实是的理由。因此即使在我们的层次上,尽管纯思思考与纯思思其所思是两回事,但纯思之思仍然是思维的单向运作,当然它并非没有意识到自己的活动。①

第四节　人与宇宙

一元三层本体再往下"满溢",就会产生有形世界,即人生活于其中的形

① 普罗提诺:《九章集》2.9.1。

体性的个体世界。这又是一次巨大的质变,可以说是“太一”产生纯思后的第二次重大质变。一元本体内部诸层之变化,虽然可以看到“多样性”或“复多样”在一层层地增多,但毕竟还都属于“统一性”的领域之中。即使是本体中“最低的”普遍灵魂,也还是精神本体之一,从而是非形体的、非物质性散多化的统一。而“这一个”世界的本性则是与精神本体完全不同的形体性,是真正的“复多”的出现。本体世界是充满生命然而永恒不变、自足内凝的。这一个世界的特点却是变动的、流变的、轮回的。①

另一方面,普罗提诺又认为整个宇宙、包括其中的所有事物都由灵魂并从而由其他高级层次的本体所充满、激活、统一和安排。他雄辩地论证道:

> 灵魂创造了万物,赋予它们生命,它创造了陆生的、海生的生物以及天空神圣的星辰;它创造了太阳及这个宏大的天宇,它装点这一宏大的天宇,叫它有序地自转;它乃是不同于它装点、驾驭、创造的万物的本性;与万物相比,灵魂必然更加应该受敬仰,因为万物的实是或死亡全在于灵魂是赋予还是否弃生命,而灵魂自身永远实是,因为“它不离弃自身”②……它不受欺骗,远离其他灵魂所迷惑的事物;它牢牢立足于宁静之中,值得每个灵魂凝视。它不仅让环绕它的躯体和躯体内的怒海波涛静如止水,而且能让它周围的一切宁静:让地球宁静,让大海和空气宁静,也让天宇宁静。不妨想象一下吧,灵魂一旦进入这个宁静的天宇,它就仿佛流溢、倾泻、遍及天宇的每个角落,并照亮整个天宇;就好比阳光迸射,照得乌云金光万道。灵魂一旦进入天宇,就给天宇带来了生命和不朽,并使它从停滞无力中活跃起来。而天宇,靠了灵魂的明智引导,进入永恒的运动,成为一个“幸运的生命实是”,并因灵魂的进入安居而获得自身的价值。在未有灵魂之前,天宇不过是一具僵死的躯体,是土和水,或者毋宁说是质料的黑暗和非实是,就如一位诗人所说的,“是神所憎恶的”。③

这种“创世”法,还是让人更加想到“纯思”而不是“灵魂”,或者说,想到

① 参见阿姆斯庄:《剑桥晚期希腊与早期中世纪哲学史》,第223页。

② 语出柏拉图:《斐多篇》,245C9。

③ 普罗提诺:《九章集》5.1.2。引语出自《伊利亚特》第20卷,第65行。

以纯思为特征的“高级灵魂”，而非以谋划和制作为特征的“低级灵魂”（交织在身体内部的灵魂）。根据学者们的观察，普罗提诺经常把柏拉图在《蒂迈欧篇》中讲的创世的“大工匠”与自己的“纯思”（nous）看成是一个，而把灵魂在创世中的工作最多看做是辅助性的。不过，在形体世界出现之后，在这样的世界中发挥主导作用的是灵魂。更确切地讲，这是一个灵魂与形体组成不同种类、不同层次的各种“联合体”而起作用的领域。总之，当普罗提诺讨论“人”、“世界”、“灵魂”以及“灵魂与形体的联合者”等等主题时，他所关注的就是这个领域。

普罗提诺的灵魂满溢（“创造”）形体世界的学说，与前面的满溢论基本上相似，只是更强调了灵魂“下降入世”的主动性方面。这一过程可以具体分为两个阶段。第一步灵魂本体（“普遍灵魂”）满溢出质料、潜能或“不定之二”，亦即某种具有低级有机生命的形体。前面说过，“太一”和“纯思”在发挥这种“动力因”作用的“满溢阶段”其实是自居不动的，而灵魂却表现出了相当不同的态势，它在这一阶段会当真动作起来，越出自己：

> 灵魂并非自居［不动］而产生事物，而是被运动后产生自己的映像。它观照自己的源头，得到充满；溢向另一个、相反的运动，它产生出自己的映像：感性；在植物中产生“自然”。无物与先于自己者分离或割断。这样，灵魂便远达至植物。灵魂在某种意义上确乎达于此阶段，因为植物中也有某种灵魂。整个灵魂并没有全部都在植物中，但植物中确实有灵魂，因为灵魂下降到如此低级层度，这是由于灵魂的下降而产生了另一层实在，也由于它对低层者的向往。①

这些先期溢出来的事物，还只是一片无力的、没有确定形式的形体。第二步，它们“回转—观照”灵魂，从而观照纯思之映像，于是得到了形式，即得到了灵魂对它的安排与组织，这样才得到了确定的生命或较高层面的各种“灵魂”。普遍灵魂在这一个阶段上的作用方式是“目的因”式的，它把自己从上

① 戴克：《自然、观照与太一》，第42页。

层本体得到的光明普照到下层世界之中。① 接受光照的、被赋予了各种灵魂的各种形体及生物体于是便成为灵魂的镜像,正如每一种溢出者都是源泉的映像一样。

灵魂因此使所有并非自己本身就具有生命的事物拥有了生命,并且使它们的生命与自己相似。如此,则由于它自己按照理性原则而生活,便给予身体以理性原则;这是它自己所拥有的理性的一个映像,因为它给予身体的生命也[只]是生命的一个映像。②

总之,灵魂创世有两个阶段。这样看来,普罗提诺认为灵魂所"进入者"并不是纯质料。灵魂不是无中生有地"创世",而是把已经是身体或形体的世界组织起来,赋予它们以各种生命。当然,说到底,这些无形式形体又是灵魂在第一阶段"溢出"的。所以,灵魂的第一步工作,相当于为自己的第二步工作准备了"工作场所"或"入住家园":

> 事实是,如果形体不实是,灵魂就不能溢出,因为没有它最合适于居住的场所。如果灵魂要溢出,它便要为自己产生一个居所,亦即产生形体(身体)。灵魂的静休之所可以说是在绝对宁静中建立了,从此处照射出大光明,在这光明照射之尽头便是黑暗,是无形式的层级。灵魂见到它,并对它进行塑形……
>
> 正如一幢美丽多姿之华厦的产生一样,其创造者既没弃之,也尚未居之:不如说,他认为它处处值得自己的关照,这关照保护了它的实是——在它所能分有的实是之程度上——以及它的美。但这关照不会伤害凌驾其上的主人。同样,宇宙也由一个不是自己的、而是外来的灵魂所充满、统治、拥有;但宇宙不能统治、拥有此灵魂。因为世界处于灵魂之中,无处不分有灵魂。灵魂使世界成为世界。③

布隆曼萨对普罗提诺的这一复杂思想曾做过一个不无启发的清理,他认

---

① 参见普罗提诺:《九章集》2.9.2。

② 参见戴克:《自然、观照与太一》,第42页。

③ 普罗提诺:《九章集》4.3.9。

为与亚里士多德的“质料/形式”之“身体/灵魂”学说不同，普罗提诺的“灵魂”所结合者是“形体”（soma），这形体本身已经是形式与质料的结合体了。“也就是说，个体不是灵魂+质料，而是灵魂1+灵魂2+质料。”①从普罗提诺的许多说法可以判定，这种“灵魂2”或低级有机生命的出现，是由“世界灵魂”所完成的。无论是灵魂的溢出还是回归，普罗提诺有时都称之为“逻各斯”（logos）的工作。② 逻各斯并不是纯思或者纯粹灵魂，而是来自纯思和灵魂的理性原则，它拥有所有的对立面，并且将其统一成为一个和谐的整体，这才是我们的世界：

> 让我们来冒个险，也许可以对逻各斯[作个描述]——它不是纯粹的或者绝对的纯思，它甚至不是纯粹的心灵，而是依赖于心灵，是纯思和灵魂发出的光芒；纯思和灵魂（即根据纯思而设计的灵魂）生出这暗中包含理性的作为生命的理性原理。一切生命，即使是最卑微的生命都是活动的。这种活动不像火那样盲目，而是非任意性的运动，即使那里不实是知觉。没有出现知觉的生物只要分有了生命，就当下具备了理性和被它渗透，因为合乎生命的活动能够形成并驱动生物，它的活动就是一种构成。因此，生命活动是一种艺术性的活动，就像舞蹈，舞者本人就像这样一种艺术性的生命，他的艺术驱动他，他的真实生活多多少少体现在这种艺术活动之中。这足以能够说明我们应该如何思考各种生命。这个宇宙的理性形成原理，源于单一而完满的纯思和生命，但它本身既不是单一的生命也不是单一的纯思，它无论哪方面都不完满，它也无论如何都不会把自己完全整个地赐予万物。相反，它使各部分相互争斗，使它们匮乏，从而产生并一直实是战争，因此，尽管它不是单一之物，却是作为整体的一。虽然它在自己的各部分中与自身为敌，但是它仍是一个事物，与自身保持协调，正如戏剧中的剧情；剧情虽然包含许多争斗，但仍然是一。当然，戏剧通过人物的相互冲突，演绎成一个完整的故事，也就是把相互冲突的各部

① 布隆曼萨：《灵魂与纯思》，见罗伊德：《剑桥普罗提诺导读》，第83页。

② 参见里士特：《普罗提诺：通向实在之路》，第96—98页。

> 分组成一个和谐的画面;但是在宇宙中,冲突的各部分来自于单一的理性原理;因此,我们还不如把它比做由各种不同声音构成的和谐的旋律,那么有人会问,在(音阶的)理性比率中为何有不和谐的声音?在音乐中,理性比律的法则使高低不同的音符共同谱成一首乐曲——作为旋律的比律法则,它们融入到旋律本身之中,因为它是更高的比率法则,它们则是构成它的各部分。在宇宙中,我们也看到诸多对立的现象,如黑—白,冷—热,有翼—无翼,有足—无足,理性—非理性,但是所有这一切都是宇宙这个单一的有生命实是的组成部分,但是这个大全与自身相一致。①

普罗提诺的基本思想是:如果没有多样性,就没有“大全”,也就没有宇宙的理性型式。然而,只要有分别,有多样性,就可能有其极端的形式即对立。因此,如果逻各斯总是造出不同于另一事物的这一事物,那么它也要会造出极端不同的事物,就必然产生对立物。这让人想到黑格尔的“逻各斯”(逻辑学)中的推理思路。在此应当指出的是,无论是在那里还是在基督教那里,“逻各斯”的地位都比在普罗提诺这里的高:他们把逻各斯看做是真正的实是,相当于柏拉图的“相”的世界,是神圣心智,是圣子。但是,对于普罗提诺,逻各斯与质料的关系还是太近了,所以不能与纯思和纯粹灵魂等同。

作为本体的“普遍灵魂”并不“下降”到身体中,甚至不下降到具体管理一个个个体的事物之中。在普罗提诺的体系中,本体大灵魂虽然为一,但向下还可分出“既分离又统一”的多个灵魂或个体灵魂,这包括每个人的灵魂与整个宇宙的灵魂。“灵魂也必须是既多又一,一个灵魂之中会有许多灵魂,它们各不相同,就像一个种之下有许多属一样。”②值得注意的是,严格说来,“普遍灵魂”(all soul,soul entire)与“宇宙灵魂”(soul of the all)不应混同,前者是灵魂本体的最高状态,后者是其分殊化中的一个特例。前者显然具有远远超出后者的普适性与共性。不过,普罗提诺自己在一些说法中也没强调这一区分;所以造成的混乱是较多见的。③ 严格讲来,在这一点上,普罗提诺的思想与斯多

① 普罗提诺:《九章集》3.2.16。

② 普罗提诺:《九章集》4.8.3。

③ 参见戴克:《自然、观照与太一》,第 33 页。

亚哲学的思想不一样。斯多亚派哲学认为个人灵魂并没有独立实是。整个宇宙唯有一个巨大的宇宙灵魂，它使宇宙成为一个巨大的生命体。我们个人之灵魂只不过是这“一整个灵魂”的部分或大火中的点点火星。普罗提诺则认为个人灵魂与宇宙灵魂分别有自己的独立实是。两者之间，不是隶属关系，而是并列关系。当然，宇宙灵魂作为“老大哥”，比众多个人之灵魂要高明一些，比如它没有感性，没有思考，没有计划；其“质料”（天体）也是“高级”的；它对个人灵魂也有一定管辖（providence）。但是，宇宙灵魂毕竟只是个人灵魂的“老大哥”，而不是“父亲”。个人灵魂是独立的，各自是一个个整体。不实是着一切灵魂浑蒙为一体的状态。

普罗提诺对个体灵魂独立性的坚持，显然与他的整个哲学事业的落脚点是“人学”即人的灵魂的命运学说有关。

此外，普罗提诺也反对亚里士多德的灵魂是身体的“现实活动”（隐德来希）的学说，认为这虽然没有把灵魂等同于物质，但是还是使灵魂与物体过于纠缠在一起。灵魂必须完全不陷入物体之中：

> 现在我们来考察这样一个问题，隐德来希是否能以下面的方式应用于灵魂。[漫步派]认为，在一个复合的实是中，灵魂的角色就是“形式”，与之相关的“质料”则指接受了灵魂的躯体，这里的形式不是任何躯体的形式，这里的躯体也不是简单的作为躯体的躯体，而是“具有潜在生命的自然机体”的形式。① 如果灵魂融入躯体就如同铜像的形式融入铜当中，那么当躯体被分裂成部分时，灵魂也会随着它被分裂成部分，若是某一部分被砍去，相应的灵魂也随之而去，如果隐德来希必紧紧固定在它所在的地方，那么在睡眠中灵魂就无法退回自身之中——事实上连睡眠都不可能发生。而且，如果灵魂是隐德来希，那么理性对欲望的抵抗也不会有了，这整体必以同样的方式经历同样的影响，没有任何内在的冲突。也许只有感知觉可能发生，而思想是不可能的。②

---

① 这里对亚里士多德的话稍稍作了变动，见《论灵魂》B1，412a27—b1。——英译者注

② 普罗提诺：《九章集》4.7.85。

普罗提诺对于“灵魂”的本质的关心既是宇宙论的,最终也落实在对人的关心上。人学在古希腊也可以说是一种“自我”之学。整个希腊哲学都要回答这样的问题:“我是什么”?“认识你自己”是德尔菲神庙的格言,又被苏格拉底引为哲学思考的根本目的。唯有对真正的“我”自己有清醒的认识,才会追求相应的善。这种认识,一是通过对自己的复杂内部结构进行解剖分析,另一是通过对个人在社会、在宇宙总体中的位置进行探讨。下面我们将分别考察普罗提诺在这两个方面的人学观点。

一 人

普罗提诺认为人与宇宙(或个体灵魂与本体灵魂)之间有某种对应。在亚里士多德那里,从某种意义上说,心理学是内化了的宇宙梯级,而宇宙的大序层次理论则是打开了的心理学。灵魂中的生长性、欲望、理性与自然界中的植物、动物、人恰成一一对称关系。普罗提诺也赞同这一基本思路:

> 这三者(太一、纯思、灵魂)不仅实是于自然体系中,也必然实是于我们之中。这不是指物质性的秩序,因为那是可分的;而是说感性领域之外者,亦即柏拉图所谓“内在人”的相应层级。①

那么,灵魂是怎么划分成各层级呢?学者们看到,普罗提诺可以有几种选择:柏拉图的欲望、愤怒、理性三分法或亚里士多德的多种官能划分法,甚至简单的一般伦理学划分法:理性的与非理性的。布隆曼萨认为,事实上,普罗提诺对前两种划分法都采纳,而且在实践中还常常采纳第三种。至于他具体什么时候采用何种划分法,取决于上下文。普罗提诺使用频率较高的是“官能区分法”;但是这并不意味着他的划分与亚里士多德的完全一样。两人之间有不同之处,而这不同又是因为普罗提诺努力把柏拉图的身体/灵魂关系概念加在亚里士多德的心理学框架之上。②

在布隆曼萨的论普罗提诺之心理学理论的专著中,曾对普罗提诺划分的

① 普罗提诺:《九章集》5.1.10。

② 参见布隆曼萨:《灵魂与纯思》,见罗伊德:《剑桥普罗提诺导读》,第85—87页。

“灵魂各种官能”列出如下一个表，我们认为颇为清楚有条理：

生长性	欲望	感性	推理	智性
营养、成长、再生	欲求、愤怒、冲动	外：五官感觉、共感内：内感、想象、记忆、意见、意识	评判	理性

那么，在生长性、欲望、感性、推理、智性这从低到高的五个层面中，哪一层是我们人的“自我”呢？普罗提诺并没有一个确定的意见，毋宁说他在著述中给出了不同的说法。而且他认为人们取何者为“我”，全在于人自己的选择。人选择智性，则是“神”；选择与身体结合，则是“人”；选择感性、欲望，则堕为动物；选择“生长性”灵魂，则与植物乃至物质自然没有什么差别：

> ……我们的灵魂中的一部分总是与纯思保持接触，另有一部分与这个感性世界接触，还有一部分处于居中之地位。灵魂是一种本性而有多种能力。有时它完全与自己的最佳部分在一起，那属于真实实是；有时它的最低下部分被向下拖去，并连带着拖下了它的居中部分，虽然客观原则不容许整个灵魂都降下去。①

下面我们分别看一下“自我”的几种可能样式。

（一）脱身之灵。

灵魂中的最高阶段是智性或纯思。这两者究竟是什么？两者是否是一回事？学者们历来争论不休。“纯思”或许是人的灵魂最高者所能达到的最高阶段，但并不因此就完全是人的最高灵魂。它原则上不属于人，而属于神。②灵魂中的最高部分从来就没有真正下降，一直停留在纯思之中。即使人的整个灵魂在下降，其回归也可以达到这一层面。这是人的“真我”：

> 我们是什么？我们是属于实是呢，还是仅仅是时间之子——依赖于实是？我们在此处出生之前，就曾以另一种人之样式实是于彼处，作为个

① 普罗提诺：《九章集》2.9.2。

② 参见里士特：《普罗提诺：通向实在之路》，第87—89页。

体,作为众神,作为与普遍实是统一的纯粹灵魂与智性,作为纯思之部分而未分离,与总体统一;因为即使是现在,我们也没有与它完全割离。①

灵魂这一部分的活动就是观照“相”的世界。我们知道,希腊哲学传统中认为“灵魂”的主要含义是认识原则与运动原则。在柏拉图和亚里士多德等人看来,认识最终又高于运动,思辨高于日常伦理活动。尤其是无任何功利意义的纯粹思辨普遍知识,是灵魂的最高级活动。普罗提诺突出地继承了这一传统,认为“智性”认识完全脱离了身体的干扰,是直觉式的、内在的、必然的认识。日常理性知识其实是推理认识,这是命题化的、一步一步进行的。但推理达到最高点之后,便会终止其过程式的、命题式的思维方式,跃入智性或纯思式直觉认识:“它不再忙碌,而是静观,因为已经达到了统一。它丢弃与命题和三段论有关的所谓‘逻辑活动’。”②

这样的层次的灵魂是没有通常被人们看做属于灵魂的快乐和忧伤,畏惧和自信,渴求、厌恶以及痛苦的。这种灵魂其实与基本的“灵魂性”完全是一个东西,是一种形式(form),是不朽的。它持守在自身之内,除了从更高本体那儿、绝不从别的事物接受什么:

既然灵魂不从外部接受任何事物,那么它怎么会畏惧呢?会畏惧,必会先受影响。灵魂也不会感受自信。从未遇到过惊恐之事的人,如何可能会感受自信呢?躯体所津津乐道的吃喝排泄的欲求,灵魂如何可能有呢?因为吃喝排泄的属性与灵魂不相容。灵魂如何可能容许混合?任何本体性实是都是非混合的。它又如何可能有任何附加物呢?如果有,它必立刻不再是其所是了。它也绝不具有痛苦,它如何可能感到忧伤,它为什么事而忧伤?凡本质单一的都是自足的,这是由于它固守着自己的基本本性。它既然不能被添加任何事物,甚至良善之事,那么它怎会对增添感到高兴呢?③

普罗提诺的意思是,纯粹的灵魂不会有通常的快乐与痛苦,不会受到外界

① 普罗提诺:《九章集》6.4.14。

② 普罗提诺:《九章集》1.3.4。

③ 普罗提诺:《九章集》1.1.2。

的真正影响,灵魂唯有与身体混合后才会有这些“感受”(pathe)。因为有欲求的是躯体,而身体也会对失去快乐和终将死亡而忧心忡忡。

一般说来,灵魂居于世界中忙忙碌碌,而忘却这一高级层面。但是实际上,这高级层面常在、常活动,只是我们意识不到它的实是与活动而已。不过,普罗提诺认为只要人们选择努力回归它,也可以与之完全一致:

> 我们也是王——当我们与它一致时。我们可以以两种方式与它一致,或是拥有与其相似者,或是为其充满,从而能见到它,意识到它的在场。我们依靠它才知道别的事物,从而我们自己……所以一个知道自己的人是双重的;一方面是属于灵魂的推理;另一方面则超出此人而根据纯思看待自己,因为他已经成为纯思。从纯思看自己,就不再是作为人,而是作为全然不同者,是把自己提升到更高世界中。①

(二)居中者——入身之灵。

尽管人们的“自我”可以达到毫无形体性的纯思,普罗提诺认为通常的“自我”还是处于纯思之下,即处于灵魂与身体的“联合者”的水平上。这样的联合者就是生物,如果上面的灵魂是“真我”,那么这里的灵魂就是“常我”。

> 因此,“我们”在两种意义上被使用:或者包括那位野兽在内,或者指目前生活已经超越了野兽的那种。所谓“野兽”就是指被赋予了生命的躯体。但是真正的人则不同,他清除了这些属性;他有着属于纯思领域的美德并在独立的灵魂中有真正的位置,这灵魂即使在下界时也是独立的或者是可分离的(因为当它全然内收时,由它所光照的低级灵魂也随之内收。)。但是,来自于习惯和训练而非来自于思想的美德则属于复合体;恶习属于复合体,嫉妒、羡慕和同情都位居其中。②

处于心身组合体状态下的灵魂就是“入身之灵”或“身化之灵”(imbodied soul,ensouled body)。这一灵魂样式的出现是由于灵魂不愿意忍受纯思而下降造成的。如果说纯思当中的灵魂没有记忆,那么这个层次的灵魂的特点就

① 普罗提诺:《九章集》5.3.4。

② 普罗提诺:《九章集》1.1.10。

是记忆:你记住什么,你就是什么。记住感性事物多的灵魂,在某种意义上就与感性事物同化:

> 如果灵魂离开可理知世界,无法忍受那种统一性,而只珍爱自己的个体性,并因为渴望差异性而把头“伸到外部”,那么它将因此获得记忆。它对可理知世界中事情的记忆托住它,使它不至坠落,但对下界事物的记忆却使它坠入这里,对天界之事的记忆则使它留在那里。一般来说,它是并成为它所记忆的实是。记忆或者是思考,或者是想象。想象进入灵魂不是靠被占有,而是靠灵魂在看见中被改变;如果它看到的是感觉对象,就会坠入到感觉对象中,看见得越多,坠入就越深。因为它是在衍生意义上占有万物,而不是像[纯思]那样完全地拥有万物,它就成为了万物;并且,因为它是某种位于两种世界的边缘的事物,并占据了一个相应的位置,它会朝着两个方向活动。①

这个层次的灵魂的另外一个特点体现在它的认识是推理性的知识上。与直觉的内在、宁静、真理性大透明不同,推理性知识与外在对象打交道,无论这外在对象是感性还是智性提供的材料。所以,它不是“自我认识”,它只对各种材料进行评判、结合和区分,也就是说它是过程性的(discursive)。它无法对对象整体有一个直觉的、完全的把握,②它总是在辛苦地寻找着,探索着,困惑着。与其相比,纯思因为只与自身打交道,所以总是已经认识了一切,把握了一切,从而宁静无惑。纯思不需要语言,因为它通体透明;任何一处知识,刹那普在于全体。相比之下,推理就必须使用语言。

普罗提诺认为,人这种灵—身联合体就是日常生活中所理解的“我们”(我,自我)。为什么通常的“我”定位在这里? 理由很简单:我们的意识常常察知的就是这一层。再往上的高级心智活动或再往下的低级生理活动,我们往往意识不到,所以都难称得上是真正的“自我”:

> “我们”正在此处。低于此功能活动者,只是“属于我们的”。而我们

① 普罗提诺:《九章集》4.4.3。

② 参见普罗提诺:《九章集》5.3.2。

是那控制整个心身联合体的高级自我。我们可以用“生物”来指称这一联合整体，同时认识到真正的人超出其中较低的、合成的部分，这些部分亦即柏拉图所说的“动物”与“多头兽”。因为人与推理灵魂等同，所以当我们推理时，那便是“我们”在推理，因为推理是灵魂的活动。①

在这个意义上，普罗提诺喜欢把我们的通常自我或“推理灵魂”称为“居中者”，它居于感性与智性之间，它的地位或价值因此也处于二者之间：

> 是我们在推理，是我们在过程性推理中行使理性活动，因为这是我们的自我之所在。纯思之活动则来自上面，正如感性活动来自下面；我们是这一层面——灵魂的主要部分。我们处于那更差和更好的两种能力之间——更差者是感性，更好者是纯思。②

但是，一般人都认为，我们是感性的人，因为我们总是在感知着；至于纯思是否属于我们，大家的意见却并不一致，这既是因为我们并非总是在使用纯思，也因为作为纯思的纯思是“分离”的。正因为灵魂居于感性和纯思之间的中间地带，所以它同时体现了更高的本体层次纯思和更低的层次——物体世界——双方的特点：

> 纯思总是不可分离的，不可分的，那里的灵魂也是不可分离的，不可分的，然而灵魂就其本性而言又是可分的。它的分离就是离开纯思进入形体领域。既然因为它离开了纯思，那么说它“在形体领域是可分的”并以这种方式分离就是恰当的。那么，它如何又是“不可分”的呢？因为灵魂的整体没有背离纯思，它里面有种东西并未坠落到下界，这未坠落的事物自然是不可分的。由此，说它“源于不可分性，又在形体领域内可分”，就等于说，灵魂附属于高层世界，作为部分从中流溢出来，就如线来自于点；但是，当灵魂进入下界这一部分，它仍然在这一部分中保存着整体的本性。即使在下界，灵魂不仅是可分，而且也是不可分的，因为灵魂的可分部分是以不可分的方式被“划分”的。因为灵魂把自身施与到整个形

---

① 普罗提诺：《九章集》1.1.7。

② 普罗提诺：《九章集》5.3.8。

体上,就它是把整体给予整体而言,它是不可分的;但就它呈现于形体的各个部分之中而言,又是分离的。①

普罗提诺说,通常,人们意识过于集中在这个层面,而这是不好的。首先,意向性凝聚于某个层面过久,自然而然就会觉得这个层面是“真实之域”,从而会令其他层面的实是性进入无意识状态,甚至“消失”。② 其次,清晰意识状态并没什么高明之处。它常常有赖于良好的身体状态,所以是次等的。最后,自我意识或对自己行为的反思性的时时察觉,是没有必要的,甚至会有伤活动本身。普罗提诺说:

人们可以举出许多理论的与实践的活动,是人们在清醒情况下从事的,但并不涉及意识觉察。读书者并没有必要意识到自己在阅读,尤其是当他聚精会神地阅读时。而且,在勇敢的行为中,对自己的勇敢也没有必要意识到。这些例子不胜枚举。有意识的反思行为常常会阻挠被它所反思的活动。这些活动只是在没有反思伴随的情况下才能进行得更充分、更纯粹、更具有活力。贤者便达到这一状态,享受充分之生活,专注于生活本身而不暇旁顾于对它进行感知。③

(三)陷于身者。

灵魂再低一层便是感性。普罗提诺的感知觉理论并不系统,而其中所贯穿者,仍然是他的基本原则:灵魂即使在其最低阶段,也是高于身体的,主动的,不为身体所影响的。它依然是统一与单一的灵魂。普罗提诺希望在进入身体的灵魂状态中进一步区分出两种情况。一种是“灵魂把躯体作为工具”使用,另外一种是灵魂完全与身体混合等同。在前一种情况下,灵魂还可以保持相当的独立性,正如工匠并不必然受他所使用的工具之属性的影响:

灵魂的一部分是独立的,这一部分使用躯体,另一部分以某种方式与躯体混合,并且与它所使用的工具处于同一水平上。在这种情形中,哲学应让较低的部分转向正在使用它的部分,把使用的部分从使用的对象中

---

① 普罗提诺:《九章集》4.2.1。

② 参见布隆曼萨:《普罗提诺心理学》,第110页。

③ 普罗提诺:《九章集》1.4.1。

剥离出来，因为联结并非是绝对必然的，这样的话灵魂甚至并非始终要使用躯体。①

普罗提诺的基本精神是不希望灵魂受到身体的拖累。在他看来，在灵魂与身体的混合中，那较低劣的组成部分即躯体会得到改善，而另一组成部分即灵魂则会变得更坏。躯体因分有生命而得改善，灵魂则因分有死亡和非理性而变得更坏。

普罗提诺在讨论各种感觉能力（能、视、听）等等时，总是不忘指出这都是同一个灵魂的不同工作。也就是说，并不实是不同的灵魂出现于不同感官中的事。他强烈反对某些流行看法，比如说一部分灵魂出现于视觉当中，一部分灵魂出现于耳朵当中："这种划分是别的哲学家干的事。"他始终坚持他的一贯原则：同一个灵魂在不同的感官中进行不同的活动。②

感知觉是主动的："我们必须认为，对感性对象的知觉，是灵魂或生物的一种把握活动，灵魂由此而理解物体的性质并采纳其形式之印象。"③因此，普罗提诺不同意斯多亚派的"印象说"。他认为感知不是由外物在感官上留下印象。灵魂作为主动者，不会如此受被动之影响：

> 而听从理性就如同看一样，不是接受形状，一旦看的行为发生了，就看见了，看真实地实是。因为视力既有潜在实是，也有现实实是，[不论它是潜在的还是现实的，]它的现实性保持不变，它从潜在到现实不是一种改变，而是靠近它自身原来就有的事物，去认识它，认识[观看]而没有受到丝毫影响。同样，推论部分也是这样与纯思相关，也是这样看，这种看就是观念活动。它里面没有留下任何印记，但它拥有所看见之物，在另一意义上又可以说没有所拥有之物；说它拥有所见之物，是因为它知道了，说它没有是因为视觉并没有在它里面留下什么，就像印象留在蜡上那样。④

---

① 普罗提诺：《九章集》1.1.3。

② 参见普罗提诺：《九章集》4.3.3。

③ 普罗提诺：《九章集》4.4.23。

④ 普罗提诺：《九章集》3.6.2。

感知与其说是被动地接受影响,不如说是积极地活动。他以视觉为例,指出我们所感到、看到的对象都是“在外面”,在它所在之处。灵魂之所以要向对象望过去,就是因为灵魂没有被“印上”什么印象。否则的话,灵魂就没必要向外看了。而且,如果对象印在感官上,灵魂就会认为自己与对象之间没有距离了。倘若果真是如此,灵魂也无法察知对象的大小,因为如许之大的印象不可能实是于灵魂之中。①

灵魂不接受“印入”,但是身体可以接受。身体与感官把它们所接受到的印象传到脑中,这已经是精神性的形式。灵魂处理的是这样性质的东西:“灵魂的感知能力不需要感知感性客体本身,它只接受由感性事物在生物体身上引起的印象;这些已经是精神的实是了。”②凡此种种,都体现出普罗提诺的感性认识论与希腊一般的哲学认识论常用的“流射说”(比如原子论的感觉理论)等模式不一样,是有自己的深入思索的。

(四)等于身者。

灵魂的最低阶段是“自然”或生长性、植物性,亦即生长与再生的生理过程。普罗提诺把生命的循环看成时间的循环,从而几乎是自然历程本身。从纯思、推理、感性到“生长性”,灵魂与身体由分离到结合,再到紧密难分,最后到几乎合为一体。这最后的阶段的灵魂已经与身体没有很大差别。在普罗提诺看来,如果一个人选择一个食色即一切的生活,那他就是把他的“自我”放到植物的水平上了。③

灵魂的这一阶段仍然有回转与观照。但这已经是非常弱的、如梦一般的观照。从而它通过观照所产生的结果——物质世界——也就是十分弱的产品:极为散乱、外在、感性、死气沉沉。④

---

① 参见布隆曼萨:《普罗提诺心理学》,第 71 页。

② 参见布隆曼萨:《普罗提诺心理学》,第 27 页。

③ 参见普罗提诺:《九章集》1.3.141。西方学术界近几十年来对于“人身之灵”重新发生了浓厚的研究兴趣。参见 Varela Francisco J., Thompson E.T.& Rosch E., *The Embodied Mind: Cognitive Science and Human Experience*, The MIT Press, 1992; Lakoff, G. and Johnson, M., *Philosophical in the Flesh——The Embodied Mind and Its Challenge to Western Thought Basic Books*, 1999。

④ 参见普罗提诺:《九章集》3.8.4。

正如戴克在其《自然、观照与太一》一书中指出的，普罗提诺一般来说总是坚持智性的能量对于机械能量的优越性。即使是像“自然”这样低下的精神事物，也比杠杆和压力能更好、更宁静地产生事物。普罗提诺曾说过，生产玩偶的人与“自然”比起来还是差多了，因为他甚至无法生产自己所使用的颜色。自然却能生产千千万万种颜色与式样。①

值得注意的是，“自然”或者生长性是最低的灵魂状态了。它能产生个体事物，却没有任何明确的心理图像，最多只有某种“准意见”。即使在这个层次上，普罗提诺也认为灵魂依然是形式，而不是形体，所以依然不会有物体事物的那种运动、变化、受到影响等等：

> 欲望部分自然是在质料里的，因此也是掌管营养、生长和生产的部分，是欲望和情感形式的根基和原理。但是任何形式都不可能感到不安，或者受到哪种影响，总是保持静止不动，唯有它的质料进入受影响的状态，而形式只是显现出来，并因其显现激发情感。因为生长原理当然只是引起生长，自己不会生长，只会引起增加，自己不会增加。总而言之，它引起运动，但是不会因任何它所引起的运动而变动，它要么就根本不动，要么是一种完全不同的运动和活动。②

需要在此一提的是，在感性与生长性之间，还有一个过渡阶段，这就是欲望与愤怒。这些心理机能在柏拉图那里，是作为两种独立的灵魂能力而与理性并立的。在普罗提诺的心理学体系中，它们却仅仅被一起放在这么一个狭小的空间中。普罗提诺认为这一阶段既与感性有关，又与生长性有关。首先，无论是欲望还是愤怒，都来自生长性灵魂。欲望是因为身体基本需要得不到满足时出现的，如饥与渴。愤怒（如“不公正”感）之感受，实际上也是人的身体受到伤害时才产生的。当身体中有这些扰动时，灵魂会通过内在感觉察觉之。与动物不同，植物虽然有生长性灵魂，但不会愤怒。因为植物缺乏愤怒的工具，亦即血液和胆汁。而且既使植物有胆汁和血流，也只会发生一阵紊乱和

---

① 参见戴克：《自然、观照与太一》，第66页。

② 普罗提诺：《九章集》3.6.4。

模糊的激动。唯有有了感觉后,才会引向反击伤害的冲动。①

由此可见,普罗提诺把欲望与愤怒都归于与“生长性”有关,是与“正统的”柏拉图主义不一致的。柏拉图在他的“三分灵魂法”中,把愤怒(激情)置于欲望与理性之间,让它既可以充当欲望的助手,也可以培养为理性同盟:“这两者(纯思和激情)既受到这样的教养、教育并被训练了真正起自己本分的作用,它们就会去领导欲望——它占每个人灵魂的最大部分,并且本性是最贪得财富的——它们就会监视着它,以免它会因充满了所谓的肉体快乐而变大变强不再恪守本分,企图去控制支配那些它所不应该控制支配的部分,从而毁了人的整个生命。”②

但是,在普罗提诺那里,愤怒(激情)完全站到欲望一面去了。这种不同归类法说明普罗提诺已经不像柏拉图(以及亚里士多德)等古典哲学家那样持“主流伦理学”之立场。主流伦理学关心此世社会中的公正,关心物利的公平分配,关心对于伤害的“适当”反应。比如亚里士多德就认为无论是过强还是过弱反应都偏离了美德——中道。③ 但普罗提诺显然把一切欲望与激情都归为与身体之保存有关的事,而这在他看来恰恰是最无足轻重之事。人们对于“身外之物”的伤害,不必有任何愤怒与冲动。像希腊化—罗马时代其他的治疗性哲学如斯多亚学派一样,普罗提诺认为要把一切激情都治疗干净。

综上所述,普罗提诺认为人的灵魂跨越整个宇宙大序,或者说,在人的灵魂中,内在收纳了整个宇宙各个层次上的实是事物,我们一端联着天界,一端伸入下界。人是谁,我是谁,取决于人的灵魂中的哪一个部分占据支配性地位:

> 就人来说,低级部分虽然不是支配性的,但也是实是的;事实上,优秀部分并不总是处于支配地位,其他部分也都实是,并有一定的位置。因而,我们也像以感性知觉为特点的实是物一样生活,因此,我们也有感觉

① 参见布隆曼萨:《普罗提诺心理学》,第 39 页。

② 柏拉图:《理想国》,442A—B。

③ 参见包利民:《生命与逻各斯:希腊伦理思想史论》导论及第 5 章。

器官；在许多方面我们与植物相似，因为我们也有一个生长和生产的身体。因此各个部分都占一席之地，共同协作，但是整体形式是人，因为属人部分占据支配地位。然而灵魂一旦离开身体，就成为它自己之所是，就是它最真正的生命。因此我们必须脱离下界，升向上界，免得因为追求感觉印象而沉入到感性知觉，或者因为屈服于生产的欲望和"对美食的贪婪"①而降到生长力的层次，而要上升到可理知世界，上升到纯思和神。因此，那些在自身里面保守人的，就成为真正的人；那些靠感官生活的，就只能变得与动物无二；如果他们的感性知觉还伴随着强烈的脾气，那就成了野兽了……如果他们享乐到甚至连感觉和欲望也没有了，完全变得麻木不仁了，那就几乎转而成为植物了；因为在他们里面发挥作用的正是植物的生长原理，唯有这种原理，或者主要就是这种原理，因此他们就是在刻意地使自己变成树木。②

二　人与宇宙

讲到"自然"、"质料"，就要讲到宇宙。人的真正自我认识，必须不仅通过对灵魂个体内部结构的解剖分析，而且通过考察个体在宇宙中的位置以及与他人的关系等等来进行。在普罗提诺看来，世界并不是一个诸多个体杂乱无章的暂时凑合。宇宙之中有统一性，有"宇宙灵魂"，从而构成了一个合规律的、合乎理性的、相互呼应的和谐生命体。宇宙处处可以看到逻各斯（纯思以及普遍灵魂的下溢部分）的管理与秩序。最典型的例子当然是天体的环形运动。这种环形的运动不可能是如斯多亚派哲学等所认为的那样来自"火"的自然运动，因为火以及其他形体的运动自然地都是直线运动。环形运动只可能是由统一精神本体安排的。③

不仅整个宇宙是如此有规律地运动，而且其中各部分也是这样。万事万物的运行相互呼应，形成了一个统一的生命活动，这就像不同的动作统一于整

① 语出柏拉图：《理想国》，519B1—2。

② 普罗提诺：《九章集》3.4.2。

③ 参见普罗提诺：《九章集》1.2.38。

个一场舞蹈当中一样:

> 舞蹈可以作为比拟。舞蹈的外部姿态、笛声、歌唱以及其他伴随活动,都随着每一个运动而变化。这太明显,不用多说。但是舞者的身体也必然从一种造型转变成另一种造型,他的四肢随舞蹈而伸展和弯曲,有的承受舞者的体重,有的舒展开来;有的在紧张表现着,有的在变换形状当中休息。舞者心在别处,而其肢体却可以服从舞蹈的进程,服务于舞蹈,并结合起来使整体完美。一个舞蹈权威就可以指出,某个具体造型决定了不同肢体的升、曲、隐或降。舞者并不会无故地作出这些动作。他在表演中的每个环节对于整体之舞来说都是不可缺少的。
>
> 我们必须认为这也就是天体运行和显示征兆的方式,或不如说整个宇宙以自己的整体生命生活着,在自身中变更着各个巨大的部分,不断地改变着位置。①

普罗提诺从这段生动鲜明的舞者比喻中得出的结论是:正如舞蹈中各种具体活动并不是主体,而只是演员乃至整个戏(的导演)的部件一样,个人也应当看到,从超出个体的角度想,自己在宇宙大戏当中,只不过是有机大生命的一个部分。② 这种看法令人想到奥勒留的许多相似说法乃至相近比喻。应当说在这个层面上,普罗提诺与斯多亚哲学的体悟十分相近。

这种宇宙统一秩序,还使普罗提诺相信在宇宙中实是着普遍感应。不同地方发生的事,另外的地方也可能会有影响和相应变化。我们在前面提到过,在这个层面上,普罗提诺与斯多亚哲学有相通之处。斯多亚派的本体就是"宇宙一神"泛神论。这也是由于对"统一性"的相信、尤其是对于统一性的层次的相信和由此而来的对于"宇宙"具有最高级的统一性的相信。斯多亚派的推论是:

> 在诸多物体中,有些物体是一体的,有些物体是组合而成的,而另一些物体是由独立的东西构成的。一体的物体是指那些被一种"吸附力"

---

① 普罗提诺:《九章集》4.4.33。

② 参见普罗提诺:《九章集》4.4.32。

所控制的事物，如植物和动物；组合而成的物体指的是由相邻近的元素构成的事物，诸如绳索、塔楼和船只等；那些由独立的事物构成的物体，则是指那些由分开的、独立的并以自身的方式实是的事物复合而成的事物，如军队、羊群以及合唱团等。既然宇宙也是一个物体，那么，它或者是一体的，或者是组合而成的，或者是由独立物复合而成的；但正如我们从它展现出来的各种"通感"所明证的那样，宇宙既不可能是组合而成的，也不可能是独立物复合在一起的。这是因为，与月亮盈亏圆缺的变换颇为一致的是，海上和陆地上很多动物也有起伏盛衰，在海上的某些地方也有潮起潮落现象的发生。同样，与星星的某些起落相应的是，周遭大气和空气中发生着的各种变动，时而美好洁净，时而瘟气充斥。很明显，从这些事实来看，宇宙是一体的。因为，组合构成体和独立复合体的部分之间彼此不实是"通感"，因为假如说在一个部队里，所有的人都牺牲了，只有一个士兵幸存，这个幸存的士兵并不会因为这一变化而受到伤害。而一体的物体中实是某种"通感"，因为当手指被砍时，整个身体都会承担着那种状况。由此可见，宇宙也是个一体物……宇宙不可避免地受着最好结构的控制，这是因为宇宙包含着所有事物的各种结构。那包含了所有事物各种结构的事物理应包含着理性的结构；进一步说，那个包含着理性的、有机的结构的事物，必定也是有理性的，因为，整体比部分低等是不可能的。统辖着宇宙的那个结构既然是最好，那它必将是睿智的、有道德的和不朽的。既然如此，它必定就是神，所以，神是实是的。①

尽管斯多亚派在"自上而下"的思考路径上与普罗提诺站在同一条战线上反对自下而上的伊壁鸠鲁派原子论构造主义，但是普罗提诺不会完全同意斯多亚哲学。首先，普罗提诺并不认为宇宙层次的一体性是最高的，更高的本体性一体性属于非物质性的一元多层本体。而斯多亚派认为即使是最高级的"神"也是物体性的。其次，宇宙间的通感，在普罗提诺看来并不是普遍灵魂的有意识、有目的的干预，因为"神"是完善、自足的，不会干预世事（这里与伊

① 塞克斯都·恩披里柯：《反自然哲学家》第1卷，第78—85节。

壁鸠鲁派思想有某种奇怪的近似)。不过,在低于意识性、目的性的层面上,有机大生命之间有其一脉相通之处。所以巫术与祈祷能够在这个(低级)层面上发挥一定的作用:

> 整个宇宙有普遍感应。就像在一个生命体内部一样:远者亦近。在一个动物中,虽然指甲、角、指或其他肢体并不联靠,但别处发生的感觉却使整个身体都有感受。同类部件虽然分而不连,中间隔着其他部分,但是由于它们是同类的,便能有同感,远处部分的活动也必然令此处者有所感知。①

假设有位巫师身处宇宙之外,那么,他就无法用魔咒造成什么影响。但是如果他从宇宙内部造法,利用宇宙中的力量关联,则能产生一定的影响,因为他知道有机整体中的相互吸引在发生作用。并非有意识、理性的心智受其影响,而是非理性的灵魂的自动反应而已。普罗提诺说:

> 同样,我们也不应该认为祈祷是被有意识的意志所听见和回答的……太阳与其他星宿并没倾听人的祈祷。祈祷是由宇宙普遍感应所回答的。就同一根拉紧的弦联结着各个部分,一端被拨动,另一端亦会共振……共振甚至能从一架琴传到另一架琴,感应会非常广大。所以,整个宇宙虽然由不同成分构成,但实是着单一和谐,这些不同的成分也分享有亲近性。②

在这个意义上,坏人的祷告也可以生效。这不是说宇宙力量成了有意识的犯罪同谋。比如,一个恶人可以从河中汲水作恶,但河并没参与他的恶行。因为宇宙并没主动做什么,只是简单回应。普罗提诺对于占星术的看法是,即使说星辰能够影响人,也十分有限,绝不会像占星术士所说的那样具有决定性的作用。特别是,它们的影响范围应当限于我们的身体,而不会深入到我们的灵魂中。好人完全不受其影响:

> 无论如何,它们只能决定我们身体的既定命运,因为它们传给我们的

---

① 普罗提诺:《九章集》4.4.33。

② 普罗提诺:《九章集》4.4.11。

是形体性的，既如此，就意味着在我们身体上所发生的变化不会很大，因为形体的事物不论是从哪个星辰来的，都没有什么区别，它们全都合起来变成地上的同一个形体，因此，要说有差异，最多也只有局部差异，就看我们离星辰是近是远……这样说来，它们怎么可能决定人是聪明还是愚蠢，怎么能叫一些人做文字老师，另一些人做修辞老师，一些人做演奏家，另一些人做其他艺术家，使一些人富得流油，另一些人穷得丁当响？它们又怎样产生其他种种并非源于身体的影响力？比如，它们怎么让人有这样一个兄弟、父亲，或者有那样一个儿子、妻子，或者一夜之间时来运转，成了长官甚至国王？①

普罗提诺还说道："世上有数不胜数的有生命的实是物诞生、实是，行星若是总要对他们每个人都发挥作用，决定他们的荣辱、贫富、善恶，亲自对每个个体所做的事负责，那它们所过的该是怎样的生活呢？"这样的话让我们想到伊壁鸠鲁对于大众的迷信的抨击：让神负责人间的善恶赏罚和提供预言信息，就是使神无法生活在宁静的幸福之中。不过，普罗提诺的最终依据与伊壁鸠鲁的不同。如果说伊壁鸠鲁认为神根本没有能力（当然同时也不想）支配我们这个世界，那么普罗提诺就是认为神可以很轻松地支配我们这个世界，但是绝不是用占星术士所想象的多神论、多元论的低下办法。这些术士们"完全不愿承认有引导宇宙的至高原理，把一切事物都交托给行星，似乎根本不实是一位统治宇宙的神——宇宙万物无不是从他而来，他使每一事物按其本性发挥自己特有的功能，从事自己的工作，同时万川归流，全都与统治原理合一——持这种观点的人企图消解宇宙的统一，对它的本性一无所知，不知道宇宙有一个统治原理和首因，贯穿在万物之中"②。

正如里士特所总结的，在这一类问题上，普罗提诺的基本看法是：巫术与低层次的祈祷无非是没有能力生活于高级实是的人所追求的。至于贤者，便不会关注它们，也不会受其影响。③

---

① 普罗提诺：《九章集》2.3.2。

② 普罗提诺：《九章集》2.3.6。

③ 参见里士特：《普罗提诺：通向实在之路》，第207页。

在这种“大一生命体”的视野中,会出现一系列对人生问题的重新反省,与我们日常的、个体角度下的观点会有很大不同。下面我们从三个方面对普罗提诺这方面的有关思想加以考察。

首先,天命与自由。

普罗提诺虽然认为个体人是普遍神圣灵魂的溢出者,但他坚定地反对个人灵魂仅仅是宇宙的非独立的、附属的部件。所以他不同意斯多亚哲学的宿命论。他坚信人有自由。在《论命运》中他不点名地批评了斯多亚派的观点,指出认为一切都连锁在一起的观点类似于这样的说法:

> 我们的和其他事物的所有的状态和运动都来自宇宙的灵魂,尽管它允许我们作为个体还有些自我行动的余地。这当中必然有绝对的普遍必然性,既然所有的原因都被包括在里面了,个别事物就不可能不发生:因为如果所有的原因都被包括在命运之中,则没有任何东西能阻挡它或是令它以别的方式发生。如果它们是这样的,发生于一个单一的原则,那么我们除了按照它们的推动而运动之外别无选择。①

所以,天命分为直接的与间接的。间接的天命是没有意识的“逻各斯”,但是美好优秀的灵魂可以发挥直接的因果作用。普罗提诺反对认为自由就是“任意”的想法。自由的真正含义是看到什么是真正对自己的“好”(善)之后能够选择之。不自由就是眼睁睁地看到什么是“好”却无法选择之,被硬生生地从自己的“好”拖开。奴隶制就是一个极好的例子。奴隶被公认为“不自由”的典型。这是为什么呢?就是因为奴隶无力追求“好”,被从自己的“好”阻隔开来,而服务于强力主子。“这就是为什么奴隶制受到谴责:不是因为它不给人以追求善的自由,而是使别人的‘好’完全凌驾于我的‘好’之上。”②但是,人并没有被宇宙规律完全决定,与其说人像奴隶,不如说人是自由服务的劳力。他虽然接受指令,但是不是必须服从的:

> 就我们自身而言,虽然我们的那部分都分有大全之体,我们的活动要

① 普罗提诺:《九章集》3.1.7。

② 普罗提诺:《九章集》6.8.4。

服从于它的活动，但我们并不认为我们是完全隶属于它的，我们只是在合理的范围内才服于它的活动。明智的仆人只是一部分服从主人，另一部分属于他们自己，因此只是在合理的范围内接受主人的命令。他们不是奴隶，不完全隶属他人。①

真正的自由就是真正的自主，这是按自己的本质行事。坏人听任自己的任意妄念行事，实际上只是奴隶而已，不配称为“自主”或自愿行事。只有按照纯思原则、摆脱身体干扰的行动，才是真正的自由。由此可知，最自由的应当是纯思本身。在此，普罗提诺预见到有人会提出疑问：纯思如果必须按自己的本性活动。岂非必然而非自由？普罗提诺的回答是：“如果没有服从其他事物的强迫，怎么能称为奴役呢？”何况“受制于自己的本性”意味着二元性：亦即有奴隶与奴隶主两方。但纯思的本质特点就是单一活动，并没有二元区分。在纯思中，实是与活动是同一回事。当然，“自主”在此并不是一个恰当的术语，不是对纯思的恰当描述，不过它表达了纯思之不受制于异己者的意思。②

第二个方面与一般“神义论”有关。

普罗提诺既然相信宇宙是一个处于普遍灵魂从而各层神圣本体统辖之下的理性整体，就必然要回答“恶”为什么会在宇宙中实是的问题。在当时哲学中，有一些思想流派可以不必面对这种问题的挑战。比如伊壁鸠鲁派哲学根本不相信神对宇宙的统治，亚里士多德派认为月球之下的世界中神是不管理的，而诺斯替思想干脆说世界是由恶神创造与管理的。对于这些哲学派别来说，世界中的恶的普遍实是当然不成问题。伊壁鸠鲁派甚至说宇宙之间无善恶，一切不过是原子的暂时聚合与重组而已。然而，柏拉图类型的哲学具有强烈的价值承诺：善与恶的区分不仅是实是的，而且是客观的（不取决于我们的感受）。整个神圣本体就是价值的基础。对于柏拉图主义这样的一元神圣本体哲学来说，“恶”的实是便是一个严肃的问题。正如里士特指出的，在柏拉

① 普罗提诺：《九章集》4.4.34。

② 参见普罗提诺：《九章集》6.8.4。

图(《法律篇》第十卷)看来,一个承认上帝实是但否认其对宇宙的有序管理的人,比完全不承认上帝实是的人还更不敬神。如果普罗提诺完全同意伊壁鸠鲁,说"神圣者自足",无视宇宙中所发生之事,从而宇宙没有统一合理的安排,那他便会被古代人视为无神论者。① 然而,普罗提诺显然恰恰站在伊壁鸠鲁派的对立面。所以,他必须回答这样的问题:为什么宇宙处于神圣统辖之下却会邪恶遍地。

普罗提诺观察到,恶来自多样性。宇宙中多样性越增多,则对立越明显。感性世界是最为杂多分立的领域,对立冲突必然不可避免。人人都争相获取实是,想把一切都"统一"到自己当中来,结果"爱者在追求自己的好时,常常毁掉了他们所爱的对象……而希望成为整体的部分者则把一切能抓到的东西都拉向自己"②。

但是,普罗提诺认为,首先,恶在我们这个世界中是无法消除的。柏拉图说过,恶"必然"在我们这个必死者的领域中永远实是,正如苏格拉底所提示的,"恶必然实是,因为善须有它的对立面"。作为生成的、有朽灭的世界,这个世界并不是纯粹的相的世界,而必然已经混合了质料,必然会朽坏的。

其次,这些恶并不会影响真正的和谐,毋宁说有助于总体和谐。宇宙总体之美不会被恶人的实是影响半分。这一看法的理由可以分为几种。第一种是认为我们这一个世界的"统一法"与本体界的不同,不可能是纯粹统一,而必然是多样统一。而既然"多样",就必然要"多"得彻底——必然要多到极端处,即包括所有对立的东西。灵魂所借以管理这个世界的特别原则是"逻各斯",而逻各斯管理世界的方式只能是在多样、冲突中的统一,而不能是像"未下降的本体"如纯思和高级灵魂那样的和谐、无冲突、内在的统一。"多样统一"的特点就是要有"不同"、"不相等",要有好有坏。否则,各种成分相等,就是完全抹平,就无法构成"对立统一"式的和谐,即这一个世界的和谐:

好的与坏的都实是,就像一位舞者的相反运动服从于同一艺术一样。

---

① 参见里士特:《普罗提诺:通向实在之路》,第158页。

② 普罗提诺:《九章集》3.2.17。

> 当我们在舞蹈的不同部分既看到好的，又看到坏的时，我们可以看到，正是好与坏的对比使整体完满。……每个人都有自己的位置，有人适于做好人，有人适于做坏人，每个人因此而进入适于自己的角色，服从自然及其逻各斯，占据一个自己选择的位置……当每个部分占据自己正确位置时，整体就会恰如其分，有其美丽。既使地狱中的诅咒，在整体中也有其美。这个宇宙是美的，并非因为人人皆是杰出歌手，而是因为每个人都以自己的嗓音帮助一个总体和声的出现……和谐之声由不一样的乐音构成，各个声音虽然相互不一样，结合起来却产生完整统一体。①

普罗提诺这里用的比喻仍然是当时流行的宇宙总体之为"一出戏"或"一支曲"的观点。他还举了一些实际例子，来说明宇宙中的逻各斯能把恶行及其结果统一到一个合理的模式中。比如从敌人的征服中，可能会产生一代新儿，其品质将会更高；而从被残酷摧毁的城邦中，可能会出现更好的新国家。②总而言之，在大的视野下，可以看到恶也成了善的：

> 大全里的恶之所以是必然的，是不是因为它们的产生后于高级实在？或者更应这样说，如果它们不实是，大全就可能不完全。事实上，大多数恶，甚至全部恶，都对大全有一定的益处——举个例子，毒蛇就是这样——尽管一般而言其原因仍然不得而知。就算是道德上的恶，其本身也有许多优点，还是许多优秀品质的母体，比如，可以创造出艺术上的美，使我们认真思考我们的生活方式，免得我们安于现状，昏昏欲睡。③

这种观点，将走向另外一种不同的神义论路线，即从大尺度时空角度下看人生，从而彻底贬抑此世当中个体生活的意义与价值。这是普罗提诺式的"治疗型哲学"的一贯观点。这一观点属于普罗提诺对恶与苦难的第二种解释。尽管这种解释也是以"戏"为喻：人生如戏；但此时用"戏"之比喻强调的不是个别角色的美、丑、好、坏，而是取决于总体故事，整个人生遭际最终整合为一个有巨大价值的故事，人生本身就不重要了。身体中的生活是低级的、几

---

① 普罗提诺：《九章集》3.2.17。

② 参见普罗提诺：《九章集》3.2.18。

③ 普罗提诺：《九章集》2.3.18。

乎近于虚幻的生活。与高级的、脱离身体的、精神性的本体中的生活相比,一切恶与苦难都不算什么,都是“儿戏”而已。如此,则“神”不该为世中还实是“恶”而受什么责备。甚至死也不算“恶”,因为灵魂与身体没有内在关系。“死”不过是灵魂换个住所而已①(注意此处普罗提诺与印度教思想的相近之处):

> 如果死是换个身体,就像舞台上变换戏装一样,或者说对我们有些人来说,卸去身体就如在剧场上终场时离开演出,而别的演员将会进场来继续演出一样,那么,生命这样交换身体,又有何可怕呢?……有死的人啊,相互戳着武器,排成阵列打仗,在战争舞蹈中干着体育活动中干的事。他们的战斗表明一切所谓人的关注,实际上只是儿童的游戏……至于说其财产被抢走,他们应当明白这些财产过去不是他们的……我们应当在杀人、死亡以及攻城略地的一边充当旁观者,就好像这一切都是在舞台上表演一样。一切不过是风景、装束之变化和表演痛哭流涕。因为在这一个世界中的我们生活的世界中,并非我们的灵魂,而是人的外部影子在哭、在悲伤……哭者是那些只知道生活在低层、外在生活中的人,他不知道他是在游戏洒泪——即使是严肃地洒泪。②

最后,普罗提诺对种种苦难的广泛实是还有一种解释,即说它们是神所安排的对于人的过去罪过的惩罚。这种解释在理论上价值最少,因为真正构成神义论之挑战的是为什么无辜的人乃至公正的人却常常受难这一强烈的令人感到宇宙间缺乏意义的难题。然而,“善有善报、恶有恶报”是最简单直接的世界合理化方案,它能消除人们生活在伊壁鸠鲁理解的世界(一切皆偶然暂时聚合)中所可能感到的“无意义”威胁。无怪乎连佛教这样一种本意原为轻看此岸世界中事件的学说也有类似的“因果”学说。普罗提诺会提出这类看法,也就是自然而然的了。

---

① 参见普罗提诺:《九章集》3.2.15。

② 普罗提诺:《九章集》3.2.15。

三　质　料

在普罗提诺的整个“下降体系”的最末一端是“质料”。普罗提诺的质料学说相当复杂，在学者们当中引起过许多争议，我们只能择其要者加以简介。首先是质料的本性问题，其次是质料的种类，最后是质料与恶的关系。

在质料的本性的问题上，普罗提诺指出，传统自然哲学中不少人把质料看成唯一实在，亦即事物背后的“始基”；而事物、形体世界只是质料的表面变式。有的人甚至把神也说成是质料（比如斯多亚派）。① 而普罗提诺的一贯思想是反对这种“学说”的。在他看来，恰恰相反，质料是最虚幻不实的东西，它甚至不如形体。质料毫无一切品性，毫无一切力量，是本体满溢的最后终点，再也不能“回转—观照”从而创造。这是远离实是的末端一环。从某种意义上，我们无法认识—看到这样的东西，必须借助十分奇特的方式去领悟它是“有”的：

> 我们如何认识形式中绝对无部分的事物呢？我们把彻底消除了所有形式、不在任何形式中的事物称为质料；若我们有意要看看质料，那么在消除所有形式的过程中，我们就领会了自身的无形式性。因此，看见质料的是非纯思的另一种纯思，因为它竟然去看非本己的东西。眼睛一旦离开光线，就只看见黑暗，就没有看见它——离开光线，因此就只是看见黑暗，因为在光中，黑暗乃是看不见；但没有事物它也不能看见，而只有不看——它可以以这种方式看，但看见的只是黑暗；因此，纯思将自己的光留在自身里面，就像越出自己而进入非本己的事物，由于没有携带自己的光，就体验到了某种与自己对立的事物，这样就可以看见自己的对立面。②

然而，普罗提诺敏锐地看到，真正的“实是”与几乎“非实是”的质料居然也拥有一些共同点。比如与形体世界相比，它们都是非形体的，从而都是无法

① 参见普罗提诺：《九章集》2.4.1。

② 普罗提诺：《九章集》1.8.9。

认识,不可言说的,都是不能受影响,不能消失的。① 所不同者,只是“实是”(或本体世界)是充沛大力量、充满之实是,而质料却几乎是非实是,是全然的无力。②

普罗提诺认为,既然质料本性如此,那么形式与质料“结合”时,形式在质料中,就如同幻影游于幻影中,丝毫影响不了质料。③

另外,在质料的种类问题上,普罗提诺提出了“两种质料”的看法。一种是“下界”的,一种是“上界”的。上面对“质料”的这些纯粹负面的描述,并不能概括普罗提诺的全部观点。因为作为潜能,作为形式的“接受者”,每一层实是都是上一层的质料。所以可以想见,在普罗提诺体系当中,必然有某些质料是高级的。他常常强调的,就是“天上的质料”,即纯思层面中的质料。这种质料在产生后能够向源头回转,从源头接受形式:

> 生成物的质料总是接受不同的形式,但永恒的事物的质料始终如一,总是保持同样的形式。也就是说,感觉世界的质料是完全不同于可理知世界的质料,因为这里的万事万物都是变动不居的,每个特定的时间只能实是一个事物,因此没有什么能持久,而且事物彼此之间相互推涌,后浪推着前浪,没有什么能够永远保持同一。而在可理知世界,质料同时就是一切实是者,因此它不需要变成任何其他事物,它已经拥有一切。④

质料其实是与形式相对而言的,本体中有形式,所以也必然有质料。形式带来了一,质料是多或异(otherness)或分化的原则。纯思领域虽然具有高度的一或统一性,但是在另外一个意义上说也是光或者历历在目的清晰限定,也有一定意义上的“运动”,这当然意味着质料原则也在那里发挥作用:

> 每个事物的深处就是质料,因此任何质料都是黑暗的,因为每个事物里面的光就是理性形成原理。而纯思也是理性原理。因此纯思看着每个事物里面的形成原理,知道形成原理下面的事物是黑暗的,因为它躲在光

① 参见普罗提诺:《九章集》3.6.7。

② 参见普罗提诺:《九章集》2.5.5。

③ 参见普罗提诺:《九章集》3.8.9。

④ 普罗提诺:《九章集》2.4.3。

线照不到的下面。正如眼睛有光的形式，因此能直视光和色彩（色彩也是光），报告那实是于色彩之下的事物是黑暗的，质料性的，色彩没有照射到的。然而，可理知事物中的黑暗不同于感觉事物中的黑暗，质料也是这样，支配两者的形式是不同的一样。神圣质料虽然是被限定的对象，但它拥有被限定和可理知的生命，而这个世界的质料虽然同样是被限定的，却没有生命或思想，只是一具装点性的僵尸。这里的形状只是影像，因此它的基础也只是影像而已。但上界的形状是真实的形状，因此其基础也是真实的。①

普罗提诺因此把质料的本质规定为"未被限定性"，与形式之为"形成原理"相对。这样的本质在"上界"的质料中和"下界"的质料中都是一样的，只不过下界更厉害，尽管下界的质料是上界的质料的模仿，但是这一次，模仿者居然比"原型"更具有原型的特征！普罗提诺对这一"反常"的逻辑是这么论证的：

无限定性不是质料的一种偶性；也就是说，质料本身就是无限定性。在可理知世界也是如此，质料就是未被限定者。它可能是由太一的非限定性或能力或永恒性产生的；无限定性并不实是于太一里面，但是由太一产生出来。那么，质料为何能既在上界，又能在下界呢？这是因为无限定性也是双重的。那么两种无限定性之间有何分别呢？它们的不同就如同原型与影像的不同。那么，下界的无限定者是否少一点无限定性呢？不是少一点，而是更多，因为它是远离实是和真理的影像，因此更加是未被限定的。越是少被规定的事物，显现出来的无限定性就越多；越是善的事物，未限定性就越少；越是恶的事物，未限定性就越多。凡在上界的，拥有更高程度的实是，就[只]是作为影像而未被限定；而在下界的，拥有较低程度的实是，相应地更多逃避"是"和真理，深陷于影像的本性中，因此正是更加未被限定。②

① 普罗提诺：《九章集》2.4.5。

② 普罗提诺：《九章集》2.4.15。

最后,是“恶”与质料的关系的问题。

恶在普罗提诺看来,虽然可以通过重新整合入更大的宇宙秩序中得到新的意义(比如“帮助总体完整”),但并不会因此就免去了它是“恶”的原来情况。① 所以,寻找恶的来源从而寻找某种除恶之途径,对于他仍然成为一个问题。普罗提诺在专门讨论这个问题的《论恶的本性及恶从何处来》(I.8)开宗明义便说道:

> 那些追问恶从何处进入实在——不论是整体的实在还是某种特定的实在——的人,如果他们首先提出什么是恶和它的本性的问题,那么他们就为自己的发问开了个好头。借着这样的追问,人们知道恶来自哪里、位于何处以及影响了什么。由此,我们才能回答它是否真正实是这样的一般性问题。②

在恶的本性的问题上,普罗提诺看来一直在围绕一个问题论辩:恶的本性在灵魂中,还是在质料中。我们知道,在普罗提诺时代,基督教已经实是了两个世纪,而基督教神学应当把恶归为灵魂。普罗提诺虽然没有点出自己的对手,他在文章中反反复复地论证根本的恶不在灵魂中而在质料中,是否隐约在批评基督教神学?再者,柏拉图似乎也经常把恶视为灵魂的问题——灵魂的软弱:“恶习是灵魂的一种软弱——坏的灵魂易受影响和易被煽动,易于从一种恶到另一种恶,易于起淫欲,易于动愤怒,草率地认可事情,自愿地屈服于混乱的幻觉,就像最脆弱的人造物或自然物,任何风吹日晒就容易毁掉它们。”③ 当然,也可能普罗提诺并没有具体的宗教的与哲学的对手,而仅仅在批判一般人的看法。因为一般大众总是把恶看做是人的恶,是灵魂的邪恶。有一些哲学家与大众共同认可的信念,比如唯有灵魂才能负起责任——包括犯罪的责任,都导向认为罪在灵魂。普罗提诺知道这些信念,但是他坚持灵魂从根本上没有罪,尤其是神圣灵魂。如果说灵魂犯罪,也应当说是混杂了物体性的灵魂,是“另一种形式的灵魂”,说到底,有罪的是“诱惑者”即物质:

---

① 参见普罗提诺:《九章集》I.8.4。

② 普罗提诺:《九章集》I.8.1。

③ 普罗提诺:《九章集》I.8.14,参见柏拉图:《理想国》,380E。

> 如果灵魂是无罪性的，那么它如何会受到审判？这种思想显然与诸如灵魂犯罪、灵魂公正地行动、经历惩罚、在通往地狱之河（hades）中遭惩罚、灵魂转世等等所有这些论证相矛盾。我们可以接受我们喜欢的任何观点；而且也许我们可以找到一种它们互不冲突的观点。认为灵魂无罪性的论证假设灵魂是全然纯一的事物，把灵魂与基本的灵魂性同一了起来；而认为灵魂有罪性的论证则假设灵魂混合了受到可怕的方式的影响的另一种形式的灵魂：这样，灵魂本身就成了复合物，是它的诸构成元素的产物，并作为整体而受影响；犯罪的乃是那复合物；柏拉图说的要受惩罚的事物乃是这个，而非那个纯一的灵魂……因此，实是另一种灵魂的生命，另一些活动，那受罚的灵魂与此不同。上升的和分离的灵魂不仅不受躯体影响，也不受任何附加物的影响。附加物乃是在生成（coming-to-be）中产生的；或者毋宁说生成完全属于灵魂的其他形式。我们解释过生成之发生过程；它是灵魂坠落的结果，当灵魂下倾时它就坠落，由此产生某些别的东西。①

在其他的地方普罗提诺还指出，至少我们的“较高级灵魂的本性”不必对我们干的恶事和所遭受的恶果担任何责任。需要承担责任的是灵魂与身体的“组合体”，一方面是灵魂中的欲望部分，一方面是诱惑欺骗它的质料。普罗提诺在这样的辩驳中，依靠的基本策略是把一般人看到的邪恶向背后的“邪恶的原因”追溯。他就像苏格拉底—柏拉图一样，总是追问：我不是想要知道具体的德性和邪恶是什么，我希望知道的是它们的“本性”——善本身与恶本身。而且，在他们的逻辑中，这善本身与恶本身就是“至善”与“至恶”（想想西塞罗就标准哲学话题——论至善与至恶——所写的著作）。这样东西实是于具体的表现背后，不是常人所认识到的，但是它们是具体的善和恶的原因。

对于普罗提诺来说，如果说至善是太一，那么至恶就是太一的对立面——从太一漫溢、逃离而出的最远一端——“质料”。也唯有这样，才可以为本体的各个层面、尤其是灵魂层面的本体留下一个全部是善的景观。普罗提诺不

① 普罗提诺：《九章集》1.1.12。

希望"恶"会出现在真正的实是者或超越实是者中,因为他坚信本体的本质就是善的。

这么一来,首先确定的原则是到非实是的事物、或者至少某个混合了非实是、分有了非实是的事物中去寻找恶。然而,把恶归为质料会产生一些问题:如果恶来自质料,是否说明恶有反抗本体的独立意志与力量,从而打破了"太一"无所不在、无所不能的一元论?这岂不是与善恶二元论的摩尼教一样了吗?

这确乎是一个矛盾。普罗提诺解决这一矛盾的策略似乎是把恶定义为匮乏、无力,而非积极的破坏;然后,再把质料的本性也定义为"绝对无尺度",缺乏自足,缺乏实是。在编为第二卷第四篇的《论质料》中,普罗提诺说:

> 因为质料缺乏善,所以是恶;事实上也就是说它没有善。凡缺乏某物但拥有别的事物的,很可能处在善与恶的中间状态,也就是它的有与没有多少相互平衡;但什么都不拥有的事物因为处于缺失状态,或者无宁说就是缺失,所以必然是恶的。因为这事物不是缺乏财富,而是缺乏思想,缺乏德性,缺乏美,力量,形状,形式以及性质。那么它岂不就是丑的,就是完全邪恶的,完全不义的吗?①

将"恶"、"坏"(kakia)归因于形式的缺失(previation)是亚里士多德的思想。他认为一个人或少数人、多数人追求最高的善和普遍利益,这样形成的政体就是符合"政体"形式的三种好政体(君主、贵族、共和政体)。如果仅为个人、少数人或多数穷人谋利,就"缺失"了最高的善和普遍利益这个"essence"(本质、本体),于是就成了坏政体(暴君政体、寡头政体、民主政体)。但是亚里士多德并没有得出质料就是"坏"或"恶"的结论。不仅是自然物,即使是组成动物、人的两类质料(骨架与血液、黏液)也是中性的,而在伦理学中,他明确认定灵魂的两种状态(不足与过度)就是恶。普罗提诺将质料归为"恶自身",这是他的"独创"。不过他也执拗地寻找"恶本身"、原初的恶、绝对的恶、作为本体的恶。这样的思路在本体论上有一个潜在的困难,因为"本体"

① 普罗提诺:《九章集》2.4.16。

(ousia)的希腊词原义是“真正的实是”,而恶作为质料,恰恰是“非实是”,理论上说无所谓“本体之恶”。普罗提诺的解释是:当我们说它“是”(is)时,我们是用同一个词指两个不同的事物,因此正确的说法应该说它“不是”(is not)。于是,“恶”就是“无限度性”,就是匮乏。一般的匮乏只不过意味着“非善”(不—好),但是绝对匮乏就意味着恶。恶的基本特征可以视为是无尺度而非尺度,无限度而非限度,无形式而非形式,永远缺憾而非自足;永远无规定,处处不稳,总是屈服于各种影响,无法满足,绝对贫困而贪婪。一切具体的恶都是源于它(因果关系)、由于“分有”质料——即分有了绝对恶的这些特征。

值得注意的是,普罗提诺这是通过本体论大序在确定恶。如果根据这样的确定法,逻辑地可以推出,不仅大序的最后一端——质料——是极恶,而且倒数第二端——感性形体世界——也几乎是极恶,至少是大恶:“就身体分有了质料来说,其本性是一种恶,当然不是原初的恶。身体虽然拥有某种形式,但不是真正的形式,它们被剥夺了生命,在无序的活动中相互毁灭,妨碍正常活动中的灵魂,在不停的流变中规避实在,是次一级的恶。”①换句话说,我们生活感知于其中的这个形体的世界,是非常坏的世界。这是一个令人不安的结论,因为当普罗提诺举出“统一性”、“有度”、“生命”的例子时,大多举的是我们这个世界的美丽形状等等的例子,毕竟我们这个历历在目、井然有序的自然世界的有序性来自是太一统一性的模仿。而且,后面我们还会看到普罗提诺似乎不想得出如此“诺斯替”的结论。但是,这样的结论又符合基本的柏拉图教义:我们这个世界其实是影子的实是,虚假的实是,但是它却诱惑我们忘记真正的实是,这不是恶,又是什么?在第一卷第八篇《论恶的本性,兼论恶从何来》中,我们在普罗提诺的阐述中可以看到一种神秘的说明:

> 由于善的能力和本性,恶不只是恶;因为它必然要呈现,它就带着美丽的脚镣,就像囚徒戴着金色的锁链,而把自己给藏匿起来,这样就不必向诸神显现自己的丑陋的一面,人们也就可以不用总是看到恶,而且即使

---

① 普罗提诺:《九章集》1.8.4。

当他们注目看它时,也可能伴随着引发他们回忆的美的影像。①

至于灵魂,与此相比,在恶的等级上就至少退居第三了。灵魂本身不是恶,只是由于与质料和感性形象世界接触,抵挡不住其诱惑,才堕落变坏的。普罗提诺说道:“因此,不妨认为无限度性就是原初的恶,凡由于与其相似或分有它而形成的恶则是次等意义上的恶,因为它的无限度性是偶性。原初的恶是黑暗,次一级的恶是被以同样的方式遮暗的。作为灵魂的无知和无限度性的恶习,则是次一级的恶,而非绝对的恶:正如美德并非原初的善,而是与善相似或分有了善的。”②具体说来,各种“灵魂的邪恶”都可以从灵魂与较低的本性接触和混合得到解释。“若灵魂不与低级本性接触,那就没有欲望、悲伤、激情和恐惧;因为唯有复合事物的本性才有恐惧,而当它担心自已被分解时,就会有悲伤和痛苦;欲望的产生是由于复合物受到了干扰,或它为了避免被干扰而设法预防。幻觉则来自外部的非理性之物的撞击;灵魂易受撞击是因为它里面并非不可分割的了。由于它走离了本真,所以才产生了错误的意见;不过这是由于未能保持纯粹,才走到了外部。”③

灵魂当然有其“弱点”,即想独立于太一、走出本体界的欲望。质料和感性世界的诱惑便利用这一弱点而腐化了灵魂。灵魂如果过度关怀此岸世界中之事,这便已经是恶了,无论在个人还是在国家都是如此:

> 灵魂本身不是恶,也并非全然是恶。那么,什么是邪恶的灵魂呢?这就像柏拉图说的,“在那些人那里,恶所自然地居住的那部分灵魂已经被征服了”④。即灵魂易于接受恶的部分乃是灵魂的非理性部分,它就是无限度、极端的、有缺陷的部分,从而产生出放纵的罪恶、怯懦以及所有其他的灵魂之恶和本能的情欲,这使他产生错误的意见,认为他逃避的是恶,追寻的是善。那么,是什么导致这种恶?你又如何将它溯及前面所描述的恶的源头和原因?首先,这种灵魂不在质料之外,没有居于自身当中。

① 普罗提诺:《九章集》1.8.15。

② 普罗提诺:《九章集》1.8.8。

③ 普罗提诺:《九章集》1.8.15。

④ 参见柏拉图:《斐德罗篇》,256B2—3。

> 它与无限度性混合，没有分有产生秩序并带来限度的形式，因为它被混合到质料的躯体中。灵魂的推理部分若受到破坏，在其看中它就会受到激情的干扰，会由于质料而被遮暗，并向着质料下倾，会由于关注生成而全然变成非实是。生成原则就是质料的本性、它非常之恶，能够将自己的恶不仅传给在它里面的东西，而且传给只是关注它的东西。正是因为恶不分有任何善，相反是善之缺失，并且是纯粹的缺乏，因此只要与它有任何接触就会变得与它相似。①

这样，普罗提诺就算回答了恶的本性、恶从何来的问题：恶是形式之缺失，缺失形式的东西自然就是质料（当然不包括第二类，即天体质料）；缺失形式就等于缺失 essence（本质）、ousia（实是，本体），所以恶之承担者并非“实是”，而是“无度”、“无限度”、“匮乏”：这样肉体作为质料，就会诱使欲望、激情不受理性控制而作恶。这就为普罗提诺的灵魂的沉降与回归（升华）打开了道路。灵魂本身不是恶，“灵魂”从其定义来讲就是有生命的，它自身完全没有缺失善。它总是多多少少还具有某种善，“一种纯思的痕迹”。这样的灵魂，即使由于被沾染而具有了恶性，但是本质上具有回归太一的可能性。

第五节　回　归

从太一满溢之后，经一系列下降阶段，直到“质料”，这就到达了宇宙进程的最低点。下一步似乎就应当讨论人在这样的宇宙中怎么办的问题。本体论之后，应当就是实践论。亦即一般所谓伦理学以及政治学。作为以关注灵魂的命运为突出特点的普罗提诺哲学，这方面的问题就显得更为至关重要。仅仅“为认知而认知”不是希腊化时期哲学家们所自我意识的任务。在他们的体系背后，总是时时显露出为人类指出安身立命的生活道路的旨趣。而且，他们的“伦理学”普遍与古典哲学时期的“伦理学”不同，体现出一种超越伦理

---

① 普罗提诺：《九章集》1.8.4。

学、超越政治哲学的质素。如果说怀疑论与伊壁鸠鲁派是以瓦解主流伦理,把道德、文明、精神还原到更原始、更简单的层面为方法超越主流伦理学的话,那么斯多亚派与普罗提诺就是以“向上”回归的精神运动超出主流伦理学。尤其是突出张扬了柏拉图主义中“垂直”方向的教义精华的普罗提诺,更是超出世俗伦理,号召人们从这一世界的种种关怀中、种种水平方向的活动中抬起头来,认知真正的本体、源泉、父亲,向太一回归。当然,普罗提诺并没完全否认此世之中的道德活动,但他指出这也必须重新组织到向上回归的总体运动之中。

围绕着“回归”,有许许多多的理论问题,下面把它们分成几个大问题来讨论:为什么要回归?回归的动力是什么?回归的方法可行否?

一　回归的必要

“回归”的必要性对于普罗提诺这样的哲学难道不是自然而然的、不言自明的吗?不一定。学者们很早就发现普罗提诺在回归的必要性上常常有矛盾的、犹豫的说法。最早也许是蔡勒(Zeller)就已经在普罗提诺的哲学中发现了一个悖论:这整个从太一到纯思、灵魂、世界、质料的满溢流程(“创造过程”)究竟是好还是坏?是展现太一的力量、形象并由太一始终统治着的和谐有机统一体,还是一层层丧失统一性、散入杂多性与形体性的“堕落”?普罗提诺有时似乎主张前者,尤其是当他撰文反对诺斯替派贬抑这一个世界的时候。他坚信太一及其他本体维度普在于一切“创造物”之中。实际上,整个创造序列如同太一大生命的延展:

> 万物皆是太一而又非太一。他们是太一,因为他们来自他;他们不是太一,因为太一是在自居不出之中创造了万物。就如伸延极广的长长生命一样,每个部分都与下一节不同,但整体是自身连续的;虽则各部分有别,而且前面的部分并没消失于后面的之中。①

然而,有的时候普罗提诺又对“溢出”严厉指责,指出这一运动趋势是朝

① 普罗提诺:《九章集》5.2.2。

向恶，背离善。他号召人们扭转方向，从世界中撤身，因为“此世中的生活是一种堕落，一种流放，一种折羽而降”①。“我们应当抓紧逃离这里，不甘愿于被尘世束缚，全身心地拥抱神。”②

现代学者们多能看出普罗提诺在这一关键问题上的立场模糊不清、左右摇摆。里士特说：“几乎每个讨论《九章集》的人都指出普罗提诺的灵魂创造物质世界的学说使自己陷入困难境地。一方面他相信柏拉图的《斐多篇》，认为灵魂是身体中的一个囚徒，物质世界是精神世界的低级版本。另一方面他又持柏拉图《蒂迈欧篇》中的看法，认为物质世界是神所创造之物，是最好的万能世界，是主宰者的作品，所以充满创造者的荣耀。”③里士特并且进一步认为这两种立场实际上无法相容，其冲突也是普罗提诺所无法解决的。里士特还把这一冲突看法归于普罗提诺的理论的与实践的两种考虑的不同视角所带来的不同结论：“从理论上说，上升之路与下降之路如果不说是完全等同的话，也至少是同一过程的无法区分的方面：观照蕴涵着创造，创造蕴涵着观照。然而在实践中，普罗提诺则一再希望一切运动都是上升的，虽则他也明白事实上并非如此，也不该如此。”④

阿姆斯庄也指出了普罗提诺的矛盾看法来自不同论战的需要。当维护神圣本体创世说的时候，普罗提诺其实是为了反对厌世者：

> 当普罗提诺为神圣本体创世辩护并驳斥那种说神把世界创造得不好并有许多不可避免的恶的观点时，他强调这些不完善的必要性之理由……他以典型的柏拉图方式主张，这既非一个完善世界，也不是一个全然坏掉的世界，而是神圣者在这最低阶段的困难条件上所能创造的最佳世界。⑤

无论如何，在这样两种态度中，只有把本体满溢创造宇宙的过程看成是堕

---

① 普罗提诺：《九章集》6.9.9。

② 普罗提诺：《九章集》6.9.9。

③ 里士特：《普罗提诺：通向实在之路》，第 112 页。持相同观点者还有如阿姆斯庄：《剑桥晚期希腊与早期中世纪哲学史》，第 23 页。

④ 里士特：《普罗提诺：通向实在之路》，第 167 页。

⑤ 阿姆斯庄：《剑桥晚期希腊与早期中纪哲学史》，第 231 页。

落、是恶,才谈得上"回归"。物极必反。当流溢降到最低的"质料"时,整个过程再倒转过来,从最低点一级一级向上回升。

但是,这是普罗提诺的看法吗?原则上说是。不过,这幅图景显然稍嫌简单化了。这里面还可以进行更进一步的、具体的分析。首先,"溢出"低级事物就是堕落和恶吗?不能一概而论地回答。要看对谁而论。任何好、坏评价,都可能由于评价对象的不同而能适用或不能适用。对于本体如太一,溢出或创世既不是"坏",也不是"好",可以说是"无所谓",根本与己无关。大充沛本体由于自己内部生命活动过于丰满,在"四周"产生附加效果,丝毫对自己没有损益:太一既没有消逝于自己的创造物中,也不会因为"多了臣民"而增添半分力量。自足者没有任何进一步需求,也不曾走出自身一步,何来"堕落"可言?

对于宇宙来说,前面已经讲过,普罗提诺认为部分的、地方性的恶总会被那专门进行"对立统一"式的统一工作的逻各斯归整组织在总体和谐之中了,所以也不足为"恶"。

唯一的结论是,只有对于溢出的个体,远离本源才是遗憾,才有可能构成"堕落"与"恶":"与神分离只会减损我们。"①然而从这一理解出发,对于堕落从而回归还可以有两种不同的理解:一种是认为"凡溢出即恶",所以应当阻挡整个"创世"流程的发生。即使无法在开端处阻止其发生,也应当通过"回归"而使得一层层事物逐步塌陷入上一层实是之中,直至最终整个宇宙、灵魂、纯思全部消隐入太一之中。这实际上是一种激烈的万物虚幻的神秘主义。

然而普罗提诺作为一位希腊人,一位柏拉图哲学的发扬光大者,似乎不可能采取如此极端立场。他从没认为被创造的世界"坏"到这一步田地,以至于应当一笔勾销。在他看来,世界虽然不是本体有意的创造,但也是从本体的本性中必然产生出来的。作为"大创造力",必然会有"被泽万物"的影响普在。这既无法取消,也不必取消,不应取消。"伟大创造力绝不应仅仅止于高级领域之中,好像被妒忌局限住了似的。它会不断延展,直到万物宇宙伸展到它可

① 普罗提诺:《九章集》6.9.9。

能性之极致。它惠赐巨大能量于它的所有造物，不能容忍有任何东西无法分有它。”①此岸世界万物对此常常处于不察觉状态，但它们实际上无不分有本体，须臾未曾离开过本体。

满溢本身不应作为“堕落”、“恶”而被否定，那么“错”在哪里呢？错在派生者的过分独立倾向。普罗提诺的一些说法表明，他认为灵魂下降、溢出来管理世界，这本身没有“过分”，但“过分”的是灵魂斗胆(audacity)肯定自己的独立，忘掉自己的源头在上界本体。并且，灵魂由于追求低于自己者，把自己更降到了低下者的下面：

> 是什么引起灵魂忘记神即他们的父亲呢？为什么灵魂虽然是上界成员并完全属于上界，却对自己和对神无知呢？
>
> 他们的不幸始于自我意志，始于他们的产生和与源泉的分离，始于他们想成为自己的欲望。他们陶醉于自己的独立之中，随心所欲地运动，与本质相悖，与源泉相离，以至忘记了他们的神圣父亲……他们由于不认识神与自己，便自己作践自己，遗忘祖先，把荣耀给了他们之外者……一切追求、羡慕其他者的，都是在承认自己的低下性。而接受了比暂时实是物更低的位置的人，就是把自己看做比所有他所羡慕的东西更没价值，更不经久。他无法理解神的本质与力量。②

普罗提诺对于物质世界的诱惑力看得很清楚。但他也知道灵魂的一个重要工作是“照管”这个世界，这是无可非议的责任。用他的话说就是灵魂的向下倾向如果指的是“指向下界事物的光照”，那么它不是罪，正如投下影子不是罪一样。应当负起罪责的倒是得到光照的事物，“因为如果它不实是，灵魂就无处光照。灵魂之被认为坠落或下倾，是指事物得到它的光照并与它同在。”③如果没有任何事物接受灵魂的光照——影像，那么影像就不会实是。这样，整个灵魂就会凝视可理知世界。灵魂的下倾和“照管”，本身就实是着

---

① 普罗提诺:《九章集》4.8.6。

② 普罗提诺:《九章集》5.1.1。

③ 普罗提诺:《九章集》1.1.12。

过于关切对象从而陷身难拔、忘却向上凝视本体世界的危险。所以普罗提诺建议灵魂在其管理这个世界的工作时要“无心地从事”并“尽快逃开”:

> 灵魂虽然具有神圣之本质并居于上界,仍然进入到形体中;它是低层次的神,是自愿跃入此岸世界中的,这是由于它的内在力量和组织自己的产物的欲望。如果它逃得快,那不会受什么伤害;它已经有了恶的知识并了解了邪恶的本性。它也展示了自己的力量,并且进行了它如果一直停留在无形实是中就会毫无作用、从未实现的工作与活动。①

哈德特认为,普罗提诺并没说感性事物自身是恶。问题出在我们对于身体从而对于感性世界的关心(concern,烦心)。我们太多沉迷于毫无真正价值的事和夸大了的焦虑,从而使我们不再注意我们无意识地生活于其中的灵性生活。②

于是,普罗提诺相当于建议人们:灵魂不应当放弃管理工作,但是同时应当时时保持距离,主要还是保持一个观照(纯思本体)的生活,居高临下地管理自己的产品,不能过于热心、过于投入,以至于与自己的产品、映像过于等同,到头来不是自己产品的主人,反而成为其奴仆。③ 那样的话,就是“堕落”了。

所以“回归”便是立足于肯定溢出的前提之上,回转、观照上一层实是,并通过此而最终回转到最高本体太一。这样的回转也没有必要等到满溢过程达到最低点才开始,实际上每一层溢出者都应当回转。也就是说,每一层“创造”都可以说是“坏”——如果固执于溢出,追求独立,沉迷于映像;但每一层创造也可以说是“好”——如果每层事物都回转、凝神观照上一层实是。实际上,只有这样才能真正成为自己,实现自己的真实本性,并具有新的创造力量。④

具体到人之灵魂,前面说过,实是由“太一”到“质料”形成由高到低的一

---

① 普罗提诺:《九章集》4.8.5。

② 哈德特:《普罗提诺,或纯一视界》,第 31 页。

③ 参见普罗提诺:《九章集》4.8.2。

④ 参见普罗提诺:《九章集》5.1.6。

层层等级，人（灵魂）的特点之处就是他可以处于任何一个水平上，所以，并不是要等到它"堕落"到动物人、植物人状态才开始回归。回归的决策实际上总是发生在"中点"，也就是作为人的日常自我的所在地——推理性思维意识——之处。努力上升到纯思性的纯思。在这样的境界中，一切认识都不是通过他者［中介］实现的，而是通过自身实现的直接把握。纯思的自我显明的光闪耀在灵魂里，照亮了灵魂，使灵魂成为富有智性的，成为与自身即上界的光一样的：

> 如果你思考灵魂里留下的这种光的痕迹，以及更加美、更加伟大、更加明亮的光，你就会渐渐靠近纯思和可理知者的本性。再者，这种照亮使灵魂有了一种更加清晰的生命，但是这种生命不是生产性的；相反，它使灵魂转向自己，不让它消散，使它满足于自身里面的荣耀；这种生命当然也不是感知觉的生命，因为感知觉朝外看，感知外在的世界，而已经接受了真正实在之光的人，可以说，不再认为可见事物是好的，而认为相反之物即不可见事物才是更好的……我们的灵魂也因这种推理回升到纯思状态……①

这样的人当下就成为像神一样的。当然，并不是每个人都能做到这一点的。普罗提诺建议说，如果一个人无力从高层实是开始回归的历程，他也可以从任何他能把握的实是阶段开始回归：

> 但是如果有人无法领会这种纯粹地思想的灵魂，那就请他先认识形成意见的灵魂，然后再由此上升。但是如果他连这一点也做不到，那就请他从考察把握处于广延物体中的形式的感知觉开始，这个阶段获得的形式比较低级，但是借它自身及其官能，也已经处在形式中了。如果他愿意的话，他也可以下降到生产的灵魂，直到它所生产的产品，然后从那里上升，从最终的形式上升到相反意义上的"最终"形式，或者毋宁说上升到最首要的形式。②

① 普罗提诺：《九章集》5.3.8。

② 普罗提诺：《九章集》5.3.9。

需要指出的是,人们在把普罗提诺的回归学说当成普罗提诺的伦理学部分的时候,要注意"回归"的召唤与"道德"的要求是很不一样的。前者是"垂直"的视角,后者关心的则是"水平"方向的事。视何种方向为"重要的"、值得哲人指点大众投入精力的方向,反映出不同时代的思想家的人生态度的巨大变化。前面我们在介绍普罗提诺的生平时就说过,普罗提诺在日常生活中是一个很有道德感、很负责任、很为社会上各种人信赖的人。但他无论做什么事,内心实际上都不在事上,而内聚于对更高本体的沉思观照之中。也就是说他生活在"另一个天地"之中。所以,他的伦理学必然是一种所谓"古代晚期的贤哲伦理"。① 这样的"伦理学"对社会道德并没有什么具体的指导意义。正如有的学者指出的,同样都是"柏拉图派",普卢塔克就看重美好的时间经历,而普罗提诺看重的是无时间性的美好。前者认为美好就像绘画,在于各种色彩和形状的精心叠加,后者认为美好就像雕塑,是把隐藏在石头中的美好形体通过减去"多余的外在物"而显现出来。②

古典伦理学乃至一般哲学伦理学的理论前提是此世中的个体真实、重要;身体重要,"生活"重要,物利重要。唯如此,对物利的侵夺,身体的损伤,造成个体的消失的行为才会被视为恶,视为不道德。反之,增进物利或幸福,维系互不伤害的秩序,才会被赞颂为"公正"乃至道德。

但是在普罗提诺的哲学体系中,"个体化"恰恰是恶的来源。此岸世界中个体分殊、独立、自保、自我发展,必然会导致冲突。道德企图用种种"美德"来管束、减少冲突,达到某种统一,确乎能使我们与高级实是(中的统一性)有某种相像,但这并不是同类者之间的相像。两者绝非同一回事。高级本体如太一与纯思的统一性是纯粹的,它们没有异己状态要克服,从而也就没有"美德"如勇敢、稳重、推理等等。唯有灵魂因为有种种样态,才有需要美德的必要。想想看:什么是"智慧"? 拒斥身体的判断而自主行动;什么是"节制"?

---

① 参见狄伦(J.M.Dillon):《一个古代晚期圣贤的伦理学》,见罗伊德:《剑桥普罗提诺导读》,第318页。

② 参见 Joseph Sen, Good Times and the Timeless Good: Plutarch and Plotinus, in *The Journal of Neoplatonic Studies*, Vol III, No.2, Spring 1995, pp.1ff。

抵制身体的情欲；什么是“勇气”？对灵魂离开身体不害怕；什么是公正？毫无保留地服从理性而非身体。① 凡此种种，都只是与身体混杂时的灵魂的最佳表现。纯粹的灵魂就是神，而神是没有通常意义上的德性的。普罗提诺的这些讨论可能与当时怀疑论哲学家对神的攻击有关。因为按照大众关于神的理解，神拥有所有的美德，但是这可能会导致荒谬的结论，塞克斯都介绍过这样的反驳神的实是的论证法：

如果神实是，那它定然是一个动物。而如果它是个动物，那它必定既是具有所有的美德而且是幸福的（倘若没有了品德，幸福就无以实是）。而如果它具有所有的美德，那它就拥有了每一个美德。但是，除非它既拥有节制又拥有坚韧，否则，它就不可能拥有每一个美德；然而，除非实是着即使是神也感到难以克制和承受得住的事物，否则，它也就不可能拥有所有的美德。因为节制是“一种不违背正确理性规则的心灵状态，或是一种能让我们战胜那些似乎难以抵制的事物的品德”。他们认为，一个人的节制，并不是表现在当他能抵制一只脚已经踏入坟墓的老太的诱惑时，而是表现于当他依然能够享受拉尔斯或伏尔茵（Lais 和 Phryne 是以其美貌闻名于希腊的两个高级娼妓）之美色或者诸如此类的媚惑但却抵制了诱惑时。而坚忍是“关于能忍受的和不能忍受的事物的学问，或是一种能使我们超越于那些似乎难以忍受的事物的品德”，因为正是一个正经受着砍杀和火烧考验却能顽强坚持的人显示出坚忍，而不是一个在品味着甜酒的人。那么，必将实是着某些神都难以忍受或抵制的事物。因为如果这些事物不实是，那他就不可能拥有这些品德——即克制和坚忍。而如果他没拥有这些品德，由于不实是介于美德和邪恶之间的“中间状态”，那么，他就会具有与这些美德正好相反的邪恶，诸如柔弱以及无节制；因为正如失去健康的人就必然会有疾病一样，没有了节制和坚忍，人就陷入相反的邪恶；然而，最荒唐不过的事莫过于说神是邪恶的。而如果实是着一些神也难以抵制和忍受的事物，那么，也就一定实是着一些能让

① 参见普罗提诺：《九章集》1.2.3。

> 他变坏并折磨他的事物。但如果真是这样,神就一定是能被损害并能够变化的,因此会腐朽衰退。因此,如果神实是,那神就是可灭可朽的;然而,后者不是真的,因此,前者也不是真的。①

由此看来,普罗提诺不会像一般人那样主张神拥有我们所拥有的美德,尽管是比我们更为完满地拥有之。"与神相似"是普罗提诺讨论"德性"时的一个背景性问题,拥有德性就是成为与神相似—相同。普罗提诺也知道,在传统价值体系中,拥有公民美德的英雄通常被人看做"与神相似"。但是,怀疑论已经揭示了这样的看法的可能漏洞,而且,这些日常看法尽管有其道理,然而从柏拉图主义的角度看,却并不全面:

> 公民的美德确实使我们处在秩序中,借着给出限定,它们使我们更优秀,调节我们的欲求,并把尺度置于我们的经验中;借着那更为美好的东西和限定摒弃错误意见,它们依据各自的尺度排除无限的和不定型的东西。就它们是塑造灵魂质料的一种尺度而言,它们乃是照着上界的尺度造的,有着上界至善的痕迹。那全然无限定的是质料,因此它与神全然不相似:但是就它分有了形式而言,它也可以变得与无形的至善相似。距离越近的事物分有的越多。比起躯体来,灵魂要更接近善,也与它更亲近,因此分有的也更多,以至于迷惑我们想象灵魂就是一位神,以为全部的神性都在这一相同性中。那些拥有政治美德的人就是这样变得与神相似的。②

超越了公民共和政治层面的新柏拉图主义的观点认为,如果灵魂净化自己,完全升到神圣的本体界,那么"美德"也将会发生相应变化,会采取真正高级的样式:"公正成为指向纯思的活动,节制成为内转向纯思,勇气则是对外界影响无动于衷。"③

所以,如果要谈论普罗提诺的伦理学,有两种伦理学;如果普罗提诺关心德性,那么他所说的德性也有两类,也就是"公民美德"与"净化美德"。其中,

---

① 塞克斯都·恩披里柯:《反自然哲学家》第1卷,第152—157节。

② 普罗提诺:《九章集》1.2.2。

③ 普罗提诺:《九章集》1.2.6。

后者是内在的原理、根源,而前者是通过分有后者才成为美德的,所以低于后者。这两种德性的区分对应于人的实是的两个水平。公民美德是作为灵与身"结合者"的社会当中的人的美德,在这儿,有激情,有恐惧,有欲望,有痛苦,有快乐。公民美德帮助我们平抑这一切来自身体的扰动,协调我们与他人的关系。但是贤哲根本就不认同"灵身结合体"层面的实是——虽然欲望痛苦等等可以属于他。所以他的美德是净化式的,此时对应的是完全改变了的内在生活:我们的所有灵性能量回流、上升。此时的道德生活的主要内容不是灵肉时时冲突和争战,而是灵魂的彻底的胜利离遁。拥有更高德性的人达到了更高的原则与标准,并按此行动。在此时的视野中,节制、正义、勇敢、智慧等等都要重新理解:

> 我们称这些别的美德为"净化"又是什么意思呢?我们如何通过被净化而真正成为与神相似?既然灵魂一旦完全与躯体混合,它就是恶,并分有躯体的经验以及所有相同的意见,那么当它不再分有躯体的意见而独立行动时——这就是纯思性和智慧,这时它不再感受到躯体的经验——就是自我控制,这时它不惧怕从躯体分离——就是勇气,这时它由理性和纯思统治,毫不抵制——这就是公正;这时,它便成为善的,拥有美德。若有人把灵魂的这种状态称为"与神相同",那真是一点也没错;在这种状态中,灵魂的活动就是纯思的,它以此方式摆脱了躯体的感受。因为神是纯粹的,其活动的特征就是:凡仿效这一活动的必得智慧。那么,为什么神自身不在这种状态中呢?它根本就没有什么状态,只有灵魂才有"状态"……美德属于灵魂,而不属于纯思或超越纯思的那一个(太一)。①

总之,净化美德属于过着完全地、尽可能地与身体分离的生活的灵魂的德性。获得这样的德性的人不是过着人的——即便是"好人"的——生活,而是过着神的生活。② 这种向内观照以及由此得到的本体在场、视界大改观的情

① 普罗提诺:《九章集》1.2.3。

② 参见普罗提诺:《九章集》1.2.7。

景,是一种圣光普照一切的温柔,而不复有灵魂的低下成分挑战理性成分所带来的激烈冲突。这与后世基督教修道学说中一些强调灵界持续战斗的禁欲主义显然不一样。①

在这样的视野之下,人们会对人世领域中的一切灾难视为不值一顾。不仅个人生死置之度外,认为生与死一样,甚至生还不如死,因为"生"的价值在于抵抗恶、抵抗身之诱惑,而死则是完全与恶、与身体分开,所以更有价值:"……生活中如果有'好',那并非因为灵身联合,而是因为美德抵制恶。死则是更大的好。在身体中的生活可以看成自身是恶的。灵魂只是通过美德才找到好(善)——通过不按照灵身联合体的本性去生活,而是使自己在这个世界的生活中就与之保持分离。"②

普罗提诺的这一态度立即会使我们思考几个理论问题。

第一个问题是,既然普罗提诺认为灵魂从来就没有与质料混为一体,受其影响和污染,而始终是处于某种"出污泥而不染"的状态中,"净化"从何谈起?普罗提诺的回答是,即使灵魂是与质料"伴生、共存",也可以从某种意义上说受到其"影响"了。而回到自己的独处境界,不去关注外在事物,好像从梦中苏醒,知道梦中万千花花世界都是虚假的,在某种意义上也可以被称为"净化":

> 灵魂的洁净应该就是让它独立自存,不与他者同在,或者不看其他事物,没有不属于它的意见——不论意见或情感的特点是什么,如我们前面所说的——不看种种形象,更不从形象形成情感。另外,如果离开下面的事物,转向与之相反的上界的事物,这肯定(难道不是?)也是"洁净",也是"分离",因为唯有当灵魂不再进入身体、受制于身体时才会有这样的行为,就像光穿越了迷雾。然而,就算光还在迷雾中,也始终是不受影响的。而易受影响部分的洁净就是从不适当的影像中清醒过来,不再凝视它们,只要不向下倾斜,没有关于低级事物的心理图象,就能做到独立自存。不过,分离也可以是消除它要剔掉的事物,因为它已越过了迷雾,脱

---

① 有关讨论可以参见哈德特:《普罗提诺,或纯一视界》,第95页。

② 普罗提诺:《九章集》1.7.3。

离了贪欲，征服了肉身这不洁之食，于是，它的整个环境显得那么美好，它可以安静地在里面做王。①

另外一个问题很简单：这位哲学家是否主张最好是自杀？回答也很简单：不是。波菲利在其《普罗提诺生平》中曾回忆，当他从学于普罗提诺多年之后（也许是听了太多的“我们必须与身体分离”？）想要自杀。这时，普罗提诺突然造访他，对他说他的欲望并非来自灵性状态，而是来自身体有病，并劝他出远门走走。② 这种反对自杀的坚定态度与普罗提诺的“学习死亡”的学说看上去不一致。但是正如阿姆斯庄所说：“普罗提诺比起大多数基督徒乃至大多数柏拉图主义者更不关心死后生活，因为他确信他能在身体中及这一世界上就生活在天堂——纯思世界——之中，与神合一。”③进入灵性的高境界之后，对于身体性的一切都视为不重要了，不会刻意去斗争、去摆脱——否则就又成了尚未摆脱对有形世界重视的状态。他对于死与不死，一律不关心，一律放在其应有地位上去看。这是普罗提诺的一贯态度。尽管普罗提诺劝说波菲利打消自杀念头是后来的时候，但是普罗提诺的一篇早期文字明确地阐明了自己的这一立场。这篇文字被波菲利列为第一个“九章”——关于人或伦理学的九章——的最后一篇。在波菲利的编排原则中，“最后”意味着“最高”，所以波菲利可能认为这一篇文字可以代表普罗提诺关于人的伦理实践态度的顶点。这篇文字极短，只有一段话，我们不妨引用如下：

你不能这么取走你的灵魂，它不能这么走。若灵魂就这样离开了，那么它会随身带走某些事物，由此设法得到摆脱。摆脱就是向另一地方运动。但是，灵魂在完全与躯体分离中却有待躯体；这样，灵魂就不必变换居所，而可以完全处于躯体之外了。但是，躯体如何脱离呢？当灵魂的一切都不与躯体结合在一起，躯体就再也无法拴住灵魂，这是由于灵身之间的和谐体已经消除；只要这一和谐还实是，躯体就控制着灵魂。但是，假如某人刻意要除去他的躯体呢？他使用暴力摆脱他自己，而不是使肉体

---

① 普罗提诺：《九章集》3.6.5。

② 参见波菲利：《普罗提诺的生平和著作顺序》，第 11 节。

③ 参见施罗德：《相与变相：普罗提诺哲学研究》，第 82 页所引段落及讨论。

自然离去;在消除躯体时,他并非毫无激情,而总有憎恶、忧伤或愤怒。人们千万不能这样行事。但是,若他意识到自己开始发疯呢? 这不可能发生在一个真正良善的人身上;若确实发生了,他会把它视为不可避免之事,把它当做事实接受,尽管其自身并非可接受的。而且,用药物使灵魂摆脱身体,对灵魂也不可能是有益的。如果各人都有分派给他的命定时间,那么在此之前结束并不好,除非如我们所说的,这是必须做的时候。若是各人在另一世界的位置取决于他离去时的状态,那么只要一个人还有进步的可能,就不能从身体中取走灵魂。①

翻译普罗提诺著作的 Loeb 丛书英译者指出,这段话的第一句话是一句隐秘的格言,它与查尔丹神谕中的一句话相同(Chaldaean Oracles, PG122. 1125C-D)。这是普罗提诺在《九章集》中唯一与这一神秘主义文献吻合的地方。但是,究竟是普罗提诺那里引用了这一神谕,还是这一神谕的修订者从普罗提诺引用了这一格言,今人已经无从考订确定。无论如何,从中可以看出,古代具有神秘主义倾向的哲学和宗教都要面对自杀问题:如果按照它们的理论,这个世界远远不如“那个”世界,则为什么我们不干脆摆脱这个世界——首先是摆脱自己的身体呢? 普罗提诺的基本精神有几个,第一,如果自杀而去,灵魂必然尚未真正达到完满超脱之境界,充满各种怨毒愤懑激情,而这将被带到“那个”世界,决定自己在那个世界所处的地位。第二,自杀意味着对于这个世界的态度。尽管普罗提诺多次批评人们对于这个世界的沉迷,但是他并不认为本体与这个世界是完全分离的。实际上,本体无处不在,只不过失去了灵性目光的人看不到而已。在《九章集》中,在上面这篇文字后面收入了伊莱亚斯的一段文字,是讨论关于普罗提诺对待“自杀”(自愿死亡)的态度的:

普罗提诺写过论“合理死亡”的一篇文章,不同意这五种方法。② 他

① 普罗提诺:《九章集》1.9(编为第 1 卷第 9 篇的《论何为合理的与肉体分离》仅 1 页,无章节之分)。

② “五种合理的死亡方法”指的是斯多亚所谓的自杀的五种充足理由。参见 Stoicorum Veterum Fragmenta iii.768。事实上,普罗提诺在《九章集》1.4.7—8 和 1.9 中至少接受了其中的三种,即长期剧痛的疾病、精神失常以及对邪恶行为的抵制,均可以成为自杀的理由。——英译者注。

> 说，正如神并未中断关心我们而独自离开，只不过是我们自己把自己弄得不配，以至于认为神远离了我们，尽管神始终同等地向万物呈现出来，正如过着纯粹生活的人所表明的，这样的人面对面地看见神并成为他的亲密伙伴。正如太阳同等地放出光芒，但是蝙蝠因为不适应阳光而远离太阳，未受它的光照，却认为太阳是黑暗，不知道它乃是光源；因此，哲学家应该一方面尽量仿效神和太阳，一方面在关注灵魂时不能完全地忽视肉体，而应该以适当的方式关心它，直到它变得不合宜，自动地从与灵魂为伍中脱离。在合适的时机即当结合肉体与灵魂者彻底解开这一连接的时机尚未到来时，灵魂自行脱离身体出走，则是完全错误的。①

第三，自杀的问题还涉及了我们对待自己的身体的态度。灵魂如果自愿希望肉体死亡，那就意味着对于自己的身体的极端不耐烦，希望从中走出。然而，普罗提诺尽管多次提醒人们不要沉耽于身体之中，却反对这种敌视身体的态度。普罗提诺曾经用“琴喻”来说明他对身体的态度：

> 贤哲会关心他的此世生活，并尽力容忍它，就像一位琴师对于一把还能用的琴那样，当它不能使用时，他将另换一把。如若不行，他会放弃用琴弹奏的生涯，因为他现在有另外的、不再用琴的事要做。他会把琴放在边上，继续吟唱，不用伴奏。然而，这并不意味着当初他得到琴就是没意义的事，因为他毕竟用它弹奏多次了。②

这些话是普罗提诺在临终不久前的文字，可谓“天鹅之歌”。他晚年身体状况极差，被病症折磨得虚弱不堪。然而在他的反思的精神生活中，却毫无怨天尤人之象。正如哈德特所说的，琴喻是传统意象，但上述引文中最后一句是十分富于个人意味的。它充分表达了普罗提诺本性中的温柔，看不出任何对于使自己遭受痛苦的身体的恼怒。他确实快要用不上自己的身体了，他的吟唱将不再用琴伴奏了。但他不责备身体。它是琴，而且是一架好琴，曾为自己好好地服务过。③

---

① Elias，绪论 6.15.23—16.2，转引自《九章集》1.9 篇的附录。

② 普罗提诺：《九章集》1.4.16。

③ 参见哈德特：《普罗提诺，或纯一视界》，第 102—103 页。

普罗提诺的死亡观还有另外一个问题,它与伦理学的本性有关。

一般来说,说自己可以"置生死于度外",还可以是伦理学所主张的态度,因为"舍身救人"正是道德。但是普罗提诺彻底地认为,别人的"身"与自己的"身"同样都是不重要的。别人的灾难,也不足谓。因为所有的人的真正价值,都是其内在自我,外在损失灾难都不算是损失:"贤哲会希望所有人都过上好日子,没人受苦。但是如果情况不是这样,贤哲依然幸福。"

这显然是十分违反我们一般道德直觉的观点。普罗提诺还有一个批评伦理学的、从而"超道德"的看法也是违背日常直觉的,尤其有违共和主义政治的基本信念,值得引起研究者的进一步注意。他深刻地认识到,"道德"并非人们通常所认为的那样一定是无条件的好东西。事实上,它会带来不好的东西,因为"有道德"的前提是"有灾难",从一定的角度看,道德就是对于人际冲突和灾难的征服。正如里士特所看到的,亚里士多德的伦理学说中已经多少说出了这一观点。而普罗提诺则至少在两处也点明了这一洞见。哲学家是否欲求不幸?他的回答是:正因为不幸是不被欲求的,他才以平静心对待之,以表现自己的美德。后面他又说,外在恶劣环境对于美德之展示总是必须的,那么,美德会不会选择展现自己的机会呢?他的回答是,正如医生如果能选择的话,一定会宁愿选择不实践自己的技艺。有德之士如果没有机会发挥自己的美好品德,也会高兴地保持在不活动之中的。我们认为,这种观点对于"强道德主义"的弊病不失为一种警醒与救治。

二 回归的动力

是不是所有的人都自动愿意放弃此世的、身体的"好",加入从最低点向太一的回归运动呢?显然不是。毋宁说这么做对大多数人来说都是困难的,它意味着整个人生态度的根本性转换。人的一般性向、价值取向是深深地植根于"此世取向"的生活之中,享受着"下降"之乐:"由于低下之取向,灵魂塑造映像并乐陶陶于其中。"①要令人认识到回归的重要,必须要彻底扭转现有

① 普罗提诺:《九章集》6.7.22。

价值体系，重新定义什么是美，什么是“好”，什么是“幸福”。极少数人天生就厌弃身体，以精神性事物为乐，这些人对此不会感到有什么困难，他们当然是最幸运不过的了。但既然大部分人的气质不是这么构造的，而且上层的本体的实是也根本不会主动入世来援助人，那么人们就要自己加倍努力了。教师在此当中或许能助一把力，帮助人回转（conversion），即帮助人识别出真正的美好是在“另一个方向”，而非这一个方向。里士特对普罗提诺所作所为之使命意识有一个精辟概括：“这就是普罗提诺从事教学的动机，他会认为这是哲学家能够提供的益处。教学因此是真正的慈善活动；至于关怀同胞的低层面需求，则常常不过是无意义的感伤主义。”①普罗提诺有一段话生动地描述了真正的哲学教师可能会面临的一般人性。灵魂之所以叛离太一，乃是因为对“独立”的渴望，而且

> 他们显然对自己的独立十分喜悦，于是极大地发挥他们的自动能力，沿着相反的道路越走越远，甚至忘了他们乃是出于那个世界。这就像自小被人从父母身边夺走的孩子，在异地他乡长大，不知道自己是谁，他的父母是谁。同样，由于灵魂从未见过也不了解他们的父亲，不了解灵魂本身，对自己的身世一无所知，因此他们鄙视自己，仰慕他物，崇拜身外之物胜过他们自身。灵魂对地上之事感到惊讶、喜悦，对他们恋恋不舍；他们放纵自己，直至对他们所背离的东西不屑一顾。正是因为对地上之事的仰慕，对自身的蔑视，导致他们对神全然无知。仰慕并追求他物也就意味着承认自身的低劣。但凡承认自己比那些生灭不已的事物低劣，认为自己微不足道，是他所敬慕的事物中最易死亡的，必不可能对神的本性和力量有所了解。如果我们想要让心灵转向与此相反的、更为本原的方向，引导他们趋向至高者、太一和太初，那么我们必须从两方面向处于这种心灵状态的人阐述。哪两个方面呢？一方面，我们要揭示灵魂所敬重的那些事是多么的令人不齿。我们将在别处充分论述这一点；另一方面，我们要教导并提醒灵魂，它的出生和价值是何等的高贵。这一方面应当优先于

① 里士特：《普罗提诺：通向实在之路》，第164页。

前一方面;这层意思澄清了,前一层意思也就自然彰显。①

由此可见,哲学家真正参与"政治生活"的方式是价值重估,颠覆被常人视为正常的反常价值体系。如果这一工作成功了,人们自然会有向太一回归的动力。普罗提诺关于价值的学说又可以分成两个方面,一个是美,一个是"善"(好);前者主要与纯思有关,后者则主要与太一有关。

(一)纯思美学。

普罗提诺的美学很有自己的特色,其总看法是:美不在于外表,而在于内在生命。因此他甚至反对毕泰戈拉的"美是比例和谐"的观点,因为那还是在"外表"之处寻找美,还是在复合物中找美。但是美的本质是内在统一性。毕泰戈拉的观点不能解释单纯者之美如颜色、光明、夜空之美,也不能解释同一比例的面孔为什么有时显得美,有时显得丑。况且,"比例"之说更不能解释风俗法律与谈话、理论知识中的美,不能解释美德之美。普罗提诺之所以反对"比例和谐说",说到底还是认为这样的定义关乎的是外在形象层面的,而真正的美在于内在不可见的东西。编为第 5 卷第 8 篇的《论可理知之美》如此说:

> 可以肯定,造出如此美好作品的本性必然远比它们更美。但由于我们不习惯洞察内在的东西,对它们总是茫然无知;我们追逐着外在的东西,不知道推动我们的乃是内在的东西,就如同某人只看到自己的影子,却不知道去追寻产生影子的真身……真正的美并不在于具体事物中,真正的大美不是某人身上看得到的亮丽,不要把时间浪费在表面现象上,那可能是丑陋的,要透过一切外形看到内在的美。如果这美不能打动你,你无法认识这种状态中的美,那么当你自我内省时,也不会因你自己的内在美而喜悦。若是这样,那么追寻美对你毫无意义。②

普罗提诺认为,即使在感性世界,我们也必须坚持说美不是比例的对称,而是照亮对称的光明,正是这光明激发了爱。否则,为什么美之光更多地照耀

---

① 普罗提诺:《九章集》5.1.1。

② 普罗提诺:《九章集》5.8.2。

在一张有生命的面孔上，而在死者面孔上只有美的一点痕迹，虽然死者肌肉的比例都还没萎缩？为什么更富有活力的雕塑更美丽，即使其他的雕塑比例更匀称？为什么活人虽丑些，也比雕出的美人更美？很明显，这是因为有生命者才更可爱，而这又是因为他有灵魂，也即是说，他有太一的光照。①

很显然，普罗提诺强调内在生命之美是美的真正源泉。有的时候，普罗提诺把这一立场推到极端，干脆认为进行创造之前的创造能力高于艺术作品，因为内在的、内凝的状态必然高于结果的、派生的东西。道德的心性高于道德行动。这种观点与一般认为艺术品价值比“艺术能力”的价值更高的看法相反，是典型的新柏拉图主义的“新美学”观：

> 如果艺术创造出自己的一个映像，并且运用原则赋予它以形式，这原则使作品美丽，那么，艺术本身则在更高、更真的层面上是美的，因为它拥有超越外在客体的任何美丽的艺术之美。形式与自己延伸入质料的程度成正比，会比宝石自身同一时的力量减弱下来。一切事物在延展开来时，都会有所损耗：力量延展后则不那么强，火延展后则不那么热，美延展后则不那么美。创造者必然总是内在地高于其所创造物。②

普罗提诺虽然持这种“能力高于作品”的观点，但也许正因为如此，他并不像柏拉图那样贬低艺术。柏拉图在《理想国》中说艺术从本体论上讲是“影子的影子”，地位低于实物，因为艺术家只能模仿实物即“相”的影子来进行创作。画家和诗人是“和自然隔着两层的作品的制作者”，“因此，悲剧诗人既然是模仿者，他就像所有其他的模仿者一样，自然地和王者［比喻“最高”、“真理”］或真实隔着两层”。一个优秀的诗人要正确地描述事物，他就必须用知识去创造，但是大多数诗人不过是魔术师般的那种模仿者；专门让人上当受骗，使人看不出他们的作品“和真实隔着两层”，只是影像而不是真实。③ 一般来说，在古典哲学家，包括后世具有古典精神的哲学家当中，大多推崇“自然”，贬低“技艺”。普罗提诺因此在这个对峙当中显得有些与众不同。他为

---

① 参见普罗提诺：《九章集》6.7.22。

② 普罗提诺：《九章集》5.8.1。

③ 参见柏拉图：《理想国》，597E—598E。

技艺—艺术说了很多好话。这来自他的内在灵魂高于外在物质的基本立场。

比如,与柏拉图不同,普罗提诺认为,艺术家在创作时,观照的并非"影子",而是"本相"。他在描述造型艺术的时候说道:"艺术并不仅仅模仿我们眼睛所见者,而是超出之,达到那统管自然的原则……菲狄亚斯(Phidias)在塑造宙斯的雕像时,便不是参照任何可见模特,而是通过把握宙斯如果愿意显现则会显现的样子来塑像。"①

当然,模仿艺术总要与身体性、形体性的东西打交道,所以还可以说只是间接地与高级领域关联。音乐则不同,它是直接模仿本体界的节奏,所以是更好的艺术。② 这种观念,无论在毕泰戈拉、亚里士多德还是叔本华那里,都可以看到。③ 看来这是美学史中值得人们注意的一个现象。

在普罗提诺看来,更高的美是更内在的、从而更非感性的,比如美德之美,人格之美。正如前面说过,这样的美之所以美,恰恰就在于遗弃外在,回归内在。相反,"丑陋"就是混同于身体的、外在的、"土"的、黑暗的东西。④

最为内在者,显然是纯思本身。因为这是感性世界之美的源泉。感性之美应当引导人们回溯到这一源泉。纯思是纯相的领域,是一切感性世界之源。所以,纯思之美也是一切感性世界之美的源泉。普罗提诺的许多论述都肯定了这一点:最美的美,就是纯思。更为本源的美的美高于作为产品的美。在第5卷第8篇《论可理知之美》中,他说:

> 自然有一种理性原理,它是躯体美的范型。灵魂的理性构成原理比自然的要更美,是后者产生的源泉。高贵而良善的灵魂中的理性原理是最清澈的,它的美也是最高级的;它装点灵魂,赋予它原美的大光……凡神都是伟大的,美丽的,他们的美是超乎一切的。⑤ 那么,是什么使他们如此之美呢?是纯思,因为纯思在诸神里面非常活跃,以至于成为可见

① 普罗提诺:《九章集》5.8.1。

② 参见普罗提诺:《九章集》5.9.11。

③ 参见亚里士多德:《政治学》,1340a15—34。

④ 参见普罗提诺:《九章集》1.6.5。

⑤ 柏拉图:《会饮篇》,218E5。——英译者注。

的。诸神之为神当然不是因为他们的形体之美，即使有形体的神也不会这样认为。他们之为神同样出于他们的纯思。因为他们是神，因此必是美的。①

美被一般人认为属于感性世界，是典型的感性事物：美人、美景。柏拉图派包括普罗提诺从美入手与日常价值体系争夺人的灵魂，可谓用心良苦。如果一个人毕竟还是爱美的，那么就有上升的潜在可能，因为完全的鄙俗市侩不可能关心自己的灵魂。但是感性美的强大力量又是灵性事物的最大障碍之一，它会迷惑灵魂的眼睛。所以，哲学家必须教导常人不以为然的观点："纯思是美的；事实上它是万物中最美的。它属于纯光与纯照射之中，在自身当中拥有万物的本性。"②而我们沉醉于其中的这一美丽的世界不过是它的美的影子和映像。如果谁能领会或者"看到"这样的美，就会意识到它的大美，为它所震撼。在普罗提诺看来，这也是柏拉图的教导。柏拉图在《蒂迈欧篇》的创世说中的基本思想就是：创世主由于看到"相"世界如此美好，才感到应该去创造出万物的即派生之美。

纯思美学无疑是直觉美学。普罗提诺的纯思美学给我们的启发是：如果要使美呈现，就不能仅仅迷信功利的、计算的、科学的视野。这种视野必然"化整为零"、"逐个解决"，用线性思维的方式解剖对象，从"用处"的角度"解释"事物，用主体的攻势去战胜客体。此时，对象无"美"可言。唯有泰然任之，学会去感受与欣赏，而非刻意推论，分解对象，"物本身"及其内在价值才会自然呈现出来，这才会给人以纯粹观照之美感。用施罗德的话说，如果我们欣赏地看一头牛而非只想它的功能，那么我们便能更好地欣赏动物的本质，而且这也正是开始踏上了观照"相"的行程。③

此外，我们甚至不能外在地欣赏，而要与纯思化为一体，从其内部领会这样的神圣本体的美：

这神仿佛从某个看不见的地方来到他们面前，从高处向他们喷薄光

---

① 普罗提诺：《九章集》5.8.3。

② 普罗提诺：《九章集》3.8.11。

③ 参见施罗德：《相与变相：普罗提诺哲学研究》，第18—19页。

芒,普照万物,光线强烈,叫低级实是目眩,躲闪,不能凝视他,仿佛他就是太阳。有些实是能承受他,凝视他,另一些因距离太远难以凝视。凡能够凝视的,都凝视他和他的所有,但他们并不总能得到相同的视野。凡执著凝视的,有的看到源泉和公正,有的看到道德之美,当然不是人们在感觉世界看到的那种,而是它所仿效的原型。那荣耀君临万物,它的影响遍及那一世界的全部疆域……最后,我们由于对纯思之美的分有,在超越一切的实是中看见了完整的纯思之美。这美光照万物,凡进入可理知世界的,都满有这光,好叫他们也成为美的。就像人们一爬上那棕红色泥土的高地,就往往浸润在那种色彩之中,似乎成为他们行走之地的一部分。① ……凡没有看见纯思整体的人,只能获得外部印象,而那些因为美已浸润他们的整个灵魂,因此尽情享受着"琼浆玉露"人,绝不只是外在的凝视者。因为凝视者不再实是于凝视对象之外。凡有这样深邃洞察力的,无不在自身里面拥有看的对象。但是大部分并不知道自己拥有这种对象,他们把它当做外在的东西凝视它,把它当做视觉对象,出于看的愿望而看它。凡从外在角度看万物的,都只是旁观者。他必须把看的对象引入自身里面,凝视它就如凝视自身一样,这样的人就是充满了神的人,似乎福玻斯或某位缪斯附在他身上,从而在自身中产生神的视力,在自身里面具备凝视神的能力。②

这种充满激情的领悟提示人们普罗提诺美学的另外一个特点,即对构成美感中的自上而下的内在生命的强调。一事物之美确实可能有各种原因,包括移情、比例、潜在功利性等等,但普罗提诺提醒人们,一种构成了美的至关重要的要素——优美、优雅、动人的生机等等——是从何处而来的?他认为这只能来自于"上"(等于"内")的统一生命。唯有太一在普照之中赋予相以Grace。学者们注意到,Grace一词在此,即有古典希腊的优雅之美的意思,又

① 这里,普罗提诺似乎是指,人进入位于尼罗河流域两边的高地,笼罩在强光之中,因此看上去就融在他们所行走的红土之中。——英译者注。

② 普罗提诺:《九章集》5.8.10。

有基督教神学那种无偿恩典的意思。① 善比美更高。美还需要源头，而善正是美的源头——统一性。"相"充满光辉，赋予万物以美，然而相的光辉需要另一种光的普照。纯思之美，如果缺少这光，就是死的美，灵魂不会为之所动。但哪怕从至善(太一)射下一缕温暖，它也会使沉睡的纯思之美激活，使灵魂激动起来，陷入爱恋之中。即使此时他的爱还暂时是由相近事物所感染，他最终会通过"回忆"而升至更伟大的实在。

在此，普罗提诺禁不住问道：

> 那么，还有什么比这最为智慧、毫无瑕疵和错误的生命更美好的，比包含万物的纯思，比普遍生命和普遍纯思更高贵的？②

看来，在古代，确实有不少哲学家认为纯思是最高的境界了，不可能有比这样的境界更高的东西了。当然，柏拉图曾经在《理想国》中提到高于"相"(理念)的"善"，但是许多人都趋向于把"善"看做"高级的相"、"最高级的相"。普罗提诺态度鲜明地指出，肯定有高于纯思层次的本体："有许多理由要求我们上升，尤其是因为纯思的自足——因为它包含万物——是某种从外面给予它的事物，构成它的每一样事物都显然是不自足的；并且因为它们每一个都分有绝对的一，现在仍然在分有着，因此它不是太一本身。那么它所分有的，使它实是的，使万物与它同在的，是什么呢？"这种追根究底的追问，使得上升的历程不能在此停下，而且，灵魂必须彻底放弃甚至在纯思领域中运用的方法：

> 是不是该到此为止了呢？我们是否可以终结讨论了呢？不，我的灵魂还没有停止劳作，甚至更加勤勉了。也许她现在正处在分娩的阵痛之中，对太一的渴望之痛已经达到顶点，马上就要喷薄而出。但我们如果能在别的地方找到缓解她的阵痛之药，就必须对她念诵另一个咒语。也许在我们所说过的话中就有这样的一个咒语，只要我们一遍又一遍地念它就可以了。但是我们需要找到另外一个具有新意的咒语，那是什么呢？

① 参见施罗德：《相与变相：普罗提诺哲学研究》，第72页的讨论。

② 普罗提诺：《九章集》6.7.22。

灵魂可以遍察各种真理,但是如果有人试图用语言和推论性思考来表达真理,真理就要离我们远去;因为推论性思考为了用语言表达事物,必须依次思考,这就是描述法;但对绝对单一者,我们怎么可能描述呢? 只要纯粹纯思与它接触,这就够了;但当纯思这样做的时候,虽然接触持续着,却绝不可能也没有时间言说了;只有到了后来它才可能进行推论。①

这段话出自《论认识原初本体(Hypostases)和超越的东西》,灵魂上升之路既是人生终极追求之路,也是认识“本真之是”(Hypostases)之路。值得注意的是,在这个历程的最高阶段,语言和推理性认知无法表述它。这就是他说的需要记住的一个具有新意的“咒语”(epode,charm,imcantation)的意义。按照普罗提诺,“太一”是灵魂回归的“本是”与“本真”、“至善与美”四者合一的最高境界。不过,同别的真善美统一的哲学不同,普罗提诺的“太一”接近基督教的“唯一神”,无法用世俗语言和人的理智把握,而且下面可以看到美还是次级的。

(二)至善的幸福。

是太一即至善给了一切——包括纯思——以生命。它是作为实是与美的纯思的最终源头。一个自然的问题是:纯思之美的最终源头是不是“美”呢? 普罗提诺的体系严格说来不容许以任何谓述(包括“实是”、“美”)表达“太一”。尽管他有时也称太一为“另一种”美,更高的美,但他更多的还是称太一超出了美。“至善”是他更愿意用来称呼太一的名字。美与至善又有什么不同呢? 它们的不同可以从几个方面看:第一,美只有极为知识化、思辨化的人才能达到。唯有能明白“相”世界的人才明白美。但是至善则普在于一切人,比美的领域更广。② 第二,美说到底还是对象化的,是灵魂面对“相”、观照“相”时所处于其中的那种境界。至善则意味着对象化的完全消失,灵魂与“太一”的神秘合一。第三,从美与至善激起的心理感受看,两者也不是一回事。美的典型是苍穹众星、万相森然之宏伟景观引起震撼、畏惧、痛苦和追求

① 普罗提诺:《九章集》5.3.17。

② 参见普罗提诺:《九章集》5.5.12。

的欲望，而至善所引起的是安详与宁静，因为太一是温和的、良善的。回到太一，就是回到父亲与源泉——而且知道自己是其一部分。

总之，与至善相比，美是次级的、派生的。而且，如果人完全沉迷于美之中，还有可能被诱使离开至善，就像过于爱一样东西会使一个孩子离开他的父亲一样。① 唯有与太一合一的生活才是最完满的幸福。幸福就是生活的圆满无缺：

> 我们常常说完善的、真实的生活是生活于纯思领域中，其他生活都是不完善的，仅仅是生活的映像，而非完全的、纯粹的生活，并不比死亡多多少生命。现在应当更精确地说：只要一切有生命者都源出同一生命源泉，并因此享有较低生命，那么，这源泉就必然是原初的和最完满的生活（生命）。②

生命或生活的"大充沛"就是幸福。这是典型的希腊思想。只不过一般人认为自己追求的幸福是"快乐"。然而普罗提诺指出，对快乐的追求没有止境，可以说永远也没有办法真正达到，追求者永远处于不满足之中，永远希求新奇。③ 但是真正配得上称为最"好"（至善）者的如果达到了，就会令人彻底满足，没有任何进一步需求。快乐与幸福二者区分的标志之一是前者处于时间之中，后者跳出时间而达到永恒。在编为第1卷第5篇的《福祉是否随时间而增加》中他说：

> 如果幸福在于善之生活，那么那种生活必须处于实是领域中。它是原初的生活，所以它不能由时间而只能由永恒来量度；它不会有多一点，少一点，不会有大小，而只是"这个"，是非延展的和无时间的。我们不应当混淆实是与非实是，也不应当混淆时间（即使是永远时间）与永恒。我们不要延展那非延展者。我们不应把它把握在一个时间点上，而是把握在永恒生命中。它不是时间的堆加，而是全然地外于时间。它完善而

① 参见普罗提诺：《九章集》5.5.12。

② 普罗提诺：《九章集》1.4.3。

③ 参见普罗提诺：《九章集》6.7.26。

自足。①

三 回归之路

回归之路亦即回归的方法。这是普罗提诺哲学中十分引人注目的主题。因为普罗提诺强调在各层实是之间,尤其是本体与现象世界之间,更不要说在太一与万物之间,实是着巨大的质变鸿沟,所以人们不能用通常所熟悉的方法去接近本体与太一。普罗提诺的许多关于回归的描述都被指责为“神秘主义的”。这种指责是否合乎事实？我们的讨论将指出,普罗提诺的回归之路无论怎样“不合常识”,都还是合乎他自己的哲学体系的要求的。

回归之路又可以分成几个环节讲。第一个环节是“转向”(conversion);第二个环节是从低层事物净化、上升到纯思;第三个环节是从纯思跃入太一。第一个环节前面已经讨论了。下面我们讲后两个环节。

(一)“上升”。

“上升”也就是“向内”。这不仅是两种都不完善的空间式比喻相互间的互换,而且表明普罗提诺对整个回归的本质的认识。在他看来,太一本体从来普在一切,是我们的内在本质。人们之所以通常不能知道这一点,是因为忘记了真正的“我”而沉溺于外在事物之中。灵魂由于与纯思的差距,很难长久凝视它,而是在下降中感到更为舒适。结果,当它希望认识纯思和太一的时候,也就情不自禁地运用下层次的感知方式,而这是无法成功的。所以,必须首先扭转下降,向上回升:

> 灵魂厌倦了这类事物[高级本体],总是欣然降下,直到降临到可感觉之物中,并停留在那儿为止,灵魂似乎觉得这与栖止在牢固的地面上一样;正如视觉在厌倦了看小物体后,就会欣然地去观看大的物体。然而,当灵魂想亲自去看时,就有一伴随它,也因为有一伴随,因而它是一。然而,它还不认为已拥有了它所要追寻的,因为它与被思考的没有什么不同。如果人们试图要对太一作哲学思考,那么这也是他们必须做的。既

① 普罗提诺:《九章集》1.5.7。

> 然我们寻求的就是一，我们正在思考的就是万物之原理、至善和太初，那么我们就不能降临到万物之最后，因为这使我们远离了原初者四周的事物，我们应该在走向太初的一时，从最后最低的感觉事物中提升自己，从而从整个恶中解脱出来，因为在我们牢牢地抓住原理（arche）和太一时，我们也就在走向至善，从自身攀升到原理（arche），从多变成一。①

感性认识与推理认识本质上都是为身体的、物质的世界服务的，其特点是所产生的都是关于对象的"意见"和想象，因为它们只能是外在的、永远兜圈子逼近对象的，但是总是忽近忽远，永远认识不到本体自身。

> 既然我们背离我们被联结于一体之处，而总是向外观望，我们就没意识到我们实际上是一体。我们就像许多在内部连在一个头上、却全部朝外看的脸。如果我们能回转过来——或是自发地，或是有幸"让雅典娜抓住了我们的头发"［典出荷马：《伊利亚特》Ⅰ，194 以下，正当阿基里斯要动手打阿伽门农时，被雅典娜从后面抓住了头发制止住］，那么，一刹那之间，我们就能见到神，见到我们自己，见到一切。②

普罗提诺还用了另一个比喻来说明我们与太一的这种关系。他说我们环绕太一载歌载舞，但是并不总是看它，就像不总是看着乐队指挥一样，所以我们就唱走调。但是当我们看着太一时，我们就能唱得很动听。"当我们看着它时，我们就达到了我们的目的，宁静下来，不再走调；我们真正地围着它跳起那由神所激起的舞蹈。"③

哈德特认为这种"本体普在一切"的思想来自普罗提诺的生命体验。生命是全然在场，因为它是单纯的、无限的力量，它在活生生的连续中漫布着，它先于它所产生的具体形式，又实是于它们之中。普罗提诺说：

> 第一本性普在于万物之中。普在？怎么普在？就像内在于万物之中的单一之生命。在一个生命体中，生命并不会穿透到某个点之后就停下来，好像不能散布到整个生命体中似的；它遍布一切部分。如果你能把握

① 普罗提诺：《九章集》6.9.3。

② 普罗提诺：《九章集》6.5.7。

③ 普罗提诺：《九章集》6.9.8。

生命的不可穷尽的无限性——它的永不疲倦、永远活动的本性,就像沸腾着生命一样,你就不必盯着某一个点,或是只关注某个对象:你在那儿找不到生命。①

哈德特在引了这段话之后说,生命之运动不能固定于任何一个点上。我们无论是向无穷小还是无穷大的方向上去寻找,生命的运动总会超出我们,因为我们在生命之中。我们寻之越多,就得之越少。如果我们放弃寻求它,则它就在那儿,因为它是纯粹在场。我们以前所想到的或看到的东西都只会把我们从它引开更远。②

怎么办?唯有"净化",也就是把自己从后天附加上的种种"异己"之物如身体、与物利的关系等等当中清洗出来,认识纯粹状态下的自我。普罗提诺改造利用了柏拉图的著名"清洗海底雕像喻"来说明自己的净化观。他说道:什么是道路,什么是方法?我们怎样才能看见隐藏在圣殿深处、从不向"未入会者"显相的神秘之美?有力量的人必然遵循内在之路,放弃外在视线。对于自己过去知道的物质辉煌,他转身不顾。当他看到物体中的美时,他必须不去追求。他应当明白他们是映像、痕迹和影子。他应当奔向的是它们所表现的实在。有个神话讲到某人想要抓到水中的美丽倒影,结果沉入水中,永远消逝。③

如果灵魂做到这一点,就会发现内在于自己深处的纯思境界,因为小宇宙与大宇宙是相通的:

让我们不要由于沉陷入身而获得非理性的欲望、激情以及其他感受的灵魂,让我们采取已经抛弃了这一切并尽可能不与身体打交道的灵魂。这样的灵魂显明了恶只是灵魂的外在添加物。在其纯粹状态下,灵魂本身拥有最高尚的品质、智慧以及一切美德。灵魂回归自身后,必然拥有我们归于神圣永恒实是的本性。让我们剥去了外壳,然后再观看;也就是说灵魂赤裸之后,让一个人观察自己,在把自己认识为纯思世界一部分和纯

① 普罗提诺:《九章集》6.4.11。

② 参见哈德特:《普罗提诺,或纯一视界》,第46页。

③ 参见普罗提诺:《九章集》5.5.12。

粹者之中，找到自己永恒的确证。①

普罗提诺相信渐进论，而不主张“顿悟”。他知道直接从完全相反者立即上升到另一极端，是十分困难的，而且还容易把下界习惯带上去，歪曲上层实是的本貌。所以他认为只能够一步步地通过类比、归纳上升。在此过程中，一方面要时时强调不同层级的认识应当采用不同种类的方法，切忌混层乱用，尤其不应当在对待高层实是对象时使用低层中的认识手段：“一切事物都必须以适宜它的官能去认识，有些东西要用视觉认识，有些要用听觉，如此等等。我们可以肯定，纯思有自己的对象，不应把纯思与听觉或视觉混同起来，否则就会像是把视觉派给耳朵，或是由于声音不可看见就否认其实是一样。”②另一方面，意象、论证、语言等等虽然都不完善，但也可以作为“映象式”手段使用——只不过我们时时要牢记其“映象性”。③

对于不同的人要用不同的方法帮助他们上升。普罗提诺讨论了三种人（三种天性）。对于音乐家与情爱中人来说，主要是要帮助他们认识到精神性的美高于物质性的美。对于哲学家来说，其天性本身就是时时准备上升的，不必加以劝说，只要给以引导，向他指出道路，让他学习数学，发展抽象思想，并对非物质实是的实在性建立坚定信念。在这之后，再教授以辩证法——这是研究本质及其关系的学问，研究最大的类属，真正的实是有多少，善与不善，永恒与非永恒等等；并用划分法区分相即真正实是，再从大类范畴中推导出一系列属性，直到穷尽全部纯思领域。最后，再返回到出发点，复归宁静——此时已经再也没有需要忙碌的事了。④

可以看到，普罗提诺的“上升”最后导向的境界是一种“内在认识”或“自我意识”视角。感性认识与推理认识这两种人们习惯的认识，总是从“对象的外边”的视角打量对象，而纯思式的认识是内在认识。为此，首先要让自己成

① 普罗提诺：《九章集》4.7.10。

② 普罗提诺：《九章集》5.5.12。

③ 参见阿姆斯庄：《剑桥晚期希腊与早期中世纪哲学史》，第221页。参见普罗提诺：《九章集》5.3.17及《九章集》5.8.11。

④ 参见普罗提诺：《九章集》5.5.2。

为对象——首先“要生活成为”(等同成为)纯思。① 然后,才能自然而然地、“合理合法地”以纯思自身的视角看问题。普罗提诺关于这一“立场转变”的说法很多,比如:

> 虽然他一开始把自己视为他者,但在内撤之中,他就拥有了一切,由于害怕分离而放弃感知觉,与纯思成为一体。②
>
> 把美看成分离,那就还没处于美之中。成为美就是与它完全同一。如果视觉把美看成延展的,那我们就决不能用视觉。只有与其对象同一的视觉才有用。③

人人都能达到这一境界吗? 不一定。许多人由于各种各样的原因,在上升过程的各种阶段都可能失败。普罗提诺对此的评判是:“见到那至福景象的人有福了。而失败的人则完全失败。”④

(二)与太一同一。

从纯思再往上,便是追求达到与太一同一的最高境界。这可想而知是更加困难的事。⑤ 柏拉图在自己的书中大多避开长篇大论地直接讨论最高本体,但是普罗提诺还是尽量试图去表达它。据波菲利记载,普罗提诺告诉过他,他一生当中只有四次进入这一境界。⑥ 普罗提诺关于如何最终达到太一的说法很多,大致可以分为几个方面:

第一,这是最后的质变,也是最大的质变,所以甚至不能把纯思与太一混同起来,用纯思的特性去想象太一。本体大序有着各种各样的层次。与世界相比,纯思已经是极为超越的、另一层面的,宛如垂直者立于水平者之上。所以,完全不可以用世界的、水平的事物来思考它。同样,与纯思(相的世界)比起来,太一又是垂直的、另一个层面上的东西了,所以,它甚至不能用纯思式思

---

① 参见普罗提诺:《九章集》5.8.11。

② 普罗提诺:《九章集》5.8.11。

③ 普罗提诺:《九章集》5.8.11。

④ 普罗提诺:《九章集》1.6.7。

⑤ 参见阿姆斯庄:《普罗提诺哲学中智性宇宙之结构》,第5页。

⑥ 参见波菲利:《普罗提诺的生平和著作顺序》,第23节。

维去思考。太一不是纯思中的一分子——哪怕是“最伟大的一分子”，而是纯思之源。当人们知道纯思之为包含一切实在的真理并因此就是一个伟大的神的时候，应当知道这依然只是自我显明出来的第二位神：

> 我们还没有看到另一位，即第一位神，首要者，他超越一切，高高地立足于纯思之美中，就像立在一个基座上，而纯思这基座就从那里垂挂下来。首要者在其进展中不可能立足于某种无灵魂之物，也不会直接立足于灵魂之上，在它面前必然会出现某种不可思议的美，就像国王行进的行列，最先出现的总是最低品的，然后依次递增，越来越高贵，越来越威严，终于国王的贴身侍卫出现了，最后，伟大的国王本人也赫然显现出来，人们拜伏在他面前，虔心祷告——至少那些没有提前离开的人看见国王的到来会感到心满意足。不过，在我们举的这个例子里，国王是一个不同的人，不同于那些在他之前走出去的人；而在高级世界中的王所统治的不是与他不同的另外的人们，他所拥有的是最公正、最合乎本性的王权以及真正的王国；因为他是真理之王，是他自己所生的神圣一族的自然之主，是王中之王，是万王之王。①

第二，纯思即使是最高级的思或认识，也还是认识。虽然纯思避免了过程性的推理、外在化的观察，但它毕竟只能用“多”（用诸范畴）去思考太一。但是太一根本就不是多。所以无论纯思之智逼近太一的努力如何勤勉，太一总是在其认识的后面隐身不现。②

对于太一，“认知”完全没有用，主动追求也完全没有用。太一只可遭遇，不可强求。所以，在这最后阶段上，应当彻底放弃认识，放弃功利的、计算的、孜孜以求的主动心态。达到太一不能靠知识的累加，相反，要靠减法思维。

要虚空心灵，放松自己，不刻意用力，不运用理解力，静静地等待太一的降临，因为太一本身寂然无声。不知何时、何处，太一会自己一下充满我们：

> 我们不要去研究他从哪里来，因为不实是“哪儿”；他并不会在空间

① 普罗提诺：《九章集》5.3.3。

② 参见普罗提诺：《九章集》5.3.17。

中到来或离开,他只是出现或不出现。所以我们不要追求他,而是宁静地等待,直到他的降临。准备好接受这一景象吧,就像眼睛等待着日出一样。当太阳从地平线上升起时——或是如诗人所说的从海洋中升起时——它便会充满我们视野……他的到来并不在人们的期望时刻,他的到来也不让人察觉;他并不被视为进入者,而被视为永恒在场者。①

这种静悄悄的、安宁的、温馨的景象,与前此上升路上一路搏斗、号召、运动、痛苦,乃至惊见纯思大美而震撼狂喜等等相比,真有一种"灿烂之极而归于平淡"的禅意。这一境界消去了一切对立、对比、紧张;甚至纯思领域中尚且可以辨认出的某种主、客区分也不复实是。我们与太一不仅仅只是"观照"关系,而且是"同一";这"同一"虽然不是毫无区别,但也是最紧密地靠在一起。普罗提诺喜欢用众同心圆会聚于太一这一"共同圆心"景象来比拟这种"同一"。

这种状态显然不是意识、思考,而是"本是"、"实存"。任何思考与意识的方法都不可能完全避免二重化。唯有原初之是,才可能是非二元的。实际上,人们在日常生活中也经常感受到类似的过程:人总是首先去无反思地生活、去实是、去享受。但是人们终于忍不住要去抓住这些美好瞬间、去固定它们,保存它们。可是,这些美好的事物恰恰都是在我们认为已经拥有它们时从我们身边跳开。普罗提诺曾经说,纯思有两种能力,一种是思考,一种是直接的接受,后者是迷狂的,但是却比前者之清醒要更好:

纯思(nous,imtellect)有两种能力,一种是思(theomenon,thinking)的能力,借此看见自身里面的事物,另一种是直接意识和接受的能力,借此能够看见超越者。起先它只是看见,然后借着看见获得纯思,成为一。②第一种能力是纯思在自己心智清醒时的凝思,第二种能力是纯思"喝醉琼浆"③处于迷狂状态的爱;于是它就坠入爱河,在爱河中变得单纯而快

① 普罗提诺:《九章集》5.5.8。

② 这是纯思的"先纯思"视野,是纯思的永恒生产中的最初时刻,它特有的"纯思"视野其实是第二阶段。

③ 这里指柏拉图《会饮篇》203B5 波罗斯(Poros)的迷狂。

乐。对它来说,这样的迷狂比保持清醒和尊严更好。①

哈德特曾作过一个比较:同样讲灵性之爱,柏拉图中有一种男性调子:骚动不安,进取,渴望行动,追求后代之产生;并且与教育及引导、国家管理组织有关。相比之下,普罗提诺讲的爱体现着一种女性隐喻,因为它是神秘的,它不是奋力追求,而是等待出神状态的临到。它要求停止一切活动,使灵魂处于完全宁静之中,忘却一切,只是为神圣降临做好准备。灵魂的最高状态是完全被动无为。②

怎么理解这样的太一呢?自从柏拉图以来,这种超出任何思想、包括纯思之思想的最高本体都被比做"太阳本身"。因为柏拉图派的认识所取的基本隐喻是"观看"(θεῶρεω,theoreo,look at,comtemplate),而柏拉图派对观看的理解或者视觉的理解与许多其他哲学家不同。比如德谟克里特和伊壁鸠鲁的视觉理论就是"影像"论,是客观事物向我们的视觉器官源源不断地发射某种与原物一样的"薄膜—影像",于是我们就得到了对象的真实印象。但是柏拉图的视觉观与此正好相反,是我们的眼睛向外发射光芒,光芒所及之处,事物澄明呈现出来。"目光"对于柏拉图不仅是比喻,而且是事实:

> 眼睛本身常常认识一种非外在的、非异己的光,在看外在之光之前总是先看见它自己的一种光,一种更加明亮的光;这光或者是在夜晚黑暗里从它自身发出来的,或者当眼睛不想看任何事物时,它就垂下眼睑,但仍然发出光,或者眼睛的主人挤压眼睛,看见它里面的光。这种视觉不是在看的活动过程中产生的,但却是最真实的看,因为它看见了光,而它所看见的别的事物只具有光的形式,而不是光本身。③

普罗提诺启发人们,纯思之看也是如此,当它避开一切外在事物,潜入自身里面时,就必然看见一种独立的、纯粹的光,这光突然显现出来,以至于纯思一下子感到茫然,不知道它是从哪里来的,是从外面来的,还是本来就在它自

---

① 普罗提诺:《九章集》6.7.35。

② 参见哈德特:《普罗提诺,或纯一视界》,第56页。

③ 普罗提诺:《九章集》5.5.7。

身里面的。普罗提诺告诉人们,此时最为吃紧,不能用空间思维去追问它是从哪里来的,因为根本就没有这个“哪里”:

> 他确实没有从哪里来或者到哪里去,他只是显现或者不显现。因此我们千万不可追寻他,只要静静等待他的显现,做好准备凝思他,就像眼睛期待太阳的升起一样;太阳升起在地平线(诗人们说,“从海里升起”①),主动让眼睛看到它。那么太阳的原型(太阳是他的一个影像)会从哪里升起来呢?他显现时所要爬上的地平线是什么呢?他必升到凝思他的纯思之上。因为纯思必是最先凝思它的,纯思不看别的,只看至美者,集中一切力量倾注于他,一动不动,并且可以说蓄满力量,它首先看到自己变得更美,更亮了,因为他就在附近。但他并没有如我们所预料的那样出现,他的出现其实不是到来的出现,因为他之被看见,不是他到来被人看见;他没有到来,而是实是于万物之前,甚至先于纯思的实是。②

太一从来就没有离开我们,只不过我们在生活中背离了它。所以,与太一“合一”的关键不是企图去认识它,而是去生活为它,实是为它,与它完完全全地合一。普罗提诺指出,事实上这不难理解,因为我们即使在日常观照中,也是首先成为对象,陷入对象。③ 当观照成为灵性的时候,内光(视)与外光(对象)之间不再有任何间隔。光即视,视即光。这是一种光的自我观照,是光对于自己的全然透明。他在《九章集》中生动地描述道:

> 我常常从我的身体苏醒成为我自己:我外于一切事物而内在于我自己之中。那时我见到了多么异乎寻常的美啊!正是在那时,我相信自己属于更伟大的部分。那时我明白了最佳生活;我与神合为一,立身于它之中。当我达到这一至高活动时,我便超出一切其他灵性实是之上。④

在其他一些不是那么“亲身体验记载”式的段落中,普罗提诺也论证过这种神秘合一状况,强调这是最高的境界,是灵魂回归可以达到的顶点,不可能

① 比如荷马的《伊利亚特》(*Iliad*)7.421—422。

② 普罗提诺:《九章集》5.5.8。

③ 参见普罗提诺:《九章集》4.4.2。

④ 普罗提诺:《九章集》4.8.1。

有更高的层次了(不像在达到纯思境界时,还感到有“更高的层次”)。要达到这样的境界,灵魂必须放弃一切,以便彻底单独地面对“那一个单独者”:

灵魂必须既没有恶,也没有别的善,完全交出,唯独灵魂才可能接受单一的太一。当灵魂有幸与太一同在,来到太一面前,或者毋宁说,出现在太一面前时——因为灵魂原本就在太一那里——当灵魂抛弃一切已有的,尽其所能变得更美,与太一肖似(我想,那些准备自我装备的人应当清楚地知道准备和装饰是指什么),突然在自身里面看见太一显现出来时(因为两者之间没有间隔,也不再有两者,两者已经合而为一;只要有太一之实是,你就不可能作出任何区分;下界的情人与他们所爱的人也像这样渴望合而为一),此时灵魂已经意识不到身体,不知道灵魂在身体里面,也不说自己是另外的事物,是人,是有生命的事物,是“实是”,或大全……说真的,拿世界的任何事物来交换,灵魂也不愿意,即使有人把整个宇宙给它,它也不会愿意,因为没有任何事物比这更美好,没有任何事物可谓是更高的善;它不可能升得更高,在那一刻,灵魂清楚知道那正是自己一直欲求的;并肯定没有比同“太一”合一的灵魂更伟大的了。在那个世界中,不可能有欺骗:灵魂在哪里还能找到比真理更为真实的东西呢?它只是在后来才说出:“就是如此!”而且是在静默中言说。处于如此境界的灵魂为喜乐所充满。它不会弄错,正因为它说的时候为喜乐所充满。它说它蔑视曾给它的快乐的一切东西……如果环绕它的一切东西都要毁掉,它也会欢迎,因为这样它能单独地与太一更为贴近。①

在这样的境界之中,一切人世中之事、社会之事都显得太不重要了,甚至可以说不仅不重要,而且毫无关系。视野中可见者,唯有灵魂与太一,这是真正意义上的神性的实是:

这是众神的生活,是人当中与神相像的、有福的人的生活,这样的人从俗世事务中解放出来。这是对俗世事务毫无兴趣的生活,是此孤独者

① 普罗提诺:《九章集》6.7.34。

飞向彼孤独者。①

这里我们看到了同希腊原始宗教的神秘主义及基督教神秘主义不同,但是本质上又是一致的哲学神秘主义。这是希腊罗马时期第三种形态的神秘主义。希腊哲学抛弃了原始宗教的神秘主义,同时,从赫拉克利特的“逻各斯”神、色诺芬尼和巴门尼德的“一神”、柏拉图的创世说、亚里士多德的最高本体(第一推动者)的神性境界的生活,直到普罗提诺的上升终极的与“太一”合一的境界,可以说是古希腊完备的哲学神秘主义。

① 普罗提诺:《九章集》6.9.11。

第十六章

在那个时代中看普罗提诺

如何评价普罗提诺哲学在思想史上的地位？这向来是一个没有定论的问题。不同时代的人对这种哲学的评价有很大差异。具体到现当代，正如里士特在其有关普罗提诺的重要著作《普罗提诺:通向实在之路》导言中就已经指出的:“近些年来，对于普罗提诺思想有相当可观的、虽然迟到的重新关注。然而除了少数例外，从事这一工作的学者与思想家一直在英语世界大部分地区的古代哲学研究中没产生什么影响。在这一世界中，普罗提诺一直落入一个奇怪的边界区域中:他被看成太迟了，以至于不能被视为古典哲人；又被看成太早了，以至于不能看做是中世纪哲人……”①

然而，在我们看来，普罗提诺的意义正要从这种“中间状态”看。“中间状态”往往被视为等于“过渡状态”或“非常规状态”。人们宽容然而轻视地把它视为只是暂时实是的，没有真正独立性的一个阶段。这实际上是一种偏见，一种以“公认”的“常规状态”为标准衡量裁断一切的心态。普罗提诺所处的时代从时间长短上看并不亚于中世纪，更不要说古典希腊；从特征上看，它也具备人类历史上常常会出现的一类历史阶段的典型现象。每种哲学的意义都可以从其理论贡献及对特定时代的敏感回应等两个方面来看。一个具有特色的哲学在这两方面都可以作出既切中当下问题又提供了某种超越性内容的贡献。普罗提诺显然是出色地符合这两条标准的一位哲学家。下面我们先对其

① 里士特:《普罗提诺:通向实在之路》，第1页。

纯粹理论哲学做一个总结,然后从普罗提诺的思想与当时哲学的比较和关联中探讨它对时代问题的独特回应。

第一节 希腊化—罗马时期的时代问题及哲学的回应

要理解普罗提诺哲学的意义,还要超出纯哲学的领域看。正像哈德特所说的,古代晚期的哲学首先是一种生活方式。一个人进入哲学,可以说是进入了某种信仰宗教,即经历了给人的实是带来彻底转变的信念革新。哲学家与其说是教授,不如说是灵性导师:他唤起信念革新并带领新信徒走向智慧之路。①

这样的一种哲学对于生活的意义在何处呢?它有没有回答时代的紧迫问题呢?这就要首先看看当时的时代问题以及其他哲学对这些问题的回应。生活的意义可以以各种方式加以实现。无论是"出世的"还是"入世的",只要有一个完整的意义框架,便可以为生活提供目的、价值、动力和解释。意义的动摇或失去对于人来说是一个严肃的大问题,这往往发生在原有的意义框架崩溃而新的意义框架尚未建立之际,因为这时人们感到难以"把握"自己(的命运)和世界(的意义)。古典希腊时期的意义网络是沿着一个个城邦政治的活动呈水平状展开的。与城邦繁荣紧密相连的公民美德、幸福为人们提供了丰富的"价值"、"目的"及"意义"。人们热热闹闹地生活于这一意义框架之中,哲学(如亚里士多德式的伦理学)也为它提供论证,艺术(雕塑、戏剧、绘画、建筑等等)为它提供自我意识和明证。

然而,这种"内在超越"的意义框架在希腊化时期开始之后就丧失了基础:大专制王国取代了城邦小共和国的地位。到了罗马帝国时期,小城邦更是丧失了自己独立性。人们已经越来越难从他们曾一度习惯的"参政议政"生

① 参见哈德特:《普罗提诺,或纯一视界》,第75—76页。

活中找到生命的意义。西塞罗的《共和国》也许是哲学家以“理想立法家”角色自居指点江山、关心国体的一个特殊例外，也是最后绝响。他毕竟还是罗马共和国的一员。然而他以后的罗马便变成帝国专制。

普通人乃至哲学家很难认同大帝国，而大帝国也把人不当人。所以人在大帝国当中找不到意义归宿。更何况帝国极不稳定，动不动就被推翻。这使时间的力量、毁灭的力量、无所依托的威胁感严重损伤意义框架。哲学上怀疑主义思想盛行。柏拉图中期学园时期的哲学家们甚至都转向怀疑主义。奥古斯丁曾说“对真理的绝望”是其时代的哲学时髦。皮罗派怀疑主义与伊壁鸠鲁哲学则主动对哲学本身加以解构，消灭文明所积累的种种意义框架和价值等级，以游戏的、审美的、豁达的态度承受无意义的压力。这令人不禁想起尼采曾经论述过的一种现象：日神的、造型的艺术其实是希腊人参悟到了生命无意义之深渊后用审美人生加以掩盖。而且，因为怀疑论与伊壁鸠鲁哲学中甚至失去了古典艺术的紧张与焦虑，而倡导一种彻底看穿式的心平气和，这倒有些类似近代以来英国经验论怀疑主义者的宽容与豁达人生态度。

斯多亚哲学仍然走道德的路线。但是这派哲学也已经与古典伦理学大不相同，它所宣扬的不是城邦公民捍卫祖国独立、为公益事业繁荣作贡献的美德，而是在失去意义的时间洪流中的道德精神，即在流变的宇宙面前如何坚持个人自由与品德的价值：即使宇宙全部压上来，个人的抗议力量也可以如长虹贯日，傲然抗衡。这种回应与怀疑论、伊壁鸠鲁派的相似之处就是个人主义、主观主义，是把意义从客观世界中抽空，投入到主观中，从而使主观世界的价值空前“富足”。

普罗提诺是希腊化—罗马时代最后一个伟大哲学家，他对时代的回应与那个时代中其他哲学家有相同的地方，也有许多重要的不同。他虽然自认是柏拉图哲学的阐释人，但他已经完全不关心古典哲学所关心的政治哲学与道德哲学。他的努力是从传统的希腊理性主义的框架之中发展出一个个人拯救的模式，能够与当时纷起的种种神秘宗教所提供的东西竞争。他把柏拉图哲学中的超越的、出世的、神圣追求的方面抽出来加以发扬光大，建立了一个客观的、永恒的本体——太一。在他看来，这一本体足以抗衡时间的流变，人世的兴亡,能为在怀疑与困惑的时代的人们提供新的大目的、意义、价值,使人生有了明确踏实的追求目标和安身立命之所。在这样的价值体系面前,家国兴亡只如演戏,①苦难与伤心都不值一提,关心穷人与被压迫者的"道德"更是完全落出"意义框架"之外的事。

尽管这严格说来不属于主流伦理学,但也是相当非个人主义、非主观主义的、积极肯定的哲学。它对客观本体的信念甚至超过斯多亚哲学的天命目的论。斯多亚哲学尚且认为宇宙(这是斯多亚哲学的本体所在)会经常毁灭与再生,普罗提诺却认为宇宙长存不灭,更不要说所有的精神本体层面上的实是了。但是普罗提诺也并没有因此贬低个人。"上升"是人的"回归",而不是消灭自己,毋宁说正是人在扩展自己,一层层实现自己的真正生命,升入大光明、大充沛、大生命。这种以个体生命充沛为"幸福"、以"与神相像"为目的的哲学,归根结底还是希腊式的理念。普罗提诺思想不愧为希腊精神的最后一次辉煌展现。

第二节　与诺斯替派思想的异同

除了希腊思想继续在以这种或那种形式发展之外,希腊化时期与罗马时期,尤其是1、2世纪,还出现了"东方思想"的复兴。许多非希腊的宗教、哲学纷纷兴起,对时代问题作出回应。这些宗教与哲学思潮的周围聚集了众多追随者,它们往往还吸收了传播到东方的希腊思想("希腊化")的成分。当时以希腊正统自居的哲学家包括普罗提诺却敏锐地感到这些思想都是"异端",是对希腊伟大思想传统的挑战,所以他们直接或间接地对这些"新学"加以认真驳斥。但是,由于处于同一个大的时代背景之下,并且运用着类似的思想资源,它们相互之间又呈现出不少相似之处。

"诺斯替派"(Gnostic)是一个用来概括当时具有相同特征的许许多多准

① 参见格雷高利:《新柏拉图主义者》,第29页。

宗教小流派的广泛术语。这是一个跨越几个世纪(至少1世纪就产生,2、3世纪盛行,后来4世纪仍在摩尼教中发展)的思想运动。它的思想归属由于它的折中主义特征而难以确定。基督教教父把它视为基督教异端,但它实际上包括许多非基督教的流派,包括希腊思想。哈尔纳克(A.V.Harnack)把诺斯替派称为"基督教之剧烈希腊化"(换句话说,所谓正统基督教神学的缓慢有度发展便是基督教的"慢性希腊化")。① 对诺斯替派本质的这一描述在学术界流行颇广。当然,还有其他的"定性"描述,比如诺克(A.D.Nock)就称诺斯替主义是"柏拉图主义之失控化"。②

自从1945年在埃及发现了诺斯替经典文库(Nag Hamadi)以来,人们对这一学派的了解更多了,研究也更广泛深入了。根据学者们的基本公认,较早的诺斯替思想流派有塞特派(Seth)、圣托马斯福音派、巴西利得派(Basilides)和赫耳墨斯派(Hermetic)等等。到了2世纪,瓦伦提诺(Valentinas)进行"改革",在罗马建立了自己的综合与发展诺斯替思想的新流派,使这一思潮得到更为广泛的传播。

各种诺斯替派的思想虽然不尽相同,但也具有一些共性。首先引人注目的是它们强烈的二元论特征:神绝对超世界,从未创造过此岸世界;神的本性与世界格格不入,甚至可以说是完全相反;神是大光明,隐深而不可知;世界则是绝对恶,是大黑暗,是由邪恶势力创造的,否则不会充满如此之多的丑陋和灾难。正如在诺斯替宗教研究领域中作出了重大贡献的约纳斯所说的:

> 诺斯替思想的核心特征,是神与世界之关系的极端二元论以及与此相应的人与世界之关系上的极端二元论。神是绝对地超越世俗的,他的性质是与宇宙相异的,神既不创造也不统治宇宙,他完全是宇宙的对立面;神的光明世界是自足而遥远的。与神的世界相对立,这个宇宙乃是一个黑暗的世界。世界是由低级能量所创造的,这些低级能量虽然间接地降生于神,但它们并不认识真神,并且阻碍它们所统治的宇宙去认

① 参见约纳斯:《诺斯替宗教》,张新樟译,第29页。

② 参见瓦利斯(R.T.Wallis)等编:《新柏拉图主义与诺斯替主义》,第187页。

识神。①

诺斯替派常常把创造这么丑恶的世界的神与旧约犹太教的上帝和柏拉图《蒂迈欧篇》中提到的“创世者”(Demiurge 即德穆革)等同起来,说这样的神是为了自己的“虚荣”而创世,所以充满妒忌与愤怒等不满情绪。这么一来,诺斯替派就可以在善(上界)与恶(下界)之间划出严格二元论的界限。② 诺斯替宗教认为人是由肉体(flesh)、灵魂(soul)与灵(spirit)等三个部分组成的。这意味着人是从世界的与超世界的双重根源产生出来的。因为肉体和灵魂都是邪恶之神(宇宙能量)造出来的,人因为有肉体与灵魂,就成为宇宙的一部分,并臣服于黑玛门尼(希腊神话中死神的名字)。但是“灵”则不同,它是从天上下来的:“包围在灵魂之中的是灵,即‘普纽玛’(pneuma),也称为‘火花’(spark),这是一部分由上界降落到世界上来的神圣质料,掌权者造人的明确目的就是要把灵囚禁在那里。因此,正如在大宇宙中人受七个星层的包围那样,在人身小宇宙中普纽玛也被源自于星层的七层衣袍包裹着。在未获拯救的状态下,普纽玛沉浸在灵魂与肉体之中,对自己没有意识,在世界的毒气中麻木、昏睡、窒息了,简言之,他处于一种‘无知’状态。”③摩西道德法典和命运都是为了锁牢人的灵而造出的。灵不仅身陷这重重枷锁之中,而且世界与真神之间还隔着几百重天,每重天都有恶神(“低级能量”、“掌权者”)把守着,任务是阻断“灵”的逃逸之路。这幅景象十分骇人:

宇宙是由掌权者统辖的领域,它就像一所巨大的监狱,而地球则是它最里层的牢房,是人类生活的场所。宇宙的各个层面就像围绕共同核心的密封的壳层,一层层地排列在地球的周围与之上。通常有七个行星层面,第八个层面是不动的恒星层,围绕着里面的七个行星层。然而也实是着把这个结构复杂化的倾向,使得这个体系越来越广大,巴西里德(Basilides)算出了有不少于三百六十五重“天”。这个宇宙论建筑的宗教重要

① 参见约纳斯:《诺斯替宗教》,第 37 页。

② 参见约纳斯:《诺斯替宗教》,第 224 页。

③ 约纳斯:《诺斯替宗教》,第 39 页。

性实是于这样一个观念中：中介于此地与超越者之间的一切事物，其作用都是为了隔离人与神，不仅仅是通过空间的距离，而且还通过积极的邪灵的力量来隔离人与神。因此，宇宙体系的广袤性与多重性表达了人神之间距离的遥远程度。①

因此，可以说“灵”解脱自己的可能极小。但是，神会派遣使者来唤醒迷失于世界之中的灵，帮助他重返天界。只有少数人，能通过获得奥秘的灵性知识而得救。“灵知”(gnosis)是“诺斯替派”一词的来源，它不仅仅是得救的手段，而且往往就是得救本身。它不仅是对神的隐秘本质的观照，而且意味着全身心的参与其中。

普罗提诺对于诺斯替派显得特别不能容忍，不仅自己撰写文章批评它，而且支持学生们批评。波菲利详细记载了这一活动：

在他那个时代，有许多基督徒和非基督徒，他们是抛弃了古典哲学的异端，如阿德菲乌斯(Adelphius)和阿库利努斯(Aculinus)学派的人，他们拥有利比亚的亚历山大和费洛科姆斯(Philocomus)、德谟司特拉图(Demostratus)、吕都斯(Lydus)的大量著作，并炮制出佐罗亚斯特(Zoroaster)、佐斯特里亚努斯(Zostrianus)、尼扣忒乌斯(Nicotheus)、阿洛根尼(Allogenes)、美苏斯(Messus)等等诸如此类之人的启示录；他们自欺欺人，断言柏拉图并没有深入到纯思实在的深处。普罗提诺经常在演讲中攻击他们，并写了我们称为《驳诺斯替派》的作品。他把评价他的概要批评的展开工作留给了我们。阿美里乌斯写了40篇作品来批驳佐斯特里亚努斯的书。我，波菲利也写了许多文章反驳佐罗亚斯特的书，证明所谓佐罗亚斯特的书完全是伪造的，是现代作品，那些学派成员编造出这些书来乃是为了造成这样的印象：他们所信奉的就是像古代的佐罗亚斯特那样的人的教义。②

Zaroaster 就是伊朗 Zarathustra(查拉图斯特拉)教创始人。古代叫“亚历

---

① 约纳斯：《诺斯替宗教》，第 38 页。

② 波菲利：《普罗提诺的生平和著作顺序》，第 16 节。

山大"的有好几个,《牛津古典词典》(第3版)就收录了15个(见该书第57—61页),请勿混同。波菲利称这些人是哲学外的 αἱρετικοί(hairetikoi,即 sectarians,有门户之见的派系)。《洛布丛书》英译者注说,这些人都是诺斯替派名下的派系代表人物。他们撰写了关于上古时代波斯教主 Zarathustra 的启示录。可见诺斯替派同古波斯教的关系。

普罗提诺之所以特别反对诺斯替派,可能是因为一般人分不清新柏拉图主义与诺斯替主义立场之间的区别,从而误解普罗提诺不过是抄袭了诺斯替派思想;况且,诺斯替主义作为一种宗教,比起纯粹的哲学新柏拉图主义更具有强烈的信念吸引力。普罗提诺自己的学生圈子中就有诺斯替派的人,这些人甚至在从学于他之后也并不改变原先立场。普罗提诺撰文驳斥这种思想,并不是指望能改变这些人的信念,而是希望他们不会进一步影响其他人。

普罗提诺专门写了驳诺斯替派的文章。[①] 普罗提诺的批评的总观点是:诺斯替派中的有价值的东西无非是抄袭了柏拉图主义;而它的如此之多的荒谬之处,则都是它自己的添加发明。这表明普罗提诺看到诺斯替派思想中有与自己所代表的希腊精神哲学的、柏拉图主义的传统相近的一面。他说,诺斯替派从古老权威中承受了这样一些正确的东西:"灵魂不朽,智性宇宙,第一神,灵魂应当摆脱与身体为伍,从生成的层面逃逸到实存本身。这些学说都是柏拉图的,他们如果能以这种方式清晰地加以陈述,那就很好。"[②]在诺斯替派思想和普罗提诺的新柏拉图主义之间确实可以看到不少相同的倾向,比如他们都把真正的价值置于灵性世界,普罗提诺把这一世界称为丰沛的生命、实存、相,亦即"纯思世界"。而诺斯替派则把它称为"富足界",由许许多多的"永恒者"组成。[③] 灵魂下降到身体世界,对于两种思想来说都是堕落、束缚。所以他们都号召从形体世界中解脱自己,从"多"当中恢复"统一",逐步上升到纯粹状态。普罗提诺的思想体系中有一个下降的灵魂向太一回归的号召,而诺斯替宗教中也有一个末世论,正如约纳斯所指出的:

---

① 参见普罗提诺:《九章集》,2.9。

② 《九章集》,2.4.6。

③ 参见瓦利斯等编:《新柏拉图主义与诺斯替主义》,第100—106页。

> 二元论的极端性决定了它的拯救论的极端性。就像超越的神异在于“这个世界”那样,处于世界中的普纽玛的自我也同样地异在于这个世界。诺斯替派努力的目标就是要把“内在的人”(inner man)从世界的束缚中解救出来,让他回归到他的光明的故乡中去。这要具备一个必要条件,那就是他要认识超世俗的神与他自己,也就是要认识他自己的神圣来源和他目前的处境,以及决定了这种处境的这个世界的性质。有一个著名的瓦伦廷主义的陈述是这样说的:“能获致我们的解放的是这种知识:即我们本来是谁,现在成了什么;我们本来在何方,现在被扔到了何方;我们要奔向何方,从何处被解救出来;什么是生,什么是重生。”(Exc. Theod.,78.2)①

另外,普罗提诺和诺斯替派都在灵性世界中进一步划出不同层次,把最高本体视为不可用通常方式达到的隐秘本体;达到它唯有用“否定神学”的方式。而且,他们的具体的否定神学阐述居然也有不少相通之处。普罗提诺称“太一”是无限(制)的、绝对没有需求,在产生他物中毫不受损的。太一既非永恒、也不是生命,也不是实是,也并非任何其他范畴;也不是“现实活动”。这几种否定称谓可以在诺斯替派对它的神的描述中一一找到。② 在这些方面,两种思想可以说惊人地相似。也许两者的唯一差别是:普罗提诺仅仅对“太一”运用否定神学,诺斯替派则对整个神域都运用。

这样的思想,毫不奇怪,都不是严格意义上的“伦理学”,而是一种“哲学治疗”式的超伦理学。他们都不关心如何建立良好的物利分配体系(公正),不关心政治清明、国泰民安等等,而把个人的净化、逃逸出世与超越性本体合一放在第一位。

但是,他们之间也实是着不少分歧,这些分歧的来源是希腊精神与非希腊精神的不同。用普罗提诺的话讲,诺斯替派“不老老实实地”遵循柏拉图主义的古老光荣传统,却发明了许多新的“行话”,这些都是不属于真理的画蛇添足了:

---

① 约纳斯:《诺斯替宗教》,第39页,并参见该书第54—55页。

② 参见瓦利斯等编:《新柏拉图主义与诺斯替主义》,第169—179页。

> 他们炮制出这些浮华的语词,似乎显得它们与古代希腊哲学毫不相干,事实上希腊人对之了如指掌,而且希腊人毫不虚妄浮夸地教导如何脱离洞穴,渐步走向真理的视域。总的来说,这些人的理论部分地取自柏拉图,但是所有其他那些新观念,那些他们用以建立自己的哲学的东西,都是他们在真理之外所拣拾的东西……他们完全歪曲了柏拉图对创造方式的解释以及其他许多事情,贬低了这位伟人的教义,似乎表现出连柏拉图和其他属圣的哲学家都还没有参透的理智本性,却让他们给参透了……他们不得贬损那些神一样可敬的人,而应该满怀感激地接受他们的教诲,因为这乃是古代权威的教诲……这些教义柏拉图的理论中都有,当他们能这样清楚地陈述时,做得便很好。如果他们打算对此提出什么异议,也可以自由发表自己的观点,但希望他们不要嘲讽侮辱希腊人,他们应该根据自己的是非曲直,全面阐述理论的合理性,独特性,与希腊人的区别,就像真正的哲学家那样,谦恭地表明自己的真实观点,公正地对待对手的各种观点,他们应该凝视真理,而不是沽名钓誉,指责古代权威已经盖棺定论的伟人,宣称自己比希腊人更加优秀。要知道古人对可理知世界的论述是相当精辟的,在一定程度上也适合于有知之人,凡没有被那种汹涌而来的谎言蒙蔽的都能清楚看到这些教义都是诺斯替主义从古人继承而来的,只是作了一些完全不适当的补充而已。①

具体来说,我们可以看到普罗提诺与诺斯替派的主要分歧有这样几个方面:

第一,在本体论上,诺斯替派倾向于把神人格化、繁多化。比如他们在“纯思”之中又划分出“静止的纯思”、“活动的纯思”、“对纯思之活动进行反思的纯思”等等。他们在天界中划分出 30 个神(Aeons,“移涌”、永恒者),互相配对,男女呼应。普罗提诺认为本体只应当划分成三层:太一、纯思、普遍灵魂。再作进一步的繁琐划分就失去理性了。② 柏拉图主义应当只承认这三层

---

① 普罗提诺:《九章集》,2.9.6。

② 参见普罗提诺:《九章集》,2.9.1,并参见瓦利斯等编:《新柏拉图主义与诺斯替主义》,第 117 页。

划分；至于想象纯思界中有一大堆成员，更是把纯思界降到了感性世界的、低级世界的水平。“他们以为，通过给大量可理知实在命名，就能表明他们已经发现确凿的真理，然而正是由于这种多样化，他们把可理知本性降低到类似感觉世界的低级程度。在可理知世界中，他们应该尽量减少数目，应该把一切都归于太初之后的那个实在，从而抛弃复多性，因为它就是一切，就是太初之后来到的第一纯思、本体和所有的美好。”①

第二，在世界论上，普罗提诺的希腊式一元论与诺斯替的东方式二元论的冲突尤其显得激烈。诺斯替派思想代表着对这个世界的极度失望。与古典希腊人文主义的乐观心态形成鲜明对比，诺斯替派笔下的人在现实世界中，在宇宙自然中感到敌意、孤独、威胁。在世界中看不到任何“统一性”、“目的性”、“逻各斯”。约纳斯指出，希腊人的“宇宙”（cosmos）一词的本质是“秩序”，所以这样的词语本身含有褒义。诺斯替宗教没有否认秩序是这个世界的属性，甚至还强调它。但是，对于诺斯替派来说，“秩序”已经从一种值得赞美的属性转变成了一种可耻的属性。这里发生了某种彻底的价值重估：

> 宇宙秩序的神圣性，几乎是通过夸大人转变成神的对立面的。在这里，秩序与律法也是“宇宙”（cosmos），只不过是一种冷酷的、敌意的秩序，是专制的、邪恶的律法，是没有意义、缺乏善的，异在于人的目的与人的内在本质，不是人与之交通与印证的对象。一个没有神圣内容的世界有它自己的秩序：一种没有神性的秩序。在西塞罗的话中，我们看到，宇宙就是一切，没有什么东西与它并列，没有什么东西不是它的一个部分，而这个包含一切的整体就是神。这是斯多亚学派泛神论的特殊立场；亚里士多德派框架中自然与神圣的诺斯之间的关系，尽管后者不是自己内在于世界之中，却也在本质上导致同样的结果，把世界看成是神的显现；甚至于超验主义的普罗提诺也完好地保留了这种关系。但是诺斯替派的神不仅仅是在世界之外的（extra-mundane）以及超乎世界之上的（supra-mundane），而且在其终极意义上是反世界的（contra-mundane）。宇宙与

① 普罗提诺：《九章集》，2.9.6。

神之间高尚的统一体破裂了,两者分裂开来,其间裂开了一条永远不能完全愈合的鸿沟;神与世界、神与自然、精神与自然,都分离开来了,彼此疏远,甚至于彼此对抗。如此这两者之间是彼此疏离的,那么人与世界之间也是彼此疏离的,而在体验的角度看来这甚至可以说是很可能是首要的事实。有一种基本的体验,就是人与他所发现的自己暂居的世界之间的一道绝对的裂痕。①

总之,这个世界已经不再使人有任何理由感到亲近,人在它当中找不到任何生活的意义。"灵性"在这个世界中的生活是"麻木"、"沉睡"、"遗忘"。总之,这个世界在诺斯替派看来就是古典希腊人所想象的"地底世界"的模样。这忙忙碌碌的世界实际上是一个死者的世界。世上的人有待重生。②

作为希腊思想的最后一个杰出代表,普罗提诺坚决反对这股"新奇异说"。他认为说世界是"恶神"创造的,是十足的渎神。神怎么会为了"虚荣"而创世呢?这是把尘世之中的雕刻家的心态搬到天界本体身上了。③ 如果神真认为世界创造得不好,它为什么不毁了它呢?④ 普罗提诺颇有深意地指出,诺斯替派对此世之所以如此失望,本身说明它对此世的期望太高,而这恰恰是不正确的价值态度,这对于以张扬"灵性价值"为己任的诺斯替派更不应该。普罗提诺这里触及了一个不同类型宗教起源的问题。宗教总是由于人们对某些人生负面问题的回应而产生的。有的人对于道德的不完善感到震惊或恐惧或失望,有的人则是对人生本身彻底失望(即使道德问题能全部解决)。前者的本体论是此世的,是肯定现世之重要性,从而对于现实的种种伤害感受强烈。后者的本体论是超越的,对现世的伤害视为不重要,所以对"道德负面问题"的实是与解决也没有多少关心;从而对由于这方面的失望而产生的"宗教感"如厌世之类,便觉得是由于那些失望者自己的基本前设就不对。普罗提诺属于后者,他说:"如果有人反对说,在贫富之间没有平等,那么他忘了好的

① 约纳斯:《诺斯替宗教》,第230页。

② 参见约纳斯:《诺斯替宗教》,第61—62页。

③ 参见普罗提诺:《九章集》,2.9.4。

④ 普罗提诺:《九章集》,2.9.4。

与有智慧的人并不寻求这些事上的平等,并不认为在这些东西上获取甚多者就是得了多少好处……”如果这个世界中有人被杀,这又有什么可惊奇的呢?此世与纯思界不同,就像与成人比起来,小孩毕竟充满各种错误一样。如果世界像一个竞技场,总有人赢,有人输,这又有什么不对呢?①

普罗提诺认为,只要认清宇宙中是有高下之分的,世界本身就是作为不完美的、次级的东西而实是,那就不会由于在不完美中找不到完美而失望。“那些批评宇宙本性的人不知道自己在做什么,不知道自己的粗鲁批评走到了多远。这是因为诺斯替派不知道实是着从在先者、其次者到第三者这样的有序连续序列会延续到最后一项。所以,比最先者差的事物不应受到咒骂。”②人们本来就不应当于沉迷于低级者之中,而应当回归在先者。那些为世界上的灾难痛心疾首的人,恰恰说明他们太关心低下领域了。柏拉图所讲的“我们须从这里逃离”,指的不是从地上的生命中逃离,并非离开大地,而“是借公正和神圣的智慧之助”生活在大地之上;“他的意思是,我们必须逃离罪恶”。

> 那么,我们如何避免恶呢?柏拉图说,不能靠空间运动,而要靠获得美德和靠自己从质料中分离出来:我们就以这种方式从质料中分离出来,因为与躯体紧密相关的人也必与质料密不可分。在某个地方,柏拉图解释了自我分离或非自我分离:但是,“实是于诸神之中”意味着“实是于纯思世界的诸实是中”;因为这些就是不朽的。③

诺斯替派对于我们这个宇宙是极为敌视的。在诺斯替派看来,宇宙一点也不美,它的最为恰当的意象是囚牢,是我们时时应当设法逃脱的黑暗之地。约纳斯生动地写道:

> 我们能够想象诺斯替主义者在仰望星空时的感受。它的光辉在他们看来是何等的邪恶,它的广袤无垠与刻板不变的轨迹是何等可怕,它的沉默无声是多么残酷!天体的音乐再也听不到了,对于天体完美形式的敬慕之情让位于对这种旨在束缚人的极度完美的恐惧。早期人们在仰望宇

---

① 参见普罗提诺:《九章集》,2.9.9。

② 普罗提诺:《九章集》2.9.13。

③ 普罗提诺:《九章集》1.8.7。

宙中更高之处时所产生的虔诚的惊叹,现在却成了一种压抑感,铁一般的天穹把人封锁在这个远离彼岸之故乡的地方。但正是这个“彼岸”,那我们就没有别的,唯有对世界的毫无盼望的悲观主义。它的超越性的实是把这个封闭的宇宙限制在仅作为实在之一部分的地位上,从而成为一种可以从其中逃出去的所在。神的王国始于宇宙的尽头,也就是第八层。整个诺斯替的世界观既不是悲观主义的,也不是乐观主义的,而是末世论的:如果这个世界是坏的,那么就有处于世界之外的神的善;如果这个世界是一个监牢,那么还实是另外一个世界;如果人是这个世界的囚徒,那么就会有脱离这个世界的拯救以及一个拯救的能量。正是这个拯救论的张力中,在世界与神的对立之中,诺斯替的宇宙呈现出了它的宗教品质。①

然而,普罗提诺决不同意对于我们这个世界的这一评价。在他的笔下,宇宙作为仅仅次于本体的事物,作为本体的产物和“映像”,应当说是“最好的映像”,在它当中处处充满了反映纯思之美的美:

如果一个人在看到了一张展现了美的面孔之后可以因此被带到更高世界的话,那么谁能看到感性世界的所有美丽——它的美好和谐比例及其秩序的巨大完美,以及那些遥远星空中展现的辉煌时,还不会敬畏地想:“多么奇妙啊,它从怎样的源泉而来的啊!”如果他不是这样想,那他就既不能理解这个世界,也不能看到那更高的世界。②

可以看到,普罗提诺在自己的哲学中讲“回归”时,他对“这个世界”的评价是不高的。但当他抗击“外来思潮”对于希腊一元论宇宙的“进袭”时,他的着重点几乎完全转变,对世界给予相当肯定之评价。诺斯替派思想是典型的二元论,其根本原因是痛苦地发现人在宇宙中的孤独处境,以及人的实是与广大宇宙之间的极端相异性。但是普罗提诺从本质上说属于传统的希腊一元论,而一元论不容许有任何东西落入神的管辖之外。世界固然一层一层地有

① 约纳斯:《诺斯替宗教》,第239页。

② 普罗提诺:《九章集》2.9.16。

高下之分，但是必须承认归根结底它们都不同程度地反映了本体。普罗提诺在论及“美”的时候还提到，我们这个世界的美乃是出于那纯思之美，纯思之美是美的源泉。柏拉图在《蒂迈欧篇》中讲，神圣工匠正是因为看到范本之美而感到极为喜悦，才说，“他大为高兴，并要使摹本更肖似它的范本”①。柏拉图的意思是，范本生出的摹本本身也是美的，因为它乃是纯思之美的一个影像。

普罗提诺哲学的一个根本原则就是以一元论反对一切老的和新设立的二元划分，尤其是基于时空想象的划分。本体世界并不当真实是于“天上”，并没有空间性。灵性本体普在于一切，人们不应孜孜外求，而应在自己内心中寻找。如果一个哲学或宗教以神圣的名义重新设立出分裂、二元、划分，那它必然尚未登堂入奥。

正因为如此，普罗提诺认为“回归”或上升应当老老实实通过这一层层阶梯，耐心研究，训练自己，逐步净化。而不是靠“突然弃世逸出”（反对自杀）。这里没有任何捷径，没有任何“奥秘知识”或诀窍。诺斯替派认为人靠自己无法在这个世界中发现超越的神，因此神的启示是必需的。神会派遣光明世界的信使穿过各个层面的重重障碍，瞒过众掌权者，把灵从世俗的麻木状态中唤醒，并且把“来自外面”的拯救的知识传授给他：

> 这一位超越的救主的使命，甚至于在这个世界的创造之前就已经开始了（因为神圣因素的堕落要先于创世），并且是与世界的历史相平行的。通过这个途径启示出来的知识，尽管只是简单地称为“关于神的知识”，但却包括了诺斯替神话的整个内容，其中有它所教导的关于神、人与世界的一切；也就是说，它包含了一个理论体系的诸要素。然而，从实践的一面来说，它特别是指“道路的知识”，即灵魂离开世界的途径，包括圣事与巫术，是为它将来的上升做好准备的，还有一些奥秘的名字与咒语，能够打开每一个星层的通道……从整个神圣剧本的尺度上来看，这是神恢复自身的完整性的过程的一个部分，他的完整性在前宇宙的时代由

① 普罗提诺：《九章集》5.8.8。

于失去了一些神圣的质料而受到了损坏。神只是通过这些失去的质料才卷入到世界的命运之中,也是为了收回它们才派遣他的使者干预宇宙的历史。①

在诺斯替宗教的这种光明使者的思想中,我们可以看到基督教的"圣子"形象的一个解释。但是,这样的中介学说与希腊古典哲学的自行努力的修养学说正好处于对立之中。普罗提诺坚决不接受,他指出,太一并不爱自己的创造物,神不会"关心"个人,不会来召唤少数"选民"。② 只有依靠自己的辛苦的哲学跋涉和道德修养,才是回归本体之唯一正途。

普罗提诺对于诺斯替派之"非希腊性"的最后不满是其反道德的倾向。"反道德"与回归方法直接相关。普罗提诺既然认为回归是逐级上升的,那么他虽然不认为人间道德最重要,但也认为作为各层"完善状态"(virtue 之古希腊义)之一,品德之修养获得自有其合理之作用。与此相反,诺斯替派却指责道德是各种把人束缚于此世的枷锁之一,所以真正凝视神的人应当不管道德——如果不是故意违反道德以便打碎把人定位于此世之中的价值框架的话。在诺斯替派看来,拥有诺斯的人就是"属灵的人"(preumatics),否则就是属于仅有灵魂(soul)而无"灵性"或"神智"(nous,mind)的"属魂的人",属灵的人在此世当中与人类大众格格不入。属灵的人的道德,是由他们对世界的敌视与对一切世俗牵连的轻视所决定的。既可以取禁欲主义路线,也可以取放纵主义的路线。后者就是反道德主义的道德,因为在这些诺斯替派看来:

创造主所颁布的"你应该如何"与"不应该如何"的律法,只是"宇宙"专制的又一形式而已,由于违反这种律法而招致的惩罚只能影响肉体与灵魂。由于属灵的人超脱了黑玛门尼(heimarmene),因而他也就超脱了这道德律的约束。对他来说,他可以做任何事,因为普纽玛"从本性上已经得到了拯救",它既不受行动的玷污,也不惧怕受掌权者之折磨的威胁。然而,普纽玛人的自由不仅仅是一种漠不关心的允许:通过有意或

① 约纳斯:《诺斯替宗教》,第 40 页。

② 参见普罗提诺:《九章集》2.9.9。

破坏德穆革的条令，属灵的人阻碍了掌权者的设计，反而有助于拯救的工作。这种反律法主义的放荡主义（libertinism），比禁欲主义更强有力地展示了包含在诺斯替反宇宙主义之中的虚无主义因素。①

这样的思想在大多数基督教思想家那里，也被视为异端，尽管诺斯替派可能认为自己更好地秉承了基督教的精神实质。当时的基督教教父已经与诺斯替派展开论战。约纳斯在讨论"诺斯替放荡主义"的时候引用了基督教早期教父伊里奈乌对于诺斯替派的一段批评，让人们可以看到诺斯替派是如何运用基督教教义为自己的非道德主义辩护的：

属魂的人在属魂的事上得到教诲，他们依靠行为与单纯的信心而得到稳固，并不拥有完美的知识。（按照他们的说法）这些人就是我们这班属于教会的人。因此他们认为，对我们这些人来说，为了拯救，道德生活是必需的。而他们自己，按照他们的教义，无论在何种情况下都绝对会得到拯救，不是凭行为，而只是凭他们在本性上"属灵"这一事实。正如世俗的元素既不可能参与拯救，也不可能得到拯救那样，灵性的元素（他们谎称自己就是这种灵性元素）也同样不可能受污染，无论他们沉溺在何种行为之中。正如金子沉入污秽之中仍不会失去它的美丽而能保持其本性，污秽也不能够损伤金子。同样，没有任何东西能够伤害他们，哪怕他们的行为使他们沉浸在物质之中，也不会有任何东西能改变他们属灵的本质。因此，他们中间的"最完美者"可以公然地做《圣经》禁止的事，就是"行这样事的人必不能承受神的国"的那些事……另外一些人则无节制地满足肉体的欲望，并且说你必须把肉归于肉，灵归于灵。（Adv.Haer. I,6.2—3）②

在这一方面，我们看到普罗提诺与基督教的教父们的立场更为接近。他抨击诺斯替派的非道德主义，认为这些人践踏美德、把快乐当成生活最高目标，是比伊壁鸠鲁派还不如的人生态度，也是对于一切高贵美好的事物的严重

① 参见约纳斯：《诺斯替宗教》，第41、272页。

② 参见约纳斯：《诺斯替宗教》，第248页。

威胁。诺斯替派的人"嘲笑我们所知道的一切法律,历史久远的美德和约束。他们把这一切当做笑柄,使世界上没有任何值得珍惜的东西;这就从根子上切断了一切有生命者,切断了内在于道德感之中并由于思想和自我修养而完善的正义:一切能使人成为高贵者的东西都消逝了。"①

普罗提诺由此还得出结论:诺斯替派一方面要人转向善,一方面又傲慢地贬损人类美好价值与德性;一方面要人们"凝视神",一方面又不告诉人们怎样凝视。这是空谈而已,对人们的回归灵性世界没有真正的帮助:

> 他们从来也不提美德,而是完全忽视了这一主题。他们既不讨论何为美德,也不讨论美德有几种,也不提及古人著作中有关美德的许多出色的研究……他们也不讲灵魂怎样才能得到净化与治疗。光讲"朝向神观照"没什么帮助,除非我们知道怎样朝向神观照……向我们显示神的是美德。神在灵魂之中,伴之以智慧。如果没有这真正的美德,神只是一个词而已。②

能把我们引向神圣的,是我们内在实是的改变,这不可能仅仅靠不涉及生命——生活——德性的空谈而达致。普罗提诺反对诺斯替派的非道德主义倾向,除了理论上的立场之争之外,也与自己的个人人品有关。实际上,古典作品可以做各种诠释解读,当代某些柏拉图解释家以解读出柏拉图文字中的许多闻所未闻的"微言大义"自豪,实际上,这早就是古代学术界聚谈的传统。当时的各种柏拉图派提出过众说纷纭的"解读柏拉图"方案。有的解读法虽然吸引眼球,但是令普罗提诺这样的人很不安。波菲利曾经栩栩如生地记载了他所亲自观察到的普罗提诺对某些"新颖解读"的反应:

> 有一次在柏拉图节上,我读了一首诗:《神圣的婚姻》;因为诗里用了许多充满灵性激发的神秘的和隐微的语言,有人说:"波菲利疯了。"为了让所有的人都听到,普罗提诺却说:"你已经证明自己既是诗人、哲学家,又是神圣奥秘的阐释者。"修辞学家狄奥法尼(Diophanes)为柏拉图《会饮

---

① 普罗提诺:《九章集》2.9.15。

② 普罗提诺:《九章集》2.9.15。

篇》中的阿尔西比亚德(Alcibiades)辩护,说,为了美德修养上的提高,即使导师欲求弟子的肉体,他也应该服从。普罗提诺几次站起来欲离开会场,但还是控制住了自己,演讲结束后他就给了我一个任务,写文章予以批驳。狄奥法尼拒绝把他的手稿给我,因此我就凭记忆写了批驳文章。当我在会众前宣读时,普罗提诺非常高兴,以至于在聚会时不时引用它,“如此当头一击,就像一束光照到人身上。”①

这些论战以及普罗提诺自己的人品,使后世学者们注意到普罗提诺天性中有十分感人的、真诚的人道主义品性。② 这使得这位看上去似乎“出世在天”的哲人常常会在理论中和实践中捍卫传统道德原则。这一点,使我们看到普罗提诺哲学与诺斯替主义类型的思想疏远而与基督教类型的思想更为相近的一面。

第三节　与基督教思想的关系

普罗提诺与基督教思想的关系必须放在整个希腊的、柏拉图主义的思想与基督教思想的关系当中来看。柏拉图哲学中的基本教义精神对1世纪以来犹太、基督教的思想发展的影响一直很大。③ 普罗提诺的著作编定出版于公元301年。然而,早在1世纪,亚历山大里亚的思想中就已经实是着许多柏拉图理念。亚历山大里亚的基督教学校中的著名领袖如克莱门和奥利金的学说都可以说是柏拉图思想与基督教思想的综合。④ 这些人或先于普罗提诺或与他生活于同时代,各自独立地受到柏拉图思想的影响。后世基督教会中有不少人对这些早期神学家思想当中体现出的柏拉图主义如逻各斯主义、分有说、

① 波菲利:《普罗提诺的生平和著作顺序》,第15节,引语出自《伊利亚特》,8.282。

② 参见里士特:《普罗提诺:通向实在之路》,第14—15页;以及瓦利斯等编:《新柏拉图主义与诺斯替主义》,第120页。

③ 参见奥古斯丁:《上帝之城》,第126页。

④ 参见克莱门:《劝勉希腊人》。

宇宙乃至神之中的等级次序、三位一体思辨、用灵性主义贬低身体等等,不无微词,认为是用希腊思想损伤了正宗基督教精神的原义。① 然而,不可否认的是,柏拉图主义思辨哲学对于把初生的基督教提升为具备宏大视野、超越关怀和理性水准的跨文化世界性大宗教是有一定帮助的。从奥利金等人的著作中可以看到,他们已经以主流哲学家姿态参与到公共话语之中,关心宇宙大事,探讨终极目的之达到,号召从身体转向灵性,号召一系列的超越——从地方性犹太教向世界大宗教,从律法到精神,从众神到一神,从表象到理性,从急功近利地为当下政治服务到普遍关怀等等的超越。②

普罗提诺虽然在亚历山大里亚学习了 11 年哲学,后来又定居罗马,但他似乎从未注意到当时已经在这些地方十分流行的基督教思想。研究者们找不到他与基督教接触的证据。他在《九章集》中也没有像批评诺斯替派那样撰文讨论或批评基督教学说。瓦利斯等人编的《新柏拉图主义与诺斯替主义》中说,阿姆斯庄认为《九章集》3.2.9(10—12 行)的一句话有可能是反对基督教救赎论的。③ 如果这样的看法是有道理的,那么这就是《九章集》中唯一可能反基督教的地方。不过,从他一贯以正统希腊思想捍卫者自居的立场看,他如果了解基督教思想,可能并不会喜欢它,因为无论是诺斯替思想还是基督教思想,都是非希腊的意识形态。所以,在新柏拉图主义与基督教思想的关系中,有一种单向性或非对称性:前者深深影响后者的品格;后者却未影响前者。④

普罗提诺代表的希腊思想与基督教思想之间会有什么不同呢?这些不同是否都是毫无通融之处的呢?首先,最明显的不同是他们的神观。基督教的神是人格神,而普罗提诺的"太一"却不是人格化的,从而甚至不是"神"。太

① 参见瓦利斯等编:《新柏拉图主义与诺斯替主义》。

② 参见奥利金的《反索尔斯》。

③ 参见瓦利斯:《新柏拉图主义与诺斯替主义》,第 419 页的注 45。

④ 费南(Finan)编:《新柏拉图主义与基督教的关系》,第 156 页。有关这方面的论述还可参见阿姆斯庄:《剑桥晚期希腊与早期中世纪哲学史》,第 210 页。瓦利斯等编:《新柏拉图主义与诺斯替主义》,第 116—112 页,以及里士特:《普罗提诺与基督教哲学》,见罗伊德:《剑桥普罗提诺导读》,第 394 页。

一是大统一，大自足，对于任何低于自己的阶层没有兴趣，不会怀有“爱”或“关切”：

> 至善对自己的创造物没有任何需要，对自己的整个创造作品毫不关心；他对他们没有任何要求，他与创造万物之前的自己没有任何两样。即使创造没发生，他也无所谓；当然，如果从他之中产生了一个世界，他也无怨言。①
>
> 他并不欲求我们，并不关注我们。是我们欲求他，环绕他。②

基督教的“神”并不是一个抽象的共相，而是一个专名，它标示着格位之神。实际上，奥利金就已经放弃了许多旧的希腊哲学范畴，而换用了“格位化范畴”如神、神子、心、意志等等来“重建本体论”。上帝充满对人的爱，关心人的命运，从而为人所犯罪恶而感到愤怒。这些都是普罗提诺的全然自足、不受外界影响的“太一”不可能具有的禀性。普罗提诺的神圣本体固然被泽万物，改变人性。但是，它决不会走出自身去“做”什么。它正是在寂然不动、属于自己之中，保持自己特有的内凝统一，作为一个模范，影响在下者去效仿。③

不过，正如阿姆斯庄所指出的，基督教思想家中也有不少人希望避免“人格神”带来的特有难题，维护神的“无感受性”，因为他们看到，“感受”就必然意味着被动，否定，虚弱。④

同样，在与此有关的另一个不同点上，二者也可以相通。也就是说，一般人认为基督教的神是全知、全在等等，而普罗提诺与此不同，坚持最高神即太一超出知识与实是。但是，只要深入研究普罗提诺的“太一”，人们就会发现它不是初看上去的那样“没有任何属性”，会发现它实际上有非常肯定的内容，而不仅仅只是“否定神学”与抽象。如此，则基督教思想家也可以接受之。

作为人格神，基督教的上帝是绝对自由的，而普罗提诺的本体没有“意志自由”，只有按自己本体活动的自由。在这一点上，人格神与非人格神两种思

---

① 普罗提诺：《九章集》5.5.12。

② 普罗提诺：《九章集》6.9.8。

③ 参见施罗德：《相与变相：普罗提诺哲学研究》，第94页。

④ 参见格什（S.Gersh）等编：《古代晚期的柏拉图主义》，第118页。

想体系之间的差别比较明显,更加突出了基督教思想与希腊思想关于神圣者的看法的差异。不过,这一差异也不宜过分夸大,因为虽然对于某些基督徒来说,上帝之自由的本质乃是其未决定性,是上帝的意志选择的自由。但是,对于另一些基督教思想家(包括奥利金)来说,他们的上帝自由论与上帝本体论就不会与普罗提诺有很大不同。①

普罗提诺代表的希腊思想与基督教思想在"基督论"上当然会实是巨大的分歧。希腊文化会同意宇宙中有许多神,他们都是一神的多种显现。基督教则只同意神有一种显现——耶稣。而希腊文化很难接受"道成肉身"的观念,很难认同神会下降到人世之中。对于普罗提诺,甚至连最低本体(灵魂)也没有真正下降过。不过,基督教或许也可以同意逻各斯永远实是于永恒世界中,丝毫不受他在历史中的"下降"之影响。② 如此,则两种思想体系又有相通的可能了。不少"柏拉图主义基督教神学家"就是朝这一方向努力的。

在关于人的罪与"得救"的理论上。普罗提诺的"罪"论中有一种说法,说恶是由于灵魂斗胆独立,背弃父亲,追求并荣耀低下事物。③ 这一观点是教父们极感认同并常常引用的柏拉图主义思想。不过,从另一方面讲,普罗提诺的"独立"与其说是人确实在伤害、违抗格位之神,从而是主体间性的犯罪或"不义",需要"赎"和重新恢复"义",不如说是非道德性的、非人际性的、非法律性的个体自己迷失。而且普罗提诺更多地把这种迷失归罪于质料。至于灵魂,不用说其高级部分从未下降,驻留在天界,纯洁干净;即使是下降的灵魂,也没真正受到伤害。它完全可以通过自己的回归努力,净化掉身体性附加物,重新回到本体界。不过,这种努力,只有少数具备智慧根性的人通过刻苦训练,才能完成。故而人人都可以轻易"因信称义"的观念或"白白的恩典"的观念,普罗提诺是不会同意的。

相反,基督教认为人的罪性是其自由意志的产物,而不能归罪于身体。所以人的罪植根极深,绝非只是表层的、轻易可以"脱壳"洗掉的。人性深处的

① 参见格什(S.Gersh)等编:《古代晚期的柏拉图主义》,第122页。

② 参见格什(S.Gersh)等编:《古代晚期的柏拉图主义》,第136—137页。

③ 参见普罗提诺:《九章集》6.1.1。

罪性必然会与人的回善愿望冲突，灵魂深处会有极为激烈的不和谐与斗争。向神回归的历程靠人自己是不可能进行的。唯有靠神作为救赎者，主动伸出援手（恩典），才能沟通有限与无限。基督降临人世，为人类牺牲，解去罪性之束缚，人才可以有了得救、升天的希望。

最后一点，在"政治哲学"上，普罗提诺的思想体系是非历史的、非时间的、非政治伦理取向的。历史中的"叙事"范式对于他的哲学没有什么意义。本体无论是太一还是纯思，都处于时间之外的永恒之中。时间性的活动是低层次的，没有什么意义；时间中的遭遇如灾难等等都被他视为可以忍受的暂时的、无关大局的外在事件，不会影响真正的价值。基督教却相当注重时间、过程和伦理学。当然基督教也看重"最终目的"——永恒天国——的意义。但基督教并不因此否认通向天国的过程的意义。创世是神的意旨，是好的。即使人堕落之后，上帝拯救世界的整个伟大事业本身也构成了相当意义（drama），而并非把一切意义都保留给上界天国。甚至有不少神学家推出"天国"在人间的理论——天国就是上帝领导人类抗击苦难，实现道德完善的现世生活。20世纪实际持有"基督教现实主义"立场的著名神学家尼布尔在其《人的本性与人的命运》中专门批评了普罗提诺的思想，说在普罗提诺的体系中："心灵所朝向的永恒，是一种抹杀区别的统一体，它最终吞掉一切个体性。普罗提诺确凿地断定，'心智世界'的永恒性否定历史，而不是实现历史。他宣称：'心智世界中没有记忆，甚至没有对个体性的记忆，没有想到思考者就是那个自我。在进行逼真的思维时，我们意识不到我们的个性；我们的思维活动所指向的目标，就是思考者与之同一的东西。'所以人生的目的是否定历史，否定历史中的自我。该'过程'中的无论什么东西都永远不会'拥有实是'。"①

当然，在柏拉图主义（包括新柏拉图主义）与基督教思想之间也有许多一致的地方，从而基督教早期教父们认为在希腊思想中，柏拉图最近似地表达了真理。这两种思想体系都强调"灵性一元论"。也就是说，他们认为真正有价

① 尼布尔：《人的本性与人的命运》，第296页。

值的东西不是物质的、此世的,而是超越的、内在的。而且作为一元论,他们都认为这个世界多少是神圣世界的映像,从而是美好的。世界中的恶,并没有真正实际的实是,至少在大整体的神义论观照中,显得微不足道。不过,柏拉图主义在这方面会走得太远,以至于肯定世界的永恒性,而基督教思想家不少人则往往会退回类似于诺斯替主义的对世界中恶与罪的普遍实是震惊、悲观与失望。①

另外,两种思想的共通处还在于他们都不是"泛神论"的。我们这么说有两种意思:一是指他们都认为神圣者是灵性的,而不是物质性的,所以不会同意斯多亚派或斯宾诺莎式"神即物质世界"的观点,更不会把至高神与"质料"等同起来。另一层意思是:他们都认为最后的"同一"不是人与神完全同一,换句话说,他们都不会完全认同印度教式的思想。在普罗提诺与基督教看来,虽然神与人在"神秘合一境界"中极为统一,但二者仍然有差异,不可完全等同。

普罗提诺对他之后不久的诸多基督教思想家的影响并没有一般想象的那么大。② 但是他影响了基督教思想史上的一些至关重要的人物,并通过他们而影响了整个基督教。这些人中有不少希腊教父,如被称为卡帕多西亚教父的(Cappadocians)巴西尔(Basil)和两位格列高利(Gregories)以及拉丁教父如波埃修斯、尤里金纳(Erigena)。当然,最明显受其影响的基督教思想家是奥古斯丁、托名狄奥尼修、维克多里努斯(M.Victorinus)等人。

里士特教授在其1996年的一篇文章中是这样概括普罗提诺及一般柏拉图主义对基督教思想(尤其奥古斯丁)的影响的:

> 人们普遍同意教父时期的基督教渗透着很深的柏拉图主义。如果这意指教父们至少部分地比其他派别更多地用柏拉图主义的范畴进行思考,他们常常接受诸如柏拉图的相论,谈论"分有"(虽然既谈论个别分有共相,也谈论被创造者分有创造者),或是谈论柏拉图的至善理论,那么

---

① 参见瓦利斯等编:《新柏拉图主义与诺斯替主义》,第48—51页。

② 参见里士特:《普罗提诺与基督教哲学》,见罗伊德:《剑桥普罗提诺导读》,第398、401页。

事实确乎如此。如果这意指他们有一个清楚的理论，认为柏拉图主义构成了通向基督教的中途站，它能够加以改造、完善从而变成基督教，那么这种观点（虽然受到克莱门与奥利金的修正）要归于奥古斯丁。他不把柏拉图主义看做外表地、而看做内在地有助于成为一个基督徒（而非如何做一位基督徒），并有助于对基督教的许多部分加以纯思的说明。这反映了他自己的经历和他对于思想家转变为基督徒的过程的反思。①

著名的古代晚期与基督教早期思想史家布朗在其力作《奥古斯丁传》中对奥古斯丁所受新柏拉图主义影响有详尽描述。奥古斯丁一生当中的几次“转变”都与柏拉图主义有关。他的第一次人生转向（conversion）发生在20岁时（374年），这是从此世生活转向哲学——哲学在当时被赋予了宗教性意义。当时他读了西塞罗的著作 *The Hortensius*，世俗生活中的追求一下变得毫无吸引力，对智慧的渴求燃烧起来。②

后来，奥古斯丁困惑于恶的普遍性，陷入了与诺斯替派一脉相承的二元论哲学宗教——摩尼教。过了一些年之后，他对摩尼教感到不满意，又短暂地陷入学园派怀疑主义。最后，他经历了思想斗争，阅读了“柏拉图主义的书”后，在米兰转变为一个天主教徒。当他386年前后居住在米兰时，新柏拉图主义一时流行，奥古斯丁仔细读了不少著作，包括普罗提诺的著作（维克多里努斯的拉丁译本）。对于米兰当时的基督教界中“柏拉图主义盛况”怎么评估，学者尚有不同看法。考塞拉（Pierre Courcelle）认为维克多里努斯发起了一个基督教的“米兰圈子”，哈德特在研究中也认为维克多里努斯是我们所知道的第一个在基督教神学中（至少在拉丁神学中）使用新柏拉图主义范畴的基督徒。考塞拉认为维克多里努斯学派还包括辛普里西安（Simplicianus），他对奥古斯丁信仰转变的至关重要的影响是无可争议的；另外还包括直接影响了奥古斯丁信教的安布罗斯（Ambrose）。当然，奥古斯丁不久也加入了这个米兰圈子，推动与推广这一已经发展的知识运动。然而有些学者也对这一“统一运动”

① 参见瓦利斯等编：《新柏拉图主义与诺斯替主义》，第408页。

② 参见布朗（P.Brown）：《奥古斯丁传》，第40页。

的假设提出质疑,因为上述几位基督教思想家关注的领域极为不同。不过,奥古斯丁在下决心从摩尼教向基督教转变时,确实读了许多"柏拉图主义的书"。学者经研究指出,这些书的作者是普罗提诺及波菲利。具体地说究竟是哪一位作者,现代研究者众说纷纭。亨利(Paul Henry)认为是普罗提诺,德勒(Willy Theiler)认为是波菲利;考塞拉认为是普罗提诺和波菲利的结合;罗伊(Roy)认为先是普罗提诺,后是波菲利。

在奥古斯丁的《忏悔录》第7章中,可以看到这样的思路沿递:

第一,奥古斯丁的哲学不确定之处;他陷入罪恶问题的思考中;他在理解任何超出物质之外实在时产生了难以克服的困难。

第二,阅读"柏拉图主义的书"并受其影响;发现形而上的灵性论及内在论的"令人解放的震撼";立即对作为中保的基督进行反思。①

很明显,奥古斯丁在新柏拉图主义哲学中受到了真正的、内在的启发。

奥古斯丁很善于吸收普罗提诺的思想,并且善于取来为己所用,所以他虽然不是专业哲学家,又不懂希腊语,却比许多自称为"柏拉图主义者"的饱学之士更深入地把握了普罗提诺的精神。在后来的生活中,他还曾苦读柏拉图主义著作,以至于到写作《上帝之城》时他仍然困惑于柏拉图主义的问题。②

普罗提诺在许多方面对奥古斯丁的帮助很大。比如"溢出"与"回归"的学说;"纯思"作为太一与世界之间的必要中介(这与《约翰福音》中的"道"似乎正相呼应)。③ 普罗提诺的思想还帮助奥古斯丁解决了灵性实是(神)如何既能普在一切、又不在任何一处的难题。在普罗提诺的启发下,奥古斯丁认为恶仅仅是"匮乏",而且还会有助于整体。④

布朗提醒人们说,如果仔细一点考察,就会发现奥古斯丁的整个《忏悔录》主题受普罗提诺思想的影响:灵魂离开神而流失于世中,关心外在之物;

① 参见麦克夫伊(McEvoy):《新柏拉图主义与基督教:影响,综合或识别?》,载于费南等编:《新柏拉图主义与基督教的关系》,尤其是第164—167页。

② 参见布朗:《奥古斯丁传》,第122、307页。

③ 参见布朗:《奥古斯丁传》,第98页。

④ 参见布朗:《奥古斯丁传》,第99—100页。

人们震惊于江河大山，但却不惊于内心之灵性、神性之伟大。实际上，世界流变不息，人每刻都在死亡。应当向何处寻求稳固与永恒呢?[①] 唯有彻底实行灵魂的“转向”，从外在物质世界中收回自己，转向灵性的、神性的实是。

奥古斯丁在所有希腊罗马哲学家当中，明确肯定柏拉图主义与基督教神学最为接近。在《上帝之城》中有专门的章节是“我们最好和柏拉图主义者讨论神学，因为他们的意见超过了所有哲学家的教条”[②]。不过，正如有的学者指出的，奥古斯丁一生当中对于柏拉图以及新柏拉图主义态度有一个转变。在他从放纵的生活走向严肃的修道生活的早期，他对于柏拉图哲学的思想相当肯定。实际上，在西塞罗和柏拉图的影响下，他认为理性的人共同推理可以达到统辖生活的充分真理。他过着和一些志同道合的禁欲修道者一道自由讨论哲学问题、共同修行的生活。这时奥古斯丁对于依靠人的自愿选择转向神圣完善，是充满信心的。当然，对于他们来说，真正的哲学是基督教思想，耶稣是一位最伟大的老师，而柏拉图的哲学与这一真正哲学最为接近。然而，后来，由于他被任命为主教，必须管理大众而非对待少数精英，而且经历了几次与“异端”的惊心动魄的斗争，尤其是与佩拉鸠派(Pelagians)的斗争，他逐渐改变了自己的观点。他看到，独立思想知识分子的自由讨论小组经常带来的是“异端”，是对大公教会的权威的蔑视和挑战。而且，随着年龄的增长，他日益意识到世界上没有任何人能够修行成圣，包括他自己。所以他慢慢放弃了哲学自由辩驳，转向教会权威的强调，对强制性规训的认可；而且，他放弃了灵魂本质上没有堕落的柏拉图教义，强调自从人的始祖亚当堕落之后，整个人类就随之堕落到无力自由选择向善(虽然有力自由选择作恶，从而必须为自己的罪行负责任)。[③] 换句话说，在恶的问题上，奥古斯丁是有变化的。一开始他接受普罗提诺的看法，认为罪恶来自灵魂抵抗不了真正的恶——质料的诱惑，下降入身。但后来他不认为身体本身是恶，于是在灵魂之中寻找恶的来

① 参见布朗：《奥古斯丁传》，第167、105、245—246页。

② 参见奥古斯丁：《上帝之城》，第286页以下。

③ 参见 A.Warren Matthews，“Did St.Augustine Abandon Neoplatonism as solution for the Problem of Evil?” in *The Journal of Neoplatonic Studies*，Volume III.No.1，Fall 1994，pp.32-40。

源。他逐渐对灵魂的“内在神圣性”保持怀疑。[1] 而不像普罗提诺那么“轻信”人的灵魂的自我拯救能力。

奥古斯丁在转向中依凭的是《圣经》的权威,尤其是其中包含的圣保罗的教导,而我们知道,保罗对于当时希腊罗马哲学的态度总体来说是非常负面的。[2] 如果说柏拉图—普罗提诺代表的希腊哲学相信的是个人、内心的自由修为,那么基督教更相信集体的、外在物质性的仪式(“圣事”)的强化,或者神的仁慈挑选的外来恩典。

---

① 参见布朗:《奥古斯丁传》,第327—328页。A.Warren Matthews,“Did St.Augustine Abandon Neoplatonism as solution for the Problem of Evil?” in *The Journal of Neoplatonic Studies*, Volume III.No.1, Fall 1994, p.178。

② A.Warren Matthews,“Did St.Augustine Abandon Neoplatonism as solution for the Problem of Evil?” in *The Journal of Neoplatonic Studies*, Volume III.No.1, Fall 1994, p.44.

第十七章

柏拉图主义学派的发展

普罗提诺被公认是"新柏拉图主义"的奠基者与大师。在他的影响下,新柏拉图主义形成了一个跨度颇大(主要是3世纪中叶到6世纪末的三百多年)和地域颇广的思想运动。按地域大致先后可划分为叙利亚学派、帕加马学派、雅典学派、亚历山大里亚学派等;更为广泛一点,还可以说有"拜占庭新柏拉图主义"与"拉丁(罗马)新柏拉图主义"等。其中最重要的,当属一先一后的叙利亚学派与雅典学派,它们分别以扬布利柯和普罗克洛为代表。新柏拉图主义运动发展的这一段时间恰好与早期基督教取得胜利后的发展并行。可想而知,这两大文化代表之间的互动必不可少。我们在下面的讨论中,首先追溯所谓"后普罗提诺"新柏拉图主义各派的沿革概貌,然后介绍其总体特点,最后对新柏拉图主义学派中的几位著名人物波菲利、扬布利柯和普罗克洛的学说进行较详细的分析与讨论。

第一节 普罗提诺之后新柏拉图主义诸派概观

普罗提诺之后的新柏拉图主义者们虽然无人不在普罗提诺的轨道上继续前行,但我们必须注意的是,他们几乎不提普罗提诺,而且在许多方面较大地改变了普罗提诺的思想。这种改变始于波菲利与扬布利柯,后面的发展也大都按着这改变了的"新柏拉图主义"走,直至普罗克洛最终完成。所以,可以说“新柏拉图主义”作为一种学派是由波菲利与扬布利柯真正奠定的。从而也可以说,这种流传甚久的新柏拉图主义严格讲来不是普罗提诺原来的那一种,而是“改型”过的一种思潮。

这一“改型”的特点是什么?是好是坏?有的学者认为普罗提诺曾经以其无可比拟的智力上与道德上的力量把自己从环绕他的种种思潮中拔升出来。但是他去世之后,浓雾又重锁大地。此后新柏拉图主义陷入普罗提诺努力避开的无原则折中主义,与许多其他学派的思想妥协,甚至去接受流行迷信。① 但也有学者认为“后普罗提诺新柏拉图主义”更关心现实文化世界,比纯思辨的哲学更切入生活境遇。②

普罗提诺于 275 年去世后,他的学生波菲利(约 232—约 309 年)撰写了普罗提诺生平传记。这在当时是一个惯例:由大弟子为老师撰写生平。波菲利自己的思想仍在继续推进,主要是调和柏拉图与亚里士多德,并且对“神功”(theurgy,又译通神术)有了一定兴趣。他虽然对拉丁教父如奥古斯丁有相当影响,但却激烈反基督教。

波菲利的学生中有一个著名人物是扬布利柯(约 242—约 326 年),他是叙利亚人,从学波菲利之后回叙利亚,开创了“叙利亚学派”,其特点是引入了丰富的本体层次,包括数的形而上学;另一方面是对“神功”的极端重视。这些都将在后来的新柏拉图主义学说中反映出来。所以扬布利柯堪称“新柏拉图主义”的直接创立者。实际上,他的两位学生分别开创了新柏拉图主义的帕加马学派与雅典学派。

帕加马学派是由扬布利柯的学生艾底修斯(Aedesius)开创的,其特点是非常重视神功与多神论;所以很自然地,它与基督教思想会发生冲突。帕加马派的首领人物之一是士麦拿的马克西姆(Maxims of Smyrna),他是“背教者”朱利安皇帝的新柏拉图主义术士之一。朱利安(Julian)(322—363 年)皇帝的一生戏剧化地反映了希腊—罗马文化与基督教文化的冲突,也展示出了这种

① 参见道茨:《希腊人与非理性主义者》,第 286 页。

② 参见索沃尼:《普罗提诺:新柏拉图主义哲学和科学》,第 1 章。

冲突中扬布利柯式新柏拉图主义所起的作用。朱利安从小信基督教,然而长大后背教。在他的短暂统治(361—363 年)中,他激烈迫害基督徒,支持多神教。他到小亚与希腊各地巡游,重新恢复各种神秘宗教礼仪。在马克西姆的建议下,他打算重建耶路撒冷的犹太圣殿。朱利安的计划是把所有宗教组织成为一个庞大统一的等级体系。体系的顶端是太阳神——光照之神。在朱利安写的《太阳王颂歌》(*Hymn to king Helios*)中,"太阳"是第一本体或至善之相,又是作为思想对象(实是、美等等)的第二层本体之善,然后又是作为思想之行动的第二层本体之善(二者又与 Mithras 神等同),最后是天空中的太阳—可见之神。① 帕加马派中其他新柏拉图主义者如撒路修(Sallustius)撰写《论众神与世界》宣传多神论,李柏纽(Libonius)和尤那皮乌斯(Eunapius of Sardes)则撰文反对基督教。

扬布利柯的另一个学生,雅典的普卢塔克(350—433 年)在担任了雅典的柏拉图学园继承人之后,把新柏拉图主义引入柏拉图学园。这样,柏拉图学园在经历了斯彪西普等的"老学园"和怀疑论的"中学园"、"新学园",又经过一段折中主义时期之后,终于转向了"新柏拉图主义",形成了新柏拉图主义的"雅典学派"。它一直延续了 130 年,直到 529 年查士丁尼皇帝下令关闭柏拉图学园及所有其他哲学学派的学校。普卢塔克对于对新柏拉图主义十分重要的《巴门尼德篇》的评注颇有新意。他认为该篇中前五个假设从真实前提推出真实结论。其他四个假设是归谬推理。他认为前三个假设分别是关于神、纯思和灵魂的。第四个假设(157B—159B)是关于内在于质料中的相;第五个关于质料(159B—160B),第六个(160B—163B)关于感觉;与相对的非实是对应。第七个(163B—164B)描述一切意识之缺失;第八个(164B—165E)论证的是,如果只实是影、梦之类事物之荒谬,第九个(165E—166C)则旨在论证,如果连这些东西也没有,会出现怎样的荒谬。②

普卢塔克的后继者是西里亚努(Syrianus,432 年继任学园"继承人"园

① 参见阿姆斯庄:《剑桥晚期希腊与早期中世纪哲学史》,第 297 页。

② 参见阿姆斯庄:《剑桥晚期希腊与早期中世纪哲学史》,第 303 页。

长),他批评了亚里士多德对柏拉图的批判,强调两种哲学的不同。西里亚努的继任者便是新柏拉图主义最后一位值得骄傲的人物,也是希腊哲学史最后一个重要性的人物——普罗克洛。

普罗克洛(约410—485年)担任“学园”园长(Scholarch)时间很长,从25岁到去世时75岁,共50年。他大大发展了扬布利柯开创的“复杂多层的”新柏拉图主义体系,完成了这一体系的逻辑构架。在他任期之内,帝国各地纷纷来人听讲从学,包括不少贵族和王室人员。他的学生中有的成为皇帝,如西罗马皇帝普洛克皮乌斯·安西米乌斯(Anthemius);有的如阿西来皮奥多图(Asclepiodotus)从政,成为元老;有的成为学界领袖,如阿门尼乌斯(Ammonius, Hermeias的儿子)成为亚历山大里亚学派的首领,并把亚历山大里亚学派发展到它的顶峰。

普罗克洛之后,学园派新柏拉图主义还实是了最后的40余年,其中主要的代表人物是普罗克洛的继任者马里诺(Marinus),这是一位来自巴勒斯坦的犹太人。他擅长数学和对柏拉图的严谨注释。不过在书本之外他十分推崇神功的地位。马里诺斯的继任者是从亚历山大里亚来的依西多罗(Isidorus);再往下便是学园的最后一位领袖,从叙利亚来的达马修斯(Damascius),他在雅典学园新柏拉图主义中的地位虽然不如普罗克洛,但也具有一定影响。他的著作唯有《怀疑与解答》和《关于〈菲利布篇〉的演讲》及关于老师依西多罗的传记残篇留下。他嘲笑亚历山大里亚等地的哲学家,认为他们头脑简单。他还强调坚持超越性太一的重要,认为不仅太一而且太一的所有产物都不可言说,不可能为理性所把握,从而发展了扬布利柯的倾向,把“神”与自然的联系彻底切断。达马修斯坚决反对基督教。在他的领导下,雅典学派的新柏拉图主义又出现了一个小高潮。但是罗马皇帝查士丁尼终于不能忍受这一切。公元529年,这位皇帝下令禁止讲授一切非基督教学说,于是柏拉图学园也随之最后关门。

关门之后,达马修斯和其他6位学园教师东去波斯,到考斯罗斯皇帝(Chosroes I)的宫廷中继续其研究。然而也许东方的环境也不佳,他们在533年后又回到希腊。与达马修斯一起东行并回归的人当中,有著名的辛普里丘

(Simplicius)。他回来后就开始了自己的学术活动,取得了引人嘱目的成就。这说明新柏拉图主义并没因为学园关闭而彻底终结。辛普里丘的主要学术成就是撰写了大量亚里士多德著作的评注,如关于《范畴篇》、《物理学》、《论天》、《论灵魂》的评注,其价值不仅在于保存了许多前苏格拉底哲学的残篇,从而使后人得以一睹他们的主要教义,而且也对物质、时空和动因提出了自己新的理解。

与雅典学派鼎盛时期几乎同时进入高峰发展的,是亚历山大里亚新柏拉图主义。亚历山大里亚的"新柏拉图主义"最早可以追溯到普罗提诺及其老师萨卡斯的阿门尼乌斯(Ammonius Saccas,175—250 年)。不过一般人们所讲的"亚历山大里亚新柏拉图主义"是 4 世纪中叶开始的。格森则认为到 5 世纪亚历山大里亚才有新柏拉图主义,而且是从雅典输入的。[①] 它与雅典学派关系密切,经常交换学者和联姻。一般认为,亚历山大里亚学派与雅典学派以及叙利亚学派有很大的不同。叙利亚—雅典学派走的更是本体论的、宗教神秘主义的、从而抗衡基督教的路线。相比之下,亚历山大里亚学派则不卷入形而上学的、神学的争论,不去讲"复杂多层的实是阶梯",把注意力更放在专门科学的研究和亚里士多德和柏拉图著作的译注上,尤其是在对亚里士多德的逻辑与心理学著作的评注上下了很大的功夫。它与基督教也更采取合作态度,或许这与基督教对亚历山大里亚的控制比对雅典的控制更严密有关。然而这种顺从、"中性"、自我收敛的态度确实使得亚历山大里亚的新柏拉图主义逃过了 529 年查士丁尼的禁令。亚历山大里亚的新柏拉图主义研究只是当阿拉伯人在 642 年入侵后才被禁止。

亚历山大里亚新柏拉图主义者中最为人知的可能是女数学家、天文学家希帕提亚(Hypatia),因为 415 年她被一群基督徒暴徒拉下马车,拖入教堂私刑处死。希帕提亚曾嫁给雅典新柏拉图主义者依西多罗。她的学生之一西涅修斯(Synesius)却在 411 年当上主教。还有一位新柏拉图主义者斐洛波努(Philoponus)后来也转信基督教,并写书批评普罗克洛的世界完善与永恒的

① 参见阿姆斯庄:《剑桥晚期希腊与早期中世纪哲学史》,第 314 页。

观点。斐洛波努援引柏拉图的《蒂迈欧篇》,证明世界在时间上有创造起点。他还认为柏拉图是从摩西五经中学习智慧的。与雅典学派和亚历山大里亚学派都有紧密关系的辛普里丘则撰文反驳斐洛波努。亚历山大里亚学派的最后一位知名人物是斯太法努(Stephanus,约600年前后)。他后来也信奉基督教,并应邀赴君士坦丁堡的拜占庭皇家学院任首领,这可能有助于把新柏拉图主义引入拜占庭。

新柏拉图主义学派在其几百年的发展中,有一些共同特点,这既是时代环境使然,也与其思想传承有关。首先,从它与政治的关系来讲,很显然,新柏拉图主义已经没有柏拉图对政治的那种关注。虽然普罗克洛等人继续教授的"哲学王理想"对于某些贵族与皇帝还有一定影响,学者们一般在讲到"新柏拉图主义与当时政治的关系"时所关心的,却是新柏拉图主义的等级严谨、复杂繁琐的一元论哲学是否与当时罗马帝国的实际政治架构有某种因果关系,就像人们推论说近代哲学家莱布尼兹的单子论是否与当时德国的分立诸多小邦体制有某种"反映"关系一样。格森认为新柏拉图主义体系并非起源于现实政治体制,但其持续实是并且没发生过大的变化则与此有关。[①] 斯罗文尼则认为,希腊哲学家一直关心一与多(统一与复多)的关系,但是新柏拉图主义哲学家的解决办法与罗马帝国的对其现实问题的解决办法确实相似,这不仅是因为长期以来人们相信国家应当反映自然秩序,而且是因为等级体系或一个排列成有序高下的多层整体是对于一体与多元问题的最明显的解决办法。罗马帝国面对内外种种复杂压力,只能采取政府、公民身份和经济上的统一,公共职位上的标准化;而在地理、种族、习俗与宗教上则容许多元化。[②]

与此相关,新柏拉图主义体系倾向于在最高本体与现实世界中增加层次。有时这种增加会失控,每一层又不断地进一步分成几层(更多的三元体)。这一方面反映了普罗提诺之后新柏拉图主义者们希望强调本体(神)与人或自然之间的巨大距离;另一方面,正如格森指出的,他们这么做是为了沟通本体

---

① 参见阿姆斯庄:《剑桥晚期希腊与早期中世纪哲学史》,第275页。

② 参见索沃尼:《普罗克洛:新柏拉图主义哲学和科学》,第11页。

与人(自然)的关系。因为梯级增多会有两个效应:爬起来确实要多费时间,但也容易爬了。[①] 所以,这里有学者所说的“双原则”在发挥作用,一个原则是“充足性原则”,另一个原则是“连续性原则”:前者突出了创造的充满性,每一层的神圣进程都被更多的灵性本体——诸神、天使、精灵、灵魂等等——所占据;后者突出的是从超越了实是的太一到我们在这个世界所体验到的裂片化的实是层次之间的不间断的实在流溢。[②]

新柏拉图主义还有一个特点,就是它的强宗教性。虽然希腊哲学中一直有“神学”,但把神学实践或神功(theurgy)视为与哲学一样重要、甚至比哲学更能达到哲学的目的(与神合一),则是此时才出现的。这与扬布利柯开始的对“查尔丹秘仪”(Chaldaen rites)的热衷有关。对于究竟是哲学辩证法之路还是秘仪之路更有助于达到与神合一的目标的问题,可以看到普罗提诺和“后普罗提诺”新柏拉图主义之间的差别,普罗提诺与波菲利认为是哲学更重要;扬布利柯、西里亚努和普罗克洛却认为神功更重要。[③]

最后,新柏拉图主义还有一个特点,就是综合柏拉图与亚里士多德。在他们看来,二者没有本质差别,后者只不过是通向前者的初级阶段。新柏拉图主义者的大部分工作方式是“注经”,即注解柏拉图与亚里士多德的著作。这些是主要权威——其他权威是查尔丹神谕和奥尔菲赞美诗。他们通常把亚里士多德称为“精灵的”(daimonios),这一希腊文术语有双重含义:“天才的”和“通向神的中介道路”。他们称柏拉图为“神圣的”,是通过学习亚里士多德之后所要达到的最高境界。新柏拉图主义的课程体系,尤其是学习柏拉图对话录的顺序,是扬布利柯在公元4世纪时确定下来的。这一体系在两个世纪中的罗马各地没有什么变化,并且传入拜占庭。主要内容和顺序如下:

波菲利的逻辑“导论”(Isagog)

按主题安排的亚里士多德著作:

逻辑(先是《范畴篇》,然后是《解释篇》、《前分析篇》、《后分析篇》)

---

① 参见阿姆斯庄:《剑桥晚期希腊与早期中世纪哲学史》,第281—282页。

② 参见瓦利斯:《新柏拉图主义》,第131页。

③ 参见阿姆斯庄:《剑桥晚期希腊与早期中世纪哲学史》,第279页。

伦理学(主要是实践学说,包括政治学)

物理学(《物理学》、《论灭》、《论生灭》、《气象》、《论灵魂》)

数学(这里使用其他学者的著作,如欧几里得,尼克马库斯,亚里斯多克塞如斯,托勒密等人的著作)

神学或"第一哲学"(亚里士多德的《形而上学》)

排成两个圆圈的柏拉图对话录:

导论(《阿尔西比亚德篇》Ⅰ)

伦理的(《高尔吉亚篇》、《斐多篇》)

逻辑的(《克拉底鲁篇》、《泰阿泰德篇》)

物理的(《智者篇》、《政治家篇》)

神学的(《斐德罗篇》、《会饮篇》)

第一圆圈的完成与总结(《斐莱布篇》),然后进入下一轮:

物理的(《蒂迈欧篇》)

神学的(《巴门尼德篇》)①

由此可以看出,新柏拉图主义者对于柏拉图、亚里士多德等的态度并不是中立的纯粹学术研究的态度,而是按教育目的把他们的著作排在围绕自己的中心解题思路——引导灵魂上升到与神合一——之上,"注经"是为了让"经"服务于现时代问题,这就是"释义"(exegsis)。正如"模仿"(mimsis)一样,"释义"是为了从过去的伟大思想中抽取出仍然有生命力的真理。所以,柏拉图的每本对话录都有其特别目的(skopos),必须按学习和灵性修养的层次按部就班地学习。由扬布利柯确立的这种解释学态度成为所有新柏拉图主义者"读经"时的根本原则。② 这样的方法论让人不由想到当代的柏拉图注释家斯特劳斯的某些解经学理论和实践。

这一课程表体系表明整个新柏拉图主义教育的目的是把人从日常世界层面"提升"至数学层面,然后再提升至纯思层面。这样的"学哲学"历程也正是

① 参见索沃尼:《普罗克洛:新柏拉图主义哲学和科学》,第116页。

② 参见格里高利·肖:《神功与灵魂——扬布利柯的新柏拉图主义》,第38页及注4。

在回溯实是发展的各个阶段，或者从某个角度也可以说是在“回转”向源头基础。

后来的新柏拉图主义者喜欢把“品德”细分成一个个的层次，每个学者都想再添一层。最后的体系化结果是把品德分为七种。按上升顺序排，首先是自然的与伦理的品德，与身体及人的一生中形成的习惯有关。再向上一级，是培养政治的品德（至少要用《高尔吉亚篇》），然后是净化的品德（《斐多篇》）和智性的品德（从《克拉底鲁篇》向前）。在智性品德之上，便是“神功”品德，它与最高统一有关，是人能达到的最高品德。第七种品德即“范本的”品德，那只有不朽者才能具有。①

在了解了普罗提诺之后新柏拉图主义发展的概貌及其基本特点之后，我们就可以对它的几个代表性人物——普罗提诺的大弟子波菲利、叙利亚学派的代表扬布利柯、雅典学派的代表普罗克洛——的思想特色进行分别的讨论了。

第二节　波菲利

波菲利（约232—304年）在普罗提诺大约60岁的时候才来到普罗提诺身边，却被普罗提诺指定为自己的著作编辑出版人、传记作者，可见他的才华和思想显然十分出众。波菲利在普罗提诺去世后执掌罗马学派，并且在一些方面有新的发展，影响了新柏拉图主义思潮的形成，在当时被视为普罗提诺之后新柏拉图主义第一位重要人物。波菲利出生于叙利亚推罗城（Tyre）的富裕家庭。他原名“马尔库斯”（Malchus），意即“王”；后来按习惯希腊化为“波菲利”（王室紫色）。他年轻时去雅典学习哲学，老师是被称为“活的图书馆与行走着的博物馆”的柏拉图派雄辩家朗齐诺斯（Longinus）。波菲利后来希望继续

① 参见索沃尼：《普罗克洛：新柏拉图主义哲学和科学》，第114—121页的有关讨论和阿姆斯庄：《剑桥晚期希腊与早期中世纪哲学史》，第280—281页的讨论。

深造,约262年赴罗马,从学普罗提诺6年。约268年,他陷入自杀绝望之中。普罗提诺告诉他这是病态,劝他出远门走走。他旅居意大利西西里并继续写作。普罗提诺去世后,他回到罗马。晚年他与一个有七个孩子的老妇马其拉(Marcella)结婚,其哲学书信《致马其拉信》便是在一次旅行时写给她的。这篇文字的仅存手稿在米兰的安布罗西图书馆。红衣主教安吉罗·美1816年发现之后立即出版。后来又一再有修订版本和现代文字译本出来,并引起学术界的研究兴趣。1987年美国学者出版社出版的维克(K.O.Wicker)的版本,汲取了前人研究成果,有希、英对照和大量注释,是一个很好的本子。比如维克在长篇导言中指出,这篇文字被认为具有"申辩"、"慰安"、"本体化论文"、"学说总结"等风格,而他认为都不正确,应称为"哲学书信"。虽写给个人,但准备给更多读者看。它深入浅出地讲述了新柏拉图主义哲学,尤其是哲学与实际生活修养的关系。

4世纪时传记作家尤那皮乌斯记载了波菲利学识的广博:雄辩术、数论、几何、音乐、自然哲学、预言术、秘仪等等,几乎无所不包。辛普里丘也称波菲利为最有学问的人。波菲利的思想简洁清楚,文风清晰明了,更为逻辑和学术化。他作为一位语言学家的名声很大,这也许与他在普罗提诺之前曾受中期柏拉图主义影响有关。相比之下,普罗提诺的思想及表达就要玄奥和难以把握得多。所以波菲利对普罗提诺著作的重新"系统编定"为《九章集》以及自己撰文阐释普罗提诺的工作,虽然不一定达到普罗提诺的深度,但却使更多的人能读懂新柏拉图主义,从而帮助了这一脉思想的保存与留传。后人(如奥古斯丁)在读"新柏拉图主义"时,多为读波菲利的书。

波菲利写过许多著作,大部分失传。他的《反基督徒》在448年被教会判定全部烧毁,现在只有在基督教神父马格勒(Magnes)的反驳著作中尚能辑出一些片断。学者们已将其汇集出版,其中有较高学术价值的如豪夫曼(R. Joseph Hoffman)译、编,牛津大学出版的《波菲利的〈反基督徒〉残留文本》。波菲利的另一篇残留尚完整的著作是《论素食》(*De Abstinen tia*),讨论反对杀生的理由。他反对斯多亚派克律西波的外在目的论(即一切其他动物都是为人之用而创造出来的)。波菲利用卡尔尼亚德的论证指出:一切实是悉有目的，目的之达到是为了那一实是自己而非别的实是。否则，也可以说人的“自然”目的是给动物吃，因为猛兽确实吃人。至于说动物没有理性，所以人与动物之间无“正义”可讲，波菲利反驳说，动物有相当的理性与语言，而人也是由各种肉身器官构造的，人如果不杀生，不仅会不伤害近类实是，也会减少杀害同类的倾向。当然，要求大众特别是体力劳动者食素是不现实的，但那些追求与神相像的哲学家总不该在生活中自甘混同于一般人。① 波菲利的思想看来是十分严肃认真的，对自己的要求很高，强调在生活中要言行一致，实践要为理论做见证，伦理的追求更为重要。这也可以解释他一度认真考虑苏格拉底—柏拉图学派的“学习死亡”是不是意味着自杀的问题。

波菲利较为专门的哲学著作留传有残篇的有《智性对象研究辅读格言》（*Sententiae ad Intelligibilia*，在学术界常简称为“*Sententiae*”，即格言集），是《九章集》中一些段落的转述，以格言或“命题”形式摘出排列。它也许曾经被作为普罗提诺新柏拉图主义的教科书。另外，波菲利的《论宁芙之洞穴》也是一部很有意思的小书，体现了波菲利的哲学—寓意地解读宗教传说典籍的方法。新柏拉图主义从自己的角度解读荷马，一直是一个传统。普罗提诺在《九章集》中就援用荷马史诗《奥德赛》为证，指出奥德赛这位希腊英雄不为美丽幻景所迷惑，坚定信念，一心要回到自己的祖国。这一神话对于灵性追求来说有深远含义：

> “我们当归向我们亲爱的故土。”②这应当是更恰当的劝告。那么我们回归的路在哪里呢？怎样才能找到它呢？我们应当像奥德赛（Odysseus）一样，离开迷惑人的喀耳刻（Circe）或卡吕普索（Calypso）——如诗人所说的（我想这里包含着隐秘的含义）——不可志得意满地滞留在眼目的愉悦和大量感官享受之中。我们的故土就是我们所来的地方，就是我们的父所在的地方。我们该怎样回去？我们的道路在哪里呢？我

① 参见伏格尔：《希腊哲学》第3卷，第551页。

② 引文出自《伊利亚特》（*Iliad*）2.140。不过，普罗提诺心里立刻又想起了《奥德赛》（*Odyssey*）9.29ff.10.483—4，奥德赛告诉阿尔喀诺俄斯（Alcinous）说，卡吕普索和喀耳刻曾如何爱他，企图阻止他踏上回家的路途。

们不可能靠脚力走回去,因为我们的脚只会引我们在这世界上环游,从这里到那里。我们也不可能借助于马车或者航船,因此这些都必须弃之一旁,不看一眼。①

“对于我们来说,我们所源出的祖国和我们的父亲,是在那上界之中。”这样的精神对于新柏拉图主义者乃至后来的某些基督徒来说,是荷马史诗尤其《奥德赛》的真正灵性意义。奥德赛是灵性朝圣、回归精神家园历程的一个象征符号。波菲利在其《论宁芙之洞穴》中进行的是一个更为具体的解读。

波菲利详细分析了荷马史诗《奥德赛》(卷Ⅰ3,102—112)中讲述的伊萨卡的洞穴,说这一段史诗并不当真在描写事实,因为当地没有这样的洞穴。诗人是在寓意地让人们思考:什么是人之门?什么是神之门?这一洞穴与这两种门有何关联?波菲利接下去还对史诗中的有关细节描述一一进行“解释”。比如为什么用“橄榄枝”意象呢?因为它四季常青,能使人恢复健康,也是运动员获胜花环的组成部分,还是求情者手执之物。“同样,宇宙由纯思及永恒不变的智慧统治,它把胜利的奖品颁发给生活中的运动员,使他们免于劳苦;它派生出了维系宇宙和抚慰受伤者与求情者的创世主。”②而洞穴边的港湾的“顶部”种了这棵橄榄树,也大有深意,因为橄榄树是雅典娜的象征,而雅典娜正是从宙斯的“头顶”生出来的。“顶部的智慧之树”于是代表着指导宇宙同时又与宇宙保持分离的神圣旨意。③ 至于奥德赛把财物藏在洞穴中,然后与雅典娜对话一段,也被波菲利完全孤立于荷马史诗的故事场景而解读为一种关于人的灵性发展的教导:

荷马说:所有的身外之物都必须存放在这个洞穴中,人必须被剥夺得精光,以乞丐的身份出现;然后,在身体萎缩并抛弃了所有多余的东西之后,从感性事物转开,听从雅典娜的指示,与她一道坐在橄榄树根下,明白

① 普罗提诺:《九章集》1.6.8。

② 格雷高利:《新柏拉图主义者》,第211页。

③ 参见R.兰博顿:《作为史学家的荷马:新柏拉图主义的寓意式解读与史诗传统的发展》,第129页。

如何斩断灵魂中的所有毁灭性的激情的道理。①

这种从新柏拉图主义的哲学理论体系解读荷马的做法并不是异想天开的。事实上，现代结构主义在许多民族的神话中都发现了"分离—开悟—回归"的模式，而这已经是新柏拉图主义者最喜欢的灵性进程模式。研究柏拉图和荷马的现代学者中，也有人通过柏拉图哲学的模式解读《奥德赛》，一个富有创意的例子就是伯纳德特的《弓弦与竖琴——从柏拉图解读〈奥德赛〉》（华夏出版社2003年版）。伯纳德特虽然"小学"功底深厚，解读中圆通自如，了无痕迹，但是他在晚年谈话中也承认自己的解读工作经常为某种既有模式所支配，这是某种柏拉图的型相式完美的模型。比如他读希罗多德的《历史》，就读出从推理（第2卷论埃及）到信念（第3卷）到意见（第4卷论斯基提亚和利比亚）的认识论下降过程，并且认为卢克莱修的《万物本性论》的第2、3、4卷中也包含了这样的下行顺序。这样的"破解隐含意义"的解读法，好处是看到常人所未看到的东西，坏处是模式先行，经常无法完全适应文本本身。不过，伯纳德特的心灵十分开放，他在遇到这样的困难后，并不是简单地抛弃不适合模式的材料，而是会长期反思，最终找到自己所遗漏考察的方面是什么。他说道：哲学思考的第一步骤是数学物理学，但是"第二次起航"总是必要的，即经验可以纠正范式化的思维。②

波菲利在后世最为人所知的留传著作可能是他诸多柏拉图、亚里士多德评注中幸存的一种——亚里士多德《范畴篇》评注及导论（Isagoge）。这本书被译为拉丁语、阿拉伯语和叙利亚语，经波埃修斯的译介，在中世纪影响十分广泛。

普罗提诺在《九章集》6.1篇中曾尖锐地批评了亚里士多德的范畴理论。然而，波菲利没有采取普罗提诺的逻辑学，转而认可了亚里士多德的逻辑学。在他看来，柏拉图与亚里士多德本质上是相通的。波菲利的这一看法影响了

① 波菲利：《论宁芙之洞穴》，79.12—19，转引自R.兰博顿：《作为史学家的荷马：新柏拉图主义的寓意式解读与史诗传统的发展》，第130页。

② 参见萝娜·伯格：《走向古典诗学之路——相遇与反思：与伯纳德特聚谈》，第161页以下。

他以后的新柏拉图主义。他还有一些看法,如使用更多的三元组以扩展体系,对传统宗教、秘仪的一定兴趣与肯定,对实践的重视,把哲学的目的定位为灵魂的得救等等,也影响了他以后新柏拉图主义走向与普罗提诺不同的道路。不过,波菲利思想中有一个倾向却与他之后的新柏拉图主义不一样,从而不为他们所欣赏与继承,这就是他的"一元论"倾向以及伴随而来的某种"唯识论"思想。

普罗提诺的一元三层本体及其派生的各层实是的宏大体系,可以有两种理解:一种是太一漫溢出的这一多层宇宙都是太一创造出来的实在结果,有相对独立的实是;另一种则是:这一切都只不过是幻想。实际上不实是"诸多世界",唯有太一而已。真实发生的事乃是,认识者在堕落为感性或推理等等低下形式后,把这唯一的太一"看成"各种样态。前一种理解姑且称做"多元论",后一种则可称为"一元论"。普罗提诺自己的(不同地方的)表述不尽相同,可以让人得出不同的理解。波菲利认为"一元论"解释更符合普罗提诺的本义。新柏拉图主义研究的著名学者格森通过波菲利的《格言集》探讨了波菲利的"一元论"倾向。他考证说,扬布利柯曾讲到,普罗提诺与波菲利在纯思与灵魂之间几乎没做什么区分;灵魂"本身"(或本质上讲)并不能被区分成各个部分。而波菲利更进一步,说灵魂不会受外物影响。他把"处处皆在而又不在任何一处"的公式运用于各层本体,包括灵魂本体,并且强调"纯思乃真我"的观点。如此,则"身中之灵"被视为只不过是思想之幻想。格森特别指出,在波菲利的《格言集》中有一段重要的话:当实是的不可减少、无法穷尽的本质被把握之后,如果谁再给它添加处所与关系的属性,那就是在贬损它。但人无法贬损实是,所以事情正相反,是这样去认识的人远离了实是,因为他把实是的意义遮蔽在想象的屏幕之后了。波菲利这段话依靠的显然是亚里士多德逻辑:本体先于关系;关系是偶然的。在反映一个事物"本质"的定义之中,不能包含关系性属性。运用到灵魂问题上,这就意味着尚未与任何事物发生关系的、居于纯思中的灵魂,才是真正的灵魂。至于与身体发生关系的、现世中的灵魂则是"关系中的灵魂",从而是现象的(非本真的)。①

① 有关讨论参见阿姆斯庄:《剑桥晚期希腊与早期中世纪哲学史》,第287—291页。

根据波菲利，不仅“灵魂—思维”应当化入纯思，而且从他的其他一些残篇看，他认为“质料—感性世界”也可以化入上层本体，而没有独立实是的必要。因为即使是“形体”的种种属性，也必然是一些“相”从而属于上层本体。所以，感性世界不过是幻想，来自思想未能把握真相之失败。①

波菲利十分强调哲学的实践方面。哲学的目的是认识神。为了认识神就应当先使自己的心灵像神（同类相知）。这种相像只有从品德中获得。“实践智慧者就是在实践神之知识，这不是通过不断祈祷与献祭，而是通过在行动中实践虔敬。人们不能通过人的评判或智者的空洞言谈而令神高兴。”②

波菲利提出在人与神的关系中有四种根本的要素，即信仰、真理、爱与希望（比基督教的信、望、爱多一个“真理”）。他说：

> 我们必须信仰我们的唯一得救之道是转向神；有了这一信仰之后，我们必须尽力去认识有关神的真理；当我们认识之后，必须爱我们认识的对象；在爱的感召下，我们一生要充满美好希望。好人是通过美好希望而超出坏人的。③

从另一个角度，波菲利对于灵魂向神回转所需要的品德还做过一种排列。波菲利把普罗提诺在《九章集》第1卷第2篇《论美德》中有关品德的论述系统化为四层，即“灵魂品德”两层：公民品德与净化品德；“纯思品德”两层：观照品德和范型品德。伏格尔认为公民品德与净化品德的区分是波菲利作出的，普罗提诺尚没有这样论述过。④

公民品德是最基本的，它达到的目标是情感有度、适中，从而使人不过于看重身体方面的欲求。净化品德则进了一步，是要求人们完全摆脱身体的制约，不动情，以便准备转向至善、与神相像。观照品德则更进一步，是灵魂在纯思中的认识真理的活动。至于范型品德，是纯思本身的品德，它实际上在前述的下面各层中都已出现了，只不过每层样式各不相同。波菲利认为就人而言，

① 参见阿姆斯庄：《剑桥晚期希腊与早期中世纪哲学史》，第291—293页。

② 波菲利：《致马其拉信》16、17，引文见格里高利·约翰：《新柏拉图主义者》，下同。

③ 波菲利：《致马其拉信》24。

④ 参见伏格尔：《希腊哲学》第3卷，第543页。

主要应关注第二层的净化品德,因为它是我们在此世生活中通过努力可以获得的。净化的具体方法是自我认识——认识自己实际上并不是身体,认识到我们从未真正离开的非形体性本质。① 世界在我们的日常感受中是空间性的、断裂开的。但其本质——太一、纯思与灵魂——是非形体性的,处处遍在而又不可分割。这显然体现了前面说到的"唯识论"倾向。

波菲利的"四层品德递进说"成为后来新柏拉图主义者普遍接受的一个模式。近代学者多认为这不过是把普罗提诺思想日常化、教条化。不过,这种排列也许使我们可以更清楚地看到古典"品德论"式伦理学思维的背后有一种麦金泰尔所说的"宇宙生物学"的形而上学背景。在这种背景下,各种伦理努力可以贯穿到一个共同目的之下,从属于达到一个目的的各个阶段。伦理的由低到高的"课程体系"(curriculum)思维也就是合乎情理、可以理解的了。甚至此生努力还可以与"下一生"(或"天上的")努力连贯起来,获得意义。相比之下,如果这一形而上学背景不成立了(如在以近代经验主义为主导的西方),伦理培养就不太可能排列成系统一贯的"修行"梯级,而是各有目的(各有终极目的),虽然它们或许可以再被"协调"于一个基本的、起码的道德社会要求框架之中。

波菲利把品德修养的目的称为"与神相像"。这"神"是哲学上的太一。他虽然援引过当时流行的查尔丹神谕,但总的来说,他肯定传统宗教只是灵魂拯救的初级阶段。他曾给埃及祭司阿尼波(Anebo)写信,质疑"神功"的功效。下面我们将讲到,他的学生扬布利柯著文反驳这封信,肯定"神功"高于哲学。波菲利在宗教问题上摇摆不定,其立场总的来说介于普罗提诺与其他新柏拉图主义者之间。道茨说他在内心深处仍是一个普罗提诺派,虽然他已经向相反一方作出了危险让步。② 波菲利与扬布利柯相比,便显得是一个"清醒"的、"解神话"的哲学家。他告诫人们,最大的"不敬神"是对神的本质有错误观念,按大众想法去揣度神,而不是缺乏对神的雕像的尊敬:

① 参见波菲利:《格言集》,第 41 条。

② 参见道茨:《希腊人与非理性主义者》,第 287 页。

> 我们祭拜神没什么不好的；不祭神也不会有助于我们。但是谁如果认为他所敬拜的神对他有所需求，他就是忘了他这是在把自己看做比神伟大了。使我们受伤害的不是神之愤怒，而是我们对神的无知，因为神不会有愤怒。愤怒来自意志受阻挠，而神的意志从来不会受阻挠。①

从波菲利这段话中，我们已经不难推断出他不会喜欢当时正在帝国境内节节胜利的基督教。波菲利在其《反基督徒》一书中激烈攻击基督教。在他眼里，《圣经》完全是欺骗，一无是处。他的这部著作的哲学思辨程度并不高。引起后世学术界注意的是他使用了一些后人称为"高级批评"的解释办法，如考证摩西五经的作者不是摩西；但以理书的作者不是但以理，而是 4 个世纪之后的人，所以其中的"预言效果"实际上靠的是事后描述。

现存的《反基督徒》残篇分为几个部分：论福音书作者、论耶稣言行、论使徒、论末世论等等。从这些批评中，人们可以解读出西方的"两希文明"文化（希腊罗马文化与希伯来基督教文化）内部的张力在第一次相遇时的激烈碰撞。

在讨论福音书时，波菲利的攻击主要是指出各部福音书之间的矛盾不一致，如耶稣在十字架上临死前说的话在不同的福音书中有不同的记载。而耶稣的复活也并没有令人信服的证人的可靠报告。所以："这些蠢话只应当教给老妇，而非有理性的人。任何有耐心审视这些事实的人都会发现成千上万的类似虚构。"②在讨论耶稣言行时，波菲利问：为什么耶稣在大祭司与罗马总督前面不说任何表明自己的智慧与神圣的话。他本可以教导这些人变好，但他所作所为只是引来皮鞭与唾骂，而不像阿波罗尼乌斯那样，既有力地反驳多米贴皇帝，后来又从皇宫中隐遁，并很快在另一个城市（普托里）为许多人看到。波菲利所提到的这个故事是由阿波罗尼乌斯（一位新毕泰戈拉哲学家）的传记作者编出的。该故事故意强调与福音书近似之处，目的是证明基督教教义并没有唯一性，甚至作为一个虚构的故事也算不上编得好的。2 世纪时

---

① 波菲利：《致马其拉信》18。

② 参见波菲利：《反基督徒》，第 34、36 页。

的反基督教作者们经常用这个故事来嘲笑福音故事。①

对于耶稣的格言,波菲利也加以批评,如耶稣说:“贫穷的人有福了”,对此波菲利觉得大为逆耳:难道是贫穷而不是品德能救灵魂?耶稣说:“你们只有吃我的肉,喝我的血,才能有生命。”波菲利却说这完全是野蛮与荒谬:为了永生居然要靠吃亲人血肉。② 至于基督教末世论中选民随主升天的说法,波菲利说这是违反自然的,而神之道从不反自然。《彼得末世纪》中讲到了末世,“天与地要一起受审判”。波菲利反驳说,诸天有什么罪?它们永远保持完善和谐,永不变化,是神的精工杰作。③ 波菲利还说,基督教认为犯了各样大罪之后只要受洗或“称基督的名”就能从罪中解放出来,不用美德的修行,这样的说法是不是把严肃的改进说得像蛇蜕皮一样太容易了?这岂不会使社会失去法律,失去对众神的敬畏?④ 另外,波菲利还认为基督教的一元论神观并不彻底,因为诸多天使等等都分有神性。⑤

综上所述,与普罗提诺不同,波菲利对基督教教义十分熟悉,批评很尖锐或者说很尖刻。他在对于希腊罗马传统的宗教传统解读时,主张应当采取寓意式解读。比如在解读荷马或其他希腊神话的时候,他的原则是:如果文本的表面意义无法接受——不符合逻辑、事实或者不道德,那就必然包含了更为深刻的意义。然而形成了对比的是,他在基督教的经典中却处处寻找字面上的漏洞逐一揭批,毫不留情。比如“圣餐”指的是字面意义上的吃人肉,不道德。他的有些批评是社会学式的,而没有贯彻自己的哲学原则。比如前面说到的“得救之道”上是靠“贫穷”还是“品德”,便体现了基督教与希腊传统的冲突。波菲利的批评主要是:基督徒用这种说法骗富人卖尽钱财,变成不知羞耻的乞丐。正像豪夫曼所说,柏拉图主义与基督教在主张贫穷的学说方面实际上很

---

① 参见《反基督徒》,第 39 页及注 14。

② 参见《反基督徒》,第 45、49 页。

③ 参见《反基督徒》,第 69、74 页。

④ 参见《反基督徒》,第 80—81 页。

⑤ 参见《反基督徒》,第 86—88 页。

能一致。[①] 基督教权威机构对波菲利的批评十分反感，后来下令将其烧掉，包括把包含了该书引文的护道著作都烧掉。不过，今天残留的部分尚能使人们对当时两种文化交汇冲突时的戏剧性场景有所感受，所以我们较多地介绍了其中主要观点。

第三节　扬布利柯

扬布利柯（约245—326年）被新柏拉图主义者共同认为是排在普罗提诺与波菲利之后的第三号人物，叙利亚学派创始人，“后普罗提诺式新柏拉图主义”的奠基者。扬布利柯生于3世纪中叶，约比波菲利迟20年出生，是叙利亚一个古老的祭司—君王家族的后代。他可能曾赴罗马从学于波菲利（也可能只是在叙利亚自学波菲利的著作），后在叙利亚的阿巴米亚（Apamea）教授哲学。他的传记作家尤那比乌斯（Eunapius of Sardisis）是一位雄辩家，不懂哲学，所记多为传说故事。尤那比乌斯曾记载道，扬布利柯的学生们有一次问他，听说老师在献祭中会升天换形，是真的吗？扬布利柯笑了，说故事编得挺好，但不是真的。[②] 这一轶闻反映了一个更为广泛的看法，即当时及稍后人们对扬布利柯极为尊重，普遍把他看成是有神圣灵感充满的人。扬布利柯的哲学确实也大量引入了东方秘仪传统，并着力开发毕泰戈拉哲学与柏拉图主义哲学中的神秘主义方面。扬布利柯卒于君士坦丁统治末期。格森说，扬布利柯的思想权威在君士坦丁去世之后整整一代人中都是反叛已经成为国教的基督教的常新武器。其中最为著名的是前面提到的那位扬布利柯的学生（艾底修斯）的学生——“叛教者”朱利安皇帝。[③] 扬布利柯的著作只有片断保存下来。不过，他的思想在后来普罗克洛等人的讨论中常常得到反映。

---

① 参见《反基督徒》，第45页及注23。

② 参见维塔柯：《新柏拉图主义者》，第121页；阿姆斯庄：《剑桥晚期希腊与早期中世纪哲学史》，第295页。

③ 参见阿姆斯庄：《剑桥晚期希腊与早期中世纪哲学史》，第295—298页。

扬布利柯对秘仪很推崇,但他关于查尔丹神谕的评注已佚失。扬布利柯在某种意义上可以说是一位新毕泰戈拉主义者,他对毕泰戈拉主义也下过大工夫,写过各种著作,但现在保存下来的只有《毕泰戈拉传》、《劝学篇》(*Protrepticus*)以及《算数神学》。《算数神学》现在被学者认为不是扬布利柯自己在《论尼古马科斯之算数神学导论》中所讲到要写的书。它的真实作者不详,读上去像是学生笔记。不过,也有些学者认为它无疑反映了扬布利柯思想。[①] 扬布利柯另一重要著作是《论秘仪》(*De mysteriis*),全称为《论埃及的、查尔丹的和爱叙里亚人的秘仪》,有片断留存下来。道茨称此书为“非理性主义的宣言书”,因为它公开宣布拯救之路不是理性,而是秘仪。[②] 在这本书中,扬布利柯以埃及圣人阿巴蒙(Abammon)的身份出现,回答波菲利在《致阿尼波的信》中对神功的功效所提出的质疑,并系统阐发了他的神功—哲学思想。扬布利柯的柏拉图、亚里士多德著作评注虽然全都已佚失,但其水准受到后人如辛普里丘的推崇;其中不少评注如对亚里士多德《论灵魂》的评注也反映了他自己的重要思想。

扬布利柯思想中有许多“新”成分,这使得后来的新柏拉图主义走上了一条与普罗提诺相当不同的道路。根据新柏拉图主义后面一些传人的看法,柏拉图——扬布利柯——西里亚努,标志着通向知识之路。[③] 扬布利柯的“创新”的主要之点是:第一,在本体中进行进一步的二分化乃至三元化;第二,认为灵魂的完全下降,并因此肯定现实世界拥有一定独立地位;第三,推崇与多神论紧密相关的“神功”(秘仪),将其抬到哲学思想之上。这一切,似乎都使扬布利柯的思想更倾向于一元论之下的多元论者。下面我们将分别加以考察。

首先是扬布利柯在本体论上的一些新原则。

扬布利柯的宇宙流溢的起点是太一。但是他把“太一”又分为几层。根据达马修斯的记载,为了强调最高本体的不可分有性,在普罗提诺的至善之

---

① 参见沃特费尔德翻译的《算数神学》导论,第 23 页。

② 参见道茨:《希腊人与非理性主义者》,第 287 页。

③ 参见阿姆斯庄:《剑桥晚期希腊与早期中世纪哲学史》,第 302 页所引达马修斯语。

“太一”之上,扬布利柯又设立了一个“完全不可说”的太一。这是完全超越性的,从扬布利柯现有文字之中,看不到灵魂在回归太一时能达到这一最高层面的说法。

在“不可说的太一”之下,是纯一(simple unity)。纯一派生有限定与无限定(limit 与 unlimited),它们的混合产生“一即存实是”(One-Being 或“实是之一”)。① “限定”与“无限定”作为首要原则,显然来自毕泰戈拉思想。“实是之一”是纯思世界,即第二层本体。扬布利柯在这一层次上的“创新”是把纯思进一步一分为二。第一层是纯思对象(相),第二层是纯思之活动(思)。后者亦称为“创世者”(Demiurge),可以继续再分为几层。扬布利柯在评注《智者篇》时,把“创世者”分为三种:月轮下领域创世者,天界创世者,创世者之父。狄伦(Dillon)在评述扬布利柯这段话时说,在这里,“第一,是一个派生出源初创造思想的超越创世者;然后是一个可以与《蒂迈欧篇》中的众新神等同的天界创世者;最后是统管月轮下领域中产生活动的第三个创世者”②。

这种把本体进一步细致区分的倾向,一直是新柏拉图主义的一个特点。扬布利柯只是把它公开化、突出化和系统化了。他为什么要这么做?格森认为这是为了解决“相”的独立性与被分有性之间的矛盾。所以,扬布利柯把同一事物之“溢出”细分为三个层面:不可分有者,可分有者,分有者。第一项是不可被分有的本质,第二项是可分有者,第三项则是分有了该本质的具体事物。比如,物理世界是分有者,“被分有的灵魂”内在于其中,其上则是“不可分有之灵魂”③。分有者与不可被分有者的关系是“从中而出”或“被照耀”。这样一来,扬布利柯就结合了柏拉图的相之超越性理论与毕泰戈拉的把种—属关系结合于“数列从第一项产生”的思想,并且使他有可能肯定各个层次、尤其是派生层次的相对独立性,以免它们无区别地化入大一元论体系中。这一点对于理解人在宇宙中的地位和命运显得尤为重要。

纯思的下一层漫溢的产物是灵魂,灵魂是天上本体与现世世界之间的中

① 参见格里高利·肖:《神功与灵魂——扬布利柯的新柏拉图主义》,第 34 页及注 26。

② 参见格里高利·肖:《神功与灵魂——扬布利柯的新柏拉图主义》,第 113 页注 9。

③ 参见阿姆斯庄:《剑桥晚期希腊与早期中世纪哲学史》,第 298—299 页。

介。扬布利柯把灵魂又分为四层:神之灵魂,天灵,英雄灵魂,人的灵魂(后来又加到了八层)。虽然神之灵魂并未下降到世界中,但人的灵魂是完全下降在身体中的灵魂。扬布利柯比起一般新柏拉图主义者要更为相信亚里士多德与柏拉图的一致性。亚里士多德在《论灵魂》中强调灵魂与身体的内在紧密关系。扬布利柯接受了这一立场。普罗提诺认为灵魂本质并未下降入身,只是其低级能力或活动下降了,受物质世界沾染。波菲利更加推进了普罗提诺思想中的"一元论"方面,认为真正说来灵魂与纯思同一,未曾下降。人们之所以觉得灵魂在身中,那是因为错误认识。扬布利柯采取了与他们截然不同的立场,认为本体各应有相对独立实是,绝不仅仅是"幻想"。灵魂并非就是纯思,就像纯思也并非就是"太一"一样,所以,应当承认灵魂的本质也"下降"了。普里西安诺(Priscianus)用扬布利柯的话说:"更为合理与应当地是,不仅我们灵魂的活动,而且其本质都以某种方式松散了,崩坏了,并构成了一个向低级生命下降的实是。"①扬布利柯之后的新柏拉图主义都按扬布利柯这一方向走下去。

"灵魂完全下降"所对应的另一个看法是:物质世界并非全然堕落。在扬布利柯生活的年代里,各种诺斯替主义式悲观思潮渐渐代替了原先希腊—罗马的乐观主义和现世肯定态度。普罗提诺虽然反对诺斯替主义,但是他把"恶"定位于"质料",从而认为灵魂摆脱恶也就是摆脱物质世界,这显然对现实世界采取了相当的否定态度。这种态度也影响到他对低级的、与这一世界有关的诸神和秘仪不屑一顾。早在柏拉图哲学之中,就常常猛烈抨击物质世界,认为身体是灵魂的"牢狱"。这也就是所谓的柏拉图的超越主义或二元论倾向。扬布利柯则借用了更多的毕泰戈拉主义思想来平衡这一倾向,因为对于毕泰戈拉哲学来说,"质料"是无限定,也就是说,是"有定"、"无定"两大根本神圣原则之一,怎么会是"恶"?

> 在数之中,有两个首先的与最高的原则,其一是"一"(由于它的单纯性,亦可称其为实是,是实是者的原则而尚未是以他为原则的那些实是

① 参见格里高利·肖:《神功与灵魂——扬布利柯的新柏拉图主义》,第100页。

者）；另一个是多的原则，它能带来区分；由于这个原因，我们或可把它比做完全流动而且可塑之质料。①

毕泰戈拉的数论哲学看来比柏拉图学派更能肯定现实世界，也许这是因为"数"本质上是"多"，而且总是与形相有关。普罗提诺因此反对毕泰戈拉的美学观，认为比例和谐即美的观点，还是不够高。但是我们看到，扬布利柯比普罗提诺更为肯定这个世界。数之原则是宇宙万物的原则，而绝不是恶。在《论一般数学科学》中扬布利柯说："说这个（质料原则）是恶或丑恶是不合适的……说质料原则是恶，实在与真理不符……"在《算数神学》中，扬布利柯更进一步说，作为复多性和质料的原则的"不定之二"不仅源于"一"，而且在一定意义上讲就是一："根据一种命名法，他们（毕泰戈拉，同上）称一元为'质料'和'万事之容器'，因为它是'不定之二'及一切接受性比例的原因。"

"恶"并非宇宙中与善并立的原则，恶不可能处于首位之中。恶要到实是的很后面——第四、第五层次才会出现，而且仅仅是偶然的、由于有的时候没保持自然秩序才发生的事件。扬布利柯说：

> 在派生数的元素之中还不实是美与实是；是从"一"与"多"之原因性质料的结合之中才派生出了数。在这些最初的实是（数）之中，实是与美出现了；然后从线的元素中又出现了几何之"是"，这儿也有实是与美，没有任何丑的与恶的。只是在最后出现的事物中，在由最后的元素构成的第四、第五层次中，恶才出现——不是作为指导原则，而是某种对自然秩序之偏离和失守。②

灵魂的"完全下降入身"与对物质世界的正面肯定等思想使扬布利柯可以把"神功"引入灵魂的回归努力之中，并且把它置于哲学思辨的方法之上。波菲利把灵魂上升中的品德层次分为政治的、净化的、范型的等。扬布利柯则在"范型的"品德之上又加上"神功的"品德。"神功"（theurgy）的原义是"神之工作"，即不仅仅只是谈论神（"神学"），而且要"对神做工作"。这主要是

① 格里高利·肖：《神功与灵魂——扬布利柯的新柏拉图主义》，第31页。

② DCMS，18.1—13，参见格里高利·肖：《神功与灵魂——扬布利柯的新柏拉图主义》，第32页。

指当时流行的各种东方秘仪,也可译为“神术”、“秘仪”、“修炼”、“召神术”、“通神术”。它使用各种感性具体事物作为修道的办法。或许东方智慧中以佛教密宗和道家修炼为基础的气功实践可以作为这种修行取向的一种比拟。后世很多人因为扬布利柯全面地肯定与引入神功而指责他迷信荒诞、丧失希腊的哲学思辨光荣传统。但扬布利柯却认为希腊的一般哲学家过于把头伸在冥想的象牙塔中,重纯思而轻亲证;是些没有信仰、永远不能真正得道的空谈主义者。扬布利柯发现柏拉图哲学的奥秘之处已经超出了纯思,而是一种神秘;而且,既然柏拉图一直强调要引入埃及等外来智慧拯救败坏的希腊轻巧智慧,他扬布利柯为什么不能引入蕴涵于埃及、小亚细亚的宗教秘仪中的真正智慧呢?

神功的种类很多,如吟诵“圣名”乃至特定的字母、崇拜雕像、敬畏某种数字排列、生殖造形崇拜以及太阳神崇拜等。这些感性事物的使用的哲学前提是必须肯定质料不是恶,而是神性的体现。比如在讲到庙宇神像的必要时,扬布利柯说:

> 我们不应当贬低所有质料,只应当否定与神背离的质料。与神相关联的质料则应当采用,因为它能与为神修建的神坛、竖立的雕像以及献祭的神圣行为相一致。因为如果不建立这样的基础,大地上和人们中就没有地方能接受至高实是者的降临。①

普罗提诺与波菲利相信人的灵魂可以越过物质世界,直接向灵性世界上升,因为灵魂未曾下降过,仍然内在地与纯思在一起。所以,“上升”就是“向内”。但是扬布利柯却认为灵魂正如亚里士多德所说的,完全下降入身,与纯思相去甚远。所以,上升必须经过首先化入宇宙内诸神或“天使级别”的中介层次。② 而且,灵魂既然已经完全下降,上升就不可能完全靠自己的内力,一定要靠外力——靠“神功”。

---

① DM,233.17—234.7。参见格里高利·肖:《神功与灵魂——扬布利柯的新柏拉图主义》,第167页。

② DM,233.17—234.7。参见格里高利·肖:《神功与灵魂——扬布利柯的新柏拉图主义》,第67—68页。

神功本质上并不是一种人的智性活动,而是神功所使用的种种感性物体和符号中所蕴藏的神之不可言说的力量在自行发挥作用:“神功的成功完全是神的恩赐。”①在神功运作中,我们的思考并不曾知道或把握这种力量。我们只是按照我们作神的工具(organon)的“合宜性”(suitability)来参与其事。身体中的灵魂是神的一个器具(receptacle),就像神功中其他所用的器具一样。灵魂为了当好这样的器具,就要先做好充分准备,比如彻底净化自己。“一个人花在祈祷上的时间滋养了直觉之心,大大地扩展了灵魂接受神的器具能力。”②

在这样的视角之下,“与神合一”的最高状态,也不再被理解为仅仅是静止玄观,而是积极行动,参与宇宙化育。扬布利柯在比较“更有智慧的”古代神功与柏拉图的思想时说:

> 根据古人看法,跳出生灭的灵魂就是与神一道管理宇宙;但是根据柏拉图主义者的看法,它们在静观其神圣等级。同样,根据古人看法,被解放的灵魂与天使一道创造宇宙,但是根据柏拉图主义者,它们只是伴随着神作环形运动。③

根据扬布利柯的思路,与神合一即与神相像,模仿神的本质与行动。而神(至少天界之神)的本质之一就是创化万物。所以,与“创世主”合一,就是在创造活动中下降。这也说明灵魂的下降本身并非就是坏事。“与神合一”的最高状态不是玄观,而是神功,这也使神功高于哲学。

也许,可以把扬布利柯的“神功”背后的思路概括为:神创造万物,本各有其位。这就不是恶,因为虽然万物各各不同,但由于其生灭递起,各有其时,并不特别持于“自己”。整个宇宙是一和谐总体。唯有人能够、而且总是把“我”突出出来,这就有恶的作用与意识。修炼神功把人又重新置入宇宙的整体之中,认识到自己只是这整体的一个部分,放弃过于执著自己的利益,“恶”便会

---

① DM,149.4—17.

② DM,238.17—239.1。参见格里高利·肖:《神功与灵魂——扬布利柯的新柏拉图主义》,第87页及注12。

③ Stob. 1,458.17—21.

消失。

扬布利柯的这种“新柏拉图主义”在当时十分受人推崇,被视为希腊世界的拯救者(ster),“整个世界的恩人”,“希腊文明的普遍福赐”,“众神派来救整个希腊世界的人”,①声望超过普罗提诺。格里高利·肖在他的《神功与灵魂——扬布利柯的新柏拉图主义》一书的结论中分析说,这是因为同样是在面临希腊文化的衰败作出回应,普罗提诺与波菲利所领导的柏拉图主义退入一个知识精英小圈子,日益与普通大众隔离,而大众则渐渐转向新的基督教。扬布利柯的“哲学—神功”可以视为以新的方式引导柏拉图主义对此再作回应。② 这种不仅限于抽象思想而是推广到整个现实社会中文化关怀的运动,在两种文化交替之际也许有特殊意义。这一点可以从格里高利·肖在他这本书的导论第1页所引的386年演说家李巴留斯请求皇帝色奥多修保护神庙不被基督教修士摧毁的话中看出:

> 他们[修士]就像洪水一样遍布乡村,他们摧毁了庙宇,也就同时毁掉了乡村。因为把一个地区的护佑庙宇除掉了,也就像是挖去了那个地方的眼睛,杀了它,消灭了它,庙宇就是乡村的生活;房屋与村庄都环绕庙宇而建。在其庇荫之下一代代人出生,直到今天。农夫把自己和妻子儿女、牛与耕地的希望都放在这些庙宇中。庙宇被毁,那儿的乡村也就完了,因为绝望的村民不再想工作。催促他们毫无意义,他们已经没有使他们的劳动富有收获的神了。③

这段话是扬布利柯去世后半个世纪写下的,也就是企图运用扬布利柯或柏拉图主义与基督教文化抗衡的朱利安皇帝去世后约20年写下的。它也许有助于我们理解一个如此看重“诸神”、“神功”乃至“物质世界”的新柏拉图主义者扬布利柯为什么在当时比在近现代的影响要大得多的原因,因为它生动地表明“哲学之争”乃至“文化之争”所意味着的一种现实效应。两种文化在交汇、交替中,既有互相学习、互相补充的方面,也会有互相争论甚至互相冲

---

① 参见格里高利·肖:《神功与灵魂——扬布利柯的新柏拉图主义》,第2页。

② 参见格里高利·肖:《神功与灵魂——扬布利柯的新柏拉图主义》,第237—238页。

③ 参见格里高利·肖:《神功与灵魂——扬布利柯的新柏拉图主义》,第1页。

突之处。新柏拉图主义在思想和实践的深处对基督教品格的形成的影响很大,但在当时人们意识到的现实关系中,两希文明的不同组成要素之间也不乏激烈对抗。

第四节　普罗克洛

扬布利柯之后,新柏拉图主义的重心移到雅典学派,而雅典学派中最有造诣、影响最大的人物当之无愧是普罗克洛。

雅典在整个罗马时期仍然保持着自由学术中心的地位。虽然公元前 86 年罗马执政苏拉进攻雅典时摧毁了柏拉图、亚里士多德和其他古典哲学学派的学校,但柏拉图学园后来又恢复办学。2 世纪,罗马皇帝奥勒留(斯多亚派哲学家)设了四个官方哲学教席:柏拉图派、亚里士多德派、斯多亚派及伊壁鸠鲁派。到了 4 世纪,只剩下柏拉图派的。柏拉图派的学园在新柏拉图主义几位领袖领导下,办得欣欣向荣,使它一直引以为豪的“继承人金链”得到延续。

普罗克洛担任学园领袖凡 50 年。去世后按惯例由“继承人”马里诺(Marinus)撰写传记。这篇传记是以当时流行的描写某人品德修养进程的格式写的,但也给后人留下许多关于普罗克洛的资料。普罗克洛(410—485 年)出生于拜占庭的君士坦丁堡,父亲是一位富有的律师,曾送青年普罗克洛去亚历山大里亚学习雄辩术和罗马法,希望他也成为律师。但是普罗克洛兴趣却转到了哲学上,访师学习数学与逻辑。19 岁那年(奥古斯丁去世之年)普罗克洛赴雅典柏拉图学园。开创了雅典学派新柏拉图主义传统的普卢塔克很喜欢他,亲自授以亚里士多德的《论灵魂》和柏拉图的《斐多篇》。当时年事已高的普卢塔克不久之后去世,继任学园领袖的西里亚努(Syrianus)引导普罗克洛继续学习。25 岁时,普罗克洛继承去世的西里亚努担任学园领袖。他精力充沛,勤奋投入,未婚、素食(波菲利也坚持素食,深受毕泰戈拉哲学影响的扬布利柯也应当如此。不过需要指出的是,普罗克洛并不相信灵魂会在轮回中进入动物之中。普罗克洛把柏拉图的这方面论述称为是寓意式的教导①),在宗教节日禁食守斋;每天上五次课,写作700行文字,夜里还要处理各种事物。同时,他又是虔诚的宗教信徒,每天三次敬拜太阳神——日升,日中,落日;夜里还要冥想、祈祷。他不仅严守希腊宗教节日,还守近东、埃及的宗教节日。普罗克洛相信神有许多形象,但万象之中的神性是一。据说他曾讲:"哲学家不应当只在一座庙宇中敬拜,不管这座庙宇是他家乡的还是祖国的。他应当成为一个共同宇宙的祭司。"②

普罗克洛认为宗教与哲学的目的是一样的,都是引导灵魂从世事之中解脱,上升至神。在此当中,宗教的方法比哲学的方法更好。不过,他并不认为哲学的成立要依靠宗教。③

普罗克洛一生著作极多,由于希腊化罗马时代后期雅典柏拉图学园的其他人物没有留下什么完整的著作,普罗克洛的地位就显得更为突出了。其著作可以分为专著与柏拉图著作评注两类。其专著中最主要的是两部手册,即《神学要素》和《柏拉图神学》。"神学"在此用的是亚里士多德的最高哲学之为"神学"的含义。《神学要素》是命题论证的体系,这种写法使人想到后来哲学史上的一个相似例子——斯宾诺莎的《伦理学》。《神学要素》的内容非常抽象。定理1—6是关于统一及太一的;定理7—112详细讨论了产生者与被产生者的关系;定理113—158讨论被分有之一或"单一体"的形式特征;定理159—165讨论实是;定理166—183讨论纯思;定理184—211讨论灵魂。

《柏拉图神学》从篇幅上讲是《神学要素》的四倍,它探讨柏拉图的"奥秘哲学",主要是《巴门尼德篇》的前两个假设。第一卷讨论众神的普遍品性;第二卷讨论"太一";第三卷讨论智性众神或实是;第四卷讨论智性的并且进行智性活动的众神即生命;第五卷讨论进行智性活动的众神即纯思;第六卷讨论超宇宙的众神或灵魂,以及宇宙众神即自然。

另外,普罗克洛的《论天意与命运》、《论恶之实是》和《有关天意的十个疑

① 参见伏格尔:《希腊哲学》第3卷,第586页。
② 马里诺:《普罗克洛传》5.19。
③ 参见阿姆斯庄:《剑桥晚期希腊与早期中世纪哲学史》,第305页。

问》也留存下来，由于一直只有摩百克(William of Moerbeke)的拉丁译本，它们通常被称为“三本拉丁作品”。留传下来的普罗克洛的宗教性著作有《论查尔丹哲学》。普罗克洛还写下了许多柏拉图对话录评注，大部分未留存下来。现存的有关于《蒂迈欧篇》、《理想国》、《巴门尼德篇》、《阿尔西比亚德篇(I)》和《克拉特斯鲁篇》等的评注。

普罗克洛对于荷马、查尔丹经典、赫西俄德的著作十分尊重，他认为这些都是十分古老的经典，而它们在历史中的长期实是必然是有道理的。当普罗克洛面对柏拉图《理想国》中苏格拉底对荷马的激烈批评时，他感到无法接受，不能轻易放弃如此古老的希腊智慧。他提出了一个解读古代经典的原则：诗人有三种，一种是受到神灵的激发，一种是讲述道理，一种是描述现象。只有最后这种才是苏格拉底所说的模仿类的诗人，充满了意见和想象，是影子的影子；但是前面的则不是，而是通过神灵激发迷狂进入了纯思和智慧领域中的。所以，懂得这一点的人就知道如何解读神话故事，而不至于仅仅看字面意思，认为诗人是在亵渎神圣。但是，苏格拉底在一定的意义上是正确的，即这样的深刻意义不是所有人都懂得的，所以，荷马史诗和神话故事是少儿不宜的。从普罗克洛对于荷马的解读来看，不仅少儿，而且一般非柏拉图主义者都无法理解其中的“深意”，比如《伊利亚特》和《奥德赛》表面上讲的是希腊人为了美女海伦被特洛伊人夺走而远征特洛伊，最后远征英雄奥德赛历经艰难回到故乡。但是普罗克洛却认为海伦象征着物质世界中的美，它诱使灵魂(希腊人)离开了自己真正的家园，进入了一种以战争为最合适的比喻的实是形式。普罗克洛评价说：

> 我相信，这些神话想要通过海伦指出，与生成与毁灭的、造物神所造的领域相关的那种美丽，乃是众人为此永恒争战的；直到更为纯思的人到达了更为理性的生活形式并回归自己所来自的地方。①

当然，这样的解读与古代文本的字面意义有时会相去太远，令人感到惊

---

① 普罗克洛：《理想国注释》1.175.15—21，转引自R.兰博顿：《作为史学家的荷马：新柏拉图主义的寓意式解读与史诗传统的发展》，第200页。

异。比如普罗克洛把"瘸腿火神"造东西的神话解释成蒂迈欧所说的,被创造的世界是"没有腿的"。这是柏拉图对话录中的一个术语,但是被普罗克洛方便地挪用来说明荷马神话,表明"由环绕纯思和思想而产生的运动所推动的东西不需要脚"①。至于荷马所说的众神看到瘸腿火神便"大笑不止",这曾经让《理想国》中的苏格拉底非常不满的描述,也被普罗克洛根据《蒂迈欧篇》重新解释为象征着较为低级(年轻的)众神参与创造这一个世界,而这本身不过是"诸神的游戏",不值得人那么执著看重,所以神大笑。②

比这种较为奇特的解释更有启发的,是普罗克洛对于"众神争战"的解释。我们知道,苏格拉底对于荷马把众神描写为相互争战尤为感到不可接受。普罗克洛也承认这样的描述在字面意义上当然是不对的。实际上荷马自己也在许多地方把神写成永恒地居住在奥林匹斯山,也就是超出变化的世界。但是,"众神争战"对于能够理解深奥意义的人来说,意味着在太一之下的纯思领域中,所有的实是都是由一对原则——统一之单一性和产生之二元性——所产出的。在《伊利亚特》中,宙斯不是没有参加战斗吗?这正说明太一是超乎所有的区分,牢牢地固守在自身之中。③

普罗克洛的著作的可靠版本主要是法文版(巴黎,Les Belles Lettres)和德文版(莱比锡,Teubner)。19 世纪伦敦的托马斯·泰勒开始了把普罗克洛著作译成现代语言的工作。以后各种版本不断出版。普罗克洛研究在当代由于布隆曼萨(H.J.Blumenthal)、狄伦(J.M.Dillon)、道茨(E.R.Dodds)、罗伊德(A.C.Lloyd)、麦拉(D.O.Meara)、夏夫雷(H.D.Saffrey)、斯替尔(C.Steel)和威斯特林克(L.G.Westerink)等学者的努力,取得了长足的进展。值得一提的是斯罗文尼(Lucas Slorvanes)的《普罗克洛——新柏拉图主义哲学与科学》一书,它于 1996 年由耶鲁大学出版社出版,是这一领域中的一部全面深入的综合之

---

① 普罗克洛:《理想国注释》1.126.27—28,转引自 R.兰博顿:《作为史学家的荷马:新柏拉图主义的寓意式解读与史诗传统的发展》,第 205 页。

② 参见 R.兰博顿:《作为史学家的荷马:新柏拉图主义的寓意式解读与史诗传统的发展》,第 206 页。

③ 参见 R.兰博顿:《作为史学家的荷马:新柏拉图主义的寓意式解读与史诗传统的发展》,第 217 页。

作。我们在此的讨论对该书的研究多有参考。

普罗克洛学识渊博,逻辑能力出众。他把普罗提诺所开创的、在扬布利柯那里细密化的新柏拉图主义体系发展成为一个完成了的庞大严密体系,其突出特点是对本体超越性的强调和增添“三元体”中介层次。用他自己在《蒂迈欧评注》中的话来说就是,“知识的主要任务就是发现居中的各个阶段”①。这样,从太一(One)到最低实是之间,从统一到逐渐复多,增添了一层层丰富繁多的实是。相应地,也就有许多种认识能力。在《神学要素》中,普罗克洛对这些“世界层次”的论述散在各处。在《柏拉图神学》的第3卷中他明白地加以总结。如果根据从上往下的等级看,就是:

太一　　第一原则及目标

实是　　本体实是及宇宙范型

生命　　溢出,力量及智性天界

纯思　　行动,未中介之思,宇宙的制造

灵魂　　自主活动,推理思维

自然　　物理属性

形体　　形体性与可见宇宙

其中,前五个层面以及“自然”层面的原因方面都属于实在层面。形体没有自存的方法,所以,这一层次不是“真实的”,只是实在的影子。严格地讲,“太一”也不是实存,而是实存的第一原则和原因。

下面我们对这些实是(存在,实存)等级做一些较为详细的分析,以期揭示普罗克洛哲学的特点。

(一)“太一”。

普罗克洛整个体系的第一端是“太一”。对这一端的论证与普罗克洛的原因理论密不可分。亚里士多德在总结希腊哲学史后曾提出了一个著名的“四因”理论,普罗克洛则认为事物的实是有赖于“六因”:完善因或终极因;范型因;创造因或制作因;工具因;规范因或确定因;质料因。广义地来说,“原

① 参见伏格尔:《希腊哲学》第3卷,第572页。

则"也就是"原因"。① 一切实是必有原因,而且原因先于、大于结果。

> 一切实是皆源出于一个单一的第一因。否则,一切都成了无因之果;要么实是的整体是有限的,在此整体中实是着因果循环;要么会无穷倒退,原因前面又设原因,对"前面原因"的设定永无尽头。如果万事无因,就没有先与后、完善与不完善、有规则与无规则,产生者与被产生者、主动的与被动的等区分;万事将皆不可知。科学的任务是认识原因;只有当我们找出事物的原因时,我们才说认识了它们。②

世界是多样的,但一元论者认为多样的世界只能追溯到一个统一的原因。普罗克洛在《神学要素》的第一句话中就承认世界的复多性,但他接着指出:"一切复多必然以某种方式分有统一。"否则无法保持自身同一性即实是。既然"统一"意味着"完满"、"有力",那么"第一因"也只能有一个。③ 这一论证不禁令我们想到后来的一元论者斯宾诺莎在其《伦理学》第一部分命题五中所做的类似推理。

普罗克洛极为强调作为第一因的"太一"的超越性。它甚至超出"实是"、"统一"、"原因"、"善"。对它只能否定地说"它不是什么",而不能有任何肯定的言说。所以它完全不可被理解。它虽为万事之本,但乃是不可被分有的。为了解决"一"派出世界或被万物"分有"的问题,普罗克洛在"太一"之下又设立了一层"可被分有的一"或众"统一体"(henads),是"太一"产生的第一批结果。

"统一体"理论见于《柏拉图神学》第一、二卷,《神学要素》命题113—165以及《巴门尼德篇评注》1043—1064。统一体仍然先于或高于实是,不是实是,而是实是的"第一原则"。因为实是要从这一更为在先的源泉中获得自己的本质。每一种真实实是都对应于一种"统一体"。统一体与"太一"的不同之处就是可以被(实是)分有:

---

① 参见索沃尼:《普罗克洛:新柏拉图主义哲学和科学》,第89—90页。

② 普罗克洛:《神学要素》,命题11。

③ 参见普罗克洛:《神学要素》,命题1—6;参见伏格尔:《希腊哲学》第3卷,第565—566页。

> 每一种真实实是都对应于一个统一体。反之亦然:每一种实是只分有一种统一体。①

“统一体”理论是普罗提诺之后新柏拉图主义哲学发展中的重要新观点之一。雅典学派哲学家,尤其是普罗克洛对此功不可没。② 普罗克洛把统一体又分为两大类,一类是自身独立与完全的;另一类属于被分有者,内在于万事万物之中。用宗教的术语说,第一类统一体又被称为“众神”,是天意运作(providence)之源。超越之一与可分有的众多统一体之间的区分也对唯一神性与众多神祇(和众多宗教)共存的问题提供了一种解答方法。而自足统一体与物中统一体的区分,又使普罗克洛把整个宇宙看成充满(高低不同的)神性的世界,它一层层地从上一层神性中获得自己的神性或“属神性”:

> 因为,正如前面证明的,有两种统一体,一种自我完全,另一种是前一种中照射而出的;而且,因为神圣数字是与“太一”和至善相近的、同本性的,所以,众神都是自我完全的统一体。③

从统一体再向下,就发展出了纯思(nous)。这主要在《柏拉图神学》第五卷中讨论。纯思是一元多层本体的第二层(the second hypothesis),这是早就由普罗提诺确定下来的原则。普罗克洛的独特之处是把它进一步区分为层层叠加的三层体。首先是分成一个大的三层体:

A　智性

B　智性与智性活动

C　智性活动

其中,A 与 C 的区分来自扬布利柯,B 的提出则是普罗克洛的独创。一个纯思区分为三层的原因,是因为它们分别对应于纯思的三个方面即:

A　实是(本质)

B　生命(能力)

C　思(回转活动)

---

① 普罗克洛:《神学要素》,命题 136。

② 参见普罗克洛:《柏拉图神学》第 3 卷,第 119—121 页。

③ 普罗克洛:《神学要素》,命题 114。

不仅如此,而且每一层又可以进一步分成"实是——生命——思"之三层体。比如就"人"而言,有人的理念(超越的,不被分有的柏拉图的相)、人的范例(内在的被分有的形式)和呈现人形的有机体(感性的分有者)。这种三项式学说的目的是为了回答长久以来一直困扰柏拉图哲学学派的一个问题:"相"究竟是超越的还是内在的?而普罗克洛这样的区分就可以回答说:两种可能都对,即就相本身而言,是超越的;但是它又有一个内在的副本,即被分有项。①

由于本体的第二层必须分有第一层,第三层必须分有第一、二层,所以整个纯思层应当由 9+27+81 项组成。② 这些"三层体"的设立虽然繁复,普罗克洛的动机却是想用它们来帮助分析概念及其内在关系:事物怎样既是不同的,相互之间又有理性的秩序。"生命"作为能力或行动,被置于实是与思之间,这么做的理由是:凡是思者必是已经有生命者,凡有生命者必先已实是。但反过来说就不行,比如,不能说凡是有生命者必能思维。而且,三层之间既有相似之处,又有不同,从而,中项(B)由于与两端(A 与 C)都相似,就能把相互之间差别甚大的 A 与 C 联结起来:X——XY——Y。③

纯思的"三层区分"也是一种适用于纯思上下各层实是的一般模式,即在普罗克洛看来,任何事物都是活生生的、动态的,都可以看做进行着由三个阶段或三个方面组成的回环活动:首先是其"保持不变"的真实本性;然后是从它之中向下的"漫溢";最后是漫出者的"回转"。格森列出了雅典学派中的各种"三层体"的对应关系:④

---

① 参见福莱:《从亚里士多德到奥古斯丁》,第 447 页。

② 参见阿姆斯庄:《剑桥晚期希腊与早期中世纪哲学史》,第 309 页。

③ 参见阿姆斯庄:《剑桥晚期希腊与早期中世纪哲学史》,第 310 页;并参见索沃尼:《普罗克洛:新柏拉图主义哲学和科学》,第 56 页以下论"相似性与等同性"。

④ 参见阿姆斯庄:《剑桥晚期希腊与早期中世纪哲学史》,第 314 页。

1	2	3
A 实是(being)	生命	智性
B 存在(existence)	能力	智性之行为
C 永驻	溢出	回转
D 思之对象	思之对象及思	思
E 父	父与母	母
F 一	部分之整体	不定之复多
G 限定	无限定	混合
H 对称	真理	美

格森还对这个表作了说明:水平方面是讲每一实是的展现。但是,不能认为同一栏中的两个概念一定是“等同”的,比如,也可以说同一栏中的一个概念“描述”了另一个。另外,从来源上看,A 与 B 部分地源于柏拉图的《智者篇》247E、249A,F 源于《巴门尼德篇》142B—143A,G 则有赖于《菲利布篇》16C 以下,H 有赖于《菲利布篇》65A。

斯罗文尼对三层体之间的“对应”也进行过一些分析,或许可以帮助我们理解。比如,G 行不仅源于柏拉图的《菲利布篇》,而且可以上溯至毕泰戈拉学派。在普罗克洛看来,这些三层体的第一项代表着分离本质,第二项代表着连续性,第三项则是前面两项的结合体,即宇宙中的万事万物。“限定”之所以等于“永驻”,就在于它是一事物自身定义的界限。“无限定”之所以等同于“溢出”,是因为无限定没有界限。至于“混合”等同于“回转”,只是想说明溢出者成为新事物。否则,“回转”应等同于“行动”。①

从纯思再往下,便是灵魂层本体(生机原则)。它把纯思中不变的相移运于不完善世界之中,创造了世界。所以它是感性世界与超感性世界的中介。灵魂也被普罗克洛分成三层:神圣灵魂、精灵灵魂及人的灵魂。在神圣灵魂中,普罗克洛放置了许多希腊众神,如三层宙斯、三层太阳神等等。精灵灵魂居于神圣灵魂和人的灵魂之间,它又分为天使、天灵和英雄三种。“天使”传

① 参见索沃尼:《普罗克洛:新柏拉图主义哲学和科学》,第 109—110 页。

神旨意,“天灵”守护天界,“英雄”引导人向天界回转。①

必须承认,普罗克洛的这些神灵的“分类定职”与传统希腊神话传说中的一般想法倒也确实有些相似之处。而且,这种“天界等级”显然直接影响了后来基督教神秘主义者(托名)狄奥尼修斯的学说。②

本体流溢的最后结果是我们这个世界的出现。再往下则是流溢的终点——质料。普罗克洛有关这一层面的理论中的突出特点是肯定宇宙的美好性。用传统的希腊一元论(后来也是基督教一元论)的术语说,亦即他贬低“恶”在宇宙中的作用;并且认为不仅神、而且“质料”也不是恶的原因。

首先,普罗克洛认为不实是一个与“善”之原因对应的、独立的“恶”之原因。宇宙中只能有一个原因,绝不容许出现“二元抗衡”的局面。“质料”在我们前面论述到的哲学家——包括普罗提诺哲学——之中,大多都被描写为恶的原因或“恶本身”,因为它是无限定,是光之缺失,是善之对立面。但普罗克洛认为“恶”应当起某种坏的效用,而质料作为“全然无能”,怎么能起任何作用呢?何况,既然普罗提诺承认有智性的质料即最初的无限定,这是来自第一原因的“混合之因”,不可能是恶。③ 质料在柏拉图哲学中,是创世不可或缺的条件之一,是实是的前提。而恶恰恰是不实是。所以两者不是一回事。实际上,柏拉图自己在这方面就没有一个确定的定义,而是在不同地方持有不同的、甚至对立的观点。他在《政治家篇》中说质料是恶,在《蒂迈欧篇》中对质料却加以肯定。从《菲利布篇》看,质料既非善,亦非恶,而属于“必然的”事物。这一观察早在普罗提诺的《九章集》中就已作出了。④ 由于新柏拉图主义者认为柏拉图对话录是经典,他们想调和这一矛盾。但是,正如道茨所说,这一调和主要是在于《蒂迈欧篇》的宇宙论与《斐多篇》和《斐德罗篇》的心理学之间。而普罗提诺由于过于倾向于心理学方面,把质料说成恶的,从而没有调

① 参见普罗克洛:《关于天意的十个疑问及其解答:关于恶的实是》,第96—98页。

② 参见托名狄奥尼修:《神秘神学》,尤其是“天阶体系”部分。

③ 参见伏格尔:《希腊哲学》第3卷,第581—582页。

④ 参见普罗提诺:《九章集》4.8.2。

和平衡。①

在普罗克洛看来，如果一定要说恶有原因，也可以说恶的原因是“至善”——因为至善是一切事物的原因。但是，说善是恶的原因，岂不是矛盾吗？普罗克洛认为并不是，因为一切恶换个角度看也是善。说至善产生恶，正是从这个角度讲的。普罗克洛现存著作中有许多是讨论“天意”的。希腊文pronoia译为“providence”不十分准确，再译为“天意”，又丧失了一些含义。对于新柏拉图主义者来说，它指神圣者在世界中的无法认识或前于认识的在场。② 普罗克洛指出：天意(providence)使所有的恶都会有助于整体，从而也就是善的。比如事物的病残乃至毁灭对于该事物来说是恶，但是唯有毁灭才有产生。而宇宙如果没有生灭，就不是整体。③ 同理，宇宙中有低级层次，本身不是坏事，否则宇宙就不完整了，就会缺少某个等级。低级事物，如果从其本层次上讲，并不是恶，如狮子之具有非理性欲望与愤怒。恶只是某级实是之陷入下一级；比如人这一级的实是的本质是理性，所以，人的纵欲或纵怒方才是恶。④ 普罗克洛对宇宙的属神性这一点是相当肯定的，这仍是希腊哲学的精神。普罗克洛曾用“向阳花”来说明宇宙万物无不印有太阳神的手迹：万物皆根据自己在宇宙中所占据之位置祈祷，向它所属的神圣系列的首领唱赞美歌……向阳花(heliotrope)在自己容许的范围中转动着，如果我们能听见它的运动所激起的气流之声，我们就会明白这是一首植物所能吟唱的对它的王的赞美诗。⑤

普罗克洛对宇宙的完美的乐观肯定还表现在他的“神义论”态度上。他认为整个宇宙受“天意”管理。天意“知道”从而拥有宇宙万物。用新柏拉图主义的原则说，就是“一切在一切之中，但是各以合宜的方式”。宇宙万事先

---

① 参见道茨：《焦虑时代中的异教徒与基督徒》，第25页。

② 参见格里高利·肖：《神功与灵魂——扬布利柯的新柏拉图主义》，第42页注8。

③ 参见普罗克洛：《关于天意的十分疑问及其解答：关于恶的实是》，第41、172页。

④ 参见普罗克洛：《关于天意的十个疑问及其解答：关于恶的实是》，第103—104页。

⑤ 参见格里高利·肖：《神功与灵魂——扬布利柯的新柏拉图主义》，第49页。

已经以奇妙的、高度统一的、原因的方式实是于神—天意之中。① 有人抱怨天意不公,没有奖善惩恶,按各人之"应得"分配一份命运。普罗克洛则说:品德高尚的人本来就不重视物利,就不追求物利。所以如果没有这方面收获,他也并不会感到缺憾。农人没有收获鱼虾,渔人没有捞到庄稼,怎么会气愤呢?而且,天意不赋予善人钱财,正是为了让他们不沉溺于这些外在事物。天意给恶人财富,实在是在惩罚恶人,挑起他们潜在为恶的能量,最终使他们栽跟头。当然,惩罚的目的还是为了净化恶人。②

整个宇宙在无意识之中实际上无时无刻不在向至善回转,由至善统辖。普罗克洛要求灵魂积极地回转向万物之因——太一。人与宇宙是对应的。作为人,我们拥有宇宙的各层实是。我们是有死的,因为我们的身体不断在分解,需要来自外部实是的营养支持。但是我们也有更永恒的本质,这就是灵魂。灵魂永存的统一性把我们的有机身体组织起来,给予我们以人格同一性。为了认识更高实是,我们首先要调整自己,跃升到自己的高级实是。这也正是客观的高级实是,这样才能够同类相知。

灵魂的上升对应于各级实是,有几个阶段:爱、真理、信仰。"爱"是人人可为的,它指的是与所爱对象完全合一的强烈欲望。它引向对美的观照。下一步是哲学或真理之路。真理能帮助灵魂从对美的爱之中再提升向前,直觉地认识什么是真正的实是,达到灵魂的统一体。这统一体是灵魂的单一,不是纯粹智性的一,而是"可以分有之一"。普罗克洛及其后继者又称它是灵魂的"顶峰"或"花朵",这显然用的是查尔丹秘仪的术语。③

从此再向上升,与"不可分有之一"的统一,就不是智性美德所能胜任的了,而只能由神功完成。但是,"信仰"在普罗克洛那里并非粗浅的、人人可以做到的感性想象,而是经过哲学的整个复杂理论训练与修正的最终一端。在此,灵魂的"一"跃入"太一"。

---

① 参见普罗克洛:《关于天意的十个疑问及其解答:关于恶的实是》,第2—10页。

② 参见普罗克洛:《关于天意的十个疑问及其解答:关于恶的实是》,第49—53页。

③ 参见阿姆斯庄:《剑桥晚期希腊与早期中世纪哲学史》,第312页。

> 我们别相信语词的泛滥和人工装点的神巫仪式能影响掌握真实言语的人，因为神爱单纯的、未装饰的美。让我们把这首赞美诗奉献给神，让我们抛开这流变不定的实是；让我们来到那真正的目的，与他全然相像，让我们认识主人，让我们爱父亲，让我们听从召唤；让我们奔向那热，逃离那冷；让我们成为火，让我们从火中走过。我们有上升的自由之路。父亲会引导我们，打开火之道路。我们不要在忘川中随波逐流。①

这最高之一不能为任何文字所把握。一切思考都表明思想遇上困难了，这就是为什么自然之产生与智性之言说都不用思考。一切忙碌辛劳，都表明人们仍然还在准备阶段。一旦达到了“太一”，灵魂就会只选择这“一”，而不再从事认知活动。所以，“深深的沉默”是新柏拉图主义者的最后结论。这也影响了后来许多静默主义和内光运动。近代基督教改革中非主流派——相信人性善是可能的——如贵格会就与此有关。与当时及后来许多思潮相比，新柏拉图主义总的说来是推崇理性的，但是，在理性的终极之处，它又认为某种非理性的因素才能把握更为深刻的本质。这是各派新柏拉图主义中的一贯之处。用斯罗文尼的话讲就是，不管波菲利和神功取向的新柏拉图主义者有多少争论，他们最终都同意理性有价值，但知识有局限。②

① 普罗克洛:《论查尔丹哲学》，残篇 2。

② 参见索沃尼:《普罗克洛:新柏拉图主义哲学和科学》，第 198 页。

❀小 结❀

在前面的讨论中,我们较为详尽地展开了普罗提诺以及其他的新柏拉图主义者的哲学体系:太一、纯思、普遍灵魂、人、世界、质料、回归等等。这种大序等级和"创世—回归"的基本模式实际上是整个希腊化罗马世界中的一种哲学思潮的代表,不仅新柏拉图主义各地学派的卓越人物——罗马的普罗提诺,叙利亚的扬布利柯,雅典的普罗克洛,而且在新柏拉图主义之前的"新毕泰戈拉派"和"中期柏拉图派"、犹太教的斐洛、早期基督教中的诺斯替运动等等那里,都可以找到类似的思想。贯穿于新柏拉图主义这一观念系列中的基本精神是什么呢?可以用三个意思来对它加以概括:本体超越性、内在生命性、观照与回归。

一 本体超越性

我们前面讲过,普罗提诺哲学的特点是把本体"上移"。在希腊哲学史上,许多哲学把本体从此岸世界"下移"(如自然哲学),也有不少哲学维持本体于此岸世界(如讲"个体为本体"的亚里士多德),但也有哲学把本体从此岸世界移出、移上去(如柏拉图)。普罗提诺很清楚自己的立场属于后者:

> 有些人认为实是受偶性和意外支配,并且由躯体的原因聚合而成,他们都远离了神,远离了太一的理念。我们的讨论不针对这些人,而是针对那些认为除了躯体之外还有另一本性的人,他们至少能上升到灵魂的高度。①

① 普罗提诺:《九章集》6.9.5。

在一般的主张“上移者”的哲学流派当中，普罗提诺也有自己的突出特点。他的不同之处是他极度强调（精神）本体的超越、高远。他用“原因高于结果”、“源泉必然不同于创造物”、“同心圆向外下降，离圆心越近者越是较好映像，越远者越是低级映像”等等大序多层阶梯的推论和意象，对此反复加以阐明。他还用各层阶梯经过多次巨大质变后，相互间很难再比拟的道理，告诉人们本体的超越性。太一之后的每一层本体如纯思和灵魂都爱慕着太一，但是太一并不爱它们，也没有创造它们的主动愿望。创造只是太一自己的本质的充满和漫溢。所以，普罗提诺哲学当中有对神圣本体谦卑、敬畏等宗教性质素，但是没有当时的基督教等的目的论。

二 内在生命性

与许多哲学家不同，普罗提诺与其说重视精神本体的“实存”，不如说重视其“生命”。

本体是内在的、凝聚的、强烈的、统一的，从而也就是充沛无比的生命。不仅它本身是自足、高超的生活（生命），而且它还由于“生命力永远富足过剩”而满溢伸延，创造出丰富多彩的生命世界。而满溢的最低之处——质料——的特点也正是生命的缺乏，是一切轻盈、统一、普在、融通的丧失。普罗提诺的生命本体思想曾在近现代西方哲学的一些大家中得到强烈共鸣。人们在歌德的“本原现象”与柏格森的“直觉”和“有机总体”中都可以找到普罗提诺的思想。①

当然，要时刻注意的是：本体的生命的明证在于它自己的更高级生活，而不在于它的“能创世”。此世并不足道，唯可助我们推想更高精神生命之伟大：越往上，越往内，生命越充实、主动、无法受外物影响……也许，普罗提诺诸种说法中的内在“艺术能力”高于“艺术品”观点最鲜明地说明了他的这一立场。

---

① 参见哈德特：《普罗提诺，或纯一视界》，第41页。

三 观照与回归

普罗提诺总是把生命力、创造活动与“观照”联系在一起。每一层实是都反身观照上一层实是,从而产生下一层之“是”(存在)。生命是由于观照、为了观照而进行创造的。高级观照是高级生命,产生高级产品;低级观照是低级生命,产生低级产品。前者是理论思维及其产品——理论世界;后者是“自然”,其产品是实物世界。这种视精神性的、未外化状态的、“内在的”事物为更高级的东西的观点,与较为典型的希腊哲学认为“科学→技术→手工劳动”的“价值递减”的看法不谋而合。

“观照”(contemplation)的普遍性和“生产创造能力”容易使人得出这样的结论:普罗提诺所主张的是一种类似于佛教“唯识”理论式的主观唯心主义;也就是说,一切原为无,只是由于意识水平的升降变化才随带产生了不同的(幻想)世界。不过,仔细阅读《九章集》似乎得不出这么极端的结论。不如说较为缓和的观点可能更近于他的原意:客观本体是一个,因主观意识水平的高低变化得出其不同的方面:

> 从无分别之统一实是的事物中,眼睛看到颜色,嗅觉发现气味,其他不同的感觉得到不同的感觉。那么事物本身是多样的吗?是的。但是多样者也是单一的。①

时间与空间是灵魂特有的处理事物方式,所以,“世界”只能实是于时间与空间的“先验”框架中。相反,纯思只以“理想的”、“内部的”、“融贯的”方式看待“对象”,对象便成为主客同一的相世界。不同的观照方式会产生不同的实是。不同的观照展示着(同时也遮蔽着)对象。

这样看来,回归的关键不是真正走出自身,到什么“天上”去搜寻真理,而是转换观照方式亦即生存方式,转移“自我”的关注点。如此,则从来就普在着的太一或可清楚地呈现出来。②

---

① 普罗提诺:《九章集》6.4.11。

② 参见布隆曼萨:《普罗提诺心理学》,第110页。

第五编

希腊哲学与早期基督教

基督教和希腊主义

 卡帕多西亚教父的时代和生平

三位一体神学

神的形像：希腊基督教的人论

罪、自由意志和教化

普救主义和万物归一

罗马帝国时期的希腊哲学常被称为古代晚期的西方哲学。古代晚期可分为希腊化和中世纪早期两个阶段，希腊哲学透过基督教神哲学的形式继续得到发展。大致说来，古代晚期的西方哲学即古代晚期的希腊哲学有两种形态：一种表现为纯希腊哲学的形态继续发展，最主要的代表是新柏拉图主义和斯多亚主义；另一种以基督教神哲学的形态继续发展。学者们通常比较突出两者的对抗，仿佛希腊哲学发展到古代晚期就是非此即彼的冲突。这就没有充分注意到古代晚期思想发展中的潜在互动，它们正是在彼此回应的努力中展现了各自的创造性，也没有充分体会到古代晚期思想家的胸襟。我们完全可以从普罗提诺、波菲利和普罗克洛思想中看到基督教的背景，同样也可以看到基督教思想家对这些反基督教思想家的欣赏。其实，古代晚期的哲学具有地中海文明的真正胸襟。

本篇论述的是古代晚期的基督教神哲学。古代晚期基督教思想主要发源于东方（说希腊语的区域），也流传于东方，这就是所谓的基督教的希腊传统。基督教的希腊传统积极采用希腊哲学的概念和原理，诠释《圣经》，形成他们自身的经典，最后在 4 世纪成功塑造了基督教神哲学的典范，卡帕多西亚教父的思想是其代表。本篇依着基督教思想展开的这种历史线索，把基督教的拉丁神哲学传统（尤其是德尔图良和奥古斯丁）作为参照系，来表述希腊哲学在基督教视野内被转化的过程以及转化后所获得的新形式，以论证希腊哲学不是如有的学者（例如哈耐克）所说的被基督教摧毁，而是为基督教所发展；同时也指出基督教并不是如有的学者所说的被完全希腊化了，而是实施有限度的希腊化。本篇特别指出希腊哲学在被运用于基督教思想内部时,它所一直秉承的犹太传统。准确的说法应该是,希腊哲学在犹太传统(旧约和新约)的框架内得到了丰富和发展,正如古典希腊哲学和希腊化哲学都得益于非希腊的文明例如埃及、西亚文明一样。我们不应该心存偏见说,希腊哲学必须是希腊城邦的文明,而应说希腊哲学本身就是地中海文明成熟发展的结果。我们也理应把在犹太背景下所发展出来的早期基督教哲学看做是希腊的丰富和扩展。

本篇还力图指出,古代晚期的希腊哲学(严格地说早期基督教哲学)不是从单纯的柏拉图主义和新柏拉图主义传统中发展出来的。其实,中期柏拉图主义和新柏拉图主义都已经不算是单纯意义上的古典希腊哲学,基督教神哲学传统就更是如此。基督教的希腊哲学传统深受柏拉图主义、斯多亚主义和亚里士多德哲学的影响。它的基本框架是柏拉图主义的,它的重要术语则来自于亚里士多德,然而它的基本精神却与斯多亚主义密切相关。基督教自身为希腊哲学的综合性运用提供了耶稣基督的形象和信仰视界,使得古代晚期哲学不再以苏格拉底为形象;不再以理智性思辨为高峰,而是以实践性智慧为归结;不再以理论性的自我塑造为指向,而是以清楚显示灵性的、群体性的、超越向度的自我为旨趣。

第十八章

基督教和希腊主义

本章论述基督教和希腊主义的一般关系及早期基督教思想转化希腊哲学的心理背景。早期基督教产生于罗马帝国时期,先从犹太人聚居地逐渐扩展至散居犹太人区域,后又发展为主要是非犹太人的宗教,期间思想典范的转化复杂而又曲折。基督教思想家是如何面对希腊哲学传统的?他们以什么样的心态来面对?又是如何在接受和运用希腊哲学中塑造其独特的基督教神哲学传统?基督教是完全希腊化了?还是以犹太传统为前提发展了希腊哲学观念?本章的背景分析试图寻找问题的答案。

本章还论述了基督教思想家在以耶稣基督为形象探讨犹太文化和希腊文化关系中所显示的普世主义胸怀,从而使希腊和希伯来脱离了哲学和宗教的民族限制,使希腊哲学摆脱单纯的理智性思辨方式,回归于一种生活方式,一种个体的人关联于神的世界公民的身份。此外还论述了基督教思想家回应希腊哲学的两种方式以及基督教的希腊传统处理这个问题的进路。

第一节　希腊化时期:历史、地理和心理的转变

“希腊化”作为历史的概念和文化的概念并不总是同步的。作为历史事件的希腊化及扩张是迅速的、急性的和机构性的,本卷绪论第二节作了详尽的介绍。而作为文化事件的希腊化,即希腊文化作为环地中海地区其他文明之

基本因素，其持续时间更长，更渐进。从历史层面看，希腊化发端于亚历山大大帝公元前334年的东征，结束于公元前30年屋大维征服埃及，公元前31年设立罗马行省。希腊化通常被理解为希腊马其顿征服东方的过程，却忽略了也是西方文明东方化的过程。东方文明使希腊文明的神秘主义色彩迅速变浓，宗教意识急剧加深。在流行于希腊罗马世界的东方秘教中，甚至在斯多亚主义哲学中，东方都施加着对于西方的重要影响。需要注意的还有罗马征服地中海之前即已受到希腊文化的影响，这涉及罗马征服东方后在何种程度上中和了急速的希腊化运动。历史层面的希腊化最终归结到国家及其机构的确立，亚历山大大帝在希腊化中建立了马其顿帝国，罗马征服地中海后建立了罗马帝国和行省制度。希腊城邦的衰落和国家制度的崛起，不仅更新着人们的地理观，也改造了他们的世界观，使得地中海地区既是一个整体又有着诸部分之间的区别和对立。因此，在希腊化的统一性形式下包含着深入、含混和潜在的多元因素。①

从亚历山大东征东地中海地区到罗马统一整个地中海，希腊化就其历史本体而言已经终结。地中海统一所形成的新地理观是希腊主义不同于古典希腊的精神形态出现的前提。比较希腊的地理观和历史观，我们就可以发现希腊化时期有它的典型性。古典时期的希腊是高度希腊中心主义，甚至可以讲是雅典中心主义。因此，地理本质上是一种地方志，历史也只是以希腊为中心编织起来的与希腊有关的记录。旧约的传统也是如此，它完全是犹太民族中心主义的。然而，罗马统一地中海使这种地理观发生了深刻变化。地理学家的“地理”中心是以地中海为中心的“地球”，是诸不同民族寄居并生存于大地之上的新的叙述方式。无论是塞涅卡、斯特拉波、托勒密还是两个普林尼的著作，“世界”的观念要高于某个具体的城邦和地域，“地域”是从“世界统一性”的视野来审视的。② 当然，这个“世界”还是有局限的，是以地中海地区为扩展域的。然而，这无疑是人重新审视自己身份的新的重要起点。

---

① 参见让-皮埃尔·马丁（Jean-Pierre Martin）：《中欧西欧的罗马行省——公元前31年至公元235年》，刘增泉译，台北：“国立编译馆”1995年版，第2页。

② 参见波德纳尔斯基：《古代的地理学》，梁昭晰译，商务印书馆1997年版，第147—166页。

在此意义上,反思希腊化时期的文明特点是非常有帮助的。希腊主义诚然是含混的,然而不是没有它自身的一致性,它表现为文化汇聚的急迫性。希腊、罗马、犹太、埃及以及其他文明都是被某种类似于向心力的内力吸引并成为一个多元混一的新文明形态。希腊文明在诸文化中当然是有优先性的,然而希腊以哲学纯思的形式进入这个世界,却以伦理、宗教和理性神秘主义的智性形式出现在希腊化时期。希腊的市民社会形态与东方的君主制度以及罗马的法律奇异地结合在一起,成为普世性观念的极好诠释。与古典时期不同,这种"希腊罗马人"的"人"不再是民族观念,不限于地域性区分。地域性区分显得不再重要,"人"是一个法律的概念。① 这种公民权的思想显示出"人"成为"普遍的人",这是基督教大公性(即普世性)的重要源头。② 如果说古典与基督教是分离的,正如希腊与希腊化、犹太教和基督教之间是不连续的一样,那么希腊化时期的希腊主义与基督教却找到了更多的共生点,这是两个不同传统之所以能够同构的历史、地理和心理基础。

第二节　希腊化和希腊主义

希腊化还是一个文化的概念,它是深入得多的文化更新、融合、持续变化和塑形过程,远比国家、地理和历史的变化久远。就此而言,希腊化甚至一直持续到西方进入中世纪,直到基督教形成其完整的文明系统取代希腊文明为止。③

这里,需要对希腊化和希腊主义两个概念的含义和相互关系作文化上的具体讨论。按照耶格尔的说法,希腊化(hellenization)捕捉住了希腊文 helle-

① 参见理查德·詹金斯:《罗马的遗产》,晏绍祥、吴舒屏译,上海人民出版社 2002 年版,第 8 页。

② 参见阿道夫·哈耐克:《基督教的传道和扩展》,哈帕兄弟出版社 1962 年版,第 21 页。同时参见章雪富、石敏敏:《早期基督教的演变和多元传统》,社科文献出版社 2003 年版,第 7—12 页。

③ 参见章雪富:《基督教的柏拉图主义:亚历山大里亚学派的逻各斯基督论》,上海人民出版社 2001 年版,第 29 页。

nismos 主动语态的动名词含义,它最初的意义是"说希腊语",来自于动词 hellenidzo。这种意义上的 hellenismos 的首要意义是亚里士多德学说的继承者塞奥弗拉斯特所说的"言语的德性",意指希腊语语法的熟练掌握。① 这是从语言及语言所扩展的地理范围的角度讲的,与希腊化时期这个概念有着比较一致的相关性。然而若就文化的相互蕴涵角度论,则还没有触及希腊化的本质。不过,耶格尔把希腊化了解为一个扩展的概念,对于我们理解文化具有与政治一样的扩张性,则有重要的启发意义,它使我们从一个动力性过程来理解作为文化同构的希腊化含义。

循着耶格尔的思路,我们可以了解到希腊化其实是不同种族的人在一个多元、混杂、有待整合的地中海世界中的身份的重新确认的问题。在这一点上,哈耐克的洞见极富启发性。"居住在地中海东海岸的列国,从公元前 4 世纪开始,就已经有共同的历史和相似的信念。"②希腊主义"源于一个小的民族,却成为普世的精神力量。它脱离了与原先民族的关系,并正由于此,渗入别的民族……毫无疑问,以色列人拥有比希腊人的所有宝藏还要大的神圣宝藏——活的神;然而这宝藏又是被保存在何等凄惨的器皿之中,与希腊精神和它所拥有的智性财富的丰富、力量、精巧和自由相比,这个民族所拥有的又是何等的次要。"③本卷前四编展示了希腊化时期,希腊的不同形态的哲学、不同类型的思潮如何泛化为超地域、超民族界限的"普世哲学",成为希腊主义的主要内涵的过程。这可以帮助我们理解希腊主义缘何成为地中海地区被普遍传播的文明,犹太教还须借助于它而传播。这就是说,希腊主义不完全是因为它的思想霸权和话语霸权掌握着希腊化的全过程,而是由于其超越国别及地域限制的灵性化追求中蕴涵的普世性意识。正是在这一点上,新兴的基督教相合于希腊主义,因为古典希腊正如犹太传统一样,是严格区分"我"与"他"的身份界限的。希腊化之前,在民族相对封闭地存在时,身份归属比较单纯,家族传统、宗教敬拜、文化的单一形态和城邦或国家形态都相对稳定,甚至邻

① 参见耶格尔:《早期基督教和希腊的潘狄亚》,牛津大学出版社 1961 年版,第 6、7 页注 6。

② 阿道夫·哈耐克:《教义史》第一卷,德沃出版社 1961 年版,第 56 页注 1。

③ 阿道夫·哈耐克:《教义史》第一卷,第 47 页。

居以及毗邻的街坊都构成自我的根源。然而，希腊化所带来的民族大散居以及文化大混合，使得原先的同一性失去了可靠性。基于此，希腊主义成为确认身份同一性的基础，然而它又是含混的。不同种族、信仰、语言和生存状态下的人，以含混的希腊主义为轴心，或反对或赞成，或进或退，据此重塑自己的身份意识。希腊主义推动形成的灵性运动和普世性意识成为它和基督教甚至整个地中海地区文化同构的超越层面，使两个不同的传统找到了可以汇合的形而上学话语。

因此，希腊化是有特殊的意义的，它所表达出的希腊主义与古典时期的希腊有重要的区分。

> “希腊化的”并不就是“希腊的”，“希腊化”也不是指它单纯地吸收了希腊的事情，而是基督教和希腊观念或者生活方式的双边关系。毋宁说它是关于基督教和东地中海地区文化关系的复杂问题。在这种关系中，希腊观念和生活方式只是——尽管是主导性的——动力性文化的一个组成部分，它结合了各种动机和传统。“希腊主义”意指一种复合体，它的根本原理不是要将男人、女人和机构召集在某种希腊之下，而是在某种希腊主导下的随机交配群体。①

因此不存在纯粹的希腊形态。后期的希腊已经在同构其他犹太基督教传统，并且希腊自身也重新确认自己的文化身份。在哈耐克的论述中，作为同构之基本力量的希腊化指的是某种灵性力量，它借助于各种形式包括文化、哲学、神秘主义、宗教以及生活方式的纵深延伸，并构成基督教之普世性力量及大公性意识的重要来源。在这样一种观念中，希腊主义被作为一种环地中海地区的普遍性世界观而得到消解，获得了灵性的本质，并以本质主义的希腊形态，在基督教兴起并获得胜利之前成为地中海世界的基本精神力量。在这个意义上，希腊化和希腊主义是可以互换使用的，只不过它们所指向的侧面有所不同。

---

① 洛威：《阿道夫·冯·哈耐克和希腊化观念》，载海尔曼编：《希腊化重探：在希腊罗马世界内重塑基督教的回应》，美国大学出版社 1994 年版，第 71 页。

> 希腊主义指的是希腊、罗马和——某种受到高度限定的——拜占庭时期(Byzantine period)的文化环境(主要是希腊的),而希腊化则指这种文化吸收和顺应当地文化的过程。①

正如哈耐克所说,希腊主义是一种双边关系。基督教兴起之前,这种双边关系早已经如火如荼地展开了。早期希腊化的进程在东方主要是犹太教和希腊主义的关系,这是当今西方学术界研究的一个热点;在西方,这种希腊化不是以血与火的形式展开的,而是拉丁的罗马向希腊学习吸收的过程,罗马文化据此确立了它的经典,如西塞罗的著作等等。在不同的希腊化过程中,希腊主义反倒成了文明的寄生物,形成多元的、不均衡的状态,希腊主义不是约束了文明的多元性,而是释放了多元主义,多元性与希腊主义的普世性内在一致。基督教诞生之后,这种超越地域、超越种族、以灵性为追求目标,以智性为表达形式的希腊主义颇为适合它的信仰的普世性要求。同时,由于希腊化主要是以大都市为中心向外扩张的,不同城市的希腊化状况必然影响到基督教本色化的具体含义。因此,早期基督教信仰的大公性和多元性都可以从希腊主义中找到适切的文化根源,这是基于希腊主义和基督教进入同构过程时不同局部地域文明的限制性以及所形成的同构的不同开放视域。

第三节　基督教和希腊主义

基督教就诞生于这样一个有着含混的多元性的地中海文明的整合时期。一方面,希腊化充分地展开,基督教处身于浸润了希腊主义精神形态的地中海文明:进抑或退?接受抑或拒斥?这是基督教扩展过程中始终必须面对的;另一方面,希腊化又表现出不均衡性,安提阿的希腊主义就与亚历山大里亚和罗马的不同。因此,生根于不同形态的希腊主义的基督教,塑造了基督信仰在神

① 列维纳:《古代的犹太教和希腊主义:冲突或者汇流》,华盛顿大学出版社 1998 年版,第 16—17 页;参见亨格尔:《犹太教和希腊主义:希腊化早期巴勒斯坦地区两者的相遇研究》,福特勒斯出版社 1974 年版。

学上的不同诉求。上述两方面都涉及希腊主义之于基督教的效应问题，也就是我们所说的地域性所敞开的同构视域。第一方面涉及基督教是接受抑或拒绝希腊主义的普遍形式以及采用何种方式的问题。学者们通过研究早期基督教思想家的护教著作来解释基督教与希腊主义的显隐关系。第二个方面则从希腊主义的地域性来考虑它之于基督教的效应。

这两方面又是密切关联在一起的，它们被哈耐克归结为慢性希腊化和急性希腊化。关于慢性希腊化，哈耐克并没有清晰地给出它的多种形态。事实上，发生在东地中海地区（以亚历山大里亚、安提阿等都市基督教为中心）的慢性希腊化与西地中海地区的慢性希腊化（以罗马等都市基督教为中心），是有较大区别的。慢性希腊化大致又可以区分为希腊主义在希腊和拉丁基督教传统的不同影响。

哈耐克是在分析诺斯替主义的兴起时提出希腊化的急性和慢性区分的。他认为诺斯替主义拒绝旧约传统，使基督教急剧地希腊化或者说世俗化；而公教系统要保存旧约传统，代表希腊化的渐进过程。① 诺斯替主义塑造基督教的关键是使犹太教的神观念希腊化，把保罗传统中的神观从犹太教中剥离出来，放在希腊主义的传统中进行理解。它通过放弃犹太传统摆脱两希文化之间的张力，最终却达到类似于犹太教的独一神论。哈耐克分析说，之所以出现这种情况，可能是因为当时的地中海地区出现一种简化保罗以及诸福音教义的形式，即布道一个神，复活和实践禁欲生活的律法和理想。因此，

> 大多数诺斯替主义的任务可以视为是试图把基督教转化为一种神智学，即一种抛弃了它所根植的犹太旧约传统的土壤，借着使用保罗的观念，在柏拉图精神的影响下，将基督教转化为启示的形而上学和历史哲学。②

诺斯替主义可以说是早期基督教的希腊化运动。在后使徒时代，一方面教会开始建立体制性的基督教，即教会的基督教，代表人物是地处叙利亚地区

---

① 参见哈耐克：《教义史》第一卷，第 227—228 页。

② 哈耐克：《教义史》第一卷，第 229 页。

的安提阿的伊纳爵(Ignatius of Antioch)和罗马的克莱门(Clement of Rome);另一方面则出现诸如诺斯替主义这样有着普遍而广泛的灵性诉求的秘教运动,它求助于希腊主义的智性和东方式的灵性秘仪,"基于宗教和神秘主义的共同性,基督教福音和希腊化世界观念的最初综合这一事实意指基督教传道于外邦的土壤之上,而它一开始就为诺斯替主义所困扰"①。诺斯替主义的挑战是,如果急性希腊化导致基督信仰非基督教化,那么该如何面对希腊化世界?如何接受希腊主义?这是基督教慢性希腊化必须应对的问题,它涉及一种不同于诺斯替主义的急性希腊化的同构形式。

慢性希腊化包含希腊基督教和拉丁基督教的希腊化,两者应对希腊主义所持的同构态度也有所不同。拉丁基督教的希腊化不是直接面对希腊主义的冲击,而是经过了拉丁化这一中介的缓冲。所谓拉丁化的希腊主义当以斯多亚主义和西塞罗为代表,斯多亚主义影响了早期拉丁基督教如德尔图良(Tertullian)等人,西塞罗则主要影响了后期拉丁基督教如杰罗姆(Jerome)和奥古斯丁(Augustine)。当然维克多(Marius Victorinus)和奥古斯丁还深受新柏拉图主义的影响,然而他们的新柏拉图主义也已经是拉丁化了的传统。拉丁文化不尚思辨,重德性实践的生活直观方式与思辨式的希腊主义是大异其趣的。因此,当希腊基督教直接面对希腊主义的挑战、以开放的态度接纳希腊文化时,拉丁基督教的希腊主义则是经过稀释,成为拉丁化了的传统,是以律法而非思辨为基础的神学样式。这就是说,在拉丁基督教希腊化的同构模式中,希腊主义主要被视为实践理性,是从宗教生活中直观到的思想样式。

鉴于上述态度,拉丁基督教之于希腊主义的回应是在"显"中求"隐"。德尔图良将希腊和基督信仰尖锐对立起来,"雅典和耶路撒冷何干?学院和教会何干?异端和基督徒何干呢?我们的教导来自'所罗门的门廊',他自己教导我们说,'在单纯的心里寻找主',要远离一切生产斑驳的斯多亚的、柏拉图

① 查德维克:《早期基督教思想和古典传统:查士丁、克莱门和奥利金研究》,牛津大学出版社1966年版,第7页。

和辩证构成的基督教的意图。”①他又说:“在基督徒与哲学家之间有何相似之处？在希腊的门徒与哲学家之间,在以求名为目的者与以做人为目的者之间,在空言者与实行者之间,在建树者与摧毁者之间,在以错误为友者和与以错误为敌者之间,在糟蹋真理者与恢复和宣讲真理者之间,在真理的蟊贼与其护卫者之间,又有何相似之处呢?”②这是从“显”的方面拒绝希腊主义,然而激烈的言辞并不表明德尔图良真的完全拒斥希腊主义的影响。德尔图良和斯多亚主义之间存在密切的关系,尤其是在道德教训上他受塞涅卡的影响甚深。在《论灵魂》一文中,他称塞涅卡为“我们的塞涅卡”,采用一系列斯多亚主义的论证证明灵魂的统一性。他也运用西塞罗《论神性》和《致卢西利乌》(*Letters to Lucilius*)的思想。③ 杰罗姆的著作中也有同样的情况。他一方面表现出激烈的反对希腊主义的倾向,另一方面又从奥利金(Origen)、尤息比乌(Eusebius)和西塞罗的著作中,获取希腊的知识,间接地受希腊主义的影响。④这是拉丁基督教的“隐”的方面,它把希腊主义深深地蕴藏在拉丁基督教的《圣经》优先的前提之下。

希腊基督教则对“雅典和耶路撒冷”的关系给出了积极的回应,殉道者查士丁、亚历山大里亚的克莱门和奥利金(后面两位是德尔图良的同时代人)都认为“它们在很多方面都是相关的”⑤。如果说拉丁基督教传统受希腊主义影响要到4、5世纪奥古斯丁和波埃修斯(Boethius)时候才蔚为大观的话,那么希腊基督教一开始就浸润于希腊主义的全面影响之下;如果说拉丁基督教最初主要是受斯多亚主义影响,而后接受新柏拉图主义和西塞罗化了的柏拉图主

① 德尔图良:《驳异端绪言》7。

② 德尔图良:《护教篇》46,涂世华译,香港汉语基督教文化研究所1999年版。

③ 参见达涅娄:《拉丁基督教的起源》,史密斯、巴克英译本,1977年,第214—215页。

④ 参见库尔萨勒:《后期拉丁作家和他们的希腊源头》,H.Z.威迪克译,哈佛大学出版社1969年版,第58页。

⑤ 查德维克:《早期基督教思想和古典传统:查士丁、克莱门和奥利金研究》,第1页;同时参见章雪富:《基督教的柏拉图主义:亚历山大里亚学派的逻各斯基督论》,第1章、第2章第4节。

义的话,那么希腊基督教则基本上是舍斯多亚主义[1]而接受中期及新柏拉图主义的影响,即使正统教父如阿塔那修都受中期柏拉图主义者阿比努斯(Albinus)等人的思想影响,[2]卡帕多西亚(Cappadocian)教父受新柏拉图主义的影响则是众所周知的。希腊基督教传统的希腊主义是柏拉图主义,其教义要点是超验的神、神性等级、逻各斯和灵魂论等方面。因此,希腊基督教基于希腊主义在东地中海地区的深入、持久且直接的影响,其文化同构形态更显著地凝聚于思辨的理论理性之中,基督信仰作为启示的宗教深刻地渗透了希腊理性的形式。

希腊基督教认为雅典和耶路撒冷是相互渗透的。他们有一个著名的观点是希腊和柏拉图从旧约《圣经》中获得了智慧的来源。据克莱门的记载,最早这样说的是中期柏拉图主义者亚帕梅的努美尼(Numenius of Apamea):“柏拉图是谁呢?就是说阿提卡(Attic)希腊语的摩西。”[3]查士丁认为柏拉图与基督教是相互一致的,柏拉图的哲学中也有类似于基督教的三合一思想,那是从摩西五经窃取来的。[4] 查士丁的学生塔提安(Tatian)也持类似观点,到了亚历山大里亚的克莱门时,这种思想被作为希腊主义进入基督教以论证救赎普遍主义的当然前提。梭伦(Solon)从希伯来人那里学习律法,柏拉图从他们那里学习哲学甚至耕作等一切方面的内容。[5] “‘柏拉图,你是从什么地方发现真理的呢?这一大篇就像神谕一样宣扬敬畏神的言论是从哪里来的呢?’他回答:‘异邦人比希腊人更聪明。’就算你不告诉我,我也知道你的老师是谁。埃及人教会了你几何学,巴比伦人教会了你天文学,色雷斯人向你传授了医疗咒语,亚述人也教会了你许多;但是,说到你的法律(就其是正确的而言)和你对

---

① 诸如查士丁和亚历山大里亚的克莱门在逻各斯论上都受过斯多亚主义的影响,但是在超验的神观及宇宙观上则主要受柏拉图和中期柏拉图主义的影响。

② 参见梅杰莱:《阿他那修思想的正统和柏拉图主义:综合或者对照》,伯利尔出版社 1974 年版,第 116 页。

③ 亚历山大里亚的克莱门:《汇编》第 1 卷,第 22 节。

④ 参见查士丁:《护教文首篇》,第 60 节。

⑤ 参见亚历山大里亚的克莱门:《汇编》第 1 卷,第 1 节。

神的信仰，你还是受益于希伯来人本身。”①奥利金也认为柏拉图和耶稣的教诲是统一的，②他的思想中充满了柏拉图主义的思辨。当然，我们说希腊基督教比较倾向于接受希腊主义来解释《圣经》，并不就是说它接受希腊主义的一切方面。例如克莱门和奥利金就批评过柏拉图的有形体世界的永恒性以及质料观。③ 然而，相比较于拉丁基督教，希腊基督教更抱着希腊主义和基督教是相互兼容的态度，以显性的同构修正潜在的张力。

第四节　希腊主义和亚历山大里亚的斐洛

基督教的希腊传统是早期基督教的主流，早期基督教神哲学的中心发生在说希腊语的区域。到公元4世纪为止，大基督教思想家都出在说希腊语的区域。只是到了4世纪中叶拉丁基督教才产生了第一位大师奥古斯丁。国内对于基督教的希腊传统介绍甚少，然而传承并复兴了希腊哲学的恰恰又是这些希腊基督教思想家。鉴于这种情况，本卷把拉丁和奥古斯丁神哲学作为论述的背景和参考，而侧重于论述基督教的希腊传统。在基督教的希腊思想传统中，最具典范性的当然算卡帕多西亚教父。卡帕多西亚教父的神哲学是公元前三个多世纪基督教思想与希腊哲学冲突融合的高峰，它还从一个新的角度展开希腊思想的后续进程。鉴于上述原因，本卷探讨希腊哲学在基督教思想内部的发展形态时，就以卡帕多西亚教父为主要对象。至于其他基督教思想家与希腊哲学的关系，则融入在卡帕多西亚教父神哲学的相关主题分析之中。

基督教的希腊传统坚持文化融合的路径，认为在耶路撒冷和雅典之间具有显性同构关系。数个世纪以来，他们都坚持这种思想传统。这种秉持有深

---

① 克莱门：《劝勉希腊人》，王来法译，生活·读书·新知三联书店2002年版，第86—87页。

② 参见奥利金：《约翰福音评注》第8卷，第45章第298节。

③ 参见查德维克：《早期基督教思想和古典传统：查士丁、克莱门和奥利金研究》，第85—87页。

刻的社会背景。最初期的基督教思想家发现他们的信仰很难为希腊文化认同,希腊罗马的知识分子尤为拒绝基督信仰。罗马帝国政府也残酷地迫害基督徒。在这种情况下,这些基督徒知识分子学习并运用希腊哲学为基督信仰辩护,就尤为重要。这些人被称为护教士,他们是基督教希腊传统的开端。

希腊基督教护教士处理基督教神学与希腊哲学的进路以及方法和普世主义的态度,都深受犹太人斐洛的影响。犹太人斐洛(Philo),通称为亚历山大里亚(Alexandria)的斐洛,也被称为朱迪亚(Judaeus)的斐洛,是公元前后希腊化犹太哲学的代表人物之一。他大约出生在公元前20年,在公元47年罗马皇帝克劳狄主办的一次赛事前还活着,①大约在公元50年去世。斐洛与耶稣同时代,略为年长于使徒保罗。②

斐洛的生活背景与早期基督教庶几相同。当时的犹太教深受希腊人和埃及人敌视,虽然犹太人与罗马帝国上层有密切关系,然而由于其宗教信仰的特殊性,他们还是受到谨慎地提防。再加上希腊化背景下民族间关系的复杂性,犹太人面临巨大的生存压力。为了回应此种背景并为犹太人所见证的真理辩护,犹太思想家们从斯多亚主义获得启发,他们透过重新诠释经典,向希腊罗马世界辩护犹太经典(主要是旧约)在地中海文明背景下所具有的普世价值形态。他们所使用的诠释经典的方法就是寓意解经法。斐洛使用寓意解经法,从旧约经典出发,面向希腊罗马世界说话。在对旧约实施寓意解经的过程中,斐洛经常使用希腊哲学的观念,希腊哲学由此在犹太思想背景中得到运用、阐释和扩展。斐洛认为:

> 《圣经》用寓言表达内在含义。对这些人来说,整部律法书就如同一个活生生的生命,字面规章是给躯体的,隐藏在措词里面的无形的思想则是给灵魂的。正是在无形的思想中,理性灵魂开始沉思与它自身类似的

---

① 参见伯根:《亚历山大里亚的斐洛》,载弗里曼编:《安刻尔圣经词典》第5卷,道布勒台出版社1992年版,第333页。

② 有关斐洛生平思想的详细论述请参见章雪富:《斐洛思想导论》(第1卷),中国社会科学出版社2006年版,第1章。

东西，并如同通过一面镜子那样看到词语概念之大美，展示并除去象征的外衣，让思想显明给那些心有灵犀的人，他们能够通过外在的可见的东西辨明内在的隐秘。①

斐洛显然使用了柏拉图的身心二元论，指出非犹太人没有真正理解犹太信仰。犹太信仰其实是一种希腊式的哲学生活方式，看起来特殊甚至可以说奇特的经典叙事其实是自然理性的真正表达。依照柏拉图主义，斐洛把灵魂分为三重：一是理性，二是高尚的灵，三是欲望。头部是理性的处所，胸部是激情之所，腹部是欲望的处所。各个部位刚好得到一种美德的指派：谨慎指派给理性，因为它能教诲我们应该做什么，不应该做什么；勇敢指派给激情部分，自制指派给欲望部分。正如头是生命造物的最高部分，胸其次，腹第三，同样，灵魂的理性部分是首要的，高尚的灵其次，欲望第三。②希伯来《圣经》（旧约《圣经》）阐释了一种沉思的生活。信仰就是这种沉思的生活，它更准确地体现了理智德性的内涵，完整地把希腊的哲学生活即理智德性表现为犹太人的信仰生活。犹太信仰不是狂热的非理性的迷信，而是理智德性的真正高峰。③ 希腊哲学的精粹而高贵的生活方式在犹太经典中才有真正的实现方式，希腊哲学的理性主义在犹太信仰的视野才得到了真正的落实和表征。

斐洛诠释希腊哲学的方式慢慢就成为一种论述的典范。斐洛认为，甚至在柏拉图之前摩西就已经论证了这样的生活才是人类基本价值的体现，柏拉图是阿提卡的摩西。柏拉图和希腊哲学没有能够达到希伯来文明的德性生活

---

① 斐洛：《论沉思的生活》，第 78 页。

② 参见斐洛：《寓意解经》第 1 卷，第 70—73 页。

③ 斐洛把希伯来思想视为希腊思想的完成，使希腊思想在希伯来思想中得到安顿时继续发展。斐洛这样说，“毫无疑问，心灵吸取古老而受人尊敬的思想，追溯高贵行为的可敬传统，就是历史学家和诗人们通过自己的记忆传递给未来世代的财富，是有益的，就算不是对获得完全的美德有益，无论如何对世俗的美德生活也是有益的。但是，一旦自我启示的智慧之光在我们没有预见也没有盼望的情形下突然照在我们身上，当那种智慧开启了真理里关闭的眼睛，使我们不再是听、知、识，更是面对面地看见知识，使我们的灵魂拥有最敏捷的感觉即视觉，取代较为迟缓的听觉，到了那个时候，耳朵和词汇的应用就不再有益了。”（斐洛：《论亚伯的出生及亚伯与他兄弟该隐的献祭》，第 23 节）

高度,斐洛甚至批评柏拉图,指出即使像柏拉图所论证的哲学生活,都包含着某种需要严格反思的东西。① 斐洛没有单纯地把希腊哲学作为解释的工具,他以希伯来为视野提出希腊哲学是有待进一步发展的文明。既然如此,整个世界(地中海)的文明就应该建立在犹太文明基础上,接受犹太文明的教化,而不是去逼迫犹太人和压制他们的信仰。

表面上看,斐洛使用寓意解经法是为了使希伯来经典旧约获得哲学理解的合法性,实则是要赋予希腊哲学以新的精神形态。就此而论,寓意解经法是护教性的,而斐洛就是犹太教的护教士。这是早期基督教护教士们深受斐洛吸引的原因。早期基督教的护教士,从殉道者查士丁到奥利金,甚至到4世纪的卡帕多西亚教父和拉丁基督教思想家安布罗斯和奥古斯丁,他们都是寓意解经家,都试图发掘《圣经》的哲学意义,来说明基督徒才是真哲学的实践者,是灵性自我的真正塑造者。通过这种方式,信仰以希腊哲学的方式寻求理解。他们把希腊哲学运用于基督信仰之中,使希腊哲学以基督教的方式继续得到发展。基督教的发展并没有摧毁希腊哲学,而是复兴了希腊哲学。斐洛把逻各斯观念运用于他的哲学中,既是出于构造希伯来本体论的必要,更是出于将希腊逻各斯观念的理性主义内贯于希伯来思想并由希伯来思想成全希腊的思辨生活的考虑。

借助于寓意解经法,斐洛主要把柏拉图主义运用在犹太信仰之中,实施辩

① 斐洛批评说:“在柏拉图的宴会上,话题几乎全是围绕爱展开的,这爱不只是男子对女子的苦苦爱欲,或者女子对男子的苦恋,这些是自然律法所认可的情欲,还包括男子对别的与他们只有年龄上的差异的男性的爱恋。”(斐洛:《论沉思的生活》,第7节)接着他又说:“既然关于这些人所周知的宴会的故事充满了诸如此类的荒唐事,凡不听从传统意见和广泛流传的报告(即宣称它们本来就应该是这样的)的,都把它们看为自定有罪,那么我就要相比照地描述另一些人的欢庆会,这些人全身心地致力于追求、沉思自然的真理,遵循先知摩西的真正神圣的教导。”(斐洛:《论沉思的生活》,第8节)接着斐洛就描述犹太人在信仰生活中体现出的高贵的理性思考形式:“那些从小到大大部分时间都在追求沉思哲学——这实在是哲学中最高贵、最富神性的部分——的人,才是真正的长者。宴会上也有女子,她们大多数是大龄的未婚女,……她们既切望智慧作生活伴侣,就摒弃了肉身的享乐,不求朽坏的子孙,只求其永恒的后裔,惟有贴近神的灵魂才有能力独自生产这样的孩子,因为父已经在她里面播下灵魂之光,使她能够看见智慧就是真理。”(斐洛:《论沉思的生活》,第8节)

护性阐释。柏拉图主义在论述世界时,使用的是二元架构,认为可理知世界和可感觉世界是分离的。这为希腊化犹太思想家提供了哲学框架,并以此去描绘《圣经》的二元世界(神的世界和人的世界),还为论述人的世界的二元性提供了清晰的观念基础。在人的世界中,存在该隐和亚伯之分,该隐是欲望的追逐者,亚伯是理性的存在者;追逐欲望的该隐生活在现象世界的黑暗之中,理性生活的亚伯则是培育心中的神圣者;该隐生活在人之城中,亚伯生活在神之城中。① 二者以逻各斯为分界,该隐过的是非逻各斯的生活,在生活中表现为离弃神,追求感觉;亚伯则是按照逻各斯生活,遵循神的诫命,追求沉思的生活。这个世界充满了该隐对于亚伯的迫害,这正是犹太人的生活写照。此世看似为背离逻各斯的人掌控,然而真正的逻各斯依然承托着整个世界。② 这使得逻各斯成为斐洛运用解释旧约《圣经》的基本观念。早期基督教思想家继续斐洛的工作,把逻各斯用于新约《圣经》的阐释,构成早期基督教的典型的逻各斯基督论。

斐洛的逻各斯观念相当复杂。总体来说,他是结合了柏拉图和斯多亚主义两大学派的思想。在柏拉图哲学的框架内,他认为逻各斯是一个特殊的种,是结合理念的理念。在斯多亚主义的框架内,斐洛认为逻各斯可分为内在逻各斯和外在逻各斯。这就是说,受斯多亚主义影响,斐洛认为逻各斯会显现在现象世界。在这个方面,他放弃了柏拉图的观点,后者认为现象世界只是理念

---

① 斐洛说:"有一个事实是,对于生命有两种针锋相对的观点,一种观点把万物归于心灵,把心灵作为我们的主人,不论我们是在使用我们的理性,还是在使用我们的感官,无论我们是运动着,还是静止着。该隐所象征的就是第一种观点,他被称为'拥有',因为他自认为拥有万物;亚伯则代表另一种观点,他的名字就是'把(一切)归于神的人'。"(斐洛:《论亚伯的出生及亚伯与他兄弟该隐的献祭》,第1节)

② 斐洛解释说:"在亚伯,万物都归于神,所以他考察的是爱神的信条;在该隐,一切都属于他自己——他的名字就是'获取'的意思——,所以他考察的就是爱自己的信条。爱自己的人,一旦脱掉外衣,预备与那些珍爱美德的人开战,就不停地拳打脚踢,直到对手彻底毁灭,或者迫使他们举手投降。"(斐洛:《论恶人攻击善人》,第10节)然而真正取胜的不是恶人,而是善人,仍然是善而非恶在承托整个世界,"我们所得到的结论是:智慧人看起来在败坏的生活上死了,但在不朽坏的生命上却是活的;而卑劣小人尽管在邪恶的生命上活着,在快乐的生活上却已死了。"(斐洛:《论恶人攻击善人》,第5节)

世界的影子,不具有真正的实在性。斐洛则受斯多亚主义影响,认为现象世界也具有实在性,是逻各斯的彰显,这就是用古典希腊的世界观念去附会《圣经》的世界图式。

斐洛主要还是受柏拉图主义的影响。他特别强调逻各斯的聚集性力量,认为逻各斯是一种关系性理念。他说,逻各斯是理念,是万物存在和被创造的形象。① 神的逻各斯是第一原理,是宇宙的第一尺度,是理念的理念(相之相,eidos eidon),②“人类心灵”就是因着它被塑造为与最高的理念一致。③ 它包含着“多”,例如有桌子的“理念”(相)、动物的“理念”(相)等等。内在的逻各斯是先在的逻各斯,它又可以称为两“基路伯”,它们协助神创造万物。逻各斯从属于神又不同于万物,它是“被生的”,不是被造的;它不像神一样是非造的,也不像万物一样是被造的,④它是神的头生子,⑤是神的人,⑥“永恒的逻各斯,它自身必然是不可毁灭的”⑦。

以此为前提,斐洛又接受斯多亚主义的观点,认为逻各斯彰显在现象世界,现象世界分有神的形象,具有某种程度的实在性。斐洛说:“现在这件外衣,即披戴上至高的逻各斯的外衣,就是世界,因为它把自己分布在大地、空气、水、火以及一切源自于它自身的其他事物之中。”⑧世界披戴上逻各斯,使世界成为逻各斯的形象。这正如斯多亚主义所说,宇宙万物都是由火演化而成,这演化的火就是主动原理,就是逻各斯。

由此,斐洛赋予逻各斯以中保的性质,赋予逻各斯以本体和现象的双重性。这是希腊哲学所不曾提出过的,却为斐洛创造性地说明,并成为早期基督教逻各斯基督论的直接来源。逻各斯作为“一”,是神的摹本,它直接体现神

---

① 参见斐洛:《论特殊的律法》第1卷,第23页。

② 参见斐洛:《论亚伯拉罕的迁居》,第103页。

③ 参见斐洛:《论特殊的律法》第1卷,第207页。

④ 参见斐洛:《谁是神的后嗣》,第206页。

⑤ 参见斐洛:《论耕作》,第51页。

⑥ 参见斐洛:《论口音的变乱》,第41页。

⑦ 斐洛:《论口音的变乱》,第41页。

⑧ 斐洛:《论逃避和发现》,第110页。

的形象。①逻各斯又是"多",它联结与万物的关系,本身包含着万物的所有形式,是感觉世界万物存在的直接来源,是万物的摹本。②万物不是直接摹仿自神的,而是摹仿自逻各斯,万物的被创造是对于神的外部逻各斯的模仿。当人们回归到追寻逻各斯的道路上,就是按照逻各斯生活的时候,人也就从感觉世界回归到理智世界,从影子回到实在,由外在的自我回到内在的自我。"理性原理,不论在自然中,还是在人中,必然处处坚定不移,任何方面也不会动摇;因而,他分给它上面提到的两种美德,清晰的展示和真理。事实上,理性原理本性上是真实的,清晰地阐述一切事物,并且在贤人身上,作为真理的复制,还以荣耀真理,使它完全脱离谬误为己任。"③这逻各斯(理性和道)是沉思生活的引导者和塑造者,它引导我们回到神的世界,过神圣的生活。

第五节　早期护教士和希腊主义

希腊基督教护教士为了使信仰进入希腊的主流文化,继续推进斐洛把希腊哲学运用于《圣经》诠释的事业,他们把希腊哲学用做信仰的理性表达。《致第奥涅妥(Diognetus)书》是现存最早的护教文献。此外,还有阿里斯底德(Aristides)(?—145年)、查士丁(?—165年)、塔提安(?—180年)、阿塞那哥拉(Athenagoras)(约170—180年写作的书信)、提阿菲若(约180—185年写作的书信),④著名的还有2世纪末期的亚历山大里亚的克莱门。

---

① 斐洛:《论寓意解经》第3卷,第207页。

② 斐洛解释了理性原理的双重性,指出感觉世界来自于理念的复制品和摹本。"'理性之所'是双层的,因为理性原理在宇宙里和在人性中都是双重的。在宇宙,我们发现它以一种形式处理无形体的、原型的理念,理智世界是从理念形成的,而以另一种形式处理有形体的、可见的对象,它们是那些理念的复制和肖像,这感知世界就是从那些复制品产生的。在人,它以一种形式住在里面,以另一种形式用话语从里面表达出来。前者就像泉源,后者,言说,就是从前者这个源头流出来的。"(斐洛:《论摩西的生平》,第25节,石敏敏译,中国社会科学出版社2007年版)

③ 斐洛:《论摩西的生平》,第25节。

④ 参见弗兰德:《基督教的兴起》,第235页。

护教士们借用希腊的逻各斯学说为基督的身份辩护,指出耶稣基督与耶和华同是神。基督教信奉独一神论,关注神的统一性。他们的"基督观人观"也深受希腊哲学的影响,主要是受柏拉图主义的身体—灵魂二元论的影响,按照希腊人所谓的教化和净化观念解释人的救赎。基督教护教士们在运用希腊哲学的时候,逐渐使基督信仰的犹太因素获取更多的希腊文化形态。基督教开始脱出单一的犹太文化因素,更趋多元。

殉道者查士丁是早期基督教最重要的护教士。他的两本重要著作《护教文首篇》和《护教文次篇》针对的是当时民间以及知识界对基督徒的各种不利传言,例如传说基督徒在夜间聚会食人肉和有乱伦行为等等,①查士丁一一均予以驳斥。② 查士丁的辩护不仅宣称基督徒道德纯洁,行事公正,生活自制,更在于提供了他对于基督信仰的哲学解释。他指出在当时众多宗教中,唯有基督徒才是真正的有神论者和一神论者。基督徒相信基督是神的独生子和先在的逻各斯(道),他们既受旧约众先知的启示,也受希腊哲学家的教诲,基督预言的应验和他的卓越教义的实现,证明基督徒是完全清白无辜的。他们是帝国的良好公民,在许多事上都是学习服侍别人,"我们单纯把崇拜献给神,但在其他事上,我们很乐意侍奉你们,因为我们承认你们为世人的君王和统治者,我们并祈求神使你们不但有统治权力,而且也有健全的判断"③。

早期基督教逐渐形成其希腊传统的理论标志是"逻各斯基督论"。希腊基督教的护教士认为运用逻各斯这个哲学概念可以解释耶稣基督何以既是神,又与耶和华是同一位神。希腊哲学主要把逻各斯视为本体的概念,而非时间性概念。在解释耶稣基督是神这个问题上,他的本体性和永恒性就显得特别重要。逻各斯这个概念能够避开例如"子"这类概念的时间性,因为"子"这个概念具有相对性和开端性。在运用逻各斯描述基督的身份时,查士丁显然注意到了这一点,奥利金则完善了这个学说。奥利金也使用逻各斯,为了避免逻各斯被用为时间性的概念,他提出了"永恒出生"学说:

---

① 参见查士丁:《护教文首篇》,第26节;《与特里风的对话》,第10节。

② 参见查士丁:《护教文首篇》,第27节。

③ 查士丁:《护教文首篇》,第17节。

> 凡对神抱有敬畏的思想或情感的人，有谁能够设想或者相信父神有一时尚未生产这种智慧，哪怕这一时是一小会儿的时间？[Ad punctum alicujus momenti]因为若有那种情形，那么他必定会说，或者神在生产智慧之前还没有能力生产她，而智慧在被产生之前是不存在的，只是后来他才召唤智慧成为存在者；或者他事实上拥有生产智慧的权柄，但是——说出来有点渎神——他当时不愿意使用这种权柄。显而易见，这两种设想都同样是荒谬而不敬的，若是肯定它们，那么必然要得出这样的结论：或者神本来无能，后来进展到有能；或者尽管他本来就拥有权柄，但把它掩盖起来了，从而拖延了生产智慧的时间。而我们始终认为，神是独生子之父，独生子确实是他所生，其本质也由父而来，只是子并没有生之开端，不仅没有可以度量的时间上的开端，甚至也没有只有心灵才能够在自身中沉思，或者可以说，只有心灵借着理智的无遮蔽的权能才能注视的开端。因此我们必须相信，智慧是在任何能被理解或者能被表达的开端之前产生的。产生造物[Omnis virtus ac deformatio future creature]的一切创造能力都被包括在这种智慧的存在中（无论是源生的事物，还是派生的事物），都被事先形成，被先天知识预先安排。正是由于这些造物都被预示在智慧自身之中，所以智慧才借所罗门的话说，她被造为神之道路的开端，因为她在自身中包含了一切造物的开端，或形式，或种类。①

既然逻各斯内在于永恒的神性，那么它就具有永恒性。单就希腊本体论哲学而言，逻各斯是常住不变的本体。然而希腊哲学不仅信奉一个本体，它还坚持认为本体是单一的，不可能多元。如果已经确认只存在一个本体，那么就不能认为在它身边还存在另一个本体。例如赫拉克利特说火是世界的本体，那么逻各斯就只能够是火的永恒属性，是生生不息的动力性表述，是万物生成根源的比率，是德性生活的理性基础，而不能够同时又说逻各斯如火一样是本体。然而基督教坚信耶稣基督是神，这就意味着独一的本体神必然有两种存在，一个是旧约的耶和华神（父神），一个是耶稣基督（子神）。问题在于基督

① 奥利金：《论首要原理》第1卷，第1章第2节，石敏敏译，道风书社2001年版。

教坚信只存在一个神。那么如何处理神(父)和逻各斯(子)的关系呢?这里,奥利金和其他护教士就必须面对希腊哲学的指责。他们似乎只有两种选择:一种是认为只存在逻各斯本体,另一种是认为逻各斯不是本体。无论哪一者都必然背离基督教信仰。如果逻各斯不是本体,那么逻各斯必然具有时间的开端,因为不是本体的存在者不具有永恒性,不在永恒之中,它只能有时间的开端。一个有时间开端的存在与其他有开端的存在(例如人类)没有本质的区别,那么它也就不能够担当起救赎。在与希腊哲学的这种冲突里面,奥利金和希腊护教士们开出了逻各斯学说的新起点。奥利金的基本看法是:不错,逻各斯是由父生出的,然而生出并不意味着时间性。父生出子逻各斯是在永恒之中的,在永恒之中的生出是一种关系性的说法,而不是时间性的说法。因为在永恒之中的出生,本就是非时间性的;在永恒之中没有时间性,逻各斯的出生当然也没有时间性。在奥利金之后,卡帕多西亚教父发展了这个思想,他们指出 Being 是一种关系性的本体,这就推进甚至可以说转变了希腊的本体论哲学。

基督教的希腊传统还在灵修传统方面深受希腊哲学的影响。早期基督教的人观重视的是基督徒的生活伦理,例如"登山宝训"的"天国八福"①的教导等等,然而受希腊哲学的影响,基督教的希腊传统发展出了"成圣"学说。"成圣"(deification)是指人由自我约束而形成的对于神的仰望,实现灵魂的转向。早期希腊哲学家已提出了灵魂净化的"灵智"学说,柏拉图更是系统地阐述了灵魂净化与天国福祉的关系。基督教的希腊传统主要就是按照柏拉图的灵魂上升之路来论说成圣和灵修的。

《致第奥涅妥书》(*Letter to Diognetus*)已经在运用希腊古典哲学诠释基督信仰,它指出:"基督徒们在人世,一如灵魂宿于肉体之中。灵魂播遍肉身的一切肢体,基督徒们亦遍布全世界的城池。灵魂虽宿于肉体中,却不为肉体所有,基督徒虽寓居于世界中,却不属于尘世。② 灵魂是不可见的,却是守在一

① 参见《马太福音》,第 3 章第 5—10 节。

② 《约翰福音》,第 17 章第 11 节;第 14 章第 16 节。

个可见的肉体之中;基督徒虽在世界中是可见的,但他们的宗教是不可见的。肉体厌弃灵魂,与之搏斗,虽然它曾受恶,只不过拦阻于肉体的快乐;世界也厌弃基督徒,因为基督徒反对世俗享乐。”①这清楚表明了一种希腊式态度,即蔑视世俗的肉体生活和寻求圣洁的归宿。查士丁则把希腊与柏拉图主义之间的关系归结到《圣经》的源头,认为两大传统都关注信心在生命中的作用,借着耶稣基督与逻各斯的联合,照着理性生活的人都是基督徒。他还认为柏拉图是希腊人成为基督徒的理智桥梁,②基督教本身就是哲学真理,“凡照着理性生活的”都是基督徒。③ 在大部分观点上,柏拉图和基督是一致的,④亚伯拉罕的神就是苏格拉底的神,⑤亚伯拉罕和苏格拉底都是“基督前的基督徒”⑥。

最终是2世纪的护教士伊利奈乌(Irenaeus)把“成圣观念”发展到一个高度,使得救赎史观与希腊教化观念结合在了一起。他认为人类在亚当中失去的,将在基督身上重拾神的形象和样式。借助于圣灵的引导,人们不断地洁净自己,学习放弃罪和世俗的世界,回复到亚当之前的状态,按着这条实在之路,进入到更高的实存形式之中。伊利奈乌认为教会是这种新存在的标记,那些在形象中预表出来的事物现在存在于教会当中,使基督信仰获得更坚实的基础。⑦ “成圣”是4世纪基督教大思想家阿塔那修神学的核心观念,他认为这可以充分表现基督道成肉身的意义。⑧ 基督徒借着逻各斯被圣化,证明逻各斯是神圣的。基督不只是要令我们恢复本性,不只是要令人的本性回到不败坏和不朽坏的最初状态,而且还赋予人类成圣的恩典,获得比堕落前的人类更宝贵的东西,“事实上,他穿戴了肉身,而我们成为神,他(神之子)成了人,但是我们将成为神。神的真子让我们都仰靠他,而我们所有的人都担当起神;他

① 《致第奥涅妥书》,第6节。
② 参见查士丁:《与特里风的对话》,第7节。
③ 参见查士丁:《护教文首篇》,第46节。
④ 参见查士丁:《护教文次篇》,第13节。
⑤ 参见查士丁:《护教文首篇》,第46节。
⑥ 查士丁:《护教文首篇》,第46节。
⑦ 参见伊利奈乌:《驳异端》第4卷,第32章第2节。
⑧ 提赛帕利斯:《东方教父思想和正统神学导论》,礼仪出版社1991年版,第61页。

是穿戴肉身的神,我们则是担当灵的人。"①这样,基督教的希腊传统在运用希腊哲学时就坚持了基督教本身的出发点,强调成圣不是出于柏拉图所谓的道德自律,而是出于神的恩典。人的灵魂和身体的圣洁以及由此获得的整个人的圣化是三位一体神工作的结果,它不是借着人自身的本性能够做成的,而完全是借着神的恩典。

---

① 阿塔那修:《论道成肉身》,第51节。

第十九章

卡帕多西亚教父的时代和生平

公元4—5世纪是基督教思想史的黄金时代。基督教传统的西方(拉丁)涌现了所谓的“四大博士”:安布罗斯(Ambrose)、杰罗姆(Jerome)、奥古斯丁(Augustine)和大格列高利(Gregory the Great);基督教传统的东方(希腊)也是大思想家辈出的时代,有阿塔那修(Athanasius)、卡帕多西亚教父(Cappadocain Fathers)、大马士革的约翰(John of Damascus)、亚略巴古的德尼斯(Denys the Areopagite)和托名狄奥尼修(Pseudo-Dionysius)。此时,基督教已经经历了近400年的发展。在以往4个世纪的思想历程中,基督教神学家们与希腊罗马哲学家围绕希腊文化使用的“正统性”以及基督教是否是一神论的激辩,与诺斯替主义(Gnosticism)、孟他努主义(Montanism)、撒伯流主义(Sabellianism)、阿里乌主义(Arianism)就基督肉身的真实性、位格的独立性和圣灵的关联性所展开的激辩,现在终归于寂静,如同烟花瞬间灿烂之后的和平。这些激辩的思想遗产在4世纪以更具建构性的反思成为4世纪黄金时代思想高度的基石,卡帕多西亚教父就是东方(希腊)基督教传统结晶而成的璀璨的神学典范。

因着护教使命的不同,也因着希腊(东方)和拉丁(西方)文化把握视野的差异以及教会生存处境的差别,早期基督教在发展中形成了有明显分别的各自神学规范,奥古斯丁和卡帕多西亚教父代表了基督教的西方(拉丁)和东方(希腊)的不同典范。这种不同典范视野下的基督教传统按着各自的轨迹发展继续得到加深,拉丁基督教传统发展的是奥古斯丁主义的传统,希腊基督教则阐释卡帕多西亚教父的神学典范。大马士革的约翰、亚略巴古的德尼斯、托名狄奥尼修、忏悔者马克西姆(Maximus the Confessor,580—662 年)和帕拉玛的格列高利(Gregory Palamas,1296—1359 年)都可以视为卡帕多西亚传统的后续神学时期的典范。所以,尼西亚和后尼西亚的教父学著作分为两个系列,各 14 卷。第一系列是以奥古斯丁为代表的拉丁传统,第二系列就是东部以卡帕多西亚教父为代表的希腊传统。

卡帕多西亚教父亮相于基督教思想舞台时,基督教思想已经有了初步的教义学规范,这就是尼西亚信经所言述的神学规范。尼西亚时期的主要教父们都是奥利金主义者,3 世纪末和 4 世纪初期,因着对奥利金有关圣子学说的不同理解,希腊基督教思想传统的分歧已经趋于表面化,325 年第一次基督教大公会议认可的“尼西亚信经”是奥利金主义者在信仰告白方面形成统一规范的宣称,也是奥利金主义的某种程度的终结,然而由此激发的神学争论远非尘埃落定,反而日趋尖锐。卡帕多西亚教父从正统的、被重塑的奥利金思想规范出发,又转换了尼西亚时期诠释奥利金的视野,形成了以尼西亚信经的信仰告白为基础的后尼西亚神学。这是 4 世纪神学探究的特征所在,它已经有一个“正统”或者说“规范”作为前提,也就是说它已经有某种清晰的教会规范的神学作为前提,而不像前数世纪的基督教思想探索主要来自某个神学家的思辨努力。然而,尼西亚时期的“规范”还是“一纸”的宣告,它远未在不同教会内部得到确实的宣称。这样,卡帕多西亚教父的后尼西亚神学诠释就担负了一个重要的使命:如何使尼西亚信经的言说成为众教会的真实言说,因此,教会性而不只是哲学思辨性成为卡帕多西亚教父表述尼西亚时期基督教思想规范的指向。如是而论,4 世纪的神学是“信经神学”。尼西亚信经作为“规范”包含着巨大的“意义”空间,卡帕多西亚教父把教会性及以教会作为主体展示信经神学的关注融入其典范的建构中去。

作为后尼西亚神学,卡帕多西亚教父神学的特殊性在于从教会性关注神学性,并就两者的关联作出准确的阐释。以此为视野,卡帕多西亚教父继承了希腊传统也改变了希腊传统,将希腊传统带到了新的方向。卡帕多西亚教父的基督教信念使希腊的“知性原理”转变为“皈依原理”,将希腊在“知性”与

“道德自律”之间建立的成圣原则转变成了“皈依”原则下的“他者关系”。从神学的探究而言,“他者”就是基督和教会,就是三位一体神学及以此为出发点的人论,即灵修状态中人的不断被提升而不是人的自我提升。希腊的知性原则的主体和客体认知关系得以转换,从由人的主动认知转换为由客体主导的人的被动认知。这是神学认知的特征,不是哲学认知的特征;是基督教的特征,不是希腊的特征。卡帕多西亚教父神学所实现的对希腊的转换,使得希腊的基督教神学成为基督教神学的希腊,成为神学视野内的哲学。卡帕多西亚教父一生的思想诉求坚守这种表述希腊和转换希腊的信念,从而确立了基督教神学的希腊典范。

第一节　基督教的亚历山大里亚学派和希腊主义的延伸

卡帕多西亚教父是对 4 世纪三位希腊(东方)基督教思想家的简称,他们分别是巴西尔(Basil,329/330—379 年)、拿先斯的格列高利(Gregory of Nazianzus,329/330—391 年)和尼撒的格列高利(Gregory of Nyssa,335—395 年)。巴西尔和尼撒的格列高利是兄弟俩,拿先斯的格列高利是巴西尔最亲密的朋友。巴西尔出任过凯撒利亚(Caesarea)的主教,也被称为凯撒利亚的主教;两位格列高利分别出任过尼撒和拿先斯地区的主教和助理主教,故分别被称为尼撒的格列高利和拿先斯的格列高利。他们都是卡帕多西亚人,被人们称为卡帕多西亚教父。

卡帕多西亚位于土耳其境内,是当时罗马帝国的一个省份。卡帕多西亚教父中,巴西尔最为年长。他的出生地可能有两个城市:卡帕多西亚地区的凯撒利亚和本都(Pontus)的新凯撒利亚。巴西尔和尼撒的格列高利出生于一个富有的家庭,属于中产阶级的层次。他的父母在卡帕多西亚地区的凯撒利亚和本都的新凯撒利亚都拥有地产和房产。巴西尔出生的时候,他的父母可能还在本都。然而由于拿先斯的格列高利与巴西尔有同乡之谊,历史上称巴西尔是卡帕多西亚人,[①]史家们一般倾向于接受拿先斯的格列高利的见解,认为巴西尔生于卡帕多西亚。[②] 尼撒的格列高利出生的时候,全家已经迁到卡帕多西亚。至于拿先斯的格列高利,他的出生地可能是卡帕多西亚的凯撒利亚。关于他的出生地,还有一种古老的说法,认为他可能生于与拿先斯毗邻的阿利安姆(Arianzum)村庄,也属于卡帕多西亚这个行省。[③] 拿先斯的格列高利长期协助他父亲在拿先斯履行主教的职责,其生命的大部分时光在拿先斯度过。

在卡帕多西亚教父登上基督教的历史舞台前,卡帕多西亚行省的基督徒鲜为同时代所知。卡帕多西亚是一个比较偏远的地区,希腊文化影响的痕迹并不明显。亚历山大征服波斯后属大希腊的一部分。这个地区虽然文化不发达,却是军事要塞。亚历山大死后,三王摄政时期幼门尼斯任总督,后归独眼安提戈努统治。三国鼎立时期,属塞琉古管辖,罗马时期设立了行省。根据一些流传的说法,希腊罗马世界对于卡帕多西亚行省的人的评价比较负面。有一种观点认为,卡帕多西亚人自私、懦弱、多怀疑、喜争辩,多是说谎者和没有信心的人。卡帕多西亚人也说希腊语,然而他们的希腊语能力显然不佳。一种幽默的说法是,教卡帕多西亚人说希腊语,如同教乌龟飞上天那样难,这话虽然不无夸张,亦可以表明他们受希腊教化甚浅。

有关3世纪前卡帕多西亚行省基督教发展的源流,今天的学者已经所知无几。新约《圣经》有两处提到卡帕多西亚(和合本《圣经》译为“加帕多家”)。一处是《使徒行传》第2章第5—11节讲到五旬节使徒们因圣灵感动说方言,“那时,有虔诚的犹太人从天下各国来,住在耶路撒冷……各人听见门徒用众人的乡谈说话,就甚纳闷,都甚惊讶希奇……我们各人怎么听见他们说我们生来所用的乡谈呢?我们帕提亚人、玛代人、以拦人,和住在美索不达米亚、犹太、加帕多家、本都、亚细亚……克里特和阿拉伯人,都听见他们用我

① 参见拿先斯的格列高利:《第6封书信》。

② 参见杰克逊:“导言”,载沙夫和韦斯编:《尼西亚和后尼西亚教父》第二系列第8卷,第13—14页。

③ 参见乌尔曼:《圣拿先斯的格列高利:对4世纪教会历史的贡献》,第13页。

们的乡谈,讲说神的大作为。”于是彼得起来讲道,当天约有三千人受洗归主。[①] 然而,《使徒行传》并没有确认这些听道的卡帕多西亚人是否成了基督徒。今天所知的卡帕多西亚已经有基督教会的信息,来源于《彼得前书》的证言。《彼得前书》的开卷写道:“耶稣基督的使徒彼得写信给那分散在本都、加拉太、加帕多家、亚细亚、庇推尼寄居的,就是照父神的先见被拣选,借着圣灵得成圣洁,以至顺服耶稣基督,又蒙他血所洒的人。”[②]彼得生活的时代,卡帕多西亚已经建有教会。传统认为《彼得前书》乃彼得亲自所写,成书于公元68年。由此可见,卡帕多西亚教会的建立应该稍早于这个时间;现代学者的研究则认为《彼得前书》是托名使徒彼得的基督徒于公元1世纪以后所作,按照这个断定,卡帕多西亚教会建立的时间应是公元2世纪初期。无论肯定哪一种说法,我们大约知道卡帕多西亚在公元2世纪初期之前已经建立了基督教会。

基督教的教会史家尤息比乌(Eusebius)为我们提供了卡帕多西亚基督教后续发展的重要史料。[③] 据他的记载,公元3世纪初期,有一个名为亚历山大(Alexander)的卡帕多西亚主教授予奥利金(Origen)圣职,并且将其强留为亚历山大里亚的主教。[④] 这个记载表明卡帕多西亚建制性教会的存在。卡帕多西亚与基督教神学的亚历山大里亚学派的关系由此揭开了序幕,公元3世纪中期它们的关系进一步得到加深。这时,亚历山大里亚学派的主要神学家奥利金移居凯撒利亚(Caesarea),一个名叫格列高利的学生追随随他学习达8年之久。这个格列高利后来到了卡帕多西亚,成为卡帕多西亚的主教。因着他的事功,绝大多数的卡帕多西亚人都成了基督徒,基督教成了卡帕多西亚的主流宗教,他也因此被称为行奇迹者格列高利(Gregory the Wonderworker),又被称为“卡帕多西亚的使徒”。就神学上而言,重要的是,行奇迹者格列高利把奥利金的基督教柏拉图主义播散在卡帕多西亚的基督教传统之中。

行奇迹者格列高利是卡帕多西亚教父与基督教的亚历山大里亚学派发生

---

① 《使徒行传》,第2章第41节。

② 《彼得前书》,第1章第1—2节。

③ 参见梅兰第斯:《尼撒的格列高利》。

④ 参见尤息比乌:《教会史》第6卷,第11节。

关联的重要历史事件。卡帕多西亚教父与奥利金在思想上有千丝万缕的关联,巴西尔和拿先斯的格列高利所编辑出版的第一部著作就是 *The Philocalia of Origen*(《奥利金文集》),这部文集选取了他们认为奥利金合乎尼西亚神学和正统信仰规范的文献,①主要包括某些释经著作和神学讨论,例如"自由意志"、"恶"和"预知及预定"等等。在卡帕多西亚教父中,尼撒的格列高利受奥利金影响最深,他的基本神学观点与奥利金最为相似。② 卡帕多西亚教父之受奥利金的影响,除了当时希腊基督教世界的主要神学家多是奥利金主义者这个一般原因之外,还有特殊的渊源关系:行奇迹者格列高利与巴西尔家族有着密切的私人友谊。

行奇迹者格列高利(约 213—约 270 年),是本都的新凯撒利亚人。大概在 233 年,他的姐姐及其丈夫移居巴勒斯坦(Palestine)的凯撒利亚时带他同往。此时奥利金因为与亚历山大里亚主教关系闹僵避居在凯撒利亚,因此行奇迹者格列高利与奥利金的相遇不早于 233 年的中期,③行奇迹者格列高利称他与奥利金的相遇使他获得新生命,"从那个时候开始,神圣的话语就径直地住在我的里面"④。在此后的 8 年内,他追随奥利金学习,形影不离。

奥利金给予行奇迹者格列高利以希腊式的教育。⑤ 奥利金所教授的课程包括哲学、辩证法(逻辑学)、物理学和伦理学。物理学探讨自然的知识,其最高部分是神学;神学讨论神的性质及其与世界的关系,属于神秘科学;神学是诸知识最后阶段的教学内容,其他学科都为神学学习作预备。奥利金的教学从辩证法(逻辑学)开始,他常选择数个观点,要求学生挑出正确的看法,训练他们分辨真假、逻辑思辨和克服偏见的能力。他教授几何学和天文学,认识天体和自然界的奥秘,领会神创造世界的精妙。⑥ 天文学知识的训练目的是使

---

① 参见巴西尔和拿先斯的格列高利编选:《奥利金文集》,"希腊文版前言",第 11 页。

② 参见沙夫和韦斯合编:《尼西亚和后尼西亚教父》第 5 卷,第 14 页。

③ 参见行奇迹者格列高利:《奥利金赞词》,第 34 页。

④ 行奇迹者格列高利:《奥利金赞词》,第 53 页。

⑤ 参见《圣经和希腊主义的双重视野:奥利金其人及思想》中对此有详细的追溯。

⑥ 参见行奇迹者格列高利:《奥利金赞词》,第 65 页。

灵魂接近没有败坏的天体世界和秩序之美。① 奥利金的伦理学包括柏拉图对话所讨论的四大主要德性：审慎（实践智慧）、节制、公正和勇敢，用以训练摆脱激情的控制。此外在“德目表”上，奥利金增加了“虔敬”和“忍耐”，认为它们是基督徒的特殊德性。② 神学教学的目的是让学生领会哲学的真正源头《圣经》，它是神圣的律法、赞美诗、颂歌和神秘的话语。③ 基督教神学超越了所有哲学学派，就如辩证法、物理学、修辞学是神学研究的预备，异教哲学也是《圣经》研究的预备。由于《圣经》是用历史叙事的方式写成的，它在言辞达意上具有模糊性或者说隐晦的特征，知识和学习的预备即哲学的训练可以澄清《圣经》的意义空间。由于人与神已经分离了很长时间，人已经不知道如何倾听那已经模糊的东西，哲学则可以帮助灵魂净化，接受圣灵的恩赐，以至于审慎地理解《圣经》。

奥利金的柏拉图主义式的教育说明了希腊化时期人们对于“教育”的理解。当巴西尔和拿先斯的格列高利前往凯撒利亚和雅典学习时，接受的也是类似的课程。基督教思想家积极主动地开始了融合希腊思想的教学活动。奥利金和卡帕多西亚教父的共同的深刻看法是：神学教育须以其他教育为预备。在回复行奇迹者格列高利的信中，奥利金用犹太人出埃及的比喻说明了他的这个看法。他说神在带领犹太人出埃及时，就答应犹太人，“各妇女必向她的邻舍，并居住在她家里的女人要金器银器和衣裳，好给你们的儿女穿戴，这样你们就把埃及人的财物夺去了”④。这经文的寓意是：

> 我请求你们从希腊哲学开始学习，是为了让你们能够把它们作为通往基督教的预备性研究。几何学和天文学对于阐释《圣经》是有用的，这样哲学家的传人们关于几何学、音乐、语法、修辞学和天文学的理论，就成了哲学的奴婢，而我们则可以从与基督教的关系来言说哲学。⑤

---

① 参见行奇迹者格列高利：《奥利金赞词》，第 66—67 页。

② 参见行奇迹者格列高利：《奥利金赞词》，第 69 页。

③ 参见行奇迹者格列高利：《奥利金赞词》，第 83—87 页。

④ 《出埃及记》，第 3 章第 22 节。

⑤ 奥利金：《致格列高利的信》，第 1 节，载行奇迹者格列高利：《奥利金赞词》，第 90—91 页。

奥利金甚至宣称,“真正的宗教,对于没有哲学化的心灵而言,是不可能的”①。人接受神是需要预备性的认知的,它促使灵魂的能力得到提升形成反思,真正地悔改。奥利金的希腊式教育赋予了知、信与灵修之间的新关联,把基督教的信仰直观加在希腊的知性直观之上。行奇迹者格列高利深悉奥利金的教学和神学理念,他显然又把这种理念播撒在卡帕多西亚教区。他与巴西尔家庭私交甚密,巴西尔的祖母老玛克莲娜(Elder Macrina)②是由于他的影响皈依为基督徒的,巴西尔曾在一些书信中表示了对这位祖母的敬意。③ 卡帕多西亚教父从小就生长在这种信仰体认的环境里面。老玛克莲娜担当着基督徒家庭教育的主角,这种知性化与灵性化高度一体的教育以及把希腊教育作为信心培养的预备信念也就自然地成为卡帕多西亚教父成长的一部分。

第二节 雅典和卡帕多西亚

卡帕多西亚教父都出生于富有的家庭,巴西尔和尼撒的格列高利的家族尤其如此。巴西尔的祖母老玛克莲娜因基督徒在本都备受逼迫迁移至卡帕多西亚。她育有二子,其中之一就是巴西尔和尼撒的格列高利兄弟俩的父亲老巴西尔,老巴西尔与卡帕多西亚本地人中相当富有的埃谟利娅(Emmelia)结婚。老巴西尔是修辞学的教师,巴西尔和尼撒的格列高利的修辞学才能有其家族渊源。另外,修辞学在当时广泛受到重视,比较富有的阶层都会让子女学习修辞学。老巴西尔和埃谟利娅生有十个孩子,五男五女。五个女儿中只有小玛克莲娜为人所知。像她的祖母那样,小玛克莲娜有强有力的心灵,尼撒的格列高利的《玛克莲娜生平》及《论灵魂和复活》都以这位姐姐为教导的主角,《论灵魂和复活》更是模仿柏拉图的《斐多篇》,把玛克莲娜视为临终前的苏格

① 行奇迹者格列高利:《奥利金赞词》,第 59 页。

② 格列高利有位姐姐也叫 Macrina,与他祖母同名。

③ 参见巴西尔:《第 204 封书信》,第 6 节;《第 233 封书信》,第 2 节。

拉底,和尼撒的格列高利共同探讨灵魂和身体死后的状态。五个男孩中,长子生下来不久就夭折了。玛克莲娜成了这个家庭的长女,排行第二的是圣巴西尔,其他的三个男孩子依次是诺卡勒提(Naucratius)、彼得和尼撒的格列高利。彼得曾任过亚美尼亚地区塞巴斯(Sebaste)的主教,诺卡勒提未成年就去世了,不为人知。巴西尔的祖母老玛克莲娜和母亲埃谟利娅负责孩子们的教育。

拿先斯的格列高利出身于类似的背景。他的母亲诺尼娜(Nonna)是一个受当地人尊敬的基督徒,依据拿先斯的格列高利的记载,他的母亲是非常虔敬的基督徒,“她是一个有着所罗门的心灵的家庭主妇,根据婚姻的律法她在一切事情上都顺服丈夫,然而也不耻于在真正虔敬的操练上做他的老师和引导者”①。与诺尼娜结婚时,拿先斯的格列高利的父亲老格列高利还不是基督徒,然而非常富有,他敬拜一个混合了犹太人和波斯人的至高神。诺尼娜无法接受他丈夫的信仰,不断地为他祈祷,最终令老格列高利皈依。② 老格列高利后来被祝圣为拿先斯的主教,他不曾受过专门的神学训练,然而持守严格的尼西亚信仰,坚决反对阿里乌主义(Arianism)。他关心教区内的穷人,使拿先斯教会成为良好的社群。③

巴西尔家族和拿先斯的格列高利家族的家庭情况可以帮助我们理解他们神学的一致性,尽管他们的写作和演讲针对的处境有所不同,尽管他们论述的主题时有变化,然而他们的神学逻辑却连续而且一致,以至思想史的研究者把他们当做有共同神学系统的 4 世纪神学典范的缔造者。首先,卡帕多西亚教父的共同背景是都生长于有正统信仰的基督教家庭,这里所谓的“正统”(“规范”)是指持守尼西亚信经。在卡帕多西亚教父成为基督教世界的主要神学家后,他们都反对阿里乌主义和新阿里乌主义,尽管拿先斯的格列高利在相当短的时间内落入阿里乌主义的圈套。其次,他们都生长于富有的、有很好教育背景的家庭,这保证了他们能持续地接受教育。巴西尔和拿先斯的格列高利都受过高等教育,尼撒的格列高利则从巴西尔那里获得很好的培养;良好的家

① 拿先斯的格列高利:《演讲录》,第 18 章第 7 节。

② 参见拿先斯的格列高利:《演讲录》,第 18 章第 11 节。

③ 参见乌尔曼:《圣拿先斯的格列高利:对四世纪教会历史的贡献》,第 17—21 页。

庭教育背景也使他们能对希腊文化保持开放的态度,从年幼到成年他们对于希腊教育都保持着从理智到情感的认同,以至于他们把基督教塑造为希腊的方式,以基督信仰来包容希腊成为卡帕多西亚教父神学建构的必然部分。第三,他们的成长都与女性有密切的联系,他们身上尤其是拿先斯的格列高利和尼撒的格列高利有相当浓厚的女性主义因素。他们渴望沉思的生活,向往隐世的生活,两位格列高利都曾逃避神职的负担。由此,灵修不仅构成他们生平的主要轨迹,也是其思想的主要特色。卡帕多西亚教父中,这个特点在尼撒的格列高利中更为明显,他"在所有应该是更男人特征的地方,表现得更像是女人"①。这当然不是就性征而言,而是指他的性格特征和著作的阴柔气质。从灵修神学出发,他们缔造的是一种有机性基督的神学。

在他们的成长过程中,逐渐与外部世界有了更广泛的接触。他们接受的希腊式教育越来越成为他们生命中重要的事件。巴西尔接受完了父亲的修辞学教育后,又到安提阿接受当时著名的修辞学家勒巴尼乌(Libanius)的训练。勒巴尼乌不是基督徒,巴西尔却终生都保持着与他的良好关系,可见4世纪时的基督徒或者说巴西尔对世俗文化(希腊文化)开放友好的态度。② 拿先斯的格列高利也在同一时间或者稍早的时候走上了修辞学教育的道路。他在家乡拿先斯完成其初级教育,然后,老格列高利把他送到凯撒利亚继续接受中级教育,这里曾是奥利金晚年寄居之所。奥利金的追随者庞菲鲁斯(Pamphilus)和尤西比乌曾使这里成为著名的基督教神学院,拿先斯的格列高利可能也在这里受教于当时比较著名的修辞学家帖撒庇索(Thespesius),他也可能在这里首次结识了终生的挚友巴西尔。拿先斯的格列高利后又到亚历山大里亚留学,潘代诺(Pantaenus)和克莱门(Clement)的时代,亚历山大里亚曾是古典文化和基督教有机结合的学术中心;拿先斯的格列高利还曾遇见了当时基督教世界的旗帜性人物阿塔那修。③ 这番游历以及教育对于拿先斯的格列高利起着

① 西库斯:《真理的言说者》,载杰森编:《降临中的写作和其他论文》,第147—148页。

② 参见尼撒的格列高利:《第13封书信》,第4节;索格拉底:《教会史》第4卷,第26节;参见梅兰德:《卡帕多西亚教父》,第21节。

③ 参见路塞:《拿先斯的格列高利:修辞学家和哲学家》,第18—19页。

重要的塑造作用，奥利金主义、柏拉图主义和尼西亚信仰都栩栩如生地呈现在他的视野里面并成为他神学来源的重要部分。

巴西尔和拿先斯的格列高利的生命轨迹在雅典获得了一个交汇点。其他地方的求学都在为雅典接受高等教育作准备。此时的雅典虽然不再复现公元前5世纪鼎盛时期的文采，但是由于帝国的统治者把她当做文化中心来扶持，她在哲学上仍然获得了优厚的发展机会。斯多亚学派的哲学皇帝马可·奥勒留曾为每个学派设立了一个或者两个哲学教席。然而，3世纪时，许多带薪的教席已经不复存在，可能在以后也没有得到恢复。4世纪时，雅典的斯多亚学院和伊壁鸠鲁学院可能都已经衰落，漫步学派可能也已经被学园派取代。拿先斯的格列高利和巴西尔雅典求学期间，可能已经是学园派的天下。这个学园派还可能由新柏拉图主义者所掌管。4世纪伊始，新柏拉图主义建立了雅典学派，迎来了它的辉煌发展时期。先后涌现的思想家有雅典的普卢塔克、西里亚努、普罗克洛、达马修斯（Damascius）以及年轻的辛普里丘，新柏拉图主义者中最有名的亚里士多德著作的注释者。① 拿先斯的格列高利和巴西尔抵达前，雅典学派的新柏拉图主义者可能主要属于帕加马学园（Pergamene School），是主要受扬布利柯影响的新柏拉图主义者，他们尤其有兴趣于发展“神功”（通神术，参见本书第四编第四章），复兴古代异教的宗教仪式。② 355年，拿先斯的格列高利还在雅典学习时，后来成为帝国皇帝的朱利安（Julian）也负笈雅典，他所感兴趣的正是这些异教的知识，后成为基督教世界的“死敌”。

拿先斯的格列高利和巴西尔去雅典学习，初衷主要是学习修辞学，而不是各种类型的柏拉图主义哲学，可见修辞学在古代晚期世界所具有的重要地位。相比于雅典哲学的衰落，修辞学却在某种程度上得到了复兴。因为罗马帝国的时候，公共演讲仍然是政治和社会生活的重要部分。从1世纪末到4世纪，从希腊到小亚细亚，希腊修辞学的复兴运动接连不断。从巴西尔和拿先斯的

---

① 华里斯：《新柏拉图主义》，德克沃斯1972年版，第1页。

② 参见路塞：《拿先斯的格列高利：修辞学家和哲学家》，第25页。

格列高利周游各地学习修辞学来看,可以发现主要城市都有修辞学学校和一些有名的教师。相反,哲学和科学研究都要有一定的条件,依赖大量的资料和大型的图书馆,亚历山大里亚和雅典具有这些条件,成为当时地中海世界的哲学和科学研究中心。古代晚期的修辞学家尽力模仿古典希腊的修辞学大师吕西亚(Lysias)、伊索克拉底和德谟斯提尼,因此所复兴的主要是修辞学的阿提卡风格(Atticism),重视希腊演讲术的纯粹形式。然而,这时候毕竟已经不是古典希腊的城邦社会,小亚细亚文化对于希腊修辞学的影响无处不在,4 世纪的修辞学实际上是阿提卡风格和亚细亚风格(Asianism)的相互嫁接。这个时期的修辞学复兴被称为是雅典历史上的第二次智者运动。①

学习修辞学,当然不是单纯地学习演讲技巧。古代晚期的修辞学确实重视语言技巧、姿态表达和夸张的表情等等演讲的外表性形态,然而修辞学也被看做是综合性的学科,学生们需要学习语法、各门科学、文学、哲学等。与专业从事哲学研究的学生不同,他们学习这些东西基本上只是依赖于手册性的东西,例如学习柏拉图的哲学,可能主要使用阿比努斯(Albinus)的《柏拉图哲学手册》等等。他们学习西方哲学可能像现代哲学专业的学生学习西方哲学史一样,从米利都学派的自然哲学开始,一直到亚里士多德。巴西尔和拿先斯的格列高利通过修辞学的课程,一方面广泛地涉猎了古典希腊哲学、希腊化哲学和古代晚期(包括与他们同时代)的哲学学说,然而他们又不是专研哲学的学生,其对于柏拉图哲学的使用不同于奥利金和奥古斯丁以及尼撒的格列高利。拿先斯的格列高利的演讲录和诗篇提到一大堆希腊哲学家的名字,②表现的主要就是这种讲义式学习的印象。毫无疑问,拿先斯的格列高利和巴西尔主要都学习过并接受了柏拉图的主要哲学学说,巴西尔还受过普罗提诺哲学的影响,引用《九章集》来论证神学思想。尼撒的格列高利则是卡帕多西亚教父中最柏拉图主义化的神学家,他没有到雅典接受希腊的高等教育,他的老师是自己的兄长巴西尔,是"自学成长"的人物,然而其柏拉图和普罗提诺的哲学

① 参见杰克斯:《圣巴西尔和希腊文献》,第 10—11 页。

② 参见路塞:《拿先斯的格列高利:修辞学家和哲学家》附录,第 176—177 页。

底蕴却最深厚，其神学也最具深刻性。拿先斯的格列高利则可能深悉修辞学的底蕴，擅于用浅白的方式讲神学要义，他因着五篇“神学演讲录”被称为“神学家”，是三位里面最擅长演讲的“通俗”作家。三位卡帕多西亚教父在柏拉图主义哲学基础上形成的神学具有一致性，同时又各有特点。巴西尔常被视为卡帕多西亚教父的领袖，他确定了神学典范的蓝图，而且最具行政能力；拿先斯的格列高利则善于作深入浅出的诠释；尼撒的格列高利的神学则最具原创性，是被现代学者研究得最多的教父之一。

拿先斯的格列高利比巴西尔先到雅典，比巴西尔更迟离开。他的自传体诗歌记载了他负笈雅典的情况。他说，在他抵达雅典并学习了一段时间后，有一位朋友从卡帕多西亚来。“神给我恩惠，让他结识了这个最智慧的人……他就是巴西尔，我们时代最伟大的最仁慈的人，我与他分享我的学习、居所和我的思想。”[①]接着又说巴西尔偷偷离开雅典后，陌生人、朋友们和老师都恳求他自己不要离开，留在雅典。[②] 然而拿先斯的格列高利还是执意离开，“在雅典稍逗留长一段时间后，我秘密地几乎不为所有人所知地离开了”[③]。拿先斯的这节自传体叙述，是确定拿先斯的格列高利和巴西尔在雅典学习时间的最可靠文本。学者们认为巴西尔到雅典的时间比较确定，大约是他 21 岁的时候，[④]即大约 350—352 年间，由此可以肯定拿先斯的格列高利大约在 349—351 年间已经到雅典。根据他的书信，我们知道他大约是在 25 岁后离开雅典，[⑤]这中间他遇上了后来成为罗马皇帝的朱利安，后者于 355 年到雅典学习，因此拿先斯的格列高利大约在 358 年离开雅典，巴西尔则在稍早的时候返回了卡帕多西亚。

在雅典学习的巴西尔和拿先斯的格列高利自然成为密友，他们原先可能就已经结识，这次只是重逢并且加深了友谊。两个年轻的基督徒在希腊这种

---

① 参见拿先斯的格列高利：《抒怀诗篇》221—228。

② 参见拿先斯的格列高利：《抒怀诗篇》249—252。

③ 拿先斯的格列高利：《抒怀诗篇》264—265。

④ 参见梅兰德斯：《卡帕多西亚教父》，第 21 页。

⑤ 参见拿先斯的格列高利：《第 7 封书信》。

异教文化背景中结下了诚挚的友谊,他们也在信仰中相互勉励,从而砥砺他们的神学思辨。雅典的来自五湖四海的学生不以老师划分,常以他们所来的地方分住,依着乡谊结成不同的群体。他们主要都师从两位著名的修辞学家希梅勒(Himerius)和帕洛亚勒西(Proaeresius),“他们为全雅典人所知”①。拿先斯的格列高利和巴西尔的深厚情谊也在雅典流传,拿先斯的格列高利紧接着上面的叙述,略带夸张地说,“所有知道他们的人也都知道我们”②。两人坚守基督信仰的生活样式,尽量不和异教学生一起娱乐,也不去雅典的世俗场所,或者他们可能一起还去参加教会的敬拜。他们又以刻苦学习修辞学、语法、数学和哲学的好学生闻名。他们学习所得的丰富知识在他们著作中都有反映,巴西尔的《创世六日》丰富地运用当时的科学知识解释创世,反映了希腊世界自然科学研究的进展。这些都得益于在雅典的学习。他们分享思想、生活中的一切,用拿先斯的格列高利的话说,就是“我们似乎只有一个灵魂,住在两个身体里面”③。

两人气质上的差别也是存在的,还是明显的。“巴西尔更热心、更倾向于行动的生活,格列高利更热爱宁静的沉思的生活。”④在两人还没有成为基督教世界的主要思想家前,在他们还在雅典求学的时候,这个差别似乎还没有为沉醉在友情中的拿先斯的格列高利和巴西尔所觉察,然而当他们回到家乡,在是否决定成为神职人员的事情上就明显表现了出来。370 年巴西尔升任为卡帕多西亚的主教,他要求拿先斯的格列高利担任一个介于凯撒利亚和拿先斯之间的偏远小镇的主教时,后者拒绝接受并指责巴西尔背叛了他们在雅典时许下的过一种“哲学的生活”的共同心愿。⑤ 所谓“哲学的生活”,指的是一种“沉思的生活”和“苦修的生活”,不过多介入教会的复杂事务和教会政治。然而巴西尔对“哲学的生活”有不同的理解,他的教会生活清楚地表现了这一

① 拿先斯的格列高利:《演讲录》,第 43 篇第 22 节。

② 拿先斯的格列高利:《演讲录》,第 43 篇第 22 节。

③ 拿先斯的格列高利:《演讲录》,第 43 篇第 23 节。

④ 乌尔曼:《圣拿先斯的格列高利:对四世纪教会历史的贡献》,第 37 页。

⑤ 参见拿先斯的格列高利:《抒怀诗篇》475—485。

点。巴西尔是基督教隐修主义和修道院制度的开创者之一，他的贡献彪炳史册；拿先斯的格列高利和尼撒的格列高利更多地注重个人苦修生活的实践，并在神学理论和神秘主义的阐释上有更多建树。

卡帕多西亚教父气质的差别还影响到他们阐释教化/成圣理论角度的差别，这与他们的成长过程有密切的关系。巴西尔自小就被作为教会领袖而得到培养。他的父母尤其是祖母老玛克莲娜以教会历史的英雄和殉道者故事教育他，培养他坚忍的性格，向他讲述行奇迹者格列高利的故事。据说行奇迹者格列高利被祝圣为本都的第一任主教时，整个行省只有 17 名基督徒，而他去世前，却只剩下 70 人还不是基督徒。① 诸如此类的故事显然烙印在巴西尔的心里，做一个强有力的主教是他的一个强烈的愿望，并伴随着他一起成长。他终生都保持着对于行奇迹者格列高利以及殉道者的尊敬和清楚的记忆。② 巴西尔还清楚地记载说："关于神的教义，我在孩提的时代，就从我蒙福的父母以及祖母老玛克莲娜那里甚为完全地接受过来，一直留存在心中。当我满有理性的时候，我都没有任何的混淆，而是紧紧地持守他们传讲给我的原理。就如种子从小变大却是同一种类且更加完全一样，我认为我个人的情况也是如此，同样的教义随着我的成长而壮大。"③巴西尔的一生是侍奉教会并投身于教会事功的殉道者的一生，他之创立修道院、不惧帝王的权势和质朴得无法再质朴的生活，无不折射出他所承受的教育理念。

这种气质的不同塑造了卡帕多西亚教父担当角色的不同。在教会事务、反对阿里乌主义和神学整体方案的阐释上，巴西尔是绝对的主动者；两位格列高利则是被推动者，拿先斯的格列高利有时要抵制巴西尔的决定，然而巴西尔去世后他毅然担当起反击阿里乌主义的重任。尼撒的格列高利则一生顺服他的兄长，巴西尔的去世激发了他的神学创作动力，他极具神学厚度地更犀利地捍卫尼西亚神学的正统。可以说，巴西尔的去世反倒释放出两位格列高利各自的天赋和创造力。

---

① 参见行奇迹者格列高利：《奥利金赞词》，第 7 页。

② 参见巴西尔：《第 204 封书信》。

③ 巴西尔：《第 223 封书信》。

第三节　希腊之思和基督之信

卡帕多西亚教父的神学有两个主题贯穿始终：一是他们的隐修主义/苦修主义；二是反驳新阿里乌主义的代表人物优诺米乌(Eunomius)。这两个主题紧密交织，隐修主义/苦修主义是他们身体力行的基督徒的生活方式，是他们把效仿基督的信仰落实在个人层面之处。卡帕多西亚教父反驳优诺米乌，主要是在三位一体神学展开辩论，进而塑造了三位一体神学的希腊(东方)典范。就卡帕多西亚教父而言，在反驳优诺米乌的艰难斗争中，不仅要准确地展示和维护基督信仰的纯真，也要准确地使用希腊哲学而不是过度使用或滥用，从而使希腊哲学成为信仰的活泉的表述载体。这两个主题的关联、希腊哲学在基督教神学的适切使用以及卡帕多西亚教父神学典范的成熟形态表明，希腊哲学和基督信仰如何在古代晚期得到严格的到位的把握，从而也可以看到基督教神学是借着基督徒的教会生活和个人的灵修经历达到对于希腊哲学的整合，而不是文化学意义上概念比较的结果。

当巴西尔和拿先斯的格列高利还在雅典的时候，他们就计划着要过隐修的生活，他们称之为哲学的生活。358 年，格列高利回到拿先斯后，受巴西尔之邀到伊利斯(Iris)河旁的安尼西(Annesi)共同隐修。由于年迈的父母需要照顾，格列高利没有逗留很长时间就返回了拿先斯。他向巴西尔解释说：

> 我得坦白，我没有信守我的诺言。在雅典，那个我们结下友谊和密切关系(我找不到更适合的词)的地方，我就曾立下愿望与你过一种哲学的生活。然而，我没有信守诺言，不是因为我自己的意愿，而是因为一条大于此的法则；这条法则就是要求我们尊敬父母胜过友谊和交往。①

① 拿先斯的格列高利：《第 1 封书信》。

显然,两位朋友有着共同的心愿并且去履行这种共同心愿,把隐修生活看做是基督教神学的根基。在致格列高利的信中,巴西尔也证实在雅典的时候他们曾有过这样的共同愿望,又说自己因为有各种事务的忙碌,不得不中止这次隐修。① 卡帕多西亚教父在其后来的牧养经验中准确地把握了灵修与教会事务的关系,从而把古代晚期埃及修士们的沙漠苦修的个体主义重新带到教会群体生活之中。

在卡帕多西亚教父之前,基督教的隐修运动就已经在埃及的沙漠兴起。隐修主义就其神学的直接源头而言,可以追溯至苦修主义。苦修主义源远流长,前三个世纪的基督教思想家已经有深刻的阐释。沙漠教父中,最著名的隐修主义者有圣安东尼(St. Antony)和圣帕科密乌(St. Pachomius),圣安东尼在北埃及推动隐修主义;圣帕科密乌则在南埃及。在沙漠教父之前,基督教历史上还没有出现隐修主义(monasticism),而只有苦修主义(asceticism),通常也译为禁欲主义。苦修主义与隐修主义的关系,按照有的学者的看法,在基督教兴起的首三个世纪内相当一致,即都以基督为榜样,以他的教导为基础,这是基督对于门徒的信心上的邀请:"凡为我的名撇下房屋或是弟兄、姐妹、父亲、母亲(有古卷添'妻子')、儿女、田地的,必要得着百倍,并且承受永生。"苦修主义把贞洁的美看得很重要,其他诸要素如祷告和顺服等等也是极为重要的因素。公元 3 世纪末和 4 世纪前半叶,圣安东尼和圣帕科密乌把苦修主义引向隐修主义。其中,圣帕科密乌起了很重要的作用,尽管圣安东尼因为阿塔那修的传记更为人所知。285 年,圣安东尼进入毕索依(Pisoir)的旷野苦修。305 年,他把那些献身于苦修生活的基督徒组织成为一个群体,这成为隐修生活的开端。就此而论,隐修主义是苦修主义和神秘主义的有组织生活。② 圣安东尼本人则并不乐于机构性的生活,毕竟机构性的或者说群体的生活总是受牵制于行政事务。不久,他就从隐修机构的所在地外山(Outer Mountain)遁隐到内山(Inner Mountain),独自苦修去了。

---

① 参见巴西尔:《第 14 封书信》。

② 参见莫菲修女:《圣巴西尔和隐修主义》,第 9 页。

圣帕科密乌与圣安东尼同时代,也是一个隐修主义者。在隐修之初,大约在315年,圣帕科密乌还没有成为基督徒。他在一个名叫斯切纳塞(Schenesit)村庄的塞拉庇斯(Serapis)庙宇隐修,照顾沿路行人的需要。因此,他的隐修主义一开始就将"仁爱"的原理作为基本要素。不久,他皈依成为基督徒,立即采用了群体生活的方式。

卡帕多西亚教父对于隐修生活的要求继承了圣帕密科乌和圣安东尼的传统,尤其是巴西尔,他是修道院制度的开创者之一,并阐释了修道院生活的严格的细节和灵修活动。同时,卡帕多西亚教父又保留了个人隐修的特色,充分阐释了灵修生活的神学基础。357年巴西尔从雅典回到凯撒利亚不久,就受洗成为基督徒。不久就前往埃及这个隐修主义的源头和运动的中心研究隐修主义。巴西尔去埃及是在圣安东尼去世(356年)后的第一年(357年),他似乎对圣安东尼的隐修主义不太感兴趣,而更重视一种群体的隐修,还重视隐修主义的社会关怀原则。巴西尔的这个隐修思想与希腊的共同体生活和《圣经》关于人作为共同体(koinonia)的存在方式有着直接的深刻的关联。希腊化时期的思想派别无论是伊壁鸠鲁的花园学派的共同体生活以及斯多亚学派的有机宇宙和自然法的观念,都在巴西尔的隐修主义思想中有所体现。隐修生活不能将人抽离于共同体生活的关系,因为共同体才是人性的根本原则,它也是神性的原理,因为神是三位一体的共同体。

卡帕多西亚教父以隐修主义为其神学的基本依据,建立了基督教思想史上非常独特的神学典范。这包含了两个要点:第一,他们所强调的是以共同体(koinonia)为基本的神学理念,从一个有机性基督的角度展示神与人的整全关系,并透过共同体而对于本性(physis,包括人性)有新的论说,即把教会共同体的关注、牧养和成熟的思虑作为神学的核心。第二,卡帕多西亚教父以一种全然宁静的心灵皈依为建立神人共同体的基础,包含着对于神的全然纯净心灵之爱的理解和把握。两位格列高利尤其强调这种深刻的灵性生活中人与神的遭遇。这种隐修主义神学导致一种深刻的与众不同的神秘主义神学,这就是"幽暗之中的神"的观念。它不同于光照的神秘主义,后者是奥古斯丁的光照说所主张的。基督教的隐修生活不同于希腊化哲学的心灵哲学,就在于它有非常清晰的超越性向度并且把这种超越性向度的指向作为旨归。《圣经》也是把这种听道(隐修和灵修)看做高于"忙碌"的信仰生活。① 数个世纪以来基督教的苦修传统已经将独身生活的高贵性推展为生活的基本共识,并在希腊化和罗马世界流传开来。因此,隐修主义神学成为卡帕多西亚教父神学典范的根基并不是没有来由的。

第四节　新阿里乌主义之争和希腊哲学的基础

卡帕多西亚教父终其毕生都在与阿里乌主义展开激烈的论辩,他们的主要神学著作都是针对阿里乌和新阿里乌主义者的。这是尼西亚神学的根本特征。无论是希腊基督教和它的主要代表卡帕多西亚教父一方,还是阿里乌主义另一方,他们都牵涉到希腊哲学如何在基督信仰表述中运用的问题。一方面,4 世纪基督教神学出现了信仰范式差别;另一方面这种信仰范式的差别的背后是希腊本体论哲学发展的差别。在这场"世纪大战"(一直延续了近 60 年)中,卡帕多西亚教父对于希腊本体论哲学作了创造性的阐释,把希腊的本体论哲学推向一个新的思想维度。

阿里乌主义是 4 世纪教会最可怕的敌人。阿里乌原是亚历山大里亚教会下属堂区的一位长老,在神学传统上他推进的是奥利金主义的"左派"路线,将奥利金主义的从属论推进到否定三位格神的独神论。他认为圣子是被造的,在神性上低于圣父,这捍卫了神的神性独一性,却否定了圣子和圣灵作为位格的实存性。就希腊哲学观念而言,阿里乌主义回到了作为非关系性的 Being;就基督教的三位一体神学而言,它否定了圣子的本体性地位。亚历山大里亚主教亚历山大察觉到阿里乌学说的错误性质,在反复劝导无果的情况下将之逐出教会。然而他却获得了凯撒利亚的尤息比乌以及同名的尼科墨狄亚的主教尤息比乌的支持。希腊(东方)教会分成两大阵营:反阿里乌派和阿

---

① 参见《路加福音》第 10 章,第 38—42 节。

里乌派,这导致了325年尼西亚会议的召开,制定了尼西亚信经,明确三位一体神学的信仰宣称。然而,君士坦丁大帝想使教会实现完整统一的愿望,以及实际所存在的关于尼西亚信经的教会的不同表述,使得阿里乌及其学说卷土重来,并且胜过尼西亚信经的规范的阐释者,导致反阿里乌派的神学领袖亚历山大里亚主教阿塔那修的五次被逐。4世纪后期,阿里乌主义竟在整个基督教世界获得了暂时的主导权,希腊(东方)教会更是阿里乌主义的大本营。阿里乌主义在其发展过程中,也衍生出本质相似派、相似派和非相似派,这倒是件好事,使得尼西亚派的不同阵营更清楚地看到阿里乌主义的神学本色,形成反击阿里乌主义的新统一战线。卡帕多西亚教父是反击阿里乌主义的后尼西亚时期的神学领袖。

卡帕多西亚教父生活的时代,阿里乌主义者依然掌控了许多教会。这种情况与帝国政治密切关联在一起。拿先斯的格列高利返回到拿先斯不久,360年他在雅典学习的同学朱利安成为帝国西部的统治者。361年,帝国东部的皇帝君士坦提乌(Constantius)去世,朱利安掌握了整个帝国的权力。朱利安由两名阿里乌主义主教抚养成人,然而他并不认同自己的信仰,他感兴趣的是希腊的宗教仪式和信仰的复兴。朱利安没有采取直接逼迫教会的行动,他了解基督教的事务,他不干涉教会内部有关教义正统性的斗争,他明白越是这样就越能够从"内部"瓦解基督信仰。他所采取的外部策略是削弱教会的教育力量,支持希腊哲学、占星术等等世俗文化的复兴以及社群的建立,以有效的竞争方式动摇基督信仰之于社会的聚集能力。他要求异教主义的教师们表现出对死者的关怀,对于寄居者和旅人的好客和热情,对于穷人的仁爱,一如基督教的教导。[①] 朱利安深悉希腊主义的思想力量,并往里面增加了基督教的人性关怀,这与卡帕多西亚教父不断加深基督教的社会关怀并向希腊世界在各方面例如教育上表现出开放,刚好形成某种回应的关系。这正是朱利安非常策略、非常有效的地方,这也有助于我们理解基督信仰与希腊主义的关系。朱利安试图从希腊主义中发展出具有类似基督教的社会生活方式,和基督教

① 参见乌尔曼:《圣拿先斯的格列高利:对4世纪教会历史的贡献》,第85页。

隐修主义以社会关怀的方式塑造人间基督、塑造基于神之爱的希腊方式存在微妙的共识。这种情况也同样体现在哲学地处理希腊主义和基督教神学的理论关系中。卡帕多西亚教父面对朱利安的挑战没有退缩,他们成熟、巧妙、勇敢地使用希腊主义,把希腊的人文教育纳入基督教教育之中,尽量拓展基督教义思想阐释的希腊空间,增加希腊罗马的知识分子对于基督教神学的认同感,深化基督教神学在希腊罗马世界的认同深度,在雅典和耶路撒冷之间建立更有说服力的思想关系。

363 年,朱利安在波斯战争中受重伤不治去世,接替他的是约维安(Jovian),他同情阿塔那修的尼西亚立场,也容忍基督教世界不同思想派别的存在。这种情况改善了阿塔那修和尼西亚派的处境,然而尼西亚派也没有得到帝国政权更多的支持。约维安在位时间只有 7 个月,瓦伦提诺(Valentinian)成为继任的皇帝。瓦伦提诺使他的弟弟瓦伦(Valens)成为副帝,两人联合统治整个帝国。瓦伦提诺负责帝国西部的治理,瓦伦负责帝国东部。两人在神学立场上却南辕北辙,瓦伦提诺支持尼西亚派,瓦伦则支持阿里乌派。由于瓦伦提诺的支持,罗马帝国西部的主要教会重回到尼西亚派的轨道,东部的情况则显得较为复杂。一方面,阿塔那修及他的继任者彼得继续宣称尼西亚派的立场,370 年巴西尔被祝圣为卡帕多西亚的主教,巴西尔祝圣他的弟弟格列高利为尼撒的主教,还委任拿先斯的格列高利为萨西玛(Sasima)的主教,尼西亚派的立场得到增强。然而另一方面,瓦伦皇帝却想法削弱巴西尔及尼西亚派的力量。371 年,他驾临卡帕多西亚想迫使巴西尔让步。由于敬畏巴西尔的神圣权威,他就采取了一个对策,把巴西尔的卡帕多西亚教区分为两半,削弱巴西尔的管辖权。巴西尔的回应是委派两位格列高利为尼撒和萨西玛主教,这就是上述祝圣的背景。然而尼撒的格列高利被从主教的职位赶了下来(可以看出他不擅长教会治理),拿先斯的格列高利则不愿意担任萨西玛(这有地理方面的原因,萨西玛是一个非常偏僻的村庄;还有他个人的原因,他不愿意为教会事务所累)的主教,阿里乌主义在东方依然表现出强大的势力。375 年,瓦伦提诺去世,他的儿子瓦伦提诺二世格勒提安(Gratian)继位;东方的皇帝瓦伦去世,由塞奥多西(Theodosius)继位,两人都是支持尼西亚派的皇帝,为尼西亚信经和尼西亚派得到教会的认可获得了难得的政治支持的机遇。379 年,就在这个曙光初现的时候巴西尔去世。也就是在这个时候,拒绝担任萨西玛主教的拿先斯的格列高利从隐修生活中出来,继承巴西尔的未竟之志,接受教会和皇帝的委派,到君士坦丁堡去担任主教的职位,把阿里乌主义主导的教会重镇君士坦丁堡的航向转向尼西亚派。

虽然整个环境有利于拿先斯的格列高利,然而君士坦丁堡仍然是阿里乌主义的重要堡垒。拿先斯的格列高利没有诉求于任何政治的帮助,他只依靠他的基督信仰和神的同在,不带一兵一卒前往君士坦丁堡。他虽然被教会和皇帝委命为君士坦丁堡主教,然而并没有得到君士坦丁堡教会的认同,正式的主教依然是阿里乌主义者德摩菲鲁(Demophilus)。拿先斯的格列高利自况自己到君士坦丁堡就像乡巴佬进“大城市”,衣着十分土气如乞丐一般,许多人不知道他是从乡下哪个角落“蹦出来”的怪物。① 他通过某些基督徒的介绍在名叫安纳斯塔西亚(Anastasia)(意为“复活”)的地方建立了小家庭教会,驳斥新阿里乌主义者优米诺斯的三位一体学说(非相似派),阐释尼西亚正统信仰。他在雅典所受的良好修辞学教育发挥了无与伦比的作用,他雄辩的口才吸引其他基督徒纷至沓来。就在此时,他写下了五篇令他以“神学家”传名于世的“神学演讲录”,分别就三位一体、圣子基督论和圣灵作了精彩通俗的神学布道。聚会之初,当教会还非常弱小的时候,君士坦丁堡的阿里乌派带着嘲笑等待着看他的好戏。他们嘲笑他的土气、他的外乡人身份、他的穿着和他的贫穷。② 而当阿里乌派看到拿先斯的格列高利的教会越来越吸引信徒,越来越强大,最后成为大型的聚会后,他们起来逼迫他的教会。拿先斯的格列高利经历了一番劫难,却幸得避过死亡的邀约。经过一年多的艰难努力后,380 年阿里乌派的主教德摩菲鲁被赶出君士坦丁堡。381 年 5 月,拿先斯的格列高利成为君士坦丁堡的主教。

在反阿里乌和新阿里乌主义之争中,如何运用希腊哲学支撑基督信仰的

---

① 参见拿先斯的格列高利:《抒怀诗篇》695—699。

② 参见拿先斯的格列高利,《演讲录》,第 33 篇第 1 节。

理解,是一个重要的解释学问题。在这个关系中,基督教和希腊主义的关系不是单方面的。一方面基督信仰是出发点,希腊哲学是被运用的一方;另一方面因着希腊哲学的被运用,基督信仰的阐释获得了相当成熟的希腊表达形式,甚至可以说被不同于以往的形式所加深和拓展了。在希腊哲学方面,它以基督教的形式得到了转换,这在本体论哲学方面尤其明显;它的理解广度也被扩展了,尤其在精神和心理的领域。基督教不仅使用了希腊哲学,而且完全可以说,在 4 世纪的时候,还展示了一种不同于古典和希腊化时期的独立的希腊主义的精神形态。

第二十章

三位一体神学

三位一体神学是卡帕多西亚教父基督教思想体系的基石,他们把它作为“首要的教义”①。从基督教思想体系来说,三位一体神学确实是基督教神学的“形而上学”基础,犹如希腊哲学把 Being 作为首要原理,视为形而上学的核心一样;就 4 世纪基督教思想的思考重心来讲,三位一体神学几乎是基督教神哲学的所有内容。透过三位一体神学,基督教思想家发展了希腊的 Being 学说。卡帕多西亚教父从三位一体神学出发发展其教义体系,阐释救赎理论,正是整个古典基督教思想家的典范所在,类似于希腊哲学把伦理学、知识论和物理学都建立在 Being 学说的基础之上。历史地观之,此前的基督教思想家已经在开始重塑希腊的 Being 观念,如奥利金、阿塔那修和伊利奈乌等人,然而卡帕多西亚教父的转化工作要更为彻底和全面。首先,他们所讲所论的是主体的神的观念,使得基督教的神主动地与人发生关系。这与希腊的 Being 学说有了明晰的界分,后者的 Being 是自足的、静止的、被直观的纯形式,是理智性之“是”,是纯粹理性的对象。然而卡帕多西亚教父讲论的基督教的神(Being)是一个有情有性的神,也不是纯粹理性所能直观把握以至于与理性同一的形而上学神学。其次,卡帕多西亚教父所讲论的基督教的神是对于 Being 及其相关的语义学作完整重述的结果。他们不只专门地探讨了 Being 的范畴史,更对与 Being 相关的其他术语 physis、hypostasis、koinonia 作通盘的重新考

① 巴西尔:《驳优诺米乌》第 2 卷,第 22 节。

虑。他们所思考的 Being 已经不是希腊的 Being,而是在《圣经》语义学视野下被重新塑造的 Being。以此为基础,卡帕多西亚教父所建立的教化和三位一体神学的关系,就相当不同于希腊哲学家阐释的教化与 Being 的关系,它包含着基督教思想的独特洞见,这与他们所认识的基督教的 Being(神)的特性是紧密相关的,因为他们所讲论的是作为共同体的神。

在希腊语境中诠释三位一体神学,最关键的就是如何基于基督信仰这个《圣经》文本转化希腊的 Being。神和 Being 在形而上学的语义层面是对应的,希腊的 Being 是非位格的、纯粹理智性的存在(实是)、是非复合性的存在(实是);而基督教的神则是由三个位格圣父、圣子和圣灵共契的单纯共同体。撇开位格性不论,就希腊的形而上学而言,基督教的神观至少有两点是荒谬的:第一,圣父、圣子和圣灵的共契如何可能又是单纯的共同体,希腊哲学通过把复合的性质排除在单纯性之外而实现对 Being 的形而上学表述,基督教把"复合性"又带回到 Being 学说中如何可能保持单纯性的观念?与此相关的是第二,Being 如何可能是共同体?以上两点还只是涉及关于神的单纯的形而上学讨论,只关涉"在自身中的神"。然而不同于希腊哲学,基督教讲论的神不只是一个超越的形而上学知识,还是与救赎直接相关的神,它也是人类历史经验领域中的神,也就是说,基督教讲论的神(Being)还是一个历史性的 Being,他是在历史中彰显的"为我们的神"。这种历史性的观念是基督教的神观所特有的,而不为希腊的 Being 所包容。那么如何能够重塑希腊的非历史性的 Being,使之为基督教的神观所用呢?这个问题在卡帕多西亚教父的神学系统中并不是一个急迫的问题,因为他们的救赎论是从灵修的角度来论说的,他们从心灵哲学的视角把内在性的神下贯为历史性的神观念。有意思的是,卡帕多西亚教父的"为我们的神"是透过灵修学角度来讨论的,指向人在心灵实在层面与神的共在关系以及神对人的罪的赦免。然而历史性的 Being 在奥古斯丁和拉丁基督教神学中却是一个急迫的形而上学问题,从德尔图良到奥古斯丁,他们用 oikonomia 来处理 Being 的历史性,形成了重塑希腊的 Being 的新形式。

基督教神学家在重塑希腊的 Being 以合乎基督教的神观所用的不同进路,表现在他们诉求于 Being 语义学的不同资源。卡帕多西亚教父所完善的希腊基督教的神观典范,是要回溯到前柏拉图希腊自然哲学的 physis 学说,physis 常被译为"自然",其词义相通于"生长"、"生出"、"本性"、"造化"和"原动力"。卡帕多西亚教父以自然神学为视野描述 Being,讲论的是"关系性的"神观;奥古斯丁及德尔图良在 Being 的语义学诉求上发展的是亚里士多德和斯多亚主义的 ousia 学说,阐释的是"本体性的"神观。在此基础上,希腊和拉丁两大基督教传统又都把 Being 与 Koinonia(共同体/共契)关联起来诠释,其关联的角度有所不同。本章的重点即在于阐释基督教神观的这样两种不同进路所体现出的希腊 Being 的新语义学。

第一节　ousia 和 physis

历史地观之,希腊的 Being 学说经历了两次重要的变化,每次变化都带来了西方形而上学学说的重大转折,对西方思想产生了深远的影响。学者们对于 Being 学说的第一次转换已经多有论述、多有澄清,这就是从前柏拉图哲学到亚里士多德哲学的转换,从 Ontology 到 Ousiology 的转换。① Being 的这次语义学转换充分展现了希腊理性主义脉络的各个层面,包括在思想和"存在/是"、"存在/是"和"语言及逻辑学"以及"存在/是"和伦理学等方面的重大转换。因为亚里士多德的贡献,本体(ousia)学说成为"存在/是"(On/Being)的形而上学的核心,Ousiology 主导了希腊的 Ontology。② 然而学者们包括西方学者们很少探讨 Being 学说的第二次重大转换,就是由基督教神学家带来的 Ousiology(本体论、是论)向 Physiology(本性论)的转换(希腊基督教)以及历史性 Being 观念的塑造(拉丁基督教)。如果说 Being 的第一次语义学转换是在希腊思想本身的框架里完成,从而使得希腊思想得到定型并且完善的话,那么第二次转换是在地中海文化圈的层次上得以完成的,从而为希腊的 Being 学

① 参见本书第三卷,第 581—582 页。

② 参见本书第三卷,第 589 页。

说真正地带来了新的内容。基督教神学家所推动的这次希腊 Being 的语义学规范的转变,经历了三百年的渐进思考最终在公元 4—5 世纪定型。在本小节中,我们主要探讨希腊基督教神学的新本体论(Ontology),论述如何从 Ousiology 向 Physiology 转变。

造成 Being 的语义学规范发生转变的根本原因是基督教三位一体神观的独特性,它不可能在亚里士多德的 Ousiology 和希腊传统形而上学的框架内被容纳和消化。基督教思想家依据新约《圣经》文本,在与犹太教和希腊哲学家辩论的过程中,逐渐形成圣子、圣灵与圣父是同一位神即同一位 Being 而不是三个本体的观点。这就是说,基督教思想家确定了其"形而上学"两个方面的内容:一是如同希腊形而上学所主张的,神是独一的 Being 或者说 Ousia;二是又认为这个独一的 Being 具有三个位格(hypostasis)。尤其特殊的是,基督教的三位一体神学认为,圣父、圣子和圣灵这三个 hypostasis 与 Being 是处在同样的本体论语义层次,它坚持认为 hypostasis 并不低于 Being,而希腊传统的形而上学思想则认为这是不可能的。当基督教思想家使用希腊语言表述其神观时,就需要作出有力的论证来阐释其何以可能。这就是基督教三位一体神学继承和使用希腊 Being 学说所面临的挑战,也是希腊的 Being 学说在古代晚期所遭遇的基本问题。

希腊基督教传统提出了一套解决办法,研究者通常称之为"从属论"的三位一体神学。在卡帕多西亚教父之前,殉道者查士丁(Martyr Justin)就已经提出某些想法,①2 世纪晚期希腊基督教思想家奥利金(Origen)奠定了其思想基石和方案。② 然而奥利金的方案有一个明显的遭人诟病的地方,就是他认为圣子和圣灵的 hypostasis 要低于圣父,三位格在神性上不等同。奥利金之后的希腊基督教传统就在奥利金主义的"左翼"和"右翼"之间展开了半个世纪的激烈论战,左翼的代表是阿里乌主义,它主张圣子的神性低于圣父说明圣子并不是永恒的神,只是介于圣父和人类之间的特殊存在,在地位上高于人却低于

① 参见章雪富:《基督教的柏拉图主义:亚历山大里亚的逻各斯基督论》,第 84—89 页。

② 参见章雪富:《基督教的柏拉图主义:亚历山大里亚的逻各斯基督论》,第 216—270 页。

神。这当然不符合新约《圣经》的教导,因为新约《圣经》认为唯有圣子才知道圣父并且圣子的 Being 不是在时间中获得的,他也是永恒的。[①] 这样奥利金主义的“右翼”必须拿出解决奥利金学说中的从属论缺失的方案。在卡帕多西亚教父之前,阿塔那修已经有所讨论并对此问题的解决有重要的贡献,然而最终使解决方案定型的是卡帕多西亚教父。一般来说,解决奥利金主义的从属论,必须对于“三位格”和“一本体”的关系作出平衡的把握。一方面,要确认基督教如同犹太教或者说旧约传统那样坚持一神论传统,是一个 Being;另一方面又不至于回到犹太教否认耶稣基督是神的观点,而要确立这位历史中的耶稣基督又是完全的神,与圣父有着全然同等的神性。卡帕多西亚教父意识到,要使这两者同时被兼容在三位一体神学中,就必须突破希腊传统形而上学的 Being 观念。

如何去寻找 Being 的更适切的描述,也就是说如何能够充分体现出 Being 的三位格一体性呢?卡帕多西亚教父转而诉求于 physis。physis 的含义广泛而且复杂,作为希腊哲学术语的 physis 很少使用在《圣经》中。从辞源上来说,physis 具有出生和生长的意义,[②]与拉丁语 natura 在用法和意义上相当。我们可以从三个方面来作具体的分析:第一,就其一般的意义而言,physis 指构成一个本体的内在统一性,以及控制本体活动的能力。如果把它用在人的上面,指的就是一种品质、能力和状态。因此,physis 相当于说一个存在物“是其所是”之“是”,也就是相当于 Being。然而,physis 与 Being 的相当关系,是从动力学层面讲的,这也恰恰是前苏格拉底自然哲学中的 Being。第二,就特殊的用法而言,physis 也会有各种变化,它可以不指存在物是其所是的基础性根据,而可以是 Being 的某种属性,例如“神圣的”、“人的”等等。第三,physis 也可以指人的存在状态,例如我们可以说某个人很乐观、或者悲伤和不舒服等等。[③] 我们可以看到 physis 的主要含义集中在动力性的构成层面上,这与帕兰斯蒂(G.L.Prestige)的考证是相一致的。他认为 physis 原是经验性的、非哲

① 参见章雪富、石敏敏:《早期基督教的演变及多元传统》,第 231—281 页。

② 参见耶格尔:《早期希腊哲学家的神学》,第 198 页注释 5。

③ 参见卡摩尼切刻等编:《神学新词典》,第 710—711 页。

学的术语，在用法上与 ousia 有许多相似之处。然而他也指出 physis 更富描述性，侧重于功能性的含义；ousia 则属于形而上学的用语，与实在(reality)原理相关。① 我们可以看到著名的希腊哲学专家耶格尔有着类似的说法。他在谈到 Being 在前苏格拉底哲学的某种用法时，也指出 to onta 在阿提卡的演说家那里的用法，尤其是在法庭的辩护上，被用为“财产”，这就是相当于名词 ousia 的用法。② 可以看出，在亚里士多德用 ousia 表述本体性本体时，它已经完全地名词化了，尽管 physis 也是一种名词性的用法，它却是从功能性运用的角度落实其构成性的品质，一种动力性的原理蕴含其中。physis 与 ousia 用法上的这种微妙区分，成为卡帕多西亚教父寻求更准确表述基督教神观的重要“窄道”。他们在运用 physis 语义的特殊性时，指出三位格具有的共同 physis，是圣父、圣子和圣灵的共同功能(energeia)，它不是本体的 ousia。从功能性角度，他们发展出关于 physis 的新看法：它既表明三位格处在神圣活动之中，又如 ousia 那样具有终极性实在意义上的永恒性。因此，physis 是关系性本体，指“一个对象拥有的某种特性或所展示的某种功能”；同一 physis 指三位格拥有“同样的功能或本性”，它消解了古典希腊 ousia 的静态的本体论模式。卡帕多西亚教父又指出，强调 physis 的关系性，并不废除神作为独一本体的本体意义。他们所消解的是 ousia 的“个体化”含义，以突出 Being 的“关系”“同一性”。在这个语义层面，同一 physis 的术语更适合于支持三位一体是真正意义上的完全单一的对象。③

用 physis 注释 ousia 成为三位一体神学的首要用语，或者用 physis 来定位对于 ousia 的解释，是卡帕多西亚教父的创造性之举，是他们突破希腊主要是亚里士多德的 Ousiology 的基本内容。使用 physis，使得教父们形成如下的观念：神是一个相互交通、对话和参与的共同体，它又落实为全然的爱的原理。因此，他们用 physis 表示动力性神在圣父、圣子和圣灵之间的无限的爱的永恒的交换关系。这后一个观点被过程神学所采纳，构成一个历史中的 Being 的

① 参见帕兰斯蒂(G.L.Prestige)：《教父思想中的神》，第 233—234 页。

② 参见耶格尔：《早期希腊哲学家的神学》，第 197 页注 2。

③ 参见帕兰斯蒂：《教父思想中的神》，第 233—234 页。

阐释,怀特海(A.N.Whitehead)、罗伊斯(J.Royce)和约瑟·布列坎(Joseph A. Bracken)认为,神圣的ousia就是……在他们的灵里面的耶稣和圣父之间所成全工作的……无限性……因此这个三确实就是神。他们又认为,神的本性或者本质(nature or essence)就是位格间的过程,即三位格的共同体,他们永恒地在知识中生长,相互地爱。① 基于这种具有关系性的神的观念,基督教思想家抛弃了亚里士多德的个体性本体论。

从单纯地对于"一"和"三"的"本质同一"的非共同体性质的理解,或者说一种静态的思辨式的理解,进入到对于本质同一的"动力式"理解,一个活的神的神学辩证的理解,这是卡帕多西亚教父对于尼西亚神学的贡献,或者也可以说是从尼西亚神学到新尼西亚神学的转变。尼西亚信经关于三位一体的正统信条虽然在325年就已经确立,但是希腊和拉丁教会在接下的数十年间从未停止过辩论。这个辩论通常被归结为尼西亚派和阿里乌派之争,然而其复杂性远远超出了上述简单的归类。这是单纯地关注基督论和神论关系的协调引发出来的,因此关键不在于基督作为子和神作为父在Being的状态上是如何的,而是需要有一个新的神观,关键之处在于如何诠释ousia,因为它被亚里士多德视为Being的核心语义。安提阿、叙利亚和亚历山大里亚学派所代表的希腊基督教传统倾向于把ousia解释为hypostasis。在其语境中,ousia的个体化原理更显重要,三个hypostasis(位格/个体性本体)有演变成三个神本体(ousia)或者说三神论的趋势。拉丁基督教则取几近相反的进路,它倾向于弱化位格(hypostasis/persona)的个体化原理,视persona/hypostasis为本体(ousia/substantiae)的样式;persona/hypostasis似乎只是ousia/substantiae的逻辑关系,而非本体性关系。争论的双方都没有突破亚里士多德的Ousiology框架,也没能越出Being的语义循环,没能找到破解其三位一体神学规范难题的有效途径。这两种理解都可以说是对尼西亚神学的正统表述,只是两者都不确切地、不够深入地理解彼此所说的圣子和圣父以及圣灵的关系而已。它们的问题在于都停留在一个静态的本体性的神,本质同一都被作为一个"数"的

① 参见卡摩尼切刻等编:《神学新词典》,第712页。

“一”，只有在卡帕多西亚教父形成其三位一体神学后，才彻底地改变了这种静态的、本体的“一”的观念。巴西尔清楚地告诉当时的神学家：“神不是在数上是一，而是在本性上是一。”“对于那些固执地指责我们坚持三神论观点的人，让我们这样回答他：我们宣称的一个神，不是在数上，而是在本性上。现在关于数的一所说的全部，都不是实存（reality）的一，而是本性上的单一。这就是我所说的话的意思。我们说宇宙在数上是一，而不是说它是单一的事物。”因为宇宙由水、火、土和气四元素构成，而神是纯粹单一的。这是就本性（physis）来讲，而不是就实存来讲的。①

从 ousia 的本体性到 physis 的关系性，这是用新的思维和想象力突破了希腊 Being 的限制，实现了典范的转变。这个转变，不是单纯术语的替换，它是基于对 Being 的全新理解。在希腊的哲学观念里面，Being 是本体性本体，是在实存上单一，本性上单一。卡帕多西亚教父受亚里士多德自然观和斯多亚派神、理性、“普纽玛”同一本性观念的启发，看到 ousia 作为“这个”，它所蕴涵的“如此”就是亚里士多德说的“是其所是”的本质（essence）。当亚里士多德把“形式”也就是 essence、eidos 看做“第一本性”时，他已经走向“本质即本体”之路。这同希腊文 physis 所蕴涵的“依自身力量而展现如此这般的、自然而然的本性”，二者是同一的。斯多亚派也已经从理论上证明了宇宙大自然理性、灵魂、神三者是同一的。卡帕多西亚教父用 physis 诠释 Being，解决了三一神的共同本性和同等地位的问题。下面几节中，我们还可以看到，他们如何用 hypostasis 诠释同一 Being 的“位格”，如何用 koinonia（共同体）诠释三位格的共同关系及其外化为教会共同体的共契关系。这样，他们就完全突破希腊哲学的 Being 观念，建立了“三位一体”的 Being 观念。

① 参见巴西尔：《第 8 封书信》；并参见帕利坎：《基督教和古典时代，基督教与希腊主义相遇中的自然神学转化》，第 247 页。

第二节　physis、logos 和 ousia

逻各斯(logos,道)在新约和斐洛以来的解经传统中有重要地位。《约翰福音》第1节就是“太初有道(logos),道与神同在”。卡帕多西亚教父关于Being的“解决之路”(ὅδος,hodos)的第二层含义就是引入physis,对logos与Being作了新的诠释。

以physis为出发点思考基督教的神观,必然走向用人和外界(自然界与社会)的本然所有的范畴,如情感、理性、逻各斯、共同体等解释神及其本性。用神学的专业术语来说,就是走自然神学之路。① 在这个方面,卡帕多西亚教父走的不是柏拉图主义的哲学路线,而是斯多亚主义的。柏拉图否认自然现象中可见世界的实在性,他所谓的“本然”乃是“理智”(nous)。斯多亚主义持反柏拉图反学园派的观点,它的内在逻各斯学说使得logos与physis相统一,斯多亚派认为,“宇宙必定是一个理性的实是,渗透并包含万物的自然则必定以它的最高形式拥有理性。因此,神与自然必是同一的,世上的一切生命必被包含在神的存在之中”②。斯多亚主义在哲学本体论上为physis的神学运用正名,成为卡帕多西亚教父使用physis诠释ousia的根据。

基督教传统一直有坚持自然神学与反自然神学的两大传统。拉丁基督教倾向于反自然神学传统,例如早期教父德尔图良质问说:“耶路撒冷与雅典有

---

① 这里的“自然神学”有特殊的内涵,指将希腊自然哲学中的自然、理性、逻各斯、共同体、外化、情与爱等概念加以改造、引申,用于神学建构,请勿与泛神论、自然神论相混淆。早期基督教神学(尤其是希腊基督教神学)认为,在认识“神自身的关系”上,可以使用“社会关系”的类比。例如卡帕多西亚教父用彼得、雅各和约翰都是人,有共同的人性来类比。同时,他们又认为这个共同人性不是抽象的观念实体(ousia),而是有具体社会内涵的“关系本体”。这就是古典意义上的“自然神学”的主要内容,本篇的physiology与这样的一种用法对应。至于近代以来,古典意义上的“关系本体”重又被理解为柏拉图和亚里士多德的属性论的非实体论的本体。例如,有一类神学家认为人的自然和人性的美好可以认识神。然而,这样一种自然神学为另一类基督教神学(主要是路德、加尔文和巴特)传统所拒绝。

② 西塞罗:《论神性》第2卷,第7节,石敏敏译。

何相干?”此后的拉丁教父如拉克唐修和杰罗姆也有较强烈的反自然神学倾向,奥古斯丁因为受柏拉图和新柏拉图主义哲学的影响,他的思想仍然包含着某种自然神学的倾向,他的心灵三一和身体三一的譬喻可以为证。自马丁·路德改教以后,近代西方基督教思想(新教)对自然神学更是抱着敌视的态度。帕斯卡(Pascal)在对比了哲学家的神与亚伯拉罕、以撒、雅各的神后,指出两者大相径庭,不可以混为一谈;马丁·路德更是直斥理性为淫妇;巴特(Karl Barth)是自然神学最有名的批评者,他认为神学源于自主性的启示即神的自我启示,是神把自身启示出来,我们才可能使用理性去认识。不能够试图从自然或理性中找寻神学的基础,哲学神学只是理性的骄傲表现,信仰若让哲学在神学中占一席位,最终会鹊巢鸠占,摧毁启示。

然而希腊基督教神学的主流则始终坚守自然神学。斐洛已经提出柏拉图是阿提卡的摩西,殉道者查士丁和亚历山大里亚的克莱门把这个思想作了深入的发挥,把希腊哲学大量地引入基督教思想中,最终充分地体现在奥利金的系统神学内。奥利金依照柏拉图和某些新柏拉图主义的思想,以一种空间救赎论的形态表现柏拉图主义万物复归于一的灵魂上升理论。奥利金及其亚历山大里亚学派是卡帕多西亚教父神学的直接来源,后者也把自然神学作为基督教神学的必要内容。以 physis 为概念基础建立诠释神的共同体的进路采用的正是自然神学的类比。巴西尔引《圣经》的叙述来论证 physis 是一个合用的神学观念。《圣经》谈论到作为个人的保罗、西拉(Silvanus)和提摩太(Timothy)的关系,巴西尔诠释说,从 physis 角度看,《圣经》把谈到保罗的 ousia 的语言和属性也同等地被运用到了西拉和提摩太身上。当那些询问者想了解什么是他们的共性时,他们就可以借助关于 ousia 的共同规定来了解 physis,而这就是 homoousios,①即“本质同一”,也就是“三位一体”的共同规定。而 physis 这个术语正好显示基于“本质同一”的共性,就是圣父、圣子和圣灵的共同体关系。这就意味着,我们可以取用存在于人之间的关系来比喻神的诸位格的共同体。哲学是可以被用来表述神学的,基督教的神观的观念论基础就

① 参见巴西尔:《第 38 封书信》。

是希腊的本体论、自然哲学和政治哲学的结合。巴西尔认为人的社会性关系是三位一体神的共同体关系的适当类比。如果从人的社会性存在的角度看,人是被放在与他人的关系中来确定和把握其存在(实是)的。Ousia 显示的不是孤立和静止的单个存在物,人之所以是人也不是因为存在某种神秘的仅为他所有的那个存在(实是),而是因为与他人的关系。确立这个个体之为个体的,就是他与其他人的关系。三位一体神的共同体性质正是这种关系性存在(实是)的运用。虽然巴西尔并不认为任何自然关系和社会关系足以表达神的共同体关系,因为在三位格之间是全然无亏缺的爱的关系,而人的本性中的这一关系往往有所缺失。然而使用自然神学包括把希腊哲学的基本观念来论证神的共同体关系,乃是正当的。这样,基督教并不是如哈耐克所说的摧毁了希腊哲学,而是保存并复兴了希腊哲学。

在希腊的自然哲学中,理性是自然人的灵魂的最高尚的部分。希腊基督教(卡帕多西亚教父)的三位一体神学,充分肯定了作为自然人的人类理智(logos)在基督信仰中的运用,他们给予希腊哲学以充分正面的评价。希腊哲学认为,神学就是第一哲学。柏拉图最先对神学这个术语作了确切的界定,在《理想国》中,他反击诗人和文学家(例如荷马)对神的亵渎,认为必须从理智(理性)层面阐释神的存在特征。也就是说,柏拉图以自然的/理性进路对抗诗意的/神话式的进路,他称这种关于“神”(theos)的学问(logia)为神学(Theologia)。亚里士多德沿着这个进路,称第一哲学为神学。斯多亚派进一步加以引申,认为理性、普纽玛、逻各斯与神是同一的。对于希腊人的这一独创,耶格尔作了这样精彩的表述:

> 神学也是希腊心灵/理智的特殊创造……神学尤其特殊地是希腊人的心灵/理智态度,它与某种伟大的重要性相关,那就是希腊思想家把它归之为逻各斯的东西,因为 theologia 这个词语意指借着逻各斯所获得的对于神或诸神的进路。①

以理智性进路把握神所呈现于人的关系,本身就是在运用共同的逻各斯,

---

① 耶格尔:《早期希腊哲学家的神学》,第 4 页。

就是在理性地把握神与人的关系。理性地把握神与人的关系,合乎 pneuma、physis 和 nous 统一的概念论基础。神包含一种逻各斯(道),否则他就会没有理性。这逻各斯不可能只是神的一种属性。神怎样大过我们,他所包含的一切也都怎样大过那些属于我们的东西,包括逻各斯的观念也是如此。也正是出于这一原因,神的逻各斯引导我们的逻各斯,因为我们的逻各斯有限而且短暂,使我们对逻各斯产生更高尚的观念。卡帕多西亚教父反对早期拉丁神父的信仰绝对排斥理性的观点,他们坚信理性在信仰神,而不是在信仰之外,这就为希腊哲学在教父学中的运用提供了合法的依据。卡帕多西亚教父使用希腊,但又超越了希腊。一方面,他们认为三位一体神学是运用希腊哲学理性把握的结果;另一方面,他们又毫不含糊地指出,神的逻各斯并不是封闭的、为人的理性所自足的、静止的逻各斯。人的逻各斯并没有穷尽神的奥秘,也不用担心会穷尽神的奥秘,它只是确定了通往神的理性之路,它只是一条道路而已。理性使这条把握的道路更加开放,更加指向奥秘。这就是尼撒的格列高利赞扬他的姐姐小玛克莲娜关于灵魂不朽和神圣存在论证的理由:"你这番解释层层递进,娓娓道来,虽然浅白毫无装饰,却满有合理性和真理性,凡热爱思考的人都会承认这一点。至于那些仅在专业的证明方法上内行的人,只要具有说服力就能够使其信服。但就我们来说,我们认为有比这些人的结论更可信的东西,那就是根据《圣经》教义得出的结论。所以我相信,除了以上所说的,还有必要追问一下,这种神启教义是否与此完全一致。"①所谓的娓娓道来、合理性和真理性,都是指逻各斯与 pneuma 和 physis 的统一性说的。然而这种统一性不是静止的自足,自足可以是动力性的;正如理智性地把握是一种动力性的进展和把握的递进,神的逻各斯吸引人卷入到他永恒的生命存在之中。这也是卡帕多西亚教父在使用逻各斯的观念时对于希腊哲学的突破。"神的逻各斯的恒在(subsistence)必然是不灭的,同时也是有生命的,因为理性的东西不可能像石头一样是无生命的。它还必然有一种独立的生命,而不是分有的生命,否则它就会失去单纯性;它既是有生命的,就必然有意志力。逻各斯的

① 尼撒的格列高利:《论灵魂和复活》,石敏敏译,第 113 页。

这种意志必然与他的权能同等,因为选择和无能合在一起也同样会破坏它的单纯性。他的意志因为是神圣的,所以必是良善的。从这种作为的能力和意志必然可以推出良善的实现;由此经过智慧和技艺安排的世界就形成了。进一步说,由于道的逻辑概念在一定意义上是个关系概念,因此,说道的神也就是道的父与他的道一起必然被认为是存在的。"①道(逻各斯)展示的是一种关系,就是道与神共存的关系,这种共同体关系还透过创造进入人与人的关系、人与自然的关系还有人与神的关系。这种关系不仅是单纯的,而且是一种动力性的关系,即所谓的权柄/权能(dynamis)。因此,神的 physis 是一种 dynamis(动力性)的关系。可以说,这是教父学源自希腊又超出希腊的一个重要特点。透过 dynamis,三位格(圣父、圣子和圣灵)形成一种共同体;透过逻各斯(道/圣子),三位格的关系(physis)成为我们言说神以及神内住于世界的特性。理性须内住于神圣关系之中方可以成为神学的表述。哲学以神学为基础,才可以有能力言说神的存在。这样,卡帕多西亚教父就在希腊哲学和基督教神学、雅典和耶路撒冷之间成功地完成了一次转变,以耶路撒冷为基础把握希腊,以神学为基础诠释希腊哲学,以神圣的 physis 为基础理解人的实存。

第三节 physis 和 hypostasis

早期基督教的神观起于基督论问题。耶稣被处死后,有一群人奉基督的名建立新的社群即教会,这引来了罗马帝国对他们的迫害。迫害的罪名是,他们信一个被帝国处死的罪人;他们信耶稣意味着他们是无神论者(这是一个很有趣的罪名)。所以基督教思想家务必论证一个问题:他们所信的耶稣基督是一位神,并且信这位神并不与信旧约的耶和华矛盾。他们虽是两位却是一神。这就意味着要在理性上如何解决两位(hypostasis)却是同一本体(ousia)的问题。然而 hypostasis 和 ousia 在希腊哲学传统中都有本体的意思,

① 尼撒的格列高利:《大教义手册》概述部分。

这就导致两个词的混用并导致对耶稣基督与神的关系的误解,误以为是两个神,并且圣子低于圣父。在卡帕多西亚教父之前,基督教思想家没有从 ousia 不是实体性本体而是关系性本体这个视角入手,导致了长达半个世纪的争论。这就是基督教历史上有名的尼西亚会议及信条之争。卡帕多西亚教父是后尼西亚的教父,他们在反思尼西亚会议前后教父神观的争论中,清楚地看到三位一体神学的理智性困扰是因为受限于古典希腊本体论哲学传统,把 ousia/Being 片面理解为“本体”是整个争论的“死结”。在没有区分 ousia/being 和 hypostasis 的情况下表述三位一体时,拉丁基督教说 one hypostasis 就如同是说 one ousia/Being,希腊基督教接受 three hypostases 就如同持守 three ousia/being(三个本体)。[①] 前一种混淆并弱化了 hypostasis 的“个体”真实性,与撒伯流主义(Sabellianism)无法分辨清楚。撒伯流主义是早期基督教内部的异端,其三位一体学说被称为形态论,认为圣父、圣子和圣灵都是同一位神显示在世上的形态,不具有个体的真实性。后一种则过于强调了 hypostases 的“个体性”,如果 hypostases 是本体,ousia/being 又是本体,那就会导致双重困惑:一是三个本体如何又可能是一个本体?二是这岂不表明有四个本体,有四位神?结果,4 世纪基督教思想家阿里乌提出了如下的解决方案:唯有耶和华神是永恒的独一神,圣子由于是出生的,他在神性上有时间的开端。这就是阿里乌主义,它否定了耶稣基督拥有完全的神性。

4 世纪初期至中叶,整个基督教世界的哲学迷思在于,他们都了解 hypostasis 与 ousia/being 都可用来指本体性本体,却没有能够分清前者指“个体性本体”,后者指“关系性本体”,而整个问题的焦点又在于 ousia/being,因此澄清 ousia/being 的语义至关重要。在看清争论的症结后,巴西尔建议用 physis 来替代 ousia/being。physis 是功能性/经验性的用语,它的“关系性”意义要更为突出。巴西尔说,在描述圣父、圣子和圣灵是一个 physis(本质、本性)时,“我们是用名字指共性(physis),而不限于以彼命名的某一专门个体。例如彼得、安德鲁、约翰和雅各。因此,‘是一个本质’这一断言是普遍的,涵

① 参见巴西尔:《第 38 封书信》第 1 节。

盖同一名称之下的所有个体。需要注意的只是,我们所理解的不是一般的无区别的个人,而是彼得或约翰这样的特殊个体(hypostasis)"①。巴西尔廓清了Being语义学在古代晚期发展的思想迷雾,把它定义为"共性"(physis),而不是定义为"本体"(ousia)。这就从亚里士多德的本体论哲学中摆脱出来,而创造了新的Being语义学。

尼撒的格列高利和小玛克莲娜发展了巴西尔的新Being学说。在巴西尔的框架下,他们对于逻各斯的概念作了新的诠释。既然逻各斯是关系性的,那么从自然神学的角度看,所有的位格就都基于关系性,关系性在这里是一种卷入的形态,在基督里面就包含了认信的各种形态,因为三位格之间包含着彼此认信的丰富的关系,人在救赎之路上寻求对信仰的理智性了解,也是进入三位一体神内部关系的基本方式。小玛克莲娜(学者们称她为"第四位卡帕多西亚教父")进一步诠释了这个看法。在与尼撒的格列高利作病榻前谈话中,后者问她理智/理性论证的真理与神启的或者启示的教义是否一致时,小玛克莲娜说:"谁会否认真理唯有在烙上了《圣经》见证之印的事物中才存在?"②她始终把启示的真理放在神学建构的前面,她也不认为两者有什么矛盾。之所以如此,是因为人的理智的physis与神圣的physis是本质相似的,人的physis里面包含了神圣的physis。通过关系性语义,卡帕多西亚教父在人与神的Being的关联中也获得了新的了解。

正是基于运用希腊又转化希腊的本体论进路,基督教思想家才可能略为清楚地表述神的内在的位格关系。尼撒的格列高利从自然神学的角度,对巴西尔的观点作了进一步的发挥。他引用《以赛亚书》的如下两节经文:"谁行作成就这事,从起初宣召历代呢?就是我耶和华,我是首先的,也与末后的同在"(第41章第4节);"耶和华以色列的君——以色列的救赎主万军之耶和华如此说:'我是首先的,我是末后的,除我以外再无真神!'"(第44章第6节),进而评论说,文中"耶和华"的自我宣称指向的是"圣子"的预表,表明圣

① 巴西尔:《第38封书信》第2节。

② 尼撒的格列高利:《论灵魂和复活》,第113页。

子与圣父永恒同在,这也是以赛亚强调“首先”和“末后”同在的真正意思。以赛亚清楚地预言了福音书中的救赎信息,指出了“圣子”之名。借着圣灵的启示,以赛亚又说出圣子不是另一位神,而是同一位神。这是以赛亚说“除我以外再无别神”的意思。从“由圣子而圣父”以及两者互为一体的言说中,以赛亚指出存在一种神圣的本性(Divine Nature),它是自有永有的真正之所是(that which really is),并被显明是在神的位格(hypostasis)里面。Divine Nature 指的就是 Being,是自身连续且不可分离的。它在自身里面没有先和后,是没有古老和新近之分的 Being。① 这个 Nature(physis)所表述的是 Being 自身里面的永恒同在的多元性,它不可分离,尽管它是真实个体之间的关系;没有先后,尽管有圣父和圣子之名的分别;没有古老和新近,尽管道成肉身是最近才发生的历史事件。因此,同一位神,他却以圣父、圣子和圣灵之个体性本体的形态存在于不同的历史阶段(旧约、福音书和五旬节),使历史具有位格的特性。

至此,我们可以对 ousia 与 hypostasis 作一个小结。Ousia 是亚里士多德从系动词 eimi 的现在主动式阴性分词 ousa 中引申的一个表述 Being(是、是者、实存、实是)的哲学范畴。它一出生就是一个哲学范畴,而不像 logos、aletheia(真)有一个从词语到范畴的过程。亚里士多德之后,普通语义学方面的运用,仍遵循希腊语法,更多的是使用中性分词 τὸ ὄν(to on),次为阳性 ὤν(on),阴性 οὖσα(ousa)。而 ousia,后人都回避不了它的第一哲学的使用。这在晚期希腊哲学诸派特别是新柏拉图主义中尤为明显。卡帕多西亚教父们,受亚里士多德 ousia 作“形式”与“本质”(essence)近似而 essence 与 physis(本然之性,本性)近似的启发,还受斯多亚关于 preuma(普纽玛)、理性与神同一的影响,用 physis 表述三位一体(trinity)这个共同体(ousia,Being)之本性。

Hypostasia 是亚里士多德之前就有的一个常用词语,它来自动词 ὑφίστημι(hyphistemi)、ὑφιστάμαι(hyphistamai),语义为“站在底下”、“卧底”、“支撑”。亚里士多德也这么用过(如 Bekker 标准页 659a24,368b12)。在流水中,用做

① 参见尼撒的格列高利:《驳优诺米乌》第 5 卷,第 1 节。

“河床”(如亚里士多德,《动物史》551b20,《天象学》362b14)。这个词还引申为建筑的地基、基石;记述诗歌话语中的主题关键词;戏剧中的“角色”(figere)。[①] 亚里士多德在《范畴篇》中讲第一本体(个体)是主词时,主要用被动语态的分词ὑποκείμενον 表述 subject(主语、主词)和 substrate(底层、基质、质料、支撑,参见 1a20,2a12,3a8 等)。为什么亚里士多德不用 hypostasis,也不用主动语态动词的分词,而用被动语态ὑποκείμαι 的分词?[②] 亚氏自己未作说明,可能同他的质料是被动的承受者思想有关,而 hypostasis 有一个实存东西,“一个角色”、“一笔财产”、“一个论证”的意思。亚里士多德仅在个别地方也将其用做“主词”、“主体”、“本体”。在晚期希腊哲学中,由于斯多亚学派视自然个体为真实存在,所以 hypostasis 指称本体这一用法比先哲多。本卷第四编第二章“普罗提诺的一元多层哲学体系”中谈到,普罗提诺用 hypostasis 指称太一、纯思、普遍灵魂三一本体(或译三一原理,三一原则),而且影响了后来的教父学(第四章第 4 节)。巴西尔和拿先斯的格列高利在雅典学习期间,直接接触到普罗提诺、普罗克洛和扬布里柯的著作。可以说,区分 ousia 与 hypostasis,用后者指称“位格”,最主要的影响还是来自于普罗提诺。普罗提诺实际上已经作了划分,ousia(Being)指称“太一”本体,用 hypostasis 指称一元三层本体中太一、纯思、普遍灵魂三者的特殊本质和关系。卡帕多西亚教父及其先驱奥利金,将 ousia 与 physis 等同,指称圣父、圣子、圣灵三位之统一本体(本性),用 hypostasis 指称统一体(Being)之三个都有同等神性的各个“面目”、“角色”。这个词转换为拉丁语,就是 persona。persona 有“面目”、“角色”、“面具”之含义,意思就是唯一神这个“本体”有三个“面具”,拥有同一本性的面目、角色登场。由于希腊语、拉丁语都有名词变格、动词变位,同一个名词、动词以不同形式出现,基本词义不变,但在不同格和位中获得特殊含义,所以汉语中将“在位”之“位”、变格之“格”连用,译为“三个位格”,这是相当贴切的中译。这样,哲学上的 ousia 与 hypostasis 终于转换成基督教“三一神学”

① 参见《希英大辞典》,第 1895 页。

② 参见《希英大辞典》,第 1884 页。

的神学基本范畴，为325年制定的尼西亚信经的统一解释奠定了基础。

第四节　physis与基督的二性

从physis出发，卡帕多西亚教父又发展出三位一体神观的另一个层面的表述，即道成肉身的神人二性之physis（本性）。透过道成肉身中神人两性的physis，他们又表述出灵修的关系，即所谓人对于基督的效仿。希腊基督教称这种神对人的寻求和人对神的寻求的回应模式为教化哲学。卡帕多西亚教父所发展的是更具对话和交流性关系的神学，它试图透过三位一体神内部的共同体的关系，来表现一个灵性的/爱的神与成熟的人的关系。卡帕多西亚教父试图借助于神转化神性和人性的关系，以耶稣基督的生命榜样作为一种哲学的生活方式，从灵修的角度诠释道成肉身的神的经世救赎。

卡帕多西亚教父使用physis，以它为Being的主要内容，不单纯是使用了一个术语，用它诠释ousia，重要的是引发了内在性Being的新理解。把内在性的神与经世的神衔接起来，通过基督作为人性向着神性转化的榜样，在此过程中，罪、苦难、诱惑和顺服等诸种因素都获得真实的人性，从而基督与人的关系被呈现为真实的关系。通过使用physis，卡帕多西亚教父显明的是一个主体性的神，是真实地经历了人的患难的Being。这个三位一体的Being就与古典希腊的客体性的Being产生了质的区别。古典希腊的Being是静止的、圆满自足的、旁观的、凝思的、永恒的。然而，在卡帕多西亚教父看来，基督教的神是一个动力性的神，是一个动力性的Being。他是行动的神，是说话的神。旧约的耶和华神（圣父）透过历史直接向摩西、祭司和先知说话，这已经充分表明了神在历史之中，Being在历史之中。道成肉身则将神的主体性显示为一个高峰。在反驳阿里乌主义时，拿先斯的格列高利指出由physis推动所形成的Being的新语义。阿里乌主义认为基督的永恒神性和人性不可能结合在一起，拿先斯的格列高利则说，基督现在是人，并不损害他曾经是单一的、非复合的“是”（He who is now Man was once the uncompounded）。基督还会继续是其所曾是(What He was He continued to be),要把他所不是的(指人性的非是)穿戴上自身。他太初就是“是”,此后为了人类的得救而出生。因为成为人,他承担起人类更加愚钝的本性(nature),通过心灵与肉身交流。基督首先是人,然后才是神圣者。在他的人性中,他没有父亲;而在他的神圣本性(Divine Nature)中,他没有母亲。这两种状况都单单属于神性。① 拿先斯的格列高利所着重的是历史中的神(Being)与 physis 的关系。在论述道成肉身的经世特性时,他侧重于分析基督为人性所承担的罪以及心理学历程,而不在于基督所承担的苦难的外在性关系例如十字架的种种形态。这两者存在着一些区别。如果采用后一种分析方法,容易围绕苦难的问题转向人与世界的罪的关系,并且侧重于分析人的自由意志的败坏性,从而把罪作为基督教神学的核心教义。拉丁基督教采用的正是这个进路,从德尔图良到奥古斯丁,逐渐由罪的遗传问题发展出原罪学说,显示人在救赎中的罪性。卡帕多西亚教父所分析的是一个内在性的自我及其实在之路,这是非常柏拉图主义的分析。他们关注的是一个已经转向神,已经有对于神的内在性意识的人,如何进一步回应神的救恩,从而增强灵魂的神性这一问题。卡帕多西亚教父由此发展出凝视的神学,就是柏拉图所说的“看”的形而上学描述。他们的侧重面虽有不同,但是神学思想是一致的。巴西尔倾向于从“在自身中的神”看 physis 与 Being 关系,拿先斯的格列高利讲的是道成肉身(“为我们的神”)中 physis 与 Being 的关系,锁定 Being 的历史性,然而他们在 physis 与 Being 之间没有根本的分歧。因为拿先斯的格列高利即使似乎侧重于讲经世的神,仍然是从内在性神出发所作的发展阐述。而且,由于拿先斯的格列高利把经世的概念带入到基督神人二性的分析中,使得卡帕多西亚教父关于 physis 与 Being 的解决之道的运用得到了扩展。

尼撒的格列高利也发展了神人两性的耶稣基督这个位格的 physis 与 Being 的阐释。他把一个内在于自身并成为“为人的神”的经世特征清楚地说了出来:

① 参见拿先斯的格列高利:《演讲录》第3篇,第29章第19节。

> 须知，世界是良善的，它里面的一切事物看起来都是明智而灵巧地安排妥当的。因而，所有这一切都是道的作品，这道有生命，活生生地存在，因为他是神的道(logos)；他也有意志，因为他是活的生命；他有力量实现自己所立意的事，他所立意的无不是全然良善、智慧以及高贵的。而我们都承认世界良善的事物，并且如我们上文所说的，世界乃是道的作品，这道既有意志，也能实现良善，所以这道不是别的，就是神的道。在某种程度上，这也是一个“关系”词，因为思考道的父时必须与道一起思考，因为道若不是某某的道，它就不是道。①

尼撒的格列高利的论述强调了道之于神和之于人的本然的(physis)关系性，在创造的良善行为中这种关系性已经得到确定，它是不能被败坏的。在这关系的两端，人的physis本着神的physis从而是永恒的良善，神的physis不因为人的任何恶行而可以被斥为具有恶的特征，他的创造也不具有任何恶的特征。无论从怎样的角度看，“关系性”是卡帕多西亚教父最着重和关注的，也是他们神学的聚焦点。对于他们来说，这种关系性的神学将人的败坏和神的经世区分为两种主体性行为，并且显示出主体性神的那种内在的physis始终是“自我”的基础。人之必须要有对神的主动寻求以及赎罪行为，才可能得到拯救，乃在于人必须维系于这样的关系之中。这就是说，内在的physis仍然是最基本的神人以及神自身的模式。从自然神学角度，卡帕多西亚教父侧重于指明神的绝对性恩典，就是要恢复这种原本存在的创造者与被创造者的爱的关系。尼撒的格列高利认为，正是基于这种关系性，基督教的神学和信仰既区别于犹太人的独一神论，又区别于希腊人的层级论：

> 它必远离任何一方的荒谬，既承认神的活生生的道是有效果、能创造的存在(这是犹太人拒不接受的)，也承认道本身与发出道的神在本性上并无分别。就我们自己来说，我们认为话语是出于心灵的，既不完全等同于心灵，也不完全区别于心灵(它既是从心里出来的，就不是心灵本身，而是另外的东西；但又因它是心灵的表露，所以也不能认为它完全不同于

① 尼撒的格列高利：《大教义手册》第2章。

心灵。由此,在本质上它与心灵是同一的,但作为经受者,它又不同于心灵);同样,神的道因其自立性不同于为它提供生命的神,但它所展现的那些性质就是神性,所以它与根据这些独特记号得以认识的神又是同一本性的。因为只要我们用良善、能力、智慧、永生,无有恶、死、败坏,完美无缺,以及诸如此类,来标示关于父的观念,就必同样地借这些术语看到从父生出的道。①

卡帕多西亚教父的用意在于,无论这种作为关系的 physis 表现在神圣诸位格本身上,还是表现在人所有的在创造中所获取的 physis 上,他们都是同一种 physis。既然如此,这种 physis 永远不会败坏。

以上分析表明卡帕多西亚教父如何把 physis 的语义学框架的转换运用到基督论上,这是三位一体神学的另外一个层面即基督论。卡帕多西亚教父试图用 physis 而不是 ousia 建立神人两性的关系,来说明基督是一个新的 Being。就三位一体神学而言,如果说道成肉身的基督有人和神两个 ousia,这势必会引起误解,它容易引导我们形成这样的误解,即耶稣基督是由两种本体形成的复合物,而使用 physis 则可以避免这种误解,它所表明的是,在耶稣基督里面,存在着一种关系性的并且持续地发生关系的两种本性。这就是人性和神性,在耶稣基督的位格里面,因为它们始终处在关系性里面,也就始终处在真实的状态里面,处在与人相关的状态里面,因为人里面真实的也是这两种关系。两者关系互动才是人的真正的个体性之所在。它们是二,但不是分离成为二。耶稣基督不是单纯地在历史上出现过的那个位格,如果这样的话时间性就成了基督的 hypostasis 的唯一特性。基督论的更重要方面是透过 physis 的术语指出这是重新创造的恩典,那就是神不只赎了人的罪,也不单纯只是一次性地赎罪。重新创造的恩典甚至更胜于原先那次创造的恩典,因为救赎作为第二次创造所形成的 physis,不再是第二次创造中的人的 physis。它不再是会被败坏的,而是永远不会被败坏的。

换个角度来说,创造是由一而多的过程。独一的神创造出一个"好"的世

① 尼撒的格列高利:《大教义手册》第 2 章,见尼撒的格列高利:《论灵魂和复活》。

界，这至少包含两个意思。一方面，人处在与神的“一”的关系中，因人的physis来自于神；另一方面，神与人的“一”的关系不同于神本身之内的绵延、单纯、持续的“一”的关系。神自身内部的“一”是永恒的关系，是超越了先和后、新与旧的关系，①人与神的那种一的关系则是本质相似的关系，是有先和后，新与旧之别的。因此，品尝了基督之死的人，其实已经品尝了自己人性之死，品尝了自由意志的罪性之死。尼撒的格列高利说：“人进入生命之后，因为第一次生只能走向必死的存在，所以必须找到第二次生，这次生既不始于败坏，也不终于败坏，是引导人生而为不朽之存在的生，这样，必死的生必然包含必死的存续，而不朽的生就可以胜过死之败坏。”②可以说这是拿先斯的格列高利提出physis之于Being的又一个新疏解，即神性的physis之于人性的physis的转化关系。据此，卡帕多西亚教父展示了答释希腊Being的不同旨趣：一个动力性主体的Being，具有更新生命能力的Being，他是历史的“主宰者”，不是希腊式的静观者，这种physis使三位一体的神真正形成为主体性和拯救的神，因为他更新了在这个世界中的人的败坏的倾向，而重回到在神最初给予人的physis中发现更深刻的本性，“这必死的本性［指人性］，因着与神性的混合，由于与战而胜之的神圣本性的一致而得到更新。它分有了神性的权能，就好比是这样的一种混合，一滴醋混入大海的深处，由于其液体的自然属性无法在广阔无垠的大海中保持着延续性，而成为了大海。”③

这样，通过卡帕多西亚教父关于耶稣神性与人性、人的罪性和拯救的论证，完成了三位一体神观的双重架构，即由内在三一而经世三一（从在自身中的一到创造的一）和由经世三一而内在三一（由被罪败坏的一到在基督里面并参与圣灵的永恒的一）。

---

① 参见尼撒的格列高利：《驳优诺米乌》第2卷，第130节；第3卷，第3节。

② 尼撒的格列高利：《大教义手册》第33章，见尼撒的格列高利：《论灵魂和复活》。

③ 尼撒的格列高利：《驳优诺米乌》第5卷，第5节。

第五节　physis 和 koinonia

卡帕多西亚教父在论述 physis 时分出了两个层面,然而两者又总是结合在一起。第一个层面是关系性的,处理的是诸位格何以同体。与古典希腊本体论所处理的 ousia/Being 不同,古典希腊哲学本体论探讨的是层级性的本体、本体与属性的关联,卡帕多西亚教父思考 Being 何以又有多个位格;前者从本体间的外部关系言说 ousia/Being 本身,后者则从 Being 本身言说不同位格在 Being 内部构成的多元性何以是真实的个体。第二个层面是,卡帕多西亚教父要阐释一种作为和谐的自然关系的存在观。这种关于 physis 的把握,着重体现在作为和谐秩序之本性的意义上面,卡帕多西亚教父认为在神内部存在的这种关系性以及神与人之间存在的这种关系性,是一种最原初的"约"的关系。它是不变的,永恒的,始终存在于审判之前的神人关系之中。卡帕多西亚教父从第一个层面展示出第二个层面,即由 physis/Being 的关系性本体展示出"共同体本体"的特质。他们说的"共同体"用的就是希腊文 *κοινονί α* (koinonia)。

希腊文 koinonia 的含义丰富,学者们认为从希腊到教父学主要有五个方面的含义。第一,是"规范"。这与 koinonia 的辞源最切近。从词根上说,koinonia 是"共同性/共同",与希腊文 idios(私人)反义。由 koinon 所构成的相关系列用法相当广泛,例如用于"公共"生活,共同体、城邦/国家,商业上的伙伴关系、作为生活/生命结合的婚姻和社会,甚至还可以指性关系,包含一切种类的关系。第二,它被用于政治学。koinonia 指向人类生活的各方面,例如权力的运用、在社群的冲突间维持合一等等。用于教会,指它既是分有神的 ousia 又是世俗的共同体,既处在各种特殊的传统之内又有普世的事业,①蕴含"普

① 参见塞格夫斯基(N.Sagovsky):《圣餐仪式的大公主义、基督徒、起源和实践》,剑桥大学出版社 2000 年版,第 7—8 页。

世/普遍”和“个殊”的双重性。第三,包含“冲突”。基督徒身处教会的koinonia中,他们以个体的身份构成共同体,“冲突”是个体间性的必然要素,也是koinonia的同构关系的要素。koinonia神学强调,要本着“爱”处理好归宗/复和(reconciliation),①因着koinonia表现出爱里面的合一。第四,“对话”的关系。例如,解经和讲道是以对话的方式存在于神的koinonia之中。② 第五,koinonia与记号的关系。意指超越字面或物理的灵性共同体,指相互分享(mutual sharing)或团契(felleowship)的关系。③

koinonia的基本意思是“共同体”。作为一个动力学原则,它指诸个体共存为“共同体”的个体间关系,这时可以译为“共契”。新约《圣经》对这个词的运用典型地体现了这种含义。新约《圣经》共使用koinonia19次,保罗的书信使用了13次。与koinonia相关的,新约衍化出来的共有36次。④ 在讲到领圣餐时,保罗说擘饼乃是一种koinonia,即与基督、并在基督里面和三位一体形成共同体的关系。接着他论述说:“我们所祝福的杯,岂不是同领(koinonia/participation/sharing)基督的身体吗?我们虽多,仍是一个饼、一个身体,因为我们都是分受这个饼。”⑤这是从教会论讲koinonia,鼓励哥林多教会追求在基督里面合一。信的稍后,保罗又说:“我当日传给你们的,原是从主领受的,就是主耶稣被卖的那一夜,拿起饼来,祝谢了,就擘开,说:‘这是我的身体,为你们舍的。你们应当如此行,为的是纪念我。’饭后,也照样拿起杯来,说:‘这杯是用我的血所立的新约。你们每逢喝的时候,要如此行,为的是纪念我。’”⑥保罗又说,这种koinonia的关系是本着信的关系建立起来的,即人得以赎罪,得以蒙救恩,是本于信的。因此保罗认为koinonia是人与神建立

① 参见塞格夫斯基(N.Sagovsky):《圣餐仪式的大公主义、基督徒、起源和实践》,第8—9页。

② 参见塞格夫斯基(N.Sagovsky):《圣餐仪式的大公主义、基督徒、起源和实践》,第9—10页。

③ 参见塞格夫斯基(N.Sagovsky):《圣餐仪式的大公主义、基督徒、起源和实践》,第10—11页。

④ 参见莱乌曼(J.Reumann):《圣经中的Koinonia:圣经文本的传播》,见于贝斯塔和伽斯曼(T.Best and G.Gasmann)主编:《走向Koinonia的道路》,WCC出版公司1994年版,第39页。

⑤ 《哥林多前书》,第10章第16节。

⑥ 《哥林多前书》,第12章第23—25节。

的共同体关系(koinonia),它来自于信的力量。他说:“神是信实的,你们原是被他所召,好与他儿子我们的主耶稣基督同得一份(koinonia/fellowship)。”①这段话是指着哥林多教会里面的结党说的,保罗教导哥林多教会什么是真正的教会共同体,所根基的乃是对基督的追随,强调基督作为信仰之共同体的不可分性,由此强调教会作为共同体的不可分裂,因为“信”于教会而言,是在基督里面“同心合意”的事工。“从头一天直到如今,你们是同心合意地(koinonia/sharing)兴旺福音。”②正是因为如此,在说到koinonia的根基时,保罗又说这是因为我们本着信,归入基督的死,最终得到复活。在写信给哥林多教会的时候,保罗鼓励他们说:“我们为你们所存的盼望是确定的,因为你们知道既是同受(koinonia/share)苦楚,也必同得(koinonia/share)安慰。”③这种苦楚中的安慰,患难中的平安是因着同得基督的患难,“就是因信而来的基督的义,使我认识基督,并且晓得和他一同受苦,效法他的死,或者我也得以从死里复活”④。

保罗的koinonia强调在基督里面结合成为分享他的苦难以及死而成就的复活团契关系。在社会存在的层面而言,又是指结合成教会共同体的个体成员之间的共在关系。保罗的koinonia在于指明两个关联的层面,一是教会共同体的个体成员之间的关系;二是这种个体成员之间的关系来自于与基督的共同体关系或者说参与他的苦难的关系。他的koinonia的侧重面是三一论中的共同体关系。透过阐释基督徒在教会里面的共同体关系形式以及它的基于神的互动关系,保罗把koinonia用于三位一体的阐释。他强调“在基督里面的爱”与koinonia的关系,说明的是koinonia与基督位格的关系以及基督的位格之于人的成圣的定向性工作。在另一个地方,他更全面地论说了三一的koinonia关系与基督徒的救赎关系,“愿主耶稣基督的恩惠、神的慈爱、圣灵的感

① 《哥林多前书》,第1章第9节。
② 《腓立比书》,第1章第5节。
③ 《哥林多后书》,第1章第7节。
④ 《腓立比书》,第3章第9—11节。

动，常与你们同在(koinonia)"①。在《腓立比书》里面又说："所以在基督里若有什么劝勉，爱心有什么安慰，圣灵有什么交通(koinonia peumatos)，心中有什么慈悲、怜悯，你们就要意念相同，爱心相同，有一样的心思，使我的喜乐可以满足。"②保罗关于koinonia的描述侧重于神与人的关系，侧重于经世三一，他甚少去表述神本身的koinonia。就后一方面，有较多论述的是《约翰福音》和圣约翰的书信。

约翰讲论koinonia时，把它直接运用于三位一体神本身的关系。这与保罗确乎有所不同。保罗主要是由koinonia讲教会论，由于教会是基督的身体，这就由教会及其救赎来讲三位一体。保罗运用koinonia是从经世的角度，是从教会共同体讲到神的共同体；约翰正相反，他把koinonia直接运用于神的关系，然后又从这个前提出发运用于神与人的关系。与保罗不同，约翰通过一系列的陈述论证了三位格之间的koinonia关系。约翰先是清楚地讨论了父和子的关系，例如在教导众人说耶稣自己是世上的光时，说"我说这些话，乃是照着父所教训我的"③。又说父始终与我同在。这个同在的意思，不单纯是指历史中的神而言，也是指那永恒中的父和子的关系而言，"那差我来的，是与我同在；他没有撇下我独自在这里，因为我常做他喜悦的事"④。父与子的相互关系是《约翰福音》的最重要主题，他的思想轴心就是透过父与子的相互关系来讲救赎的切实性和信心的有效性。《约翰福音》不断地强调这种相互关系，以此诠释人与神的koinonia关系。耶稣说："我有比约翰更大的见证，因为父交给我要我成就的事，就是我所做的事，这便见证是父所差来的。差我来的父也为我作过见证。"⑤又说："我是为自己作见证，还有差我来的也是为我作见证。"⑥正是基于父和子在永恒中的合一关系和共同体的关系，子启示了父，荣

① 《哥林多后书》，第13章第14节。
② 《腓立比书》，第2章第1—2节。
③ 《约翰福音》，第8章第28节。
④ 《约翰福音》，第8章第29节。
⑤ 《约翰福音》，第5章第37节。
⑥ 《约翰福音》，第8章第18节。

耀了父,父也荣耀了子。“你们若认识我,也就认识我的父。从今以后,你们认识他,并且已经看见他。”①看见子与父的这种关系,就意味着人也已经进入到与神的关系,进入到神的共同体即教会共同体之中。在腓力要求把父显给他看时,耶稣又说:“人看见了我,就是看见了父……我在父里面,父在我里面。”②这一节关于父和子的关系的陈述甚至比《约翰福音》的序曲更进一步。“太初有道,道与神同在”说的是三位一体的永恒关系,而非时间性关系。然而这种关系到底如何呢?Being 所体现的到底是什么样的关系呢?这节经文表明的是父与子的相互内在的关系。“我在父里面,父在我里面”,所说的是父之所以为父、子之所以为子,乃是因为父拥有子才成为父,子拥有父才成为子。没有父,子不会存在;没有子,也就不会有父的身份。父和子的相互内在关系,显示出共同体的本质乃是有着身份的个体,而人进入教会也正是使人重获那种身份即神的儿女的关系。这种“内在于对方”的 koinonia,是一种互为对象、互为主体的关系,而不是一个外在性个体与另一个外在性个体相互排斥的不完全的“对象性关系”,约翰提供了这种相互构成对象而又互为主体的思想进路,成为希腊基督教神学独特的相互寓居的观念。希腊基督教的三位一体神学正是建构于约翰对 koinonia 的上述理解,又结合保罗的教会论的 koinonia 而展开的。

卡帕多西亚教父认为,koinonia 也有两个层面的架构:一是神作为 koinonia,二是神透过创造与救赎与人构造的 koinonia,这都是本于 physis 的本体论使用。由 physis 到 koinonia,使得 physis 呈现的关系性有了真正的主体性。关系性完全可以是一种抽象的关系,例如彼得、保罗和雅各共有人的本性,然而神不是抽象的 physis,而是主体性的存在,koinonia 所表现的正是这样的一种关系性存在。koinonia 表明一种“关系的共同体”。就“关系性”而论,它具有“构成性”和“功能性”的动力学意义。如果说 physis 重视的是自然而然的关系,或者说是本着一种自然关系言说的,那么 koinonia 侧重于“社会关

---

① 《约翰福音》,第 14 章第 7 节。

② 《约翰福音》,第 14 章第 10 节。

系的共同体”。

依据卡帕多西亚教父的观点，由自然神学演化出来的 Physiology 的本体论分析的最重要方面，就是使 koinonia 成为基督教神观的叙事基础，Being 须以 physis 为论说的基础。在这个概念框架下，基督教思想家不必纠缠于“一在先还是三在先”、“一重要还是三重要”的争论。Koinonia 更能够显示 Being 的原初性，显示出 Being 是关系的共同体。既然 Being 在原初的意义上是关系的共同体，那么它就必然既是一又是多。在 koinonia 视野之下，Being 的原初性不在于父和子的普遍共同而又超越于人类理解的抽象关系，这不是希腊哲学所理解的，而是基督教信仰中内在相契而又具体的同在关系，是一种动态的相互彰显的关系，是必然在 koinonia（共同体）作为共同生活的一切具体关系里面的。它不是可能性的潜在性关系，如亚里士多德的四因说关于 Being 的解释，而是具体的相互表达，是父经验子的一切存在状态的 Being，是子彰显父的一切超越性的“知”。《约翰福音》将子与父的这层动态关系运用于人类的救赎历史，就构成救赎论层面的人之于神的祈求和应答的关系。在最后的晚餐上，吃了蘸了酒的饼的犹大出去之后，耶稣说：“如今人子得了荣耀，神在人子身上也得了荣耀。神要因自己荣耀人子，并且要快快地荣耀他。”①这清楚地说出了父与子相互荣耀的关系，是对于父和子关系的彰显。换言之，父作为 being 不是作为一个静态的旁观的非 koinonia 之中的父，子也是如此。由于父和子之间借着这种相互内在的关系构成 Being，它处一种具有动力性含义的 physis。在 koinonia 里面，任何的存在者（Beings）都不可能孤立存在，它处在对于他者的关系中，这个他者的关系是绝对的 koinonia。唯有关系是绝对的，这就是拿先斯的格列高利所说的神是一个关系词的核心意义。他还说：“事实上，这是关涉父之与子以及子之与父的关系名称。这些名称使我们知道一种真正亲密的关系，同样，就我们面前的这一例子来说，它们表示的是受生者与生育者之间的本性同一。不过我们不妨同意你们［指新阿里乌主义者/优诺米乌主义者］的说法，父是关于本质的名称，但是这将仍然引出子的观念，

① 《约翰福音》，第 13 章第 31—32 节。

并且从这两个名称的共同观念和力量来看,也不可能使子成为另一种本性的名称。就算承认父是某种行为的名称,如果这样说你们就高兴,你们也不可能在这一点上打败我们。'本质同一'(Homoousion)的确是这种行为的结果,否则,你们所讨论的关于某种行为的概念就是荒谬的。"①在拿先斯的格列高利看来,父或者子的名称都是包含在关系里面的名称,或者说任何的名称都是包含着关系的。任何名称都包含着相互接纳的原理,koinonia 表达的就是在不同个体之间的这种表现出统一性的相互接纳关系。② 这包含非常重要的含义,那就是父和子之间始终具有的那种开放性关系。在卡帕多西亚教父看来,新阿里乌主义者或者优诺米乌主义者把名称看做是区分"本质"之差别性的封闭性存在,他们由此推断父和子的概念,认为父和子本质不同。然而卡帕多西亚教父指出,要厘清名称之间所包含的乃是开放性的关系,它们相互敞开并接纳。这对于神和人的关系来讲很重要,即神对于人和人对于神都是一种敞开的关系,这才会有作为救赎的"共同体关系"。圣父、圣子和圣灵由于都是从这样的关系来讨论的,拿先斯的格列高利就又指出,koinonia 的关系从太初到历史中的神的观念里面都是广泛存在的:

> 我们已经从《圣经》那些伟大而崇高的话语里学会相信并教导子的神性(Deity)。这些话是怎么说的呢?就是:神——道——这道太初即有,与太初同在,就是太初。"太初有道,道与神同在,道就是神"③,"太初与你同在"④,"那从历代称她为起初的"⑤。子是独生的:"只有在父怀里的独生子将它表明出来"⑥;是道路、真理、生命和光。"我就是道路、真理和生命";"我是世上的光"⑦。是智慧和能力,"基督总为神的能力,神

① 拿先斯的格列高利:《神学演讲录第二篇论圣子》,第 16 节。

② 参见贝斯塔和伽斯曼主编:《走向 Koinonia 的道路》,第 245 页。

③ 《约翰福音》,第 1 章第 1 节。

④ 《诗篇》,第 113 篇 3 节。和合本经文参考第 90 篇第 2 节——中译者注。

⑤ 《以赛亚书》,第 41 章第 4 节。和合本经文译为"谁……从起初宣召历代呢"——中译者注。

⑥ 《约翰福音》,第 1 章第 18 节。

⑦ 《约翰福音》,第 7 章第 12 节;第 9 章第 5 节;第 14 章第 6 节。

的智慧”①。是光辉、真像和肖像，“他是神荣耀所发的光辉，是神本体的真像”②，“神善性的肖像”③，“他是父神所印证的”④。是主、王、自有永有者、全能者。“耶和华从天上耶和华那里降下火”⑤，“你的王权是公义的王权”⑥，“昔在、今在、以后永在的全能者”⑦——所有这些显然都是在说子，还有其他诸如此类的段落，没有一个是事后的想法，或者后来添加给子和圣灵的，也不是事后添加给父本身的。因为他们的大全是不受任何添加之影响的。没有任何时候他曾不是道，或者不是父，或者不是真理、智慧，没有大能，缺乏生命，没有光辉和圣善。⑧

拿克斯的格列高利的这段话和全部引文把圣父、圣子和圣灵的基于《圣经》叙事的“关系性原理”清楚地指明了。它在本体论和历史关系的所有层面，论证了超越的 Being 和历史中的 Being 是同一个 Being，他们相互内在地都是“同时地”、“同等地”包含普遍性和特殊性、普世性和地方性、和谐与冲突、一和三的关系。既然是 koinonia，它当然是“一”；既然是 koinonia，它肯定又有“多个”个体。在 koinonia 里面，这样的一和三的关系拥有完全共同生命的关系。这是 koinonia 观念里面很重要的一点，即三位一体是生命的合一，它所赐予的必然是共同的生命，看见子就看见父。圣灵亦是如此，他引导人去认识子，也就是去经历子所拥有的那样一种生命的关系。因此，在三位一体里面有着生命之间的完全关系，才在基督里面有救赎的关系。这是卡帕多西亚教父批评优诺米乌主义者的关节点所在。在 koinonia 的里面，其他的一切都是相对的。所谓相对的，不是指存在上有时间性，圣父、圣子和圣灵在存在上都是

---

① 《哥林多前书》，第 1 章第 24 节。

② 《希伯来书》，第 1 章第 3 节。

③ 《所罗门智训》，第 7 章第 26 节。

④ 《约翰福音》，第 6 章第 27 节。

⑤ 《创世记》，第 19 章第 24 节。参见和合本，完整的经文是，“耶和华将硫磺与火，从天上耶和华那里，降与所多玛和蛾摩拉”——中译者注。

⑥ 《诗篇》，第 45 篇第 6 节。参见和合本的译文，“你的国权是正直的”——中译者注。

⑦ 《启示录》，第 1 章第 8 节。

⑧ 拿先斯的格列高利：《神学演讲录第二篇论圣子》，第 17 节。

永恒的,而是说都有他者作为交通对象而存在,唯有关系是绝对的。巴西尔把这重关系说得极为清楚:"'一'或'唯一'被用来表述神,不是为了表明圣子和圣灵的区别,而是为了排除所谓的假神的观念。"①他所强调的是"关系"的绝对性,他转变了希腊哲学的 Being 在基督教三位一体理论中的单一的极点式本体的观念。巴西尔又指出,在"一"的关系里面,因为是"系",就有着"共契和分别",而在三位一体神学中是不可理解的、无法言喻的。② 正如帕利坎所谓,虽然在自然神学上,在以 koinonia 为核心的自然神学中,卡帕多西亚教父从希腊古典哲学中吸取了重要的思想资源,然而卡帕多西亚教父并没有把神放在希腊哲学的知识论的基础上予以确定,而是保持着神的不可言喻性和超越性,"神圣奥秘的 Being 不只超越了古典自然神学的理性的和哲学的结构,而且超越了教会教义神学本身的受启示和正统的真理"③。

第六节 physis 和 dynamis

卡帕多西亚教父对 physis 与 koinonia 的关系所作的更深的论述是,揭示了 physis/Being 与 koinonia 的动力性的紧密关系,指出 Being/physis 的神性本性就是一种力量性的存在,它具有充分的主动性并且只有在这样的主动性和主体中才能够得到正确的理解。

《彼得后书》第 1 章第 3—4 节说,"神的神能(theias dynameos)已将一切关乎生命和虔敬的事赐给我们,皆因我们认识那用自己荣耀和美德召我们的主。因此,他已将又宝贵、又极大的应许赐给我们,叫我们既脱离世上从情欲来的败坏,就得与神的性情有分(theias koinonoi physeos)。"《彼得后书》提出了 koinonoi physeos 与 dynameos 的关联。和合本《圣经》将 koinonoi physeos 译

---

① 巴西尔:《第 8 封书信》,第 3 节。

② 参见巴西尔:《第 38 封书信》,第 4 节。

③ 帕利坎(J.Pelikan):《基督教和古典文化,基督教与希腊主义相遇中的自然神学转化》,第 233—234 页。

为“性情有分”，如果直接从字面译，可以译为“共契（共同体）的本性有分”或“团契共性”。这也就是说，神已经将这种新的共同体关系赐予了我们，使我们能够脱离那败坏的本性。而我们之所以能够与这种新的共同体关系有分，完全是借着耶稣基督。因为借着耶稣基督，一种神能（theias dynameos）赐予了我们。theias dynameos 可以译为神的动能或者神的权柄，都是体现为一种主动性的、动力性的支配能力。《彼得后书》认为应该从 dynameos 的角度来解释 koinonoi physeos，把 koinonoi physeos 看做是一种权柄、能力和动能。正是出于这种动力性的神的本体，physis 在被视为神的本性的意义时，它既是圣父、圣子和圣灵三位格的关联性力量，又因着把这种关联性赐给我们，使我们借着这种动力意义的神性，参与到神圣的共同体关系中，把我们从世上情欲的败坏中解放出来相处于分有神性的教会共同体中。这里面包含着由神的内在性动力本性（physis）向着救赎性的 physis 开展出来的关系，也就是说 koinonoi physeos 本是神的内在共同体的关系，现在因 theias dynameos，这种内在性关系成为与人的关联。从而使希腊传统的人神关系发生了新的变化，在上古希腊和古典希腊，部落神、民族神、城邦神借世俗的部落或城邦发生以此为中介的神人关系，现在不同了。“三位一体”的超世神通过神分有的、神在地上的代表——教会或早期的“共契”组织，与个体之人发生关系，世俗社会组织分离出去，成为人的肉体寄居的“团体”。后来欧洲发生的神权与政权、教会与世俗社会关系，其理论的渊源，与此有密切关系。当然，神本身的 koinonoi physeos 关系与神—人之间的 koinonoi physeos 是有区别的。他们区分了神自身内部的位格关系与神—人的关系。尼撒的格列高利以火与热、冰与冷为例解释团契共性（koinonoi physeos）的 dynamis（动力学）意义。他认为，《彼得后书》用这两者的关系，证明 koinonoi physeos 是 dynamis（动力），①拿先斯的格列高利也从这个角度理解 koinonoi physeos。② 尼撒的格列高利的诠释凸显主动者原理和主体的绝对性。这样的一种关系性的 koinonia 超越于希腊本体论

① 参见《尼撒的格列高利文集》1:154:25—155:15;99。转引自并参见伯尼斯:《上帝的权柄:尼撒的格列高利三一神学的 dynamis》,第 281 页。

② 参见拿先斯的格列高利:《致凯勒图尼乌(Cledonius)神父:驳阿波里拿留》(第 51 封信)。

哲学,强调神自己来寻求与人的“复和”。如果不是出自神的主动,人无法了解与神圣本体的关系,无法完成生命的更新。①

卡帕多西亚教父三位一体神学的另一个特征是采用了有机性宇宙的基督论。神与人的关系不只是一种创造的关系,也不只停留在创造的关系里面,神在创造的时候,他已经全面地与人有着关系,并且始终处在这种关系之中。一方面,神作为 physis/Being,如同古典希腊的 ousia/Being 那样,是完全超越的,是“在自身之中”的;另一方面,由于基督教的神是一个共同体(koinonia),本就具有永恒性“关系”的自我“排列”秩序,本着“爱”的“共享”的原理,他把永恒的爱的秩序下降为历史中的“经世”的神之于人的“爱”的召唤,依托这种化为“爱”的动能召唤处于希腊罗马传统文化、传统宗教影响的每个人依附教会这个共同体。在基督教团契,主要是教会中,人与神的关系不同于希腊罗马的传统,也与晚期希腊上述论述四大派的“哲学治疗”不同,它是拯救与被拯救的关系。教会共同体“分有”三一神共同体的“神的功能”(theias dynamis),所以教会能承担拯救的功能。如果说,希腊哲学的本体论是求“真”之“恩”,不以实用为目的,那么,基督教父所奠定的神之本体(本性)的理论,后来的演化证明,有着明确的经世目的。那么,人是否会接受拯救?能否拯救?下面我们就来看看基督教所完成的希腊人论、历史观、社会政治伦理学说的转换。

---

① 参见《尼撒的格列高利文集》,1:154:25—155:15;99。转引自并参见伯尼斯:《上帝的权柄:尼撒的格列高利三一神学的 dunamis》,第 281 页。

第二十一章

神的形像:希腊基督教的人论

希腊文化中的“人”是 anthropos,从人与动物的区别视角去认知“人”,界定“人”,所以“人类学”(anthropology)源于此就不奇怪了。之后在亚里士多德那里才发现社会性和人文性的一面。基督教发现了“人”的另一层面,拉丁文 homo(人)成了人文主义(Humanism)的词源。近现代的“人”论是这两个来源的综合。因此,在晚期希腊两希文化汇合这一历史阶段,我们要讨论希腊哲学影响下,但又超出希腊的“人论”。

本章主要讨论卡帕多西亚教父对人的创造的论述。与其三位一体神学相一致,卡帕多西亚教父的人论有别于拉丁基督教神学。① 卡帕多西亚教父秉承典型的希腊思想传统(尤其是柏拉图主义传统),主张二次创造论。拉丁基督教传统则较强调一次创造论,如同卡帕多西亚教父那样,奥古斯丁也受新柏拉图主义的影响,认为神创造了“种子原理”或者万物得以成全的 arche(本原,原因),世界处于一个生长过程,现在的世界与创造之初的世界是不同的。② 奥古斯丁的“种子原理”学说与卡帕多西亚教父有相似之处,只是不如卡帕多西亚教父的二次创造论突出,奥古斯丁在说到人的创造时只说人被赋

① 有关卡帕多西亚教父与奥古斯丁在人论上的分别,近期的著作有石敏敏的《古代晚期西方哲学的人论》(中国社会科学出版社 2007 年版),该书比较卡帕多西亚教父和奥古斯丁在灵魂论、自由意志论和身体问题上的不同看法。

② 参见查德维克:《奥古斯丁》,第 88—89 页。

予了“魂”或者“灵”,它们逐渐成长。① 卡帕多西亚教父较接近纯正的柏拉图主义传统,就是理念论或者说相论,奥古斯丁则较接近斯多亚主义化了的柏拉图主义传统,因为斯多亚主义主张种子说。

希腊基督教有关人的讨论归在“神的形像”的主题之下,基督教称“人”为“神的形像”。这种称呼表现出基督教关于人的独特意识,既把人摆在受造物的角度,又视之为特殊的受造物,因为它是按照神的形像造的,不像其他万物那样从无中创造。希腊基督教思想家意识到人的受造的特殊性,他们需要从哲学上解释这种特殊性是什么。

希腊基督教在诠释“人”作为“神的形像”时,意识到既然人是介于神和其他受造物之间的存在物,那就意味着人在被造时拥有某种动植物不具有的实在性。由于人所拥有的实在性不可能是神本身的实是,他们就需要解释“形像”与神的“实是”两者的关系,还需要解释人的“形像”与万物的“从无中创造”的“非实是”的关系。进而言之,他们需要发现希腊哲学有关人的观念所提供的介乎神与除人之外的动植物的哲学运用。他们既要利用希腊哲学的人论阐释基督教的人论,同时又须限制希腊哲学的理性主义。希腊基督教的解决之道是采用二次创造论。二次创造论运用柏拉图的理念(相)学说,认为神先创造了人的理念(相),再据此创造具体的人。这就是说,具体的人在被创造之先,已经有“共相人”存在。这就区分了人的本性(本体)与神的本性(本体)。在这个大的思路下,不同的希腊基督教思想家的二次创造论又有所区别。本章力图阐释不同的希腊基督教思想家是如何以不同的方式诉求于柏拉图主义,对二次创造论作出不同的理解。最后,本章指出卡帕多西亚教父是如何综合这些看法而达到典范性解释的。

① 参见奥古斯丁:《论创世记》第 2 卷,第 8 章第 10 节。

第一节　伊利奈乌的“神的形像”说

基督教神学人论的核心就是“人是神的形像”,重点又在于阐释“形像”的含义,它所依据的是《创世记》第1章第26节。神说:“我们要照着我们的形像,按着我们的样式造人,使他们管理海里的鱼、空中的鸟、地上的牲畜和全地,并地上所爬的一切昆虫。”①七十子希腊文译本用两个不同的希腊文处理经文中的“形像”和“样式”。“形像”的希腊文是eikon,“样式”的希腊文则是homoiosis。Homoiosis这个语词与homoousia(本质同一)相对,在后来三位一体神学之争中成为非常流行的著名的术语,常译为“本质相似”。和合本《圣经》将homoiosis译为“样式”,没有能够充分显示“本质相似”这个译法所包含的意义,“本质相似”清楚地表明人的被造状态,展示了人作为受造物并不具有神的永恒本体,它的本体是被造的,是在时间性中成形的。早期基督教神学家关注到这节经文语义和用语的特殊性,并形成各种不同的理论。在卡帕多西亚教父和奥古斯丁之前,神的形像说有四位代表人物。他们是伊利奈乌(Irenaeus,120/130—202年)、斐洛(Philo)和奥利金以及阿波里拿留。斐洛和奥利金属于同一思想模式,阿波里拿留则是稍早于卡帕多西亚教父的思想家,是他们的论敌。本节先对“神的形像”的以上三种理论略作梳理,为后面叙说卡帕多西亚教父和奥古斯丁的学说作些铺垫。

伊利奈乌是早期基督教思想家中的杰出人物,他的主要著作有《驳异端》和《使徒宣道论证》。这两部著作全文保存了下来,收录在《前尼西亚文集》第1卷。伊利奈乌的“神的形像”说颇有影响力,无论是对卡帕多西亚教父还是奥古斯丁都有所影响。在分析eikon(形像)和homoiosis(样式)时,他的思想依据文本会有变化。在某些文本中,伊利奈乌认为eikon(image)和homoiosis(similitude)可以通用,两者完全同义;然而有些论述又把这两个用语对比使

① 《创世记》,第1章第26节。

用。不过,伊利奈乌在对比地使用这两个术语时,也注意到两者的同义性。凡是在这些文本中,伊利奈乌都有澄清和具体的解释。①

伊利奈乌的"神的形像"说属于一个独立的思想模式,它既不特别支持希腊基督教神学创造论视野下的救赎论,也不特别支持拉丁基督教神学救赎论视野下的恩典论。伊利奈乌关注的只是依据三位一体神学诠释神人关系。他透过救赎关系展开存在关系,而他所理解的救赎关系较强调成圣学说,这就倾向于支持希腊基督教的人论,因为希腊基督教的救赎论对"成圣"有浓厚的兴趣,后来被发展为灵修理论。伊利奈乌在救赎与成圣之间建立较积极的理论联系,可能与他对救赎的理解有关,在他看来救赎就是人和神的存在关系的复和,复和则在于恢复人身上的"神的形像"。后来的希腊基督教传统则把复和与成圣的这种存在论关联发展为灵修。

伊利奈乌的"神的形像"说以"成圣"学说及神人的存在关系复和为基本内涵。成圣学说"赋予了我们理解圣伊利奈乌的救赎神学的一般原理和概要"②。伊利奈乌说,成圣学说重新找回了"我们在亚当身上所失去的,即与神的形像和样式相一致的,我们在基督耶稣里面得到的恢复"③。伊利奈乌使用成圣学说论证人身上所具有的原初的神的形像应该如何,这表明他的救赎的讨论取的是存在论的进路。基于《圣经》,伊利奈乌注意到肉身在神人关系复和问题上的重要性。伊利奈乌的这个观念值得注意,因为一般而论早期基督教思想家较侧重于灵魂论,而较少关注身体。伊利奈乌似乎注意到人的身体也是"神的形像"。他批评那些异端(主要是诺斯替主义者),他们认为耶稣虽然借童女马利亚出生,却没有从她那里获取任何东西。伊利奈乌则指出肉身继承与神人存在关系复和的重要性,因为如果那生于大地之上并成形的人只有神的本体却没有其他成分,那么道成肉身的耶稣根据神的"形像和样式所造"的结果与人之间就没有可比性了。④ 这包含了神人存在关系的两方面内

---

① 参见格洛斯(J.Gross):《希腊教父的基督徒成圣观》,第 121 页。

② 格洛斯:《希腊教父的基督徒成圣观》,第 120 页。

③ 伊利奈乌:《驳异端》第 3 卷,第 18 章第 1 节。

④ 伊利奈乌:《驳异端》第 3 卷,第 22 章第 1 节。

涵:一是神的本体性与人的本体性必须有所区分,homoiosis(“相似性”)正是厘清了这一意思,否则人就可以成为神,而身体则是人的同一性的不可或缺的记号;二是从耶稣基督作为救赎的神即经世行为来看,他的行为必须能够代赎人的罪,这就是说他不只是神的作为,更重要的是他的救赎行动是对于人的救赎行动,而这必须通过耶稣基督肉身的真实性来说明,因为唯有如此,神的苦难、神的行动与人的罪的代赎之间才有救赎的联结。依据这重语义,伊利奈乌倾向于把 eikon 和 homoiosis 用为同义,“形像”所呈现的不是神的本体的完全性,而只是相似性即“样式”。在讨论主耶稣基督降生寻找迷失的羔羊以及论到人与造物主复和的救赎的经世时,伊利奈乌说人是根据“他的形像和样式所造的”①。伊利奈乌说,人是根据逻各斯(主)的形像造的,逻各斯则是根据创造主父的形像,因此人只是神的样式,只与神相似。伊利奈乌指出,根据神的形像造和根据主的形像造是相同的。他将 eikon 和 homoiosis 两个用语视为等同,其目的在于反对诺斯替主义,后者将父和耶稣基督区分为有神性等级分别的存在。不过伊利奈乌还是注意到了希腊文中这两个词的区别。从希腊文的辞源学看,eikon 原本是非阿提卡语的 fsiko(动词),侧重于外表的相似,而 homoiosis 除了相似之外,还有同构、同样的内心和情感等等。② 伊利奈乌有所区别地使用 eikon 和 homoiosis,但是他强调不能与诺斯替主义所暗藏的意图混淆,即区分 eikon 和 homoiosis 是为了暗示神性实在性的等级分别。伊利奈乌使用 eikon 侧重于从神的创造来表述,指创造活动中的神人关系;使用 homoiosis 则倾向于救赎论,指神的经世与人的罪代赎的关系。无论哪一个角度,它们都指向神人的存在关系,关注的核心是人的成圣所重获的原初性。由 eikon 和 homoiosis 的言说层次及与成圣的复杂关系看,伊利奈乌是从救赎的经世表述的,运用的是经世三一,这与后继的卡帕多西亚教父从内在三一的视野论证人的存在及与神的复和是不同的。从伊利奈乌的《驳异端》中,我们可以找到更多的证据来表明这种“神的形像”说。伊利奈乌以成圣为创造性救

① 伊利奈乌:《驳异端》第 3 卷,第 23 章第 1—2 节。

② 参见《希英大辞典》,第 1224—1225 页。

赎的核心学说,把形像和样式整合在道成肉身和人的拯救关系之中。

> 现在,神将在他的创造物中得荣耀……他们是根据他自己的圣子所造的。因为借着圣父的手,即圣子和圣灵,人,不[只]是人的部分,乃是根据神的样式(homoiosin)所造。现在魂魄(soul)和灵(spirit,nous)当然都是人的部分,但不是这个人;因为完全的人在于混合和结合了魂魄、从圣父那里领受来的灵,和从神的形像(eikon)所造的肉身的本性……教会里的许多弟兄姐妹……他们是灵性的,是因为他们分有了圣灵,不是因为他们除去或者取走了肉身,成了纯粹灵性的。因为如果任何人取走了肉身的本体,即,[神的]创造物(handiwork)的本体,把它理解为是纯粹灵性的,那就不是一个灵性的人,而是一个灵或者神的灵。但是,当这里的灵与魂魄混合被结合在[神的]创造物里的时候,这样的人因为圣灵的浇灌被认为是灵性的和完全的,这就是根据神的形像和样式被造的人。然而如果这个灵去亲近魂魄,那么这样的人实际上是一种动物的本性,停留在肉身里面,会是一种不完全的存有,在他的形成里面只有[神的]形像(eikona),而没有借着圣灵接受神的样式(homoiosin);因此这就是不完全的。还有,如果任何人只取走形像,而把这个创造物弃于一边,也不能把他理解为一个人存在,而是或者只是神的一部分……或者是某种不同于人的事物。因此,那被造的肉身本身不是一个完全的人,而只是一个人的身体,人的一个部分;魂魄本身也不是一个完全的人,如果分离地思考的话;人的灵也是如此,因为否则的话,他就被称为灵而不是人了;然而所有这些混合和结合才构成人。①

在希腊哲学中,psyche(soul,拉丁文 anima)与"呼吸"、"生命力"同义。所以植物有灵魂,因为有生命力。动物更是有灵魂,因为动物有感觉和运动的机能,甚至有记忆和经验,但是无理性。理性属于 nous,与逻各斯同等地位,它来自神,来自宙斯。伊利奈乌一方面承继了希腊人的观念,所以他说只有魂魄(二生命力、运动、感觉机能)和肉体还不是"完全的人",唯有肉身、魂魄和灵

① 伊利奈乌:《驳异端》第5卷,第6章第1节。

性的结合才是圆满的,按神的“形像”和“样式”创造的人。

伊利奈乌的这节论述是关于神的形像的重要阐释。首先,伊利奈乌从一个整全的人看形像和样式。他认为样式赋予了人灵性,形像所赋予的则是人的魂魄和肉体。这采用的还是希腊哲学的灵魂构成的三分法,然而伊利奈乌没有落入希腊哲学的身心二元论,他所强调的是人作为整全的人的身份,它源自于同一位神,而不是柏拉图主义哲学所认为的灵魂来自形式,身体来自质料。这就与希腊哲学传统分别开来了。其次,伊利奈乌认为身体(体)和魂魄也来自于神,神所创造的不是一个只有灵的人,也是一个有形体又有灵魂的具体的人(亚当),毫无疑问这较确切地理解了《圣经》的原义。第三,最重要的是,伊利奈乌虽然对形像和样式有所区分,然而他所指的只是创造论和救赎论的不同功能。与斐洛和奥利金不同,伊利奈乌否定二次创造,只主张一次创造。这就又区别于斐洛、奥利金和卡帕多西亚教父将样式和形像区分开来的做法。

伊利奈乌形象说的特点是否定二次创造,神最初创造的是一个本体性个体,即个体的人亚当。他把神首先看为本体性的个体,然后塑造社群性的关系。这种创造论的个体主义特征通过奥古斯丁成为西方思想的源头。① 从伊利奈乌和奥古斯丁的创造论看,神将一个整全的个体摆放在大地之上,如果说这个体的人里面有着普遍性,那么这种普遍性就是基于三位一体真神的本体性。伊利奈乌认为神所创造的亚当是个体性的亚当,他是普遍人性的代表者。《使徒宣道论证》这部著作论证说神把他的样式印在他的造物中,人的可见的显像就像神一样,因为人的被造出于神的形像。② 这里没有区分形像和样式,神的形像内在于人的样式之中并且有所彰显。伊利奈乌认为《创世记》第1章第26节所谓的神创造所得的那个个体性存在就是有形的/可见的显像,就是亚当这个个体的人,而不只是人性。在《驳异端》这部著作中,伊利奈乌说:“现在人是[灵]魂和[肉]体混合的组织,那是根据神的样式造的,是他的双手即圣子和圣灵所创制的,神就对他们说‘让我们造人’。”③伊利奈乌用比喻的

---

① 参见勒库纳(C.M.Lacugna):《为我们的神》,第101—102页。

② 参见伊利奈乌:《使徒宣道论证》,第11节。

③ 伊利奈乌:《驳异端》第4卷序,第4节。

语言,以“形式”(即“本质同一”)替代“样式”和“形像”,指出无论“形像”和“样式”,它们所代表的都是整个人。在其他地方,伊利奈乌也有类似的论证。① 伊利奈乌没有将神的创造分为两个阶段:原型的人和个体的人,他认为原型的人即是个体的人。亚当是第一个真实存在的理想的人,这样的个体性的人即是人的原型,它是人与神复和成圣的目的,道成肉身是要恢复人在亚当里面的这种样式②即创造之初的神圣性。当然,伊利奈乌使用“形像”和“样式”也确实随文本变化而有所不同。他认为“魂”和“体”是逻各斯(圣子)的形像,“形式”(本质同一)则来自圣灵。③ 这也意味着在人里面存在形像(eikon)和样式(homoiosis)的分别。在《使徒宣道论证》中,伊利奈乌指出,人是神用自己的双手造的。④ “双手”分别指“圣子”和“圣灵”,暗示在创造中三位一体对于人的承担有所分别。

总之,伊利奈乌使用“样式”和“形像”时虽然随讨论的进展有用法的不同,然而这种差别均服务于他讨论的目的,即神一次性地完成创造,所创造的人既是个体的亚当,也是人类的代表。从一次创造论看,伊利奈乌的思想主旨是要将形像和样式作为同义使用。其中的原因,可能是由于他较少依赖于希腊的阐释方式,而直接依据《圣经》原文。与殉道者查士丁相比,伊利奈乌是较借重希伯来传统的基督教思想家,这使得他在人的创造论述上较显单纯,这就是神所创造的果子是亚当这个真实的个体。在确定了这个主旨之后,再来看伊利奈乌对形像和样式的区分就简单了,其本质是为了救赎论,而不是创造论。在伊利奈乌分别形像和样式的地方,他只是想说明圣父、圣子和圣灵在救赎中的不同功能。伊利奈乌认为形像和逻各斯相关,样式与圣灵相关,这就说明为何败坏的人要借着基督这唯一的道路才能得救,或者说为什么非得“在基督里面”人才能恢复那从创造之初的形像,因为基督是第二亚当。样式与圣灵相关则在于表明人的灵不被败坏,因为它直接受自圣灵。人的成圣除了

① 参见伊利奈乌:《驳异端》第5卷,第1章第1节。

② 参见伊利奈乌:《驳异端》第4卷,第11章第2节。

③ 参见伊利奈乌:《驳异端》第5卷,第6章第1节。

④ 参见伊利奈乌:《使徒宣道论证》,第11节。

借着基督得到恢复之外,还须在圣灵的指引下恢复与神的亲密关系。

第二节　斐洛和奥利金的“神的形像”说

就哲学传统而言,斐洛和奥利金同属于柏拉图主义者;就神学传统而言,他们都是亚历山大里亚学派的创建者。两人的宗教背景虽然略有差别——斐洛是犹太教徒,主要使用摩西五经,奥利金时代新约文本已相当完整;然而他们的神学的根基和精神却彼此相通,斐洛为基督教思想家接纳却见弃于犹太传统。他们的“神的形像”学说也都以《创世记》为文本背景,两人诠释的神学进路几近相同。相比较于伊利奈乌,斐洛和奥利金的“神的形像”说更具希腊哲学的特色,更大胆地使用希腊哲学尤其是柏拉图主义的思想资源。与伊利奈乌相同,他们的“神的形像”说的文本依据是《创世记》第1章第26节和第27节,然而他们更重视两节经文之间的联系。

> 神说:“我们要照着我们的形像,按着我们的样式造人(kat eikona hemeteran kai kath homoiosin),使他们管理海里的鱼、空中的鸟、地上的牲畜和全地,并地上所爬的一切昆虫。”①
>
> 神就照着自己的形像(eikona)造人,乃是照着他的形像(eikona)造男造女。②

显然两节经文之间确实存在某些区别。在陈述了“我们要照着我们的形像”(第26节)后,接着第27节说:“神就照着自己的形像造人,乃是照着他的形像造男造女”,这一节没有提到“样式”。联结这两处经文的用语是eikon,就是照着“形像”造人与照着“形像”“造男造女”,经文中的男和女当指亚当和夏娃。当把这两节经文放在一起讨论时,给人的印象是第27节似乎特别强调“个体的人”的创造,而且“形像”似乎特别地与“个体的人”联系在一起,由此所谓的

① 《创世记》,第1章第26节。
② 《创世记》,第1章第27节。

根据“形像”所造出的人,是指“个体的人”亚当。这就导致了一个问题,如果第27节有这种特别的意指,那么第26节经文所讲的“按着我们样式”(kath homoiosin)造人是什么意思?是否意味着在指向创造时第26节和第27节有所区分呢?斐洛最早提出这个问题并给出他自己的解释,这就是所谓的二次创造论。

依照柏拉图主义,斐洛断定这两节经文区分了人存在的两种形式:所谓的感觉形式和理智形式。若单从这方面看,斐洛与伊利奈乌有相似之处,伊利奈乌也认为人里面存在样式和形像的分别。然而伊利奈乌所作的分别只是表面上的,他的真实含义与斐洛却相当不同。伊利奈乌从三位一体真神创造的同工说明神一次性地创造了整全的人,斐洛却指出由于人的存在包含不同层次有高低之分的诸部分,并且只有在高级部分控制了低级部分时人才是真正的人,人的二次创造正是要体现出神赋予人的属性的工作的特殊性。在下引这段斐洛的文中体现得较为明显:

> 此后,摩西说:“耶和华神用地上的尘土造人,将生气吹在他鼻孔里。”(《创世记》第2章第7节)借着这样一种表达,他最为清楚地表明现在所生的人和根据神的形像所造的第一人之间有着巨大的差别。因为现在所形成的人可以为外在的感官所感知,分有各种性质,由[灵]魂和[身]体构成,是有着必死的本性的男人或女人。然而,根据神的形像所造的人,是一个理念,或者种,或者一个印记,只能为理智所知,是无形的,既非男的亦非女的,在本性上也是不败坏的。然后,他断言,这个个体的人的形成,是可以为外部感官所感知的,是一个尘土的本体和神圣的灵的构造。因为身体是创造者取了地上的尘土创造的,人的样式的创造出自于创造者;然而[灵]魂根本不是出于受造物,而是来自于父这位万物的统治者……出于这个原因,我们可以正确地说,人是处在一个好的不朽的本性的边界上,分有某种他必须具备的本性,他是同时诞生的,既是必死的又是不朽的。他的身体是必死的,然而他的理智是不朽的。①

这已经明显不过地说明了斐洛的二次创造论思想。斐洛认为神在创造具

① 斐洛:《论创世记》,134—135。

体的个体的人(亚当)之前,已经先行地创造了一个理念/种/印记,具体的个体的人(亚当)则是混合了这个先行被创造的普遍存在者和尘土之后的存在者。斐洛谈论得更多的是创造的秩序,从柏拉图主义的角度,唯有普遍性的形式才是真正实在的,故而普遍性的形式在秩序上应在个体性存在之先,只有当一个普遍性的人先行形成后,才可能出生个体的人,个体的人是普遍的人性与尘土结合的产物。人的普遍本性即理念(印记或种)是不败坏的原理,是先在存在的原理。斐洛还指出,神的第一次创造物即理念(印记或种)是无形体的,这正是柏拉图赋予形式(相)或者理念(相)的特征。无形体性是希腊哲学尤其是柏拉图主义哲学赋予理念的一个重要术语,因着斐洛和奥利金的努力,它成了一个描述永恒世界和现象世界之区分的关键性概念。"无形体性"的更进一步含义是斐洛指出普遍、不朽的本性乃是理智的。就希腊思想而言,理智的形式只可能被压制,不可能被败坏。斐洛受到希腊理性主义的强烈影响,为基督教的人文理想留出了神学本体论的空间。在完成了第一次创造后,神创造了感觉的有形体的存在,这里所指的就是具体的个体的人(亚当)。据此,学者们指出,斐洛的创造论明显受柏拉图哲学的影响,尤其受《蒂迈欧篇》创造论思想的影响。① 斐洛在诠释摩西五经时,所使用的是柏拉图哲学的概念,这构成了基督教的亚历山大里亚学派的神学视野。

显然,如果不考虑斐洛的柏拉图主义的哲学背景,是很难理解何以可能对《创世记》第 1 章第 26 节和第 27 节作出这样的关联性断定,因为斐洛解经时首先注意到的是两者的关联,然后再来断定两者所关联的是什么,伊利奈乌的解经方式则更接近后者。如果单纯就第 26 节和第 27 节来说,经文并不支持斐洛的二次创造论。由于作为解释者的斐洛已经先行接受了柏拉图主义哲学,那么对第 26 节和第 27 节作这样的解释就属于合理的方案。毫无疑问,是斐洛的柏拉图主义的哲学背景支持了《创世记》第 1 章第 26 节和第 27 节的上述解释。依照柏拉图主义哲学,《创世记》第 1 章第 26 节和第 27 节的前半句讲的是普遍人性的创造,因为它没有说造男造女,只讲照着形像造人,完全有

① 参见洛纳:《亚历山大里亚的斐洛和柏拉图的〈蒂迈欧篇〉》,第 467—475 页。

理由说神所造的是普遍的人性。第27节的后半节则清楚地讲到神所造的是个体性的人,因为经文讲照着形像造男造女,就《创世记》的上下文看显然是分别指亚当和夏娃。既然如此,那么创造形式或者普遍人性必是在先的,《创世记》在经文排列上也把它放在较前面,依据是柏拉图哲学的实在性和秩序性观念。至于具体的个体的人的创造,则肯定居于后面。这样无论从叙述秩序还是从创造秩序讲就相当合理。

我们也可以把这种秩序性原则再予以扩展,秩序和实在之关联的想法有其普遍的古典思想根源。古典思想优先考虑秩序原则,然后才考虑个体原则;古典思想普遍认为先有秩序本身,才有个体性生成。其思想逻辑的合理性在于,人不是透过个体性而是透过普遍性才与神形成沟通,只是由于个人的选择(自由意志)的差异,这种沟通的普遍性才有彰显和不被彰显的差别。从古典神学的救赎论而言(例如从斐洛而言),唯有先行使人的个体性恢复其普遍性形式,人才有可能与神形成沟通。斐洛的二次创造论的这种古典态度,显然为奥利金和卡帕多西亚教父尤其是尼撒的格列高利所接受,只是他们阐释的规范有所不同而已。①

奥利金清楚完整地阐释了斐洛的二次创造论,使二次创造论更具典范性。奥利金还使用二次创造论反驳当时的希腊罗马知识分子以及基督教的异端如诺斯替主义的神正论。就护教策略来说这是重要的,奥利金力证基督教不是颠覆了希腊文化,而是与希腊文化高度一致并且基督教使希腊文化得到延续。与斐洛提出二次创造论的环境有所区别的是,奥利金面对更严峻的挑战,这也促使他论说二次创造论时注意到创造论、救赎论以及神正论之间的丰富联系。斐洛完全是依着二次创造论来关注救赎论,他的救赎论也体现出柏拉图主义的突出形式,关注的是如何显示信的理智品性,显示信的知性品质和神圣皈依中的灵魂转向的理智性,换言之就是如何使迷失在感觉中的个体的人回到普遍人性中,实现与神的沟通。奥利金继承了斐洛对古典思想强烈的"知性"信

① 参见洛纳:《柏拉图主义、斐洛主义和基督教思想的开端》,第17—19页。

赖感,[①]然而奥利金有一种来自救赎论的反观,这使得他把二次创造论与基督论更细致地关联起来。在《驳凯尔苏斯》这本辩护性著作中,奥利金把创造论、神正论与救赎论结合起来,使二次创造论成形,确立了希腊基督教的"神的形象"说的典范。

奥利金的二次创造论见于《驳凯尔苏斯》。凯尔苏斯(Celsus)是古代晚期希腊思想家中对《圣经》有较清楚了解的人物。这个凯尔苏斯不是写作《亚历山大》的伊壁鸠鲁主义者。奥利金的凯尔苏斯是个中期柏拉图主义者,著有*The True Doctrine*(《真道》)。这本书大约写于175—181年之间,可惜已经佚失。奥利金的《驳凯尔苏斯》约写于240年左右,其中有大段引录。

凯尔苏斯根据《创世记》中摩西有关神创世以及人对于神的背逆行为的描述,指控摩西的《圣经》叙事是对神最不虔敬的表述,因为在他看来,摩西笔下作为创造者的神居然不能够掌控他所创造的个人。[②] 凯尔苏斯的指控既是神义论的也是神正论的。凯尔苏斯进而认为,按照摩西的说法,神没有能力造出一个顺服的人,神的权能、公正和良善就不可能得到承认。显然,凯尔苏斯从神义论的角度提出挑战,这是与斐洛不同的奥利金的二次创造论的语境。斐洛的二次创造论在于向希腊世界证明犹太人的神借着柏拉图的创造论模式,使理性成为世界秩序的内在目的,因此犹太思想不仅不与希腊思想冲突,更为希腊思想确定了有神论的良好基础。

然而奥利金采用的是神义论的阐释进路。奥利金意识到凯尔苏斯的指控包含着新的内容,就是认为摩西把恶的存在及过错归为神的无能或者说没有能力阻止罪侵入一个纯洁无污的世界。这促使奥利金重新思考二次创造论在基督教神学中的地位以及它与神义论和人论的关联。为了捍卫神义论,把罪归于个体性亚当身上就必须得到确切的论证,而二次创造论可以保证这种论证。神创造了两样东西:一是秩序的好,这是始终不被败坏的;二是个体性存

① 参见章雪富:《基督教的柏拉图主义:亚历山大里亚学派的逻各斯基督论》,第215—229页。

② 参见奥利金:《驳凯尔苏斯》第4卷,第60节。

在者的好,这种好只被赋予个体从而可以为个体所败坏。亚当所败坏的正是这种个体性的好,亚当的个体性正是人作为类的个体性,亚当的个体性的败坏是亚当作为人类的好的败坏,需要注意奥利金把所谓的人类的"类"的"好"理解为亚当的个体性。然而,二次创造论则指出在亚当的个体性之"好"外(这是第二次创造时所获得的),还有第一次创造所获得的非混合的理智性之"好"。这种"好"在亚当这个个体里面,却不是亚当的个体性的内涵。

> 在希伯来语中,亚当代表人类;在那些看起来是把亚当做为个体叙述的部分,摩西所诉求的是一般的人的本性。因为在亚当里面(如《圣经》《哥林多前书》第15章第22节和《罗马书》第5章第14节所说)"众人都死了",亚当的样式的悖逆受到谴责,神的话语似乎既是指向整个人类的,也是指向个体的人。因为这一系列相互关联的陈述看似指向一个特殊的个体的,然而这个关于亚当的诅咒被认为是所有人(全部人类的成员)都要承受的,那关于女人的诅咒也无一例外地适用于每个女人。男人和女人在伊甸园里被逐,他们穿上皮子(那是神,因着人的悖逆,而为犯罪的人所造的),这里面包含着某种灵魂丧失了翅膀的秘密的神秘的教义(远远超过了柏拉图的教义),被贬黜到大地上,直到他们能够控制某种稳定的居所。①

奥利金所指出的是亚当的个体性和个体的普遍性的败坏,上引的论述对应的是《创世记》第1章第27节即受造的作为个体的亚当和夏娃,就是经文所说的"照着我们的形像造男造女"。奥利金认为"造男造女"意味着这个阶段的创造指向的是个体性,是亚当的个体性为所有人所有,就人类来说是亚当之为亚当之个体的那个普遍性。就创造而言,它其实只是神给予亚当的个体性而已。所谓亚当代表人类,或者说亚当的人性代表人类的人性,乃是指这种创造的个体性说的。亚当犯罪就是那种个体性的犯罪,人类所堕落的就是那种亚当的个体性的堕落,此类人的代表是该隐,他们"流离飘荡在地上"②然而

---

① 奥利金:《驳凯尔苏斯》第4卷,第60节。

② 《创世记》,第4章第12节。

这只是指第二次创造中的人失去了神的样式,奥利金与斐洛在此处有一致性。斐洛认为此时的人只是要满足感官的欲求,不去思想其他部分。① 这也就是奥利金所说的灵魂丧失了飞翔的翅膀而堕落在大地之上,他已经完全被贬黜在大地之上。依着这种解释,凯尔苏斯有关摩西叙述的指控就无法成立。首先,《圣经》中并不存在凯尔苏斯所谓的神没有能力阻止罪的发生,因为罪并没有真正地发生在第一次创造的神圣理智区域。作为柏拉图主义者,凯尔苏斯当然明白,柏拉图也认为罪存在于现象世界,然而罪不存在于理智区域。其次,个体性的人丧失那种创造时所获得的个体性的好,只是个体性的扭曲而已,人的罪不是神性创造活动所致,它是创造的结果即个体性的人的不断个体化所致,此时人的个体性已经脱离了个体性的人的原先意义,因为它原本是指被赋予位格性的本体。②

既然罪是亚当被造的个体性的"好"的丧失,是个体化程度的加深,那么罪就出自人的个体化的自我选择。凯尔苏斯称摩西的神没有能够阻止罪进入世界从而摩西渎神,奥利金则反驳说人的理智性区域依然保有神圣的好。

奥利金区分了"照着神的形像"和"神的形像"两者。"神的形像"指的是基督,相当于斐洛把神的形像界定为"理念(形式或种)",奥利金的"神的形像"明确了其基督论的内涵。神的形像耶稣基督既是所有造物的头生者,说明他不是被造物,而是存在于永恒之中。人是照着这个形像即基督造的,他有灵魂和身体之分,这就又显出奥利金的柏拉图主义哲学背景。奥利金认为灵魂是真正"照着创造者的形像被造的",人的身体则是"照着身体造的"。

依据奥利金的二次创造论,神的第一次创造没有包含个体化因素。第一次创造所赋予的"好"也因为第二次创造的"个体化"的"好"的缺失而受影响。这就是奥利金所谓的"照着神的形像",它不是指照着身体和灵魂的复合

---

① 斐洛:《论该隐的后裔并他的流放》,第 1 节。

② 值得注意的是,当奥利金从这个意义上来理解个体化时,已经预示了普罗提诺的新柏拉图主义的某种思想内涵。普罗提诺也是从个体性存在和个体化程度来讲恶的形成的,不过他还认为在理智领域已经有个体化,然而那种个体化并不是罪的形式,而是形式的缺失。说明普罗提诺很接近奥利金的阐释(参见《九章集》3[1].7.11;4[2].1.3;3.3.7;2.9.7;2.9.16)及本卷第四篇第二章的论述,以及石敏敏:《古代晚期西方哲学的人论》,第 109—113 页。

物,而是指照着那单纯地存在于灵魂中的内在的人。就柏拉图主义而言,“身体”是个体化的象征。就奥利金而言,他虽然不是如此极端,并不认为第二次创造中的个体性的原初已经是个体化,他所讲的主要是位格性,然而不可避免地受柏拉图哲学的某种影响。一方面,第一次创造与第二次创造的“好”不矛盾;另一方面,两种“好”仍然有所区别,第一次创造时人所赋得的“好”是指向神作为独一实是的关系性,第二次创造时人所赋得的“好”是指向人的存在的位格性。奥利金用二次创造论展示了他的创造论乃是基于宇宙性的基督,即“好”或者说“神的形像”耶稣基督在人被罪、败坏掌控的情况下,仍然始终与罪人同在。即使指向个体性的第二次创造的位格性之好随着个体化而败坏,第一次创造的“好”依然没有离弃罪人。

奥利金的二次创造论是一种内涵丰富的神哲学,是对柏拉图哲学传统在基督教内部的卓越的创造性使用。奥利金使用二次创造论,除了说明耶稣基督的普遍的、不可言喻的爱之外,还在于用希腊的理性主义指出理性造物的生命处在高的等级,它是“超越了形体性”的生命,天使所具有的就是类似的生命。① 这未免有轻视身体性之“好”的嫌疑,然而他的主要意思在于提醒人们应该注意到生命所禀赋的那种内在性。传统上,学者们把奥利金的“内在的人”等同于“先在灵魂”,认为奥利金主张灵魂先在于存在,导致魂与灵不分,曲解了基督教创造中的人的一元性。然而近来有学者研究提出,奥利金所肯定的是所有造物与神的平等及自由的关系,指出神的意志和个人的自由意志的互动,认为这是他选择二次创造或者类似于先在灵魂这种内在的人的理论的依据。② 凯尔苏斯不是指责基督教的神没有能力阻止罪进入人世间,从而指责摩西五经渎神吗?奥利金则使用宇宙性基督的观念,阐释耶稣基督之于罪人的不离不弃,不离不弃体现出真正的爱,也体现出真正的惩罚。对罪人的最好的惩罚就是不离不弃地爱他,使爱不断地显明出来以至于见证罪不是出自神,乃是出自人。依据奥利金的解释,摩西五经所讲述的神才真正是没有离

① 参见特兹玛利库:《奥利金的时间观念》,第261页。

② 参见利曼:《基督论和宇宙论:奥利金、尤息比乌和阿塔那修论神圣创造的模型》,第60页。

弃爱的神，他的义借着二次创造始终与人同在，这驱使奥利金及希腊基督教传统不采纳预定论的神学人类学。因为神的爱使得所谓的炼狱的那种苦楚都显为轻微，这就是保罗所说的："亲爱的弟兄，不要自己伸冤，宁可让步，听凭主发怒。因为经上记着：'主说，伸冤在我，我必报应。'所以，'你的仇敌若饿了，就给他吃。因为你这样行，就是把炭火端在他的头上'。你不可为恶所胜，反要以善胜恶。"①

在"神的形象"说上，斐洛和奥利金都采用二次创造论，都使用柏拉图主义作为哲学基础，都主张从创造论的角度论说救赎论，这是他们的共同之处。循着这个思路，奥利金逐渐发展出宇宙性基督的观念，并为希腊基督教传统所发挥，成为东正教以及某些重要的现代基督教思想家例如卡尔·巴特和卡尔·拉纳的思想来源。从这个基本进路可以看到从斐洛到奥利金的"神的形像"说的理性主义思路。所谓理性主义，不是指把神还原成近代理性主义自然神学视野下的是之所是。它是表示神的至上性、秩序性和旨意性的特殊方式，用以阐释理智的本性才能彰显神性形像的"好"。神首先创造的是普遍的人性，然后才造男造女即人的个体性。奥利金对于"神的形像"作了清晰说明，指出他就是耶稣基督，澄清和规范了斐洛的多义的逻各斯和理念。奥利金发展出新的阐释角度，他突破柏拉图哲学的典范，指出好的形式性和个体性同在于理智区域。这是奥利金依据三位一体神学发展出来的独特的"形像说"，而生活在奥利金之后的普罗提诺的类似思想似乎应该来自奥利金，而不是柏拉图。或许这可以看做是基督教神学反过来影响希腊哲学传统的经典例证。

对于近代人论而言，"二次创造论"也为文艺复兴至法国启蒙思想家（如最早写出人论的爱尔维修）开启了大门。一方面维护人的神圣性和理性至上性，确立人权的神圣根源；另一方面又可以为人的"趋利避害"和利己主义本性找到立论的根据。"人是什么？一半是天使，一半是野兽"同神创造人不矛盾。人既可以追求现世利益，又可以死后进入天堂。佛教的灵修之路在现代遇到挑战，而基督教由于希腊哲学提供的丰富资源和回应问题的传统，则适应

① 《罗马书》，第12章第20—21节。

了近代社会。这也是本卷要把两希文化融汇之果作为希腊哲学的终结和近代哲学开端之启蒙来撰写的动因。

第三节　阿波里拿留的"神的形像"说

卡帕多西亚教父的"神的形像"说是对斐洛和奥利金的二次创造论的继续发展。卡帕多西亚教父的论述越来越显出基督教神学成熟丰富的内涵,他们更加严格地把"神的形像"说与基督论联系起来。从斐洛到奥利金,神的形像和基督论之间已经建立了初步关系,卡帕多西亚教父则使两者的关系成为"神的形像"说的基石。

卡帕多西亚教父的"神的形像"说与4世纪劳迪奇亚主教阿波里拿留(Apollinaris of Laodicea,约300—390年)的挑战有关。阿波里拿留是叙利亚的劳迪奇亚的主教,最初的时候他受到基督教正统派的热情接纳,因为他是亚历山大里亚的主教阿塔那修的坚定支持者,[①]而阿塔那修在当时的基督教世界中独力支撑危局,反对阿里乌主义,捍卫基督的完全神性。阿波里拿留在基督神性问题上毫不含糊,然而在基督的神人两性论上的观点却有失偏颇。阿波里拿留认为基督只有体和灵,没有魂魄,亚历山大里亚的教会会议则谴责他为异端。因为,如果只认为基督有体和灵,那么基督就只有神性没有人性。这可以从阿波里拿留有关人的构造的论说中得到佐证。他把人的创造中的神性形像与耶稣基督本身的形像加以区分,这涉及"神的形像"说很重要的一个内容:"魂"在神人两性中的特殊含义。这里涉及希腊哲学和阿波里拿留对于魂魄的理解以及它运用在基督教思想中的具体性。希腊哲学例如柏拉图是在灵魂这个概念下讲人的理智、激情和欲望的三分,亚里士多德则往灵魂中加进了感知、想象等认识论的成分,斯多亚主义讲灵魂的时候,已经把pneuma、就是我们后世译为"灵"的部分作为单独的元素来讲,认为这是最稀薄的以太构成

① 参见帕兰斯蒂:《圣巴西尔和劳迪奇亚的阿波里拿留》,第8页。

的,是最精微的火元素,相当于理性。希腊哲学在谈论灵魂时,倾向于认为好的部分是理性,而向不好部分发展的是激情和欲望。在认识论上则包括感知觉、想象和理性等意义。基督教讲魂的时候,不是在认识论的意义上讲,而是就柏拉图三分意义上的理智、激情和欲望来讲。阿波里拿留在此基础上有所限定,他所谈论的魂魄相当于激情和欲望。阿波里拿留的意思是说,人是分有了激情和欲望的,这是人的形像的一部分;然而道成肉身的耶稣是否有这一部分的魂呢?他如果没有这一部分,我们如何理解人的魂魄的来源?如果有这一部分,我们又如何来理解道成肉身的耶稣的独特性?阿波里拿留认为耶稣基督是没有魂魄的,只有体和灵。

由于阿波里拿留的绝大部分著述都已经佚失,现代学者探讨他的思想时平添了许多难度。现在所存的只是一些残篇,主要保存在同时代或者稍后的基督教思想家的著述之中,例如《托名阿塔那修致约维安(Jovian)皇帝的信》以及一些归在教宗尤利乌(Julius)名下的信,还有归在行奇迹者格列高利名下的《信仰的宣称》(*Profession of Faith in Detail*),拿先斯的格列高利的两封驳阿波里拿留的书信以及归在西奈伊的阿那斯塔赛(Anastasius of Sinai)名下的书信①也保存了一些残篇。这些资料多数虽未能译成英文,幸有现代学者扎赫呼帕(Johannes Zachhuber)②作了整理并缀以整体的介绍。本节结合拿先斯的格列高利的书信、其他学者的研究以及扎赫呼帕的介绍,希望能够呈现阿波里拿留的"神的形像"说的神学内容。

在人的创造上,阿波里拿留的观点较接近伊利奈乌。在注释七十子译本的《诗篇》第144篇第1节③时,阿波里拿留作了这样的解释:"对处在连续世代里面的人类的目前生活而言,这些事情都是可能的,因为以前的世代过去了,他们的继承者就取代他们的位置。因此我们全都得称亚当的名,事实上我

① 参见《新天主教词典》第1卷,第667—668页"劳迪奇亚的阿波里拿留"条目,美国天主教大学出版社1967年版。

② 参见扎赫呼帕:《尼撒的格列高利论人性:哲学的背景和神学的意义》,第133页。

③ 这节经文是这样的:"耶和华我的磐石是应当称颂的;他教导我的手争战,教导我的指头打仗。"

们就是他。神说,‘我造地,又造人在地上’(《以赛亚书》第45章第12节,和合本的翻译),这表明所有人都造而为一。”①扎赫呼帕认为,阿波里拿留的解释表明他支持如下观点,即人类是由亚当繁衍而来的,亚当是人类的源头,阿波里拿留用《圣经》有关神的创造的普遍性的经文支持他自己的人类繁衍理论。此外,还有一节阿波里拿留残篇也谈到人的创造。② 这一节是解释《诗篇》第118篇第73节(七十子译本)“你的手制造我,建立我(your hands made and formed me)”的,③阿波里拿留认为,当神说“建立”的时候,事实上他是一次性地完成他的创造工作。扎赫呼帕据此认为,这就是为什么阿波里拿留要引用《耶利米书》第1章第5节“我未将你造在腹中,我已晓得你”和《约伯记》第10章第9节“求你记念,制造我如抟泥一般”,他是要表明人类是被个体地制造出来的,指的就是亚当的创造。④ 从这些残篇看,阿波里拿留是支持人的一次性被造的理论。阿波里拿留似乎还认为,在一次创造论中,人又是作为个体创造的。一次性创造所完成的亚当是一个个体,由于人类来自于这个个体,因此他又是类属。这就十分接近伊利奈乌的观点。与二次创造论不同,作为个体的人亚当就同时被赋予属天的和属地的人性;亚当的堕落还意味着人类的堕落,因为他是类属的开始。从这个角度讲,一次创造论是支持原罪论的,一次创造论的“神的形像”说在逻辑上是支持奥古斯丁式的救赎论的,尽管他们发展出来的具体内容完全不同。

阿波里拿留没有停留在这一步,他争论的是人性的双重性。阿波里拿留的如下这节残篇值得关注:“这个普通的人是有生命的,他的生命是按着肉身的意志,按着属人的意志即精子的基质,它拥有活跃的力量并被发送到接受器中。”⑤扎赫呼帕指出这节残篇表明了阿波里拿留的基本观点,就是人的灵魂的低级部分来自于质料,来自于这个世界。由此推断,理智部分来自于上天,

---

① 阿波里拿留:《诗篇注释》Ps 144.1(fr 301,113.8—12)。

② 参见扎赫呼帕:《尼撒的格列高利论人性:哲学的背景和神学的意义》,第131页。

③ 这节经文在和合本《诗篇》第118篇第73节。

④ 参见扎赫呼帕:《尼撒的格列高利论人性:哲学的背景和神学的意义》,第132页。

⑤ 阿波里拿留:《论联合》191.4—7。

来自于更高的原理。① 依照这些分析,阿波里拿留与伊利奈乌的一次创造论开始分道扬镳。在人性双重性问题上,他更多地接受柏拉图主义的影响,认为人性有两个源头即属天的和属地的。然而伊利奈乌和所有正统的也可以说是一元论的思想家们会认为,人性的源头只有一个即神的形像,只是由于人的堕落,人因着自由意志的行使而不断增加了来自于他自己的部分,这是所谓的属人的或者说属地的人性,斐洛曾用所谓的添加理论来解释。如果说伊利奈乌和卡帕多西亚教父坚持神的形像说与人性双重性的这一端,那么阿波里拿留却坚持人的创造的另一端:这就是人虽然都作为整体一次被创造出来,然而在创造过程中,人性已经有双重性,一部分来自于天,一部分来自于质料。人性上的神的形像只包括属天的部分,属地的部分则不包括在其中。

阿波里拿留的"神的形像"说比较特别。首先,阿波里拿留坚持认为人因着亚当的罪而普遍堕落,亚当的罪是普遍的罪,亚当是人类的代表,亚当的人性是普遍的人性,亚当作为个体所具有的罪与他作为类的罪有同样的真实性。根据扎赫呼帕的论证,阿波里拿留的这个观点在托名阿塔那修的《反阿波里拿留》的著作中得到了佐证。托名阿塔那修的著作说:"他不可能成为完全的人。因为在完全的人存在的地方,也就存在罪。"②托名阿塔那修所提到的那个"他"指的是基督耶稣,是道成肉身的基督。阿波里拿留的看法是,第二亚当耶稣基督所具有的人性不是完全的人性,如果是完全的人性,就是有罪的,因为是有罪的,那么他就不能担当救赎人类的本体(ousia),因为这里所谓的救赎乃是要用神自身的本体来替代人的本体。

评论阿波里拿留的"神的形像"说并不容易,它包含有某种异质性。他的观点之所以引起争论,就在于他把一个在他之先没有被充分注意到的问题提了出来,这就是道成肉身的耶稣基督的魂和体的真实性。阿波里拿留的挑战迫使卡帕多西亚教父在继承斐洛和奥利金的神学传统时,必须对阿波里拿留有所回应。他们肯定魂魄也是人所获得的神的形像的一部分,然而他们以斐

① 参见扎赫呼帕:《尼撒的格列高利论人性:哲学的背景和神学的意义》,第 132 页。

② 扎赫呼帕:《尼撒的格列高利论人性:哲学的背景和神学的意义》,第 133 页。

洛和奥利金的思想方式指出,灵性属于内在的人和普遍性的人,属于第一次创造;魂和体则属于第二次创造,属于个体的人。

第四节　卡帕多西亚教父的“神的形像”说

卡帕多西亚教父“神的形像”说和人的创造代表了希腊基督教传统这一学说的规范形态。在奥古斯丁主义支配下的西方基督教思想传统中,希腊基督教的人论被根本忽视了,很少有思想史家们投过关注的目光。只是20世纪90年代以来,出于对奥古斯丁—加尔文的预定论和恩典论传统的反思,现代基督教思想家开始在拉丁基督教传统之外寻找思想资源,希腊基督教的相关论说才重新进入他们的视野。卡帕多西亚教父的思想体系与奥古斯丁主义虽然有迥然不同的关注,然而他们仍然是基督教正统信仰的重要支柱。与奥古斯丁主义传统不同,卡帕多西亚教父的“神的形像”说与希腊人文传统没有那么大的张力。在明乎天人之分的共同前提下,卡帕多西亚教父和奥古斯丁虽然在救赎论的思想坐标中为救赎留下人的自主空间,然而却存在较大分歧。近代西方文艺复兴运动以来表现出的人文主义与新教改革运动的巨大张力即世俗和神圣之间的巨大张力,主要来自于奥古斯丁主义的影响。然而在希腊基督教和后来的东正教内部,人文主义与基督教并未表现出如此大的张力,这应归功于希腊基督教尤其是卡帕多西亚教父的努力,“神的形像”说是其中的一部分。无论是从西方文化史、宗教史角度,还是从哲学史考虑,都是值得一书的。

卡帕多西亚教父的“神的形像”说的主要内容是把人视为“在—之间”(in-between)的存在物。尼撒的格列高利说:“我想,《圣经》借这些话向我们传达了一个伟大而崇高的教义。这教义是这样的:神圣无形的本性与无理性兽类的生命,是彼此不分立的两个极端,而人性是处于这两者之间的中介。”①

① 尼撒的格列高利:《论人的造成》16.9,见尼撒的格列高利:《论灵魂和复活》。

所谓的“这些话”指的是《创世记》第1章第26节和第27节神根据他自身的形像造人。在《论人的造成》这篇长文中,尼撒的格列高利在第16章阐释了他对“神的形像”的理解,这就是人处在神性和兽性无理性生命的“之间”。这个思想是近代“人论”的重要思想来源。它的“人论”同亚里士多德和智者的人论有重大差异。

尼撒的格列高利提出“在—之间”,既在于指出人从神的形像中所获得的神性相似性,也在于阐释人性与兽性都是被造者;一方面突出神性形像乃是原型,另一方面也指出人性与神性之间有相似性。他从原型和相似性的关系讨论斐洛和奥利金已经涉及的普遍人性和个体的人,并使斐洛和奥利金的“神的形像”说更趋清晰。斐洛和奥利金只是依据普遍人性和个体的人来分别《创世记》第1章第26节和第27节的经文,较多地依赖于柏拉图主义模式,即把人的理智部分当做普遍人性。这显然遭到阿波里拿留的挑战,因为理智性也是灵魂的原理,不只属于纯粹灵性。而尼撒的格列高利用原型和相似性注释这两节经文,使得第一次创造的人性普遍性获得更丰富的内容,使得“神的形像”说内涵更加丰富,从而他能够依据神的原理思考人从原型那里所获得普遍性的有限性,这就超越了柏拉图主义的限制。当尼撒的格列高利把《创世记》第1章第26节对应于普遍人性的创造,把第1章第27节对应于具体的人即亚当和夏娃的创造,就是所谓的造男和造女时,他有他自己的认识和理解,表现出4世纪的希腊基督教神学越来越多地摆脱希腊哲学传统而回到《圣经》传统,或者说在更深的意义上了解到希腊哲学对于《圣经》的意义。

> 我们必须再把《圣经》翻阅一下,看看经上所写的话,或者能找出关于这个问题的一些指引来。经上说:“我们要照着我们的形像造人”,之后为说明“我们造人”的目的,它补充说:“神就造人;照着神的形像造人,造男造女。”(《创世记》第1章第27节)①
>
> 我们必须仔细检查这句话;只要我们这样做,就会发现那“按形像”造的人是一回事,而如今处在苦难中的人又是另一回事。经上说:“神造

① 尼撒的格列高利:《论人的造成》16.5。

> 人是按着自己的形像造的。”(《创世记》第1章第27节)这个“按着形像”造出来的人造好之后,创造工作就结束了。后来《圣经》重提造人之事,说:“神造他们乃造男造女。”我想,人人都该知道,自此人就与其原型分离了,因为如使徒所说:“在基督耶稣里并不分男女。”①(参见《加拉太书》第3章第28节)
>
> 因而人的受造具有两重含义,一是指人按神的形像受造,二是指神造人有男女之分。《圣经》在记载上的安排就隐约表达了这样的意思,它先是说:“神造人是按着神自己的形像造的”,然后紧接着补充说:“乃是照着他的形像造男造女。”(《创世记》第1章第27节)男女之分这样的事与我们对神的观念是格格不入的。②

尼撒的格列高利用“在—之间”描述二次创造,指出照着“神的形像”造的那个相似于原型的人,乃是为一切人所具有的普遍性即理性、理智和神性;然而个体的人即第27节所说的造男造女,乃是指着为男为女所特殊具有的属性,这就是人的身体、生理结构以及人的感性方式的特殊性等。尼撒的格列高利认为《创世记》第1章第26节指人按形像的原型所造,指人的原型。这个原型没有男女之分,他引《加拉太书》的那句话来证明基督就是那个原型,基督来到这个世界,使人在他里面合一,就是回到那不分男和女的原型里面。这个原型是真正的人性,是首先被创造的,是普遍性原理。尼撒的格列高利用所谓的普遍性原理或者说理性原理不仅仅指区别于感性的理性,还指一切体现美善的特性。③ 由于神没有男女之别,照着原型所造的普遍的人也没有男女之分。然而第1章第27节指人与人的原型的分离,男女之分已经不是神性的观念,而是体现出人性的“在—之间”的特性,这就是来自于兽性的关联,因为这种个体性原理或者说分离性关系与兽性同宗。从《创世记》角度讲,这也完全合理,因为《创世记》使兽出现于人之前,根据上下文完全也可以说人沾染了兽的属性,使得神在他的预知里面看到人的个体化的分离倾向,例如在生殖上

① 尼撒的格列高利:《论人的造成》16.7。

② 尼撒的格列高利:《论人的造成》16.8。

③ 参见尼撒的格列高利:《论人的造成》16.10。

采用兽性方式,从而造男造女。① 在第二次创造中,由于神已经预知了这人必成为大数,知道人必自甘堕落,就在此次创造中掺进某些非理性的特征和成分,它表现为男女的生殖成分。② 因此,尼撒的格列高利对两次创造作了明确的区分。第一次创造中的人所体现的就是被造中与神的合一关系,是一种顺服的关系。在第二次创造中表现出的个体性关系已经是人的关系,且常常只注重人与人的关系,而未关注人与人的关系应以人与神的关系为基础。亚当和夏娃的已经破裂的个体性关系以及该隐和亚伯的关系反成了人的关系的基本模式,因为他们失去了原先所具有的第一次创造中的那种普遍性的人,即按着神的形像被造而时刻把与神的合一关系作为普遍人性基本内容的实存性。第二次创造中的人已经与这种关系有了张力,所以要回归那种关系,就必须得在基督里面,因为在基督里面的关系原没有男女之分,乃是普遍性的关系,是普遍性的人。

第一次创造的普遍的人其实是普遍的人性,它单纯地由神的智慧所造,尼撒的格列高利也称之为"亚当"。然而他也承认在第一次创造中亚当还没有出现,因为从希伯来语的词源来说,亚当的词源是"从土里造出来"的意思,《哥林多前书》称之为属土的(第 15 章第 47 节)。③ 因此他认为这是"通名"意义上的亚当,而不是第二次创造"专名"意义上的亚当。"通名"的亚当是《创世记》第 1 章第 26 节说到"神创造人"的经文所指,没有指明具体的人。神所赐给人的这个名字不是专名,而是通名。其实这节经文所提到的那个"人",按照格列高利的说法,甚至不应该称为亚当,它只是通名之名,或者说普遍的人性,这个"人"是创造中的全人类"人性"的代表,因着这次创造,全人类的个体的人就都具有这种神性意义上的与神相似的神性。格列高利的说法是:"神既用这样的通名来称我们人类,我们就可得出这样的一种看法,在神的预见和大能里,这第一个人里面已经包含了整个人类。"④创造万物的神借

① 参见尼撒的格列高利:《论人的造成》18.1。

② 参见尼撒的格列高利:《论人的造成》22.4。

③ 参见尼撒的格列高利:《论人的造成》22.3。

④ 尼撒的格列高利:《论人的造成》16.16。

着他先见的大能把全人类都包括在一人之中,因此这个形像不是我们人性的一部分,这恩典也不存在于人的哪种品性之中,神的这种大能平等地普及到整个人类。① "因此之故,整个人类就以一个人来代表,也就是说,对神的大能来说,没有过去和未来。期待的事物,我们的整个人类,从第一人到最末一人,也因全能的维持力而与现存事物可以说,都是自有永有之神的一个形像,至于男女之分,我想,这是神最后添加上去的。"②尼撒的格列高利所阐发的这个见解很重要。可以说是"人观"上的一场革命。它突破了以往的"希腊人与野蛮人"、"主人与奴隶"、"奴隶是无理性的"狭隘观点,用宗教神学的语言,推进了斯多亚的"世界公民"思想,认为"从第一个人到最末一人,都是自有永有神的一个形像","都有普遍的人性",这种在神面前人人平等、人人都具神性与人性的观点,是基督教较以往宗教的一大进步,还是后来启蒙思潮的重要思想资源。

尼撒的格列高利坚决反对希腊哲学的身心二元论。在他看来,如果把身心二元论注入基督教神学,不仅不符合《圣经》的教导,更重要的还在于仿佛神没有能力同时创造人的各个部分,而像人做事情一样先要做成这个部分,然后再做成另外一个部分。③ 如同神是整全的始终为一的神,神也不分身心创造的前后。④

尼撒的格列高利在两次创造的基础上提出了他们对于"恶"的根源及人之罪的解释。尼撒的格列高利认为,造出男和女之分标志着人已经在偏离神的形像。而且在普遍人性里面已经包含了诱惑的成因,它为神创造的先见所预知。⑤ "因为那创造万物并随己愿按神的形像造了人的主,并没有等着看灵魂的数量一个一个地增加,直到满了其应有的数目,而是凭其先见之明一下子就看到人类的整体和满数,并赋予它与天使同等高贵的命运,他凭自己全能的

① 参见尼撒的格列高利:《论人的造成》16.17。

② 尼撒的格列高利:《论人的造成》16.18。

③ 参见尼撒的格列高利:《论人的造成》29.1。

④ 参见尼撒的格列高利:《论灵魂和复活》,第106、107页。尼撒的格列高利这时的"是"、"是者"的含义已经很明显向"存在"过渡。《后尼西亚教父选集》系列英译本大都用 existence。

⑤ 参见尼撒的格列高利:《论人的造成》16.14。

先见早就知道人类不能保守向善的正道，必要脱离天使的生活，他便设计了那种适合于我们堕落到罪里去的人性的增加之法，在人类中培植了非理性的动物传种繁殖至今的方式，而不再是天使那种高贵的方式。”①

尼撒的格列高利解释说，这种诱惑成因有两个方面：一是人在创造中所获得的神性只是原型的肖像，只是相似（“样式”）；二是人被造之前，已经有万物先行被造，使得被造的人不只是要面对神，还要面对世界。由此人就不仅有理智的部分，还有感觉的部分；不仅与神接触，也与地上万物相类。② 这种神人的中介性或者说“在神与动物之间”的特征，使人的“看”具有了双重性，并且在人的“看”里面表现出选择的可能性，这就是人的自我的可能性。当神实行第一次创造时，这种自我的可能性以及人倾向于确立自我建立人之城的价值取向已经被神所预知。如果说在现代性的向度中，自我的认同被看做是关联于世界的看以及由此确立其方向感中的身份原则的话，那么在古典世界里尤其在基督教的思想原则中，与神的那种关联性的自我向度则是罪性的开始。当人第一次被造并处在那个已经成就的可以接触的多的世界中的时候，自我的可能性已经在灵和魂之间形成了张力，灵所表示的是理智性存在，而魂魄所表示的是感觉性存在，③人要通过“魂魄”确立自身的身份感，这就产生了人的自主性即自我的问题。卡帕多西亚教父根据“形像”与“样式”的论述提供了人的自我观念的创造论诠释的基础：

> 这形像既然带有原型的一切美德，它若不在某一点上与原型相区别，而与原型全然一模一样，那它就不复是形像，而显然就是原型本身了。那么神与按神的形像造的人之间究竟有什么区别呢？……前者是非受造的，而后者则是受造的。由这一种属性上的区别带来了一连串别的不同属性……那非受造者（uncreated nature）是永恒不变、始终如一的，而受造者（created nature）只要存在就无一刻不变，因为它从非存在到存在这个过程（passage from non-existence to existence）就是根据神的旨意的一种变

① 尼撒的格列高利：《论人的造成》17.4。

② 参见尼撒的格列高利：《论人的造成》2.2。

③ 参见尼撒的格列高利：《论人的造成》8.2。

化和运动。①

福音书将钱币上的印像称为“恺撒(Caesar)之像”(参见《马太福音》第22章第20、21节)……这个根据恺撒造出来的像只是在外观上相像,质料上却全然不同。我们所讨论的经文也是这样,当我们思考神性(divine nature)与人性(human nature)的属性特点时,确实存在相似之处,但在它们的背后却看到两者的不同,即一个是非受造的,一个是受造的。②

前者始终如一,但受造而成的后者则是经变化才开始存在的(beginning of its existence),所以与变化有一种密不可分的关系。因此之故,那如先知所说的“事未成之先(before they be)已预知的主”(《苏珊娜传》第42节)洞悉,或者毋宁说借他的预见事先就知道,人在一种自由自主的状态中,其意志活动会有何种倾向;他既看到了将来要发生的事,就为自己的形像设计了男女之分。这种性别与神性原型(Divine Archetype)毫无关系,如我们已经说过的,而接近次等的理性存在者(the less rational nature)。③

尼撒的格列高利的这几段话很重要。从用词角度考虑,可以看出,在这里的“是”、“是者”已经很明显地向“存在”过渡。《后尼西亚教父选集》系列的英译者大都用 existence 译希腊语、拉丁语的“to be”、“Being”,卡帕多西亚教父用 physis 替换 ousia 表述三位一体的“体”,用 hypostasis 表述位格之“位”。在这几段话中,Divine Archetype 与 uncreated nature 是等价的。追溯其思想资源,可以追溯到柏拉图的得穆革和亚里士多德的第一推动者,也就是最高的本体。从思想发展的逻辑而言,当哲学的理性神演化到宗教上的至高神时,必须赋予动力学的形像。因此,系词 eimi 中的“实存”、“存在”、“有”的方面必然加强,希腊文 eimi 中原有的“靠自身能力显现其所是”的“权能”的含义,为

① 尼撒的格列高利:《论人的造成》16.12。
② 尼撒的格列高利:《论人的造成》16.13。
③ 尼撒的格列高利:《论人的造成》16.14。

“三一真神”本性自有其全能提供语义的基础。在上一编中,我们说过,在普罗提诺那里,纯思(nous,intellect)领域的eidos(idea)译为“理念”比“相”贴切,Being译为“本是”、“实是”、“实存”比译为“是”和“是者”更贴近其本意。在教父的著作中,更多的地方就是“存在”的意思。从安瑟伦到托马斯·阿奎那的神的存在证明中更为明显,证明与论证的焦点是唯一神是否存在,而不是“神是或不是”。因此,在专业术语的中译时,本卷根据晚期哲学的演变,对一些传统的基本哲学范畴作了重新诠释。在斯多亚学派一编中,我们也是本着这一精神对nous、physis和pneuma等作了新的解释。

尼撒的格列高利这几段话的另一层意思是,在创造与受造的释义中,对人作为“个体人”的independence(独立)、freedom(自由)和will(意志)的根由提供了神学的诠释。从无个体的城邦动物到“大世界”(地中海世界)语境下的“世界公民”,人的个体性凸显出来。尼撒的格列高利和稍后的奥古斯丁都从不同角度从教义学作了阐发。后人往往囿于中世纪的教阶体制下的基督教(天主教),未能充分重视早期基督教中的关于众生平等、个性自由的思想资源的。作为哲学史,我们力图对希腊哲学—基督教哲学—文艺复兴的人文主义思想予以客观的、历史的考察和叙述。

尼撒的格列高利从两次创造和原型与形像、形像与样式的神哲学基本理论出发,进一步阐明不同希腊人的时间观念与人的变化观念。创造者永恒不变,受造者则有从非存在到存在的过程,受造者的出现本身就已经包含了变化,换言之,包含了时间性。创造者始终如一,受造者则是经变化而成。既然如此,“形像”就不可能不“变化”。尼撒的格列高利指明人所获得的神的形像即“自我”不可能不与“变化”联系在一起。虽然第一次创造中所获得的普遍人性是理智性的,然而它也处在那种变化的环境之中并要经历变化本身的自主性生成,那么个体化的形态作为“自我意识”的重要内容就不可能不成为其内在的要素。从思想资源说,显然受奥利金和普罗提诺的影响。

奥利金和普罗提诺同出萨卡斯的阿门尼乌斯门下,后者常被学者归为新柏拉图主义的真正开端。奥利金和普罗提诺的学说体系都以时间和永恒的区分为支点。奥利金关于时间的观念受到柏拉图、亚里士多德和斯多亚主义的影响,又从基督教的角度作了重要改变。奥利金和普罗提诺都从区分永恒实在和世界入手,讨论时间问题。在奥利金看来,时间不存在于先在的被创造的普遍人性之中,这也是尼撒的格列高利的基本思想。这是一个相当有趣的希腊式观念,尽管普遍人性也是被造的,然而由于没有质料介入其中,它们也就没有时间性。[①]"整个造物界分成两个部分,用使徒的话说,就是'可见的'和'不可见的'(后者是指理智的、非质料的;前者是指感性的、质料的);根据这样的划分,天使和属灵者,也就是属于'不可见的',就住在世界之上、诸天之上的地方,这样的居所是与他们的结构相一致的,因为理智之物是精致的、清澈的、轻盈的、灵巧的;天体就是精致的、轻巧的、永恒运动的,而地则相反,位于感性之事的末端,永远不可能成为理智之造物逗留的适宜之地。"[②]尼撒的格列高利对奥利金的思想也有所修正,即时间性存在虽然不在第一次创造的理智性存在中,理智性存在却在时间性中。前者是从理智性存在作为特殊的创造物来理解的,[③]后者却是从创造行为这个角度来理解的,因为创造行为本身已经分出了时间和永恒。进一步来说,前者是根据形像(eikon)来说,后者乃是根据样式(homoiosis)来说。

为什么理智性存在作为造物具有特殊性呢?主要原因是无形体的普遍人性虽然也是造物,然而并没有时间性渗入其间。因为理智性的存在只接受神的滋养,它就只在神的单纯性里面,也就只在永恒里面,其自身就不包含时间性因素。然而普遍人性确实存在于时间性之中,时间中的存在要经历变化的进程,要经历形体性存在的包围。这个变化的进程如果不对理智性存在这种本性发生影响,也会对理智性存在的个体化产生影响。尼撒的格列高利的这个思想深受普罗提诺影响,因为普罗提诺认为理智性存在已经包含了个体化的倾向,或者说理智性存在包含诸多的理念(相),这是个体化的特征。然而这种理念的个体化要到灵魂的世界才成为真正的个体性存在,普罗提诺用万

① 奥利金的观点可参见特兹玛利库:《奥利金的时间观念》,第28页。

② 尼撒的格列高利:《论婴儿的夭折》,见于尼撒的格列高利:《论灵魂和复活》,第233页。

③ 参见普罗提诺:《自然、凝思和太一》III.7.11;特兹玛利库:《奥利金的时间观念》,第249页。

物自我化生来说自我意识的形成,尼撒的格列高利则使用创造论来论证。

尼撒的格列高利还从另一个侧面解释时间与变化。他说“在—之间”既表明它是在理智世界之中即具有理智性的永恒形态,又表明它不会只是在理智之中而有着向下的可能性。奥利金、普罗提诺和卡帕多西亚教父都认为时间是永恒的形像,它随创造活动开始,变化作为时间所特具的形体性和质料性与创造俱来。时间本身就具有“在—之间”的特性,它不仅彰显了神圣生命与世界之间的类同,还体现神和世界之间的完全鸿沟。尼撒的格列高利清楚意识到这是“形像”一词所包含的双重含义,并否定下面这种指责的合理性:神既然依着他自身的形像造人,人的堕落就出自神。尼撒的格列高利说:“这形像的定义是什么?无形的怎么与有形的相似,短暂的怎么与永恒的相似?易变的怎么与不变的相似,易受伤害、易朽坏的怎么与不受伤害、不朽坏的相似?常与恶同在伴随其生长的怎么与全然没有恶的相似?显然,原型与按原型所造的形像之间实有很大的不同。形像唯有保持与原型相似才能恰当地称为形像,假若它走了样,与原物不同,就不再是原物的形像,而是另外的东西了。”①形像只是在人自主性地保持所造的样式时才能够算是形像,形像一词包含自由意志的含义,包含着专注于神的自我意识。唯有理性和理智才能够保持这种自我意识的专注,它所体现的正是以柏拉图、普罗提诺为代表的希腊哲学的精神。到底人是怎么“走了样”?“另外的东西”又是什么?且看下一章关于人性与神性、人的罪性与自由意志的论述。

---

① 尼撒的格列高利:《论人的造成》16.3。

第二十二章

罪、自由意志和教化

本章讨论希腊基督教和卡帕多西亚教父的救赎论，与第四章“神的形像”直接相关。他们从普遍的人性和个体的人的二次创造论出发，阐释人的罪性和救赎。卡帕多西亚教父的救赎论与历史上的基督教的亚历山大里亚学派一脉相承，从亚历山大里亚的克莱门、奥利金和阿塔那修到卡帕多西亚教父，主要是按照柏拉图主义的进路来理解人的救赎。卡帕多西亚教父还受新柏拉图主义者普罗提诺的影响，对基督教的柏拉图主义的救赎论有新的建树。

然而，他们并不是希腊哲学家，他们只是运用希腊哲学而已。他们从基督教的视野理解的柏拉图主义，是基督教的柏拉图主义。如何合理地使用柏拉图主义不至于背离基督信仰，是这些基督教思想家们的基本准则。这就是有的学者说的：“一个基督教柏拉图主义者可以是一个柏拉图主义者，要求用超越性的信仰来支持他的探索；或者他可以是一个基督徒，要求以柏拉图主义者所理解的术语思考信仰，并达成阐释。”①奥古斯丁属于前一类型，奥利金、阿塔那修和卡帕多西亚教父是后一类型。卡帕多西亚教父和希腊基督教只是使用柏拉图主义的术语来支持他们的信仰思考而已，他们的思想本质上是基督教的。

希腊基督教不是按着柏拉图主义的惯性发展的，卡帕多西亚教父也不是完全的奥利金主义者，不是亚历山大里亚学派的自然延续。亚历山大里亚学

① 阿姆斯庄：《剑桥晚期希腊和早期中世纪哲学史》，第 425 页。

派的两位大思想家克莱门和奥利金，都仍然是非常希腊的。然而卡帕多西亚教父却从希腊和基督教并重，回到以基督教为主导。尤其在救赎论上，更能够体现出基督教思想在运用希腊哲学方面的不同典范。卡帕多西亚教父在分析罪、自由意志和德性教化观念上，都有自己的贡献。同时，卡帕多西亚教父有关这些主题的卓越分析，又使思想家们对基督论有更合乎《圣经》的了解。他们关于罪、自由意志和德性教化的分析，乃是基于基督论。本章论述卡帕多西亚教父的救赎论，主要是以其基督论为基础。

罪的观念是基督教贡献于西方思想的一个重要方面。在希腊哲学中，没有关于罪性的学说。希腊哲学中仅有与好（善）相对应的坏（恶）。受原始宗教的影响，宙斯的骗、盗、奸淫无所不用其极的行为，希腊人不认为是罪。有了成文法后，才有法律意义上的“违法”。罪和罪性的观念对后来的西方文化影响很大，这应归功于基督教。然而基督教关于罪的论述，并不是一直都非常突出的。而一般读者甚至学者们所了解的罪的论说都是奥古斯丁主义的，却少有注意到卡帕多西亚教父有关罪的论述。因此，本章重点介绍卡帕多西亚教父关于罪的观念及其同两希文化的关系。卡帕多西亚教父是奥古斯丁之前的大思想家，又深谙希腊谈论德性教化的学说。他们谈论罪的原理与成圣（德性教化）理论是联系在一起的，所以本章同时要谈罪与德性教化的关系。

第一节　罪之解读与救赎之路

卡帕多西亚教父之中，主要是巴西尔和尼撒的格列高利较为集中地论述了罪的主题。在解释《罗马书》第7章保罗的罪观时，巴西尔着重讨论了人内心的挣扎和罪对于世人的辖制；尼撒的格列高利则把耶稣的“登山宝训”当做主要文本，从罪的虚无、人的世界的诱惑和原罪三个角度，阐释了罪的原始性。两人的论述构成了卡帕多西亚教父的较完整的罪观。

巴西尔和尼撒的格列高利都注意从结合物理与心理的角度描述罪的特征，注意到人在罪的面前心灵因着那黑暗的吸引力，并追随黑暗所带来的分离性力量。这就是罪性的自我,它是一个分离的自我,是与神分离的个体的人。这样的人不再是普遍的人,因为它不再把人的自我建立在与永恒的关联之中,而是建立在与变化的世界的关系中。即使人们意识到确实存在人的自我所依赖的永恒关系,然而由于人并不服膺于这样的关系,这就仍然是扭曲状态下的关系。这种扭曲有两种情形:第一种扭曲是人的自我扭曲,就是身体与灵魂关系的扭曲;第二种扭曲是神与人的关系的扭曲。这两种扭曲关系又是结合在一起的,它们是一体两面的,而人与神的关系的扭曲是人与人的关系扭曲的基础。卡帕多西亚教父清楚地阐释了为何人对于神的永恒的和谐关系的背离是根本的原因。尼撒的格列高利说,关系扭曲的关键是傲慢(骄傲)。[①] 因着傲慢,外在性的事物进入人的受造的本性;因着傲慢,复合的本性表现出裂隙,因为所有从外部进来的事物都不会是善的。[②] 相对于创造而言,神造人所基于的形像来自于神的内在性,没有任何外在性因素。即使创造而来的人是复合的存在,然而这种复合是和谐的,是表现为一并实是为一的复合。然而,如果有外部的事物进入人的内部,并且这种外部事物的进入是出于骄傲的本性,那么人的复合就会出现裂隙。裂隙不断地扩大,"罪的恶习潜入,并且极为迅速地进了人的生命,终于从那小小的口子扩张成这种无边无际的恶。这样,灵魂原本是原型之美的像,具有原型的神圣之美,现在却像好铁生了可恶的铁锈,再也不能保守它所熟悉的本质之荣光,而被罪之丑陋扭曲了尊容。人的造成原是多么伟大而珍贵的事,如《圣经》所说的,然而,所造的人却离弃了自己荣耀的出生权。就像那些深深陷入淤泥的人,身上全是泥浆污垢,就是最亲近的朋友也认不出来了。同样,这造物陷入罪之污泥,丧失了作为不朽神之像的恩福,反倒穿戴了另一物的可朽而污秽的形像……"[③]罪绝不会停留在它所居有的单纯状态,绝不会满足于它已经获得的地盘。它必然要扩展它的地盘以至占据人的全部。罪是一种权势,它不只是一种伤疤。它不仅不会自动脱落,而

① 参见尼撒的格列高利:《论贞洁》,第4章。

② 参见尼撒的格列高利:《"八福"布道书》5,见尼撒的格列高利:《主祷文和八福》,第135页。

③ 尼撒的格列高利:《大教义手册》,第12章。

且会自动增长。

罪的权势在人里面造成人在本体论上的裂隙，即造成人从神所领受的形像的裂隙。为什么一个小小的裂隙，人从神来的善性力量却无法将它堵住，反而被罪的力量冲决呢？在亚当和夏娃犯罪之后，人仍然具有神性，为什么神性起不到弥补的作用，反倒容许人处在罪中甚至都不知道是罪呢？换言之，什么是人的神性？为什么那么大的神的恩典在与一个小小的本体裂隙对垒时无法成为战胜恶的力量？那么基督借以战胜人性的恶的神性是什么？为什么他穿戴上人性却不至于扩大这个裂隙？再往深处追问，就是为什么在基督里面，人的生命可以重回本体论的原先状态？这种原先状态就是卡帕多西亚教父所说的成圣。由诸如此类的问题，已经可以初步窥见卡帕多西亚教父的救赎论的灵修神学特色，它不满足于停留在将救赎只限于"信"与"不信"的理解。"信仰"是一个灵修的旅程，它是为了弥补本体论的裂隙，因为一点点的裂隙都会是人性决堤的起因。卡帕多西亚教父充分意识到罪对于人性的威胁。

罪所造成的本体论裂隙是所有问题的基础。为什么罪的冲击力会对人性造成全盘的破坏呢？巴西尔把罪解释为一种动力因的要素，罪的裂隙不应该看成是罪的程度问题，而应看成当人的本体处在裂隙的状态时，整个人已经处在非原初性的状态之中。人已经不再是原来的人，人已经失去了原先的那种实存性。人已经是另一种状态，而不仅是与原初的实存在程度上有差别。巴西尔引用保罗的话阐释了他对于罪所造成的本体论裂隙的理解：

> 让我们来回想他[这位使徒]在一段话里所说的关于羞耻的话的更深刻的意思："我们原晓得律法是属乎灵的，但我是属乎肉体的，是已经卖给罪了。因为我所做的，我自己不明白。我所愿意的，我并不作；我所恨恶的，我倒去做。若我所做的，是我所不愿意的，我就应承律法是善的。既是这样，就不是我做的，乃是住在我里头的罪做的。"(《罗马书》第 8 章第 14—17 节)①

原来，在保罗看来，那个罪的小小的决口已经导致了人本体论上的倒转。

① 巴西尔：《苦修著作集》，第 342 页。

巴西尔解释说:“在他[保罗]更完全地发展出这样的观念后,那处在罪的权势中的人就不可能事奉主了。”①在罪未进入亚当的人性之前,人是处在既非具有德性又非具有罪的状态之中,②而在罪进入之后,“我们的生命最容易屈服于错误,因为我们已经不能清楚地分辨什么是善的本性和什么是错误的本性。因为如果恶是在它的裸露性中呈现在我们的生命里面,没有任何善的装点,那么可以肯定人类绝不至于这样容易趋恶若鹜”③。因此,当恶(罪)进入人性之后,外部世界或者说恶的东西已经建立了进入的途径,已经摸清了人所熟悉的恶和黑暗,并且以更体贴人的形式以为人容易接受的方式(成为善的方式)进入人的本体之中。

卡帕多西亚教父认为,人最终认可了这种罪呈现为人心中的黑暗的原理,情欲最终成为生活的常态。人在被造的初期,是一种自然的顺服,处在自然无为的状态,它的有为就是神的那种最初的诫命即管理这个宇宙万物并且享受它与造物以及神的肯定性关系。这种肯定性因为是纯粹的自然性,人的情欲和理智也就处在纯粹的肯定性关系之中,而不在两者间形成悖逆的(逆性的)关系。然而,当恶进入人里面的时候,这种情况就被改变了。这里要注意恶和罪的分别。如果说罪是吃苹果的结果,或者说是做了一件事情的结果,那么接受吃的愿望的怂恿需要进一步解释。显然这不是出于罪,因为此时罪还不存在。在罪出现之前,人的原初的平衡已经出现了危机。它作为一个历史事件已经被打破,而且它是每个人的生活中都经常出现的问题,这正是由于人整个地在黑暗里面或者说无法分辨善恶。善恶不是一个简单地知道为什么的问题,而是人是否整全地存在为人。在罪进入人里面的时候,这种整全性已经被摧毁。在此前提下,即使当恶大胆地裸露出恶的本性、并且被知为恶的时候,人都会因知而行恶,而不是行出善。

恶出现在罪之前。恶在没有成为恶之前,它并不如罪那样有主宰人的终极的权势。它表现为一个事件的试探,只是展示出这种试探之于人的整全性

① 巴西尔:《苦修著作集》,第342页。

② 参见巴西尔:《释经布道书》,第160页。

③ 尼撒的格列高利:《“八福”布道书》5,见尼撒的格列高利:《主祷文和八福》,第131页。

的依附关系。试探的最根本之处在于人与神之间已经出现了那种可能阻断关系的根源,甚至人的理性里面都出现了一种表现为不顺服的关系。在人最初不具有管理万物或者处理人与人之间的关系的时候,人的理性就是接受神的指引而担当起管家的责任。自然理性是基于顺服而被视为理性,并不是基于判断而成为理性。理性的自然性的最主要性质就是对顺服的判断。然而人在自己逐渐地从这个世界获得经验的时候,人逐渐获得与那种顺服的自然性相反的理性,它看到了判断后面的那种自我的意识。卡帕多西亚教父并不否认自我意识的重要性,他们只是意识到这种自我意识里面的情欲的渗入。理性不仅不成其为顺服的推力,反成为了阻隔的推力。巴西尔说:“当理性在我们里面成全的时候,所发生的事就是经上所写的,‘但是诫命来到,罪又活了,我就死了’(《罗马书》第7章第9节)。邪恶的思想,那从肉身而来在我们的心灵中发生出来的,就活了。真正来说,如果当诫命来到,即分辨善的能力来到,心灵并没有主宰低下的思想反而容许它的理性受情欲的奴役,罪就活了,心灵却死了,因着它的越界而受死的苦痛。”①尼撒的格列高利也说:“人的理性往往受到兽性的感染,使较善的成分与较恶的成分同流合污,趋向并受制于非理性部分。无论何时,只要人的心灵能力受制于这些情感,迫使他的理性屈从于情欲,人身上就必然发生某种转变,其美善之像变成了非理性之像,他的整个本性因此全然改变,可以说,他的理性培植了情欲的温床,并使它们渐渐增多起来。理性一旦与情欲为虎作伥,就必然产生源源不断的邪恶。”②可是,理性的最大功能本应是顺服,顺服才是理性的真正本性。

这段话可以说是卡帕多西亚教父关于罪与恶的核心思想。卡帕多西亚教父将本体定义为physis(本然之是,是之所是),认为理性的本性就是对神的顺服,这正是旧约《传道书》所说的,“敬畏耶和华是最大的智慧”。卡帕多西亚教父认为这就是人的“自然理性”。然而人的俗世也经历情欲,充满各种非理性的内容,导致理性反对自身或者说反自然,这就导致人违背诫命,犯下了罪。

---

① 巴西尔:《注释性布道书》,第160页。

② 尼撒的格列高利:《论人的造成》18.3。

这同希腊的理性与情欲的传统,与奥古斯丁关于罪的判断有一致之处。然而卡帕多西亚教父也有其特色。这个特色主要表现在这里所说的他们关于情欲、理性、自由意志和救赎的见解。

尼撒的格列高利则说,人的理性并不必然是自由意志的正确本原或原理(arche,principle),从而起到抑制恶的功能。情欲就其创造的本性而言也不是恶的。就创造而言,神并没有使理性能力抽象地存在于人的存有里面,他使人的理性借感知觉存在于身体的生命之中。由于感知觉早已经存在于兽类这些造物之中,人的灵魂已经接触那些与它紧密相连的事物,这就是"情欲"。"造物主把情欲分配给人性完全没有什么坏的目的(因为如果在这些如此深刻地根植于我们人性里的东西中存在行恶的必然性,那么造物主不就成了邪恶之主了吗?),而是根据我们自由的意志对它们的不同使用,使这些灵魂里的情绪成为美德或邪恶的工具。它们就像是铁,全由工匠的意图来定它们的形状,他心里预构了怎样的形像和观念,它就接受怎样的塑造,或成为刀剑,或成为农具。"①人在获创造的时候,无论就理性部分而言,还是就情欲部分而言,都是出于"一"。"一"正是善的意思,而恶的进入正是导致了"一"从人里面的分离。罪的进入完全地摧毁了人自身出于他自我的意志所能够把握到的那个"一"。恶之于人的最具根本性的损害在于人已经处在他自我控制的能力之外,这就是人无法自我救赎的原因。当恶最后向罪跃迁的时候,罪使得人的欲望以一种表象为善的方式即快乐的表现泛滥成灾,以至于毁灭自己还以为是行"善"。② "人无法自我救赎"是基督教的一个重要思想。同儒家思想对比,可以获得更深刻的印象。按儒家观念,人可以依靠自己的修行而成圣,在俗世中达到"凡圣合一",成为"圣人"。历代帝王都标榜自己已"成圣",是世人的道德楷模。在基督教看来,由于人自身的罪性,根本不可能依靠尘世力量、依靠自己的修炼而成圣。人必须效法基督,因信而得救。关于人无法自我救赎的原因,应该说,卡帕多西亚教父的解读是最为透彻的,而且他们把拯救的急

---

① 尼撒的格列高利:《论灵魂和复活》,第 55 页。

② 参见凯达尔:《凯撒利亚的巴西尔把〈罗马书〉第七章用做内在挣扎的反思》,见于勒维斯通编:《教父学研究》第 32 卷,彼特出版社 1997 年版,第 138 页。

迫性说得特别动情："罪使得人的欲望以一种表象为善的方式即快乐的表现泛滥成灾。"

在卡帕多西亚教父看来，人无法自我救赎的深层的根源，在于恶的延绵性和恶的强势（动力性因素）。正因为如此，他们对灵修或者在基督里面救赎，或者说在基督里面所展示出来的救赎的权柄（动力性）也有更深的体认。恶不是一个个孤立的事件，巴西尔说，恶是一种绵延的东西。它不间断地向人们展示它的存在，在这种情况下，任何善性因素都被"恶"化。"在众罪之间存在着一种与不洁的亲缘关系，只要她[灵魂]沾染其中的一种罪，就不可能再使自己保持纯洁无瑕。"①这是因为恶和罪不仅只预备了这一步的行动，而且它预备了下一步行动。而在这整个绵延式的预备中，快乐原理是他们最大的武器。② 黑暗作为罪的标志如同没有光的空间，它使人甚至把恶作为善的因素。"灵魂的积习难改的状态和恶的操练随时间而加强，难于治疗，或者甚至完全无法治疗，这是由于它的绝大部分，已经习惯成自然（本性）了。"③尼撒的格列高利也有类似的论述，他把恶的那种绵延的动力性堕力称为"黑暗之火"，它使得所有曾经经历过它的人不断下堕以至于成为非人性的、兽性状态。④当黑暗成为人的常态，也就是成为人的生命里的被视为真实的东西的时候，就正如圣约翰所说："光照在黑暗里，黑暗却不接受光。"⑤卡帕多西亚教父充分意识到人性的黑暗性，就是罪在这里面有它步步紧逼的安排，步步为营的诱惑。因此，罪作为一种绵延不绝的力量，将所有的空间都笼罩在它的权势范围内，使人无法越出它的掌握，因而自我救赎是不可能的。

人的自我救赎之所以不可能，还在于恶是人自己创造的，是人为自己设计生命样式的结果，是由人的自由意志选择的。人创造罪，虽然出于情欲，然而理性和思想也难辞其咎。如果情欲没有得到思想的协助，怒火只能维护片刻，

---

① 尼撒的格列高利：《大教义手册》，第 14 章。

② 参见巴西尔：《注释性布道书》，第 161 页。

③ 巴西尔：《注释性布道书》，第 161 页。

④ 参见尼撒的格列高利：《"八福"布道书》5，见于尼撒的格列高利：《主祷文和八福》，第 141 页。

⑤ 《约翰福音》，第 1 章第 4 节。

就像一个水泡一样方生方灭,断不会经久不衰。① 罪作为无形体的权势并且最终成为生命的权势,是人整全投入的结果,而不是由人的某一部分负完全责任。它确实更多地来自于情欲,因为情欲的本性更接近于质料的本性。然而质料的本性本身并不是恶的,正如普罗提诺指出的,尽管恶存在于灵魂的最低部分,它却不是灵魂本身所有。在恶的产生中,在质料由黑暗转变为恶的黑暗的过程中,有一个心理的历程使得神掌管的宇宙成为人统治的世界,有一个使创造的善成为被创造的存有的过程,这就是自由意志的抉择。尼撒的格列高利说,灵魂中的统治原理更可能被非理性的重力往下拖,环绕着我们的痛苦常常使我们忘却神的恩赐,任肉体的情欲像丑陋的面具遮住神优美的形像。② 巴西尔也说,邪恶的思想来自于那置于肉身的情欲影响下的心灵。③ 他们都没有把情欲作为罪的唯一根源,而是把失去了思想和情欲的平衡的那个状态作为恶的根源,又把这种扭曲的状态作为阐释原罪的根源。人的降生和此后的生命都是在这种扭曲的结构里持续的,罪主导了人的这种生命的连续性。

正是在这样的语境下,卡帕多西亚教父论述了人无法逃避自己选择的罪。这也就是原罪的观念。然而他们既没有采用遗传说,尽管他们说人的罪是降生就具有的,也没有采用社会影响说,尽管他们强调人所制造的罪的原初状态的始终主动性,或者说他们坚持了一个基本的表述,人始终在制造罪。原罪并不是说后来的人被动地承受了前人的罪,仿佛后来的人是前人的受害者,而是说任何一个世代的人,任何一个个人,天生就在这样的罪的主动性里面。如果说伊甸园被逐的起因在于亚当和夏娃有着先行存在的恶的原始样式的话,那么对后来的人类,罪的主动性成为了人原始的主动性。卡帕多西亚教父的原罪说,是从主动倾向于恶的原始性说的。主动倾向于恶和罪,使得卡帕多西亚教父不通过采用预定论和强原罪论来诠释人的堕落,而走出了一条不同于拉丁基督教神哲学的道路。落实到救赎论上,同奥利金的"神中心论"不同,卡

---

① 参见尼撒的格列高利:《论人的造成》18.4。

② 参见尼撒的格列高利:《论人的造成》18.6。

③ 参见巴西尔:《注释性布道书》,第 160 页。

帕多西亚教父是以基督中心论为指导，从“经世”（oikonomia）的角度，建构原罪、信仰与基督论的关系，侧重阐述基督论与信仰之间所构成的救赎与被救赎的关系。

“经世”这个语词是用来阐明三位一体的神与历史的关系，是在历史中的神与人的关系。其实，三个位格与人的关系都是相当特别的。父向历史中的人类直接说话，训诫人；圣灵以一种默示的方式与历史中的人交通：基督道成肉身是整个经世中最特殊的事件，这是成为人来表述神。成为人的神不只是在历史之中，而且成为历史的事件，或者说成为历史的事实。这种成为历史事实的最重要原理是它经验人的软弱，而不只是针对人的软弱发表训谕。经世的特质在于神要在那个肉身里面治疗成为人的罪的动力因。在道成肉身的事件里面，最重要的就是治疗，成了肉身的道借着治疗的典范指出罪的败坏不可能最终得胜。耶稣基督本身对于肉身的治疗就成了治疗本身之于历史的关系、之于人的关系。基督个体的事件是普遍的人性与普遍的神性被重新关联为一个整全的人的事件。

卡帕多西亚教父关于基督论始终是从这样一个经世的视野里面来回应的。拿先斯的格列高利说：“他[耶稣]既是完全的人，也是完全的神，好叫因罪堕落的整个人类得以改造，成为新人。”①尼撒的格列高利则说得更加完整。所谓完全的人和完全的神作为位格的同一性出现，在于将堕落的人改造为新人的归结点放在基督使人性的那种罪性消除，而那种罪性在人里面就是灵魂和身体的分离。显然，在创造之初，神人两性、灵魂和身体本身是合一的、整全的状态。在这种状态里面，肉身不抗拒灵魂，灵魂也不抵触肉身。正因为这种复合的一的和谐使得它仰望那个创造者的一，而不是多。然而罪在进入到人里面的时候，它破坏人的整全性，正因为如此，人就处在被分离的状态里面，人所作出的一切都不是那个一的特性，而是多的特性。道成肉身的经世是通过道自身的那种整全性的原理而使身体和灵魂回到整全的状态，也就是使人重新成为整全的人，这就是一条脱离罪的道路。

---

① 拿先斯的格列高利：《致凯勒图尼乌(Cledonius)神父：驳阿波里拿留》(第51封信)。

卡帕多西亚教父认为,耶稣基督道成肉身之经世的救赎,其根本要旨在于他完成了人性向神性的转换,基督徒的“信仰”同样存在着这种形式的转化关系。在耶稣短暂的一生和短暂的传道中,可以看到人性和神性所表现出来的转化关系,而这种转化是神道成肉身的目的,即借着一个有形体的人看出无形体的神的临在。经世之于信仰的意义首要在于依托“信仰”乃在于“看出”这种无形体的存在。然而“看出”有形体存在中的无形体存在还不是经世之为救赎的根本含义。比“看出”更根本的是“接受”神人两性在道成肉身的神里面的“为我们”的性质,而道成肉身的神里面的“为我们”的性质不是通过基督所说所做达成的,而是要看到他的神人两性之间所进行的转换关系的本质,就是他作为酵母的作用,就是使神性成为酵母的功能。卡帕多西亚教父正是从这样一个神人两性转化的角度来看待经世的内涵,这使得他们把一个历史中的神的观念转化为一个灵性的神的观念,并与人类的救赎之间形成实质性的联合。拿先斯的格列高利说:

> 可以说,他是整团面的一点酵母;借着与他联合,叫那原本被定罪的脱离一切惩罚,为一切人成为我们所是的一切东西,唯有罪除外。①

尼撒的格列高利认为神人两性——准确地说有罪的人性和神圣的神性共在于一个位格的基督里面,不仅不影响我们认识经世的神,反倒更彰显出基督的人性之为神性的真实的救赎本质,就是完成那样的转化工作。这就是拿先斯的格列高利说的:

> 我们并没有把主的人性与神性分割,我们坚持位格的统一性和同一性教义,他先前本不是人,只是神,在万世之前是独生子,没有混合身体或任何形体性,然而在这末了的时代,他为了拯救我们也取了人性;他的肉身是受苦的,他的神性是不受苦的;他在身体上是受限制的,在圣灵上是不受限制的;他既是属地的,也是属天的,既是可触摸的,也是不可触摸的,既是可领会的,也是不可领会的;为的是借着这同一位格,他既是完全

① 拿先斯的格列高利:《神学演讲录第四篇再论圣子》21。

的人，也是完全的神，好叫因罪堕落的整个人类得以改造，成为新人。①

这种“既是”、“又是”的叙事语文和思维方式浸透了希腊人的智慧，但是它已完全转化为神学的论证工具。至此，我们可以清晰地看到一条同本卷前四编所述迥然不同的人的治疗的道路。通过本章往后的叙述及下一章的展开，我们可以在与希腊的对比中理解这条救赎之路，弄明白为什么晚期希腊各派的治疗之道行不通，最终基督教取得了希腊罗马世界乃至整个地中海世界的统治地位。

第二节　自由意志和理智

卡帕多西亚教父的救赎论在强调经世的神与道成肉身的救赎主权的时候，没有放弃探究人在救赎中的主动性因素。在奥古斯丁主义主导下的神学系统里面，这是一种相当特别的神人关系的体认，也提供了特殊的观察角度。从奥古斯丁主义看，希腊基督教和卡帕多西亚教父具有半佩拉纠主义的倾向。这只是就奥古斯丁强调神在救赎中的绝对主权的角度而论，然而就三位一体的观念之于人的绝对的存有状态而言，奥古斯丁主义的指责未必靠得住。在奥古斯丁主义传统中，人是极端被动的。然而，卡帕多西亚教父似乎更多地肯定人的主动性，他们也较奥古斯丁更多地认同希腊的哲学观念。希腊哲学由于认为人是理性的存在者，把人看做是绝对主动的，所谓思与在的同一，就是对人的主动性的肯定。作为基督教思想家，卡帕多西亚教父又肯定人性的罪性，即人寻求善性的有限性和被动性。因此，他们面临平衡希腊和希伯来的难题。卡帕多西亚教父的解决办法是，确立有限的主体的观念。从基督教方面来说，堕落后的人为罪性占据，在追求和实践善上是有限的；从希腊方面来说，由于人被赋予了理性，他仍然能够分辨善和恶。只是能够分辨善恶的人，却没有办法实践善的能力。

---

① 拿先斯的格列高利：《致凯勒图尼乌（Cledonius）神父：驳阿波里拿留》（第51封信）。

卡帕多西亚教父的自由意志学说透过限定希腊哲学所赋予人的高度理性,指出罪性的内在性,由此展开其融汇两希文明哲学的思路。人虽然仍被看成为一种主体性的存在,但是这种主体性存在是有限的。一方面,神与人的关系仍然是主体间的关系;另一方面,人在这种主体间关系中是被动的,需要神的救赎。在解释《路加福音》第15章第5节、《马太福音》第18章第12节①时,卡帕多西亚教父清楚地把救赎论中的人的有限的主动性,即听出神的声音的主动性言说了出来。

> 当我们的救赎的发动者寻找羊群中那失去的羊(《路加福音》第15章第5节、《马太福音》第18章第12节),谁不知道那神圣的奥秘呢?我们就是那只从一百只理性的羊组成的羊群中因罪而迷失的羊,他把它们全都召集起来。他并不只是穿戴上人的外表和如阿波里拿留所喜欢说的拥有人的结构。他把这只羊扛在肩上,借着分享他的神性与他联合为一。因此,[基督]把这只羊扛在他的肩头,是因为他希望寻找和拯救那迷失的羊……这只曾经犯有过错的羊不是靠着自己的足行走,而是神扛着它。因为那穿戴为羊的,那是人,如经上所说神的足迹不为我们所知[《诗篇》第76篇第20节]②。那扛着这只羊的这人本身没有罪的足迹,也不会迷路;神的足迹被印记在他的上面,借着他那呈现为教导、治疗、从死中复活以及诸如此类的奇迹的生命旅程。一旦这位牧者把这只羊扛在他自己的身上,他就与他联合为一,并且以牧者的声音与他的羊群说话。我们软弱的人性如何能够听出这神圣的声音?以人的方式,即是说,以羊的方式,他对我们说:"我的羊听我的声音。"[参见《约翰福音》第10章第16节]因此,这把自身穿戴为羊的牧者说着我们的语言,他既是羊又是牧羊人。他在自身的人里面穿戴上羊,而他所穿戴的是一个牧者。③

这是针对阿波里拿留的基督神人两性论的错误观点说的,讲的也是基督

① "你们中间,谁有一百只羊失去一只,不把这99只撇在旷野,去找那失去的羊,直到找着呢?找着了,就欢欢喜喜地扛在肩上,回到家里……"(《路加福音》第15章第4—5节)。

② 疑《诗篇》的出处有误。

③ 尼撒的格列高利:《驳阿波里拿留》,J151—152。

论和救赎论的关系,然而已经涉及救赎论中的人的主体性。学者们指出,这段话阐明了一种基本的教父救赎论模式,基督必须穿戴上整个人,这样整个人才能够被拯救或圣化。身体是为着身体,灵魂是为着灵魂:治疗是透过同类的存在者完成的。卡帕多西亚教父以这种方式说明了理智的两方面:一是人的理智本身是无罪的,二是它堕落了,需要治疗。理智本身是无罪的,然而它是自由意志的基本内容,它必须对人选择恶负责。① 因为它没有制止自由意志犯罪,也没有能力制止选择向恶。这个表述不同于奥古斯丁主义,因为他把理智的善性原理作了中性的处理,而不认为它就是恶的和败坏的。人就被给予了这样的自由,即他依然可以选择向善和向恶,他依然如亚当和夏娃在伊甸园里那样面临难题。如果说伊甸园中的亚当和夏娃在被诱惑之前还是向着善上升,他的理智是善性并且表现为善性的,那么在此之后理智虽然是善性却表现为中性。这就是罪对于人性的侵蚀,这个空白性的或者中性化的状态使人处在一个视神为可有可无并且选择为无的倾向中。

在这个道德抉择里面,卡帕多西亚教父看到善和恶的症结既不是位于身体,甚至也不是位于情欲,而是在于自由选择的能力。在反对阿波里拿留的观点的时候,尼撒的格列高利强调自由选择需要对于恶的运动方向负责。② 自由选择被看成是一种有罪过的感受性。卡帕多西亚教父认为自由意志在堕落之后的向恶的倾向性替代了向善的倾向性,但是自由意志是以理智为基础的,因此人具有有限的主体性。卡帕多西亚教父并不认为自由意志是道德恶的(这在后来的基督教语境中多少被歪曲了)。也不认为道德恶存在于人的根基之中,因为在人的本性中,善性才是真正的基础和真正的本源。即使在人堕落之后,卡帕多西亚教父认为依然应该肯定这一点,而不应该予以否定。唯有如此,人才可能在黑暗中还能够有接受光的可能性。这种接受并不是出自于人的自我所产生出的主观意愿,而是基于人身上所本有的内在三一的形像,是

① 参见波特内弗:《尼撒的格列高利的安纳勒提库的救赎论形像》,见于勒维斯通编:《教父学研究》第32卷,第82页。

② 参见波特内弗:《尼撒的格列高利的安纳勒提库的救赎论形像》,见于勒维斯通编:《教父学研究》第32卷,第82页。

神自身三位格共同作用于人的结果。人性的善性根源是从内在三一的前提下得到肯定的,而经世三一所要否定的是自我努力的称义(即自我能拯救自己)。

因此,卡帕多西亚教父认为,尽管因着亚当的堕落人的本性被败坏,向善意志被削弱,但是切勿以为人会服从于这一本性的统治。由于人假神之手被创造,他将控制情欲而不是受情欲控制。存在于人心灵深处对于善之渴求所生的德性必将强于那感官的享乐欲求和恶的行为,作为诸德性基础的善性原则即使在亚当堕落之后仍然存在于人的本性之中。① 这种关于人的本性的观念全面贯彻在卡帕多西亚教父的苦修主义著作中,《摩西的生平》和《诗篇注释》给予了特别关注。奥利金的基督教希腊德性论成了卡帕多西亚教父的思想前提。在《出埃及记注释》之中,奥利金在对摩西率众出埃及途中所经历的事情作了寓意解释后,把摩西看成是有着生命之完全德性的楷模。这是卡帕多西亚教父德性论的基本内容,甚至是他们讨论苦修生活的出发点。《摩西的生平》一书使用"德性"一词达一百次之多,如奥利金一样把摩西看成是基督德性生活的楷模;《诗篇注释》把此种德性追求表述为灵魂与基督的婚姻,《论贞洁》则表述为禁欲的生活。这样一种生活将人与神的本性而不是与世俗生活更多地联系在一起,唤起人的善性。这是禁欲生活之所望。②

在研究"麦子"和"稗子"的比喻时,卡帕多西亚教父认为人具有两种主动性,自由意志在这两种主动性里面成长。自由意志与人的主体性的共生关系,对于寻求一的单纯性而言不是没有益处的。《圣经》说的良种就是指灵魂的相应冲动,只要将它们往有益的方向培植,每一种冲动都将在我们里面结出德性之果。但因为在这些冲动中间撒播着坏种,即对真美的错误判断,使真美蒙上了阴影。因此之故,明智的农夫让混杂在他的麦种里面的这种植物留在地里,免得把欲望连同那一无是处的东西一并拔除了,使我们连美好的盼望也一

---

① 参见尼撒的格列高利:《论成全》40.7。

② 参见尼撒的格列高利:《论贞洁》第1章。格列高利把禁欲生活看成是一种德性的活动,一种灵魂的自我净化的努力企图。参见耶格尔:《古代基督教文献再探:尼撒的格列高利和玛格莲娜》,第75页。

同丧失了。[①] 麦子和稗子的比喻意在于说明人回到整全的状态的救赎性质所经历的过程。情欲作为自由意志的必然部分，无论在救赎之前或之后都是人性之后的一部分。否则，人就不是自由地成为被救赎的。尼撒的格列高利说："如果愤怒在我们身上杳无踪迹，我们还有什么兵器来对付仇敌？因而，农夫任由那些杂草留在我们身上，不是让它们常常征服宝贵的庄稼，而是为了使田地本身（按他的比喻说法，就是心）通过其天然固有的力量，也就是理性力量，使杂草枯萎，使庄稼结出丰硕的果实。当然……如果人适度地处在这些情感之中，把它们掌控在自己的支配之下，而不是被它们所支配，利用它们作为一种工具，就像王假借众多臣民之手一样，那么他会比较容易获得德性，成为卓越之人。但如果反过来，他受制于它们，并且如同奴隶反叛主人时那样，屈从于那些卑劣的念头，在它们面前卑躬屈膝，受他本性中低下部分之折磨，那么他必被迫转而成为他那些专横跋扈的主人们的仆从。我们不能说灵魂的这些情绪原本就如此，因为它们有利还是有弊，为善还是趋恶，取决于拥有这些情绪的人。只要它们的冲动朝向高贵的目标，它们就是可赞美之事，如欲望之于但以理，愤怒之于腓尼阿，忧愁之于那些高尚的人。如果它们倾向于卑鄙的目标，那么它们就是、也被称为坏的情欲。"[②]愤怒这等激情是人性中必不可少的一部分，一种真正理性的力量不在于它是否是一种愤怒，而在于是否是一种合乎于好的愤怒。

卡帕多西亚教父借助寻找迷失的羊与农夫、麦子与稗子这两个隐喻，完成了从希腊哲学的人的拯救与治疗到基督教的拯救与被拯救的转换。在晚期希腊哲学中，不同派别的哲学家提供不同的拯救灵魂和心理性治疗的方案，这里只有世俗的施教者，施教者与受教者同是人，受教者可以接受也可以不接受甚至反驳施教者的治疗方略，还可以同时接受别的学派的"治疗"，甚至还可以像罗马时期所盛行的，综合各派理论，自创体系。在基督教那里，哲学层面的施教与受教的关系转换为体现神人关系的拯救者与被拯救者，拯救者不是传

---

① 参见尼撒的格列高利：《论灵魂和复活》，第 55—56 页。

② 尼撒的格列高利：《论灵魂和复活》，第 55—56 页。

统意义上的神,而是道成肉身的(incarnation)拥有三一真神的本质(ousia)或本性(physis)的耶稣基督。由于圣父、圣灵、圣子同体,所以三位一体,耶稣拥有完整的神性。又由于耶稣是圣父化为圣灵,借圣母马利亚而获得肉身,因此他既拥有完整的神性又拥有"人"之肉身,因而他有"经世"这一段的时间性、历史性。经世神学关于时间与历史的论说,不同于希腊的时空论与历史观。同其他宗教不同,道成肉身的神(耶稣),以其肉身经历世间的遭遇,展示离弃神的形像的人的脆弱(无法自救),人的罪性、人的自由意志在情欲驱使下误用理性,偏离"正轨"成了"迷失的羊"。他不可能自己回到"羊群"中,因为他已经迷失了。他需要牧羊者把他找回,还"扛在肩上",但是找回的羊能与99只羊合群,即"回到羊群",因为前面的章节已经说过,人除了染上"兽性"的一面外,还有从"神的形像"所获得的"神性"的一面。那么"神性"的一面何以可能指导人的"自由意志"、根除"兽性"、皈依"教门"呢?下面展现的基督教教化理论回答了这个问题。

第三节　教化(paideia)与成圣

希腊哲学的主题是人的塑造,透过教化实现灵魂的转向。就德性教化而言,希腊哲学认为它不应是外在强制的过程。外在强制的教化不可能真正成功。教化必是一个内在改变或者说心灵转向的历程。这就是教化的动力性。柏拉图已经指出教化是激发起人的爱—智(noetic-erotic)的本性。无论是《理想国》还是《会饮篇》都在谈论爱智本性的唤醒途径以及它与至善的关系。柏拉图认为,灵魂德性的塑造过程就是"灵智"调适激情与欲望。人的灵魂三分为理性、激情和欲望。三部分的不同主导局面形成三种道德形态,当理性据主导地位的时候,人就是"爱智者";当激情据主导时,人就成了爱胜者;而当欲望占主导时,人就成了爱利者。① 德性教化的目标就是成为爱智者,至善和智

① 参见柏拉图:《理想国》,581A-D。

慧同一。无疑,人的未受教化的状态都是爱利者,其欲望的现实性和适切性经常遮掩人存在的根基,即道德上的至善要求。希腊哲学把教化理解为理性驯服欲望的过程,即欲望被除去其欲爱的能力,而达至理性之境。大多数情况下,欲念(欲求,爱欲 eros)被视为是“恶”的。有意思的是,《会饮篇》是谈论 eros 的。在这篇对话录中,eros 成为追求至善的力量。然而,柏拉图也说,Eros(爱神)是既丰富而又贫乏的,因为它像一个漏斗,既接受又流泄。柏拉图既看到 eros 在教化中的动力性功能,即它是追求善的发动者,又看到 eros 不能够成为至善的最高表达者。卡帕多西亚教父接受柏拉图赋予 eros 追求至善的动力性,又较柏拉图更为积极地看待 eros。他们指出欲望也是神圣形像的一部分。欲望在创造之初是理智性的,或者对于神之渴求的那种智慧的追求的本质之所以可能,在于它固然是欲望,却不是像性欲的对象性控制,它也不具有性的动力学里面的断裂关系。它是动力性的却是绵延的直观性把握,在于它是一种“爱—智”(noetic-erotic)。即它既具有爱欲的特点,这就是 erotic 的冲动、欲求、不息地追求,不达到对象性的存在就会有下次的继续激发。然而,创造之初的那种爱欲动力性又是理智性(noetic)的。这个 noetic 不是说它与理智的存在形式和性质一样,以至欲望成为了理智控制的部分,不是一种独立的存在。在希腊哲学的理解里面,同时也是在尼撒的格列高利的理解里面,noetic 是一种静止的状态,是不会下堕的本体性构成。人即使败坏了,然而人的神性并没有真正败坏。noetic 与“欲求”(erotic)的结合,犹如《箴言》里描述的新郎与新娘,“性欲般地追求它(指化身智慧、逻各斯的神灵)”①。用一句通俗易懂的话来说,教化就是通过激活人内在的源于神的“智慧”,像追求情人一般追求恢复人内在的与神契合。所以希腊的爱神(Eros)获得新的解释,汉语表达的专有名称“爱神”成了汉语的动宾结构“爱三一真神耶稣”。这就相当成功地转化了希腊哲学对 eros 的负面看法,形成了基督教特有的成圣思想。

在这个前提下,卡帕多西亚教父发挥了希腊人文教化的共同体性质。他

① 尼撒的格列高利:《雅歌注释》22—23。

们赞同希腊教化观念里面所蕴涵的共同体理想,耶格尔曾相当精彩地指出希腊教化观念的这种特质。他说希腊式的

> 教化不只是指个体的实践:它本质上是共同体的一种功能。共同体的特征被表达在由以构成的诸个体之中;因为人,这城邦的动物,远超过任何动物的种属,共同体是一切行为之源。共同体对于其成员的构成性影响是最持久且活跃的,它缓慢而有力地教化诸个体的每个新的一代,按照它自身的形像塑造他们。任何社会的结构都基于那结合它和它的成员的成文和不成文的法则,因此,在每个人类共同体中的教化(可以是家庭的、社会阶级的、某种职业的,或诸如种族或国家的更大范围的复合体的)是对于一种标准的主动意识的直接表达。①

“教化”是个体之被共同体化的维系,这就是教化之为教化的“主体性”。耶格尔指出,教化的“共同体”话语基础是“形像”的观念。这是基督教人文理想的希腊哲学基础,尼撒的格列高利指出:

> 在这一点上,这位哲学家[指柏拉图]说:“我们论证的意图不在于认为命运是自我存在于个体性之中的。毋宁说,我们意指存在一普遍的统一性和将万物统一到它自身的连续性,所有个体的存在物都存在于这大全之中,就如存在于一个躯体之内一样。所有这些元素都是彼此和谐的,上界掌控一切,而尘世之物全都引向朝上仰望。”②

在另一个地方,尼撒的格列高利也有非常清楚的论述,③共性的或者说在教化里面重回神圣和谐的观点以基督教的方式被重新表述。首先,是人回到与宇宙大全或者说逻各斯的和谐之中,其次是人自身的全面协调。其根本之处在于自我不是独立为形像的外在原理,而是来自这样的深层意识,即自我是来自形像并且维系于形像的观念,自我必然是基于共同体的根本。

同古典时代的城邦教化不同,卡帕多西亚教父的基督教人文理想基于神秘主义和神的本体(ousia)的超越性。这需要追溯形像与教化的关联。卡帕

---

① 耶格尔:《教化:希腊文化的理想》第1卷,导言第14页。

② 尼撒的格列高利:《驳神谕》37.12。

③ 参见尼撒的格列高利:《“八福”布道书》6。

多西亚教父认为，教化的动力性特质即爱—智是内在于形像的，教化是内在性的净化历程，并且重新参与到神的内在性关系即共同体之中。这个共同体的或者说重新获得的形像，是神创造之初就赋予了每个人的，又从洗礼的圣礼中显明出来的。麦凯勃莱在《雅歌注释》的“导论”中认为，关于教化的这种ousia和eikon（形像）之间的联结不断地被重复，然而这种重复不是单纯停留于原点的重复，是不断地被从知识（荣耀）的程度引向另一种没有任何经验性的劳累程度，是从一个阶段到另一个阶段的转变，也是一个不断抽离皮肤的帐篷的持续过程，就像不断地发展性地进入一个人自己灵魂的深部。① 这里面包含着既近又远的辩证法。“近”的感受是从人被抽离了形体性的观念中而得到的感受，它表达为一种“形成性”的原理，从自己的有限的极端的被动性状态中摆脱出来，而成为一个能够从自身的爱—智（noetic-erotic）获得自由的主动者。形像被显明在教化的主体性意识中，它不是一个被遮蔽的有待展示的观念。在这个成圣的最初阶段，人发现了自己原初的所是的静态存在的特征。这个“近”的阶段，只是卡帕多西亚教父所理解的人恢复神的形像的最初阶段，就是“分别出来”或“奉献”的意思，即我们被神从世间分别出来，归为他自己所有。② “成圣者”不是要突出一个有着高度“主权”的自我的“神性”，所谓分别出来，实际上是指将人的主权归还给“神”，在“与神的关系中”才能成为具有高度德性的存在，这样，德性的来源回到神义论的角度，而不是人的存在价值。人的价值只在于有没有显现出神的影像。正因为如此，神的一切惩罚都是灵魂回归神的德性教化过程，是要使人醒悟到一切德性都根源于“与神的关系中”，即人的神圣性乃是基于神的位格。借着所遭受的苦痛，基督徒意识到自身努力的无效和灾难，要回到真正的善，就要回到人与神的关系之中，③这就是教化里面的共同体原理。

卡帕多西亚教父还认为存在教化之为成圣的“远”。这是对于noetic-erotic的更为深切的体认，也是他们的神学对于神的ousia的神秘主义的把握。

---

① 参见麦凯勃莱：《雅歌注释导言》，第22页。

② 参见《使徒行传》第26章第16节、《彼得前书》第1章第2节。

③ 参见尼撒的格列高利：《大教义手册》第26章；也参见奥利金：《驳凯尔苏斯》6.44。

也可以说,这是对于人的成圣之非为“圣”的悖论式了解。人的“圣”在卡帕多西亚教父看来不是那种天人合一或者人可以升天的“圣”。人不是本体性的“圣”,而是关系性的“圣”。在这种关系性的“圣”里面,教化的本质在于借着noetic-erotic的动力性本质,愈益发现人与神的“远”,使神在整个信仰的直观中成为不受任何想象、表述和思想的受限者。尼撒的格列高利指出,教化之“远”彻底更新了被肉身化了的灵魂,使灵魂重新追求无形体的智慧,追求完全来自于神的本体,这种爱是完全的“圣爱”(Agape)。这个完全性不是指人的本体性据有而言,而是指动力性主权而言,它从神而来,且与智性的通常范围的婚姻形像的结合。“任何拥有这样一种令人羞愧的幻想的人就应该被从分有这种婚姻的喜乐的那些同伴中抛弃出去……灵魂与神有着无形的、灵性的和纯洁的结合。对于神来说,他希望所有人都能够得救,认识真理,明显这里最完美最神圣的救赎方式——圣爱(Agape)。”①

卡帕多西亚教父的成圣观念把“远”和“近”的辩证关系发挥到了极致,这也是他们关于教化与ousia和形象(eikon)之间所构成的关系的精细而又形象的描述。神圣的形像被作为关系性原理、作为共同体原理得到考虑,而不是把人和神作为两个本体原理,并扩展为两种不同属性的存在。尼撒的格列高利由此发展出一种令人感兴趣的观点,就是新的恩典与灵魂的结合是纯粹的,没有正当理由的。为了表达这种观念,他又借助于人性的最为自然的冲动即婚姻的共同体欲求。因为在关系里面才有自身的观念,因着关系自身,共同体自身才以隐/远的方式由“近”呈现出来。“爱就是充分地关于它自身的;当爱呈现的时候,它吸收和征服了所有别的特征。因此,它爱它所爱的,它不知道任何其他的事情。那真正地被崇敬的神,就是在敬畏和被渴慕里得认可……除了爱与被爱,你还能够找到别的什么呢?这样一种联结比起父母和孩子之间的那种自然的坚固的结合甚至更强大……你可以看到在新郎和新娘之间的这种感情的强大——它不只是强于别的情感,而且强于它本身。”②借着基督为

① 尼撒的格列高利:《雅歌注释》15。

② 伯纳德:《论雅歌》,第182—183页。

我们这些罪人而死,我们灵魂的最尊贵的情人显明他的爱。相反,新娘为爱火所点燃,表明爱的箭深深地安放在她的心里,因为这就是与神的团契。①

总之,在卡帕多西亚教父的思想里面,其与创造论相关的救赎论思想相当特别。他的全部观念在于一个整全的人与神本体的关系。依着这种本体的关系动力学,他们指出在人所获得的神的形像里面的动力性原理。卡帕多西亚教父的思想乃是基于这个整全性来讨论的,在涉及成圣的神秘主义即 Agape 的讨论时也是如此。"圣爱"(Agape)的主要特征是非理性的,它创造了自身的逻辑,它自身的存有方式,导致一种情感性的联合。必须注意不能把 Agape 与 eros 分开,因为在引用《箴言》第 4 章第 6 节"不可离弃智慧,智慧就护卫你,要爱她,她就保守你"时,格列高利在《雅歌注释》的开头就把两者结合在一起。因为 eros 是一种情欲,它在理智领域的外边,是人的最宝贵的功能。eros 最好被看做是 Agape 的加强。② "新郎被欲望的灵性之火的箭所伤(eros)。因为那被激发起来的 Agape 被称为 eros。"③整个人获得与逻各斯最亲密的结合,就如耶稣基督的神人的转化关系。借着他,在属天的奥妙中,与三位一体的全然结合,就是基督徒的完全的永久的成圣。④

希腊哲学例如柏拉图试图把 eros 与 Agape 分开,然而他的爱智者(noetic-erotic)形像却表明这必然会导致悖论,或者说张力。柏拉图的《理想国》和《会饮篇》都隐藏着这种张力,原因在于柏拉图认为 eros 不可避免地使灵魂身体化,使灵魂沉沦于现象世界。卡帕多西亚教父无疑看到了柏拉图哲学张力的积极一面,他们使用 eros 作为欲求的力量,并且不试图去规训这种欲求的反理性层面。这个基本思想主要来自于《雅歌》的 eros。《雅歌》大胆地用性爱表达神圣之爱的寻觅和渴慕,没有对 eros 表达 Agape 的合理性作任何限制。由此,卡帕多西亚教父克服了希腊哲学语言使用中的二元论倾向,使得"爱智"(noetic-erotic)的人的原初存在状态成为成圣的本体性进程的开端。

---

① 参见尼撒的格列高利:《雅歌注释》378。

② 参见麦凯勃莱:《雅歌注释导言》,第 26 页。

③ 尼撒的格列高利:《雅歌注释》383。

④ 参见格洛斯:《希腊教父的基督徒成圣观》,第 175 页。

这样,以卡帕多西亚教父为代表的希腊教父完成了从古希腊的“爱智”到“爱基督”的转化。希腊文 paideia 在希腊古典时代主要指世俗的教育,教育相当于拉丁文 cultura 的本义,即灵性的培育,把公民培育成“好人”、“好公民”,柏拉图抓住灵性培育的要害是灵魂的升华,这就给基督教提供了思想资源。所谓教化就是要像追求情人一样去狂恋神,追求与神合一,仿效基督,接受神的拯救,促成灵魂的升华。

在这种救赎论里面,人文思想的因素被作为救赎论的一个前提得到肯定,这尤其体现在他们的德性教化观念上。卡帕多西亚教父强调人的善性只是被罪遮蔽,希望从救赎论中显出神性的前提,表明神性的前提一直是人被创造并且存在的基础。神所创造的形像是不败坏的,这是他们思想的根本。即使罪进入人的里面,这个神性形像也是未曾败坏的,它只是暂时未曾显现而已。

耶格尔指出:“可以这样刻画格列高利著作的特征。在东方教会的神学中,他的著作达到了这样一种倾向的顶峰,即使基督宗教的两种基本要素,神圣恩典和人的努力,达到完美的平衡。同时,他的著作也使基督教的恩典概念与希腊伦理传统即古典德性的理想达到了复和。”①

耶格尔的说法值得听取。他认为尼撒的格列高利重视神圣协助的古代观念,从荷马和后来的希腊哲学中经常可以看到,这使得尼撒的格列高利把神圣恩典的观念介绍进入到古典教化的观念成为可能。

从卡帕多西亚教父所阐释出来的教化与救恩之关系的人文理想而言,它其实与佩拉纠或者任何的半佩拉纠主义有根本的区别。他们思想中最关键的是以“教化”为其恩典的持续原理,而不是以皈依为唯一的原理。皈依为基督徒只是信仰的初步性的部分,然而教化却体现着信仰的成长,或者说灵性的增长,或者说神的恩典的真正之所在。这个教化的希腊式概念背后本身就蕴含着“形像”的观念,这与卡帕多西亚教父所强调的观点即救恩是以“人是神的形像”展开有关联。从创造论和内在三一的角度最能够说明人与神之间是一种持续内在的关系,教化或者救恩的原理在于重新看到那种内在性的人乃是

① 耶格尔:《古代基督教文献再探:尼撒的格列高利和玛格莲娜》,第 88 页。

最初的人的被造的状态。尼撒的格列高利把这称为一种哲学的生活方式。正如柏拉图所认为的,荷马史诗及修辞学并不能够提供人的德性培养的真正准则,哲学才是对人类心灵的本性以及学问的唯一真实的教育。尼撒的格列高利发挥了这个观点,基督教的教育理念必须回到柏拉图的哲学洞见。人类人格和灵性本性的逐步塑造与人的自然本性的成长既有相似之处,但差别之处更大,因为灵魂的滋养不同于身体成长的物质消耗。人的自然性是自然而然地成长的,灵性的成长过程却不是自发的,它是一个教化过程,需要持续关注。① 正如久处黑暗中的灵魂在适应光照时需要漫长的过程,教育就是人适应光照的过程。

基督信仰之于基督徒的教化是协作的过程。这个过程在于受造的人基于一个受造者所获得的恩典,即人的内在性形像的主动性和经世三一的神的绝对性,经历被神同化的过程,基督徒生活理想的真正现实是终其一生持续且尽己所能地接近完全。诚如希腊哲学家的一生是借着哲学式的禁欲完成灵魂的教化过程一样,基督教所提供的不是一套教义系统,而是建立在理论或凝思神或者甚至与之完美地结合之上的完善生活。这种生活就是成圣,教化是道路和神圣目标的趋同。② 卡帕多西亚教父非常希腊式的地方在于,他视哲学为神圣的生活方式。其他的希腊文学和艺术,则是神圣教育的前教育阶段,这与奥利金有所不同。卡帕多西亚教父以上述方式把希腊的其他教育内容包括在了基督教的教育体系内,正如柏拉图把史诗、天文、算术和几何等教育作为神圣教育(辩证法)的前奏一样。由此,格列高利分出了人文教育的两部分:外教育和内教育。所谓的外教育就是关于外部世界的知识以及文化历史传统的教育。卡帕多西亚教父似乎深信这种教育对于心灵的转向起着正确的引导作用,内教育则是灵魂本身之于神圣世界的趋同。卡帕多西亚教父以这些暗含的类比,把希腊容纳到基督教的思想体系之内,把《圣经》视为教育之源,又论证了《圣经》的希腊式解释的正当性。

---

① 参见尼撒的格列高利:《仿效基督》(Opera,ed.Jaeger,VIII,Part 1,p.44,27ff.);参见耶格尔:《早期基督教和希腊的教化》,第87页。

② 参见尼撒的格列高利:《驳优诺米乌》7.1。

教化的源头在于《圣经》的研读,因为《圣经》里面所蕴涵的是神的历史作为,就是不断地发现基督的形式,《圣经》之于基督徒的教育就是仿效基督:基督也由此因着他显现出来。[①] 当然,在把《圣经》视为最基本的团契时,格列高利的教育理想也蕴涵着容易引向个人与神直接交通的自由主义式的神秘主义。[②] 但是,卡帕多西亚教父并不认为存在这种危险。在古典的理念中,"人"是一个共同体的概念。他不是把灵智理解为秘仪式的神秘,而是基于共同体的信念——教会及隐修团体。

下面我们就来讨论早期基督教教父关于救赎与教化的终极目标问题。

① 参见尼撒的格列高利:《论成全》。参见耶格尔:《早期基督教和希腊的教化》,第94页。

② 即使引出这一结论也是不奇怪的,因为中世纪的许多神秘主义流派基本上是以回归柏拉图主义传统为基本倾向的。这也说明格列高利思想中的相当微妙的部分:希腊的"自由"应被表述在怎样的限度内?

第二十三章

普救主义和万物归一

古代晚期的希腊哲学是宗教性的哲学，或者可以说是宗教意识被作了哲学性的表达。希腊化哲学表现为治疗性伦理这个主题，其本质则是人的救赎，伦理性只是救赎的另一种表达方式而已。新柏拉图主义则把希腊化哲学三大派（伊壁鸠鲁学派、斯多亚学派和怀疑论学派）的实践哲学（实践理性）重提到理论理性层面予以思考，奥利金和普罗提诺都在理论理性的层面去回答伦理性救赎的可能性。奥利金直接从基督教里面寻找系统神学的阐释，普罗提诺则从理智性本体阐释人的回归之路。奥利金和普罗提诺都从一元性本体的角度强调救赎的普遍性，也就是世界万物都必将回归其创造或者流溢之初的状态。这就是所谓的普救主义。

卡帕多西亚教父的救赎论既是奥利金主义的传承者，也深受普罗提诺的影响。巴西尔和拿先斯的格列高利编辑过《奥利金文集》，尼撒的格列高利受奥利金的影响更深。奥利金深信神所造的万物都将借着不同层次的理性阶梯回归神本身，他甚至认为魔鬼都有可能得救。这就是在基督教思想内部诠释万物复元的观念。新柏拉图主义的普罗提诺哲学更是从希腊哲学传统中发挥了这种万物归一的思想，他认为所有创造物都流溢自太一，所有流溢物保存的不是太一的好的部分，而是包含了好的全部。他深信当万物抵达恶的终点时必将自动地向好回归，类似于斯多亚主义所认为的万物经过一个宇宙循环后将进入新的循环。因此，万物必然最终都要回归其原先的状态，作为受造物必然回归到其原来之所是，这就是救赎过程的完成。卡帕多西亚教父也认为万物都将复归其创造的原始,救赎就是从万物失落其原初之所是回归是的原初。

第一节　两种救赎论

在基督教思想史上,有过两种救赎论,分别是普救主义和二元论。在早期基督教历史上,这样两种救赎论曾并行地得到发展。代表普救主义的一方是奥利金主义—卡帕多西亚教父,主要是希腊基督教传统,它倾向于认为所有人在终末的时候都将得救的看法;代表二元论潮流的一方是拉丁基督教,它倾向于认为人死后其归宿各有不同,部分进入永恒的天国,部分则进入永恒的地狱。二元论的救赎论的最重要部分是,它认为有些人将永恒地在地狱里面,地狱永恒地存在,如同天堂永恒地存在一样,而不是暂时之事。这种救赎论的二元论潮流,部分原因是出于奥古斯丁神学的影响。在奥古斯丁的神学成为西方基督教的主流的神学话语后,它深刻地影响并塑造了天主教和新教神学,还压制了其他的神学言说方式。部分原因则是由于西方基督教思想家谴责奥利金主义,把普救主义列为异端而令其消音。553 年,基督教第五次大公会议谴责了普救主义,尽管没有提到奥利金的名字,然而其所指的对象不言自明。再接下来,早期教会历史日渐陷入东(希腊)西(拉丁)方无法妥协的争端之中,教义争论本身的开放性受到日渐加深的机构和政治权力斗争的影响。西方基督教传统认为,普救主义不仅损害了基督教教义,还危及教会的权威和社会的稳定,因此它加强了对于普救主义的抑制。① 在这种背景下,普救主义在基督教思想史中的地位一落千丈,它由早期教会的主流思想转为边缘状态,沦落为地下的和异端的思想。

这不是说,普救主义的救赎论从此在西方基督教思想史中就销声匿迹,尽管已被削弱是一个事实。在文艺复兴时期,新教基督教思想家要求天主教改革的时候,救赎论上的普救主义和二元论再次发生激烈交锋,基督教人文主义

① 参见洛德路:《普遍救赎:尼撒的格列高利和卡尔·拉纳思想中的终末论》,第1—2 页。

思想家与马丁·路德及加尔文之间发生过辩论。在基督教人文主义方面,伊拉斯谟是代表人物,他复兴和重新提出了希腊教父的救赎论立场,以一种新的框架诠释了普救主义。雅可比·波默(Jacob Boehme)追随他的看法,质疑永恒的地狱的观点与基督教教义别的神学是否理性地一致。然而,奥古斯丁主义传统在西方强大无比,尽管新教和天主教在教会的实践和教义的宣称等许多方面有过水火不容的争论,然而他们在坚持永恒救赎和永恒惩罚的二元论的救赎论上惊人地一致。加尔文宗的教义较天主教的传统甚至有过之而无不及,这推动了加尔文对预定论的发展。有意思的是,在这种背景下,加尔文宗里面也有不少的人,他们因为反对自身传统中的那些主张双重预定论的排他主义者的教义,反而从这个最令人意想不到的角度主张普救主义。①

在整个基督教思想史上,主张普救主义的神学家以尼撒的格列高利和当代的卡尔·拉纳最具代表性,前者是古典时代的大神学家,后者是现代天主教的思想大师。两者遥相呼应,表明在神学越来越被开明地、开放地讨论的时代,普救主义的影响仍然不容忽视。尼撒的格列高利和拉纳作为普救主义的代表性人物,得到越来越多现代学者广泛的讨论。他们之所以得到重视,不仅在于他们是影响深远的神学家,还在于他们都被认为是正统的神学家,是基督教正统的塑造者。尼撒的格列高利的神学思想深刻地影响了希腊基督教传统,至今仍然在东正教的思想传统中发挥着重要的影响,是东正教传统的古典源泉;拉纳的神学则是梵二会议以后天主教官方神学的重要资源。他们在正统的框架里面小心地处理普救论的问题,把普救主义关于救赎的恩典的理解推进到一个相当超越的限度,使它可以既合乎信仰的正统被接受同时又根基于西方悠久的人文理想之中。他们关于普救主义的独特的阐释角度,超越了基督教宗派的限制,而把基督信仰放在一个更具包容性的角度来理解。由于本书不以拉纳作为研究对象,因此只限于讨论卡帕多西亚教父主要是尼撒的格列高利的普救主义观点。

---

① 参见洛德路:《普遍救赎:尼撒的格列高利和卡尔·拉纳思想中的终末论》,第2—3页。

第二节　普救论的创造论基础

尼撒的格列高利的普救主义救赎论的首要基础是他的创造论。尼撒的格列高利认为,人是神照着自己的形像造的,这是指人的理性和理智的不朽性而言。他说:“这有理性和理智的造物即人,也就是神圣而不朽坏之心灵的作品和形像,因为《创世记》里记着说‘神照着自己的形像造人’(《创世记》第5章第24节、第6章第9节),我是说,这造物刚造成时并没有在自己的本性中结合受制于情欲和死的特性。实在的,即使反映在那形像里的美与原型之美有一点点出入,我们就不可能坚持说这形像是真的。”①他从目的论的角度强调神所造的每一样事物都是好的,凡属他的,没有一样是“可弃的”,神所造的一切都“甚好”(《提摩太前书》第4章第4节、《创世记》第1章第31节)。② 在他的论述中,特地把神性的形像与理性、理智和心灵的不朽性关联起来,他把基督教人观的核心放在人所具有的神圣本体上面。尼撒的格列高利认为,人堕落之后,他的神圣本体也不会被败坏。③ 这为普救主义的救赎论确立了人性论的基础,它强调人的神性本体始终地得到保守,而与奥古斯丁的二元论的救赎论的人性论基础完全不同。奥古斯丁认为,从亚当自由地选择罪之后,依照保罗的说法众人都在亚当里面犯了罪,也就是人被抛入不断堕落的必然性之中。④ 由此,奥古斯丁坚持说,所有的罪都是开始于人的自由选择而终于被罪的奴役。既然救赎的主权完全在于神,奥古斯丁就发展出他的预定论说,神将拯救有些人而留下另外的人,那些未蒙救赎的人将被投入永恒的地狱之火。⑤

---

① 尼撒的格列高利:《贞洁》,第12章。

② 尼撒的格列高利:《贞洁》,第12章。

③ 参见尼撒的格列高利:《驳阿波里拿留》,146。

④ 参见奥古斯丁:《驳摩尼教徒福图那图》,1.22。

⑤ 参见帕兰切:《基督教神学史导论》,第115页。

尽管尼撒的格列高利的人的神性本体理论与奥古斯丁主义传统完全不同，如果以奥古斯丁主义为正统的标准，那他就是异端的看法，然而他的普救主义却是在正统教义的框架里面得到阐释的。这恐怕是尼撒的格列高利神学理论中最有趣的地方。在普救主义上他虽然秉承奥利金主义的传统，然而他关于神圣本体的理解却不同于奥利金主义。奥利金为了能够保证神人关系中人所具有的有限主动性，坚持自由意志的神性乃是固有地在人的本性里面，他走向受到后世基督教正统教义谴责的先在灵魂论，强调灵魂不因身体的罪性而丧失神性。就是说，奥利金采取本体性的进路来保证普救主义。尼西亚教父显然已经脱离了这种错误的奥利金主义的立场，尼撒的格列高利也抛弃了先在灵魂论的看法。他所讲的神圣本体，即人所具有的理性、理智和不朽的心灵，乃是功能性的本体，是指一种关系性的本体。尼撒的格列高利指出堕落之后的人依然维持着神对于人的关系，也是人对于神的关系。为了论证这一点，尼撒的格列高利引进了关于人的存有的目的论论证。柏拉图和亚里士多德都有明显的目的论思想，新柏拉图主义思想家普罗提诺虽然没有清楚的表述，然而他也强调人必然倾向于回归到太一。希腊哲学家的一贯思想是，下堕的人因着创造之初的那种目的论赋予，他仍然是拥有向“好”的善性本性的，尽管这个善性本性已经不能够行出善来，然而它仍然渴望善，知道善恶之分。尼撒的格列高利这个论证，就人的心理而言，确实是合理的。任何作恶的人，他知道自己所作的是恶，这就是说他是知道善恶之分的。由于堕落的人都是善恶混合的，也就是说即使他们知道善恶却经常是行善的时候也包含着恶，因为他们行善的时候许多“自我”的限制向度已经先行地存在其中。尼撒的格列高利承认，在这个角度上说，人是不可能自己行出善来的，因为真正的善不包含任何“自我”的念头而全然“为他”行出的善，只有神才具有，然而他说的是人总是有善的念头在他的里面，这是来自于创造时的神人关系。神看到的是人的善的那种念头，也就是向着神圣本体的那种在先性。尼撒的格列高利的这个目的论论证不同于希腊思想家之处在于，他认为这是创造里面神设计下的神人永恒的关系性，而不是那种自然论的关系性。奥利金在普救主义的问题上走入歧途，至少与他没有完成从希腊自然主义式的目的论向创造论的目的论转变有关。就尼撒的格列高利而言,他的救赎论是被安放在目的论和创造论的基础上的,这与奥古斯丁主义传统把救赎论安放在原罪论的基础上完全不同。这是不是说尼撒的格列高利否定人的原罪呢?恰恰相反,正如第2章的论述所指出的,他也强调人的原罪;这也不是说尼撒的格列高利否定恩典,只是说他确实把恩典放在神按自己的形像创造人并把那种永恒的向善的目的放在人的心灵里面,因此恩典是普世的。

尼撒的格列高利与奥利金在救赎论上都持普救主义的观点,他们的神学基础却不相同,这个不同可以被看做是前尼西亚和尼西亚的差别。奥利金在阐释救赎论时,常迷失于希腊哲学之中,其最典型之处是接受某种程度的二元论,认为善性的灵魂和恶的身体是二元分离,善性的灵魂所具有的普遍神性进入个体化的身体之中,在创造论上包含有每个人的灵魂都是随着个别身体的创造而被个体性地分有的,而不是如奥古斯丁主义所认为的,亚当的灵魂为所有人的灵魂所遗传。由这样一种灵魂论,奥利金进而引出先在灵魂论以支持普救主义。尼撒的格列高利的普救主义则是基于人作为身体和灵魂的复合物整体被创造的正统教义,只是我们不清楚他是主张灵魂是个体地单独地被神植入个体的身体里面形成个体的人呢,还是持灵魂的遗传说。他主张人本性中的善在于身体、灵魂和灵性生命的和谐,强调在创造中的人的神圣的善性是人里面的一种关系。① 因此,神创造人是指人分有了他的位格关系的爱,他自身内部的爱的关系性还彰显为创造过程的秩序感。神创造人之前先造了野兽,又在野兽之前造了草木;从无感知觉的事物进展到有感知觉的世界,最后才轮到属理智、有理性的人。人是最后才造成的,他把每一种生命形式都吸收到自身上,使得一切动物的独特情形都混合灵魂的理智部分。② 人在创造中的善性显然吸收了一切创造物的善性,是整体地为善的。这个整体为善的意思也包括人知道去追求那个在自身之内的和谐性,这就是尼撒的格列高利所说的一切动物的独特情形都混合灵魂的理智部分的意思,也就是所谓的人是

① 参见特撒帕尼勒斯:《圣尼撒的格列高利的普遍救赎》,见于勒维斯通编:《教父学研究》第17卷第三部分,第1132—1133页。

② 参见尼撒的格列高利:《论灵魂和复活》,第112页。

“按着神的形像造的”①。“形像”暗示了人具有一切受造物的特性，正如神治理掌控整个宇宙，人按着神的形像成为地上万物的管家。而这个整体的善在人性里面，最主要的就是体现在“形像”里面的神圣位格的关系性，它确保人性的装备里有神的永恒存在这种属性恩赐，并在其自身中拥有不朽，好让人借着内在的能力既能认识上面之事，也怀有对神圣、永恒生命的渴望。②

尼撒的格列高利的普救主义的第二个基础是坚持善性持续存于人的生命里面。这个论证与前面的宇宙论论证是紧密联系在一起的，它指的是人渴慕相互之间爱的关系，也就是渴慕那种善的关系，这其实就是神的本体借着创造在人里面时刻发动出来的位格关系，是神的本体（ousia）在创造时已经动力性地展示并持续地展示的关系。由于尼撒的格列高利的神学思想都是围绕神的本体超越性展开的，③所谓的神的本体又是指神本身的关系，或者说位格之间的爱的关系，在人所取的神的形像里面，这种神圣的位格关系作为人整体性和谐的整合，也作为人与人之间的爱的关系的寻求，是不可能被摧毁的。然而由于人的神圣形像只是分有神的关系性本体（ousia），只是相似于神本身的位格关系，只是时间性的存有，而神的位格关系中的 ousia 是自有永有的，因此人的 ousia 即人渴求存在于善中的那个永恒的向度所呈现出来的纯粹的善会被遮蔽。然而，基于他的自然神学立场，神在创造中赋予人的恩典使人在自由意志里面包含了对于神的自然追求。正因为如此，人永恒渴求善一直存在于人里面，即使在人被罪侵害的时候也是如此。人虽然在时间中被败坏，但是人的神圣形像却仍然在永恒地渴求神，这两者共同地构成人具有原罪又仍然普遍地追求神的悖论。

尼撒的格列高利的普救主义的第三个基础采用反证法，他认为恶是非本体性的。在尼撒的格列高利看来，恶产生自人的意志，它不是存有（Being）。他说：“地上的第一人，或者准确地说，制造人性之恶的人，原本应当选择围绕

① 《创世记》，第 1 章第 27 节。

② 参见尼撒的格列高利：《大教义手册》，第 5 章。

③ 参见麦凯勃莱：《雅歌注释导言》，第 22 页。

他身边的至善和至美,但他有意为自己铺设了与这种本性背道而驰的新路,自愿偏离德性,从而制造了恶的习俗。"[①]就是说,恶背离了实在之路,是非实在性的事物。人选择自己喜欢、令自己高兴的东西,草率地选择弃善从恶。[②] 恶来自于人意志的自由,不是来自于自由意志的本体。尼撒的格列高利在这两者之间作了微妙的区分。所谓来自意志的自由,是说来自于人追求感知觉状态下的欲求,这不是自由意志的本体,因为自由意志的本体是神圣的形像。恶不具有本体性,它是非存有的,也必然归为无。这是神为何禁止我们的始祖掌握善及其对立面恶的知识,要求他们远离"分辨善恶的知识"[③]的原因。拥有那样的善,就是永远与神同在,永远感受这种喜乐,不包含任何可能使人与它分离的东西,这是人借以离开善恶同体的此世,重回实在之路。[④] 由于恶不具有本体上的实在性,恶也就不具有永恒存在的可能性,因为恶只是表象状态下的善,它必随着表象的消失而永远消失。

第三节　普救论和神的爱

尼撒的格列高利的普救主义的哲学基础,归结起来讲,主要有两个方面:第一,恶是有限的,善是无限的,神的爱是无限的。由于恶又是非本体的,所以在救赎上必然会归于无,而回到善的一元。第二,被造的人虽然被败坏,然而那善性的存有作为人从神那里分取的东西是始终存在的,人能够分辨善恶或者知善恶,就是神圣形像存留的表征,只是人确实不能行出善来,这需要圣灵的引导和协助。他认为,普遍救赎的思想可以从《圣经》里面找到根据。他常引以为据的《圣经》经文有《约翰一书》第4章第7—17节,《提摩太前书》第2章第4节。这两节经文特别强调神的慈爱、智慧和权柄高于撒旦的仇恨和死

① 尼撒的格列高利:《贞洁》,第12章。

② 参见尼撒的格列高利:《大教义手册》,第5章。

③ 《创世记》,第2章第17节。

④ 参见尼撒的格列高利:《贞洁》,第12章。

亡。其他为他所常引的经文有《腓立比书》第 2 章第 10 节、《哥林多前书》第 15 章第 12—58 节、《使徒行传》第 2 章第 21 节和《诗篇》第 2 篇第 4—9 节，这些经文都说万有将复归于基督，与基督和好。① 如果说奥古斯丁—加尔文的救赎论传统以神的拣选和人的原罪观念为基础，从人的有限性和罪的辖制下自由意志向善愿望的丧失这个角度，表明人不可能在救赎中有任何的主动性的话，那么尼撒的格列高利的普救论无论是对于神在救赎中行使惩罚的理解，还是人在自由意志中寻求神的旨意的理解，都是与奥古斯丁—加尔文传统相当不同的。他们从终末论看救赎论时，所看到的东西相当不同，这之间的差别主要又可以归结为对人里面的神的位格关系的不同看法。尼撒的格列高利从内在三一的角度看到人的神性形像的本体性是神的爱的关系性，正如神是在他自身的永恒之中自我安排为历史的神。相同的情况是，在人的历史性存在的经世中神的位格关系也是不改变其永恒性地居住在人的有限性里面，并且必以无限的大爱把这种有限性的存在状态带入到他自身的永恒里面。

因此，把握尼撒的格列高利的普救主义，最关键之处是如何理解人的堕落。他论证的起点有两方面：第一，人是有限的，是有原罪的；第二，罪也是有限的，是必将被清除的。奥古斯丁主义强调了第一个前提，当然它也承认神必将作王审判罪人和撒旦，认定罪也是有限的，然而它又认为那些死不改悔的罪人和撒旦将受永刑，处在永恒的地狱之中。奥古斯丁主义肯定罪的有限性是从基督重新作王、撒旦被贬的角度来说的，而不是从万有的罪性被彻底清除的角度说的。这就显出尼撒的格列高利论述角度的不同。从教义本身来讲，尼撒的格列高利肯定会赞同奥古斯丁主义的前半部分，即基督重新作王是由罪的有限性彰显神的无限性和绝对主权，他肯定赞同罪的有限性也包含了以上理解。然而，尼撒的格列高利关于罪的有限性的论述又不止停留在这个地步。奥古斯丁主义的永恒地狱的观点，是从人的罪的顽固性角度来论说的。然而尼撒的格列高利的看法是，在宇宙万有和超越性的存有中，只有神是永恒的。

① 参见特撒帕尼勒斯：《圣尼撒的格列高利的普遍救赎》，见于勒维斯通编：《教父学研究》第 17 卷第三部分，第 1131 页。

除此之外,不可能有别的永恒。就存在物的属性来说也是如此。这就是为何一切有限的安排(经世)都是要被吸纳回到永恒的安排(即神自身的位格关系)里面。有限性的东西,也就是时间性状态下的存有,必然会被消解,因为唯有神是永恒的,唯有神的属性是永恒的,也就是说,唯有在永恒里面的"经世"(安排)才是人真正地经世的。尼撒的格列高利说:"因为我们的罪用来围住我们使我们与帐子里面的事隔绝的所有障碍最后都必然要被撤去,一旦时候到来,我们本性的帐子,可以说,必在复活里重新修复,罪的一切根深蒂固的败坏都从世上消失,那些在复活里装饰了自己的人围绕着神举行普遍的庆祝;同一个宴席将传到每个人面前,凡是理性造物,无论差异多大,都能均等地分享,因为那些如今因其罪被排除在外面的人最终必将被接纳进入满有神的恩福的神圣之地,必将自己与那里圣坛上的角结合,也就是与超然权能中最卓越者结合。使徒对这一点说得更加明白,指出整个宇宙最终都与至善一致:'叫一切在天上的、地上的和地底下的,因耶稣的名无不屈膝,无不口称耶稣基督为主,使荣耀归于父神。'(《腓立比书》第2章第10—11节)"[①]在这里,尼撒的格列高利引了《腓立比书》的经文,他对于"因耶稣的名无不屈膝,无不口称耶稣基督为主"作了自己的解释。首先他认为一切罪人都将承认耶稣基督是救主,这就已经肯定众人将都在耶稣基督里面,就如众人都在亚当里犯了罪一样。如果说,众人都在亚当里犯了罪,而众人却不能都在第二亚当耶稣基督里,那么显然亚当的罪的权威是胜过耶稣的得胜。这就引出了他的第二个看法,就是他所说的,为罪所隔绝的所有障碍都必将最后被撤去,被造的万物都将均等地分享神圣的善,无论彼此之间的差别有多大。他的这节议论清楚地表明了他的普救主义倾向,他的论证里面包含了两个潜在的对比:众人在亚当里都犯了罪与众人在耶稣里都被赦免;神的绝对主权和罪的有限主权。

在《论灵魂和复活》的另一处,尼撒的格列高利再次提到了《腓立比书》第2章第10—11节。这次,引用者是他的姐姐玛克莲娜,她在提到保罗的这节经文"叫一切在天上的、地上的和地底下的",因基督的名"无不屈膝"(《腓立

---

① 尼撒的格列高利:《论灵魂和复活》,第146页。

比书》第2章第10—11节）后指出："他［保罗］在那段话里表明，当有一天邪恶在漫长的世代演变中灭绝了，良善世界之外就无所存留，就是那些出于恶灵的，也起来一同认信基督我们的主。果真如此，那么谁也不能强迫我们认为'地底下的事'所意指的地下世界有什么污点；大气同等地散布到世界的每一部分，没有哪个角落不被这种环绕的空气所笼罩。"①玛克莲娜深信终有一天邪恶在漫长的世代的演变中终将灭绝，只存在良善的世界，她甚至说那些恶灵也要起来认基督为主。这包含着相当清楚的魔鬼也将得救的观点，奥利金曾因此险些被指责为异端。这两位卡帕多西亚思想家，都坚持世界将回归创造时的一元的看法，这是他们对于"复活"的终末论理解，也就是万物复元的思想。正如光明和黑暗此消彼长一样，光明必将是世界的唯一所有。就时间性的终末而言，地狱不会永恒存在，正如创造之初并不存在地狱一样。在著名的灵修著作《论摩西的生平》中，尼撒的格列高利阐释说，黑暗必将从救赎里面被彻底驱逐出去。"也许有些人没有理解这个事实，即在黑暗中度过三天极度的沮丧生活之后，埃及人也得享光明，这可以被引向对于最后的复和（ten apokatastasin）的感知，甚至那些在欣嫩子谷中被谴责的人也有望进入天国。因为'这黑暗似乎摸得着'（《出埃及记》第10章第21节），如历史所言，与'被赶到外边黑暗里去'（《马太福音》第8章第12节）在名上和实际的意义上都有密切的关系。当摩西……为着在黑暗里面的人伸出手的时候，二者都被驱逐了出去。"②"黑暗"指"罪的败坏"，尼撒的格列高利认为，罪将被从所有人里面驱赶出去，刚硬如埃及人和法老最终也要与神复和。

尼撒的格列高利不从永恒的地狱讨论人的罪的顽固性，他选择人在与神"复和"的不同历程来讨论罪的顽固性，只是这个问题的角度多有不同，他已经是把罪看做是有限的了。尼撒的格列高利认为，罪孽深重的人与神"复和"要经历极为痛苦的过程："痛苦必是可以从每个人身上的恶的总量来度量的。因为长期陷在恶中（我们想象有多长就有多长）的人受到禁令之罚情有可原，

① 尼撒的格列高利：《论灵魂和复活》，第117页。

② 尼撒的格列高利：《论摩西的生平》第2卷，第82节。

而偶涉小罪的人在对恶习的审判中受到同等量度的惩罚,这是不合情理的,所以使人痛苦的火必根据质料的多少燃烧或长或短的时间,也就是说,只要有油料供应,火就一直在烧。就获得了一种沉重质料的人来说,焚烧的火必烧得非常彻底,而需要燃料供应才能焚烧的火则不会传播太远,惩罚的力度也有所缓和,因为对象本身的罪恶总量有所减少。”①他又说:“正如某种毫无价值的质料与金子混合,炼金之人的熊熊大火就把异质、杂质部分焚毁,使珍贵质料恢复自然光泽。”②尼撒的格列高利肯定不同的人不同程度的罪的清除,与他所受的惩罚是等量的。罪大恶极的人必受到长时间的火刑,直至原先用来作为创造材料的金子恢复到原先的光泽。这里面包含着几个重要的看法:第一,火刑既是对于罪的惩罚,更是治疗。这是一个神正论的辩护,神始终爱世人,因此火刑不是神的“恶”的证据,地狱也是如此。由此,可以看到,卡帕多西亚的神学深受希腊的治疗性智慧的影响。第二,在火刑这样的惩罚中,在死后的炼狱中,人仍然有自由意志选择认基督为唯一的救主的选择的可能性,然而他不可能如人生在世那样去选择逃离惩罚。他只有通过承认主的唯一性才可能摆脱火刑,摆脱炼狱的状态。

在复活的状态里面,人有选择恶的可能性然而没有实现的可能性,尼撒的格列高利说:“在任何情况下,恶必从存在中除去……绝对的非存在必完全停止存在。既然恶存在于意志之外,这并非其本性使然,我们岂不可以说,当一切意志都信靠于神,恶必归于完全灭亡,因为再没有什么地方能够接受它。”③“因为由于死与生、黑暗与光明、朽坏与不朽之间的这种接近,导致的结果必然是恶的一方消失,归于虚无,而脱离了那些恶的人则受益无穷……一旦死亡、败坏、黑暗以及其他邪恶子孙成长为主宰者,神圣权能的进入就像炼金之人的火(《玛拉基书》第3章第2、3节),使那种违背自然本性的增长停止消失,借着对恶的洁净,使之成为一种福气,当然这种分离是令人痛苦的……到了遥远的将来,当恶被驱逐出去,那些如今躺在罪里的人得以恢复其原初的状

① 尼撒的格列高利:《大教义手册》,第26章。

② 尼撒的格列高利:《大教义手册》,第26章。

③ 尼撒的格列高利:《大教义手册》,第26章。

态，到那时，一切造物，无论是那些在洁净过程中经受了鞭策的人，还是那些根本不需要任何洁净的人，都会不约而同地产生感恩之情。这些以及诸如此类的益处都是神圣的道成肉身之奥秘所给予的。因为他确实经历了人性所特有的各种事件，体现了他与人性的结合：出生、养育、成长、甚至受死；他既成全了所有这些事件，就使人脱离了恶，甚至使引恶入室者本人也得了洁净。因为对道德之疾的治疗，不管如何痛苦，总能根除它的软弱。”①在诸如此类的论述中，尼撒的格列高利回到经世的神即道成肉身的神里面展开他的治疗学说。他认为基督道成肉身所经历的一切诱惑，其实远远超过了我们眼所能见的表象。基督与人性的结合所历经的全部就是帮助人对于恶的弃绝。这个弃绝不会只限于历史中的道成肉身的神的经世，他以自身的弃绝帮助世上所有信他的人弃绝恶，他也将帮助那些不信的罪人在惩罚性治疗中去弃绝那恶。道成肉身的基督是弃绝这两种不同世代的恶的唯一道路，他的经世必将由此进一步延续至死后和复活之中。永恒的观念不是以生和死来定的，因为神的经世是以善和恶的争战定的。唯有当善彻底地弃绝了恶之后，神的经世的历史性才被真正消除，使人回到他自有永有的位格的永恒关系里面。

尼撒的格列高利和其他卡帕多西亚教父的论说，在神学的框架上采取的是正统的进路，在结论上却与奥古斯丁主义完全相反。从三位一体的神学来说，这主要关联在如何去看神的经世；从世界的一元性角度来说，涉及如何看待神的主权的呈现：是呈现为永恒的地狱和永恒的天堂的二元呢，还是呈现为创造之初的那种一元的和谐。尼撒的格列高利认为，人的原罪只是指众人都在亚当里犯了罪而已，而不能得出它是不可能消除的，他坚持恶的有限性，最恶的人也必将因着神的慈爱回到神圣的共同体中。在解释《哥林多前书》第15章第28节“万物既服了他，那时，子也要自己服那叫万物服他的，叫神在万物之上，为万物之主”时，他说：“神是万物之中的大全，所有的人都将聚集在善的团契之中，即聚集在基督耶稣我们的主里面，他是永远的荣耀和权柄。”②

---

① 尼撒的格列高利：《大教义手册》，第26章。

② 尼撒的格列高利：《雅歌注释》，276。

上面的论述证明,除了希腊哲学形态的救赎观外,早期教父创立了两种基督教的救赎观。以卡帕多西亚教父为代表,所有人(包括恶人、撒旦)都可以得救;以奥古斯丁和路德、加尔文为代表认为,罪人和撒旦都将受永刑。这两种救赎观,不仅影响后来的天主教、新教和东正教,而且对西方文化、地中海域文化有重大影响,甚至当代关于是否废除死刑的惩罚理论也与此有关。所以从哲学史的角度,阐明希腊治疗哲学对基督教的影响以及基督教对希腊文化的吸收与改造,有助于理解往后的哲学史与文化史。

第四节　apokatastasis

卡帕多西亚教父的普救主义最终落实为对"复兴"的理解。尼撒的格列高利认为全部有生命的理性存有者都将服在"主"的脚前,指万物都意识到并且不得不承认主是最高的君王,确实在生命里面都最终悔改,而承认基督乃万有的君王。"复兴"指向这后一个层面的意识,才真正地涉及普救主义的核心。卡帕多西亚教父把"复兴"的问题落实到对 apokatastasis 这个希腊语的阐释上,对它作了新的使用。

希腊语 apokatastasis 的基本含义是恢复到事情的原先状态(restitution/restoration)。在古典希腊世界,它的含义依文本而有变化:在医学中指的是治疗;在法律中指的是交还被剥夺或没收的财产,或者允许流放的人回到故土;在政治学中指重建国家的宪法(宪政),或者指一种新的政治基础;在天文学中指星辰复位或者回到原先的位置。希腊哲学依据这种特殊的物理学认识,又逐渐发展出一些新的含义,例如整个宇宙经过某个特殊时期毁灭后又重新开始,有着宇宙周期的含义。apokatastasis 的哲学用法是从天文学的用法中演变而来的。斯多亚主义认为,星辰在宇宙中抵达它们被造时的那个原先的位置后,就会借着一场宇宙大火重新创造,或者恢复旧的世界。apokatastasis 也被用为伦理和道德的意义,普卢塔克认为经过宇宙大火之后,不会留下任何事物,万物将被理性化,获得新智慧。在这个语词用法的变化上,新拉图主义作出了相当大的贡献,他们首先赋予它宗教性的意义,如果我们不把《圣经》中该词的用法也算在里面的话。新柏拉图主义认为个体的灵魂将复原(apokatastasis),与基督教思想家有所不同的是,它不是指人在一个身体里面的新生,而是完全从质料性的身体中释放出来。新柏拉图主义认为,质料以及由质料构成的身体是阻碍灵魂的力量,它所取的不是道成肉身的救赎论,也不是从身体和灵魂共同复活的角度理解 apokatastasis。① 此外,较接近于基督教的用法的,有诺斯替主义,例如瓦伦廷说:"雷金诺啊,神[之子]现今是人子。他自己同时拥有这两个身份,即同时拥有神性和人性;因此,一方面他作为神之子可以战胜死亡,另一方面借着人子,丰盛(preroma)可以得到恢复(apokatastasis)。"②还说:"人从哪里来,也必须回到哪里去。"③这两者都是简单地谈到生命的复原,然而指的是按照原来的外貌复原的意思。在下面的讨论中,生命的复原被强调为新生或者说复兴,一方面既相当于新柏拉图主义的救赎论即完全地从黑暗的捆绑中释放出来;另一方面要强调它是按照原来的样子获得的复原,这相当于恢复到创造之初未被罪污染的样式,因此把 apokatastasis 用做非质料的实在恢复到它的原初状态,与 saterio(救赎)近于同义使用。

> 救恩被宣告之后,完美的人立即领受了知识,从而可以急速返回合一的状态。他满有喜乐地归回自己先前所生的地方,就是他先前流出的地方……他们因此能够接受与众形像和众本体相似,就像镜子一般,直至教会的众肢体都在一处,并一同被重新建立、回复——像一个身体被彰显时归回丰盛一般。这就是由彼此和契而来的一致,它乃属于圣父。这种一致要持续到众万有照着圣父领受自己面目的时候。真正的回复一直到最后才实现,就是在万有启示出一位作为救赎的圣子之后。这救赎就是通向奥秘的圣父的道路,是归回先者的道路……救赎不但是这样,它乃是上升到丰盛之中永世的等次,它乃是归回圣善者……在那里不再有声音、不

① 参见洛德路:《普遍救赎:尼撒的格列高利和卡尔·拉纳思想中的终末论》,第 39—40 页。

② 《论复活》,40.20—34。见于罗宾逊、史密夫编:《灵智派经书》(卷上),杨克勤译,汉语基督教文化研究所 2000 年版。

③ 《世界的起源》,127.14—15。见于罗宾逊、史密夫编:《灵智派经书》(卷上)。

再有了解、不再需要形成任何观念,也不再需要启示的光。因为那里一切都是光明,不再需要光照的启示。①

瓦伦廷和一些诺斯替主义者的看法是,救恩就是灵知/知识,而救恩的知识就是合一的状态,这是只有在回到原初的状态里面才能够达到的,因为现世的人都是体、魂和灵分离的,处在张力之中,被诱惑而不能止步于恶的面前。正因为出于对现世的存在状态、对于体、魂和灵的合一性的无法遏止的怀疑,因此追求复原到创世之初的状态才有可能真正地完整地享有那丰盛。据此,诺斯替主义者又认为,救恩就是复兴。所谓知识既然是一种无法概念性地把握的寂静,那么能够言说的就是回到那复兴的状态里面,按照这里的说法就是"照着圣父领受自己的面目"。因此,我们可以看到无论是新柏拉图主义还是诺斯替主义,他们关于 apokatastasis 的用法确实主要是接受自希腊哲学的,它包含两个意思:回到原初的状态和不会如创造那样再次堕落。

然而,在七十子的旧约《圣经》译本中,没有用过 apokatastasis 这个词语。1 世纪的犹太教文献也很少使用,只有 Aristeas(Epistula, 123)和 Josephus(Antiquities,11.63)在"回归故土"的意义上使用过。学者们认为,犹太教作家没有使用 apokatastasis 主要可能出于犹太人的历史观与希腊人的历史观的差别。犹太人的历史观强调与旧世界的决裂,建立一个全新的世界,希腊人的历史观则有循环论的色彩。② 当然,卡帕多西亚教父使用 apokatastasis 确实主要是出乎希腊哲学的影响,然而他们也已经脱出了希腊的循环论的宇宙观和救赎思想,他们使用这个语词有特殊的意义,强调神对于这个世界的绝对主权,而这种绝对主权来自于爱又体现为全然的爱。在这个时期的犹太教文献中,大概只有斐洛确实在希腊的意义上使用过 apokatastasis,在解释犹太人出埃及的时候,他说 apokatastasis 是指灵魂的神秘恢复。③

新约《圣经》则确实使用过 apokatastasis,总共有两处。第一处是《马太福音》第 17 章第 11—12 节,在回答门徒们的问题"文士们为什么说以利亚必须

① 《三部训言》,123.1—25。见于罗宾逊、史密夫编:《灵智派经书》(卷上)。

② 参见洛德路:《普遍救赎:尼撒的格列高利和卡尔·拉纳思想中的终末论》,第 40 页。

③ 斐洛:《谁是神的后嗣》,293。

先来”时，耶稣说：“以利亚固然先来，并在复兴（apokatastesei）万事；只是我告诉你们，以利亚已经来了，人却不认识他，竟任意待他。”第二处是《使徒行传》第3章第20—21节，是使徒彼得讲道时用的，他说：“主也必差遣所预定给你们的基督耶稣降临。天必留他，等到万物复兴（apokatastaseos panton）的时候，就是神从创世以来，借着众先知的口所说的。”尼撒的格列高利都提到了这两节经文。在使用apokatastasis时，他把耶稣基督与旧约先知以利亚紧紧联系起来。他特别提到以利亚（《列王纪下》第9—12章）和以诺（《创世记》第5章第24节“以诺与神同行，神将他取去了，他就不在世了”）与apokatastasis的关系。① 以利亚和以诺是《圣经》中仅有的两位被直接接去天国的，尼撒的格列高利特别强调他们与apokatastasis意义上的关联，说明他确实有某种特别的理解。这里要提出来讨论的是，学者们认为彼得和马太虽然都使用了apokatastasis，尤其是彼得，但他们没有普救主义的所指。彼得只是用它指时间的终了，即末日审判这个特殊的时刻。在这个意义上，panton只是指万物的复兴，并不指人的救赎，因此不包容普救主义的神学。彼得用apokatastaseos panton只是指万物“回到原先的位置”的意思，②然而尼撒的格列高利使用apokatastaseos，则另有所指，他用来指所有的万物都回到创造之初的状态。

然而，尼撒的格列高利不是第一个使用这个语词的希腊基督教思想家。在卡帕多西亚教父之先，已经有基督教思想家在使用apokatastasis这个语词，这说明希腊基督教思想在救赎论上确是有一些特殊的洞见的。例如伊利奈乌（Irenaeus）和希坡律特（Hippolytus），他们已经在“回到原先的位置”的意义上使用apokatastasis，他们用它指（1）天体回到原先的位置；（2）天体在起点和终点的旋转；（3）天文学“大年”的终末；（4）世界的终末。③ 他们在使用这个语词时很有弹性，相当有宽度，不限于天文学和哲学的意义，就是说他们发展出了神学的意义。基督教神学家用第一种含义指人们回到自己的家乡，尤其指犹太人在过去或者终末的将来回到耶路撒冷，卡帕多西亚教父之一的拿先斯

① 参见麦凯勃莱：《尼撒的格列高利的Apokatastasis，Anakephalaiosis和Diastema》。

② 参见洛德路：《普遍救赎：尼撒的格列高利和卡尔·拉纳思想中的终末论》，第41页。

③ 参见伊利奈乌：《驳异端》第1卷，第17章第1节。

的格列高利用它指基督回到天国。他说:“在基督的门徒中……他们以三种方式在三种情况下能够领受他[基督];在基督因着苦难得荣耀之前,和他因着复活得荣耀之后;在他升到,或者回到(restoration/apokatastasis),或者我们可以用任何词来称呼,天国之后。”①拿先斯的格列高利用 apokatastasis 指基督回到他的原初的位置,就是天国。然而这不单纯指“复原”为基督,它有着救赎论的意思,也就是有“回到最初的状态”的意思。在这个方面讲,他与尼撒的格列高利都是在救赎论上使用 apokatastasis 的。拿先斯的格列高利说:“现在,这些情况的第一种彰显了他——治病赶鬼,那是不可能离开圣灵的帮助;第二种情况即在复活后吹气给他们[门徒]也是如此,也是清楚地受神圣的默示;舌头如火焰那样的现在的传播/经世(distribution)也是如此,那就是我们所纪念的。”②由此,又可以看到拿先斯的格列高利是从救赎论讲回到三一论,并且是三位一体真神的内在关系。可以作这样的进一步理解,就是拿先斯的格列高利的救赎不是人作为神的对象的救赎,而是人在神里面的救赎。从救赎讲内在三一或者从内在三一强调救赎的特殊性,都在于突出人在神里面的特殊意思,而这又是直接地与他们的灵修神学联系在一起的,因此这个 apokatastasis 又因着基督的“复原”使人回复到原初的状态。③ 这说明原初的位置与原初的状态,在卡帕从西亚教父的神学里面又是联系在一起的。

基于 apokatastasis 的这种语义演变,学者们认为 apokatastasis 的第二种意思“回到原初的状态”主要是由希腊基督教思想家发展出来的。在尼撒的格列高利之前,奥利金已经有这样的用法。奥利金和尼撒的格列高利都用它指盲人重见光明,包含有一种目的论的意思。它不是指天生的盲人恢复光明,这会导致把 apokatastasis 理解为恢复到“非”原初状态的理解,而是说光明是盲人和所有人的原初性,他们理应能够看见“光”。奥利金和略迟于他的希腊基督教思想家默多狄(Methodius)还用 apokatastasis 指复活:拉扎路的复活、基督

① 拿先斯的格列高利:《第四十一篇演讲录》,第 11 节。

② 拿先斯的格列高利:《第四十一篇演讲录》,第 11 节。

③ 参见洛德路:《普遍救赎:尼撒的格列高利和卡尔·拉纳思想中的终末论》,第 40—41 页。

的复活和基督徒的复活。[①] 这样的用法，说明他们对于“复活”有特殊的意义赋予。它不单纯指一个人死后又恢复了感觉和呼吸，而是说“复活”的状态应该是现世生命所该有的适当状态，是不为罪所败坏的那种更好的状态。亚历山大里亚学派的另一位重要思想克莱门发展出更典型的用法，认为这是指作为个体的基督徒的成全或者完全，例如他们在信心上的完全、盼望或者作为神的儿女的关系。这些用法都是取了救赎论的角度。只是奥利金的用法里面，包含有与终末论的更强的关联。他认为这是指整个宇宙被聚集在基督里面，重获统一；也指基督徒生命的成全和治疗，也指在宇宙里面的灵性存在者。生命的成全包括身体的复活和恢复非质料性的人的品质，例如智慧和爱的完全。奥利金认为，这就是指人性的复活和宇宙回到它先前的实际的状态，也就是说“终了”就如“开端”。在此之外，奥利金还发展出了前所未有的用法，就是把 apokatastasis 用于普遍的救赎。[②] 我们已经看到两个格列高利，尤其是尼撒的格列高利，特别突出了 apokatastasis 的普救主义用法。

由此，我们也可以看到希腊思想在基督教神学中的运用。apokatastaseos 的用法是一个例子，虽然希腊思想家把它用做一种有循环论色彩的时间，然而卡帕多西亚教父则从复活的角度来理解这种希腊性的时间观念，从而避免了希腊式的或者东方的轮回学说。表面上看，奥利金、亚历山大里亚的克莱门和两个格列高利，似乎都对 apokatastaseos 有关于时间的圆周式的理解的，然而，他们是在回到原初状态这样的意义上来理解的，也就是说是从终止时间的循环这个角度来理解万物的复兴。而希腊的圆周式的时间观念指的是一种不断循环和重复的过程，例如赫拉克利特和斯多亚主义都是如此理解的，在这种情况下，“永恒”或者“同一”就是“圆周重复”，这就是他们所理解的“大时间尺度”。希腊思想家理解的 apokatastaseos，其实是圆周式的时间重复所再次经历的原始状态和原来位置。卡帕多西亚教父，尤其是尼撒的格列高利，在采用希腊的思想时，却把这种圆周型的永恒性观念塑造为线型的形式，当人复活之

---

① 参见奥利金：《约翰福音注释》第 28 章第 6 节、第 20 章第 11 节。

② 参见洛德路：《普遍救赎：尼撒的格列高利和卡尔·拉纳思想中的终末论》，第 41—42 页。

后,看起来是在时间中回到了开端的“过去”,然而其实是他彻底地摆脱了那个“过去”。准确地说,是在达到一个圆周之后摆脱了圆周。正是重新地理解apokatastaseos所包含的时间观并作了改变,希腊基督教思想家认为,人在复活中恢复到原初状态时不再有再次堕落的可能性。这正是尼撒的格列高利二次创造论所看重的。从神创造的预知看,神预见到普遍人性的第一次创造时有堕落的可能性,因此造男造女。复活则不仅是要恢复普遍人性的原始状态,而且还在于不再有时间性的变化状态,这就是在基督信仰里救赎的奥妙,它与创造的奥秘虽然都属于恩典,却是不同的。创造的恩典属于生命赋予和神性形像赋予的恩典,而救赎则属于生命改变的恩典。因此,基督教思想家在使用apokatastaseos时,表现出他们非常独到的洞见,就是在apokatastaseos(复兴)之时,那种原初性不是创造时个体存在的原初性,而是指与神生命联结的原初性,由之,又深化了基督徒和人类对于神的ousia的理解。

❀小　结❀

本篇论述了基督教与希腊主义的关系和希腊基督教神哲学(以卡帕多西亚教父为代表)的典范,重点论述基督教的希腊传统和卡帕多西亚教父在本体论学说上转换了希腊古典哲学的本体论思想,他们从关系性本体的观念论述希腊古典的实体性本体。这是本篇讨论的基础。卡帕多西亚教父用 physis 来理解 ousia, 以共性论(physiology)取代本体论、是论(ousiology)。在 physiology 的关系性本体论框架下,卡帕多西亚教父指出最高的本体神乃是一个共同体,而不是古典希腊哲学所说的极点式的本体。这样卡帕多西亚教父就提供了关于本体性之"一"的不同理解,"一"不只是如希腊古典哲学本体论所谓的单纯性和单一性,它因着使共同体显为"一"而是单纯性。这个"一"也就是关系性的"一"。这个关系性的"一"因着有构成共同体的能力,它就又是动力性的,是聚集性的或者说召聚性的,本篇依此诠释了 physis 和 koinonia 的关系。透过从 ousiology 向 physiology 的本体框架的转向,卡帕多西亚教父把 ousia 和 hypostasis 同时用于本体论的表述,这是"一"与"三"都能够是本体特性的根基。

以这种新本体论哲学为基本出发点,希腊基督教和卡帕多西亚教父提出了"神的形像"的诠释。"神的形像"所涉及的是"人论",指的是"人按着神的形像被造"。卡帕多西亚教父依然从 physiology 诠释人从神所获得的 physis,这就是在道成肉身的基督耶稣身上所体现的人性形像和神性内涵。依据人性乃是内蕴着一种神性本体的基本理念,卡帕多西亚教父承接斐洛—伊利奈乌—奥利金的观念,调整了二次创造论,指出人性中蕴有一种永恒的本性。这种永恒本性不是指实体性的抽象本性,而是一种关系性的渴慕神本体的动力,这也就是内在的善的原理。这种动力性本性在人心中永恒存在,并且向着神存在,然而由于人性已经失去了其原有的心灵和谐的秩序,以至于不能够分辨什么是善,成为败坏的人性。这就是人性中的内在自我和外在自我。卡帕多西亚教父依照 physiology 的关系来处理这种内在自我与外在自我的危机,依照希腊哲学的模式提供了他们对于德性教化的救赎论理解。

卡帕多西亚教父先是指出了人的本性已经有罪性出现,并且罪性无法借助于人的自我的道德力量予以消除。在这种救赎论中,卡帕多西亚教父已经清楚地植入了基督教的立场,然而卡帕多西亚教父又指出由于人的心灵在第一次创造中获得了渴慕神的动力性关系,因此追求目的依然是人的自然本性。这样德性教化的希腊古典哲学的主题就又被引入卡帕多西亚教父中。这个人性论归根结底就是顺服与不顺服的关系,也就是对于人的自负(骄傲)的治疗。人要想治疗这种堕落的本性(不顺服),唯有通过仿效耶稣基督,因此德性教化其实就是效仿耶稣基督,就是效仿他的顺服。这正是要被治疗的人性和得到治疗的人性的原本状态。卡帕多西亚教父由他们的动力性本体,指出这种效仿也是一种动力性的上升,是一种不断被卷入神内部的过程,就是通过接纳神而被神接纳并且使实存成为一种动态的进展。

从关系性本体来讲人的救赎,明显包含了柏拉图和新柏拉图主义哲学的特征。无论是在讲神的形像还是人的德性教化,卡帕多西亚教父都是从创造论的角度来说的。这与新柏拉图主义从太一角度来讲万物的形成有某种关系。这种关系并不表现在满溢论上。卡帕多西亚教父绝对不接受满溢论,他们是主张创造论的。两者之间的关系发生在如下的一个推论上面:既然万物都是从一个源头而出,既然万物在其堕落之后又仍然保存了善的本体性,只是善的本体性现在被遮蔽了,“善”成了一种潜能,那么在终末的时候,万物都必然回归其原初的状态,这就是所谓的万物归元(一)的思想,也就是所谓的普救主义的倾向。

现代西方古典学者在研究古代晚期的希腊哲学和早期基督教的关系时,

逐渐体现出关注基督教的希腊传统的特点,它成为古代晚期西方哲学研究的显学。本编尽量结合现代西方学者的研究,作出较为全面的介绍,希望在西方哲学史研究中有所补缺。以上就是本编的着力点。

大结局

希腊哲学的终结与启示

古希腊哲学从泰勒斯算起至529年最后一个雅典学园被解散，历经上古时代、古典时代、希腊化与罗马帝国社会等三个历史阶段，共约1200多年。在世界文明史中，这是第一个以哲学形态（philosophia）出现的（而不仅仅包含若干哲学思想的）人类智慧的结晶。我们的研究也经历了二十多个春秋，现在可以借第四卷问世之际，做一个粗线条的、综合性的总结，概述我们关于希腊哲学的主要见解。这些见解，用希腊人的话说，叫做 *δοξά*（doxa，意见、看法、见解）。同古印度人、犹太人、波斯人不同，希腊哲人们并不把自己的学说叫做不可更改的、永恒的“圣典”，后人称其为 doxagraphi（意见集成）。他们中的代表柏拉图似乎还意识到见诸文字的东西的局限，宣称更重要、更深层的是*ἄγραφα δογμά τα*（agrapha dogmata，unwritten doctrines，不成文学说），①柏拉图提出了一个古今哲学的普遍性问题，任何哲学文本，充其量是成文的 logos，储存或潜藏在作者灵魂中的 logos 是更深层次的，是作者终身思考而未能获得完满答案、未达到理想境界的思想资料，用柏拉图的话说都是“不定的二”（不成形的、未获形式的质料）。后人的思想或成文的文本可能就是前人的未成文的思想的逻辑的展开，也许是其中一种可能的答案的展现，因而形成新的派别。而新的哲学代表人物必然又有他的印在灵魂中的 logos，依此类推，成就

① 参见柏拉图：《斐德罗篇》，276C—277A，参见本书第二卷，第845—847、1122—1132页。第1122页 agrapha 误作 agratha，现予以纠正。

了一部古今哲学史。这样,希腊哲学开创了一个不同于宗教、准宗教文本的"思想之道"。正因为任一哲人都不是神的传言人,不是后人顶礼膜拜的"圣贤",任何哲人的文本都是可以讨论和挑战的,所以才有那么多的学派和见树,可供后人研究,成就了后人的各式各样的哲学史。历经二十多年之探寻,我们的体验集中到一点就是:我们集体创作的四卷本、各编总结和全四卷的这个总结不过是某个历史阶段、若干位希腊哲学爱好者的读史札记。它是否有学术价值,取决于是否或多少程度上体现了希腊哲人的精神,因而当下的这个叙述,仅仅是不成熟的思考的片断。

一 康福特问题:希腊哲学的史前史

迄今所有的希腊哲学史家都认同泰勒斯是希腊哲学的始祖,米利都学派是希腊哲学史上第一个哲学学派。1907 年康福特(F.M.Cormford)在《从宗教到哲学》中提出哲学的史前史问题,他发问:"泰勒斯突然从天上掉下来,仿佛他碰了一下大地,就蹦出来'万物是由水造成的'。"①后来剑桥大学的格思里以克兰兹(Kranz)于 1935 年改编第尔斯(Diels)的《前苏格拉底残篇》第五版的编排(将附录奥菲斯、赫西俄德、斐瑞尼德移入正文,置于编首)为例,还以卡佩莱(W.Cappelle)《苏格拉底以前的学派》第 1 章"希腊哲学史前史:宇宙演化论的诗篇和散文"、剑桥大学基尔克(Kirk)和拉文(Raven)编纂的《苏格拉底以前的哲学家》编首"哲学宇宙演化论"的先驱为例,认为这个问题已经解决了。本书第一卷绪论第 4 节"从神话到哲学"沿用了这个见解。当我们细读了康福特的《从宗教到哲学》(*From Religion to Philosophy*: *A Study in the Origins of Western Speculation*; 1957),我们就觉得格思里把康福特的问题简单化了。康福特提出希腊哲学史前史的问题时,实际上他心里已有所考虑。在《从宗教到哲学》中,康福特不是仅考察第一个哲学家泰勒斯的思想资源,而是在认同柏拉图和第欧根尼·拉尔修关于希腊哲学两大系统的基本观点上,考察伊奥尼亚和南意大利—西西里两大传统的思想源泉;不仅仅研究"神"、

① 参见本书第一卷绪论,第 59 页。

"灵魂"、"命运"、"法"、"天"、"时间"等范畴的来历,还研究史前宗教—神话思维方式和人的探索精神对后来哲学的影响。[①] 本书第一卷绪论第4节"从神话到哲学",从万物的本原,宇宙的起源和演化、灵魂三个方面论述了哲学的史前史同希腊哲学的关系。从近20年所发表的原始资料和论著看,我们的论述是站得住脚的。从资料看,基本上也是这些材料。20世纪90年代关于前苏格拉底哲学研究的三部力作可以证明这一点。随着研究的深入,20世纪末陆续发表了关于地中海东部考古学、人类学、宗教学、史学、神话研究的成果,人们逐步把古代地中海世界作为一个整体来考察,同时利用了当代交叉学科、新兴学科如形态文化学、语源学、古人类学、神话学、认知科学的观点,研究古希腊早期哲学与东部地中海的关系。近些年出版的著作,如《早期史前史人类身份认同的源起和变革》(Clive Gamble, *Origins and Revolutions: Human Identity in Earliest Prehistory*, Cambridge u.p.2007),作者克莱夫·贡布是早期人类社会考古学领军人物。他研究了人类300万年来形成的两个最基本的变革,一是在技艺、音乐、宗教、语言方面出现的变革,二是自新石器时代以来社会经济方面的变革。作者主要考察的地区就是从旧石器早期以来的东非、西亚与高加索—伊朗高地,认为史前史是人与技艺之间互变互联的历史。就人类主体而言,就是sophia(智慧)的萌生与发展,哲学深深地植根于人类智慧的成熟。这样,我们可以跳出希腊人关于philosophia的界定,考量作为智慧形态的"哲学"的诞生。一方面,上古文明各个民族或地区都有作为智慧结晶的"哲学",因而不难理解,人们将占卜者、祭司、乐师、治理部落城邦者,都称为"贤人"(sage)、"哲学家",因而,中国古代卜辞、印度教义、希伯来经典等等都有哲学。另一方面也可以从比较文化中,更深刻地领会希腊人所说的"哲学"的确有别人所没有的独到之处。第欧根尼·拉尔修的《著名哲学家的生平和学说》的序言也是紧紧围绕这个问题的。

哲学产生与语言关系尤为密切。Christine Jordan 与 Kevin Tuite 主编的《语言、文化与社会》(*Language, Culture and Society*, Cambridge u.p.2006),是23

---

① 参见康福特:《从宗教到哲学》序言及第4—6章:"哲学圣坛、科学传统、神秘传统"。

部“语言的社会文化基础研究”丛书之一，以语言人类学为主题，收集 11 篇论文，专门研究语言起源、语言交际、认知人类学。该书及上古语源学研究（如印欧语起源与变化）等的成果，有助于我们了解语言与哲学智慧产生的关系。具体到小亚西岸伊奥尼亚地区，人们注意到从诗歌语言到散文所体现的思维能力、思维方式的变化及其同哲学叙述语言的关系。牛津大学出版社本世纪初推出“语言进化研究”（*Studies in the Evolution of Language*）丛书已陆续出版 9 部，对于印欧语系、希腊语同腓尼基（现叙利亚和黎巴嫩）语的关系都有详尽的考察。剑桥古典研究系列之一的《早期地中海世界数学的转型》（Reviel Netz，*The Transformation of Mathematics in the Early Mediterranean World*，Cambridge u.p.2004），介绍了古代西亚、埃及、希腊关于数与形的概念及其抽象形式的转型。1991 年出版、1998 年重印的《古代近东神话辞典》（Gwindolyn Leick，*A Dictionary of Ancient Near Eastern Mythology*，Routledge，1998）收集了西亚近 150 年发现、整理的近东诸神话与神。2005 年出版的《希腊与前希腊：爱琴海域和希腊本土的英雄传统》（Margalit Finkelberg，*Greeks and Pre-Greek*：*Aegen Prehistory and Greek Heroes Tradition*，Cambridge u.p.2005）正好可以说明希腊神话与英雄传说和东地中海神话与英雄的关系。这本书很值得一读，它用许多古代文献和考古发掘资料，说明希腊各地区同安那托利亚和赫梯在英雄系谱传说、神话系谱、语言系谱等方面的关系，而且还附有各种图表解说。《米利都的泰勒斯》（Patricia F.O′Grady，*Thales of Miletus*，Ashgate，2002）一书用了许多文献资料说明以泰勒斯为标志的哲学和科学的诞生。此外，如 Victor Caston 和 D.W.Graham 主编的纪念 A.Moureeatos 的文集《前苏格拉底哲学》等都以比过去更开阔的视野研究了哲学的史前史。由 63 位学者参与的最新版《哥伦比亚西方哲学史》（Ed.by Richard H.Popkin，*The Columbia History of Western Philosophy*，Columbia u.p.2008），一直叙述到“21 世纪哲学的转向”，可以说代表了现代西方一批视野开阔、超越传统、以严肃而客观的态度研究西方哲学史的学者的成就。该书第 1 章“西方哲学思想的起源”中写道：“对许多 19 世纪的欧洲学者而言，希腊思想起源于亚洲，简直是不可想象的”，“但是，证据显明，以往认做是希腊哲学的许多问题、概念、研究方法源自其他地方和时代,其中有三个最为突出,这就是'亚细亚'或'东方'(包括腓尼基、亚述、赫梯、伊朗)、希伯来(或旧约)和埃及”。

二 希腊哲学的二阶开端

希腊哲学的历史时间的起源,上面说过学术界一致以米利都学派为开端。但是黑格尔提出了逻辑上的开端的问题。在《大逻辑》和《小逻辑》中他论证了历史与逻辑一致的原则。在黑格尔体系的诞生地《精神现象学》中,黑格尔从认知角度作了大致的描述。黑格尔的理论,有其合理性,它影响了20世纪50—60年代中国哲学界。但是他坚持历史服从于逻辑,世界史、思想史、哲学史是绝对精神留下的痕迹,因而他附会于“有—无—生成”的逻辑次序颠倒巴门尼德与赫拉克利特。历史与逻辑在哲学史的开端问题上,恰恰是不一致的。巴恩斯(Barnes)在他的两卷本《前苏格拉底哲学》中,运用分析哲学原则,认为泰勒斯的“水是万物的本原”蕴涵三段论的大前提:“有形物质是万物之本原”,小前提:“水是有形物质”及小词、大词、中词的周延的规则。然而,人类认识的历史,恰恰是从感性到理性、从具体到抽象,先有归纳,后有演绎的。在泰勒斯之前,没人能提出上述大前提和小前提的命题。我们从史料出发,从哲学后来分化为自然哲学与形而上学和神学的事实出发,提出希腊哲学的“二阶起源”的观点。

希腊哲学的初阶开端以米利都和毕泰戈拉为标志,开拓了运用理性思维的成果(范畴、概念)解释宇宙生成演化的历史,从而导向哲学与宗教、神话、文学艺术的分野。早期希腊哲学的思维模式是“本原+生成原理→万物生成的解释”,他们大体上是一个范式;即首先确定一个arche(最初本原),然后构思一套生成原理,或是稀化与凝结,或是向上运动与向下运动,或是一与多,最后用本原加生成原理解释宇宙万物的生成与演化。用此观点,他们并未与神谱(theogony)决裂,不过是用理论回应世界起源与生成的问题。它的意义是奠定了以后关于宇宙生成史、自然现象、社会现象、人和人类精神现象等等系列生成史的基础。这里,生成与运动是他们思考一切现象的基本原则,因而仍停留在形而下领域。

巴门尼德认为，所有他同时代的以及在他之前的，后人所称呼的自然哲学家都误入歧途，在一个非真实存在的世界里挣扎，所有这些不过是凡人们的doxa（意见、看法），唯有沿着他指引的“真理之路”，用noema（纯思）把握唯一的、不动的、无生灭的、不可分割的“球体”（=形而上的领域），才能获得真实的知识（episteme）；传达这些真实知识的言辞（logos）才是人们应该接受的语言，巴门尼德的学说才是亚里士多德说的“第一哲学”，从此，希腊人才真正进入智慧圣殿的大门，触摸到最深层次的智慧之学问——关于Being的学说以及建立在Being学说之上的“唯一真神”（理性神）。往后的希腊哲学家大体上都把两个开端、两条思路融合在一起，提出关于变动世界的意见（doxa）及不变世界的学说（episteme），而且在柏拉图、亚里士多德、普罗提诺那里，沟通了两个领域，搭建了两个领域的向下堕落与向上提升的两条途径，从而为精神治疗、人生追求的治疗哲学开辟了道路，进而开导了早期基督教思想家关于基督教拯救论的哲学基本思路。

三　希腊哲学的两次大转向

在本书第二卷绪论中，我们沿用哲学史上传统的说法，将希腊古典时代发生的从关注自然到关注人与社会，判定为希腊哲学史发展的第一次转向。我们在书中引用了亚里士多德、西塞罗和第欧根尼·拉尔修的原话，还引证了黑格尔、文德尔班和格思里的说法，而且提供了我们自己的三个论证。① 而且正是这个时期，哲学活动的中心从小亚细亚西岸和南意大利、西西里岛转向希腊本土的雅典。关于希腊哲学第一次转向的这个论断，无疑是可靠的。但是需要说明两点：第一，当时希腊哲学的格局，如同我国春秋战国时代的“百家争鸣”，同智者运动、苏格拉底与小苏格拉底学派、柏拉图哲学这个主导趋向相并行的，还有大体同时代的爱利亚学派的芝诺和麦里梭，恩培多克勒和阿那克萨戈拉，以及希朋、克莱德谟、伊戴乌斯、阿凯劳斯、阿波罗尼亚的狄奥根尼等的复兴伊奥尼亚哲学运动以及稍后的原子论。现实并非人们想象的那么简单

① 参见本书第二卷绪论，第4节（第38—44页）。

和纯粹。第二,这个转向实际是受后巴门尼德的寻求形而上之 Being 及形而上与形而下之关系的总趋向所支配。柏拉图的对话涉及数学、社会、心灵各个领域,很难说他不关心自然现象,不过总的说他以研究人和社会为主,他更关心人的灵魂的转向。至于亚里士多德,他更是一个总结性人物,他关注一切领域,集中体现了后巴门尼德的寻求形而上之 Being 的趋向。因此,当我们考察希腊哲学的转向时要特别警惕受现代哲学和现代一些时髦词语的影响。从某种意义上说,哲学无所谓"转向"。某个时期特别关注某个问题、某个领域、某个方面,以至成为"潮流"、"风向",可以名之曰"转向",然而还有比"转向"更高的哲学的追求,下面讨论 philosophy 的"本是"与功能时再展开讨论。

希腊哲学的第二个转向发生在希腊化至罗马帝国时期。芝诺从塞浦路斯来到雅典,倾听各派哲学家的说教后,发现雅典人的观念太过时了,第一个提出了"世界公民"的观念。创造以世界公民为主体的新型哲学。一批聚集在雅典、罗马、叙利亚和亚历山大里亚的犹太人、埃及人、希腊本土人、西亚人成了晚期希腊三大学派和新柏拉图主义的领军人物,或追随者、信奉者。他们关注的要点是人生的定位问题。个人的身心和谐与心灵的平静取代了城邦与公民合一的伦理与幸福。这样就发生了本卷绪论所说的从"是什么"、"为什么"到"为了什么",从城邦伦理到个人精神治疗的转向。哲学的治疗功能受到了普遍的关注,最后为基督教的传播开辟了道路。哲学突破狭隘的学派界限,走向民间,成为一门指导生活方式的实践哲学。早期希腊哲学解构了原始宗教,出现了关于神、灵魂、神—人关系的哲学的解释。哲学所孕育的唯一真神、神人关系,伦理规范的丰富内容成了新兴的基督教的思想资源,新的理性神学和宗教解构了希腊哲学。然而希腊哲学所提出的理性与信仰、科学与宗教、天国与俗世、外在之善(财富、身体健康、名利、地位,即后人说的物质需求)与精神追求等之间的关系,成了基督教永远回避不了的课题,最终导致基督教的内部改革与近代哲学对基督教的挑战。这种哲学与宗教的关系,是中国哲学、印度哲学、犹太哲学、阿拉伯哲学所没有的。那里始终未形成独立形态的哲学与宗教及分门别类的学科。人们只能通过无学科划分的典籍,研究其中蕴涵的哲学思想,如通过印度教、佛教、伊斯兰教、犹太教的教义典籍研究其哲学思想。

由此观之，希腊哲学在它的两次转向中，不仅触及了天地人神，天上地下，物质与精神各个领域，而且深入到各类 Being（是者、存在物）的深层（essence，本质）。后来的哲学、宗教、伦理、政治甚至科学、医学都可以在这里找到各科学说（世界观）的萌芽。希腊哲学也在深层上影响了当时人们的生活与追求，但是切忌不顾史实，搬用现代西方有的人的“新颖”说法，如说什么希腊哲学成了人们的生活方式。这种情况只有在哲学与宗教合一，在宗教支配之下才有可能。

四　哲学之“本是”（essence）与功能：“助产婆”与精神导师

只有穿越希腊哲学全程之后，人们对希腊人说的 sophia 与 philosophia 才有所领悟，犹如黑格尔所说涉世幼童与饱经沧桑之老人对同一句格言的感受一样。

在印欧语的词源学的几部书中，我们未能找到 sophia 词源上的字形与词义。在希腊的文字载体的资料中，它恰恰是同亚里士多德归结为最低等级的实用技艺共生的。不难理解，人之初就是因为会制造和使用工具而同动物分道扬镳。Sophia 最初指的就是 cleverness or skill in handicraft and art（手艺方面的伶俐与技巧，荷马《伊利亚特》第 15 卷第 412 行）。先民无法理解，为什么同是一个人，有的是能工巧匠，而其他那么多人就不是，就以为是分有了神的大智才有此出众的智慧和灵巧。当希腊人建立部落、家庭、村落以至城邦，并且制定共同体生活的各种习俗、规范以至法制，获得治理共同体的能力时，很自然，认为这是更高一级的 techne（技艺），所以才有所谓“七贤”。泰勒斯入选“七贤”可能主要是因为他会预测日食、预言来年气候、挖河抵抗吕底亚人，而不是因为他说了句“水是本原”。也许这句话，当初还是大逆不道，或者是个笑柄。

到此为止，希腊同古埃及、巴比伦、希伯来、印度、中国没什么两样。差异就出现在雅斯庇尔斯说的公元前 8 至前 2 世纪，几个文明带同时出现了影响后世的不同形态的智慧杰作。原因不是出现了以文字为载体的文本。今人看来，有文字记载是一大进步。但是在上古时代人们并不是这样想。佛陀、孔子、毕泰戈拉、苏格拉底都是述而不作。上古人看来,文字也是一种技艺,西周春秋时代那是史官干的事。之所以获得后人如此崇高的评价,原因是形成了不同形态的经典。同中国、印度、希伯来、埃及、巴比伦不同,唯独在希腊形成了亚里士多德《形而上学》第1卷所表述的由普遍性命题体系构成的"智慧学"。① 因此,从原创文化视角看,处于同一历史阶段的中国、印度、希伯来、埃及都将智慧列为人的"好品性"(arete)和能力,但是唯有希腊人的"智慧果"是独立于宗教、诗歌、神话传说的"智慧学",它的诞生的先决条件就是具有强烈的、敏锐的"问题意识",不盲从,不迷信,不受传统束缚地探求一切起于惊异的领域、问题和困惑,用理性探求包括神、灵魂在内的"是什么"、"为什么"。而在一切宗教形态那里,敬畏神就是最大的智慧,人的最高智慧莫过于领悟神启,传递圣言,解读教义典章。正是这种迷狂似的"求知欲",这种追求超越感觉与经验的最普遍的知识的强烈的内驱力,才造就了泰勒斯、毕泰戈拉、赫拉克利特、巴门尼德、柏拉图、亚里士多德等一脉相承的 philosophia(迷狂学问的求知学=哲学)。有一种说法,之所以叫 philosophia(爱智),是因为唯有神是智慧,人不可妄称智慧,只能说"爱智"。这种解释比较肤浅,而柏拉图认为的对智慧的无休止的迷狂和爱好,这种动力学的解读显然更为确切。柏拉图对于哲学之所"是",哲学家之所"是",以及哲学同诗、预言术的同源关系,恰恰是在两篇不被看做哲学专论的对话《斐德罗篇》和《会饮篇》中展示的。柏拉图在《斐德罗篇》中说"迷狂"(mania)可以分为"来自人类疾病"(from human disease)与"摆脱习俗风情的神性的释放"(from a divine release, from the customary habits)。神性的迷狂又可以分为四类:源自阿波罗的预言和神谕、源自酒神狄奥尼索斯的秘仪、源自缪斯的诗歌以及源自爱神阿芙洛狄忒和厄洛斯爱的迷狂(265A—B)。关于第四种"爱的迷狂",柏拉图在《会饮篇》中又作了细分。几种爱中,最高尚的爱就是爱智慧。所谓哲学就是对智慧的迷狂。于是他对"哲学"之"本是"做了一个独到的诠释:

---

① 参见本书第三卷第十章"寻求智慧的学问"以及本书第四卷"前三卷要义"所概括的6个标准。

ἔστι γὰρ δὴ τῶν καλλίστωνἡ σοφία. ῞Εεως δὲ στὶ νἔρως περὶ τὸ καλ όνὥστε ἀναγκαῖον ῎Ερωτα φιλόσοφον εἶναι, φιλόσοφον δὲ ὄντα μεταξὺ εἶ ναι σοφοῦ καὶ ἀμαθοῦς.(204B)

普林斯顿大学出版社1963年修订再版的一卷本《柏拉图全集》的译文与《洛布丛书》英译本一致，比较而言，一卷本的译文较为贴切，译文如下：For wisdom is concerned with the loveliest of things, and love is the love of what is lovely. And so it follows that Love is a Lover of wisdom, and, being such, he is placed between wisdom and ignorance。一卷本把 φιλόσοφον(philosopher)译为“lover of wisdom”(爱智者)，而《洛布丛书》译为智慧之友。柏拉图认为“哲学家是这样一种ὄντα(Being)，即介于智慧与无知之间的“本是”(人)。所谓“介于智慧与无知”之间的 Being，柏拉图接着作了解释，意为：以智慧之源为父，以无知无源为母的后裔，二者交配就产生一种特殊的人，即从“自知其无知”出发，狂热地追求知识。所以上面一段话可以译为：“因为智慧关注最美好的东西，‘爱’则是爱所爱之物，因此‘爱’必是爱智者，作为爱智者他介于智慧与无知之间。追索其源(aitia)，智慧和智慧之本是其父，无知无源是其母。”接下来柏拉图说“这就是 Eros 这个精灵δαιμόνο (daimonos)的本性 φύσις (physis, nature)”(204C)。按柏拉图的本意，哲学与预言、神谕、秘仪、文学艺术等同源，都是神性的爱，而不是“人类的疾病”的产物。也就是说柏拉图用自己的方式说明了后人所说的“诗与思”，哲学与宗教、神学的同源关系。这是一层意思，第二层意思是哲学的本性 ὄντα(onta, Being)就是“求知”。所谓“求知”说明它既不是无知，也不满足于无知，但也不是已经达到智慧顶点的“神”或“神智”。倘若已经穷尽了知识，那么它就不是“哲学”，因为它已失去了“以无知为母，以智慧为父”而引发的知识的冲动这个“本性”(physis)。所谓“哲学家”也就是这种永不休止的“求知者”。那么哲学家所追求的“智慧”是种什么智慧呢？柏拉图在上述引文的后面有若干解释，他认为是高于治理城邦知识的智慧。真正从理论上作出回答的是他的弟子亚里士多德。按照亚里士多德的解读，“以智慧为父，无知为母”的原初性的第一个冲动就是对于眼前困惑之事、之物产生“惊异”，由于“惊异”就要去看，去记忆，去经历，去思考,从而获得关于 arche(本原,原因)的以普遍性命题构成的知识。对自然的“惊异”产生自然哲学;对社会之本是、人的精神的毛病的“惊异”和解脱(注:这是晚期希腊哲学追加的“求知”的另一个起源)产生治疗哲学。由此观之,哲学没有固定的对象,“知与无知”、病因与解脱之间的任何探求都可能产生哲学。这正是古今中外真正的哲学的本性。它无止境,无边际,自然无所谓哲学终结之日。自 19 世纪的实证主义和唯意志论产生以来,不少哲学家宣布哲学终结了,“形而上学终结了”,然而当他郑重宣布这一“信息”的时候,一种新的哲学又悄悄登台了。更加滑稽的是,宣称哲学终结的人,其论证、论据,其理论思维方式又是哲学式的,因而陷于悖论:用哲学的方式宣布哲学消亡,从而自我证明哲学还在继续。希腊哲学家用他们的智慧铸造了这根“哲学的魔杖”。它指向哪里,哪里就出现新的哲学智慧。它不是某一门学科知识,而是“点石成金”的魔杖,苏格拉底称之为催生知识的“接生婆”,这个比喻乍看有些粗俗,细究之,它再形象不过地说明了哲学和学科分类知识的关系。“接生婆”当然不是“孩子”,但是她会教你如何顺产。从泰勒斯开始,希腊的这位“接生婆”接生了自然、社会、心灵各个领域一门门的具体科学。但是古往今来,它永远也不会无事可做。

晚期希腊哲学的精神治疗的功能,凸显了人类求知的另一个侧面。它不仅要催生人类正常的成长,而且要提供确保健康成长的“医生”的功能。希腊化和罗马时期,发生了以伽伦为代表的医生对传统自然哲学的质疑,提出了医学与哲学的治疗功能的差异以及哲学与医学的关系。解决这个问题的途径显然必须回溯到哲学的本性与哲学家的使命。哲学必须面对问题,具有亚里士多德《形而上学》B 卷所说的“问题意识”,它催生各门学科的知识的同时,不能把自己的既定成果,不管是前人的哲学还是自己的哲学,当做永恒不变的“智慧果”。以塞克斯都·恩披里柯为代表的反独断论,本书第四卷第三编称之为“元哲学”。它对我们的最大启示就是哲学的本性同任何独断论都是不可兼容的。哲学的本性、哲学的生命就是创新。

五　ἀρχή，αἰτία 与 οὐσία：本原、原理与本体

希腊哲学的二阶起源决定了本原（始基ἀρχή，arche）、原因、原理（αἰτία，aitia）与“实是”（实是，本体，οὐσία，Being）的出场的秩序和关系。后巴门尼德时代终止于亚里士多德，基本上是探寻形而上的根基及形上与形下两个领域的关系，希腊哲学范畴和哲学思想以及自然科学、社会人文科学的概念和学科形态基本上都受制于这个总的趋向。

前巴门尼德的早期希腊哲学包括米利都学派、毕泰戈拉和赫拉克利特。他们的思想进路基本上是东部地区地中海和希腊本土的神的谱系的模式，即寻求天宇和世间万物的源头，所以希腊哲学的第一个范畴是 arche，而不是 οὐσία（Being）。希腊自然哲学中的一批重要范畴如 χαός（Chaos 混沌）、οὐρανός（Ouranos，天）、γή（Gaia，大地）、νύξ（Nyks，night，黑夜）、χρόνος（Chronos，time，时间）以及一些抽象名词如ἔρος（Eros，love，爱）、ἀράνκη（Aranke，necessity，必然、命运）也都是原来的神名。但是 arche 却不是神名。《神谱》的始祖神是混沌之神 Chaos。西亚的始祖神也不是。Arche 是从日常语言的“开端”、“为首”、“第一”、“源头”抽象化而形成的。在后世的物质与精神二分的情况下，arche 也就是哲学上的“第一性”、“非派生”的意思。从这个意义上说，哲学的登场就意味着同原始宗教和神话的决裂。

由于 arche 的使命是为宇宙生成论（cosmogony）提供哲学的根基，并在这个基础上解释万物的成因，因而 aitia（原因、原理）成为哲学上第二个成熟的范畴。这里的“原因”不是近代因果关系意义上的“原因”，而是万物生成为“是如此”的成因，因而是“原理”、“原则”意义上的“原因”。

显然，前巴门尼德三大派五位哲学家都在寻求变动现象之后的不变动的“始基”。这在现代哲学和自然科学看来，其思想是无可非议的，也是可行的。可是在当时的巴门尼德看来，此路不通。他的驳斥以及他的弟子芝诺的“二难推论”（paradox）对前巴门尼德哲学而言的确是一个迈不过的坎。因为他们所找到的非变动的“本原”是一个具体的可感的物质形态的“水”、“火”或是物的某种属性和关系（数和比例）。换言之，是将“个别”一般化、泛化成为其

他众多“个别”的根基,而不是从个别抽象出一般,难怪跨不过这个门坎。这是不难理解的,即使是近现代的巴克莱和马赫,也难以将哲学上的“物质”及其属性同自然科学研究对象的物质和属性区分开来。

巴门尼德的确是另辟蹊径。他受色诺芬尼的无形体的、靠心灵左右万物的“一神”的启示,借助于语言分析提出形而上学研究史上关于超越本体的第一个界定。从残篇的分析可以看出,在哲学刚刚起步的条件下,他不得不借助具体而形象的东西向聆听者介绍他的 Being。如 Dike 女神用 aranke(命运、必然)销住的球形,太阳车引领他奔驰在光明大道上,等等。①

由于这几年学术界发生了关于西文 Being 的理解和翻译的大辩论,而且各种意见都涉及本书第一卷第四编第 7 章,因此,有必要借《希腊哲学史》全四卷小结,作些有针对性的提示。

希腊语系词 ἐιμί(eimi)的各种词形和变位是译为“存在”还是“是”,这是发生在汉字文化圈中的问题,最重要的是本书第一卷这一编的分析方法和下列观点:

1. 参照汉语、梵文考察希腊词中 eimi 词源及词义的演化,而且在 20 世纪 80 年代初尚无电脑统计条件下,借助手工统计 estin(it is, there is), einai(to be), on, to on , ousa, noema(thought), aletheia(truth), doxa, logos, hodos(road, course)等出现的频率及含义。不管是主张译为“存在”还是“是”,都必须研究词义的变化和哲学范畴的形成(见第 496—502、511—518、522—526、528—529、539—542、554—558 页)。

2. 几乎所有的西方学者都注意到巴门尼德的 eimi 有日常语言学和哲学两种用法。由于 eimi 有系词“是”、“有”、“存在”和“能”几重含义,因而近代西文翻译都依语境采用不同的译法。19 世纪以来,多位权威学者在译介上的分歧表明,这是个难度相当大的问题。正如基尔克·拉文所言:“不幸的是,即使是翻译一下这两个简单明白的词,都很容易引起误解。”(第 509—610

① 爱利亚城邦修有从海港直达山顶卫城大门的石阶大道,遗址尚存。笔者在意大利、希腊期间参观过南意大利、西西里和希腊本土的卫城遗迹,像这种卫城建筑是爱利亚城邦特有的,同样临海的叙拉古和阿格里根特就不是这样。

页）

3. 巴门尼德在残篇八中论证了他的 Being 是不可分的、不动的、连续的（ousa）。显然，语义学上的系词“是”无这些属性或词义，它是哲学上的“这个”（是者，实是，存在）：“命运将 Being 作为一个不动的整体拴在一起了。”（残篇八第 6—7 行）放在希腊哲学的历史长河中考察，它开启希腊哲学追踪形而上的相（eidos，idea）、本体（Ousia）、太一（One）的道路（参见第 502—507 页）。序诗中关于两条道路、两个世界的诗篇是哲学史上最早提出的关于现实世界与彼岸世界、形而下与形而上的区分的表述（第 493—495 页）。

4. 文中对残篇三 τὸ γαρ αὐτό νοεῖν ἔστιν τε καὶ εἶναι（因为思与是，是同一的；或译能被思与能存在是同一的）做了还原的工作。按照当时的语境，在巴门尼德那里，实际上是将变与不变、一与多、动与不动作为划分 Being 与 non-Being，thought 与 sensation，truth 与 doxa 的根据，因此残篇三的复原，应是 Being，thought，truth 三者同一，non-Being，sensation，doxa 三者同一。据我们所见到的论著，这是我们自己的独到的诠释。巴门尼德所理解的二者同一，不是《形而上学》第 12 卷亚里士多德表述的“思想与对象的同一”，更不是新柏拉图主义和黑格尔等所理解的“同一”（见第 533—536 页）。

5. 本书考察了 aletheia（名词），alethes（形容词），alethos（副词），aletheo（动词）词义的演化及巴门尼德的用法，指出 aletheia 在词源学上本来是与 Being、physis、appearance 相关，而“同主体（人）的认识没有关系，并没有认识论中‘真理’的意思”（第 537—538 页）。书中考证了米利都学派、赫拉克利特、色诺芬尼关于 aletheia 成为哲学范畴后的用法以及巴门尼德七处使用 aletheia、alethes、alethos 的不同意义。在哲学中 aletheia 既然是对“本原”生成原理或对 logos，Being 的“真知”，当然可以译为“真理”了（第 538—540 页）。

6. 同西方某些学者的看法不同，本书认为巴门尼德有自己的“自然哲学”，不过属于 doxa 而已。书中根据亚里士多德和辛普里丘的注释，指出“巴门尼德像当时的自然哲学家一样，也提出他的宇宙生成和演化的学说”（第 546—547 页），“他提出了以两种对立形式为基础的 doxa”（同上）。书中列举了他独特的关于人的生理现象、胚胎的形成、感觉和思想器官的成因的看法，以及将“爱”看做结合的、创造的力量,用四种元素不同的混合解释同种事物的差异等等对后起的恩培多克勒的影响(第548—550页)。

7. 巴门尼德的序诗和残篇的ὅδος(hodos),表明正是他最早提出哲学的方法论问题。他的hodos既是求真之途径,又是逻辑论证的方法(第495、554—558页)。他主张对任何一个观点都要加以论证或反驳,希腊哲学的这个讲究论证和反驳的传统起于巴门尼德。

因为巴门尼德是本书第一卷的重点、难点,又是近些年关于Being与aletheia(truth)争论中各方都涉及的最早的希腊文本,所以这里做上述七条概括,其目的是说明必须联系巴门尼德的其他范畴和思想来研究Being与aletheia的问题。由于汉语中的“是”和“存在”都无法全面而又准确地转述希腊文中eimi兼有“是”、“有”、“在”、“能”的词义,特别是作为哲学范畴的新义,所以本书的中译,有待四卷本导读即《希腊哲学史纲》中再讨论。

由于希腊文字从线形文字B到荷马时代有一个“黑暗时期”的断裂,由于再创的希腊文虽属印欧语支,但受亚非语中一支(腓尼基语)的影响,还由于希腊语从三种方言到古典时代的阿堤卡方言(现存古代文献的绝大多数文本的文字载体)有一个发展过程,而且语法是从智者运动时代才开始逐步完善的。具体到eimi也有一个演变过程。在迈锡尼时代的线形文字B中,还无系词eimi句型。① 现存的米利都学派和毕泰戈拉的残篇中,eimi出现频率很少,而且仅有系词的语法功能。赫拉克利特的“既是又不是”的叙述,有日常语言与哲学的双重含义,但其本身还不是个哲学范畴。巴门尼德完成了从语义学上的Being到哲学范畴Being的转换。巴门尼德的论证宣告了以往的“本原+生成原理”范式的自然哲学的终结,从此经历恩培多克勒和阿那克萨戈拉的一个短暂的过渡,最终形成了以原子论为代表的“元素+构造原理”的化解巴门尼德两个领域对立的自然哲学新途径,从此arche、aitia获得万物构成之最终元素和构成原理的含义,奠定了近代自然科学关于微粒子和物质结构的

① 参见迈克尔·冯特里斯和查德威克(Michael Vontris and Chadwick):《迈锡尼时代的希腊文献》,剑桥大学出版社1956年初版,1973年修订版。

理论的基础。

这是一条从早期哲学走向自然哲学、自然科学或实证科学的道路。另一条进路可以说代表希腊古典时代的主流，这就是经过智者们对 Being、thought、aletheia 的一场挑战（高尔吉亚三大命题，普罗泰戈拉的怀疑主义、相对主义、感觉主义），以苏格拉底、柏拉图、亚里士多德为代表，在扩展“惊异”而求知的新领域（社会与人）的同时，为自然与社会的存在与价值（包括其整体与各类事物）寻求哲学的根基，这就是“相”（idea）与“形式”（eidos）。追索到最后，那就是最高之“相”（善）或不含质料的永远现实的“纯形式”，因而形成亚里士多德关于“第一哲学”的第一个界定：第一哲学即神学，它研究形而上的最完善、最现实的纯思（二纯形式）的“ousia”，即最高的“本体”。

这样，在柏拉图，特别是亚里士多德那里就形成了关于形而上领域的两条途径，两个答案的交叉。

其一是从哲学的一级开端，即探求万物的本原和原因、原理出发，在巴门尼德关于形而上、形而下两个领域、两条途径的制约下，将本原、原因的追索与关于 Being-non-Being 的回应相结合。柏拉图从 idea、eidos 过渡到 Being 的论述，亚里士多德从《形而上学》第 1 卷的“四因论”出发，过渡到第 7 卷关于形式因是第一本体，第 12 卷关于永恒不动的、纯形式、纯现实的纯思的 Being 是最高本体，就是这条进路的集中表现。

其二是从哲学的二阶起源，即形而上的巴门尼德的 Being 出发，依托于希腊语的系词 eimi，回应巴门尼德的关于 Being 的特征，以及关于 Being 与 noema（thought）、aletheia 及其对应的 non-Being、Sensation、doxa 的关系，从而制定关于形而上学的哲学史上的第一体系。高尔吉亚的三个命题，柏拉图从前期、中期向晚期的转换，以《智者篇》、《巴门尼德篇》为标志关于 One 与 Being，关于属于可感世界的 non-Being 与梦境之“非是”的区别，关于数学之数、理念之数，是 Being 还是 non-Being 的讨论等等；亚里士多德从语言研究出发的范畴论，关于“主词”Being 与九个属性之 Being，《形而上学》第 4 卷关于第一哲学研究“Being as Being”及相关属性和公理，第 6 卷关于 Being 的不同含义及学科划分根据的论述等等，就是这一条进路的最高成就。

因此,就产生了亚里士多德关乎第一哲学对象的两种"矛盾"的说法,也派生了关于这两种说法的一千多年的学术界的争论。[①] 关于这个问题及这场争论,我们在撰写完整部希腊哲学史后有了新的想法。从希腊哲学的二阶起源,从后巴门尼德力图将本原与原因、Being 与 non-Being 两条进路相结合出发,必然发生亚里士多德《形而上学》为代表的两个研究起点,两个形而上对象的结果。从《形而上学》第 1、2 卷本原和原因切入,认为 Sophia(智慧)是关于原因、原理的学问,第 3、4 卷则从 Being 进入主题,认为 Being as Being 是哲学研究的主题。但是柏拉图、亚里士多德都不同意巴门尼德将 Being 与 non-Being,noema 与 sensation、aletheia 与 doxa 分割开来,对立起来。亚里士多德找到了融通两个领域的途径,这就是将 Being 首先划分为本体与属性,又将属性分为固有属性与偶性;然后将作为本体(ousia)的 Being 分为可流动的有生灭的、永恒运动的、永恒不动的三种,分属于第一、第二哲学的不同学科。不同学科的对象就是研究不同的本体的"是什么"、"如何是"(存在方式)、"有什么属性",而所有这些都是关于 Being as Being 研究的成果。这样,研究 Being as Being 自然就属于更高的一门学问。由于亚里士多德没有关于哲学与元哲学、哲学与神学的区分,因此都说成是"第一哲学"的研究对象就在所难免了。

晚期希腊哲学可以说就是这两条进路、两种方法交叉的展开和深化。在伊壁鸠鲁看来,原子和虚空是万物之本原,同时,就是 Being,non-Being 的第一层级,即"自身存在"的东西。形状、颜色、大小、重量等是第二层级的"存在",即"存在"的属性。[②] 斯多亚学派的核心是伦理—治疗哲学,正因为它强调生存意义和实践行动,所以突出理论基础的动力学的原则,强调自然——宇宙理性——"普纽玛"相统一,目的因与动力力相统一,主动原理(arche)与被动原因、终极因与世界秩序、大宇宙与小宇宙(人)相统一的行动准则。怎样在这个变动的哲学原理中找到稳定不变的根基呢?这就是本书第四卷第 3 章所讨论的斯多亚学派的"后亚里士多德的第一哲学",其特点是:"既要论证个体作

① 参见本书第三卷第三编"形而上学"第 10、12 章及本编小结"形而上学的主题——本体论还是神学?"(第 752—761 页);本书第四卷"前三卷要义"中关于形而上学的概述。

② 参见本书第四卷第一编第三章第一节"原子与虚空:双本原"。

为 Being 的资格和丰富性，又要寻求统摄个体的'维系因'即基于 Preuma（普纽玛）的 echein（张力）。"为此，斯多亚学派借助于独创的逻辑和语言分析，建立了一套关于存在层级和谓述与共相的论述。①

新柏拉图主义也立足于探求 arche、aitia 与 Being 的结合，但是同斯多亚学派突出关于 Being、non-Being 逻辑——语言分析的"纯哲学"思路相反，他走的是以《蒂迈欧篇》、《形而上学》第一哲学为神学的思路，建立一个超世的一元多层太一（纯思、普遍灵魂）的哲学体系。依靠《蒂迈欧篇》、《形而上学》第 12 卷和普罗提诺，运用 Being 和 Ousia 去诠释终极因和最原初的本原，这一进路为基督教哲学所肯定。但是，亚里士多德和晚期希腊哲学普遍认可的多层级本体理论同基督教、犹太教的唯一真神的核心教义是格格不入的。早期教会中有的人陷入希腊哲学的"泥潭"，在圣父、圣子与圣灵中区分 Being 的等级或神性的程度，最后走上了"异端"邪路。以卡帕多西亚神父为代表，借助 physis 诠释 Ousia，区分 Ousia 与 hypostasis，最后确立了一个本体、一个本性、三个位格的三位一体理论。这样，包含在亚里士多德第一哲学中的两个向度、两条进路、两种倾向性答案最终解构为神学与 philosophia 本义上的哲学；凡是以最高本体为 Being、将 Being 等同于纯思或心灵者，走向了后人所称的"客观唯心主义"和宗教神学。以个体为 Being，寻求个体之实在与变化的根据和原理，影响了中世纪的唯名论和近代的经验论。以探求各类自然本体（Being）或本体结构和属性为旨趣，影响了后来的实证科学，以至欧几里得的几何学叫做"测量大地"（geometria）之 arche（原理）。不以神学为目标，限定哲学是讨论 Being 者，可以引申为语义哲学，同时也可以成为后来的追求纯哲学的形而上学，从这里又引申出实在论与反实在论、批判实在论，本质主义与反本质主义，形而上学与反形而上学之争。总言之，其源头不得不都追索到 arche、aitia 与 ousia。

六　ἀλήθεια 与 ἀρετή：真与善

当 aletheia 及其形容词、副词、动词（alethes，alethos、aletheo）仅作"真实"

---

① 参见本书第四卷第二编第六章第二节"斯多亚学派对于'第一哲学'的推进"。

(反义词是谎言)讲时,它与文艺创作方面的 mythos(虚构)、原始宗教方面的 mystery(神秘、秘仪)没有根本的冲突。赫西俄德《神谱》的序诗就说在众多关于神的生成谱中他所记述的是缪斯女神告诉他的"真实的"谱系。记述神谱与神话、神谕、祭文、教仪与教义的 logos(言辞)彼此之间也无根本的冲突,其载体都是一句、一组、一篇言辞。所以 logos 与 mythos、mystery 起初并非彼此不相容的。但是,自从哲学产生之后,aletheia 获得了一个古今极为重要的新义,即求真、求是之"真理",其反义是"错误","谬误","邪说"。Logos 获得了"理性","定义","理之道",甚至是"神之言"的地位。从此产生哲学、理性、神学的话语系统与神话(mythos)的话语系统的分野。这样,体现希腊哲学精神的 aletheia 和 logos 相结合,形成各家各派自认为真的 logos(理性)的概念、话语系统。在哲学的 logos 和 aletheia 的影响下作"传说、故事"读解的ἱστορία(historia,history)经由修昔底德,成了后来意义上的"历史"①。同"医神"相同一的"身体治疗技艺",经过伽伦对"四元素说"的批评,使希波克拉底成为"西医始祖"。研究和收藏伽伦医典的那不勒斯成了 13 世纪大学的发源地之一。在哲学内部,亚里士多德的细致而又干枯的纯理性的论证取代了柏拉图的融 logos 与 mythos 于一体的文体和风格。亚里士多德、普罗提诺、库萨的尼古拉直至德国古典哲学,可以说是剔除情感因素的玄思的 logos 的代表。

aletheia 和 logos 的哲学走向开创了以希腊为起始的 mythos 与 aletheia、思与诗、逻各斯与反逻各斯的对立。两种思维方式(逻辑思维与形象思维)的关系、儿童教育方面德育与美育的关系,追溯到源头,也逃不脱希腊哲学。代表逻各斯与"求真"的哲学与理性的膨胀,犹如成年人理性和逻辑思维能力的超常发挥,使得早期人类特有的虚构与想象的能力衰弱了,从此,希腊再也创作不出古典时代以前的神话、悲剧和诗歌。古希腊有求真之哲学,求善之伦理

---

① 参见 Thucydides, 1, 21; 1, 22。康福德认为他是处于历史与神话之间的过渡性人物:Thucydides mythistoricus。罗马共和晚期和帝国时期,涌现一大批诸如阿庇安(Appian)、阿里安(Arrian)、波利比乌斯(Polybius)、狄奥多罗·西库卢(Diodorus Siculus),尤息比乌(Eusebius)、塔克图(Tactus)、李维(Livy)等优秀的历史学家,其中都有一个追求记述真实事件的传统,不能不说这同希腊哲学在社会历史领域的建树不可分离。

学，但是没有美学。“美学”是近代的创作。希腊人之所以未能将 Kalos（美丽的，漂亮的）提升到真、善、美统一的高度，恐怕同柏拉图将工艺品贬为同“相”之真隔了三层的思想有关，也同亚里士多德将实用科学包括雕刻、诗歌、音乐等列为三等智慧作品有关。斯多亚学派将“激情”（patho）一律贬为恶之渊源，也助长了这个倾向。尽管希腊人欣赏三大悲剧家的悲剧和阿里斯多芬的喜剧，但是在理论层面上只有亚里士多德的《诗学》相当于文艺创作理论。柏拉图的《会饮篇》和《斐德罗篇》、《伊翁篇》都是很好的文艺作品，但是这种爱的迷狂是低于哲学智慧和政治智慧的。这是一个怪题：作为希腊文化，希腊人创造了古代最为突出的神话、史诗、戏剧、雕刻；作为希腊哲学，希腊人创造了那么多学科，唯独缺美学（当然不是说没有后来“美学”所包括的若干理论和见解）。究其源，恐怕同哲学产生之后崇尚理性，追求玄思，追求灵魂的升华，因而过度挤压情欲和文艺创造之源的 mythos 的能力有关。

哲学的求真到了希腊古典时代碰到了一个新问题，这就是真的是否有用，有用的是否一定是真的。这个问题在智者运动中，经由普罗泰戈拉用哲学的语言作了如下的陈述：同一阵风吹来，你觉得冷，我觉得凉爽；正常人觉得蜂蜜是甜的，病人觉得是苦的；药对病人有好处，对非病人无好处。显然，不同的感觉都是真的，但是真的不一定有好处。仅仅是感觉的差异吗？非也！普罗泰戈拉说：

> 我知道许多东西——肉、酒、药物和许多别的东西，有的对人有害，有的对人有利；有的对人既无利也无害，而是对马有利；有的仅对牛有利，有的只对狗有利；有的对动物无利，却对树木有利；有的（如肥料）有利于树根，却不利于树枝……还可以举橄榄油为例，它用于植物科简直是灾难，用于动物的毛一般也是有害的，但是对于人的头发和身体却是有利的。（《普罗泰戈拉》，334A—C）

这段话不一定是普罗泰戈拉的原话，但反映智者们同以往自然哲学的区别，他们不是问“X 是什么”，而是问“X 对人有什么价值和用处”？① 用现代的

① 参见本书第二卷，第 206—221 页。

语言说,就是看到了“价值判断”与事实判断的差异,推广到自然、社会各个领域,特别是伦理、美德、辩论、诉讼,就发生了真、善、功利三者的关系。随着希腊社会的进步,原本表示一物的品性、特征、功能、优点、特长的αρητή(arete),在社会共同体(部落、城邦)中就成了共同体的共同规范所体现的品性、伦理规范的“品德”与政治学上的治理城邦的才能。因而又导致希腊教育(paideo)的变革,原本是物之天性(如马会跑、鸟会飞、人会走等等),因而不必施教的arete,如今需要对公民给予循序渐进的训练和教导。这样,在社会政治、伦理、法律、教育等方面,亦即现代人所说的人文社会科学领域就发生了“真”与“善”的关系及价值取向的问题。当希腊人问“什么样的政体才是好政体”时,显然他们已经是将“好与坏”置于“真与假”(或真与错)之上。当希腊人以品德(atete)为标准,将“品德好的人”组成的政①体视为最好、最有力量的政体时,他们是以人的品性、能力作为衡量公民及公民联合体好坏的标准的。亚里士多德还以全体公民的最普遍的利益、最高的“善”为标准区分三种好政体和三种缺失政体。这就说明在社会领域发生了真伪判断服从于价值判断的转向,开创了迄今政治学、政治哲学的新准则,即社会领域的arche和aitia。亚里士多德遵循他的Being的学说,追问政治、伦理规范“之所是”(essence),将基于人的灵魂状态之“中道”的取舍作为德行的“本质”,又以人之城邦生活作为人区分于神和动物的“本质”。这说明希腊哲学家们已经超越早期哲学的自然观,创造了新型的社会观、价值观。从人与社会的“普遍的利益”和“最高的善”寻找该领域Being之本质(形式)。在历史观方面,尽管希腊人直到晚期哲学时仍停留在循环论上,而未能达到线性历史观,但是,自从修昔底德将aletheia引进historia领域探求真实事件对后人的启示时,就已经将价值观(利益和好坏)当做潜在的标准了。从此,在希腊哲学的导向下,出现了延续至今的关于自然与社会(和人)、关于自然科学与社会科学的差异与关系的争论(或者说一个重大关注点、兴奋点)。人们可以循着亚里士多德的定义法,用

---

① 中译“贵族政体”。原意是最有德性的人组成的政体。即arete的形容词aristos加上形容词比较级中表示最高级的词尾cratos,构成aristokratia,aristocracy。

“种+属差”或特征描述法为某一自然物、自然现象规定它的 essence(本质、形式)。对这一 essence 的认识尽管有一个过程,但是人们可以在功利之外形成普遍的认同,犹如什么叫“三角形”,“正方形”一样。但是在社会与人的领域,什么是“好政体”、“好公民”,什么才是人的“德行”,在城邦和家政(economia)中,什么才是正当的职业,经商是否合乎“好政体”、“好公民”的规范,城邦之间关系应遵循什么准则,奴隶是否有“是之所是”之“本是”,奴隶是否有理性等等,在亚里士多德的《政治学》、《伦理学》中就成了永远无法形成共识的问题。修昔底德想本着“求真”精神寻求希腊两大集团开战的动力因,探索雅典人灭绝密提尼城邦男性公民的 aitia(原因),科林斯与雅典争夺科西拉以及科西拉人打破神圣戒律进入神庙杀害对手的“理由”;柏拉图想寻找一个合乎他的 idea 理想的城邦,为城邦制定 dike(公正、正义)的准则,以此作为“城邦”之“本是”(Being);亚里士多德想从灵魂之最佳状态寻找德行与非德行(过与不足)之 Being 与 Being 之缺失(previation,非是),为城邦找到一个普遍性的、公认的规范,即 arche 作为 principle 解的“原理”、“原则”。然而所有这些都无法获得普遍的认同。特别是在伦理道德领域,后苏格拉底的伦理三派(小苏格拉底学派),晚期希腊以斯多亚和伊壁鸠鲁为代表的对立的伦理观,他们都说自己的学说体现公民道德之“本是”,规范了人与人之间关系之准则(arche,principle)。然而始终是各执一端,形不成共识。这样,我们在塞克斯都·恩披里柯的《反自然哲学家》和《反伦理学家》中看到一个鲜明的比照。前者的“二律背后”建立在感觉的相对性和理性的对立论题同等有效的基础上,而后者虽然也有这方面的论驳,但是主要的是人们对于“德行”、“伦常”(ethic),甚至风俗和惯例有不同的“是”与“真”、“原理”与“原因”的标准。于是人们只能在超世领域寻求固定的准则,要么是哲学的“太一”神,要么是体制化、教规化的基督教。基督教根据本书第四卷最后一编陈述的神—人关系、神的子民的“共同体”,确立了人的拯救的普遍大道。这就是希腊哲学步入社会与人的领域后“求真”与“求善”的思考进路与归宿。

七 φυχή与拯救论、知识论、心智学科

本书第一卷援引蔡勒的话指出,古希腊哲学家们还分不清精神与物质,甚至把灵魂和神认做是稀薄之气、纯净之火、精细原子。在当时的语境下,他们所接受的观念主要来自于梦境中灵魂与肉体的分离活动以及万物有灵论。他们从"人活着就是一口气"体悟到 psyche 是某种"气息"。气断人亡,人亡则躯体腐烂,复归于土。天宇运行,气象万变,也是有一股"灵气"在运作,就像人的呼吸一样。人死了,人的灵魂就稀散于大气中。所以,早期希腊人很牵挂,要及时在自己的魂魄未散之前让魂魄进入 Hades(地府)。要做到这件事也不易,死时口中要含着一个钱币,作为给艄公卡隆将孤魂送到地狱入口的路费,否则卡隆会将亡灵弃之荒野。那么魂魄在地府中快乐否?从《荷马史诗》中关于活人与死人相遇时的对话看,阿喀琉斯羡慕活着的奥德修斯,不愿做亡魂的统帅,宁可到人间来受苦。于是远古时代的希腊人就产生了一个超乎人生"终极关怀"的魂魄去向的关怀的问题。这也是地中海世界乃至远古社会不论哪个部落或民族普遍关心的问题,也是各种原始宗教,包括希腊流行的奥尔菲教(Orpheus)和各种秘仪流行的原因。从现有资料看,这些宗教和秘仪主要是通过两条渠道进入希腊:其一是以奥尔菲教为代表,从色雷斯、希腊北部进入;其二是通过埃及进入南意大利和西西里而扩散。这是希腊哲学产生之前和之后在普通民众中广泛流传的观念,可以说这是希腊人思考 psyche 的第一个走向,即宗教的走向。

psyche 的第二个走向就是哲学产生之后的哲学的灵魂观。从现有的残篇看,泰勒斯关于磁铁的解释还停留在万物有灵论。第一个拷问灵魂和神"之所是"者是阿那克西米尼。尽管他的解释同当时的普遍观念一致,灵魂是气,但是他已将灵魂提升到他的哲学本原论上来解释:宇宙是 pneuma(普纽玛),即类似人的大呼吸。人的灵魂就是人之呼吸,人之气息。它与宇宙之 pneuma 相通。① 这样,psyche、pneuma 都是一种生命原则,没什么神秘。这是希腊高

① 参见本书第一卷,第190—194页。

于埃及和西亚的伟大突破。哲学家可以用哲理来解释一向被视为敬畏对象的神和灵魂，它开启了后来用哲学思考神与精神的道路。哲学开始从人的灵魂自身寻找智慧的生理机能和人的理论思维能力，而不是都归结于神的启示。赫拉克利特认为“干燥的灵魂是最智慧、最优秀的”（DK22B118），而干燥的灵魂就是“热的呼气”、“干燥的火”。① 毕泰戈拉及其学派开始区分感性灵魂和理性灵魂，认为它像气，也像火，像尘埃，但高于气、火，它是以太（aither）分出来的碎片。灵魂遵循数和比例的规则，“灵魂是一种和谐”，它会调节身体发出“类似乐调和谐音的东西”②。巴门尼德尽管将两个领域、两条路途分裂开来，对立起来，但是正是他明确从知识论角度区分 noema（思想）与 aisthesis（感觉）两种知识、两种功能。

围绕灵魂问题，希腊哲学孕育了四个方面的成果：

第一，哲学知识论（或认识论）。无论是对元素（四根、种子、原子）或它所构成物的两种认识（感性与理性），或是相对主义、感觉主义和怀疑主义，柏拉图《泰阿泰德篇》的知识论和灵魂回忆说、“鸟笼说”，或是亚里士多德的“白板说”和沉思理论，抑或是晚期希腊特别是斯多亚学派的复杂的认识论，普罗提诺的带有神秘主义色彩的认知和塞克斯都·恩披里柯所总结的怀疑主义，所有这些形形色色的学说都是从灵魂的功能和灵魂的不同部分（感觉、想象、理性思维、直觉）的地位出发的。尽管它们还带有古代生命科学、认识科学尚不成熟条件下的种种弊端，例如他们（尤其是斯多亚学派）经常将认识论上的感觉和伦理学、生理学上的快乐同感官方面的感受相混淆。但是，近现代知识论、认识论的许多问题都可以在古希腊找到它的萌芽。

第二，心理学、生理学、心智学等实证科学。哲学起于惊异（$\theta\alpha\tilde{\upsilon}$-$\mu\alpha$），“却没有哪一件比人更奇异”③。在人是肉体与灵魂构成的思维框架内，肉体固然奇异，然而更不可思议的是灵魂。古代植物培养、动物驯养的经验和医学的发展，使人们认识到身心二者的可验证的关系。恩培多克勒、阿那克萨戈拉

① 参见亚里士多德：《论灵魂》，405a25—28。

② 亚里士多德：《论灵魂》，407b31—33；《政治学》，1340b17—19。

③ 索福克勒斯：《安提戈涅》，第 335 行。整段引文见本书第二卷，第 41 页。

和复兴伊奥尼亚思潮的哲学家的许多猜想和观察,明显有当时医学的经验。① 亚里士多德一生中有长期的动物解剖的经验,有关人与动物运动技能和感官与感觉之关系的观察。这样,以亚里士多德的《论灵魂》、《论感觉及其对象》、《论记忆》、《睡和醒》、《论梦》、《论生命的长短》、《论青年和老年、生与死》、《论呼吸》为代表,开辟了近代心理学(psychology,词源就是 psyche)、生理学及生命科学的研究方向。这些考察已经不属于哲学认识论的范围,然而都围绕灵魂及身心关系问题。这些论断影响了生活在 3 世纪的伽伦和老普林尼。近现代的心理学、生理学和认知科学在历史的追溯中都要提到希腊人关于 psyche 的研究。

第三,伦理学与人的生存方式。早在赫拉克利特那里,他就将"健全的灵魂",同经过深思熟虑而作出的合乎道德生活的逻各斯的行为即后来所称呼的 phronesis(实践理性)联结在一起(DK22B2,B113,116)。亚里士多德在《尼各马科伦理学》中深入分析了人的 arete(德行)同灵魂中的 phronesis 的关系。他认为,好的政体要求公民具备好的品德(城邦伦理),好的品德来自灵魂的好的状态。因此,政治学家和伦理学家要研究人的灵魂状态(1102a5—21)。② 人的 arete 有两种:理智美德是人的理性灵魂沉醉于求"真"的深思而享有的最高的幸福生活。伦理品德不是人的情感、欲望,而是灵魂依靠慎思抉择(phronesis)而达到的最佳状态和习惯。在亚里士多德看来,道德行为是自愿的选择,因而涉及灵魂中的情感、欲望和意志,他的落脚点是个人的行动,所以同只追问"真与假"、"真与错"的沉思理性不同。它依灵魂的不同状态作出不同的选择。唯有经过灵魂中理性的部分,对所考虑的特殊对象进行"算计"(*βουλεύσθαι* ,bouleusthai)和深思熟虑(*λογιζέ-σθαι* ,logizesthai),然后作出抉择,身体力行,才是明智的、道德的选择。③ 晚期希腊放弃亚里士多德的"城邦伦理学"和"中道、过度与不足"的三分法,但是关于道德行为同人的灵魂的

① 参见本书第二卷,第 702—706、717—724、738、748—755、762、805—849 页。

② 参见本书第三卷,第 782—785、790—798 页。

③ 参见本书第三卷,第 839—859 页。

关系,道德的抉择同实践理性的关系的基本思想仍一脉相承。晚期希腊哲学的“精神治疗”,说到底也就是医治人的灵魂的疾病。

第四,以基督教为代表的、流行于希腊化和罗马世界的新型宗教。本来,灵魂的观念就是原始宗教的存在的根基。原始人感悟到世间有一股巨大的、令人恐惧的活力。这个“活力”是什么?远古时代的人们是经由梦境中灵魂的活动加以拟人化才想象出“神”的观念的。希腊哲学在灵魂是个体与宇宙生命之吸气的观念基础上,很自然就提出“世界灵魂”和“个体灵魂”的观念。个体灵魂是个体的生命之源,运动之动能。世界灵魂(宇宙灵魂)当然是寰宇生命与运动之源。当阿那克萨戈拉把“种子”看做构成世界万物,大至日月星辰,小至人之毛发的基本元素,而元素自己又不会变动、不会生成如此美好和谐的世界万物时,自然从人的νοήμα (noema,thought)推想到推动宇宙有序运动者,必是一个全能全智的灵魂中最高的成分,他称之为νοής(nous)。这个希腊词语从此成了作为“本原”的精神本体范畴:“万物安排有序的原因”(亚里士多德,984b16)。从此,经过希腊哲学提炼出来的灵魂和神,同原始宗教信仰者心目中的灵魂与神区别开了。神不是一般的“吸气”、呼吸或生命力,而是灵魂中最高的纯理性的部分。既然植物生命之源是“生长的灵魂”,动物赖以生存的感性灵魂、运动的灵魂能独立存在,当然 nous 更可以独立存在了。亚里士多德就是这样论证的:感觉离不开对象,思想可以离开对象而沉思;分有世界理性的人的理性尚且如此,世界理性当然是独立自存的了。它就是自因,就是至善。柏拉图的“得穆革”(Dimurgue),亚里士多德的“第一推动者”,斯多亚学派的与“普纽玛”同一的世界理性,普罗提诺的“太一”,等等,细究之,都是灵魂中理性功能的抽象化、一般化、拟人化而成立的精神本体。这也是同古代中国哲学的最大区别之一:希腊哲学造就了一个超世的、彼岸世界的唯一神(=世界灵魂,宇宙理性的大写的 NOUS),从此把现实世界二重化。在世界二重化框架下思考人生归宿、人生价值的二元去向,自然就形成柏拉图、普罗提诺灵魂的“上升之路”与“下降(沉沦)之路”以及基督教的救赎论。此后的各种宗教大体也离不开这条基本道路。

以上六个问题是我们在总结希腊哲学时考虑到的主要问题。此外,例如希腊哲学所创造的论辩与对话,希腊语言与叙述,哲学与希腊人的生活,哲学与哲学史(《形而上学》第一卷和晚期的《意见集成》可以说是哲学史的雏形),哲学、元哲学与哲学史学(哲学史方法论)等等,由于篇幅关系,不一一赘述。如果说本书四卷是希腊哲学的历史性叙述,那么这个小结可以说是共时性的概括,多少有经纬之功能。研究希腊哲学的任何一个稍微重要的问题,都不可避免地要涉及上述六大问题之内涵,或者说都要考虑到上述六个问题。换言之,上述六个问题贯穿在希腊哲学的整个研究中,把握这六个问题有助于提高希腊哲学的研究水平。中国人乃至汉字文化圈的人,以汉语为母语,以中国传统文化为背景去研究不同文字载体的哲学和文化,难免发生解读方面的歧义,甚至误读的问题。但是一旦进入角色,以跨文化的视野,考究两种、两种以上文化相遇时发生的文化间的关系,那么中国学者除了不利的语言与异质文化障碍之外,反倒拥有别人所不具备的优势。我们可以从中外古代哲学和文化的对比中形成一些独到的见解。本书不足之处甚多,其中主要的不足就是未能发挥这一优势。四卷本出版之后,我们将在四卷本导读的基础上,站在现在的高度撰写《希腊哲学史纲》,尽力弥补这方面的不足。

以学派为存在方式和活动基础的希腊哲学终结了,以此为研究对象的四卷本《希腊哲学史》自然也告一段落。以汪先生为首,我们四位也即将因此告别学术界。我们耗费二十多年,在人类不堪重负的废纸堆上又压上了沉沉的四大块,为此恳求大地之母该亚(Gaia)女神宽恕我们。

附　录

《希腊哲学史》第一、二、三卷要义

书　目

译名对照表

索　引

《希腊哲学史》第一、二、三卷要义

长达一千多年的古代希腊哲学史是一个前后有继承与变革关系的哲学思想演进的整体。为便于读者阅读、理解《希腊哲学史》第四卷,我们概述前三卷的要义。前三卷有三千多页,我们只能概括其重要内容,梳理其思想演变脉络,其中也包含我们在研究中或有的新见。谨请读者批评指正。

一 《希腊哲学史》第一卷

古代希腊哲学是西方哲学之源,它奠立了西方哲学与文化的传统,是以后两千多年来在各历史阶段激发活力的西方文化研究的重要领域,至今仍在深刻影响西方哲学的演进。它那丰富多样、富有活力、博大精深的思想内容,在古代世界文明中是很突出的,是全人类的珍贵文化宝藏。在本卷"前言"中我们确定了写这四卷本的三条原则:第一,坚持史料第一位,论述必须以历史资料为根据,不"以论带史",而是"论从史出"。第二,重在介绍和论述古代希腊的主要哲学学派的哲学家的主要著作(包括《残篇》)中的重要思想和逻辑论证,这是研究古代希腊哲学的基本学术建设。第三,要写一部给中国读者看的古代希腊哲学史,并要有中国学者的学术研究视野。此外,希腊哲学史以哲学范畴演变体现人类认识发展史,本书注重探究、阐述希腊哲学范畴的逻辑发展史。

本卷的"绪论"实为全书四卷的导论,较详细地论述了古代希腊文明的起源、希腊城邦国家的产生以及阶级状况与殖民运动、东方文化和希腊哲学的关系;并概论了希腊哲学和宗教、科学密切相关,在希腊神话中已孕育哲学思想萌芽,它们在思想矛盾运动中发展。还介绍了研究希腊哲学的丰富史料,包括哲学家原著以及古代编纂和近现代的整理与研究成果。其中有两点可注意:一是讲述了荷马史诗与赫西俄德的《神谱》、奥菲斯教与斐瑞居德(Pherecydes)教所论述的神话,其中蕴涵哲学思想,是早期希腊哲学的思想渊源之一;它们以神话的形式表现了希腊人关于世界的本原、宇宙的起源与演化和人的灵魂的原始思想。二是指出希腊哲学的发展,主要是围绕三对矛盾展开的:一是物质和精神,即存在和思维的关系;二是运动和静止,即变和不变的关系;三是一般和个别,即一和多的关系。

本卷论述从公元前6世纪初至公元前5世纪中期的早期希腊哲学,主要是智者运动以前的自然哲学,其中心内容是探究自然万物的"本原"或"原理"以及宇宙的生成与演化。当时的哲学家们大多是最早的杰出的科学思想家,他们的哲学中包括了希腊科学思想起源时期的成就;可是他们不满足于只说明自然的现象,而是穷根究底,进而深入探究宇宙万物的根源与普遍本性,开创了以科学理性探索自然奥秘的最初的哲学形态。他们也开始反思社会政治和伦理道德,乃至审美的现象,显露出了希腊人文精神的曙光。本卷分五编,依次论述米利都学派、毕泰戈拉学派和赫拉克利特的哲学,以及爱利亚学派和公元前5世纪后半叶的自然哲学家。

早期希腊哲学有其发展线索,它开初就有两条路线和两个传统:一是伊奥尼亚哲学,包括米利都学派和赫拉克利特的学说;二是毕泰戈拉学派和爱利亚学派的南意大利哲学。而在公元前5世纪中、后叶,早期希腊哲学进入深化发展阶段,从恩培多克勒、阿那克萨戈拉的哲学到希腊本土有所改造地复兴伊奥尼亚哲学的思潮(阿凯劳斯、第欧根尼和希波克拉底的学说),直至德谟克里特的原子论哲学,都已是对前一阶段两种哲学传统的综合,而不是早先某一传统的延伸。随着科学思想与人文精神的进展,这后一阶段的哲学在本原论、宇宙论、认识论与逻辑思维以及社会与道德思想方面,都比前一阶段大为推进了。

从早期希腊哲学的主题可见其探讨哲学范畴的不断深化，主要有以下几个主题方面的内容：

（一）早期希腊哲学的中心主题是“本原”（arche），即世界与宇宙的始基、根源或本性问题。

总体来看，早先的伊奥尼亚哲学传统注重对生灭变动的自然世界的观察和经验，作出哲学概括；而南意大利哲学传统则是对世界全体的数理结构与本质作形而上的思辨，称之为“原理”。公元前5世纪中后叶的自然哲学家们则力图将这两种本原论综合起来，将经验观察与理性思辨，即自然的现象与本质统一起来，从而对自然的科学认识与哲学理解也大有深化，达到一个新的高度。

伊奥尼亚哲学认为生灭变易和流变不居的万千世界，都是根源于某种具体的自然物质，如米利都学派说的水、“阿派朗”（apeiron，即无规定性的物质基质）、气，赫拉克利特所说的火，他们都是非常素朴地用一种自然物质的物态变化（干湿、冷热、稀散与凝聚等对立的作用）径直解释万事万物的生成与变易，来说明多样性物质世界的统一性。赫拉克利特作为古代素朴辩证法思想家的杰出代表，则已深刻指出支配这种世界运动变化的是“对立的斗争与统一”的逻各斯。而南意大利的哲学家们并不否认现象世界是流动变易的，但他们要寻求透察那种支配和决定这种自然现象的事物的内在本性或本质，将世界的本原归结为某种确定的结构或原则，如毕泰戈拉学派认为世界的本原是“数”，他们最早从数量和空间的几何结构形式来说明自然的本性。而爱利亚学派的代表巴门尼德则认为：靠感官经验的“意见之路”只能认识生灭变动、并不真实的“非存在”（non-Being）即现象，只有靠理智的“真理之路”才能认识自然的本质是“存在”（Being），思维所把握的世界全体的本质是永恒连续、没有动变、不生不灭的“一”。这个学派提出了“Being”这个高度抽象而极为重要的基本哲学范畴，在西方哲学史上有极为深远的意义。

公元前5世纪后半叶的自然哲学家们在科学思想进展和深化的基础上，综合伊奥尼亚哲学与南意大利哲学的思想，将物质元素的本原论和数理结构与存在原则说结合起来，深入到微观粒子的物质结构层次来探究自然的本原，主张间断和可动的物质基本粒子是生成万物的永恒存在,以此来克服前两种哲学中现象世界和本质世界的对立,将本原论提高到一个崭新的水平。恩培多克勒提出"四根"即水、火、气、土四种微粒子元素,由于"爱"与"恨"(或译"争",指吸引与排斥)的动力而按一定的数量比例结合和分离,从而造成自然万物的生成与变易。阿那克萨戈拉则提出"种子论",主张极细微和不可见的、可无限分割又相互渗透的无限多质的种子,是构成全部自然的永恒"存在";他又在哲学史上首次提出"努斯"(nous)即心灵这个理性的精神本体本原,开始明确区分物质和精神的概念。德谟克里特建立的"原子论"更是主张原子和虚空作为存在和非存在都是自然的本原。原子作为细微同质而又坚实能动和不可分割的基本粒子,因形状大小无限多样,在"虚空"中组合成有次序和位置(物质结构)的差异,它们在无限的宇宙中的组合与分解,造成一切自然物的运动和生灭。这种高度抽象而深刻的精致物质结构假说,对西方近代道尔顿的原子论与机械唯物论深有影响。

关于巴门尼德的本原(原理)论,本编分析 Being 和 non-Being 两术语,指出巴门尼德在残篇第二中得出两个对立的判断:一是"Being 是,它不可能不是",这是通向真理的道路;二是"Being 不是,non-Being 必然是",这是一条不可思议的"意见之路"。巴门尼德的 Being 有五个特征:其一既不生成也不消灭;其二是"一",连续不可分;其三是不动的;其四是完整的,形如球体;其五只有 Being 可以被思想、被表述,才有真实的名称。本编还剖析巴门尼德的残篇第三中指出的"思想(noema)和 Being 是同一的",即所谓"思维和存在的同一性"问题。本编更强调 Being 和"真理"的内在联系:古希腊哲学中一般都用 aletheia(英文 truth)表示"真理",巴门尼德使用的"真理"已不是 Being 自己有能力显露出来,而是要靠人的思想去思考它,用语言去表达它,才能显露出来。这就是说,要靠人的认识去揭示真理。可见巴门尼德已经将真理和认识联在一起了。在巴门尼德的残篇中,有七处使用了 aletheia 及其形容词、副词,其中既有常识意义的"真正的"、"真实的"、"真实地"的意思;又有巴门尼德自己的哲学含义,即唯有他所说的关于 Being 的理论才具有真理性,其他学说都不可信、不真实。巴门尼德认为只有他的 Being 学说才是可靠的真理,它只能是依靠思想，用推论和证明的方法得到的普遍知识，它同用感觉得到的意见恰成鲜明的对照。这样，aletheia 这个词在巴门尼德这里就成为一个有确定意义的哲学范畴——“真理”了。

（二）宇宙论，即宇宙的生成、演化与结构。

早先的伊奥尼亚哲学家们比较简单地用某种具体物质本原的物态变化（稀散与凝聚、上升与下降等）来说明宇宙与天体的生成，他们对天体还只有极其素朴的直观与幼稚的猜测。随着科学思想进展，早期希腊哲学从零散的天象观测或猜想，发展成为有自然哲学或数理根据的关于宇宙起源和天体运行结构的假说，形成两种不同的宇宙论假说，它们分别一直影响着近现代西方的宇宙学说：第一种是有限宇宙与天体结构说，有数理天文学思想萌芽的特色，以毕泰戈拉学派为代表。第二种是无限宇宙的漩涡运动起源说，阿那克萨戈拉论述宇宙最初是无限的种子绝对混合在一起的“混沌”，其中气和“以太”（ether，火）占优势，因“努斯”的启动造成巨大分离力，按照自然法则形成无数事物，并造就宇宙秩序，这已有天体力学思想的萌芽。德谟克里特论述无数原子在无限虚空中运动，造成巨大漩涡运动，它们按照同类相聚和运动方向轻重有别的必然法则，生成无数个世界，一切“世界”都会经历产生、鼎盛和衰亡的过程，所衰变的自由原子又会重新组合，生成新的世界，就像神话中的“火凤凰”那样不断自焚又新生，这就是宇宙生灭不息的演化的总画面。近代西欧的科学思想家笛卡尔、拉普拉斯、康德分别论述了太阳系起源于以太或白热气体或微粒星云的漩涡运动，而德谟克里特在两千多年前就提出类似的假说，实属难能可贵。

（三）灵魂、人的认识与思维。

这个主题在早期希腊哲学中虽尚未充分展开，但也占有重要地位。当时的灵魂不仅指认识的主体，也指一种生命力。最初的米利都学派认为宇宙中充满了灵魂即生命力，有物活论倾向。其后的哲学学派大都已将感觉与思想、感性认识与理性认识区分开来，并根据各自的本原论对灵魂与人的认识进程以及感知与理性思维的关系，作各自不同的论述。公元前 5 世纪中后叶的自然哲学家们已注重从生理机制角度研究认识的起源与认知形式，区别感觉经验和理性思维,倡导主客体粒子相互作用的反映论,如四元素粒子同类相知的流射说、种子异类相知说、原子影像论等。毕泰戈拉学派和德谟克里特已在局部范围涉及普遍定义的问题,但是从总体上说,他们对理性思维形式的研究都还比较薄弱。不过,毕泰戈拉学派和德谟克里特的杰出数学成就,表明他们已在成熟地运用演绎推理的逻辑思维。爱利亚学派的哲学思想已表现为一种逻辑性很强的理性思辨形式,芝诺为否定事物的"多"与运动,提出四个著名的悖论:第一事物既无限大又无限小,第二健将阿喀琉斯追不上乌龟,第三飞箭不动,第四一粒谷坠地有声。它的结论并不正确,像是诡辩;而它的内容实为一种合乎逻辑形式的主观辩证法思想,以逻辑形式上的自相矛盾,深刻揭露了客观事物中连续性与间断性等种种矛盾,这些悖论后来吸引了许多哲学家和逻辑学家的研究。上述早期希腊哲学家对灵魂和认识的初步探究和逻辑思想的积累,对其后的希腊古典哲学的细致研究灵魂与认识论问题以及创建逻辑学是重要的准备。

(四)自然科学思想的萌发与进展。

这个问题和本原论紧密相关,是早期希腊自然哲学的有机构成部分,它也表现为不断深化的过程,从对自然的零散的直观或幼稚猜测,到探究自然的结构、成因和发展规律;从早先简单的观察经验到公元前5世纪中后叶已有简单的实验与动物解剖的科学手段;在百科全书式的德谟克里特那里甚至已出现知识系统化的端倪。早期希腊哲人们开阔地探究从算术几何、天文气象、地理水文、物质结构直到动物起源、生理与医学等领域,并都取得了开创性的重要成就。

在数学方面,泰勒斯已提出关于圆周的五条定理;毕泰戈拉学派最早证明勾股定理,开展了对$\sqrt{2}$的无理数的研究,并且发现了质数、递进数列、平面几何、立体几何的一些定义。从泰勒斯到德谟克里特的不少自然哲学家根据自己的本原论,对许多天文现象与气象的成因作出比较科学的解释,甚至能准确预测天象,这对还被宗教和迷信笼罩着的早期希腊人来说,很有科学启蒙意义。在物理方面,四元素论、种子论、原子论既是哲学上的本原论,也是物理上最早的微观物质粒子结构学说。恩培多克勒已指出光线是发自星体光源的粒子流射体，它以高速运行，需经过传播时间才到达大地；19 世纪哲学家、物理学家 E.马赫高度评价这个为近代物理学证实的天才猜测。在动物学思想方面，早期希腊哲人一般都认为动物从潮湿东西中自发生成，阿那克西曼德猜说人从鱼变来，恩培多克勒说最初有许多由不同肢体和器官结合而成的合适动物和怪异动物（如牛头人身、半雌半雄等），不适合生存的就灭亡了，适合生存的动物保存下来，成为自行繁殖生命的动物界。这两位哲人已有生物自发变异或自然选择、适者生存的素朴进化思想。

医学是关于人的科学，在古希腊较早得到发展，被尊为崇高的技艺。公元前 5 世纪中后期产生了两大有不同理论建树的医学学派：一是恩培多克勒创立的南意大利医学学派，以元素论哲学概括解剖与医疗经验，形成独特的有整体论特色的医学理论，这一医学学派一直至罗马时代还很有影响。二是希波克拉底创建的科斯医学学派，更有深远影响，他被尊为“西方临床医学之父”。他在复兴伊奥尼亚哲学的思潮熏陶下，批判地总结古代医学思想，主张吸取和光大其中有效的实际经验，反对只恪守冷热、干湿等对立原则的“空洞的假设”，强调医学应在解剖与临床医疗的基础上，使经验与理性结合，形成“真实的假设”，达到正确的“理论化”。他已做过大量动物与人体解剖，吸取各地医学经验，在生理、医学理论与临床医疗方面都作出创造性贡献。留传下来的《希波克拉特斯文集》共计有 70 篇，以希波克拉特斯的著述为主，是这一学派的著作合集，是珍贵的西方医学遗产。希波克拉特斯的学说直到 18 世纪仍是西方医学的基本理论。

（五）宗教神学在早期希腊哲学中的地位与作用。

著名的希腊哲学史专家 E.蔡勒认为到公元前 6 世纪，希腊人再也不满足于传统的宗教，奥菲斯教这种新宗教在希腊人中间引起活跃的哲学思考，给予思想一种新的动力。在早期希腊城邦社会政治生活剧烈变动中，希腊人有普遍的惶惑与不安全之感；当时新产生的奥菲斯教传扬在酒神崇拜中人与神的直接感应与交通，主张灵魂应摆脱肉体镣铐的束缚，通过赎罪与净化在灵魂的轮回中恢复神性、获得新生。这种新的宗教神学迎合了早期希腊人的社会心理需要，在希腊本土与南意大利尤其盛行，并且渗入早期希腊哲学，主要是毕泰戈拉学派和恩培多克勒的学说,其深远影响一直延续至希腊古典哲学甚至晚期希腊与罗马哲学。可以说,在学理上对希腊哲学有深入影响的不是希腊传统宗教,而是奥菲斯教的教义。

另一方面,对希腊传统宗教,伊奥尼亚哲学家们虽然并不否定和抨击,实际上是通过自己的素朴唯物主义的科学探索,将它废置在一边了;而在德谟克里特的原子论将早期希腊科学与哲学思想推至顶峰时,就将“神”归结为只是一种虚幻的“影像”,得出了彻底的无神论结论。而南意大利的哲学家们,对神人同形同性的希腊传统多神教也展开了批判,爱利亚学派的先驱塞诺芬尼抨击传统神话中的诸神只是“先辈们的虚构”,他认为只有一个神,就是“心灵与思想的总体”①。恩培多克勒则既保留奥菲斯教的诸神,又主张在他们之上有一个更高级的非人格的理性神,“他只是一个神圣的不能言状的心灵,以敏捷的思想闪耀在整个世界中”(DK31B134)。在学理上主张“理性一神”,而对社会实际生活中的多神教又容忍甚至维护,这是以后希腊与罗马一些哲学家的基本态度,包括最后的新柏拉图主义;而希腊与罗马哲学最终能和基督教神学融合,很重要的原因之一,就是希腊哲学一直孕育着理性一神论,它和反对偶像崇拜、主张一神的基督教是合拍的。

(六)反思社会政治、伦理道德乃至审美现象问题。

这个问题是往往容易被人们所忽视。早期希腊哲学确实偏重对自然界事物的探究,这也是当时科学启蒙的需要,由于社会生活的纷繁复杂,当时人文知识相对薄弱,对人与社会生活、精神文化的反思必然要滞后一些。但是毕泰戈拉学派的成员和赫拉克利特、恩培多克勒都是希腊城邦政治舞台上的显要人物,一些早期希腊哲学家已根据自己的哲学原则,对人、社会与文化作出一些哲理性的论断。毕泰戈拉学派的十对“对立的本原”中就包括了判断人与社会行为的“善与恶”。古代学者认为赫拉克利特的主要著作不是讨论自然,而是讨论政府的②。W.W.耶格尔强调赫拉克利特“是第一个研究人的哲学

① 第欧根尼·拉尔修:《著名哲学家的生平和学说》第9卷,第19节。

② 参见第欧根尼·拉尔修:《著名哲学家的生平和学说》第9卷,第15节。

家”,人学是他的哲学的核心[1]。可惜有关著作未留存下来,但仍保留了不少赫拉克利特从变易与对立的斗争与统一的原则论断战争、法律与审美等问题的残篇。恩培多克勒则认为“爱和争是善和恶两个对立的原则”[2],而“争”是人类凡世生活中造成种种纷乱、战争、灾难和死亡的恶的根源,他期待用爱的力量将人类导向黄金时代与理想的神圣乐园。而和智者的人文启蒙相平行的德谟克里特,更写了不少论述社会政治、伦理道德与文化艺术的著作,现还留存两百多条关于社会政治与伦理道德的残篇。他认为“人是一个小宇宙”(DK68B34),已有素朴的人类社会文明进化思想;他明确拥护希腊民主制,并主张一种限制贫富两极分化、缓和社会矛盾,以求得精神宁静和谐的伦理道德观。

总之,早期希腊哲学已关注探索人与社会、文化问题,萌发了一种稚嫩而简明的人文精神;后来的希腊古典哲学中成熟、深化的人文精神,对它有历史的承续性。

二 《希腊哲学史》第二卷

本书第二、三卷专论从公元前461年雅典帝国的伯里克利黄金时代到亚里士多德于公元前322年去世约140年间的希腊古典哲学。它标志希腊哲学进入全面鼎盛时期,跃向一个新阶段,内容比早期希腊哲学全面、成熟、深刻,特别是柏拉图和亚里士多德的哲学已建立起博大精深的哲学体系。希腊古典哲学在西方文化传统中占有重要地位,对后世西方文明的演进和西方哲学的发展,都有至为深远的影响。第二卷分绪论和智者运动、苏格拉底、柏拉图等三编。

“绪论”概述希腊古典哲学的社会历史背景与理论特征。这一时期希腊

---

① W.W.耶格尔:《潘迪亚:希腊文化的理想》第1卷,第181页。

② 希波吕托:《驳众异端》第7卷,第31章第3节。

的经济政治和文化中心已逐步从境外的殖民城邦地区转向希腊本土,雅典成为当时哲学活动的中心。希波战争结束后,雅典作为提洛同盟的盟主称雄希腊,发展成为强大的帝国,公元前461年至公元前429年为伯里克利执政的黄金时代,他推进了民主政制的改革,使公民在社会政治生活中的主体性得以发挥,大为增强了人的自主意识;他在繁荣城邦奴隶制经济的基础上,大力扶持学术与文化艺术的发展,充分发挥知识人士的才智,使希腊的文化精英荟萃雅典,将雅典变成"全希腊人的学校",成为希腊世界的文化中心。

而公元前431年至前404年的伯罗奔尼撒战争却将雅典帝国推向没落,这场因雅典和斯巴达争霸而爆发的27年残酷战争,造成全希腊的大动乱,激化了全希腊城邦的各种内外矛盾,严重破坏经济,民生颠沛困苦,交织着党派斗争的政局极为动荡,社会道德秩序与精神生活陷入混乱,城邦奴隶制在重重危机中逐渐走向没落。希腊古典哲学就是在从全盛又走向衰落的社会历史背景中产生与演进的。伯里克利时代学术文化欣欣向荣,促使它得以突破早期希腊自然哲学的眼界,摆脱神权观念的束缚,兴起由智者派开启的人文启蒙运动,发生希腊古典哲学的人文转向。而惨烈的伯罗奔尼撒战争和战后的城邦危机,又更促使希腊哲学"从天上走向人间",关注研究人和社会,从哲学的高度思索社会现实,探究克服这种危机的种种理论方略。"猫头鹰黄昏起飞",战后的希腊城邦社会虽危机四伏,但哲学和科学文化却仍在大步进展,哲学更要反思和总结整个希腊古典文明,批判地综合先前的一切哲学,将科学理性与人文精神提升到新境界,成为希腊古典哲学的全盛时期。使哲学体系化的大师们,恰恰都是出现在这个希腊城邦民主制由盛趋衰的阶段。

第一编:智者运动。

智者的含义和智者运动的兴起。"智者"一词的希腊原文是 sophistes,它的本来的意思是指"有智慧的人"、"贤人"、"聪明有才能之人",哲学家即"爱智慧者"是从这个词扩展而来的。希腊早先"智者"一词是用得相当宽泛的,到公元前5世纪中叶,兴起智者运动的智者则有了特定的含义,是专指起初以普罗泰戈拉为代表的一批收费授徒,传授论辩术、演说与诉讼技巧以及修辞知识和治理城邦知识的职业教师。就是这些传授上述知识、收费授徒的教师,有的声誉日隆、颇负盛名的智者还从事政治活动、充任外交使节。智者运动的兴起，正是雅典民主制的精神产儿，他们对推进当时的文化启蒙起了重要作用。智者运动的人文思想涉及面宽泛，经历演变过程，智者们的见解也较庞杂歧异。本编刻画智者群像，概要介绍和论评了普罗泰戈拉、高尔吉亚、普罗迪柯、希庇亚、安提丰、克里底亚、塞拉西马柯、阿尔基达玛及欧绪德谟与狄奥尼索多洛等著名智者的活动与他们的斑驳的思想，由此可以看到前期与后期智者的思想甚有差异。

本编具体论述了智者们研究修辞学、论辩术和语言学、语言哲学的丰富成就。智者们在内容宽泛的论辩与研究中，实际上探讨了不少哲学问题，表现了他们有着两重性的哲学思想。本编以较大篇幅论述了智者们研讨的哲学论题，主要有以下四个：

第一，以“人”为中心的存在论。

普罗泰戈拉的名言“人是万物的尺度”是他们的哲学纲领。早期希腊哲学的自然本原论，到巴门尼德后都已提到自然的 Being（“存在”）这一哲学原理的高度来探究，而“人”还只是自然的一个小的从属部分，并不处于存在的中心部位，对人的探究也是有限的。而智者的领袖普罗泰戈拉则一反早期自然哲学的传统，强调“人”才是“万物的尺度”，是存在的事物存在的尺度，也是不存在的事物不存在的尺度。这就使得哲学的重心从自然向人转移，并且揭示了在自然与社会人生中，“神”并不是人的统治者、支配者和裁决者，而认为“人”才是存在的中心，是规范自身、决定自身命运的主人。但智者的“人”没有严整的理性规范，是建立在感觉论知识观的基础上的，个人对事物现象的感觉与体验成了衡量存在的尺度，成了判断是非、善恶的并无确定性的标准，这就容易滑向一种感觉论相对主义与怀疑主义，如高尔吉亚提出的三命题：无物存在；即使存在某物，人们也不可能把握；即使把握了，人们也无法加以表述，告诉别人。

第二，“自然”（physis）论和“约定”（nomos）论之争。

这是贯穿于智者运动中的一场重大争论，是对智者的各种学说有广泛影响的哲理之争；它涉及自然和社会的区别、人和社会的本性、法律和伦理规范的本性乃至语言的本性等重要问题。约定论主张人和社会、城邦国家不是自然生成的,也不是神所先天决定的,而是后于自然、人为地形成的;城邦的一切政治法律体制和伦理道德规范(不成文法)都是约定俗成的,有某种契约性;因而对已不适应现实生活的传统的城邦体制与法律、惯俗(伦理规范),人们有权也有理由作出变更。自然论则认为社会生活的一切皆应符合人和社会的自然本性,政治、法律和习俗规范都应有益于社会的自然本性即正义,有益于改善人性;因此对那些成为这种"自然"本性的桎梏的法律和习俗,对那些不符合城邦正义和公民的自然要求而任意制定的法律,都可以更改。由此看来,自然论和约定论两派虽观点不一,但在城邦民主制兴盛时代,却都为改革、变更陈旧的传统体制与规范提出了理论依据,都有积极的意义;但自然论和约定论也都蕴涵着消极面,它们后来在民主制蜕变、城邦间征伐争霸中恶性膨胀,也都可以成为迎合统治者意志的理论依据。有的约定论者主张原本是人为的法律可随执政人(包括民主派蛊惑家)的意志不断修改,随意解释;自然论者则宣扬强者统治弱者是普遍的自然法则,就是正义。

第三,社会进化和人、神关系。

在智者运动之前,希腊人一般持有城邦与社会由"神"主宰的观念。智者运动则萌发了一种历史进步观念,以神话形式认为"人"凭其自身的本性从动物中分化出来,依靠神赐予的人的智慧,发明语言和各种技艺,得以生存与发展;从分散的个体变为群居,为自保而建立城邦;为免除人与人之间的侵犯和残杀,宙斯授予人"正义"和"相互尊重"两种品德,从而使城邦有合理稳定的政治、法律和道德秩序。这种素朴的社会进化思想,也是民主制的一种理论根据,并为希腊古典哲学深入和细致地研究城邦与社会的演进开了先声。

智者们还以素朴的社会进化观,进一步破除神主宰人的宗教观念,提出了怀疑"神"存在的疑神论思想,甚至已有主张不是神创人、而是人创神的无神论思想;具体阐释人在文明创造活动中创造了神,神的形象不过是自然力量和人自身的卓杰能力的象征。这种思想在当时是很大胆而新颖的,虽然不可能为公众接受,却突出地表现了人文启蒙精神。

第四,相对主义道德价值观和情感道德论。

品德、美德的希腊原文是arete,原义泛指一切事物的优良特性、品性与功能,后来专指伦理意义,指人的优良道德品性,有所谓希腊传统的四主德即节制、勇敢、友爱、正义,它们都是神赋予的。智者运动则强调这些品德是人自身具有的,靠人自身的感知与体验来评判正当与否、善与恶;而且美德是可教的,靠人自身能够传授。这无疑有破除陈旧的氏族贵族道德的积极意义,并使智者有"智术之师"和"道德之师"的双重形象。但他们在伦理道德领域也贯彻一种感觉论相对主义,认为各种美德是约定俗成的,可以因人因事而异,发生有益或有害的作用;道德价值并不确定,无普遍的标准,人的幸福和善恶是由快乐与痛苦等情感所支配、来评判的。因此,智者运动最终不能为城邦民主制确立稳定规范的社会道德秩序,反而有搅乱和败坏社会道德风气的负面影响。

智者运动的历史作用有两重性:一方面,它是西方最早的人文主义启蒙思潮,在雅典民主制时代的人文启蒙中有积极的历史作用,并倡导希腊哲学从主要研究自然到注重研究人与社会的转向,提出了不少破除传统观念的哲学思想,在发展修辞学和语言学等人文与社会知识上也颇有贡献。另一方面,他们宣扬感觉相对主义,认为幸福就是实现自我欲望的快乐、强权即正义、弱肉强食为自然法则等情感主义的社会伦理原则和霸权政治原则,有些后期智者则将论辩术玩弄成为反逻辑的诡辩术,这在哲学和城邦政治与道德风气上确有负面效应。后来苏格拉底、柏拉图、亚里士多德三代师生建立博大精深的理性主义哲学,他们在理论上的拨乱反正,就是从哲学、伦理道德和逻辑等方面,批判智者派否定知识与真理的确定性,扰乱与败坏道德价值。但他们无视智者运动的进步方面,将希腊尤其是雅典社会的堕落和衰败完全归罪于智者,也不公平。希腊城邦政制和风气的败坏,根本缘由是当时城邦政治经济制度蜕变的结果。

第二编:苏格拉底。

我们认为,苏格拉底是将希腊哲学推向全盛高峰的开路人,由他倡导的理性主义传统成为西方哲学和科学的主流,一直影响着西方的全部文明。苏格拉底在西方思想史上的地位可以和中国思想史中的孔子相比。

第一,苏格拉底的"斯芬克斯之谜"。

“然而苏格拉底又是西方思想史中的‘斯芬克斯之谜’”①,这就是哲学史上所谓的“苏格拉底问题”,主要有两个,关系到对苏格拉底的评价和论述苏格拉底思想的幅度与深度:第一个问题是如何看待苏格拉底在公元前399年已七旬高龄的时候,却被当时执政城邦的所谓“民主派”以“不敬城邦信奉的诸神而引进新神和败坏青年”的罪名处死。苏联的教条主义理论判定苏格拉底是“反动的奴隶主贵族思想家”,“一群青年贵族以及这些贵族在政治上的同道者所组成的哲学小集团的领袖”;另外也有一些当代西方学者认为苏格拉底因反雅典民主制而被处死,因而贬低他的思想,说他是“反对民主制”的“开放社会的敌人”。我们以翔实的史料对当时雅典城邦民主制蜕变的复杂政局以及苏格拉底的“牛虻”使命活动及审判情景,作出较细致的分析,认为苏格拉底是在希腊古典文明由盛趋衰、城邦奴隶制面临变革的历史转折时期,体现时代精神,倡导哲学变革,奠立理性主义传统,维护并主张用贤人政制改善民主制,以图改革希腊社会、重新振兴城邦的贤哲。他被处死是雅典的悲剧、时代的悲剧。

第二,苏格拉底思想的资料。

第二个问题是关于苏格拉底思想的史料。苏格拉底“述而不作”,没有留下著述;供研究的文献除色诺芬的《回忆录》和亚里士多德著作中为数不多的论述属于无疑问外,问题就在于如何看待苏格拉底的思想和柏拉图的大多数以苏格拉底为主角的早、中、晚期对话篇的关系。西方学者中的一种观点基本否定对话篇中所记述苏格拉底的对话内容的历史真实性,另一种观点则完全肯定全部对话篇都表现了苏格拉底的思想。我们根据亚里士多德的有关柏拉图与苏格拉底的思想关系的论述,作了具体分析,认为柏拉图在其多数中期与后期对话篇中已形成并表述他自己独立的“相论”思想体系,而他的早期和少数中期对话篇则是主要体现苏格拉底的思想发展变化的重要史料,这就可用以拓展和深化对苏格拉底的研究。我们正是根据相当丰富的史料,较以往颇为拓展地论述了苏格拉底的开阔、深邃的哲学思想。

---

① 参见本书第二卷,第254页。

第三，苏格拉底创导的哲学变革。

希腊哲学的重心从研究自然到研究人和社会的转折，是由智者运动开启的，但他们的研究立足于感觉论相对主义，在理论与实践上都有不确定性与消极后果。苏格拉底的哲学变革才真正完成这种历史的转折，苏格拉底成为西方理性主义哲学传统的倡导人与奠立者。他的哲学变革有着多重内涵，主要表现在以下四个方面：其一，从《申辩篇》等对话可见，他自身的思想经历了倡导以理性精神实现从自然到人的哲学转变；从对《卡尔米德篇》的分析可见，他的名言“认识你自己”和关于“自制”的论辩，实质上是宣告要建立一种崭新的“人的哲学”，即人的自我知识、关于人的实践生活的知识。其二，开展对智者的批判。从柏拉图的一系列早期对话篇和色诺芬的《回忆录》中可见，苏格拉底对于智者的思想，从基本哲学观念到社会政治、道德、宗教、审美乃至逻辑和语言等思想，展开了全面系统的批判；而他最早从总体上批判智者的理论，集中表现在《高尔吉亚篇》，通过分析这篇柏拉图的早期对话，可见苏格拉底早就深入批判智者的相对主义感觉论的修辞术、情感道德论与享乐主义的道德原则以及弱肉强食的强权政治哲学。这种批判体现了希腊人文启蒙进程中两种人的哲学、两种知识观、两种道德观与政治观的对立。其三，苏格拉底自身确立了一种理性主义的基本哲学观念与方法，具有深刻的存在论、知识论和方法论的意义。首要的就是提出普遍性定义（实为“相”的雏形），不仅用于为道德概念正名，也有普遍的科学方法论意义，如亚里士多德所述，“有两件事可以公正地归于苏格拉底，即归纳的论证和普遍性定义，这二者都是知识的出发点”①。因为归纳论证所获得的定义与公理，是一切知识的原初基本前提，是构建全部科学知识特别是证明的科学知识的出发点。苏格拉底认为定义所揭示的普遍本质是一种绝对实在的东西，他的普遍性定义中，“相”的范畴已呼之欲出，但还未和具体事物分离，又不同于柏拉图的相论。通过寻求普遍性定义、探求真理的“辩证法”，他实质上建树了一种理性主义的知识论，这是他的全部哲学思想的轴心。其四，苏格拉底从寻求普遍性定义出发，探求世界存

① 《形而上学》1078b10—25。

在的最普遍的原因,提出“善”是世界万物最高、最普遍的本质,是一切事物的最好的范型,是人们追求的目的。他所说的“善”,不仅是伦理范畴,也是本体论范畴,适用于一切存在,它既有目的性,也有满足人的真正利益的功利性价值。这种世界的终极原因“善”,实质上是一种精神本体,是唯一的“理性神”,是依凭人的理性探究世界终极原因与目的的结果。

第四,苏格拉底提出“美德即知识”。

我们论述苏格拉底哲学的重心所在即道德哲学与政治理想,也自有见识。苏格拉底提出“美德即知识”,明确肯定理性知识在人的道德行为中的决定性作用,赋予道德价值以客观性、确定性和普遍规范性,既批判了智者的道德相对主义及其负面社会后果,也将无确定规范的传统道德与伦理常识,转变和升华为一种有深刻哲学意义的道德理论。我们通过具体分析《拉凯斯篇》、《吕西斯篇》和《卡尔米德篇》,论述了苏格拉底以理性主义的辩证法改造和升华了“勇敢”、“友爱”、“自制”等希腊传统道德范畴;更通过分析作为苏格拉底道德哲学总结的《普罗泰戈拉篇》,论述了苏格拉底主张美德可教和美德的整体性:他认为“善”是人的共同本性,诸美德并不分裂,善将所有的美德统摄为一个整体,因而美德是可教的,道德教育应培植整体性的美德,树立人的完整的道德人格。他并以这种整体主义的知识道德论,系统批判了以普罗泰戈拉为代表的智者派主张诸美德分裂的情感道德论。我们也同意亚里士多德对苏格拉底的道德哲学的两点批评:一是将美德只归结为理论性知识,而忽视了伦理学的经验性内容;二是完全否定了情感在道德中的作用,并认为这些也是苏格拉底和柏拉图在伦理思想上的区别所在。我们又通过具体分析色诺芬的《回忆录》和柏拉图的《克里托篇》、《美涅克塞努篇》,将苏格拉底关于道德振邦与贤人政治思想归结为四点:第一,道德是政治的基础,政治家的首要任务是改善人们的灵魂;第二,政治是知识,政治家应当是智德兼备的专门家;第三,法是普遍正义,应严格以法治邦;第四,以贤人政制改善民主制。苏格拉底对雅典民主制兴盛时代深为怀恋,主张在民主制中纳入贤人政治;不同于柏拉图在《国家篇》中主张的和民主制分离的贤人政制。

我们又通过解析《欧绪弗洛篇》、《大希庇亚篇》与《伊安编》、《欧绪德谟篇》与《克拉底鲁篇》等，发掘了苏格拉底引进新神即理性神的宗教思想、探讨美的本质与灵感的审美思想以及他在逻辑思想与语言哲学上的贡献，这些篇幅不少的新内容，也展现了苏格拉底哲学思想的丰富性、深刻性与前瞻性。

第五，小苏格拉底学派。

本编还汇集残篇资料，论述了各具鲜明特色且有代代传人因而影响持久的三个小苏格拉底学派：肯定"麦加拉学派"研究模态逻辑和假言命题的贡献；剖示"昔尼克学派"的犬儒主义，表现了希腊古典文明衰落时期文人们愤世嫉俗和鄙弃社会现实生活的没落心理；指出"居勒尼学派"只在初期有享乐主义色彩，但它的演变越益倾向寻求理智的快乐，寻求一种能避免痛苦和恶的不动心的宁静。这三个学派在西方哲学演进中也有较重要地位，对晚期希腊的斯多亚学派、伊壁鸠鲁学派和怀疑论学派分别有直接影响，也是向晚期希腊哲学过渡的重要环节。

第三编：柏拉图的哲学。

我们论述柏拉图的中、后期对话篇，分为三部分：柏拉图前期的相论；柏拉图后期的哲学思想；柏拉图的政治思想、不成文学说和老学园。柏拉图是希腊城邦奴隶制由盛趋衰时期的一位杰出的哲学家，他的思想标志着希腊古典哲学进入体系化的鼎盛阶段。他构建了一个以"理念论"（theory of ideas，也译为"相论"）为中心的宏大哲学体系，不仅深刻阐发了以"理念（相）"为核心范畴的本体论、灵魂学说、知识论、辩证法、宇宙论，而且紧密联系希腊城邦奴隶制文明由盛趋衰时期种种现实的社会与文化问题，在政治哲学、伦理道德、法哲学与法律、教育与心理、修辞学与语言哲学、文艺与美学等领域，都有独创性的思想贡献，对两千多年来的西方哲学与文化的演变有深远影响。过去一些著作受苏联的教条主义的束缚，将柏拉图简单地批判为"上层贵族奴隶主的反动思想家"并不符合历史实际，本编力图作出实事求是的历史主义的评论。

本编比较详细地介绍柏拉图所处时代，身世与学业，游历考察和创办学园，三次往访西西里参加政治活动；以及他留存的早、中、后期 27 篇对话与书信著作及其他史料，并概述现代国内外有关柏拉图哲学的研究成就，转而论述柏拉图宏富的哲学思想。我们剖析"理念"的希腊文"idea"与"eidos"的本义，译为“相”与“型”。

第一部分 柏拉图前期的相论

“相论”是柏拉图哲学体系的核心,他以此论述了世界存在的普遍本质与知识论,并据以论述他的社会伦理道德学说与政治哲学、教育思想、审美思想、宇宙论和法哲学思想等,内容相当丰富复杂;用发生学方法研究,它有一个产生与思想发展的演进过程。

第一,中期对话诸篇。

柏拉图综合和吸取了早先的主要希腊哲学思想,脱胎于苏格拉底的普遍性定义,使之成为和具体的可感知事物分离的实在,形成他前期的“相”。本编解析柏拉图一系列中期主要对话,揭示柏拉图前期的相论也有一个逐步走向成熟、完备的思想发展过程:《美诺篇》的回忆说,表明相论最早产生于对先验知识的寻求;《斐多篇》已有趋于成熟的相论,阐发了相的基本特征,相和具体事物的分有与分离关系以及目的论思想;《会饮篇》与《斐德罗篇》则将较成熟的相论思想用于分析审美、修辞学和综合与划分的辩证法问题,论述灵魂追求“美的相”和真善美的统一①。

第二,《国家篇》。

《国家篇》是柏拉图在思想成熟的中期写下的最著名的一部代表作,标志他的中期哲学思想的集大成,也是他的思想从早期、中期至晚期演进中的承前启后的著作。《国家篇》所阐述的,也就是柏拉图所追求、所理想的希腊民主城邦,即由有治国才能的哲学家(贤人)担任统治者,为王。所以许多中文译本多将它译为《理想国》。

这部篇幅宏大的综合性名著,针对当时城邦奴隶制危机时期的现实政治与社会文化问题,以“相论”为核心,设计了一个以国家的“正义的相”与个人灵魂和道德生活应当遵从的“正义的相”作为哲学与政治伦理基础的理想的城邦国家,表明柏拉图的前期理念论已经完整地成熟和深化,并且开始形成为一种体系化的哲学理论。

---

① 参见本书第二卷,第568—653页。

《国家篇》将"相论"运用于理想城邦国家的设计,使它成为这种设计的理论核心与哲学基础,它贯穿于社会政治思想、伦理道德学说、文化教育思想、艺术与审美思想中,有了更为开阔、丰满的内容。柏拉图的相论思想自身也得到深化和系统化,构建了一个由最高的相即"善"所统摄、所普照的"相的王国",并且剖示了世界(包括现象世界与相的世界)的基本结构,相应地细致研究了人为了获得知识应有的认知结构和必经的认识阶段,用来阐述他的教育思想与诗学(艺术哲学)。它的要义是:以"太阳比喻"论述"善的相"统摄的相的世界,使相的世界和现象世界有秩序,成系统,形成等级性的序列结构。以"线段比喻"论述全部世界(包括可见的现象世界和可知的相世界)区分为四个互相对应的存在与认识的级别,将人的认知的灵魂状态,辨析为四个认识的阶梯,将人的认识展示为由低级至高级、由现象深入本质的循序渐进的过程。他正是根据这种认识进程,制订理想城邦的教育体制和教学课程:以"洞穴比喻"论述"灵魂的转向",强调教育与学习就是要灵魂实现转向,从感性认识进至理性认识,从而深入把握数理性的相的知识,上升到把握最高实在的哲理性的"相"。他在《国家篇》中所说的"辩证法"和后期对话篇中所说的辩证法有联系、也有区别,学者们对此的理解有歧义。我们认为《国家篇》的辩证法的要点是:辩证法不需借助任何感官知觉和感性事物,只是运用灵魂中的最高级的"理性"部分,通过推理与逻辑论证认识事物的本质,最终把握理念世界的顶峰"善";辩证法使用独特和唯一的研究方法,"能够不用假设而一直上升到第一原理本身,以便在那里找到可靠的根据"①。辩证法把握的哲理的"相"有最普遍和确实的实在性,高于数理的相;辩证法能把握有别于其他一切事物的最高的理念"善",就能给其他一切事物下定义。但《国家篇》所说的辩证法尚有别于他后期力图构建哲学范畴论的辩证法。

第二部分　柏拉图后期的哲学思想

国内学术界对柏拉图后期的哲学思想以往研究较少,国外哲学史家对此的探究则多有歧见,本书对这部分作较为详细的探讨,也可算自成一家之言。

---

① 《国家篇》533C。

柏拉图的前期相论将“相”和具体事物“分离”,实质上如后来亚里士多德所批评的,这是将世界二重化。由此造成现象世界与 Being(存在即相)的世界的割裂;而孤立的静止的“相”之间也是割裂而缺乏内在联系,感知认识和理智认识也是对立和断裂的,伦理上的善与快乐也不相容;他在《国家篇》中提出的“辩证法”所探究的最普遍的“哲学的相”也待深化和展开。

柏拉图的后期相论的主要特点是:对自己的前期相论的内在矛盾与不完善作了自我批评,发展了他的“辩证法”,探讨一些最普遍的哲学理念(范畴),将运动与联系的特征引入范畴和范畴之间的关系,阐发了所谓“通种说”;在知识论上提出了“蜡板说”和“鸟笼说”,打破了知识和意见绝对对立的界限,论述了从感知认识到理智认识的连续进展过程;在伦理上破除了善与快乐的对立;更以此时的相论构建了有自然哲学及理性神论意义的宇宙创造论。虽然柏拉图的后期相论并未完全摆脱“相”和现实世界“分离”而产生的困难,后来仍受到他的学生亚里士多德的批判;但他将现实世界的运动与联系的特征引入范畴世界,并以深刻的思辨首先尝试建立一种哲学范畴系统,这对后来亚里士多德建立自己的范畴体系有重要影响。上述概见体现在柏拉图后期的五篇主要对话篇中。

第一,《巴门尼德篇》。

《巴门尼德篇》对柏拉图前期相论的自我批评,标志他的相论思想有转折。他借老巴门尼德作自我批评的内容,主要有以下几点:其一,难以用前期的“相”说明现象世界中的一切事物的普遍本性,因而也难以建立完整而有说服力的相的系统;其二,说具体事物摹仿或分有“相”,会陷入自相矛盾;其三,如果相是独立于事物的分离的存在,就不只是世界的二重化,而且会导致无穷的“实在世界的叠加”;其四,如果“相”是和具体事物相分离的、自在的“型”,人就根本不能认识它,理念世界和现实世界便根本不能发生认识关系。柏拉图在《巴门尼德篇》中批评少年苏格拉底的“分离”说,即主张“相”是和事物在空间上分离的独立存在,这也就是所谓理念的“外在”说;他修正的趋向是使相内在化,主张“相”作为事物的普遍本性与追求目的,应是在事物之内的“型”。这就使他能将现实世界的运动和联系的辩证特征,引入他探究的哲学范畴和范畴之间的联系，包括一与多，同与异，动与静，整体与部分，有限与无限，时间的过去、现在与将来，产生与消灭以至最根本的范畴，即 Being 与 non-Being，都是相互对立而又相互联结的。

第二，《智者篇》。

《智者篇》则在上述自我批评与思想转向的基础上，发展出一种“通种论”，就是以“相”（作为种、型）之间的相互结合、沟通与联系的“辩证法”，探究哲学范畴普遍联系的“辩证法”，以很抽象的思辨折射出现象世界中具体事物普遍联系的辩证法。此篇着重探究了三对“最普遍的种”，即 Being 和 non-Being、“动”和“静”、“同”和“异”，最终得出结论：辩证法就是研究所有的“种”（范畴）如何合适而又恰当地区别与结合的这种“逻各斯”，如果否定它，“也就是剥夺了哲学，这可是非常严重的事情”（260A）。因为它关系到人是把握真知，还是产生虚假、错误的说话与思想的问题。

第三，《泰阿泰德篇》。

和以“通种论”修正他的前期理相论思想相一致，柏拉图在《泰阿泰德篇》中，从认识论方面也对他的前期哲学思想有所修正。

我们指出，柏拉图在《国家篇》中将知识和意见截然划分，肯定前者和贬低后者不同；而他在《泰阿泰德篇》中，既肯定了“相”所内在的具体事物与流变的现象世界，又肯定了感知在形成知识中的作用，认为意见和知识是相互沟通的，提出了著名的“蜡板说”和“鸟笼说”。他在《泰阿泰德篇》中虽批判了知觉就是知识说，但没有简单地否定知觉，而是将知觉和主张世界万物运动变化的赫拉克利特学说联系起来考察分析，进而实际上接受了恩培多克勒的关于感知的流射说，并受到原子论者的影像说的影响。在柏拉图看来，对于运动变化的感知对象，用共同的名字如“人”、“石”称呼，甚至称之为共名的“型”或“相”，表明它们都是知觉的集合体；而“相”的实在，却是内在于可感知的具体事物之中，因此“相”和人的感知认识相通。他又进而对“意见”（doxa）作为认识的一个阶段作具体探究，肯定它在形成知识过程中的作用。他将心灵比喻为一块蜡版，强调“记忆”这种认识形式，作为人所感知到的东西印刻和保留在心灵的蜡版中，在形成知识中有重要的作用（这可能对后来奥古斯丁提出著名的记忆与光照说有影响)。他已承认人对“相”与事物的认识是复杂的,有感觉与知觉、记忆、意见和知识的复杂联系与沟通过程。他指出意见有真、假之分,真意见加逻各斯可通达到真知识。他又提出“鸟笼说”,说明知识有形成与积累过程,可以独立于经验而在思索中获得,有可传授性;获得理性知识也会有真和假之分,他将心灵比喻为一个鸟笼,可以内存先获得的知识之鸟,传授与获取知识之鸟时,如果将“鸟笼”中的知识之鸟取错了,便会产生假的意见与知识。柏拉图在“鸟笼说”中已认为“鸟笼”中的知识是随着人从幼年至成年而有一个从空无到不断积累而又丰富的过程,人的心灵中并无先天的永恒知识,也不是通过“回忆”获得先天知识,知识是后天取得的。知识既可以从外界通过知觉与意见而升华形成,也可以直接通过理智而在思索中形成。但他只是原则上肯定从真意见可达到真知识,却并没有解决如何从真意见升华为真知识的“逻各斯”问题。他无疑意识到其中“定义”的逻辑方法的重要性,但他本人还只是用划分来谋求定义,那是并不科学、并不成功的。亚里士多德建立逻辑学,才确立了科学的“定义”理论,使“定义”的逻辑方法成为建立知识体系的关键性枢纽。

第四,《斐莱布篇》。

《斐莱布篇》更进而从知识与情感的关系讨论“什么是善”的伦理问题。“善”究竟是智慧还是快乐?在柏拉图时代是一个重要的争论问题。自从苏格拉底提出最高的“善”与美德是知识和智慧后,诸小苏格拉底学派已发生分歧、展开了激烈争辩,或主张善是智慧获得的最高存在的“一”,或倡导善在于快乐,或宣扬善与美德即是以禁欲的苦行顺应自然。苏格拉底和前期柏拉图都推崇“善”得自理性与智慧,认为精神上的努斯高于肉体上的享乐。在《斐莱布篇》中对这个问题采取比较复杂的分析态度,承认“善”既包含智慧也包含快乐的情绪。

柏拉图的后期对话和前期显然有所不同,他以辩证的方法分析善、知识与快乐的关系。他从剖示“一”与“多”的辩证关系着手,论述善是完全而又自足的最高存在,而智慧与快乐皆非完美而又自足的,善应是智慧和快乐的结合。实质上他在伦理观上已倾向于将知识道德与情感道德交融和统一。他又阐释灵魂中快乐与痛苦往往交织着复杂的辩证关系,认为如同有真、假意见一样,快乐也有真、假之分,只有学习得到的真知识才是纯粹的、不混有痛苦的真快乐;而结合智慧与有益的真快乐可以通达"善"。

第五,《蒂迈欧篇》。

柏拉图中期的对话主要是用相论阐发关于人和社会的见解;而他的后期修正的相论却是用来解释全部宇宙、自然与人,重新构建宇宙论与自然哲学,以完整地造就他的相论哲学体系,这集中表现在他的后期长篇对话《蒂迈欧篇》中。我们认为《蒂迈欧篇》的特点是:主张"理性神"创造宇宙,宇宙是一个完整而巨大的生命体,努斯(理性的"宇宙灵魂")在创生宇宙中起有根本作用,表现了一种目的论的宇宙观与自然观;用他后期的内在的相论(包括通种论)解释自然和人世的一切事物的生成;在他论述宇宙创造以及自然事物的生成和人的认知的生理基础等方面,大量吸取和综合了早期希腊自然哲学的成果。《蒂迈欧篇》对新柏拉图主义创立人普罗提诺的"流溢说"深有影响,也成为基督教哲学神学的重要经典,乃至当代著名科学哲学家海森堡认为现代物理学的倾向与其说是接近德谟克里特的,不如说更接近《蒂迈欧篇》。

我们论述《蒂迈欧篇》要义,自有以下一些见解:(1)柏拉图阐述宇宙生成前先有它的创造者,即融合最高的善和最高理性(努斯)为一体的"德穆革"(Demiurgos)和他统摄"相"的原型的整体存在。他主张宇宙是一个有理性、有灵魂、有动因与生成变化的生命体,德穆革据以创造的原型也必然是一个蕴涵运动变化的生命体,它可以内在于灵魂与自然事物,使宇宙灵魂、个人灵魂和世界万物都有生命力。这种原型作为相的整体,已有柏拉图后期内在相论的特征,它自身内部有 Being 与 non-Being、动与静、同与异等普遍哲理的"相",它们之间有着"通种"的辩证关系,使宇宙事物结成有生命的整体。(2)德穆革创生的宇宙由灵魂和躯体两部分组成,宇宙灵魂在创造自然中起主导作用,使之有合理性和合目的性。宇宙的躯体由自然物质四元素构成,由理性安排而成和谐的统一体,有开始而无终结,作最完美的运动;它是永恒的。其根本的生命力来源于宇宙灵魂,那是因为它内在地蕴涵有宇宙万物的原型,即完全的"相"的体系。柏拉图突出了一与多、同和异、动和静等"相"的统一。(3)《蒂迈欧篇》描述德穆革凭借宇宙灵魂创造宇宙,首先按照数的比例的和谐,由同、异的存在,生成七个按同等速度或不同比例速度运动的天体。由此,柏拉图首次从哲学意义上提出了“时间”范畴,突出了时间在表现宇宙是永恒运动的生命体方面的意义,认为时间是德穆革创造的宇宙永恒运动的尺度,使天体按照数的比例不断运动而造就天体系统的秩序。(4)柏拉图认为天上的诸星赋有神圣的神性,也就是说德穆革直接创造了诸神,这又表现了他的理性一神说对希腊传统多神说包容式的妥协;不过,他已将传统的多神降到被理性一神创造的位置,并且反对将他们完全拟人化,尤其反对将凡人的恶行、恶性加于诸神。(5)柏拉图说“必然性”(anankes,necessity)也是神创的,它是用于创生世间事物的自然力,表现在神创造全部自然事物必须在已有的基本质料与空间即“接受器”(hypodoche,receptacle)之中。这是哲学意义上最早提出的“空间”范畴。柏拉图认为绝对的虚空不存在。空间总是伴随着基本的混沌质料,后者以不同层次的“相”为模型,按照不同的数理形式,生成四元素,进而生成包括植物、动物和人的躯体的全部自然界的事物。这实质上是以他的后期相论为自然哲学根据,吸取和综合了早期希腊自然哲学中几何数生成物体和物质粒子结构这两大学说。此外,《蒂迈欧篇》对人的灵魂的构成,生理机制和身体的生理和病理、包括一些身心疾病的病因作了详致的探讨,其中有不少合理的科学成分。这是柏拉图吸收和综合了早期希腊自然哲学中的生理与医学思想的成果。

三 《希腊哲学史》第三卷

本卷全部论述亚里士多德的哲学学说(附带简述早期亚里士多德学派)。

亚里士多德是完成希腊古典哲学的大师,他以深睿而开阔的视野,总结古代希腊古典精神文化,建立了广博的百科全书式的知识体系。他不仅创立了一个从现实存在出发、结合经验与分析理性、深化与融会科学理性和人文精神的博大的哲学体系,达到希腊古典哲学体系化的顶峰;而且是许多自然学科和人文社会学科如物理学、天象学、动物学、逻辑学、伦理学、政治学、美学等学科的奠立人。他的哲学与知识成就承前启后,对晚期希腊与罗马哲学、中世纪哲学直至当代的西方哲学与文化,都有着复杂而深远的影响。本卷包括"绪论"与"逻辑和哲学"、"自然哲学"、"形而上学"、"实践哲学"四编。

绪论:亚里士多德——智慧的探索者。

"绪论"在概述希腊城邦衰落、马其顿王国崛起并征服希腊诸城邦的历史背景后,简要论述了亚里士多德的生平活动、他的著作及其历史命运、对他研究中的几个问题以及他的早期著作残篇。

20 世纪由于兴起用发生学方法研究亚里士多德的思想发展过程,西方学者重视研究他的生平事迹,将古代和中世纪所有有关亚里士多德的传记和记载加以汇纂,进行了分析和评述,受到学术界的重视。我们也运用这些以及其他有关的新资料来概论亚里士多德的生平,特别是他和马其顿王国与柏拉图学园的关系。亚里士多德的父亲尼各马科是当时马其顿王阿明塔斯三世(公元前 393—前 370 年在位)的御医和朋友,他跟随父亲在马其顿宫廷中生活,接受良好的教育,和比他小两岁的腓力成为好友。

几乎所有传记材料都认为亚里士多德是在公元前 367 年即他 17 岁时来到雅典,进入柏拉图学园,追随柏拉图长达 20 年之久,直到公元前 347 年柏拉图去世才离开的。他进入学园学习当然是因为倾慕柏拉图的盛名,当时学园已经创立了 20 年,成为雅典以至全希腊的一个重要的文化中心。在这 20 年内亚里士多德在学园中做了些什么? 古代传记很少有明确的记载,只说他后来担任过修辞学教师。

由于当时各门学科还没有分化独立,柏拉图自己就是一位博学的人,在他的对话中讨论了哲学、伦理学、政治学、美学、自然科学、修辞学等各方面的问题;在他的学园中既培养了一批熟悉政治、参加实际政治活动的人,又拥有当时杰出的数学家、天文学家以及其他自然学科如动、植物等的学者。长期生活在这样的环境中的亚里士多德当然学习了广泛的知识,奠定了博学的基础。

关于亚里士多和柏拉图之间的师生关系,从古代开始就流传种种不同的说法。第欧根尼·拉尔修说:"亚里士多德是柏拉图的最有天才的学生。"①历

① 第欧根尼·拉尔修:《著名哲学家的生平和学说》第 5 卷,第 1 页。

史证明这个论断是完全正确的。

柏拉图去世后,亚里士多德经历长达12年的漫游,扩大了政治阅历,从事经验科学的研究,深化哲学理论的探讨。在这期间亚里士多德应马其顿王腓力二世邀请,担任年方13岁的王子亚历山大的教师,共8年,他倾心培植亚历山大的希腊文化素养。亚历山大继承王位后,他重返已处于马其顿统治下的雅典,创立吕克昂学园,在这里从事教学和研究工作十二三年,使之成为当时希腊的文化中心。这是他的学术鼎盛时期,他潜心研究各种理论与现实社会文化问题,写下许多思想成熟的创新著作,并且十分重视资料的收集和研究工作,如他搜集动物标本,派遣学生去许多希腊城邦收集政治制度史等文物与文献(如近世发现的《雅典政制》)。公元前323年亚历山大大帝在远征时突然去世,雅典的反马其顿党人将矛头指向和马其顿王室关系密切的亚里士多德,迫使他离开雅典,去到他母亲的故乡优卑亚岛的卡尔西斯居住,次年他就因病去世。由上述亚里士多德的生平与治学成就,可以看到他是处于两个文明时代转折期中承上启下的哲学大师。

亚里士多德的哲学思想在两千多年来的西方文明发展中起了重要的作用,从世界范围说,他促进了科学和哲学发展的历史地位,可以说是无与伦比的。他的思想传入中国,即使从元朝马可·波罗和中国官方及学术界知识分子接触开始算起,由李之藻译述亚里士多德的《名理探》和《寰有论》,到现在也已经有七百多年了。在这段时间中,学习研究得最认真、并将它应用于实践的,应该说是清朝的康熙皇帝爱新觉罗·玄烨了。他在接位亲政初期,便学习钻研亚里士多德的理论,并亲自作科学试验,在观察天象、改进水利等许多方面取得理论上和实践中的优越成绩。可惜的是在他平定吴三桂等三藩叛乱、坐稳皇帝宝座以后,就摆起最高统治者的架势,而不复进行科学研究了。到了乾隆时期,因为英皇使臣不愿向他行跪拜礼,便将他们驱逐出境,并宣布以后不许所有外国使臣来京。当时正是十七八世纪欧、美资本主义现代化兴起、民主与科学开始辉煌发展的时期、中国却自己走上一条闭关锁国的道路,从此便落后了。直到19世纪末20世纪初的时候,一批先进的中国知识分子为了挽救民族和国家濒临灭亡的命运,向西方寻求真理。以严复为核心翻译世界学术名著,梁启超、张之洞、胡适、金岳霖、汤用彤、吴寿彭、冯友兰、向达、贺麟、严群、全增嘏、洪谦、任华等学习西方的科学和哲学,对古典希腊文明时期的苏格拉底、柏拉图、亚里士多德的理性主义思潮作了认真的研究,并从不同的角度,为中西文化的比较作出各自的贡献。对于这些情况,现在国内许多中青年学者可能不大了解,因此我们在第三卷的“绪论”中专门列了第四节“亚里士多德研究中的几个问题”,这些问题是我们在学习和论述亚里士多德哲学时遇到的问题,也是学习和论述苏格拉底和柏拉图哲学时会遇到的问题。我们介绍这些问题,希望有助于读者了解:我们中国学者在学习古希腊哲学时曾经产生过这些问题,了解它们可以增添我们对古希腊哲学的理解,还可以提高我们对中西哲学比较研究的兴趣。这些问题是:体系和发展;“是”和“存在”;亚里士多德和柏拉图;知识的分类。以下简略介绍这些问题。

第一,体系和发展。

一直到20世纪初以前,西方学者都认为亚里士多德的哲学学说是一个完整的体系。这一点在E.蔡勒的《希腊哲学发展史》中论述得很清楚。他认为在亚里士多德的著作中,“一切都是成熟的有准备的,严格一致的;是作者完全了解了他自己,将他自己一生的哲学成果集中起来的有计划的作品……有完整性的特征。”①但到20世纪初,这种情况开始发生变化,学者们在亚里士多德主要著作中发现有重要的不一致的地方。W.D.罗斯在《亚里士多德思想的发展》一文中指出:亚里士多德从一个柏拉图主义者到他自己的体系之间有一个逐渐转变的过程。更重要的是德国学者W.W.耶格尔提出的对亚里士多德学说作“发生法”的研究,他在《亚里士多德〈形而上学〉的发展史研究》一书中指出,在《形而上学》一书的不同部分中的学说之间有不同,可以看做是亚里士多德的思想有变化发展过程,其中最明显的是:在《形而上学》A卷中亚里士多德用第一人称多数说“我们”(柏拉图主义者),而到M卷中他却改用第三人称多数“他们”(柏拉图主义者)了。1923年,W.W.耶格尔发表《亚里士多德:发展史纲要》,全面阐述了他对亚里士多德思想发展的研究成

① 《亚里士多德和早期漫步学派》第1卷,第155—156页。

果。他的结论认为,亚里士多德思想的发展是从柏拉图主义向着注重经验的实证科学方向的转化。W.W.耶格尔的发生法提出后立即得到当时许多著名的亚里士多德学者的赞同,将亚里士多德的研究推进到一个新的阶段。但是W.W.耶格尔提出的具体论证却遭到反驳。就以他提出的《形而上学》中的"我们"和"他们"的问题说,1944 年,H.彻尼斯在《亚里士多德对柏拉图及学园的批判》书中就提出怀疑,他认为在 A 卷中是有 9 处使用了"我们",但他在同处也多次使用了可以作第三人称解释的字眼。在类似这样的问题上,西方学者产生分歧,长时期进行论辩。

在美国和西欧流行的分析派哲学家们从根本上反对 W.W.耶格尔的发生法,他们认为应该对语言和命题作准确的逻辑分析,对 W.W.耶格尔的理论和论据一一进行驳斥。但是,能不能完全否认亚里士多德思想曾经有过变化和发展呢?有一位分析哲学家伊尔文(T.H.Irwin)在 1988 年出版的《亚里士多德的第一原理》书中,主张以静止的观点去代替并放弃那种不成熟的发展的观点;伊尔文认为从静止的观点可以解释两种不一致的学说实际上是一致的;因为不同的著作可以有不同的目的,使它在解释一种学说时或是详细些或是简略些,或是精密些或是粗率些,这样比将它们解释为发展更为合理。但是伊尔文也承认亚里士多德在一些有争议的观点中是暗示有发展的假设的,他指出了两点:其一,亚里士多德的早期著作看来是排斥有普遍性学科的可能性的,而在《形而上学》中却接受这样一门普遍的学科;其二,在《形而上学》中心几卷(Z,H,θ)中关于本体的说法和《工具论》以及一些自然哲学的著作中的说法是不同的。伊尔文承认的这两点变化,正是亚里士多德《形而上学》书中很重要的关键问题。

在这个问题上,W.K.C.格思里说得比较公平,他在 1981 年出版的专门论述亚里士多德哲学的《希腊哲学史》第 6 卷开始谈到发生法时,虽然并不同意W.W.耶格尔提出的某些论据,但是他说:"认识到亚里士多德的哲学不是一些静止的、单一的自足的体系,而是一个从柏拉图的根中不断生长起来的动的过程,这种总的概观已经不得不渗透在今天任何一位亚里士多德研究者的著作中了……它不仅表现为是学术研究的健全的方法,而且因为这种方法要求对这位哲学家，他的生活（尤其是他长期作为柏拉图学园中的成员），他的精神风貌和个性特征，他的著作的多样性等等的历史背景作批判性的研究，带来了新的活力和吸引力。"①

第二，"是"和"存在"。

关于"是"和"存在"的问题，从19世纪末20世纪初我国哲学界展开"Being与西方哲学传统"问题的讨论以后，学术界对此已有普遍的认同，因此我们现在只需要对这个问题产生的历史情况作点简略的回顾。

亚里士多德继承和发展了爱利亚学派巴门尼德关于einai（英文to be）的学说，并将这个词的中性分词on（英文Being）确定为最重要的哲学范畴。在他的《形而上学》中提出：有一门专门研究on，他叫做"to on hei on（Being as Being）"的学问，后来被称为"本体论"（ontology），是西方哲学中一个重要的方面。亚里士多德的《形而上学》是西方哲学中第一部主要分析讨论on的著作，因此，对于希腊文on以及和它同义的拉丁文ens，英文Being，德文Sein应该如何理解和翻译的问题，便成为我们理解亚里士多德的哲学思想以至于理解从古代希腊直到近现代的西方哲学思想中一个关键性的问题。

在1949年以前，国内对on，Being，Sein没有统一的译法，有些学者将它译为"有"，有些将它译为"存在"或"存有"等。从20世纪四五十年代开始，由于《反杜林论》、《费尔巴哈论》等经典著作中都将Sein，Being译为"存在"，于是"存在"便成为唯一的公用译词。在有关希腊哲学方面，最早将这个译词作为问题提出来的是陈康先生，他在1944年译注柏拉图《巴门尼德篇》时，将estin译为"是"。他解释说：第一，这estin严格讲起来不能译，因为中文里没有这样外延最广的词。第二，他不赞成将estin译为"存在"，因为中文"存在"的含义不如estin那样广。第三，他认为如果用中文里外延最广的术语"有"来翻译，至少是不成词，因为在中文里是不通顺的。第四，因此他提出采取生硬的直译，将estin译为"是"。他说这样也许不仅为中国哲学家创造一个新的术语，而且也给中国读者练习一种新的思想方式的机会。以往中国哲学界虽然已经

① 本书第三卷，第49—54页。

学习、介绍、研究西方哲学,但基本的思想方式并没有完全脱离原有的中国的思想方式,没有完全理解和接受西方哲学的思想方式,其中一个关键问题在于还缺少这个将 estin,Being 作为“是”的理解上;因此他要为中国哲学界贡献一个新的术语“是”,以便更完全地理解西方哲学。①

对于 Being 这个哲学范畴,陈村富在作过专门的研究。那时西欧的学者对于如何用现代的英文、德文翻译希腊文 Being,发生了分歧,引起争议。本书第一卷中爱利亚学派部分由陈村富写,他对巴门尼德的著名长诗《论自然》作了细致详尽的分析研究②。他认为:在早期希腊哲学的发展中,巴门尼德是一个转折点,他提出了一个新的问题,与以前的哲学家根本不同。他以前的哲学家从泰勒斯到赫拉克利特都思考万物的“本原”是什么以及万物是如何生成的,这些都属于凡人的意见,属于他所说的“意见之路”;而巴门尼德却要在这些意见之上,寻求唯一的永恒不变的真理,这才是“真理之路”。

这个真理之路就是:只承认 Being,不承认 non-Being 产生的任何东西。这个英文 Being 是希腊文联系动词 eimi 的英译,它的主动语态现在陈述式单数第三人称 estin,相当于英语的 it is;它的过去式 en 的分词和动名词,这两式除了译为 it is、it was(是)的句型外,还可译为 there is、there was(有)的句型。所以在我国,有人将它译为“有”,也有人将它译为“存在”,我们参照 H.Diels 和 W.Kranz 的解释,区分系动词与哲学范畴两种用法,视前后文分别译为“是”、“有”、“存在”。在我们的汉语语法中,“是”是联系动词,而希腊文 eimi 却除了“是”的意义外,还有“存在”、“有”的含义,是“是”、“存在”和“有”三者合一的词,这就发生了理解和翻译上的困难。陈村富还专门谈到 Being 有“真”的含义,是“永恒真”的,而 non-Being 则是假的,它们有“真”和“假”之分。在第一卷定稿时,我们保留了原稿中语源学的分析和哲学范畴分析的原意,但是又遵照“约定俗成”,将应为“是”、“是者”或译为“实是”的地方,都译为“存在”,这就可能误读希腊文 Being 了。

---

① 本书第三卷,第 54—56 页。

② 见本书第一卷,第 496—568 页,有近 100 页之多。

1959 年吴寿彭翻译《形而上学》，对这个词的译法写了一条长的注释，他认为将 on 译为“是”、“存在”或“有”，义皆相通，但他仍选译为“是”；将 to on (Being) 译为“是”或“实是”，将亚里士多德的专门术语 ousia(substance) 译为“本体”，将 to ti en einai(essence) 译为“实是”①。

从 20 世纪 50 年代开始，我国学者多是将亚里士多德的 Being 译为“存在”的，1988 年《希腊哲学史》第一卷出版，陈村富是继陈康之后，第一个将亚里士多德的 Being 这个词的译法提出来公开讨论的，但当时还没有引起学术界的注意和重视，直到 1993 年《学人》杂志发表王太庆的文章《我们怎样认识西方人的“是”?》，他实际上是发挥了陈康先生提出的主张。接着，赵敦华在《“是”、“在”、“有”的形而上学之辩》的文章中提出了不同的主张，他认为 Being 既兼有“是”、“在”、“有”三种含义，在西方哲学史中，不同的时期、不同的学派、不同的哲学家在使用这个范畴时，各有不同的着重点，因此我们应该根据适合哲学家原著精神的“是”或“在”或“有”来翻译它，不宜用一个统一的词来翻译。

从此，Being 这个哲学范畴的翻译问题，逐渐引起学术界的重视，纷纷发表文章参加讨论，终于形成一场“Being 与西方哲学传统”的大讨论。原来近几十年来西方语言学和哲学界对于 Being 的翻译问题也展开深入的讨论，他们中有的人从《荷马史诗》中有关这个词的分析开始，有的人将希腊语和其他多种语言对这个词的用法进行比较；从语言框架到哲学范畴，对从古希腊哲学家赫拉克利特、巴门尼德以来的许多有关问题都在进行重新探讨。早在两千多年前，柏拉图在《智者篇》中就借“爱利亚客人”之口宣说：“当你们说‘是(on)’时，你们当然明白它指的是什么；我们以前也认为自己是懂的，但现在却感到很困惑。”亚里士多德的《形而上学》是对 Being(是)进行全面的分析，其中 Z 卷是专门研究“本体”的，它的第 1 章在概述了 Being 的各种范畴，指出“本体”是中心以后，立即提出问题：“Being (to on) 是什么？以及‘本体(ousia)’是什么？这个问题不仅过去和现在提出来，而且会永远提出来，它是

① 吴寿彭译：《形而上学》，第 56 页。

永远令人困惑的问题。”①

柏拉图和亚里士多德是最早奠定将 Being 作为主要的哲学范畴的哲学家,但他们当时已经预见到关于“什么是 Being?”的问题,不但是过去、现在,而且是将来,永远是要提出来讨论的问题。事实上两千多年来的西方哲学史上一直在讨论这个问题,现在不过是又掀起了一番讨论而已。西方讨论中的一些问题,现在被中国学者陆续引入国内,不但使我们的讨论增加了广度和深度,而且可以提高我们对西方哲学的理解,使我们的学术研究能逐渐和西方的研究接轨②。

第三,亚里士多德和柏拉图。

亚里士多德和柏拉图的关系问题是哲学史上一直讨论的话题,也是研究亚里士多德思想无论在哪一方面都不能避开的问题。有关他们师生间的私人关系,从古以来就有不同的相反的传说,“吾爱吾师,吾尤爱真理”可以表示亚里士多德的品质。

关于这两位哲学家在学术思想上的同异问题,黑格尔在《哲学史讲演录》中叙述了 19 世纪初欧洲流行的看法是:“认为亚里士多德和柏拉图的哲学是正相对立的,后者是唯心论(idealism),前者是实在论,而且是最不足道的实在论。……他的哲学乃是经验论,而且是最坏的洛克式的经验论。”但黑格尔又说:“我们看到事实并不是这样,实际上亚里士多德在思辨的深度上超过了柏拉图,因为亚里士多德是熟识最深刻的思辨唯心论的,而他的思辨唯心论又是建立在广博的经验材料上的。”③深受黑格尔影响的 E.蔡勒在《希腊哲学发展史》中将这些特点论述得更加具体。黑格尔和 E.蔡勒一方面指出:苏格拉底—柏拉图—亚里士多德共同完成了“相的哲学”,即承认有普遍的必然的理性知识,这是哲学的对象;另一方面又指出亚里士多德和柏拉图的不同在于:柏拉图只承认普遍的“相”而忽视现实世界中的个别事物,而亚里士多德却认

① 亚里士多德:《形而上学》,1028b2—4。

② 参见本书第三卷,第 56—59 页。

③ 黑格尔:《哲学史讲演录》第 2 卷,中译本,第 270 页。

为普遍知识只能从个别事物中获得，所以他重视个别事物和经验事实。这两点几乎为多数亚里士多德学者所认同。①

W.W.耶格尔提出发生法，同时就提出了有关亚里士多德和柏拉图的关系方面的一个新的问题，因为他认为亚里士多德思想的发展变化是以他和柏拉图思想的接近、疏远以至反对的情况来分辨的，所以他要确定亚里士多德的不同生活时期中和柏拉图的思想究竟处于什么关系。他认为亚里士多德哲学的发展过程是从柏拉图的思辨形而上学向经验科学的转变。他认为只有对经验事实进行深入的研究，才能对实在世界得到科学的知识，所以他认为："亚里士多德所作的正是一个革命的变革，科学思想才能一步一步地达到现在的程度。"②

尽管许多学者接受 W.W.耶格尔提出的发生法，但他提出的这种具体的划分方法，学者们却大多持反对态度。I.杜林研究得出和 W.W.耶格尔完全相反的结论，他反复强调亚里士多德是"从开始起"(von Anfangan)就采取和柏拉图对立的观点。对于 I.杜林的这个论断，W.K.C.格思里认为下得太绝对了，因为亚里士多德初进柏拉图学园时还不到 20 岁，一个刚从北方文化落后的城市来到雅典接受一位如此有名学者教育的青年，怎么可能一开始就和老师持对立的观点呢？③

分析派著名哲学家 G.E.L.欧文在 1965 年写的文章《亚里士多德的柏拉图主义》中指出：当亚里士多德进入柏拉图学园时已经是柏拉图写后期对话《泰阿泰德篇》、《巴门尼德篇》、《智者篇》等的时候了，从这些对话中可以看到柏拉图对原来的"相论"已经有所批判，尤其是从"第三人"论证中可以看出他已经对逻辑学开始研究。G.E.L.欧文强调当时亚里士多德已经开始形成的逻辑思想是和柏拉图的"相论"互相矛盾的，他在文章结尾时说：所谓"柏拉图主义"是一个不可捉摸的字眼，我们最好还是从各个方面——形而上学、逻辑

---

① 参见本书第三卷，第 65—66 页。

② W.W.耶格尔：《亚里士多德：发展史纲要》，第 324—336 页。

③ W.K.C.格思里：《希腊哲学史》第 6 卷，第 7 页。

学、物理学、心理学等方面去切实地探讨柏拉图对亚里士多德的影响。①

著名的亚里士多德研究专家W.D.罗斯在《亚里士多德思想的发展》一文结束时说:“可以认为亚里士多德整个一生中并存着两个调子——哲学的和科学的。”我们认为,亚里士多德一生中确实并存着两个调子,一个是在柏拉图影响下的理性思辨,另一个是他自己特有的重视经验事实。这两个方面在他那里都是贯彻始终的,我们不可能将他的几个时期严格地划分为这一段是经验的,而那一段是柏拉图主义的,像W.W.耶格尔所做的那样。当然在不同的时期、不同的著作乃至不同的章节中,亚里士多德的侧重可以有所不同,有时偏重理性思辨,有时偏重经验事实;从而可以推断他在这一时期、这一著作或章节中的思想离柏拉图的思想比较近些还是远些;但是也应该注意到:即使当亚里士多德作理性思辨时,他也重视经验事实,或者从经验出发,或者以经验事实为例证;而当他观察研究经验事实时,他也总是采用分析论证的方法,作出理论思辨的结论。这两个不同的调子在他身上已经融为一体不能分离了。如果说苏格拉底—柏拉图—亚里士多德开创了西方理性主义哲学的传统,则我们以为亚里士多德有他自己的特点,可以说他是最早的一位重视经验的经验论的理性主义哲学家。②

能够最好说明亚里士多德和柏拉图的师生关系的,还是那句常被引用的话:“吾爱吾师,吾尤爱真理。”这句话原来是亚里士多德在《尼各马科伦理学》第1卷第6章讨论“普遍的善”时提出来的,他说:

> 最好先讨论普遍的善,看看争议到底在哪里。尽管这种讨论有点使人为难,因为“型”(eidos)的学说是我们尊敬的人提出来的。不过作为一个哲学家,较好的选择应该是维护真理而牺牲个人的友情,二者都是我们所珍爱的,但人的责任却要我们更尊重真理。(1096a11—17)

亚里士多德的这段话在中世纪的拉丁文传记中已经被浓缩为“Amicus quidem Plato sed magis amica veritas”.(柏拉图是朋友,更大的朋友却是真理。)

---

① G.E.L.欧文:《逻辑、科学和辩证法》,第219—220页。

② 参见本书第三卷,第65—70页。

并且说这句话起源于柏拉图的《斐多篇》，当苏格拉底和智者们讨论灵魂不灭的问题时对他们说："我要你们考虑真理而不要考虑苏格拉底。"也许因为西方已经将亚里士多德的这句话缩为这样一个拉丁文短句，所以最初将它介绍进来的中国学者就按照中文习惯将它译为"吾爱吾师，吾尤爱真理"。这个短句确实能够表达亚里士多德自由思想的精神：尊重真理而不盲目崇拜权威。这应该是哲学家的座右铭。①

第四，知识的分类。

现存的亚里士多德著作不像柏拉图的对话那样已经有比较公认的先后次序，可以循序论述他的思想的发展变化，因此我们只能按照他自己划分的知识的各个部门，分别论述他的思想。这是现在一般哲学史通用的写法。

在亚里士多德以前的希腊人还没有多少分门别类的学科，柏拉图虽然对于伦理、政治、宇宙自然和灵魂等问题都分别作过具体的研究，在一些对话中作过专门的讨论，但还没有将它们当做一门门独立的学科来分别研究，这项工作是从亚里士多德开始的，他将它们分门别类地进行独立的研究，他是许多学科的创始人。

亚里士多德在《形而上学》E 卷中将知识（episteme）分为三类：实践的、制造的和理论的。他所说的实践知识主要包括伦理和政治，都是关于人的活动的，他的政治原则是建立在伦理原则——"人的至善"上。亚里士多德所说的制造的知识相当于我们现在所说的有关技艺的实用性知识，古代希腊将诗人、戏剧家的文学艺术才能看成是和建筑者的建筑术、医生的医疗术属于同一类制造性知识。在现存的亚里士多德著作中属于这一类的大约只有《诗学》了；从古代书目中可以看到亚里士多德也写过有关医术和解剖学等著作，还有不少关于文学的著作，可惜都佚失了。

亚里士多德在《形而上学》E 卷中将理论学科分为三种：物理学、数学和神学，并按这三种学科的对象的本质特征作了划分：他认为物理学是研究那些运动的，却又不能和质料分离的本体（即具体事物）的；数学是研究那些不运

---

① 参见本书第三卷，第 15 页。

动的,却又是在质料之中不和质料分离的本体(即"数")的;而神学即"第一哲学"却是研究那些自身并不运动,而又可以和质料分离的(就是抽象的)本体的,它是最高的知识①。他将自身不动而又与质料分离的、能够推动其他事物运动的本体叫做"不动的动者",也就是"神",所以这门最高的学问叫做"神学"(theology)。但是他在《形而上学》Γ 卷中又将第一哲学说成是研究 to on("是",Being)的学问,它的对象是 to on hei on("作为是的是",Being as Being);这样的学问叫做 ontology,一般译为"本体论"。在亚里士多德的形而上学中既有 theology 的部分,又有 ontology 的部分,它们二者处于什么关系?是不是有先后次序之分?这也是学者一直争论的问题,我们将在本卷第三编中专门讨论它。

本卷将按亚里士多德的学科分类,将他的思想分为下列四个部分依次论述:逻辑和哲学,自然哲学,形而上学,实践哲学。较早的黑格尔和 E.蔡勒的哲学史著作中都认为形而上学是亚里士多德的第一哲学,自然哲学是第二哲学,所以都将形而上学列在自然哲学之前;我们以为亚里士多德并不像柏拉图那样从根本原理推演出其他思想,而是更着重于从个别事实中发现普遍原理,逐步上升到根本原理。而且实际上亚里士多德对运动和原因以及灵魂等问题都是在自然哲学著作中详细论述的,先将这些问题讲清楚,有便于形而上学的论述;所以我们将形而上学部分列于自然哲学之后,现在有些学者论述亚里士多德思想时,也有这样安排的。

在论述亚里士多德的各部分思想时,我们还是以有关的主要著作为纲,但他的许多重要著作的内容丰富复杂,不可能再像第二卷论述柏拉图时那样对各篇著作的主要内容作比较全面的介绍,只能尽可能通过分析有关章节的内容论述他的重要思想,希望能让读者对他的著作和思想两个方面都能得到比较完整的了解。对某些重要的哲学问题,亚里士多德常在不同的著作中重复论述,有时还作出不同的甚至相反的结论,我们只能在适当的地方进行分析比较。

① 参见亚里士多德:《形而上学》E 卷,1025B27—1026a21。

第一编:逻辑和哲学。

我们认为,创建系统的逻辑理论,是亚里士多德的一大功绩,是他对人类文明的重要贡献。他的逻辑学说在西方两千多年的思想长河中流传不衰,虽然时有修正与增补,但其基本理论颠扑不破,总不丧失其正确性、有效性,至今仍构成形式逻辑的主干内容,并且成为向现代逻辑发展的“起跳板”,它是人类文化宝库中一颗永久闪发智慧之光的明珠。亚里士多德逻辑学的建立,是希腊古典时期哲学自觉反思人的理性思维而结出的硕果,标志希腊科学理性精神的升华,奠定了西方分析理性的传统。这门思维科学总结并概括出正确思维的法则、公式与方法,不仅为亚里士多德本人构建严谨而博大的哲学与科学学说提供了坚实的思想工具,而且作为一种开发智慧的技艺,对以后西方哲学与科学的发展,一直发挥着深刻有效的功用。

亚里士多德的逻辑论著《工具论》和其他论范畴的著作及《修辞学》,是他在吕克昂讲学时期写就的,属于他前期的思想。在这些论著中可见他已摆脱柏拉图哲学的影响,形成自己独立的哲学见解。历史上众多编纂家、哲学家、逻辑学家对亚里士多德的逻辑论著作了大量的注释与研究工作,卷帙浩瀚,但大多是就逻辑论逻辑,比较注重研究亚里士多德的一种成熟的逻辑学说即三段论学说,而没有注重亚里士多德建立逻辑学说时的发生发展过程。W.W.耶格尔的《亚里士多德:发展史纲要》用发生学的方法论述亚里士多德的哲学思想的发生和演变,但也没有论述他的逻辑思想的发展变化。其实亚里士多德的逻辑思想也是动态演进的,有相当丰富的内容,涉及诸多方面,并不限于三段论学说;更为重要的是,亚里士多德的逻辑学说的形成,同他的哲学思想紧密关联,互为影响。我们力图紧密结合亚里士多德的哲学思想的演进,比较全面地考察他的逻辑学说的基本理论,研究它同他的哲学思想的内在关联,显示二者互渗互动的作用。

亚里士多德的逻辑学这门思维科学的诞生,并不是无源之水,一蹴而就的。我们认为它是在希腊古典文明和科学文化全盛时期已有长期的科学知识与逻辑思想的积累,适应科学与哲学进向系统化发展需要才产生的;特别是和亚里士多德在批判地总结先前希腊哲学中开创自己的新哲学思想密切相关的。

第一,《范畴篇》。

在《工具论》的开首之作《范畴篇》中,亚里士多德提出了奠立分析理性的新哲学纲领,也就是提供了创立逻辑学的哲学根据。“范畴”一词在希腊文中兼有指谓、表述和分类的意思。亚里士多德认为哲学范畴既是最具普遍性的语词,也是作为哲学研究对象 Being 本身的分类和意义概括。柏拉图在后期“通种说”中已经探讨的范畴建构,对亚里士多德有启发,但亚里士多德主要是依凭理性分析和经验事实来建立自己的范畴系列的。《范畴篇》凝练地论述了西方哲学史上第一个关于 Being 的哲学范畴表。它通过分析名实关系和主谓词及其对象的关系,确立范畴分类的标准;论述了以“本体”为中心的主范畴和属性方面的次范畴和后范畴。他通过普遍性词项的意义分析,落实对存在事物的意义分析,开始形成自己的本体论思想,也为他建立逻辑学说提供了哲学根据。陈康先生精辟地指出,他的逻辑“是一种本体论的逻辑”。

亚里士多德的范畴分类原则突出了“本体”主范畴是 Being(存在、是)的中心,是其他范畴依存的基体;并区分了第一本体与第二本体,本体最终表现为现实存在的个体事物,这是他的前期形而上学的基本特色。他论述本体的九个“次范畴”(数量、关系、性质、位置、时间、状况、属有、动作、承受)和五个“后范畴”(对立、在先、同时、运动、所有),进而探讨本体的属性,事物之间的普遍联系与运动变化,并认为“存在”的公理和逻辑的公理是一致的,这是他的前期本体论思想的重要内容,也是他形成与发展逻辑理论的重要环节。他在《范畴篇》中运用意义分析方法(三种多义性分析方法,即区别中心意义和从属意义,区别同名异义和同名同义,区别自然意义和逻辑意义)来建构范畴系列,从中也可看出:逻辑分析是他形成与演进形而上学思想的重要工具与内在动因之一,他的本体论则是他的逻辑思想产生与进展的哲学根据。他的《范畴篇》确立深蕴逻辑思想的本体中心和属性依存的范畴论模式,为以后许多哲学学说所沿用;并在他建构的逻辑学说中进一步展开,得以建立既有语义分析又有形式化结构的逻辑理论。

第二,《工具论》其他诸篇。

本部分剖析亚里士多德的《工具论》中其他诸篇及其他有关著作，紧密结合他的前期形而上学哲学，论述他的逻辑学说的理论背景以及丰富的内容与科学价值，从中可以得出以下三点看法：

其一，亚里士多德的逻辑和哲学思想是紧密结合而又交融在一起的，从而奠定了西方的分析理性传统。亚里士多德无疑是形式逻辑的创立人，但他的逻辑学说有更为开阔的“思想工具”的意义。他的逻辑学说作为希腊逻辑思维的系统化，有其深刻的哲学根据，有创建新的哲学本体论的背景需要；他的本体论的范畴说、意义分析论及本质主义是他的逻辑学说的哲学基础；他论述四谓词说与十范畴以及命题间的逻辑关系、作为语义分析的“辩证法”、三段论的格式及其构造以及模态逻辑等等，都表现了他的逻辑哲学思想。另一方面，他的逻辑学说在他的全部哲学中有重要的地位和作用，他的逻辑分析的方法贯穿在他的形而上学、自然哲学和实践哲学等全部知识的建构中；他的本质主义的逻辑理论又是他的本体论思想后来演变的重要因素之一。由此可知，必须把握他的逻辑和哲学思想的内在关联和互渗互助，才能全面理解他所奠立的分析理性传统及其重大影响。

其二，全面理解与研究亚里士多德的逻辑理论，主要研究命题与推理的形式结构的三段论学说，这成为后世形式逻辑的主干内容，也是发展现代逻辑的起点，无疑是亚里士多德的重大贡献。然而通过解读《工具论》及其他有关著作，我们发现他的逻辑理论有更丰富和多层面的内容：一是他的辩证法实为一种语义分析的逻辑，它正是三段论的语义（意义分析）基础，也具有方法论意义，在探求意见和知识中，它是不可或缺的，体现了分析理性的深层逻辑结构。二是后世形式逻辑较多地吸纳了亚里士多德的实然三段论逻辑，而亚里士多德结合哲学分析建立的模态命题与模态三段论系统，在他的逻辑理论中占有较大分量。它虽然不完善，有所缺陷，但对后来西方的模态逻辑思想的进展颇有影响，对现代模态逻辑研究也有借鉴意义。三是修辞的推理与论证是亚里士多德对修辞学的革新所在，是他的修辞学的实质内容；这是他的逻辑学说的一个应用层面，是一种在社会公共生活中的应用逻辑，自有其理论特征，而且表现了他的逻辑理论和伦理、政治、心理等其他学科交叉和结合的特色，表明他的逻辑理论有多样的实际价值。总之,我们不应狭隘地将亚里士多德的逻辑理论只归结为三段论学说,对他的多层面的逻辑理论应当全面理解,才可以作更开阔而深入的探究,发掘和整理他的丰富的逻辑思想遗产。

其三,亚里士多德的逻辑学说最终是一种科学知识论和科学方法论。《工具论》的末篇《后分析篇》论述了和辩证法即语义分析逻辑紧密结合的证明的三段论,是科学知识的逻辑基础和本质特点与建构方法,并且最后综合地从认识论角度探讨了科学知识包括公理与定义的本原。它是西方第一部系统的科学方法论著作,亚里士多德深入论述了证明的科学知识的本质,研讨了科学的划界、科学的域以及建构科学知识的方法,并且极为凝练而精粹地解答科学知识的本原这个根本问题。他强调科学知识起源于感知与经验,同时肯定作为理性直观能力的"努斯"和分析理性,在建立科学基本前提中,在科学知识的获得与建构中,起着十分重要的作用。他更研究了科学理性的各种认识能力的关系,这和他在《尼各马科伦理学》中论述人的四种理性认知能力即科学知识(episteme)、实践智慧(phronesis)、哲学智慧(sophia)和努斯(nous)是一致的。这种古代的科学哲学思想自有特色与深度,对古希腊及西方后世科学思想的进展起有重要作用,当代研究科学哲学也可从中获得不少启迪。从中我们还引申出一个看法:亚里士多德建立的逻辑学说既相似于又超越科学知识,蕴涵着哲学智慧。它具有和科学知识相似的特征,也需要有逻辑公理和逻辑范畴的定义作为初始原理,遵循自身的逻辑法则,构建出一种研究各种推理的证明知识,是一个公理化体系,而且要靠努斯和哲学智慧来洞察和理解。他的全部逻辑学说就是运用哲学智慧,结合努斯与分析理性,以分析理性自身为对象,构建一种关于思维科学的证明知识,深刻地蕴涵着他的逻辑哲学思想。

亚里士多德的逻辑和哲学,锻造成一种"思想工具",一种分析理性的精神,也促成他本人动态地建构哲学与各门学科的知识,就表现在后面三编论述的他的自然哲学、形而上学和实践哲学之中。

第二编:自然哲学。

亚里士多德著作的总量,按贝刻尔本的标准页共 1462 页,每页有 a、b 两栏，折合现今的书页约3000页；其中纯粹自然哲学的著作就占了657个标准页；《洛布古典丛书》中亚里士多德著作共23卷，其中近11卷讨论自然哲学，纯自然哲学著作占亚里士多德现存著作总量五分之二强，加上《形而上学》等涉及部分，总共占了他的全部著作的一半。而且各篇都围绕“有没有”、“是什么”、“如何是”（存在方式）等三个课题展开，由此可见自然哲学在他的讲学和研究中的地位。他的许多结论如今已经过时，有的甚至是荒唐可笑的，但是在哲学史和科学史的历史长河中，他最早将一般哲学与自然哲学区分开来，研究自然哲学和自然科学的一般原理和方法。他的探索精神、观察自然的方法以及提出的问题，至今仍令人惊叹不已。

第一，自然哲学的对象和任务。

本编在论述亚里士多德的“自然哲学的对象和任务”中指出：同第一哲学、实践哲学、创制（技艺）学科相区分的第二哲学——自然哲学，其存在的根据是亚里士多德的“Being”（存在论、是论）和本体论，以及关于自然与社会、自然物与技艺制品的区分。这里的关键词是physis（自然），对physis的辨析成为自然哲学研究的起点。亚里士多德不仅深化了前人关于physis与techne（技艺）、physis与nomos的认识，而且看到了自然与社会、人与自然的重要区别。他在区分神、人、动物和神学、实践哲学、创制学科的基础上，制定了关于自然学科的一系列原理，对自然与社会的认识上的飞跃成为他在自然哲学和实践哲学上取得突出成就的基础。人为了某种利益和目的而结合成的家庭、村庄和城邦等是“由于自然”的产物，但是又超出自然，是共同体（community）。共同体的组织、管理和体制以及各种行为准则，是人们自己为了共同的利益和目的而制定的，这些是来自人的实践智慧。不过自然与共同体也不是绝对对立的、分离的，人的构造、人的灵魂（沉思理性除外）属于自然；自然造就了人的理性和语言，使人有智慧进行选择、表述和交流，进而按自己的选择行动。所以人不仅离不开自然，而且要在符合自然的基础上选择和活动。总之，人既是“由于自然”，属于“动物”这个种，同时又超出自然，受实践理性的支配。

第二，本原和原理。

本编论述“自然哲学的基本原理”,首先辨析同出自一个希腊文 arche 的“本原”和“原理”这两个术语。在英译本中,凡亚里士多德谈他自己的思想时几乎无例外地都译为 principle,中译为“原理”或“原则”;但现有的两个《物理学》中译本以及资料选编等均译为“本原”;可是在中文中,“本原”与“原理”是两个词义不同的概念,前者指万物所从出而又复归于它的原初本体,我国学者曾译为“始基”;将亚里士多德自己的关于自然的“原理”译为“本原”就会误读他的思想。

本编论述亚里士多德的自然哲学的最基本的原理“四因说”。他的自然哲学的主要著作是《物理学》,它不是如今所说的作为自然科学中一个学科的物理学的含义,而是研究关于自然的普遍原理。它和早期希腊自然哲学探究自然的本原或原理(arche)有相承之处。但从自然的存在本身出发,认为自然是在运动中生成变化的,将“本原”含义深化,提升到探究自然生灭变动的“原因”的高度。《物理学》研究自然的原理(arche)也就是探究自然生成变化的普遍性的原因,他归结为“四因”:质料因、形式因、动力因、目的因。他在《物理学》中首先提出这个自然哲学的核心原理,后来这也是他在形而上学中发展本体论思想的重要内容。我们分析他阐发的四因,有如下见解:(1)他认为质料是自然事物生成的必不可少的基质即基本材料,用质料这普遍的基质来说明自然事物有其物质性基础,比早期哲学家用水、火、气、土、种子、原子来解释自然的物质本原,更有普遍性与深刻的哲学含义,实质上它可应用于说明宇宙万事万物,包括社会与人世事物;但他说的质料不是能动的,没有内在动力,在自然事物中只是被动消极的,缺乏内在活力的物质,还是有待被纳入“形式”才能被制作成物品的材料。这点更接近于在巴门尼德“存在”论影响下的恩培多克勒的四元素说和阿那克萨戈拉的种子说,同近代机械论的物质观有相近之处。(2)形式因是使质料成为事物之所“是”的本质原因。亚里士多德通常用柏拉图也用的“型相”(eidos)表述“形式”,但又一直批评柏拉图的理念论将世界二重化;他认为形式与事物不可分,形式就在事物之中,同质料相结合而存在。(3)动力因是促使事物运动变化或静止固定的原因。他主张就自然的全体(不包括“不动的动者”)而言,动力因在自然自身之内,不像阿那克萨戈拉那样在种子之外再设立一个精神性的本原"努斯"。(4)目的因(telos)指自然事物运动变化"为了什么",也称终极因(the final cause)。应该指出,亚里士多德说的自然事物的目的,不是人为的目的,而是自然自身的内在目的。凡运动的东西都是不完善的,凡不完善的东西总要朝着完善的方向运动,这就是自然的内在目的;原因总是有限的系列,目的因就是系列的终点,而"不动的动者"是至善的最后终极因,是完全的现实,是神性的本体,所以它在自然哲学范围之外,属于第一哲学(神学)。

第三,元素说。

本编论析亚里士多德的四元素说。亚里士多德从他的本体论与四因说角度,将元素(stoicheion,拉丁文 elementa)理解为"原初本体",是潜在的、不具形式的"单纯质料"或"原初质料"。他和恩培多克勒、柏拉图一样,主张构成自然万物的元素只有四种:水、火、气、土;但他和这两人的元素说都有不同:恩培多克勒将四元素视为宇宙万物之"根",亚里士多德则认为元素只是大地的自然物质的原初质料,而天体乃是由另一种完善的、有神性的"以太"构成的。柏拉图在《蒂迈欧篇》中描述四元素是在创生自然时凭借"数"的"数理的相"与多面体生成;亚里士多德则说元素是自然生成的,并且继承和发展了伊奥尼亚哲学传统,解释四元素由内在的冷热、干湿两种基本的对立性质决定了它们的生成与转化。这是用他的本体与属性范畴,对四元素所作的重新解释,赋予它新的哲学含义。但四元素这"原初本体"对于自然物体而言,还只是"原初质料",要纳入形式,需要有动因与目的,才能构成为自然事物。

第四,运动与自然。

亚里士多德的《物理学》的主体部分是研究自然的运动。他说的运动不只是如今物理学所指的机械的位移运动,而是有更开阔的事物变动与变化的含义。他说的运动包括四类:事物(本体)的生灭,位置的移动,数量的增减,性质的变化。我们认为:亚里士多德在总体上主张这种多形式的运动变化是自然的本性,是自然的存在方式,而自然本身就是运动变化的根本原因。这种思想承继和发展了早期希腊哲学的素朴辩证法思想。另一方面,他用"四因"说明运动与变化的原因:自然物的质料是消极而无活力的,但是有接受作用的

"潜能",它需要有能赋予动因与目的的"形式",才能在运动变化中使自然物成为现实。"推动者总是形式(eidos)。"(202a10)他在《物理学》中论述运动时已初步涉及潜能和现实这对范畴,把运动或变化看做是潜能的实现过程。

第五,时间与空间。

我们认为他的时空观也颇有研究价值,他已深刻地论述了时间与空间和运动密不可分,时间与空间就是自然运动存在的方式。柏拉图在《蒂迈欧篇》中说的"接受器"是使空间与自然的基本质料合一的东西,空间也就是基本质料,但他否认有虚空。亚里士多德也否认原子论者说的"虚空",但亚里士多德和柏拉图不同,他否认空间是质料(更不是形式),主张空间必定是"包容物体的限面。而我们所说的被包容的物体是指一个能作位移运动的物体"(212a3—6)。这种"限面"是和自然物体的运动同在的,是它存在的方式,也是一种广延上的数量规定。至于时间的本性,他主张时间不是某种特殊的运动,但和自然的运动不可分。他说:"时间就是前后运动的计数","时间是运动的尺度"(219b1—4、221b8)。时间实质上是运动的存在方式,和运动的连续性紧密相关;同时它又是静止的尺度,因为静止实际上是能运动的事物相对地不在运动的状态,因而也是在总体的时间之内。亚里士多德的时空观是他的运动观的有机组成部分,有比较正确的哲理和科学性。亚里士多德的自然哲学可以说是最早确立了物理学的一些基本范畴,这在物理学思想的萌生与发展上,也有重要意义。当然,由于当时的科学思想条件所限,如当时尚不可能有地球引力观念,因此他主张的仍是地心说等,他的物理思想中也就会有难以避免的错谬之处。

第六,关于"第一推动者"的论证。

本编论析亚里士多德关于"第一推动者"的论证。亚里士多德认为宇宙的一切运动包括天体的永恒运动和大地上的自然物的非永恒而有始终的运动,都有其最终的动因,就是说有一个"不动的推动者"。在《物理学》中,他以第七、八两卷的篇幅来论述这个自然哲学的最终结论。他说:"由于运动必然包括:运动者(被推动者)、推动者和使之运动的东西",因而在整个自然运动的系列中,必然合理地有一个"自身不动的推动者",即"第一推动者(first mover 或 primary agent)"(256b13—25)。但亚里士多德在自然哲学中还只是从自然的运动原因角度推出不动的"第一推动者"的最终结论,后来他在《形而上学》第12卷中,则从第一哲学的本体论高度,论述了这个不动的动者是最高的永恒不动的本体,是最高的善与理性神。

亚里士多德根据他的自然原理开阔地探究了各类自然本体,包括天体、天象(天文气象)、各种物理现象、动物与植物、人的生理等等,综合并深化了先前希腊自然哲学中的科学思想。本编详细探讨了关于天体、动物与人的科学思想,特别是他对天体、动物学和人的灵魂的生理与心理的探究,有其宇宙论、认识论和科学方法论的意义。

第三编:形而上学。

在西方哲学中,"形而上学"(Metaphysics)指最基本的哲学原理,本来并无贬义。在近现代西方哲学中,黑格尔将形而上学说成是抽象的、片面的、静止不变的思想方法,和他的辩证法根本对立;而实证论者和逻辑经验主义者拒斥形而上学,则是反对研究传统哲学的基本问题,认为它们是不能由经验证实真或假的无意义的问题。实质上,他们所说的"形而上学"都另有贬义。亚里士多德本人没有用"形而上学"指谓他的第一哲学。他在《形而上学》中提出的第一哲学(相对他的自然哲学是第二哲学而言),是他在建立百科全书式的知识体系的基础上概括得出的普遍哲学原理,也是批判地总结先前的希腊哲学,特别是柏拉图的"相论"而确立的创新的哲学思想;但它最终和"相论"也有殊途同归之处,它从现实的存在出发,从经验事实中高度抽象出普遍原理,渗透分析理性精神,建立起哲学的范畴系统;对他在《工具论》中已崭露的新哲学纲领,有系统的展开与发挥,可以说是他的哲学体系的核心部分。他的形而上学对后世西方哲学传统的演进以及基督教哲学的演变和科学的发展,都有极其深远的影响。

在西方研究亚里士多德的《形而上学》中一个争论最大的问题是:亚里士多德所说的 Being 和 Being as Being 究竟是最普遍的东西呢,还是最完善的东西?亦即他的形而上学的主题是本体论呢,还是神学?这个问题关涉理解他的形而上学是否包含内在矛盾,他的本体论和理性神学究竟处于什么样的关系。对这个问题的探讨是本编论述亚里士多德的形而上学的重要关键性问题。我们认为:亚里士多德的形而上学主要是本体论,即研究“Being”的普遍性意义以及 Being 和“真”的联系;而他的神学则着重于“Being”的完善性以及它和“善”的联系。从整体上说,亚里士多德的全部著作论述注重的是前者,是本体论,而不是神学;他也没有能将他的本体论和神学调和成为一个完整的哲学体系。

亚里士多德在《形而上学》第1卷(A)第2章中讲到哲学的起源和价值时说:“最初人们是由于好奇而开始哲学思考的……我们追求它并不是为了其他的用处,正如我们将一个为自己而不是为他人活着的人称为自由人一样,在各种知识中唯有这一种知识才是自由的,只有它才是为了它自身,才是自由的。”(982b12—28)亚里士多德的精神作为一位世界上伟大的哲学家的精神,就在于这种自由的精神;他不是一个独断论者(dogmatism),而是一位“追寻真理的人”,在他的《形而上学》书中,充满了这种追求真理的精神。

《形而上学》是亚里士多德阐发其哲学体系的核心内容即第一哲学的著作,全书有14卷,本编以较多篇幅对它们逐次作了细致分析,并就国内外著名学者的有些争议作了探讨。

现存《形而上学》一书不是一部完整预设的有计划写成的系统著作,而是由后人将亚里士多德著作中一些内容相近的不同文稿集中在一起编纂而成的,有些部分如第11卷(*K*)是对同书第3、4、6卷和《物理学》第2、3、5卷的简述,可能是他的学生作的笔记或摘要,或是亚里士多德自己写的提纲。各卷不是一次性连续完成的,完成时间参差不齐,如第5卷(Δ)解释30个哲学范畴可能写得最早;第1(*A*)、2(*a*)卷批判先前哲学家的思想和哲学的总论与导言,也可能写得较早。对《形而上学》一书各卷的内容,学者们有不同的划分。我们认为,按照它的思想内容,可以将它们分为以下五个部分:(1)批判地总结先前的希腊哲学、特别是批判柏拉图学派的“相论”,第1(*A*)、13(*M*)、14(*N*)卷。(2)第一哲学的总论,包括哲学的性质、特征和它要解决的问题,第1(*A*)、3(*B*)、4(*Γ*)、6(*E*)卷。(3)对一些哲学范畴的解释与探讨,第5(Δ)、10(*I*)卷。(4)本体论思想,是全书的核心内容,第7(*Z*)、8(*H*)、9(*Θ*)卷堪称核心卷。(5)神学,第12(λ)卷。本编也就这五个方面,分别论述亚里士多德的形而上学思想。

第一,对先前的希腊哲学,特别是柏拉图学派的"相论"的批判。

亚里士多德根据《物理学》中提出的"四因说",对先前的哲学思想分别作考评与总结,这可以说是我们能够看到的现存时间最早的一部哲学史研究的著作。亚里士多德在历史研究中验证他革新哲学的必要性,这也表明他的哲学是在批判地总结希腊既有哲学的基础上得到升华的。他指出:先前的希腊哲学家都在寻求世界的本原和原因,但他们都未达到第一哲学的高度,即研究全部Being(存在)的全部本质性原因;他们常是以偏概全,将部分原因或次要原因说成是全部原因和首要原因,如泰勒斯所说的水,阿那克西美尼所说的气,赫拉克利特所说的火,恩培多克勒加上土成为四元素,都是只用质料因说明本原;恩培多克勒说的爱和争、阿那克萨戈拉说的努斯,还从元素外部寻求动力因;毕泰戈拉学派将万物的原理归结为"数",是将次要的数量属性夸大为本体;爱利亚学派说的Being和"一",是脱离现实的抽象的和空泛的规定;柏拉图及其老学园派则在可感的现实世界之外设立本质原因,也是错误的。

对柏拉图及其学派的"相论"的批判,是亚里士多德评述的重点,而他的第一哲学也正是通过批判柏拉图哲学才得以产生的。他认为"相论"的致命错误是它所设立的理念和可感的现实事物的"分离",是将世界二重化。他的批判主要有以下几点:一是柏拉图在寻求具体事物的原因时,设定有另一类与事物同名却与事物分离的、在事物之外的"理念"或"型相";其实它不过是与个体对象同名的"类",理念其实是空洞的名称,并不是真实的存在。二是如果凡有共性就设理念,就会得出荒谬的结果来,亚里士多德以此来证明"理念"的论证不可信:如若凡同名或有共性的就可设立理念,便会发生无限地推出"第三者"的错误,如此推论,可无限倒退,永无止境。三是这样就说不清分离的理念和具体的个别事物的关系,说理念是原型,个别事物模仿它或说分有它才成其所是,这是无根据说不通的,不过是说空话和打诗意的比喻而已。四是理念对永恒运动变化的宇宙万物和人的认识是无用的,因为在这些事物之外设立自身同一不动变的理念,并不能提供动力,所以它不是宇宙万物运动变化的原因;因而它对于我们认识宇宙万物之所是和运动变化,没有帮助。五是对“理念数”的批判。这是亚里士多德和老学园派争论的一个焦点问题。后期柏拉图的“理念数论”认为“一”与“不定的二”(即“大”与“小”)是一切“数”的本原,后来老学园派就将理念数奉为理念生成世界万物的至高原理。亚里士多德则将“不定的二”即大与小,解释为“数”的质料因,他认为“数”只是本体的数量属性(987b33—988a1)。他认为具体事物比“理念数”即“数的理念”更为重要,数只是可感事物的数量属性,不能和可感事物的本体分离而存在,在思想中抽象出的数学对象不能成为可感事物生成的本质原因。

第二,第一哲学的对象。

哲学的本义是爱智慧,是寻求智慧的学问。早先的哲学几乎涵括了全部知识。亚里士多德说“求知是人的本性”(980a21)。哲学家为了知识而去追求知识,并不是为其他某种实用的目的,在各种知识中唯有这种知识才是自由的,只有它才是为它自身的(982b12—28)。他将人的求知亦即认识过程分为感觉、记忆、经验、技艺和知识、智慧等五个阶段,认为哲学是求知的最高阶段与形式,它不同于一些特殊的技艺与知识,是达到智慧的学问。研究最初的原因和本原的才可称为智慧。但亚里士多德认为哲学作为最高的知识,需要循着人的求知与认识进程才能获得,是从对现实存在事物的经验出发,融会理智与作为哲学睿智的“努斯”,才能正确地形成。这和爱利亚学派和柏拉图先验地从理性与“相”出发来建立哲学,是不同的认识纲领。哲学以 Being(存在)为研究对象,是求“真”的学问,哲学研究的“‘永恒的存在’(是,aei on ton,英译 eternal Being)的本原必然是永远最真的”,这里说的 Being 前文已有解释,它兼有是、在、真的三重含义。亚里士多德在这里说的哲学是广义的哲学,自然哲学和实践哲学等都包括在内。

亚里士多德指出,在广义的哲学知识中有一门最高的第一哲学(形而上学),它是研究“Being as Being”全体的学问,各种特殊的学问只是截取 Being 的某个部分作为它们各自的研究对象,只探求部分 Being 的特殊原因;而第一哲学则探求 Being 全体的最初始、最普遍的原因和意义。这样,亚里士多德将第一哲学和第二哲学、实践哲学以及其他各门学科知识区分开来了。亚里士多德在前期著作《范畴篇》论述的本体中心的主范畴、属性的次范畴和后范畴,就是第一哲学的内容;而在《形而上学》全书中,他对 Being 全体的普遍意义和多义性作了更展开和更深入的探讨,对 Being 的诸哲学范畴作出既丰富而又系统的建构,第一哲学成为他的哲学体系的充实的核心。

Being 有多重普遍意义。《形而上学》对多种哲学范畴作了深入探讨,如在第 5 卷(Δ)中对 30 个哲学范畴的意义作出阐释。他强调,就"是之为是"即存在全体而言,本体是 Being 的中心,是"是"(存在)的中心意义所在,本体论是第一哲学的中心内容。所以第一哲学要研究"首要"的东西:"这就是本体,哲学家便必须掌握本体的本原和原因。"(1003a33—b19)亚里士多德的第一哲学的要义是本体论,他的哲学范畴系统是在他的本体论中展开的,他对柏拉图思想的革新与复归是和他的本体论思想的演变紧密相关的,他的"神学"则是他的本体论思想的延伸。

《形而上学》第 12 卷(λ)讨论终极的目的因即最高的"努斯"和"善",也就是"神",这和他在《物理学》中说的"不动的动者"是相应的,是将它深化为一种理性神学,亚里士多德说这种神学也是第一哲学。他的本体论和神学都作为第一哲学,都应是研究"Being as Being"全体的普遍性学问,这两部分显得似乎矛盾的内容,究竟处于什么关系?对这个问题,现代学者颇有争议。P.那托普首先指出:在亚里士多德的《形而上学》中有这种"不能容许的矛盾"。E.蔡勒也认为这个矛盾是深植于亚里士多德的整个体系中的。W.W.耶格尔通过发生学的研究认为,这两个矛盾的观念是在亚里士多德自己的思想发展过程中出现的,神学相应于他较早时在《物理学》中研究自然这类特殊的 Being,最终得出超越的不动的本体。以"第一推动者"代替柏拉图的"相",属于他的思想的尚未摆脱柏拉图影响的早期阶段;将形而上学规定为"Being as Being",开展本体论研究,才属于亚里士多德自己的成熟思想。J.欧文斯则认为在亚里士多德的《形而上学》中只有神学,根本没有本体论思想,因为"Being"的各种意义(范畴)可以归到一个中心即本体,各种类型的本体又可以集中到一个核心即第一本体(最高的纯形式),它是独立分离的本体即最高理性,也就是"神";因此他认为亚里士多德的哲学就是神学。许多学者不同意这种观点。意大利著名学者莱思齐(W.Leszl)在《亚里士多德的本体论概念》(Aristotle's Conception of Ontology,1975)中提出和J.欧文斯针锋相对的观点,认为在亚里士多德的哲学中,除了神学以外还有一门独立的本体论;神学讨论有关实在(reality)的原理和终极因,而本体论则考察"存在"的各种范畴,是我们理解经验实在以及整个世界所必需的概念分析的方法,是其他科学研究的基础。本体论和神学两者是两门不同层次,也没有从属关系的学问。

陈康先生在最后一部系统研究形而上学的著作《智慧,亚里士多德寻求的学问》中,也用发生学方法研究这个问题,他认为亚里士多德的第一哲学是从早期神学(《论哲学》和《形而上学》第1卷的原因论)开始的,然后发展到第4(Γ)卷中提出"Being as Being"的学问,建立了本体论,但在第12(λ)卷和第13(M)卷第10章中发现了本体论和神学的矛盾,即"Being as Being"是普遍的,而神学的对象却是一种特殊的"是",因此需要修正本体论以调和二者的冲突;但这种调和统一并没有成功,仍有两门独立的寻求智慧的学问即神学和本体论,彼此相互矛盾。陈康先生的观点是合理的,我们将在本卷结尾时专门论述这个问题。

第三,本体的构成:形式和质料。

《形而上学》第7、8、9(Z,H,θ)卷是全书的中心卷,因为它们论述的是关于本体、形式和质料、潜能和现实的学说,是深入研讨本体构成和运动变化的普遍原理,这是亚里士多德的形而上学思想的核心。亚里士多德在《范畴篇》中就将"本体"确定为十范畴中的第一个首要的范畴,说它是其他一切属性(即其他九个范畴)的载体(hypokeimenon)(2b37—38)。亚里士多德在《形而上学》第7(Z)卷第1章开始,便将关于"Being"的研究归结为它的首要意义——本体的研究。他说:我们说过"Being"有多种含义,它或者表示性质、数量,或者表示其他任何范畴,但"是什么"是首要的,因为它表示本体(1028a10—15)。《范畴篇》中区分了第一本体(具体的个别事物)和第二本体(普遍的种与属),并认为前者是更基本的,但亚里士多德没有更深层次地探究本体的构成与成因。他在《形而上学》第7(Z)、8(H)卷中则进而将"四因"说归结为两种原因即形式因与质料因,用形式与质料深层次地说明本体的内在构成与成因,他的“本体”观逐渐有所变化,从强调质料是基质,本体是质料和形式的复合体,转变到突出形式是第一本体,使原来《范畴篇》中第一本体和第二本体的含义发生变化,主次关系颠倒了。第7(Z)、8(H)卷则从多方面探讨事物的本质、本体和质料以及形式的构成关系,涉及多方面复杂的问题。这里只着重概述以下几个问题。

形式的意义问题。亚里士多德从“Being 是什么”归结到首要的 Being(“是”)是本体;然后在形式、质料和由这二者组成的具体事物这三种基质中确定形式是最先的,是“第一本体”,它就是事物的本质;接着便讨论“本质是什么”,他认为偶性和特性都不是事物的本质,只有“种的属”的定义才是本质,这就是形式。这里有一个引起很大争议的问题,即亚里士多德所讲的形式,究竟是个别的呢,还是普遍的?亚里士多德在《范畴篇》中说“第一本体”是个体,是“这个”(tode ti)。这个观点在第7卷中还坚持着,即使在他认为具体事物的 tode ti(个别性)不是由于质料而是由于形式时,他也认为形式是 tode ti。一些学者根据这些和其他一些理由,认为亚里士多德所讲的“形式”不是普遍的,而是个别的。可是亚里士多德在第7卷(Z)第8章中却明白地说:形式表示的是 toionde 而不是 tode ti(1033b21—22)。这个 toionde 是指普遍的,英译一般作 such,也有译为 this sort 的。就认识论方面而言,亚里士多德在第7卷(Z)第14章中认为个别的本体是不可能下定义证明的,因为它们是只能被感知而不能由理性认识的;可是在第7章中却说人可以认识事物的本质,从而制造事物。有些学者根据这些以及其他理由,也认为亚里士多德所讲的形式应该是普遍的,是 toionde。

“本体”的译名问题。从第7(Z)卷第1章开始,亚里士多德便将 Being 的研究归结为它的首要意义——本体的研究,因为在 Being 的多种意义中,“是什么”是首要的,而它正是表示“本体”(ousia)(1028a10—15)。Ousia 原来是 eimi 的现在直陈式阴性分词 ousa,变成名词 ousia,它的词义和 to on 相当,只是不同性,本来应该和 to on 一样译为 Being(是)。亚里士多德在《范畴篇》中将 ousia 确定为十个范畴中的第一个首要的范畴,说它是其他一切属性(即其他九个属性)的“载体”(hypokeimenon)(2b37—38)。希腊词 hypokeimenon 的原义是在背后、在底下的东西,它和在判断中的主词、主体,一般都译为“载体”或“基质”。亚里士多德用的 ousia 这个词,现在英文一般译为 substance,也有译为 essence 的。这两种译法都是从拉丁文翻译流传下来的,可是将 ousia 译为 substance 和 essence 这两种译法各有利弊:将它译为 essence 可以表示它和“是”的衍生关系,却不能照顾到主体或载体的意思;而且现在一般都用 essence(本质)翻译亚里士多德的另一个重要术语 to ti en einai;将 ousia 译为 substance 可以表达后一层意思,却看不出它和“是”之间的联系。因为英文译著中一般都将亚里士多德的 ousia 译为 substance,而且这个术语已经成为西方哲学中最重要的术语之一,现在我国一般都将它译为“实体”或“本体”。“实体”这种译法只表示它的 hypokeimenon 的意义,却看不出它和 Being 的联系,这也是使读者对西方哲学尤其是亚里士多德哲学不易理解的原因之一。在“实体”和“本体”这两个译词中,我们以为:“实体”指的是具体实在的东西,用它来翻译亚里士多德比较早期的思想,即认为具体的个别事物是“首要的 ousia”时是恰当的,但亚里士多德在《形而上学》Z 卷中改变了他的想法,认为只有形式即本质才是首要的 ousia 时,这个 ousia 已经是抽象的而不是具体实在的,再译为“实体”便不够恰当了。所以我们主张译为“本体”,它既有实在的意义,又有抽象的意义。

“形式”和“质料”问题。亚里士多德在 Z 卷第 3 章中虽然确认形式是“第一本体”,但随着提出“本质是什么?”的问题,说本质是事物的“种的属”,实际上就是“形式”。但他接着讨论本质的公式即定义,它的部分(“种”和“属差”)如何统一的问题,并且专门论证普遍不是本体。不但他讨论的问题非常复杂,而且引出了普遍和特殊的矛盾问题,因此他的探讨没有得出积极的结果,不得不另觅新的途径。他采取的新方式便是直接讨论形式和质料的关系问题,讨论形式和质料如何统一的问题。他认为形式和质料只是事物的两种不同的 Being 的形态即质料是潜能的,形式是现实的;由潜能的实现成为现实,便是二者的统一,也就是事物的生成。在亚里士多德看来,无论本质因、动因、目的因都是形式,只有形式才是使这些质料成为这个事物的原因。

亚里士多德论述:一般公认的本体是可感觉的本体。可感觉的本体或基质都具有质料，基质就是本体，它的一个意义是质料。他说：我所说的“质料”，是指不是现实的“tode ti”，只是潜能的“tode ti”。本体的另一个意义是公式（logos）或形状（morphe），它是“tode ti”，是能够在公式上分离自存的。第三个意义则是这二者的组合物，只有它们是能生成和消灭的，是能单纯分离（choriston haplos）的；而那些以公式表示的本体则有些能分离，有些不能（1042a24—32）。这里又重新提出基质的三分法，即质料、形式和具体事物。陈康先生的博士论文《亚里士多德论分离问题》中，对亚里士多德所说的各种“分离”作了全面分析，他指出：亚里士多德在这里所说的“分离”，显然不是 J. 欧文斯所设想的在 Being 方面和具体事物分离的第一动者，而只是在思想和认知方面可以和具体事物分离的形式和质料。第 8 卷（*H*）第 2 章中亚里士多德讨论形式，将它和德谟克里特的学说联系起来。由此可见亚里士多德的形式和质料的学说，也深受德谟克里特的原子论的启发与影响；但他认为原子只是事物的质料，只能是潜能的；决定事物之所以是这个事物、不同于别的事物的，则是它们彼此间的差异，这就是形式，它是现实的，这才是首要的本原。

形式和具体事物的关系问题。为了进一步说明形式和质料的关系，亚里士多德将形式和具体事物区别开，认为在形式的公式中不包含质料，只有具体事物的公式中才包含质料。他认为这个问题所以重要，因为它可以说明形式就是事物的本质；他举的例子是灵魂和人：灵魂是人的形式也就是人的本质，所以灵魂和灵魂的形式即本质（“是为灵魂”即灵魂的 Being）是相同的；而人和人的本质（“是为人”即人的 Being，也就是灵魂）是不同的。亚里士多德将形式和具体事物区别开，说具体事物的公式是包括形式和质料两个部分的，而形式的公式中却并不包含质料。但是，不包括质料的形式如何定义？它的公式是什么？亚里士多德发现这实在是个难题。他甚至承认那些没有受过教育的人的意见，认为对那个“是的东西（即形式——Being）”是不能定义的，他举的例子是“银是什么？”就只能说它“像是锡”。亚里士多德所以会发生这样的难题，根本原因还是在于当时科学发展水平很低，不可能说明许许多多事物的本质，比如对于银和锡，便根本不可能说明它们的本质区别。但亚里士多德说形式是事物发展的原因，是本质，确实是将人们的认识大大地推向前进了，因为人们不再说空洞的"相",而要去探求事物的本质,寻求这个事物之所以是这个事物的根本原因,寻求它的 Being,这样就使哲学和科学都可以不断发展了。关于事物中形式和质料的统一,他认为:如果人们用通常的定义和说法,无法解决这个难题;只有将质料与形式看做潜能与现实在事物生成中的统一,这个问题才能解决。

第四,潜能与现实。

亚里士多德并不将质料和形式的统一看做静态的合成,而是将它归结为潜能向现实转化的动态过程。《形而上学》第 9(*Θ*)卷讨论潜能和现实,这是亚里士多德本体论思想的一个重要方面。他在《物理学》中已经用从潜能到现实的转化说明自然本体的运动变化,而在《形而上学》中,他已经是在强调形式先于并高于质料,因而是首要本体的前提下,来说明一切本体的实现是潜能转化为现实的目的性过程,这也是一切事物的本体的生成和变化的过程。

"潜能"这个词是对希腊字 dynamis 的翻译。陈康先生分析亚里士多德所说的 dynamis 有三种含义:能或能力,可能,潜能。在西方语文中,"能"与"潜能"没有明确区别,如英文 potency 既是能力,也是潜能;中文的"潜"字表示潜在尚未实现的意思,用来翻译亚里士多德的和"现实"相对的 dynamis 是很恰当的。和"潜能"相对的"现实"(energeia)则表征着一种本体生成的运动,是作为"潜能"的质料具有形式的运动,它是通达本体的"实现"(entelecheia,即"隐得来希"这个术语),这是一种达到目的的实现。亚里士多德用归纳赫尔墨斯的雕像和建筑等实例说明现实和潜能的相互关系,现实是已经动作或已经完成,或正在动作的;而潜能是能够动作却尚未动作的。总而言之,现实是相对于潜能的运动,是通过本体"实现"的运动,也就是质料"具有"形式的本体的实现;而质料的缺失或具有了形式,就是事物本体的生成或消灭的运动变化。但他认为有些东西只能是潜能,却不能成为现实;如"无限"之为潜能,只能是在认识上有潜在可能的状态,而在事实上却只有永远不停地划分下去,才能使潜能的"无限"成为现实,可是这样的无限划分是不能实现的(1048b9—17)。他认为,由于事物运动的条件和因素是复杂的,本体从潜能到现实有可能实现和可能不实现这两种可能性,正因此,潜能不等于现实。

形式和质料是相互依存的,问"形式和质料哪个在先"的问题,实际上等于问"鸡生蛋,还是蛋生鸡",但亚里士多德却是主张形式先于质料,他也主张现实先于潜能;他根据经验事实,分析有三种不同的"在先":第一,定义上在先,就是逻辑上在先;他认为现实的知识和定义必然先于潜能的知识和定义(1049b12—17)。第二,时间上在先。当现实的东西和潜能的东西只是在属上相同而不是同一个个体时,总是现实的先于潜能的,如谷种先于谷物;如果是另一种情况,现实的和潜能的是同一个个体时,看来是潜能的先于现实的,如精子是潜能的人,它在时间上先于现实的人;可是,精子这个潜能的人又是由另一个现实的人生成的。所以潜能的东西总是由另一个现实的东西生成的。这样推下去,总有一个最初的现实,它是第一动者(1049b17—27)。这就是第一动者有绝对先在的现实性。第三,本体上在先。他说:凡是在变化中在后的东西,在形式上和本体上却是在先的。凡是生成的事物都趋向目的,现实就是目的,而潜能则是要达到这个目的。形式是质料的动因和目的,所以在本体上是在先的,因为活动有目的性,而现实就是活动,实现(entelecheia)就是达到了目的(1050a4—23)。因此,现实在本体性上先于潜能;而且永恒的东西在本体上先于可生灭的东西;任何永恒的东西都不是潜能的,所有不消灭的永恒的东西都是现实的(1050b6—18)。他认为太阳、星辰等天体运动就是永恒的现实性;而"善"这个最高的形式,是形式的形式,它是给宇宙万物以秩序的"理性神",也就是永恒的最高的现实。

第五,一和多、对立。

《形而上学》第5(Δ)卷和第11(K)卷都探讨了"一和多"以及"对立"的问题,后一卷再深化论述前一卷已简略谈论的这些范畴,是延伸阐发他的"本体"和"潜能与现实"的生成变化观。在亚里士多德的形而上学中,有些最普遍的范畴如"一"和"多",以及由此派生的同和异、相似和不相似、相等和不相等,还有各种对立等等,在他的本体论中究竟有何意义?第5(Δ)卷概论30个范畴,分析它们每一个的不同歧义,但没有将它们联系起来进行考察,因此被称为"哲学辞典",一般学者认为它是亚里士多德的早期著作。而第11(K)卷则明显是他成熟时期的作品,主要讨论了"一和多"的对立,又专门分析了"对立"的各种不同情况,是批评其他学派崇奉抽象的"一"为最高原理,从而捍卫并且深化了他自己的本体论学说。

亚里士多德在第 11(*K*)卷中开宗明义说:"一"有多种意义(1052a15—16)。他认为"一"与"多"是统一的。他分析"由其自身的一"主要有四种意义:(1)"一"是指连续的东西,尤其是自然连续在一起的东西;而不是由于接触或捆绑在一起的东西。(2)"一"是指有一定形式或形状的整体,尤其是这种形式是出于自然,而非出于强制如被粘、捆、钉在一起的,是自身具有连续的原因的。(3)在数目上,每一个个体都是不可分的"一"。(4)在形式上,关于它的理解和知识是不可分的东西,就是"一";所以那使本体成为"一"的原因,即形式上的"一",必然是首要的。他总结说:"一"有这多种意义:它是自然连续的,是整体或个体的一,或其他普遍的一,所有这些都是"一",因为它们的运动、思想或定义是不可分的(1052a34—b1)。

在希腊哲学中最早提出"一"是万物本原学说的毕泰戈拉学派,亚里士多德在《形而上学》第 1 卷中说毕泰戈拉学派认为万物的本原是"数",而数是从"一"开始的(986a20)。在他的《毕泰戈拉学派》残篇中认为"一"是本原,它由偶数和奇数组成,一加上一个偶数成为奇数,加上一个奇数成为偶数;而奇数和偶数是数的本原,因此"一"是本原的本原,是最高的本原。他又说:他们将理性(灵魂)和本体即"一"等同起来,因为它们都是不变的,到处一样的,而且是一种统治的原则,他们将理性叫做"单位"或"一"(残篇 R3,203)。在《尼各马科伦理学》中,亚里士多德说毕泰戈拉学派将"一"摆在"善"的行列中,是作了一种合适的解释(1096b5—7)。爱利亚学派认为只有 Being(是)是真实的、唯一的,它也就是"一";小苏格拉底学派中的麦加拉学派也将"善"归结为"一",柏拉图则认为"相"是唯一真实的,它是"一"也是"善"。可见不少希腊哲学流派都以"一"为最高的哲学范畴,都要寻求一个最高的唯一的原理。而亚里士多德则依据他的本体论的范畴学说,从实际出发,分析"一"有各种不同歧义;说一个东西是一(一个统一体),或者因为它们的质料是同一的,或者因为它们的形式、种、定义、思想是同一的,都是从这些不同的方面说它们是"一"的。亚里士多德指出:"一"本身乃是一种数量,是测量的单位;我们用不同的单位作为测量大小、长度、宽度、运动、速度、声音等等的尺度,每个单位都是"一",但它们是不同的"一",尺度和被尺度的东西是属于同一个种的。这样,亚里士多德将被毕泰戈拉学派等神秘化了的"一",还原为我们实际上所说的"一"。

由此他进而论证"一"不是本体:(1)如果"Being 自身"作为和"多"分离的"一"(它是"多"所共有的),它便不能是本体,只能是一种表述;则显然"一"也不是本体,因为 Being 和"一"在所有表述中乃是最普遍的;一方面,"种"并不是和它的个体分离的一种实体或本体,另一方面,"一"也不是"种",和 Being 与本体不是"种"一样(1053b16—24)。从《范畴篇》开始,他认为作为"本体"的一个主要的标准是:别的东西都是表述本体的,而本体却不是表述任何主体的(2a12)。"一"和 Being 一样是最普遍的表词,是可以表述一切本体的,"种"也是普遍的表词,所以它们都不是本体。(2)"一"和 Being 同样有许多意义,无论是性质或数量范围内的"一",都是有确定意义的,我们必须探究在每个范畴中的"一"是什么。正像问 Being 是什么一样,说它的本体就是"一"或就是 Being,是不够的。亚里士多德最后作出结论:因此在每一类东西中的"一",乃是一种确定的东西;"一"和 Being 的意义是一致的;"一"并不包括在任何范畴之中,因为它既不在本体中,也不在性质中,而是像 Being 那样和它们发生关系;"一"和 Being 一样,是最普遍的范畴,并不是在本体、性质、数量等范畴以外独立存在的东西。

亚里士多德讨论"一和多"的对立也包含多重意义:不可分与可分的对立,大与小的对立,数目上的对立,可消灭的东西与不可消灭的东西的对立,等等。他在《形而上学》第 11(K)卷讨论对立的多重含义,也比《范畴篇》和《形而上学》第 5(Δ)卷更为丰富和深入。这表现在他论述的四方面内容:相同、相异和差别;相反、矛盾和缺失;作为相反与矛盾区别的中间状态;一般差别与属差及其和质料与形式的关系。这些范畴分析,对我们理解他的本体论的演进,也很重要。

第六,理性神:不动的动者、努斯与善。

《形而上学》第 12(λ)卷的后五章阐述亚里士多德的神学思想。他说的

“神”不是希腊传统宗教中拟人的多神,而是非人格化的理性的一神。从爱利亚学派到苏格拉底和柏拉图,希腊哲学一直在批判传统的人格化的多神,在孕育并演进理性的一神思想。但爱利亚学派的理性一神还只是抽象而空洞的“一”,到柏拉图将最高的理念“善”比做太阳,它就是给万物生命力和秩序的“理性神”,对拟人的传统的多神教,从“神”的道德人格上有所批判;但从他的《法篇》等著作中可以看出,他对拟人的传统多神教并未彻底推翻,而是妥协的,在他设计的理想国家中仍旧承认传统多神教的权威。可是亚里士多德则有比较彻底的“理性一神”思想,在他的哲学著作中不见有对传统多神教崇奉和妥协的内容,虽然他也说到日月星辰是有神性的,但它们已不是传统宗教中拟人的多神,而是指它们直接赋有“不动的动者”即最高的努斯给予的神性,因而是永恒运动的。他的理性一神是从他的自然哲学和本体论思想中推演出来的,更有逻辑论证力。他在《物理学》中追溯世界事物运动的终极动力,得出有“不动的动者”的第一推动力。他在《形而上学》中则从本体的构成以及现实和潜能的关系说明第一动者,在第 12(λ)卷中更将它全面地升华为最高的世界理性“努斯”和善。“不动的动者”就是努斯和善,这三者都是“理性神”的神性本质。

亚里士多德的理性神学的要义可概括为以下几点:(1)“努斯”是永恒的本体——第一动者。他认为世界万物皆有运动和生灭,必有不动变的永恒本体给予世界永恒运动的第一动力,这第一动者就是世界理性——努斯。努斯这不动的第一推动者是永恒的独立分离的本体,是世界的第一本体;它就是无质料的纯形式,是无潜能的纯粹现实。努斯是永恒的,它没有生成和消灭,是永恒的推动者;它是万物运动的终极原因,是“不动的动者”(the unmoved mover),它永远是主动地推动万物运动的动者,自身不被别的东西推动,实为“永不被动的推动者”。(2)努斯是最高的世界理性,这样的理性只能以自身为对象,因为它所想的乃是纯粹的形式和本质,是完全的现实性,这些都是出于理性与思想,努斯是至善。“神”就是思想的现实性,神的自我的现实性就是最美好的永恒的生命,所以神是有生命的、永恒的、至善的。这种理性神是将人的理性外在化,使他分离为独立而神圣的最高精神本体,这又是和柏拉图的最高理念殊途同归了。(3)努斯既以理性自身为对象,也以自身为目的。理性最好也最尊贵,没有比它更高更好的东西了,它是至善,是思想和愿望的对象,也就是万物追求的最后目的。努斯既是动因,又是目的因,整个世界都是以"善"为最高目的而构成与运动的。这就是亚里士多德的内在目的论的最终结论。(4)理性神通过围绕地球运转的日月星辰诸星体的圆形运动,推动了大地自然的万物不断运动变化,生生不息。它是大地自然万物的终极动因和目的因,造成了从无生命物到植物、动物和人的万物生成的序列。而人的理性灵魂所有的理性能力"努斯",是分有了作为世界灵魂的努斯,人的理性通过深睿的思想认识到 Being 的最高形式和最高现实,终极动因和终极目的是理性神努斯;这也是理性神努斯通过人的思想,以理性自身为对象的一种自我认识。

亚里士多德的本体论和神学是矛盾的,但十分注重运用分析理性的亚里士多德自己并不认为其中有逻辑上的矛盾。我们认为,他的理性神学是他的第一哲学的有机构成部分,在他的本体论思想演进中,有通达理性神学的知识论根源和目的论根源,也是他的本体论的必然结论与归宿。然而,他的第一哲学与理性神学和柏拉图的理念论与理性神学虽有殊途同归之处,毕竟也很有不同。他的第一哲学富有成熟的分析理性和科学内涵,是对希腊古典文明的全部知识的最高概括;他的理性神也是比较超脱的"第一推动者",它并不直接干预自然和人世,只是以自然的内在目的方式规范世界事物,这种思辨的理性之神对科学理性是兼容的。

第四编:实践哲学是人的哲学。

我们在《希腊哲学史》第二卷"绪论"中说明:从公元前 5 世纪开始的以雅典为中心的希腊古典时期的哲学和以前的希腊哲学的根本区别,在于它讨论的中心从自然问题转变为人和社会的问题。这种变化是在希腊城邦制度确立以后,经历了希波战争和伯罗奔尼撒战争,雅典的民主政治从兴盛到衰落的时期逐渐形成的。智者和苏格拉底的争论可以说是掀起了这种人本主义思想的高潮。

苏格拉底、柏拉图、亚里士多德提倡的理性主义是当时哲学思想的主流,他们认为人是理性的动物,人的行为是受理性指导的。苏格拉底将一切道德归为知识,柏拉图在《国家篇》中将智慧列在统摄其他道德的地位,并且在“相的世界”中设定一个最高的“善的相”。但一直到柏拉图还没有将这些问题分门别类地加以研究,第一个将知识分析为一门门专门的学科进行研究的是亚里士多德。

智者和苏格拉底争论的一个重要问题是:人的 arete(品德)是不是可以传授的?《希腊哲学史》第二卷对此作了详细的讨论(第 3 章第 1 节)。希腊文 arete 原来是指任何事物的特长、用处和功能,比如马的特长是奔跑,鸟的特长是飞翔,各种事物的 arete 是不同的。智者和苏格拉底所争论的人的 arete,主要是指在政治上和待人处事上的才能和品德,后来拉丁文译为 virtus,英文跟着译为 virtus,中文一般据此译为美德,也有译为德性或德行的。其实人的 arete 不仅有道德的意义,也有非道德的才能方面的意义,比如工匠的 arete 是工作做得好,琴师的 arete 是琴奏得好。西方许多国家的学者都觉得在本国语文中很难找到一个与 arete 含义完全符合的译词,我国也有人主张译为“优秀”的,因为以下讨论的主要还是与道德有关的问题,所以我们译为品德。

说到“人”的问题,单说明人是什么?——人的本性和本质即“人是理性的动物”,是不够的,还必须说明人的品德即人的特长和功能。正如不能奔跑便不成其为马,不能飞翔便不成其为鸟,如果没有人的 arete 也就不成其为人。亚里士多德看到人的 arete 不仅有知的一面,更重要的是还有行的一面。马的奔跑、鸟的飞翔是行动,工匠做工、琴师奏琴都是行动;人如果没有行动,怎么能表现他的特长和功能?甚至连生活也不可能。所以研究人,不仅要从理论方面去研究,更应该从实践方面去研究。正是在这点上,亚里士多德超出了柏拉图,他明确提出要将知识分为理论的和实践的。在《形而上学》第 2(*a*)卷哲学的绪论中他说:“将哲学称为追求‘真’的知识是正确的,因为理论知识以求真为目的,实践知识以行动为目的,尽管实践的人也要思考事物是什么,但他们不从永恒方面去研究,而只考虑与当前有关的事情。”(993b19—23)只有第一哲学以永恒的真为对象,而实践知识的真理性是相对的,即有时间性的。为什么实践知识的真理性只能是相对的呢?亚里士多德在《尼各马科伦理学》中曾作过解释,说伦理品德不仅是理性的,而且和欲望有关,是对欲望经过思考的选择即 phronesis,如果这种选择是好的,则理性的思考应该是真的,欲望应该是正当的。这样的思考就是一种实践的真理;而思辨的思考却既不是实践的,也不是创制的,它的好和坏只与真和假相应一致;可是实践思考的真理却要和正确的欲望相一致(1139a23—31)。他说明了实践知识和理论知识的区别。亚里士多德所作的这种区分,可以说是后来康德区分纯粹理性和实践理性的最初起源。

尽管如此,亚里士多德在伦理学著作中对所有重要的伦理问题还是作了理论分析和论证,但在《尼各马科伦理学》将近结尾时他还是提出问题:我们已经充分讨论了各种幸福、品德、友爱、快乐的各个主要方面,对我们的题目是不是已经达到了目的呢? 或者应该说,实践的目的并不在于对这些事情的理解和认识,更重要的是对它们的实践;对于品德,只知道它是不够的,而是要力求运用它,以什么方式能使我们变得更好(1179a33—b4)。这样又将实践知识和理论知识在它们的目的性上加以区分了。

从苏格拉底到柏拉图和亚里士多德,他们都认为人不是独立的个人,而是城邦中的公民;个人的品德只有在城邦中才能实现,而城邦的品德就是使它的公民普遍得到幸福,因此伦理体现了城邦政治的目的,并为城邦政制提供伦理价值的基础。所以亚里士多德所说的实践哲学既包括伦理学也包括政治学,而且照《大伦理学》开卷时所说的:关于道德的讨论不仅是政治学的部分,而且还是政治学的起点。从总体上说,它应该被公正地称为政治学,而不是伦理学(1181a23—25)。在《尼各马科伦理学》的最后一章中他将伦理学和政治学结合起来作了简单的论述,最后说:这样我们就尽可能地完成了关于"人的哲学"的研究(1181b15)。亚里士多德将伦理学和政治学看成是他的实践哲学,他自己也将它叫做"人的哲学"。实际上这是希腊古典时期对人和社会所作的理性主义研究的总结和集大成。亚里士多德提出的"人的哲学"是后来西方人文主义、人道主义思想的最初起源。

但是亚里士多德在《形而上学》第 6(*E*)卷第 1 章将学科分类时,却分为理论的、实践的和创制的三种,他说:创制的"本原"是在创制者之内,或者是他的理性,或者是他的技术和能力。实践者的本原也在实践者之内,如意志,因为他要做的事情和他所做的事情是同一的(1025b22—24)。他所说的创制学科实际上也和人的行为有关,在他的著作中属于创制学科的大约只有《修辞学》和《诗学》。《修辞学》是关于演说和论辩的知识,其中一些主要内容已在本卷第一编逻辑学中讨论了。《诗学》是亚里士多德专门研究文学理论的著作,主要主张一种有别于柏拉图美学思想的"摹仿说",认为史诗和悲剧、喜剧是摹仿好人与坏人,它们的最终作用是使人产生审美的快感,实际上也是人的一种重要的精神实践活动,它也属于人的哲学,所以也包括在实践哲学之中。

这样,本编实践哲学包括三个部分;伦理学;政治学;诗学即艺术哲学。

第一部分　伦理学

亚里士多德的伦理学综合和升华了先前希腊的伦理思想,形成一个比较完整的学科知识系统,在西方伦理学史上具有奠基性的重要意义。他的伦理学继承并发展了苏格拉底和柏拉图的理性主义伦理思想传统,但融入比较浓重的从城邦和个人的现实生活出发进行研究的经验与理性结合的特色,更具有科学性与现实性。柏拉图的伦理思想更多地交融在他设计的理想城邦国家的政治伦理之中,而对伦理学的学科知识尚缺乏系统建树。亚里士多德则从确立伦理学的基本宗旨与原则着手,他具体剖析城邦与个人的各种品德以及指导、支配和认识人的伦理行为的实践智慧(实践理性)等方面,构成了自成一支的伦理学知识系统,既有体制伦理的内容,也有道德人格的培植,因而成为他的政治学的起点与基础。他名下流传至今的伦理学著作只有三部:《尼各马科伦理学》(*Ethica Nicomachea*)、《欧德谟伦理学》(*Ethica Eudemia*)和《大伦理学》(*Magna Moralia*)。《尼各马科伦理学》是亚里士多德伦理思想成熟时期写的最重要的著作,它系统地阐述了亚里士多德的伦理思想,大体有三部分内容:一是伦理学总论,包括讨论伦理的宗旨与目的("善"与幸福)、伦理德性的本质、中道、选择和意志等伦理原则;并批判当时流行的一些伦理学说,提出思辨生活是最高的幸福。二是具体讨论各种城邦与个人的品德,品德论是他的伦理学的主干内容。三是支配与认识人的行为实践的理性是实践智慧,对这种实践理性作了开创性的研究。本编从这三个方面探讨亚里士多德伦理思想的要义。

第一,伦理学的对象、宗旨与原则。

亚里士多德将伦理学看做是研究人的行为规范与道德的学问,它是一种研究伦理品德的实践哲学。他认为"理智品德"是由于教导而生成和培养起来,而"伦理品德"则是由风俗习惯沿袭而成,此中交融着知识与行为、理智与情感、经验与实践理性。因此,伦理学研究的对象与方法都和理论知识的学问不同,而和也是研究人的社会活动的政治学乃至立法学、家政学(经济学)等紧密相关,是实践哲学的首要原理。

他指出:伦理学的宗旨与目的是人的生活的至善与幸福。人在自己的生活世界中就能够确证最高本体的"善",人的活动也都是追求着对于人而言是可以获得的善。活动是人的being(存在)的方式,人只有在他的实践活动中才能展现其存在;人趋目的地达到最终的完善状态是人的"实现"(entelechy,隐德来希),就是实现对于人而言的"善"。人是目的,而人的目的即人的可实践的至善,就是幸福,幸福和至善是同一的。亚里士多德的伦理学是一种幸福与至善论,他强调:幸福不在于一时一事的合乎品德,而在于一生中的合乎品德的活动,一个人就只有在一生中都努力合乎品德地活动着,才是幸福的。幸福的根本在于灵魂合乎品德活动的这种"内在善"。他将善的东西分为三种,即外在的善、灵魂的善和身体的善;他说最主要的应该是灵魂的善,但幸福也需要"外在善"和"身体善",总之,通俗地理解,他所说的幸福和常识意见说的幸福就是"做好人,过好生活",是一致的。他的伦理学以至善与幸福为宗旨,这既和他的第一哲学有机关联,又关注现实的人,注重现实的城邦社会和人生,突出了人是目的,融和理性与经验,是洋溢理性主义人文精神的人的哲学。

既然至善和幸福在于人合乎品德的行为,合乎道德的伦理品德的本质又何在呢?亚里士多德为伦理品德下了这样的定义:"选择行为中道的品质。""选择行为合乎中道"是这个定义中的"属差"。"中道"是亚里士多德伦理学及与之相关的政治学的一个基本原则,伦理品德总是被过度或不足所破坏,只有中道才能保持和维系它们(1104a10—25)。他说,就伦理品德的本质或定义说,它就是中道,要在过度和不足之间找出一个适度来(1106b16—1107a9)。但他又补充说,有些行为本身就是恶,那就不存在适度,例如,不能说在谋杀行为中存在什么适度,它是和善绝对对立的恶(1107a20—21)。亚里士多德在其伦理学中又提出另一个行为的"自愿选择和责任"的原则:一个人是不是选择合乎中道的行为,即是为善还是为恶,是由他自愿决定的。自愿和非自愿选择也就是后来伦理学中较多讨论的"选择意志"和"恶"的缘由问题。品德作为对中道的选择行为,和推理、思想等活动相关,是理智性的,不是情感性的;人对行为的选择,从根本上说,都是自愿的。由于认识和推断所犯的错误和由于感情和欲望所犯的错误都是人的行为,都应该避免,但不能说这些是非自愿的(1111a26—b3)。他不同意苏格拉底说的无人自愿为恶,而是认为决定人的行为的,除了知识以外,还有情感和意欲,因此所谓"性善、性恶"皆非人的自然本性,而是和后天的环境与教养相关的,所以他认为"作恶"也是自愿的(1113b17)。既然人对行为的选择都是自愿的,人总是自己的主宰,亚里士多德认为,人应该对自己选择的行为负有责任,行善和行恶一样都是自愿的,都应对自己的品质负责,应受到道德上的表彰或责备,受到城邦奖励或法律惩罚。

第二,品德论。

具体讨论城邦和个人的伦理品德,是亚里士多德伦理学的主要内容。《尼各马科伦理学》从第 3 卷到第 9 卷主要就是展开论述人的各种道德行为和伦理品德的,相当具体而细致。其中最重要的是对希腊的四种传统品德即勇敢、自制、友爱、正义的研究;从观点说,亚里士多德比苏格拉底与柏拉图的研究更有进展,他认为它们不仅是个人的品德,更是属于城邦社会的品德,为城邦的政治体制提供伦理原则,为城邦的社会生活建树道德秩序。苏格拉底与柏拉图研讨美德,虽也结合事例,但主要是从概念出发作分析;而亚里士多德论品德却不同,他融合经验与实践理性,总是对许多日常生活中的伦理行为加以分析比较,从中概括得出有普遍性的观点,既解释了伦理现象,也形成了伦理品德的理论;因此,他的品德论立足于现实的城邦社会生活,更切近生活经验实际,易为普通人所理解和接受。友爱与正义是亚里士多德在这部伦理学中讨论得最为详细的两种伦理德性，他认为两者是城邦社会最重要的伦理基础。在他看来，友爱与正义不可分，不论对私人生活还是城邦生活都是最必需的，都是把城邦社群（koinomia，英译 community）与共同生活联系起来的基本纽带。

希腊文 dikaiosyne、dike 有公正、正义的含义，在古代希腊，历来被看做最重要和最高的伦理价值，接近于善，是善在伦理、政治中的直接表现，至今也是这样。亚里士多德也主张正义既是城邦的首要德性，也是个人的德性总体，两者是互相关联的。他说正义不是品德的一个部分，而是整个品德，不正义也不是邪恶的一个部分，而是整个邪恶（1129b26—1130a11）。他认为在各种品德中，正义不但是最主要的，而且它统摄和包括其他各种品德，如勇敢、自制、友爱等等，都隶属于正义。正义的主要含义就是以德待人，要以维护他人的和整个城邦社会的幸福作为主要的目标。他认为：正义有两个基本的含义：一是守法，所守的"法"（paranomos，nomos）泛指不成文法和成文法；二是公平（isos）。守法是总体的正义；公平是获得或分享利益方面的具体的正义（1129a1—b10）。就守法是总体的正义而论，他主张：法立足于并体现伦理原则和美德。法律应是正义的，制定法律的人应是以合乎美德的立法，最好地表现全体公民的共同利益或统治者的利益，维护城邦社会的共同幸福的。他强调法律和伦理有紧密的内在联系，认为好的法律应是合乎伦理品德原则的；可是他不是主张无条件地遵守一切立法者规定的法律，而只是主张遵守鼓励美德并禁止恶行的正义的法律，不应遵守自身就是不正义的坏的法律。就城邦的正义而言，不仅要制订合乎品德的法律，而且在权益的分配上也要合乎公平的正义，即每一个人分享或获得的利益，应当等于他的应得，在权益分配上都有多和少的极端，在这两极端之间要有个合适的中点，这适度的中道就是公平（1131a10—15）。

希腊词 philia，philo，philos 有友谊、亲爱、倾慕、热爱等意思，英文常译为 friend 或 friendship，中文译为"友爱"较妥帖。《尼各马科伦理学》中的第 8、9 两卷都讨论友爱。在他看来，友爱与正义不可分，都是建立和完善城邦所必需的社群的基本品德。友爱不只指个人的关系，而是涉及各种社会关系，如家庭中的亲子关系、夫妇关系以及主人和奴隶的关系,政治上的统治者和被统治者的关系等等。

亚里士多德认为人有三种东西可爱并产生吸引的因素,即善、快乐和对他人的用处;又指出有三种不同性质的友爱,即善的友爱、快乐的友爱和实用的友爱。这三者之中只有善的友爱是合乎品德的友爱,其他两种友爱都是因偶然因素而发生的。他认为友爱双方的给予和回报应该是平等的,但因为各人的价值有高低的不同,所以往往出现不平等的情况。他更具体论述友爱表现于三种最基本的共同生活形式,即家庭关系、伙伴关系、公民关系(包括主客关系);前两种属于私人的共同生活,后面一种是政治性的共同生活,以法律和契约为基础。这就决定了友爱有三种主要的形式,即家庭友爱;兄弟和伙伴间的友爱;公民之间(包括本城邦公民主人与客居异邦人之间)的友爱。其中,他颇注重家庭友爱,说它又包含三种主要的关系,即丈夫与妻子的关系,父母与子女的关系和主人与奴隶的关系。他认为家庭缘起于男人与妇女基于自然差别与分工的结合,为繁衍后代,也为满足生活需要;家庭总是先于城邦而存在,而且更为必需,维系它的三种关系都需要不同方面从不同角度实现友爱品德。其中,他认为,奴隶仅仅是主人的有灵魂的工具,作为奴隶,对他们是没有友爱的;但是他又强调指出:奴隶作为人,对于一切都服从法律遵守契约的人说,他们之间也有正义,奴隶作为人当然也有友爱。亚里士多德认为,主人有责任培养奴隶的品德和思考的能力,并且在他们具备条件时可以使他们自由,他的遗嘱中就有解放他的奴隶的内容;当然,这只是很特殊的少数情况。

第三,实践智慧和作为最高幸福的思辨生活。

亚里士多德在《尼各马科伦理学》第6卷中分析灵魂的各种理性能力,指出人的伦理品德和实践行为主要是靠灵魂中的实践智慧来主导的,而实践智慧作为人的理性的构成部分,也受最高理性努斯的指导,两者协同起作用。

实践智慧的希腊词是 phronesis,它的广义的解释指目的、意向、思想、感觉、判断等,狭义的解释指实践智慧(pratical wisdom)和治理实际事务中的深思熟虑。亚里士多德认为,实践智慧是理性和欲望的和谐结合。它是伦理品德的成因,指导善的实践行为,并且也能通过努斯蕴涵的理智品德,形成普遍的伦理知识。透过实践理性,努斯与智慧的光照亮了伦理品德,提升了实践的水准。实践智慧有三个特征:其一,有实践智慧的人善于考虑对自己是好的有益的事情,对整个生活有益的事情能深思熟虑。其二,实践智慧和思辨知识不同,它并不去考虑那些不变的、必然的而且可证明的东西,而只思索那些在生活中经常变动的事情,考虑如何处置它们才能对自己有益。其三,实践智慧本质上是人追求对他自身的好(善、有益)和坏(恶、无益)的合理性的一种品质和行为能力,即能正确处理对人自身有益处的能力和品质。实践智慧不只是有关于普遍的东西,它必须能认识特殊的东西,因为实践总是和特殊事情相关的,是有关于行动的;这种有关特殊事情的知识要和行为的普遍知识相结合,需要融入直观理性的能力,因而它是一种既能把握普遍原理、又能洞察个别行为的最高理性努斯,唯有它才能实现实践智慧的最大功能(1141b14—23)。实践智慧在实际生活中的作用在于:它是对好的生活的谋划、探索和算计。它能"明察"生活事务,作出明智的判断;它能够对最后要决断的特殊事情作出体察,是一种正确的同情的判断,能体谅并同情地了解他人。政治智慧也是一种实践智慧,而且是最高的实践智慧。伦理的实践智慧和政治智慧的品质是相同的,前者是后者的出发点与基础。

亚里士多德最终认为:理智品德和伦理品德并不截然割裂,而是有所交融的。努斯统辖理智与实践智慧,它使少数哲人拥有最高的理智品德,能思索Being(存在)全体,过"思辨"(theoretikos,英译 contemplation,中文或译为"沉思")生活。伦理行为的目的是幸福,最高的幸福是思辨生活,最符合最高的善和人的最高目的。他强调思辨生活是人的生活,也是神的生活和人的神性的生活,因为它是努斯的活动即思想(noesis),努斯更是人的本质,又体现了理性神的神性,努斯就是人灵魂中的"神性"。亚里士多德作出最终结论,他认为最高的幸福只能是神的活动即思辨活动,所以人的与此相似的活动是最幸福的(1178b7—24)。亚里士多德继承和深化了苏格拉底和柏拉图的理性神思想,他的理性神努斯已无任何人格化痕迹,只有理性的思辨活动,而且和人的理性的思辨活动相吻合。这是希腊古典哲学中最具有丰富的哲学含义的理性神思想。

在西方伦理思想史中,亚里士多德是最初将伦理学创建为一门独立的学科的哲学家,这为他建立自己的政治哲学提供了伦理根据与基础,对后世的伦理学与政治学的发展更有深远的影响。在当代西方社会生活中,有一些伦理学说如自由个体主义和非理性主义的伦理学,造成道德相对主义和怀疑主义泛滥的危机。一些有识之士倡导复兴与发展亚里士多德的伦理学说,以之来克服理论与实践上的道德危机。当代美国著名伦理学家麦金太尔(Alasdair MacIntyre)倡导以"社群主义"重建当代品德论,他推崇亚里士多德的伦理学有深久的生命力,它的真髓可以被不同时代的多种文化所融化和吸收;它强调道德植根于社会生活实践,因而和现代性并不对立。麦金太尔并不鼓吹道德复古,而是主张传统是进化的,是继承与更新的统一。他认为克服当代道德危机的出路在于:汲取亚里士多德道德传统的精华,并根据当代社会实践的合理性,重建以人为目的,以理性为指导,以社群价值优先和融会传统与现实的道德哲学。

第二部分　政治哲学

亚里士多德将伦理学建树成一门学科知识,在此基础上,他在古代希腊也开创了政治学,使之成为一门比较完整系统的学科知识,一种政治哲学。和柏拉图一样,亚里士多德在政治理论上关注的中心问题也是希腊城邦国家的起源与本性以及它所产生的政制危机和挽救危机的出路。两人也都强调伦理是政治的基础,主张从政治伦理上改革政制,力图重振希腊城邦制;但两人的学说也很有不同:一是亚里士多德和柏拉图的政治学说的伦理根据不同;二是两人的政治学说的哲学视角不同。柏拉图从相论出发,从"正义的相"的范型来衡量现实的希腊城邦政治,来设计理想的城邦国家;而亚里士多德则从他的现实的"Being(是论,存在论)"出发,结合经验与理性,比较客观而现实地总结各种希腊城邦制度的优劣与得失,力图比较切实地解决当时的严重社会矛盾,以避免覆亡城邦制的"革命"。

亚里士多德留存的有关主要著作是《政治学》,它大体可以归纳为三方面内容:一是总论城邦国家和公民,包括城邦国家的起源,国家、人与公民的本质;二是政制研究,包括政制的伦理本质,对各种政制的历史与现实的探究,政制危机及其防止等；三是针对城邦制危机，提出依据伦理原则和克服现实矛盾的理想城邦国家的设计。1880—1890 年在埃及发现后来被辨认出的纸草抄本《雅典政制》，对雅典城邦的历史发展和政治制度的变化有详细论述，是研究雅典城邦历史的宝贵文献。该书所提供的雅典城邦民主政制的发展变化情况，和《政治学》的论述的政治观点是一致的。以下分别论述这三方面内容。

第一，城邦国家的起源、本性和公民。

亚里士多德和柏拉图一样，将城邦和国家视为一体，他论城邦的起源，也就是论国家的起源。每个城邦都是某种"共同体"（koinonia，commune 即社群），是为了某种共同的目的而建立的。他认为城邦国家从自然本性而言，是根源于人的本性的。他在动物学理论中就指出：人是动物的延续，人超乎其他动物的一个本性在于他是有目的、有理性的群居动物，是属于"社会性动物"；他认为城邦就是人的本性在群居活动中的实现，而现实是先于并高于潜能的，所以，城邦先于家庭和个人，犹如整体必然先于部分。这也就是亚里士多德强调城邦社群价值本位的理论根据。

亚里士多德认为，从历史看，城邦国家也有一个逐渐起源的自然过程，它是从家庭逐渐集合、扩大为村落、再扩大到城邦国家这样一个演化过程。他的描述大体上符合远古希腊社会从家族部落向城邦发展的进程。值得注意的是，亚里士多德在伦理学和政治学中都重视家庭的地位与作用。在希腊城邦奴隶制中，家庭作为基本经济单位是靠主奴关系来维系的，主人役使奴隶从事生产和家务劳动，是支撑家庭经济的基本要素。亚里士多德主张奴隶是家庭固有的"财产"，奴隶制是天然合理的。但是在城邦战争和内争中，经常有自由民和出身高贵的奴隶主被俘或被卖为奴隶，这样就有世袭性的"自然的"奴隶和人为的"非自然的"奴隶的区别。亚里士多德反对将自由民掠夺变卖为奴隶，认为只有各随本性的自然的主奴关系才是有益的，是合乎正义的。主奴双方各尽自己的职责，就有家庭友爱和共同利益；如果是滥用强权与法规造成强迫的奴役，就会得到相反的结果（1255b7—15）。小型而分散的希腊城邦奴隶制以家庭经济为基础，亚里士多德从家政学（经济学）角度论述城邦国家在经济上也有一个自然的进化过程。他说财富的获得即致富术有两种，一种是由自然赋予的财富,另一种是凭经验和技巧来获得的财富。他看到生产工具在发展生产、积累财富中的重要作用。

亚里士多德和柏拉图都描述了城邦的起源,认为它是从只依赖自然物品的"自然经济"发展到简单商品经济的过程;柏拉图的卓见是强调了社会分工在其中的重要作用,而亚里士多德则最早考察认识了商品价值与货币的作用与形态。他最早提出商品有交换价值、使用价值以及货币起源的问题。马克思在研究商品的两重性及价值形态的演进中,特别注意到亚里士多德的见解,说他看到了从偶然价值形态──→扩大的价值形态──→一般价值形态──→货币价值的发展过程。①

城邦主要由公民构成,它的主体是公民。古希腊城邦只有本邦自由民(包括奴隶主)才算公民,奴隶当然不是公民;没有公民,就没有作为政治共同体的城邦。亚里士多德指出当时关于公民的问题有很多争论,不同政制也有不同的规定。他为公民下的定义是:完全意义的公民只能是有权参加审判和行政统治活动的人(1275a4—23),并由此推出城邦的政治构成性定义是:凡具有维持自给生活的足够人数的公民集团,就是城邦(1275b19—21)。后来西方国家普遍接受他的这个公民定义。总之,他认为,城邦的本性就是以家庭为基本经济单元,由公民为主体组成的政治共同体。它是奠立在伦理基础上的,至善即幸福是伦理的最高目的,也应是城邦的最高目的。城邦治理应以谋求幸福为首要政务,这就需要有实践智慧的统治者,有合乎伦理品德的政治制度和有良好品德的公民主体。

第二,城邦国家的政制。

城邦能否实现其善与幸福的目的,关键在于同自由民相关的政治制度,这政制也就是一种政治权力分配的制度,也有政体的含义。城邦政制是亚里士多德政治哲学的重头内容,在古希腊思想家中,他作了最详致和深入的总结与研究。亚里士多德研究城邦政制不是纯粹从伦理理念出发,而是立足于对希腊城邦多种多样的政制的历史与现实作了大量的调查研究,结合经验与实践

---

① 参见《马克思恩格斯全集》第44卷,人民出版社2001年版,第61—86、98—99及注(33)。

理性的分析,从丰富的经验事实中概括得出深入而细致的结论。他曾派弟子们赴各地收集158种城邦政制的历史与现实的材料,这为他切实的研究提供了扎实的事实根据,《雅典政制》是现存最主要的一种。

亚里士多德认为城邦的政治统治,本质上是自由民对自由民的统治。奴隶只是“工具”,不是政治共同体的成员。城邦的最高的善就是正义,也就是全邦的公共利益(1282b14—17)。他认为不能要求自由民在一切方面都完全平等,实际上这也不可能;但是公民在实现城邦的共同目的和享有政治权利上应是平等的。他主张:正义就是平等,立法应该考虑整个城邦的利益和公民的共同的善。他认为在政治上不能以某种技艺等方面的优势要求分配权力上的不平等,政治权力的分配必须以对城邦各要素的贡献大小为依据。而就城邦的善与幸福的最高目的来评论政制,凡是为着城邦公共利益的政制,都是按照严格的正义原则的正常政制;而仅仅为谋求统治者私人利益的政制则都是错误的,是正常政体的蜕变,它们都是专制的而不是民主的。

根据统治者的多寡和执政目的这个原则,亚里士多德将各种正常政制和对应的蜕变政制进行分类。掌握最高统治权的或是一个人、或是少数人、或是多数人。这三种统治者实行的政治制度如果都是以公民的共同利益为目的,则都属于正常的政制,依次有:(1)君王制(basiteia),由一人统治;(2)贤人制(aristokratia),由少数优秀的人统治;(3)共和制(politeia),由多数人统治(很多品德高尚的人难以找到,实际上往往是由有战争才智的将领实行统治)。相应地由上述三种政制蜕变的政制也有三种,依次是:(1)僭主制(tyrannis),由一人统治,是君王制的蜕变体;(2)寡头制(olygarchia)是贤人制的蜕变体,为少数富人谋利;(3)民主制(demokratia)是共和制的蜕变体,为多数穷人谋利益(1279a26—b10)。亚里士多德鲜明地提出以公民的共同利益还是以统治者的私利为目的,是判断政制本质的根本标准,也是政制是否蜕变的分水岭。他和柏拉图一样,都将贤人政制视为最理想的政制,可是它在历史上尚未出现。他从政制的历史经验中引出两点看法:一是多数人统治要比一个人或少数人统治好,因此他比较倾向共和(民主)制;二是法治比人治好,因为根据法律治理就是由理性(nous)统治,只有法律才是摒弃了欲望的理性,也才能达到中道。

亚里士多德对当时希腊城邦的现实政制作了详致的研究,特别注重研究民主制和寡头制,因为这两者是当时城邦中存在的主要政制,是城邦党争的两种主要的敌对政制,这种政制的对立集中表现了当时希腊城邦社会的尖锐矛盾与危机。他在分析这两种政制的多种形式的对立与演变中,看出其中深蕴的经济矛盾与危机:当时希腊城邦中富者越富、穷者越贫的两极分化愈益严重,表现在两种政制和两种党派的对立与斗争之中。他提出:为避免极端政制,克服穷富对立的危机,现实可行的出路是由中产者执政。他认为品德在于实行"中道",这个原则也适用于城邦政制。城邦的公民总有三部分:最富的、最穷的以及处于二者之间的中产者。中产者最能服从理性(logos)与法律,最符合城邦的自然本性,最有结成共同体的城邦正义与友爱的德性,最安分守己,他们不想算计别人,也不会自相残杀,所以主要由中产者组成的城邦是最平安稳定的(1295a36—b33)。

公元前4世纪希腊城邦奴隶制的危机愈益严重,在土地兼并与政治动乱以及战乱频繁中,作为城邦经济基础的小农与手工业者严重破产,社会矛盾日趋尖锐,许多城邦爆发贫民起义,城邦内部政变和叛乱迭起,城邦间混战愈演愈烈。关注城邦制命运的亚里士多德细致研究历史与现实中的城邦动乱以及"变革"(metabole,英译 revolution 革命,这里此词有贬义)的各种具体情况,概括得出它们发生的种种原因,并提出防止和克服动乱与政变的对策。后世学者称亚里士多德诊断城邦的"政治病案"而形成一种城邦"政治病理学",并开出对症治疗的政治处方。他提出一系列防止动乱的对策,颇有深谋远虑的见地,现在看来仍很有借鉴意义。诸如:财富分配上应实行中道,应求平民与富人的平衡,适当调整财产资格的定额,使财富分配较为均匀。一个城邦应该健全法律,以法律规定任何人都不能凭借财富等等获得特殊的权力,成为城邦的隐患。凡是担任最高权力的人应有高度才智和优良德性,官员和群众保持良好的关系,定期任职,对行政官员的私人生活要有监督管理。贪污腐败是民众最厌恶的,最重要的是在各经济领域内制定法律,使执政官员不能假公济私、以权谋私、营私舞弊(1307b30—1310a2)。

第三，理想的城邦国家。

亚里士多德在《政治学》第7、8两卷中提出他的理想城邦国家的设计，意图挽救希腊城邦奴隶制危机。柏拉图为了稳定社会、防止共同体的两极分化与统治集团的贪污腐败，提出在统治集团内的财产以及妇女与子女“共有”，主张废除私有制，甚至废除家庭的对策。亚里士多德批评这是不现实而不可行的。他主张采取“中道”原则和改良措施，平衡“共有”和“私有”，调节各社会阶层的权益分配，来缓和社会矛盾，而家庭仍是他设计的理想城邦国家的基本单元。他在设计中首先强调，建立理想城邦国家有其伦理目的，就是要实现善即幸福，使城邦人民过美好的幸福生活。这既要有“外在善”的条件，更要有灵魂的“内在善”来保证。他尖锐批评：一个良好的城邦不能建立在战争和征服的基础上，以专制统治对待人民，这是不正义的。为实现理想城邦国家的高尚目的，就要实行贤人政制，由富有实践智慧的政治家来治理。

亚里士多德设计的理想城邦国家，仍然是改良与维护既有的城邦奴隶制的国家，实际上是自给自足、小国寡民式的城邦。可是，不仅在当时而且在人类生育只会越来越多、人口不断增长的情况下，他的这种小国寡民的理想城邦是不可能实现的。他所设计的城邦国家主要由两部分人构成：一是政治与军事人员，从政需要有实践智慧，从军需要有强壮的体力，所以应由不同的人担任。二是农民、工匠、商人和其他雇工。这两部分人都是自由民和公民，前者是统治者，后者是被统治者。亚里士多德认为根据品德的有无与高低，这两部分人的地位应该是可以变换的，因为公民都应既可做统治者，又可做被统治者。他主张土地与财产的拥有，要根据“中道”原则，扩大中产者，避免赤贫和豪富的分化与对立。因此他很重视理想城邦国家的教育，在《政治学》中用第7卷的最后5章和整个第8卷论述教育。他强调要建立最好的幸福城邦，最关键的就是教育，因为要想成为善的城邦，整体的善必须体现为个人的善，所以必须从对每个人的教育做起。他尖锐批评当时希腊城邦的立法者们所建立的政制：“既看不出以最佳目的作为建制安邦的根本，其法律和教育体制也没有以全部品德为宗旨，而是俗不可耐地极力奉行实用的和种种有利可图的政策。”（1333b5—10）总之，他主张：统治者、立法者的首要任务是培植公民灵魂中的优良品德,既然城邦的目的对全体成员是唯一、共同的,则对所有公民显然应实施同一种教育。教育应是全城邦共同的责任,应是城邦公办教育,并有立法规定。他的这些思想在今天看来,更有重要的历史意义。

第三部分　艺术哲学

亚里士多德在西方文化史上首次构建了系统的美学理论,即他的诗学,一种艺术哲学。他从哲学高度提炼魅力永恒的希腊艺术精神,铸成了西方美学的开山杰作。柏拉图的一些对话篇也有诗学思想,但出于他的相论原则的推演和政治伦理成见,他对荷马以来众多诗人及其优秀作品均持敌视和排斥的态度,因而并未能构成一种总结艺术文明成就、自成严谨体系的美学理论。亚里士多德的哲学研究"Being as Being",将艺术作为创制知识表现活生生的现实存在;他采取现实主义观点,探索希腊艺术的历史演变,剖析宏美的希腊艺术杰作,从中提炼美学范畴,总结艺术发展的规律和创作原则,高度肯定艺术的社会功用,焕发出深刻的艺术哲学思想。他的《诗学》,堪称为希腊古典文明中辉煌艺术成就的哲学概括。

《诗学》一书原名的意思是"论诗的技艺"(Poietike Techne),从希腊文的词源意义来说,"诗"有"创制"的含义,泛指全部艺术。这种创制知识和实践知识有内在关联;他的诗学和他的第一哲学、知识论及伦理思想也有内在联系,是他的哲学体系的一个有机组成部分,其要义可归结为三个论说:摹仿说、悲剧论、净化说。

第一,艺术的本性是摹仿。

亚里士多德深刻论述了古代希腊的史诗、悲剧、喜剧、酒神颂等种种艺术的本质"都是摹仿","摹仿处于活动中的人","摹仿出人的性格、情感和活动"(《诗学》1447a14—15、1448a1、1447a26)。"摹仿"的希腊词"mimesis"本有两重含义:一是指表现或表象(representation);二是通常英译的 imitation,有外部现象摹本的意思。在《诗学》中它指在"诗"这种创制技艺(艺术创作)中,表现人和人的生活。亚里士多德主张"诗"摹仿人的活动,表现人的本性,显示人的"Being"(存在)的多种意义;它是一种求知活动,以形象方式获求真理,形成关于人自身的创制知识,凭借"实践智慧"洞察人生,把握生活的真谛，所以摹仿的艺术是高尚的知识活动。他展开论述摹仿说的三要点：

其一，一切艺术产生于摹仿。希腊艺术摹仿希腊人的生活，希腊人正是凭借摹仿产生和发展出瑰丽多姿的艺术成就。大量艺术作品中表现希腊的神话传说，正是对希腊人自身的摹仿，体现了希腊人的理想、智慧和创造力。希腊人以不同的摹仿手段、对象和方式，产生了优美的音乐与舞蹈，高超的绘画与雕塑等造型艺术，以及狭义的“诗”即史诗、颂歌、抒情诗、讽刺诗、悲剧、喜剧等文学杰作。希腊古典时期最杰出的文学形式悲剧与喜剧则是综合了多种摹仿手段，最能综合和深入地摹仿人的活动，是最具有高价值的艺术形式。总之，亚里士多德认为：艺术本源于摹仿，以创制性的形象真实地反映人的生活，“艺术美”源于生活、又高于生活。这种论述，同柏拉图主张艺术只是对“相”的双重隔层的摹仿，显然是对立的。

其二，摹仿是人的本性，艺术在实现这种人的本性中不断进化与完善。摹仿实际上是人的求知本性的表现，艺术就是以形象方式认识实在和通达真理的特殊的求知活动；艺术又使人产生审美的愉悦，源自人天生的美感本性。各种希腊艺术形式都出自实现上述人的双重本性，希腊古典艺术就表现了希腊人的知识与审美活动的巨大进步。“悲剧”的希腊文 tragodia 的原意是“山羊歌”，最初起源于酒神颂引子，由萨提尔（satur）剧（在酒神崇拜中由扮成山羊模样的演员演出的剧目）演变而来，随着不断增生新的成分，悲剧不断提高，直到发展出它自身的本质形式，就是希腊古典文明中由埃斯库罗斯（Aeschylus，公元前 525—前 456 年）、索福克勒斯（Sophocles，公元前 496—前 406 年）、欧里庇德斯（Euripides，公元前 485—前 406 年）三大悲剧家将希腊悲剧推进到辉煌的巅峰。亚里士多德对这三大悲剧家给予高度评价，希腊悲剧主题的发展到欧里庇德斯，是从神话英雄到尘世现实，从相信命运支配到认识人自己的力量，在亚里士多德看来，这正是人的摹仿天性即认识社会现实和人自身的逐步实现和不断提升。

其三，摹仿应表现必然性、或然性和类型。亚里士多德说：诗人的职能不是记录已经发生的事，而是描述出由于必然性、或然性而可能发生的事，表现某种“类型”的人和事。他认为：诗（艺术）比历史“更富有哲理，更为严肃”。

历史只记述历史事件与个体人的活动,往往只见偶然联系;诗则要在特殊中见普遍,描写某种“类型”的人和事,揭示事件的因果联系,将它们结成能产生特殊快感的有机整体。他强调诗表现“类型”,这是最早的关于艺术创造典型的思想。

第二,论悲剧。

希腊古典文明时代的悲剧臻于完美圆熟,积累了丰富的创作经验;亚里士多德在《诗学》中着重论悲剧,剖析其艺术特征和构成要素,展示它的审美意义与价值。他最早给悲剧下定义,认为悲剧是对一种严肃、完整、有一定长度的行动的摹仿;它在剧的各部分分别使用各种令人愉悦的优美语言;它不以叙述方式,而以人物的动作表现摹仿对象;它通过事变引起怜悯与恐惧,来达到这种情感净化的目的(1449b22—28)。他认为希腊悲剧所以成为希腊古典艺术的皇冠,就因为它有五个不同于其他艺术形式的特征:其一,它是严肃剧,摹仿严肃的行动和高尚人的行为;其二,它通过剧中人物动作摹仿对象,具有完整、统一、有确定量度的情节结构;其三,它使用各种优美的语言形式(包括有韵律、节奏的对话和歌曲),伴随人物动作,以综合的表现手段,造成特殊的艺术效果;其四,它表现好人经历坎坷的命运和痛苦的磨难,以这类突发事变引发怜悯和恐惧,令人体味悲壮与崇高;其五,它的目的是净化情感,陶冶人的品德。亚里士多德推崇希腊悲剧在希腊艺术文明中有很高的价值:它严肃、集中、详明地表现现实生活,刻画人物的性格和品德,体现诗人对社会和人生的深刻见识,很有认知价值;它在形象中寓思想,揭示不同类型的事件和人物的本质,表达普遍性哲理,有宣述和传达思想的价值;它塑造富有魅力的艺术形象,使人体验悲壮与崇高,有特殊的审美价值;它更有净化情感、陶冶品德和教化风习的功用价值。

亚里士多德论悲剧,不谈神力和命运;在他看来,悲剧人物的跌宕经历以及事之成败,都是人自身的活动造成的,错咎与责任也由人自己承担。情节表现人的现实生活的必然性和或然性,若用神力来制造,解决戏剧冲突,那是拙劣的。希腊古典艺术初期(公元前6世纪—前5世纪前半叶),埃斯库罗斯的作品大多是命运悲剧,表现了当时希腊人认为由神主掌一切的命运观;至希腊古典文明鼎盛时期,智者派将社会演变看做人自身活动的进化,苏格拉底强调人要"认识你自己",悲剧也表现人以自身的力量面对命运、苦难和对不正义的抗争,这鲜明地体现在索福克勒斯和欧里庇德斯的悲剧中。亚里士多德主张悲剧情节应围绕人自身的活动展开,这是对希腊古典艺术中悲剧内容有重大进展的极好概括,这和他本人关于"人是目的"的实践哲学观也是一致的,表明他的艺术文明思想有浓烈的人文精神。

他强调悲剧情节进展中的"突转"(peripetia)和"发现"(anagnorisis)应是人物的活动与事件和性格的自然结果;悲剧情节特有引发恐惧与怜悯的情感效果,也是在于剧中人物的命运同现实生活有相通和相似性。他赞赏索福克勒斯的《俄狄浦斯王》和欧里庇德斯的《美狄亚》都是高超处理突转与发现、引发恐惧与怜悯的悲剧效果的典范。他认为:悲剧主角并非大善大德,而是介于完人和普通人之间的人,他之所以陷入厄运,"其原因不在于人物坏心行恶,而在于他犯有大错误(hamartia)"(1453a5—23),即是由于悲剧性人物性格的缺陷和错误行动。悲剧性主角有善良品质,悲剧要摹仿和崇扬他,令人体验崇高;他们因有和普通人相似的缺陷和错误而落入悲惨结局,才最惊心动魄的能使人推人及己,发生恐惧与怜悯,体味悲壮和借鉴性意义。

"突转"指剧情按照行动的必然性和或然性,向相反方面变化,从顺境转向逆境或从逆境转向顺境;"发现"指处于顺境或逆境的人物发现他们和对方有亲属或仇敌等特殊关系;两者都使戏剧冲突进向高潮,往往和苦难即毁灭性的或痛苦的行动交织一起,达到引发恐惧与怜悯之情的悲剧效果。亚里士多德主张:悲剧中这两种情节的突然转变,不应是人为地外在强加的,而应是摹仿的事件自然地发生的,既可信又强烈震撼观众的心灵。

第三,艺术的净化功用。

柏拉图的一些对话篇也有诗学思想,但出于他的理念论原则的推演和政治伦理成见,他主张将荷马之类的诗人"头上涂以香油,饰以羊毛冠带",逐出他的理想城邦。① 他并非要禁绝一切艺术,而是说好的艺术应"净化"城邦。

① 参见《国家篇》第10卷,605B。

他最早用“净化”一词指谓艺术的道德教化功能,强调理想城邦中只允许符合他的哲学与道德理念的、能培植品德的艺术存在,并主张制订法律对艺术实行严格的审查、限制与监督。亚里士多德的《诗学》则回应柏拉图的挑战,是卫护全部希腊艺术辉煌成就的“辩护词”;他开阔而深刻地阐发“净化说”,用以论述悲剧与一切优美的希腊艺术对城邦社群与个人皆有多重积极的良益的社会功用。“净化”的希腊文音译“卡塔西斯”(katharsis),《诗学》中说悲剧通过“引起怜悯与恐惧来使这种情感达到卡塔西斯的目的”(1449b27)。

“净化”本是古希腊奥菲斯教的术语,指依附肉体的灵魂带着前世的原罪来到现世,采用清水净身和戒欲祛邪等教仪,使灵魂得到净化。恩培多克勒秉承此义写过宗教哲理诗《净化篇》。卡塔西斯又是个医学术语,在希波克拉特斯学派的医学著作中,这个词指“宣泄”,即借自然力或药力将有害之物排出体外。亚里士多德借用卡塔西斯一词作为一个重要美学范畴,有所转义地论述艺术的功用价值。对他说的“净化”,历来学者有不同的理解与争论,自从文艺复兴时期以来,对亚里士多德说的净化,西方学者写了许多论著,W.D.罗斯形容说:“已有整套文库论述这个著名学说。”学者们对此颇有争论,大体可归结为两派:一派主张悲剧的功用是道德净化,如德国美学家莱辛认为净化是使激越的怜悯与恐惧转化为品德,悲剧起有道德的矫正和治疗作用。另一派主张悲剧的功用是宣泄情感,达到心绪平和与心理健康,如歌德解释亚里士多德论悲剧并无道德目的,旨在通过宣泄怜悯与恐惧,达到情感平衡;英国诗人弥尔顿则认为悲剧宣泄怜悯与恐惧的病态情感是心理治疗。

就《诗学》文本全篇的原义看,“净化”应指人的灵魂整体和城邦社会的净化以及灵魂的陶冶和社会风尚的改善。灵魂是知、情、意的统一,情感和知识、道德相联系。艺术作为创制知识,体现实践智慧,以融注情感的形象创造,对个人与城邦皆能发挥认知、道德和美感等三重互相融通的功用价值。亚里士多德论述净化包括艺术的三重功用价值:

其一,艺术的认知功用。艺术是特殊的求知活动,情感净化以“知”为前提,蕴涵实践智慧的意义,使人们在解悟艺术的真理时得到特殊的快感。恐惧与怜悯情感的净化,内蕴良知顿悟,交织理智灵魂的改善,认知因素正是情感净化的清洗剂，令人澄明见识、了悟真谛；俄狄浦斯最后刺瞎自己的双眼，告示人们若不认识“想认识的人”，就会在“黑暗无光”中遭受灾难，无意中作成罪孽；美狄亚怀着复仇心理，极为痛苦地杀死自己的孩子，并控诉妇女屈辱地位的不合理，特洛亚妇女在凄苦境遇中痛斥不义战争。这些情节之所以震慑人心，首先因为剧情中的事理和主人公的省悟，启迪良知和开化心智，使人领悟人生真谛，以达到在城邦和个人的实际生活中，避免悲剧重演的目的。

其二，艺术的伦理道德功用。艺术摹仿人的活动、表现人际关系和行为选择，同伦理道德密切相关。净化也指澄明伦理，熏育道德。如悲剧通过表现高尚与鄙劣人物的举止，寄寓普遍性哲理，主要涉及伦理关系和道德品性。希腊悲剧广泛涉及亲朋、友敌、男女、公民与城邦、奴隶及自由民与统治者以及城邦之间的伦理关系，表现高尚人物的高贵品德和道德缺陷以及卑劣人物的恶劣品德。正是上述错综复杂的伦理与道德问题，铸成悲剧中震颤人心的苦难，引发恐惧与怜悯，这种情感净化也是伦理道德意识的净化。

其三，艺术的审美移情功用。艺术能引起获知的快感，也引发审美情趣的快感，因为人固有音调感和节奏感之类的审美天性；完美的创作技巧，如色彩处理、旋律设计、情节布局、人物刻画等，都能给人美的感受，这是一种审美情感的转移。情感净化的这种审美移情作用，有益于培育和提升审美情操和心理健康，如亚里士多德论述音乐教育时举例说：“一些人沉溺于宗教狂热，当他们听到神圣庄严的旋律，灵魂感发神秘的激动，我们看到圣乐的一种使灵魂恢复正常的效果，仿佛他们的灵魂得到治愈和净洗”；悲剧与其他艺术也能生发与之相同的效应：“那些受怜悯与恐惧及各种情性影响的人，必定有相似的经验，而其他每个易受这些情感影响的人，都会以一种被净洗的样式，使他们的灵魂得到澄明和愉悦。这种净化的旋律同样给人类一种清纯的快乐。”①

总之，亚里士多德认为，艺术的净化作用中，认知、道德和审美移情这三重作用融合在一起，可受理性与实践智慧规约，有陶冶情操的积极作用。

我们在《希腊哲学史》第三卷中，第一编论述逻辑学，第二编论述自然哲

① 《政治学》1341b35—1342b17。

学,第三编论述形而上学,第四编论述实践哲学,其中包括伦理学、政治哲学和艺术哲学三个部分。之后,为第三卷全书作了一个总结:

亚里士多德的形而上学的主题——本体论还是神学?

这里提出的“形而上学”,不只是狭义地指第三编论述的亚里士多德《形而上学》这本书中所论述的形而上学思想,而是广义地指他在逻辑学、自然哲学、形而上学和实践哲学中所阐述的他的整体哲学思想。在西方文化传统中,自从亚里士多德提出“形而上学”这个哲学术语以后,它便成为所有学者研究最根本、最抽象、最广泛的哲学思想的专门名词,即使是和亚里士多德的形而上学思想毫无关系,甚至是排斥、抗拒和反对亚里士多德的形而上学哲学思想的人,也将他自己的哲学思想叫做“形而上学”。

第一,神学和本体论的争论。

陈康先生在《智慧,亚里士多德寻求的学问》一书开卷便说:“两千多年来人们一直在讨论亚里士多德的形而上学,可是没有人对‘什么是亚里士多德的形而上学的主题’这个问题成功地作出肯定的回答。”他说:“形而上学”这个名称是后来编纂亚里士多德著作的人开始用的,柏拉图将这叫做“辩证法”或“辩证方法”,指明它原来和苏格拉底讨论哲学的方法的关系。可是亚里士多德将“辩证法”这个词只用于一般意见的推论活动;而相当于柏拉图的“辩证法”的内容的,亚里士多德却给了一个名称,叫做“智慧”(sophia)。所以我们要探求的便是智慧这门学问的主题究竟是什么。陈康先生说在亚里士多德的著作中讨论到两种智慧,即作为神学的智慧和作为本体论的智慧。这二者是什么关系?谁主谁从?这就是从古以来一直在争论的问题。①

所谓“本体论”(ontology)原意是指普遍地讨论“Being”(“是”)的学问,而“神学”(theology)则被认为是讨论某种特殊的本体,即永恒的、完善的和分离的本体,也就是亚里士多德所说的“第一本体”或“不动的动者”即“神”的学问。对于这二者之间的关系,从20世纪初以来,西方学者主要有几种不同的看法:第一种是以W.W.耶格尔为代表的发展说。他认为亚里士多德的思想

① 参见陈康:《智慧,亚里士多德寻求的学问》,第1—2页。

是有发展过程的，是从早期神学逐渐向本体论思想的发展。不过对亚里士多德思想的发展也有各种不同的说法，有人认为不是从神学发展到本体论，而是从本体论向神学的发展。第二种是还原说，根据亚里士多德所说的“核心意义”(pros hen)将“是”还原为它的第一义即本体，再将本体还原为“第一本体”也就是不动的动者——“神”，从而认为亚里士多德的形而上学就是神学。J.欧文斯神父是这种学说的主要代表，他的主要著作《亚里士多德〈形而上学〉中的 Being(“是”)的学说》成为阐述这种学说的代表作，它的内容在本书第三卷第三编论述《形而上学》Γ 卷中 Being as Being 学说时已经作过介绍。第三种可以说是平行说，认为在亚里士多德的形而上学中，神学和本体论是平行存在的，不能以某一方面吞并或取消另一方面。我们在前面引述过的意大利著名学者 W.莱思齐的《亚里士多德的本体论概念》就不同意 J.欧文斯的意见，认为在亚里士多德的形而上学中，不仅有神学思想，还应该承认有丰富的本体论学说。①

在这个问题上，西方学者有种种不同的学说和争论，我们不可能作更多的介绍和论述。现在想介绍两位中国学者——陈康先生和余纪元对这个问题的研究结果，也许是中国读者乐于知道的。

第二，陈康先生的论证。

陈康先生的《智慧，亚里士多德寻求的学问》是一部专门研究这个问题的系统著作。他自称是接受 W.W.耶格尔学说的影响，但他不是像耶格尔那样，只是抓住亚里士多德著作中几个观点的变化，便作出结论；而是从亚里士多德的早期著作开始，旁及《范畴篇》、《物理学》、《论灵魂》、《伦理学》等著作，主要对《形而上学》中有关诸卷中的重要章节，具体分析它们之间的差别，说明亚里士多德怎样提出问题和发现问题；他已经意识到在本体论和神学之间存在着矛盾，从而想采取各种方式，如以“个体的本体学说”(individualisticousiology)和“本质的本体学说”(essentiaslistic ousiology)以及潜能和现实的学说等，试图调和本体论和神学之间的矛盾。可是陈康先生得出的结论却是：亚里

① 参见本书第三卷，第 752—753 页。

士多德调和二者的矛盾的企图,最后以失败告终。因此,他这本书的“结论”一章的标题是:“智慧,既不是本体论,也不是神学,也不是二者统一的学问。”

陈康先生的全部论证细致复杂,我们在这里只能简要介绍他在结论中所作的论证。他说:有人引证亚里士多德在《尼各马科伦理学》第 6 卷中为“智慧”所下的定义,说 sophia 是本性最高的 episteme(可译为“科学知识”)和 nous(一般译为“理性”,陈康先生译为 intuitive reason“直观理性”,以与逻辑推理的理性和实践理性 phronesis 相区别)的结合(1141b2—3))。有人认为:既然说它们是最高的知识,和《形而上学》第 5 卷第 1 章中所说的在三种理论知识(神学、数学和物理学)中,最高的是神学(1026a19—23)联系起来,便可以认为亚里士多德承认最高的智慧即形而上学,就是神学。陈康先生不同意这种意见,他说:既然亚里士多德将科学知识和直观理性二者并列,显然智慧并不只是二者中的一种,而可以抛开另一种。陈康先生认为:代表一种智慧的应该是两门独立的学问,即神学和本体论;没有一门能排他地和智慧相等同;在寻求一门可以将这二者统一起来,或为一门单一的学问上,亚里士多德也没有成功。由此陈康先生得出结论:不能理解为什么亚里士多德的形而上学可以一方面被解释为普遍的形而上学,另一方面又被解释为特殊的形而上学?在他(亚里士多德)的著作中,无论对哪一种解释,都可以找到相反的证明。因此任何企图将他的思想系统化,用否认这些矛盾因素、或者甚至用另一组的术语去解释这一组术语的方法,都会引起争议,并将继续争论下去。只要是企图将那自身不能系统化的思想系统化,则这种争论将不会终止。①

第三,余纪元的论证。

余纪元的博士论文《亚里士多德的双重形而上学》虽然主要是讨论 Z,H,θ 三卷的内容的,但在论文最后的第 7 章也专门讨论了“亚里士多德的第一哲学是神学还是本体论”的问题;他认为这就是关于普遍形而上学和特殊形而上学之间发生争论的问题。他认为所以发生这种争论,是由于亚里士多德以两种不同的角度和方法探讨形而上学,他是要回答两个不同的问题,即“是什

---

① 参见陈康:《智慧,亚里士多德寻求的学问》,第 384—397 页。

么”和“为什么”的问题。在回答“本体是什么”时，亚里士多德说本体是本质、是形式；余纪元将这叫做“形式的途径”，成为研究 Being as Being 即本体论的基础。而在回答“本体为什么生成”时，亚里士多德对 Being（“是”）和本体作动态的研究，探究它们的动因，余纪元将这叫做“综合的途径”，它是神学的基础。他认为即使在一般公认为统一的 Z,H,θ 卷的所谓《形而上学》的中心卷中，也存在这样的双重形而上学：在 Z 卷第 1 至 16 章中是形式的途径，而从第 17 章亚里士多德提出重新开始研究，就改变为综合的途径，通过 θ 卷的潜能和现实的学说，达到最完全的现实即“第一动者”。

亚里士多德主张神学是最高的理论学科，是第一哲学，这种理论见于 E 卷第 1 章，那里说“神”是永恒的不动的分离的本体。余纪元以为：亚里士多德批评柏拉图的相论，说他将“相”和具体事物分离了；这个“分离”是指空间的分离，可是神和具体事物的分离却不是空间位置上的分离。亚里士多德的“神”和柏拉图的“创造者”不同，神不是主动的创造者；他所以成为推动者，只是因为他是思想和愿望的对象，所以他是最美好的。神在永恒性、完善性和现实性上在先；只是从这个意义上说神是分离的。余纪元认为亚里士多德自己已经发现了普遍和特殊的矛盾，他在 E 卷第 1 章中想调和这个矛盾，这就是他所说的：“第一哲学是普遍的呢，还是研究某一特殊的种的 Being（“是”）的？……如果在自然形成的物体以外没有别的本体，那么物理学便成为第一学问了。但如果有不动的本体，有关它的学问就是在先的，是第一哲学，而且因为它是首要的，所以它是普遍的。”（1026a23—31）

余纪元认为这段话本身便存在矛盾：它开始时将普遍和某一特殊的“种”对立起来，提出问题；继而承认在自然物体以外还有另一种不动的本体，那就应该是一种特殊的本体了。可是最后又说这种特殊的本体是首要的、第一的，所以是普遍的，这样便是将本体论从属于神学。按照这种说法，神学是普遍的，本体论反倒是特殊的，成为神学的部分了。余纪元认为这里显然是亚里士多德想调和普遍和特殊的矛盾，却没有成功。他又引用亚里士多德在《欧德谟伦理学》中所说的：一切都要寻求那首要的东西，首要的是它的定义，是包含在所有定义之中的，例如医疗器械是医生使用的工具，可是器械的定义却并不包含在医生的定义之中。我们到处寻求首要的东西,但是因为普遍的东西是首要的,却由此得出首要的东西是普遍的,这是错误的(1236a22—29)。这就是说:可以说“一个东西是首要的,因为它是普遍的”;却不能说“一个东西是普遍的,因为它是首要的”,为什么首要的东西一定是普遍的呢?

余纪元所引证的亚里士多德在《形而上学》*E* 卷中所说的这句话“因为它是首要的,所以它是普遍的”,早已成为西方学者争论这个问题时的一个焦点。我们在以上论述《形而上学》*Γ* 卷提出 Being as Being 的本体论时,介绍了J.欧文斯在《亚里士多德〈形而上学〉中的 Being(“是”)的学说》一书中对于Being(“是”)的普遍性和完善性所作历史的概述,可以看到从古至今许多学者都根据这句话来证明神学的普遍性;而反对者却找出各种根据和理由,驳斥这个论点。在那里我们曾介绍意大利的亚里士多德研究权威学者 W.莱思齐的反驳论证。余纪元在意大利学习时曾经是 W.莱思齐的学生。

我们在这里扼要地介绍了陈康先生和余纪元的研究结论,并不表示我们完全同意他们所有的看法和论证。但是他们有一个共同的基本观点,即认为在亚里士多德的形而上学思想中,存在着本体论和神学的矛盾;亚里士多德企图将这二者调和统一,却没有成功。这个结论是我们所接受的。这个结论也就是我们在本书第三卷论述亚里士多德的形而上学思想时得出的总体的结论。

现在我们可以进入第三卷的最后一个话题(这个话题由绪论第 2 节和第四编第 25 章综合而成)。

亚里士多德和早期漫步学派。

亚里士多德出生在希腊北部的斯塔吉拉,当时是马其顿王国的首都。他的家族是长期从事医生职业的,他的父亲尼各马科是当时马其顿国王阿明塔斯三世的御医和朋友。阿明塔斯是后来的国王腓力二世的父亲,亚历山大大帝的祖父。亚里士多德跟随他父亲在马其顿宫廷中生活,接受良好的教育;他比腓力大两岁,可能他们从小就结下深厚的友谊,所以后来腓力会聘请亚里士多德做他的儿子亚历山大的教师。

出生于医生世家的亚里士多德从小就接受了医学方面的教育和训练,这对他后来的学术成就是至关重要的。他接受过当时严格的医学训练，学习过药物、饮食和运动的治疗，计量血液的循环，运用绷带和夹板固定断臂接骨的外科手术以及解剖训练等等，已经具备行医能力，古代记载说亚里士多德初到雅典时曾行过医。古代流传的亚里士多德著作目录中曾有关于医学的著作，可惜已经佚失了；但是从他关于动物学的著作中可以看出：如果是一个没有受过严格的解剖训练的人是不可能作出那么精细的观察的。更重要的是医学训练培养了亚里士多德特别重视经验事实的性格，使其具有敏锐的观察、收集和分析的能力；这对于亚里士多德思想的形成和发展是十分重要的。

第一，亚里士多德在柏拉图学园的工作。

柏拉图的学园是一个自由思想的园地，学术讨论和争辩是自由而激烈的，由柏拉图提出的相论，在学园内部就引起各种批评并被作了不同的解释。柏拉图自己在《巴门尼德篇》中批评了相论，亚里士多德在《形而上学》中发展了对相论的批评；他特别攻击柏拉图的继承人斯彪西波和塞诺克拉底将柏拉图的相论和毕泰戈拉学派的数的学说联系起来，将“相”（“型”）说成就是“数”的理论。最后促使亚里士多德离开学园的，还是柏拉图死后让斯彪西波继承学园的领导地位；亚里士多德和色诺克拉特斯一起离开雅典，和他们同时离开学园的还有欧德谟斯、欧多克索等当时学园中的第一流学者。①

第二，创立吕克昂学院。

亚里士多德于公元前335—前334年重返已处于马其顿统治下的雅典，创立吕克昂学院，他所创立的学派被称为“漫步学派（Peritetics，早先译为‘逍遥学派’）”。

吕克昂（Leceum）在雅典城东北郊，和柏拉图学园所在地阿卡德摩相距不远。吕克昂原是供奉吕克昂的阿波罗（Appollo Lyceius）神和缪斯女神的神庙所在地，有一片丛林，亚里士多德在这里盖了一些建筑物，其中有一所有顶盖的院子叫 Peripatos，这所学校因此叫 Paripatekos，但从古以来人们便说所以取这个名称，是因为亚里士多德经常在这里和学生们一起散步，共同讨论哲学问

① 参见本书第三卷，第13—16页。

题;第欧根尼·拉尔修甚至说是亚历山大大帝在患病修养期间到这里和亚里士多德一起散步讨论而得名的。吕克昂的建筑相当巨大,除教学和生活场所外还有图书馆和博物馆这样的建筑。古代记载说这是由他的学生提供了800塔兰特银币资助建成的,有的记载说是由亚历山大大帝提供的。

亚里士多德这次来到雅典享有盛誉,据乌赛比阿的阿拉伯文亚里士多德传记记载:由于亚里士多德的斡旋使雅典免遭马其顿的毁灭性的打击,雅典人集会通过为他树立纪念碑的决议。纪念碑建在城内高处的卫城上,以颂扬亚里士多德对雅典人民和城邦作了出色的贡献。各种古代记载为亚里士多德树碑致敬的事件先后有四次:除这次外还有由腓力二世为亚里士多德在他的故乡树立塑像,由安斐克提昂同盟为他在德尔斐神庙中树立的荣誉碑铭以及在他死后由斯塔吉拉人在他的故乡树立的碑铭。

世界上第一所私人图书馆可能是在吕克昂建立的。亚里士多德十分注意收藏各种图书资料,据说他用3塔兰特银币收购斯彪西波的著作。所以亚里士多德在他的著作中能经常旁征博引地记述别人的著作。吕克昂的藏书最后流入亚历山大里亚城,成为该地著名的庞大图书馆藏书的基础。吕克昂又拥有规模相当大的博物馆或资料中心,古代记载亚历山大大帝东征时命令他的部属将在各地收集到的物产资料送给亚里士多德参考,所以亚里士多德在他的动物著作中能谈到诸如印度大象的生活习性等等。这些优越的研究条件加上亚里士多德本人日益高涨的声望,吕克昂学院的学术地位实际上已经超过当时由塞诺克拉底执掌的柏拉图学园。W.文德尔班说:“吕克昂就其博学宝库的丰富说,已经超过了学园,成为当时希腊的文化中心。”①

在吕克昂内围绕在亚里士多德周围的学生和朋友中有一些学有专长的学者,主要是他的学生和事业继承人塞奥弗拉斯特,他除了在形而上学、伦理学、自然哲学等方面继承和发展亚里士多德的学说外,还是一位杰出的植物学家;欧德谟斯是一位科学史特别是数学、几何学和天文学方面的专家;曼浓是一位医学专家;等等。

---

① W.文德尔班:《古代哲学史》,第241页。

亚里士多德的教学活动通常是每天上午率领一些有学问的朋友和学生一道漫步，讨论深奥或秘传的学说"akroterion"；下午则在柱廊对广大的初学者和旁听者作通俗的公开的演讲"exoterikos"。他的著作也可以分为这样两类，E.蔡勒认为《论题篇》和《政治学》等属于 exoterikos，而《形而上学》和《物理学》等则属于"akroterion"①。也有学者认为亚里士多德生前写定并公开发表的著作属于 exoterikos；而他生前留下未曾公开的讲稿笔记经后人编纂成书的那些著作属于 akroterion。现在要确定哪些著作是亚里士多德在吕克昂时期写的，哪些著作是在此以前或以后写的，也同样是困难的。但可以确定的是：吕克昂时期是亚里士多德的学术观点已经成熟，也是他专心研究各种学术问题并有丰富的收获、写下许多著作的时期，因此学者们常将他的成熟的著作归于这段时期。

亚里士多德十分重视资料的收集和研究工作，他亲自参加这类事务，现在知道的主要有三项：最重要的是他派遣学生到许多希腊城邦去收集该地政治制度和历史的变迁情况，加以整理，据说有 158 种之多。原来全部佚失，但 1880 年在埃及沙漠中发现两页破损的纸草，经学者鉴定就是所有政制中最重要的一部——《雅典政制》古代一个抄本中的部分；10 年以后又在英国不列颠博物馆从埃及得到的古代纸草卷中发现了 4 页几乎包括全文的抄本，经学者整理成现在流传的《雅典政制》。它从公元前 600 年一直记述到公元前 400 年以后雅典实行的民主制度，是研究雅典历史和政治的可靠根据。亚里士多德收集诸城邦的政制是为他的政治学研究提供资料。我们今天既可以看到《雅典政制》那样详实记载的史料，也可以看到《政治学》那样卓识的理论分析和概括，便可以想见亚里士多德的理论著作都是在占有大量资料基础上经过细致钻研才精心写成的。1895 年在雅典西北方的德尔斐神庙遗址中发掘出向亚里士多德致敬的碑铭，记载德尔斐人颂扬亚里士多德及其外甥卡利斯赛尼，由于他们收集了皮索（Pytho）赛会历届获奖者的名单。据估算书板上的文字达六万字左右，是研究古代希腊文化史的重要资料，这项工作大约完成于公元

---

① E.蔡勒：《亚里士多德和早期漫步学派》，第 111—112 页。

前 335—前 334 年(但已佚失,仅存 6 个残篇)。另一项研究是关于大狄奥尼修庆典(希腊酒神,雅典为他举行盛大的戏剧演出)竞争者的,是详尽的雅典戏剧演出情况的记录。这项研究成为日后亚历山大里亚时期文学史家研究古代剧院史时的编年框架,是研究希腊文学史的重要资料(也已佚失)。这项工作可能也是亚里士多德在雅典的晚期完成的。

第三,亚里士多德和亚历山大大帝。

公元前 323 年亚历山大大帝去世,亚里士多德被迫离开雅典。他和亚历山大的关系在历史上一直有不同的说法:说亚历山大大帝曾经在经济上支援亚里士多德创建吕克昂学院,以及在东征期间命令部属为亚里士多德提供研究资料,这是为较多学者认同的。但是另一方面,在现存的亚里士多德的著作中,只有一处——《家政学》(《经济学》)1352a29 提到亚历山大命令在法罗斯附近建造城市。其他有两个短篇《论宇宙》和《亚历山大修辞学》据说是亚里士多德为亚历山大写的,但经过考证多数学者认为是后人的伪作;此外在第欧根尼·拉尔修记载的亚里士多德书目中有《亚历山大或为殖民辩》、《论王制》以及《致亚历山大书信》4 卷等,均早已失传。后来亚里士多德学派的著作中对亚历山大往往采取贬抑的态度称他为“暴君”,这也可能与当时的历史情况有关。

亚里士多德和亚历山大在政治上发生的关系,在古代记载中却还是有蛛丝马迹可寻的。亚历山大大帝出发远征时将后方——马其顿和希腊交给部下大将安提帕特镇守。当腓力二世被刺身亡、马其顿宫廷内部发生争斗时,正是安提帕特等将领竭力拥立亚历山大为王,从而深得亚历山大的信任。安提帕特和亚里士多德的私人交情很好,亚里士多德最后在遗嘱中还指定安提帕特为他的遗嘱执行人。据古代记载说使亚里士多德和亚历山大发生裂痕的原因是:亚里士多德将他的外甥或侄子卡利斯赛尼推荐给亚历山大大帝,在他部下任职。卡利斯赛尼骄傲自大,得罪了许多人,也得罪了亚历山大大帝,因而被处死;因此亚历山大对亚里士多德也产生了怀疑与隔阂。

第四,“不让雅典人重犯处死苏格拉底那样的冒渎哲学的罪行”。

亚里士多德虽然被卷进马其顿内部的斗争之中,但在雅典人看来他还是和马其顿关系密切并受马其顿势力庇护的人。所以当亚历山大大帝去世的消息传到雅典后，以著名的修辞学者（诡辩家）德谟斯提尼为首的反马其顿党人立即发起要和安提帕特作战以解放希腊的运动。他们将矛头指向亚里士多德，借口亚里士多德犯了渎神罪，控诉他。亚里士多德为了“不让雅典人重犯处死苏格拉底那样的冒渎哲学的罪行”，离开雅典去优卑亚岛，让他的学生塞奥弗拉斯特留在雅典主持吕克昂学院。

第五，亚里士多德的遗嘱。

亚里士多德来到卡尔塞斯，这里是他母亲的故乡，有她留下的房产作为她儿子的最后栖息所。亚里士多德只和家属住在一起，他的妻子皮提娅斯早已去世，留下一个女儿也叫皮提娅斯。亚里士多德后来和一个叫赫尔庇利斯的女人同居，她为他生了一个儿子叫尼各马科，和祖父同名。他们在等待亚里士多德少年时代的监护人普洛克塞努的儿子尼肯诺到来和女儿皮提娅斯结婚。他们家里有一些仆人和奴隶。亚里士多德在这里生活的时间很短，第二年便因病去世，享年 63 岁。

第欧根尼 · 拉尔修的书中记载了一份据说是亚里士多德的遗嘱。在亚里士多德的著作中从未有谈到过他自己的生活情况，这份遗嘱给我们提供了窥视这位伟大哲人晚年的生活和心情的窗口。①

这份遗嘱的真实性是有人怀疑的，但这是我们现在所有的唯一材料，可以从中看到亚里士多德的个人生活和他的品德，看到他对妻子、儿女、母亲、兄弟姐妹、监护人以及奴仆们的那种充满人情味的感情。

这样一位伟大的哲学家——“The Philosopher”默默地去世了，他为两千多年来的西方哲学开创了一个新局面，并且奠定了理性地、自由地发展的基础；他为此所作的贡献，可以说是无与伦比的。

第六，亚里士多德遗稿的发现。

公元前 323 年亚历山大大帝去世，亚里士多德被迫离开雅典，将吕克昂学院的事务完全交给他的学生和朋友塞奥弗拉斯特主持。塞奥弗拉斯特在这里

① 参见本书第三卷，第 23—27 页。

主持工作三十多年,奠定了这个学派的思想、制度和物质基础,他是当之无愧的漫步学派的第一任首领。E.蔡勒在《亚里士多德和早期漫步学派》书中提供了在公元前287年塞奥弗拉斯特去世后的早期漫步学派的历届领导人名单是:斯特拉托、吕科、阿里斯托、克里托劳斯、狄奥多罗斯,最后传到厄律尼乌斯(约公元前120—前110年左右)。

亚里士多德去世后,他的学生塞奥弗拉斯特和欧德谟斯等虽然仍继承老师的研究工作,但只是做了一些修补和枝节性的发展,他们的学术成就远远不能和亚里士多德相比。塞奥弗拉斯特临死前将他的藏书(主要是亚里士多德和他自己的手稿)交给同事奈琉斯,由他带到他在小亚细亚的故乡斯凯帕西斯,在那里由于躲避官方收缴图书,被藏在地窖中湮没了一百多年。所以早期漫步学派从斯特拉托领导时开始,大约就没有能见到亚里士多德的秘藏学说即我们现在能看到的那些深奥的学说,只能看到那些公开的对话等著作。他们的研究大约也只限于逻辑学、自然哲学主要是生物学和灵魂学说,尤其是当时希腊世界普遍流行的伦理学说。早期漫步学派却将亚里士多德的伦理思想和柏拉图学园中的观点,以及当时已经兴起的斯多亚学派的学说连接起来互相吸收。因此学者们认为整个早期漫步学派并没有对亚里士多德的哲学思想作出重要的发展。

这种情况到了公元前1世纪有了大的转变,这就是亚里士多德的手稿被重新发现。它们返回雅典后又被运往罗马,由漫步学派第11任主持人安德罗尼柯和文法学家提兰尼俄加以编纂整理并公开发表,时间大约是公元前40年左右。学术界通常将第11任主持人之后的阶段称为晚期(后期)漫步学派。

因此在公元1至2世纪,亚里士多德著作的研究重新形成热潮,许多学者对他的逻辑学、自然哲学、形而上学的著作写了许多注释,其中最著名的代表是阿弗罗狄西亚的亚历山大,这些已经属于后期漫步学派的工作。公元3世纪后的漫步学派情况已经少为人知,对亚里士多德著作的注释多由新柏拉图学派中人担负。公元529年罗马皇帝查士丁尼下令关闭雅典所有异教学校,吕克昂学院和漫步学派也就宣告终结。

第七,塞奥弗拉斯特和欧德谟斯的学说。

我们能够看到的有关早期漫步学派的资料极少。在第欧根尼·拉尔修的《著名哲学家的生平和学说》中有关于塞奥弗拉斯特和斯特拉托等人的简短的生平传记,但没有关于欧德谟斯等的资料。这些哲学家的著作现在完整保留下来的只有塞奥弗拉斯特的《植物学》两卷和不完全的伦理著作《论品德》,其他都只有散见于各种古代书籍的残篇中。E.蔡勒在《亚里士多德和早期漫步学派》第18—21章中整理这些哲学家的著作和残篇,对他们的思想作了简要的介绍。虽然是第二手材料,但对我们了解亚里士多德去世后早期漫步学派的思想倾向和一般情况还是有帮助的。

E.蔡勒专门介绍了亚里士多德在吕克昂学院的继承人塞奥弗拉斯特的思想,他认为塞奥弗拉斯特在理性创造力上确实不能和亚里士多德相比,但由于他的勤奋努力,也尽可能地在各方面发展和完善了亚里士多德的学说。E.蔡勒认为亚里士多德的哲学中有两个方面的因素,一个是思辨的,另一个是经验的;他说塞奥弗拉斯特的出发点是经验。亚里士多德的研究是以事实为基础出发建立甚至是最普遍的原理,塞奥弗拉斯特也相信必须从观察开始才能得到正确的概念。理论必须和经验的材料相符,因此必须从考虑个别的事物开始;感性知觉提供的资料和思想或者可以直接用到自己的目的上,或者用来解决由经验揭示的困难,以利于未来的发现。这就是塞奥弗拉斯特坚持的观点,如果普遍原理不能解释特殊事实,他便会毫不犹豫地要我们回到经验中去。①比较重视经验事实可以说是早期漫步学派的共同信念。

E.蔡勒专门介绍了塞奥弗拉斯特在形而上学、自然哲学、植物学、灵魂学说等方面对亚里士多德思想的发展和区别,所谈到的理论问题过于复杂。②现在只扼要地介绍E.蔡勒指出的在伦理学说上塞奥弗拉斯特和亚里士多德思想的不同点:亚里士多德并没有忽视外在的善和环境对人的道德生活的意义,不过他只是将这些当做是道德活动的助手和工具,主张它们从属于实践品德。而在塞奥弗拉斯特那里,我们却可以发现他有一种要赋予外部环境以更

① E.蔡勒:《亚里士多德和早期漫步学派》第二卷,第351—357页。

② 参见本书第三卷,第1014—1022页。

大的重要性的倾向。对理论思辨活动的偏爱是深深植根于亚里士多德的体系之中的,而在塞奥弗拉斯特这里,理论思辨却要和不受干涉地献身于他的工作结合起来。这正如私人生活的限制一样,乃是时代条件改变的结果。由于他对于活动的外部条件非常关心,所以他的道德语调缺乏某种森严和力量,而在亚里士多德那里这却是明白无误的。可是在这方面塞奥弗拉斯特所提出的驳斥,尤其是出自他的斯多亚学派的反对者立场的,却显然是夸大了的。他和亚里士多德的不同,只是在着重点上无关紧要的差别,并不是原则上的根本分歧。

可以说是塞奥弗拉斯特伦理观点的特征的,是他关于"幸福"的说法:他主张幸福是哲学的也是人类活动的目标,他同意亚里士多德主张美德是绝对吸引人的,它即使不是唯一的,至少也是特殊意义的"善";但是他还不能承认外在条件是无关紧要的,他否认单是美德就足够构成幸福,或者幸福可以和极端的物质上的痛苦一起存在。他抱怨我们的理智生活要服从肉体的需要,因而产生了干扰,他因而抱怨人生的短暂,正当我们得到某种见识时,生命便停止了,抱怨人要依赖环境,而这是人所不能控制的。他确实比他的老师赋予外部关系以更大的重要性,对这种品格的解释只能从他特别偏爱研究生活的平静和安宁中去寻找。尤其是在他关于婚姻的残篇中可以看到:他劝阻哲学家结婚,理由是关心家庭便会影响工作,必须避免家庭生活才能自我满足。在那个时代,斯多亚和伊壁鸠鲁学派都以让智慧的人独立自足为目标,塞奥弗拉斯特也追求同样的目标,只是他忠实于漫步学派伦理学的精神,却不愿意忽视自足生活的外部条件。

E.蔡勒在《亚里士多德和早期漫步学派》书中除介绍和评述塞奥弗拉斯特的哲学、伦理思想外,还论述了亚里士多德的另一位学生欧德谟斯的哲学和伦理思想。他认为欧德谟斯的伦理学在其神学方面有显著的特色:亚里士多德在道德学说方面将人类的目的和能力限于自然方面,而欧德谟斯却将人的活动的起源和目的与"神"更紧密地联系起来。在人类活动的起源问题上,他指出许多并不是由于有"见识"而活动的人,他们的行动还是幸福的,他认为这必然是赐给这些人的特有的幸运礼物。这种礼物从哪里来的?它不是人赐给自己的，必然来自“神”——世界运动的根源。再说，见识以及由此产生的品德具有相同的起源，因为每个理性活动都设定理性，而理性自身必然是神赐给礼物。正如品德起源于神，所以“神”也是一切理性和道德活动的最后目的。亚里士多德将思辨知识描述为最高的理性活动，又是幸福的最主要的因素；欧德谟斯却进一步认为这种知识就是神的知识，并且因此将亚里士多德的“幸福和思想（theoria）同在”的命题改变为“所有善的东西都和引导我们对神的沉思成比例”。一切阻碍我们沉思神、崇拜神的都是恶；他认为这个概念可以补足亚里士多德的欠缺，这也是“按照理性活动”的更精确的定义。我们越是坚持这个目标，便越不会被灵魂中的非理性因素所迷惑。他认为追求神的知识的努力就是一切道德的最后根源。E.蔡勒强调欧德谟斯伦理学说的本质特征在于将伦理学和神学联系起来，认为这是离开亚里士多德哲学的精神而接近柏拉图的。①

从以上主要根据E.蔡勒提供的资料表明，由塞奥弗拉斯特开创的早期漫步学派的学术工作，只能说是继续亚里士多德的研究，在一些枝节问题上纠正和发展了亚里士多德的思想，既没有提出重要的有创造性的哲学观点，也没有产生能独树一帜的哲学家。因此在后期希腊化以及罗马时期的哲学思想发展中，漫步学派没有能像斯多亚学派、伊壁鸠鲁学派、怀疑论和后起的柏拉图学派那样占有重要的地位，虽然他们的思想在彼此间是有互相影响和渗透的。

从E.蔡勒提供的这些思想资料中也可以看出，早期漫步学派的哲学家们在继承亚里士多德的思想时基本上是向两个方向发展的：一个是以塞奥弗拉斯特为代表的被E.蔡勒称为“自然主义”的倾向，他们比较重视经验事实，注意研究自然；他们在物理学、心理学（关于灵魂的学说）、植物学以至伦理学方面对亚里士多德的观点作了一些补充，为后来的西方的科学研究进一步开辟了道路。另一个是以欧德谟斯为代表的可以说是继承了亚里士多德的神学方向，偏向研究最后的神圣的本原；这种思想倾向在漫步学派内部虽然没有多大影响，但是和后来的新柏拉图主义和基督教哲学是有内在联系的。在以上讨

① 参见E.蔡勒：《亚里士多德和早期漫步学派》第2卷，第417—429页。

论亚里士多德的形而上学思想时，我们说到他有神学和本体论并存的两个矛盾方面，在他的学生中也同样发生这两种不同的倾向。①

亚里士多德哲学标志希腊古典哲学的终结。由于传统观念的影响和研究方面的缺陷，晚期希腊以往不受重视。在西方，完成全部希腊哲学史多卷本的仅有 19 世纪末、20 世纪德国的蔡勒。20 世纪后半叶，剑桥大学的格思里计划独自完成新的多卷本。可惜由于年龄和精力的关系，他写完前苏格拉底三大卷、柏拉图及其学园两大卷后，亚里士多德部分仅留下他女儿帮忙完成的一小卷。感到欣慰的是我们四个人耗时近 20 年完成了希腊哲学史前三卷，第四卷也将出版。在学术界的支持下，国家社科基金项目“四卷本希腊哲学史导读及专题研究”已经通过立项，我们将以“前三卷要义”和第四卷为基础，撰写四卷本导读。在那里不仅有“要义”的展开，资料性的注释，而且用另一种字体介绍新的史料和研究成果以及我们的新的见解，重要问题用专题论文形式出版论集。

① 参见本书第三卷，第 1037 页以后。

书 目

本卷仅列举参阅过的书目，中外文书目均按拉丁字母顺序排列。

第一类 工具书

A Greek-English Lexicon, ed. by Lidell-Scott-Jones, Clarendon Press, Oxford, 1996.

利德尔-斯科特-琼斯编，《希英大辞典》牛津，1996 年增订版。

A Latin Dictionary, Revised, Enlarged and in Great Part Rewriting by Chasetin Lewis, Oxford, 1989.

C.T.路易斯修订、扩充和大部分改写版，《拉英大辞典》牛津，1989 年。

Encyclopedia of Philosophy, second edition, Thomson, Edition in Chief, Donald M. Borchest, 10 Vols, 2006.

D.M.波切斯特主编：《哲学百科全书》，十卷本，汤姆逊出版有限公司，2006 年。

Encyclopedia of Religion, 2nd edition, 15 Vols., Editor in Chief, Lindsay Johns, Macmillan, 2005.

L.约翰斯主编，《宗教百科全书》，15 卷本，麦克米兰出版公司，2005 年修订第二版。

Encyclopedia of the Ancient Greek World, Revised Edition by Lisa R. Brody, Facts on File, Inc., 2005.

莉莎·布洛迪编，《古代希腊世界百科全书》，Facts on File 出版有限公司，2005 年修订本。

New Catholic Encyclopedia, 15 Vols., second edition, 2003.

《天主教百科全书》，1907—1912 年初版，1967 年修订第二版，2003 年重印。

The Cambridge Dictionary of Classical Civilization, ed. by Graham Shipley, John Vanderspoel, David Mattingly and Lin Foxhall, Cambridge University Press, 2006.

格拉罕·雪勒等主编,《剑桥古典文明辞典》,剑桥大学出版社,2006 年初版。

The New Encyclopedia Britannica, fifteenth edition, 1974, reprinted, 33 Vols, 2005.

《新版大英百科全书》,1768—1771 年初版,1974 年第 15 版,2005 年重印,共 32 卷,加上 2005 年补充卷,共 33 卷。

The Oxford Classical Dictionary, ed.by Hammond, N.G.L., and H.H.Scullard, Oxford, 1996.

《牛津古典辞典》,牛津,1996 年第三版。

10. *Theological Dictionary of the New Testament*, ed. by Gerhard Kittel, Michigan, Eardmans Publishing Company, Reprinted, 1995.

格尔哈曼·克依特主编:《新约神学辞典》,密歇根爱尔德曼出版公司发行,1995 年再版。

11. *Word Biblical Commentary*, General Editors, David A.Hubbard, Glenn W.Barker, Dallas, Texas, 52 Vols.

大卫·哈巴特、格林·巴克尔主编,《圣经词语注释》,52 卷本,得克萨斯,达拉斯出版集团。

第二类 古代文献

Aristotle, 23 vols., ed. By G. P. Goold, Loeb Classical Library, New Edition, 1995; Reprinted with corrections, 1999.

G.P.古德主编:《亚里士多德》(23 卷本),1995 年《洛布希英对照古典丛书》新版,1999 年修订本。

Augustine, *Anti-Pelagian Writings*, see in Philip Schaff (ed.), *Nicene and Post-Nicene Fathers of the Christian Church*, First Series, Vol. V, Edinburgh, T & T Clark, 1991.

奥古斯丁:《反佩拉鸠著作集》,见菲利普·沙夫编:《尼西亚和后尼西亚教父学》第 1 系列第 5 卷,爱丁堡,T&T Clark 出版公司,1991 年。

Augustine, *Christian Instruction*; *Admonition*

and Grace; *The Christian Combat*; *Faith, Hope and Charity*, see in *The Fathers of the Church*, Vol.9, Washington, The Catholic University of America Press, 1992.

奥古斯丁:《基督教导论》、《警训和恩典》、《基督教战争,信仰、希望和慈爱》,见《教父学》第9卷,华盛顿,美国天主教大学出版社,1992年。

Augustine, *City of God and Christian Doctrine*, see in Philip Schaff (ed.), *Nicene and Post-Nicene Fathers of the Christian Church*, First Series, Vol. II, Edinburgh, 1994.

奥古斯丁:《上帝之城和基督教学说》,见菲利普·沙夫编:《尼西亚和后尼西亚教父学》第1系列第2卷,爱丁堡,T & G Clark出版公司,1994年。

Augustine, *Commentary on the Lord's Sermon with Seventeen Related Sermons*, see in *The Fathers of the Church*, Vol. 11, Washington, The Catholic University of America Press, 2001.

奥古斯丁:《上帝布道之注释,附十七篇相关布道集》,见《教父学》第11卷,华盛顿,美国天主教大学出版社,2001年。

Augustine, *Confessions and Letters*, see in Philip Schaff (ed.), *Nicene and Post-Nicene Fathers of the Christian Church*, First Series, Vol. I, Edinburgh, T & T Clark, 1994.

奥古斯丁:《忏悔录和书信集》,见菲利普·沙夫编:《尼西亚和后尼西亚教父学》第1系列第1卷,爱丁堡,1994年。

Augustine, *Expositions of the Book of Psalms*, see in Philip Schaff (ed.), *Nicene and Post-Nicene Fathers of the Christian Church*, First Series, Vol. VIII, Edinburgh, T & T Clark, 1989.

奥古斯丁:《圣歌集之解释》,见菲利普·沙夫编:《尼西亚和后尼西亚教父学》第1系列第8卷,爱丁堡,1989年。

Augustine, *Four Anti-Pelagian Writings*, see in *The Fathers of the Church*, Vol. 86, Washington, The Catholic University of America Press, 1999.

奥古斯丁:《四篇反佩拉鸠的作品》,见《教父学》第86卷,华盛顿,美国天主教大学出版社,1999年。

Augustine, *Homilies on the Gospel of John Homilies on the First Epistle of John Soliloquies*, see in Philip Schaff(ed.), *Nicene and Post-Nicene Fathers of the Christian Church*, First Series, Vol. VII, Edinburgh, T & T Clark, 1991.

奥古斯丁:《布道者论约翰福音书中关于约翰独白的第一使徒书》,见菲利普·沙夫编:《尼西亚和后尼西亚教父学》第1系列第7卷,爱丁堡,1991年。

Augustine, *On the Holy Trinity*; *Doctrinal Treatises*; *Moral Treatises*, see in Philip Schaff (ed.), *Nicene and Post-Nicene Fathers of the Christian Church*, First Series, Vol.III, Edinburgh, T & T Clark, 1993.

奥古斯丁:《论神圣的三位一体》、《学说论文集》、《道德论文集》,见菲利普·沙夫编:《尼西亚和后尼西亚教父学》第1系列第3卷,爱丁堡,1993年。

Augustine, *Sermon on the Mount*; *Harmony of the Gospels*; *Homilies on the Gospels*, see in Philip Schaff (ed.), *Nicene and Post-Nicene Fathers of the Christian Church*, First Series, Vol.VI, Edinburgh, T & T Clark, 1996.

奥古斯丁:《登山宝训》、《福音书的和谐》、《布道者论福音书》,见菲利普·沙夫编:《尼西亚和后尼西亚教父学》第1系列第6卷,爱丁堡,1996年。

Augustine, *The Teacher*, *The Free Choice of The Will*, *Grace and Free Will*, see in *The Fathers of the Church*, Vol.59, Washington, The Catholic University of America Press, 1990.

奥古斯丁:《教师、意志的自由选择、恩典和自由意志》,见《教父学》第59卷,华盛顿,美国天主教大学出版社,1990年。

Augustine, *Writings Against the Manichaens and Against the Donatists*, see in Philip Schaff (ed.), *Nicene and Post-Nicene Fathers of the Christian Church*, First Series, Vol.IV, Edinburgh, T & T Clark, 1989.

奥古斯丁:《反摩尼教徒和多纳图派信徒的著作集》,见菲利普·沙夫编:《尼西亚和后尼西亚教父学》第1系列第4卷,爱丁堡,1989年。

Austin, M.M., *The Hellenistic World from Alexander to the Roman Conquest, A Selection of Ancient Sources in Translation*, Cambridge University Press, 1st, 1981, Revised Edition, 2006.

M.M.奥斯汀:《从亚历山大到罗马征服时期的希腊化世界原始资料译文选》,剑桥大学出版社,1981年初版,2006年修订第二版。

Bailey, C., *Epicurus, The Extant Remains*, Oxford, U.P.1926.

C.巴利:《伊壁鸠鲁残篇》,牛津大学出版社,1926年。

Basil, *Ascetical Works*, *Letters*, Vol.9, see in *The Fathers of the Church*, Vol.13, Washington, The Catholic University of America Press, 1950.

巴西尔:《苦行著作集与书信》第九卷,见《教父学》第13卷,华盛顿,美国天主教大学出版社,1950 年。

Basil, *Exegetic Homilies*, see in *The Fathers of the Church*, Vol. 46, Washington, The Catholic University of America Press, 1963.

巴西尔:《布道解经》,见《教父学》第 46 卷,华盛顿,美国天主教大学出版社,1963 年。

Basil, *Letters*, Vol. 1, Vol. 2, see in *The Fathers of the Church*, Vol. 13, Vol. 14 Washington, The Catholic University of America Press, 1951.

巴西尔:《书信集》第 1、2 卷,见《教父学》第 13 卷,华盛顿,美国天主教大学出版社,1951 年。

St. Basil, *The letters*, 4Vols; Loeb Classical Library, First Printed 1934, Reprinted 1970.

圣巴西尔:《书信集》(4 卷本),《洛布希英对照古典丛书》,1934 年初版,1970 年再版。

包利民、章雪富主编:《两希文明哲学经典译丛》第 1 系列 10 部[《哲学谈话录》,《强者的温柔——塞涅卡伦理文选》,《论自然凝思和太一(九章集选译本)》,《论灵魂及其起源》,《论凝思的生活》,《论灵魂和复活》,《自然与快乐(伊壁鸠鲁的哲学)》,《古典共和精神的捍卫——普鲁塔克文选》,《论至善和至恶》,《悬搁判断与心灵宁静(希腊怀疑论原典)》],包利民、石敏敏、吴欲波、刘玉鹏等译,中国社会科学出版社,2004—2005 年。

北京大学哲学系编译:《古希腊罗马哲学》,商务印书馆,1982 年。

北京大学哲学系编译:《西方哲学原著选读》(上、下),商务印书馆,1998 年。

Cicero, *On Moral Obligation*, Trans. by John Higginbotham, University of California Press, 1967.

西塞罗:《论道德义务》,约翰·希金伯萨姆译,加利福尼亚大学出版社,1967 年。

《西塞罗全集·演说词卷》(上),王晓朝译,人民出版社,2008 年。

《西塞罗全集·演说词卷》(下),王晓朝译,人民出版社,2008 年。

西塞罗:《论法律》(拉丁文—中文对照),王焕生译,上海人民出版社,2006 年。

Clement of Alexandria, Loeb Classical Library, Rep. 1982.

《亚历山大里亚的克莱门》,《洛布希英古典丛书》,1982 年再版。

Dillon, M. and Gaeser, L., *Ancient Rome, from the Early Republic to the Assassination of Julius of Caesar*, Routledge, 2005.

M.狄龙、L.加瑟:《从早期共和至暗杀恺撒的古代罗马》(文献汇编),劳特里奇出版社,2005 年初版。

Diogenes Laertius, *Lives of Eminent Philoso-*

phers, 2 Vols., Loeb Classical Library, 1925.

第欧根尼·拉尔修:《著名哲学家的生平和学说》(2卷本),《洛布古典丛书》,1925年。

Epictetus, *The Discourses, As Reported by Arrian, the Manual, and Fragment*, 2Vlos., Loeb Rep.1989.

爱比克泰德:《哲学谈话录》(2卷本),《洛布希英古典丛书》,1989年再版。

Epictetus, *The Discourses of Epictetus*, Trans. by Robin Hard, Everyman, 1995.

爱比克泰德:《哲学谈话录》,罗宾·哈德译,人人出版社,1995年。

Frances Hazlitt and Henry Hazlitt, *The Wisdom of the Stoic*, University Press of America, 1984.

弗兰西斯·哈兹利特、亨利·哈兹利特:《斯多亚的智慧》,美国大学出版社,1984年。

Gregory of Nazianzus, *Orations*; *Letters*. Philip Schaff and Henry Wace (eds.), *Nicene and Post-Nicene Fathers of the Christian Church*, Second Series, Vol. VII, Edinburgh, T & T Clark, 1989.

拿先斯的格列高利:《演说集》、《书信集》,见菲利普·沙夫和亨利·瓦斯编:《尼西亚和后尼西亚教父学》第2系列第7卷,爱丁堡,1989年。

Gregory of Nazianzus, *Select Orations*, see in *The Fathers of the Church*, Vol. 107, Washington, The Catholic University of America Press, 2003.

拿先斯的格列高利:《演说文选》,见《教父学》第107卷,华盛顿,美国天主教大学出版社,2003年。

Gregory of Nyssa, *Ascetical Works*, see in *The Fathers of the Church*, Vol. 58, Washington, The Catholic University of America Press, 1967.

尼撒的格列高利:《苦行著作集》,见《教父学》第58卷,华盛顿,美国天主教大学出版社,1967年。

Gregory of Nyssa, *Commentary on the Song of Songs*, Hellenic College Press, 1987.

尼撒的格列高利:《雅歌注释》,希腊学院出版社,1987年。

Gregory of Nyssa, *Dogmatic Treatises*; *Ascetic and Moral*; *Philosophical*; *Apologetic*; *Oratorical*; *Letters*. Philip Schaff and Henry Wace (eds.), *Nicene and Post-Nicene Fathers of the Christian Church*, Second Series, Vol. VII, Edinburgh, T & T Clark, 1994.

尼撒的格列高利:《教条论集:苦行和道德、哲学、护教、演说及书信》,见菲利普·沙夫和亨利·瓦斯编:《尼西亚和后尼西亚教父学》第2系列第7卷,爱丁堡,1994年。

Gregory of Nyssa, *Gregory of Nyssa's Trea-*

tise on the Inscription of the Psalms, *Introduction*, *Translation*, *and Notes*, Clarendon Press, 1995.

尼撒的格列高利:《格列高利关于碑铭圣歌的论文集:介绍、翻译和注释》,克莱兰顿出版社,1995 年。

Gregory of Nyssa, *The Catechetical Oration of Gregory of Nyssa*, Cambridge University Press, 1956.

尼撒的格列高利:《格列高利的问答式演说集》,剑桥大学出版社,1956 年。

Gregory of Nyssa, *The Easter Sermons of Gregory of Nyssa*, *Translation and Commentary*, Fourth International Colloquium on Gregory of Nyssa, The Philadelphia Patristic Foundation, Ltd., 1981.

尼撒的格列高利:《格列高利东方布道集:翻译与评注》,第四届国际尼撒的格列高利研讨会文集,费城教父学出版基金有限公司,1981 年。

Gregory of Nyssa, *The Life of Moses*, New York, Paulist Press, 1978.

尼撒的格列高利:《摩西的一生》,纽约,保罗出版社,1978 年。

Gregory of Nyssa, *The Lord' s Prayer and The Beatitudes*, New Man Press, 1954.

尼撒的格列高利:《上帝的祈祷和祝福》,纽曼出版社,1954 年。

Jacob, Von Felix, *Die Fragmente der Griechischen Historiker*, 15 Volume set, Berlin, 1923.

F.雅各比:《希腊史残篇》15 卷本,柏林,1923 年。

《老年·友谊·义务——西塞罗文集》,高地、张峰译,上海三联书店,1989 年。

Long, A.A.and Sedley, D.N., *The Hellenistic Philosophers*, 2Vols, Cambridge , 1987. A.A.朗格、D.N.西德莱:《希腊化时期哲学家资料选编》,2 卷本,剑桥大学出版社,1987 年。

卢克莱修:《物性论》,方书春译,三联书店,1958 年。

Lucretius, *De Rerum Natura*, with An English Tran. By W. H. D. Rouse, Revised by M.F.Smith, Loeb Classical Library, 1992.

卢克莱修:《万物本性论》, W. H. D. Rouse 英译,Smith 修订本,1992 年。

Marcus Aurelius, *The Meditations of Marcus Aurelius*, R. B. Rutherford, Clarendon Press, Oxford, 1989.

马可·奥勒留:《沉思录》,R.B.鲁斯福特译注,牛津克莱兰顿出版社,1989 年。

苗力田编译:《古希腊哲学》,中国人民大学出版社,1996 年。

Michael L.M., *Classics of Moral and Political theory*, Hackett Publishing Company, 1992.

L.M.米歇尔编:《道德和政治理论经典文选》,哈克特出版公司,1992 年。

Philo,10 Vols.,Loeb Classical Library,First Edition 1962,Rep 1991.

《斐洛》10卷本,《洛布希英古典丛书》,1962年初版,1991年再版。

《柏拉图全集》(4卷本),王晓朝译,人民出版社,2002—2004年。

Plato,12 Vols.,Loeb Classical Library,Rep. 1982—1995.

《柏拉图对话集》(12卷本),《洛布希英古典丛书》,1982—1995年再版。

Plotinus,*Ennead*,English Translated by Stephen McKenna and B. S. Page, Chicago, 1992.

普罗提诺:《九章集》,S.麦肯纳和B.S.佩奇英译,芝加哥,1952年。

Plotinus, *Ennead*, Text with an English translation by A.H.Armstrong, Vols.1-7, Loeb Classic Library,1966-1988.

普罗提诺:《九章集》7卷本,A.H.阿姆斯庄英译,《洛布古典丛书》,1966—1988年。

普鲁塔克,《希腊罗马名人传》,陆永庭等译,商务印书馆,1995年。

Proclus, *Ten Doubts Concerning Providence and a Solution of Those Doubts*; *On the Subsistence of Evil*, translate into English from their Latin Version of William of Moerbeke by Thomas Taylor, Chicago, Ares Publishing Inc.,1983.

普鲁克洛的两篇论文:《关于天意的十个疑团及其解法》、《论恶的持续性》,托马斯·泰勒译自威廉·莫艾贝克拉丁文本,芝加哥阿瑞斯出版有限公司,1983年。

Richard Sorabji, *The Philosophy of the Commentators, 200-600AD*, 3 Vols., Cornell, U.P.,2005.

理查德·索拉比:《公元200—600年间注释家们的哲学》(3卷本),康奈尔大学出版社,2005年版。

Romm, J., *Alexander the Great, Selections from Arrian, Diodorus, Plutarch, and Quintus Curtius*, Hackett Publishing Company,2005.

J.罗姆:《辑自阿里安、德奥多罗、普鲁塔克、昆图斯·库尔梯乌的亚历山大资料选》,哈克特出版公司,2005年初版。

Royse,J.R.,*The Texts of Philo of Alexandria*, Brill,1991.

J.R.罗伊斯:《亚历山大里亚的斐洛原典集》,伯利尔出版社,1991年。

Saunders,J.L.,*Greek and Roman Philosophy after Aristotle*,The Free Press,1996.

J.L.桑德尔编:《后亚里士多德的希腊罗马哲学》,自由出版社,1996年。

Sextus Empericus,4Vols, Loeb Classical Library,Rep.2000.

《塞克斯都·恩披里柯》(4卷本),《洛布希英古典丛书》,2000年再版。

Seneca, *Letters from a Stoic*, ed. by Robin Campbell, Penguin Book, 1969.

塞涅卡:《一个斯多亚成员的书信集》,罗宾·卡姆伯尔编,企鹅丛书,1969年。

Smith, M.F., *The Epicurean Inscription*, Edited with Introduction, Bibliopolis, 1992.

M.F.史密斯编:《伊壁鸠鲁碑铭》,书城丛书,1992年。

Vogel, C.J., *Greek Philosophy, A Collection of Texts with Notes and Explanations*, Vol.3, Leiden, 4th edition, 1969.

C.J.沃格尔:《希腊哲学:附有注解的原始资料》第3卷,莱登,1969年第四版。

周辅成(编译):《西方伦理学名著选辑》(上、下),商务印书馆,1964年。

第三类　近现代学者的著作和论文集

Alexandre, M., *Rhetorical Argumentation in Philo of Alexandria*, Scholars Press, 1999.

M.亚历山德勒:《亚历山大里亚的斐洛的修辞性论证》,学者出版社,1999年。

Algra, K., Barnes, J., Mansfield J. and Schofield, M., *The Cambridge History of Hellenistic Philosophy*, Cambridge U. P., 1999.

K.阿尔格勒、J.巴恩斯、J.曼斯费尔德、M.索费尔德等编:《剑桥希腊化时期哲学史》,剑桥大学出版社,1999年。

Anold, E.V., *Roman Stoicism*, Cambridge University Press, 1911.

E.V.阿诺德:《罗马的斯多亚主义》,剑桥大学出版社,1911年。

Antoninus, *Thought of the Emperor Marcus Aurelius*, Trans. By Long, G, Philadelphia, Henry Altemus Company.

安托尼鲁斯:《马可·奥勒留皇帝的思想》,G.朗格译,费城,亨利·奥特玛斯出版公司。

Archibald, Z. H., Davies, J., Gabrielsen V. and Oliver, C. J., *Hellenistic Economies*, Routledge, 2001.

Z.H.阿奇波德、J.戴维斯等编:《希腊化时期的经济》,劳特里奇出版社,2001

年。

Armstrong, A. H. ed., *Classical Mediterranean Spirituality, Egyptian, Greek, Roman.* Routledge and Kegan Paul, 1986.

A.H.阿姆斯庄编:《古典地中海精神气质:埃及、希腊、罗马》,劳特里奇出版社,1986 年。

Armstrong, A. H., *The Cambridge History of Later Greek and Early Medieval Philosophy*, Cambridge U.P., 1967.

A.H.阿姆斯庄编:《剑桥晚期希腊和早期中世纪哲学史》,剑桥大学出版社,1967 年。

Asmis, E., *Epicurus' scientific method*, N.Y., Cornell University Press, 1984.

E.阿斯米斯:《伊壁鸠鲁的科学方法》,纽约:康奈尔大学出版社,1984 年。

Bagnall, R.S., *Hellenistic and Roman Egypt, Sources and Approaches*, Ashgate Publishing Company, 2006.

R.S.柏奈努:《希腊化和罗马时期的埃及史料与研究进路》,阿什盖特出版公司,2006 年。

Ball, W., *Rome in the East, the Transformation of An Emperie*, Routledge, 2000.

W.鲍尔:《东部罗马与帝国转型》,劳特里奇出版社,2000 年。

包利民:《生命与逻各斯——希腊伦理思想史论》,东方出版社,1996 年。

Barnes Michel Rene, *The Power of God: Dynamis in Gregory of Nyssa's Trinitarion Theology*, The Catholic U.P., 2001

M.R.伯奈斯:《神之权柄:尼撒的格列高利的三一神学》,美国天主教大学出版社,2001 年。

Birley, A., *Marcus Aurelius*, Barnes & Noble Books, 1999.

A.伯利:《马可·奥勒留》,巴恩斯和诺贝丛书,1999 年。

波波夫、斯佳日金:《逻辑思想发展史——从古希腊到文艺复兴时期》,宋文坚、李金山译,上海译文出版社,1984 年。

Bobzien, S., *Determinism and Freedom in Stoic Philosophy*, Oxford U.P., 1998.

S.鲍兹恩:《斯多亚哲学中的决定论和自由》,牛津大学出版社,1998 年。

Brewer, D.J., *Ancient Egypt, Foundation of a Civilization*, London, Pearson Education Limited, 2005.

D.J.伯热瓦:《古埃及:文明之奠基》,伦敦,波森教育有限公司,2005 年。

Brinbaum, E., *The Place of Judaism in Philo's Thought, Israel, Jews, and Proselytes*, Scholars Press, 1996.

E.柏林鲍姆:《斐洛思想中犹太主义的地位:以色列、犹太人和改变信仰者》,学者出版社,1996 年。

Brunschwig, T. and Lloyd, G. E. R., *Greek thought, a guide to classical knowledge*, Cambridge, Mass., Belknap Press of Harvard University Press, 2000.

J.布朗斯威希、G.E.R.洛伊德编:《希腊思想:古典知识导论》,哈佛大学出版社,2000年。

Brunschwig, J., *Papers in Hellenistic philosophy*, Cambridge University Press, 1994.

J.布朗斯威希:《希腊化哲学论文集》,剑桥大学出版社,1994年。

Bryce, T., *Life and Society in the Hittite World*. Oxford U.P., 2004.

T.布瑞斯:《赫梯世界的生活和社会》,牛津大学出版社,2004年。

Bryce, T., *The Kingdom of the Hittite*, New Edition, Oxford U.P., 2005.

T.布瑞斯:《赫梯王国》,牛津大学出版社,2005年修订版。

Bryce, T., *The Trojans and Their Neighbors*, Routledge, 2006.

T.布瑞斯:《特洛伊人和它们的邻居》,路透出版社,2006年。

Bugh, G. R., *The Cambridge Companion to the Hellenistic World*, Cambridge U. P., 2006.

G.R.布赫编:《剑桥希腊化世界导读》,剑桥大学出版社,2006年。

Calabi, F., *Italian Studies on Philo of Alexander*, Brill Academic Publishers, Inc., 2003.

F.卡拉比:《意大利学者的亚历山大的斐洛的研究》,伯利尔学术出版有限公司,2003年。

Calabi, F., *The Language and the Law of God, Interpretation and Politics in Philo of Alexandria*, Scholars Press, 1998.

F.卡拉比:《上帝的语言和律法:亚历山大里亚斐洛的解经和政治学》,学者出版社,1998年。

Chadwick, H., *Early Christian Thought and the Classical Tradition: Studies in Justin, Clement, and Origin*, Oxford University Press, 1966.

H.查德维克:《早期基督教思想及其古典传统:查士丁、克莱门和奥利金研究》,牛津大学出版社,1966年。

Cartledge, P. and Spawforth, A., *Hellenistic and Roman Sparta, A Tale of Two Cties*, Routedge, Second Edition, 2002

P.卡特利奇、A.兹鲍霍斯:《双城记:希腊化的斯巴达与罗马式的斯巴达》,劳特里奇出版社,1989年初版,2002年修订再版。

陈康:《论希腊哲学》,商务印书馆,1990年。

陈恒:《希腊化研究》,商务印书馆,2006年。

Christensen, J., *An Essay On the Unity of Stoic Philosophy*, Copenhagen, 1962.

J.克莉斯登森:《关于斯多亚哲学之“单一”的一篇论文》,哥本哈根,1962年。

蔡勒(E. Zeller):《古希腊哲学史纲》,翁绍军译,山东人民出版社,1992年。

Clarysse, W. and Thompson, D. J., *Counting the People in Hellenistic Egypt*, Cambridge U.P., 2006.

W.克拉雷斯、D.J.汤普逊:《希腊化时期埃及的人群统计》,剑桥大学出版社,2006年。

Clay, D., *Lucretius and Epicurus*, Cornell University Press, 1983.

A.克莱:《卢克莱修和伊壁鸠鲁》,康奈尔大学出版社,1983年。

Clay, D., *Paradoxes and survival, three chapters in the history of Epicurean philosophy*, University of Michigan Press, 1998.

D.克莱:《悖论及其遗留问题:伊壁鸠鲁哲学史三章》,密歇根大学出版社,1998年。

Colish, M.L., *The Stoic Tradition From Antiquity to the Early Middle Ages*, Leiden, E.J.Brill, 1990.

M.L.科利希:《斯多亚之传统:从古代到中早期阶段》,莱登,伯利尔出版社,1990年。

Danielou, J., *Gospel Message and Hellenistic Culture*, Trans. by John Austin Baker, Barton, Longman and Todd, 1973.

J.达涅娄:《福音的信息和希腊化文化》,约翰·奥斯丁·巴克译,朗文和托德出版公司,1973年。

Danielou, J., *The Origins of Latin Christianity*, English tran. By David Smith and John Austin Baker, London: Datton, Longman & Todd Ltd., 1977.

J.达涅娄:《拉丁基督教的起源》,戴维·史密斯和约翰·奥斯丁·巴克译,朗文和托德出版公司,1977年。

David, S., *Greek and Roman Philosophy*, Cambridge University Press, 2006.

S.大卫:《希腊罗马哲学》,剑桥大学出版社,2006年。

Dechew , J. F., *Dogma and Mysticism in Early Christianity*, Mercer University Press, 1988.

J.F.德楚:《早期基督教中的教条和神秘主义》,Mercer大学出版社,1988年。

Dillon, J.& Long, A.A., *The Question of "Eclecticism", Studies in Later Greek Philosophy*, University of California Press, 1996.

J.狄龙、A.A.朗格:《折衷主义的问题:晚期希腊哲学研究集》,加利福尼亚大学出版社,1996年。

Dillon, J., *The Middle Platonists*, Cornell University Press, 1977.

J.狄龙:《中期柏拉图主义者》,康奈尔大学出版社,1977年。

Dodds, E.R., *The Greek and The Irrational*, University of California Press, 1951.

E.R.多德斯:《希腊人和非理性者》,加利福尼亚大学出版社,1951年。

Drewery, B., *Origen and the Doctrine of Grace*, The Epworth Press, 1960.

B.杰瓦瑞:《奥利金和恩典学说》,艾普沃斯出版社,1960 年。

Drummond, *Philo Judaeus*, Williams and Norgate, 1888.

德罗蒙:《犹太人斐洛》,威廉和诺盖特出版社,1888 年。

Edelstein, L., *The Meaning of Stoicism*, Cambridge University Press, 1966.

L.艾德斯坦:《斯多亚主义之意义》,剑桥,1966 年。

Elizabeth, A. C., *Clement's Use of Aristotle*, The Edwin Mellen Press, 1977

A.C.伊丽莎白:《克莱门对于亚里士多德的使用》,埃德温·米伦出版公司,1977 年。

Englert, W. G., *Epicurus on the swerve and voluntary action*, Atlanta, Ga., Scholars Press, 1987.

W.G.恩格勒特:《伊壁鸠鲁论偏离和自愿行动》,亚特兰大,学者出版社,1987 年。

Engstrom, S., Whiting, J., *Aristotle, Kant and the Stoics, Rethinking Happiness and Duty*, Cambridge U.P., 1996.

S.恩斯特罗姆、J.维汀:《亚里士多德、康德和斯多亚:重新思考幸福和责任》,剑桥大学出版社,1996 年。

Erskine, A., *A Companion to the Hellenistic World*, Blackwell Publishing, 2003.

A.爱尔斯金编:《希腊化世界导读》,布莱克出版社,2003 年。

范明生:《晚期希腊哲学和基督教神学——东西方文化的汇合》,上海人民出版社,1993 年。

费尔南·布罗代尔(Braudel, F.):《地中海考古:史前史与古代史》,蒋明炜等译,社会科学文献出版社,2005 年。

Feldman, L. H., *Judaism and Hellenism Reconsidered*, Brill, 2006.

L.H.费尔德曼:《犹太主义与希腊主义之重思》,伯利尔出版公司,2006 年。

Finan, T. and Twomey, V., *The Relationship between Neo-platonism and Christianity*, Four Courts Press.1992.

T.费南、V.托墨:《新柏拉图主义和基督教之间的关系》,四庭出版社,1992 年。

Frend, W. H. C., *The Early Church*, SCM Press LTD, 1982.

W.H.C.弗兰德:《早期教堂》,SCM 出版社,1982 年。

Frend, W. H. C., *The Rise of Christianity*, Darton, Longman and Todd, 1984.

W.H.C.弗兰德:《基督教的兴起》,朗文出版公司,1984 年。

Furley, D.J., *Two Studies in the Greek Atomists*, Princeton University Press, 1967.

D.J.弗莱:《关于希腊原子论者的两篇

研究论文》,普林斯顿大学出版社,1967年。

Gerson,L.P., *Plotinus*,Routledge,1994.

L.P.格森:《普罗提诺》,路透出版社,1994年初版。

Golden,J. M., *Ancient Canaan and Israel, New Perspectives*,Oxford U.P.,2004年.

J.M.戈登:《古代迦南和以色列:新视野》,牛津大学出版社,2004年初版。

Goodenough,E.R., *The Politics of Philo Judaeus, Practice and Theory*, Georg Olms Verlagsburchhandlung,1967.

E.R.谷德纳夫:《犹太人斐洛的政治学:实践和理论》,Georg Olms Verlagsburchhandlung,1967年。

Gould,J.B., *The Philosophy of Chrysippus*, Leiden,E.J.Brill,1971.

J.B.高尔德:《克律西波的哲学》,伯利尔出版公司,1971年。

Hadot,P., *Plotinus, or The Simplicity of Vision*,Trans.by Mischael C.,The University of Chicago,1989.

P.哈德特:《普罗提诺,或纯一视界》,C.米歇尔译,芝加哥大学出版社,1989年。

Hamilton E.and Cairns H.ed., *The Collected Dialogues of Plato*, Princeton University Press,1987.

E.汉密尔顿、H.卡恩斯编:《柏拉图对话集》,普林斯顿大学出版社,1987年。

Hankinson, J., *The Sceptics*, Routledge, 1995.

J.汉金森:《怀疑论者》,路透出版社,1995年。

Harris,W.V., *Rethinking the Meditertanean*, Oxford University Press,2005.

W.V.哈里斯主编:《反思地中海》,牛津大学出版社,2005年初版。

黑格尔:《哲学史讲演录》(4卷本),贺麟、王太庆译,商务印书馆,1981年。

Henderson,J., *Morals and Villas in Seneca's Letters,Places to Dmell*,Cambridge U.P., 2004.

J.亨德森:《塞涅卡书信中的道德和家园:致Dmell》,剑桥大学出版社,2004年初版。

Henry,G.B., *Roman Society, A Social Economic, and Cultural History*, D.C.Heath and Company,1977.

G.B.亨瑞:《罗马社会:社会经济及其文化之历史》,D.C.Heath and Company, 1977年。

Hibler, R., *Happiness through tranquillity, the school of Epicurus*,University Press of America,c1984.

R.希博勒:《宁静中的幸福——伊壁鸠鲁学派》,美国大学出版社,1984年。

Hicks, R. D., *Stoic and Epicurean*, New York,C.Scribner's sons,1910.

R.D.希克斯:《斯多亚和伊壁鸠鲁学

派》,纽约,1910 年。

Hoek, A. V. D., *Clement of Alexandria and His Use of Philo in the Stromateis, An Early Christian reshaping of a Jewish Model*, E.J.Brill, 1988.

A.V.D.侯科:《亚历山大里亚克莱门及其〈汇篇〉对斐洛思想的运用:早期基督教对于犹太模式的改造》,伯利尔出版公司,1988 年。

洪涛:《逻各斯与空间——古代希腊政治哲学研究》,上海人民出版社,1998 年。

Jonas, H., *The Gnostic Religion: The Message of the Alieu God and the Beginning of Christianity*, Second Edition, revised, 1963.

H.约纳斯:《诺斯替宗教》,张新樟译,上海三联书店,2006 年。

Hornblower, S., *The Greek World 479-323B. C.*, Third Edition, Routledge, 2003.

S.赫伯劳尔:《公元前 479—前 323 年的希腊世界》,第三版,路透出版社,2003 年。

Ierodiakonou, K., *Topic in Stoic Philosophy*, Oxford University Press, 1999.

K.伊罗蒂亚克诺:《斯多亚哲学专题》,牛津大学出版社,1999 年。

Inge, W.R., *Christian Mysticism*, Methuem & Co.Ltd, 1913.

W.R.应奇:《基督教神秘主义》,麦修姆公司,1913 年。

Inwood, B., *Ethic and Human Action in Early Stoicism*, Oxford University Press, 1955.

B.英伍德:《早期斯多亚主义中的伦理学和人类行为理论》,牛津大学出版社,1955 年。

Inwood, B., *Reading Seneca, Stoic Philosophy at Rome*. Oxford U.P., 2005.

B.英伍德:《阅读塞涅卡:罗马的斯多亚哲学》,牛津大学出版社,2005 年。

Inwood, B.(ed.), *The Cambridge Companion to the Stoics*, Cambridge U.P., 2003.

B.英伍德编:《剑桥斯多亚学派导读》,剑桥大学出版社,2003 年。

Joannes, F., *The Age of Emperies, Mesopotamia in the First millennium B.C.*, Tran.by Antonia Nevill, Edinburgh University Press, 2004.

F.约拿:《前一千纪米索不达米亚的帝国时代》,安托尼亚 · 勒威尔译,爱丁堡大学出版社,2004 年。

Jones, H., *The Epicurean tradition*, London, New York: Routledge, 1989.

H.琼斯:《伊壁鸠鲁学派的传统》,路透出版社,1989 年。

Kannengiesser C.and William L.P.Ed., *Origen of Alexandria, His World and His Legacy*, University of Notre Dame Press, 1988.

C.卡能吉瑟、L.P.威廉编:《亚历山大里亚的奥利金:他的世界及其遗产》,圣母大学出版社,1988 年。

Kemp, B. J., *Ancient Egypt, Anatomy of a Civilization*, Revised Second Edition, Routledge, 2006.

B.J.克姆伯:《古埃及:剖析一种文明》,修订第二版,路透出版社,2006 年初版。

Koen, A., *Atoms, Pleasure, Virtue, The Philosophy of Epicurus*, Peter Lang publishing Group, 1995.

A.科恩:《原子、快乐、德性:伊壁鸠鲁的哲学》,彼得・朗格出版集团,1995 年。

Kittel, G. ed., *Theological Dictionary of The New Testament*, Vol.IV, Trans. by W.Bromiley, WM. B. Eerdmans Publishing Company, 1999.

G.凯特编:《新约神学辞典》第 4 卷,W.伯若米利译,WM.B.伊尔德曼斯出版公司,1999 年。

Knoppers, G. N. and Hirsch, A., *Egypt, Israel, and the Ancient Mediterranean World, Studies in Honor of Donald B. Redford*, Brill, 2004.

G.N.克罗波斯、A.赫歇:《埃及、以色列和古代地中海世界:D.B.雷弗德纪念文集》,伯利尔出版公司,2004 年初版。

Lyman, J. R., *Christology and Cosmology: models of Divine Activity in Origin, Eusibius and Athanasius*, Clarendon Press, 1993.

J.R.利曼:《基督论和宇宙论:奥利金、尤息比乌和阿塔那修论神圣创造的模型》,格兰尼德出版社,1993 年。

Long, A. A., *Hellenistic philosophy , Stoics, Epicureans, Sceptics*, 2nd, Berkeley , University of California Press, 1986.

A.A.朗格:《希腊化哲学:斯多亚学派、伊壁鸠鲁学派、怀疑派》第二版,伯克利,加利福尼亚大学出版社,1986 年。

Long, A.A., *Stoic Studies*, Cambridge: Cambridge University Press, 1996.

A.A.朗格:《斯多亚学派研究》,剑桥大学出版社,1996 年。

Long, A.A.(ed), *Problems in Stoicism*, London, The Athlone Press, 1971.

A.A.朗格编:《斯多亚主义诸问题》,伦敦,阿斯朗出版社 1971 年。

罗国杰、宋希仁:《西方伦理学史》(上、下),中国人民大学出版社,1985、1988 年。

Ludlow, M., *Universal Salvation: Eschatology in Thought of Gregory of Nyssa and Karl Rahner*, Oxford University Press, 2000

洛德路:《普遍救赎:尼撒的格列高利和卡尔・拉纳思想中的终末论》,牛津大学出版社,2000 年。

Martens, J. W., *On God, One Law, Philo of Alexandria on the Mosaic and Greco-Ro-*

man Law, Brill Academic Publishers, Inc., 2003.

J.W.玛藤斯:《论上帝,一种律法:亚历山大里亚的斐洛论摩西和希腊—罗马法律》,伯利尔学术出版有限公司,2003 年。

Mates, B., *Stoic Logic*, Berkeley and Los Aneles, 1953.

B.麦特斯:《斯多亚逻辑学》,伯克利和洛杉矶:加州大学出版社,1953 年。

Mattingly, D. J. & Solmon, J., *Economics Beyond Agriculture in the Classical World*, Routledge, 2001.

D.J.马丁利、J.所罗门主编:《古典世界农业之外的经济学》,路透出版社,2001 年初版。

Mayo, T. F., *Epicurus in England (1650—1725)*, College Station, 1934.

T.F.玛约:《英格兰(1650—1725)的伊壁鸠鲁主义者》,学院站出版社,1934 年。

Medelson, A., *Philo's Jewish Identity*, Scholars Press, 1988.

A.墨德森:《斐洛的犹太人身份》,学者出版社,1988 年。

Merlan, P., *Studies in Epicurus and Aristotle*, Wiesbaden, O.Harrassowitz, 1960.

P.墨兰:《伊壁鸠鲁和亚里士多德合论》,威斯巴登,1960 年。

Meyer B. F. and Sanders, E. P., *Jewish and Christian Self-definition*, 3 Volumes, Fortress Press, 1980—1982.

B.F.墨耶、E.P.桑德斯:《犹太人和基督徒的自我认同》,三卷本,佛特莱斯出版社,1980—1982 年。

Nichols, J. H., *Epicurean political philosophy, the De rerum natura of Lucretius*, Ithaca, N.Y., Cornell University Press, 1976.

J.H.尼克尔斯:《伊壁鸠鲁的政治哲学:卢克莱修》,康奈尔大学出版社,1976 年。

Oakeley, H.D., *Greek Ethical Thought From Homer to the Stoics*, London, J. M. Dent &Son's Ltd., 1925.

H.D.奥克莱:《从荷马到斯多亚学派的希腊伦理思想》,伦敦,J.M.登特父子公司 1925 年。

Pagels, E., *The Gnostic Gospels*, A Division of Random House, Inc., 1989.

E.派格斯:《诺斯替主义的福音书》,兰登书屋分部,1989 年。

Parkes, J., *The Conflict of Church and Synagogue*, Macmillan Publishing Company, 1894.

J.帕克斯:《教堂和犹太教会堂之冲突》,麦克米兰出版公司,1894 年。

Patterson, R., *Image and Reality in Plato's Metaphysics*, Hacket Publishing Company, 1985.

R.帕特森:《柏拉图形而上学中的影像

和实在》,哈克特出版公司,1985年。

Pierre G., *from Aristotelianism to a new natural philosophy*, Boston , D. Reidel Pub. Co.1987.

G.皮埃尔:《从亚里士多德主义到一种新的自然哲学》,波士顿,D.雷德尔出版社,1987年。

Pollock, S., *Ancient Mesopotamia*, Cambridge U.P.1999, Reprinted 2000, 2001.

S.波洛克:《古代美索不达米亚》,剑桥大学出版社,1999年初版,2000、2001年再版。

Price, B.B., *Ancient Economic Thought*, Vol. 1, Routledge, 1997.

B.B.波瑞斯:《古代经济思想》第1卷,路透出版社,1997年。

Rist, J. M., *Plotinus: The Road to Reality*, Cambridge University Press, 1967.

J.M.里士特:《普罗提诺:通往实在之路》,剑桥大学出版社,1967年。

Rist, J.M., *Stoic Philosophy*, Cambridge University Press, 1980.

J.M.里士特:《斯多亚哲学》,剑桥大学出版社,1980年。

Robert M.S., *Epicurus and Hellenistic philosophy*, Lanham, MD , University Press of America, 1985.

M.S.罗伯特:《伊壁鸠鲁和希腊化哲学》,美国大学出版社,1985年。

Rochberg, F., *The Heavenly Writing, Divination, Horoscopy, and Astronomy in Mesopotamia Culture*, Cambridge U.P.2004.

F.罗赫伯格:《美索不达米亚文化中的占卜、星相术和天文学》,剑桥大学出版社,2004年初版。

Runia, D.T., *Philo of Alexandria and the Timaeus of Plato*, E.J.Brill, 1986.

D.T.儒历亚:《亚历山大里亚的斐洛和柏拉图的〈蒂迈欧篇〉》,E.J.伯利尔出版公司,1986年。

Sambursky, S., *Physics of the Stoics*, London, Routledge and Kegan Paul, 1959.

S.萨博斯基:《斯多亚学派的物理学》,伦敦,路透和科根·保罗出版社,1959年。

Sandmel, S., *Philo of Alexandria, An Introduction*, D.C.Heath and Company, 1987.

S.珊德墨:《亚历山大里亚的斐洛之导论》,D.C.里斯公司,1987年。

Scheldom, H.C., *Church History of the Christians*, Vol.1, Thomas Y.Crowell, 1895.

H.C.谢尔顿:《基督教教会史》第1卷,托马斯·Y.克劳威尔出版社,1895年。

Sedley, D.N., *Lucretius and the transformation of Greek wisdom*, Cambridge, Cambridge University Press, 2003.

D.N.西德莱:《卢克莱修和希腊智慧的转型》,剑桥,剑桥大学出版社,2003年。

Sharples, R. W., *Stoics, Epicurus and Sceptics*, Routledge, 1996.

R.W.夏泊尔:《斯多亚学派、伊壁鸠鲁和怀疑论》,路透出版社,1996年。

Shaw, I., *Ancient Egypt, A Very Short Introduction*, Oxford University Press, 2004.

I.夏娃:《古埃及简介》,牛津大学出版社,2004年。

Sharman, N., *Stoic Warriors: The Ancient Philosophy Behind The Military Mind*, Oxford University Press, 2005.

N.谢尔曼:《斯多亚武士——军人之心背后的古代哲学》,牛津大学出版社,2005年。

Shipley, G., *The Greek World, After Alexander. 323-30B.C.*, Routledge, 2000.

G.悉帕勒:《前323—前30年后亚历山大时期的希腊世界》,劳特里奇出版社,2000年。

Siorvanes, L., *Proclus, Neo-Platonic Philosophy and Science*, Yale University Press, 1996.

L.索沃尼:《普罗克洛:新柏拉图主义哲学和科学》,耶鲁大学出版社,1996年。

Sly, D., *Philo's Alexandria*, Routledge, 1996.

D.斯莱:《斐洛的亚历山大里亚》,劳特里奇出版社,1996年。

Smith, A., *Philosophy in Late Antiquity*, Routledge, 2004.

A.史密斯:《古代晚期的哲学》,劳特里奇出版社,2004年。

Smith, J.C., *The Ancient Wisdom of Origen*, Bucknell University Press, 1992.

J.C.史密斯:《奥利金的古代智慧》,巴克莱尔大学出版社,1992年。

Smith, M.F., *Atoms, pneuma and tranquility, Epicurean and Stoic themes in European thought*, Cambridge; New York , Cambridge University Press, 1991.

M.F.史密斯编:《原子、普纽玛和宁静:欧洲思想史中的伊壁鸠鲁和斯多亚的论题》,剑桥大学出版社,1991年。

Strange, S. K. and Zupko, J., *Stoicism, Traditions and Transformations*, Cambridge U. P., 2006.

S.K.斯特恩奇、J.祖科:《斯多亚主义:传统与变革》,剑桥大学出版社,2006年。

Strodach, G. K., *The Philosophy of Epicurus, Letters, doctrines and parallel passages from Lucretius*; Northwestern University Press, 1963.

G.K.斯特罗达克:《伊壁鸠鲁的哲学:书信、学说及卢克莱修的类似言论》,西北大学出版社,1963年。

Tarrant, H., *Scepticism or Platonism, The Philosophy of the Fourth Academy*, Cambridge U.P., 1985.

H.塔林特:《怀疑主义还是柏拉图主

义?——第4代学园的哲学》,剑桥大学出版社,1985年。

Tzmmalikos, P., *The Concept of Time in Origin*, Peter Lang, 1991.

P.特兹玛利库:《奥利金的时间观念》,彼得·朗格出版社,1991年。

Tim O.K., *Epicurus on freedom*, Cambridge University Press, 2005.

O.K.梯姆:《伊壁鸠鲁论自由》,剑桥大学出版社,2005年。

The Cambridge Ancient History, 14Vols, 1970-2005.

《剑桥古代史》(14卷本),1970年到2005年陆续出版。

Tollinton, R. B., *Clement of Alexandria, A Study in Christian Liberalism*, Vol.1, London, 1914.

R.B.托林顿:《亚历山大里亚的克莱门:基督教自由主义个案研究》第一卷,伦敦,1914年。

Vogel, C.J.D., *Rethinking Plato and Platonism*, E.J.Brill, 1986.

C.J.D.沃格尔:《反思柏拉图和柏拉图主义》,E.J.伯利尔出版公司,1986年。

Wallis, R.T., *Neoplatonism*, Gerald Duckworth and Company Limited, 1972.

R.T.瓦利斯:《新柏拉图主义》,杰拉德·达克沃斯有限股份公司,1972年。

汪子嵩:《亚里士多德关于本体的学说》,生活·读书·新知三联书店,1982年。

汪子嵩等:《希腊哲学史》(第一、二、三卷),人民出版社,1988、1993、2003年。

Warren, J., *Epicurus and Democritean ethics, an archaeology of ataraxia*, Cambridge University Press, 2002.

J.瓦伦:《伊壁鸠鲁和德谟克里特的伦理学:对"不动心"之考察》,剑桥大学出版社,2002年。

Warren, J., *Facing death, Epicurus and his critics*, Oxford, New York, N.Y.: Clarendon Press, 2004.

J.瓦伦:《面对死亡:伊壁鸠鲁和他的批判》,牛津克莱兰顿出版社,2004年。

Watson, G., *The Stoic Theory of Knowledge*, Belfast, 1966.

G.瓦特森:《斯多亚学派的知识理论》,贝尔法斯特,1966年。

文德尔班:《哲学史教程》(上、下),罗达仁译,商务印书馆,1993年

Whalen, J.P., ed., *New Catholic Encyclopedia*, Vol.IV, Vol IX, Catholic of University of America, 1967.

J.P.瓦伦编:《新天主教百科全书》第4、9卷,美国天主教大学出版社,1967年。

Whitley, J., The *Archaeology of Ancient Greek*, Cambridge U.P., 2001.

J.威特利:《古希腊考古学》,剑桥大学

出版社,2001 年。

Williamson, R., *Jews in the Hellenistic World: Philo*, Cambridge University Press,1989.

R. 威廉森:《希腊化世界中的犹太人——斐洛》,剑桥大学出版社,1989 年。

Wilson, R. M., *Gnosis and the New Testament*, Basil Blackwell,1968.

R. M. 威尔森:《诺斯替派的灵知和新约》,巴西尔·布莱克威尔出版社,1968 年。

Winks, R. W. and Mattern-Parkes, S. P., *The Ancient Mediterranean World, From the Stone Age to A.D.600*. Oxford U.P.,2004.

R.W.温克、S.P.玛藤-帕克斯:《古代地中海世界:从石器时代到公元 600 年》,牛津大学出版社,2004 年。

Winston, D., *Logos and Mystical Theology in Philo of Alexandria*, Hebrew Union College Press,1985.

D.温斯顿:《亚历山大里亚的斐洛的逻各斯和神秘神学》,希伯来联合大学出版社,1985 年。

Wolfson, H. A., *Philo, Foundations of Religious Philosophy in Judaism, Christianity, and Islam*, 2 Volumes, Harvard University Press,1948.

H.A.沃弗森:《斐洛:犹太主义、基督教和伊斯兰教中的宗教哲学之基石》,两卷本,哈佛大学出版社,1948 年。

Wolfson, H. A., *The Philosophy of Church Fathers, Faith, Trinity, Incarnation*, Harvard University Press,1976.

H.A.沃弗森:《教父哲学:信仰、三位一体、道成肉身》,哈佛大学出版社,1976 年。

杨适:《伊壁鸠鲁》、《爱比克泰德》,中国台湾东大图书股份有限公司,1996 年,2000 年。

杨适:《哲学的童年》,中国社会科学出版社,1987 年。

杨适:《古希腊哲学探本》,商务印书馆,2003 年。

叶秀山、王树人总主编:《西方哲学史》,第 2 卷《古代希腊与罗马哲学》,姚介厚著,凤凰出版社、江苏人民出版社,2005 年。

Yoffee, N., *Myths of the Archaic State, Evolution of the Earliest Cities, State, and Civilization*, Cambridge U.P.,2001.

N.约费:《古老国家的神话:最早阶段的城市、国家和文明之进化》,剑桥大学出版社,2001 年。

Zachhuber, J., *Human Nature in Gregory of Nyssa: Philosophical Background and Theology Significance*, Brill,2000.

扎赫呼帕:《尼撒的格列高利论人性:哲学的背景和神学的意义》,伯利尔出版社,2000 年。

Zeller, E., *The Stoics, Epicureans, and Sceptics*, London , Longmans, Green and co., 1892.

E.蔡勒:《斯多亚派、伊壁鸠鲁派和怀疑派》,伦敦,朗文、格林公司,1892 年。

章雪富:《基督教的柏拉图主义:亚历山大里亚学派的逻各斯基督论》,上海人民出版社,2001 年。

章雪富:《希腊哲学的 BEING 和早期基督教的上帝观》,中国社会科学出版社,2005 年。

章雪富:《斐洛思想导论》(第一卷),中国社会科学出版社,2006 年。

朱龙华:《罗马文化》,上海社会科学院出版社,2003 年。

译名对照表

为保持四卷本人名、神名、地名、民族名中译的一致性，凡已出现过的名称，除个别调整外，都沿用前三卷的译名。由于罗马时期，希腊人名、地名已拉丁化，如“os”变成“us”。又由于拉丁文中“c”仅有“k”音，英语中有“k”和“s”音，所以 Cicero 本来发 kikero，英译成了“西塞罗”。按理应全部采用希腊文、拉丁文原来发音，但是考虑到工作量太大，读者也难以适应，所以本书仍保持通用译法。

人名、神名

Abammon	阿巴蒙
Abisares	阿比萨勒
Adrastus	阿德拉斯托
Aedesius	艾底修斯
Aeneas	爱尼亚斯
Aenesidemus	埃涅西德姆
Aetius	艾修斯
Agamemnon	阿伽门农
Agrippa	阿格里巴
Alain	阿兰
Alaric	阿勒里克
Anaxarchus	阿那克萨库
Annas	阿纳斯
Anebo	阿尼波
Anon	阿诺
Anthemius	安西米乌斯
Antigonus Gonutas	安提戈努·戈诺塔斯
Antiochus	安提俄库
Antiochus of Ascalon	阿斯卡龙的安提俄库

Antipater of Tarsus 塔索斯的安提帕特
Antipater of Macedonia 马其顿的安提帕特
Antipater of Tyre 推罗的安提帕特
Antisthenes 安提斯泰尼
St. Antony 圣安东尼
Apamea 阿巴米亚
Apelles 阿派勒斯
Aphraates 阿弗拉特斯
Apollinaris of Laodicea 劳迪奇亚的阿波里拿留
Apollodorus of Athen 雅典的阿波罗多洛
Apollodorus of Seleucia 塞留西亚的阿波罗多洛
Apollon 阿波罗
Apollophanes of Antiochia 安提俄库的阿波罗芬尼
Appian 阿庇安
Aratus 阿拉图斯
Aratus of Sicyon 西库翁的阿拉图斯
Arcasilaus 阿尔凯西劳
Arcesilaus of Pitane in Aeolia 埃俄利亚庇塔涅的阿尔凯西劳
Archedernus of Tarsus 塔索斯的阿凯得穆斯
Archelaus 阿凯劳斯
Archimedes 阿基米德
Aristarchus 阿里斯达克
Aristides 阿里斯底德
Ariston of Chios 开俄斯的阿里斯顿
Aristocles 阿里斯托克勒
Aristocreon 阿里斯托克雷翁
Arius Didymus 阿里乌斯·狄地穆
Arrian 阿里安
Artaxerxes III 薛西斯三世
Artaxerxes IV 薛西斯四世
Artemis 阿耳忒弥
Artemis 阿特米斯
Asclepiades 阿斯克勒彼亚得
Asclepiodotus 阿西来皮奥多图
Ashurbanipal 阿叔巴尼帕
Aspasius 阿斯帕西乌
Athanasius 阿塔那修
Athanodons of Soli 索里的阿萨诺多鲁
Athenagoras 阿塞那哥拉
Athenodorus of Tarsus 塔索斯的阿塞诺多鲁斯
Attalus 阿塔路

Atticus	阿提库斯	Carneades	卡尔尼亚德
Augustine	奥古斯丁	Cato	卡图
Augustus	奥古斯都	Celsus	凯尔苏斯
Aulis	奥里斯	Ceaberus	克尔比鲁斯
Aulus Gellius	奥卢斯·该留斯	Ceres	克瑞斯
		Chalcis	查尔西斯
Auxentius	奥克辛提乌斯	Chares	卡来斯
		Chiones	喀奥妮
Baaraam	巴厄拉谟	Chosroes I	考斯罗斯皇帝
Basil	巴西尔		
Basilides	诺斯替之巴西利得派	Chrysippus of Soli	索里的克律西波
Basilides	巴西里德斯	Cicero	西塞罗
Batis	巴梯斯	Claudian	克劳狄安
Beson Mates	本森·马特斯	Cleanthes	克里安提斯
		Cleitomachus	克来托马库斯
Bessus	柏修斯		
Boethius	波埃修斯	Cleitus	克列图
Boethus of Sidon	西顿的波埃索斯	Cleanthes of Assos	阿索斯的克莱安赛斯
Callicles	卡利克勒斯	Clement Alexandria	亚历山大里亚的克莱门
Caius Pliny Secundus	(老)普林尼	Clement of Rome	罗马的克莱门
Calanus	伽拉努斯		
Calcidus	卡西狄乌斯	Cleomenes III	克莱俄美涅三世
Callippus of Corinthus	科林斯的卡利普斯	Cleopatra	克列奥巴塔
Callisthenes	卡利斯赛尼	Colotes	科洛特
Cappadocian Fathers	卡帕多西亚教父	Constantius	康士坦提乌
		Cornutus	考努图斯

Cousin 库辛
Crantor 克兰托
Craterus 克拉忒鲁
Crates of Mallos 马洛斯的克拉特斯
Crates of Thebes 底比斯的克拉特斯
Crinis 克里尼
Critolaus 克里托劳斯
Cronius 克洛尼乌斯
Curtius Rufus 科迪乌·鲁福
Cyprian 西普里安
Cyril of Alexandria 亚历山大里亚的圣西里尔
Cyril of Jerusalem 耶路撒冷的圣西里尔
Damascius 达马修斯
David 大卫
Decius 德西乌斯
Demetrius 德米特利
Demetrius 狄米特里乌
Democritus 德谟克里特
Demophilus 德摩菲鲁
Demosthenes 德谟斯提尼
Denys the Areopagite 亚略巴古的德尼斯
Diagoras 狄亚戈拉
Diana 狄安纳
Dio Chrysoston 狄奥·克里索思顿
Diocles of Magnesia 麦涅西亚的狄奥克勒
Diodore 狄奥多勒
Diodorus Cronus 克罗诺斯的狄奥多罗
Diodorus Siculus 西库卢的狄奥多罗
Diogenes Laertius 第欧根尼·拉尔修
Diogenes of Apollonia 阿波罗尼亚的第欧根尼
Diogenes of Oeno anda 奥依诺安达的第欧根尼
Diogenes of Babylon 巴比伦的第欧根尼
Diogenes of Seleucia 塞留西亚的第欧根尼
Diogenes of Sinope 辛诺普的第欧根尼
Diognetus 第奥涅妥
Dionysius of Halicarnassus 哈里卡纳的狄奥尼修
Dionysius of Heraclea 赫拉克莱亚的狄奥尼修
Dionysius Thrax 狄奥尼修·色拉克斯
Diophane 狄奥法尼
Dorotheus 多洛修斯

Elestius 艾勒提乌
Eleucus of Tigiris 底格里斯的艾留库斯
Empedocles 恩培多克勒
Ephraem 圣以法莲
Epicharmus 爱比查姆斯
Epictetus 爱比克泰德
Epicurus 伊壁鸠鲁
Epiphanius 爱比芳流
Erasistratus 爱拉西特拉图
Eratosthenes of Cyrene 居勒尼的埃拉托赛尼
Erennius 爱留尼乌斯
Erigena 尤里金纳
Eudromus 欧德鲁穆斯
Eubulos 幼布洛斯
Euhenmeus 欧荷米乌斯
Eumenes II 欧美内斯二世
Eunapius 欧那比乌斯
Eunomius 优诺米乌
Euphrates of Tyre 推罗人幼发拉底
Eusebius 尤息比乌
Eustochius 欧司托克乌斯
Favorinus 法弗里诺斯
Ficino 斐奇诺
Firmicius 弗米西乌
Flavian 弗勒维安
Flintoff 弗林托夫
Gaius 盖乌斯
Galen 伽伦
Gallienus 加利诺斯
Gladiatos 格拉忒托
Glaucon 格劳孔
Gnostic 诺斯替派
Gordian 哥狄安皇帝
Gratian 格勒提安
Gregory the Great 大格列高利
Gregory of Nazianzus 拿先斯的格列高利
Gregory of Nyssa 尼撒的格列高利
Gregory of Palamas 帕拉玛的格列高利
Gregory the Wanderworker 行奇迹者格列高利
Hammurabi 汉谟拉比
Harpalus 哈巴路斯
Hellen 海伦
Hephaestion 赫淮史提翁
Heraclides of Tarsus 塔索斯的赫拉克利德
Heraclites 赫拉克利特
Herculaneum 赫库拉农
Hercules 赫丘利
Herillus of Carthage 迦太基的赫里鲁斯

Hermacus 海尔马格
Hermarchus 赫尔玛库
Hermogenes 赫谟根尼
Hermetic 诺斯替之赫尔墨斯派
Herodotus 希罗多德
Herophilus 希罗菲鲁斯
Herpyllis 赫尔庇利斯
Hierocles 希罗克勒斯
Hierocles 亚历山大里亚的希罗克勒斯
Hilary 希拉利
Himerias (Himerius) 希梅勒
Hippachia 希帕奇娅
Homer 荷马
Hypatia 希帕提亚
Iamblichus 扬布利柯
Ignatius of Antioch 安提阿的伊纳爵
Imperiosus 英佩里奥苏
Iphianassa 伊菲娅纳撒
Isidorus 依西多罗
Isocrates 伊索克拉底
Jerome 哲罗姆(杰罗姆)
John Chrysostom 约翰·屈梭多模
John Damascene 大马士革的圣约翰
John of Stobi 斯托比的约翰
Jovian 约维安
Julian 朱利安
Julius 尤利乌(教宗)
Juno 朱诺(女神)
Justin Martyr 殉道者查士丁
Kritolaus 克里托劳
Lactantius 拉克唐修
Lacydes of Cyrene 居勒尼的拉西德斯
Lampsacus 兰普萨库斯
Leo 利奥
Libanius 勒巴尼乌
Liber 利柏尔
Libonius 李柏纽
Livy 李维
Longinus 朗齐努斯
Lucilius 卢西利乌
Lucretius 卢克莱修
Lyco 吕科
Lycurgus 莱喀古斯
Lyncestis 林塞斯梯
Lysimachus 吕西马库
Lucullus 鲁库卢斯
Macrina Elder 老玛克莲娜

Magnes	马格勒	Nearchas	涅阿尔卡
Marcus Aurelius	马可·奥勒留	Nemesius	涅美修
Macrobius	玛刻罗比乌	Nicanor	尼肯诺
Marduk	马尔杜克	Nicomachus	尼各马科
Marcella	马其拉	Nonna	诺尼娜
Marinus	马里诺	Numenius	努美尼乌斯
Marius Victorinus	玛莱乌斯·维克多利努	Octavian	屋大维
Matha Kneale	马撒·克尼尔	Olympias	奥林比娅
Maximus the Confessor	忏悔者马克西姆	Olympius	奥林皮乌斯
Maximus the Cynic	犬儒玛克西姆	Olymthus	奥林修斯
Mazaces	玛扎西斯	Orcus	奥尔库斯
Meletius	梅勒提乌	Origen	奥利金
Melgart	默尔夸特	St.Pachomius	圣帕科密乌
Menoeceus	梅瑙凯	Panatius	巴那修(帕那修斯)
Menodotus	梅诺多图	Pantaenus	潘代诺
Mermex	密尔美克斯	Pamphilus	庞菲鲁斯
Metrodorus	梅特罗多洛	Paris	帕里斯
Mnaseas of Citium	西提乌姆的纳塞亚斯	Parmenides	巴门尼德
Molionidae	默里奥尼德	Parmenio	巴门尼奥
Montanus	孟他努	Patrick	帕特克
Musonius Rufus	穆索尼乌斯	Paul	保罗
Nabu	纳布	Paulinus	保利努
Naucratius	诺卡勒提	Pausanias	鲍桑尼亚
Nausiphanes	瑙西风	Pelagia	佩拉鸠
		Perdiccas II	佩狄卡二世
		Pergama	柏加马
		Pergamene	佩格梅奈
		Pericles	伯里克利

Persaeus of Citium	西提乌姆的培尔塞乌斯
Philinus	菲利努斯
Philip II	腓力二世
Philipps	腓力普斯
Philo Alexandria	亚历山大里亚的斐洛
Philocrates	菲洛克拉图
Philoctetes	斐洛克泰特
Philodemus	菲洛德姆斯
Philonides of thebes	底比斯的斐洛尼德
Philopater	菲洛帕特
Philoponus	斐洛波努
Philotas	斐洛塔斯
Philoxenus	斐洛辛留
Photius	福修斯
Plato	柏拉图
Pliny	普林尼
Plotinus	普罗提诺
Plutarch	普卢塔克
Polemo of Athen	雅典的波勒谟
Polyaenus	波力阿诺
Polybius	波利比乌
Polygnotus	波利戈诺特
Pontus	本都
Porphyry	波菲利
Porus	波洛斯
Posidonius of Syria	叙利亚的波西多纽
Potamon	波他蒙
Priam	帕里阿姆
Priscian	普里西安
Proaeresius	帕洛亚勒西
Proclus	普罗克洛
Prodicus	普罗迪柯
Protagras	普罗泰戈拉
Prudentius	普罗坦提乌
Pseudo-Dionysius	托名狄奥尼修
Ptolemy	托勒密
Publius Decius	帕勃利乌·戴西乌
Pyrrho	皮罗
Pythocles	比索克莱
Pythias	皮提娅斯
Ralph Cudworth	拉斐·库沃斯
Ravenna	拉文纳
Regulus	莱古卢斯
Renatus	莱那图
Rogatianus	罗加提亚诺斯
Roxane	罗珊涅
Rufus	鲁福斯
Sallustius	撒路修
Sargon	萨尔贡
Scipio Africanus	斯基皮奥

Sasima 萨西玛
Seleucus of Tigiris 底格里斯的色留库斯
Semiramis 塞米拉姆
Seneca 塞涅卡
Serapion 塞拉皮恩
Seth 诺斯替之塞特派
Severus 塞维鲁斯
Sextus Empiricus 塞克斯都·恩披里柯
Silvanus 西拉
Simplicianus 辛普里西安
Simplicius 辛普里丘
Sisiphus 西西弗斯
Socrates 教会史家索格拉底
Sotion 索提翁
Spensuippus 斯彪西波
Sphaerus of Bosphorus 博斯福鲁的斯斐卢斯
Stephanus 斯太法努
Stilpo 斯提尔波
Stobaeus（Stobaios）斯托拜乌
Strabo of Pontus 旁图斯的斯特拉波
Strato（Straton of Peripatetic）漫步学派的斯特拉托
Sulpicius Severus 梭庇西乌·塞维路斯
Synesius 西涅修斯
Syrianus 绪里亚努
Tatian 塔提安
Tantalus 但达罗斯
Tartarus 跶跶鲁斯
Tertullian 德尔图良
Thaumasius 撒马修斯
Theodore 狄奥多勒
Theodoret 狄奥多勒特
Theodorus 塞奥多洛
Theodosius 塞奥多西皇帝
Theopharstus 塞奥弗拉斯持
Theopompus 赛奥旁泊
Thescalus 赛撒卢斯
Thespesius 贴撒庇索
Thorius 图里乌斯
Timocrates 狄莫克拉蒂
Timon 蒂蒙
Timothy 提摩太
Tityus 狄提俄斯
Torquatus 塔奎图斯
Thrasymachus 赛拉西马柯
Triarius 忒莱阿里乌斯
Tyrannius Rufinus 提勒尼乌·鲁菲努

Usener 乌斯勒
Ullmann 乌尔曼
Ulysses 尤里赛斯
Valentinas 瓦伦提诺
Varro 瓦罗
Velleius 威勒乌斯
Venus 维纳斯
Vesta 维斯太
Victorinus 维克多里努斯
Vigil 维吉尔
Vincentius Victor 维辛提乌·维克多
Witt 维特
Xenocrates 色诺克拉底
Xenophon 色诺芬
Zeno of Citium of Cyprus 塞浦路斯的西提乌姆的芝诺
Zeno of Sidon 西顿的芝诺
Zeno of Tarsus 塔索斯的芝诺
Zenodotus 泽若多托
Zethus 泽苏斯
Zoticus 佐提库斯

地名、族名和语种名

Acragas, Girgenti 阿克拉加斯
Aegea 伊齐那
Aeolis 埃俄利斯
Akkad 阿卡德
Alexanderia 亚历山大里亚
Amorites 阿摩尼人
Amphipolis 安菲波利斯
Anastasia 安纳斯塔西亚
Annesi 安尼西
Antioch (in Syria) 安提阿(位于叙利亚)
Antioch (in Asia Minor) 安提阿(位于小亚 Pisidia 附近)
Arianzum 阿利安姆
Apamea 阿巴米亚(亚帕梅)
Aphrodisias 阿弗罗迪西亚
Apollonia 阿波罗尼亚
Aresus 艾雷修斯
Argae 阿尔革
Atarneus 阿塔纽斯

Athen	雅典	Corinthus	科林斯
Aulis	奥里斯	Cretan	克里顿
Austria	奥地利	Crocus	克罗库斯
Axius	阿克西河	Ctesiphun	克特西丰
Babylon	巴比伦	Cyrene	居勒尼
Bactria	巴克特利亚	Diyala	迪亚拉河
Balto-Slavic		Didymus	狄地谟
	波罗的-斯拉夫语	Echatano	伊卡丹诺
Beas	毕雅河	Egypt	埃及
Bosphorus	博斯福鲁	Elis	爱利斯
Cadmeia	加德米亚	Emmelia	埃谟利娅
Caesarea	凯撒利亚	Epirus	埃皮鲁斯
Caria	加利亚	Ethiopia	埃塞俄比亚
Carrhae	卡尔亥	Gaghage	迦太基
Carthage	迦太基	Gaugamela	高加麦拉
Celtic	凯尔特语	Gaza	伽什
Cenchreae	肯克瑞埃	Gaul	高卢
Ceramicus	凯拉米库斯	Gedrosia	革德洛西亚
Ceos	开俄斯	Gordium	戈迪翁
Chadic	查德语	Granicus	格拉尼库
Chaldean	迦勒底	Gushitic	古希底语
Chaeronea	凯洛尼亚	Halicamon	哈里克蒙
Chalcidian	卡尔西迪人	Hamita-Semite	
Chenab	克那普		哈米特-塞姆语系
Chios	开俄斯	Harran	哈兰
Chius	喀乌斯	Hausa	豪撒语
Cicilia	西西里亚	Hellespont	赫勒斯滂
Cilicia	西里西亚	Heraclea	赫拉克莱亚
Citium on the Island of Cyprus		Herculaneum	赫库拉农
	塞浦路斯岛的西提乌姆	Hurrians	胡里安人

Hydaspes	希达佩斯
Hyphasis	希法西斯
Illyria	伊利里亚
India	印度
Iris	伊利斯河
Issauria	以扫利亚
Issus	伊苏斯
Ixion	伊克西翁
Jaxartes	雅克萨底河
Jemdet Nasr	詹德特·纳什
Jhelum	捷陇
Judaeus	朱迪亚
Kassite	卡西特
Khorsabad	科尔撒巴
Khyber	喀布尔
Kingdom of Macedonia	马其顿王国
Kish	启什
Kocabas	科卡巴
Lampsacus	兰普萨库斯
Laodices of Syria	叙利亚的劳迪奇亚
Larisa	拉利萨
Lycaonia	吕哥尼亚
Lycopolis	利库波里
Lycia	吕西亚
Lydia	吕底亚
Macedonia	马其顿
Mallos	马洛斯
Media	米底亚
Melos	麦洛斯
Memphis	孟菲斯
Nimud	尼穆
Nineveh	尼尼微
Orcus	奥尔库斯,地狱
Olynthus	奥林索斯
Opis	奥皮斯
Paeonia	帕俄尼亚
Pamphylia	旁菲里亚
Pan-Mesopotamia	泛米索不达米亚
Pella	培拉
Peloponnesians	伯罗奔尼撒人
Pergamus	帕伽马
Periaeus	拜里厄斯港
Persepolis	帕斯波里(波斯城)
Perinthus	泊林塞城
Persis	波斯
Pherace	斐雷斯
Phocis	福基斯
Phoenicia	腓尼基
Phrygia	弗里吉亚
Pierides	派伊莉亚
Piso	皮索
Pisoir	毕索依
Pitane	比大尼
Pisidia	皮西底亚
Pitane in Aeolia	埃俄利亚的庇塔内
Ponticus	彭梯库斯

Pontus	本都	Sicyon	西库翁
Punjab	旁遮普	Sidon	西顿
Schenesit	斯切纳塞	Siwab	喜瓦
Scythian	斯基泰人	Smyrna	士麦拿
Scythopolis	西徐亚城	Sogdiana	索提安那
Sebaste	塞巴斯	Soli	索里
Serapis	塞拉庇斯	Spain	西班牙
Shuruppak	苏路帕克	Sparta	斯巴达
Sicily	西西里	Stobi	斯托比

索　引

agathou idea(ἀγαθοῦ ἰδέα)

善的相　1377,1418

agnosia(ἀγνωσία)

不可知　154,731,748,750,753,755,761,764,800,804—805,812,881,883,887,909,910,915,921,935,1103,1158

agratha dogmata(ἄγραφα δόγματα, unwritten doctrines)

不成文学说　983,1330,1375

aither(αἰθήρ)

以太　114,408,415,421,426,431,440,471,474,482,779,825,1268,1353,1363,1401

aletheia(ἀλήθεια)

真理性　134,136—137,140,146,151,155—156,162,198,210,274,340,497—498,501,506,508—509,511—515,519,527,532—533,710,751,776,784—785,787,792,794,872—873,875—876,878,883—884,915,933—934,1006,1038,1229,1362,1418

真理　89,103,108,112,117,132—135,151—155,304,341,377,384,414,417,436,441,446,488—489,728,733,735,741—742,745—746,750,760—761,942,946,950,969,980—981,1006,1057,1081,1086,1141,1149,1161,1164,1181—1182,1184,1189,1335,1343,1348,1361—1363

ananke(ἀνάγκη, necessity)

必然性　156,163,185—186,219,246,272,282,349,401,404,407,428,440—441,444—445,464,467—468,523,525,528,532,536,538,558,604,712,776,859,890,924,1050,1288

anomoiomeron(non-uniform portions)

异质　351,882,997,1271,1318

antithesis(ἀντίθεσις)

反题　54,739,764,792,805,904

arche(ἀρχη,principle)
本原,始基　47, 56, 154, 157—159, 161, 168—169, 171, 173, 180, 187—188, 217, 347—348, 355, 383, 392, 396, 402—404, 408, 410, 791, 813—814, 828, 857, 873, 887, 895, 897, 903, 981—982, 992—993, 998—999, 1005, 1022, 1251, 1288, 1332, 1334, 1337, 1340, 1361, 1400

archetypes, prototypes
原型　510, 992, 1001, 1007, 1010, 1013, 1057, 1084, 1096, 1189, 1258, 1273—1274, 1277—1279, 1281, 1284, 1310, 1381, 1405

Archontes(῎Αρχωντες)
执政官　40, 254, 744, 1430

Areopagos(᾿Αρειόπαγος)
元老院　38, 40, 54, 546, 739

atomos(ἄτομος)
原子　48, 50—51, 53—54, 61—62, 85, 90, 92, 94—95, 98—99, 103, 105, 114—115, 125—126, 132, 482, 487, 494, 526, 668, 708, 727—728, 752, 756, 796, 816, 827, 830, 862, 873—874, 887, 1362—1364, 1379, 1400, 1402, 1411

axioma(ἀξίωμα)
公理　98, 109, 159—161, 164, 352, 537—538, 557, 563, 730, 784—786, 788, 893, 895, 979, 1011, 1345, 1373, 1396, 1398

canon(κανών)
标准,准则　118, 123, 129—139, 143—148, 152—153, 156, 158, 162, 189, 384, 489—490, 493, 495—499, 501, 505—506, 509, 511, 741, 743—745, 750, 755, 769, 776—777, 783, 785, 1369

chaos(χάος)
混沌　99, 813, 1341, 1363

cosmos(κόσμος)
世界秩序　219, 397, 416, 1263, 1346
宇宙　51, 98, 113—114, 151, 154, 157—161, 163—164, 168, 175—180, 293, 304, 310—312, 321, 336, 340—341, 347—348, 350, 727, 747, 791, 807, 813—816, 819, 822, 824, 939, 942, 946, 948—949, 954—955, 973, 976, 1188, 1212, 1225—1226, 1250, 1226, 1332, 1334, 1346, 1352, 1355

daemon/daimon(δαίμων)
精灵,灵魂(精灵)　201, 582, 701, 1133, 1161, 1339

dialektikos(διαλεκτικός,dialectic)
辩证法　96, 113, 129, 131, 145, 147, 322, 345, 348, 372, 384, 388, 462, 489—491, 731, 737—738, 764, 787, 791, 851, 875, 893, 907—908, 917, 931, 953, 960, 970, 1003, 1091, 1133, 1200—1201, 1301, 1305, 1361,

1364,1373

Dichotomy

二分法　359,519,586,599—615,677,703,711

doxa(δόξα)

意见　47,61,101,112,117,134—136,140,142,146,150—151,153,274,442,467,503,512—514,518—520,539,725,735,745,747,755,768,776,781,868,1035,1043,1062,1069,1072—1074,1089,1330,1335,1379

dynamis(δύναμις)

潜能　278,355,389,463,672,684,707,971—972,993—994,997,1002,1029,1056,1328,1402,1408,1410—1413,1416,1427,1439,1441

eidos(εἶδος)

型,相　48,152,377—379,381,386,1139,1376,1378—1379,1392,1400,1405,1443

(species)属　357—358,361,367,382,394,489,491,775,890,1001—1003,1091,1270,1300,1351,1408—1410,1413,1415,1421

形式　15,49,52,157,164,165—166,191,199—200,208,217—218,317,355,361—362,366—368,380,382—383,388—389,392,800—801,815,819,828,952,972,985,993

empeiria(ἐμπειρία)

经验　90,132—136,140,143—145,147—154,156—157,161—163,166,305,345,347,378,383,429—430,496,498,500,725,729—730,751—753,758,779,786—787,795,970,1004,1006,1010,1072—1073,1101,1139,1142,1219,1222,1231,1256,1338

homoiosis

样式　1193,1253—1260,1264—1265,1277,1279—1281,1289—1290,1321,1437

hosiotes(ὁσιότης,piety,holiness)

虔敬　39,52,147,149,201,219,233,240,557,596,647,815,820,1141,1201,1203,1248,1263

hyle(ὕλη,matter)

质料　65,114,157,162—166,179—180,186,191,206,211,217,311,354—355,361,366—368,382—383,388—389,395,398,801,814,819—820,828,858,874,885,952,961,968,970,972,981,993,1330,1345,1382,1393—1394,1400

hypodoche(ὑποδοχή,Receptacle)

接受器　1270,1382,1402

hypokeimenon(ὑποκείμενον,substratum)

载体　1408—1410

主体　353—354,359—360,362—365,

368,371,374—375,380,392,1410,1415

kategoria(κατηγόρια,catetgory)
范畴　65,171,351,353—354,356,359—365,367—372,374—375,378,382,957,978,982—983,997,999—1005,1008,1091,1093,1107,1398,1401—1404,1407

kenos(κενός,vacuum)
虚空　89,98,105,126,140,151—153,155—156,159—160,165—173,176,178,181—182,192,201,357,359—360,371—372,385,392,394—396,413,425,727,756,796,829,846,873,1346,1362

logos(λόγος)
逻各斯　55,71,135,310,349,371,388,423,428—429,441,472,475,484,486,898,909,1031—1032,1045,1050,1052—1053,1066,1186—1192,1121,1348,1354,1361,1380
道理　486,584
理智　1228
语言　349,999
理性　304,407,410,423

Negative theology
否定神学　983,987,998,1107,1119

noema,noein(νόημα)
思想　1353,1362

noesis(νόησις)
概念　500
思想　1425

nomos(νόμος)
约定　140,148,222,254—256,262,274,398,507—508,848,873,1369—1371

nous(νοῦς)
理智,纯思　462,942,949,951,954,958,960,964,968,971,976—978,1226,1234
(mind)心灵　1008,1362
(intuitive reason)直观理性　1425,1440
努斯　979,1362—1363,1380—1381,1398,1401,1405—1407,1415—1417,1424—1425
沉思理性　54,1354,1399

periagoge(περιαγογη)
灵魂的转向　1192,1298,1336,1377

phronesis(φρόνησις)
理智　870
(prudence,practical wisdom)实践智慧,审慎　629,736,1201,1398—1399,1420,1424—1425,1428,1431—1432,1436—1437
实践理性,慎择　48,55,633—634,643,645,1180,1354—1355,1399,1419—1422,1425,1440
深思熟虑　55

pneuma(πνεῦμα)
普纽玛 56,321,387,389—392,406,408,410—411,418—419,429—432,436,443,447,449,465,474,482,499,551,567,604,655,687,709,711,1104,1107,1114,1225,1228,1233,1346—1347,1352,1355

psyche(ψυχή)
灵魂 48,50—54,56,117,123,126,132,137,148—149,160,165,179,286,301,321,339,341,350,356,371,373,379,390,392,728,760,767,774,796,797,942,944—951,953,958,960,963—964,970,972—973,976,1154—1155,1298,1352—1355,1360

steresis(στέρησις,privation)
缺失 15,504—505,801,1060,1063,1129,1162,1265,1350,1351,1412,1415

to pan(τὰ πᾶν,the whole)
大全 395—396,416,1016—1017,1032,1053

thymoeides(θυμοειδής)
激情 112,191,253,287,303,309—310,325,332,339,399,420,425,556,563,565,567,572,725,767,826,850,868,1044,1062—1063,1073,1076,1084,1090,1139,1185,1201,1268—1269,1297

to me on(τὸ μὴ ὄν)
(nonbeing)非存在 161,163,165,187,350,359,366,371,381,384,392,433,468,776,1277,1279,1318,1361—1362

后　记

延绵28年(1982—2010年)的四卷本《希腊哲学史》终于以第四卷的出版告一个段落。叔本华说:人生如同一条用烧红的木炭铺成的跑道,中间有几处凉亭,每至一处,刚一歇脚,生命又逼使你离开凉亭,往前奔跑。只要把“人生”换成“学术之途”,把烧红的木炭理解为“普纽玛”(pneuma,斯多亚学派的宇宙火的吸气),就蛮可以用来描述我们这二十多年的历程了。“普纽玛”既是宇宙火的吸气,又是宇宙理性,世界灵魂。奔跑在这个跑道上,固然烫脚,却是提升学术、净化心灵的必经之途。每跑完一段路程,对希腊精神的领会就上一个台阶。这种提升又转化为新的冲动。新的冲动使我们着魔似地在治学之途上无休止地奔驰。1985年4月成都结题会后到峨眉山休闲几天,就开始议论第二卷的事了。1986年10月福建武夷山确定了大纲,接着又是艰难的奔跑。1992年又到了一处“凉亭”,却没有那么惬意了。没有课题费可供我们选择一个休闲地开一个结题会。2002年奔到第三个“凉亭”时,已经是靠自己花钱买饭吃了。幸亏中国社会科学院和浙江大学为我们提供了一些“笔墨费”,香港中文大学学者邝健行教授提供了外文资料的资助,使我们得以在1993年至2001年期间完成了第三卷,并且准备了第四卷的基本资料。2002年5月我们在汪子嵩老师家中审阅了第三卷校样,这时汪先生已离休多年,范明生、姚介厚都已退休。我们心中都有种说不出的滋味。还是汪先生开口:“来吧,我们四个人一起拍张照片留念。”这就是第1版第三卷封二作者照的来历。由于我本人是属牛的(1937年生),6岁开始干农活,惯于在闽西山区崎岖小道上肩挑手扛,2003年前尚未退休,浙江大学又提供了研究条件,所以我接受汪先生和师兄们的委托,在汪先生的指导和范、姚二位师兄的协助下,负责第四卷撰写的具体工作。奔向第四个"凉亭"的更为艰难的历程就这样开场了。"看不见的手"(市场经济法则)和"看得见的手"(各种评估体系)挟持着我们在生命之途上奔波,好不容易总算到了交差之日。

可是我没有杀青之日的喜悦。因为还有两件事未做。刚发行第二卷时就有同行和后生向我们建议,以蔡勒为榜样,在全四卷完成之际写一本导读式的简本。我们几位撰稿人多次听到这个建议。四卷本是20世纪80年代初起始的,这二十多年我们接触到许多资料,研究也日益深入,写完希腊哲学全过程再回头看,感到有许多问题需要补充、修正并且还能形成新的研究成果。学术上无所谓"老马识途"。学术之途,路路皆生,唯有创新,才有生命。不过经历全过程的人同初涉者肯定是不一样的。毕竟在此摸爬滚打二十多年,对自己走过的路,哪章,哪个问题,哪个人物写得好,哪个有欠缺,心中有数。作者应该对学术负责。回头修正若干差错,补充新资料、新见解,对书中涉及的若干重大争议问题发表些意见,这是我们的职责。至此,也许才算"功德圆满",才有到达终点之喜悦。

另一事件令我和范明生、姚介厚三人(尤其是我)感到内疚,我们未能在汪老师80寿辰之际,以全四卷作为庆贺之礼,表达弟子们的心意。汪先生作为四卷本《希腊哲学史》负责人,为此付出的心血,外人难以领会。我们三人,尤其是我本人认为有必要借第四卷出版之日,向学界披露汪先生的功业和学术风范。在我们三人中,姚介厚毕业于复旦大学。范明生1952年高校院系调整前就读于清华大学哲学系,合并到北大后不久就毕业了。我是1955年9月入学的。我们年级的辩证唯物主义、马列经典著作都是汪先生亲授的。从我们五五级开始,北大本科由四年制改为五年制。1960年9月毕业后我留校做研究生。"高校六十条"颁布后北大实行正规的导师制。本人师从任华教授学习和研究古希腊哲学。按教学计划,第一学年学习西哲通史,阅读原著。第二学年(1962年9月至1963年7月)学习古希腊哲学。我的导师任华是贵州遵义人氏,他同我聊起小时染上天花死里逃生、尔后赴哈佛留学的经历。他是老先生(这是当时北大学生对前辈师长的称呼,其实他们才五十上下)中唯一一位能从古代讲到现代的教师。再年轻些的就数齐良骥先生和张世英先生。任华时任西哲史教研室主任,负责全国统编教材《西方哲学史》主编的工作。很可惜他高度近视,“文革”期间夫人仙逝,女儿任照瑞、儿子任照林是“文革”时在读的中学生,双双插队落户。回城后又无任何背景,女儿落在清河制呢厂,儿子在一个机械厂,老人双目失明。他一生就带过我和孙月才两名研究生。顺便附上一笔,以资纪念。正是任华教授引导我走入希腊的智慧大门,也正是从他那里我平生第一次听到陈康的大名。任先生是否知道汪先生、苗力田、王太庆三教授是陈康弟子,我不敢肯定。他未向我提及二者间关系,只是告诉我汪先生正在翻译罗斯的《形而上学》注释。张世英、汪子嵩也住在中关村。导师让我去向汪先生请教亚里士多德《形而上学》这部“天书”中的具体问题。就这样,我第一次为了希腊哲学跨入汪先生家的门槛。汪先生不仅热情接待,为我答疑,而且将已译好的罗斯注释的稿子借我阅读。这种求教机会难得有几次,他就去了《人民日报》理论部。1964 年我毕业之后,翌年 4 月分配到了中国社会科学院哲学研究所。1975 年底为照顾家庭关系,请调回到了杭州。1978 年 10 月,我参加了在北京朝阳区党校召开的真理标准讨论会。当时的政治气氛还是相当紧张的,许多外地代表还不知底细。我有北大和哲学所的 20 年的老关系,略知一二。汪先生应邀在全体会上做了个大报告。十多年没碰面,我不愿放过这个机会,会后在门口守候。这次见面成了后来组建《西方哲学史》多卷本队伍的契机。因为 1978 年 10 月 2 日的芜湖—黄山首届外哲史大会,汪先生因故未能脱身赴会。

1978 年是中国学术大转折的一年,学术界获得了新生。中断了的学术规划提到日程上来了。1979 年济南会议上,胡乔木同志提出撰写中外文史哲多个系列多卷本的任务。之后福州会议上落实了《西方哲学史》的多卷本计划,由汪子嵩、汝信、朱德生负责组建古希腊、中世纪、近代经验论与唯理论、法国启蒙哲学、德国古典哲学、俄国哲学等六个编写组。古希腊编写组由汪先生负责,范明生、姚介厚(后来加入)和我等三人参加。1981 年 4 月在杭州新生饭店召开了《西方哲学史》多卷本的座谈会,汪子嵩、汝信、朱德生、温锡增、陈修斋、范明生、李真、顾寿观等共 16 人参加。会上汝信传达了社科院中外文史哲多卷本座谈会上胡乔木的讲话及关于多卷本的三个基本要求(总体上符合马克思主义,吸取西方学者的研究成果,有中国学者的创见)。翌年5月又在北京崇文门社科院招待所召开了第二次会议,落实了第一卷各人的撰写任务。1983年9月在呼和浩特召开的外哲史年会上,汪先生提交了亲自撰写的多卷本序言。但是当时的气氛比较紧张,谁都怕沾上“精神污染”,许多问题未能展开讨论。鉴于后继几卷有的仅仅开过一次座谈会而未能落实负责人和撰稿人,有的连一次座谈会也没有开过,原订的多卷本计划落空,所以希腊卷独立成书,扩大篇幅。这时我们已接触到不少资料,深感50年代以来,我们对古希腊原典和近现代西方学者的研究了解得太少、太肤浅了,要找到或买到这些外文书谈何容易。因此大家同意汪先生的意见:不管是“六经注我”还是“我注六经”,“六经”就是“六经”,“我”就是“我”。我们应尽量为我国读者提供原始资料的编纂、版本、译本、评注和校勘方面的信息;在一手资料的基础上,介绍现当代西方学者的研究成果、分歧意见、所关注的问题、学术发展的趋向;综合一手、二手资料,发表我们自己的意见,为下代中国学者走向世界、在希腊研究领域争得发言权创造条件。在第三卷定稿时,汪先生说:“从前两卷看,还是经得起时间的检验的,我们不求什么传世佳作,但求几十年内不过时,后人要研究希腊哲学,觉得翻翻我们的著作还是值得的,这就行了。”可以说,这是我们全四卷写作的实实在在的目标。

1985年4月下旬,我们在四川大学召开了第一卷定稿会,贺麟夫妇及他的博士生与我们结伴而行。在从重庆到武汉的船上,汪先生一本正经地、真挚地向我们宣布两条:第一,他不当主编,四人按年龄排名。他说:“你们现在都还是讲师,助研,还要评职称,如果都挂在我名下,你们就受影响了。谁执笔的,就算谁的成果,我在序言中一一说明。”第二,“谁执笔的,稿费就归谁。你们写的,我修改、誊清,一分不拿,你们不接受,那我就拿5%。”在场的还有人民出版社哲学编辑室主任田士章。当时除了中外文史哲的多卷本还有别的资料汇编、文献选读、古籍整理等课题,一般都设主编。汪先生不仅一直主持这项工作,而且对我们三人写的稿子,亲自动手修改、补充、誊清(当时还无复印设备),然后分寄三位执笔人提意见,最后又亲自抄写一份交出版社。他的文字工整清秀,令人赞叹不已。这种认真、严谨、细致而又耗时的改稿、定稿工作,知情者无不为之感动。在我们的心目中,他是当然的主编。至于稿费,别的且不说,单说80多万字的修订稿,分寄三处,往返几次才定稿,邮费一项,他的垫付也不止5%。我们三人为有如此体贴学生、心胸开阔、治学严谨的老师而感到骄傲、高兴,同时我们又实在难以接受。他为弟子们付出的太多了。无奈他一再坚持,最后田士章发话:“汪先生的一番心意你们就领了吧!”这种学术风范,这种人格感染力,是我们在前三卷编写过程中既能做到始终如一、亲密合作,从不为排名稿费等无聊事争执,却又可以因学术不同见解而争得面红耳赤但又不伤感情的精神支柱。

1987年第一卷将出版时,汪先生就同我们三人约定:“我们还要写后三卷,希望能听到一些读者的真实的意见。所以,我们四人都不要邀人捧场写书评。”我们四位撰稿人形成了如下共识:前人的研究,无论是谁,都予尊重;前人的成果应给予恰当评价,以启示后人的思想,加以贬低或抹杀都是学术之大忌;来自学术界的批评,遵照学术界惯例,认真听取,平等对待,以讨论和对话共促学术之繁荣;作为老一代学人,我们应扶持年轻人成长,从年轻人那里吸取学术营养,也宽恕别人的失误。

最后我必须对第四卷做个交待。1997年10月在宁波召开的“晚期希腊哲学研讨会”上,汪先生及范、姚二师兄就把第四卷的具体事务委任于我。我将自己的“九五”浙江省重大项目“晚期希腊哲学研究”扩充为第四卷,组织原杭州大学王晓朝、包利民、王来法撰稿。1998年浙大、杭大等四校合并。新浙大规定院、所(教研室)为实体,系为虚体,60岁以上人不得任研究所所长,外哲教研室已经建立的正常的运作机制全部被打乱。2000年夏,王晓朝去了清华大学。王来法的本意是回到古希腊,但是工作需要,他承担了四校合并后的马列部的主持人。本人从小养成农活之余发奋读书的习惯,但是毕竟老天爷给我的时间也是一天24小时,我无法既要对付复杂的局面,又要撰写第三卷亚里士多德的自然哲学,还要主持第四卷的编写工作。我只能于2002年完成第三卷之后转向第四卷。这时我虽然已不承担外国哲学研究所的工作,但是仍负责本人于1991年组建的基督教研究中心及2001年组建的浙大重点研究所“跨文化研究中心”的工作。2004 年下半年,在上述两机构基础上,组建了教育部哲学社会科学创新基地“浙江大学基督教与跨文化研究中心”。几年来虽然忙一些,但是第四卷的工作得到了开展。2006 年底完成了第四卷初稿,作为国家社科基金项目结项,提交审评。尽管专家评审组和哲学国家社科规划办给予“优秀”项目称号,我们却丝毫不敢怠慢,交审之日就着手第二稿。还在哲学国家社科规划办公布准予结项之前,2007 年 5 月中旬,我们就召集了第四卷征求意见会和若干问题讨论会,聘请同行专家北京大学杨适、清华大学王晓朝及前三卷撰稿人范明生、姚介厚以及出版社、杂志社和浙江省规划办参加。之后开始了第三稿,也就是终稿的工作。终稿经人民出版社编辑部审定,并征求了前三卷撰稿人范明生、姚介厚及第四卷原参加人之一王晓朝的意见。按照“各路英豪”的意见又作了些修改,并增加大结局式的总结。这里有必要对现在同读者会面的终稿,作下列几点说明:

第一,本卷是 2001 年申报的国家社科基金项目,也是浙江省社科重大项目。由于人文社科项目经费少得可怜,而且以前还规定不许用于购买外文书,这就给本项目制造了一个大难题,因为外文资料恰恰是我们的生命之源。幸亏 2004 年教育部哲学社会科学创新基地“浙江大学基督教与跨文化研究中心”成立之后,第四卷列为基地重点项目,确保了本书开列的 2003 年后大批外文图书的购买以及大批绝版书的复印和拍摄。因此,我们衷心感谢上述三个课题基金的资助以及诸位评委的支持!

第二,王晓朝教授在 2000 年赴清华大学前已提交了伊壁鸠鲁学派、两希文化交汇中的希腊哲学走向等两编稿子。由于上面提到的原因,所以他的稿子作为他自己的《希腊哲学简史》部分篇章独自处理。晓朝在《简史》跋中说的“由于我个人原因,这项合作未能进行下去”未免过谦。如果我能按时抓紧统稿,2002—2003 年如期出版,就不会有这些事了。

第三,王来法教授承担斯多亚学派一编。后来,由于前面提到的工作需要,他担任了浙大马列部主任,2002 年又调任浙江工商大学行政管理学院院长。前后两个学校的全校马列课都压在马列部身上,使他无暇阅读不断到位的专业外文书。作为一个部主任,在现在的评估体系下无新的独立专著,日子是难过的。我又无法确保第四卷于 2002—2003 年出版，因此同意他个人以《前期斯多亚学派研究》名称独立出书。在 2006 年结题时，王来法教授提交了修订稿，但由于他这几年无暇再从事希腊哲学的研究，而四卷本从 80 年代初起步时就有约定，撰稿人都不要把自己承担的部分以论文或著作的形式独立发表。多卷本概不用已发表而又无新的突破的稿子。为了避免学术界忌讳的“自我克隆”，为了自始至终维护四卷本的风范，本人决定同包利民商定新的方案，由包利民按他自己的风格和体验，重新撰稿，之后由本人审阅定稿。我作为实际工作的主持人，在此向王来法教授表示歉意。王来法功不可没，1997 年宁波召开晚期希腊哲学研讨会，他就在研究斯多亚学派，而且提供了研究提纲。斯多亚学派是他的博士论文方向，2002 年他就提交了前期斯多亚学派研究的博士论文。由于工作方面的调动，无法全力以赴，但是第四卷结题时还是提交了修改稿及补写的晚期斯多亚学派一章。尊重他本人的意见，不作为第四卷署名人之一，仅在后记中给予如实说明。

第四，按照原来的分工，包利民教授承担本卷第三编怀疑论思潮和第四编新柏拉图主义的撰写。之后又接替王晓朝撰写第一编伊壁鸠鲁学派，考虑到王来法无暇重写斯多亚学派，而且他本人也很难突破自己已定型的框架，所以 2007 年底请包利民“披挂上阵”重写斯多亚一编。尽管时间仓促，但是他指导过几名攻读晚期希腊哲学的博士生，同章雪富一起主编过 15 部两个系列的两希文献翻译。他擅长伦理学史，对斯多亚学派文献相当熟悉。包利民以多卷本的共同事业为重，撂下自己课题的结题任务，圆满地完成了这一编的重写任务，在现行评估标准下，这是一种可贵的学术献身精神。

第五，晚期希腊哲学同早期基督教的关系，尽管海外有许多研究成果和文献汇编，但是我们不是写基督教史、神学史，而是写哲学史，因而需要透过大量宗教文献，探求希腊哲学的走向和影响，研究希腊哲学诸多范畴和学说在宗教形态下的演变，包括借用、深化、重塑、改造、扭曲、扩散等等，从而体现希腊哲学的终结与出路（德语 das Ende 的双重含义）。王晓朝赴清华后，浙大缺少研究晚期希腊与早期基督教的专门人才。我们决定将章雪富留校任教，通过浙大基督教文化研究中心的交流渠道，赴香港、美国芝加哥深造。这几年他发表了四部这个领域的专著,打下了相当的基础,因此请他撰写本卷第五编。这编的难度主要是让读者阅后认可是哲学史,体现了希腊哲学走向的一个侧面。章雪富三易其稿,完成了这一任务。

第六,汪先生是全四卷《希腊哲学史》负责人,对第四卷他始终关注其进展情况。1997 年在宁波召开晚期希腊研讨会及第四卷的务虚会时,他就第四卷撰写中的注意事项发表了中肯的意见。2002 年第三卷完成后他又就第四卷的几个问题发表了独到的见解。他还专门为第四卷撰写了"序言"。由于四卷之间间隔比较长,为了给读者一个完整的印象,他同意我的意见,将"序言"第三部分改写成前三卷要义。汪先生自西南联大研究生毕业后,1948 年起从事哲学和哲学史研究 60 年。我们作为学生和合作者,很了解他毕生追求的这一大目标实现后的心情。同时我们也感到宽慰,终究能够以全四卷的圆满结局作为汪先生学术生涯 60 周年的献礼!

第七,本人作为具体工作的主持人,主要做了下列工作:掌握海内外学术动态和图书行情,筹集第四卷及古代地中海世界有关资料,互通信息,复印撰稿人必读的及所承担部分的有关资料,交付给各位撰稿人;通盘考虑第四卷的撰写方案,组织不同形式的交流;争取撰写第四卷所必须的经费资助;组织规模不等的晚期希腊和第四卷的研讨会,其中主要是 1997 年 10 月宁波会议,2003 年 8 月希腊原创文化国际学术研讨会,2007 年 5 月初稿修订研讨会;审定各编稿子,同撰稿人商议修改意见,统一体例,个别地方作些补充或更正;向总负责人汪子嵩及顾问范明生、姚介厚汇报工作进程,提交供审核的初稿,终稿;同人民出版社商议有关出版的事项,包括按出版社反馈意见的修改。总之是凡合作成果,总有一个人必须做的事。本人自己撰稿的就是"绪论"和全书四卷本的总结。本来我想写一编学派外的哲学,其中包括罗马文化转型期的地中海世界文化间关系和以西塞罗为代表的综合主义思潮,而且做了不少资料方面的准备,可是我们已过了国家社科项目的结题期限,第三、四卷的间隔也太长了,只好割舍,以后有机会时作为小书出版。

最后,我们要感谢人民出版社老一代负责人薛德震社长、田士章哲编室主任以及新一代负责全四卷编审的总编辑助理陈亚明、哲编室主任方国根和责任编辑田园。该说的话汪先生在“序言”中已说过了。自汪先生、范明生、姚介厚委托我组织浙江大学学者撰写第四卷以来，浙江大学、浙江省规划办领导给予了大力的支持。浙江大学基督教与跨文化研究中心的周展、刘玉鹏、陈功、张苗凤承担了参考书目、译名对照、打印复印、通信联络等许多具体工作，我深感全四卷《希腊哲学史》是几代人集体的创作，但愿到达第四个“凉亭”歇脚之际，一起分享短暂的喜悦——确实是短暂的，因为学人的本性就如同费希特在《学者的使命》中说的，不断忘记“过去”，把终点变成新的起点。

陈村富

2009 年 7 月